Schwintowski/Schäfer   Bankrecht

Bankrecht

Commercial Banking – Investment Banking

Von Dr. iur. Hans-Peter Schwintowski,
Professor an der Humboldt-Universität zu Berlin,

und Dr. iur. Frank A. Schäfer, LL.M.,
Rechtsanwalt in Düsseldorf

Carl Heymanns Verlag KG · Köln · Berlin · Bonn · München

Zitiervorschlag: *Schwintowski/Schäfer,* BankR, § xxx Rz. xxx

---

Die Deutsche Bibliothek – CIP-Einheitsaufnahme

Bankrecht: Commercial Banking – Investment Banking.
Von Hans-Peter Schwintowski und Frank A. Schäfer –
Köln ; Berlin ; Bonn ; München : Heymanns, 1997.
  ISBN 3-452-21587-3
NE: Schwintowski, Hans-Peter

Das Werk ist urheberrechtlich geschützt. Die dadurch begründeten Rechte, insbesondere die der Übersetzung, des Nachdrucks, der Entnahme von Abbildungen, der Funksendung, der Wiedergabe auf photomechanischem oder ähnlichem Wege und der Speicherung in Datenverarbeitungsanlagen, bleiben vorbehalten.

© Carl Heymanns Verlag KG, Köln, Berlin, Bonn, München 1997

ISBN 3-452-21587-3

Gesamtherstellung: Grafik + Druck GmbH, München

Gedruckt auf säurefreiem und alterungsbeständigem Papier

Vorwort

Bankrecht ist in der zweiten Hälfte unseres Jahrhunderts zu einer weitgehend eigenständigen, von bankrechtsspezifischen Institutionen und Prinzipien geprägten Rechtsmaterie geworden. Die Geschwindigkeit, mit der die Materie wächst, hat dabei seit dem Ende der siebziger Jahre noch erheblich zugenommen. Die Ursachen hierfür liegen im immer größeren Einfluß des EG-Rechts sowie in den ständigen Veränderungen auf den nationalen und internationalen Kapitalmärkten.

Im Zentrum dieses Buches wie des Bankrechts überhaupt stehen die **Bankgeschäfte**. Gegenüber früheren anderen Abgrenzungen haben wir sie – dem internationalen Gebrauch folgend – in die großen Geschäftsbereiche Commercial Banking und Investment Banking unterteilt. Die Entwicklung und die heutige Ausgestaltung der einzelnen Geschäftsarten in diesen beiden Geschäftsbereichen werden systematisch dargestellt. Bei der hierfür erforderlichen Erörterung der herkömmlichen Grundlagen der Bankgeschäfte, der die Geschäfte zum Teil kodifizierenden Gesetze sowie des von der Kautelarjurisprudenz geschaffenen Rechts und der Allgemeinen Geschäftsbedingungen der Kreditinstitute waren vor allem auch die Auswirkungen der Umsetzung von EG-Richtlinien zu berücksichtigen.

Ziel des Buches soll es sein, einen Überblick über die Zusammenhänge und eine rasche Orientierung über die jeweils wesentlichsten Einzelheiten zu vermitteln. Entsprechend dieser Ausrichtung bilden die **Grundlagen** den ersten Teil, das **Commercial Banking** mit den tradierten Bankgeschäften den zweiten Teil und das **Investment Banking** mit den typischen kapitalmarktorientierten Wertpapiergeschäften den dritten Teil des Buches. Durch diese Schwerpunktbildung nach den wichtigsten Bankgeschäftstypen wird in der Praxis ein unkomplizierter Zugriff auf die schwierige Rechtsmaterie ermöglicht. Da Bankrecht über weite Strecken **Case Law** geworden ist und zudem eine Vielzahl von Fragen durch die Umsetzung von **EG-Richtlinien** entstanden sind, können die Lösungen von Problemen nicht immer »einfach und stromlinienförmig« ausfallen. Deshalb wird im Bedarfsfall über den Inhalt der die Entwicklung prägenden Leitentscheidungen der Gerichte in verkürzter Form berichtet und unter Berücksichtigung der dogmatischen Grundlagen diskutiert. Auf diese Weise kann der Benutzer des Buches die erkenntnisleitenden Interessenkonflikte ebenso wie die vorgebrachten Argumente in ihrem dogmatischen Kontext gewichten und sein Spezialproblem einer daraus gefilterten interessengerechten Lösung zuführen. Diese konfliktorientierte Methode systematischen Darstellens erfordert vom Leser Mitdenken und aktive Rechtsanwendung. Damit ist letztlich auch der Bezug zur Wissenschaft

Vorwort

hergestellt, die sich zunehmend bemüht, das Bankrecht in den Rechtsunterricht einzufügen.

Der das Buch kennzeichnende Dualismus von Praxis und Wissenschaft hat auch die Autorenkonzeption bestimmt. Es ging um eine Verbindung von Wissenschaft und Praxis und damit im Grunde um die Überwindung dieses oft nur scheinbaren Gegensatzpaares. Die Manuskripte wurden kritisch und, wie wir hoffen, konstruktiv von jeder Seite »gegengelesen« und müßten die Symbiose der wechselseitigen Einflußsphären widerspiegeln. Natürlich bleibt dessen ungeachtet jeder für die von ihm stammenden Teile des Buches allein verantwortlich. Das Investment Banking stammt aus der Feder von Frank A. Schäfer, die Grundlagen und das Commercial Banking wurden von Hans-Peter Schwintowski verfaßt.

Berlin/Düsseldorf, im Januar 1997 *Die Verfasser*

Inhaltsübersicht

Vorwort	V
Abkürzungen	XXXI

Erster Teil Grundlagen

§ 1 Grundlagen des Bankrechts	3
A. *Begriff und Methodik*	3
B. *Rechtsquellen*	9
C. *Allgemeine Geschäftsbedingungen*	10
D. *Die AGB/B (93)*	15
E. *Synopse der AGB/B (88) gegenüber den AGB/B (93)*	43
F. *Bankvertrag – Geschäftsverbindung*	45
G. *Bankgeheimnis – Bankauskunft – Datenschutz*	48
§ 2 Geschichtliche Entwicklungslinien des Bankwesens und des Bankrechts	70

Zweiter Teil Commercial Banking

§ 3 Das Einlagengeschäft	161
A. *Begriff und Funktion*	161
B. *Kontoformen*	163
C. *Die Bestimmung des Kontoinhabers*	182
§ 4 Zahlungsverkehr	218
A. *Girogeschäft*	218
B. *Lastschriftverfahren*	306
C. *Scheckgeschäft*	349
D. *Reisescheck*	417
E. *Eurocheck*	426
§ 5 Automatisierte Zahlungssysteme	451
§ 6 Kreditkartengeschäft	476
§ 7 Kreditgeschäft	528
A. *Grundlagen*	528
B. *Krediteröffnungsvertrag*	540
C. *Der Kreditpreis*	556
D. *Schutzpflichten der Bank bei der Vergabe von Krediten*	583

Inhaltsübersicht

E. Das nichtige Darlehen	605
F. Kreditkündigung	623
G. Eigenkapitalersetzende Gesellschafterdarlehen	644

§ 8 Verbraucherkredit 649

§ 9 Besondere Geldkreditgeschäfte (begrifflicher Überblick) ... 732

§ 10 Auslandsgeschäfte 738
   A. Akkreditivgeschäft 738
   B. Dokumenteninkasso 749
   C. Garantiegeschäft 752

Dritter Teil   Investment Banking

§ 11 Wertpapiergeschäft 763
   A. Das Effektengeschäft 763
   B. Die Anlageberatung 787
   C. Das Depotgeschäft 811

§ 12 Vermögensverwaltung 834

§ 13 Börsentermingeschäfte 866

§ 14 Finanzinnovationen 907

§ 15 Emissions- und Konsortialgeschäft 958

Sachregister 1015

Inhalt

Vorwort	V
Abkürzungen	XXXI

Erster Teil Grundlagen

§ 1	**Grundlagen des Bankrechts**	3
A.	*Begriff und Methodik*	3
B.	*Rechtsquellen*	9
C.	*Allgemeine Geschäftsbedingungen*	10
	I. Grundlagen	10
	II. Rechtsnatur und Geltung	11
	III. Der Ombudsmann in der Kreditwirtschaft	14
D.	*Die AGB/B (93)*	15
	I. Grundregeln für die Beziehung zwischen Kunde und Bank	15
	Nr. 1 AGB/B (93) Geltungsbereich und Änderungen dieser Geschäftsbedingungen und der Sonderbedingungen für einzelne Geschäftsbeziehungen	15
	Nr. 2 AGB/B (93) Bankgeheimnis und Bankauskunft	16
	Nr. 3 AGB/B (93) Haftung der Bank; Mitverschulden des Kunden	17
	Nr. 4 AGB/B (93) Grenzen der Aufrechnungsbefugnis des Kunden	18
	Nr. 5 AGB/B (93) Verfügungsberechtigung nach dem Tod des Kunden	20
	Nr. 6 AGB/B (93) Maßgebliches Recht und Gerichtsstand bei kaufmännischen und öffentlich-rechtlichen Kunden	22
	II. Kontoführung	24
	Nr. 7 AGB/B (93) Rechnungsabschlüsse bei Kontokorrentkonten (Konten in laufender Rechnung)	24
	Nr. 8 AGB/B (93) Storno- und Berichtigungsbuchungen der Bank	25
	Nr. 9 AGB/B (93) Einzugsaufträge	26
	Nr. 10 AGB/B (93) Risiken bei Fremdwährungskonten und Fremdwährungsgeschäften	27
	III. Mitwirkungspflichten des Kunden	29
	Nr. 11 AGB/B (93) Mitwirkungspflichten des Kunden	29
	IV. Kosten der Bankdienstleistungen	31
	Nr. 12 AGB/B (93) Zinsen, Entgelte und Auslagen	31
	V. Sicherheiten für die Ansprüche der Bank gegen den Kunden	33
	Nr. 13 AGB/B (93) Bestellung oder Verstärkung von Sicherheiten	33

Inhalt

		Nr. 14 AGB/B (93) Vereinbarung eines Pfandrechts zugunsten der Bank	35
		Nr. 15 AGB/B (93) Sicherungsrechte an Einzugspapieren und diskontierten Wechseln	38
		Nr. 16 AGB/B (93) Begrenzung des Besicherungsanspruchs und Freigabeverpflichtung	39
		Nr. 17 AGB/B (93) Verwertung von Sicherheiten	40
	VI.	Kündigung	40
		Nr. 18 AGB/B (93) Kündigungsrechte des Kunden	40
		Nr. 19 AGB/B (93) Kündigungsrechte der Bank	41
	VII.	Schutz der Einlagen	42
		Nr. 20 AGB/B (93) Einlagensicherungsfonds	42
E.	Synopse der AGB/B (88) gegenüber den AGB/B (93)		43
F.	Bankvertrag – Geschäftsverbindung		45
G.	Bankgeheimnis – Bankauskunft – Datenschutz		48
	I.	Das Bankgeheimnis	49
		1. Begriff und Funktion	49
		2. Grundlagen und historischer Hintergrund	49
		3. Wirkung und Rechtsnatur	51
		a) Verfassungsrechtliche Grundlagen	51
		b) Privatrechtliche Grundlagen	53
		4. Geschützter Personenkreis	53
		5. Grenzen des Bankgeheimnisses	54
		a) Zivilprozeß	54
		b) Strafprozeß	55
		c) Steuerrecht	56
		d) Wertpapierhandelsgesetz	58
		e) Güterabwägung bei Interessenkollision	60
		6. Rechtsfolgen der Verletzung des Bankgeheimnisses	62
	II.	Die Bankauskunft	63
		1. Grundsätze	63
		2. Haftung für fehlerhafte Auskunft	63
	III.	Datenschutz und Schufa-Verfahren	65
		1. Der Schutzbereich des Bundesdatenschutzgesetzes	65
		2. Das Schufa-Verfahren	67

§ 2 Geschichtliche Entwicklungslinien des Bankwesens und des Bankrechts 70

	I.	Legitimation	70
	II.	Frühgeschichtliche Grundlagen des Bankwesens und des Bankrechts	71
		1. Vorbedingungen	72
		2. Der kultische Ursprung des Geldes	73
		3. Der profane Geldbegriff	76

	4. Materieller Bankrechtsbegriff und die Funktionen des Geldes	80
	a) Materiell-funktionaler Begriff des Bankrechts	80
	b) Statische und dynamische Funktionen des Geldes	81
	5. Grafischer Ergebnisüberblick	84
	a) Entstehung der Idee des Geldes	84
	b) Die Entstehung der Idee der Bank	85
	c) Funktionen des Geldes	85
III.	Die Entstehung und Entwicklung des Bank- und Kreditwesens	86
	1. Überblick – Grundzusammenhänge	86
	2. Das Bank- und Kreditwesen in frühen Hochkulturen	89
	3. Das Bank- und Kreditwesen in Rom	94
	4. Entstehung und Entwicklung des Bank- und Kreditwesens im Mittelalter (ca. 375-1700)	97
	5. Das kanonische Zinsverbot – bankentwicklungsgeschichtliche Wirkungszusammenhänge	102
	6. Entwicklung des Bank- und Kreditwesens in Neuzeit und Moderne	112
	a) Die Entwicklung der Banknote zum gesetzlichen Zahlungsmittel	118
	b) Das Notenbankwesen	121
	c) Das System der staatlichen Bankenaufsicht	131
	d) Organisationsstruktur von Bankensystemen: Universalbank- versus Trennbanksystem	136
IV.	Die Entstehung und Entwicklung zentraler Bankgeschäfte	142
	1. Das Einlagengeschäft	144
	2. Das Geldwechselgeschäft	145
	3. Das Girogeschäft	146
	4. Das Kreditgeschäft	151
	5. Factoring	158

Zweiter Teil   Commercial Banking

§ 3	Das Einlagengeschäft	161
A.	Begriff und Funktion	161
B.	Kontoformen	163
I.	Übersicht	164
II.	Die Rechtsgrundlagen des Kontos	165
III.	Typische Kontoformen	167
	1. Eigenkonten	168
	2. Gemeinschaftskonten	168
	a) Das Und-Konto	168
	b) Das Oder-Konto	168
	3. Fremdkonten	172

	4. Sonderkonten	173
	5. Offene Treuhandkonten	173
	6. Anderkonten	174
	7. Sperrkonten	174
	8. Nummernkonten	175
	9. CpD-Konten	175
IV.	Die Kontoerrichtung	175
V.	Die Kontobezeichnung	176

C. Die Bestimmung des Kontoinhabers 182
   I.   Allgemeine Grundsätze zur Bestimmung des Kontoinhabers 185
   II.   Anwendung der Auslegungsgrundsätze auf problematische Fallgruppen 187
        1. Die Bestimmung des Kontoinhabers beim Girokonto 187
        2. Die Bestimmung des Kontoinhabers bei möglicher Drittbegünstigung 187
        3. Die Bestimmung des Kontoinhabers bei Abtretung und Schenkung (auf den Todesfall) 191
        4. Die Bestimmung des Kontoinhabers beim Sparbuch 197
           a) Die Zahlung an den (berechtigten) Kontoinhaber 197
           b) Die befreiende Zahlung an den Nichtberechtigten 200
   III.   Die Bestimmung des Kontoinhabers im Fall der Stellvertretung 206
        1. Formen zulässiger Stellvertretung im Bankrecht 207
        2. Umfang der Vertretungsmacht 208
        3. Mißbrauch der Vertretungsmacht 212
   IV.   Die Bestimmung des Kontoinhabers im Erbfall 217

§ 4 Zahlungsverkehr 218

A. Girogeschäft 218
   I.   Historie – Funktionen 220
   II.   Der Begriff Girogeschäft 222
   III.   Die Rechtsnatur des Girovertrages 223
   IV.   Die Kontokorrentabrede 225
        1. Die Rechtswirkungen des Kontokorrents 227
           a) Bindungswirkung 228
           b) Verrechnung 229
           c) Saldoanerkenntnis 230
        2. Die Funktionen des Kontokorrents 233
        3. Spezifische Probleme des Bankenkontokorrents 237
           a) Stornorecht/Berichtigungsbuchung 237
           b) Verhältnis zum Gesellschaftsrecht 239
           c) Fortbestehen von Sicherheiten 240
           d) Die Pfändung des Tagessaldos 241
           e) Die Pfändung in Kreditlinien 243
           f) Konkurswirkungen 244

V.	Die Überweisung	246
	1. Der Widerruf des Überweisungsauftrags	248
	2. Mängel des Überweisungsauftrags	252
	3. Fälschung des Überweisungsauftrags	255
	4. Rechtspflichten bei Ausführung des Überweisungsauftrags	256
	a) Grundsätze	256
	b) Haftung für Fehlüberweisungen	260
	aa) Belegloser – beleggebundener Überweisungsverkehr	260
	bb) Grundsatz der formalen Weisungsstrenge	263
	cc) Fakultativklauseln	264
	c) Warn- und Schutzpflichten im Überweisungsverkehr	266
	5. Haftung für Fehler im mehrgliedrigen Zahlungsverkehr	268
	a) Die Rechtsbeziehungen zwischen den Beteiligten	268
	b) Fehler im Gironetz	269
	6. Anspruch des Überweisungsempfängers auf Ausführung des Überweisungsauftrags	273
VI.	Die Gutschrift	274
	1. Der Anspruch auf Gutschrift	275
	2. Rechtswirkungen aus der Gutschrift	277
	3. Rechtspflichten gegenüber dem Empfänger	280
	4. Rechtspflichten gegenüber dem Überweisenden	282
	5. Rechtswirkungen im Valutaverhältnis	282
	a) Die Erfüllungswirkung	282
	b) Die Rechtzeitigkeit der Leistung	285
VII.	Der Bereicherungsausgleich	285
	1. Bereicherungsausgleich bei fehlerhafter Überweisung	286
	a) Mängel im Deckungsverhältnis	288
	b) Mängel im Valutaverhältnis	290
	c) Mängel der Anweisung	291
	2. Das Stornorecht	297
	a) Nr. 8 AGB/B (93)	297
	b) Keine hinreichende Legitimation als gesetzliches oder vertragliches Selbsthilferecht	301
	c) Unwirksamkeit nach § 9 Abs. 2 Nr. 1 AGBG	302
	3. Das Zurückweisungsrecht des Empfängers	302
B. Lastschriftverfahren		306
I.	Begriff, Funktionen, Entwicklung	307
	1. Begriff und Formen	307
	2. Funktionen	309
	3. Entwicklung	311
II.	Die Lastschriftabrede	313
	1. Zustandekommen, Rechtsnatur, Widerruf	315
	a) Die Gläubiger-Schuldner-Beziehung	315
	b) Beziehung Gläubiger – Inkassobank	316

Inhalt

	2. Rechtswirkungen	316
	a) Rechtzeitigkeit der Leistung	316
	b) Nebenpflichten	318
III.	Das Einzugsermächtigungsverfahren (EEV)	322
	1. Das Verfahren	322
	2. Dogmatik der Einzugsermächtigung	323
	3. Grenzen des Genehmigungsrechts	325
IV.	Das Abbuchungsauftragsverfahren (AAV)	326
V.	Grenzen des Widerspruchsrechts	329
	1. Der Widerspruch im Abbuchungsauftragsverfahren	329
	2. Einzugsermächtigungsverfahren	331
	a) Sittenwidrigkeit gegenüber der Gläubigerbank	334
	b) Sittenwidrigkeit gegenüber dem Zahlungsempfänger	336
VI.	Schutzwirkungen zugunsten Dritter	338
VII.	Ansprüche zwischen den Banken	341
	1. Der Wiedervergütungsanspruch	341
	2. Der Anspruch nach I Nr. 4 LSA	342
	3. Der Anspruch nach IV Nr. 2 LSA	343
	4. Garantien	345
VIII.	Der Bereicherungsausgleich	345
	1. Bereicherungsrechtliche Rückabwicklung im EEV	346
	2. Der Bereicherungsausgleich im AAV	348

C. *Scheckgeschäft* 349
    I.   Funktionen 350
    II.   Historischer Hintergrund 354
   III. Die Rechtsnatur des Scheckvertrages und der Inkassoabrede 356
   IV. Wertpapierrechtliche Einordnung 357

	1. Schulfall: Scheckeinlösungspflicht trotz Wandelung des Kaufvertrages?	360
	2. Die Scheckfähigkeit der BGB-Gesellschaft	365
	3. Einwendungen gegen den scheckrechtlichen Rückgriffsanspruch	367
	4. Inlands- oder Auslandsscheck	369
V.	Haftung bei Scheckmißbrauch	370
	1. Grundsätze (Nr. 3 Abs. 1 SchB 95)	370
	2. Mitverschulden des Kunden	372
	3. Abhanden gekommene Schecks (Nr. 3 Abs. 2 SchB 95)	373
	4. Verschärfte Kundenhaftung bei erhöhter Risikointensität	378
VI.	Die Schecksperre	381
	1. Grundsätze	381
	2. Rechtspflichten nach Schecksperre	384
VII.	Der Bereicherungsausgleich	385
	1. Teilweise fehlerhafte Schecks	385
	2. Scheckfälschungen	387

	3. Fehlbuchungen	388
	4. Entreicherung	389
VIII.	Scheckeinlösungszusage – Scheckbestätigung – Scheckeinlösungsbestätigung	390
	1. Grundsätze	390
	2. Abgrenzung: Scheckgarantie – Scheckbestätigung	392
	3. Grenzen der Scheckgarantie	395
	4. Unwirksame Scheckgarantie	397
	5. Die Scheckeinlösungsbestätigung: Haftung für fehlerhafte Auskunft	399
IX.	Das Scheckinkasso	400
	1. Hauptpflichten aus dem Inkassoverhältnis	400
	2. Der Einlösungszeitpunkt	400
	3. Der Rückgriff gegen den Aussteller	402
	4. Pflichtverletzungen gegenüber dem Überbringer	404
	5. Pflichtverletzungen gegenüber dem Aussteller	408
	6. Sicherungsrechte der Inkassobank	411
X.	Auswirkungen der Scheckzahlung auf das Valutaverhältnis	413
	1. Kein Annahmezwang	413
	2. Die Erfüllungswirkung	414
	3. Die Rechtzeitigkeit der Leistung	416

D. Reisescheck ... 417
   I. Entstehung und Funktion ... 417
   II. Rechtsnatur ... 418
   III. Mißbrauch ... 422
      1. Echter Reisescheck ... 422
      2. Fälschungsrisiko ... 422
      3. Diebstahlsrisiko ... 425

E. Euroscheck ... 426
   I. Entstehung und Funktionen ... 427
   II. Der Garantieanspruch ... 429
      1. Rechtsnatur ... 429
      2. Kein Verstoß gegen Art. 4 ScheckG ... 433
      3. Entstehungsvoraussetzungen des Garantieanspruchs ... 435
         a) Vorlage der Scheckkarte nicht erforderlich ... 435
         b) Abtretung des Garantieanspruchs ... 435
      4. Einwendungen gegen den Garantieanspruch ... 437
         a) Keine Einwendungen aus Deckungs- und Valutaverhältnis ... 437
         b) Gültigkeitseinwendungen ... 438
      5. Grenzen der Garantie bei Rechtsmißbrauch ... 438
         a) Mißbrauch der Vertretungsmacht ... 439
         b) Mängel des Kausalverhältnisses ... 444
         c) Mitverschulden ... 444

Inhalt

III.	Der Mißbrauch durch Dritte	445
	1. Einlösungspflicht nach Echtheitsprüfung	445
	2. Sorgfaltspflichten und Schadensregelung	446
IV.	Sicherungsrechte der Bank	449

§ 5 Automatisierte Zahlungssysteme ... 451
- I. Das ec-Geldautomatensystem ... 451
  1. Entstehung und Funktion ... 452
  2. Die ec-Abrede ... 453
  3. Der ec-Kartenmißbrauch ... 454
     a) ec-Bedingungen Banken ... 454
     b) ec-Bedingungen Sparkassen ... 455
  4. Strafbarkeitshinweise ... 456
- II. Das electronic-cash-System ... 458
  1. Funktion und Entwicklung ... 459
  2. Die electronic-cash-Abrede ... 464
  3. Fehlerhafte Abbuchungen ... 465
  4. Der ec-Kartenmißbrauch ... 465
  5. Das POZ-System ... 466
- III. Zahlungsverkehr über Btx ... 467
  1. Entwicklungen und Funktionen ... 467
  2. Die Btx-Abrede ... 471
     a) Rechtsnatur und Kontrahierungszwang ... 471
     b) Aufklärungs- und Sorgfaltspflichten ... 472
  3. Systemfehler ... 473
  4. Btx-Mißbrauch ... 474

§ 6 Kreditkartengeschäft ... 476
- I. Begriff und Funktion ... 477
- II. Historischer Hintergrund ... 482
- III. Rechtsnatur ... 485
  1. Kundenkreditkarte (Zwei-Parteien-System) ... 485
  2. Universalkreditkarte (Drei-Parteien[Interchange-]System) ... 486
     a) Der Vertrag zwischen Kunde und Händler ... 488
     b) Der Vertrag zwischen Karteninhaber und -herausgeber ... 488
     c) Der Vertrag zwischen Kartengesellschaft und Vertragsunternehmen ... 489
     d) Der Lizenzvertrag im Eurocard-System ... 493
- IV. Rechtspflichten ... 494
  1. Pflichten des Vertragsunternehmens ... 494
     a) Pflichten gegenüber der Kartengesellschaft ... 494
     b) Pflichten gegenüber dem Kunden ... 496
  2. Rechtspflichten aus dem Kreditkartenvertrag ... 496
     a) Grundsätze ... 496

	b) Entgelte – Gebühren		498
	c) Widerruf der Anweisung		500
	d) Einwendungen aus dem Valutaverhältnis		502
		aa) Grundsätze	506
		bb) Einwand des Rechtsmißbrauchs	506
		cc) Verbundene Geschäfte/Einwendungsdurchgriff	508
	e) Zusatzkarten		509
V.	Haftung für den Mißbrauch der Kreditkarte durch Dritte		511
VI.	Strafbarkeitshinweise		515
VII.	Wettbewerbsrechtliche Hinweise		516
	1. Probleme des unlauteren Wettbewerbs		516
	a) Koppelung mit Zusatzleistungen		516
	b) Werbestrategien		519
	c) Rabatte		519
	2. Probleme des nationalen und europäischen Kartellrechts		520
	a) Verbot, eine Kartengebühr zu erheben		521
	b) Kooperation bei der Disagiovereinbarung		526

§ 7 Kreditgeschäft ... 528
A. Grundlagen ... 528
  I. Der Begriff Kredit ... 529
  II. Entstehung der Kreditgeschäfte ... 531
  III. Funktionen ... 532
  IV. Der Darlehensvertrag ... 533
   1. Grundsätze ... 533
   2. Der Begriff des Darlehens ... 534
   3. Die Rechtsnatur des Darlehensvertrages ... 536
B. Krediteröffnungsvertrag ... 540
  I. Begriff und Rechtsnatur ... 540
  II. Zustandekommen des KEV ... 544
  III. Das Recht auf Kreditgewährung ... 545
   1. Das Abrufrecht ... 545
   2. Auszahlungsmodalitäten ... 547
   3. Abtretbarkeit/Pfändbarkeit ... 548
    a) Abtretung ... 548
    b) Pfändung ... 549
  IV. Das Verhältnis zum Verbraucherkreditgesetz ... 549
  V. Bereitstellungszinsen ... 551
  VI. Nichtabnahmeentschädigung ... 552
   1. Die Beurteilung nach dem AGBG ... 552
   2. Konkreter Schadensersatz nach § 326 BGB ... 554
C. Der Kreditpreis ... 556
  I. Preisbestandteile ... 557
   1. Zinsen ... 557

		a) Grundsätze	557
		b) Einzelfragen (insb. Disagio)	558
		2. Kosten	562
	II.	Preisbildung	563
		1. Grundsätze	563
		2. Zinsanpassungsklauseln	566
	III.	Preistransparenz	570
		1. Preisangaben	570
		2. Der Effektivzins	571
		a) Berechnungsgrundlagen	574
		b) Berechnungsmethode	575
		3. Annuitätendarlehen – Transparenzgebot	578
D.	Schutzpflichten der Bank bei der Vergabe von Krediten		583
	I.	Grundsätze	584
		1. Dogmatische Grundlagen	585
		2. Funktionen und Schutzpflichten	586
		3. Begriffe / Abgrenzungen	587
		4. Der Haftungsgrund für die Verletzung von Schutzpflichten	588
		5. Bewegliche Systeme zur Ermittlung des Inhalts und Umfangs von Schutzpflichten	591
		a) Grundlagen und Entwicklungen	591
		b) Bewegliches System zur Ermittlung von Inhalt und Umfang vertragsbezogener Schutzpflichten	593
	II.	Fallgruppen	595
		1. Fallgruppe: Konkreter Wissensvorsprung	595
		2. Fallgruppe: Gefährdungstatbestände	598
		3. Fallgruppe: Unerfahrenheit	599
		4. Fallgruppe: Schwerwiegender Interessenkonflikt	600
		5. Fallgruppe: Täuschungen durch Dritte	601
	III.	Überschreitung der Kreditgeberrolle	602
E.	Das nichtige Darlehen		605
	I.	Verstoß gegen gesetzliche Verbote	606
		1. §§ 55, 56 GewO	606
		2. Haustürwiderrufsgesetz	606
		3. Verbraucherkreditgesetz	607
	II.	Sittenwidrigkeit des Darlehens	607
		1. Das Verhältnis des Wuchertatbestands (§ 138 Abs. 2 BGB) zur Generalklausel (§ 138 Abs. 1 BGB)	607
		2. Die Generalklausel (§ 138 Abs. 1 BGB): Sittenwidrige Ratenkreditverträge	608
		3. Umschuldung	612
		4. Durchbrechung der Rechtskraft	613
		5. Verjährungsprobleme	615
		6. Mithaftung	616

		7. Anwendbarkeit des Haustürwiderrufsgesetzes auf Bürgschaften	620
		8. Der Bereicherungsausgleich bei sittenwidrigen Darlehen	621
F.	*Kreditkündigung*		623
	I.	Begriffe	624
	II.	Grundsätze	624
	III.	Die Rechtsgrundlagen für die Kreditkündigung	625
	IV.	Der Widerruf nach § 610 BGB	627
	V.	Die ordentliche Kündigung	628
		1. Die Kündigung zur Unzeit	629
		2. Die mißbräuchliche Kündigung	631
		3. Die sittenwidrige Kündigung	634
	VI.	Die Kündigung nach § 609 a BGB	635
		1. Entstehung und Konzeption	635
		2. Darlehen mit veränderlichem Zinssatz	636
		3. Darlehen mit auslaufender Zinsbindung	637
		4. Das festverzinsliche Verbraucherdarlehen	637
		5. Langfristige Festzinsdarlehen	639
	VII.	Die außerordentliche Kündigung	639
		1. Begriff und Rechtsgrundlage	639
		2. Das Vorliegen eines wichtigen Grundes	640
		a) Unrichtige Angaben über die Vermögenslage	640
		b) Wesentliche Verschlechterung der Vermögenslage	640
		c) Bestellung oder Verstärkung von Sicherheiten	641
		3. Schranken der außerordentlichen Kündigung	642
G.	*Eigenkapitalersetzende Gesellschafterdarlehen*		644

§ 8 Verbraucherkredit ... 649

I.	Überblick	651
II.	Die europäische Dimension des VKG	652
III.	Rechtssoziologischer Hintergrund des VKG	654
IV.	Der persönliche Anwendungsbereich des VKG	658
	1. Kreditgeber	659
	2. Verbraucher	659
V.	Der sachliche Anwendungsbereich des VKG	665
	1. Grundsätze	665
	2. Entgeltlichkeit	665
	3. Darlehen	665
	4. Bürgschaften	667
	5. Zahlungsaufschub	668
	6. Sonstige Finanzierungshilfen	670
VI.	Ausnahmen von der Anwendbarkeit des VKG	671
VII.	Erweiterung des sachlichen Anwendungsbereichs des VKG	679

Inhalt

VIII.	Der Schutz vor Übereilung: Formmängel – Widerruf.................	681
	1. Schriftform	681
	2. Rechtsfolgen von Formmängeln......................................	682
	3. Widerrufsrecht	684
IX.	Der Schutz vor Fehlentscheidungen: Das Informationsmodell (§ 4 VKG)..	688
	1. Grundsätze	688
	2. Der Nettokreditbetrag	688
	3. Der Bruttokreditbetrag	689
	4. Rückzahlung / Beendigung...	691
	5. Zinsen und Kosten	692
	6. Effektivzins...	692
	7. Restschuldversicherung..	694
X.	Verbundene Geschäfte (§ 9 VKG)..	695
	1. Entstehung und Normzweck	695
	2. Das verbundene Geschäft	696
	a) Die Zweckbestimmung	696
	b) Die wirtschaftliche Einheit	697
	c) Einzelfälle	701
	d) Leasingverträge	701
	3. Widerruf und Rückabwicklung.......................................	703
	a) Grundsätze	703
	b) Belehrung	704
	c) Rückabwicklung	705
	4. Der Einwendungsdurchgriff	706
	a) Grundsätze	706
	b) Einwendungsdurchgriff nach § 9 Abs. 3 S. 1 VKG	707
	c) Rückforderungsdurchgriff	711
	5. Verbot des Einwendungsverzichts; Wechsel- und Scheckverbot (§ 10 VKG)	712
XI.	Verbraucherschutz bei Zahlungsverzug (§§ 11, 12, 13 VKG)......	712
	1. Grundsätze	712
	2. Pauschalierung des Verzugsschadens (§ 11 Abs. 1 VKG)........	714
	3. Tilgungsreihenfolge und Zinsreduktion nach Verzug.....	717
	4. Zahlungen auf Vollstreckungstitel	719
	5. Kündigung von Teilzahlungskrediten (§ 12 VKG)	719
	a) Anwendungsbereich	719
	b) Kündigung	720
	c) Kündigungsvoraussetzungen	720
	d) Zinsrückvergütung	722
	6. Rücktritt der kreditgebenden Bank (§ 13 VKG)	723
XII.	Vorzeitige Erfüllung	725
XIII.	Kreditvermittlung	727
XIV.	Änderung des Mahnverfahrens...	728

§ 9	Besondere Geldkreditgeschäfte (begrifflicher Überblick)	732
	I. Kontokorrent – Lombard – Hypothekenbankkreditgeschäft	732
	II. Schuldscheindarlehen	733
	III. Akzeptkredit – Rembourskredit	735
	IV. Diskontgeschäft	736

§ 10 **Auslandsgeschäfte** 738
A. *Akkreditivgeschäft* 738
    I. Grundlagen – wirtschaftliche Zusammenhänge 738
    II. Das Rechtsverhältnis zwischen Bank und Akkreditiv-
        auftraggeber 741
    III. Einschaltung einer Avisbank 742
    IV. Der Grundsatz der Dokumentenstrenge 742
    V. Rechtsverhältnis zwischen der Bank und dem Akkreditiv-
        empfänger 744
    VI. Einwendungsausschluß 744
        1. Grundsätze 744
        2. Zulässige Einwendungen 745
        3. Rechtsmißbrauch 746
    VII. Übertragung des Akkreditivs 747
    VIII. Sonderformen des Akkreditivgeschäftes 748
        1. Remboursgeschäft 748
        2. Der Letter of Credit 749
B. *Dokumenteninkasso* 749
    I. Begriff und Funktion 749
    II. Typische Rechtsfragen 750
C. *Garantiegeschäft* 752
    I. Begriff und Funktionen 752
    II. Rechtliche Grundlagen 754
    III. Abgrenzung zu anderen Sicherungsinstrumenten 755
        1. Bürgschaft 755
        2. Standby Letter of Credit 756
    IV. Typische Rechtsfragen 757
        1. Dokumentenstrenge 757
        2. Abtretung der Garantie 757
        3. Einwendungsausschluß 758
            a) Grundsätze 758
            b) Ausnahmen 759
        4. Aufrechnung trotz Garantie 760

Dritter Teil Investment Banking

§ 11 Wertpapiergeschäft ... 763
A. Das Effektengeschäft ... 763
    I. Der Begriff des Effektengeschäfts ... 764
        1. Herkömmliche Definitionen ... 764
        2. Erweiterungen des Begriffs des Effektengeschäftes ... 767
            a) Wertpapierbegriff in anderen Gesetzen ... 767
            b) Bankmäßiges Effektengeschäft ... 768
    II. Formen des bankmäßigen Effektengeschäfts ... 769
        1. Vertragstypen zur Durchführung des Effektengeschäfts ... 769
            a) Direkte Stellvertretung ... 769
            b) Kommission gem. §§ 383 ff. HGB ... 770
            c) Kommission mit Selbsteintritt gem. §§ 400 ff. HGB ... 771
            d) Eigengeschäft (Eigenhändlergeschäft, Propergeschäft) ... 772
        2. Schuldrechtliche Formen des Effektengeschäfts nach den Sonderbedingungen für Wertpapiergeschäfte 1995 ... 773
            a) Einfache Kommission ... 773
                aa) Einführung durch Sonderbedingungen ... 773
                bb) Anwendungsbereich der Sonderbedingungen ... 774
                cc) Ausführung als Kommissionär ... 774
                dd) Erfüllungshaftung des Kommissionärs ... 776
                ee) Ausführungsplatz und Ausführungsort ... 776
                ff) Namhaftmachung des Dritten ... 777
                gg) Verhaltenspflichten bei Limitierungen und Kursaussetzungen ... 777
                hh) Vorschußpflicht des Kunden ... 778
            b) Festpreisgeschäft ... 778
        3. Ausführung und Erfüllung des Effektengeschäfts ... 780
            a) Lieferfristen und Erfüllungszeitpunkt ... 780
                aa) Gesetzliche Liefer- und Erfüllungsfristen ... 780
                bb) Usancemäßige Liefer- und Erfüllungsfristen ... 781
            b) Erfüllung der Wertpapiergeschäfte ... 782
                aa) Anschaffung im Inland ... 782
                bb) Anschaffung im Ausland ... 783
            c) Pfand- und Zurückbehaltungsrechte ... 784
            d) Konkursvorrecht des Bankkunden ... 786
B. Die Anlageberatung ... 787
    I. Rechtsgrundlagen für die Anlageberatung ... 789
        1. Anlageberatung als Dienstleistung ... 789
        2. Rechtsgrundlagen ... 791
            a) Vertrag ... 791
            b) Rechtliche Sonderverbindung ... 792
            c) Gesetzliche Verhaltenspflichten ... 792

	3. Anlageberatung als Wertpapier(neben)Dienstleistung.............	793
II.	Inhalt und Umfang der Informations- und Beratungspflichten..	795
	1. Sachkenntnis, Sorgfalt, Gewissenhaftigkeit und Erkundigungspflicht..	795
	2. Kenntnis des Kunden	796
	3. Pflicht zur Information und Beratung	798
	4. Empfehlungsverbote...	801
	5. Beratung bei Interessenkonflikten und Insiderwissen............	802
	a) Interessenkonflikte	802
	aa) Institutionelle und individuelle Interessenkonflikte..	802
	bb) Konfligierende Interessen und Verhaltenspflicht der Bank..	803
	b) Beratung bei Insiderwissen	805
	6. Form..	807
III.	Haftung für fehlerhafte Anlageberatung..	808
	1. Anspruchsgrundlagen für Schadensersatzforderungen...........	808
	2. Verschulden und Mitverschulden...	809
	3. Schadensumfang..	810

C. *Das Depotgeschäft* 811
    I.   Der Gegenstand des Depotgeschäfts... 812
          1. Entstehung eines Verwahrverhältnisses..................................... 812
          2. Abgrenzung zu anderen Verwahrverhältnissen 813
             a) Schrankfächer... 813
             b) Unregelmäßige Verwahrung 813
             c) Vermögensverwaltung... 813
    II.   Eigentums- und Verwahrformen an Wertpapieren und Wertrechten 814
          1. Girosammelverwahrung an effektiven Stücken 814
             a) Gesetzliche Regelung 814
             b) Ausformung in der Praxis 815
                aa) Besitzstufungen 815
                bb) Position des Eigentümers 816
                    α) Bruchteilseigentum und seine Konsequenzen...... 816
                    β) Herausgabeansprüche, Konkurs- und Vollstreckungsschutz.. 817
          2. Girosammelverwahrung an anderen Effektenformen 819
             a) Sammelurkunden.. 819
             b) Dauer-Globalurkunden.. 819
             c) Wertrechte 820
                aa) Sammelschuldbuchforderungen 820
                bb) Einzelschuldbuchforderungen 821
             d) Ausländische Wertpapiere 822
          3. Sonstige Verwahrformen... 822
             a) Streifbandverwahrung 822

		b) Auslandsaufbewahrung		823
			aa) Treuhandeigentum der Depotbank	823
			bb) Drei-Punkte-Erklärung	824
		4. Internationale Clearing-Systeme		825
	III.	Pflichten der Depotbank		825
		1. Verwahrung und Formen der Obhutspflicht		825
		2. Depotauszug und Inkassi		826
			a) Depotauszug	826
			b) Inkassi	826
			c) Erfüllungszeitpunkt bei Inkassi	827
		3. Benachrichtigungspflichten		828
		4. Urkundenprüfungen		830
		5. Depotstimmrecht		831
	IV.	Pflichten des Depotkunden		832
		1. Entgelt		832
		2. Pfandrecht der Depotbank		832
§ 12		Vermögensverwaltung		834
	I.	Grundlagen		835
		1. Der Markt für Vermögensverwaltung		835
			a) Voraussetzungen für die Entstehung eines Marktes	835
			b) Entwicklungsphasen des Marktes für Vermögensverwaltung	836
			c) Art und Umfang von Vermögensverwaltungen	838
			aa) Nachfrager nach Vermögensverwaltungen	838
			bb) Anbieter von Vermögensverwaltungen	838
			cc) Vermögensverwaltung durch Banken	840
		2. Grundsätzliche eigentumsrechtliche Ausformungen der Vermögensverwaltung		840
			a) Treuhandmodell	840
			b) Vertretermodell	841
		3. Schuldrechtliche Qualifikation der Vermögensverwaltung		842
			a) Vertretermodell	842
			b) Treuhandmodell	843
		4. Vermögensverwaltung als Wertpapierdienstleistung		843
		5. Qualifikation der Vermögensverwaltung als Bankgeschäft und Finanzdienstleistung		845
		6. Form		846
	II.	Abgrenzung der Vermögensverwaltung zur Anlageberatung		846
	III.	Pflichten des Vermögensverwalters		847
		1. Rechtsquellen für die Pflichten des Vermögensverwalters		848
		2. Allgemeine Pflichten des Vermögensverwalters		849
			a) Pflicht zur Kenntnis des Kunden	849
			b) Anlagerichtlinien	850

		c) Umsetzung der Anlagerichtlinien mit Sachkenntnis, Sorgfalt und Gewissenhaftigkeit	853
		d) Fallgruppen unzulässigen Verhaltens	854
		3. Besondere Pflichten bei Immobilienverwaltung	857
		4. Besondere Pflichten bei Beteiligungsverwaltungen	858
		5. Benachrichtigungs-, Rechnungslegungs- und Unterrichtungspflichten	859
		6. Haftung für Pflichtverletzungen	860
	IV.	Pflichten des Vermögensinhabers	863
		1. Entgelt	863
		2. Gebot der Rücksichtnahme	864
	V.	Beendigung des Vermögensverwaltungsvertrages	864

§ 13 Börsentermingeschäfte 866

	I.	Ursprung und Entwicklung der Börsentermingeschäfte	868
	II.	Überblick über die Arten von Börsentermingeschäften	872
		1. Börsliche und außerbörsliche Börsentermingeschäfte	872
		2. Options- und Futuregeschäfte	872
		3. Unterscheidung nach Basiswerten	873
	III.	Einsatzmöglichkeiten und Risiken von Börsentermingeschäften	873
	IV.	Bank- und wertpapieraufsichtsrechtliche Behandlung	875
		1. Bankaufsichtsrecht	875
		2. Wertpapieraufsichtsrecht	876
	V.	Begriff und Systematik der Börsentermingeschäfte	877
		1. Begriff	877
		a) Gesetzliche Grundlagen	877
		b) Definition der Rechtsprechung und Literatur bis 1989	878
		c) Neuere Definitionsversuche in der Literatur	879
		d) Teleologische Bestimmung des Börsentermingeschäfts	882
		aa) Teleologische Gesichtspunkte	882
		bb) Einzelne Begriffselemente	885
		e) Bewertung einzelner Geschäftsformen	888
		2. Gesetzessystematik	893
		a) Verbotene Börsentermingeschäfte	893
		b) Erlaubte Börsentermingeschäfte	893
	VI.	Börsentermingeschäftsfähigkeit	894
		1. Termingeschäftsfähigkeit kraft Gesetzes	894
		2. Termingeschäftsfähigkeit kraft Information	896
		a) Qualifikation der Termingeschäftsfähigkeit kraft Information	896
		b) Schriftliche Information	897
		c) Wer ist von wem zu informieren?	898
		d) Zeitpunkt und Durchführung der Information	901
		e) Termingeschäftsfähigkeit bei Warentermingeschäften	902

		3. Rechtsfolgen der Termingeschäftsfähigkeit	902
VII.		Aufklärungs- und Beratungspflichten bei Börsentermingeschäften	903
		1. Aufklärung zusätzlich zur Termingeschäftsfähigkeit	903
		2. Form und Zeitpunkt der Aufklärung und Beratung	905

§ 14 Finanzinnovationen 907

I.		Begriff und Problemfeld der Finanzinnovation	909
II.		Swapgeschäfte	910
	1.	Formen und wirtschaftliche Funktion von Swaps	910
		a) Zins- und Währungsswaps	910
		b) Ricardos Theorem der komparativen Vorteile	912
	2.	Zivilrechtliche Qualifikation von Swaps	915
		a) Vertragstypen	915
		aa) Zinsswaps	915
		bb) Währungsswaps	916
		cc) Kombinierte Zins- und Währungsswaps	917
		b) Gegenseitigkeit, Dauerschuldcharakter, Fixgeschäft	918
		c) Differenzgeschäfte	919
		aa) Zinsswaps	919
		bb) Währungsswaps und kombinierte Zins- und Währungsswaps	922
		cc) Wirtschaftliche Berechtigung	923
		d) Börsentermingeschäfte	923
		aa) Börsentermingeschäfte nach altem und neuem Recht	923
		bb) Währungsswaps und kombinierte Zins- und Währungsswaps	924
		cc) Zinsswaps	924
		e) Zurückbehaltungs- und Aufrechnungsrechte	925
		f) Swap-Verträge und Ultra-Vires-Doktrin	926
		g) Swap-Verträge im Konkurs	928
		aa) Schwebende Devisentermingeschäfte in der Krise	929
		bb) Währungsswaps in der Krise	930
		cc) Zinsswapgeschäfte in der Krise	932
		dd) Swaps in der neuen InsO	932
		h) Devisenswaps und WährG	933
	3.	Aufsichts-, steuer- und bilanzrechtliche Behandlung von Swaps	934
		a) Aufsichtsrechtliche Behandlung	934
		b) Steuer- und bilanzrechtliche Behandlung	934
III.		Swap-Derivate	935
IV.		Wertpapierleihe	938
	1.	Die Entstehung der Wertpapierleihe	938
		a) Der Begriff der Wertpapierleihe	938

	b)	Die Marktbeteiligten und ihre Motive	939
		aa) Einsatzmöglichkeiten der Wertpapierleihe	939
		bb) Die Marktbeteiligten	940
	c)	Marktsegmente	941
	2. Rechtliche Qualifikation der Wertpapierleihe		941
	a)	Sachdarlehen	941
	b)	Abgrenzung zu verwandten Geschäften	942
		aa) Echtes Wertpapierpensionsgeschäft	942
		bb) Unechtes Wertpapierpensionsgeschäft	944
		cc) Repo-Geschäft	944
	3. Der Vertragsinhalt einer Wertpapierleihvereinbarung		944
	a)	Pflichten des Verleihers	944
	b)	Pflichten des Entleihers	945
		aa) Rückgewähr	945
		bb) Entgelt	945
		cc) Sicherheiten	945
	c)	Termin- und Differenzeinwand	945
	4. Rechtliche Strukturen der Formen der Wertpapierleihe		946
	a)	Das Wertpapierleihsystem bei der Deutscher Kassenverein AG	946
		aa) Überblick	946
		bb) Vertragsbeziehungen zwischen ver- und entleihendem Kreditinstitut	947
		cc) Vertragsbeziehungen zwischen Kreditinstituten und ihren Kunden	948
		α) Bank-Verleiher	948
		β) Bank-Entleiher	950
	b)	Wertpapierleihsysteme der Kreditinstitute	950
	c)	Vereinbarkeit der Wertpapierleihe mit § 13 DepotG	951
	5. Aufsichtsrechtliche und bilanzielle Behandlung der Wertpapierleihe		953
	a)	Aufsichtsrechtliche Behandlung	953
	b)	Bilanzielle Behandlung der Wertpapierleihe	954
	6. Stimmrechte aus entliehenen Papieren		955
V.	Repurchase Agreement		956
	1. Grundstruktur des Repo-Geschäftes		956
	2. Unterschiede zur Wertpapierleihe		956
§ 15	**Emissions- und Konsortialgeschäft**		**958**
I.	Grundlagen		960
	1. Begriff und wirtschaftlicher Ablauf		960
	a)	Begriff und Bedeutung des Konsortialgeschäftes	960
	b)	Konsortialgeschäft als Bankgeschäft und Wertpapierdienstleistung	961

		c) Formen von Emissionen	962
		d) Emissionskonsortien: Aufgaben und Erscheinungsformen	962
		e) Plazierungsmethoden	965
		f) Chancen und Risiken im Emissions- und Konsortialgeschäft	966
	2.	Rechtsbeziehungen beim Emissionsgeschäft im Überblick	966
II.	Das Emissionskonsortium		968
	1.	Rechtsnatur des Emissionskonsortiums	968
		a) Gesellschaftszweck	968
		b) Gesellschaftsvermögen	970
	2.	Das Innenrecht des Emissionskonsortiums	970
		a) Pflichten der Konsorten	970
		aa) Beitragspflicht	970
		bb) Gewinn- und Verlustbeteiligung	972
		b) Pflichten des Konsortialführers	974
		aa) Beratung des Emittenten	974
		bb) Wahrnehmung der Interessen der Anleger	975
		cc) Wahrnehmung der Interessen der Konsorten	976
		dd) Prospekterstellung und Börseneinführung	977
		c) Haftungsmaßstab bei Pflichtverletzungen	977
		d) Geschäftsführung und Vertretung des Konsortiums	978
		e) Haftung der Konsortialmitglieder für rechtsgeschäftliche Handlungen des Konsortialführers	979
		f) Beendigung des Konsortiums	980
		g) Emissionskonsortium als gesellschaftsrechtliche Typendehnung	981
III.	Rechtsbeziehungen zwischen Emittent und Konsortium		982
	1.	Übernahmevertrag	982
		a) Typischer Regelungsinhalt eines Übernahmevertrages	982
		b) Rechtsnatur des Übernahmevertrages	983
		aa) Emission von Forderungsrechten	983
		bb) Emission von Mitgliedschaftsrechten	984
	2.	Ausgewählte Regelungsgegenstände und Rechtsfragen des Übernahmevertrages	986
		a) Preisfindungsmechanismen	986
		b) Pflicht zur Übernahme, Unterbringung und Bezahlung	988
		c) Prospekterstellung und Börseneinführung	988
		aa) Prospekterstellung	988
		bb) Verteilung der Haftung für fehlerhafte Prospekte	989
		cc) Börseneinführung	989
		d) Haftungsbeschränkungen gegenüber dem Emittenten	990
		e) Rücktrittsklauseln	991
		f) »Nachträgliche« Änderung von Anleihebedingungen	993
		g) Marktstabilisierung/Kurspflege	993

	3. Allgemeine Beratungs-, Unterrichtungs- und Mitwirkungspflichten	994
IV.	Rechtsbeziehungen zwischen Emittent und Anleger	995
	1. Rechtsbeziehung durch emittierte Wertpapiere	995
	a) Forderungsrechte	995
	aa) AGB-Charakter der Bedingungen und Inhaltskontrolle	995
	bb) Inhaltliche Ausgestaltung der Bedingungen	997
	cc) SchuldverschreibungsG	999
	dd) Änderung der Wertpapierbedingungen durch Gläubigerversammlungen	1000
	b) Mitgliedschaftsrechte	1001
	2. »Selbstverpflichtung« des Emittenten	1001
	3. Prospekthaftung	1001
V.	Rechtsbeziehungen zwischen Konsortium und Anleger	1002
	1. Rechtsbeziehungen aufgrund des Plazierungsvorgangs	1002
	a) Verkauf von Wertpapieren durch Drittbank	1002
	b) Verkauf von Wertpapieren durch Konsortialmitglied	1002
	c) Verhaltenspflichten nach §§ 31, 32 WpHG	1003
	2. Rechtsbeziehungen aufgrund des Übernahmevertrages	1003
	a) vor Abschluß des Übernahmevertrages	1003
	b) nach Abschluß des Übernahmevertrages	1003
	3. Rechtsbeziehungen aufgrund der Übernahme von Sonderfunktionen	1004
	4. Rechtsbeziehungen aufgrund der Prospektverantwortlichkeit	1005
	a) Prospektzwang	1005
	b) Prospektverantwortlichkeit und Haftung der Konsortialmitglieder	1006
VI.	Ausgewählte Aspekte internationaler Emissionen	1006
	1. Grenzen von Rechtswahlklauseln bei Forderungsrechten	1006
	2. Nationale Vertriebsvorschriften und internationale Konsortien	1010
	3. Prospekthaftung bei internationalen Emissionen	1012
	4. Internationale Vereinheitlichungsbestrebungen	1013

Sachregister 1015

Abkürzungen

a.A.	anderer Ansicht
Abl. EG	Amtsblatt der Europäischen Gemeinschaften
Abs.	Absatz
AbzG	Abzahlungsgesetz
AcP	Archiv für die civilistische Praxis (Zeitschrift)
a.F.	alte Fassung
AG	Amtsgericht, Die Aktiengesellschaft (Zeitschrift)
AGB	Allgemeine Geschäftsbedingungen
AGB/B	Allgemeine Geschäftsbedingungen der Banken
AGBG	AGB-Gesetz (Gesetz zur Regelung des Rechts der Allgemeinen Geschäftsbedingungen)
AktG	Aktiengesetz
AKV	Deutscher Auslandskassenverein
Alt.	Alternative
Anm.	Anmerkung
AO	Abgabenordnung
ArbGG	Arbeitsgerichtsgesetz
Art.	Artikel
Aufl.	Auflage
AuslInvestmG	Auslandinvestment-Gesetz (Gesetz über den Vertrieb ausländischer Investmentanteile und über die Besteuerung der Erträge aus ausländischen Investmentanteilen)
BAnz.	Bundesanzeiger
BAK	Bundesaufsichtsamt für das Kreditwesen
BayObLG	Bayerisches Oberstes Landesgericht
BB	Betriebs-Berater (Zeitschrift)
BBankG	Bundesbankgesetz
Bd.	Band
BDSG	Bundesdatenschutzgesetz
BefrV	Verordnung über die Befreiung von bestimmten Pflichten nach dem Gesetz über das Kreditwesen (Befreiungsverordnung)
Begr.	Begründung
BGBl.	Bundesgesetzblatt
BGH	Bundesgerichtshof
BGHZ	Entscheidungen des BGH (Zivilsachen)
BörsG	Börsengesetz
BörsZulV	Börsenzulassungs-Verordnung (Verordnung über die Zulassung von Wertpapieren zur amtlichen Notierung an einer Wertpapierbörse)
BOSS	Börsen-Order-Service-System

Abkürzungen

BRS-Abkommen	Abkommen über den beleglosen Einzug von Reisescheckgegenwerten
BSE-Abkommen	Abkommen über das beleglose Scheckeinzugsverfahren
BStBl.	Bundessteuerblatt
BT-Drs.	Bundestagsdrucksache
Btx	Bildschirmtext
BVerfG	Bundesverfassungsgericht
BVerfGE	Sammlung der Entscheidungen des BVerfG
BVerwG	Bundesverwaltungsgericht
BVerwGE	Sammlung der Entscheidungen des BVerwG
BZÜ-Abkommen	Abkommen über die Umwandlung beleghafter Überweisungen (Gutschriftsträger) mit prüfziffergesicherten Verwendungszweckangaben in Datensätze mittels Codierzeilenlesung und deren weitere Bearbeitung
DB	Der Betrieb (Zeitschrift)
DepG	Depotgesetz
ders.	derselbe
DKV	Deutscher Kassenverein AG
DNotZ	Deutsche Notar-Zeitschrift
DTB	Deutsche Terminbörse
ec	eurocheque
Ecu	European Currency Unit (Europäische Rechnungseinheit)
EG	Europäische Gemeinschaften
EG-Rili	EG-Richtlinie
EGV	Vertrag zur Gründung der Europäischen Gemeinschaft
EGBGB	Einführungsgesetz zum Bürgerlichen Gesetzbuch
Einl.	Einleitung
ERA	Einheitliche Richtlinien und Gebräuche für Dokumenten-Akkreditive
ERI	Einheitliche Richtlinien für Inkassi
EStG	Einkommensteuergesetz
ESZB	Europäisches System der Zentralbanken
EU	Europäische Union
EuGH	Gerichtshof der Europäischen Gemeinschaften
EuZW	Europäische Zeitschrift für Wirtschaftsrecht
EWI	Europäisches Währungsinstitut
EWiR	Entscheidungen zum Wirtschaftsrecht
EZB	Europäische Zentralbank
EZL-Abkommen	Abkommen über die Umwandlung beleghaft erteilter Lastschriftaufträge in Datensätzen und deren Bearbeitung
EZÜ-Abkommen	Abkommen über die Umwandlung beleghaft erteilter Überweisungsaufträge in Datensätzen und deren Bearbeitung

FamRZ	Zeitschrift für das gesamte Familienrecht
FGG	Gesetz über die Angelegenheiten der Freiwilligen Gerichtsbarkeit
FS	Festschrift
GG	Grundgesetz
GmbHG	GmbH-Gesetz
Gruch	Gruchot's Beiträge zur Erläuterung des Deutschen Rechts (Zeitschrift)
GRUR	Zeitschrift für gewerblichen Rechtsschutz und Urheberrecht
GS-Gutschrift	Girosammeldepotgutschrift
GWB	Gesetz gegen Wettbewerbsbeschränkungen
GwG	Geldwäschegesetz (Gesetz über das Aufspüren von Gewinnen aus schweren Straftaten)
HTWiG	Haustürwiderrufsgesetz (Gesetz über den Widerruf von Haustürgeschäften und ähnlichen Geschäften)
HGB	Handelsgesetzbuch
h.L.	herrschende Lehre
h.M.	herrschende Meinung
HypBankG	Hypothekenbankgesetz
IBIS	Integriertes Börsenhandels- und Informations-System
InsO	Insolvenzordnung
IPMA	International Primary Market Association
IPO	Initial Public Offering
IPR	Internationales Privatrecht
IPRax	Praxis des internationalen Privat- und Verfahrensrechts (Zeitschrift)
JherJb	Jherings Jahrbücher der Dogmatik des bürgerlichen Rechts
JuS	Juristische Schulung (Zeitschrift)
JW	Juristische Wochenschrift (Zeitschrift)
JZ	Juristenzeitung (Zeitschrift)
KAGG	Gesetz über die Kapitalanlagegesellschaften
KG	Kammergericht
KO	Konkursordnung
KTS	Zeitschrift für Insolvenzrecht (Konkurs- und Treuhand-Sanierung)
KWG	Gesetz über das Kreditwesen
LG	Landgericht
LZB	Landeszentralbank
MDR	Monatsschrift für Deutsches Recht (Zeitschrift)
m.w.N.	mit weiteren Nachweisen

Abkürzungen

n.F.	neue Fassung
NJW	Neue Juristische Wochenschrift (Zeitschrift)
OLG	Oberlandesgericht
OLGR	Die Rechtsprechung der Oberlandesgerichte auf dem Gebiete des Zivilrechts
OrgKG	Gesetz zur Bekämpfung des illegalen Rauschgifthandels und anderer Erscheinungsformen der organisierten Kriminalität
OVG	Oberverwaltungsgericht
OWiG	Ordnungswidrigkeitengesetz
PAngV	Preisangabenverordnung
RabelsZ	Zeitschrift für ausländisches und internationales Privatrecht
RechKredV	Verordnung über die Rechnungslegung der Kreditinstitute
RegE	Regierungsentwurf
RG	Reichsgericht
RGBl.	Reichsgesetzblatt
RGZ	Amtliche Sammlung. der Entscheidungen des RG in Zivilsachen
RIW	Recht der internationalen Wirtschaft (Zeitschrift)
Rspr.	Rechtsprechung
Rz	Randziffer
ScheckG	Scheckgesetz
SeuffA	Seufferts Archiv (Zeitschrift)
SGB	Sozialgesetzbuch
SGG	Sozialgerichtsgesetz
StGB	Strafgesetzbuch
StPO	Strafprozeßordnung
stdRspr.	ständige Rechtsprechung
Tz.	Textziffer
VAG	Versicherungsaufsichtsgesetz
VerkProspG	Wertpapier-Verkaufsprospektgesetz
VerkProspVO	Verordnung über die Wertpapier-Verkaufsprospekte
VG	Verwaltungsgericht
VGH	Verwaltungsgerichtshof
VglO	Vergleichsordnung
VKG	Verbraucherkreditgesetz
VO	Verordnung
Vorb.	Vorbemerkung
VVG	Versicherungsvertragsgesetz
VwGO	Verwaltungsgerichtsordnung
VwVfG	Verwaltungsverfahrensgesetz

Abkürzungen

WährG	Währungsgesetz
WG	Wechselgesetz
wistra	Wirtschaft, Steuer, Strafrecht (Zeitschrift)
WM	Wertpapier-Mitteilungen (Zeitschrift)
Wpg	Die Wirtschaftsprüfung (Zeitschrift)
WpHG	Wertpapierhandelsgesetz
WR-Gutschrift	Gutschrift in Wertpapierrechnung
WuB	Entscheidungssammlung zum Wirtschafts- und Bankrecht
ZBB	Zeitschrift für Bankrecht und Bankwirtschaft
ZfgK	Zeitschrift für das gesamte Kreditwesen
ZGR	Zeitschrift für Unternehmens- und Gesellschaftsrecht
ZHR	Zeitschrift für das gesamte Handelsrecht und Wirtschaftsrecht
ZIP	Zeitschrift für Wirtschaftsrecht
ZPO	Zivilprozeßordnung
ZSR	Zeitschrift für Schweizerisches Recht
ZVG	Gesetz über die Zwangsversteigerung und Zwangsverwaltung
ZVglRWiss	Zeitschrift für vergleichende Rechtswissenschaften

Erster Teil Grundlagen

§ 1 Grundlagen des Bankrechts

A. Begriff und Methodik

Schrifttum:
Alexy, Theorie der juristischen Argumentation, 1983; *Brechmann,* Die richtlinienkonforme Auslegung, 1994; *Breidenbach,* Die Voraussetzungen von Informationspflichten beim Vertragsschluß, 1989; *Claussen,* Bank- und Börsenrecht, 1996; *Hager,* Grundrechte im Privatrecht, JZ 1994, 373; *Hopt,* Der Kapitalanlegerschutz im Recht der Banken, 1975; *Kümpel,* Bank- und Kapitalmarktrecht, 1995; *Savigny,* System des heutigen römischen Rechts, Bd. I, 1840; *Schnur,* Institutionen und Recht, 1968; *Schönle,* Bank- und Börsenrecht, 1976; *Schwintowski,* Verbraucherinformationen in der Lebensversicherung, VersWissStud., Bd. 2, 1995, 11; *Steindorff,* Politik des Gesetzes als Auslegungsmaßstab, FS für Larenz, 1973, 217; *Tilp,* Aufklärungspflichten bei Devisentermingeschäften, ZIP 1993, 1845; *Wolf/Horn/Lindacher,* AGB-Gesetz-Kommentar, 3. Aufl., 1994.

Bankrecht, so hat Schönle definiert[1], ist Teil jenen objektiven Rechts, das die Rechtsverhältnisse der Kreditinstitute regelt. Ähnlich versteht Kümpel Bankrecht »als Inbegriff der rechtlichen Ordnung der einzelnen Bankgeschäfte und des Kreditgewerbes als Wirtschaftszweig oder seiner Gruppierungen, insbesondere des privaten Bankgewerbes, der Volksbanken, der Sparkassen und anderer öffentlich-rechtlicher Kreditinstitute«[2]. Beide Definitionen sind *institutioneller* Natur und außerdem tautologisch. Im Kern bedeuten sie, daß Bankrecht der Rahmen dessen ist, was Banken tun. Problematisch ist, daß der *Funktionsbezug* des Bankrechts fehlt, daß also offen bleibt, warum es Bankrecht eigentlich gibt und welchen Zielen es dient. Ungeklärt bleibt auch, worin sich ein Bankgeschäft eigentlich von einem anderen, z.B. einem Versicherungsgeschäft, unterscheidet. Gesucht wird also ein *funktionaler Bankrechtsbegriff,* ein Begriff, der erklärt, woher Bankrecht kommt und welchen Zielen es dient, ein Begriff, der *dynamischer Natur* ist und damit die Kraft hat, auch neue Bankrechtsentwicklungen aufgrund der ihnen innewohnenden Natur funktional zuzuordnen.

Wirft man einen Blick in die Entwicklungsgeschichte des Bankwesens und der Bankgeschäfte, wie dies unten (§ 2) geschehen soll, so zeigt sich, daß die Wurzeln des Bankwesens eng mit der Entstehung der Idee des Geldes zusammenhängen. Etwa 5 000 v.Chr. entwickelt sich bei den Babyloniern und den alten Ägyptern eine arbeitsteilige Gesellschaft, die zur

---

1   Bankrecht, S. 2 ff.
2   Kümpel, Rz. 2.1.

Erster Teil Grundlagen

Abwicklung ihrer Tauschprozesse erstmals einen *abstrakten Wertmesser* verwendet. Es entsteht die Idee des Geldes als Wertmaßstab im kultischen Bereich. Als Wertmaßstab dienen Gold, Silber, Gerätschaften, Muscheln oder Vieh. Das lateinische Wort für Geld: »pecunia« wurzelt im Begriff Viehgeld: »pecus«. Nahezu zeitgleich entstehen die ersten Bankgeschäfte. Geld ist nämlich wertvoll, es muß an einem sicheren Ort aufbewahrt werden (Tempelbanken), es muß gewechselt und überwiesen werden. Die ersten Bankiers und Geldwechsler saßen hinter ihren Tischen (trapeza), auf denen sie wechselten, und wurden darum trapezitai genannt, die Bankunternehmen trapezai. Der Begriff Bank hat die gleiche Wortwurzel, nämlich den großen Wechseltisch (*banca*), auf dem verschiedene Münzsorten ausgebreitet und gewechselt wurden. Ergänzend entstanden Vorläufer eines Bankrechts im heutigen Sinne. Es entwickelte sich aus der Notwendigkeit, den Umlauf, die Aufbewahrung und später auch die Anlage von Geld zu professionalisieren. Die Bank ist die organisatorische Antwort auf die Idee des Geldes. Bankrecht verkörpert die zur Sicherung und Durchführung der Geldidee erforderlichen Rechtsregeln. Überführt man dies in eine funktionale Definition des Begriffs Bankrecht, so muß dieser notwendig an der Idee des Geldes anknüpfen. *Bankrecht in einem weiten und funktionalen Sinne ist danach das Recht der Geldschöpfung, der Geldvernichtung, des Geldumlaufs, der Geldaufbewahrung und der Geldanlage.*

3   Auf diese Weise ist Bankrecht als ein von der Sache her eigenständiges Rechtsgebiet, mit dem Ziel, die zur Sicherung und Durchsetzung der Geldidee erforderlichen Rechtsregeln zur Verfügung zu stellen, charakterisiert. Damit ist auch klar, daß die Funktionen des Bankrechts auf die Auslegung und Interpretation der dieses Rechtsgebiet prägenden Normen methodisch zurückwirken. Außerdem sind präzise Abgrenzungen gegenüber anderen Rechtsmaterien möglich. Bietet ein Kreditinstitut, im Rahmen eines Allfinanzkonzeptes etwa, auch Lebensversicherungen an, so müßten diese Geschäfte nach dem institutionellen Bankrechtsbegriff zur Materie Bankrecht zählen. Der funktionale Bankrechtsbegriff stellt klar, daß Versicherungsgeschäfte mit Bankrecht auch dann nichts zu tun haben, wenn sie zufällig von einem Kreditinstitut angeboten werden. Das Einlagengeschäft zählt zur Geldaufbewahrung. Girokonten dienen, ebenso wie Kredite, ec- oder Kreditkarten, Wechsel, Schecks oder Akkreditive, dem Geldumlauf und der Geldschöpfung. Das Kapitalmarktrecht, insbesondere also das Börsen- und das Wertpapierhandelsrecht, ermöglichen und sichern vor allem die Geldanlage. Mit dem Währungsrecht sind Geldschöpfung und Geldvernichtung in besonderer Weise verbunden, und das Bankaufsichtsrecht sichert die Ordnung auf den Märkten für Geldumlauf, Geldaufbewahrung und Geldanlage. Zusammen mit dem Kapitalmarktrecht verwirklicht es den Anlegerschutz.

§ 1 Grundlagen des Bankrechts

Diese weite funktionale Definition des Begriffs Bankrecht legt es aus Zweckmäßigkeitsgründen nahe, innerhalb des Oberbegriffs Bankrecht Unterkategorien zu bilden. Dies ist in der Vergangenheit vielfältig geschehen. So ist das Geldrecht im wesentlichen im Währungsrecht entwickelt, das Kreditwesengesetz stellt neben dem Gesellschaftsrecht den organisationsrechtlichen Rahmen für Banken zur Verfügung und Börsen- und Kapitalmarktrecht haben sich als eigenständige Kategorien für den Wertpapierhandel entwickelt. Daneben ist zur Bewältigung des Bankrechts der Rückgriff auf Institutionen des Bürgerlichen- oder des Öffentlichen Rechts erforderlich (z.B. Testamentsvollstreckung/Steuerberatung), ohne daß diese Materien dadurch ihrerseits Teil des Bankrechts würden. Dies belegt, daß der funktionale Bankrechtsbegriff zum Teil weiter und zum Teil auch enger als der tradierte institutionelle Bankrechtsbegriff ist. Nicht alles, was eine Bank rechtlich bewältigt, ist also Bankrecht. Andererseits werden Teile des Bankrechts, wie etwa das Aufsichts- und Währungsrecht, nur bedingt von Banken selbst realisiert. Ob man den funktionalen Bankrechtsbegriff in Zukunft möglicherweise noch weiter wird öffnen müssen, ist eine z.Zt. noch nicht wirklich zu beantwortende Frage. Einiges deutet aber darauf hin, daß es in Zukunft eher um eine Verschmelzung aller Finanzdienstleistungen gehen könnte, mit der Folge, daß an die Stelle des Bankrechtsbegriffs ein funktionaler Begriff der Finanzdienstleistungen zu treten hätte.

4

Die nun folgende Darstellung ist zwar vom funktionalen Bankrechtsbegriff inspiriert, folgt ihm aber nur punktuell. Aus Zweckmäßigkeitsgründen findet, von den Grundlagen des Bankrechts abgesehen, eine Beschränkung auf die die Bankpraxis im wesentlichen beherrschenden Geschäfte, und damit eine pragmatische Fundierung der folgenden Ausführungen statt. Legitimiert wird dies einerseits mit den Bedürfnissen der Praxis und andererseits mit der Tatsache, daß ein kodifiziertes Bankrechtssystem fehlt, so daß eine Quasikommentierung ausscheidet.

5

Methodisch sind auch für die Auslegung des Bankrechts noch immer die von Savigny[3] entwickelten *canones* argumentationsleitend. Die ersten drei canones (grammatikalische, historische und systematische Auslegung) werden zusammengefaßt und überführt in eine an Sinn und Zweck orientierte, also teleologische, Auslegung der einzelnen Norm. Tradiert sind im Rahmen der vier Auslegungstopoi der Analogieschluß, der Umkehrschluß (argumentum e contrario), der Erst-Recht-Schluß (argumentum a fortiori) und auch hier das an Sinn und Zweck orientierte teleologische Argument. Daneben ist inzwischen anerkannt, daß alle Argumente des allgemeinen

6

---

3   System des heutigen römischen Rechts, Bd. I, 1840, S. 212 ff.

sprachlichen Diskurses im Rahmen der juristischen Entscheidungsfindung zulässig sind[4].

7   Im Zentrum nahezu aller privaten Bankgeschäfte steht der Anleger. Hopt hat dies Mitte der 70er Jahre erkannt und daraus das *Anlegerschutzprinzip* entwickelt[5]. Der BGH hat dieses Prinzip inzwischen für die Anlageberatung weiterentwickelt. Die Bank hat bei der Anlageberatung den, gegebenenfalls zu erfragenden, Wissensstand des Kunden über Anlagegeschäfte der vorgesehenen Art und dessen Risikobereitschaft zu berücksichtigen (*anlegergerechte Beratung*). Das von ihr danach empfohlene Anlageobjekt muß diesen Kriterien Rechnung tragen (*objektgerechte Beratung*)[6].

8   Schließlich deutet einiges darauf hin, daß sich das *Transparenzprinzip* als materiales Rechtsprinzip im Methodenkanon auch des Bankrechts etabliert. Der BGH kreierte zunächst das Transparenz*gebot* als Wirksamkeitskriterium für Allgemeine Geschäftsbedingungen im Rahmen von § 9 AGBG aufgrund der Zinsberechnungsklauseln für Hypothekenbankdarlehen[7]. Treu und Glauben verpflichten den Verwender von AGB, die Rechte und Pflichten seines Vertragspartners möglichst klar und durchschaubar darzustellen. Ein Verstoß gegen dieses Transparenzgebot kann zur Unwirksamkeit nach § 9 Abs. 1 AGBG führen. Inzwischen hat der BGH den Gedanken der Transparenz vielfältig aufgegriffen und in andere Bereiche verlängert. Der Vermittler von Aktienoptionen muß den Anleger so informieren, daß dieser eine »sachgerechte Entscheidung über seine Beteiligung treffen kann«. Ferner muß die Darstellung »*zutreffend, vollständig, gedanklich geordnet* und auch von der *Gestaltung* her geeignet sein, einem unbefangenen Leser ... einen realistischen Eindruck von den Eigenarten und Risiken solcher Geschäfte zu vermitteln. Risikohinweise in Kleindruck und im hinteren Teil der Broschüre genügen diesen Anforderungen nicht«[8]. Vor allem aber ist eine Einbindung der Risikohinweise »in eine zutreffende und gedanklich geordnete Darstellung der wirtschaftlichen Zusammenhänge« erforderlich. »Ohne eine solche Einbindung bleiben warnende Hinweise abstrakt und verfehlen damit ihren Zweck«[9]. Inzwischen hat auch der Gesetzgeber den Gedanken des Transparenzgebotes aufgegriffen und in § 31 WpHG ein *Transparenzprinzip* formuliert. Nach Abs. 2 Nr. 2 sind Wertpapierdienstleister verpflichtet, den Kunden »alle zweckdienlichen Informationen mitzuteilen, soweit dies

---

4   Alexy, Theorie der juristischen Argumentation, passim.
5   Hopt, Der Kapitalanlegerschutz im Recht der Banken, passim, ihm folgend aus neuerer Zeit Breidenbach, Die Voraussetzungen von Informationspflichten beim Vertragsschluß, passim.
6   BGH WM 1993, 1455; weiterführend Tilp, ZIP 1993, 1845.
7   BGHZ 106, 42.
8   BGHZ 105, 108, 114.
9   BGH ZIP 1992, 612.

§ 1 Grundlagen des Bankrechts

zur Wahrung der Interessen der Kunden und im Hinblick auf Art und Umfang der beabsichtigten Geschäfte erforderlich ist«. Die Informationen müssen also sorgfältig ermittelt, vollständig und verständlich, d.h. eindeutig formuliert und übersichtlich gegliedert sein[10]. In ähnlicher Weise ist das Transparenzprinzip in § 10a Abs. 2 VAG formuliert. Die Verbraucherinformationen, die vor Abschluß und während des Laufs des Versicherungsvertrages zu erteilen sind, müssen *eindeutig formuliert, übersichtlich gegliedert und verständlich in deutscher Sprache oder der Muttersprache des Versicherungsnehmers abgefaßt sein*. Damit ist das Transparenzprinzip als *Rechtsinstitut*[11] gesetzlich verankert. Es korrigiert nicht mehr nur formularmäßige Erklärungen, sondern auch Individualabreden zwischen den Parteien, im Bankrecht also zwischen Bank und Kunde. Für den Bereich der Allgemeinen Geschäftsbedingungen enthält die Richtlinie über mißbräuchliche Klauseln in Verbraucherverträgen vom 5.4.1993[12] eine ausdrückliche Verankerung des Transparenzgebotes. In Art. 5 heißt es, daß die dem Verbraucher schriftlich unterbreiteten Vertragsklauseln »stets *klar und verständlich* abgefaßt sein« müssen. Bei Zweifeln über die Bedeutung einer Klausel gilt die für den Verbraucher günstigste Auslegung. Noch ist die Frage offen, ob man das Transparenzprinzip womöglich auch als *allgemeines Rechts- und Verfassungsprinzip* begreifen könnte. Es ist jedenfalls nicht sehr leicht einzusehen, warum das, was für vertragliche Vereinbarungen gilt, für den Gesetzgeber keine Bedeutung haben soll. Gedanklich ungeordnete, unvollständige, zweideutig formulierte oder unverständliche Gesetze verstoßen jedenfalls gegen das Transparenzprinzip und sollten daher nicht zum Nachteil von Bürgern und Unternehmen angewendet werden dürfen. Damit wird ein zentraler Bezugspunkt für die Ermittlung von Sinn und Zweck bankrechtlicher Normen focussiert, ganz im Sinne der von Steindorff geforderten »Politik des Gesetzes«[13].

Methodisch ist der *Verfassungsrechtsbezug* des Privatrechts und damit auch des Bankrechts von Bedeutung. Dies hat das Bundesverfassungsgericht in einer Reihe von Entscheidungen, Mitte der 80er Jahre beginnend, herausgearbeitet. Für das Bankrecht von besonderer Bedeutung waren die Fälle der Mithaftung von z.B. Familienangehörigen im Rahmen einer Bürgschaft. Das Gericht hat Ende 1994 entschieden, daß § 138 BGB im Lichte der Wertungsgrundsätze der Verfassung auszulegen ist[14]. Da alle Beteiligten des Zivilrechtsverkehrs den Schutz des Art. 1 GG genössen und sich gleichermaßen auf die grundrechtliche Gewährleistung ihrer Privatautonomie berufen könnten, dürfe nicht nur das Recht des Stärkeren

---

10 Vertiefend Koller in Assmann/Schneider, WpHG-Kom. § 31 Rz. 99 ff.
11 Schnur, Institution und Recht, 1968, passim.
12 Abgedruckt in Wolf/Horn/Lindacher, AGB-Gesetz-Komm.³, S. 1869 ff.
13 Steindorff, FS für Larenz, 1973, 217.
14 BVerfG NJW 1994, 36 = WM 1993, 2199 = ZIP 1993, 1775.

gelten. Andererseits könne ein Vertrag schon aus Gründen der Rechtssicherheit nicht bei jeder Störung des Verhandlungsgleichgewichtes nachträglich in Frage gestellt oder korrigiert werden. Handele es sich jedoch um eine *typisierbare Fallgestaltung*, die eine *strukturelle Unterlegenheit* des einen Vertragsteils erkennen lasse, und seien die Folgen des Vertrages für den unterlegenen Vertragsteil *ungewöhnlich belastend*, so müsse die Zivilrechtsordnung darauf reagieren und Korrekturen ermöglichen. Das folge aus der grundrechtlichen Gewährleistung der Privatautonomie (Art. 2 Abs. 1 GG) und dem Sozialstaatsprinzip (Artt. 20 Abs. 1; 28 Abs. 1 GG). Für die Zivilgerichte folgt daraus die Pflicht, bei der Auslegung und Anwendung von § 138 BGB darauf zu achten, daß Verträge nicht als Mittel der Fremdbestimmung dienen. Sie müssen klären, ob die Regelung eine Folge *strukturell ungleicher Verhandlungsstärke* ist, und gegebenenfalls im Rahmen der Generalklauseln des geltenden Zivilrechts korrigierend eingreifen. Dabei kommt ein Verstoß gegen die grundrechtliche Gewährleistung der Privatautonomie dann in Betracht, wenn das Problem gestörter Vertragsparität gar nicht gesehen oder seine Lösung mit untauglichen Mitteln versucht wird. Das ist etwa dann der Fall, wenn es um die Übernahme eines *ungewöhnlich hohen* und schwer abschätzbaren Haftungsrisikos *ohne eigenes wirtschaftliches Interesse* durch eine strukturell unterlegene mittellose Vertragspartei geht[15].

10 Zunehmend erkannt wird auch, daß die nationale Rechtsordnung der Bundesrepublik Deutschland in die supranationale der Europäischen Union eingebunden ist. Vorschriften des nationalen Bankgeschäftsrechts sind daher *richtlinien- bzw. gemeinschaftskonform* auszulegen[16]. Das Recht der Haustürgeschäfte, das Investmentgeschäft und das gesamte Verbraucherkreditrecht beruhen auf Richtlinien der EG. Es gibt Ansätze für eine europäische Hypothek und vielfältige Bestrebungen für europäische Zahlungsverkehrsnetze. Das Bankaufsichtsrecht ist weitgehend europäisiert, Banken müssen nur noch in einem Mitgliedstaat der EG zugelassen sein (Europäischer Paß). Das Wertpapierhandelsgesetz und damit auch das Insiderrecht beruht auf europäischen Vorgaben. Am 1.1.1999 wird die *Europäische Währungsunion* in Kraft treten (Art. 109j Abs. 4 EGV). Die daraus resultierenden Rückwirkungen auf das nationale Bankprivatrecht sind noch nicht wirklich erkannt.

---

15 NJW 1994, 39 (C II 3); zur Dogmatik vertiefend Hager, JZ 1994, 373.
16 Müko-Säcker³, Einl. Rz. 126, 166 ff; Brechmann, Die richtlinienkonforme Auslegung, passim.

B. Rechtsquellen

Das Recht der privaten Bankgeschäfte ist in Deutschland, wie in allen anderen Rechtsordnungen auch, verstreut und teilweise gar nicht kodifiziert. Im Schuldrecht des BGB finden sich Regeln über den entgeltlichen Geschäftsbesorgungsvertrag (§ 675 BGB), über das Darlehen (§§ 607-610 BGB), die Bürgschaft (§§ 765-778 BGB), das Schuldversprechen (§ 780 BGB), die Anweisung (§ 783-792 BGB) und die Schuldverschreibung (§§ 793-808 BGB). Für die einzelnen Bankgeschäfte gelten die allgemeinen Regeln über den Vertragsschluß und die Wirksamkeit von Willenserklärungen, wie sie im Allgemeinen Teil des Bürgerlichen Gesetzbuches entwickelt sind. Neben der Bürgschaft sind weitere große Teile des Kreditsicherungsrechts im BGB angesiedelt. Das gilt für die Sicherungsübereignung, die Sicherungszession, den Schuldbeitritt, die Schuldübernahme, das Pfandrecht an beweglichen Sachen und Forderungen ebenso wie für die Grundpfandrechte (Hypothek und Grundschuld). Trotz der großen praktischen Bedeutung sind bisher weder das Leasing- noch das Factoringgeschäft im BGB kodifiziert. Die Grundsätze des Verbraucherkredits sind eigenständig im Verbraucherkredit- und Haustürwiderrufsgesetz verankert. Für Kaufleute gibt es Sonderregelungen im HGB, wie z.B. die Bürgschaft (§§ 349-351 HGB) oder Regeln über das Kontokorrent (§§ 355-357 HGB), über Zinsen und Provisionen (§§ 352-354 HGB) oder über kaufmännische Orderpapiere (§ 363-365 HGB). Hinzu kommen Spezialgesetze für einzelne Bankgeschäfte[17]. Das *Hypothekenbankgesetz* regelt das langfristige, durch Grundpfandrechte abgesicherte Kreditgeschäft der privaten Hypothekenbanken. Daneben steht das *Gesetz über die Bausparkassen*, das in seiner Gesetzestechnik dem Hypothekenbankgesetz vergleichbar ist. Große praktische Bedeutung haben das *Scheck- und Wechselgesetz*. Aus dem Bereich des Wertpapiergeschäfts sind das *Depotgesetz*, das *Auslandinvestmentgesetz*, das Gesetz über *Kapitalanlagegesellschaften* und das Gesetz über Unternehmensbeteiligungsgesellschaften zu nennen. Die Ordnung auf den Kapitalmärkten wird durch das *Börsengesetz*, das *Verkaufsprospektgesetz* und das *Wertpapierhandelsgesetz* gewährleistet. Für das Aufspüren von Gewinnen aus schweren Straftaten gibt es seit dem 25.10.1993 das *Geldwäschegesetz*. Beaufsichtigt werden die Kreditinstitute nach dem *Kreditwesengesetz* und dem Gesetz über die *Deutsche Bundesbank*.

11

---

17 Vgl. die von Schwark herausgegebene Sammlung Bankrecht, Beck-Texte im dtv, 23. Aufl., 1995.

C. Allgemeine Geschäftsbedingungen

I. Grundlagen
II. Rechtsnatur und Geltung
III. Der Ombudsmann in der Kreditwirtschaft

Schrifttum:
Baumbach/Hopt, Handelsgesetzbuch, 29. Aufl. (Anh. 8/8a); *Gößmann/Wagner-Wieduwilt/Weber*, Allgemeine Geschäftsbedingungen der Banken, 1993 = BuB (3.93) 1/1 – 1/676; *Hoeren*, Die neuen AGB-Banken, NJW 1992, 3263; *ders.*, Das neue Verfahren für die Schlichtung von Kundenbeschwerden im deutschen Bankgewerbe, NJW 1992, 2727; *ders.*, Der Ombudsmann in der Banken- und Versicherungswirtschaft, in: Gottwald/Strempel, (Hrsg.), Streitschlichtung, 1995; *Horn* (Hrsg.), Die AGB-Banken 1993, Schriftenreihe der Bankrechtlichen Vereinigung, 1993; *ders.*, Die Neufassung 1984 der AGB der Banken, 1984, 453; *Krings*, Die Neufassung der AGB-Banken, ZBB 1992, 326; *Kümpel*, Bank- und Kapitalmarktrecht, 1995; *Merkel*, Die neuen Allgemeinen Geschäftsbedingungen der Banken (Teil II), WM 1993, 725; *Reich*, Die Einrichtung eines Bankenombudsmanns in Australien, WM 1992, 809; *Schebesta/Vortmann*, Die neuen AGB-Banken 1992 (RWS); *Sonnenhol*, Die neuen Allgemeinen Geschäftsbedingungen der Banken (Teil I), WM 1993, 677; *Ulmer/Brandner/Hensen*, AGB-Gesetz, 7. Aufl., 1993 (Anh. §§ 9-11 ab S. 748).

I. Grundlagen

12 Die *Allgemeinen Geschäftsbedingungen* der Banken (AGB/B), die im Jahre 1937 erstmals verwendet und danach wiederholt geändert wurden[18], sind mit Wirkung vom 1.1.1993 vom Bundesverband Deutscher Banken e.V., Köln, völlig neu gefaßt worden. Nahezu deckungsgleich sind die AGB 1993 des Bundesverbandes der deutschen Volksbanken und Raiffeisen-Banken und die inhaltlich damit übereinstimmenden, wenngleich anders gegliederten, AGB-Sparkassen 1993 des Deutschen Sparkassen- und Giroverbandes. Im Gegensatz zu zahlreichen vorangegangenen Neufassungen ging es nicht um punktuelle Ergänzungen oder Verbesserungen, sondern um die Schaffung gänzlich neuer AGB, die im Vergleich zu ihren Vorgängern »bedeutend kürzer, inhaltlich besser strukturiert, transparenter und kundenfreundlicher sind«[19]. An die Stelle von bisher 47 sind nur noch 20 Klauseln getreten, die allerdings durch Sonderbedingungen ergänzt werden. Jede einzelne Klausel wurde daraufhin überprüft, welche praktische Bedeutung ihr in der täglichen Bankpraxis zukommt, wie sie in der Rechtsprechung und im Schrifttum beurteilt wird und ob sie für den durchschnittlichen Bankkunden hinreichend verständlich formuliert ist. Anlaß zur generellen Überarbeitung gaben die Anforderungen, die der Bundesgerichtshof an die Verständlichkeit und Transparenz von Allge-

---

18 1942, 1948, 1955, 1966, 1969, 1976, 1977, 1984, 1986, 1988 – vertiefend Gößmann/Wagner-Widuwilt/Weber Rz. 1/4.
19 Horn in BrV, Bd. 4, S. 67 f.

meinen Geschäftsbedingungen unter dem Stichwort *Transparenzgebot* entwickelt hat[20]. Die Neufassung soll ein »Handbuch zum Umgang mit dem Konto« sein[21]. Neben der Anpassung an das Transparenzgebot ging es darum, *kundenfreundlicher*, z.B. bei der Kündigungsregelung, zu sein. Auch auf Haftungsfreizeichnungsklauseln wurde verzichtet. Das *Bankgeheimnis* wurde ausdrücklich in die AGB aufgenommen.

Die Neufassung ersetzt nur die Teile I (Allgemeines, Nr. 1-28) und IV (Einzugs- und Diskontgeschäfte, Wechsel- und Scheckverkehr, Nr. 40-47) der alten Fassung. Die Teile II und III (Effekten- und Depotgeschäft, Nr. 29-39) galten zunächst fort, und wurden zum 1.1.1995 durch einheitliche *Bedingungen für das Wertpapiergeschäft* ersetzt. Zeitgleich mit den AGB/B (93) wurden einige *neue Formulare* eingeführt, z.B. für die Kontoeröffnung, die Sicherheitenbestellung, den Sparverkehr und den Zahlungsverkehr. Einige frühere Klauseln wurden aus Transparenzgründen in diese Formulare übernommen.

13

II. Rechtsnatur und Geltung

Die AGB/B (93) enthalten die rechtlichen Rahmenbedingungen für die gesamte *Geschäftsverbindung* mit dem Kunden. Sie werden bei der Begründung einer Geschäftsverbindung für alle künftigen Einzelgeschäfte vereinbart. Sie sind damit die Grundlage nahezu aller Bankgeschäfte, werden aber in Teilbereichen durch Sonderbedingungen ergänzt.

14

Die AGB/B (93) sind Ausdruck einer *vertragsrechtlichen Ordnung* zwischen Kunde und Bank, also *keine Rechtsnormen*[22]. Es geht um die Sicherung eines *strukturellen Gleichgewichts* zwischen Bank und Kunde und damit um die privatautonome Gewährleistung von Vertragsgerechtigkeit auch durch Allgemeine Geschäftsbedingungen. Um Fehlerquoten und Kosten zu senken, sind Allgemeine Geschäftsbedingungen zur Bewältigung des Massenverkehrs der Banken erforderlich. Ihre Vorformulierung und Standardisierung bewirkt für die Kunden einerseits Rechtssicherheit durch ein im Wettbewerb erprobtes und verbessertes System, andererseits aber auch die Gefahr eines *strukturellen Ungleichgewichts*. Insoweit hilft das im Jahr 1976 in Kraft getretene AGB-Gesetz, insbesondere indem es die einzelnen Klauseln der AGB/B einer *Unangemessenheitskontrolle* nach § 9 AGBG unterwirft. Ergänzt wird dieses Schutzsystem durch die Verbandsklagebefugnis nach den §§ 13 ff. AGBG, die eine generalisierte Kontrolle von AGB unabhängig vom Einzelvertrag ermöglicht und die durch die Einführung eines Unterlassungsanspruchs einen generellen

15

---

20 Grundlegend BGH WM 1988, 1780 »Annuitätendarlehen«.
21 Baumbach/Hopt[29], S. 1205.
22 Vertiefend Wolf/Horn/Lindacher[3], Einl. Rz. 12 ff.

Schutz gewährt, unabhängig davon, ob die Kunden selbst klagen oder nicht. Allgemeine Geschäftsbedingungen dienen damit in einem weiteren Sinne zugleich der Streitschlichtung auf breiter Front. Eine einzige rechtskräftige Verbandsklageentscheidung erzeugt Bindungswirkungen präjudizieller Art für alle bisher verwendeten vergleichbaren AGB und ersetzt damit Einzelklageverfahren in hoher Zahl.

16 Allgemeine Geschäftsbedingungen müssen in den Vertrag einbezogen werden (§ 2 AGBG). Das geschieht entweder ausdrücklich oder durch deutlich sichtbaren Aushang am Ort des Vertragsschlusses verbunden mit der Möglichkeit, von den AGB in zumutbarer Weise Kenntnis zu nehmen (§ 2 Abs. 1 AGBG). Bei alledem muß die andere Vertragspartei (der Bankkunde) mit der Geltung der AGB einverstanden sein (§ 2 Abs. 1 AGBG a.E).

17 Der ausdrückliche Hinweis der Bank gegenüber dem Kunden auf die AGB/B bildet nach § 2 Abs. 1 Nr. 1 AGBG die *regelmäßige* und zugleich wichtigste Einbeziehungsvoraussetzung. Ein ausdrücklicher Hinweis liegt nur dann vor, wenn er von der Bank bei Vertragsschluß *unmißverständlich und für den Kunden klar erkennbar* geäußert worden ist[23]. Generell unbeachtlich sind alle *Hinweise der Bank nach Vertragsschluß*. Unterbreitet die Bank ein *schriftliches Angebot*, so ist ein *ausdrücklicher schriftlicher Hinweis* auf die AGB erforderlich, soweit sie nicht Bestandteil des vorformulierten Angebotes sind[24].

18 Bei mündlichem Vertragsschluß ist grundsätzlich durch *ausdrückliche Erklärung* auf die Einbeziehung der AGB/B hinzuweisen. Ist ein ausdrücklicher Hinweis wegen der Art des Vertragsabschlusses nur unter unverhältnismäßigen Schwierigkeiten möglich, so kann stattdessen durch *deutlich sichtbaren Aushang* am Ort des Vertragsabschlusses auf die AGB hingewiesen werden (§ 2 Abs. 1 Nr. 1 AGBG). Für Banken kommt diese Ausnahme regelmäßig nicht in Betracht, da sowohl beim mündlichen als auch beim schriftlichen Vertragsabschluß der ausdrückliche Hinweis auf die AGB/B, ebenso wie auf alle Sonderbedingungen, nicht mit unverhältnismäßigen Schwierigkeiten verbunden ist. Im Gegenteil, die gegenseitigen Rechte und Pflichten ergeben sich erst aus den AGB, so daß ein nicht unerheblicher Teil der Klauseln nicht nur der Leistungsbeschreibung dient, sondern sie auch konstituiert. Ein etwaiger Aushang der AGB/B (93) in den Geschäftsräumen genügt dem gesetzlichen Regelfall selbst dann nicht, wenn er unübersehbar ist[25].

19 Hat man den Kunden ausdrücklich auf die AGB/B hingewiesen, so muß man ihm nun die *Möglichkeit verschaffen*, in zumutbarer Weise von ihrem

---

23 BGH WM 1986, 1194, 1196.
24 BGHZ 104, 232, 238 = NJW 1988, 2465.
25 Ulmer/Brandner/Hensen[7], § 2 Rz. 33.

Inhalt Kenntnis zu nehmen (§ 2 Abs. 1 Nr. 2 AGBG). Früher hat es gereicht, den Kunden auf einen deutlich sichtbaren Aushang hinzuweisen oder ihm die Möglichkeit der Einsichtnahme zu geben. Inzwischen verlangt der BGH, daß der AGB-Text *unaufgefordert vorgelegt* wird[26]. Für die Bankpraxis sollte man die Dinge vereinfachen und dem Kunden die in Frage kommenden AGB prinzipiell aushändigen oder, wenn es um den schriftlichen Vertragsabschluß geht, übersenden. Die telefonische Einbeziehung von AGB bereitet Schwierigkeiten, weil es bisher nur in wenigen Fällen möglich ist, einen Text per Telefonleitung visuell sichtbar zu machen. Hingewiesen werden muß auch am Telefon auf die AGB, man kann sie vorlesen oder faxen und danach erneut über den Vertragsabschluß sprechen. Der von einigen für zulässig erachtete, aber problematische telefonische *Verzicht* auf die Möglichkeit der Kenntnisnahme sollte für die Bankpraxis die absolute Ausnahme bleiben[27]. Der Verzicht sollte, wenn nicht vermeidbar, mit der sofortigen Übersendung der AGB/B gekoppelt werden.

Die Einbeziehungsvoraussetzungen des § 2 AGBG finden keine Anwendung auf Allgemeine Geschäftsbedingungen, die gegenüber einem *Kaufmann* verwendet werden, wenn der Vertrag zum *Betriebe seines Handelsgewerbes* gehört. Das gleiche gilt gegenüber einer juristischen Person des Öffentlichen Rechts oder einem öffentlich-rechtlichen Sondervermögen (§ 24 Nr. 1 und 2 AGBG). Allerdings bedarf auch im kaufmännischen Geschäftsverkehr die Einbeziehung der AGB einer – ausdrücklichen oder stillschweigenden – rechtsgeschäftlichen Vereinbarung der Vertragspartner, die nur von den besonderen Voraussetzungen des § 2 AGBG freigestellt ist. Es genügt jeweils ein – in der Verhandlungssprache gehaltener – Hinweis des Verwenders auf die AGB, durch den dem Vertragspartner die Möglichkeit zumutbarer Kenntnisnahme verschafft wird. Eine unaufgeforderte Zusendung der AGB ist nicht erforderlich[28]. Sollen innerhalb einer laufenden, auf Dauer angelegten Geschäftsverbindung die AGB Bestandteil der nachfolgenden Verträge werden, dann setzt dies einen klaren, alle künftigen Verträge erfassenden Einbeziehungswillen und das Einverständnis des Geschäftspartners voraus. Änderungen der AGB während der Geschäftsverbindung werden von der Einbeziehung umfaßt, wenn auf die Neufassung, z.B. durch einen besonderen Vermerk, klar und deutlich hingewiesen wird[29].

20

---

26 BGHZ 109, 192, 196 = NJW 1990, 715; BGH WM 1991, 1138, 1139; a.A. Ulmer/Brandner/Hensen[7], § 2 Rz. 47.
27 Zum Meinungsstand Ulmer/Brandner/Hensen[7], § 2 Rz. 49 f.
28 BGH NJW 1992, 1232.
29 BGH WM 1991, 459.

III. Der Ombudsmann in der Kreditwirtschaft

21 Ergänzend zu den auf Konfliktvermeidung angelegten AGB/B (93) gibt es in der Kreditwirtschaft seit 1.7.1992 ein außergerichtliches Schlichtungsverfahren durch einen Ombudsmann. Nach der »Verfahrensordnung für die Schlichtung von Kundenbeschwerden im Deutschen Bankgewerbe« steht das Verfahren grundsätzlich nur Verbrauchern offen, mit Ausnahme des grenzüberschreitenden Zahlungsverkehrs (§ 2 Abs. 1 VerfahrensO).

22 Vorbild waren Regelungen in Großbritannien und Australien, wo es seit 1985 bzw. 1990 den Ombudsmann gibt[30]. Eine Schlichtung findet nicht statt (§ 2 Abs. 2 VerfahrensO), wenn die Sache bereits vor einem Gericht anhängig ist oder der Kunde Strafanzeige erstattet oder sich die Bank auf Verjährung berufen hat oder die Klärung des Sachverhalts eine Beweisaufnahme (Ausnahme: Urkundsbeweis) erfordert. Der Ombudsmann darf auch dann nicht tätig werden, wenn seine Entscheidung eine Grundsatzfrage betreffen würde, die von der höchstrichterlichen Rechtsprechung noch nicht entschieden ist. Diese Ausnahme ist problematisch, und sollte mittelfristig aufgegeben werden[31].

23 Dem Schlichtungsverfahren ist ein *Vorprüfungsverfahren* bei der Kundenbeschwerdestelle des Bundesverbandes Deutscher Banken, Köln bzw. des Verbandes Deutscher Hypothekenbanken, Bonn vorgeschaltet, an die sich die Kunden formlos wenden können (§ 3 VerfahrensO). Der Ombudsmann entscheidet für die Bank bindend bei einem Streitwert wie vor dem Amtsgericht (§ 23 Abs. 1 GVG). Dem Kunden bleibt dagegen der Rechtsweg offen (§ 4 VerfahrensO). Während des Schlichtungsverfahrens ist die Verjährung für den Kunden gehemmt. Die Kosten sowohl des Vorprüfungs- als auch des Schlichtungsverfahrens trägt der Bundesverband, auch wenn die Bank obsiegt. Die außergerichtlichen Kosten werden von jeder Partei im Grundsatz selbst getragen (§ 5 VerfahrensO).

24 Eines der wichtigsten Instrumentarien des englischen und australischen Ombudsmanns ist der *Jahresbericht*. Hier werden ohne Namensnennung wichtige Fälle besprochen und die Entscheidungen des Ombudsmanns geschildert. Es entsteht Konflikt- und Entscheidungstransparenz und damit zugleich die Möglichkeit öffentlicher, auch wissenschaftlicher Diskussion. Vergleichbares findet sich in der deutschen Regelung nicht. Stattdessen sind der Ombudsmann und die Mitarbeiter der Kundenbeschwerdestelle nach § 5 Abs. 4 VerfahrensO zur absoluten Verschwiegenheit verpflichtet. Zwar ist der Ombudsmann durch diese Verschwiegenheitspflicht nicht daran gehindert, anonymisiert über Verfahren zu berichten. Er tut dies

---

30 Hoeren, NJW 1992, 2727; ders., in: Gottwald/Strempel (Hrsg.), Streitschlichtung, 149 ff; Reich, WM 1992, 809 ff.
31 Hoeren, NJW 1992, 2727, 2730; Baumbach/Hopt[29], S. 1205.

auch, allerdings nur intern, gegenüber dem Bundesverband deutscher Banken[32]. Hier sollte Öffentlichkeit hergestellt werden.

D. Die AGB/B (93)

Mit Wirkung vom 1.1.1993 sind die Allgemeinen Geschäftsbedingungen der Banken (AGB/B [93]) grundlegend überarbeitet und vollständig neu gefaßt worden. Das macht den Umgang mit den für Altverträge weitergeltenden AGB/B (88) nicht ganz einfach. Um die Übersicht zu erleichtern, hat der Bundesverband eine Synopse erarbeitet und den jeweiligen Neuregelungen die Altfassungen und umgekehrt gegenübergestellt. Diese Synopse ist hier *hinter* den AGB/B (93) abgedruckt. Die AGB/B (93) sind in sieben Unterabschnitte gegliedert:

25

I. Grundregeln für die Beziehung zwischen Kunde und Bank	V. Sicherheiten für die Ansprüche der Bank gegen den Kunden
II. Kontoführung	VI. Kündigung
III. Mitwirkungspflichten des Kunden	VII. Schutz der Einlagen
IV. Kosten der Bankdienstleistungen	

Innerhalb dieser sieben Unterabschnitte gibt es 20 Einzelklauseln, die im folgenden im Wortlaut abgedruckt und mit einer kurzen Anmerkung versehen worden sind.

I. Grundregeln für die Beziehung zwischen Kunde und Bank

Nr. 1 AGB/B (93): Geltungsbereich und Änderungen dieser Geschäftsbedingungen und der Sonderbedingungen für einzelne Geschäftsbeziehungen

(1) Geltungsbereich

Die Allgemeinen Geschäftsbedingungen gelten für die gesamte Geschäftsverbindung zwischen dem Kunden und den inländischen Geschäftsstellen der Bank (im folgenden Bank genannt). Daneben gelten für einzelne Geschäftsbeziehungen (z.B. für das Wertpapiergeschäft, für den ec-Service, für den Scheckverkehr, für den Sparverkehr) Sonderbedingungen, die Abweichungen oder Ergänzungen zu diesen Allgemeinen Geschäftsbedingungen enthalten; sie werden bei der Kontoeröffnung oder bei Ertei-

26

---

32 Hoeren, in Gottwald/Strempel (Hrsg.), Streitschlichtung, S. 157.

lung eines Auftrags mit dem Kunden vereinbart. Unterhält der Kunde auch Geschäftsverbindungen zu ausländischen Geschäftsstellen, sichert das Pfandrecht der Bank (Nr. 14 dieser Geschäftsbedingungen) auch die Ansprüche dieser ausländischen Geschäftsstellen.

(2) Änderungen

27 Änderungen dieser Geschäftsbedingungen und der Sonderbedingungen werden dem Kunden schriftlich bekannt gegeben. Sie gelten als genehmigt, wenn der Kunde nicht schriftlich Widerspruch erhebt. Auf diese Folge wird ihn die Bank bei der Bekanntgabe besonders hinweisen. Der Kunde muß den Widerspruch innerhalb eines Monats nach Bekanntgabe der Änderungen an die Bank absenden.

Hinweise:

28 Wichtig ist in Abs. 1, daß die AGB/B (93) für die *gesamte Geschäftsverbindung* gelten. Die Gechäftsverbindung ist weit zu verstehen, sie umfaßt den Allgemeinen Bankvertrag, die sonstigen Verträge, auch wenn sie erst in Zukunft geschlossen werden sollten, und die Geschäftsverbindungen im Sinne eines gesetzlichen Schuldverhältnisses ohne primäre Leistungspflicht[33]. Ausländische Geschäftsstellen sind, vom Pfandrecht abgesehen, nicht einbezogen. Allerdings bestehen die Banken auch im Auslandsverkehr auf der Anwendung ihrer AGB. Für die Einbeziehung ist nach deutschem IPR das Recht des Vertragspartners entscheidend, der die vertragstypische Leistung erbringt, also in aller Regel der Bank[34].

29 Die *Änderungsklausel* in Abs. 2 entspricht Nr. 28 Abs. 2 a.F. Der Kunde muß innerhalb *eines Monats* nach Bekanntgabe der Änderungen *widersprechen*. Diese *Genehmigungsfiktion* ist mit § 10 Nr. 5 AGBG vereinbar, weil die Bank sich in der Änderungsklausel verpflichtet, den Kunden bei Beginn der Frist auf die Bedeutung seines Verhaltens besonders hinzuweisen[35].

Nr. 2 AGB/B (93): Bankgeheimnis und Bankauskunft

(1) Bankgeheimnis

30 Die Bank ist zur Verschwiegenheit über alle kundenbezogenen Tatsachen und Wertungen verpflichtet, von denen sie Kenntnis erlangt (Bankgeheimnis). Informationen über den Kunden darf die Bank nur weitergeben, wenn gesetzliche Bestimmungen dies gebieten oder der Kunde eingewilligt hat oder die Bank zur Erteilung einer Bankauskunft befugt ist.

(2) Bankauskunft

31 Eine Bankauskunft enthält allgemein gehaltene Feststellungen und Bemerkungen über die wirtschaftlichen Verhältnisse des Kunden, seine Kreditwürdigkeit und Zahlungsfähigkeit; betragsmäßige Angaben über

---

33 Vertiefend dazu unten Rz. 130.
34 BGHZ 108, 362.
35 Ulmer/Brandner/Hensen[7], § 2 Rz. 65 m.w.N.; a.A. Horn WM 1984, 453.

Kontostände, Sparguthaben, Depot- oder sonstige der Bank anvertraute Vermögenswerte sowie Angaben über die Höhe von Kreditinanspruchnahmen werden nicht gemacht.

(3) Voraussetzungen für die Erteilung einer Bankauskunft

Die Bank ist befugt, über juristische Personen und im Handelsregister eingetragene Kaufleute Bankauskünfte zu erteilen, sofern sich die Anfrage auf ihre geschäftliche Tätigkeit bezieht. Die Bank erteilt jedoch keine Auskünfte, wenn ihr eine anders lautende Weisung des Kunden vorliegt. Bankauskünfte über andere Personen, insbesondere über Privatkunden und Vereinigungen, erteilt die Bank nur dann, wenn sie generell oder im Einzelfall ausdrücklich zugestimmt haben. Eine Bankauskunft wird nur erteilt, wenn der Anfragende ein berechtigtes Interesse an der gewünschten Auskunft glaubhaft dargelegt hat und kein Grund zu der Annahme besteht, daß schutzwürdige Belange des Kunden der Auskunftserteilung entgegenstehen. 32

(4) Empfänger von Bankauskünften

Bankauskünfte erteilt die Bank nur eigenen Kunden sowie anderen Kreditinstituten für deren Zwecke oder die ihrer Kunden. 33

Hinweise:
Das Bankgeheimnis ist in Abs. 1 erstmals ausdrücklich in den AGB/B (93) erwähnt. Genannt werden *drei Grenzen* des Bankgeheimnisses: Gesetz, Einwilligung des Kunden und zulässige Bankauskunft. In dieser Grenzziehung liegt keine Festlegung, sondern ein deklaratorischer Hinweis[36]. Die Grenzen des Bankgeheimnisses ergeben sich nicht aus den AGB/B (93), sondern aus allgemeinen Grundsätzen[37] (i.V.m. § 30a AO). 34

Nr. 3 AGB/B (93): Haftung der Bank; Mitverschulden des Kunden

(1) Haftungsgrundsätze

Die Bank haftet bei der Erfüllung ihrer Verpflichtungen für jedes Verschulden ihrer Mitarbeiter und der Personen, die sie zur Erfüllung ihrer Verpflichtungen hinzuzieht. Soweit die Sonderbedingungen für einzelne Geschäftsbeziehungen oder sonstige Vereinbarungen etwas Abweichendes regeln, gehen diese Regelungen vor. Hat der Kunde durch ein schuldhaftes Verhalten (zum Beispiel durch Verletzung der in Nr. 11 dieser Geschäftsbedingungen aufgeführten Mitwirkungspflichten) zu der Entstehung eines Schadens beigetragen, bestimmt sich nach den Grundsätzen des Mitverschuldens, in welchem Umfang Bank und Kunde den Schaden zu tragen haben. 35

---

36 Baumbach/Hopt[29], S. 1210.
37 Dazu umfassend unten ab Rz. 144.

Erster Teil Grundlagen

(2) Weitergeleitete Aufträge

36 Wenn ein Auftrag seinem Inhalt nach typischerweise in der Form ausgeführt wird, daß die Bank einen Dritten mit der weiteren Erledigung betraut, erfüllt die Bank den Auftrag dadurch, daß sie ihn im eigenen Namen an den Dritten weiterleitet (weitergeleiteter Auftrag). Dies betrifft zum Beispiel die Einholung von Bankauskünften bei anderen Kreditinstituten oder die Verwahrung und Verwaltung von Wertpapieren im Ausland. In diesen Fällen beschränkt sich die Haftung der Bank auf die sorgfältige Auswahl und Unterweisung des Dritten.

(3) Störung des Betriebs

37 Die Bank haftet nicht für Schäden, die durch höhere Gewalt, Aufruhr, Kriegs- und Naturereignisse oder durch sonstige von ihr nicht zu vertretende Vorkommnisse (zum Beispiel Streik, Aussperrung, Verkehrsstörung, Verfügungen von hoher Hand im In- oder Ausland) eintreten.

Hinweise:

38 Die Bank haftet bei der Erfüllung ihrer Verpflichtungen für *jedes Verschulden*, also auch für leichte Fahrlässigkeit (§§ 276, 278 BGB). Freizeichnungen für leichte Fahrlässigkeit, wie sie in den AGB/B (88) an verschiedenen Stellen möglich waren[38], sind nicht mehr zulässig. Darin liegt ein großer Fortschritt an Vereinfachung und Klarheit der AGB unter Vermeidung zahlreicher möglicher Streitfragen. Die Bank haftet für ihre Mitarbeiter und die Personen, die sie zur *Erfüllung ihrer Verpflichtungen* hinzuzieht. Das ist der von § 278 BGB umfaßte Personenkreis, wie etwa dritte Banken oder selbständige Rechenzentren, sofern sich die Erstbank zur Erfüllung ihrer Verbindlichkeiten dieser Gehilfen bedient. Somit ist die komplizierte Abgrenzung zwischen vertragswesentlichen und anderen Pflichten und zwischen Pflichten aus Vertrag und aus gesetzlichem Schuldverhältnis überflüssig[39]. Die Bank haftet also für *Auskünfte, Aufklärung und Beratung,* und zwar für jede Fahrlässigkeit und dies auch im kaufmännischen Verkehr.

39 Die Formulierung in Nr. 3 Abs. 2 (Haftung bei weitergeleiteten Aufträgen) fußt auf einer Entscheidung des BGH vom 19.3.1991[40]. Das Gericht lehnte die Garantiehaftung der erstbeauftragten Bank für die Herbeiführung des Überweisungserfolges im Auslandsverkehr ab, da man der Bank ansonsten weder beherrschbare noch überschaubare Risiken aufbürden würde.

Die Regelung in Nr. 3 Abs. 3 stellt eine sprachlich überarbeitete Fassung der Nr. 25 Abs. 2 AGB/B (88) dar.

Nr. 4 AGB/B (93): Grenzen der Aufrechnungsbefugnis des Kunden

Der Kunde kann gegen Forderungen der Bank nur aufrechnen, wenn seine Forderungen unbestritten oder rechtskräftig festgestellt sind.

---

38 Horn BrV Bd. 4, 65, 74, 94 ff.
39 BGH NJW 1991, 694.
40 WM 1991, 797.

Hinweise:
Die Klausel enthält ein vertragliches *Aufrechnungsverbot* zu Lasten des Kunden, außer bei unbestrittenen oder rechtskräftig festgestellten Verbindlichkeiten. Sie entspricht im Wortlaut § 11 Nr. 3 AGBG und ist somit zulässig[41]. Nach der alten Fassung war die Aufrechnung nur »in derselben Währung« möglich. Dieser Vorbehalt ist zwar weggefallen, ergibt sich aber ohnehin aus § 387 BGB, wonach die sich gegenüberstehenden Forderungen *gleichartig* seien müssen. Neben dem vertraglichen Aufrechnungsverbot stehen jene aus Gesetz, etwa wenn der Kunde der Bank aus einer vorsätzlich begangenen unerlaubten Handlung Schadensersatz schuldet (§ 393 BGB) oder wenn gegen eine unpfändbare Forderung aufgerechnet werden soll (§§ 851, 852 ZPO). 40

Sinn und Zweck der Klausel ist es, die Bank davor zu schützen, daß ein zahlungsunfähiger oder zahlungsunwilliger Kunde gegen unbestreitbare Forderungen der Bank mit erdichteten oder sonstigen unbegründeten Gegenforderungen aufrechnet und sich dadurch seiner Zahlungspflicht zu entziehen versucht[42]. Damit leistet die Klausel kaum mehr, als ohnehin im Gesetz steht. Nach § 390 S. 1 BGB ist die Aufrechnung mit *einredebehafteten* Forderungen nicht möglich. Gemeint sind (rechtsvernichtende) Einwendungen (z.B. §§ 142, 123; 138; 125; 362 oder 275 Abs. 1 BGB) ebenso wie (rechtshemmende) Einreden (z.B. die Einrede der Nichterfüllung der vertraglich getroffenen Vereinbarungen). Zu beachten ist, daß die *Verjährung* eine Aufrechnung nicht ausschließt. Voraussetzung ist nach § 390 S. 2 BGB aber, daß die verjährte Forderung zu der Zeit, zu welcher sie gegen die andere Forderung (erstmals) aufgerechnet werden konnte, noch nicht verjährt war[43]. 41

Die Klausel erweitert den Kreis der gegen eine Forderung möglichen Einwendungen für die Bank nur noch leicht. Die Aufrechnung ist bereits dann ausgeschlossen, wenn die Bank die Forderung des Kunden *bestreitet*. Allerdings ist anerkannt, daß die Bank mißbräuchlich handelt, wenn die Gegenforderung des Kunden nach Grund und Höhe feststeht, zumal wenn sie aus schuldhafter Pflichtverletzung der Bank hervorgeht[44]. Grundlose oder unsubstantiierte Einwendungen machen die Forderung also nicht zu einer bestrittenen[45]. Die Klausel findet auch dann keine Anwendung, wenn Forderung und Gegenforderung in einem untrennbaren Zusammenhang stehen und die Forderung des Kunden *entscheidungsreif* ist[46]. Schließlich verstößt eine Berufung auf die Klausel seitens der Bank gegen das *Schikaneverbot*, wenn die vom Kunden geltend gemachte Forderung substantiiert auf eine vorsätzliche unerlaubte Handlung, für die die Bank Schadensersatz schuldet, gestützt wird[47]. Angesichts der Vielzahl dieser Ausnahmen erscheint es fraglich, ob es für die Klausel überhaupt noch einen praktischen Anwendungsbereich gibt. Zumindest unter dem Gesichtspunkt der kundenfreundlichen und schlanken Gestaltung von AGB sollte man noch einmal darüber nachdenken, ob diese Klausel nicht verzichtbar ist. 42

---

41 BGH NJW 1986, 1757.
42 BGH WM 1956, 563, 564; WM 1972, 72, 73; WM 1986, 477, 478; Gößmann/Wagner-Wieduwilt/Weber, Allgemeine Geschäftsbedingungen der Banken, 1993 Rz. 1/113 m.w.N.
43 Hunecke, WM 1989, 553, 558.
44 BGH WM 1972, 73; NJW 1978, 2244.
45 BGHZ 12, 136; BB 1977, 815.
46 BGH NJW 1960, 859; WM 1978, 620; WM 1986, 477, 478.
47 BGH WM 1985, 866, 868 m.w.N.

Nr. 5 AGB/B (93): Verfügungsberechtigung nach dem Tod des Kunden

43 Nach dem Tod des Kunden kann die Bank zur Klärung der Verfügungsberechtigung die Vorlegung eines Erbscheins, eines Testamentsvollstreckerzeugnisses oder weiterer hierfür notwendiger Unterlagen verlangen; fremdsprachige Urkunden sind auf Verlangen der Bank in deutscher Übersetzung vorzulegen. Die Bank kann auf die Vorlage eines Erbscheins oder eines Testamentsvollstreckerzeugnisses verzichten, wenn ihr eine Ausfertigung oder eine beglaubigte Abschrift der letztwilligen Verfügung (Testament, Erbvertrag) nebst zugehöriger Eröffnungsniederschrift vorgelegt wird. Die Bank darf denjenigen, der darin als Erbe oder Testamentsvollstrecker bezeichnet ist, als Berechtigten ansehen, ihn verfügen lassen und insbesondere mit befreiender Wirkung an ihn leisten. Dies gilt nicht, wenn der Bank bekannt ist, daß der dort Genannte (zum Beispiel nach Anfechtung oder wegen Nichtigkeit des Testaments) nicht verfügungsberechtigt ist, oder wenn ihr dies infolge Fahrlässigkeit nicht bekannt geworden ist.

Hinweise:

44 Die Klausel entspricht Nr. 24 I AGB/B (88). Es geht um die Klärung der Frage, wer nach dem Tod des Kunden im Rahmen der mit der Bank bestehenden Geschäftsverbindung *verfügungsberechtigt* ist. Antwort hierauf gibt das Erbrecht. Fraglich ist, was dann geschieht, wenn sich später herausstellt, daß der Verfügende in Wirklichkeit nicht berechtigt war. Muß die Bank dann an den wirklichen Erben noch einmal leisten? Macht sie sich u.U. schadensersatzpflichtig? Die Klausel Nr. 5 versucht Fragen dieser Art erst gar nicht entstehen zu lassen. Es werden diejenigen Voraussetzungen beschrieben, unter denen die Bank mit *befreiender Wirkung* leisten darf. Hält sich die Bank nicht an diese Regeln, so läuft sie Gefahr, doppelt zu leisten oder auf Schadensersatz in Anspruch genommen zu werden.

45 Am ungefährlichsten sind die Dinge dann, wenn der Bank ein Erbschein (§ 2353 BGB) vorgelegt wird. Denn nach § 2365 BGB wird vermutet, »daß demjenigen, welcher in dem Erbschein als Erbe bezeichnet ist, das in dem Erbschein angegebene Erbrecht zustehe, und daß er nicht durch andere als die angegebenen Anordnungen beschränkt sei«. Folgerichtig schützt § 2366 BGB den gutgläubigen Erwerber von Erbschaftsgegenständen und § 2367 BGB den gutgläubig Leistenden, z.B. die Bank. Das gilt in gleicher Weise für und gegen den Testamentsvollstrecker, dem das Nachlaßgericht ein Zeugnis über die Ernennung (Testamentsvollstreckerzeugnis) nach § 2368 BGB erteilt hat. Soweit die Klausel Nr. 5 die Vorlage des Erbscheines oder des Testamentsvollstreckerzeugnisses verlangt, ist sie also deklaratorischer Natur.

46 Eine über das BGB hinausgehende eigenständige Regelungsfunktion hat die Klausel dann, wenn die Bank auf die Vorlage des Erbscheines oder eines Testamentsvollstreckerzeugnisses verzichtet. Nach dem etwas mißverständlichen Wortlaut der Klausel (... »kann« ...) ist die Bank hierzu verpflichtet, wenn die Erbfolge zweifelsfrei feststeht. Es gibt nämlich keinen allgemeinen Satz, der den Erben verpflichtet, sich zu seiner Legitimation einen Erbschein zu verschaffen. Das hat das Reichsgericht kurz nach Inkrafttreten des BGB am 1.5.1903 klargestellt[48]. Zwei Schwestern verlangten unter

---

48 RGZ 54, 343, 344.

Vorlegung des Testaments in der Eröffnungsverhandlung die Aushändigung eines bei der Deutschen Bank angelegten Depots. Die Deutsche Bank bestritt nicht die Legitimation der Schwestern aus dem Testament, sie meinte nur, daß seit Einführung des Bürgerlichen Gesetzbuches den Erbschaftsschuldnern, »damit sie des Vorteils der absolut befreienden Wirkung der Zahlung gemäß § 2367 BGB teilhaft würden, das Recht zustehe, die Zahlung zu verweigern, bis sich die Erben durch Vorlegung eines Erbscheins legitimierten«. Das Reichsgericht verwarf diese Auffassung als rechtsirrig. Ein Rechtssatz, wonach der Nachweis des Erbrechts nur durch einen Erbschein geführt werden könne, sei im BGB nirgends ausgesprochen und »aus der Bestimmung des § 2367 BGB über die Wirkung des Erbscheins unmöglich zu folgern«. Dazu komme, daß sich aus der Entstehungsgeschichte der §§ 2366, 2367 BGB, insbesondere aus den Protokollen der II. Kommission Bd. 5 S. 686, 687, klar ergebe, daß ein solches Recht des Schuldners, die Vorlegung eines Erbscheins verlangen zu können, nicht gewollt sei. Ein solches Recht würde nämlich »in vielen Fällen zu einer geradezu unerträglichen Belästigung des Erben, zu unnützen Kosten und Verzögerung der Nachlaßregulierung führen«[49].

Der Erbschein ist also, entgegen einer in der Literatur verbreiteten Auffassung, nicht das vom Gesetz vorgesehene »genuine Mittel« zur Legitimation des Erben[50]. Vielmehr wird zu Recht von denselben Autoren darauf hingewiesen, daß das Verlangen der Bank nach einem Erbschein *mißbräuchlich* ist, wenn die Erbfolge zweifelsfrei feststeht[51]. 47

Um Zweifel an der Verfügungsberechtigung des Erben so gering wie möglich zu halten, ist der Bank neben einer Ausfertigung und der beglaubigten Abschrift der letztwilligen Verfügung (Testament, Erbvertrag) die dazugehörige *Eröffnungsniederschrift* vorzulegen. Dies ist keine Überspannung der Anforderungen, da § 2260 Abs. 3 BGB ohnehin zwingend anordnet, daß über die Eröffnung des Testamentes eine Niederschrift aufzunehmen ist. War das Testament verschlossen, so ist in der Niederschrift festzustellen, ob der Verschluß unversehrt war (§ 2260 Abs. 3 S. 2 BGB). Die Bank muß, wenn diese Voraussetzungen erfüllt sind, trotz des mißverständlichen Wortlauts der Klausel (... »darf« ...), den Erben oder Testamentsvollstrecker als Berechtigten ansehen und ihn verfügen lassen. Sie leistet konsequenterweise mit *befreiender Wirkung* an ihn. Diese im Gesetz nicht vorgesehene befreiende Wirkung ist mit den Grundsätzen des AGB-Gesetzes vereinbar, weil dies nicht gilt, »wenn der Bank bekannt ist, daß der ... Genannte (z.B. nach Anfechtung oder wegen Nichtigkeit des Testaments) nicht verfügungsberechtigt ist, oder wenn ihr dies infolge Fahrlässigkeit nicht bekanntgeworden ist«. Die Einlösung von Erblasserschecks trotz Widerrufs durch den Alleinerben, der allerdings noch keinen Erbschein hat, wäre sicher fahrlässig[52]. 48

---

49 RGZ 54, 344.
50 So aber Gößmann/Wagner-Wieduwilt/Weber, Rz. 1/137.
51 Gößmann/Wagner-Wieduwilt/Weber, Rz. 1/152; OLG Bremen OLGZ 1965, 170 ff.
52 LG Krefeld, WM 1977, 379; Baumbach/Hopt[29], S. 1214.

Nr. 6 AGB/B (93): Maßgebliches Recht und Gerichtsstand bei kaufmännischen und öffentlich-rechtlichen Kunden

(1) Geltung deutschen Rechts

Für die Geschäftsverbindung zwischen dem Kunden und der Bank gilt deutsches Recht.

(2) Gerichtsstand für Inlandskunden

49 Ist der Kunde ein Kaufmann, der nicht zu den Minderkaufleuten gehört, und ist die streitige Geschäftsbeziehung dem Betriebe seines Handelsgewerbes zuzurechnen, so kann die Bank diesen Kunden an dem für die kontoführende Stelle zuständigen Gericht oder bei einem anderen zuständigen Gericht verklagen; dasselbe gilt für eine juristische Person des öffentlichen Rechts und für öffentlich-rechtliche Sondervermögen. Die Bank selbst kann von diesen Kunden nur an dem für die kontoführende Stelle zuständigen Gericht verklagt werden.

(3) Gerichtsstand für Auslandskunden

50 Die Gerichtsstandsvereinbarung gilt auch für Kunden, die im Ausland eine vergleichbare gewerbliche Tätigkeit ausüben, sowie für ausländische Institutionen, die mit inländischen juristischen Personen des öffentlichen Rechts oder mit einem inländischen öffentlich-rechtlichen Sondervermögen vergleichbar sind.

Hinweise:

51 Die Klausel Nr. 6 Abs. 1 verhindert, ebenso wie Nr. 26 Abs. 2 AGB/B (88), die freie Rechtswahl, und zwar ganz gleich, ob es sich um Privat- oder Firmenkunden handelt, d.h. es gilt *deutsches Recht*. An der Klarheit und Praktikabilität dieser Klausel kann kein Zweifel bestehen. Sie ist weitgehend deklaratorischer Natur, da Art. 28 EGBGB bei Fehlen einer Rechtswahl darauf abstellt, zu welchem Recht der Vertrag die *engste Verbindung* aufweist. Dabei vermutet Art. 28 Abs. 2 EGBGB, daß die engste Verbindung zu dem Staat besteht, in dem die Partei, die die charakteristische Leistung zu erbringen hat, im Zeitpunkt des Vertragsschlusses ihren gewöhnlichen *Aufenthalt*, ihre Hauptverwaltung oder ihre Hauptniederlassung hat. Da regelmäßig die Bank die charakteristische Leistung erbringt, wäre im Normalfall also deutsches Recht anzuwenden[53].

52 Bei Verbraucherverträgen ist Art. 29 EGBGB zu beachten. Verträge zur Finanzierung von Liefer- und Dienstleistungsgeschäften gehören dazu. Art. 29 EGBGB bestimmt, daß die zwingenden verbraucherschützenden Normen des Landes, in dem der Kunde seinen gewöhnlichen Aufenthalt hat, ihm nicht entzogen werden dürfen. Dem steht die Klausel Nr. 6 nicht entgegen, da Art. 29 EGBGB selbst Teil des vereinbarten deutschen Rechts ist. Aufgrund dieser Schutzwirkungen ist auch die *formularmäßige* Vereinbarung der Klausel Nr. 6 mit § 9 AGBG vereinbar[54]. Neue Fragen können sich

---

53 Für die Garantie: BGHZ 108, 353, 361 ff.; Müko-Martiny[2], Art. 28 EGBGB, Rz. 239 ff.
54 Canaris[3] Rz. 2721; Palandt-Heldrich[55], Art. 28 EGBGB, Rz. 21.

allenfalls aus einer wertenden Parallele zum neugefaßten IPR für Versicherungsgeschäfte ergeben. Dort wird seit dem 28.6.1990 zwischen Großrisiken und Verbraucherrisiken differenziert. Während bei Verbraucherrisiken in der Regel deutsches Recht gilt (Art. 8 EGVVG), können die Parteien bei Großrisiken das Recht eines anderen Staates wählen (Art. 10 Abs. 1 EGVVG). Übertragen auf das Bankrecht könnte man zumindest für den Bereich des Firmengeschäfts fragen, ob die Beschränkung der Rechtswahl in der Klausel Nr. 6 Abs. 1 nicht zu eng sei und möglicherweise mit den Prinzipien der Europäischen Dienstleistungsfreiheit (Artt. 59 ff. EGV) kollidiert.

Nr. 6 Abs. 2 enthält eine *Gerichtsstandsvereinbarung* für Inlandskunden, und zwar für Vollkaufleute, juristische Personen des öffentlichen Rechts und öffentlich-rechtliche Sondervermögen. Für die Vollkaufleute ist klargestellt, daß die Klausel nicht für deren Privatgeschäfte gilt. Die Vereinbarung entspricht § 38 Abs. 1 ZPO. Daraus wird überwiegend die Vereinbarkeit mit §§ 3, 9 AGBG gefolgert. Das LG Karlsruhe hat erstmals mit Urteil vom 3.4.1989[55] entschieden, daß Gerichtsstands- und Erfüllungsortklauseln in AGB zum Nachteil des Schuldners auch im Verkehr zwischen Vollkaufleuten nach § 9 AGBG unwirksam sind. Das Gericht hat seine umstrittene Auffassung durch Urteil vom 31.10.1995 erneut bekräftigt[56]. Es stützt seine sorgfältig begründete Entscheidung zum einen darauf, daß § 9 AGBG jüngeren Datums (1976) ist als § 38 Abs. 1 ZPO (1974), was zutrifft. Nach dem Grundsatz »lex posterior derogat legi priori« sei das frühere Recht (§ 38 Abs. 1 ZPO) durch das spätere (§ 9 AGBG) verdrängt. Materiell sei die Unangemessenheit der Gerichtsstandsklausel nach § 9 AGBG auch bei vollkaufmännischen Unternehmen zu bejahen, weil in der Prozeßpraxis der kleine und mittlere Betrieb ohne eigene Rechtsabteilung und ohne Rechts- und Prozeßerfahrung und laufende rechtliche Beratung überwiege. Das mag zutreffen, verfehlt aber den Kern des Schutzproblems. Auch kleine und mittlere Unternehmen bedürfen in der Regel nicht eines besonderen Schutzes gegenüber der Anwendung von Rechtsregeln. Sie können und müssen sich rechtlich zutreffend informieren. Die dabei entstehenden Kosten gehen in die Gesamtkostenrechnung des Unternehmens ein, werden also über den Markt kompensiert. Hiervon ausgehend würde sich ein übermäßiger Schutz kleiner und mittlerer Unternehmen als kontraproduktiv erweisen. Man würde sie geradezu ermuntern, auf professionellen Rechtsrat zu verzichten, weil es die Gerichte im Zweifel schon »richten« werden. Für den Kunden bezeichnet die kontoführende Stelle das ausschließlich zuständige Gericht (S. 2). Klagt die Bank, so kann sie zwischen dem Gericht der kontoführenden Stelle oder einem anderen zuständigen Gericht wählen (S. 1).

53

Diese in Abs. 2 verankerte Gerichtsstandsklausel wird in Abs. 3 der Sache nach auf Auslandskunden erstreckt. Auch für sie ist das Gericht der kontoführenden Stelle zuständig. Dies ist notwendigerweise ein deutsches Gericht, denn die AGB/B gelten nur für inländische Geschäftsstellen der Bank (Nr. 1 Abs. 1 S. 1 AGB/B [93]).

54

---

55 JZ 1989, 690 mit abl. Anm. Wolf.
56 ZIP 1995, 1824; zustimmend zuvor bereits Schlosser/Coester-Waltjen/Gaba, AGBG-Kom., § 9 Rz. 88; Stein, AGBG, § 9 Rz. 22; ablehnend OLG Karlsruhe vom 27.6.1989-8 U 85-89; LG Köln NJW-RR 1990, 419; LG Bielefeld NJW 1993, 2690 f.; Wolf, JZ 1989, 695; Hollatz, Formularmäßige Gerichtsstandsvereinbarungen, Diss. Bochum, 1992, S. 88 ff., 132; Müko-Basedow[3], § 12 AGBG, Rz. 25; Palandt-Heinrichs[55], § 9 AGBG, Rz. 87; weitere Nachweise in ZIP 1995, 1825.

II. Kontoführung

Nr. 7 AGB/B (93): Rechnungsabschlüsse bei Kontokorrentkonten (Konten in laufender Rechnung)

(1) Erteilung der Rechnungsabschlüsse

55 Die Bank erteilt bei einem Kontokorrentkonto, sofern nicht etwas anderes vereinbart ist, jeweils zum Ende eines Kalenderquartals einen Rechnungsabschluß; dabei werden die in diesem Zeitraum entstandenen beiderseitigen Ansprüche (einschließlich der Zinsen und Entgelte der Bank) verrechnet. Die Bank kann auf den Saldo, der sich aus der Verrechnung ergibt, nach Nr. 12 dieser Geschäftsbedingungen oder nach der mit dem Kunden anderweitig getroffenen Vereinbarung Zinsen berechnen.

(2) Frist für Einwendungen; Genehmigung durch Schweigen

56 Einwendungen wegen Unrichtigkeit oder Unvollständigkeit eines Rechnungsabschlusses hat der Kunde spätestens innerhalb eines Monats nach dessen Zugang zu erheben; macht er seine Einwendungen schriftlich geltend, genügt die Absendung innerhalb der Monatsfrist. Das Unterlassen rechtzeitiger Einwendungen gilt als Genehmigung. Auf diese Folge wird die Bank bei Erteilung des Rechnungsabschlusses besonders hinweisen. Der Kunde kann auch nach Fristablauf eine Berichtigung des Rechnungsabschlusses verlangen, muß dann aber beweisen, daß zu Unrecht sein Konto belastet oder eine ihm zustehende Gutschrift nicht erteilt wurde.

Hinweise:

57 Nr. 7 Abs. 1 greift die bisherige Regelung in Nr. 14 Abs. 1 auf, läßt aber den Zeitpunkt der Erteilung eines Rechnungsabschlusses nicht offen (»mindestens einmal jährlich« – so § 355 Abs. 2 HGB). Vielmehr sind, wie in § 5 VKG, vier Abschlüsse pro Jahr, jeweils zum Ende des Kalenderquartals, vorgesehen. Will eine Bank hiervon in Zukunft abweichen, so muß dies im Verhältnis zum Kunden festgelegt werden. Gehen Rechnungsabschlüsse dem Kunden nicht fristgerecht zu, so muß er die Bank unverzüglich benachrichtigen (Nr. 11 Abs. 5 AGB/B [93]). Die Wirkungen der Verrechnung der in das Kontokorrent eingestellten Rechnungsposten werden unten im einzelnen erläutert[57].

58 Nr. 7 Abs. 2 greift die bisherige Regelung der Nr. 15 auf, soweit sie die rechtzeitige Geltendmachung von Einwendungen gegen einen Rechnungsabschluß vorschrieb. Die übrigen, bisher in Nr. 15 geregelten Pflichten des Kunden (Prüfung und Einwendungen des Kunden bei Wertpapieraufstellungen, sonstigen Abrechnungen und Anzeigen) wurden in den Katalog der Mitwirkungspflichten des Kunden (Nr. 11 Abs. 4) integriert. Einwendungen wegen Unrichtigkeit oder Unvollständigkeit eines Rechnungsabschlusses hat der Kunde spätestens innerhalb *eines Monats* nach dessen Zugang zu erheben. Schriftform ist nicht erforderlich. Das Unterlassen rechtzeitiger Einwendungen gilt, so heißt es in Nr. 7 Abs. 2, *als Genehmigung.* Da diese Rechtsfolge für den

---

[57] § 4, 17 ff.

Kunden von großer Bedeutung ist, ist die Bank verpflichtet auf sie »bei Erteilung des Rechnungsabschlusses besonders hinzuweisen«. Aber auch dann, wenn der Kunde die Monatsfrist versäumt, steht er nicht schutzlos da. Er kann auch nach Fristablauf »eine Berichtigung des Rechnungsabschlusses verlangen, muß dann aber beweisen, daß sein Konto zu Unrecht belastet oder eine ihm zustehende Gutschrift nicht erteilt wurde« (Nr. 7 Abs. 2 letzter Satz). Das Saldoanerkenntnis im Kontokorrent verstößt als gesetzlich anerkanntes Institut nicht gegen § 11 Nr. 15 AGBG[58].

Die Genehmigungsfiktion scheitert an § 242 BGB, wenn die Bank nicht mit dem Einverständnis des Kunden rechnen kann, etwa bei Maßnahmen der Bank ohne Auftrag des Kunden, z.B. bei mangelnder Einziehungsermächtigung der Bank[59] oder bei gefälschtem Überweisungsauftrag[60] oder bei sehr krassen Abweichungen oder sonst unrechtmäßigen Verfügungen der Bank. 59

Die Genehmigungsfiktion betrifft nicht sonstige Abrechnungen, insbesondere *Tages(konto)auszüge*, Depot- und Wertpapieraufstellungen (anders Nr. 15 S. 3 AGB/B [88]). Tageskontoauszüge sind reine Postensalden, dienen also nur tatsächlichen Zwecken. Allerdings kann der Kunde nach Giroabrede über ein *Tagesguthaben* verfügen, so daß es auch *pfändbar* ist[61]. 60

Nr. 8 AGB/B (93): Storno- und Berichtigungsbuchungen der Bank

(1) Vor Rechnungsabschluß

Fehlerhafte Gutschriften auf Kontokorrentkonten (zum Beispiel wegen einer falschen Kontonummer) darf die Bank bis zum nächsten Rechnungsabschluß durch eine Belastungsbuchung rückgängig machen, soweit ihr ein Rückzahlungsanspruch gegen den Kunden zusteht; der Kunde kann in diesem Fall gegen die Belastungsbuchung nicht einwenden, daß er in Höhe der Gutschrift bereits verfügt hat (Stornobuchung). 61

(2) Nach Rechnungsabschluß

Stellt die Bank eine fehlerhafte Gutschrift erst nach einem Rechnungsabschluß fest und steht ihr ein Rückzahlungsanspruch gegen den Kunden zu, so wird sie in Höhe ihres Anspruchs sein Konto belasten (Berichtigungsbuchung). Erhebt der Kunde gegen die Berichtigungsbuchung Einwendungen, so wird die Bank den Betrag dem Konto wieder gutschreiben und ihren Rückzahlungsanspruch gesondert geltend machen. 62

(3) Information des Kunden; Zinsberechnung

Über Storno- und Berichtigungsbuchungen wird die Bank den Kunden unverzüglich unterrichten. Die Buchungen nimmt die Bank hinsichtlich 63

---

58 BGHZ 99, 282, früher str.
59 OLG Düsseldorf WM 1978, 771.
60 Baumbach/Hopt, HGB[29], S. 1215 unter Hinweis auf OLG Hamburg WM 1983, 518 (dort offengelassen).
61 Vertiefend unten § 4, 50 ff.

der Zinsberechnung rückwirkend zu dem Tag vor, an dem die fehlerhafte Buchung durchgeführt wurde.

Hinweise:

64 Die Nr. 8 geht auf die bisherige Nr. 4 Abs. 1 S. 3 zurück. Es wird grundlegend zwischen fehlerhaften Gutschriften *vor* (Nr. 8 Abs. 1) oder *nach* (Nr. 8 Abs. 2) Rechnungsabschluß unterschieden. Fehlerhafte Gutschriften *vor* Rechnungsabschluß dürfen durch eine *Stornobuchung* rückgängig gemacht werden, soweit der Bank ein Rückzahlungsanspruch gegen den Kunden zusteht. Der Kunde kann in diesen Fällen nicht einwenden, daß er in Höhe der Gutschrift bereits verfügt hat, das heißt ihm wird der Einwand der Entreicherung (§ 818 Abs. 3 BGB) genommen. Insoweit verstößt Nr. 8 Abs. 1 AGB/B (93) gegen § 9 AGBG und ist unwirksam[62].

65 Nach Rechnungsabschluß ist die Bank dagegen bei Einwendungen des Kunden verpflichtet, den mit der *Berichtigungsbuchung* dem Konto des Kunden belasteten Betrag wieder gutzuschreiben und sodann den von ihr behaupteten Rückzahlungsanspruch gesondert geltend zu machen. Insoweit kann der Kunde auch den Entreicherungseinwand (§ 818 Abs. 3 BGB) erheben. Dem Verfügungsbegehren des Kunden kann die Bank aber auch in diesem Fall ihren eigenen Bereicherungsanspruch (§ 821 BGB) entgegenhalten.

66 Über Storno- und Berichtigungsbuchungen muß die Bank den Kunden unverzüglich unterrichten. Die Unterrichtung im Kontoauszug genügt nur bei klarem Hinweis auf den Fehler. Bei länger zurückliegenden Fehlern kann gesonderte Mitteilung mit Erläuterung erforderlich sein. Bewirkt die Rückbuchung einen Soll-Saldo, so ist auf die Zinsfolgen hinzuweisen. Bei Unterlassen macht sich die Bank schadensersatzpflichtig.

Nr. 9 AGB/B (93): Einzugsaufträge

(1) Erteilung von Vorbehaltsgutschriften bei der Einreichung

67 Schreibt die Bank den Gegenwert von Schecks und Lastschriften schon vor ihrer Einlösung gut, geschieht dies unter dem Vorbehalt ihrer Einlösung, und zwar auch dann, wenn diese Papiere bei der Bank selbst zahlbar sind. Reicht der Kunde andere Papiere mit dem Auftrag ein, von einem Zahlungspflichtigen einen Forderungsbetrag zu beschaffen (zum Beispiel Zinsscheine), und erteilt die Bank über den Betrag eine Gutschrift, so steht diese unter dem Vorbehalt, daß die Bank den Betrag erhält. Der Vorbehalt gilt auch dann, wenn die Papiere bei der Bank selbst zahlbar sind. Werden Schecks oder Lastschriften nicht eingelöst oder erhält die Bank den Betrag aus dem Einzugsauftrag nicht, macht die Bank die Vorbehaltsgutschrift rückgängig. Dies geschieht unabhängig davon, ob in der Zwischenzeit ein Rechnungsabschluß erteilt wurde.

---

62 Vertiefend unten § 4, 39 ff., sowie Kämmer, Das Stornorecht der Banken, Diss. Berlin, 1997.

(2) Einlösung von Lastschriften und vom Kunden ausgestellter Schecks

Lastschriften und Schecks sind eingelöst, wenn die Belastungsbuchung nicht spätestens am zweiten Bankarbeitstag nach ihrer Vornahme rückgängig gemacht wird. Barschecks sind bereits mit Zahlung an den Scheckvorleger eingelöst. Schecks sind auch schon dann eingelöst, wenn die Bank im Einzelfall eine Bezahltmeldung absendet, Lastschriften und Schecks, die über die Abrechnungsstelle einer Landeszentralbank vorgelegt werden, sind eingelöst, wenn sie nicht bis zu dem von der Landeszentralbank festgesetzten Zeitpunkt an die Abrechnungsstelle zurückgegeben werden.

68

Hinweise:
Nr. 9 Abs. 1 ist eine sprachlich überarbeitete Fassung der bisherigen Nr. 41 Abs. 1. Es wird klargestellt, daß die Bank den Gegenwert von Schecks und Lastschriften nur unter dem Vorbehalt ihrer Einlösung gutschreibt (*Vorbehaltsgutschrift*). Die bisher beispielhaft ebenfalls genannten Wechsel wurden gestrichen, weil Wechsel entweder angekauft (dann erhält der Kunde eine Gutschrift unverzüglich) oder zum Inkasso hereingenommen werden (dann erfolgt die Gutschrift nicht auf einem Kundenkonto, sondern auf einem internen Konto der Bank, so daß Verfügungen erst nach der Bezahlung des Wechsels zugelassen werden, also gerade keine Gutschrift E.v. zugelassen wird).

69

Nr. 9 Abs. 2 enthält die überarbeitete Fassung von Nr. 41 Abs. 2. Die Überarbeitung war durch die Entscheidung des BGH vom 13.6.1988[63] erforderlich geworden. In dieser Entscheidung hatte der BGH ausgeführt, daß der Zwei-Tage-Frist generelle Bedeutung im Hinblick auf den Einlösungszeitpunkt zukomme. Die Neufassung der Klausel stellt klar, daß es sich bei dieser Frist lediglich um eine Regel-Frist handelt, indem sie abschließend die Fälle aufführt, in denen von einem früheren Zeitpunkt der Einlösung auszugehen ist (Barschecks, Bezahltmeldung und Vorlage von Papieren in der LZB-Abrechnung).

70

Nr. 10 AGB/B (93): Risiken bei Fremdwährungskonten und Fremdwährungsgeschäften

(1) Auftragsausführung bei Fremdwährungskonten

Fremdwährungskonten des Kunden dienen dazu, Zahlungen an den Kunden und Verfügungen des Kunden in fremder Währung bargeldlos abzuwickeln. Verfügungen über Guthaben auf Fremdwährungskonten (zum Beispiel durch Überweisungsaufträge zu Lasten des Fremdwährungsguthabens) werden unter Einschaltung von Banken im Heimatland der Währung abgewickelt, wenn sie die Bank nicht vollständig innerhalb des eigenen Hauses ausführt.

71

---

63 WM 1988, 1325 = BGHZ 104, 374.

(2) Gutschriften bei Fremdwährungsgeschäften mit dem Kunden

72 Schließt die Bank mit dem Kunden ein Geschäft (zum Beispiel ein Devisentermingeschäft) ab, aus dem sie die Verschaffung eines Betrages in fremder Währung schuldet, wird sie ihre Fremdwährungsverbindlichkeit durch Gutschrift auf dem Konto des Kunden in dieser Währung erfüllen, sofern nicht etwas anderes vereinbart ist.

(3) Vorübergehende Beschränkung der Leistung durch die Bank

73 Die Verpflichtung der Bank zur Ausführung einer Verfügung zu Lasten eines Fremdwährungsguthabens (Absatz 1) oder zur Erfüllung einer Fremdwährungsverbindlichkeit (Absatz 2) ist in dem Umfang und solange ausgesetzt, wie die Bank in der Währung, auf die das Fremdwährungsguthaben oder die Verbindlichkeit lautet, wegen politisch bedingter Maßnahmen oder Ereignisse im Lande dieser Währung nicht oder nur eingeschränkt verfügen kann. In dem Umfang und solange diese Maßnahmen oder Ereignisse andauern, ist die Bank auch nicht zu einer Erfüllung an einem anderen Ort außerhalb des Landes der Währung, in einer anderen Währung (auch nicht in Deutscher Mark) oder durch Anschaffung von Bargeld verpflichtet. Die Verpflichtung der Bank zur Ausführung einer Verfügung zu Lasten eines Fremdwährungsguthabens ist dagegen nicht ausgesetzt, wenn sie die Bank vollständig im eigenen Haus ausführen kann. Das Recht des Kunden und der Bank, fällige gegenseitige Forderungen in derselben Währung miteinander zu verrechnen, bleibt von den vorstehenden Regelungen unberührt.

Hinweise:

74 Nr. 10 ersetzt Nr. 3 Abs. 2 AGB/B (88). Es geht um *Fremdwährungskonten.* Diese dienen dazu, Zahlungen an den Kunden[64] und Verfügungen des Kunden in fremder Währung *bargeldlos* abzuwickeln (Abs. 1). Ein- und Auszahlungen können also, im Unterschied zum DM-Konto, nicht vorgenommen werden. Verfügungen über das Guthaben, z.B. durch Überweisung, werden unter Einschaltung von Banken *im Heimatland der Währung* abgewickelt. Das gilt dann nicht, wenn die Überweisung *im eigenen Hause* (Umbuchung vom Fremdwährungskonto des Kunden auf dasjenige des Empfängers) ausgeführt wird.

75 Abs. 2 dient der Klarstellung, daß die Bank ihre Verbindlichkeiten in fremder Währung auf dem Fremdwährungskonto des Kunden, sofern nicht etwas anderes vereinbart ist, abwickeln wird. Irrtümliche Gutschrift auf einem anderen Konto bewirkt also keine Erfüllung i.S.v. § 362 BGB.

76 Abs. 3 verlagert das *politische Risiko* auf den Kunden. Die Verpflichtung der Bank, in der fremden Währung zu verfügen oder zu erfüllen, ist solange *ausgesetzt* (Suspensiveffekt), wie die Bank wegen politisch bedingter Maßnahmen oder Ereignisse im Lande dieser Währung *nicht* oder *nur eingeschränkt* verfügen kann. Folglich übernimmt die Bank von vornherein nur eine *eingeschränkte Erfüllungspflicht*; diese Lei-

---

64 Das ist auch im Inland nach § 244 Abs. 1 BGB zulässig; haben Schuldner und Gläubiger den Wohnsitz im Inland, so ist eine Genehmigung nach § 3 WährG erforderlich.

stungsbeschreibung beschränkt also die Beschaffungsschuld der Bank. Die Verbindlichkeit der Bank wird vorübergehend oder auch endgültig *unmöglich* (§ 323 BGB). Beispiele sind Enteignung, Beschlagnahme, politisch motivierte Devisenbeschränkungen oder auch nur mittelbar durch Drittstaaten verursachte Devisen- und währungsrechtliche Maßnahmen des Landes der Fremdwährung. Nichtpolitische Maßnahmen, wie etwa Zerstörung oder Diebstahl, suspendieren die Erfüllungspflicht der Bank nicht. Das gilt auch dann, wenn die politische Maßnahme nur ein eigenes Risiko der Bank, z.B. nur die Eigen- nicht die Kundenbestände erfaßt. Insoweit fehlt es, mangels Kausalität, bereits am Tatbestand von Abs. 3[65]. Das gilt ferner, wenn die Bank den Gegenwert, trotz politischer Unruhe, bereits erhalten hat oder sonst bereichert ist. Enden die politischen Maßnahmen, so lebt die Leistungspflicht der Bank wieder auf.

Die Verpflichtung der Bank wird trotz politischer Maßnahmen nicht suspendiert, wenn sie die Verfügung vollständig im *eigenen Hause* ausführen kann. Schließlich stellt Abs. 3 klar, daß Kunde und Bank fällige gegenseitige Forderungen in derselben Währung miteinander verrechnen können. Das ist richtig, denn durch Aufrechnung entfällt gerade die Beschaffung.

III. Mitwirkungspflichten des Kunden

Nr. 11 AGB/B (93): Mitwirkungspflichten des Kunden

(1) Änderungen von Name, Anschrift oder einer gegenüber der Bank erteilten Vertretungsmacht

Zur ordnungsgemäßen Abwicklung des Geschäftsverkehrs ist es erforderlich, daß der Kunde der Bank Änderungen seines Namens und seiner Anschrift sowie das Erlöschen oder die Änderungen einer gegenüber der Bank erteilten Vertretungsmacht (insbesondere einer Vollmacht) unverzüglich mitteilt. Diese Mitteilungspflicht besteht auch dann, wenn die Vertretungsmacht in ein öffentliches Register (zum Beispiel in das Handelsregister) eingetragen ist und ihr Erlöschen oder ihre Änderung in dieses Register eingetragen wird.

(2) Klarheit von Aufträgen

Aufträge jeder Art müssen ihren Inhalt zweifelsfrei erkennen lassen. Nicht eindeutig formulierte Aufträge können Rückfragen zur Folge haben, die zu Verzögerungen führen können. Vor allem hat der Kunde bei Aufträgen zur Gutschrift auf einem Konto (zum Beispiel bei Überweisungsaufträgen) auf die Richtigkeit und Vollständigkeit des Namens des Zahlungsempfängers, der angegebenen Kontonummer und der angegebenen Bankleitzahl zu achten. Änderungen, Bestätigungen oder Wiederholungen von Aufträgen müssen als solche gekennzeichnet sein.

---

65 Andere nehmen ausnahmsweise Leistungspflicht der Bank aus § 242 BGB an, Baumbach/Hopt[29], S. 1220; Weber IPRax 1985, 58.

Erster Teil Grundlagen

(3) Besonderer Hinweis bei Eilbedürftigkeit der Ausführung eines Auftrags

80 Hält der Kunde bei der Ausführung eines Auftrags besondere Eile für nötig (zum Beispiel weil ein Überweisungsbetrag dem Empfänger zu einem bestimmten Termin gutgeschrieben sein muß), hat er dies der Bank gesondert mitzuteilen. Bei formularmäßig erteilten Aufträgen muß dies außerhalb des Formulars erfolgen.

(4) Prüfung und Einwendungen bei Mitteilung der Bank

81 Der Kunde hat Kontoauszüge, Wertpapierabrechnungen, Depot- und Erträgnisaufstellungen, sonstige Abrechnungen, Anzeigen über die Ausführung von Aufträgen sowie Informationen über erwartete Zahlungen und Sendungen (Avise) auf ihre Richtigkeit und Vollständigkeit unverzüglich zu überprüfen und etwaige Einwendungen unverzüglich zu erheben.

(5) Benachrichtigung der Bank bei Ausbleiben von Mitteilungen

82 Falls Rechnungsabschlüsse und Depotaufstellungen dem Kunden nicht zugehen, muß er die Bank unverzüglich benachrichtigen. Die Benachrichtigungspflicht besteht auch beim Ausbleiben anderer Mitteilungen, deren Eingang der Kunde erwartet (Wertpapierabrechnungen, Kontoauszüge nach der Ausführung von Aufträgen des Kunden oder über Zahlungen, die der Kunde erwartet).

Hinweise:

83 Nr. 11 beschreibt wichtige Sorgfaltspflichten, die dem Kunden als Vertragspartner im Rahmen seiner Geschäftsbeziehung zur Bank obliegen. Die Rechtsfolgen ergeben sich aus den allgemeinen Grundsätzen des Zivilrechts. Es handelt sich in Nr. 11 um vertragliche Nebenpflichten, deren Verletzung Schadensersatzansprüche der Bank gegen den Kunden auslöst. Beruht der Schaden zugleich auf einem Fehlverhalten der Bank, so wird nach den Grundsätzen des Mitverschuldens (§ 254 BGB) der Schaden geteilt. Darauf wird in Nr. 3 Abs. 1 ausdrücklich hingewiesen.

84 Nr. 11 Abs. 1 entspricht Nr. 1 Abs. 1 AGB/B (88). Besonders wichtig sind Informationen bei Erlöschen oder Änderung einer gegenüber der Bank erteilten Vertretungsmacht, insbesondere einer Vollmacht. Diese Änderungen hat der Kunde *unverzüglich* mitzuteilen. Das gilt auch dann, wenn die Änderungen in das Handelsregister einzutragen sind, dort also erkennbar wären. Geht die Bank irrtümlich von einer noch bestehenden Vertretungsmacht aus, so ist die Verfügung dennoch unwirksam. Der Kunde, der seiner Mitteilungspflicht nicht unverzüglich nachgekommen ist, macht sich in diesem Fall gegenüber der Bank schadensersatzpflichtig. Diese Schadensersatzpflicht des Kunden kann bei Mitverschulden der Bank (z.B. schuldhaftes Nichtauswerten des Handelsregisters oder des Bundesanzeigers) ganz oder teilweise entfallen.

Nr. 11 Abs. 2 entspricht Nr. 6 und Nr. 4 Abs. 3 AGB/B (88). Aufträge jeder Art müssen danach ihren Inhalt *zweifelsfrei erkennen lassen* (Klarheitsgebot).

85 Nr. 11 Abs. 3 liegen die bisherigen Bestimmungen der Nr. 7 und 40 Abs. 1 AGB/B (88) zugrunde. Der Kunde muß auf die *Eilbedürftigkeit* eines Auftrages gesondert, im Zweifel außerhalb des Formulars, hinweisen. Gibt er diesen Hinweis, so haftet die

Bank für jede, auch leichte, Fahrlässigkeit. Bei fehlendem Hinweis trifft die Bank in der Regel kein Verschulden, sie haftet gar nicht. Hätte sie die Eilbedürftigkeit erkennen können und müssen, so haftet sie für ihr Fehlverhalten unter Berücksichtigung des Mitverschuldens des Kunden (§ 254 BGB; Nr. 3 Abs. 1 AGB/B [93]). Ein eigenes Verschulden der Bank kann in mangelhafter Aufklärung des Kunden z.B. über längere Inkassolaufzeiten etwa im Ausland zahlbarer Schecks liegen. Hier erkennt der Kunde die Eilbedürftigkeit nicht ohne weiteres.

Nr. 11 Abs. 4 entspricht Nr. 15 AGB/B (88). Der Kunde hat die Pflicht, Mitteilungen der Bank zu prüfen und etwaige Einwendungen geltend zu machen. Für Rechnungsabschlüsse ist die Genehmigungswirkung bei unterlassenen Einwendungen in Nr. 7 Abs. 2 AGB/B (93) geregelt.

86

Nr. 11 Abs. 5 entspricht Nr. 16 AGB/B (88). Verletzt der Kunde seine Benachrichtigungspflicht so kann das Mitverschulden (§ 254 BGB) oder eine Schadensersatzpflicht des Kunden aus positiver Vertragsverletzung begründen[66].

IV. Kosten der Bankdienstleistungen

Nr. 12 AGB/B (93): Zinsen, Entgelte und Auslagen

(1) Zinsen und Entgelte im Privatkundengeschäft

Die Höhe der Zinsen und Entgelte für die im Privatkundengeschäft üblichen Kredite und Leistungen ergibt sich aus dem »Preisaushang – Regelsätze im standardisierten Privatkundengeschäft« und ergänzend aus dem »Preisverzeichnis«. Wenn ein Kunde einen dort aufgeführten Kredit oder eine dort aufgeführte Leistung in Anspruch nimmt und dabei keine abweichende Vereinbarung getroffen wurde, gelten die zu diesem Zeitpunkt im Preisaushang oder Preisverzeichnis angegebenen Zinsen und Entgelte. Für die darin nicht aufgeführten Leistungen, die im Auftrag des Kunden oder in dessen mutmaßlichem Interesse erbracht werden und die, nach den Umständen zu urteilen, nur gegen eine Vergütung zu erwarten sind, kann die Bank die Höhe der Entgelte nach billigem Ermessen (§ 315 des Bürgerlichen Gesetzbuches) bestimmen.

87

(2) Zinsen und Entgelte außerhalb des Privatkundengeschäfts

Außerhalb des Privatkundengeschäfts bestimmt die Bank, wenn keine andere Vereinbarung getroffen ist, die Höhe von Zinsen und Entgelten nach billigem Ermessen (§ 315 des Bürgerlichen Gesetzbuches).

88

(3) Änderung von Zinsen und Entgelten

Die Änderung der Zinsen bei Krediten mit einem veränderlichen Zinssatz erfolgt aufgrund der jeweiligen Kreditvereinbarungen mit dem Kunden. Das Entgelt für Leistungen, die vom Kunden im Rahmen der Geschäfts-

89

---

66 BGH NJW 1984, 922.

Erster Teil Grundlagen

verbindung typischerweise dauerhaft in Anspruch genommen werden (zum Beispiel Konto- und Depotführung), kann die Bank nach billigem Ermessen (§ 315 des Bürgerlichen Gesetzbuches) ändern.

(4) Kündigungsrecht des Kunden bei Änderungen von Zinsen und Entgelten

90 Die Bank wird dem Kunden Änderungen von Zinsen und Entgelten nach Absatz 3 mitteilen. Bei einer Erhöhung kann der Kunde, sofern nichts anderes vereinbart ist, die davon betroffene Geschäftsbeziehung innerhalb eines Monats nach Bekanntgabe der Änderung mit sofortiger Wirkung kündigen. Kündigt der Kunde, so werden die erhöhten Zinsen und Entgelte für die gekündigte Geschäftsbeziehung nicht zugrundegelegt. Die Bank wird zur Abwicklung eine angemessene Frist einräumen.

(5) Auslagen

91 Der Kunde trägt alle Auslagen, die anfallen, wenn die Bank in seinem Auftrag oder seinem mutmaßlichen Interesse tätig wird (insbesondere für Ferngespräche, Porti) oder wenn Sicherheiten bestellt, verwaltet, freigegeben oder verwertet werden (insbesondere Notarkosten, Lagergelder, Kosten der Bewachung von Sicherungsgut).

(6) Besonderheiten bei Verbraucherkrediten

92 Bei Kreditverträgen, die nach § 4 des Verbraucherkreditgesetzes der Schriftform bedürfen, richten sich die Zinsen und die Kosten (Entgelte, Auslagen) nach den Angaben in der Vertragsurkunde. Fehlt die Angabe eines Zinssatzes, gilt der gesetzliche Zinssatz; nicht angegebene Kosten werden nicht geschuldet (§ 6 Abs. 2 des Verbraucherkreditgesetzes). Bei Überziehungskrediten nach § 5 des Verbraucherkreditgesetzes richtet sich der maßgebliche Zinssatz nach dem Preisaushang und den Informationen, die die Bank dem Kunden übermittelt.

Hinweise:
93 Nr. 12 entspricht teilweise Nr. 14 Abs. 2 AGB/B (88) und knüpft an § 3 Preisangabenverordnung (PAngV) an. Danach sind die jeweils in Betracht kommenden Zinssätze in einem Preisverzeichnis aufzunehmen. Dieses Verzeichnis ist »im Geschäftslokal oder am sonstigen Ort des Leistungsangebotes und, sofern vorhanden, zusätzlich im Schaufenster oder Schaukasten anzubringen (§ 3 Abs. 1 S. 2 PAngV)[67].
94 Darüber hinaus enthält Nr. 12 Abs. 1 eine *originäre Preisvereinbarung*. Soweit ein Kunde eine Leistung des Preisaushanges oder des Preisverzeichnisses in Anspruch nimmt und *keine abweichende Vereinbarung* trifft, gilt der angegebene Zins für diesen Zeitpunkt. Für andere Leistungen, die im Auftrag des Kunden oder in dessen mutmaßlichen Interesse erbracht werden, kann die Bank eine Vergütung nach billigem Ermessen (§ 315 BGB) verlangen.

---

67 Hierzu und insbesondere zum Begriff des Effektivzinses vertiefend unten § 7, 78 ff.

§ 1 Grundlagen des Bankrechts

Überziehungskredite sind (anders Nr. 14 Abs. 3 AGB/B [88]) nicht besonders geregelt. Für vereinbarte Dispositionskredite ist § 5 Abs. 1 VKG zu beachten. Für nur geduldete, eigenmächtige Kontoüberziehungen gilt § 5 Abs. 2 VKG. Die Bank kann für Kontoüberziehungen erhöhte Zinsen, wie im Preisaushang angegeben, berechnen[68]. 95

Nr. 12 Abs. 2 entspricht Nr. 14 Abs. 2 AGB/B (88). Danach kann die Bank außerhalb des Privatkundengeschäfts, also vor allem im *Firmenkundengeschäft*, die Höhe von Zinsen und Entgelten nach *billigem Ermessen* (§ 315 BGB) bestimmen, wenn keine andere Vereinbarung getroffen ist. 96

Nr. 12 Abs. 3 ist neu. Die Bank kann die Zinsen bei *Krediten mit veränderlichem Zinssatz* nur aufgrund der *Kreditvereinbarungen* mit dem Kunden ändern (keine Zinsanpassungsklausel). Für Verbraucherkredite gelten §§ 4, 5 VKG. Entgelte für typisch *dauerhafte Leistungen*, z.B. Konto- oder Depotführungsgebühren, kann die Bank einseitig nach billigem Ermessen (§ 315 BGB) ändern. 97

Nr. 12 Abs. 4 gibt dem Kunden im Hinblick auf variable Kredite i.S.d. Abs. 3 ein neues Kündigungsrecht. Bei einer Erhöhung kann der Kunde, sofern nichts vereinbart ist, die Geschäftsbeziehung innerhalb eines Monats mit sofortiger Wirkung kündigen[69].

Nr. 12 Abs. 5 entspricht Nr. 14 Abs. 5, 22 Abs. 2 S. 2 AGB/B (88). Der Kunde trägt alle in seinem Auftrag oder mutmaßlichen Interesse gemachten Auslagen sowie die Kosten im Zusammenhang mit Sicherheiten. Letzteres folgt schon aus §§ 675, 670 BGB. Nr. 12 Abs. 6 paßt an die §§ 4, 5, 6 Abs. 2 VKG an.

V. Sicherheiten für die Ansprüche der Bank gegen den Kunden

Nr. 13 AGB/B (93): Bestellung oder Verstärkung von Sicherheiten

(1) Anspruch der Bank auf Bestellung von Sicherheiten

Die Bank kann für alle Ansprüche aus der bankmäßigen Geschäftsverbindung die Bestellung bankmäßiger Sicherheiten verlangen, und zwar auch dann, wenn die Ansprüche bedingt sind (zum Beispiel Aufwendungsersatzanspruch wegen der Inanspruchnahme aus einer für den Kunden übernommenen Bürgschaft). Hat der Kunde gegenüber der Bank eine Haftung für Verbindlichkeiten eines anderen Kunden der Bank übernommen (zum Beispiel Bürge), so besteht für die Bank ein Anspruch auf Bestellung oder Verstärkung von Sicherheiten im Hinblick auf die aus der Haftungsübernahme folgende Schuld jedoch erst ab ihrer Fälligkeit. 98

(2) Veränderungen des Risikos

Hat die Bank bei der Entstehung von Ansprüchen gegen den Kunden zunächst ganz oder teilweise davon abgesehen, die Bestellung oder Verstärkung von Sicherheiten zu verlangen, kann sie auch später noch eine Besicherung fordern. Voraussetzung hierfür ist jedoch, daß Umstände eintre- 99

---

68 BGHZ 118, 126; WM 1992, 940, 942.
69 Zu den weiteren Kündigungsmöglichkeiten auch aus § 609a BGB vgl. unten § 7, 169 ff.

ten oder bekannt werden, die eine erhöhte Risikobewertung der Ansprüche gegen den Kunden rechtfertigen. Dies kann insbesondere der Fall sein, wenn
- sich die wirtschaftlichen Verhältnisse des Kunden nachteilig verändert haben oder sich zu verändern drohen, oder
- sich die vorhandenen Sicherheiten wertmäßig verschlechtert haben oder zu verschlechtern drohen.

100 Der Besicherungsanspruch der Bank besteht nicht, wenn ausdrücklich vereinbart ist, daß der Kunde keine oder ausschließlich im einzelnen benannte Sicherheiten zu bestellen hat. Bei Krediten, die unter das Verbraucherkreditgesetz fallen, besteht ein Anspruch auf die Bestellung oder Verstärkung von Sicherheiten nur, soweit die Sicherheiten im Kreditvertrag angegeben sind; wenn der Nettokreditbetrag DM 100 000,- übersteigt, besteht der Anspruch auf Bestellung oder Verstärkung auch dann, wenn der Kreditvertrag keine oder keine abschließenden Angaben über Sicherheiten enthält.

(3) Fristsetzung für die Bestellung oder Verstärkung von Sicherheiten

101 Für die Bestellung oder Verstärkung von Sicherheiten wird die Bank eine angemessene Frist einräumen. Beabsichtigt die Bank, von ihrem Recht zur fristlosen Kündigung nach Nr. 19 Abs. 3 dieser Geschäftsbedingungen Gebrauch zu machen, falls der Kunde seiner Verpflichtung zur Bestellung oder Verstärkung von Sicherheiten nicht fristgerecht nachkommt, wird sie ihn zuvor hierauf hinweisen.

Hinweise:

102 Nr. 13 Abs. 1 legt – wie bisher Nr. 19 Abs. 1 AGB/B (88) – den generellen Anspruch der Bank auf Bestellung von Sicherheiten fest. Der Anspruch besteht nur gegen den Kunden der Bank, nicht z.B. gegen den Bürgen, außer wenn dieser selbst Kunde der Bank ist[70].
Die Bank hat keinen Anspruch auf eine bestimmte Sicherheit, die freie Wahl der Art und des Gegenstandes bleibt beim Kunden[71]. Nach Nr. 16 Abs. 1 AGB/B (93) kann die Bank ihren Anspruch auf Bestellung oder Verstärkung von Sicherheiten solange geltend machen, bis der realisierbare Wert aller Sicherheiten dem Gesamtbetrag aller Ansprüche aus der bankmäßigen Geschäftsverbindung (Deckungsgrenze) entspricht. Das bedeutet zugleich, daß ein Anspruch auf *Übersicherung* nicht besteht.

103 Nr. 13 Abs. 2 enthält wie Nr. 19 Abs. 1 AGB/B (88) eine Nachbesicherungsklausel bei Risikoveränderung. Der Anspruch besteht nach Abs. 2 S. 2 *insbesondere* dann, wenn sich entweder die wirtschaftlichen Verhältnisse des Kunden oder die Bewertung der vorhandenen Sicherheiten verschlechtern oder zu verschlechtern drohen. Der Anspruch entfällt, wenn ausdrücklich etwas anderes vereinbart ist, z.B. bei einem *Blankokredit* und bei abschließender Benennung der zu bestellenden Sicherheiten. Bei Verbraucherkrediten müssen entweder die Sicherheiten im Kreditvertrag angegeben

---

70 BGHZ 92, 301.
71 BGH NJW 1981, 1363.

§ 1 Grundlagen des Bankrechts

sein (§ 4 VKG) oder der Nettokreditbetrag muß DM 100 000,- übersteigen (§ 6 Abs. 2 S. 6 VKG). Die Bank ist bei Ausübung des Rechts auf Verstärkung der Sicherheiten an die allgemeinen Grundsätze von Treu und Glauben gebunden. Sie hat im Rahmen der Billigkeit auf die schutzwürdigen Belange des Kunden Rücksicht zu nehmen, insbesondere darauf, daß sie den Kredit jedenfalls nicht ohne besonderen Anlaß entzieht und dadurch die Finanzierung eines Objekts gefährdet oder gar zu Fall bringt[72]. Treuwidrig wäre es, wenn das Verlangen der Bank nach weiteren Sicherheiten zu ihrer *Übersicherung* führen würde. Das gleiche gilt, wenn sie sich durch die Forderung zusätzlicher Sicherheiten in unzulässiger Weise widersprüchlich verhält oder ein zuvor in zurechenbarer Weise geschaffenes Vertrauen des Kunden verletzt. In diesen Fällen ist auch die Kündigung aus wichtigem Grund ausgeschlossen[73].

Nach Nr. 13 Abs. 3 muß die Bank dem Kunden für die Aufbringung der Sicherheiten eine angemessene Frist einräumen. Nach erfolglosem Ablauf dieser Frist kann die Bank außerordentlich kündigen (Nr. 19 Abs. 3 S. 3 AGB/B [93]). Will die Bank dies tun, so muß sie den Kunden auf diese gravierende Folge zuvor hinweisen. Dieser Hinweis ist schon bei Fristsetzung nach Abs. 3 S. 1 nötig, andernfalls ist erneut eine Frist einzuräumen.

104

Nr. 14 AGB/B (93): Vereinbarung eines Pfandrechts zugunsten der Bank

(1) Einigung über das Pfandrecht

Der Kunde und die Bank sind sich darüber einig, daß die Bank ein Pfandrecht an den Wertpapieren und Sachen erwirbt, an denen eine inländische Geschäftsstelle im bankmäßigen Geschäftsverkehr Besitz erlangt hat oder noch erlangen wird. Die Bank erwirbt ein Pfandrecht auch an den Ansprüchen, die dem Kunden gegen die Bank aus der bankmäßigen Geschäftsverbindung zustehen oder künftig zustehen werden (zum Beispiel Kontoguthaben).

105

(2) Gesicherte Ansprüche

Das Pfandrecht dient der Sicherung aller bestehenden, künftigen und bedingten Ansprüche, die der Bank mit ihren sämtlichen in- und ausländischen Geschäftsstellen aus der bankmäßigen Geschäftsverbindung gegen den Kunden zustehen. Hat der Kunde gegenüber der Bank eine Haftung für Verbindlichkeiten eines anderen Kunden der Bank übernommen (zum Beispiel als Bürge), so sichert das Pfandrecht die aus der Haftungsübernahme folgende Schuld jedoch erst ab ihrer Fälligkeit.

106

(3) Ausnahmen vom Pfandrecht

Gelangen Gelder oder andere Werte mit der Maßgabe in die Verfügungsgewalt der Bank, daß sie nur für einen bestimmten Zweck verwendet werden dürfen (zum Beispiel Bareinzahlung zur Einlösung eines Wechsels),

107

---

72 BGH NJW 1981, 1363.
73 Vertiefend unten § 7, 208 ff.

erstreckt sich das Pfandrecht der Bank nicht auf diese Werte. Dasselbe gilt für die von der Bank selbst ausgegebenen Aktien (eigene Aktien) und für die Wertpapiere, die die Bank im Ausland für den Kunden verwahrt. Außerdem erstreckt sich das Pfandrecht nicht auf die von der Bank selbst ausgegebenen eigenen Genußrechte/Genußscheine und nicht auf die verbrieften und nicht verbrieften nachrangigen Verbindlichkeiten der Bank.

(4) Zins- und Gewinnanteilscheine

Unterliegen dem Pfandrecht der Bank Wertpapiere, ist der Kunde nicht berechtigt, die Herausgabe der zu diesen Papieren gehörenden Zins- und Gewinnanteilscheine zu verlangen.

Hinweise:
Nr. 14 enthält wie Nr. 19 Abs. 2 AGB/B (88) ein umfangreiches Pfandrecht zugunsten der Bank. Es geht um die Sicherung der Forderungen der Bank (Abs. 2) aber auch darum, dem Kunden rasch einen Dispositionskredit einzuräumen oder ihm die Kontoüberziehung zu erlauben.

108 Das Pfandrecht erstreckt sich auf *Wertpapiere und Sachen*, die in den Besitz der Bank gelangt sind oder noch gelangen werden. Der Besitz kann mittelbar oder unmittelbar sein. Das Pfandrecht erstreckt sich *nicht auf Forderungen* oder andere Rechte, wie z.B. Anwartschaftsrechte oder Immaterialgüterrechte. Dies gilt auch dann noch, wenn über die Forderung ein *Dokument* ausgestellt ist, z.B. ein Sparbuch, eine Lebensversicherungspolice oder Briefe über Grundpfandrechte. Andernfalls könnte man mit Hilfe der *Verbriefung* den Grundgedanken von Nr. 13 Abs. 1 AGB/B (93), Forderungen nicht vom Pfandrecht zu erfassen, umgehen[74]. Selbstverständlich kann die Bank, im Wege der Sicherungsabtretung, Rechte auch an Forderungen erwerben (Nr 15 Abs. 2 AGB/B [93]). Mit einbezogen in das Pfandrecht sind allerdings Ansprüche, also auch Forderungen, die dem Kunden gegen die Bank aus der bankmäßigen Geschäftsverbindung zustehen oder künftig zustehen werden, z.B. Kontoguthaben (Nr. 14 Abs. 1 S. 3).

109 Nr. 14 Abs. 2 entspricht Nr. 19 Abs. 2 AGB/B (88). Gesichert sind *sämtliche Ansprüche der Bank gegen den Kunden*, und zwar sowohl bestehende, künftige oder auch nur bedingte. Gemeint sind alle Ansprüche, die der Bank mit ihren sämtlichen in- und ausländischen Geschäftsstellen aus der *bankmäßigen Geschäftsverbindung* gegen den Kunden zustehen. Sicherungsobergrenze ist die *Deckungsgrenze* der Nr. 16 Abs. 1 AGB/B (93). Bei dauerhafter Übersicherung gibt die Bank auf Verlangen des Kunden Sicherheiten nach ihrer Wahl frei (Nr. 16 Abs. 2 AGB/B [93]).

110 Nr. 14 Abs. 3 entspricht Nr. 19 Abs. 3 AGB/B (88). Es geht um *Ausnahmen* vom Pfandrecht. *Gelder oder andere Werte*, die mit einer bestimmten *Zweckbindung* in die Verfügungsgewalt der Bank gelangen, z.B. Bareinzahlung zur Einlösung eines Wechsels, werden vom Pfandrecht nicht erfaßt. Das gilt auch für die von der Bank *selbst ausgegebenen Aktien* (§§ 71 ff AktG) und für die Wertpapiere, die die Bank im Ausland für den Kunden verwahrt (Nr. 14 Abs. 3 S. 2). Das gleiche gilt für die von der Bank selbst ausgegebenen eigenen Genußrechte und die verbrieften und nicht verbrieften nachrangigen Verbindlichkeiten der Bank (vgl. auch §§ 10 ff KWG).

---

74 Vgl. für Grundpfandrechte BGHZ 60, 174.

Eine *Zweckbindung*, die die Ausnahme vom Pfandrecht auslöst, liegt auch dann vor, **111** wenn der Kunde eine Bareinzahlung mit ausdrücklichem Überweisungsauftrag verbindet oder wenn die Bank wegen Zahlungseinstellung des Kunden den Girovertrag einseitig aufhebt[75]. Auch die kurzfristige, zweckgebundene Verwahrung, etwa wegen Reparatur des Safes zu Hause, gehört hierzu[76]. Zweckbindungen liegen auch darin, daß der Kunde einen Scheck oder einen Wechsel nur zur Prolongation oder zur Auszahlung oder Gutschrift für einen Dritten einreicht[77]. Das gilt auch bei der Wechseleinreichung zum Diskont[78]. Lehnt die Bank den Diskont ab, und der Einreicher zieht den Wechsel nicht zurück, so liegt darin konkludent die Sicherungsübereignung des Wechsels an die Bank zum Zwecke der Verminderung des eigenen Debets[79]. Keine Zweckbestimmung liegt darin, daß der Kunde einen Scheck zum Inkasso gibt. Hier bedarf es eines besonderen Vorbehalts des Kunden[80]. Hat die Bank den Scheck oder den Akkreditiv eingezogen, so erwirbt sie das Pfandrecht nach Nr. 14 Abs. 1 S. 2 am Herausgabeanspruch des Kunden gegen sie selbst[81]. Auch *zweckgebundene Kredite* fallen unter die Ausnahme vom Pfandrecht, weil der Kunde ersichtlich die Verfügungsmacht über den Kredit vereinbart, und gerade nicht seine Verbindlichkeit gegenüber der Bank abdecken will. Daran ändert auch die »Auszahlung« durch Gutschrift auf das Konto des Kunden nichts[82]. Ebenfalls zweckbestimmt sind *Anderkonten* und offene *Treuhandkonten*. Beim *verdeckten* Treuhandkonto muß die Zweckbestimmung der Bank irgendwie bekannt werden, z.B. bei Baugeld i.S.d. Gesetzes über die Sicherung von Bauforderungen[83]. Bei einem Bauzwecken dienenden Festgeldkonto einer Treuhandgesellschaft, die nur nach Baufortschritt verfügen kann, hat der BGH die Zweckbestimmung nicht ohne weiteres angenommen[84]. Die spätere Offenlegung der Zweckbindung soll dem Pfandrecht nicht entgegenstehen[85]. Das erscheint fraglich, zumindest dann, wenn die Bank die Offenlegung der Zweckbindung widerspruchslos zur Kenntnis nimmt. Hierin dürfte die konkludente Einwilligung in die Zweckbindung und damit zugleich der Verzicht auf das Pfandrecht liegen.

Soweit die Bank ein Pfandrecht an Wertpapieren hat, ist der Kunde nicht berechtigt, die Herausgabe der zu diesen Papieren gehörenden Zins- und Gewinnanteilsscheine zu verlangen (Nr. 14 Abs. 5).

---

75 BGHZ 74, 132.
76 BGH WM 1958, 1480.
77 BGH WM 1990, 6.
78 BGH WM 1968, 695; 1984, 1391; OLG Hamburg WM 1988, 571 (konzernangehöriger Überweisungsempfänger).
79 BGH NJW 1970, 42.
80 BGH WM 1971, 179.
81 BGHZ 95, 154.
82 BGH WM 1956, 218 ist heute wohl überholt.
83 BGH NJW 1988, 263.
84 NJW 1985, 1955.
85 BGH WM 1990, 1954.

Erster Teil Grundlagen

Nr. 15 AGB/B (93): Sicherungsrechte an Einzugspapieren und diskontierten Wechseln

(1) Sicherungsübereignung

112   Die Bank erwirbt an den ihr zum Einzug eingereichten Schecks und Wechseln im Zeitpunkt der Einreichung Sicherungseigentum. An diskontierten Wechseln erwirbt die Bank im Zeitpunkt des Wechselankaufs uneingeschränktes Eigentum; belastet sie diskontierte Wechsel dem Konto zurück, so verbleibt ihr das Sicherungseigentum an diesen Wechseln.

(2) Sicherungsabtretung

113   Mit dem Erwerb des Eigentums an Schecks und Wechseln gehen auch die zugrundeliegenden Forderungen auf die Bank über; ein Forderungsübergang findet ferner statt, wenn andere Papiere zum Einzug eingereicht werden (zum Beispiel Lastschriften, kaufmännische Handelspapiere).

(3) Zweckgebundene Einzugspapiere

114   Werden der Bank Einzugspapiere mit der Maßgabe eingereicht, daß ihr Gegenwert nur für einen bestimmten Zweck verwendet werden darf, erstrecken sich die Sicherungsübereignung und die Sicherungsabtretung nicht auf diese Papiere.

(4) Gesicherte Ansprüche der Bank

115   Das Sicherungseigentum und die Sicherungsabtretung dienen der Sicherung aller Ansprüche, die der Bank gegen den Kunden bei Einreichung von Einzugspapieren aus seinen Kontokorrentkonten zustehen oder die infolge der Rückbelastung nicht eingelöster Einzugspapiere oder diskontierter Wechsel entstehen. Auf Anforderung des Kunden nimmt die Bank eine Rückübertragung des Sicherungseigentums an den Papieren und der auf sie übergegangenen Forderungen an den Kunden vor, falls ihr im Zeitpunkt der Anforderung keine zu sichernden Ansprüche gegen den Kunden zustehen oder sie ihn über den Gegenwert der Papiere vor deren endgültiger Bezahlung nicht verfügen läßt.

Hinweise:

116   Nr 15 Abs. 1 entspricht Nr. 42 Abs. 5 AGB/B (88). Die Bank erwirbt an den ihr zum Einzug eingereichten Schecks und Wechseln im Zeitpunkt der Einreichung Sicherungseigentum. Zugleich gehen die *zugrundeliegenden Forderungen* auf die Bank über (Nr. 15 Abs. 2). Soweit die Forderungen gesichert sind, gehen diese Sicherheiten nach §§ 401, 1250 BGB mit über. Ein Forderungsübergang findet ferner statt, wenn andere Papiere zum Einzug eingereicht werden, z.B. Lastschriften oder kaufmännische Handelspapiere (Nr. 15 Abs. 2).

Nr. 15 Abs. 3 nimmt die *zweckgebundenen* Papiere, die zum Einzug eingereicht werden, sowohl von der Sicherungsübereignung als auch der entsprechenden Abtretung aus. Das entspricht der Regelung beim Pfandrecht in Nr. 14 Abs. 3.

Nach Nr. 15 Abs. 4 dienen Sicherungseigentum und Abtretung der Sicherung aller Ansprüche, die der Bank gegen den Kunden bei Einreichung aus seinen *Kontokorrentkonten* zustehen oder entstehen. Bestehen keine zu sichernden Ansprüche, so nimmt die Bank auf Anforderung des Kunden eine Rückübertragung des Eigentums bzw. der Forderung vor (Nr. 15 Abs. 4 S. 2). Dies konkretisiert die ohnehin nach Nr. 16 erforderliche Freigabe.

Nr. 16 AGB/B (93): Begrenzung des Besicherungsanspruchs und Freigabeverpflichtung

(1) Deckungsgrenze

Die Bank kann ihren Anspruch auf Bestellung oder Verstärkung von Sicherheiten solange geltend machen, bis der realisierbare Wert aller Sicherheiten dem Gesamtbetrag aller Ansprüche aus der bankmäßigen Geschäftsverbindung (Deckungsgrenze) entspricht. 117

(2) Freigabe

Falls der realisierbare Wert aller Sicherheiten die Deckungsgrenze nicht nur vorübergehend übersteigt, hat die Bank auf Verlangen des Kunden Sicherheiten nach ihrer Wahl freizugeben, und zwar in Höhe des die Deckungsgrenze übersteigenden Betrages; sie wird bei der Auswahl der freizugebenden Sicherheiten auf die berechtigten Belange des Kunden und eines dritten Sicherungsgebers, der für die Verbindlichkeiten des Kunden Sicherheiten bestellt hat, Rücksicht nehmen. In diesem Rahmen ist die Bank auch verpflichtet, Aufträge des Kunden über die dem Pfandrecht unterliegenden Werte auszuführen (zum Beispiel Verkauf von Wertpapieren, Auszahlung von Spargutaben). 118

(3) Sondervereinbarungen

Ist für eine bestimmte Sicherheit ein anderer Bewertungsmaßstab als der realisierbare Wert, eine andere Deckungsgrenze oder eine andere Grenze für die Freigabe von Sicherheiten vereinbart, so sind diese maßgeblich.

Hinweise:
Nr. 16 Abs. 1 ist neu und eine Reaktion auf die Rechtsprechung des BGH zur *objektiven Deckungsgrenze*[86]. Der XI. Senat des BGH hat diese Rechtsprechung am 14.5.1996 aufgegeben[87], der IX. Senat hat – mit abweichender Begründung – zugestimmt[88]. Nunmehr ist eine formularmäßige Globalzession auch dann wirksam, wenn sie keine ausdrückliche oder eine ermessensabhängig ausgestaltete Freigabe enthält (Aufgabe der seit BGHZ 109, 240 ständigen Rechtsprechung)[89]. 119

---

86 BGHZ 109, 240 = WM 1990, 51.
87 NJW 1996, 2092.
88 BB 1996, 1854.
89 BGH NJW 1996, 2092.

Nr. 17 AGB/B (93): Verwertung von Sicherheiten

(1) Wahlrecht der Bank

120 Im Falle der Verwertung hat die Bank unter mehreren Sicherheiten die Wahl. Sie wird bei der Verwertung und bei der Auswahl der zu verwertenden Sicherheiten auf die berechtigten Belange des Kunden und eines dritten Sicherungsgebers, der für die Verbindlichkeiten des Kunden Sicherheiten bestellt hat, Rücksicht nehmen.

(2) Erlösgutschrift nach dem Umsatzsteuerrecht

Wenn der Verwertungsvorgang der Umsatzsteuer unterliegt, wird die Bank dem Kunden über den Erlös eine Gutschrift erteilen, die als Rechnung für die Lieferung der als Sicherheit dienenden Sache gilt und den Voraussetzungen des Umsatzsteuerrechts entspricht.

Hinweise:

121 Nr. 17 regelt die Verwertung von Sicherheiten sehr viel einfacher als dies Nr. 20-22 AGB/B (88) getan haben. Die Bank hat unter mehreren Sicherheiten die Wahl und nimmt auf die *berechtigten Belange* des Kunden und eines dritten Sicherungsgebers *Rücksicht*. Alles andere ergibt sich entweder aus dem Bankvertrag oder den gesetzlichen Regeln, z.B. zum Pfandverkauf (§§ 1220, 1221, 1228 ff. BGB; § 368 HGB).

Das Gebot der *Rücksichtnahme* beinhaltet auch die Pflicht der Bank, sich um den bestmöglichen Preis für die Sicherheit zu bemühen. Das Wahlrecht betrifft die *Sicherheiten*, nicht anderes Kundenvermögen.

VI. Kündigung

Nr. 18 AGB/B (93): Kündigungsrechte des Kunden

(1) Jederzeitiges Kündigungsrecht

122 Der Kunde kann die gesamte Geschäftsverbindung oder einzelne Geschäftsbeziehungen (zum Beispiel den Scheckvertrag), für die weder eine Laufzeit noch eine abweichende Kündigungsregelung vereinbart ist, jederzeit ohne Einhaltung einer Kündigungsfrist kündigen.

(2) Kündigung aus wichtigem Grund

123 Ist für eine Geschäftsbeziehung eine Laufzeit oder eine abweichende Kündigungsregelung vereinbart, kann eine fristlose Kündigung nur dann ausgesprochen werden, wenn hierfür ein wichtiger Grund vorliegt, der es dem Kunden, auch unter angemessener Berücksichtigung der berechtigten Belange der Bank, unzumutbar werden läßt, die Geschäftsbeziehung fortzusetzen.

Nr. 19 AGB/B (93): Kündigungsrechte der Bank

(1) Kündigung unter Einhaltung einer Kündigungsfrist

Die Bank kann die gesamte Geschäftsverbindung oder einzelne Geschäftsbeziehungen, für die weder eine Laufzeit noch eine abweichende Kündigungsregelung vereinbart ist, jederzeit unter Einhaltung einer angemessenen Kündigungsfrist kündigen (zum Beispiel den Scheckvertrag, der zur Nutzung der Scheckkarte und von Scheckvordrucken berechtigt). Bei der Bemessung der Kündigungsfrist wird die Bank auf die berechtigten Belange des Kunden Rücksicht nehmen. Für die Kündigung der Führung von laufenden Konten und Depots beträgt die Kündigungsfrist mindestens einen Monat.

124

(2) Kündigung unbefristeter Kredite

Kredite und Kreditzusagen, für die weder eine Laufzeit noch eine abweichende Kündigungsregelung vereinbart ist, kann die Bank jederzeit ohne Einhaltung einer Kündigungsfrist kündigen. Die Bank wird bei der Ausübung dieses Kündigungsrechts auf die berechtigten Belange des Kunden Rücksicht nehmen.

125

(3) Kündigung aus wichtigem Grund ohne Einhaltung einer Kündigungsfrist

Eine fristlose Kündigung der gesamten Geschäftsverbindung oder einzelner Geschäftsbeziehungen ist zulässig, wenn ein wichtiger Grund vorliegt, der der Bank, auch unter angemessener Berücksichtigung der berechtigten Belange des Kunden, deren Fortsetzung unzumutbar werden läßt. Ein solcher Grund liegt insbesondere vor, wenn der Kunde unrichtige Angaben über seine Vermögenslage gemacht hat, die für die Entscheidung der Bank über eine Kreditgewährung oder über andere mit Risiken für die Bank verbundene Geschäfte (zum Beispiel Aushändigung der Scheckkarte) von erheblicher Bedeutung waren, oder wenn eine wesentliche Verschlechterung seiner Vermögenslage eintritt oder einzutreten droht und dadurch die Erfüllung von Verbindlichkeiten gegenüber der Bank gefährdet ist. Die Bank darf auch fristlos kündigen, wenn der Kunde seiner Verpflichtung zur Bestellung oder Verstärkung von Sicherheiten nach Nr. 13 Absatz 2 dieser Geschäftsbedingungen oder aufgrund einer sonstigen Vereinbarung nicht innerhalb der von der Bank gesetzten angemessenen Frist nachkommt.

126

(4) Kündigung von Verbraucherkrediten bei Verzug

Soweit das Verbraucherkreditgesetz Sonderregelungen für die Kündigung wegen Verzuges mit der Rückzahlung eines Verbraucherkredits vorsieht, kann die Bank nur nach Maßgabe dieser Regelungen kündigen.

127

Erster Teil Grundlagen

(5) Abwicklung nach einer Kündigung

128 Im Falle einer Kündigung ohne Kündigungsfrist wird die Bank dem Kunden für die Abwicklung (insbesondere für die Rückzahlung eines Kredits) eine angemessene Frist einräumen, soweit nicht eine sofortige Erledigung erforderlich ist (zum Beispiel bei der Kündigung des Scheckvertrages die Rückgabe der Scheckvordrucke).

Hinweise:
Nr. 18 und 19 betreffen ordentliche Kündigungen und solche aus wichtigem Grund, sowie Kündigungsfristen. Der Gesamtkomplex ist unten umfassend dargestellt[90].

VII. Schutz der Einlagen

Nr. 20 AGB/B (93): Einlagensicherungsfonds

129 Die Bank ist dem Einlagensicherungsfonds des Bundesverbandes deutscher Banken e.V. (im folgenden Einlagensicherungsfonds genannt) angeschlossen. Soweit der Einlagensicherungsfonds oder ein von ihm Beauftragter Zahlungen an einen Kunden leistet, gehen dessen Forderungen gegen die Bank in entsprechender Höhe Zug um Zug auf den Einlagensicherungsfonds über. Entsprechendes gilt, wenn der Einlagensicherungsfonds die Zahlungen mangels Weisung eines Kunden auf ein Konto leistet, das zu seinen Gunsten bei einer anderen Bank eröffnet wird. Die Bank ist befugt, dem Einlagensicherungsfonds oder einem von ihm Beauftragten alle in diesem Zusammenhang erforderlichen Auskünfte zu erteilen und Unterlagen zur Verfügung zu stellen.

Hinweise:
Nr. 20 entspricht Nr. 27 AGB/B (88). Die Bank versichert, dem Einlagensicherungsfonds angeschlossen zu sein. Ist sie es in Wirklichkeit nicht, so stellt dies einen wichtigen Kündigungsgrund dar. Außerdem wäre die Bank zum Schadensersatz verpflichtet. Das Statut des Einlagensicherungsfonds ist dargestellt in BuB 1/69. Ein Vorschlag über eine EG-Richtlinie über Einlagensicherungssysteme wurde am 14.4.1992 vorgelegt[91].

---

90 § 7 Rz. 168 ff.
91 ABl. EG C 163/6, dazu Zimmer ZBB 1992, 286.

E. Synopse der AGB/B (88) gegenüber den AGB/B (93)

129 a

AGB/B (88)	Änderungen	AGB/B (93)
Vorwort/Präambel	gestrichen	Nr.1 Abs. 1
Nr. 1 Abs. 1	Neuformulierung (Mitwirkungspflicht des Kunden)	Nr. 11 Abs. 1
Nr. 1 Abs. 2	gestrichen	-
Nr. 1 Abs. 3	gestrichen	-
Nr. 2 Abs. 1	Neuformulierung	Nr. 4
Nr. 2 Abs. 2	gestrichen	-
Nr. 2 Abs. 3	Regelung im Kontoeröffnungsvordruck	-
Nr. 3 Abs. 1	Regelung im Kreditvertrag	-
Nr. 3 Abs. 2	Neuformulierung	Nr. 10
Nr. 4 Abs. 1, S. 1/2	gestrichen	-
Nr. 4 Abs. 1, S. 3	Neuformulierung	Nr. 8
Nr. 4 Abs. 2	gestrichen	-
Nr. 4 Abs. 3 S. 1	gestrichen	-
Nr. 4 Abs. 3 S. 2/3	Neuformulierung (Mitwirkungspflicht des Kunden)	Nr. 11 Abs. 2
Nr. 5 Abs. 1	gestrichen	-
Nr. 5 Abs. 2	gestrichen	-
Nr. 5 Abs. 3	gestrichen	-
Nr. 6	Neuformulierung (Mitwirkungspflicht des Kunden)	Nr. 11 Abs. 2
Nr. 7	Neuformulierung (Mitwirkungspflicht des Kunden)	Nr. 11 Abs. 3
Nr. 8 Abs. 1	gestrichen	-
Nr. 8 Abs. 2	gestrichen	-
Nr. 8 Abs. 3	gestrichen	-
Nr. 9	Neuformulierung	Nr. 3 Abs. 2
Nr. 10 Abs. 1/2	Neuformulierung	Nr. 2 Abs. 2
Nr. 10 Abs. 3	gestrichen	-
Nr. 11	gestrichen	-
Nr. 12	gestrichen	-
Nr. 13	gestrichen	-
Nr. 14 Abs. 1	Neuformulierung	Nr. 7 Abs. 1
Nr. 14 Abs. 2-5	Neuformulierung	Nr. 12
Nr. 15	Neuformulierung (Mitwirkungspflicht des Kunden)	Nr. 7 Abs. 2, Nr. 11 Abs. 4

AGB/B (88)	Änderungen	AGB/B (93)
Nr. 16	Neuformulierung (Mitwirkungspflicht des Kunden)	Nr. 11 Abs. 5
Nr. 17	Neuformulierung	Nr. 18, 19
Nr. 18	gestrichen	-
Nr. 19 Abs. 1	Neuformulierung	Nr. 13
Nr. 19 Abs. 2	Neuformulierung	Nr. 14
Nr. 19 Abs. 3	Neuformulierung	Nr. 14 Abs. 3
Nr. 19 Abs. 4	gestrichen	-
Nr. 19 Abs. 5	Regelung in Verpfändungsvordrucken	-
Nr. 19 Abs. 6	Neuformulierung	Nr. 16
Nr. 20/21	Neuformulierung	Nr. 17, 14 Abs. 4
Nr. 22 Abs. 1	gestrichen	-
Nr. 22 Abs. 2	Neuformulierung	Nr. 12 Abs. 5
Nr. 23	gestrichen	-
Nr. 24 Abs. 1	Neuformulierung	Nr. 5
Nr. 24 Abs. 2	gestrichen	-
Nr. 24 Abs. 3	gestrichen	-
Nr. 25 Abs. 1	Neuformulierung	Nr. 3 Abs. 1
Nr. 25 Abs. 2	Neuformulierung	Nr. 3 Abs. 3
Nr. 26	Neuformulierung	Nr. 6
Nr. 27	keine	Nr. 20
Nr. 28 Abs. 1	Neuformulierung	Nr. 1 Abs. 1
Nr. 28 Abs. 2	Neuformulierung	Nr. 1 Abs. 2
Nr. 40 Abs. 1	gestrichen (Mitwirkungspflicht des Kunden)	Nr. 1 Abs. 3
Nr. 40 Abs. 2	gestrichen	-
Nr. 40 Abs. 3	gestrichen	-
Nr. 41 Abs. 1	Neuformulierung	Nr. 9 Abs. 1
Nr. 41 Abs. 2	Neuformulierung	Nr. 9 Abs. 2
Nr. 42 Abs. 1	gestrichen	-
Nr. 42 Abs. 2	Regelung im Vordruck für die Einreichung von Wechseln	-
Nr. 42 Abs. 3	Regelung im Vordruck für die Einreichung von Wechseln	-
Nr. 42 Abs. 4	Regelung im Vordruck für die Einreichung von Wechseln	-
Nr. 42 Abs. 5	Neuformulierung	Nr. 15
Nr. 42 Abs. 6	gestrichen	-
Nr. 43	gestrichen	-
Nr. 44	Neuformulierung	Nr. 15 Abs. 2

AGB/B (88)	Änderungen	AGB/B (93)
Nr. 45	gestrichen	-
Nr. 46	gestrichen	-
Nr. 47	gestrichen	-

F. Bankvertrag – Geschäftsverbindung

Die Beziehungen zwischen der Bank und ihren Kunden erschöpfen sich normalerweise nicht in einem einzigen Geschäft, sondern sind auf längere Dauer und auf eine unbestimmte Vielzahl von Geschäftsvorfällen angelegt. Damit entsteht eine *Geschäftsverbindung*. Daran knüpfen auch die AGB/B (93) nunmehr ausdrücklich an. Es heißt dort: die Allgemeinen Geschäftsbedingungen gelten für die *gesamte Geschäftsverbindung* zwischen dem Kunden und den inländischen Geschäftsstellen der Bank. Daneben gelten für einzelne Geschäftsbeziehungen, z.B. für das Wertpapiergeschäft, für den Scheckverkehr, für das Sparbuch oder den ec-Service, Sonderbedingungen, die Abweichungen oder Ergänzungen zu diesen Allgemeinen Geschäftsbedingungen enthalten. Sie werden bei der Kontoeröffnung oder bei Erteilung eines Auftrags mit dem Kunden vereinbart.

130

Die AGB/B (93) gehen also davon aus, daß es eine *gesamte Geschäftsverbindung* gibt. Über die Rechtsnatur dieser Geschäftsverbindung sind verschiedene Theorien aufgestellt worden. Sie wird sowohl als *Allgemeiner Bankvertrag*[92] als auch als gesetzliches Schuldverhältnis *ohne primäre Leistungspflicht*[93] gedeutet. Vertreten wurden auch quasivertragliche Lösungen und die Ansicht, die Geschäftsbeziehung sei ein rein tatsächliches Verhältnis ohne spezifisch rechtlichen Charakter. Bei alledem geht es nicht um die Einordnung der *Einzelverträge*, die zwischen Bank und Kunde geschlossen werden. Es geht also nicht um die Rechtsnatur etwa des Giro- oder des Scheck- oder des Kreditvertrages, sondern um die Rechtsnatur der von diesen Einzelverträgen zu unterscheidenden *Gesamtgeschäftsverbindung* als solcher.

131

Fragt man nach den praktischen Folgen dieser Diskussion, so geht es zunächst um Schutzpflichten im Vorfeld einzelner bankrechtlicher Verträge, z.B. um Verschwiegenheits-, Aufklärungs-, Auskunfts- oder Beratungspflichten. Geschützt wird z.B. auch jemand, der bei seiner Bank lediglich ein Girokonto unterhält und von dieser als Kunde eine falsche Wertpapierauskunft bekommt, die nichts mit seinem Girokonto zu tun hat. Gibt dagegen ein Bankangestellter als Privatmann eine Wertpapier-

132

---

[92] Hopt, Der Kapitalanlegerschutz im Recht der Banken, 1975, 395 ff. m.w.N.
[93] Ludwig Raiser, Das Recht der Allgemeinen Geschäftsbedingungen, 1935, 135; Canaris[4] Rz. 12 ff.

auskunft, so fehlt ein innerer Zusammenhang zu der Geschäftsbeziehung zur Bank, so daß eine Haftung der Bank wegen Schutzpflichtverletzung nicht in Betracht kommt[94]. Diejenigen, die die Lehre vom *Allgemeinen Bankvertrag* ablehnen, meinen, daß der zwischen Kunde und Bank im Vorfeld spezieller Verträge bestehende *rechtsgeschäftliche Kontakt* für einen Vertragsabschluß im echten Sinne nicht ausreichend ist[95]. Anknüpfend an die von Ludwig Raiser bereits im Jahre 1935 entwickelte Lehre, handele es sich vielmehr um eine Geschäftsverbindung, die als *gesetzliches* Schuldverhältnis, und zwar *ohne primäre Leistungspflicht* entstehe. Der Grund für dieses gesetzliche Schuldverhältnis läge in der *gesteigerten Einwirkungsmöglichkeit*, die zwischen Kunde und Bank kraft rechtsgeschäftlichen Kontakts entstehe. Beispielsweise erfahre die Bank außerhalb eines Einzelvertrages Geschäftsgeheimnisse ihres Kunden, die sich auf dessen Kreditwürdigkeit auswirken[96]. Auch Canaris[97] verweist zutreffend darauf, daß der klassische Vertrag für die Fälle des bloß rechtsgeschäftlichen Kontaktes nicht paßt. Denn ein Vertrag knüpft nicht nur an eine Handlung an, sondern erfordert weiter einen Rechtsbindungswillen, d.h. eine konkrete Rechtsfolge, und einen Geschäftswillen. Beide Merkmale fehlen im Vorfeld spezifischer Einzelverträge zwischen Kunde und Bank. Andererseits gibt es heute eine Reihe von Fällen, in denen Vertragsrecht auch schon bei *bloß abgestimmtem Verhalten* angewendet wird. Exemplarisch ist § 25 Abs. 1 GWB, wonach bereits abgestimmte Verhaltensweisen genügen, um das Kartellverbot in § 1 GWB auszulösen. Aber auch die Lehre von der *fehlerhaften Gesellschaft* oder vom *faktischen Arbeitsverhältnis* verweisen auf eine Auflösung des klassischen Vertragsbegriffs. D.h., die Diskussion zur dogmatischen Figur des Vertrages ist im Fluß[98]. Damit stellt sich die Frage, ob es beliebig ist, welche der beiden Theorien, diejenige vom allgemeinen Bankvertrag oder die vom gesetzlichen Schuldverhältnis »ohne primäre Leistungspflicht« man anwendet. Entscheidend für die Beantwortung dieser Frage ist, ob beide Theorien letztlich zu gleichen Ergebnissen führen würden. Das ist oft, aber nicht immer der Fall. Nach der Theorie vom Allgemeinen Bankvertrag müßte es, in den Grenzen des § 315 BGB, für die Bank möglich sein, für die Bereitstellung ihrer Dienste eine entsprechende Bereitstellungsprovision zu verlangen. Eine vergleichbare Provision dürfte sie aus dem gesetzlichen Schuldverhältnis ohne primäre Leistungspflicht nicht verlangen, da hier zunächst eine

---

94 Canaris[4] Rz. 15 ff.
95 Eberhard Schwark, Anlegerschutz durch Wirtschaftsrecht, 1979, S. 100 ff.; Fuchs, Zur Lehre vom Allgemeinen Bankvertrag, 1982, S. 196 f.; Avancini/Iro/Koziol, Österreichisches Bankvertragsrecht, 1987, Rz. 1/3 f.
96 Canaris[4] Rz. 12 ff.
97 aaO.
98 Köndgen, Selbstbindung ohne Vertrag, 1981, passim.

schuldhafte Pflichtverletzung vorliegen muß, bevor Rechtsfolgen ausgelöst werden. Das entspricht der Konstruktion vom gesetzlichen Schuldverhältnis der c.i.c. und der nachwirkenden positiven Vertragsverletzung bei Beendigung eines Dauerschuldverhältnisses.

Bei den Rechtsfolgen gibt es ebenfalls Differenzen. Im Rahmen gesetzlicher Schuldverhältnisse wird nur das *negative Interesse* ersetzt, während im Rahmen eines Vertrages auf das positive Interesse gehaftet wird. Man kann sich bei gesetzlichen Schuldverhältnissen natürlich damit behelfen, daß man ausnahmsweise das positive Interesse gewährt. Außerdem sind die Verjährungsregeln unterschiedlich. Immerhin zeigen diese Beispiele, daß es nicht gleichgültig ist, welcher Theorie man folgt. Allerdings stellen sich Probleme nur dann, wenn es um Leistungen oder um Schadensersatz außerhalb eines bestehenden Einzelvertrages mit der Bank geht. Das wird relativ selten der Fall sein. Vertretbar sind wohl beide Theorien, da jede mit unterschiedlichem Schwerpunkt Schutzlücken des klassischen Vertragsbegriffs zu füllen sucht. Für die Bankpraxis sind Fragen dieser Art ohne besondere Relevanz, weil Nr. 1 AGB/B (93) bereits bei jedem rechtsgeschäftlichen Kontakt die Allgemeinen Geschäftsbedingungen auf die *gesamte Geschäftsverbindung* erstreckt. Damit sind, von den wenigen Fällen abgesehen, in denen die AGB nach § 2 AGBG nicht Vertragsgegenstand geworden sind, kaum noch Fallgestaltungen übrig, die sich außerhalb dieses Rechtsrahmens der Geschäftsverbindung abspielen. Im Ergebnis kann man deshalb festhalten, daß sich die Lehre vom *Allgemeinen Bankvertrag* über die Allgemeinen Geschäftsbedingungen der Banken durchgesetzt hat.

133

G. Bankgeheimnis – Bankauskunft – Datenschutz

I. Das Bankgeheimnis
 1. Begriff und Funktion
 2. Grundlagen und historischer Hintergrund
 3. Wirkung und Rechtsnatur
    a) Verfassungsrechtliche Grundlagen
    b) Privatrechtliche Grundlagen
 4. Geschützter Personenkreis
 5. Grenzen des Bankgeheimnisses
    a) Zivilprozeß
    b) Strafprozeß
    c) Steuerrecht
    d) Wertpapierhandelsgesetz
    e) Güterabwägung bei Interessenkollision
 6. Rechtsfolgen der Verletzung des Bankgeheimnisses
II. Die Bankauskunft
 1. Grundsätze
 2. Haftung für fehlerhafte Auskunft
III. Datenschutz und Schufa-Verfahren
 1. Der Schutzbereich des Bundesdatenschutzgesetzes
 2. Das Schufa-Verfahren

Schrifttum:
Assmann/Schneider (Hrsg.), Wertpapierhandelsgesetz-Kommentar, 1995; *Auerhammer*, Bundesdatenschutzgesetz-Kommentar, 3. Aufl., 1993; *Bärmann*, Das Bankgeheimnis in den europäischen Rechtsordnungen, 1976; *Breinersdorfer*, Die Haftung der Banken für Kreditauskünfte gegenüber dem Verwender, 1991; *Bürger*, Rechtsfragen zur Bankauskunft, 1988; *Canaris*, Bankvertragsrecht, 4. Aufl., 1988; *Chambost*, Die Bankgeheimnisse in den Ländern der Welt, 1982; *Christopoulou*, Das Bankgeheimnis im Wirtschaftsverkehr, 1995; *Dammann/Stange*, Reform des Datenschutzes im Kreditinformationssystem, ZIP 1986, 488; Deutscher Genossenschafts-Verlag, Bankgeheimnis und Bankauskunft in der Praxis, 4. Aufl., 1990; Deutscher Sparkassenverlag, Bankgeheimnis und Bankauskunft, 1981; *Feuerborn/Kirchner/Terdenge*, Bankgeheimnis und Bankauskunft in der Bundesrepublik Deutschland sowie in wichtigen ausländischen Staaten, 3. Aufl., 1984; *Hadding* (Hrsg), Bankgeheimnis und Bankauskunft in der Bundesrepublik Deutschland und in ausländischen Rechtsordnungen, 1986; *Hamacher/Spitz*, Auskunftsbegehren der Finanzbehörden, 1988; *Herrler*, Mitwirkung der Banken bei der Besteuerung von Bankkunden, 1984; *Hendriks*, Die SCHUFA – Aufgaben und Wirken, ZHR 149 (1985), 199 ff.; *Hirsch*, Auskünfte durch Kreditinstitute im straf- und steuerstrafrechtlichen Ermittlungsverfahren, 1991; *Kirchherr/Stützle*, Aktuelle Probleme der Rechtsprechung und Rechtspraxis zu Bankgeheimnis und Bankauskunft, 2. Aufl., 1983; *Kümpel*, Bank- und Kapitalmarktrecht, 1995; *Lerche*, Bankgeheimnis – verfassungsrechtliche Grundlagen, ZHR 149 (1985), 165 ff.; *Müller-Brühl*, Ermittlungen bei Kreditinstituten in Steuerverfahren ihrer Kunden: Voraussetzungen, Methoden, Rechtsmittel, 1990; *Radbruch*, Das Bankgeheimnis im deutschen und anglo-amerikanischen Recht, 1977; *Rehbein*, Rechtsfragen zum Bankgeheimnis, ZHR 149 (1985), 135 ff.; *Sannwald*, Entschädigungsansprüche von Kreditinstituten gegenüber auskunftsersuchenden Ermittlungsbehörden, NJW 1984, 2495 ff.; *Scheer*, Das Bankgeheimnis, 1931; *Schneider*, Die Kostenerstattungspflicht gegenüber Kreditinstituten im Falle gerichtlicher und behördlicher Beschlagnahmen und Auskunftsersuchen, DB 1979, Beilage Nr. 17; *Schraepler*, Kreditauskunft – Einschränkung des Bankgeheimnisses, NJW 1972, 1836 ff.; *Selmer*, Steuerrecht und Bankgeheimnis: Zur Stellung der Banken in steuerstrafrechtlichen Ermittlungsverfahren, 1981; *Sichtermann*, Bankgeheimnis und Bankauskunft, 3. Aufl., 1984; *Sichtermann/Feuerborn*, Das Bankgeheimnis, 7. Aufl., 1988; *Spitz/Klebe*, Auskunftsbegehren der Finanzbehörden: Die Rechtsstellung der Kreditinstitute, 1980; *Steindorff*, Zivilrechtliche Grundlagen von Bankgeheimnis, Bankauskunft und Persönlichkeitsschutz, ZHR 149 (1985), 151 ff.; *Streck/Mack*, Banken und Bankkunden im Steuerfahndungsverfahren, BB 1995, 2137; *Vortmann*, Aufklärungs- und Beratungspflichten der Banken, 3. Aufl., 1995; *Weber*, BuB (3.93) 1/27-79; *Wosnitza*, Das Recht auf Auskunft im bankvertraglichen Dauerschuldverhältnis: systematische Übersicht über Informationsansprüche nach Vertragsschluß bei typischen Bankgeschäften und ihre rechtsdogmatische Abstimmung aufeinander, 1991; *Zöllner*, Datenschutzrechtliche Aspekte der Bankauskunft, ZHR 149 (1985), 179.

I. Das Bankgeheimnis

1. Begriff und Funktion

Das Bankgeheimnis verpflichtet die Kreditinstitute zur Verschwiegenheit über alle Tatsachen und Wertungen, von denen die Bank aufgrund ihrer Geschäftstätigkeit Kenntnis erlangt hat (Nr. 2 Abs. 1 S. 1 AGB/B [93]). Allerdings ist das Bankgeheimnis nicht unbegrenzt. Es darf unter bestimmten Voraussetzungen durchbrochen werden, nämlich aufgrund eines Gesetzes oder einer Einwilligung des Kunden oder bei zulässiger Bankauskunft (Nr. 2 Abs. 1 S. 2 AGB/B [93]). Gesetzliche Grenzen ergeben sich etwa aus den Bestimmungen des Bundesdatenschutzgesetzes (BDSG). Nach den §§ 28, 39 BDSG ist Datenübermittlung im Rahmen einer Bankauskunft unter bestimmten Voraussetzungen zulässig. Ähnliche Durchbrechungen kraft Gesetzes können sich aus Regeln des Strafprozeßrechtes, des Steuerstrafrechts, der Geldwäscheregeln oder derjenigen über den Insiderhandel im Wertpapierhandelsgesetz ergeben. Grundsatz und Ausnahmen beeinflussen sich gegenseitig. Im Grunde geht es um die Grenzen der *persönlichen Geheimnissphäre*, und damit um die Bestimmung des *informationellen Selbstbestimmungsrechts* jedes einzelnen Bankkunden. Der hinter dem Bankgeheimnis lagernde Grundgedanke ist, daß der einzelne Herr seiner Vermögensverhältnisse ist und im Grundsatz niemand das Recht hat, diese Verhältnisse auszuspionieren. Dies gilt auch dann noch, wenn der Kunde seine Vermögensverhältnisse mit Hilfe einer Bank bewältigt. Diese tritt dann an seine Seite und wird gleichsam zum Garanten des informationellen Selbstbestimmungsrechts des Kunden.

134

Die *Funktion* des Bankgeheimnisses besteht also einerseits darin, das *informationelle Selbstbestimmungsrecht* des Kunden zu sichern und damit andererseits ein Vertrauensverhältnis zu schaffen, das es dem Kunden ermöglicht, die von der Bank offerierten Dienstleistungen in Anspruch zu nehmen. Genau besehen ist der Begriff Bankgeheimnis also etwas irreführend. Es geht nicht um Geheimnisse der Bank, sondern um die Vermögensverhältnisse des Kunden, d.h. das Bankgeheimnis sorgt dafür, daß der Kunde im Hinblick auf seine persönlichen Vermögensverhältnisse so behandelt wird, als hätte er *keine* Bank zwischengeschaltet. Durchbrechungen des Bankgeheimnisses sind folgerichtig immer dann zulässig, wenn entweder der Kunde selbst Informationen freigibt (Einwilligung) oder aber kraft Gesetzes auch dann geben müßte, wenn keine Bank zwischengeschaltet wäre.

135

2. Grundlagen und historischer Hintergrund

Für das Bankgeheimnis gibt es in Deutschland keine gesetzliche Regelung; es ist aber gewohnheitsrechtlich anerkannt und wird vom Gesetzgeber

136

z.B. in § 30a AO, § 17 Abs. 2 Pachtkreditgesetz, § 6 Postgesetz oder § 32 Bundesbankgesetz vorausgesetzt. Daneben steht die Verankerung des Bankgeheimnisses in den Allgemeinen Geschäftsbedingungen der Banken. Erstmals geschah das im Jahre 1619 bei der *Hamburger Bank*. In Art. 6 der »Ordnung und Articuli der Wechsel-Banco« ist die Verpflichtung festgelegt, niemandem über die Angelegenheiten eines Kunden Auskunft zu geben und niemandem zu offenbaren, was in der Bank passiert und geschrieben wird. Diese Verschwiegenheitspflicht fiel unter den Diensteid. Bei Zuwiderhandlung drohte höchste Strafe[99]. Hieran anknüpfend ist das Bankgeheimnis, d.h. genauer die Pflicht der Bank, die Geheimnissphäre ihres Kunden in Vermögensangelegenheiten zu wahren, in Nr. 2 AGB/B (93) nunmehr fest verankert. Es gilt, wie Nr. 1 AGB/B (93) klarstellt, für die *gesamte Geschäftsverbindung*.

137   Bankgeheimnisse dieser Art existieren in nahezu allen Ländern der Welt[100]. Im Detail differieren die Rechtsgrundlagen, die Reichweite des Bankgeheimnisses als Auskunftsverweigerungsrecht gegenüber Dritten und staatlichen Stellen sowie die strafrechtlichen Sanktionen bei Verletzung des Bankgeheimnisses. Oft wird in diesem Zusammenhang auf die *Schweizer Nummernkonten* hingewiesen[101]. Bei Nummernkonten handelt es sich allerdings um ganz gewöhnliche Konten. Eine rechtliche Besonderheit weisen sie insofern auf, als der Name des Kontoinhabers nur einem sehr beschränkten Personenkreis in der Bank bekannt ist. Anstelle des Namens steht auf den Kontoauszügen die dem Inhaber zugewiesene Nummer. Auf diese Weise ist der Kontoinhaber nur sehr schwer identifizierbar, d.h. die Ermittlungsbehörden wissen in der Regel nicht, wer sich hinter den Nummern verbirgt, sie können also gar nicht ermitteln. In Deutschland sind Nummernkonten verboten (§ 154 AO). Das ist auch richtig, denn mit Hilfe des Nummernkontos wird dem Kunden ein Schutz zuteil, den er ohne Zwischenschaltung einer Bank nicht hätte, der ihm also als Teil seines informationellen Selbstbestimmungsrechts gar nicht zugewiesen ist. Das Nummernkonto wirkt nämlich wie ein Versteck, der Kunde muß nun sein Geld nicht mehr »vergraben«. Daran wird deutlich, daß Nummernkonten ausschließlich die Funktion haben, Vermögensverhältnisse auch dann noch zu verdecken, wenn der einzelne kraft Gesetzes gezwungen wäre, sie offenzulegen und dies auch tun müßte, würde ihm nicht das Nummernkonto Schutz gewähren. Das durch ein Nummernkonto vermittelte Bankgeheimnis trägt seinen Namen zu Recht. Das Geheimnis entsteht erst durch Zwischenschaltung der Bank und dient letzt-

---

99   J. Radbruch, Das Bankgeheimnis im deutschen und anglo-amerikanischen Recht, Diss. Mainz, 1977, S. 5 ff.
100 E. Chambost, Die Bankgeheimnisse in den Ländern der Welt, 1982, passim.
101 Schönle in Hadding/Schneider, Bankgeheimnis und Bankauskunft in der BRD und in ausländischen Rechtsordnungen, 1986, 285 ff.

lich dem Ziel, legitime Ansprüche Dritter durch Vermögensverschleierung leerlaufen zu lassen. Verständlich könnte das Ganze noch sein, wenn es primär um die Abwehr von Ansprüchen ginge, die ihrerseits nicht rechtsstaatlich legitimiert sind. Da dies sicher nicht der Regelfall ist, sollte es für Banken selbstverständlich sein, sich an Verschleierungspraktiken dieser Art nicht zu beteiligen, ganz abgesehen von den strafrechtlichen Fragen, die zu stellen wären, würden wir über ein Internationales Strafrecht verfügen. Nummernkonten sind also eine Form »modernen Raubrittertums« und haben mit einem wohlverstandenen Bankgeheimnis überhaupt nichts mehr zu tun. Es ist Aufgabe der Banken, mit dafür zu sorgen, daß Nummernkonten weltweit abgeschafft werden, nicht nur weil auf diese Weise mafiöse Praktiken leichter bekämpft werden können, sondern vor allem, weil sie ein immanenter Widerspruch eines rechtsstaatlichen Systems sind, und damit das Vertrauen in die Kraft und Legitimation dieses Systems dauerhaft erschüttern.

3. Wirkung und Rechtsnatur

Das Bankgeheimnis, so wie es in Nr. 2 Abs. 1 AGB/B (93) verankert ist, bewirkt zweierlei, nämlich
(1) die Pflicht der Bank, Stillschweigen über die Vermögensverhältnisse ihrer Kunden zu bewahren (*Verschwiegenheitpflicht*), **138**
(2) die Pflicht der Bank, Auskünfte gegenüber Dritten zu verweigern, soweit sie nicht kraft Gesetzes oder aus einem sonstigen Rechtsgrund zur Auskunft verpflichtet ist (*Auskunftsverweigerungspflicht*).
Diese Wirkungen des Bankgeheimnisses folgen aus seiner rechtlichen *Doppelnatur*, nämlich seinem sowohl verfassungs- als auch privatrechtlichen Charakter.

a) Verfassungsrechtliche Grundlagen

Aus der Sicht des Kunden wurzelt das Bankgeheimnis in Art. 2 Abs. 1 **139** GG. Danach hat jeder das Recht zur freien Entfaltung der Persönlichkeit, sofern nicht Rechte Dritter verletzt sind. Art. 2 GG verbürgt also die allgemeine menschliche Handlungsfreiheit in allen Bereichen[102] und umfaßt damit auch den Schutz des Bankgeheimnisses. Es geht um die Freiheit, sich »vorbehalts- und gefahrlos einem anderen anzuvertrauen« und um die Freiheit der wirtschaftlichen Betätigung und die Vertragsfreiheit[103]. Darüber hinaus ist das Bankgeheimnis auch durch das Recht auf *informationelle Selbstbestimmung* gedeckt, denn dieses beinhaltet die »Befugnis des einzelnen, grundsätzlich selbst zu entscheiden, wann und innerhalb

---

102 BVerfGE 6, 36.
103 Canaris[4] Rz. 37.

welcher Grenzen persönliche Lebenssachverhalte offenbart werden«[104]. Dazu gehören auch wirtschaftliche Angelegenheiten, so daß daraus geschlossen wurde, das Bankgeheimnis gehöre verfassungsrechtlich zur »engeren Persönlichkeitssphäre«[105]. Diese verfassungsrechtliche Einbettung des Bankgeheimnisses zugunsten des Kunden entfaltet Schutzwirkungen gegenüber Rechten Dritter. Zwar ist der Schutz des Art. 2 Abs. 1 GG erheblich schwächer als der des Art 1 GG, weil Art. 2 GG aufgrund der »Schrankentrias« des Abs. 1 Halbsatz 2 wesentlich weitergehende Einschränkungen zuläßt. Vor allem für gesetzgeberische Eingriffe in das Bankgeheimnis ist ein verhältnismäßig breiter Spielraum gegeben, da das Bundesverfassungsgericht unter der »verfassungsmäßigen Ordnung« i.S.d. Art. 2 GG jede formell und materiell verfassungsmäßig zustande gekommene Norm versteht[106]. Allerdings zieht auch das BVerfG bei Art. 2 GG die Kriterien Zumutbarkeit und Verhältnismäßigkeit heran[107], d.h. staatliche Eingriffe in das Bankgeheimnis unterliegen damit dem *verfassungsrechtlichen Übermaßverbot*[108]. Damit ist klargestellt, daß staatliche Gesetze, die das Bankgeheimnis einschränken, diesen Anforderungen genügen müssen. Im Zweifel kann der Kunde Verfassungsbeschwerde erheben.

140 Ob das Bankgeheimnis auch im Verhältnis zu anderen Privatpersonen verfassungsrechtliche Wirkungen entfaltet ist streitig[109]. *Gegen* eine solche *Drittwirkung* spricht das fehlende Über- und Unterordnungsverhältnis zwischen den Privaten, das für die Beziehung Bürger – Staat prägend ist[110]. Eine unmittelbare Drittwirkung des Rechts auf informationelle Selbstbestimmung wird in der Rechtsprechung abgelehnt[111]. Die Frage muß nicht vertieft werden, da sie keine praktische Relevanz hat. Das über Nr. 2 AGB/B (93) privatrechtlich vereinbarte Bankgeheimnis entfaltet nämlich die gleichen Wirkungen, die bei einer angenommenen Drittwirkung aus der Verfassung entstehen würden.

141 Es wurde oben bereits betont, daß das Bankgeheimnis nicht nur die Vermögenssphäre der Kunden schützt, sondern damit zugleich den Banken die Durchführung ihrer Dienstleistungen erst ermöglicht. Dieser *doppelte Funktionsbezug* begründet, daß *Grundrechte der Bank* durch Eingriffe in das Bankgeheimnis verletzt sein können. Gesetze, die das Bankgeheimnis übermäßig einschränken, verletzen auch die Berufsfreiheit ge-

---

104 BVerfGE 65, 1, 41 f.
105 Peter Lerche, Bankgeheimnis – verfassungsrechtliche Grundlagen, ZHR 149 (1985), 165 ff; dagegen D. Rehbein, Rechtsfragen zum Bankgeheimnis, ZHR 149 (1985), 135.
106 BVerfGE 6, 38.
107 BVerfGE 29, 221, 242; 38, 281, 302 f; 44, 353, 373.
108 P. Selmer, S 5, 10, 86 ff; Lerche, ZHR 149 (1985), 175 f.
109 Eingehend Lerche, ZHR 149 (1985), 167 ff.
110 Vertiefend Rehbein, ZHR 149 (1985), 139, 144 ff.
111 OLG Düsseldorf WM 1985, 1220.

mäß Art. 12 GG und geben der Bank die Möglichkeit, eine Verfassungsbeschwerde zu erheben[112].

b) Privatrechtliche Grundlagen
Aus der Tatsache, daß die Verfassung dem Bürger das Bankgeheimnis als Teil seiner persönlichen Handlungsfreiheit und des informationellen Selbstbestimmungsrechts zuweist, folgt noch nicht automatisch, daß jede Bank dieses Geheimnis wahren muß. Wenn ein Jungunternehmer sichtlich aufgewühlt im Kundenbereich einer Bank verzweifelt verkündet, er müsse Konkurs anmelden, wenn nicht irgendeiner der Anwesenden ihm sofort Kredit gebe, dann ist dies eine öffentlich bekannte Tatsache, die jeder weiterverbreiten darf. Es wäre widersinnig, hier eine Drittwirkung des Bankgeheimnisses zwischen den Privaten anzunehmen. Der private Dritte braucht nämlich nicht mehr zu leisten, als der Bankkunde, der sein eigenes Geheimnis preisgibt. Das bedeutet, daß das Bankgeheimnis im Verhältnis zwischen Kunde und Bank, wovon auch § 30a AO ausgeht, rechtsgeschäftlich vereinbart werden muß, weil ohne einen solchen Kontakt keine Bank verpflichtet wäre, Informationen, die ihr zugänglich sind, zurückzuhalten (Grenze: § 826 BGB). Richtig ist allerdings, daß die Banken verpflichtet sind, für das Bankgeheimnis einen privatrechtlichen Schutz zur Verfügung zu stellen, da andernfalls ein verfassungsrechtlich garantiertes Recht privatrechtlich ausgehebelt werden könnte[113]. So gab es früher keinen Zweifel, daß das Bankgeheimnis der zwischen Kunde und Bank bestehenden Geschäftsverbindung auch ohne ausdrückliche Absprache immanent ist; heute sind die Dinge durch Nr. 2 AGB/B (93) im Grundsatz wie im Detail klargestellt. Auf diese Weise teilt die Bank kraft allgemeinen Bankvertrages die Geheimnissphäre des Kunden und unterliegt deshalb einer prinzipiellen *Verschwiegenheitspflicht*, die sich mit Blick auf Dritte in eine *Auskunftsverweigerungspflicht* konkretisiert.

142

4. Geschützter Personenkreis

Geschützt sind die Personen, die an der Geschäftsverbindung teilnehmen, normalerweise also der Kunde. Das können auch mehrere Personen sein, etwa bei den Und/Oder-Konten. Bei der *Vollrechtstreuhand* ist der Treuhänder Kunde und nicht der Treugeber, das Bankgeheimnis besteht zwischen Ersterem und der Bank. Die Geschäftsverbindung zwischen Kunde und Bank kann *Schutzwirkungen für Dritte* entfalten. Denkbar ist, daß die Bank ein Geheimnis des Ehepartners des Kunden oder das Geheimnis einer Personengesellschaft, deren Mitglied der Kunde ist, erfährt. Das gilt

143

---

112 LG Hamburg, NJW 1978, 958 f; Canaris[4] Rz. 38; Sichtermann/Kirchherr, Bankgeheimnis und Bankauskunft[3], 1984, S. 45; Lerche ZHR 149 (1985), 165; Rehbein ZHR 149 (1985), 145.
113 Canaris[4] Rz. 40.

auch dann, wenn eine Bank wegen eines *Auskunftsbegehrens* bei einer anderen Bank rückfragt und dabei ein Geheimnis ihres auskunftsuchenden Kunden offenbaren muß. Verletzt nun die zweite Bank dieses Geheimnis, so hat der Kunde einen eigenen (vertraglichen) Anspruch gegen sie[114].

5. Grenzen des Bankgeheimnisses

144 Wie jedes Recht gilt auch das Bankgeheimnis nicht uneingeschränkt. So kann sich die Bank nicht einfach unter Berufung auf das Bankgeheimnis von der *gebotenen Aufklärung und Warnung* befreien. Die Bank muß auch Auskunftsansprüche Dritter, z.B. aus den §§ 260, 809 f. BGB; § 118 HGB; § 840 ZPO erfüllen. Die Aufdeckung von Kreditbetrug oder von Insiderinformationen kann durch Nothilfe, in Ausnahmefällen auch durch Notstand (§§ 34, 35 StGB) gerechtfertigt sein. Auch aus überwiegendem Eigeninteresse gegenüber einem ehrenrührigen Vorwurf kann ein Offenbarungsrecht folgen[115]. Hierneben gibt es eine ganze Reihe von gesetzlichen Durchbrechungen, z.B. folgende:

145 (1) Das BAK und die Deutsche Bundesbank haben Einsichts- und Auskunftsrechte ohne Beschränkung durch das Bankgeheimnis (§§ 27, 44 KWG).
(2) Im Strafprozeß hat die Bank kein Zeugnisverweigerungsrecht nach § 53 StPO. Sie muß auch gegenüber der Staatsanwaltschaft aussagen (§ 161a StPO); nicht aber gegenüber der Polizei. Entsprechendes gilt nach § 46 Abs. 2 OWiG.
(3) Gegenüber Steuerbehörden besteht Offenbarungspflicht u.a. nach §§ 90, 92 f., 97 AO. Im Steuerstrafverfahren gelten die §§ 370, 372 ff., 385 Abs. 1 AO; im Verfahren der Steuer- und Zollfahndung gilt § 208 AO; im Vollstreckungsverfahren § 249 AO. Im folgenden werden einige für die Praxis wichtige Fallgruppen näher beleuchtet.

a) Zivilprozeß

146 Nach § 383 Abs. 1 Nr. 6 ZPO und § 384 Nr. 3 ZPO dürfen Personen, denen kraft Amtes Standes- oder Gewerbetatsachen anvertraut sind, deren Geheimhaltung durch ihre Natur oder durch gesetzliche Vorschriften verboten ist, im Zivilprozeß das Zeugnis verweigern. Zu diesen Personen gehören auch die Angestellten einer Bank, die im Rahmen der Geschäftsverbindung Tatsachen über die Vermögensverhältnisse eines Kunden erfahren. Denn *anvertraut* bedeutet jede Wahrnehmung aufgrund einer

---

114 Canaris[4] Rz. 44; a.A. Stolz, Die Kreditauskunft der Banken, Diss. Köln 1966, S. 61; Gaede, Die Haftung der Banken für Kreditauskünfte, Diss. Köln, 1970, S. 108.
115 BGH BB 1953, 993.

Vertrauensstellung[116]. Zu den schweigepflichtigen Personen gehören neben Ärzten, Richtern, Rechtsanwälten, Beamten und Notaren auch *Bankangestellte*, Wirtschaftsprüfer und Steuerberater. Der *Umfang der Verschwiegenheitspflicht* richtet sich primär nach dem Gesetz, sonst nach der Natur der Sache. Was darunter fällt, hat der Richter zu beurteilen. Maßgebend sind insbesondere die Verkehrssitte und die berechtigten Erwartungen der vertrauenden Personen. Dabei entspricht es der h.M., daß »die einer Bank anvertrauten Tatsachen ihrer Natur nach geheimhaltungsbedürftig sind, weil prinzipiell ein berechtigtes Interesse des Bankkunden besteht, sie vor der Kenntnisnahme Dritter zu schützen«[117]. Das entspricht präzise der Fassung von Nr. 2 Abs. 1 AGB/B (93), wonach die Bank zur Verschwiegenheit über alle kundenbezogenen Tatsachen und Wertungen verpflichtet ist, von denen sie Kenntnis erlangt. Allerdings darf die Bank Informationen über den Kunden weitergeben, wenn *gesetzliche Bestimmungen* dies gebieten. Eine solche gesetzliche Bestimmung ist beispielsweise § 840 ZPO. Bei der Vollstreckung in ein Bankguthaben muß die Bank als Drittschuldnerin auf Verlangen des Gläubigers innerhalb von zwei Wochen nach Zustellung des Pfändungsbeschlusses die *Drittschuldnererklärung* abgeben. Diese Auskunftspflicht besteht noch nicht bei der *Vorpfändung* von Forderungen (§ 845 ZPO).

b) Strafprozeß
Im Gegensatz zum Zivilprozeß haben Inhaber und Mitarbeiter/innen von Banken im Strafverfahren *kein Aussageverweigerungsrecht*. Sie müssen als Zeuge vor der Staatsanwaltschaft erscheinen und aussagen (§ 161a StPO). Auch ein Zeugnisverweigerungsrecht im Strafverfahren besteht nicht, sofern nicht die Gefahr besteht, daß der Zeuge sich selbst strafrechtlich belastet oder ein naher Angehöriger strafrechtlich verfolgt wird (§ 53 StPO). Vor der *Polizei* besteht eine Aussagepflicht jedoch nicht, und zwar selbst dann nicht, wenn die Polizei von der Staatsanwaltschaft mit den Ermittlungen beauftragt worden ist[118]. Im übrigen kann die Staatsanwaltschaft Beweismittel (Geschäftsunterlagen) der Bank beschlagnahmen. Ein auf § 95 StPO gestütztes schlichtes *Herausgabeverlangen* der Staatsanwaltschaft genügt anstelle der *gerichtlichen Beschlagnahme* nach §§ 94, 98 StPO nicht[119].

147

Das gesetzliche Zeugnisverweigerungsrecht bestimmter Berufsgruppen nach § 53 StPO, z.B. der Geistlichen, Ärzte, Anwälte oder Steuerberater, wird unter bestimmten Voraussetzungen nach § 53a StPO auf ihre Gehil-

148

---

116 OLG Stuttgart MDR 1983, 286.
117 OLG Köln MDR 1968, 931; Thomas/Putzo; ZPO[18] § 383 Rz. 7.
118 Kleinknecht/Meyer, StPO[41], 1993, § 163 Rz. 37.
119 LG Landshut WuB I B 3, 2. 85, Locher.

fen ausgedehnt. Für das Beschlagnahmerecht wird § 53a StPO durch § 97 Abs. 4 StPO ergänzt. Auf dem Umweg über diese Normen kann die Bank ausnahmsweise als *Berufshelferin* ein Zeugnisverweigerungsrecht haben. Beispielhaft ist ein Fall, den das LG Köln 1991 zu entscheiden hatte[120]. Ein Notar hatte die ihm anvertrauten Gelder unverzüglich einem *Notaranderkonto* zugeführt. Damit erfüllte der Notar seine Berufspflichten aus § 12 Abs. 2 S. 1 der Dienstordnung für Notare. Er konnte dies allerdings nur mit Hilfe einer Bank (Kontoeröffnung) tun. In einem solchen Fall muß das Zeugnisverweigerungsrecht des Notars aus § 53 StPO auch auf die Hilfspersonen (Berufshelfer) und damit auf die kontoführende Bank ausgedehnt werden.

149 Im Zusammenhang mit der *Geldwäsche* ist am 15.7.1992 § 261 StGB eingeführt worden. Hiernach wird unter anderem bestraft, wer z.B. Geld, das etwa aus einem Rauschgiftgeschäft stammt, annimmt, anlegt oder verwahrt. Für die Bank wird das wichtig, wenn sie die Herkunft des Geldes im Zeitpunkt der Anlage erkennt. Der betroffene Mitarbeiter bleibt aber straffrei, wenn er die Tat *freiwillig* anzeigt oder eine solche *Anzeige veranlaßt*, sofern die Tat nicht schon ganz oder zum Teil entdeckt war und der Bankmitarbeiter dies wußte oder hätte wissen müssen. Diese strafbefreiende Anzeige beruht auf Gesetz und ist deshalb kein Bruch des Bankgeheimnisses (Nr. 2 Abs. 1 AGB/B [93]).

150 Hiervon sind die *Anzeigepflichten* nach dem *Geldwäschegesetz* (GWG) vom 25.10.1993 zu unterscheiden[121]. Wegen der Schwierigkeiten die Geldwäsche und damit letztlich das organisierte Verbrechen zu bekämpfen, sieht das Geldwäschegesetz (§ 11) eine Anzeigepflicht für Verdachtsfälle vor. Danach haben u.a. die Mitarbeiter der Bank bei der Feststellung von Tatsachen, die darauf schließen lassen, daß eine Finanztransaktion einer Geldwäsche dient, diese unverzüglich mündlich, telefonisch, fernschriftlich oder durch elektronische Datenübermittlung den zuständigen Strafverfolgungsbehörden anzuzeigen. Für diese Anzeige kann der Bankmitarbeiter nicht verantwortlich gemacht werden, es sei denn, er erstattet die Anzeige vorsätzlich oder grob fahrlässig *unwahr* (§ 12 GWG).

c) Steuerrecht

151 Gegenüber den Finanzbehörden gibt es eine ganze Reihe gesetzlicher Offenbarungspflichten[122]. Insbesondere können im *Besteuerungsverfahren* Auskünfte auch von den Kreditinstituten (§ 92 AO) eingeholt werden.

---

120 WM 1991, 589.
121 BGBl. I, 1770; Das Gesetz dient der Umsetzung der Richtlinie 91/308/EWG vom 10.6.91 zur Verhinderung der Nutzung des Finanzsystems zum Zwecke der Geldwäsche, ABl. EG Nr. L 166 vom 28.6.1991, S. 77. Zur Begründung des Gesetzes und den Stellungnahmen vgl. BT-Drs. 12/2704, 12/2747 und 12/4795.
122 Hierzu umfassend Streck/Mack, BB 1995, 2137, 2140 ff.

Die Pflicht zur Auskunftserteilung besteht aber nur dann, wenn die verlangte Auskunft zur Sachverhaltsfeststellung geeignet und notwendig ist, die Pflichterfüllung für den Betroffenen möglich und die Inanspruchnahme erforderlich, *verhältnismäßig und zumutbar* ist. Diese Grundsätze hat der BFH in einer Entscheidung vom 23.Oktober 1990 bestätigt[123]. Es ging um folgendes:

Fall: BFH WM 1991, 800
Die Kläger waren Inhaber zweier Firmen. Im Rahmen einer Betriebsprüfung forderte das Finanzamt sie auf, Kontoauszüge auch über die *privaten Girokonten* vorzulegen. Nachdem die Kläger mitgeteilt hatten, daß die Auszüge nur noch teilweise und bruchstückhaft vorhanden seien, richtete das Finanzamt ein auf die §§ 93, 97 AO gestütztes Auskunftsersuchen an ihre Bank. Es forderte die Bank auf, Kopien der Kontenblätter für einen bestimmten Zeitraum vorzulegen. Die Kläger erhoben daraufhin Aufsichtsbeschwerde zur Oberfinanzdirektion (OFD), die jedoch erfolglos blieb. Die OFD war der Meinung, daß nicht ausgeschlossen werden könne, daß die entnommenen Gelder für Zwecke der Vermögensanlage und Einkunftserzielung verwendet worden seien. Dies müsse das Finanzamt nach § 85 AO prüfen. 152

Der BFH hat dem nur modifiziert zugestimmt. Die Pflicht zur Auskunftserteilung im Steuerverfahren unterliegt, so das Gericht, allgemeinen rechtsstaatlichen Grenzen. Die verlangte Auskunft muß also zur Sachverhaltsaufklärung geeignet und notwendig, die Pflichterfüllung für den Betroffenen möglich und die Inanspruchnahme erforderlich, verhältnismäßig und zumutbar sein. Im vorliegenden Fall war das Auskunftsverlangen des Finanzamtes *unverhältnismäßig*. Unter Berücksichtigung der Tatsache, daß sich das Finanzamt zur Prüfung der Kontounterlagen allein deshalb veranlaßt sah, weil die Kläger hohe Beträge entnommen hatten, durfte es nicht die Vorlage sämtlicher Kontoauszüge für einen Zeitraum von vier Jahren verlangen. Es hätte sich zunächst mit der Vorlage der Kontoauszüge für einen weitaus kürzeren Zeitraum begnügen müssen (höchstens 1 Jahr). Erst wenn bei der Prüfung dieser Auszüge Umstände zutage getreten wären, die auf nicht geklärte Vermögensbildungen hingedeutet hätten, hätte das Verlangen auf Vorlage von Kontoauszügen auch für weitere Jahre zulässig werden können. 153

Diese Grundsätze entsprechen § 30a AO, mit dem der Gesetzgeber am 2.8.1988 den *Bankenerlaß*[124] gesetzlich verankert hat. Diese gesetzliche Regelung schreibt den Finanzbehörden vor, auf das Vertrauensverhältnis zwischen den Banken und ihren Kunden besondere Rücksicht zu nehmen 154

---

123 BFH WM 1991, 800.
124 Schreiben des Bundesministers der Finanzen vom 31.8.1979 – BStBl. I 1979, 590.

und insbesondere Außenprüfungen bei Banken regelmäßig nicht zum Anlaß zu nehmen, *Kontrollmitteilungen* über Kontoinhaber auszustellen. § 30a AO betrifft auch die *Steuerfahndung* und das spezielle *Steuerstrafverfahren* (§§ 208 ff; 385 ff. AO). Für diese beiden Verfahrensarten hat der Gesetzgeber das Bankgeheimnis zwar am weitesten eingeschränkt. Dennoch soll eine Bank auch hier erst dann um Auskunft und Vorlage von Urkunden gebeten werden, wenn ein Auskunftsersuchen gegen den Steuerpflichtigen, gegen den noch kein Steuerstrafverfahren eingeleitet worden ist, nicht zum Ziele führt (§ 30a Abs. 5 S. 2 AO).

155 Wenn und soweit die Bank verpflichtet ist, eine Auskunft zu erteilen, so fragt es sich, ob sie auch *Kostenerstattung* verlangen kann. Treten Mitarbeiter der Bank als Zeugen oder Sachverständige auf, so können sie Kostenerstattung nach dem Gesetz über die Entschädigung von Zeugen und Sachverständigen fordern. Anspruchsgrundlage ist § 1 ZSEG. Wurde die Auskunft im Rahmen eines Besteuerungsverfahrens erteilt, so kommt als Grundlage für die Kostenerstattung § 107 AO in Betracht[125].

d) Wertpapierhandelsgesetz

156 Am 26.7.1994 ist das Gesetz über den Wertpapierhandel in Kraft getreten[126]. Es handelt sich um das Herzstück des Zweiten Finanzmarktförderungsgesetzes. Neben dem Ziel, die rechtlichen Rahmenbedingungen der Finanzmärkte so zu modernisieren, daß sie »ihre volkswirtschaftlichen Funktionen zu jeder Zeit erfüllen«[127], dient das WpHG auch dem Zweck, verschiedene Richtlinien des Rates der europäischen Gemeinschaften zur Schaffung eines einheitlichen europäischen Kapitalmarkts in nationales Recht umzusetzen. Eine enge Beziehung zum Bankgeheimnis hatte die Richtlinie 89/592/EWG zur Koordinierung der Vorschriften betreffend Insidergeschäfte (Insiderrichtlinie) vom 13.11.1989[128]. Es geht um die Verhinderung des Insiderhandels und damit um den Schutz des Anlegervertrauens und um das reibungslose Funktionieren des Marktes für Wertpapiere[129]. Einem Insider ist deshalb verboten, »unter Ausnutzung seiner Kenntnis von einer Insidertatsache Insiderpapiere für eigene oder fremde Rechnung oder für einen anderen zu erwerben oder zu veräußern; einem anderen eine Insidertatsache unbefugt mitzuteilen oder zugänglich zu machen; oder einem anderen auf der Grundlage seiner Kenntnis von einer Insidertatsache oder den Erwerb oder die Veräußerung von Insiderpapie-

---

125 BFH WM 1987, 886.
126 BGBl. I S. 1749.
127 BT-Drs. 12/6679, S. 33.
128 89/592/EWG Abl. Nr. L 334 vom 18.11.1989, S. 30 ff.
129 Assmann/Schneider, Wertpapierhandelsgesetz-Kom. vor § 12 Rz. 1 ff; ferner: Claussen, Neues zur kommenden Insider-Gesetzgebung I, ZBB 1992, 73 ff; Hopt, Europäisches und Deutsches Insiderrecht, ZGR 1991, 17, 28.

ren zu empfehlen« (§ 14 Abs. 1 WpHG). Auch einem *Dritten*, der Kenntnis von einer Insidertatsache hat, ist es verboten, unter Ausnutzung dieser Kenntnis Insiderpapiere für eigene oder fremde Rechnung oder für einen anderen zu erwerben oder zu veräußern (§ 14 Abs. 2 WpHG).

Zur Durchsetzung dieses Verbots von Insidergeschäften gibt es eine Reihe von Instrumenten, die das Bankgeheimnis tangieren. Zum einen gibt es nach § 9 WpHG eine *Meldepflicht*. Die inländischen Banken sind verpflichtet, dem Bundesaufsichtsamt jedes Geschäft in Wertpapieren oder Derivaten, die zum Handel auf bestimmten europäischen Märkten zugelassen sind, spätestens an dem auf den Tag des Geschäftsabschlusses folgenden Werktag mitzuteilen, wenn sie das Geschäft im Zusammenhang mit einer Wertpapierdienstleistung oder als Eigengeschäft abschließen (§ 9 Abs. 1 S. 1 WpHG). Korrespondierend unterliegen die beim Bundesaufsichtsamt Beschäftigten einer *Verschwiegenheitspflicht* nach § 8 WpHG. Ein unbefugtes Offenbaren liegt aber dann nicht vor, wenn Tatsachen an Strafverfolgungsbehörden oder für Straf- und Bußgeldsachen zuständige Gerichte bzw. an Stellen weitergegeben werden, die kraft Gesetzes oder im öffentlichen Auftrag mit der Überwachung von Börsen, Wertpapiermärkten oder des Wertpapierhandels betraut sind (§ 8 Abs. 1 S. 3 WpHG). Außerdem hat das *Bundesaufsichtsamt* Tatsachen, die den Verdacht einer Insiderstraftat nach § 38 WpHG begründen, der zuständigen Staatsanwaltschaft anzuzeigen.

157

Hierneben unterliegt der Emittent von Wertpapieren einer *ad-hoc-Publizität* nach § 15 Abs. 1 WpHG. Er muß bei Wertpapieren, die zum Handel an einer inländischen Börse zugelassen sind, unverzüglich eine neue Tatsache veröffentlichen, die in seinem Tätigkeitsbereich eingetreten und nicht öffentlich bekannt ist, wenn sie wegen der Auswirkungen auf die Vermögens- und Finanzlage oder auf den allgemeinen Geschäftsverlauf des Emittenten geeignet ist, den Börsenpreis der zugelassenen Wertpapiere *erheblich zu beeinflussen*, oder im Fall zugelassener Schuldverschreibungen die Fähigkeit des Emittenten, seinen Verpflichtungen nachzukommen, beeinträchtigen kann (§ 15 Abs. 1 S. 1 WpHG). Das Bundesaufsichtsamt kann den Emittenten auf Antrag von der Veröffentlichungspflicht befreien, wenn die Veröffentlichung der Tatsache geeignet ist, den berechtigten Interessen des Emittenten zu schaden (§ 15 Abs. 1 S. 2 WpHG). Zur Zeit ist die Frage ungeklärt, ob die Bank, die von Tatsachen, die noch nicht veröffentlicht sind, aber veröffentlicht werden müßten, Kenntnis hat, verpflichtet ist, diese Kenntnisse an *andere Kunden* weiterzugeben. Es geht hier um das bekannte Spannungsverhältnis zwischen dem Bankgeheimnis einerseits und dem Aufklärungs- und Warninteresse des Anlegerpublikums andererseits. Die bisher entwickelten Grundsätze zur Durchbrechung des Bankgeheimnisses in diesen Fällen, erfordern eine *Güterabwägung* im Einzelfall. Ob die dabei durchzuführende Interessenanalyse mit derjenigen identisch ist, die nach § 15 Abs. 1

158

WpHG durchzuführen wäre, ist eine offene und diskussionswürdige Frage.

e) Güterabwägung bei Interessenkollision

159 Wie schon angedeutet gibt es eine Reihe von Fällen, in denen das Interesse des einen Kunden der Bank an Geheimhaltung mit dem Interesse des anderen Kunden der Bank an Aufklärung und Warnung kollidiert.

160 Ganz allgemein gilt der Grundsatz, daß sich auch eine Bank auf Notwehr und Notstand (§§ 227, 228 BGB) berufen darf. Dies kann beispielsweise der Fall sein, wenn die Bank anläßlich einer Kreditauskunft erkennt, daß ein Kunde gegenüber dem Dritten einen Kreditbetrug begehen will[130]. Hier liegt ein Fall der Nothilfe i.S.d. § 227 BGB vor, da es nicht um die Verteidigung eigener, sondern fremder Rechtsgüter geht. Die Bank kann das Bankgeheimnis durchbrechen, weil dieses Mittel zur Verhinderung des Angriffs erforderlich und der Angriff gegenwärtig ist. Unter Berufung auf das Nothilferecht können die Banken auch Auskunft über die Einzahlungen von *Lösegeldern* erteilen, die aus strafbaren Erpressungen oder Geiselnahmen stammen. Zu beachten ist stets, ob der Angriff noch gegenwärtig i.S.d. Nothilfebegriffs ist. Das wird beispielsweise bei einem Dieb bejaht, der zur Sicherung der Beute ein vorläufiges Konto einrichtet[131].

161 Eine Güter- und Interessenabwägung zwischen dem Bankgeheimnis und der Schutzpflicht zugunsten eines anderen Kunden (Warn- oder Aufklärungspflicht als Nebenpflicht aus der Geschäftsverbindung) ist unter Rückgriff auf den Rechtfertigungsgrund *Notstand* (§ 228 BGB) naheliegend. Instruktiv ist folgender Fall.

Fall: BGH WM 1991, 85[132]
A wollte eine Eigentumswohnung erwerben und sanieren. Für die dafür erforderliche Zwischenfinanzierung wandte er sich an die Bank und schloß mit ihr einen Darlehensvertrag. Die Unternehmensgruppe, die die Eigentumswohnung saniert übereignen sollte, ging kurze Zeit später in Konkurs. Die Konkursreife war der Bank bei Abschluß des Darlehensvertrages mit A bekannt. A klagte gegen die Bank auf Schadensersatz, sie hätte ihn auf den drohenden Konkurs und das damit verbundene Risiko, das Darlehen zurückzahlen zu müssen, ohne den Gegenwert zu erhalten, hinweisen müssen. Die Bank berief sich zur Rechtfertigung auf das Bankgeheimnis.

---

130 Canaris[4] Rz. 59.
131 RGZ 111, 370.
132 Dazu WuB IB 3, 1.91 Obermüller.

Der BGH widersprach. Zwar sei die Bank im Normalfall verpflichtet, das Bankgeheimnis ihrer Kunden zu wahren. Ein Ausnahmefall sei aber dann gegeben, wenn die Bank einen *konkreten Wissensvorsprung* dem Kunden gegenüber habe, wenn ihr etwa die drohende Zahlungsunfähigkeit des Geschäftspartners bekannt ist, wie es hier der Fall war. 162

Hierneben kommt eine Durchbrechung des Bankgeheimnisses auch nach § 242 BGB (Treu und Glauben) in Betracht. Allerdings setzt § 242 BGB eine zumindest vertragsähnliche Beziehung zwischen allen beteiligten Parteien, also zwischen beiden Kunden und der Bank, voraus. Das ist gar nicht so selten, wie es im ersten Augenblick scheint. Instruktiv ist ein Fall, den das OLG Oldenburg 1985 entschied[133]. Ein Sohn hatte zugunsten seines Vaters für einen Kredit Grundschulden an seinem Grundstück bestellt. Eines Tages wollte der Sohn das Grundstück verkaufen, und zwar *lastenfrei*. Offenbar hatten sich Vater und Sohn inzwischen verkracht, denn der Vater weigerte sich, über die Höhe des noch offenen Krediets Auskunft zu geben. Der Sohn verlangte diese Auskunft deshalb von der Bank, die sich ihrerseits auf das Bankgeheimnis berief. Das OLG Oldenburg widersprach und bejahte den Anspruch des Sohnes gegen die Bank aus § 242 BGB. Die für § 242 BGB erforderliche vertragsähnliche Sonderverbindung sah das Gericht – zu Recht – in der *sachenrechtlichen Beziehung* zwischen Vater und Sohn. 163

Schließlich kann das Bankgeheimnis aufgrund *überwiegender Eigeninteressen der Bank* durchbrochen werden. Dies entspricht dem Rechtsgedanken der Wahrnehmung berechtigter Interessen (§ 193 StGB). Ein berechtigtes Eigeninteresse ist etwa gegeben, wenn die Offenlegung der geheimhaltungspflichtigen Tatsachen notwendig ist, um in einem Prozeß Eigenforderungen gegen den Kunden mit Erfolg einklagen zu können[134]. Eine Kollision mit Eigeninteressen der Bank kann auch bei *Auskunftsersuchen aus dem Ausland* entstehen. Dies gilt insbesondere, wenn die Depotbanken zur Bekanntgabe von Namen und Anschriften ihrer Kunden als Aktionäre von ausländischen Gesellschaften sowie des Umfangs des Anteilsbesitzes verpflichtet sind[135]. Hierhin gehören auch die Auskunftspflichten bei Straftaten und Mißbrauch von Insider-Informationen, wie dies insbesondere für die USA und die Befugnisse der dortigen Securities and Exchange Commission (SEC) gilt. Schwierig sind die Dinge auch dann, wenn ein ausländisches Gericht die Herausgabe bestimmter Unterlagen anordnet und bei Mißachtung des Urteils eine Bestrafung oder Nachteile für die ausländische Filiale drohen[136], wobei die US-Staats- 164

---

133 WM 1985, 748 = WuB I B 3, 1.85 Locher.
134 Canaris[4] Rz. 58 m.w.N.
135 Kümpel, Rz. 2.161 – hierzu sind z.B. englische Gesellschaften nach dem Companies Act berechtigt.
136 Stiefel/Petzinger, RIW 1983, 242, 245 ff; Bosch, IPRax 1984, 127.

anwaltschaft darauf hinwies, daß das Gesamtvermögen der betroffenen Bank in den USA beschlagnahmt werden könne. Die US-amerikanischen Gerichte können z.B. Erzwingungsgelder von zunächst 50 000,- US-Dollar pro Tag verlangen; dieser Betrag kann im Abstand von 10 Tagen um jeweils weitere 50 000,- US-Dollar erhöht werden.

6. Rechtsfolgen der Verletzung des Bankgeheimnisses

165 Erteilt die Bank einem Dritten Auskunft, obwohl die Information unter das Bankgeheimnis fällt, löst das zugunsten des Kunden verschiedene Rechtsfolgen aus.

Dem Kunden steht insbesondere ein Anspruch auf *Schadensersatz* zu, den er gegen die Bank geltend machen kann. Der Schadensersatzanspruch ergibt sich aus der Verletzung der Geheimhaltungspflicht und wurzelt in einer positiven Vertragsverletzung. Der Anspruch setzt Verschulden (§ 276 BGB), mindestens also Fahrlässigkeit, voraus. Der Anspruch kann sich aber auch aus § 823 Abs. 1 BGB ergeben. Die Verletzung des Bankgeheimnisses kann eine Verletzung des *allgemeinen Persönlichkeitsrechts*[137] oder ein *Eingriff in das Unternehmen* sein. Beide Rechte sind als sonstige Rechte i.S.v. § 823 Abs. 1 BGB zu qualifizieren. Der Schadensersatzanspruch kann sich ferner aus § 823 Abs. 2 BGB in Verbindung mit den Vorschriften des Bundesdatenschutzgesetzes ergeben, die als Schutzgesetze anerkannt sind. Für das Verhalten ihrer Angestellten haftet die Bank über die §§ 278, 831 BGB; für das Verhalten ihrer Organe nach den §§ 31, 89 BGB. In all diesen Fällen ist es möglich, daß der Kunde als Folge der Verletzung des Bankgeheimnisses *Steuernachzahlungen* an den Fiskus leisten muß. Diese Nachzahlungen sind kein Schaden, den die Bank zu ersetzen hat, denn die Verpflichtung, die Steuerschuld zu begleichen, war bereits entstanden, vor und unabhängig von der Verletzung des Bankgeheimnisses. Desweiteren hat der Bankkunde einen *Unterlassungsanspruch* bei *drohender* Verletzung der Geheimhaltungspflicht, den er im einstweiligen Verfügungsverfahren nach §§ 932, 935 ff. ZPO durchsetzen kann. Ihm steht ferner ein *Kündigungsrecht* aus wichtigem Grund zu, falls durch die Weitergabe der Information das Vertrauensverhältnis zwischen Bank und Kunde zerstört ist. Gegenüber einem *öffentlich-rechtlichen* Kreditinstitut besteht die Möglichkeit, die Verletzung des Bankgeheimnisses anzuzeigen, so daß eine strafrechtliche Verfolgung nach § 203 Abs. 2 Ziffer 2 StGB möglich wird.

Der *Mitarbeiter* der Bank, der die Daten offenbart hat, muß mit arbeitsrechtlichen Konsequenzen rechnen. Den Angestellten bzw. den verbeamteten Mitarbeiter der öffentlich-rechtlichen Kreditinstitute drohen parallele dienstrechtliche Folgen.

---

137 BGH NJW 1996, 985.

II. Die Bankauskunft

1. Grundsätze

Informationen über den Kunden darf die Bank auch dann weitergeben, wenn der Kunde *eingewilligt* hat und die Bank zur Erteilung einer Bankauskunft befugt ist (Nr. 2 Abs. 1 AGB/B [93]). Dabei enthält eine Bankauskunft (Nr. 2 Abs. 2 AGB/B [93]) allgemein gehaltene Feststellungen und Bemerkungen über die wirtschaftlichen Verhältnisse des Kunden, seine Kreditwürdigkeit und Zahlungsfähigkeit. Betragsmäßige Angaben über Kontostände, Sparguthaben, Depot- oder sonstige der Bank anvertraute Vermögenswerte sowie Angaben über die Höhe von Kreditinanspruchnahmen werden nicht gemacht. In Nr. 2 Abs. 3 AGB/B (93) werden die Voraussetzungen für die Erteilung einer Bankauskunft präzisiert. Im Grundsatz wird das wiederholt, was früher von der Rechtsprechung entwickelt wurde. Zunächst wird zwischen *Personengruppen* differenziert.

166

Über *Privatkunden* und Vereinigungen erteilt die Bank nur dann Auskünfte, wenn diese generell oder im Einzelfall ausdrücklich zugestimmt haben. Über *juristische* Personen und im Handelsregister eingetragene *Kaufleute* ist die Bank befugt, Bankauskünfte zu erteilen, sofern sich die Anfrage auf ihre *geschäftliche Tätigkeit* bezieht.

Die Bank erteilt jedoch keine Auskünfte, wenn ihr eine *anderslautende Weisung* des Kunden vorliegt. Für beide *Personengruppen* wird eine Bankauskunft nur erteilt, wenn der Anfragende ein *berechtigtes Interesse* an der gewünschten Auskunft glaubhaft dargelegt hat und kein Grund zu der Annahme besteht, daß schutzwürdige Belange des Kunden der Auskunftserteilung entgegenstehen (Nr. 2 Abs. 3 S. 4 AGB/B [93]). Auf diese Weise ist klargestellt, daß die Bank bei *eindeutig negativer Auskunft*, wie in der Vergangenheit auch, beim Geschäftskunden zunächst *rückfragen* muß, denn bei negativen Auskünften besteht regelmäßig Grund zu der Annahme, daß schutzwürdige Belange des Kunden der Auskunftserteilung entgegenstehen[138].

167

Schließlich enthält Nr. 2 AGB/B (93) in Abs. 4 eine weitere Sicherung. Bankauskünfte erteilt die Bank nämlich nur *eigenen Kunden* sowie anderen *Kreditinstituten* für deren Zwecke oder die ihrer Kunden.

2. Haftung für fehlerhafte Auskunft

Die Bank *haftet* gegenüber ihren Kunden, wenn sie über ihn eine fehlerhafte Auskunft schuldhaft erteilt hat. Das gilt nach der Neufassung der AGB im Jahre 93 auch gegenüber dem *Auskunftsersuchenden* uneingeschränkt. Durch die Bankauskunft kommt nämlich ein *haftungsbegrün-*

168

---

[138] Vergleiche zur Rechtslage vor Inkrafttreten von Nr. 2 AGB/B (93) BGHZ 95, 365.

dender Auskunftsvertrag zustande[139]. Entscheidend ist zunächst, ob eine objektive Pflichtverletzung vorliegt, ob die Bank also wirklich eine fehlerhafte Auskunft erteilte. Insbesondere bei Bauanfragen kann dies problematisch werden. Ein Unternehmer hatte bei der Bank angefragt, ob sein Kunde für einen Auftrag in Höhe von DM 150 000,- gut sei. Die Auskunft lautete, daß der erste Bauabschnitt, der auch Dachdeckerarbeiten über ca. DM 100 000,- enthielt, finanziell gesichert sei. Im Februar des darauffolgenden Jahres ersuchte der Unternehmer die Bank, die Wechseleinlösung durch den Kunden zu garantieren, was die Bank schriftlich ablehnte. Später fiel der Kunde in Konkurs und der Unternehmer büßte DM 92 000,- ein. Diese verlangte er von der Bank als Schadensersatz, weil er die unübliche Bezahlung mittels Wechsel nur gebilligt habe, weil er auf die unrichtige Auskunft der Bank über die Finanzlage des Kunden vertraut hätte. Die Bank hätte ihn über die ständige Verschlechterung der Finanzlage des Kunden aufklären müssen.

Das OLG München[140] lehnte ab, denn die Bank sei nur verpflichtet, *richtige Auskünfte* zu erteilen. Die Richtigkeit einer Auskunft richte sich allein nach dem Kenntnisstand, über den die Bank im Zeitpunkt der Auskunftserteilung verfüge. Trete nach Erteilung einer Bankauskunft bei dem Kunden eine Vermögensverschlechterung ein, so sei die Bank grundsätzlich nicht verpflichtet, ihre Auskunft zu berichtigen. Eine Pflicht zur Richtigstellung einer ursprünglich richtigen Auskunft wegen veränderter Umstände bestehe nur ausnahmsweise und unter ganz besonderen Umständen nach Treu und Glauben[141]. Solche ungewöhnlichen Umstände waren hier nicht erkennbar, zumal die Bank eine Garantie zugunsten des Wechsels sogar schriftlich abgelehnt hatte.

169 Der Auskunftsvertrag zwischen Bank und Anfragendem kommt im Normalfall auch stillschweigend zustande[142]. Entscheidend ist, ob die Auskunft für den Auskunftsempfänger erhebliche Bedeutung hat und Grundlage wesentlicher Entscheidungen ist. Das ist nicht immer der Fall, wie folgender Sachverhalt illustriert:

Fall: BGH WM 1990, 1990
Landrat K trifft auf dem Erntedankfest den Vorstandssprecher V der Bank. Der Landrat will von V wissen, ob die Finanzierung des Umbaus des Sanatoriums gesichert sei. V bejaht das. K gibt diese Information an den am Umbau beteiligten Bauunternehmer M weiter. M erbringt daraufhin Bauleistungen im Wert von rund DM 805 000,-. Seine Forderungen

---

139 BGH WM 1989, 1409, 1411; 1990, 1990 f.
140 WM 1980, 505.
141 BGHZ 61, 176, 178.
142 BGH WM 1989, 1836.

gegen den Bauherrn werden aber nicht erfüllt. Er verlangt nun Schadensersatz von der Bank wegen falscher Auskunft.

Der BGH verneinte aus verschiedenen Gründen. Ein stillschweigend geschlossener Auskunftsvertrag sei zwischen der Bank und M nicht geschlossen worden, weil Anfragender und Empfänger der Auskunft nicht M sondern K war. Allerdings sei darüber hinaus anerkannt, daß eine Haftung der Bank auch gegenüber dem auf die Auskunft vertrauenden Dritten (hier M) ausnahmsweise begründet sein könne. Das wäre dann der Fall, wenn es sich erkennbar um einen *Vertrag mit Schutzwirkung für Dritte* handelt. Dafür sei erforderlich, daß die Auskunft für den Dritten bestimmt und der Auskunftgeber (V für die Bank) sich bewußt gewesen sei, daß sie für den Dritten bedeutsam und als Grundlage entscheidender Vermögensdispositionen dienen werde[143]. Im vorliegenden Fall fehlt es aber bereits an dem Vertrag, der Schutzwirkungen entfalten müßte. Das Gespräch auf dem Erntedankfest zwischen K und V wurde von beiden Seiten nicht mit dem Ziel einen Auskunftsvertrag zu schließen geführt, sondern um »Erkenntnisse über das Vorhaben zu sammeln«, um informiert zu sein, »falls politisch jemand in die Verantwortung genommen« würde.

III. Datenschutz und Schufa-Verfahren

1. Der Schutzbereich des Bundesdatenschutzgesetzes

Das Bundesdatenschutzgesetz in der Fassung vom 20.12.1990 will den einzelnen davor schützen, daß er durch den Umgang mit seinen personenbezogenen Daten in seinem Persönlichkeitsrecht beeinträchtigt wird. Das Bankgeheimnis und die Grundregeln der Bankauskunft schützen den Bankkunden in ähnlicher Weise, d.h. das Bundesdatenschutzgesetz (90) ergänzt und erweitert den Schutz von Bankkunden, überschneidet sich aber gleichzeitig auch mit den traditionellen Schutzmaterien. 170

Wichtig ist zunächst, daß das Bundesdatenschutzgesetz *nicht alle* Personengruppen sondern nur *natürliche Personen* (§ 3 Abs. 1 BDSG) schützt. Das ist keineswegs selbstverständlich, denn nach Art. 19 Abs. 3 GG gelten die Grundrechte auch für inländische juristische Personen, soweit sie ihrem Wesen nach auf sie anwendbar sind. So gibt es auch Länder, z.B. Österreich, die juristische Personen in den Bereich der Datenschutzgesetze mit einbezogen haben. In Deutschland jedoch sind juristische Personen, etwa Kapitalgesellschaften, eingetragene Vereine, aber auch alle Personengesellschaften, wie etwa die OHG oder die KG nicht vom Gesetz geschützt. Sie können datenschutzrechtliche Ansprüche allenfalls aus einem 171

---

143 BGH WM 1976, 498.

auch für sie geltenden allgemeinen Persönlichkeitsrecht ableiten, das heißt in der Bankpraxis, aus den Grundsätzen des Bankgeheimnisses und der Bankauskunft.

172 Eine weitere Einschränkung ergibt sich daraus, daß nur *personenbezogene* Daten eines Bankkunden erfaßt sind (§ 3 Abs. 1 BDSG). Dies sind Angaben über persönliche Verhältnisse des Betroffenen, wie z.B. der Name, die Anschrift, der Familienstand und das Geburtsdatum, Staatsangehörigkeit, Konfession, Beruf, Erscheinungsbild, Eigenschaften oder auch der Gesundheitszustand. Werturteile, z.B. die Einschätzung der Bonität eines Kunden, gehören ebenso dazu, wie Fingerabdrücke oder Röntgenbilder. Personenbezogene Daten können auch sachliche Verhältnisse beschreiben, z.B. den Grundbesitz, der einer Person gehört. Auch vertragliche oder sonstige Beziehungen zu Dritten sind personenbezogene Daten. Nun werden Banken gelegentlich erfahren, daß der Kunde sich den Arm gebrochen hat, in einer Beziehungskrise steckt oder einen Urlaub vorbereitet. Auch dies sind personenbezogene Daten, die in aller Regel aber nicht in der Kundendatei gespeichert werden. Auf Daten dieser Art findet das BDSG 90 keine Anwendung. Es betrifft nur Daten, die in oder aus Dateien *geschäftsmäßig* oder für berufliche oder gewerbliche Zwecke verarbeitet oder genutzt werden (§ 1 Abs. 2 Nr. 4 BDSG). Das gilt auch für die öffentlich-rechtlichen Banken, die den privaten Kreditinstituten nach § 27 BDSG 90 gleichgestellt sind. Den Armbruch darf man also weitererzählen, sofern man darin nicht eine »kundenbezogene Tatsache« i.S.v. Nr. 1 Abs. 1 AGB/B (93) sieht.

173 Wenn eine Bank darüber nachdenkt, ob und unter welchen Voraussetzungen sie Auskünfte über personenbezogene Daten eines Privatkunden geben darf, so sind die Dinge unproblematisch, wenn der Kunde *eingewilligt* hat (Nr. 2 Abs. 1 S. 2 AGB/B [93]). Ferner ist die Auskunft, wie oben gezeigt, zulässig, wenn die *Grenzen des Bankgeheimnisses* erreicht sind. Das kann aufgrund von Straf-, Zivil- oder Steuergesetzen aber auch aus dem Gesichtspunkt der Nothilfe oder nach Treu und Glauben der Fall sein. Schließlich, und darauf kommt es hier an, erlaubt auch das BDSG 90 die Datenweitergabe in gewissen Grenzen. Die entscheidenden Regeln enthält § 28 BDSG, der leider sehr lang geraten ist. Aber im Grundsatz ist das Speichern, Verändern oder Übermitteln personenbezogener Daten dann zulässig, wenn dies im Rahmen der *Zweckbestimmung* liegt, die sich aus der bankrechtlichen Geschäftsbeziehung ergibt (§ 28 Abs. 1 Nr. 1 BDSG). Einschränkend heißt es in § 28 Abs. 1 Nr. 2 BDSG weiter, daß die Datenverarbeitung *zur Wahrung berechtigter Interessen* der Bank erforderlich sein muß, und daß kein Grund zu der Annahme besteht, daß das *schutzwürdige Interesse des Betroffenen* an dem Ausschluß der Verarbeitung oder Nutzung überwiegt. Diese Grundsätze entsprechen denen für die Bankauskunft nach Nr. 2 Abs. 3 S. 4 AGB/B (93). Man kann deshalb sagen, daß der Schutz des BDSG 90 für den Bankkunden nicht viel

Neues gebracht hat, denn auch nach der bisherigen Konzeption des Bankgeheimnisses war es für die Weitergabe von Daten erforderlich, auf die Zweckbestimmung der bankrechtlichen Verbindung zu achten und die berechtigten Interessen der Bank gegen die schutzwürdigen Belange des Kunden abzuwägen. Man kann aber sagen, daß die Schaffung präziser gesetzlicher Regeln zum Umgang mit Daten auch im Bankbereich zur Rechtssicherheit und damit zur Vertrauensbildung zwischen Bank und Kunden beiträgt. Umgekehrt könnte man fragen, ob das Bankgeheimnis neben dem Schutz aus dem BDSG 90 überhaupt noch erforderlich ist. Die Antwort lautet ja, denn es gibt eine Reihe von Fällen, die vom BDSG 90 *nicht erfaßt* werden. Zunächst gilt das für alle Daten der nichtnatürlichen Personen (Kapital- und Personengesellschaften). Aber auch die Daten von natürlichen Personen, die von der Zweckbestimmung der bankrechtlichen Beziehung nicht erfaßt werden, sind gemeint. So ließe sich z.B. das Recht der Bank, über einen Kreditbetrug aufzuklären, nicht aus § 28 BDSG herleiten.

2. Das Schufa-Verfahren

Von besonderer praktischer Bedeutung für das BDSG 90 ist das *Schufa-Verfahren*. Schufa heißt *Schutzgemeinschaft für allgemeine Kreditsicherung*. Die Banken melden dieser Schutzgemeinschaft *Daten über Girokonten, Kredite und Bürgschaften* und erhalten von der Schufa ihrerseits Auskünfte über die dort registrierten Daten. Es geht also um ein Verfahren zur Einschätzung der Bonität eines Kunden. Eine Zeitlang war man der Auffassung, daß die Übermittlung von Daten an die Schufa grundsätzlich im Rahmen der Zweckbestimmung des Bankvertrages und auch der schutzwürdigen Interessen des Kunden liege. Dem ist der Bundesgerichtshof Mitte der 80er Jahre entgegengetreten und hat klargestellt, daß vor allem die Übermittlung von Negativmerkmalen eines Kunden gegen das Bundesdatenschutzgesetz verstoßen kann[144]. Auch eine *formularmäßige* Einwilligung, wie sie damals üblich war, zur Speicherung aller Daten des Kreditnehmers über Aufnahme und Abwicklung des Kredits erklärte der BGH für unwirksam und forderte eine Interessenabwägung im Einzelfall. Diese wurde mit Wirkung zum 1.7.1986 durch eine neue Schufa-Klausel eingeführt. Diese Klausel beinhaltet eine dreifach gestufte Regelung.

174

(1) Zunächst willigt der Kunde ein, daß Daten über die Beantragung, die Aufnahme und Beendigung der Kontoverbindung an die Schufa übermittelt werden.

175

(2) Ferner darf die Bank der Schufa auch Daten aufgrund nichtvertragsgemäßen Verhaltens (z.B. Scheckkartenmißbrauch oder Wechselprotest)

---

144 BGHZ 95, 36.

melden, soweit dies zur Wahrung berechtigter Interessen erforderlich ist und die schutzwürdigen Belange des Kunden nicht beeinträchtigt werden. Dies ist also die Interessenabwägung im Einzelfall, mit der Folge, daß die Bank unter Umständen also auch *Negativmerkmale* an die Schufa melden darf.

(3) Soweit nach Abs. 2 der Schufa-Klausel eine Datenübermittlung zulässig ist, befreit der Kunde die Bank zugleich vom Bankgeheimnis. Auf diese Weise wird es möglich, auch solche Daten der Schufa zu melden, die nicht vom Schutzbereich des BDSG 90 erfaßt werden.

176 Inzwischen wendet die Rechtsprechung diese Grundsätze auch außerhalb des Bankengeschäfts an. Eine Verbrauchermarktkette gab eine eigene Kreditkarte aus und vereinbarte mit den Kunden durch AGB: »Ich willige ein, daß die M-AG der für meinen Wohnsitz zuständigen Schufa-Gesellschaft Daten über die Beantragung, Ausstellung und Handhabung der M-Card übermittelt.« Das OLG Koblenz[145] hielt diese Klausel für unwirksam. Sie verstoße gegen § 9 AGBG, denn sie benachteilige den Kunden unangemessen. Zwar untersagten die §§ 24, 32 BDSG die Speicherung und Übermittlung solcher Daten nicht schlechthin, machten sie aber von einer Abwägung der berechtigten Interessen aller Beteiligten abhängig. Eine solche Interessenabwägung im Einzelfall enthalte die vereinbarte Klausel nicht, ganz abgesehen davon, daß die formularmäßige Einwilligung auch deshalb unwirksam sei, weil sie sich nicht auf bestimmte Kreditarten beschränke.

Beachtet werden muß für die Zulässigkeit der Datenübermittlung an die Schufa, daß die Daten *vollständig* und *aktuell* sind und Informationen nur solche Datenempfänger erhalten, die ein *berechtigtes Interesse* daran haben, die Kreditwürdigkeit des Betroffenen zu prüfen. Probleme können insbesondere bei der Vollständigkeit und Aktualität der Daten auftreten. Denn der Betroffene hat keinen wirksamen Zugang zum System und die Schufa selbst ist von den hereinkommenden Meldungen abhängig. Instruktiv ist ein Fall, den das OLG Hamm entschied.

177 *Fall: OLG Hamm WM 1989, 932*
Die Bank kündigte ein Darlehen fristlos, weil der Kunde mit mehreren Raten in Verzug war und meldete die Kündigung der Schufa. Anschließend vereinbarte sie mit dem Kunden, daß das Darlehen in bestimmten monatlichen Raten zurückgeführt werden sollte. In der Folgezeit löste der Kunde das Restdarlehen ab. Dennoch weigerte sich die Bank für die Löschung der Kündigungsmitteilung in der Schufa-Datei zu sorgen.

Das OLG Hamm stellte zunächst klar, daß eine Bank zum Widerruf einer Schufa-Meldung dann verpflichtet ist, wenn die Meldung inhaltlich

---

145 WuB I B 7 – 1.91 (Datenschutz).

unrichtig war. Das entspricht der bisherigen Rechtsprechung des BGH[146]. Im vorliegenden Fall entsprach die Meldung aber den Tatsachen. Die Bank war zur fristlosen Kündigung wegen Zahlungsverzuges berechtigt gewesen. Die nachträgliche Vereinbarung berührte diese Kündigung nicht mehr. Nach Ansicht des OLG Hamm besteht aber die Pflicht, auf Verlangen des Kunden der Schufa eine *Nachtragsmeldung* zu erstatten. Dies erfordere die in § 24 BDSG gebotene Interessenabwägung. Die schutzwürdigen Belange des Kunden erforderten es, zusätzlich zu dokumentieren, daß die Kündigung de facto wieder aufgehoben worden sei. Die Vereinbarung zwischen Kunde und Bank entkräfte nämlich das Negativmerkmal (Kündigung) weitgehend. Sie zeige, daß der Kunde nur vorübergehend in Zahlungsschwierigkeiten war und dies sei für die Beurteilung der zukünftigen Kreditwürdigkeit des Kunden wichtig.

178 Von praktischer Bedeutung ist auch eine Entscheidung des OLG Frankfurt[147], das einen Schadensersatzanspruch gegen die Bank wegen Übermittlung falscher Daten an die Schufa bejahte. Der Kunde nahm 1980 ein Darlehen bei der Bank auf. Er stellte im Juni 1984 die Rückzahlung ein. Die Bank kündigte das Darlehen zum 10.12.1984 fristlos und teilte der Schufa mit, daß eine Kündigung erfolgt, ein Mahnbescheid beantragt, ein Vollstreckungsbescheid ergangen und Lohnpfändung bevorstehend sei. Tatsächlich wurde jedoch erst am 21.12.1984 ein Mahnbescheid beantragt, zum Erlaß eines Vollstreckungsbescheides und weiterer Zwangsmaßnahmen kam es in Wirklichkeit nicht. Aufgrund der Schufa-Auskunft kündigte die Zweitbank des Kunden ihre Geschäftsverbindung mit sofortiger Wirkung. Eine dritte Bank lehnte im Juni 1985 aufgrund der Schufa-Auskunft den Kreditwunsch des Kunden ab. Das OLG Frankfurt bejahte einen Schadensersatzanspruch des Kunden gegen seine Erstbank aus § 824 BGB. Danach konnte der Kunde sowohl Löschung der gespeicherten Daten als auch Ersatz seines materiellen Schadens verlangen. Einen Schmerzensgeldanspruch wegen Verletzung des allgemeinen Persönlichkeitsrechts verneinte das Gericht.

---

146 BGH WM 1983, 1188.
147 WM 1988, 154.

§ 2 Geschichtliche Entwicklungslinien des Bankwesens und des Bankrechts

I. Legitimation
II. Frühgeschichtliche Grundlagen des Bankwesens und des Bankrechts
   1. Vorbedingungen
   2. Der kultische Ursprung des Geldes
   3. Der profane Geldbegriff
   4. Materieller Bankrechtsbegriff und die Funktionen des Geldes
      a) Materiell-funktionaler Begriff des Bankrechts
      b) Statische und dynamische Funktionen des Geldes
   5. Grafischer Ergebnisüberblick
      a) Entstehung der Idee des Geldes
      b) Die Entstehung der Idee der Bank
      c) Funktionen des Geldes
III. Die Entstehung und Entwicklung des Bank- und Kreditwesens
   1. Überblick – Grundzusammenhänge
   2. Das Bank- und Kreditwesen in frühen Hochkulturen
   3. Das Bank- und Kreditwesen in Rom
   4. Entstehung und Entwicklung des Bank- und Kreditwesens im Mittelalter (ca. 375 – 1700)
   5. Das kanonische Zinsverbot – bankentwicklungsgeschichtliche Wirkungszusammenhänge
   6. Entwicklung des Bank- und Kreditwesens in Neuzeit und Moderne
      a) Die Entwicklung der Banknote zum gesetzlichen Zahlungsmittel
      b) Das Notenbankwesen
      c) Das System der staatlichen Bankenaufsicht
      d) Organisationsstruktur von Bankensystemen: Universalbank- versus Trennbanksystem
IV. Die Entstehung und Entwicklung zentraler Bankgeschäfte
   1. Das Einlagengeschäft
   2. Das Geldwechselgeschäft
   3. Das Girogeschäft
   4. Das Kreditgeschäft
   5. Factoring

I. Legitimation

Schrifttum:
Dilthey, Der Aufbau der geschichtlichen Welt in den Geisteswissenschaften, 1970; *Droysen*, Historik, 3. Aufl., 1960; *Faber*, Theorie der Geisteswissenschaften, 5. Aufl., 1982; *Gadamer*, Wahrheit und Methode, Grundzüge einer philosophischen Hermeneutik, 2. Aufl., 1965; *Hübner*, Kritik der wissenschaftlichen Vernunft, 2. Aufl., 1979; *Kümpel*, Bank- und Kapitalmarktrecht, 1995; *Popper*, Das Elend des Historizismus, 1965; *Schönle*, Bank- und Börsenrecht, 2. Aufl., 1976; *Troeltsch*, Der Historismus und seine Probleme, Bd. 1 (1922),1961; *Waibl*, Ökonomie und Ethik I, 2. Aufl., 1988; *Weber*, Gesammelte Aufsätze zur Wissenschaftslehre, 2. Aufl., 1951; *ders.*, Die »Objektivität« sozialwissenschaftlicher und sozialpolitischer Erkenntnis, in: Soziologie, weltgeschichtliche Analysen, Politik, 1964, 234; *Zweigert/Kötz*, Einführung in die Rechtsvergleichung, 3. Aufl., 1996.

1   Eigentlich müßte die Frage nach den unser heutiges Bankrecht tragenden Ideen und Strukturen, die »Historische Frage« im Sinne Droysens[1], wichtige Aufschlüsse auch über die Funktionsweise des modernen Bankrechts vermitteln. Darüber hinaus verspricht aber der Rekurs auf die Wurzeln dessen, was wir heute Bankrecht nennen, Ertrag in einem sehr viel weiter-

---

1   Droysen, S. 20, 31 ff.; ähnlich aus heutiger Perspektive Faber, S. 26.

gehenden Sinne. Denn es liegt nahe, daß sich durch einen Blick auf die Ursprünge letztlich ein *funktionaler Begriff des Bankrechts* gewinnen läßt[2], der im Gegensatz zum *institutionellen Bankrechtsbegriff*, wie er beispielsweise von Schönle vertreten wird[3], nicht nur präzise Abgrenzungen zu verwandten Rechtsmaterien eröffnen dürfte, sondern vor allem eine systematische und *material-begriffliche Zuordnung* jener Normen, die unser heutiges Bankrecht inhaltlich verkörpern. Schließlich ist zu beachten, daß Bankrecht in ganz erheblichem Maße »Fallrecht« ist, sich also ähnlich dem anglo-amerikanischen case law durch ein »reasoning from case to case« strukturell entwickelt[4]. Bankrecht bezieht also auch heute noch seine *innere Legitimation* aus längst abgeschlossen scheinenden Rechtsentwicklungen, die mit ihrer Geltungskraft in unsere Zeit hineinwirken. Dies zu zeigen, ist auch deshalb wichtig, weil »reale Ordnungsgebilde« – wie etwa das Bankrecht – »ohne ausreichende geistige Identifikation ihrer Träger auf die Dauer nicht bestandsfähig sein können.«[5]

Das gilt um so mehr, als Bankrecht seinem Wesen nach in zentralen Geschäftstypen auf weltweite Standardisierung und Verbindlichkeit angewiesen ist, also tendenziell *Weltrecht* ist, und als solches nur dann universal überzeugen kann, wenn es sich um funktional-materielle Begründungsstrukturen zumindest bemüht.

II. Frühgeschichtliche Grundlagen des Bankwesens und des Bankrechts

Schrifttum:
Binnig, Aus dem Nichts, 1989; *Coppens*, Die Wurzeln des Menschen – das neue Bild unserer Herkunft –,1987; *Fikentscher*, Methoden des Rechts, Bd. 1, 1975; *Findewolf*, Phylogenie und Anthropologie aus paläontologischer Sicht, in: Biologische Anthropologie, Bd. 1, 1972, S. 230; *Finley*, Die antike Wirtschaft, 2. Aufl., 1980; *Fromm*, Haben oder Sein, dtv-Tb; *Haft*, Aus der Waagschale der Justitia, dtv-Tb; *Gould*, Zufall Mensch, 1991; *Jaynes*, Der Ursprung des Bewußtseins durch den Zusammenbruch der bikameralen Psyche, 1988; *Laum*, Heiliges Geld – eine historische Untersuchung über den sakralen Ursprung des Geldes –, 1924; Meilensteine der Archäologie – auf den Spuren der Menschheit –, 1987; *Mac Lean*, Die drei Dimensionen der Entwicklung des Gehirns und des Rechts, in: *Gruter/Rehbinder* (Hrsg.), Der Beitrag der Biologie zu Fragen von Recht und Ethik, 1983, 111 ff.; *Otto*, Ägypten – der Weg des Pharaonenreiches, 2. Aufl., 1979; *Pohl*, Gold, 1958; *Popper/Eccles*, Das Ich und sein Gehirn, 8. Aufl., 1989; *Riedl*, Biologie der Erkenntnis – die stammesgeschichtlichen Grundlagen der Vernunft –, 1979; *Schmeller*, Die Kunst von gestern – Betrachtungen zu einer Kunstgeschichte von morgen –, 1982; *Spatz*, Menschwerdung und Gehirnentwicklung, Festvortrag vor der Gießener Hochschulgesellschaft

---

2 Gewonnen wird auf diese Weise der geschichtstheoretische »Idealtypus« im Sinne Max Webers, Die »Objektivität« sozialwissenschaftlicher und sozialpolitischer Erkenntnis, S. 234; weiterführend: Hübner, S. 318 ff.; vgl. unter II.4.
3 »Bankrecht ist der Teil des objektiven Rechtes, der die Rechtsverhältnisse der Kreditinstitute regelt«, vertiefend: Schönle, S. 2 ff.; ähnlich Kümpel, Rz. 2.1.
4 Zweigert/Kötz, S. 250 ff.
5 Waibl, S. 15.

Erster Teil Grundlagen

am 15.7.1950, Nachdruck der Gießener Hochschulgesellschaft 1950, 32; *ders.*, Vergangenheit und Zukunft des Menschenhirns, Jahrbuch der Akademie der Wissenschaften und der Literatur, 1964, S. 228; *Störig*, Kleine Weltgeschichte der Wissenschaft, Bd. 1, 1982, S. 52; *Wesel*, Frühformen des Rechts in vorstaatlichen Gesellschaften: Umrisse einer Frühgeschichte des Rechts bei Sammlern und Jägern und akephalen Ackerbauern und Hirten, 1985; *ders.*, Der Mythos vom Matriarchat, 2. Aufl., 1981; *Vangerow*, Grundriß der Paläontologie, 1973.

1. Vorbedingungen

3   Für den Paläontologen[6] ist es im Gegensatz zum historisch arbeitenden Juristen nichts Ungewöhnliches, in Zeiträumen zu denken, die sehr weit zurückliegen. Wenn nun der juristische Leser gebeten wird, kurz in eben diesen Zeitdimensionen mitzudenken, so deshalb, weil dieser Rückblick einige Fragen schärfer konturiert, die etwas mit den *Vorbedingungen* für die Idee des Geldes und des Bankwesens zu tun haben, die letztlich einsichtig machen, warum es über einen sehr langen erdgeschichtlichen Zeitraum hinweg Fragen dieser Art nicht gab und woran es liegt, daß sie sich vor etwa 8 000 Jahren wohl entwickeln mußten.

Die ältesten uns bis heute bekannten Primaten – sie stammen vom Ende der Kreidezeit, dem Mesozoikum – sind ca. 70 Mio. Jahre alt[7]. Der Australopithecus, der zu den Hominiden gerechnet wird, weil er eine aufrechte Körperhaltung und einen zweifüßigen Gang erworben hatte, gehört mit seinem geologischen Alter von 2 bis 3 Mio. Jahren zu den erdgeschichtlichen Jünglingen[8]. Zu dem Menschen, den wir noch immer als vorgeschichtlichen bezeichnen, der um 10 000 v. Chr. im Wadi el-Natuf in Palästina siedelte, war es noch ein weiter Weg. Es gibt ihn somit nur aus unserer heutigen Perspektive schon lange, den homo sapiens, den Menschen also. Und wir wissen, daß er über viele Jahrtausende überlebte, weil ihm klargeworden war, wie man aus Steinen, Holz oder Knochen Werkzeuge oder Waffen herstellen konnte. Wir bewundern die altsteinzeitlichen[9] Höhlenmalereien in Altamira (1879 entdeckt) oder Lascaux (1940 entdeckt), wundern uns merkwürdigerweise aber nicht darüber, daß dieser Mensch mit demjenigen, den wir heute den Kulturmenschen nennen, nahezu nichts gemein hatte, obwohl vieles dafür spricht, daß sein Gehirn dem unsrigen sehr ähnlich gewesen sein muß[10]. Woran mag es gelegen ha-

---

6   Vangerow, S. 11 ff.; Coppens, S. 11 ff.
7   Coppens, S. 23 ff.
8   Findewolf, Biologische Anthropologie, Bd. 1, S. 268 ff.
9   Genauer: Jüngere Altsteinzeit (Jungpaläolithikum) ca. 50 – 10 Tausend v. Chr.; die Höhlenmalerein dürften ca. 40 000 Jahre alt sein.
10 Vertiefend Spatz, Menschwerdung und Gehirnentwicklung: aus fossilen Funden konnte man ablesen, daß bei unseren Vorfahren, den heute ausgestorbenen Hominiden die »basale Rinde« – das ist jener Teil der Großhirnrinde, der im Schädel unten und vorne liegt – viel kleiner war; er hat sich seit ungefähr 50 000 Jahren rasch weiterentwickelt, ein in der Phylogenese kurzer Zeitraum; interessant auch die zusammenfassende Darstellung der Hirnentwicklung des Menschen desselben Autors, Vergangenheit und Zukunft des Menschenhirns, aus dem

ben, daß trotz dieses hohen Verwandtschaftsgrades jene »merkwürdige Begleiterscheinung« des Menschen – die Kultur – ihre frühesten Ansätze erst zu Beginn der Mittelsteinzeit, des Mesolithikums, also etwa 10 000 v. Chr. unter anderem in Natoufien, der späteren Jericho-Kultur, offenbart[11]? Die Antwort auf diese Frage gelingt zur Zeit nahezu ausschließlich spekulativ. Aber immerhin, Spekulationen, wenn sie denn einen gewissen Wahrscheinlichkeitsgrad verkörpern, sind Treibmittel wissenschaftlicher Forschung und geben erste Anhaltspunkte für das, was Menschen Erkenntnis nennen[12], jenen Prozeß des Selbstbegreifens und der Reflektion einer Welt, in der aus heutiger Sicht Geld und Banken kaum wegdenkbar zu sein scheinen. Aber, nur aus heutiger Sicht.

2. Der kultische Ursprung des Geldes

Die Natoufier vermochten offensichtlich ohne Geld und ohne Bankwesen ihre Lebensbedingungen hinreichend zu ordnen und wir sollten versuchen herauszubekommen, warum das möglich war. Denn immerhin könnte es sein, daß wir etwas über gerechtere Verteilungsstrategien lernen oder aber Grundeinsichten in die Ursprünge des Verteilungsdenkens gewinnen könnten, die uns längst verlorengegangen sind. Es ist nicht ganz ausgeschlossen, daß der Grundkonflikt unserer heutigen zivilisierten Massengesellschaften, der Konflikt zwischen Haben oder Sein[13], seinen Ursprung in jener vorgeschichtlichen Zeit hat, in der Idee nämlich, daß zwischen *Mein* und *Dein* unterschieden werden darf, daß es also zulässig ist, andere von der Nutzung eines Gutes auszuschließen. Vermutlich ist die Idee von Mein und Dein älter; ich würde sogar behaupten, daß die Fähigkeit der Menschen, eine eigentumsähnliche Beziehung zu Sachen herstellen zu können, *strukturell* determiniert sein könnte[14]. Es bestand in der Frühzeit nur keine Notwendigkeit über dieses Phänomen nachzudenken, weil außer den wenigen personell fest zugeordneten Werkzeugen und Waffen nichts da war, was man hätte jemandem zuordnen können. Dieses änderte sich grundlegend mit dem Ende der letzten Eiszeit.

4

Jahre 1964; ferner P.D. Mac Lean, Die drei Dimensionen der Entwicklung des Gehirns und des Rechts, in: Gruter/Rehbinder (Hrsg.), Der Beitrag der Biologie zu Fragen von Recht und Ethik, 1983, 111 ff.
11 Coppens, S. 17; Schmeller, S. 8.
12 Riedl, Biologie der Erkenntnis, passim.
13 Erich Fromm, Haben oder Sein, passim.
14 Das ist z. Zt. reine Spekulation. Für meine These könnte sprechen, daß bereits Babys die Fähigkeit haben, sich »Sachen zuzuordnen«, z.B. »ihre« Rassel – bei Wegnahme Protestgeschrei! –, wobei ich annehme, daß »Zuordnung« u. »Grenzziehung« ein noch sehr viel grundlegenderes Prinzip der »Gewaltenteilung« innerhalb einer jeden lebenden Zelle schlechthin darstellt, also ein strukturelles Basisprinzip unseres Lebens sein könnte, vgl. hierzu übergreifend Binnig, Aus dem Nichts, passim.

5   Wir wissen heute, daß sich aufgrund der günstigen Klimabedingungen die wilden Vorformen von Weizen und Gerste im Nahen Osten rasch verbreiteten. Es gelang die Auswahl der Arten und mit Hilfe der beginnenden Landwirtschaft kamen erste Züchtungserfolge dazu. Auf der Basis dieser Kenntnisse nahm die Populationsdichte zu und um das Jahr 7 000 v. Chr. bildeten sich im Mittelmeerraum erste dauerhafte Siedlungen. Sehr ähnlich verlief übrigens die Entwicklung in China, wo der Anbau von Hirse etwa seit dem 6. Jahrtausend v. Chr. begonnen zu haben scheint. Abdrücke von Reiskörnern und verkohltem Reis weisen für Südostasien zeitgleich auf Reisanbau hin, der in China etwa 4 000 v. Chr. begonnen hat. Besonders interessant ist die Beobachtung, daß der Anbau jener Pflanzen nicht, wie im Nahen Osten, aufgrund von landwirtschaftlichen Experimenten erfolgte, sondern vielmehr aufgrund von »gärtnerischen« Erfahrungen, die der Mensch beim Sammeln von Pflanzen mit vegetativer Vermehrung erworben hatte, und zwar in der Zeit zwischen dem Ende der letzten Eiszeit und dem Beginn unseres Erdzeitalters, des Holozäns[15]. Ebenso wie im Nahen Osten sind auch in Südchina und Südostasien, vor allem in Thailand, seit dem 5. Jahrtausend v. Chr. ständige menschliche Siedlungen in Form von größeren Dörfern bezeugt[16] und, wie selbstverständlich, entsteht in dieser Zeit auch die Idee der *Arbeitsteilung*. Frauen scheinen für den Bedarf an pflanzlicher Nahrung zuständig gewesen zu sein, Männer für den Bedarf an Fleisch[17]. Gleichviel, erstmals in der Menschheitsgeschichte scheinen die Voraussetzungen dagewesen zu sein, Vorräte zu bilden, arbeitsteilige Spezialisierung einzuführen und Überschüsse zu produzieren. *Die ökonomischen Grundbedingungen zur Bildung der Kategorien Mein bzw. Dein und damit die Voraussetzungen für die Frage, ob man berechtigt ist, einen anderen von der Nutzung einer Sache ausschließen zu dürfen, waren geschaffen.*

6   Neuere Forschungen fügen diesen exogenen Bedingungen für den Ursprung der Kultur zwei wesentliche endogene Faktoren hinzu. Vor allem Julian Jaynes[18] hat die interessante These aufgestellt, daß die so späte kulturelle Entwicklung des homo sapiens entscheidend auf einer Evolution seiner *Sprachentwicklung* beruhte, die erst etwa 70 000 v. Chr. begann. Die Frage, die Jaynes stellt, ist einfach, aber überzeugend: »Wenn die ersten Menschen schon am Anfang ihrer Entwicklung vor 2 Mio. Jahren auch nur im Keim über eine Sprache verfügten – weswegen haben sie uns dann kaum Zeugnisse auch nur der einfachsten Kultur und Technik hinterlassen? Denn abgesehen von allerprimitivsten Steinwerkzeugen hat uns

---

15 Meilensteine der Archäologie, S. 368.
16 Meilensteine der Archäologie, S. 368.
17 dtv-Atlas zur Weltgeschichte, Bd. 1, S.15; informativ und kritisch: Wesel, Der Mythos vom Matriarchat, passim.
18 S. 159 ff.

die Archäologie für die gesamte Zeit vor 40 000 v. Chr. in dieser Hinsicht wirklich nur Dürftiges zu bieten«[19]. Bis zu dieser Zeit müßte sich der Mensch also, ähnlich wie alle anderen Primaten, mit einer Fülle von visuellen und stimmlichen Signalen verständigt haben, ohne über ein weiterentwicklungsfähiges Wort-Sprachsystem zu verfügen. In der Tat, diese Theorie hat vieles für sich. Sie erklärt, warum Menschen den größten Teil ihrer Entwicklungsgeschichte »kulturfern« gelebt haben, und sie läßt es einsichtig werden, daß Populationsdichte und Sprachentwicklung in einem sehr engen Zusammenhang gestanden haben müssen, woraus erklärbar wird, daß die Entwicklung von Hochkulturen etwa in Ägypten, Babylon, Griechenland oder China gegenüber der der davorliegenden Jahrtausende geradezu explosionsartig erscheint, wie aus dem Nichts geschaffen. Das wird nachvollziehbar, wenn man sich auf den Standpunkt von Jaynes stellt und annimmt, daß Sprache und Ideenentwicklung einmal in Gang gesetzt, mit exponentiell sich steigernder Geschwindigkeit vonstatten gehen konnte.

Und in einem zweiten Punkt sind die Thesen von Julian Jaynes, jetzt schon mit präzisem Blick auf die Idee des Geldes, von größter Bedeutung. *Jaynes zeigt, daß die zunehmende Populationsdichte (Dauersiedlungen mit wenigstens 200 Bewohnern) ein neues, die Gruppe zusammenhaltendes Leitungs- und Entscheidungssystem erzwang.* Durch Überhöhung der die Gruppe führenden Personen entstanden so die ersten Gottkönige, mit deren Hilfe gruppenstabilisierende Lebensprinzipien selbst fernstehenden Gruppenmitgliedern mit hinreichender Autorität vermittelt werden konnten. Folgerichtig entstand der erste Götter- und Totenkult, nicht wie so oft in der Literatur behauptet, um Ängste zu besänftigen – sollten die Menschen in den fast zwei Millionen Jahren davor keine Angst gehabt haben? –, sondern um ein nach wie vor unbewußt funktionierendes gruppenstabilisierendes Entscheidungssystem für Konfliktlagen in der Gesamtgruppe zu haben. So wird erklärbar, wieso im Grab von 'Aïn Mallaha (ausgegraben im Jahr 1959) das Haupt des etwa 9 000 v. Chr. herrschenden Königs auf einem Steinkissen erhöht gefunden wurde, eine seitdem ständige Praxis, die sich in wenigen Jahrtausenden zum bombastischen und uns heute noch faszinierenden Toten- und Gottkult des alten Ägyptens fortentwickelte[20]. Die Idee des Königs, des Gottkönigs und später der Götter verkörpert in diesem System die Idee des Rechtes, des Gesetzes, nötig geworden, weil Populationdichte, sprachliche Entwicklung und daraus resultierender Ideenreichtum zu einer Vielfalt an Lebens- und Ausdrucksformen geführt hatte, die übergeordnete abstrakte Konfliktlösungsträger erzwang. Und was lag näher, die Götter zumindest so zu behandeln wie diejenigen, die sich, als geküürte Gottkönige der Menschen, bereits in

---

19 AaO., S. 163.
20 Jaynes, S. 178 ff.

unmittelbarer Nähe zu ihnen, den wahren (abstrakten) Göttern befanden. Denn, das muß noch einmal betont werden, die Idee des Gottes, also die Idee des Gesetzes, war ja eine lebendige Idee. Der Gottkönig, wenn auch physisch verstorben, lebte also weiter unter den Menschen, brauchte ein Haus, Gerätschaften, Nahrung, Schmuck und Unterhaltung, so wie die im physischen Sinne lebendigen Menschen auch. Unser heutiger Begriff von dem, was als lebendig auf uns Menschen wirkend aufzufassen ist – zumindest der Begriff des Lebendigen in der sog. zivilisierten Welt – dürfte von dem Begriff des Lebendigen der damaligen Zeit weit entfernt sein. *In dieser Zeit, so hat es Bernhard Laum plausibel entwickelt, entsteht die Idee des Geldes als die Idee eines Wertmessers für kultische Zwecke, nämlich zur Bestimmung der angemessenen Höhe und Relation von Opfergaben*[21].

8   Es bedurfte in der Tat eines Wertmessers, um herauszufinden, ob der in den Köpfen der Menschen »weiterlebende« Gott in Relation zu noch lebenden »Leitfiguren« real angemessen und hinreichend versorgt wurde. Eine solche Versorgung war notwendig, und zwar als Gegenleistung für die immaterielle Sorge, die dem Gott als Beschützer des Volkes oblag. So verstanden war der Kult also Schöpfer normierter Entgeltungsmittel, worauf übrigens der Begriff »Geld« etymologisch auch hinweist. Das Opfer an die Götter heißt im Althochdeutschen »geld«; im Angelsächsischen »gild«, was soviel wie Vergeltung, Ersatz, Opfer bedeutet. Der Begriff »gilde«, der im deutschen Mittelalter die Zünfte bezeichnete, stammt aus derselben Wurzel und bedeutete zunächst die »Opfergemeinschaft«. Auch die Grundbedeutung des germanischen Wortes »gelten«, das später im Sinne von zurückzahlen, vergelten, entschädigen benutzt wurde, ist ursprünglich »besonders auf religiöse Opfer bezogen«. Man wird Laum also zustimmen, wenn er konstatiert, daß Geld in seinem frühesten Begriffsinhalt »die der Gottheit zu entrichtende Abgabe« (das Opfer) war[22].

3. Der profane Geldbegriff

Schrifttum:
Born, Geld und Banken im 19. und 20. Jh., 1977; *ders.*, in Handwörterbuch der Wirtschaftswissenschaft (HdWW), Bd. 3, 1981, S. 360; *Dschang*, Die chinesische Geldverfassung, 1930; *Ehrlicher*, Geldtheorie und Geldpolitik, in Handwörterbuch der Wirtschaftswissenschaft, Bd. 3, 1981, S. 374; *Hahn*, Währungsrecht, 1990; *Jarchow*, Theorie und Politik des Geldes, Bd. I, 7. Aufl., 1987; *Koschaker*, Rechtsvergleichende Studien zur Gesetzgebung Hammurabi, 1917; *Laum*, Heiliges Geld, 1924; *ders.*, Viehgeld und Viehkapital in den asiatisch-afrikanischen Hirtenkulturen, 1965; *Maydell*, Geldschuld und Geldwert, 1974; *Mommsen*, (Nachdruck) Römische Geschichte, dtv-bibliothek, 4. Aufl., 1986; *San Nicolò*, Beiträge zur Rechtsgeschichte im Bereich der keilschriftlichen Rechtsquellen, 1931; *Patalas*, Chinesische Münzen – von ihrem Ursprung bis 1912 –, 1965; *Pohl*, Gold, 1958; *Preisigke*, Girowesen im griechischen Ägypten, 1910; *Rostovtzeff*, Gesellschafts- und Wirtschaftsgeschichte der hellenistischen Welt, Bd. 2, 1955; *Seidl*, Ptolemäische Rechtsgeschichte, 2. Aufl., 1964; *Staudinger/Schmidt*, BGB-Komm., 12. Aufl., Geld und Geld-

---

21 Heiliges Geld, passim.
22 Laum, aaO., S. 39.

§ 2 Geschichtliche Entwicklungslinien des Bankwesens und des Bankrechts

schuld als Rechtsbegriffe, Vorbem. zu § 244 BGB; *Trusen*, Äquivalenzprinzip und gerechter Preis im Spätmittelalter, FS für Günter Küchenhoff, 1967, 247; *Vissering*, On chinese Currency – coin and paper money, 1877; *Waibl*, Ökonomie und Ethik I, 2. Aufl., 1988; *Weber*, Wirtschaftsgeschichte, 3. Aufl., 1958; *Weikart*, Geldwert und Eigentumsgarantie, 1993; *Welcker*, Die Organisation des Geld- und Bankwesens, 1977; *Winkel*, Die Entwicklung der Geldtheorie in der deutschen Nationalökonomie des 19. Jh. und die Gründung der Reichsbank, in: Coing/Wilhelm (Hrsg.), Wissenschaft und Kodifikation des Privatrechts im 19. Jh., Bd. 5, 1980, 1 ff.; *Yang*, Money and Credit in China, 1952.

Es ist schwierig nachweisbar, aber ebenso schwierig vorstellbar, daß die frühe Idee des Geldes, also die Verwendung von z.B. Gold, Silber, Gerätschaften, Muscheln, Vieh (das lateinische Wort für Geld: »pecunia« wurzelt im Begriff Viehgeld: »pecus«) als generelle Wertmesser, ausschließlich im kultischen Bereich entstanden sein und sich von dort aus verbreitet haben sollte. Auch die präzisen und in jeder Hinsicht nach wie vor lesenswerten Ausführungen Bernhard Laums[23] verweisen eher auf ein Zusammenspiel aller auf die Entwicklung der frühen Hochkulturen einflußnehmenden Gestaltungsfaktoren, wie insbesondere Klima, Getreideanbau, Viehzucht, Haus-, Wagen- und Schiffsbau, Tuch-, Waffen- und Werkzeugproduktion sowie beginnenden Fernhandel, Sprach-, Kultur- und Wissenschaftsaustausch, ebenso wie Krieg und Unterwerfung. Letztlich liegt all diesen Entwicklungen die Idee der Arbeitsteilung zugrunde, aber natürlich nur in einem analytischen Sinne. Niemand wird annehmen, daß die Menschen im 6. Jahrtausend v. Chr. zunächst die Idee der Arbeitsteilung gehabt haben müßten, um sich danach ausdifferenziert fortzuentwickeln.

Trotzdem ist es richtig zu sagen, daß Arbeitsteilung, rückschauend betrachtet, mit der Idee des Geldes als Wertmesser Hand in Hand gegangen sein muß. Man kann es auch umgekehrt formulieren: Wären die Menschen nicht bereit gewesen, Güter und Dienstleistungen miteinander vergleichend zu bewerten und aufgrund dieser Bewertung zu tauschen, dann wäre Arbeitsteilung und Ausdifferenzierung nicht möglich gewesen, jeder einzelne hätte dann für sich autark sorgen müssen. In der Idee des Tauschens liegt also zugleich die Idee des Wertmessers begründet. Hinzu kommt eine interessante Dynamik. Arbeitsteilung, Spezialisierung, bedeutet nicht nur effizienteren Ressourceneinsatz und damit tendenzielle Reichtumsmehrung, sondern gleichzeitig höhere Abhängigkeit von der Gruppe, in der man lebt, vom Markt im heutigen Sprachgebrauch. Denn es ist nie ausgeschlossen, daß die Tätigkeit, auf die sich jemand spezialisiert hat, in Zukunft weniger wert als zur Zeit sein könnte. Spezialisierung birgt also das Risiko, die Existenz nicht dauerhaft sichern zu können. Folge: Arbeitsteilung und Spezialisierung sind überhaupt nur akzeptabel,

---

23 Heiliges Geld, insb. S. 40 ff.

Erster Teil   Grundlagen

wenn gleichzeitig ein Sicherungsmechanismus daneben tritt. Ein Mechanismus, der es ermöglicht, in die Zukunft blickend existenzielle Risiken einigermaßen im voraus zu begrenzen. Auch hieran wird deutlich, daß objektive, relativ konstante Wertmesser, gleichviel in welcher Verkörperung (Metall/Vieh/Korn), für die Idee der Arbeitsteilung geradezu Junktim gewesen sein müssen und zwar in allen Lebensbereichen, in denen die Menschen begannen, Waren und Dienstleistungen gegeneinander auszutauschen. Daß wir für diese Zusammenhänge im kultischen Bereich die greifbarsten Belege vorfinden, verweist allenfalls auf den besonderen Stellenwert und die hohe Systematisierung und Organisation der Götterverehrung in jener Zeit.

11   Es dürfte deshalb eher ein Zufall sein, daß wir erst aus der Zeit um 2850 v. Chr. Belege dafür haben, daß der Wertmesser Getreide im Alltag der Menschen eine beträchtliche Rolle spielte. Zu verdanken haben wir unser Wissen dem Umstand, daß im Babylon jener Zeit – vermutlich zu Beweiszwecken – zumindest ein Teil des Handels schriftlich beurkundet wurde. Zahlreiche solcher Urkunden, auf Tontafeln geschrieben, in verschlossenen Weidenkörben aufbewahrt, blieben erhalten. So läßt sich z.B. aus den Tontafeln des Verwaltungsarchivs eines kleineren Tempels der Stadt Lagasch (heutiger Irak) der alltägliche Wirtschaftsverkehr jener Zeit sehr plastisch rekonstruieren. Dem König und seiner Frau, der Oberpriesterin, oblag die Verwaltung des gesamten Tempelbesitzes. Dieser bestand aus erheblichem Grundbesitz, aus Soldaten und Sklaven, aus Pachtland, aus Vieh, Arbeitsgeräten und Saatgut sowie Tempelmagazinen. Der Tempel in Lagasch z.B. hatte 15 Köche und Bäcker, 27 Sklavinnen, dazu eine Brauerei mit zwei Braumeistern, 40 Arbeiterinnen und 16 Braugehilfen, 131 Stück Rindvieh, 113 Esel, dazu zahlreiches Kleinvieh, Ziegen, Schafe, Geflügel, das von 90 Hirten gehütet wurde. 500 bis 600 Soldaten sorgten in Friedenszeiten für die Bewässerung des Landes. Dieser einheitlich verwaltete Tempelbezirk benötigte ein einheitliches Maß- und Gewichtssystem, das nicht auf Gold, sondern auf dem Getreidekorn beruhte. 180 Getreidekörner ergaben ein Sekel (= 8,4 g), 60 Sekel eine Mine (= 0,504 kg) und 60 Minen ein Talent (= 30,3 kg)[24]. Die Tempel jener Zeit hatten also viele Aufgaben, sie waren Gotteshaus, Ort des Kultes der Opfer und Gebete, aber auch Palast des Königs, Schatzhaus und Gericht, Schule, Speicherarsenal, Bibliothek und, wie gelegentlich gesagt wird, Bank und Notariat[25].

12   Das Darlehen und die Urform der Versicherung entstanden beide im Zuge des sich verstärkenden Fernhandels, der die Königshäuser des Mittelmeerraumes zunehmend wirtschaftlich verband. So verabredeten beispielsweise zur Zeit des babylonischen Herrschers Hammurabi (um 2250

---

24   Ausführlich mit weiteren Nachweisen Pohl S. 58 ff.; sowie Laum, Heiliges Geld S. 40 ff.; ders. Viehgeld, S. 7 ff.; übergreifend Koschaker, passim; sowie San Nicolò, passim.
25   Pohl, S. 60; Preisigke, S. 7 ff.; Seidl, S. 132 ff.; Weber, S. 212 ff.

v. Chr.) die Teilnehmer einer Karawane, daß der dem einzelnen auf der Reise durch Raub oder Überfall erwachsene Schaden gemeinsam getragen werden solle[26]. Zinsen, die die Pharaonen für gegebene Kredite verlangten, konnten durchaus 20 – 30 % betragen[27]. Hierneben entwickelten sich zeitgleich Edelmetalle (Gold, Silber, Kupfer, Bronze) als normale Grundlage der Geldverfassung. In Nuzi, in der Nähe des heutigen Kerkuk, läßt sich für die Mitte des zweiten vorchristlichen Jahrtausends Gold als Zahlungsmittel nachweisen, ebenso wie in Babylon während der Kassitenzeit (1530 – 1160 v. Chr.)[28]. Max Weber meint, diese Entwicklung sei einfach technisch bedingt gewesen[29], die Edelmetalle seien schwer oxydierbar, hätten also nicht leicht verderben können, vermöge ihrer relativen Seltenheit eine spezifisch hohe Wertschätzung als Schmuckgegenstände genossen und hätten sich schließlich verhältnismäßig leicht verarbeiten und stückeln lassen. Entscheidend sei gewesen, daß die Waage auf sie anwendbar war, so daß Edelmetalle, und zwar noch ehe sie Tauschmittel wurden, als Zahlungsmittel verwendet worden seien. Beispielhaft verweist Max Weber auf die Tafeln von Tellel-Amarna, die zeigen, daß die vorderasiatischen Herrscher von dem Pharao vor allem Sendungen von Schmuckgold erwarteten. Eine bevorzugte Form für das fürstliche Geschenk an die Gefolgschaft sei der Goldring gewesen: in der Skaldensprache heiße der König geradezu der Ringspender.

In Münzform trat das Geld erstmals im 7. Jh. v. Chr. auf. Eine eindeutige Antwort darauf, wer die erste Münze schuf, haben wir nicht. Die ältesten Münzstätten lagen vermutlich an der Küste Lydiens und entsprangen vielleicht der Kooperation des lydischen Königs mit den griechischen Kolonien[30]. Hierneben stehen Auffassungen, wonach König Pheidon von Argos in Ägina das erste Geld prägte. Jedenfalls gibt es äginetische Münzen, die zu den ältesten gehören, die man bis jetzt gefunden hat. Sie zeigen auf der einen Seite eine Schildkröte, auf der anderen Seite den Eindruck des Stempeleisens. Aber auch Milet kommt als Ort der Erfindung in Betracht. Die mileische Elektronmünze sieht im Vergleich zur äginetischen Schildkrötenmünze weit roher und unfertiger aus und mutet wie eine Übergangsform zwischen den umlaufenden Metallbarren und der ersten Münze an[31].

Dabei scheint es so gewesen zu sein, daß die durch Kaufleute privat abgestempelten Edelmetallbarren, die Schekel, wie sie im indischen, babylonischen und chinesischen Handel auftraten, die Vorläufer des Münzgel-

---

26 Manes, S. 33.
27 Pohl, S. 60.
28 Born in HdWW, Bd. 3, S. 361.
29 Wirtschaftsgeschichte, S. 213.
30 Max Weber, S. 213.
31 Pohl, S. 78; vertiefend Laum, Heiliges Geld, S. 104 ff.

Erster Teil   Grundlagen

des waren. Erst später haben sich die Könige des Prägungsmonopols bemächtigt. Berühmt geworden ist etwa der Reichtum der Lyder durch ihren letzten König Krösus, der von 605 bis 562 v. Chr. regierte und der als erster eine Münzordnung schuf, die etwas völlig Neues war[32]. Auch der persische Großkönig hat seine Dareiken als Sold für seine hellenistischen Soldaten geprägt[33]. Und nahezu zeitgleich sind ca. 700 v. Chr. in China die ältesten Kupfermünzen nachweisbar, die interessanterweise »cash« hießen. Diese Münzen hatten runde Gestalt und ein rundes Loch in der Mitte, um auf einer Schnur aufgereiht werden zu können. Erst im Jahre 221 v. Chr., also zu Anfang der Tsin-Dynastie, ist das Loch, wie heute noch, viereckig geworden[34]. Nicht uninteressant ist auch, daß die bekannteste griechische Münzeinheit, der Obolos, in der ursprünglichen Form des Wortes »Spieß« bedeutete. Bernhard Laum meint, bei diesem Spieß habe es sich um den Bratspieß für den Opferkuchen gehandelt, und kommt in ausführlichen Erwägungen zu dem Schluß, daß auch die Münze selbst kultischen, sakralen Ursprungs ist[35]. Wie auch immer, mit Einführung der Münze waren die Grundlagen für die Überwindung des Tauschhandels endgültig gelegt.

15 Die Münze selbst verkörperte keinen Tauschwert mehr, sondern einen abstrakten Zahlwert, die Idee des Zahlungsmittels und damit die Trennung von Verpflichtungs- und Erfüllungsgeschäft war in reiner Form vollzogen. Aber auch hier mahlen die Mühlen der Geschichte langsam. In Karthago etwa wurde die geprägte Münze erst 300 Jahre nach ihrer Erfindung als Zahlungsmittel für die Söldnerheere eingeführt. Überhaupt war der ganze phönikische Handel geldloser Verkehr; gerade die technische Mehrleistung der Münze sei es gewesen, so Max Weber, die die Überlegenheit des hellenischen Handels hat begründen helfen[36]. Auch Rom, das in der Urzeit starken Passivhandel hatte, ist erst spät zur Münzprägung übergegangen (Silberprägung ab 269 v. Chr.) und in Indien findet man die Münzprägung zwischen dem 5. und 4. Jh. v. Chr. vor[37].

4. Materieller Bankrechtsbegriff und die Funktionen des Geldes

a) Materiell-funktionaler Begriff des Bankrechts

16 Die weitere Entwicklung innerhalb der Geldgeschichte belegt vor allem die große Vielfalt der Münzen, ihre Herstellungsart, ihren Aufstieg und Verfall bis hin zur Banknote als gesetzlichem Zahlungsmittel und der Ab-

---

32 Pohl, S. 79.
33 Max Weber, S. 213.
34 Dschang, S. 11 ff. Patalas, S. 12 ff.; Vissering, S. 31 ff.
35 Heiliges Geld, S. 106 ff.
36 Wirtschaftsgeschichte, S. 214.
37 Max Weber, S. 214.

koppelung vom internationalen Goldstandard[38]. Für den hier notwendigen bankgeschäftlichen und bankrechtlichen Zusammenhang genügen diese kargen Hinweise. Es ging darum, denjenigen Punkt zu finden, der die Entstehung des Bankgeschäftes und des Bankrechts als notwendige Bedingung erscheinen läßt. Und dieser Punkt ist in der Idee des Geldes als Tausch- und Zahlungsmittel gefunden. *Spätestens Münzgeld legt Banken nahe, d.h. eine Organisation, die sich darauf spezialisiert, Geldschöpfung bzw. -vernichtung, Geldumlauf und Geldverwahrung zu betreiben.*

Banken sind in diesem Sinne die organisatorische Antwort auf die Idee der Arbeitsteilung und des Geldes. Und sie sind zugleich selbst Ausdruck einer neuen Spezialisierung, indem sie das Know-how bereitstellen, das erforderlich ist, um dem einzelnen die Teilnahme am »Kapitalmarkt im weitesten Sinne« zu eröffnen. Basisidee für das, was wir heute Bankrecht nennen, ist somit die Idee des Geldes, in den Ausprägungen, in denen Geld dem Wirtschaftsverkehr dient. *Daraus folgt, daß Bankrecht im materiellen Sinne das Recht der Geldschöpfung, der Geldvernichtung, des Geldumlaufs, der Geldaufbewahrung und der Geldanlage ist.* 17

Es zeigt sich also, daß aus einer historischen Betrachtung ein in die heutige Zeit verlängerbarer funktionaler Bankrechtsbegriff gewonnen werden konnte, ein Ertrag, der belegt, daß rechtsgeschichtliche Fragestellungen für ganz moderne Probleme von großer Relevanz sein können. Darüber hinaus erscheint es wichtig, sich klarzumachen, daß die Idee des Geldes und die Idee der Bank wiederum zwei Faktoren sind, die sich gegenseitig beeinflussen, deren Entwicklung also voneinander abhängt. *Es gilt nicht nur der Satz »ohne Geld, keine Bank«, sondern auch der umgekehrte »ohne Bank, kein Geld«*[39]. 18

b) Statische und dynamische Funktionen des Geldes
Und es gilt ferner, daß die Existenz beider Faktoren eine Dynamisierung der Lebensverhältnisse in sich trägt. Denn Geld eröffnet durch Spezialisierung die Lösung von der Kleingruppe; Geld eröffnet damit das Denken in Marktkategorien. Es begünstigt ferner planerische, spezialisierte »Massenproduktion« und schafft schließlich völlig neue *Bedarfsebenen*. D.h., daß Geld den statischen Bedarfsbegriff einer auf Autarkie des einzelnen setzenden Kleingruppentauschwirtschaft im Grunde überwindet. Während 19

---

38 Born, in HdWW, Bd. 3, S. 361 ff.; Welcker, S. 40 ff.; Jarchow, S. 15 ff.; Weikart, S. 25 ff.; übergreifend Hahn, S. 1 ff.
39 Natürlich nur in einem evolutionstheoretischen Sinne. Wenn also unten (Rz. 44 ff.) gezeigt wird, daß es beispielsweise in Rom oder im frühen Mittelalter kein Bankwesen im heutigen Sinne gegeben hat, so liegt darin kein Widerspruch zur obigen These. Ganz abgesehen davon, daß es auch in diesen Zeiten Geldwechsel- und Geldaufbewahrungsgeschäfte gab, also Bankgeschäfte in einem eher rudimentären, ursprünglichen Sinn, soll mit den Sätzen: »Ohne Geld keine Bank und ohne Bank kein Geld« plakativ der bankgeschichtliche Zirkel, der evolutive Zusammenhang zwischen Geld und seiner Organisation sowie umgekehrt, plastisch werden.

Erster Teil   Grundlagen

dort Bedarf ein nahe am Existenzminimum angesiedeltes Maß ist, kann Bedarf in einer Geldwirtschaft je nach Einkommensniveau definiert werden; einen statischen Bedarfsbegriff gibt es also nicht mehr. Der einzelne kann sich ihm gemäße »Bedarfsziele« setzen mit der Folge, daß *Verteilungsprobleme* entstehen können. *Die Begriffe »arm« und »reich« werden erst durch die Geldwirtschaft wirklich zu Massenphänomenen der sozialen Wirklichkeit.* Gleichzeitig ermöglicht Geldwirtschaft eine hohe Spezialisierung des einzelnen, fördert also technischen und wissenschaftlichen Fortschritt, ebenso wie umgekehrt den Zwang zu vermehrter Risikoabsicherung. Und schließlich eröffnet Geldwirtschaft die Vermassung von Arbeit, Gütern und Dienstleistungen ebenso wie die Verknüpfung von internationalen Märkten. *Hieran wird deutlich, daß Geld nicht nur die traditionell anerkannten drei (statischen) Funktionen als Tausch-, Wertaufbewahrungsmittel und abstrakte Recheneinheit (Wertmesser) haben kann*[40]. Vielmehr kommen fünf weitere *dynamische* Geldfunktionen hinzu:

20 Geld hat zunächst eine *Freiheitsfunktion* (1), d.h., Geld eröffnet die Loslösung von autarker Lebenssicherung, so daß nicht spezifisch existenziell ausgerichtete Tätigkeiten, wie z.B. Handel/Wissenschaft/Kunst... möglich werden. Die hieraus resultierende Abhängigkeit vom Geld mündet in eine *Antriebsfunktion* (2). Die durch Geld mögliche Arbeitsteilung bewirkt nämlich die Abkoppelung des einzelnen vom autarken Lebenssicherungsmodell. Wer einmal Arbeitsteilung akzeptiert hat muß diese, sich selbst disziplinierend, auch durchhalten. Verstärkt wird diese Funktion durch Kreditaufnahme, insofern als man, durch die Verpflichtung, den Kredit zurückzuzahlen, gezwungen ist »Geld zu verdienen«.

21 Weiterhin hat Geld eine *Arbeitsteilungsfunktion* (3), denn der Preis wird zum Indikator dafür, ob die gewählte Arbeit zur Existenzsicherung hinreichend ist, d.h. es entstehen Anpassungsstrategien an solche Tätigkeiten, die besonders viel einbringen.

22 Darüber hinaus wohnt Geld eine *Verteilungsfunktion* (4) inne. Indem Geld als abstrakter Wertmaßstab fungiert, tritt zugleich eine Abkoppelung von Gütern und Dienstleistungen ein. Wer viel Geld hat, besitzt dadurch automatisch den Gegenwert vieler Waren/Dienstleistungen, auch wenn er selbst nicht in der Lage gewesen wäre, sie autark zu produzieren. Geld relativiert also die eigenen Fähigkeiten und führt einen völlig neuen Verteilungsmaßstab ein. Es ist nicht mehr allein entscheidend, was jemand mit seiner Hände Arbeit leisten kann. Entscheidend kann es sein, auf-

---

40 Ehrlicher, HdWW, Bd. 3, S. 377; Jarchow, S. 15 ff.; vgl. auch aus juristischer Perspektive v. Maydell, S. 27 ff., Staudinger-Karsten Schmidt, Vorbemerkung zu § 244 BGB, sowie Hahn, S. 15 ff.; ferner Weikart, S. 36 ff., S. 64 ff.; ferner aus nationalökonomischer Perspektive, Winkel, S. 1 ff.

grund welcher Bedingungen, z.B. durch Erbschaft/Handel/Kunst/Krieg jemand es geschafft hat, zu Geld zu kommen.

Schließlich hat Geld eine *Vertrauensfunktion* (5). Das heißt, Geld begründet das Vertrauen, dauerhaft wertvoll zu sein, so daß den Menschen eine Lebensplanung auf der Basis von Geld möglich und sinnvoll erscheint. *Das ist ein sehr wichtiger Funktionsaspekt des Geldes, der dazu führt, daß Zukunftssicherung nicht nur in Sachwerten, sondern auch in Geld möglich wird.*

23

Es kann beispielsweise gespart werden, man kann Rentenfonds auflegen oder die Idee der Lebensversicherung kreieren. Auf diese Weise kann ein Einzelhaushalt auf teure, ressourcenverknappende Vorratsbildung weitgehend verzichten, kann stattdessen investieren und konsumieren, so daß Waren- und Dienstleistungsproduktion vor allem in nicht existenziell wichtigen Lebensbereichen schnelle Fortschritte machen können. Diese für jeden Einzelhaushalt ebenso wie für die Volkswirtschaft zentrale Vertrauensfunktion des Geldes erzwingt eine Politik des *stabilen Geldwerts*. Büßt eine Volkswirtschaft z.B. durch Inflation/Deflation die Geldwertstabilität ein, können also die ihr angehörenden Bürger auf den Geldwert nicht mehr vertrauen, so bricht selbst eine bis dahin blühende Wirtschaftsordnung schnell zusammen und retardiert in den Zustand einer Tauschwirtschaft.

24

Diese fünf dynamischen Funktionen des Geldes wirkten und wirken in erheblichem Maße auf die Entwicklung des Bankgeschäftes ein. Sie sind der eigentliche Motor für die Entwicklung nahezu aller heute bekannten Bankgeschäfte, so daß umgekehrt verstehbar wird, daß Regulierungen im Bankgeschäftsbereich auf den Umgang mit Geld und damit auf die Verhaltensweisen der einzelnen Menschen und Unternehmen im Wirtschaftsverkehr zurückwirken müssen. Wenn man, wie über viele Jahrhunderte im Mittelalter, ein (kanonisches) Zinsverbot[41] praktiziert, so hat das nicht nur Auswirkungen auf die Struktur des Bankgeschäftes, sondern auf die ganze Volkswirtschaft. Die Menschen leben dann in einem tendenziell statischen Wirtschaftsmodell, das im wesentlichen wie ein Tauschmodell funktioniert[42]. Der enge Zusammenhang zwischen Geldidee und Bankidee wird hieran besonders deutlich. Beschränkt man das zentralste Bankgeschäft, das Kreditgeschäft, so retardiert zugleich die Geldidee, Geld wird wieder Tauschmittel, verliert also seine gerade eben beschriebenen Funktionen weitgehend. Und noch etwas wird klar: Bankrecht verkörpert nicht nur die technischen Regeln zur Ordnung eines bestimmten Geschäftsverkehrs, sondern daneben die jeweilige Wirtschaftsethik der Zeit.

25

Bankrecht ist in diesem Sinne ein Abbild sich wandelnder gesellschaftlicher Vorstellungen über Wirtschafts- und Markttheorien, über arm und

26

---
41 Vgl. dazu unten Rz. 54 ff.
42 Vertiefend Waibl, Bd. 1, S. 34 ff.; Trusen, FS Küchenhoff, S. 247 ff.

Erster Teil   Grundlagen

reich, über Gleichheit, Ungleichheit, sozialen Wandel und soziale Abpufferung. Aufgrund dieser Zusammenhänge erscheint es nicht nur legitim, sondern für das Verständnis unseres heutigen modernen Bankrechts auch unerläßlich zu sein, im folgenden einen gerafften Blick auf die Entwicklung der wichtigsten Bankgeschäfte und ihre rechtliche Ordnung zu werfen. Insbesondere also einen Blick auf die Entwicklung des Bankwesens und daraus resultierend des Darlehens, der Wertpapiere (z.B. Wechsel/Scheck), des Forderungskaufs und des Depotwesens.

5. Grafischer Ergebnisüberblick

a) Entstehung der Idee des Geldes

27   10 000 v. Chr.: Homo sapiens wird seßhaft (erste Dauersiedlungen)

Daraus folgt: ⟶	Bevölkerungswachstum ⟵⟶	Ackerbau Viehzucht Werkzeugveredelung Schmuck Hausgerätschaften Götterkult
Daraus folgt: ⟶	Der einzelne produziert ⟵⟶ mehr und anderes als er ⟵⟶ braucht	Idee des *Tauschens* - (Mein/Dein) und die Idee der Arbeitsteilung entsteht -
5 000 v. Chr.:	Ein Tauschmaßstab wird ⟵⟶ für zunehmenden Handel erforderlich	Muschelgeld/Korngeld/Metallgeld: die Idee des Geldes als Wertmaßstab im kultischen Bereich entsteht
700 v. Chr.:	Die ersten Münzen in ⟵⟶ Griechenland und China	Die Idee des Geldes als Tausch- und Zahlungsmittel entsteht

§ 2 *Geschichtliche Entwicklungslinien des Bankwesens und des Bankrechts*

b) Die Entstehung der Idee der Bank

Es gibt verschiedene Münzen/Währungen und: Geld ist wertvoll	←——→	Man benötigt Geldwechsler und Geldaufbewahrer	28
Erste Geldwechsler (Tempelbanken) in Ägypten; dann in Griechenland (trapezai); dann in Rom (mensa)	←——→	Die Idee, Verwaltung, Aufbewahrung und Anlage von Geld zu professionalisieren, entsteht; die Bank wird die organisatorische Antwort auf die Idee des Geldes; Bankrecht verkörpert die zur Sicherung und Durchsetzung der Geldidee erforderlichen Rechtsregeln	

c) Funktionen des Geldes

Statische Funktionen: (1) Wertaufbewahrungsfunktion   29
(2) Tauschmittelfunktion
(3) Wertmesserfunktion
     (Recheneinheit)

Dynamische Funktionen: (1) Freiheitsfunktion
(2) Antriebsfunktion
(3) Verteilungsfunktion
(4) Arbeitsteilungsfunktion
(5) Vertrauensfunktion

Der hier gegebene grafische Überblick, der teilweise den folgenden Text   30
bereits mitumfaßt, versteht sich als ideengeschichtlicher Überblick in höchst vergröberter Form. Diese Vergröberung ist nur akzeptabel, um Grundstrukturen (ideen-)geschichtlicher Entwicklungen und gegenseitiger Beeinflussungen offenzulegen. Deutlich soll werden, daß zwischen den sich jeweils ändernden sozialen Einflußfaktoren, wie z.B. der Bevölkerungsentwicklung, den Bedürfnisstrukturen und den Ideen, darauf zu reagieren, ein notwendiger Zusammenhang besteht. Auf diese Weise entstehen Sätze wie: ohne Arbeitsteilung kein Geld; ohne Geld keine Arbeitsteilung oder solche wie: ohne Geld keine Bank; ohne Bank kein Geld. Damit soll nicht etwa eine empirisch nachprüfbare Wahrheit über Ursache- und Wirkungsbeziehungen vermittelt werden. Vielmehr geht es um Veränderungen mit Signalcharakter im jeweils untersuchten Zeitabschnitt.

Erster Teil   Grundlagen

III. Die Entstehung und Entwicklung des Bank- und Kreditwesens

Schrifttum:
Behrends, Der Zwölftafelprozess, 1974; *Bogaert*, Banques et banquiers dans les cités grecques, Leiden 1968; *Born*, Geldtheorie und Geldpolitik, in Handwörterbuch der Wirschaftswissenschaften, Bd. 3, 1981, S. 355 – 374; *Burkhardt*, Die Entdeckung des Handels, Augsburger Universitätsschriften, Bd. 23, 1993, 5; *Bürge*, Fiktion und Wirklichkeit: Soziale und rechtliche Strukturen des römischen Bankwesens, SZ – romanistische Abteilung – Bd. 104, 1987, S. 465 – 558; *Der kleine Pauly*, Lexikon der Antike, 1975; *Deimel*, Sumerische Tempelwirtschaft, Rom 1931; *Drewes*, Die Bankdiagraphe in den gräkoägyptischen Papyri, Diss., Berlin, 1970; *Ebel*, Glücksvertrag und Versicherung, ZVersWiss. 1962, 53; *Finley*, Die antike Wirtschaft, 2. Aufl., 1980; *Gierke*, Das deutsche Genossenschaftsrecht, Bd. 1, 1868; *Le Goff*, Kaufleute und Bankiers im Mittelalter, 1993; *Goldschmidt*, Handbuch des Handelsrechts, 3 Bände, Neudruck 1973; *Hahn*, Währungsrecht, 1991; *Heichelheim*, An ancient Economic History, 3 Bände, 1958; *Herzog*, Aus der Geschichte des Bankwesens im Altertum, 1919; *Kaser*, Das römische Privatrecht, 2. Aufl., 1971; *Koch*, Der Versicherungsgedanke im talmudischen Recht, ZVersWiss 1967, 189; *Kühnert*, Zum Kreditgeschäft in den hellenistischen Papyri Ägyptens bis Diokletian, Diss. Freiburg, 1965; *Lenel*, Edictum perpetuum, 1927; *De Martino*, Wirtschaftsgeschichte des Alten Rom, 1985; *Maturana*, Erkennen: Die Organisation und Verkörperung von Wirklichkeit, 2. Aufl., 1985; *Nehlsen-von Stryk*, Die venezianische Seeversicherung im 15. Jh., 1986; *Nickwitz*, Geld und Wirtschaft im römischen Reich des 4. Jh. n.Chr., 1965; *Oertel*, Kleine Schriften zur Wirtschafts- und Sozialgeschichte des Altertums, 1975; *Otto*, Ägypten – Der Weg des Pharaonenreiches, 5. Aufl., 1979; *Perdikas*, Die Entstehung der Versicherung im Mittelalter, ZVersWiss. 1966, 425; *Pohl*, Gold, 1958; *Preisigke*, Girowesen im griechischen Ägypten, 1910; *Rostovtzeff*, Gesellschafts- und Wirtschaftsgeschichte der hellenistischen Welt, 3 Bände, 1955; *Roth*, Untersuchungen zur Kredit-Paratheke im Römischen Ägypten, Diss. Marburg, 1970; *Rupprecht*, Untersuchungen zum Darlehen im Recht der Graeco-Aegyptischen Papyri der Ptolemäerzeit, 1967; *Steuer*, Gewichtsgeldwirtschaften im frühgeschichtlichen Europa, in: Untersuchungen zu Handel und Verkehr der vor- und frühgeschichtlichen Zeit in Mittel- und Norddeutschland, Teil IV, 1987, 405; *Schwintowski*, Der private Versicherungsvertrag zwischen Recht und Markt, 1987; *Seidl*, Ptolemäische Rechtsgeschichte, 2. Aufl., 1962; *Teubner*, Recht als autopoietisches System, 1989; *Thielmann*, Die römische Privatauktion – zugleich ein Beitrag zum römischen Bankierrecht -, 1961; *Thilo*, Der Codex accepti et expensi im Römischen Recht, Göttingen 1980; *Waibl*, Ökonomie und Ethik I – die Kapitalismusdebatte in der Philosophie der Neuzeit -, 2. Aufl., 1988; *Weber*, Wirtschaftsgeschichte, 1923, Nachdruck 1958; *Wheeler*, Der Fernhandel des römischen Reiches, 1965; *Wieacker*, Römische Rechtsgeschichte, 1988; *Wolff*, Das Recht der griechischen Papyri Ägyptens – in der Zeit der Ptolemaer und des Prinzipats, 1978.

1. Überblick – Grundzusammenhänge

31   Ein Blick in die Entstehungs- und Entwicklungsgeschichte des Bank- und Kreditwesens soll vor allem vor Mißverständnissen bewahren. In allererster Linie vor dem naheliegenden Mißverständnis, daß es möglicherweise bereits in den frühen Hochkulturen und der Antike[43] so etwas wie ein

---

43   Unter Antike wird hier der Zeitraum von etwa 1000 v. Chr. bis 500 n.Chr. verstanden, und ähnlich wie Finley, S. 22 ff., wird sich die Darstellung im wesentlichen auf die griechisch-römische Welt beschränken, weniger aus ethnozentristischen Gründen, sondern vielmehr, weil sich dieses Lehrbuch mit dem modernen deutschen Bankrecht beschäftigt, dessen Wurzeln im weitesten Sinne im europäischen Kulturraum liegen.

§ 2 Geschichtliche Entwicklungslinien des Bankwesens und des Bankrechts

modernes Bank- und Kreditwesen gegeben haben könnte. Eine solche Vorstellung wäre, worauf die modernere Forschung zunehmend aufmerksam macht, in jeder Hinsicht irreführend[44]. *Tatsächlich ist ein Bankwesen im heutigen modernen Sinne erst zu Beginn des 13. Jh. in Folge der beträchtlichen Bevölkerungszunahme sowie der Erweiterung der Handelsbeziehungen und des Aufschwungs der Schiffahrt entstanden*[45].

In jener Zeit der sich langsam selbst überwindenden, eher am Bedarfsdeckungsprinzip orientierten mittelalterlichen Sozialverfassung[46] entsteht bezeichnenderweise zugleich der zweite große moderne Dienstleistungsbereich, nämlich die Assecuranz und zwar aus den Wurzeln der kaufmännischen, vertraglichen Seeversicherung gegen Prämie und dem Zusammenschluß zu Versicherungsgenossenschaften[47]. Banken mit einer auf Stetigkeit ausgerichteten Organisation, einer hinreichenden Buchführung, einem sich daraus entwickelnden umfassenden Einlagen-, Giro- und Wechselgeschäft zum Zwecke der Finanzierung von Handelsgeschäften in einer sich dynamisierenden Volkswirtschaft, dürften zuvor Wegbereiter der im 13. Jh. ihre Schatten vorauswerfenden Neuzeit gewesen sein; für die Jahrtausende davor trifft das jedoch nicht zu. *Wenn trotzdem auch für die frühen Zeiten die Begriffe Bank, Darlehen, Wertpapier, Forderungskauf, Giro- oder Depotgeschäft verwendet werden, so deshalb, weil es durchaus Geschäfte dieser Art gab, wenngleich sie häufig rechtlich und tatsächlich anders gefaßt waren, als wir sie heute verstehen und abwickeln.*

Richtig ist aber, daß sich mit diesen Begriffen auch die entwicklungsgeschichtlichen Wurzeln des modernen Bankwesens und Bankrechts beschreiben lassen, so daß es durchaus angebracht ist, diesen Wurzeln nachzuspüren, um auf diese Weise die »geistige Identifikation« des heutigen Bankwesens zu begründen und zu verankern[48]. Neben dieser sicher sehr wichtigen Funktion geschichtlicher Grundlegung auch für Organisationsgefüge der modernen Zeit, belegt der Blick zurück zugleich immer die Mannigfaltigkeit von Entwicklungsprozessen und Möglichkeiten und leistet damit einen nicht zu unterschätzenden Beitrag zur Entdogmatisierung jeweils herrschender Traditionen. Schließlich wird der Funktionszusammenhang zwischen Idee, Materie und Entwicklung, im Sinne eines sich selbst rückkoppelnden Prozesses am Beispiel der Geschichte plastisch begreifbar[49]. In diesem Sinne öffnet also der Blick auf die frühen Wurzeln

32

33

---

44 Finley, insbes. S. 27 ff., 168 ff., 198 ff.; Bürge, SZ – romanistische Abteilung -, Bd. 104, 1987, passim; De Martino, S. 174 ff.; weniger klar noch Max Weber, S. 223 ff.; tendenziell irreführend Rostovtzeff., Bd. II, S. 1028 ff.
45 Massetto in Lexikon des Mittelalters, Bd. 2, Sp. 1410 Stichwort: Bankwesen.
46 Waibl, Bd. 1, S. 45 ff., Le Goff, S. 12 ff.; Burkhard, S. 5 ff.
47 Nehlsen-von Stryk, passim; Perdikas, ZVersWiss. 1966, 425, 503; Otto von Gierke, Bd. 1, S. 1050 ff.; Ebel, ZVersWiss. 1962, S. 53 ff.; Überblick bei Schwintowski, S. 28 ff.
48 Waibl, S. 15.
49 Vertiefend Teubner, passim; Maturana, passim; Riedl, passim.

des Bankwesens zugleich die Augen für das Gegenwartsverständnis dieses bedeutenden, vielleicht des bedeutendsten, Wirtschaftszweiges der heutigen Zeit und der auf ihn wirkenden wie von ihm ausgehenden Anpassungsmodalitäten (Stichwort: Finanzdienstleistungen). *Dabei zeigt sich zunächst, daß die Idee des Geldes, und die damit verknüpfte Idee, ein abstraktes Zahlungsmittel zu schaffen, keinesfalls zu der Annahme verleiten darf, als folge aus ihr sozusagen automatisch die Notwendigkeit eines dauerhaften, organisierten, verstetigten, den Wirtschaftsablauf dynamisierenden Bank- und Kreditwesens.*

34 In Wirklichkeit war Münzgeld in der Antike, im Mittelalter, aber auch noch in der Neuzeit – Rudimente finden wir noch heute – eben nicht in erster Linie (abstraktes) Zahlungsmittel sondern Tauschobjekt. Anders ist es gar nicht zu erklären, daß in politischen Krisenzeiten Roms etwa Münzen gehortet wurden und fast ganz aus dem Umlauf verschwanden. So war es z.B. während des Bürgerkrieges zwischen Marius und Sulla (88 – 86 v. Chr.), während der catilinarischen Verschwörung (63/62 v. Chr.) und während des Bürgerkrieges zwischen Caesar und Pompeius (49 – 46 v. Chr.). In solchen Zeiten stiegen die Zinssätze für geliehenes Geld, und die Preise, insbesondere auch die Bodenpreise, fielen[50]. Wäre Geld ein abstraktes Zahlungsmittel gewesen, so hätten die Zinssätze für geliehenes Geld eher fallen und die Bodenpreise hätten steigen müssen. Auch die vielen durch Verringerung des Metallwertes (Gold/Silber) ausgelösten Münz- und Wirtschaftskrisen sind nur begreifbar, wenn man sich klar macht, daß es in Wirklichkeit eben um den Material- d.h. Tauschwert der Münzen, und nicht um deren Fähigkeit abstraktes Zahlungsmittel zu sein, ging[51]. Wirklich überwunden wurde das Denken in diesen Kategorien wohl erst in unserem Jahrhundert. Denn trotz der Erklärung der Banknote zum gesetzlichen Zahlungsmittel haben die zentralen Notenbanken bis 1914 Banknoten als bloßes Geldsurrogat betrachtet und den Geldwert nur im Gold, also in ihren Währungsreserven, gesehen. Deshalb bemühten sich die zentralen Notenbanken der großen Industrieländer um eine hohe, über die gesetzliche Vorschrift hinausgehende Golddeckung ihres Notenumlaufs und kauften systematisch Gold auf. Wir dürfen damit wohl die Vermutung aufstellen, daß es vom 7. Jh. v. Chr. bis in unser Jahrhundert hinein gedauert hat, bis sich die Idee des völlig abstrakten Zahlungsmittels durchsetzen konnte, bis also klar wurde, *daß Geld keinen Wert an sich verkörpert, sondern in abstrakter Form die Leistungsfähigkeit einer Waren und Dienstleistungen produzierenden Volkswirtschaft widerspiegelt*[52].

---

50 Born in HdWW Bd. 3, S. 363.
51 Vgl. die Darstellung der Geldgeschichte bei Born, HdWW Bd. 3, S. 360 ff.
52 Daß Geld zugleich auch Ware sein kann, wird durch diese Grundeinsicht nicht in Frage gestellt.

Weiterhin wird hieran deutlich, daß die Idee des Geldes im Sinne eines abstrakten Zahlungsmittels die Entstehung eines Bank- und Kreditwesens zwar in sich trägt, aber erst von bestimmten volkswirtschaftlichen Größenordnungen an funktional erzwingt. Das heißt, Geldschöpfung, -umlauf, -aufbewahrung und -anlage konnten, ohne modernes Bankwesen, über mehrere Jahrtausende in Vorformen und Stufen, die je nach Entwicklungs- und Differenzierungsgrad des Handels ihrerseits variierten, verwirklicht werden. Bei alledem dürften religiöse Überzeugungen und Traditionen neben den rein ökonomischen Funktionen der Geldidee gestanden und diese überlagert haben, woraus erklärt werden kann, daß Hochkulturen wie diejenige der Ägypter beispielsweise Banken in weit ausgeprägterem Sinne kannten als etwa die kulturell sicherlich nicht unterlegenen Bürger Roms.

35

Macht man sich jedoch hinreichend klar, daß Begriffe wie Bank, Darlehen, Giro oder Wertpapier im jeweiligen historischen Kontext funktional differierend begriffen werden müssen, unterlegt man also die Geschichte nicht einfach mit dem eigenen, der Gegenwart entliehenen begrifflichen Weltbild, so wird der Blick auf die Anfänge des Bank- und Kreditwesens im doppelten Sinne lehrreich und fruchtbar sein. Man lernt einerseits wirklich Neues kennen, schärft also seine Sinne für Tradition und Anpassungsvermögen und erfährt andererseits, daß das, was wir heute als Bank- und Kreditwesen praktizieren, nicht etwa Ausdruck einer statischen Idee, sondern eines jahrtausendealten Entwicklungsprozesses ist, der rudimentär begonnen hat, immer wieder in sich zusammengebrochen ist, völlig anderen Funktionen diente als wir heute erwarten und schließlich für die Zukunft die Prognose erlaubt, daß das Bank- und Kreditwesen im Jahre 2500 n.Chr. völlig anders funktionieren wird als unser heutiges.

36

2. Das Bank- und Kreditwesen in frühen Hochkulturen

Es scheint so, als habe sich in Babylon, bei den Sumerern, erstmals eine Art Bankwesen und Geldverkehr gebildet und zwar weit vor der Zeit aus der die ältesten Münzen stammen[53]. Oben wurde bereits über die erhaltenen Urkunden (Tontafeln) aus dem Verwaltungsarchiv eines kleineren Tempels der Stadt Lagasch aus der Zeit zwischen 2850-2650 v. Chr. berichtet. Die Eintragungen spiegeln ein von Wohlstand geprägtes Tempelleben wider, das zumindest so vielfältig gewesen sein muß, daß einheitliche Maß- und Gewichtssysteme benutzt werden mußten. Auf dem Obelisken des Königs Manischtusu (um 2572 – 2558 v. Chr.), der von Landkäufen berichtet, wird der Preis des Grundstücks in Getreide angegeben. An die Stelle des Getreides konnte eine bestimmte Menge Silber treten; man setzte für ein Kur (252 l Getreide) ein Sekel (8,4 g Silber) als Ersatz-

37

---

53 Deimel, passim.

wert fest. Diese Umrechnung von einem Kur Getreide für ein Sekel Silber war in Ur bis zur dritten Dynastie (2500-1950 v. Chr.) allgemein gebräuchlich und änderte sich später im Lauf der geschichtlichen Ereignisse durch Kriegszeiten und Feindeinfälle[54]. Sicher ist es richtig, wenn man aus diesen Zusammenhängen folgert, daß der Tempel zu jener Zeit viele Aufgaben hatte. Nicht nur war er Heimstatt der Götter, der Ort des Kultes, der Opfer und Gebete, sondern auch Schatzhaus des Königs, Speicher, Arsenal, Bibliothek, Archiv und vielleicht auch Gericht, Notariat und Bank[55]. Der Tempel soll Darlehen ausgegeben und darüber gewacht haben, daß Zinsen um 20, 30 oder noch mehr Prozent auch wirklich bezahlt wurden; überliefert sind auch Handelskarawanen des Königs bis nach Ägypten und Kleinasien und der Kupferinsel Zypern[56]. In welchem Sinne diese Tempelgeschäfte Bankgeschäfte gewesen sein könnten, ist allerdings kaum mehr aufklärbar.

38 Fest steht, daß in den Tempelsiedlungen, die kaum die Größe eines heutigen Dorfes erreichten, das tägliche Leben den Austausch von existenziell wichtigen Grundgütern erforderte. Es ist bestimmt eine großartige Sache, wenn man aus jener Frühzeit schriftliche Aufzeichnungen (Tontafeln) besitzt. Aber die Tatsache, daß die Menschen damals Getreide, Fleisch, Stoffe, Werkzeuge, Getränke, Öle, Gewürze und Holz austauschten, ist doch beim besten Willen nichts Außergewöhnliches, weist eben gerade nicht auf Strukturen hin, die ein ausdifferenziertes Bankwesen erfordert hätten. Es mag Kleinkredite gegeben haben, aber irgendeinen Hinweis auf eine dynamische Volkswirtschaft, ein geldschöpfendes Bankwesen mit einer stetigen Bankorganisation und einer entsprechenden Buchführung gibt es aus dieser Zeit nicht, und die geringe Bevölkerungsdichte läßt auch nichts anderes erwarten. Kaum anders stellen sich die Dinge in Ägypten dar. Es ist bekannt, daß sich seit der 18. Dynastie (1552 – 1306 v. Chr.: Neues Reich) der Besitz der Tempel an Land (durch königliche Schenkungen) an Gold und Silber (aus den Tributen vorwiegend) und Menschen (Gefangenen) von Generation zu Generation mehrte, und daß besonders dem Amun-Tempel von Karnak ein Besitz an Land und Menschen und Einkünften zu eigen war, der das Tempelgut als Staat im Klei-

---

54 Ur bezeichnet das Siedlungsgebiet der Sumerer, die sich zwischen 3200-2800 v. Chr. im Süden Mesopotamiens (Zweistromland), also zwischen Euphrat und Tigris, im heutigen Irak, ansiedelten. Nördlich davon siedelten um 2500 v. Chr. die Assyrer am oberen Tigris; dazwischen, nordöstlich von Ur, liegt die Stadt Babylon, die unter dem Herrscher Hammurabi (1728-1686 v. Chr.) zur entscheidenden Macht in Mesopotamien werden sollte; aus jener Zeit stammt der Codex Hammurabi, das älteste überlieferte Gesetz, das sich für Leben und Eigentum der Untertanen einsetzte; es entstehen Reformgesetze nach dem Grundsatz der »Talion« und das »Gilgamesch-Epos«.
55 Helga Pohl, S. 60.
56 Helga Pohl, S. 60.

nen erscheinen ließ⁵⁷. Im Mittelpunkt des Wirtschaftslebens standen offensichtlich die Tempelbetriebe, die Religion und Kult, Grund- und Menschenbesitz, Wirtschaft und Handel, Handwerk und Technik in der Hand Gottes zusammenfaßten, so daß jede verwaltungsmäßige Unkorrektheit oder jede Übertretung der Bestimmungen über Tempelbesitz zum Sakrileg wurde. Allerdings sind wir über Tempelzuweisungen in Ägypten nur sporadisch unterrichtet. Was im einzelnen die in Theben-West errichteten Totentempel an Land, Leuten und Einkünften besessen haben, wissen wir nicht. Nicht bekannt ist, aus welchen Mitteln und in welchem Umfang die in der Ramses-Stadt (Tanis) neu errichteten Tempel dotiert wurden, eine Stadt, von der es in einem Liede heißt: »Alle Leute verlassen ihre Städte und werden angesiedelt in ihrem Bezirk...«. Wiederum nur einen Ausschnitt aus den wirtschaftlichen Verhältnissen gibt der Große Papyrus Harris, immerhin ein Dokument, das mit genauen Zahlenangaben arbeitet. Nach einer eingehenden Analyse durch Herbert D. Schaedel wissen wir, daß keine Zusammenstellung des gesamten Tempelvermögens zur Zeit Ramses' III. vorliegt, sondern nur eine Aufzählung all dessen, was Ramses einigen Tempeln des Landes neu überwiesen hat. Der Papyrus unterscheidet u.a. Besitztumsschenkungen an Leuten, Land und Gold; so werden etwa Theben 86 486 Menschen, 2 961 qkm Land und knapp 34 kg Gold geschenkt⁵⁸. In welchem Verhältnis diese Zahlen zur Gesamtkapazität Ägyptens der damaligen Zeit standen, läßt sich nicht sagen; wir besitzen keinerlei Angaben über die Kopfzahl der Bevölkerung oder die Größe des anbaufähigen Landes. Aussagen über das grundsätzliche Verhältnis zwischen der Tempelwirtschaft einerseits und der Staatswirtschaft andererseits lassen sich ebenfalls aus den vorliegenden Dokumenten nicht eindeutig herleiten. Der Papyrus Wilbour aus der Zeit Ramses' IV. (1186 – 1070 v. Chr.) enthält Verpflichtungen, in bestimmter Höhe Kornabgaben an den Staat zu leisten. Aber irgendeinen Anhaltspunkt dafür, daß damit einhergehend ein Bankwesen organisiert worden sein könnte, enthalten die Zeugnisse nicht⁵⁹.

Klarere Konturen lassen sich erst für die Zeit aufzeigen, in der Ägypten unter griechischem Einfluß steht. 323 v. Chr. wird nach dem Tod Alexander des Großen die königliche Gewalt für Ägypten auf Ptolemaeos übertragen. *Das Recht des ptolemäischen Ägypten ist deshalb so gut bekannt, weil das trockene heiße ägyptische Klima eine große Zahl von Denkmälern konservierte.*

In anderen Ländern wäre der brüchige Papyrus, der die meisten Rechtsurkunden und Gesetzestexte wiedergibt, längst verwest gewesen; nur der Wüstensand eines regenlosen Landes konnte ihn bis zum heutigen Tag

---

57 Otto, S. 187.
58 Zu allem vertiefend Otto, S. 190.
59 Weiterführend Otto, S. 192 ff.

bewahren. Aus den Papyri wird deutlich, was das Zeitalter des Hellenismus charakterisiert: Die Auseinandersetzung der Kulturgüter, die die Griechen mitbrachten, mit denen, die sie in den von Alexander dem Großen eroberten Gebieten, wie etwa in Ägypten, vorfanden[60]. Bankgeschäfte, so meint jedenfalls Rostovtzeff[61], sollen in der griechischen Welt so alt wie die Verwendung einer geprägten, vom Staat garantierten Währung gewesen sein.

41 Die ersten Bankiers und Geldwechsler saßen hinter ihren Tischen (trapeza), auf denen sie wechselten, und wurden darum trapezitai genannt, die Bankunternehmen trapezai. Der Begriff Bank beruht übrigens auf dem gleichen Anknüpfungsobjekt, nämlich dem großen Wechseltisch (banca), auf dem verschiedene Münzsorten ausgebreitet und gewechselt wurden. Die ältesten trapezai (etwa aus dem 6. Jh. v. Chr.) sind wohl die Tempelbanken, die zunächst nur Wertgegenstände und Gold aufbewahrten, später auch Geld verliehen, bei etwa 10 % Zins (so in Delos) auf Hypotheken. Gut bekannt sind inschriftliche Abrechnungen in Delos, wonach in der Zeit der athenischen Vorherrschaft die Darlehen an die Mitglieder des Seebundes gehen, später nur an die Stadt Delos und deren Bürger, offenbar, weil die Eintreibung außerhalb der Insel nicht mehr gesichert war. Die Summen und der Gesamtumsatz sind niedrig, die Rolle der Tempelbanken wird in der Fachliteratur »oft maßlos überschätzt«[62]. Hierneben entstehen Privatbanken, wo vornehmlich Geld gewechselt werden kann. Ferner nehmen sie Depositen entgegen, entweder zur einfachen Aufbewahrung oder zur Weiterverwendung des Geldes, wobei im zweiten Fall dem Kunden ein Zins in Höhe von 10 % gewährt wird.

42 In Ägypten wurde unter dem Einfluß Griechenlands das Bankwesen erstmals zentralisiert durch Schaffung einer zentralen Staatsbank in Alexandria und Zweigstellen im Land. Diese Staatsbank der Ptolemäer war nach griechischem Vorbild eingerichtet. Die Terminologie, das Buchungssystem, die Geschäftsformen waren griechisch und zwar ausgerichtet an den Funktionen der griechischen Stadtbanken. Aus der erhaltenen Buchführung der Herakleopolitischen Bank ist ersichtlich, daß die Inanspruchnahme der Banken bei der Bevölkerung Ägyptens populär war. Neben seiner Bequemlichkeit hatte das Verfahren, Verpflichtungen durch die Bank zu bezahlen, den zusätzlichen Vorteil, daß es damit eine amtliche Aufzeichnung der Transaktionen gab, die in Streitfällen als Beweismaterial herangezogen werden konnte[63]. Dennoch hat die Entwicklung des Bankwesens auch in dieser Zeit die traditionelle Getreidewirtschaft Ägyptens

---

60 Vertiefend Seidl, S. 1 ff.; Wolff., passim; Preisigke, passim; Rupprecht, passim.
61 Bd. II, S. 1028.
62 Der kleine Pauly, Lexikon der Antike, Sp. 927.
63 Rostovtzeff., Bd. 2, S. 1034.

nicht etwa verdrängen können. Getreide war in Ägypten ein nach wie vor gebräuchlicher Wertmesser, eine andere Form von Geld.

Hieran liegt es wohl, daß die Banken ihre Geschäfte nicht auf Geld beschränkten, sondern auch auf Getreide ausdehnten. Die Regierungsspeicher, die über das ganze Land verstreut und von den Ptolemäern übernommen worden waren, wurden von ihnen in ein Netz von Getreidebanken mit dem Zentrum in Alexandria umgewandelt. Sie wurden von einem besonderen Stab geleitet, der die gleichen Funktionen wie die Bankiers hatte, d.h. sie nahmen die in Naturalwerten bezahlten Steuern und Pachten in Empfang und leisteten im Auftrag des Staates Getreidezahlungen aus den Regierungsspeichern[64]. Dies sind deutliche Hinweise darauf, daß Bankgeschäfte den Tauschvorgang begleiteten, vielleicht auch erleichterten; ansonsten dienten sie zur Sicherung, erschöpften sich also in der Funktion Geld/Korn aufzubewahren[65]. Auch Max Weber weist darauf hin, daß das im ptolemäischen Ägypten geschaffene Bankmonopol mit den Aufgaben der modernen Staatsbank (Notenemission, Valutaregulierung, Münzpolitik) nichts zu tun hatte; es waren rein fiskalische Institute, die sich für den Staat zur ergiebigen Erwerbsquelle entwickeln ließen[66]. Finley hat deshalb zu Recht darauf hingewiesen, daß der Geldverleih zwar unendlich häufig unter den Griechen stattgefunden hat, daß aber alle Verleiher sich streng nach dem tatsächlich vorhandenen Betrag an Bargeld, der zur Verfügung stand, zu richten hatten[67]. Es gab mit anderen Worten keinerlei Verfahren zur *Kreditschöpfung* etwa mittels übertragbarer Wertpapiere. Auch das vollkommene Fehlen einer öffentlichen Verschuldung ist in diesem Zusammenhang ein bedeutsamer Hinweis. Kein Grieche (oder Römer) könnte – so Finley weiter – eine moderne Definition des Geldvolumens als »der Summe der Bankverbindlichkeiten zuzüglich des baren Geldes im Publikumsbesitz der Nicht-Banken« verstanden haben[68]. Und schließlich hat die 1968 von Bogaert vorgelegte Studie des griechischen Bank- und Kreditwesens nicht mehr als zwei tatsächlich belegbare Fälle ans Licht bringen können, in denen Geld für geschäftliche Zwecke verliehen wurde, sei es für Landwirtschaft, Handel oder Herstellung. In den Quellen aus allen Epochen gibt es also nicht mehr als diese

43

---

64 Rostovtzeff., Bd. 2, S. 1035; Preisigke, S. 62 ff.
65 Prof. Okko Behrends, Göttingen, hat in einem Brief noch auf folgendes hingewiesen: Wenn die ägyptischen Getreidelagerhalter gewagt hätten mit den Getreidemengen, über die urkundsmäßig verfügt wurde, nun ihrerseits Handel zu treiben, hätte es hier eine »Getreidegeldschöpfung« (analog zum heutigen Giralgeld, Anm. d. Verf.) gegeben. Daß sie es nicht getan haben, hängt wohl auch mit dem viel geringeren Volumen zusammen, der keinen so zuverlässigen Bodensatz von verfügbarem »Getreidegeld übrigließ«. Und, so würde ich ergänzen, auch mit der Unsicherheit der jeweils kommenden Ernteerträge (Korn ist ja, im Gegensatz zu Münz- oder Papiergeld, auch Nahrungsmittel und Saatgut).
66 Wirtschaftsgeschichte, S. 226.
67 S. 169.
68 S. 169.

Erster Teil Grundlagen

zwei Fälle, wenn man einmal von den Seekrediten absieht, die eine Ausnahme bilden, weil es sich bei dieser Art des Darlehens eher um eine Versicherung als um eine Form von Kredit handelte[69]. Angesichts dieser Lage wird man zwar annehmen können, daß es geschäftliche Vorgänge gab, die in den Quellen keinen Niederschlag gefunden haben, jedoch läßt sich kaum bezweifeln, daß die übliche Kreditvergabe bei den Griechen jedenfalls nicht Produktionszwecken diente. Ein Bank- oder Kreditwesen im modernen Sinne mit modernen Finanzierungsfunktionen findet sich also auch in dieser Zeit noch nicht.

3. Das Bank- und Kreditwesen in Rom

44 Aus neuerer Zeit liegen, und zwar einerseits von Thilo und andererseits von Bürge, sorgfältige und gründliche Studien des römischen Bankwesens vor, die übereinstimmend belegen, daß es auch in römischer Zeit keine Einrichtungen zur Organisation eines Bankwesens im modernen Sinne gegeben hat. Tatsächlich besaß Rom nicht einmal jenes in der griechischen Welt verbreitete System, in dem die Tempel auch Kreditvergabefunktion besaßen. Aktivitäten dieser Art wurden stets von Privatleuten abgewickelt und nur in diesem Zusammenhang kann man überhaupt von Bankiers sprechen[70]. Aber schon der Begriff Bankier greift in Wirklichkeit zu weit, wie Bürge in seiner ausführlichen Studie eindringlich klarmacht. Da gibt es zunächst die *nummularii*, eine sozial tiefstehende Berufsgruppe, die schlagwortartig das Geldwechsel- oder Sortengeschäft offenbar unter öffentlicher Aufsicht an einem Tisch (mensa)[71] durchführten[72]. An diese Tätigkeit knüpfte eine weitere Funktion, nämlich die Annahme von Geldern zum Depot[73], an. Der nummularius fungierte also im wesentlichen als Zahlstelle zur Bewältigung der kleinen Geschäfte des Alltags, d.h. er vollführte ein handwerklich geprägtes, kleines Gewerbe, das keinesfalls die Komplexität von Geschäften verkörperte, die den Schluß auf ein qualifiziertes Bankwesen erlauben würden[74]. Hierneben steht die Tätigkeit der *argentarii* und des *coactor*[75]. Der Aufgabenbereich der argentarii, die spätestens seit Hadrian einer polizeilichen Aufsicht unterlagen, ist aufgrund

---

69 Koch, ZVersWiss 1967, 189 ff.
70 De Martino, 174 ff.
71 Das spätere Wort »banca« wird in der antik-römischen Zeit noch nicht verwendet. Wer gewerbsmäßig mit Geld zu tun hat, heißt in Rom entweder nach Tisch (trapezita mensarius, mensularius) oder nach Zinsen(danista). Die frühesten Verwendungen von bancus und banca (beide Geschlechter möglich, daher noch heute ital.: banco di Roma, aber banca popolare) finden sich z.B. im Du Cange, Glossarium mediae et infirmae latinitatis I (1883, Nachdr. 1954).
72 Bürge, S. 467 ff.; Herzog, S. 6 ff.
73 Bürge, S. 471: darauf weist das Aussonderungsrecht für Depotgelder hin, das als solches den privilegierten Forderungen im Konkurs des nummularius vorgeht.
74 Bürge, S. 476; De Martino, S. 174; Finley, S. 170.
75 Bürge, S. 476 ff.

§ 2 *Geschichtliche Entwicklungslinien des Bankwesens und des Bankrechts*

der wenig präzisen Quellenlage nur schwer genau zu beschreiben. Der argentarius scheint eine vermittelnde Tätigkeit beim Verkauf und bei der Vermarktung von Gütern wahrgenommen zu haben, d.h. ähnlich einem Auktionator tätig geworden zu sein[76]. Nach der Deutung Bürges wußte der argentarius die notwendige – und in Rom notorisch knappe – Liquidität zu beschaffen. Daraus wieder folgte zwanglos seine Rolle als Zahl- und Depotstelle[77]. Die argentarii wickelten demnach sicherlich Geldgeschäfte ab, während der coactor – die Quellenlage ist insoweit noch schlechter – offenbar nur Hilfsfunktionen bei der Versteigerung von Waren erfüllte, etwa die Aufgabe, die geschuldete Summe bei den Ersteigerern einzutreiben[78]. Es spricht deshalb viel für die Einschätzung Bürges, wonach in Rom sicher Geschäfte abgewickelt wurden, die heute selbstverständlich von Banken besorgt werden. Zu denken ist etwa an das Depot- oder das Geldwechselgeschäft. Es handelt sich dabei um einzelne Transaktionen, die weder ein modernes Bankwesen voraussetzen noch vom Volumen her den Schluß auf ein modernes Bankwesen zulassen. Zudem sind alle Berufe auf einer sozial tiefen Stufe angesiedelt, was auf ihre marginale Bedeutung im gesamtwirtschaftlichen Kontext hinweist[79]. Darüber hinaus weist Finley darauf hin, daß selbst Großkredite, die sich vermögende Leute gegenseitig gaben, allenfalls für politische und andere Verbrauchszwecke, nicht aber für Produktionszwecke gegeben wurden[80]. Dazu hätte es in der Tat einer auf Stetigkeit ausgerichteten Bankorganisation bedurft, die es nicht gab[81]. *Wäre das anders gewesen, würde man also in Rom bereits einen modernen, auf Rentabilität ausgerichteten Bankbetrieb vorfinden, so müßte es Spuren eines ausdifferenzierten Buchführungssystems geben, mit dessen Hilfe Kosten, Risiken und Gewinnchancen des eingesetzten Kapitals hätten abgeschätzt werden können.*

Solchen Anforderungen wird aber erst die moderne, seit dem Trecento allmählich nachweisbare und von Luca Pacioli später dargestellte Buchführung in *Doppelposten* gerecht. Eine auch nur entfernt vergleichbare Technik läßt sich jedoch für die römische Antike ebensowenig nachweisen wie für die griechische[82]. Wenn in den Quellen für die Unterlagen des argentarius das Wort codex auftaucht, so sind damit nie unsere Rechnungsbücher, sondern nur einzelne miteinander zusammengebundene Wachstäfelchen gemeint. Erst später wurde, wie Thilo im einzelnen nachgewiesen

45

---

76 Thielmann, passim; Bürge, S. 481.
77 Erwiesen ist daneben die Giroanweisung mit Barauszahlung – wer z.B. in Arles (Arelate) bei einem Bankier-Sklaven Geld eingezahlt hatte, konnte dies auch in Rom vom Mutterhaus verlangen (ein solcher Fall ist in Ulpian 28 ad edictum D 14, 3, 13 pr belegt)
78 Bürge, S. 484 ff.
79 Bürge, S. 486; De Martino, S. 174 ff.; Finley, S. 54 ff., S. 170 ff.
80 Finley, S. 170.
81 Bürge, S. 500 ff.
82 Hierzu umfassend Thilo, passim.

Erster Teil Grundlagen

hat, – aber zunächst auch nur selten – als Schreibmaterial Pergament verwendet[83]. Es deutet also alles darauf hin, daß der codex eine Sammlung von Urkunden über abgewickelte Geschäftsvorgänge war, die es im wesentlichen zu Beweiszwecken aufzubewahren galt[84]. Eine Buchhaltung, die eine Überprüfung und Kalkulation von Kosten, Nutzen und Gewinn ermöglichte, lag in diesen schlichten Inventarlisten sicher nicht[85]. Es besteht nach alledem kein Zweifel daran, daß es in Rom zwar Bankgeschäfte, wie wir sie heute kennen, gegeben hat, wobei es besonders interessant ist, daß das eigentliche Darlehensgeschäft auf allen sozialen Stufen praktiziert wurde, ohne daß sich eine Gruppe berufsmäßiger Vermittler herausbildete. Andererseits zeigt die Analyse der Rechtsquellen, daß grundlegende Unterschiede zum modernen Bankwesen bestehen. So »wird das Entgelt sehr häufig nicht über die wirtschaftliche Austauschbeziehung geleistet, was in vielen Fällen ökonomisches Planen und Optimieren des Mitteleinsatzes von vornherein aus dem Bereich des Möglichen rückt. Darüber hinaus fehlt es an einer den modernen Bankbetrieb kennzeichnenden Verknüpfung der einzelnen Operationen zu einem Netz von Austauschbeziehungen, wodurch erst ein Zinsmargengeschäft sinnvoll würde. Ebenso findet sich kein Hinweis auf eine auf Dauer angelegte Organisationsstruktur«[86].

46 Die römische Bank diente weder dem Zweck, Ersparnisse zu sammeln noch demjenigen, damit Investitionen von Unternehmen zu finanzieren, noch weniger führte sie Finanzgeschäfte mit Wertpapieren durch, so daß ein Vergleich mit dem Bankwesen und -geschäft der moderneren Zeit vermieden werden sollte[87]. Hieran wird erkennbar, wie stark die Entwicklung des Bankwesens funktional mit derjenigen der Wirtschaft verknüpft ist. Die römische Wirtschaft basierte im Grunde auf Landwirtschaft, Kleingewerbe und der Ausbeutung der Provinzen. Eine solche tendenziell auf Tausch beruhende Naturalwirtschaft benötigt kein modernes Bankwesen, d.h. wenn man von Banken in Rom spricht, so können dies allenfalls modernisierte antike Einrichtungen sein, die mehr mit Geldwechsel und Gelddarlehen befaßt waren aber weniger mit dem Ansammeln von Geld in Form von Einlagen, die in Investitionen hätten gesteckt werden können[88].

---

83 Thilo, S. 42 ff.
84 Vertiefend Lenel, Edictum perpetuum, S. 62
85 Thilo, S. 140 f, 242 ff., 276 ff. – dort auch Kritik des traditionellen Konzepts des römischen Litteralkontraktes – in ihm geht es um das Entstehen von »Hausbuch-Geld« durch novatorische Verwandlung kausaler Forderungen aus Kauf oder Gesellschaft in abstrakte Geldforderungen und um Schuldnerwechsel bei von vornherein abstrakten Forderungen -; kürzer und zustimmend Bürge, S. 518 f; Finley, S. 170.
86 Zu allem vertiefend Bürge, S. 556 f.
87 De Martino, S. 176.
88 De Martino, S. 176; Bürge, S. 556; Finley, S. 170.

4. Entstehung und Entwicklung des Bank- und Kreditwesens im Mittelalter (ca. 375-1700)

Schrifttum:
Born, Geldgeschichte, in Handwörterbuch der Wirtschaftswissenschaften, Bd. 3, S. 360; *Buchner*, Die Provence in merowingischer Zeit, 1933; *Burkhardt*, Die Entdeckung des Handels, Augsburger Universitätsreden, Bd. 23, 1993, S. 5; *Dahn*, Zum merowingischen Finanzrecht, Abhandlung zum 70. Geburtstag Konrad Maurers, 1893; *Dopsch*, Die Wirtschaftsentwicklung der Karolingerzeit, 2. Teil, 1913; *ders.*, in: Reallexikon der germanischen Altertumskunde, 2. Bd., S. 147 ff.; *Eco*, Das Foucaultsche Pendel, 1989; *Le Goff*, Kaufleute und Bankiers im Mittelalter, 1993; *von Ebengreuth*, Allgemeine Münzkunde und Geldgeschichte des Mittelalters und der neueren Zeit, 1976; *Endemann*, Studien in der Romanisch-kanonistischen Wirtschafts- und Rechtslehre, (2 Bände) 1874, Neudruck 1962; *Friedensburg*, Münzkunde und Geldgeschichte der Einzelstaaten des Mittelalters und der Neueren Zeit, Unveränderter Nachdruck der Ausgabe 1926, 1972; *von Inama-Sternegg*, Deutsche Wirtschaftsgeschichte, Bd. I u. II; *Jesse*, Quellenbuch zur Münz- und Geldgeschichte des Mittelalters, 2. Neudruck der Ausgabe Halle 1924, 1983; *Klein* (Hrsg.), Deutsche Bankengeschichte, Bd. 1, Von den Anfängen bis zum Ende des alten Reiches (1806), 1982; *Kroeschel*, Deutsche Rechtsgeschichte, Bd. 1 (bis 1250), rororo Tb, 1. Aufl., 1972; *Kuske*, Köln, der Rhein und das Reich, Beiträge aus fünf Jahrzehnten wirtschaftsgeschichtlicher Forschung, Köln/Graz 1956, 51; *ders.*, Das Schuldenwesen der deutschen Städte im Mittelalter, Zeitschrift für die gesamte Staatswissenschaft, Ergänzungsheft XII, 1904; *Le Goff*, Kaufleute und Bankiers im Mittelalter, 1993; *Massetto*, in: Lexikon des Mittelalters, Bd. 1, S. 1409; *Noonan*, The Scholastic Analysis of Usury, Cambridge Mass., 1957; *Obst/Hintner*, Geld-, Bank- und Börsenwesen, 37. Aufl., S. 103 ff.; *Prou*, Les monnaies Mérovingiennes, 1892; *Roover*, New Interpretations of the History of Banking, in: Business Banking and Economic Thought in Late Medieval and Early Modern Europe, Selected Studis of Raymond de Roover, ed. by Julius Kirshner, Chicago 1974, S. 201; *ders.*, Cambridge Economic History of Europe Bd. III; *Trusen*, Zum Rentenkauf im Spätmittelalter, FS für Heimpel zum 70. Geb., 2. Bd., S. 140; *ders.*, Spätmittelalterliche Jurisprudenz und Wirtschaftsethik, 1961; *Waitz*, Deutsche Verfassungsgeschichte, Bd. VIII, 2. Auflage, 1955 (Sonderauflage der wissenschaftlichen Buchgesellschaft e.V. Darmstadt).

Metallgeld übernahmen die Germanen von den Römern. Nach dem Zeugnis des Tacitus bevorzugten sie noch zu Ende des 1. Jh. n.Chr. das alte vollwertige Silbergeld der Konsularzeit; danach sind auch römische Kaiserdenare ungeachtet ihres abnehmenden Feingewichts in großen Mengen als Folge von Handel, Soldzahlungen oder Beutezügen über die germanischen Grenzen gedrungen. Spätestens seit Alexander Severus bevorzugten jedoch die Germanen die in ihrem Feingehalt unveränderten römischen Goldmünzen und hielten an diesen durch Jahrhunderte fest[89]. Die ältesten germanischen Münzen sind Nachbildungen römischer Kaisergepräge, die oft noch Kopf und Namen des römischen Vorbilds erkennen lassen. Wie weit diese Anfänge germanischer Münzprägung zurückreichen ist relativ ungewiß. Gesichert treten diese Münznachahmungen in der Merowingerzeit um das 5./6. Jh. auf[90]. Die wohl immer noch überwiegende Meinung nimmt an, daß mit dem Zusammenbruch des römischen

47

---

89 Dopsch, S. 147; vertiefend Friedensburg, S. 9 ff.
90 Jesse, Quellen S. 1 f; von Luschin, passim; von Inama-Sternegg, Deutsche Wirtschaftsgeschichte, Bd. 1, passim; Born in HdWW, Bd. 3, S. 364.

Reiches auch das relativ hoch entwickelte Geld- und Kreditwesen aufgehört habe zu existieren, daß die Stürme der Völkerwanderung (375 n.Chr. Einfall der Hunnen) lediglich der für einen noch so primitiven Zahlungsverkehr unerläßliche Geldwechsel überlebt habe[91]. Vor allem Dopsch weist aber darauf hin, daß diese Auffassung durch neuere Quellen zumindest fragwürdig geworden ist[92].

48 *Insbesondere seit der Merowingerzeit (482 – 639 n.Chr.) ist ein beträchtlicher Geldverkehr nachweisbar.* Das belegen die zahlreichen Münzprägungen in Gold und Silber aus jener Zeit, in der die Münze kein Regal war, sondern sehr vielen privaten, besonders geistlichen Grundherrschaften zustand. Kauf und Verkauf, selbst von Immobilien, wurden zumeist in Geld vollzogen, wie die Traditiones Wizzenburgenses (Weißenburg im Elsaß), sowie die Formulae Andecavenses und Marculfi bezeugen. Gelddarlehen gegen Zins kamen häufig vor, und von Preiswucher in Jahren schlechter Ernte und bei Hungersnot seitens der Händler wird von Gregor von Tours für das Jahr 585 n.Chr. berichtet. Hinweis auf die verbreitete Geldwirtschaft ist auch die Tatsache, daß die Kirche auf Konzilien wiederholt gegen den Wucher – an welchem sich auch Priester beteiligten – Stellung nahm, so 538 n.Chr. und Anfang des 7. Jh.[93]. Auch Buchner berichtet für die Provence der merowingischen Zeit, daß das gesamte Wirtschaftsleben bis ins 8. Jh. hinein vorwiegend geldwirtschaftlich abgewickelt worden sei. Zwar fehle es nicht ganz an Belegen für eine naturale Tauschwirtschaft, jedoch müsse der Handel im wesentlichen gegen Geld abgewickelt worden sein. So empfahl beispielsweise der Bischof Caesarius in einer überlieferten Predigt dem Christen, der nicht lesen kann, einen »Söldner« zum Vorlesen der Bibel zu mieten, wie die Kaufleute sich mercenarios litteratos hielten, um Geld zu gewinnen[94]. Aber selbst die Landwirtschaft muß ihre Produkte vielfach für Geld verkauft haben, denn die Pensionen des Papstgutes in der Provence wurden noch zu Zeiten Gregors des Großen von den Kolonen nicht in Bodenprodukten, sondern in Münze bezahlt[95].

49 Durch die karolingische Münzordnung, die von Pippin (751 – 768) und Karl dem Großen (768 – 814) in mehreren Gesetzen eingeführt wurde, ist im Abendland der Silberne Denar oder Pfennig für ein halbes Jahrtausend die Münzgattung geworden[96]. Es handelte sich um dünne Silbermünzen mit beidseitiger Prägung. Dem Handel wird für jene Zeit gewöhnlich nur wenig Bedeutung beigemessen. Das ist, wie Dopsch[97] mit guten Gründen

---

91 Deutsche Bankengeschichte, Bd. 1, S. 21; Dopsch, S. 147 m.w.N.
92 Dopsch, S. 148; ähnlich Friedensburg, S. 10 ff.
93 Dopsch, S. 148; Prou, passim; Dahn, passim.
94 Buchner, S. 54.
95 Buchner, S. 55.
96 Born, HdWW Bd. 3, S. 364; vertiefend Friedensburg, S. 12 ff.
97 S. 148, 149.

darlegt, wenig wahrscheinlich, hat aber sicher etwas mit der außerordentlich dürftigen Quellenlage zu tun. So wird die Tatsache, daß relativ wenige Belege für Gelddarlehen erhalten geblieben sind, damit erklärt, daß die fränkische Darlehensurkunde (cautio) nach Abwicklung des Geschäfts vernichtet werden mußte. Auch die Wuchergesetze Karls des Großen und seiner Nachfolger dürften keine gelehrte Spielerei der sog. karolingischen Renaissance, sondern Ausdruck einer durch Wucher bestimmten Geschäftspraxis in jener Zeit gewesen sein. Auch Priester und königliche Beamte waren an diesen Wuchergeschäften offenbar beteiligt[98]. Für eine durchaus funktionsfähige Geldwirtschaft spricht auch, daß an der Nord- und Ostsee bereits seit dem Ausgang des 8. Jh. ein reger Handelsverkehr nachweisbar ist. Vielfach wird dieser als Vorläufer der jüngeren deutschen Hanse bezeichnet. Zahlreiche Münzfunde arabischer Herkunft sind an der Ostsee, schwäbische Prägungen in England und fränkische Goldstücke in Skandinavien ausgegraben worden. Einen internationalen Handels- und Geldverkehr bezeugen die arabischen Berichterstatter vom 9. Jh. an[99]. Endlich lassen auch die zahlreichen Geldzahlungen, die für die Verleihung von geistlichen (Bistümern und Abteien) wie weltlichen Ämtern und Lehen sowie für die Erlangung von Privilegien zu entrichten waren, auf die steigende Entfaltung reger Geldwirtschaft schließen. »Ohne Geld, kein Amt«. Die alte, auch in der Karolingerzeit bereits lautgewordene Klage (vgl. die sog. »Paränesis« Theodulfs von Orleans), das Geld regiere und entscheide alles, tritt nun unter Otto III. (regnat pecunia) und Heinrich IV. (nummus regit, nummus regnat) besonders stark hervor. Auch das servititium regis wird z.T. in Geld entrichtet[100]. Das karolingische Pfund wurde als Münzgewicht in der Mitte des 11. Jh. in Deutschland, später auch in anderen Ländern durch die Mark abgelöst, d.h., daß für das gesamte Frühe und Hohe Mittelalter Geldgeschäfte nachweisbar sind.

Früheste Hinweise auf mittelalterliche Bankgeschäfte enthalten allerdings erst die Genueser Notariatsakten des 12. und 13. Jh., in denen auch schon die Bezeichnung »Bancherius« zu finden ist. Diese »Bancherii« waren offenbar zunächst Geldwechsler, dehnten aber schon um 1200 ihre Geschäfte über das bloße Geldwechseln hinaus aus[101]. Sie nahmen Depositen entgegen, räumten ihren Kunden Kredite ein und beteiligten sich daneben am Überseehandel, wobei die Verbindung von Waren- und Geldge-

---

98 Dopsch, Die Wirtschaftsentwicklung der Karolingerzeit, 2. Teil, mit Hinweis auf die Spezialliteratur.
99 Dopsch, S. 149 m.w.N.
100 Waitz, Deutsche Verfassungsgeschichte VIII.
101 De Roover, S. 201 ff.; in dieser Zeit macht allerdings erst allmählich der Name des Wechslers (campsor: von cambium = wechseln) dem des Bankiers (bancherius) Platz. Es wird angenommen, daß die Bankiers die Gelder der Kampsoren als Deposite nahmen und damit vor allem das Wechselgeschäft verbanden, also zunächst als Vermittler zwischen den Kaufleuten und den Kampsoren fungierten, vertiefend: Endemann, Bd. 1 S. 189 ff.; 424 ff.

Erster Teil   Grundlagen

schäft nicht nur für die Bankiers des Mittelalters charakteristisch gewesen ist, sondern für alle Privatbankiers, die Fugger nicht ausgenommen, bis in die ersten Jahrzehnte des 19. Jh. hinein. Wir haben es hier also mit den Anfängen des merchant banking zu tun. Auslöser waren die aus den Kreuzzügen resultierenden Kontakte und Impulse zwischen sich bis dahin fremden Völkern und Märkten, ferner die beträchtliche Bevölkerungszunahme zu Beginn des 13. Jh. sowie die Erweiterung der Handelsbeziehungen vor allem mit den Arabern und der Aufschwung der Schiffahrt.

51 Die Kategorie von Personen, die berufsmäßig Geldgeschäfte betrieben – sie organisierten sich sehr bald in einer Korporation – waren die Cambiatores oder Campsores, die sich mit dem Münzwechsel befaßten. Da in einigen Städten die termini »Campsores« und »Bancherius« unterschiedslos verwendet wurden, ist es nicht unwahrscheinlich, daß die gleichen Personen in vielen Fällen auch als Vermittler des Wechselhandels[102] fungierten und Einzahlungen und Einziehungen für ihre Kunden mit einfachen Übertragungen (Giri) in ihren Büchern oder Registern vom Konto eines Kunden zu dem eines anderen vornahmen. Das geschah zumindest in Städten, in denen das Wechselgeschäft und das System der Bankzahlungen eine beachtliche Bedeutung errungen hatte[103]. Man wird deshalb Bruno Kuske zustimmen können, wenn er meint, daß man im Mittelalter »auf den wichtigsten Gebieten der Wirtschaft einen Umgang mit Geld gewöhnt« war, und daß man auch »in Geld dachte«, wenn Werte bemessen oder übertragen wurden[104]. Ebenso sei der Kredit im Mittelalter vollkommen geläufig, komme in den zeitgenössischen Quellen so häufig und in so klarer Terminologie vor, daß daraus nur der Schluß gezogen werden könne, das mittelalterliche Wirtschaftsleben sei »allseits vom Kreditprinzip durchdrungen« gewesen[105]. Auch die immer noch verbreitete Vorstellung, das Mittelalter habe nur den Konsumtivkredit gekannt und von daher sei das kanonische Zinsverbot zumindest verständlich, gehört wohl eher in das Reich der Legende. Der Produktivkredit war den wirtschaftenden Menschen des Mittelalters geläufig, auch Thomas von Aquin hat ihn gekannt, gleichwohl das Zinsverbot verfochten[106].

52 In gewissem Sinne widersprüchlich und gleichzeitig bezeichnend war es, daß entscheidende Impulse für die Entwicklung der Bankgeschäfte im Hochmittelalter vor allem von der römischen Kurie und den Städten ausgingen. Insbesondere mit dem Pontifikat Clemens IV. (1265 – 1268) be-

---

102 Umberto Eco meint, die Templer hätten den Kreditbrief, den er irrtümlich mit Scheck übersetzt, erfunden (wobei Eco die antiken Geldgeschäfte wohl nicht kennt), S. 106.
103 De Roover, Bd. III, S. 66; Massetto, in Lexikon des Mittelalters, Bd. 1, S. 1409; Endemann, Bd. I, S. 188 ff.
104 Kuske, S. 51 f.
105 Kuske, S. 74 f; ähnlich Trusen, Spätmittelalterliche ..., S. 51; ders. zum Rentenkauf ..., FS Heimpel, S. 142 ff.; übergreifend: Noonan, passim.
106 Vgl. die Darstellung der Wucherlehre vom 12.-16. Jh. bei Endemann, Bd. I, S. 14 ff.

gann der Kreditverkehr größeren Umfangs zwischen den oberitalienischen Bankiers und der Kurie, wobei diese als Sicherheit bestimmte Einkünfte zu verpfänden hatte. Ein weiterer, wesentlicher Anstoß zur Entwicklung der mittelalterlichen Kreditwirtschaft ging von den Städten aus, deren Ausgaben sich – wie beim modernen Staat – an den zu bewältigenden Aufgaben orientierten, nicht an den Einnahmen. Während in den städtischen Haushalten des Mittelalters die Beamtenbesoldungen noch keine große Rolle spielten, weil der Beamte in der Regel seine Einkünfte aus ihm überwiesenen Nutzungen zog und damit ein für allemal abgefunden war, schlugen andere Ausgaben erheblich zu Buche. Sehr bedeutend waren beispielsweise die Kosten für den Erwerb von Hoheitsrechten, die überdies beim Wechsel des Stadtherren jedesmal neu bestätigt und selbstverständlich bezahlt werden mußten. Ferner zahlte man dem König oft beträchtliche Summen, um einer sonst drohenden Verpfändung und dem damit gewöhnlich einhergehenden Verlust städtischer Freiheiten zu entgehen. Fehden oder kriegerische Verwicklungen kosteten Geld, ja selbst »eine Gesandtschaft an den König oder nach Rom konnte das finanzielle Gleichgewicht ins Wanken bringen, ebenso der Besuch des Königs oder eine fürstliche Hochzeit«[107]. Da es unmöglich war, den Bedarf vorauszusehen und danach Etats aufzustellen, lebte man gewissermaßen von der Hand in den Mund. Wenn die Einnahmen zur Deckung der Ausgaben nicht hinreichten, besaß die Stadt mehrere Möglichkeiten, sich zu behelfen. Sie konnte städtische Vermögenswerte versilbern, Steuern ausschreiben oder Anleihen aufnehmen. Letzterer Weg wurde bevorzugt beschritten, weil er technisch am einfachsten war und in relativ kurzer Zeit große Summen verfügbar machte[108]. Was den Gläubigerkreis betrifft, so beschafften sich die Städte das erforderliche Kapital, wo immer sie es fanden.

Für verzinsliche Darlehen kamen, wegen des offiziellen Zinsverbots, (andersgläubige) Juden[109] *und Lombarden in Betracht.* Sonst aber griff man auf alle Schichten der Bevölkerung zurück, insbesondere auch auf Bürger anderer Städte, wobei als Rechtsinstrument in der Regel der Rentenkauf diente, dessen Beliebtheit vor allem darauf beruhte, daß er vom Zinsverbot nicht betroffen war[110]. Im übrigen stand aber das Geldgeschäft des hohen Mittelalters, sofern es in irgendeiner Form zinstragend war, unter dem Verdikt des kanonischen Zinsverbots, über dessen Wesen und

---

107 Kuske, Das Schuldenwesen der deutschen Städte im Mittelalter, S. 5.
108 Kuske, aaO., S. 10.
109 Die oft verbreitete Meinung, Juden seien niemals dem kanonischen Zinsverbot unterworfen gewesen, ist irrig. Zu keiner Zeit ist den Juden ausdrücklich eine derartige Exemption zuteil geworden. Tatsächlich aber ließ die Kirche die Juden, denen andere Tätigkeiten regelmäßig ausdrücklich verboten waren, gewähren, weil sie unentbehrlich waren. Immerhin galt es als kleineres Übel, Juden den Wucher nachzusehen, als die Christen in Wucher verfallen zu lassen; vertiefend: Endemann, Bd. II, S. 386 ff.
110 Vertiefend Trusen, Zum Rentenkauf im Spätmittelalter, FS Heimpel, S. 140 ff.

Erster Teil   Grundlagen

Wirkungen die Meinungen immer noch auseinandergehen, so daß es angebracht erscheint, hierüber Klarheit zu schaffen und zu klären, ob und in welchem Maße sich das Zinsverbot auf die Entwicklung der Bank- und Kreditgeschäfte in jener Zeit ausgewirkt hat.

5. Das kanonische Zinsverbot – bankentwicklungsgeschichtliche Wirkungszusammenhänge

Schrifttum:
Bauer, Der Beitrag der Raiffeisengenossenschaften zur Überwindung des Wuchers, 1993; *Beuys*, Familienleben in Deutschland; dtv-Atlas zur Weltgeschichte, Bd. 1, 1964; *Luschin von Ebengreuth*, Allgemeine Münzkunde und Geldgeschichte des Mittelalters und der neueren Zeit, 1976; *Ehrenberg*, Das Zeitalter der Fugger, Bd. I und II, Nachdruck 1963; *Endemann*, Studien in der Romanisch-Kanonistischen Wirtschafts- und Rechtslehre, 2 Bände, 1874, Neudruck 1962; *Finley*, Die antike Wirtschaft, dtv-Taschenbuch, 1980; *Gilchrist*, The Church and Economic Activity in the Middleage, London 1969; *Klein* (Hrsg.), Deutsche Bankengeschichte, Bd. 1, Von den Anfängen bis zum Ende des alten Reiches (1806), 1982, *Kuske*, Das Schuldenwesen der deutschen Städte im Mittelalter, 1904; *ders.*, Köln, der Rhein und das Reich, Beiträge aus fünf Jahrzehnten wirtschaftsgeschichtlicher Forschung, Köln/Graz, 1956, 51; *Lange*, Das kanonische Zinsverbot in den Consilien des Alexander Tartagnus, FS für Johannes Bärmann zum 70. Geburtstag, 1975, S. 99 ff.; *Le Goff*, Kaufleute und Bankiers im Mittelalter, 1993 (ab S. 68); *ders.*, Wucherzins und Höllenqualen, Ökonomie und Religion im Mittelalter, 1988; *Malagardis*, Ein Konkursrecht für Staaten?, Nomos 1990; *Mauersberg*, Wirtschafts- und Sozialgeschichte zentraleuropäischer Städte in neuerer Zeit, 1960; *Neumann*, Geschichte des Wuchers in Deutschland, 1865 (Nachdruck 1969); *Noonan*, The Scholastic Analysis of Usury, Cambridge Mass., 1957; *Nehlsen-von Stryk*, Die venezianische Seeversicherung im 15. Jh., 1986; *Paulus*, Restschuldbefreiung und Internationales Insolvenzrecht, ZEuP 1994, 301; *Scherner*, Die Wissenschaft des Handelsrechts, in: Coing (Hrsg.), Handbuch der Quellen und Literatur der neueren europäischen Privatrechtsgeschichte, Band II, Neuere Zeit, 1. Teilband, 1977; *Schneider*, Die finanziellen Beziehungen der florentinischen Bankiers zur Kirche von 1285 – 1304 (Staats- und Sozialwissenschaftliche Forschungen 17), 1899; *Scholz*, Verbraucherkonkurs und Restschuldbefreiung nach der neuen Insolvenzordnung, DB 1996, 765; *Schwintowski*, Die wirtschaftliche Leistungsfähigkeit des Schuldners als Maßstab der Wirksamkeit von Verbraucherkreditverträgen, ZBB 1989, 91; *Sheldrake*, Das Gedächtnis der Natur, 1990; *Sombart*, Der moderne Kapitalismus, Bd. I, 1, 1928; *Störig*, Kleine Weltgeschichte der Wissenschaft, Bd. 1 und 2, 1982; *ders.*, Kleine Weltgeschichte der Philosophie, Bd. 1 und 2, 1985; *Trusen*, Spätmittelalterliche Jurisprudenz und Wirtschaftsethik, 1961; *ders.*, Die Anfänge öffentlicher Banken und das Zinsproblem, FS für Bärmann, zum 70. Geburtstag, 1975, S. 113 ff.; *ders.*, Zum Rentenkauf im Spätmittelalter, FS für Heimpel, 1971, 140 ff.; *ders.*, Äquivalenzprinzip und gerechter Preis im Spätmittelalter, FS für Küchenhoff, 1967, 247 ff.; *Waibl*, Ökonomie und Ethik, Bd. 1, 2. Aufl., 1988; *Max Weber*, Wirtschaftsgeschichte, Neudruck 1958; *Wilhelm Weber*, Geld und Zins in der Spanischen Spätscholastik, 1962; *Wiesenmüller*, Die Wirtschaftsethik Thomas' von Aquin, Luthers und Calvins und das deutsche Unternehmertum des Vor- und Frühkapitalismus, Diss. Erlangen-Nürnberg, 1968.

54 *Mutuum date nihil inde sperantes!*[111]. Dieser Satz, so beschreibt es Trusen treffend[112], aus Lukas 6,35 stand im Mittelalter wie ein Leitmotiv über den einschlägigen Äußerungen in der Wirtschaftsethik und in der Jurispru-

---

111 Leihet ohne etwas zurückzuerwarten, und euer Lohn wird groß sein.
112 FS Bärmann, S. 113.

denz. Lukas selbst hat auf alttestamentarische Vorbilder zurückgreifen können. Im Buch Leviticus beispielsweise heißt es:« Wenn dein Bruder verarmt und er sich neben dir nicht halten kann, so sollst du ihm helfen, als wäre er Fremdling oder Beisasse, daß er neben dir leben kann. Du darfst von ihm keinen Zins und Aufschlag nehmen, sondern fürchte dich vor deinem Gott und laß deinen Bruder neben dir leben. Du darfst ihm dein Geld nicht um Zins geben und ihm deine Nahrungsmittel nicht mit einem Aufschlag überlassen«[113]. Im Buch Ezechiel steht zu lesen: »Und nun ist einer gerecht und... bedrückt niemanden, gibt sein Pfand zurück, begeht keinen Raub, gibt sein Brot dem Hungrigen und kleidet den Nackten, leiht nicht auf Wucher und nimmt keinen Zins... der ist ein Gerechter, der wird sicher am Leben bleiben, so spricht Jahwe, der Herr.«[114] Lukas geht über diese Zinsverbote noch hinaus, indem er die Bereitschaft, auf die Rückerstattung des Geliehenen überhaupt zu verzichten, als christliche Tugend apostrophiert.

Das gesamte sozialethische Denken der Patristik[115] bewegt sich auf dem Boden dieser biblischen Doktrin, wonach die Erde von Gott allen Menschen zur Nutznießung gegeben ist und das allgemeine Recht auf Leben dem Recht auf ausschließliches Eigentum absolut vorausgeht. »Geben ist seliger denn nehmen«, so könnte man die das Mittelalter beherrschende Philosophie sprichwörtlich zusammenfassen und so liegt es denn nahe, daß das Zinsnehmen nach Meinung fast aller Kirchenväter als Mißbrauch begriffen wird[116]. Anstatt selbstlos zu geben, schöpft der Zinswucherer aus dem Unglück der Armen Gewinn und profitiert von der Not seiner Mitmenschen. Diese patristische Gesinnungstradition kann ihrerseits auf Aristoteles zurückgreifen.

Aristoteles hat im 1. Buch der Politik den Zinswucher zu einer verabscheuungswürdigen, weil widernatürlichen Erwerbsart erklärt, die »aus dem Geld selbst den Erwerb zieht und nicht aus dem, wofür das Geld da ist«[117]. Geld sei nämlich als bloßes Tauschmittel an sich unfruchtbar, könne sich also nicht selbst vermehren. Zins aber sei Geld vom Gelde gezeugt und deshalb naturwidrig[118]. Begreiflich wird diese Aussage Aristoteles', wenn man sich vor Augen führt, daß er Geld nicht im modernen Sinne als

---

113 Leviticus 25, 35-37; vertiefend Bauer, S. 22 ff.; Le Goff., S. 70 ff.
114 Ezechiel 18,5 – 10.
115 Patristik ist die Philosophie und Theologie der Kirchenväter; vertiefend Störig, Bd. 1, S. 215 ff.
116 Umfassend Neumann, S. 2 ff.; Lange, FS für Bärmann, S. 99, 103, der mit Alexander Tartagnus (1423/4-1477 n.Chr.) das Leben und Werk eines Juristen in einer Zeit beschreibt, in der es zunehmend schwieriger wurde das Zinsverbot kirchenrechtlich zu halten; denn in Genf wurde das Zinsverbot bereits 1547 durch gesetzgeberischen Akt und mit Zustimmung Calvins aufgehoben, vertiefend E. Klein in Deutsche Bankengeschichte, Bd. 1, S. 29 ff., sowie Noonan, The Scholasic Analysis of Usury, passim.
117 Aristoteles, Politik 1258 b; S. 63.
118 Aristoteles, aaO.

abstraktes Zahlungsmittel, sondern als schlichtes Tauschgut aufgefaßt haben muß. Dann leuchtet eher ein, was er meint, denn wer beispielsweise einen Handwagen gegen ein Schwein eintauscht, kann und wird bei einem etwaigen späteren Rücktausch nicht erwarten, daß dasselbe Schwein gegenüber dem Wagen wertvoller geworden und deshalb nur gegen einen Handwagen plus Zins zurückzugeben ist. Man wird den Dingen sicher auch nicht dadurch gerecht, daß man die aristotelische Auffassung als eher weltfremd, wenn nicht gar das Wesen des Geldes verkennend darstellt[119], vielmehr erscheint es naheliegender, in diesen Äußerungen den Hinweis auf eine Sozialverfassung zu sehen, die mit dem Begriff Geld etwas ganz anderes verband, als wir es heute gewöhnt sind. Es spricht viel für die Deutung Finley's, wonach Aristoteles, dessen Ziel es war, alle Zweige des Wissens systematisch zu erfassen, eben deshalb keine Ökonomie geschrieben hat, weil er – Aristoteles – irgendwelche Gesetzmäßigkeiten zwischen Warenherstellung, Münzprägung, Steuererhebung, Handel und Gelddepot offenbar nicht zu erkennen vermochte[120]. Aus diesem Grunde, so führt Finley fort, beruhen auch die ewigen Klagen über die Spärlichkeit und Mittelmäßigkeit antiker »Wirtschaftsliteratur« auf einer grundsätzlich falschen Vorstellung davon, worum es bei derartiger Literatur gehen konnte[121].

57 Auf der Basis dieses fortdauernden, d.h. die Sozialverfassung realiter repräsentierenden, Weltbildes wurde das kanonische Zinsverbot auf dem Konzil von Nicaea (325 n.Chr.) zum ersten Mal in aller Form ausgesprochen[122]. Es richtete sich zunächst allerdings nur gegen den Wucher der Geistlichkeit, wobei mit Wucher (usura) – anders als heute – nicht erst das übermäßige Zinsnehmen (§ 138 BGB), sondern das Zinsnehmen überhaupt bezeichnet wurde[123]. Erst in den Kapitularien Karls des Großen wurde das Zinsverbot zwischen 806 und 813 n.Chr. in das weltliche Recht übernommen[124]. Das heißt, daß alles was der Gläubiger außer dem geliehenen Kapital an Geld oder vertretbaren Sachen vergütet verlangte, als

---

119 So E. Klein in Deutsche Bankengeschichte Bd. 1, S. 26.
120 Finley, S. 12; das Wort Ökonomie ist griechischen Ursprungs und zusammengesetzt aus oikos, der Haushalt, und der vieldeutigen Wurzel nem-, die hier »regeln, verwalten, organisieren« bedeutet.
121 Finley, S. 12 m.w.N.
122 Allerdings gründet das Zinsverbot nicht nur auf der aristotelischen Beurteilung des Geldes, sondern ist ein Teil des **Äquivalenz**prinzips bei Leistung und Gegenleistung, das auch beim Tausch und Kauf, d.h. beim »**iustum pretium**«, dem gerechten Preis galt, dazu: Trusen, Äquivalenzprinzip ..., FS Küchenhoff, S. 247 ff.; umfassend: Endemann, Bd II, S. 29 ff.; instruktiv mit nationalökonomischen Bezügen: Weber, S. 123 ff.; knapp: Gilchrist, S. 62 ff.
123 Neumann, S. 13.
124 Im Kapitular von 806 heißt es: »Usura est ubi amplius requiretur, quam detur«: Wucher ist, wo mehr gefordert wird, als gegeben wurde.

»usura« (Wucher) angesehen wurde[125]. Schon die Konzile von Konstantinopel (814 n.Chr.) und Paris (829 n.Chr.) untersagten den Klerikern, wuchernden Laien die Sakramente zu spenden, und sie verboten jedem Christenmenschen, mit Wucherern zusammenzuleben. Zuwiderhandlungen wurden mit der Exkommunikation bedroht. Angesichts dieser Realität müßte man eigentlich Elmar Waibl[126] zustimmen, der meint, daß man diese rigorose Verurteilung des Zinsnehmens nur vor dem Hintergrund einer zunächst stationären Wirtschaftsverfassung wirklich begreifen und deuten kann. Allerdings, und das ist in der Tat erstaunlich, belegt die moderne historische Forschung, daß auch im Mittelalter von einer stationären Wirtschaftsverfassung kaum gesprochen werden kann. Zumindest die Wirtschaftsverfassung des Spätmittelalters kann keineswegs mehr als statisch bezeichnet werden. Hierzu liegt inzwischen eine ausdifferenzierte moderne historische Forschung vor[127]. Schon Endemann hatte darauf verwiesen, »daß man den Mut der dagegen (das Zinsverbot) ankämpfenden Kirche bewundern muß...«[128]. Schon das 12. und 13. Jh. zeige weder die idealen Zustände, welche der Wucherlehre als Ziel vorschwebten, noch die primitiven Zustände, für die sie naturgemäß gewesen wäre. Tatsächlich sei Italien mit seinen Nachbarländern nicht mehr so weit in der Kultur zurückgewesen, steckte längst nicht mehr genug in der ursprünglichsten Naturalwirtschaft, um die Unentgeltlichkeit des Kredits mit allen ihren Folgen willig zu ertragen. Emsig arbeitete der Handel im Mittelmeerraum und darüber hinaus. Das Städtewesen war überall im Aufblühen. Mailand, Venedig, Pisa, Florenz, Genua und eine Menge anderer Städte waren durch die Beschäftigung mit Handel und Industrie bedeutend, zum Teil mächtig geworden. Insbesondere die Ausbreitung des Wechsels belegte, in welch großartigem Umfange der Geldverkehr sich bereits ausgebreitet hatte[129]. Dogmatisch, in Gesetzgebung und Lehre, sei, so *Endemann*, wohl der Höhepunkt (der Wucherlehre) erstiegen gewesen; aber die tatsächliche Übung, der willige Gehorsam sei weit hinter dem Ziel zurückgeblieben. Die Kaufleute hätten nicht dem ihre ewige und zeitliche Ruhe gefährdenden Handel den Rücken gekehrt. Die Bankiers hätten fortgefahren, gewinnbringende Geldgeschäfte zu machen. Selbst der Papst habe nicht umhin gekonnt, vielfach an bedenklichen Geschäften Anteil zu nehmen[130]. Und mit aller Schärfe stellt Endemann selbst die Frage, wie es denn mög-

---

125 Umfassend: Noonan, passim; kürzer: Trusen, Spätmittelalterliche Jurisprudenz und Wirtschaftsethik, S. 48 m.v.w.N.
126 Ökonomie und Ethik I, S. 56.
127 Vgl. Trusen, Spätmittelalterliche ..., S. 48 ff.; Noonan, passim; Weber, S. 123 ff.; Scherner in: Handbuch ... Bd. II, Neuere Zeit, Erster Teilband, S. 799 ff.; Le Goff., S. 73 ff.; Burkhardt, S. 12 ff.
128 Bd. I, S. 22.
129 Bd. I, S. 22.
130 Bd. I, S. 23.

Erster Teil   Grundlagen

lich sei, diese krasse Differenz zwischen der Realität und den Bedürfnissen des Handels und der zunehmenden Starrheit der Kirche und der Jurisprudenz zu erklären.

58   Wie könne man erklären, daß die Rechtskunde und Rechtslehre sich der Unmöglichkeit verschloß, das reale Leben nach dem Wucherdogma leiten zu können? Allein die Antwort liege nahe. Man wisse, was auch die Rechtslehre, seit sie von dem scholastischen Geiste erfüllt gewesen sei, in der Mißachtung des realen Lebens geleistet habe. Der Theologie und Philosophie hätten die Forderungen der Wirklichkeit nichts gegenüber dem Dogma bedeutet[131]. Hinzu sei gekommen, daß Kenntnis des Rechts, wenigstens des kanonischen, den Weg zu den höchsten Würden gebahnt habe[132].

59   Auch die neueren Forschungen belegen, daß diese Einschätzungen Endemanns der Wahrheit wohl ziemlich nahekommen[133]. Das bedeutet, daß das Zinsverbot selbst nicht mehr lebendiger Ausdruck der Wirtschaftsverfassung des Spätmittelalters, sondern nur noch ein zunehmend funktionsloser – starr dogmatischer – Teil einer sich permanent dynamisierenden Wirtschaftsentwicklung war. Zugleich ist die Geschichte des Zinsverbots ein instruktiver Beleg für die Kraft einer von Menschen selbst geschaffenen Idee, eines Dogmas, und damit zugleich ein Beweis dafür, daß die Idee selbst Teil unserer menschlichen Evolution ist. So gesehen sollte man trennen: In die Realität des Wirtschaftslebens des Spätmittelalters wirkte das Zinsverbot zwar noch ein, aber es wurde zunehmend überwunden. Diese Überwindung wurde über Jahrhunderte hinweg – bewußt oder unbewußt – verschleiert, indem Formen gefunden wurden, z.B. der Rentenkauf, mit deren Hilfe, das offiziöse Zinsverbot umgangen werden konnte[134]. In der Theorie dagegen bestand das Zinsverbot fort, auch und weil verschleiernde Umgehungsformen zur Hand waren. So konnte ein großes moralisches Dogma durchgehalten werden, bis die Widersprüche zur Realität allzu stark und damit offenkundig geworden waren. Immerhin, will man die ethische Kraft des Zinsverbotes verstehen, so sollte man sich mit E. Waibl fragen, wie wohl die Wirtschaftsverfassung beschaffen sein müßte, in die das Zinsverbot passen würde. Das wäre in der Tat eine stationäre Wirtschaftsverfassung. In einer solchen stationären Naturalwirtschaft, in der alle ökonomische Aktivität nicht auf Expansion des Produktionsvolumens ausgerichtet ist, sondern auf einfache Reproduktion eines statischen Niveaus, ist Geld kein Faktor, mit dem man Reichtum erzeugen kann und will. Man braucht Kredit nur dann, wenn die natürli-

---

131 Bd I, S. 29.
132 Bd I, S. 28.
133 Vgl. die oben zitierten Arbeiten von Trusen, Noonan, Weber und Scherner jeweils mit weiterführenden Nachweisen; Le Goff., S. 73 ff.; Burkhardt, S. 12 ff.
134 Le Goff meint, als Folgen davon entstehen auch Rechtsbegriffe wie Gemeinwohl und Gemeinnützlichkeit, S. 79.

chen Lebensressourcen durch äußere Eingriffe vernichtet werden, z.B. durch Naturkatastrophen oder Kriege oder Erhöhung der Abgabenquote an den jeweiligen Grundherrn. In diesen – ohnehin schon schwerwiegenden – Lebenskrisen wirkt es sich besonders schlimm aus, wenn ein Zins erhoben wird. Denn da Geld noch nicht als Kapital begriffen wird, also nicht automatisch produktiv zur Reichtumsmehrung eingesetzt wird, kann ein Zins nur zur weiteren Verknappung dessen beitragen, was man dringend ohnehin zum Leben braucht. Zinsen vermindern also knappe Ressourcen in Notzeiten und sind deshalb – in diesem System durchaus zu Recht – ethisch verwerflich.

Entscheidend anders sieht die Lage aus, wenn Geld als Kapitalfaktor begriffen und eingesetzt wird, worauf weit vor den moderneren Nationalökonomen, wie etwa Adam Smith, der niederländische Rechtswissenschaftler und Ökonom Salmasius in mehreren berühmten Schriften aus den Jahren 1638 – 1640 in erstaunlicher Klarheit hingewiesen hat[135]. In Deutschland sind es Hermann Conring und Samuel Pufendorf, die Ende des 17. Jh. beginnen, das Wucherverbot auch theoretisch in Frage zu stellen. Aber auch Pufendorf steht noch immer zwischen Calvins erster Einsicht in die Produktivität des Kapitals und David Humes (Essays 1742) scharfsinniger Scheidung zwischen Kapital und Geld, wenngleich ihm vieles vom Wesen der Zinsen noch fremd ist. Erst Leibnitz ist bereits so weit vom Wucherverbot des Mittelalters entfernt, daß er es zwar allgemein verurteilt, aber doch geschichtlich schon würdigt[136]. Immerhin zwischen 325 n.Chr. und 1741 n.Chr., also fast 1 400 Jahre lang, hatte das kanonische Zinsverbot Bestand, wenngleich es bereits in den Jahren 1530 – 1620 in einzelnen deutschen Territorien per Landesgesetz aufgehoben worden war[137]. Das heißt erst jetzt, und zwar unter dem Einfluß der sich im 17. Jh. verselbständigenden Nationalökonomie,[138] wurde Geld auch theoretisch als Kapitalfaktor begriffen und eingesetzt. Kreditgewährung beinhaltete jetzt zugleich die Möglichkeit »Reichtum zu erzeugen, und wo man es that, blühte der Verkehr auf«[139]. Der Begriff des Wuchers wandelte sich zunehmend: Wucher bezeichnete nur noch das Übermaß der Zinsen über die im Verkehr durchweg anerkannte gewohnheitsrechtliche Zinshöhe[140]. Anders als in einer statischen Wirtschaftsform begriff man Kreditvergabe nun nicht mehr als ein »Nullsummenspiel«, sondern sie wurde auch theoretisch als wachstumsfördernd begriffen.

60

---

135 Vertiefend m.w.N. Neumann S. 500 ff.; vgl. auch Endemann, Bd. I, S. 40 ff., 67.
136 Vertiefend zu allem Neumann S. 505 ff.
137 Klein, in: Deutsche Bankengeschichte, Bd. 1, S. 33; Die Kirche zog erst 1741 unter Papst Benedikt XIV. dem weltlichen Gesetzgeber nach, indem sie erklärte: wo die Landesgesetze Konventionalzinsen erlauben, gilt dies als Rechtstitel für eine Zinsforderung.
138 Vertiefend Neumann, S. 504.
139 Neumann, S. 535.
140 Neumann, S. 519 m.w.N.

61 Warum, so lautet für uns heute die entscheidende Frage, gab es über mehr als ein Jahrtausend zumindest in der Dogmatik kaum Streit über die Berechtigung des Zinsverbotes, und welches waren dann schließlich die Gründe, die zu seiner Überwindung führten? Sichere Antworten auf beide Fragen sind nicht möglich, weil funktionale, realitätsbezogene Begründungen, wie wir sie heute im Gesetzgebungsverfahren als selbstverständlich voraussetzen, dem Mittelalter eher fremd waren. Scholastisches Denken, das das Mittelalter prägte, erwuchs aus der Unterweisung und Erziehung der Geistlichkeit in den Klosterschulen. Es ging auch anfänglich nur um diesen Zweck, was schon der Name, Scholastik, Schullehre, andeutet. Wie die Patristik ist auch die Scholastik alles andere als »voraussetzungslose« Forschung. Ihre Aufgabe war von vornherein festgelegt: Sie hatte das, was der Glaube schon als unumstößliche Wahrheit beinhaltete, vernunftmäßig zu begründen und verstehbar zu machen. Sie war in dieser ganzen Zeit »ancilla theologiae«, die Magd der Theologie[141]. Man kann also nicht ausschließen, und viele von Neumann und Endemann im einzelnen beschriebene dogmatisch starre theologische Begründungsversuche zwischen dem 14. und 16. Jh. deuten darauf hin, daß das Zinsverbot jedenfalls im Spätmittelalter Ausdruck einer weltabgewandten, ideenlosen und anpassungsunfähigen Kirche war. Einer Kirche, die schon lange nicht mehr auf verzinsliche Darlehen verzichten konnte[142], die aber zur Lösung der sozialen Frage hochverschuldeter Bauern und Bürger (noch) keine neue Antwort parat hatte. So mag es, neben aller starren Dogmatik, und trotz aller Widersprüche im Verhalten der Kirche selbst, erklärbar sein, warum sie sich so schwer tat, das Zinsverbot letztlich zu überwinden[143]. Denn wer sich daran hielt, wer also nicht auf Zinsen lieh, sich also nicht verschuldete, blieb wirtschaftlich unabhängig und stark, bedurfte also der Nächstenliebe kirchlicher Einrichtungen nicht. Und die Brisanz, die in dieser sozialen Frage steckt, ist bis heute nicht völlig hinreichend bewältigt.

62 Die moderne Antwort auf das nicht mehr bestehende Zinsverbot ist das Sozialrecht, das auch denjenigen existenziell sichert, der hoch verschuldet ist und es aus eigener Kraft nicht mehr schafft. Aber eine Schuldbefreiung, eine discharge, wie wir sie im amerikanischen Recht vorfinden, kennen

---

141 Störig, Bd. 1, S. 239.
142 Neumann, S. 520 ff.; Endemann, Bd. I, S. 14 ff.; Trusen, Zum Rentenkauf ..., FS Heimpel, S. 140 ff.
143 Daß die Realität des Wirtschaftslebens und das Dogma Zinsverbot überhaupt über viele Jahrhunderte hinweg in krassem Gegensatz nebeneinander stehen konnten, wird für uns noch besser begreifbar, wenn wir uns vor Augen führen, daß das Zinsverbot eben kein Gesetz im heutigen Sinne war. Zivilrechtlich blieben Zinsvereinbarungen – in welchem Gewande auch immer – wirksam und die Drohung mit der Exkommunikation reichte offenbar als Sanktion zur Durchsetzung des Zinsverbotes nicht aus, vermutlich auch deshalb, weil die Kirche selbst zu oft das eigene Dogma durchbrach.

wir in den europäischen Rechtsordnungen bis heute nur gelegentlich[144]. In Deutschland wird es die Restschuldbefreiung in der verabschiedeten Involvenzordnung ab 1999 geben[145], Wirklichkeit ist sie aber noch nicht, eine Tatsache, die zum Phänomen des »modernen Schuldturms« geführt hat[146]. Das bedeutet, daß es eine z.Zt. rasch zunehmende Zahl von Menschen gibt, die, ähnlich wie im Mittelalter, sich aller Voraussicht nach ihr ganzes Leben lang in einer nicht enden wollenden Schuldenspirale befinden werden. Trotzdem, und das zeigt natürlich doch die große geistesgeschichtliche Distanz zu den Bürgern der anbrechenden Neuzeit, ein Zinsverbot fordern heute auch die profiliertesten Verbraucherschützer nicht. Auch sie wissen längst um die Produktionskraft des Kapitals, d.h., die ihm innewohnende Kraft, mittelfristig (relativen) Wohlstand für (fast) alle zu bewirken. Diese Kraft muß es wohl auch gewesen sein, die letztlich die Überwindung des Zinsverbotes im Spätmittelalter auslöste. Sie wirkte auf ganz verschiedenen Feldern und in ganz unterschiedlichem Gewand. So trat einerseits das vordringende römische Recht, das kein Zinsverbot kannte, der kanonischen Praxis entgegen[147]. Auch die durch Luther ausgelöste Reformation führte über die sich in Widersprüche verwickelnden Reformatoren zu einer Schwächung[148]. Auf Salmasius und die sich seit Mitte des 17. Jh. von der Rechtswissenschaft und der Theologie emanzipierende Nationalökonomie wurde oben bereits hingewiesen[149]. Und natürlich zerstörte sich das kanonische Zinsverbot letztlich selbst, indem die das Gemeinwesen repräsentierenden Leitfiguren, allen voran die Geistlichkeit, »begierig nahezu jedem, und sei es noch so fadenscheinigen Umgehungsgeschäft zustimmte«[150].

So entstand der Rentenkauf, der sich letztlich nur noch im Namen vom verzinsbaren Darlehen unterschied[151]. Man schloß zum Schein Gesellschaftsverträge, obwohl der Einleger die Geschäfte nicht förderte, aber berechtigt war, jährlich einen bestimmten Kapitalzins zu entnehmen, Ge-

63

---

144 Vgl. die Nachweise bei Paulus, ZEUP 1994, 309 ff. (FN 25-30). Ursprungsland der modernen discharge ist übrigens England, wo Queen Anne 1705 erstmalig eine entsprechende Regelung einführte, die noch heute in sec. 280 f. Involvency Act von 1986 angedeutet fortlebt, weiterführend Paulus, aaO, S. 313.
145 Dazu Scholz, DB 1996, 765 ff.
146 Vertiefend Schwintowski, ZBB 1989, 91 ff.; Schuldturm ist übrigens nicht genau, weil das moderne Insolvenzrecht eine Verfeinerung des antik-römischen Haftungsrechts ist (statt röm. Schuldknechtschaft/Abarbeitung: heute Pfändung und Konkursverwaltung), während der Schuldturm eine »Binnenlösung« der alten germanischen Bannung war; vertiefend Behrends in: Jura 1981, 259, 277 Anm. 43; ferner Malagardis, S. 29 ff.
147 Neumann, S. 467 ff.; allerdings gab es die laesio enormis.
148 Neumann, S. 480 ff.
149 Weiterführend Neumann, S. 500, 504 ff.; Endemann, Bd. I, S. 40 ff., 67, Burkhardt, S. 16 ff.
150 Klein in: Deutsche Bankengeschichte, Bd. 1, S. 31; Kuske, Köln, der Rhein und das Reich, S. 55.
151 Klein in: Deutsche Bankengeschichte, Bd. 1, S. 43 ff.; vertiefend Trusen, Zum Rentenkauf ..., FS Heimpel, S. 140 ff.; Endemann, Bd. II, S. 103 ff.

Erster Teil Grundlagen

schäfte die man heute partiarische Darlehen oder stille Beteiligung nennen würde[152]. Oder man vereinbarte eine Seeversicherung (»foenus nauticum«) und finanzierte damit den internationalen Seehandel, selbstverständlich gegen Entgelt (Zins)[153]. Hierneben trat das verzinsliche Darlehen bereits seit dem 13. Jh. auch unverhüllt auf. Insbesondere die Städte bemühten sich bei zunehmendem Kapitalbedarf und wachsender Bevölkerung immer seltener um eine Verhüllung ihrer Kreditaufnahme[154]. Im *Bevölkerungswachstum*, im steigenden Wohlstand einer sich langsam gegenüber dem Adel verselbständigenden Bürgerklasse und der zwischen Stadt und Land sich immer stärker ausdifferenzierenden *Arbeitsteilung* dürften weitere entscheidende Aspekte der Überwindung des Zinsverbotes liegen. Denn ausdifferenzierte Arbeitsteilung erzwingt Tauschvorgänge in erheblichem Umfang, und diese wiederum verlangen nach einem abstrakten Wertmesser, nach Geld als Zahlungsmittel, und erhöhen somit die Bereitschaft, Geld durch Kreditaufnahme zu schöpfen. Und schließlich gehören zu den folgenreichsten Ereignissen des 15. und 16. Jh. drei Erfindungen, die das Antlitz Europas radikal verändert haben. Da war zunächst die Erfindung des *Kompasses*, die das Befahren der Weltmeere ermöglichte und damit das Zeitalter der Entdeckungen und des internationalen Warenhandels einleitete. Ferner wurde das *Schießpulver* (unabhängig von den Chinesen) in Europa noch einmal erfunden, wodurch die beherrschende Stellung des Rittertums in der mittelalterlichen Gesellschaftsordnung erschüttert und eine durchgreifende soziale Umgestaltung eingeleitet wurde. Und es war endlich die Erfindung des *Buchdrucks*, welche – zusammen mit der Verbreitung des billigeren Papiers anstelle des kostbaren Pergaments – die Voraussetzung für die unerhörte Breitenwirkung der nun einsetzenden neuen Geistesbewegung schuf[155]. Das Zusammenwirken all dieser Faktoren dürfte über die Jahrhunderte hinweg letztlich das kanonische Zinsverbot zu Fall gebracht haben, ohne daß die im Zinsverbot angelegte soziale Sicherungsfunktion angemessen ersetzt worden wäre. Hier dürfte der Boden für die schweren sozialen Erschütterungen des 18. und 19. Jh. bereitet worden sein und hier liegen Fragen, die wir auch heute noch nicht endgültig beantwortet haben[156].

64 Gleichzeitig belegen diese Zusammenhänge, daß auch im Spätmittelalter von einem wirklich modernen Bankwesen noch keine Rede gewesen sein kann. Sicher, in Italien entstand wahrscheinlich aus dem »Monte Vecchio« im Jahre 1156 bereits das erste Bankhaus, gefolgt von der »Casa di San

---

152 Vgl. Endemann, Bd. I, S. 343 ff.
153 Neumann, S. 453 ff.; zum »foenus nauticum« und seine Wurzeln Nehlsen-von Stryk, passim; Schwintowski, Der private Versicherungsvertrag zwischen Recht und Markt, S. 34 ff.
154 Neumann, S. 512 ff.; Endemann, Bd. II, S. 359 ff.
155 Störig, Bd. 1, S. 284 ff.
156 Zu den Versuchen Raiffeisens, dem Ausbeutungswucher ein (genossenschaftliches) Selbsthilfesystem entgegenzusetzen, vgl. Bauer, S. 101 ff.

§ 2 *Geschichtliche Entwicklungslinien des Bankwesens und des Bankrechts*

Giorgio« in Genua, bezeichnenderweise aber mehr als 200 Jahre später, nämlich 1408[157]. In den Niederlanden gewann die 1609 als öffentliche Bank gegründete »Amsterdamsche Wisselbank« für fast zwei Jahrhunderte internationale Bedeutung. Und aus der Goldaufbewahrung, die die englischen Goldschmiede für ihre Kunden vornahmen, entstand seit Mitte des 17. Jh. das Kreditgeschäft der »Goldsmith-Bankers«, der privaten Notenbanken. Als erste Notenbank in Form einer Aktiengesellschaft wurde 1694 die öffentlich-rechtliche »Bank of England« gegründet. In Deutschland kann von einem Bankwesen seit Beginn des 17. Jh. gesprochen werden, sieht man einmal von den großen süddeutschen Handelshäusern der Fugger[158], der Welser oder der Rehlinger ab[159]. Daneben bestanden in den meisten Reichsstädten »Wechselbanken« und es gab in Frankfurt am Main seit 1402 eine Bank unter dem Namen »Der Wessil«. 1619 entstanden nach dem Muster der »Amsterdamsche Wisselbank« die Hamburger Bank unter Staatsaufsicht und zwei Jahre später der »Banco publicho zu Nürnberg«. Die Merkantilpolitik der deutschen Staaten führte im 18. Jh. zur Begründung weiterer öffentlicher Banken, die als Instrumente staatlicher Wirtschaftsförderung fungieren sollten: 1721 Leih- und Kommerz-Bank, Kassel; 1763 Herzogliches Leihhaus, Braunschweig; 1765 Leihcasse, Bielefeld; Königliche Giro- und Lehn-Banco, Berlin und Breslau und andere[160]. Für die Entwicklung des Bankwesens in Deutschland erlangte vor allem die Königliche Giro- und Lehnbanco in Berlin große Bedeutung. Diese Bank wurde 1846 im Zuge einer Reform des Geldwesens in die »Preußische Bank« umgewandelt; aus dieser ging 1875 die Reichsbank hervor. Das kanonische Zinsverbot war nun schon seit mehr als 100 Jahren, nämlich seit 1741, endgültig überwunden. Eine neue Zeit, ein neues Denken, das sich mit der Philosophie John Lockes und den Schriften von Adam Smith schlagwortartig umreißen läßt, bestimmte das aufstrebende Bürgertum im Zeitalter der Aufklärung und der sich am Horizont abzeichnenden Revolutionen der nach Freiheit, Gleichheit und Brüderlichkeit dürstenden Lohnabhängigen[161].

Für das Bankwesen entstehen nun in der ausgehenden Neuzeit und beginnenden Moderne die Aufgaben, die uns heute vor Augen stehen, wenn wir vom modernen Bankgeschäft sprechen. Warum erst im 15. und 16. Jh. bahnbrechende Erfindungen gemacht wurden, die sicher auch schon von den Ägyptern hätten gemacht werden können, warum die sich anschließenden Wandlungen ein von individuellem Freiheitsstreben geprägtes

---

157 Vertiefend Trusen, FS Bärmann, S. 116 ff.
158 Dazu umfassend Ehrenberg, Das Zeitalter der Fugger, Bd. 1 und Bd. 2, passim.
159 Auch die Juden, Lombarden und Kawertschen sind Wegbereiter des modernen Bankwesens geworden, weil sie, aus verschiedenen Gründen, an das Zinsverbot nicht oder nur partiell gebunden waren; vertiefend Deutsche Bankengeschichte, Bd. 1, S. 51 ff., S. 93 ff.
160 Pohl, in HdWW, Bd. 3, S. 609 ff.
161 Lesenswert Waibl, Ökonomie und Ethik, Bd. 1, S. 62 ff., sowie Adam Smith, S. 132 ff.

Erster Teil Grundlagen

Weltbild hervorbrachten, das alles sind Fragen, die wir letztlich nicht mit naturwissenschaftlicher Präzision beantworten können. Vielleicht ist, um es angelehnt an die berühmten Worte Jaques Monods zu sagen, viel mehr »Zufall als Notwendigkeit« bei alledem im Spiel. Vielleicht liegt es auch, wenn man den revolutionären Thesen Rupert Sheldrake's zumindest Gehör schenkt, daran, daß die »Natur noch kein Gedächtnis« hatte[162]. Wie auch immer, für uns Heutige sind die Entwicklungen der letzten 500 Jahre zunächst einmal Fakten, die auf funktionale Zusammenhänge verweisen und darüber hinaus Wurzeln für Entwicklungsprozesse, die heute nach wie vor andauern.

6. Entwicklung des Bank- und Kreditwesens in Neuzeit und Moderne

Schrifttum:
Katja Bauer, Der Beitrag der Raiffeisengenossenschaften zur Überwindung des Wuchers, 1993; *Klaus-Albert Bauer,* Das Recht der internationalen Bankenaufsicht, 1985; *Beck,* Lose-Blatt-Kommentar zum Kreditwesengesetz; *von Bonin,* Zentralbanken zwischen funktioneller Unabhängigkeit und politischer Autonomie, 1979; *Born,* Geldgeschichte, Handwörterbuch der Wirtschaftswissenschaft, Bd. 3, S. 360; *ders.,* Die Entwicklung der Banknote vom »Zettel« zum gesetzlichen Zahlungsmittel, 1972; *Brentano,* Geschichte der wirtschaftlichen Entwicklung Englands, Bd. I und II, 1927; *Coing,* Europäisches Privatrecht, Bd. I, Älteres Gemeines Recht (1500 – 1800), 1985; *ders.,* Bd. II, 19. Jh., 1989; *Deutsche Bankengeschichte* (vom Ersten Weltkrieg bis zur Gegenwart), herausgegeben vom Wiss. Beirat des Instituts für bankhistorische Forschung e.V., Bd. 3, 1983; *Diesselhorst,* Naturzustand und Sozialvertrag bei Hobbes und Kant, zugleich ein Beitrag zu den Ursprüngen des modernen Systemdenkens, 1988; *ders.,* Die Prozesse des Müllers Arnold und das Eingreifen Friedrichs des Großen, 1984; *Friedensburg,* Münzkunde und Geldgeschichte der Einzelstaaten des Mittelalters und der Neueren Zeit, Unveränderter Nachdruck 1926, 1972; *Gramlich,* Kommentar zum Bundesbank-, Währungs- und Münzgesetz, 1988; *Hahn,* Währungsrecht, 1991; *Hopt,* Ideelle und wirtschaftliche Grundlagen der Aktien-, Bank- und Börsenrechtsentwicklung im 19. Jh., in: *Coing/Wilhelm* (Hrsg.), Wissenschaft und Kodifikation des Privatrechts im 19. Jh., Bd. 5, 1980, 128; *Immenga,* Wettbewerbsbeschränkungen auf staatlich gelenkten Märkten, 1967; *Jarchow,* Theorie und Politik des Geldes, Bd. II, 4. Aufl. 1983; *Kellenbenz,* Handelsgeschichte, Handwörterbuch der Wirtschaftswissenschaft, Bd. 3, S. 762; *Klein,* (Hrsg.), Deutsche Bankengeschichte, Bd. 1, 1982; *Möschel,* Das Trennsystem in der U.S.-amerikanischen Bankwirtschaft, 1978; *Obst/Hintner,* Geld-, Bank- und Börsenwesen, 37. Aufl., 1980; *Hans Pohl/Manfred Pohl,* Deutsche Bankengeschichte (von 1806-1914), Bd. 2, 1982; *Manfred Pohl,* Kreditwesen in der Bundesrepublik Deutschland, Handwörterbuch der Wirtschaftswissenschaft, Bd. 3, S. 609 ff.; *Schulz-Hennig,* Bank Holding Companies im Wirtschaftsrecht der USA, 1980; *Schwintowski,* Die internationale Diskussion der Kartellproblematik, in Pohl (Hrsg.), Kartelle und Kartellgesetzgebung in Praxis und Rechtsprechung vom 19. Jh. bis zur Gegenwart, 1985; *Sombart,* Das Wirtschaftsleben im Zeitalter des Hochkapitalismus, Bd. III,1, unveränderter Nachdruck 1955; *ders.,* Der moderne Kapitalismus, Bd. I, 1, 1928; *Störig,* Kleine Weltgeschichte der Philosophie, Bd. 2, 1985; *Strieder,* Studien zur Geschichte kapitalistischer Organisationsformen, 2. Aufl., 1925; *Treue,* Das Privatbankwesen im 19. Jh., in: *Coing/Wilhelm* (Hrsg.), Wissenschaft und Kodifikation des Privatrechts im 19. Jh., Bd. 5, 1980, 94 ff.; *Wagner,* Beiträge zur Lehre von den Banken, Leipzig 1857; *Waibl,* Ökonomie und Ethik, Bd. I, 2. Aufl., 1988; *Welcker,* Die Organisation des Geld- und Bankwesens, 1977; *Wieacker,* Privatrechtsgeschichte der Neuzeit, 2. Aufl., 1967.

---

162 Das Gedächtnis der Natur, passim.

§ 2 Geschichtliche Entwicklungslinien des Bankwesens und des Bankrechts

Wir befinden uns im Zeitalter der Vernunft, der sog. Neuzeit, geprägt durch die Ideen der Aufklärung und des Merkantilismus, also im 17. und 18. Jh. *Die Bevölkerung beginnt sprunghaft zu wachsen. Während sie sich in den 800 Jahren vor dem 18. Jh. von 320 Mio. auf 600 Mio. verdoppelte, wird das gleiche in den nun folgenden nur 150 Jahren stattfinden*[163]. Einhergehend mit der raschen Bevölkerungszunahme verändern sich die Bedürfnisstrukturen, vor allem in Europa und der Neuen Welt. Die mittelalterlichen Zunftverfassungen, die die Zahl der Meister und Arbeitskräfte, das Arbeitsgebiet und den Preis festlegten und so den Wettbewerb regulierten, erweisen sich gegenüber den neuen Anforderungen als zu starr und werden langsam überwunden[164]. Das Zeitalter des Merkantilismus drängt das private Unternehmertum des 16. Jh. zugunsten staatlicher Handelspolitik zurück. In allen Ländern Europas betätigt sich der Staat auf wirtschaftlichem Gebiet, teils durch eigene unternehmerische Aktivitäten, vorwiegend aber in Form staatlicher Wirtschaftsförderung, deren Ziel es erstmals ist, durch ökonomisches Wachstum die Steuerkraft zu erhöhen, um so die steigenden finanziellen Ansprüche des modernen – absolutistischen – Staates befriedigen zu können. Das so erstrebte Wirtschaftswachstum setzt Kaufkraft und Umlaufmittel voraus, ebenso wie eine positive Zahlungsbilanz und damit die Produktion exportfähiger Güter, eine Aufgabe, die den staatlich besonders geförderten Manufakturen zufiel, weshalb man aus gewerblicher Sicht das 17./18. Jh. auch »Manufaktur-Zeitalter« genannt hat[165]. Der Übergang vom tendenziell statischen Wirtschaftsmodell der Antike und des Mittelalters zum dynamischen Modell der freien Konkurrenz und des sog. Wirtschaftswachstums vollzieht sich in diesen Jahrhunderten nicht etwa nur durch Überwindung des kanonischen Zinsverbotes, sondern im Grunde auf der Basis einer geistig-philosophischen Neuorientierung, die bis in die Moderne fortwirkt. Maßgebliche Wegbereiter dieser Entwicklung waren die englischen Philosophen John Locke (1632 – 1704), George Berkeley (1684 – 1753) und David Hume (1711 – 1776)[166]. Der in ihren Werken verkörperte Zeitgeist verschaffte der Aufklärung das geistige Fundament und inspirier-

66

---

163 Die Zeiträume werden danach immer kürzer, in den 100 Jahren von 1850 bis 1950 wächst die Weltbevölkerung von 1,2 auf 2,5 Mrd. und verdoppelt sich in nur 30 Jahren von 1950 bis 1980 auf ca. 5 Mrd. Menschen. Die Bevölkerung wächst also exponentiell, was zur Folge hat, daß bei 1%igem Bevölkerungswachstum alle 70 Jahre eine Verdoppelung eintritt, bei 2 % alle 35 Jahre usw., Zahlen, die angesichts der sich abzeichnenden Ressourcenknappheit für uns alle nicht nur Grund zum Nachdenken, sondern vor allem Grund zum Handeln sein müßten, wollen wir nicht sehenden Auges in eine den Lemmingen gleiche Bevölkerungskatastrophe hineintaumeln.
164 Strieder, S. 156 ff.; Brentano, Bd. I, S. 237 ff.; Bd. II, S. 95 ff.; vgl. auch den Überblick über das sich entwickelnde Handelsrecht bei Coing, Bd. I, S. 519 ff.; aus kartellrechtlicher Sicht Schwintowski, in Kartelle und Kartellgesetzgebung ... S. 101 ff.
165 Vertiefend Kellenbenz, HdWW, Bd. 3, S. 772 ff.; Deutsche Bankengeschichte, Bd. 1, S. 137 ff.
166 Vertiefend Störig, Bd. 2, S. 15 ff.; Waibl, Bd. 1, S. 62 ff.

te schließlich Immanuel Kant (1724 – 1804) zu seinem phänomenalen Lebenswerk, das von vielen, auch von Gegnern der Kant'schen Auffassungen, als der Höhepunkt der Aufklärung angesehen und von Kant mit seinem ersten Hauptwerk, der »Kritik der reinen Vernunft« im Jahre 1781 entscheidend eingeleitet wird[167]. Der Topos »Aufklärung« meint das ganze Spektrum der Bestrebungen des Bürgertums, sich von der Vorherrschaft des Adels zu emanzipieren und sich als geistige, wirtschaftliche und politische Macht an seine Stelle zu setzen. Summarisch in wenige Schlagworte zusammengefaßt kann man sagen, daß die Aufklärung für folgende Zielsetzungen und Ideale eingetreten ist: für den Gedanken, daß Freiheit ein allen Menschen zukommendes und unveräußerliches Gut ist; für die Aufhebung der persönlichen Abhängigkeitsverhältnisse (Hörigkeit und Sklaverei); für die Überzeugung, daß allen Menschen grundlegende und unaufhebbare Rechte (Menschenrechte) zustehen; für die Abschaffung der Folter; für das geistige Souveränitätsrecht (Mündigkeit) aller Menschen; für Denk-, Rede- und Veröffentlichungsfreiheit; für die Abschaffung der Zensur; für Toleranz in Glaubensfragen; für die Trennung von Kirche und Staat; für allgemeine Schulbildung; für das Bürgerrecht auf Widerstand; für den Gedanken, daß jeder »seines Glückes Schmied sei« und »jeder nach eigener Façon selig werden soll«; für die Gleichberechtigung der Geschlechter; für die Verbesserung der menschlichen Daseinsbedingungen und für fortschreitende Naturbeherrschung durch wissenschaftlichen Fortschritt; für die Freiheit des wirtschaftlichen Verkehrs (Gewerbefreiheit); für Vertragsfreiheit (Privatautonomie); und für den Schutz der Privatsphäre der Menschen und damit verbunden den Schutz des *Privateigentums*. Aufklärung heißt im Englischen enlightenment, im Französischen éclaircissement und im Italienischen illuminismo, greift – anders als in der deutschen Begriffsbildung – also auf Bilder der Lichtmetaphorik zurück. D.h., aus dieser geistigen Bewegung spricht der Wille, das zum Feindbild gesetzte dunkle Mittelalter und seinen in Kirche und Staat fortlebenden Geist zu überwinden und *Theorie und Praxis* auf das *Prinzip der Vernunft*, der Rationalität, zu gründen[168]. Keine Frage, hier finden wir die Wurzeln unserer praktizierten bürgerlichen Demokratien und zugleich die Basisbedingungen für ein freies auf Bedürfnisbefriedigung orientiertes exponentiell wachsendes Bank- und Kreditwesen, so wie wir es heute vorfinden.

67 Bankgeschichte wird nun vor allem eine Geschichte der unzähligen neuen Bankhäuser und Geldmärkte[169]. Während im Jahr 1156 das erste Bank-

---

167 Vertiefend Störig, Bd. 2, S. 52 ff.; übergreifend vgl. Diesselhorst, Naturzustand und Sozialvertrag bei Hobbes und Kant, vor allem ab S. 51 ff.
168 Vertiefend Waibl, Bd. 1, S. 71 ff.
169 Vgl. die imposante Darstellung von Hans und Manfred Pohl, Deutsche Bankengeschichte, Bd. 2, passim.

haus in Italien (Monte Vecchio) entstand und erst 250 Jahre später das zweite in Genua (Casa di San Giorgio, 1408) gegründet wurde und dann erneut erst 200 Jahre später in den Niederlanden (1609) die »Amsterdamsche Wisselbank«, beginnt das deutsche Bankwesen in Gestalt der Hamburgischen Giro- und Wechselbank im Jahre 1619. Ausgelöst wurde die Gründung dieses völlig neuen Banktypus durch die Kaufleute, die unter dem Druck der verworrener werdenden Münzverhältnisse vor allem an der Organisation eines stabilen und sicheren Zahlungsverkehrs interessiert waren und zu diesem Zweck Wechsel- und Girobanken gründeten, und auf diese Weise eine vom staatlichen Münzverfall (Zeit der Kipper und Wipper) unabhängige, stabile Bankwährung schufen[170]. Der internationale Zahlungsverkehr wurde von diesen Wechselbanken durchgeführt, denen die Aufgabe zufiel, die reisenden Kaufleute zum einen mit den jeweils erforderlichen Münzsorten zu versehen, zum anderen aber, gestützt auf ein Netz interlokaler Verbindungen, Wechselbriefe auszustellen, bzw. zu honorieren. Diese Wechselhändler behielten bis weit in das 18. Jh. hinein ihre Bedeutung, denn auch als sich das Indossament allmählich eingebürgert hatte, hielt man noch lange an dem überkommenen Verfahren fest, seine Wechsel als Kommissionstratten oder -rimessen von Wechslern ausstellen zu lassen. Die städtischen Girobanken dagegen dienten ausschließlich dem lokalen Zahlungsverkehr, der schon deshalb keinen überregionalen Charakter annehmen konnte, weil bis weit in das 18. Jh. hinein beide Partner persönlich oder durch einen Bevollmächtigten in der Bank zu erscheinen hatten, um eine Gut- oder Lastschrift vornehmen zu lassen. Dabei war das Kreditgeschäft in Girobanken verboten, allenfalls wurden gelegentlich Darlehen auf Edelmetallbasis oder auf Druck der Obrigkeit gegeben. Ganz anders verhielt es sich mit den staatlich initiierten Banken, deren Zweck es war, genau das zu tun, was den Kaufmannsbanken verwehrt war: der Wirtschafts- und vor allem der Staatskasse Kredite zu verschaffen.

Die ersten großen *Privatbankhäuser*[171] sind in Deutschland aus dem Speditionsgeschäft und den Großhandelshäusern hervorgegangen. Dabei erfolgte erst nach und nach eine Trennung des Warengeschäfts vom eigentlichen Geldgeschäft. Im Jahre 1774 gibt es in Frankfurt am Main, dem bis Mitte des 19. Jh. bedeutendsten Bankplatz in Deutschland, bereits 25 Privatbankhäuser, von denen das 1605 gegründete Haus Johann Mertens das älteste ist. Weitere Beispiele sind: Gebrüder Bethmann (1748); oder das später weltberühmte Bankhaus Rothschild (ca. 1770). Auch in anderen Städten Deutschlands entstanden im 17. und 18. Jh. Privatbankhäuser[172], die vor allem das Wechselgeschäft und das kurzfristige Kreditgeschäft be-

---

170 Born in HdWW, Bd. 3, S. 367 ff.; Deutsche Bankengeschichte, Bd. 1, S. 139 ff.
171 Vertiefend: Treue, S. 94 ff.; Hopt, S. 131 ff.
172 Z.B. 1785 in Düsseldorf das spätere Bankhaus Trinkaus.

trieben. Kundschaft waren zunächst kleinere und mittlere Kaufleute; erst seit Beginn des 19. Jh. wurde auch die Finanzierung der ersten Industrieunternehmen betrieben. Größere Privatbankhäuser, wie etwa die Rothschilds, waren darüber hinaus auch international im Anleihegeschäft tätig und befriedigten auf diese Weise insbesondere den Geldbedarf der Fürstenhäuser. Mit der fortschreitenden Industrialisierung in Deutschland, der Entstehung von Industrie-, Handels- und Verkehrsunternehmen wuchs auch der Finanzbedarf der Wirtschaft. Diesen wachsenden Bedarf an Geldmitteln konnten die wenigen größeren Privatbankiers langfristig nicht decken. So entstanden um die Mitte des 19. Jh. nach dem Vorbild des französischen »Crédit Mobilier« (1852) die ersten Effektenbanken, etwa im Jahre 1853 die »Bank für Handel und Industrie« und im Jahre 1856 die »Berliner Handels-Gesellschaft« in der Rechtsform der KGaA. Im Juli 1870 wurde durch die Akienrechtsnovelle des Norddeutschen Bundes die Konzessionspflicht für Aktiengesellschaften aufgehoben. Ein wahrer Gründungsboom war die Folge, verstärkt durch die 5 Mrd. Franc, die Frankreich in den Jahren 1871/73 als Kriegsentschädigung zu zahlen hatte.

69   Am 10.3.1870 wurde das Statut der »Deutschen Bank« genehmigt; kurz zuvor im Februar 1870 wurde in Hamburg die Kommerz- und Discontobank gegründet und im Jahre 1872 wurde das »Dresdner Bankhaus« in eine Aktienbank umgewandelt.

Diese drei Bankgründungen waren für die zukünftige Entwicklung des deutschen Bankwesens und der deutschen Wirtschaft von besonderer Bedeutung. Alle anderen Gründungen konnten sich nur kurze Zeit halten oder wurden in den folgenden Jahren und Jahrzehnten von den Großbanken übernommen.

70   Hierneben entwickelte sich im letzten Drittel des 18. Jh. ein weiteres neues Geldinstitut, von dem damals niemand ahnen konnte, welche Bedeutung es in der Zukunft gewinnen würde: *die Sparkasse*. Voraussetzung für die Bildung des Sparkassenwesens war der Übergang vom handwerklichen Zunftsystem zum System der Gewerbefreiheit und die Neugestaltung der Agrarverfassung durch die Aufhebung der Erb- und Gutsuntertänigkeit. Es ging nicht nur um die Gewährung billiger Darlehen und damit die Ausschaltung der Wucherer, sondern vor allem um vorbeugende Ersparnisbildung, deshalb der Name Sparkasse.

71   *Die ersten Sparkassen in Deutschland entstanden in Hamburg (1778), in Oldenburg (1786) und in Kiel (1796).* Viele andere deutsche Städte folgten und 1860 gab es fast in allen bedeutenden Städten Deutschlands Sparkassen[173]. Mit ähnlicher Zielrichtung entstanden die *Kreditgenossenschaften*. Initiator war der 1808 in Delitzsch geborene Patrimonialrichter und Bür-

---

173 Vertiefend Pohl, HdWW, Bd. 3, S. 613 ff.; für die Entwicklung ab 1924 vgl. Ashauer in Deutsche Bankengeschichte, Bd. 3, 279 ff.

§ 2 *Geschichtliche Entwicklungslinien des Bankwesens und des Bankrechts*

germeister Hermann Schulze, der Anfang 1850 den ersten Vorschußverein gründete, um den Kreditmangel der Handwerker zu beseitigen, indem er Geld zu annehmbaren Bedingungen verleihen wollte. Es entstanden nach diesem Vorbild erste Selbsthilfevereine. 1855 veröffentlichte Schulze-Delitzsch das für die Praxis des Genossenschaftswesens bedeutende Buch »Vorschuß-Vereine als Volksbanken«, in welchem er programmatische Leitsätze für die Kreditgenossenschaften entwickelte und den Instituten auch den Namen gab. Bereits 1859 gab es in Deutschland 80 Volksbanken, 1895 waren es 1068 und 1913 wurden 1493 Volksbanken mit ca. 800 000 Mitgliedern betrieben.

Ähnlich entstanden, ebenfalls als Selbsthilfevereine, die *Raiffeisen-Kreditgenossenschaften*, als Folge entsprechender Initiativen von Friedrich Wilhelm Raiffeisen (1818 – 1888)[174]. Nach 1866 begann die Hauptgründungszeit ländlicher Kreditgenossenschaften, deren Zahl sich stürmisch nach oben entwickelte. 1890 gab es in Deutschland 1700, 10 Jahre später sogar 9800 Vereine, eine Zahl die sich bis 1920 nochmals verdoppelte.

72

Ebenfalls parallel entstanden Mitte des 19. Jh. (1862) die ersten *Hypothekenbanken*. Im Juni 1863 wurde der Pfandbrief der Frankfurter Hypothekenbank als erstes Wertpapier dieses neuen Typs an der Börse notiert. Es folgten Gründungen in Preußen (1863), in Bayern (1864) oder z.B. in Hamburg (1871). Bereits seit 1865 bemühte man sich um ein Hypothekenbankgesetz, das allerdings erst am 13.7.1899 angenommen wurde und am 1.1.1900 zusammen mit dem BGB in Kraft trat. Die wichtigste Bestimmung dieses Gesetzes diente dem Schutz der Pfandbriefgläubiger[175].

73

Es ließen sich unendlich viele Details hinzufügen. Insbesondere zur (rückläufigen) Entwicklung des Bankwesens während des ersten Weltkriegs oder zur Bewältigung der großen Inflation in den Jahren 1922/23 oder zur Neuordnung des deutschen Bankwesens nach dem zweiten Weltkrieg[176]. Für die hier verfolgten Zwecke genügen diese kurzen Hinweise, nicht weil es uninteressant wäre, die geschichtliche Entwicklung zu vertiefen, sondern vor allem, weil es um die ideengeschichtliche Grundlegung des Bankwesens ging, also um die Aufdeckung der Zusammenhänge, die letztlich zur Entstehung und Entwicklung des Bank- und Kreditwesens in der heutigen Form geführt haben. Insoweit war es wichtig, die geistig-philosophische Konzeption der Aufklärung knapp zu umreißen, weil sie, im Zusammenwirken mit der beginnenden Bevölkerungsexplosion, dem technischen Fortschritt und der Internationalisierung des Handels letztlich die Basis für unser heutiges modernes Bankwesen bildet.

74

---

174 Vertiefend Bauer, S. 101 ff.
175 Vertiefend Pohl, HdWW, Bd. 3, S. 615 f.
176 Umfassend für die Jahre 1806-1914, Deutsche Bankengeschichte, Bd.2, passim; sowie für die Zeit vom Ersten Weltkrieg bis zur Gegenwart, Deutsche Bankengeschichte, Bd. 3, passim; kürzer Pohl, HdWW, Bd. 3, S. 617 ff.; sowie im Überblick Obst/Hintner, S. 103 ff.

Daß auf der Grundlage dieses Verständnisses eine Fülle von Einzelentwicklungen möglich gewesen sind und sich vollzogen haben, liegt nahe. Daß eine Vielzahl von Banken entstanden und untergegangen sein müssen, ist ebenso evident, ändert aber an den unser heutiges Bankwesen bestimmenden Grundstrukturen nichts. Anders verhält es sich dagegen mit vier Erscheinungen, die auch das heutige moderne Bankwesen noch immer bestimmen, nämlich zum einen die »Erfindung« der Banknote (a), zum anderen die Schaffung des Zentralbanksystems (b), ferner das System der staatlichen Bankaufsicht (c) und schließlich das Nebeneinander zweier unterschiedlicher Organisationstypen, nämlich das Universalbankenbzw. das Trennbankensystem (d).

a) Die Entwicklung der Banknote zum gesetzlichen Zahlungsmittel

75 Die Finanzierung der Industrialisierung im 19. Jh. wäre ohne die Banknote, die für uns heute wie selbstverständlich gesetzliches Zahlungsmittel ist (§ 14 BBankG)[177], nicht möglich gewesen. *Dieses heutige Verständnis der Banknote als gesetzlichem Zahlungsmittel, beruhend auf der völligen Abkoppelung von einem Gegenwert (z.B. Gold), ist alles andere als selbstverständlich.* Historisch ist die Banknote im 17. Jh. entstanden, als reiche Privatleute wegen unsicherer politischer Verhältnisse begannen, ihr Geld und ihre Gold- und Silbervorräte bei Goldschmieden oder Geldwechslern gegen eine Bescheinigung für die deponierten Wertsachen zu hinterlegen. Diese Bescheinigungen, sog. »goldsmith's notes« oder »banker's notes«, stellten eine schnell realisierbare Forderung dar und wurden deshalb relativ rasch als bequemes Zahlungsmittel benutzt. Da nie alle Noten gleichzeitig zur Einlösung präsentiert wurden, begannen die Aussteller mehr Noten auszugeben, als es dem Gegenwert der bei ihnen hinterlegten Edelmetalle entsprach, es wurde also durch Vergabe von Kundenkrediten Geldschöpfung betrieben. Völlig neu war diese Idee nicht. So zeigen uns beispielsweise die aus dem Hauptbuch der Bank von Barcelona überlieferten Daten vom 23. Januar 1433, daß die Bank eine Barreserve in Höhe von 29 % ihrer Verbindlichkeiten hielt, d.h. Kredit in Höhe des Dreifachen ihres Kapitals gewährte. In der Folgezeit wurden die Barreserven auf etwa 10 % verkürzt, was möglich wurde, weil sich zunehmend Buchtransfers durchsetzten[178]. Nicht der Gedanke, Kredite in Höhe eines mehrfachen des vorhandenen Kapitals zu gewähren, entstand also neu, sondern neu war die Idee, die die Forderungen gegen die Bank verbriefenden »Notes« als Zahlungsmittel zu benutzen.

76 Banknoten waren »auf den Inhaber lautende und jederzeit auf Sicht oder auf Verlangen fällige Zahlungsversprechen, also Schuldscheine über

---

177 Vgl. zu den Einzelheiten Gramlich, Kommentierung zu § 14 BBankG.
178 Deutsche Bankengeschichte, Bd. 1, S. 64 f m.w.N.

ein unverzinsliches Darlehen... Die Noten traten an die Stelle von Metallgeld als Umlaufmittel, setzten es dabei immer ausdrücklich als Preismaß voraus, indem sie versprachen, eine bestimmte Menge von Einheiten desselben auszuzahlen«[179]. Durch dieses Versprechen unterschieden sich die Banknoten von den alten Depositenscheinen, mit denen die Banken versprachen, eine bestimmte Menge von Einheiten Metallgeld bei sich liegen zu haben. Davon stand auf den Banknoten nichts. Auf einer Note der Preußischen Bank stand beispielsweise folgender Text: »Fünfundzwanzig Thaler zahlt die Hauptbankkasse in Berlin ohne Legitimationsnachweis dem Einlieferer dieser Banknote.« Der Text der Note gab also nicht an, wieviel Geld sie ist, sondern drückte nur aus, wieviel Geld die Notenbank für diese Note zu zahlen versprach. Banknoten waren noch kein Geld, sondern Geldsurrogate, die von Privatnoten- oder Privatzettelbanken als Umlaufmittel und als Mittel zur Kreditschöpfung für sich selbst und für ihre Kunden ausgegeben wurden. Sie sind deshalb vom Begriff des Staatspapiergeldes, das vom Staat in Form von Kassenscheinen oder unverzinslichen Schatzanweisungen zur Deckung von Staatsschulden ausgegeben wurde, strikt zu trennen. Die ersten staatlich gegründeten Zettelbanken wurden regelmäßig aus fiskalpolitischen Motiven errichtet, um den in ständigen Geldnöten befindlichen Fürsten zu helfen, ihre Staatsfinanzen zu sanieren. Sehr wichtig für die Entwicklung des Notenbankwesens wurde die Gründung der »Bank of England« (1694). Die Bank of England, in der Rechtsform einer AG, betrieb Bankgeschäfte, handelte mit Geld und Wechseln und gab Noten aus. Sie nahm bald eine privilegierte Stellung gegenüber den Privatnotenbanken ein und stand auch eine Reihe von Krisen Anfang des 19. Jh. durch. Infolge dieser Notenbankkrisen der Jahre 1816, 1825 und 1839 setzte sich in England die Currency-Theorie durch, die Banknoten für Geld erklärte (demgegenüber waren die Vertreter der »Banking-Schule« der Auffassung, daß Banknoten nur Kreditmittel seien). Die Currency-Theorie lieferte die theoretischen Grundlagen für die Neuregelung des englischen Notenbankwesens, die durch den Peel's Act von 1844 durchgeführt wurde. Zugleich wurde damit der Bank of England der Weg zur englischen Zentralnotenbank geebnet. Nach dem Peel's Act durften keine neuen Notenbanken errichtet und der Bestand der umlaufenden Banknoten seitens der bestehenden Privatnotenbanken nicht mehr erweitert werden. Verzichtete eine private Notenbank auf Notenemission oder verlor sie das Emissionsrecht, so fiel ihr Notenkontingent an die Bank of England, ein Prozeß, der Jahrzehnte dauernd die Position der Bank of England festigte[180].

---

179 Wagner, S. 75 ff.; Born, Die Entwicklung ..., S. 4 f, 21; zur Abgrenzung zum Wechsel- und Scheckrecht vertiefend Coing, Bd. II, S. 568 ff.
180 Vertiefend Deutsche Bankengeschichte, Bd. 2, S. 78 ff.

77 Dabei erhielten die Noten der Bank of England 1833 den Rang eines gesetzlichen Zahlungsmittels, allerdings verknüpft mit der Verpflichtung der Bank, die Noten in Gold einlösen zu können. Erstmals in Österreich wurden 1841 die Noten der österreichischen Nationalbank zum gesetzlichen Zahlungsmittel erklärt, dessen Annahme nicht mehr verweigert werden durfte. Frankreich erklärte 1870 als Folge des Krieges gegen den Norddeutschen Bund die Goldeinlösungspflicht der »Banque de France« für aufgehoben, erhob also die Banknoten zum gesetzlichen Zahlungsmittel. Im Deutschen Reich geschah das erst 1909. Gleichzeitig veranlaßte die Reichsbank Behörden und große Wirtschaftsunternehmen, Gehälter und Löhne bis auf Kleingeldbeträge in Banknoten auszuzahlen. Die Reichsbank hatte in dieser krisengeschüttelten, den ersten Weltkrieg andeutenden Zeit für den Fall der Mobilmachung mit einer verstärkten Goldhortung begonnen. In den Vereinigten Staaten wurden mit der Errichtung des »Federal Reserve Systems« 1913 die von den »Federal Reserve Banks« ausgegebenen Banknoten zu gesetzlichen Zahlungsmitteln erklärt[181]. Auch die Schweiz hatte Banknoten als Tauschmittel in Umlauf gebracht und 1891 die Kompetenz für die Notenemission auf den Bund übertragen. Gleichzeitig wurde allerdings in der Bundesverfassung (Art. 39) die Bestimmung eingefügt, daß der Bund keine Rechtsverbindlichkeit für die Annahme von Banknoten aussprechen darf. Noch heute verbietet Art. 39 Abs. 6 der schweizerischen Bundesverfassung, eine Rechtsverbindlichkeit für die Annahme von Banknoten auszusprechen »außer bei Notlagen in Kriegszeiten«. Damit ist die Schweiz das einzige Industrie- und Handelsland, in dem die Banknoten nicht zum gesetzlichen Zahlungsmittel geworden sind. Trotz der Erklärung der Banknoten zum gesetzlichen Zahlungsmittel, also zu Geld, haben bis 1914 die Zentralnotenbanken Banknoten als bloßes Geldsurrogat betrachtet und den Geldwert in ihren Goldreserven verkörpert gesehen. Aus diesem Grunde haben sich die Zentralnotenbanken der Industrieländer um eine hohe, über die gesetzliche Vorschrift hinausgehende Golddeckung ihres Notenumlaufs bemüht und systematisch Gold aufgekauft. Banknote und Notenbankwesen hängen also eng miteinander zusammen. Die Entwicklung der Banknote zum gesetzlichen Zahlungsmittel kann ohne den sich hier gleich anschließenden Blick auf die Entwicklungsgeschichte der zentralen Notenbank nicht wirklich verstanden werden.

---

181 Zur Entwicklung des U.S.-amerikanischen Aufsichtssystems vgl. Bauer, S. 80 ff.

b) Das Notenbankwesen

Schrifttum:
Bonin, Zentralbanken zwischen funktioneller Unabhängigkeit und politischer Autonomie, 1979; Deutsche Bankengeschichte (vom Ersten Weltkrieg bis zur Gegenwart), herausgegeben vom Wiss. Beirat des Instituts für bankhistorische Forschung e.V., Bd. 3, 1983; *Gramlich*, Taschenkommentar zum Bundesbankgesetz, 1988; *Hahn*, Währungsrecht, 1990; *ders.*, Geldmarkt und Währungsrecht – Zentralbank und Geschäftsbanken in der Marktwirtschaft – , FS für Mann, 1977, 731; *ders.*, (Hrsg.), Das Geld im Recht, 1986; *von Hayek*, Entnationalisierung des Geldes, Tübingen 1977; *Immenga*, Wettbewerbsbeschränkungen auf staatlich gelenkten Märkten, 1967; *Jarchow*, Theorie und Politik des Geldes, Bd. II, 4. Aufl., 1983; *Möschel*, Das Wirtschaftsrecht der Banken, 1972; *ders.*, Eine Systematik von Bankenregulierungszielen, FS für Stimpel, 1985, 165; *Münch*, Das Giralgeld in der Rechtsordnung der Bundesrepublik Deutschland, 1990; *Obst/Hintner*, Geld-, Bank- und Börsenwesen, 37. Aufl.; Hans *Pohl*/Manfred *Pohl*, Deutsche Bankengeschichte, Bd. 2, 1982; Manfred *Pohl*, Kreditwesen in der Bundesrepublik Deutschland, Handwörterbuch der Wirtschaftswissenschaft, Bd. 3, 609; *Schacht*, Die Stabilisierung der Mark, 1927; *Seifert*, Privilegierung und Regulierung im Bankwesen, 1984; *Servais*, Banques d'E-mission. Banque de France, banques coloniales, banques étrangères, Paris, 1932; *Siebelt*, Der juristische Verhaltensspielraum der Zentralbank, 1988; Vera *Smith*, The Rationale of Central Banking, London 1936; *Sombart*, Der moderne Kapitalismus, Bd. III, 1, Neudruck 1955; *Weikart*, Geldwert und Eigentumsgarantie, 1993; *Welcker*, Die Organisation des Geld- und Bankwesens, 1977; *Winkel*, Die Entwicklung der Geldtheorie in der deutschen Nationalökonomie des 19. Jh. und die Gründung der Reichsbank, in: Coing/Wilhelm (Hrsg.) Wissenschaft und Kodifikation des Privatrechts im 19. Jh., Bd. 5, 1980, 1.

Die deutsche Bundesbank, so heißt es in § 3 des Bundesbankgesetzes (BBankG), regelt den Geldumlauf und die Kreditversorgung der Wirtschaft mit dem Ziel, die Währung zu sichern, und sorgt für die bankmäßige Abwicklung des Zahlungsverkehrs im Inland und mit dem Ausland[182]. Tatsächlich sind Geschäftsbanken und die Zentralbank gemeinsam Träger der Geld- und Kreditschöpfung; sie bestimmen durch ihre Tätigkeit im Ergebnis zusammen das Geld- und Kreditvolumen der Volkswirtschaft[183]. Trotz dieses Zusammenwirkens von Geschäftsbanken und Zentralbank – die Giralgeldschöpfung durch die Geschäftsbanken übersteigt inzwischen die Geldschöpfung durch Ausgabe von Noten ganz erheblich[184] – besteht kein Zeifel daran, daß vor allem der Aspekt der Währungssicherung als ausgegliederter Teil allgemeiner Wirtschaftspolitik eine staatliche Aufgabe hohen Rangs darstellt[185]. Dieser politisch-staatlichen Verantwortung ver-

78

---

182 Die Bundesbank ist auf der Basis von Art. 88 GG errichtet worden, womit die staatliche Zentralbank in der deutschen Verfassungsgeschichte erstmals konstitutionelle Erwähnung findet, wenngleich auch nicht so ausführlich wie etwa in Art. 39 der schweizerischen Bundesverfassung.
183 Hahn, FS Mann, S. 731 ff.
184 Bereits 1987 betrug die Summe umlaufender Banknoten 126 Mrd. DM und die der Münzen 10 Mrd. DM; diesen standen Sichteinlagen in Höhe von 239 Mrd. DM im Monatsdurchschnitt gegenüber, vertiefend Münch, S. 94 ff.
185 Hahn, FS Mann, S. 741 m.w.N., ders., Währungsrecht, S. 269 ff.

Erster Teil   Grundlagen

leiht die Bundesbank seit dem 5.12.1974 in besonderer Weise dadurch Ausdruck, daß sie das geldpolitische Mengenziel jeweils für ein Jahr im voraus ankündigt, um die vertretbare Ausweitung der Zentralbankgeldschöpfung während der nächsten zwölf Monate zu verdeutlichen[186]. Diese Geldmengenkompetenz, die im Bundesbankgesetz nicht ausdrücklich erwähnt wird, ergibt sich inzidenter aus der Aufgabe, die Währung zu sichern (§ 3 BBankG), wobei die Zentralbankgeldmenge definiert ist als: Die Summe des Bargelds, d.h. der gesetzlichen Zahlungsmittel (§ 14 BBankG), die sich in den Händen von Nicht-Banken befinden, plus dem Mindestreserve-Soll für inländische Verbindlichkeiten der Kreditinstitute (§ 16 BBankG). Die Ziele beruhen stets auf einer mit der Bundesregierung abgestimmten gesamtwirtschaftlichen Prognose. Im Vordergrund stehen dabei jahresdurchschnittliche Eckwerte für das Wachstum des Produktionspotentials, sowie die erwünschte, nicht inflationäre Preisentwicklung[187].

79   Im Rahmen des Versuchs einen notenbankgeschichtlichen Überblick zu geben, mag es für den Leser erstaunlich sein, daß dieser Überblick mit zentralen Aufgaben jener Notenbank beginnt, die heute in der Bundesrepublik die Geldgeschicke steuert. Dabei dürfte es für die meisten ganz selbstverständlich sein, daß die Zentralnotenbanken der westlichen Industrienationen mit der Wahrnehmung währungs- und damit wirtschaftspolitischer Staatsaufgaben betraut sind, und es dürfte ferner ganz selbstverständlich sein, daß Staaten und Notenbanken über ein geld- und währungspolitisches Steuerungsinstrumentarium verfügen, mit dessen Hilfe moderne Volkswirtschaften Ziele wie Vollbeschäftigung, Geldwertstabilität, Wachstum und außenwirtschaftliches Gleichgewicht (magisches Viereck im Sinne von § 1 Stabilitätsgesetz) zu realisieren anstreben. Wer mit diesem Vorverständnis die Entwicklungsgeschichte des Notenbankwesens zu begreifen versucht, wird scheitern. Angefangen hat es nämlich einmal ganz anders.

80   Ursprünglich verbindet sich mit der Idee der Notenbank nicht etwa eine währungs- und wirtschaftspolitische Organisationsaufgabe, sondern schlicht die Idee, durch Ausgabe von Banknoten Geld zu schöpfen, die Liquidität der Bank also zu erhöhen. Notenbanken boten willkommene neue Finanzierungsmöglichkeiten, vor allem für den sich in permanenter Geldnot befindenden Adel. Ob man die berühmten Bankhäuser des ausgehenden Mittelalters, z.B. die Bank von Barcelona (1401 – 1853) oder die Bank von Genua, Casa di S. Giorgio (1408 – 1817), oder die Hamburger

---

186   Zu den sich daraus ergebenden Rechtsfragen vertiefend Hahn, FS Mann, S. 741 ff.; ders. Währungsrecht, S. 269 ff.; ferner Gramlich, Kommentar zum BBankG, § 3 Rz. 20 sowie § 15 Rz. 6.
187   Vgl. Monatsberichte der Deutschen Bundesbank 1987, Heft 1, 13 f; dabei wird seit 1979 kein Punktziel mehr anvisiert, sondern ein Bandbreitenkonzept verwendet.

§ 2 *Geschichtliche Entwicklungslinien des Bankwesens und des Bankrechts*

Bank (1619; sie ging 1875 in der Reichsbank auf) sinnvollerweise als Vorläufer der heutigen Zentralbanken[188] darstellt, mag zweifelhaft erscheinen, kann letztlich aber dahingestellt bleiben. Unzweifelhaft beginnt die eigentliche Geschichte der Zentralnotenbanken mit der Gründung der Bank von England im Jahre 1694, bei der das Recht der Notenausgabe auf den Betrag des Bankkapitals beschränkt war, so daß ein Mißbrauch der Papiergeldpresse – wie in anderen Ländern – nicht eintreten konnte[189].

Dabei weist Sombart[190] sicher zu Recht darauf hin, daß die Banknoten in England während des 18. Jh. auch nicht annähernd die Bedeutung gehabt haben, wie wir es heute gewohnt sind. Sie blieben vielmehr (auch in England) bis zum Beginn des 19. Jh. eher eine nebensächliche Erscheinung, die für die Gesamtheit des Geldwesens ohne erhebliche Bedeutung war. Bis um die Mitte des 18. Jh. mußten die Noten der Bank von England sogar um ihre Geldeigenschaft kämpfen. Noch im Jahre 1758 wurde erst durch Entscheidung des Obersten Gerichtshofs festgestellt, daß eine testamentarische Verfügung über Geld auch etwaige Noten einer Bank einschließt, weil diese Noten so gut wie Geld seien[191]. Der Betrag der ausgegebenen Banknoten betrug beispielsweise in England bis etwa 1780 ca. 2 Mio. Pfund, entsprechend der Höhe des Bankkapitals. Demgegenüber liefen Münzen im Wert von annähernd 100 Mio. Pfund um, d.h. Papier- und Hartgeld befanden sich im Verhältnis von 1:50[192]. Das änderte sich erst mit dem Beginn der hochkapitalistischen Ära, d.h. des späten 18. und des frühen 19. Jh.

81

In dieser Zeit entstehen in vielen Ländern Europas und der Vereinigten Staaten zahlreiche Notenbanken. So werden in England neben der Bank von England bis 1776 etwa 150 private Banken gegründet, die Noten ausgeben. Ihre Zahl steigt bis 1790, in der Periode des Aufschwungs nach dem amerikanischen Unabhängigkeitskrieg, auf ca. 350. Noch rascher entwickelte sich das Notenbankwesen in Schottland, dem Heimatland des modernen Kreditwesens, wo die Banknoten früher als anderswo zu einem allgemeinen Zahlungsmittel wurden[193]. Dabei verquickt sich das Notenbankwesen in dieser Zeit aufs engste mit dem Depositenbankwesen und wird rasch ein Regulator des Wirtschaftslebens, in dessen Geschäftsziffern sich die Entwicklung der Volkswirtschaften widerspiegelt[194]. Aber natürlich kein Regulator im heutigen Sinne, mit währungs- und wirtschaftspolitischen Zielvorgaben, sondern eher ein Regulator im natürlichen Sinne,

82

---

188 So Welcker, S. 85 f.
189 Überblick über die Entstehungsgeschichte der Bank von England bei von Bonin, S.31 ff.
190 Bd. I, 1, S. 429.
191 Sombart, I, 1, S. 429.
192 Sombart, I, 1, S. 429.
193 Die Schöpfer der ersten großen Kreditorganisationen waren die Schotten John Law und William Patterson.
194 Sombart, III, 1, S. 193.

als Teil nämlich eines sich selbst (weitgehend unbewußt) steuernden Wirtschaftsablaufs. Dabei stehen in diesem System staatliche und private Notenbanken wie selbstverständlich nebeneinander; eine Diskussion über die optimale Organisationsform des Geld- und Bankwesens, wie wir sie heute vorfinden, gibt es noch nicht[195]. Symptomatisch für den evolutiven Charakter der sich im 19. Jh. grundlegend wandelnden Organisationsstruktur der Banken ist die Tatsache, daß bis Ende des 18. Jh. selbst in großen Handelsplätzen, wie London und Hamburg, die Ansicht allgemein verbreitet war, daß ein solider Händler *nur mit eigenem Kapital*, nicht mit fremdem, Geschäfte betreiben dürfe. Anstöße zur Überwindung dieses Kapitalbegriffs scheinen von den Schotten ausgegangen zu sein, die als Begründer der modernen Kreditwirtschaft in mehr als einer Hinsicht angesehen werden: »The Scotch hate gold« ist ein englisches Sprichwort geworden. Sie beginnen schon um die Mitte des 18. Jh. ihre umwälzenden Geschäftsgrundsätze, die alle auf eine Förderung der kreditwirtschaftlichen Beziehungen hinauslaufen, zur Anwendung zu bringen. Dennoch dauert es noch lange, ehe sich das Unternehmertum daran gewöhnt, mit fremdem Geld zu arbeiten. Noch um 1860 wird der mit Fremdkapital arbeitende »New Trader« dem »Old fashioned Trader« gegenübergestellt und schon die Wortwahl deutet darauf hin, wer der ehrenwertere Kaufmann ist[196].

83   Wenn sich trotzdem die Notenbanken, verknüpft mit der Entwicklung der Depositenbanken, im 19. Jh. durchsetzen, wenn Anfang des 20. Jh. für die Unternehmen das Arbeiten mit Fremdkapital fast selbstverständlich geworden ist, so liegt das vor allem daran, daß allein während des Zeitraums von 1850 bis 1910 der Warenumsatz in Deutschland verfünffacht wurde[197]. Um diese Leistung zu vollbringen, brauchten die Unternehmen Fremdkapital, und indem sie es benutzten, wurden ihnen die wachstumsfördernden Wirkungen des Kapitals bewußt, erneut der Hinweis auf einen sich selbst steuernden Regelkreis, wie er für unsere geschichtlichen Entwicklungsprozesse so typisch ist.

84   Zugleich deutet sich in diesem Entwicklungsprozeß bereits ein Paradigmawechsel für die Notenbanken an, nämlich die sich langsam vollziehende Trennung zwischen Geschäftsbanken einerseits und Zentralbanken andererseits. Das beginnt ganz unbemerkt gegen 1830, wo sich die Depositenbank, meist in Verbindung mit der Notenbank, in Schottland, England und den Vereinigten Staaten einbürgert; Frankreich folgt gegen 1860, Deutschland gegen 1880. Der Bank von England galten die Depositenbanken zunächst als unliebsame Konkurrenten, denen gegenüber sie

---

195 Vertiefend hierzu die Habilitationsschrift von Welcker, S.117 ff.; auch Münch, S. 51 ff.; instruktiv – aus ökonomischer Perspektive – Weifert, S. 21 ff., 103 ff.
196 Sombart, III, 1, S. 189 ff.
197 Sombart, III, 1, S. 174.

§ 2 *Geschichtliche Entwicklungslinien des Bankwesens und des Bankrechts*

zunächst die Rediskontierung der Wechsel ablehnte und sie vom Clearing-House ausschloß. Erst Mitte des 19. Jh. konnten sich die Depositenbanken durchsetzen, wenngleich auch 1870 die Bank von England noch immer die maßgebende Stellung in der City hatte. Anfang des 20. Jh. hatten dagegen die drei größten Depositenbanken dem absoluten Betrage nach die Bank von England überholt[198]. In Frankreich verlief die Entwicklung ganz ähnlich. Unter Napoleon wurde die Banque de France am 18.1.1800 in Paris als private Aktiengesellschaft gegründet. Ziel ihrer Gründung war die Förderung der Wirtschaft durch Schaffung von mehr Zahlungsmitteln. Sie war von Beginn an im Diskont-, Depositen- und Wechselgeschäft tätig und emittierte Noten. Zu dieser Zeit gab es in Paris fünf weitere Bankinstitute, die ebenfalls Noten ausgaben. Erst im Jahr 1803 erhielt die Banque de France durch Gesetz das Emissionsprivileg für Paris[199]. Ebenso wie in England entwickelten sich aber auch in Frankreich parallel große Depositenbanken. Noch um 1880 wurde die Banque de France von den großen privaten Bankhäusern als Bedrohung empfunden, da sie nicht nur als Emissionsinstitut, sondern auch im Bereich der üblichen Bankgeschäfte aktiv war. Besonders in der Zeit zwischen 1870 und 1914 gab es erhebliche Konkurrenzkämpfe zwischen der Bank von Frankreich und den großen privaten Geschäftsbanken, was schließlich zum Gesetz von 1897 führte. Im Vorfeld dieses Gesetzes, das die Bank in Einzelbereichen enger in die staatliche Wirtschafts- und Finanzpolitik einband, hob die parlamentarische Mehrheit die Aufgabe der Bank als Hüterin der Währung, notfalls auch gegen den Staat, hervor[200]. Diese Funktion bestimmte zunehmend das Erscheinungsbild der Bank und ihr Verhältnis zum Staat und führte 1945 zur Verstaatlichung, ohne daß die unabhängige Stellung des Gouverneurs der Bank in währungspolitischen Fragen geschmälert worden wäre[201].

Anders als in England und Frankreich hat sich die Zentralbankentwicklung in Deutschland nicht als kontinuierlicher Prozeß vollzogen. In Preußen wurde die im Jahre 1765 gegründete Königliche Giro- und Lehnbanco in Berlin aufgrund des Bankgesetzes vom 5. Oktober 1846 in die Preußische Bank umgewandelt. Sie war eine Mischung zwischen Staats- und Privatbank, und hatte ein Notenausgaberecht über 15 Mio. Taler zzgl. der Ausgabe von 6 Mio. Taler Kassenscheinen. Erst 1856 wurde diese Begrenzung fallengelassen. Daneben gab es in anderen deutschen Staaten notenausgebende Bankinstitute, so 1834 die Bayerische Hypotheken- und Wechselbank in München, ferner die im gleichen Jahr in Sachsen ge-

85

---

198 Sombart, III, 1, S. 195.
199 Von Bonin, S. 47 ff.
200 So der berühmte Bericht des Abgeordneten Antonin Dubost an den Senat, abgedruckt bei Servais, S. 83 ff.
201 Zu den Einzelheiten von Bonin, S. 47 ff.

gründete Leipziger Bank sowie nach 1848 etwa 30 weitere Notenbanken von unterschiedlicher Struktur und Bedeutung[202]. Erst im Jahre 1875 gelang es, die Preußische Bank in eine Reichsbank umzuwandeln[203]. Mit dem 1.1.1876 eröffnete die Deutsche Reichsbank ihre Schalter durch Übernahme des gesamten Geschäftsapparates der Preußischen Bank.

86 Von den 33 Notenbanken, die im Jahre 1873 in Deutschland bestanden, gaben 15 nach Inkrafttreten des Bankgesetzes ihr Notenrecht auf. Dennoch betrachtete sich die Reichsbank zunächst selbst nur als ein privat orientiertes Kreditunternehmen, das, wie andere private Notenbanken auch, ein Emissionsprivileg hatte. Banknoten waren ja noch keine gesetzlichen Zahlungsmittel. Die Reichsbank war also wie jeder andere Bürger auch an das kraft Währungshoheit fixierte staatliche Kurantgeld gebunden. Eine grundlegende Änderung trat mit dem Gesetz vom 1. Juni 1909 ein[204]. Nach diesem Gesetz wurden die Reichsbanknoten gesetzliche Zahlungsmittel. Die Reichsbank, die selbst die Anregung zu diesem Gesetz gegeben hatte, sah sich nun als der staatlichen Währungssicherung zumindest auch verpflichtete Institution[205]. In dieser Funktion finanzierte die gegenüber der Reichsregierung weisungsgebundene Reichsbank den ersten Weltkrieg[206] und konnte aufgrund dieser engen Verbindung zum Reich die große Inflation in den Jahren 1922/23 nicht verhindern. Hjalmar Schacht, der spätere Reichsbankpräsident, sagte 1927 rückblickend: »Die enge Verbindung, die das Reich mit dem Zentralnoteninstitut verband, ist letzterem zum Verhängnis geworden... Bis zum Erlaß des Autonomiegesetzes vom 26. Mai 1922 war die Reichsbank nichts anderes als eine nach den Anweisungen des Reichskanzlers arbeitende Reichsstelle«[207]. Wirklich unabhängig wurde die Zentralbank erst mit Gesetz vom 30.8.1924. In § 1 Abs. 1 des neuen Gesetzes hieß es: »Die Reichsbank ist eine von der Reichsregierung unabhängige Bank, welche die ... Aufgabe hat, den Geldumlauf im gesamten Reichsgebiete zu regeln, ...«. Und nach § 20 Abs. 3 war die Reichsbank lediglich »zur Aufrechterhaltung einer ständigen Fühlung in den währungs- und finanzpolitischen Angelegenheiten ..., sowie, ... zur Berichterstattung«, verpflichtet.

87 Der Einfluß der Reichsbank auf die deutsche Wirtschaftspolitik war in der Zeit von 1924 bis 1933 sehr stark[208]. Es war üblich, daß der Reichsbankpräsident an den währungs- und wirtschaftspolitischen Kabinettssitzungen teilnahm. Das änderte sich zunächst im März 1930 – Schacht

---

202 Vertiefend von Bonin, S. 59 ff.; Pohl, HdWW, Bd. 3, S. 616 f; Siebelt, Der juristische Verhaltensspielraum der Zentralbank, S. 23 ff.
203 Winkel, S. 17 ff.
204 RGBl., S. 515; Weikart, S. 26 f.
205 Von Bonin, S. 67.
206 Hierzu umfassend Born in Deutsche Bankengeschichte, Bd. 3, S. 24 ff.
207 Schacht, S. 84; Weikart, S. 28 ff.
208 Vertiefend Born in Deutsche Bankengeschichte, Bd. 3, S. 62 ff.

mußte von seinem Amt als Reichsbankpräsident zurücktreten – und dann erneut nach der Machtübernahme der Nationalsozialisten im Jahre 1933[209]. Im Gesetz über die Deutsche Reichsbank vom 15.6.1939 heißt es in § 1: »Die Deutsche Reichsbank ist dem Führer und Reichskanzler unmittelbar unterstellt«. Nach dem zweiten Weltkrieg dezentralisierten die Alliierten die Reichsbank. Vorbild war das amerikanische »Federal Reserve System«. Zunächst wurden elf Landeszentralbanken gebildet, so daß jedes Bundesland eine eigene Notenbank besaß[210]. Im März 1948 wurde die Bank Deutscher Länder als Tochterinstitut der Landeszentralbanken gegründet. *Durch das Gesetz über die Deutsche Bundesbank vom 26. Juli 1957 wurde die Bank Deutscher Länder mit den Landeszentralbanken zur Deutschen Bundesbank in Frankfurt am Main verschmolzen.* Die Landeszentralbanken waren von nun an rechtlich unselbständige, regionale Hauptverwaltungen. Damit war die ursprünglich angestrebte Dezentralisierung der Zentralnotenbanken wieder aufgehoben[211].

Diese kurzen Andeutungen genügen, um zu zeigen, daß es von der Idee, Banknoten durch dafür spezifisch geschaffene Institute ausgeben zu lassen, und derjenigen, daß diese Institute währungs- und wirtschaftspolitische Steuerungsfunktionen wahrzunehmen haben, ein langer Weg war. Während die Notenbanken im 18. und 19. Jh. neben anderen Geschäftsbanken in weitgehend den gleichen Geschäftsbereichen tätig waren und – ebenfalls neben anderen Notenbanken – Noten ausgaben, erscheint es uns heute geradezu als selbstverständlich, daß die »Schaffung des Umlaufmittels« nicht mehr als Teil der »ökonomischen Aktivität« betrachtet, sondern dieser gegenübergestellt wird[212]. Zutreffend weist Welcker auch darauf hin, daß nach allgemeiner Meinung das laissez-faire im Bereich des Geld- und Bankwesens ein veraltetes Organisationsprinzip sei. 88

So selbstverständlich wie die Organisation des Geld- und Bankwesens in ihrer heutigen Form hingenommen werde, so wenig ist sie nach Welckers Meinung jedoch wissenschaftlich begründet. Denn selbst Autoren, die prinzipiell für eine Verstärkung des Wettbewerbs im Banksektor einträten[213], nähmen die staatliche Organisation des Notenbankwesens als selbstverständlich hin und betrachten, so Welcker, diese Organisationsform sogar als Voraussetzung dafür, daß man im übrigen Banksektor Wettbewerb als eine zweckmäßige Organisationsform betrachten könne[214]. Immerhin eine gründliche Analyse der Diskussion dieser Frage hat Vera 89

---

209 Vertiefend Wandel, Deutsche Bankengeschichte, Bd. 3, S. 149 ff.
210 Hierzu vertiefend Pohl in Deutsche Bankengeschichte, Bd. 3, S. 224 ff.
211 Vertiefend von Bonin, S. 79 ff.; Jarchow, S. 55 ff.; Siebelt, S. 85 ff.; für die Zeit danach Gramlich, Bundesbankgesetzkommentar, Einführung vor § 1.
212 Zitiert nach Welcker, S. 59 f; ähnlich Siebelt, S. 92 f; ähnlich Möschel, FS Stimpel, S. 1067 ff.
213 Differenzierend hierzu Immenga, S. 132 ff.
214 Welcker, S. 60 m.w.N.; in diesem Sinne auch die lesenswerte, tiefgehende Analyse von Seifert, S. 21 ff., 103 ff.

Erster Teil   Grundlagen

C. Smith bis in die dreißiger Jahre des 20. Jh. vorgelegt, ohne jedoch eine abschließende Antwort finden zu können. Sie kommt zu dem Ergebnis, daß sich einige der Einwände gegen ein System privater Banken zwar als unplausibel erweisen, daß sich letztlich jedoch alle Einwände auf rein theoretischer Basis weder endgültig bestätigen noch endgültig widerlegen lassen[215]. Die Entwicklung der Diskussion nach dem zweiten Weltkrieg stellt Welcker in seiner Habilitationsschrift aus dem Jahre 1976 dar[216]. Ein Fazit seiner Überlegungen und der historischen Befunde ist: »Wollen Private erreichen, daß von ihnen emittierte Schuldtitel von Dritten als Entgelt akzeptiert werden, so müssen sie Versprechen konkreten Schuldinhalts abgeben und diese Schuldversprechen auch einhalten können. Kommen Zweifel an der Zahlungsfähigkeit des Emittenten auf, so verlieren diese Titel ihre Umlauffähigkeit. Sie werden höchstens noch von jenen angenommen, die sich auf die Spekulation in Dubiosen spezialisiert haben. Auch neuere Versuche, die Unmöglichkeit eines privaten Banksystems auf spekulativem Wege zu beweisen, müssen daher als gescheitert betrachtet werden«[217]. Die weiteren Überlegungen Welckers, vor allem im Bereich der Geldschöpfung und der Bestimmung der Geldmenge, sind aber durchaus bedenkenswert. Zuzustimmen ist ihm, wenn er darauf hinweist, daß die Bestimmung der Geldmenge z.B. durch das Parlament bisher nicht einmal diskutierbar ist, weil die Regeln, nach denen vorgegangen werden könnte, nicht spezifiziert seien. Solange das Parlament aber bei der Bestimmung der zur Erreichung vorgegebener Ziele erforderlichen Geldmengenpolitik bloß auf »Fingerspitzengefühl« angewiesen sei, sei nicht zu erwarten, daß ihm bei der Lösung dieser Aufgaben mehr Erfolg beschieden sein sollte, als den historisch gewachsenen Zentralbanken des heutigen Typs[218]. Änderungen in der Organisationsstruktur unseres derzeit praktizierten Bankensystems drängen sich hiernach wohl nicht auf.

90   Gleichwohl stellen sich *Rechtsfragen*, worauf Hahn bereits im Jahre 1976 aufmerksam gemacht hat[219], denn damals bereits überstieg das Ausmaß der *Giralgeldschöpfung* durch die Geschäftsbanken das Zentralbankgeld des Noteninstituts erheblich, und zwar im Verhältnis 2:1. Hahns Ausführungen belegen, daß dieses Mischkonzept währungspolitisch gewollt ist. Juristisch lasse sich gegen das Bemühen der Kreditinstitute, den liquiditäts- und rentabilitätsmindernden Maßnahmen der Bundesbank zu

---

215 Smith, passim.
216 S. 118 ff.
217 Welcker, S. 119; interessant hierzu der radikale Vorschlag von F.A. von Hayek, das Recht zur Notenausgabe wieder ganz an private Banken zurückzugeben in der Erwartung, der Wettbewerb zwischen den emittierenden Banken werde dafür sorgen, daß sich auf Dauer nur wertbeständige Banknoten am Markt halten können, in: von Hayek, passim; dazu Möschel, FS Stimpel, S. 1067 ff.
218 Welcker, S. 130; vertiefend Siebelt, S. 184 ff.
219 FS für Mann, S. 731 ff.

entgehen, schwerlich etwas einwenden, blieben sie doch im Rahmen der vom Bundesbankgesetz anerkannten rechtlichen Dispositionsmöglichkeiten des Bankgewerbes. Dessen eigenverantwortliches bankgeschäftliches Handeln und Unterlassen solle gewiß von den Steuerungsmitteln des Notinstituts beeinflußt, nicht jedoch beseitigt werden[220]. Das ist angesichts der im Bundesbankgesetz verankerten Steuerungsmöglichkeiten richtig, beantwortet aber nicht die Frage der Kontrolle des Verhaltens der Bundesbank. Ihre Unabhängigkeit, darauf weist Hahn zu Recht ebenfalls hin, findet ihre Grenze in der Verfassung. Denkbar wäre die Verfassungsbeschwerde eines Kreditinstituts, das eine Beeinträchtigung seiner Grundrechte geltend macht, insbesondere den Anspruch auf willkürfreien Ermessensgebrauch gemäß Art. 3 GG und auf Unantastbarkeit seines Eigentums nach Art. 14 GG. Schließlich könnte auch eine Verletzung des Grundrechts auf Berufswahl und Berufsausübung (Art. 12 GG) einen Ansatzpunkt bieten. Mit Hilfe dieser verfassungsrechtlichen Normen, ergänzt um die auch juristischen Personen grundgesetzlich verbriefte wirtschaftliche Handlungsfreiheit nach Art. 2 Abs. 1 GG, müßte sich ein Kreditinstitut etwa gegen eine willkürliche Diskontsatzfestsetzung oder Mindestreserveanweisung wehren können[221]. Verwaltungsrechtlicher Rechtsschutz dürfte dagegen nur selten Erfolg versprechen, da das Bundesbankgesetz keine subjektiv-öffentlichen Rechte auf eine bestimmte Gestaltung der Mindestreservepolitik gewährt, sondern Richtmaß die Währungssicherung mit ihren stets wechselnden Erfordernissen sein muß. Die damit aufgeworfenen, nach wie vor aktuellen Rechtsfragen weisen weit über den hier darzustellenden entwicklungsgeschichtlichen Zusammenhang hinaus.

Das gilt auch für den knappen Blick auf die zukünftige *Europäische Zentralbank*. Art. 4a des Vertrages von Maastricht sieht die Schaffung eines europäischen Systems der Zentralbanken (ESZB) und einer Europäischen Zentralbank (EZB) vor. Volle Funktionsfähigkeit sollen beide Institutionen spätestens nach dem 1.7.1998 erlangen (Art. 10l EGV). Auf diese Weise ist gesichert, daß die Europäische Zentralbank vor Beginn der dritten Stufe der Währungsunion am 1.1.1999 (Art. 109 Abs. 4 EGV) voll eingerichtet und arbeitsfähig ist. Die Stellung der EZB ist derjenigen der Bundesbank weitgehend vergleichbar. Vor allem garantiert Art. 107 EGV der EZB in sachlicher und persönlicher Hinsicht *vollständige Unabhängigkeit* gegenüber Weisungen von Organen oder Einrichtungen der Gemeinschaft, der Regierungen der Mitgliedstaaten oder anderen Stellen. Die nationalen Zentralbanken erhalten eine den deutschen Landeszentralbanken vergleichbare Stellung, d.h. sie sind von der EZB weisungsabhängig.

---

220 FS für Mann, S. 733.
221 Hahn, FS für Mann, S. 752; interessant ein Urteil des VG Frankfurt v. 19.5.1989, WM 1989, 1416, wonach Inhaberschuldverschreibungen generell unter die Mindestreserveregelung des § 16 Abs. 1 BBankG fallen, dazu abl. Möschel, Mindestreserven im Zwielicht, WM 1990, 958.

Erster Teil   Grundlagen

Die EZB verfügt über einen Rat und ein Direktorium als wesentliche Organe. Das Direktorium wird von den Regierungen der Mitgliedstaaten ernannt, seine Mitglieder haben eine einmalige Amtszeit von 8 Jahren (Art. 11 ESZB-Satzung). Der Rat setzt sich aus den Direktoriumsmitgliedern und den nationalen Zentalbankgouverneuren zusammen (Art. 10 ESZB-Satzung). Die Aufgabenverteilung zwischen Rat und Direktorium entspricht in etwa der der Bundesbank. Der EZB-Rat legt die Geldpolitik der Gemeinschaft fest, insbesondere bestimmt er die Leitzinssätze und die Geldmenge. Dem Direktorium obliegt die Umsetzung der Ratsentscheidungen. Daneben hat die EZB nach Art. 105 Abs. 2 EGV die Aufgabe, Devisengeschäfte durchzuführen, Währungsreserven der Mitgliedstaaten zu verwalten und das reibungslose Funktionieren der Zahlungssysteme zu unterstützen. Dies entspricht in etwa § 3 BBankG. Zur Erfüllung dieser Aufgaben verfügt die EZB über Befugnisse, die denen der Bundesbank entsprechen, insbesondere die klassischen Instrumente der Offenmarktpolitik, der Mindestreservepolitik und des Kreditgeschäfts. Die EZB verfügt auch über das Monopol zur Ausgabe von Banknoten (Art. 105a Abs. 1 EGV), während Münzen weiterhin von den Mitgliedstaaten ausgegeben werden. Zusätzlich können der EZB durch den EG-Rat Aufgaben im Bereich der Aufsicht über die Kreditinstitute übertragen werden (Art. 105 Abs. 6 EGV).

92   Grundsätzlich hat das Bundesverfassungsgericht am 12.10.1993 die die Währungsunion betreffenden Teile des Vertrages von Maastricht als verfassungsgemäß erklärt[222]. Insbesondere genügt die Verpflichtung der EZB auf das vorrangige Ziel der Sicherung der Preisstabilität (Art. 105 Abs. 1 EGV) auch einer gesonderten Verfassungspflicht der Bundesrepublik Deutschland als Mitgliedstaat der EG (Art. 88 Satz 2 GG). Hinzu kommt, daß ohne deutsche Zustimmung und damit ohne maßgebliche Mitwirkung des Deutschen Bundestages, die für die dritte Stufe entwickelten Konvergenzkriterien nicht aufgeweicht werden können. Ferner erkennt das Protokoll über den Übergang zur dritten Stufe der Wirtschafts- und Währungsunion an, daß der unwiderrufliche Eintritt in diese Stufe von *vorbereitenden Arbeiten* der betreffenden Mitgliedstaaten abhängig ist. Diese vorbereitenden Arbeiten richten sich auch nach dem jeweiligen nationalen Verfassungsrecht und können dort unter Parlamentsvorbehalt gestellt werden. Auch insoweit kann der Deutsche Bundestag seinen Willen, die zukünftige Währungsunion nur unter den Voraussetzungen strikter Stabilitätskriterien beginnen zu lassen, jedenfalls im Rahmen des Art. 23 Abs. 3 GG zur Wirkung bringen. Die Einflußmöglichkeiten des Bundestages sind allerdings nahezu vollständig zurückgenommen, soweit die EZB mit Unabhängigkeit gegenüber der EG und den Mitgliedstaaten aus-

---

222 ZIP 1993, 1636.

gestattet wird (Art. 107 EGV). Diese Einschränkung berührt das Demokratieprinzip, ist jedoch als eine in Art. 88 S. 2 GG vorgesehene Modifikation dieses Prinzips mit Art. 79 Abs. 3 GG vereinbar. Gestattet ist eine Übertragung von Befugnissen der Bundesbank auf eine Europäische Zentralbank, wenn diese den strengen Kriterien des Maastrichter Vertrages und der Satzung des Europäischen Systems der Zentralbanken entspricht. Diese Modifikation des Demokratieprinzips ist vertretbar, weil sie der Besonderheit Rechnung trägt, daß eine unabhängige Zentralbank den Geldwert eher sichert, als Hoheitsorgane, die ihrerseits in ihren Handlungsmöglichkeiten wesentlich von Geldmenge und Geldwert abhängen.

c) Das System der staatlichen Bankenaufsicht

Schrifttum:
Bauer, Das Recht der internationalen Bankenaufsicht, 1985; *Beck*, KWG-Loseblatt-Kommentar; *Bogaert*, Banques et banquiers dans les cités grecques, 1968; *von Bonin*, Zentralbanken zwischen funktioneller Unabhängigkeit und politischer Autonomie, 1979; *Bürge*, Fiktion und Wirklichkeit: Soziale und rechtliche Strukturen des römischen Bankwesens, SZ – Romanistische Abteilung – Bd. 104, 465; *Deutsche Bankengeschichte* (vom Ersten Weltkrieg bis zur Gegenwart), herausgegeben vom Wiss. Beirat des Institus für bankhistorische Forschung e.V., Bd. 3, 1983; *Duwendag*, Kreditwesen in der Bundesrepublik Deutschland II: Überblick, Handwörterbuch der Wirtschaftswissenschaft, Bd. 4, S. 624; *Horn*, Bankrecht auf dem Weg nach Europa, ZBB 1989, 107; *Hütz*, Die Bankenaufsicht in der Bundesrepublik Deutschland und in den USA: ein Rechtsvergleich, 1990; Die neuen Grundsätze I und Ia über das Eigenkapital der Kreditinstitute, Sonderdrucke der Deutschen Bundesbank, Nr. 2a; *Immenga*, Wettbewerbsbeschränkungen auf staatlich gelenkten Märkten, 1967; *Kraus*, Versicherungsaufsichtsrecht, 1971; *Möschel*, Das Wirtschaftsrecht der Banken, 1972; *ders.*, Das Trennsystem in der U.S.-amerikanischen Bankwirtschaft, 1978; *Müller*, Bankenaufsicht und Gläubigerschutz, 1981; *Obst/Hintner*, Geld-, Bank- und Börsenwesen, 37. Aufl., 1980; *Schulz-Henning*, Bank Holding Companies im Wirtschaftsrecht der USA, 1980; *Schwintowski*, Der private Versicherungsvertrag zwischen Recht und Markt, 1987; *Seifert*, Privilegierung und Regulierung im Bankwesen, 1984; *Sombart*, Das Wirtschaftsleben im Zeitalter des Hochkapitalismus, Bd. III, 1, Nachdruck 1955.

Nach § 6 Abs. 2 des Kreditwesengesetzes (KWG) hat das Bundesaufsichtsamt Mißständen im Kreditwesen entgegenzuwirken, die die Sicherheit der den Kreditinstituten anvertrauten Vermögenswerte gefährden, die ordnungsgemäße Durchführung der Bankgeschäfte beeinträchtigen oder erhebliche Nachteile für die Gesamtwirtschaft herbeiführen können. Nach der amtlichen Begründung des Regierungsentwurfs zum KWG[223] folgt die Notwendigkeit dieser gesetzlichen Regelung aus währungspolitischen und ordnungspolitischen Gründen. Die bankgeschäftliche Tätigkeit führe zur Schaffung von Buchgeld und damit zur Erhöhung des Geldvolumens. Da die Stabilität des Geldes auf einem ausgeglichenen Verhältnis seiner Menge zum Warenangebot beruhe, müsse die Möglichkeit beste-

93

---

[223] BT-Drs. 1114, 3. Wahlperiode, allgemeiner Teil II.

hen, das Kreditvolumen zu steuern und zu diesem Zweck auf die Geschäfte der Kreditinstitute einzuwirken. Neben diesem Ziel der Währungsstabilität gehe es um die Funktionssicherung im Bereich der Kreditversorgung, weil ernstere Schwierigkeiten im Kreditwesen erfahrungsgemäß nicht auf diesen Bereich beschränkt blieben, sondern sich stets auch auf weitere Wirtschaftszweige auswirkten. Das reibungslose Arbeiten des Kreditapparates sei deshalb eine entscheidende Voraussetzung für die Funktionsfähigkeit der Gesamtwirtschaft, so daß umgekehrt das Kreditgewerbe auf das uneingeschränkte Vertrauen der Öffentlichkeit angewiesen sei. Schon in Zeiten einer gesunden Wirtschaftsentwicklung habe die Zahlungseinstellung eines größeren Kreditinstituts häufig eine fühlbare Beunruhigung zur Folge. Bei absteigender Konjunktur werde das Publikum besonders empfindlich auf Bankinsolvenzen reagieren. Ausgedehnte Abhebungen der Einleger brächten dann besondere Gefahren für die Gesamtwirtschaft mit sich. Gegenüber diesen Gefahren, die der Allgemeinheit von Störungen im Kreditwesen drohten, könne der Staat nicht untätig bleiben. Durch gesetzliche Vorschriften für eine gesunde Struktur und ein solides Geschäftsgebaren der Kreditinstitute und durch deren laufende Überwachung müsse er dazu beitragen, daß im Kreditwesen Verhältnisse herrschten, die das Vertrauen der Öffentlichkeit verdienten, und daß die Kreditinstitute einer etwa eintretenden wirtschaftlichen Depression gegenüber möglichst krisenfest blieben.

94 Mit dieser Begründung des KWG werden *drei Zielsetzungen* in den Vordergrund gestellt: Sicherung der staatlichen *Währungspolitik*, Erhaltung der *Funktionsfähigkeit des Kredit-* und *Bankwesens* und *Schutz der Einleger* vor Verlusten. Diese Schutzziele erfahren seit dem 1.1.1995 eine Ergänzung durch die Tätigkeit des *Bundesaufsichtsamtes für den Wertpapierhandel* (§ 3 Abs. 1 WpHG). Dieses Bundesaufsichtsamt hat im Rahmen der ihm zugewiesenen Aufgaben Mißständen entgegenzuwirken, welche die ordnungsgemäße Durchführung des Wertpapierhandels beeinträchtigen oder erhebliche Nachteile für den Wertpapiermarkt bewirken können (§ 4 Abs. 1 WpHG). Insbesondere überwacht das Bundesaufsichtsamt auch die *Verhaltensregeln*, die für Wertpapierdienstleistungsunternehmen in den §§ 31 ff. WpHG verankert sind. Erstaunlich aus heutiger Sicht ist, daß es bis zur Mitte des 19. Jh. nicht nur kein vergleichbares Rechtsschutzsystem, sondern die Idee der Aufsicht überhaupt noch nicht gibt. *Man nimmt an, daß die Einführung einer allgemeinen Aufsicht über Banken in Deutschland erstmalig 1874 in Zusammenhang mit der Vorbereitung des Reichsbankgesetzes diskutiert wurde*[224]. Zeitgleich entstand übrigens auch die Idee der Versicherungsaufsicht, die auf dem Verlangen verschiedener einflußreicher Gremien, vor allem den volkswirtschaftli-

---

224 Heinz Beck, KWG-Kommentar, E 2, S. 5; Hütz, S. 21, zurückhaltender Büschgen, in: Deutsche Bankengeschichte, Band 3, S. 368 ff.

chen Congressen von 1861 und 1865, dem Deutschen Juristentag 1862 und den Deutschen Handelstag 1865 beruhte²²⁵.

Natürlich kann man darauf hinweisen, daß es bereits vor der Zeitenwende in Griechenland eine Marktaufsicht der Agoranomoi gegeben hat, die sich bis in die römische Kaiserzeit gehalten hatte²²⁶. Auch die römischen nummularii wurden nach Ulpian durch den praefectus urbi beaufsichtigt²²⁷, und schließlich scheint es so, daß spätestens seit Hadrian der praefectus urbi nicht nur polizeiliche Aufsichtsfunktionen über das Gewerbe der argentarii wahrnahm, sondern auch Streitigkeiten, die aus ihren Geschäftsbeziehungen erwuchsen, direkt entschied²²⁸. Wie gesagt, hier handelt es sich um rein polizeiliche Aufsichtsfunktionen, über deren Ausgestaltung und präzise Durchführung wir zudem nahezu nichts wissen. Wirft man demgegenüber einen Blick auf die ausufernde Literatur und Rechtsprechung zu den Normen, die heute das Bankwesen »regulieren«, so wird klar, daß es nicht nur keine Verbindungslinien zu den frühen griechisch-römischen Aufsichtsrechten gibt, sondern daß diese auch völlig andere Funktionen gehabt haben müssen. Andernfalls gäbe es mit Sicherheit eine Fülle von Hinweisen in den Quellen. Aus den Andeutungen eines Aufsichtssystems in der Antike können wir also nicht auf eine alte Tradition schließen; es muß andere Gründe für das plötzliche Entstehen des Aufsichtsgedankens in der Mitte des letzten Jahrhunderts geben. Die ideengeschichtliche Forschung scheint an dieser Frage nicht interessiert zu sein. Soweit sie sich überhaupt mit der Entstehung des Bankaufsichtsrechtes beschäftigt, beschränkt sie sich regelmäßig darauf – und das auch in allerknappster Form – Entstehungstatsachen zu beschreiben, Wirkungszusammenhänge bleiben unerörtert. Heinz Beck deutet in seiner Entwicklungsgeschichte zur Bankenaufsicht immerhin an, daß die am 21.6.1869 mit der Gewerbeordnung eingeführte Gewerbefreiheit mitsächlich geworden sein könnte²²⁹. Vermutlich wäre es in diesem Zusammenhang auch grundsätzlich nicht falsch, an die Stein-Hardenberg'schen-Reformen anzuknüpfen. Stein, der seine Reformpläne in der »Nassauer Denkschrift«, 1807, niederlegte, forderte die Bauernbefreiung, insbesondere die Abschaffung der Erbuntertänigkeit, die Garantie der Freiheit der Person, des Besitzes, des Berufes und der Rechtsgleichheit. Es ging ferner um eine neue Städteordnung, insbesondere um die Aufhebung der Zünfte und um Bildungsreformen, die sich vor allem mit dem Namen Wilhelm von Humboldt (1767 – 1835) verbinden. Seit 1810 verwirklichte der Staats-

95

---

225 Kraus, S. 5 ff.; knapper Schwintowski, S. 41 ff.
226 Bogaert, S. 397 f.
227 Bürge, S. 470.
228 Bürge, S. 479.
229 KWG-Kommentar, E 2, S. 5; ähnlich Büschgen, in Deutsche Bankengeschichte, Band 3, S. 368.

kanzler Karl August von Hardenberg die Stein'schen Reformpläne. Als Folge der Aufhebung der persönlichen Abhängigkeiten (Heiratsfreiheit) wuchs die Bevölkerung sehr rasch. Die daraus resultierende Güternachfrage veränderte die Landwirtschafts-, Handwerks- und Handelsstrukturen und erzwang ein sich exponentiell entwickelndes Bankwesen. Vor allem Sombart hat diese Zusammenhänge grundlegend herausgearbeitet[230]. Er war es auch, der den Zusammenhang zwischen moderner Technik und Entwicklung herstellte. Die moderne Technik, so schrieb er, sei das echte Kind des revolutionären, faustischen, europäischen Geistes ... und sie sei eine Zwillingsschwester der modernen Naturwissenschaft. Das besondere Kennzeichen dieser europäischen Geisteshaltung sei, daß Theorie und Praxis ungetrennt seien, ineinanderflössen, sich gegenseitig bedingten[231]. Aber es bleibt doch wohl Spekulation, wenn man annimmt, daß all diese Einflußfaktoren zusammen letztlich den Boden für jene Idee bereiteten, die wir Bankenaufsicht nennen. Wie auch immer, vielleicht genügen bereits diese Hinweise, um das Bewußtsein dafür zu schärfen, daß entwicklungsgeschichtliche Darstellungen sich nicht in der Aufbereitung mehr oder minder detaillierter empirischer Fakten erschöpfen dürfen, sondern im Kern verpflichtet sind, die den geschichtlichen Prozeß letztlich strukturierenden – oft genug gegenläufigen – Ideen und Interessen in ihrer Wirkungsbezüglichkeit offenzulegen. Da es insoweit an präzisen historischen Arbeiten fehlt, bleibt hier nur die Möglichkeit, darauf aufmerksam zu machen, daß sich das Rechts- und Regelbewußtsein für den Bereich des Bankwesens seit Mitte des letzten Jahrhunderts grundlegend gewandelt haben muß. Das bis dahin vom Denken in liberalen Kategorien geprägte »Schutzmodell Privatrecht«[232], begann Verständnis für die Schutzbedürftigkeit weiter Bevölkerungskreise zu entwickeln, legte Wert auf ein funktionsfähiges Währungs- und Kreditsystem und offenbarte damit eine am Gemeinwohl orientierte staatliche Fürsorgeverpflichtung. Dieses Denken hat sich bis in unsere Zeit ausdifferenziert fortgesetzt, hat den Begriff der sozialen Marktwirtschaft hervorgebracht, einer im Kern tautologischen Begriffsbildung, die aber von jenem Geiste kündet, der zu permanenter Abwägung zwischen Freiheit und Gleichheit zwingt.

96 Besonders wichtig für die Entwicklung des deutschen Aufsichtsrechtes sind jene Erfahrungen und Überlegungen geworden, die im Jahre 1931 zur Errichtung einer allgemeinen Bankenaufsicht im Wege des Notverordnungsrechtes und wenig später zum grundlegenden Reichsgesetz über das Kreditwesen von 1934 führten. Zentrale Elemente des Gesetzes waren die Einführung eines Konzessionszwangs für Kreditinstitute, bei weitem Ermessensspielraum der Aufsicht, sowie umfangreiche Rahmenvorschriften

---

230 Bd. III, 1, S. 127 ff.
231 Bd. III, 1, S. 78.
232 Dazu vertiefend Schwintowski, S. 99 ff.

§ 2 Geschichtliche Entwicklungslinien des Bankwesens und des Bankrechts

für Kreditgeschäft und Liquidität. Das Kreditwesengesetz von 1934 wurde mehrmals, zuletzt durch eine Verordnung aus dem Jahre 1944 novelliert und galt in dieser Fassung nach dem zweiten Weltkrieg gemäß Art. 123 Abs. 1 GG als Bundesrecht bis zum Inkrafttreten des Kreditwesengesetzes von 1961 fort[233]. Das KWG 1961, das inzwischen mehrfach novelliert wurde, beruht im Kern auf der in § 6 Abs. 2 KWG formulierten Aufgabe, wonach das Bundesaufsichtsamt »Mißständen im Kreditwesen entgegenzuwirken hat, die die Sicherheit der den Kreditinstituten anvertrauten Vermögenswerte gefährden, die ordnungsgemäße Durchführung der Bankgeschäfte beeinträchtigen oder erhebliche Nachteile für die Gesamtwirtschaft herbeiführen können«. Deutlich wird, daß sich der geldtheoretische Standpunkt völlig gewandelt hat. Es kommt nicht mehr darauf an, den Geldwert durch ein bestimmtes Edelmetall (Gold) zu sichern, vielmehr hat man erkannt, daß die Stabilität des Geldes auf einem ausgeglichenen Verhältnis seiner Menge zum Waren- und Dienstleistungsangebot beruht.

Die Notwendigkeit einer dynamischen Wirtschaftsentwicklung – im Gegensatz zur statischen Wirtschaftsverfassung des Mittelalters – drückt sich in der Zielsetzung, die Kreditversorgung zu sichern, grundlegend aus. Und da Währungssicherung ebenso wie Wirtschaftswachstum ohne Schutz der Einleger nicht funktioniert, ist es nur selbstverständlich, daß dem Einlegerschutz im KWG deutlich Ausdruck gegeben wird. Der Einlegerschutz wird heute durch Garantiefonds der Sparkassen und Kreditgenossenschaften sowie dem vom Bundesverband Deutscher Banken seit dem 1.5.1976 unterhaltenen Einlagensicherungsfonds (Feuerwehrfonds) flankiert. Geschützt werden alle Einlagen von Nicht-Banken und zwar – beim Feuerwehrfonds – je Einleger bis zur Höhe von 30 % des haftenden Eigenkapitals des jeweiligen Kreditinstituts. Finanziert wird der Fonds durch eine Umlage der dem Verband angeschlossenen Kreditinstitute[234]. Die Garantiefonds sichern die Einleger indirekt, indem sie die Liquidität der jeweils betroffenen Institute sichern (Institutsschutz). Kredit- und Währungssicherung betreibt das Bundesaufsichtsamt für das Kreditwesen (Berlin) in engem Zusammenwirken mit der Deutschen Bundesbank. Dabei enthalten die §§ 10 und 11 KWG Richtlinien über die Eigenkapitalausstattung (angemessen) und die Liquidität (ausreichend). Konkretisiert werden diese unbestimmten Rechtsbegriffe vom Bundesaufsichtsamt im Einvernehmen mit der Bundesbank durch Grundsätze über das Eigenkapital der Kreditinstitute[235]. Insbesondere im Bereich der Geldpolitik, al-

97

---

233 Vertiefend Möschel, S. 200 ff.; Bauer, S. 149 ff.; Beck-KWG-Kommentar, E 2, S. 8 ff.; knapp: Büschgen, in Deutsche Bankengeschichte, Band 3, S. 368 ff.
234 Vertiefend Duwendag, HdWW, Bd. 4, S. 635 ff.
235 Vgl. die neuen Grundsätze I und Ia, die seit dem 1.10.1990 gelten, veröffentlicht in Sonderdrucken der Deutschen Bundesbank Nr. 2a.

Erster Teil Grundlagen

so der Geldmengensteuerung, weist – worauf oben (6.b.) bereits eingegangen worden ist – § 3 des BBankG der Bundesbank die Aufgabe zu, »den Geldumlauf und die Kreditversorgung der Wirtschaft mit dem Ziel zu regeln, die Wirtschaft zu sichern und ... für die bankmäßige Abwicklung des Zahlungsverkehrs im Inland und mit dem Ausland zu sorgen. Hierfür stehen der Bundesbank eine Reihe von »währungspolitischen Befugnissen«, insbesondere nach den §§ 14-17 BBankG zu, vor allem die Notenausgabe, die Diskont-, Kredit-, Offenmarkt-, Mindestreserve- und Einlagenpolitik. Dabei ist die Bundesbank bei der Ausübung dieser Befugnisse von Weisungen der Bundesregierung unabhängig, muß jedoch, schon aufgrund ihrer verfassungsrechtlichen Einbindung, die Ziele der allgemeinen Wirtschaftspolitik der Bundesregierung, wie sie in § 1 StabilitätsG formuliert sind (magisches Viereck: stetiges Wachstum, Preisstabilität, Vollbeschäftigung, außenwirtschaftliches Gleichgewicht), unterstützen[236].

98 Daß Bankenaufsicht typisch für moderne Industrienationen ist, zeigt nicht nur die Entwicklung in den europäischen Staaten und insbesondere der Europäischen Gemeinschaft[237], sondern vor allem auch das ausdifferenzierte Aufsichtssystem in den Vereinigten Staaten[238]. Dort wirft das *Trennbankensystem* gegenüber dem in Deutschland praktizierten *Universalbankensystem* ganz eigenständige Fragen auf. Diese in ihrem geschichtlichen Kontext zu erfassen, ist nicht nur unter bankorganisationstechnischen Gesichtspunkten von Bedeutung, sondern auch weitergreifend mit Blick auf die Funktionsfähigkeit eines Bankensystems in modernen Volkswirtschaften.

d) Organisationsstruktur von Bankensystemen: Universalbank- versus Trennbanksystem

Schrifttum:
Beck, Loseblatt-Kommentar zum KWG; *Büschgen*, Das Universalbankensystem, 1971; *ders.*, Universalbanken oder spezialisierte Banken als Ordnungsalternative, 1970; *Deutsche Bankengeschichte* (vom 1. Weltkrieg bis zur Gegenwart), herausgegeben vom Wiss. Beirat des Instituts für bankhistorische Forschung e.V., Band 3, 1983; *Duwendag*, Kreditwesen in der Bundesrepublik Deutschland, Handwörterbuch der Wirtschaftswissenschaft, Bd. 4, S. 624; *Immenga*, Wettbewerbsbeschränkungen auf staatlich gelenkten Märkten, 1967; *ders.*, Beteiligungen von Banken in anderen Wirtschafszweigen, 2. Aufl., 1978; *Link*, Grundzüge des amerikanischen Bankrechts, ZVglRWiss 88 (1989), 162; Monopolkommission, Hauptgutachten II (1976/77), Fortschreitende Konzentration bei Großunternehmen; *Möschel*, Das Trennsystem in der U.S.-amerikanischen Bankwirtschaft, 1978; *ders.*, Eine Systematik von Bankenregulierungszielen, FS für Stimpel, 1985,

---

236 Vertiefend Duwendag, HdWW, S. 636 ff.
237 Vgl. zur Entwicklung im Bankaufsichtsrecht Horn, ZBB 1989, S. 107 ff.
238 Bauer, S. 77 ff.; Möschel, Trennsystem passim; ferner mit Blick auf die Bank Holding Companies, Schulz-Henning, passim; ferner rechtsvergleichend zwischen England, Frankreich und Deutschland bezüglich des Zentralbanksystems, von Bonin, passim; Hütz rechtsvergleichend BRD – USA, 1990, passim.

§ 2 Geschichtliche Entwicklungslinien des Bankwesens und des Bankrechts

1065; *Müller,* Bankenaufsicht und Gläubigerschutz, 1981; *Obst/Hintner,* Geld-, Bank- und Börsenwesen, 37. Aufl., 1980; *Purrucker,* Banken in der kartellrechtlichen Fusionskontrolle, 1983; *Schulz-Henning,* Bank Holding Companies im Wirtschaftsrecht der USA, 1980; *Seifert,* Privilegierung und Regulierung im Bankwesen, 1984.

Die Idee, als Folge der sich exponentiell entwickelnden Bankentätigkeit im 19. Jh. zunächst eine Bankaufsicht zu diskutieren – erstmalig 1874 in Zusammenhang mit der Vorbereitung des Reichsbankgesetzes – und sie dann als Folge der Bankenkrise von 1931 im Kreditwesengesetz von 1934 zu realisieren[239], verfolgte drei Zielsetzungen: Unterstützung der staatlichen Währungspolitik, Erhaltung der Funktionsfähigkeit des Kreditapparates und Schutz der Einleger vor Verlusten[240]. Diese Diskussion fand in Deutschland auf dem Boden des sich vor allem seit 1848 entwickelnden Universalbankensystems statt[241]. *Kennzeichnend für dieses System ist, daß sämtliche Bankgeschäfte (vgl. die abschließende Aufzählung in § 1 Abs. 1 KWG) – mit Ausnahme des Investmentgeschäfts – von jeder Geschäftsbank betrieben und angeboten werden dürfen, deshalb »Universalbank«*[242]. 99

Es handelt sich also um ein duales Bankorganisationssystem, bei dem auf der einen Seite die Geschäftsbanken als Universalbanken Bankdienstleistungen anbieten und auf der anderen Seite eine Aufsichtsbehörde darüber wacht, daß die Grundziele Einlagensicherung, Branchenschutz und Währungssicherung eingehalten werden. Es konnte oben gezeigt werden (c), daß die Entstehung und Entwicklung der Bankaufsichtsidee nicht etwa aufgrund eines ökonomisch-analytischen Prozesses entstand, sondern mehr oder minder zufällig aufgrund von Bankkrisen und Zusammenbrüchen sich langsam durchsetzte. Das duale System ist somit eher eine Folge von »trial and error« und es kann von daher kaum verwundern, daß in anderen Rechtsordnungen aufgrund ähnlicher, aber nicht immer gleicher Schutzbedürfnisse mit einem etwas anderen System, nämlich dem Trennbankensystem, reagiert wurde. In diesem System wird nach Geschäftsarten differenziert und den Banken des Depositen- und Kreditgeschäfts die Emissionstätigkeit sowie der Effektenhandel untersagt und umgekehrt. Im Trennsystem werden die Schutzaspekte teilweise durch das Bankorgani- 100

---

239 Vertiefend Beck, Lose-Blatt-Kommentar zum KWG, E 2, S. 5, 8 ff.
240 Statt aller: Immenga, S. 137.
241 Vertiefend Obst/Hintner, S. 103 ff.
242 Auch Institute mit bankfremdem Geschäft sind Kreditinstitute i.S.d. KWG, (OLG Frankfurt NJW 1965, 264); so z.B. Wirtschafts- und Industrieunternehmen mit unselbstständigen Bankabteilungen (etwa früher: Degussa, die aber seit 1.10.79 die Bankabteilung rechtlich verselbständigt hat), oder Privatbankiers als merchant bankers und Kreditgenossenschaften mit Warengeschäft, vgl. statt aller: Beck, KWG, § 1 Rz. 19 m.w.N.; daß Banken das Versicherungsgeschäft nicht als Teil des Bankbetriebes ausüben, wohl aber Agentur sein dürfen, liegt am »Kumulverbot« des Versicherungsaufsichtsrechts.

sationssystem selbst bewältigt, das Aufsichtsrecht hat eher Ergänzungscharakter und die Aufgabe, Umgehungsversuche zu verhindern.

101 Während die Bundesrepublik Deutschland als das klassische Land des Universalbankensystems gilt, besteht z.B. in USA und in England seit jeher eine strikte Trennung zwischen Instituten, die das Kredit- und Einlagengeschäft betreiben, und solchen, die ausschließlich im Wertpapiergeschäft tätig sind[243]. Möschel hat zutreffend darauf hingewiesen, daß eine Vorstellung, das Trennsystem in den USA gehe erst auf die Gesetzgebung nach 1933 zurück, irreführend wäre. Richtig daran sei nur, daß der Gesetzgeber mit dem Banking Act 1933 versuchte, ein solches Trennsystem endgültig durchzusetzen und Umgehungen, die bis dahin möglich waren, auszuschließen. Die Meinung, daß Banken keine Beteiligungen an anderen Unternehmen halten dürften und auch im Wertpapiergeschäft nichts zu suchen hätten, sei ursprünglich Allgemeingut gewesen. Dieses wahrscheinlich als Resultat aus dem Einfluß des englischen Bankwesens, der über gemeinsame Sprache, Kultur und über die dominierende Stellung im internationalen Geschäft vermittelt worden sei[244]. Modellbildend wurde der Free Banking Act 1838 des Staates New York, das erste allgemeine Bankgesetz in den USA. Den Banken wurden genau umrissene Geschäftstätigkeiten zugewiesen, verbunden mit einer incidental-Klausel, also einer Klausel, die den Banken verbot, in andere Geschäftszweige (Versicherungen/Reiseagenturgeschäft) einzudringen. Der National Banking Act von 1863 enthielt eine fast wörtlich übereinstimmende Regelung. Sie wurde später vom höchsten amerikanischen Bundesgericht, dem Supreme Court, in ständiger Rechtsprechung seit 1876 so ausgelegt, daß Nationalbanken keine Anteile an anderen Unternehmen erwerben oder mit solchen handeln durften[245]. Für den hier interessierenden ideengeschichtlichen Entwicklungszusammenhang reichen diese knappen Andeutungen, weil sie bereits offenlegen, daß auf Schutzbedürfnisse aus sich wandelnder Bankentätigkeit seit Mitte des letzten Jahrhunderts nicht etwa aufgrund analytischer Schutzzweckdiskussionen reagiert wurde, sondern im Wege des tastenden Reagierens auf Problem- und Krisensituationen in der Realität. Das ist wieder einmal typischer Ausdruck eines geschichtlich evolutiven Anpassungsprozesses – die strukturbildende Idee erweist sich als Krisenbewältiger – und ist andererseits vielleicht die wichtigste Erkenntnis dieses bankgeschichtlichen Abrisses überhaupt, die Erkenntnis

---

243 Vgl. den Überblick über die Bankensysteme in den EG-Mitgliedstaaten bei Immenga, Beteiligungen S. 17 ff.; für die USA Obst/Hintner, S. 210 ff.; Büschgen, passim; Möschel, passim; Überblick bei Link, ZVglRWiss 88 (1989), 162 ff.
244 Möschel, Trennsystem m.w.N., S. 33.
245 Vertiefend und zur weiteren Entwicklung bis in die Gegenwart, Möschel, Trennsystem ... S. 33 ff., sowie Schulz-Henning, der die Umgehungsversuche durch Bank Holding Companies bis zum Jahre 1980 detailliert darstellt; für den europäischen Rechtskreis vgl. Immenga, Beteiligungen passim.

nämlich, daß geschichtliche Prozesse in den seltensten Fällen auf der Grundlage von Konflikt- und Zielanalysen eingeleitet wurden. Möglicherweise liegt es hieran, daß es uns gelegentlich schwerfällt, geschichtliche Zusammenhänge zu begreifen, denn für die moderne Wissenschaft und ihre Umsetzung in Politik und Recht ist heute ein Maß an Abstraktion und Zielkongruenz selbstverständlich geworden, das noch vor wenigen Jahrzehnten kaum vorstellbar erschien. Aufgrund dieser Zusammenhänge erscheint es nicht weiter erstaunlich, daß die analytische Diskussion über die Frage, welches der beiden Organisationssysteme (Universalbanken- oder Trennbankensystem) als letztlich optimal gelten darf, erst vor wenigen Jahren, insbesondere mit den Arbeiten von Büschgen, Immenga und Möschel eingesetzt hat. Eine knappe Auseinandersetzung mit den zentralen Thesen dieser Diskussion erscheint auch hier, innerhalb eines geschichtlichen Exkurses, angebracht, weil diese Diskussion jenen argumentativen Zusammenhang herstellt, der Entstehung, Entwicklung und Legitimation dieser zwei sich parallel entwickelnden Bankorganisationssysteme nachvollziehbar macht.

Das Universalbankensystem hat eine Reihe von Vorteilen. Der breite Fächer des Dienstleistungsangebots gewährleistet eine *Risikostreuung*, so daß Universalbanken von Konjunkturschwankungen weniger betroffen werden, eine Tatsache die letztlich auch den Einlegern zugute kommt. Hierneben stehen *Kostenvorteile* durch die Bündelung von Bankfunktionen. Die hohe *Zweigstellendichte* ist für viele Kunden ein wichtiger Serviceaspekt; außerdem sparen sie als Folge des Full-Service-Angebots ihrerseits Kosten. Eng damit zusammen hängt die Möglichkeit der Banküberweisung und der kostensparenden Abbuchung. Die Zusammenfassung der verschiedenen Bankdienstleistungen zu einem Dienstleistungsbündel dürfte zur Produkthomogenität beigetragen und den Wettbewerb zugunsten der Verbraucher zwischen den Banken intensiviert haben. Der Trend hin zum »Allfinanz-Konzept« dürfte vom Universalbankensystem begünstigt worden sein. 102

Diskutiert wird, ob das Universalbankensystem den Einlegerschutz hinreichend leistet, und ob die im System angelegte Machtkonzentration letztlich zielkonträr wirkt. Vor allem Immenga hat darauf hingewiesen, daß im Trennsystem das mit den Beteiligungen verbundene Sicherheits- und Liquiditätsrisiko für die Einleger nicht auftritt[246]. Das ist sicher richtig. Die entscheidende Frage ist allerdings, ob der durch das Trennsystem sozusagen automatisch geleistete Einlegerschutz im Universalbankensystem nicht durch eine auf Einlagensicherung bedachte Aufsicht ebenso hinreichend geleistet werden kann. Ganz selbstverständlich erscheint das nicht, denn der als Folge des Herstatt-Falles Mitte der 70er Jahre ins Le- 103

---

246 Immenga, Beteiligungen, S. 135 ff.

ben gerufene Einlagensicherungsfonds der Banken hat Lücken im Aufsichtssystem offengelegt. Überwiegend wird allerdings im Schrifttum die Auffassung vertreten, daß Probleme dieser Art die Aufsichtskonzeption nicht grundlegend in Frage stellen, sondern auf Randkorrekturen verweisen. So kommt Müller in einer umfassenden Studie über Bankenaufsicht und Gläubigerschutz zu dem Ergebnis, daß zwar eine Reihe von Verbesserungen im Aufsichtssystem, insbesondere in bezug auf den Informationsstand der Aufsichtsbehörde, durchgeführt werden müßten, daß aber die Gesamtkonzeption des KWG beibehalten werden sollte[247]. Seifert, der den Gläubigerschutz im Kreditgewerbe unter ökonomischen Aspekten analysiert hat, schlägt vor, verbleibende Schutzlücken durch Einführung einer Depositenpflichtversicherung zu schließen, stellt also ebenfalls das duale System nicht in Frage[248].

104 Mit Blick auf die *Machtkonzentration* geht es vor allem um die Einflußnahme der Banken auf die Entscheidungs- und Willensbildung in Handels- und Produktionsunternehmen, als Folge einerseits der Beteiligungsverhältnisse und andererseits der personellen Verflechtungen (Aufsichtsratsmandate). Verstärkt wird dieser Aspekt durch die Übertragung der Stimmrechte für die in den Bankendepots befindlichen Kundenaktien (*Depotstimmrecht*). In Verbindung mit *Insiderinformationen* würden die Banken auf diese Weise nicht nur den Wettbewerb auf Drittmärkten verzerren können, sondern darüber hinaus zur Konzentration in Handel und Industrie beitragen[249]. Vorwürfe dieser Art wurden und werden in der Bundesrepublik – mit Recht – ernsthaft diskutiert. Hier stellen sich ordnungspolitische Grundfragen, die nicht auf die leichte Schulter genommen werden dürfen, handelt es sich doch letztlich um die Sicherung eines Wettbewerbsgefüges, dessen Funktionsfähigkeit Grundvoraussetzung für den »Wohlstand der Nation« ist. Allerdings hat schon Immenga in seiner grundlegenden Studie über Beteiligungen von Banken in anderen Wirtschaftszweigen[250] darauf hingewiesen, daß sich auch im Trennsystem diese Machtfragen stellen. Denn diejenigen Banken, die im Trennsystem das Wertpapier- und Investmentgeschäft betreiben dürfen, können natürlich als Folge dieser Geschäftstätigkeit letztlich wettbewerblichen Einfluß in den Unternehmen ausüben, an denen sie beteiligt sind. Immenga kommt denn auch zu dem Ergebnis, daß »die durch den Beteiligungsbesitz berührten Interessen sich im Trennsystem eindeutig weniger ausgeprägt gegenüberstehen als im Universalbankensystem«[251], was zugleich heißt, daß

---

247 Müller, S. 223 ff.
248 Seifert, 185 ff.; so auch die europäische Entwicklung.
249 Vgl. die zusammenfassende Darstellung bei Duwendag, HdWW Bd. 4, S. 624 ff.; instruktiv auch Büschgen, in: Deutsche Bankengeschichte, Band 3, S. 357 ff.
250 S. 136.
251 S. 136.

§ 2 *Geschichtliche Entwicklungslinien des Bankwesens und des Bankrechts*

das Trennsystem die Interessenkonflikte wohl mildern, nicht aber lösen kann. In der Bundesrepublik wird der Machtkonflikt außerhalb des Bankenaufsichtsrechtes und zwar über das Gesetz gegen Wettbewerbsbeschränkungen gelöst. Marktbeherrschende Unternehmen unterliegen nach § 22 GWB der Mißbrauchsaufsicht und nach § 24 GWB werden Zusammenschlüsse untersagt, durch die eine marktbeherrschende Stellung entsteht oder verstärkt wird. Kritiker verweisen vor allem darauf, daß die Fusionskontrolle im Hinblick auf Bankbeteiligungen nicht greift oder viel zu spät einsetzt[252]. Es wird vorgeschlagen, den Beteiligungserwerb an Nicht-Banken – ähnlich wie in den USA – auf 5 % zu begrenzen und gesicherte Depotstimmrechte nach § 23 Abs. 2 Nr. 5 GWB als Zusammenschlußtatbestand im Sinne der Fusionskontrolle aufzufassen[253]. Demgegenüber wird darauf hingewiesen, daß es gerade der gezielten Einflußnahme seitens der Banken zu verdanken ist, daß Managementfehler in der industriellen Finanzwirtschaft häufig frühzeitig erkannt, Sanierungsmaßnahmen rechtzeitig eingeleitet und Unternehmen somit vor dem Zusammenbruch bewahrt werden konnten[254]. Wie auch immer man die Dinge sieht, die Beteiligung von Banken an Nicht-Banken ist kein Problem, das sich mit Hilfe des Trennsystems lösen ließe.

Darüber hinaus fehlt im Trennsystem ein Kriterium, mit dessen Hilfe man die »Machtfrage« lösen könnte. Anders als das Gesetz gegen Wettbewerbsbeschränkungen ist das Trennsystem also »blind« gegenüber der Machtfrage, es greift tendenziell zu früh ein. Dieses Fehlen eines Sachbezuges dürfte u.a. mit dazu beigetragen haben, daß in den Vereinigten Staaten immer wieder und in letzter Zeit verstärkt versucht wird, das Trennsystem, wenn nicht zu umgehen, so doch zumindest in seinen starren Wirkungen zu überwinden[255]. *Es spricht also viel für die Richtigkeit der immer wiederkehrenden These, daß das Trennsystem nicht so sehr sachlich begründbar, sondern vielmehr durch eine Reihe historischer Ereignisse geprägt ist*[256]. 105

Es mag ferner zutreffen, wenn Schulz-Hennig konstatiert, daß die Regelungsprinzipien des Trennsystems in den USA in einigen Bereichen einer emotionsfreien, rationalen Kritik nicht zugänglich seien (regulatory myths)[257]. Letztlich kommt es hierauf aber nicht an, denn entscheidend ist, daß Universalbanken- wie Trennbankensystem gleichermaßen den Einleger-, Branchen- und Währungsschutz leisten. Beide Systeme unterschei- 106

---

252 Vgl. die – statistisch angreifbare – Studie der Monopolkommission im Hauptgutachten II (1976/77), S. 281 ff.
253 Vertiefend Purrucker, S. 96 ff.
254 Duwendag, HdWW Bd. 4, S. 625.
255 Zu diesen Versuchen vgl. vertiefend Möschel, Trennsystem S. 195 ff.; sowie Schulz-Henning, insbes. S. 296 ff.
256 Schulz-Henning, S. 296; Obst/Hintner, S. 210; Möschel, Trennsystem S. 194 ff.
257 S. 194.

den sich zwar in Details, die teilweise so gravierend sind, daß sie auf Überwindung drängen, sind aber bei der Bewältigung der Grundziele konform und ähnlich effizient. Daß in einer sich verflechtenden internationalen Bankenlandschaft zwei recht unterschiedlich funktionierende Bankorganisationssysteme nebeneinander stehen, erhöht allerdings die Transaktionskosten für alle multinational agierenden Teilnehmer. Hier könnte mittelfristig der Hebel für weitere Anpassungen liegen, wobei im Augenblick auch die Entwicklung in den Vereinigten Staaten dafür spricht, daß das Universalbankensystem die größeren Chancen hat, sich durchzusetzen.

IV. Die Entstehung und Entwicklung zentraler Bankgeschäfte

Schrifttum:
Behrends, Der Zwölftafelprozeß, 1974; *Bürge*, Fiktion und Wirklichkeit: Soziale und rechtliche Strukturen des römischen Bankwesens, ZS – Romanistische Abteilung – Bd. 104, 1987, 465; *Coing*, Europäisches Privatrecht, Bd. II (1800 – 1914), 1989; *Der kleine Pauly*, Lexikon der Antike, 1975; Deutsche Bankengeschichte, Bd. 1, Von den Anfängen bis zum Ende des alten Reiches (1806), hg. v. Ernst Klein, 1982; *Drewes*, Die Bankdiagraphe in den gräko-ägyptischen Papyri, 1970; *Endemann*, Studien in der Romanisch-Kanonistischen Wirtschafts- und Rechtslehre (2 Bände), 1874, Neudruck 1962; *Finley*, Die antike Wirtschaft, dtv-Taschenbuch, 2. Aufl., 1980; *Freundt*, Wertpapiere im antiken und frühmittelalterlichen Rechte, 1910; *Goldschmidt*, Handbuch des Handelsrechts, Bd. III, 1891; *Hamann*, Gebührenfragen im grenzüberschreitenden Überweisungsverkehr, ZBB 1993, 247; *Henning*, Die Entwicklungen der Aktiv- und Passivgeschäfte der Banken im 19. Jh. in Deutschland unter besonderer Berücksichtigung des Kontokorrent- und des Wechselkredits, in: Coing/Wilhelm (Hrsg.), Wissenschaft und Kodifikation des Privatrechts im 19. Jh., Bd. 5, 1980, 55; *Honsell/Mayer-Maly/Selb*, Römisches Recht, 4. Aufl., 1987; *Kaser*, Römisches Privatrecht, 14. Aufl., 1986; *Kiefner*, Geld und Geldschuld in der Privatrechtsdogmatik des 19. Jh., in: Coing/Wilhelm (Hrsg.), 1980, 27; *Kübler*, Bankgeschäfte und Privatrechtsdogmatik, in: Coing/Wilhelm (Hrsg.), 1980, 77; *Kühnert*, Zum Kreditgeschäft in den hellenistischen Papyri Ägyptens bis Diokletian, Diss. Freiburg, 1965; *Kuske*, Köln, Der Rhein und das Reich, Beiträge aus fünf Jahrzehnten wirtschaftsgeschichtlicher Forschung, 1956; *von Lübtow*, Die Entwicklung des Darlehensbegriffs im römischen und im geltenden Recht, 1965; *De Martino*, Wirtschaftsgeschichte des alten Rom, 1985; *Massetto*, Lexikon des Mittelalters, Bd. I (Stichwort Bankwesen); *Medicus*, Leistungsfähigkeit und Rechtsgeschäft, ZIP 1989, 817; *Münch*, Das Giralgeld in der Rechtsordnung der Bundesrepublik Deutschland, 1990; *Nehlsen-von Stryk*, Die venezianische Seeversicherung im 15. Jh., Münchner Universitätsschriften, Bd. 64, 1986; *Neumann*, Geschichte des Wuchers in Deutschland, Neudruck der Ausgabe von 1865, Leipzig 1969; *Obst/Hintner*, Geld-, Bank- und Börsenwesen, 37. Aufl., 1980; *Parker*, Die Entstehung des modernen Geld- und Finanzwesens in Europa, in: *Borchard* (Hrsg.), Europäische Wirtschaftsgeschichte, Bd. II, 1979, 344; *Partsch*, Der griechisch-römische Einschlag in der Geschichte des Wertpapiers, ZHR 1911, Bd. 70; *ders.*, Besprechung des Buches von F. Preisigke, Anhang II in der Preisigke-Ausgabe von 1910, S. 725; *Perdikas*, Die Entstehung der Versicherung im Mittelalter, ZVersWiss., 1966, 425; *Pohl*, Gold, 1958; *Preisigke*, Girowesen im griechischen Ägypten, 1910; *Rennpferd*, Lex Anastasiana – Schuldnerschutz im Wandel der Zeiten -, Diss., Göttingen 1990; *de Roover*, New Interpretations of the History of Banking, in: Business Banking and Economic Thought in Late Medieval and Early Modern Europe, Selected Studies of Raymond de Roover, ed. by Julius Kirshner, Chicago 1974; *Rostovtzeff*, Gesellschafts- und Wirtschaftsgeschichte der hellenistischen Welt, Bd. II, 1955; *Roth*, Untersuchungen zur Kredit-Paratheke im großrömischen Ägypten, 1970; *Rupprecht*, Untersuchungen zum Darlehen im Recht der Graecoägyptischen Papyri der Ptolemäerzeit, 1967; *Schwintowski*, Die wirtschaftliche Leistungsfähigkeit

§ 2 Geschichtliche Entwicklungslinien des Bankwesens und des Bankrechts

des Schuldners als Maßstab der Wirksamkeit von Verbraucherkreditverträgen, ZBB 1989, 91; *ders.*, Der private Versicherungsvertrag zwischen Recht und Markt, 1987; *Seidl*, Ptolemäische Rechtsgeschichte, 2. Aufl., 1962; *Thilo*, Der Codex accepti et expensi im Römischen Recht, 1980; *Vogel*, Zur Geschichte des Giralverkehrs im Altertum, Vierteljahrsschrift für Sozial- und Wirtschaftsgeschichte 29 (1936), 343; *ders.*, Das Buchgeld als Mittel einer bargeldlosen Geld- und Kreditzirkulation, 1938; *Wolff*, Das Recht der griechischen Papyri Ägyptens – in der Zeit der Ptolemaer und des Prinzipats – Handbuch der Altertumswissenschaft, 5. Teil, 2. Bd., 1978.

Die Geschichte des Bankwesens ist selbstverständlich eng verknüpft mit der Geschichte einzelner Bankgeschäfte. Einige von ihnen, wie das Kredit-, das Giro-, das Depot oder das Wertpapiergeschäft sind in Zusammenhang mit der Darstellung der Geschichte des Bankwesens permanent vorgekommen, ohne daß allerdings auf Einzelausprägungen der Geschäftstypen Bezug genommen werden konnte. Da diese Geschäftstypen nach wie vor das Recht der Gegenwart prägen, oft in erheblichem Maße Gegenstand der täglichen privatrechtlichen Auseinandersetzung zwischen Bank und Kunde sind, werden hier nun beispielhaft jene Bankgeschäfte entwicklungsgeschichtlich vorgestellt, aus denen sich das moderne Bankwesen letztlich entwickelt hat. 107

Einzelne Bankgeschäfte, wie z.B. das Wechselgeschäft, das Depositengeschäft, das Girogeschäft oder das Darlehen, beruhen selbstverständlich auf derselben ideengeschichtlichen Grundlage, die die Bank als Organisationsform überhaupt hervorgebracht hat. Diese Grundidee beruht auf der Differenzierung zwischen *Mein und Dein* sowie der Fähigkeit des Menschen, sich nach Entwicklungsstand und Technisierungsgrad *neue Bedarfsebenen* eröffnen zu können. Die Fähigkeit, neue Bedarfsebenen eröffnen zu können, führte bei steigender Population und Seßhaftwerden der Menschen vermutlich vor etwa 10 000 Jahren zur Idee der Arbeitsteilung, die ihrerseits Tauschvorgänge implizierte, einen Wertmaßstab (Metall/Korn/Münzen) herausforderte und die damit zum Maßstab erhobenen Wertgegenstände gegenüber dem Zugriff Dritter besonders schützenswert werden ließ. Von daher ist es naheliegend, daß die Menschen schon relativ früh nach sicheren Aufbewahrungsmöglichkeiten gesucht haben müssen; daß mit zunehmender Verknüpfung der Handelswege ein Markt für die Bemessung verschiedener Währungen zueinander (Geldwechselgeschäft) entstehen mußte; daß, wegen der Transportgefahr für Geld, schon bald über Formen des bargeldlosen Zahlungsverkehrs nachgedacht worden sein muß (Girogeschäft); und daß – schon als Folge der Ungleichverteilung von Geld, aber sicher auch wegen der Aussicht zukünftiger Einnahmen – schon früh der Gedanke entstanden sein muß, deponiertes – also z.Zt. nicht gebrauchtes – Geld einem Dritten auf Zeit (gegen Entgelt?) zur Verfügung zu stellen (Kreditgeschäft). Alle diese Geschäfte scheinen bereits von den Sumerern (ca. 3 000 v. Chr.) praktiziert worden zu sein. Es soll Tempelbanken gegeben haben, die in dieser Frühzeit Korn und Silber 108 verwahrt und Darlehen ausgegeben haben, für die 20 und mehr Prozent Zinsen berechnet wurden[258]. In welchem Sinne diese Tempelgeschäfte Bankgeschäfte gewesen sein könnten, ist allerdings kaum mehr aufklärbar. Fest steht, daß die Tempelsiedlungen kaum größer als ein heutiges Dorf waren, so daß es abwegig erscheint, daraus auf die Notwendigkeit eines in Geschäftstypen ausdifferenzierten Bankwesens zu schließen. Man wird deshalb allenfalls sagen können, daß die Idee ganz zentraler, auch das heutige Bankgeschäft prägende, Geschäftstypen in den frühen Hochkulturen, vielleicht vier- oder dreitausend Jahre v. Chr., entstanden sein dürfte. In welcher Form genau diese Geschäfte abgewickelt wurden ist uns aber ebenso unbekannt, wie die Antwort darauf, ob es eine zeitliche Rangfolge zwischen diesen Geschäftstypen (Depositen-, Wechsel-, Giro- und Kreditgeschäft) gegeben haben könnte. Oft wird angedeutet, daß die Geldaufbewahrung die eigentliche Uridee des Bankgeschäfts gewesen ist. Mir erscheint das keinesfalls als sicher, denn die Notwendigkeit, Wertgegenstände vor dem Zugriff Dritter zu sichern, setzt bereits voraus, daß Dritte bereit sind, sich Sachen rechtswidrig zuzueignen. Und diese Idee setzt wohl die Erfahrung voraus, daß es sich unter Zuhilfenahme von Wertgegenständen Dritter offenbar besser leben läßt, eine Erfahrung die durch zeitweise Nutzungsüberlassung, also einer Darlehensgewährung im weitesten Sinne, einmal entstanden sein könnte. Wie auch immer, hier ist alles Spekulation, eine Erkenntnis, die im Ergebnis aber nicht problematisch ist, weil sie die ideengeschichtliche Erfassung der zentralen Bankgeschäftstypen letztlich nicht verhindert.

1. Das Einlagengeschäft

109 Sicher belegt sind Banken seit dem 6. Jh. v. Chr. in 50 griechischen Städten, ferner in zahlreichen größeren und kleineren Ortschaften im griechischen und römischen Ägypten[259]. Vor allem die Tempelbanken haben möglicherweise zunächst nur Wertgegenstände und Geld aufbewahrt. Die römischen nummularii nahmen ebenfalls Gelder zum Depot an[260]. Das gilt auch für den römischen argentarius, der nach den ausführlich begründeten Deutungen Bürges die notwendige – und in Rom notorisch knappe – Liquidität zu beschaffen wußte, und in diesem Zusammenhang notwendigerweise nicht nur Zahl-, sondern auch Depotstelle sein mußte[261]. Und auch im Mittelalter wurde das Depositengeschäft von den Banken wahrgenommen. Es handelte sich dabei zunächst weniger um ein »Geschäft« als um eine Dienstleistung, denn Geld oder andere Wertgegenstände wur-

---

258 Helga Pohl, S. 60.
259 Der kleine Pauly, Sp. 926 f; Rostovtzeff., Bd. II, S. 1028 ff.
260 Bürge, S. 471.
261 Bürge, S. 31.

den anfangs lediglich »for safe keeping« dem Bankier überlassen, und dieser war verpflichtet, genau dieselben Münzen oder Gegenstände, die ihm eingeliefert worden waren, zurückzuerstatten[262]. Dabei wurde ein solches »depositum regulare« in der Regel nicht verzinst, war also nach dem kanonischen Recht erlaubt und brachte deshalb dem mittelalterlichen Bankier allenfalls eine geringfügige Gebühr ein. Man nimmt an, daß sich wegen dieser schlechten Gebührensituation bald die Vereinbarung einbürgerte, nicht dieselben Geldstücke zurückzahlen zu müssen. Auf diese Weise erhielt der Bankier die Möglichkeit, die Depositen für Aktivgeschäfte zu verwenden und aus ihnen Nutzen zu ziehen, solange er liquide genug blieb, um seinen Rückzahlungsverpflichtungen jeweils nachzukommen. Auf diese Weise entstand das durch das kanonische Recht nicht mehr gedeckte verzinsliche »depositum irregulare«, das schon im 13. Jh. nicht nur in Italien üblich wurde[263]. Beispielsweise zahlten Florentiner Bankiers für solche Depositen Mitte des 13. Jh. 12,5 % Zinsen. Der Übergang vom Depositen- zum Darlehensgeschäft wird unmittelbar erkennbar[264]. Heute finden sich Ausprägungen des alten Depositengeschäfts vor allem im Bereich der Wertpapierverwahrung, die dem Depotgesetz unterworfen ist, sowie dem echten Verwahrgeschäft über Schrankfächer, Briefschließfächer oder über Tresore, wenn es sich um größere Stücke, wie z.B. Gemälde oder Musikinstrumente, handelt.

2. Das Geldwechselgeschäft

Sehr ähnlich ist unser Kenntnisstand mit Blick auf die Geldwechselgeschäfte, also die Bankdienstleistungen, die wir heute Sorten- und Devisengeschäft nennen. Geldverwahrung und Geldwechsel sollen nahezu zeitgleich schon in den frühen Hochkulturen praktiziert worden sein, wofür einiges spricht, wenn man sich vor Augen hält, daß es beispielsweise unter dem babylonischen Herrscher Hammurabi (1728 – 1686 v. Chr.) Fernhandel in Form von Karawanen gab, der immerhin so intensiv war, daß sich als Folge von Raubüberfällen erste gemeinsame Gefahrtragungsregeln entwickelten, der Versicherungsgedanke also hier zeitgleich entstand[265]. *Sicher nachgewiesen ist das Geldwechselgeschäft bei den griechischen Tempel- und Privatbanken kurz nach Einführung des Münzgeldes vom 6. Jh. v. Chr. an*[266]. Und auch die nummularii und argentarii in Rom widmeten

110

---

262 Deutsche Bankengeschichte, Bd. I, S. 35.
263 Deutsche Bankengeschichte, Bd. I, S. 35.
264 Heute werden Sicht- und Termineinlagen gelegentlich unter der Bezeichnung Depositen zusammengefaßt. Das ist zumindest ungenau, da sich heute das Passivgeschäft (Giroeinlagen) mit dem Aktivgeschäft (Kredite an Dritte) verbindet.
265 Vertiefend Schwintowski, S. 32 ff. m.w.N.
266 Der kleine Pauly, S. 927; Rostovtzeff., Bd. II, S. 1028 ff.

sich nach allgemeiner Meinung (auch) dem Geldwechselgeschäft[267]. Für die nachrömische Zeit nimmt die herrschende Meinung an, daß lediglich der für den primitiven Zahlungsverkehr unerläßliche Geldwechsel die Stürme der Völkerwanderung überlebt habe, und gleichzeitig Ausgangspunkt differenzierterer Bankgeschäfte des Mittelalters wurde[268]. Das erscheint plausibel, denn erstens besaßen mittelalterliche Münzen – wie unsere modernen Währungen auch – nur begrenzte Geltung, so daß sich immer dann ein Zwang zum Geldwechsel ergab, wenn der Handelsverkehr Währungsgrenzen überschritt. Außerdem gab es eine solche Vielzahl von Münzprägungen, daß einfach Fachleute erforderlich waren, um den Geldwechsel angemessen abzuwickeln. Während der Geldwechsel ursprünglich mit dem »Münzregal« (Befugnis, Münzen prägen zu dürfen) verbunden war, wurde er im 12./13. Jh. von diesem losgelöst und von nun an von privaten Kaufleuten, häufig Lombarden und Juden, ausgeübt. Dafür war an den jeweiligen Hoheitsträger eine Gebühr, oft auch eine Kaution, zu entrichten; in jedem Falle stand die Tätigkeit unter einer Art marktpolizeilicher Kontrolle.

Der Profit aus dem Geldwechselgeschäft kann nicht unerheblich gewesen sein, denn das Privileg war sehr begehrt[269]. Damals wie heute profitierten die Geldwechsler nicht nur von der zu entrichtenden Gebühr, sondern wohl auch, indem sie Kursdifferenzen zwischen den Währungen ausnutzten. Daß allerdings das Sorten- und Devisengeschäft für das Bankwesen einmal Basisfunktion gewesen ist, dürfte, schaut man auf die heute zentralen Geschäfte, doch etwas überraschend sein.

3. Das Girogeschäft

111 Das ist bezüglich des *Girogeschäftes* sicher anders, denn der bargeldlose Zahlungsverkehr ist zum zentralen Massengeschäft der modernen Geschäftsbanken geworden. *Die Ursprünge des bargeldlosen Zahlungsverkehrs (in Form der Überweisung und des Schecks) sind in ihren Grundzügen schon im griechischen Ägypten nachweisbar*[270]. Ob es einen Scheck- und Giroverkehr auch schon vor der griechischen Eroberung in Ägypten gab, ist dagegen ungewiß, wenngleich die unter den griechischen Kaufleuten verbreiteten Kreditbriefe zumindest auf Anfänge der Idee des bargeldlosen Zahlungsverkehrs verweisen. Vogel berichtet aus altbabylonischer

---

267 Vertiefend Bürge, S. 469, 483 ff.; De Martino, S. 175.
268 Deutsche Bankengeschichte, Bd. I, S. 21, S. 34.
269 Vertiefend Deutsche Bankengeschichte, Bd. I, S. 34 m.w.N., sowie zu den »Bankiers« des Mittelalters, den Lombarden, Kawertschen und den Juden ab S. 51 ff.
270 Preisigke, S. 3 ff.; Vogel, Vierteljahresschrift für Sozial- und Wirtschaftsgeschichte 29 (1936) S. 343 ff.; aus neuerer Zeit Drewes, S. 1 ff. m.w.N.; Umberto Eco's Vermutung, die Templer hätten den Scheck erfunden, greift zeitlich also zu kurz (Das Foucaultsche Pendel, 1989, S. 106).

§ 2 *Geschichtliche Entwicklungslinien des Bankwesens und des Bankrechts*

Zeit von Anweisungen zum Auskehren von Getreide, die an Zahlungs statt gegeben wurden[271]. Vor allem Preisigke ist es zu verdanken, daß wir über die Abwicklung des Giroverkehrs im griechischen Ägypten (323 v. Chr. wurde nach dem Tod Alexander des Großen die königliche Gewalt für Ägypten auf Ptolemaeos übertragen) ziemlich umfassend informiert sind. Dabei ist das Recht des ptolemaeischen Ägypten deshalb so gut bekannt, weil das trockene, heiße ägyptische Klima eine große Zahl von Papyri dauerhaft konserviert hat. Preisigke weist zunächst nach, daß es einen ausgedehnten Giroverkehr für Getreide, überwiegend für Weizen, gegeben hat[272]. Überschüssiges Getreide wurde in ägyptischen Staatsspeichern jahrgangsweise getrennt gelagert, so daß »Zahlungen« in Getreide möglich wurden, ohne daß sich auch nur ein Korn bewegte. So blieb etwa im Falle der Steuerzahlung das Getreide liegen, wo es lagerte, d.h. im Staatsspeicher; es erfolgte lediglich buchmäßig eine Abbuchung vom Konto des Steuerzahlers und eine Gutschrift auf dem Einnahmekonto des Staates[273]. Hierneben war die bargeldlose Anweisung (Scheck) und Überweisung (Giro) von Geld ebenso selbstverständlich und gebräuchlich wie das Korngirogeschäft. Voraussetzung war, daß jemand zunächst bei irgendeiner Bank das nötige Stammguthaben einzahlte. Während man für die Lagerung der Giro-Kornbestände Lagergebühren zu zahlen hatte, vermutet Preisigke, daß die Geldguthaben nicht nur gebührenfrei verwaltet wurden, sondern sogar, als Folge von Bankaktivgeschäften, Zinsen brachten. Sicherheit in dieser Frage besteht allerdings nicht[274]. Während die Giroanweisungen an den Speicher sich gewöhnlich darauf beschränkten, die Höhe der Zahlung und den Zahlungsempfänger zu nennen, enthalten die Giroanweisungen an die *Bank* (römische Zeit) in der Regel eine mehr oder weniger ausführliche Darlegung darüber, wofür die Zahlung geschehen sollte. Es wird vermutet, daß diese ausführliche Beurkundung des Geschäftsvorgangs auch zu Beweiszwecken erfolgte, wobei bereits zwischen Giroanweisung, Scheck, Girobescheinigung und Quittung unterschieden wurde[275]. Neuere Forschungen belegen, daß die funktionale Einordnung dieser Urkunden nicht einfach ist. Preisigke nimmt an, daß der bargeldlose Zahlungsverkehr mit Hilfe einer sog. Bankdiagraphe, d.h. einer Bescheinigung der Bank über eine Geldzahlung, bewältigt wurde[276]. Hierbei wurde das der Zahlung zugrundeliegende Rechtsgeschäft entweder in einer besonderen Vertragsurkunde konzipiert, auf welche die Diagraphe dann Bezug nahm (unselbständige Diagraphe), oder die Beurkun-

---

271 AaO.
272 S. 62 ff.
273 Preisigke, S. 87.
274 Preisigke, S. 187.
275 Preisigke, S. 204.
276 S. 238, 313 ff.

dung des Vertrages wurde in die Diagraphe miteinbezogen (selbständige Diagraphe). Drewes hat in einer Arbeit aus dem Jahre 1970 nachgewiesen, daß aus der Beurkundung in Form der Diagraphe noch nicht auf »buchmäßiges Umschreiben der jeweiligen Beträge von Konto zu Konto« geschlossen werden darf[277]. Jedoch sei damit nicht die Möglichkeit bargeldloser Zahlungsabwicklung durch Banken in jener Zeit in Frage gestellt, auch nicht die Möglichkeit der Bank, einen solchen Zahlungsvorgang diagraphisch zu bescheinigen, allein die Notwendigkeit eines Zusammenhanges zwischen Diagraphe und bargeldloser Zahlung müsse verneint werden[278].

112 *Für Rom ist nur die Giroanweisung mit Barauszahlung erwiesen, nicht jedoch ein rein buchmäßiger Zahlungsverkehr*[279]. Diese ersten Ansätze des Giroverkehrs verloren sich allerdings mit dem Untergang des römischen Reiches. Ein innerer Zusammenhang zwischen dem Giroverkehr des Altertums und demjenigen, der sich um das Jahr 1200 in Folge des aufblühenden Handels der oberitalienischen Städte Florenz, Genua, Mailand und Venedig erneut bildete, besteht aller Wahrscheinlichkeit nach nicht[280]. Dabei war, um Irrtum und Betrug vorzubeugen, die Gegenwart des Kontoinhabers erforderlich, d.h. er diktierte persönlich dem Bankier den Überweisungsauftrag[281].

113 Erst in der Mitte des 14. Jh. beginnt sich, zunächst in Italien, auch der schriftliche Überweisungsauftrag, der Scheck, durchzusetzen. In dieser Zeit wandelten sich auch die Geldwechsler europaweit zu »local transfer banks«. So beweisen die Bücher der Geldwechsler von Brügge beispielsweise, daß sie »clearing accounts« miteinander besaßen, und das gleiche dürfte auch in anderen Handelszentren der Fall gewesen sein[282]. Der nur buchmäßige Transfer beschränkte die Barabhebungen auf einen kleinen Teil der einem Bankier überlassenen Geldmittel. Er konnte also darauf vertrauen, daß er nicht genötigt sein würde, die Gesamtsumme der Guthaben seiner Kunden auf einmal in bar auszahlen zu müssen. So war es ihm möglich, einen Teil des eingezahlten Geldes als Kredit zu geben, so daß aus dem klassischen Einlagengeschäft nicht nur das Giro-, sondern auch das Darlehensgeschäft entstand. Schon bald erkannten die Bankiers, daß es, bei entsprechender Bonität des Schuldners, möglich war, Kredit über den Umfang der Einlagen hinaus zu gewähren. Es war mithin nur ein kleiner, im Grunde folgerichtiger Schritt vom Girogeschäft zum Buch-

---

277 S. 82.
278 Drewes, S. 82; vgl. hierzu auch die gegenüber Preisigke ebenfalls kritischen Bemerkungen von Partsch in dessen Besprechung des Werkes von Preisigke, abgedruckt im Anhang 2 des Werkes, S. 737 ff.; ferner Wolff., S. 95 ff.
279 Vogel, Buchgeld, S. 197; ähnlich Mitteis, S. 198 f, 217.
280 Münch, S. 30 m.w.N.; Deutsche Bankengeschichte, Bd. I, S. 36.
281 Parker, S. 344.
282 De Roover, S. 214.

kredit. Auf diese Weise betreiben die oberitalienischen Bankiers Geldschöpfung, als ob sie Banknoten emittiert hätten[283]. Die damit im Zusammenhang stehenden Gefahren unkontrollierter Geldschöpfung diskutieren wir heute allerdings erheblich intensiver als damals[284].

Im Jahre 1619 wurde die Hamburger Girobank gegründet. Diese Bank sollte dem Handelsplatz Hamburg stabiles Geld sichern. Hamburger Kaufleute konnten unbeeinflußt von Währungsschwankungen gegenseitige Zahlungen durch buchmäßige Umschreibungen bewirken. Münch hat kürzlich allerdings darauf hingewiesen, daß die Hamburger Girobank – entgegen vielfacher Annahmen – dennoch nicht als Vorläuferin unseres modernen Giroverkehrs aufgefaßt werden darf[285]. Zum einen habe es sich um ein abgeschlossenes, lokales Sondersystem gehandelt, was schon daraus ersichtlich sei, daß der Abschreibende regelmäßig persönlich habe bei der Bank erscheinen müssen. Zum anderen sei die von der Hamburger Girobank eingeführte »Mark Banco« deshalb nicht mit heutigem Giralgeld vergleichbar, weil sie durch Depositen in Edelmetall voll abgedeckt gewesen sei. Eine kreditäre Geldschöpfung sollte also nicht stattfinden. Vielmehr war das Volumen des Giralgeldes abhängig von der vorhandenen Silbermenge[286]. Das änderte sich in England mit dem Peelschen Bank Act von 1844, der es erstmals ermöglichte, Banknoten ohne Metalldeckung auszugeben. Das Jahr 1844 wird deshalb vielfach als das »Geburtsjahr der eigentlichen und unbeschränkten Giralgeldschöpfung« bezeichnet[287]. 114

In Deutschland führte die Reichsbank 1876 den kostenfreien Ferngiroverkehr über ihre Filialen ein. Die §§ 12 Abs. 1 und 13 Nr. 7 des Bankgesetzes von 1875 machten ihr die Erleichterung des bargeldlosen Zahlungsverkehrs zur Aufgabe. Bereits 1883 bestanden zahlreiche lokale Abrechnungsstellen nach dem Vorbild englischer »clearing houses«, bei denen die Banken ihre wechselseitigen Forderungen verrechneten. Die verbleibenden Salden wurden dann über die Girokonten bei der Reichsbank ausgeglichen. Die Sparkassen nahmen 1909 den bargeldlosen Zahlungsverkehr auf und schlossen sich im Jahre 1924 zum Deutschen Sparkassen- und Giroverband zusammen. Ebenfalls im Jahre 1909 nahm die Post den Postscheckverkehr auf. Bereits im Jahre 1913 betrug der Anteil des Giralgeldes an der gesamten Geldmenge 88 %, eine Tatsache die kurz nach Ende des 1. Weltkriegs zur Diskussion über die Gefahren unkontrollierter Geldschöpfung vor allem in der volkswirtschaftlichen Literatur führte[288]. 115

---

283 De Roover, S. 215.
284 Münch, S. 37 ff.
285 S. 33 f.
286 Münch, S. 33 m.w.N.
287 Münch, S. 35.
288 Zu allem vertiefend Münch, S. 36 ff. m.w.N.

Erster Teil   Grundlagen

116   In der Bundesrepublik wurde mit dem Einführen bargeldloser Lohn- und Gehaltszahlungen gegen Ende der fünfziger Jahre der bargeldlose Zahlungsverkehr wirklich zum Massengeschäft. Parallel dazu verlief die Entwicklung des Lastschriftverfahrens seit 1963. Zur Bewältigung der Massenphänomene wurden einheitliche Überweisungsvordrucke eingeführt und Zahlungsverkehrsabkommen zwischen der Deutschen Bundesbank, den Spitzenverbänden der Kreditwirtschaft und z.T. der Deutschen Bundespost geschlossen[289]. Heute sind wir auf dem Wege durch Einsatz von EDV-Anlagen den bargeldlosen Zahlungsverkehr beleglos und zwar sowohl unter den Kreditinstituten als auch – soweit möglich – mit den Kunden abzuwickeln.

117   Diskutiert, praktiziert und in einigen Ländern auch durchgesetzt haben sich neue Systeme bargeldloser Zahlung. In Belgien und Frankreich ist beispielsweise die Bezahlung des täglichen Einkaufs unter Zuhilfenahme der EC-Karte weit verbreitet. Auch in der Bundesrepublik ist diese Zahlungsweise (electronic cash-System) inzwischen aus dem Stadium eines Pilotprojektes herausgetreten[290]. Mit dem Bildschirmtextverfahren wird »home banking« zunehmend Realität. Die Benutzer sind in der Lage, vom Bildschirm aus Zahlungsanweisungen zu geben, Kontostände abzufragen oder Kredite in Anspruch zu nehmen[291].

118   *Schließlich setzt sich auch in Europa die Zahlung per Kreditkarte zunehmend durch.* Dabei besteht wohl eine Tendenz, diesen Typus in andere Arten von Karten – z.B. die EC-Karte – miteinzubeziehen, was letztlich nichts daran ändert, daß es sich hier um ein weiteres Mittel des bargeldlosen Zahlungsverkehrs handelt[292]. Der bargeldlose Zahlungsverkehr, das Girogeschäft, entstanden aus dem Sicherungsbedürfnis der Schuldner, ist heute nicht nur zum zentralen Massengeschäft der Banken geworden, sondern erfüllt ganz andere Funktionen als ehemals. Für Schuldner und Gläubiger stehen Bequemlichkeit, Überweisungsgeschwindigkeit, Überweisungssicherheit und Überweisungskostenminimierung[293] im Vordergrund. Für die Banken spielt der bargeldlose Zahlungsverkehr und die damit mögliche Entstehung von Giralgeld (Buchgeld) deshalb eine so große Rolle, weil auf diese Weise das Kreditvolumen deutlich ausgeweitet werden kann, mit der Folge, daß währungsrechtlich die Frage nach der Kontrolle dieses Geldschöpfungspotentials entsteht[294]. Besonders deutlich wird hieran auch der Zusammenhang zwischen den einzelnen Bankge-

---

289 Münch, S. 39.
290 Münch, S. 43; vgl. unten § 5, 13 ff.
291 Vertiefend Münch, S. 45.
292 Vertiefend auch zur weiteren Entwicklung und vor allem zu den währungsrechtlichen Auswirkungen Münch, S. 47 ff.
293 Hamann, ZBB 1993, 247 ff.
294 Dazu ausführlich Münch, S. 51 ff.

schäften. Ohne Einlagengeschäft kein Girogeschäft; als Folge des Girogeschäfts erhebliche Ausweitung des Kreditgeschäfts.

4. Das Kreditgeschäft

Das Darlehen ist das Grundgeschäft des Kreditverkehrs. In seiner modernen Form ist der Kreditnehmer verpflichtet »das Empfangene in Sachen von gleicher Art, Güte und Menge zurückzuerstatten« (§ 607 Abs. 1 BGB). Für das ptolemäische Recht dagegen war entscheidend, daß der Darlehensgeber einen der Darlehenssumme entsprechenden Wert bei »Fälligkeit« des Darlehens zurückbekommt. D.h., es war möglich, z.B. für empfangenes Saatgut Geld zurückzuleisten, für Geld Getreide oder irgendein anderes Gut, das der Empfänger zu nehmen bereit war[295]. Sehr wichtig war, daß über die Kapitalübertragung (Kapital im weitesten Sinne, also auch Getreide oder Edelmetalle) Urkunden ausgestellt wurden. Auf diese Weise erhielt der Gläubiger einen »Schuldschein«, der im Prozeß als Beweisurkunde diente[296]. Es gab einen *Urkundenhüter*, der treuhänderisch den Schuldschein für Gläubiger und Schuldner verwahrte und damit verhinderte, daß der Gläubiger seine Machtstellung aus dem Schuldschein mißbrauchen konnte. Für die Kapitalübertragung wurden zwei verschiedene Formulare benutzt:

Gewöhnlich beurkundeten die Schreiber, daß ein bestimmtes Kapital des Schuldners dem Gläubiger gehöre: »Es gehört dir (von dem, was) bei mir ist ...«[297]. Daß dies aufgrund einer Darlehenshingabe so ist, wird häufig ausdrücklich erwähnt. Die Belege reichen bis ins 1. Jh. v. Chr., also über die ganze Ptolemäerzeit zurück. Es gibt Gelddarlehen, Getreide- und Gelddarlehen, verbunden mit der Vereinbarung, daß bei nicht rechtzeitiger Rückzahlung alles in Geld zu zahlen ist, auch die Bürgschaft wurde als Sicherungsmittel bereits praktiziert. Andere Urkunden, die allerdings seltener sind, beginnen damit, daß sie von der Hingabe des Kapitals berichten: »Du hast mir ... gegeben«. Auch dieses Formular ist vorptolemäisch bereits belegt und läßt sich vom 4. bis zum 1. Jh. v. Chr. nachweisen. So haben wir Zeugnisse über ein Getreidedarlehen, das mit einem Zins in zwei Monaten zurückzugeben ist; erfolgt das nicht pünktlich, so ist nach vier Monaten das Doppelte zu leisten. Wird auch dieses nicht erbracht, so ist statt des Getreides Geld zu zahlen[298]. Dabei ist für kaum ein anderes Rechtsgeschäft die Verwendung verschiedener Urkunden (demotischer, griechischer, später römischer) so reichhaltig wie beim Darlehen: Man findet die Doppelurkunde mit und ohne Zeugen, die Agoranomosurkun-

---

295 Seidl, S. 132, zum Natural-Daneion und typenlosen Kreditverträgen, Kühnert, S. 50 ff., 141 ff.
296 Wolff., S. 103.
297 Seidl, S. 133.
298 Seidl, S. 133 m.w.N.

de, das Cheirographon und das Hypomnema: Im Prozeß scheinen alle diese Urkunden den genügenden Beweis erbracht zu haben[299]. Zahlreiche Urkunden belegen, daß die Darlehen – jedenfalls häufig – verzinst waren. So macht beispielsweise der Schuldner in einer Zenon-Urkunde geltend, daß der für ein Darlehen ausbedungene Zins von 6 % monatlich einem Diagramma der Ptolemäerkönige zuwider lief, das vermutlich nur 2 % Monatszins zuließ[300]. In einer detaillierten Arbeit hat Rupprecht dargelegt, daß sich die Darlehen unter dem Gesichtspunkt des Zinses in drei Gruppen einteilen lassen:
– Darlehen mit ausdrücklicher Zinsvereinbarung
– Darlehen mit ausdrücklichem Ausschluß einer Verzinsung
– Darlehen ohne Erwähnung einer Zinspflicht[301].

121 *Interessant ist, daß die Darlehensurkunden abtretbar, also verkehrsfähig, waren.* Dies hat man in einer Doppelurkunde aus Nilopolis aus dem Jahre 74 v. Chr. dadurch zu erreichen versucht, daß der Name des Gläubigers in Innen- und Außenschrift fehlt, wofür man eine Lücke freiließ, in welche der letzte Inhaber, der das Darlehen einziehen sollte, seinen Namen hätte einsetzen können[302]. Auch die (dingliche) Sicherung des Gläubigers war bereits in vorrömischer Zeit nichts Ungewöhnliches. Das ungesicherte – oder nur durch einen Bürgen gesicherte – Darlehen kommt vom 4. bis zum 1. Jh. v. Chr. vor. Daneben gab es das Darlehen mit »Sicherungsübereignung« einer Sache. So benennt ein Schuldner in einer Urkunde etwa 200 v. Chr. sein Haus für den Fall, daß er bei Fälligkeit nicht zahlen können sollte[303]. Schließlich sind Darlehen mit Haftung des ganzen Vermögens vom 3. bis zum 1. Jh. v. Chr. belegt. Dabei kommt es vor, daß ein besonders wertvoller Bestandteil dieses Vermögens, z.B. ein Haus, ausdrücklich angegeben wird. Es kommt auch vor, daß jemand erklärt: »Alles was ich besitze, und alles, was ich noch erwerben werde, ist das Pfand für ...«[304]. In diesen Fällen kann der Gläubiger auf das *ganze Vermögen* zurückgreifen, es ist ihm zur Sicherung übereignet. In sehr ähnlicher Form hat die Kreditsicherung auch auf der Basis griechischer Urkunden

---

299 Vertiefend Seidl, S. 134.
300 Seidl, S. 135 unter Bezugnahme auf Wolff., ZSS 74 (1957) 42, 42.
301 Rupprecht, S. 74 ff.; eine detaillierte Untersuchung zur Kredit-Paratheke, dem wichtigsten Kreditformular der ptolemäischen Zeit und der ersten drei Jahrzehnte der römischen Herrschaft, hat Roth 1970 vorgelegt; der monatliche Regelzinsfuß lag bei 2 % bei Gelddarlehen; ein fester Zinszuschlag von 50 % wurde bei Naturaldarlehen erhoben; erst mit Beginn der römischen Herrschaft wurde der Zinsfuß drastisch um die Hälfte gesenkt und lag nach einigen Jahrzehnten des Schwankens etwa ab 30 n.Chr. fest bei 12 % jährlich. Als Folge davon änderten sich die Kreditformulare; vertiefend Roth, S. 96 ff.
302 Seidl, S. 136.
303 Seidl, S. 137 f. mit weiteren Beispielen und der Darstellung eines interessanten Meinungsstreits zwischen ihm und Partsch.
304 Seidl, S. 139 m.w.N.

stattgefunden³⁰⁵. Schließlich spricht alles dafür, daß auch die griechischen Darlehensurkunden verkehrsfähig waren, daß also die Forderungsabtretung gegen Entgelt möglich war³⁰⁶. Technisch wurde die Forderungsübertragung möglich, indem in der Urkunde (Schuldschein) der Name des Gläubigers offengelassen und später von demjenigen ausgefüllt wurde, der die Forderung einziehen sollte.

Im römischen Recht der historischen Zeit tritt das Naturaldarlehen stark zurück, das Gelddarlehen dominiert. Im altrömischen Recht wurde das Darlehen per aes et libram, d.h. durch förmliches Zuwägen der Darlehenssumme vor fünf Zeugen, begründet (sog. nexum im engeren Sinn). Natur und Rechtsfolgen dieses Formaldarlehens sind außerordentlich umstritten³⁰⁷. Es war allerdings schon vor dem Ende der Republik aus dem Rechtsleben verschwunden. Sehr alt ist auch das formlose Darlehen (mutuum), das zunächst wohl als zinsloses Alltagsgeschäft (Freundschaftsdarlehen) bestand³⁰⁸.

122

Das mutuum ist der Grundtypus des Kreditgeschäfts, bei dem jemand ein Kapital einem anderen zur Nutzung anvertraut (credere). Als Realkontrakt besteht es in der Hingabe einer Geldsumme (oder anderer vertretbarer Sachen) in das Eigentum des Kreditnehmers mit der Abrede, daß die gleiche Summe (oder die gleiche Menge vertretbarer Sachen von gleicher Gattung und Güte) zurückzuerstatten ist³⁰⁹. Das mutuum war zunächst zinslos, also unentgeltlich. Zinsen mußten durch Stipulation vereinbart werden³¹⁰. Grundsätzlich konnte das Darlehen jederzeit und fristlos zurückgefordert werden, weshalb die Vereinbarung einer Frist häufig durch Stipulation bekräftigt wurde³¹¹. Beim Darlehen für den Seetransport (pecunia trajectitia), für das man einen besonders hohen Zins, das foenus nauticum, schuldete, trägt nach griechischem Vorbild der Geldgeber die Gefahr: Gehen die auf dem Schiff verladenen Waren unter, so wird der Darlehensnehmer frei. Aufgrund dieses Risikos durfte der Geldgeber hier

123

---

305 Im einzelnen hierzu Seidl, S. 139 ff.
306 Seidl, S. 143, wo er sich dezidiert mit Wolff., TAPA 72 (1941) 418 ff. auseinandersetzt.
307 Behrends, S. 152, zeigt, daß das Libraldarlehen nichts ist als eine quellenlose und geschichtswidrige Hypothese, die den Platz einnimmt, der von Anfang an dem Stipulationsvertrag gebühre. Die nexi seien denn auch nach allen Zeugnissen keineswegs Darlehensnehmer, sondern bereits zahlungsunfähige Schuldner gewesen; ders. mit weiterführenden Hinweisen in: JURA 1981, 259, 262 f.; hierzu ferner De Martino, S. 168 ff.; Kaser, S. 182 f; von Lübtow, passim, der das nexum gar nicht erwähnt; Kunkel/Honsell, S. 296 f.
308 Kaser, S. 183.
309 Kaser, S. 183.
310 Die stipulatio stellte ein mündliches (aber formgebundenes: bestimmte Abfolge bestimmter Satzformeln) Leistungsversprechen dar. Ihr Ursprung ist ungeklärt; weder der Name noch das Formular geben sichere Anhaltspunkte. Die Stipulation kam durch eine Frage des Versprechensempfängers (stipulator) und die Antwort des Versprechenden (promissor) zustande. Frage und Antwort mußten dabei formal übereinstimmen; vertiefend Kunkel/Honsell, S. 106 f.
311 Von Lübtow, S. 16 f. m.w.N.

höhere Zinsen nehmen³¹². Das Darlehen war im Bestimmungshafen nach Verkauf der Waren zurückzuzahlen; häufig wurde es für die Dauer von Hin- und Rückfahrt gegeben. Es erfüllte, wegen der Risikotragung (Wegfall der Darlehensforderung bei Untergang des Schiffes), zugleich die Funktion einer *Seeversicherung*³¹³. Man hat eine zeitlang angenommen, daß die gegen Ende des 14. Jh. in Genua und anderen Seeplätzen Italiens (erneut) entstandene vertragliche Seeversicherung im römischen Seedarlehen wurzelt. Diese Annahmen haben sich, wie vor allem Karin Nehlsen-von Stryk im Jahre 1986 grundlegend zeigen konnte, als verfehlt erwiesen. Interessant sind diese Erkenntnisse insofern, weil sie zeigen, daß sich entwickelnde Volkswirtschaften sehr ähnliche Ideen zur Bewältigung des Handels hervorbringen, und daß diese Formen in Vergessenheit geraten, wenn die ökonomische Entwicklung (wie beim Zusammenbruch des römischen Reiches) retardiert. Daß sich darüber hinaus Versicherungs- und Bankgeschäftsformen im römischen Seedarlehen miteinander verknüpfen, ist angesichts der heute durchgeführten scharfen Trennung zwischen Bank- und Versicherungsgeschäften sicher eine bemerkenswerte Tatsache, die zumindest zeigt, daß wir bei Auflockerung des »Ein-Branchen-Prinzips« auch mit neuen Geschäftstypen zu rechnen hätten.

124 Bei alledem ist an die oben im einzelnen³¹⁴ dargelegten Feststellungen von Bürge, Thilo und Finley zu erinnern. Ein sehr ausgedehntes auf Gewinnerzielung gerichtetes Kreditgeschäft gab es nicht, das römische Bankwesen ist vielmehr eine moderne Fiktion. Kredite wurden häufig aufgrund persönlicher Beziehungen gegeben, den einzelnen Schuldnern stand in der Regel der Gläubiger ohne Vermittlung durch ein organisiertes Bankwesen gegenüber³¹⁵. Hieran ändert auch nichts die in den Quellen immer wieder belegte Verbindung von Darlehen und Handelsgeschäften. Jedermann konnte sich jederzeit im Zinsgeschäft engagieren und sein Vermögen auf diese Tätigkeit hin umdisponieren. Wer das tat wurde fenerator, womit also nicht ein bestimmter Beruf, sondern lediglich eine Funktion beschrieben ist³¹⁶.

125 Im Mittelalter wurden die Funktionen, die die Banken heute als Institutionen erfüllen, nicht von den gleichen Personen und Einrichtungen ausgeübt. *Ein Bankgeschäft in den umfassenden Formen von Einlagen, Giro und Wechsel, war im Hochmittelalter fast nicht vorhanden und entwickelte sich erst zu Beginn des 13. Jh. in Folge der beträchtlichen Bevölkerungszunahme sowie der Erweiterung der Handelsbeziehungen und des Aufschwungs der Schiffahrt.* Diejenigen, die berufsmäßig Geldgeschäfte be-

---

312 Perdikas, S. 503 ff.; Kaser, S. 184.
313 Vertiefend Perdikas, S. 425 ff.; knapper, Schwintowski, S. 34.
314 Rz. 44
315 Bürge, S. 508.
316 Bürge, S. 508.

§ 2 Geschichtliche Entwicklungslinien des Bankwesens und des Bankrechts

trieben, waren die cambiatores oder campsores, die sich mit dem Münzwechsel befaßten[317]. Aus ihren Geschäften entwickelte sich der *Wechsel*[318], zunächst als ein Mittel zur Abwicklung bargeldloser Zahlungen an entfernten Orten. Beispiel: Wenn ein Venezianer in Florenz bezahlen wollte, dann wandte er sich an seinen Geldwechsler (den campsor) und zahlte in Venedig an ihn Zechinen in Höhe des geschuldeten Betrages. Er erhielt darüber einen Brief (den Wechsel) gerichtet an den Geldwechsler in Florenz, der – unter Abzug von Provision – dort den entsprechenden Betrag in Florentinen auszahlte. Der Wechsel wurde also ursprünglich als Zahlungsmittel verwendet und ähnelte in dieser Funktion dem heutigen Scheck. Dennoch diente er von Anfang an zugleich auch als *Kreditinstrument*[319]. Jeder Wechselbrief stellte nämlich insofern einen kurzfristigen Kredit dar, als selbst bei einem Sichtwechsel eine erhebliche Spanne Zeit vergehen mußte, während er vom Ausstellungsort zum Zahlungsort befördert wurde. Von Spanien oder Italien in die Niederlande dauerte das beispielsweise zwischen zwei und vier Wochen. Man war deshalb der Ansicht, daß ... »dem Zahlungsverpflichteten eine bestimmte Zeit gelassen werden sollte, um den Betrag flüssig zu machen. Diese zusätzliche Verzögerung, »Uso« genannt, konnte 30, 60 oder 90 Tage betragen«[320].

Die Italiener waren nicht nur die Erfinder des Wechsels, sondern sie beherrschten das Geschäft während des ganzen Hochmittelalters bis weit in das späte Mittelalter hinein. Immerhin findet sich der Wechsel bereits im 12. Jh. auch in Köln, und seit Anfang des 13. Jh. sind Wechselgeschäfte in Köln, Frankfurt, am Niederrhein, in Lübeck und anderen Städten des Hansegebiets nachgewiesen[321]. Der früheste uns überlieferte indossierte Wechsel datiert vom 6.8.1519, häufiger aber wird er erst in der zweiten Hälfte des 16. Jh., vornehmlich in Italien, Spanien und den Niederlanden verwendet. Seine volle Ausbildung und allgemeine Verbreitung findet der Wechsel im 17. Jh.[322]. Von der wirtschaftlichen Praxis bis zur juristischen Legitimation war es allerdings ein weiter Weg: In Brügge durften Wechsel bereits 1527 rechtlich zulässig begeben werden, in Frankreich erst seit 1673, in England sogar erst seit 1704. In den deutschen Messestädten gab es zunächst Restriktionen: in Frankfurt 1620 und 1635, in Nürnberg wurde das Indossieren 1647 ganz verboten. Erst die Frankfurter Wechselordnung vom 8.9.1666 erlaubte das Indossament, danach folgten dem Frankfurter Beispiel die Städte Breslau (1672), Leipzig (1682), Braun-

126

---

317 Massetto, in Lexikon des Mittelalters, Bd. I, S. 1409.
318 Umfassend zum Ursprung des Wechsels und zur Bedeutung der Wechsellehre, die auch heute noch grundlegende Darstellung von Endemann, Band I, S. 75 ff.
319 Goldschmidt, Bd. 3, S. 408; Coing, Bd. II, S. 568 ff: zum Wechselrecht des 17./18. Jh.
320 Parker, S. 344.
321 Kuske, S. 96.; hierzu instruktiv Endemann, Bd. I, S. 81 ff.
322 Deutsche Bankengeschichte, Bd. I, S. 67 m.w.N.

schweig (1686), Danzig (1701) und Augsburg (1707/1716)[323]. Mit dem Indossament wurde das Diskontieren des Wechsels möglich, d.h. der Verkauf des Papiers vor Fälligkeit an einen Dritten gegen eine Summe, die etwas unter dem Nennwert lag, wobei die Differenz den Preis für den auf diese Weise gewährten kurzfristigen Kredit darstellte. Ein Frankfurter Wechsel kostete zu Beginn des 17. Jh. 14 %, ein einträgliches Geschäft also, das zum wirtschaftlichen Aufblühen der Stadt nicht wenig beigetragen haben dürfte. Anfang des 19. Jh. herrschte in Deutschland auf dem Gebiet des Wechselrechts eine große Zersplitterung, etwa 56 Wechselrechtsordnungen bestanden nebeneinander. Entscheidende Impulse zur Rechtsvereinheitlichung gingen von der Wechselrechtskonferenz der Staaten des Deutschen Bundes in Leipzig 1847 aus. Die dort auf der Grundlage des preußischen Entwurfs erarbeitete Allgemeine Deutsche Wechselordnung wurde 1848 von der Frankfurter Nationalversammlung als Reichsgesetz verkündet. Da damit die Zuständigkeit der Nationalversammlung überschritten worden war, erließen die Einzelstaaten Wechselordnungen in Form gleichlautender Landesgesetze. Im Jahre 1871 wurden diese unverändert als Reichsgesetz in der Wechselordnung zusammengefaßt, sie galt bis zur Ablösung durch das Wechselgesetz im Jahre 1934. Anfang unseres Jahrhunderts fanden Weltwechselrechtskonferenzen in Den Haag und Genf (1930) statt. Das deutsche Wechselgesetz vom 21.6.1933 (in Kraft seit dem 1.4.1934) beruht in den Art. 1 – 78 auf dem Genfer Abkommen, dem die europäischen Staaten und die meisten südamerikanischen – später auch die Sowjetunion – beigetreten sind. Demgegenüber praktiziert der Angelsächsische Rechtskreis ein anderes Wechselrecht, so daß weltweit z.Zt. zwei stark differierende Wechselrechtssysteme vorhanden sind, nämlich das kontinental europäische und das anglo-amerikanische.

127 Neben dem Wechselkreditgeschäft kannte das Mittelalter schon seit dem 13. Jh. das zinsbare Darlehen, wenngleich wegen des kanonischen Zinsverbotes regelmäßig verhüllt und in mannigfachsten Verkleidungen. Meist wurde der Zins »sogleich zum Kapital geschlagen und das ganze als eine Kapitalsumme verschrieben, für den Fall des Zahlungsverzugs war es üblich, Schadensersatz (damnum) bzw. Konventionalstrafe (duplum) auszubedingen, und es mußten so, bei dem exorbitanten Zinsfuß, die Schulden in kurzer Zeit unerschwinglich anschwellen«[324]. In den Genueser Urkunden des 12. Jh. waren 25 %, später 20 % die Regel; in Mailand betrug der Darlehenszins um die Wende vom 12. zum 13. Jh. 10 bis 15 %; im Florenz des 11./13. Jh. waren es 20 bis 30 %, während man in Venedig mit 8 bis 10 % auskam. Nimmt man hinzu, daß im Fall des Verzuges häufig noch die poena dupli, d.h. das Doppelte des Kapitals und der Zinsen, zu entrichten war, dann wird deutlich, wie teuer und knapp Geldkapital im

---

323 Deutsche Bankengeschichte, Bd. I, S. 67.
324 Goldschmidt, Bd. 3, S. 318.

Mittelalter war. Bei alledem stand das Geldgeschäft des Mittelalters, sofern es in irgendeiner Form zinstragend war, unter dem Verdikt des kanonischen Zinsverbots. Es ist naheliegend, daß das zinsbare Darlehen in dem Maße an Bedeutung gewinnen mußte, wie das kanonische Zinsverbot – zunächst durch landesgesetzliche Regelungen – aufgelockert wurde. So durften in Nürnberg 1564, in Frankfurt 1611 oder z.B. in Württemberg 1620 Zinsen genommen werden, die jedoch der Höhe nach auf 5 bis 8 % beschränkt waren[325]. Was die äußere Form des Darlehens angeht, so findet sich im 16. Jahrundert, jedenfalls in Berlin, nicht mehr die gerichtliche Beurkundung mit Eintragung in das Schöffenbuch, sondern es genügte die förmliche Schuldverschreibung mit Unterschrift und Siegel, Angabe der Sicherheiten sowie Zins- und Rückzahlungsversprechen[326]. Es war ferner üblich, die Mithaftung durch Bürgen vorzusehen und es gab eine der heutigen Beugehaft entfernt vergleichbare persönliche Sicherung, bei der Schuldner und Bürgen sich verpflichteten, mit mindestens zwei Pferden und einem Knecht an einem bestimmten Ort einzureiten und dort Herberge zu halten, bis sie sich ausgelöst haben würden (Einlager)[327].

Weitere Formen des Darlehensgeschäftes waren das sog. »Deposito«, das mit dem Depositengeschäft nicht das Geringste zu tun hatte. Vielmehr handelte es sich dabei um Darlehen, die Kaufleuten von einer Messe zur anderen gewährt wurden, meist gegen Schuldschein, gelegentlich auch gegen Wechsel. Im 15./16. Jh. tritt die langfristige Schuldaufnahme durch Fürsten und Städte in Form der öffentlichen Anleihe hinzu[328] und schließlich war – als Folge des kanonischen Zinsverbots – unter Umgehungsaspekten schon seit dem 14. Jh. der Rentenkauf weit verbreitet[329]. Allerdings hatte man den Rentenkauf nicht zu dem Zweck erfunden, das kanonische Zinsverbot zu umgehen, denn die Wurzeln dieses Rechtsinstruments reichen in eine Zeit zurück, in der das Zinsverbot noch kaum eine Rolle spielte[330]. Ursprünglich handelte es sich einmal um einen *echten Kaufvertrag*: Der Rentenkäufer gab dem Eigentümer eines Grundstücks, dem Rentenverkäufer, ein Kapital für dieses Grundstück. Der Eigentümer versprach, jährlich eine bestimmte Rente zu zahlen, die in einem bestimmten Prozentverhältnis zu dem hingegebenen Kapital stand. Bis hierher scheint der Rentenkauf dem Darlehen doch ähnlich zu sein. Entscheidend war aber, daß der Rentenkauf nicht widerrufen werden konnte: Der Rentenkäufer hatte seine Rentenberechtigung erhalten und konnte niemals die Rückzahlung des von ihm für das Grundstück aufgebrachten Kaufpreises

128

---

325 Neumann, S. 546 f.
326 Deutsche Bankengeschichte, Bd. I, S. 69.
327 Deutsche Bankengeschichte, Bd. I, S. 69 f.
328 Deutsche Bankengeschichte, Bd. I, S. 71 ff.
329 Deutsche Bankengeschichte, Bd. I, S. 74 ff.
330 Deutsche Bankengeschichte, Bd. I, S. 43.

verlangen. Umgekehrt konnte auch der Verkäufer den Berechtigten nicht zwingen, auf die Rentenzahlung zu verzichten und sich die Kapitalisierung oder Rückgabe des Kaufpreises gefallen zu lassen[331]. Als sich dieses im Laufe des 14. Jh. änderte, als sich die »Rentenverkäufer« durch Rückzahlung des »Kaufpreises« also von ihrer Rentenschuld befreien konnten, handelte es sich natürlich nicht mehr im Rechtssinne um einen »Rentenkauf«, sondern in Wahrheit um ein Darlehen gegen Zinsen, wobei man die Zinsen Rente nannte[332]. Insgesamt wird an alledem deutlich, daß das Darlehen in vielfältigster Form die Basis der mittelalterlichen Bankgeschäftstätigkeit bildete und diese Funktion bis heute nicht verloren hat.

5. Factoring

129 Daß es schließlich umgekehrt moderne Bankgeschäfte gibt, die ihre Entstehung erst der Überwindung römisch-rechtlicher Institutionen verdanken, belegt eine von Maren Rennpferd 1990 in Göttingen vorgelegte Dissertation. Es handelt sich um den Forderungskauf, das Factoring-Geschäft also, das heute in erheblichem Umfange von Inkasso- und Factoring-Unternehmen betrieben wird. Gäbe es die 506 n.Chr. durch den oströmischen Kaiser Anastasius erlassene und 531 n.Chr. durch Justinian ergänzte Regelung der »Lex Anastasiana« auch heute noch, – sie ist im deutschrechtlichen Bereich erst mit Inkrafttreten des BGB, also am 1.1.1900 endgültig überwunden gewesen –, so wäre dem Factoring-Geschäft die ökonomische Basis entzogen. Denn die Lex Anastasiana bestimmte, daß der Zessionar (der Factor) vom Schuldner nur den Betrag nebst Zinsen verlangen durfte, den er selbst dem Zedenten (dem Abtretenden) für die Forderung bezahlt hatte[333]. Folge: Der Forderungskauf lohnt sich nicht für den Factor, eine Tatsache, die in Deutschland bis Mitte des 19. Jh. eine nennenswerte Entwicklung des Factoring-Geschäfts verhinderte[334]. Daß als Folge der Aufhebung der Lex Anastasiana die Schuldner der »härteren Gangart« der Inkasso-Unternehmen ausgesetzt sind ist sicher richtig, wenngleich festzuhalten bleibt, daß man letztlich nur das von ihnen verlangt, wozu sie sich verpflichtet hatten. Man wird der Verfasserin deshalb darin zustimmen müssen, daß wir heute über Schuldnerschutzinstrumente verfügen (vor allem im Bereich des Vollstreckungsschutzes und des Sozialrechts), die es uns erlauben, das scharfe Schwert der Lex Anastasiana im Mantel der Geschichte zu belassen[335].

---

331 Vertiefend Deutsche Bankengeschichte, Bd. I, S. 43 ff.
332 Zu den Einzelheiten Deutsche Bankengeschichte, Bd. I, S. 45 ff.; S. 74 ff.
333 Rennpferd (Manuskript), S. 2 ff.
334 Zu den Einzelheiten vgl. Rennpferd (Manuskript), S. 81 ff.
335 Rennpferd (Manuskript), S. 106 ff.; zu den Möglichkeiten eines ausdifferenzierten Schuldnerschutzes (Problem des modernen Schuldturms) Schwintowski, ZBB 1989, 91 ff.; dagegen Medicus, ZIP 1989, 817 ff.

Zweiter Teil   Commercial Banking

§ 3 Das Einlagengeschäft

A. Begriff und Funktion

Schrifttum:
Bähre/Schneider, KWG-Kommentar, 3. Aufl., 1986; *Bärmann* (Hrsg.), Europäisches Geld-, Bank- und Börsenrecht, Teil I: Bundesrepublik Deutschland, Bd. 1, 1974; *Beck*, KWG-Loseblatt-Kommentar, Stand 1995; *Canaris*, Bankvertragsrecht, 3. Aufl., 1981; *Hopt-Mülbert*, Kreditrecht, 1989; *Kümpel*, Bank- und Kapitalmarktrecht, 1995; *Liesecke*, Das Bankguthaben in Gesetzgebung und Rechtsprechung, Teil I, WM 1975, 214; *Schütz*, Die Rechtsnatur von Bank- und Sparkassenguthaben, JZ 1964, 91; *Szagunn/Wohlschieß*, Gesetz über das Kreditwesen, 5. Aufl., 1990.

Die Annahme fremder Gelder *als Einlagen* – und zwar ohne Rücksicht darauf, ob Zinsen vergütet werden – gilt aufsichtsrechtlich als Einlagengeschäft (§ 1 Abs. 1 Nr. 1 KWG). Der Begriff *Einlage* wird nicht bestimmt, sondern als gegeben vorausgesetzt. Entscheidend kommt es nach Meinung des Bundesverwaltungsgerichtes darauf an, ob die Einlagen der laufenden Finanzierung des Aktivgeschäfts, verbunden mit der Absicht Gewinn aus der Zinsdifferenz zwischen Einlagen- und Aktivgeschäft zu erzielen, dienen[1]. Deshalb betreibt ein Unternehmen kein Bankgeschäft, wenn es zur Vermögensbildung in Arbeitnehmerhand Namens-Gewinnschuldverschreibungen an die Betriebsangehörigen ausgibt. Dies gilt auch, wenn ein Unternehmen im Rahmen von *Bauherrenmodellen* die von den Bauherren im voraus gezahlten Gelder treuhänderisch entgegennimmt und sie als Termineinlage bei Banken vorübergehend anlegt. Denn diese Gelder dienen nicht der Finanzierung der unternehmerischen Tätigkeit des hereinnehmenden Unternehmens zwecks Gewinnerzielung – die Zinsen wurden den Bauherren vergütet[2]. 1

Das BGB setzt den Begriff der Einlage in § 248 Abs. 2 BGB als bekannt voraus, enthält aber sonst keine Regeln über das Einlagengeschäft. Auch die Bankpraxis benutzt den Begriff Einlagengeschäft nicht als Geschäftstypus, sondern als Sammelbegriff für verschiedene Kontoformen und den Zahlungsverkehr. Negativ wird insbesondere gegenüber der Kreditgewährung von Banken an Kunden abgegrenzt. 2

Kümpel[3] meint, hieraus könnten Schutzlücken entstehen. Denn die dem Kundenschutz dienenden Regelungen des KWG setzten nun einmal ein Einlagengeschäft voraus. Nur in diesem Fall lägen bankgeschäftliche Tätigkeiten vor, für die Eingriffsbefugnisse der Bankenaufsicht zum Schutz 3

---

1 WM 1984, 1364, 1367.
2 VG Berlin WM 1986, 879.
3 Bank- und Kapitalmarktrecht, Rz. 3.5.

Zweiter Teil   Commercial Banking

der Geldgeber geschaffen worden seien. Mit Blick auf die bürgerlich-rechtliche Seite des Einlagengeschäftes sind diese Bedenken nicht durchschlagend. Denn im Verhältnis zwischen Kunde und Bank kommt es auf die privatrechtlichen Absprachen und darauf an, ob die Normen des KWG als Schutzgesetze zu qualifizieren sind. Dafür ist es nicht erforderlich, daß das Geschäft als Einlagengeschäft im Sinne des KWG qualifiziert wird[4].

4   Es gibt eine Reihe von Fällen, die typischerweise Gegenstand des Einlagegeschäftes sind. Dazu zählen die Darlehen, die die Kunden, etwa in Form von Spareinlagen, ihrer Bank gewähren (§ 21 Abs. 1 KWG a.F.). Aber auch Formen des Wertpapiersparens, etwa durch Erwerb von Sparbriefen der Kreditinstitute[5] gehören hierher. Schließlich bezeichnet das Einlagengeschäft die Summe jener Rechtsbeziehungen, die sich auf Geldeinlagen von Nicht-Banken beziehen, also alle Formen des Konto- und Zahlungsverkehrs.

5   Auch die irreguläre Verwahrung wird regelmäßig als Einlagengeschäft bezeichnet. Irregulär ist die Verwahrung – der Begriff knüpft an römisch-rechtliche Vorstellungen an[6] –, wenn die Bank nicht *dieselbe* Sache, sondern nur Sachen von gleicher Art, Güte und Menge zurückzugewähren hat. Bezüglich Zeit und Ort der Rückgabe bleiben die Regeln über den Verwahrungsvertrag anwendbar, so daß das beispielsweise eingelegte Geld nach § 695 BGB *jederzeit* abrufbar ist, während nach § 609 BGB beim Darlehen eine Kündigungsfrist einzuhalten wäre. Praktische Probleme ergeben sich aus dieser Differenzierung jedoch nicht, weil die §§ 609, 700 BGB abdingbar sind und sich aus den Abreden zwischen Kunde und Bank im Einzelfall schwierigkeitslos ergibt, ob es sich um Sicht-, Termin- oder Festgeld handelt[7]. Von daher ist nicht nur der Streit über die Frage, ob Einlagen auf Girokonten, weil jederzeit abrufbar, als irreguläre Verwahrung oder als Darlehen aufzufassen sind, überflüssig[8], sondern § 700 BGB insgesamt deutet auf ein redaktionelles Mißverständnis des BGB-Gesetzgebers hin. Der dort ausgesprochenen »Klarstellung«, daß bei irregulärer Verwahrung Darlehensrecht gilt, hätte es nicht bedurft, weil sich das bereits aus § 609 BGB ergibt, während umgekehrt die Vorschriften über die Verwahrung ja die Rückgabe *derselben* Sache voraussetzen. Daß man bei Abschluß eines Darlehensvertrages anstelle von § 609 BGB andere Fälligkeitsvereinbarungen – z.B. diejenigen des § 695 BGB – vereinbaren darf – sie ergeben sich im Einzelfall konkludent aus der Wahl des Ge-

---

4   Bärmann, S. 92 ff.; zum Stand der aufsichtsrechtlichen Diskussion Staudinger/Hopt/Mülbert, Vorbem. zu §§ 607 Rz. 19; Bähre/Schneider, S. 78 ff.; Beck, § 1 Rz. 28 ff.
5   Hopt/Mülbert, Vorbem. zu § 607 ff. Rz. 20 ff.
6   Vgl. Motive, Bd.II, S.576 ff. zu § 618 des Entwurfs des BGB.
7   Vgl. BGH WM 1970, 751: kein Kontokorrent.
8   Vertiefend Canaris[3], Rz. 1164; Schütz JZ 1964, 91 f.; Bärmann, Bd. 1, S. 93 f.; Hopt/Mülbert, Vorbem. zu §§ 607 ff. Rz. 27 ff.

schäftstyps (Sicht-, Termin-, Festgeld) – ist Folge des abdingbaren Charakters von § 609 BGB -, hätte also einer gesetzlichen Regelung ebenfalls nicht bedurft. § 700 BGB erweist sich somit als regelungsleere Norm, die im BGB zwar nicht stört, aber aus Gründen der Systemklarheit gestrichen werden sollte[9].

Dagegen gehört das *echte Depositengeschäft*, also die Verwahrung im Sinne von § 688 BGB mit der Verpflichtung, *dieselbe Sache* (§ 695 BGB) zurückzugewähren, nicht zum Einlagengeschäft, weil die Rechtsfragen völlig andere sind. Hinzu kommt, daß die »echte Verwahrung« von Geld heute eher selten ist (Ausnahmen: z.B. Münzsammlungen), und daß die Wertpapierverwahrung eine umfangreiche, eigenständige Regelung im Depotgesetz erfahren hat. Nimmt eine Bank bei einer anderen Bank Geld auf (§ 16 Abs. 1 BBankG), so handelt es sich nicht um ein Einlagengeschäft, sondern um ein Darlehen, das das Kreditinstitut bei einem anderen aufnimmt. Für Darlehen dieser Art hat sich der Begriff *Nostroverpflichtung* durchgesetzt[10].

6

B. Kontoformen

I. Übersicht
II. Die Rechtsgrundlagen des Kontos
III. Typische Kontoformen
   1. Eigenkonten
   2. Gemeinschaftskonten
     a) Und-Konto
     b) Oder-Konto
   3. Fremdkonten
   4. Sonderkonten
   5. Offene Treuhandkonten
   6. Anderkonten
   7. Sperrkonten
   8. Nummernkonten
   9. CpD-Konten
IV. Die Kontoerrichtung
V. Die Kontobezeichnung

Schrifttum:
Bärmann (Hrsg.) Europäisches Geld-, Bank- und Börsenrecht, Teil I: Bundesrepublik Deutschland, Bd. 1, 1974; *Bydlinski*, Zu den dogmatischen Grundfragen des Kontrahierungszwanges, AcP 180 (1980), 1; *Canaris*, Großkomm. HGB, 3. Aufl., 1981; *ders.* Großkom. HGB, Erster Teil, 4. Aufl., 1988; *Coester*, Vertragsübernahme und Anfechtungsrecht, MDR 1974, 803; *Claussen*, Bank- und Börsenrecht, 1996, *Flume*, Allg. Teil des Bürgerlichen Rechts, 2. Bd., Das Rechtsgeschäft, 3. Aufl., 1979; *Hadding*, Zur aktuellen Rechtslage bei Gemeinschaftskonten, in: WM-Festgabe für Hellner, WM-Sonderheft 1994, 4; *Heymann*, Handelsgesetzbuch, Bd. 4, Anhang

---

9 Vertiefend Canaris[3], Rz. 1167, der für die Beziehung Bank – Nichtbank zum selben Ergebnis kommt, wenngleich er die Konsequenz nicht ausspricht. Allerdings meint Canaris, einen Anwendungsbereich des § 700 BGB im Verkehr zwischen den Banken zu entdecken. Er verweist dafür auf seine Ausführungen in Rz. 2524, die darauf hinauslaufen, daß Guthaben, die sofort fällig sind, ein depositum irregulare darstellen, ansonsten handele es sich um Darlehen. Wieso bei Geschäftsbeziehungen zwischen Banken sofort fällige Darlehen nicht zulässig sein sollten, bleibt offen, ebenso wie die Frage, wie man mit bargeldlosen Zahlungen von Bank zu Bank umgehen sollte, da hierbei die von § 700 BGB vorausgesetzte »Übereignung« – worauf in Bärmann S. 93 f. zu Recht hingewiesen wird – in Geld nicht stattfindet.
10 Vertiefend Beck, § 1 Rz. 29 ff., 33 f.

§ 372 (Bankgeschäfte), 1990; *Baumbach/Hopt*, HGB-Kommentar, 29. Aufl., 1995; *Hopt-Mülbert*, Kreditrecht, 1989; *Hüffer*, Aktuelle Rechtsfragen zum Bankkonto: Inhaberschaft, Verfügungs- und Vertretungsbefugnis, Erbfall, 2. neubearbeitete Aufl., 1989; *Kaser*, Römisches Privatrecht, 16. Aufl., 1992; *Kipp*, Festschrift zum 50jährigen Bestehen des RG, Bd. II, 1929; *Kümpel*, Bank- und Kapitalmarktrecht, 1995; *Lange/Kuchinke*, Lehrbuch des Erbrechts, 3. Aufl., 1989; *Le Goff*, Kaufleute und Bankiers im Mittelalter, 1993; *Liesecke*, Das Bankguthaben in Gesetzgebung und Rechtsprechung, WM 1975, 214 ff.; *Medicus*, BGB-AT, 4. Aufl., 1990; *ders.*, Schuldrecht I, 5. Auflage, 1990; *Münch*, Das Giralgeld in der Rechtsordnung der Bundesrepublik Deutschland, 1990; Münchener Kommentar zum BGB, Bd. I, 2. Aufl., 1984; *Nobbe*, Neue höchstrichterliche Rechtsprechung zum Bankrecht, 5. Aufl., 1993; *Pflug*, Zur Legitimationswirkung von Sparbüchern, ZHR 140 (176); *Schebesta*, Bankprobleme beim Tod eines Kunden, 1982; *Schütz*, Die Rechtsnatur von Bank- und Sparkassenguthaben, JZ 1964, 91; *Seidl*, Ptolemäische Rechtsgeschichte, 2. Aufl., 1964; *Thilo*, Der Codex accepti et expensi im Römischen Recht, Göttingen 1980; *Wagner*, Die formlose Abtretung eines Postsparguthabens, NJW 1987, 928 ff.; *Zöllner*, Wertpapierrecht, 14. Aufl., 1987; *Zweigert/Kötz*, Einführung in die Rechtsvergleichung, 3. Aufl., 1996.

I. Übersicht

7   Das Einlagengeschäft wird über Konten, z.B. Spar-, Giro- oder Treuhandkonten, abgewickelt. An diesen wirtschaftlichen Sachverhalt wird angeknüpft, um die aus der Einrichtung, Führung und Abwicklung eines Kontos entstehenden Rechtsfragen zu erörtern. So kann man, ausgehend vom Kontobegriff, beispielsweise erörtern, wer berechtigt ist, über das Konto zu verfügen, wer also Inhaber ist. Man kann ferner ganz allgemein die Frage stellen, welche Rechtsfragen aus der Zahlung an den nichtberechtigten Besitzer des Sparbuchs resultieren, ebenso wie sich Fragen der Drittbegünstigung und des Mißbrauchs der Kontovollmacht auf diese Weise systematisch zutreffend einordnen lassen. Hierneben stellen sich – das ist die Masse der Fälle – Fragen aus der täglichen Kontodurchführung, vor allem Fragen des Zahlungsverkehrs. Probleme des Girogeschäfts, des Scheckverkehrs oder des Lastschriftverfahrens haben ihre – rechtliche und tatsächliche – Grundlage in einem Konto und gehören deshalb systematisch hierher. Sie werden aber, einer gewissen Tradition der Bankrechtsliteratur folgend, erst unter § 4 *Zahlungsverkehr* dargestellt. Hierneben wird in der Bankrechtsliteratur im Zusammenhang mit dem Konto zu einer Reihe von Fragen Stellung genommen, die zwar das Konto berühren, rechtlich aber nicht ausschließlich in ihm wurzeln. Gemeint ist z.B. die Pfändung des Tagessaldos[11]. Da es sich insoweit um kontokorrentrechtliche Probleme handelt, werden diese Fragen bei der Kontokorrentabrede im Rahmen des Girogeschäfts[12] erörtert.

---

11 Umfassend Canaris[4], Rz. 184 ff.; zu speziellen Problemen: Hüffer, S. 87 ff.; Liesecke, WM 1975, 315 ff.
12 Vgl. § 4, 50.

II. Die Rechtsgrundlagen des Kontos

Konten sind die zweiseitigen Rechnungen der Bank über Forderungen und Verbindlichkeiten gegenüber den Kunden auf der Grundlage der (bankrechtlichen) Geschäftsverbindung. Sie sind somit das bankbetriebliche Mittel zur Bewältigung des Einlagengeschäfts. In ihnen werden die Zahlungsbewegungen festgehalten, sie wirken also – ähnlich wie die kaufmännischen Handelsbücher nach §§ 238 ff. HGB – als Beweisgrundlage zwischen Bank und Kunden. Es ist deshalb naheliegend, daß der Begriff Konto von lat. contare = zählen herrührt (frz. compte; engl. account). Konten sind bereits für das ptolemäische[13], sowie für das römische Recht (codex expensi)[14] nachgewiesen. Aus dem 3. Jh. n. Chr. stammt die Idee der doppelten Buchführung[15]. In tatsächlicher Hinsicht verkörpert also das Konto einen Inbegriff von Buchungen. Sie ersetzen Aus- und Einzahlungsvorgänge, koppeln damit die Kontoführung in erheblichem Maße vom »wirklichen Bestand eingelegter Banknoten und Münzen« ab, so daß Giralgeld als eine wesentliche Basis für das Kreditgeschäft der Banken entstehen kann[16]. Hieran wird deutlich, daß das Konto nicht nur Beweisfunktionen erfüllt, sondern darüber hinaus Geldschöpfungsfunktion hat und damit einen wesentlichen Beitrag zur Finanzierung volkswirtschaftlicher Innovationen leistet.

8

Rechtliche Basis dieser Funktionen ist ein *(Geschäftsbesorgungs-)Vertrag* i.S.v. § 675 BGB, der nach den allgemeinen Regeln über das Zustandekommen von Verträgen, also auf der Grundlage privatautonomer Willensbildung zwischen Bank und Kunde, formlos, wenngleich aus bankbetriebstechnischen Gründen meist schriftlich, geschlossen wird[17]. Bemerkenswert ist hieran, daß nicht nur die Beziehung Bank – Kunde privatautonom gesteuert wird, sondern daß daneben – quasi als Reflex der Kontobeziehung – die Basis für einen Kreditmarkt entsteht, der sich ebenfalls privat selbst steuert. Die Geldmengensteuerung des Staates beschränkt sich folgerichtig auf Maßnahmen zur Ankurbelung bzw. Dämpfung der Kreditnachfrage, etwa im Wege der Diskont-, Lombard- oder Mindestreservepolitik der Deutschen Bundesbank nach §§ 15, 16 BBankG. Ansonsten folgt hieraus, daß die allgemeinen Regeln des BGB über das rechtsgeschäftliche Zustandekommen und die Wirksamkeit von Verträgen, ergänzt um die Regeln des AGB-Gesetzes, anzuwenden sind. Soweit sich bankrechtstypische Eigenregeln entwickelt haben, wie etwa

9

---

13 Seidel, passim.
14 Thilo, passim.
15 Die Buchführung in Doppelposten entwickelte sich im 3. Jh. n. Chr. und wurde erstmals von Luca Pacioli dargestellt, vertiefend Thilo, passim.; für das Mittelalter, Le Goff, S. 34 ff.
16 Vertiefend Münch, passim.
17 Ähnl. Hopt/Mülbert, Vorbem. zu §§ 607 ff. Rz. 40;

zur Frage der Sittenwidrigkeit von Verbraucherkreditverträgen, wird dazu im jeweiligen Sachzusammenhang Stellung genommen.

10 Unabhängig vom gewählten Geschäftstyp wird diskutiert, ob der das Konto begründende Vertrag nach §§ 134, 138 BGB nichtig ist, wenn sein Hauptzweck darauf gerichtet ist, die eingezahlten Beträge der Steuer zu entziehen (*schwarze Konten*)[18]. Gestützt wird diese Diskussion auf eine Entscheidung des Reichsgerichts aus dem Jahre 1934

Fall: RG in JW 1935, 420 f.
Ein Bankkunde sann nach Wegen, einen größeren Geldbetrag dem Zugriff des Fiskus zu entziehen. Er erörterte die Angelegenheit mit dem Direktor seiner Bank. Dieser riet ihm, das Geld auf ein Sparbuch der Bank einzuzahlen, denn so »handele es sich um eine Geldanlage, welche der Steuerbehörde verborgen bleibe, über welche also auch die Bank der Behörde keine Auskunft geben werde«. Als der Kunde das von ihm aufgrund dieses Ratschlags eingezahlte Geld später abheben wollte, stellte sich heraus, daß es der inzwischen durch Selbstmord verstorbene Bankdirektor für sich selbst verbraucht hatte. Der Bereicherungsklage des Kunden hielt die Bank § 817 S. 2 BGB entgegen, wonach die Rückforderung (hier: des eingezahlten Spargeldes) ausgeschlossen ist, wenn die Leistung ihrerseits gegen ein gesetzliches Verbot oder gegen die guten Sitten verstößt. Und genau das sei hier der Fall gewesen, denn die Einzahlung des Spargeldes habe allein dem (gesetzlich verbotenen und sittenwidrigen) Zweck der Steuerhinterziehung gedient.

11 Dieser Argumentation ist das RG gefolgt. Wesentlich sei, daß der Hauptzweck des Geschäftes in der Schaffung erleichterter Möglichkeiten für eine Steuerhinterziehung bestanden habe, so »daß der Vertrag über die Begründung des neuen Kontos im blauen Buche wegen Verstoßes gegen die guten Sitten nichtig gewesen sei«. Unerheblich sei dabei, daß der Kunde nebenbei auch noch eine gewinnbringende Anlage seines Geldes im Auge gehabt habe.

12 Diese Rechtsprechung wird in der Literatur zu Recht kritisiert[19]. Letztlich entscheidend ist, daß eine Steuerhinterziehung nicht Hauptzweck eines Kontovertrages sein kann, weil die Steuerschuld nicht an die Eröffnung des Kontos anknüpft, sondern ganz unabhängig davon, gewöhnlich vorher bereits, entsteht. Der Hauptzweck des Kontos erschöpft sich rechtlich darin, Geld eines Einlegers als Darlehen i.S.v. § 607 BGB zu verwalten. Dieser Zweck ist nicht sittenwidrig und wird es auch nicht dadurch, daß etwaige, diesen Zweck leitende, *Motive* zwielichtig sein könnten. Der BGH hat deshalb zu Recht bereits in BGHZ 14, 25 (31) darauf hingewiesen, daß die Besteuerung gerade nicht dadurch ausgeschlossen

---

18 Canaris[4], Rz. 1177; Liesecke, WM 1975, 214, 227.
19 Canaris[4], Rz. 1177; Hopt/Mülbert, Vorbem. zu §§ 607 ff., Rz. 62.

wird, daß ein Verhalten, das einen steuerlichen Tatbestand erfüllt, gegen ein gesetzliches Verbot oder gegen die guten Sitten verstößt. Steuerlich werde nichts gewonnen, wenn man ein Rechtsgeschäft wegen der mit ihm begangenen Steuerhinterziehung nach § 134 oder nach § 138 BGB für nichtig halte, denn die Steuer wird trotzdem geschuldet. Hieran wird deutlich, daß die Rechtsprechung des RG überholt ist[20]. Das ergibt sich auch aus einer Entscheidung des BGH vom 18.10.1994, wonach »die Bank auch nicht anderweitig bei Verdacht einer Steuerhinterziehung befugt ist, die Auszahlung des Guthabens zu verweigern«[21]. Dann muß erst recht die Eröffnung des Kontos zulässig sein.

III. Typische Kontoformen

Konten im Rechtssinne sind Geschäftsbesorgungsverhältnisse (§ 675 BGB), die nach den allgemeinen Regeln des Privatrechts an sich form- und inhaltsfrei zustande kommen müßten. Die Rechtswirklichkeit sieht völlig anders aus. Sie wird von typischen Kontoformen beherrscht, die sich im Bankbetrieb zur Bewältigung des Einlagengeschäftes durchgesetzt haben. Konten sind ihrerseits zu *standardisierten Bankprodukten* geworden, die aus der Sicht des Rechtsverkehrs als fertige Ordnungen, als Dienstleistungspakete, bereitliegen. So gibt es, um nur einige Beispiele zu nennen, Eigen-, Spar-, Ander- oder Sperrkonten, Bezeichnungen für *Dienstleistungspakete* der Banken, zur Realisierung differenzierter Kundenbedürfnisse durch einen oder mehrere Kontoinhaber. Inhaltlich enthalten die AGB-Banken (93) den Rechtsrahmen für die kontospezifische Leistung, oft ergänzt um Sonderbedingungen für spezielle Kontoformen, wie beispielsweise Ander- oder Sparkonten. Daraus folgt, daß das AGB-Gesetz auf Konten anwendbar ist, so daß die jeweils in Betracht kommenden AGB, den Kunden entweder auszuhändigen oder auszuhängen (§ 2 Abs. 1 Nr. 1 AGBG), die Klauselverbote mit und ohne Wertungsmöglichkeit (§§ 10, 11 AGBG) anzuwenden sind, und vor allem die Unangemessenheitskontrolle nach § 9 AGBG eröffnet ist.

13

Die rechtlichen Grundfragen, die sich mit Konten verbinden, systematisieren sich allerdings nicht über die die Bankpraxis beherrschenden Geschäftstypen. Wer Inhaber eines Kontos ist, wer verfügungsberechtigt ist, wie und ob das Konto vererbt oder gepfändet wird, das alles sind Fragen, die sich global an alle Kontoformen stellen, wobei selbstverständlich die

14

---

20 Canaris[4], Rz. 1177 lehnt zu Recht die Kommentierung von Müko-Mayer-Maly § 138 Rz. 37 ab, wonach sogar schon solche Kontoeröffnungen sittenwidrig sein sollen, die bloß der »Steuerhinterziehung dienen«. Wahrscheinlich handelt es sich um ein Kommentierungsversehen, da eine Begründung für diese, selbst der Rechtsprechung des RG widersprechenden Auffassung fehlt.
21 ZIP 1994, 1926, 1930.

Antworten durch die gewählten Geschäftstypen beeinflußt sein können. Deshalb werden hier nur diejenigen Grundbegriffe und Geschäftstypen vorgestellt, die für den zu bewältigenden Rechtsstoff wichtig sind.

1. Eigenkonten
15 Eigenkonten bilden die Urform des Kontos. Mit ihrer Hilfe verwirklicht der Kontoinhaber seine eigenen Zwecke.

2. Gemeinschaftskonten
16 Häufig werden Bankkonten nicht nur für einen, sondern für mehrere Kunden, z.B. für Eheleute, eröffnet. Es handelt sich dann nicht nur um ein Eigenkonto, über das einem Dritten eine Vollmacht erteilt wird. Um die erforderliche Klarheit über die Verfügungsbefugnis herbeizuführen, bedarf es bei der Errichtung von Konten für mehrere Kunden zusätzlicher Vereinbarungen. Es muß insbesondere bestimmt werden, ob jeder Kontoinhaber allein oder alle nur gemeinsam über das Kontoguthaben verfügen können. In der Bankpraxis wird zwischen dem *Und-Konto* einerseits und dem *Oder-Konto* andererseits differenziert.

a) Das Und-Konto
17 Beim *Und-Konto* kann nur von allen Kontoinhabern *gemeinsam verfügt* werden. Es handelt sich also um einen Fall der *gemeinschaftlichen Forderungsinhaberschaft* (§ 432 BGB). Der Begriff *Und-Konto* hat sich eingebürgert, um diese gemeinschaftliche Forderungsinhaberschaft zum Ausdruck zu bringen (A *und* B können nur gemeinschaftlich verfügen). Normalerweise wird das Und-Konto durch Rechtsgeschäft mit der Bank begründet. Erforderlich ist, daß die jeweils andere Person nicht nur ein Mitwirkungsrecht, sondern eine echte *Gläubigerposition* an dem Kontoguthaben erwerben soll[22]. Es genügt also nicht, daß der Kontoinhaber der anderen Person eine Mitzeichnungsberechtigung einräumt, wie dies beim Sperrkonto der Fall ist[23]. Das Und-Konto kann auch kraft Gesetzes entstehen, etwa wenn eine Person von mehreren Personen beerbt wird. Hier verwandelt sich das Einzelkonto des verstorbenen Kontoinhabers zwangsläufig zum Und-Konto. Die Miterben dürfen über die zum Nachlaß gehörende Forderung nur noch gemeinschaftlich verfügen (§ 2040 Abs. 1 BGB).

b) Das Oder-Konto
18 Auch das Oder-Konto ist ein echtes Gemeinschaftskonto. Jeder Inhaber eines Oder-Kontos wird zum Gesamtgläubiger im Sinne der §§ 428 ff.

---

22 BGH WM 1973, 894 f.; Nobbe, S. 42-53.
23 Kümpel, Rz. 3.156.

BGB, ist also berechtigt, die Auszahlung des Kontoguthabens in voller Höhe (also über § 432 BGB hinausgehend) zu verlangen[24]. Bei einem Oder-Konto beruht die Befugnis eines jeden Kontoinhabers, über das Konto ohne Mitwirkung des anderen Kontoinhabers zu verfügen also nicht auf einer gegenseitig eingeräumten und damit einseitig widerrufbaren Ermächtigung, sondern auf der *eigenen Forderungsinhaberschaft*[25]. Folglich bleibt die Rechtsposition des einen Kontoinhabers beim Tod eines anderen unberührt und erspart ihm für den Todesfall eine besondere Legitimation[26].

Umstritten ist, ob jeder Kontoinhaber aufgrund seiner alleinigen Verfügungsbefugnis die Möglichkeit hat, das Oder-Konto ohne Mitwirkung der anderen in ein Und-Konto umzuwandeln[27]. Dem widerspricht der Wortlaut von Nr. 2 Abs. 3 S. 1 AGB/B (88 – vgl. ab 1.1.1993 die Regelung im Kontoeröffnungsvordruck –) in mehrfacher Hinsicht. Zum einen müssen »die Kontoinhaber«, also *alle*, der Bank schriftlich eine die Umwandlung beinhaltende gegenteilige Weisung erteilen. *Ein* Kontoinhaber allein reicht also nicht[28]. Vor allem beschränkt aber Nr. 2 AGB/B (88) die Verfügungsbefugnis der Kontoinhaber auf das *Guthaben*. Damit sind weitergehende Verfügungen, etwa über die Kontoabrede als solche, nicht mehr erfaßt, so daß die allgemeinen Regeln gelten. Allgemein gilt nach § 749 Abs. 1 BGB, daß jeder Teilhaber jederzeit die Aufhebung der Gemeinschaft verlangen kann. Mit diesem (Druck-)Mittel in der Hand werden zwar in vielen Fällen die Kontoinhaber der Umwandlung eines Oder-Kontos in ein Und-Konto zustimmen, aber – und das ist das Entscheidende – ohne ihre Zustimmung geht es nicht, sofern nicht ausnahmsweise ein einseitiges Widerrufsrecht vertraglich eingeräumt wurde. In diesem Sinne hat der BGH entschieden, daß »die Umwandlung eines Oder-Kontos in ein Und-Konto grundsätzlich die Einigung der Sparkasse/Bank und aller Kontoinhaber voraussetzt, zumal die Rechtsstellung des einzelnen Kontoinhabers sonst ohne seine Mitwirkung verschlechtert werden könnte«[29].

19

Ob eine Kontobeziehung im Sinne eines Oder-Kontos vorliegt, kann von großer praktischer Bedeutung sein, wie folgende Fälle demonstrieren:

20

Fall: BGH NJW-RR 1987, 1260 »Sparkassenbriefe«
Das Ehepaar H wurde in einem Altersheim von einer Pflegerin betreut. Im Jahre 1979 erwarben die beiden alten Leute zwei Sparkassenbriefe (Namensschuldverschreibungen über je DM 50 000,-) und vermerkten:

---

24 BGH ZIP 1990, 1539.
25 BGH ZIP 1990, 1538.
26 BGH WM 1990, 239, 240.
27 Canaris[4], Rz. 226; ähnlich auch OLG Karlsruhe NJW 1986, 63.
28 Müko – K. Schmidt § 741 Rz. 49; Hopt/Mülbert, Vorbem. zu §§ 607 ff., Rz. 152.
29 ZIP 1990, 1539 ff. = WM 1990, 2067; bestätigt von BGH WM 1992, 141, 143.

Eheleute H Gesamtgläubiger nach § 428 BGB. Sie traten dann, ohne daß die Motive später wirklich aufgeklärt werden konnten, Ende 1980 schriftlich die Rechte aus diesen Sparkassenbriefen an ihre Pflegerin ab. Im Jahre 1983, inzwischen war der Ehemann verstorben und von seiner Frau allein beerbt worden, rügte ein als Pfleger für die Ehefrau bestellter Rechtsanwalt die Wirksamkeit der Abtretung aus dem Jahre 1980. Der Ehemann sei nämlich zum Zeitpunkt der Abtretung geschäftsunfähig gewesen. Die Ehefrau und Alleinerbin klagt auf Rückabwicklung der Abtretung. Das Landgericht gab der Klage statt, das OLG hingegen nicht. Es wies die Klage mit der Begründung ab, daß es auf die Geschäftsunfähigkeit des Ehemannes nicht ankomme. Denn selbst wenn man sie unterstelle, bleibe die Abtretung bei Anwendung des § 139 BGB wirksam. Die Ehefrau hätte nämlich die Rechte aus den Sparkassenbriefen auch dann abgetreten, wenn sie die Geschäftsunfähigkeit ihres Ehemannes gekannt hätte.

21 Dem ist der BGH entgegengetreten. Er hat zunächst darauf hingewiesen, daß § 139 BGB hier gar keine Rolle spielen konnte, weil bei Verfügungen eines Gesamtgläubigers die Rechte des jeweils anderen Gesamtgläubigers unberührt bleiben (§ 429 Abs. 3 S. 2 BGB; außer es besteht ein Oder-Konto!). Die Verfügung der Ehefrau über ihren Anteil berührte also den Anteil des Mannes nicht. Der BGH erklärte sodann, daß die an sich angestrebte gemeinschaftliche Übertragung beider Anteile nach § 747 BGB möglich gewesen, aber wegen der Geschäftsunfähigkeit des Mannes gescheitert sei. Eine erbrechtliche Heilung komme nicht in Betracht, weil der Ehemann (anders als es § 185 Abs. 2 BGB voraussetzt) als *Berechtigter* über seinen Anteil verfügen wollte. Folglich habe der geschäftsunfähige Mann über seinen Anteil nicht wirksam verfügen können. Das Ergebnis des OLG wäre also nur haltbar gewesen, wenn die Eheleute ein *Oder-Konto* unterhalten hätten. Das allerdings hätten sie ausdrücklich vereinbaren müssen. Die bloße Einräumung der Gesamtgläubigerstellung läßt den Schluß auf ein Oder-Konto nicht zu, weil nach § 429 Abs. 3 S. 2 BGB die Verfügung eines Gesamtgläubigers über seinen Anteil gerade den anderen Anteil unberührt läßt. Und genau das soll ja beim Oder-Konto entgegengesetzt sein. Gefährlich ist ein Oder-Konto übrigens auch deshalb, weil der Gläubiger, gleichgültig welcher Inhaber schuldet, das volle Guthaben pfänden und sich überweisen lassen kann[30].

22 Hinsichtlich eines *Guthabens* sind die Inhaber des Oder-Kontos Gesamtgläubiger (§ 428 BGB), d.h. zu gleichen Teilen berechtigt, soweit »nicht ein anderes bestimmt ist« (§ 430 BGB). Diese Vermutung gilt auch beim *Ehegatten-Oder-Konto*. Das heißt, die Ehegatten sind – soweit nicht ausdrücklich etwas anderes bestimmt ist – zu gleichen Teilen Gesamtgläubiger eines Guthabens. Das gilt selbst dann noch, wenn es sich

---

30 BGHZ 93, 321.

um ein Geschäftskonto handelt, das ausschließlich von einem Ehegatten verwaltet worden ist[31]. Der hiermit verbundene Fall, den der BGH am 29.11.1989 entschieden hatte, ist in mehrfacher Hinsicht instruktiv.

Fall: BGH NJW 1990, 705 »Ehescheidung« 23
Im Dezember 1970 heirateten ein Mann und eine Frau. Der Mann betrieb je ein Antiquitätengeschäft in Deutschland und Österreich; seine Frau arbeitete seit Januar 1971 als Angestellte mit. Im Jahre 1977 und später erneut im Jahre 1982 wurden Spar- und Festgeldkonten jeweils auf den Namen beider Parteien eröffnet. Allein der Mann leistete darauf Einzahlungen und verfügte darüber durch Abhebungen. Die Guthaben waren für einen Betriebsmittelkredit des Mannes als Sicherheit verpfändet. Im Dezember 1983 trennten sich die Parteien; im Februar 1987 wurden sie geschieden. Die drei gemeinschaftlichen Oder-Konten wiesen im August 1986 ein Guthaben von insgesamt ca. DM 160 000,- aus. Der Mann verfügte über diesen Betrag, indem er den Betriebsmittelkredit zum größten Teil ablöste. Die Frau nimmt ihn wegen dieser Verfügungen auf hälftigen Ausgleich in Anspruch und verlangt aus § 430 BGB die Zahlung eines Betrages von ca. DM 80 000,-.

Der BGH konnte den Fall nicht endgültig entscheiden, weil einige Tat- 24
fragen unaufgeklärt geblieben waren. Es deutet aber alles darauf hin, daß der Anspruch der Frau im wesentlichen zu Recht besteht. Er ergibt sich aus § 430 BGB, der eine eigenständige Anspruchsgrundlage für den Gesamtgläubiger ist, der bisher weniger als die Hälfte erhalten hat. Im Prozeß braucht deshalb nur dargetan zu werden, daß dem anderen Gesamtgläubiger durch die Leistung des Schuldners mehr zugeflossen ist, als seinem hälftigen Anteil entspricht. Sache des in Anspruch Genommenen (hier des Mannes) ist es dann, eine Gestaltung des Innenverhältnisses darzulegen und notfalls zu beweisen, daß eine andere als die vom Gesetz vermutete hälftige Beteiligung gewollt war. Auch im Falle eines Oder-Kontos von Ehegatten, so der BGH ausdrücklich, bestehe kein hinreichender Grund von dieser Regel grundsätzlich abzuweichen. Zwar scheide während *intakter Ehe* i.d.R. eine Ausgleichspflicht nach § 430 BGB aus, da aus ausdrücklichen oder stillschweigenden Vereinbarungen, Zweck oder Handhabung des Kontos oder Vorschriften über die eheliche Lebensgemeinschaft (z.B. § 1357 BGB) zu folgern sei, daß i.S.v. § 430 »ein anderes bestimmt ist«.

Nach einer verbreiteten Ansicht sei aber hinsichtlich der Ausgleichs- 25
pflicht bei einem Oder-Konto von Ehegatten danach zu unterscheiden, ob Verfügungen vor oder – wie hier – geraume Zeit nach der endgültigen *Trennung der Inhaber* vorgenommen worden seien. Für die zeitlich der

---

31 BGH NJW 1990, 705 = WM 1990, 239 = ZIP 1990, 86.

Trennung nachfolgenden Verfügungen wird dabei regelmäßig eine Ausgleichspflicht angenommen[32]. In die gleiche Richtung geht die Rechtsprechung des Senats zum Einfluß der Trennung auf Vereinbarungen, durch die ein Ehegatte dem anderen die Verfügungsbefugnis über sein Bankkonto eingeräumt hat[33]. Dieser Auffassung liege der Gedanke zugrunde, daß mit der Trennung der Ehegatten das besondere Vertrauensverhältnis, das die Grundlage für die Errichtung des Gemeinschaftskontos war, in aller Regel entfällt und die Geschäftsgrundlage ausdrücklicher oder stillschweigender Vereinbarungen über das Innenverhältnis wegfällt, die der Verwirklichung der ehelichen Lebensgemeinschaft gedient haben. Das gilt nicht nur für solche Konten, mit denen Ausgaben für die Lebensführung der Ehegatten bestritten worden sind, sondern auch für reine Geschäftskonten, wie sie hier vorliegen. Denn die eheliche Lebensgemeinschaft macht auch die geschäftliche Betätigung des allein oder hauptsächlich erwerbstätigen Ehegatten zu einem gemeinsamen Anliegen. Dieses entfällt in aller Regel mit der Trennung. Sofern ein Ehegatte im Hinblick auf die Lebensgemeinschaft dem anderen Zugeständnisse gemacht hat, kann er nach der Trennung nach Treu und Glauben (§ 242 BGB) nicht mehr daran festgehalten werden. Diese Grundsätze sind auch für den vorliegenden Fall von Bedeutung, da die alleinige Disposition des Mannes über die Oder-Konten darauf beruhen kann, daß die Frau nur im Hinblick auf das Zusammenleben der Parteien eigene Interessen hinter den geschäftlichen Interessen des Mannes zurückgestellt hatte. Zur Aufklärung dieses Punktes – die Frau hatte vorgetragen, daß ihre Lohnansprüche in Höhe von ca. DM 100 000,- im Betrieb stehengelassen worden seien, verwies der BGH den Rechtsstreit an das Berufungsgericht zurück. Er wies aber auch darauf hin, daß bei der Frage der Ausgleichspflicht nach § 430 BGB in erster Linie das bis zur Trennung bestehende Innenverhältnis zu berücksichtigen sei. Insbesondere müsse Art und Umfang der beiderseits erbrachten Leistungen, die Höhe der dadurch bedingten und noch vorhandenen Vermögensmehrung sowie die Einkommens- und Vermögensverhältnisse überhaupt berücksichtigt werden. Insoweit müßten die Parteien ihren Vortrag noch ergänzen.

3. Fremdkonten

26 Im Gegensatz zum Eigenkonto wird ein Konto *Fremdkonto*, »wenn ein Dritter Kontoinhaber ist, während derjenige, der das Konto eröffnet, lediglich eine Verfügungsberechtigung erhält, also wenn *Kontoinhaberschaft und Verfügungsmacht auseinanderfallen*«[34]. Die Verfügungsberech-

---

32 OLG Köln, FamRZ 1982, 944; FamRZ 1987, 1139; Soergel-Wolf[11], § 430 Rz. 5.
33 BGH NJW 1988, 1208; FamRZ 1989, 834.
34 So Hopt/Mülbert, Vorbem. zu §§ 607 ff. Rz. 178; vertiefend Hüffer, S. 45 ff.; Canaris[4], Rz. 235 ff.

tigung kann sich entweder aus wirksamer Vertretung (§§ 164 ff. BGB) oder aus wirksamer Ermächtigung nach § 185 Abs. 2 BGB herleiten. Fremdkonten werden häufig für minderjährige Kinder errichtet, oft in Form eines Vertrages zugunsten eines Dritten nach § 328 Abs. 2 BGB.

4. Sonderkonten[35]
Sonderkonten, auch Separat- oder Unterkonten genannt, dienen als Eigen- oder Fremdkonten einem sachlich begrenzten Zweck des Kontoinhabers. Ein Sonderkonto kann z.B. zur Verwaltung eigenen Geldes für Zwecke des Hausbaus (Baukonto) eingerichtet werden. Mietkautionen, die auf einem Sparbuch für den Mieter verzinst werden, gehören hierher. Darin wird deutlich, daß die Grenzen zum *Treuhandkonto* schwimmend sind.

27

5. Offene Treuhandkonten
Über das *offene Treuhandkonto* verfügt der Treuhänder im eigenen Namen, aber – nach außen erkennbar – für fremde Rechnung. Es liegt regelmäßig vor, wenn die Treuhandnatur bei Kontoerrichtung für die Bank deutlich wird, z.B. indem das Konto unter Zusatz eines fremden Namens hinter dem eigenen und mit dem Vermerk »Separatkonto« errichtet wird[36]. Ebenso sind – nach außen kenntlich gemachte – Baukonten i.S.d. § 6 BauträgerVO oder Konten des Verwalters einer Wohnungseigentümergemeinschaft nach § 27 Abs. 4 WEG typischerweise Treuhandkonten[37]. Nach st. Rspr. ist der Treuhänder nicht nur nach § 185 BGB ermächtigt, das Konto zugunsten des Treugebers zu führen, sondern selbst Vollrechtsinhaber (*Vollrechtstreuhand*)[38]. Da der Treuhänder zwar im eigenen Namen, aber offen für fremde Rechnung tätig wird, steht dem Treugeber die Drittwiderspruchsklage nach § 771 ZPO zu, wenn ein Privatgläubiger des Treuhänders in das Konto vollstreckt. Im Konkurs des Treuhänders kann er aussondern (§ 43 KO). Das AGB-Pfandrecht der Banken gilt stillschweigend als ausgeschlossen[39]. Dies alles gilt allerdings nur bei einem offenen Treuhandkonto. Bleibt die Treuhand verdeckt (*verdecktes Treuhandkonto*), so handelt es sich aus der Sicht der Bank um ein *Eigenkonto*

28

---

35 Canaris[4], Rz. 242 ff.
36 Eine ganz präzise terminologische Erfassung des Sonderkontos ist rechtlich nicht zwingend geboten, weil derjenige, der das Sonderkonto einrichtet, das dort deponierte Geld seinen Gläubigern ohnehin nicht unter Hinweis auf die besondere Zweckbestimmung entziehen kann; vgl. BGH NJW 1985, 1954. Zweckbindungen, die dem berechtigten Interesse dritter Gläubiger des Forderungsinhabers dienen, sind z.B. beim Bauspardarlehen oder beim Betriebsmittelkredit zulässig und wirken ganz unabhängig davon, ob das Konto, auf dem diese Gelder verwaltet werden, als Sonderkonto bezeichnet ist oder nicht.
37 Beispiele bei Hüffer, S. 108 ff.
38 BGHZ 11, 37, 41 ff.; BGH WM 1964, 1038; differenzierend Canaris[4], Rz. 267 ff.
39 Nobbe, Rz. 119 m.w.N.

des Treuhänders, das nach den allgemeinen Regeln für Eigenkonten zu behandeln ist[40]. So kann die Bank z.B. mit eigenen Forderungen gegen den treuhänderischen Kontoinhaber aufrechnen oder ein Pfandrecht nach Nr. 19 Abs. 2 AGB/B geltend machen[41]. Für Dritte, d.h. für Gläubiger des Treuhänders/-gebers, können bei Pfändung und Konkurs ausnahmsweise statt der für Eigenkonten geltenden Regeln diejenigen für offene Treuhandkonten anzuwenden sein[42].

6. Anderkonten

29 Eine besondere Art der Treuhandkonten bilden *Anderkonten*, die für Rechtsanwälte, Notare oder Angehörige der öffentlich bestellten wirtschafts- und steuerprüfenden Berufe eröffnet werden können[43]. Für sie gelten die besonderen Bedingungen für Anderkonten, die im wesentlichen den Regeln über das offene Treuhandkonto entsprechen. Da der Inhaber des Anderkontos Vollrechtsinhaber ist, prüft die Bank nicht die Rechtmäßigkeit der Verfügungen über das Konto. Interessant ist, daß bei Tod des Kontoinhabers die Forderung aus dem Anderkonto nicht auf seine Erben übergeht. Kontoinhaber wird vielmehr (kraft Vertrages zugunsten eines Dritten) der von der Landesjustizverwaltung bestellte Abwickler oder der Präsident der zuständigen Berufskammer (Ziff. 13 der Bedingungen für Anderkonten).

7. Sperrkonten

30 Bei *Sperrkonten* ist die Verfügungsberechtigung des Kontoinhabers eingeschränkt[44]. Das kann Folge gesetzlicher Beschränkungen sein (z.B. Devisen-Sperrkonten zur Realisierung einer Devisenbewirtschaftung)[45], oder auch rechtsgeschäftlich herbeigeführt werden, z.B. durch einen Sperrvermerk bei Sparkonten für die Mietkaution[46]. Häufig werden Sparbücher zugunsten Dritter eingerichtet und mit einem Sperrvermerk versehen. So wird z.B. die Fälligkeit an die Volljährigkeit des Begünstigten geknüpft oder an das Erreichen eines bestimmten Alters. Häufig wird vereinbart, daß der Kontoinhaber bei Verfügungen über die Einlagenforderung *an die*

---

40 BGHZ 61, 72 ff.
41 Vgl. aber BGH NJW 1988, 709, wonach dann, wenn die Bank aufgrund des Kontoeröffnungsantrags ersehen konnte, daß ein Sonderkonto eines gesetzlichen Treuhänders geschaffen werden sollte, ausnahmsweise der Treugeber selbst das Recht hat, die Auszahlung des Treuguts von der Bank verlangen zu können.
42 BGH NJW 1959, 1223; zweifelnd: Hopt/Mülbert, Vorbem. zu §§ 607 ff. Rz. 188; vertiefend unten V.
43 Hüffer, S. 64 ff.; Canaris[4], Rz. 288 ff.
44 Canaris[4], Rz. 250 ff.; Hüffer, S. 51 ff.
45 BVerwGE 22, 182.
46 BGH WM 1984, 799.

Zustimmung eines Dritten gebunden ist⁴⁷. Ohne eine solche Zustimmung darf die Bank z.B. eine Überweisung nicht ausführen. Tut sie es, aufgrund einer Weisung des Kontoinhabers, trotzdem, so ist die Überweisung zwar wirksam (keine dingliche Wirkung der bloß schuldrechtlichen Sperre: § 137 BGB), die Bank macht sich aber ebenso wie der Kontoinhaber selbst regelmäßig schadensersatzpflichtig.

8. Nummernkonten

Nummernkonten sind anonyme Konten, d.h. die Inhaber haben sich gegenüber der Bank nicht ausgewiesen und sind ihr nicht bekannt. Sie sind in Deutschland nach § 154 AO nicht zulässig. 31

9. CpD-Konten

Das *CpD-Konto* (Konto pro Diverse) ist ein bankinternes (Eigen-) Konto. 32
Auf ihm werden als Sammelkonto schwebende Geschäftsvorfälle verbucht, bis die wirklichen Kundenkonten ermittelt sind. Auf dem CpD-Konto spielt sich also kein Einlagengeschäft ab, es dient aber letztlich der Durchführung des Einlagengeschäftes, vor allem des Zahlungsverkehrs, indem es bei Zweifeln über den oder die wirklichen Kontoinhaber als »Zwischenlager« fungiert⁴⁸.

IV. Die Kontoerrichtung

Konten sind in ihrer allgemeinsten rechtlichen Ausprägung Geschäftsbesorgungsverträge i.S.v. § 675 BGB, die nach den allgemeinen Regeln über das Zustandekommen von Verträgen, also auf der Grundlage privatautonomer Willensbildung zwischen Bank und Kunde geschlossen werden. Juristisch ist das Konto das gesamte Rechtsverhältnis zwischen Kunde und Bank⁴⁹. Der Antrag auf Eröffnung eines Kontos und seine Annahme stehen somit grundsätzlich im Belieben der Parteien. Es gibt keinerlei Zwang ein Konto zu eröffnen, wenngleich der kontolose Mensch zunehmend seltener wird. Das gilt auch im Arbeitsrecht. Grundsätzlich ist der Arbeitgeber aber verpflichtet, den Lohn in *bar* zu zahlen. Das schließt die Vereinbarung einer bargeldlosen Lohnzahlung nicht aus, der Arbeitgeber kann aber nicht einseitig bargeldlose Lohnzahlung anordnen. Dazu bedarf es einer Vereinbarung durch Tarifvertrag, Betriebsvereinbarung oder Einzelvertrag. In Betrieben mit Betriebsrat hat dieser über Zeit, Ort und Art der Auszahlung des Arbeitsentgelds mitzubestimmen, wenn keine tarifliche Regelung besteht. Ist im Tarifvertrag nichts bestimmt, so kann der 33

---

47 Z.B. BGH WM 1964, 349.
48 Nobbe, Rz. 124.
49 Hopt/Mülbert, Vorbem. zu §§ 607 ff. Rz. 40 m.w.N.; zu eng Canaris⁴, Rz. 142.

Arbeitgeber die bargeldlose Lohnzahlung nur im Einvernehmen mit dem Betriebsrat einführen oder bei Scheitern einer Vereinbarung die Einigungsstelle anrufen. Ohne entsprechende Regelung im Tarifvertrag, Betriebsvereinbarung oder Einzelvertrag ist der Arbeitgeber allerdings auch nicht verpflichtet, die dem Arbeitnehmer bei der Bank entstehenden Kosten zu tragen[50].

34 Ein *Kontrahierungszwang* besteht im Normalfall für Banken nicht. Denn nur dann, wenn die Ablehnung des Vertragsschlusses eine unerlaubte Handlung ist, ergibt sich aus dem Deliktsrecht für den Schädiger eine Abschlußpflicht. Die Rechtsprechung hat diesen Grundsatz ursprünglich für den Anwendungsbereich des § 826 BGB entwickelt[51]. Soweit es um die Rechtsbeziehungen zwischen *Unternehmen* geht, hat inzwischen das *Kartellrecht* § 826 BGB nahezu völlig verdrängt. Marktstarke Unternehmen können nach § 26 Abs. 2 GWB einem Abschlußzwang unterliegen, wenn die andere Seite abhängig ist, also keine zumutbaren Ausweichmöglichkeiten hat, zwei Voraussetzungen, die in bezug auf Bankkonten kaum je einmal zusammentreffen dürften. Für den *Verbraucher* fehlt eine § 26 Abs. 2 GWB entsprechende allgemeine Schutzvorschrift. Es wird diskutiert, diese in Analogie zum Unternehmensschutz zu bilden und den Rechtssatz aufzustellen, daß Unternehmen, die lebenswichtige Güter öffentlich anbieten, den Vertragsschluß nur aus sachlichen Gründen ablehnen dürfen, sofern für den Kunden keine zumutbare Möglichkeit besteht, seinen Bedarf anderweitig zu decken[52]. Entzündet hatte sich die Diskussion an der Weigerung einiger Banken, Konten für sozial Schwache einzurichten. Als Folge davon konnten die Leistungen aus der Arbeitslosen- und Sozialhilfe nicht mehr unbar erbracht werden. Dies ist inzwischen auf der Grundlage freiwilliger Verpflichtungen aller Banken, wonach im Grundsatz jedem Kunden ein Girokonto eröffnet wird, kein Problem mehr.

V. Die Kontobezeichnung

35 Nach § 241 BGB ist der Gläubiger kraft des Schuldverhältnisses berechtigt, vom Schuldner eine Leistung zu fordern. Das setzt die *Bestimmbarkeit* von Gläubiger (Kunde) und Schuldner (Bank) voraus. Über den Grad der Bestimmbarkeit der am Schuldverhältnis beteiligten Personen sagt das BGB nichts. Folglich ist es bürgerlich-rechtlich ohne weiteres zulässig, eine Nummer oder ein bestimmtes Codewort als Kontobezeichnung zu vereinbaren, sofern gesichert ist, daß sich auf diese Weise die Schuldner-Gläubigerbeziehung zwischen Kunde und Bank abwickeln läßt, also Ver-

---

50 BAG v. 15.12.1976, DB 1977, 679.
51 RGZ 115, 258; 132, 276; 148, 334.
52 Bydlinski AcP 180, 41; Medicus SchR I § 11 IV.

wechslungen ausgeschlossen sind. Wenn also gesagt wird, daß in Deutschland das Nummernkonto unzulässig ist, so stimmt das nur bedingt. Denn es gibt keinen Grund, demjenigen, der ein – öffentlich-rechtlich in der Tat unzulässiges – Nummernkonto eröffnet, den Privatrechtsschutz zu verweigern, ihm also etwaige vorvertragliche Aufklärungs- und Hinweispflichten der Bank zu entziehen[53]. Diese Klarstellung erscheint auch deshalb wichtig, weil es möglich ist, daß das Konto aus anderen Gründen (irrtümlich) öffentlich-rechtlich fehlerhaft bezeichnet wird. In diesen Fällen gibt es keinen Grund, den bürgerlich-rechtlichen Schutz aus der wirksam zustande gekommenen Kontovereinbarung nicht zu gewähren. Der Grundsatz der formalen Kontenwahrheit, wie er in § 154 Abgabenordnung (AO) aufgestellt wird, ist also ein öffentlich-rechtlicher Grundsatz, dessen Verletzung nicht unmittelbar privatrechtsgestaltend wirkt.

In der Tat darf, so der Wortlaut von § 154 Abs. 1 AO, »niemand auf einen falschen oder erdichteten Namen für sich oder einen Dritten ein Konto errichten oder Buchungen vornehmen lassen«. Wer, wie eine Bank, ein Konto führt, hat sich, so heißt es in § 154 Abs. 2 AO, zuvor Gewißheit über die Person und Anschrift des Verfügungsberechtigten zu verschaffen und die entsprechenden Angaben in geeigneter Form, bei Konten auf dem Konto, festzuhalten. Auf diese Weise soll verhindert werden, daß Vermögenswerte verschleiert werden. Mit anderen Worten, der Sinn und Zweck von § 154 AO besteht darin, die Nachprüfung steuerlicher Verhältnisse durch die Verwendung falscher Namen zu erschweren oder unmöglich zu machen. Würde der Fiskus nur eine Nummer oder ein Codewort erfahren, so wäre dieser Anspruch gefährdet[54]. 36

Diese Grundsätze hat der BGH am 18.10.1994[55] ausdrücklich bestätigt. In jenem Falle eröffnete die Klägerin bei der beklagten Bank ein Konto und bestellte ihren Sohn zum Konto-Bevollmächtigten. Am Tage der Kontoeröffnung reichte die Klägerin zwei Schecks über insgesamt DM 10 500,- ein. Die weiteren Haben-Umsätze in Höhe von DM 171 400,- beruhten, bis auf eine Ausnahme, durchweg auf der Einreichung von Schecks durch den Konto-Bevollmächtigten. Er nahm auch Barabhebungen von dem Konto vor. Die Bank sah hierin einen Verstoß gegen das Gebot der Kontenwahrheit und verfügte am 23.7.1991 eine Kontosperre gemäß § 154 Abs. 3 AO. Sie weigerte sich, das bestehende Guthaben ohne Zustimmung des Finanzamtes auszuzahlen. 37

---

53 Vgl. das Beispiel in RGZ 144, 399 ff., wo es um eine unrichtige Bescheinigung über eine Einzahlung ging.
54 In Österreich kann ein Nummernkonto mit Angabe des Kontoinhabers an die Bankleitung vereinbart werden, so daß auf diese Weise im Steuer- und Strafverfahren der wirkliche Name des Kontoinhabers in Erfahrung gebracht werden kann; vgl. Liesecke, WM 1975, 214, 220.
55 BGH ZIP 1994, 1926 ff.

38 Der BGH widersprach und stellte klar, daß § 154 AO ausschließlich die *formale Kontenwahrheit* gewährleisten soll. Ob der angegebene Inhaber das Konto für eigene oder für fremde Rechnung führe (*materielle Kontenwahrheit*), sei unerheblich[56]. Die Revision hatte demgegenüber vorgetragen, daß § 154 AO seinem Sinn und Zweck nach verhindern solle, daß sich die Bank an einer Verschleierung von Vermögenswerten zum Zwecke der Steuerhinterziehung beteilige. Eine Kontosperre müsse deshalb bereits berechtigt sein, wenn ein Dritter – sei es auch unter richtigem Namen – das Konto für seine Zwecke benutze[57]. Diese Auslegung, so entgegnete der BGH zu Recht, würde über den klaren Wortlaut des § 154 AO hinausgehen. Sie stoße schon im Hinblick auf das strafrechtliche Analogieverbot (Art. 103 Abs. 2 GG) auf Bedenken, weil § 154 Abs. 1 AO die tatbestandlichen Voraussetzungen einer Ordnungswidrigkeit (§ 379 Abs. 2 Nr. 2 AO) regle. Aber auch Sinn und Zweck von § 154 AO erforderten keine erweiternde Auslegung, denn die Vorschrift solle nur verhindern, daß die Nachprüfung steuerlicher Verhältnisse durch die Verwendung falscher Namen erschwert oder unmöglich gemacht werde. Diesem Ziel werde jedenfalls dann Rechnung getragen, wenn die Bank – wie hier – zugleich die Angaben über den *Konto-Bevollmächtigten* zutreffend festgehalten habe und weitergeben könne. Die Finanzbehörde erfahre in diesem Fall bei einer entsprechenden Anfrage von der Verfügungsmöglichkeit beider Personen und könne ihre weiteren Ermittlungen darauf einstellen[58].

39 Das schließe zwar für einen Konto-Bevollmächtigten nicht die Möglichkeit aus, dem Fiskus dadurch Geld vorzuenthalten, daß er als Kontoinhaber eine Person mit geringem Vermögen und Einkommen auswähle, bei der üblicherweise keine steuerliche Prüfung vorgenommen werde. Dies vermöge eine erweiternde Auslegung des § 154 AO jedoch nicht zu rechtfertigen. Hätte der Gesetzgeber verhindern wollen, daß dem Fiskus dadurch Gelder vorenthalten werden, daß der materiell Berechtigte das Konto eines anderen benutzt, so hätte er dies ausdrücklich verbieten und entsprechende Mitteilungspflichten der Banken einführen können. Das sei jedoch nicht geschehen.

40 Etwas anderes ergebe sich auch nicht aus § 8 des Geldwäschegesetzes (GwG) vom 25.10.1993. Die Banken seien danach zwar verpflichtet, bei Eröffnung eines Kontos nach dem wirtschaftlich Berechtigten zu fragen (§ 8 Abs. 1 GwG). Eine Kontosperre lasse sich hieraus jedoch bei einem Auseinanderfallen von wirtschaftlicher Berechtigung und formaler Rechtsstellung schon deshalb nicht rechtfertigen, weil das Geldwäschegesetz dafür keine Ermächtigung enthalte. Außerdem gehe es dem Geldwäschegesetz um andere Ziele. Während die in § 154 AO enthaltene Identifi-

---

56 BGH ZIP 1994, 1926.
57 BGH ZIP 1994, 1928, 1929.
58 BGH ZIP 1994, 1926, 1929.

kationspflicht aus steuerlichen Gründen zugunsten des Fiskus angeordnet sei, wolle das Geldwäschegesetz den Strafverfolgungsbehörden Anhaltspunkte für Geldwäschetransaktionen verfügbar machen[59].

Zu Recht wird aber darauf hingewiesen, daß die Pflicht der Bank zur *Prüfung der Identität* ihres Kunden auch dort besteht, wo entsprechende steuerrechtliche Vorschriften fehlen, wie z.B. in Österreich oder in Frankreich[60]. Das gilt selbstverständlich auch im deutschen Bürgerlichen Recht. Denn die Identität des Vertragspartners ist wesentliche Bedingung (essentialia negotii) für jeden Vertragsabschluß. Insoweit bedürfte es der Abgabenordnung nicht. Allerdings wäre es der Bank unbenommen, bei ansonsten feststehender Identität des Kunden für die Kontobezeichnung einen falschen oder erdichteten Namen, z.B. also eine Nummer oder ein Codewort, zu wählen. Legitimationsprüfung einerseits und öffentlich-rechtlicher Grundsatz der Kontenwahrheit andererseits sind somit zwei ganz verschiedene Paar Schuhe. Wenn dennoch gelegentlich geprüft wird, ob aus *unsorgfältiger Legitimationsprüfung* bei der Errichtung eines Kontos eine Haftung der Bank hergeleitet werden darf, so deshalb, weil die Bank eine solche Legitimationsprüfung bürgerlich-rechtlich schuldet. Die hierneben stehende, teilweise deckungsgleiche, Verpflichtung aus der AO entfaltet keine Drittwirkungen im Privatrecht, und zwar schon deshalb nicht, weil die Schutzrichtung der AO mit der Funktion, die die Kontobezeichnung bürgerlich-rechtlich hat, nichts zu tun hat. Es ist deshalb richtig, wenn Liesecke[61] darauf abstellt, daß die Ersatzpflicht der Bank gegenüber dem Namensträger wegen unsorgfältiger Legitimationsprüfung unter dem Gesichtspunkt zu bejahen sein kann, daß die Bank durch ihren Gewerbebetrieb zurechenbarerweise eine Gefahrenquelle für Dritte geschaffen hat[62]. Macht man sich klar, daß die Legitimationsprüfung dessen, der ein Konto eröffnet, bürgerlich-rechtlich geschuldet ist, und zwar ganz unabhängig von der Frage, wie das Konto nach § 154 AO zu bezeichnen ist, so werden Fälle wie der folgende erst wirklich begreifbar.

Fall: BGH WM 1974, 154 ff.
Ein Postbediensteter (F) entwendete am 9.7.1970 einen Brief, in dem ein (Inhaber-) Verrechnungsscheck über DM 26 640,- befördert wurde. Noch am selben Tag eröffnete er bei einer Bank ein Kontokorrentkonto unter dem Namen Rolf M. Dabei legte er einen mit seinem Lichtbild versehenen auf diesen Namen lautenden, aber gefälschten, Führerschein vor. Die Fälschung fiel dem Mitarbeiter der Bank nicht auf, das Konto wurde eingerich-

---

59 BGH ZIP 1926, 1929 m.w.N.
60 Liesecke, WM 1975, 220.
61 WM 1973, 1168; WM 1975, 220 m.w.N.
62 Vgl. auch BGHZ 11, 151, 154.

Zweiter Teil   Commercial Banking

tet. Am 13.7.1970 legte F den auf der Rückseite mit dem Namen Rolf M. versehenen Scheck seiner Bank vor. Diese zog den Scheck ein und schrieb ihn am 16.7.1970 dem Konto gut. Bereits am 14.7.1970 hatte F DM 22 400,- abgehoben, einen Betrag, der nie wieder zum Vorschein kam. Die Scheckausstellerin klagte gegen die Bank auf Schadensersatz. Bei der Kontoeröffnung hätten sich dem Mitarbeiter der Bank Bedenken gegen den von F vorgelegten Führerschein aufdrängen müssen. Auch den gegen sein Besitzrecht sprechenden Umständen bei Scheckerwerb sei nicht nachgegangen worden.

43   Der BGH hat die Klage der Scheckausstellerin im Ergebnis zurückgewiesen. Als Anspruchsgrundlage stützte sich das Gericht auf die §§ 989, 990 BGB i.V.m. Art. 21 ScheckG. Danach ist der Besitzer (hier die Bank) dem Eigentümer (des Schecks) vor Rechtshängigkeit dann zum Schadensersatz verpflichtet, wenn er bei Erwerb des Besitzes (des Schecks) grob fahrlässig gehandelt hat (Art. 21 ScheckG). Dabei müsse sich die Bank, analog § 166 BGB, das Verhalten ihres das Konto eröffnenden Mitarbeiters entgegenhalten lassen. Dieser mußte sich, wie sich *auch* (!) aus steuerrechtlichen Gründen ergibt – so der BGH wörtlich -, über die Person des F vergewissern, als dieser bei der Bank sein Konto eröffnen wollte. Dazu genügte aber ein Führerschein. Dieser sei zwar nicht, wie ein Reisepaß oder ein Bundespersonalausweis dazu bestimmt, die Identität einer Person auszuweisen, sondern er weist aus, daß seinem Inhaber eine Fahrerlaubnis für Kraftfahrzeuge erteilt worden ist. Da er aber die für einen Identitätsnachweis wesentlichen Merkmale, nämlich Name und Bild seines Inhabers auf einem amtlich ausgefüllten und mit Siegel versehenen Formular wiedergebe, erfülle er die Anforderungen, die normalerweise für die Nachprüfung der wesentlichen Personalangaben genügen. Da allerdings die Fälschung des Führerscheins nicht ohne weiteres erkennbar war, ließ sich dem Mitarbeiter der Bank keine grobe Fahrlässigkeit vorwerfen.

44   Der Fall ist lehrreich, vor allem, weil er zeigt, daß die *Verpflichtung zur sorgfältigen Legitimationsprüfung* des Kontoeröffnenden auch nach Auffassung des BGH *bürgerlich-rechtlicher Natur* ist. Die danebenstehenden Vorschriften der AO sind allenfalls interpretativ heranzuziehen. Wieso sollte sich auch der Aussteller eines Schecks auf Sorgfaltspflichten einer Bank berufen dürfen, die diese nicht ihm gegenüber sondern kraft öffentlichen Rechts dem Steuerfiskus schuldet? Diesen Zusammenhang illustriert auch die folgende Entscheidung.

45   *Fall: BGH WM 1977, 1019*
Im April 1970 nahm ein »seriös wirkender Herr« bei einer Bank in Bremerhaven (möglicherweise D), der angab der Wirtschaftsberater Dr. S. aus Münster zu sein, Verhandlungen über die Eröffnung eines Kontos auf. Er wollte den Erlös aus einem aufzulösenden Wertpapierdepot später einzahlen und sich dann von der Bank über die Wiederanlage des Geldes beraten lassen. Die Kontoeröffnungsverhandlungen zogen sich etwas hin, ein

Konto mit »Dr. S.« wurde persönlich nie eröffnet. Stattdessen meldete sich am 20.5.1970 ein angeblicher Neffe von Dr. S. namens »Klaus v. K.« bei der Bank. Er legte einen Verrechnungsscheck über ca. DM 80 000,- vor, den sich D zuvor durch eine Täuschung erschlichen hatte. »Klaus v. K.« bat, den Scheckbetrag einem für »Dr. S.« zu eröffnenden Sparkonto gutzuschreiben, und alsdann ihm DM 72 400,- in bar auszuzahlen. Er legte ein entsprechendes Vollmachtsschreiben mit dem Stempelaufdruck »Dr. S., Wirtschaftsberater, Münster« und der Unterschrift »Alfred S.« vor. Die Bank eröffnete daraufhin ein Sparkonto für »Dr. Alfred S., Wirtschaftsberater, Münster«, brachte den Scheckbetrag gut und zahlte DM 72 400,- in bar an »Klaus v. K.« aus. Am 6.7.1970 hob »Dr. Alfred S.« selbst weitere DM 7 300,- vom Sparkonto ab, ohne daß er sich legitimieren mußte. Der Scheckaussteller klagte gegen die Bank auf Schadensersatz, weil diese bei der Legitimationsprüfung des »Dr. S.« grob fahrlässig gehandelt habe.

Der BGH stimmte dem zu und bejahte einen Anspruch nach §§ 989, 990 BGB i.V.m. Art. 21 ScheckG. Danach haftet eine Bank dem Eigentümer eines Schecks auf Schadensersatz, wenn sie beim Erwerbe des Schecks aus grober Fahrlässigkeit nicht wußte, zum Besitze des Schecks nicht berechtigt zu sein und ihn nicht mehr herausgeben kann. Maßgebend für die Bejahung der groben Fahrlässigkeit waren die Vorgänge bei der Kontoeröffnung, die durch einen Stellvertreter ohne Prüfung der Legitimation des Kontoinhabers und ohne dessen Unterschriftsprobe erfolgte. Verbunden mit dem Antrag auf sofortige Auszahlung fast des gesamten gutzuschreibenden Betrages hätte sich den Bediensteten der Bank der Verdacht unredlichen Verhaltens geradezu aufdrängen müssen. Vor allem sei die Bank verpflichtet gewesen, sich über die Person desjenigen, der ein Konto eröffnen wolle, selbst zu vergewissern. Dabei sei selbstverständlich auf die Person des Kontoinhabers abzustellen. Im Falle der Eröffnung eines Kontos durch einen Stellvertreter genüge lediglich dessen Identitätsprüfung nicht. Denn der Zweck dieser Verpflichtung, Mißbrauch mit Bankkonten zu verhüten, könne nur erfüllt werden, wenn die Identität des Kontoinhabers selbst festgestellt sei. Wolle man darauf verzichten, würde der mißbräuchlichen Benutzung von Bankkonten Tor und Tür geöffnet werden.

Diesen Erwägungen des BGH ist voll zuzustimmen. Das Gericht stellt entscheidend auf die privatrechtlichen Pflichten aus dem BGB und dem ScheckG ab, ohne auch nur die öffentlich-rechtlichen Verpflichtungen aus § 154 AO zu erwähnen. Das ist folgerichtig, da es sich bei der Legitimationsprüfung des das Konto Eröffnenden um eine privatrechtliche Verpflichtung, auch zugunsten Dritter, handelt, die mit den öffentlich-rechtlichen Verpflichtungen zugunsten der Steuerverwaltung nichts zu tun hat.

C. Die Bestimmung des Kontoinhabers

I. Allgemeine Grundsätze zur Bestimmung des Kontoinhabers
II. Anwendung der Auslegungsgrundsätze auf problematische Fallgruppen
   1. Die Bestimmung des Kontoinhabers bei möglicher Drittbegünstigung
   2. Die Bestimmung des Kontoinhabers bei Abtretung und Schenkung (auf den Todesfall)
   3. Die Bestimmung des Kontoinhabers beim Sparbuch
     a) Die Zahlung an den (berechtigten) Kontoinhaber
     b) Die befreiende Zahlung an den Nichtberechtigten
III. Die Bestimmung des Kontoinhabers im Fall der Stellvertretung
   1. Formen zulässiger Stellvertretung im Bankrecht
   2. Umfang der Vertretungsmacht
   3. Mißbrauch der Vertretungsmacht
IV. Die Bestimmung des Kontoinhabers im Erbfall

Schrifttum:
Baumbach/Hopt, HGB-Kommentar, 29. Aufl., 1995; *Beck*, KWG-Loseblatt-Kommentar, Stand 1992; *Canaris*, Bankvertragsrecht, 3. Aufl., 1981; *Festschrift* zum 50jährigen Bestehen des RG 1929; *Flume*, Das Rechtsgeschäft, 2. Aufl., 1975; *Kümpel*, Bank- und Kapitalmarktrecht, 1995; *Lange*, Neue Bedingungen für den Sparverkehr: Sparbuch – quo vadis?, BB 1993, 1677; *Lange/Kuchinke*, Lehrbuch des Erbrechts, 3. Aufl., 1989; *Medicus*, Allgemeiner Teil des Bürgerlichen Rechts, 3. Aufl., 1988; *Muscheler*, Vertrag zugunsten Dritter auf den Todesfall und Erbenwiderruf, WM 1994, 921; *Nanz*, Die Entstehung des allgemeinen Vertragsbegriffs im 16. bis 18. Jh., 1985; *Zöllner*, Wertpapierrecht, 14. Aufl., 1987; *Zweigert/Kötz*, Einführung in die Rechtsvergleichung, 3. Aufl., 1996.

48 Es hat sich eingebürgert, den Vertragspartner der Bank *Kontoinhaber* zu nennen. Daraus folgt, daß ein Kontoinhaber die Rechte und Pflichten hat, die sich aus der Kontoeröffnung ergeben. Das ist nichts besonderes, die Situation entspricht derjenigen bei Abschluß irgendeines anderen Dauerschuldverhältnisses, wie z.B. eines Miet- oder Stromlieferungsvertrages. Es gelten die allgemeinen Grundsätze zwischen Schuldner und Gläubiger einer Vertragsbeziehung. Das Konto ist also nach den Grundsätzen von Treu und Glauben mit Rücksicht auf die Verkehrssitte abzuwickeln (§ 242 BGB). Hieraus können Aufklärungs-, Informations- und Hinweispflichten vor allem seitens der Bank entstehen. Der Kontoinhaber ist in aller Regel verfügungsberechtigt, d.h. in seiner Person treten grundsätzlich die Erfüllungswirkungen i.S.v. § 362 BGB ein. Einen etwaigen Schuldsaldo hat der Kontoinhaber und kein anderer auszugleichen. Ihm gegenüber kann die Bank Schulden erlassen, aufrechnen, Zurückbehaltungsrechte geltend machen oder pfänden. Betreiben Nichtberechtigte die Zwangsvollstreckung in das Konto, so steht dem Kontoinhaber die Drittwiderspruchsklage nach § 771 ZPO zu. Seine Person ist für die Erbfolge in das Konto entscheidend und für ihn führt die Bank Quellensteuer ab.

49 Die Rechtswirkungen, die sich mit der Person des Kontoinhabers verbinden, sind zwar vielfältig, weisen aber gegenüber den Schuldner-Gläubigerwirkungen anderer Schuldverhältnisse, wie sie das Privatrecht kennt, keine Besonderheiten auf. Daß sich die Rechtsprechung im Bankrecht dessen ungeachtet relativ häufig mit der Frage der Bestimmung des Kontoinhabers auseinanderzusetzen hatte, liegt denn auch weniger an rechtlichen Besonderheiten, als vielmehr an der Tatsache, daß Forderungen ein unsichtbares Gut sind, daß oft mehrere oder wechselnde Personen verfügungsberechtigt sind, daß Konten häufig über lange Zeiträume geführt werden und daß schließlich bei Eröffnung und Führung des Kontos Bezeichnungsspielräume eröffnet sind, die gelegentlich jedenfalls berechtigte Zweifel über die Person des wirklichen Kontoinhabers aufkommen lassen. Wenn A für sich ein Konto eröffnet und daneben den Namen B angibt, heißt das, daß A und B Gesamtgläubiger sein sollen (Gemeinschaftskonto) oder daß A das Konto für B führt (Treuhandkonto) oder gar, daß B der aus dem Konto Berechtigte sein soll (Fremdkonto)? Zieht ein Architekt, der im Rahmen der Baubetreuung ein Konto eröffnet hat, eingehende Gelder für sich ein (Eigenkonto), oder für die das Bauvorhaben ausführenden Unternehmen (Sonderkonto), oder ist er als Treuhänder für den einzahlenden Bauherrn tätig (Treuhandkonto)? Ist der Minderjährige, auf dessen Namen der Vater ein Sparbuch einrichtet, dadurch bereits Kontoinhaber oder muß der Vater dafür das Sparbuch erst noch an ihn aushändigen?

Diese wenigen Beispiele deuten an, welche Bedeutung die Frage nach dem richtigen Kontoinhaber haben kann. Gleichzeitig belegen sie, daß die Forderungszuständigkeit relativ rasch und fast unbemerkt wechseln kann, ein Problem das untypisch ist für Verträge, in denen es nicht um Forderungen, sondern um persönliche Dienstleistungen, Waren oder Nutzungsmöglichkeiten geht. Will man sich klarmachen, aufgrund welcher Fallgestaltungen Schwierigkeiten bei der Bestimmung des Kontoinhabers auftreten können, so bietet es sich an, sich die denkbaren Formen rechtsgeschäftlichen Handelns vor Augen zu führen, die es überhaupt ermöglichen, Gläubiger eines anderen zu werden. Durch eine solche *Fallgruppenbildung* wird es viel leichter, etwaige Fehlerquellen zu entdecken und die problematischen Fälle zu erfassen. Auch hier gelten die allgemeinen Formen vertragsrechtlichen Denkens. Eine Gläubiger-Schuldner-Beziehung kann nach allgemeinen vertragsrechtlichen Grundsätzen, nur aufgrund *übereinstimmender Willenserklärungen* entstehen *(I)*. Dieses ist der Kern der von Hugo Grotius Mitte des 17. Jh. entwickelten Versprechenslehre im deutschen Recht[63]. Wer Kontoinhaber werden will, muß also eine darauf gerichtete Willenserklärung abgeben und die andere Seite muß die so verstandene Erklärung annehmen. Auf diese Weise wird durch zwei wechselbezügliche Willenserklärungen jener Rechtserfolg herbeigeführt, den die Parteien wollen, z.B. die Errichtung eines Kontos. Dabei sind die

50

---

63 Vertiefend: Nanz, Die Entstehung des allgemeinen Vertragsbegriffs im 16. bis 18. Jh., 1985, passim; Diesselhorst, Die Lehre des Hugo Grotius vom Versprechen, 1959, S. 34 ff.

Parteien frei, jedenfalls bis zur Grenze der Sittenwidrigkeit, ihren Willenserklärungen jeden beliebigen Inhalt zu geben. Auf diese Weise sind die verschiedenen Kontoformen entstanden. Jeder kann für sich ein Konto eröffnen (Eigenkonto), oder mehrere können es gemeinsam tun (Gemeinschaftskonto in der Form des Oder-Kontos bzw. des Und-Kontos). Das Konto kann zugunsten eines Dritten eröffnet werden (§ 328 BGB) mit der Folge, daß der Dritte unmittelbar berechtigt ist zu verfügen *(II.1.)*. Es kann aber auch so errichtet werden, daß der Kontoinhaber als Treuhänder für den begünstigten Dritten, den Treugeber, fungiert (Treuhandkonto). Diese Form der Wahrnehmung fremder Rechte durch einen Treuhänder ist im deutschen Recht nicht ausdrücklich geregelt, gleichwohl nach § 305 BGB (sui generis) zulässig.

51   Denkbar ist es auch, aus *abgetretenem Recht* (§§ 398 ff. BGB) Kontoinhaber zu werden *(II.2)*. Einer solchen Abtretung kann beispielsweise eine Schenkung (auch auf den Todesfall) zugrunde liegen (§§ 518 ff., 2301 BGB). In all diesen Fällen muß der spätere Kontoinhaber nicht persönlich handeln, Stellvertretung ist möglich *(III)*. Daraus können Komplikationen entstehen, entweder weil der Stellvertreter keine hinreichende Vertretungsmacht hat oder nicht ausreichend klarstellt *im Namen* eines Dritten aufzutreten (Offenkundigkeitsprinzip i.S.v. § 164 Abs. 2 BGB). Im ersten Fall scheitert die Kontoeröffnung, wenn der zu Unrecht Vertretene das Geschäft nicht nach § 177 Abs. 1 BGB genehmigt, im zweiten Fall wird anstelle des Vertretenden der Vertreter selbst Kontoinhaber. Schließlich wird die Frage diskutiert, ob allein der Besitz eines Sparbuchs hinreicht, um daraus auf den berechtigten Kontoinhaber zu schließen *(II.3)*. Hintergrund dieser Diskussion ist § 808 Abs. 1 BGB, wonach der Schuldner (die Bank) durch die Leistung an den Inhaber der Urkunde (Sparbuch) befreit wird.

52   Sieht man vom Fall der Leistung an den nichtberechtigten Sparbuchinhaber ab, so handelt es sich in all diesen Fällen um rechtsgeschäftliche Kontoeröffnungen mit unterschiedlichen Inhalten. Daraus folgt, daß die zwischen den Parteien ausgetauschten Willenserklärungen prinzipiell darüber entscheiden, wer Kontoinhaber ist. Bei Zweifeln gelten die allgemeinen Auslegungsprinzipien des Bürgerlichen Rechts. Nach § 133 BGB ist also der *wirkliche Wille zu erforschen* und nicht an dem buchstäblichen Sinne des Ausdrucks zu haften. Dabei ist der auf Errichtung des Kontos gerichtete Wille so auszulegen, wie Treu und Glauben es mit Rücksicht auf die *Verkehrssitte* erfordern *(§ 157 BGB)*. Die Rechtsprechung hat hiervon ausgehend inzwischen allgemeine Auslegungskriterien entwickelt, die den in §§ 133, 157 BGB angelegten Gedanken der Verschmelzung der Willens- und der Erklärungstheorie konkretisieren.

I. Allgemeine Grundsätze zur Bestimmung des Kontoinhabers

Fall: BGHZ 21, 148 »Apolda« 53
Am 28.9.1944 übertrug das Textilunternehmen (T) die Verwaltung ihres damaligen Lagerbestandes der Z. GmbH, Lagerhaus P. Apolda. Alleingeschäftsführer der GmbH war der Kaufmann P. Er und sein Angestellter O. veräußerten kurz vor und nach Kriegsende die noch vorhandenen Lagerbestände. O. zahlte einen Teilbetrag der hierdurch erzielten Erlöse auf ein eigens errichtetes Konto ein mit der Bezeichnung: »Z. Apolda, Sonderkonto O.«. Am 12.2.1946 ließ O. das Konto auf P. umschreiben. Dieser verfügte in der Zeit vom 7.3.1946 bis zum 7.8.1947 in Teilbeträgen über das gesamte Guthaben. Als das Textilunternehmen (T) hiervon erfuhr, war es bereits zu spät, das Geld war weg. T. verlangt von der Bank erneut Zahlung. Sie ist der Auffassung, das von O. aus dem Erlös der eingelagerten Textilien errichtete Konto habe ihr zugestanden. Die Bank sei ihr gegenüber durch die Zahlungen und Überweisungen zugunsten des P. von ihrer Schuld nicht befreit worden. Dem hat die Bank widersprochen. Inhaber des Kontos sei allein O. gewesen. Die Firma T. habe mit der Errichtung des Kontos keine Gläubigerrechte erworben.

Dem hat der BGH im Ergebnis zugestimmt. Für die Frage, wer der 54
Bank gegenüber berechtigter Kontoinhaber geworden sei, komme es nicht entscheidend darauf an, wer in der Kontobezeichnung aufgeführt sei oder aus wessen Mitteln die eingezahlten Gelder stammten. Maßgebend hierfür sei vielmehr, wer bei der Kontoerrichtung der Bank gegenüber als Forderungsberechtigter auftrete. Unter Berücksichtigung der besonderen Umstände des Einzelfalles sei somit zu prüfen, *wer nach dem erkennbaren Willen des die Einzahlung Bewirkenden* Gläubiger der Bank werden solle[64]. Diese Umstände ließen aber nicht den Schluß zu, daß mit der Kontoerrichtung ein unmittelbares Gläubigerrecht der Firma T. gegenüber der Bank entstanden sei. Gegen diese Annahme spreche bereits die Mehrdeutigkeit der Bezeichnung »Z. Apolda«, ferner, daß die Firma T. nicht als verfügungsberechtigt bezeichnet worden sei und schließlich, daß für die Bank nicht ohne weiteres erkennbar gewesen sei, daß O. einem Dritten (der Firma T.) ein unmittelbares Gläubigerrecht habe verschaffen wollen. Allerdings habe O. bei der Errichtung des Kontos zu erkennen gegeben, daß das eingelegte Geld nicht von ihm stamme, sondern einem Dritten zustehe. Aber auch wenn ein Dritter in der Kontenbezeichnung benannt sei, bleibe Inhaber des Kontos derjenige, der das Konto habe einrichten lassen, hier also O. Folglich konnte O. das Konto wirksam auf P. übertragen, so daß die Zahlungen der Bank an P. mit befreiender Wirkung erfolgten.

---

64 So schon RGZ 73, 221; JW 1937, 988 Nr. 2.

55 Maßgeblich für die Bestimmung des Kontoinhabers ist, wer nach dem erkennbaren Willen des die Einzahlung Bewirkenden Gläubiger der Bank werden soll. Diese inzwischen vielfach bestätigte Formel des BGH[65] steht im Einklang mit der h.L. zur Auslegung von Willenserklärungen. Wie erwähnt, ist nach § 133 BGB der wirkliche Wille (Willenstheorie) zu erforschen, während § 157 BGB bestimmt, daß Verträge so auszulegen sind, wie es Treu und Glauben mit Rücksicht auf die Verkehrssitte erfordern. Nach der einen Norm soll es auf das subjektiv Gewollte (§ 133 BGB), nach der anderen auf das objektiv Erklärte und nach außen Erkennbare (§ 157 BGB) ankommen. Der hierin angelegte Konflikt zwischen Willenstheorie und Erklärungstheorie läßt sich übrigens bis ins Römische Recht zurückverfolgen, findet sich ähnlich widersprüchlich in den romanischen Zivilgesetzbüchern (vgl. z.B. Art. 1156 ff. Code Civil) und ist ebenfalls im Common Law, wenn auch nicht so heftig, Gegenstand der Diskussion.

56 Bei der Lösung der Grundfrage, ob Willenserklärungen im Sinne der Willens- oder Erklärungstheorie auszulegen sind, sollte zunächst ein *Mißverständnis* ausgeräumt werden. Ein Wille, der überhaupt nicht gebildet wird, kann nicht gemeint sein, weil dieser Wille nicht einmal dem Handelnden selbst erkennbar wäre. Es kann deshalb immer nur darum gehen, ob man einer bestimmten *Art* der Erklärung des Willens den Vorrang vor einer anderen Art einräumt[66]. Kann sich beispielsweise eine Bank, die gegenüber einem anfragenden Unternehmen erklärt, sie habe für ihren Kunden eine selbstschuldnerische Bürgschaft über DM 150 000,- übernommen, später darauf berufen, daß es diese selbstschuldnerische Bürgschaft in Wirklichkeit nie gegeben habe – was stimmt -, oder muß sich diese Bank den äußeren Wortlaut ihrer eigenen Erklärung entgegenhalten lassen? Der BGH hat aufgrund dieses Falles der *Erklärungstheorie* den Vorzug gegeben[67]. *Danach liegt eine Willenserklärung auch dann vor, wenn der Erklärende (hier: die Bank) ohne Erklärungsbewußtsein und ohne Geschäftswillen gehandelt hat. Voraussetzung ist nur, daß die Bank die Erklärung zumindest zurechenbar abgegeben hat.* Das ist der Fall, wenn sie bei Anwendung der im Verkehr erforderlichen Sorgfalt (wie hier) hätte erkennen und vermeiden können, daß die Erklärung vom Empfänger nach Treu und Glauben als Willenserklärung aufgefaßt werden mußte. Insoweit besteht volle Übereinstimmung mit BGHZ 21, 148, weil bereits damals auf den (objektiv) *erkennbaren* Willen des die Einzahlung Bewirkenden (des Kunden) abgestellt wurde. Man kann es auch anders formulieren: die das Bankrecht bestimmende Zurechnungslehre hat die heute allgemein herrschende modifizierte Erklärungstheorie einerseits

---

65 Vgl. BGHZ 28, 370; WM 1975, 1200; 1986, 34; 1996, 249.
66 Wie hier Flume, S. 48.
67 BGHZ 91, 324.

vorweggenommen, andererseits ist sie fortwirkender Legitimationsgrund für diese Lehre.

II. Anwendung der Auslegungsgrundsätze auf problematische Fallgruppen

1. Die Bestimmung des Kontoinhabers beim Girokonto

Unter Berücksichtigung der besonderen Umstände des Einzelfalles ist immer zu prüfen, wer nach dem erkennbaren Willen des die Einzahlung Bewirkenden Gläubiger der Bank werden sollte. Für die Auslegung kann dabei nur der für die Bank erkennbare Wille des Kontoeröffners maßgebend sein. Dabei kommt der Bezeichnung des Kontoinhabers bei der Eröffnung eines Girokontos – anders als bei einem Sparkonto – mehr als bloße Indizwirkung zu[68]. Im Giroverkehr, der auf eine rasche und unkomplizierte Abwicklung angelegt ist, besteht – so der BGH – ein starkes praktisches Bedürfnis für einfache und klare Rechtsverhältnisse. Dem entspricht es, wenn der formelle Kontoinhaber, der sich aus der Kontobezeichnung ergibt, auch als Gläubiger angesehen wird[69].

57

2. Die Bestimmung des Kontoinhabers bei möglicher Drittbegünstigung

Fall: BGH WM 1973, 894 »Unterkonto He.«
Am 15.4.1966 beantragte die K-KG bei ihrer Bank die Eröffnung eines Unterkontos. Das Konto wurde bezeichnet: » H.K. KG, Unterkonto X, Produktionsgemeinschaft He.« Hinter dem Kürzel He. verbarg sich ein Unternehmen, das in laufender Geschäftsverbindung mit der KG stand. Da die Firma He. über eine bestimmte Einfuhrlizenz nicht verfügte, die der KG zur Verfügung stand, sollten diese Geschäfte über die KG abgewickelt werden. Zu diesem Zwecke wurde das Unterkonto für He. eingerichtet und in der oben beschriebenen Weise gegenüber der Bank ausgewiesen. Auf der Rückseite des Kontoeröffnungsantrages wurden Handzeichnungsproben gegeben. Als zeichnungsberechtigt wurde der Geschäftsführer der KG ausgewiesen und der Name des Handlungsbevollmächtigten H.L.He. Auf dem Unterkonto sammelte sich im Laufe der Zeit ein Guthaben von fast DM 10 000,- an. Dagegen wurde der Debit auf dem Hauptkonto der KG immer größer und belief sich schließlich auf fast DM 175 000,-. Am 25.6.1968 kündigte die Bank den Kredit und teilte mit, daß sie das Guthaben auf dem Unterkonto mit dem Debit auf dem laufenden Konto verrechnet habe. Am 27.6.1968 wurde über das Vermögen der K-KG das Konkursverfahren eröffnet. Die Firma He. ist der Auffas-

58

---

68 BGH WM 1986, 35; 1996, 249.
69 BGH WM 1996, 249.

sung, das Guthaben auf dem Unterkonto habe ihr zugestanden, weil dieses ausschließlich als Fremd- und Treuhandkonto für ihre Zwecke bestimmt gewesen sei. Die Bank macht demgegenüber geltend, über diese Zweckbestimmung nicht unterrichtet gewesen zu sein; im Gegenteil die Aufrechnung mit dem Debit auf dem Hauptkonto sei ausdrücklich mit der K-KG vereinbart worden. Im Prozeß ging es um die Frage, ob die Bank an die Firma He. das ehemalige Guthaben auszukehren habe.

59   Der BGH hat den Anspruch der Firma He. verneint. Denn aus den Umständen ergebe sich nicht, daß die Inhaberschaft bei dem Unterkonto eine andere sein sollte, als die beim Hauptkonto. In Ergänzung zu der Entscheidung BGHZ 21, 148 wies das Gericht darauf hin, daß bei einem Sonderkonto, auch einem Unterkonto, das zu einem Hauptkonto errichtet werde, Kontoinhaber regelmäßig derjenige sei, der das Konto habe eröffnen lassen, möge auch in der Bezeichnung des Kontos noch eine weitere Person aufgeführt worden sein. Im vorliegenden Fall ergebe zwar der Zusatz »Unterkonto X, Produktionsgemeinschaft He.«, daß es mit diesem Konto eine besondere Bewandtnis gehabt habe. Aus der Sicht der Bank sei aber nicht deutlich gemacht worden, daß die Inhaberschaft bei diesem Unterkonto eine andere sein sollte als bei dem Hauptkonto, zu dem es gehörte. Auch der Antrag auf Eröffnung des Kontos war nur von der K-KG unterzeichnet. Auf der Rückseite wurde H.L.He. als »Zeichnungsberechtigter« unter der (irrigen) Angabe aufgeführt, er sei »Handlungsbevollmächtigter« des Kontoinhabers des Hauptkontos. Er wurde aber nur als vertretungsberechtigt gegenüber der Bank bezeichnet, sollte also keine selbständige, sondern nur eine von der K-KG abgeleitete Mitverfügungsbefugnis erhalten. Weder der Sitz noch die Anschrift seiner Firma wurde im Antrag angegeben. Sie ist bei der Kontoeröffnung nicht aufgetreten. Unter diesen Umständen ist eine Mitinhaberschaft der Firma He. bzgl. des Unterkontos und damit ein Gemeinschaftskonto der beiden Firmen (Und-Konto mit gemeinsamer Verfügungsbefugnis) zu verneinen. Der Kontoinhaber hat nicht deutlich erkennbar gemacht, daß dem benannten Mitzeichnungsberechtigten Rechte gegenüber der Bank als Mitgläubiger der Guthabensforderung eingeräumt werden sollten. Eine Prüfungs- und *Aufklärungspflicht* der Bank, ob ihr Kunde im Verhältnis zu Dritten befugt war, als alleiniger Kontoinhaber für bestimmte Einzahlungen aufzutreten, bestand ebenfalls nicht. Daraus folgt, daß alleiniger Kontoinhaber die KG war. In dieser Situation war die Bank berechtigt das Guthaben mit dem Debit zu verrechnen.

60   Der Fall ist interessant, weil er zeigt, daß nicht bereits jeder denkbare Zweifel an der Alleinkontoinhaberschaft ausreicht, um eine (andere) Person zum Kontomitinhaber zu machen. *Der BGH zwingt die ein Konto eröffnenden Parteien, deutlich zu sagen, was sie wollen. Es ist nicht Aufgabe der Banken, ihre Kunden auszuforschen.* Diese Auffassung ist richtig, zumal, wenn wie hier, das Unterkonto von Unternehmen eröffnet

§ 3 Das Einlagengeschäft

wird. Hier muß man davon ausgehen, daß die Beteiligten wissen was sie tun und das auch in die formal richtigen Worte fassen können. Das schließt nicht aus, daß bei Kontoerrichtungen durch unbedarfte *Privatleute* eine im Einzelfall höhere »Sensibilität« der kontoeröffnenden Bank verlangt werden muß. Auch der folgende Fall liegt auf der Linie dieser Grundsätze.

Fall: BGH WM 1975, 1200 »Eigentumswohnungen«
Am 20.8.1968 beantragte die Firma E. bei ihrer Bank die Eröffnung eines Girokontos. Das Konto erhielt die Bezeichnung: »Verwaltungskonto Eigentumswohnungen T.-Kommanditgesellschaft E. Bau- und Landkaufgesellschaft mbH und Co«. Als Verfügungsberechtigte zeichneten Personen der E. Auf dieses Konto leisteten ab 18.9.1968 verschiedene Wohnungseigentümer, die ihre Wohnung über die Firma E. erworben hatten, Zahlungen. Noch ehe sämtliche Wohnungen verkauft und die Erwerber als Eigentümer im Grundbuch eingetragen waren, wurde im Frühjahr 1970 das Konkursverfahren über das Vermögen der E. eröffnet. In diesem Zeitpunkt hatte die E. bei der Bank über andere Girokonten Kredit in Höhe von über 1 Mio. DM in Anspruch genommen. Das oben genannte Verwaltungskonto Eigentumswohnungen wies dagegen ein Guthaben von ca. DM 33 000,- aus. Gegen diese Guthabenforderung rechnete die Bank nach Konkurseröffnung mit ihrer Darlehensforderung gegen E. auf, weil sie der Auffassung war, alleinberechtigter Inhaber des fraglichen Kontos sei die Firma E. gewesen. Die einzahlenden Wohnungseigentümer meinten dagegen, die E. habe das Konto als Fremdkonto errichtet. Inhaber seien daher die einzahlenden Wohnungseigentümer.

61

Dem hat der BGH nicht zugestimmt. Richtig sei allerdings, daß die Wohnungseigentümer Ansprüche auf die Guthabenforderung geltend machen könnten, wenn sie Inhaber des von der E. errichteten Kontos geworden wären. Dies wäre dann der Fall gewesen, wenn es sich um ein *Fremdkonto* gehandelt hätte, bei dem die Einlagenforderung den Gemeinschaftern als Kontoinhabern zugestanden hätte. Für die Frage, wer der Bank gegenüber berechtigter Kontoinhaber geworden ist, sei maßgebend, wer bei der Kontoerrichtung als Forderungsberechtigter auftritt oder bezeichnet wird. Unter besonderer Berücksichtigung der Umstände des Einzelfalles sei somit zu prüfen, wer nach dem *erkennbaren* Willen des die Kontoeröffnung beantragenden Kunden Gläubiger der Bank sein sollte[70]. Im vorliegenden Fall sei für den erkennbaren Willen der E. der Wortlaut des Kontoeröffnungsantrags maßgeblich. Dieser enthalte aber keine ausdrückliche Erklärung, daß E. in fremdem Namen handelte und eine andere Person Kontoinhaber werden sollte. Der dem vollen Firmennamen der

62

---

70 So schon BGHZ 21, 148.

E. beigefügte Zusatz »Verwaltungskonto Eigentumswohnungen T.«, bezeichnet kein Rechtssubjekt, sondern sei die Angabe einer Zweckbestimmung, die selbst nicht den Willen, ein Fremdkonto zu errichten, verdeutliche, wenn man die gesetzliche Pflicht des Verwalters nach § 27 Abs. 4 WEG zur gesonderten Verwaltung der Gelder der Wohnungseigentümer in Betracht ziehe. Selbst wenn der Bank bekannt gewesen sei, daß die E. von ihr errichtete Eigentumswohnungen verkaufe und in diesem Zusammenhang Hausverwaltungen übernehme, lasse der Zusatz nicht erkennen, daß die auf das Konto gelangenden Gelder Dritten zustehen sollten. Auch die Rüge der Revision, daß das Berufungsgericht in diesem Fall eine Nachforschungspflicht der Bank bei der Errichtung des Kontos verneint habe, gehe fehl. Die Entscheidung des Berufungsgerichtes stehe nämlich im Einklang mit der Rechtsprechung des BGH in BGHZ 61, 72 ff., wo in einem vergleichbaren Fall der Bank ebenfalls keine Nachforschungspflicht auferlegt wurde.

63   Die Entscheidung liegt ganz auf der Linie von BGHZ 21, 148. Maßgeblich ist also, wer nach dem erkennbaren Willen des die Einzahlung Bewirkenden der Gläubiger der Bank werden sollte. Ein sehr wesentlicher Bestandteil dieser Formel ist die *Erkennbarkeit* des Willens. Damit wird ein objektiv-normativer Maßstab eingeführt.

64   In ähnlicher Weise hat der BGH am 12.12.1995 entschieden[71]. Eine Stadt beauftragte eine GmbH mit der Erschließungsplanung eines Gewerbegebietes. Sie überwies zu diesem Zweck DM 1,2 Mio. auf das Konto der GmbH. Als die GmbH in Schwierigkeiten kam, verrechnete die Bank das Guthaben mit offenen Forderungen. Die Stadt klagte auf Rückzahlung der DM 1,2 Mio., da der Bank die Treuhandnatur dieses Geldes bekannt gewesen sei. Der BGH stellte zunächst klar, daß Kontoinhaber die GmbH gewesen sei, weil bei der Eröffnung eines Girokontos – anders als bei einem Sparkonto – der Bezeichnung des Kontoinhabers mehr als bloße Indizwirkung zukomme[72]. Im Giroverkehr, der auf eine rasche und unkomplizierte Abwicklung angelegt sei, bestehe ein starkes praktisches Bedürfnis für einfache und klare Rechtsverhältnisse. Dem entspreche es, wenn der formelle Kontoinhaber, der sich aus der Kontobezeichnung ergebe, auch als Gläubiger angesehen werde. In Betracht komme aber eine Schadensersatzpflicht der Bank. Es könnte ein offenes Treuhandkonto vorgelegen haben, wenn der Bank im Zeitpunkt der Kontoerrichtung die Treuhandnatur offengelegt und ihr deutlich gemacht worden sei, daß darauf ausschließlich Werte gelangen sollten, die dem Kontoinhaber nur als Treuhänder zustehen[73]. Nach der Rechtsprechung des BGH ist in diesen Fällen in der Regel der Ausschluß des Aufrechnungsrechts der Bank mit

---

71 BGH WM 1996, 249.
72 BGH WM 1986, 35; 1996, 249, 250.
73 BGH WM 1987, 922; 1996, 249, 251.

Ansprüchen gegen den Treuhänder nach §§ 133, 157 BGB als vereinbart anzusehen[74]. Aber auch wenn sich nicht feststellen lassen sollte, daß beim Abschluß des Kontovertrages ein offenes Treuhandkonto geführt wurde, käme eine Schadensersatzpflicht der Bank nach § 826 BGB in Betracht, wenn sie hinsichtlich der später auf dem Girokonto eingegangenen und auf dem Festgeldkonto angelegten Gelder trotz Kenntnis der Treuhandbindung mit ihren Forderungen gegen die GmbH aufgerechnet habe. Dies würde jede billige Rücksichtnahme auf die berechtigten Interessen der Treugeberin (der Stadt) außer acht lassen und deren bessere Ansprüche vereiteln[75].

3. Die Bestimmung des Kontoinhabers bei Abtretung und Schenkung (auf den Todesfall)

Nach § 398 BGB kann eine Forderung durch Vertrag mit einem anderen auf diesen übertragen werden (Abtretung). Ebenso kann eine Schuld von einem Dritten übernommen werden (§ 414 BGB). Beides, Abtretung wie auch Schuldübernahme, kann durch schlüssiges Verhalten, also konkludent, erfolgen. So liegt gewöhnlich in der Übergabe eines Sparbuchs die konkludente Abtretung (Zession) des Guthabenanspruchs[76]. Auch dem Ersuchen des Kontoinhabers an die Bank, das Guthaben auf einen anderen umzuschreiben, liegt eine Abtretung zugrunde[77]. *Es gelten die allgemeinen Regeln für Abtretung und Schuldübernahme, mit der Folge, daß der Dritte, der neue Gläubiger bzw. der neue Schuldner, an die Stelle des alten Vertragspartners tritt. Allerdings betrifft das nur die jeweils abgetretene Forderung bzw. die übernommene Schuld. Damit ist kein Wechsel des Kontoinhabers verbunden.*

65

Denn das Konto ist mehr als nur eine Forderung oder eine Schuld, es repräsentiert die gesamte Gläubiger- Schuldnerbeziehung zwischen dem Kunden und der Bank, inklusive der damit verbundenen gegenseitigen Rechte und Pflichten. Um das Konto als Ganzes zu übertragen, reicht die Abtretung einer einzelnen Forderung oder die Übernahme eines Debets nicht aus. Es wäre die rechtsgeschäftliche *Übertragung* des Schuldverhältnisses *im Ganzen* erforderlich, so daß die neue Vertragspartei an die Stelle der bisherigen tritt. Erst mit einer solchen Vertragsübernahme im Ganzen, die im BGB nicht ausdrücklich geregelt aber nach allgemeiner

66

---

74 BGHZ 61, 72, 77 = WM 1973, 894; 1996, 249, 251.
75 BGH WM 1990, 1954; 1996, 249, 251.
76 BGH WM 1972, 383 (Leitsatz 4).
77 BGH WM 1962, 487; offener BGH WM 1987, 922 f.

Meinung zulässig ist[78], wäre zugleich ein Wechsel der Kontoinhaberschaft verbunden.

67 Abtretung und Schuldübernahme bewirken also keinen Wechsel des Kontoinhabers. Sie können aber im Zusammenwirken mit weiteren Umständen ein Hinweis auf die Übertragung des Kontos als Ganzes auf einen neuen Inhaber sein. In diesem Zusammenhang machen Schenkungen auf den Todesfall (§ 2301 BGB) nicht unerhebliche Schwierigkeiten[79]. So geht ein Sparkonto beim Tod des Kontoinhabers nicht auf seine Erben über, wenn eine wirksame Schenkung auf den Todesfall vorliegt. Das ist etwa dann der Fall, wenn die Bank aufgrund eines Vertrages zugunsten Dritter (§ 328 BGB) ein vom Kontoinhaber auf fremden Namen angelegtes Sparbuch (Sonderkonto) auf dessen Weisung nach seinem Tod dem Begünstigten aushändigt. Statt eines Vertrages zugunsten des Begünstigten kann auch die Abtretung des Bankguthabens auf den Todesfall für die lebzeitige Schenkung gewählt werden. Die schwierige und entscheidende Frage ist immer, ob die Schenkung i.S.v. § 2301 Abs. 2 BGB trotz der Beziehung auf den Todesfall als noch zu Lebzeiten des Erblassers vollzogen gelten kann. Denn immer wenn das der Fall ist, untersteht die Schenkung nicht dem Erbrecht, sondern wird wie eine Schenkung unter Lebenden behandelt. Zwar sind Schenkungen unter Lebenden nach § 518 Abs. 1 BGB nur dann gültig, wenn sie notariell beurkundet sind, jedoch wird der Mangel der Form durch die Bewirkung der versprochenen Leistung geheilt (§ 518 Abs. 2 BGB). Diese Heilung tritt aber nur ein, wenn die Schenkung noch zu Lebzeiten des Erblassers vollzogen ist. Ob und wann das der Fall ist, verdeutlichen folgende Fälle.

Fall: BGHZ 46, 198 »Sparbuch«
68 Am 13.3.1962 verstarb die Erblasserin (E). Sie wurde von ihren drei Töchtern beerbt. U.a. hinterließ die Erblasserin ein Sparbuch, das auf den Namen einer Enkeltochter ausgestellt war. Die Enkeltochter ist der Auffassung, daß sie im Augenblick des Todes der Großmutter Inhaberin des auf sie lautenden Sparbuchs geworden sei. Eine der drei erbberechtigten Töchter, die das Sparbuch an sich genommen hat, ist dagegen der Meinung, daß das Sparbuch in die Erbmasse gehöre. In der bloßen Ausstellung des Sparbuchs auf den Namen der Enkeltochter liege keine vollzogene Schenkung auf den Todesfall im Sinne von §§ 2301 Abs. 2, 328 BGB.

69 Der BGH hat dem im Ergebnis zwar zugestimmt, aber den Fall zur Prüfung der Zweckbestimmung nach § 331 BGB an das Berufungsgericht zurückverwiesen. Zunächst aber hat das Gericht klargestellt, daß aus der Tatsache allein, daß das Sparbuch auf den Namen der Enkelin angelegt wurde, noch nicht folge, daß die Erblasserin ihrer Enkelin die Forderung

---

78 BGHZ 95, 94; Coester MDR 1974, 803.
79 Umfassend Muscheler, WM 1994, 921 ff.

aus dem Sparguthaben damit habe verschaffen wollen (§ 328 BGB). Die Bezeichnung der Enkelin im Sparbuch als Berechtigte sei nicht mehr als ein Beweisanzeichen. *Insoweit sei von Bedeutung, daß die Erblasserin das Sparbuch in ihrem Besitz behalten habe. Daraus lasse sich in der Regel der Wille entnehmen, selbst noch die Verfügungsbefugnis über das Sparguthaben behalten zu wollen.* Dies gelte auch, wenn eine Großmutter ein Sparbuch auf den Namen ihrer minderjährigen Enkelin anlege. Es sei dann in der Regel anzunehmen, daß sie sich zunächst noch, solange sie lebt, die Verfügung über das Sparguthaben vorbehalten wolle, schon um etwaigen Veränderungen ihrer eigenen Verhältnisse (Vermögensverfall), oder der Verhältnisse der Eltern der Enkelin (hier etwa: Scheidung der Ehe), oder des Verhältnisses der Enkelin zur Großmutter (Wohlverhalten), Rechnung tragen zu können. Dies alles spricht gegen die Annahme eines Vertrages zugunsten der Enkelin i.S.v. § 328 BGB.

Allerdings schließt der vorliegende Sachverhalt eine ganz andere Zuwendung, nämlich die nach § 331 BGB nicht aus. Dort handelt es sich um den Fall, daß ein Dritter (hier die Enkelin) die Leistung nach dem Todesfall (hier der Großmutter) erhalten soll. Versprechen dieser Art sind üblich im Rahmen von Lebensversicherungsverträgen, jedenfalls solange das Bezugsrecht widerruflich ist. Im vorliegenden Fall war zu klären, ob aus der Tatsache, daß das Sparbuch auf den Namen der Enkelin eröffnet worden war, geschlossen werden durfte, daß die Enkelin zumindest für den Fall des Todes als begünstigt gelten sollte. Dieses hielt der BGH für möglich. Denn in der Regel könne nicht angenommen werden, daß der Bezeichnung der Enkelin überhaupt keine rechtliche Bedeutung zukomme. Vielmehr bringe diese Bezeichnung, falls nicht im Einzelfall etwas anderes festzustellen sei, zum Ausdruck, daß das Sparguthaben der Enkelin insoweit zugewendet werden solle, als es beim Tode der Großmutter noch vorhanden sei. Dabei liege in der Begünstigungserklärung ein Angebot des Sparers an den Begünstigten, ihm eine Schenkung machen zu wollen, das der Begünstigte auch noch nach dem Tode des Sparers annehmen könne (§§ 130 Abs. 2, 153 BGB) und das gemäß § 518 Abs. 2 BGB einer Form nicht bedürfe, weil im Zeitpunkt der Annahme des Angebots die Schenkung bereits vollzogen sei. Aus diesen Gründen verwies der BGH den Rechtsstreit zurück an das OLG, um dort klären zu lassen, welchen Zweck die Großmutter mit der Anlegung des Sparbuchs auf den Namen der Enkelin verfolgte. Ob die Großmutter bei der Anlegung des Sparbuchs eine Bestimmung i.S.v. § 331 BGB hat treffen wollen, läßt sich rückschließend nur unter Heranziehung und Würdigung der familiären Verhältnisse, insbesondere ihres Verhältnisses zu ihren Töchtern (Erben) einerseits und zu ihrer Enkelin andererseits beurteilen. Hierbei etwa verbleibende Unklarheiten gehen zu Lasten der Enkelin, die sich auf die Wohltaten aus § 331 BGB beruft.

71 Einen sehr ähnlichen Fall hatte der BGH im Jahre 1975 zu entscheiden[80]. Auch dort ging es um ein Sparbuch zugunsten eines Dritten. Der BGH bestätigte zunächst noch einmal, daß die §§ 330, 331 BGB auch auf Sparguthaben anzuwenden seien. Da der Gesetzgeber diese Normen von den Vorschriften über letztwillige Verfügungen, insbesondere § 2301 BGB nicht eindeutig abgegrenzt habe, habe die Rechtsprechung solche Verträge schon immer großzügig als wirksame lebzeitige Verfügungen anerkannt, zumal die Beteiligten durchweg auf diese Anerkennung vertrauten und deshalb die Formen letztwilliger Verfügungen nicht einhielten. Schließlich dürfe nicht außer acht gelassen werden, daß im Ergebnis wirtschaftlich die gleiche Rechtsfolge dadurch erreicht werden könne, daß der Erblasser dem Bedachten die Forderung, aufschiebend bedingt durch seinen Tod und das Überleben des Bedachten, schenkungsweise *abtrete*, ohne daß er dabei die Form letztwilliger Verfügungen einhalten müsse[81]. In all diesen Fällen wird der Rechtsgrund für die Schenkung letztlich dadurch hergestellt, daß der Begünstigte nach dem Tode des jeweiligen Erblassers dessen ihm von der Bank mitgeteilte Schenkungsofferte annimmt.

72 Besonders wichtig ist in diesem Zusammenhang, daß die Erben bis zur Annahme des Schenkungsangebotes durch den Begünstigten widerrufen können[82]. Denn dieses zuvor dem Erblasser selbst zustehende Recht geht mit dessen Tode auf seine rechtmäßigen Erben über. Solange das Schenkungsangebot von der Bank noch nicht übermittelt ist, kann der Erbe den der Bank vom Erblasser erteilten Auftrag und das damit verbundene Schenkungsangebot also widerrufen[83]. Der Widerruf eines solchen Schenkungsangebotes durch den Erben ist gemäß § 130 Abs. 1 S. 2 BGB allerdings nur dann erheblich, wenn er spätestens zusammen mit der Abgabe des Angebotes erfolgt. Für die Bank ist in diesen Fällen wichtig, daß vor Widerruf der Auftrag des Erblassers fortwirkt. Die Bank ist also verpflichtet, die Schenkungsofferte dem Begünstigten zu eröffnen. Dieses hat im Rahmen des der Bank Zumutbaren unverzüglich zu erfolgen, wenn und soweit sich nicht aus dem Auftrag des Erblassers etwas andereres ergibt. Vor allem besteht keine Verpflichtung der Bank, die Erben zu ermitteln. Im Gegenteil, die Bank macht sich schadensersatzpflichtig, wenn sie, dem bestehenden Auftrag widersprechend, zunächst die Erben ermittelt, diese über den Vertrag zugunsten Dritter informiert und so den Widerruf geradezu heraufbeschwört.

---

80 BGHZ 66, 8 ff.
81 BGHZ 8, 23, 31.
82 Dabei ist die Bank weder berechtigt noch verpflichtet, die Zustimmung des Erben abzuwarten, oder durch Warten den Widerruf der postmortalen Vollmacht zu ermöglichen, BGH DB 1995, 570 f.
83 BGH NJW 1975, 382 ff.; 1984, 480 ff.

Daß die Frage, wer nach dem Tode eines anderen Kontoinhaber geworden ist, ziemlich kompliziert zu beantworten sein kann, zeigt auch ein Fall, der vom BGH am 23.2.1983 zu entscheiden war[84]. Hier bestand ein Konto bei einer Züricher Bank. Für dieses Konto hatte der Erblasser am 29.1.1976 dem späteren Beklagten eine Vollmacht gegeben, »unwiderruflich über die (genannten) Guthaben« zu verfügen. *Die entscheidende Frage war, ob das jeweilige Guthaben auf dem Konto i.S.d. §§ 518 Abs. 2, 2301 Abs. 2 BGB bereits geleistet ist, wenn der Erblasser dem Beschenkten eine unwiderrufliche Vollmacht erteilt.* Der BGH hat diese Frage verneint und darauf abgestellt, daß die bloße Vollmacht, auch wenn sie unwiderruflich sei, keinerlei Änderung in der rechtlichen Zuordnung des Bankguthabens bewirkt. Sie steht nach wie vor dem Erblasser zu und geht mit dem Erbfall auf dessen Erben über (§ 1922 Abs. 1 BGB). Der Vollmachtsinhaber vertritt in diesen Fällen nach dem Tode des Erblassers nunmehr den oder die Erben. Gelangt er aufgrund der Vollmacht in den Genuß des Guthabens, so kann es sich rechtlich nicht mehr um eine Leistung des Schenkers, d.h. des Erblassers, sondern allenfalls um eine solche der Erben handeln. Die von § 2301 Abs. 2 BGB vorausgesetzte Vollziehung durch den Schenker liegt also nicht vor[85].

73

Diese Entscheidung ist richtig, wenngleich im Einzelfall zu prüfen bleibt, ob nicht in der unwiderruflichen Vollmachtserteilung zugleich (konkludent) die Abgabe eines Schenkungsversprechens i.S.v. § 331 BGB liegen könnte. Ausgeschlossen erscheint das nicht, da ja Versprechen dieser Art formfrei zulässig sind. Gerade bei der Prüfung dieser Frage dürfe, so hat es der BGH mehrfach hervorgehoben, der Tatrichter nicht engherzig verfahren[86]. Vielmehr ist zu beachten, daß eine Schenkung von Todes wegen erfahrungsgemäß vielfach auch dann gewollt ist, wenn der Erblasser nicht ausdrücklich eine Überlebensbedingung i.S.v. § 2301 Abs. 1 BGB erklärt. So wird es nicht selten sein, wenn der Erblasser einer bestimmten Person für die Zeit nach seinem Tode eine Zuwendung verspricht und dafür besondere Gründe gerade in der Person des Versprechensempfängers hat. Allerdings muß auch bedacht werden, daß die Anwendung der Vorschriften über die Verfügungen von Todes wegen vom Tatrichter nicht zu weit zurückgedrängt werden dürfen. Es ist also wirklich nicht immer ganz einfach, den Kontoinhaber zu bestimmen, insbesondere dann, wenn zwischen letztwilligen Verfügungen einerseits und Schenkungen von Todes wegen andererseits abzugrenzen ist.

74

---

84 BGHZ 87, 20 ff.
85 Anders liegen die Dinge, wenn eine Schenkung auf den Todesfall vorliegt, aber noch nicht vollzogen ist. Ist der Beschenkte (postmortal) bevollmächtigt, so kann er, sofern die Erben die Vollmacht noch nicht widerrufen haben, nun die Schenkung vollziehen, BGH DB 1995, 570 f.
86 BGHZ 99, 100.

75 Die Dinge werden noch einmal komplizierter, wenn man sich vor Augen hält, daß nach § 331 BGB zunächst wirksame Zuwendungen ausnahmsweise nach § 2287 BGB unwirksam werden können. Danach sind Schenkungen herauszugeben, die der Erblasser, in der Absicht den Vertragserben zu benachteiligen, gemacht hat. Ob eine Benachteiligungsabsicht vorliegt, hängt davon ab, »ob ein lebzeitiges Eigeninteresse des Erblassers an seiner Vermögensdisposition anzuerkennen ist, oder ob die Verfügung allein darauf angelegt ist, daß ein anderer als der Vertrags- oder Schlußerbe wesentliche Vermögensteile nach dem Tod des Erblassers ohne Gegenleistung erhalten sollte«[87]. Ein lebzeitiges Eigeninteresse des Erblassers sei etwa dann anzunehmen, wenn es diesem darum ginge, seine Altersversorgung zu sichern oder zu verbessern; es könnte auch in der Erfüllung einer sittlichen Verpflichtung liegen, so etwa wenn der Erblasser mit dem Geschenk einer Person, die ihm im besonderen Maße geholfen habe, seinen Dank abstatten wollte. Fehlt es an solchen Gründen, die ein »lebzeitiges Eigeninteresse« belegen, so wird von der Rechtsprechung eine Benachteiligungsabsicht i.S.d. § 2287 BGB regelmäßig bejaht, mit der Folge, daß das zugewendete Sparkonto vom Begünstigten sofort an den Erben herauszugeben ist, so daß dieser von Anfang an die Einrede der Bereicherung geltend machen kann.

76 Die Schwierigkeiten bei der Bestimmung des Kontoinhabers insbesondere bei möglichen Schenkungen auf den Todesfall sind mithin immens. Die Banken können in gewissem Umfange daran mitwirken, diesen Schwierigkeiten im Vorfeld zu begegnen. So sollte bei Einräumung unwiderruflicher Vollmachten geklärt werden, ob damit eine Schenkung von Todes wegen verbunden sein soll. Hierüber sollten Protokollvermerke im Kontoeröffnungsantrag gemacht werden. Auch bei der Ausstellung von Sparbüchern auf einen fremden Namen können Ungewißheiten auf diese Weise beseitigt werden. Ähnlich wie bei der Lebensversicherung könnte der Begriff Bezugsberechtigter verwendet werden, um jeden Zweifel auszuschließen. Schließlich könnte die Bank durch Hinweis auf die Rechtsprechung zu § 2287 BGB dem das Konto Errichtenden klarmachen, daß ein »lebzeitiges Eigeninteresse« bestehen muß, wenn die Zuwendung wirksam bleiben soll. *Selbstverständlich besteht insoweit keine Rechtspflicht der Bank, aber eine entsprechende Information vermeidet nicht nur zukünftigen Ärger, sondern wird auch das Standing der Bank gegenüber den Kunden erhöhen.* Ist das Kind schließlich in den Brunnen gefallen, streiten sich also mehrere über die Frage, wer Kontoinhaber ist, so kann die Bank das Guthaben gemäß § 372 BGB hinterlegen und den Prätendentenstreit abwarten[88].

---

87 BGHZ 66, 15 f.
88 Vertiefend hierzu Liesecke, WM 1975, 225.

4. Die Bestimmung des Kontoinhabers beim Sparbuch

Auch beim Sparvertrag, für den in Deutschland traditionell ein Sparbuch ausgefertigt wird, gelten die allgemeinen Grundsätze, die der BGH im Jahre 1956 aufgestellt hat[89]. Daran hat sich trotz Aufhebung der §§ 21-22a KWG zum 1.7.1993 nichts geändert[90]. Maßgeblich ist also, wer nach dem erkennbaren Willen des die Einzahlung Bewirkenden Gläubiger der Bank werden sollte. Wesentlicher Bestandteil dieser Formel ist die *Erkennbarkeit* des Willens. Aufgrund dieses objektiv-normativen Maßstabs sind die gesamten erkennbaren Umstände eines Einzelfalles zu gewichten. Wer in der Kontobezeichnung aufgeführt ist oder aus wessen Mitteln die eingezahlten Gelder stammen, kann zwar für die Abwägung von Bedeutung sein, alleinentscheidend ist es jedoch nicht[91]. 77

So hat der BGH mehrfach klargestellt, daß aus der Tatsache allein, daß ein Sparbuch auf den Namen eines Dritten angelegt werde, noch nicht folge, daß dieser Verfügungsberechtigter und damit Kontoinhaber werden sollte[92]. Umgekehrt ist aber auch § 808 BGB keine Auslegungshilfe. Der Inhaber eines Sparbuches wird, wie diese Norm in Abs. 1 S. 2 ausdrücklich klarstellt, nicht zum Verfügungsberechtigten über das Konto. Legt also ein Dieb ein Sparbuch vor, ohne daß die Bank diesen Sachverhalt erkennen kann, so ist sie zwar berechtigt mit befreiender Wirkung auszuzahlen, sie leistet aber an einen Nichtberechtigten. § 808 BGB berührt mit anderen Worten die Frage, wer verfügungsberechtigt und damit Kontoinhaber ist, überhaupt nicht. Daran wird deutlich, daß beim Sparbuch zwei Fragen strikt zu trennen sind, nämlich einerseits diejenige, wer Verfügungsberechtigter und damit Kontoinhaber ist, und andererseits diejenige, an wen eine Bank mit befreiender Wirkung auszahlen darf. 78

a) Die Zahlung an den (berechtigten) Kontoinhaber

Der Normalfall liegt beim Sparkonto nicht komplizierter als bei jedem anderen Eigenkonto. Schließt jemand im eigenen Namen mit der Bank einen Sparvertrag ab und leistet er auch die erste Einlage, so ist in aller Regel davon auszugehen, daß er selbst Inhaber der Einlageforderung wird[93]. Diese Formel des BGH erfaßt die weitaus überwiegende Zahl aller Fälle und stellt klar, daß die konkretisierte Schuldrechtsbeziehung zwischen Kunde und Bank entscheidender Anknüpfungspunkt für die Kontoinhaberschaft ist und sein muß. Komplizierter sind die nicht ganz regelmäßigen Fälle mit Drittbezug. Hier gilt seit BGHZ 46, 198, daß aus der Tatsa- 79

---

89 BGHZ 21, 148.
90 Zu den Konsequenzen Lange, BB 1993, 1677 ff.
91 BGHZ 21, 150; 28, 369; 46, 198; BGH WM 1970, 712; 1972, 383.
92 BGHZ 28, 369; 46, 198.
93 BGH WM 1972, 383; Bestätigung von BGH WM 1970, 712.

che allein, daß das Sparbuch auf den Namen eines Dritten angelegt ist, noch nicht folgt, daß dieser Inhaber sein soll. Entscheidend sei vielmehr, wer das Sparbuch im berechtigten Besitz habe. Daraus lasse sich in der Regel der Wille entnehmen, selbst noch die Verfügungsbefugnis über das Sparguthaben behalten zu wollen[94]. Bestehen also Zweifel darüber, wer Kontoinhaber ist, so spricht eine – widerlegliche – Vermutung für den berechtigten Besitzer des Sparbuches. Damit ist der Dieb als Kontoinhaber ausgeschlossen[95]. Die Anknüpfung an den berechtigten Besitz als Kriterium zur Bestimmung des Kontoinhabers hat also nichts mit § 808 BGB zu tun.

80 Dabei ist es nicht logisch zwingend, vom berechtigten Besitz am Sparbuch auf den Kontoinhaber zu schließen. Das Sparbuch ist kein Inhaberpapier, wird also nicht wie ein Sachenrecht zugeordnet. Folglich kommt insoweit auch die Eigentumsvermutung des § 1006 BGB nicht in Betracht. Es gibt also keine sachenrechtliche Vermutung etwa mit dem Inhalt, daß der berechtigte Besitzer des Sparbuchs automatisch Kontoinhaber sein müsse. Wenn der BGH trotzdem seit mehreren Jahrzehnten an dieses Kriterium anknüpft, so bedeutet das, daß er eine anfangs vorgefundene Verkehrsauffassung aufgenommen und inzwischen in ständiger Rechtsprechung verfestigt hat.

81 Banken und Kunden vertrauen inzwischen zu Recht darauf, daß der berechtigte Besitzer des Sparbuches über das Sparkonto verfügungsberechtigt ist. Dieses Vertrauen ist privatrechtsrelevant, weil es den rechtsgeschäftlichen Willen derjenigen, die einen Sparvertrag begründen, ausdrückt. Hieran sind die Gerichte unmittelbar gebunden. Aus diesem Grunde sind die Entscheidungen zweier Oberlandesgerichte bedenklich[96]. Das für die Kontoeröffnung verwendete Formular enthielt den ausdrücklichen Text »Gläubiger der Spareinlage ist/sind der/die Kontoinhaber«. Darunter war eine Leerzeile vorgesehen, die auszufüllen war, wenn der Kontoinhaber nicht der Gläubiger sein sollte. Im Koblenzer Fall waren noch die Worte »sind« und »die« gestrichen worden. Die Leerzeile war in beiden Fällen unausgefüllt geblieben. Vergleichbare Formulierungen hatte es in den vom BGH entschiedenen Fällen nicht gegeben. Die Oberlandesgerichte folgerten, die Person, auf deren Namen das Konto lautete, sei demnach unzweifelhaft Gläubigerin der Spareinlage. Darauf daß nicht sie, sondern ein anderer das Sparbuch in berechtigtem Besitz hatte, sollte es nicht mehr ankommen. Im Grundsatz ist das richtig gedacht. Wenn sich aus den gewählten Formulierungen und den Umständen des Falles eindeutig ergibt, wer verfügungsberechtigt und damit Kontoinhaber sein soll,

---

94 BGHZ 46, 198; anknüpfend an BGHZ 28, 368; seither ständige Rechtsprechung.
95 BGHZ 28, 369; das ergibt sich aber bereits aus dem Wortlaut von § 808 Abs. 1 Satz 2 BGB.
96 OLG Koblenz WM 1989, 565 = WuB I C 2.-3.89 Reiser; OLG Nürnberg WM 1990, 928 = WuB I C 2.-5.90 v. Rottenburg.

dann kommt es nicht mehr auf die Besitzverhältnisse am Sparbuch an. Auslegungshilfen werden in dieser Situation ja nicht mehr benötigt.

Im Gegensatz zur Auffassung der beiden Oberlandesgerichte ergibt sich aber aus der Formulierung im Kontoblatt keineswegs eindeutig, wer berechtigter Kontoinhaber sein soll. Denn hinter dem Satz »Gläubiger der Spareinlage ist der Kontoinhaber« verbirgt sich ein schlichter Zirkelschluß. Das wird sofort klar, wenn man ihn rückwärts liest. Dann heißt es »Der Kontoinhaber ist Gläubiger der Spareinlage«. Die entscheidende Frage, wer eigentlich Kontoinhaber ist, wird dadurch gerade nicht beantwortet, im Gegenteil das Wissen insoweit wird vorausgesetzt. Das bedeutet, daß sowohl der genannte Dritte als auch derjenige Kontoinhaber sein könnte, der das Sparbuch noch besitzt. In einem solchen Zweifelsfall ist als Auslegungshilfe die Formel des BGH heranzuziehen, wonach der berechtigte Besitzer Kontoinhaber ist und nicht der benannte Dritte. Das ist sinnvoll, eben weil der Rechtsverkehr nach dieser Formel seinen Willen bildet. So können Sparbücher für Dritte eingerichtet werden, ohne ihnen automatisch einen unmittelbaren Anspruch i.S.v. § 328 BGB zuzuweisen. Auf diese Weise wird es dem Inhaber des Sparbuchs möglich, in seinem Vermögen eine (rechnerische) Sonderung durchzuführen, ohne damit schon die Verfügungsberechtigung zu verlieren. Es kann zugleich nach außen dokumentiert werden, daß der im Sparbuch Benannte eine auch rechtlich relevante Nähe zu dem für ihn abgesonderten Betrag hat, was zu Bezugsberechtigungen nach § 331 BGB führen kann. Aber, dem berechtigten Besitzer des Sparbuchs ist es unbenommen, jederzeit »Drittwidmungen« rückgängig zu machen, es handelt sich – ähnlich der Bezugsberechtigung bei der Lebensversicherung oder der testamentarischen Begünstigung – um einseitige Absichtserklärungen zugunsten Dritter, nicht mehr und nicht weniger. Deshalb kann es, entgegen der Auffassung des OLG-Nürnberg[97], für die Bestimmung des Kontoinhabers auch nicht auf den Zeitpunkt der Kontoeröffnung ankommen, denn aus einer ursprünglich unverbindlichen Absichtserklärung kann im Laufe der Zeit eine rechtlich verbindliche Begünstigung zugunsten eines Dritten werden. Das kann auch konkludent geschehen. An diesen Grundsätzen ist festzuhalten, weil sie Ausdruck rechtsgeschäftlicher Willensbildung zwischen Kunde und Bank sind.

Die Frage, wie mit Zahlungen an Nichtberechtigte umzugehen ist, hat, wie der Wortlaut von § 808 Abs. 1 S. 2 BGB zeigt, mit derjenigen, wer verfügungsberechtigter Kontoinhaber ist, überhaupt nichts zu tun. Statt dessen geht es darum, ob sich der berechtigte Kontoinhaber so behandeln lassen muß, als sei an ihn ausgezahlt worden. Da es nach § 808 Abs. 1 BGB in vielen Fällen so sein wird, daß der berechtigte Kontoinhaber die

---

97 WM 1990, 928.

Auszahlung an den Nichtberechtigten gegen sich gelten lassen muß, ist es aber vom wirtschaftlichen Ergebnis her vertretbar, das Problem der befreienden Zahlung an den Nichtberechtigten im Zusammenhang mit der Kontoinhaberschaft abzuhandeln.

b) Die befreiende Zahlung an den Nichtberechtigten

84 Nach § 21 Abs. 1 KWG a.F. sind Spareinlagen jene, »die durch Ausfertigung einer Urkunde, insbesondere eines Sparbuches, als solche gekennzeichnet sind.« Aus dieser Formulierung wurde regelmäßig gefolgert, daß das Sparbuch ein Rektapapier sei, also ein Wertpapier bei dem eine bestimmte Person als berechtigt bezeichnet ist (rekta = direkt, an den direkt Benannten zahlen; deshalb auch Namenspapier). Allerdings wird der Schuldner (z.B. die Bank), wenn er an jemanden leistet, der das Papier in Händen hält, auch dann frei, wenn der Gläubiger nicht berechtigt war (§ 808 Abs. 1 BGB). Hierdurch unterscheidet sich das Rektapapier vom schlichten Legitimationspapier, das ausschließlich Beweiszwecken dient, wie etwa der Quittung (§ 370 BGB) oder der Abtretungsurkunde (§ 410 BGB). Aber, auch Legitimationspapiere sind selbstverständlich Urkunden im zivilrechtlichen Sinne, also verkörperte Gedankenerklärungen in Schriftform. Das bedeutet zunächst, daß Sparbücher den Anforderungen des § 21 KWG a.F. auch dann entsprächen, wenn sie als Legitimationspapier und nicht als Rektapapier ausgestaltet würden. Auch in diesem Falle würde dem Kunden eine Urkunde ausgehändigt werden, wobei es ein Sparbuch sein könnte aber nicht sein müßte, denn auch in § 21 Abs. 1 KWG a.F. hieß es »..., *insbesondere* eines Sparbuches, ...«. Diese Hinweise sind wichtig, weil sich das Problem der befreienden Zahlung an nichtberechtigte Sparbuchinhaber (z.B. Diebe) überhaupt nur deshalb stellt, weil das Sparbuch als Rektapapier ausgestaltet ist. Die Probleme wären also vom Tisch, würde man das Sparbuch als schlichtes Legitimationspapier ausgeben.

85 Denkbar wäre es demnach, den Kunden eine Wahlmöglichkeit einzuräumen, eben die Wahl zwischen einem Sparbuch als Rektapapier oder einem Sparbuch als Legitimationspapier. Rechtlich steht dem nichts entgegen, wirtschaftlich wäre das sehr sinnvoll. Denn ein besonderes Bedürfnis, das Sparbuch verkehrsfähig zu machen, besteht gerade nicht. Im Gegenteil, nach § 21 Abs. 2 KWG a.F. durften als Spareinlagen »nur Geldbeträge angenommen werden, die zur Ansammlung oder Anlage von Vermögen dienen; Geldbeträge die zur Verwendung im Geschäftsbetrieb oder für den Zahlungsverkehr bestimmt sind, erfüllen diese Voraussetzungen nicht«. Wieso das Sparbuch angesichts dieser auf Daueranlage gerichteten Grundfunktion überhaupt als Rektapapier ausgestaltet wird, ist schwer erklärbar. Zumal wenn man bedenkt, daß das Girokonto, mit dem

schnelle Geldbewegungen möglich sein müssen, ohne Verbriefung funktioniert.

Dem Sinn und Zweck des Sparbuchs entspräche es sehr viel eher, würde man es im Normalfall als Legitimationspapier anbieten. Dies würde zudem nahezu alle der gleich zu erörternden Probleme lösen. Die Probleme entstehen, weil das Sparbuch als Rektapapier ausgestaltet ist, d.h., weil die Bank nach § 808 Abs. 1 BGB an jeden Inhaber des Sparbuchs mit befreiender Wirkung leisten kann, ohne daß dieser dadurch zum berechtigten Leistungsempfänger wird (§ 808 Abs. 1 S. 2 BGB)[98]. Das belegt insbesondere folgender Fall.

86

Fall: BGHZ 28, 368 ff.
Im Jahre 1954 eröffnete eine Mutter ein Sparkonto auf den Namen ihrer am 1.7.1942 geborenen Tochter Hannelore. Im Jahre 1956 betrug das Guthaben ca. DM 3 500,-. Die Tochter wußte sich das Sparbuch, das auf den Namen »Hannelore G. – Schülerin« zu verschaffen und hob ohne Wissen und Wollen ihrer Eltern Ende Februar und Anfang März 1956 insgesamt DM 2 400,- ab. Das abgehobene Geld verwendete sie zum Teil für die Anschaffung von Kleidungsgegenständen, im übrigen verbrauchte sie es auf einer Reise. Der Vater von Hannelore G., der sich die Rechte seiner Ehefrau hat abtreten lassen, verlangt von der Bank die nochmalige Zahlung des von seiner Tochter abgehobenen Betrages. Er ist der Auffassung, seine Tochter sei nicht verfügungsberechtigt gewesen. Die Bank habe diesen Mangel gekannt oder nur aus grober Fahrlässigkeit nicht erkannt. Deshalb könne sie durch die Zahlung auch nicht nach § 808 BGB befreit worden sein.

87

Dem hat der BGH widersprochen. Nach § 808 BGB sei eine Bank nicht verpflichtet, die Person des Überbringers des Sparbuchs auf ihre Verfügungsberechtigung zu prüfen, so daß sie bei Vorlage des Sparbuchs durch die Leistung an den jeweiligen Inhaber auch dann befreit werde, wenn sie dessen fehlende Verfügungsbefugnis hätte erkennen können. Durch die Sondervorschrift des § 808 BGB sei eine Haftung bei Zahlung an einen Nichtberechtigten ausgeschlossen, selbst wenn der Schuldner (die Bank) die Nichtberechtigung infolge Fahrlässigkeit nicht erkannt habe. Würde der Bank die Pflicht auferlegt, bei jedem, der ein Sparbuch vorlege, die Verfügungsmacht zu prüfen, so würde das den durch § 808 BGB verfolgten Zweck des Gesetzes weitgehend illusorisch machen. Insbesondere sei es auch nicht möglich, die befreiende Wirkung des § 808 BGB auf dem Umweg über einen Schadensersatzanspruch aus fahrlässiger Vertragsver-

88

---

98 Baumbach/Hopt, HGB-Komm.[29], S. 1142 (B/4); zweifelnd für den Fall mangelnder oder beschränkter Geschäftsfähigkeit Canaris[3], Rz. 1186, was nicht überzeugt, weil § 808 Abs. 1 BGB die Auszahlung an jeden Inhaber mit befreiender Wirkung anordnet und die schlichte Inempfangnahme von Geld kein Rechtsgeschäft, sondern ein Realakt ist.

letzung oder unerlaubter Handlung praktisch wieder auszuschalten. Eine *Ausnahme* gelte nur, wenn die Bank die mangelnde Verfügungsbefugnis des Überbringers *positiv gekannt* oder sonst gegen *Treu und Glauben* die Zahlung bewirkt habe (RGZ 89, 401, 403).

89 Ein Verstoß gegen Treu und Glauben wird in Analogie zu Art. 40 Abs. 3 S. 1 WG regelmäßig bei grober Fahrlässigkeit angenommen[99]. Ob eine solche grobe Fahrlässigkeit seitens der Bank durch Zahlung an die fast 14jährige Tochter hätte bejaht werden dürfen, ließ der BGH dahingestellt, weil die Bank in jenem Fall schon deshalb nicht hätte auszahlen dürfen, weil eine zwölfmonatige Kündigungsfrist vereinbart worden war. Zwar habe eine solche Kündigungsfrist nicht die Wirkung eines Sperrvermerkes oder eines Kennworts. Auch sei trotz der vereinbarten Kündigungsfrist eine vorzeitige Auszahlung nicht unmöglich. Das zeige § 22 Abs. 3 S. 1 KWG a.F., wonach Spareinlagen, die ausnahmsweise vorzeitig zurückgezahlt wurden, als *Vorschüsse* zu behandeln und als solche zu verzinsen waren. Erforderlich sei aber, daß der Gläubiger des Sparguthabens einen entsprechenden Antrag stelle und die Bank, wozu sie nicht verpflichtet sei, diesen Antrag annehme. Es bedürfe also eines rechtswirksamen Vertrages auf Abänderung des ursprünglichen Sparvertrags dahin, daß die Vereinbarung der Kündigungsfrist aufgehoben werde. Ohne eine solche vertragliche Vereinbarung habe die Bank kein Recht, vorzeitige Auszahlungen zu leisten. Ein solcher Vertrag sei wegen der Minderjährigkeit der Tochter und in Ermangelung ihrer Bevollmächtigung, nicht wirksam zustandegekommen. Die Befugnis, diesen Antrag zu stellen, werde auch nicht durch die Legitimationswirkung des § 808 BGB hergestellt, denn insoweit handele es sich nicht um eine »Leistung an den Inhaber der Urkunde«, sondern um eine Abänderung des ursprünglichen Sparvertrages, also den Abschluß eines neuen Vertrages. Diesen Gedanken hat der BGH später mehrfach verfestigt[100].

90 *Fall: BGHZ 64, 278 »Kündigung«*
A. unterhielt bei der Bank B. ein Sparkonto. Am 26.2.1971 hob eine unbekannt gebliebene Person von diesem Konto DM 9 000,- ab. Sie hatte dabei das Sparbuch, zu dem eine Ausweiskarte nicht ausgestellt war, und den Reisepaß des A. vorgelegt. Dem A. war das Sparbuch und der Reisepaß kurz vor der Abhebung am selben Tage gestohlen worden. Dem Sparvertrag lagen die im Sparbuch abgedruckten Geschäftsbedingungen der Bank zugrunde. Sie lauteten auszugsweise:
»5. Die Bank ist befugt, den Vorleger des Sparbuchs als zur Kündigung und Empfangnahme von Kapital und Zinsen, gleichviel ob dieses gekün-

---

99 BGHZ 28, 371; Baumbach/Hopt, HGB-Komm.[29], S. 1142 (B/4).
100 BGHZ 42, 302 ff.; 64, 278; NJW 1986, 2104 für das Postsparbuch.

digt ist oder nicht, berechtigt anzusehen und an ihn Zahlungen aller Art zu leisten ...
7. Rückzahlungen erfolgen unter nachstehenden Bedingungen ...:
a) Beträge bis insgesamt DM 1 000,- innerhalb von 30 Zinstagen ohne vorherige Kündigung,
b) Beträge über DM 1 000,- mit dreimonatiger Kündigung ...«.
A. ist der Auffassung, daß die Bank höchstens DM 1 000,- hätte auszahlen dürfen. Für die restlichen DM 8 000,- fehle es an der notwendigen Kündigung. Die Bank weist darauf hin, daß nach Nr. 5 der AGB eine Kündigung nicht erforderlich gewesen sei. Zu Recht?

Nein, wobei der BGH seine Entscheidung in zwei Schritten begründet hat. Zum einen hat er klargestellt, daß der Verzicht auf die Kündigung in Ziffer 5 der AGB nach § 134 BGB nichtig war. Diese Abmachung verstieß gegen ein in § 22 Abs. 1 KWG a.F. enthaltenes gesetzliches Verbot, wonach die Kündigungsfrist für Spareinlagen drei Monate betrug.

Im zweiten Schritt knüpfte der BGH, wie in den Vorentscheidungen, an den Tatbestand von § 808 Abs. 1 S. 1 BGB an und stellte die Frage, welches die »versprochene Leistung« bei einem Sparbuch ist. Versprochen ist, so die Antwort, nur diejenige Leistung, »die den Abmachungen entspricht, die bei Begründung des Leistungsversprechens getroffen worden sind, und zwar so, wie es in der Urkunde niedergelegt ist; sie ist sozusagen die ursprünglich vertragsgemäße Leistung«. Daraus folgt, daß sich die Legitimationswirkung des Sparbuchs nur auf solche Leistungen des Ausstellers (der Bank) an einen nichtberechtigten Buchinhaber (hier Dieb) erstreckt, »die dem jeweiligen Sparvertrag unter Beachtung aller verbindlichen, gesetzlichen Bestimmungen entsprechen. Nur eine solche Leistung ist versprochen i.S.d. § 808 Abs. 1 BGB. Zu den danach einzuhaltenden Bestimmungen gehören auch diejenigen über Kündigungsfristen, die kraft Gesetzes oder Vertrages bestehen. Das bedeutet, daß jedenfalls für die Legitimationswirkung von Sparbüchern dann, wenn andersartige rechtsgültige Abmachungen fehlen (wie hier), der Leistungszeitpunkt zum Inhalt des Leistungsversprechens i.S.d. § 808 BGB gehört«.

Der BGH hat dieses, in der Literatur teilweise kritisierte, aus dem Wortlaut des § 808 Abs. 1 BGB gefolgerte Ergebnis, mit den wohlverstandenen Schutzinteressen der Sparer materiell abgesichert[101]. Weiß er (der Sparer), daß die Bank kurzfristig nur verhältnismäßig geringe Beträge (bis 22.12.1971 DM 1 000,-; bis 1.7.1993 DM 2 000,- innerhalb von 30 Zinstagen; seither Regelungen in den AGB/B) auf das Sparbuch leisten darf, so hat er während der laufenden Monatsfristen oder der jeweiligen Kündigungszeit die Möglichkeit, sein Guthaben sperren zu lassen oder

---

[101] Zur Kritik im einzelnen auch unter Hinweis darauf, daß weder die Motive noch die Protokolle zu § 808 BGB der Interpretation des BGH entgegenstehen H.-J. Pflug, Zur Legitimationswirkung von Sparbüchern, ZHR 140 (176) 175–200.

seine Berechtigung an der Einlage auf andere Weise nachzuweisen und sich dadurch seine Rechte zu sichern. Diese Möglichkeiten verliert er, wenn das Kreditinstitut von geltenden Kündigungsfristen absehen kann. Demgegenüber sei die Bank in diesem Zusammenhang weniger schutzbedürftig, da sie sich jederzeit auf diese Fristen berufen und vorzeitige Auszahlungen jedenfalls dann, wenn sie den Sparbuchinhaber nicht positiv als den Berechtigten kenne, ablehnen könne.

94   Andererseits könne eine Bank im Einverständnis mit dem Kunden jederzeit von der Einhaltung der Kündigungsfristen absehen. Auch § 22 Abs. 3 KWG a.F. sah diese Möglichkeit ausdrücklich vor. Im obigen Falle hatte die Bank aber nicht an den berechtigten, sondern an den nichtberechtigten Buchinhaber geleistet. Dieser konnte das erforderliche Einverständnis mit der vorzeitigen Auszahlung (mangels Berechtigung) nicht erteilen. Hieran könne auch die Legitimationswirkung des Sparbuchs nichts ändern. Das Sparbuch sei wie die anderen Papiere nach § 808 BGB und die Urkunden nach § 793 BGB Wertpapier. Es verbriefe als solches eine Leistung und eröffne die Möglichkeit, diese auch ohne dahingehende sachliche Berechtigung zu erhalten. Darin erschöpfe sich seine sachlich-rechtliche Wirkung. Die qualifizierten Legitimationspapiere nach § 808 BGB vermittelten weder dem Buchinhaber das Recht, Willenserklärungen abzugeben, die für den Gläubiger des verbrieften Rechts verbindlich seien, noch dem Aussteller (Bank) die Befugnis, den Buchinhaber jedenfalls als berechtigt zur Abgabe solcher Erklärungen anzusehen.

95   Auf der Basis dieser Grundsätze, die ständige Übung in der Bankpraxis geworden sind, kann man sagen, daß bei Sparbüchern ein zweistufiges System zu beachten ist. *Bis zur vereinbarten Grenze (in den AGB/B) kann jeder Inhaber des Sparbuchs ohne Kündigung innerhalb von 30 Zinstagen abheben. Bei höheren Beträgen endet die Legitimationswirkung des Sparbuchs.* Oberhalb dieses Betrages muß die Bank beim Kontoinhaber nachfragen, ob er mit einer Auszahlung einverstanden ist. Das erscheint angesichts der Tatsache, daß laufende Abhebungen heute über Girokonten abgewickelt werden, für die man kein Sparbuch braucht, akzeptabel zu sein[102]. Bis zur vereinbarten Grenze entfällt also für die Bank eine Legitimationsprüfung. Sie darf auszahlen, sofern sie nicht Kenntnis von der Nichtberechtigung hat oder aber ihre Nichtkenntnis auf *grober Fahrlässigkeit* beruht. Dabei ist zu beachten, daß sich der Verschuldensvorwurf nicht auf die – nach § 808 BGB nicht geschuldete – Gültigkeitsprüfung beziehen darf. Es muß sich vielmehr um Umstände handeln, die außerhalb der Gültigkeit der Urkunde liegen und bei jedem durchschnittlichen Banksachbearbeiter Zweifel an der Berechtigung des Abhebenden ausgelöst hätten. Legt, wie im obigen Fall, ein Ausländer das Sparbuch zu-

---

102 Zur berechtigten dogmatischen Kritik an der Rechtsprechung des BGH vgl. Müko – Hüffer, § 808 Rz. 32 m.w.N.

sammen mit dem gleichlautenden Reisepaß vor, so folgt aus der Tatsache, daß er kein Deutsch kann noch nicht, daß nun Zweifel an seiner Berechtigung entstehen müßten. Denn bei der Kontoeröffnung können Dolmetscher geholfen haben. Aber grob fahrlässig handelt man vielleicht, wenn sich der Kunde beim Abheben vom Sparbuch damit brüstet, daß dieses heute sein »Glückstag« sei, und niemand fragt, was er damit wohl meine.

Werden Beträge oberhalb der vereinbarten Grenze abgehoben, so entfällt die Legitimationswirkung des § 808 BGB, weil nun eine Kündigung erforderlich ist. Diese Kündigung kann der Nichtberechtigte nicht wirksam aussprechen. Eine Aufteilung in eine kündigungslos legitimierte Auszahlung bis zur Grenze und eine die Kündigung erfordernde darüber hinausgehende ist nicht möglich[103]. Das ist zwingend, weil die Bank in bezug auf den gleichen Auszahlungsvorgang nicht zwei verschiedene Verhaltenspflichten, mit gegenläufigen Inhalten, erfüllen kann. Während sie bei Auszahlungen ohne Kündigungserfordernis im Rahmen von § 808 BGB keine Gültigkeitsprüfung schuldet, ist das der Fall. Die Verschuldensprüfung bezieht sich jetzt auch auf die Urkunde selbst. D.h., die Bank muß die Frage der Berechtigung so wie bei der Auszahlung von einem Girokonto prüfen. Bleiben Unsicherheiten bestehen, so darf, trotz Urkunde, nicht ausgezahlt werden. Leichte Fahrlässigkeit genügt insoweit. Die bis 31.12.1992 haftungsverengende Nr. 5 Abs. 1 AGB/B (88) (Haftung nur für grobes Verschulden) greift nicht ein, weil die Bank das Sparbuch nicht im Auftrag des Kunden entgegennimmt, sondern durch einen Nichtberechtigten. Da die Bank aber nicht einerseits auf eine Gültigkeitsprüfung verzichten und andererseits auf sie nicht verzichten kann, kommt eine Aufteilung des einheitlichen Auszahlungsvorgangs nicht in Betracht.

96

Im Ergebnis ist dieses zweispurige Verhaltens- und Schutzkonzept sicher praktikabel. Banken und Kunden haben sich darauf eingestellt. Aber konzeptionell überzeugend ist es nicht. Es müßte nämlich begründbar sein, warum bei Sparguthaben bis zur vereinbarten Grenze jeder Inhaber abheben kann und warum das bei übersteigenden Beträgen nicht mehr sein darf. Der BGH hat einmal gesagt, daß die Sondervorschrift des § 808 BGB dem Erfordernis einer raschen und flüssigen Abwicklung des Sparverkehrs diene[104]. Würde man, so hat der BGH weiter ausgeführt, der Bank die Pflicht auferlegen, jeden, der ein Sparbuch vorlege, auf seine Verfügungsmacht zu überprüfen, so würde das den Sparverkehr erheblich erschweren und den durch § 808 BGB verfolgten Zweck des Gesetzes weitgehend illusorisch machen. Das letzte Argument (§ 808 BGB) ist ein Zirkelschluß und insoweit inhaltsleer, das erste entspricht heute jedenfalls nicht mehr den Tatsachen. Die Banken wickeln den größten Teil des tägli-

97

---

103 OLG Hamm NJW 1961, 1311; LG Hamburg, WM 1983, 577; LG Essen, WM 1987, 1452; a.A. LG München I, WM 1985, 549.
104 BGHZ 28, 370 f.

chen Zahlungsverkehrs über Girokonten ab, müssen also permanent die Berechtigung ihrer Kunden prüfen. Das gelingt, obwohl in diesen Fällen keine Urkunde ausgestellt ist, offenbar reibungslos. Es ist schwer zu begreifen, warum eine vergleichbare Berechtigungsprüfung nicht auch bei jenen Kunden gelingen sollte, die ein Sparbuch vorlegen. Und sinnvoll wäre das allemal, denn, § 22 KWG a.F. belegte dies, Spargeld ist als Daueranlage gemeint, eine besondere Verkehrsfähigkeit bis zum vereinbarten Grenzbetrag ist nicht erforderlich. Überlegungen dieser Art ändern nichts an der Machbarkeit des derzeit praktizierten Konzeptes, sie verweisen aber auf funktionale Ungereimtheiten. Da das Sparbuch weder unter noch über bestimmten Beträgen die Funktion hat, das in ihm verkörperte Guthaben verkehrsfähig zu machen, sollte man prinzipiell davon abgehen, es als Rektapapier auszugestalten. *Es genügt eine schlichte Legitimationsurkunde über das Sparguthaben auszustellen und ansonsten den Sparer so zu behandeln, wie jeden anderen (Giro-)Kontoinhaber auch.*

98 Nicht ganz unproblematisch sind schließlich Fälle, in denen der Sparer seine Einlagenforderung unter Übergabe des Sparbuchs an einen Dritten abtritt, dann aber, also ohne Vorlage des Buches, Zahlung von seiner Bank erlangt, die von der Abtretung nichts weiß. Es ist vertreten worden, daß die Bank in diesen Fällen mit schuldbefreiender Wirkung nach § 407 BGB an den Altgläubiger leisten durfte[105]. Es wurde darauf hingewiesen, daß die Aufsichtsbehörde in begrenzten Ausnahmefällen die Auszahlung ohne Vorlage des Sparbuchs gebilligt habe[106] und, daß der Vorlegungszwang des Sparbuchs nach § 21 Abs. 4 KWG a.F. als öffentlich-rechtliche Ordnungsvorschrift zu verstehen gewesen sei. Letzteres war sicher richtig, ändert jedoch nichts daran, daß die Bank bereits nach § 808 Abs. 2 S. 1 »nur gegen Aushändigung der Urkunde zur Leistung verpflichtet« ist. Hieraus, und nicht aus dem KWG, folgt, daß die schuldbefreiende Wirkung bei Zahlungen aus Sparkonten nur eintritt, wenn die Spaurkunde vorgelegen hat[107]. *Banken, die ausnahmsweise einmal ohne Sparbuch auszahlen, tragen damit das Risiko der Doppelzahlung.*

III. Die Bestimmung des Kontoinhabers im Fall der Stellvertretung

99 Kontovollmachten sind vor allem für Unternehmen ein unentbehrliches Mittel des massenhaft anfallenden täglichen Zahlungsverkehrs. Allerdings, die Erteilung einer Kontovollmacht macht noch nicht zum Kontoinhaber, was für die Zwangsvollstreckung nicht unwichtig ist. Der Gläubiger eines

---

105 Kümpel WM 1981 Sonderbeilage 1; ders. WM 1983 Sonderbeilage Nr. 6, S. 10 f.; OLG Hamm WM 1984, 801 mit Anmerkung Kümpel.
106 Weiterführend Müko-Hüffer² § 808 Rz. 34.
107 Wie hier Müko-Hüffer § 808 Rz. 33 f. m.w.N.; Zöllner, Wertpapierrecht[14], S. 179 (§ 28 II).

§ 3 Das Einlagengeschäft

Stellvertreters kann nicht in das Konto des Vertretenen vollstrecken. Tut er es trotzdem, so hat dieser die Drittwiderspruchsklage (§ 771 ZPO). Es ist also ein Unterschied, ob mehrere Personen ein Gemeinschaftskonto unterhalten (z.B. in der Form des Und-Kontos oder des Oder-Kontos), gegenüber dem Fall, daß ein Kontoinhaber einer anderen Person eine Kontovollmacht erteilt. Andererseits kann der Bevollmächtigte im Rahmen der Kontovollmacht wie ein Kontoinhaber verfügen, da sein Verhalten dem Kontoinhaber wie eigenes nach § 164 Abs. 1 BGB zugerechnet wird. Damit vermag der Stellvertreter im wirtschaftlichen Ergebnis dem Kontoinhaber sehr ähnlich zu agieren, er ist in gewissen Grenzen »faktischer Kontoinhaber«.

1. Formen zulässiger Stellvertretung im Bankrecht

Bis zum 31.12.1992 hieß es in Nr. 1 Abs. 1 AGB/B (88): »Die der Bank bekanntgegebenen Vertretungs- oder Verfügungsbefugnisse gelten bis zum schriftlichen Widerruf, es sei denn, daß der Bank eine Änderung infolge groben Verschuldens unbekannt geblieben ist. Änderungen der Vertretungs- oder Verfügungsbefugnisse, die in ein Handels- oder Genossenschaftsregister einzutragen sind, gelten jedoch stets erst mit schriftlicher Bekanntgabe an die Bank«. Dieser Wortlaut knüpfte an die für *Außenvollmachten* geltenden Regeln der §§ 167, 170 – 173 BGB an. Allerdings war *schriftlicher* Widerruf erforderlich, es sei denn, die Änderung war der Bank infolge groben Verschuldens unbekannt geblieben. Bei Änderungen, die in ein Handels- oder Genossenschaftsregister einzutragen waren, sollte stets eine schriftliche Bekanntgabe an die Bank erforderlich sein. Hierin lag eine Überspannung der Anforderungen an die beteiligten Verkehrskreise. Es war schwer einzusehen, warum im auf Professionalität und Schnelligkeit angelegten Sonderprivatrecht der Kaufleute schärfere Regeln gelten sollen, als im bürgerlichen Recht. So wurde in der Literatur – zu Recht – eine Einschränkung von Nr. 1 Abs. 1 S. 2 AGB/B (88) im Einzelfall nach § 242 BGB gefordert[108]. Konsequenter erscheint die Unwirksamkeit des Schriftformerfordernisses für Kaufleute nach § 9 Abs. 1 AGBG. Die Probleme sind durch die ab 1.1.1993 geltenden AGB/B gelöst. Nach Nr. 11 Abs. 1 AGB/B (93) ist es nur noch erforderlich, daß der Kunde der Bank »... das Erlöschen oder die Änderung einer ... erteilten Vertretungsmacht (insbesondere einer Vollmacht) unverzüglich mitteilt. Diese Mitteilungspflicht besteht auch dann, wenn die Vertretungsmacht in ein öffentliches Register (z.B. in das Handelsregister) eingetragen ist und ihr Erlöschen oder ihre Änderung in dieses Register eingetragen wird«. Formerfordernisse bestehen hiernach nicht mehr, d.h. auch mündliche Mitteilungen sind hinreichend.

100

---

108 Baumbach/Duden/Hopt, HGB-Komm.[28], S. 1257.

101 Kontovollmachten können für den Einzelfall oder auf Dauer erteilt werden. Legt der Bevollmächtigte im Einzelfall nicht offen, für einen anderen zu handeln, so kommt das Geschäft mit ihm selbst zustande (§ 164 Abs. 2 BGB). Durchbrechungen des hierin angelegten »Offenkundigkeitsprinzips«, wie sie beispielsweise für Geschäfte des täglichen Lebens oder nach § 1357 Abs. 1 BGB für Geschäfte zur angemessenen Deckung des Lebensbedarfs der Familie zwischen Ehegatten anerkannt sind, gibt es in bezug auf Kontobeziehungen nicht. Die Kontoeröffnung für den, den es angeht, kommt schon öffentlich-rechtlich nicht in Betracht, weil eine Bank, die ein Konto führt, sich nach § 154 Abs. 2 AO zuvor Gewißheit über die Person und Anschrift des Verfügungsberechtigten zu verschaffen und die entsprechenden Angaben in geeigneter Form, bei Konten auf dem Konto, festzuhalten hat (Grundsatz der formalen Kontenwahrheit).

102 Schwierigere Fragen stellen sich bei der Bestimmung des Umfangs und des Mißbrauchs der Vertretungsmacht. In beiden Feldern hat sich eine Rechtsprechung etabliert, die ausgehend von den allgemeinen Prinzipien des Vertretungsrechts versucht, den Besonderheiten des Bankrechts Ausdruck zu geben.

2. Umfang der Vertretungsmacht

103 Die auf Rechtsgeschäft beruhende Vertretungsmacht heißt Vollmacht (§ 166 Abs. 2 BGB), im Bankrecht hat sich die Bezeichnung Kontovollmacht eingebürgert. Ob jemand einen anderen wirksam vertreten hat oder nicht, hängt nach der Konzeption des deutschen Vertretungsrechts allein davon ab, ob Vertretungsmacht wirksam begründet wurde. Es kommt dagegen nicht darauf an, ob die Vertretungsmacht ihrerseits in einem anderen Rechtsverhältnis wurzelt, z.B. in einem Auftrag oder einem Dienst- oder Arbeitsvertrag (§ 168 BGB). Diese Erkenntnis, daß es sinnvoll ist, die Frage der Vertretungsberechtigung von etwaigen, sonst noch bestehenden Rechtsbeziehungen zu abstrahieren, ist noch recht jung. Erst Laband führte in einem Aufsatz aus dem Jahre 1866[109] diese Trennung zwischen Vollmacht und Mandat durch. Seither spricht man davon, daß die Vollmacht abstrakt sei, was soviel meint, daß die Vollmacht für sich allein rechtsgeschäftlich wirksam bestehen kann, es insoweit also keines ergänzenden schuldrechtlichen Vertrages bedarf. Die Vollmacht ist rechtlich selbständig. Diese Abkopplung der Vertretungsberechtigung vom zugrundeliegenden Rechtsgeschäft führt zu einem Grundkonflikt des deutschen Stellvertretungsrechtes. *Es kann nämlich jetzt zu einem Auseinanderfallen zwischen »Können« und »Dürfen« kommen. D.h., es ist möglich, daß ein Stellvertreter nach seiner Vollmacht etwas tun kann, was er im Innenverhältnis, z.B. aufgrund eines Geschäftsbesorgungsvertrages, nicht*

---

109 ZHR 10 (1866) 240.

tun darf. Tut er es trotzdem, so bindet er im Außenverhältnis den Vertretenen regelmäßig wirksam, sofern nicht einer der Fälle des Mißbrauchs der Vertretungsmacht vorliegt. Natürlich wäre es möglich gewesen, die Pflichtenbindung des Vertreters in dessen Vertretungsmacht derart einzubeziehen, daß die Vertretungsmacht nur insoweit besteht, als sie pflichtgemäß ausgeübt wird, wie das ausnahmsweise für die BGB-Gesellschaft in § 714 BGB angeordnet ist. Unsere Rechtsordnung hat sich, im Grundsatz jedenfalls, anders entschieden, was mit dem Bedürfnis nach einem leicht und unkompliziert wirkenden Zurechnungsmechanismus erklärt werden kann. Der Preis ist, daß in den (Ausnahme-)Fällen, in denen der Vertreter seine Befugnisse im Innenverhältnis überschreitet, die Rechtslage etwas komplizierter wird.

Dabei stellt sich im Vorfeld der Frage, ob ein Fall des Auseinanderfallens zwischen Können und Dürfen vorliegt, eine ganz andere, nämlich diejenige, welchen Umfang die jeweils in Frage stehende Vollmacht eigentlich hat. Anknüpfungspunkt ist die durch Rechtsgeschäft erteilte Vollmacht selbst. Das gilt auch im Hinblick auf Außenvollmachten. *Daraus folgt, daß die Bank grundsätzlich das Risiko trägt, daß Auszahlungsvollmachten gefälscht sind; insoweit gibt es keine rechtsgeschäftlich erteilte Vollmacht*[110]. Sind die Unterschriften unter den Vollmachtsurkunden hingegen echt, möglicherweise aber erschlichen, so braucht die Bank, die von alledem nichts ahnt, keine weitergehende Identitätskontrolle des Auszahlungsempfängers vorzunehmen. Die Überprüfung des Personalausweises, das Festhalten der Ausweisnummer sowie der Ausstellungsbehörde und der Ausstellungszeit reicht zusammen mit dem Umstand aus, daß die Unterschrift des Empfängers in Anwesenheit eines Mitarbeiters der Bank vollzogen wird. Insbesondere ein Rückruf beim Vollmachtgeber ist in aller Regel nicht geboten[111].

104

Fall: BGH WM 1969, 112 »Vollmacht für K.«
Eine Gastwirtin (G.) ließ sich von dem Kaufmann K. bei der Verwaltung ihrer Wertpapiere beraten und hatte mit ihm einen Vertrag geschlossen, nach dem er zu Verfügungen über ihre Wertpapiere berechtigt sein und eine vom Gewinn dieser Geschäfte abhängige Provision erhalten sollte. Auf seine Veranlassung hin legte die G. am 6.4.1960 Wertpapiere im Wert von etwa DM 100 000,- in ein Depot bei Ihrer Bank und ließ sich ein Konto eröffnen. Auch K. unterhielt dort ein Konto. In der Vereinbarung zwischen G. und K. hieß es, daß dieser »das Konto zum An- und Verkauf von Wertpapieren jeglicher Art verwenden« dürfe, nicht aber »zum Abheben von Bargeld und Erteilung von Schecks«. Anfang Mai 1960 überzog K. bei einem Wertpapiergeschäft für die G. das Konto. Da Überzie-

105

---

110 OLG Karlsruhe WM 1983, 454 = WuB IB2. 1.85 Messer.
111 OLG Karlsruhe aaO.

hungen dieser Art von der Kontovollmacht nicht gedeckt waren, wandte sich die Bank an die G. und schrieb: »... Wir haben bemerkt, daß Sie damit einverstanden sind, daß bei sich evtl. bietenden erfolgversprechenden Anlagen über den Rahmen Ihres Konto-Guthabens hinaus verfügt werden kann. Die seinerzeit von Ihnen erteilte Vollmacht für Herrn K. ist für derartige Fälle allerdings nicht ausreichend. Wir gestatten uns, Ihnen in der Anlage eine neue Vollmacht zu überreichen ...«.

Die in der Anlage beigefügte Vollmacht eröffnete die erwähnte Kontoüberziehung bei Wertpapierkäufen und enthielt in einer weiteren Nr. 2 den Passus: »Der Bevollmächtigte soll ferner berechtigt sein, in Höhe des Wertes des jeweiligen Depots Kredit in Anspruch zu nehmen«.

G. unterzeichnete die vorbereitete Vollmacht und sandte sie der Bank zurück. Am 7.6.1960 unterzeichnete K. namens der G. eine Verpfändungserklärung, in der er der Bank das jeweilige Guthaben auf dem Konto und die Wertpapiere der G. als Sicherheit für alle gegenwärtigen und zukünftigen Forderungen der Bank gegen ihn selbst verpfändete. Hiervon erfuhr die G. erst im Jahre 1962, als die Bank sich weigerte, Papiere im Wert von etwa DM 50 000,- an sie herauszugeben; insoweit bestand nämlich eine Schuld des K. gegenüber der Bank. G. ist der Auffassung, die Verpfändung ihrer Wertpapiere sei nicht wirksam vorgenommen. Die Bank beruft sich auf die ausdrücklich erteilte Vollmacht.

106   Dem ist der BGH entgegengetreten. Denn selbst wenn sich die Vollmacht auf die Verpfändung der Wertpapiere bezogen haben sollte, so sei es der Bank ausnahmsweise nach Treu und Glauben verwehrt, sich auf diese Verpfändung der Wertpapiere zu berufen[112]. Die Bank habe nämlich die G. durch die Übersendung des vorbereiteten Vollmachtsformulars dazu veranlaßt, eine Vollmachtsurkunde zu unterzeichnen, die in ihrer Fassung über den erklärten Zweck der Vollmachtserweiterung hinausging. K. sollte, wie der G. mitgeteilt wurde, mit ihrem Depot auf Kreditbasis spekulieren dürfen. Wenn K. nunmehr das Depot für alle ihm selbst gewährten und in Zukunft noch zu gewährenden Kredite der Bank in unbegrenzter Höhe verpfänden wollte, so war die Bank gehalten, sich zu vergewissern, ob auch das dem Willen der G. entsprach, mochte auch eine eigennützige Verpfändung nach Ansicht der Bank unter die Befugnis zu beliebigen Verfügungen aufgrund der neuen Vollmachtsurkunde fallen. In einer solchen Situation kann der G. nicht vorgeworfen werden, daß sie nicht von sich aus für eine Klarstellung des Umfangs der Vollmacht gesorgt und Geschäfte zugunsten des K. ausgeschlossen hat. Mit der Verwendung für ein solches Geschäft brauchte sie im Hinblick auf das Schreiben der Bank mit der Bitte um die neue Vollmacht nicht zu rechnen. Auch ein zweiter Fall ist instruktiv:

---

112 Vgl. dazu auch BGH NJW 1966, 491.

Fall: BGH WM 1987, 646 »Kontoüberziehung« 107
Am 9. Mai 1979 eröffnete A bei einer Bank ein Girokonto und erteilte dem Kaufmann S Kontovollmacht. Das dabei benutzte Formular enthielt auf der Vorderseite unter Nr. 1 eine Verwaltungsvollmacht, unter Nr. 2 eine Kreditvollmacht und unter Nr. 3 eine Vollmacht nur für den Todesfall, ferner vor der Unterschrift auf der Rückseite den – etwas dicker gedruckten – Satz: »Nicht gewollte Ziffern sind zu streichen«. A unterschrieb das Vollmachtsformular ohne Streichung. Das Konto sollte als Geschäftskonto zur alleinigen Verfügung des S dienen. Um dem S aus andauernden finanziellen Schwierigkeiten zu helfen, wurden am 22.5.1979 dem Konto DM 30 000,- gutgeschrieben, die im wesentlichen zum Ausgleich eines bereits entstandenen Debetsaldos von knapp DM 26 000,- dienten. Das Darlehen (DM 30 000,-) sollte in Raten zu Lasten des Girokontos getilgt werden. Nach dem 22.5.1979 überzog S das Girokonto erneut, so daß der Debetsaldo zeitweise über DM 100 000,- lag. S wurde im Dezember 1980 verhaftet, ein Konkursantrag für seine GmbH wurde mangels Masse abgelehnt. Im Frühjahr 1981 verlangte die Bank von A Ausgleich des Debetsaldos in Höhe von ca. DM 53 000,-. A lehnte jede Zahlung mit der Begründung ab, eine Überziehung des Girokontos sei nicht vereinbart worden. Die Bank beruft sich auf die nicht gestrichene Kreditvollmacht (Nr. 2) auf der Vorderseite des Vollmachtsformulars.

Dem ist der BGH entgegengetreten. Entscheidend sei nicht, welches 108
Formular verwendet worden sei, sondern vielmehr, daß A die dem S erteilte Vollmacht mündlich gegenüber der Bank beschränkt und Kontoüberziehungen, die nicht durch das Privatdarlehen von DM 30 000,- gedeckt waren, ausdrücklich ausgeschlossen hatte. Rechtlich hat eine solche mündliche Individualerklärung gemäß § 4 AGBG Vorrang vor dem Formulartext der von A unterschriebenen Vollmachtsurkunde. Auch § 1 Abs. 2 AGBG steht der Anwendung des § 4 AGBG nicht entgegen, denn aus der bloßen Tatsache allein, daß A formularmäßig aufgefordert war, den Inhalt des Vollmachtsformulars durch Streichung einzelner Teile zu verändern, reicht nicht aus, um von einem Aushandeln i.S.v. § 1 Abs. 2 AGBG sprechen zu können. Das gilt jedenfalls dann, wenn – wie hier – der Formulartext ungelesen unterschrieben wird, während gleichzeitig durch mündliche Erklärung gegenüber der Bank die Vollmacht beschränkt wird.

Ganz allgemein zum Umfang der Kontovollmacht hat das KG in einer 109
älteren Entscheidung einschränkend ausgeführt: »Erteilt der Kontoinhaber einem Dritten der Bank gegenüber Vollmacht zu Verfügungen über sein Bankguthaben, so bedeutet das an sich nur, daß die Bank mit Wirkung gegen ihren Kunden an den Dritten Zahlungen aus dem Guthaben

leisten kann«[113]. Demgegenüber hat der BGH mit einer Entscheidung vom 9.6.1986 den gewandelten Auffassungen und Bedürfnissen im Giroverkehr Rechnung getragen und entschieden, daß die allgemeine Vollmacht zur Verfügung über ein Girokonto auch das Recht umfasse, mittels Schecks zu verfügen[114]. In Übereinstimmung mit Häuser kann man dieser Entscheidung des BGH zustimmen, weil die Ausstellung von Schecks heute eine gebräuchliche und wegen der möglichen Zug um Zug-Abwicklung eine nützliche Form ist, über ein Bankguthaben zu verfügen[115]. Ist also im konkreten Fall mit der Bank eine Scheckabrede als Ergänzung des Giroverhältnisses vereinbart, und wird für das fragliche Konto eine Vollmacht erteilt, so ist davon auszugehen, daß dies auch dem Dritten ermöglicht, diejenigen Erklärungen namens des Kontoinhabers abzugeben, die der vereinbarte Vertragsrahmen zuläßt. Insoweit ist zu beachten, daß die Vollmacht nur die Befugnis umfassen soll, über das *Giroguthaben* zu verfügen. Fehlt im Zeitpunkt der Scheckausstellung ein Guthaben, so handelt der Vertreter ohne Vertretungsmacht. Das Risiko des Kontoinhabers wird also nicht erhöht.

110 Die Fälle belegen, daß es nicht immer ganz einfach ist, den Umfang einer Kontovollmacht zu bestimmen. Etwaige Zweifel in den benutzten Formularen würden dabei ohnehin zu Lasten der verwendenden Bank gehen (§ 5 AGBG: Unklarheitenregel). Leiten sich die Unklarheiten nicht aus den AGB ab, so gelten die allgemeinen Auslegungsregeln. In der Rechtsprechung ist eine Tendenz erkennbar, die dahingeht, dem individualisierbaren Willen des Kunden im Zweifel den Vorrang einzuräumen. Das entspricht im Kern dem heute in § 4 AGBG ausdrücklich verankerten Prinzip des Vorrangs der Individualabrede vor der Formularabrede. Diese Tendenz wird durch eine Rechtsprechung verstärkt, die den Mißbrauch der Vertretungsmacht betrifft.

3. Mißbrauch der Vertretungsmacht

111 Wenn der Vertreter seine Vertretungsmacht mißbraucht, also etwas tut, was er zwar kann aber nicht darf, so kommt das Rechtsgeschäft zwischen dem Vertretenen und dem Geschäftsgegner normalerweise zustande. Der Vertretene kann Schadensersatzansprüche gegenüber seinem Vertreter nach allgemeinen Regeln geltend machen. *Das Risiko eines Mißbrauchs der Vertretungsmacht trägt grundsätzlich der Vertretene. Das ist im Bankrecht typischerweise der Kunde. Dem Vertragsgegner – der Bank – obliegt im allgemeinen auch keine Prüfungspflicht*[116].

---

113 Bankarchiv XXII; 1922, 273.
114 WM 1986, 901 = WuB IB2./4.86 Häuser.
115 WuB aaO.
116 BGH NJW 1966, 1911.

Etwas anderes gilt nur in den Fällen, die man unter dem Terminus 112
»Lehre vom Mißbrauch der Vertretungsmacht« zusammenfaßt. Die Lehre
vom Mißbrauch der Vertretungsmacht ist als Durchbrechung des typischen Zurechnungsprinzips von Rechtsprechung und Lehre entwickelt
worden und führt dazu, daß ein Vertrag, der wegen hinreichender Vertretungsmacht an sich zustande gekommen sein müßte, ausnahmsweise nicht
zustande kommt. Ursprünglich ging es um Fälle des mißbräuchlichen Zusammenwirkens (Kollusion) zwischen Vertreter und Vertragsgegner zum
Schutz des Vertretenen. Der Schutz besteht darin, daß sich der Vertragsgegner nicht auf die Wirksamkeit des mit dem Vertreter geschlossenen
Geschäfts berufen kann. Bereits das RG hatte diese Lehre anerkannt. So
entschied es schon 1902[117], es folge »aus dem Begriff und der Rechtsnatur
der Vollmacht ..., daß der Bevollmächtigte grundsätzlich keinen Willen
erklären darf, der dem ihm bekannten Willen des Machtgebers widerspricht, daß der Bevollmächtigte aus solcher Willenserklärung keine
Rechte gegen den Machtgeber herleiten kann und ebensowenig der Dritte,
der den abweichenden Willen des Machtgebers weiß oder erkennen kann,
daß die Vollmacht gemißbraucht wird.«

Ein Mißbrauch der Vertretungsmacht liegt typischerweise vor, wenn 113
Vertreter und Vertragsgegner einverständlich zum Nachteil des Vertretenen zusammenwirken (Kollusion). Diese im Bankrecht untypischen Fälle
sind ohnehin unproblematisch, da diese Geschäfte nach allgemeiner Meinung bereits nach § 138 BGB nichtig sind. *Darüber hinaus haben aber
Rechtsprechung und Lehre entwickelt, daß, wenn der Vertreter seine Vertretungsmacht mißbraucht und der Vertragsgegner dies erkennt oder bei
Anwendung der erforderlichen Sorgfalt hätte erkennen müssen, der Vertretene das Geschäft nicht gegen sich gelten zu lassen braucht.*

Nach ständiger Rechtsprechung steht dem Geschäftsgegner die exceptio 114
doli, d.h. der Einwand rechtsmißbräuchlichen Verhaltens aus § 242 BGB
entgegen[118]. Die Lehre entzieht, auf der Basis der Überlegungen von
Theodor Kipp[119], in diesen Fällen die Vertretungsmacht, so daß der Vertreter ohne Vertretungsmacht gehandelt hat und die vom Gesetz hierfür bestimmten Folgen (§ 177 ff. BGB analog) eingreifen. Fraglich ist, welche
Anforderungen an die Kenntnis des Geschäftsgegners zu stellen sind. Die
ältere Rechtsprechung hat schon schuldhafte Unkenntnis des Dritten genügen lassen[120], um dessen Schutzwürdigkeit zu verneinen. Dem steht entgegen, daß der Rechtsverkehr zu stark belastet würde, wenn man dem
Dritten eine Pflicht zu Erkundigungen über das Innenverhältnis oder gar

---

117 RGZ 52, 96, 99.
118 RGZ 135, 376.
119 FS zum 50jährigen Bestehen des RG 1929, Bd. II, S. 273 ff.
120 BGH NJW 1966, 1911.

über die wahren Interessen des Vertretenen zumuten würde[121]. Heute stellt der BGH zu Recht darauf ab, ob »der Vertreter von seiner Vertretungsmacht in ersichtlich verdächtiger Weise Gebrauch gemacht hat, so daß beim Vertragsgegner begründete Zweifel entstehen mußten, ob nicht ein Treueverstoß des Vertreters gegenüber dem Vertretenen vorliege[122]. Auf dieser Linie liegt bereits eine frühe Entscheidung des RG.

115 *Fall: RG JW 1936, 643 »Vorerbin«*
Der 1928 verstorbene A hatte der Bank Wertpapiere in Verwahrung gegeben. In seinem Testament hatte A seine Frau als befreite Vorerbin und seine beiden Töchter D und H als Nacherben eingesetzt, ferner hatte er seinen Schwiegersohn H zum Testamentsvollstrecker bestimmt. Frau A übernahm die Wertpapiere als Vorerbin und teilte dies der Bank mit. In dem Schreiben erklärte sie zugleich, daß sie ihrem Schwiegersohn H Vollmacht für den geschäftlichen Verkehr einschließlich des Wechsel- und Scheckverkehrs erteile. Im Oktober 1930 verpfändete H die im Depot ruhenden Wertpapiere zur Sicherheit einer Erhöhung seines persönlichen Kredits und aller weiteren gegen ihn noch erwachsenden Ansprüche. Das bestätigte er der Bank am 18.10.1930 schriftlich. Über das Vermögen des H wurde am 29.8.1932 der Konkurs eröffnet. Die Bank will sich wegen der erheblichen Ausfälle in diesem Verfahren an den verpfändeten Wertpapieren schadlos halten. Frau A meint, H sei gar nicht befugt gewesen, die Papiere für sich zu verpfänden.

116 Dem hat das RG zugestimmt. Die Vertreter der Bank hätten als Bankfachleute nämlich gewußt, daß die befreite Vorerbin (A) keineswegs zu allen Verfügungen über den Nachlaß, insbesondere nicht zu unentgeltlichen, befugt ist. D.h. bei der Bank hätten Bedenken aufsteigen müssen, ob Frau A den Schwiegersohn H wirklich zu einer Verfügung habe berechtigen wollen, zu der sie selbst nur unter Verletzung der Rechte der Nacherbinnen in der Lage gewesen wäre. Maßgebend ist, daß die Verpfändung ausschließlich im Interesse des H geschah und geeignet war, den Nachlaß und damit die Rechte der Nacherben erheblich zu gefährden. Es ist bei dieser Sachlage auch nicht von Bedeutung, ob H zugleich seinen Verpflichtungen als Testamentsvollstrecker zuwidergehandelt hat, und ob die Bank dies hätte erkennen müssen. Es genügte, daß begründeter Verdacht bestand, daß er (H) seine Vollmacht mißbrauche. In dieser Situation wäre die Bank verpflichtet gewesen, das Innenverhältnis zwischen Vollmachtgeber (A) und Bevollmächtigtem (H) nachzuprüfen. Tut sie es nicht, so entfaltet die Vollmacht keine Wirkung.

117 Diese Grundsätze sind inzwischen vom BGH vielfach bestätigt worden. Dabei bedient sich der BGH in ständiger Rechtsprechung der Formel, daß

---

121 Medicus, BGB-AT, Rz. 967.
122 BGH WM 1981, 66 f.; BGHZ 50, 112, 114.

es sich dem Geschäftspartner (der Bank) geradezu hätte aufdrängen müssen, daß der Bevollmächtigte seine Vertretungsmacht zum Schaden des Vertretenen mißbraucht habe[123]. Das kann z.B. dann der Fall sein, wenn jemand einen Kontoauszug über die Barauszahlung eines Betrages von DM 1,5 Mio. vernichtet und statt dessen einen neuen Auszug verlangt, der den bar abgehobenen Betrag nicht mehr ausweisen soll[124]. Auch der zwingende Umfang einer handelsrechtlichen Vertretungsmacht, z.B. eines GmbH-Geschäftsführers, kann beschränkt sein, wenn der Vertreter vorsätzlich zum Nachteil des Vertretenen handelt und das dem Dritten entweder bekannt war oder sich ihm geradezu aufdrängen mußte[125]. Instruktiv war folgender Fall:

Fall: BGHZ 83, 31 »46 Euroschecks« 118
Ein Gastwirt schuldete ein Darlehen in Höhe von DM 20 000,- und konnte dies nicht zurückzahlen. Er hatte aber kurz vor dem Fälligwerden des Darlehens von seiner Bank Euroscheck-Formulare und eine Euroscheck-Karte bekommen. Er stellte deshalb insgesamt 46 Euroschecks aus, um auf diese Weise wenigstens einen Teil des Darlehens zurückzuzahlen. Die Bank verweigerte die Einlösung der Euroschecks. Zum einen deshalb, weil, was richtig war, dem Kläger die Scheckkarte nie vorgelegen hatte, zum anderen, weil ihre Inanspruchnahme rechtsmißbräuchlich sei.

Der BGH hat dem zugestimmt. Zwar reiche es nach den Scheckkartenbedingungen aus, wenn Unterschrift, Name des Kreditinstitutes sowie Kontonummer auf Euroscheck und Euroscheck-Karte übereinstimmten und die Nummer der Euroscheck-Karte auf der Rückseite des EC-Schecks vermerkt sei. Die *Vorlage der Karte* (zur Kontrolle) werde nicht verlangt, es genüge, daß die Karte »verwendet« worden sei. *Allerdings handle derjenige, der ein Darlehen gebe, und später zur Rückzahlung Euroschecks erhalte, rechtsmißbräuchlich, wenn er sich auf die Scheckkartengarantie berufe, obwohl sich ihm bei der Entgegennahme der Schecks der Verdacht aufdrängen mußte, der Aussteller mache von seiner Kartengarantie der Bank gegenüber pflichtwidrig Gebrauch.* Es sei nämlich völlig unüblich, einen Kredit mit 46 Euroschecks, statt mit einem einzigen Scheck und einer Deckungszusage der Bank zurückzuzahlen. Dem ist zuzustimmen. Entscheidend ist dabei, ob es üblich oder unüblich ist, mit einer Vielzahl von Euroschecks zu bezahlen. Wer z.B. in einem Spielcasino in einer Nacht 15 Euroschecks über je DM 300,- ausstellt, handelt verkehrsüblich[126]. Das liegt daran, daß das Geld sukzessive verspielt wird, denn der Spieler glaubt regelmäßig, er werde nicht verlieren, sondern ge- 119

---

123 BGH WM 1984, 306; 1986, 418 = WuB IB2./3.86 Weber.
124 BGH WM 1986, 418 = WuB aaO; ähnlich bereits früher BGH WM 1957, 28 ff.
125 BGH WM 1976, 658; 1973, 1318; 1976, 709 ff.
126 OLG Nürnberg NJW 1978, 2513.

winnen. Deswegen ist die Vielzahl der ausgestellten Euroschecks kein Indiz dafür, daß das Konto des Spielers ungedeckt ist. Dagegen ist die Rückzahlung eines Darlehens mit einer Vielzahl von Schecks so unüblich, daß sich in diesem Fall der Mißbrauch der Vertretungsmacht zum Nachteil der Bank aufdrängt.

120 Besondere praktische Bedeutung kann diese Rechtsprechung in jenen Fällen gewinnen, in denen es um gewagte Terminspekulationen geht. Gelegentlich spekulieren Geschäftsführer oder Prokuristen für ein Unternehmen. Handelt der Vertreter bei Abschluß der Terminkontrakte gegen interne Weisungen oder satzungsmäßige Beschränkungen oder gegen den mutmaßlichen Willen der Gesellschafter und drängt sich der Bank geradezu auf, daß der Vertreter seine Vertretungsmacht zum Schaden der Gesellschaft mißbraucht, so ist das Termingeschäft unwirksam, wenn die Bank weiß oder sich sagen muß, daß der Vertreter dem Geschäftsherrn Tatsachen vorenthält, bei deren Kenntnis dieser den Vertrag nicht abgeschlossen hätte[127].

121 Schließlich hat der BGH inzwischen klargestellt, daß die zwingenden handelsrechtlichen Vertretungsnormen nur den Schutz außenstehender Dritter bezwecken. Auf Geschäfte zwischen dem Gesellschafter und seiner eigenen Gesellschaft ist deshalb z.B. § 126 HGB nur eingeschränkt anwendbar. Denn durch die Aufnahme von Vertretungsbeschränkungen in den Gesellschaftsvertrag bringen die Gesellschafter übereinstimmend zum Ausdruck, daß der vertretungsberechtigte Gesellschafter nur unter Beachtung dieser Bindungen rechtsgeschäftlich für die Gesellschaft tätig werden soll. Das entspricht im übrigen der Rechtslage in der BGB-Gesellschaft nach § 714 BGB. Daraus folgt, daß die vertretungsberechtigten Gesellschafter bei der Begründung vertraglicher Beziehungen zwischen der Gesellschaft und einem ihrer Gesellschafter, die ihnen im Gesellschaftsvertrag auferlegten Beschränkungen ihrer Geschäftsführungsbefugnis einzuhalten haben. Tun sie das nicht, so überschreiten sie ihre Befugnis, auch ihre Vertretungsbefugnis. Sie können daher in einem solchen Fall die Gesellschaft nicht verpflichten, weil sie ohne Vertretungsbefugnis handeln; sie sind Vertreter ohne Vertretungsmacht[128]. Überlegungen dieser Art könnten sich in der Praxis des Bankrechts stellen, wenn eine Bank als Gesellschafterin an einer OHG/KG oder GmbH beteiligt wäre und es um die Wirksamkeit der Vergabe von Krediten zu Lasten der Gesellschaft ginge.

---

127 BGH WM 1984, 305, 306.
128 BGHZ 38, 26, 34.

IV. Die Bestimmung des Kontoinhabers im Erbfall

Die Bestimmung des Kontoinhabers im Erbfall richtet sich nicht nach Bankrecht, sondern nach Erbrecht. Im Grundsatz gilt nach § 1922 BGB das Prinzip der Universalsukzession. Die Rechtsstellung des Kontoinhabers geht ohne zwischengeschalteten rechtsgeschäftlichen Akt auf die Erben über. Der Erbe tritt rechtlich an die Stelle des verstorbenen Kontoinhabers, erwirbt die Gläubiger- und/oder Schuldnerposition ebenso wie die Möglichkeit, Ansprüche auf Rechnungslegung oder Auskunftserteilung geltend zu machen. Bei einer Mehrheit von Erben gilt das Recht der Erbengemeinschaft (§ 2039 ff. BGB)[129]. Nach Nr. 5 AGB/B (88) war die Bank berechtigt, einen Erbschein (§ 2353 BGB) oder eine vergleichbare Urkunde zu verlangen. Andernfalls war die Bank nicht verpflichtet, an die Erben auszuzahlen, Auskunft zu erteilen oder deren Weisungen zu befolgen. Diese Regeln sind am 1.1.1993 ersatzlos weggefallen. Nicht unproblematisch sind hierneben Fragen im Zusammenhang mit der Sicherung des Ausschlagungsrechtes und von Maßnahmen zur Haftungsbeschränkung[130]. Steuerrechtlich ist zu beachten, daß das Kreditinstitut nach § 33 Abs. 1 Erbschaftssteuergesetz einer Anzeigepflicht nach Tod des Kunden unterliegt. Damit soll dem Finanzamt die Entscheidung erleichtert werden, ob eine Erbschaftsteuerpflicht besteht und wie sie durchzusetzen ist. Einzelheiten ergeben sich aus § 5 der ErbStDV sowie den dazugehörigen Erlassen der Finanzverwaltung. Nach § 5 Abs. 4 ErbStDV darf die Anzeige unterbleiben, wenn der Erblasser nur als Vertreter oder Verwalter Verfügungsmacht über ein Konto hatte oder wenn der Wert des Guthabens auf dem Konto DM 2 000,- nicht übersteigt[131].

122

---

129 Zu den Einzelheiten vgl. Hüffer, S. 121 ff.
130 Hüffer, S. 133 ff.; Lange/Kuchinke, aaO, § 50 III 2.
131 Schebesta, Bankprobleme beim Tod eines Kunden, Rz. 71 ff.

§ 4 Zahlungsverkehr

A. Girogeschäft

I. Historie – Funktionen
II. Der Begriff Girogeschäft
III. Die Rechtsnatur des Girovertrages
IV. Die Kontokorrentabrede
  1. Die Rechtswirkungen des Kontokorrents
     a) Bindungswirkung
     b) Verrechnung
     c) Saldoanerkenntnis
  2. Die Funktionen des Kontokorrents
  3. Spezifische Probleme des Bankenkontokorrents
     a) Stornorecht/Berichtigungsbuchung
     b) Verhältnis zum Gesellschaftsrecht
     c) Fortbestehen von Sicherheiten
     d) Die Pfändung des Tagessaldos
     e) Die Pfändung in Kreditlinien
     f) Konkurswirkungen
V. Die Überweisung
  1. Der Widerruf des Überweisungsauftrags
  2. Mängel des Überweisungsauftrags
  3. Fälschung des Überweisungsauftrags
  4. Rechtspflichten bei Ausführung des Überweisungsauftrags
     a) Grundsätze
     b) Haftung für Fehlüberweisungen
        aa) Belegloser – beleggebundener Überweisungsverkehr
        bb) Grundsatz der formalen Weisungsstrenge
        cc) Fakultativklauseln
     c) Warn- und Schutzpflichten im Überweisungsverkehr
  5. Haftung für Fehler im mehrgliedrigen Zahlungsverkehr
     a) Die Rechtsbeziehungen zwischen den Beteiligten
     b) Fehler im Gironetz
  6. Anspruch des Überweisungsempfängers auf Ausführung des Überweisungsauftrags
VI. Die Gutschrift
  1. Der Anspruch auf Gutschrift
  2. Rechtswirkungen aus der Gutschrift
  3. Rechtspflichten gegenüber dem Empfänger
  4. Rechtspflichten gegenüber dem Überweisenden
  5. Rechtswirkungen im Valutaverhältnis
     a) Die Erfüllungswirkung
     b) Die Rechtzeitigkeit der Leistung
VII. Der Bereicherungsausgleich
  1. Bereicherungsausgleich bei fehlerhafter Überweisung
     a) Mängel im Deckungsverhältnis
     b) Mängel im Valutaverhältnis
     c) Mängel der Anweisung
  2. Das Stornorecht
     a) Nr. 8 AGB/B
     b) Keine hinreichende Legitimation
     c) Unwirksamkeit nach § 9 Abs. 2 Nr. 1 AGBG
  3. Das Zurückweisungsrecht des Empfängers

Schrifttum:
Avancini-Iro-Koziol, Bankvertragsrecht I, 1987; *Baumbach/Hopt*, HGB-Kommentar, 29. Aufl., 1995; *Blaurock*, Das Kontokorrent, JA 1980, 691; *ders.*, Das Stornorecht der Kreditinstitute, NJW 1984, 1; *Blaurock/André*, Prüfungspflicht und Haftung der Empfängerbank beim beleggebundenen Überweisungsverkehr und beim beleglosen Datenträgertausch, ZBB 1990, 83; *Bröcker*, Funktion und Begründung des abstrakten Schuldversprechens bei Giroüberweisung, Kreditkartengeschäft und POS-System, WM 1995, 468; *Caemmerer*, Bereicherungsanspruch und Drittbeziehungen, JZ 1962, 385; *Canaris*, Bankvertragsrecht, HGB-Großkommentar, 3. Aufl. 2. Bearb., 1981; *ders.*, HGB-Großkommentar, Erster Teil, 4. Aufl., 1988; *ders.*, Der Bereicherungsausgleich im bargeldlosen Zahlungsverkehr, WM 1980, 354; *Capelle/Canaris*, Handelsrecht, 21. Aufl., 1989; Festschrift für Werner, 1984; Festschrift für Ph. Möhring, 1975; *Flume*, Die Zahlungszuwendung im Anweisungs-Dreiecksverhältnis und die Problematik der ungerechtfertigten Bereicherung, NJW 1984, 464; *Gierke*, Giroverkehr, in: Stier-Somlo/Elsler (Hrsg.), Handwörterbuch der Rechtswissenschaft, 2. Bd., 1927, 956; *ders.*, Kontokorrentvertrag, in: Stier-Somlo/Elsler

§ 4 Zahlungsverkehr

(Hrsg.), Handwörterbuch der Rechtswissenschaft, 3. Bd., 1928, 698; *Goldschmidt*, Handbuch des Handelsrechts, 1. Bd. 1. Abt.: Universalgeschichte des Handelsrechts, 3. Aufl., 1891; *Gößmann*, Das Recht des Zahlungsverkehrs, 1989; Jakob und Wilhelm Grimm, Deutsches Wörterbuch, Bd. 7, bearb. von *Wunderlich*, 1884; *Grunsky*, Zur Durchsetzung einer Geldforderung durch Kreditaufnahme des Schuldners in der Zwangsvollstreckung, ZZP 95 (82) 264; *Hadding*, Bankgeheimnis und Bankauskunft in der BRD und in ausländischen Rechtsordnungen, Sparkasse 1986, 48; *ders.*, Zum grenzüberschreitenden Zahlungsverkehr nach deutschem Recht, in: *Hadding/Schneider* (Hrsg.), Rechtsprobleme der Auslandsüberweisung, 1992, 13; *Hadding/Häuser*, Rechtsfragen des Giroverhältnisses, ZHR 145 (1981), S. 138; *Hadding/Schneider* (Hrsg.), Rechtsprobleme der Auslandsüberweisung, 1992; *Häuser*, Empfiehlt es sich, die Beziehungen des Kunden zum Kreditinstitut – insbesondere die bankmäßige Vermittlung des bargeldlosen Zahlungsverkehrs (Giroverhältnis) – im BGB besonders zu regeln? Gutachten und Vorschläge zur Überarbeitung des Schuldrechts, Bd. II, 1981, 1317; *ders.*, Die Reichweite der Zwangsvollstreckung bei debitorischen Girokonten; ZIP 1983, 891; *ders.* Das Zurückweisungsrecht des Empfängers einer »aufgedrängten« Gutschrift, WM-Sonderheft für *Hellner*, 1994, 10; *ders.* Der Widerruf des »Überweisungsauftrags« im Giroverkehr, NJW 1994, 3121; *Häuser/Wetter*, Die Rechtzeitigkeit einer fristgebundenen Zahlung durch Haus-Überweisung am Kassenterminal, WM 1994, 775; *Hassold*, Zur Leistung im Dreipersonenverhältnis, 1981; *Hefermehl*, Rechtsfragen des Überweisungsverkehrs, Festschrift für *Möhring*, 1975, 381; *Hellner*, Rechtsprobleme des Zahlungsverkehrs unter Berücksichtigung der höchstrichterlichen Rechtsprechung, ZHR 145 (1981), 109; *Hüffer*, Die Haftung gegenüber dem ersten Auftraggeber im mehrgliedrigen Zahlungsverkehr, ZHR 151 (1987), 93; *Kämmer*, Das Stornorecht der Banken, Diss. Berlin 1996 (Manuskript); *Kindermann*, Gutschrift und Belastungsverkehr im Geldüberweisungsverkehr, WM 1982, 318; *Koller*, Grundstrukturen des Bankhaftungsrechts unter besonderer Berücksichtigung des Zahlungsverkehrs, in: *Köndgen* (Hrsg.), Neue Entwicklungen im Bankhaftungsrecht, 1987, 21; *Koller/Faust*, Die Haftung der Erstbank für Verschulden der Zwischenbank bei der Giroüberweisung, ZBB 1989, 63; *Köndgen*, Die Entwicklung des privaten Bankrechts in den Jahren 1990/91, NJW 1992, 2263; Bankhaftung – Strukturen und Tendenzen (Generalbericht) in: *ders.* (Hrsg.), Neue Entwicklungen im Bankhaftungsrecht, 1987, 133; *Kübler*, Feststellung und Garantie, 1967; *Kümpel*, Bank- und Kapitalmarktrecht, 1995; *Kupisch*, Bankanweisung und Bereicherungsausgleich, WM 1979, Sonderbeilage Nr. 3; *Liesecke*, Das Bankguthaben in Gesetzgebung und Rechtsprechung, Teil I, WM 1975, 214; *Loewenheim/Winckler*, Grundfälle zum Bereicherungsrecht, JuS 1983, 684; *Lorenz*, Bereicherungsrechtliche Drittbeziehungen, JuS 1968, 441; *von Lübtow*, Die Entwicklung des Darlehensbegriffs im römischen und im geltenden Recht mit Beiträgen zur Delegation und Novation, 1965; *Meyer-Cording*, Das Recht der Banküberweisung, 1951; *Meyer*, Bereicherungsausgleich in Dreiecksverhältnissen, 1979; *Möschel*, Dogmatische Strukturen des bargeldlosen Zahlungsverkehrs, AcP 1986 (186) 187; *ders.*, Fehlerhafte Banküberweisung und Bereicherungsausgleich, JuS 1972, 297; *Mühl*, Zur Frage des Druchgriffs bei Doppelmangel im Bereicherungsrecht, NJW 1968, 1868; *Münch*, Das Giralgeld in der Rechtsordnung der Bundesrepublik Deutschland, 1990; *Nebelung*, Das Bankkontokorrent, NJW 1953, 449; *ders.*, Weisungen bei der außerbetrieblichen Kettenüberweisung, NJW 1958, S. 44; *Nobbe*, Neue höchstrichterliche Rechtsprechung zum Bankrecht, 5. Aufl., 1993; *Olzen*, Die Zwangsvollstreckung in Dispositionskredite, ZZP 97 (84) 1; *Otto*, Grenzlinien des Stornorechts der Banken, BB 1978; *Peckert*, Das Girokonto und der Kontokorrentvertrag, 1985; *Raisch*, Geschichtliche Voraussetzungen, dogmatische Grundlagen und Sinnwandlung des Handelsrechts, 1965; *Rennpferd*, Die internationale Harmonisierung des Erfüllungsrechts für Geldschulden, 1993; *Reuter/Martinek*, Ungerechtfertigte Bereicherung, 1983; *Schlegelberger/Hefermehl*, HGB-Kommentar, 5. Aufl., 1977; *Schmidt*, Handelsrecht, 3. Aufl., 1987; *Schnauder*, Zur Lehre von der Zweckvereinbarung bei der Giroüberweisung, JZ 1987, 68; *Schneider*, Postgirodienst und Zahlungsverkehr, 1987; *Schneider*, Das UNCITRAL-Modellgesetz über den internationalen Überweisungsverkehr, WM 1989, 285; *Schönle*, Ort und Zeit bargeldloser Zahlung, Festschrift für Werner, 1984, 817; *Schröter*, Bankenhaftung im mehrgliedrigen Zahlungsverkehr, ZHR 151 (1987) 118; *Schwark*, Bereicherungsanspruch bei Banküberweisungen, WM 1970, 1334; *Ulmer*, Akkreditiv und Anweisung, AcP 126 (1926) 192; *Völp*, Einlösung ungedeckter Schecks durch die Bank, NJW 1955, 818; *Weispfennig*, Ein Beitrag zur Lehre vom Kontokorrent, JW 1938, 3091; *Graf von Westphalen*, Die Banken-AGB in Rechtsprechung und Literatur – eine Übersicht, WM 1984, 2; *Wieling*, Drittzahlung,

Leistungsbegriff und fehlende Anweisung, JuS 1978, 801; *Wilhelm*, Rechtsverletzung und Vermögensentscheidung als Grundlagen und Grenzen des Anspruchs aus ungerechtfertigter Bereicherung, 1973; *Wosnitza*, Das Recht auf Auskunft im bankvertraglichen Dauerschuldverhältnis, 1991.

I. Historie – Funktionen

1 Die Durchführung des bargeldlosen Zahlungsverkehrs und des (damit verbundenen) Abrechnungsverkehrs heißt Girogeschäft (Legaldefinition in § 1 Abs. 1 Nr. 9 KWG). Der Begriff hat seine Wurzel im lateinischen Wort gyrus, das seinerseits dem Griechischen entlehnt ist, und soviel wie Kreis oder Kreislauf oder sich im Kreis drehen meint. Das berühmte griechische Nationalgericht, der sich vor dem Feuer drehende Fleischspieß »Gyros«, erinnert daran. Das Geld dreht sich im Kreis, ohne »wirklich« bewegt zu werden, bezahlen wird zum Buchungsvorgang und zwischen den Banken zur reinen Abrechnungsangelegenheit.

2 *Das rechtstechnische Mittel zur Durchführung dieses Zahlungsverkehrs ist das Girokonto.* Bereits Mitte der 80er Jahre verfügte jeder deutsche Haushalt über zwei dieser Konten[1]. Ganz so modern, wie es klingt, ist das Girogeschäft jedoch nicht. Die Ursprünge des bargeldlosen Zahlungsverkehrs liegen im griechischen Ägypten (ca. 323 v. Chr.). Es gab einen ausgedehnten Giroverkehr für Getreide, überwiegend für Weizen. Überschüssiges Getreide wurde in den ägyptischen Staatsspeichern jahrgangsweise getrennt gelagert, so daß »Zahlungen« in Getreide möglich wurden, ohne daß sich auch nur ein Korn bewegte. So blieb etwa im Falle der Steuerzahlung das Getreide liegen, wo es lagerte, d.h. im Staatsspeicher; es erfolgte lediglich buchmäßig eine Abbuchung vom Konto des Steuerzahlers und eine Gutschrift auf dem Einnahmekonto des Staates. Hierneben war die bargeldlose Anweisung (Scheck) und Überweisung (Giro) von Geld ebenso selbstverständlich und gebräuchlich wie das Korngirogeschäft.

3 Der Grund für diesen Geschäftstyp lag damals wie heute in dem Bestreben, sein sicher verwahrtes Geld durch Überweisungsvorgänge nicht zu verlieren. Bequemlichkeit und florierender Handel mit einer Vielzahl von Zahlungsvorgängen dürften ein übriges getan haben, zumal Korn möglicherweise noch schlechter handhabbar war als Münzgeld. In Rom, das die Kornwährung nicht mehr kannte, ist nur noch die Giroanweisung mit Barauszahlung erwiesen, nicht jedoch ein rein buchmäßiger Zahlungsverkehr. Diese ersten Ansätze des Giroverkehrs verloren sich allerdings mit dem Untergang des römischen Reiches. Ein innerer Zusammenhang zwischen dem Giroverkehr des Altertums und demjenigen, der sich um das Jahr 1200 infolge des aufblühenden Handels der oberitalienischen

---

1 F. Schneider, Postgirodienst und Zahlungsverkehr, 1987, 107.

Städte Florenz, Genua, Mailand und Venedig erneut bildete, besteht aller Wahrscheinlichkeit nach nicht[2]. Schließlich drang die Bezeichnung giro etwa seit dem 17. Jh. auch in den deutschen Sprachraum ein, wo sie seit dem 19. Jh. breite Verwendung fand[3]. Zunächst meinte man damit die Zirkulation des Wechsels, später wurde die Übertragung von Geld durch Ab- und Zuschreibung in den Büchern als Giroverkehr bezeichnet, weil die Kunden mit ihren Guthaben bildlich einen Kreis um das Geldinstitut bildeten und der bargeldlose Zahlungsverkehr auf diese Weise gewissermaßen zu einem Kreislauf des Geldes wurde[4].

Bereits im Jahre 1619 wurde die Hamburger Girobank gegründet. Im Jahre 1876 führte dann die Reichsbank den kostenfreien Ferngiroverkehr über ihre Filialen ein. Die Sparkassen, die auch heute noch den Löwenanteil der Girokonten auf sich vereinen, nahmen 1909 den bargeldlosen Zahlungsverkehr auf und schlossen sich im Jahre 1924 zum Deutschen Sparkassen- und Giroverband zusammen. Für diejenigen, für die sich die Unterhaltung eines Bankkontos nicht lohnte, führte die Post im Jahre 1848 die Postanweisung ein. Eingezahltes Geld wurde nicht mehr zum Zahlungsempfänger transportiert, sondern auf dem Übermittlungsweg durch den »Beleg« ersetzt. Der Postscheckdienst wurde in Ergänzung und zur Entlastung im Jahre 1909 aufgenommen.

4

In der Bundesrepublik wurde der bargeldlose Zahlungsverkehr gegen Ende der 50er Jahre mit dem Einführen der Lohn- und Gehaltskonten wirklich zum Massengeschäft[5]. Parallel dazu verlief die Entwicklung des Lastschriftverfahrens seit 1963 und die Intensivierung der Zahlung mittels eines Schecks durch Einführung der Euroscheckkartengarantie im Jahre 1968. Zur Bewältigung der Massenphänomene wurden einheitliche Überweisungsvordrucke eingeführt und Zahlungsverkehrsabkommen zwischen der Deutschen Bundesbank, den Spitzenverbänden der Kreditwirtschaft und z.T. der Deutschen Bundespost geschlossen. Heute sind wir auf dem Wege, durch Einsatz von EDV-Anlagen den bargeldlosen Zahlungsverkehr beleglos und zwar sowohl unter den Kreditinstituten als auch – soweit möglich – mit den Kunden abzuwickeln. Im Jahre 1983 wurde ein »Magnetband-Clearing-Verfahren« eingeführt[6]. Diskutiert und praktiziert werden neue Systeme bargeldloser Zahlung. Die Bezahlung des täglichen Einkaufs unter Zuhilfenahme der EC-Karte ist inzwischen weit verbreitet. »Home-banking« durch Computer und über Telefon ist

5

---

2 Münch, Das Giralgeld in der Rechtsordnung der Bundesrepublik Deutschland, 1990, S. 30.
3 Jakob und Wilhelm Grimm, Deutsches Wörterbuch, Bd. 7, bearbeitet von Hermann Wunderlich, 1984, S. 7549.
4 Julius von Gierke, Giroverkehr, in: Handwörterbuch der Rechtswissenschaft, 2. Bd., 1927, S. 956.
5 Überblick bei Möschel, AcP 1986 (186) 187, 189 ff.; ferner Hellner, ZHR 145 (1981) 109, 111 ff.
6 Vgl. die Bedingungen im Anhang, abgedruckt bei Canaris[4] Rz. 526.

mittlerweile Realität. Schließlich ist auch in Europa die Zahlung per Kreditkarte fast selbstverständlich[7]. Der bargeldlose Zahlungsverkehr, das Girogeschäft, entstanden aus dem Sicherungsbedürfnis der Schuldner, ist heute nicht nur zum zentralen Massengeschäft der Banken geworden, sondern erfüllt ganz andere Funktionen als ehemals. Für Schuldner und Gläubiger stehen Bequemlichkeit, Überweisungsgeschwindigkeit, Überweisungssicherheit, Überweisungskostenminimierung und vielleicht ein gewisser »Standing-Aspekt« (Credit Cards) im Vordergrund. Für die Banken spielt der bargeldlose Zahlungsverkehr und die damit indirekt verbundene Schaffung von Giralgeld (Buchgeld) deshalb eine so große Rolle, weil auf diese Weise das Kreditvolumen[8] deutlich ausgeweitet werden kann.

II. Der Begriff Girogeschäft

6 Der Begriff Girogeschäft ist ein bankbetriebstechnischer Sammelbegriff. Die rechtliche Bewältigung dieses Geschäftes leisten mehrere aufeinander bezogene Rechtsgeschäfte, nämlich

(1) der Girovertrag, die darauf bezogene
(2) Kontokorrentabrede
(3) und die Einzelgeschäfte zur Durchführung des Zahlungsverkehrs, nämlich Überweisungen, in Verbindung mit Belastungen und Gutschriften.

7 Grafik: Das Girogeschäft

---

7 Vertiefend unten § 6.
8 Zum einen dienen die ständig verfügbaren Guthaben auf Girokonten als Basis für Kredite, zum anderen erwächst aus schwebenden Überweisungen zinslose Liquidität (float), die innerhalb der Netze bereits Mitte der 80er Jahre Milliardenhöhe erreichte und bankbetriebswirtschaftlich ebenfalls als Grundlage für Kreditvergaben dient; dazu Möschel, S. 204.

Technisches Mittel zur Durchführung des *unbaren* Zahlungsverkehrs ist der *mehrgliedrige Zahlungsverkehr*. Hierdurch werden Überweisungen durch Zwischenschaltung auch mehrerer Banken möglich, ohne daß der überweisende Kunde Rechtsbeziehungen zur Empfängerbank unterhalten muß. Die Zulässigkeit ergibt sich aus Nr. 3 Abs. 2 AGB/B (93). An die Stelle körperlichen Geldtransfers treten zunehmend beleglose Buchungen, die in verschiedenen Verfahren (Gironetze/Skontration) schließlich zentral verrechnet werden[9]. Die schwierige Frage, ob und inwieweit aus der Realisierung des mehrgliedrigen Zahlungsverkehrs Drittwirkungen beim Überweisenden oder Empfänger eintreten können, wird unten beantwortet[10].

8

Zur Abwicklung des bargeldlosen Zahlungsverkehrs steht allerdings nicht nur die Überweisung zur Verfügung. Auch das Lastschriftverfahren, der Scheck, das Dokumentenakkreditiv oder – aus der Sicht der Gläubiger – der Inkassoverkehr gehört hierher. Allerdings haben sich für alle diese Formen Sonderregeln in Form von speziellen allgemeinen Geschäftsbedingungen entwickelt, die in ergänzenden Einzelabsprachen dem Girovertrag in seiner Grundform erst hinzuzufügen sind. Aus diesem Grunde werden diese im Girovertrag zwar wurzelnden aber im Detail doch eigenständigen Formen des unbaren Zahlungsverkehrs auch hier selbständig dargestellt.

9

III. Die Rechtsnatur des Girovertrages

Einen Vertragstyp mit dieser Bezeichnung kennt das BGB nicht. Auch eine den Girovertrag als Typus begründende Standardisierung in den AGB/B hat nicht stattgefunden. Ganz unverbindlich hieß es in Nr. 4 AGB/B (88): »Während der *Geschäftsverbindung* ist die Bank ... befugt, Geldbeträge ... entgegenzunehmen.« Ähnlich setzten die AGB/S den Girovertrag typologisch voraus, wenn sie formulierten: »Nach Errichtung eines Kontos ist die Sparkasse befugt, Geldbeträge für den Kunden entgegenzunehmen ...« (Nr. 1 AGB/S). Fragt man, der klassischen Willenslehre des BGB folgend, nach dem Inhalt jener Vereinbarungen, die die Parteien bei Abschluß des Girovertrages austauschen, so wird man auch insoweit nicht fündig. Der Vertragsschluß vollzieht sich nämlich häufig in der Weise, daß das Kreditinstitut einen von ihm vorformulierten Antrag des Kunden auf Eröffnung eines Kontos entgegennimmt, ohne daß darin ausdrücklich darauf hingewiesen wird, daß das Konto Zahlungsverkehrs-

10

---

9 Überblick bei Canaris[4], Rz. 309–314.
10 Rz. 106 ff.

Zweiter Teil   Commercial Banking

zwecken dienen soll[11]. Das alles zeigt, daß die Vorstellungen des Rechtsverkehrs über Inhalt und Umfang eines Girovertrages so klar sind, daß es eines mehr als stillschweigenden Konsenses nicht bedarf. Es ist deshalb auch nicht weiter verwunderlich, daß Häuser nach Untersuchung des Giroverhältnisses zu dem Ergebnis kommt, »daß sich aus der aktuellen Kritik mithin kein Bedürfnis für eine privatrechtliche Regelung (des Giroverhältnisses) ableiten läßt«[12]. Es geht, und das ist in seltener Einmütigkeit nicht nur Rechtsprechung und Lehre sondern auch den Bankkunden klar, darum, den *unbaren Zahlungsverkehr in Form von Überweisungen und Gutschriften, gegen Entgelt* zu bewältigen[13]. Im einzelnen sind damit folgende Leistungselemente gemeint:

(1) Die Banken besorgen ein Geschäft für den Kunden (Überweisungen/Gutschriften).

(2) Sie erbringen damit eine (Bank-)Dienstleistung, also eine selbständige Tätigkeit wirtschaftlicher Art[14].

(3) Sie tun das in fremdem Interesse, nämlich im Interesse des Kunden, der sonst selbst hätte tätig werden müssen, z.B. indem er das Geld dem Empfänger i.S.v. § 270 Abs. 1 BGB geschickt hätte.

(4) Dabei sind die Banken an die *Weisungen* des Kunden gebunden.

(5) Ihnen obliegt die Pflicht (§ 666 BGB), über den Kontostand und alle Kontobewegungen jederzeit Auskunft zu geben (Tagesauszüge),

(6) wobei sie, die Banken, für ihre Dienste Geld verlangen dürfen.

11 Hieran wird deutlich, daß der Girovertrag zwar nicht als so bezeichneter Typus im BGB vorzufinden ist, daß er aber den Anforderungen der in § 675 BGB geregelten »entgeltlichen Geschäftsbesorgung« genau ent-

---

11 F. Häuser, Empfiehlt es sich, die Beziehungen des Kunden zum Kreditinstitut – insbesondere die bankmäßige Vermittlung des bargeldlosen Zahlungsverkehrs (Giroverhältnis) – im BGB besonders zu regeln? Gutachten und Vorschläge zur Überarbeitung des Schuldrechts, 1981, 1317, 1362 m.w.N.

12 AaO., S. 1394; Häuser meint allerdings, eine normative Veranschaulichung sei rechtspolitisch erwünscht und macht deshalb Regelungsvorschläge ab S. 1398. Für den Girovertrag lautet sein Vorschlag:
Girovertrag
(1) Durch den Girovertrag wird das Kreditinstitut gegenüber dem Kontoinhaber verpflichtet, bargeldlose Zahlungen im Rahmen eines Guthabens durch Überweisung zu vermitteln und zugunsten des Kontoinhabers eingehende Überweisungen gutzuschreiben.
(2) Das Kreditinstitut ist auch verpflichtet, bare Zahlungen an den Kontoinhaber zu leisten und bare Einzahlungen entgegenzunehmen.
(3) Der Kontoinhaber ist verpflichtet, die vereinbarte Vergütung zu entrichten.

13 RGZ 54, 329, 331; BGH NJW 1951, 437; NJW 1985, 2699. Man könnte daher, kürzer als Häuser, formulieren: Der Girovertrag wird zur Bewältigung des baren und unbaren Zahlungsverkehrs gegen Entgelt geschlossen.

14 BGHZ 45, 223, 228.

spricht. Dabei kann man sich darüber streiten, ob im Einzelfall die Dienstleistungs- oder die Werkvertragselemente überwiegen[15]. Letztlich entscheidend ist aber, daß § 675 BGB eine präzise Differenzierung dieser Elemente gerade nicht erzwingt, so daß es in Übereinstimmung mit der herrschenden Meinung in Literatur und Rechtsprechung richtig ist, den Girovertrag als entgeltlichen Geschäftsbesorgungsvertrag aufzufassen[16].

IV. Die Kontokorrentabrede

Neben der den Girovertrag begründenden Vereinbarung zwischen Bank und Kunde besteht, wenn auch nicht denknotwendig, zugleich ein Kontokorrentverhältnis. Das Girokonto wird, davon gehen die AGB/B wie selbstverständlich aus[17], als Kontokorrentkonto geführt. Die dazu erforderliche Kontokorrentabrede, die den Rahmen für das Kontokorrentverhältnis bildet[18], wird nach ständiger Übung unter Berücksichtigung des mutmaßlichen Willens der Parteien bei der Kontoeröffnung stillschweigend getroffen[19]. Das bedeutet, daß Girovertrag und Kontokorrentabrede einen »zusammengesetzten Vertrag« bilden, d.h. daß die Parteien (hier: zwei) gedanklich und rechtlich trennbare Vereinbarungen derart verbinden, daß sie für die rechtliche Beurteilung eine Einheit bilden[20].

12

Der Inhalt des Kontokorrents, das sich im 13. Jh. infolge des sich intensivierenden Handels auszuformen begann und sich im 15. Jh. im Bankverkehr durchgesetzt hatte,[21] ergibt sich z.T. aus den §§ 355 – 357 HGB, ergänzt um gewohnheitsrechtlich gewachsene Regelungen und solche, die aus dem Sinn und Zweck der Abrede aufgrund neuer Problemlagen im Einzelfall gefiltert wurden. Es geht, wie § 355 HGB definiert, darum: »beiderseitige Ansprüche ... in Rechnung zu stellen und in regelmäßigen Zeitabschnitten durch Verrechnung ...« auszugleichen. Die hieraus resultierende *notwendige* rechtliche Bindung unterscheidet das Kontokorrent von einer rechtlich unverbindlichen »offenen Rechnung«[22].

13

---

15 Dazu Canaris⁴, Rz. 315.
16 Schlegelberger/Hefermehl, HGB-Komm., 5. Auflage, Anh. § 365 Rz. 14; instruktiv: Meyer-Cording, Das Recht der Banküberweisung, 1951, S. 11 ff.; so auch BGH NJW 1985, 2699.
17 Vgl. Nr. 2 Abs. 2 AGB/B (88); Nr. 7 AGB/B (93).
18 Blaurock, JA 1980, 692; a.A. Capelle/Canaris, Handelsrecht²¹, S. 276, wo der Verrechnungsvertrag von der Kontokorrentabrede differenziert wird.
19 So schon RGZ 117, 35; 135, 119; bestätigend: BGH WM 1956, 112; WM 1970, 184; für die Literatur vgl. die Nachweise bei Canaris⁴, Rz. 319.
20 RGZ 79, 220; BGHZ 76, 49; zum Begriff des zusammengesetzten Vertrages: Palandt-Heinrichs, BGB-Komm.⁵⁵, Einf. v. § 305 Rz. 16.
21 Goldschmidt, Handbuch des Handelsrechts, 1. Bd., 1. Abt.: Universalgeschichte des Handelsrechts, 3. Aufl., 1891, S. 327, Anm. 96; knapper Überblick bei Blaurock, JA 1980, S. 691 f.
22 Blaurock, JA 1980, 691; Karsten Schmidt, Handelsrecht³, S. 547.

14 Es ist anerkannt, daß die §§ 355 – 357 HGB auch auf das Kontokorrentverhältnis zwischen Nichtkaufleuten, und damit auch auf das Privatgirokonto, anzuwenden sind[23]. Das folgt letztlich aus dem Grundsatz der Privatautonomie, der es jedem freistellt, Kontokorrentabreden zu treffen. Deshalb ist es richtig, wenn Canaris feststellt, daß das Kontokorrent als Folge eines Bedeutungs- und Sinnwandels des Handelsrechts inzwischen zu einem »Institut des Bürgerlichen Rechts« geworden ist[24]. Nur noch in einem Punkt handelt es sich bei den kontokorrentrechtlichen Vorschriften des HGB um echtes Sonderprivatrecht der Kaufleute, ist also die Kaufmannseigenschaft Voraussetzung für die Anwendbarkeit der Norm. Die Rede ist von § 355 Abs. 1 HGB und zwar insoweit, als es dort zulässig ist, Zinseszinsen zu verlangen. Eine solche Vereinbarung ist im Verhältnis zwischen Privatpersonen nach § 248 Abs. 1 BGB nichtig (Verbot des Anatozismus)[25]. Daran hat auch Nr. 7 Abs. 1 AGB/B (93) nichts geändert, wonach die Bank bei einem Kontokorrentkonto grundsätzlich zum Ende eines Kalenderquartals einen Rechnungsabschluß erteilt. Jedoch darf die Bank auf den Saldo, der sich aus der Verrechnung ergibt, Zinsen berechnen (Nr. 7 Abs. 1 AGB/B [93]).

15 Eine Kontokorrentabrede ist also, unabhängig davon ob Privat- oder Kaufleute handeln, zweckmäßig, wenn es darum geht, beiderseitige Ansprüche in Rechnung zu stellen und in bestimmten Zeitabschnitten durch Verrechnung auszugleichen. In der Praxis wird das Kontokorrent also immer dann vorkommen, wenn dauernde Geschäftsbeziehungen bestehen und verfestigt werden sollen, so daß unnötige Kapitalbewegungen vermieden werden. Bedürfnisse dieser Art können zwischen Lieferanten und Abnehmern bestehen, zwischen Unternehmen und Handelsvertretern, zwischen Gesellschaften und deren Gesellschaftern oder zwischen Franchisegebern und Franchisenehmern, um nur einige Beispiele zu nennen. Der in der Praxis wichtigste Fall ist allerdings derjenige, um den es hier geht, also die Verknüpfung einer Giroabrede mit einer Kontokorrentabrede, das *Bankenkontokorrent*. Hier werden alle kontokorrentfähigen Forderungen, insbesondere also Geldforderungen, die über ein bestimmtes Konto abgewickelt werden, erfaßt (Nr. 7 Abs. 1 AGB/B [93]). Dazu zählen aus der Sicht des Kunden z.B. die Ansprüche auf Gutschrift eingegangener Überweisungen, oder aus von ihm eingereichten Schecks, Wech-

---

23 Schlegelberger-Hefermehl, HGB-Komm.[5], Anh. § 365 Rz. 16; Horn in Heymann, HGB-Komm., § 355 Rz. 7.
24 Capelle/Canaris, S. 291 f.; zustimmend K. Schmidt, S. 549; grundlegend: Raisch, Geschichtliche Voraussetzungen, dogmatische Grundlagen und Sinnwandlung des Handelsrechts, 1965, 230 ff.
25 K. Schmidt, S. 549, schlägt vor, daß § 355 Abs. 1 HGB in diesem Punkt auch auf solche Privatpersonen analog angewendet werden sollte, die, wie ein Wirtschaftsprüfer, Arzt oder Rechtsanwalt, »Unternehmensträger« sind. Dem ist mit Horn in Heymann-HGB-Komm. § 355 Rz. 7 zuzustimmen.

seln, Verkaufserlösen aus Effektengeschäften oder etwaigen Habenzinsen. Aus der Sicht der Bank stehen Ansprüche auf Aufwendungsersatz z.B. aus Giroüberweisungen, Scheckbelastungen, eingelösten Wechseln, Effektenkäufen oder gewährten Überziehungskrediten gegenüber[26].

Im folgenden ist zunächst zu klären, was das eigentlich Besondere an einer Kontokorrentabrede ist, welche rechtlichen Wirkungen sie entfaltet und was das für ein Girokonto bedeutet (1). Aufgrund der rechtlichen Wirkungsweise des Kontokorrents wird es leichter sein, die zweite Frage zu beantworten, nämlich die nach den Funktionen der Kontokorrentabrede (2). Und schließlich wird in einem dritten und letzten Schritt zu klären sein, welche Probleme des Kontokorrentrechts spezifisch für das Bankenkontokorrent sind (3).

1. Die Rechtswirkungen des Kontokorrents

Verkürzt man § 355 HGB auf seinen wesentlichen Inhalt, so entsteht das Kontokorrent auf der Basis einer dauernden Geschäftsverbindung durch eine Kontokorrentabrede. Diese Abrede besteht aus drei rechtlich selbständigen Merkmalen, nämlich:

(1) In-Rechnung-Stellung der beiderseitigen Ansprüche
 (Bindungswirkung)
(2) Verrechnung der beiderseitigen Ansprüche in regelmäßigen Zeitabschnitten (antizipierte Verrechnungsabrede)
(3) Saldoanerkenntnis, d.h. Feststellung des für den einen oder anderen Teil sich ergebenden Überschusses durch Abschluß eines abstrakten Schuldanerkenntnisvertrages (Saldofeststellung).

Ergänzend verpflichtet § 355 Abs. 1 HGB zur *Verzinsung* des Saldos. Dieses gesetzliche Modell ist von Nr. 7 Abs. 1 AGB/B 93 übernommen worden. Ferner klärt § 356 HGB, daß Sicherheiten, die für eine Einzelforderung bestellt waren, für den festgestellten Saldo, soweit er negativ ist, stehenbleiben.

Bindung, Verrechnung und Saldofeststellung, das sind die drei das Bankenkontokorrent entscheidend prägenden Rechtswirkungen. Dabei handelt es sich bei den speziellen Problemen der Verrechnung und der Saldofeststellung genau besehen um Reflexe auf die das Kontokorrent wesensmäßig bestimmende Bindungswirkung als Folge der In-Rechnung-Stellung der beiderseitigen Ansprüche. Denn erst diese Bindung erzwingt, im Gegensatz zu einer bloß offenen Rechnung, eine Vereinbarung über Verrechnungszeitpunkte. Aus der Verrechnung wiederum folgt die Frage, welche Rechtsqualität der nun festgestellte Saldo hat, der das Ergebnis ei-

---

26 Herget in GK-HGB § 355 Rz. 69 ff.

ner Verrechnung beiderseitiger Ansprüche ist, also abstrakt über ihnen steht.

a) Bindungswirkung

19 Für das Verständnis des Kontokorrents ist die Bindungswirkung, das In-Rechnung-Stellen beiderseitiger Ansprüche und Leistungen, grundlegend.

Beispiel:
Ein Scheck über DM 1 Mio. wird der Bank zur Einziehung aufs Girokonto eingereicht. Es entsteht ein Anspruch des Kunden gegen seine Bank auf Gutschrift in Höhe dieses Betrages, sofern der Scheck gedeckt ist. Dieser Anspruch (auf Gutschrift) ist als Folge der mit dem Girokonto verbundenen Kontokorrentabrede nunmehr »In-Rechnung-gestellt«, also rechtlich gebunden. Der Kunde kann aus diesem Grunde den Anspruch auf Gutschrift nicht abtreten. Auch eine Aufrechnung mit diesem Anspruch gegen seine Bank, z.B. gegen ein Debet aus Wertpapierkäufen, ist ausgeschlossen, ebenso wie eine Forderungsverpfändung. Verkürzt kann man sagen, der Kunde kann als Folge der Kontokorrentbindung über seine Forderung, den Anspruch auf Gutschrift über DM 1 Mio., nicht mehr verfügen. Auch er selbst kann diese Einzelforderung gegen seine Bank nicht mehr geltend machen. Würde der Kunde auf Gutschrift und Auszahlung der DM 1 Mio. gegen seine Bank klagen, so könnte diese der Klage mit der Kontokorrenteinrede entgegentreten. Der Kunde würde den Prozeß verlieren[27]. Auch eine Tilgung der Einzelforderung ist ausgeschlossen. Schreibt die Bank die DM 1 Mio. also auf ein Kundenkonto gut, so handelt es sich zunächst nur um einen reinen Rechnungsposten, getilgt wird erst später im Zeitpunkt der vereinbarten Verrechnung. Würde der Kunde in dieser Situation Verzug geltend machen, so würde auch dieser an der Kontokorrenteinrede scheitern[28]. Da der Kunde somit seine Forderung vor Verrechnung nicht verfolgen kann, ist es folgerichtig, daß die Verjährung dieser Forderung nach § 202 Abs. 1 BGB gehemmt ist[29].

20 Die Bindungswirkung des Kontokorrents läßt sich also als Verfügungssperre begreifen[30]. In diesem Sinne umschreibt auch der BGH den Inhalt des Kontokorrentvertrages als »antizipierte Verfügungsvereinbarung«[31]. Er rechnet dazu im einzelnen »die Vereinbarung, daß künftige Forderungen lediglich zur Verrechnung zu stellen sind mit der Folge, daß sie nicht mehr selbständig geltend gemacht oder abgetreten werden können[32]. Diese Bindungswirkung ist gegenseitiger Natur. Führt die Bank einen Dauerauftrag für den Kunden aus, so kann sie den daraus resultierenden Aufwendungsersatzanspruch weder abtreten noch verpfänden oder etwa gegen einen Habensaldo auf einem anderen Konto des Kunden aufrechnen. Die

---

27 RGZ 105, 233, 243; BGH NJW 1970, 560; Canaris in Großkomm. HGB³, § 355 Rz. 55 nimmt – im Gegensatz zur h.M. – sogar eine echte, von Amts wegen zu berücksichtigende Einwendung an.
28 RGZ 126, 281, 285.
29 BGHZ 49, 24, 27; 51, 346, 347.
30 Es handelt sich um eine gesetzlich zugelassene Durchbrechung des rechtsgeschäftlichen Verfügungsverbots nach § 137 BGB.
31 WM 1979, 719, 720.
32 So schon früher BGH WM 1971, 778; DB 1979, 829.

§ 4 Zahlungsverkehr

Kontokorrentabrede zwingt dazu, auch diesen Anspruch in das Kontokorrent einzustellen und abzuwarten, wie sich die Dinge im Zeitpunkt der vereinbarten Verrechnung schließlich darstellen.

Daß der Kunde dessen ungeachtet berechtigt ist, ein etwa bestehendes Guthaben von seinem Girokonto abzuheben, steht dem nicht entgegen. Insoweit macht er einen Anspruch aus dem Girovertrag geltend, der selbständig neben der Kontokorrentabrede besteht[33]. Dieser Anspruch ist selbständig pfändbar[34].

b) Verrechnung

Die *Verrechnung* der in das Kontokorrent eingestellten Rechnungsposten findet, sofern nichts anderes vereinbart ist, vierteljährlich statt (Nr. 7 Abs. 1 AGB/B 93). Aufgrund dieser zeitlich wiederkehrenden Verrechnungsform hat sich hierfür der Begriff *Periodenkontokorrent* eingebürgert. Bis zu einer Entscheidung des BGH vom 28.6.1968 war streitig, ob beim Bankenkontokorrent wirklich periodische Abrechnung oder statt dessen ein Staffelkontokorrent vereinbart war[35]. Die übliche Erteilung von Kontoauszügen (Tagesauszügen) war Anknüpfungspunkt für die Lehre vom Staffelkontokorrent. Nach ihr sollen sich die beiderseitigen Ansprüche und Leistungen nicht erst am Tage des periodischen Rechnungsabschlusses, sondern kraft der Kontokorrentabrede bereits während der Rechnungsperiode tilgen, und zwar immer dann, wenn sie sich verrechnungsfähig gegenübertreten[36]. Der BGH hat aber zu Recht darauf hingewiesen, daß aus der bloßen Erteilung von Kontoauszügen, also Auskünften zu denen die Bank nach § 666 BGB verpflichtet ist, nicht die Vereinbarung permanenter Rechnungsabschlüsse im Sinne des Staffelkontokorrents folgt. Das ergibt sich auch daraus, daß der Tagesauszug in der Regel keine Abrechnung über die Spesen (Provision, Porto usw.) und die Zinsen enthält. Vielmehr ist der Tagessaldo, wenn nichts anderes vereinbart ist, ein reiner Postensaldo, der zur Erleichterung des Überblicks und der Zinsberechnung ermittelt wird und dessen Bedeutung sich darauf beschränkt, Auszahlungen zu verhüten, die nicht durch ein Guthaben gedeckt sind. Ein gesetzlicher Ausnahmefall ist das Staffelkontokorrent in § 19 Abs. 4 DepotG für die Forderung aus einer Wertpapierkommission.

Es ist streitig, ob sich die einzelnen Posten im Kontokorrent im Verrechnungszeitpunkt verhältnismäßig, nach dem Prioritätsprinzip, oder nach §§ 366, 367, 396 BGB analog verrechnen[37]. Praktische Bedeutung hat dieser Streit für das Bankenkontokorrent nicht mehr, seitdem der BGH

21

22

---

33 BGHZ 84, 325, 329; 84, 371.
34 Vgl. dazu unten Rz. 50 ff.
35 BGHZ 50, 277 ff.
36 Weispfenning, JW 1938, 3091; Nebelung, NJW 1953, 449; Völp, NJW 1955, 818.
37 Zu den Theorien im einzelnen vgl. Blaurock, JA 1980, 693.

am 24.1.1985 klargestellt hat, daß unverbindliche Forderungen (es ging um nach altem Börsenrecht nicht klagbare Optionsprämien) auch durch Verrechnung im Kontokorrent nicht verbindlich werden[38].

23 Daneben wird diskutiert, ob es überhaupt angebracht ist, zwischen *Verrechnung* der beiderseitigen Ansprüche einerseits und der daran erst anschließenden *Saldofeststellung* andererseits *zu differenzieren*. Die aufgrund der Kontokorrentabrede automatisch erfolgende Verrechnung würde dann zu einer *kausalen* Saldoforderung führen, erst danach würde dieser Saldo zum Gegenstand eines abstrakten Schuldanerkenntnisses gemacht werden[39]. Für ein solches Nebeneinanderstehen von kausaler Saldoforderung und abstraktem Schuldanerkenntnis könnte § 355 Abs. 3 HGB sprechen, der diese Differenzierung für den Fall der Kündigung während der laufenden Rechnungsperiode vorschreibt[40]. Aber auch der Wortlaut von § 355 Abs. 1 HGB legt eine Differenzierung in diesem Sinne nahe, denn danach kann »derjenige, welchem bei dem Rechnungsabschluß ein Überschuß gebührt, von dem Tage des Abschlusses an Zinsen von dem Überschusse verlangen«. Von *Rechnungsabschluß* ist die Rede, nicht von einem Schuldanerkenntnisvertrag. Und schließlich sprechen auch praktische Gründe für eine Trennung von Verrechnung einerseits und Saldoanerkenntnis andererseits. Sollte wirklich aus der Tatsache, daß sich eine Seite weigert, den Anerkenntnisvertrag zu schließen, folgen, daß das Kontokorrent überhaupt nicht verrechnet ist? Dürfte der Kunde bei einem Streit über Buchungsfehler der Bank also noch nicht einmal den kausalen Habensaldo, oder umgekehrt die Bank das kausale Debet geltend machen? Müßte der Gläubiger, der den Saldo gepfändet hat, in dieser Situation leer ausgehen? Und schließlich beruht die entgegenstehende These des BGH auf der alten von ihm zum Saldoanerkenntnis vertretenen Novationstheorie, die, worauf auch Canaris zu Recht hinweist, heute nicht mehr ernsthaft vertreten werden kann[41]. *Der BGH hat selbst inzwischen seine Meinung berichtigt*[42], *so daß nun als gesichert gelten kann, daß die auf einen zukünftigen Zeitpunkt antizipierte Verrechnung im vereinbarten Zeitpunkt automatisch eintritt und zu einer kausalen Saldofeststellung führt.*

c) Saldoanerkenntnis

24 Hierneben tritt, rechtlich völlig selbständig, die *Feststellung der Saldoforderung*, der Saldoanerkenntnisvertrag. Er kommt zustande, indem die

---

38 BGH ZIP 1985, 599; dazu Anm. Canaris ZIP 1985, 592.
39 In diesem Sinne Kübler, Feststellung und Garantie, 1967, 162 f.; Blaurock, JA 1980, 693; anders aber BGHZ 51, 346, 349; BGH WM 1973, 1014 f.
40 Vertiefend Schlegelberger-Hefermehl[5], § 355 Rz. 50.
41 Capelle/Canaris[21], S. 279 f.
42 WM 1989, 807, 809.

Bank den Rechnungsabschluß mitteilt und der Kunde das Anerkenntnis annimmt. Einwendungen wegen Unrichtigkeit oder Unvollständigkeit eines Rechnungsabschlusses hat der Kunde, nach Nr. 7 Abs. 2 AGB/B (93), spätestens innerhalb *eines Monats* nach dessen Zugang zu erheben. Schriftform ist nicht erforderlich. Das Unterlassen rechtzeitiger Einwendungen gilt, so heißt es in Nr. 7 Abs. 2 AGB/B (93), »*als Genehmigung*«. Da diese Rechtsfolge für den Kunden von großer Bedeutung ist, ist die Bank verpflichtet auf sie »bei Erteilung des Rechnungsabschlusses besonders hinzuweisen«. Aber auch dann, wenn der Kunde die Monatsfrist versäumt, steht er nicht rechtlos da. Er kann auch nach Fristablauf »eine Berichtigung des Rechnungsabschlusses verlangen, muß dann aber beweisen, daß zu Unrecht sein Konto belastet oder eine ihm zustehende Gutschrift nicht erteilt wurde« (Nr. 7 Abs. 2 letzter Satz AGB/B [93]).

Die Rechtsprechung hat früher vertreten, »daß die in die laufende Rechnung aufgenommenen beiderseitigen Ansprüche und Leistungen durch Anerkennung des Saldos als Einzelforderungen untergehen; übrig bleibt alsdann nur ein Anspruch aus dem Saldoanerkenntnis, der als neue, auf einem selbständigen Verpflichtungsgrund beruhende, vom früheren Schuldgrund losgelöste Forderung an die Stelle der bisherigen Einzelforderungen tritt«[43]. Dies würde bedeuten, daß sich die Parteien mit der Feststellung und Anerkennung des Saldos i.S.v. § 355 Abs. 1 HGB nicht begnügten. Hinzu käme eine weitere Rechtswirkung, nämlich die *Novation*[44], d.h. eine »Schuldumschaffung« in dem Sinne, daß die ehemaligen Einzelforderungen durch rechtlichen Gestaltungsakt in eine neue Qualität, nämlich das Saldoanerkenntnis, überführt würden. Genau besehen gibt es, wenn man die Novationstheorie zu Ende denkt, die Einzelforderungen nicht mehr. Konsequenterweise müßten alle Sicherungsrechte, die mit den Einzelforderungen verbunden waren, z.B. Bürgschaften oder Grundschulden, im Zeitpunkt des Anerkenntnisses untergehen. *Es ist aber bekannt, daß § 356 HGB genau das Gegenteil anordnet.* 25

Besteht auf einem Girokonto nach Rechnungsabschluß beispielsweise ein Debet über DM 100 000,-, das in Höhe von DM 50 000,- auf einem von der Bank gewährten und durch selbstschuldnerische Bürgschaft gesicherten Kredit beruht, so kann die Bank bei Zahlungsunfähigkeit des Kunden trotz Saldierung gegen den Bürgen vorgehen. Wäre nach Abschluß ein Debet in Höhe von DM 30 000,- übriggeblieben, so würde der Bürge in diesem Umfang für die Hauptforderung einstehen. Hieran wird deutlich, daß von Novation der Einzelforderungen durch Saldoanerkenntnis keine Rede sein kann, vielmehr müssen die Einzelforderungen gedanklich nach wie vor (wenn auch nicht mehr durchsetzbar) bestehen, weil sonst die Sicherheiten untergehen würden. Hierauf haben Hefermehl, 26

---

43 RGZ 125, 411, 416; BGHZ 26, 142, 150; 50, 277, 279; 93, 307, 314.
44 Zur Urgeschichte der Novation im römischen Recht, von Lübtow, S. 117 ff.

Canaris, Blaurock[45] und andere zu Recht seit vielen Jahren hingewiesen. Auch die Rechtsprechung selbst hat bei berechtigten wirtschaftlichen Interessen dem Gläubiger das Recht zugebilligt, auch nach Saldoanerkennung noch auf die Einzelforderungen zurückzugreifen[46]. So wurde insbesondere auch die Aufrechenbarkeit von Einzelforderungen für zulässig erachtet, wenn die Aufrechnung mit dem Saldoanspruch aus besonderen Gründen nicht möglich war[47]. Und schließlich läßt die Rechtsprechung immer dann, wenn der Saldo unrichtig ist oder gegen die zugrundeliegenden Einzelforderungen Einwendungen bestanden, eine Kondiktion des Anerkenntnisses nach § 812 Abs. 2 BGB zu[48]. Heute ergibt sich das aus Nr. 7 Abs. 2 AGB/B (93). Dies alles wäre nicht denkbar, wenn die Einzelforderungen nicht zumindest als gedanklicher Bezugspunkt nach wie vor weiter bestünden. Hefermehl hat darauf hingewiesen, daß eine Novation eben voraussetze, daß die Parteien eine novierende Wirkung des Anerkenntnisses nach dem von ihnen verfolgten Zweck wollen. Gegen einen solchen animus novandi spreche jedoch, daß die Parteien auch noch nach der Anerkennung am Weiterbestehen der Einzelforderungen und nicht nur des Spitzenbündels der Posten der größeren Kontoseite interessiert sein[49].

27 Im Ergebnis kann daher festgehalten werden, daß die Parteien neben der bloßen kausalen Verrechnung eine Feststellung des Saldos i.S.v. § 355 Abs. 1 HGB und zwar in Form eines abstrakten Schuldanerkenntnisses (§ 781 BGB) anstreben[50].

28 Daraus folgt, daß die neben dem Girovertrag bestehende Kontokorrentabrede im wesentlichen drei Rechtswirkungen entfaltet, nämlich die Bin-

---

45 Vgl. die Nachweise bei Schlegelberger-Hefermehl[5], § 355 Rz. 57, 58, 63.
46 RGZ 162, 244, 251; 164, 212, 215; BGH WM 1955, 1163; 70, 184, 186.
47 BGH WM 1970, 184, 186; OLG Hamburg MDR 1954, 486.
48 BGH WM 1972, 282; die im Schweigen des Kunden auf den Rechnungsabschluß liegende Genehmigungsfiktion (Nr. 15 AGB/B) schließt ebenso wie ein ausdrückliches Anerkenntnis einen Bereicherungsanspruch bei einem unrichtigen Saldo nicht aus; die Fristsetzung von einem Monat deutet auch nicht darauf hin, daß die Parteien einen Erlaßvertrag über etwaige Bereicherungsansprüche des Kunden bei irrig unrichtigem Anerkenntnis geschlossen hätten, so BGH LM BGB § 812 Nr. 79; die Wirkung der »Genehmigung« beschränkt sich somit auf eine **Beweislastumkehr**, etwa wenn der Kunde nachträglich noch Einwendungen erhebt, z. B. behauptet seine Schuld bestehe ganz oder teilweise nicht; vertiefend Schlegelberger-Hefermehl[5] § 355 Rz. 47.
49 Schlegelberger-Hefermehl[5] § 355 Rz. 58.
50 So auch BGH WM 1989, 807, 809; zu denjenigen, die in der Literatur der Meinung sind, das Schuldanerkenntnis habe lediglich deklaratorischen Charakter, mit der Folge, daß bei unrichtigem Saldo eine Kondiktion nach § 812 Abs. 2 BGB ausscheidet und nur die sehr eingeschränkte Korrektur nach § 779 BGB analog übrigbleibt, vgl. Blaurock JA 1980, 693 m.w.N.; dagegen Baumbach/Hefermehl[5], § 355 Rz. 44; Canaris, Großkomm. HGB[3], § 355 Rz. 92.

dung der In-Rechnung-gestellten beiderseitigen Ansprüche[51], ihre periodische Verrechnung und die anschließende Saldofeststellung durch abstraktes Schuldanerkenntnis.

2. Die Funktionen des Kontokorrents

Damit bleibt die Frage zu beantworten, warum die Parteien eigentlich den Girovertrag mit einer Kontokorrentabrede verbinden. Welche Vor- und evtl. auch Nachteile hat eine solche Abrede und wie wirkt sie sich auf unbeteiligte Dritte aus? Nach h.M. hat das Kontokorrent drei, tatsächlich aber *vier*, Funktionen:

29

(1) Es dient der *Vereinfachung*, indem gegenseitige Ansprüche verrechnet werden, so daß nur noch ein verbleibender Saldo auszugleichen ist.

(2) Es dient der *Vereinheitlichung*, indem alle Forderungen ohne Rücksicht auf ihren Schuldgrund und ohne Rücksicht auf ihr einzelnes rechtliches Schicksal (Verzinsung, Verjährung, Erfüllungsort) verrechnet werden.

(3) Es dient der *Sicherung*, ähnlich wie bei der Aufrechnung. Jeder Kontokorrentpartner weiß, daß seine Forderungen aufgrund der laufenden Geschäftsverbindung ständig mit Gegenforderungen der anderen Seite verrechnet werden können[52].

Hierneben tritt eine

(4) *Risikoverteilungsfunktion*, d.h. den (Kosten-)Vorteilen der am Kontokorrent teilnehmenden Parteien können (Kosten-)Nachteile Dritter vom Kontokorrent ausgeschlossener gegenüberstehen.

Eine Kreditgewährungsfunktion hat das Kontokorrent hingegen nicht. Wenn Banken, wie heute typisch, im Rahmen des Girokontos einen Kreditrahmen einräumen (Kontokorrentkredit), so beruht das nicht auf der Kontokorrentabrede, sondern auf einer danebenstehenden Kreditzusage[53]. Der Vereinfachungs- und der Vereinheitlichungseffekt lassen sich jedoch nicht wirklich voneinander differenzieren, so daß sich die traditionellen Funktionen des Kontokorrents auf zwei Merkmale, nämlich auf die *Vereinfachung* des Zahlungsverkehrs und die *Sicherung* der am Kontokorrent beteiligten Partner reduzieren lassen. Allerdings fehlt – wie unten zu zeigen ist – die *Risikoverteilungsfunktion*. Schaut man noch etwas ge-

30

---

51 Julius v. Gierke formulierte plastisch, daß die Forderung in einen »Bann mit lähmender Wirkung« gelegt sei, so im Handwörterbuch der Rechtswissenschaft, 3. Bd. 1928, S. 699 (Stichwort Kontokorrentvertrag).
52 Blaurock JA 1980, 692.
53 Heute h.M., vgl. Canaris in Großkomm. HGB³, § 355, Anm. 4 f.

nauer hin, so wird deutlich, daß die Vereinfachungsfunktion zwar durch das Kontokorrent bewirkt wird, aber nicht im eigentlichen Sinne kontokorrentspezifisch ist. Eine vergleichbare Vereinfachungswirkung ließe sich nämlich auch durch eine schlichte offene Rechnung zwischen zwei Parteien verbunden mit einer antizipierten Aufrechnungsabrede erzielen. Dagegen ist die Bindungswirkung des Kontokorrents, d.h. die in ihr liegende Verfügungsbeschränkung, mit »normalen Mitteln« des Bürgerlichen oder des Handelsrechts nicht zu erzielen (§ 137 BGB). Diese Bindung ist es, die das bewirkt, was man Sicherungsfunktion nennt, indem gegenseitige Ansprüche notwendig den am Kontokorrent beteiligten Parteien zur Verrechnung zugewiesen werden, mit der Folge, daß alle Ansprüche sich gegenseitig sichern und Dritte als Anspruchsteller ausgeschlossen sind. Daran wird deutlich: *Das Kontokorrent spart Kosten für die Sicherung gegenseitiger Forderungen, wirkt also kostenminimierend.*

31 Wenn der Bauunternehmer A vom Frischbetonhersteller B im monatlichen Mittel für DM 5 Mio. Beton bezieht und seinerseits für B Bauarbeiten im Wert von ca. 4,5 Mio. ausführt, so wäre es widersinnig, wenn A für den Frischbeton Bürgschaften und B für die Bauarbeiten Grundschulden beibringen müßte. Die Kontokorrentabrede genügt hier vollkommen. Sie bewirkt die automatische gegenseitige Verrechnung der Ansprüche. Je nach Bonität des B wäre allenfalls zu erwägen, ob der im statistischen Mittel verbleibende Spitzensaldo (DM 500 000,- zugunsten A) z.B. durch eine Grundschuld abgesichert werden sollte.

32 Allerdings kann die Bindungswirkung des Kontokorrents Rechte Dritter außer Kraft setzen und somit bei diesen Sicherungsprobleme auslösen, die ohne Kontokorrent nicht bestünden. Hierzu zwei Beispiele aus der Praxis:

33 *Fall: BGHZ 58, 257 »Handelsvertreter«*
Ein Handelsvertreter hatte Waren für seinen Arbeitgeber verkauft. Dabei hatte er einen Käufer arglistig getäuscht, indem er wahrheitswidrig behauptet hatte, das Produkt sei neuartig. Der arglose Käufer, der die Wahrheit erst später erfuhr, zahlte DM 18 000,- an. Diesen Betrag leitete der Handelsvertreter nicht an seinen Arbeitgeber weiter, sondern auf sein eigenes Privatgirokonto. Etwas später nahm sich der Handelsvertreter dann das Leben, weil er immer noch völlig überschuldet war und keinen Ausweg mehr wußte. Der getäuschte Käufer, der inzwischen den Vertrag nach § 123 BGB wirksam angefochten hatte, verlangte vom Konkursverwalter des Handelsvertreters die angezahlten DM 18 000,- im Wege der Ersatzaussonderung nach § 46 KO heraus. Der Konkursverwalter verweigerte die Herausgabe des noch vorhandenen Geldes, mit dem Hinweis darauf, daß eine Ersatzaussonderung wegen der Wirkungen des Kontokorrents nicht in Betracht komme.

Dem hat der BGH zugestimmt. An sich kommt eine Ersatzaussonde- 34
rung ohnehin nur in Betracht, wenn jemand Gegenstände, die im Konkurs
nach § 43 KO hätten ausgesondert werden können, unbefugt und gegen
Entgelt an Dritte veräußert und die aus dieser Veräußerung gebührende
Gegenleistung bei Konkurseröffnung noch aussteht. Aufgrund dieser
Voraussetzungen kommt eine direkte Anwendung von § 46 KO hier nicht
in Betracht, denn es fehlt an dem Merkmal der Veräußerung gegen Entgelt
an die Bank. Es wird aber im Schrifttum diskutiert, ob § 46 KO nicht
analog Anwendung finden soll, wenn jemand unbefugt fremdes Geld als
Darlehen gewährt[54]. Man würde dann die Übereignung des Geldes an die
Bank als Veräußerung auffassen und die Verpflichtung der Bank, das
Darlehen zurückzugewähren, als Gegenleistung, die im Zeitpunkt der
Konkurseröffnung noch nicht erfüllt war.
Der BGH hat ausdrücklich offengelassen, ob er dieser Analogie zu § 46
KO wirklich folgen würde. Entscheidend war nämlich, daß die Gegenlei-
stungsverpflichtung im Zeitpunkt der Konkurseröffnung in Wirklichkeit
gar nicht bestand. Denn da der Handelsvertreter die DM 18 000,- auf sein
Girokonto eingezahlt hatte, erlosch im Augenblick der Einstellung der
DM 18 000,- das Recht auf Rückzahlung dieser Einzelforderung. Die
Zahlung wurde von der Bindungswirkung des Kontokorrentkontos ergriffen; irgendwelche Verfügungsrechte des Kontoinhabers fielen also
weg. Es war nichts mehr da, was im Zeitpunkt des Konkurses hätte abgetreten werden können. Der arglistig getäuschte Käufer war darauf angewiesen, seinen Anspruch gegen die Konkursmasse zu richten, wie alle anderen Gläubiger auch. Eine Durchbrechung dieser Bindungswirkung zugunsten des Käufers verneinte der BGH ausdrücklich. Zwar habe die
Rechtsprechung in eng begrenztem Umfang den Parteien eines Kontokorrentverhältnisses das Zurückgreifen auf die Einzelforderung auch nach bereits erfolgter Saldoanerkennung zugebilligt[55]. Auf diese aus § 242 BGB
gefilterte Ausnahmegrundsätze könne sich aber ein an der Kontokorrentabrede nicht beteiligter Dritter, wie der getäuschte Käufer, nicht berufen.
Diese Grundsätze hat der BGH im folgenden Fall bestätigt.

Fall: BGHZ 73, 259 »Buchgrossist« 35
Es ging um den Konkurs eines der größten Buchgroßhändler der Bundesrepublik. Der Großhändler belieferte fast 200 000 Buchhändler und unterhielt mit diesen Kontokorrentkonten. Seinerseits bezog der Buchhändler Bücher von ca. 1 300 Verlagen. Diese Verlage vereinbarten bei Lieferung an den Großhändler einen verlängerten Eigentumsvorbehalt. Da im
Augenblick des Konkurses noch nicht alle Buchhändler ihre Rechnungen
bezahlt hatten, verlangten die Verlage aufgrund ihres verlängerten Eigen-

---

54 Vgl. die Nachweise in BGHZ 58, 257, 259.
55 RGZ 162, 244; BGH WM 1955, 1163; BGH NJW 1970, 560.

tumsvorbehaltes nach § 46 KO vom Konkursverwalter die Ersatzaussonderung dieser nun ihnen direkt zustehenden Ansprüche.

36 Auch hier wieder war es entscheidend, ob die Ersatzaussonderung an der Kontokorrentabrede zwischen Großhändler und Einzelhändler scheiterte. Der BGH bejahte das. Dabei erkannte er genau, daß als Folge dieser Auffassung die verlängerten Eigentumsvorbehalte wirkungslos wurden. Die betroffenen Verlage wehrten sich deshalb mit dem Hinweis, daß eine solche Rechtsvereitelung durch ein Kontokorrentkonto sittenwidrig sei. Dem trat der BGH mit dem Hinweis entgegen, daß das Kontokorrentkonto und seine Wirkungen in §§ 355 ff HGB gesetzlich ausdrücklich anerkannt seien. Es handle sich um eine Abrechnungsform, die gerade zur Erleichterung des Massenverkehrs mit vielen Geschäftsvorfällen diene. Wenn der Großhändler also mit seinen Abnehmern über Kontokorrentkonten abrechnete, dann handelte er kaufmännisch rationell und vernünftig und nicht etwa sittenwidrig, denn die Kontokorrentverrechnung hatte nicht den Zweck, die Sicherung der Lieferanten zu vereiteln. Dies war nur eine »Nebenwirkung« einer ansonsten ordnungsgemäßen kaufmännischen Abrechnungsweise. Vor allem wurde auf diese Weise der Warenabsatz erleichtert und erweitert, woran auch die liefernden Verleger interessiert sein mußten. Außerdem hätten die Verleger, darauf wies der BGH ausdrücklich hin, bei der Ausgestaltung ihrer Geschäftsbedingungen die Möglichkeit gehabt, sich abzusichern. Sie hätten sich nämlich die Saldoforderungen eines etwaigen Kontokorrents im voraus abtreten lassen können (vgl. insoweit BGHZ 70, 86).

37 Angesichts dieser Rechtsprechung wäre es aber aus der Sicht der Verleger auch naheliegend, überhaupt nur noch gegen Barzahlung zu liefern. Denn ob und in welcher Höhe Saldoforderungen des Großhändlers gegen die Einzelhändler bestehen, ist im voraus schwer absehbar, so daß möglicherweise gar keine Sicherungswirkung in einer solchen Vorausabtretung liegt. *Dem Kostenvorteil für die am Kontokorrent teilnehmenden Parteien können also Kostennachteile dritter, vom Kontokorrent ausgeschlossener Parteien entgegenstehen.* Daran wird deutlich, daß das Kontokorrent nicht nur Sicherungsfunktion, sondern darüber hinaus auch *Risikoverteilungsfunktion* hat.

38 Die Risikoverteilungsfunktion des Kontokorrents ist von größter Bedeutung, wenn es um Privatgirokonten geht, bei denen der Kunde kraft Giroabrede jederzeit über ein bestehendes Guthaben verfügen darf[56]. Dieser vom BGH anerkannte, von der Kontokorrentabrede also nicht gebundene, Auszahlungsanspruch auf den jeweiligen Tagessaldo[57], beseitigt die Sicherungsfunktion des Kontokorrents zwar nicht vollständig, aber doch ganz erheblich. Zwar sind die in das Girokonto eingestellten gegenseitigen

---

56 Vgl. wegen der damit verbundenen Pfändungsfragen die Darstellung unter Rz. 50 ff.
57 BGHZ 84, 325; 84, 371.

Ansprüche nach wie vor weder abtretbar noch verpfändbar. Auch kann nicht mit anderen Forderungen aufgerechnet werden und schließlich kann der Kunde die Auszahlung der in das Kontokorrent eingestellten Einzelforderung nicht verlangen. Aber, ähnlich wie beim Staffelkontokorrent, besteht im wirtschaftlichen Ergebnis ein Auszahlungsanspruch über den jeweiligen Tagessaldo, sofern dieser kreditorisch ist. Nun hebt nicht jeder Girokontoinhaber täglich den Überschuß ab, aber, soviel wird man sagen können, die Sicherungsfunktion des Bankenkontokorrents ist als Folge dieses täglichen Auszahlungsanspruches zumindest potentiell reduziert, nämlich in den wirtschaftlichen Wirkungen der Sicherungsfunktion eines Staffelkontokorrents angenähert. Umso wichtiger ist es, zur Legitimation des Kontokorrents auch im Bankenbereich, auf die unberührt bleibende Risikoverteilungsfunktion hinzuweisen. Gerade durch diese Funktion wird deutlich, daß der Gesetzgeber durch Anerkennung des Kontokorrents einen ökonomischen »Optimierungskompromiß« eingegangen ist. Denn Kostensenkungen durch Vereinfachung des Abrechnungsverkehrs und durch Vermeidung von Sicherungen stehen Kostensteigerungen für Sicherungen zu Lasten Dritter gegenüber. Da in der Masse der Fälle mangels der Beteiligung von Dritten aus dieser Sphäre kein Kostenrisiko droht, war und ist es ökonomisch vernünftig, die Kontokorrentabrede mit den ihr innewohnenden Verfügungsbeschränkungen zuzulassen. Die Abrede nützt mehr, als sie kostet; jedenfalls im volkswirtschaftlichen Maßstab. Auf einen globalen ökonomischen Nenner gebracht kann man zusammenfassend also sagen: Die Funktion des Kontokorrents besteht in der Minimierung von Transaktionskosten in einer Volkswirtschaft. Realisiert wird das durch Vereinfachung, Sicherung und Risikoverteilung.

3. Spezifische Probleme des Bankenkontokorrents

a) Stornorecht/Berichtigungsbuchung

Nach Nr. 4 Abs. 1 AGB/B (88) (= Nr. 8 AGB/B [93]) hat die Bank bei unrichtigen Buchungen vor Rechnungsabschluß ein Stornorecht. Fraglich ist, ob das auch dann noch gilt, wenn eine unrichtige Gutschrift inzwischen in ein Saldoanerkenntnis eingegangen ist. Der BGH hatte folgenden Fall zu entscheiden: 39

Fall: BGHZ 72, 9 »Stornorecht« 40
Am 2.10.1975 schrieb eine Bank auf dem Girokonto ihres Kunden aufgrund einer Auslandsüberweisung ca. DM 18 500,- gut. Weil die Bank irrtümlich die schriftliche Bestätigung der fernschriftlichen Überweisung vom 30.9.1975 als neuen Überweisungsauftrag behandelte, erteilte sie am 9.10.1975 dem Kunden eine weitere Gutschrift, die um etwa DM 200,- niedriger ausfiel als die erste. Das beruhte darauf, daß die Überweisung in Dollar vorgenommen worden war und der Kurs des Dollars leicht gefal-

len war. Der Kunde, ein Einzelkaufmann, der mit Sportartikeln handelte, verfügte über beide Beträge mittels Scheck vom 14.10.75 und vom 29.10.75. Zum Jahresende stellte die Bank, ohne den Irrtum zu bemerken, den Saldo des Kontos fest; der Kunde genehmigte ihn konkludent. Erst im April 1976 kam der Irrtum ans Licht. Die Bank informierte ihren Kunden und stornierte die Doppelbuchung nach Nr. 4 Abs. 1 AGB/B (88). Der Kunde verlangt Rückgängigmachung dieser Stornierung, weil das Recht aus Nr. 4 Abs. 1 AGB/B (88) durch Feststellung des verbindlichen Rechnungsabschlusses Ende 1975 erloschen sei.

41 Dem hat der BGH zugestimmt. Zwar sei die umstrittene Gutschrift in der Tat irrtümlich vorgenommen worden, denn die Bestätigung der fernschriftlichen Überweisung enthielt, so wie es Nr. 4 Abs. 1 AGB/B (88) verlangt, keinen neuen Auftrag. Jedoch sei dieses Stornorecht durch Feststellung des Jahresabschlusses 1975 erloschen. Das Stornorecht könne nämlich nicht in eine für den Kunden zwischenzeitlich begründete günstige Rechtslage eingreifen. Insbesondere findet es eine Grenze an der Saldoanerkennung. Denn durch diese gehen die in das Kontokorrent aufgenommenen Einzelforderungen unter, so daß sie als Gegenstand eines Stornorechts nicht mehr in Betracht kommen.

42 Dem ist mit der Einschränkung zuzustimmen, daß die Forderungen zwar nicht untergehen, aber zur Durchsetzung den Parteien entzogen sind. Folglich können auch damit verknüpfte einseitige Widerrufsrechte (Storno) nicht mehr geltend gemacht werden. Allerdings kann die Bank in diesen Fällen die Herausgabe des Anerkenntnisses nach § 812 Abs. 2 BGB verlangen[58]. Genau in diesem Sinne sind die seit dem 1.1.1993 geltenden AGB/B gestaltet. Stornobuchungen sind begrifflich überhaupt nur noch vor Rechnungsabschluß möglich (Nr. 8 Abs. 1 AGB/B)[59]. Nach Rechnungsabschluß – wie hier – darf die Bank, sofern ihr ein Rückzahlungsanspruch gegen den Kunden zusteht, sein Konto mit einer *Berichtigungsbuchung* belasten. Erhebt der Kunde gegen diese Berichtigungsbuchung Einwendungen, so wird die Bank den Betrag dem Konto wieder gutschreiben und ihren Rückzahlungsanspruch gesondert geltend machen (Nr. 8 Abs. 2 AGB/B [93]).

43 Der Kunde seinerseits kann sich allenfalls auf den Wegfall der Bereicherung nach § 818 Abs. 3 BGB berufen, sofern dessen Voraussetzungen vorliegen. Dafür sprach im vorliegenden Fall einiges, weil der Kunde mit dem Geld die Rechnung eines Dritten bezahlt hatte und die Forderung gegen diesen inzwischen uneinbringlich war. Aufgrund dieser Zusammenhänge wies der BGH ergänzend darauf hin, daß von einem Bankkunden im Rahmen einer girovertraglichen Rechtsbeziehung ein gewisses Maß an Kontrolle der ihm in den Auszügen mitgeteilten Kontobewegun-

---

58 Dazu auch BGH WM 1975, 556, 557.
59 Umfassend, Kämmer, Das Stornorecht der Banken (Diss. Berlin 1997) passim.

gen und Kontostände zu verlangen ist. Denn der Giroverkehr mit seinen massenhaft anfallenden Geschäftsvorgängen kann nur unter dieser Voraussetzung zuverlässig funktionieren. Zwar obliege es in erster Linie der Bank von vornherein richtige Auszüge zu erstellen. Die Unaufmerksamkeit des Kunden gegenüber einem dennoch aufgetretenen Fehler könne aber soweit gehen, daß sein Verhalten eine fahrlässige Verletzung der nach dem Girovertrag von ihm zu verlangenden Sorgfalt darstelle. Für den der Bank hieraus entstehenden Schaden müsse er trotz »Entreicherung« haften, denn die Eigenart des Girovertrages gebe nichts dafür her, daß diese Haftung nur bei vorsätzlicher Vertragsverletzung eingreife. Der Gefahr einer Überspannung der für den Kunden zumutbaren Aufmerksamkeit sei durch Anwendung eines vernünftigen Sorgfaltsmaßstabs entgegenzuwirken. Es liege außerdem auf der Hand, daß sich die Bank eine Schadensminderung gefallen lassen müsse, wenn dafür die Voraussetzungen des § 254 BGB vorlägen, was vielfach der Fall wäre.

Der Entscheidung ist zuzustimmen. Die Begründung könnte auch auf pVV oder auf Nr. 11 AGB/B (93) gestützt werden, wonach der Kunde Abrechnungen und Anzeigen jeder Art auf ihre Richtigkeit und Vollständigkeit zu überprüfen hat. Da es sich beim Girovertrag um ein gegenseitiges Vertrauensverhältnis handelt, erscheint es auch nicht überspannt, dem Kunden Prüfpflichten zugunsten der Bank abzuverlangen. Denn funktionsfähig ist ein Konto nur dann, wenn keine der beiden Seiten die Möglichkeit hat, einseitig Vorteile aus der Beziehung zu ziehen. 44

b) Verhältnis zum Gesellschaftsrecht
Ein weiterer Problemkreis ist derjenige des Verhältnisses zwischen Kontokorrentrecht und Gesellschaftsrecht. Dazu folgender Fall: 45

Fall: BGHZ 50, 277 »Vorrang des Gesellschaftsrechts« 46
Am 3. Mai 1960 schied ein persönlich haftender Gesellschafter (phG) aus einer OHG aus. Die OHG unterhielt ein Girokonto. Die Schuld der OHG gegenüber der Bank betrug am 3.5.1960 ca. DM 3 400,-. Sie sank in der Folgezeit teilweise auf unter DM 800,- ab. Am 31.12.1960 stellte die Bank einen Jahresabschlußsaldo in Höhe von ca. DM 3 650,- fest. Kurze Zeit danach wurde über das Vermögen der OHG der Konkurs eröffnet. Die Bank verlangt von dem ausgeschiedenen phG Zahlung in Höhe des am 31.12.1960 festgestellten Saldos von ca. DM 3 650,-. Der phG meint, er schulde allenfalls den niedrigsten Zwischensaldo von knapp DM 800,-.

Der BGH hat der Bank Recht gegeben. Der phG hafte nach § 128 HGB für die Schulden der OHG persönlich. Insoweit sei er auch an die während seiner Zugehörigkeit zur Gesellschaft geschlossene Kontokorrentabrede gebunden. Die Sicherheit des Rechtsverkehrs erfordere es, daß er bezüglich der Wirkung des Rechnungsabschlusses nicht anders behandelt werde als der Kontokorrentschuldner (die OHG) selbst. Da weder am 47

3.5.1960 oder während des Restjahres, sondern erst am 31.12.1960 der Saldo festgestellt und anerkannt wurde, mußte der phG im vorliegenden Fall für ca. DM 3 650,- einstehen.

48 Eher zwischen den Zeilen begründet der BGH in dieser Entscheidung zugleich einen Vorrang des Gesellschaftsrechts vor dem Kontokorrentrecht. Es sei nämlich von dem Grundsatz auszugehen, daß der phG für die Schulden der OHG »bis zu der bei seinem Ausscheiden begründeten Höhe« hafte[60]. Und am Ende der Entscheidung heißt es noch einmal: Seine (des phG) Haftung »bleibt nach oben begrenzt durch den Stand der Schuld bei seinem Ausscheiden«. Die Bemessung der Haftung nach dem Saldo am Tage des Ausscheidens berühre nicht die im Verhältnis zwischen Gesellschaft und Bank weiter bestehende Kontokorrentabrede, sondern trage lediglich in angemessener und allgemein anerkannter Weise der gesetzlichen Regelung Rechnung, wonach der ausscheidende Gesellschafter für die Schulden der Gesellschaft zur Zeit seines Ausscheidens mithafte[61]. Dem ist zuzustimmen, denn die Mithaftung des ausscheidenden phG für Altschulden der OHG wirkt für die OHG vom Austrittszeitpunkt an so, als hätte ein Dritter für irgendeine Einzelforderung eine Sicherheit bestellt. Die Lage ist also derjenigen in § 356 HGB vergleichbar, so daß es folgerichtig ist, daß der phG den jeweils nächsten Rechnungsabschluß sichert, wobei seine Haftung nach oben durch die Höhe des von ihm gesellschaftsrechtlich geschuldeten Tagessaldos im Zeitpunkt seines Ausscheidens begrenzt ist. Hätte sich am 31.12.1960 z. B. ein Rechnungsabschluß in Höhe von DM 6 000,- ergeben, so hätte der phG hiervon max. DM 4 363,92 zahlen müssen, nämlich den Betrag, der als Tagessaldo am 3.5.1960 zu Lasten der OHG auf dem Girokonto bestand.

c) Fortbestehen von Sicherheiten

49 Nach § 356 HGB bleiben die für die Einzelansprüche bestellten Sicherheiten in kraft. Das gilt auch noch nach Saldoanerkenntnis und belegt, daß entgegen der früheren Rechtsprechung des BGH die Einzelforderungen sich nicht im Wege der Novation in eine neue, nun abstrakte Forderung, verwandeln, sondern neben dem Anerkenntnis, wenn auch undurchsetzbar, bestehen bleiben. Die bestellte Sicherheit gilt nun und zwar in der ursprünglichen Höhe *für den Saldo*. Das kann erhebliche praktische Folgen haben. Wenn z.B. eine Bank einen Kredit gewährt und ein Bürge dafür bürgt, dann erlischt mit Rückzahlung des Kredites auch die Bürgschaftsschuld (§ 767 Abs. 1 BGB). Ist nun dasselbe Darlehen in ein Kontokorrentkonto eingestellt, so bewirkt die »Rückzahlung« überhaupt nichts, solange nicht ein Rechnungsabschluß i.S.v. § 355 HGB festgestellt wird.

---

60 BGHZ 50, 277, 278.
61 BGHZ 50, 277, 284.

D.h. der Bürge haftet weiter, auch dann, wenn zwischenzeitlich das Darlehen, für das er gebürgt hatte, getilgt schien. Es ist deshalb für die Sicherungsgeber nicht ganz unwichtig zu wissen, ob die Forderung, die sie sichern in ein Kontokorrent eingestellt wird oder nicht[62]. Das Reichsgericht war jedenfalls der Auffassung, daß § 356 HGB auch bei Sicherung eines Anspruchs in Unkenntnis seiner Erfassung durch ein Kontokorrent gelte[63]. Dem tritt ein Urteil des OLG Hamm v. 18.12.91 mit überzeugenden Argumenten entgegen[64]. *Wird ein durch Bürgschaft gesicherter Einzelkredit in einen Kontokorrentkredit überführt, so haftet der Bürge für diesen nur, wenn er zugestimmt hat, andernfalls erlischt die Bürgschaft.*

d) Die Pfändung des Tagessaldos
Als Folge der Bindungswirkung des Kontokorrents werden Einzelforderungen prinzipiell verfügungsunfähig. Das gilt auch mit Blick auf Dritte, z.B. Gläubiger, denen natürlich sehr daran gelegen wäre, eine in das Kontokorrent eingestellte Forderung ihres Schuldners zu pfänden. Eine solche Einzelpfändung geht ins Leere, eben weil das Kontokorrent eine dingliche Verfügungssperre gegenüber jedermann entfaltet (vgl. § 851 Abs. 1 ZPO)[65]. § 357 HGB läßt aber die Pfändung des Saldos zu, sofern es sich bei diesem um einen Überschuß aus der laufenden Rechnung handelt. Gemeint ist der Überschuß im Zeitpunkt des Wirksamwerdens der Pfändung, z.B. der Zeitpunkt der Zustellung des vorläufigen Zahlungsverbotes nach §§ 829 Abs. 3, 845 Abs. 2, 930 ZPO. Dies gilt auch dann, wenn dieser Zeitpunkt in die laufende Kontokorrentperiode fällt und die Saldierung erst später fällig wird[66]. Die Pfändung in das laufende Kontokorrent bewirkt also, daß das Konto buchungstechnisch und zwar im Verhältnis zwischen Bank und pfändendem Gläubiger auf den Zeitpunkt der Pfändung vorläufig abgeschlossen wird. Auf diese Weise wird die Funktion des Kontokorrents bewahrt, der Gläubiger kann nicht eine Einzelforderung, sondern nur einen etwaigen Habensaldo pfänden. Zugleich werden die Interessen der Gläubiger gewahrt, die regelmäßig in Beweisnot geraten würden, müßten sie nachweisen, daß die Glattstellung eines Kontos am Stichtag auf gezielten, sie schädigenden Manipulationen beruhte. So war es in der Vergangenheit üblich, die Pfändung des gegenwärtigen und die des etwaigen künftigen Saldos in Form der »Doppelpfändung« miteinander zu verbinden. Der Gläubiger konnte sich dann den jeweils höheren

50

---

62 Vgl. hierzu den allerdings schwierig nachzuvollziehenden Fall BGHZ 29, 281, der die Sicherung durch ein »Früchtepfandrecht« betraf.
63 RGZ 136, 181.
64 EWiR § 765 BGB 3/92, 337 (Brink).
65 BGHZ 80, 173, 175 f.
66 BGHZ 80, 173, 176.

Saldo zunutze machen. Diese frühere Praxis ist als Folge von zwei BGH-Entscheidungen aus dem Jahre 1982 heute weitgehend überholt.

51 *Nach diesen Entscheidungen ist es möglich, den täglichen Auszahlungsanspruch aus dem Girovertrag zu pfänden.* Die beiden Entscheidungen stammen von unterschiedlichen Senaten, die erste vom VIII. Zivilsenat[67] und die zweite vom I. Zivilsenat[68], beide Senate kommen aber zu gleichen Ergebnissen. Verkürzt ging es in beiden Fällen um Pfändungen in ein Girokonto. Der Bank war ein Pfändungs- und Überweisungsbeschluß i.S.v. § 829 ZPO zugestellt worden, sie zahlte aber an den Pfändungsgläubiger nichts, weil im jeweiligen Saldierungszeitpunkt das Kundenkonto im Soll war. Dazwischen aber, so stellte sich später heraus, hatte es Kontenbewegungen gegeben, das Konto war häufiger im Haben gewesen. Die Bank verwies darauf, daß dieses Guthaben (Tagessaldo) wegen der Wirkung von § 357 HGB nicht pfändbar gewesen sei. Sie hätte deshalb nichts zahlen dürfen. Der Pfändungsgläubiger meinte demgegenüber, daß die Bank aus dem Girovertrag zur Auszahlung des jeweiligen Tagesguthabens verpflichtet sei und daß dieser Anspruch des Kunden, der außerhalb des Kontokorrents stehe, gepfändet werden könne.

52 Die beiden Senate des BGH haben dem zugestimmt. Sie haben zunächst strikt zwischen Forderungen getrennt, die in das Kontokorrent eingestellt werden, und den hiervon völlig unabhängigen Anspruch des Kunden gegen seine Bank auf Auszahlung des jeweiligen Tagessaldos. BGHZ 84, 325, 330: »Ein Girokonto wird in aller Regel als Kontokorrentkonto geführt. Die Kontokorrentabrede bewirkt ... gem. § 357 HGB die Unpfändbarkeit der dem Kontokorrent zugehörigen Forderungen. Daran wird festgehalten. Das besagt aber nichts zu der Frage, ob der sich aus dem Girovertrag ergebende Anspruch des Bankkunden auf Auszahlung des Tagesguthabens gem. § 829 ZPO pfändbar ist ... gerade aus dem Umstand, daß die Bank dem Girokunden einen *vertraglichen* Anspruch auf Auszahlung von Tagesguthaben einräumt, folgt, daß dieser Anspruch der Kontokorrentbindung nicht unterworfen sein soll. Ist auf diese Weise die grundsätzlich geltende Kontokorrentbindung zugunsten des Kontoinhabers durchbrochen, ... kann die Unpfändbarkeit bei solcher Fallgestaltung nicht aus der Kontokorrentabrede hergeleitet werden«. Mit dem Sinn und Zweck des Kontokorrents steht das, worauf der I. Zivilsenat zu Recht hinweist, nicht in Widerspruch[69]«. Durch die Pfändung des Anspruchs auf das Tagesguthaben wird das Kontokorrentverhältnis weder abgeändert noch beendet. Zahlungen an den Gläubiger werden vielmehr als kontokorrentgebundene Leistungen der Bank genauso in das Kontokorrent eingestellt wie Barabhebungen oder sonstige Verfügungen des Schuldners

---

67 BGHZ 84, 325.
68 BGHZ 84, 371.
69 BGHZ 84, 371, 377.

über das Guthaben«. Dem ist zuzustimmen. Es ist richtig, daß das Girokonto, jedenfalls bei andauernder Pfändung, in den wirtschaftlichen Wirkungen einem Staffelkontokorrent sehr nahe kommt. Der entscheidende Grund hierfür liegt aber nicht in der die Pfändung von Tagessalden zulassenden Rechtsprechung des BGH, sondern in der eigentümlichen Verknüpfung von Giroabrede und Kontokorrent.

Die Giroabrede bewirkte schon immer, daß der Kunde über ein Tagesguthaben verfügen konnte, er mußte es nur nicht. Daß trotz dieses ständigen Auszahlungsanspruchs das Girokonto als Periodenkontokorrent geführt wird, steht dem nicht entgegen. Die Parteien entscheiden dies privatautonom und ein entgegenstehendes Schutzbedürfnis Dritter ist nicht erkennbar. Unter Kostengesichtspunkten ist das Periodenkontokorrent jedenfalls allemal vorzuziehen, denn beim Staffelkontokorrent müßte bei jeder Kontobewegung ein vollständiger Rechnungsabschluß incl. Zinsberechnung durchgeführt und dem Kunden zur Prüfung zur Verfügung gestellt werden. Ein gelegentlich in der Literatur artikulierter Widerspruch zwischen dem täglichen Auszahlungsanspruch des Kunden und der Kontokorrentabrede besteht also nicht[70]. Entscheidend ist also, daß der BGH mit seiner Rechtsprechung zur Pfändbarkeit des Tagessaldos die Rechtswirkungen der Giroabrede in die Sphäre pfändender Gläubiger verlängert hat. Das ist richtig, denn es ist in der Tat nicht einzusehen, warum die Gläubiger schlechter stehen sollen, als der Schuldner selbst.

53

e) Die Pfändung in Kreditlinien

Aktuell und streitig wird hierneben die *Pfändung in Kreditlinien* diskutiert. Sie stellt sich allerdings nicht nur, wenn ein Kontokorrentkredit eingeräumt wurde. Die Frage ist, ob ein Gläubiger den von Bankkunden nicht ausgenutzten Kreditspielraum zu seinen Gunsten in Höhe der bestehenden Forderung pfänden lassen kann. Klar ist z.Z. nur, daß eine Pfändung jedenfalls nicht bei bloßer Duldung der Kontoüberziehung in Frage kommt[71]. Denn die bloße Duldung einer Überziehung gibt dem Kunden gegenüber der Bank keinen Anspruch, so daß es sich dabei nicht um eine pfändbare Forderung handelt[72]. Ansonsten ist die Rechtsprechung uneinheitlich, tendiert aber dazu, die Pfändung modifiziert zuzulassen[73]. Die Literatur lehnt die Pfändbarkeit überwiegend ab[74]. Das LG Hamburg

54

---

70 In diesem Sinne aber Joachim Peckert, Das Girokonto und der Kontokorrentvertrag, 1985, S. 80 ff., 103.
71 BGHZ 93, 315, 325.
72 BGH aaO; Olzen, ZZP 97 (84) 1; Häuser, ZIP 1983, 891.
73 OLG Köln ZIP 1983, 810; LG Dortmund, Beschluß vom 1.8.1985 und LG Hamburg, Beschluß vom 23.12.1985, beide in NJW 1986, 997 ff.
74 Baumbach/Hopt, HGB-Komm.29, § 357 Anm. 10; Häuser ZIP 1983, 900; Peckert ZIP 1987, 1232.

folgt einer wohl zuerst von Wagner[75] aufgezeigten Lösung, wonach die Pfändung laufenden Kredits zwar zulässig sei, aber den jeweiligen Abruf durch den Schuldner zwingend voraussetze. Dieser stehe dann genauso, wie wenn er selbst den Kredit zur Befriedigung seines Gläubigers verwendet hätte. Nach anderer Auffassung[76] könne der Vollstreckungsschuldner sogar materiell-rechtlich zur Kreditaufnahme verpflichtet sein (Gedanke: § 279 BGB – Geld muß man haben), weshalb ein Zwang hierzu über § 888 ZPO eröffnet sein müsse. Das geht sicher zu weit, denn die Zwangsvollstreckung kann nicht anspruchsbegründend wirken. Hinzu kommt, daß der Gläubiger nicht befugt ist, zu Lasten des Schuldners über dessen zukünftige Vermögensstruktur zu entscheiden. Wenn der Schuldner keinen Kredit aufnehmen will, dann muß der Gläubiger andere Vermögensgegenstände pfänden. Das kann bei hohen Zinsen aus der Sicht des Schuldners sogar sehr vernünftig sein. Andererseits erscheint auch eine völlige Ablehnung der Pfändbarkeit einer Kreditlinie nicht immer überzeugend[77]. *Objektiv* sollte die Frage lauten, ob die Bank den Dispositionskredit auch und unabhängig von möglicherweise in Zukunft drohenden Zwangsvollstreckungen einräumt (keinerlei Zweckbindung).

55 Subjektiv muß aus der Sicht des Kunden hinzukommen, daß er diesen ihm eingeräumten Kredit in der Vergangenheit auch wirklich in Anspruch genommen hat. Solange er das nicht tut, wird man ihm nicht vorwerfen können, seine Schulden prinzipiell nicht mit Krediten decken zu wollen.

f) Konkurswirkungen
56 Nicht ganz unproblematisch sind schließlich Fälle, in denen jemand, der mit einem anderen ein Kontokorrent unterhält, in Konkurs fällt. In dieser Situation endet die Kontokorrentabrede von selbst, ohne daß es noch einer Kündigung bedarf[78]. Folglich treten die Rechtswirkungen des § 355 Abs. 3 HGB ein, d.h. die in das Kontokorrent eingestellten Einzelforderungen werden automatisch verrechnet; es entsteht ein *kausaler Schlußsaldo*. Die Frage ist, wem dieser Saldo gebührt. Findet auf ihn § 15 KO Anwendung, so gehört er in die Konkursmasse; der Gläubiger hat nur noch eine (meist wertlose) Konkursforderung. Findet dagegen § 15 KO keine Anwendung, so kann sich der Gläubiger diesen Saldo bereits bei Abschluß des Kontokorrentverhältnisses im voraus abtreten lassen, wovon in der Praxis häufig Gebrauch gemacht wird.

---

75 ZIP 1985, 849; ders. JZ 1985, 718.
76 Grunsky, ZZP 95 (82) 264.
77 So aber, weil keine Pflicht zur Abnahme der Kreditsumme bestehe, OLG-Schleswig, NJW 1992, 579 = EWiR § 607 BGB 3/92, 445 (Vortmann).
78 BGHZ 74, 253.

Der BGH hat im »Barsortimenter-Urteil«[79] klargestellt, daß solche Vorausabtretungen zulässig und konkursfest sind. § 15 KO findet also keine Anwendung, so daß es für die Bank bei Eingehen eines Kontokorrentverhältnisses empfehlenswert ist, sich einen etwaigen Habensaldo für den Fall des Konkurses im voraus abtreten zu lassen.

57

Die Entscheidung ist zunächst bemerkenswert, weil der BGH damit die von ihm noch immer nicht völlig aufgegebene Novationstheorie ad absurdum führt. Würde die Verrechnung der Einzelforderungen diese tatsächlich im Wege der Schuldumschaffung auflösen und in einen neuen rechtlichen Zustand (Novation) überführen, so könnte es einen kausalen Schlußsaldo gar nicht geben. Der BGH schreibt aber selbst, daß es sich bei dem »sogenannten kausalen Schlußsaldo nicht – wie möglicherweise bei dem abstrakten Schlußsaldo, der nach erfolgter Anerkennung durch den Konkursverwalter auf einem neuen Verpflichtungsgrund beruht ... – um einen erst mit oder nach Konkurseröffnung entstehenden künftigen Anspruch« handele. Vielmehr finde der kausale Saldoanspruch, wenn er auch nur auf den Überschuß geltend gemacht werden könne, seine Grundlage in den während der laufenden Verrechnungsperiode in das Kontokorrent eingestellten Einzelforderungen, die damit ihre rechtliche Selbständigkeit nicht verloren hätten[80]. Die oben begründete Auffassung, wonach kausale Verrechnung und abstraktes Schuldanerkenntnis voneinander rechtlich zu trennen sind, wird also auch vom BGH geteilt.

58

Aber auch in der Sache selbst ist dem BGH zuzustimmen. Der im voraus abgetretene Schlußsaldo ist kein Recht, das, wie es § 15 KO voraussetzt, erst nach Eröffnung des Konkursverfahrens erworben wird. Das ist in der Literatur bezweifelt worden, weil die Vorausabtretung die Konkurseröffnung logisch voraussetze, folglich frühestens eine logische Sekunde nach Konkurseröffnung entstehe. Dann aber ergreife bereits § 15 KO den Schlußsaldo[81]. Diese Auffassung scheitert logisch selbst an der logischen Sekunde. Denn die Verfügungswirkung der Vorausabtretung tritt weder vor noch nach Konkurseröffnung, sondern *mit* Konkurseröffnung ein[82]. D.h. die Konkurseröffnung selbst ist ein gedachter (rein logischer) Zeitpunkt, der den Anspruch aus der Vorausverfügung realisiert, bevor der Konkurs in sein Abwicklungsstadium eintritt. Andernfalls könnte der Konkurs (logisch) nicht eröffnet werden, weil jede darauf gerichtete Handlung bereits in das Abwicklungsstadium überführen würde. Anders ausgedrückt: *man braucht einen Konkurseröffnungszeitpunkt, der selbst noch nicht Teil des Konkurses ist, weil er sonst das Verfahren nicht auslösen kann, und andererseits auch nicht mehr in die Zeitspanne hinein-*

59

---

79 BGHZ 70, 86, 94 ff.
80 BGHZ 70, 86, 94 unter Hinweis auf BGHZ 49, 24, 26 f.
81 Blaurock, JA 1980, 691, 695; Serick, BB 1978, 873, 877.
82 So präzise BGHZ 70, 86, 96.

gehört, die vor dem Konkurs lag. Dieser Zeitpunkt ist nicht mit einer Uhr meßbar, sondern ein Konstrukt reinen Geistes, bildlich gesprochen die »logische« Sekunde zwischen der Zeit vor und der Zeit nach der Konkurseröffnung.

V. Die Überweisung

60 Rechtstechnisches Mittel zur Durchführung des unbaren Zahlungsverkehrs ist das Girokonto, das einen unsichtbaren Geldkreislauf durch Buchungsvorgänge eröffnet. Im Einzelfall werden diese Buchungen durch eine Überweisung ausgelöst.

61 Zur Ausführung solcher Überweisungsaufträge seitens des Kunden verpflichtet sich die Bank durch Abschluß des Giro-(Rahmen-)Vertrages. Sie versprach nach Nr. 4 Abs. 1 AGB/B (88) »unwiderruflich, Geldbeträge für den Kunden entgegenzunehmen. Den Auftrag, einem Kunden einen Geldbetrag zur Verfügung zu stellen ..., durfte die Bank durch Gutschrift des Betrages auf dem Konto des Kunden ausführen, wenn ihr nicht ... ausdrücklich eine andere Weisung erteilt worden ist.« Diese seit dem 1.1.1993 nicht mehr ausdrücklich zum Gegenstand der AGB/B gemachten Grundsätze bestimmen das Überweisungsgeschäft auch heute noch sinngemäß.

62 Überweisungen sind in Form von Einzelweisungen möglich, aber ebenso in Form des Dauerauftrags oder des Lastschriftverfahrens gebräuchlich. Aus Gründen der Übersichtlichkeit wird zu den beiden zuletzt genannten Formen gesondert Stellung genommen.

63 Grafik: Die Überweisung

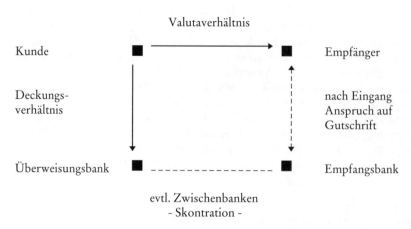

§ 4 Zahlungsverkehr

Rechtlich sind Überweisungen, obwohl sie täglich millionenfach bewältigt werden, nicht ganz so einfach einzuordnen, wie es der schlichte Gedanke vom Abbuchen eines Geldbetrages und seiner Gutschrift auf ein anderes Konto im ersten Augenblick nahelegt. Das liegt schon daran, daß an jeder Überweisung in aller Regel vier Personen beteiligt sind, nämlich der Überweisende (Kunde), seine Bank (B1), die Empfängerbank (B2) und der Empfänger selbst. In Wirklichkeit sind aber oft noch Banken zwischengeschaltet, man spricht dann vom mehrgliedrigen Zahlungsverkehr, so daß bei Fehlleitungen innerhalb solcher Gironetze eine Reihe recht komplizierter Rechtsfragen entstehen können.

64

Dennoch, das rechtliche Grundmuster einer Überweisung ist einfach: Der Überweisungsauftrag des Kunden an seine Bank ist eine *Weisung* i.S.v. §§ 665, 675 BGB[83]. Mit dieser Weisung konkretisiert der Kunde den zwischen ihm und seiner Bank geschlossenen Girovertrag. Er löst mit anderen Worten die Verpflichtung seiner Bank zur Ausführung von Überweisungsaufträgen aus. Deshalb wäre es verfehlt, in der Überweisung einen eigenen Auftrag i.S.v. § 662 BGB zu sehen; der Girovertrag als Grundlage des Ausführungsgeschäftes verlöre seine Bedeutung. Die Weisung i.S.v. § 665 BGB ist eine rechtsgeschäftsähnliche Handlung, auf die die Vorschriften über Willenserklärungen entsprechende Anwendung finden[84]. Die Bank ist kraft Girovertrages verpflichtet, den Weisungen des Kunden zu entsprechen; einer »Annahme« des ansonsten zugangsbedürftigen Überweisungsauftrags bedarf es mit anderen Worten nicht.

65

Weisungen i.S.v. § 665 BGB und Anweisungen i.S.v. §§ 783 ff. BGB sind tatbestandlich nicht identisch, haben aber einige Gemeinsamkeiten, z. B. das Merkmal der *Simultanleistung*, die im Einzelfall Analogien ermöglichen[85]. Aufgrund des Überweisungsauftrages des Kunden belastet die Bank im Normalfall dessen Konto. Auf diese Weise verschafft sie sich den Vorschuß i.S.v. § 669 BGB, den sie benötigt, um die Gutschrift realisieren zu können. Mit Ausführung der Gutschrift auf dem Konto des Empfängers wandelt sich der Anspruch auf Vorschuß in einen solchen auf Aufwendungsersatz nach § 670 BGB; aus der vorläufigen Belastung ist damit eine endgültige geworden. Die Verrechnung des Anspruchs auf Aufwendungsersatz nach § 670 BGB erfolgt einerseits nach Kontokorrentgrundsätzen durch Saldierung und andererseits aufgrund der Giroabrede (Anspruch auf das jeweilige Tagesguthaben).

66

---

[83] Allg. M., vertiefend Meyer-Cording, S. 32 ff.; Canaris⁴, Rz. 320; BGHZ 10, 319; BGH NJW 1983, 1779.
[84] Meyer-Cording, S. 32 m.w.N.
[85] Vertiefend Canaris⁴, Rz. 322; Häuser, NJW 1994, 3121 ff.

1. Der Widerruf des Überweisungsauftrags

67 Der Überweisungsauftrag ist eine Weisung i.S.v. § 665 BGB und als solche eine rechtsgeschäftsähnliche Handlung, auf die die Vorschriften über Willenserklärungen anzuwenden sind. Eine Willenserklärung, die einem anderen gegenüber abzugeben ist, wird, wenn sie in dessen Abwesenheit abgegeben wird, in dem Zeitpunkt wirksam, in welchem sie ihm zugeht (§ 130 Abs. 1 S. 1 BGB). Sie wird jedoch nicht wirksam, wenn dem anderen vorher oder gleichzeitig ein Widerruf zugeht (§ 130 Abs. 1 S. 2 BGB). Daraus folgt zunächst, daß die Weisung, einen bestimmten Geldbetrag zu überweisen, nicht wirksam wird, wenn der Bank gleichzeitig mit der Erklärung ein Widerruf zugeht. In einem solchen Fall liegt überhaupt keine wirksame Weisung vor.

68 Wenn in Rechtsprechung und Literatur vom Widerruf des Überweisungsauftrags die Rede ist, so sind damit Fälle gemeint, in denen die zunächst wirksame Weisung später widerrufen wird. *Rechtstechnisch geht es also nicht um den Widerruf der den Überweisungsauftrag auslösenden Weisung, sondern um die Rücknahme dieser wirksamen Weisung in Form einer Gegenweisung nach § 665 BGB.* Möglich ist das, solange die Weisung noch nicht endgültig ausgeführt ist, d.h. solange die Bank den Betrag dem Empfänger noch nicht gutgeschrieben hat (vgl. § 790 BGB)[86]. Das Recht, jederzeit durch gegenteilige Weisung eine noch nicht ausgeführte Überweisung rückgängig zu machen, ist für den Kunden von so großer Bedeutung, daß ein Ausschluß durch allgemeine Geschäftsbedingungen regelmäßig gegen § 9 Abs. 1 AGB-Gesetz verstößt. »Ein schützenswertes Interesse der Bank, das die erheblichen Nachteile auf seiten des Kunden rechtfertigen könnte, besteht nicht.«[87] Daraus folgt zugleich, daß ein Anspruch des Überweisungsempfängers auf die Gutschrift unter der auflösenden Bedingung des Widerrufs steht[88]. Erst mit vollendeter Gutschrift erlangt der Überweisungsempfänger den Anspruch aus der Gutschrift, d.h. nach wirksamer Gutschrift vermag eine Gegenweisung des Überweisenden in Form des Widerrufs keine Rechtswirkungen mehr zu entfalten. Die alles entscheidende Frage ist deshalb regelmäßig, wann die Gutschrift auf dem Empfängerkonto wirksam entstanden ist. Die zu dieser Frage hinführenden Grundsätze und die sie auflösenden Überlegungen hat der BGH in einer Entscheidung vom 25.1.1988 exemplarisch entwickelt. Es ging um folgendes:

---

86 BGHZ 4, 244, 249; 6, 121, 124; 103, 143, 146.
87 BGH NJW 1984, 2816.
88 BGHZ 6, 121, 124.

§ 4 Zahlungsverkehr

Fall: BGHZ 103, 143 »Widerruf des Überweisungauftrags«   69
Eine Zahnärztin wollte ihrem Rechtsanwalt (RA) DM 5 380,80 überweisen. Sie füllte bei ihrer Bank einen entsprechenden Überweisungsauftrag aus. Der Überweisungsbeleg ging am 18.9.1984 mit der sog. 3. Abrechnung, d.h. nach 14 Uhr, bei der Genossenschaftsbank ein, wo der RA sein Konto unterhielt. Am 19. September 1984 widerrief die Zahnärztin die Überweisung; ihre Bank teilte dies sofort der Genossenschaftsbank mit. Dort ging der fernmündliche Widerruf zwischen 13 und 14 Uhr ein, und zwar nach dem Ende der Primanotenerfassung im Rechenzentrum, die um 13.14 Uhr abgeschlossen gewesen war. Ein Mitarbeiter der Genossenschaftsbank suchte am selben Tag den Originalbeleg heraus, stornierte die Gutschrift und gab sie unter Verwendung des Formulars »Gutschriftrückgabe« mit dem Hinweis auf den »Rückruf« zugunsten des Kontos der Zahnärztin zurück. Später meinte die Genossenschaftsbank, die Gutschrift sei um 13.14 Uhr nach dem Ende der Primanotenerfassung im Rechenzentrum bereits ausgeführt und deshalb nicht mehr widerruflich gewesen. Die Gutschriftrückgabe sei irrtümlich und ohne Rechtsgrund erfolgt. Deshalb müsse sie die Zahnärztin wieder herausgeben.

Im Ergebnis hat der BGH die Sache zur weiteren Verhandlung an das   70
Berufungsgericht zurückverwiesen. Dieses hatte der Klage der Genossenschaftsbank gegen die Zahnärztin stattgegeben.

Der BGH weist zunächst darauf hin, daß die Entscheidung des Rechts-   71
streits in der Tat davon abhänge, ob der Widerruf der Überweisung der Zahnärztin noch rechtzeitig vor Ausführung des Überweisungsauftrags bei der Genossenschaftsbank einging oder erst danach. Im ersten Fall durfte die Genossenschaftsbank den Überweisungsauftrag nicht mehr ausführen und mußte den Überweisungsbetrag gem. § 667 BGB herausgeben. Die »Lastschriftrückgabe« wäre alsdann nicht ohne rechtlichen Grund erfolgt. Ging der Widerruf erst nach der Ausführung des Auftrags ein, so war er verspätet und unbeachtlich. Die Genossenschaftsbank durfte in diesem Fall den ihr überwiesenen Betrag gem. § 670 BGB als Aufwendungsersatz für die Gutschrift behalten. Der »Gutschriftrückgabe« hätte in diesem Fall der rechtliche Grund gefehlt. Die Zahnärztin wäre als Leistungsempfängerin zur Herausgabe kraft Leistungskondiktion verpflichtet gewesen.

Nach diesen Vorüberlegungen stellt der BGH klar, daß der Auftragge-   72
ber den Überweisungsauftrag grundsätzlich widerrufen kann. Der Widerruf ist eine (Gegen-)Weisung, die der Beauftragte (hier die Genossenschaftsbank) gem. § 665 BGB beachten muß. Da zwischen der Zahnärztin und der Genossenschaftsbank keine unmittelbaren vertraglichen Beziehungen bestanden, konnte die Ärztin die Überweisung allerdings nur gegenüber ihrer eigenen Bank widerrufen. Diese konnte und mußte dann den Widerruf an die Genossenschaftsbank, wie geschehen, unmittelbar weiterleiten. Er, der Widerruf, ist allerdings nur solange möglich, als der

Auftrag noch nicht endgültig ausgeführt worden ist. Der einer Bank erteilte Überweisungsauftrag ist mit der Gutschrift der Empfangsbank auf dem Konto des Empfängers vollzogen[89]. Für die Frage, ob der Widerruf der Zahnärztin rechtzeitig war, kam es also entscheidend darauf an, ob die Gutschrift auf dem Empfängerkonto (Konto des Anwalts) wirksam entstanden war. Der BGH geht mit der herrschenden Lehre davon aus, daß die Gutschrift sich als abstraktes Schuldversprechen oder Schuldanerkenntnis der Bank gegenüber dem Kunden darstellt[90]. Der Begünstigte erwirbt also mit der Gutschrift einen unmittelbaren Anspruch auf Auszahlung des überwiesenen Betrages. Die Annahme der Gutschrift durch den Begünstigten ist nicht erforderlich[91]; er braucht von der Gutschrift auch keine Kenntnis zu erlangen[92]. Deshalb erhält der Überweisungsempfänger beim manuellen Buchungsverfahren nach herrschender Auffassung einen solchen Anspruch im Augenblick der Buchung der Gutschrift, weil sich darin der Rechtsbindungswille der Bank manifestiert. Die Gutschrift ist die Rechtshandlung, die das im Girovertrag zwischen dem Gläubiger und seiner Bank aufschiebend bedingt und global abgegebene, abstrakte Schuldversprechen der Bank ohne weitere empfangsbedürftige Willenserklärung dem Inhalt und der Höhe nach konkretisiert[93].

73   Die Frage, welcher Vorgang für die Entstehung der Gutschrift maßgebend ist, wenn im belegbegleitenden Überweisungsverkehr der Überweisungsauftrag von der Empfangsbank – wie hier – durch elektronische Datenverarbeitung ausgeführt wird, wird in Rechtsprechung und Lehre unterschiedlich beantwortet. Nach Canaris[94] genügt die Eingabe der Belege in den Computer nicht, weil sich der Vorgang der Gutschrift zu dieser Zeit noch im Stadium der bloßen Erklärungsvorbereitung und nicht in dem – allein entscheidenden – Stadium der Erklärungsabgabe befindet[95]. Der erforderliche Rechtsbindungswille müsse äußerlich erkennbar werden. Dies sei spätestens mit der vorbehaltslosen Absendung der Kontoauszüge an den Überweisungsempfänger bzw. deren Bereitstellung zur Abholung der Fall. Alternativ dazu genüge auch die Eintragung in die Kontokarte des Überweisungsempfängers bei der für den Verkehr mit ihm zuständigen Stelle, bzw. die Einordnung eines entsprechenden Belegs in die Unterlagen dieser Stelle[96]. Diesen in der Tat überzeugenden Auffas-

---

89 BGH WM 1976, 904.
90 BGHZ 6, 121, 124; BGHZ 26, 164, 171; Meyer-Cording, S. 42; Canaris[4], Rz. 415.
91 BGHZ 6, 121, 123.
92 Liesecke, WM 1975, 229.
93 Schönle, in: FS für Werner, 1984, S. 826; Hefermehl, in: FS für Ph. Möhring, 1975, S. 390.
94 AaO., Rz. 420 – 423.
95 Ebenso OLG Zweibrücken, WM 1984, 531; a.A. für den Fall der Vordisposition Schlegelberger/Hefermehl, HGB-Komm.; Anh. § 365 Rz. 70 und OLG Hamm, WM 1977, 1238 f.
96 Im Ergebnis ebenso Hadding, Sparkasse 1986, 48 f.; Kindermann, WM 1982, 318 f.; Schönle, FS für Werner, S. 827.

sungen hat sich auch der BGH im vorstehenden Fall angeschlossen. Die Ansicht, die bereits die Eingabe der Belege in die Datenverarbeitung genügen lasse, berücksichtige nicht hinreichend, daß eine Geldüberweisung der Barzahlung hinsichtlich der Erfüllung nur dann wirtschaftlich gleich erachtet werden könne, wenn jene dem Verfügungsbereich des Gläubigers (Überweisungsempfängers) so nahe gerückt worden sei, daß dieser das Buchgeld wie bares Geld verwerten könne[97]. Diese Möglichkeit sei ihm regelmäßig nicht eröffnet, wenn sich die Buchungsdaten lediglich in dem Rechenzentrum befänden und weder dem Überweisungsempfänger noch der kontoführenden Stelle zugänglich seien. Anderes müßte nur dann gelten, wenn der Empfänger mit dem Willen der Bank unmittelbaren Zugriff auf den Datenbestand der Bank erlangt, z.B. durch den Kontoauszugsdrucker. In diesem Falle wäre der maßgebliche Zeitpunkt derjenige, den Möschel[98] mit »Abrufpräsenz« bezeichnet habe. Dieser bestehe, wenn für einen Kunden, z.B. bei fernmündlicher Anfrage nach einem Zahlungseingang, aus der EDV-Anlage eine solche Antwort ermittelt werden könne. Dieser Zeitpunkt lasse sich ohne Schwierigkeiten feststellen, da in den Rechenzentren der Kreditinstitute alle Vorgänge zeitgenau festgehalten würden[99].

Zusammengefaßt kommt es danach auf den Zeitpunkt an, in dem nach dem Willen der Bank, der in einem entsprechenden Organisationsakt zum Ausdruck kommt, die Daten der Gutschrift zur vorbehaltlosen Bekanntgabe an den Überweisungsempfänger zur Verfügung gestellt werden. Ob das im obigen Fall mit Beendigung der Primanotenerfassung bereits bejaht werden konnte, blieb offen. Das OLG hatte nämlich nicht festgestellt, daß die Kunden der Genossenschaftsbank etwa unmittelbaren Zugriff auf den Datenbestand hatten und deshalb schon nach Beendigung der Erfassung der Primanoten das Bekanntwerden der Gutschrift nicht mehr verhindert werden konnte. Beim Einsatz von EDV-Anlagen erfolge nämlich die Buchung i.d.R., ohne daß das Überweisungmaterial vorher geprüft werde. Deshalb sei in diesen Fällen regelmäßig eine sog. Nachdisposition notwendig, in der z.B. der Kontonummer-Namensvergleich durchgeführt und geprüft werde, ob Deckung vorhanden sei und kein Widerruf vorliege[100]. Es konnte deshalb nicht ausgeschlossen werden, daß der zwischen 13 und 14 Uhr eingegangene Widerruf noch rechtzeitig und die Genossenschaftsbank deshalb rechtlich zur »Gutschriftrückgabe« verpflichtet war. 74

Der Fall und seine Lösung ist exemplarisch und für die Praxis leitend. Es sollte noch einmal darauf hingewiesen werden, daß es sich um eine außerbetriebliche Überweisung, d.h. um eine sog. Überweisungskette han- 75

---

97 BGHZ 6, 121, 125; WM 1982, 291.
98 AcP 186 (1986), 187, 204.
99 Vgl. dazu auch Häuser in EWiR § 780 BGB 1/87, 464.
100 Dazu Kindermann, WM 1982, 318 f.

delte. Die Überweisung nahm den Weg von der Bank der Zahnärztin über die Abrechnungsstelle der Landeszentralbank zur Genossenschaftsbank. Es bestanden deshalb selbständige Geschäftsbesorgungsverhältnisse zwischen der Zahnärztin und ihrer Bank als Überweisungsbank, sowie dieser Bank und der Genossenschaftsbank als Empfangsbank. Die Landeszentralbank steht der Annahme eines direkten Vertragsverhältnisses zwischen der Überweisungs- und der Empfangsbank nicht entgegen, da sie nur die Stellung eines Boten einnimmt[101]. In dieser Situation kann der Überweisende, hier die Zahnärztin, den Überweisungsauftrag nicht unmittelbar gegenüber der Empfängerbank (Genossenschaftsbank) widerrufen, da sie keinerlei vertragliche Beziehungen zu ihr unterhält. Das LG Freiburg[102] meint, daraus folge zwingend, daß die Empfangsbank einen derartigen Widerruf nicht berücksichtigen dürfe. Denn die Empfängerbank sei ihrerseits aufgrund des mit ihren Kunden abgeschlossenen Girovertrages verpflichtet, bei ihr eingehende Überweisungen dem Kunden gutzuschreiben. Der BGH hat nicht ausdrücklich zu diesen Überlegungen Stellung genommen, aber unmißverständlich darauf hingewiesen, daß in Ermangelung vertraglicher Beziehungen die Zahnärztin die Überweisung nur gegenüber ihrer eigenen Bank widerrufen konnte[103]. Allerdings sollte beachtet werden, daß die überweisende Bank verpflichtet ist, den Weisungen des eigenen Kunden ohne Wenn und Aber zu folgen[104]. Es erscheint von daher ziemlich gekünstelt, wenn die Empfängerbank dem direkten Widerruf des Überweisenden überhaupt keine Beachtung schenken muß. Denkbar wäre es, aus dem drittschützenden Charakter der Geschäftsbeziehung zwischen Überweisungs- und Empfängerbank zugunsten des Überweisenden eine Aufklärungspflicht zu entwickeln. Die Empfängerbank müßte den direkt widerrufenden Überweisenden darauf hinweisen, daß die Wirksamkeit von der Zwischenschaltung der Überweisungsbank abhängt.

76 Ist der Widerruf wirksam, so sind die beteiligten Banken zur Stornierung/Berichtigungsbuchung verpflichtet; Rechtsgrundlage ist § 667 BGB i.V.m. Nr. 8 AGB/B (93); d.h. die Bank hat den nach § 669 BGB erlangten Vorschuß herauszugeben.

2. Mängel des Überweisungsauftrags

77 Fälle, in denen der Überweisungsauftrag fehlt (irrtümliche Doppelüberweisung), oder mangels hinreichender Geschäftsfähigkeit oder Vertretungsmacht nicht wirksam wird, oder wegen Irrtums (statt DM 100,- werden DM 1 000,- überwiesen) wirksam angefochten wird, werfen keine

---

101 BGHZ 103, 143, 145; Canaris[4], Rz. 387 m.w.N., a.A. Nebelung NJW 1958, 44.
102 WM 1976, 141.
103 BGHZ 103, 145.
104 So auch Häuser, NJW 1994, 3121, 3128.

bankrechtsspezifischen Fragen auf, sondern sind nach den allgemeinen Regeln des BGB abzuwickeln. Irrt sich die Bank (z.B. Gutschrift beim falschen Empfänger), so darf die Bank nach Nr. 8 Abs. 1 AGB/B (93) die Fehlbuchung bis zum nächsten Rechnungsabschluß durch Stornierung rückgängig machen. Eine Anfechtung nach §§ 142, 119 BGB ist somit überflüssig. Irrt sich der Kunde (z. B. Überweisung an H. Meier statt an M. Meyer) so ist die Anfechtung nach §§ 142, 119 Abs. 1 BGB möglich; der Kunde steht für den Vertrauensschaden nach § 122 BGB ein. Ein wirksamer Überweisungsauftrag kann auch deshalb fehlen, weil der Überweisungsempfänger verstirbt. Instruktiv ist folgender

Fall: BGHZ 87, 376 »Rente trotz Tod« 78
Die Bundesbahnversicherungsanstalt zahlte an Frau K. eine Rente. Sie bediente sich dabei der Deutschen Bundespost, die ihrerseits die Rente auf das Girokonto von Frau K. bei der Sparkasse im beleglosen Datenträgerverfahren (Magnetband) überwies. Frau K. starb am 11.10.1976; die Sparkasse schrieb daraufhin am 15.10.1976 das Konto unter Beibehaltung der Kontonummer auf die Tochter von Frau K., Frau L., um. Vom Tod und der Kontoänderung erfuhren Bundespost und Bundesbahnversicherungsanstalt erst Ende Juli 1978. Die bis dahin weitergezahlte Rente, ca. DM 14 000,-, hatte die ansonsten mittellose Frau L. inzwischen verbraucht. Die Bundesbahnversicherungsanstalt verlangt von der Sparkasse Rückzahlung dieses Betrages. Die Sparkasse macht geltend, nach den Richtlinien über den beleglosen Datenträgeraustausch sei sie nicht verpflichtet gewesen, die Übereinstimmung von Kontonummer und Kontoinhaber mit den Angaben im Zahlungsauftrag zu überprüfen.

Der BGH hat die (streitige) Frage, ob die Kontonummer an die Stelle 79 des Namens des Kontoinhabers beim beleglosen Zahlungsverkehr treten dürfe, offengelassen[105]. Entscheidend sei, daß durch die »Umschreibung« des Kontos in Wirklichkeit das alte Konto von Frau K. gelöscht und ein neues für Frau L. eingerichtet worden sei. Deshalb konnten die nach der Umschreibung eingehenden Überweisungsaufträge durch Gutschrift auf diesem Konto trotz übereinstimmender Kontonummer nicht wirksam erfüllt werden. Da die Sparkasse für Frau L. überhaupt keine Überweisungaufträge erhalten hatte, stand ihr auch kein Aufwendungsersatzanspruch nach §§ 675, 670 BGB zu. Sie hatte vielmehr die ungerechtfertigte Deckung gem. §§ 675, 667 BGB zurückzuerstatten. Da nicht auszuschließen war, daß die Bundesbahnversicherungsanstalt zumutbare Maßnahmen unterlassen hatte, um den Tod von Frau K. erheblich früher festzustellen,

---

105 Zum Meinungsstand Hellner, ZHR 145 (1981) 109 ff.; nach Nr. 2 des Abkommens zum Überweisungsverkehr v. 16.04.1996 müssen u.a. Name und Kontonummer des Empfängers erfaßt werden.

wurde der Rechtsstreit an das Berufungsgericht zurückverwiesen, um die Frage des Mitverschuldens nach § 254 BGB zu klären[106].

80 Eine Verlagerung des Fehlerrisikos fand sich in Nr. 23 AGB/B (88). Danach trug der Kunde den Schaden, der daraus entstehen sollte, daß die Bank von einem eintretenden Mangel in der Geschäftsfähigkeit des Kunden oder seines Vertreters unverschuldet keine Kenntnis erlangte. Nach Meinung des BGH war diese Klausel, die das Prinzip des Geschäftsunfähigenschutzes nicht unerheblich einschränkte[107], voll wirksam[108]. Es ging um Geldgeschäfte, die ein früheres Vorstandsmitglied einer Sparkasse mit dieser in der Zeit zwischen 1960 und 1962 gemacht hatte. Das ursprünglich geschäftsfähige Vorstandsmitglied wurde am 7.3.1963 wegen Geistesschwäche entmündigt. Gegenüber dem Anspruch der Sparkasse auf Rückzahlung der Kredite wurde eingewandt, daß das Vorstandsmitglied im fraglichen Zeitraum bereits geschäftsunfähig gewesen sei, so daß die Kreditverträge nicht wirksam hätten zustandekommen können. Die Sparkasse berief sich auf Nr. 23 AGB/B (alt); der BGH folgte ihr. Aus der Vertragsfreiheit folge nämlich, daß ein Geschäftsfähiger das Risiko übernehmen könne, das seinem Geschäftspartner durch später eintretende unerkannte Geschäftsunfähigkeit entstehe. Auch sonst sei die Klausel nicht unangemessen, denn es entspreche den berechtigten Interessen der Banken, die langwierigen Erörterungen über die oft zweifelhafte Frage des Eintritts der Geschäftsunfähigkeit durch die Abwälzung dieses Risikos auf den Kunden zu vermeiden. Außerdem müsse die Bank nach dem Inhalt der Klausel dartun, daß sie vom Mangel der Geschäftsfähigkeit des Kunden *unverschuldet* keine Kenntnis hatte. Ob man dem BGH für alle denkbaren Fälle folgen sollte, erscheint zweifelhaft. Schon die Prämisse, daß Vertragsfreiheit bezüglich völlig unkalkulierbarer Risiken herrsche, überzeugt kaum. Der Schutz aus § 104 Nr. 2 BGB steht nicht zur Parteidisposition. Hinzu kommt, daß die Klausel zwar nicht in allen aber doch in einigen Fällen den ausdrücklich von § 827 S. 1 BGB angeordneten Schutz umging. Wer danach in einem die freie Willensbestimmung ausschließenden Zustand ... einem anderen Schaden zufügt, ist für diesen Schaden gerade *nicht verantwortlich*. Unter Berücksichtigung der Wertungen dieser Norm hätte der BGH in der hier zitierten Entscheidung wohl doch zu einem entgegengesetzten Ergebnis kommen müssen. Das Problem stellt sich inzwischen nicht mehr; mit Wirkung 1.1.1993 ist Nr. 23 AGB/B ersatzlos gestrichen.

---

106 Vgl. hierzu auch den ähnlichen Fall BGH WM 1978, 367 f., wo eine Versorgungskasse die Rente auf ein Konto von Josef F. bis zum 1.8.1972 überwies, obwohl dieser bereits am 12.9.1959 verstorben und seine Witwe das Konto im November 1967 auf ihren Namen (Elise F.) hatte umschreiben lassen.
107 So Canaris[4], Rz. 373.
108 BGHZ 52, 61.

3. Fälschung des Überweisungsauftrags

Schließlich kann der Überweisungsauftrag *gefälscht* sein. Mit Problemen dieser Art hatte sich bereits das Reichsgericht Anfang des Jahrhunderts, genauer am 10. Februar 1904, zu befassen. Dort fälschte ein Buchhalter fünfmal Überweisungsaufträge zu Lasten seines Arbeitgebers und überwies sich auf diese Weise selbst RM 5 000,-. Auf die Klage des geschädigten Unternehmens gegen die Bank auf Rückbuchung der RM 5 000,- entschied das Reichsgericht, daß »der Girokunde, wenn nichts anderes verabredet ist, eine Umschreibung, die aufgrund einer gefälschten Umschreibungsanweisung vorgenommen wurde, nicht anzuerkennen braucht, sofern er sie nicht verschuldet hat«[109]. Es entspricht seither einhelliger Meinung, daß das Fälschungsrisiko beim Giroverkehr von der Bank zu tragen ist[110]. Canaris verweist zu Recht darauf, daß die Rechtslage hier wesentlich anders als bei der entsprechenden Problematik beim Scheck sei[111]. Denn während die Scheckformulare sich grundsätzlich im Besitz des Kunden befänden und durch die vorgedruckte Kontonummer speziell auf dessen Konto bezogen seien, wären Überweisungsformulare (zumindest) jedem Kunden der Bank – zum Teil sogar Dritten, weil die Formulare mitunter offen auslägen – zugänglich. Das Fälschungsrisiko liege daher für den Kunden außerhalb jeder Beherrschungsmöglichkeit und dürfe ihm folglich nach § 9 Abs. 2 Nr. 1 oder § 9 Abs. 1 AGBG nicht überbürdet werden[112]. Das ist überzeugend, wobei der BGH bereits 1967 entschieden hat, daß weder Nr. 5 noch Nr. 8 AGB/B (88) als Freizeichnung vom Fälschungsrisiko in Betracht kämen. Denn in allen Alternativen der Nr. 5 AGB/B (88) sei Voraussetzung, daß die Bank im Auftrage des Kunden tätig werde, was aufgrund eines gefälschten Auftrags nicht der Fall sei. Auch Nr. 8 AGB/B (88) enthalte keine Freizeichnung, weil es dort um Übermittlungsfehler, z.B. um die Verstümmelung von Worten durch technische Mängel des Fernsprechers, falsche Telegrammabschriften, Mißverständnisse oder Irrtümer der empfangenden Stelle gehe, aber in keinem Fall um Fälschungen. Mit Wirkung vom 1.1.1993 stellen sich die Fragen nicht mehr; sowohl Nr. 5 als auch Nr. 8 AGB/B (88) sind ersatzlos gestrichen. Immer noch verlagert allerdings Nr. 10 der Sonderbedingungen der Sparkassen für den Überweisungsverkehr das Fälschungsrisiko auf den

81

---

109 RGZ 56, 410, 411 f.
110 RGZ 160, 310, 312; BGH WM 1966, 397; 1967, 1142; 1985, 511, 1994, 1420; Meyer-Cording, S. 102 ff. m.w.N. aus der älteren Literatur; Canaris[4], Rz. 368 ff.; zu beachten ist, daß eine Blanko-**Ober**schrift auf dem Überweisungsformular keinen Rechtsschein dafür begründet, daß der darunter stehende Text vom Aussteller herrührt; BGHZ 113, 48 = WM 1991, 57.
111 Zur Überwälzung des Risikos der Scheckfälschung vgl. unten Rz. 317.
112 Canaris[4], Rz. 369; deshalb dürften die »Sonderbedingungen für den Überweisungsverkehr« der Sparkassen keinen Bestand haben, so auch Köndgen, Die Entwicklung des privaten Bankrechts in den Jahren 1990/91, NJW 1992, 2263, 2268; a.A. OLG Düsseldorf WM 1990, 1818.

Kontoinhaber, wenn die Fälschung durch Nichtbeachtung der Sonderbedingungen ermöglicht worden ist und die Sparkasse kein Verschulden trifft. Die (streitige) Frage, ob diese Bedingungen der Inhaltskontrolle nach § 9 ABGB standhalten, hat der BGH zwar bisher nicht entschieden, aber anklingen lassen, daß er Zweifel hegt[113].

82 Allerdings kann die Bank einen Anspruch gegen den Kunden aus positiver Vertragsverletzung wegen Ermöglichung der Fälschung haben, wobei dieser wiederum durch Mitverschulden der Bank wegen unzureichender Kontrolle gemindert sein kann[114]. Eine andere Risikoverteilung kommt in Betracht, wenn der Kunde durch sein Verhalten einen Vertrauenstatbestand bezüglich der Echtheit des Überweisungsauftrags geschaffen hat, auf den die Bank sich verlassen durfte[115]. Ausnahmsweise kann das Fälschungsrisiko den Kunden nach Rechtsscheingrundsätzen dann treffen, wenn er bei Überweisungsformularen blanko unterzeichnet oder bewußt unvollständig ausfüllt. Einen verfälschten Auftrag muß er dann nach den allgemeinen Regeln des Blankettmißbrauchs entsprechend §§ 242, 172, 405 BGB gegen sich gelten lassen. Diese Grundsätze gelten auch dann, wenn eine Lohnbuchhalterin Löhne an bereits ausgeschiedene Mitarbeiter in eine Sammelüberweisung aufnimmt, diese ordnungsgemäß unterzeichnen läßt und danach an die Stelle der fingierten Mitarbeiter Kontobezeichnungen einsetzt, auf die sie selbst Zugriff hat[116]. Wirkt die Bank durch einen Angestellten aber kollektiv an der Fälschung mit, so hat der Kunde einen Anspruch aus § 826 BGB auch gegen den Empfänger der Gutschrift[117].

4. Rechtspflichten bei Ausführung des Überweisungsauftrags

a) Grundsätze

83 Aus § 665 BGB ergibt sich das »Prinzip der formalen Auftragsstrenge«[118], d.h. die beauftragte Bank hat im Grundsatz die Weisungen des Auftraggebers ohne Wenn und Aber auszuführen. Sie ist berechtigt, so § 665 S. 1 BGB, von den Weisungen abzuweichen, wenn nach den Umständen angenommen werden darf, daß der Auftraggeber bei Kenntnis der Sachlage die Abweichung billigen würde. Vor der Abweichung hat die Bank nach § 665 S. 2 BGB dem Auftraggeber Anzeige zu machen und dessen Entschließung abzuwarten, wenn nicht mit dem Aufschube Gefahr verbunden ist. Letzteres hat der BGH in dem besonders gelagerten Fall bejaht, daß der Überweisungszweck selbst, wegen der zerrütteten Lage der

---

113 ZIP 1994, 1761, 1763 (Ziff. II 2.) m.w.N.
114 BGH WM 1967, 1142; 1985, 511; OLG Köln WM 1989, 93; BGHZ 108, 386.
115 BGH JZ 1993, 848, 849 ff. mit Anm. von Münch.
116 BGH JZ 1983, 848 ff.
117 BGH WM 1994, 1420 = ZiP 1994, 1098.
118 So u.a. Canaris[4], Rz. 327.

Empfängerbank, erkennbar nicht mehr erreicht werden konnte[119]. Bei alledem hat die Bank für die Sorgfalt eines ordentlichen Kaufmanns einzustehen (§ 347 Abs. 1 HGB).

Weicht die Bank *unberechtigt* von einer girovertraglichen Weisung ab, so ist sie verpflichtet, den Überweisungsbetrag wieder gutzuschreiben und zwar unabhängig von einem Verschulden. Der BGH leitet dies in ständiger Rechtsprechung zutreffend aus §§ 675, 667 BGB her[120]. So zahlte beispielsweise eine Versorgungskasse seit Dezember 1958 auf das Konto des Rentners Josef F. bei der Sparkasse. Im September 1959 starb Josef F. Die Sparkasse schrieb die weiterhin kommenden Renten gut und zwar auch dann noch, als 1967 das Konto auf die Ehefrau Elise F. umgeschrieben wurde. Erst im August 1972 kam alles heraus; die Versorgungskasse klagte gegen die Sparkasse auf Rückzahlung. Der BGH gab der Klage statt, weil es seit dem Ableben des Josef F. gar nicht mehr möglich war, diesem Geldbeträge gutzuschreiben, denn es fehlte an einer wirksamen Weisung zugunsten der Hinterbliebenen des Josef F.; die Abweichung der Sparkasse war von § 665 BGB nicht mehr gedeckt.

84

Die Bank ist auch dann zu unverzüglicher Rückfrage bzw. Benachrichtigung verpflichtet, wenn die Weisung unklar ist.

85

Fall: BGHZ 68, 266 »Unklarer Überweisungsauftrag«
Eine Versicherungsgesellschaft (VU) wollte der Firma »Stahlbau-Technik Hans-Otto L. GmbH« in S. DM 1 128,85 überweisen. Versehentlich wurde am 14.7.1973 ein falsches Konto eingetragen. Die Empfängerin war aber korrekt mit »Firma Hans-Otto L., S.« bezeichnet. Beim Postscheckamt (es ging um eine Postgiroüberweisung) fiel die unrichtige Kontonummer auf. Das Postscheckamt versuchte nun den richtigen Empfänger zu ermitteln. Nachdem festgestellt worden war, daß unter der in der Überweisung enthaltenen Firmenbezeichnung kein Postscheckteilnehmer geführt wurde, erfuhr der Sachbearbeiter des Postscheckamtes durch einen Anruf beim Registergericht, daß auch im Handelsregister keine Firma dieses Wortlauts eingetragen war. Daraufhin ermittelte das Postscheckamt, daß es in S. einen Postscheckteilnehmer namens Hans-Otto L. gab. Dessen Postscheckkonto wurde die Überweisungssumme gutgeschrieben. L. war der frühere Inhaber der GmbH. Er verfügte über den Betrag, ehe der Fehler entdeckt wurde; ansonsten ist er vermögenslos. Das VU mußte den geschuldeten Betrag der GmbH noch einmal überweisen. Es meint, das Postscheckamt hätte sich vor Erteilung der Gutschrift durch Rückfrage bei ihr über den wahren Empfänger erkundigen müssen. Das Amt ist der Ansicht, eine Rückfrage sei nicht zumutbar gewesen, vielmehr habe

86

---

[119] NJW 1963, 1872; zustimmend BGH NJW 1978, 1852; vertiefend Hadding/Häuser, ZHR 145 (1981) 138, 147 m.w.N.
[120] WM 1978, 367.

sie nach Auskunft aus dem Handelsregister davon ausgehen dürfen, bei L. handele es sich um einen Minderkaufmann, der die in der Überweisung angegebene Firma führe.

87   Das Berufungsgericht hatte das Postscheckamt zum Schadensersatz in Höhe von 1/3 verpflichtet. Dem stimmte der BGH zu. Dem Postscheckamt müsse vorgeworfen werden, daß die Überweisung ausgeführt worden sei, obwohl sich die Identität des Empfängers nicht zweifelsfrei habe feststellen lassen. Nach Prüfung der eigenen Unterlagen und der daraufhin eingeholten Auskunft aus dem Handelsregister habe sich ergeben, daß es einen Postscheckteilnehmer unter der im Überweisungsträger angegebenen Empfängerbezeichnung »Firma Hans-Otto L., S.« nicht gab und eine solche Firma auch nicht im Handelsregister eingetragen war. Nach diesem Ergebnis der Ermittlungen hätte der Sachbearbeiter nicht kurzerhand davon ausgehen dürfen, die »Firma Hans-Otto L.« sei identisch mit dem Postscheckteilnehmer »Hans-Otto L.«. Die zweifache Unrichtigkeit in der Postüberweisung: Angabe einer falschen Kontonummer und offensichtlich unkorrekte Empfängerbezeichnung legten bei Anwendung bankmäßiger Sorgfalt die Annahme nahe, daß die Firmenbezeichnung unvollständig wiedergegeben war. Diese Möglichkeit lag mindestens ebenso nahe wie die Erwägung des Sachbearbeiters, für die es keinen objektiven Anhaltspunkt gab, Hans-Otto L. sei Minderkaufmann oder Handwerker, der unter der »Firma Hans-Otto L.« auftrete. Hätte der Sachbearbeiter auch jene Möglichkeit bedacht, dann hätte er den Überweisungsauftrag entweder unerledigt mit entsprechendem Hinweis zurückgeben können oder sich durch fernmündliche Rückfrage bei dem VU nach der genauen Anschrift des Zahlungsempfängers erkundigen müssen. Daß darin angesichts des Massenverkehrs eine Überspannung der Prüfungspflicht liege, könne nicht anerkannt werden. Denn der vorliegende fehlerhafte Überweisungsauftrag habe ohnehin eine individuelle Bearbeitung notwendig gemacht.

88   Hieraus folgt, daß bei unklaren Weisungen eine Rückfrage- und Benachrichtigungspflicht entsprechend § 665 S. 2 BGB besteht[121]. Das ergibt sich seit dem 1.1.1993 auch aus den AGB/B. Nach Nr. 11 Abs. 2 AGB/B müssen Aufträge ihren Inhalt zweifelsfrei erkennen lassen. Nicht eindeutig formulierte Aufträge können »Rückfragen zur Folge haben, die zu Verzögerungen führen können.« Das Wort »können« ist im Sinne der obigen Rechtsprechung zu interpretieren. Solange ein Auftrag zwar nicht eindeutig formuliert ist, dessen ungeachtet aber Art und Inhalt zweifelsfrei erkennen läßt, bedarf es keiner Rückfrage. Ist die Weisung aber so unklar oder widersprüchlich formuliert, daß auch bei Art und Inhalt Zweifel entstehen, so muß die Bank beim Kunden zurückfragen. Selbst-

---

121 Vgl. die ähnlichen Fälle BGH WM 1978, 637; OLG Hamm WM 1985, 1159, 1162.

verständlich trifft den Kunden, je nach Grad der Nachlässigkeit, wie auch im obigen Fall der Vorwurf des Mitverschuldens (§ 254 BGB). Diese Obliegenheit findet sich auch in Nr. 11 Abs. 2 S. 2 AGB/B. Danach hat der Kunde »vor allem bei Aufträgen zur Gutschrift auf einem Konto (z. B. bei Überweisungsaufträgen) auf die Richtigkeit und Vollständigkeit des Namens des Zahlungsempfängers, der angegebenen Kontonummer und der angegebenen Bankleitzahl zu achten. Änderungen, Bestätigungen oder Wiederholungen von Aufträgen müssen als solche gekennzeichnet sein«. Hält der Kunde bei Ausführung eines Auftrags besondere Eile für nötig (z.B. weil ein Überweisungsbetrag dem Empfänger zu einem bestimmten Termin gutgeschrieben sein muß), so hat er dies nach Nr. 11 Abs. 3 AGB/B der Bank gesondert mitzuteilen. »Bei formularmäßig erteilten Aufträgen muß dies außerhalb des Formulars erfolgen«.

Hierneben ist die Bank nach § 666 BGB verpflichtet, dem Auftraggeber die erforderlichen Nachrichten zu geben (*Auskunfts- und Rechenschaftspflicht*)[122]. Daraus ergibt sich die Verpflichtung des Kreditinstituts, dem Kunden über den Stand des Kontos Kontoauszüge zu erteilen, die fortlaufend alle Änderungen wiedergeben[123]. Hierneben kann die Bank zu weiteren Erläuterungen verpflichtet sein, wenn sich Bedeutung und Berechnung einzelner Buchungen aus den Kontoauszügen und evtl. mitübersandten Belegen nicht eindeutig ergibt. Insbesondere wenn das Kreditinstitut dem Kunden Zinsen und Gebühren für erbrachte Dienstleistungen in Rechnung gestellt hat, ohne sie im einzelnen aufzuschlüsseln, kann der Kunde die Angaben verlangen, die er braucht, um anhand seiner vorhandenen Unterlagen selbst die Richtigkeit der Berechnungen überprüfen zu können[124]. Ein umfassender Rechnungslegungsanspruch nach Beendigung des Girovertrages steht dem Kontoinhaber in der Regel aber nicht zu. Das Kreditinstitut würde in unzumutbarer Weise belastet, wollte man von ihm verlangen, bei Kontoauflösung stets noch einmal eine erschöpfende, übersichtliche und verständliche Darlegung sämtlicher Kontobewegungen seit der Kontoeröffnung zu geben und entsprechende Belege vorzulegen; eine solche Verpflichtung würde Treu und Glauben und der Verkehrssitte widersprechen[125]. Allerdings ist die Bank nach § 242 BGB zur Übermittlung von Zweitstücken dann verpflichtet, wenn der Kunde glaubhaft erklärt, die betreffenden Unterlagen ständen ihm nicht mehr zur Verfügung, sofern er bereit ist, für den besonderen Aufwand der Bank angemessenen Kostenersatz zu leisten[126].

89

---

122 Umfassend Wosnitza, S. 84 ff.
123 BGH NJW 1985, 2699.
124 BGH NJW 1985, 2699, 2700 m.w.N.
125 BGH NJW 1985, 2700.
126 BGH NJW-RR 1988, 1072, 1073.

90 Nach Nr. 11 Abs. 4 AGB/B (93) hat der Kunde »Kontoauszüge, ... auf ihre Richtigkeit und Vollständigkeit unverzüglich zu überprüfen und etwaige Einwendungen unverzüglich zu erheben«. Auch insoweit handelt es sich um eine Obliegenheit des Kunden, deren Verletzung zu einer Anrechnung seines Mitverschuldens im Rahmen von § 254 BGB führt. Der Hinweis hierauf in Nr. 3 Abs. 1 S. 3 AGB/B (93) hat also deklaratorischen Charakter.

b) Haftung für Fehlüberweisungen
aa) BeleglosΓ – beleggebundener Überweisungsverkehr

91 Bei unklaren Weisungen, z.B. falscher Kontonummer und unkorrekter Empfängerbezeichnung, ist, wie oben gezeigt wurde, die Bank zu unverzüglicher Rückfrage bzw. Benachrichtigung verpflichtet. Ob eine Weisung unklar oder korrekt ist, hängt davon ab, welche Angaben auf dem Überweisungsformular für die Bank zur Ausführung des Überweisungsauftrags maßgeblich sind. Genügt es, wenn die Empfängerbank die angegebene Kontonummer vergleicht oder muß sie auch die Empfängerbezeichnung abgleichen? Was ist zu tun, wenn Empfängerbenennung und Kontonummer nicht übereinstimmen? Sind womöglich weitere Bestandteile des Überweisungsauftrags in die Abgleichung miteinzubeziehen? Fragen dieser Art haben Rechtsprechung und Lehre über einen langen Zeitraum immer wieder beschäftigt; sie können heute nach einer Entscheidung des BGH vom 3.10.1989 als im wesentlichen geklärt gelten[127]. Differenziert wird zwischen beleglosem und beleggebundenem Zahlungsverkehr. Im beleglosen Verkehr darf sich die Empfängerbank an die Interbanken-Richtlinien[128] für den beleglosen Datenträgertausch halten und die Kontonummer ohne Abgleichung mit der Empfängerbezeichnung als maßgeblich zugrundelegen[129]. Im beleggebundenen Zahlungsverkehr hat dagegen die Empfängerbezeichnung Vorrang, weil sie eine zuverlässigere Individualisierung ermöglicht[130]. Ab 1.6.1997 können Überweisungen im Interbanken-Verkehr nur noch beleglos bearbeitet werden[131]. Das erstbeauftragte Kreditinstitut muß die in Belegform eingereichten Überweisungsaufträge in Datensätze umwandeln und beleglos weiterleiten.

Dennoch ist die Entscheidung des BGH vom 3.10.1989 auch jetzt noch in vieler Hinsicht instruktiv.

---

127 BGHZ 108, 386.
128 Abkommen zum Überweisungsverkehr in der Fassung vom 16.04.1996.
129 Übereinstimmend für den Postgiroverkehr OLG Köln, NJW 1990, 2261 = WM 1990, 1963; ob es dem kontoführenden Institut wirklich nicht zum Verschulden gereicht, wenn es eine durch Kontoauflösung vakant gewordene Kontonummer bereits nach drei Jahren einem neuen Kunden zuweist, ist eine andere Frage.
130 BGH NJW 1987, 1825 = WM 1987, 530; BGHZ 108, 386; BGH NJW 1991, 3208 = WM 1991, 1992 = ZIP 1991, 1413.
131 Nr. 1 (2) Abkommen für den Überweisungsverkehr vom 16.04.1996.

Fall: BGHZ 108, 386 »Belegloser Zahlungsverkehr« 92
Der Stadtinspektor G, der Sozialhilfeanträge zu bearbeiten hatte, eröffnete im Februar 1977 auf seinen Namen bei einer Bank ein Girokonto. Er erteilte einem »T.S.« und einem »H.F.« Kontovollmacht. Die Personen waren frei erfunden oder jedenfalls nicht mehr anspruchsberechtigte Sozialhilfeempfänger. Von 1978 bis 1981 überwies G von Konten der Stadt, die diese bei der Stadtsparkasse unterhielt, auf sein Bankkonto ca. DM 106 000,- beleglos, und weitere ca. DM 40 000,- unter Verwendung von Überweisungsbelegen. Als Empfänger bezeichnete er »T.S.« oder »H.F.«. Bei der Bearbeitung der beleglosen Überweisungen handelten die überweisende Stadtsparkasse und die Empfängerbank nach den »Richtlinien für den beleglosen Datenträgeraustausch (Magnetband-Clearing-Verfahren)« vom 2.1.1976. Danach sind jeweils die Bankleitzahl des endbegünstigten Kreditinstituts und die Kontonummer des Überweisungsempfängers zu kontrollieren. Ein Vergleich zwischen dem Namen des Überweisungsempfängers und dem des Kontoinhabers ist nicht vorgesehen und wurde von der Empfängerbank auch nicht vorgenommen. Das Verfahren wird von Kreditinstituten untereinander, aber auch von Behörden und Wirtschaftsunternehmen angewandt.

Bei den beleggebundenen Überweisungen überprüfte die Bank die Empfängerbezeichnung und die Kontoinhaberschaft. Da die von der Stadtsparkasse angegebenen Kontoempfänger Kontovollmacht besaßen, ging die Angestellte der Bank davon aus, daß die Überweisungsvorgänge in Ordnung waren.

Einige der von G veranlaßten Überweisungen erhielt die Stadt zurück mit dem Hinweis, Empfängerbezeichnung und Inhaber der angegebenen Kontonummer stimmten nicht überein. Die Stadt beauftragte jeweils G mit der Aufklärung der Sachverhalte; dieser verstand es, seine Veruntreuungen zu verschleiern. Weitere Überprüfungen führte die Stadt nicht durch. Die Veruntreuungen G's fielen erst 1981 im Rahmen einer Urlaubsvertretung auf. Die Stadt meinte, die Empfängerbank hätte ihre Pflichten aus dem Girovertrag gegenüber der Stadtsparkasse nicht hinreichend erfüllt und klagte deshalb aus abgetretenem Recht auf Schadensersatz. Ein Mitverschulden in Höhe von 50 % wollte sie sich anrechnen lassen.

Im *beleglosen* Überweisungsverkehr verneinte der BGH eine Verletzung von Pflichten seitens der Empfängerbank. Denn im Verhältnis der beteiligten Banken zueinander ergäbe sich die Pflichtstellung aus den Richtlinien für den beleglosen Datenträgeraustausch[132]. Da diese Richtlinien eine Kontrolle der Bankleitzahl und der Kontonummer, aber keinen Vergleich zwischen dem Namen des Überweisungsempfängers und dem 93

---

132 Ersetzt durch das Abkommen zum Überweisungsverkehr vom 16.4.1996.

des Kontoinhabers vorsahen, konnte der Empfängerbank keine Pflichtverletzung vorgeworfen werden[133].

Allerdings wies der BGH auch darauf hin, daß es eine ganz andere Frage ist, ob die überweisende Bank (hier die Stadtsparkasse) gegenüber dem jeweiligen Auftraggeber (hier der Stadt) überhaupt berechtigt ist, Überweisungen im beleglosen Zahlungsverkehr weiterzugeben. Dafür komme es auf die im Einzelfall erteilte Weisung des jeweiligen Kunden an. Eine Prüfung unter dem Gesichtspunkt des § 9 AGBG käme in Betracht, wenn eine Bank sich das Recht zur Verwendung des beleglosen Überweisungsverfahrens durch AGB einräumen ließe, was bisher nicht der Fall ist[134].

94 Soweit es um *beleggebundene* Überweisungsaufträge ging, bejahte der BGH im Grundsatz einen Rückerstattungsanspruch aus §§ 675, 667 BGB, weil die Bank von dem ihr erteilten Auftrag abgewichen sei. Denn beim beleggebundenen Überweisungsverkehr sei nach gefestigter Rechtsprechung in aller Regel von der angegebenen Bezeichnung des Empfängers auszugehen. Bei Differenzen zwischen Empfängerbezeichnung und Kontonummer – wie hier – sei die *Empfängerbezeichnung maßgebend*, weil der Name eine wesentlich sicherere Individualisierung ermögliche[135]. Die davon abweichende Regelung in Nr. 4 Abs. 3 S. 2 AGB/B in der damals geltenden Fassung vom 1.4.1977 (seit 1984 durch eine anderslautende Klausel ersetzt) wonach die Bank die angegebene Kontonummer des Zahlungsempfängers als maßgeblich ansehen dürfe, sei mit § 9 AGBG nicht vereinbar. Denn diese auf den beleglosen Überweisungsverkehr zugeschnittene Regelung stelle jedenfalls im beleggebundenen Verkehr eine einseitige und unbillige Benachteiligung des Kunden dar, weil sie das durch den Vergleich von Kontonummer und Empfängername vermeidbare Risiko von Fehlüberweisungen einseitig dem Auftraggeber aufbürde[136].

Der Rückerstattungsanspruch aus § 667 BGB steht neben einem ebenfalls denkbaren Anspruch aus positiver Vertragsverletzung. Allerdings ist für § 667 BGB kein Verschulden der Empfängerbank erforderlich. Unstreitig ist, daß sich der Überweisende auch gegenüber dem Anspruch aus § 667 BGB ein Mitverschulden analog § 254 BGB entgegenhalten lassen muß[137].

---

133 Vgl. aber die Haftungsverteilung in Nr. 5 (2) des Abkommens seit 4/96: »Hätte das aufgrund der falschen BLZ empfangende Kreditinstitut bei einem KtoNr.-Namensvergleich den Fehler vermeiden können, so trägt das erstbeauftragte Kreditinstitut **ein** Drittel und das empfangende **zwei** Drittel des Schadens.
134 Vertiefend Blaurock/André, ZBB 1990, 83 ff.
135 Vgl. auch BGH WM 1987, 530, 531 m.w.N.; wo eine elsäßische Bank den Zahlungsempfänger zwar richtig bezeichnete, aber auf eine nicht existente Kontonummer überwies; dazu Pleyer, WuB Nr. 26 AGB/B, 1/87; S. 425 f.; kritisch Möschel/Bartodzieg, WuB I D 1.-3.90, S. 18 ff.; BGH NJW 1991, 3208 ff.
136 Vgl. die Literaturnachweise in BGHZ 108, 386, 391.
137 BGHZ 108, 386, 391; BGH NJW 1991, 3209.

bb) Grundsatz der formalen Weisungsstrenge
Überweisungen sind von der Bank strikt an den vom Kunden als Empfänger Genannten durchzuführen[138]. Das gilt auch dann, wenn die Leitung der Bank weiß, daß der eingehende Betrag den Kontrakt eines anderen, von ihr ebenfalls betreuten Kunden betrifft. Einen solchen Fall hatte der BGH am 1.12.1960 zu beurteilen[139]. Dabei war derjenige, dem das Geld aller Wahrscheinlichkeit nach zustand, im Überweisungsauftrag nicht genannt. Vielmehr gab der Auftrag an, daß er »zugunsten der Deutschen Außenhandels-GmbH für die Herren K. und E.« erteilt werde. Damit war, so der BGH, der Empfänger des Betrages genau bezeichnet. Von dieser *formalen Weisung* darf die Bank nicht abweichen.

95

Ein Banküberweisungsauftrag ist nur zugunsten des in dem Auftrag angegebenen Empfängers auszuführen. Die zugrundeliegenden Rechtsbeziehungen der Beteiligten können grundsätzlich keine Beachtung finden[140]. Wer also nicht als Empfänger einer Gutschrift benannt ist, kann auch keinen Anspruch aus der Gutschrift herleiten, ganz gleich, ob im Valutaverhältnis ein Anspruch zwischen Überweisendem und Empfänger besteht.

96

Dem Grundsatz der formalen Auftragsstrenge hat der BGH in einem Urteil vom 26.2.1962 erneut bestätigt[141]. Dort erfolgte die Überweisung mit dem deutlichen Zusatz, daß der Betrag zugunsten des Kulturamts gesperrt bleiben müsse. Ein solcher Zusatz könne keinesfalls als belanglos betrachtet werden. Wolle sich eine Bank auf die Ausführung eines derart eingeschränkten Auftrages nicht einlassen, etwa weil sie für ihren Geschäftsverkehr Weiterungen befürchte, so müsse sie den Auftrag ablehnen. Nehme sie ihn an, so dürfe sie ihn nur wie vom Auftraggeber gewünscht ausführen. Nur auf eine belanglose oder nach § 665 BGB berechtigte Abweichung von den erteilten Weisungen könne sich der Auftraggeber nicht berufen[142].

97

Allerdings hat der BGH am 11.3.1976 klargestellt, daß nicht jede Angabe auf dem Überweisungsbeleg als Weisung zu werten sei[143]. Da die der Überweisung zugrundeliegenden Rechtsbeziehungen von der Bank grundsätzlich nicht zu beachten seien, gelte das auch für die Angaben über den Verwendungszweck. Insoweit handele es sich lediglich um weitergeleitete Mitteilungen des Zahlenden an den Zahlungsempfänger. Andererseits sei nicht ausgeschlossen, daß dem Auftrag zur Gutschrift eine besondere Weisung an die Empfängerbank beigefügt werde, die eine uneingeschränkte Gutschrift zugunsten des Empfängers ausschließe[144]. Eine solche

98

---

138 Baumbach/Hopt, HGB[29], S. 1144/C7.
139 WM 1961, 78 ff.
140 BGH WM 1961, 79.
141 WM 1962, 460 ff.
142 BGH WM 1962, 462; bestätigt durch BGH BB 1971, 194 f.
143 WM 1976, 904 ff.
144 BGH WM 1957, 1055.

bindende Weisung über die Verwendung des Überweisungsbetrages könne ausnahmsweise auch dann beachtlich sein, wenn sie sich in der Rubrik »Verwendungszweck« befände, wie das bei dem Sperrvermerk im Fall aus dem Jahre 1962 der Fall gewesen sei[145]. Entscheidend ist also, ob der Wortlaut der Überweisung als *verpflichtende Weisung* zu verstehen ist, oder nur *Mitteilungscharakter* hat. Dies kann nur durch Auslegung ermittelt werden, wobei der BGH zu Recht fordert, daß sich aus dem Wortlaut eindeutig und klar ergeben müsse, wenn ein Auftrag anders als üblich behandelt werden solle[146]. In jedem Falle sind aber Mitteilungen im Text des Überweisungsauftrages an den Zahlungsempfänger weiterzuleiten. Dieses ergibt sich als selbstverständliche Nebenpflicht aus dem Giroverhältnis zwischen Zahlungsempfänger und seiner Bank. Verletzt die Bank diese Nebenpflicht, so ist sie wegen positiver Vertragsverletzung zum Ersatz des daraus entstehenden Schadens verpflichtet[147].

99   Ausnahmsweise entfällt diese Ersatzpflicht, wenn die weisungswidrige Auftragserledigung das Interesse des Auftraggebers nicht verletzt[148]. Das ist insbesondere dann der Fall, wenn der mit der Überweisung verfolgte Zweck trotz der Fehlbuchung erreicht worden ist[149].

cc) Fakultativklauseln

100 Es kommt immer wieder vor, daß für den Empfänger einer Gutschrift *mehrere Konten* bestehen. Entsprechend dem Grundsatz der formalen Weisungsstrenge ist auch in diesen Fällen strikt auf das Konto zu überweisen, das der Kunde benennt. Das gilt auch dann noch, wenn der Überweisungsempfänger bei der Überweisungsbank ebenfalls ein Konto unterhält und dieses womöglich einen ungesicherten Debet aufweist. Die Überweisungsbank kann in diesen Fällen allenfalls die Ausführung des Auftrags von der Bedingung abhängig machen, das im eigenen Haus bestehende Konto des Empfängers zu bedienen und andernfalls die Ausführung des Auftrags ablehnen. Um den Verhaltensspielraum in diesem Punkt zu erweitern, enthielten die Überweisungsvordrucke bis zum Jahre 1986 sog. *Fakultativklauseln* mit dem Wortlaut: »oder ein anderes Konto des Empfängers«. In einer Fußnote des Formulars fand der Verwender kleingedruckt den Hinweis: »Soll die Überweisung auf ein anderes Konto ausgeschlossen sein, so sind die Worte 'oder ein anderes Konto des Empfängers' zu streichen«. Da diese Fakultativklauseln regelmäßig nicht gestrichen wurden, waren die Banken berechtigt auch auf ein anderes Konto des Empfängers zu überweisen, ohne damit weisungswidrig zu handeln.

---

145 Vgl. BGH WM 1962, 460.
146 WM 1976, 906.
147 BGH WM 1976, 907.
148 BGH NJW 1969, 320; NJW 1980, 2130; NJW 1991, 3209.
149 BGH WM 1974, 274 f.; WM 1976, 904, 906.

Auf diese Weise konnte das Geld im eigenen Organisationsnetz gehalten werden, was den Sicherungsbedürfnissen der Überweisungsbank und ihrer Liquiditätslage entgegenkam. Die Fakultativklausel wurde von einigen Obergerichten als wirtschaftlich legitim qualifiziert, da der Überweisende die Klausel jederzeit streichen könne[150]. Der BGH hat in einer Grundsatzentscheidung vom 5.5.1986 festgestellt, daß Fakultativklauseln gegen § 9 AGBG verstoßen und deshalb unwirksam sind. Es ging um folgendes:

Fall: BGHZ 98, 24 »Unwirksame Fakultativklausel«   101
Am 13.11.1981 kaufte K. ein Grundstück und verpflichtete sich im notariellen Kaufvertrag, den Kaufpreis auf ein bestimmtes Konto der Verkäuferin bei der B.-Bank zu überweisen. K. unterzeichnete bei seiner Bank einen in diesem Sinne korrekt ausgefüllten Überweisungvordruck. Der Vordruck enthielt die Fakultativklausel: »oder ein anderes Konto des Empfängers« und in der Fußnote den Hinweis: »Soll die Überweisung auf ein anderes Konto ausgeschlossen sein, so sind die Worte 'oder ein anderes Konto des Empfängers' zu streichen«. K. unterzeichnete den Überweisungsvordruck, ohne die Fakultativklausel zu streichen. Daraufhin führte seine Bank die Gutschrift im eigenen Hause durch; die Verkäuferin unterhielt auch dort ein Konto, das einen ungesicherten Schuldsaldo in Höhe von DM 90.000,- aufwies. Die Verkäuferin bat, den fehlerhaft gutgeschriebenen Betrag an die in der Überweisung ausdrücklich bezeichnete B.-Bank weiterzuleiten. Die verkaufte Wohnung sei dieser Bank verpfändet gewesen und deshalb müsse sie den Kaufpreis dorthin abführen. Die Überweisungsbank lehnte diese Bitte unter Hinweis auf die Fakultativklausel ab.

Dem ist der BGH entgegengetreten. Die Fakultativklausel verstoße   102
nämlich gegen § 9 AGBG und sei deshalb unwirksam. Eine Geldschuld sei an sich in bar, d.h. durch Übereignung einer entsprechenden Anzahl von gesetzlichen Zahlungsmitteln, zu erfüllen. Sie könne aber jedenfalls dann auch durch Zahlung von »Buchgeld« erfüllt werden, wenn die Parteien dies – sei es auch stillschweigend – vereinbart hätten. Teilt der Gläubiger dem Schuldner – wie im vorliegenden Falle – lediglich ein bestimmtes Girokonto mit, so liegt darin grundsätzlich nicht das Einverständnis mit der Überweisung auch auf ein anderes Konto des Gläubigers. Dieser könne aus mancherlei Gründen ein Interesse daran haben, die Zahlung nicht durch Überweisung auf ein bestimmtes von mehreren Konten zu erhalten, etwa weil das Konto gepfändet sei oder weil es ein Debet aufweise. Folglich habe die Überweisung auf ein anderes als das dem Schuldner vom Gläubiger angegebene Konto grundsätzlich keine

---

150 OLG Stuttgart ZIP 1981, 857; OLG Schleswig WM 1984, 549; dagegen in der Literatur Häuser, WM 1984, 550.

Tilgungswirkung[151]. Der Schuldner trage also, wenn er den Überweisungsvordruck mit der Fakultativklausel benutze und diese nicht streiche, das Risiko, daß seine Leistung keine Erfüllungswirkung habe und er nochmals zahlen müsse. Zwar erwerbe in diesen Fällen der Käufer einen Rückzahlungsanspruch aus ungerechtfertigter Bereicherung, weil die Gemeinschuldnerin auf seine Kosten in Höhe des überwiesenen Betrages von ihren Schulden gegenüber der Bank befreit worden ist[152]. Ob der Käufer mit diesem Anspruch gegen die offene Kaufpreisforderung der Gemeinschuldnerin aufrechnen könne, so daß ihm im Endergebnis aus der weisungswidrigen Ausführung der Überweisung niemals Nachteile entstehen würden, sei fraglich[153]. Allein diese Rechtsunsicherheit reiche aus, daß der Überweisende die weisungswidrige Ausführung seines Auftrags nicht hinzunehmen brauche (§ 242 BGB). Weitere Unsicherheiten ergäben sich aus § 55 Nr. 2 KO, wonach mit dem Bereicherungsanspruch der erst nach Konkurseröffnung erworben werde, nicht mehr aufgerechnet werden könne. Da der durchschnittliche Bankkunde die vorstehend aufgezeigten Nachteile der Fakultativklausel nicht zu überblicken vermag, werde er durch den Hinweis auf die Möglichkeit, sie zu streichen, nicht hinreichend geschützt. Diese Nachteile zu Lasten der Kunden würden auch nicht durch höherwertige Interessen der Bank aufgewogen. Das Interesse, die Überweisung möglichst im »eigenen Netz« zu halten, falle nicht besonders ins Gewicht, zumal die Vorteile für die Banken auch deshalb zunehmend von geringerer Bedeutung seien, weil die Fakultativklausel ohnehin infolge der Zahlungsverkehrsautomation ständig an Bedeutung verliere. Die Weiterleitung der automationsgerecht kodierten Belege durch die computergesteuerten Lesegeräte erfolge nämlich ausschließlich anhand der Bankleitzahl als Leitmerkmal.

Dieser Entscheidung folgt inzwischen Rechtsprechung und Bankpraxis, d.h. die heute verwendeten Überweisungsvordrucke enthalten keine Fakultativklauseln mehr[154].

c) Warn- und Schutzpflichten im Überweisungsverkehr

103 Aus dem Grundsatz der formalen Weisungsstrenge folgt, daß ohne Rücksicht auf die zugrundeliegenden Rechtsverhältnisse Weisungen zu befolgen sind. Umgekehrt folgt daraus, daß die am Überweisungsverkehr beteiligten Banken keine Warn- und Schutzpflichten gegenüber den Überweisenden und den Zahlungsempfängern haben. Denn die Banken werden

---

151 Ebenso schon BGHZ 87, 156, 162.
152 BGH ZIP 1985, 857.
153 BGHZ 98, 27 m.w.N.
154 Vgl. OLG Oldenburg WM 1988, 1726; dazu EWiR § 667 BGB 2/89, 35 (Brink); OLG Hamm EWiR § 665 BGB 1/89, 759 (André); grundsätzlich zustimmend Koller BGH EWiR § 364 BGB 1/86, 761.

im allgemeinen Überweisungs-, Scheckeinziehungs- und Lastschriftverkehr nur zum Zwecke eines technisch einwandfreien, einfachen und schnellen Zahlungsverkehrs tätig und haben sich schon wegen dieses begrenzten Geschäftszwecks und der Massenhaftigkeit der Geschäftsvorgänge grundsätzlich nicht um die beteiligten Interessen ihrer Kunden zu kümmern[155]. Sie müssen sich vielmehr streng innerhalb der Grenzen des ihnen erteilten formalen Auftrags halten.

Allerdings hat die Rechtsprechung von diesem Grundsatz für Sonderfälle Ausnahmen gemacht. Ist der beauftragten Bank der unmittelbar bevorstehende Zusammenbruch des Zahlungsempfängers oder der Zusammenbruch der Empfangsbank bekannt, so kann sie nach Treu und Glauben verpflichtet sein, den Auftrag nicht ohne vorherige Rückfrage beim Auftraggeber auszuführen, um diesen vor einem drohenden Schaden zu bewahren[156]. 104

Eine Warnpflicht der Überweisungsbank kann möglicherweise bestehen, wenn ihr bekannt ist, daß der Überweisungsempfänger wirtschaftlich zusammengebrochen ist oder vor dem Zusammenbruch steht[157]. So hat der BGH im Jahre 1963 eine Schadensersatzpflicht der Deutschen Bundesbank nach § 826 BGB für möglich gehalten, weil sie als Zwischenbank den Überweisungsbetrag dem Konto der Bank des Überweisungsempfängers gutgeschrieben hatte, obwohl sie an die Möglichkeit einer Sanierung ernstlich nicht mehr glaubte und nicht mehr damit rechnete, die Empfangsbank werde ihren Geschäftsbetrieb noch fortsetzen können[158]. Zur Begründung wurde ausgeführt, nach den Anschauungen des redlichen Geschäftsverkehrs dürfe der Giroverkehr durch Gutschriften auf dem Konto der Bank des Überweisungsempfängers nicht mehr fortgesetzt werden, wenn das gutschreibende Kreditinstitut erkenne, daß der Erfolg der Überweisung, dem Empfänger einen Geldbetrag zukommen zu lassen, wegen der Lage seiner Bank nicht erreicht werden könne. Die Gutschrift sei mißbräuchlich, wenn sie ersichtlich nur zu einer Schädigung des Empfängers der Zahlung führen könne. Auch eine Hinweispflicht der Bank auf devisenrechtliche Bedenken gegen Überweisungsaufträge hat der BGH schon 1957 bejaht[159]. Entscheidend ist allerdings, daß der Zusammenbruch des Zahlungsempfängers oder seiner Bank »ersichtlich« sein müsse[160]. Andernfalls sei eine Warnung des Überweisenden nicht geboten und – beim Hausgiro – gegenüber dem Empfänger auch nicht berechtigt. Dieser habe z.B. bei einem noch laufenden Sanierungsversuch ein Interes- 105

---

155 BGH WM 1978, 588; vgl. auch RGZ 54, 329, 331 und BGH WM 1961, 510 f.
156 BGH WM 1978, 588; WM 1986, 1409 f.; zustimmend Hadding in WuB I D 1.-2.87, 128 f.
157 BGH WM 1961, 510 f.
158 WM 1963, 829.
159 BGHZ 23, 222 = WM 1957, 288.
160 WM 1986, 1409, 1410.

se daran, daß seine wirtschaftlichen Schwierigkeiten Dritten nicht bekannt gemacht würden (Vorrang des Bankgeheimnisses). Wenn allerdings die Bankenaufsicht bereits die Schließung der Bank für den Kundenverkehr angeordnet habe, dann hat diese gegenüber einem Überweisungsauftraggeber kein schutzwürdiges Interesse mehr an der Geheimhaltung. Insoweit steht auch das Bankgeheimnis, das im Rahmen des Girovertrages grundsätzlich zu wahren ist, nicht entgegen[161].

5. Haftung für Fehler im mehrgliedrigen Zahlungsverkehr

a) Die Rechtsbeziehungen zwischen den Beteiligten

106 Wenn Überweisungs- und Empfangsbank identisch sind, weil auf ein Konto des Empfängers bei derselben Bank überwiesen wurde, so liegt eine *Haus- oder Filialüberweisung* vor. In diesen – unproblematischen – Fällen schuldet die Bank die ordnungsgemäße Gutschrift auf dem Konto des Empfängers[162]. Diesen Erfolg schuldet sie jedoch nicht mehr, wenn es sich, wie sehr oft, um eine *institutsübergreifende Überweisung* handelt, wenn das Konto des Empfängers also bei einer anderen Bank geführt wird. Die Überweisungsbank hat nämlich keine Rechte, die es ihr erlauben würden, in den Geschäftsbetrieb der Empfangsbank einzugreifen; sie kann nur den Auftrag, dem Empfänger einen bestimmten Betrag gutzuschreiben, der Empfangsbank aushändigen. Auch ein Vertrag zwischen der Empfangsbank und dem Überweisenden selbst entsteht nicht, denn seine Weisung konkretisiert nur das Giroverhältnis zwischen ihm und seiner Bank. Sie enthält jedoch keine Willenselemente, etwa mit der Empfangsbank ein Geschäftsbesorgungsverhältnis (Ziel: Gutschrift) abzuschließen[163]. So hat das Reichsgericht bereits ausgeführt, daß bei jeder Giroüberweisung zwischen zwei Banken ... erwähnt wird, in wessen Auftrag ... die Zahlung geleistet ... wird, ohne daß irgendwelche unmittelbaren Rechtsverhältnisse entstehen sollen[164]. Vielmehr macht sich der Überweisende ein vom Überweisungsempfänger selbst geschaffenes Giroverhältnis zunutze, löst also mit seinem Auftrag Rechtspflichten zwischen der Empfangsbank und dem Empfänger aus. Andernfalls würde nämlich der Überweisende Kontobeziehungen zugunsten Dritter bei Empfangsbanken kreiren und dann konsequenterweise auch, wie bei der Anweisung von Bargeld durch die Post, für die Kosten einstehen müssen. Es ist daher richtig und auch nicht

---

161 BGH WM 1986, 1409, 1410 m.w.N.
162 BGH NJW 1991, 2210.
163 Hiervon weicht der UNCITRAL-Entwurf – vgl. Uwe Schneider, WM 1989, 285 ff. – erheblich ab. Erstens soll jeder Überweisungsauftrag ein selbständiger Vertrag sein und zweitens garantiert die Erstbank seine Ausführung (Gutschrift). Die Überweisung ist also Werkvertrag (Schneider, a.a.O, S. 289); derselbe in Hadding/Schneider, S. 491 ff., vertiefend Peter Rennpferd, passim.
164 RGZ 105, 48, 50 f.

streitig, wenn der BGH in ständiger Rechtsprechung feststellt, daß »*beim sog. mehrgliedrigen Überweisungsverkehr vertragliche Beziehungen nur zwischen Überweisendem und seinem Kreditinstitut einerseits sowie der Überweisungsbank und der Empfängerbank andererseits und schließlich zwischen Empfängerbank und Überweisungsempfänger entstehen, nicht aber zwischen Überweisendem und Empfängerbank*«[165].

Schon aus diesen Gründen überzeugt die von Möschel entwickelte Vorstellung eines Netzvertrages nicht, wonach zwischen allen Beteiligten am System des bargeldlosen Zahlungsverkehrs eine Art Netzvertrag bestehe[166].

b) Fehler im Gironetz

Etwas kontroverser wird die Frage diskutiert, wer für *Fehler* von zwischengeschalteten Banken einzustehen hat. Institutsübergreifende Überweisungen werden nämlich »in der Regel nicht dadurch ausgeführt, daß die Erstbank den Betrag auf einem bei ihr geführten Konto der Empfängerbank gutschreibt, oder daß diese ein bei ihr geführtes Konto der Erstbank belastet. Vielmehr beauftragt die Erstbank häufig eine Zwischenbank, die ihrerseits den Überweisungsbetrag der Empfängerbank gutschreibt oder eine weitere Zwischenbank einschaltet«[167]. Typischerweise erfolgt heute die Verrechnung in Gironetzen mit einer gemeinsamen Kopfstelle. Gironetze bestehen in den privaten Großbanken, den Sparkassen, den Volksbanken und Raiffeisenbanken und zwischen diesen durch die Zentralbank[168]. Zur Durchführung des Abrechungsverkehrs unterhält die Bundesbank an den größeren Bankplätzen Abrechnungsstellen, bei denen Kreditinstitute als Abrechnungsteilnehmer zugelassen sind. Die Abrechnung erfolgt durch Verrechnung der Beträge (Skontration). Die sich dabei ergebenden Salden werden durch Buchung auf den Girokonten ausgeglichen, die alle Abrechnungsteilnehmer bei der deutschen Bundesbank unterhalten. Vorteil des Abrechnungsverkehrs ist, daß er sich zur Durchführung aller Arten von bargeldlosen Zahlungen eignet, weil in ihm alle Erscheinungsformen wie Überweisung, Scheckeinzug, Lastschrifteinzug usw. zusammengefaßt sind[169]. Hauptvorteil des Abrechnungsverkehrs ist aber die *Vereinfachung des Zahlungsverkehrs*, die durch die Verrechnung erreicht wird. Dieser Funktion verdankt der Abrechnungsverkehr seine Entstehung und sie legitimiert ihn zugleich gegenüber den Kunden.

---

165 BGH WM 1958, 1078 f.; BGHZ 103, 143, 145; 108, 386, 388; Canaris[4] Rz. 392.
166 Möschel, AcP 186 (1986), S. 187, 211, 222; dagegen Canaris[4] Rz. 393; Koller/Faust, ZBB 1989, 63; Hüffer, ZHR 151 (1987), S. 93, 95; Schröter, ZHR 151 (1987) 118, 126 ff.; Koller in: Neue Entwicklungen im Bankhaftungsrecht, 1987, 21, 25; Köndgen in: Neue Entwicklungen im Bankhaftungsrecht, 1987, 133, 146 ff.
167 Koller/Faust, ZBB 1989, 63 f.
168 Baumbach/Hopt, HGB[29], S. 1143/C5; ausführlich Canaris[4] Rz. 878–915.
169 Canaris[4] Rz. 882; vgl. auch Hellner, ZHR 145 (1981) 109, 111 ff.

Zweiter Teil Commercial Banking

Letztlich geht es um die Reduktion von Kosten. An die Stelle von Millionen von Einzelbuchungen zwischen den Banken tritt ein Verrechnungsverfahren, durch das die Aktiva und Passiva aller Teilnehmer mit Erfüllungswirkung miteinander verrechnet werden[170].

108 Durch die Einschaltung von Zwischenbanken kommt es, wenn auch selten, zu Fehlern im Zahlungsverkehr, die gelegentlich Schäden beim Überweisenden verursachen. So hat Anfang der 80er Jahre eine Zwischenbank den Text eines bei ihr eingegangenen Blitzgiros verkürzt weitergegeben, nämlich ohne Namen und Kontonummer des Empfängers. Daraufhin verbuchte die Empfangsbank den Betrag zunächst auf dem Konto »pro Diverse«; endgültig gutgeschrieben wurde erst nach Ablauf des Kalenderjahres. Ein Schaden entstand, weil der Empfänger eine Abschreibungsgesellschaft war und der Auftraggeber der Überweisung seine Steuervorteile verlor[171]. Fehler passierten auch, als im Jahre 1988 bei einer Überweisung von Deutschland nach Amerika zwei amerikanische Zwischenbanken eingeschaltet wurden, die sich nicht an Weisungen des Auftraggebers hielten[172]. In Fällen dieser Art[173] stellt sich regelmäßig die Frage, an wen sich der Kunde der Erstbank wegen seines Schadensersatzanspruches halten kann.

109 Da er, wie oben gezeigt, nur zu seiner eigenen Bank vertragliche Beziehungen unterhält, kommen Ansprüche aus positiver Vertragsverletzung gegen die Zwischenbank nicht in Betracht. Vor allem Köndgen hat vorgeschlagen, dem Kunden einen Schadensersatzanspruch gegen die Erstbank zu eröffnen, indem die Zwischenbanken als deren *Erfüllungsgehilfen* i.S.v. § 278 BGB qualifiziert werden[174]. Diese in der Literatur eher abgelehnte These[175] setzt voraus, daß die Zwischenbanken im Verhältnis zur Erstbank »bei der Erfüllung einer dieser obliegenden Verbindlichkeit« als Hilfsperson tätig wird[176]. Der BGH hat aber mehrfach entschieden, daß die Erstbank mit der Weiterleitung des Überweisungsauftrags an die Girozentrale und der Gutschrifterteilung zu deren Gunsten alles getan habe, was banküblicherweise von ihr zur Ausführung des Auftrags zu erwarten sei[177]. Danach verpflichtet sich die Überweisungsbank gegenüber dem Auftraggeber zur Weiterleitung der Überweisung über ein geeignetes Zahlungsverkehrsnetz, nicht aber zur Durchführung der Überweisung insgesamt. Das bedeutet, mit der *Weitergabe des Überweisungsauftrags* an eine ge-

---

170 BGH WM 1972, 1379; Canaris[4] Rz. 885 m.w.N. sowie dem Abdruck der Geschäftsbedingungen der Abrechnungsstellen vgl. Rz. 892 und 892 a.
171 OLG Düsseldorf WM 1982, 575 = ZIP 1982, 428.
172 BGH NJW 1991, 2210.
173 Vgl. auch OLG Köln WM 1989, 93; dazu Häuser/Welter WuB I D 1.-2.89, 690 f.
174 NJW 1992, 2263, 2268.
175 Vgl. die Nachweise bei Koller/Faust, ZBB 1989, 65 Fn. 9.
176 BGHZ 13, 113; 50, 35; 98, 334.
177 BGHZ 4, 244, 248; BGHZ 108, 386, 388; BGH NJW 1991, 2210.

eignete Zwischenbank hat die Erstbank das ihr Obliegende getan; in Ermangelung einer weitergehenden Verbindlichkeit kann die Zwischenbank nicht mehr Erfüllungsgehilfe i.S.v. § 278 BGB sein[178]. In diesem Sinne hatte schon das Reichsgericht eine Zwischenbank nicht als Erfüllungsgehilfin der Erstbank angesehen[179]. In der Literatur ist dieser Standpunkt gelegentlich angegriffen worden[180]. In der Tat ist es richtig, daß der BGH seine Position nie näher begründet hat. Die Frage ist, ob dazu nachhaltiger Anlaß besteht. Nach Nr. 9 AGB/B (88) durfte die Bank mit der Ausführung aller ihr übertragenen Geschäfte (also auch mit Überweisungen) »im eigenen Namen Dritte ... beauftragen, wenn sie dies auch unter Abwägung der Interessen des Kunden für gerechtfertigt hielt. Seit dem 1.1.1993 kommt es nicht mehr auf die subjektive Vorstellung der Bank an, sondern auf die Art, wie das Geschäft *objektiv* abgewickelt wird.»Wenn ein Auftrag seinem Inhalt nach *typischerweise* in der Form ausgeführt wird, daß die Bank einen Dritten mit der weiteren Erledigung betraut« – genau das ist im Überweisungsverkehr die Regel –, so »erfüllt die Bank den Auftrag dadurch, daß sie ihn im eigenen Namen an den Dritten weiterleitet (weitergeleiteter Auftrag)«. Hieraus ergibt sich, daß zwischengeschaltete Dritte entgegen § 664 S. 1 BGB als selbständige Beauftragte (für die Erstbank) tätig werden sollen. Das setzt weiter voraus, daß mit Auswahl einer geeigneten Zwischenbank, die Pflichten der Erstbank gegenüber dem Kunden als erfüllt gelten sollen. *Es entspricht mit anderen Worten dem Parteiwillen, daß die Zwischenbanken nicht als Erfüllungsgehilfen für die Erstbank tätig werden.*

Dabei darf die Erstbank Drittbanken nur zwischenschalten, wenn sie dies auch unter Abwägung der Interessen des Kunden für gerechtfertigt hält. Im innerdeutschen Interbankenverkehr entspricht die Eingabe der Überweisung in eines der Gironetze schon deshalb den Interessen des Kunden, weil damit die Abwicklung beschleunigt wird und hohe Kostenvorteile entstehen. Im *ausländischen* Überweisungsverkehr muß zumindest ein Kaufmann mit der Zwischenschaltung rechnen, weil ansonsten für die Erstbank Risiken entstehen, die für sie weder beherrschbar noch überschaubar sind[181]. Zugleich belegen die Funktionen des Abrechnungsverkehrs, daß dieser nicht geschaffen wurde, um eine Verbindlichkeit der Erstbank gegenüber dem Kunden zu erfüllen, sondern um den Zahlungsverkehr als Massenphänomen in angemessener Zeit und zu erträglichen Kosten überhaupt zu bewältigen.

110

---

178 BGH WM 1991, 797; grundlegend anders: der UNICITRAL-Modellgesetzentwurf – vgl. Schneider WM 1989, 285 ff., Peter Rennpferd, S. 55 ff.
179 RGZ 105, 48, 51.
180 Köndgen, aaO; Koller/Faust, aaO., S. 66; dagegen Canaris⁴ Rz. 390; w.N. bei Baumbach/Hopt, HGB²⁹, S. 1145/C10; Schröter, aaO., S. 120; Hüffer, aaO., S. 644.
181 BGH NJW 1991, 2210; dazu Horn WuB I D 1.-4.91, ferner Hadding, in Hadding/Schneider, S. 13, 16 ff.

111 Dennoch ist es richtig, daß bei Fehlern der zwischengeschalteten Bank der überweisende Kunde Schutz braucht, da er anstelle von Barzahlung nur deshalb die Überweisung wählt, weil er auf die fehlerlose Funktion des bankintern gesteuerten Zahlungsverkehrsnetzes vertraut. Hadding hat vorgeschlagen, diesen Schutz mit der Figur der *Drittschadensliquidation* zu gewähren[182]. Diejenige Bank, die die Zwischenbank beauftragt habe, könne von dieser vertraglich den Schaden ihres Kunden ersetzt verlangen, da sie als mittelbare Stellvertreterin zur Drittschadensliquidation berechtigt sei. Sie werde gegenüber dem Kunden durch Abtretung dieses Schadensersatzanspruches nach § 667 BGB frei. Der Kunde kann hiernach aus abgetretenem Recht gegen die Zwischenbank vorgehen[183].

112 *Überwiegend wird allerdings in Literatur und Rechtsprechung auf den Vertrag mit Schutzwirkung für Dritte zurückgegriffen.* Der zwischen der Überweisungsbank und der Zwischenbank geschlossene Vertrag entfalte Schutzwirkungen für den Kunden, so daß dieser unmittelbare Ansprüche gegen die schädigende Zwischenbank erheben könne[184]. Inzwischen hat der BGH diese ursprünglich von Canaris entwickelte Lehre zum Anlaß genommen, um Bankkunden im Lastschriftverfahren über die Kette der eingeschalteten Banken hinweg, unmittelbare Ansprüche gegen die schädigende Bank zu eröffnen[185]. Der Ansatz, dem Kunden Ansprüche wegen Schutzpflichtverletzung zuzuweisen, erscheint interessengerecht, denn der Kunde bedient sich des Zahlungsverkehrsnetzes im Vertrauen auf dessen Funktionsfähigkeit. Er muß deshalb in die Schutzwirkungen dieses Systems einbezogen werden, weil ansonsten der unbare Zahlungsverkehr als Ersatz für die Barzahlung in Frage stünde. Richtig ist es auch, den Kunden an denjenigen zu verweisen, der den Fehler gemacht hat. Zum einen deshalb, weil hier die Stelle angesprochen ist, die das eigene Verhalten am besten beherrschen und erklären kann, zum anderen, weil die Zahlungsverkehrsnetze gerade nicht zur Bewältigung einer einzelnen Verbindlichkeit sondern massenhafter Zahlungsvorgänge geschaffen wurden, so daß es nicht Aufgabe der Erstbank sein kann, für Fehler zwischengeschalteter Banken einzustehen. Richtig ist, daß der Kunde in diesen Fällen das Insolvenzrisiko der Zwischenbank trägt. Dieses Risiko ist aber statistisch nicht größer als das vergleichbare Risiko, daß die Erstbank insolvent werden

---

182 Hadding in: FS für Werner, 1984, 165, 180 ff.; ähnlich Schlegelberger/Hefermehl, HGB[5], Anh. zu § 365 Rz. 100.
183 So OLG Köln WM 1989, 93 ff.; dazu Häuser/Welter WuB I D 1.-2.89, S. 690 f.
184 OLG München WM 1988, 373, dazu d'Orville WuB I D 1.-3.88, S. 515 ff.; OLG Düsseldorf WM 1982, 575 und NJW-RR 1987, 1327 dazu Hüffer EWiR § 328 BGB 1/88, 29; OLG Frankfurt WM 1984, 726; LG Augsburg WM 1988, 1085 dazu Lauer EWiR § 675 BGB 8/88, 979.
185 BGHZ 69, 82, 86; 96, 9, 17 = ZIP 1985, 1469; Canaris[4] Rz. 395 ff.; zustimmend Baumbach/Hopt, HGB[29], S. 1145/C10; Hüffer ZHR 152 (1987) 103 ff.; Karsten Schmidt, Handelsrecht[3], § 34 III 3c cc.

könnte. Insofern verändert die Zwischenschaltung einer Bank das statistische Risiko des Kunden nicht. Wird dagegen eine Zwischenbank eingeschaltet, deren Konkurs *ersichtlich* bevorsteht, so besteht eine Warnpflicht, d.h. die Erstbank haftet bei Verletzung aus positiver Vertragsverletzung auf Schadensersatz.

6. Anspruch des Überweisungsempfängers auf Ausführung des Überweisungsauftrags

Die obigen Überlegungen zeigen, daß der Überweisungsempfänger gegenüber der Überweisungsbank mangels einer vertraglichen Beziehung zu dieser Bank, keinen unmittelbaren Anspruch auf Ausführung des Auftrags hat. Normalerweise ist das auch nicht problematisch, da der Empfänger durch die Weisung des Zahlenden, ihm einen bestimmten Betrag gutzubringen, geschützt ist. Problematisch werden die Dinge erst, wenn die Absendebank dieser Weisung nicht folgt, z.B. deshalb, weil der Überweisende, vor Ausführung des Auftrags, insolvent wird. Einen solchen Fall hatte das OLG Düsseldorf am 21.5.1987 zu entscheiden. 113

Fall: NJW-RR 1987, 1327 »*Insolvenz des Überweisenden*« 114
Ein Fernsehhändler bezog TV's unter verlängertem Eigentumsvorbehalt. Nach Weiterveräußerung sollte er bezahlen. Er richtete bei seiner Hausbank ein Unterkonto zugunsten des Lieferanten ein und erteilte einen unwiderruflichen Überweisungsauftrag. Die Erlöse aus der Weiterveräußerung der Fernsehgeräte wurden auf diesem Konto gesammelt und sollten nach Abwicklung des gesamten Geschäftes insgesamt an den Lieferanten überwiesen werden. Dazu kam es nicht mehr, weil der Fernsehhändler zwischenzeitlich in Konkurs fiel. Die Bank verrechnete den auf dem Unterkonto inzwischen angesammelten Habensaldo, um damit den Debetsaldo eines anderen Kontos des Fernsehhändlers auszugleichen. Der Lieferant der TV's klagte auf Überweisung des auf dem Unterkonto zu seinen Gunsten angesammelten Betrags.

Einen unmittelbaren Anspruch des TV-Lieferanten gegen die Bank hat das OLG zu Recht verneint. Auch der unwiderrufliche mit einer zeitlichen Bedingung versehene Überweisungsauftrag begründet keine vertraglichen Beziehungen zwischen der Überweisungsbank und dem Überweisungsempfänger. Ferner ändert die Einrichtung eines Unterkontos nichts daran, daß Kontoinhaber regelmäßig derjenige ist, der das Konto eröffnet[186]. Die entscheidende Frage war, ob in der Einrichtung des Unterkontos verbunden mit dem unwiderruflichen Überweisungsauftrag ein Vertrag zugunsten des TV-Lieferanten i.S.v. § 328 BGB lag. Das OLG hat einen solchen Vertrag, wie früher schon das Reichsgericht, verneint. In dem 115

---

[186] BGHZ 21, 148; BGH WM 1973, 894.

vom RG zu entscheidenden Fall lag ein Überweisungsauftrag vor, allerdings war kein Unterkonto eingerichtet worden[187]. Das RG verneinte den drittschützenden Charakter des Überweisungsauftrags mit der Erwägung, »daß der Zweck des Vertrages keineswegs zur Annahme des Willens der Parteien nötige, dem Dritten einen Anspruch auf Ausführung der Überweisung gegen die Bank einzuräumen. Es sei im Gegenteil so, daß die Banken, wenigstens regelmäßig, Giroverträge in diesem Sinne nicht abschließen wollten. Dieser Wille sei umso weniger dann anzunehmen, wenn der Dritte nicht einmal ihr Kunde sei«[188]. Hieran anknüpfend hat auch das OLG einen Vertrag i.S.v. § 328 BGB verneint[189]. Statt dessen hat das Gericht, unter Rückgriff auf die Lastschriftentscheidung des BGH[190], einen Anspruch aus Vertrag mit Schutzwirkung zugunsten Dritter bejaht. Dieser Ansatz ist konzeptionell und hier auch im Ergebnis richtig, denn der Treuhandcharakter des Unterkontos war der Bank durch den unwiderruflichen Überweisungsauftrag deutlich; sie wußte also, daß sie dieses Konto mit Wirkung für den TV-Lieferanten führte.

VI. Die Gutschrift

116 Nach Nr. 4 AGB/B (88) war die Bank im Rahmen der zwischen ihr und den Kunden bestehenden Geschäftsverbindung (Girovertrag) »unwiderruflich befugt, Geldbeträge für den Kunden entgegenzunehmen. Ferner durfte die Bank den Auftrag, einem Kunden einen Geldbetrag zur Verfügung zu stellen ..., durch *Gutschrift* des Betrages auf dem Konto des Kunden ausführen, wenn ihr nicht ausdrücklich eine andere Weisung erteilt war.« In den ab 1.1.1993 geltenden AGB/B sind diese im Giroverhältnis naturgemäß angelegten Prinzipien nicht mehr ausdrücklich erwähnt; sie gelten aber natürlich sinngemäß nach wie vor. So wird die Gutschrift an verschiedenen Stellen der AGB/B (93) als Begriff verwendet; ihre Wirkweise wird als bekannt vorausgesetzt. Dabei bewirkt der Überweisungsauftrag auf Seiten des Empfängers die Gutschrift, d.h. einen technischen Buchungsvorgang auf der Habenseite seines Kontos. Rechtlich löst dieser technische Vorgang eine Reihe von Fragen aus. Zunächst diejenige, ob der Empfänger einen Anspruch auf die Gutschrift hat (1). Ferner stellt sich die Frage, welche Rechtswirkungen sich eigentlich aus der Gutschrift für den Empfänger ergeben (2), welche Rechtspflichten die gutschreibende Bank

---

187 RGZ 102, 65.
188 RGZ 102, 68.
189 A.A. Hüffer, EWiR § 328 BGB 1/88, 29, der auf die besonderen Umstände des Falles verweist und meint, die verrechnende Bank könne § 826 BGB erfüllt haben (m.E. geht das zu weit, die Verrechnung von Haben- und Sollsalden des gleichen Kunden erscheint nicht per se sittenwidrig, wenn der Kunde insolvent wird).
190 BGHZ 69, 82.

gegenüber dem Empfänger, also ihrem Kunden, hat (3) und ob es daneben auch Rechtspflichten gegenüber dem Überweisenden gibt (4). Schließlich bleibt zu klären, wie sich die Gutschrift im Verhältnis zwischen dem Überweisenden und dem Empfänger, dem Valutaverhältnis, auswirkt, ob Zahlungen durch Überweisung rechtzeitig erfolgen und ob sie das Schuldverhältnis durch Erfüllung zum Erlöschen bringen (5).

1. Der Anspruch auf Gutschrift

Der einer Bank erteilte Überweisungsauftrag ist mit der Gutschrift der Empfangsbank auf dem Konto des Empfängers vollzogen[191]. Dabei genügt die Eingabe der Belege in die Datenverarbeitung als Vollzug noch nicht, denn dieser bloß technische Vorgang berücksichtigt nicht hinreichend, daß eine Geldüberweisung der Barzahlung hinsichtlich der Erfüllung nur dann wirtschaftlich gleichsteht, wenn der Überweisungsempfänger über das Buchgeld so wie über bares Geld verfügen könne[192]. Es ist deshalb richtig, wenn Canaris fordert, daß der Rechtsbindungswille äußerlich erkennbar werden müsse[193]. Dies sei spätestens mit der vorbehaltlosen Absendung der Kontoauszüge an den Überweisungsempfänger bzw. deren Bereitstellung zur Abholung der Fall. Alternativ dazu genüge auch die Eintragung in die Kontokarte des Empfängers[194].

117

Heute im Zeichen der elektronischen Datenverarbeitung reicht es bereits, wenn die Bank die Gutschriftbuchung derart eingibt, daß der Empfänger am Kontoauszugsdrucker sie von nun an jederzeit zur Kenntnis nehmen kann[195]. Hieraus folgt, daß es einen gewissen Zeitraum gibt, in dem der überwiesene Betrag zwar der Bank, aber noch nicht dem Kunden zur Verfügung steht. Für Fälle dieser Art stellt sich die Frage, ob der in der Überweisung bezeichnete Empfänger gegen seine Bank auch schon vor Gutschrift einen Anspruch auf Gutschrift hat. Warum es in diesen Fällen überhaupt zu einem Problem kommen kann, zeigt folgender Fall, den das Reichsgericht am 29.11.1922 zu entscheiden hatte.

118

Fall: RGZ 105, 398 »account Fr. Q.«
Ein Vater hatte ein Guthaben von etwa 600,- ägyptischen £ bei einer Bank in Kairo. Er beauftragte die Bank, ihm den Betrag nach Meran zu überweisen. Sein Sohn änderte diesen Auftrag unbefugt ab und veranlaßte, daß der Betrag an eine Bank in Stuttgart überwiesen wurde. Dort hob er unredlich das Geld ab und begab sich damit ins Ausland. Der Vater verlangt

119

---

191 BGH WM 1976, 904.
192 BGHZ 6, 121, 125; WM 1982, 291; BGHZ 103, 143.
193 AaO., Rz. 420 – 423.
194 Im Ergebnis ebenso Hadding, Sparkasse 1986, 48 f.; Kindermann, WM 1982, 318 f.; Schönle, FS für Werner, S. 827.
195 BGHZ 103, 143.

von der Stuttgarter Bank erneut Auszahlung des Betrags, da das Geld erkennbar an ihn und nicht an seinen Sohn überwiesen worden sei. Die Bank wehrte sich u.a. mit dem Hinweis, daß noch keine den Vater begünstigende Gutschrift vorgelegen habe; ohne eine solche habe er aber keinen Auszahlungsanspruch.

120 Das Reichsgericht hat dem Vater Recht gegeben und die Bank, die hätte merken müssen, daß der Sohn nicht berechtigt war, zur nochmaligen Auszahlung des Betrages verpflichtet. Es sei nämlich zwischen den übermittelnden Banken und der beklagten Stuttgarter Bank ein Vertrag zugunsten eines Dritten, nämlich des Vaters, zustandegekommen. Diese Auffassung wird heute zu Recht zurückgewiesen. Der Girovertrag zwischen Überweisungsbank und Kunde ist kein Vertrag zugunsten Dritter i.S.v. § 328 BGB und begründet für den Empfänger noch keinen unmittelbaren Anspruch gegenüber der Überweisungsbank[196]. Statt dessen greift der BGH zur Lösung dieser Fälle auf den Vertrag mit *Schutzwirkung für Dritte* zurück[197], und schützt auf diese Weise den Empfänger im Ergebnis sehr ähnlich wie das RG im obigen Fall.

121 Entscheidend und viel wichtiger ist aber, daß das RG eben jene Grundsätze entwickelte, die auch heute noch den Normalfall bestimmen. Wörtlich führte es aus: »Die grundsätzliche Frage geht dahin: hat derjenige, für dessen Rechnung Geld bei einer Bank eingezahlt wird, ein unmittelbares Recht gegen die Bank auf Auszahlung des Geldes? Die Frage ist ohne weiteres zu bejahen, wenn zwischen demjenigen, für dessen Rechnung gezahlt wird und der Bank eine bankmäßige Geschäftsverbindung besteht, z. B. wenn jener – anders als der Vater! – ein Girokonto oder eine laufende Rechnung bei der Bank hat.« Genau dieses entspricht der heute herrschenden Meinung.

122 Ein Anspruch des Überweisungsempfängers auf Gutschrift gegenüber dem Überweisenden oder seiner Bank besteht nicht. Ist die Überweisung aber »im Hause« der Bank, bei der der Empfänger sein Konto unterhält, so entsteht nun ein Anspruch auf Gutschrift aus dem Girovertrag gegenüber der Empfangsbank. Denn die Entgegennahme von Geldbeträgen beruht auf der Geschäftsbesorgung, zu der sich die Bank durch den Girovertrag gem. §§ 675, 611 BGB verpflichtet hat. Sie ist daher gem. § 667 BGB zur Herausgabe dessen, was sie durch die Geschäftsbesorgung erlangt hat, verpflichtet[198]. Der Anspruch entsteht allerdings erst, wenn die Empfängerbank den Überweisungsbetrag erhalten hat[199]. Es ist also regelmäßig auf den Zeitpunkt des Eingangs der Deckung abzustellen. Das ist bei Haus- und Filialüberweisungen mit der Belastung des Kontos des Überweisen-

---

196 BGHZ 69, 85; NJW 1987, 318.
197 BGHZ 69, 82, 86; 96, 9, 17 = ZIP 1985, 1469.
198 So bereits BGH NJW 1951, 758; WM 1958, 222; WM 1971, 110.
199 BGH WM 1988, 321.

den der Fall. Bei institutsübergreifender Überweisung, das ist der Regelfall, kommt es auf die entsprechende Belastung bzw. Gutschrift für die Empfängerbank an[200]. Zu beachten ist bei alledem, daß der Anspruch auf Gutschrift immer unter der auflösenden Bedingung eines möglicherweise rechtzeitigen Widerrufs des Überweisenden steht[201].

2. Rechtswirkungen aus der Gutschrift

Die Gutschrift seitens der Empfängerbank auf dem Konto des Empfängers beendet den Überweisungsvorgang. Rechtlich kommt durch die Gutschrift nach h.M. ein abstraktes Schuldversprechen oder Schuldanerkenntnis i.S.d. §§ 780, 781 BGB zustande[202]. Das bedeutet, daß die einmal erteilte Gutschrift durch einen etwaigen Widerruf des Überweisenden nicht mehr berührt werden kann, und darüber hinaus gegenüber Einwendungen und Einreden aus dem Deckungs- und Valutaverhältnis unabhängig ist[203]. Die Rechtsstellung des von der Gutschrift begünstigten Empfängers wird auf diese Weise sehr sicher, genau besehen so sicher, daß sich heute vielleicht niemand mehr vorstellen kann, daß Anfang der 50er Jahre die Entgegennahme einer Gutschrift anstelle von Bargeld noch keinesfalls zu den Selbstverständlichkeiten zählte. Um den bargeldlosen Zahlungsverkehr durchzusetzen, mußten die Geldgläubiger zum einen Vertrauen in die Liquidität der Girobanken haben und zum anderen mußte die durch die Gutschrift erlangte Forderung des Empfängers abstrakter Natur sein. Meyer-Cording hat bereits 1951 auf diese Zusammenhänge hingewiesen und ausgeführt: »Der Begünstigte wird nur dann bereit sein, eine Gutschrift anstelle von Bargeld entgegenzunehmen, wenn daraus eine abstrakte Forderung erwächst und er sicher sein kann, daß ihm keine Einwände aus den zugrundeliegenden kausalen Beziehungen entgegengesetzt werden können. Auch hier handelt es sich um einen Gesichtspunkt von grundlegender Bedeutung. Müßte der Empfänger solche Einwände fürchten, so würde er zweifellos eine Buchzahlung ablehnen. Die Gutschrift muß daher notwendig abstrakt sein, und es verdient besonders hervorgehoben zu werden, daß die abstrakte Natur der Gutschrift die Überweisung wesentlich von einer Abtretung oder einem gewöhnlichen Vertrag zugunsten des Empfängers unterscheidet. Bei letzteren beiden Rechtsfiguren kann jeweils der Verpflichtete dem Begünstigten die gegen den ursprünglichen Vertragspartner begründeten Einwendungen entgegenhalten, §§ 404 ff., 334 BGB, wobei der Empfänger u.U. erhebli-

123

---

200 Schlegelberger/Hefermehl, HGB-Komm.⁵, Bd. IV, Anh. § 365 Rz. 54.
201 BGH WM 1971, 110 f.; WM 1978, 58 f.; BGHZ 103, 143.
202 Meyer-Cording, S. 40 ff.; Koller, BB 1972, 687 ff.; Baumbach/Hopt, HGB²⁹, S. 1147/C14; RGZ 54, 332; BGHZ 6, 121, 124; 26, 167, 171; BGH BB 1976, 1246; a.A. Kupisch, WM 1979 Sonderbeilage Nr. 3, S. 20; zu älteren Theorien vgl. Meyer-Cording, S. 44 ff.
203 BGHZ 6, 121, 124; 26, 167, 171; BGH NJW 1951, 437; BGH BB 1976, 1246.

chen Schwierigkeiten in der Realisierung seiner Forderung ausgesetzt sein mag. Die Abtretung und der Vertrag zugunsten Dritter sind deshalb als Methoden zur Vermittlung des bargeldlosen Zahlungsverkehrs ungeeignet, weil sie die Verkehrsfähigkeit des Buchgeldes beeinträchtigen würden«[204]. Diese Überlegungen bestimmen und leiten die Diskussion bis heute[205].

124 Nicht ganz unstreitig ist die Frage, wie man sich den Abschluß der abstrakten Schuldverpflichtung nach §§ 780, 781 BGB vorzustellen habe. Mehr als die buchungstechnische Ausführung der Gutschrift passiert ja nicht. Zu dieser ist die Bank allerdings im Rahmen des bestehenden Girovertrages verpflichtet. Folglich liegt in der Erteilung der Gutschrift zugleich die Konkretisierung der im Girovertrag versprochenen abstrakten Schuldverpflichtung, ebenso wie der darauf bezogenen globalen Einverständniserklärung des Kunden. Es handelt sich also um über den jeweiligen Konkretisierungszeitpunkt hinausweisende, *aufschiebend bedingte, globale zweiseitige Willenserklärungen*, verbunden mit dem gegenseitigen Verzicht auf Zugangserklärungen nach § 151 BGB[206]. Die Vorstellung von im Girovertrag wurzelnden »globalen« Willenserklärungen beider Seiten macht es überflüssig, sich eine »Vielzahl von Offerten« seitens des Kunden bei Abschluß des Girovertrages vorzustellen[207]. Umgekehrt wird vermieden, das Schuldversprechen als »einseitiges Rechtsgeschäft«[208] aufzufassen, was problematisch ist, da die Vereinbarungen nach §§ 780, 781 BGB nach allgemeiner Meinung Verträge sind, also korrespondierende Willenserklärungen voraussetzen[209]. Zugleich vermeidet die hier vorgeschlagene Konstruktion Schwierigkeiten, die dadurch entstehen können, daß jemand gegen den Willen des Kontoinhabers auf ein bestimmtes Konto überweist. In diesen Fällen liegt dann weder eine aufgedrängte Bereicherung vor, noch ist ein Zurückweisungsrecht analog zu § 333 BGB erforderlich[210]. Vielmehr fehlt es an einer abstrakten Schuldverpflichtung i.S.d. §§ 780, 781 BGB mangels entsprechender Annahmeerklärung durch den Empfänger. Das heißt, die Giroabrede erlaubt es dem Empfänger, sei-

---

204 Meyer-Cording, S. 48.
205 Vgl. die ausführliche Darstellung bei Canaris⁴, Rz. 410 ff.
206 Wie hier: BGHZ 103, 143; Schönle, in FS für Werner, 1984, S. 826; Hefermehl in FS für Ph. Möhring, 1975, S. 390; etwas komplizierter Bröcker, WM 1995, 468, 472.
207 Nachweise bei Canaris⁴, Rz. 416 (Fußnote 96).
208 So Canaris⁴, Rz. 417; unklar BGH WM 1995, 149.
209 Statt aller: Müko-Hüffer², § 780 Rz. 12.
210 So aber Canaris⁴, Rz. 473; der BGH befürwortet bei rechtsgrundlosen Überweisungen ein Zurückweisungsrecht entsprechend § 333 BGB, läßt aber ansonsten offen, ob die Gutschrift wirklich als einseitiges Rechtsgeschäft begreifbar ist, NJW 1990, 323, 324 = WM 1989, 1560 = ZIP 1989, 1317 – bei intaktem Valutaverhältnis hat der Kontoinhaber kein Zurückweisungsrecht, offenbar bedarf es aber auch keiner Annahme; BGH WM 1995 149 f. – das ginge jedenfalls zu weit, vgl. unten Rz. 182.

ne global gegebene Willenserklärung in den Grenzen von § 242 BGB zu modifizieren.

Aufgrund der abstrakten Natur der Gutschrift sind gegenüber dem Empfänger alle Einwendungen unzulässig, die sich aus dem Verhältnis zwischen Bank und Auftraggeber, dem sog. Deckungsverhältnis, ergeben. Hat die Bank dem Empfänger den Überweisungsbetrag gutgeschrieben, so kann sie sich grundsätzlich nicht mehr darauf berufen, daß sie selbst keine Deckung erhalten habe. Darüber hinaus sind Einwendungen aus dem Verhältnis zwischen Empfänger und Auftraggeber der Überweisung, dem sog. Valutaverhältnis, ausgeschlossen. Die Wirksamkeit einer Gutschrift kann von der verpflichteten Bank also nicht mit der Begründung in Frage gestellt werden, daß der Begünstigte in Wahrheit gegen den Überweisenden keinen Anspruch gehabt habe. Fälle dieser Art lösen allenfalls bereicherungsrechtliche Herausgabeansprüche, z. B. zwischen dem Überweisenden und dem Empfänger aus[211]. **125**

Bereits oben wurde, im Zusammenhang mit der Entscheidung BGHZ 103, 143 »Widerruf des Überweisungsauftrags«, zu der Frage Stellung genommen, welcher Vorgang für die Vollendung der Gutschrift maßgebend ist, wenn der belegbegleitete Überweisungsauftrag durch elektronische Datenverarbeitung ausgeführt wird. Der BGH hat in jener Entscheidung klargestellt, daß die Eingabe der Belege in die Datenverarbeitung nicht genügte. In diesem Fall könne der Verfügungsberechtigte das Buchgeld noch nicht wie bares Geld verwerten[212]. Auch Canaris hatte zuvor bereits[213] darauf hingewiesen, daß die Eingabe der Belege in den Computer nicht genüge, weil sich der Vorgang der Gutschrift zu dieser Zeit noch im Stadium der bloßen Erklärungsvorbereitung und nicht in dem – allein entscheidenden – Stadium der Erklärungsabgabe befinde[214]. Der erforderliche Rechtsbindungswille müsse äußerlich erkennbar werden. Das sei z.B. mit der vorbehaltlosen Absendung der Kontoauszüge oder deren Bereitstellung der Fall. Der BGH ergänzt diesen zutreffenden Ansatz durch die Möglichkeit für den Empfänger mit dem Willen der Bank auf den Datenbestand unmittelbar zuzugreifen, z.B. durch den Kontoauszugsdrucker[215]. Dieser Zeitpunkt, den Möschel mit »Abrufpräsenz« prägnant bezeichnet hat[216], bestehe, wenn für einen Kunden, etwa bei fernmündlicher Anfrage nach einem Zahlungseingang, aus der EDV-Anlage eine solche Antwort ermittelt werden könne. Dieser Zeitpunkt ist in der Tat ohne Schwierig- **126**

---

211 Dazu im einzelnen unten Rz. 144 ff.
212 So schon BGHZ 6, 121, 125; WM 1982, 291.
213 AaO., Rz. 420 – 423.
214 Zustimmend OLG Zweibrücken WM 1984, 531; a.A. OLG Hamm WM 1977, 1238.
215 BGHZ 103, 143.
216 AcP 186 (1986), 187, 204.

keiten festzustellen, da in den Rechenzentren der Kreditinstitute alle Vorgänge uhrzeitgenau festgehalten werden[217].

3. Rechtspflichten gegenüber dem Empfänger

127 Im Zusammenhang mit der Ausführung einer Gutschrift haben sich in der Vergangenheit Wertstellungsprobleme ergeben, die inzwischen durch ein Grundsatzurteil des BGH vom 17.1.1989 bereinigt sind.

128 *Fall: WM 1989, 126 »Wertstellung«*
Am Freitag, dem 3.10.1986 zahlte ein Kunde bei seiner Bank morgens DM 580,- auf sein ansonsten leeres Konto ein. Unmittelbar anschließend übergab er der Bank einen Überweisungsauftrag in Höhe von DM 576,84. Die Bank verbuchte die Überweisung mit Wertstellung per Freitag, dem 3.10.1986, die Einzahlung hingegen erst per Montag, dem 6.10.1986. Dies hatte zur Folge, daß dem Kunden Sollzinsen für drei Tage in Höhe von DM 0,43,- belastet wurden. Der Kunde wandte sich an einen Verbraucherverband. Dieser erhob Klage gegen die Bank mit dem Inhalt, die zugrundegelegten Allgemeinen Geschäftsbedingungen in Zukunft nicht mehr zu verwenden. Dort hieß es:
5. Wertstellungen
...

Einzahlungen   1 Tag nach Einzahlung
Auszahlungen   Tag der Auszahlung

Der Verbraucherverband war der Auffassung, daß es auch bei Einzahlungen für die Wertstellung auf den Tag der Einzahlung ankommen müsse.

129 Dem hat der BGH zugestimmt. Die verwendete Wertstellungsklausel sei als Allgemeine Geschäftsbedingung aufzufassen und unwirksam, weil sie die Kunden unangemessen benachteilige. Das ist richtig, denn zum einen weicht die Wertstellungsregelung von § 608 BGB ab, wonach Zinsen nur für ein Darlehen erhoben werden können. Das heißt die Bank müßte (für drei Tage) dem Kunden ein Darlehen gewährt haben, was nur dann möglich wäre, wenn die Bareinzahlung vom Freitag tatsächlich erst am Montag verrechnet werden durfte. Da aber anerkannt ist, daß bei Bareinzahlung ein Forderungsrecht des Kunden, und zwar noch vor der eigentlichen Gutschrift, sofort entsteht[218], bedeutet das, daß nach den *gesetzlichen* Fälligkeitsregeln ein Sollsaldo nicht entstehen konnte. Folglich wich die formularmäßig vereinbarte Wertstellungsklausel von der gesetzlichen

---

217 Vgl. dazu auch Häuser in EWiR § 780 BGB 1/87, 464.
218 BGH WM 1979, 533.

§ 4 Zahlungsverkehr

Regel ab, so daß § 8 AGBG der Inhaltskontrolle nicht entgegenstand. Zum anderen war § 9 AGBG verletzt.

Diesen Verstoß begründete der BGH in zwei Schritten. Zunächst sei das *Transparenzgebot* verletzt; ferner benachteilige die Klausel die Inhaber privater Girokonten auch materiell in unangemessener Weise. Die Klausel sei intransparent, weil sie durch juristisch und kaufmännisch nicht vorgebildete Kunden nicht ohne besondere Erläuterung verstanden werden könne. Die Erläuterung der Wertstellung als Beginn und Ende der Zinsrechnung bringe für den durchschnittlichen Bankkunden nicht hinreichend verständlich zum Ausdruck, daß durch die hinausgezögerte Wertstellung für Bareinzahlungen, Sollzinsen für nicht in Anspruch genommene Kredite verlangt würden. Mit anderen Worten, den Kunden bleibt die Tatsache verborgen, daß sie ihrer Bank für einen gewissen Zeitraum einen zinslosen Kredit gewähren, während diese umgekehrt von ihnen sofort Sollzinsen verlangt. Die Intransparenz der Klausel besteht also in der Nichtaufdeckung dieses Zusammenhangs. 130

Hierneben ist die Klausel aber auch inhaltlich unangemessen, weil dem Kunden eine Zinspflicht für einen in Wahrheit nicht bestehenden Schuldsaldo auferlegt wird. Sie werden damit – der Sachlage zuwider – so behandelt, als nähmen sie einen zu verzinsenden Kredit in Anspruch. Dies widerspricht in der Tat elementaren gesetzlichen Grundsätzen, insbesondere § 246 BGB, wonach eine Zinsschuld immer eine Nebenschuld ist, die in ihrem Entstehen von der – hier nicht bestehenden – Hauptschuld abhängig ist. 131

Der BGH hat schließlich auch den wirtschaftlichen Kern der Wertstellungsregel herausgearbeitet und darauf hingewiesen, daß eine Bank, die diese Zinsen erheben sollte, um im Girogeschäft kostendeckend zu arbeiten, dieses in Form offen ausgewiesener Gebühren tun möge. Das ist in der Tat die logische Konsequenz aus dem Transparenzargument, eine Konsequenz die auf Informationsgleichheit des Kunden zielt und damit auf Sicherung der Privatautonomie. 132

Übertragen auf den Überweisungsverkehr gelten die gleichen Grundsätze. Erreicht ein Überweisungsauftrag die Bank des Zahlungsempfängers, so entsteht für diesen aus §§ 675, 667 S. 2 BGB ein Anspruch auf Herausgabe der erhaltenen Deckung, der gem. § 271 Abs. 1 BGB sofort fällig ist. Der korrekte Wertstellungszeitpunkt ist bei ordnungsgemäßer Buchung bereits der Tag, an dem die Bank den Betrag auf ihrem LZB-Konto erhalten hat. Dies entspricht den buchungstechnischen Möglichkeiten der Bank, das auf dem LZB-Konto »Erlangte« noch am selben Tag herauszugeben zu können. Falls sich einmal, aus welchen Gründen auch immer, buchungstechnische Verzögerungen ergeben sollten, so spielt auch das keine Rolle, weil rückwirkend auf den Zeitpunkt, zu dem die Bank selbst Deckung erlangt hat, gebucht werden kann. Ebenso wie die Bank bei fehler- 133

281

Zweiter Teil   Commercial Banking

haften Gutschriften ohne weiteres rückwirkend storniert, sind sie nun wertmäßig dem Kunden gutzubringen.

4. Rechtspflichten gegenüber dem Überweisenden

134   Fehler bei Ausführung der Überweisung können nicht nur, wie oben im einzelnen dargestellt,[219] innerhalb des Gironetzes, sondern auch bei der Empfängerbank gemacht werden. So ist es vorgekommen, daß eine Empfängerbank den Geldbetrag versehentlich einem nicht zutreffenden Konto gutgeschrieben hat[220]. In diesen Fällen kann es keinen Unterschied machen, ob der Fehler im Gironetz oder erst bei der Empfängerbank eintritt. Die Empfängerbank treffen aus dem Vertragsverhältnis zur Überweisungsbank Schutzpflichten zugunsten des Überweisenden, denn dieser bedient sich des Zahlungsverkehrsnetzes im Vertrauen auf dessen Funktionsfähigkeit. Er muß deshalb in die Schutzwirkungen dieses Systems einbezogen werden, weil ansonsten der unbare Zahlungsverkehr als Ersatz für die Barzahlung in Frage gestellt wäre.

5. Rechtswirkungen im Valutaverhältnis

a) Die Erfüllungswirkung

135   Nach § 362 Abs. 1 BGB erlischt das Schuldverhältnis, wenn die geschuldete Leistung an den Gläubiger bewirkt wird. Ist Bargeld geschuldet und wird statt dessen Buchgeld geleistet, so tritt die Erfüllungswirkung nur ein, wenn der Gläubiger das Buchgeld als »eine andere als die geschuldete Leistung an Erfüllungs Statt annimmt« (§ 364 Abs. 1 BGB). Ein solches Einverständnis des Gläubigers kann, den allgemeinen Regeln für Rechtsgeschäfte folgend, ausdrücklich oder konkludent erteilt werden. Es ist erforderlich, weil Bar- und Buchgeld nicht völlig gleichgestellt sind, insbesondere setzt Buchgeld eine Kontobeziehung voraus, die vom Überweisenden nicht erzwungen werden kann[221]. Haben dagegen die Parteien Buchgeldzahlung vereinbart, z.B. durch die Bitte: »Überweisen Sie mir auf mein Konto ...« oder durch eine ständige Übung im Rahmen einer Geschäftsbeziehung oder aufgrund Handelsbrauchs (§ 346 HGB), so tritt die Erfüllungswirkung direkt nach § 362 Abs. 1 BGB ein. Dies wird heute im Zeichen des immer selbstverständlicher werdenden unbaren Zahlungsverkehrs eher die Regel als die Ausnahme sein. Für die Praxis ist die Unterscheidung zwischen der Erfüllung nach § 362 Abs. 1 BGB und derjenigen nach § 364 Abs. 1 BGB ohnehin nicht sonderlich wichtig, denn in beiden Fällen ist der Erfüllungszeitpunkt identisch.

---

219 Vgl. oben Rz. 77.
220 OLG München WM 1988, 373; dazu d'Orville WuB I D 1.-3.88.
221 Zum Meinungsstand im einzelnen Canaris[4] Rz. 303 f.; 466 ff.

Eine Geldschuld wird durch eine Banküberweisung regelmäßig in dem **136**
Augenblick getilgt, in dem der überwiesene Betrag durch die Empfängerbank dem Konto des Gläubigers gutgeschrieben wird[222]. Problematisch können also nur solche, seltenen, Fälle sein, in denen der Überweisungsempfänger durch Buchgeldzahlung Nachteile erleidet und deshalb die Annahme an Erfüllungs Statt nach § 364 Abs. 1 BGB verweigert. Einen solchen Fall hatte der BGH am 13.3.1953 zu entscheiden.

Fall: NJW 1953, 897 »Währungsreform«
Am 2.11.1941 schlossen zwei Brüder einen notariellen Vertrag, wonach **137**
der eine eine geerbte Bäckerei gegen Zahlung von RM 6 000,- auf den anderen übertrug. Die Übernahme der Bäckerei verzögerte sich kriegsbedingt und wurde erst nach Rückkehr aus der Gefangenschaft am 1.5.1948 realisiert. Auch die Zahlung der RM 6 000,-, der letzte Teilbetrag war am 14.1.1946 fällig gewesen, hatte sich kriegsbedingt verzögert. Der Betrag wurde erst am 11.6.1948, unmittelbar vor der Währungsreform überwiesen. Die Kontoinhaberin, Witwe und Alleinerbin des am 30.4.1945 gefallenen Bruders des jetzigen Bäckers, beauftragte ihre Bank den Betrag zurückzuüberweisen. Als sie erfuhr, daß die Rücküberweisung wegen der Währungsreform nicht ohne Umwertung ausgeführt werden konnte, erklärte sie dem Bäcker persönlich, daß sie die Überweisung nicht als Erfüllung annehme. Die Witwe ist der Auffassung, daß die Schuld durch die Überweisung am 11.6.1948 nicht getilgt worden sei.

Dem hat der BGH im Grundsatz zugestimmt. Die Überweisung einer **138** geschuldeten Leistung auf das Girokonto des Gläubigers sei eine Leistung an Erfüllungs Statt. Sie bringe das Schuldverhältnis dann zum Erlöschen, wenn der Gläubiger diese Leistung annehme. Eine Verpflichtung, eine solche Buchgeldzahlung anzunehmen, bestehe grundsätzlich aber nicht. Die Annahme könne aber schon im voraus erklärt werden. In diesem Fall stehe die Gutschrift der Barzahlung völlig gleich. Die Schuld erlösche mit der Gutschrift auf dem Konto des Gläubigers[223]. Es frage sich aber, wann eine solche im voraus gegebene Annahmeerklärung vorliege. Sie werde allgemein angenommen, wenn der Kontoinhaber das Konto irgendwie öffentlich bekanntgegeben habe, so durch Aufdruck auf Briefbögen, Rechnungen oder sonstigen Geschäftspapieren, durch Zustimmung zur Aufnahme in das Kundenverzeichnis eines Geldinstituts oder zur Aufnahme der Kontonummer in ein Adreßbuch. In der bloßen Eröffnung des Kontos könne eine allgemeine vorherige Genehmigung von Überweisungen jedoch nicht gesehen werden.

---

222 BGHZ 6, 121 unter Hinweis auf die ständige Rechtsprechung des RG; ebenso BGH NJW 1953, 897 m.w.N.
223 RGZ 134, 73, 76; 141, 298.

139   Im obigen Fall hatte die Witwe gegenüber dem die Bäckerei am 1.5.1948 übernehmenden Bruder allerdings keine vorwegwirkende Annahmeerklärung gegeben. Deshalb konnte es nur noch darauf ankommen, ob sie ihr Recht, die Annahme nach § 364 Abs. 1 BGB zu verweigern, möglicherweise wegen zu später Zurückweisung der Gutschrift verwirkt hatte. Zur Aufklärung der hiermit verbundenen Fragen wurde der Rechtsstreit an die Vorinstanz zurückverwiesen.

140   Der Fall wird verständlich, wenn man sich klarmacht, daß sich der die Bäckerei übernehmende Bruder durch eine (wertlose) Reichsmarkzahlung kurz vor der Währungsreform noch schnell von seinen Schulden befreien wollte. Ganz so apodiktisch dürfte das Urteil heute nicht mehr begründet werden. Die Überweisung einer geschuldeten Leistung auf das Girokonto ist nämlich nur dann eine Leistung an Erfüllungs Statt, wenn nichts anderes vereinbart ist. In einem solchen Fall, der im Zeichen der Währungsreform die Regel, heute aber eher die Ausnahme, darstellt, hängt die Erfüllungswirkung in der Tat von der Annahme des Buchgeldes durch den Gläubiger ab. Eine Annahmepflicht besteht jedenfalls nicht.

141   Selbstverständlich kann die Annahme auch nachträglich und insbesondere konkludent durch Schweigen auf die Gutschrift erteilt werden. Im obigen Fall war streitig, wann die Witwe der Gutschrift widersprochen hatte. Der BGH sagte dazu: »Wenn es richtig wäre, daß die Nachricht von der Überweisung bereits am 12.6.1948 der Klägerin (Witwe) zugegangen wäre und sie erst am 17.6. die Bank mit der Rücküberweisung beauftragt hätte, so könnte dies als verspätet angesehen werden«. Wer also auf eine bekanntgewordene Gutschrift vier bis fünf Tage lang schweigt, der erklärt damit konkludent seine Annahme i.S.v. § 364 Abs. 1 BGB, sofern nicht besondere Umstände entgegenstehen.

142   Abgesehen davon wird es häufiger Fälle geben, in denen jemand sein Einverständnis zur Buchgeldzahlung für den Normalfall erklärt hat (z.B. durch Kontoaufdruck auf der Rechnung), hiervon aber im Einzelfall einmal abweichen möchte. Das ist ohne weiteres möglich, denn bis zum Eintritt der Erfüllungswirkung durch Gutschrift ist die auf diesen Zeitpunkt bezogene (antizipierte) Annahmeerklärung nach §§ 182 ff. BGB analog jederzeit *frei widerruflich*[224]. Daraus folgt, daß selbst bei vorwirkender Annahme ein Widerruf noch nach Eingang der Giroüberweisung möglich ist. Keine Wirkung vermag er allerdings nach Gutschrift zu entfalten, denn diese begründet das abstrakte Schuldversprechen zugunsten des Empfängers und löst damit die Erfüllungswirkung i.S.v. § 364 Abs. 1 BGB aus[225].

---

224 Canaris[4] Rz. 472 m.w.N.
225 Meyer-Cording, aaO., S. 130 ff.; Canaris[4] Rz. 474.

b) Die Rechtzeitigkeit der Leistung
Im bargeldlosen Zahlungsverkehr ist zwischen der Erfüllungwirkung des Zahlungsvorgangs und seiner Rechtzeitigkeit zu unterscheiden. Die Erfüllungswirkung tritt regelmäßig erst mit der Gutschrift auf dem Empfängerkonto ein. Im Hinblick auf die Rechtzeitigkeit kommt es dagegen darauf an, ob der Schuldner das seinerseits für die Leistung Erforderliche rechtzeitig getan hat, also auf die Leistungshandlung, nicht auf den Leistungserfolg. Das ergibt sich aus den §§ 269, 270 BGB über den Leistungsort, wonach die Geldschuld eine Schickschuld ist, bei der der Schuldner das am Leistungsort Erforderliche tun muß, so daß bei rechtzeitiger Absendung des Geldes die Verzögerungsgefahr beim Gläubiger liegt. Deshalb genügt für die Rechtzeitigkeit einer im Überweisungsverkehr vorgenommenen Geldzahlung, daß der Schuldner am Leistungsort das für die Überweisung Erforderliche getan hat. Das ist der Fall, wenn er einerseits die Überweisung veranlaßt hat und andererseits ein Guthaben unterhält, aufgrund dessen die Überweisung vorgenommen werden kann. Es ist aber nicht mehr erforderlich, daß der Überweisungsauftrag auch noch innerhalb der Zahlungsfrist bei der Bank des Empfängers eingeht, oder daß der überwiesene Betrag dort dem Gläubiger gutgeschrieben wird[226]. Auch der Bundesfinanzhof hat in einem Urteil vom 22.5.1987 darauf abgestellt, daß unter dem Zeitpunkt der »tatsächlichen Zahlung« grundsätzlich derjenige zu verstehen ist, in dem der Schuldner seiner Bank den Überweisungsauftrag erteilt hat[227]. Diesen Auffassungen ist zuzustimmen, denn nach § 270 Abs. 1 BGB wird das rechtzeitige Absenden von Geld geschuldet[228]. Hinzu kommt, daß der Absendende in Ermangelung vertraglicher Beziehungen zu den Banken des Gironetzes keinerlei Steuerungsmöglichkeiten hat. Es liegt also nicht an ihm, wann die Gutschrift beim Empfänger ausgeführt wird, so daß er – entgegen der Auffassung von Canaris[229] sein Verhalten auf diesen Zeitpunkt auch nicht einstellen kann.

143

VII. Der Bereicherungsausgleich

Überweisungen können aus einer Vielzahl von Gründen fehlerhaft sein. Der Girovertrag zwischen dem Überweisenden und seiner Bank kann, um einige Beispiele zu nennen, unwirksam sein, auf dem Konto des Überweisenden kann die entsprechende Deckung fehlen, der Überweisende kann

144

---

226 RGZ 78, 137, 139; BGH WM 1959, 624 f.; BGH WM 1971, 110 = NJW 1971, 380; OLG Düsseldorf WM 1985, 585; a.A. Canaris[4] Rz. 480 f.
227 BFH EWiR § 270 BGB 1/88, 25 (Alisch); zur Hausüberweisung am Kassenterminal: OLG-Hamm WM 1993, 776 dazu krit. Häuser/Welter, WM 1994, 775 ff.
228 Allg.M. Palandt-Heinrichs[51], § 270 Rz. 6.
229 Rz. 480.

sich in der Kontonummer oder der Bezeichnung des Empfängers irren, die Überweisung kann gefälscht sein, die Empfangsbank kann versehentlich eine Doppelgutschrift leisten oder einem falschen Empfänger den Betrag gutschreiben, der Überweisungsauftrag kann angefochten werden oder mangels hinreichender Geschäftsfähigkeit des Überweisenden schwebend unwirksam sein. In all diesen Fällen muß die Frage beantwortet werden, ob und wie die fehlerhafte Überweisung rückabzuwickeln ist. Rechtstechnisch bieten sich drei Wege an: Im Mittelpunkt steht die traditionelle Rückabwicklung nach den in den §§ 812 ff. BGB niedergelegten Grundsätzen des Bereicherungsrechts (1). Daneben steht das bankrechtsspezifische Stornorecht, das für versehentliche Gutschriften in den Allgemeinen Geschäftsbedingungen vereinbart ist (2). Schließlich wird für einige wenige Fälle ein Zurückweisungsrecht des Empfängers analog § 333 BGB diskutiert (3).

1. Der Bereicherungsausgleich bei fehlerhafter Überweisung

145 An einer Überweisung sind mindestens vier Parteien beteiligt. Der Überweisende und seine Bank, sowie der Überweisungempfänger und dessen Bank. Da allerdings niemals an die Bank des Überweisungsempfängers geleistet werden soll, sondern immer nur an diesen selbst, kann man die zweite Bank gedanklich ausklammern. Es bleiben dann drei beteiligte Parteien übrig; es kommt zu den berühmten Problemen der bereicherungsrechtlichen Rückabwicklung im Dreiecksverhältnis. Und insoweit stellen sich traditionell zwei Fragen:

(1) Wer von den drei Beteiligten hat eigentlich an wen *geleistet*. Diese Frage ist von zentraler Bedeutung für die Anwendbarkeit von § 812 Abs. 1 BGB, denn der Empfänger der Leistung hat diese an den Leistenden herauszugeben.

(2) Die zweite Frage ist, ob bei einem Doppelmangel, d.h. bei Nichtigkeit von Deckungs- und Valutaverhältnis, ein *Durchgriff* möglich ist.

146 In bezug auf diese Frage zeichnen sich seit der Entscheidung des BGH vom 29.5.1967[230] deutliche Konturen ab: der Durchgriff wird in aller Regel *nicht zugelassen*, weil Einwendungen und Aufrechnungsmöglichkeiten innerhalb der jeweiligen Leistungsbeziehungen abgeschnitten würden. Nach inzwischen ständiger Rechtsprechung vollzieht sich also der Bereicherungsausgleich in den Fällen der Leistung kraft Anweisung grundsätzlich *innerhalb des jeweiligen Leistungsverhältnisses*. Bei mangelhaftem Deckungsverhältnis zwischen dem Anweisenden und seiner Bank (der Girovertrag ist z.B. wegen Anfechtung nichtig), ist der Bereicherungsaus-

---

230 BGHZ 48, 70.

gleich in diesem Verhältnis vorzunehmen. Ist das Valutaverhältnis zwischen dem Anweisenden und dem Anweisungsempfänger fehlerhaft (der Kaufvertrag z.B., der erfüllt werden sollte, ist nichtig), so findet der Bereicherungsausgleich in diesem Verhältnis statt[231].

Grafik: Der Bereicherungsausgleich 147

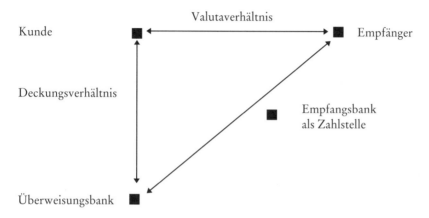

In bezug auf die erste Frage, also die Frage danach, wer eigentlich bei fehlgeschlagenen Überweisungen an wen *geleistet hat*, sind die Dinge nach wie vor sehr umstritten[232]. Dabei weist der BGH fast schon beschwörend und formelhaft darauf hin, »daß sich bei der bereicherungsrechtlichen Behandlung von Vorgängen, an denen mehr als zwei Personen beteiligt sind, jede schematische Lösung verbietet«[233]. Wenngleich es also bis heute nicht gelungen ist, zur Lösung dieser Frage eine praktikable einheitliche juristische Formel zu entwickeln, hat es sich eingebürgert drei Fallgruppen zu differenzieren. Zunächst geht es um Mängel im Deckungsverhältnis (a), dann um Mängel des Valutaverhältnisses (b) und schließlich um Mängel der Anweisung selbst (c). 148

---

231 St. Rspr. seit BGHZ 40, 272; vgl. auch BGHZ 89, 376, 379 f.; BGH JZ 1987, 199 mit Anm. Canaris.
232 Schnauder, JZ 1987, 68; Meyer-Cording, NJW 1987, 940; Flume, NJW 1984, 464; Loewenheim/Winckler, JuS 1983, 684; Reuter/Martinek, Ungerechtfertigte Bereicherung, 1983, passim; Hassold, Zur Leistung im Dreipersonenverhältnis, 1981, passim; Canaris, WM 1980, 354; Meyer, Bereicherungsausgleich in Dreiecksverhältnissen, 1979, passim; Wieling, JuS 1978, 801; Wilhelm, Rechtsverletzung und Vermögensentscheidung als Grundlagen und Grenzen des Anspruchs aus ungerechtfertigter Bereicherung, 1973, passim; Möschel, JuS 1972, 297; Schwark WM 1970, 1334 f.; Lorenz JuS 1968, 441, 448; Mühl NJW 1968, 1868 f.; v. Caemmerer JZ 1962, 385, 387; E. Ulmer AcP 126, 129, 163.
233 BGHZ 89, 376, 378 m.w.N.; BGH WM 1990, 1531.

a) Mängel im Deckungsverhältnis

149 Das Deckungsverhältnis ist das Verhältnis zwischen der Bank und dem Anweisenden. Es bezieht sich also auf den Girovertrag und die damit verbundene Anweisung des Kunden. Dieser verschafft durch sein Vertragsverhältnis zur Bank dem Valutaverhältnis (z.B. einer Kaufpreisschuld) Deckung. Mängel im Deckungsverhältnis führen nach der oben zitierten Rechtsprechung des BGH zur Rückabwicklung innerhalb des Leistungsverhältnisses. Das ist hier das Verhältnis zwischen Kunde und Überweisungsbank. Diese leistet auf der Basis des Girovertrages im Verhältnis zum Kunden die Ausführung der Überweisung. Das ist für sich allein genommen nichts besonderes. Praktisch bedeutsam werden die Dinge, wenn man sie im Zusammenhang mit der abstrakten Rechtsnatur der Gutschrift sieht. Gutschriften werden, im Gegensatz zu Lastschriften und Schecks (Ziffer 9 Abs. 1 AGB/B), nicht unter dem Vorbehalt ihrer Einlösung erteilt. Das heißt, mit der Gutschrift entsteht »eine im Valutaverhältnis zwischen Schuldner und Gläubiger an Erfüllungs Statt stehende Forderung des Gläubigers gegen die Bank in Höhe des ihm überwiesenen Betrages. Diese Forderung wird von dem Deckungsverhältnis zwischen dem Schuldner und der Bank nicht berührt ... Deshalb ist auf diese Forderung auch eine Sperre ohne Einfluß, die etwa über das Vermögen des Schuldners verhängt ist.«

150 Insbesondere darf die Bank ihre einmal vollzogene Gutschrift nicht deshalb rückgängig machen, weil sie den Überweisungsauftrag des Schuldners möglicherweise mit Rücksicht auf die Sperre über dessen Vermögen nicht hätte ausführen dürfen[234]. Dies zeigt, daß die Gutschrift von etwaigen Mängeln im Deckungsverhältnis unberührt bleibt. Wenn eine Bank dem Empfänger den Überweisungsbetrag beispielsweise gutgeschrieben hat, so kann sie sich grundsätzlich nicht mehr darauf berufen, daß sie keine Deckung erhalten habe, etwa weil der Auftraggeber kein genügendes Guthaben besaß...«[235] Die Überweisungsbanken schützen sich vor diesen Risiken, indem sie sich durch eine Belastungsbuchung auf dem Konto ihres Kunden einen Vorschuß für die spätere Gutschrift verschaffen (§ 669 BGB). Würden sie das nicht tun und eine Überweisung ohne hinreichende Deckung auf dem Kundenkonto ausführen, so dürfte der Überweisungsempfänger – ein wirksames Valutaverhältnis unterstellt – das Geld nach Gutschrift behalten; die Überweisungbank müßte versuchen, es von ihrem Kunden wieder einzutreiben. Die abstrakte Rechtsnatur der Gutschrift bewirkt also eine Verlagerung des Insolvenzrisikos vom Überweisungsempfänger auf die Überweisungsbank. Diese Verlagerung ist der Preis, den die Banken bereit waren zu zahlen, um die Barzahlung durch die

---

234 BGH WM 1955, 1473, 1476 unter Hinweis auf BGHZ 5, 281, 284.
235 Meyer-Cording, S. 48.

Buchgeldüberweisung so weit wie möglich zu ersetzen. Einen der wenigen Fälle, in denen das Deckungsverhältnis mangelhaft war, hat das RG bereits am 12.1.1904 mit einer damals aufsehenerregenden Begründung entschieden.

Fall: RGZ 60, 24 »Postanweisung« 151
Der Verwalter eines Postamtes mußte im April 1902 ein Bankdarlehen in Höhe von 7 000,- RM zurückzahlen, hatte aber kein Geld. Er stellte deshalb am 13., 14. und 16.4.1902 insgesamt neun Postanweisungen über zusammen 7 000,- RM aus und fertigte die Anweisungen in seiner Eigenschaft als Annahmebeamter ab. Dabei trug er die angewiesenen aber nicht eingezahlten Summen als eingezahlt in die Bücher des von ihm verwalteten Postamtes ein. Die Postanweisungen wurden teilweise bar, teilweise durch Überweisung auf das Girokonto der Darlehensbank ausgeführt. Nachdem alles herauskam, wurde der mittellose Postamtsverwalter zu einer Zuchthausstrafe verurteilt. Die Post verlangte die Rückzahlung des Betrages von der Bank. Diese weigerte sich zu zahlen, da nicht die Post sondern der Darlehensschuldner – und dieser wirksam – zum Zwecke der Erfüllung des Darlehensvertrages geleistet habe.

Dem hat das RG zugestimmt, denn die Bank war auch der Post gegenüber berechtigt, das ihr »von dieser ausgehändigte Geld so zu verwenden, wie es dem zwischen ihr und dem Absender bestehenden Rechtsverhältnis entsprach«. Ist daher der Empfänger Gläubiger des Absenders, und war nach dessen ausdrücklich erklärten ... Willen der angewiesene Betrag zur Tilgung von dessen Schuld bestimmt, so erlischt zu dem entsprechenden Betrage die Forderung des Empfängers, sofern auch er den Willen hat, das ihm von der Post überantwortete Geld als Zahlung auf seine Forderung anzunehmen und zu verwenden. Die Überantwortung des Geldes von seiten der Post wirkt daher, ..., wie eine Zahlung, die der Schuldner ... an den Gläubiger leistet, ...«. Da die Bank das Geld in diesem Sinne angenommen hatte, war ihre Forderung erloschen; sie hatte »nicht mehr als ihr zukam erhalten und war nicht rechtlos bereichert«. 152

Dieser Fall des völligen Fehlens des Deckungsverhältnisses wurde im Ergebnis richtig entschieden. Der Überweisungsauftrag als solcher war fehlerfrei und im Verhältnis zur Bank lag eine wirksame Tilgungsbestimmung aus Darlehensvertrag vor. Hinzu kommt – jedenfalls für die überwiesenen Beträge – die abstrakte Rechtsnatur der Gutschrift, die es verbietet, Fehler des Deckungsverhältnisses dem Empfänger des Geldes entgegenzuhalten. Auf diesen Gesichtspunkt hat das RG allerdings nicht ausdrücklich hingewiesen. Ob die Entscheidung auch mit Blick auf die Barzahlung zutrifft, ist nicht ganz so sicher. Denn insoweit fehlt eine abstrakte Gutschrift und man könnte diskutieren, ob der Leistungsempfänger (Bank) wirklich allein von der Unterschlagung profitieren darf.

153 Grafik: Mängel im Deckungsverhältnis

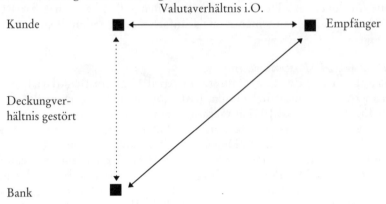

Rückabwicklung: 1) Empfänger kann Geld behalten, weil Valutaverhältnis i.O.
2) Bank gegen Kunden aus § 812 BGB (pVV/§ 826 BGB) mangels Deckungsverhältnis

154 b) Mängel im Valutaverhältnis
Das Valutaverhältnis besteht zwischen dem Überweisenden und dem Überweisungsempfänger. Es handelt sich um irgendein Schuldverhältnis (z.B. Kauf/Miete oder unerlaubte Handlung), und die Zahlung (Valutierung) dient der (Teil-)Erfüllung. Der Kunde, der beispielsweise sein Auto bezahlen will, benutzt seine Bank als Zahlstelle und der Empfänger des Geldes (der Autoverkäufer) benutzt seine Bank als Empfangsstelle. Ein Leistungsaustausch, also eine bewußte und gewollte Mehrung fremden Vermögens[236], findet zwischen Autokäufer und Autoverkäufer statt; die beiden zwischengeschalteten Banken wirken wie verlängerte Arme auf beiden Seiten. *Da nach § 812 Abs. 1 BGB eine rechtsgrundlose Leistung an den zurückzugewähren ist, der sie erbracht hat, folgt daraus, daß bei Mängeln des Valutaverhältnisses der Ausgleich zwischen dem Überweisenden und dem Empfänger stattzufinden hat.* Ist etwa der Autokaufvertrag wegen arglistiger Täuschung nichtig, während die Überweisung als solche in Ordnung war, so hat der Überweisende einen Bereicherungsanspruch gegen den Empfänger (Autoverkäufer) aber keinen gegen seine eigene Bank oder gegen die Empfängerbank. Das gilt übrigens auch, wenn man auf das falsche Konto überweist und deshalb verpflichtet ist noch einmal zu zahlen. Folgender Fall ist instruktiv:

---

236 Vgl. zu dieser Leistungsdefinition BGHZ 58, 184, 188 = WM 1972, 499 m.w.N.

Fall: BGH NJW 1985, 2700 »Treuhandkonto« **155**
Eine Versicherung schuldete einem Bauunternehmer (B) aus einem Versicherungsfall Geld. Sie wies deshalb ihre Hausbank an, den Betrag an B zu überweisen. Die Bank führte diese Anweisung zwar aus, aber nicht auf das von B ausdrücklich bestimmte »Treuhandkonto«. Statt dessen wurde der Betrag auf ein anderes, beträchtlich im Soll stehendes, Konto des B bei einer Sparkasse überwiesen und dort verrechnet. B, der in erheblichen Zahlungsschwierigkeiten und deshalb auf die Liquidität des Treuhandkontos angewiesen war, verlangte von der Versicherung noch einmal Zahlung.

Dem hat der BGH zugestimmt. Die Versicherung sei verpflichtet gewesen, auf ein ganz bestimmt bezeichnetes Konto zu überweisen. Da das nicht geschehen sei, habe sie ihre Erfüllungspflichten nach § 362 Abs. 1 BGB nicht hinreichend erfüllt und müsse noch einmal zahlen. Der BGH wies darauf hin, daß die Erstüberweisung an Mängeln im Valutaverhältnis gescheitert war (falsches Konto). Das galt, obwohl der Mangel im Valutaverhältnis durch eine eigenmächtige Verhaltensweise der Überweisungsbank entstanden war. Diese hatte nämlich, entgegen der Anweisung der Versicherung, auf das falsche Konto überwiesen. Trotzdem blieb die Leistung auch auf dieses falsche Konto eine Leistung seitens der Versicherung, nämlich eine bewußte und zweckgerichtete Mehrung des Vermögens des Bauunternehmers. Dieses Ergebnis ist interessengerecht, denn der Versicherer hat natürlich gegen seine Bank einen Schadensersatzanspruch aus pVV, soweit er den Bereicherungsanspruch gegen den Bauunternehmer aus der Erstüberweisung nicht realisieren kann. **156**

c) Mängel der Anweisung
Wenn die im Überweisungsauftrag wurzelnde Anweisung von Anfang an mangelhaft ist, z.B. weil es sie gar nicht gibt, oder weil die Bank versehentlich eine Doppelgutschrift erteilt, einen zu hohen Betrag überweist, an den falschen Empfänger leistet, oder die Überweisung gefälscht ist, so hat die Bank regelmäßig einen *eigenen* Bereicherungsanspruch *unmittelbar* gegen den *Überweisungempfänger*. Das liegt daran, daß in diesen Fällen *eine Leistung aus der Sicht des Anweisenden (bewußte und zweckgerichtete Mehrung fremden Vermögens) fehlt. Auch die überweisende Bank selbst leistet nicht an den Empfänger, weil sie glaubt, bloße Zahlstelle zu sein. Sie bereichert den Empfänger aber in sonstiger Weise (Aufwendungskondiktion), weil sie ihm aus ihrem Vermögen etwas zuwendet, was ihm nicht zusteht.* Man könnte in diesen Fällen auch eine Entreicherung des Kunden annehmen, da dessen Konto belastet ist. Sein Anspruch auf Stornierung der Fehlbuchung ist aber so stark und sicher, daß es im Ergebnis richtig ist, eine Entscheidung der Bank zu bejahen, so daß diese, was wegen ihrer Fehlbuchung sachgerecht ist, auch das Insolvenzrisiko des Empfängers trägt. **157**

Genau im Sinne dieser Grundsätze entschied der BGH, der bis dahin offengelassen hatte, wie der Bereicherungsausgleich bei von vornherein unwirksamer Anweisung vorzunehmen ist[237], am 20.6.1990 folgenden Fall.

158 *Fall: BGH NJW 1990, 3194 »Geschäftsunfähigkeit«*
Im Jahre 1982/83 gewährte eine Bank zwei Kredite über insgesamt DM 20 000,-, DM 13 000,- wurden dem Kreditnehmer (K) persönlich und DM 7 000,- auf dessen Anweisung an einen Dritten (D) ausgezahlt. In der Folgezeit zahlte K ca. DM 34 000,- an die Bank zurück, bis sich im Jahre 1986 herausstellte, daß K bereits bei Aufnahme der Kredite geschäftsunfähig war. Der für K bestellte Gebrechlichkeitspfleger berief sich auf die Nichtigkeit der Darlehensverträge nach §§ 104 Nr. 2, 105 Abs. 1 BGB. Zum Zwecke der Rückabwicklung nach § 812 BGB saldierte er die von K gezahlten DM 34 000,- gegen die von der Bank gezahlten DM 13 000,- und verlangte insgesamt ca. DM 21 000,- zurück. Die Bank meinte, die Saldierung sei nicht richtig. Die an D gezahlten DM 7 000,- seien eine Leistung an K gewesen, die dieser als ungerechtfertigte Bereicherung zurückzuzahlen habe.

159 Dem hat der BGH widersprochen. Bestehe die Vermehrung fremden Vermögens in der Überweisung von Geld, so sei wegen des rechtsgeschäftlichen Charakters der Anweisung sowie des zumindest rechtsgeschäftsähnlichen Charakters der Zweckbestimmung[238] Geschäftsfähigkeit des Anweisenden erforderlich. Fehle diese (wie hier), so sei die Zahlung des Angewiesenen (Bank) an den Dritten keine Leistung des Anweisenden (K). Der Anweisende (K) kann daher durch die Zahlung weder wegen Erfüllung einer im Valutaverhältnis etwa bestehenden Verbindlichkeit bereichert werden, noch einen Anspruch aus ungerechtfertigter Bereicherung gegen den Dritten erwerben. Der bereicherungsrechtliche Ausgleich ist hier vielmehr im Verhältnis zwischen Angewiesenem (Bank) und Zahlungsempfänger (D) zu suchen.

160 Da K geschäftsunfähig war, als er die Anweisung zur Zahlung von DM 7 000,- an D erteilte, wurde er somit durch Ausführung der Anweisung nicht bereichert. Die Bank kann sich deshalb gegenüber dem Rückgewähranspruch des K nicht ihrerseits auf einen Gegenanspruch aus ungerechtfertigter Bereicherung berufen. Die Entscheidung ist richtig und führt zum bereicherungsrechtlichen Ausgleich zwischen der Bank und dem in sonstiger Weise bereicherten Dritten. Probleme entstehen der Bank in diesen Fällen also nur dann, wenn der bereicherte Dritte entweder entreichert (§ 818 Abs. 3 BGB) oder zahlungsunfähig ist. Schutz vor diesen Risiken gewährte bis zum 31.12.1992 die Nr. 23 AGB/B, wonach der Kunde den Schaden trug, der daraus entstand, daß die Bank von einem

---

237 BGHZ 89, 376, 379 f.
238 BGHZ 106, 163, 166.

eintretenden Mangel in der Geschäftsfähigkeit des Kunden unverschuldet keine Kenntnis erlangte. Diese vom BGH akzeptierte[239] in der Literatur aber seit langem umstrittene Klausel[240] ist mit Wirkung zum 1.1.1993 ersatzlos gestrichen worden. Auf diese Weise wird dem Schutzgedanken der §§ 104 ff. BGB ebenso wie demjenigen des § 827 Satz 1 BGB wieder hinreichend und überzeugend zum Durchbruch verholfen.

Grafik: Mängel der Anweisung (Doppelgutschrift) 161

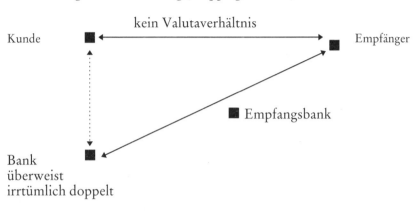

Rückabwicklung: 1) keine Leistung Kunde – Empfänger
2) keine Leistung Kunde- Bank
3) keine Leistung Bank – Empfänger
deshalb – – → 4) ÜBank gegen Empfänger
(wegen Bereicherung in sonstiger Weise)

Auch im Falle der Fälschung des Überweisungsauftrages fehlt es sowohl 162
an einer wirksamen Anweisung als auch an einer wirksamen Zweckbestimmung. Der Überweisungsempfänger ist, und zwar auch dann, wenn er (zufällig) einen wirksamen Anspruch gehabt haben sollte, durch die Überweisung der Bank in sonstiger Weise bereichert und verpflichtet, den empfangenen Betrag an sie (die Überweisungsbank) zurückzugewähren. Insoweit herrscht in Rechtsprechung und Lehre seit langem Übereinstimmung[241]. Der BGH hat diese Linie – zu Recht – auch dann noch eingehalten, als, völlig atypisch, der mit dem abgebuchten Betrag belastete Bankkunde selbst gegen den Zahlungsempfänger auf Rückzahlung wegen ungerechtfertigter Bereicherung klagte[242]. Das Gericht wies die Klage des

---

239 BGHZ 52, 61.
240 Vgl. die Nachweise bei Altmeppen zu OLG Köln EWiR § 9 AGBG 17/90, 1151.
241 BGHZ 66, 362 sowie BGHZ 66, 372; Reuter/Martinek, S. 417 ff.
242 BGH WM 1990, 1280, dazu Martinek in EWiR § 812 BGB 3/90, 887.

Kunden gegen den Überweisungsempfänger ab, weil es an einer Leistung fehle und ansonsten die Bank entreichert sei. Der Kunde habe nämlich gegen sie einen Anspruch auf Rückgängigmachung der Belastung. Die Bank meinte allerdings, diesen Anspruch habe der Kunde durch seine Klageerhebung gegen den Zahlungsempfänger verloren. Damit habe er (konkludent) die Zahlung an den Nichtberechtigten (Überweisungsempfänger) genehmigt (§ 816 Abs. 2 BGB). Der BGH hat darauf hingewiesen, daß zwar häufig in einer Klageerhebung die Genehmigung der Leistung an den Nichtberechtigten liegen könne, auch wenn dies nicht ausdrücklich erklärt sei. Eine solche Annahme sei aber keineswegs immer gerechtfertigt[243]; sie scheide auch im vorliegenden Fall aus. Denn die Annahme einer Genehmigung würde dazu führen, daß sich der Kunde nur an den Überweisungsempfänger halten könne und einen Anspruch gegen die Bank endgültig verlöre. Daß dies dem Willen des Kunden entspreche, könne nicht angenommen werden[244]. Diesen Überlegungen ist jedenfalls dann zuzustimmen, wenn – wie im vorliegenden Fall – der Zahlungsempfänger inzwischen insolvent ist. Andernfalls könnte eine konkludente Genehmigung durchaus im Interesse des gegen den Empfänger klagenden Kunden sein, denn auf diese Weise würde er den Prozeß gewinnen, statt ihn, wie im obigen Fall, mit der für ihn negativen Kostenfolge zu verlieren. Dies zeigt, daß der Fall nicht nur die bereicherungsrechtlichen Grundsätze der Rückabwicklung bei gefälschter Anweisung illustriert, sondern darüber hinaus auch die Frage nach der Anwaltshaftung aufwirft. Zumindest hätte doch wohl der die Überweisung ausführenden Bank der Streit verkündet werden müssen.

163 Besonders problematisch sind die Fälle, in denen die Anweisung zwar rechtzeitig widerrufen, aber versehentlich doch ausgeführt wurde. Dann geht die Gutschrift letztlich auf eine ursprünglich wirksame Anweisung und damit auf einen Leistungswillen des Kunden zurück. So hat der BGH in einem Fall, in dem eine Anweisung (Scheck) zunächst wirksam erteilt, dann aber noch vor Gutschrift ohne Kenntnis des Empfängers widerrufen worden war, entschieden, daß die Bank, die den Scheck gleichwohl einlöste, keinen unmittelbaren Bereicherungsanspruch gegen den Scheckinhaber hat, sondern einen solchen Anspruch bei ihrem Kunden suchen muß[245]. Ebenso hat der BGH angenommen, daß einer Bank, die einen ihr erteilten, vom Auftraggeber später widerrufenen Dauerauftrag versehentlich unverändert weiter ausführt, kein unmittelbarer Bereicherungsan-

---

243 So schon BGH WM 1960, 611 f.
244 BGH WM 1990, 1281, zustimmend Martinek, aaO.
245 BGHZ 61, 289 = WM 1973, 1374; ferner BGHZ 87, 246 = WM 1983, 907.

spruch gegen den Zahlungsempfänger zusteht, wenn dieser den Widerruf oder die Änderung des Dauerauftrags nicht kannte[246].

Grafik: Die widerrufene Anweisung **164**

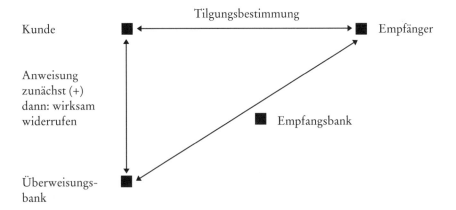

Rückabwicklung:
1) Kunde gegen Empfänger nach § 812 BGB, weil: Leistungs*wille* bestand; d.h. aus Sicht des Empfängers wurde geleistet.
2) ÜBank gegen Kunde aus § 812 BGB

Der Grund für diese Rechtsprechung liegt darin, daß der Empfänger der Leistung daran glauben durfte, daß diese vom Überweisenden selbst veranlaßt sei. Er, der Empfänger, wollte vom Überweisenden, nicht etwa von dessen Bank das Geld empfangen. Und deshalb ist es folgerichtig, daß eine Ausnahme in den Fällen gemacht werden muß, in denen der Empfänger positiv weiß, daß der Überweisungsauftrag widerrufen worden ist[247]. In diesen Fällen stellt sich die Zahlung der Bank aus der Sicht des Empfängers gerade nicht als Leistung des Anweisenden dar, so daß der bereicherungsrechtliche Rücktausch zwischen der Überweisungsbank und dem Empfänger stattzufinden hat[248]. *Inzwischen hat der BGH diese Rechtspre-* **165**

---

246 BGHZ 89, 376 = WM 1984, 423; dazu die Anmerkung von Canaris in JZ 1984, 627 f.; ferner BGH WM 1984, 890 = NJW 1984, 2205; anders wenn das Giroverhältnis beendet ist und kein Valutaverhältnis besteht, vgl. LG Gießen WM 1989, 1890; dazu Sturm WuB I D1.-4.90.
247 BGHZ 66, 362 = WM 1976, 707; BGHZ 66, 372 = WM 1976, 708; BGHZ 67, 75 = WM 1976, 900; BGHZ 87, 393 = WM 1983, 908.
248 BGHZ 88, 232, 236 = WM 1983, 1240; BGHZ 98, 379 – die Beweislast für die Kenntnis liegt beim Auftraggeber; das soll auch dann gelten, wenn der Empfänger zuvor den Widerruf nicht kannte, aber – mangels Anspruch – auch nicht auf die Rechtsbeständigkeit des Erwerbs vertrauen durfte; so Sturm, aaO. unter Hinweis auf die Rechtsprechung des BGH bei unentgelt-

chung auf solche Fälle erweitert, in denen eine an sich wirksame Anweisung teilweise fehlerhaft ausgeführt wird und der Empfänger sich bewußt unwissend stellt.

166 *Fall: BGH 1987, 185 »Modehändler«*
Ein deutscher Modehändler hatte seit 1981 für eine italienische Firma das Alleinvertretungsrecht für einige Bezirke der Bundesrepublik. Im August 1982 beauftragte die italienische Firma ihre Bank in Florenz, ca. DM 1 500,- Provision an den Handelsvertreter in Deutschland zu überweisen. Die Bank überwies aber versehentlich fast DM 15 000,-. Nach Entdeckung des Fehlers forderte die Bank ca. DM 13 500,- zurück. Der Handelsvertreter verweigerte die Zahlung mit dem Hinweis, es hätten ohnehin noch Provisionsforderungen gegenüber der italienischen Firma in Höhe von ca. DM 14 000,- offengestanden, die seien damit ausgeglichen. Die italienische Firma war inzwischen in Konkurs gegangen, so daß es der Bank nicht gleich sein konnte, von wem sie ihr Geld zurückbekam.

167 Der BGH hat einen unmittelbaren Bereicherungsanspruch gegen den Handelsvertreter bejaht[249]. Bei der Entscheidung dieses Falles war zunächst die Frage zu klären, ob deutsches oder italienisches Recht anzuwenden sei. Im Handelsvertretervertrag war nämlich für das Vertragsverhältnis italienisches Recht vereinbart. Der BGH stellte aber – zutreffend – darauf ab, daß es sich bei einem Bereicherungsanspruch gerade nicht um einen vertraglichen, sondern um einen gesetzlichen handele. Deshalb müsse der Fall nach dem Recht des Empfängers, also nach deutschem Recht, beurteilt werden. In materieller Hinsicht verwies das Gericht zutreffend darauf, daß in Höhe von DM 1 500,- eine *wirksame* Anweisung vorgelegen habe. In bezug auf die Zuvielüberweisung lägen die Dinge aber anders. Denn aus der Sicht des Handelsvertreters kam insoweit keine Leistung des Anweisenden (der italienischen Firma) in Betracht. Der Handelsvertreter mußte vielmehr von einer irrtümlichen Zuvielzahlung überzeugt sein, weil er, was er auch genau wußte, zur Zeit der Überweisung keinen DM 1 500,- übersteigenden Provisionsanspruch hatte. Etwaige Provisionen für weitervermittelte Verkäufe waren noch nicht fällig und Provisionsvorschüsse nicht vereinbart. Deshalb gebot es die Besonderheit des Falles, den Handelsvertreter so zu behandeln, wie einen Empfänger, der positiv weiß, daß der Überweisungsauftrag widerrufen ist. Das heißt die Rückabwicklung müßte zwischen der Bank und dem Handelsvertreter stattfinden. Das war auch sachgerecht, weil die italienische Firma nichts getan hatte, was die Zahlung des zu hohen Betrages durch die Bank hätte

---

licher Zuwendung (WM 1983, 1240); vgl. auch Gößmann, Das Recht des Zahlungsverkehrs, S. 57.
249 Dazu die Anmerkung von Canaris JZ 1987, 201; ferner Martinek EWiR § 812 BGB 3/86, 1099.

veranlassen können. Es wäre deshalb auch unbillig, die Bank an diese Firma und diese dann an den Handelsvertreter zu verweisen.

Die Entscheidung ist richtig[250], weil bei ursprünglich wirksamer oder teilwirksamer Anweisung auf den Vorrang der Leistungskondiktion und damit auf den Schutz des Empfängers abgestellt wird. *Die Schutzgrenze ist erreicht, wenn aus den Umständen erkennbar ist, daß die Leistung dem Empfänger nicht gebühren kann.* In einem solchen Fall können dem Empfänger keine Einwendungen oder Einreden gegen den Überweisenden verlorengehen, es ist also sachgerecht, der Bank die Direktkondiktion gegen ihn zu geben.

168

Grafik: Empfänger bewußt unwissend

169

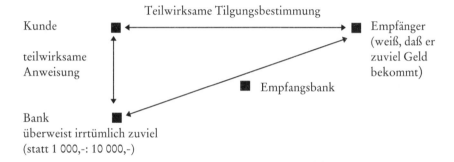

Rückabwicklung:
1) Zwar Leistung zwischen Kunde und Empfänger aber
2) wie Empfänger weiß: nur i.H.v. DM 1 000,-
3) deshalb: i.H.v. DM 9 000,- keine Leistung von Kunde an Empfänger
4) und keine Leistung von ÜBank an Kunden
5) deshalb: Bank gegen Empfänger aus § 812 BGB, wegen Bereicherung in sonstiger Weise.

2. Das Stornorecht

a) Nr. 8 AGB/B (93)

Gutschriften, die infolge eines Irrtums, eines Schreibfehlers oder aus anderen Gründen vorgenommen werden, ohne daß ein entsprechender Auftrag vorliegt, darf die Bank durch einfache Buchung rückgängig machen, also *stornieren*. Unterschieden wird in Nr. 8 AGB/B (93) als Folge der

170

---

250 Wie hier Canaris JZ 1987, 201; Martinek EWiR § 812 BGB 3/86, 1099 f.

Rechtsprechung des BGH zum Kontokorrentrecht[251], zwischen einer Korrektur vor und einer Korrektur nach Erteilung eines Rechnungsabschlusses. *Nur die Korrektur vor Erteilung eines Rechnungsabschlusses wird als Stornobuchung definiert (Nr. 8 Abs. 1 AGB/B [93]). Bei einer Korrektur nach Rechnungsabschluß spricht man von einer Berichtigungsbuchung (Nr. 8 Abs. 2 AGB/B [93]).* Im letzteren Fall, um den es hier nicht geht, ist die Bank, wie bereits dargestellt, bei Einwendungen des Kunden verpflichtet, den mit der Berichtigungsbuchung belasteten Betrag wieder gutzuschreiben und ihn sodann bereicherungsrechtlich zu verfolgen. Das Stornorecht soll dagegen ein eigenständiges, von den Unsicherheiten des Bereicherungsrechts unabhängiges, girovertragliches Rückbuchungsrecht sein[252]. Grundlegend für das Verständnis dieses Rechtes ist ein Fall, den der BGH am 9.5.1983 entschieden hat.

171 *Fall: BGHZ 87, 247 »Stornorecht«*
Am 23. März 1979 überwies eine KG DM 268 500,- zur Begleichung einer bestehenden Schuld auf das Konto einer AG, die in wirtschaftlichen Schwierigkeiten war. Noch vor Gutschrift des Betrages widerrief die KG den Überweisungsauftrag telefonisch gegenüber der Empfangsbank. Die Empfangsbank verbuchte die DM 268 500,- auf dem Conto pro Diverse (CpD). Von dort überwies die Bank den Betrag am 6.4.1979 aufgrund eines Irrtums nicht auf das Konto der KG, sondern auf das ebenfalls bei ihr geführte stark debitorische Girokonto der AG. Als der Irrtum herauskam, stornierte die Bank diese Gutschrift (am 1.11.1979) und brachte den entsprechenden Betrag dem Konto der KG gut. Der Konkursverwalter der AG hielt die Stornierung für unwirksam und verlangte mit der Anfechtungsklage nach § 30 KO die Rückgewähr des am 6.4.1979 gutgeschriebenen Betrages zur Konkursmasse.

172 Der BGH hat der Klage stattgegeben. Die Bank habe nämlich kein Recht gehabt, die Gutschrift zu stornieren. Allerdings ergebe sich dies nicht aus dem Wortlaut der Bestimmung über das Stornorecht, denn dieser decke auch den vorliegenden Fall: Die umstrittene Gutschrift sei infolge eines Irrtums der Bank vorgenommen worden, ohne daß ein entsprechender Auftrag vorgelegen habe. Aus einer an Sinn und Zweck des Stornorechts ausgerichteten Auslegung des Wortlauts der AGB/B folge jedoch, daß kein Stornofall vorgelegen habe. Das Stornorecht berechtige die Bank, *Gutschriften* durch einfache Buchung wieder rückgängig zu machen. Die Gutschrift auf einem Girokonto sei ein abstraktes Schuldanerkenntnis der Bank, das dem Kunden einen Rechtsanspruch gewähre. Die Stornierung verändere also die materielle Rechtslage, weil sie den Anspruch des Kunden aus der Gutschrift beseitige. Da das Stornorecht ein

---

251 BGHZ 72, 9.
252 BGHZ 87, 251; KG WM 1988, 1723.

Versehen der Bank bei der Gutschrift voraussetze[253], handele es sich in diesen Fällen um Gutschriften, auf die der Bankkunde keinen Anspruch gehabt habe und die er, ohne das Stornorecht, i.d.R. nach den Vorschriften der ungerechtfertigten Bereicherung an die Bank hätte herausgeben müssen. Zweck des Stornorechts sei es, die mit der Geltendmachung solcher Ansprüche üblicherweise verbundenen Schwierigkeiten und Risiken zu vermeiden und die Rechtsstellung der Bank auf eine eigenständige, von den Unsicherheiten des Bereicherungsrechts unabhängige Grundlage zu stellen. Daraus folge aber zugleich, daß das Stornorecht nicht durchgreife, wenn die Bank – wie hier – keinen sachlich-rechtlichen Anspruch auf Rückgewähr des gutgeschriebenen Betrages gegen den Kunden habe. Das Stornorecht solle es der Bank ermöglichen, den Rückgewähranspruch im Wege der Selbsthilfe auf einfache Weise durchzusetzen; es solle aber nicht eine ganz neue materielle Forderung begründen. Eine solche Regelung würde der Inhaltskontrolle gem. § 9 Abs. 2 Nr. 1, § 24 AGBG nicht standhalten. Das Stornorecht setze also voraus, daß die Bank nach materiellem Recht einen Anspruch auf Rückzahlung des Betrages habe, dessen Gutschrift storniert werden solle.

Im vorliegenden Fall hatte die Bank aber keinen Bereicherungsanspruch auf Rückzahlung des gutgeschriebenen Betrages gegen die AG. Denn bis zum Widerruf des Überweisungsauftrages hatte eine wirksame Anweisung der KG vorgelegen. Da die KG den Überweisungsauftrag nur gegenüber der Bank und nicht auch gegenüber der AG widerrufen hatte, durfte diese die Gutschrift, entsprechend der Zweckbestimmung der KG, als deren Leistung auffassen. Die Gutschrift hatte somit im Verhältnis von AG zur KG (Valutaverhältnis) Erfüllungswirkung; sie stellte den Gegenwert der Forderung der AG gegen die KG dar. Es handelte sich also um einen Fall, in dem der Empfänger (AG) glauben durfte, daß die Überweisung von der KG veranlaßt wurde. In diesen Fällen, in denen die Gutschrift letztlich auf eine ursprünglich wirksame Anweisung und damit auf einen Leistungswillen des Kunden (KG) zurückgeht, findet ein Leistungsaustausch im Valutaverhältnis statt. In diesem Verhältnis (hier KG zu AG) sind etwaige bereicherungsrechtliche Rückabwicklungsansprüche durchzuführen. Die Gutschrift ist folglich rechtswirksam; ein Stornorecht besteht – zu Recht – nicht.

173

Kernaussage des BGH ist, daß das Stornorecht einen materiellen Anspruch der Bank auf Rückzahlung des Betrages voraussetzt. Wendet man diesen Satz auf die oben gebildeten Fallgruppen an, so ergibt sich folgendes:
– Bei Fehlern im Deckungsverhältnis (es besteht z.B. kein wirksamer Girovertrag, aber bewußte und gewollte Leistung im Valutaverhält-

174

---

253 Vgl. Kümpel WM 1976, Sonderbeilage 1 S. 16.

nis), findet der Rücktausch im Leistungsverhältnis, also zwischen dem Überweisenden und dem Empfänger statt. Die Gutschrift ist wirksam, es fehlt ein materieller Zahlungsanspruch der Bank; ein Stornorecht besteht in diesen Fällen also nicht[254].
- Bei Fehlern im Valutaverhältnis (z.B. Zahlung auf einen nichtigen Kaufvertrag bei ordnungsgemäßer Anweisung) findet ebenfalls der Rücktausch im Leistungsverhältnis, also zwischen Überweisendem und Empfänger statt. Auch in diesen Fällen ist die Gutschrift eingriffsfest; es besteht kein Stornorecht[255].
- Bei Mängeln im Anweisungsverhältnis, z.B. Doppelgutschriften, – Zuvielzahlungen oder Fälschungen, fehlt es an einer Leistungsbeziehung zwischen dem Überweisenden und dem Empfänger. Da auch die Überweisungsbank nicht leistet, sondern nur Zahlstelle ist, findet insoweit ein Rücktausch zwischen der Überweisungsbank und dem Überweisungsempfänger nach den Grundsätzen der Eingriffskondiktion i.S.v. § 812 Abs. 1 BGB statt. In diesen Fällen schreibt die Empfangsbank zu Lasten der Überweisungsbank einen bestimmten Betrag auf dem Konto des Empfängers gut. Dieser ist, weil er diesen Betrag ohne Rechtsgrund erlangt, zur Herausgabe verpflichtet. Die Überweisungsbank hat einen kondizierbaren Anspruch auf Rückgängigmachung der Gutschrift; insoweit besteht daneben zugleich das Stornorecht. Denn in diesen Fällen liegt kein der Gutschrift »entsprechender Auftrag« vor, so daß es auch nicht darauf ankommen kann, ob es sich um eine hausinterne oder um eine zwischenbetriebliche Überweisung handelt[256].

Anders liegen die Dinge, wenn eine zunächst wirksame Anweisung später *widerrufen* wurde. Der obige Storno-Fall ist ebenso Beispiel, wie der Widerruf eines Dauerauftrages. Grund: der Empfänger glaubt, es läge eine bewußte zweckgerichtete Leistung des Überweisenden vor. Hier findet der Bereicherungsausgleich zwischen Überweisendem und Empfänger statt; die Gutschrift ist bestandsfest, d.h. Raum für ein Stornorecht der Bank besteht nicht[257]. Und schließlich – was die Komplexität angeht, so hat Canaris wohl doch recht – auch hiervon wieder eine Ausnahme: der Empfänger muß erkennen, daß eine ihm zugewiesene Leistung nicht gebührt, wie beispielsweise im oben dargestellten Fall des Handelsvertreters, der statt DM 1 500,- eine zehnmal höhere Überweisung in Höhe von DM 15 000,- erhält[258]. Die Leistungsbeziehung zum Überweisenden bricht hier

---

254 Wie hier Blaurock, NJW 1984, 1, 2 f.
255 Blaurock, S. 2.
256 Wie hier Canaris[4] Rz. 450 m.w.N.
257 Zutreffend deshalb OLG Hamm ZIP 1991, 364; Köndgen, NJW 1992, 2263, 2270; Hopt aaO., S. 1260 (Anm. 1C); w.N. bei Canaris[4] Rz. 449, der allerdings zwischen den gefälschten und den widerrufenen Überweisungsaufträgen differenzieren müßte.
258 Vgl. oben Rz. 166 ff.

mangels Schutzbedürftigkeit des Empfängers auseinander. An die Stelle tritt seine Bereicherung in »sonstiger Weise«, d.h. eine Nichtleistungskondiktion der Überweisungsbank. Die Gutschrift ist rückgängig zu machen; das Stornorecht besteht daneben.

Das Stornorecht folgt also dem materiellen Recht; ohne materiellrechtlichen Rückzahlungsanspruch der Bank, kein Stornorecht. Das Stornorecht will somit keine Ansprüche kreieren, die das Gesetz nicht selbst gewährt. Deshalb entfällt es selbstverständlich auch dann, wenn der Zahlungsanspruch der Bank zwar besteht, aber einer dauernden Einrede oder einer rechtsvernichtenden Einwendung ausgesetzt ist. Es ist aber richtig, wenn gesagt wird, daß das Stornorecht zugunsten der Bank die Schutzgrenze der §§ 818 Abs. 3, 819 Abs. 1 BGB beseitige[259]. Das liegt an Nr. 7 Abs. 1 AGB/B (93), wonach der Kunde gegen die Belastungsbuchung nicht einwenden kann, daß er in Höhe der Gutschrift bereits verfügt habe[260]. 175

b) Keine hinreichende Legitimation als gesetzliches oder vertragliches Selbsthilferecht

Somit bleibt zu fragen, ob diese Verschiebung der Schutzgrenze zu Lasten des Kunden, der wirksam entreichert ist, entweder nach den Regeln des Selbsthilferechts oder nach denen des AGBG gerechtfertigt werden kann. Der BGH hat in der obigen Entscheidung gesagt: »Das Stornorecht soll es der Bank ermöglichen, den Rückgewähranspruch im Wege der Selbsthilfe auf einfache Weise durchzusetzen. Es handelt sich also um ein vertraglich begründetes Selbsthilferecht, d.h. um ein »eigenständiges, von den Unsicherheiten des Bereicherungsrechts unabhängiges, girovertragliches Rückbuchungsrecht«[261]. Problematisch ist die Rechtsnatur dieses Rückbuchungsrechts. Ein Selbsthilferecht im Sinne von § 229 BGB kommt, selbst wenn man die Norm für analogiefähig hält[262], nicht in Betracht, weil kein Fall denkbar ist, in welchem sich die Bank auf eine drohende *Vereitelungsgefahr* berufen könnte. In vielen Fällen wird die Bank über ausreichende Sicherheiten verfügen (zu beachten ist das AGB-Pfandrecht). Aber auch in den Fällen, in denen Sicherheiten fehlen, droht keine Vereitelung des Anspruchs. Die Bank hat alle zur gerichtlichen Geltendmachung ihres Anspruchs erforderlichen Daten des Kunden. Sie könnte also auf Herausgabe klagen. Indem der BGH stattdessen ein girovertragliches Rückbuchungsrecht bejaht, wird genau besehen § 894 ZPO umgangen. Danach ist es nur *den Gerichten* vorbehalten, Willenserklärungen einer Partei, z.B. auf Rückbuchung, zu fingieren. Die ausdrückliche Zuweisung dieses 176

---

259 Baumbach/Hopt, HGB-Komm.[29], S. 1216.
260 Hiergegen Kämmer, aaO., (Diss Berlin 1997) am Ende (Lösungsvorschläge).
261 BGHZ 87, 246, 252.
262 Dafür Kämmer, Manuskript S. 27.

Rechts an die Gerichte, kann aber durch die rangniedrigeren AGB/B nicht ausgehebelt werden[263].

c) Unwirksamkeit nach § 9 Abs. 2 Nr. 1 AGBG

177 Die Literatur versucht aufgrund der dogmatischen Schwächen des vom BGH vorgeschlagenen Weges, das Stornorecht der Banken dogmatisch auf andere Weise zu begründen. Im Vordergrund stehen Überlegungen, das Stornorecht als Gestaltungsrecht zu begreifen[264]. Naheliegend ist es, mit Kämmer, in Nr. 8 Abs. 1 AGB/B (93) ein *vertraglich vereinbartes* Gestaltungsrecht zugunsten der Bank zu sehen[265]. Dann allerdings ist die Beseitigung der Schutzgrenze aus §§ 818 Abs. 3, 819 Abs. 1 BGB zugunsten der Bank problematisch. Es gibt in der Tat keinen rechtlich überzeugenden Sachgrund, der diese Verschiebung rechtfertigen könnte[266], so daß Nr. 8 Abs. 1 AGB/B (93) als unangemessene und damit unwirksame Klausel im Sinne von § 9 Abs. 2 Nr. 1 AGBG anzusehen ist[267].

3. Das Zurückweisungsrecht des Empfängers

178 Es wird diskutiert, unter welchen Voraussetzungen der Empfänger eine bereits erfolgte Überweisungsgutschrift, die ihm unerwünscht ist – z. B. weil sie ihn um Aufrechnungsmöglichkeiten gegenüber dem Überweisenden bringt – zurückweisen darf[268]. Insbesondere Canaris[269] hat zur Vermeidung »aufgedrängter Bereicherungen« ein solches Zurückweisungsrecht in analoger Anwendung des § 333 BGB vorgeschlagen. Ein vom BGH am 19.9.1989 entschiedener Fall verdeutlicht worum es geht.

179 *Fall: BGH WM 1989, 1560 »Zurückweisung einer Gutschrift«*
Am 9.8.1985 verbrannte das Inventar einer Diskothek. Der Inhaber (Hans-Egon A.) war feuerversichert. Seine Ansprüche gegen die Versicherung wurden an eine Bank abgetreten. Die hiervon ausdrücklich informierte Versicherung überwies am 24.7.1987 versehentlich trotzdem auf das Konto des A, das bei derselben Bank geführt wurde. Nach Aufklärung des Irrtums erklärte sich A durch Schreiben vom 20.8.1986 damit einverstanden, daß der ihm versehentlich überwiesene Betrag an den im

---

263 So mit umfassender Begründung Kämmer, aaO., S. 13 ff., S. 49.
264 BGHZ 72, 11; Graf von Westphalen, WM 1984, 2, 4; Kümpel, WM 1979, 378 f.; Otto, BB 1978, 987; vgl. den Überblick bei Kämmer, aaO., ab S. 70.
265 Kämmer, aaO., ab S. 82 mit ausführlicher Begründung.
266 Dazu eingehend Kämmer, aaO., S. 113 ff.
267 So Kämmer, aaO., S. 119 ff.
268 Canaris[4] Rz. 473 und ZIP 1986, 1021, 1025; Hadding/Häuser, WM 1989, 591 m.w.N.; Häuser, WM-Sonderheft für Hellner, 1994, 10 ff. LG Osnabrück WM 1988, 527 f.; AG Marbach NJW 1987, 72; OLG Oldenburg WM 1991, 1333 = ZIP 1991, 923; dazu Christoffel WuB ID 1.-6.91.
269 Rz. 473 f.

Augenblick berechtigten Empfänger ausbezahlt bzw. umgebucht werden könne. Die Bank buchte allerdings nicht den gesamten Betrag in Höhe von fast DM 76 000,- um, sondern nur ca. DM 21 000,-. Mehr sei, aufgrund des hohen Debets auf dem Konto des A, nicht übrig gewesen. Sie verlangte deshalb von der Versicherung noch einmal Zahlung in Höhe von ca. DM 54 000,-; die Fehlbuchung gehe sie ansonsten nichts an. Dem widersprach die Versicherung unter Hinweis auf das Umbuchungseinverständnis des A.

Der BGH hat die Klage der Bank abgewiesen. Die Fehlüberweisung an A sei diesem letztlich nicht zugutegekommen, folglich habe der Gesamtbetrag der Bank zur Umbuchung zur Verfügung gestanden. Denn A habe durch seine Einverständniserklärung vom 20.8.1986 zum Ausdruck gebracht, daß er aus der ohne sein Zutun vorgenommenen Gutschrift keine Rechte herleiten wolle. Er habe damit die Gutschrift zurückgewiesen und der Bank die Möglichkeit gegeben, diese rückgängig zu machen. Zugleich wurde der Bank der Zugriff auf die ihr zustehende Entschädigungsleistung ermöglicht. Sie habe über das Guthaben auch tatsächlich verfügt; ihre Forderung gegen die Versicherung sei damit getilgt. 180

Zur Begründung weist der BGH darauf hin, daß dem Empfänger der Überweisung bei fehlendem Einverständnis von Literatur und Rechtsprechung ganz überwiegend ein Zurückweisungsrecht zugebilligt werde. Allerdings könne offenbleiben, ob die Tatsache, daß die Gutschrift auf dem Konto des Überweisungsempfängers dem Girovertrag entsprechend durch einen einseitigen Akt erfolge, ein hinreichender Grund sei, ihm generell in entsprechender Anwendung des § 333 BGB ein Zurückweisungsrecht zuzubilligen. Jedenfalls in den Fällen, in denen die Gutschrift dem Überweisungempfänger nicht nur unerwünscht sei, sondern ihn wegen des Fehlens eines Valutaverhältnisses Rückzahlungsansprüchen des Überweisenden aus § 812 BGB aussetzen würde – wie hier -, müsse es ihm möglich sein, derartigen Ersatzansprüchen durch die Erklärung zuvorzukommen, keine Rechte aus der Gutschrift herzuleiten. Nur durch die darin liegende Weigerung, das Schuldversprechen der Bank zu akzeptieren, könne er verhindern, daß die Bank die Fehlüberweisung zur Verminderung seines Schuldsaldos auf dem Konto benutze. 181

Die Entscheidung ist im Ergebnis richtig, wenngleich die Begründung nicht ganz überzeugt. Der Empfänger braucht nämlich nur dann ein solches Zurückweisungsrecht, wenn man davon ausgeht, daß die ihn begünstigende Gutschrift in Form des abstrakten Schuldanerkenntnisses entgegen der gesetzlichen Konzeption einseitig, d.h. ohne seine Mitwirkung zustandekommt. Es wurde aber schon oben entwickelt[270], daß die Vorstellung eines einseitig zustandekommenden abstrakten Schuldaner- 182

---

270 Vgl. Rz. 124 ff.

kenntnisses nicht trägt. Richtig ist allerdings, daß mehr als die buchungstechnische Ausführung der Gutschrift nicht passiert. Hierzu ist die Bank im Rahmen des bestehenden Girovertrages verpflichtet. Folglich liegt in der Erteilung der Gutschrift zugleich die Konkretisierung der im Girovertrag versprochenen abstrakten Schuldverpflichtung, ebenso wie der darauf bezogenen globalen Einverständniserklärung des Kunden. Es handelt sich also um, über den jeweiligen Konkretisierungszeitpunkt hinausweisende, aufschiebend bedingte, globale zweiseitige Willenserklärungen, verbunden mit dem gegenseitigen Verzicht auf die Zugangserklärungen nach § 151 BGB[271]. Die Vorstellung von im Girovertrag wurzelnden »globalen« Willenserklärungen beider Seiten macht es überflüssig, sich eine »Vielzahl von Offerten« seitens des Kunden bei Abschluß des Girovertrages vorzustellen[272]. Umgekehrt wird vermieden, das Schuldversprechen als »einseitiges Rechtsgeschäft« aufzufassen[273]. Auf der Basis dieser Überlegungen bedarf es keines Zurückweisungsrechts des Empfängers, denn indem er die Zahlung zurückweist, fällt seine aufschiebend bedingt gegebene global zustimmende Willenserklärung für Gutschriften weg; eine Gutschrift kommt erst gar nicht zustande. Diese Vorstellung korrespondiert zudem mit den Fällen, bei denen es um die Erfüllungswirkung der Gutschrift geht. Oben wurde der Fall »Währungsreform« dargestellt[274]. Der BGH führte aus, die Überweisung einer geschuldeten Leistung auf das Girokonto des Gläubigers sei eine Leistung an Erfüllungs Statt. Sie bringe das Schuldverhältnis dann zum Erlöschen, wenn der Gläubiger diese Leistung annehme. Eine Verpflichtung, eine solche Buchgeldzahlung anzunehmen, bestehe aber grundsätzlich nicht. Die Annahme könne auch schon im voraus erklärt werden. In diesem Fall stehe die Gutschrift der Barzahlung völlig gleich. Allerdings frage es sich, wann eine solche im voraus gegebene Annahmeerklärung vorliege. Sie werde allgemein angenommen, wenn der Kontoinhaber das Konto irgendwie öffentlich bekanntgegeben habe, so durch Aufdruck auf Briefbögen, Rechnungen oder sonstigen Geschäftspapieren, durch Zustimmung zur Aufnahme in das Kundenverzeichnis eines Geldinstituts oder zur Aufnahme der Kontonummer in ein Adreßbuch. In der bloßen Eröffnung des Kontos könne eine allgemeine vorherige Genehmigung von Überweisungen jedoch nicht gesehen werden.

183 Entscheidend – und m.E. auch richtig – hieran ist, daß der Gläubiger von Buchgeld diese Leistung erst noch annehmen muß. I.d.R. liegt die Annahme in seinem Verhalten. Selbstverständlich kann sie auch nachträg-

---

271 Wie hier BGHZ 103, 143; Schönle in FS für Werner, 1984, S. 826; Hefermehl in FS für Ph. Möhring, 1975, S. 390.
272 Nachweise für diese Auffassungen bei Canaris[4] Rz. 416 (Fußnote 96).
273 Canaris[4] Rz. 417; zu kompliziert auch Bröcker, WM 1995, 468, 472 ff.
274 BGH NJW 1953, 897 (oben Rz. 137).

lich und insbesondere konkludent durch Schweigen auf die Gutschrift erteilt werden. Aber, und das ergibt der Umkehrschluß, wenn der Gläubiger – wie im obigen Fall – nicht schweigt, sondern die Gutschrift zurückweist, so bedeutet das rechtlich, daß gar keine Gutschrift zustandegekommen ist. Immerhin hat der BGH in der oben dargestellten Entscheidung versteckt angedeutet, daß ein zusätzlich entwickeltes Zurückweisungsrecht gar nicht nötig ist. Er hat nämlich ausgeführt: »Solange der Begünstigte (A) die Gutschrift nicht durch schlüssiges Verhalten angenommen und die Empfängerbank ihm nicht im Hinblick darauf weiteren Kredit gewährt hat, ist sie nicht schutzwürdig«[275]. *Das ist richtig und belegt, daß der Empfänger von Überweisungen ein Zurückweisungsrecht nicht braucht. Entweder er nimmt die Gutschrift nicht an und vermeidet auf diese Weise aufgedrängte Bereicherungen, oder aber sein Verhalten beinhaltet die konkludente Annahme. Im letzteren Fall gibt es das Problem der aufgedrängten Bereicherung nicht, denn der Empfänger hat durch sein Verhalten deutlich gemacht, daß er die Überweisung akzeptiert.*

184 Bedenklich ist deshalb eine Entscheidung des BGH vom 6.12.1994[276]. Danach kann der Kontoinhaber die aufgrund einer ihm materiell zustehenden Zahlung erteilte Gutschrift auf einem Konto, auf das die Überweisung nicht bewirkt werden sollte, nicht zurückweisen. Es ging um die Überweisung eines Kassenarzthonorars für das 4. Quartal 1992, auf dessen im Soll stehendes Konto bei einer Bank. Aufgrund einer Weisung des Arztes sollte die Überweisung auf ein Konto bei einer anderen Bank bewirkt werden. Die erste Bank verrechnete den eingegangenen Betrag mit dem Debet und verweigerte die Rückzahlung. Der BGH verwies zunächst auf seine oben dargestellte Entscheidung vom 19.19.1989[277]. Dort habe man ein Zurückweisungsrecht für den Kontoinhaber bei fehlendem Valutaverhältnis bejaht, weil dieser sonst Bereicherungsansprüchen des Überweisenden ausgesetzt sei, die er – bestünde für seine Bank eine Verrechnungsmöglichkeit mit einem Debet – nicht aus dem überwiesenen Betrag erfüllen könnte. Dieses Zurückweisungsrecht müsse, so der BGH am 6.12.1994, auf Ausnahmefälle begrenzt sein, für die ein triftiger, mit dem Willen und der Interessenlage der Girovertragspartner vereinbarter Grund besteht. Es sei aber weder mit dem Recht und der Pflicht der Bank, eingehende Überweisungen dem Konto ihres Kunden gutzubringen noch mit ihrer Interessenlage vereinbar, daß der Kunde eine ihm nach dem Inhalt des Valutaverhältnisses zustehende Zahlung zurückweisen können soll. Das ist zwar richtig, übersieht aber, daß die Gutschrift *kein einseitig zustandekommendes abstraktes Schuldanerkenntnis ist*. Vielmehr muß sie,

---

275 WM 1989, 560, 562.
276 WM 1995, 149.
277 WM 1989, 1560.

wie der BGH im Fall *Währungsreform*[278] selbst ausgeführt hat, angenommen werden. Dabei kann die Annahme konkludent und auch im voraus erfolgen. Wenn aber der Kontoinhaber eine klare Weisung ausspricht, das Geld auf ein anderes Konto zu überweisen, so beseitigt das eine etwa im voraus gegebene Annahmeerklärung für das fehlerhafte Konto.

185 Fälle, in denen – wie hier – eine Annahmeerklärung fehlt, werden in der Praxis seltene Ausnahmen bleiben. Das zeigt auch, daß die Annahme einer Gutschrift keinesfalls identisch ist mit einem generellen, zeitlich unbefristeten Zurückweisungsrecht. Die Bedenken des BGH, daß ein solches Zurückweisungsrecht einen ungehinderten Giroverkehr nicht gewährleisten und den rechnerischen Tagessaldo als Grundlage für die Dispositionen beider Vertragspartner unkalkulierbar machen würde[279], treffen also für die Annahmeerklärung nicht zu.

B. Lastschriftverfahren

I. Begriff, Funktionen, Entwicklung
  1. Begriff und Formen
  2. Funktionen
  3. Entwicklung
II. Die Lastschriftabrede
  1. Zustandekommen, Rechtsnatur, Widerruf
    a) Die Gläubiger-Schuldner-Beziehung
    b) Beziehung Gläubiger – Inkassobank
  2. Rechtswirkungen
    a) Rechtzeitigkeit der Leistung
    b) Nebenpflichten
III. Das Einzugsermächtigungsverfahren (EEV)
  1. Das Verfahren
  2. Dogmatik der Einzugsermächtigung
  3. Grenzen des Genehmigungsrechts
IV. Das Abbuchungsauftragsverfahren (AAV)
V. Grenzen des Widerspruchsrechts
  1. Der Widerspruch im Abbuchungsauftragsverfahren
  2. Einzugsermächtigungsverfahren
    a) Sittenwidrigkeit gegenüber der Gläubigerbank
    b) Sittenwidrigkeit gegenüber dem Zahlungsempfänger
VI. Schutzwirkungen zugunsten Dritter
VII. Ansprüche zwischen den Banken
  1. Der Wiedervergütungsanspruch
  2. Der Anspruch nach I Nr. 4 LSA
  3. Der Anspruch nach IV Nr. 2 LSA
  4. Garantien
VIII. Der Bereicherungsausgleich
  1. Bereicherungsrechtliche Rückabwicklung im EEV
  2. Der Bereicherungsausgleich im AAV

Schrifttum:
Avancini-Iro-Koziol, Österreichisches Bankvertragsrecht I, 1987; *Bauer*, Der Widerspruch des Zahlungspflichtigen im Lastschriftverfahren, WM 1981, 1186; *Baumbach/Hopt*, HGB-Kommentar, 29. Aufl., 1995; *Bork*, Grundprobleme des Lastschriftverfahrens, JA 1986, 121; *Bundschuh*, Die Widerspruchsfrist im Einzugsermächtigungsverfahren, in FS für Stimpel, 1985, 1039; *Canaris*, Großkommentar HGB, 4. Aufl., 1988; *ders.*, Der Bereicherungsausgleich im Dreipersonenverhältnis, in FS für Larenz, 1973, 799; *Claussen*, Bank- und Börsenrecht, 1996; *Denck*, Der Mißbrauch des Widerspruchsrechts im Lastschriftverfahren, ZHR 144 (1980) 171; *Engel*, Rechtsprobleme um das Lastschriftverfahren, 1966; *Fallscheer-Schlegel*, Das Lastschriftverfahren, 1977; *Fritzemeyer/Heun*, Rechtsfragen des EDI, CR 1992, 129; *Grzimek*, Moderne Inkassoverfahren, 1961; *ders.*, Rationalisierung der Debitorenbuchhaltung durch Bankquittungsinkasso, DB

---

278 NJW 1953, 897.
279 WM 1995, 150.

1961, 1073; *Hadding/Häuser*, Zur Neufassung des Abkommens über den Lastschriftverkehr, WM Sonderbeilage Nr. 1, 1983, 8; *dies.*, Rechtsfragen des Lastschriftverfahrens, RWS-Skript 103 Köln 1981; *Hadding*, Das Lastschriftverfahren in der Rechtsprechung, WM 1978, 1366; *ders.*, Zur zivilrechtlichen Beurteilung des Lastschriftverfahrens, FS für Bärmann, 1975, 375; *Häuser*, Zur Beweislast für die Schadensursächlichkeit der Verletzung der Mitteilungspflicht über die Nichteinlösung einer Einzugsermächtigungslastschrift mangels Deckung, WM 1989, 841; *ders.*, Giroverhältnis, in: Gutachten und Vorschläge zur Überarbeitung des Schuldrechts, hrsg. vom Bundesminister der Justiz, Bd. II, 1981, 1317; *ders.*, Die Rechtsprechung des Bundesgerichtshofs zum Lastschriftverkehr bis 1985, WuB I D 2; *ders.*, Zur Beweislast für die Schadensursächlichkeit der Verletzung der Mitteilungspflicht über die Nichteinlösung einer Einzugsermächtigungslastschrift mangels Deckung, WM 1989, 841; *Heymann*, HGB-Komm., Bd. 4, 1990; *Hüffer*, BGB-Kommentar, 2. Aufl., Bd. 3, 1986; *ders.*, Die Haftung gegenüber dem ersten Auftraggeber im mehrgliedrigen Zahlungsverkehr, ZHR 151 (1987) 93; *Jacob*, Die zivilrechtliche Beurteilung des Lastschriftverfahrens, 1995; *Klinger*, Die Rückabwicklung unberechtigter Lastschriften im Einzugsermächtigungsverfahren unter besonderer Berücksichtigung des LSA und der Rechtsnatur der Einzugsermächtigung, Diss. Würzburg, 1989; *Koller*, Grundstrukturen des Bankhaftungsrechts unter besonderer Berücksichtigung des Zahlungsverkehrs, in: *Köndgen* (Hrsg.), Neue Entwicklungen im Bankhaftungsrecht, RWS-Forum 1, 1987, 21; *Kreifels*, Der Widerspruch des Lastschriftschuldners und seine mißbräuchliche Ausübung gegenüber der Gläubigerbank, 1983; *Kümpel*, Bank- und Kapitalmarktrecht, 1995; *Kupisch*, Bankanweisung und Bereicherungsausgleich, WM Sonderbeilage 3/79, 22 ; *Lüke/Philippi*, Haftung der einlösenden Bank im Lastschriftverfahren, JuS 1978, 304; *Ott*, Bankrecht: Das Lastschriftverfahren, JA 1992, 170; *Reiser*, Fortschreitende Beleglosigkeit im Zahlungsverkehr durch EZÜ- und EZL-Abkommen, WM 1990, 745; *ders.*, Bankrecht und Bankpraxis (BuB) 6/300; *Reuter/Martinek*, Ungerechtfertigte Bereicherung, 1983; *Reyher/Terpitz*, Der Lastschriftverkehr (Merkblatt NF 81, hrsg. vom Deutschen Sparkassen und Giroverband), Stuttgart 1982; *Rinze*, Das Lastschriftverfahren: Rechtsprobleme um das Einzugsermächtigungsverfahren, JuS 1991, 202; *Sandberger*, Grundlagen und Grenzen des Widerspruchsrechts beim Lastschriftverfahren, JZ 1977, 285; *Schlegelberger/Hefermehl*, HGB-Kommentar, 5. Aufl., 1976, Bd. IV; *Schmidt*, Rationalisierung und Privatrecht, AcP 166 (1966) 1; *Schoele*, Der Zahlungsverkehr, 1920, 153; *ders.*, Das Recht der Überweisung, Berlin 1937; *Schröter*, Bankenhaftung im mehrgliedrigen Zahlungsverkehr, ZHR 151 (1987) 118; *Schwarz*, Schuldner und Gläubigerverzug im Lastschriftverfahren, ZIP 1989, 1442; *Thomas*, Neues Zeitalter im Banken-Clearing, WM 1991, 981; *Walkhoff*, Der Zahlungsverkehr der Sparkassenorganisation, Sparkasse 6/91, 281; *Zschoche*, Zur dogmatischen Einordnung des Lastschriftverfahrens unter besonderer Berücksichtigung der Vertrauensstrukturen, 1981.

I. Begriff, Funktionen, Entwicklung

1. Begriff und Formen

Das Lastschriftverfahren ist eine Sonderform des Giroverkehrs. Es wurde zur Bewältigung des Massenzahlungsverkehrs durch ein von den Spitzenverbänden des deutschen Kreditgewerbes vereinbartes Abkommen am 1.1.1964[280] eingeführt. Heute beruht die Abwicklung des Lastschriftverkehrs auf der revidierten Fassung des Abkommens vom 1.7.1982. *Eine Lastschrift ist eine Überweisung mit umgekehrten Vorzeichen. Nicht der Schuldner weist seine Bank an, einen bestimmten Betrag an den Gläubiger zu überweisen, sondern der Gläubiger ist es, von dem die Einziehung aus-*

186

---

280 Vgl. den Text des damaligen Abkommens bei Schlegelberger/Hefermehl⁵, Bd. IV, Anh. 365 Rz. 123.

geht. Der Gläubiger, benutzt seine Bank als Inkassostelle zum Zwecke der Einziehung einer gegenüber dem Schuldner bestehenden Forderung. Die Bank des Schuldners fungiert als Zahlstelle. Zwischengeschaltet sind, wie beim Giroverkehr auch, weitere Banken, deren Beziehungen sich nach dem Lastschriftabkommen (LSA) 82 regeln[281]. Das Lastschriftverfahren wird in zwei Formen durchgeführt, nämlich als Abbuchungsauftragsverfahren (AAV) und als Einzugsermächtigungsverfahren (EEV).

187 Beim Abbuchungsverfahren gibt der Schuldner eine (General)Weisung i.S.v. §§ 665, 675 BGB im Rahmen des bestehenden Girovertrages an seine Bank[282]. Die Schuldnerbank ist deshalb zur Einlösung der Lastschrift verpflichtet, sofern das Schuldnerkonto gedeckt ist. Andernfalls hat sie den Schuldner zu benachrichtigen[283]. Zugleich liegt in der Übersendung der Lastschrift durch den Gläubiger die Weisung (des Schuldners!) an die Schuldnerbank, die Überweisung durchzuführen.

188 *Beim Einziehungsverfahren hängt die Einlösung von der Genehmigung des Schuldners ab.* Hier fehlt es an einer Generalweisung des Schuldners gegenüber seiner Bank. Vielmehr hat er den jeweiligen Gläubiger zur Einziehung von seinem Konto ermächtigt. Aus diesem Grunde muß die Lastschrift den Vermerk »Einzugsermächtigung des Zahlungspflichtigen liegt dem Zahlungsempfänger vor« tragen[284]. Fehlt dieser Vermerk und liegt kein Abbuchungsauftrag vor, so wird die Lastschrift nicht ausgeführt.

189 Der Begriff Lastschriftverfahren steht, als banktechnischer Sammelbegriff, für eine Reihe von Rechtsbeziehungen, die sich miteinander verbinden. Vertragliche Beziehungen bestehen in der Form von entgeltlichen Geschäftsbesorgungsverhältnissen (§ 675 BGB) zwischen dem Gläubiger und seiner Bank (1. Inkassostelle) sowie zwischen dem Schuldner und seiner Bank (Zahlstelle). Keine vertraglichen Beziehungen bestehen zwischen dem Gläubiger und der Schuldnerbank, zwischen dem Schuldner und der Gläubigerbank, sowie zwischen Gläubiger/Schuldner und etwa zwischengeschalteten Banken[285]. Zwischen den beteiligten Kreditinstituten entfaltet das LSA 82 vertragliche Rechte und Pflichten, deren Verletzung zu Schadensersatzansprüchen gem. Abschnitt IV Nr. 2 des Abkommens führen kann. Ferner bestehen Schutzpflichten der Schuldnerbank gegenüber dem Gläubiger und der Gläubigerbank gegenüber dem Schuldner.

---

281 Hadding/Häuser, WM Sonderbeilage Nr. 1, 1983, 8 ff.
282 BGHZ 69, 85; 72, 345; a.A. Canaris' Rz. 532, der annimmt, daß eine Ermächtigung des Gläubigers i.S.v. § 185 Abs.1 BGB vorliegt.
283 BGH NJW 1989, 1671; dazu Häuser, WM 1989, 841.
284 So der zwingende Wortlaut von Nr. 3 Abs. 2 Lastschriftabkommen (LSA) 82.
285 Grundlegend BGHZ 69, 83.

Grafik: Lastschriftverfahren 190

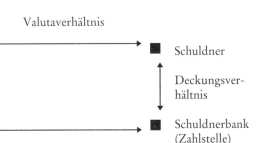

2. Funktionen

Funktional entfaltet das Lastschriftverfahren Vorteile für alle Beteiligten. 191
An allererster Stelle stehen die immensen Kostenvorteile, die sich aus der im wesentlichen beleglosen Abwicklung des Lastschriftverkehrs ergeben. Beispielsweise haben im Jahre 1991 die Ringhauptstellen der im Deutschen Genossenschaftsring zusammengeschlossenen Banken 1,76 Mrd. Zahlungsvorgänge in einem Gesamtvolumen von 3.652,9 Mrd. DM abgewickelt. Der Anteil der Lastschriften an der Gesamtzahl der Posten betrug ca. 44 % (768 Mio. Stück) bzw. wertmäßig ca. 21 % (765 Mrd. DM). Etwa 95 % aller Lastschriften wurden beleglos verarbeitet, während bei Überweisungen erst eine Beleglosigkeit von ca. 64 % erreicht werden konnte[286]. Erheblich begünstigt wurde und wird diese Entwicklung durch eine das Lastschriftverfahren kennzeichnende Dienstleistungsverlagerung. Nicht mehr der Schuldner kümmert sich um die Überweisung fälliger Forderungen, sondern der erheblich stärker interessierte Gläubiger entwickelt ein auf seine Bedürfnisse zugeschnittenes Einziehungsverfahren. Besonders ausgeprägt machen hiervon *Unternehmen*, die eine dauernde Geschäftsverbindung unterhalten, Gebrauch[287]. Aber auch der *private Endverbraucher* nutzt inzwischen die *Bequemlichkeit* dieses Verfahrens, um die Rechnungen für z. B. Strom, Gas, Versicherungen, Fernsehen, Telefon, Arztbesuche oder Versandhausbestellungen zu begleichen. In all diesen Fällen ist das Lastschriftverfahren dem Dauerauftrag überlegen, weil auf diese Weise Beträge in schwankender Höhe und in unregelmäßi-

---

286 So eine Information des Bundesverbandes der deutschen Volksbanken und Raiffeisenbanken v. 20.3.1992; vgl. ferner zur technischen Entwicklung des Lastschriftverkehrs Klinger, S. 25 ff.; Reiser, WM 1990, 745 ff.
287 Hadding/Häuser, WM Sonderbeilage 1/83, S. 4.

gen Abständen ohne eine erneute Mitwirkung des Schuldners eingezogen werden können[288].

192 Auch bei der Zahlung mittels Kreditkarte bedient sich die Kartengesellschaft des Lastschriftverfahrens, um die aus dem Kreditkartenvertrag geschuldeten Beträge einzuziehen[289]. Ferner kann der Abruf einer Kreditlinie per Lastschriftverfahren vereinbart und durchgeführt werden[290]. Der Bequemlichkeit des Verfahrens auf Seiten des Schuldners korrespondiert die *Sicherheit* für den *Gläubiger*, sein *Geld* im *Fälligkeitszeitpunkt* zu bekommen. D.h. der Gläubiger ist nicht von der Zahlungsmoral des Schuldners abhängig, so daß Aufwendungen für das außergerichtliche Mahnverfahren weitgehend wegfallen[291]. Umgekehrt verursacht das Lastschriftverfahren selbst Kosten. Diese lassen sich durch Bündelung der Lastschriften im Magnetband-Clearing-Verfahren auf ein durchaus vertretbares Niveau reduzieren[292]. Schließlich kann der Gläubiger aufgrund der bedingten Gutschrift der Lastschrift sofort über die Beträge disponieren und genießt insoweit Zinsvorteile[293]. Hinzu kommt, daß ein funktionsfähiges Lastschriftverfahren auf beiden Seiten das Vertrauen in die Geschäftsverbindung stärkt und somit die Bestellung (kostspieliger) Sicherheiten tendenziell überflüssig macht. Den Vorteilen des Lastschriftverfahrens stehen Nachteile gegenüber, die bisher punktuell geblieben sind, also die Funktionsfähigkeit und Effizienz des Verfahrens auch nicht ansatzweise in Frage zu stellen vermochten. Gemeint sind die Mißbrauchsmöglichkeiten. Der Schuldner kann in pflichtwidriger Weise von seinem Widerspruchsrecht Gebrauch machen[294]. Umgekehrt kann der Gläubiger durch die bloße Behauptung »Einzugsermächtigung des Zahlungspflichtigen liegt dem Zahlungsempfänger vor« Belastungsbuchungen selbst dann bewirken, wenn es überhaupt kein Valutaverhältnis gibt. Zu Recht wird darauf hingewiesen, daß die erste Inkassostelle dafür zu sorgen hat, daß sie nur solche Zahlungsempfänger zu dem Verfahren zuläßt, deren Bonität und Seriosität außer Zweifel stehen[295]. Hierauf haben auch die Spitzenverbände eindringlich hingewiesen[296].

---

288 Vgl. Anwendungsbeispiele bei Hadding/Häuser, S. 68 und bei Reyher/Terpitz, S. 15.
289 Nr. 3 Eurocard-Bedingungen 91.
290 BGHZ 74, 300 = WM 1979, 689; BGH WM 1979, 994.
291 So schon Engel, S. 10.
292 Ähnlich Kreifels, S. 4.
293 Ott, JA 1992, 170, 172.
294 Zschoche, S. 33 f. unter Einbeziehung der betriebswirtschaftlichen Aspekte des Verfahrens.
295 Hadding/Häuser, WM Sonderbeilage 1/83, S. 5.
296 Und zwar in den Erläuterungen zu den überarbeiteten Bestimmungen des Lastschriftabkommens und Hinweisen zum Lastschriftverkehr; dazu Reyher/Terpitz, S. 113; ferner Canaris[4] Rz. 530.

3. Entwicklung

Das Lastschriftverfahren, das seit dem 1.1.1964 praktiziert wird, entstand nicht im freien Raum[297]. Einigkeit herrscht darüber, daß Otto Schoele als »Vater« des Lastschriftverfahrens bezeichnet werden kann. Er beanstandete bereits 1920, daß in der Praxis und in der Wissenschaft fast nur von dem Scheck und der Überweisung als den beiden »Mitteln« des bargeldlosen Zahlungsausgleichs gesprochen werde[298]. Doch gäbe es noch eine dritte Form, die mehr Beachtung verdiene, als sie bisher gefunden habe. Für diese dritte Form schlug Schoele die Bezeichnung »Einziehungsverfahren« vor und nannte den einzelnen Vorgang »rückläufige Überweisung«. Das ist genau der Terminus, den später der BGH in seinem Grundsatzurteil vom 28.2.1977 übernommen hat[299]. Diese »rückläufige Überweisung« empfehle sich, so Schoele, besonders in Fällen, in denen »regelmäßig wiederkehrende Zahlungen« zu leisten seien[300]. Als Vorteile des Verfahrens stellte er für die verschiedenen Beteiligten schon damals heraus: Der Zahlungspflichtige erspare sich die Scheckausstellung oder das Ausfüllen von Überweisungsformularen, ferner würden ihm von den Kreditinstituten die quittierten Belege ins Haus gesandt. Das Kreditinstitut erhalte statt einer Vielzahl von Überweisungsaufträgen vom Zahlungsempfänger Listen mit anliegenden Quittungen, deren Gesamtbetrag dem Einreicher gutgeschrieben werden könnte, während die Einzelquittungen dem bezogenen Kunden belastet würden. Der größte Vorteil entstehe allerdings beim Zahlungsempfänger. *Anstelle zahlreicher einzelner Beträge mit im einzelnen ungewissem zeitlichen Eingang, erlaube das Einziehungsverfahren, von andernfalls nötigen Einzelbuchungen abzusehen und gestatte eine Sammelbuchung mit entsprechender Belastung des beauftragten Kreditinstituts.* Ab dem Tag dieser Belastung könne meist sogar schon über den vollen Betrag verfügt werden. Praktiziert werde dieses Verfahren von Steuerbehörden oder behördenähnlichen Unternehmen wie Gasanstalten und Elektrizitätswerken[301]. Später äußerte Otto Schoele die Vermutung, daß das Einziehungsverfahren erstmals von der Reichsbank im Verkehr mit Reichs- und Staatsbehörden angewandt worden sei[302]. Allerdings, Schoele war seiner Zeit weit voraus. Trotz seiner wiederholten Versuche, die Rationalisierungsvorteile des Einziehungsverfahrens herauszustellen,

193

---

297 Zur historischen Entwicklung insbes. Zschoche, S. 17 ff.; Engel, S. 4 f.; Reiser, Bankrecht und Bankpraxis (BuB) 6/300 m.w.N.
298 Schoele, Der Zahlungsverkehr (ZV), 1920, 153 (die Zeitschrift erschien erstmals im Jahre 1919 unter dem Titel »Der bargellose Zahlungsverkehr«, hieß dann ab 1920 »Der Zahlungsverkehr« und später »Zahlungsverkehr und Bankbetrieb«; sie stellte Ende 1944 ihr Erscheinen ein).
299 BGHZ 69, 82, 84.
300 Vgl. auch Otto Schoele, Das Recht der Überweisung, S. 49.
301 So Schoele, ZV 1920, 153 f.
302 Zahlungsverkehr und Bankbetrieb (ZuB), 1933, 285 f.

geriet es bis zum Ende des 2. Weltkrieges eher in Vergessenheit[303]. Erst nach dem Zweiten Weltkrieg wurde angesichts der Kapitalknappheit und der Notwendigkeit zu innerbetrieblicher Rationalisierung erneut über ein modernes Inkassoverfahren nachgedacht[304]. Die Wirtschaft bevorzugte das sog. *Bankquittungsverfahren,* während die Kreditwirtschaft sich für das *Lastschriftverfahren* einsetzte. Auf Veranlassung der Spitzenverbände des Kreditgewerbes prüfte die Deutsche Bundesbank im Sommer 1959, ob es geboten sei, ähnlich wie den Einzug von Schecks auch das institutsübergreifende Inkasso von Lastschriften (gebühren- und kostenfrei) zu vermitteln[305]. Dabei hatten die Kreditinstitute bereits 1956 damit begonnen, »Zahlungsverkehrsabkommen« mit dem Ziel des netzübergreifenden Zahlungsverkehrs zu schließen[306]. Auf diese Weise entstand auch das »Abkommen über den Lastschriftverkehr«, das am 1.1.1964 in Kraft trat und bis zur Neufassung am 1.7.1982 angewandt wurde[307]. Ab 1.7.1966 stellte die Deutsche Bundesbank den Kreditinstituten das bereits bestehende vereinfachte Scheckeinzugsverfahren auch für den Einzug von Lastschriften zur Verfügung[308]. An der Überarbeitung des LSA 64 haben die Deutsche Bundesbank und das Bundesministerium für das Post und Fernmeldewesen mitgewirkt. Beide gehören zu den Beteiligten des am 1.7.1982 neu gefaßt in Kraft getretenen Abkommens über den Lastschriftverkehr, das bis heute fortgilt. Ähnlich war die Entwicklung in Österreich[309]. Hintergrund für die Neufassung des Abkommens 64 waren die Entwicklungen hin zum automatisierten Zahlungsverkehr. Bereits im Jahre 1970 hatte die Deutsche Bundesbank eine einheitliche numerische Kennzeichnung der einzelnen Kreditinstitute eingeführt, die *Bankleitzahl* (BLZ)[310].

194 Die BLZ ist nach einem einheitlichen System aufgebaut und bildet die Voraussetzung für die Automatisierung des bargeldlosen Zahlungsverkehrs, sowohl hinsichtlich einer maschinellen Beleglesung als auch für einen beleglosen Datenträgeraustausch[311]. Einhergehend wurden einheitliche Zahlungsverkehrsvordrucke vereinbart und später einheitliche Codierungen von Zahlungsbelegen (1976)[312]. Ein weiterer wesentlicher Baustein wurden die »Richtlinien für den beleglosen Datenträgeraustausch« (Mag-

---

303 Hadding/Häuser, WM Sonderbeilage 1/83, S. 6 f. m.w.N.
304 Grzimek, Moderne Inkassoverfahren, passim; ferner ders., DB 1961, 1073.
305 Grzimek, S. 50.
306 Häuser, in: Gutachten und Vorschläge zur Überarbeitung des Schuldrechts, Bd. II, 1981, 1317, 1335 m.w.N.
307 Text des Abkommens 64 bei Schlegelberger/Hefermehl[5], Anh. § 365 Rz. 123.
308 Abschnitt III der AGB der Deutschen Bundesbank; vgl. Bundesanzeiger Nr. 110 v. 16.6.1966.
309 Avancini-Iro-Koziol, Rz. 6/95.
310 Bundesanzeiger Nr. 165 v. 8.9.1970.
311 Monatsberichte der Deutschen Bundesbank, 2/1971, 58.
312 Bundesanzeiger Nr. 163 v. 4.9.1970; Bundesanzeiger Nr. 1 v. 3.1.1979; Bundesanzeiger Nr. 178 v. 21.9.1976.

netband-Clearing-Verfahren), ergänzt durch spezielle kundenbezogene AGB.

Die Bedeutung des Lastschriftverfahrens in Deutschland ist in den Zahlungsvorgängen im Deutschen Genossenschaftsring für das Jahr 1991 bereits angedeutet worden. Die Sparkassen haben im Jahr 1990 ca. 2,05 Mrd. Lastschriften durchgeführt. Das entsprach etwa einem Drittel der Gesamtstückzahl an Zahlungsverkehrsvorgängen. Wertmäßig entfielen auf die Lastschriften 1.488 Mrd. DM, d.h. ca. 10 % der Umsätze des gesamten Zahlungsverkehrs[313]. Zur Bewältigung des rasant steigenden Transaktionsvolumens im Zahlungsverkehr wurde im März 1990 bei der Landeszentralbank in Frankfurt/M. von der Bundesbank ein neues elektronisches Abrechnungssystem mit File-Transfer (EAF) gestartet. Im Durchschnitt ist es auf diese Weise möglich, daß eintreffende Umsätze schon nach 10 Minuten an die Empfänger ausgeliefert sind[314]. Im Frühjahr 1992 eröffnete die Deutsche Bundesbank den »elektronischen Schalter« zur Annahme und Auslieferung von Einzelüberweisungsaufträgen. Ab Sommer 1992 werden Kontoinformationen zum elektronischen Abruf für die Kunden der Deutschen Bundesbank bereitgehalten[315]. Das auch von der EG aktiv unterstützte Bemühen um eine möglichst automatische und beleglose Abwicklung des Zahlungsverkehrs wird hieran deutlich[316].

195

II. Die Lastschriftabrede

Es wurde bereits erwähnt, daß das Lastschriftverfahren als Abbuchungsauftrags- und als Einzugsermächtigungsverfahren praktiziert wird. Gewöhnlich wird darauf hingewiesen, daß das erste zur Abwicklung größerer Forderungen im Rahmen laufender Geschäftsbeziehungen zwischen Unternehmen dient und das zweite zur Abwicklung des Massenzahlungsverkehrs[317]. Wirklich einsichtig ist das nicht, denn beide Verfahren setzen das Einverständnis des Schuldners zum Forderungseinzug durch Lastschrift und umgekehrt die Bereitschaft des Gläubigers dazu voraus. Erteilt wird das Einverständnis unter der Bedingung, daß eine zu erfüllende Verbindlichkeit wirklich besteht. *Unterschiede ergeben sich erst, wenn der*

196

---

313 Walkhoff, Sparkasse 6/91, 281.
314 Thomas, WM 1991, 981.
315 Thomas, WM 1991, 981.
316 Vgl. Empfehlung der EG-Kommission v. 8.12.1987 für einen Verhaltenskodex im Bereich des elektronischen Zahlungsverkehrs (87/598/EWG) Abl. Nr. L 365/72; ferner zu den Bemühungen um eine länderübergreifende »Übertragungssprache« (EDIFACT) dazu Fritzemeyer/Heun, CR 1992, 129; sowie Reiser, WM 1990, 745 zum Abkommen über die Umwandlung beleghaft erteilter Lastschriftaufträge in Datensätze und deren Bearbeitung (EZL-Abkommen).
317 Reyher/Terpitz, S. 31 f.; Baumbach/Hopt, HGB-Komm.[29], S. 1151, D/1; Müko/Hüffer[2], § 783 Rz. 59.

Gläubiger eine ihm nicht zustehende Forderung einzieht. Nach Einlösung muß der ungerechtfertigt in Anspruch genommene Schuldner im AAV seinen Anspruch gegen den Gläubiger aus Bereicherungsrecht (§ 812 BGB) und/oder § 826 BGB verfolgen. Im EEV hat der Schuldner die Möglichkeit zu *widersprechen* und erreicht auf diese Weise die Rückbuchung (Gutschrift) auf seinem Konto, während seine Bank einen Rückzahlungsanspruch gegen die Inkassobank hat. Im AAV trägt also (nach Einlösung) der Schuldner das Insolvenzrisiko des Gläubigers, während dieses Risiko beim EEV auf Seiten der Inkassobank liegt. Daran wird zugleich deutlich, daß aus der Sicht des Schuldners das EEV zu bevorzugen ist, und zwar nicht nur wegen der Verlagerung des Insolvenzrisikos, sondern auch wegen der Sicherheit, mit der der Schuldner bei Widerspruch die Rückbuchung (Gutschrift) auf seinem Konto erreicht. Angesichts dieser Zusammenhänge ist es fast erstaunlich, daß es das AAV überhaupt noch gibt. Jedenfalls erklären höhere Beträge im Rahmen einer laufenden Geschäftsbeziehung zwischen Unternehmen seine Existenz nicht. Hier würde auch eine generelle Ermächtigung seitens des Schuldners zur Einziehung zukünftiger Forderungen aus laufender Geschäftsverbindung genügen. Hinzu kommt, daß die Rechtsstellung des Gläubigers durch die gefestigte, unten darzustellende, Rechtsprechung des BGH zum Mißbrauch des Widerspruchsrechts[318] im EEV kaum schwächer ist, als im AAV. Für die Praxis sollte eine ökonomische Analyse des AAV im Vergleich zum EEV durchgeführt werden, um zu klären, ob es wirklich einen Sinn gibt, zwei nahezu funktionsgleiche, rechtlich aber ziemlich unterschiedliche und komplizierte, Verfahren nebeneinander bestehen zu lassen. Es erscheint zumindest nicht abwegig, daß durch eine »Verfahrensbereinigung« dem Ziel, mit Hilfe des unbaren Zahlungsverkehrs die Dinge für alle Beteiligten zu vereinfachen und Kosten zu sparen, noch etwas näher gerückt werden könnte[319]. Jedenfalls gilt, daß beide Formen des Lastschriftverfahrens der Erfüllung einer Verbindlichkeit, die im Valutaverhältnis zwischen dem Gläubiger und dem Schuldner besteht, dienen. In beiden Fällen muß dann, wenn anstelle der grundsätzlich geschuldeten Barzahlung das Lastschriftverfahren treten soll, eine Lastschriftabrede zwischen Gläubiger und Schuldner geschlossen werden.

---

318 Vgl. Rz. 222.
319 Möglicherweise ist das Festhalten am Abbuchungsverfahren eher historisch bedingt; dazu Hadding/Häuser, WM Sonderbeilage 1/83, S. 6: »Zum Verständnis des (von Otto Schoele vorgeschlagenen) Verfahrens ist es aus heutiger Sicht wichtig, daß das »Einziehungsverfahren«, so wie es damals (in den 20er Jahren) praktiziert wurde, voraussetzte, daß der Zahlungspflichtige seiner Kontostelle eine allgemeine Anweisung zur Begleichung gewisser Forderungen Dritter an ihn gegeben hat. Dem entspricht gegenwärtig das Abbuchungsauftragsverfahren«.

1. Zustandekommen, Rechtsnatur, Widerruf

a) Die Gläubiger-Schuldner-Beziehung

Die Lastschriftabrede kommt zustande, wenn der Schuldner den Gläubiger (meist auf dessen Verlangen) ermächtigt, die Forderung im Lastschriftverfahren einzuziehen. Sowohl die daraus resultierende Einzugsermächtigung als auch der Abbuchungsauftrag bedürfen nicht der Schriftform[320]. Sie ist aber, schon wegen der Anforderungen von I Nr. 1. LSA, üblich. Rechtlich handelt es sich um eine die bestehenden Giroverträge ergänzende unselbständige Nebenabrede[321]. Eine Rechtspflicht, eine Lastschriftabrede zu treffen, besteht nicht. Allerdings ist es zulässig, eine solche Vereinbarung auch formularmäßig, z.B. in einem Mietvertrag, zu vereinbaren[322]. Das gilt jedenfalls dann, wenn das dem Mieter in beiden Lastschriftverfahrensarten zustehende Widerrufsrecht nicht eingeschränkt wird. Ermächtigt der Mieter, wie im Falle des LG Berlin, seinen Vermieter zum Einzug der Miete per Lastschriftverfahren, so folgt daraus, daß er ein Konto eröffnen und unterhalten muß. Für Dauerschuldverhältnisse stellt eine solche Pflicht heute bei wirtschaftlicher Betrachtungsweise eine zumutbare Belastung dar[323]. Allerdings darf der Vermieter dem Mieter nicht vorschreiben, bei welcher Bank dieser sein Konto eröffnen soll[324].

197

Die Einzugsermächtigung, so wird unter Hinweis auf die Grundsatzentscheidung des BGH aus dem Jahre 1976[325] überwiegend angenommen, kann von beiden Seiten grundsätzlich widerrufen werden[326]. Der Widerruf erfolge durch einseitige rechtsgeschäftliche Erklärung gegenüber dem Zahlungsempfänger und bewirke, daß seine Forderungen insoweit nicht mehr am Lastschriftverfahren teilnehmen dürften. Die Erklärung sei kündigungsähnlich und entfalte nur für die Zukunft Wirkung[327]. Dem steht die Entscheidung des BGH vom 7.12.1983[328] entgegen, wonach zumindest die Zahlungsempfängerin kein Recht habe, sich einseitig von dem vereinbarten Einzug im Lastschriftverfahren zu lösen. In der Literatur wird dieser Auffassung zu Recht zugestimmt[329]. Denn die Abänderung der vereinbarten Leistungsmodalität ist »eine Änderung des Inhalts eines Schuldverhältnisses«, zu der grundsätzlich ein Vertrag erforderlich ist (§ 305 BGB). Dabei werden die Grenzen der Vertragsfreiheit, wie immer

198

---

320 BGH NJW 1979, 2146; Müko-Hüffer², § 783 Fn 130.
321 A.A. Engel, S. 24 f. für Auftrag i.S.v. § 662 BGB; gegen ihn mit überzeugenden Gründen Canaris⁴ Rz. 628.
322 LG Berlin WM 1975, 530.
323 WM 1975, 530 unter Hinweis auf die Vereinbarung von Gehaltskonten in Arbeitsverträgen.
324 LG Berlin WM 1975, 530, 531.
325 BGHZ 69, 361, 367.
326 Canaris⁴ Rz. 649; Gößmann WuB I D 2.-1.89 unter Ziff. 3 a; Müko-Hüffer, § 783 Rz. 72.
327 Müko-Hüffer, § 783 Rz. 72; ähnlich Gößmann WuB I D 2.-1.89 m.w.N.
328 WM 1984, 163, 164.
329 Häuser, WuB I D 2 (unter II.1); Schwarz, ZIP 1989, 1442, 1446.

im Schuldrecht, durch Treu und Glauben bestimmt, d.h. die Weigerung einer Partei, am Lastschriftverfahren teilzunehmen, muß im Zweifel sachlich begründbar sein.

b) Beziehung Gläubiger – Inkassobank

199 Allerdings kann der Gläubiger am Lastschriftverfahren nur teilnehmen, wenn ihn seine Bank (Inkassobank) dazu vertraglich besonders zuläßt. Insoweit ist eine *Lastschriftinkassoabrede erforderlich. Einen Anspruch auf Teilnahme am Lastschriftverfahren hat der Gläubiger nicht, auch dann nicht, wenn er einen Bank- oder einen Girovertrag unterhält.* Grund: Das Lastschriftverfahren setzt nicht nur eine gewisse Menge an zu bewältigenden Zahlungsvorgängen voraus, sondern darüber hinaus auch Bonität seitens des Gläubigers. Denn diesem wird aufgrund der eingereichten Lastschriften von der Inkassostelle der Gesamtbetrag mit dem Vermerk »*Eingang vorbehalten*« (»E.v.«) gutgeschrieben. Der Gläubiger erhält nicht erst einen Anspruch auf die Gutschrift, wie bei der Überweisung, sondern sofort die Gutschrift selbst, wenn auch unter der (aufschiebenden) Bedingung der Lastschrifteinlösung und der (auflösenden) Bedingung der späteren Rückgabe der Lastschrift[330]. Damit verfügt der Gläubiger aber über den Gegenwert der Lastschriften, bevor seine eigene Bank sicher weiß, ob die Lastschriften eingelöst werden. Es besteht die Möglichkeit Einzugsermächtigungen vorzutäuschen, um sich auf diese Weise Geld zu verschaffen, und es besteht ferner die Gefahr, daß der Gläubiger den inzwischen verbrauchten Gegenwert nicht eingelöster Lastschriften z.B. aufgrund Konkurses nicht zurückzahlen kann. Die mit dem Lastschriftinkasso verbundenen Risiken für die Gläubigerbank legitimieren zugleich ihre Freiheit, nicht jeden am Lastschriftverfahren teilnehmen zu lassen. Fragen unsachlicher Diskriminierung etwa i.S.v. § 26 Abs. 2 S. 2 GWB oder § 826 BGB werden sich in diesem Zusammenhang schon deshalb kaum stellen, weil ein Kunde, der glaubt von seiner Bank zu Unrecht vom Lastschriftverfahren ausgeschlossen worden zu sein, die Möglichkeit hat, die Bank zu wechseln.

2. Rechtswirkungen

a) Rechtzeitigkeit der Leistung

200 Im bargeldlosen Zahlungsverkehr ist zwischen der Erfüllungswirkung des Zahlungsvorgangs und seiner Rechtzeitigkeit zu unterscheiden. Im Hinblick auf die Rechtzeitigkeit kommt es darauf an, ob der Schuldner das seinerseits für die Leistung Erforderliche getan hat, also auf die Leistungshandlung. Das ergibt sich aus §§ 269, 270 BGB, wonach die Geldschuld

---

330 BGHZ 74, 315.

im Grundsatz eine Schickschuld ist, so daß bei rechtzeitiger Absendung des Geldes die Verzögerungsgefahr beim Gläubiger liegt. Bei einer *Überweisung* hat der Schuldner in diesem Sinne das Erforderliche getan, wenn er die Überweisung veranlaßt hat und ein *entsprechendes Guthaben* unterhält[331]. Das entspricht § 270 Abs. 1 BGB, wonach der Schuldner das rechtzeitige *Absenden* von Geld schuldet. *Ist hingegen der Einzug im Lastschriftverfahren vereinbart worden, so wird die Geldschuld zur Holschuld*[332]. Bei einer solchen Fallgestaltung ist der Gläubiger verpflichtet, von der Ermächtigung zum Einzug rechtzeitig Gebrauch zu machen. Diesen, mit dem Scheckrecht übereinstimmenden[333], Grundsatz hat der BGH für das Lastschriftverfahren bereits am 19.10.1977 aufgestellt[334]. In jenem Fall ging es um einen Gärtner, der am 20.3.1973 beim Fällen von Bäumen einen Unfall mit schweren Verletzungen erlitt. Die Unfallversicherung weigerte sich zu zahlen, weil der Gärtner zur Zeit des Unfalls nach § 39 VVG im Prämienverzug gewesen sei. Der Gärtner wies darauf hin, daß er dem Versicherer eine Einzugsermächtigung im Lastschriftverfahren erteilt hatte. Wenn die Versicherung hiervon keinen Gebrauch mache, so sei das ihre Sache; er jedenfalls sei nicht in Verzug geraten. Der BGH stimmte zu. Lasse sich der Versicherer (VR) vom Versicherungsnehmer (VN) eine Einzugsermächtigung geben, so übernehme er regelmäßig die Verantwortung, solange die Übereinkunft nicht eindeutig widerrufen worden sei. Der VN habe in einem solchen Fall das seinerseits Erforderliche getan, wenn die Prämie bei Fälligkeit von seinem Konto abgebucht werden könne. Er könne davon ausgehen, daß der VR von der Ermächtigung rechtzeitig Gebrauch machen werde. Unterlasse dies der VR, so rechtfertige das allein nicht die Annahme, der VN habe »nicht rechtzeitig gezahlt«. Die gleichwohl ergehende Mahnung des VR sei dann nicht nach § 39 Abs. 1 VVG wirksam, möge sie auch inhaltlich dessen Erfordernissen genügen. Sie könne nicht die Leistungsfreiheit des VR nach § 39 Abs. 2 VVG begründen. Die Lastschriftabrede ist, wie der BGH später noch einmal betonte, dahin auszulegen, »daß sich der VR direkt unter Vorlage von Lastschriftbelegen an die Bank wenden und durch Gebrauchmachen von der Einzugsermächtigung selbst Sorge für den Prämieneinzug tragen soll«[335]. Allerdings muß der Zahlungspflichtige »spätestens nach Eingang des jeweiligen Lastschriftbeleges bei seiner Bank für entsprechende Kontodeckung sorgen«[336]. Auch die fristlose Kündigung eines Leasing-Vertrages wegen Ratenverzugs ist unwirksam, wenn im Falle einer Last-

---

331 BGH WM 1971, 110 = NJW 1971, 380; BFH EWiR § 270 BGB 1/88, 25 (Alisch).
332 BGH WM 1984, 163, 164; BGHZ 69, 361, 366 unter Zustimmung von Hadding, WM 1978, 1366, 1379 f.
333 BGHZ 44, 178.
334 BGHZ 69, 361 = NJW 1978, 215.
335 BGH WM 1985, 461 f.
336 BGH WM 1985, 461, 462.

schriftabrede das Konto des Leasingnehmers gedeckt war. Denn der Gläubiger ist gehalten, »von der Ermächtigung zum Einzug rechtzeitig Gebrauch zu machen«[337]. Deshalb ist ein Urteil des OLG Düsseldorf vom 13.10.1988 nicht ganz überzeugend[338]. Ein Leasinggeber hatte versehentlich die Einziehung der Leasingraten für Juni bis August 1985 unterlassen. Nachdem er sein Versehen bemerkt hatte, forderte er den Leasingnehmer auf, die ausstehenden Raten nunmehr zu tilgen. Nachdem der Leasingnehmer trotz Mahnung nicht zahlte, klagte der Leasinggeber den Gesamtbetrag der ausstehenden Raten als Verzugsschaden (§ 286 BGB) ein. Das OLG Düsseldorf bejahte den Verzug; die Leasinggeberin sei zur Abbuchung nur ermächtigt, nicht dagegen verpflichtet gewesen[339]. Dies widerspricht der Rechtsprechung des BGH, wonach der »Gläubiger gehalten ist, von der Ermächtigung zum Einzug rechtzeitig Gebrauch zu machen«[340]. D.h. den Lastschriftgläubiger trifft die »Obliegenheit, die Lastschrift bei dem Kreditinstitut des Schuldners rechtzeitig einzureichen. Wenn der Gläubiger den Lastschrifteinzug versäumt, kommt der Zahlungspflichtige selbst dann nicht in Schuldnerverzug, wenn er keine ausreichende Deckung auf seinem Konto hat, die Lastschrift mithin gar nicht eingelöst werden könnte«[341].

b) Nebenpflichten

201 Die Lastschriftabrede wandelt die Geldschuld von einer Bring- in eine Holschuld um. Der Schuldner bewirkt das seinerseits Erforderliche, indem er bei seiner Bank für entsprechende Kontodeckung (durch Guthaben oder Kreditzusage) sorgt[342]. Daraus folgt, daß sich der Gläubiger direkt unter Vorlage von Lastschriftbelegen an die ihm benannte Bank wenden und durch Gebrauchmachen von der Einzugsermächtigung selbst Sorge für den Einzug zu tragen hat[343]. Aus dieser Verlagerung der Einzugsaktivitäten vom Schuldner auf den Gläubiger können sich v.a. dann Probleme ergeben, wenn mit der Versäumung rechtzeitiger Zahlung erhebliche (für den Schuldner negative) Rechtsfolgen verbunden sind. Das ist besonders oft im Versicherungsrecht der Fall, und zwar deshalb, weil die §§ 38, 39 VVG bei verspäteter Zahlung der Erst- oder Folgeprämie Leistungsfreiheit des Versicherers anordnen. In einem vom BGH am 30.1.1985 entschiedenen Fall ging es um eine Erstprämie (§ 38 VVG).

---

337 BGH WM 1984, 163, 164.
338 OLG Düsseldorf WM 1988, 1761.
339 Im Grundsatz zustimmend Gößmann WuB I D 2.-1.89.
340 BGH WM 1984, 163 f.; WM 1985, 461 f.; BGHZ 69, 361, 366.
341 So Schwarz, ZIP 1989, 1442, 1448.
342 BGH WM 1985, 461, 462.
343 BGHZ 69, 361, 366.

Fall: BGH WM 1985, 461 »Querschnittslähmung« 202
Ein junger Mann erlitt am 27.10.1980 gegen 21.20 Uhr einen schweren Unfall; er ist seitdem querschnittsgelähmt. Deshalb verlangte er von seiner Unfallversicherung die Zahlung einer Invaliditätsentschädigung in Höhe von DM 90 000,-. Der Versicherungsvertrag war am 28.8.1980 mit Beginn 1.10.1980 geschlossen worden. Am 10.9.1980 schrieb der VR dem VN, daß die monatliche Prämie (DM 19,-) vereinbarungsgemäß durch Bankeinzug erhoben werde. Ende September 1980 wurde eine Lastschrift über DM 26,05 bei der Bank des VN mit dem Vermerk eingereicht: »UE 2 u.a. 1/2245 Versicherungsbeitrag Oktober 1980«. Wie sich während der Verhandlung in der zweiten Instanz herausstellte, betraf der DM 19,- übersteigende Betrag einen Rückstand aus einer Haftpflichtversicherung des VN. Sein Konto wurde am 10.10.1980 mit DM 26,05 belastet und am 27.10.1980 von der Bank wegen eines Widerspruchs rückbelastet. Der VR meinte deshalb, zur Zeit des Unfalls am 27.10.1980 gegen 21.20 Uhr sei die Erstprämie trotz Anforderung nicht gezahlt gewesen. Er berief sich deshalb auf Leistungsfreiheit. Der VN meinte, von einer wirksamen Anforderung der Erstprämie in Höhe von DM 19,-, könne keine Rede sein, weil ein nicht aufgeschlüsselter Betrag in Höhe von DM 26,05 eingezogen worden sei.

Dem hat der BGH zugestimmt. Dabei hat er *zwei Nebenpflichten* entwickelt. Wenn Zeitpunkt und/oder Höhe des zu zahlenden Betrages im vorhinein nicht zuverlässig bekannt sind, so ist eine vorherige Ankündigung der Lastschrifteinreichung an den Schuldner erforderlich, damit dieser rechtzeitig Kontodeckung beschaffen kann[344]. Ferner begründe die Vereinbarung des EEV die vertragliche Nebenpflicht des Versicherers, für jede Versicherungssparte die jeweils fällige Einzelprämie in einem eigenen Lastschriftbeleg anzufordern. Denn der VN muß, insbesondere bei nicht ausreichenden Mitteln, die Möglichkeit behalten, sich zumindest den Versicherungsschutz zu verschaffen oder zu erhalten, an dem ihm *am meisten gelegen* ist. Mit DM 26,05 hatte der VR aber nicht nur die Erstprämie von DM 19,- in der Unfallversicherung angefordert. Er hatte ohne Aufschlüsselung und ohne Hinweis auf die Folgen der verspäteten Zahlung der Erstprämie die Belastung des Kontos herbeigeführt. Damit entsprach der Lastschriftbeleg weder inhaltlich einer Erstprämienanforderung (gem. § 7 Abs. 1 S. 2 Allgemeine Unfallversicherungsbedingungen), noch bezog sich der Beleg auf die jeweils getrennten Einzelprämien. Folglich war die Versicherungsprämie bei Eintritt des Versicherungsfalls noch nicht wirksam angefordert. Die Berufung des VR auf Leistungsfreiheit ging also ins Leere. 203

---

344 Im Anschluß an Canaris[4] Rz. 539, 545.

204 Mit Urteil vom 28.2.1989 hat der BGH eine *weitere Nebenpflicht* entwickelt. Es ging erneut um die nicht rechtzeitige Zahlung einer Erstprämie[345]. Die Erstprämie für eine Lebens- und Unfallversicherung konnte am 3.8.1983 nicht eingezogen werden, weil die Bank kurz zuvor eine Kontosperre veranlaßt hatte. Der Versicherungsnehmer, ein junger Mann, der gerade seine Ausbildung beendet hatte, erfuhr hiervon nichts. Die Bank hatte die Konto- und Bonitätssperre allerdings seinen Eltern mitgeteilt, als diese am 1.8.1983 die Bank darüber unterrichteten, daß sie für weitere Kontoüberziehungen dieses Kontos nicht mehr einstehen würden. Kurz danach, am 7.8.1983, wurde der junge Mann nach einem schweren Unfall hundertprozentig querschnittsgelähmt. Die Versicherungsgesellschaft lehnte den Versicherungsschutz mangels rechtzeitiger Zahlung der Erstprämie ab (§ 38 Abs. 2 VVG). Der junge Mann klagte gegen die Bank auf Schadensersatz in Höhe der ihm entgangenen Unfallversicherungssumme, weil sie ihn von der Nichteinlösung der Lastschrift hätte unverzüglich unterrichten müssen. Diesen Argumenten ist der BGH gefolgt. Der Schuldner wisse häufig nicht, wann eine ihn betreffende Lastschrift bei seiner Bank eingehen werde. Die Nichteinlösung könne aber, wie der vorliegende Fall zeige, für ihn einschneidende Folgen haben. *Die Schuldnerbank (Zahlstelle) sei daher in aller Regel verpflichtet, den Kontoinhaber unverzüglich über die Nichteinlösung einer Lastschrift zu unterrichten*[346], *um ihn in die Lage zu versetzen, anderweitig für die rechtzeitige Erfüllung seiner Zahlungsverpflichtungen zu sorgen.* Dabei könne offenbleiben, ob ein Kreditinstitut verpflichtet sei, den Kontoinhaber noch *vor der Rücksendung* einer Lastschrift zu informieren und seine Weisung einzuholen. Auf jeden Fall folge aus der Pflicht zur unverzüglichen Unterrichtung, daß die Bank nicht bis zum 4.8.1983, dem Tag nach Rückgabe der Lastschrift, hätte zuwarten dürfen. Vielmehr hätte sie die Benachrichtigung am 3.8.1983, dem gleichen Tag, an dem sie die Lastschrift zurückgab, zur Post geben müssen. Eine Benachrichtigung erfülle ihren Zweck nur, wenn sie dem Schuldner die Möglichkeit eröffne, nachteilige Folgen der Lastschriftrückgabe alsbald zu beseitigen. Die Information gegenüber den Eltern des jungen Mannes, der kurz zuvor 18 Jahre alt geworden war, habe nicht genügt, da diese nicht Empfangsboten ihres Sohnes gewesen seien.

205 Der Entscheidung ist vorgeworfen worden, daß sie offenlasse, ob auch schon vor Rückgabe der Lastschrift eine Benachrichtigungspflicht bestehe[347]. Der vom BGH gewählte Wortlaut legt diese Schlußfolgerung in der Tat nahe. Entscheidend ist allerdings der Satz, in dem der BGH sagt, »*eine Benachrichtigung erfülle ihren Zweck nur, wenn sie dem Schuldner die*

---

345 BGH WM 1989, 625, dazu Reiser WuB I D 2.-4.89.
346 So auch Canaris⁴ Rz. 545, 539; Hadding in FS Bärmann, 1975, 375, 390.
347 Reiser WuB I D 2.-4.89; Canaris⁴ Rz. 540 bejaht diese Frage.

Möglichkeit eröffne, nachteilige Folgen der Lastschriftrückgabe alsbald zu beseitigen«. Der Kontoinhaber kann verschiedene Möglichkeiten haben, die nachteiligen Folgen einer Lastschriftrückgabe im Vorfeld so zu beseitigen, daß er keinen Schaden erleidet. Da die Bank nicht am Valutaverhältnis beteiligt ist, kennt sie diese Möglichkeiten nicht. Es wäre auch eine völlige Überspannung, wollte man insoweit Auskunftspflichten zu Lasten der Bank konstruieren. Vielmehr genügt es, wenn die Bank im Vorfeld der Lastschriftrückgabe den Kontoinhaber benachrichtigt, weil dieser dann prinzipiell die Möglichkeit hat, nachteilige Folgen der Lastschriftrückgabe zu beseitigen. Die Rückgabefristen, z.B. im Abrechnungsverkehr mit der LZB (Nr. 9 Abs. 2 AGB/B 93), müssen so gestaltet sein, daß diesen Anforderungen genügt werden kann. Sollte es sich wirklich um ein Massenphänomen handeln, wie Reiser meint[348], so müßte, wenn man den Kunden nicht telefonisch erreicht, eine telegrammartige Eilnachricht entwickelt werden. Die Legitimation hierfür folgt aus dem Verfahren selbst. Seine Funktionsfähigkeit ist ausschlaggebend für die Kundenakzeptanz, d.h. der Kunde darf nicht schlechter stehen, als hätte er die Barzahlung oder die Zahlung per Überweisung oder Scheck gewählt. In diesen drei Fällen wäre er zuvor aber zur Zahlung aufgefordert worden. Genau diese Information über Fälligkeit und Forderungshöhe fehlt dem Kunden im Lastschriftverfahren. Die daraus resultierenden Gefahren ergeben sich also nicht aus der Sphäre des Kontoinhabers, sondern aus derjenigen der das System tragenden Kreditinstitute. Sie haben folgerichtig dafür zu sorgen, daß sich solche Gefahren nicht verwirklichen können.

Allerdings wird man vom Kontoinhaber eine gewisse Kontodeckung in Höhe der typischerweise anfallenden Lastschriften verlangen können. Sorgt der Kontoinhaber nicht dafür, daß die von ihm überschaubaren gewöhnlichen Geschäftsvorfälle über sein Konto abgewickelt werden können, so fällt ihm zumindest ein *Mitverschulden* (§ 254 BGB) zur Last.

Ferner wird man im Einzelfall zu prüfen haben, ob der Kontoinhaber überhaupt in der Lage gewesen wäre, dem Konto Deckung zu verschaffen. Im obigen Fall hat das OLG Saarbrücken, an das der BGH den Fall zurückverwiesen hatte, diese Frage verneint[349]. Das Gericht ging davon aus, daß der VN in vollem Umfang dafür darlegungs- und beweispflichtig sei, daß er bei gehöriger Unterrichtung durch die Bank so rechtzeitig die noch offenstehende Erstprämie für die Versicherungskombination eingezahlt hätte, daß die Versicherung sich nicht auf Leistungsfreiheit hätte berufen können. Der junge Mann hätte also beweisen müssen, daß er die ausstehende Prämie (DM 65,50) *sofort* nach Information über die Lastschriftrückgabe bezahlt hätte. Anhaltspunkte, zu seinen Gunsten eine

206

207

---

348 WuB I D 2.-4.89.
349 OLG Saarbrücken WM 1989, 1533 dazu Terpitz WuB I D 2.-5.89; das OLG folgte den Überlegungen von Häuser, WM 1989, 841.

Beweislastumkehrung anzunehmen, bestanden nicht, da sein Konto überzogen war (Debet: DM 572,94) und er auch sonst seine persönlichen Angelegenheiten nie konsequent und schnell erledigte[350].

III. Das Einzugsermächtigungsverfahren (EEV)

1. Das Verfahren

208 Das EEV dient der Bewältigung massenhafter Zahlungsvorgänge des täglichen Lebens und im wesentlichen dem Interesse des Gläubigers an der zügigen und reibungslosen Einziehung seiner Forderungen[351]. Grundlage ist das Abkommen über den Lastschriftverkehr vom 1.7.1982. Nach Nr. 1 dieses Abkommens zieht die Bank des Zahlungsempfängers (1. Inkassostelle) den sich aus der Lastschrift ergebenden Betrag vom Konto des Zahlungspflichtigen bei dessen Bank (Zahlstelle) ein. Grundlage ist eine schriftliche Ermächtigung des Zahlungspflichtigen gegenüber dem Zahlungsempfänger (Einzugsermächtigung). Nach Nr. 3 des Abkommens müssen Lastschriften, die auf Einzugsermächtigungen beruhen, besonders gekennzeichnet sein. Ferner müssen Lastschriftbelege (Nr. 3 Abs. 2) den Vermerk: »Einzugsermächtigung des Zahlungspflichtigen liegt dem Zahlungsempfänger vor« tragen. Fehlt ein entsprechender Vermerk oder ist er gestrichen, so werden die Lastschriften als Abbuchungsauftragslastschriften behandelt. Da es in diesen Fällen regelmäßig keinen Abbuchungsauftrag gibt, bedeutet das praktisch, daß solche Lastschriften nicht eingelöst, d.h. an die Inkassobank zurückgegeben werden. Sehr wichtig ist, daß nach Abschnitt III Nr. 1 LSA EEV-Lastschriften auch dann zurückgegeben werden, wenn der Zahlungspflichtige der Belastung widerspricht. Nach III Nr. 2 LSA ist die Rückgabe ausgeschlossen, wenn der Zahlungspflichtige nicht binnen sechs Wochen nach Belastung widersprochen hat. Insoweit sollte aber beachtet werden, daß das Abkommen nur zwischen den beteiligten Kreditinstituten Rechte und Pflichten begründet (Abschnitt IV Nr. 1).

---

350 Terpitz WuB I D 2.-5.89.
351 BGHZ 69, 82, 85 = NJW 1977, 1916; vgl. den Überblick bei Bork, JA 1986, 121, 125 ff.

Grafik: Einzugsermächtigungsverfahren

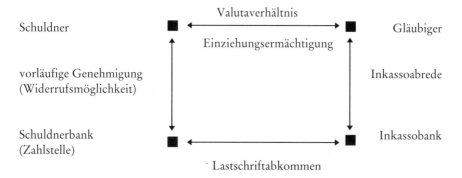

2. Dogmatik der Einzugsermächtigung

Eine Überführung dieser zwischen den Banken getroffenen Abreden in die Einzelgiroverhältnisse mit ihren Kunden hat, ausdrücklich jedenfalls, niemals stattgefunden. Auch in den AGB/B 93 wurden Bestimmungen über die materielle Ausgestaltung des EEV nicht aufgenommen. Die Bedingungen setzen die Rechtsnatur dieses Verfahrens wie selbstverständlich voraus. Ob das ganz glücklich ist, erscheint fraglich. Denn nach wie vor herrscht Streit über die Frage, welchen Inhalt die Parteivereinbarung bei Durchführung des EEV eigentlich hat. Sehr vergröbert meinen die einen, daß der Zahlungspflichtige den Gläubiger rechtlich wirksam (§ 185 Abs. 1 BGB) zum Einzug ermächtigt[352], während die Rechtsprechung und ein großer Teil der Lehre davon ausgehen, daß das Konto des Zahlungspflichtigen unter der auflösenden Bedingung des prinzipiell möglichen Widerspruchs belastet wird, d.h., daß der Schuldner die Belastungsbuchung *genehmigen* muß[353]. Der entscheidende Unterschied liegt auf der Hand: Ermächtigt oder bevollmächtigt der Schuldner den Gläubiger, indem er ihm eine Einzugsermächtigung erteilt, so übermittelt der Gläubiger, wie im Abbuchungsverfahren, der Bank des Schuldners dessen Weisung (§ 665 BGB) das Konto zu belasten. Mit Ausführung der Bela-

209

---

352 So v.a. Canaris[4] Rz. 532 m.w.N.; für anweisungsähnliche Doppelermächtigung: Kupisch, WM Sonderbeilage 3/79, S. 22; Lüke-Philippi, JuS 1978, 304, 307; R. Schmidt, AcP 166 (1966) 1, 14; für Innenvollmacht zur Ausübung des Weisungsrechts: Sandberger, JZ 1977, 285 f.; Fallscheer-Schlegel, S. 16.
353 Hadding, FS für Bärmann, 1975, 375, 385; ders., WM 1978, 1366 f.; Hadding/Häuser, RWS-Skript 103, 1981, 35 ff.; Schlegelberger/Hefermehl[5], Anh. § 365 Rz. 135; Müko-Hüffer[2] § 783 Rz. 65; Bundschuh in FS für Stimpel, S. 1045; Denck, ZHR 144 (1980), 175; Ott, JA 1992, 170 ff.; Rinze, JuS 1991, 202; umfassend Klinger, S. 115 – 211; BGHZ 69, 82, 85; 70, 177, 180; 74, 300, 303; 95, 103, 108; BGH NJW 1989, 1672 f. m.w.N.

stungsbuchung erlischt dann, genau wie bei der Überweisung auch, die Möglichkeit für den Schuldner, eine »Gegenweisung« zu erteilen. Er hat kein Widerspruchsrecht mehr. Allerdings hängt die Ermächtigung vom Bestehen einer durchsetzbaren Forderung im Valutaverhältnis ab[354]. Bei fehlerhaftem Valutaverhältnis löst die Zweigstelle die Lastschrift dann unberechtigt ein, obwohl sie vom Valutaverhältnis keine Kenntnis hat und dieses nur Wirkungen zwischen Schuldner und Gläubiger entfaltet[355].

210 Der BGH hat in einer Entscheidung vom 14.2.1989 die von ihm im Anschluß an Hadding entwickelte Genehmigungstheorie noch einmal im einzelnen verteidigt[356]. Das Verfahren verdanke seine weite Verbreitung der Tatsache, daß die Gläubiger für die Erteilung von formularmäßigen Einzugsermächtigungen mit dem Hinweis auf die Risikofreiheit werben und dabei die fehlende Verpflichtung zur Einlösung und die *freie Widerruflichkeit* der »Ermächtigung« in den Vordergrund stellen. Dies spreche bereits gegen die Annahme, der »erklärte Parteiwille« sei auf eine echte Ermächtigung i.S.d. § 185 BGB gerichtet[357]. Zwischen den Parteien bestehe vielmehr Einigkeit darüber, daß durch die Einzugsermächtigung nur die Benutzung des von der Kreditwirtschaft entwickelten technischen Verfahrens gestattet werde, der Schuldner dagegen dem Gläubiger nicht das Recht einräumen wolle, unmittelbar über sein Guthaben bei dem Kreditinstitut zu verfügen. Von der Interessenlage her bestehe für ihn kein Anlaß, dem Gläubiger über die Verfahrensvereinfachung hinaus *mehr Rechte einzuräumen*, als diesem zustehen würden, wenn der Zahlungsverkehr auf dem konventionellen Weg durch Banküberweisung oder Scheckzahlung abgewickelt würde. Dieser rechtlichen Deutung entspreche die Widerrufsmöglichkeit für den Schuldner, von der das Abkommen über den Lastschriftverkehr ausgehe. Sie lasse sich bei Annahme einer echten Ermächtigung oder Vollmacht dogmatisch nicht erklären. Aus den Vereinbarungen zwischen Gläubiger und Schuldner sei sie nicht herzuleiten; in den Einziehungsermächtigungen werde sie nicht erwähnt. Durch das Abkommen über den Lastschriftverkehr könne sie nicht eingeräumt werden, da dieses nur Rechte und Pflichten zwischen den beteiligten Kreditinstituten begründe. Der hierdurch gewährleistete Schutz des Schuldners bilde im übrigen die innere Rechtfertigung für die Abwicklung des Lastschriftverfahrens als eines Massengeschäfts ohne Prüfung der Ermächtigung. Der Schutz des Schuldners werde, entgegen der Ansicht von Canaris[358], nicht schon durch die Tatsache gewährleistet, daß die Ermächtigung nur »berechtigte« Lastschriften decke. Ohne die freie Widerspruchsmöglich-

---

354 Reuter/Martinek, S. 447.
355 Ott, JA 1992, 170, 171 gegen Canaris, in FS für Larenz, S. 799, 802 f.
356 BGH NJW 1989, 1672 f.
357 So aber Canaris[4] Rz. 535.
358 Rz. 535.

keit ginge der Schuldner nämlich das Risiko einer gerichtlichen Auseinandersetzung über die »Berechtigung« der eingelösten Lastschrift ein. *Diesen, auf die systemimmanenten Interessen abstellenden, Erwägungen ist zuzustimmen. Akzeptanz und Funktion des gesamten Verfahrens stehen und fallen mit dem Widerspruchsrecht des Schuldners, das diesem bis zu den Grenzen des Mißbrauchs frei zustehen muß.* Es kann nämlich nicht, worauf Hüffer zutreffend hinweist[359], angenommen werden, daß jemand Belastungen seines Kontos durch die Erklärung seines Einverständnisses von vornherein rechtfertigt, obwohl die Berechtigung der einzelnen Buchungen von niemandem geprüft worden ist[360]. Der nicht enden wollende, leider aber wenig fruchtbare, Streit um die Dogmatik der Einzugsermächtigung könnte von der Kreditwirtschaft durch einen »Federstrich« ein für allemal beendet werden. In den AGB/B könnte es etwa heißen: »Der Kunde kann einer Belastungsbuchung, die auf einer Einziehungsermächtigung beruht, widersprechen, solange er sie nicht genehmigt hat«.

3. Grenzen des Genehmigungsrechts

Im Ergebnis bleibt festzuhalten, daß die Belastung auf dem Schuldnerkonto erst als Einlösung wirksam wird, wenn der Schuldner sie genehmigt[361]. Die Genehmigung kann auch stillschweigend erteilt werden[362]. Nach Nr. 7 Abs. 2 AGB/B 93 hat der Kunde Einwendungen, z.B. gegen unrichtige Lastschriften auf seinem Konto, innerhalb eines Monats nach Zugang eines Rechnungsabschlusses zu erheben. Das Unterlassen rechtzeitiger Einwendungen, so heißt es weiter, gilt als Genehmigung. Der BGH hat zu einer ähnlich gestalteten fingierten formularmäßigen Genehmigung in Sparkassenbedingungen allerdings bereits am 29.1.1979 entschieden, daß diese lediglich »die Bedeutung einer rein tatsächlichen Erklärung des Kunden« habe, wonach »er gegen die aus dem Tageskontoauszug ersichtliche Belastung nichts einzuwenden habe. Eine rechtsgeschäftliche Genehmigung könne darin nicht gesehen werden«[363]. Widerspricht also der Zahlungspflichtige trotz Kenntnis einer Kontobelastung nicht, so liegt darin i.d.R. keine stillschweigende Genehmigung[364]. Diesen Grundsätzen widerspricht Nr. 7 Abs. 2 AGB/B 93 im Ergebnis nicht, denn im letzten Satz heißt es: »Der Kunde kann auch nach Fristablauf eine Berichtigung des Rechnungsabschlusses verlangen, muß dann aber beweisen, daß sein Konto zu Unrecht belastet ... wurde«. Mangels Genehmigung kann also der Schuldner die Rückgängigmachung der Belastungsbuchung auch noch

211

---

359 Müko-Hüffer² § 783 Rz. 66.
360 Ähnlich Heymann/Horn Anh. § 372 Rz. 49.
361 BGHZ 74, 300, 305.
362 BGHZ 95, 103, 108.
363 BGHZ 73, 207.
364 BGHZ 95, 103, 108.

nach Ablauf der Monatsfrist verlangen. Dies kann gelegentlich zu Schwierigkeiten führen, weil zwischen den am Lastschriftverfahren beteiligten Banken die Rückgabe und Rückrechnung ausgeschlossen ist, wenn der Zahlungspflichtige nicht binnen sechs Wochen nach Belastung widerspricht (Abschnitt 3 Nr. 1 LSA). Eine rechtliche Bindungswirkung für den Schuldner liegt in dieser Sechs-Wochen-Frist aber nicht, denn das Lastschriftabkommen bindet nur die an ihm beteiligten Banken. Grundsätzlich ist also die Verweigerung der Genehmigung auch nach Ablauf der Sechs-Wochen-Frist möglich[365]. Allerdings unterliegt das hieraus für den Schuldner resultierende Widerspruchsrecht, wie jedes Gestaltungsrecht, den Regeln über die Verwirkung i.S.v. § 242 BGB[366]. Dabei begründet nicht schon die Ausnutzung der Sechs-Wochen-Frist den Einwand der Verwirkung[367]. Angesichts der Vielfalt der denkbaren Fallgestaltungen, verbietet sich eine präzisere Grenzziehung. Sie ist aber auch entbehrlich, denn der BGH hat bereits am 24.6.1985 darauf hingewiesen, daß vom Kunden aufgrund des Girovertrages ein gewisses Maß an Kontrolle der ihm in den Tagesauszügen mitgeteilten Kontobewegungen und Kontostände verlangt wird, um auch sein Kreditinstitut vor Schaden zu bewahren[368]. Verletzt er diese ihm gegenüber seiner Bank obliegende Pflicht schuldhaft, so muß er wegen positiver Vertragsverletzung für den daraus entstehenden Schaden einstehen[369]. I.d.R. wird der Zahlungspflichtige daher einer Belastungsbuchung aufgrund einer Einzugsermächtigungslastschrift unverzüglich, d. h. ohne schuldhaftes Zögern, widersprechen müssen, um einer Haftung für den eingetretenen Schaden seiner Bank zu entgehen. Mit der Frage der Zulässigkeit des Widerspruchs hat dies aber, darauf weist der BGH zu Recht hin, nichts zu tun[370].

IV. Das Abbuchungsauftragsverfahren (AAV)

212 Beim AAV gibt nach heute nicht mehr streitiger Auffassung der Schuldner eine (General) Weisung i.S.d. §§ 665, 675 BGB innerhalb seines bestehenden Girovertrages an seine Bank[371]. Die Schuldnerbank ist deshalb zur Einlösung der Lastschrift verpflichtet, falls das Schuldnerkonto gedeckt

---

365 Canaris⁴ Rz. 560; Denck, ZHR 144 (1980) 179; Bundschuh, FS für Stimpel, S. 1046 f.
366 Canaris⁴ Rz. 560.
367 OLG Hamburg WM 1978, 941, 943.
368 BGHZ 95, 103, 108.
369 So schon BGHZ 72, 9, 14; 73, 207.
370 BGHZ 95, 103, 109.
371 So seit BGHZ 69, 82, 85; bestätigt in BGHZ 74, 352, 355; BGHZ 79, 381, 385; zu den zuvor vertretenen Theorien Müko-Hüffer² § 783 Rz. 62; vgl. den Überblick bei Bork, JA 1986, 121, 125 ff.

ist. Ansonsten hat sie den Schuldner zu benachrichtigen[372]. Zugleich liegt in der Übersendung der Lastschrift durch den Gläubiger die Weisung (des Schuldners!) an die Schuldnerbank, die Überweisung durchzuführen. Das AAV entspricht damit in den Grundzügen der Überweisung. An die Stelle der Einzelweisung tritt hier die Generalweisung des Schuldners an seine Bank, und zwar im Vorfeld zukünftiger Lastschriften. Die späteren Lastschriften seitens der Gläubigerbank sind konkretisierte Einzelweisungen und als solche für die Schuldnerbank bindend, sofern ein Abbuchungsauftrag des Schuldners vorliegt und Deckung vorhanden ist[373].

Grafik: Abbuchungsauftragsverfahren 213

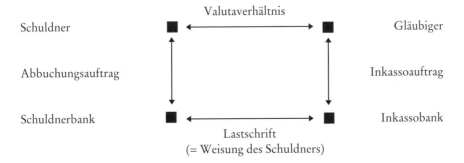

Alle Lastschriften, die keinen Einzugsermächtigungsvermerk tragen, werden nach I Nr. 3 Abs. 2 LSA als Abbuchungsauftragslastschriften behandelt. Fehlt ein solcher Abbuchungsauftrag, so ist die in der Übersendung der Lastschrift liegende Weisung nicht bindend. Sie enthält aber das Angebot, dennoch die Lastschrift vom Schuldner einzuziehen[374]. Der BGH ist dabei von der Erwägung ausgegangen, daß es den Interessen des Gläubigers eher entspricht, wenn die Schuldnerbank bei Fehlen eines Abbuchungsauftrags den Versuch unternimmt, die Einlösung der Lastschrift herbeizuführen, statt diese einfach zurückzugeben. Jenes Angebot bedarf der Annahme durch die Schuldnerbank gem. § 151 BGB. Im Normalfall wird die Schuldnerbank, nachdem sie festgestellt hat, daß ein Abbuchungsauftrag fehlt, den Schuldner fragen, ob er mit der Belastung seines Kontos einverstanden ist. Ist dies der Fall, kann sie das Konto des Schuldners wirksam belasten und bekommt damit den Gegenwert; diese ist 214

---

372 Insoweit gelten die gleichen Grundsätze wie bei der Einzugsermächtigung, vgl. BGH WM 1989, 625, dazu Reiser WuB I D 2.-4.89; Häuser, WM 1989, 841 ff.; OLG Saarbrücken WM 1989, 1533; dazu Terpitz WuB I D 2.-5.89.
373 BGHZ 74, 352 ff.
374 BGHZ 74, 352.

damit eingelöst[375]. Sehr viel Zeit hat die Schuldnerbank allerdings nicht, um die Zustimmung des Schuldners einzuholen. Denn nach Nr. 9 Abs. 2 AGB/B 93 sind Lastschriften eingelöst, wenn die Belastungsbuchung nicht spätestens am zweiten Bankarbeitstag nach ihrer Vornahme rückgängig gemacht wird. Lastschriften, die über die Abrechnungsstelle einer LZB vorgelegt wurden, sind nach der gleichen Vorschrift eingelöst, wenn sie nicht bis zu dem von der LZB festgesetzten Zeitpunkt an die Abrechnungsstelle zurückgegeben werden. Eine Schuldnerbank, die sich zu viel Zeit läßt, riskiert also so behandelt zu werden, als läge die Zustimmung des Schuldners vor[376]. Im Normalfall wird die Schuldnerbank, der kein Abbuchungsauftrag vorliegt, also besser daran tun die Lastschrift mit dem Nichteinlösungsvermerk sofort zurückzugeben und die Klärung der offenen Fragen Gläubiger und Schuldner überlassen.

215 Liegt ein Abbuchungsauftrag vor und ist auf dem Konto Deckung vorhanden, so erlangt die Schuldnerbank mit der Belastung des Schuldnerkontos das, was sie aus der Geschäftsführung für die Gläubigerbank erhalten soll (§ 667 BGB), nämlich den Erlös aus der Lastschrift. Ziel und Zweck des AAV ist es also, dem Gläubiger den einzuziehenden Betrag *endgültig* und nicht, wie beim EEV, nur unter Vorbehalt zu verschaffen[377]. Wie wichtig es ist, daß die Schuldnerbank nicht gedeckte Lastschriften sofort zurückgibt, verdeutlicht ein Fall, den der BGH am 12.5.1980 zu entscheiden hatte:

216 *Fall: BGH WM 1980, 738 »Einlösung vor Konkurs«*
Eine Schuldnerbank versah am 6.8.1976 Lastschriften mit dem Stempelaufdruck »Am 5. August vorgelegt und nicht bezahlt«. Das Konto ihres Kunden war nämlich nicht gedeckt. Die Lastschriften wurden jedoch von der Schuldnerbank nicht an die Gläubigerbank als Einreicherin zurückgegeben. Ebenfalls am 6.8.1976 wurde über das Vermögen des Schuldners, einer KG, der Konkurs eröffnet. Am 16.8.1976 belastete schließlich die Schuldnerbank das Konto der in Konkurs gegangenen KG mit dem Lastschriftbetrag, wodurch sich der Debetsaldo erhöhte. Der Konkursverwalter der KG klagte gegen die Lastschriftgläubigerin, die den Gegenwert (ca. DM 60 000,-) erhalten hatte. Er berief sich auf § 30 Nr. 1 Fall 2 KO und meinte, die Lastschriftgläubigerin müsse das Geld deshalb zurückgeben, weil ihr der Gegenwert der Lastschriften »erst nach Stellung des Konkursantrags und nach ihrer Kenntnis hiervon (7.8.1976) zugeflossen« sei.

217 Der BGH widersprach. Zugeflossen sei der Lastschriftgläubigerin das Geld bereits am 5.8.1976. An diesem Tag löste die Schuldnerbank die ein-

---

375 Bestätigt durch BGHZ 79, 381, 384.
376 Zu den daraus resultierenden Problemen vgl. BGH WM 1980, 738; NJW 1983, 220.
377 BGHZ 79, 381, 385.

gereichten Lastschriften ein. Sie hatte nämlich die Lastschriften nicht fristgemäß bis 12.00 Uhr des zweiten auf den Einlieferungstag folgenden Geschäftstag zurückgegeben, weshalb die Papiere gem. Nr. 9 c der Geschäftsordnung der LZB als von der Schuldnerbank anerkannt galten[378]. Die Schuldnerbank hatte damit die Forderungen gegen die KG befriedigt. Damit wurde die Einlösung und zwar rückwirkend auf den 5.8.1976, endgültig, d.h. der Gegenwert der Lastschriften war der Gläubigerin noch vor Stellung des Konkursantrages (6.8.76) und noch vor ihrer Kenntnis hiervon (7.8.76) zugeflossen.

V. Grenzen des Widerspruchsrechts

1. Der Widerspruch im Abbuchungsauftragsverfahren

Wenn in Literatur und Rechtsprechung beim Abbuchungsverfahren vom Widerspruchsrecht des Schuldners die Rede ist, so meint man damit rechtstechnisch sein *bis zur Einlösung* bestehendes *Widerrufsrecht*. Denn der Abbuchungsauftrag ist, wie der Überweisungauftrag, eine (General) Weisung i.S.d. §§ 665, 675 BGB[379]. Kraft dieser Weisung ist die Schuldnerbank berechtigt, die bei ihr eingehenden Lastschriften zu Lasten des Kontos des Schuldners einzulösen. Bis zu diesem Zeitpunkt kann der Schuldner seine im Abbuchungsauftrag verkörperte Weisung in Form einer Gegenweisung nach § 665 BGB frei widerrufen. Das gilt auch dann, wenn ein »unwiderruflicher Abbuchungsauftrag« zwischen Schuldner und Gläubiger vereinbart worden war, und zwar, entgegen der Auffassung des OLG Düsseldorf[380], nicht nur bei Vorliegen eines wichtigen Grundes. Denn der den Schuldner mit seiner Bank verbindende Abbuchungsauftrag, ist gegenüber dem vertraglichen Valutaverhältnis (Schuldner/Gläubiger) rechtlich völlig unabhängig. Widerruft der Schuldner den Abbuchungsauftrag gegenüber seiner Bank, so ist diese verpflichtet, diese Gegenweisung auszuführen. Verletzt der Schuldner damit seine Pflichten gegenüber dem Gläubiger, so macht er sich aus positiver Vertragsverletzung schadensersatzpflichtig. Das eine hat mit dem anderen nichts zu tun. Das Recht, jederzeit durch gegenteilige Weisung eine noch nicht ausgeführte *Überweisung* rückgängig zu machen, ist für den Kunden von so großer Bedeutung, daß ein Ausschluß durch Allgemeine Geschäftsbedingungen regelmäßig gegen § 9 Abs. 1 AGBG verstößt[381]. Diese Grundsätze gelten für das Abbuchungsauftragsverfahren in gleicher Weise.

218

---

378 Vgl. auch BGH WM 1979, 996 f.
379 BGHZ 69, 82, 85 = WM 1977, 1042.
380 WM 1984, 724 ff.
381 BGH NJW 1984, 2816.

219 Die Möglichkeit, den Abbuchungsauftrag zu widerrufen, erlischt allerdings in dem Augenblick, in dem die Lastschrift eingelöst ist. In diesem Augenblick »erlangt der Gläubiger einen Anspruch gegen seine Bank auf Auszahlung des Lastschriftbetrages. Deshalb ist damit der Auftrag durch die Schuldnerbank ausgeführt und sein Widerruf ausgeschlossen«[382]. Die Tatsache, daß die Gläubigerbank dem Konto ihres Kunden den Lastschriftbetrag sofort nach Hereinnahme der Lastschrift gutschreibt, steht dem nicht entgegen. Diese Gutschrift wird mit dem Vermerk »Eingang vorbehalten«, also nur unter der auflösenden Bedingung der Einlösung erteilt. D. h., die Gutschrift wird erst wirksam, wenn die Gläubigerbank ihrerseits den Gegenwert erhalten hat. Das ist der Fall, wenn die Schuldnerbank das Konto des Schuldners mit dem Lastschriftbetrag belastet hat[383]. Ebenso wie bei der Überweisung genügt die Eingabe der Belege in die Datenverarbeitung nicht, um bereits Einlösung anzunehmen. Entscheidend ist, ob nach dem Willen der Bank, der in einem entsprechenden Organisationsakt (Belastungsbuchung) zum Ausdruck kommt, die Daten der Belastungsbuchung zur vorbehaltlosen Bekanntgabe an die Empfängerbank zur Verfügung gestellt werden[384].

220 Im Jahre 1978 hatte der BGH einen Fall zu entscheiden, in welchem der Gläubiger, trotz vorliegenden Abbuchungsauftrags, Lastschriften im EEV einzog[385]. Der Schuldner, der sich in erheblichen Zahlungsschwierigkeiten befand und später in Konkurs ging, widersprach den Lastschriften und bewirkte auf diese Weise die Rückbelastung seines Kontos. Der Gläubiger, der aufgrund des anschließenden Konkurses des Schuldners im Ergebnis leer ausging, verklagte die Schuldnerbank auf Schadensersatz. Sie hätte wegen des vorliegenden Abbuchungsauftrages den Widerspruch nicht beachten und das Konto des Schuldners nicht entlasten dürfen. Die Bank meinte, sie hätte den Widerspruch beachten müssen, denn es habe sich um Lastschriften im EEV gehandelt. Gegen Lastschriften dieser Art stehe dem Schuldner ein Widerspruchsrecht zu, so daß sie verpflichtet gewesen sei, das Konto ihres Kunden, des Schuldners, zu entlasten.

221 Der BGH hat eine merkwürdig *widersprüchliche* Entscheidung getroffen. Der Widerspruch des Schuldners sei trotz des Einzugsermächtigungsvermerks für die Schuldnerbank unverbindlich, wenn ein Abbuchungsauftrag erteilt und die Lastschrift eingelöst sei. »Dies hindere die Schuldnerbank indessen nicht, den Widerspruch im Innenverhältnis als wirksam zu behandeln und die Belastung auf dem Konto des Schuldners rückgängig zu machen«[386]. Konsequenz: Die Bank durfte das Konto des Schuldners

---

382 BGHZ 27, 241, 248 (für die Überweisung); BGH WM 1978, 819 f. (für die Lastschrift).
383 BGH WM 1978, 819, 820.
384 Vgl. BGHZ 6, 121, 125; 103, 143.
385 BGH WM 1979, 194.
386 BGH WM 1979, 195.

entlasten, die Belege im LSA zurückgeben und machte sich bei alledem gegenüber dem Gläubiger nicht schadensersatzpflichtig. Mit dieser Begründung ist die Entscheidung verwirrend. Unterstellt man, daß der Einzugsermächtigungsvermerk für die Schuldnerbank unverbindlich ist, so betrifft dies gerade das Innenverhältnis zwischen ihr und dem Schuldner. Denn in diesem Falle überbringt der Gläubiger der Schuldnerbank (im AAV!) die Weisung (des Schuldners!) an ihn (den Gläubiger) verbindlich zu zahlen. Tut die Bank das, löst sie also die Lastschrift durch Belastung des Schuldnerkontos endgültig ein, so ist ein späterer Widerruf des Schuldners (wie hier) rechtlich ausgeschlossen. Aus diesem Grunde ist es dogmatisch nicht mehr möglich, den späteren Widerruf des Schuldners als »im Innenverhältnis noch wirksam« zu behandeln. Dennoch läßt sich die Entscheidung des BGH im Ergebnis halten. Entscheidend ist nämlich, daß der Gläubiger im obigen Fall der Schuldnerbank gerade keine Weisung übermitteln wollte. Er hatte das zuvor im beleglosen Lastschriftverfahren einmal versucht, war aber mangels Kontodeckung gescheitert. Im zweiten Anlauf verwendete der Gläubiger Belege, auf denen der Vermerk stand: »Einzugsermächtigung des Zahlungspflichtigen liegt dem Zahlungsempfänger vor«. Damit aber wählte der Gläubiger ein Verfahren, mit dem er die Schuldnerbank nicht mehr anweisen konnte, auf der Basis des Abbuchungsauftrags das Schuldnerkonto zu belasten. Zugleich eröffnete er dem Schuldner die Möglichkeit, die Genehmigung der Lastschrift zu verweigern, d.h. zu widersprechen. Daß das Lastschriftabkommen als solches nur Wirkungen zwischen den beteiligten Banken entfaltet, steht dem nicht entgegen. Denn wenn sich der Gläubiger für eine der beiden Verfahrensarten entscheidet, so gestaltet er damit zugleich seine privatrechtlichen Beziehungen zum Schuldner unmittelbar.

2. Einzugsermächtigungsverfahren

Im EEV ist der Widerspruch des Schuldners für seine Bank im Grundsatz immer verbindlich. Denn in Ermangelung einer Abbuchungsweisung muß der Schuldner die vom Gläubiger behauptete Einziehungsermächtigung nachträglich genehmigen. Rechtsgrundlage ist der Girovertrag. Mit Abschluß dieses Vertrages erklärt sich der Kontoinhaber mit Belastungsbuchungen im EEV unter dem Vorbehalt seines späteren Widerspruchs einverstanden. Es wurde oben gezeigt[387], daß der Kontoinhaber von diesem Widerspruchsrecht bis zu den Grenzen der Verwirkung (§ 242 BGB) Gebrauch machen kann. Die im Lastschriftabkommen zwischen den Banken vereinbarte sechswöchige Rückgabefrist bindet ihn nicht. Allerdings ist er im Rahmen des Girovertrags gegenüber seiner Bank verpflichtet, Einwendungen gegen unrichtige Buchungen unverzüglich geltend zu machen

222

---

387 Vgl. Rz. 211.

(Nr. 7 Abs. 2 AGB/B 93). Verletzt er diese Pflicht, so verliert er zwar nicht sein Widerspruchsrecht, kann sich aber gegenüber seiner Bank schadensersatzpflichtig machen[388]. Hieraus folgt, daß beim EEV der Widerspruch des Zahlungspflichtigen für seine Bank auch dann verbindlich ist, wenn er den belasteten Betrag seinem Gläubiger schuldet[389]. Die Bank muß selbst dann den Betrag wieder gutschreiben, wenn sie damit rechnet, daß ihr Kunde gegenüber dem Gläubiger mißbräuchlich handelt[390]. Das ist richtig, denn die Schuldnerbank (Zahlstelle) belastet »ohne entsprechenden Auftrag des Zahlungspflichtigen dessen Konto«[391]. Außerdem ist es nicht Sache der Zahlstelle zu prüfen, ob der Zahlungspflichtige durch den Widerspruch im Valutaverhältnis zum Zahlungsempfänger »berechtigt« handelt oder nicht[392]. Eines soll der Schuldner jedoch nicht dürfen: Habe er einmal der Lastschriftbuchung widersprochen, so könne er diesen Widerspruch nun nicht mehr widerrufen[393]. So recht überzeugt das nicht, denn der Widerruf des Widerspruchs bewirkt die Genehmigung i.S.d. § 684 S. 2 BGB[394]. Hat die Schuldnerbank den Einlösungsbetrag nach dem LSA bereits zurückgefordert, so ist die nunmehr erteilte Genehmigung nach § 140 BGB in einen Überweisungsauftrag umzudeuten, der von der Schuldnerbank jedenfalls dann auszuführen ist, wenn das Konto gedeckt ist[395].

223 Das Widerspruchsrecht schützt den Schuldner, der keinen Abbuchungsauftrag erteilt hat, vor mißbräuchlicher Inanspruchnahme. Allerdings kann der Schuldner dieses Recht seinerseits mißbräuchlich ausüben, indem er z.B. auch dann widerspricht, wenn er in Wirklichkeit zur Zahlung verpflichtet ist. Auf diese Weise kann der Schuldner zum Nachteil der Gläubigerbank und/oder des Gläubigers selbst handeln. Aus diesem Grunde hat die Rechtsprechung eine Reihe von Fallgruppen entwickelt, in denen die Ausübung des Widerspruchsrechts seitens des Schuldners sittenwidrig ist. In diesen Fällen haftet der Schuldner für sein Verhalten aus § 826 BGB auf Schadensersatz. Allerdings müssen die Grenzen vorsichtig gezogen werden. Die Tatsache, daß die Gläubigerbank als Folge eines Widerspruchs möglicherweise einen Schaden erleidet, z.B. weil der Kunde der Gläubigerbank das unter Vorbehalt gutgeschriebene Geld bereits verbraucht hat und insolvent ist, genügt für sich allein nicht, um den Widerspruch des Schuldners sittenwidrig werden zu lassen. Der Schuldner handelt grundsätzlich nicht sittenwidrig, wenn er der Belastung seines Kontos

---

388 BGHZ 95, 103, 108 f.
389 BGHZ 74, 309, 312/313 = WM 1979, 828.
390 BGH WM 1985, 905 dazu Hadding/Häuser WuB I D 2.-6.85.
391 BGHZ 74, 300, 304 = WM 1979, 689.
392 BGH WM 1985, 905; mit weiterführenden Hinweisen Hadding/Häuser WuB I D 2.-6.85.
393 BGH WM 1989, 520.
394 So Hadding/Häuser WuB I D 2.-3.89.
395 Wie hier Hadding/Häuser WuB I D 2.-3.89

widerspricht, weil er keine Einzugsermächtigung erteilt hat, oder den eingezogenen Betrag nicht schuldet, oder weil er ein Leistungsverweigerungs-, Zurückbehaltungs- oder Aufrechnungsrecht gegenüber dem Gläubiger ausüben will, auch wenn die Gläubigerbank auf diese Weise Schaden erleidet[396].

Grundlegend ist folgender Fall:

Fall: BGH NJW 1985, 847 »Lufteier«
Bauer E verkaufte in großem Stil Eier an Großhändler F. F mußte diese Eier sofort bar bezahlen, konnte seinerseits aber von seinen Abnehmern das Geld nicht sofort eintreiben. Er mußte Zahlungsziele zwischen vier bis sechs Wochen akzeptieren. Da F nicht über hinreichend Bargeld verfügte, wandte er sich an L, einen vermögenden Landprodukte-Großhändler. L erklärte sich zur Zwischenfinanzierung bereit. Es wurde folgendes vereinbart: E sollte zwar Eier an F liefern, die Rechnungen dafür aber auf L ausstellen und über Ls Konto im Wege einer Einziehungsermächtigung einziehen. Auf diese Weise verfügte E sofort nach Lieferung der Eier über Bargeld. L seinerseits wartete 60 Tage und zog dann vereinbarungsgemäß ebenfalls im Lastschriftverfahren den verauslagten Betrag von einem Konto des F ein. Dabei nahm er eine Provision in Höhe von 2,5 % des jeweiligen Rechnungsbetrages.

224

Am 14./15.3.1981 entdeckte L, daß E in den letzten sechs Wochen mit 45 Lastschriften ca. DM 1,6 Mio. von seinem Konto eingezogen, dafür aber keine Eier an F geliefert hatte. Diese »Luftrechnungen« hatte E, dem es finanziell sehr schlecht ging, im Einverständnis mit F ausgestellt. L erhob sofort am 16.3.1981 bei seiner Sparkasse Widerspruch gegen die Belastungen seines Kontos aus den letzten sechs Wochen. Die Sparkasse wandte sich daraufhin an die Inkassobank des E und bat um Rücküberweisung der DM 1,6 Mio. Die Inkassobank mußte dieser Bitte nach III 1. LSA nachkommen, weil L den Belastungen innerhalb von sechs Wochen widersprochen hatte. Sie wandte sich daraufhin ihrerseits an den Bauern E, der inzwischen aber zahlungsunfähig geworden war. Nun klagt die Inkassobank gegen L, weil sie meint, sein Widerspruch sei sittenwidrig gewesen.

Der BGH war anderer Meinung. Entscheidend komme es darauf an, welchen Zweck der Widerspruch im EEV erfülle[397]. Dabei sei zu beachten, daß das EEV in hohem Maße mißbrauchsanfällig sei, weil die Belastung eines Kontos schon erreicht werden könne, wenn nur auf dem von der Gläubigerbank übersandten Einzugspapier der Vermerk stehe »Einzugsermächtigung des Zahlungspflichtigen liegt dem Zahlungsempfänger vor«.

225

---

396 BGHZ 74, 300; BGH NJW 1985, 847.
397 So schon BGHZ 74, 300.

Deshalb müsse der in der Lastschrift als zahlungspflichtig Bezeichnete (hier L) in jedem Fall in der Lage sein, die Einziehung zu verhindern, wenn er überhaupt keine Ermächtigung erteilt oder den Gläubiger zwar generell ermächtigt habe, aber den zum Einzug gegebenen Lastschriftbetrag in Wirklichkeit (wie hier) nicht schulde. Der Widerspruch gegen unberechtigte Lastschriften sei daher grundsätzlich nicht mißbräuchlich, auch wenn dabei die Gläubigerbank (wie hier) Schaden erleide, weil sie den Zahlungsempfänger (E) über die gutgeschriebenen Lastschriftbeträge vor Eingang der Deckung hat verfügen lassen und sie nun das Geld (wegen Insolvenz des E) nicht mehr zurückbekommen könne. Dem kann nur zugestimmt werden; hier verwirklicht sich das Risiko, in dessen Kenntnis das Kreditgewerbe das Einziehungsermächtigungsverfahren eingerichtet hat[398].

a) Sittenwidrigkeit gegenüber der Gläubigerbank

226 Anders ist das allerdings, wenn der Einziehungsschuldner die Einziehung im Prinzip duldet und im Grundsatz bereit ist, Kredit zu gewähren. Zumindest darf dann nicht willkürlich (rückwirkend für die letzten sechs Wochen) die einmal erklärte Bereitschaft, Kredit zu gewähren, zu Lasten der Inkassobank widerrufen werden. Das ist dann i.S.v. § 826 BGB sittenwidrig. Ein solcher Fall wurde vom BGH am 25.6.1979 entschieden.

227 *Fall: BGH NJW 1979, 2146 »Tabakpleite«*
Der spätere Kläger gewährte dem Kaufmann K etwa zehn Jahre lang laufend Kredit zur Finanzierung von dessen Tabakwarengroßhandel. Ab Mai 1975 ließ K die benötigten Gelder durch Lastschriften vom Konto des Klägers einziehen, was dieser auch duldete. Im Gegenzug gab K jeweils vordatierte Schecks. Ab Oktober 1975 zog K in immer kürzeren Abständen Geld ab. Am Schluß waren es fast DM 4 Mio. Als in dieser Situation einige der von K ausgestellten Schecks nicht eingelöst wurden, widersprach der Kläger den Lastschriften aus den letzten drei Wochen (31 Stück) im Gesamtbetrag von etwa DM 1,2 Mio. Die Inkassobank zahlte aufgrund des LSA die DM 1,2 Mio. an die Schuldnerbank zurück. Zugleich erwirkte sie über diesen Betrag einen Arrest gegen den Kläger, weil sie der Meinung war, er schulde ihr diesen Betrag aus § 826 BGB.

228 Dem hat der BGH zugestimmt. Der Widerspruch sei im Verhältnis zur Inkassobank sittenwidrig gewesen, denn i.d.R. trage der Darlehensgeber (hier der Kläger) das Risiko, ob der Darlehensnehmer (K) das Darlehen zurückzahle oder nicht. Dieses Risiko lasse sich durch die Widerspruchs-

---

398 Weiterführend Hadding/Häuser WuB I D 2.-1.85; vgl. auch den ähnlichen Fall BGH WM 1979, 828, wo es um eine »Lastschriftreiterei« ging. Der BGH wies zu Recht darauf hin, daß es für die Wirksamkeit des Widerspruchs im Lastschriftverfahren nicht darauf ankommt, ob die Lastschriften selbst auf einer sittenwidrigen Lastschriftreiterei beruhen.

§ 4 Zahlungsverkehr

möglichkeit im Rahmen des Lastschriftverfahrens auf die Inkassobank verlagern. Das aber sei, so der BGH, mit dem Sinn und Zweck des Lastschriftverfahrens nicht zu vereinbaren. Dieses Verfahren soll die Abwicklung des massenhaften Zahlungsverkehrs erleichtern, nicht aber eine risikolose Darlehensgewährung des Lastschriftschuldners an den Lastschriftgläubiger ermöglichen. Die Inkassobank würde andernfalls für jeweils sechs Wochen die Funktion eines Bürgen für ihren Kunden (K) übernehmen. Daß dies nicht gewollt sei, sei für alle Beteiligten offensichtlich. *Deshalb mißbrauche ein Darlehensgeber den Widerspruch in sittenwidriger Weise, wenn dieser dazu führe, daß sich das Risiko der Zahlungsunfähigkeit statt bei ihm bei der ersten Inkassostelle verwirkliche.* Da dies der Kläger (er hatte sich über die Einzelheiten des LSA genau informieren lassen) auch im vorhinein einkalkuliert habe, kannte er somit alle Tatumstände und nahm die Schädigung der Inkassobank i.S.d. § 826 BGB zumindest billigend in Kauf.

Noch etwas komplizierter ist es, wenn ein Schuldner für zukünftige Lieferungen eine generelle Einziehungsermächtigung erteilt und seinerseits Gegenforderungen, mit denen er aufrechnen könnte, hat. So lagen die Dinge im Fall, den der BGH am 28.5.1979 zu entscheiden hatte. 229

Fall: BGHZ 74, 300 »Fleischwurst« 230
Wurstfabrikant W bezog von F regelmäßig Fleisch. Er hatte eine Einzugsermächtigung erteilt, damit F seine Forderungen gegen W im Lastschriftverfahren einziehen konnte. F ging am 28.6.1976 in Konkurs. W widersprach daraufhin den im Juni erfolgten Kontobelastungen. Er erklärte, daß er in Höhe dieser Lastschriften Gegenforderungen habe und mit diesen aufrechne. Aufgrund des Widerspruchs machte die Bank des F die Abbuchung rückgängig und belastete dessen Konto. Da die Bank mit ihrer Forderung gegen F im Konkurs ausfiel, machte sie ihrerseits einen Anspruch aus § 826 BGB gegen W geltend. Sie war der Auffassung, daß sein Widerspruch gegen die unstreitig erteilte Einziehungsermächtigung sittenwidrig gewesen sei.

Dem ist der BGH im Ergebnis gefolgt. Er hat aber zunächst darauf hingewiesen, daß auch dann ein Widerspruch zulässig sei, wenn der Schuldner *anerkennenswerte Gründe* habe. Solche Gründe könnten Leistungsverweigerung, Zurückbehaltungs- oder auch Aufrechnungsrechte sein. Denn es könne regelmäßig nicht davon ausgegangen werden, daß sich ein Schuldner mit Erteilung der Einzugsermächtigung dem Gläubiger gegenüber solcher Rechte begeben wolle. Das EEV sei also nicht darauf angelegt, eine vertragliche Rechtsposition des Schuldners zu seinen Lasten zu verändern. Allerdings habe der Schuldner nur dann anerkennenswerte Widerspruchsgründe, wenn er von seinen Leistungsverweigerungsrechten auch wirklich Gebrauch machen wollte. Und genau das konnte man im obigen Fall nicht feststellen. Denn es zeigte sich, daß der Wurstfabrikant 231 vor dem Konkurs mit der Einziehung durchaus einverstanden war und erst nach Kenntnis vom Konkurs auf den Gedanken kam, mit Gegenforderungen aufzurechnen. Insoweit ging es ihm natürlich nur darum, das Insolvenzrisiko von sich auf die Inkassostelle zu verlagern. Das aber, so der BGH zu Recht, ist sittenwidrig[399].

b) Sittenwidrigkeit gegenüber dem Zahlungsempfänger

232 Der Widerspruch kann auch im Verhältnis zum Zahlungsempfänger sittenwidrig sein. Allerdings handelt der widersprechende Schuldner auch insoweit keinesfalls sittenwidrig, wenn er keine Einzugsermächtigung erteilt hat, den eingezogenen Betrag nicht schuldete oder sonstige »anerkennenswerte Gründe« hat, z.B. Leistungsverweigerungs-, Zurückbehaltungs- oder Aufrechnungsrechte gegen den Gläubiger geltend machen will[400]. Sittenwidrig ist der Widerspruch jedoch dann, wenn der Schuldner ihn nur deshalb ausübt, um das Ausfallrisiko dem Gläubiger zuzuschieben oder einen anderen Gläubiger zu begünstigen[401]. Probleme dieser Art stellen sich besonders leicht im Konkurs des Schuldners. Seine Bank, die ihm vor Konkurs eine Kreditlinie eingeräumt hatte, muß fürchten, mit ihrer Forderung im Konkurs auszufallen. Sie ist deshalb hochgradig daran interessiert, das Debet auf dem Konto des Schuldners wenigstens teilweise zurückzuführen. Was liegt näher, als den Schuldner in dieser Situation zu bitten, den in den letzten sechs Wochen für ihn ausgeführten Lastschriften zu widersprechen. Als Folge davon erhält die Schuldnerbank das Geld von der Empfängerbank zurück. Diese wiederum belastet das Konto des Gläubigers, der nun seinerseits den schwarzen Peter hat, nämlich eine offene Forderung gegen den in Konkurs gefallenen Gemeinschuldner. Es ist klar, daß in diesen Fällen der Widerruf nur dazu dient, das konkursbedingte Ausfallrisiko von der Schuldnerbank auf den Gläubiger zu verlagern. Hier handeln sowohl der Schuldner als auch seine Bank sittenwidrig und vorsätzlich zum Nachteil des Gläubigers (§ 826 BGB)[402]. Einen Fall dieser Art hatte der BGH am 15.6.1987 zu entscheiden.

233 *Fall: BGHZ 101, 153 »Sozialversicherungsbeiträge«*
Eine GmbH ließ die Sozialversicherungsbeiträge für ihre Mitarbeiter im Lastschriftverfahren durch die Ortskrankenkasse einziehen. Anfang 1979 geriet die GmbH in die Krise. Am 10.5.1979, dem letzten Tag vor Ablauf

---

399 Vgl. auch den ähnlichen Fall des OLG Oldenburg v. 6.3.1986, WM 1986, 1277; dazu Häuser WuB I D 2.-1.87; vgl. grundlegend Denck, ZHR 144 (1980) 171 ff.; Sandberger, JZ 1977, 285 ff.; Bauer, WM 1981, 1186, 1194 ff.
400 BGHZ 74, 300, 305; BGH WM 1979, 831 f.; NJW 1985, 848.
401 BGHZ 74, 300; 101, 153; vgl. auch BGH WM 1979, 830.
402 So bereits OLG Düsseldorf WM 1976, 935.

der sechswöchigen Rückbelastungsfrist, erschien der Geschäftsführer der GmbH bei der Bank und unterzeichnete ein Schriftstück, in welchem er gegen sämtliche Lastschriften, die innerhalb der letzten sechs Wochen dem Geschäftskonto belastet wurden, Widerspruch erhob. Demzufolge wurden der Ortskrankenkasse die Sozialversicherungsbeiträge für Februar 1979 (ca. DM 70 000,-) wieder entzogen und dem Konto der GmbH gutgebracht. Kurze Zeit später wurde das Konkursverfahren über das Vermögen der GmbH eröffnet. Die Ortskrankenkasse meldete einen Betrag von ca. DM 44 000,- an und erhielt eine Konkursquote von ca. DM 2 650,-. Sie ist der Auffassung, die Bank habe sittenwidrig gehandelt, als sie den Geschäftsführer der GmbH dazu verleitet habe, sämtliche Lastschriften der letzten sechs Wochen zu widerrufen.

Dem hat der BGH zugestimmt. Die GmbH habe sich durch den Widerspruch gegen die Lastschriften gem. §§ 31, 826 BGB schadensersatzpflichtig gemacht, denn für ihren Widerspruch gebe es keine anerkennenswerten Gründe. Die GmbH hatte gegen die Forderung der Ortskrankenkasse keine Einwendungen. Sie wäre aufgrund ihrer Lastschriftvereinbarung mit der Ortskrankenkasse verpflichtet gewesen, die Lastschriften zu genehmigen und damit die endgültige Erfüllung ihrer Verbindlichkeiten herbeizuführen. Statt dessen habe sie die Widerspruchsmöglichkeit dazu benutzt, der Ortskrankenkasse die ihr zustehenden Sozialversicherungsbeiträge wieder zu entziehen und den entsprechenden Betrag einem anderen Gläubiger zukommen zu lassen. Mit dem Widerspruch habe die GmbH, die konkursreif war, den Zweck verfolgt, das Insolvenzrisiko auf die Ortskrankenkasse zu übertragen. Damit habe sie von der Widerspruchsmöglichkeit zweckwidrig als Mittel zur Begünstigung eines einzelnen Gläubigers Gebrauch gemacht; das sei sittenwidrig. Der Schaden der Ortskrankenkasse bestehe darin, daß ihr durch die Rückbelastung die schon empfangene Zahlung wieder entzogen wurde und sie ihre Forderung wegen des Konkurses der GmbH in der eingeklagten Höhe nicht mehr durchsetzen konnte[403]. 234

Der Entscheidung ist zuzustimmen. Allerdings weist Hadding zu Recht darauf hin, daß der Widerspruch gegen eine »berechtigte Lastschrift« ohne »anerkennenswerte Gründe« im Valutaverhältnis wohl stets schon eine Schadensersatzpflicht des Zahlungspflichtigen wegen positiver Forderungsverletzung begründet[404]. Denn die GmbH wäre aufgrund der Vereinbarung mit der Ortskrankenkasse verpflichtet gewesen, die Lastschrift zu genehmigen. Insoweit bedürfte es also § 826 BGB nicht. Mit Blick auf die die GmbH zum Widerspruch anstiftende Bank ist das anders. Denn diese haftet nach § 830 Abs. 2 BGB nur dann, wenn durch eine »gemeinschaftlich begangene unerlaubte Handlung ein Schaden« verursacht 235

---

403 Vgl. dazu OLG Hamm WM 1985, 888 = Hadding WuB I D 2.-4/5.85.
404 Hadding WuB I D 2.-3.87.

wurde (§ 830 Abs. 1 BGB). Insoweit war zu beachten, daß der Bankdirektor in Kenntnis der schlechten wirtschaftlichen Lage der GmbH empfohlen hatte, gegen alle Lastschriften der letzten sechs Wochen Widerspruch zu erheben. Damit hatte die Bank die GmbH vorsätzlich zu einer ihrerseits vorsätzlich begangenen unerlaubten Handlung i.S.v. § 830 Abs. 2 BGB bestimmt. Zugleich begründete sie damit ihre eigene Haftung gem. §§ 31, 89, 826 BGB[405]. Im Schrifttum wird die Ansicht vertreten, das Interesse der Bank am Widerspruch müsse im Vordergrund gestanden haben, andernfalls handele sie nicht schuldhaft[406]. Der BGH weist zutreffend darauf hin, daß dies fraglich ist, wenn »die Bank den sittenwidrigen Widerspruch (wie hier) provoziert«[407].

236 Für die Praxis wichtig sind auch die Fälle, in denen *Konkursverwalter* versuchen, durch Widerspruch gegen berechtigte Lastschriften, die Konkursmasse zu erhöhen. Einen solchen Fall hatte das OLG Hamm am 22.1.1985 zu entscheiden[408]. Das Gericht wies zutreffend darauf hin, daß das Widerspruchsrecht zwar dem Konkursverwalter zustehe, aber nur in dem Umfange, in dem es der (Gemein)Schuldner bei der Konkurseröffnung auch hatte. Ferner müsse der Konkursverwalter den Zweck des Widerspruchs, (nur) vor unberechtigten Belastungen zu schützen, beachten. Widerspreche er einer berechtigten Lastschrift, so nutze er lediglich eine formale Rechtsstellung zum Nachteil des Zahlungsempfängers aus. Dabei genüge, um die Haftung nach § 82 KO auszulösen, fahrlässiges Verhalten, denn der Widerspruch gegen die eingelöste Lastschrift stelle eine positive Vertragsverletzung gegenüber dem Zahlungsgläubiger dar. Das ist richtig, wie der BGH indirekt zwei Jahre später bestätigt hat[409]. Denn im Streit um die Sozialversicherungsbeiträge stellte er darauf ab, daß die GmbH aufgrund ihrer Vereinbarung, diese Beiträge im EEV einziehen zu lassen, verpflichtet gewesen wäre, die Lastschrift zu genehmigen und damit die endgültige Erfüllung ihrer Verbindlichkeit herbeizuführen[410].

VI. Schutzwirkungen zugunsten Dritter

237 Bei der Bearbeitung und Weitergabe von Lastschriften im Rahmen des LSA können den (zwischengeschalteten) Banken Fehler unterlaufen. Diese Fehler können sowohl beim Gläubiger als auch beim Schuldner zu

---

405 Für eine Haftung der Zahlstelle aus dem Gesichtspunkt des Vertrages mit Schutzwirkung für Dritte in diesen Fällen vgl. Hüffer, ZHR 151 (1987) 93, 115; Schröter, ZHR 151 (1987) 118, 131 f.
406 Denck, ZHR 144 (1980) 171, 189.
407 BGHZ 101, 153, 158.
408 WM 1985, 1139 dazu Häuser WuB I D 2.-7.85.
409 BGHZ 101, 153, 157.
410 Zustimmend Hadding WuB I D 2.-3.87.

§ 4 Zahlungsverkehr

Schäden führen. Problematisch war, auf welche Grundlage in solchen Fällen der Anspruch zu stützen ist. Das LSA selbst ist ein Abkommen zwischen den Banken und entfaltet nur zwischen diesen vertragliche Wirkungen. Die Situation ist so wie bei der Überweisung. Die umfangreiche Diskussion dieser Frage ist im Zusammenhang mit der Überweisung ausführlich dargestellt worden und muß hier nicht wiederholt werden[411]. Es genügt die Entscheidung des BGH vorzustellen, die seit 1977 die Praxis leitet. *Seit jener Zeit können sich Schuldner oder Gläubiger bei sie schädigenden Fehlern innerhalb des LSA auf einen Vertrag mit Schutzwirkung zugunsten Dritter berufen.*

Fall: BGHZ 69, 83 »Schutzwirkungen aus dem LSA«   **238**
Die spätere Klägerin lieferte in laufender Geschäftsverbindung Kalksandsteine an eine GmbH. Am 7.8.1973 wurde über die GmbH das Konkursverfahren eröffnet. Seit 1972 hatte die GmbH dem Einzug der Kaufpreisforderungen der Klägerin im Lastschriftverfahren zugestimmt. Sie hatte ihrer Bank den Auftrag erteilt, die von der Klägerin eingehenden Lastschriften zu Lasten ihres Kontos einzulösen. Ende Mai 1973 lieferte die Klägerin Steine an die GmbH. Am 30.5.1973 reichte sie bei der Bank der GmbH eine Lastschrift zum Einzug ein. Das gleiche wiederholte sie am 13., 19. und 26. Juni 1973. Die Bank der GmbH löste keine dieser Lastschriften ein, weil das Konto bereits Ende Mai erschöpft war. Sie ließ aber aus ungeklärten Gründen die Lastschriften zunächst liegen, ohne die Klägerin davon zu informieren. Diese erfuhr erst am 4. Juli 1973 von den Vorgängen, weil an diesem Tag ihr Konto bei ihrer Bank in Höhe der Lastschriftbeträge rückbelastet wurde. Die Klägerin verlangte von der Schuldnerbank Ersatz des Schadens, der ihr dadurch entstand, daß sie die GmbH am 13., 19. und 26.6.1973 mit Steinen im Werte von ca. DM 37 000,- beliefert hatte, die nicht bezahlt worden sind. Hätte die Schuldnerbank nämlich die Lastschrift vom 30.5.1973 unverzüglich zurückgegeben, dann wäre ihr die Nichteinlösung spätestens am 8.6.1973 bekannt geworden. Alsdann hätte sie die späteren Lieferungen nur noch gegen Vorkasse ausgeführt. Die Bank wies darauf hin, daß die Klägerin keine Anspruchsgrundlage habe. Vertragliche Beziehungen zu ihr hätten nicht bestanden und auch ein deliktischer Anspruch aus sittenwidriger Schädigung komme nicht in Betracht, weil die Lastschriften nur versehentlich liegengeblieben seien.

Dem hat der BGH im Ergebnis nicht zugestimmt. Allerdings hat er zu-   **239**
nächst klargestellt, daß zwischen der Klägerin und der Schuldnerbank tatsächlich kein Vertragsverhältnis bestand. Daran ändere auch das Abkommen über den Lastschriftverkehr nichts. Dieses begründe nur Rechte und

---
411 Vgl. oben Rz. 91 ff.

Pflichten zwischen den beteiligten Kreditinstituten. Vertragliche Leistungsansprüche für Bankkunden gegen beteiligte Banken seien nach den ausdrücklichen Bestimmungen des Abschnitts IV Nr. 1 aus dem Abkommen nicht herzuleiten. Dennoch könne die Klägerin von der Schuldnerbank Schadensersatz verlangen. Anspruchsgrundlage sei ein Vertrag mit Schutzwirkung zugunsten Dritter. *Bei dem Vertrag, der diese Schutzwirkungen entfalte, handele es sich um das Rechtsverhältnis, das zwischen den eingeschalteten Banken hinsichtlich der einzelnen Lastschrift und zwar auf der Grundlage des zwischen ihnen bestehenden Girovertrages bestehe.* Da der Rechtsverkehr auf die Einhaltung der durch das Lastschriftabkommen gefestigten Bankpraxis vertraue, sei die Pflicht zur alsbaldigen Rücksendung nicht eingelöster Lastschriften nicht nur eine bankintern vereinbarte Vertragspflicht zwischen den Banken, sondern auch eine Schutzpflicht der Schuldnerbank zugunsten des jeweiligen Lastschriftgläubigers. Der sonst für die Einbeziehung in die Schutzwirkungen eines Vertrages typische personenrechtliche Einschlag sei hier nicht zu fordern, weil es sich um ein Massengeschäft handele, das dem Rechtsverkehr unter Inanspruchnahme des Vertrauens auf sach- und interessengerechte Abwicklung angeboten werde. Hier könne nach Treu und Glauben eine Einbeziehung Dritter in den Schutzbereich geboten sein, wenn das Verfahren für den Dritten (hier die Klägerin) bestimmte verfahrenstypische Risiken in sich berge und den mit der Durchführung betrauten Vertragsbeteiligten (den Banken) ohne weiteres zugemutet werden könne, diese Risiken klein zu halten.

240 Man hätte die Probleme auch unter Zuhilfenahme anderer dogmatischer Figuren, z. B. der Drittschadensliquidation[412], lösen können. Der Ansatz, dem geschädigten Kunden Ansprüche wegen Schutzpflichtverletzung zuzuweisen, erscheint aber im Ergebnis interessengerecht, denn der Kunde bedient sich des LSA im Vertrauen auf dessen Funktionsfähigkeit. Er muß deshalb in die Schutzwirkungen dieses Systems einbezogen werden, weil ansonsten der unbare Zahlungsverkehr als Ersatz für die Barzahlung in Frage stünde. Richtig ist es auch, den Geschädigten an denjenigen zu verweisen, der den Fehler gemacht hat. Denn damit wird derjenige in Anspruch genommen, der das eigene Verhalten am besten beherrschen und erklären kann. Für das Scheckinkasso hat der BGH seine Rechtsprechung inzwischen bestätigt[413]. Zu beachten ist, daß das LSA selbst funktionsfähig bleiben muß. So hat die eine Lastschrift im EEV weiterleitende Bank (Inkassobank) nicht etwa die Pflicht, zu prüfen, ob zugunsten ihres Kunden wirklich eine Einzugsermächtigung seitens des Zahlungspflichtigen

---

412 So Hadding in FS für Werner, 1984, 165, 180 ff; vgl. auch Koller, in: Köndgen, RWS-Forum 1, S. 21 ff.; Hüffer, ZHR 151 (1987) 93 ff.
413 NJW 1986, 249 ff.

erteilt wurde⁴¹⁴. Der Schutzbedürftigkeit des Zahlungspflichtigen werde bereits durch sein Widerspruchsrecht hinreichend Rechnung getragen. Das ist richtig, denn auf diese Weise erreicht der mißbräuchlich in Anspruch genommene Schuldner die Rückbelastung seines Kontos.

VII. Ansprüche zwischen den Banken

Das LSA begründet nach IV Nr. 1 Rechte und Pflichten zwischen den beteiligten Kreditinstituten. Im Vordergrund steht der Wiedervergütungsanspruch, den die Schuldnerbank gegen die Gläubigerbank hat (1). Daneben steht ein Schadensersatzanspruch der Schuldnerbank für unberechtigt eingereichte Lastschriften (2). Ferner gewährt das LSA einen weiteren Schadensersatzanspruch, sofern der Verstoß unverzüglich gerügt wird (3). Schließlich kann sich die Schuldnerbank gegenüber der Inkassostelle zur Einlösung der Lastschrift trotz mangelnder Deckung auf dem Kundenkonto verpflichten, also eine Art Garantie übernehmen (4).

241

1. Der Wiedervergütungsanspruch

Löst die Schuldnerbank die Lastschrift nicht ein, z. B. weil auf dem Konto des Zahlungspflichtigen keine Deckung vorhanden ist (II Nr. 1 LSA) oder weil der Schuldner rechtzeitig und wirksam widerspricht, so ist die Gläubigerbank verpflichtet, die Lastschrift zurückzunehmen und wieder zu vergüten (II Nr. 3; III Nr. 1 LSA). Auf diese Weise wird die Schuldnerbank vor unberechtigter Inanspruchnahme geschützt. Das gilt auch dann, wenn sie Kenntnis davon hat, daß der Schuldner im Verhältnis zum Gläubiger oder zur Gläubigerbank rechtsmißbräuchlich von der Widerspruchsmöglichkeit Gebrauch gemacht hat⁴¹⁵. Das ist richtig, denn im EEV wird das Konto des Schuldners unter dem Vorbehalt seiner späteren Genehmigung belastet. Genehmigt der Schuldner nicht, indem er widerspricht, entfällt der Vorbehalt; die Belastung ist rückgängig zu machen. Widerspricht der Schuldner seinerseits mißbräuchlich, so kann ihn seine Bank daran nicht hindern⁴¹⁶. In diesen Fällen macht sich der Schuldner, wie oben gezeigt wurde, gegenüber der Gläubigerbank oder dem Gläubiger selbst nach § 826 BGB schadensersatzpflichtig.

242

Rückgabe und Rückrechnung im EEV sind allerdings ausgeschlossen, wenn der Zahlungspflichtige nicht *binnen sechs Wochen* nach Belastung widerspricht (III Nr. 2 LSA). Ob es sehr glücklich war, diese Sechs-Wochen-Frist in das LSA hineinzuschreiben, erscheint fraglich. Sie entfaltet

243

---

414 BGH WM 1977, 1196.
415 BGHZ 74, 309 = WM 1979, 828, es ging um eine »Lastschriftreiterei«.
416 A.A. Canaris⁴ Rz. 589, der allerdings die Dinge aus der Sicht der von ihm entwickelten Ermächtigungstheorie sieht.

ohnehin nur Wirkungen bei berechtigten Lastschriften, denn bei unberechtigten Lastschriften haftet die Inkassostelle für jeden Schaden, der der Zahlstelle entsteht (I Nr. 4 LSA). Widerspricht also der Schuldner im EEV einer berechtigten Lastschrift erst nach sieben oder acht Wochen, so ist sein Widerspruch wirksam, seine Bank hingegen kann die Lastschrift nicht mehr zurückgeben. Bereits oben wurde aber gezeigt, daß die sich hier andeutende Schutzlücke in Wirklichkeit nicht besteht. Denn im Rahmen des Girovertrages ist der Schuldner gegenüber seiner Bank verpflichtet, Einwendungen gegen unrichtige Buchungen unverzüglich geltend zu machen (Nr. 7 Abs. 2 AGB/B 93). Verletzt er diese Pflicht, so verliert er zwar nicht sein Widerspruchsrecht, macht sich aber gegenüber seiner Bank regelmäßig schadensersatzpflichtig[417].

2. Der Anspruch nach I Nr. 4 LSA

244 Für unberechtigt eingereichte Lastschriften spielt die Sechs-Wochen-Frist keine Rolle, weil die Inkassostelle der Zahlstelle für jeden dadurch entstehenden Schaden haftet (I Nr. 4 LSA). Unberechtigt eingereicht sind v.a. solche Lastschriften, die auf das Konto eines Dritten gezogen sind, ohne daß der Dritte dem Zahlungsempfänger eine Einzugsermächtigung erteilt hat oder den Betrag schuldet. Entscheidend ist also, ob die Lastschrift im EEV durch das Einverständnis des Zahlungspflichtigen im Valutaverhältnis gedeckt ist[418].

245 Einen der seltenen Fälle, in denen der Widerspruch gegen eine Lastschrift im EEV erst viele Monate nach der Belastungsbuchung erfolgte, hatte das LG Kassel am 9.6.1988 zu entscheiden[419]. Die Firma K hatte eine Lastschrift im EEV eingereicht, obwohl ihr keine Einzugsermächtigung vorlag. Der somit irrtümlich vom Konto der vermeintlich zahlungspflichtigen Firma E abgebuchte Betrag wurde dieser nach Aufdecken des Mißverständnisses von der Firma K durch Scheck erstattet. Kurz darauf kam es erneut zum Lastschrifteinzug über den gleichen Betrag. Die Firma E bemerkte die Belastungsbuchung diesmal erst nach mehreren Monaten und widersprach dann der Kontobelastung. Die Schuldnerbank verlangte ihrerseits von der Inkassobank Rückbelastung. Diese widersprach; die Sechs-Wochen-Frist sei abgelaufen und auch ansonsten stehe der Schuldnerbank kein Anspruch zu, denn inzwischen sei der Zahlungsempfänger (Kunde der Inkassobank) in Konkurs gefallen.

246 Das LG Kassel hat die Inkassobank zu Recht nach I Nr. 4 LSA zum Schadensersatz verurteilt. Denn es habe sich um eine Belastungsbuchung

---

417 BGHZ 95, 103, 108 f.
418 Vertiefend Häuser WuB I D 2.-3.85, wo es um eine »Umbuchungslastschrift« ging, die trotz fehlender Einzugsermächtigung ausnahmsweise als berechtigt angesehen werden konnte.
419 LG Kassel WM 1989, 97; dazu Terpitz WuB I D 2.-2.89.

aufgrund einer unberechtigten Lastschrift gehandelt, da unstreitig keine Einzugsermächtigung vorlag. Die Sechs-Wochen-Frist gelte für die Risikohaftung nach III Nr. 2 S. 2 LSA nicht. Die Schuldnerbank sei auch geschädigt, denn sie habe ihrem Kunden E die unberechtigt abgebuchte Lastschrift wieder gutschreiben müssen. Etwas anderes gelte auch nicht, wenn man davon ausgehe, daß vom Kunden aufgrund des Girovertrages ein gewisses Maß an Kontrolle der ihm in den Tagesauszügen übermittelten Kontobewegungen und Kontostände zu verlangen sei, um sein Kreditinstitut vor Schaden zu bewahren[420]. Zum einen erscheine es fraglich, ob die Firma E diese Pflicht überhaupt schuldhaft verletzt habe. Denn Buchungsfehler könnten auch bei sorgfältiger Buchhaltung über einen mehrmonatigen Zeitraum unentdeckt bleiben. Auch habe die Firma E den unberechtigten Einzug in keiner Weise veranlaßt. Jedenfalls könne sich die Inkassobank auf ein etwaiges Verschulden der mit ihr nicht in Vertragsbeziehungen stehenden Firma E nicht berufen.

Ganz überzeugend ist das nicht. Denn entscheidend ist nach I Nr. 4 LSA, daß die Schuldnerbank einen Schaden erleidet. Hat sie selbst möglicherweise einen Schadensersatzanspruch gegen ihren Kunden wegen verspäteter Einwendungen gegen unrichtige Buchungen (Nr. 7 AGB/B 93), so hätte sie keinen Schaden erlitten. Denn in diesem Falle wäre die Bank nach § 249 BGB gerade nicht verpflichtet, die Belastungsbuchung auf dem Kundenkonto rückgängig zu machen. Die Entscheidung des LG Kassel ist somit nur zu halten, wenn man unterstellt, daß die Firma E ihre Pflichten aus Nr. 7 AGB/B 93 nicht oder nicht schuldhaft verletzt hat. Daß in einem Unternehmen Buchungsfehler auch bei sorgfältiger Buchhaltung über einen mehrmonatigen Zeitraum unentdeckt bleiben dürfen, erscheint aber zumindest als fraglich. Schon deshalb bietet auch dieser Fall noch einmal Anlaß, um darüber nachzudenken, ob die Sechs-Wochen-Frist in III Nr. 2 LSA nicht besser gestrichen werden sollte[421].

247

3. Der Anspruch nach IV Nr. 2 LSA

Hierneben besteht ein allgemeiner Schadensersatzanspruch für Verstöße gegen die aus dem LSA erwachsenden Verpflichtungen nach IV Nr. 2 LSA. Dabei sind Verstöße gegen die aus dem LSA erwachsenden Verpflichtungen unverzüglich nach Bekanntwerden zu rügen. Die Schadensersatzpflicht beschränkt sich auf den Betrag derjenigen Lastschrift(en), bei deren Bearbeitung den Verpflichtungen aus dem LSA nicht genügt worden ist. *Eine der wichtigsten Verpflichtungen aus dem LSA betrifft die Zahlstelle. Werden Lastschriften nicht eingelöst, so obliegt es ihr, die erste Inkassostelle durch eine Eilnachricht zu informieren.* Verfahren und

248

---

420 BGH WM 1985, 905 f.
421 In diesem Sinne Terpitz WuB I D 2.-2.89.

Technik für diese Eilnachricht sind in Nr. 4 der Anlage zum LSA geregelt. Grundlegend ist insoweit ein Urteil des BGH vom 15.12.1980[422]. Dort hatte die Zahlstelle die Inkassobank erst zwei Wochen nach Nichteinlösung unterrichtet. Der BGH bejahte einen Schadensersatzanspruch nach IV Nr. 2 LSA. Die Zahlstelle habe ihre Pflichten aus dem LSA verletzt. Liege, wie in jenem Fall, kein Abbuchungsauftrag vor, so müsse spätestens am zweiten Arbeitstag nach dem Tage der Vorlage unter gleichzeitiger telegrafischer, telefonischer oder fernschriftlicher Benachrichtigung der 1. Inkassostelle die Lastschrift auf dem umgekehrten Inkassoweg zurückgesandt werden. Das entsprach der früheren Fassung des LSA 64. Diese Frist habe die Zahlstelle um mehr als zwei Wochen überschritten. Daß eine solch erhebliche Fristüberschreitung eine *schuldhafte* Verletzung des LSA darstelle, bedürfe keiner weiteren Begründung. Nicht entschieden zu werden brauche, ob schon bei jeder geringfügigen Überschreitung der Rückgabefristen eine schuldhafte Verletzung des Abkommens angenommen werden müßte. Dies könne mit Rücksicht auf den Auftrag, bei fehlendem Abbuchungsauftrag beim Schuldner auch zurückzufragen, zweifelhaft sein. Schließlich müsse die verspätete Rückgabe für den dadurch entstandenen Schaden ursächlich sein. Das bejahte der BGH in diesem Fall, weil die Inkassobank bewiesen hatte, daß sie bei rechtzeitiger Rückgabe der Lastschriften ihrem Kunden keine weiteren Kredite mehr bewilligt und dadurch einen Schaden vermieden hätte.

249   Präzisierend hat der BGH später ausgeführt, daß die Gläubigerbank durch die bloße Gutschrift des Lastschriftbetrages auf dem Konto des Gläubigers noch keinen Schaden erleide[423]. Da die Gutschrift bei einer Lastschrift unter dem Vorbehalt der Einlösung stehe, könne sie die Gläubigerbank bei Eintritt dieser Bedingung ohne weiteres wieder rückgängig machen. Anders sei es aber, wenn der Gläubiger über den gutgeschriebenen Betrag vor Rückgabe und Rückbuchung der Lastschriften verfügt habe und alsdann zur Rückzahlung nicht mehr in der Lage sei. In diesem Falle habe die Gläubigerbank den Betrag, über den der Gläubiger verfügt habe, effektiv aus ihrem Vermögen weggegeben. Wenn sie nun wegen der Nichteinlösung einerseits den Lastschriftbetrag der Schuldnerbank zurückzahlen müsse und andererseits beim Gläubiger mit ihrer Rückzahlungsforderung ausfalle, erleide sie in dieser Höhe einen Schaden, der durch die verspätete Rückgabe der Lastschriften verursacht sei.

250   Im Ausgangsfall hatte der BGH aufgrund des früheren Wortlauts von IV Nr. 2 LSA ferner zu prüfen, ob die Inkassobank den Verstoß gegen die aus dem LSA erwachsenden Verpflichtungen unverzüglich nach Bekanntwerden gerügt hatte. Von dieser unverzüglichen Rüge hing der Schadensersatzanspruch nach der damaligen Formulierung ab. Ob diese

---

422 BGHZ 79, 381, 388 ff.
423 BGH NJW 1983, 221 f.

rigorose Bestimmung mit dem AGB-Gesetz vereinbar war, prüfte der BGH in jener Entscheidung nicht. Das mußte er wohl auch nicht, weil er die unverzügliche Rüge bejahte. Heute heißt es in IV Nr. 2 LSA nur noch, daß Verstöße gegen die aus dem LSA erwachsenden Verpflichtungen unverzüglich nach Bekanntwerden zu rügen sind. Verstößt die Inkassobank hiergegen, so könnte darin zwar ein Verstoß gegen § 254 BGB liegen[424], Entstehungsvoraussetzung für den Anspruch ist diese Rüge jedoch nicht mehr.

4. Garantien

Die Schuldnerbank kann im Lastschriftverfahren auch die Stellung einer Garantiebank einnehmen. Mit dieser Frage beschäftigte sich der BGH im obigen Urteil vom 15.12.1980 ebenfalls[425]. Denkbar ist, aus dem schlüssigen Verhalten der Schuldnerbank zu folgern, daß sie besondere Gründe gehabt habe, das Risiko einer unwirksamen Belastung des Schuldnerkontos selbst zu tragen. Dies könne angenommen werden, wenn die Bank ein besonderes Interesse ihres Kunden wahrnehmen wolle, der, wie sie wisse, es sich diesem bestimmten Gläubiger gegenüber nicht leisten könne, dessen Lastschriften nicht einzulösen. Denkbar sei aber auch, daß, wie im Bankenverkehr offenbar inzwischen üblich, Lastschriften im AAV bis zu einem bestimmten Betrag aus Gründen der Arbeitsvereinfachung ohne jegliche Prüfung, ob ein Abbuchungsauftrag vorliege, dem Schuldnerkonto belastet würden. Damit gebe die Schuldnerbank, die so verfahre, zu erkennen, daß sie aus organisatorischen Gründen zur Vereinfachung ihres Geschäftsbetriebes die Lastschrift zugunsten der Gläubigerbank und des Gläubigers *auf ihr Risiko als eingelöst* behandelt wissen wolle.

251

VIII. Der Bereicherungsausgleich

Lastschriften sind »rückläufige Überweisungen«. Ebenso wie diese, können sie fehlerhaft sein. Der Abbuchungsauftrag kann mangelhaft sein, ebenso wie das Valutaverhältnis zwischen Schuldner und Gläubiger. Auf dem Konto des Schuldners kann die entsprechende Deckung fehlen und die Inkassobank kann aufgrund einer verfälschten Lastschrift tätig werden. Die Inkassobank kann versehentlich eine Doppelgutschrift leisten oder einem falschen Empfänger den Betrag gutschreiben, um einige Beispiele zu nennen. In all diesen Fällen ist ein Bereicherungsausgleich notwendig. Es entspricht allgemeiner Meinung, daß dieser nach den für die Überweisung aufgestellten Grundsätzen durchzuführen ist, eben weil es

252

---

424 Vertiefend Canaris[4] Rz. 584.
425 BGHZ 79, 381, 388.

sich beim Lastschriftverfahren um eine »rückläufige Überweisung« handelt und es sinnvoll ist, fehlgeschlagene bargeldlose Zahlungsvorgänge einheitlich rückabzuwickeln[426]. Daraus folgt, daß die Abwicklung grundsätzlich innerhalb der Leistungsbeziehungen durchzuführen, also ein Durchgriff nicht möglich ist[427].

1. Bereicherungsrechtliche Rückabwicklung im EEV

253 Eine nennenswerte Bedeutung hat der Bereicherungsausgleich im EEV nicht. Das liegt daran, daß der Schuldner der Belastung auf seinem Konto widersprechen und damit eine Rückabwicklung im Rahmen des Lastschriftverfahrens auslösen kann. Das gilt selbst dann, wenn sein Widerspruch mißbräuchlich sein sollte[428]. Der Widerspruch bewirkt also auf der Basis des LSA die Rückabwicklung und ersetzt auf diese Weise den funktional ähnlichen Bereicherungsausgleich.

254 Einen der wenigen Fälle, in denen es um die bereicherungsrechtliche Rückabwicklung innerhalb des EEV ging, hatte der BGH am 20.6.1977 deshalb zu entscheiden, weil der Schuldner, aus nicht bekannten Gründen, von seinem Widerspruchsrecht keinen Gebrauch machte[429]. Das Konto des Schuldners war belastet worden, obwohl er nichts schuldete und eine Einziehungsermächtigung nicht erteilt hatte. Der Schuldner klagte gegen die Gläubigerbank, weil diese durch die Weiterleitung der Lastschrift schuldhaft in sein Vermögen eingegriffen habe. Der BGH verneinte eine Haftung der Inkassobank sowohl aus unerlaubter Handlung als auch wegen ungerechtfertigter Bereicherung zu Recht. Für § 826 BGB fehlte es an einer sittenwidrig vorsätzlichen Schädigung seitens der Inkassobank. Eine Leistungskondiktion scheiterte am nicht vorhandenen Leistungsverhältnis zwischen Schuldner und Inkassobank, denn letztere wird ausschließlich als Leistungsmittlerin für den Gläubiger tätig. Aber auch eine Bereicherung »in sonstiger Weise« kam nicht in Betracht. Es fehlte nämlich an einem Eingriff der Inkassobank in das Vermögen des Schuldners. Die Lastschrift war unberechtigt ausgestellt, weil der Schuldner keine Einzugsermächtigung erteilt hatte. Der BGH wies darauf hin, daß dies nach den gleichen Grundsätzen zu beurteilen sei, wie wenn von vornherein ein wirksamer Überweisungsauftrag fehle. In diesem Falle werde dem Bankkunden die Zahlung der Bank an den Empfänger nicht als seine Leistung zugerechnet, weil er die Zahlung nicht veranlaßt habe[430]. Sei aber die Zahlung der Bank keine Leistung ihres Kunden an den Zahlungsempfänger, so sei sie auch keine Leistung der Bank an ihren Kunden im Rahmen des

---

426 Grundlegend BGHZ 69, 186, 188.
427 BGHZ 48, 70; vertiefend oben Rz. 146 ff.
428 BGHZ 74, 309; BGHZ 95, 103; offen BGHZ 101, 159.
429 BGHZ 69, 186 ff.
430 Vgl. BGHZ 66, 362, 365; 372, 375.

Deckungsverhältnisses. Dessen Vermögen werde durch die ihm nicht zurechenbare Zuwendung nicht berührt. Das ist richtig, der Fall gleicht jenen, in denen es überhaupt keinen Überweisungsauftrag gibt. Dann fehlt es an einer wirksamen Weisung zu Lasten des Kundenkontos. Daraus folgt, daß der Kunde die Rückgängigmachung der Belastungsbuchung ohne weiteres verlangen kann. Insoweit bedarf es nicht einmal eines Widerspruchs gegen die Belastungsbuchung. Darauf hat der BGH im obigen Fall zu Recht hingewiesen[431]. Der Bereicherungsausgleich findet dann direkt zwischen der Schuldnerbank und dem Empfänger des Geldes und zwar als Eingriffskondiktion statt.

Ähnlich hat das OLG Hamm am 15.10.1990 entschieden[432]. Auch in jenem Fall war das Konto des Schuldners belastet worden, obwohl er nichts schuldete und keine Einziehungsermächtigung erteilt hatte. Allerdings widersprach der Schuldner der Belastungsbuchung. Aus der Entscheidung ergibt sich nicht, warum trotz dieses Widerspruchs nicht auf der Basis des LSA rückabgewickelt wurde. Diese Frage hätte nicht offenbleiben dürfen. Denn der Widerspruch des Schuldners löst bei einer unberechtigten Lastschrift (wie hier) auch noch nach Ablauf der Sechs-Wochen-Frist (wie hier) vertragliche Ansprüche der Schuldnerbank gegen die Inkassostelle (I Nr. 4 LSA) aus. Konsequenz: Nicht das Vermögen der Schuldnerbank, sondern das der Inkassobank wird belastet, so daß eine Eingriffskondiktion im Verhältnis Schuldnerbank zum Gläubiger ausscheidet.

255

Noch einige andere Fallkonstellationen sind denkbar. Löst die Schuldnerbank trotz mangelhaften Deckungsverhältnisses eine berechtigte Lastschrift ein, so erbringt sie damit eine Leistung (Kredit) an ihren Kunden, d.h. der Ausgleich findet im Deckungsverhältnis statt. Dasselbe gilt bei mangelhaftem Inkassoverhältnis zwischen Inkassobank und Gläubiger bei ansonsten intaktem Valutaverhältnis.

256

Probleme können entstehen, wenn eine Lastschrift *gefälscht* wird. Dann liegt keine wirksame Weisung seitens des Gläubigers an seine Inkassobank vor. Zieht sie trotzdem die Lastschrift ein und leitet das Geld an den Fälschenden weiter, so kann sie von ihrem Kunden keinen Ausgleich verlangen, weil dieser nicht bereichert ist. Allerdings haben die Inkassobanken in der Inkassovereinbarung eine Klausel aufgenommen, wonach der Zahlungsempfänger »alle Nachteile des Abhandenkommens, der mißbräuchlichen Verwendung, der Fälschung und Verfälschung von Lastschriften« trägt[433]. Die Wirksamkeit dieser Klausel wird in der Lehre überwiegend bejaht[434]. Ein sonderlich praktisches Problem scheint die Lastschriftfälschung, ganz im Gegensatz zur Scheckfälschung, nicht zu sein. Fälle, die

257

---

431 BGHZ 69, 186, 190.
432 OLG Hamm WM 1991, 670; dazu Sturm WuB I D 2.-2.91.
433 Im AAV Nr. 11; im EEV Nr. 12 der Bedingungen.
434 Canaris[4] Rz. 582 b.

die Rechtsprechung beschäftigt hätten, sind nicht bekannt. Das wird damit zusammenhängen, daß bei Fälschung einer Lastschrift das Geld letztlich auf dem Konto des Lastschriftgläubigers verbucht wird, so daß der Fälschende noch immer keinen direkten Zugriff hat. Wichtig ist, daß sich die Klausel nicht auf die Fälschung von *Lastschriftvordrucken* bezieht[435].

2. Der Bereicherungsausgleich im AAV

258 Im AAV spielt der Bereicherungsausgleich eine etwas größere Rolle, weil der Schuldner keine Widerspruchsmöglichkeit hat. Hiervon abgesehen gilt das zum EEV gesagte ebenso, wie die Ausführungen zur Überweisung. Bei *Mängeln im Deckungsverhältnis* (z.B. fehlende Deckung) findet der Bereicherungsausgleich zwischen dem Schuldner und seiner Bank statt. Denn die Bank leistet an ihren Kunden wenn sie im AAV eine Lastschrift einlöst, obwohl das Konto keine Deckung hat. Ist das Konto des Schuldners gedeckt, aber seine Beziehung zum Gläubiger gestört *(Mangel des Valutaverhältnisses)*, so findet der Ausgleich ausschließlich zwischen Schuldner und Gläubiger und nicht etwa zwischen deren Banken statt. Der Schuldner hat also keinen Bereicherungsanspruch gegen die als Leistungsmittlerin auftretende Gläubigerbank[436]. Dies alles gilt auch dann, wenn Deckungs- und Valutaverhältnis mangelhaft sein sollten; d. h. auch bei *Doppelmangel* vollzieht sich der Bereicherungsausgleich *innerhalb des jeweiligen Leistungsverhältnisses*[437]. Ist der *Abbuchungsauftrag mangelhaft*, z. B. weil es ihn gar nicht gibt, oder weil die Schuldnerbank versehentlich eine Doppelgutschrift erteilt, so hat die Schuldnerbank einen eigenen Bereicherungsanspruch unmittelbar gegen den *Überweisungsempfänger*. Das liegt daran, daß in diesen Fällen eine Leistung aus der Sicht des Schuldners an den Gläubiger fehlt. Auch die Schuldnerbank leistet (unter Zwischenschaltung der Inkassobank) nicht an den Empfänger, weil beide glauben, Zahlstellen zu sein. Die Schuldnerbank bereichert den Empfänger aber in sonstiger Weise, weil sie ihm aus ihrem Vermögen etwas zuwendet, was ihm nicht zusteht[438]. Bei einer gefälschten Lastschrift fehlt es ebenfalls von Anfang an an einer Weisung zu Lasten des Schuldnerkontos. Zahlt die Schuldnerbank, so muß sie eine Belastung des Schuldnerkontos ohne weiteres aufgrund des Girovertrages rückgängig machen[439]. Die Schuldnerbank hat gegen den einziehenden Gläubiger ei-

---

435 Canaris[4] Rz. 582 b, der ferner darauf verweist, daß die Klausel auch dann unwirksam ist, wenn die Bank Lastschriftvordrucke verwendet, die auch anderen Kunden zugänglich und gegen Mißbrauch nicht gesichert sind.
436 BGHZ 69, 186, 188.
437 BGHZ 48, 70.
438 BGH NJW 1990, 3194 für die Überweisung.
439 BGHZ 69, 186, 190.

nen Anspruch aus Eingriffskondiktion. Er seinerseits kann sich, trotz fehlender Weisung, nicht bei der Inkassobank schadlos halten, weil die oben diskutierten Inkassoabreden das Fälschungsrisiko auf den Gläubiger verlagern.

Hat der Schuldner den gesamten Abbuchungsauftrag *widerrufen* und führt die Bank eine Lastschrift trotzdem aus, dann geht die Belastung des Schuldnerkontos letztlich auf eine *ursprünglich wirksame* Anweisung (Abbuchungsauftrag) und damit auf einen Leistungs*willen* des Kunden zurück. Ebenso wie in den Fällen der widerrufenen Anweisung, hat die Bank nun keinen unmittelbaren Bereicherungsanspruch gegen den Empfänger. Der Bereicherungsausgleich findet vielmehr zwischen Schuldner und Geldempfänger (bei mangelhaftem Valutaverhältnis) statt oder zwischen Schuldner und seiner Bank (bei mangelhaftem Deckungsverhältnis). Etwas anderes gilt dann, wenn der Empfänger positiv weiß, daß der Abbuchungsauftrag widerrufen worden ist[440]. Hier stellt sich die Zahlung der Bank aus der Sicht des Empfängers gerade nicht als Leistung des Lastschriftschuldners dar, so daß der bereicherungsrechtliche Rücktausch zwischen der Schuldnerbank und dem Empfänger stattzufinden hat[441].

259

C. Scheckgeschäft

I. Funktionen
II. Historischer Hintergrund
III. Die Rechtsnatur des Scheckvertrages und der Inkassoabrede
IV. Wertpapierrechtliche Einordnung
   1. Schulfall: Scheckeinlösungspflicht trotz Wandelung des Kaufvertrages?
   2. Die Scheckfähigkeit der BGB-Gesellschaft
   3. Einwendungen gegen den scheckrechtlichen Rückgriffsanspruch
   4. Inlands- oder Auslandsscheck
V. Haftung bei Scheckmißbrauch
   1. Grundsätze (Nr. 3 Abs. 1 SchB 95)
   2. Mitverschulden des Kunden
   3. Abhanden gekommene Schecks (Nr. 3 Abs. 2 SchB 95)
   4. Verschärfte Kundenhaftung bei erhöhter Risikointensität
VI. Die Schecksperre
   1. Grundsätze
   2. Rechtspflichten nach Schecksperre
VII. Der Bereicherungsausgleich
   1. Teilweise fehlerhafte Schecks
   2. Scheckfälschungen
   3. Fehlbuchungen
   4. Entreicherung
VIII. Scheckeinlösungszusage – Scheckbestätigung – Scheckeinlösungsbestätigung
   1. Grundsätze
   2. Abgrenzung: Scheckgarantie – Scheckbestätigung
   3. Grenzen der Scheckgarantie
   4. Unwirksame Scheckgarantie
   5. Die Scheckeinlösungsbestätigung: Haftung für fehlerhafte Auskunft
IX. Das Scheckinkasso
   1. Hauptpflichten aus dem Inkassoverhältnis
   2. Der Einlösungszeitpunkt
   3. Der Rückgriff gegen den Aussteller
   4. Pflichtverletzungen gegenüber dem Überbringer
   5. Pflichtverletzungen gegenüber dem Aussteller
   6. Sicherungsrechte der Inkassobank
X. Auswirkungen der Scheckzahlung auf das Valutaverhältnis
   1. Kein Annahmezwang
   2. Die Erfüllungswirkung
   3. Die Rechtzeitigkeit der Leistung

---

440 BGHZ 66, 362; 66, 372; 67, 75; 87, 393 für den Überweisungsauftrag.
441 BGHZ 88, 332; 98, 379 für die Überweisung.

Zweiter Teil   Commercial Banking

Schrifttum:
Avancini-Iro-Koziol, Österreichisches Bankvertragsrecht I, 1987; *Aden*, Die Haftung der Bank bei abhandengekommenen Schecks, NJW 1994, 413; *Bärmann*, Europäisches Geld-, Bank- und Börsenrecht, Teil I: Bundesrepublik Deutschland, 1974; *Baumbach/Hefermehl*, Kommentar zum Wechselgesetz und Scheckgesetz, 16. und 17. Aufl.; *Baumbach/Hopt*, HGB-Komm., 29. Aufl., 1995; *Blaurock*, Zur Reform des französischen Scheckrechts, ZHR 139 (1975) 380; *Brunner*, Die Wertpapiere, in: Endemanns Handbuch des deutschen Handels-, See- und Wechselrechts, Bd. II, 1882; *Bülow*, Wechselgesetz, Scheckgesetz, Allgemeine Geschäftsbedingungen, 1991; *ders.*, Wirksamkeit von Nr. 11 S. 1 der Sonderbedingungen für den Scheckverkehr?, WM 1991, 443; *ders.*, Postscheck und Privatrecht, ZIP 1992, 1612; *ders.* Sphärentheorie im Scheckrecht, WM 1996, 8; *Bundschuh*, Haftung der Banken im Zahlungs- und Scheckverkehr – ein Rechenschaftsbericht, in: Johannes Köndgen, Neue Entwicklungen im Haftungsrecht, RWS-Forum, 1987; *ders.*, Die neuere Rechtsprechung des Bundesgerichtshofes zum Scheckrecht, WM 1983, 1178; *ders.*, Die neuere Rechtsprechung des Bundesgerichtshofes zum Wechsel- und Scheckrecht, WM 1984, 1357; *Canaris*, Bankvertragsrecht, 4. Aufl., 1988; *Eismann*, Die rechtliche Ausgestaltung des Inhaberschecks durch das Scheckgesetz unter Berücksichtigung der Fortbildung durch die Praxis des Scheckverkehrs, Diss. Heidelberg 1969; *Hadding*, Neuere Rechtsprechung zum bargeldlosen Zahlungsverkehr, JZ 1977, 281; *ders.*, Drittschadensliquidation und »Schutzwirkungen für Dritte« im bargeldlosen Zahlungsverkehr, Festschrift für Winfried Werner, 1984, 165; *Hueck/Canaris*, Recht der Wertpapiere, 12. Aufl.; *Isele*, Geldschuld und bargeldloser Zahlungsverkehr, AcP 129 (1929) S. 155; *Jacobi*, Wechsel- und Scheckrecht, 1956; *Köndgen*, Die Entwicklung des privaten Bankrechts in den Jahren 1990/91, NJW 1992, 2263; *Koller*, Die Verteilung des Scheckfälschungsrisikos zwischen Kunde und Bank, NJW 1981, 2433; *ders.*, Der Verzicht auf die Prüfung von Scheckunterschriften, WM 1985, 821; *Kümpel*, Bank- und Kapitalmarktrecht, 1995; *Liesecke*, Neuere Praxis des Wechsel- und Scheckrechts, WM 1973, 1154; Münch.Komm.-Damrau, BGB-Kommentar, 2. Aufl.; *Reiser*, Anforderungen an die Sorgfaltspflichten der Banken im Scheckverkehr, WM 1984, 1557; *ders.*, Das beleglose Scheckeinzugsverfahren im deutschen Kreditgewerbe, WM 1986, 409; *Richardi*, Wertpapierrecht, 1987; *Rieder*, Scheckbestätigung und Einlösungsgarantie, WM 1979, 686; *Schmidt*, Gesellschaftsrecht, 2. Aufl.; *Schneyder/Merkel*, Preisaufschläge bei Zahlung mit Scheck, Kreditkarte oder an automatisierten Kassen?« in: Festschrift für Klemens Pleyer, 115 ff.; *Schwintowski*, Haftung bei der Finanzierung von (atypisch) fehlgeschlagenen steuerbegünstigten Kapitalanlagen, NJW 1989, 2087; *Seeberg*, Das Konzept der funktionellen Identität von Rück- und Vorlauf im Wechselrecht, 1990; Ernst *Ulmer*, Das Recht der Wertpapiere, 1938; Eugen *Ulmer*, Der Einwendungsausschluß im einheitlichen Wechselgesetz in: Funktionswandel der Privatrechtsinstitutionen, Festschrift für Ludwig Raiser, 1974, 225 ff.; *von Wrede*, Das beleglose Scheckinkasso, 1977; *Zöllner*, Wertpapierrecht, 14. Aufl., 1987; *ders.*, Die Zurückdrängung des Verkörperungselements bei den Wertpapieren in: Festschrift für Ludwig Raiser, 1974, 249;

I. Funktionen

260   Der Scheck ist eine unbedingte Anweisung des Ausstellers an das bezogene Kreditinstitut, zu Lasten seines Guthabens einen bestimmten Geldbetrag gegen Vorlage des Schecks zu zahlen. Der Scheck ist somit Wertpapier, d.h. eine Urkunde, die ein privates Recht in der Form verbrieft, daß zur Ausübung des Rechts der Besitz des Papiers erforderlich ist[442]. Im Gegensatz zum Wechsel ist der Scheck kein Kreditmittel, sondern reines Zahlungsmittel. Der Scheck ersetzt sowohl die Barzahlung als auch die

---
442 Grundlegend Heinrich Brunner, 47 ff.; differenzierend zu den verschiedenen Wertpapiertheorien, Zöllner, 14 ff.; instruktiv noch immer Jacobi, 34 ff.

mögliche Banküberweisung. Gegenüber der Überweisung hat der Scheck den Vorzug, daß er eine Zug-um-Zug-Leistung ermöglicht; gegenüber der Barzahlung, daß das Risiko des Abhandenkommens von Bargeld minimiert wird.

Die Funktion des Schecks als Zahlungsmittel ergibt sich aus Art. 4 Scheckgesetz (ScheckG). Danach kann ein Scheck nicht angenommen werden; ein auf den Scheck gesetzter Annahmevermerk gilt als nicht geschrieben. Dieser Wortlaut bezieht sich auf § 784 BGB. Dort wird der Begriff der Annahme definiert. Nimmt der Angewiesene (z.B. eine Bank) die Anweisung (z.B. einen bestimmten im Scheck genannten Geldbetrag auszuzahlen) an, so ist er (die Bank) dem Anweisungsempfänger (Scheckinhaber) gegenüber zur Leistung verpflichtet. Annahme hat also nichts mit dem Besitz des Schecks zu tun – selbstverständlich kann der Schecknehmer den Scheck »annehmen«, d.h. das Eigentum am Papier erwerben und es besitzen -, vielmehr handelt es sich um die rechtliche Verpflichtung, neben dem Aussteller der Anweisung (z.B. eines Wechsels) für die Zahlung des im Papier versprochenen Betrages einzustehen. Eine solche Mitverpflichtung, z.B. der Bank, bei der der Scheckaussteller sein Konto unterhält, verhindert Art. 4 ScheckG. Anders als beim Wechsel, wo Annahme möglich und ganz selbstverständlich ist, wird auf diese Weise erreicht, daß der Scheck kein Kreditmittel wird, sondern reines Zahlungsmittel bleibt. Im wirtschaftlichen Ergebnis wird dieser Grundsatz aber nicht ganz durchgehalten. Seit Anfang 1968 geben die Banken, zusammen mit einheitlichen Eurocheque-Vordrucken, »Scheckkarten« an ihre Kunden aus und garantieren danach Einlösung pro Scheck in Höhe von derzeit höchstens DM 400,-, ohne Rücksicht auf vorhandene Kontodeckung. Ist das Konto des Scheckausstellers nicht gedeckt, so wirkt diese Garantie wie die Gewährung eines Kredits. Art. 4 ScheckG wird trotzdem nicht verletzt, weil es nicht verboten ist, einen *außerhalb* des Schecks liegenden schuldrechtlichen Garantievertrag mit einem bestimmten Schecknehmer zu schließen[443]. 261

Weil Schecks nach Art. 4 ScheckG nicht angenommen werden können, kann mit ihnen, anders als beim Wechsel, keine *Geldpolitik* gemacht werden. Es gibt deshalb keinen dem Diskontzins für Wechsel vergleichbaren institutionalisierten Einkaufszins für Schecks. 262

Bis zum 30.6.1991 war nach fast allgemeiner Meinung der *Postscheck* kein Scheck i.S.d. Scheckgesetzes, sondern zog seine rechtliche Begründung aus dem öffentlich-rechtlichen Postbenutzungsverhältnis[444]. Als Folge der Poststrukturreform hat sich dies ab 1.7.1991 grundlegend geändert. Der Postscheck ist zu einem gewöhnlichen Scheck im privatrechtlichen Sinne geworden. Der Scheckverkehr ist nunmehr u.a. durch die Besonde- 263

---

443 BGHZ 64, 79, 81; Baumbach/Hefermehl[16], Art. 4 ScheckG Rz. 3.
444 Bülow, ZIP 1992, 1612 m.w.N.

ren Bedingungen der *POSTBANK* Scheckeinzug der Postgiroämter vom 1.7.1991 erfaßt. D.h. von diesem Zeitpunkt an sind die Rechtsbeziehungen zwischen Postbank und Postkunden gem. § 7 PostG privatrechtlicher Natur[445].

264 Als *Barscheck* erspart der Scheck Bargeld. In der Praxis kommt er nahezu ausschließlich als Inhaberscheck vor. Das beruht darauf, daß die Kreditinstitute nur Schecks einlösen, die auf den von ihnen ausgegebenen Scheckvordrucken ausgestellt sind[446]. Diese Vordrucke enthalten regelmäßig die Überbringerklausel (»... oder Überbringer«), eine Streichung dieser Klausel ist nicht möglich[447].

265 *Einer Überweisung sehr ähnlich wird der Scheck, wenn er als Verrechnungsscheck benutzt wird.* Er entsteht nach Art. 39 ScheckG durch den quer über die Vorderseite gesetzten Vermerk »nur zur Verrechnung« oder durch einen gleichbedeutenden Vermerk. Als gleichbedeutend haben sich in der Bankpraxis zwei parallele Schrägstriche in der linken oberen Ecke durchgesetzt[448]. Nicht ganz unwichtig ist, daß diese zwei Striche in vielen anderen Ländern, z.B. England und Frankreich, die Wirkung eines »gekreuzten Schecks« haben mit der Folge, daß der Scheck nur an einen Bankier oder an einen Kunden des Bezogenen bezahlt werden darf[449]. Wird ein Verrechnungsscheck begeben, so darf die bezogene Bank diesen Scheck nur im Wege der Gutschrift (Verrechnung, Überweisung, Ausgleichung) einlösen (Art. 39 Abs. 2 ScheckG). Für den Scheckaussteller ist somit keine umfangreiche Bargeldhaltung notwendig und er erzielt zusätzlich im Rahmen der Schuldentilgung einen Zinsgewinn, weil aufgrund der i.d.R. erst einige Tage später erfolgenden Scheckeinlösung das Buchgeld länger auf seinem Konto verbleibt als bei einer Überweisung. Hinzu kommt, daß das Mißbrauchsrisiko beim Verrechnungsscheck etwas kleiner ist als beim Barscheck. Geht ein Barscheck verloren und wird vom Finder vorgelegt, so muß er sofort eingelöst werden. Ein Verrechnungsscheck löst dagegen nur eine Gutschrift aus. Geht also ein Verrechnungsscheck verloren, so weiß man, auf wessen Konto der Betrag gutgeschrieben worden ist. Auf diese Weise sind bei Diebstahl oder Unterschlagung der Schecks, anders als bei Barauszahlungen, zumindest gezielte Nachforschungen möglich.

---

445 Zu den Rechtsfolgen Bülow, ZIP 1992, 1613 f.; ferner BGH WM 1993, 12 (gefälschter Postbarscheck).
446 Vgl. Nr. 1 Bedingungen für den Scheckverkehr – (Fassung 1.10.1989) – (in Zukunft: SchB 89).
447 Nr. 8 SchB 89.
448 Baumbach/Hefermehl[16], Art. 39 Rz. 1; dag. aber vereinzelt geblieben: OLG Nürnberg NJW 1977, 53.
449 So Art. 38 Abs. 1 ScheckG, der in Deutschland nicht in Kraft gesetzt worden ist; ausländische gekreuzte Schecks gelten in Deutschland als Verrechnungsschecks (Art. 3 EG ScheckG).

Die Bedeutung des Schecks als ein Element des Zahlungsverkehrs ist 266
beträchtlich.
Nach einer Studie der EG wurden in Deutschland im Jahre 1988 9,9 %
der bargeldlosen Zahlungsvorgänge in Form von Schecks abgewickelt[450].
Dem Werte nach werden mit dieser Zahl 19,2 % aller bargeldlosen Zahlungen erfaßt. In Frankreich dominiert der Scheck sogar den Zahlungsverkehr. 62,6 % der bargeldlosen Zahlungsvorgänge wurden per Scheck ausgeführt. Allerdings scheint es sich um ein Zahlungsmittel des »kleinen Mannes« zu handeln, denn wertmäßig entfielen nur 29,9 % auf den bargeldlosen Zahlungsverkehr. Auch in England ist der Scheck stark verbreitet, Gesamtzahl: 54,7 % bei einem Wertverhältnis von 41,9 %. Interessant ist, daß die Gesamtzahl der in den Niederlanden mit Scheck abgewickelten Geschäfte fast doppelt so hoch ist wie in Deutschland (nämlich 17,8 %), während das Wertverhältnis nur bei 0,2 % liegt, also nur 1/100 des deutschen Volumens (19,2 %) ausmacht. In Italien macht die Gesamtzahl der Schecks (49,2 %) wertmäßig 23,4 % aus und auch in Belgien wird aus einem zahlenmäßig hohen Anteil (31 %) ein relativ geringes Wertverhältnis (5,4 %)[451]. Aus diesen Zahlen wird zumindest deutlich, daß der Scheck in den Ländern der Europäischen Gemeinschaft zur Bewältigung des täglichen (kleinen) Zahlungsverkehrs offenbar erheblich stärker eingesetzt wird als in Deutschland. Das gilt übrigens auch für die Vereinigten Staaten, wo im Jahre 1990 82 % des unbaren Zahlungsverkehrs per Scheck abgewickelt wurde[452]. Auch die absoluten Zahlen sprechen für unterschiedliche Zahlungsgewohnheiten. Während 1990 in Frankreich fast 5 Mrd. Schecks ausgestellt wurden, benutzten im Vergleichszeitraum die Deutschen nur 784 Mio. Das wiederum waren, trotz der Neigung der Italiener fast die Hälfte der bargeldlosen Zahlungsvorgänge mit Scheck abzuwickeln (49,2 %), immer noch etwas mehr als in Italien, wo ca. 736 Mio. im Vergleichszeitraum ausgestellt wurden[453]. Hieran wird die außerordentliche Relativität solcher Zahlen deutlich. Offenbar hat der bargeldlose Zahlungsverkehr in Italien noch längst nicht den Stellenwert, den er in Deutschland einnimmt. Nicht ganz uninteressant ist vielleicht noch, daß in Deutschland pro Kopf im Jahre 1990 zehn Schecks ausgestellt wurden, während es im Vergleichszeitraum in Frankreich 86, in Italien 13, in den Niederlanden 17, in England 56, in den Vereinigten Staaten 227, dagegen in Japan nur drei waren[454]. Das statistische Bundesamt verwies im Jahrbuch für 1991 darauf, daß von den ca. 800 Mio. ausgestellten Schecks

---

450 Quelle für alle Zahlen: ZBB-Dokumentation; Diskussionspapier der Kommission der Europäischen Gemeinschaften: Zahlungsverkehr im Binnenmarkt; ZBB 1991, 53, 61.
451 Quelle für alle Zahlen: ZBB 1991, 53, 61.
452 Bank For International Settlements, Statistics On Payment Systems In Eleven Developed Countries, figures for 1990, Basel Dezember 1991, S. 3.
453 Statistics, a.a.O., S. 19, 23.
454 Statistics, a.a.O., passim.

etwa 1,35 Mio. (im Gegenwert von 4,46 Mrd. DM) nicht eingelöst wurden. Damit liegt die Zahl der notleidend gewordenen Schecks bei etwa 0,17 %. Wenn man weiter bedenkt, daß von der Gesamtzahl der ausgestellten deutschen Schecks nur etwa 450 Mio. Euroschecks sind[455], so wird hieran deutlich, daß von dem früheren Mißtrauen gegenüber dem Scheck als unsicherem Zahlungsmittel heute praktisch nichts mehr zu spüren ist.

II. Historischer Hintergrund

267 Es wurde oben[456] im einzelnen gezeigt, daß nicht nur der Giroverkehr, sondern auch die bargeldlose Anweisung in Form von Schecks bereits im Recht des ptolemaeischen Ägypten (ab 323 v.Chr.) gebräuchlich war. Für Rom ist allerdings nur noch die Giroanweisung mit Barauszahlung erwiesen, den rein buchmäßigen Zahlungsverkehr kannte man nicht mehr. Auch ein innerer Zusammenhang zwischen dem Giroverkehr des Altertums und demjenigen, der sich um das Jahr 1200 infolge des aufblühenden Handels der oberitalienischen Städte Florenz, Genua, Mailand und Venedig erneut bildete, besteht aller Wahrscheinlichkeit nach nicht. Der Scheck beginnt sich sogar erst Mitte des 14. Jh., zunächst in Italien, durchzusetzen[457]. In dieser Zeit wandelten sich auch die Geldwechsler europaweit zu »local transfer banks«. So beweisen die Bücher der Geldwechsler von Brügge beispielsweise, daß sie »clearing accounts« miteinander besaßen, und das gleiche dürfte auch in anderen Handelszentren der Fall gewesen sein[458].

268 Die moderne Entwicklung des Schecks ist gekoppelt mit derjenigen der Banknote. Sie entstand im 17. Jh., als reiche Privatleute wegen unsicherer politischer Verhältnisse begannen, ihr Geld und ihre Gold- und Silbervorräte bei Goldschmieden oder Geldwechslern gegen eine Bescheinigung für die deponierten Wertsachen zu hinterlegen. Diese Bescheinigungen, sog. »goldsmith's notes« oder »banker's notes«, stellten eine schnell realisierbare Forderung dar und wurden deshalb relativ rasch als bequemes Zahlungsmittel benutzt[459]. Die englischen Banken übernahmen dann im 18. Jh. diese Art des Scheckverkehrs. Dabei bildete sich die Bezeichnung der Anweisungen als »chequer« oder »cheques« heraus. Der Wortursprung ist nicht eindeutig geklärt. Wahrscheinlich geht der Name auf die früheren Anweisungen zurück, die die englischen Könige auf ihre Exchequers

---

455 So eine Auskunft des Bundesverbandes der deutschen Volksbanken und Raiffeisenbanken v. 10.3.1992.
456 Vgl. Rz. 111 ff.
457 Umberto Eco meint, der Kreditbrief der Templer sei bereits ein Scheck gewesen. Das Foucaultsche Pendel, 1989, 106.
458 Vgl. oben § 2, 112 ff.
459 Vertiefend oben § 2, 75 ff.

§ 4 *Zahlungsverkehr*

(Schatzkammern) ausstellten. Möglicherweise spielt auch der Tisch der Bank, der mit einer schachbrettartigen Auflage (scaccario) versehen war, eine etymologische Rolle[460]. Man hält es schließlich für möglich, daß orientalische Bezeichnungen für scheckartige Anweisungen (persisch: pschäk; arabisch: sakk) den Begriff mitgeprägt haben[461].

In Deutschland begann sich der Scheckverkehr erst in der zweiten Hälfte des 19. Jh. zu entwickeln. Zu dieser Zeit erst, viel später als in England, sammelten sich auf den Konten der deutschen Banken nennenswerte Depositen. Ende des 19. Jh. forderte insbesondere die Reichsbank ein deutsches Scheckgesetz, konnte sich damit aber zunächst nicht durchsetzen[462]. Erst die dem wirtschaftlichen Aufschwung der Jahrhundertwende folgende Geldknappheit bewirkte die Vorlegung eines Entwurfs zu einem Scheckgesetz vom 13.7.1907, der fast wörtlich mit einem bereits im Jahre 1892 vergeblich dem Reichstag vorgelegten, geistig dem Reichsbankpräsidenten Koch zu verdankenden Entwurf, übereinstimmte[463]. Mit wenigen Änderungen wurde das Scheckgesetz am 11.3.1908 verabschiedet; es trat am 1.4.1908 in Kraft und hat bis zum 1.4.1934 gegolten. Durch dieses Gesetz wurde die Rückgriffshaftung des Ausstellers und der Indossanten eingeführt, der Scheck wurde damit zu einer qualifizierten Form der Anweisung. 269

Eine *internationale Regelung* wurde, nach einigen Fehlschlägen, beginnend mit der Wechselrechtskonferenz im Haag (1912), parallel zum Wechselrecht realisiert. Die Vorbereitungen wurden auf der Scheckrechtskonferenz in Genf im Jahre 1931 abgeschlossen[464]. Diese Konferenz führte zu ähnlichen (drei) Abkommen wie die Wechselrechtskonferenz. In Ausführung der Abkommen wurde das Scheckgesetz in der Fassung vom 14.8.1933 erlassen, das am 1.4.1934 in Kraft trat. Daß sich trotz der internationalen Gesetzesvereinheitlichung durchaus beachtliche nationale Rechtsunterschiede erhalten haben, kann man am Beispiel des französischen Scheckrechts gut nachvollziehen[465]. 270

Einer der wesentlichsten Impulse für den Scheckverkehr war die Einführung der Euroscheckkarte im Jahre 1968. Grundlage des Eurocheck-Systems sind zwei Instrumente: ein einheitliches Scheckformular und eine einheitliche Scheckkarte, die auch für das Abheben von Bargeld an Automaten diente. Im Jahre 1990 stellten etwa 8 000 Banken eurocheques aus. Die Schecks waren im vergleichbaren Zeitraum bei etwa 225 000 Bankniederlassungen und in etwa 5 Mio. Einzelhandelsgeschäften in 41 Ländern 271

---

460 Jacobi, S. 12.
461 Zöllner, Wertpapierrecht[14], S. 159.
462 Vgl. im einzelnen Jacobi, S. 12 ff.
463 Baumbach/Hefermehl, Komm. Wechsel-ScheckG[16], Scheckrecht, Einl. Rz. 2.
464 Ausführlich Jacobi, S. 13 ff.
465 Vgl. dazu Blaurock, ZHR 139 (1975) 380.

Zweiter Teil   Commercial Banking

einlösbar[466]. So wurden 1990 in den ca. 40 Ländern der ec-Gemeinschaft rd. 50 Mio. eurocheques grenzüberschreitend mit einem Volumen von mehr als 6,7 Mrd. ECU (13,7 Mrd. DM) abgewickelt. Dies sind etwa 5 bis 10 % des gesamten eurocheque-Umsatzes[467]. Im Bereich des Massenzahlungsverkehrs haben die mit der Scheckkarte verbundenen Rechtsfragen diejenigen der Übertragbarkeit und des gutgläubigen Erwerbs nach dem Scheckgesetz verdrängt.

III. Die Rechtsnatur des Scheckvertrages und der Inkassoabrede

272   Aus dem Scheckgesetz vom 14.8.1933 ergibt sich zwar, daß ein Scheck eine schriftliche Anweisung ist, die in bestimmter Form ausgestellt, insbesondere als Scheck bezeichnet werden und abstrakt und unbedingt auf Zahlung eines bestimmten Geldbetrages lauten muß (Art. 1 ScheckG). Daraus folgt im Zusammenhang mit den weiteren Regeln des Scheckgesetzes, daß der Scheck eine Urkunde (Wertpapier) ist, die ein Recht dergestalt verbrieft, daß ein Geltendmachen die Innehabung des Papiers erfordert. Für die Rechtsnatur des Scheckvertrages ergibt sich hieraus aber noch nichts. Da allerdings nach Art. 3 ScheckG ein Scheck nur auf einen Bankier gezogen werden darf, setzt der Scheck ein Girokonto voraus. Der Girovertrag allein berechtigt den Kontoinhaber jedoch nicht, auf die Bank Schecks zu ziehen[468]. *Vielmehr muß ein Scheckvertrag, der den Girovertrag ergänzt, abgeschlossen werden. In diesem Vertrag verpflichtet sich die Bank, Schecks bis zur Höhe eines Guthabens oder eines vereinbarten Kreditlimits einzulösen.*

273   Weist das Konto keine Deckung auf, so darf die Bank den Scheck dennoch einlösen, sie gewährt damit einen Überziehungskredit[469]. Eine Pflicht zur Einlösung besteht jedoch nicht. Der Inhalt des Scheckvertrages wird, worauf Nr. 1 Abs. 1 AGB/B 93 ausdrücklich hinweist, durch Sonderbedingungen für den Scheckverkehr im einzelnen konkretisiert. Der Scheckvertrag bindet also den Scheckaussteller an seine Bank. Es ist nicht ganz unwichtig, daß sich aus diesem Vertrag keine Rechtsbeziehungen der bezogenen Bank zum jeweiligen Scheckinhaber herleiten. Der Scheckvertrag ist, ebenso wie die Überweisung und die Lastschrift, kein Vertrag zugunsten Dritter. Das schließt nicht aus, daß sich der Scheckinhaber, wie in den Fällen der Überweisung und der Lastschrift auch, auf Schutzwirkungen

---

466 ZBB-Dokumentation, ZBB 1991, 53, 62.
467 Information der Deutschen Bundesbank v. 31.3.1992.
468 Allg. M., Baumbach/Hefermehl[16], Art. 3 ScheckG, Rz. 3; Canaris[4], Rz. 681 f.
469 BGHZ 53, 204; Nr. 1 SchB.

aus dem zwischen dem Scheckaussteller und seiner Bank geschlossenen Vertrag berufen kann[470].

Allerdings kann ein Dritter als Scheckinhaber, auch wenn die Bank jahrelang Schecks eines Kunden eingelöst hat, nicht darauf vertrauen, daß dies auch künftig der Fall sein werde[471].

Daraus folgt auch, daß der Scheckvertrag noch nicht automatisch die Einziehung des Schecks regelt. Der hierfür notwendige *Inkassovertrag* ist durchaus selbständig denkbar. I.d.R. wird aber der Scheckeinreicher bei seiner Bank ein Girokonto unterhalten. Aus der Giroabrede folgt die Verpflichtung zur Einziehung von Schecks als *unselbständige Nebenabrede*. Der Kunde konkretisiert durch Einreichung des Schecks den ohnehin bestehenden Inkassovertrag im Sinne einer Weisung nach § 665 BGB[472]. Die Bank, bei der ein Kunde ein Girokonto unterhält, darf also die Einziehung der Schecks nicht ablehnen, will sie sich nicht schadensersatzpflichtig machen. 274

Der Scheckvertrag selber wird nach allgemeiner Meinung als entgeltlicher Geschäftsbesorgungsvertrag i.S.v. § 675 BGB aufgefaßt[473]. Dieser Auffassung ist zuzustimmen, da die Bank, wie im Falle der Überweisung, auf Weisung des Kunden ein ihm obliegendes Geschäft, nämlich das Überbringen von Geld, besorgt und dafür ein Entgelt verlangt. Man kann sich darüber streiten, ob sich mit dieser entgeltlichen Geschäftsbesorgung werkvertragliche Elemente verbinden, »weil die Bank nicht nur die Zur-Verfügung-Stellung ihrer Dienste, sondern einen bestimmten Erfolg, nämlich die Einlösung des Schecks ...« verspricht[474]. Da die Bank aber die Einlösung nur für den Fall verspricht, daß das Konto Deckung oder ein entsprechendes Kreditlimit hat, spricht viel dafür, daß die Einlösung nur in Form von Diensten, nämlich der Zur-Verfügung-Stellung des technisch-personellen Bankenapparates zur Ausführung des Scheckgeschäfts, geschuldet ist. Letztlich entscheidend ist aber, daß § 675 BGB eine präzise Differenzierung der dienst- und werkvertraglichen Elemente gerade nicht erzwingt, so daß die Feststellung genügt, daß der Scheckvertrag im Rechtssinne ein entgeltlicher Geschäftsbesorgungsvertrag ist. 275

IV. Wertpapierrechtliche Einordnung

Der Scheck ist, so wie im Scheckgesetz vom 14.8.1933 geregelt, eine Spezialform der *Anweisung* i.S.v. § 783 BGB. Es handelt sich um ein typi- 276

---

470 Vgl. oben Rz. 237.
471 BGH WM 1974, 155; Bundschuh, RWS-Forum, 1987, 5, 16.
472 Grundlegend Canaris[4] Rz. 688; zustimmend OLG-Bremen WM 1991, 1253.
473 Canaris[4] Rz. 682; Baumbach/Hopt, HGB-Komm.[29], S. 1156 (E/1); Bärmann, S. 175 f.; Baumbach/Hefermehl[16], Art. 3 ScheckG Rz. 3.
474 So Canaris[4] Rz. 682; ihm folgend Baumbach/Hefermehl[16], Art. 3 ScheckG Rz. 3.

Zweiter Teil   Commercial Banking

sches Dreiecksverhältnis. Der Scheckaussteller (Anweisender) bittet seine Bank (Angewiesene), an den Schecknehmer (Anweisungsempfänger) einen bestimmten Geldbetrag zu zahlen. Das *Deckungsverhältnis* besteht zwischen dem Scheckaussteller und seiner Bank; das *Valutaverhältnis* zwischen Scheckaussteller und Schecknehmer. Zwischen der angewiesenen Bank und dem Schecknehmer besteht *kein* Rechtsverhältnis[475]. Der Schecknehmer hat, dafür sorgt das Annahmeverbot in Art. 4 ScheckG, keinen Anspruch gegen die angewiesene Bank. Er hat nur eine »rechtlich umrahmte« Chance[476], beim Angewiesenen die Leistung zu erlangen.

277   Grafik: Das Scheckrechtsverhältnis

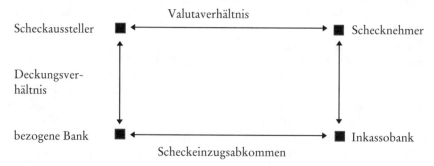

278   Der Scheck ist ein Wertpapier. Nach dem Scheckgesetz gibt es sowohl Inhaber-, Order- wie Rektaschecks (Art. 5 ScheckG). In der Praxis dominiert der Inhaberscheck mit dem Zusatz »oder Überbringer« (Art. 5 II ScheckG). Dieser Zusatz darf nicht gestrichen werden (Nr. 8 SchB). Das bedeutet, daß der Scheck wie eine bewegliche Sache nach §§ 929 ff. BGB durch Einigung und Besitzverschaffung vom Berechtigten übertragen wird. Auch gutgläubiger Erwerb abhandengekommener (z.B. gestohlener) Schecks ist nach Art. 21 ScheckG möglich. Zur Herausgabe des Inhaberschecks ist der Erwerber nur verpflichtet, »wenn er ihn in bösem Glauben erworben hat oder ihm beim Erwerb eine grobe Fahrlässigkeit zur Last fällt« (Art. 21 ScheckG). Förmlich ist derjenige berechtigt, der sein Recht durch eine ununterbrochene Reihe von Indossamenten nachweist, und zwar auch dann, wenn das letzte ein Blankoindossament ist (Art. 19 S. 1 ScheckG).

Da eine Bank häufig nicht weiß, ob der Inhaber des jeweiligen Schecks wirklich berechtigt ist oder nicht, ist es zweckmäßig den Scheckeinreicher aufzufordern, auf der Rückseite des Schecks zu unterschreiben. Damit entsteht nach Art. 16 Abs. 2 ScheckG ein wirksames Blankoindossament

---

475 Bundschuh, WM 1983, 1178, 1183 m.w.N.
476 So Zöllner, S. 48.

und damit zugleich der »Rechtsschein sachlicher Berechtigung«[477]. Das heißt, zugunsten des Scheckinhabers (Bank) besteht die widerlegbare Rechtsvermutung, Eigentümer und Scheckgläubiger zu sein. Diese Wirkung ist prozessualer Natur. Im Urkundenprozeß dient sie dem Kläger als urkundlicher Beweis für die sachliche Berechtigung und läßt sich vom Beklagten wegen der Beschränkung der Beweismittel nur schwer widerlegen. Ferner kann die Bank das Eigentum am Scheck und damit die Rechte aus dem Papier gutgläubig erwerben[478].

Der Scheck als Wertpapier unterliegt dem Wertpapierrecht, einer traditionell eigenständigen Materie, die gewöhnlich nicht zum Bankrecht gezählt wird[479]. Canaris meint, diesen abstrakten wertpapierrechtlichen Beziehungen zwischen den Parteien lägen jedoch kausale Rechtsverhältnisse zugrunde. Dieses *kausale Scheckrecht*, das häufig auch als internes Scheckrecht bezeichnet werde, sei (zumindest teilweise) in das Bankrecht einzuordnen; denn der Scheck dürfe nach Art. 3 ScheckG nur auf einen Bankier gezogen werden, ... und überdies erfolge auch die Einziehung eines Schecks ... i.d.R. unter Zwischenschaltung einer Bank[480]. Nach dem hier entwickelten funktionalen Bankrechtsbegriff, wonach Bankrecht das Recht der Geldschöpfung und Geldvernichtung, des Geldumlaufs, der Geldanlage und der Geldaufbewahrung ist, überzeugt die Differenzierung in ein abstraktes und ein kausales Scheckrecht nicht. Der Scheck ist ein Mittel des bargeldlosen Zahlungsverkehrs, damit Teil des Geldumlaufs, und somit ist das den Scheck als Wertpapier konstituierende Scheckrecht selbstverständlich Teil des materiellen Bankrechts. Hinzu kommt, daß eine klare Abgrenzung zwischen einem abstrakten und einem kausalen Scheckrecht nicht möglich ist. Die Scheckfälschung ist im Scheckgesetz ebenso relevant wie im »kausalen« Scheckrecht. Das gilt in gleicher Weise für die Schecksperre, die Scheckbestätigung oder den Bereicherungsausgleich. Richtig ist allerdings, daß die eben genannten Fragenkreise i.d.R. einen Scheckvertrag, mindestens aber eine Kontobeziehung voraussetzen. Man kann also sagen, daß ein Teil der scheckrechtlichen Fragen aus der Ausstellung des Papiers selbst und seiner Übergabe an Dritte resultiert. Fragen dieser Art sind im Scheckgesetz geregelt (1). Daneben stehen Problemkreise, die in der Bankbeziehung wurzeln, entweder derjenigen des Scheckausstellers oder derjenigen des Schecknehmers (2). Es hat sich eingebürgert, im Wertpapierrecht den Fragenkreis (1) und im Bankrecht den Fragenkreis (2) zu behandeln. Sachlich geboten ist das nicht, denn beide

279

---

477 Baumbach/Hefermehl[16], Art. 19 ScheckG i.V.m. Art. 16 Abs. 1 WG Rz. 1.
478 Allerdings soll kein Rückgriffsanspruch gegen den Überbringer (Indossanten) entstehen, BGH WM 1974, 171; recht einsichtig ist das nicht: beim Inhaberscheck gibt das Indossament nur haftungsrechtlich einen Sinn, außerdem ist der Kunde bei Scheckprotest entweder nach § 670 BGB oder nach § 607 BGB zur Rückzahlung verpflichtet; wie hier Canaris[4] Rz. 748.
479 So ausdrücklich Canaris[4] Rz. 675; ähnlich Avancini-Iro-Koziol, S. 396.
480 AaO. Rz. 675 m.w.N.

Fragenkreise hängen eng miteinander zusammen und das Scheckgesetz wirkt in vielen Fällen in die bankvertragliche Beziehung hinein.

280 Allerdings ist es durchaus zweckmäßig, eine bankrechtliche Darstellung auf diejenigen Problemkreise zu beschränken, die nicht ohnehin an anderer Stelle hinreichend und ausführlich aufgearbeitet und damit für den interessierten Leser gut zugänglich sind. Darin liegt eine Form der Arbeitsteilung, die im Bankrecht auch an anderen Stellen praktiziert wird, etwa dort wo sachen-, familien- oder erbrechtliche Bezüge in das materielle Bankrecht hineinwirken. Aus diesem Grund wird auch hier auf eine quasi Kommentierung des Scheckgesetzes verzichtet. Statt dessen wird der Schwerpunkt bei Konfliktfragen liegen, die sich aus dem Scheckvertrag und der Inkassoabrede ergeben. Dabei erscheint es sinnvoll, zumindest anhand eines Schulfalles diejenigen wertpapierrechtlichen Grundfragen zu stellen, die auch diejenigen in der Praxis beherrschen müssen, die sich typischerweise mit den klassischen Problemen des scheckbezogenen Bankrechts, wie etwa der Scheckfälschung oder der Schecksperre auseinandersetzen.

1. Schulfall: Scheckeinlösungspflicht trotz Wandelung des Kaufvertrages?

281 K kaufte am 19.12.1992 einen besonders günstigen PC. Es handelte sich um ein Weihnachtsangebot und um das letzte Gerät dieser Art. K wies den Verkäufer (V) darauf hin, daß er z.Zt. kein Geld auf seinem Konto habe. Er erwarte aber zu Weihnachten Geldgeschenke in Höhe von fast DM 2 000,-, die er Anfang Januar dem Konto gutbringen werde. V, der den K schon seit längerem als zuverlässigen Kunden kennt und schätzt, akzeptiert deshalb einen auf den 10.1.1993 vordatierten Barscheck.

Am 24.12., kurz vor Geschäftsschluß, betritt der Hardware-Grossist (G) den Laden des V und bittet um Ausgleich offenstehender Rechnungen in Höhe von fast DM 100 000,-. V, der sich überrumpelt vorkommt aber weiß, daß er den G immer wieder auf Weihnachten vertröstet hatte, übergibt ihm schließlich den gesamten Bargeldbestand und sämtliche offenen Kundenschecks, darunter auch den des K. G gibt die Schecks, auch den des K, bereits am 27.12.1992 seiner Bank zur Einziehung. Anfang 1993 wird der Scheck des K, versehen mit einem Vorlegungsvermerk, mangels Kontodeckung zurückgegeben. K hatte nämlich das Weihnachtsgeld nicht auf sein Konto eingezahlt, sondern bereits am 28.12.92 den Kaufvertrag mit V wegen arglistiger Täuschung gewandelt. Nach Inbetriebnahme des PC hatte sich herausgestellt, daß das Gerät bereits in Gebrauch und einmal von V repariert worden war. G meint, die Probleme aus dem Valutaverhältnis gingen ihn nichts an. Er fordert K auf, aus dem Scheck an ihn zu zahlen. Zu Recht?

Musterlösung:
(I) Möglicherweise kann G den K auf Zahlung aus Art. 12 ScheckG in Anspruch nehmen, denn danach haftet der Aussteller für die Zahlung des Schecks. Das setzt zunächst voraus, daß G einen *formgültigen Scheck* in seinen Händen hält. Die Formerfordernisse ergeben sich aus Art. 1 – 3 ScheckG. Die Urkunde muß im Text als »Scheck« bezeichnet sein (Art. 1 Nr. 1 ScheckG). Sie muß die unbedingte Anweisung, eine bestimmte Geldsumme zu zahlen, enthalten (Art. 1 Nr. 2 ScheckG), ferner den Namen des Bankiers (Art. 3 ScheckG), der als Bezogener zahlen soll (Art. 1 Nr. 3 ScheckG). Schließlich muß der Zahlungsort angegeben sein (Art. 1 Nr. 4 ScheckG). Fehlt eine besondere Angabe, so gilt der bei dem Namen des Bezogenen angegebene Ort als Zahlungsort (Art. 2 Abs. 2 ScheckG); auch Ausstellungsort und Datum müssen in dem Scheck enthalten sein (Art. 1 Nr. 5 ScheckG – eine Vordatierung hat auf die Wirksamkeit des Schecks keinen Einfluß). Und schließlich muß der Scheck vom Aussteller unterschrieben sein (Art. 1 Nr. 6 ScheckG). Anhaltspunkte dafür, daß eines dieser Gültigkeitserfordernisse hier fehlt, sind nicht ersichtlich. G hält also einen formgültigen Scheck in den Händen.

(II) Hierneben müssen die Rückgriffsvoraussetzungen des Art. 40 ScheckG erfüllt sein. Danach kann der Scheckinhaber gegen die Indossanten, den Aussteller (hier K) und die anderen Scheckverpflichteten Rückgriff nehmen, wenn der rechtzeitig vorgelegte Scheck nicht eingelöst und die Verweigerung der Zahlung in förmlich bestimmter Form (Art. 40 Nr. 1 – 3 ScheckG) festgestellt worden ist.

(1) *Materielle* Voraussetzung des Rückgriffs ist also, daß der Scheck rechtzeitig vorgelegt und nicht eingelöst worden ist (Art. 40, 55 ff. ScheckG). Fraglich ist, ob die Vorlage des Schecks hier möglicherweise deshalb nicht rechtzeitig war, weil der Scheck bereits am 27.12.1992, also 14 Tage vor Erreichen des Ausstellungsdatums (10.1.1993) und somit *verfrüht* vorgelegt wurde. Allerdings regelt Art. 28 Abs. 1 ScheckG, daß der Scheck bei Sicht zahlbar ist. Jede gegenteilige Angabe gilt, so heißt es im Gesetz weiter, als *nicht geschrieben*. Der Aussteller kann also weder eine Vorlegungszeit noch eine Verfallzeit wirksam bestimmen. Abmachungen über die Vorlegung wirken nur zwischen den Parteien. Wird der Scheck abredewidrig vorzeitig vorgelegt, so können vertragliche Schadensersatzansprüche (pVV) entstehen[481]. Im vorliegenden Fall ist die Zahlbarkeit des Schecks nicht ausdrücklich ausgeschlossen worden. Man könnte das allenfalls konkludent aus der Vordatierung auf den 10.1.1993 folgern. Um insoweit jeden Zweifel zu beseitigen, hat der Gesetzgeber aber auch diesen Fall noch einmal ausdrücklich geregelt. Nach Art. 28 Abs. 2 ScheckG ist ein Scheck, der vor Eintritt des auf ihm angegebenen

---

481 Baumbach/Hefermehl[16], Art. 28 ScheckG Rz. 1.

Ausstellungstages zur Zahlung vorgelegt wird, am Tage der Vorlegung (hier also am 27.12.1992) zahlbar. Mit anderen Worten: Art. 28 Abs. 2 ScheckG vereitelt, daß Art. 28 Abs. 1 ScheckG durch Vordatierungen umgangen wird und sichert auf diese Weise, daß der Scheck kein Kreditpapier wird. Völlig bedeutungslos ist die Vordatierung aber nicht. Sie bewirkt eine Verlängerung der Vorlagefrist (Art. 29 ScheckG). Danach muß ein Inlandsscheck – wie hier – innerhalb von acht Tagen zur Zahlung vorgelegt werden (Art. 29 Abs. 1 ScheckG – für Auslandsschecks beträgt die Frist 20 oder 70 Tage: Art. 29 Abs. 2 – 4 ScheckG). Die Vorlagefrist beginnt erst mit dem auf dem Scheck angegebenen Ausstellungstag, kann also durch die Vordatierung erheblich verlängert werden. Fristgemäße Vorlegung ist wichtig, weil der Inhaber des Schecks nach Ablauf der Frist die Rückgriffsansprüche gegen die Indossanten und den Aussteller nach Art. 40 ScheckG verliert. Bei einem unter Verwendung einer Scheckkarte begebenen Scheck erlischt auch der Anspruch des Inhabers gegen die Bank aus dem Garantievertrag[482]. Weitere nachteilige Folge ist, daß der Aussteller den Scheck nun *widerrufen* kann (Art. 32 Abs. 1 ScheckG). Allerdings: solange er nicht widerrufen ist, darf die bezogene Bank trotz des Ablaufs der Vorlegungsfrist den Scheck einlösen (Art. 32 Abs. 2 ScheckG). Hier hat G den Scheck am 27.12.1992 weit vor Ablauf der Vorlegungsfrist, also rechtzeitig, vorgelegt. Der Scheck ist nicht eingelöst worden, d.h. die materiellen Voraussetzungen des Rückgriffs nach Art. 40 ScheckG liegen vor.

(2) *Formelle* Voraussetzung für den Rückgriff ist die formgebundene Feststellung der Zahlungsverweigerung nach Art. 40 Nr. 1 – 3 ScheckG. Hier sind die Voraussetzungen weniger streng als im Wechselrecht. Zulässig ist zwar, wie im Wechselrecht, der Protest, festgehalten in einer öffentlichen Urkunde (Art. 40 Nr. 1 ScheckG), jedoch kann die Zahlungsverweigerung auch durch eine schriftlich datierte und unterschriebene Erklärung über die Vorlegung und Nichtzahlung durch die bezogene Bank (Art. 40 Nr. 2 ScheckG) oder eine Abrechnungsstelle (Art. 40 Nr. 3 ScheckG) erfolgen. Hier hatte G den ordnungsgemäßen Nichteinlösungsvermerk seitens der Bank erhalten. Damit sind die Rückgriffserfordernisse i.S.d. Art. 40 ScheckG erfüllt.

(III) Hierneben muß der Scheckinhaber berechtigt sein, den Anspruch aus dem Scheck geltend zu machen (*materielle Berechtigung*). Ursprünglich war V als erster Schecknehmer materiell berechtigt. Fraglich ist, ob er diese Berechtigung auf G übertragen hat. Die Form der Übertragung richtet sich gem. Art. 5 ScheckG nach der *Art des Schecks*.

(1) Lautet der Scheck auf eine namentlich benannte Person, wofür hier nichts spricht, und trägt er den Vermerk »nicht an Order«, so handelt es

---

482 Baumbach/Hefermehl[16], Art. 29 ScheckG Rz. 5.

sich um einen *Rekta-Scheck*. Der Aussteller will einer ganz bestimmten Person, direkt (= Rekta), und nur dieser ein Recht zuweisen; der Scheck soll also nicht umlaufen. Folglich muß die im Scheck verbriefte Forderung nach Abtretungsrecht übertragen werden (Art. 14 Abs. 2 ScheckG).

(2) Lautet der Scheck zwar an eine bestimmte Person, enthält aber keine weiteren Einschränkungen, so handelt es sich um einen *Orderscheck* (Art. 5 Abs. 1 ScheckG). Der Scheck darf den Vermerk »an Order« tragen; zwingend vorgeschrieben ist das aber nicht. Hier soll an die im Scheck benannte Person oder »auf ihre Order hin« an eine andere Person gezahlt werden. Der Scheck soll also umlauffähig werden, mithin Wertpapier sein. Folglich wird die Scheckforderung durch *Übereignung* der Scheckurkunde i.S.d. §§ 929 ff. BGB übertragen. Will man, daß der Inhaber des Orderschecks auch *gutgläubig* erwerben kann (Art. 21 ScheckG) und vor persönlichen Einwendungen geschützt sein soll (Art. 22 ScheckG), so muß der Scheck nicht nur nach §§ 929 ff. BGB übertragen, sondern auch *indossiert* (Art. 14 ScheckG) werden. Wie beim Wechsel reicht für das Indossament die schlichte Unterschrift des Indossanten auf der Rückseite (ital. dosso = Rücken) des Schecks. Es handelt sich dann um das nach Art. 16 Abs. 2 ScheckG zulässige Blankoindossament. Die Indossierung, für die hier keine Anhaltspunkte vorliegen, steht neben der Übereignung. Sie löst besondere Rechtswirkungen aus. Erst das Indossament macht den Scheck zum richtigen Umlaufpapier. Es hat *Transportfunktion*, d.h. der neue Gläubiger (Indossatar) ist Rechtsnachfolger des alten i.S.d. § 265 ZPO, wobei Einwendungen nur noch in sehr beschränktem Umfang zulässig sind (Art. 22 ScheckG). Ferner wird die *Garantiefunktion* ausgelöst, d.h. der Indossant haftet neben dem Aussteller für die Zahlung aus dem Scheck (Art. 18 ScheckG). Schließlich hat das Indossament *Legitimationsfunktion* (Art. 19 ScheckG). Wer durch eine ununterbrochene Reihe von Indossamenten ausgewiesen ist, gilt als rechtmäßiger Scheckinhaber. Er kann Rückgriff nehmen gegen Aussteller, Indossanten und andere Scheckverpflichtete i.S.v. Art. 40 ScheckG.

(3) Im vorliegenden Fall wurde allerdings der in der Praxis nahezu ausschließlich vorkommende *Inhaberscheck* i.S.v. Art. 5 Abs. 2 ScheckG ausgestellt. Das liegt an der Standardisierung durch die Bankbedingungen für den Scheckverkehr, wonach nur die Schecks eingelöst werden, die auf den von den Banken ausgegebenen Scheckvordrucken ausgestellt sind. Diese Vordrucke enthalten regelmäßig die Überbringerklausel (»... oder Überbringer«), eine Streichung dieses Zusatzes gilt als nicht erfolgt (vgl. Nr. 1, 8 SchB). Der Inhaberscheck ist, wie sein Name schon sagt, ein Inhaberpapier. Die Scheckforderung wird also durch Übereignung der Scheckurkunde i.S.d. §§ 929 ff. BGB übertragen. Gutgläubiger Erwerb knüpft nach Art. 21 ScheckG allein an den Besitz an; ein Indossament ist insoweit nicht erforderlich. Dennoch ist es durchaus sinnvoll, auch einen Inhaberscheck zu indossieren. Denn ein Indossament auf einem Inhaberscheck

löst, so regelt es Art. 20 ScheckG, die Haftungswirkung aus. D.h. auch der Indossant haftet nach den Vorschriften über den Rückgriff i.S.v. Art. 40 ff. ScheckG.

Im obigen Fall ist G durch die Übereignung des Schecks seitens V nach § 929 BGB materiell berechtigt worden.

(IV) Schließlich muß eine *Scheckverpflichtung* des in Anspruch genommenen K bestehen. Wie beim Wechsel reicht es nicht aus, daß der Scheck irgendwie in die Welt gesetzt wurde. Vielmehr setzt das Entstehen der Scheckverpflichtung einen *Skripturakt* und einen *Begebungsvertrag* bzw. den zurechenbar veranlaßten *Rechtsschein* eines Begebungsvertrages voraus[483]. Der vorliegende Fall ist völlig unproblematisch. K hat den Scheck ausgefüllt und damit den Skripturakt realisiert und ihn mit dem Willen, eine Scheckverpflichtung auszulösen, dem V übergeben, also einen Begebungsvertrag geschlossen.

(V) Die Scheckverpflichtung ist auch *nicht erloschen*. Fraglich ist allenfalls, ob dem Scheckanspruch des G möglicherweise *Einwendungen* entgegenstehen. Hier liegt der Einwand des wegen arglistiger Täuschung gewandelten Kaufvertrages auf der Hand. Im Verhältnis zu V würde K mit diesem Einwand auch durchdringen; V dürfte den Scheck nicht einlösen, weil er den empfangenen Gegenwert sofort an K wieder herauszugeben hätte. Sein Anspruch wäre also der Bereicherungseinrede (§ 821 BGB) ausgesetzt. Dahinter steht der noch allgemeinere Gedanke, daß jemand mißbräuchlich handelt, der etwas verlangt, was er sofort zurückzugeben hat (dolo facit qui petit quod statim redditurus est)[484]. Mit Blick auf den Zweiterwerber des Schecks, G, gilt das aber nicht. Er hat durch den Eigentumserwerb am Scheck mit dem Valutaverhältnis zwischen K und V nichts zu tun (ganz anders als der neue Gläubiger einer abgetretenen Forderung: § 404 BGB) und ist durch Art. 22 ScheckG ausdrücklich geschützt: »Wer aus dem Scheck in Anspruch genommen wird (hier K), kann dem Inhaber (hier G) keine Einwendungen entgegensetzen, die sich auf seine unmittelbaren Beziehungen zu dem Aussteller oder zu einem früheren Inhaber (hier V) gründen, es sei denn, daß der Inhaber (hier G) beim Erwerb des Schecks bewußt zum Nachteil des Schuldners (hier K) gehandelt hat«, wofür hier nichts spricht.

(VI) Ergebnis: G kann von K die Schecksumme und die Nebenkosten (Art. 45 ScheckG) verlangen. K hat seinerseits einen Bereicherungsanspruch gegen V, dessen Durchsetzung letztlich davon abhängt, ob V zahlungsfähig ist. Sollte übrigens K zahlungsunfähig sein, so wäre er nach § 242 BGB verpflichtet, seinen Anspruch gegen V an G abzutreten.

---

483 Vertiefend mit Beispielen aus der Rspr. des BGH: Bundschuh, WM 1983, 1178.
484 Digesten 50.17.173, 3.

2. Die Scheckfähigkeit der BGB-Gesellschaft

Der obige Fall ist bewußt als Schulfall gehalten, um die Grundstruktur typischer wertpapierrechtlicher Fragestellungen beim Scheck offenzulegen. Um zu zeigen, daß es die Bankpraxis in der Realität mit erheblich komplizierteren Fällen zu tun hat, folgt nun ein Urteil des BGH vom 24.9.1991, das auch deshalb wichtig ist, weil es die *Scheckfähigkeit* der BGB-Gesellschaft untersucht.

283

Fall: BGH WM 1991, 1909 »BGB-Gesellschaft«
Eine GmbH und eine KG waren zur Realisierung eines Bauvorhabens in einer Arbeitsgemeinschaft (ARGE) in der Rechtsform der Gesellschaft des bürgerlichen Rechts zusammengeschlossen. Der KG oblag nach dem Gesellschaftsvertrag die Vertretung der ARGE gegenüber Dritten. Allerdings durften Zahlungen an die Gesellschafter der ARGE nur von Vertretern beider in der ARGE zusammengeschlossenen Gesellschaften vorgenommen werden. Am 10.3.1988 stellte der Geschäftsführer der KG in Vertretung und zu Lasten der ARGE einen Verrechnungsscheck über DM 75 000,- aus. Der Scheck begünstigte die KG; diese gab ihn zur Begleichung offener Forderungen an die jetzige Inhaberin weiter. Als der Scheck zur Einziehung der Bank vorgelegt wurde, widersprach die GmbH der Einlösung des Schecks. Zum einen sei die ARGE als BGB-Gesellschaft nicht rechtsfähig und könne deshalb keine Schecks ausstellen. Außerdem sei der Scheck sowieso nicht gültig, weil die KG für Zahlungen an sich selbst keine Vertretungsmacht gehabt habe. Daraufhin lehnte die Bank die Einlösung des Schecks am 16.3.1988 ab und vermerkte dies auf dem Scheck. Der Inhaber des Schecks meinte, beide Einwände gingen ihn nichts an und verwies auf Art. 22 ScheckG.

284

Der BGH hat den Einlösungsanspruch im Ergebnis zurückgewiesen. Dabei hat er die Frage, ob eine BGB-Gesellschaft scheckfähig ist, offengelassen. Die Berufungsinstanz (OLG Köln) hatte demgegenüber die Scheckfähigkeit der GbR noch ausdrücklich bejaht. »Daß eine BGB-Gesellschaft wie die ARGE nicht rechtsfähig sei, stehe einer Ausstellerhaftung der GmbH nicht entgegen.« Dies entspricht einer weit verbreiteten Auffassung in der Literatur, wonach rechtsgeschäftliche Erklärungen, die im Namen einer GbR abgegeben werden, nicht nichtig, sondern als im Namen ihrer Mitglieder abgegeben anzusehen sind. Insbesondere bei Kaufverträgen sei dies selbstverständlich; wieso dies bei Scheck und Wechsel nicht so sein solle, sei nicht ersichtlich, denn darin liege nicht die Zuerkennung der Rechtsfähigkeit[485]. Der BGH ist dem, ohne weitere Be-

---

[485] Zöllner, S. 63 f.; zustimmend Hueck/Canaris, S. 55; Richardi, S. 125; Baumbach/Hefermehl[17], WG Einl. Rz. 20; Bülow, WechselG, ScheckG, AGB, Art. 1 WG Rz. 16; Karsten Schmidt, Gesellschaftsrecht[2], S. 1443 f.

gründung, entgegengetreten und hat auf seine auch für das Scheckrecht bedeutsame Rechtsprechung zur Wechselrechtsunfähigkeit einer BGB-Gesellschaft hingewiesen[486]. Schon aus diesem Grunde könne das Berufungsurteil keinen Bestand haben, weil die Ausstellung des Schecks im Namen der nicht rechtsfähigen ARGE eine scheckrechtliche Haftung der Gesellschaft oder der Gesellschafter nicht hätte begründen können. Das Gericht verweist dann selbst auf die hier bereits zitierte Ablehnung im Schrifttum. Ob die Kritik berechtigt sei, bedürfe jedoch keiner Entscheidung, weil eine scheckrechtliche Haftung der GbR in jedem Falle daran scheitere, daß die ARGE bei der Ausstellung des Schecks nicht wirksam vertreten gewesen sei. Nach dem Gesellschaftsvertrag hätten Schecks zugunsten eines der Gesellschafter nur durch beide in der ARGE zusammengeschlossenen Gesellschaften wirksam begeben werden können. Da hier eine Mitwirkung der GmbH gefehlt habe, sei eine scheckrechtliche Verpflichtung ohnehin nicht begründet worden. Dies müsse sich auch die Inhaberin und Zweiterwerberin des Schecks entgegenhalten lassen.

285 Der Schuldner aus einem Scheck kann, das ist richtig, einwenden, er hafte nicht, weil der Scheck von einem Vertreter ohne Vertretungsmacht begeben worden sei (§ 177 BGB). Es liegt dann ein *Gültigkeitseinwand* vor, der *jedem* Inhaber entgegengesetzt werden kann[487], insoweit schützt auch Art. 22 ScheckG den Zweiterwerber nicht. Es fehlt an einer wirksamen Scheckverpflichtung des Ausstellers; der Scheck ist nicht gültig. Demgegenüber setzen die in Art. 22 ScheckG gemeinten persönlichen Einwendungen einen zunächst einmal gültigen Scheck voraus.

Was die Scheckfähigkeit der GbR angeht, so deutet der BGH an, daß er seinen Standpunkt angesichts der deutlichen Kritik in der Literatur wohl doch noch einmal überprüfen wird[46]. Dabei sollte berücksichtigt werden, daß die Banken, ebenso wie ihre in einer GbR zusammengeschlossenen Kunden, aber auch deren Gläubiger, eine einfache und praktikable Lösung brauchen. Rechtssicherheit ist hier oberstes Gebot. Es kann nicht angehen, daß Bankangestellte am Kundentresen über vertiefte gesellschaftsrechtliche Kenntnisse verfügen müssen, um jeweils entscheiden zu können, für welche Gesellschaften Schecks ausgestellt werden dürfen und für welche nicht. Besonders merkwürdig muß es erscheinen, daß eine KG und eine GmbH selbstverständlich scheckfähig sind, daß beide Gesellschaften ihre Scheckfähigkeit aber »an der Garderobe abgeben«, wenn sie sich zu einer Arbeitsgemeinschaft zusammenschließen. Hier wird der Rechtsverkehr deutlich überfordert. Zu Ende gedacht, müßte in einem solchen Fall wohl eine Aufklärungspflicht der Bank darüber bestehen, daß die GbR

---

486 BGHZ 59, 179, 184 f. = WM 1972, 904; BGHZ 61, 59, 68 = WM 1973, 896.
487 Baumbach/Hefermehl[17], Art. 22 ScheckG Rz. 1; Art. 17 WG Rz. 36; Bülow, Art. 11 ScheckG Rz. 2, 6; BGH WM 1976, 769; BGHZ 65, 218 = WM 1976, 107; grundlegend Bundschuh, WM 1983, 1178 m.w.N.

zwar ein Konto eröffnen kann, aber nicht scheckfähig ist. Gläubiger, die mit Schecks gegen die GbR ausfallen, müßten nach den Grundsätzen des Vertrages mit Schutzwirkung zugunsten Dritter die aufklärungspflichtige Bank auf Schadensersatz in Anspruch nehmen können. Solche Risikoverlagerungen zu Lasten der Bank sind von der Sache her widersinnig und sollten unbedingt vermieden werden. Eine Rechtsprechungskorrektur müßte allerdings klarstellen, daß damit die BGB-Gesellschaft ihren Charakter als Gesamthandsgemeinschaft nicht verliert. Das aber ist möglich, da die Vertretung der GbR sich zugleich auf die einzelnen Gesellschafter erstreckt (§ 714 BGB).

3. Einwendungen gegen den scheckrechtlichen Rückgriffsanspruch

Nach Art. 22 ScheckG können dem Scheckinhaber keine Einwendungen aus dem Grundgeschäft mit dem Aussteller entgegengesetzt werden, es sei denn, daß der Inhaber beim Erwerb des Schecks bewußt zum Nachteil des Schuldners handelt. Diese Grundsätze gelten auch für Inhaberschecks[488]. Ist beispielsweise der zugrundeliegende Kaufvertrag wegen arglistiger Täuschung wirksam gewandelt, so muß der Scheckaussteller jedenfalls aus dem Scheck trotzdem zahlen. Fraglich war zunächst, ob das auch dann noch gilt, wenn der Scheckinhaber mit dem Gläubiger des Grundverhältnisses identisch ist. Kann sich mit anderen Worten der arglistig täuschende Verkäufer eines Autos nach Wandlung gegenüber dem Käufer auf Art. 22 ScheckG berufen und Zahlung verlangen, obwohl er den Betrag sofort zurückzugeben hat? Die Antwort lautet nein, ein Ergebnis, das früher unter Hinweis auf die Bereicherungseinrede (§ 821 BGB) oder Rechtsmißbrauch (§ 242 BGB) begründet wurde. Mit einer Entscheidung aus dem Jahre 1976[489] hat der BGH eine dogmatische Präzisierung durchgeführt und geklärt, daß man in diesen Fällen keinen Umweg über §§ 821, 242 BGB benötige. Vielmehr sei die Geltendmachung der Wechsel- oder Scheckforderung durch den bei der Hingabe des Papiers vereinbarten Zweck nicht gerechtfertigt[490]. Denn eine Vertragspartei dürfe auch als Wechsel- oder Scheckgläubiger nicht mehr Rechte für sich in Anspruch nehmen, als ihr aus dem Grundgeschäft zustünden. Dies beruhe darauf, daß der Wechsel/Scheck seinem Zwecke nach zur Erfüllung einer Verbindlichkeit aus dem Grundgeschäft hingegeben werde. Aus dieser vertraglichen Zweckbestimmung ergebe sich ohne weiteres, daß der Verkäufer nicht berechtigt sei, aus dem Wechsel/Scheck vorzugehen, soweit die Geltendmachung durch den im Begebungsvertrag vereinbarten Zweck

286

---

488 Baumbach/Hefermehl[16], Art. 22 ScheckG Rz. 1; Liesecke, WM 1973, 1154, 1166 f.; Eismann, Diss. Heidelberg 1969, S. 133 f.
489 BGH WM 1976, 382.
490 So schon zuvor Eugen Ulmer, FS für Raiser, S. 240; Baumbach/Hefermehl, Wechselgesetz[13], Einl. Rz. 10/38; Art. 17 Rz. 67.

nicht gerechtfertigt sei, also ein Erfüllungsanspruch nicht (mehr) oder noch nicht bestehe.

Die Frage war, ob diese Grundsätze auch dann noch Geltung beanspruchen können, wenn der Scheck nicht vom Schuldner selbst, sondern von seiner Ehefrau ausgestellt wurde. Einen solchen Fall hatte der BGH am 8.11.1982 zu entscheiden.

287 *Fall: BGHZ 85, 346 »Scheckzahlung durch Ehefrau«*
Die Ehefrau eines Werkbestellers hatte einem Handwerker nach dem Einbau einer Glasschiebewand einen von ihr ausgestellten Scheck zum Zwecke der Zahlung der Werklohnforderung ausgehändigt. Bei Vorlage des Schecks an die bezogene Bank wurde dieser nicht bezahlt und mit dem Nichteinlösungsvermerk versehen. Der Scheck war nämlich widerrufen worden, weil die Glasschiebewand unstreitig mangelhaft war. Der Handwerker nahm dessen ungeachtet die Ehefrau aus dem Scheck als Ausstellerin nach Art. 12, 40 ScheckG in Anspruch. Sie erhob wegen des unstreitigen Werkmangels die Einrede des nichterfüllten Vertrages. Der Handwerker meinte, davor schütze ihn Art. 22 ScheckG.

Der BGH hat diese Einrede entgegen der Auffassung der vorinstanzlichen Gerichte für zulässig gehalten. Dem Ehemann als Besteller hätte Art. 22 ScheckG nicht entgegengesetzt werden können, da der den Scheckbegebungsvertrag kennzeichnende Zweck (Erfüllung des Werkvertrages) nicht oder noch nicht bestanden habe. Das Ergebnis könne nicht anders sein, wenn der Scheck nicht vom Besteller selbst, sondern von der Ehefrau im eigenen Namen ausgestellt und begeben worden sei. Zwar sei die Ehefrau nicht Vertragspartnerin des Grundgeschäftes. Sie habe aber den Scheck als Drittzahlerin erfüllungshalber zum Zwecke der Tilgung der Werklohnforderung hingegeben. Die Übernahme dieser Scheckverpflichtung habe, solange sich der Schecknehmer aus dem Scheck noch nicht befriedigt und den Scheck in Händen habe, eine dem Schuldbeitritt ähnliche Wirkung. Bestehe die Forderung aus dem Werkvertrag nicht oder noch nicht, so könne die Ehefrau (Drittzahlerin) daher entsprechend § 417 Abs. 1 S. 1 BGB dem Scheckinhaber die Einwendungen entgegensetzen, die sich aus dem Rechtsverhältnis ihres Ehemannes zum Scheckinhaber ergäben, mithin die Zahlung aus dem Scheck vorerst verweigern.

288 Schwierig und nicht unproblematisch ist eine weitere Entscheidung des BGH vom 16.5.1974[491], die auch belegt, wie schnell scheinbar rein scheckrechtliche Fragen die Bankpraxis ganz unmittelbar berühren können. Eine Bank hatte Schecks gutgläubig von ihrem an einer Scheck- und Wechselreiterei[492] beteiligten Kunden erworben. Die Schecks wurden bei Vorlage

---

491 BGH WM 1974, 748.
492 Wechsel- oder Scheckreiterei ist der planmäßige Austausch von Akzepten/Schecks ohne zugrundeliegendes Geschäft durch kreditschwache Personen; BGH NJW 1973, 282.

nicht bezahlt und mit dem Nichteinlösungsvermerk versehen. Statt nun sofort scheckrechtliche Ansprüche geltend zu machen, übertrug die Bank die Schecks zunächst auf den Scheckeinreicher zurück, ließ sie sich aber von ihm wieder zurückgeben. Damit aber, so urteilte der BGH, habe die Bank ihre scheckrechtlichen Ansprüche verloren. Denn mit Übertragung der Schecks auf den Scheckeinreicher habe dieser, der schon im Scheckvorlauf bösgläubig gewesen sei, nicht gutgläubig werden können. Und durch die Rückübertragung der Schecks konnte die Bank keine Scheckrechte mehr erwerben, da der mit dem Nichteinlösungsvermerk versehene Inhaberscheck ebenso wie der Orderscheck nur noch mit der Wirkung einer gewöhnlichen Abtretung übertragen werden könne. Art. 24 Abs. 1 ScheckG gelte insoweit für den Inhaberscheck entsprechend. Folglich sei ein gutgläubiger Erwerb der Scheckansprüche seitens der Bank nun nicht mehr möglich gewesen.

Ob das wirklich der Weisheit letzter Schluß ist, erscheint fraglich. Vor allem Seeberg hat sich mit beachtlichen Gründen für ein »Konzept der funktionellen Identität von Rück- und Vorlauf im Wechselrecht« eingesetzt[493]. Er kommt zu dem Ergebnis, daß auch im Einlösungsrückgriff die Gutglaubensvorschriften anwendbar seien. Der Maßstab des guten Glaubens orientiere sich dabei aus Gründen des Einklangs zwischen Befreiungswirkung und Erwerb der Regreßrechte an den zu Art. 40 Abs. 3 WG entwickelten Grundsätzen[494]. Diese bestimmen auch das Scheckrecht. Danach erscheint es zumindest fraglich, ob eine Bank ihre Gutgläubigkeit durch Rückgabe von Schecks an Bösgläubige auch dann schon verliert, wenn es sich nicht um einen rechtsgeschäftlichen Veräußerungsvorgang handelt.

289

4. Inlands- oder Auslandsscheck

Ein weiterer Fall belegt, daß es nicht möglich ist, zwischen kausalen und abstrakten scheckrechtlichen Fragen zu differenzieren. Es ging um die Frage, ob ein Scheck als Inlands- oder als Auslandsscheck (mit längeren Vorlegungsfristen) zu behandeln ist.

290

Fall: BGH ZIP 1991, 1417 = WM 1991, 1910 »Inlandsscheck«
A stellte am 23.10.1989 in München einen Scheck aus. Der Scheck wurde an B, ein türkisches Unternehmen in der Türkei, übermittelt. B legte den Scheck am 10.11.1989 der bezogenen Bank vor. Der Scheck ging zu Protest. Daraufhin verlangte B von A Zahlung nach Art. 40 ScheckG. A macht geltend, daß der Scheck nicht fristgemäß vorgelegt worden sei. B widersprach, es habe sich um einen Auslandsscheck gehandelt, der inner-

---

493 Oliver Seeberg, passim.
494 Seeberg, S. 122.

halb der nach Art. 29 Abs. 2 ScheckG geltenden Frist von 20 Tagen vorgelegt worden sei. Kann B von A Zahlung verlangen?

Nein, denn es handelte sich in der Tat nicht um einen Auslands- sondern um einen Inlandsscheck[495]. Dieser ist nach Art. 29 Abs. 1 ScheckG innerhalb von acht Tagen zur Zahlung vorzulegen; diese Frist hatte B versäumt. Mit dem Tatbestandsmerkmal »Land der Ausstellung« ist das Land gemeint, in dem sich der im Scheck angegebene Ausstellungsort (hier München) befindet. Diese Interpretation steht in Übereinstimmung mit der englischen und französischen Fassung des Einheitlichen Scheckgesetzes. Es ist auch sachgerecht, sehr formal am Wortlaut des § 29 Abs. 1 ScheckG festzuhalten. Denn für die Bemessung der Vorlegungsfrist müssen Kriterien gelten, die dem Scheck selbst zu entnehmen und damit für jedermann verläßlich festzustellen sind. Soweit diese formalen Anknüpfungspunkte für die Berechnung der Vorlegungsfrist in Einzelfällen, wie hier, zu Härten führen, sind sie im Interesse der Sicherheit und Schnelligkeit des nationalen und internationalen Scheckverkehrs hinzunehmen. Der längeren Laufzeit eines vom Ausland aus zum Scheckinkasso einzureichenden Schecks kann im übrigen durch Vordatierung, die ohne weiteres zulässig ist (BGHZ 44, 178, 180) Rechnung getragen werden. Außerdem beschränkt sich die Folge einer Versäumung der Vorlegungsfrist auf den Verlust des *scheckrechtlichen* Rückgriffsanspruchs. Der Anspruch aus dem Grundgeschäft bleibt unberührt. Wieso B im vorliegenden Fall diesen Anspruch nicht zumindest parallel gegen A geltend gemacht hat, läßt sich der Entscheidung des BGH nicht entnehmen.

V. Haftung bei Scheckmißbrauch

1. Grundsätze (Nr. 3 Abs. 1 SchB 95)

291 Wer einen Scheck ausstellt, weist damit seine Bank unbedingt an, eine bestimmte Geldsumme zu zahlen (Art. 1 ScheckG). Rechtswirksam kann eine solche Anweisung i.S.v. § 665 BGB nur sein, wenn der Scheck vom Kunden herrührt, wenn also ein wirksamer *Scheckbegebungsvertrag* vorliegt. Genauso wie beim Wechsel entsteht die Verpflichtung aus dem Scheck nach heute h.M. durch den Skripturakt und den daran anknüpfenden Begebungsvertrag, der aber zugunsten gutgläubiger Schecknehmer durch den *Rechtsschein eines Begebungsvertrages* ersetzt werden kann[496]. Wer etwa durch Scheckreiterei nichtige Schecks (§ 138 BGB) in Umlauf bringt, erzeugt damit den Rechtsschein eines wirksamen Begebungsver-

---

495 Vgl. Sonnenhol WuB I D 3.-2.92.
496 RGZ 112, 202; BGH WM 1962, 761; NJW 1973, 283; Baumbach/Hefermehl[16], Einl. ScheckG Rz. 16; Bülow[2], Art. 3 ScheckG Rz. 16 ff.

trages. Der gutgläubige Erwerber eines solchen Schecks kann zu Recht Zahlung aus diesem Scheck verlangen[497]. Auch bei fehlender Vertretungsmacht[498] besteht der Aufwendungsersatzanspruch nach allgemeinen Grundsätzen der Rechtsscheinlehre. Die Bank darf das Ausstellerkonto belasten, wenn dieser zurechenbar den Rechtsschein einer wirksamen Anweisung gesetzt hatte und sie als Bezogene darauf vertrauen durfte. Das Vertrauen der bezogenen Bank ist nur schutzwürdig, wenn sie ihren scheckvertraglichen Prüfungspflichten nachgekommen ist. Das ist dann der Fall, wenn der gefälschte Scheck dem äußeren Anschein nach den Eindruck der Echtheit erweckt und keine Schecksperre sowie keine sonstigen für die Bank erkennbaren Anhaltspunkte für Unregelmäßigkeiten vorliegen[499].

Werden dagegen die Scheckformulare unterschlagen oder entwendet und fälscht z.B. der Dieb die Unterschrift des Berechtigten, so fehlt es am Rechtsschein eines wirksamen Begebungsvertrages. Der bezogenen Bank wird ein Scheck vorgelegt, dem keine wirksame Weisung des Kunden zugrunde liegt. Zahlt die Bank, weil sie keinen Verdacht schöpft, dennoch aus, so ist sie wegen der fehlenden Weisung des Kunden verpflichtet, den abgebuchten Betrag dem Kundenkonto wiedergutzuschreiben. Im Grundsatz trägt also die Bank das Fälschungs- und Mißbrauchsrisiko[500]. Allerdings wurde dieses Risiko bis zum 01.01.1995 durch Nr. 11 SchB a.F. auf den Kontoinhaber überwälzt. Er trug danach »alle Nachteile des Abhandenkommens, der mißbräuchlichen Verwendung, der Fälschung und Verfälschung von Schecks...«. Damit waren dem Kunden selbst jene Risiken aufgebürdet, die aus der Sphäre der Bank stammten, die er also nicht beherrschen konnte (z.B. Diebstahl von Scheckformularen bei der Bank). Es gab deshalb eine intensive Diskussion zu der Frage, ob die vollständige Überbürdung des Fälschungs- und Mißbrauchsrisikos auf den Kunden mit § 9 AGBG in Einklang zu bringen war[501].

Fragen dieser Art sind, von eingetragenen Kaufleuten, juristischen Personen des öffentlichen Rechts oder öffentlich-rechtlichen Sondervermögen abgesehen, seit der Neufassung der Scheckbedingungen vom 01.01.1995 überholt. Nach Nr. 3 Abs. 1 SchB 95 »haftet die Bank für die Erfüllung ihrer Verpflichtungen aus dem Scheckvertrag«. Folglich kann sie nach § 670 BGB das Kundenkonto nur dann belasten, wenn dieser eine

---

497 BGH NJW 1974, 1512.
498 OLG Düsseldorf WM 1993, 1327 = WuB I D 3.-12.93 (Hein) = EWiR § 812 BGB 4/93, 975 (Rehbein).
499 Bülow, WM 1996, 8.
500 RGZ 92, 50; 100, 55, 60; 161, 174, 181; Bundschuh, RWS-Forum 1987, 5, 16.
501 Zöllner[14], S. 169 unter Hinweis auf Ernst Ulmer, Das Recht der Wertpapiere, 1938, S. 315; Canaris[4], Rz. 710; Koller, NJW 1981, 2433, 2435; Köndgen, NJW 1992, 2263, 2270; Bülow, WM 1991, 444; Joost, ZHR 143 (1989), 237, 251; Hölscheidt, Die Haftung der Banken im Zahlungsverkehr, 1991, S. 195.

wirksame scheckrechtliche Anweisung oder den Rechtsschein einer solchen zurechenbar gesetzt hatte und sie als Bezogene darauf vertrauen durfte. Damit bleibt es bei der vom BGB vorgegebenen Risikoverteilung zwischen Kunde und Bank. Letztere trägt im Grundsatz das Fälschungs- und Mißbrauchsrisiko[502].

2. Mitverschulden des Kunden

293 Hat allerdings der Kunde »durch ein schuldhaftes Verhalten, insbesondere durch eine Verletzung seiner Sorgfaltspflichten, zur Entstehung eines Schadens beigetragen, so bestimmt sich nach den Grundsätzen des Mitverschuldens, in welchem Umfang Bank und Kunde den Schaden zu tragen haben« (Nr. 3 Abs. 1 S. 2 SchB 95). Auch dies entspricht allgemeinen bürgerlich-rechtlichen Grundsätzen, nämlich § 254 BGB. Bei der Abwägung der beiderseitigen Verursachungsanteile nach § 254 BGB ist entscheidend, mit welchem Grad von Wahrscheinlichkeit das Verhalten der einen oder der anderen Seite zur Herbeiführung des schädigenden Erfolges geeignet war[503]. Daneben, aber erst in zweiter Linie, ist das Maß des beiderseitigen Verschuldens abzuwägen[504]. Dabei kann der höhere Verschuldensgrad einer Seite dazu führen, daß das geringe Verschulden des anderen Teils völlig zurücktritt. Einem Zahnarzt wurden beispielsweise Schecks aus einer Handgelenktasche entwendet[505]. Der Arzt hatte diese Tasche dem Personal im Restaurant seines Golfclubs zur Aufbewahrung gegeben. Das hierin angelegte Mitverschulden bewertete er selbst mit 50%; der BGH widersprach nicht. Wer seine Scheckvordrucke zu Hause in eine Stahlkassette legt, müsse, so meinte das OLG Hamm im Jahre 1984, die Schlüssel so verwahren, daß selbst nahe Angehörige (ein Bruder hatte Scheckformulare entwendet) keine Zugriffsmöglichkeit hätten[506]. Ferner gehöre es zu den besonderen Sorgfaltspflichten des Kontoinhabers, die Vollständigkeit der Scheckvordrucke zu überwachen.

294 Diese Anforderungen sind überspannt. Schecks sollen als Zahlungsmittel eingesetzt werden können. Sie müssen jederzeit zur Hand sein. Man muß sie also wie Geld mit sich führen können, ohne daß darin ein Sorgfaltsverstoß liegt. Wer allerdings in der Öffentlichkeit ein Portemonnaie offen herumliegen läßt, handelt grob fahrlässig. Das gilt auch für darin liegende Schecks. Im eigenen Hause aber muß man sein Bargeld im Grundsatz nicht verschließen, auch für Schecks gilt nichts anderes. Auch eine Pflicht, seine Scheckvordrucke zu zählen und darüber genau Buch zu führen, über wie viele man im Augenblick noch verfügt, besteht nicht. Des-

---

502 Bülow, WM 1996, 8 ff.
503 BGH NJW 1963, 1447; 1983, 622.
504 BGH NJW 1969, 790 st. Rspr.
505 BGH ZIP 1986, 156.
506 WM 1985, 1261.

halb muß ein Kunde bei Ausstellung des Schecks auch nicht prüfen, ob diese noch in laufender Reihenfolge vorhanden sind. Aber selbstverständlich ist es den Banken unbenommen, die Scheckformulare so zu gestalten, daß eine bestimmte Reihenfolge, und damit auch eine Abweichung von dieser, für den Kunden unverkennbar augenfällig wird.

3. Abhandengekommene Schecks (Nr. 3 Abs. 2 SchB 95)

Löst die Bank Schecks ein, die dem Kunden nach der Ausstellung abhanden gekommen sind, so kann sie das Konto des Kunden nur belasten, wenn sie bei der Einlösung nicht grob fahrlässig gehandelt hat (Nr. 3 Abs. 2 SchB 95). Auch dieser Teil der neuen Scheckbedingungen entspricht den allgemeinen Grundsätzen, denn aus Art. 21 ScheckG in Verbindung mit §§ 990, 989 BGB ergab sich schon immer, daß die einziehende Bank wegen grober Fahrlässigkeit schadensersatzpflichtig werden kann, wenn der Scheck dem Aussteller abhanden gekommen ist. Im Unterschied zu den gefälschten Schecks handelt es sich hier also um solche, die auf einer wirksamen Anweisung des Kunden beruhen, aber von einem Nichtberechtigten, z.B. einem Dieb oder einem untreuen Angestellten, eingelöst werden.

Grob fahrlässig handelt eine Bank bei Hereinnahme eines gültigen Schecks, wenn sie die verkehrserforderliche Sorgfalt in besonders schwerem Maße verletzt[507]. Das ist dann der Fall, wenn schon einfachste, ganz naheliegende Überlegungen nicht angestellt werden und das nicht beachtet wird, was im gegebenen Fall jedem einleuchten mußte[508]. Was in diesem Sinne verkehrserforderlich ist, ergibt sich zunächst einmal aus den Funktionen des Inhaberschecks. Ausgangspunkt ist, daß der bloße Besitz eines solchen Schecks die (widerlegliche) Vermutung dafür begründet, daß der Scheckinhaber auch materiell berechtigt ist (Art. 19 ScheckG). Die Bank trifft daher grundsätzlich keine Verpflichtung, die materielle Berechtigung des Scheckinhabers zu überprüfen[509]. Eine solche Prüfungspflicht entsteht erst dann, wenn *besondere Umstände den Verdacht nahelegen*, der Scheck könnte dem Eigentümer abhanden gekommen und vom Einreicher auf unredliche Weise erlangt worden sein[510].

Keinen besonderen Verdacht muß die Bank schöpfen, wenn sich eine als zeichnungsberechtigt ausgewiesene Buchhalterin im Laufe eines Jahres unter Zuhilfenahme von 36 Schecks einen Betrag von DM 850 000,- auf ihr eigenes Konto anweist[511]. Die einlösende Bank könne nämlich in der Regel nicht übersehen, ob der ihr als zeichnungsberechtigt nachgewiesene

---

507 BGHZ 10, 16, 74; 89, 161.
508 RGZ 163, 106; BGH NJW 1980, 886, 888.
509 BGH NJW 1969, 694.
510 BGH ZIP 1988, 156 »Adreßaufkleber«.
511 BGH NJW 1969, 694.

Vertreter seine Vollmacht unbefugt für sich selbst ausnutze. Das gelte um so mehr, weil die Bank dem Kontoinhaber Kontoauszüge ausstelle. Wenn er diese prüfe, so müßte er feststellen, daß Geld veruntreut werde. Eine entsprechende Betriebsorganisation sei dabei grundsätzlich Sache des Kontoinhabers (§ 254 BGB). Die Bank brauche sich deshalb auch keine Gedanken über die Zweckbestimmung im Scheck zu machen oder gar Überlegungen anzustellen, wie eine Buchhalterin des Kontoinhabers zu solch hohen Bezügen komme. In diesem Fall wurden drei gültige Schecks von der Buchhalterin veruntreut und 33 gefälscht. Die gefälschten Schecks entstammten der betrieblichen Sphäre des Kunden. Das daraus resultierende Mißbrauchsrisiko wäre ihm heute nach Nr. 3 Abs. 3 SchB 95 ohnehin zugewiesen.

298 Weniger klar ist, ob und ab wann die Bediensteten einer Bank Verdacht schöpfen müssen, daß die Schecksumme in ungewöhnlichem Maße den üblichen Rahmen überschreitet. Der BGH bejahte dies bei einem Zahnarzt, dem ein Scheckformular aus einer hinterlegten Tasche im Golfclub entwendet wurde[512]. Der Arzt bemerkte den Diebstahl erst bei Zugang des Kontoauszuges mit der Belastung des Scheckbetrages[513]. Er meinte, die Bank hätte sich wegen der völlig aus dem Rahmen fallenden Höhe der Schecksumme (DM 28 000,-) fernmündlich bei ihm nach der Ordnungsmäßigkeit des Schecks erkundigen müssen. Die Bank widersprach unter Hinweis darauf, daß es sich um einen Inhaberscheck gehandelt habe. Außerdem seien in den Jahren 1980-81 mindestens drei höhere Schecks, nämlich über DM 5 800,-, DM 8 000,- und DM 15 000,- ausgestellt worden. Unter diesen Umständen hätte es keinen Anlaß gegeben, an der Person des Scheckeinreichers zu zweifeln. Der BGH widersprach und verurteilte die Bank unter Berücksichtigung eines 50 %igen Mitverschuldens des Zahnarztes zum Schadensersatz. Die Pflichtverletzung liege darin, daß die Bediensteten der Bank keinen Verdacht geschöpft hätten, obwohl die Schecksumme in ungewöhnlichem Maße den Rahmen überschritt, in dem der Zahnarzt bisher Barschecks ausgestellt hatte. Bei den drei über höhere Beträge laufenden Schecks aus den Jahren 1980-81 habe es sich erkennbar um Ausnahmen gehandelt. Zwar brauche eine (absolut) hohe Schecksumme nicht ohne weiteres Verdacht zu erregen. In der Rechtsprechung sei jedoch anerkannt, daß die Frage, ob der gefälschte Scheck im Geschäftsverkehr der Parteien eine ungewöhnliche Höhe habe, für die Beurteilung des Verschuldens der einlösenden Bank von Bedeutung sei[514]. Eine Bank, die – wie hier – die Umstände kenne, aus denen sich ergebe, daß ein Barscheck über eine hohe Summe in außergewöhnlichem Maße die im

---

512 ZIP 1986, 156 = WM 1986, 123.
513 Es ging um eine Scheckfälschung, die nach Nr. 11 SchB a.F. in den Risikobereich des Kunden fiel.
514 RG JW 1919, 36, 38; RG JW 1919, 821; RGZ 81, 254, 256.

sonstigen Scheckverkehr mit dem Kunden üblichen Summen übersteige, müsse in Erwägung ziehen, daß der Scheck mißbraucht werde. Daraus folge, daß sie alsdann verpflichtet sei, sich, soweit dies mit den Anforderungen des Scheckverkehrs als Massenverkehr vereinbar sei, Klarheit zu verschaffen. Dabei sei nicht zu beanstanden, die Bank für verpflichtet zu halten, vor Einlösung des Schecks durch einen Anruf beim Zahnarzt zu klären, ob er den Scheck ausgestellt habe.

Die Entscheidung ist mit Blick auf die Funktion des Schecks als Inhaberpapier im Massenverkehr nicht unproblematisch. Denn die Frage, welcher Betrag ungewöhnlich hoch ist, stellt sich von Kunde zu Kunde anders. Die Bank muß also bei jedem einzelnen Scheck einen Blick auf das Konto werfen, um zunächst einmal zu klären, ob dieser Scheck in Relation zum Kontostand und anderen in der Vergangenheit begebenen Schecks ungewöhnlich hoch ist oder nicht. Dabei müssen, nimmt man die Entscheidung des BGH ernst, die Kontenbewegungen über zwei bis drei Jahre zurückverfolgt werden. Sicher ist das alles möglich, nur mit der Idee des Inhaberschecks und der Bewältigung von Schecks im Massenverkehr hat dies nichts mehr zu tun[515]. Der Fall wäre heute nicht mehr problematisch, da es sich um einen gefälschten Scheck handelte, für den die Bank nach Nr. 3 Abs. 1 SchB 95 unter Berücksichtigung des Mitverschuldens des Kunden einsteht. 299

Hiervon abgesehen belegen aber eine Reihe weiterer Urteile des BGH Unsicherheiten bei der Frage, ob und wann Zweifel an der Berechtigung der den Scheck vorlegenden Person entstehen müssen. Das Gericht entschied am 12.01.1987, daß der Schalterangestellte einer Sparkasse grob fahrlässig handelt, wenn er die Berechtigung des Einreichers eines Inhaberverrechnungsschecks nicht überprüft, obwohl der Scheck, der erkennbar kaufmännischen Zwecken dient, auf ein *Sparkonto* eingezogen werden soll[516]. Eine Reihe von Gerichten schlossen sich diesem Votum an[517]. Bereits im Jahr 1989 sah sich der BGH gezwungen, seine eigene Rechtsprechung zu korrigieren. Nun ist die Einziehung eines erkennbar kaufmännischen Zwecken dienenden Inhaberverrechnungsschecks über ein Privat*gi*rokonto kein ungewöhnlicher Vorgang mehr, der den Verdacht nahelegt, der Scheck könne abhanden gekommen sein[518]. Grund: Was bei einem Sparkonto noch »äußerst ungewöhnlich« sei, brauche bei einem Girokonto keinen Verdacht hervorzurufen. Allerdings sei eine weitergehende Prüfungspflicht auch hier anzuerkennen, wenn Inhaberverrechnungs- 300

---

515 Wie hier Rehbein, Anm. in JR 1986, 244, 246 f; Hadding WuB I D 3.-1.86; Vietor EWiR Art. 3 ScheckG 1/86.
516 WM 1987, 337.
517 U.a. LG Verden WM 1989, 497; OLG Düsseldorf WM 1988, 188.
518 WM 1989, 944.

schecks über DM 100 000,- eingereicht würden[519]. Hier werden die Anforderungen an die Bankpraxis deutlich überspannt. Wenn selbst zwischen den Gerichten Streit über die Frage besteht, ob ein Vorgang »äußerst ungewöhnlich« ist, wie soll dann eine Bank in der Lage sein, mit dem Schalterpersonal diesen Widersprüchen im Vorfeld weiterer Entscheidungen zu entsprechen? Nur am Rande sei erwähnt, daß auch die Kunden keine Möglichkeit haben, das sie treffende Risiko durch entsprechende Vorsorgemaßnahmen zu begrenzen. Die Kasuistik ist damit nicht am Ende. Keinen Verdacht muß die Bank schöpfen, wenn der Scheckeinreicher auf einmal vier Schecks über insgesamt knapp DM 100 000,- auf ein als Gehaltskonto eröffnetes, bisher kaum Umsätze oder nennenswerte Guthaben aufweisendes Konto, gutschreiben läßt[520]. Ganz anders das OLG Köln, wonach die Bank sich »Klarheit verschaffen muß«, wenn der Betrag eines Barschecks ein Mehrfaches der bisher vorgelegten Schecks erreicht, insbesondere wenn das Konto dadurch ins Debet gerät[521]. Für das OLG München ist die Vorlage eines Schecks über DM 163 400,- Anlaß, um die gesteigerte Sorgfalt bei der Überprüfung des Schecks zu fordern[522]. Ganz sicher prüfungspflichtig sei die Bank auch dann, wenn der Inhaber des auf ein bekanntes Unternehmen ausgestellten Schecks, letzteren, ohne durch ein Indossament zusätzlich ausgewiesen zu sein, als Nichtkunde zur Gutschrift auf dem Konto seiner Ehefrau einreiche[523].

301 Richtig ist, daß die Bank, auch in Abwesenheit besonderer Verdachtsmomente, beim Inkasso eines *Orderschecks* nicht in gutem Glauben ist, wenn der Einreicher sich weder durch eine ununterbrochene Indossamentenkette legitimieren kann, noch seine Berechtigung auf andere Weise dartut; die Vermutungswirkung des Besitzes hilft nur bei Inhaberschecks[524]. Das gilt erst recht, wenn die Bank übersieht, daß der ausgestellte Scheck nicht auf den Einreicher indossiert war[525]. Andererseits muß eine lückenlose Indossamentenkette die Bank stutzig machen, wenn sie aus den Indossamenten schwarz auf weiß ersehen könnte, daß ein zur Zahlung von Geschäftsschulden an ein großes Industrieunternehmen ausgestellter Scheck auf das Privatkonto eines Angestellten umdirigiert worden ist[526].

Ferner muß ein Postschalterbeamter stutzig werden, wenn entgegen einer langjährigen Gewohnheit der Kontoinhaberin die Postbarschecks nicht mehr von ihr persönlich, sondern von einem unbekannten Dritten

---

519 BGH WM 1993, 736, 738; ähnlich WM 1996, 248.
520 OLG Hamburg WM 1990, 2038; dag. Köndgen, NJW 1992, 2263, 2270.
521 WM 1987, 404.
522 WM 1992, 1524; dazu – zweifelnd – Bülow WuB I D 3.-7.92.
523 OLG Celle WM 1991, 1412 = WuB I D 3.-6.91 (Irmen), zustimmend Köndgen, NJW 1992, 2263, 2270.
524 BGH NJW 1990, 242 = WM 1989, 1756 = ZIP 1990, 569.
525 BGH WM 1995, 2136.
526 Köndgen, aaO. zu OLG Celle, WM 1990, 2069.

vorgelegt werden (innerhalb von fünf Tagen vier Barschecks über DM 6 800,-)[527]. Der Postbeamte hätte angesichts dieser Verdachtsumstände zumindest die Identität des Scheckeinreichers anhand des Personalausweises oder eines anderen amtlichen Dokumentes feststellen müssen. Eine Nachforschungspflicht besteht auch gegenüber Bankkunden, die als unseriös aufgefallen sind[528]. Der Kunde hatte bei ungenehmigt überzogenem Konto an einem Tage 20 ec-Schecks über je DM 400,- ausgestellt und wenige Tage später mit Hilfe seiner ec-Karte auch noch 10 Abhebungen von über insgesamt DM 4 000,- vorgenommen. Zum Ausgleich des Debets war die Bank gezwungen, Ende Dezember 1989 einen gerichtlichen Mahnbescheid zu erwirken. Kurze Zeit später legte der Kunde einen Verrechnungsscheck über fast DM 200 000,- zur Einziehung vor und kündigte an, gleich nach Gutschrift des Schecks DM 150 000,- bar abheben zu wollen, was auch geschah. In dieser Situation hätte ein sorgfältiger Bankangestellter Verdacht schöpfen und Nachforschungen veranlassen müssen. Dabei kommt es nicht nur auf das Wissen des zuständigen Schalterangestellten, sondern auch auf das des Mitarbeiters an, der in der für die Hereinnahme von Schecks zuständigen Stelle endgültig entscheidet.

Fraglich war, ob dem Kunden, der den Scheck mit einem *einfachen Brief* versendet, allein deshalb ein anspruchsminderndes *Mitverschulden* nach § 254 Abs. 1 BGB anzurechnen ist. Das OLG Hamm bejahte diese Frage[529]. In der Literatur wurde widersprochen[530]. Das allgemeine Risiko, daß Postsendungen verloren gehen können, rechtfertige nicht den Vorwurf der Fahrlässigkeit. Dem hat der BGH mit Urteil vom 31.10.1995 zugestimmt[531]. Das Gericht ließ es dahinstehen, ob in der Versendung eines Orderschecks über DM 127 360,80 mit einfachem Brief statt per Einschreiben eine Obliegenheitsverletzung zu erblicken sei. Die Bank habe jedenfalls nicht dargetan, daß ein Einschreibebrief nicht abhanden gekommen wäre, so daß es an der Ursächlichkeit einer etwaigen Obliegenheitsverletzung fehle. 302

Etwas anderes muß aber dann gelten, wenn der Briefumschlag so durchsichtig ist, daß jeder leicht den darin liegenden Scheck erkennen kann. Zu Recht hat das OLG Celle dem Aussteller eines Schecks ein Mitverschulden angelastet, weil er den Scheck in einem Briefumschlag mit *Klarsichtfenster* versandt hatte[532]. Im Grunde kommt es nicht so sehr auf die Versandart, sondern darauf an, ob der Brief äußerlich ohne nennenswerten Aufwand erkennen läßt, daß in ihm ein Scheck enthalten ist. Ver-

---

527 BGH WM 1993, 12, 14.
528 BGH WM 1993, 541, 543.
529 WM 1983, 459, 461.
530 Irmen WuB I D 3.-6.91 zu OLG-Celle WM 1991, 1412.
531 WM 1995, 2136 f.; vgl. auch WM 1996, 248.
532 WM 1981, 1412, dazu Irmen WuB I D 3.-6.91.

packt man den Scheck so, daß er auch im Gegenlicht nicht mehr durchschimmert, so kann man natürlich auch einen Fensterumschlag verwenden[533]. Kein Mitverschulden trifft den Scheckaussteller dann, wenn im Postamt eingebrochen und der Brief mit dem Scheck dort entwendet wird[534].

4. Verschärfte Kundenhaftung bei erhöhter Risikointensität

303 Handelt es sich bei dem Kunden um einen eingetragenen Kaufmann, um eine juristische Person des öffentlichen Rechts oder um ein öffentlich-rechtliches Sondervermögen, so hat der Kunde darüber hinaus den Schaden zu tragen, der dadurch entsteht, daß ihm Scheckvordrucke ohne sein Verschulden aus dem von ihm beherrschbaren Verantwortungsbereich (z.B. Entwendung aus den Geschäftsräumen) abhanden kommen und die Bank einen auf den abhanden gekommenen Scheckvordrucken gefälschten Scheck einlöst (Nr. 3 Abs. 3 SchB 95). Allerdings greift diese Haftung nur ein, wenn der gefälschte Scheck dem äußeren Anschein nach den Eindruck der Echtheit erweckt und keine Schecksperre sowie keine sonstigen für die Bank erkennbaren Anhaltspunkte für Unregelmäßigkeiten vorliegen (Nr. 3 Abs. 3 S. 2 SchB 95). Damit ist das Risiko der Scheckfälschung einem bestimmten professionellen Kundenkreis jedenfalls insoweit zugewiesen, als es aus der Sphäre des Kunden herrührt. Dies unterscheidet die Neuregelung von Nr. 11 S. 1 SchB a.F. Bei den Kaufleuten kommt es auf die Eintragung im Handelsregister an, d.h. der pflichtwidrig nicht eingetragene Vollkaufmann (§ 14 HGB) und der Scheinkaufmann werden merkwürdigerweise günstiger behandelt[535]. Juristische Personen des öffentlichen Rechts sind Körperschaften, Anstalten (z.B. die Bundesbank nach § 2 BBankG) und Sondervermögen mit und ohne (z.B. der Fonds zum Einkauf von Ausgleichsforderungen: § 27 Nr. 3 BBankG) eigener Rechtspersönlichkeit. Ebenfalls erfaßt sind die öffentlich-rechtlichen Sondervermögen.

Grundlage der Sphärenhaftung ist nicht nur fehlendes Verschulden des Kunden, sondern auch fehlendes Verschulden der Bank. Die Haftung greift nämlich nur ein, wenn der gefälschte Scheck dem äußeren Anschein nach den Eindruck der Echtheit erweckt und keine Schecksperre sowie keine sonstigen für die Bank erkennbaren Anhaltspunkte für Unregelmäßigkeiten vorliegen (Nr. 3 Abs. 3 S. 2 SchB 95). Der Verweis auf die Schecksperre ist bereits durch Nr. 5 SchB 95 erfaßt (früher Nr. 10). Soweit es um die für die Bank erkennbaren Anhaltspunkte für Unregelmäßigkeiten geht, sind die Grundsätze maßgebend, die oben im Zusammenhang

---

533 Vgl. weitere Fälle des Mitverschuldens bei Reiser WM 1984, 1557.
534 BGH WM 1993, 541, 544.
535 Vgl. die ähnliche Problematik im aufgehobenen § 8 AbzG, Bülow[2], § 1 VerbrKrG Rz. 20a.

mit abhanden gekommenen Schecks entwickelt wurden[536]. Immer dann, wenn *besondere Umstände* Zweifel an der Berechtigung des Scheckeinreichers nahelegen, liegen auch erkennbare Anhaltspunkte für Unregelmäßigkeiten vor. Ob solche Anhaltspunkte auch dann schon erkennbar sein können, wenn keine verdächtigen Umstände vorliegen, ist nach dem Wortlaut der Klausel nicht ausgeschlossen, bisher aber ohne praktische Bedeutung.

Im Hinblick auf Echtheitszweifel greift die Klausel eine Formulierung des BGH auf, die dieser in ständiger Rechtsprechung entwickelt hatte. Es kommt darauf an, ob der Scheck seinem äußeren Gesamtbild nach den Eindruck der Echtheit erweckt[537]. Es kommt also nicht darauf an, ob ein Schriftsachverständiger etwa die Fälschung entdeckt hätte. Eine Differenzierung in den Anforderungen zwischen Bar- oder Verrechnungsschecks findet nicht statt und ist auch nicht geboten. Das Gefährdungspotential ist in beiden Fällen gleich hoch. Bei der Echtheitsprüfung ist also kein Unterschied zwischen Bar- und Verrechnungsschecks zu machen, sondern von einem *einheitlichen Maßstab* auszugehen. 304

Zweifel an der Echtheit des Schecks können sich beispielsweise aus Adreßaufklebern ergeben, die in das Feld, das für die Einsetzung von Namen und Anschrift des Zahlungsempfängers vorgesehen ist, eingeklebt werden[538]. Dies gilt auch, wenn der Adreßaufkleber – wie hier – dazu verwendet wird, einen Scheckbestandteil abzuändern, dessen Eintragung in den Scheck vom Gesetz nicht zwingend vorgeschrieben wird, an dessen Fehlen es aber gewisse Rechtsfolgen knüpft (Art. 5 Abs. 3 ScheckG). Das Überkleben des im Scheckformular enthaltenen Feldes läßt primär den Verdacht aufkommen, daß die an dieser Stelle vorzunehmende und auch tatsächlich vorgenommene Eintragung verdeckt werden soll. Denn ist keine Eintragung erfolgt, so besteht für das Überkleben des Feldes kein Anlaß. Dagegen besteht eine Pflicht zur Prüfung der Scheckrückseite nicht[539]. Ebenfalls kein Verdacht muß geschöpft werden, wenn sich die Schreibweise des handschriftlichen Schecktextes deutlich von der (gefälschten) Unterschrift unterscheidet. Das ist richtig, denn es dürfen auch Blankoschecks ausgestellt werden[540]. Schwierigkeiten bereitet gelegentlich die Frage, welche Anforderungen an die *Echtheitsprüfung der Unterschrift* des Ausstellers zu stellen sind. Hier dürfen die Anforderungen nicht überspannt werden, da sich die Unterschrift des Kunden im Zeitablauf ändern kann und ohnehin nicht immer völlig gleich ausfällt. Entscheidend ist, ob

---

536 Vgl. oben Rz. 295 ff.
537 Seit BGH NJW 1969, 694.
538 BGH ZIP 1988, 156.
539 BGH BB 1976, 1247; beachte: Wer aber die Rückseite prüft und den Inkassostempel sieht, muß nun Verdacht schöpfen: OLG Frankfurt a.M. WM 1992, 1976.
540 Dazu Hadding, JZ 1977, 281.

sich die Bank davon überzeugt, daß der Scheck seinem äußeren Gesamtbild nach den Eindruck der Echtheit erweckt[541]. Dabei ist die Prüfung der Echtheit der Unterschrift grundsätzlich durch einen *Vergleich* mit der bei der Bank *hinterlegten Unterschrift* des Kontoinhabers durchzuführen[542].

305   In einem Fall, den das OLG Hamm am 26.04.1985 zu entscheiden hatte[543], stammte die hinterlegte Unterschrift des Kontoinhabers aus dem Jahre 1966. Die (angebliche) Scheckfälschung fand im Jahr 1982 statt. Unstreitig wich die Unterschrift auf dem Scheck aus dem Jahre 1982 ganz erheblich von der Unterschrift auf der Kontokarte aus dem Jahre 1966 ab. Allerdings war sie der Unterschrift, die der Kontoinhaber bei Entgegennahme von Scheckvordrucken im Jahre 1982 selbst leistete, so ähnlich, daß auch er die Fälschung erst beim »zweiten Hinsehen« bemerkte. Das OLG meinte, eine Fälschung, die so wenig auffalle, hätte auch die Bank nicht erkennen können. Das ist richtig, zeigt aber, daß die Echtheitsprüfung der Unterschrift nicht allein von einem Vergleich mit der Kontokarte abhängt. Zumindest dann, wenn die Unterschrift auf dem Scheck mit derjenigen auf der Kontokarte nicht im Einklang zu bringen ist, muß ergänzend ein Vergleich mit zeitnahen Unterschriften durchgeführt werden. Dagegen erscheint es übertrieben, einen Fälschungsverdacht auch dann schon anzunehmen, wenn der Vorname auf der Kontokarte ausgeschrieben, auf dem Scheck dagegen abgekürzt ist[544].

306   Immer wieder kommt es vor, daß gefälschte Schecks der Zweigstelle einer Bank vorgelegt werden, die nicht kontoführend ist. In diesen Fällen genügt die Bank ihrer Prüfungspflicht nur, wenn sie einen Vergleich mit der bei der kontoführenden Zweigstelle hinterlegten Unterschrift durchgeführt hat[545]. Bevor eine Hauptstelle auszahlt, muß sie also bei der kontoführenden Zweigstelle nachfragen und einen Vergleich mit der dort hinterlegten Unterschrift durchführen.

307   Verletzt die Bank ihre Prüfungspflichten nach Nr. 3 Abs. 3 S. 2 SchB 95, so schließt das die Haftung des Kunden nach S. 1 aus, und zwar ganz unabhängig davon, ob ein Umstand aus der Sphäre des Kunden mitursächlich ist[546]. In diesem Fall gilt der in Nr. 3 Abs. 1 S. 1 SchB 95 formulierte Grundsatz, wonach die Bank für die Erfüllung ihrer Verpflichtungen aus dem Scheckvertrag haftet. Das bedeutet insbesondere, daß sie das Konto des Kunden nur dann belasten darf, wenn eine wirksame Anweisung oder ein wirksamer Rechtsschein einer solchen vorliegt.

---

541 BGH WM 1969, 240.
542 BGH WM 1984, 1173.
543 WM 1985, 1032.
544 So aber LG Karlsruhe WM 1986, 1347.
545 BGHZ 91, 229.
546 Bülow, WM 1996, 8, 10.

Schließlich bleibt zu klären, ob die partielle Überbürdung des Fälschungsrisikos nach Nr. 3 Abs. 3 SchB 95 mit § 9 AGBG zu vereinbaren ist. Der BGH hatte in einem Urteil vom 21.05.1984 nur beiläufig angedeutet, daß die früher in Nr. 11 SchB a.F. enthaltene Risikoverlagerung mit dem AGBG möglicherweise nicht in Einklang steht[547]. Wirklich entschieden hat das Gericht dagegen, daß das unbegrenzte Überbürden des Mißbrauchsrisikos bei Kreditkarten mit § 9 AGBG nicht zu vereinbaren ist[548]. Allerdings überbürdet Nr. 3 Abs. 3 SchB 95 nur jene Risiken auf bestimmte (professionelle) Kunden, die ihrem eigenen beherrschbaren Verantwortungsbereich entstammen. Dies erscheint interessengerecht und mit § 9 AGBG vereinbar[549]. Die Bedenken von Joost[550] gegen den Befund der unterstellten erhöhten Risikointensität bei dem von Nr. 3 Abs. 3 SchB 95 betroffenen Kundenkreis sind allerdings nicht ausgeräumt. Außerdem stellt sich das Zulässigkeitsproblem mit Blick auf *Privatkonten* der Regelungsadressaten. Es ist mit Bülow davon auszugehen, daß Nr. 3 Abs. 3 SchB 95 nach Sinn und Zweck so auszulegen ist, daß das Recht des Kreditinstituts zur Belastung des Ausstellerkontos nur für Geschäftskonten, nicht aber für die Privatkonten des Kunden gilt[551]. Bei gemischten Konten obliegt es dem Kunden wegen § 344 HGB zu beweisen, daß es sich um einen Scheck aus dem privaten Bereich gehandelt hat.

308

VI. Die Schecksperre

1. Grundsätze

Anweisungen können, solange sie noch nicht endgültig ausgeführt sind, d.h. solange der Betrag dem Empfänger noch nicht gutgeschrieben worden ist, *widerrufen* werden. Es handelt sich um die nach § 790 BGB zulässige Rücknahme einer wirksamen Weisung in Form einer Gegenweisung nach § 665 BGB. Demgegenüber läßt Art. 32 Abs. 1 ScheckG einen Widerruf des Schecks erst *nach Ablauf der Vorlegungsfrist* zu. Auf diese Weise wird der Scheckinhaber geschützt und die Funktion des Schecks als *Zahlungsmittel* gefördert.

309

Im Sprachgebrauch hat sich für den Widerruf i.S.v. Art. 32 ScheckG der Begriff Schecksperre durchgesetzt. Der Scheckvertrag verpflichtet die Bank zur Beachtung einer wirksam erklärten Sperre, soweit dies im Rahmen des ordnungsgemäßen Geschäftsablaufs möglich ist (Nr. 10 SchB). Wirksam ist eine Sperre nach Art. 32 Abs. 1 ScheckG erst nach Ablauf der Vorle-

---

547 BGHZ 91, 229, 232; ähnlich BGH WM 1993, 12, 14.
548 NJW 1991, 1886 = WM 1991, 1110.
549 Canaris[4], Rz. 710; Zöllner[14], S. 169; Koller, NJW 1981, 2433, 2435.
550 ZHR 143 (1989), 237, 250 f.
551 Bülow WM 1996, 8, 10.

gungsfrist, d.h. im Inland acht Tage nach Ausstellungsdatum (Art. 29 Abs. 1 ScheckG). Für Auslandsschecks verlängert sich diese Frist auf 20 bzw. 70 Tage, wenn sich Ausstellungsort und Zahlungsort in verschiedenen Erdteilen befinden (Art. 29 Abs. 2 ScheckG). Fraglich war, ob ein *vor Ablauf* der Vorlegungsfrist zugehender Widerruf wirklich unbeachtlich ist.

310 *Fall: BGHZ 35, 217 »Schecksperre«*
Ein Bauherr kaufte vom Fuhrunternehmer (F) ein Grundstück und übergab ihm, um einen Teil des bar zu zahlenden Kaufpreises zu begleichen, einen Scheck über DM 25 000,- mit Ausstellungsdatum 1.3.1957. Noch am gleichen Tag ließ der Bauherr den Scheck bei seiner Bank sperren, weil F ihm noch einen Grundschuldbrief über eine Grundschuld in Höhe von DM 25 000,- auszuhändigen hatte, die nach dem Kaufvertrag gelöscht werden sollte. Auf dem Kontoblatt bei der bezogenen Bank wurde unverzüglich ein Vermerk über die Sperre mit dem Hinweis eingetragen, daß bei Vorkommen des Schecks die Ehefrau des Bauherrn benachrichtigt werden sollte. F gab den Scheck am 4.3.1957 an die Volksbank zur Einziehung. Diese fragte telefonisch bei der Bank des Bauherrn an, ob dieser in bezug auf die DM 25 000,- zahlungsfähig sei. Das wurde, ohne auf die Schecksperre hinzuweisen, bejaht. Daraufhin schrieb die Volksbank DM 25 000,- dem Konto des F gut, der in den nächsten Tagen darüber verfügte. F löste mit dem Geld den Grundschuldbrief aus, teilte das dem Bauherrn mit und kassierte von diesem erneut DM 25 000,-, diesmal in bar. Die Sache kam heraus, als die Volksbank den Scheck zur Einlösung vorlegte. Im Scheckprozeß erzielte sie gegen den Bauherrn ein rechtskräftiges Urteil, weil sie den Scheck nach Art. 21 ScheckG gutgläubig erworben hatte. Der Bauherr klagt nun gegen seine Bank auf Schadensersatz, weil man der Volksbank gegenüber auf die Schecksperre hätte hinweisen müssen. Die Bank verweist auf Art. 32 ScheckG, wonach ein Widerruf des Schecks erst nach Ablauf der Vorlegungsfrist wirksam ist.
Im Ergebnis hilft der Bank der Hinweis auf Art. 32 ScheckG nicht. Der BGH meinte, es sei nicht verboten, sich auch vor Ablauf der Vorlegungsfrist *zu verpflichten*, den Widerruf eines Schecks zu beachten[552]. Einer solchen Verpflichtung stehe Art. 32 Abs. 1 ScheckG nicht entgegen. Diese Norm enthalte nur einen Mindestschutz, ohne die Vertragsfreiheit für einen stärkeren Schutz zu beschränken. Indem die Bank auf dem Kontoblatt vermerkt habe, daß die Ehefrau des Bauherrn bei Vorkommen des Schecks benachrichtigt werden solle, habe sie zugleich die Pflicht übernommen, die Schecksperre zu beachten. Zugleich ergab sich daraus nach §§ 675, 662, 157 BGB die Verpflichtung gegenüber dem Bauherrn, die

---

552 So schon RGZ 99, 75.

Sperre in seinem Interesse Dritten mitzuteilen, die wegen dieses Schecks nachfragten. Welchen genauen Wortlaut die Anfrage der Volksbank gehabt habe, sei dabei nicht wesentlich. Da die Bank, wie im Bankbetrieb allgemein üblich, Schecksperren entgegengenommen habe, hätten ihre Angestellten dieser Geschäftspraxis auch Rechnung tragen müssen, wenn sie Anfragen beantworteten, die erkennbar einen auf das Konto eines Kunden gezogenen Scheck zum Gegenstand hatten. *Mit dieser Entscheidung hatte der BGH, obwohl das erst sehr viel später richtig erkannt wurde, grundsätzlich geklärt, daß Art. 32 Abs. 1 ScheckG abdingbar ist.*

An sich hätte es nahegelegen nun zu klären, ob eine Bank einen Scheckwiderruf wirklich erst dann beachten muß, wenn sie sich dazu verpflichtet. Anders gefragt: Gibt es überhaupt eine denkbare Situation, in der die Bank die Schecksperre nicht beachten muß? Der BGH hat diese Frage am 13.6.1988 zu Recht mit nein beantwortet[553]. *Der Scheckvertrag, der i.d.R. mit dem Abschluß des Girovertrages zustandekomme, sei nämlich dahin auszulegen, daß die Verpflichtung der bezogenen Bank zur Beachtung einer Schecksperre im Zweifel konkludent als Nebenpflicht des Scheckvertrages vereinbart sei.* Zur Konkretisierung dieser Verpflichtung genüge der (einseitige) Widerruf des Ausstellers gegenüber der Bank. Nr. 10 S. 1 SchB, wonach das bezogene Institut berechtigt, aber ... nicht verpflichtet sei, den Widerruf eines Schecks vor Ablauf der Vorlegungsfrist zu beachten, verstoße gegen § 9 Abs. 1 AGBG und sei unwirksam.

Zur Begründung hat der BGH v.a. an die Praxis der Banken angeknüpft, die seit langer Zeit routinemäßig jeden, auch den vorzeitigen Widerruf eines Schecks, beachtet hätten. Diese tatsächliche Übung sei den Scheckkunden auch weitgehend bekannt gewesen, so daß insoweit von einer Verkehrssitte bzw. einem Handelsbrauch auszugehen sei. Diese Überlegungen sind richtig, wenn auch im Ergebnis entbehrlich. Denn unabhängig von einer Verkehrssitte oder einem Handelsbrauch hätten die Banken die Schecksperre in jedem Falle beachten müssen. Eines Vertrages bedarf es insoweit nicht, denn die Schecksperre ist nichts anderes als der Widerruf einer Anweisung, also eine Gegenweisung i.S.v. § 665 BGB (§ 790 BGB). Weisungen dieser Art sind, solange der Scheck nicht eingelöst ist, für die Bank im Rahmen des Scheckvertrages unmittelbar bindend. Allerdings, und das war die Klippe, eröffnete Nr. 10 S. 1 SchB der Bank die Möglichkeit, die Sperre zu beachten oder nicht. Damit wurde den Banken ein einseitiger Gestaltungsspielraum zu Lasten des Kunden zugewiesen, mit der Möglichkeit, diesen unangemessen zu benachteiligen. Daraus bereits ergibt sich die Unwirksamkeit dieser Klausel nach § 9 AGBG. Eines Rückgriffs auf eine Verkehrssitte oder einen Handelsbrauch bedurfte es mithin nicht.

311

---

553 WM 1988, 1325.

2. Rechtspflichten nach Schecksperre

312 Die Schecksperre bewirkt die allgemeine Rechtspflicht der Bank, den vorgelegten Scheck nicht mehr einzulösen. Darüber hinaus ist der Scheck mit dem *Nichteinlösungsvermerk* zu versehen. Fraglich war, ob eine Bank, die den Widerruf kennt, den Scheck aber noch nicht in den Händen hält, dafür zu sorgen hat, daß sich dies ändert, um den Scheck mit dem Nichteinlösungsvermerk zu versehen.

313 *Fall: BGH WM 1975, 755 »Nichteinlösungsvermerk«*
Der Inhaber eines Schecks legte diesen der bezogenen Bank zur Zahlung vor. Noch vor Übergabe des Scheckformulars wies die Bank darauf hin, daß der Aussteller den Scheck widerrufen habe. Daraufhin händigte der Scheckinhaber den Scheck dem Bankbediensteten erst gar nicht aus, sondern verkaufte ihn einer anderen – gutgläubigen – Bank. Diese nahm in Höhe des Kaufpreises beim Scheckaussteller Rückgriff. Der Scheckaussteller nimmt die bezogene Bank auf Schadensersatz in Anspruch, weil sie aufgrund des Widerrufs verpflichtet gewesen sei, den Scheck mit dem Nichteinlösungsvermerk zu versehen.

Das Berufungsgericht billigte diese Auffassung. Der Bankangestellte hätte den Scheckeinreicher nicht durch die Mitteilung des Widerrufs davon abhalten dürfen, ihm den Scheck auszuhändigen, sondern sich »ohne weitere Unterhaltung« den Scheck zur Prüfung vorlegen lassen und ihn dann mit dem Nichteinlösungsvermerk versehen müssen. Der BGH ist dieser Ansicht nicht gefolgt. Ob der Nichteinlösungsvermerk auf den Scheck gesetzt werde, entscheide allein der Inhaber. Dafür spreche, daß der Vermerk nicht etwa die Weiterveräußerung des Schecks verhindern, sondern gerade umgekehrt den Rückgriff gegen den Aussteller und andere Scheckverpflichtete sichern solle. Außerdem sei nur der Inhaber befugt, über den Scheck zu verfügen. Darin, daß der Scheck zwecks Einlösung der Bank vorgelegt werde, könne noch nicht die Aufgabe der Verfügungsbefugnis gesehen werden. Diese gehe vielmehr erst mit dem Eigentum an dem Scheck auf die Bank über. Darum sei die Bank ohne Zustimmung des Inhabers gehindert, den Scheck mit dem Nichteinlösungsvermerk zu versehen. Stimme dieser nicht zu, so habe sie ihm den Scheck grundsätzlich unverändert zurückzugeben. Würde die Bank den Vermerk ohne Zustimmung des Inhabers auf dem Scheck anbringen, so könne sie sich sehr wohl ihm gegenüber schadensersatzpflichtig machen. Der Wunsch des Inhabers, den Scheck ohne den Vermerk zurückzuerhalten, müsse nicht stets auf unlauteren Absichten beruhen. Er könne von der Unbegründetheit der Einwendungen des Ausstellers überzeugt sein und sich für berechtigt halten, den Scheck – unter Offenbarung des Widerrufs – noch weiterzuveräußern und damit schneller zu Geld zu machen, als ihm dies im Wege des Rückgriffs möglich wäre. Daraus, daß sie sich dem

Aussteller gegenüber zur Beachtung des Widerrufs verpflichtet habe, folge nicht mehr, als daß sie den Scheck *nicht einlösen* dürfe.

VII. Der Bereicherungsausgleich

Die Zahlung durch einen Scheck entspricht einer Leistung kraft Anweisung. Der Scheckaussteller weist die bezogene Bank an, von seinem Konto an den Inhaber des Schecks zu zahlen. Deshalb entspricht es allgemeiner Meinung, daß bei fehlerhaften Schecks dieselben Grundsätze gelten wie bei fehlerhaften Anweisungen[554]. *Ebenso wie dort gilt im Grundsatz, daß sich der Bereicherungsausgleich innerhalb des jeweiligen Leistungsverhältnisses vollzieht*[555].

314

Das ist richtig, weil auf diese Weise Einwendungen und Aufrechnungsmöglichkeiten innerhalb der jeweiligen Leistungsbeziehung erhalten bleiben. Bei mangelhaftem Deckungsverhältnis (Scheckvertrag ist z.B. wegen Geisteskrankheit des Kunden nichtig) findet also der Bereicherungsausgleich zwischen dem Scheckaussteller und seiner Bank statt. Ist dagegen das Valutaverhältnis nichtig, z.B. der Kaufvertrag, der mit dem Scheck erfüllt werden sollte, so findet der Rücktausch im Verhältnis Scheckaussteller zu Scheckinhaber statt. Wie bei der Anweisung, sind die Fälle am schwierigsten zu lösen, in denen die Anweisung selbst mangelhaft ist, z.B. weil der Scheck versehentlich einem falschen Konto gutgeschrieben[556] oder ein zu hoher Betrag ausgezahlt wird. Im Grundsatz gilt hier, daß die Bank einen *eigenen* Bereicherungsanspruch *unmittelbar* gegen den *Scheckinhaber (Geldempfänger)* hat. Denn in diesen Fällen fehlt es aus der Sicht des Anweisenden (Scheckaussteller) an einer Leistung an den Scheckinhaber. Aber auch die den Scheck einlösende Bank selbst leistet nicht an den Empfänger, weil sie glaubt, bloße Zahlstelle zu sein. Sie bereichert den Empfänger des Geldes aber in sonstiger Weise (Eingriffskondiktion), weil sie ihm aus ihrem Vermögen etwas zuwendet, was ihm nicht zusteht.

1. Teilweise fehlerhafte Schecks

Besonders problematisch sind die Fälle, in denen der Scheck zwar rechtzeitig widerrufen (Schecksperre), aber versehentlich doch ausgeführt wurde. Denn dann geht die Einlösung letztlich auf eine *ursprünglich wirksame* Anweisung und damit auf einen Leistungs*willen* des Kunden zurück. So hat der BGH in einem Grundsatzurteil, in dem eine Anweisung (Scheck) zunächst wirksam erteilt, dann aber noch vor Gutschrift ohne Kenntnis

315

---

554 BGHZ 89, 381; Canaris[4] Rz. 736; Baumbach/Hopt, HGB-Komm.[29], S. 1158 (E/5).
555 BGHZ 40, 272, 277; w.N. in BGH JZ 1987, 199 mit Anm. Canaris.
556 BGHZ 66, 372; vgl. auch fehlende Unterschrift auf Scheck BGHZ 66, 362.

des Empfängers widerrufen worden war, entschieden, daß die Bank, die den Scheck gleichwohl einlöste, keinen unmittelbaren Bereicherungsanspruch gegen den Scheckinhaber hat, sondern einen solchen Anspruch bei ihrem Kunden suchen muß[557]. Der Grund für diese Rechtsprechung liegt darin, daß der Empfänger der Leistung daran glauben darf, daß diese vom Scheckaussteller selbst veranlaßt ist. Das heißt, der Empfänger will vom Scheckaussteller und nicht von dessen Bank das Geld empfangen; aus seiner Sicht liegt eine Leistung vor.

Deshalb ist es folgerichtig, daß eine *Ausnahme* in den Fällen gemacht wird, in denen der Empfänger *weiß*, daß der Scheck widerrufen oder sonst unwirksam ist. In diesen Fällen stellt sich die Zahlung der Bank auch aus seiner Sicht gerade nicht als Leistung des Scheckausstellers dar, so daß der bereicherungsrechtliche Rücktausch nun direkt zwischen der Überweisungsbank und dem Empfänger des Geldes stattzufinden hat[558]. So hat eine Bank, die einen vom Aussteller *nicht unterschriebenen* Scheck einlöst, jedenfalls dann einen unmittelbaren Bereicherungsanspruch gegen den Zahlungsempfänger, wenn dieser *wußte*, daß der Scheck vom Aussteller nicht unterzeichnet war[559].

Inzwischen hat der BGH diese Rechtsprechung auf solche Fälle erweitert, in denen eine an sich wirksame Anweisung *teilweise fehlerhaft* ausgeführt wurde und der Empfänger sich bewußt unwissend stellt[560]. Für den Bereich des Schecks liegt eine instruktive, mit diesen Grundsätzen übereinstimmende Entscheidung des OLG Köln vor.

316 *Fall: OLG Köln WM 1984, 728 »Marbella«*

Am 6.2.1982 stellte A in Spanien (Marbella) einen Scheck aus und übergab diesen dem B. Der Scheck lautete über einen Betrag von DM 6 500,-, was auch in Buchstaben in spanisch auf dem Scheck wiederholt wurde, ohne allerdings die Währung anzugeben. B reiste mit dem Scheck nach Deutschland und bat seine Bank, ihn einzuziehen. Die Bank ging davon aus, es handele sich um einen DM-Scheck. Auch die bezogene Bank in Marbella teilte diese Auffassung und belastete das Konto ihres Kunden A im Gegenwert von DM 6 500,-. Als A davon erfuhr, wies er darauf hin, daß es sich um einen Peseten-Scheck gehandelt habe. Die Bank in Marbella, die das akzeptieren mußte, schrieb deshalb DM 6 350,- dem Konto des A wieder gut. Sie, die Bank, klagt nun direkt gegen B in Deutschland auf Rückzahlung dieses Betrages. B meint, die spanische Bank dürfe ihn nicht

---

557 BGHZ 61, 289 = WM 1973, 1374.
558 BGHZ 88, 232, 236 = WM 1983, 1240; BGHZ 98, 379.
559 BGHZ 66, 362; bestätigt für Fehlüberweisungen in Kenntnis des Empfängers von BGHZ 66, 372; ferner im Wechselrecht BGHZ 67, 75; ebenso bei Kenntnis vom Widerruf der Anweisung BGHZ 87, 393.
560 BGH NJW 1987, 185 »Modehändler«.

unmittelbar in Anspruch nehmen, weil zwischen ihm und A eine Leistungsbeziehung bestanden habe.

Das OLG Köln ist der Auffassung des B nicht gefolgt und hat ihn verurteilt, DM 6.350 an die Bank in Marbella zu zahlen. Diese Bank habe ihn nämlich in dieser Höhe ohne Rechtsgrund in sonstiger Weise (Nichtleistungskondiktion: § 812 Abs. 1 S. 1 BGB) bereichert. Der vorgelegte Scheck sei unwirksam gewesen, weil eine Währungsangabe gefehlt habe. Bei fehlenden Währungsangaben sei ein Scheck sowohl nach spanischem als auch nach deutschem Recht unwirksam. Auf das spanische Recht komme es hier an, weil Art. 62 Abs. 1 S. 1 ScheckG an das Recht des Ausstellungsortes (Spanien) anknüpfe. Und nach Art. 535 codigo de comercio sei die Angabe der Währung auf dem Scheck erforderlich. Nach spanischem Recht sei somit ein ohne Währungsangabe ausgestellter Scheck ungültig. Das gelte aber auch für Deutschland, wo der Scheck vorgelegt wurde (Art. 62 Abs. 1 S. 2 und Abs. 3 ScheckG). Zwar verweise Art. 1 Nr. 2 ScheckG nicht ausdrücklich auf die Währungsangabe, jedoch entspreche es ganz allgemeiner Meinung, daß das Wort Geld begrifflich eine *bestimmte Geldwährung* voraussetze. Aus diesen Gründen habe, und zwar von Anfang an, kein wirksamer Scheck vorgelegen. Dieser Fall entspreche den Fällen, in denen eine Anweisung von Anfang an nichtig sei. Es fehle dann an einer zweckgerichteten Leistung seitens des Anweisenden überhaupt. Deshalb sei anerkannt, daß hier ausnahmsweise der Bereicherungsausgleich direkt zwischen der auszahlenden Bank und dem Bereicherten (hier B) stattfinden dürfe.

Die Entscheidung ist richtig, gleichviel ob man davon ausgeht, daß der Scheck in vollem Umfang oder nur im Umfang von DM 6 350,- ungültig war. Im letzteren Fall läge dann eine Zuvielüberweisung wie im »Modehändlerfall« vor[561]. Für diese Zuvielüberweisung kommt keine Leistung in Betracht, weil B genau wußte, daß es sich um einen Peseten-Scheck handelte, also wußte, daß ihm i. H. der DM 6 350,- keine Leistung des A zustand.

2. Scheckfälschungen

Im Grundsatz entspricht die Rechtslage bei Scheckfälschungen derjenigen bei gefälschten Überweisungen. Es fehlt nämlich bei Fälschungen an einer gültigen Anweisung ebenso wie an einer wirksamen Leistungszweckbestimmung gegenüber dem Geldempfänger. Folglich hat die ausführende Bank einen unmittelbaren Bereicherungsanspruch gegen den Geldempfänger wegen Bereicherung in sonstiger Weise. Das ergibt sich aus Nr. 3 Abs. 1 SchB 95, wonach die Bank für die Erfüllung ihrer Verpflichtungen aus dem Scheckvertrag haftet, also zur Belastung des Kundenkontos nicht

317

---

561 BGH NJW 1987, 185.

berechtigt ist, wenn keine wirksame Anweisung oder der wirksame Rechtsschein einer solchen vorliegt. Anders ist dies bei Scheckfälschungen aus der Sphäre jener Kunden, die in Nr. 3 Abs. 3 S. 1 SchB 95 ausdrücklich genannt sind. Hier trägt der Kunde das Fälschungsrisiko. In diesen Fällen ist nicht mehr die Bank, sondern der Kunde entreichert. Er hat die Nichtleistungkondiktion gegenüber dem Geldempfänger[562].

3. Fehlbuchungen

318 Ebenso wie bei der Anweisung kann es auch bei einem *Scheck* passieren, daß dieser auf ein *falsches Konto gutgeschrieben* wird. Akzeptiert der irrtümlich Begünstigte die Gutschrift, so ist er ungerechtfertigt bereichert und dem Überweisenden zur Herausgabe verpflichtet. Das ist unproblematisch, solange Geld da ist. Schwierig werden die Dinge, wenn die irrtümliche Gutschrift mit einem Debet verrechnet wurde. Dann hat der Anweisende zwar immer noch einen Anspruch, kann ihn aber gegenüber dem Begünstigten nicht durchsetzen. Hier kann der Begünstigte durch Zurückweisung der Gutschrift helfen, so wie es der BGH im Falle der feuerversicherten Diskothek entschieden hat[563]. Rechtstechnisch bedarf es in diesen Fällen keines Zurückweisungsrechtes, denn in Wirklichkeit fehlt es an der für die Gutschrift erforderlichen Annahme i.S.v. § 364 Abs. 1 BGB. Das gleiche gilt, wenn ein Scheck irrtümlich verbucht wird. Einen solchen Fall hatte das OLG Frankfurt am 21.6.1988 zu entscheiden.

319 *Fall: OLG Frankfurt WM 1988, 1439 »Freundschaftsdienst«*
Die Geschäftsführerin einer GmbH bat, weil sie selbst in Urlaub ging, ihre Freundin, einen bestimmten in Kürze erwarteten Brief zu öffnen und den darin liegenden Scheck auf das Konto der GmbH bei der Kreissparkasse einzureichen. Der Brief kam, die Freundin entnahm den Scheck über ca. DM 54 000,- und bat ihrerseits ihren Mann, den Scheck zur Bank zu bringen. Dieser tat das am 14.7.1986, ging aber versehentlich nicht zur Kreissparkasse, sondern zu einer anderen Bank, wo er selbst Kunde war. Dort unterhielt zufälligerweise der hochverschuldete Ehemann der Geschäftsführerin der GmbH ein Konto. Da der den Scheck als Bote überbringende Mann davon ausging, daß die GmbH und der besagte Ehemann wirtschaftlich identisch seien, wurde der Scheck auf dessen debitorisches Konto eingezogen. Als alles herauskam, erklärte der begünstigte Ehemann ausdrücklich, daß er den ihm durch die Verringerung seines Schuldsaldos zugeflossenen ungerechtfertigten Vorteil nicht behalten wolle. Die Bank war dennoch nicht bereit, den verrechneten Betrag an die Scheckausstellerin (GmbH) zurückzuzahlen.

---

562 Canaris[4] Rz. 737 m.w.N.
563 WM 1989, 1560; WM 1995, 149.

Das OLG hat die Bank zur Zurückzahlung verpflichtet. Auf die Rechtsprechung zur Zurückweisung einer Gutschrift ist das Gericht nicht eingegangen. Es hat vielmehr zutreffend darauf abgestellt, daß es auf den Willen des Kontoinhabers ankomme, der hier eindeutig erklärt hatte, den ihm durch die Verringerung seines Schuldsaldos zugeflossenen ungerechtfertigten Vorteil nicht behalten zu wollen. Folglich verweigerte der verschuldete Ehemann die für die Annahme von Buchgeld nach § 364 Abs. 1 BGB notwendige Annahme. Damit war die Bank verpflichtet, den verrechneten Betrag an die GmbH zu erstatten, nicht wie das OLG meinte aus Bankvertrag, sondern in Ermangelung wirksamer Leistungsbeziehungen aus Eingriffskondiktion.

4. Entreicherung

Wie immer, wenn Bereicherungsansprüche rückabzuwickeln sind, kann sich der Geldempfänger auf *Entreicherung* nach § 818 Abs. 3 BGB berufen. Einen der seltenen Fälle, in denen sich ein Scheckeinreicher durch die Berufung auf § 818 Abs. 3 BGB entlasten konnte, hatte das OLG Bremen am 18.9.1990 zu entscheiden. 320

Fall: OLG Bremen WM 1991, 1252 »Scheckbetrüger« 321
Am 11.7.1988 reichte ein in der Ausbildung befindlicher 19jähriger Dachdecker bei seiner Bank einen Verrechnungsscheck über DM 64 000,- ein. Diesen Scheck hatte er von einem T.M. erhalten, einem einschlägig vorbestraften Scheckbetrüger, was ihm aber unbekannt war. Am 14. Juli 1988 hob der Auszubildende bei einer anderen Zweigstelle seiner Bank nach Vorlage des Personalausweises einen Betrag in Höhe von DM 50 000,- ab und übergab dieses Geld dem T.M. Dieser hatte dem jungen Mann glaubhaft gemacht, die DM 64 000,- auf dessen Konto einzahlen zu dürfen, um diesen Betrag dem Zugriff des Finanzamtes zu entziehen. Der Scheck wurde wegen fehlender Deckung nicht eingelöst; die Bank nahm am 18.7.1988 auf dem Konto des Auszubildenden eine Scheckrückrechnung in Höhe von DM 50 000,- vor.
Dieser Anspruch, so entschied das OLG, stand der Bank nicht zu. Zwar sei der Bank zuzugeben, daß nach h.M. der Kunde sofort über das Guthaben aus *vorläufig* gutgeschriebenen Schecks verfügen könne und daß er im Regelfall insoweit einen Kredit in Anspruch nehme, aus dem die den Einzug des Scheck betreibende Bank gegen den Scheckeinreicher dann einen Rückzahlungsanspruch aus Darlehen habe, wenn die bezogene Bank (wie hier) den Scheck wegen fehlender Deckung nicht einlöse. Diese im Interesse des Bankverkehrs aufgestellte Konstruktion setze den Willen der Parteien voraus, für den Fall der Nichteinlösung des Schecks einen Darlehensvertrag schließen zu wollen. Ein solcher Wille wurde hier vom OLG verneint, vielmehr seien die Parteien bei der Auszahlung des Betrages irr-

tümlich davon ausgegangen, daß der Scheck bereits eingelöst sei. Der Auszahlung habe somit kein Rechtsgrund zugrundegelegen, so daß der Auszubildende an sich das empfangene Geld gem. § 818 Abs. 2 BGB hätte zurückgeben müssen. Er hatte es aber, infolge der Weitergabe an T.M., nicht mehr, d.h. er war ausnahmsweise entreichert i.S.v. § 818 Abs. 3 BGB.

322 Schließlich ist daran zu erinnern, daß es, genau wie bei der Anweisung, auch bei der Scheckzahlung einen *Anspruch auf die Gutschrift* nicht gibt[564]. Auch der Scheckvertrag ist kein Vertrag zugunsten Dritter (des Geldempfängers), dieser hat also vor Gutschrift noch keine gesicherte Rechtsposition in Höhe des im Scheck genannten Betrages. Das ist dann wichtig, wenn der vom Scheckaussteller seiner eigenen Bank eingereichte Scheck nicht gegenüber dem begünstigten Dritten eingelöst, sondern zur Abdeckung des Debets auf einem Kundenkonto verwendet wird. In solchen Fällen hat der im Scheck Angewiesene selbstverständlich nach wie vor einen Zahlungsanspruch gegen den Aussteller. Er hat aber keinen, und das ist im Konkurs des Scheckausstellers entscheidend, Bereicherungsanspruch gegen die verrechnende Bank[565]. Denn einen Anspruch auf Einlösung des Schecks gegen die bezogene Bank hat der im Scheck genannte Empfänger, solange er nicht Eigentümer des Schecks ist, nicht. Die Aussicht, den Gegenwert des Schecks zu erwerben, ist nicht so gefestigt, daß die Vereitelung einen Bereicherungsanspruch begründen kann. Allerdings entsteht der Anspruch auf Gutschrift, sobald die Bank *Deckung* für den Inkassoerlös erlangt hat[566].

VIII. Scheckeinlösungszusage – Scheckbestätigung – Scheckeinlösungsbestätigung

1. Grundsätze

323 Scheckbestätigungen und Scheckeinlösungszusagen spielen in der täglichen Bankpraxis eine bedeutende Rolle. Gewöhnlich geht es darum, daß der Scheckinhaber sofort über den Gegenwert des Schecks verfügen möchte. In dieser Situation fragt die den Scheck einziehende Bank (Inkassostelle) bei der bezogenen Bank nach, ob mit einer Einlösung des Schecks gerechnet werden kann. *Erklärt die bezogene Bank, »der Scheck ist gedeckt« oder »der Scheck geht in Ordnung«, so bedeutet das, daß der Scheck eingelöst werden würde, wenn er zur Zeit der Auskunft vorläge*[567]. Damit hat die bezogene Bank eine *Scheckbestätigung* abgegeben. Ob sich

---

564 Vertiefend und mit Hinweis auf Grenzfälle: Bundschuh, WM 1983, 1178, 1183.
565 BGH WM 1960, 346.
566 BGH WM 1990, 6.
567 RGZ 112, 317.

die Inkassobank mit einer solchen Scheckbestätigung zufriedengibt, hängt davon ab, wie sie die Bonität des Scheckausstellers und des Scheckinhabers einschätzt. Im Zweifel wird sie sich mit einer Scheckbestätigung (läge der Scheck vor, so wäre er gedeckt) nicht zufriedengeben. Sie wird dann die Auszahlung von einer *Scheckeinlösungszusage* abhängig machen.

Eine solche Scheckeinlösungszusage ist im Rechtssinne ein Garantievertrag, mit dem sich die Bank verpflichtet, »ohne wenn und aber« für die Zahlung des Scheckbetrages einzustehen[568]. Es handelt sich um eine außerhalb des Schecks liegende vertragliche Einlösungsverpflichtung und verstößt deshalb nicht gegen das Annahmeverbot nach Art. 4 ScheckG. Natürlich wirkt die Scheckgarantie im wirtschaftlichen Ergebnis so, als hätte die Bank den Scheck angenommen. Aber die Annahme wird gerade nicht auf dem Scheck vermerkt. Er, der Scheck, wird also nicht zu einem umlauffähigen, die Geldmenge erhöhenden Kreditmittel, das wie der Wechsel in die Kontrolle des Bundesbankgesetzes miteinbezogen werden müßte. Auch die Garantie selbst wird nicht verbrieft; sie bleibt ein die Zahlungsfähigkeit des Scheckausstellers garantierendes Sicherungsmittel, so daß auch insoweit eine Umgehung von Art. 4 ScheckG ausscheidet. 324

Der Klarstellung halber sei darauf hingewiesen, daß im Bereich der Scheckgarantie eine gewisse Begriffsverwirrung herrscht. Denn nach § 23 BBankG ist es der Deutschen Bundesbank gestattet, auf sie bezogene Schecks mit einem Bestätigungsvermerk zu versehen. Hierdurch wird die Einlösung des Schecks bei Vorlegung innerhalb einer Frist von acht Tagen – vom Tage der Ausstellung an gerechnet – garantiert. Trotzdem spricht man in diesen Fällen von einer (echten) *Scheckbestätigung*[569]. 325

Ob eine Scheckbestätigung, also eine schlichte Tatsachenauskunft oder eine Scheckeinlösungszusage, also ein Garantievertrag der bezogenen Bank zugunsten des Scheckinhabers, vorliegt, kann im Einzelfall sehr streitig sein. Das liegt v.a. daran, daß beide Erklärungen *formlos*, d.h. auch (fern-)mündlich oder konkludent wirksam abgegeben werden können. Erschwert werden die Dinge, weil ein national und international verbindlicher Sprachgebrauch für die eine oder die andere Form nur ansatzweise verwirklicht ist. Angesichts der immer wieder auftretenden Interpretationszweifel sollten Banken völlig klare, jeden Zweifel und Irrtümer ausschließende Standardformeln vereinbaren. Die Standardisierung müßte sich auf den Wortlaut der Anfrage und auf den Wortlaut der Antwort beziehen. Die *Anfrage* für eine *Scheckbestätigung* könnte beispielsweise lauten: »Erbitten Bestätigung Scheck vom ... (Datum) über ... (Währung), auf Konto ... (Nummer) in BLZ ... (Nummer)«. Die hierauf denkbare Antwort könnte lauten: »Scheck (vom/KtoNr/BLZ) derzeit (Datum) ge- 326

---

568 BGH WM 1978, 883; BGHZ 77, 50 =WM 1980, 586.
569 Verwendet werden BBank-bestätigte Schecks, wie Bargeld, z.B. in der Zwangsversteigerung durch den Ersteigerer.

Zweiter Teil   Commercial Banking

deckt«. Ein ähnlicher Wortlaut könnte international vereinbart werden und man könnte darüber nachdenken, solche Erklärungen grundsätzlich per Fax auszutauschen.

Eine vergleichbar standardisierte *Formel* für die *Einlösungsgarantie* könnte wie folgt lauten: »Erbitten Scheckgarantie für Scheck vom ... (Datum); über ... (Währung); auf Konto ... (Nummer), in BLZ ... (Nummer)«. Die Antwort könnte sein: »Scheck (vom/KtoNr/BLZ) garantiert!«

Vielleicht kann man das auch alles viel besser und noch genauer machen; worum es ging war zu zeigen, daß Standardisierungen in diesem Bereich Rechtssicherheit vermitteln, ein Gut, das im Zahlungsverkehr gar nicht hoch genug eingeschätzt werden kann. Derzeit besteht eine solche Rechtssicherheit noch nicht. Allerdings verlangt auch der BGH seit langem, daß Scheckeinlösungszusagen eindeutig sein müssen[570].

2. Abgrenzung: Scheckgarantie – Scheckbestätigung

327   Als eindeutige Garantie hat der BGH am 20.3.1978 folgende Erklärung gelten lassen: (Anfrage) »Da über die Summe disponiert werden soll, bitten wir um Ihre fernschriftliche Rückbestätigung, ob Sie die Honorierung des Schecks vorbehaltlich der Ordnungsmäßigkeit der Unterschriften garantieren«. Die Antwort darauf lautete: »Jawohl, wir garantieren die Honorierung, sofern die Unterschrift richtig ist«[571]. Im Jahre 1980 ging es um die Interpretation eines Fernschreibens.

328   *Fall: BGHZ 77, 50 »Wer 'wird' sagt, garantiert«*
Eine Bank teilte auf telefonische Anfrage per Fernschreiben mit: »Betrifft Scheck Nr. ...: Bezugnehmend auf das Telefongespräch vom heutigen Tage ... bestätigen wir Ihnen, daß oben angegebener Scheck bei uns eingelöst wird.«

Als der Scheck einige Tage später vorgelegt wurde, war das Konto bei der Bank im Debet, der Kunde war in Konkurs gegangen; die Bank verweigerte die Einlösung des Schecks.

Der BGH bejahte eine Scheckeinlösungspflicht aus einem *selbständigen Garantievertrag*. Es habe sich nämlich nicht um die im Bankverkehr sonst übliche Scheckbestätigung gehandelt. Diese werde üblicherweise auf die Anfrage erteilt, ob der Scheck gedeckt sei oder sonst in Ordnung gehe und bedeute nur, daß der Scheck eingelöst werden würde, wenn er zur Zeit der Auskunft vorläge[572]. Wenn aber die Bank bestätige, daß sie einen Scheck einlösen *werde*, so verspreche sie, daß sie den Scheck *bei Vorlage*

---

570 BGH WM 1966, 335.
571 BGH WM 1978, 873 f.
572 So schon RGZ 112, 317.

bezahlen werde. Da eine Bank dies nur verläßlich bestätigen könne, wenn sie sich gegebenenfalls selbst zur Zahlung verpflichte, sei hier eindeutig eine *Einlösungsgarantie* gegeben worden.

Ganz so eindeutig, wie der BGH hier andeutet, war der Wortlaut nicht. Die Bank hatte nicht bestätigt, daß »oben angegebener Scheck bei uns eingelöst *werden* wird«. In der von der Bank gewählten Version »... angegebener Scheck bei uns eingelöst wird«, ist gerade nicht das Futur I, sondern das Präsens gewählt worden. Auch im Präsens gibt der Satz einen Sinn, allerdings einen ganz anderen: »... bestätigen wir Ihnen, daß oben angegebener Scheck – läge er gerade vor – bei uns eingelöst wird.« Noch korrekter hätte man sagen müssen: »... daß oben angegebener Scheck bei uns eingelöst *würde.*« Da aber die Benutzung des Konjunktivs im Deutschen oft als gestelzt und akademisch empfunden wird, kann es gut sein, daß die bestätigende Bank gerade deshalb die Präsensform benutzt hat. Entscheidend ist, daß der Begriff »wird« sowohl die Deutung i.S.v. »werden wird« (Futur I) als auch i.S.v. »würde« (Präsens, Konjunktiv) zuläßt. Von einem eindeutigen Wortlaut kann deshalb keine Rede sein. Erweist sich aber der Wortlaut einer Willenserklärung aus der Empfängerperspektive als zweideutig, so entfaltet die Willenserklärung nach klassischer Lehre keine Bindungswirkung. Damit würde es hier an dem vom BGH angenommenen Garantievertrag fehlen; die antwortende Bank hätte zur Zahlung nicht verpflichtet werden dürfen. Genau in diesem Sinne liegt eine Entscheidung des XI. Senats des BGH vom 20.2.1990 vor[573]. 329

Fall: BGH WM 1990, 494 »*Wer 'werde' sagt, garantiert noch nicht*« 330
Am 12.9.1986 erbat eine Textilhandelsgesellschaft wegen eines Verrechnungsschecks über ca. DM 80 000,- sinngemäß von der bezogenen Bank die Auskunft, ob der Scheck eingelöst werde. Der Filialleiter wies darauf hin, daß Scheckanfragen lediglich anderen Banken gegenüber beantwortet würden. Daraufhin fragte die Hausbank in gleicher Weise an. Die bezogene Bank erklärte: »..., daß der Scheck eingelöst werde«. Tatsächlich löste sie den Scheck aber nicht ein, nachdem sie erfuhr, daß über das Vermögen des Ausstellers Konkurs eröffnet worden war. Die Textilhandelsgesellschaft meinte, die bezogene Bank müsse aus der gegebenen Scheckgarantie zahlen. Die Bank stellte sich auf den Standpunkt, nur eine »normale Scheckbestätigung« abgegeben zu haben. Sie habe weder erklärt, daß der Scheck »auf jeden Fall« eingelöst werde, noch daß der Scheck eingelöst sei.

Der XI. Senat hat das Urteil des II. Senats des BGH aus dem Jahre 1980 erheblich relativiert. Die auf Anfrage des Scheckinhabers erteilte Antwort der bezogenen Bank, sie werde den Scheck einlösen, bedeute nicht ohne

---

[573] WM 1990, 494; dazu Irmen WuB I D 3.-11.90.

weiteres die Verpflichtung, unter allen Umständen für die Zahlung des Schecks einstehen zu wollen. Sie begründe vielmehr nur da eine selbständige Garantiehaftung, wo eine solche – für die Bank erkennbar – vom Anfragenden auch gewollt war. Es sei Sache des Anfragenden, der bezogenen Bank zu sagen, ob nur die übliche Scheckbestätigung oder aber eine echte Scheckeinlösungszusage (Garantie) verlangt werde. Dabei sei nicht zuletzt wegen der mit einer Scheckgarantie für die Bank verbundenen Risiken, hinsichtlich der Anfrage eine *eindeutige und unmißverständliche* Erklärung zu fordern. Etwas anderes ergebe sich auch – trotz des weiter gefaßten Leitsatzes – nicht aus dem Urteil BGHZ 77, 50. Denn der II. Senat habe die Entscheidung v.a. auch auf die Erwägung gestützt, nach den Gesamtumständen sei »eindeutig« gewesen, daß in der Anfrage der Klägerin die Bitte um Übernahme einer Einlösungsgarantie gelegen habe (a.a.O., S. 52). An diesen Voraussetzungen fehle es hier, so daß eine garantiemäßige Haftung der bezogenen Bank nicht in Betracht komme.

331   Diese Entscheidung hat Zustimmung[574], aber auch Ablehnung hervorgerufen[575]. Köndgen meint, wenn ein vollkaufmännischer Scheckinhaber bei einer Schecksumme von immerhin knapp DM 80 000,- mehrfach anfrage, ob der Scheck »eingelöst« werde, dann sei damit die Dringlichkeit der Anfrage ohne weiteres dargetan; es sei nunmehr an der Bank, ihren fehlenden Garantiewillen durch relativierende Zusätze zu demonstrieren. Das klingt durchaus plausibel, wenngleich der Standpunkt des BGH auch nicht gerade abwegig ist. Denn entscheidend kommt es im Recht der Willenserklärung in der Tat auf den für den Empfänger erkennbaren gewollten Kontext an. Möglicherweise wollte der BGH mit seiner Entscheidung den Banken klarmachen, daß es bei Scheckbestätigungen keine Nachlässigkeiten geben dürfe und daß ein einzelnes Wort große Konsequenzen nach sich ziehen könne. Dieses Anliegen ist in jedem Falle unterstützungswürdig und sollte dazu führen, wirklich eindeutige Erklärungen, wie oben beispielhaft vorgestellt, zu wählen. Sinnvoll wäre eine Standardformel für die Anfrage und eine ebenso standardisierte Antwort. Ein eindeutiger Antworttext lag einer Entscheidung des BGH aus dem Jahre 1982 zugrunde; dort hieß es: »Wir bestätigen hiermit, daß wir die oben genannten Schecks an die Firma ... unwiderruflich einlösen werden«[576].

332   Gelegentlich wird die Einlösung eines Schecks »unter banküblichem Vorbehalt« garantiert. Dies bedeutet keine sachliche Einschränkung der Garantieverpflichtung, sondern ist lediglich ein Hinweis darauf, daß sich die Bank, was selbstverständlich ist, die Prüfung der Scheckformalien, insbesondere der Echtheit der Unterschrift des Ausstellers vorbehält[577].

---

574 Irmen WuB I D 3.-11.90.
575 Köndgen, NJW 1992, 2271.
576 BGH WM 1982, 924.
577 BGHZ 77, 50, 52 = WM 1980, 586.

Die Garantieleistung kann auch von der Erfüllung bestimmter Voraussetzungen abhängig gemacht werden. Das widerspricht nicht der abstrakten Natur des Garantievertrages. So kann man die *Garantie unter der Bedingung* geben, daß der Schecknehmer und aus der Garantie Begünstigte den in wirtschaftliche Schwierigkeiten geratenen Scheckaussteller weiterbeliefert. Eine solche Zweckbestimmung wird Inhalt der Garantie selbst, so daß der Einwand der garantierenden Bank zulässig ist, der Schecknehmer habe den Aussteller in Wirklichkeit nicht weiterbeliefert. Es handelt sich dann nicht um einen Einwand aus dem Grundgeschäft, der nicht zulässig wäre, sondern aus dem Garantievertrag selbst[578].

3. Grenzen der Scheckgarantie

Im Grundsatz bewirkt die Garantieerklärung, daß die bezogene Bank unter allen Umständen für die Zahlung des Scheckbetrages einstehen will[579]. Das heißt, dem Gläubiger wird gewährleistet, daß er die Leistung auf jeden Fall erhält, und zwar selbst dann, wenn die Schuld des Scheckausstellers gar nicht entstanden oder später weggefallen ist; d.h. der Garant will auch für alle nichttypischen Zufälle haften[580]. Die Bank kann deshalb regelmäßig weder einwenden, die Verpflichtung des Scheckausstellers sei nicht entstanden oder bereits wieder erloschen, noch, der Scheck sei ihr gegenüber wirksam widerrufen worden. Daneben steht sie ganz allgemein für die Zahlungsfähigkeit des von der Garantie Begünstigten ein.

333

Eine hiervon zu trennende und nicht ganz einfache Frage ist, ob, und wenn ja *wie lange*, eine unbegrenzt gegebene *Garantie wirkt*. Instruktiv war folgender Fall.

Fall: BGH WM 1982, 924 »Dänische Backwaren«
Am 11.7.1978 übergab eine deutsche Großbäckerei, die sich in wirtschaftlichen Schwierigkeiten befand, ihrem Zulieferer, einer dänischen Backwarenfabrik, zwei Schecks über zusammen etwa DM 80 000,-. Gleichzeitig wurde eine schriftliche Erklärung der bezogenen Bank mit folgendem Inhalt überreicht:
»Wir bestätigen hiermit, daß wir die oben genannten Schecks ... unwiderruflich einlösen werden.«
Zwei Tage später, am 13.7.1978 teilte die Bank mit, daß das deutsche Unternehmen beide Schecks gesperrt habe. Inzwischen war dieses Unternehmen in Konkurs gefallen. Die dänische Backwarenfabrik legte die Schecks am 20.7.1978 bei der Bank vor und verlangte aus der gegebenen Scheckgarantie Zahlung. Die Bank meinte, sie sei schon deshalb nicht zur

334

---

578 BGH WM 1982, 924, 926.
579 BGH WM 1978, 873 f.; BGHZ 77, 50.
580 Bundschuh, WM 1983, 1178, 1179.

Zweiter Teil   Commercial Banking

Zahlung verpflichtet, weil der Scheck nach Ablauf der scheckrechtlichen Vorlegungsfrist von acht Tagen (Art. 29 Abs. 1 ScheckG) vorgelegt worden sei. Damit sei auch die Garantieverpflichtung erloschen gewesen.

Der BGH ist, nachdem zunächst die Anwendbarkeit deutschen Rechts festgestellt wurde, dieser Auffassung entgegengetreten. Das Berufungsgericht (OLG Hamm) hatte allerdings gesagt, es könne niemand vernünftigerweise davon ausgehen, daß eine Bank auch dann noch aus einer Scheckeinlösungsgarantie haften wolle, wenn sie nicht mehr berechtigt sei, das Konto mit dem Einlösungsbetrag zu belasten. Der BGH hielt dagegen, daß der Einwand, der Scheck sei präjudiziert, die Scheckausstellerhaftung also erloschen, dem Valutaverhältnis zwischen der dänischen und der deutschen Fabrik entspringe. Ein solcher Einwand aus dem Grundverhältnis könne der völlig abstrakten Garantie nicht entgegengehalten werden. Diese Argumentation des BGH ist nicht völlig überzeugend, denn die Frage, für welchen Zeitraum eine Bank eine Garantie abgeben will, ist keine des Valutaverhältnisses, sondern entspringt der Garantie selbst. Dabei könnte sich aus den Umständen ergeben, daß die Garantie mit Ablauf der Vorlegungsfrist ebenfalls enden soll. Problematisch ist der Ansatz des OLG Hamm nur deshalb, weil es den Ablauf der Garantie *prinzipiell* an die Vorlegungsfrist knüpfen wollte. Eine solche prinzipielle Anknüpfung läuft aber in der Tat darauf hinaus, daß das Valutaverhältnis in die Garantie hineinwirkt. Sieht man hiervon ab, so bleibt es jedenfalls im Einzelfall durchaus möglich, daß eine Garantie zeitlich auf die Vorlegungsfrist begrenzt wird. Hiervon abgesehen hat der BGH aber auch klargestellt, daß eine Bank, die die Einlösung eines Schecks garantiert, daran im Regelfall nur eine begrenzte Zeit gebunden ist, auch wenn dies nicht ausdrücklich vereinbart worden ist[581]. D.h. grundsätzlich haftet die Bank aus der Scheckgarantie, wenn der Begünstigte den Scheck *alsbald* nach der Zusage *im ordentlichen Geschäftsgang* seiner Hausbank zur Einziehung auf dem üblichen Inkassowege einreiche, auch dann, wenn der Scheck erst nach Ablauf der Vorlegungsfrist des Art. 28 ScheckG, und einige Tage später als üblich, zur Einlösung vorgelegt werde. Aus der Tatsache, daß die Schecks – wie hier – nur einen Tag nach Ablauf der Vorlegungsfrist eingegangen seien, ergebe sich gegen die dänische Backwarenfabrik kein Vorwurf.

335   Diese Erwägungen sind überzeugend. Bundschuh[582] hat ergänzend darauf hingewiesen, daß die ungeschriebene Zeitbegrenzung einer Scheckgarantie schon daraus folge, daß niemand damit rechnen könne, daß eine Bank ... auf unübersehbare Dauer ein zunehmend schwerer zu beurteilendes Risiko zu übernehmen bereit wäre. Eine Begrenzung der Garantiehaftung auf die gesetzliche Scheckvorlagefrist komme ebenfalls nicht in Be-

---

581 So schon BGHZ 77, 50 = WM 1980, 586.
582 WM 1983, 1179.

tracht. Dies würde den Grundsätzen von Treu und Glauben widersprechen, weil dem aus der Zusage Begünstigten häufig nicht die volle Vorlagefrist des Art. 29 Abs. 2 ScheckG zur Verfügung stünde. Die Anknüpfung an diese Frist würde oft auch den Interessen der bezogenen Bank nicht entsprechen. Bei nichtdatierten oder vordatierten Schecks ließe sich das Ende der Haftung nicht absehen oder es könnte unverhältnismäßig lange hinausgeschoben werden. Deshalb sei es sachgerecht, vom Begünstigten zu verlangen, den Scheck »alsbald im normalen Geschäftsgang« einziehen zu lassen. Im dänischen Backwarenfall war die Vorlagefrist nur um einen einzigen Tag überschritten worden. Zuvor hatte der BGH bereits entschieden, daß die Überschreitung der Vorlagefrist um etwa zwei bis drei Tage die Wirksamkeit der Garantie noch nicht in Frage stelle. Der Scheck war am 22.5. ausgestellt und am 1.6. vorgelegt worden[583].

4. Unwirksame Scheckgarantie

Ausnahmsweise kann eine Scheckeinlösungsgarantie auch *unwirksam* sein. Zu einem solchen Ergebnis kam der BGH in einem Fall, der im Jahre 1989 zu entscheiden war.

336

Fall: BGH WM 1989, 1673 »Mitwirkung an einem sittenwidrigen Geschäft«
Im Januar 1982 gewährte das Bauunternehmen (U) einer GmbH ein Darlehen über DM 300 000,-. Zur Auszahlung gelangten etwa DM 260 000,-. Das Darlehen sollte, beginnend am 1.2.1982, in Raten von je DM 30 000,- und zwar im Abstand von jeweils sieben Tagen bis zum 5.4.1982 zurückgezahlt werden. Zur Sicherung der einzelnen Raten stellte die GmbH zehn vordatierte Schecks über je DM 30 000,- aus. Die Hausbank der GmbH gab hierfür – vertreten durch den Prokuristen H – eine unwiderrufliche Scheckeinlösungszusage ab. Nach der Einlösung des ersten Schecks stellte sich heraus, daß die GmbH sehr viel höhere Schulden bei der Bank hatte, als bei Abgabe der Scheckgarantie angenommen worden war. Das Kreditlimit (DM 280 000,-) war um ein *Vielfaches* überzogen. Dieser Sachverhalt war aufgrund von Manipulationen zwischen der GmbH und dem Prokuristen H zunächst verdeckt worden. Inzwischen ist die GmbH zahlungsunfähig. Die Bank verweigert die Einlösung der restlichen garantierten Schecks gegenüber U. Zum einen sei der Garantievertrag wegen des mißbräuchlichen Verhaltens des Prokuristen H nicht wirksam zustandegekommen. Außerdem sei das Darlehen selbst wucherisch (§ 138 Abs. 2 BGB) oder doch zumindest sittenwidrig (§ 138 Abs. 1 BGB). Der Zins betrage angesichts der kurzen Laufzeit nämlich 35 %, während der durchschnittliche Marktzins bei etwa 15 % gelegen habe. U

---

583 BGH WM 1980, 586.

entgegnet, er habe das Angebot der Bank auf Eingehung der Scheckgarantie wirksam angenommen. Die behauptete Sittenwidrigkeit gehe ihn nichts an; der Garantievertrag sei gegenüber dem Grundgeschäft nämlich abstrakt.

Dem ist der BGH nicht gefolgt[584]. Es spricht in der Tat viel für die Auffassung der Bank. Hätten nämlich die GmbH und der Prokurist H mit der Scheckeinlösungsgarantie ihre Vertretungsmacht bewußt mißbraucht (um u.a. diese Frage aufzuklären, wurde der Rechtsstreit an das Berufungsgericht zurückverwiesen) und hätte U dies erkannt oder grob fahrlässig die Augen davor verschlossen, so müsse die Bank aus dem Garantievertrag nicht haften[585]. In einem solchen Fall lägen nämlich die Voraussetzungen des *Mißbrauchs der Vertretungsmacht* vor, so daß der Vertretene, die Bank, das Rechtsgeschäft grundsätzlich nicht gegen sich gelten lassen müsse.

337 Hiervon abgesehen kann die Bank aber auch den Einwand der Sittenwidrigkeit des Darlehens geltend machen. Dabei sind zwei Möglichkeiten zu trennen:
– Bei Wucher (§ 138 Abs. 2 BGB) ist sowohl der Darlehensvertrag als auch der Scheckbegebungsvertrag nichtig[586]. Das heißt, der erste Schecknehmer (hier U) erlangt kein Eigentum am Scheck. Nach allgemeiner Meinung kann dies die Bank bei der Scheck*karten*garantie dem Schecknehmer entgegenhalten, weil die Garantie nur dem materiell berechtigten Schecknehmer gewährt wird. Diese Grundsätze hat der BGH zu Recht auf die Scheckeinlösungsgarantie ausgedehnt, da sie sich insoweit mit dem Inhalt der Scheckkartengarantie decken.
– Geht man davon aus, daß das Grundgeschäft, hier also der Darlehensvertrag, nicht wegen Wuchers, aber wegen Verstoßes gegen § 138 Abs. 1 BGB sittenwidrig, also nichtig ist, so berührt dies die abstrakte Scheckgarantie grundsätzlich nicht. Der BGH hat aber darauf hingewiesen, daß der Bank i.d.R. jedenfalls gegen den ersten Schecknehmer (hier U) der Einwand des Rechtsmißbrauchs (§ 242 BGB) gegen die Geltendmachung der Rechte aus der Garantie zustehe, da die Bank nicht auf dem Umweg über die Garantie zur Mitwirkung an einem sittenwidrigen Geschäft gezwungen werden dürfe.

Da die tatsächlichen Voraussetzungen des Wuchertatbestandes oder der Sittenwidrigkeit nach § 138 Abs. 1 BGB noch nicht aufgeklärt waren, mußte der BGH auch in diesem Punkt des Rechtsstreits an das Berufungsgericht zurückverweisen.

---

584 Vgl. auch Zotz in WuB I D 3.-1.90.
585 BGHZ 50, 112.
586 BGH WM 1968, 651, 654.

5. Die Scheckeinlösungsbestätigung: Haftung für fehlerhafte Auskunft

Liegt keine Garantie, sondern nur eine schlichte Scheckbestätigung vor, so steht die Bank nicht für die Einlösung des Schecks ein. Das soll anders sein, wenn es sich nicht um eine Scheckbestätigung, sondern um eine Scheckeinlösungsbestätigung handelt, d.h. die Erklärung, daß ein vorgelegter Scheck eingelöst sei. Darin liege regelmäßig eine Garantiezusage, d.h. eine Bank, die eine solche Erklärung abgäbe, sei deshalb grundsätzlich verpflichtet, den Scheckbetrag zu bezahlen[587]. In der neueren Literatur wird aber zu Recht darauf verwiesen, daß es sich bei einer solchen Auskunft nur um eine schlichte Tatsachenmitteilung handele und deshalb kein Garantievertrag zustandekomme[588]. Statt dessen haftet die Bank wegen Erteilung einer falschen Auskunft, sofern der Anfragende einen Schaden erlitten hat, auf Schadensersatz, wobei ein etwaiges Mitverschulden des Anfragenden zu berücksichtigen ist. Anspruchsgrundlage kann ein Auskunftsvertrag[589] oder culpa in contrahendo des auf Scheckeinlösung gerichteten Rechtsgeschäftes sein[590].

338

Die Auskunft einer bezogenen Bank, der Scheck »gehe in Ordnung«, ist auch dann unrichtig, wenn das Konto im Augenblick der Auskunft zwar noch ausreicht, jedoch unter Berücksichtigung von Wechseln, die bereits im Besitz der Bank und noch zu Lasten des Kontos zu verbuchen sind, als erschöpft anzusehen ist[591]. Dagegen ist die bezogene Bank grundsätzlich nicht verpflichtet, nachträglich das anfragende Kreditinstitut zu unterrichten, wenn nach erteilter Scheckauskunft Gründe eintreten, derentwegen sie den Scheck nicht einlösen wird[592]. Nur ausnahmsweise unter ganz besonderen Umständen könne nach Treu und Glauben eine solche Benachrichtigungspflicht entstehen. Bejaht hat sie der BGH in einem Fall, in dem der Bank wenige Stunden nach der Scheckbestätigung bekannt geworden war, daß dem Scheckaussteller die Insolvenz unmittelbar drohe[593]. In jener Situation nahm die bezogene Bank das Kontoguthaben zur Sicherung eigener Forderungen in Anspruch. Hier hätte die Geschäftsleitung der Bank, die von der kurz zuvor erteilten Scheckauskunft wußte und die für die anfragende Bank drohenden nachteiligen Folgen in etwa abschätzen konnte, durch einen Anruf darüber unterrichten müssen, daß der Scheck entgegen der vorangegangenen Mitteilung nicht eingelöst werden würde. Das ergebe sich aus dem im Rechtsverkehr der Banken untereinander nach Treu und Glauben zu beachtenden Gebot der Rücksichtnahme.

---

587 RG in Bank-Archiv 25, S. 335; BGH BB 1959, 94.
588 Baumbach/Hopt, HGB-Komm.[29], S. 1159 (E/8); Canaris[4] Rz. 733.
589 BGH NJW 1987, 1815; dazu Schwintowski, NJW 1989, 2087, 2089 f.
590 Canaris[4] Rz. 734 mit weiteren Differenzierungen.
591 BGHZ 49, 167.
592 BGHZ 61, 176.
593 BGHZ 61, 176; vertiefend Rieder, WM 1979, 686, 687.

IX. Das Scheckinkasso

1. Hauptpflichten aus dem Inkassoverhältnis

339 Derjenige, der als Überbringer einen Scheck einziehen läßt, kann das entweder im Rahmen eines selbständig abgeschlossenen Inkassovertrages (§§ 675, 611 BGB) tun oder – wie üblich – die dem bestehenden Girovertrag immanente Inkassoabrede in Anspruch nehmen. Da der Überbringer des Schecks keinen Anspruch gegen die bezogene Bank auf Einlösung des Schecks hat[594], kann es beim Inkasso nur darum gehen, den Scheck zugunsten des Überbringers einzuziehen. Es ist denn auch seit langem anerkannt, daß es Hauptpflicht der Inkassobank ist, den Scheck auf dem schnellsten und sichersten Wege der bezogenen Bank vorzulegen[595]. Dabei umfaßt der Inkassoauftrag nicht nur die Einziehung des Schecks, sondern auch die Geltendmachung des Rückgriffsanspruchs gegen den Aussteller, solange die Inkassobank im Besitz des Schecks ist[596].

340 Grafik: Das Scheckinkasso

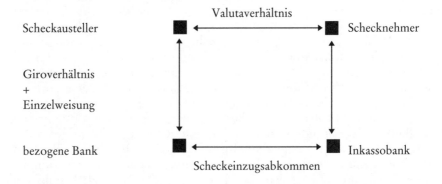

2. Der Einlösungszeitpunkt

341 Hierneben steht der *Anspruch auf Gutschrift*, der mit der Einlösung des Schecks entsteht, weil die Inkassobank nunmehr über den Gegenwert des Schecks verfügt[597]. Praktische Bedeutung hat dies, wenn es um die Wirksamkeit eines Scheckwiderrufs (Schecksperre) geht. In einem vom BGH

---

594 Der Scheckvertrag ist kein Vertrag zugunsten Dritter, vgl. BGHZ 3, 241; Bundschuh, WM 1983, 1178, 1183.
595 BGHZ 22, 304 f.; BGH ZIP 1981, 149 = WM 1981, 119.
596 BGH WM 1977, 1120.
597 BGHZ 26, 1, 5; vertiefend Bauer, WM 1983, 198.

am 13.6.1988 entschiedenen Fall[598] ging es in der Tat um die Frage, ob Schecks zur Zeit des Widerrufs am 19.3.1984 morgens gegen 8 Uhr bereits endgültig eingelöst waren mit der Folge, daß die Schecksperre keine Wirkung mehr hätte entfalten können. Der BGH verwies auf seine frühere Rechtsprechung[599], wonach die Einlösung des Schecks erst durch die Bekundung des Einlösungswillens der bezogenen Bank vollendet sei. Sie liege regelmäßig in der Belastung des Ausstellerkontos, denn dann erst erlangt die Inkassobank buchmäßige Deckung[600]. Nun hatte es sich eingebürgert, die Ausstellerkonten ohne vorherige Prüfung des Schecks im Wege der Datenverarbeitung zu belasten und erst nachträglich die Scheckprüfung durchzuführen (sog. Nachdisposition). Folgerichtig hatte der BGH entschieden, daß in diesen Fällen aus der technischen Buchung noch nicht auf die maßgebliche Einlösung geschlossen werden könne. Die Einlösung im rechtlichen Sinne läge in der Prüfung der angefertigten Buchung und der vorbehaltlosen Absendung des Tagesauszuges an den Aussteller[601]. Dieses Urteil hatte zur Folge, daß alle Kreditinstitute eine Klausel in ihre allgemeinen Geschäftsbedingungen aufnahmen, wonach Belastungsbuchungen nicht zu einer wirksamen Belastung (Einlösung) führen, wenn sie am nächsten Buchungstag storniert werden (Nr. 1 Abs. 5 AGB-Sparkassen und Nr. 41 Abs. 2 AGB/B, Fassung Januar 1976). Auch in den AGB/B 93 heißt es in Nr. 9 Abs. 2: Schecks sind eingelöst, wenn die Belastungsbuchung nicht spätestens am zweiten Bankarbeitstag nach ihrer Vornahme rückgängig gemacht wird[602]. Der BGH hatte am 13.6.1988 darüber zu entscheiden, ob diese Regelung wirksam ist; er hat die Frage bejaht[603]. Das Ausstellerkonto wurde in jenem Fall am 16.3.1984, einem Freitag, belastet. Der übernächste Buchungstag war – wegen des dazwischenliegenden Wochenendes – Dienstag der 20. März 1984. Der am Montag, 19.3.1984 morgens um 8 Uhr eingehende Widerruf war also noch rechtzeitig. Entscheidend sei, daß *im Interesse der Rechtsklarheit* durch die AGB/B ein *einheitlicher Zeitpunkt* für die Wirksamkeit der Belastungsbuchung festgelegt werde. Dem ist voll zuzustimmen. Ob die Ausdifferenzierung in Nr. 9 Abs. 2 AGB/B (93) in Einlösungszeitpunkte für verschiedene Scheck- und Einzugsarten mit diesen Grundsätzen in Einklang zu bringen ist, wird sich erst noch zeigen müssen.

---

598 WM 1988, 1325, 1326.
599 BGHZ 53, 199 = WM 1970, 490.
600 BGH WM 1992, 1083 zur Frage, in welchem Zeitpunkt die Verrechnungslage i.S.v. § 30 KO besteht, in Abweichung zu BGHZ 70, 177, 181 f.
601 BGHZ 53, 199 = WM 1970, 490.
602 Es folgen für Barschecks, Schecks im Einzugsverfahren und Schecks, die über die Abrechnungsstelle einer Landeszentralbank vorgelegt werden, Sonderregeln.
603 BGH WM 1988, 1326.

3. Der Rückgriff gegen den Aussteller

342 Der Inkassoauftrag geht regelmäßig nicht nur auf Einziehung des Schecks, sondern, wie oben schon erwähnt, auch auf Geltendmachung des Rückgriffsanspruchs gegen den Aussteller, solange die Inkassobank im Besitz des Schecks ist[604]. Nimmt die Inkassobank gegen den Scheckaussteller nach Art. 40 ScheckG Rückgriff, so kommt häufig der Einwand, Inhaber der Scheckrechte sei der Einreicher, der die Bank lediglich mit dem Scheckeinzug beauftragt habe. Deshalb könne der Aussteller dem Rückgriffsanspruch die ihm gegen den Einreicher zustehenden Einwendungen entgegensetzen. Ob das stimmt, hängt davon ab, was im Einzelfall gewollt ist. In Betracht kommt entweder eine *Legitimationszession* oder eine *Sicherungstreuhand*. Im ersten Fall verbleiben die Rechte aus dem Scheck beim Auftraggeber, so daß sich die Bank die Einwendungen des Ausstellers gegen den Scheckeinreicher entgegenhalten lassen muß. Im zweiten Falle hat die Bank selbst die Rechte aus dem Scheck erworben, so daß ihr gegenüber Einwendungen aus dem Grundverhältnis nicht möglich sind. Was im Einzelfall gewollt ist, kann nur durch Auslegung der mit der Scheckübergabe verbundenen Erklärungen nach den Gepflogenheiten des Bankverkehrs ermittelt werden[605].

343 Haben Kunde und Bank nicht ausdrücklich etwas anderes vereinbart, so wird eine Bank, die ein eigenes Sicherungsinteresse hat, nach den allgemeinen Gepflogenheiten im Bankverkehr einen ihr zum Einzug übergebenen Scheck gleichzeitig als Mittel für ihre eigene Sicherung entgegennehmen und ihn sich deshalb sicherungshalber übereignen lassen[606]. Entscheidend kommt es also auf ein eigenes Sicherungsinteresse der Bank an. Dieses liegt stets vor, wenn bei der Übergabe des Schecks das Konto des Scheckeinreichers einen Schuldsaldo aufweist[607]. Ein Sicherungsinteresse besteht aber auch dann, wenn das Konto zwar ein Guthaben aufweist, der Einreicher des Schecks aber für Schulden eines anderen Bankkunden, z.B. als Gesamtschuldner oder Bürge, mithaftet[608]. Schließlich hat die Bank i.d.R. ein Sicherungsinteresse – und zwar unabhängig davon, ob der Einreicher ein Guthaben hat oder im Debet ist, wenn – wie üblich – vorgesehen ist, den Scheckbetrag dem Konto des Einreichers »Eingang vorbehalten« gutzuschreiben und diesen sogleich darüber verfügen zu lassen. Die Bank geht in diesem Falle nämlich das Risiko ein, daß der Scheck nicht eingelöst wird und der Kunde den vorzeitig ausbezahlten Scheckbetrag nicht erstatten kann[609]. Damit dürfte die Sicherungstreuhand beim Scheck-

---

604 BGH WM 1977, 1120.
605 BGHZ 5, 285, 293.
606 BGHZ 69, 27, 29 = WM 1977, 970; ferner WM 1977, 49.
607 BGHZ 5, 293.
608 BGH WM 1977, 49.
609 BGHZ 69, 27 = WM 1977, 970.

rückgriff der Regelfall sein, d.h. die Bank macht im eigenen Namen fremde Rechte geltend[610].

Zu beachten ist, daß das Sicherungsinteresse der Bank nicht nur bei Erwerb des Schecks, sondern auch dann noch besteht, wenn sie die Rechte aus dem Scheck geltend macht. Fehlt es zu diesem *Zeitpunkt* daran, so zieht sie den Betrag ausschließlich im Interesse ihres Kunden ein, so daß der Aussteller mit seinen Einwendungen nicht ausgeschlossen ist. Es ist deshalb Sache der Bank, nicht nur den Erwerb des Sicherungsrechts, sondern ferner nachzuweisen, daß sie in dem Zeitpunkt, in dem sie es *geltend macht*, noch ein solches Interesse in Höhe der Schecksumme hat. Dabei ist zu beachten, daß die Bank durch neue Kredite ihren durch den Scheck gesicherten Anspruch nicht mehr *erhöhen* kann, sobald sie erfährt, daß dem Scheckverpflichteten rechtsvernichtende Einwendungen gegen den eigenen Kunden und Scheckeinreicher zustehen[611].

Nicht ganz unproblematisch stellen sich die Dinge dar, wenn der Scheck im Rahmen des am 8.7.1985 geschlossenen beleglosen Scheckeinzugsverfahrens nicht eingelöst wurde. Mangels Vorlage des Originalschecks fehlt nun der nach Art. 40 Nr. 2 ScheckG unerläßliche Nichteinlösungsvermerk »auf dem Scheck«. Die Frage ist, ob dieses den Schecknehmer um seine scheckrechtlichen Regreßansprüche bringt[612]. Canaris meint, der fehlende Scheckvermerk führe nicht zum Verlust der Regreßansprüche, denn das moderne Effektenwesen habe das traditionelle Erfordernis der Vorlegung des Papiers durch seine bloße Innehabung ersetzt[613]. Außerdem würde das Festhalten an Art. 40 Nr. 2 ScheckG zum leeren Formalismus, zumal auf andere Weise institutionell gesichert sei, daß über die Bedeutung der Einlösungsverweigerung keine Unklarheit bestehe und deren Beweisbarkeit hinreichend gewährleistet sei. Genau das sei beim beleglosen Scheckeinzugsverfahren der Fall, da die erste Inkassostelle nach Abschnitt III Nr. 2 Abs. 2 des Abkommens »im Auftrag des bezogenen Kreditinstituts« die Nichteinlösung durch einen entsprechenden Vermerk bestätige[614]. Demgegenüber meint Köndgen[615], daß dieses Problem nicht nur an die Grundstrukturen der Wertpapierrechtsdogmatik, sondern auch an die Grenzen richterlichen Rechtsfortbildung rühre. Der von Canaris vorgeschlagenen offenen Korrektur des Art. 40 Nr. 2 ScheckG sei bisher die Gefolgschaft in der Rechtsprechung noch verweigert und das Problem

344

---

610 Weiterführend unten Ziff. 6.
611 BGH WM 1984, 1073.
612 Bejahend von Wrede, S. 47 f.; Reiser, WM 1986, 413; dagegen Canaris[4] Rz. 743a; unentschieden Köndgen, NJW 1992, 2263, 2270.
613 AaO., Rz. 743a; ebenso Zöllner, FS für Raiser, 1974, S. 249 ff.
614 Canaris[4] Rz. 743a, 760a (dort Text des Abkommens).
615 NJW 1992, 2270.

Zweiter Teil Commercial Banking

an den Gesetzgeber weiterverwiesen worden[616]. Ganz so dramatisch erscheinen die Dinge nicht. Nach Art. 40 Nr. 3 ScheckG werden die Rückgriffsvoraussetzungen auch durch eine datierte Erklärung einer Abrechnungsstelle gewahrt. Zu bescheinigen sind die rechtzeitige Einlieferung und die Verweigerung der Zahlung. Unnötig sind der Tag der Einlieferung, die Unterschrift und die Angabe auf dem Scheck[617]. Im beleglosen Scheckeinzugsverfahren hat die erste Inkassobank in diesen Fällen die Funktion einer Abrechnungsstelle, so daß es angemessen erscheint, Art. 40 Nr. 3 ScheckG hier analog anzuwenden[618].

4. Pflichtverletzungen gegenüber dem Überbringer

345 Wie oben schon betont, ist die Inkassobank verpflichtet, den Scheck »auf dem schnellsten und sichersten Wege« der bezogenen Bank vorzulegen[619]. Die Inkassobank haftet für schuldhafte Nichtvorlage des Schecks bei der bezogenen Bank. Allerdings hat der Scheckeinreicher zu beweisen, daß der Scheck im Zeitpunkt ordnungsgemäßer Vorlage gedeckt gewesen wäre[620]. Dabei kann der Bank kein Vorwurf gemacht werden, wenn sie sich der banküblichen Einzugswege bedient. Das gilt auch für die Deutsche Bundesbank, wenn diese in das Scheckeinziehungsverfahren eingeschaltet wird. Das vereinfachte Scheck- und Lastschrifteinzugsverfahren der Deutschen Bundesbank dient gerade dem Zweck, die Einziehung von Schecks zu erleichtern und zu beschleunigen. Für eine schuldhaft verzögerte Weiterleitung und den daraus entstehenden Schaden haftet die Bundesbank gegenüber dem sie beauftragenden Kreditinstitut aus dem Gesichtspunkt der positiven Vertragsverletzung[621]. Fraglich war, ob in diesen Fällen auch der geschädigte Kunde einen unmittelbaren Schadensersatzanspruch gegen die Bundesbank erwirbt. Hintergrund war ein Fall, der am 23.9.1985 zu entscheiden war.

346 *Fall: BGHZ 96, 9 »Deutsche Bundesbank«*
Am 15.11.1982 reichte eine GmbH bei ihrer Bank einen Verrechnungsscheck über DM 120 000,- ein. Es handelte sich um einen von der Deutschen Bundesbank nach § 23 Abs. 1 BBankG bestätigten Scheck. Der Scheck trug auf der Rückseite folgenden mit Stempel und Unterschrift

---

616 Vgl. AG Königswinter, NJW-RR 1990, 628 = WM 1990, 1416; dazu Harbeke WuB I D 3.-1.91; ähnlich AG Lünen WM 1990, 398; dazu Reiser WuB I D 3.-9.90.
617 Baumbach/Hefermehl[16], Art. 41 ScheckG Rz. 4 a.E.
618 Das beleglose Scheckeinzugsverfahren ist in der Praxis durchaus von Bedeutung; es betrifft z.Zt. Schecks bis zu einem Betrag von DM 1.000,-. Zahlen, in welchem Umfang solche Schecks nicht eingelöst werden, liegen nicht vor.
619 Grundlegend BGHZ 22, 304, 305.
620 BGH WM 1981, 119.
621 BGHZ 96, 9, 16; auch aus schuldhafter Verletzung des Orderscheckabkommens kann sich eine Interbankenhaftung ergeben, vgl. LG Düss. WM 1987, 779.

versehenen Vermerk: »Wir verpflichten uns, diesen Scheck über DM 120 000,- bis zum 18. November 1982 während der Geschäftsstunden einzulösen.« Unterschrieben war diese Bestätigung von der Landeszentralbank in Nordrhein-Westfalen, Zweigstelle L. der Deutschen Bundesbank. Die Bank der GmbH übergab diesen Scheck am nächsten Tage, dem 16.11.1982, der LZB Hamburg zum Scheckeinzug im »vereinfachten Scheck- und Lastschrifteinzug für die Kreditinstitute«. Die LZB leitete den Scheck in diesem Verfahren an die bezogene Zweigstelle L. der Deutschen Bundesbank weiter, wo er am 19.11.1982, also einen Tag nach Ablauf der Vorlegungsfrist einging. Der Scheck war bereits am Tag zuvor, dem 18.11.1982, von der Ausstellerin widerrufen worden. Aus diesem Grunde löste die Deutsche Bundesbank den Scheck nicht ein. Die GmbH nahm die Deutsche Bundesbank auf Schadensersatz in Anspruch, weil die LZB HH als zwischengeschaltete Inkassobank verpflichtet gewesen sei, den Scheck so schnell wie möglich weiterzugeben und diese Pflicht verletzt habe. Die Bundesbank meinte, ein unmittelbarer gegen sie gerichteter Anspruch käme mangels Inkassoverhältnisses zwischen der GmbH und der Bundesbank ohnehin nicht in Betracht.

Dem ist der BGH nicht gefolgt. Er bestätigte noch einmal, daß beim Scheckinkasso die Inkassobank verpflichtet sei, das Papier auf dem schnellsten und sichersten Wege der bezogenen Bank vorzulegen. Dabei dürfe sich die Inkassobank grundsätzlich der banküblichen Einzugswege bedienen. Diese Grundsätze gelten auch für die Bundesbank, wenn sie als Botin in das Scheckeinzugsverfahren eingeschaltet werde. Denn das von der Bundesbank selbst entwickelte vereinfachte Scheck- und Lastschrifteinzugsverfahren diene gerade dem Zweck, das Inkasso zu erleichtern und zu beschleunigen. Für eine schuldhaft verzögerte Weiterleitung und den daraus entstehenden Schaden hafte die Bundesbank zunächst gegenüber dem sie beauftragenden Kreditinstitut aus dem Gesichtspunkt der positiven Vertragsverletzung. Für eine solche Pflichtverletzung hafte sie aber auch dem *Scheckeinreicher unmittelbar*. Die Inkassobank ziehe zwar den ihr eingereichten Scheck im eigenen Namen, aber für Rechnung des Einreichers bei dem bezogenen Kreditinstitut ein[622]. Sie gebe deshalb im eigenen Namen den Auftrag an die Bundesbank weiter, den Scheck dem bezogenen Kreditinstitut zuzuleiten. Dies schließe aber einen Schadensersatzanspruch des Einreichers gegen die Bundesbank nicht aus. *Insoweit sei das zwischen der Inkassobank und der Bundesbank bestehende Auftragsverhältnis ein Vertrag mit Schutzwirkung für Dritte.* Nach der Rechtsprechung des BGH zum Lastschriftverfahren könne, wenn es sich um Massengeschäfte eines bestimmten Typs mit einem einheitlich praktizierten Verfahren handele, das dem Rechtsverkehr in großem Stile unter Inan-

---

622 Vgl. dazu BGH WM 1977, 1119.

spruchnahme des Vertrauens auf sach- und interessengerechte Abwicklung angeboten werde, nach Treu und Glauben eine Einbeziehung des Dritten in den Schutzbereich der *anfallenden Schuldverhältnisse* geboten sein, wenn das Verfahren für den Dritten, der sich dessen bedient, bestimmte verfahrenstypische Risiken in sich berge und den mit der Durchführung betrauten Verfahrensbeteiligten ohne weiteres zugemutet werden könne, diese Risiken klein zu halten[623]. Diese Grundsätze, von denen abzugehen der Senat trotz kritischer Äußerungen im Schrifttum[624] keinen Anlaß sehe, würden auch für das Scheckinkasso gelten, soweit es um die Verpflichtung der Bundesbank gehe, die Papiere so schnell wie möglich weiterzuleiten. Um die in diesem Zusammenhang noch notwendigen tatsächlichen Feststellungen zu treffen, wurde der Rechtsstreit an das Berufungsgericht zurückverwiesen.

347 Zwischengeschaltete Inkassobanken haften somit für vorwerfbare Fehler gegenüber dem den Scheck einreichenden Kunden unmittelbar auf Schadensersatz aus dem Gesichtspunkt des Vertrages mit Schutzwirkung zugunsten Dritter. Schutzwirkungen entfaltet der Vertrag zwischen der ersten Inkassobank, also der, bei der der Scheck eingereicht wird, und der von dieser zwischengeschalteten weiteren Bank. Der obige Fall war mit der Zurückverweisung an das Berufungsgericht noch nicht zu Ende. Dieses verurteilte die Bundesbank unter Berücksichtigung eines Mitverschuldens der GmbH auf Zahlung von DM 24 000,- nebst Zinsen. Die Sache landete erneut beim BGH, weil die Bundesbank der Ansicht war, sie habe sich in ihren Allgemeinen Geschäftsbedingungen von der Haftung für leicht fahrlässig verschuldete Verzögerungen beim Scheckinkasso freigezeichnet. In der Tat handelte es sich um eine leicht fahrlässig verursachte Verzögerung. Der Scheck war nämlich aufgrund eines Sortierfehlers zunächst in eine falsche Zweigstelle und von dorthin erst zur richtigen geschickt worden. Ohne diesen Sortierfehler wäre der Scheck rechtzeitig, d.h. noch vor Ablauf der Einlösungsverpflichtung der Bundesbank eingegangen und hätte eingelöst werden müssen. Da es sich beim Sortieren, Verteilen und Weiterleiten um weitgehend mechanische Tätigkeiten handele, sei der Einsatz angelernter Hilfskräfte durchaus sachgerecht und nicht zu beanstanden gewesen. Allerdings komme eine Freizeichnung auch für leichte Fahrlässigkeit nicht in Betracht; die entgegenstehende Klausel in den AGB der Bundesbank sei unangemessen und deshalb nach § 9 Abs. 2 Nr. 2 AGBG nichtig.

348 Die Haftung könne insoweit auch nicht für den Handelsverkehr ausgeschlossen werden. Zur Begründung hat der BGH an die Funktion des vereinfachten Scheck- und Lastschrifteinzuges für Kreditinstitute angeknüpft. Dieses Verfahren stelle die Bundesbank nach §§ 3, 19 Nr. 6

---

623 Grundlegend BGHZ 69, 86.
624 Hadding, FS für Winfried Werner, S. 165 f.

BBankG dem Rechtsverkehr kostenlos zur Verfügung. Es sei geschaffen worden, um im Interesse der Wirtschaft die Laufzeiten zu verkürzen und die Zahlungsfunktion der Schecks zu erhalten. Schon aus dieser Zwecksetzung ergebe sich für die Bundesbank die Notwendigkeit, das Scheckinkasso auf dem schnellsten Wege zu erledigen. Auch der Handelsverkehr vertraue darauf, daß Schecks, die mit diesem Verfahren eingezogen würden, i.d.R. innerhalb der Vorlagefrist der bezogenen Bank vorlägen. Verzögerungen durch Fehlleitungen könnten nämlich schnell zu erheblichen Schäden führen. Den Teilnehmern am vereinfachten Scheck- und Lastschrifteinzug könne es deshalb nicht zugemutet werden, das Risiko für von der Beklagten schuldhaft verursachte Fehlleitungen in vollem Umfang allein zu tragen, wie dies aber die AGB der Bundesbank bei leichter Fahrlässigkeit im kaufmännischen Verkehr vorsähen. Da die Wirtschaft auf das Scheckinkassoverfahren der Bundesbank angewiesen sei, würde es eine unangemessene Benachteiligung bedeuten, wenn sich die Bundesbank von der Haftung für diese Schäden in vollem Umfange freizeichnen könnte. Der Umstand, daß die Bundesbank das Scheckinkasso kostenlos durchführe, ändere daran nichts[625].

Interessant sind in diesem Zusammenhang aber auch die Ausführungen des BGH zum *mitwirkenden Verschulden* der GmbH nach *§ 254 BGB*. Die GmbH und ihre Inkassobank hätten nämlich bei der Einreichung des Schecks in das vereinfachte Einzugsverfahren die erste und besonders schwerwiegende Ursache für den Schaden gesetzt. Da die GmbH bei der Bundesbank selbst ein Girokonto unterhalten habe, wäre es das sicherste gewesen, den Scheck unmittelbar bei der Landeszentralbank HH zur unbedingten Gutschrift einzureichen, wozu diese verpflichtet gewesen wäre. Aber auch die den Scheck einreichende Inkassobank hätte das Papier nicht unbesehen in den vereinfachten Scheckeinzug geben dürfen. Als Bank seien ihr die damit verbundenen Risiken bekannt. Deshalb hätte sie im Interesse der GmbH den bestätigten Bundesbankscheck ebenfalls unmittelbar bei der Bundesbank zur unbedingten Gutschrift einreichen müssen. Die Abwägung der Verursachungsbeiträge und des Verschuldens aller Beteiligten lasse eine Schadensteilung im Verhältnis 4:1 zugunsten der Bundesbank als geboten erscheinen. Die damit nicht beantwortete Frage lautet, in welchem Verhältnis die Inkassobank der GmbH selbst zum Schadensersatz deshalb verpflichtet ist, weil sie den bestätigten Bundesbankscheck hätte unmittelbar bei dieser einreichen müssen. Die Konsequenz des Satzes, wonach die Inkassobank verpflichtet ist, den Scheck auf dem schnellsten und sichersten Wege an die bezogene Bank weiterzuleiten, wird hieran besonders deutlich. Das zur Beschleunigung des Zahlungsverkehrs geschaffene Scheckeinzugsverfahren ist nicht immer das sicherste. **349**

---

625 BGH WM 1988, 246 ff.

Die Bank hat hierneben darauf zu achten, daß der Scheck *nicht irgendeiner, sondern* gerade der *bezogenen Bank* zur Einziehung eingereicht wird. Das ist insbesondere dann wichtig, wenn der Scheck von einer anderen Bank ausgestellt wurde. Wird in einem solchen Fall, den der BGH am 8.12.1980 zu entscheiden hatte[626], in Folge der Fehlleitung nicht bezahlt und verlangt der Scheckeinreicher deswegen Schadensersatz, so muß er allerdings darlegen und beweisen, daß auf dem Konto bei der bezogenen Bank bei ordnungsgemäßer Vorlage des Schecks Deckung vorhanden gewesen und der Scheck eingelöst worden wäre.

5. Pflichtverletzungen gegenüber dem Aussteller

350 Wie oben im einzelnen dargestellt, obliegt den Banken vor Einlösung des Schecks die Gültigkeitsprüfung in bestimmten Grenzen[627]. Für die bezogene Bank folgt dies aus dem Girovertrag. Aber auch die Inkassobank unterliegt kraft Gesetzes einer Prüfungspflicht, weil sie gegenüber dem ihr vertraglich nicht verbundenen Aussteller aus Art. 21 ScheckG i.V.m. §§ 989, 990 BGB wegen grober Fahrlässigkeit haftpflichtig werden kann, wenn der Scheck dem Aussteller abhandengekommen war. Die hiermit auch dem Aussteller geschuldete Gültigkeitsprüfung bezieht sich selbstverständlich auch auf Gültigkeitsbestandteile des Schecks selbst, z.B. darauf, ob der Scheck überhaupt unterschrieben ist. Ein Scheck ohne Unterschrift ist nicht gültig (Art. 1 Nr. 6 ScheckG), er darf von der Inkassobank zur Einziehung nicht weitergegeben werden. Allerdings wird im Rahmen des Interbanken-Abkommens über den beleglosen Scheckeinzug (BSE-Abkommen) von 1985[628] bei Schecks bis zur Höhe von DM 1 000,- auf eine Unterschriftenprüfung ganz verzichtet. Zu Recht wird darauf hingewiesen, daß dieser Verzicht haftungsrechtlich keine Außenwirkung hat; jede andere Rechtsfolge wäre ein unzulässiger Vertrag zu Lasten Dritter[629].

Aus Art. 22 ScheckG ergibt sich, daß der Aussteller der Inkassobank Einwendungen aus dem Grundverhältnis entgegensetzen kann, wenn diese beim Erwerb des Schecks bewußt zum Nachteil des Ausstellers gehandelt hat. Einen dieser seltenen und oft verwickelten Fälle hatte der BGH am 19.10.1987 zu entscheiden.

351 *Fall: BGHZ 102, 68 »Treibstoff«*
Die Firma L lieferte am 11.7.1984 Treibstoff an ein anderes Unternehmen (U). U bezahlte mit einem Inhaberscheck über ca. DM 122 000,-. L gab

---

626 WM 1981, 119 »Curacao-Scheck«.
627 Vgl. Rz. 296.
628 WM 1985, 986 = ZIP 1985, 771.
629 Köndgen, NJW 1992, 2270; Reiser, WM 1986, 409; Canaris[4] Rz. 712; a.A. Koller WM 1985, 821, der meint, eine solche Prüfungspflicht würde von den Banken bis zu bestimmten Beträgen ohnehin nicht eingehalten und ihre Erfüllung sei aus Kostengründen nicht rentabel.

diesen Scheck ihrer Hausbank zum Einzug. Das Geschäftskonto wies zu diesem Zeitpunkt ein Debet von über DM 500 000,- auf. Der Scheck wurde von der bezogenen Bank nicht eingelöst, weil U ihn inzwischen widerrufen hatte. U hatte erfahren, daß L den Treibstoff von einem Vorlieferanten unter verlängertem Eigentumsvorbehalt bezogen hatte. Dieser Vorlieferant informierte U in einem Brief vom 13.7.1984 und wies auf den Umstand hin, daß Zahlungen mit schuldbefreiender Wirkung nur an ihn selbst vorgenommen werden dürften. Daraufhin sperrte U den Scheck sofort, weil der Kaufpreis für den gelieferten Treibstoff nicht dem L, sondern dem Vorlieferanten gebühre. Die einziehende Hausbank meint, dieser Einwand aus dem Grundverhältnis zwischen U und L gehe sie nichts an. Aufgrund ihres eigenen Sicherungsinteresses habe sie den Scheck im Wege der Sicherungstreuhand von L erworben und verlange Einlösung seitens der bezogenen Bank.

Der BGH meinte, die Inkassobank müsse sich sehr wohl den Einwand, daß die Einziehungsermächtigung aus dem Treibstoffkaufvertrag zugunsten der Firma L erloschen sei, entgegenhalten lassen. Art. 22 ScheckG schütze die Inkassobank vor diesem Einwand nicht, denn diese habe beim Erwerb des Schecks bewußt zum Nachteil der Firma U gehandelt. Sie habe nämlich, was unstreitig war, bei Erwerb des Schecks von der Forderung des Vorlieferanten gewußt und auch davon, daß dieser die Einziehungsermächtigung zugunsten L widerrufen hatte. Würde die Inkassobank unter diesen Umständen den Scheck zugunsten des Kontos der Firma L einziehen, so hätte das für U den erheblichen Nachteil, daß er seinen Verpflichtungen gegenüber dem wirklichen Forderungsinhaber, dem Vorlieferanten, nicht nachgekommen sei. Diesen Rechtsnachteil würde die Inkassobank dem U i.S.v. Art. 22 ScheckG auch bewußt zufügen. Daß U sich gegenüber dem Vorlieferanten zum eigenen Schutze hätte auf § 407 BGB berufen können, stehe dem nicht entgegen. § 407 BGB sei eine Schuldnerschutznorm, wobei der Schuldner frei entscheiden könne, ob er sich auf diese Norm berufe oder nicht. Wenn sich der Schuldner, wie im vorliegenden Falle, nicht auf § 407 berufe, so könnte das erst dann rechtsmißbräuchlich und sittenwidrig sein, wenn darin zugleich ein kollusives Zusammenwirken des U mit dem Vorlieferanten zum Zwecke der Rechtsvereitelung bei der Inkassobank läge. Diese Voraussetzungen seien jedoch nicht gegeben. Gehe man davon aus, daß L ein Recht aus Scheckforderung zustehe, so stehe dem ein Recht des Vorlieferanten aus abgetretener Kaufpreisforderung gegenüber. Welchem Recht zum Durchbruch verholfen werden könne, hänge von der, nach dem Gesetz zulässigen, Entscheidung der U ab. Von einer Rechtsvereitelung i.S. eines Rechtsbruchs könne daher nicht gesprochen werden. Das sei auch dann nicht der Fall, wenn der Vorlieferant auf die Entscheidung der U Einfluß genommen habe (der Vorlieferant hatte sich gegenüber U verpflichtet, alle Kosten und Nachteile des Rechtsstreits zu tragen). Eine Schädigung der Inkassobank sei allenfalls durch den Vorlieferanten im Zuge der Verfolgung eigener Interessen gegeben. Die Verfolgung eigener Interessen bei der Ausübung von Rechten sei aber grundsätzlich auch dann als legitim anzusehen, wenn eine Schädigung Dritter damit verbunden sei. Denn niemand sei verpflichtet, eigene berechtigte Belange den Interessen Dritter unterzuordnen[630]. Anhaltspunkte dafür, daß sich der Vorlieferant bei der Wahrnehmung seiner eigenen Interessen unlauterer Mittel bedient habe, seien ebenfalls nicht erkennbar.

352 Es ist nicht ganz einfach zu entscheiden, ob man dem BGH zustimmen sollte. Richtig ist, daß die Inkassobank den Scheck zu einer Zeit erwarb, als sie positiv wußte, daß der Schecknehmer (L) in Wirklichkeit keinen Zahlungsanspruch mehr hatte. Hätte L den Scheck selbst vorgelegt, so hätte U, wie im obigen Glasschiebetürfall[631], wegen Zweckwegfalls (Zahlung an L bewirkt keine Erfüllung) die Einlösung des Schecks verweigern können. Genau vor diesem Einwand aber will Art. 22 ScheckG den Erwerber (Inkassobank) schützen, es sei denn, er handele bei Erwerb des Schecks bewußt zum Nachteil des Schuldners (U). Und genau hier liegt das Problem der Begründung des BGH. Wäre z.B. der zwischen L und U geschlossene Kaufvertrag nichtig gewesen, so hätte die Kenntnis dieses Vorgangs für die Inkassobank keinen Nachteil bedeutet. Vor Einwendungen aus dem Grundverhältnis schützt Art. 22 ScheckG. Das gilt selbstverständlich auch dann, wenn der Erwerber des Schecks weiß, daß das Grundverhältnis nichtig ist.

353 Die entscheidende Frage ist, warum das im obigen Fall anders sein soll. Dort wußte die Inkassobank, daß die Zahlungspflicht des U gegenüber der L durch den Widerruf der Einzugsermächtigung weggefallen war; d.h. sie wußte, daß U den Gegenwert des Schecks von Anfang an nicht dem L, sondern dem Vorlieferanten schuldete. Der Unterschied zum nichtigen Kaufvertrag besteht darin, daß es bei letzterem überhaupt keine Zahlungsverpflichtung des Schuldners mehr gibt. Überträgt man das auf den obigen Fall, so fragt sich, worin der zusätzliche Nachteil für U liegen könnte, der nach Art. 22 ScheckG zur Geltendmachung der Einwendung aus dem Grundverhältnis gegenüber der Inkassobank berechtigt. Ein Nachteil bestünde in der Tat dann, wenn U zweimal zahlen müßte, nämlich einmal auf den Scheck und außerdem noch einmal wegen der Vorausabtretung an den Vorlieferanten. Genau das ist aber nicht zwingend der Fall, denn U könnte sich gegenüber dem Vorlieferanten darauf berufen, daß ihm bei Ausstellung des Schecks die Abtretung der Forderung nicht bekannt war (§ 407 BGB). U erleidet also nur dann einen Nachteil, wenn er sich auf § 407 BGB nicht beruft. Die vom BGH zu Recht gestellte Frage lautete deshalb, ob die Inkassobank bei Erwerb des Schecks dadurch

---

630 So schon RGZ 138, 373, 376.
631 Rz. 287.

bewußt zum Nachteil des U handelte, weil sie wußte, daß U gezwungen sein würde, sich auf § 407 BGB zu berufen. Die Entscheidung hängt davon ab, ob in Art. 22 ScheckG *wirtschaftliche* Nachteile gemeint sind, oder ob jede Art von Nachteil, auch ein Rechtsnachteil, bereits ausreicht. Dem Sinn und Zweck von Art. 22 ScheckG entspricht es eher, auf einen *wirtschaftlichen* Nachteil abzustellen. Selbst wenn man aber schon die Einengung der rechtlichen Wahlfreiheit als Nachteil i.S.v. Art. 22 ScheckG ausreichen läßt, so würde sich doch noch die weitere Frage stellen, ob der Erwerber des Schecks wirklich *bewußt zum Nachteil des Ausstellers* handelt, wenn er versucht, sein eigenes legitimes Sicherungsinteresse durch Erwerb des Papiers zu wahren. Es spricht einiges dafür, daß in einem solchen Falle die Einschränkung der Rechtswahlfreiheit nicht bewußt angestrebt, sondern nur unvermeidlich hingenommen wird. Es könnte somit an der für § 22 ScheckG erforderlichen Nachteilsabsicht fehlen.

6. Sicherungsrechte der Inkassobank

Wie oben bereits hervorgehoben, kann eine Bank einen Scheck zur Einziehung oder zur eigenen Sicherung erwerben. Im ersten Fall spricht man von einer Legitimationszession, im zweiten von einer Sicherungstreuhand[632]. *Im Fall der Legitimationszession verbleiben die Rechte aus dem Scheck beim Auftraggeber, beim Treuhandverhältnis werden sie sicherungshalber auf die beauftragte Bank übertragen.* Es ist Auslegungsfrage, ob das eine oder andere gewollt oder vereinbart ist. Der BGH hat mehrfach dargelegt, daß eine Bank, die ein *eigenes Sicherungsinteresse* hat, entsprechend den allgemeinen Gepflogenheiten im Bankverkehr einen ihr zum Einzug übergebenen Scheck gleichzeitig als Mittel für ihre eigene Sicherung entgegennimmt und ihn sich deshalb sicherungshalber übereignen läßt. Dies kommt auch in den AGB/B zum Ausdruck, wenn es in Nr. 15 Abs. 1 AGB/B (93) heißt, daß die Bank an den ihr zum Einzug eingereichten Schecks ... Sicherungseigentum erwirbt. In Nr. 15 Abs. 4 AGB/B (93) wird klargestellt, daß das Sicherungseigentum der Sicherung aller Ansprüche, die der Bank gegen den Kunden aus seinen Kontokorrentkonten zustehen, dient. Letztlich dienen zum Einzug eingereichte Schecks auf diese Weise der Bank als Sicherungsgrundlage für etwaige Schuldsalden auf dem Kundenkonto. Dies alles gilt, wenn und solange der Kunde einen Scheck zum Inkasso auf eines seiner *eigenen* Konten einreicht. Die Frage war, ob eine Bank auch dann noch berechtigt ist, einen ihr vom Kunden eingereichten Scheck mit dessen Debet zu verrechnen, wenn der Scheck ausdrücklich zur Einziehung auf das Konto eines Dritten eingereicht wurde, der bei derselben Bank ein Konto unterhält. Diesen Fall hatte der BGH am 14.11.1989 zu entscheiden.

354

---

632 BGHZ 5, 285, 293; 69, 27, 29.

355 *Fall: WM 1990, 6 »Ausschluß von Sicherungsrechten«*
Eine KG reichte bei ihrer Bank einen Scheck über DM 50 000,- zum Einzug ein mit dem Auftrag, den Erlös dem Girokonto der Firma U bei derselben Bank gutzuschreiben. Die Bank schrieb den Erlös aber nicht dem Konto der U, sondern dem der KG gut, um auf diese Weise ein dort bestehendes Debet teilweise auszugleichen. Die Firma U verlangt von der Bank Gutschrift in Höhe von DM 50 000,-. Sie habe nämlich der KG in dieser Höhe ein Darlehen gewährt, das mit Hilfe des Schecks zurückgezahlt werden sollte. Der Inkassoauftrag sei also in ihrem Namen erteilt worden. Die Bank meinte, auf all dies komme es nicht an, da sie aufgrund der AGB/B ein Pfandrecht an dem Scheck habe.

Der BGH hat die Bank zur Gutschrift auf dem Konto der Firma U verurteilt. Es entspreche zwar den Gepflogenheiten im Bankverkehr, daß eine Bank, die ein eigenes Sicherungsinteresse habe, die ihr zum Einzug übergebenen Schecks gleichzeitig als Mittel für ihre eigene Sicherung entgegennehme und sich deshalb sicherungshalber übereignen lasse. Ein eigenes schutzwürdiges Interesse der Bank bestehe insbesondere, wenn ... das Konto des Kunden ... einen Schuldsaldo – wie hier – aufweise. Hätte die KG den Scheck zum Einzug auf ihr *eigenes* Konto eingereicht, so hätte die Bank daran auch Sicherungseigentum, zumindest aber ein Pfandrecht, erlangt. Jedoch entstünde weder Sicherungseigentum noch Pfandrecht, wenn der Bank Werte mit einer *besonderen Zweckbestimmung* zugeleitet würden. Dies habe die Rechtsprechung für Schecks, Wechsel und für die Bareinzahlung entschieden. Nichts anderes könne gelten, wenn die Bank – wie hier – beauftragt werde, den Scheck einzuziehen und den Erlös dem Konto eines Dritten gutzuschreiben. Wenn sie den Auftrag annehme, sei sie verpflichtet, ihn ordnungsgemäß auszuführen. Dazu gehöre die Gutschrift auf dem Konto der Firma U. Da dieses bei derselben Bank geführt worden sei, entstand für die Firma U aufgrund ihres Girovertrages mit der Bank in dem Augenblick, in dem diese Deckung für den Inkassoerlös erlangte, ein Anspruch auf Gutschrift in Höhe der Schecksumme ... . Die mit dem Inkassoauftrag verbundene Weisung, den Erlös dem Konto eines anderen Kunden der Inkassobank gutzuschreiben, könne nach Eingang der Deckung rechtlich nicht anders beurteilt werden, als wenn von vornherein ein Betrag zugunsten dieses Kunden bar eingezahlt worden wäre.

356 Letztlich entscheidet also die für die Bank *erkennbare Zweckbestimmung* darüber, ob sie im Wege der Legitimationszession oder einer Sicherungstreuhand tätig wird. Anders formuliert: Reicht der Kunde einen Scheck zum Einzug mit Zweckbestimmung zugunsten eines Dritten ein, so liegt darin die schlichte Weisung, den Scheck einzuziehen. Will die Bank aufgrund des Schuldsaldos auf dem Kundenkonto diesen Inkassoauftrag nicht ausführen, so bleibt ihr nichts anderes übrig, als den Girovertrag zu kündigen. *Wird ein Scheck dagegen ohne Zweckbestimmung eingereicht, so erwirbt die Bank bei Bestehen eines eigenen Sicherungsin-*

teresses den Scheck im Wege der Sicherungstreuhand und ist nun berechtigt, den Erlös mit dem Debet auf dem Kundenkonto zu verrechnen. Aus den gleichen Gründen scheidet auch die Bestellung eines Pfandrechts zur Sicherung der Bank aus[633]. Zwar ist in Nr. 14 Abs. 1 AGB/B (93) bestimmt, daß sich Kunde und Bank darüber einig seien, daß die Bank ein Pfandrecht an den Wertpapieren erwirbt, an denen sie Besitz erlangt. Die darin liegende vorweggenommene dingliche Einigung über die Pfandbestellung (§ 1205 Abs. 1 S. 1 BGB) ist aber nicht bindend und kann seitens des Scheckeinreichers als Eigentümer des Schecks solange zurückgenommen werden, wie der Tatbestand der Pfandrechtsbestellung nicht vollendet ist, also bis zur Besitzerlangung durch die Bank[634]. Bis zum Ende des Vorgangs der Pfandrechtsbestellung kann sich also jeder Teil von der Einigung lossagen[635]. Damit wird die Aussage, daß der im Scheck Begünstigte vor Einlösung keinen Anspruch auf Gutschrift hat[636], erheblich relativiert. Denn mit Hilfe einer entsprechenden Zweckbestimmung kann der den Scheck Einreichende die Inkassobank binden und damit dem Begünstigten nicht nur eine Aussicht auf den Gegenwert des Schecks, sondern ihm eine geldwerte Rechtsposition verschaffen. Auf der Basis dieser Rechtsprechung müßte der BGH sein Urteil aus dem Jahre 1960[637] präzisieren und klarstellen, daß in Fällen, in denen eine Zweckbestimmung den Dritten begünstigt, dieser gegen die zweckwidrig verrechnende Bank zumindest auch einen Bereicherungsanspruch haben muß.

X. Auswirkungen der Scheckzahlung auf das Valutaverhältnis

1. Kein Annahmezwang

Da der Scheck kein gesetzliches Zahlungsmittel ist, braucht der Gläubiger ihn nur anzunehmen, wenn dies vereinbart ist. Das soll sogar für Euroschecks gelten[638], zumal durch den Einzug des Schecks zusätzliche Arbeit und Bankgebühren erwachsen würden[639]. Dies mag für die Geschäfte des täglichen Lebens gelten, wirkt aber ansonsten angesichts des Verbreitungs- und Zustimmungsgrades des Euroschecks etwas gekünstelt. Zumindest Geschäftsleute müssen sich den Vorwurf widersprüchlichen Verhaltens gefallen lassen, wenn sie im Normalfall Euroschecks akzeptieren, dies bei einem einzelnen Kunden aber grundlos nicht wollen. Das Argu-

357

---

633 Vgl. BGHZ 74, 129, 132 = WM 1979, 533.
634 So Ott WuB I F 5.-2.90.
635 Müko-Damrau, BGB-Komm.², § 1205 Rz. 2.
636 BGH WM 1960, 346; vertiefend mit Hinweis auf Grenzfälle Bundschuh, WM 1983, 1178, 1183.
637 BGH WM 1960, 346.
638 OLG-Ffm. NJW 1987, 455; dag.: Palandt-Heinrichs, BGB-Komm.⁵⁵, § 364 Rz. 6.
639 Schneider/Merkel, FS für Pleyer, S. 124 ff.

ment der zusätzlichen Arbeit zieht wohl kaum, da regelmäßig Schecks zum Einzug weitergegeben werden. Zusätzliche Bankgebühren dürften auch nicht entstehen, da insoweit ein einzelner Scheck nicht ins Gewicht fällt. *Es wirkt deshalb etwas antiquiert, wenn es sogar unter Kaufleuten möglich sein soll, eine Zahlung mittels Scheck ohne besonderen Grund zurückzuweisen*[640]. Zumindest bei garantierten Schecks müssen nach Treu und Glauben (§§ 242, 157 BGB) Sachgründe vorgetragen werden, die ausnahmsweise die Zurückweisung eines solchen Schecks rechtfertigen. Zu Recht wird in der Rechtsprechung darauf verwiesen, daß der Euroscheck in hohem Grade zu einem wie Bargeld willkommenen Zahlungsmittel geworden sei. Der Scheckinhaber empfinde ihn als Teil der ihm für sofortige Bezahlung bei Handgeschäften zur Verfügung stehenden Liquidität. Er werde als »liquides Zahlungsmittel eigener Art« gesehen[641].

358 Für nicht garantierte Schecks muß es dagegen – wegen des Nichteinlösungsrisikos – beim uneingeschränkten Zurückweisungsrecht, auch unter Kaufleuten, bleiben. Allerdings hat der BGH schon im Jahre 1965 darauf hingewiesen, daß die Zahlung mit Scheck so sehr üblich geworden sei, daß der Gläubiger einen erhaltenen Scheck unverzüglich zurücksenden müsse, wenn er ihn nicht annehmen wolle[642]. Umgekehrt kann es Fälle geben, in denen Barzahlung ausdrücklich vereinbart ist. Dann liegt ein Sachgrund vor, der sogar die Zurückweisung eines garantierten Schecks rechtfertigen würde. Das ist z.B. der Fall, wenn ein Spediteur eine Ware nur gegen Nachnahme an den Endempfänger ausliefern darf. In einem solchen Fall ist die Annahme eines Schecks keine ordnungsgemäße Einziehung der Nachnahme, weil sie dem Sicherungsbedürfnis des Versenders nicht hinreichend Rechnung trägt[643].

2. Die Erfüllungswirkung

359 Nach § 362 Abs. 1 BGB erlischt das Schuldverhältnis, wenn die geschuldete Leistung an den Gläubiger bewirkt wird. Ist Bargeld geschuldet und wird statt dessen (kraft Überweisung) Buchgeld geleistet, so tritt die Erfüllungswirkung nur ein, wenn der Gläubiger das Buchgeld als »eine andere als die geschuldete Leistung an Erfüllungs Statt annimmt« (§ 364 Abs. 1 BGB). Ein Scheck verkörpert zwar kein Buchgeld, ist aber auch kein Bargeld. Die bloße Hingabe eines Schecks ist also weder Erfüllung noch eine Leistung an Erfüllungs Statt, sondern erfolgt lediglich *erfüllungshalber* (§ 364 Abs. 2 BGB)[644]. Auch die Belastungsbuchung auf dem Konto des Ausstellers bewirkt noch keine Erfüllung i.S.v. § 362 Abs. 1

---

640 So aber Canaris[4] Rz. 761.
641 KG v. 14.6.1991 WRP 1992, 108.
642 BGHZ 44, 178, 182 = WM 1965, 1173.
643 BGHZ 83, 96 ff. = WM 1982, 637.
644 Allg.M. seit RGZ 78, 137, 142; BGHZ 44, 178 f.; Canaris[4] Rz. 769 m.w.N.

BGB, denn bis zur wirksam vollzogenen Gutschrift kann der Aussteller den Scheck noch widerrufen, also sperren, lassen. Der BGH hat deshalb zu Recht in einer Entscheidung aus dem Jahre 1986 klargestellt, daß ein Scheck, der der bezogenen Bank *unmittelbar zur Einlösung* eingereicht wird, nicht schon mit der Belastung des Kontos des Ausstellers, sondern erst dann eingelöst ist, wenn der Scheckinhaber *Zahlung erlangt* hat[645]. Beim Scheckinkasso wird dem Konto des Scheckinhabers eine Gutschrift nur unter Vorbehalt des Eingangs der Deckung (Einlösung vorbehalten: »E.v.«) erteilt. Der Scheckinhaber erlangt den Scheckbetrag also nur unter einer auflösenden Bedingung. Wenn der Scheck im Einzugswege zu der bezogenen Bank gelangt, wird zunächst deren Konto, ebenfalls unter Vorbehalt, mit dem Scheckbetrag belastet. Zum Ausgleich dafür belastet sie, wenn Deckung vorhanden ist, das Konto des Ausstellers. Damit werden die auf dem Inkassowege unter Vorbehalt erteilten Gutschriften und die Belastungsbuchungen erst endgültig. Deshalb ist die Belastungsbuchung auf dem Konto des Ausstellers der entscheidende technische Vorgang bei der Einlösung eines Schecks im Inkassowege, denn auf diese Weise wird die *Gutschrift* auf dem Konto des Scheckinhabers *wirksam*[646]. Ein etwas komplizierteres erfüllungsrechtliches Problem bereitete ein Fall, der vom BGH im Jahre 1976 zu entscheiden war.

Fall: WM 1976, 903 »Zahlung an den falschen Gläubiger«   360
A bezahlte eine Werklohnforderung am 16.3.1973 mit einem Scheck. Der Scheck wurde zum Einzug an eine Inkassobank weitergegeben. Diese informierte den A am 29.3.1973, daß sie, die Inkassobank, aufgrund einer Vorausabtretung Inhaberin der Scheckforderung sei. Als der Scheck nach Ablauf der Vorlagefrist am 4.4.1973 der bezogenen Bank vorgelegt wurde, löste sie ihn nicht ein. Der Scheckaussteller (A) hatte nämlich den Scheck in der Zwischenzeit widerrufen, weil er befürchtete, aus dem Werkvertrag schon zuviel bezahlt zu haben. Als sich herausstellte, daß dies nicht der Fall war, hob A die Schecksperre gegenüber der bezogenen Bank auf und forderte gleichzeitig die Inkassobank auf, den Scheck nochmals zur Zahlung vorzulegen. Das geschah, woraufhin die Schecksumme am 9.4.1973 direkt an den Werkunternehmer gezahlt wurde. Die Inkassobank verwies darauf, daß die Zahlung aufgrund der Abtretungsanzeige an sie hätte erfolgen müssen und verlangte von A noch einmal Zahlung.

Der BGH hat der Klage in vollem Umfang stattgegeben. Rechtlicher Ausgangspunkt ist § 407 BGB. Nach dieser Vorschrift muß der neue Gläubiger (Inkassobank), der die Forderung durch Abtretung erworben hat, Rechtshandlungen des Schuldners (A), die dieser dem bisherigen Gläubiger (Werkunternehmer) gegenüber vorgenommen hat, bevor er von

---

645 BGH WM 1986, 1409, 1411.
646 BGH WM 1986, 1409, 1411.

der Abtretung Kenntnis erhalten hat, gegen sich gelten lassen. Dabei gilt es grundsätzlich als Leistung i.S.v. § 407 BGB, wenn der Scheck erfüllungshalber hingegeben *und* später eingelöst wird. An dieser Voraussetzung allerdings fehlte es hier. Wegen des Widerrufs wurde der Scheck nicht eingelöst; der in der Scheckhingabe liegende Erfüllungsversuch war damit fehlgeschlagen. Bei den nachfolgenden Handlungen des Schuldners A: »Aufhebung der Schecksperre« gegenüber der bezogenen Bank und »Anweisung der Inkassobank, den Scheck wieder vorzulegen« handelte es sich um eine neue Zahlungsanweisung nicht scheckrechtlicher Art. Da A nun aber die Abtretung kannte, hätte nicht mehr an den Werkunternehmer, sondern an die neue Gläubigerin, die Inkassobank, geleistet werden müssen.

3. Die Rechtzeitigkeit der Leistung

361 Geld hat der Schuldner *im Zweifel* auf seine Gefahr und seine Kosten dem Gläubiger an dessen Wohnsitz zu übermitteln (§ 270 Abs. 1 BGB). Damit ist die Verlustgefahr während der Übermittlung gemeint. Der Schuldner ist also von seiner Verbindlichkeit erst dann befreit, wenn das zu übermittelnde Geld nicht nur abgeschickt ist, sondern wenn es beim Gläubiger eingeht. Geht es während des Transports verloren, so muß der Schuldner nochmals zahlen[647]. *Auch beim Scheck trägt der Übersender die Verlustgefahr während der Übermittlung, was sich aber bereits daraus ergibt, daß der Scheck nur erfüllungshalber (§ 364 Abs. 2 BGB) begeben wird.* Natürlich kann bei der Scheckzahlung, wie sonst auch, eine Vereinbarung über einen anderen *Erfüllungsort* als den Wohnsitz des Gläubigers getroffen werden. Sie liegt regelmäßig in der einverständlichen Entgegennahme des Schecks durch den Gläubiger. Damit geht die Gefahr des Abhandenkommens auf diesen über[648]. *Leistungsort* ist dagegen, wenn nichts anderes vereinbart wurde, auch bei Schecks im Zweifel der *Wohnsitz des Schuldners* (§ 269 Abs. 1 i.V.m. § 270 Abs. 4 BGB). Daher kommt es für die *Rechtzeitigkeit* der Leistung entscheidend darauf an, wann der Schuldner das zur Übermittlung des Geldes seinerseits Erforderliche getan hat[649]. Insoweit genügt die fristgerechte Hingabe des Schecks. Auf den Zeitpunkt des Leistungserfolges (Verfügbarkeit des Geldes beim Gläubiger) kommt es nicht an, wenn die Zeitdifferenz gegenüber der Barüberweisung nicht so groß ist, daß sie nach Treu und Glauben die Gleichstellung von Barüberweisung und Scheckhingabe ausschlösse[650].

---

647 RGZ 78, 137, 140.
648 Canaris[4] Rz. 775 m.w.N.
649 BGHZ 44, 179.
650 BGHZ 44, 178, 180 = NJW 1966, 46.

Deshalb ist es gerechtfertigt, die Scheckhingabe bereits als Zahlungsleistung zu behandeln, vorausgesetzt, daß der vom Gläubiger angenommene Scheck sodann auch eingelöst wird[651]. Da Schecks ohnehin auf Sicht zahlbar sind, steht der Rechtzeitigkeit der Leistung auch eine Vordatierung nicht im Wege (Art. 28 Abs. 2 ScheckG). Wird durch Übersendung eines Schecks geleistet, so kommt es für die Rechtzeitigkeit auf den Zeitpunkt an, in dem der Scheck der Post zur Beförderung übergeben worden ist[652]. Wird der Scheck durch den Schuldner selbst oder durch einen Boten übermittelt, so kommt es auf den Zeitpunkt an, in dem die Verfügungsgewalt durch Übergabe oder Einwerfen in den Briefkasten auf den Gläubiger übergeht[653].

D. Reisescheck

I. Entstehung und Funktion
II. Rechtsnatur
III. Mißbrauch
    1. Echter Reisescheck
    2. Fälschungsrisiko
    3. Diebstahlsrisiko

Schrifttum:
Bärmann, Europäisches Geld-, Bank- und Börsenrecht, Teil I: Bundesrepublik Deutschland, 1974; *Baumbach/Hopt*, HGB-Komm., 29. Aufl., 1995; *Canaris*, Großkommentar HGB, 4. Aufl., 1988; *Heinichen*, Die Rechtsgrundlagen des Reisescheckverkehrs, 1964; *Horn in Heymann*, HGB-Komm., Bd. 4, 1990; *Käser*, Rechtliche Aspekte des einheitlichen DM-Reisescheck, ZKW 1962, 399; *Obermüller*, Die Bank im Konkurs und Vergleich ihres Kunden, 3. Aufl., 1985; *Odefey*, Der einheitliche DM-Reisescheck der deutschen Kreditinstitute, 1982; *Schlegelberger/Hefermehl*, HGB-Komm., 5. Aufl., 1976; *Schönle*, Bank- und Börsenrecht, 2. Aufl., 1976; *Trost/Schütz*, Bankgeschäftliches Formularbuch, 1969.

I. Entstehung und Funktion

Vorbild des heute in Deutschland gebräuchlichen DM-Reiseschecks ist der im amerikanischen Reiseverkehr übliche »Traveller's Cheque«, der über feste standardisierte Beträge ausgestellt wird. **362**

---

651 BGHZ 44, 178, 180 = NJW 1966, 46.
652 BSG NJW 1988, 2501.
653 BGH NJW 1969, 875.

Im internationalen Reiseverkehr hat der Reisescheck den Kreditbrief nahezu vollständig verdrängt[654]. Im Kreditbrief wies die Bank als Ausstellerin eine oder mehrere andere Banken an, an eine im Kreditbrief genannte Person (regelmäßig den Bankkunden) in bestimmtem Umfang Zahlung zu leisten. Auf diese Weise konnte der Reisende das Mitnehmen von Bargeld vermeiden und so sein Risiko, durch Bargeldverlust handlungsunfähig zu werden, minimieren. Genau die gleiche Funktion erfüllt der Reisescheck, der seit 1957 auch in Deutschland standardisiert ausgegeben wird. Seit 1973 ist seine Gültigkeit nicht mehr befristet, die Einlösung vereinfacht und die Lage des Kunden bei Verlust verbessert[655]. Im Zuge weiterer Automatisierung wurden die Reiseschecks Anfang 1976 neu gestaltet. Sie gleichen in der Form nun dem Euroscheck, der in Zusammenwirken mit der Kreditkarte inzwischen dazu beigetragen hat, daß der Reisescheck weltweit zunehmend verdrängt wird.

II. Rechtsnatur

363   In nahezu diametralem Gegensatz zur abnehmenden Bedeutung und zum Funktionsverlust des Reiseschecks steht die Vielfalt der Auffassungen über die Rechtsnatur dieses Papiers. Ganz so widersprüchlich, wie dieser Satz scheint, ist das nicht. Denn immer dann, wenn juristische Theorien nicht auf den Prüfstand der Praxis gestellt werden, entsteht ein gewisser »Artenreichtum«, dem kein auf die Vielfalt zurückwirkender Praxistest gegenübersteht. Bis auf eine Entscheidung des Reichsgerichtes aus dem Jahre 1912[656], eine des OLG Frankf./M. aus dem Jahre 1980[657] und eine des AG-Frankf./M[658]. aus 1991 gibt es keine Urteile im Zusammenhang mit dem Reisescheck, d.h. rechtliche Probleme wirft dieses Geschäft nicht auf. Das ist aus der Sicht der Bankorganisation sehr erfreulich, denn offensichtlich ist das Geschäft mit dem Reisescheck so organisiert, daß Rechtsstreite überflüssig sind. Vermutlich hat das damit zu tun, daß die Reisenden den Gegenwert des Schecks bei Erwerb bezahlen, so daß immer ein Guthaben besteht. Außerdem ist der Mißbrauch des Reiseschecks schwierig, da die zweite vor Auszahlung erforderliche Kontrollunterschrift in Gegenwart der Zahlstelle zu leisten ist, und diese darüber hinaus meist die Vorlage eines Reisepasses verlangt.

364   *Die entscheidende Frage beim Reisescheck ist die, ob es sich überhaupt um einen Scheck handelt.* Das Reichsgericht hat diese Frage verneint und

---

654 Schlegelberger/Hefermehl[5], Anh. § 365 Rz 307.
655 Bank-Betrieb 6/1973, 242.
656 RGZ 79, 342.
657 WM 1980, 752; Vorinstanz WM 1980, 290.
658 WM 1992, 305.

statt dessen die Auffassung vertreten, daß es sich um ein Zahlungsversprechen i.S.e. kaufmännischen Verpflichtungsscheines nach § 363 HGB handele[659]. Das stimmte wohl auch für den in jener Entscheidung zu untersuchenden Traveller's Cheque, denn nach dem Text des Papiers hatte sich die American Express Company zur Zahlung von $ 10 an den Nehmer oder an dessen Order verpflichtet. Dabei mußte der Erwerber des Reiseschecks, wie heute auch, bei Ankauf seinen Namen oben an die dazu bestimmte Stelle setzen und dann bei Einlösung seinen Namen unten links noch einmal schreiben. Dies geschah zur Kontrolle, ob der Scheck in den rechten Händen geblieben sei. Die heute üblichen Reiseschecks werden, anders als in diesem Fall, nicht mehr von den Banken selbst ausgestellt. Der DM-Reisescheck enthält vielmehr eine Zahlungsanweisung: »Zahlen Sie gegen diesen Reisescheck«. Diese Anweisung richtet sich an die bezogene Bank, die den Reisescheck ausgibt. Ihr Name, Sitz und Firmenlogo sind auf dem Reisescheck (links oben) eingedruckt. Eine wie auch immer geartete »Ausstellerunterschrift« der Bank gibt es jedoch nicht. Statt dessen müssen die DM-Reiseschecks eine Unterschrift oberhalb der »Namenszeichnung« tragen, der Reisende zeichnet dieselbe Unterschrift zur Kontrolle später bei Einlösung gegen. Da die Bank als Ausstellerin nicht auftritt, kommt ihre Verpflichtung aus dem Papier i.S.v. § 383 HGB nicht mehr in Betracht.

Statt dessen wird vorgeschlagen, den DM-Reisescheck als echten, an die eigene Order des Reisenden gestellten Scheck zu qualifizieren[660]. Problematisch hieran ist, daß die Unterschriften des Reisenden keine scheckrechtliche Ausstellerhaftung (Art. 12 ScheckG) begründen sollen, da der Gegenwert bereits bezahlt ist[661]. Auch die Vorlegungsfrist (Art. 29 ScheckG) paßt nicht; der Reisescheck ist unbefristet gültig. Ferner ist der Widerruf i.S.d. Art. 32 ScheckG funktionslos[662]. Horn verweist darauf, daß ein echter Scheck schon deshalb nicht vorliegen könne, weil sich die bezogene Bank zur Auszahlung des Betrages verpflichte und dies dem Annahmeverbot des Art. 4 ScheckG widerspreche[663]. Völlig entgegengesetzt ist die Auffassung jener, die den Reisescheck aus dem Kreis der Wertpapiere ganz herausnehmen und ihn auf ein Legitimationspapier reduzieren[664]. Entscheidend wird darauf hingewiesen, daß der DM-Reisescheck

365

---

659 RGZ 79, 342, 344.
660 Canaris[4] Rz 859 unter Hinweis auf Käser, ZKW 1962, 399 f.; Heinichen, 55 ff.; Bärmann, 179; der Hinweis auf Schönle, S. 113 geht fehl, denn Schönle qualifiziert den DM-Reisescheck als Anweisung i.S.d. §§ 783 ff. BGB.
661 Baumbach/Hopt, HGB-Komm.[29], S. 1159 (E/9).
662 Baumbach/Hopt, aaO.
663 Heymann/Horn, Anh. § 372 Rz 136.
664 Trost/Schütz, S. 408 f.; Schlegelberger/Hefermehl[5], Anh. § 365, Rz 313; Baumbach/Duden/Hopt, HGB-Komm.[29], S. 1159 (E/9); Obermüller, Rz 390 ff.; Odefey, 167 ff., wobei Odefey meint, es handele sich um ein »Papier eigener Art«.

gerade nicht die Zahlung an einen Dritten ermöglichen, sondern nur den sicheren Erhalt von Bargeld am Reiseziel gewährleisten soll. Da der Reisende die Schecks bereits bei Erwerb bezahlt habe, wäre es sachwidrig, seine Namens- und Gegenzeichnung als Ausstellerunterschrift zu werten, die eine scheckrechtliche Haftung auslöse. Durch die beiden Unterschriften solle nur eine mißbräuchliche Verwendung der Schecks verhindert werden. Der DM-Reisescheck sei daher kein Scheck i.S.d. § 1 ScheckG, sondern eine Urkunde, die den Reisenden als Begünstigten, d.h. zur Einlösung Berechtigten, ausweise. Auch sei er kein Wertpapier (Rektapapier). Der Einlösungsanspruch gegen die bezogene Bank könne auch ohne die Urkunde geltend gemacht werden, gegebenenfalls als Anspruch auf Rückzahlung des geleisteten Vorschusses[665].

366 Die Überlegungen überzeugen nicht ganz, da sich die Funktion des Reiseschecks zwar zunehmend auf die Bargeldbeschaffung hin entwickelt, sich darauf aber nicht reduzieren läßt. Hefermehl selbst beschreibt, daß der Scheck nicht nur von Banken, sondern auch von Hotels, Restaurants, Autoverleihern, Tankstellen, Kaufhäusern, Geschäften des gehobenen Bedarfs, Reisebüros, Fluggesellschaften und Wechselstuben angenommen wird[666]. Das heißt, der Reisescheck hat nicht nur Bargeldbeschaffungs-, sondern nach wie vor auch Zahlungsfunktion. Das wiederum muß berücksichtigt werden, wenn man nach seiner Rechtsnatur fragt. Reduziert man den Reisescheck auf ein bloßes Legitimationspapier, so können dem das Papier zur Einlösung Vorlegenden die Einwendungen aus dem Valutaverhältnis nach § 404 BGB entgegengesetzt werden; außerdem ist § 407 BGB nicht außer Kraft gesetzt. Hat beispielsweise der Erwerber des Reiseschecks dessen Einziehung einige Zeit lang vergessen, so kann es passieren, daß die Bank inzwischen an den von der Reise zurückgekehrten Kunden den Gegenwert der bisher nicht eingelösten Reiseschecks zurückgezahlt hat. Es käme dann nicht darauf an, wieviele Scheckformulare der Kunde zurückgeben könnte, sondern nur, daß ein bestimmter Gegenwert bisher nicht abgerufen ist. Dem »zu spät kommenden« Erwerber des Reiseschecks würde die Bank sodann § 407 BGB wirksam entgegensetzen können. Die Folge wäre, daß Reiseschecks als Zahlungsmittel praktisch nicht mehr verwendbar wären, da niemand darauf vertrauen könnte, daß er den Gegenwert des Schecks auch wirklich bekommt. Genau dieser Zusammenhang zeigt, wie schwierig es ist, die Rechtsnatur des Reiseschecks präzise zu bestimmen. Denn letztlich entscheidet, in Ermangelung ausdrücklicher Parteivereinbarungen, das Verhalten der Schecknehmer in der Rechtswirklichkeit darüber, welche Funktionen der Reisescheck haben soll. Solange die Schecknehmer den Reisescheck zumindest

---

665 So zusammengefaßt und gekürzt die Begründung bei Schlegelberger/Hefermehl[5], Anh. § 365 Rz 314.
666 Schlegelberger/Hefermehl[5], Anh. § 365, Rz 322.

auch als Zahlungsmittel einsetzen, und die Banken dieses akzeptieren, läßt sich die Rechtsnatur des Reisechecks nicht auf ein bloßes Legitimationspapier reduzieren. Das kann sich aber im Zeitablauf ändern, nämlich dann, wenn die Schecknehmer den Reisecheck nur noch als Bargeldbeschaffungsmittel verwenden und die Banken diese Funktionsbegrenzung als geschäftstypisch akzeptieren.

In der derzeitigen Situation ist es also nicht möglich, den Reisecheck als Scheck im Sinne des Scheckgesetzes einzuordnen. Ebensowenig wäre es zutreffend, ihn als bloßes Legitimationspapier zu entwickeln. Entscheidend ist, daß der Reisecheck seine zentralen Funktionen erfüllen kann, also denjenigen, der ihn vorlegt vor Einwendungen aus dem Valuta- und Deckungsverhältnis schützt (§ 404 BGB) und denjenigen, der ihn einlöst (Bank) davor schützt, an den Falschen gezahlt zu haben (Legitimationsfunktion). Rechtlich entspricht der Reisecheck damit einer *Anweisung an eigene Order* i.S.v. § 783 BGB, die von der Bank angenommen ist (§ 784 BGB)[667]. Wertpapierrechtlich ist der Reisecheck ein Rektapapier, das dadurch gekennzeichnet ist, daß die in ihm verbriefte Forderung durch Abtretung nach § 398 BGB übertragen wird; das Recht am Papier folgt der Forderung nach § 952 BGB nach. Rechtstechnisch weist der Kunde durch die zweite Unterschrift auf dem Reisecheck die bezogene Bank an, den im Reisecheck genannten Betrag an den Erwerber zu zahlen. Die bezogene Bank hat ihre Annahmeerklärung i.S.v. § 784 Abs. 2 S. 2 BGB schon vor Aushändigung abgegeben, so daß die Annahme dem Erwerber gegenüber mit der Aushändigung des Reisechecks wirksam wird. Dabei genügt nach § 793 Abs. 2 S. 2 BGB analog als Annahmeerklärung eine faksimilierte Unterschrift[668]. Auf diese Weise wird ein selbständiger Zahlungsanspruch gegen die Bank nach § 784 Abs. 1 BGB begründet, dem nur solche Einwendungen entgegengesetzt werden können, die die Gültigkeit der Annahme betreffen oder sich aus dem Inhalt der Anweisung oder dem Inhalt der Annahme ergeben oder dem Angewiesenen unmittelbar gegen den Anweisungsempfänger zustehen. Einwendungen aus §§ 404, 407 BGB sind damit ausgeschlossen.

367

Der erste Inhaber des Reisechecks überträgt seinen Anspruch gegen die bezogene Bank auf »Einlösung« des bereits bezahlten (Vorschuß nach § 669 BGB) Reisechecks nach §§ 675, 631 BGB kraft Abtretung (§ 398 BGB) auf den Erwerber. Für die Übertragung des selbständigen Anspruchs aus der Anweisung ist nach § 792 Abs. 1 S. 2 Schriftform erforderlich. Dem genügt die auf die Rückseite des Reisechecks gesetzte Unterschrift des Ersterwerbers[669].

368

---

667 Wie hier Schönle, S. 113; Heymann/Horn, Anh. § 372 Rz 136.
668 Heymann/Horn, Anh. § 372, Rz 138.
669 Heymann/Horn, Anh. § 372, Rz 140.

III. Mißbrauch

1. Echter Reisescheck

369 Kommt ein bereits *zweifach unterschriebener* Reisescheck abhanden, so fehlt es an einer wirksamen Abtretung der mit dem Reisescheck verbundenen Forderungen. Das gleiche gilt, wenn ein Reisescheck entwendet und die Zweitunterschrift gefälscht wird. In beiden Fällen fehlt es an einer wirksamen Forderungsübertragung, so daß der Inhaber des Reisescheks keinen Zahlungsanspruch gegen die bezogene Bank erwirbt. Das gilt auch für den gutgläubigen Erwerber des Schecks, da Forderungen nicht gutgläubig erworben werden können. Eine Überwälzung des Scheckfälschungsrisikos nach Nr. 11 ScheckB kommt nicht in Betracht, da der Reisescheck kein Scheck im Rechtssinne ist. Dennoch wird die den Scheck einlösende Bank wegen der ihm innewohnenden Legitimationswirkung (§ 783 BGB) frei, sofern ihr bei der Prüfung des Schecks keine Fahrlässigkeit vorzuwerfen ist. Wird der Bank ein schon gegengezeichneter Reisescheck vorgelegt, so darf sie ihn nur einlösen, wenn sie sich zuvor einen amtlichen Lichtbildausweis vorlegen läßt und die Unterschrift auf dem Scheck mit derjenigen im Ausweis vergleicht. Ferner ist ein Vergleich mit der noch zu leistenden Unterschrift auf der Rückseite des Schecks zur Übertragung der Anweisung nach § 792 Abs. 1 BGB, mit den Unterschriften auf der Vorderseite und der Unterschrift im Ausweis erforderlich[670].

2. Fälschungsrisiko

370 Löst die bezogene Bank einen *gefälschten* DM-Reisescheck ein, so wird sie gegenüber ihrem Kunden nur frei, wenn sie ihrer *Prüfungspflicht* nachgekommen ist[671]. Instruktiv ist ein Fall, den das OLG Frankfurt am 28.5.1980 zu entscheiden hatte.

371 *Fall: OLG Frankfurt/M. WM 1980, 752 »Torremolinos«*
Ein Immobilienmakler (M) sollte in Spanien für einen Kunden eine Eigentumswohnung erwerben. Um zahlungsfähig zu sein, erwarb er bei seiner Bank Reiseschecks im Werte von DM 25.850 und flog damit am gleichen Tag nach Spanien, wo er am 14.5. in Torremolinos für sich selbst ein Appartment mietete. In dieses drangen am 17.5.1975 unbekannte Täter ein, öffneten den Kleiderschrank gewaltsam und danach die Schlösser des Aktenkoffers, und entwendeten die darin liegenden Reiseschecks und den Reisepaß des M. M erstattete sofort Anzeige bei der spanischen Polizei

---

670 Schlegelberger/Hefermehl[5], Anh. § 365 Rz 321.
671 BGH WM 1969, 240; 1971, 474.

und meldete den Verlust seiner Bank. Die unbekannten Täter fälschten die zweite Unterschrift auf 47 Reiseschecks à DM 500 und erhielten dafür den Gegenwert in verschiedenen spanischen Banken. Diese Banken legten der bezogenen Bank des M die Reiseschecks vor; diese löste sie ein. M meinte, seine Bank hätte nach der Verlustmeldung die Reiseschecks nicht mehr einlösen dürfen. Das gelte auch für die letzten vier noch nicht vorgelegten Reiseschecks. Die Bank meinte, angesichts der hervorragenden Qualität der gefälschten Unterschriften, sei ihr ein Verschulden bei der Gültigkeitsprüfung nicht vorzuwerfen; eine »Schecksperre« komme ansonsten nicht in Betracht, da sie gar nicht wisse, bei welcher Zweigstelle die letzten vier Schecks in Spanien zur Einlösung vorgelegt würden.

Das OLG hat der Bank Recht gegeben, da den Korrespondenzbanken in Spanien nach ordnungsgemäßer Prüfung der Schecks ein Aufwendungserstattungsanspruch gegen die Emissionsbank gem. §§ 675, 670 BGB zugestanden habe. Die Bank hätte gegenüber den ersteinlösenden Instituten (in Spanien) die Annahme der Schecks allenfalls dann ablehnen können, wenn diese die vorgelegten Reiseschecks nicht hinreichend sorgfältig geprüft hätten. Dies sei in keinem Fall festzustellen. Auch M selbst habe nicht behauptet, daß den einlösenden Korrespondenzbanken ein Fehler unterlaufen sei, etwa bei Überprüfung der Unterschriften. Es gehe nur darum, ob die ersteinlösenden Institute hätten erkennen können, daß die Kontrollunterschrift jeweils von der Erstunterschrift abweiche. Daß die Kontrollunterschriften nicht von M stammten, ergäbe sich aus dem eingeholten Schriftgutachten. Ein Vergleich beider Unterschriften auf den Schecks zeige allerdings keine charakteristischen, ins Auge springenden Abweichungen. Sämtliche Schecks erweckten vielmehr den Gesamteindruck der Echtheit. Auch die zusätzlich auf den Kassenzetteln geleisteten Unterschriften des Einlösers, ließen keine für einen Bankangestellten erkennbaren Abweichungen von den Unterschriften auf den Schecks erkennen. Unter diesen Umständen könne den einlösenden Instituten wegen der Einlösung nicht der Vorwurf der Fahrlässigkeit gemacht werden. Dies gelte auch für die Banken, die zugleich mehrere Schecks eingelöst hätten. Für sie hätte nur dann Anlaß zu einer genaueren Prüfung des Inhalts des Schecks und gegebenenfalls zur Erkundigung über die Berechtigung des Einlösers bestanden, wenn die Prüfung der Unterschriften Bedenken gegen die Rechtmäßigkeit ergeben hätte[672]. Solche Bedenken mußten für die einlösenden Institute angesichts der übereinstimmenden Unterschriften jedoch nicht aufkommen. Dies gelte gerade auch deshalb, weil bei der Einlösung der Schecks zusätzlich ein Reisepaß mit eben dieser Unterschrift vorgelegt worden sei.

372

---

672 Vgl. BGH WM 1971, 474.

373 Da somit nicht festgestellt werden könne, daß die einlösenden Institute ein Verschulden bei der Einlösung treffe, könne eine Verpflichtung der Bank zur Einlösung der an sie gegebenen Schecks nicht verneint werden. Vielmehr sei sie gem. §§ 675, 670 BGB hierzu verpflichtet. Daran ändere sich auch nichts dadurch, daß sie zwischenzeitlich von dem Diebstahl benachrichtigt worden sei. Es bestehe für die Bank keine Pflicht, sämtliche Korrespondenzbanken hiervon zu unterrichten. Angesichts der Vielzahl von Einlösestellen sei dies technisch nicht möglich. Demzufolge werde auch in den Verkaufsformularen der Bank darauf hingewiesen, daß eine *Auszahlungssperre* nicht möglich sei. Bedenken gegen die Wirksamkeit dieser allgemeinen Vertragsbedingung bestünden angesichts der Unmöglichkeit einer wirksamen Auszahlungssperre nicht. Nach alledem habe die Bank zu Recht die ihr vorgelegten Reiseschecks eingelöst und sei auch bei etwaiger Vorlage weiterer Schecks unter den gleichen Bedingungen zur Einlösung verpflichtet.

374 Der Entscheidung ist zuzustimmen. Fraglich könnte allenfalls sein, ob das Gericht die Anspruchsgrundlage der spanischen Banken gegen die deutsche bezogene Bank zutreffend beschrieben hat. Selbst wenn man die Anwendbarkeit deutschen Rechts unterstellt, so entsteht ein Aufwendungsersatzanspruch nach §§ 675, 670 BGB nur dann, wenn zwischen der spanischen Bank und der bezogenen Bank ein Abkommen über die Reisescheckeinlösung bestanden haben sollte. Fehlt es dagegen an einem solchen Abkommen, so kommt nur ein Anspruch aus Geschäftsführung ohne Auftrag nach §§ 683, 670 BGB in Betracht. Die Frage, ob die Einlösung eines gefälschten Reiseschecks, dem mutmaßlichen Willen der bezogenen Bank nach § 683 BGB entspricht, ist streitig. Canaris meint, ein solcher mutmaßlicher Wille sei bei abhandengekommenen Schecks in aller Regel zu verneinen. Denn die bezogene Bank sei der zahlenden Bank durch keine Vereinbarung verbunden und müsse daher das Interesse ihres Kunden uneingeschränkt wahrnehmen. Dem Interesse des Kunden aber entspreche die Zahlung selbstverständlich nicht[673]. Demgegenüber stehen Auffassungen, wonach die Einlösung durch die zahlende Bank dem mutmaßlichen Willen der Bezogenen immer dann entspreche, wenn die Zahlende zuvor sorgfältig geprüft habe. Dafür spreche v.a. das Interesse an der Umlauffähigkeit des Reiseschecks[674]. Diesen auf die Funktion des Reiseschecks abstellenden Auffassungen ist zuzustimmen. Der Kunde selbst will, daß der Scheck weltweit immer dann eingelöst wird, wenn die Unterschriften auf dem Scheck ihrem äußeren Gesamtbild nach den Eindruck der Echtheit erwecken. Müßte der Schecknehmer trotz dieses Eindrucks daran zweifeln, daß der Scheck wirklich eingelöst wird, so wäre der Reisescheck seiner Funktion weitgehend beraubt, da er nur noch dann eingelöst

---

673 Canaris[4], Rz 876.
674 Heymann/Horn, Rz 142; Heinichen, 1964, S. 102.

werden könnte, wenn zwischen der bezogenen Bank und der einlösenden ein Abkommen über die Reisescheckeinlösung bestünde. Einen Sinn gibt eine solche Beschränkung aber nicht. Denn auch dann, wenn ein solches Abkommen besteht, kann die einlösende Bank nur eine Echtheitsprüfung der Unterschriften aufgrund ihres Gesamteindrucks durchführen. Ein solches Abkommen wirkt sich also auf die Möglichkeit der Scheckfälschung nicht aus, so daß es kein sinnvolles, den Willen begrenzendes Kriterium i.S.v. § 683 BGB sein kann. Bei alledem ist zu beachten, daß der Inhaber des Reisescheks aufgrund einer gewöhnlich beim Erwerb automatisch abgeschlossenen Versicherung im Ergebnis kein eigenes Verlustrisiko trägt.

3. Diebstahlsrisiko

Gelegentlich übernimmt die die Reiseschecks ausstellende Bank, anstelle einer Versicherung, das Risiko des Diebstahls der Schecks. Bedingungen dieser Art sind mißbrauchsanfällig. Der Reiseschecknehmer selbst könnte versucht sein, einen Diebstahl vorzutäuschen. Einen solchen Fall hatte das AG Frankf./M. am 26.2.1991 zu entscheiden.

Fall: AG Frankf./M. WM 1992, 305 »Einkauf in Paris«
Eine junge Frau erwarb für eine Reise nach Paris am 3.11.1986 Reiseschecks im Wert von 2 500 US-Dollar. Die bezogene Bank trug nach ihren AGB das Verlust- und Diebstahlsrisiko. Bereits am 4.11.1986, so behauptete die junge Frau, seien ihr während eines Einkaufs in Paris zwischen 10 und 16 Uhr die Reiseschecks und ihre Ausweispapiere abhandengekommen. Dennoch wurden sämtliche Reiseschecks am 4.11.1986 eingelöst. Die junge Frau verlangte von der bezogenen Bank Erstattung der 2 500 US-Dollar. Diese weigerte sich unter Hinweis auf das Gutachten eines Schriftsachverständigen. Dieser hatte festgestellt, daß mit großer Wahrscheinlichkeit die junge Frau auf den Schecks selbst unterschrieben habe. Es bestünden nämlich bei Lage, Zeilenführung, Schreibdruck, Verbundenheit, Größe, Schriftweite und Strichqualität Übereinstimmungen zu der Unterschrift der jungen Frau. Gleiches gelte für die besonderen Formungsmerkmale der Unterschrift, etwa bei den sog. Majusken und den Einprägungen der Schrift der Frau. Die Bank meinte, unter diesen Umständen sei sie nicht zur Zahlung verpflichtet.

Dem hat das AG Frankf./M. – zu Recht – zugestimmt. Dabei hat es offengelassen, ob die streitigen Unterschriften wirklich von der jungen Frau stammten. Entscheidend sei, daß die »für den Nachweis des Versicherungsfalls im Rahmen des § 286 ZPO durch die Rechtsprechung entwickelten Beweiserleichterungen dann entfielen, wenn der Beweislastgegner (Bank) beweise, daß nicht nur die Möglichkeit, sondern eine erhebliche Wahrscheinlichkeit für einen anderen Geschehensablauf bestehe. Diesen

Nachweis habe die Bank geführt, da das eingeholte Schriftgutachten eine erhebliche Wahrscheinlichkeit für einen anderen Geschehensablauf nahelege. Es wäre nun Sache der jungen Frau gewesen, solche Umstände darzulegen und zu beweisen, die das Abhandenkommen der Reiseschecks in Paris hätten glaubhaft erscheinen lassen.

E. Euroscheck

I. Entstehung und Funktionen
II. Der Garantieanspruch
   1. Rechtsnatur
   2. Kein Verstoß gegen Art. 4 ScheckG
   3. Entstehungsvoraussetzungen des Garantieanspruchs
      a) Vorlage der Scheckkarte nicht erforderlich
      b) Abtretung des Garantieanspruchs
   4. Einwendungen gegen den Garantieanspruch
      a) Keine Einwendungen aus Deckungs- und Valutaverhältnis
      b) Gültigkeitseinwendungen
   5. Grenzen der Garantie bei Rechtsmißbrauch
      a) Mißbrauch der Vertretungsmacht
      b) Mängel des Kausalverhältnisses
      c) Mitverschulden
III. Der Mißbrauch durch Dritte
   1. Einlösungspflicht nach Echtheitsprüfung
   2. Sorgfaltspflichten und Schadensregelung
IV. Sicherungsrechte der Bank

Schrifttum:
Ahlers, Die neuen Bedingungen für ec-Karten, WM 1995, 601; *Avancini-Iro-Koziol*, Österreichisches Bankvertragsrecht, Bd. I, 1987; *Bärmann*, Europäisches Geld-, Bank- und Börsenrecht, Teil I: Bundesrepublik Deutschland, 1974; *Baumbach/Hopt*, HGB-Komm., 29. Aufl., 1995; *Baumbach/Hefermehl*, Wechsel- und Scheckgesetz, 16. Aufl., 1988; *Blaurock*, Haftung der Banken beim Einsatz neuer Techniken im Zahlungsverkehr, CR 1989, 561; *Brandner*, in: Ulmer-Brandner-Hensen, AGB-Komm., 6. Aufl., 1990; *Buchmüller*, Rechtliche Probleme der Scheckkarte, NJW 1979, 1198; *Bülow*, Grundprobleme der Euro-Schecks und der Scheckkarte, JA 1984, 340; *Bundschuh*, Die neuere Rechtsprechung des BGH zum Scheckrecht, WM 1983, 1178; *Canaris*, Großkomm HGB, 4. Aufl., 1988; *Damrau*, Probleme der Scheckkarte, BB 1969, 199; *Dütz*, Rechtliche Eigenschaften der Scheckkarte, DB 1970, 189; *Eisemann*, Grenzen der Scheckkartengarantie, JR 1976, 367; *Eisenhardt*, Die rechtliche Bedeutung des Scheckkartennummernvermerks auf dem Scheck, MDR 1972, 729; *Engel*, Rechtsprobleme um das Lastschriftverfahren, 1966; *Hadding*, Zahlung mittels Universalkreditkarte, Festschrift für Klemens Pleyer, 1986, 17; *Hadding/Häuser*, Reichweite der Einlösungsgarantie und Rechtsmißbrauch beim ec-Scheck, WM 1993, 1357; *Harbeke*, Die vertragliche Grundlage zwischen Bank und Kunde für die Verwendung der ec-Karte: Die neuen Bedingungen für den ec-Service, WM 1989, 1749; *ders.*, Neue Bedingungen für die Verwendung der ec-Karte, ZIP 1995, 250; *Horn*, Die Verwendung von Scheckkarten für Kreditzwecke, NJW 1974, 1481; *ders.*, in Heymann, HGB-Komm., Bd. 4, 1989; *ders.*, in: *Wolf/Horn/Lindacher*, AGBG-Komm., 2. Aufl., 1989; *Joost*, Neue Euroscheckbedingungen zum Risiko des Scheckmißbrauchs, DB 1989, 1657; *ders.*, Die Verteilung des Risikos von Scheckkartenfälschungen, ZHR 153 (1989) 237; *Knoche*, Der Mißbrauch der Scheckkarte, 1983; *Koller*, Die Verteilung des Scheckfälschungsrisikos zwischen Kunde und Bank, NJW 1981, 2433; *Köndgen*, Die Entwicklung des privaten Bankrechts in den Jahren 1990/91, NJW 1992, 2263; *Kümpel*, Bank- und Kapitalmarktrecht, 1995; *Liesecke*, Neuere Praxis des Wechsel- und Scheckrechts, WM 1973, 1154; *Medicus*, BGB-Allgemeiner Teil, 15 Aufl., 1991; *Meintrup*, Die Scheckkarte – Schritt zum bargeldlosen Zahlungsverkehr, ZfKW 1967, 950; *Pohlhausen*, Zum Mitverschulden der bezogenen Bank bei Scheckkartenmißbrauch, WM 1976, 1371; *Schaudwet*, Rechtsfragen der Scheckkarte, NJW 1968, 9; *Schröter*, Die neuen Bedingungen für ec-Karten, ZBB 1995, 395; *Wentzel*, Das Scheckkartenverfahren der deutschen Kreditinstitute, 1974, 3; *Zöllner*, Zur rechtlichen Problematik der Scheckkarte, DB 1968, 559; *ders.*, Wertpapierrecht, 14. Aufl., 1987.

I. Entstehung und Funktionen

In den 60er Jahren nahm die Zahl der Girokonten sprunghaft zu[675]. Dagegen wuchs der unbare Zahlungsverkehr nicht in gleichem Umfang mit. Zwar hatte sich die Überweisung für größere Zahlungen durchgesetzt, und auch das im Jahre 1964 geschaffene Lastschriftverfahren verlor für laufende Verpflichtungen seinen exotischen Charakter[676]. Die Masse der Geschäfte im Einzelhandel und im Dienstleistungsgewerbe wurden dagegen nach wie vor bar abgewickelt. Es fehlte ein Instrument zur Vertrauenssicherung zwischen dem Scheckaussteller und dem Schecknehmer[677]. Das änderte sich grundlegend mit der Einführung der *Scheckkarte*, die vor allem die privaten Banken ab 1.1.1968 an vertrauenswürdige Girokunden ausgaben[678]. Die Scheckkarte galt jeweils für ein Kalenderjahr. Sie trug auf der Vorderseite den Aufdruck »Scheckkarte«, den Namen des ausgebenden Instituts, das Geltungsjahr, die Scheckkartennummer, die Kontonummer und die Unterschrift des Kunden. Auf der Rückseite war eine Garantieerklärung der Bank in Höhe von DM 200,- abgedruckt. Das Verhältnis zwischen Kreditinstitut und Karteninhaber regelten besondere Bedingungen[679]. Dabei konnte die Karte bei Einführung im Jahre 1968 zunächst nur im Inland benutzt werden. Das änderte sich relativ rasch. Bereits im Jahre 1970 war die Verwendung in 15 europäischen Ländern möglich[680]. Hier wirkte sich bereits die Vereinheitlichung der vom Bundesverband deutscher Banken seit Ende 1969 durchgesetzten Scheckvordrucke aus. Um das Scheckkartensystem noch stärker zu internationalisieren wurde im Jahre 1971 das ec-Abkommen geschlossen. Als Folge wurden mit Wirkung vom 1.1.1972 in Deutschland für das Scheckkartenverfahren einheitliche Scheckvordrucke und Scheckkarten verwendet, die als eurocheques (ec-Schecks) und eurocheque-Karten bezeichnet wurden. Die EG-Kommission hat das eurocheques-System und die ihm innewohnenden Wettbewerbsbeschränkungen nach Art. 85 Abs. 3 EGV freigestellt, um auf diese Weise den Bürgern Europas deutliche Verbesserungen

378

---

675 Meintrup, ZfKW 1967, 950; instruktiv Wentzel, S. 3 ff.
676 Vgl. Engel, Rechtsprobleme um das Lastschriftverfahren, 1966.
677 Die am 1.10.1960 von einigen Instituten eingeführte »Scheckausweiskarte« hatte sich nicht bewährt; sie war lediglich eine Bescheinigung darüber, daß der Kunde bei der ausstellenden Bank ein Konto unterhielt und sich ihr gegenüber besonders verpflichtet hatte, keine ungedeckten Schecks auszugeben. Irgendeine Garantie der Bank verbriefte sie nicht. Ebensowenig vermochte sich der Tankscheck durchzusetzen. Der Versuch der Bank für Gemeinwirtschaft (1960), besondere Kaufschecks in Verkehr zu bringen, scheiterte am Widerstand der Bundesbank, die ihr Notenausgabemonopol bedroht glaubte (§§ 14, 35 BBankG). Hierzu vertiefend Schaudwet, NJW 1968, 9 ff.
678 Vertiefend Zöllner, DB 1968, 559 ff.; Dütz, DB 1970, 189 ff.; Damrau, BB 1969, 199 ff.; Wentzel, S. 17 ff.
679 Vertiefend Schaudwet, NJW 1968, 9 ff.
680 Dütz, DB 1970, 189; Wentzel zur Entwicklung der eurocheque-Karte, S. 34 ff.

im Zahlungsverkehr zu eröffnen[681]. Bereits fünf Jahre nach Einführung der Scheckkarte wurden eurocheques in 31 Ländern entgegengenommen[682]. Nach einer Auskunft der Deutschen Bundesbank wurden im Jahre 1990 von 40 Ländern der ec-Gemeinschaft rund 50 Mio. eurocheques grenzüberschreitend mit einem Volumen von mehr als 13,7 Mrd. DM abgewickelt. Das sind allerdings nur etwa 5 – 10 % des gesamten eurocheques-Umsatzes, der in Deutschland in dieser Zeit etwa bei 450 Mio. Stück lag. Dabei ist zu beachten, daß in nur 23 Ländern der ec-Gemeinschaft von Geldinstituten eurocheques und ec-Karten ausgegeben werden[683]. Das Statistische Bundesamt verwies im Jahrbuch für 1991 darauf, daß in diesem Zeitraum etwa 800 Mio. Schecks ausgestellt worden seien. Etwas mehr als die Hälfte davon waren eurocheques. Dabei erhöhte sich die Zahl der im Umlauf befindlichen ec-Karten von 1984 (18,1 Mio.) über 1991 (33,5 Mio.) bis Anfang 1995 auf über 37 Mio. sprunghaft, bei steigender Tendenz weiterhin[684]. Das bedeutet, daß der eurocheque die in ihn gesetzten Erwartungen erfüllt hat und darüber hinaus Motor für die Entwicklung weiterer unbarer Zahlungssysteme geworden ist.

379 Dies hängt vor allem mit den erweiterten *Funktionen* des ec-Kartensystems zusammen. Es dient dem Bankkunden nicht nur als Instrument des bargeldlosen Zahlungsverkehrs, sondern auch zur Abhebung von Geldbeträgen an ec-Geldautomaten, sowie zur bargeldlosen Bezahlung an automatisierten Kassen, die für den ec-Service zugelassen sind[685]. Hierneben wird die Karte auch dazu verwendet, sich bei anderen als der eigentlich bezogenen Bank Bargeld zu verschaffen. Bedenken bestanden insoweit wegen des Verbots der Ausgabe von banknotenähnlichen Titeln (§ 35 BBankG). Art. 4 ScheckG verbietet jedoch nur eine Annahmeerklärung auf dem Scheck selbst, eine außerhalb des Schecks liegende Garantie wird damit nicht verboten[686]. Die Bedeutung für den eurocheque-Nehmer besteht somit in einer *Sicherheit vor ungedeckten* Schecks. Die Garantiebeträge sind dabei nicht ganz einheitlich. Sie haben sich in Deutschland von DM 200,- im Jahre 1968 auf DM 400,- Anfang der 90er Jahre entwickelt. Das gilt in ähnlicher Weise für England und Italien; in anderen ec-Ländern schwanken die Höchstbeträge je nach Umrechnungskurs zwischen DM 300,- und DM 360,-.

---

681 WuW/E-EV 1076.
682 Liesecke, WM 1973, 1154, 1165.
683 Information der Deutschen Bundesbank vom 31.3.1992.
684 Harbecke ZIP 1995, 250.
685 Nr. I der Bedingungen für den ec-Service (Banken 95) vom 1.1.1995.
686 BGHZ 64, 81.

II. Der Garantieanspruch

1. Rechtsnatur

Mit der ec-Karte, so heißt es in Nr. III, 1.1 der ec-Bedingungen (Banken/ Sparkassen 95), garantiert die Bank/Sparkasse die Zahlung ... eines auf seinen Vordrucken ausgestellten Schecks jedem Schecknehmer in Europa und in den an das Mittelmeer angrenzenden Ländern bis zu einem Betrag von 400 DM oder bis zur Höhe des in dem jeweiligen Land maßgeblichen ec-Garantiehöchstbetrages[687]. Das setzt voraus, so heißt es in den Bedingungen weiter, daß der Name der Bank, Konto- und ec-Kartennummer sowie die Unterschriften auf eurocheque und ec-Karte übereinstimmen. Dabei sind in Deutschland ausgestellte eurocheques für 8 Tage, in anderen Ländern ausgestellte für 20 Tage ab dem Ausstellungsdatum garantiert. Die Frist ist gewahrt, wenn der eurocheque innerhalb dieser Fristen der Bank vorgelegt, einem inländischen Kreditinsitut zum Inkasso eingereicht oder der GZS Gesellschaft für Zahlungssysteme m.b.H., zugeleitet worden ist. Und um ganz sicher zu sein, wird die Garantie dann noch einmal wie folgt formuliert:

380

»Die Bank wird auf jeden mit der ec-Kartennummer versehenen eurocheque Zahlung leisten, sofern die obigen genannten Voraussetzungen eingehalten sind.«

Welche Rechtsnatur das Versprechen der Bank hat, im Rahmen der Höchstbeträge immer dann Zahlung zu leisten, wenn die Voraussetzungen von Nr. III, 1.1 ec-Bedingungen (Banken 95) vorliegen, ist eine noch immer umstrittene und bisher höchstrichterlich nur teilweise entschiedene Frage. Immerhin, soviel ist geklärt, die Einlösungsverpflichtung der Bank setzt einen *Vertrag* voraus. Insoweit hat der BGH bereits am 6.3.1975[688] entschieden, daß »als Anspruchsgrundlage nur eine durch besonderen Vertrag übernommene Verpflichtung der Bank, dem Schecknehmer den Scheckbetrag zu bezahlen, in Betracht komme«. Ganz selbstverständlich ist das nicht; man hätte auch darüber nachdenken können, ob das Versprechen in Nr. 6 ec-Bedingungen als einseitige öffentliche Verpflichtungserklärung z.B. i.S.d. Auslobung nach § 657 BGB oder i.S.d. Außenvollmacht nach § 171 BGB aufzufassen ist. Die Festlegung des BGH auf einen vertraglichen Anspruch kann zweierlei bedeuten. Entweder Bank und Kunde schließen einen echten Vertrag zugunsten Dritter (Schecknehmer) i.S.v. § 328 BGB[689]. Oder aber Bank und Schecknehmer schließen

381

---

687 Banken und Sparkassen haben ab 01.01.1995 neue »Bedingungen für die Verwendung der ec-Karte vorgelegt. Die Bedingungen sind – bis auf geringfügige Abweichungen bei der Haftungsregelung – inhaltlich gleich, vgl. Ahlers, WM 1995, 601; Harbecke, ZIP 1995, 250 – mit Teilgegenüberstellung beider Bedingungswerke.
688 BGHZ 64, 79, 81.
689 So erstmals Zöllner DB 1968, 559, 560 f.

einen selbständigen Garantievertrag[690]. Dabei hat sich inzwischen die Vorstellung durchgesetzt, daß der Garantievertrag zwischen der Bank und dem Schecknehmer im Wege der Stellvertretung nach § 164 BGB zustandekommt. Als Stellvertreter handelt der Scheckaussteller. Er ist aufgrund des eurocheque-Vertrages mit seiner Bank bis zur Garantiehöchstgrenze bevollmächtigt[691]. Grafisch sieht das so aus:

382 Grafik: Die Scheckkartengarantie

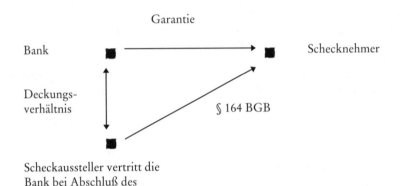

383 Wie die Vollmacht für den Dieb und Fälscher zu begründen ist, bleibt allerdings offen. Dieses Problem lösen auch nicht diejenigen, die meinen, daß der Kunde nicht als Vertreter, sondern als *Bote* der Bank auftrete[692]. Ferner wird gegen diese Konstruktion eingewandt, daß der Aussteller hinsichtlich der Entscheidung über das Ob des Vertragsschlusses, die Auswahl des Vertragspartners und die Höhe der Garantie frei ist und daher den für einen Stellvertreter charakteristischen »Spielraum« hat[693].

384 Grundlegend anders hat Zöllner bereits 1968 vorgeschlagen, die Verpflichtung der Bank als Vertrag zugunsten eines Dritten (§ 328 BGB) aufzufassen[694]. Canaris[695] hält dagegen, daß man auf dem Boden dieser Kon-

---

690 So die wohl h.L.; vgl. die Nachweise bei Canaris⁴ Rz. 831 ff.; umfassend: Knoche, S. 17 ff.; 80 ff.
691 Schaudwet, NJW 1968, 10; Eisenhardt, MDR 1972, 729 ff.; Bärmann, Europäisches Geld-, Bank- und Börsenrecht, Teil I: Bundesrepublik Deutschland, S. 177; Horn in: Heymann, HGB-Komm., Bd. 4, Anh. § 372 Rz. 125; Canaris⁴ Rz. 831 m.w.N. auch aus der Rspr.
692 Damrau BB 1969, 199, 201 m.w.N.
693 So u.a. Canaris⁴ Rz. 831.
694 Zöllner DB 1968, 559, 560 f.; ähnlich Buchmüller, NJW 1979, 1198; Bülow, JA 1984, 340, 343.
695 AaO. Rz. 832.

struktion annehmen müßte, daß die Bank mit ihrem Kunden einen Vertrag zugunsten *unbestimmt vieler* Personen über *beliebige Höhen* (bis zur Grenze der garantierten Höchstsumme) abschließe, was äußerst gekünstelt wäre. Insoweit mit § 315 BGB zu arbeiten[696], bedeute in Wahrheit bereits, daß man in einem wesentlichen Punkt die Konstruktion eines Vertrages zugunsten Dritter verlasse. Weiterhin spreche gegen den Weg über § 328 BGB, daß danach der Anspruch des Dritten ohne dessen Mitwirkung zustandekommen müßte, während hier doch zweifellos eine Mitwirkung des ersten Nehmers am Vertragsschluß gewollt und nach der Verkehrsanschauung anzunehmen sei. Schließlich und vor allem paßten die §§ 328 ff. BGB auch deshalb nicht, weil dem Dritten gem. § 334 BGB grundsätzlich alle Einwendungen aus dem Deckungsverhältnis entgegengesetzt werden könnten und gerade dies bei der Scheckkarte nach dem Willen der Parteien ausgeschlossen sein solle. Zwar sei § 334 BGB dispositiv, doch sei er andererseits für den Vertrag zugunsten Dritter typusbestimmend, und daher lege seine Abbedingung stets den Schluß nahe, daß in Wahrheit eine andere Vertragsgestaltung von den Parteien gewollt sei. Etwas merkwürdig ist es m.E. darüber hinaus, daß der Dieb und Fälscher als Anspruchsmittler nicht hinweggedacht werden kann, obwohl doch der Anspruch aus dem Vertrag zugunsten des Schecknehmers bereits wirksam besteht. Angereichert wird die Diskussion auf der Basis des österreichischen Rechts um einen Vorschlag, wonach es sich bei der Verpflichtungserklärung der Bank um die »Annahme einer Anweisung« handeln soll, die nach deutschem Recht an Art. 4 ScheckG und § 784 Abs. 2 BGB scheitere[697]. Da allerdings auch für den gefälschten Scheck gehaftet werden solle, sei eine ergänzende Garantie für diese Fälle denknotwendig. Das ist überraschend, denn das setzt Vertretungsmacht beim Fälscher voraus.

Die Diskussion um die Rechtsnatur der Verpflichtungserklärung der Bank nach Nr. III, 1.1 ec-Bedingungen 95 wird durch eine Entscheidung des BGH vom 29.11.1984[698] noch etwas komplizierter. Es ging um die Frage, inwieweit die Bank ein Pfandrecht an ausgegebenen aber noch nicht vom Kunden selbst ausgestellten Euroschecks hatte. Der BGH entschied, daß »die rechtliche Grundlage für die Verpflichtung einer Bank, ordnungsgemäß ausgestellte und fristgerecht eingereichte Euroschecks einzulösen, bereits durch die *Aushändigung* der ec-Karte und der ec-Formulare an den Scheckaussteller angelegt werde«. Auf diese Weise erstreckt sich auch das Pfandrecht der Banken auf den potentiellen Gegenwert der erst ausgegebenen Euroschecks. Das bedeutet aber, daß die Banken im Augenblick der Hingabe der Euroscheck-Formulare bereits für ihre Einlösung in bestimmter (maximaler) Höhe aufschiebend bedingt

385

---

696 So Zöllner DB 1968, 560 f.; Dütz DB 1970, 192.
697 Avancini-Iro-Koziol, Bankvertragsrecht, Bd. I, 1987, S. 422.
698 BGHZ 93, 80 = WM 1985, 78.

(§ 158 Abs. 1 BGB) einstehen. Dieser Gedanke wird durch Nr. III, 1.3 der ec-Bedingungen 95 unterstützt, wonach sich die Einlösungsgarantie auch auf unerkennbar gefälschte Schecks bezieht. Die Garantievertragskonstruktion scheitert in diesem Falle, weil der Dieb und Fälscher keine Vertretungsmacht seitens der Bank gegenüber dem Schecknehmer hat[699]. Aus der Sicht eines Vertrages zugunsten Dritter geht der BGH nicht weit genug. Würde ein solcher Vertrag zwischen Bank und Scheckaussteller zugunsten beliebiger Schecknehmer im Zeitpunkt der Scheckausgabe geschlossen werden, so würde man damit nicht nur die »rechtliche Grundlage für die Verpflichtung der Bank« legen, sondern den Anspruch eines jeden späteren Schecknehmers unmittelbar und in vollem Umfang potentiell begründen.

So bleibt es denn dabei, daß keiner der derzeit diskutierten Ansätze in der Lage ist, die Rechtsnatur der Verpflichtungserklärung der Bank eindeutig und hinreichend zu beschreiben.

386 Vielleicht wäre das anders, wenn man sich dazu durchringen könnte, die Erklärung der Bank i.S.e. öffentlichen Verpflichtungserklärung (z.B. § 657 BGB analog) zu interpretieren. Aus der Sicht der Bank wäre damit klargestellt, daß jeder Schecknehmer, der einen Scheck mit den Merkmalen der Nr. III, 1.1 ec-Bedingungen 95 in den Händen hält, berechtigt ist, Einlösung innerhalb der Vorlagefristen zu verlangen. Die Begrenzung der Einlösungspflicht der Bank bei Rechtsmißbräuchen müßte dogmatisch allein auf die Rechtsgedanken der §§ 138, 226, 242 BGB gestützt werden. Die Ergebnisse wären aber keine anderen, da auch eine einseitige öffentliche Verpflichtungserklärung unter dem Vorbehalt rechtsmißbräuchlichen Verhaltens steht, d.h. die Garantie, z.B. auch bei ungedecktem Konto zahlen zu wollen, dann ihre Wirksamkeit verliert, wenn sich dem Schecknehmer geradezu aufdrängt, daß Schecks zum Nachteil der Bank begeben werden. Im Unterschied zur typischen öffentlichen Verpflichtungserklärung, etwa der Auslobung nach § 657 BGB, fehlt es beim Scheckkartenscheck an einer allgemeinen öffentlichen Erklärung der Bank. Ihr Verpflichtungswille dokumentiert sich in den, dem Kunden ausgehändigten Scheckformularen zusammen mit der ec-Karte. Um die Erklärung der Bank gegenüber dem Schecknehmer wirksam entstehen zu lassen, wäre Zugang bei letzterem erforderlich. Diesen bewirkt der Scheckaussteller, indem er den Scheck mit den nach Nr. III, 1.1 ec-Bedingungen 95 erforderlichen Daten versieht und ihn so in den Machtbereich des Schecknehmers gelangen läßt, so daß dieser unter normalen Umständen die Möglichkeit hat, vom Inhalt der Erklärung Kenntnis zu nehmen (Zugang i.S.v. § 130 BGB)[700]. Da Vertretungsmacht nicht notwendig ist, um den Zugang

---

699 Für Vertretungsmacht aber LG Berlin WM 1981, 1242; dag. Bülow, JA 1984, 344; Canaris[4] Rz. 833.
700 RGZ 144, 292; BGHZ 67, 275.

einer Erklärung zu bewirken, ist auf diese Weise das Diebstahls- und Fälscherproblem lösbar. Andererseits entsteht der Anspruch des Schecknehmers erst durch Zugang einer vom Scheckaussteller konkretisierten Erklärung der Bank, so daß das Bestimmtheitsproblem des § 328 BGB nicht entsteht. Und schließlich ist bei dieser Konstruktion die »rechtliche Grundlage für die Verpflichtung der Bank im Zeitpunkt der Ausgabe der Scheckformulare angelegt«, womit den Anforderungen von BGHZ 93, 80 genügt wäre.

2. Kein Verstoß gegen Art. 4 ScheckG

Unstreitig ist, daß die Übernahme einer solchen Einlösungsverpflichtung gesetzlich zulässig ist. Insbesondere liegt darin keine unzulässige Umgehung des Akzeptverbots nach Art. 4 ScheckG[701]. Denn wegen der Kurzfristigkeit der Einlösungsgarantie (8 Tage Inland; 20 Tage Ausland) ist der eurocheque als Kreditmittel untauglich[702]. Instruktiv ist insoweit eine Entscheidung des Kammergerichts vom 14.6.1991. 387

Fall: KG WRP 1992, 108 »Bargeld für Euroscheck« 388
Im Kassenbereich eines Supermarktes konnten die Kunden auf herabhängenden Schildern folgenden Text lesen: »Wenn Sie jetzt Ihren Einkauf mit einem Euroscheck begleichen, zahlen wir Ihnen die Differenz bis zu einem Ausstellungsbetrag von 400,- DM aus«.

Ein Verbraucherverband klagte nach § 13 Abs. 2 Nr. 2 UWG auf Unterlassung, weil der Supermarkt auf diese Weise ein Kreditgeschäft betreibe, für das er die Erlaubnis nach § 32 Kreditwesengesetz (KWG) benötige. Der Supermarkt meinte, von einem Kreditgeschäft könne keine Rede sein, er wechsele lediglich das Zahlungsmittel Euroscheck in ein anderes Zahlungsmittel (Bargeld) um.

Das KG hat der Auffassung des Supermarktes zugestimmt. Die garantiebedingte Risikolosigkeit der Scheckhereinnahme mache den Euroscheck in hohem Grade zu einem gleichermaßen wie Bargeld willkommenen Zahlungsmittel. Der Scheckinhaber empfinde ihn als Teil der ihm für sofortige Bezahlung bei Handgeschäften zur Verfügung stehenden Liquidität. Er werde als *liquides Zahlungsmittel eigener Art* gesehen. Der Euroscheck stehe durch die Garantie weitgehend dem Bargeld gleich. Wenn nun solches gegen den Scheck ausgezahlt werde, stelle sich das für die Beteiligten wegen der Deckungssicherheit nicht als Darlehensabmachung dar, sondern als Hergabe eines vollwertigen Zahlungsmittels im Austausch gegen ein anderes. Auch der Schutzzweck des KWG stehe nicht auf dem Spiel. Übermäßige Kreditschöpfung durch Buchgeld, wie 389

---

701 BGHZ 64, 79, 81.
702 Canaris[4] Rz. 830 mit weiteren, teilweise umstrittenen Argumenten.

bei einem Bankinstitut in Betracht kommend, das Einlagen hereinnehme und Kredite ausgebe, sei ausgeschlossen. Es werde nur Bargeld aus der Kasse ausgezahlt. Es gehe damit auch keineswegs eine zusätzliche Kaufkraftschöpfung einher, die unter Kontrolle zu halten wegen der Inflationsgefahren auch ein Anliegen des KWG sei. Die Kaufkraftschöpfung habe, wenn das Konto nicht gedeckt sei, schon bei der dem KWG unterliegenden Bank stattgefunden. Denn diese habe die Kreditlinie eingeräumt, und mit dem garantierten Scheck könne der Kunde, auch wenn es ihm nun nicht gelinge, Bargeld einzutauschen, jedenfalls weithin wie mit Bargeld einkaufen. Die Betrachtung führe immer wieder zu dem Gesichtspunkt zurück, daß es sich bei der hohen Verkehrsfähigkeit des Euroschecks in Höhe der Garantiesumme hier um eine Art Einwechslungsgeschäft handele, bei dem von einem Zahlungsmittel auf ein anderes umgesattelt werde.

390 Die Entscheidung ist richtig. Sie zeigt, daß der Euroscheck selbst kein Kreditmittel ist. Denn entweder schöpft der Kunde ein unabhängig von den Euroschecks gewährtes Kreditlimit aus, oder aber er verletzt seine Verpflichtung, von der ec-Karte nur im Rahmen des Guthabens bzw. eines vorher eingeräumten Kredites Gebrauch zu machen (Nr. II, 3 ec-Bedingungen [Banken 95]). In diesem Fall löst der Kunde im Außenverhältnis die Garantieverpflichtung der Bank und im Innenverhältnis seine eigene Schadensersatzverpflichtung aus positiver Vertragsverletzung aus. Beides hat nichts mit einer Kreditgewährung zu tun. Es ist deshalb auch richtig, daß das bloße Einwechseln von Euroschecks kein Bankgeschäft i.S.v. § 32 KWG sein kann. Wettbewerbsrechtlich (§ 1 UWG) könnte fraglich sein, ob das Angebot des Supermarktes als »Verleiten zum Rechtsbruch« aufzufassen ist. Der Supermarkt legt es seinen Kunden geradezu nahe, einen Euroscheck über DM 400,- auch dann noch auszustellen, wenn das Konto schon keine Deckung mehr hat. Hierin könnte das Verleiten zum Verstoß gegen Nr. II, 3 ec-Bedingungen (Banken 95)[703] liegen. Gefördert würde das eigene Wettbewerbsverhältnis zu Lasten der Bank, sofern der Kunde mehr kauft als geplant, oder auch ein fremdes Wettbewerbsverhältnis, wenn der Kunde sich nun Dinge für Bargeld kauft, die er wegen ihrer Geringwertigkeit gegen Euroscheck normalerweise nicht bekommen hätte (Busfahrkarte/Hamburger/Eis ...). Dieser vom KG nicht untersuchte Gedanke ändert aber nichts daran, daß der Euroscheck kein Kreditmittel ist und somit die in ihm angelegte Garantie, die Wertungen und Schutzzwecke des Art. 4 ScheckG auch nicht unzulässig umgeht.

703 Inhaltsgleich A II Nr. 2 Sparkassen 95.

§ 4 Zahlungsverkehr

3. Entstehungsvoraussetzungen des Garantieanspruchs

a) Vorlage der Scheckkarte nicht erforderlich

Fall: BGHZ 83, 31 »46 Euroschecks per Post«   391
Ein Gastwirt schuldete die Rückzahlung eines Darlehens in Höhe von DM 20 000, war aber nicht zahlungsfähig. Er hatte kurz vor Fälligkeit des Darlehens von seiner Bank Euroscheckformulare und eine Euroscheckkarte bekommen. Um wenigstens einen Teil des Darlehens (DM 13 800,-) zurückzuzahlen, stellte er insgesamt 46 Euroschecks über je DM 300,- aus und übersandte diese dem Kreditgeber per Post. Die Bank verweigerte die Einlösung der Schecks. Zum einen deshalb, weil – was richtig war – dem Schecknehmer die Scheckkarte nicht vorgelegt worden war, zum anderen, weil ihre Inanspruchnahme rechtsmißbräuchlich sei.

Der BGH hat die gegen die Bank gerichtete Zahlungsklage im Ergebnis   392
zwar abgewiesen, aber zunächst klargestellt, daß es nach den Scheckkartenbedingungen ausreiche, wenn Unterschrift, Name des Kreditinstitutes sowie Kontonummer auf Euroscheck und Euroscheckkarte übereinstimmten und die Nummer der Euroscheckkarte auf der Rückseite des ec-Schecks vermerkt sei. Die *Vorlage der Karte* (zur Kontrolle) werde dort nicht verlangt; es genüge, daß die Karte »verwendet« worden sei. D.h., daß der Euroscheck auch dann volle Wirkung entfaltet, wenn er per Post zugesandt wird. Der Schecknehmer ist also nicht verpflichtet, die auf der Rückseite des Schecks eingetragene Nummer mit der auf der Karte stehenden zu vergleichen. Wenn ein solcher Vergleich in der Praxis regelmäßig trotzdem durchgeführt wird, so deshalb, um sicherzugehen, daß keine Fehler unterlaufen, die die Gültigkeit des Euroschecks in Frage stellen könnten. Außerdem begründet die Vorlage der Scheckkarte für den Schecknehmer i.d.R. erst das Vertrauen, anstelle von Bargeld einen Euroscheck zu nehmen. Das alles aber sind Erwägungen, die mit der Gültigkeit des Garantieversprechens nichts zu tun haben.

b) Abtretung des Garantieanspruchs

Auch nach dem Wortlaut der ec-Garantie 95 könnte man überlegen, ob   393
sich diese nur auf den ersten Nehmer des Schecks erstreckt oder auch jeden späteren Erwerber begünstigt. Beide Auffassungen wurden für die früheren Fassungen vertreten[704]. Letztlich muß diese Frage nicht entschieden werden, weil anerkannt ist, daß der erste Nehmer seinen Garantiean-

---

[704] Für eine generelle Garantie gegenüber jedem Nehmer: Schaudwet, NJW 1968, 11; Damrau DB 1969, 201; Dütz DB 1970, 192; dagegen (nur Schutz des ersten Nehmers) Canaris[4] Rz. 852; Bülow JA 1984, 345 f.; Zöllner, Wertpapierrecht[14], 166; der Wortlaut von Nr. III, 1.1 ec-Bedingungen 95 spricht für eine generelle Garantie gegenüber *jedem* Schecknehmer, sofern bei Ausstellung die Karte verwendet wird.

435

spruch an den zweiten (auch konkludent) abtreten kann. Instruktiv ist insoweit ein Fall, den das OLG Nürnberg am 8.6.1978 zu entscheiden hatte.

394 *Fall: OLG Nürnberg NJW 1978, 2513 »Spielcasino«*
Ein Bankkunde hatte eine Nacht beim Poker in einem Spielcasino verbracht und dabei 15 Euroschecks über je DM 300,- ausgestellt. Der Mieter des Spielcasinos, der die Schecks entgegengenommen hatte, gab diese dann weiter an den Vermieter, um auf diese Weise seine Mietzinsrückstände zu bezahlen. Die Bank verweigerte die Einlösung der Euroschecks u.a. mit dem Hinweis, daß sich die Garantie auf den, die Schecks erwerbenden Vermieter nicht beziehe.

395 Das OLG verpflichtete die Bank zur Zahlung. Denn im Zweifel habe der erste Schecknehmer (Mieter) seinen Garantieanspruch durch Weitergabe der Schecks konkludent wirksam abgetreten. Das Gericht hat zu Recht darauf hingewiesen, daß der Erwerber (Vermieter) durch die Abtretung keine bessere Rechtsstellung erhält als der erste Nehmer (Mieter). Er, der Erwerber, muß sich nämlich genau die Einwendungen entgegenhalten lassen, die die Bank auch dem ersten Nehmer hätte entgegenhalten dürfen (§ 404 BGB). Allerdings kann die Bank nur Einwendungen erheben, die die Entstehung oder den Bestand ihrer Garantieverpflichtung betreffen, insbesondere also die formelle Ungültigkeit des Schecks geltend machen. Zulässig wären deshalb Einwendungen der Bank, daß die Unterschriften auf Scheck und Scheckkarte nicht übereinstimmen, oder daß der Bankkunde bei Ausstellung der Schecks volltrunken und damit geschäftsunfähig gewesen sei. Sie könnte auch damit gehört werden, daß die Geltendmachung des Garantieanspruchs eine unzulässige Rechtsausübung sei. Aber Einwendungen aus dem zugrundeliegenden Kausalverhältnis könnten dem Garantievertrag nicht entgegengesetzt werden. Vor allem könnte nicht gesagt werden, daß der geschlossene Spielvertrag nach § 762 Abs. 1 S. 1 BGB keine Verbindlichkeit begründet habe und die lediglich erfüllungshalber hingegebenen Euroschecks auch für die Bank keine Verbindlichkeit aus dem Garantievertrag begründen könnten (§ 762 Abs. 2 BGB). Insoweit handele es sich um eine Einwendung aus dem Valutaverhältnis zwischen dem Scheckaussteller und dem ersten Schecknehmer, die von der Bank nicht geltend gemacht werden könne, weil es sich hierbei um ein unzulässiges argumentum ex iure tertii handele.

396 Der Entscheidung ist zuzustimmen, soweit es um die konkludente Abtretung des Garantieanspruchs durch Weitergabe der Euroschecks geht. Bei der Grenzziehung für die Frage des Rechtsmißbrauchs überzeugt die Entscheidung nicht ganz; insoweit unten mehr.[705]

---

[705] Rz. 400 ff.

4. Einwendungen gegen den Garantieanspruch

Nach Nr. III, 1.1 ec-Bedingungen 95 entsteht der Garantieanspruch, wenn ein Euroscheckvordruck der bezogenen Bank benutzt wurde, der Name des Kreditinstituts, die Konto- und Karten-Nummer sowie die Unterschrift auf Euroscheck und ec-Karte übereinstimmen. Innerhalb der Bundesrepublik sind Euroschecks für acht Tage, in anderen Staaten ausgestellte Euroschecks für 20 Tage seit dem Ausstellungsdatum garantiert. Erfüllt ein Euroscheck diese Bedingungen und erweckt die Unterschrift auf dem Vordruck nach ihrem äußeren Gesamtbild den Eindruck der Echtheit, so besteht eine Einlösungsverpflichtung auch dann, wenn die Unterschrift gefälscht ist (Nr. III, 1.3 ec-Bedingungen 95).

397

a) Keine Einwendungen aus Deckungs- und Valutaverhältnis

Das bedeutet, daß dem Schecknehmer, ähnlich wie bei der angenommenen Anweisung nach § 784 Abs. 1 BGB, keine Einwendungen aus dem Deckungsverhältnis (Bank – Scheckaussteller) entgegengehalten werden können. Die Bank kann sich also weder auf die Nichtigkeit des Deckungsverhältnisses noch darauf berufen, daß der Scheck widerrufen oder gesperrt worden ist, worauf Nr. III 1.3 ec-Bedingungen (Banken 95) am Ende auch ausdrücklich hinweist. Insbesondere kann sich die Bank gegenüber dem Schecknehmer nicht auf mangelnde Deckung berufen[706]. Das gilt jedenfalls bis zu den Grenzen, die sich aus § 242 BGB ergeben können und zu denen unten[707] Stellung genommen wird. Auch auf Mängel aus dem Valutaverhältnis (Scheckaussteller – Schecknehmer) kann sich die Bank i.d.R. nicht berufen. Das ist schon deshalb so, weil sie selbst keine vertraglichen Beziehungen zum Schecknehmer unterhält, insoweit also Rechte eines Dritten (des Scheckausstellers) geltend machen würde, die ihr als Bank gar nicht zustehen (unzulässiges argumentum ex iure tertii). Die Bank kann also die Einlösung des Schecks auch dann nicht verweigern, wenn sie beispielsweise weiß, daß der, der Scheckbegebung zugrundeliegende Kaufvertrag, wegen Irrtums wirksam angefochten ist. Nur in Ausnahmefällen kann die Einlösungsgarantie durch das Prinzip des Rechtsmißbrauchs (§ 242 BGB) begrenzt sein. So hat der BGH die Zahlungspflicht aus einer Scheckgarantie für den Fall verneint, daß die Bank auf dem Umweg über die Garantie zur Mitwirkung an einem nach § 138 Abs. 1 BGB sittenwidrigen Grundgeschäft gezwungen würde[708].

398

---

706 BGH WM 1985, 78, 80.
707 Rz. 400.
708 BGH WM 1989, 1673; insoweit geht die Entscheidung des OLG Nürnberg v. 8.6.1978, NJW 1978, 2513 f., zu weit – es ging darum, ob 15 in einer Pokernacht begebene Euroschecks auch dann einzulösen waren, wenn die Begebung der Schecks nach §§ 134, 138 BGB nichtig gewesen sein sollte.

b) Gültigkeitseinwendungen

399 Dagegen kann die Bank selbstverständlich einwenden, daß die Voraussetzungen für ihre Haftung aus dem Garantievertrag nach Nr. III 1.1 ec-Bedingungen (Banken 95) nicht vorliegen. Das ist etwa der Fall, wenn die Unterschriften auf Scheck und Scheckkarte nicht übereinstimmen, die Angabe der Scheckkartennummer auf der Rückseite des Schecks fehlt, eine falsche Kartennummer angegeben ist, das Ausstellungsjahr fehlt[709] bzw. das Ausstellungsdatum nicht innerhalb der Gültigkeitsdauer der Scheckkarte liegt oder die Garantiefrist abgelaufen ist[710]. Die Bank garantiert die Einlösung »jedem *Schecknehmer*«. Gemeint ist damit der materiell Berechtigte, also der Eigentümer des Schecks. Diesen Einwand könnte die Bank nämlich auch dem Inhaber eines Akzepts entgegensetzen und es gibt keinen Grund anzunehmen, daß der Schecknehmer durch die Scheckkarte noch stärker geschützt werden müßte als durch ein Akzept[711]. Die Bank kann also einwenden, daß die Übereignung des Schecks wegen mangelnder Geschäftsfähigkeit des Ausstellers nichtig war, oder daß dieser die Übereignung des Schecks gegenüber dem Schecknehmer wegen arglistiger Täuschung nach § 123 BGB angefochten hat[712]. Da die Bank die Einlösung eines *Schecks* garantiert, und der Begriff Scheck i.S.v. Art. 1, 2 ScheckG bestimmte Gültigkeitsmerkmale voraussetzt, entsteht immer dann keine Einlösungsverpflichtung, wenn gar kein Scheck i.S.d. Gesetzes vorliegt. Das ist z.B. dann der Fall, wenn das nach Art. 1 Nr. 5 ScheckG zwingend erforderliche *Ausstellungsdatum* fehlt, denn die Datierung ist wegen des Laufs der Vorlegungsfristen (Art. 29 Abs. 4 ScheckG) eine unersetzbare Gültigkeitsvoraussetzung für den Scheck. Wenn eine Bank trotz fehlenden Ausstellungsdatums den Euroscheck einlöst, so fehlt es insoweit an einer wirksamen Zahlungsverpflichtung zu Lasten des Kunden; die Belastungsbuchung ist folglich zu stornieren[713]. Zu beachten ist, daß der ungültige Scheck u.U. in eine Bankanweisung umgedeutet werden kann, sofern die Voraussetzungen für eine solche Anweisung vorliegen[714].

5. Grenzen der Garantie bei Rechtsmißbrauch

400 Die Verpflichtung der Bank aus der Garantie zu zahlen besteht, wie alle vertraglichen Pflichten, nur dann, wenn die Inanspruchnahme nicht ihrerseits rechtsmißbräuchlich ist. Das ergibt sich aus den Grundwertungen

---

709 BGH WM 1993, 939; nach A Nr. III, 1.1 ec-Bedingungen (Sparkassen) 95 gelten als Scheck auch solche Papiere, bei denen der Ausstellungsort oder das Ausstellungsdatum fehlen.
710 Baumbach/Hefermehl[16], Art. 4 ScheckG Rz. 14.
711 Canaris[4] Rz. 837.
712 Baumbach/Hefermehl[16] Rz. 15.
713 AG Springe, WM 1987, 309.
714 Im vom AG Springe zu entscheidenden Fall half auch die Umdeutung nicht weiter, denn der Aussteller der Schecks hatte keine Vollmacht.

des Privatrechts, insbesondere aus dem Schikaneverbot (§ 226 BGB), der Nichtigkeit sittenwidriger und wucherischer Geschäfte (§ 138 BGB) und der allgemeinen Rechtspflicht, Schuldverhältnisse auf dem Boden von Treu und Glauben zu gestalten (§ 242 BGB). Es haben sich zwei Fallgruppen gebildet, in denen sich die Bank typischerweise auf Rechtsmißbrauch berufen darf. In der Fallgruppe a) geht es um den Mißbrauch der Vertretungsmacht; in der Fallgruppe b) geht es um schwere und offensichtliche Mängel des Kausalverhältnisses, die dem Schecknehmer bekannt sind.

a) Mißbrauch der Vertretungsmacht

Wenn der Vertreter (Scheckaussteller) seine Vertretungsmacht mißbraucht, also etwas tut, was er zwar kann, aber nicht darf, so kommt das Rechtsgeschäft zwischen dem Vertretenen (Bank) und dem Geschäftsgegner (Schecknehmer) normalerweise zustande. Der Vertretene (Bank) kann Schadensersatzansprüche gegenüber seinem Vertreter (Kunde) nach allgemeinen Regeln geltend machen. Etwas anderes gilt nur in wenigen Ausnahmefällen. Diese Ausnahmefälle faßt man unter dem Terminus: Lehre vom Mißbrauch der Vertretungsmacht zusammen. Diese Lehre führt dazu, daß ein Vertrag, der wegen hinreichender Vertretungsmacht an sich zustandegekommen sein müßte, ausnahmsweise nicht zustandekommt. Bereits das Reichsgericht hatte diese Lehre anerkannt. So entschied es 1902[715], es folge »aus dem Begriff und der Rechtsnatur der Vollmacht ..., daß der Bevollmächtigte grundsätzlich keinen Willen erklären dürfe, der dem ihm bekannten Willen des Machtgebers widerspreche, daß der Bevollmächtigte aus solcher Willenserklärung keine Rechte gegen den Machtgeber herleiten könne und ebensowenig der Dritte, der den abweichenden Willen des Machtgebers wisse oder erkennen könne, daß die Vollmacht mißbraucht werde«. Ausgehend von dieser Rechtsprechung liegt ein Mißbrauch der Vertretungsmacht immer dann vor, wenn Vertreter (Scheckaussteller) und Vertragsgegner (Schecknehmer) einverständlich zum Nachteil des Vertretenen (Bank) zusammenwirken (*Kollusion*). Diese Fälle sind unproblematisch, da vor diesem Hintergrund abgeschlossene Geschäfte überhaupt keinen Rechtsschutz verdienen[716]. Nach allgemeiner Meinung handelt es sich um ein sittenwidriges Verhalten, das das Vertretergeschäft nach § 138 BGB nichtig werden läßt[717] und die handelnden Personen nach § 826 BGB – den Vertreter auch aus positiver Forderungsverletzung – zum Schadensersatz verpflichtet. Darüber hinaus haben Rspr. und Lehre entwickelt, daß immer dann, wenn der Vertreter seine Vertretungsmacht mißbraucht und der Vertragsgegner dies erkennt oder

401

---

715 RGZ 52, 96, 99.
716 Medicus, BGB-AT Rz. 967.
717 RGZ 136, 359 f.

Zweiter Teil   Commercial Banking

bei Anwendung der erforderlichen Sorgfalt hätte erkennen müssen, der Vertretene (Bank) das Geschäft nicht gegen sich gelten zu lassen brauche. Nach st. Rspr. steht dem Geschäftsgegner (Schecknehmer), wenn er sich auf das Geschäft (Garantie) beruft, die exceptio doli, d.h. der Einwand rechtsmißbräuchlichen Verhaltens aus § 242 BGB entgegen[718]. Die Lehre entzieht auf der Basis der Überlegungen von Theodor Kipp[719] in diesen Fällen die Vertretungsmacht, so daß der Vertreter ohne Vertretungsmacht gehandelt hat und die vom Gesetz hierfür bestimmten Folgen (§§ 177 ff. BGB analog) eingreifen. Fraglich war, welche Anforderungen an die *Kenntnis* des Geschäftsgegners zu stellen sind. Die ältere Rspr. hat schon schuldhafte Unkenntnis des Dritten genügen lassen[720], um dessen Schutzwürdigkeit zu verneinen. Dem steht entgegen, daß der Rechtsverkehr zu stark belastet würde, wenn man dem Dritten eine Pflicht zu Erkundigungen über das Innenverhältnis (Fragepflicht des Schecknehmers: Ist das Konto wirklich gedeckt?) oder gar über die wahren Interessen des Vertretenen (Frage: Würde die Bank das Kreditlimit erhöhen?) zumuten würde[721].

402   Heute stellt der BGH zu Recht darauf ab, ob »der Vertreter von seiner Vertretungsmacht in ersichtlich verdächtiger Weise Gebrauch gemacht hat, so daß beim Vertragsgegner (Schecknehmer) begründete Zweifel entstehen müssen, ob nicht ein Treueverstoß des Vertreters (Scheckaussteller) gegenüber dem Vertretenen (Bank) vorliege«[722]. Diese Grundsätze beherrschen auch das Bankrecht. Instruktiv ist ein Fall, den der BGH am 6.3.1975 zu entscheiden hatte.

403   *Fall: BGHZ 64, 79 »Freundschaftsdienst«*
Anfang August 1968 benötigte B einen Betrag von ca. DM 5 000,- für die Vorfinanzierung eines geplanten Musikfestivals. Die Bank weigerte sich, diesen Betrag zu kreditieren, weil B's Girokonto um DM 3 000,- überzogen war. Darauf wandte sich B noch am selben Tage mit seinem Anliegen an einen guten Freund, bei dem er ohnehin noch eine alte Schuld von DM 3 000,- hatte. Dieser gab ihm darlehensweise ca. DM 4 600,-, die sofort nach der Veranstaltung zurückbezahlt werden sollten. Zur Sicherung dieses Darlehens übergab B dem F 24 von ihm ausgestellte, auf die Bank gezogene Verrechnungsschecks über je DM 200,- die auf den 5.9.1968 vordatiert und auf der Rückseite mit der Nummer der Scheckkarte versehen waren. Von den Schecks sollte F Gebrauch machen dürfen, wenn das Darlehen nicht vereinbarungsgemäß zurückgezahlt werden

---

718 So seit RGZ 135, 376.
719 FS zum 50jährigen Bestehen des RG, 1929, Bd. II, S. 273 ff.
720 BGH NJW 1966, 1911.
721 Medicus, BGB-AT, Rz. 967.
722 BGH WM 1981, 66 f.; BGHZ 50, 112, 114.

würde. Diese Voraussetzung trat ein, da das Musikfestival finanziell ein Mißerfolg wurde und B deswegen das Darlehen nicht zurückzahlen konnte. Am 13. September 1968 legte F die Schecks der Bank vor, die die Einlösung verweigerte. Sie meinte, B habe die Scheckkarte mißbraucht und dies sei dem F bei Annahme der Schecks auch bekannt gewesen, denn B habe ihm mitgeteilt, daß er bei der Bank wegen der Kontoüberziehung keinen Kredit mehr habe. Aus diesem Grunde könne sich F nicht auf die in der Scheckkarte erklärte Garantie der Bank berufen.

Dieser Auffassung ist auch der BGH gefolgt. Unstreitig war, daß B sein **404** Girokonto überzogen hatte und kein Kredit mehr von der Bank zu erwarten war, als er die Schecks unter Verwendung der Karte dem F übergab. Unter diesen Umständen verstieß B gegen die in Nr. 6 (heute Nr. II, 3) der Scheckkarten-Bedingungen übernommene Verpflichtung, »Verfügungen nur im Rahmen des Guthabens vorzunehmen«. Im Innenverhältnis zur Bank war B nicht mehr berechtigt, von der Scheckkarte Gebrauch zu machen. Dies sei dem F aus grober Fahrlässigkeit entgangen. Dabei sei der Bank der Einwand der unzulässigen Rechtsausübung gegenüber dem Anspruch aus einer Scheckkartengarantie nur in sehr engen Grenzen einzuräumen. Das Verfahren sei geradezu darauf angelegt, den Rechtsverkehr bei kleineren Beträgen der Sorge mangelnder Deckung von Schecks zu entheben, die sonst vorsichtige Zurückhaltung bei der Entgegennahme von Schecks im alltäglichen Geschäftsverkehr zu durchbrechen und so den bargeldlosen Zahlungsverkehr im allgemeinen Interesse, nicht zuletzt aber auch im geschäftlichen Interesse der Banken zu fördern. Aus dem sich hieraus ergebenden Angebot eines weitgehenden Vertrauensschutzes folge ohne weiteres, daß dem Schecknehmer im allgemeinen keine irgendwie geartete Pflicht zur Prüfung oder besonderen Aufmerksamkeit angesonnen werden könne, ob der Aussteller eines Schecks im Innenverhältnis zu seiner Bank jeweils vertragsgemäß von seiner Scheckkarte Gebrauch mache. Vielmehr habe grundsätzlich die Bank das Risiko zu tragen, wenn ihr Kunde entgegen Nr. 6 (heute Nr. II, 3) der Scheckkartenbestimmungen ohne Guthaben auf seinem Konto mit Hilfe der Scheckkarte Verfügungen vornehme.

Diese einseitig zu Lasten der Bank gehende Abgrenzung der beiderseitigen Risikobereiche könne jedoch nicht ohne weiteres für den vorliegenden Fall Geltung beanspruchen. Der Scheck sei ein Instrument des Zahlungsverkehrs, er solle nach dem Willen des Gesetzgebers nicht für Kredite verwendet werden. Auch die Einführung der Scheckkarte sollte hieran nichts ändern. Die Verwendung von Scheck und Karte zur Kreditbeschaffung sei daher eine i.d.R. zweckwidrige, zumindest ungewöhnliche Benutzung. Bei dieser Sachlage erscheine es notwendig, vom Schecknehmer ein größeres Maß von Rücksichtnahme auf das Interesse der Bank zu verlangen, als dies sonst bei der Scheckkartengarantie am Platz wäre. Wer die Möglichkeit für sich ausnutze, mit Hilfe einer Scheckkartengarantie **405** zweckwidrig Darlehen an Dritte zu geben, müsse sein Verhalten an den Anforderungen eines redlichen Rechtsverkehrs wenigstens soweit ausrichten, daß er seine Augen vor einer möglichen Schädigung der Bank nicht verschließe, wenn sich ihm der Verdacht aufdrängen müsse, der Aussteller mache von seiner Scheckkarte der Bank gegenüber pflichtwidrig Gebrauch. Es handele daher gegen Treu und Glauben, wer unter solchen Umständen Schecks dennoch als Sicherungsmittel entgegennehme und sich alsdann auf die Scheckkartengarantie berufen möchte. Die Bank sei mit anderen Worten dann, wenn ein Darlehensgeber (hier F) zur Sicherheit Scheckkarten-Schecks entgegennehme, gegenüber dem Anspruch aus der Garantie der Einwand unzulässiger Rechtsausübung nicht nur bei positiver Kenntnis der pflichtwidrigen Scheckkartenbenutzung zu gewähren, sondern auch schon bei grob fahrlässiger Unkenntnis hiervon.

406 Die Entscheidung ist richtig. Ausgangspunkt ist, ob der Vertreter (Scheckaussteller) von seiner Vertretungsmacht in *ersichtlich verdächtiger Weise* Gebrauch gemacht hat, so daß beim Vertragsgegner (Schecknehmer) begründete Zweifel entstehen mußten, ob nicht ein Treueverstoß des Vertreters gegenüber dem Vertretenen (Bank) vorliege. Ob es besonders glücklich war, das Merkmal »in ersichtlich verdächtiger Weise« über den Begriff der groben Fahrlässigkeit auszufüllen und zu entscheiden, daß sich für den Schecknehmer der Verdacht des Mißbrauchs immer dann geradezu aufdrängen müsse, wenn er grob fahrlässig die Augen vor dem wirklichen Geschehen verschließe, kann dahingestellt bleiben. Möglicherweise war der BGH hier an Feststellungen des Berufungsgerichts gebunden. Man kann aber sagen, daß grob fahrlässiges Augenverschließen ein typischer Unterfall des Mißbrauchs der Vertretungsmacht ist. Das gilt erst recht, wenn der Schecknehmer bewußt zum Nachteil der Bank i.S.v. Art. 22 ScheckG handelt, indem er dem Aussteller Kredit gewährt und garantierte Schecks zur Sicherung oder Rückzahlung annimmt, obwohl er weiß, daß das Konto des Ausstellers keine Deckung aufweist und dieser gegenüber der Bank somit pflichtwidrig handelt[723]. Allerdings muß man nicht bewußt zum Nachteil der Bank handeln wollen, um Verdacht schöpfen zu können. Das belegt auch die oben schon im Zusammenhang mit der Abtretbarkeit der Garantie erörterte Entscheidung des BGH vom 25.1.1982.

407 *Fall: BGHZ 83, 28 »Gastwirt«*
Ein Gastwirt schuldete die Rückzahlung eines Darlehens in Höhe von DM 20 000,- bis zum 10.3.1980. Da er nicht hinreichend liquide war, eröffnete er am 4.10.1979 bei der Bank ein Girokonto. Die Bank händigte ihm mehrfach Euroscheckformulare und eine bis Ende 1980 gültige Euroscheckkarte aus. Am 18.2.1980 stellte der Gastwirt 46 ec-Schecks über je

---

723 Horn NJW 1974, 1481, 1485; Eisemann JR 1976, 369 f.

DM 300,- aus, versah sie auf der Rückseite mit der Nummer der Scheckkarte und übersandte die Schecks dem Kreditgeber mit der Post. Als dieser die Schecks am 21.2.1980 vorlegte, weigerte sich die Bank, sie einzulösen, weil auf dem Konto des Gastwirts keine Deckung vorhanden sei. Ihre Inanspruchnahme aus der Garantie sei ansonsten mißbräuchlich, weil schon aus der Anzahl der zur Darlehensrückzahlung verwendeten Schecks der pflichtwidrige Gebrauch für den Schecknehmer hätte erkennbar werden müssen.

Diese Auffassung wurde auch vom BGH geteilt, denn hätte der Gastwirt ein dem Gesamtbetrag entsprechendes Guthaben bei der Bank gehabt, so wäre es sinnlos gewesen, die Schecks gestückelt auszustellen und zu begeben. Deshalb hätte es sich dem Kreditgeber geradezu aufdrängen müssen, daß der Gastwirt mit den Schecks seine Schuld auf Kosten der Bank – und nicht eines Guthabens – begleichen wollte. Wer also ein Darlehen begebe und später zur Rückzahlung Euroschecks erhielte, handele gegen Treu und Glauben, wenn er sich auf die Scheckkartengarantie berufen möchte, obwohl sich ihm bei der Entgegennahme der Schecks der Verdacht hätte aufdrängen müssen, der Aussteller mache von seiner Scheckkarte der Bank gegenüber pflichtwidrig Gebrauch. Dies alles gilt auch für den Kontobevollmächtigten, dem eine Euroscheck-Karte ausgehändigt wird[724]. **408**

In all diesen Fällen benutzte der Scheckaussteller den ec-Scheck *pflichtwidrig*. Nicht pflichtwidrig handelt dagegen ein Scheckaussteller, der den ec-Scheck zur *Bargeldbeschaffung* benutzt. Das gilt auch dann, wenn gleichzeitig mehrere ec-Schecks jeweils über den Garantiehöchstbetrag zur Bareinlösung vorgelegt werden[725]. Die Limitierung der Garantie auf DM 400,- je Scheck hat nämlich den Sinn, das Einlösungsrisiko der bezogenen Kreditinstitute je Einzelscheck und über eine begrenzte Ausgabe von ec-Scheckvordrucken insgesamt in Grenzen zu halten. Sie bedeutet nicht, daß der Bankkunde für einen Zahlungsvorgang nur einen ec-Scheck verwenden darf. Deshalb verwendet ein Scheckaussteller, der z. B. 16 ec-Schecks einem Postamt zur Bargeldauszahlung vorlegt, diese durchaus funktionsgerecht[726]. Zahlt das Postamt in dieser Situation aus, so kann der Einwand unzulässiger Rechtsausübung wegen der funktionsgerechten Verwendung der ec-Schecks erst dann von der Bank erhoben werden, wenn der Schecknehmer (Postamt) *Kenntnis* von der Pflichtwidrigkeit des Aussteller hat. Grobe Fahrlässigkeit allein reicht allenfalls aus, wenn ec-Schecks *zweckwidrig* ausgenutzt werden[727]. **409**

---

724 OLG Celle WM 1988, 150.
725 BGH WM 1993, 939, 940.
726 BGH WM 1993, 940; ebenso BGHZ 122, 156, wo 48 ec-Schecks begeben wurden; dazu Hadding/Häuser, WM 1993, 1357 ff.
727 BGH WM 1993, 940; BGHZ 122, 156.

b) Mängel des Kausalverhältnisses

410 Ausnahmsweise kann die Bank dem Garantieanspruch auch besonders schwerwiegende Mängel des Kausalverhältnisses entgegenhalten, sich also darauf berufen, daß ihre Mitwirkung an dem gesamten Geschäft so rechtsmißbräuchlich wäre, daß der Schecknehmer von vornherein keine Zahlung beanspruchen dürfe. In diesem Sinne hat der BGH im Jahre 1989 einen oben bereits im Zusammenhang mit der Scheckgarantie dargestellten Fall entschieden[728]. Ein Bauunternehmen hatte einer GmbH ein Darlehen über DM 300 000,- zu einem Zinssatz von 35 % bei einem durchschnittlichen Marktzins von 15 % gewährt. Die GmbH trug das Darlehen mit vordatierten Schecks ab. Für die Schecks hatte eine Bank eine unwiderrufliche Scheckeinlösungszusage abgegeben. Der BGH meinte, die Inanspruchnahme der Bank aus der Garantie sei rechtsmißbräuchlich. Gehe man nämlich davon aus, daß das Grundgeschäft, der Darlehensvertrag, wegen Verstoßes gegen § 138 Abs. 1 BGB sittenwidrig und somit nichtig sei, so berühre dies zwar die abstrakte Scheckgarantie nicht. Der Bank stünde aber der Einwand des Rechtsmißbrauchs gegen die Geltendmachung der Rechte aus der Garantie zu, da sie nicht auf dem Umweg über die Garantie zur Mitwirkung an einem sittenwidrigen Geschäft gezwungen werden dürfe. Aus diesen Gründen hätte das OLG Nürnberg[729] es nicht dahingestellt sein lassen dürfen, ob im Pokerfall der der Scheckbegebung zugrundeliegende Spielvertrag gegen ein gesetzliches Verbot oder die guten Sitten verstieß und deshalb nach §§ 134, 138 BGB möglicherweise nichtig war. Ob die Bank den Scheck auch dann nicht einzulösen braucht, wenn der zugrundeliegende Anspruch des Schecknehmers gegen den Aussteller rechtskräftig abgewiesen worden ist, erscheint dagegen fraglich[730]. Sittenwidrig ist das Einlösen eines rechtskräftig abgewiesenen Anspruchs nicht und auch sonst sind keine Gründe erkennbar, warum auch in diesem Falle Interessen der Bank auf dem Spiel stehen. Das Konto des Scheckausstellers weist offensichtlich Deckung aus und die Mitwirkung an der Erfüllung eines nicht bestehenden Anspruchs ist für sich allein genommen nichts ehrenrühriges. Es ist zudem durchaus vorstellbar, daß es dem Scheckaussteller im Kausalprozeß um die Klärung einer Grundsatzfrage (z.B. Verjährung) ging, daß er aber dessen ungeachtet für den Einzelfall durchaus zahlen will. Wie auch immer, ein allgemeiner Satz mit dem Inhalt, der Garantieanspruch erlischt, wenn der zugrundeliegende Zahlungsanspruch rechtskräftig abgewiesen ist, überzeugt nicht.

c) Mitverschulden

411 Hierneben ist in der Rspr. anerkannt, daß sich die Bank im Einzelfall fragen lassen muß, ob sie die vertragswidrige Benutzung der Scheckkarte

---

[728] BGH WM 1989, 1673; oben Rz. 336.
[729] NJW 1978, 2513 f.
[730] So aber Canaris[4] Rz. 836; Horn in Heymann, HGB, Bd. 4, Anh. § 372 Rz. 128.

hätte verhindern können und ihr insoweit selbst ein nachlässiges Verhalten vorzuwerfen ist. Bei der Finanzierung des Musikfestivals hatte der Freund des B behauptet, es habe zu dem Scheckkartenmißbrauch überhaupt nur deshalb kommen können, weil die Bank zwar einen Anlaß gehabt, es aber dennoch versäumt hätte, rechtzeitig Maßnahmen gegen B zu ergreifen, um ihm die Scheckkarte zu entziehen. In diesem Fall, so meinte der BGH, müßte der Rechtsgedanke des § 254 BGB dazu führen, die nachteiligen Folgen des Geschäfts auf den Schecknehmer und die Bank nach Maßgabe des auf jeder Seite obwaltenden Verschuldens zu verteilen[731]. Das ist, worauf in der Lehre zu Recht hingewiesen wird[732], dogmatisch nicht haltbar, weil sowohl die Lehre vom Mißbrauch der Vertretungsmacht als auch diejenige vom Rechtsmißbrauch nicht zu einem Schadensersatzanspruch, sondern zu einem Verlust des Einlösungsanspruchs führt. Statt dessen könnte man aber annehmen, daß der zwischen Bank und Kunde bestehende Scheckvertrag Schutzwirkungen zugunsten des Schecknehmers insoweit entfaltet, als die Bank die mißbräuchliche Verwendung der Euroschecks hätte verhindern können und müssen.

III. Der Mißbrauch durch Dritte

1. Einlösungspflicht nach Echtheitsprüfung

Erfüllt ein eurocheque die Garantiebedingungen gem. Nr. III, 1.1 ec-Bedingungen (Banken 95) und erweckt die Unterschrift auf dem eurocheque-Vordruck nach ihrem äußeren Anschein den Eindruck der Echtheit, so besteht eine Einlösungsverpflichtung auch dann, wenn die Unterschrift gefälscht ist. Das ergibt sich aus dem Wortlaut von Nr. III, 1.3 und 1.4 ec-Bedingungen (Banken 95); die Sparkassenversion ist insoweit identisch. D.h. bei Scheckmißbrauch, insbesondere also bei Fälschung besteht, obwohl es keine vom Kunden herrührende Anweisung gibt, eine Einlösungspflicht der Bank. Wichtig ist, daß die Bank nur dann zur Einlösung verpflichtet ist, wenn die Unterschrift auf dem Scheck »nach ihrem äußeren Anschein den Eindruck der Echtheit« erweckt. Damit wird an die Rechtsprechung des BGH[733] zum normalen Scheck angeknüpft. Daraus folgt, daß die Grundsätze zur Echtheitsprüfung der Unterschrift, die für den Scheck entwickelt wurden, auch für den garantierten Scheck gelten. Kein Verdacht muß also geschöpft werden, wenn sich die Schreibweise des handschriftlichen Schecktextes deutlich von der (gefälschten) Unterschrift unterscheidet, denn es dürfen auch Blankoschecks ausgestellt wer-

412

---

731 BGHZ 64, 79, 85; ähnlich OLG Hamm WM 1976, 139 mit zustimmender Anm. von Wentzel; ebenso Bundschuh, WM 1983, 1178, 1182.
732 Canaris[4] Rz. 835; Bülow JA 1984, 345; Pohlhausen, WM 1976, 1371.
733 BGH NJW 1969, 694.

den[734]. Ferner dürfen die Anforderungen an die Echtheitsprüfung nicht überspannt werden, zumal sich die Unterschrift im Zeitablauf ändern kann und ohnehin nicht immer gleich ausfällt. Grundsätzlich ist die Prüfung der Echtheit der Unterschrift durch einen Vergleich mit der bei der Bank hinterlegten Unterschrift des Kontoinhabers durchzuführen[735]. Ferner muß im Zweifel die kontoführende Zweigstelle konsultiert werden, wenn die auszahlende Filiale über die Unterschriftsblätter nicht verfügt[736]. Verletzt die Bank hiernach ihre Prüfpflichten, und zwar auch ohne Verschulden, so fehlt es an einer Einlösungsverpflichtung. Wird in dieser Situation ein Scheck trotzdem eingelöst, so liegt eine Fehlbuchung vor; der Kunde kann Stornierung verlangen[737]. Die gleichen Grundsätze gelten, wenn die Bank gefälschte Euroschecks oberhalb des Garantiehöchstbetrages einlöst, weil Nr. III, 1.5 ec-Bedingungen (Banken 95) eine Erfüllungspflicht der Bank enthält. Das entspricht der Neuregelung in Nr. 3 SchB (95).

2. Sorgfaltspflichten und Schadensregelung

413 Mit Wirkung vom 1.1.1995 sind die Bedingungen für den ec-Service für Banken[738] grundlegend neu gefaßt worden. Das betrifft weniger die Sorgfaltspflichten des Kunden als vielmehr die als Rechtsfolge konzipierte Schadensregelung bei Verletzung der Sorgfaltspflichten.

414 Nach wie vor haben die Kunden der Banken die Pflicht, die eurocheque-Vordrucke und die ec-Karte mit *besonderer Sorgfalt und getrennt* voneinander aufzubewahren (Nr. II, 7.2 ec-Bedingungen Banken 95). Wie früher ist auch geregelt, daß der Karteninhaber dafür Sorge zu tragen hat, daß ein *Dritter keine Kenntnis* von der persönlichen *Geheimzahl* erlangt. Insbesondere darf sie dem Dritten nicht mitgeteilt und nicht auf der ec-Karte vermerkt werden (Nr. II, 7.4 ec-Bedingungen Banken 95). Und schließlich ist bei Abhandenkommen der ec-Karte oder bei mißbräuchlichen Verfügungen an ec-Automaten oder e(d)c-Kassen die kontoführende Stelle oder der zentrale Sperrannahmedienst unverzüglich zu benachrichtigen, um die ec-Karte für den Einsatz zu sperren (Nr. II, 7.5 ec-Bedingungen Banken 95). Die *Telefonnummer* des zentralen *Sperrannahmedienstes*, die Tag und Nacht erreichbar ist, lautet: *069/740987*.

415 Es hat in der Vergangenheit eine Vielzahl von Fällen gegeben, in denen es immer wieder um die Frage ging, ob und in welchem Umfang Kunden

---

734 BGHZ 91, 229 = ZIP 1984, 1074.
735 BGH WM 1984, 1173.
736 BGHZ 91, 229.
737 Wie hier Joost, DB 1989, 1657, 1661.
738 Ahlers, WM 1995, 601.

diese Pflichten verletzt hatten[739]. Darüber hinaus ging es um die Frage, inwieweit die Risikoabwälzung auf den Kunden (nach den alten Bedingungen) zulässig war[740], und inwieweit umgekehrt ein mitwirkendes Verschulden der Bank zu berücksichtigen war[741]. Fragen dieser Art[742] haben aber nicht nur die Gerichte immer wieder beschäftigt, sondern vor allem auch die Durchsetzung und Akzeptanz der Scheckkarte behindert. Teilweise behalfen sich die Kreditinstitute mit dem Abschluß einer Euroscheckkarten-Versicherung, mit der Folge, daß gerichtlich darüber gestritten wurde, ob die Kunden darauf hingewiesen werden mußten, ob und in welchem Umfang eine solche Versicherung bestand[743].

An die Stelle dieser komplizierten Regelungen ist nun eine einfache getreten. »Die Bank haftet für die Erfüllung ihrer Verpflichtungen aus dem ec-Karten-Vertrag und übernimmt die Schäden in *vollem Umfang*, wenn der Karteninhaber die ihm nach diesen Bedingungen obliegenden Pflichten erfüllt hat« (Nr. II, 1.4 ec-Bedingungen [Banken 95]). Dies gilt auch für *nicht garantierte* Eurochecks (Nr. II, 1.5 ec-Bedingungen [Banken 95]).

Hat der Kunde (Karteninhaber) durch ein schuldhaftes Verhalten zur Entstehung des Schadens beigetragen, so bestimmt sich bei garantierten wie nicht garantierten Schecks nach den Grundsätzen des Mitverschuldens, in welchem Umfang Bank bzw. Kontoinhaber den Schaden zu tragen haben.

416

Bei dieser gemeinsamen Regelung für garantierte und nicht garantierte Eurocheques hätte man es eigentlich bewenden lassen können. Stattdessen werden die Dinge etwas komplizierter, weil für garantierte Schecks ein an Prozentzahlen knüpfendes mehrstufiges Haftungssystem vorgesehen ist. Verletzt der Karteninhaber seine Pflichten *leicht fahrlässig*, so stellt ihn die Bank in Höhe von mindestens 90% des Gesamtschadens frei. Sie darf also auch in Höhe von 100% freistellen. Hat der Karteninhaber seine Pflichten *grob fahrlässig* verletzt, so trägt der *Kontoinhaber* den entstandenen Schaden in vollem Umfang (Nr. II, 1.4 ec-Bedingungen [Banken 95]). Dabei kann grobe Fahrlässigkeit insbesondere dann vorliegen, wenn ec-Karte und eurocheque-Vordrucke gemeinsam in einem Kraftfahrzeug unbeaufsichtigt aufbewahrt wurden.

417

Da diese Schadensregelungen an die mißbräuchliche Verwendung anknüpfen, setzt das zunächst voraus, daß eine Einlösungspflicht besteht, d.h. daß die Bank die Unterschrift auf dem Scheck daraufhin untersucht hat, ob diese »nach ihrem äußeren Anschein den Eindruck der Echtheit«

---

739 Z.B. LG München I WM 1987, 1453 (keine Verpflichtung, eurocheques in einem Safe aufzubewahren); LG Köln WM 1988, 160 ff.; OLG Ffm. a.M. WM 1990, S. 10 ff.
740 Z.B. LG Essen WM 1988, 494; LG Koblenz WM 1988, 1666 ff.
741 Etwa OLG Celle WM 1988, 150 ff.
742 Vgl. den Überblick bei Canaris[4] Rz. 846 ff.
743 LG München I WM 1987, 1453 ff.

erweckt (Nr. III, 1.3 ec-Bedingungen Banken 95). Ist das der Fall, so muß die Bank einlösen.

418 Die Mithaftung des Kunden setzt *Verschulden* voraus. Eine solche Vereinbarung ist auch formularmäßig zulässig[744]. Bei leicht fahrlässigem Verhalten trägt der Kunde maximal 10% seines Schadens, bei grob fahrlässigem trägt er dagegen 100%, sofern die Bank ihre Verpflichtungen erfüllt hatte. Das alles gilt beim garantierten Scheck; wird dagegen ein abhandengekommenes Scheckformular ohne Karte mißbräuchlich verwendet, so entfällt die starre 100%-Regel für die Haftung bei grober Fahrlässigkeit. Ob dies eine sehr glückliche Differenzierung ist, sei dahingestellt. In der Praxis wird es kaum zu Differenzen kommen, weil bei grob fahrlässiger Pflichtverletzung des Kunden ein etwaiges Mitverschulden der Bank im Regelfall auf Null zurückgeführt wird. Bleibt die Frage, unter welchen Voraussetzungen die Gerichte grobe Fahrlässigkeit bejahen werden. Hier dürfen die Maßstäbe nicht zu eng sein, weil andernfalls über die Zulässigkeit der Haftung des Kunden bei grober Fahrlässigkeit nach § 9 Abs. 2 AGBG nachgedacht werden müßte. Als Regelbeispiel für grobe Fahrlässigkeit wird auf das gemeinsame Verwahren der Karte und der Scheckformulare in einem unbeaufsichtigten Kraftfahrzeug verwiesen (Nr. II, 1.4 ec-Bedingungen [Banken 95]). Wichtig ist für die Praxis das Wort *kann* in diesem Satz. Gemeinsames Verwahren *kann* grob fahrlässig, *muß* es aber nicht, sein. Wer also den Wagen für das Einwerfen eines Briefes oder das Überprüfen eines Straßennamens, also für nur sehr kurze Zeit verläßt, der handelt nicht grob fahrlässig, um nur ein Beispiel zu nennen.

419 Leider konnten sich die Banken und *Sparkassen* nicht auf eine einheitliche Haftungsregelung einigen. Die Sparkassen übernehmen zunächst einmal das Mißbrauchsrisiko nicht garantierter eurocheques nicht. Wie die Banken auch, tragen sie den Schaden bei mißbräuchlicher Verwendung von ec-Karte und eurocheque-Vordrucken in *vollem Umfang*, wenn der Karteninhaber die ihm obliegenden Sorgfalts- und Mitwirkungspflichten erfüllt hat. Hat er durch ein schuldhaftes Verhalten zur Entstehung eines Schadens beigetragen, so bestimmt sich nach den Grundsätzen des Mitverschuldens, in welchem Umfang Sparkasse und Kontoinhaber den Schaden tragen (A III, 1.5 ec-Bedingungen [Sparkassen 95]). Eine prozentuale Abstimmung für leicht fahrlässiges und grob fahrlässiges Verhalten gibt es in der Sparkassenversion nicht. Allerdings übernimmt die Sparkasse den vom Kontoinhaber zu tragenden Schaden nur bis zu *DM 6000,-* je Schadensfall. Damit ist das Risiko der mißbräuchlichen Verwendung von 15 Euroschecks abgedeckt. Eine vergleichbare Haftungshöchstgrenze gibt es in der Bankenversion nicht. Eine Schadensübernahme erfolgt dann nicht, wenn ec-Karte und Euroscheck-Vordrucke gemeinsam in einem

---

744 BGH NJW 1991, 1886.

Kraftfahrzeug aufbewahrt wurden oder der Kontoinhaber seiner Pflicht zur Erstattung einer Anzeige bei der Polizei nicht nachkommt (A III, 1.5. Abs. 4 ec-Bedingungen [Sparkassen 95]). In der Bankenversion ist das deutlich kundenfreundlicher formuliert. Dort *kann* das gemeinsame Aufbewahren im Kraftfahrzeug grob fahrlässig sein, muß es aber nicht. Die obigen Beispiele zeigen, daß selbst der Fahrlässigkeitsvorwurf nicht immer trifft. Wer das Kfz abstellt und zuschließt, um auf der anderen Straßenseite einen Brief einzuwerfen, muß Schecks und Karte nicht unbedingt mitnehmen. Daß nach der Sparkassenversion auch in diesem Falle ein Risikoausschluß eingreifen soll, ist mit § 9 Abs. 2 AGBG nicht mehr vereinbar. Wieso die Schadensübernahme auch dann ausgeschlossen sein soll, wenn der Karteninhaber keine Anzeige bei der Polizei erstattet, bleibt völlig unerfindlich. Im europäischen Ausland kann dies an den mangelnden Orts- und Sprachkenntnissen scheitern, aber auch sonst könnte man die unterlassene Anzeige bei der Polizei je nach Gewicht im Rahmen des Mitverschuldens berücksichtigen. Als Risikoausschluß eignet sich diese Obliegenheit nicht, insoweit ist die Klausel nach § 9 Abs. 2 AGBG unwirksam.

IV. Sicherungsrechte der Bank

Fall: BGHZ 93, 71 »Kontopfändung« 420
Am 20.9.1982 händigte eine Bank ihrem Kunden 50 eurocheque-Vordrucke und eine eurocheque-Karte aus. Acht Tage später erreichte sie ein vorläufiges Zahlungsverbot nach § 845 ZPO über DM 17.600,-. Das Zahlungsverbot war mit der Aufforderung verbunden, nicht an den Kontoinhaber zu zahlen. Am 19.10.1982 wurde ein Pfändungs- und Überweisungsbeschluß zugestellt. Die Bank erklärte mit Schreiben vom selben Tage, daß das Konto z.Zt. ein Guthaben von etwa DM 10.700,- ausweise. Als der Pfändungsgläubiger mit Beschluß vom 19.11.1982 versuchte, diese gepfändete Forderung einzuziehen, teilte die Bank mit, daß das Konto nun in Höhe von ca. DM 1.450,- im Debet stehe. Man habe nämlich zwischenzeitlich zahlreiche eurocheques einlösen müssen. Der Pfändungsgläubiger meinte, die Bank hätte die eurocheques nicht einlösen dürfen, weil das von ihm bewirkte Zahlungsverbot vom 28.9.1982 zeitlich vor der Ausstellung der Schecks gelegen habe. Die Bank entgegnete, zu ihren Gunsten sei bereits am 20. September 1982, nämlich bei Ausgabe der eurocheques, ein vertragliches Pfandrecht am Guthaben ihres Kunden entstanden, das im Range dem späteren Pfändungspfandrecht vorgehe. Deshalb habe sie die eurocheques einlösen dürfen und müssen.

Der BGH hat der Bank zugestimmt. Zwar könne der Gläubiger schon 421
vor der Pfändung aufgrund eines vollstreckbaren Titels dem Drittschuldner (Bank) die Benachrichtigung zustellen lassen, daß die Pfändung be-

vorstehe, verbunden mit der Aufforderung, nicht an den Schuldner zu zahlen (§ 845 Abs. 1 S. 1 ZPO). Diese Benachrichtigung habe die Wirkung eines Arrestes (§ 930 ZPO), sofern die Pfändung – wie hier – innerhalb von drei Wochen bewirkt werde (§ 845 Abs. 2 S. 1 ZPO). Das gelte auch für eine Sicherungspfändung nach § 720a ZPO. Aus diesen Gründen sei das Pfändungspfandrecht des Gläubigers an der Forderung des Schuldners (Bankkunde) gegen die Bank auf Auszahlung des Guthabens am 28.9.1982 (Tag der Zustellung) entstanden. Die entscheidende Frage des Falles war aber, ob nicht zuvor bereits ein Pfandrecht der Bank entstanden war, das im Rang vorging. Der BGH bejahte das aufgrund der vereinbarten Allgemeinen Geschäftsbedingungen (Nr. 19 Abs. 2; heute: Nr. 14 Abs. 1 AGB/B 93). Danach dienen die Rechte des Kunden einschließlich seiner Ansprüche an die Bank selbst (Forderung aus dem Konto) als Pfand für alle bestehenden und *künftigen* Ansprüche gegen ihn. Diese Voraussetzungen sind hier erfüllt, da nach § 1204 Abs. 2 BGB ein Pfandrecht auch für künftige oder bedingte Forderungen bestellt werden kann, wenn diese zumindest bestimmbar sind[745]. Der Rang des wirksam vertraglich begründeten Pfandrechtes richtet sich nach den §§ 1273 Abs. 2, 1209 BGB. Danach ist die *Zeit der Bestellung* auch dann maßgebend, wenn das Pfandrecht für eine künftige Forderung bestellt ist. Das war hier der 20.9.1982. Aufgrund des Prioritätsprinzips geht das Pfandrecht der Bank somit dem Pfändungspfandrecht des Gläubigers vor (§ 804 Abs. 2 ZPO). Der Gläubiger meinte, dieses Ergebnis verstoße gegen den Rechtsgedanken des § 357 HGB. Dort ist gesagt, daß bei Pfändung in ein Kontokorrentkonto die nach der Pfändung vorgenommenen *neuen* Geschäfte (neue Schulden) dem Pfändungspfandgläubiger nicht mehr entgegengehalten werden dürfen. Der BGH hat sich auf den Standpunkt gestellt, daß die Verwendung der eurocheques im Einzelfall keine neuen Geschäfte waren. Denn die Euroscheckgarantie hatte die Bank bereits am 20. September gegeben und konnte von nun an auf die weitere Entwicklung keinen Einfluß mehr nehmen. Die entscheidende Garantiehaftung wurde also ohne weitere Tätigkeit, ohne ein neues Geschäft i.S.v. § 357 HGB zwischen der Bank und dem Kunden ausgelöst.

---

745 BGHZ 86, 340.

§ 5 Automatisierte Zahlungssysteme

I. Das ec-Geldautomatensystem
   1. Entstehung und Funktion
   2. Die ec-Abrede
   3. Der ec-Kartenmißbrauch
      a) ec-Bedingungen Banken
      b) ec-Bedingungen Sparkassen
   4. Strafbarkeitshinweise
II. Das electronic-cash-System
   1. Funktion und Entwicklung
   2. Die electronic-cash-Abrede
   3. Fehlerhafte Abbuchungen

   4. Der ec-Kartenmißbrauch
   5. Das POZ-System
III. Zahlungsverkehr über Btx
   1. Entwicklungen und Funktionen
   2. Die Btx-Abrede
      a) Rechtsnatur und Kontrahierungszwang
      b) Aufklärungs- und Sorgfaltspflichten
   3. Systemfehler
   4 Btx-Mißbrauch

I. Das ec-Geldautomatensystem

Schrifttum:
Ahlers, Die neuen Bedingungen für ec-Karten, WM 1995, 601; Avancini-Iro-Koziol, Österreichisches Bankvertragsrecht I, 1987; *Bennett/Brassard/Ekert*, Quanten-Kryptographie, Spektrum der Wissenschaft, 12 (1992) 96; *Bieber*, Rechtsprobleme des ec-Geldautomatensystems, WM Sonderbeilage Nr. 6/1987; *Blaurock*, Haftung der Banken beim Einsatz neuer Techniken und Medien, in: Köndgen (Hrsg.), Neue Entwicklungen im Bankhaftungsrecht, RWS-Forum, 1987; *ders.*, Haftung der Banken beim Einsatz neuer Technik im Zahlungsverkehr, CR 1989, 561; *Bülow*, Wechselgesetz, Scheckgesetz, AGB, 1991; *Canaris*, Großkomm. HGB, 4. Aufl., 1988; *Diebold – Deutschland GmbH*, Elektronische Zahlungssysteme, 1986; *Hadding/Häuser*, Rechtsfragen des bargeldlosen Zahlungsverkehrs, 1984; *Harbeke*, Die vertragliche Grundlage zwischen Bank und Kunde bei der Verwendung der Euroscheck-Karte, WM 1989, 1749; *ders.*, Die POS-Systeme der deutschen Kreditwirtschaft, WM-Sonderbeilage Nr. 1/1994; *ders.*, Neue Bedingungen für die Verwendung der ec-Karte, ZIP 1995, 250; *Harbeke/Reiser*, Rechtsfragen des automatisierten und kartengesteuerten Zahlungsverkehrs, WM-Seminar-Skript 1992; *dies.*, Die POS-Systeme der deutschen Kreditwirtschaft, WM-Sonderbeilage Nr. 1/1994; *Joost*, Die Verteilung des Risikos von Scheckfälschungen: »Die neuen Bedingungen für den ec-Service«, Teil 2, ZHR 153 (1989) 237; *Kleine*, Aktuelle Probleme im ec-Geldautomaten-System nach deutschem Recht, Diss. Münster 1991; *Köndgen*, Die Entwicklung des privaten Bankrechts in den Jahren 1990/91, NJW 1992, 2263; *Krochinski/Prast*, Der ec-Geldautomatenpool in Berlin, Die Bank 1981, 260; *Kümpel*, Bank- und Kapitalmarktrecht, 1995; *Lackner*, Zum Stellenwert der Gesetzestechnik, in FS für Tröndle, 1989, 41; *Mitsch*, Rechtsprechung zum Wirtschaftsstrafrecht nach dem 2. WiKG, JZ 1994, 877 ff.; *Priewasser*, Kartengesteuerte Zahlungssysteme, Eine Untersuchung zur Zahlungsabwicklung am Point-of-Sale-Terminal, 1981; *Reiser/Werner*, Rechtsprobleme des Zahlungsverkehrs im Zusammenhang mit EDIFACT, WM 1995, 1901; *Rennpferd*, Die internationale Harmonisierung des Erfüllungsrechts für Geldschulden, 1993; *Schneider*, Das Recht des elektronischen Zahlungsverkehrs, 1982; *Sieber*, Computerkriminalität und Strafrecht, 1977; *Stecher*, Rechtsfragen beim Bankomaten, WM 1977, 186; *Strohdeicher*, Risiken des automatisierten Zahlungsverkehrs beim Einsatz von POS (ECS), Geldautomaten und BTX, 1991; *Werner*, Das Geldautomatengeschäft nach deutschem Recht, Diss. St. Gallen, 1984.

1. Entstehung und Funktion

1 Die Möglichkeit, mit Hilfe der ec-Karte, am Geldautomaten Bargeld zu ziehen, ist für Banken und Kunden heute etwas ganz selbstverständliches. Noch vor wenigen Jahren war das anders. In Deutschland gab es 1978 erst 160 Geldautomaten[1]; Mitte der 80er Jahre hatte sich die Zahl bereits auf ca. 3 000 erhöht[2], 1991 waren es dann ca. 9 000 und Anfang 1995 standen in der Bundesrepublik ca. 28 000 solcher Automaten zur Verfügung[3]. In Europa wuchs die Gesamtzahl der Automaten von etwa 20 000 (Stand April 1991)[4], eine Zahl, die in den USA bereits Anfang der 80er Jahre überschritten wurde[5], auf ca. 80 000 Anfang 1995[6]. In der Bundesrepublik erprobte man das System Mitte der 70er Jahre zunächst regional[7]. Im April 1979 schlossen die Spitzenverbände der Kreditwirtschaft und die Deutsche Bundespost eine »Vereinbarung über das institutsübergreifende Geldautomatensystem (VGA)«. Die Kunden der dieser Vereinbarung beigetretenen Kreditinstitute können mit ihren ec-Karten, die zu diesem Zweck mit einem Magnetstreifen versehen worden sind (Codekarten), unter Eingabe ihrer persönlichen Geheimzahl (PIN) einmal täglich von den in Deutschland sowie im Ausland aufgestellten ec-Geldautomaten eine bestimmte Summe Bargeld ziehen. Die ec-Karte erfüllt also eine Doppelfunktion. Einerseits bewirkt sie im Zusammenhang mit dem Euroscheck die Garantie zugunsten des Schecknehmers, zum anderen ist sie »elektronischer Schlüssel« zur Bargeldbeschaffung. Hierneben eröffnet die Karte den Zugang zum Tagesauszugsdrucker, zu Automaten mit denen der Kunde z.B. Überweisungen ausführen oder Daueraufträge begründen kann, und dient schließlich, angereichert um einen integrierten Chip, an Point of Sale (POS)-Kassen als unbares Zahlungsmittel[8]. Bankautomaten (teller machines) ersetzen die Barabhebung am Schalter. Sie ermöglichen nicht nur eine Bedienung auch außerhalb der Schalterstunden, ihre Einrichtung hat vor allem Kostenvorteile. So erreichten die Kosten des Zahlungsverkehrs Anfang der 80er Jahre eine Größenordnung von ca. 20 Mrd. DM, was immerhin 1 % des Bruttosozialproduktes und den damaligen jährlichen Kosten für Arzneimittel entsprach[9]. Anfang der 80er Jahre kostete die Barabhebung am Schalter durchschnittlich DM 2,-[10],

---

1 Schneider, S. 15.
2 Bieber, WM Sonderbeilage Nr. 6/1987, 3.
3 Harbeke/Reiser, WM-Seminar 1992, 6, Harbeke ZIP 1995, 250.
4 Harbeke/Reiser, S. 6.
5 Schneider, S. 15.
6 Harbecke ZIP 1995, 250.
7 Krochinski/Prast, Die Bank 1981, 260.
8 Strohdeicher, S. 16 ff; Hardecke, WM-Sonderbeilage 1/1994, S. 4.
9 Priewasser, S. 19; Hadding/Häuser, Rechtsfragen des bargeldlosen Zahlungsverkehrs, 1984, 4.
10 Schneider, S. 19.

bei deutlich steigender Tendenz[11]. Dabei betrug der Kostendeckungsgrad im Bereich des bargeldlosen Zahlungsverkehrs Mitte der 80er Jahre nur 40 %[12]. Die durch Barabhebung verursachten Kosten lassen sich durch Geldautomaten erheblich senken. Sie wurden Anfang der 80er Jahre auf 12 Pfennig pro Auszahlungsvorgang geschätzt und dürften sich Mitte der 90er Jahre auf 6 Pfennige halbieren[13]. In diesen Kostenvorteilen liegt der Motor der Entwicklung hin zu automatisierten Zahlungssystemen; eine elektronische Zahlung im POS-System kostete Anfang der 80er Jahre ca. 8 Pfennige, bei stark fallender Tendenz[14].

2. Die ec-Abrede

Mit Hilfe der ec-Karte kann der Kunde seinen girovertraglichen Anspruch auf Barauszahlung im Rahmen eines Guthabens oder einer Kreditlinie nicht nur während der Öffnungszeiten seiner Bank, sondern »rund um die Uhr« geltend machen. Die ec-Karte gewährt also keinen neuen vertraglichen Anspruch, sondern erweitert einen bereits bestehenden in zeitlicher Hinsicht. Deshalb ist es richtig, wenn Canaris meint, daß die Vereinbarung über die Ausgabe der ec-Karte keinen selbständigen Vertrag, sondern lediglich eine ergänzende Nebenabrede des Girovertrages darstellt und deshalb auch dessen Rechtsnatur (entgeltlicher Geschäftsbesorgungsvertrag i.S.v. § 675 BGB) teilt[15]. Einigkeit herrscht darüber, daß die Bank diese den Girovertrag ergänzende ec-Abrede nicht bereits deshalb treffen muß, weil sie bereit war, einen Girovertrag zu schließen. Zur Begründung wird auf den Grundsatz der Vertragsfreiheit und darauf verwiesen, daß das mit der Karte verbundene Mißbrauchsrisiko ein besonderes Vertrauen seitens der Bank voraussetzt[16]. Allerdings muß die Verweigerung der Karte trotz bestehenden Girovertrages mit Treu und Glauben (§ 242 BGB) in Einklang stehen, also sachlich begründet sein.

Die ec-Abrede berechtigt den Inhaber der Karte zu jeder Zeit an ec-Geldautomaten begrenzt durch einen *vorher vereinbarten Verfügungsrahmen* Gebrauch zu machen (Nr. III, 2.1 ec-Bedingungen Banken 95)[17]. In diesem Rahmen ist das Gebrauchmachen von der Karte nichts anderes als die Ausübung des girovertraglichen Weisungsrechtes in besonderer Art, so als würde der Kunde am Schalter Barauszahlung verlangen[18]. Ge-

2

3

---

11 Priewasser, S. 82.
12 Diebold, S. 50.
13 Schneider, S. 20.
14 Priewasser, S. 82.
15 Canaris[4] Rz. 527 h; für einen Codekartenvertrag dagegen, allerdings ohne Begründung, Bieber, S. 6; Werner, S. 121.
16 Canaris[4] Rz. 527 g; Bieber, S. 6; Stecher, WM 1977, 186, 188.
17 Das gleiche gilt in der Sparkassenversion (A, III, 2.1).
18 Canaris[4] Rz. 527 d; Avancini-Iro-Koziol, Rz. 8/5 ff.

bühren werden, wie bei der Auszahlung am Bankschalter, der eigenen Bank nicht geschuldet[19]. Wird der bestehende Verfügungsrahmen überschritten, so werden (unabhängig vom Kontostand und einem zuvor eingeräumten Kredit!) Verfügungen *abgewiesen*. Das unterscheidet den Gebrauch der Karte vor Barauszahlungen und begrenzt das Mißbrauchsrisiko.

3. Der ec-Kartenmißbrauch

4   Für Schäden durch mißbräuchliche Verwendung der ec-Karte an ec-Geldautomaten und automatisierten Kassen gibt es leider keine einheitliche Haftungsregelung zwischen Banken und Sparkassen.

a) ec-Bedingungen Banken

5   Die Banken differenzieren zwischen Schäden *vor* und *nach* Eingang der Verlustanzeige (Nr. III, 2.4 ec-Bedingungen 95). *Vor* Eingang der Verlustanzeige übernimmt die Bank entstehende Schäden, wenn der Karteninhaber die ihm nach diesen Bedingungen obliegenden Pflichten erfüllt hat. *Nach* Verlustanzeige übernimmt die Bank entstehende Schäden uneingeschränkt, denn nun kann die Karte europaweit gesperrt werden.

6   Hat der Karteninhaber durch ein schuldhaftes Verhalten zur Entstehung des Schadens (denkbar ist hier nur der Schaden vor Verlustanzeige) beigetragen, so bestimmt sich nach den Grundsätzen des Mitverschuldens, in welchem Umfang Bank und Kontoinhaber den Schaden zu tragen haben. Hat der Karteninhaber seine Pflichten lediglich *leicht fahrlässig* verletzt, so übernimmt die Bank mindestens 90% des Gesamtschadens. Hat der Karteninhaber *grob fahrlässig* gehandelt, so trägt er den Schaden in *vollem Umfang*. Dabei *kann* grobe Fahrlässigkeit dann vorliegen, wenn der Verlust der Karte nicht unverzüglich mitgeteilt wird, die persönliche Geheimzahl auf der Karte vermerkt oder mit der Karte verwahrt oder einer anderen Person mitgeteilt wird und dadurch der Mißbrauch verursacht wurde.

Dabei beschränkt sich die Haftung stets auf den *Verfügungsrahmen*. Das gilt sowohl für Kunde als auch Bank. Sollte die Bank einmal oberhalb des Verfügungsrahmens auszahlen, so verletzt sie damit ihre bankvertraglichen Pflichten und macht sich schadensersatzpflichtig.

7   Sicher ist es richtig, daß man dem Karteninhaber grobe Fahrlässigkeit vorwirft, wenn er die persönliche Geheimzahl (PIN) auf der ec-Karte vermerkt. Andererseits werden viele Kartenbesitzer befürchten, daß sie ihre PIN vergessen. Ausprobieren nützt dann nichts, denn täglich sind nur zwei Versuche möglich, beim dritten Fehlversuch wird die Karte einbehalten. Bei 9999 denkbaren Zahlenkombinationen müßte man also

---

19 BGH ZIP 1994, 21, 23 ff.

ziemliches Glück haben, um im zweiten Versuch die richtige Nummer zu tippen. Damit hängt es übrigens zusammen, daß die Geheimzahl mit den herkömmlichen Mitteln nicht entschlüsselbar ist[20]. Das hängt damit zusammen, daß der Schlüssel für den Data Encryptionstandard (DES-Algorithmus) 56 bits umfaßt. Folglich gibt es $2^{56} = 7 \times 10^{16}$ verschiedene Schlüssel. Jede Zahl mit bis zu 16 (bzw. 17) Dezimalstellen kommt also als DES-Schlüssel in Betracht, was beim Ausprobieren der Anzahl von Sekunden entspricht, die seit der Entstehung des Universums verstrichen sind[21]. Zeitmangel ist also das Problem des Entschlüsselns. Wenn also, wie in der Praxis oft, vorgetragen wird, der Dieb der Karte müsse die PIN entschlüsselt haben, so ist dies nicht möglich. Er wird sie stattdessen zusammen mit der Karte gefunden haben, eben deshalb, weil viele Kartenbesitzer befürchten, daß sie ihre PIN vergessen. Viele werden wohl oder übel irgendwo die Nummer vermerken, damit sie nicht Gefahr laufen, in einem aufwendigen Verfahren ständig neue Nummern zu beantragen. Hier besteht eine Schutzlücke, die man seitens der Banken füllen sollte. Man könnte Hinweise geben, wie man seine PIN wiederfindet, z.B. als Teil einer (Schein)Telefonnummer oder notiert als Autonummer oder auf der Karte zwar vermerkt aber vorher durch 2, 3 oder 5 geteilt. Auch vieles andere ist denkbar: Geheimtinten, Gravuren in Ringen, Notizen im Gürtel oder versteckt hinter Geburtstagen (Hans: 14.5.49; Inge: 3.6.53; Sigrid: 4.8.62; Peter: 26.10.58 = PIN 9328 z.B.). Wie auch immer, die Banken sollten Tips[22] entwickeln, um das Risiko des Mißbrauchs zu begrenzen, zumal dieses durch die sich exponentiell verbreitenden automatisierten Kassen ständig zunimmt.

b) ec-Bedingungen Sparkassen
Bei den Sparkassen ist die Haftung des Kontoinhabers auf DM 1 000,- je Kalendertag beschränkt (A III, 2.4 ec-Bedingungen 95). Ansonsten wird auch hier zwischen *vor* Verlustanzeige und *nach* Verlustanzeige unterschieden. *Vor* Verlustanzeige sind die Sparkassen großzügiger. Sie tragen den *vollen Schaden*, sofern der Karteninhaber seine Pflichten nicht *grob* fahrlässig verletzt hat. Nach Verlustanzeige wird, wie bei den Banken, in jedem Fall der volle Schaden von der Sparkasse getragen, weil nun die Karte europaweit gesperrt werden kann[23]. Dies hat das KG WM 1992, 729 offenbar übersehen. Einer Frau wurde in einem Autobus in Berlin die

8

---

20 Zur entgegengesetzten Behauptung des dubiosen Sachverständigen im Fall des AG Darmstadt WM 1990, 543, vgl. die entkräftenden Hinweise von Reiser, WuB I D 5.-3.90.
21 KG WM 1992, 729, 730; LG Köln WM 1995, 976 (Entschlüsselung in 57 000 Jahren).
22 Weiterführende Hinweise bei Bennett/Brassard/Ekert, Spektrum der Wissenschaft, 12 (1992) 96 ff.
23 WM 1992, 729, wie hier: Bülow, S. 771, Rz. 6; LG Berlin WM 1991, 1335; Reiser WuB I D 5.6.91.

Brieftasche gestohlen. In dieser Brieftasche befand sich die Scheckkarte ihres Mannes für sein Postgirokonto. Sie meldete unmittelbar nach der Entwendung den Verlust beim Postamt 15 in Berlin. Dieses Postamt versäumte es, den zentralen Sperrannahmedienst (*Tel.-Nr.: 069/740987*) sofort telefonisch zu benachrichtigen. Daraus kann für den Kunden kein Nachteil entstehen; er hat alles getan, um den Verlust der Karte zu melden.

9 Definiert wird die grobe Fahrlässigkeit in gleicher Weise wie bei den Banken. Merkwürdigerweise soll auch hier die Übernahme des Schadens davon abhängig sein, daß der Kontoinhaber Anzeige bei der Polizei erstattet. Das überzeugt genauso wenig wie beim Scheckmißbrauch. Soweit man diesen Teil der Klausel als *Risikoausschluß* deutet, verstößt er gegen § 9 Abs. 2 AGBG.

10 Wird die ec-Karte mißbräuchlich im Rahmen des edc-Verfahrens (Zahlung im Ausland) ohne persönliche Geheimzahl nur mit Unterschrift verwendet, so erstattet die Sparkasse diese Schäden in *voller Höhe*. Eine vergleichbare Regelung gibt es in der Bankenversion nicht. Sie ist auch verzichtbar, da die Lastschrift in diesen Fällen ohnehin nicht vom Kunden herrührt, es also an einer Anweisung durch ihn mangelt.

4. Strafbarkeitshinweise

11 Die Anfälligkeit der ec-Karte für Mißbräuche legt strafrechtliche Sanktionen nahe. Da es sich insoweit nicht um bankrechtsspezifische Fragen handelt, genügen hier einige weiterführende Hinweise[24]. Zum Rechtszustand vor Einführung des Computerbetruges (§ 263 a StGB) hat der BGH am 16.12.1987 grundlegend entschieden[25]. Eine Frau entwendete im Jahre 1985 ihrem Bruder die ec-Karte und hob damit nacheinander vom Geldautomaten Geldbeträge i.H.v. insgesamt DM 5 100,- ab. Das AG verurteilte sie wegen Diebstahls der Scheckkarte in Tateinheit mit Unterschlagung des erlangten Geldes. Das LG änderte auf ihre Berufung den Schuldspruch dahin ab, daß sie wegen Diebstahls des abgehobenen Geldes verurteilt wird und verwarf im übrigen ihre Berufung. Auf ihre Revision hat das OLG Düsseldorf[26] die Sache gem. § 121 GVG dem BGH wegen der divergierenden Entscheidungen anderer OLG-Senate vorgelegt. Das OLG Düsseldorf meinte, die Angeklagte habe sich nur eines Diebstahls der Scheckkarte schuldig gemacht, weil sie sich mit deren Wegnahme und Benutzung entsprechend den Grundsätzen für die Zueignung von qualifizierten Legitimationspapieren nicht nur die Substanz, sondern auch den typischen Sachwert zugeeignet habe, so daß die Geldabhebungen lediglich

---

24 Vertiefend für den Zeitraum bis 1987 Bieber, WM Sonderbeilage Nr. 6/1987, 15 ff.; Sieber, 1977, passim; Kleine, zum Recht bis 1.8.1986 S. 153 ff., zum Recht ab 1.8.1986 S. 177 ff; bis 1994: Mitsch, JZ 1994, 877 ff.
25 WM 1988, 405, dazu Bieber WuB I D 5.-1.88.
26 NStZ 1987, 330 = CuR 1987, 439.

straflose Verwertungshandlungen seien. Der BGH hat anders entschieden. Die Wegnahme der ec-Karte in der Absicht, sich damit unbefugt Geld aus einem Automaten zu verschaffen, ist jedenfalls dann eine *straflose Gebrauchsentwendung* (furtum usus), wenn die Karte dem Berechtigten danach zurückgegeben werden soll. Die Ansichnahme des Geldes selbst (nach Benutzung der Scheckkarte und der PIN), erfüllte vor dem Inkrafttreten des § 263 a StGB (1.8.1986) den Tatbestand der Unterschlagung (§ 246 StGB)[27]. Eine weitere klärende Entscheidung hat der BGH am 22.11.1991 getroffen[28]. Der Angeklagte hatte im Februar/März 1989 mit Hilfe eines von ihm entwickelten Gerätes an einem Geldausgabeautomaten zahlreiche Konten, Daten und Geheimnummern für codierte ec-Karten gesammelt und gespeichert. Die Daten übertrug er mit Hilfe eines Codiergerätes auf Scheckkarten-Blankette. In der Zeit vom 19.4. bis zum 7.7.1989 hob er mit Hilfe dieser Kopien in Köln und mehreren Städten der Niederlande von fremden Konten Geld im Gesamtwert von etwa DM 140 000,- ab. Die Abhebungen waren nur möglich, weil die Geldautomaten entweder das gegen die Verwendung unechter Karten eingerichtete MM-Sicherheitssystem nicht hatten, oder diese Sicherung defekt war, die Automaten aber dennoch in Betrieb blieben.

Der BGH entschied, daß die Entnahme von Geld aus einem Bankautomaten mit Hilfe einer gefälschten Codekarte nicht als Diebstahl (§ 242 StGB) oder Unterschlagung (§ 246 StGB), sondern als Computerbetrug (§ 263 a StGB) strafbar sei. Ein Diebstahl liege nicht vor, weil das Geld nicht durch Bruch fremden Gewahrsams erlangt, sondern mit Hilfe des Automaten (dieser anstelle des Bankangestellten) übergeben worden sei. Daß darüber hinaus nicht echte, sondern codierte Blankettkarten verwendet wurden, ändere nichts daran, daß der Geldautomat ansonsten funktionsgerecht bedient worden sei. Manipuliert wurde nicht der Automat, sondern das für seine Bedienung ausgegebene Zugangsmittel. Durch die Verwendung der gefälschten Codekarten wurde dem Automaten »die unrichtige Entscheidung entlockt, Geldscheine zur Entnahme freizugeben«[29]. In ähnlicher Weise hatte übrigens bereits im Jahre 1987 ein »Computer-Freak« verschiedenen Geldautomaten insgesamt DM 44 000,- »entlockt«. Bei der Strafzumessung wurde zugunsten des Angeklagten berücksichtigt, daß er von vornherein nicht die Absicht hatte, das Geld für sich zu behalten, sondern nur darauf aufmerksam machen wollte, wie unsicher das ec-Karten-System in Verbindung mit den Bankautomaten sei[30]. Das Gericht

12

---

27 Zur dogmatischen Konstruktion kritisch Bieber WuB I D 5.-1.88; der in WuB I D 5.-2.90 (S. 586) meint, daß das BGH-Urteil nur Geldabhebungen mit *nicht* manipulierter Karte betreffe; ansonsten liege Diebstahl vor.
28 WM 1992, 515.
29 Lackner, in FS für Tröndle, 1989, 41, 53.
30 AG Böblingen WM 1990, 64; dazu Bieber WuB I D 5.-2.90.

verurteilte u.a. wegen Diebstahls (§ 242 StGB) und Computerbetruges (§ 263 a StGB) zu einer Geldstrafe von 90 Tagessätzen à DM 50,-. Allerdings behielt es die Verurteilung zu dieser Strafe nach § 59 StGB vor und verwarnte den Angeklagten. In der Literatur wurde zu Recht darauf hingewiesen, daß das erfolgreiche Vorgehen des Angeklagten allein darauf beruhte, daß bei einigen Geldautomaten die sog. MM-Box entweder noch nicht eingebaut oder wegen Störungen vorübergehend entfernt worden war. Die technische Ausgestaltung des nicht magnetisch gespeicherten modulierten MM-Merkmals und dessen Verknüpfung mit den magnetisierten Daten wurde mit Einführung der neuen ec-Karten (Beethovenlogo) zudem weiter verbessert. Nach den bisherigen Erkenntnissen läßt sich das MM-Merkmal nicht mehr duplizieren. Hinzu kam, daß dem Angeklagten die Dinge dadurch erheblich erleichtert wurden, daß er seine eigene persönliche Geheimzahl (PIN) kannte und einsetzen konnte. Die Errechnung einer fremden PIN wäre demgegenüber nicht möglich gewesen[31].

II. Das electronic-cash-System

Schrifttum:
Ahlers, Die neuen Bedingungen für ec-Karten, WM 1995, 601; *Baumbach/Hopt*, HGB-Komm., 9. Aufl., 1995; *Blaurock*, Haftung der Banken beim Einsatz neuer Techniken und Medien, in: Köndgen (Hrsg.), Neue Entwicklungen im Bankhaftungsrecht, RWS-Forum, 1987; *Blaurock/Rennpferd*, Internationale Initiativen zur Regelung des grenzüberschreitenden Zahlungsverkehrs, in: Hadding/Schneider (Hrsg.), S. 517; *Bouveret*, Elektronischer Zahlungsverkehr, (EFTS), 1981; *Diebold* – Deutschland GmbH, Elektronische interbankärer Zahlungssysteme, 1986; *Etzkorn*, Das S.W.I.F.T.-Regelungswerk in Hadding/Schneider (Hrsg.), S. 459; *Frank*, Neuere Entwicklungen im elektronischen Zahlungsverkehr, 1990; *Hadding/Schneider* (Hrsg.), Rechtsprobleme der Auslandsüberweisung, 1992; *Hamann*, Gebührenfragen im grenzüberschreitenden Überweisungsverkehr; *Harbeke*, Die POS-Systeme der deutschen Kreditwirtschaft, WM-Sonderbeilage 1/1994; *ders.*, Neue Bedingungen für die Verwendung der ec-Karte, ZIP 1995, 250; *Harbeke/Reiser*, Rechtsfragen des automatisierten und kartengesteuerten Zahlungsverkehrs, WM-Seminar-Skript, 1992; *Holzwarth*, Grenzüberschreitender interbankärer Zahlungsverkehr, in: Hadding/Schneider (Hrsg.), S. 101; *Möschel*, Dogmatische Strukturen des bargeldlosen Zahlungsverkehrs, AcP 186 (1986) 187; *Passacantando*, Der Zahlungsverkehr in der europäischen Währungsunion – Die Rolle der Zentralbanken, in: Hadding/Schneider (Hrsg.), S. 551; *Priewasser*, Kartengesteuerte Zahlungssysteme, Eine Untersuchung zur Zahlungsabwicklung am Point-of-Sale-Terminal, 1981; *Rehm*, Zur zukünftigen Gestaltung des privaten Massen-Zahlungsverkehrs, 1990; *Rennpferd*, Die internationale Harmonisierung des Erfüllungsrechts der Geldschuld, 1993; *Schmidt*, Die Europäisierung des Kartellrechts im Bereich der Kredit- und Versicherungswirtschaft, 1995; *Schneider*, Die einheitliche Regelung des internationalen Überweisungsverkehrs durch das UNCITRAL-Modellgesetz, in: Hadding/Schneider (Hrsg.), S. 491; *Strohdeicher*, Risiken des automatisierten Zahlungsverkehrs beim Einsatz von POS (ECS), Geldautomaten und BTX, 1991; *Weyenmeyer*, Durchbruch bei electronic-cash – ja oder nein?, WM 1993, 452.

---

31 Zu allem Bieber WuB I D 5.-2.90 m.w.N.

1. Funktion und Entwicklung

Es wurde schon darauf hingewiesen, daß die ec-Karte nicht nur für die Garantie des Euroschecks und zum Ziehen von Bargeld aus Automaten verwendet werden kann, sondern darüber hinaus auch, um Waren oder Dienstleistungen an automatisierten Kassen bargeldlos zu bezahlen. Diese Möglichkeit der bargeldlosen Finanzierung, z.B. in Hotels, in Schuh- oder Bekleidungsgeschäften oder an Tankstellen, wurde bis zum 30.4.1990 sehr plastisch Point of Sale (POS-)System genannt. Mit der bundesweiten und institutsübergreifenden Einführung dieses Systems zur bargeldlosen Zahlung an automatisierten Kassen wurde der alte Name durch den globaleren Begriff: electronic-cash-System ersetzt[32]. Ferner wird die Karte seit dem 1.1.1995 im POZ-System einsetzbar. Gemeint ist bargeldloses Bezahlen *ohne Zahlungsgarantie* an automatisierten Kassen mittels Lastschrift. Die automatisierte Kasse entnimmt dem Magnetstreifen insbesondere Bankleitzahl und Kontonummer und entwickelt in Höhe des zu zahlenden Betrages eine Lastschrift mit Einzugsermächtigung, die der Kunde zu unterzeichnen hat. Ferner unterschreibt der Kunde einen Revers, indem er sein kartenausgebendes Institut unwiderruflich anweist, im Falle der Nichtzahlung der Lastschrift Name und Adresse an den Händler auf dessen Anfrage hin zu übermitteln. Dieses neue Verfahren wurde von der Kreditwirtschaft als Antwort auf »wilde Lastschriftverfahren«, die vom Handel ohne Abstimmung mit den kartenemmitierenden Kreditinstituten praktiziert werden, eingeführt[33]. Neben diesen Zahlungsfunktionen wird die ec-Karte zunehmend auch für andere Bankdienstleistungen instrumentiert. Mit ihrer Hilfe können Kontoauszüge ausgedruckt, Schecks ausgegeben oder Überweisungen durchgeführt werden. Alle Dienstleistungen dieser Art sind in den ec-Bedingungen 95 der Banken und Sparkassen geregelt. Wahrscheinlich müssen diese Bedingungen bald erneut erweitert werden, um mit der sehr schnellen Entwicklung schrittzuhalten. So wird intensiv daran gearbeitet, die ec-Karte mit einem Multifunktionschip auszurüsten. Das würde die Möglichkeit eröffnen, die Karte mit einer elektronischen Börse auszustatten. Der Kunde kann dann, wie jetzt schon, von der Telefonkarte – die Karte mit einem bestimmten Betrag aufladen und mit diesem »elektronischen Geld« Dienstleistungen, etwa im öffentlichen Nahverkehr bargeldlos bezahlen. Außerdem gibt es Überlegungen, mittels der Karte auch den Sparverkehr abzuwickeln.

13

Der electronic-cash-service, d.h. die Möglichkeit an automatisierten Kassen mit Hilfe der Karte garantierte Zahlungen auszuführen, besteht mittlerweile flächendeckend in Deutschland. Etwa 42 500 Stellen (Stand Anfang 1995) bieten die Möglichkeit, Waren und Dienstleistungen bar-

14

---

32 Zur Entwicklung Harbeke, WM-Sonderbeilage 1/1994, S. 4.
33 Harbeke, WM-Sonderbeilage 1/1994, S. 12 f.

geldlos zu bezahlen. Diese bisher auf Deutschland begrenzte Zahlungsmöglichkeit ist nunmehr um die internationale Anwendung ergänzt worden. Unter dem Logo *edc/Maestro* kann der Kunde auch im Ausland bei den angeschlossenen Unternehmen unter Verwendung von ec-Karte und PIN bargeldlos bezahlen. Bezahlt werden kann bei denjenigen, die über eine automatisierte Kasse verfügen, nicht nur mit der ec-Karte, sondern auch mit der BANK-CARD der Volksbanken und Raiffeisenbanken, der S-Card der Sparkassen und Girozentralen sowie der Kundenkarte der Deutschen Bank. Die Bedienungsfolge am electronic-cash-Terminal ist standardisiert und muß in folgenden Schritten ablaufen:
(1) Karte einlesen,
(2) Geheimzahl eingeben,
(3) Geheimzahl bestätigen,
(4) Betrag bestätigen (Vorgangsbearbeitung),
(5) Karte entnehmen (nicht bei Durchzugslesern).

15   Nach jedem Bedienungsschritt muß eine Korrektur bzw. ein Abbruch der Transaktion per Tasteneingabe möglich sein. Die Verwendung eines Kartenlesers mit MM-Sicherheitsmodul wird den Inhabern automatisierter Kassen zwar empfohlen, ist aber nicht zwingend notwendig. Das damit verbundene Mißbrauchsrisiko durch Verwendung manipulierter Karten tragen die Systembetreiber selbst, da der Kontoinhaber dem Kreditinstitut Aufwendungen nur dann zu ersetzen hat, wenn diese durch die *Verwendung der (echten)* ec-Karte entstehen (Nr. III, 2.3. ec-Bedingungen 95)[34]. Aufgrund der Vereinbarung über das institutsübergreifende System zur bargeldlosen Zahlung an automatisierten Kassen vom 1. Mai 1990 tragen die Kreditinstitute intern das Risiko der Fälschung oder Verfälschung von ec-Karten (Nr. 12 der Vereinbarung). Um das System gegenüber den Händlern durchzusetzen, haben sich die kartenausgebenden Kreditinstitute am 1.5.1990 ebenfalls verpflichtet »ein Zahlungsversprechen in Höhe des am electronic-cash-Terminal autorisierten Betrages abzugeben« (Nr. 9 der Vereinbarung). Voraussetzung ist, daß das ec-Terminal zugelassen, ordnungsgemäß betrieben wurde und der Umsatz dem Inkassoinstitut innerhalb von acht Tagen eingereicht wurde. Die Inkassoinstitute der Händler ziehen deren Forderungen per Lastschrift ein (Nr. 10 Abs. 1 der Vereinbarung), eine Rückgabe dieser Lastschriften durch das kartenausgebende Kreditinstitut wegen Widerspruchs, fehlender Deckung oder aus anderen Gründen i.S.d. Abkommens über den Lastschriftverkehr ist nicht möglich (Nr. 10 Abs. 2 der Vereinbarung)[35].

---

34 So bereits für die frühere Rechtslage Blaurock, RWS-Forum, S. 49.
35 Zum POS ohne Zahlungsgarantie (POS-System) Harbeke, WM-Sonderbeilage 1/1994, S. 14 f.

Für die angeschlossenen Händler ist die Zahlung am ec-Terminal ebenso **16** sicher, wie die Entgegennahme von Bargeld. Denn zum einen gibt das kartenausgebende Kreditinstitut mit der Nachricht über die positive Autorisierung die Erklärung ab, daß es die Forderung in Höhe des am ec-Terminal autorisierten Betrages (ec-Umsatz) begleicht. Zum anderen sind Einwendungen aus dem Deckungsverhältnis mit dem Kunden, insbesondere der Einwand fehlender Deckung auf dem Konto, ausgeschlossen. Ganz umsonst ist das System für die angeschlossenen Händler nicht. Sie zahlen für ec-Umsätze bis DM 50,- jeweils 0,15 DM pro Umsatz und für ec-Umsätze über DM 50,-, jeweils ein Entgelt in Höhe von 0,3 % des ec-Umsatzes (Stand: 1995). Für Tankstellen gelten Sonderbedingungen. Dort wird bei ec-Umsätzen bis DM 100,- jeweils ein Entgelt von 0,2 %, mindestens aber 0,08 DM, berechnet (Stand: 1995)[36]. Gegenüber den Kunden gilt ein *Preisaufschlagsverbot*[37]. Um die Funktionsfähigkeit des Systems zu sichern, haben die Kreditinstitute die Gesellschaft für Zahlungssysteme (GZS) gegründet. Diese übermittelt im Namen und für Rechnung eines jeden kartenausgebenden Instituts dem einzelnen Händler ein Zahlungsversprechen in Höhe des an der nach den Richtlinien betriebenen Kasse (angezeigten) autorisierten Betrages[38].

Die Entwicklung der POS-Zahlungssysteme begann Anfang der 70er **17** Jahre[39]. Dabei liegt der Ursprung des POS-Gedankens in den USA, wobei dort mit POS etwas anderes gemeint ist als heute in Europa. Denn in Amerika versteht man unter POS den Einsatz der Terminals zur Prüfung von Schecks und zur Autorisierung von Kreditkartenzahlungen, wobei über Telefon bei einer Zentrale die Genehmigung zur Belastung der Kreditkarte erbeten wird[40]. In Europa wurde der erste Feldversuch 1979 in Bourg-en-Bresse gestartet; angeschlossen waren rund 100 Terminals in Tankstellen, Restaurants und Einzelhandelsgeschäften[41]. In Belgien begann die Entwicklung 1980. Schon ein Jahr später waren 1,34 Mio. Karten an den Kassen des Einzelhandels und an Tankstellen einsetzbar[42]. In Großbritannien begann die POS-Entwicklung an den Tankstellen. Im Jahre 1983 konnten die 6,5 Mio. Inhaber der Barclay-Card automatisiert tanken. Kleinere Feldversuche gab es ferner in Schweden und Österreich (1980), Norwegen (1981) und Spanien (1984)[43]. In Deutschland schlossen

---

36 Vgl. Bedingungen für die Teilnahme am electronic-cash-System der deutschen Kreditwirtschaft Nr. 5; sowie Vereinbarung über ein institutsübergreifendes System zur bargeldlosen Zahlung an automatisierten Kassen Nr. 7 Abs. 2.
37 Zu den kartellrechtlichen Implikationen: Schmidt, S. 99 m.w.N.
38 Vertiefend Harbeke, WM-Sonderbeilage 1/1994, S. 4 ff.
39 Priewasser, S. 20 f.; Bouveret, S. 45 ff.; Frank, S. 41.
40 Strohdeicher, S. 6.
41 Strohdeicher, S. 10.
42 Strohdeicher, S. 10.
43 Diebold, S. 114.

Zweiter Teil   Commercial Banking

Spitzenverbände der Kreditinstitute im Jahre 1981 eine Rahmenvereinbarung über die Abwicklung bargeldloser Zahlungen an automatisierten Kassen[44]. Es gab Testversuche in München, später (1984) in Berlin und ab Ende 1989 in Regensburg. Diese Vereinbarungen wurden durch diejenige vom 1.5.1990 abgelöst. Seither ist das electronic-cash-System bundesweit einsetzbar. Ende 1992 waren ca. 14 000 Terminals in Betrieb, 10 000 an Tankstellen und 4 000 im Einzelhandel[45], Anfang 1995 hatte sich die Zahl auf ca. 42 500 verdreifacht (bei steigender Tendenz)[46].

18   Im Hintergrund dieser Entwicklung steht eine Empfehlung der EG-Kommission vom 8.12.1987 über einen Verhaltenskodex im Bereich des elektronischen Zahlungsverkehrs[47]. Die Kommission wies darauf hin, daß die technologische Entwicklung in engem Zusammenhang mit der Vereinheitlichung des Binnenmarktes stehe. Deshalb müsse der elektronische Zahlungsverkehr zur raschen Modernisierung der Bankendienste, des Handels und des Telekommunikations- und Informationssektors beitragen. Auch die Verbraucher könnten von dieser Entwicklung Vorteile erwarten. Überdies sei die Verbreitung der neuen Zahlungsmittel ein wesentlicher Beitrag zur Kapitalmarkt- und Währungsintegration sowie zum weiteren Ausbau des »Europas der Bürger«. Der freie Waren- und Kapitalverkehr könne nur dann in vollem Umfang wirksam werden, wenn er sich auf die technologische Infrastruktur der neuen Zahlungsmittel stützen könne. Insbesondere müsse die Kompatibilität der Karten und der Zusammenschluß der europäischen Netze verwirklicht werden, damit eine gegenseitige Öffnung der einzelnen Systeme und eine Vereinheitlichung der wichtigsten Benutzerbedingungen möglich werde. Da es in erster Linie Sache der Banken und der sonstigen beteiligten Finanzinstitutionen sei, darüber zu entscheiden, die Systeme kompatibel zu machen, habe die Kommission allerdings nur die Aufgabe, zu gewährleisten, daß die Fortschritte auf diesem Weg den freien Wettbewerb innerhalb des europäischen Marktes nicht beeinträchtigten.

19   Inzwischen ist das electronic-cash-System in ein internationales POS-System (edc/Maestro) eingebunden[48]. Grundgedanke ist, daß mit der Karte auch im Ausland gezahlt werden kann, d.h. daß die regionale Bindung entfällt. In sehr engem Zusammenhang hierzu stehen die Versuche einer UN-Arbeitsgruppe, für die sich das Kürzel EDIFACT (Electronic Data Interchange For Administration Commerce and Transport) einge-

---

44   Bundesanzeiger Nr. 167 v. 9.9.1981, S. 1.
45   Hans Weyenmeyer, WM 1993, 452.
46   Harbecke, ZIP 1995, 250.
47   Abl.EG Nr. L 365/72 (87/598/EWG).
48   Zu den Vorüberlegungen: Harbeke/Reiser, WM-Seminar 1992, 78; ferner die Beiträge von Etzkorn, S. 459 ff., Schneider, S. 491 ff., Blaurock/Rennpferd, S. 517 ff., Passacantando, S. 551 ff., Rehm, in Hadding/Schneider (Hrsg.), 1992, S. 563; Hamann, WM 1993, 247; Harbecke, ZIP 1995, 250.

bürgert hat. Das Ziel der Bemühungen besteht darin, eine länderübergreifende »Übertragungssprache« zu definieren. Dabei geht es allerdings um weit mehr als nur um den Zahlungsverkehr. Gedacht ist daran, den EDV-Standard der miteinander in den verschiedenen Ländern kommunizierenden Unternehmen so anzugleichen, daß gegenseitiger Datenaustausch bei allen unternehmerischen Transaktionen möglich ist. Es würde also ein Kommunikationsverbund zwischen den Unternehmen, ihren Zulieferern und Spediteuren sowie den Kreditinstituten entstehen, so daß sowohl im Bereich der Hardware als auch im Bereich der Software ganz erhebliche Rationalisierungseffekte realisiert werden könnten. In Europa werden diese Vereinheitlichungsaktivitäten im EDIFACT-Board koordiniert, der bei der Generaldirektion XIII der EG-Kommission angesiedelt ist. Aus dem Mai 1991 stammt ein Entwurf eines »Europäischen Modellabkommens für elektronischen Datenaustausch« (EDI). Der Entwurf basiert auf zwei Ratsentschließungen, die zu einem Programm mit dem Kürzel Tedis führten[49]. Die Bedeutung standardisierter einheitlicher Zahlungsvorgänge für die Entwicklung des europäischen Binnenmarktes kann sicher kaum unterschätzt werden[50]. Die damit einhergehenden Lebensgewohnheiten für Bürger und Unternehmen in den Mitgliedstaaten der EG werden nicht unerheblich sein. An die Stelle der nationalen Währungen wird zunehmend »Kartengeld« treten. Diese Entwicklung findet ganz unabhängig davon statt, daß sich Europa auf der Grundlage des Maastrichter Vertrages vom 1.11.1993 noch vor dem Jahre 2000 eine einheitliche Europäische Währung, geben wird. Die Frage, wie sich die ec-cash-Systeme auf die Geldpolitik auswirken, wird dadurch noch etwas wichtiger werden, als heute schon im Bereich nationaler Geldmärkte[51]. Dem damit einhergehenden Verlust nationaler Identität korrespondiert ein Zuwachs an europäischer Identität, verbunden mit erheblichen Kosteneinsparungen. Bereits oben wurde darauf hingewiesen, daß eine einzige Barauszahlung heute etwa DM 2,- bis 3,- kostet, bei deutlich steigender Tendenz[52]. Demgegenüber kostet eine elektronische Zahlung derzeit etwa 0,08 DM, bei fallender Tendenz[53].

---

49 Ratsentschließung – 87/499/EEC.O.J.L. 285.08.10.1987; Ratsentschließung vom 7.11.1990 – COM (90) 475 endgültig; der Text des Entwurfes ist abgedruckt bei Harbeke/Reiser, WM-Seminar 1992, 196 ff.; zur Diskussion, ob sich aus EDI international-rechtlicher Handlungsbedarf ergibt, vgl. Tagungsbericht (UNCITRAL) zum Thema »Einheitliches Wirtschaftsrecht im 21. Jahrhundert«, ZVerglRWiss 91 (1992) 344, 347.
50 Rehm, in Hadding/Schneider (Hrsg.), S. 561 ff.; auch Etzkorn, ebenda, S. 460 ff.; ferner Holzwarth, ebenda, S. 101 ff., vgl. auch Vorschlag einer Richtlinie für grenzüberschreitende Überweisungen, v.18.11.94 Abl Nr. C 360 v. 17.12.1994, S. 13 ff. = EWS 1995, 20.
51 Vertiefend Frank, S. 75 ff.; Passacantando in Hadding/Schneider (Hrsg.), S. 551 ff.
52 Priewasser, S. 82.
53 Priewasser, S. 82.

2. Die electronic-cash-Abrede

20 Der multifunktionale Charakter der ec-Karte bewirkt, daß die rechtlichen Fragen im Zusammenhang mit den verschiedenen Funktionen nahezu gleich entschieden werden müssen. Gleichviel ob die Karte für die Garantie des Euroschecks, oder zum Ziehen von Bargeld, zum Bezahlen am ec-Terminal, zum Ausdruck für Kontoauszüge, oder aber für die elektronische Eingabe von Überweisungen und Lastschriften am Bankterminal gebraucht wird: Immer ist das Bestehen eines Girovertrages Voraussetzung[54]. D.h. die ec-Karte gewährt keinen neuen vertraglichen Anspruch, sondern erweitert einen bereits bestehenden um die Abrede, bestimmte, mit Hilfe der PIN autorisierte Beträge dem Kundenkonto anzulasten und im Gegenzug dem Händlerkonto gutzuschreiben. Rechtlich weist der Kunde seine Bank i.S.v. § 665 BGB an, einen bestimmten Betrag einem anderen zur Verfügung zu stellen. Damit entspricht die Zahlung am ec-Terminal der girovertraglich ohnehin geschuldeten Überweisung. Daß die Händler ihre Forderungen über eine Inkassobank im Wege des Lastschriftverfahrens einziehen, ändert nichts daran, daß die ec-Zahlung anders als diejenige ohne Garantie im POS-System im Rechtssinne eine Überweisung und keine Lastschrift ist. Das Inkassoverfahren ist nur deshalb erforderlich, weil die im Zeitpunkt der ec-Zahlung angewiesene Bank des Kunden die Kontonummer des jeweiligen Händlers nicht weiß.

21 Hierneben gilt, wie bei der Geldautomatenfunktion auch, daß die Banken nicht verpflichtet sind, die ec-Karte auszugeben. Allerdings muß bei bestehendem Girovertrag die Verweigerung der Karte nach den Grundsätzen von Treu und Glauben (§ 242 BGB) sachlich gerechtfertigt sein.

22 Inhaltlich gelten auch für die ec-Zahlungen die Bedingungen für den ec-Service 95. Die Bedingungen sind mit denen für den Geldautomaten-Service identisch. Wichtig ist, daß Verfügungen nur im Rahmen des *vereinbarten Verfügungsrahmens* möglich sind. Bei jeder Nutzung der ec-Karte wird geprüft, ob der Verfügungsrahmen durch vorangegangene Verfügungen bereits ausgeschöpft ist. Verfügungen, mit denen der Verfügungsrahmen überschritten würde, werden *unabhängig* vom aktuellen *Kontostand* und einem etwa vorher zum Konto eingeräumten Kredit abgewiesen (Nr. III, 2.1 ec-Bedingungen Banken 95)[55]. Auf diese Weise wird das Mißbrauchsrisiko begrenzt.

---

54 Komplizierter gestaltet sich das gesamte ec-Regelwerk, Harbeke, WM-Sonderbeilage 1/1994, S. 6 ff.
55 Die Regelungen für die Sparkassen sind identisch (A, III, 2.1 95).

3. Fehlerhafte Abbuchungen

Nach Nr. III, 2.1 ec-Bedingungen Banken 95 verfügt der Kontoinhaber **23**
durch die *Nutzung* der ec-Karte über sein Guthaben. Daraus folgt, daß
das Kundenkonto immer dann nicht belastet werden darf, wenn die Aufwendungen nicht durch die Verwendung der (echten) ec-Karte entstanden
ist. Wird also ohne Verwendung der echten ec-Karte aufgrund einer manipulierten abgebucht, so entsteht kein Erstattungsanspruch der Bank,
umgekehrt schuldet die Bank in diesen Fällen den Betreibern der ec-Kassen keine Vergütung (Nr. III, 2.3 ec Bedingungen Banken 95). Das
gleiche gilt, wenn aufgrund eines technischen Systemfehlers gebucht wird,
ohne daß überhaupt eine Karte verwendet wurde. Blaurock verweist in
diesem Zusammenhang auf Hacker, die sich Zugang zum Bankcomputer
verschafft haben und dort die Kontendaten der Kunden beeinträchtigen[56].
Der Grund für die Haftung der Bank liege darin, daß der Kunde keinerlei
Handlungen in bezug auf sein Konto vorgenommen habe, daß sich vielmehr im Rahmen der Kontenverwaltung *bankinterne* Risiken verwirklicht hätten. Die gleichen Grundsätze gelten schließlich auch dann, wenn
vom Kundenkonto aufgrund eines Systemfehlers zuviel abgebucht wird.
Die Zuvielbuchung beruht nicht mehr auf der Verwendung der Karte,
sondern ist Folge des technischen Fehlers. Daß dieser Fehler letztlich auf
der Verwendung der Karte (mit-)beruht, ist rechtlich irrelevant, da es nach
dem Sinn von Nr. 8 Abs. 1 ec-Bedingungen 89 darauf ankommt, daß der
abgebuchte Aufwand allein durch die Verwendung der Karte entsteht.

4. Der ec-Kartenmißbrauch

Die ec-Karte kann nicht nur am Geldautomaten, sondern auch am ec- **24**
Terminal mißbraucht werden. Entscheidend ist, daß jemand irgendwie in
den Besitz der PIN (Geheimzahl) gekommen ist. Es liegt dann in Wirklichkeit keine wirksame Anweisung des Kunden an seine Bank vor, einen
bestimmten Betrag an einen Händler zu zahlen. Trotzdem ist der Kontoinhaber nach Nr. III 2.3 S. 2 ec-Bedingungen Banken 95 verpflichtet, dem
Kreditinstitut alle Aufwendungen aus der Verwendung der (echten) ec-Karte zu ersetzen. Diese, wie es zunächst scheint, harte Regelung wird,
wie oben für den Geldautomatenservice dargestellt, durch eine für die ec-Kassen identische Schadensregelung abgemildert, die allerdings bei den
Banken etwas anders aussieht als bei den Sparkassen[57].

Die Haftungsregeln werden zu Rechtsstreiten darüber führen, wann **25**
und unter welchen Umständen bei mißbräuchlicher Verwendung der
Karte auf *grobe Fahrlässigkeit* geschlossen werden darf. Eine Entschei-

---

56 RWS-Forum, S. 44.
57 Vgl. Rz. 8.

dung des Kammergerichtes[58] deutet bereits das Streitpotential an. Grob fahrlässig handelt nämlich nach Auffassung des KG bereits jemand, der seine ec-Karte zwar getrennt von der PIN, aber zusammen in derselben Handtasche aufbewahrt. Damit überspannt das KG die Anforderungen, denn grob fahrlässig handelt nur jemand, der einfachste ganz naheliegende Überlegungen nicht anstellt. Es ist aber nicht ganz naheliegend, Karte und PIN in zwei verschiedenen Taschen aufzubewahren. Das geht häufig schon deshalb nicht, weil nicht jeder zwei Taschen mit sich trägt. Aber auch ansonsten ist es nicht *grob* vorwerfbar, wenn die Karte zwar getrennt von der PIN aufbewahrt, aber in räumlicher Nähe in einer Tasche verwahrt wird. Denn der Nutzer der Karte muß Verwahrungsarten wählen, die ihn prinzipiell handlungsfähig machen. Das setzt eine gewisse Standardisierung voraus, um zu vermeiden, daß man entweder die Karte oder die irgendwo vermerkte PIN vergißt. Um das Mißbrauchsrisiko zu minimieren, sollten die Banken, wie oben bereits angeregt wurde[59] Tips geben, wie die PIN (codiert) so gespeichert werden kann, daß der Kunde sie jederzeit mit der Karte parat hat, der Dieb sie aber nicht entschlüsseln kann.

26 Hierneben gelten die bereits dargestellten Grundsätze bei Mißbrauch der Karte am Geldautomaten[60] in gleicher Weise für ec-Terminals; auch auf die strafrechtlichen Folgen kann Bezug genommen werden[61].

5. Das POZ-System

27 Mit Wirkung vom 1.1.1995 kann mit der ec-Karte auch ohne Zahlungsgarantie an automatisierten Kassen mittels Lastschrift bezahlt werden. Hintergrund für die Einführung dieses Systembausteins war die Provision, die die Händler in Höhe von 0,3 % des Umsatzes an die kartenausgebende Bank zu zahlen haben. Vielen deutschen Einzelhändlern war dies zu teuer. Sie führten deshalb das *wilde POS-Verfahren* ein. Bei diesem Verfahren akzeptierte der Händler ebenfalls die ec-Karte als Zahlungsmittel. Sie wurde jedoch nur dazu benutzt, eine Lastschrift auf das Konto des Kunden zu ziehen. Mit seiner Unterschrift auf dem Kassenbeleg erteilte der Kunde eine Einzugsermächtigung. Der Händler hatte aber *keine Garantie*, den Betrag zu erhalten, denn die Bank konnte die Lastschrift entweder wegen Widerspruchs des Kunden oder mangels Deckung zurückgeben. Um den Mißbrauch dieses Verfahrens einzuschränken bietet die Kreditwirtschaft ab 1.1.1995 als Teil der ec-Bedingungen 95 das *POZ-System* an, bei dem es sich ebenfalls nur um ein *Lastschriftverfahren* handelt. Zusätz-

---

58 KG WM 1992, 729.
59 Vgl. Rz. 7.
60 Vgl. Rz. 4 ff.
61 Vgl. Rz. 11 ff.

lich wird aber zur Sicherheit der Händler eine *Sperrdateiabfrage* durchgeführt, um so gesperrte ec-Karten von der Benutzung auszuschließen. Für die Sperrdateiabfrage hat der Händler ein Entgelt an die kartenausgebende Bank zu zahlen. Diese verpflichtet sich im Gegenzug die Adresse des Kunden bekanntzugeben, falls eine vom Kunden initiierte Lastschrift nicht eingelöst wird. Die Einwilligung dazu erteilt der Kunde nicht durch die Akzeptanz der Bedingungen, sondern aufgrund einer Einwilligungsklausel auf dem Kassenzettel, den er bei der Hingabe der ec-Karte zu unterschreiben hat.

III. Zahlungsverkehr über Btx

Schrifttum:
Bartl, Aktuelle Rechtsfragen des Bildschirmtextes, DB 1982, 1097; *Blaurock*, Haftung der Banken beim Einsatz neuer Techniken und Medien, in: Köndgen (Hrsg.), Neue Entwicklungen im Bankhaftungsrecht, RWS-Forum, 1987; *Borsum/Hoffmeister*, Rechtsgeschäftliches Handeln unberechtigter Personen mittels Bildschirmtext, NJW 1985, 1205; *dies.*, Bildschirmtext und Bankgeschäft, BB 1983, 1441; *Canaris*, Großkomm. HGB, 4. Aufl., 1988; *Ebel*, Home-Banking mit Bildschirmtext Btx, DuD 1988, 292; *Hellner*, Rechtsfragen des Zahlungsverkehrs unter besonderer Berücksichtigung des Bildschirmtext-Verfahrens, FS für Werner, 1984; *Köhler*, Die Problematik automatisierter Rechtsvorgänge, insbesondere von Willenserklärungen, AcP 182 (1982) 126; *Kümpel*, Bank- und Kapitalmarktrecht, 1995; *Lachmann*, Ausgewählte Probleme aus dem Recht des Bildschirmtextes, NJW 1984, 405; *Micklitz*, Verbraucherschutz und Bildschirmtext, NJW 1982, 263; *Obst/Hintner*, Geld-, Bank- und Börsenwesen, 38. Aufl., 1991; *Paefgen*, Bildschirmtext aus zivilrechtlicher Sicht, 1988; *ders.*, Grenzen der Verbraucherverbandsklagebefugnis bei Wettbewerbsverstößen im Btx-Dienst, CR 1992, 65; *Schneider*, Die Geschäftsbeziehungen der Banken mit ihren Kunden auf dem Wege des Bildschirmtextes, Diss. Köln, 1990; Bankrechtliche Sonderveröffentlichungen des Institutes für Bankwirtschaft und Bankrecht an der Universität zu Köln, Bd. 44; *Strohdeicher*, Risken des automatisierten Zahlungsverkehrs beim Einsatz von POS (ECS), Geldautomaten und BTX, 1991; *Ulmer*, Das Recht der Wertpapiere, 1938.

1. Entwicklungen und Funktionen

Der Begriff Btx steht für Bildschirmtext. Bildschirmtext ist ein neues Informations- und Kommunikationssystem, bei dem elektronisch gespeicherte Informationen über das Telefonnetz abgerufen oder Mitteilungen (z.B. Weisungen an Banken im Zahlungsverkehr) an Teilnehmer übermittelt werden können. Die abgerufenen Informationen werden normalerweise auf dem Fernsehbildschirm sichtbar gemacht. Der Teilnehmer benötigt einen »Bildschirmtext-Decoder«, der die empfangenen Informationen speichert und sie in Texte und Grafiken umwandelt, ferner ein Modem, das den Fernsehempfänger an das Fernsprechnetz anpaßt und ein Telefon. Zum Abruf der Informationen bzw. zum Dialog im Bildschirmtextsystem kann der Teilnehmer die entsprechend eingerichtete Fernbedienung seines Fernsehapparates oder eine Spezialtastatur verwenden.

28

Bildschirmtext ist in der Bundesrepublik aufgrund eines Staatsvertrages zwischen den Ländern vom 18.3.1983 möglich[62]. Der Vertrag ist am 1.9.1984 in Kraft getreten; ihm gingen Feldversuche voraus, die seit dem 1.6.1980 in Berlin und Düsseldorf/Neuss durchgeführt wurden. Das Btx-Verfahren eignet sich zur Übermittlung von Informationen, z.B. Nachrichten, Veranstaltungen oder Hinweisen für gewerbliche Verbraucher. Möglich ist aber auch die Inanspruchnahme anderer Dienste, wie z.B. von Rechendienstleistungen (Kalkulationen, Finanzierungen) oder die Durchführung von Aus- und Weiterbildungskursen im Rahmen der Erwachsenenbildung. Denkbar sind auch Computerspiele, Glückwünsche, Warenbestellungen, Reservierungen, Buchungen, Schadensmeldungen, Vertragsabschlüsse oder die Antragstellung bei Behörden. Schließlich kann Kommunikation über das Bankkonto geführt werden, d.h. man kann den Kontostand abfragen oder Überweisungen durchführen, Daueraufträge einrichten, Lastschriftaufträge erteilen, weitere Konten eröffnen, Scheckkarten, Scheckvordrucke, Reiseschecks oder Sorten bestellen, Wertpapier- und Devisenkurse oder den Bestand des eigenen Depots abfragen und schließlich Wertpapiere an- und verkaufen[63]. Den aufgeführten neuen Verfahren ist gemeinsam, daß sie beleglos erfolgen, indem der Kunde sich der Technik bedient.

29   Um das Btx-Verfahren für das Bankwesen nutzbar zu machen, haben die Spitzenverbände des Kreditgewerbes sowie die Deutsche Bundespost ein »Abkommen über Bildschirmtext« vereinbart, das durch ein »Btx-Sicherungskonzept« sowie besondere »Bedingungen über die Nutzung von Bildschirmtext« ergänzt wird. Aus der Sicht des Kunden eröffnet das Btx-Verfahren die Möglichkeit, von zu Hause oder den Geschäftsräumen aus beleglose Bankgeschäfte vorzunehmen (Homebanking). Anders als beim ec-Service ist hier keine Codekarte erforderlich. Statt dessen gibt der Kunde zunächst seine persönliche Identifikationsnummer (PIN) ein. Um Mißbräuchen möglichst weitgehend vorzubeugen, ist der Kunde berechtigt, die Btx-PIN jederzeit zu ändern (Nr. 5 Sonderbedingungen Btx). Da es nicht ausgeschlossen ist, daß ein unberechtigter Dritter die PIN eines Kunden durch Abhören der Telefonverbindung in Erfahrung bringt, muß der Kunde bei *Verfügungen* noch zusätzlich eine Transaktionsnummer (TAN) eingeben. Jede TAN ist nur einmal verwendbar. Deshalb erhält der Kunde von seiner Bank einen Vorrat von Transaktionsnummern, die ohne jeden logischen Zusammenhang generiert werden. Wer also durch Abhören der Telefonleitung die persönliche Geheimzahl des Bildschirmtext-Teilnehmers in Erfahrung bringt, kann mit ihr solange keine Verfügungen vornehmen oder Aufträge erteilen, wie er nicht die TAN-Liste ebenfalls

---

62 Abdruck des Textes bei Paefgen, S. 205 ff; weiterführend Schneider, S. 1 ff.
63 Vgl. den Überblick in der amtlichen Begründung zum Staatsvertrag über Btx bei Paefgen, S. 207 f., sowie speziell für den Bereich Banken Hellner, FS für Werner, S. 251, 258.

hat. Eine mitabgehörte TAN ist jedenfalls nicht mehr verwendbar, weil sie mit der Eingabe verbraucht ist[64].

Homebanking hat sowohl für Banken als auch für Kunden Vorteile. Für die Kunden entfällt der Weg zur Bank; man kann jederzeit Kontoinformationen abrufen und Aufträge erteilen. Vor allem ist der Service rund um die Uhr gewährleistet. Für die Bank entfällt die aufwendige Erfassung von Überweisungen, da diese direkt vom Kunden durchgeführt werden. Der beleggebundene Überweisungsverkehr entfällt. Dadurch kann das Btx-Konto preisgünstiger sein als ein herkömmliches Girokonto. Homebanking ist sowohl im privaten als auch im *gewerblichen* Bereich möglich. Für gewerbliche Anwender wurde das System bereits weiterentwickelt. Während der Privatkunde zur Abfrage seiner Informationen die dafür erforderliche Datenabfrage noch selbst eintippen muß, übernimmt das im gewerblichen Bereich ein PC. Daraus hat sich in Anlehnung an Systeme amerikanischer Banken ein Programm für die *Liquiditätssteuerung* entwickelt (Cash Management)[65]. Vor allem bei den privaten Haushalten setzt sich Homebanking in Deutschland nur zögernd durch. In Frankreich ist das anders, was vor allem darauf zurückzuführen ist, daß dort die Endgeräte (Minitel) den Haushalten von der Post unentgeltlich zur Verfügung gestellt werden. Bis 1985 hatte die französische Post bereits 2,8 Mio. Minitels ausgegeben[66]. Dem standen Ende 1987 in Deutschland ca. 90 000 Btx-Anschlüsse bei 3.425 Anbietern (1992: ca. 2.700; davon 800 Banken)[67] gegenüber, sehr bescheidene Größenordnungen, die weit entfernt von der für Ende 86 erwarteten 1 Mio. Teilnehmern liegen[68]. Grund für diese Diskrepanz zwischen Erwartung und Realität ist abgesehen von den Kosten auch das Sicherungsproblem. Im November 1984 hatte der Hamburger »Chaos Computerclub« die technischen Defizite hinsichtlich Zugang und Sicherheit des Btx-Systems schonungslos offengelegt und damit erheblich dazu beigetragen, die Durchsetzung des neuen Mediums erheblich zu verlangsamen[69]. Inzwischen (Stand Ende 1992) werden über Btx schätzungsweise 360 000 Konten geführt, wobei die Postbank mit etwa 180 000 Konten den größten Anteil hält. Zu etwa 80 % werden die Btx-Bankdienstleistungen von Privatkunden genutzt, zu etwa 20 % von Unternehmen (Klein- und Mittelbetriebe). Das liegt daran, daß Btx primär ein Angebot für Privatkunden ist. Für Firmenkunden werden seitens der Bank die oben bereits erwähnten attraktiveren Online-Kontoverbindungen angeboten[70]. Trotz der seit dem 1.1.1993 noch strikteren Gebühren-

30

---

64 Vertiefend Hellner, FS Werner, S. 270.
65 Obst/Hintner, Geld-, Bank- und Börsenwesen, 38. Aufl., 1991, S. 552.
66 Blaurock RWS-Forum, S. 40.
67 Information des Bundesverbandes deutscher Banken e.V. v. 13.1.1993.
68 Paefgen, S. 7 f. m.w.N.
69 Paefgen, S. 7.
70 So eine Information des Bundesverbandes deutscher Banken e.V. v. 13.1.1993.

struktur der Telekom wird die Zukunft des Btx-System im Bankbereich zurückhaltend optimistisch eingestuft. Immerhin verfügen bereits 20 % der privaten Haushalte über einen PC, bei steigender Tendenz. Hier liegt ein Potential, um die von den Banken angestrebte Beleglosigkeit im Zahlungsverkehr deutlich zu steigern. Um Anreize zu setzen, haben die Banken die Postgebühren für Btx-Aufträge deutlich niedriger angesetzt als für konventionelle, beleghafte Aufträge (0,20 bis 0,30 DM für eine Btx-Überweisung gegenüber 0,50 DM für eine »Papierüberweisung«). Gleichzeitig übernehmen einige Banken einen Teil der von der Telekom erhobenen Btx-Kosten für ihre bislang den Btx-Gastzugang benutzende Privatkundschaft. In neuester Zeit werden, insbesondere im Bereich der Klein- und Mittelbetriebe, aktiv Btx-Kunden akquiriert; die Banken stellen hierbei für einen geringen Preis die erforderliche Hard- und Software zur Verfügung.

31 Es wird an einem Konzept gearbeitet, das gegenüber dem derzeit verwendeten höhere Sicherheit bietet. Bei diesem Verfahren erhält jeder Kunde von seiner Bank eine nur für sein Konto verwendbare Box, die ein um spezielle Funktionstasten wie PIN und TAN erweiterter Taschenrechner ist. Vor der Benutzung des Btx-Gerätes muß der Kunde die ihm von seiner Bank zugeteilte PIN (sie ist dann nicht mehr frei änderbar) in die Box eingeben. Diese generiert als Antwort einen persönlichen Identifikations-Code (PIC), der sich bei jeder Neueingabe der PIN ändert. Der erhaltene PIC wird als Legitimation in das Btx-Terminal eingegeben und von dem Computer der Bank auf Identität überprüft. Will der Kunde eine Verfügung, z.B. eine Überweisung, durchführen, so drückt er anschließend die TAN-Taste und erhält eine TAN, die sich ebenfalls mit jeder Transaktion ändert[71]. Das Btx-Verfahren hat eine ganze Reihe von Rechtsfragen aufgeworfen, die aber nur zu einem sehr kleinen Teil das Homebanking betreffen[72]. So hat der BGH inzwischen höchstrichterlich geklärt, daß es gegen § 1 UWG verstößt, wenn man dem Btx-Kunden Werbung aufdrängt, die jener nicht abgefragt hat[73]. Zur Frage der Kenntnisnahme von Allgemeinen Geschäftsbedingungen bei Btx liegt eine Entscheidung des LG Aachen vor[74]. Das LG Stuttgart hat über die Klagebefugnis eines Verbraucherschutzvereins bei Verstoß gegen den Btx-Staatsvertrag entschieden[75]. Weitere Entscheidungen liegen vor zum Abschluß des Btx-Vertrages[76], zur Zurechnung von Willenserklärungen im

---

71 Vertiefend Hellner, S. 260 ff.; ferner Vorschläge bei Ebel, DuD 1988, 292, 299 ff.
72 Vgl. Bartl, DB 1982, 1097 ff.; Micklitz, NJW 1982, 263 ff.; Lachmann, NJW 1984, 405 ff.; Borsum/Hoffmeister, NJW 1985, 1205 ff.
73 BGH NJW 1988, 1670; ferner Paefgen, CR 1992, 65.
74 RDV 1992, 35.
75 CR 1992, 912.
76 LG Ravensburg, NJW-RR 1992, 111.

Btx-System[77], sowie zur Untersagung eines Btx-Angebots[78]. Diese stichwortartigen Hinweise müssen genügen, um zu belegen, daß die rechtlichen Fragen des Homebanking nur einen kleinen Ausschnitt des Gesamtfragenkreises im Zusammenhang mit Btx-Anwendungsmöglichkeiten bildet. Darüber hinaus wird hier der Bereich Homebanking auf diejenigen Fragen reduziert, die sich mit der Abwicklung des Zahlungsverkehrs beschäftigen.

2. Die Btx-Abrede

a) Rechtsnatur und Kontrahierungszwang

Das Angebot der Banken, am Btx-Verfahren teilzunehmen dient schwerpunktmäßig der Abwicklung kontobezogener Geschäfte, setzt also in aller Regel das Bestehen eines Girovertrages, d.h. eines entgeltlichen Geschäftsbesorgungsverhältnisses i.S.v. § 675 BGB, voraus[79]. Ganz zwingend ist das nicht, da über Btx auch der An- und Verkauf von Wertpapieren abgewickelt, sowie die Anzeige von Wertpapier- und Devisenkursen abgefragt werden kann.

32

Aufgrund dieser nicht notwendig kontobezogenen Geschäfte ist es, anders als beim ec-Service, nicht möglich, die Btx-Abrede nur als unselbständige Nebenabrede zur Ausführung ohnehin bestehender Weisungsrechte in anderer technischer Form zu qualifizieren. Es erscheint naheliegender, die Btx-Abrede als selbständige, typischerweise kontobezogene, Nebenabrede zum bestehenden Bankrechtsverhältnis aufzufassen. Praktisch bewirkt dies, daß die Vertragsfreiheit der Parteien, eine Btx-Abrede zu treffen, noch weniger beschränkt ist, als dies bei der ec-Abrede der Fall ist. Während für die Verweigerung der ec-Abrede wegen des bestehenden Girovertrages ein Sachgrund erforderlich ist, gilt das für die Btx-Abrede nicht. Hier werden die Grenzen der Vertragsfreiheit nach den klassischen Grundsätzen durch § 826 BGB bestimmt, für den es angesichts der Bankenvielfalt keinen erkennbar praktischen Anwendungsbereich gibt. Ergänzend hat Hellner darauf hingewiesen, daß es sich beim Btx-System um ein hochsensibles Verfahren handele, bei dem Verfügungen über Guthaben und die Erteilung von sonstigen Weisungen allein unter Verwendung der ausgegebenen Nummern möglich sei. Falls sich aber ein Nichtberechtigter die erforderliche PIN und die TAN unberechtigt verschaffen könne, weil der Kontoinhaber leichtfertig mit seinen Unterlagen umgehe, so könne dies zu unliebsamen Auseinandersetzungen führen. Deshalb müsse die Bank, die mit einem Kunden eine Vereinbarung über die kontobezogene Nutzung des Btx-Systems treffen will, zunächst die Zuverlässigkeit

33

---

77 LG Koblenz, NJW 1991, 1360.
78 VG Frankfurt NJW 1990, 1617.
79 Hellner, S. 262; vertiefend Schneider, S. 13 ff.

dieses Kunden prüfen. So könne z.B. die Erfahrung, daß ein Kunde mehrfach seine Scheckkarte oder seine Scheckformulare verloren habe, Anlaß dafür sein, ihn nicht zum kontobezogenen Btx-Dienst zuzulassen. Besondere Prüfungsrechte müßten den Banken zudem zustehen, wenn sie im Rahmen einer Erweiterung des Verfahrens – bis zu bestimmten Beträgen – eine »real time-Verarbeitung«, d.h. eine automatische Bearbeitung von bestimmten Aufträgen unmittelbar nach Eingabe der Weisung in den Rechner einführen sollten; denn dieses Verfahren setze eine gewisse *Bonität* des Kunden voraus, weil hier lediglich eine elektronische Disposition erfolge. Unabhängig von der jeweiligen technischen Ausgestaltung könne eine Bank somit grundsätzlich nicht verpflichtet sein, einen Kunden zu ihrem kontobezogenen Btx-Verfahren zuzulassen. Diese Argumente bestätigen zugleich die dogmatische Selbständigkeit der Btx-Abrede[80] als kontobezogene Nebenabrede und begründen die Ablehnung des Kontrahierungszwanges zugleich material. Praktisch folgt daraus, daß bei bestehender Kontobeziehung die Verweigerung der ec-Abrede zu begründen ist, ein vergleichbarer Begründungszwang besteht bezüglich der Btx-Abrede nicht[81]. Der Kundenschutz wird in diesen Fällen hinreichend durch den bestehenden Bankenwettbewerb gewährleistet. Ein Kunde, der die Entscheidung seiner Bank nicht akzeptieren kann, wechselt zu einer anderen, die bereit ist, seine Wünsche zu erfüllen.

b) Aufklärungs- und Sorgfaltspflichten

34 Das Btx-Verfahren setzt die Beherrschung einer gewissen Technik voraus und birgt eine Reihe von Mißbrauchsrisiken. Der Kunde muß sehr sorgfältig mit seiner PIN und mit den TAN-Ziffern umgehen. Deshalb ist der Kunde bereits bei den Verhandlungen über den Abschluß einer Btx-Abrede über alle Umstände aufzuklären, »die für seine Entschließung erkennbar von wesentlicher Bedeutung sein können«[82]. Der Kunde ist also über die »genaue Funktionsweise« des Btx-Systems aufzuklären, insbesondere darüber, welche Leistung er unter welchen Voraussetzungen erlangen kann. Ferner ist er auf etwaige Risiken eines Fehlverhaltens hinzuweisen«[83]. So ist beispielsweise darauf aufmerksam zu machen, wie und wann ein System von Dritten mißbräuchlich genutzt werden kann und welche Funktionsstörungen des Systems eintreten können. Darüber hinaus wird verlangt, daß die Bank Bedienungsanleitungen in leicht verständlicher Form zur Verfügung stellt, wobei auf die Verständnismöglichkeit des durchschnittlichen Benutzers abzustellen ist. Verletzt die Bank diese

---

80 Hellner, S. 263 f.
81 A.A. Borsum/Hoffmeister, BB 1983, 1441 f.
82 BGH NJW 1974, 849, 851 m.w.N.; vertiefend Köhler, AcP 182 (1982) 126, 129; Schneider, S. 31 ff.
83 Köhler, AcP 182 (1982) 126, 130.

Grundsätze, so haftet sie aus c.i.c. auf Schadensersatz[84]. Ferner ist über die Möglichkeit zur Minimierung von Mißbrauchsrisiken aufzuklären. Zu denken ist an die Ausgabe unterschiedlicher PIN und/oder unterschiedlicher TAN-Listen für die Inhaber von Gemeinschaftskonten[85].

3. Systemfehler

Mikro-Chip gesteuerte Technik ist störanfällig. Blaurock[86] hat einige Beispiele plastisch zusammengestellt: »In einem Geldausgabeautomaten verheddern sich Scheine, der eine Kunde erhält zuwenig, der nächste zuviel; durch das Passieren einer elektronischen Schleuse, durch die in einem juristischen Seminar der Bücherdiebstahl eingeschränkt werden soll, verändern sich die Daten auf dem Magnetstreifen oder dem Mikro-Chip der Scheck- bzw. Kreditkarte; der Btx-Rechner der Bundespost fällt für zwei Stunden aus, just gerade über den Buchungsschnitt der Bank hinaus ... Daß Technik unfehlbar sei und daß – wie es Fachleute immer wieder behaupten – Fehler beim Einsatz von Finanzelektronik so gut wie ausgeschlossen seien, kann nur derjenige glauben, der noch nicht selbst mit Computern gearbeitet hat«. 35

Zu Recht hat Blaurock ferner darauf hingewiesen, daß die allgemeine Risikoverteilung für Fehler der Finanzelektronik nicht mit dem Mittel des § 278 BGB gelöst werden kann[87]. Statt dessen müsse man danach differenzieren, ob sich ein Fehler im *kundenbezogenen Dialog* ereignet habe oder nicht. Im kundenbezogenen Dialog haftet die Bank einerseits für Fehler von Erfüllungsgehilfen und für eigenes Organisationsverschulden, aber andererseits auch für Systemausfälle[88]. Allerdings haften nach Nr. 10 Btx-Sonderbedingungen bei Störungen des Btx-Systems die Kreditinstitute nur für eigenes *grobes* Verschulden. Diese Freizeichnung entspricht nicht dem Geist der im Jahre 1989 reformierten Sonderbedingungen für den ec-Service, ist aber nach § 11 Nr. 7 AGBG zulässig. Soweit das Btx-System von der Bundespost betrieben wird, bewirkt diese Freizeichnung eine (unnötige) Haftungsbegrenzung für das Verhalten Dritter. In bezug auf *eigene* Anlagen wird man grobe Fahrlässigkeit immer bereits dann annehmen müssen, wenn Systemsicherungen unterlassen wurden, die technisch machbar und zumutbar sind[89]. 36

---

84 Köhler, AcP 182 (1982) 126, 131; Hellner, S. 260 ff.; Canaris[4] Rz. 527 ff.
85 Hellner, S. 272; zustimmend Canaris[4] Rz. 527 ff.
86 RWS-Forum, S. 36.
87 RWS-Forum, S. 41 ff.
88 Blaurock RWS-Forum, S. 43.
89 Vertiefend Blaurock RWS-Forum, S. 47.

4. Btx-Mißbrauch

37 Btx-PIN und Transaktionsnummern sind, so heißt es in Nr. 5 Btx-Sonderbedingungen zur Vermeidung von Mißbrauch, geheimzuhalten. Sie dürfen Dritten nicht zugänglich gemacht werden. Denn jede Person, die diese Berechtigungsmerkmale kennt, kann das Btx-Angebot in Anspruch nehmen. Ist dem Kunden bekannt, daß ein Dritter Kenntnis von der Btx-PIN oder von Transaktionsnummern oder von beidem erhalten hat, oder besteht zumindest der Verdacht einer derartigen Kenntnisnahme, so ist der Kunde verpflichtet, unverzüglich seine Btx-PIN zu ändern bzw. die noch nicht verbrauchten Transaktionsnummern zu sperren. Sofern ihm dies nicht möglich ist, hat er das Kreditinstitut unverzüglich zu unterrichten« (Nr. 5 S. 2/3 Btx-Sonderbedingungen). Unterläßt der Kunde diese Vorsichtsmaßnahme, so daß z. B. seine (minderjährige) Tochter oder seine Ehefrau den Btx-Anschluß in Anspruch nehmen können, so handelt es sich nicht um einen Mißbrauchsfall im eigentlichen Sinne. Vielmehr entsteht hier durch das Verhalten des Kunden entweder eine Duldungs- oder eine Anscheinvollmacht, mit der Folge, daß die Bank einen wirksam gegen den Kunden entstandenen Anspruch verfolgt[90].

38 Selbstverständlich gelingt die Geheimhaltung dieser Daten dem Kunden nicht immer[91]. Im gewerblichen Bereich müssen zudem besonders vertrauenswürdige Personen eingeweiht sein, um das System zu bedienen. Dadurch steigt die Mißbrauchsgefahr. Im Gegensatz zu den Schadensregelungen in Nr. 9 ec-Bedingungen 89 trägt nach Nr. 9 Btx-Sonderbedingungen *der Kunde alle Schäden*, die durch mißbräuchliche Verwendung der für sein Konto jeweils geltenden Btx-PIN bzw. der Transaktionsnummern entstehen. Das Kreditinstitut, so heißt es weiter, haftet im Rahmen des von ihm zu vertretenden Verschuldens nur in dem Maße, in dem es im Verhältnis zu anderen Ursachen an der Entstehung des Schadens mitgewirkt hat.

In der Literatur wurde diese Freizeichnungsklausel unter Hinweis auf die von Ulmer[92] begründete Sphärentheorie überwiegend für wirksam, insbesondere mit § 9 AGBG vereinbar angesehen[93].

39 Diese Auffassungen sind nach einer Entscheidung des BGH zum Mißbrauch einer Kundenkreditkarte[94] außerordentlich fragwürdig geworden. Der BGH meinte, es könne letztlich offenbleiben, ob die zur Wirksamkeit der alten Scheckkartenbedingungen angestellten Erwägungen (zur Sphä-

---

90 OLG Oldenburg CR 1993, 558 mit Anm. Paefgen; ähnlich OLG Köln CR 1993, 552.
91 Vgl. die Verbesserungsvorschläge von Ebel, DuD 1988, 292, 299 ff.
92 Ulmer, Das Recht der Wertpapiere, 1938, 308 ff.
93 Canaris[4] Rz. 527 ff./527 o; Hellner, S. 274 m.w.N.; Blaurock RWS-Forum, Fn 47; a.A. Borsum/Hoffmeister, BB 1983, 1441, 1443; vgl. auch dies., NJW 1985, 1205 ff.; Strohdeicher, S. 122 ff.
94 BGH NJW 1991, 1886 = WM 1991, 1110.

rentheorie) sich auf den zu entscheidenden Sachverhalt übertragen ließen, und ob ihnen überhaupt gefolgt werden könne. Die Zweifel, die dieser letzte Halbsatz andeutet, werden gleich im Anschluß noch verstärkt. Denn allein das Interesse des Supermarktes, so der BGH weiter, Risiken aus der Sphäre seiner Kunden auf diese abzuwälzen, sei ohne Hinzutreten weiterer Umstände nicht geeignet, einer uneingeschränkten formularmäßigen Zufallshaftung des Kunden zur Wirksamkeit zu verhelfen. Die unbeschränkte Risikoverlagerung auf den Karteninhaber beggne vor allem deshalb Bedenken, weil letztlich der Supermarkt das Mißbrauchsrisiko veranlaßt habe. Außerdem sei das Risiko für den Karteninhaber mangels betragsmäßiger Haftungsbegrenzung für diesen unkalkulierbar geworden. Schließlich sei für die Verteilung des Mißbrauchsrisikos auf Seiten des Supermarktes auch die Versicherbarkeit dieses Risikos von Bedeutung.

Wendet man diese Überlegungen auf Nr. 9 Btx-Sonderbedingungen an, so ist es nicht mehr möglich, diese Klausel mit § 9 AGBG in Einklang zu bringen[95]. Auch hier sind besondere Umstände, die einer uneingeschränkten formularmäßigen Zufallshaftung des Kunden zur Wirksamkeit verhelfen könnten, im Prinzip nicht erkennbar. Das Mißbrauchsrisiko selbst ist systembedingt, also nicht vom Kunden, sondern vom Systemanbieter veranlaßt. Auch deshalb kommt eine *unbeschränkte* Risikoverlagerung auf den Btx-Kunden nicht in Betracht. Schließlich fehlt eine betragsmäßige Haftungsbegrenzung, so daß das Risiko für den Kunden unkalkulierbar wird. Schließlich könnte das Mißbrauchsrisiko, zumindest unter Berücksichtigung von Selbstbeteiligungen, versichert werden.

40

---

95 Deshalb sind die Erwägungen des OLG-Oldenburg, DB 1993, 532 zur Begrenzung der Haftung bei unberechtigter Inanspruchnahme von Btx-Leistungen zu kurz.

§ 6 Kreditkartengeschäft

I. Begriff und Funktion
II. Historischer Hintergrund
III. Rechtsnatur
 1. Kundenkreditkarte (Zwei-Parteien-System)
 2. Universalkreditkarte (Drei-Parteien[Interchange-]System)
  a) Der Vertrag zwischen Kunde und Händler
  b) Der Vertrag zwischen Karteninhaber und -herausgeber
  c) Der Vertrag zwischen Kartengesellschaft und Vertragsunternehmen
  d) Der Lizenzvertrag im Eurocard-System
IV. Rechtspflichten
 1. Pflichten des Vertragsunternehmens
  a) Pflichten gegenüber der Kartengesellschaft
  b) Pflichten gegenüber dem Kunden
 2. Rechtspflichten aus dem Kreditkartenvertrag
  a) Grundsätze
  b) Entgelte – Gebühren

 c) Widerruf der Anweisung
 d) Einwendungen aus dem Valutaverhältnis
  aa) Grundsätze
  bb) Einwand des Rechtsmißbrauchs
  cc) Verbundene Geschäfte/Einwendungsdurchgriff
 e) Zusatzkarten
V. Haftung für den Mißbrauch der Kreditkarte durch Dritte
VI. Strafbarkeitshinweise
VII. Wettbewerbsrechtliche Hinweise
 1. Probleme des unlauteren Wettbewerbs
  a) Koppelung mit Zusatzleistungen
  b) Werbestrategien
  c) Rabatte
 2. Probleme des nationalen und europäischen Kartellrechts
  a) Verbot eine Kartengebühr zu erheben
  b) Kooperation bei der Disagiovereinbarung

Schrifttum:
Adams, Zur Nichtigkeit des Preisaufschlagverbotes in Kreditkartenverträgen nach § 15 GWB, ZIP 1990, 632; *Avancini*, Rechtsfragen des Kreditkartengeschäfts, ZfRV 1969, 121; *Baumbach/Hefermehl*, Wettbewerbsrecht, 16. Aufl., 1990; *Beck*, Einwendungen bei Euroscheck und Kreditkarte; *Bellamy*, Looking Backward, 1888; Nachdruck 1957, Tower Book Ed., Cleveland, Ohio; *Bernsau*, Der Scheck- und Kreditkartenmißbrauch durch den berechtigten Karteninhaber, 1990; *Böttger*, Zur rechtlichen Beurteilung des Kreditkartenverfahrens, in Nr. 29/30 Praxis und Recht des Kreditkartenverfahrens, hrsg. vom Institut für internationales Recht des Spar-, Giro- und Kreditwesens an der Johannes-Gutenberg-Universität Mainz; *Bitter*, Kreditkarten: Risikoverteilung bei Mängeln des Valutaverhältnisses, ZBB 1996, 104; *Canaris*, Bankvertragsrecht, 3. Aufl., 1981; *Custodis*, Das Kreditkartenverfahren, 1973; *Drury/Ferrier*, Credit Cards, 1984; *Ekkert*, Zivilrechtliche Fragen des Kreditkartengeschäfts, WM 1987, 161; *Etzkorn*, Allgemeine Geschäftsbedingungen für Inhaber von Kreditkarten, WM 1991, 1901; *ders.*, Die Kreditkarte bei grenzüberschreitenden Sachverhalten, in: Hadding/Schneider (Hrsg.), Der grenzüberschreitende Zahlungsverkehr, praktische Abwicklungen, Risiken und rechtliche Regelungen, 1992; *ders.*, Rezension des Werkes von Helmut Merkel, Das Recht der Kreditkarte in den USA, WM 1991, 1282; *Fischer*, EG-Empfehlungen zum kartengesteuerten Zahlungsverkehr, WM 1989, 397; *Hadding*, Zahlung mittels Universalkreditkarte, FS für Pleyer, 1986; *ders.*, Welche Maßnahmen empfehlen sich zum Schutz des Verbrauchers auf dem Gebiet des Konsumentenkredits?, Gutachten zum 53. Deutschen Juristentag, 1980, S. 326; *Hadding/Häuser*, Rechtsfragen des bargeldlosen Zahlungsverkehrs, 1984; *Hammann*, Die Universalkreditkarte, 1991; *Harbeke/Reiser*, Rechtsfragen des automatisierten und kartengesteuerten Zahlungsverkehrs, WM-Seminar-Skript 1992; *Helming*, Kreditkartengebührenverbote durch Mineralölgesellschaften in Vertragsverhältnissen mit ihren Pächtern, WuW 1991, 977; *Henke*, Bargeldlose Zukunft und Kartenkriminalität: Juristische Grundlagen der Strafbarkeit des Mißbrauchs von Kreditkarten, Bankautomaten und POS-Systemen in der Bundesrepublik Deutschland und in den USA, 1989; *Hönn*, Kartellrechtliche Probleme moderner Zahlungssysteme, ZBB 1991, 6; *Horn* in Heymann, HGB-Komm., Bd. 4, 1990; *ders.*, Kartellrechtliche Aspekte des Kreditkartengeschäftes, ZHR 157 (1993) 324; *ders.*, Die Kreditkarte im europäischen Gemeinschaftsrecht und in der deutschen Rechtsprechung, ZBB 1995, 273; *Immenga/Mestmäcker*, GWB-Komm., 2. Aufl., 1992; *Jones*, The law relating to credit cards, 1989; *Judt*, Kreditkarten – weltweites Zahlungsmittel, WiSt 1985, 39; *Köndgen*, Die Ent-

wicklung des privaten Bankrechts in den Jahren 1990/91, NJW 1992, 2263; *Kümpel*, Bank- und Kapitalmarktrecht, 1993; *Loewe/Graf von Westphalen/Trinkner*, Großkomm. AGBG, Bd. III, 2. Aufl.; *Merkel*, Das Recht der Kreditkarte in den USA, 1990; *ders.*, Die gesetzliche Regelung des Kreditkartengeschäfts in den USA, WM 1990, 253; *Metz*, Aktuelle Rechtsfragen der Kreditkartenpraxis, NJW 1991, 2804; *Nees*, Der Kauf zum Kreditpreis (Finanzierungskauf), WRP 1988, 509; *Oechsler*, Der Mißbrauch abgeleiteter Nachfragemacht im Kreditkartengeschäft, ZHR 156 (1992) 330; *ders.*, Wettbewerb, Reziprozität und externe Effekte im Kreditkartengeschäft, Diss. 1992; *ders.*, Lauterkeitsrechtliche Aspekte umsatzabhängiger Entgeltgestaltung im Kreditkartengeschäft, WM 1993, 1945; *Pütthoff*, Die Kreditkarte in rechtsvergleichender Sicht Deutschland – USA, Diss. Münster 1974; *Reinfeld*, Rechtsfragen des Interchange-Kreditkartensystems am Beispiel von VISA und EUROCARD, WM 1994, 1505; *Russel*, The economics of bank Credit Cards, 1975; *Salje*, Wettbewerbsprobleme im Kreditkartengeschäft, WRP 1990, 807; *August Schmidt*, Die Europäisierung des Kartellrechts im Bereich der Kredit- und Versicherungswirtschaft, 1995; *Schöchle*, Kartengebundene Zahlungssysteme in Deutschland, 1992; *Schneider/Merkel*, Preisaufschläge bei Zahlung mit Scheck, Kreditkarte oder an automatisierten Kassen? in FS für Pleyer, 1986, 115; *Schönle*, Bank- und Börsenrecht, 2. Aufl, 1976; *Seibert*, Verbraucherkreditgesetz und Kreditkarte, DB 1991, 429; *Stauder/Weisensee*, Das Kreditkartengeschäft, 1970; *Taupitz*, Zivilrechtliche Haftung bei Kreditkartenmißbrauch, 1995; *Ulmer/Brandner/Hensen*, AGBG-Komm., 6. Aufl., 1990; *v. Usslar/v. Morgen*, Aktuelle Rechtsfragen der Kreditkartenpraxis, 1989; *Wedemeyer*, Zinsgewinn als Rabatt? Verspätete Anmerkung zum Teilzahlungskauf-Urteil des Bundesgerichtshofes vom 24. Februar 1959, WRP 1989, 357; *Weller*, Das Kreditkartenverfahren, 1986; *Wolf/Horn/Lindacher*, AGBG-Kommentar, 2. Aufl., 1990; *Zahrnt*, Die Kreditkarte unter privatrechtlichen Gesichtspunkten, NJW 1972, 1077.

I. Begriff und Funktion

Im Jahre 1888 publizierte Edward Bellamy, ein amerikanischer Bestsellerautor, ein Buch mit dem Titel »Looking Backward«, das einer der drei größten Verkaufserfolge seiner Zeit werden sollte[1]. Das Buch spielt in Boston, USA, im Jahr 2000. Der Hauptdarsteller, Julian West, der aus einem 113 Jahre währenden Tiefschlaf plötzlich erwacht, findet eine für ihn ziemlich überraschende neue Welt vor. Verblüfft stellt er u.a. fest, daß die Leute kein Geld benutzen. Der ihn betreuende Doctor Leete erklärt, daß die Gesellschaft ohne Geld und Handel existiert, die alten Funktionen seien überwunden. Vielmehr verfüge jeder Bürger über »a credit card ... with which he procurses at the public storehouses whatever he desires«[2]. Und danach erklärt Doctor Leete im einzelnen, wie eine solche credit card funktioniert und wie man etwaigen Mißbräuchen vorbeugt. Es ist nicht sicher, ob das Management der Hotel Credit Letter Company (USA), das im Jahre 1894 die erste (Kunden-)Kreditkarte herausgab[3], den Bestseller

1

---

1   Edward Bellamy, Looking Backward, 1888; Nachdruck 1957, Tower Book Ed., Cleveland, Ohio.
2   Edward Bellamy, aaO., S. 89 ff.
3   Avancini, ZfRV 1969, 121, 122 ff.; Pütthoff, 3 ff.; Custodis, S. 4 ff.

von Edward Bellamy gelesen hatte. Wenn nein, so lag die Idee der Kreditkarte Ende des letzten Jahrhunderts offenbar in der Luft.

2   Bei der von der Hotel Credit Letter Company herausgegebenen Karte handelte es sich um eine Kreditkarte im heute noch gebräuchlichen »Zwei-Personen-System«, d.h. das Hotel verlangte nach Beendigung des Aufenthaltes keine Barzahlung, sondern rechnete später auf der Basis der Kreditkarte ab. Rechtlich leistete das Hotel vor und stundete den Übernachtungspreis, d.h. es gewährte Kredit. Hierneben ist der Begriff Kreditkarte aus der Sicht des amerikanischen Rechts auch deshalb richtig, weil darunter jede Karte zu verstehen ist, mit der man Waren oder Dienstleistungen auf Kredit erlangen kann[4]. Ausgegrenzt sind damit alle Kartentypen, die es dem Inhaber lediglich gestatten, vorhandene Guthaben verfügbar zu machen. Hierzu gehört die Debitkarte, die im Rahmen elektronischer Zahlungssysteme auf Guthabenbasis eingesetzt wird, z.B. als Cash Card oder als POS-Karte[5]. Dabei kommt es für die Differenzierung zwischen Kredit- und Zahlungsfunktion im amerikanischen Recht nicht auf die äußere Erscheinungsform der Karte, sondern allein darauf an, ob im Einzelfall über vorhandenes Guthaben oder über einen eingeräumten Kredit verfügt wird. Entscheidend ist, daß für den Kunden, der etwa bei einer Zahlung im POS-System über Guthaben verfügt, andere Rechtsregeln anwendbar sind, als für den Kunden, der stattdessen Kredit in Anspruch nimmt. Der Begriff der Kreditkarte knüpft in den USA also an die jeweilige Funktion an, die mit einer Karte in Anspruch genommen wird, wobei als Folge davon sehr unterschiedliche Rechtsregeln ausgelöst werden[6].

3   Eine solche, unterschiedliche Rechtsregeln auslösende, Funktionsdifferenzierung gibt es *in Deutschland nicht*. Wer etwa bei Benutzung der ec-Karte über ein Restguthaben von DM 200,- verfügt und darüber hinaus den eingeräumten Dispositionskredit in Höhe von weiteren DM 200,- in Anspruch nimmt, unterliegt den gleichen Rechtsregeln, während in den USA für jeden Vorgang an ein anderes Regelsystem angeknüpft werden müßte. Hieran wird deutlich, daß zwar Idee und Begriff der Kreditkarte aus den Vereinigten Staaten stammen, daß sich diese Idee in Europa aber rechtlich emanzipiert und weiterentwickelt hat. Hier liegt sicher einer der Gründe, warum sich die Kreditkarte in Europa sehr viel später und insgesamt sehr viel langsamer durchzusetzen begann als in den USA. Noch im Jahr 1990 spielte die Kreditkarte etwa in Frankreich oder den Niederlan-

---

4   Vgl. § 1602 (k) Consumer Credit Protection Act; vertiefend Merkel, Das Recht der Kreditkarte in den USA, passim; ders., WM 1990, 253, 255.
5   Vertiefend Merkel, WM 1990, 255.
6   Dazu im einzelnen Merkel, Das Recht der Kreditkarte, passim; ders., WM 1990, 253, 255 ff.

den praktisch keine Rolle⁷. In Deutschland wurde im Vergleichszeitraum für ca. 118 Mio. Zahlungsvorgänge die Kreditkarte benutzt was wertmäßig 0,1 % aller Zahlungsvorgänge entsprach⁸. Immerhin ist das nahezu der gleiche Prozentsatz wie in den Vereinigten Staaten und in Großbritannien⁹. *Begrifflich wird in Deutschland zwischen der Kundenkreditkarte und der Universalkreditkarte differenziert.*

Kundenkreditkarten werden von einem einzelnen Unternehmen herausgegeben und bleiben in ihrer Verwendung auf dieses Unternehmen und seine Zweigstellen begrenzt (*Zwei-Personen-System*). In Frage kommen sie für große Unternehmen mit einem weit gespannten Filialnetz. Ihre Funktion beschränkt sich darauf, den Kunden zum Abschluß von Geschäften auf Kreditbasis zu ermuntern, und damit den Umsatz des Unternehmens spezifisch zu erhöhen¹⁰.   4

Wirtschaftlich erheblich bedeutender und rechtlich sehr viel schwieriger zu beurteilen ist die *Universalkreditkarte*. Sie setzt ein *Drei-Personen-Verhältnis* voraus, den Kartenausgeber, den Karteninhaber und den Kartennehmer, das sog. Vertragsunternehmen¹¹. Bei dieser Kreditkarte, die im Mittelpunkt der folgenden Erörterungen stehen wird, gibt es keine Bindung an ein einzelnes Unternehmen. Die Karte kann vielmehr universal zur Zahlung bei jedem Vertragsunternehmen eingesetzt werden. Wird eine Universalkreditkarte verwendet, so leistet das Vertragsunternehmen, z.B. ein Hotel, eine Tankstelle, eine Boutique, ein Warenhaus oder ein Reisebüro an den Kunden, ohne von ihm sofortige Barzahlung zu verlangen. Das Vertragsunternehmen legt stattdessen den vom Karteninhaber unterschriebenen Belastungsbeleg, auf den die Daten der Kreditkarte durch einen Druckstock übertragen worden sind, dem Kartenausgeber vor und erhält sodann die ihm zustehende Gegenleistung in Form einer bargeldlosen Zahlung des Kartenausgebers unter Abzug eines prozentualen Betrages (sog. Disagio). Der Kartenausgeber seinerseits rechnet periodisch mit dem Karteninhaber ab, indem er die anfallenden Beträge im Wege des Lastschriftverkehrs bei dem Kreditinstitut des Karteninhabers einzieht¹². Hadding verweist zu Recht darauf, daß es primäre Aufgabe der Universalkreditkarte ist, eine *bargeldlose Zahlung* zu ermöglichen¹³. Hierneben stehen die oben bereits angedeuteten *Kreditfunktionen*. Vor allem das Vertragsunternehmen räumt dem Kunden als Karteninhaber Kredit ein, indem es vorleistet, d.h. auf die sofortige Barzahlung verzichtet. Zahlt   5

---

7 Statistics on payment systems in eleven developed countries, figures for 1990, Bank For International Settlements (BIS), Basel, 12/1991.
8 BIS, aaO., S. 19.
9 BIS, aaO., S. 43, 47.
10 Schönle, S. 343; Hammann, S. 22 m.w.N.
11 Stauder/Weisensee, S. 14 ff.
12 So die plastische Darstellung von Hadding, FS für Pleyer, 1986, 17.
13 Vertiefend Hadding, Gutachten zum 53. Deutschen Juristentag, S. 326 m.w.N.

der Kartenherausgeber aufgrund der vorgelegten Belastungsbelege an das Vertragsunternehmen, so kann hierin eine Kreditgewährung an den Karteninhaber liegen, sofern nicht sofort, sondern periodisch abgerechnet wird[14].

6 Funktional ist die Kreditkarte *Bargeldersatz*, sie dient dem bargeldlosen Zahlungsverkehr durch »payment by plastic«, wie es die Engländer plastisch beschreiben[15]. Gleichzeitig kann die Karte aufgrund der Neufassung der AGB im Jahre 1991, unter Zuhilfenahme einer persönlichen Geheimzahl (PIN) auch zur Bargeldbeschaffung an Geldautomaten benutzt werden[16]. Damit überschneiden sich die Funktionen, die die Universalkreditkarte erfüllt, mit denjenigen der ec-Karte. Die ec-Karte dient in Zusammenhang mit dem ec-Scheck zur bargeldlosen Zahlung bis zum garantierten Höchstbetrag von DM 400,-. Ferner kann mit ihr unter Verwendung der PIN im edc-System bezahlt und am Geldautomaten Geld gezogen werden. Schließlich eröffnet die Karte den Zugang zum Tagesauszugsdrucker sowie zu Automaten, mit deren Hilfe der Kunde z.B. beleglose Überweisungen durchführen oder Daueraufträge eingeben kann.

7 Bedürfnis für eine Kreditkarte besteht in Deutschland vor allem dann, wenn kein ec-Terminal zur Verfügung steht. Auch dann allerdings, wenn Terminals dieser Art zunehmend installiert werden sollten, wird die Bedeutung der Kreditkarte wahrscheinlich nicht nennenswert zurückgehen. Das hat zunächst damit zu tun, daß die Karte weltweit eingesetzt werden kann und damit als alternatives unbares Zahlungsmittel gute Dienste leistet. Hinzu kommt, daß der Aspekt, ein alternatives Zahlungsmittel zur Verfügung zu haben, für sich allein genommen als Wert empfunden wird (Handlungsfreiheit). Eine gewisse Bedeutung mag auch die in der periodischen Abrechnung liegende Kreditfunktion haben, und schließlich ist der mit einigen Karten verbundene »Standing«-Aspekt nicht ganz von der Hand zu weisen. Sinn gibt die Karte aus der Sicht des Kunden, weil sie Zahlungsfähigkeit bewirkt, ohne mit dem Bargeldverlustrisiko behaftet zu sein[17].

8 Aus der Sicht der Vertragsunternehmen läßt sich der Umsatz solange steigern, wie nicht jedes Unternehmen die Zahlung mit der Karte akzeptiert. Mit zunehmendem Marktsättigungsgrad läßt also der ökonomische Anreiz, sich am Kartensystem zu beteiligen, für die Vertragsunternehmen nach[18]. Deshalb werden sie zunehmend auf die Verwendung solcher Sy-

---

14 Stauder/Weisensee, S. 16 ff.; Hadding, FS Pleyer, S. 18 m.w.N.; daraus folgt aber nicht, daß die Gebühren, die der Kartenausgeber berechnet, als Zins zu qualifizieren sind, dazu Etzkorn, WM 1991, 1901, 1905 unter kritischer Auseinandersetzung mit LG Frankfurt/M. WM 1991, 1664.
15 Jones, S. 1.
16 Etzkorn, WM 1991, 1901; Eurocard-Bedingungen 91 Nr. 1.
17 Vgl. Schöchle, S. 99 ff.
18 Zu den wettbewerbsrechtlichen Folgen vgl. Oechsler, ZHR 156 (1992) 330 ff.

steme drängen, die für sie selbst besonders kostengünstig sind[19]. Hier liegt mittelfristig das Problem für diejenigen Kartenausgeber, die nicht zugleich das Girokonto des Karteninhabers betreiben. Denn aus der Sicht der das Girokonto unterhaltenden Bank ist das Kartensystem ebenso sinnvoll wie das ec-System. Entscheidend ist, daß die Kosten des unbaren Zahlungsverkehrs um ein Vielfaches günstiger liegen, als diejenigen für Barzahlungen oder den beleggebundenen Überweisungsverkehr. Ob es daneben ökonomisch wirklich begründbar war und ist, Karten auch von Nichtbanken herauszugeben, ist eine schwierige Frage, deren Beantwortung auch davon abhängen wird, wie sich andere elektronische Zahlungssysteme weiterentwickeln[20].

In Deutschland wird das Kreditkartengeschäft von der Gesellschaft für Zahlungssysteme (GZS) betrieben. Seit Anfang 1991 können Kreditinstitute von der GZS eine Lizenz erwerben und selbst Eurocards an ihre Kunden ausgeben. Die Kosten, die dieses System verursacht, werden mittelfristig darüber entscheiden, ob die Zwischenschaltung einer solchen Zentrale zur Lizenzvergabe sinnvoll ist. Ähnliche Überlegungen liegen auch den Empfehlungen der EG-Kommission zur Verbesserung der europaweit verwendeten Zahlungssysteme zugrunde[21]. Dabei stellt die Kommission fest, daß die Vertragsbedingungen für die verschiedenen Systeme nicht nur zwischen den Mitgliedstaaten unterschiedlich, sondern auch in einigen Fällen für den Verbraucher nachteilig sind. Ein effektiverer Verbraucherschutz könne durch *gemeinsame* Vorschriften für alle diese Formen von Finanzdienstleistungen erreicht werden. Dabei kündigt die Kommission an, daß sie die Entwicklung beobachten und, falls ihr die Anwendung nicht zufriedenstellend erscheint, entsprechende Maßnahmen ergreifen wird. Denkbar erscheint eine Richtlinie zur Vereinfachung und Angleichung der Zahlungssysteme. Angesichts der beachtlichen Kosten zur Bewältigung des Zahlungsverkehrs[22] wären Anstrengungen in dieser Richtung nicht nur verbraucherpolitisch, sondern auch zum Abbau von Wettbewerbsverzerrungen wünschenswert[23].

9

---

19 Zu den ökonomischen Wirkungen des Kreditkartensystems vgl. Drury/Ferrier, S. 71 ff.; Russel, S. 82 ff.
20 Vertiefend Russel, S. 82 ff.; Drury/Ferrier, S. 71 ff.
21 Empfehlung der Kommission für einen Verhaltenskodex im Bereich des elektronischen Zahlungsverkehrs Abl. Nr. L 365/72 v. 24.12.1987; sowie Empfehlung der Kommission zu Zahlungssystemen, insbesondere zu den Beziehungen zwischen Karteninhabern und Kartenausstellern; Abl. Nr. L. 317/55 v. 24.11.1988.
22 In Deutschland Anfang der 80er Jahre ca. 20 Mrd. DM = 1 % des Bruttosozialprodukts; Hadding/Häuser, S. 4.
23 Vertiefend Fischer, WM 1989, 397 ff.

II. Historischer Hintergrund

10 Es wurde bereits eingangs darauf hingewiesen, daß die Kreditkarte im Jahre 1894 von der Hotel Credit Letter Company (USA) erstmals angeboten wurde. Im Jahre 1914 stellte die Western Union Bank eine Karte aus, die auch Kreditierungsfunktion hatte (buy now, pay later)[24]. Im selben Jahr führten größere Warenhäuser und Ölgesellschaften ebenfalls Kundenkreditkarten ein. Es ging um die Bindung zahlungsfähiger Kunden (Prestigeargument) und um die Minimierung des Verlustrisikos für Bargeld[25]. Stauder/Weisensee berichten ferner, daß in den 20er Jahren große Ölgesellschaften an beinahe jeden Kunden gratis und ohne Antrag Kreditkarten verteilten, die zum Bezug von Treibstoffen auf Monatsrechnung berechtigten. Sie wollten den Autofahrer veranlassen, auch bei Fahrten außerhalb des Bereichs seiner Stammtankstelle einer bestimmten Benzinmarke treu zu bleiben. Zu Beginn des Zweiten Weltkriegs habe es bereits über eine Million Kreditkarten gegeben. Auch der aufblühende Flugverkehr griff zur Kreditkarte; im Jahre 1934 wurde der American Airlines Credit Plan entwickelt, der nach dem Krieg (1948) als Grundlage für den Universal Air Travel Plan der IATA (International Air Transport Association) diente[26].

11 *Die echte erste Universalkreditkarte entwickelte sich allerdings erst im Jahre 1950 mit der Gründung des Diners Club.* Die zugrundeliegende Idee erklärt zugleich den Namen: Den zunächst etwa 200 Mitgliedern dieses Clubs wollte man die Möglichkeit eröffnen, in den Restaurants von New York auf Kredit zu dinieren. Die Ausstrahlungskraft dieser Idee war beträchtlich. Bereits im Jahre 1952 wurde in England der Diners Club Great Britain gegründet. Über nationale Franchisenehmer wurden 1954 in Frankreich und Spanien unabhängige »Clubs« gegründet; im Jahre 1955 folgten Mexiko, 1956 die Schweiz, Deutschland, Australien und Brasilien, 1957 die Beneluxländer, 1958 Italien und Griechenland, die Philippinen und Indien. Neben Restaurants wurden andere Vertragsunternehmen aufgenommen, die meist irgend etwas mit Tourismus zu tun hatten. Mitte 1969 war die Kreditkarte des Diners Club bei 350 000 Vertragsunternehmen in 138 Ländern gültig[27]. Inzwischen ist die feinste auch zur kleinsten Karte der weltweit tätigen Kreditkartenunternehmen geworden. Anfang der 90er Jahre waren etwa 7 Mio. Karten ausgegeben bei 2,2 Mio. Vertragsunternehmen. In Deutschland besaßen ca. 360 000 Menschen (Stand

---

24 Weller, S. 11.
25 Stauder/Weisensee, S. 19.
26 Stauder/Weisensee, S. 19 f.
27 Stauder/Weisensee, S. 22.

6/92) eine Diners-Club-Karte bei etwa 160 000 angeschlossenen Vertragsunternehmen[28].

Heute ist die Visa-Karte, die aus einer 1958 von der Bank of America herausgegebenen Karte hervorgegangen ist, die weltweit am stärksten verbreitete. Durch Zusammenarbeit mit Carte Bleue (Frankreich) und Barclay Card (UK) kommt Visa auf 257 Mio. weltweit ausgegebener Karten bei 9 Mio. Vertragsunternehmen (Stand 6/92). In der Bundesrepublik zirkulieren etwa 1,6 Mio. Visa-Karten bei ca. 160 000 angeschlossenen Vertragsunternehmen. An zweiter Stelle liegt der Eurocard-Mastercard-Access-Kreditkartenverbund (EMA-Verbund). Die Eurocard ist eine Kreditkarte der europäischen Kreditinstitute; die Mastercard ist eine der beiden größten amerikanischen Bankkreditkarten und die Accesscard ist ein durch mehrere größere britische Banken 1972 gegründetes Unternehmen, das vorwiegend in Großbritannien und Irland vertreten ist. Der EMA-Verbund hat weltweit etwa 170 Mio. Karten ausgegeben und arbeitet mit 10 Mio. Vertragsunternehmen. In der Bundesrepublik verwenden ca. 6 Mio. Karteninhaber die Karte, und es besteht ein Netz von 230 000 Vertragsunternehmen[29]. Last but not least ist die American Express-Karte zu nennen, die 1958 durch ein bis dahin weltweit als Reisebüro und Reisescheckemittent tätiges Unternehmen herausgegeben wurde. Sie ist keine Bankkreditkarte, wie etwa die Visa-Karte. Im Vordergrund stand nicht die Einräumung von Kredit, sondern die Durchführung des bargeldlosen Zahlungsverkehrs. American Express hat weltweit etwa 36 Mio. Karten ausgegeben und ca. 3 Mio. Vertragsunternehmen an sich gebunden. In Deutschland können etwa 1 Mio. Karteninhaber bei über 160 000 Vertragsunternehmen mit der Karte bezahlen[30]. Die Bedeutung der Kreditkarte im Verhältnis zu anderen Mitteln des bargeldlosen Zahlungsverkehrs wird aus der folgenden Vergleichsstatistik ablesbar.

12

---

28 Judt, WiSt 1985, 39 f.; Hammann, S. 24 m.w.N.; Info GZS.
29 Stand Ende 1994 (Taupitz, S. 13).
30 Stand 6/92 Quelle GZS.

13 Relative Importance of cashless payment instruments[31] as a percentage of total volume of transactions in 1990

Countries	Cheques	Payment by credit card	Payments by debit card at POS	Paper-based credit transfers	Paperless credit transfers	Direct debits
Belgium	24.0	1.9	9.2	39.9	18.3	6.7
Canada	66.8	26.7	0.1	–	3.6	2.8
France	59.3	–	14.2	1.1	15.1	10.3
Germany	9.9	1.5	0.1	24.7	26.7	37.1
Italy	43.9	2.5	0.3	36.0	14.4	2.9
Japan	9.9	21.8	–	14.6	15.9	37.8
Netherlands	15.3	<0.5	1.6	36.7	25.4	21.1
Sweden	13.8	1.9	15.4	31.6	37.3	–
Switzerland	9.7	4.0	2.3	28.4	52.5	3.1
United Kingdom	51.0	11.0	3.0	7.9	13.6	13.4
United States	82.0	15.4	0.3	–	1.5	0.7

14 Interessant ist vielleicht, daß die Kreditkarte in Canada und Japan deutlich stärker benutzt wird als in den USA, wo nach wie vor der Scheck in Ermangelung eines funktionsfähigen Giroüberweisungssystems den bargeldlosen Zahlungsverkehr dominiert[32]. Nicht ganz unwichtig ist auch, daß es sich um einen statistischen Vergleich der *Benutzungshäufigkeit* handelt. Damit ist keine Aussage darüber gemacht, welcher Gesamtwert sich hinter den einzelnen Transaktionen verbirgt. In den USA werden 15,4 % der bargeldlosen Zahlungen mit der Kreditkarte abgewickelt. Hinter dieser Zahl verbergen sich 1986 ca. 82 Mio. Karteninhaber mit einer durchschnittlichen monatlichen Kreditkartenschuld von 524 Dollar; wobei etwa 4,7 Mrd. Dollar an Sollzinsen anfielen[33]. Diese auf den ersten Blick sehr beeindruckenden Zahlen werden erheblich relativiert, wenn man sich klarmacht, daß der Wert des in den USA mit der Kreditkarte abgewickelten unbaren Zahlungsverkehrs nur 0,1 % des Gesamtwerts aller unbaren Zahlungen ausmacht[34]. Demgegenüber entfallen im Mutterland des Pla-

---

31 BIS 1991, S. 3.
32 Weiterführend Merkel, Das Recht der Kreditkarte, S. 22.
33 Merkel, S. 21 m.w.N.
34 BIS, S. 47.

stikgeldes auf den Scheck wertmäßig 15,2 %. 83,7 % des Zahlungsverkehrs werden wertmäßig von beleglosen Großkredittransfers in Anspruch genommen[35]. So groß, wie die Unterschiede in der Entwicklung des Kreditkartengeschäfts zwischen Amerika und Europa oft dargestellt werden, sind sie also bei weitem nicht[36].

III. Rechtsnatur

1. Kundenkreditkarte (Zwei-Parteien-System)

Das heutige Kreditkartengeschäft beruht historisch auf der Kundenkreditkarte. Diese Karte wird von einem Unternehmen ausgegeben, z.B. einem Warenhaus[37]. Verkäufer der Ware und Kartenausgeber sind also identisch; deshalb wird dieses System »Zwei-Parteien-System« genannt[38]. Die rechtliche Grundkonzeption dieses Systems ist einfach. In der Ausgabe der Karte liegt ein Versprechen des Kartengebers (z.B. Warenhaus) bei in der Zukunft abzuwickelnden Geschäften vorzuleisten. *Das Kartenversprechen beinhaltet also einen Rahmenvertrag, ähnlich dem allgemeinen Bankvertrag, dem ein antizipiertes Stundungsversprechen innewohnt, das, bei beweglichen Sachen, in aller Regel mit einem Eigentumsvorbehalt (§ 455 BGB) verbunden wird.* Kontrahiert der Kunde später mit dem Händler, so treten die im Kartenversprechen angelegten Rechtswirkungen im Augenblick des Abschlusses des Vertrages an die Stelle der vom Gesetz als Regelfall vorgesehenen. Um das Abrechnungsverfahren zum vereinbarten Stichtag zu erleichtern, ermächtigt der Kunde den Händler im Regelfall, die offenen Beträge per Lastschrift von seinem Konto einzuziehen.

15

---

35 BIS, S. 47.
36 Statt vieler Hammann, S. 26 m.w.N.; vgl. aber die relative Kartenverteilung: Deutschland 1 Karte auf 10 Einwohner; Japan: 1 Karte auf 1,7 Einwohner; USA: 4,2-8 Karten pro Einwohner, Taupitz, S. 15.
37 Vorreiter in Deutschland war das Kaufhaus Breuninger in Stuttgart, vgl. Stauder/Weisensee, S. 34 ff.; 115 f. m.w.N.
38 Zu den Vor- und Nachteilen vertiefend Weller, S. 33 ff.

16 Grafik: Kundenkreditkarte

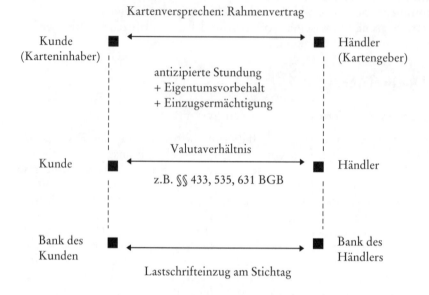

2. Universalkreditkarte (Drei-Parteien[Interchange-]System)

17 Deutlich komplizierter gestalten sich die Rechtsverhältnisse bei der Universalkreditkarte, wenngleich heute durch eine Entscheidung des BGH aus dem Jahre 1984[39] und einer weiteren aus dem Jahre 1990[40] zumindest in wichtigen Grundfragen Klarheit geschaffen wurde. Die Schwierigkeiten entstehen, wie so oft im Recht, weil dem Konzept der Universalkreditkarte ein Drei-Parteien-System zugrunde liegt. Zunächst einmal gibt es, wie bei der Kundenkreditkarte auch, den Kunden, der Inhaber der Karte ist. Der Kunde erhält diese Karte von einem Karteninstitut, z.B. Diners Club oder Visa. Das Karteninstitut hat mit einer Vielzahl von Händlern, z.B. Hotels, Tankstellen, Uhren-, Schmuck- oder Bekleidungsboutiquen Verträge geschlossen, in denen sich die Händler verpflichten, bei Vorlage der Karte auf Barzahlung seitens des Kunden zu verzichten und statt dessen das Geld unter Abzug einer Gebühr (Disagio) beim Karteninstitut einzuziehen. Diese Beziehungen stellen sich grafisch wie folgt dar:

---

39 BGHZ 91, 221.
40 NJW 1990, 2880 = ZiP 1990, 778 = WM 1990, 1059.

Grafik 1: Universalkreditkarte   18

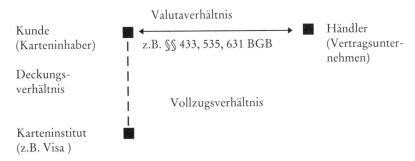

Tatsächlich gestalten sich die Beziehungen, jedenfalls im Eurocard- 19
System, noch etwas komplizierter. In der Vergangenheit wurden Eurocards in rechtlicher Hinsicht ausschließlich von der Gesellschaft für Zahlungssysteme[41] (GZS) ausgegeben. Das war auch dann der Fall, wenn die Karten, wie seit 1989 üblich, den Namensaufdruck einer Bank trugen. Seit Anfang 1991 besteht die Möglichkeit, daß Kreditinstitute über eine von der GZS vergebene *Lizenz* selbst Eurocards an ihre Kunden ausgeben (*Interchangesystem*)[42]. Wird eine solche Lizenz vergeben, so erwirbt der Kunde seine Karte unmittelbar von seiner Bank, diese wiederum rechnet aufgrund des Lizenzvertrages Gebühren mit der GZS ab. Nun handelt es sich um ein *Vier-Parteiengeschäft*, das sich wie folgt darstellt:

Grafik 2: Universalkreditkarte (Eurocard-Lizenz[Interchange-]System)   20

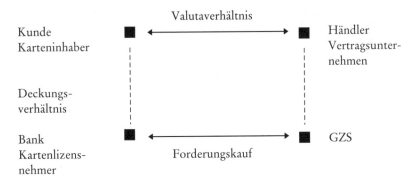

Es wird deutlich, daß es *vier* Verträge gibt.

---

41 Theodor-Heuss-Allee 80, 60486 Frankfurt/Main.
42 Etzkorn, WM 1991, 1901; Reinfeld, WM 1994, 1505; Abdruck der Lizenzbedingungen bei Harbeke/Reiser, WM-Seminar 1992, S. 83 ff.

a) Der Vertrag zwischen Kunde und Händler

21 Unproblematisch ist das *Valutaverhältnis* zwischen Kunde und Händler. Das der Karte zugrundeliegende Vertragssystem verpflichtet den Händler im Vorfeld zukünftiger Einzelkontrakte zur Vorleistung. Ein Eigentumsvorbehalt wird nicht vereinbart, da der Händler durch seinen Vertrag mit dem Karteninstitut, bzw. der GZS, gesichert ist.

b) Der Vertrag zwischen Karteninhaber und -herausgeber

22 Ebenfalls unproblematisch ist die rechtliche Einordnung des Vertrages zwischen dem Karteninhaber und dem Kartenherausgeber (*Deckungsverhältnis*). Bei diesem Vertrag handelt es sich, wie der BGH zu Recht festgestellt hat, »um einen entgeltlichen Geschäftsbesorgungsvertrag gem. § 675 BGB, durch den sich der Herausgeber gegen die Zahlung einer Vergütung verpflichtet, die Verbindlichkeiten des Kreditkarteninhabers bei den Vertragsunternehmen zu tilgen. Kommt der Herausgeber dieser Verpflichtung nach, so steht ihm gemäß seiner AGB und § 670 BGB ein Anspruch auf Erstattung seiner Aufwendungen gegen den Kreditkarteninhaber zu«[43]. Die den Anspruch begründenden Belastungsbelege sind im Rechtssinne Weisungen gem. §§ 675, 665 BGB, mit denen der Karteninhaber den Kartenherausgeber anweist, seine Verbindlichkeiten gegenüber dem Vertragsunternehmen zu tilgen[44]. Weisungen dieser Art sind nach den AGB der Kreditkartenherausgeber normalerweise nur dann wirksam, wenn sie vom Karteninhaber selbst unterschrieben sind. Nach Nr. 5 der Eurocard-Bedingungen 91 ist es ausnahmsweise möglich, auch ohne Unterschriftsleistung eine wirksame Weisung zu erteilen. Nach vorheriger Abstimmung zwischen Karteninhaber und Vertragsunternehmen, so heißt es in den Bedingungen, kann der Karteninhaber – insbesondere zur Beschleunigung eines Geschäftsvorfalls – ausnahmsweise darauf verzichten, den Beleg zu unterzeichnen, und statt dessen lediglich seine Kreditkartennummer angeben. Eine solche Absprache muß die Kartengesellschaft im Zweifel beweisen. Bei einer formularmäßigen Abrede im Vorfeld, z.B. bei Hotels oder Autovermietungen, dürfte dies, worauf Etzkorn zutreffend hinweist, unproblematisch sein[45]. Schwierig wird es dagegen, wenn eine solche Absprache nur mündlich getroffen wurde. Hier sind wegen des Mißbrauchsrisikos seitens der Vertragsunternehmen, die nun nicht einmal mehr die Unterschrift fälschen müssen[46], sehr hohe Anforderungen zu stellen. Zum Kundenschutz sollten die Grundsätze über den Anscheinsbeweis herangezogen werden. Nicht unterschriebene Belastungsbelege

---

43 BGHZ 91, 221, 223 f.
44 BGHZ 91, 221, 224.
45 WM 1991, 1901, 1904.
46 So lag der Fall in BGHZ 91, 221.

rühren danach, bis zur Entkräftung durch das Vertragsunternehmen, nicht vom Kunden her.

c) Der Vertrag zwischen Kartengesellschaft und Vertragsunternehmen
Über die Rechtsnatur des Vertrages zwischen der Kartengesellschaft und dem Vertragsunternehmen wurde und wird anhaltend und intensiv diskutiert. Die Diskussion ist verständlich, denn die Rechtsnatur dieses Vertrages entscheidet letztlich über die Funktionsfähigkeit des gesamten Systems. Für die beteiligten Vertragsunternehmen geht es darum, nicht schlechter zu stehen als beim Barkauf. Die Kartenherausgeber wollen genau diese Situation rechtlich herbeiführen, indem sie das Insolvenzrisiko des Kunden übernehmen. Sie haben aber ein Interesse daran, dem Vertragsunternehmen nicht noch weitere Risiken, z.B. das Risiko des nichtigen Valutaverhältnisses, abzunehmen. Die Kunden wiederum setzen auf die Funktionsfähigkeit des Systems, um bargeldlos kaufen zu können. Sie sind darüber hinaus daran interessiert, daß das System ihnen gegenüber nicht sittenwidrig mißbraucht wird, sei es durch die Vertragsunternehmen oder durch unbefugte Dritte. Es ist im Vorfeld aller weiteren Überlegungen nicht ganz unwichtig sich klarzumachen, daß die Rechtsordnung keinen Mustervertragstyp, wie etwa den Kaufvertrag oder den Mietvertrag, für ein solches System bereithält. Daraus folgt zwingend, daß die rechtliche Ausgestaltung des Kreditkartensystems, und so auch des Vertrages zwischen Kartengesellschaft und Vertragsunternehmen, den Parteien selbst obliegt. Dieser Gesichtspunkt der Vertragsfreiheit, nicht nur beim »ob«, sondern auch beim »wie« der vertraglichen Gestaltung, ist in der Diskussion der Vergangenheit zu kurz gekommen. Wenn also die Parteien eines Vertrages Regelungen vereinbaren, die weder sittenwidrig sind noch gegen geltende Gesetze verstoßen, so bindet ihr freier Wille die Gerichte auch dann, wenn die Regelungen keinem der im bürgerlichen Recht typischerweise verwendeten schuldrechtlichen Institute zugeordnet werden kann.

Diese Überlegung ist deshalb wichtig, weil sie die Suche nach einer einheitlichen Rechtsnatur für einen bestimmten Vertrag immer dann von vornherein ad absurdum führt, wenn feststeht, daß es mehrere zulässige Wege gibt, um an das vorgestellte Ziel zu gelangen. Ziel des Vertrages zwischen Kartengesellschaft und Vertragsunternehmen ist es, einen Zustand herzustellen, der dem Barkauf möglichst gleicht. Aber schon bei dieser Zielbestimmung ist Vorsicht angebracht. Denn selbstverständlich sind Kartengesellschaften wie auch Vertragsunternehmen frei bei der Ausgestaltung ihrer Ziele, so daß es ohne weiteres denkbar wäre, daß eine Kartengesellschaft das Vertragsunternehmen auch besser stellt als beim Barkauf und umgekehrt. In Übereinstimmung mit diesen Überlegungen hat Hadding⁴⁷ vorgeschlagen, »statt besonderer Konstruktionen ... eher eine parallele rechtliche Erklärung zu anderen Arten der bargeldlosen Zahlung« zu suchen. Angeknüpft werden könnte an andere bargeldlose Zahlungen, z.B. erfüllungshalber mit einem Scheck (§§ 788, 364 Abs. 2 BGB). Dann enthielte die Vereinbarung des Vertragsunternehmens und des Kreditkarteninhabers über die Zahlung mittels Universalkreditkarte die »Abrede über eine Stundung der Kaufpreisschuld ... und die Verpflichtung des Vertragsunternehmens, erfüllungshalber zunächst ... Zahlung im Vollzugsverhältnis zu dem Kartenherausgeber anzustreben«. Letzteres kann, muß aber nicht so sein, denn die Parteien sind frei, auch andere Vereinbarungen zu treffen. Diskutiert wurden und werden der Schuldbeitritt⁴⁸, die befreiende Schuldübernahme (§ 414 BGB)⁴⁹, die selbstschuldnerische Bürgschaft⁵⁰, der Kreditauftrag (§ 778 BGB) und der Kreditbrief⁵¹, das Dokumentenakkreditiv⁵², das abstrakte Schuldversprechen i.S.v. § 780 BGB⁵³, der Forderungskauf i.S.v. §§ 433, 437 Abs. 1 BGB⁵⁴ sowie der Garantievertrag⁵⁵, sowie schließlich die Ablehnung aller typologischen Formen und die Bejahung eines Vertrages sui generis⁵⁶.

25   Mit einer Entscheidung vom 2.5.1990 hat der BGH den Weg gewiesen, der hier zur Beurteilung der Rechtsnatur des Vertrages zwischen Kartengesellschaft und Vertragsunternehmen für zutreffend erachtet wird. Es ging um die Beurteilung des Eurocard-Systems. Der BGH stellte entscheidend auf den Wortlaut der Vereinbarungen zwischen den Parteien ab, hat also die Vertragsfreiheit bei der Ausgestaltung des Systems in den Vordergrund gestellt und auf dieser Basis die Abreden zwischen Kartengesellschaft und Vertragsunternehmen als *Forderungskauf* entwickelt.

26   *Fall: BGH NJW 1990, 2880 »Eurocard«*
Im Juni 1985 gab die GZS eine Eurocard an einen Mann (M) aus. Dieser nahm in der Zeit vom 30.6. bis 13.7.1985 unter Verwendung der Kreditkarte Leistungen bei einem Vertragsunternehmen (V) über insgesamt 18.822,- DM in Anspruch. Auf die sich hieraus ergebenden Forderungen zahlte die GZS an V nach Abzug des vereinbarten Disagios einen Betrag von ca. 17 000,- DM. Kurz danach stellte sich heraus, daß M seit dem

---

47   FS Pleyer, S. 17, 24.
48   Avancini, ZfRV 1969, 121, 129 f.
49   Hadding, FS Pleyer, S. 30.
50   Hadding, aaO., S. 30; Zahrnt, NJW 1972, 1077 f.
51   Zahrnt, NJW 1972, 1078.
52   Custodis, S. 96 f.; Hadding, FS Pleyer, S. 32.
53   Canaris³, Rz. 1626; Hadding, FS Pleyer, S. 31 ff.
54   Zahrnt, NJW 1972, 1079; Eckert, WM 1987, 161, 162.
55   Schönle, 1976, 345; Bitter ZBB 1996, 104, 122.
56   Weller mit intensiver Auseinandersetzung zu allen Auffassungen beginnend auf S. 61; sein eigenes Ergebnis dann S. 103 f.; zum amerikanischen Regelungskonzept vgl. Merkel, Das Recht der Kreditkarte, S. 140 ff.; zur Situation im englischen Recht Jones, S. 112 ff.

2.7.1985 geschäftsunfähig war. Als ihn die GZS zur Erstattung der von ihr an V erbrachten Zahlungen aufforderte, verweigerte er die Leistung und berief sich auf seine Geschäftsunfähigkeit. Die GZS verlangte nunmehr von V die Rückgewähr der gezahlten Beträge, für den Zeitraum vom 2. bis 13. Juli 1985. V meinte, die Geschäftsunfähigkeit des M gehe ihn nichts an. Dieses Risiko trage die GZS. Die GZS widersprach unter Hinweis auf die vereinbarten allgemeinen Geschäftsbedingungen. Dort hieß es u.a.:
3. Übertragung von Forderungen
Sie (hier: V) verkaufen und übertragen uns (hier: GZS) alle Forderungen gegen Karteninhaber gemäß den nachstehenden allgemeinen Richtlinien ...
5. Beschwerden und Reklamationen
Beschwerden und Reklamationen wegen erbrachter Leistungen Ihres Unternehmens werden Sie unmittelbar mit dem Karteninhaber regulieren. Wenn sich ein Karteninhaber im Zusammenhang mit einer solchen Beschwerde oder Reklamation weigert, die uns übertragene Forderung zu begleichen, werden Sie uns den in Frage stehenden Betrag erstatten. Wir sind auch berechtigt, einen solchen Betrag von anderen Zahlungen in Abzug zu bringen oder anderweitig Rückerstattung zu fordern. Die uns übertragene Forderung gegen den Karteninhaber werden wir an Sie zurückübertragen.

Der BGH hat der GZS recht gegeben und das Vertragsunternehmen (V) zur Rückzahlung der auf den Zeitraum vom 2. bis 13.7.1985 entfallenen Beträge verpflichtet[57]. Der Anspruch ergebe sich aus §§ 437 Abs. 1, 440 Abs. 1, 325 Abs. 1 BGB, denn der zwischen den Parteien vereinbarte Forderungskauf sei an der Unmöglichkeit, der GZS eine Forderung gegen den geschäftsunfähigen M zu verschaffen, gescheitert. Für die Einordnung des Willens der Parteien geht der BGH vom *gewählten Wortlaut des Vertrages* aus. Er verweist auf eine Reihe von dort gewählten Formulierungen (z.B. in Nr. 3 Abs. 1: »Sie verkaufen ...«) und kommt zu dem Schluß, daß davon ausgegangen werden muß, daß die Vertragsparteien »Kauf« meinen, wenn sie von »Kauf« sprechen, zumal wenn sie – wie hier – Kaufleute seien. Unbegründet sei auch der Einwand, daß durch den Ausschluß von § 404 BGB in den zwischen Kartenausgeber und Karteninhaber geltenden Vertragsbedingungen (hier: Nr. 8 der Eurocard-Bedingungen für den Karten*inhaber*) vom Leitbild des Forderungskaufes derart abgewichen werde, daß von einem solchen nicht mehr gesprochen werden können[58]. Dabei könne dahinstehen, inwieweit die Vereinbarungen zwischen Kartenausgeber und Karteninhaber Rückschlüsse auf den Inhalt des Vertrages zwischen Kartenausgeber und Vertragsunternehmen zuließen. Je-

27

---

57 Kritisch dazu Hadding, WuB I D 5.-5.90.
58 So aber Stauder/Weisensee, S. 78; Weller, S. 96 f.; Wolf/Horn/Lindacher, AGBG-Kommentar[2], § 9 Kreditkartenvertrag Rz. K 51, 64; Hadding WuB I D 5.-5.90 mit weiterführenden Gründen.

denfalls sei die Abbedingung von § 404 BGB mit der Annahme eines Forderungskaufs nicht unvereinbar. Überdies könne die durch § 404 BGB dem Schuldner gegebene Möglichkeit, zur Zeit der Abtretung begründete Einwendungen auch dem Neugläubiger entgegenzusetzen, allenfalls dann zum Leitbild des Forderungskaufs gerechnet werden, wenn sich der Übergang des Anspruchs ohne Wissen und Wollen des Schuldners vollziehe. Das sei aber beim Kreditkartengeschäft nicht der Fall. Der Karteninhaber sei vielmehr aufgrund seiner Vereinbarung mit dem Kartenausgeber damit einverstanden, daß dieser die Forderung erwerbe und gegen ihn geltend mache.

28 Schließlich sei die Annahme eines Forderungskaufes auch nicht gem. § 9 AGBG unwirksam, denn eine unangemessene Benachteiligung liege darin für das Vertragsunternehmen nicht. Insbesondere sei die Überbürdung des Veritätsrisikos (Bestandsrisikos) i.S.v. § 437 BGB nicht unangemessen. Daß das Rechtsgeschäft zwischen Vertragsunternehmen und Karteninhaber nicht zustandekomme oder unwirksam sei, könne auf verschiedenen Gründen beruhen, z.B. auf fehlender oder (wie hier) beschränkter Geschäftsfähigkeit einer Partei (§§ 105, 108, 114 BGB), Gesetzes- oder Sittenwidrigkeit oder Anfechtung wegen Irrtums, arglistiger Täuschung oder widerrechtlicher Drohung (§§ 119, 123, 142 BGB). Wenn der Abschluß des Vertrages aus derartigen Gründen scheitere, folge dies jedoch nicht aus seiner Eigenschaft als Kreditgeschäft. Das Risiko, in derartigen Fällen einen Entgeltanspruch für die schon erbrachte Leistung nicht zu erwerben, bestehe für das Vertragsunternehmen beim Bargeschäft in gleicher Weise. Der Kunde könne die Rückabwicklung des Leistungsaustausches nach den Vorschriften über die ungerechtfertigte Bereicherung (§§ 812 ff BGB) verlangen, wenn der beabsichtigte Vertragsschluß fehlgeschlagen sei.

29 Der Entscheidung ist zuzustimmen. Entscheidend für die Einordnung des Vertrages zwischen Kartengesellschaft und Vertragsunternehmen ist der Wortlaut der Parteivereinbarungen. Diese legten hier in der Tat den Abschluß eines Forderungskaufes nahe. In diesem Sinne hat die GZS auch den heute verwendeten Instituts-Lizenzvertrag für private Banken formuliert. Dort heißt es unter Nr. 5 Abs. 1: »Die GZS erwirbt von ihren inländischen Vertragsunternehmen Forderungen aus Geschäftsvorfällen, die von Karteninhabern des Lizenznehmers bei ordnungsgemäßem Einsatz der Karte begründet worden sind. Der Lizenznehmer kauft und erwirbt diese – gegebenenfalls auch über den Nennwert – von der GZS. Den Preis bestimmt die GZS nach Maßgabe der Beschlüsse des Gesellschafterausschusses gem. § 315 BGB«. Und in den Eurocard-Bedingungen 1991 heißt es in Nr. 6: »Die GZS vergütet im Auftrag des Kunden dem Vertragsunternehmen, das die Eurocard akzeptiert hat, die aus dem Geschäftsvorteil resultierende Forderung *und erwirbt sie.* Der Karteninhaber ist seinerseits verpflichtet, der GZS diesen Forderungsbetrag zu erstatten«.

Dem BGH ist auch darin zuzustimmen, daß der Ausschluß von § 404 BGB im Verhältnis Karteninhaber zu Kartenaussteller mit dem Leitbild des Forderungskaufs in Einklang zu bringen ist. Das ergibt sich bereits aus § 784 BGB, wonach es möglich ist, eine Anweisung anzunehmen, so daß auf diese Weise eine neue Forderung gegen den Annehmenden entsteht. Am Charakter einer Forderung ändert es nichts, daß § 784 Abs. 1 BGB nur Gültigkeitseinwendungen zuläßt, solche aus dem Valutaverhältnis (§ 404 BGB) also ausschließt. Übrigens wäre der Revision auch dann nicht zu helfen gewesen, wenn der BGH statt des Forderungskaufs ein abstraktes Schuldversprechen i.S.v. § 780 BGB oder eine Garantie angenommen hätte[59]. Denn in beiden Fällen hätte die Geschäftsunfähigkeit des M den Rechtsgrund für die Leistung der GZS entfallen lassen, so daß die Rückforderung von V im Wege der bereicherungsrechtlichen Kondiktion hätte stattfinden müssen. Hieran wird auch deutlich, daß die Diskussion um eine einheitliche Rechtsnatur des Vertragsverhältnisses zwischen Kartengesellschaft und Vertragsunternehmen vielleicht auch deshalb nicht ganz so fruchtbar ist, weil in den Rechtsfolgen die Ergebnisse kaum voneinander abweichen.

30

d) Der Lizenzvertrag im Eurocard-System
Es wurde oben schon darauf hingewiesen, daß seit Anfang 1991 die Möglichkeit besteht, daß Kreditinstitute über eine von der GZS vergebene Lizenz selbst Eurocards an ihre Kunden ausgeben. Hieraus ergibt sich das oben bereits beschriebene Vier- oder Mehr-Parteiensystem. Die Bank (1) unterhält beispielsweise den Vertrag zum Vertragsunternehmen, die Bank (2) den Vertrag mit dem Karteninhaber. Beide Banken sind rechtlich miteinander durch die gemeinsame Mitgliedschaft in der jeweiligen Kartenorganisation (z. B. GZS) verbunden. Damit entstehen bankgestützte Kreditkartensysteme, wie sie etwa von Visa oder Mastercard/Eurocard praktiziert werden. Innerhalb dieser Systeme werden regional meist beschränkte Lizenzen vergeben, die zum Abschluß der Verträge mit Vertragsunternehmen und/oder zum Abschluß der Verträge mit Karteninhabern, d.h. zur Ausgabe von Karten, berechtigen. Aus dem amerikanischen Recht sind Systeme dieser Art unter dem Begriff »Interchange-Systeme« bekannt. Praktiziert wurde ein solches System erstmals im Jahre 1966, als die Bank of America die Verwendung des Namens »BankAmericard« landesweit lizenzierte[60]. Etzkorn weist zu Recht darauf hin, daß die rechtlichen Konsequenzen, die sich aus dieser Vier- oder Mehrparteien-Konstruktion ergeben, noch nicht aufgearbeitet sind[61]. Er selbst zeigt an

31

---

59 So Hadding WuB I D 5.-5.90 m.w.N; Bitter ZBB 1996, 104, 122.
60 Vertiefend und auf die Vorgeschichte eingehend Merkel, Das Recht der Kreditkarte, 159 ff.
61 WM 1991, 1902; weiterführend in Hadding/Schneider, Der grenzüberschreitende Zahlungsverkehr, 1993, 121 ff.

anderer Stelle, daß sich das Interchange-System zwar auf das Vertragsverhältnis zwischen Karteninhaber und Kartengesellschaft auswirkt, aber auf die diesem Vertrag zugrundeliegenden AGB selbst keinen Einfluß hat[62]. Bisher nicht geklärte international privatrechtliche Fragen können sich stellen, wenn etwa »ein Deutscher in Belgien im Rahmen des in Flämisch abgeschlossenen formularmäßigen Valutavertrages dem Verkäufer das Recht einräumt, auch ohne Unterschrift weitere Belastungen über das Kreditkartenkonto vorzunehmen«[63]. Die eher knappen Bemerkungen Merkels zu diesem Themenkreis[64] verweisen auf Erkenntnisdefizite, die mittelfristig zum Gegenstand der wissenschaftlichen Diskussion gemacht werden sollten.

32 Im Eurocard-System läßt sich jedenfalls der Vertrag zwischen der GZS und den privaten Banken als Lizenznehmern als Forderungskauf i.S.v. § 437 BGB qualifizieren. Denn in § 5 Abs. 1 des formularmäßigen Instituts-Lizenzvertrages der GZS heißt es: »Die GZS erwirbt von ihren inländischen Vertragsunternehmen Forderungen aus Geschäftsvorfällen, die von Karteninhabern des Lizenznehmers bei ordnungsgemäßem Einsatz der Karte begründet worden sind. Der Lizenznehmer kauft und erwirbt diese – gegebenenfalls auch über den Nennwert – von der GZS. Den Preis bestimmt die GZS nach Maßgabe der Beschlüsse des Gesellschafterausschusses gem. § 315 BGB«. Nach Abs. 2 derselben Norm gilt dies auch bei Umsätzen, die im Ausland angefallen sind.

IV. Rechtspflichten

1. Pflichten des Vertragsunternehmens

a) Pflichten gegenüber der Kartengesellschaft

33 *Das Vertragsunternehmen verpflichtet sich gegenüber der Kartengesellschaft, die Kreditkarte zu akzeptieren*[65]. Insoweit liegt ein echter Vertrag zugunsten Dritter, nämlich des Kunden, i.S.v. § 328 BGB vor[66]. Im Gegenzug erwirbt die Kartengesellschaft, jedenfalls im Eurocard-System, die Forderung gegen den Kunden nach § 437 BGB. Das Vertragsunternehmen erklärt sich bereit, bei Erstattung der Rechnungsbeträge einen vereinbarten Abzug (Disagio) hinzunehmen. Dieses Disagio ist die Gegenleistung

---

62 Etzkorn, in: Hadding/Schneider (Hrsg.), 1992.
63 Etzkorn, Rezension Merkel, WM 1991, 1282, 1283.
64 Das Recht der Kreditkarte, S. 163 ff.; vertiefend und weiterführend Reinfeld, WM 1994, 1505 ff.
65 Vgl. die Allgemeinen Geschäftsbedingungen der verschiedenen Kartengesellschaften, abgedruckt bei Taupitz, S. 245-337.
66 LG Düsseldorf, WM 1991, 1027; dazu Etzkorn, WuB I D 5.-8.91; anders: Vorinstanz AG Neuss WM 1990, 423; dazu Fervers, WuB I D 5.-4.90.

dafür, daß die Kartengesellschaft dem Vertragsunternehmen den Zugang zu einem solventen Kundenkreis eröffnet und die Bezahlung der eingereichten Rechnungen übernimmt[67]. Es staffelt sich teilweise nach Jahresumsätzen und weist eine Spannbreite von unter 1 % (Tankstellen) bis über 8 % (Nachtclubs) auf[68].

Der Zahlungsanspruch des Vertragsunternehmens ist, wie oben dargestellt wurde, davon abhängig, daß eine Forderung gegen den Kunden begründet wurde. Dies ergibt sich für den Forderungskauf aus § 437 BGB, wonach der Verkäufer für die Verität der Forderung, nicht aber für ihre Bonität (§ 438 BGB) einzustehen hat. Wer die vom BGH entwickelte Konstruktion des Forderungskaufs ablehnt, wie z.B. Hadding[69], und statt dessen ein Schuldversprechen i.S.v. § 780 BGB[70] oder eine Garantie[71] annimmt, kommt zum gleichen Ergebnis, denn der Bestand der Forderung ist auch in diesen Fällen nach dem Sinn und Zweck des Kreditkartengeschäfts Voraussetzung für den Anspruch des Vertragsunternehmens gegen die Kartengesellschaft[72]. 34

Gewöhnlich ist die Zahlungsverpflichtung der Kartengesellschaft auf einen bestimmten Gesamtwert pro Karteninhaber und pro Kalendertag beschränkt. Bei Überschreitungen dieses Betrages (1992: DM 1 000,-) muß zuvor (z.B. per Telefon) eine Genehmigung seitens der Kartengesellschaft eingeholt werden. Zu diesem Zweck wird eine *Genehmigungszentrale* in Europa unterhalten, die täglich 24 Stunden besetzt ist. Versäumt das Vertragsunternehmen diese Genehmigung einzuholen, so ist es zur Zurückzahlung bereits erhaltener Beträge verpflichtet, sofern der Kunde die Zahlung gegenüber dem Kartenaussteller ebenfalls verweigern darf. 35

Einen solchen Fall hatte das LG Düsseldorf am 14.5.1984 zu entscheiden[73]. Dem rechtmäßigen Inhaber war die Kreditkarte am 9.2.1983 gestohlen worden. Daraufhin wurde die Karte unverzüglich bei der Genehmigungszentrale gesperrt. Einige Tage später, am 7.3.1983, kaufte ein Unbekannter unter Vorlage dieser Kreditkarte zwei Pelze im Wert von DM 54.600,-. Der Kürschner akzeptierte die Karte, ohne zuvor bei der Genehmigungszentrale die vertraglich vereinbarte telefonische Genehmigung einzuholen. Der bestohlene Inhaber der Kreditkarte berief sich auf die Sperre und verweigerte den Ausgleich des Betrages, den der Kartenaussteller routinegemäß nach Vorlage der Belege dem Kürschner überwiesen hatte. Das Gericht verurteilte das Vertragsunternehmen zu Recht zur Herausgabe des erlangten Betrages nach § 812 Abs. 1 S. 1 Alt. 1 BGB, da 36

---

67 Eckert, WM 1987, 161, 164.
68 Schöchle, S. 199 ff., 201.
69 WuB I D 5.-5.90.
70 Hadding, aaO. m.w.N.
71 Heymann/Horn, Anh. § 372 Rz. 155.
72 Horn, aaO., Rz. 156.
73 WM 1984, 990 ff.

der Rechtsgrund für die Anweisung der Kartengesellschaft (Genehmigung) gefehlt habe. Da die Zahlung unter Rückforderungsvorbehalt geleistet wurde, konnte sich der Kürschner auch nicht auf den Wegfall der Bereicherung berufen (§ 820 BGB analog).

b) Pflichten gegenüber dem Kunden

37 Das Vertragsunternehmen ist, wie oben erwähnt, verpflichtet, die Zahlung mittels Kreditkarte zu akzeptieren. Diese Verpflichtung ergibt sich aus dem Rahmenvertrag zwischen dem Kartenherausgeber und dem Vertragsunternehmen, der insoweit als echter Vertrag zugunsten Dritter (§ 328 Abs. 1 BGB), nämlich zugunsten des Karteninhabers anzusehen ist[74]. Schuldrechtlich bedeutet die Annahme der Kreditkarte, daß der vom Karteninhaber unterschriebene Belastungsbeleg gem. § 364 Abs. 2 BGB erfüllungshalber entgegengenommen wird[75]. Auf diese Weise gewährt das Vertragsunternehmen dem Kunden eine *Stundung* des Kaufpreises. Zu Recht hat das LG Düsseldorf in einem Urteil vom 24.10.1990 darauf hingewiesen, daß das Vertragsunternehmen zu einer solchen Stundung jedoch nicht verpflichtet ist, wenn ein Dritter, also eine Person, die nicht mit dem Kunden identisch ist, die Bezahlung durch Kreditkarte anbietet[76]. Die Leistung eines Dritten müsse der Gläubiger nach § 267 Abs. 1 BGB nur dann annehmen, wenn dieser die geschuldete Leistung bewirke. Die Kreditkartenzahlung ist aber nicht Leistungsbewirkung, sondern Leistung erfüllungshalber. Etwas anderes ergibt sich auch nicht aus dem Vertrag zwischen der Kartengesellschaft und dem Vertragsunternehmen. Diese Vereinbarung begünstigt nur den wirklichen Karteninhaber, wie sich zudem aus dem Wortlaut der American Express-Bedingungen ergab. Etzkorn[77] weist zutreffend darauf hin, daß es rechtlich unbedenklich wäre, wenn die Kartengesellschaften durch entsprechende Formulierungen auch Dritten das Recht i.S.d. § 328 BGB einräumten. Interessen des Vertragsunternehmens würden dadurch nicht beeinträchtigt, da in beiden Fällen Zahlung durch die Kartengesellschaft erfolgte.

2. Rechtspflichten aus dem Kreditkartenvertrag

a) Grundsätze

38 Zwischen der Kartengesellschaft und dem Karteninhaber besteht ein entgeltlicher Geschäftsbesorgungsvertrag i.S.v. §§ 675, 631 BGB[78]. Nach den Eurocard-Bedingungen 91 kann der Inhaber mit der Karte Waren und

---

74 Hadding, FS Pleyer, S. 24; Zahrnt, NJW 1972, 1080.
75 Palandt-Heinrichs[55], Rz. 6.
76 WM 1991, 1027 ff.; dazu Etzkorn, WuB I D 5.-8.91.
77 WuB I D 5.-8.91.
78 BGHZ 91, 221, 223.

Dienstleistungen bargeldlos bezahlen und an zugelassenen Geldautomaten sowie an bestimmten Bankschaltern – dort zusätzlich gegen Vorlage eines Ausweispapiers – Bargeld beziehen (Nr. 1). Für die Nutzung von Geldausgabeautomaten und bestimmten automatisierten Kassen benötigt der Karteninhaber eine PIN, die ihm auf Wunsch zur Verfügung gestellt wird (Nr. 2). Dabei darf der Karteninhaber seine Eurocard nur im Rahmen seiner Einkommens- und Vermögensverhältnisse verwenden, so daß ein Ausgleich der Eurocard-Umsätze gewährleistet ist (Nr. 3). Verletzt der Karteninhaber diese Pflicht, so muß die Kartengesellschaft im Rahmen ihres Vertrages mit den Vertragsunternehmen trotzdem zahlen. Sie hat dann gegen den Karteninhaber einen Ausgleichsanspruch aus positiver Vertragsverletzung.

Nach Nr. 9 Abs. 2 Eurocard-Bedingungen 91 hat der Karteninhaber Rechnungszusammenstellungen sowie Abrechnungen und Anzeigen auf ihre Richtigkeit und Vollständigkeit zu überprüfen und etwaige Einwendungen unverzüglich zu erheben. Die Unterlassung rechtzeitiger Einwendungen kann einen Schadensersatzanspruch der GZS gegen den Karteninhaber begründen[79]. Diese Klausel steht in Einklang mit der Entscheidung des BGH vom 17.5.1984[80]. Danach ist der Kreditkarteninhaber nicht verpflichtet, die Abrechnung der Kartengesellschaft stets sofort nach Eingang auf ihre Richtigkeit zu prüfen. Es genügt, wenn dies alsbald nach Rückkehr von einer, wenn auch längeren, Reise geschieht. In jenem Fall befand sich der Karteninhaber vom Frühjahr bis Ende August 1981 auf einer Geschäftsreise in den USA und in Kanada. Die monatlichen Abrechnungen gingen an die von ihm vertretene Firma in Deutschland. Der Kunde überprüfte die Abrechnungsbelege unmittelbar nach seiner Rückkehr nach Deutschland und widersprach ihnen mit Schreiben vom 2. September 1981. Dies war, so der BGH ausdrücklich, noch rechtzeitig. Daraus folgt, daß sich Karteninhaber die Abrechnungen, auch bei längeren Reisen, nicht nachsenden lassen müssen. Haben sie sie allerdings zumutbar zur Kenntnis genommen, so müssen sie Einwendungen unverzüglich, d.h. ohne schuldhaftes Zögern (§ 121 BGB), erheben.

Abgewickelt wird der Zahlungsvorgang im Normalfall aufgrund von Belegen, die vom Karteninhaber persönlich unterschrieben sind oder bei elektronischer Nutzung der Karte unter Eingabe der PIN. Ausnahmsweise kann, nach vorheriger Abstimmung des Karteninhabers mit dem Vertragsunternehmen, darauf verzichtet werden, den Beleg zu unterschreiben und statt dessen lediglich die Kreditkartennummer und das Verfallsdatum der Eurocard angegeben werden (Ziffer 5). Im Zweifel spricht bei fehlender Unterschrift der Beweis des ersten Anscheins zugunsten des Kredit-

---

[79] Vgl. die ähnliche Lage beim verspäteten Widerspruch im Lastschriftverfahren BGHZ 95, 103, 108 f.
[80] BGHZ 91, 221.

karteninhabers. Andernfalls ist die Gefahr des Mißbrauchs durch die Vertragsunternehmen und ihre Mitarbeiter zu groß[81].

b) Entgelte – Gebühren

41 Nach Nr. 7 Eurocard-Bedingungen 91 ist die GZS berechtigt, dem Karteninhaber für die von ihr erbrachten Leistungen ein angemessenes Entgelt gem. § 315 BGB zu berechnen. Typisch ist die Zahlung einer Jahresgebühr (1992 für die Eurocard DM 40,- bis DM 60,-; für die Eurocard Gold DM 130,-)[82]. Die kartenausgebenden Banken können hiervon abweichende Jahresbeträge festsetzen. Hinzu kommen regelmäßig Gebühren für die Nutzung des Bargeldservices sowie für die Umrechnung von Umsätzen auf fremde Währung[83] (Nr. 7 Eurocard-Bedingungen 91). Da es sich um eine gewerbliche Leistung gegenüber dem Endverbraucher handelt, ist die PreisangabenVO vom 14.3.1985 anwendbar[84]. Auf der Basis dieser Verordnung und des vom BGH entwickelten Transparenzgebots[85] ist das Leistungsbestimmungsprinzip nach § 315 BGB für die Einzelleistungen gegenüber den Kunden zu konkretisieren. Notwendig erscheint ein Preishinweis am Geldautomaten, damit der Kartennutzer vor Inanspruchnahme des Automaten Gebührenvergleiche durchführen kann. Ferner könnte man die im Zusammenhang mit Kreditkarten erhobenen Entgelte in ein Preisverzeichnis aufnehmen und zur Einsichtnahme bereithalten oder öffentlich aushängen[86]. Aufzuführen wäre auch der Effektivzins für mit der Karte in Anspruch genommenen Kredit.

42 Zu Recht hat das LG Frankfurt in einem Urteil vom 26.3.1991[87] angenommen, daß Kartenbedingungen, die keinerlei Höhenbegrenzung für die Gebühren des Bargeldservices enthalten, mit § 9 AGBG nicht in Einklang zu bringen sind. Entscheidend war, worauf das Gericht nur indirekt hinwies, daß der Kunde die aus der Benutzung der Karte resultierenden Belastungen nicht kalkulieren konnte, die AGB also intransparent waren. Die weiteren Überlegungen des Gerichts zur Höhe der geforderten Gebühr verweisen auf eine schwierige, bisher noch nicht hinreichend aufgearbeitete Frage. Das Kreditkartenunternehmen hatte in jenem Fall pro Barabhebung 3 % des Barwertes als Gebühr erhoben (für DM 100,- also

---

81 Vgl. auch Etzkorn, WM 1991, 1901, 1903; Wolf/Horn/Lindacher, AGBG-Komm.[2], 1989, § 9 Rz. K 54; die von Metz, NJW 1991, 2804, 2809 behauptete Beweislastumkehr zu Lasten des Kunden findet sich in den Eurocard-Bedingungen nicht.
82 Schöchle, S. 199 ff.
83 Die Fremdwährungsklausel verstößt nach Auffassung des AG Ffm gegen § 9 AGBG, WM 1993, 1548 ff.; ebenso LG-Hamburg NJW 1996, 599.
84 BGBl. III 720-17-1; vgl. die Stellungnahme des BMJ zum Kreditkartenangebot v. 14.7.1987 in ZiP 1987, A 119 Nr. 397.
85 BGHZ 106, 42 = EWiR § 9 AGBG 1/89, 1 (Loewe) = ZiP 1988, 1530.
86 Gimbel-Boest, Die neue PreisangabenVO, § 4 Rz. 6; Metz, NJW 1991, 2804, 2809; Etzkorn, WM 1991, 1909, 1905.
87 WM 1991, 1667; dazu Etzkorn, WuB I D 5.-1.92.

DM 3,-; für DM 400,- bereits DM 12,-). Der vom Gericht vorgeschlagene Zinsvergleich überzeugt nicht, aber der dahinterstehende Verweis auf § 138 Abs. 1 BGB ist bedenkenswert. Die Gebühr wird für den automatischen Bargeldservice erhoben. Dieser ist gegenüber dem Bargeldservice am Bankschalter erheblich preiswerter. Die Schätzungen für eine Barauszahlung am Schalter bewegen sich zwischen DM 1,50 bis DM 2,-, während eine automatengesteuerte Auszahlung zwischen 0,06 bis 0,08 DM kosten soll. Wenn diese Zahlen auch nur ansatzweise zutreffen, so müßte in der Tat darüber nachgedacht werden, ob hier nicht ein auffälliges Mißverhältnis zwischen Leistung und Gegenleistung besteht, in Verbindung mit einem Mangel an Urteilsvermögen, da die Kartennutzer die Kostenstrukturen für Geldautomaten nicht zu durchschauen in der Lage sind (§ 138 Abs. 2 BGB). U.U. müßte man die Offenlegung der Kostenstruktur bei Einsatz von Geldautomaten verlangen[88].

Durch eine Entscheidung des BGH vom 29.3.1994[89] wurde geklärt, daß Bestimmungen in allgemeinen Geschäftsbedingungen eines Kreditkartenunternehmens unwirksam sind, die *pauschale Überziehungsgebühren für Fälle nicht fristgerechter Zahlung festlegen.* Insoweit handelt es sich um eine nach § 11 Nr. 6 AGBG unwirksame Vertragsstrafe. Ferner sind Bestimmungen unwirksam, die *Zinspflichten, die durch die Überschreitung eines Zahlungsziels ausgelöst werden, auf davorliegende Zeiträume erstrecken.* Andernfalls müßte nämlich der Kunde für einen Zeitraum vor Fälligkeit Zinsen zahlen[90]. Schließlich sind Bestimmungen in allgemeinen Geschäftsbedingungen eines Kreditkartenunternehmens unwirksam, die *dem Unternehmen die Befugnis einräumen, den Kreditkartenvertrag jederzeit ohne wichtigen Grund fristlos zu kündigen.* Das verständliche Interesse der Kreditkartengeberin, sich bereits bei den ersten Anzeichen einer Gefährdung ihrer Erstattungsansprüche gegen eine weitere Inanspruchnahme der Karte zu schützen, rechtfertigt es nicht, ihr zu gestatten, das Vertragsverhältnis nach Belieben zu lösen und den Kunden damit rechtlos zu stellen[91]. Auf schwerwiegende Gefährdungen der Erstattungsansprüche kann dagegen mit einer fristlosen Kündigung aus wichtigem Grund reagiert werden. Diese Möglichkeit besteht bei Kreditkartenverträgen, wie bei jedem auf Dauer angelegten Schuldverhältnis, ohne daß es dafür besonderer Vertragsklauseln bedürfte[92]. **43**

---

88 Die Überlegungen von Etzkorn, WM 1991, 1901, 1905 sind noch zu unsubstantiiert; Metz, NJW 1991, 2804, 2809 beachtet nicht, daß es sich bei den Gebühren nicht um einen Zins handelt, was übrigens das Gericht selbst nicht angenommen hat. Mit Zinsproblemen beschäftigte sich dagegen das LG Frankf./M. am 11.6.1991, WM 1992, 96; dazu Etzkorn, WuB I D 5.-2.92.
89 ZIP 1994, 690 ff.
90 BGH ZIP 1994, 690, 692.
91 BGH ZIP 1994, 690, 692.
92 BGH ZIP 1994, 690, 693.

c) Widerruf der Anweisung

44 Nach allgemeiner Meinung handelt es sich bei dem Vertrag zwischen der Kartengesellschaft und dem Karteninhaber um einen entgeltlichen Geschäftsbesorgungsvertrag i.S.v. § 675 BGB[93]. Es ist weiterhin unstreitig, daß der vom Karteninhaber unterschriebene *Belastungsbeleg* eine Weisung i.S.v. §§ 675, 665 BGB an den Kartenherausgeber darstellt, seine (des Karteninhabers) Verbindlichkeiten gegenüber dem Vertragsunternehmen zu tilgen[94]. Konsequent hat der BGH darauf verwiesen, daß kein Auftrag vorliegt und somit auch kein Aufwendungserstattungsanspruch seitens der Kartengesellschaft entsteht, wenn die Unterschrift fehlt oder wenn sie gefälscht ist. »Die Erteilung eines Auftrags ist Anspruchsvoraussetzung für den Erstattungsanspruch«[95]. An einem Auftrag fehlt es aber auch dann, wenn die Anweisung wirksam widerrufen ist. Das ergibt sich aus § 790 BGB, wonach der Anweisende (Karteninhaber) die Anweisung (Belastungsbeleg) dem Angewiesenen (Kartengesellschaft) gegenüber widerrufen kann, solange nicht der Angewiesene (Kartengesellschaft) sie dem Anweisungsempfänger (Vertragsunternehmen) gegenüber angenommen oder die Leistung bewirkt hat. Bewirkt wird eine Geldschuld durch eine Anweisung »regelmäßig in dem Augenblick, in dem der ... Betrag ... dem Konto des Gläubigers (Vertragsunternehmen) gutgeschrieben wird«[96].

45 Widerruft der Karteninhaber seine Weisung gegenüber der Kartengesellschaft, also vor Gutschrift auf dem Konto des Vertragsunternehmens, so macht er von seinem Recht aus § 790 BGB Gebrauch, erteilt der Kartengesellschaft also eine Gegenweisung i.S.v. § 665 BGB. Weisungen dieser Art sind, solange der Beleg nicht eingelöst ist, für die Kartengesellschaft im Rahmen des Kreditkartenvertrages unmittelbar bindend[97]. Merkwürdigerweise sind sich Literatur und Rechtsprechung bei dieser Frage nicht ganz einig. Während das OLG Karlsruhe am 28.11.1990[98] unter Hinweis auf Canaris[99] den Widerruf der Weisung beim Kreditkartengeschäft bejaht hat, wird er von anderen verneint[100]. Zentrales Argument ist, daß »nach dem Zweck des Kreditkartenverfahrens, einen der Barzahlung vergleichbaren Zahlungsverkehr zu ermöglichen und dem Vertrags-

---

93 BGHZ 91, 221, 223 f.
94 BGHZ 91, 221, 224.
95 BGHZ 91, 221, 224.
96 Ständige Rspr. seit BGHZ 6, 121 unter Hinweis auf die ständige Rechtsprechung des RG; ebenso BGH NJW 1953, 897 m.w.N.
97 So auch Kennter, BB 1995, 2281 ff.
98 WM 1991, 184, 187 ff.
99 Bankvertragsrecht³, Rz. 1624.
100 Böttger, S. 45; Beck, S. 140; Weller, S. 15, 87, 115, 156 f.; Wolf/Horn/Lindacher, § 9 AGBG, Rz. K 54; OLG Schleswig WM 1991, 453; zustimmend Etzkorn, WuB I D 5.-4.91; Bitter ZBB 1996, 104, 122.

unternehmen eine vergleichbare Sicherung zu gewährleisten, sich ergebe, daß die Weisung des Karteninhabers mit Ausstellung und Übergabe des Belastungsbelegs an das Vertragsunternehmen grundsätzlich unwiderruflich sei«[101]. Nach Meinung des OLG Schleswig ist die »Unwiderruflichkeit verfahrensbedingt; weil die Ersatzfunktion der Karte für Bargeld entfiele, könnte der Karteninhaber nach Erhalt seiner Leistung die Zahlungsanweisung nicht widerrufen ...«[102]. Diese Auffassungen übersehen, daß § 790 BGB dem Karteninhaber das Recht zum Widerruf ausdrücklich zuweist. Die Situation entspricht der Zahlung mit einem Scheck. Auch der Scheck dient dem Bargeldersatz. Besonders deutlich ist das beim garantierten Scheck. Aber selbstverständlich kann auch ein garantierter Scheck widerrufen, nämlich gesperrt werden. Die Bank ist, wie der BGH am 13.6.1988 klargestellt hat[103], zur Beachtung der Schecksperre als Nebenpflicht aus dem Scheckvertrag verpflichtet. Zur Konkretisierung dieser Verpflichtung genüge der (einseitige) Widerruf des Ausstellers gegenüber der Bank. Die entgegenstehende Nr. 10 S. 1 SchB, wonach das bezogene Institut berechtigt, aber ... nicht verpflichtet sei, den Widerruf eines Schecks vor Ablauf der Vorlegungsfrist zu beachten, verstoße gegen § 9 Abs. 1 AGBG und sei unwirksam.

Es gibt keinen Grund, diese Grundsätze nicht auch bei Zahlungen mit einer Kreditkarte anzuwenden. Die Kartenzahlung ist in aller Regel »Schecksurrogat«; sie erspart nämlich das Ausstellen und spätere Einziehen des Papiers. Die Zahlung mit Scheck, auch mit dem garantierten, erfolgt erfüllungshalber, ebenso wie diejenige mit der Kreditkarte. Die Natur des Scheckzahlungsverfahrens und diejenige des Kreditkartenverfahrens sind mithin gleich. Beide sind barzahlungsähnlich, aber nicht ganz barzahlungsidentisch. Wenn sich Vertragsunternehmen auf Scheck- oder Kreditkartenzahlungen einlassen, so nicht deshalb, weil damit der Barkauf simuliert wird, sondern weil diese Verfahren des unbaren Zahlungsverkehrs akzeptiert werden müssen, um eine bestimmte Kundenklientel zu binden. Daraus folgt die Bereitschaft rechtlich vorzuleisten, verbunden mit der eher seltenen aber nicht auszuschließenden Möglichkeit, daß der Kunde seine Weisung widerruft. Die Gefahr unbegründeter, willkürlicher Widerrufe besteht, wie übrigens auch die Praxis im Scheckrecht zeigt, nicht. Wer bei ansonsten wirksamem Valutaverhältnis seine Zahlungsanweisung unbegründet widerruft, handelt treuwidrig und macht sich schadensersatzpflichtig; in besonders schwerwiegenden Fällen könnte der Widerruf selbst aus dem Gesichtspunkt des venire contra factum proprium (§ 242 BGB) nichtig sein. Ist der Widerruf allerdings wirksam, so fehlt es an einer Weisung durch den Karteninhaber. In Ermangelung einer solchen

46

---

101 Wolf/Horn/Lindacher, aaO., Rz. K 54.
102 WM 1991, 453.
103 WM 1988, 1325.

kann die Kartengesellschaft gegenüber dem Vertragsunternehmen auch nicht »vertragsbrüchig« werden, da sie nur verpflichtet ist, aufgrund wirksamer Weisungen zu zahlen[104]. Ob es zulässig wäre, das Widerrufsrecht in allgemeinen Geschäftsbedingungen abzubedingen, erscheint angesichts der Rechtsprechung des BGH zu Nr. 10 S. 1 SchB[105] und des Zuweisungsgehalts von § 790 BGB mehr als fraglich[106].

d) Einwendungen aus dem Valutaverhältnis

47 Ganz unabhängig von einem etwa bestehenden Widerrufsrecht des Karteninhabers, kann sich die Frage stellen, ob und inwieweit Einwendungen aus dem Valutaverhältnis die Kartengesellschaft verpflichten, keine Zahlung an das Vertragsunternehmen zu bewirken.

aa) Grundsätze

48 Nach Nr. 6 Eurocard-Bedingungen 91 verpflichtet sich die GZS, bzw. die in Lizenz handelnde Bank, die »bei der Benutzung der Eurocard entstandenen ... Forderungen zu erwerben. Der Karteninhaber ist seinerseits verpflichtet, der Kartengesellschaft den Forderungsbetrag zu erstatten«. Hieraus folgt, daß ein Erstattungsanspruch eine wirksam begründete Forderung voraussetzt, was z.B. nicht der Fall ist, wenn der Karteninhaber geschäftsunfähig ist[107]. Stehen der Forderung, wie im Regelfall, keine Einwendungen entgegen, die ihren Bestand (Verität) beeinträchtigen, so hat die Kartengesellschaft einen Anspruch auf Aufwendungsersatz nach § 670 BGB. Diesem Anspruch können im Grundsatz keine Einwendungen aus dem Valutaverhältnis entgegengesetzt werden, schon deshalb, weil der Anspruch aus § 670 BGB gegenüber demjenigen aus dem Valutaverhältnis selbständig ist[108].

49 Die Kartengesellschaft könnte ihren Anspruch aber auch aus dem mit dem Vertragsunternehmen vereinbarten Forderungskauf (§ 437 BGB)[109] geltend machen. In einem solchen Fall würde das Kartenunternehmen also aus dem Valutaverhältnis selbst gegen den Karteninhaber vorgehen, so daß dieser nach § 404 BGB dem neuen Gläubiger (Kartengesellschaft) die Einwendungen aus dem Grundverhältnis mit dem Vertragsunternehmen entgegensetzen dürfte. Um die Kartengesellschaft vor diesen Einwendungen zu schützen, bestimmt Nr. 9 Eurocard-Bedingungen 91: »Reklamationen und Beanstandungen aus dem Verhältnis zwischen Karteninhaber

---

104 Dies spricht gegen Etzkorn WuB I D 5.-4.91; aus Sicht der europäischen und amerikanischen Entwicklung, Horn, ZBB 1995, 273 ff.
105 WM 1988, 1325.
106 Wie hier: Kennter, BB 1995, 2281, 2283.
107 BGH NJW 1990, 2880 = WM 1990, 1059; dazu Hadding WuB I D 5.-5.90.
108 Canaris³ Rz. 1632; Heymann/Horn, Anh. § 372 Rz. 150.
109 BGH NJW 1990, 2880 = WM 1990, 1059 = ZiP 1990, 778, dazu kritisch Hadding WuB I D 5.-5.90.

§ 6 Kreditkartengeschäft

und Vertragsunternehmen sind unmittelbar zwischen diesen zu klären; sie berühren nicht die Zahlungsverpflichtung des Karteninhabers nach Nr. 6 dieser Bedingungen«. Dieser formularmäßig gestaltete Einwendungsverzicht bewirkt, daß der Streit über etwaige Mängel oder Irrtümer zwischen den Parteien geführt wird, die die Vertragsverhandlungen selbst geführt haben, nämlich dem Karteninhaber und dem Vertragsunternehmen. Das ist vernünftig und entspricht ansonsten genau der Situation, die beim Barkauf bestehen würde.

Deshalb besteht auch kein Streit darüber, daß der formularmäßig gestaltete Einwendungsverzicht in den AGB der Kartengesellschaften mit den Grundsätzen des AGB-Gesetzes in Einklang steht[110]. Hinzu kommt, daß § 404 BGB den Schuldner deshalb schützen soll, weil die Abtretung der Forderung ohne seinen Willen erfolgt. Genau das ist beim Karteninhaber nicht der Fall. D.h. er ist schon deshalb nicht schutzbedürftig, weil die Teilnahme am Kreditkartensystem (auch) auf seine Initiative zurückgeht[111]. 50

Hierneben vereinbaren die Kartengesellschaften mit ihren Vertragsunternehmen regelmäßig, daß die Kartengesellschaft bei Reklamationen und Beschwerden des Kunden Zahlungen an das Vertragsunternehmen verweigern darf oder berechtigt ist, diese zurückzufordern[112]. Es wird die Auffassung vertreten, daß diese Klausel mit dem AGB-Gesetz nicht in Einklang zu bringen sei. Zum einen sei sie überraschend und verstoße gegen § 3 AGBG, weil das Vertragsunternehmen nicht mit Einwendungen des Kartenherausgebers aus dem Grundgeschäft rechnen müsse[113]. Außerdem sei die Klausel auch unbillig, denn das Vertragsunternehmen vertraue auf eine der Barzahlung gleiche Geldforderung und brauche sich nicht auf den Zahlungsprozeß gegen einen z.B. in einem fernen Kontinent ansässigen Kunden verweisen zu lassen[114]. Den Hintergrund des Streits bildet folgender Sachverhalt. 51

Fall: LG Heidelberg WM 1988, 773 »Teppichkauf« 52
Am 10.8.1985 kaufte eine Amerikanerin bei einem Teppichgeschäft in Deutschland unter Vorlage einer Kreditkarte einen Teppich. Die Kartengesellschaft bezahlte den Kaufpreis nach Abzug des vereinbarten Disagios an den Teppichhändler. Die Amerikanerin verweigerte ihrerseits die Zah-

---

110 Wolf/Horn/Lindacher[2], § 9 AGBG Rz. K 56; Canaris[2] Rz. 1632 f.; Loewe/Graf von Westphalen/Trinkner, Großkomm. AGBG, Bd. III, 2. Aufl., 45.3, Rz. 4; Heymann/Horn, Anh. § 372 Rz. 151.
111 BGH ZiP 1990, 778, 780; Ulmer-Brandner-Hensen, AGBG-Komm., 6. Aufl., Anh. §§ 9 – 11, Rz. 454.
112 So beispielsweise die Ziffer 6 des Vertrages, den das LG Heidelberg am 15.12.1987 zu beurteilen hatte, WM 1988, 773, dazu Welter WuB I D 5.-3.88.
113 Welter WuB I D 5.-3.88.
114 Heymann/Horn, Anh. § 372 Rz. 157.

lung des Kaufpreises an die Kartengesellschaft und zwar mit der Behauptung, ihr sei ein anderer als der gekaufte Teppich geliefert worden. Daraufhin belastete die Kartengesellschaft das bei ihr geführte Konto des Teppichhändlers mit dem gezahlten Betrag zurück. Der Teppichhändler ist der Auffassung, daß die Kartengesellschaft für diese Belastungsbuchung kein Recht gehabt habe. Ziffer 6 der vereinbarten AGB, wonach die Kartengesellschaft bei Reklamationen des Kunden die Zahlung an das Vertragsunternehmen zurückfordern dürfe, sei unwirksam.

53 Dieser Auffassung ist das LG Heidelberg nicht gefolgt. Die Ziffer 6 der AGB verstoße nicht gegen § 9 AGBG, sondern sei eine wirksame Grundlage für die Belastungsbuchung gewesen. Aufgrund der Vertragsfreiheit sei es den Parteien unbenommen, für ihre Geschäftsbeziehung den Inhalt des Vertrages zu bestimmen und zu vereinbaren, unter welchen Voraussetzungen eine Schuld versprochen oder übernommen werde. Dabei sei es im Grundsatz interessengerecht, wenn Vertragsunternehmen und Kreditkarteninhaber als die am Kaufvertrag unmittelbar Beteiligten, Reklamationen des Karteninhabers hinsichtlich des Kaufvertrages, namentlich Mängelrügen, unter sich ausmachten. Die Kartengesellschaft habe im allgemeinen nicht die Sachkunde, um beurteilen zu können, ob die Leistungen ihrer zahlreichen Vertragsunternehmen vertragsgerecht seien, und sie habe auch keinen Einfluß auf die Vertragsunternehmen, Reklamationen der Käufer nachzugehen. Allerdings beinhalte Ziffer 6 der AGB insofern eine Benachteiligung für den Teppichhändler, als bereits die bloße Zahlungsverweigerung des Karteninhabers (Amerikanerin) unter Berufung auf eine Reklamation ausreiche, den Rückzahlungsanspruch der Kartengesellschaft zu begründen. Anders als beim Barzahlungsgeschäft müsse der Teppichhändler seinen Kaufpreisanspruch nunmehr gegenüber dem Karteninhaber trotz bereits erfolgter Übereignung des Kaufgegenstandes und unter möglicherweise erschwerten Bedingungen (Klage in den USA) durchsetzen. Diese Nachteile seien jedoch nach Treu und Glauben nicht unangemessen, stünden ihnen doch die erheblichen Vorteile des Kreditkartensystems gegenüber. Die Kartengesellschaft könne beim Eurocard-Verfahren, um das es hier ging, dem Vertragsunternehmen grundsätzlich nicht die mangelnde Bonität der Forderung entgegenhalten. Sie trage also grundsätzlich das Risiko der Zahlungsfähigkeit und Auffindbarkeit des Karteninhabers. Insbesondere habe aber das Vertragsunternehmen aus der Teilnahme an einem Kreditkartensystem den entscheidenden wirtschaftlichen Vorteil, daß sich sein Kundenkreis erweitere. Namentlich auf der Durchreise befindliche Personen (wie hier) wären ohne Bestehen eines Kreditkartensystems meist nicht in der Lage, an einem fremden Ort größere Einkäufe zu tätigen, weil sie nicht ausreichend Bargeld mit sich führten und Kreditunternehmen für Schecks i.d.R. nur in verhältnismäßig engen Grenzen hafteten, während in aller Regel ein Telefonanruf in einem

Büro eines Kreditkartenunternehmens genüge, um dessen Bereitschaft, auch für Einkäufe größeren Umfangs einzustehen, zu erwirken.

Der Entscheidung ist zuzustimmen. Die Parteien (Kartengesellschaft – Vertragsunternehmen) sind in der Tat frei, eine der Nr. 6 entsprechende Vereinbarung zu treffen. Darin liegt eine Drittbegünstigung des Kunden i.S.v. § 328 BGB. Bei etwaigen Reklamationen aus dem Valutaverhältnis soll der Kunde so behandelt werden, als hätte er noch nicht bezahlt. Das entspricht der Vereinbarung einer Vorleistungspflicht des Händlers für den Fall einer Mängelrüge. Eine Vereinbarung dieser Art könnte der Händler auch beim Barkauf direkt mit dem Kunden treffen. Er würde sich dann verpflichten, den schon gezahlten Kaufpreis zunächst zu erstatten und den Ausgang eines etwaigen Prozesses um das Valutaverhältnis abzuwarten. Es ist nicht zu erkennen, warum eine solche Vereinbarung zugunsten des Kunden nicht auch zwischen Kartengesellschaft und Vertragsunternehmen wirksam vereinbart werden könnte. Überraschend i.S.v. § 3 AGBG ist die Klausel nicht. Im Gegenteil, sie stellt klar, daß der Streit über das Valutaverhältnis zwischen Vertragsunternehmen und Kunde auszutragen ist und daß das Vertragsunternehmen für diesen Fall den erhaltenen Kaufpreis zunächst erstattet. 54

Auch unangemessen ist diese Regelung, zumindest aus der Sicht der Karteninhaber, nicht. Wolf hat zu Recht darauf hingewiesen, daß die Kreditkarte darauf ausgelegt sei, gerade auch im Ausland benutzt zu werden[115]. Für den Karteninhaber sei es aber sehr schwer, seine Rückforderungsansprüche gegen das Vertragsunternehmen im Ausland durchzusetzen. Es sei daher sachgerecht, daß der Herausgeber, der den Karteninhaber zu Kaufgeschäften im Ausland veranlasse, auch dafür Sorge trage, daß der Karteninhaber mit berechtigten Einwendungen beim Vertragsunternehmen durchdringen könne. Das sei z. B. dadurch möglich, daß sich der Herausgeber im Falle berechtigter Einwendungen ein Rückforderungsrecht gegenüber dem Vertragsunternehmen offenhalte und anstelle des Erstattungsanspruchs gegen den Karteninhaber den Rückforderungsanspruch gegen das Vertragsunternehmen geltend mache[116]. Nicht ganz unberechtigt erscheint der Hinweis von Welter[117], daß aber auch die Vertragsunternehmen in aller Regel Schwierigkeiten hätten, einen Rechtsstreit in Übersee (hier: USA) zu führen. Jedenfalls stammten die Risiken aus der Internationalität der Kreditkarte aus der Sphäre des (inländischen) Kartenunternehmens und nicht aus derjenigen des Vertragsunternehmens, das auf die internationale Kooperation und zudem auf die Ausgabe der Karten nicht den geringsten Einfluß habe. Gegen diese Argumentation spricht, daß das Kreditkartensystem in gleicher Weise von den Kartengesellschaf- 55

---

115 Wolf/Horn/Lindacher², § 9 AGBG Rz. K 56.
116 Wolf, aaO. unter Hinweis auf Weller, S. 162 ff.
117 WuB I D 5.-3.88.

ten und den Vertragsunternehmen getragen (und gestaltet) wird. Ohne Vertragsunternehmen gäbe es das System nicht. Die Vorteile dieses Systems für Vertragsunternehmen hat das LG Heidelberg zutreffend dargestellt.

56 Die Internationalität der Kreditkarte und die daraus resultierenden Risiken werden den Vertragsunternehmen also nicht »oktroyiert«, sondern entsprechen (auch) ihren eigenen Interessen an der Erhöhung ihres Umsatzes. Allerdings, das Reklamationsrisiko tragen die Vertragsunternehmen gegenüber der Kartengesellschaft allein. Man könnte sich hier auch eine Risikogemeinschaft zwischen Vertragsunternehmen und Kartengesellschaft vorstellen. Es erscheint aber nicht zwingend, die derzeit vereinbarte Risikoverteilung zu Lasten der Vertragsunternehmen als unangemessen i.S.v. § 9 AGBG einzustufen, zumal die Spitzenverbände der am System beteiligten Vertragsunternehmen hinreichend stark sind, um die Interessen ihrer Verbandsmitglieder zur Geltung zu bringen.

Selbstverständlich kann die Geltendmachung des Rückforderungsanspruchs gegenüber dem Vertragsunternehmen im Einzelfall nach Treu und Glauben eine unzulässige Rechtsausübung darstellen. Das ist etwa der Fall, wenn die Kartengesellschaft das Konto des Vertragsunternehmens belastet, obwohl die Einwendungen des Kunden erkennbar »aus der Luft gegriffen« sind, oder für jeden objektiven und vernünftigen Betrachter »nicht die geringste Aussicht auf Erfolg« haben[118]. Ist durch die unberechtigte Auszahlung dem Vertragsunternehmen ein Nachteil entstanden, so kann den Herausgeber ein Mitverschulden treffen, das nach § 242 BGB auch den Bereicherungsanspruch ganz oder teilweise mindern kann[119].

bb) Einwand des Rechtsmißbrauchs

57 Solange die Kartengesellschaft die Leistung an das Vertragsunternehmen noch nicht bewirkt hat, kann der Karteninhaber, wie oben gezeigt wurde, seine Zahlungsanweisung nach § 790 BGB widerrufen. *Hat die Kartengesellschaft die Leistung bereits bewirkt, so ist ein Widerruf ausgeschlossen. Die Geltendmachung eines Mangels im Valutaverhältnis (Reklamation/ Beschwerde) löst allerdings ein vertragliches Rückforderungsrecht der Kartengesellschaft gegenüber dem Vertragsunternehmen aus.*

58 Die Kartengesellschaft ist, in den Grenzen von Treu und Glauben, dazu verpflichtet, die Leistungsbewirkung durch eine entsprechende Belastungsbuchung auf dem Konto des Vertragsunternehmens rückgängig zu machen. Das Zusammenwirken dieser beiden Schutzmechanismen (Widerruf vor Leistungsbewirkung/Reklamation und Belastungsrückbuchung nach Leistungsbewirkung) erfaßt alle Störungen des Valutaverhältnisses,

---

118 Ähnlich Wolf/Horn/Lindacher², § 9 AGBG Rz. K 67.
119 LG Düsseldorf NJW 1984, 2475, 2477.

ganz gleich wie schwer sie sind. So gesehen benötigt der Karteninhaber keinen speziellen Schutz für besonders schwere Fehler (z.B. Sittenwidrigkeit/Wucher) des Valutaverhältnisses. Deshalb genügt der Hinweis, daß besonders schwerwiegende Mängel des Kausalverhältnisses die Zahlungspflicht der Kartengesellschaft ganz unabhängig von Widerruf oder Reklamation des Karteninhabers zum Erlöschen bringen.

59 Instruktiv ist ein Fall, den das LG Berlin am 30.10.1985 entschied[120]. In der Nacht vom 20. auf den 21.2.1985 war ein Mann in einem Animierlokal geschröpft worden. Er sollte alkoholische Getränke im Gesamtwert von DM 15.642,- konsumiert haben, darunter »Champagner«, die Flasche zu 790,- DM und »Weißwein« für 590,- DM je Flasche. Gezahlt hatte er u.a. mit seiner Kreditkarte. Das Gericht stellte zu Recht darauf ab, daß das Valutaverhältnis nach § 138 Abs. 1 und Abs. 2 BGB nichtig gewesen sei. In einem solchen Fall fehlt es an einer wirksamen Anweisung des Karteninhabers, da sich die Sittenwidrigkeit auch auf diese erstreckt. Ein Aufwendungsersatz aus § 670 BGB kann, in Ermangelung eines Auftrags, zugunsten der Kartengesellschaft nicht entstehen[121]. Auch ein danebenstehender Anspruch aus Forderungskauf (§ 437 BGB) zugunsten der Kartengesellschaft entsteht nicht, da eine wirksame, auf die Kartengesellschaft übertragbare Forderung fehlt. Das gilt auch, wenn man annimmt, daß § 404 BGB im Verhältnis zur Kartengesellschaft abbedungen ist. Zwar umfaßt § 404 BGB alle Einwendungen, so auch z.B. diejenigen aus §§ 134, 138 BGB[122]. Jedoch darf der Verzicht auf die Geltendmachung von Einwendungen nicht dazu führen, daß die Kartengesellschaft selbst rechtsmißbräuchlich handeln muß. Insoweit gelten die gleichen Grundsätze, die der BGH für die Inanspruchnahme aus einer unwiderruflichen Scheckeinlösungszusage entwickelt hat[123]. Eine Bank hatte für ein wucherisches Darlehen eine Garantie gegeben. Der BGH meinte, die Inanspruchnahme der Bank aus der Garantie sei rechtsmißbräuchlich. Gehe man nämlich davon aus, daß das Grundgeschäft, der Darlehensvertrag, wegen Verstoßes gegen § 138 BGB sittenwidrig und somit nichtig sei, so berühre dies zwar die abstrakte Scheckgarantie nicht. Der Bank stünde aber der Einwand des Rechtsmißbrauchs gegen die Geltendmachung der Rechte aus der Garantie zu, da sie nicht auf dem Umweg über die Garantie zur Mitwirkung an einem sittenwidrigen Geschäft gezwungen werden dürfe. Übertragen auf das Kreditkartengeschäft bedeutet das, daß eine Kartengesellschaft nicht auf dem Umweg über den Ausschluß von § 404 BGB zur Mitwirkung an einem sittenwidrigen Grundgeschäft gezwungen werden darf.

---

120 NJW 1986, 1939.
121 So bereits Canaris³ Rz. 1635.
122 Palandt-Heinrichs, BGB-Komm.⁵⁵, § 404 Rz. 3; BGH LM § 242 (Bb) Nr. 52.
123 WM 1989, 1673; zum Sachverhalt des Falles vgl. oben § 4, 336.

cc) Verbundene Geschäfte/Einwendungsdurchgriff

60 Hierneben wird die Frage diskutiert, ob der Karteninhaber bei Mängeln des Valutaverhältnisses, die ihm ein Leistungsverweigerungsrecht gegenüber dem Vertragsunternehmen geben, zugleich berechtigt ist, die Zahlung gegenüber der Kartengesellschaft nach § 9 Abs. 3 VKG zu verweigern[124]. Praktisch relevant ist diese Frage nicht, denn der Karteninhaber ist durch sein Widerrufsrecht und durch die Rückbelastungsbuchung bei Reklamationen/Beschwerden umfassend geschützt. Deshalb nur einige grundsätzliche Hinweise: § 9 VKG setzt voraus, daß ein Kaufvertrag mit einem Kreditvertrag derart verbunden ist, daß beide Verträge als wirtschaftliche Einheit anzusehen sind. Bei Verwendung einer Universalkreditkarte zur Finanzierung eines Kaufs fehlt es i.d.R. schon am Kreditvertrag. Nach Nr. 3 Eurocard-Bedingungen 91 darf der Karteninhaber seine Eurocard nämlich nur im Rahmen seiner Einkommens- und Vermögensverhältnisse verwenden, so daß ein Ausgleich der Eurocard-Umsätze gewährleistet ist. Verletzt der Karteninhaber diese Pflicht, so entsteht zwischen ihm und dem Karteninstitut in Ermangelung übereinstimmender Willenserklärungen kein Kreditvertrag; er, der Karteninhaber, schuldet aber Schadensersatz aus positiver Vertragsverletzung.

61 Immerhin ist es nicht selten, daß es zu einer Teilzahlungsabrede zwischen Kartengesellschaft und -inhaber für einen in Anspruch genommenen Kredit mit monatlichen Abrechnungssalden kommt. Auf einen solchen Kontokorrentkredit wäre das Verbraucherkreditgesetz selbstverständlich anwendbar[125]. Wird auf der Basis eines so eingeräumten echten Verbraucherkredits ein *verbundenes* Geschäft getätigt, dessen Gegenwert DM 400,- übersteigt (§ 3 Abs. 1 Nr. 1 VKG), so stehen dem Karteninhaber bei fehlerhaftem Valutaverhältnis die Rechte aus § 9 Abs. 3 VKG gegenüber der Kartengesellschaft zu[126]. Metz deutet an, daß sich die wirtschaftliche Einheit zwischen Kredit und Kauf bereits aus dem Kreditkartensystem als solchem ergebe[127]. Dagegen spricht die für das deutsche Universalkartensystem immer noch zentrale »Zahlungsfunktion« und, davon unabhängig, die Möglichkeit des Karteninhabers, zwischen den Vertragsunternehmen frei zu wählen.

62 Deutlich naheliegender ist die Anwendbarkeit von § 9 VKG auf Kredite, die im Rahmen von Kundenkreditkarten (Zwei-Parteien-System) gewährt werden. Denn hier handelt es sich um Karten, die sich meist mit einer entgeltlichen Krediteinräumung an den Kunden und dessen Verpflichtung

---

124 Metz, NJW 1991, 2804, 2812; Seibert, DB 1991, 429, 430; zum Einwendungsdurchgriff vor Inkrafttreten des Verbraucherkreditgesetzes vgl. Eckert, WM 1987, 161, 166.
125 Müko-Ulmer, § 1 VerbrKrG Rz. 62; Seibert, DB 1991, 430.
126 Seibert, DB 1991, 431 unter Hinweis auf die bisherige Praxis.
127 NJW 1991, 2804, 2812.

verbinden, den jeweiligen Saldo in Raten oder durch einmalige Leistung nach Ablauf der vereinbarten Kreditdauer zu tilgen[128].

e) Zusatzkarten

Es ist möglich, nicht nur einer Person, sondern mehreren im Rahmen eines bestehenden Hauptvertrages Zusatzkreditkarten auszustellen. Auf diese Weise können beispielsweise Familienmitglieder oder Firmenangestellte über ein und dasselbe Konto verfügen. Nach Nr. 12 Eurocard-Bedingungen 91 haften der Inhaber der Eurocard-Hauptkarte und der Inhaber der Eurocard-Zusatzkarte für die mit der Zusatzkarte getätigten Umsätze als *Gesamtschuldner*. D.h., daß der Inhaber der Hauptkarte für die mit der Zusatzkarte getätigten Umsätze mithaftet. Eine Mithaftung des Inhabers der Zusatzkarte für Umsätze aus der Hauptkarte ist nicht vereinbart[129]. Dieser Wortlaut ist nach § 9 AGBG nicht zu beanstanden, da der Hauptkarteninhaber den Inhaber der Zusatzkarte aussuchen und bestimmen kann und dafür das Risiko tragen muß. Hinzu kommt, daß es für die Kartengesellschaft allein auf die Bonität des Hauptkarteninhabers ankommt, so daß dieser auch gesamtschuldnerisch für alle Umsätze, die mit der Karte getätigt werden, einstehen muß[130]. Daß der Inhaber der Zusatzkarte für die von ihm selbst getätigten Umsätze ebenfalls einsteht, ist im Normalfall nicht zu beanstanden[131]. Voraussetzung ist, daß der Zusatzkarteninhaber Aufwendungen für sich selbst trifft, daß er die Karte also nicht nutzt, um Verbindlichkeiten eines Dritten, z.B. seines Dienstherrn, zu erfüllen[132].

63

Soweit die von einem Firmenangestellten selbst abgeschlossenen Geschäfte *Zwecken der Firma* dienen, stellt seine Haftung hierfür eine unangemessene Benachteiligung dar, die nach § 9 AGBG die Unwirksamkeit der Klausel zur Folge hat. Denn in diesen Fällen kann der Angestellte über die Benutzung der Firmenkarte nicht frei entscheiden und außerdem muß die Kartengesellschaft das Bonitätsrisiko der Firma tragen[133]. Ein Urteil des OLG Frankfurt vom 26.3.1987[134] steht dem nur scheinbar entgegen. Dort hatte eine Firma die Ausstellung einer Euro-Firmenkreditkarte beantragt. Ausgestellt wurde diese Karte auf den Bekl. 2, der den

64

---

128 OLG Düsseldorf WM 1989, 1597, 1599; Müko-Ulmer, § 1 VerbrKrG Rz. 62; Seibert, DB 1991, 431.
129 Außer die Zusatzkarte ist zugleich auch Haupt(z.B. Familien-)Karte, vgl. OLG-Köln WM 1993, 369.
130 Wie hier Wolf/Horn/Lindacher[2], § 9 AGBG Rz. K 60; Canaris[2] Rz. 1631; OLG Düsseldorf WM 1976, 1101.
131 Vgl. die Fälle OLG München NJW-RR 1988, 1076; LG München NJW-RR 1992, 1019.
132 OLG Celle v. 9.7.1986 – 3U248/85 (nicht veröffentlicht) vgl. den Hinweis in LG Bremen NJW-RR 1989, 1522 f.
133 Wolf/Horn/Lindacher[2], § 9 AGBG Rz. K 62; Weller, S. 128 ff.; LG Bremen NJW-RR 1989, 1522 f.
134 NJW-RR 1989, 1523 f.

Antrag mitunterschrieben hatte. Das OLG verurteilte sowohl die Firma als auch den Bekl. 2 zur gesamtschuldnerischen Zahlung von ca. DM 5 000,-. Ob es sich um Beträge handelte, die der Bekl. 2 für eigene Zwecke verwendet hatte, wurde in der Entscheidung nicht ausdrücklich problematisiert. Das mußte wohl auch nicht sein, da er, wie sich aus der Begründung des Urteils ergibt, *Inhaber* der die Karte beantragenden *Firma* war. Er hatte nämlich sowohl als Antragsteller als auch als Vertreter *seiner* Firma (Mitantragsteller) unterzeichnet. In einem solchen Fall wirtschaftlicher, möglicherweise sogar rechtlicher, Einheit, ist es gerechtfertigt, den Inhaber der Zusatzkarte für sämtliche mit der Karte getätigten Umsätze mithaften zu lassen. Allerdings muß eine solche zumindest wirtschaftliche Einheit, wie sie etwa eine OHG oder GbR vermittelt, auch wirklich bestehen. Ist der Hauptkarteninhaber eine GmbH und der Zusatzkarteninhaber der Alleingesellschafter, so besteht keine wirtschaftliche Einheit, sofern nicht ausnahmsweise die Grundsätze der Durchgriffshaftung eingreifen.

65 Nach Nr. 12 S. 2 Eurocard-Bedingungen 91 haftet ein *Mitantragsteller* für die mit der Eurocard-Hauptkarte getätigten Eurocard-Umsätze auch, wenn er nicht selbst Inhaber der Eurocard-Hauptkarte ist. Ob diese Klausel mit § 9 AGBG in Einklang zu bringen ist, hängt davon ab, wie der Begriff des Mitantragstellers interpretiert wird. Bei einer rein formalen, begrifflichen Fassung: »Mitantragsteller ist, wer dort unterschreibt, wo dieses Wort steht«, werden die Grenzen dieser Klausel schnell erreicht. Läßt man beispielsweise Firmenangestellte als Mitantragsteller unterschreiben, so ist ihre Haftung für Firmenschulden im allgemeinen unangemessen, weil sie dieser Haftung nicht ausweichen können, wenn ihnen die Karte zur Benutzung für geschäftliche Zwecke übergeben wird. Außerdem wird der Kreditkartenvertrag aufgrund der Bonitätsprüfung der Firma als Hauptkarteninhaberin ausgestellt, d.h. die Bonität des Zusatzkarteninhabers spielt für die Kartengesellschaft keine Rolle. Im Grundsatz gelten diese Überlegungen auch dann, wenn die Karte allein aufgrund der Bonität eines bestimmten Familienmitgliedes ausgegeben wird[135]. Definiert man den Begriff des Mitantragstellers dagegen über einheitliche Vermögensmassen, so erscheint die Klausel nicht unangemessen. In diesen Fällen knüpft die Kreditkarte an ein bereits bestehendes Mithaftungsmodell an, wie z. B. bei einem bestehenden Oder-Konto oder bei einer Kreditkarte, die mehrere vertretungsberechtigte OHG-Gesellschafter nebeneinander nutzen. Die ohnehin nach § 128 HGB bestehende gesamtschuldnerische Haftung der Gesellschafter wird in die Kreditkarte verlängert.

---

[135] Wolf/Horn/Lindacher[2], § 9 AGBG Rz. K 61; Canaris[3] Rz. 1631; Heymann/Horn Anh. § 372 Rz. 149.

V. Haftung für den Mißbrauch der Kreditkarte durch Dritte

Die Kreditkarte kann, ebenso wie die ec-Karte, von Dritten mißbraucht werden[136]. Will ein Dieb mit ihr Bargeld ziehen, so muß er allerdings die dazugehörige PIN kennen. Mißbrauch durch Dritte ist aber auch durch Fälschung möglich. Der Dieb kann die Unterschrift zum Zwecke der Barauszahlung am Bankschalter fälschen oder Belastungsbelege unter Verwendung der Originalkarte heimlich herstellen, z. B. bei einer Kartenzahlung im Restaurant. Die Fälschung der Unterschrift ist nun besonders leicht, da ein Beleg mit Originalunterschrift des Kunden vorliegt. *In all diesen Fällen fehlt es an einer wirksamen Weisung des Karteninhabers i.S.v. § 665 BGB, so daß ein Aufwendungsersatzanspruch seitens der Kartengesellschaft nach § 670 BGB nicht entstehen kann*[137]. Grundlegend ist ein Fall, den der BGH am 17.5.1984 entschieden hat.

66

Fall: BGHZ 91, 221 »Visa-Card-Mißbrauch«
Von Frühjahr 1981 bis Ende August 1981 war ein Mann auf Geschäftsreise durch die USA und Kanada. In dieser Zeit bezahlte er mehrmals mit seiner Visa-Card. Nach Rückkehr von der Reise und Durchsicht der Abrechnungen teilte der Mann am 2.9.1981 Visa brieflich mit, daß er die bezifferten Belastungen (DM 26.640,54) nicht anerkennen könne. Nach seiner Aufstellung habe er die Karte mit höchstens 7 000,- DM belastet. Daraufhin übersandte Visa die Kopien von 43 Belastungsbelegen. 19 hiervon erkannte der Mann als echt an; alle anderen erkannte er als gefälscht. Visa meinte, die Fälschungen gingen zu Lasten des Karteninhabers. Denn nach Nr. 10 der vereinbarten AGB hätte er bei Diebstahl, Verlust oder sonstigem Abhandenkommen dieses unverzüglich schriftlich anzeigen müssen. Da er dies nicht getan habe, komme ein Wegfall seiner Haftung nicht in Betracht.

67

Dem hat der BGH widersprochen. Als Anspruchsgrundlage kämen vertragliche Ansprüche nach Nr. 3 der Visa-AGB und nach §§ 675, 670 BGB in Betracht. Dabei stelle der vom Karteninhaber unterschriebene Belastungsbeleg die Weisung i.S.v. §§ 675, 665 BGB an den Kartenherausgeber dar, seine Verbindlichkeiten gegenüber dem Vertragsunternehmen zu tilgen. Fehle die Unterschrift oder sei sie gefälscht, liege kein Auftrag vor und es entstehe auch kein Aufwendungsersatzanspruch. Da die Erteilung eines Auftrags Anspruchsvoraussetzung für den Erstattungsanspruch sei, trage grundsätzlich die Klägerin (Visa) ... die Beweislast für die Echtheit der Unterschrift des Karteninhabers auf den Belastungsbelegen und

68

---

136 Schaden bei Eurocard ca. 20-40 Mill DM/Jahr; USA pro Karteninhaber 55 $ pro Jahr, vgl. Taupitz, S. 18 ff. – auch zu den Formen des Kreditkartenmißbrauchs (bis S. 42 sehr instruktiv).
137 Ausführlich Taupitz, S. 103-224 (knappe Zusammenfassung der Ergebnisse S. 225-242).

damit das Fälschungsrisiko. Etwas anderes ergebe sich auch nicht aus Nr. 10 der Visa-AGB. Mangels gegenteiliger Feststellungen sei zugunsten des Karteninhabers von dessen Vortrag auszugehen, daß er die Kreditkarte weder verloren noch unbefugten Dritten überlassen habe.

69 Da zur Herstellung aller Belege, auch derjenigen mit den angeblich gefälschten Unterschriften, die echte Kreditkarte benutzt worden sei, könnten die gefälschten Belege nur von *Bediensteten der Vertragsunternehmen* gefertigt worden sein, als sie die Karte in den Händen hatten, um einen echten Belastungsbeleg herzustellen. Da die Daten der Kreditkarte durch einen Druckstempler auf den Belastungsbeleg übertragen werden, müsse die Karte dem Personal des Vertragsunternehmens ausgehändigt werden. Deshalb bestehe ... die Möglichkeit, daß weitere Belastungsbelege gestempelt und anschließend aufgrund der Unterschrift des Originalbelegs mit gefälschten Unterschriften versehen worden seien. Dabei handle es sich nicht um einen Mißbrauchsfall, wie er in Nr. 10 Visa-AGB beschrieben sei. Der Unterschied bestehe darin, daß hier die Kreditkarte von den Bediensteten eines am Kreditkartenverhältnis beteiligten Unternehmens mißbraucht werde, dem sie zur zweckentsprechenden Verwendung, nämlich zur Ausstellung eines Belastungsbelegs, systemgemäß ausgehändigt werden müsse. Dieser Fall des Mißbrauchs der Kreditkarte werde schon vom Wortlaut der Visa-AGB nicht umfaßt. Die Verlagerung dieses Risikos auf den Kreditkarteninhaber wäre aber auch mit § 9 AGBG nicht vereinbar. Im Gegensatz zu den Fällen des Diebstahls, Verlusts oder sonstigen Abhandenkommens, bei denen es sich um Gefahren aus der Sphäre des Kreditkarteninhabers handele, gegen die er sich weitgehend schützen könne, komme hier die Gefahr aus dem Bereich des Vertragsunternehmens, das die Klägerin (Visa) aussuche und für ihr Kreditkartensystem zulasse. Deshalb seien die Gefahren, die von unseriösen Vertragsunternehmen oder deren ungetreuen Angestellten ausgingen, nicht der Risikosphäre des Kreditkarteninhabers, sondern der Klägerin (Visa) zuzurechnen. Eine Verlagerung dieses Risikos auf den Karteninhaber würde diesen ... unangemessen belasten, weil er keinerlei Einfluß auf die Auswahl der Vertragsunternehmen und die Aufsicht über diese habe und deshalb sich vor diesen Gefahren nicht schützen könne.

70 Eine endgültige Entscheidung konnte der BGH nicht fällen, weil offen war, ob Visa die Echtheit der Unterschriften des Karteninhabers unter den Belastungsbelegen beweisen konnte (§§ 440, 439, 416 ZPO). Ferner wies der BGH darauf hin, daß das Berufungsgericht im weiteren Verlaufe des Verfahrens ... prüfen müsse, ob die Erklärungen des Karteninhabers über die Echtheit der Belastungsbelege den Anforderungen der §§ 439 Abs. 1, 138 ZPO genügten, oder ob er nicht vielmehr im einzelnen über das bloße Bestreiten der Echtheit hinaus die Umstände hätte aufzeigen müssen, die dagegen sprechen, daß er die Belastungsbelege selbst unterschrieben habe. *Die Entscheidung ist wichtig, weil sie klarstellt, daß Miß-*

brauchsrisiken aus der Sphäre des Kreditkartensystems nicht auf den Karteninhaber abgewälzt werden können.

Dem trägt auch die Regelung der Schadensverteilung in den Kartenbedingungen 91 Rechnung. In Nr. 10 Eurocard-Bedingungen 91 heißt es: Der Karteninhaber ist von einer Haftung für mißbräuchliche Verfügungen mit seiner *abhandengekommenen* Eurocard befreit, *nachdem* der Verlust gem. Nr. 4 Abs. 3 dieser Bedingungen *angezeigt* wurde. Danach hat der Karteninhaber unverzüglich die kontoführende Stelle, die GZS oder im Ausland eine Repräsentanz des EMA-Verbundes zu unterrichten, damit die Karte gesperrt werden könne. Für Schäden, so heißt es in Nr. 10 der Bedingungen weiter, die *vor* Eingang der *Verlustanzeige* eintreten, beschränkt sich die Haftung des Karteninhabers bis zu einem Höchstbetrag von DM 100,- je Eurocard.

71

Daraus folgt zunächst, daß der Karteninhaber für mißbräuchliche Verfügungen mit seiner *nicht* abhandengekommenen Eurocard, z. B. durch Bedienstete des Vertragsunternehmens, gar nicht haftet. Dem Karteninhaber kann in diesen Fällen auch nicht vorgeworfen werden, er habe die Karte womöglich nicht sorgfältig genug aufbewahrt (Nr. 4 Eurocard-Bedingungen 91). Der BGH hat in der obigen Entscheidung auch zu dieser Frage Stellung genommen. Das Berufungsgericht hatte dem Karteninhaber vorgeworfen, er habe seine Karte häufig an unbekannte Angestellte und Vertragsunternehmen ausgehändigt, ohne darauf zu achten, welchen Gebrauch sie davon machten. Damit, so entgegnete der BGH, verkenne das Berufungsgericht die Anforderungen, die an einen Kreditkarteninhaber vernünftigerweise gestellt werden könnten. Denn praktisch könne niemand die Verwendung der Kreditkarte lückenlos überwachen, nachdem er sie einem Bediensteten des Vertragsunternehmens ausgehändigt habe. ... Der Kartenbenutzer dürfe sich also, wenn er nicht triftige Anhaltspunkte für das Gegenteil habe, darauf verlassen, daß die Vertragsunternehmen die Kreditkarte nur bestimmungsgemäß verwendeten. Da er seine Karte nur Bediensteten von Vertragsunternehmen zur Herstellung von berechtigten Belastungsbelegen überlassen habe, habe er seine Sorgfaltspflicht nicht verletzt[138].

72

Die heute geltende Schadensregelung bezieht sich also auf mißbräuchliche Verfügungen mit einer abhandengekommenen Eurocard. Dieses Abhandenkommen hat der Kreditkarteninhaber nach Nr. 4 Eurocard-Bedingungen 91 einer autorisierten Stelle, z.B. der GZS (*Telefon: 069/7933-0*) *unverzüglich*, also ohne schuldhaftes Zögern i.S.v. § 121 BGB, anzuzeigen. Nachdem er den Verlust in diesem Sinne angezeigt hat, ist er von der Haftung für mißbräuchliche Verfügungen vollständig befreit. Für Schäden, die vor Eingang dieser Verlustanzeige eintreten, beschränkt sich die

73

---

138 BGHZ 91, 221, 226 f.

Haftung auf einen Höchstbetrag von bis zu DM 100,- je Eurocard. Diese Regelung ist neu, so daß frühere Entscheidungen zu anders gefaßten Klauseln keine Relevanz mehr haben[139].

74 Es ist vielleicht nicht ganz uninteressant daß diese Schadensregelung erheblich unkomplizierter ist als diejenige, die von den Banken und Sparkassen bei Benutzung der ec-Karte an Geldautomaten und ec-Terminals 1995 aufgestellt wurde. So recht einsichtig ist das nicht, denn das Risiko des Mißbrauchs von Karten an Geldautomaten und ec-Terminals ist unabhängig vom verwendeten Kartentyp. Aus der Sicht der betroffenen Kundenkreise ist jedenfalls eine differenzierte Schadensregelung bei gleichem Schadensrisiko nur schwer verständlich. Vielleicht könnten sich die Kreditinstitute in Zukunft auf eine einheitliche Regel einigen. Vorbild könnte dabei durchaus die jetzige Regelung in Nr. 10 Eurocard-Bedingungen 91 sein. Diese Bedingungen belasten den Kunden für Schäden, die vor Eingang der Verlustanzeige eintreten, mit einem Höchstbetrag bis zu DM 100,- je Eurocard. Ist der Schaden geringer, z.B. weil nur DM 50,- mit der Karte bezahlt wurden, so vermindert sich auch die Haftung des Karteninhabers. Die DM 100,- sind also keine Abzugs-, sondern eine Höchstbetragsfranchise. Die Haftung des Karteninhabers vor Eingang der Verlustanzeige ist verschuldensunabhängig. D.h., seine Haftung ist auch dann auf den Höchstbetrag von DM 100,- beschränkt, wenn er die mißbräuchliche Benutzung der Kreditkarte grob fahrlässig verursacht haben sollte. Das folgt aus dem klaren Wortlaut der Bedingungen. Führt der Karteninhaber den Mißbrauch dagegen vorsätzlich herbei, so greift die Schadensregelung nicht, denn die Haftung für Vorsatz kann nach § 276 BGB im voraus nicht erlassen werden. Umgekehrt haftet der Karteninhaber bis zum Höchstbetrag von DM 100,- auch dann, wenn die Karte ohne sein Verschulden mißbraucht worden sein sollte. Die hierin liegende formularmäßige Überwälzung einer verschuldenslosen Haftung ist entsprechend der vom BGH zur Kundenkreditkarte aufgestellten Grundsätze mit § 9 AGBG vereinbar[140]. In jenem Fall verstieß die *unbeschränkte* Risikoverlagerung auf den Karteninhaber gegen § 9 AGBG, weil auf diese Weise das Risiko für den Karteninhaber unkalkulierbar geworden war[141]. Im Gegensatz dazu kann hier von einer unbeschränkten Risikoverlagerung auf den Karteninhaber nicht gesprochen werden; im Gegenteil, der Kunde wird selbst bei grob fahrlässigem Verhalten nur mit höchstens DM 100,- belastet und ansonsten von seiner Haftung vollständig befreit. Dieses Risiko ist ohne weiteres kalkulierbar und zumutbar.

---

139 Vgl. z.B. LG Hamburg WM 1986, 353, dazu Bunte WuB I D 5.-3.86.
140 So auch Köndgen, NJW 1992, 2263, 2272.
141 BGH NJW 1991, 1886 = WM 1991, 1110, dazu Fervers WuB I D 5.-7.91; = JZ 1991, 1141 mit Anm. Bälz = JR 1992, 371 mit Anm. Salje.

VI. Strafbarkeitshinweise

Die Kreditkarte ist für Mißbräuche eher noch etwas anfälliger als die ec-Karte[142]. Da es sich bei den strafrechtlichen Folgen nicht um bankrechtliche Fragen im eigentlichen Sinne handelt, müssen hier, ebenso wie dort, wenige weiterführende Hinweise genügen[143]. Vom BGH liegt ein Grundsatzbeschluß vom 3.12.1991 vor[144]. Nach den landgerichtlichen Feststellungen verkaufte der Angeklagte seine Kreditkarte an den Zeugen S. Dieser sollte mit der Kreditkarte Einkäufe tätigen, durch den Weiterverkauf der so erworbenen Luxusgegenstände seine Spielschulden begleichen, sowie sein weiteres Mitwirken an der Spielrunde finanzieren. Bereits vor dem Verkauf hatte der Angeklagte den Verlust seiner Kreditkarte der Kartengesellschaft gemeldet. Ferner hatte er S seine Unterschrift zugänglich gemacht, damit jener die zur Vorlage bei der Kartengesellschaft bestimmten Einkaufsbelege mit der Unterschrift des Angeklagten versehen konnte. In insgesamt 353 Einzelfällen erwarb S auf diese Weise Luxuswaren. Es entstand ein Schaden von insgesamt 123.175,- DM. Der Angeklagte nahm Waren, die S auf diese Weise erworben hatte, im Verkaufswert von mindestens DM 20 000,- zur Hälfte des Preises ab.

75

Die Strafkammer wertete dieses Verhalten des Angeklagten rechtsfehlerfrei als Beihilfe zum Betrug in Tateinheit mit Beihilfe zur Urkundenfälschung sowie als Hehlerei. Der Schuldspruch wegen Kreditkartenmißbrauchs (§ 266 b StGB) hält dagegen, so führte der BGH aus, der rechtlichen Nachprüfung nicht stand. § 266 b Abs. 1 StGB setze voraus, daß der Täter die ihm durch die Kreditkarte eingeräumte Möglichkeit, den Aussteller zu einer Zahlung zu veranlassen, mißbrauche. Ein Mißbrauch in diesem Sinne liege vor, wenn der Karteninhaber nach außen im Rahmen seines rechtlichen Könnens handele, im Innenverhältnis aber die Grenzen seines rechtlichen Dürfens überschreite[145]. Zwar habe der Angeklagte mit dem Verkauf der Kreditkarte die Grenzen seines rechtlichen Dürfens überschritten. Die Vertragsbedingungen der Kartenunternehmen untersagen teilweise ausdrücklich, teilweise mittelbar die Überlassung der Kreditkarte[146].

76

Dennoch erfülle die unberechtigte Weitergabe der Kreditkarte an einen Dritten, damit dieser sie zu eigenständigen Betrugshandlungen gegenüber dem Kartenunternehmen benutzen könne, nicht das Mißbrauchsmerkmal des § 266 b StGB. Die Vorschrift wolle nicht vor jeder Art vertragswidri-

77

---

142 Vgl. oben Rz. 57 ff. Taupitz, S. 18-42.
143 Vertiefend Henke, passim; Bernsau, passim; Taupitz, S. 43 ff.
144 CR 1992, 362 f. = WM 1992, 1432, dazu Otto WuB I D 5.-4.92.
145 Lenckner in Schönke/Schröder, StGB[24], § 266 b Rz. 9; Dreher/Tröndle, StGB[45], § 266 b Rz. 6; Lackner, StGB[19], § 266 b Rz. 4.
146 Bernsau, S. 106.

ger Benutzung von Kreditkarten und den damit verbundenen Mißbrauchsmöglichkeiten schützen. Sie richte sich nur gegen den (an sich berechtigten) Karteninhaber, soweit er unter Verwendung der Karte Waren kaufe oder Dienstleistungen in Anspruch nehme, obwohl er wisse, daß er zum Ausgleich gegenüber der Kartenfirma nicht in der Lage sein werde[147]. Da dieses Verhalten weder vom Untreue- noch vom Betrugstatbestand erfaßt werde[148], sollte § 266 b StGB die Strafbarkeitslücke zwischen § 263 und § 266 StGB schließen. Es bestehe deshalb kein Anlaß ... den mit geringerer Strafdrohung versehenen Auffangtatbestand des § 266 b StGB auf andere Mißbrauchsfälle auszudehnen, die herkömmlich bereits von §§ 263 oder 266 StGB erfaßt werden.

78 Bereits im Zusammenhang mit der ec-Karte wurde auf die Entscheidung des BGH vom 22.11.1991 hingewiesen, wonach die Entnahme von Geld aus einem Bankautomaten mit Hilfe einer gefälschten Codekarte nicht als Diebstahl oder Unterschlagung, sondern als Computerbetrug (§ 263 a StGB) strafbar ist[149].

VII. Wettbewerbsrechtliche Hinweise

79 Die Durchsetzung der Kreditkarte als Zahlungsmittelersatz findet im Wettbewerb statt. Es verwundert daher nicht, daß in den letzten Jahren zunehmend auch wettbewerbsrechtliche Fragen im Zusammenhang mit der Kartenbenutzung zum Gegenstand von Literatur und Rechtsprechung geworden sind. Die Fragen lassen sich in zwei Kategorien unterteilen. Auf der einen Seite stehen solche des *unlauteren Wettbewerbs* und auf der anderen Seite Probleme aus dem Bereich des nationalen und europäischen *Kartellrechts*. Im folgenden werden die wichtigsten Fragen aus beiden Bereichen angedeutet, einerseits, weil es gelegentlich einen Bankrechtsbezug auch insoweit gibt und andererseits, um zu zeigen, daß das Kreditkartengeschäft nicht nur die Bewältigung bankrechtlicher Fragen voraussetzt.

1. Probleme des unlauteren Wettbewerbs

a) Koppelung mit Zusatzleistungen

80 Es wird zunehmend beliebter, die Kreditkarte nicht »pur«, sondern in Verbindung mit Zusatzleistungen anzubieten. Diese Zusatzleistungen können entweder zwingend mit der Karte verbunden oder frei vereinbar sein. Sind Leistungen frei vereinbar, wie beispielsweise das Versicherungspaket, das sich mit der Eurocard Gold verbindet, so ist das wettbe-

---

147 Dreher/Tröndle, StGB[45], § 266 b Rz. 2; Otto, wistra 1986, 150, 152; Ranft, JuS 1988, 673, 678.
148 BGHSt 33, 244, 248.
149 WM 1992, 515, dazu Otto WuB I D 5.-3.92.

werbsrechtlich nicht zu beanstanden. Der umworbene Kunde kann die Karte mit den Zusatzleistungen akzeptieren (und dafür den höheren Jahresbeitrag zahlen), er muß das aber nicht tun. Auch dann, wenn beispielsweise der Diners-Club eine »Luxus-Kreuzfahrt mit dem Flugzeug« für seine Mitglieder zusätzlich anbietet, ist das nicht unlauter, führt allerdings dazu, daß der Club selbst als Reiseveranstalter nach § 651 e BGB für Reisemängel einzustehen hat[150].

Problematisch werden die Dinge, wenn eine Zusatzleistung mit der Kreditkarte zwingend verbunden ist. So teilte der Diners-Club Ende 1978 den Karteninhabern mit, daß mit Wirkung vom 1.11.1978 für alle »Mitglieder« eine Unfallversicherung abgeschlossen worden sei. Dieser zusätzliche Versicherungsschutz, so wurde im Text weiter geworben, »koste keinen Pfennig mehr«. Der Versicherungsschutz beschränke sich nicht nur auf Flugreisen, sondern umfasse sämtliche öffentlichen Verkehrsmittel. Voraussetzung dabei sei lediglich, daß mit der Diners-Club-Karte bezahlt werde. Ferner wurde darauf hingewiesen, daß der Verkehrsmittel-Unfallschutz mit dem einmaligen Jahresmitgliedsbeitrag abgegolten sei. Der BGH entschied, daß dieses Angebot gegen die Zugabeverordnung verstoße[151]. Dabei sei davon auszugehen, daß Zugabe i.S.d. § 1 Abs. 1 ZugabeVO etwas von der Hauptleistung Verschiedenes sei und daß es für die hierzu erforderliche Abgrenzung entscheidend auf die Verkehrsauffassung ankomme. Maßgebend sei, ob der Verkehr die zusätzliche Leistung noch als eine sachlich zur Hauptleistung gehörige Verbesserung oder als eine besondere Nebenleistung empfinde[152]. *Dabei verstößt die Nebenleistung nur dann gegen § 1 Abs. 1 ZugabeVO, wenn sie nicht Teil der Hauptleistung ist, wenn sie über das vom Verkehr üblicherweise Gewünschte und Erwartete hinausgeht, einen eigenen wirtschaftlichen Wert hat und ihr Äquivalent nicht in der vereinbarten Gegenleistung findet*[153].

Diese Voraussetzungen lagen hier vor, denn eine Unfallversicherung ist eine von der Hauptleistung der Kreditgewährung zu unterscheidende selbständige Nebenleistung mit besonderem Wert. Diese Nebenleistung wurde vom Diners-Club als unentgeltliche Leistung, also als Zugabe, angeboten. Das ergab sich aus der Werbung, wonach der Versicherungsschutz angeblich keinen Pfennig mehr koste und auch daraus, daß die Höhe des Mitgliedsbeitrags durch den Versicherungsschutz nicht verändert wurde. In der Literatur wird die Auffassung vertreten, daß der BGH heute eine andere Entscheidung treffen würde. Denn jedenfalls der »Reise-Unfall-Versicherungsschutz« stelle eine allgemein angebotene und

---

150 OLG Celle NJW-RR 1990, 445.
151 BGH NJW 1983, 1328 = WM 1983, 335.
152 BGH GRUR 1974, 402 »Service-Set«; NJW 1980, 884 »Briefmarken-Auktion«.
153 BGH NJW 1964, 1274 »Wagenwaschplatz«; NJW 1980, 884 »Briefmarken-Auktion«.

gewährte Leistung dar, die in der Werbung als Bestandteil des Gesamtleistungsbündels mit großer Kontinuität angekündigt werde. ... Nachdem ein Versicherungsschutz – wenn auch unterschiedlichen Umfangs – heute zum Standard fast jeder Kreditkarte gehöre, habe sich die Verkehrsauffassung entsprechend gewandelt«[154]. Allerdings weist Salje selbst darauf hin, daß ein solcher Versicherungsschutz bei einigen Lizenznehmern der Visa-Card, z.B. Sixt, DKV, BHW, Noris und TUI nicht angeboten wird. Statt dessen bieten diese Lizenznehmer die Karten zu äußerst günstigen Jahresgebühren an[155]. Diese Ausnahmen belegen, daß von einem Wandel der Verkehrsauffassung keine Rede sein kann, d.h., daß ein bestimmter Versicherungsschutz nicht automatisch zum Standard einer Kreditkarte gehören muß. Warum auch, denn jeder Kreditkarteninhaber kann sich anderweitig entsprechend versichern[156]. Immerhin hat der BGH erst 1991 entschieden, daß die mit einer Karte verbundene »kostenlose« Transportversicherung gegen die Zugabeverordnung verstößt[157]. Hinzu kommt, daß es sich bei der festen Verbindung von Karte und Versicherung durchaus um ein nach § 1 UWG verbotenes, weil verdecktes, Kopplungsgeschäft handeln kann[158].

83 Hierneben verstößt es gegen § 3 UWG, wenn für eine Kreditkarte, mit der eine Bezahlung von Fahrkarten der Deutschen Bundesbahn nicht möglich ist, mit der Angabe geworben wird, bei Reisen mit öffentlichen Verkehrsmitteln bestehe ein Unfallversicherungsschutz, sofern die Bezahlung mit der Kreditkarte erfolge und die Bahn beispielhaft aufgeführt sei[159]. Und schließlich erscheint ein Verstoß gegen das Transparenzgebot i.S.d. AGBG durchaus naheliegend. In den Eurocard-Bedingungen 91 wird auf den obligatorischen Unfallversicherungsschutz für die Standard-Eurocard (Silber) nicht hingewiesen, obwohl dieser Versicherungsschutz ein Teil der Leistung ist und die Jahresgebühr in irgendeiner Höhe beeinflussen muß. Die dem Kreditkartenvertrag zugrundegelegten AGB ermöglichen es dem Kunden also nicht, die ihm angebotene Leistung nach Inhalt und Umfang zu beurteilen, d.h. die wirkliche Leistung der Kartengesellschaft und die ihr äquivalente Gegenleistung bleiben für den Kunden intransparent.

---

154 Salje, WRP 1990, 807, 811; ähnlich Weller, S. 194.
155 Salje, WRP 1990, 807, 811.
156 Ähnlich, unter Hinweis auf die verschiedenen Zwecke der Karte aus der Sicht des Verbrauchers v. Usslar/v. Morgen, 99.
157 BGH WRP 1991, 225 »FamilyCard«.
158 BGH GRUR 1962, 415, 418 »Glockenpackung I« weiterführend Baumbach/Hefermehl, Wettbewerbsrecht[16], § 1 UWG Rz. 128.
159 OLG Stuttgart NJW-RR 1990, 1378.

b) Werbestrategien

Kreditkartengesellschaften suchen permanent nach Mitteln und Wegen, neue Kartenkunden zu gewinnen. Eine Werbekampagne der Eurocard unter Einsatz eines ca. dreijährigen Kindes im Fernsehen verstieß nach Meinung des Kammergerichts gegen § 1 UWG[160]. Verboten soll auch die Werbung mit einer Zugabe von vier Flaschen Sherry bei Beantragung einer Zusatzkarte für Familienangehörige oder Partner sein[161]. Ein Fall unzulässiger Alleinstellungswerbung liegt vor, wenn man schreibt, »Jetzt kommt der Joker ins internationale Kartenspiel«[162]. Dagegen ist es zulässig, eine Kreditkarte für eine kostenlose Probezeit von drei Monaten anzubieten[163]. Die kostenlose Überlassung der Kreditkarte für fünf Monate überschreitet jedoch den zulässigen Probezweck und ist als unlautere Behinderung der Mitbewerber gem. § 1 UWG zu untersagen[164]. Übernimmt ein Modehaus als »vorweihnachtliches Dankeschön« für seine Kunden die erste Jahresgebühr von DM 100,- für eine Kreditkarte, um künftig noch bequemer einkaufen zu können, so verstößt diese Werbung nicht gegen § 1 ZugabeVO, da es an dem erforderlichen inneren Zusammenhang zwischen Hauptware und Zugabe fehle. Die bloße Erwartung zukünftiger Geschäftsabschlüsse genügt für diesen inneren Zusammenhang nicht. Die genannte Werbung verstößt aber gegen § 1 UWG aus dem Gesichtspunkt des übertriebenen Anlockens[165]. Zwar werde die Zuwendung von DM 100,- nicht ausreichen, die Kunden in unsachlicher Weise beim Einkauf von Modeartikeln zu beeinflussen. Wohl aber beeinflusse sie die Kunden in unsachlicher Weise, sich einem bestimmten Kreditkartenunternehmen anzuschließen.

84

c) Rabatte

Die in der Kreditkarte angebotene zinslose Stundung des Kaufpreises kann eine unzulässige Rabattgewährung sein[166]. Zur sog. goldenen Kundenkarte eines Kaufhauses hat der BGH am 27.6.1991 entschieden, daß eine Stundung, die bis zu drei Wochen über der von § 3 RabattG als barzahlungsrabattwürdig anerkannten Monatsfrist liegt, nicht zu beanstanden sei, weil der Verkehr in solchen Fällen in der Stundung regelmäßig keinen Preisnachlaß i.S.d. § 1 Abs. 2 RabattG erblicke[167]. Gegen das Rabattgesetz verstößt es nicht, wenn man die Höhe des Jahresbeitrages je

85

---

160 WM 1992, 1448 dazu kritisch Schwintowski WuB VB. § 1 UWG 4.92.
161 KG WM 1992, 1447 dazu Schwintowski WuB VC. § 1 ZugabeVO 3.92.
162 OLG-München WM 1993, 370.
163 OLG Frankfurt NJW-RR 1990, 363.
164 OLG Frankfurt NJW-RR 1990, 363.
165 OLG Frankfurt WRP 1989, 666.
166 BGH GRUR 1959, 329; BGH WRP 1991, 267; OLG Karlsruhe WRP 1990, 432; OLG Hamm WM 1990, 1215; Kritisch Nees WRP 1988, 509; Wedemeyer WRP 1989, 357.
167 BGH ZiP 1991, 1304 = NJW 1992, 42; dazu abl. Knauth WuB VD. § 1 RabattG 1.93.

nach Jahresumsatz, der mit der Karte abgewickelt wurde, staffelt[168]. Es ging um die Kreditkarte der Lufthansa »Air Plus«, die die Lufthansa in Zusammenarbeit mit Eurocard herausgibt. Der höchste Jahresbeitrag beträgt DM 130,-. Er ist nach unten hin bei zunehmendem Jahresumsatz gestaffelt; bei einem Umsatz von über DM 20 000,- entfällt der Jahresbeitrag ganz. Das Gericht sah in dieser Preisstaffel auch keinen Verstoß gegen die guten Sitten i.S.v. § 1 UWG. Die notwendige Höhe des Jahresumsatzes lasse eine Beeinflussung beim Karterwerb unwahrscheinlich erscheinen. Das mag sein, ist aber nur die eine Seite der Medaille. Auf der anderen Seite steht, wie bei allen Jahresbonussystemen, die Frage nach den wettbewerblichen Behinderungswirkungen für Konkurrenten[169]. Zumindest sollten diese Wirkungen im Rahmen von § 26 Abs. 2 GWB in die Überlegungen miteinbezogen werden.

2. Probleme des nationalen und europäischen Kartellrechts

86 Kartellrechtliche Fragen werden im Zusammenhang mit der Kreditkarte auf zwei Ebenen diskutiert. Zum einen geht es darum, ob die Vertragsunternehmen berechtigt sind, vom Kreditkarteninhaber eine Gebühr bei Benutzung der Karte zu verlangen. Zum anderen stellt sich die Frage, ob die Durchsetzung der Disagio-Vereinbarung (Kartengesellschaft -> Vertragsunternehmen) mit §§ 1, 22, 26 GWB in Einklang zu bringen ist.

87 Vorfrage ist in beiden Fällen, ob die Kartengesellschaften evtl. nach § 102 GWB freigestellt sind. Denn das Kartellverbot (§ 1 GWB) und das Verbot der Preisbindung der zweiten Hand (§ 15 GWB) gelten ebenso wie das Empfehlungsverbot (§ 38 Abs. 1 Nr. 11 GWB) nicht für Verträge von Kreditinstituten, wenn sie bestimmte in § 102 Abs. 1 enumerativ aufgeführte Voraussetzungen erfüllen. Es ist deshalb eine Diskussion darüber entstanden, ob das Betreiben des Kreditkartengeschäftes ein Bankgeschäft ist[170]. Das Bundesaufsichtsamt für das Kreditwesen hat zu dieser Frage bisher keine Stellung genommen und übt keine Aufsicht über die Kartengesellschaften aus. Ob die Frage überhaupt vertiefungswürdig ist, erscheint fraglich. Denn selbst dann, wenn das Kartengeschäft als Bankgeschäft i.S.d. § 102 GWB aufgefaßt werden sollte, müssen eine Reihe weiterer Voraussetzungen erfüllt sein, bevor eine Privilegierung im Sinne dieser

---

168 OLG Frankfurt/M. DB 1992, 2619; ähnlich OLG-München WM 1993, 370; OLG Stuttgart WM 1993, 986=WuB VD § 1 RabattG 4.93 Schwintowski; vertiefend Oechsler, WM 1993, 1945 ff.
169 WuW/E OLG 2403 »Fertigfutter«; Markert in Immenga/Mestmäcker², § 26 Rz. 252.
170 Dafür Weller, S. 189 ff. mit Nachweisen zur Gegenansicht; Salje, WM 1991, 262, 267 m.w.N.; Hönn, ZBB 1991, 6, 15 ff. mit rechtsvergleichenden Hinweisen; dagegen Schneider/Merkel, in FS für Pleyer, S. 115, 132 (die rechtsvergleichenden Überlegungen zum amerikanischen Cash Discount Act 1981 stehen allerdings im Vordergrund); der BGH, der das Kreditkartengeschäft als Forderungskauf qualifiziert hat – WM 1990, 1059 – verneint damit inzidenter den Charakter des Kreditkartengeschäftes als Bankgeschäft.

Norm eingreifen könnte. Insbesondere müßten die Wettbewerbsbeschränkungen geeignet und erforderlich sein, die Leistungsfähigkeit der beteiligten Unternehmen zu heben oder zu erhalten und dadurch die Befriedigung des Bedarfs zu verbessern. Außerdem müßte der zu erwartende Erfolg in einem angemessenen Verhältnis zu der damit verbundenen Wettbewerbsbeschränkung stehen (§ 102 Abs. 1 Nr. 2 GWB). Ob Wirkungen dieser Art durch das Verbot einer Kartengebühr und die Vereinbarung eines einheitlichen Disagios hervorgerufen werden, erscheint mehr als fraglich[171]. Die folgenden Überlegungen unterstellen, daß das GWB auf die Kartengesellschaften in vollem Umfang anwendbar ist, um auf diese Weise die möglichen kartellrechtlichen Konsequenzen aufzuzeigen. Außerdem gibt es im europäischen Recht eine dem § 102 GWB vergleichbare Freistellung nicht, so daß angesichts der zusammenwachsenden Finanzmärkte immer auch nach den kartellrechtlichen Konsequenzen i.S.v. Art. 85, 86 EGV zu fragen ist.

a) Verbot, eine Kartengebühr zu erheben

In den Verträgen zwischen der Kartengesellschaft und den Vertragsunternehmen wird regelmäßig vereinbart, für die Zahlung mit Kreditkarte keine Gebühr zu erheben. Exemplarisch sind die Bedingungen, die im Mineralölbereich zwischen den Ölgesellschaften und den Tankstellenpächtern typischerweise geschlossen werden. Einem Fall, den das OLG Düsseldorf am 5.3.1991 zu entscheiden hatte, lag folgender Sachverhalt zugrunde.

88

Fall: OLG Düsseldorf WM 1991, 913 »Kreditkartengebühr«

Im März 1973 schloß die Deutsche Shell mit dem Pächter einer BAB-Tankstelle einen Vertriebsvertrag. Vereinbart wurde, daß der Pächter »im Namen und für Rechnung der Deutschen Shell, als ihr Handelsvertreter, Kraft- und Schmierstoffe« verkauft. Hierbei waren die von der Shell vorgeschriebenen Verkaufspreise einzuhalten (sog. Agenturgeschäft). Daneben durfte der Pächter im eigenen Namen und für eigene Rechnung weitere Waren und Dienstleistungen anbieten. Insoweit war er in der Preisgestaltung frei (sog. Eigengeschäft/Folgemarktgeschäft). Die Deutsche Shell hatte mit einem bestimmten Kreditkartenunternehmen Verträge abgeschlossen, nach denen Kreditkarteninhaber bargeldlos Motorkraftstoffe, Autoschmierstoffe und Glycoshell sowie die Waren und Dienstleistungen des Folgemarktgeschäfts beziehen können. Hierüber hatte die Shell mit dem Pächter eine »Zusatzvereinbarung zum Vertriebsvertrag« geschlossen. In § 8 der Vereinbarung war bestimmt, daß der Pächter entsprechend dem Vertriebsvertrag an die Inhaber von Kreditkarten Mineralölprodukte bargeldlos abgibt. In Abs. 2 dieses Paragraphen hieß es, daß sich die Pro-

89

---

171 Vgl. Hönn, ZBB 1991, 6, 15 ff.; die Freistellungsfähigkeit bejahend Salje, WM 1991, 262, 267 f.; mit umfassender Begründung verneinend: Oechsler, S. 210 ff.; 285 (Ziff. 59).

vision in diesen Fällen um einen bestimmten Betrag pro Liter verkürze. Im übrigen bestimmte Abs. 3, daß der Verkauf zu den von Shell allgemein festgesetzten Preisen erfolge. Ab Oktober 1989 erhob der Pächter bei Vorlage von Kreditkarten eine Gebühr von 0,50 DM. Die Deutsche Shell wies ihn an, im *Agenturgeschäft* keine solche Gebühr zu erheben; für das Eigengeschäft riet sie davon ab. Der Pächter meinte, er sei berechtigt, eine Kreditkartengebühr zu erheben, da die Vereinbarung mit der Deutschen Shell nach §§ 15, 26 Abs. 2 GWB nichtig sei.

90 Diese Auffassung wurde vom OLG Düsseldorf nicht geteilt[172]. Ein Verstoß gegen das Verbot der Preisbindung der zweiten Hand (§ 15 GWB) liege nicht vor, da Shell sich nicht gegen die Erhebung der Kartengebühr im Eigengeschäft wende. Bezüglich des Agenturgeschäftes liege ebenfalls keine Verletzung von § 15 GWB vor, weil der Pächter als Handelsvertreter der Deutschen Shell nach § 86 HGB verpflichtet sei, die Weisungen seines Geschäftsherrn auszuführen. § 15 GWB finde auf das Weisungsrecht des Unternehmers gegenüber dem Handelsvertreter keine Anwendung[173]. Auch ein Verstoß gegen § 26 Abs. 2 S. 2 GWB liege nicht vor. Der Pächter habe nämlich die Vereinbarung aus freiem Willen akzeptiert. Es habe ihm völlig freigestanden, seinen Pachtvertrag auch ohne diese Vereinbarung abzuschließen. Selbst wenn man trotzdem eine Abhängigkeit des Pächters unterstellen würde, so müßte er im einzelnen darlegen, inwiefern er durch die Praktizierung der Vereinbarung insgesamt – und nicht nur durch das Verbot der Gebührenerhebung im Agenturgeschäft – diskriminiert werde. In die Prüfung der Unbilligkeit wären sämtliche Elemente der Vereinbarung einzubeziehen. Es käme nicht nur auf die im Kreditkartengeschäft anfallenden Verwaltungskosten an, sondern auch auf die Höhe und die Verteilung des sog. Disagios. Zu berücksichtigen wären auch die Vorteile, die das Kreditkartengeschäft für beide Parteien mit sich bringen soll. Insoweit fehle es an einem substantiierten Vortrag des Pächters.

91 Die Entscheidung ist nicht in jeder Hinsicht überzeugend. Zunächst wird, wie in der Literatur überwiegend auch[174], davon ausgegangen, daß die Vereinbarung den Preis der Ware/Dienstleistung (hier Kraftstoff) tangiere. Deshalb qualifiziert Hönn die Vereinbarungen zwischen den Mineralölgesellschaften und den Pächtern als *Preisaufschlagsverbot*[175]. Es gibt sicher Vertragsbedingungen, die in diesem Sinne zu interpretieren sind. So hieß es etwa in den Vertragsbedingungen von American Express, die Vertragsunternehmen »verpflichten sich, den Inhabern von American-

---

172 Vgl. die entgegengesetzte Entscheidung des LG Düsseldorf v. 16.7.1990 NJW-RR 1990, 1384 f.
173 BGH GRUR 1986, 730 »EH-Partner-Vertrag«.
174 Hönn, ZBB 1991, 6, 13 ff. m.w.N.; Adams ZiP 1990, 632; Oechsler, Diss., S. 256 ff.
175 ZBB 1991, 6, 13.

Express-Kreditkarten keine höheren Preise ... zu berechnen als anderen Kunden«[176]. Im vorliegend zu beurteilenden Fall handelt es sich aber *nicht* um ein Preisaufschlagsverbot. Vielmehr verpflichtete sich der Tankstellenpächter, an die Inhaber von Kreditkarten Mineralölprodukte *bargeldlos* abzugeben. Gleichzeitig verringerte sich seine eigene Provision um einen bestimmten Betrag pro Liter. Ferner war bestimmt, daß der Verkauf zu den von Shell festgesetzten Preisen erfolgte. Diese vertraglichen Bestimmungen verboten es dem Tankstellenpächter nicht, bei bargeldloser Zahlung mit der Kreditkarte eine Gebühr zu erheben. Er war nur verpflichtet, bei Zahlung des von Shell festgesetzten Preises, die Kreditkarte als bargeldloses Zahlungsmittel zu akzeptieren. Ein Verbot, eine Kartengebühr zu erheben, enthält der Vertrag nicht. Dieses Verbot ergibt sich auch nicht daraus, daß dem Pächter selbst ein Teil seiner Provision verlorengeht, wenn mit Karte bezahlt wird. Aufgrund dieser vertraglichen Fassung ist die Entscheidung des OLG Düsseldorf im Ergebnis nicht haltbar. Natürlich wäre es den Vertragsparteien unbenommen, den Vertragstext zu ändern. Man könnte ihn i.S.e. Preisaufschlagsverbotes ändern; man könnte aber auch die Erhebung einer Kartengebühr im Agenturgeschäft verbieten. Beide Fallgestaltungen würden die Frage der Vereinbarkeit mit § 15 GWB aufwerfen. Im ersten Fall ginge es um die Festlegung des Mineralölpreises, im zweiten Fall um die Festlegung des Preises für die »Akzeptanz der Karte«. Für diese Dienstleistung, die der Kunde und Karteninhaber durch Zahlung einer Jahresgebühr auch selbst schon teilweise bezahlt, könnte auch der Tankstellenpächter einen Preis nehmen. Nichts anderes geschieht ja auch an den Geldautomaten, wenn der Kunde Bargeld zieht. Begründet werden kann dieser Preis mit den Kosten des Systems, das dem Kunden die bargeldlose Zahlung ermöglicht. § 15 GWB wäre insoweit ebenfalls berührt, da der Vertrag mit der Ölgesellschaft den Pächter dazu verpflichtet, diese Dienstleistung zum »Nulltarif« abzugeben[177].

Allerdings, und insoweit ist dem OLG Düsseldorf zuzustimmen, ist § 15 GWB nicht verletzt, soweit es sich um das Agenturgeschäft handelt. Denn nach § 86 HGB hat der Geschäftsherr auch gegenüber dem Handelsvertreter ein Weisungsrecht hinsichtlich der zu vereinbarenden Preise und Konditionen. Diesem Weisungsrecht kommt, jedenfalls für den Regelfall, der Vorrang vor § 15 zu, »und zwar einfach deshalb, weil der Geschäftsherr, da ihn letztlich als Vertragspartner das Risiko des Geschäfts trifft, folglich auch in der Lage sein muß, dieses Risiko durch eine entsprechende Vertragsgestaltung zu steuern«[178]. Andernfalls könnten Han-

92

---

176 Vertiefend Schneider/Merkel, FS Pleyer, S. 115, 129 ff.
177 Vertiefend Oechsler, Diss., S. 257 ff.
178 Emmerich in Immenga/Mestmäcker § 15 Rz. 26.

delsvertreterverträge in der Mehrzahl der Fälle nicht mehr praktiziert werden[179].

93 Allerdings bleibt es bei der Anwendung von § 15 GWB, wenn es sich um Geschäfte handelt, die der Handelsvertreter für andere Unternehmen oder eigenunternehmerisch, also für sich selbst, durchführt[180]. Der BGH hat im berühmten Telefunken-Fall klargestellt, daß man § 15 GWB nicht mit Hilfe eines nur formal so gestalteten Handelsvertreterverhältnisses umgehen dürfe[181]. Entscheidend kommt es danach darauf an, wer das typische Handelsrisiko, namentlich das Absatz-, Vordispositions-, Lager- und Kreditrisiko trägt. Ist dies im wesentlichen der Geschäftsherr, so handelt es sich um einen echten Handelsvertretervertrag, auf den § 15 GWB keine Anwendung findet. Anhaltspunkte dafür, daß im vorliegenden Fall durch die Überwälzung der Kartengebühr auf den Tankstellenpächter das typische Handelsrisiko von den Ölgesellschaften wegverlagert sein könnte, gibt es nicht. Dafür sind diese Gebühren zu gering. Stellt man allein auf das Risiko der Kundeninsolvenz beim unbaren Zahlungsverkehr ab, so findet auch jetzt keine Risikoverlagerung auf den Tankstellenpächter statt. Im Normalfall trägt die Ölgesellschaft das Risiko der Insolvenz des unbar zahlenden Kunden. Sie verlagert dieses Risiko durch den Vertrag mit der Kartengesellschaft auf diese. Allerdings muß der Pächter zumindest einen Teil der durch diesen Vertrag anfallenden Kosten über seinen Provisionsverzicht finanzieren. Ob hierin so etwas wie eine indirekte Risikoverlagerung liegt, müßte im einzelnen geprüft werden. Dabei ist zu bedenken, daß nicht nur der Pächter allein, sondern auch der Kreditkarteninhaber Gebühren zahlt. Ferner dürfte der Anteil der auf das Insolvenzrisiko des Kunden entfallenden Gebühren sehr klein sein. Der Löwenanteil wird für die Installierung und Verwaltung des Systems ausgegeben werden, so daß es zumindest nicht sehr naheliegend erscheint, daß in der Teilgebührenüberwälzung auf den Pächter zugleich eine Insolvenzrisikoverlagerung liegt.

94 Hierneben hat das OLG Düsseldorf geprüft, ob § 26 Abs. 2 S. 2 GWB verletzt sein könnte. Das setzt zunächst die Abhängigkeit des Pächters von der Ölgesellschaft voraus, die in vielen Fällen sicher zu bejahen sein wird[182]. Was die Diskriminierung betrifft, so sind die Interessen der Beteiligten unter Berücksichtigung des auf die Freiheit des Wettbewerbs gerichteten Zwecks des GWB abzuwägen. Insoweit ist die Entscheidung des OLG Düsseldorf nicht abschließend. Das Gericht weist aber zutreffend darauf hin, daß nicht nur die Nach-, sondern auch die Vorteile des Kar-

---

179 BGHZ 51, 163, 168; 97, 317, 321; WuW/E BGH 877, 885 »Shell-Tankstelle«; WuW/E BGH 946 »Blitztrenner«.
180 Emmerich in Immenga/Mestmäcker § 15 Rz. 27.
181 BGHZ 97, 317 = NJW 1986, 2954 »Telefunken-EH-Partnervertrag«.
182 Hierzu Helming, WuW 1991, 977, 981.

tensystems in die Abwägung miteinbezogen werden müssen. Solange noch nicht alle Unternehmen einer Branche die Karte akzeptieren, läßt sich der Umsatz durch die Kartenakzeptanz erhöhen. Akzeptieren alle Unternehmen einer Branche die Karte, so bewirkt die Teilnahme am System zumindest Wettbewerbsgleichheit. Möglicherweise entstehen auch noch weitere Kostenvorteile dadurch, daß das Abrechnungsverfahren erleichtert wird. Allerdings kann der damit verbundene Nachteil der Provisionseinbuße nicht wegdiskutiert werden. Zu prüfen bleibt im Einzelfall, ob die Höhe des jeweiligen Provisionsverzichtes u.U. diskriminierend ist. Diese Frage könnte auch außerhalb des Wettbewerbsrechts nach § 138 BGB gestellt werden. Schon im Zusammenhang mit den (sehr hohen) Gebühren für Geldautomaten wurde darauf hingewiesen, daß hier eine gewisse Diskrepanz zu den erheblichen Kostenvorteilen des bargeldlosen Zahlungsverkehrs zu bestehen scheint.

In diesem Zusammenhang ist ein Gedanke interessant, den Oechsler im Jahre 1992 in die Diskussion eingebracht hat. Er meint, daß die Fähigkeit der Kartengesellschaften, ein Disagio gegenüber den Vertragsunternehmen durchzusetzen, auf Nachfragemacht im Sinne von § 22 GWB beruht[183]. Diese Nachfragemacht würden marktbeherrschende Kartenunternehmen mißbräuchlich ausnutzen, indem sie die Kosten aus ihrer Beziehung zum Karteninhaber (teilweise) auf die Vertragsunternehmen überwälzten[184]. Im Ergebnis schlägt Oechsler Mißbrauchsverfügungen nach § 22 Abs. 5 GWB durch das Bundeskartellamt vor. Näher liegt es m.E., Oechslers Gedanken im Rahmen von § 26 Abs. 2 S. 2 GWB fruchtbar zu machen. Vertragsunternehmen könnten, sofern sie von der Kartengesellschaft abhängig sind, die Überwälzung des Disagios als mißbräuchliche Ausnutzung von Nachfragemacht der Kartengesellschaft rügen.

95

Dabei wird man im Einzelfall zu untersuchen haben, ob die von Oechsler geschilderten negativen Wirkungen des Systems gegenüber den Vertragsunternehmen den Diskriminierungsvorwurf wirklich tragen – eine Frage die entscheidend davon abhängen wird, in welchem Umfang das System zumindest auch Vorteile für die Vertragsunternehmen entfaltet. Oechsler selbst weist auf Anfangsverluste von Eurocard Deutschland in Höhe von DM 30 Mio. hin[185]. Das britische Unternehmen Marks & Spencer habe in einem Jahr einen Verlust von 10 Mio. Pfund Sterling hinnehmen müssen, dem amerikanischen Konzern Sears Roebuck seien in den ersten beiden Jahren nach Emission der hauseigenen Kundenkreditkarte

96

---

183 Oechsler, 1992, S. 23 ff.; 35 ff.; 159; ders., Der Mißbrauch abgeleiteter Nachfragemacht im Kreditkartengeschäft, ZHR 156 (1992) 330 ff.
184 Oechsler mit vertieften Begründungen in seiner Dissertation ab S. 78; kürzer ZHR 156 (1992) 354; dag. Horn, ZHR 157, (1993), 324, 341 ff.
185 Diss., S. 162.

sogar Verluste in Höhe von 400 Mio. Dollar entstanden[186]. Darüber hinaus sei im Kreditkartengeschäft das Mißbrauchsrisiko in allen Marktphasen sehr hoch: 1990 wurde nach Angaben des Bundeskriminalamtes durch Diebstahl, Fälschung und Manipulation von Kreditkarten ein Gesamtschaden von DM 54 Mio. verursacht[187]. Die Beispiele zeigen, daß die Übernahme des Bonitätsrisikos seitens der Kartengesellschaften für die Vertragsunternehmen von beachtlichem Vorteil ist. Auch dies müßte bei einer Abwägung im Rahmen von § 26 Abs. 2 S. 2 GWB berücksichtigt werden. Hierneben führt der von Oechsler vorgeschlagene Ansatz zu der Frage, ob Art. 86 EGV verletzt sein könnte. Angesichts der immer stärker zusammenwachsenden Finanzmärkte Europas und der Tatsache, daß Eurocard in der EG eine herausragende Marktstellung hat, erscheint diese Frage als zumindest erwägenswert.

b) Kooperation bei der Disagiovereinbarung

97 Es wird darüber diskutiert, ob die Vereinbarung eines *einheitlichen* Disagios durch die GZS kartellrechtlich unbedenklich ist. Hönn meint, eine solche Absprache dürfte gegen § 1 GWB verstoßen, weil die Marktverhältnisse für die Verwendung von Kreditkarten durch Beschränkung des Akquisitionswettbewerbs spürbar beeinträchtigt würden[188]. Problematisch sei, daß ohne die globale Zusammenfassung durch die GZS einige Kreditinstitute eigenständige Kreditkartensysteme aufbauen würden, die zu einer den Akquisitionswettbewerb weniger stark beeinträchtigenden Disagio-Kooperation führen würden. Angesichts der in Deutschland üblichen relativ hohen Disagiosätze von durchschnittlich 3,46 % gegenüber 2,2 % in Großbritannien und weniger als 1 % in Frankreich, könne davon ausgegangen werden, daß sich ohne diese Kooperation seitens der GZS niedrigere Disagiosätze herausbilden würden[189]. Ergänzend kann angemerkt werden, daß die Gebühren, zumindest an Tankstellen, bei Zahlung mit der Eurocard am ec-Terminal niedriger liegen als bei Zahlungen mit der Kreditkarte. Nicht ganz unwichtig erscheint auch der Hinweis, daß es in den USA und in Frankreich vergleichbare Kooperationen über Disagiosätze nicht gibt; nach dem dänischen Kreditkartengesetz vom 6.6.1984 sollen die Kosten des Verfahrens überhaupt nicht auf das Vertragsunternehmen umgelegt werden dürfen, sondern vom Karteninhaber zu zahlen sein[190].

---

186 Merkel, S. 158; Oechsler, S. 163, 206.
187 Oechsler, S. 163 m.w.N.
188 ZBB 1991, 6, 18; so im Ergebnis auch Oechsler, der über § 102 GWB argumentierte; dag. Horn, ZHR 157 (1993), 324, 346.
189 Hönn, ZBB 1991, 6, 19.
190 Zu den USA Merkel, S. 158 ff.; zu Frankreich und Dänemark: Hönn, ZBB 1991, 6, 19 ff.

§ 6 *Kreditkartengeschäft*

Zu sehr ähnlichen Ergebnissen kommt Oechsler, der die Frage etwas kompliziert über § 102 GWB angeht. Danach verstößt eine zwischenbetriebliche Zusammenarbeit gegen § 1 GWB, »wenn sie eine Abstimmung über Vertragsbedingungen zum Gegenstand hat, die die Kooperationspartner mit Dritten vereinbaren. Insbesondere können die Partner nicht die Entgelte festsetzen, die sie von Dritten fordern«[191]. Beispielhaft wird die Jahresgebühr für die Kreditkarte, das Disagio oder das Entgelt bei Zahlung mit Scheck genannt. In diesem Zusammenhang kommt auch eine Verletzung von Art. 85 EGV in Betracht. Grundsätzlich fallen abgestimmte Gebührensätze der Banken bei Überweisungen von einem Mitgliedstaat in den anderen unter das Verbot des Art. 85 EGV[192]. Anhaltspunkte dafür, daß eine Kooperation über Disagiogebühren i.S.v. Art. 85 Abs. 3 EGV gruppenfreistellungsfähig sein könnten, liegen zumindest nicht auf der Hand[193]. Im Gegenteil, die Funktionsfähigkeit des Kreditkartensystems steht, wie die Erfahrungen in anderen Ländern zeigen, durch Sicherung des Wettbewerbs über diese Gebühren nicht in Frage[194].

98

---

191 Diss., S. 285 (Ziff. 56).
192 EuGH ZiP 1981, 837.
193 Ähnlich Oechsler, Diss. S. 226 ff. mit weiterführenden Erwägungen.
194 Dazu vertiefend Hönn, ZBB 1991, 6, 21 ff.

§ 7 Kreditgeschäft

A. Grundlagen

I. Der Begriff Kredit
II. Entstehung der Kreditgeschäfte
III. Funktionen
IV. Der Darlehensvertrag

1. Grundsätze
2. Der Begriff des Darlehens
3. Die Rechtsnatur des Darlehensvertrages

Schrifttum:
Baumbach/Hopt, HGB-Komm., 29. Aufl., 1995; *Behrends*, Der Zwölftafelprozeß, 1974; *Bötticher*, Besinnung auf das Gestaltungsrecht und das Gestaltungsklagerecht, in FS für *Dölle*, Bd. I, 1963, S. 41; *Bürge*, Fiktion und Wirklichkeit: Soziale und rechtliche Strukturen des römischen Bankwesens, ZS – Romanistische Abteilung – Bd. 104, 1987, 465; *Büschgen*, Bankbetriebslehre, 1972; *von Caemmerer*, Fragen des Akzeptkredits, NJW 1955, 41; *Canaris*, Bankvertragsrecht, 3. Aufl., 1981; *Derleder*, Schadensersatzansprüche der Banken bei Nichtabnahme der Darlehensvaluta, JZ 1989, 165; Deutsche Bankengeschichte, hrsg. von *Klein*, Bd. 1, Von den Anfängen bis zum Ende des alten Reiches (1806), 1982; *Dittrich*, Der Darlehensvertrag in seiner rechtlichen Ausgestaltung, Marburger Diss., 1978; *Goldschmidt*, Handbuch des Handelsrechts, Bd. III, 1891; *Haase*, Ist das Darlehen ein Realvertrag?, JR 1975, 317; *Hagenmüller*, Der Bankbetrieb, Bd. II, 4. Aufl., 1978; *Hagenmüller/Jacob*, Der Bankbetrieb, Bd. II, 5. Aufl., 1987; *Hahn*, Währungsrecht, 1990; *Henrich*, Vorvertrag, Optionsvertrag, Vorrechtsvertrag, 1965; *Hopt*, Der Kapitalanlegerschutz im Recht der Banken, 1975; *Hopt-Mülbert*, Kreditrecht, 1989; *Kaser*, Römisches Privatrecht, 16. Aufl., 1992; *ders.*, Das römische Privatrecht, Bd. I, 2. Aufl., 171; *ders.*, Das römische Privatrecht, Bd. II, 1975; *Klausing*, Der Krediteröffnungsvertrag, RabelsZ, 1932, Sonderheft; *Koch*, Der Kredit im Recht, 1925; *ders.*, Banken und Bankgeschäfte, 1931; *Kunkel/Honsell*, Römisches Recht, 4. Aufl., 1987; *Kümpel*, Bank- und Kapitalmarktrecht, 1995; *Larenz*, Lehrbuch des Schuldrechts, Bd. II, Besonderer Teil, I. Halbband, 13. Aufl., 1986; *Lübtow*, Die Entwicklung des Darlehensbegriffs im römischen und im geltenden Recht, 1965; *Metz*, Die Vorfälligkeitsentschädigung, ZBB 1994, 205; *Mommsen*, Beiträge zum Obligationenrecht, Braunschweig 1853; *Mülbert*, Das verzinsliche Darlehen, AcP 192 (1992) 447; *Mugdan*, Die gesamten Materialien zum Bürgerlichen Gesetzbuch für das Deutsche Reich, Bd. 2, Neudruck der Ausgabe Berlin 1899, 1979; *Neumann-Duesberg*, Irrelevanz des Darlehens-Theorienstreits, NJW 1970, 1403; *Oertmann*, Recht der Schuldverhältnisse, 1929; *Reifner*, Schadensbegriff und Berechnung der Vorfälligkeitsentschädigung beim Hypothekenkredit, NJW 1995, 2945; *Schmidt*, Darlehen, Darlehensversprechen und Darlehenskrediteröffnung im Konkurs, JZ 1976, 756; *ders.*, Anm. zu BGH NJW 1975, 443 in JuS 1975, 397; *Schoen*, Der Krediteröffnungsvertrag als schuldrechtliche Rahmenverpflichtung, Diss. Erlangen-Nürnberg 1965; *Schönle*, Bank- und Börsenrecht, 2. Aufl., 1976; *Seidl*, Ptolemäische Rechtsgeschichte, 2. Aufl., 1962; *Stauder*, Der bankgeschäftliche Krediteröffnungsvertrag nach deutschem Recht, unter Berücksichtigung der in der Schweiz und in Frankreich vertretenen Theorien zu seiner rechtlichen Qualifikation, 1968; *Vogler*, Die Ansprüche der Bank bei Kündigung des Darlehensvertrages wegen Zahlungsverzuges, 1992; *Weber*, Das Vorfälligkeitsentgelt bei vorzeitiger Rückzahlung eines Hypothekendarlehens, NJW 1995, 2951; *Wolf/Horn/Lindacher*, AGB-Komm., 2. Aufl., 1989; *Würdinger*, Acceptkredit und Gefälligkeitsaccept, in FS für Müller-Erzbach, 1954, S. 117.

I. Der Begriff Kredit

Der Begriff Kredit (lat. credere) ist vielschichtig. Vor allem im anglo-amerikanischen Sprachraum verbindet sich mit dem Wort credit das Vertrauen in die Bonität des Schuldners. In Deutschland meint der allgemeine Sprachgebrauch mit dem Wort Kredit gewöhnlich ein Darlehen, das die Bank in Geld gewährt (§ 607 BGB). Aufsichtsrechtlich ist der Begriff weiter. Nach § 1 Abs. 1 Nr. 2 KWG sind Kreditgeschäfte jene, bei denen entweder ein Gelddarlehen oder ein Akzeptkredit gewährt wird. Und § 19 Abs. 1 KWG erweitert den Kreditbegriff noch stärker. Auch entgeltlich erworbene Geldforderungen, Bürgschaften oder Garantien eines Kreditinstitutes, Besitz des Kreditinstitutes an Aktien (mindestens 1/4 des Kapitals) oder Leasingverträge können Kredite i.S.d. §§ 13 – 18 KWG sein. Der Kreditbegriff des KWG umfaßt somit ganz unterschiedliche Schuldverträge, wie etwa Factoring oder Leasing und greift über das Darlehen i.S.v. § 607 BGB weit hinaus. Der Begriff des Kredites läßt sich deshalb nicht in Anlehnung an den Begriff des Darlehens i.S.v. § 607 BGB entwickeln. Denn dort heißt es: »Wer Geld ... als Darlehen empfangen hat, ist verpflichtet, ... das Empfangene ... zurückzuerstatten«. Man kann Geld oder andere vertretbare Sachen also *als Darlehen* empfangen, muß das aber nicht. Das ist richtig, denn man kann vertretbare Sachen z.B. auch mieten, leasen oder leihen, und man kann Geld, wie etwa beim Factoring und bei der Kreditkarte, durch einen Forderungskauf erwerben. Wann man es als Darlehen erwirbt, darüber schweigt das BGB. In den Motiven zum BGB heißt es insoweit: »Unleugbar bleibt, daß der Darlehensvertrag sich von den Verträgen, welche man bisher als Konsensualverträge zu bezeichnen gewohnt war (z.B. von Kauf und Miethe) immer in manchen nicht unerheblichen Punkten unterscheidet ...« 1

»Der Begriff des Darlehens ist im Uebrigen im Rechtsleben so eingebürgert, daß eine Definition entbehrlich erscheint«[1]. Diese Auffassung des historischen Gesetzgebers zum Darlehensbegriff wird heute zu Recht auch auf den Kreditbegriff angewandt[2]. Das hängt damit zusammen, daß ein Begriff, so auch der Kreditbegriff, unterschiedliche Funktionen und damit zugleich unterschiedliche Inhalte haben kann. In der Bankbetriebslehre hat Hagenmüller vertreten, daß »Kredit eine Leistung sei, die im Vertrauen darauf erbracht werde, daß die Gegenleistung zu einem späteren Zeitpunkt ordnungsgemäß erbracht werde«[3]. Mit einem solchen weiten Begriff würde man als Kredit jede Art von Vorleistung, etwa im Rahmen eines Kaufvertrages oder Mietvertrages, zu bezeichnen haben. Ähnlich hat der BGH im Jahre 1980 gesagt, daß Kreditgewährung im wirt- 2

---

1 Mugdan, Motive S. 169/170.
2 Hopt/Mülbert, vor § 607 Rz. 16; Müko-Westermann[2] vor § 607 Rz. 10.
3 Hagenmüller, Bd. II, 327; gegen ihn Hans E. Büschgen, S. 339.

schaftlichen Sinne, außer beim Darlehen, auch bei der sonstigen Belassung oder Überlassung von Geldmitteln, wie z.B. einer Stundungsabrede oder einer Vorauszahlung auf künftige Schuld vorliege[4]. Inzwischen verzichtet auch Hagenmüller auf eine materielle Definition des Kreditbegriffs und zieht sich auf eine institutionelle Betrachtungsweise zurück. »Aus bankbetriebswirtschaftlicher Sicht sind, so heißt es nun, Kredite und Kreditsurrogate als Geschäfte der Zentralbank und der Banken zu behandeln«[5]. Gelegentlich wird darauf hingewiesen, daß Würdinger[6] und von Caemmerer[7] sich um einen einheitlichen Rechtsbegriff des Kredits bemüht hätten. Das trifft nicht zu, beiden ging es um die Abgrenzung des Geldkredits von der Kreditleihe. Auch Koch hat nicht versucht, einen dem BGB quasi vorgegebenen allgemeinen Rechtsbegriff des Kredits zu kreieren[8]. Der entscheidende Grund ist, daß Kredit weder ein (hinreichend präziser) ökonomischer noch ein rechtlicher Begriff ist, sondern vielmehr als Terminus für ein Phänomen steht, das man »Vorleistung gegen Entgelt« nennen könnte[9]. Symptomatisch für diese Einschätzung ist der Wortlaut von § 1 Abs. 2 VKG, wonach ein Kreditvertrag vorliegt, wenn ein Darlehen, ein Zahlungsaufschub oder eine sonstige Finanzierungshilfe gewährt wird. Daran anknüpfend hat der BGH am 16.11.1995 entschieden, daß der Begriff Kredit der »Umschreibung eines wirtschaftlichen Sachverhalts« dient, »bei dem es um die zeitweilige Überlassung von finanziellen Mitteln geht, welche dem Verbraucher ohne die Kreditabsprache nicht zur Verfügung stünden«[10].

3   Wenn im folgenden vom Kreditgeschäft der Banken die Rede ist, so wird damit weder an einen ökonomischen noch an einen einheitlichen rechtlichen Begriff des Kredits angeknüpft, sondern es werden einige für die Bankpraxis wichtige Geschäftstypen dargestellt, für die es sich eingebürgert hat, den Sammelbegriff »Kreditgeschäft« zu wählen. Da es sich insoweit um die Ebene Bank – Kunde handelt, wird es um die Darstellung bankprivatrechtlicher Fragestellungen gehen. Aus diesem Grunde bietet es sich auch nicht an, eine Anbindung an § 1 Abs. 1 Nr. 2 KWG zu suchen und etwa zwischen Gelddarlehen und Akzeptkrediten zu unterscheiden[11].

---

4   BGH NJW 1980, 884 f; ähnlich BB 1996, 178, 179.
5   Hagenmüller/Jacob[5], Bd. II, S. 13.
6   In FS Müller-Erzbach, S. 119 ff.
7   von Caemmerer, NJW 1955, 41, 44 f.
8   Koch, Der Kredit im Recht, S. 2 ff.; ders., Banken und Bankgeschäfte, 1931, S. 89 ff.
9   Ähnlich Müko-Ulmer, § 1 VKG Rz. 29 m.w.N.
10 BB 1996, 178, 179.
11 So aber Hopt/Mülbert, vor § 607 Rz. 17, die diesen Ansatz aber selbst nicht durchhalten.

II. Entstehung der Kreditgeschäfte

Es wurde oben gezeigt, daß das Darlehen das Grundgeschäft des Kreditverkehrs ist. Während nach § 607 Abs. 1 BGB der Kreditnehmer verpflichtet ist »das Empfangene in Sachen von gleicher Art, Güte und Menge zurückzuerstatten«, war es für das ptolemäische Recht (323 v.Chr.) entscheidend, daß der Darlehensgeber einen der Darlehenssumme entsprechenden Wert bei Fälligkeit des Darlehens zurückbekommt. D.h. es war z.B. möglich, für empfangenes Saatgut Geld zurückzuleisten, für Geld Getreide oder irgendein anderes Gut, das der Empfänger zu nehmen bereit war[12]. Im Römischen Recht der historischen Zeit tritt das Naturaldarlehen stark zurück, das Gelddarlehen dominiert. Bis heute streitig ist die Rechtsnatur des sog. Nexum[13]. Sehr alt ist auch das formlose Darlehen (mutuum)[14].

4

Das mutuum ist der Grundtypus des Kreditgeschäfts, bei dem jemand ein Kapital einem anderen zur Nutzung anvertraut (credere). Dabei wurde es zunächst zinslos, also unentgeltlich gewährt. Zinsen mußten durch Stipulation vereinbart werden[15]. Beim Darlehen für den Seetransport (pecunia trajectitia), für das man einen besonders hohen Zins, das foenus nauticum, schuldete, trug nach griechischem Vorbild der Geldgeber die Gefahr. Gingen die auf dem Schiff verladenen Waren unter, so war der Darlehensnehmer frei. Dieses Darlehen erfüllte zugleich die Funktion einer Seeversicherung (foenus nauticum). Allerdings ist daran zu erinnern, daß es ein ausgedehntes auf Gewinnerzielung gerichtetes Kreditgeschäft in Rom nicht gab, das römische Bankwesen ist vielmehr eine moderne Fiktion[16]. Das änderte sich erst mit dem aufblühenden Handel im späten Mittelalter grundlegend. Neben dem Wechselkreditgeschäft kannte man seit dem 13. Jh. das zinsbare Darlehen, wenngleich wegen des kanonischen Zinsverbotes regelmäßig verhüllt und in mannigfachsten Verkleidungen. Meist wurde der Zins »sogleich zum Kapital geschlagen und das ganze als eine Kapitalsumme verschrieben. Für den Fall des Zahlungsverzugs war es üblich, Schadensersatz (damnum) bzw. Konventionalstrafe (duplum) auszubedingen, und so mußten, bei dem exorbitanten Zinsfuß, die Schulden in kurzer Zeit unerschwinglich anschwellen«[17]. Es ist naheliegend, daß das zinsbare Darlehen in dem Maße an Bedeutung gewinnen mußte, wie das kanonische Zinsverbot (325 n.Chr.) – zunächst durch landesgesetzliche Regelungen – aufgelockert und 1741 n.Chr. endgültig aufgehoben wurde.

5

---

12 Seidl, S. 132.
13 Behrends, S. 152.
14 Kaser, S. 183.
15 Kunkel/Honsell, S. 106 f.
16 Bürge, ZS – Romanistische Abteilung – Bd. 104, 1987, S. 465.
17 Goldschmidt, S. 318.

Was die äußere Form des Darlehens angeht, so findet sich im 16. Jh., jedenfalls in Berlin, nicht mehr die gerichtliche Beurkundung mit Eintragung in das Schöffenbuch, sondern es genügte die förmliche Schuldverschreibung mit Unterschrift und Siegel, Angabe der Sicherheiten sowie Zins- und Rückzahlungsversprechen[18]. Es war ferner – wie heute immer noch – üblich, die Mithaftung durch Bürgen vorzusehen und es gab eine der heutigen Beugehaft entfernt vergleichbare persönliche Sicherung, bei dem Schuldner und Bürgen sich verpflichteten, mit mindestens zwei Pferden und einem Knecht an einem bestimmten Ort einzureiten und dort Herberge zu halten, bis sie sich ausgelöst haben würden (Einlager)[19].

III. Funktionen

6   Es wird deutlich, daß das Darlehen in vielfältigster Form bereits die Basis der mittelalterlichen Bankgeschäftstätigkeit bildete. Diese Funktion hat es bis heute nicht verloren. *Mikroökonomisch bedeutet das, daß Banken den Teilnehmern am Wirtschaftsverkehr (öffentliche Hand/Unternehmen/Private) Geldkapital zur Finanzierung des Güterumlaufs zur Verfügung stellen. Makroökonomisch bewirken Kredite tendenziell Innovation und Wachstum, begrenzt durch die einer Volkswirtschaft zur Verfügung stehenden Ressourcen. Kreditvergabe kann inflationär wirken, nämlich dann, wenn das Angebot von Waren und Dienstleistungen in einer Periode, multipliziert mit dem Preis, gegenüber der Geldmenge, multipliziert mit der Umlaufgeschwindigkeit, nicht im Gleichgewicht ist.*

7   In einer solchen Situation ist die Nachfrage nach Waren und Dienstleistungen größer als das Angebot; die Preise steigen. Hieran wird deutlich, daß der Kreditspielraum der Banken begrenzbar sein muß. Insoweit stehen der Deutschen Bundesbank währungspolitische Befugnisse nach §§ 14 – 18 BBankG zur Verfügung. Danach hat die Deutsche Bundesbank das ausschließliche Recht, Banknoten auszugeben (§ 14 BBankG). Ferner kann sie zur Beeinflussung des Geldumlaufs und der Kreditgewährung die für ihre Geschäfte jeweils anzuwendenden Zins- und Diskontsätze festlegen (§ 15 BBankG) und schließlich im Rahmen der Mindestreservepolitik verlangen, daß die Kreditinstitute bestimmte Guthaben auf einem Girokonto bei der Bundesbank unterhalten (Mindestreserve i.S.v. § 16 BBankG)[20]. Kreditvergabe und Währungsrecht sind ihrerseits wesentliche Faktoren bei der Realisierung dessen, was § 1 Stabilitätsgesetz als »magisches Viereck« formuliert. Danach sind die wirtschaftspolitischen Maßnahmen von Bund und Ländern so zu treffen, »daß sie ... zur Stabili-

---

18 Deutsche Bankengeschichte, Bd. 1, S. 69.
19 Deutsche Bankengeschichte, Bd. 1, S. 69 f.
20 Vertiefend Hahn, S. 269 ff.

tät des Preisniveaus, zu einem hohen Beschäftigungsstand und außenwirtschaftlichem Gleichgewicht bei stetigem und angemessenem Wirtschaftswachstum beitragen«.

IV. Der Darlehensvertrag

Rechtliches Mittel zur Verwirklichung der Funktionen des Kreditgeschäftes ist der gegenseitige Vertrag. Dabei kann es sich je nach Fallgestaltung um ein Darlehen i.S.v. § 607 BGB, oder um einen Forderungskauf i.S.v. § 437 BGB (Factoring), oder um einen Leasingvertrag, oder um einen Akzeptkredit i.S.v. Art. 25 WG, oder um einen Verbraucherkredit i.S.d. Verbraucherkreditgesetzes handeln, um nur einige Beispiele zu nennen. Daraus folgt, daß es *den* Kreditvertrag im Rechtssinne nicht gibt. Es gibt aber zwei die Bankpraxis dominierende vertragliche Grundformen des Kreditgeschäftes, die hier sinnvollerweise dargestellt werden können, zum einen den Darlehensvertrag i.S.v. § 607 BGB und zum anderen den Krediteröffnungsvertrag.

8

1. Grundsätze

Wer Geld als Darlehen empfangen hat, ist verpflichtet, es zurückzuerstatten (§ 607 Abs. 1 BGB). Das gleiche gilt für andere vertretbare Sachen (§ 91 BGB), wie z.B. Wertpapiere oder Serienmöbel[21], oder Maschinen gewöhnlicher Art und üblicher Beschaffenheit[22], oder Wein in seiner durch Rebsorte, Lage, Jahrgang und Qualitätsstufe bestimmten Gattung[23]. In diesen Fällen ist der Empfänger verpflichtet, Sachen von gleicher Art, Güte und Menge zurückzuerstatten (§ 607 Abs. 1 BGB). Hierneben kann jemand, der Geld oder andere vertretbare Sachen aus einem anderen Grund schuldet die Umwandlung dieser Schuld in ein Darlehen mit dem Gläubiger vereinbaren (§ 607 Abs. 2 BGB). Man spricht in diesen Fällen von einem *Vereinbarungsdarlehen*. Der insoweit erforderliche Vertrag, mit dem Inhalt z.B. eine bestehende Kaufpreisschuld aus § 433 Abs. 2 BGB in eine Darlehensschuld umzuwandeln, ist selbst kein Darlehen, sondern Vertrag sui generis (§ 305 BGB)[24].

9

Der Gesetzgeber knüpft also an einen Darlehensbegriff an, den er selbst nicht definiert und zwar deshalb, weil »der Begriff des Darlehens ... im Rechtsleben so eingebürgert ist, daß eine Definition entbehrlich erscheint«[25]. Ob das sehr glücklich war, sei dahingestellt. Jedenfalls zwingt

10

---

21 BGH NJW 1971, 1794.
22 RGZ 45, 64.
23 BGH NJW 1985, 2403.
24 Palandt-Putzo, § 607 Rz. 15 (allg. M.); grundlegend von Lübtow, S. 81 ff.
25 Mugdan, Bd. 2, Motive S. 170.

diese Zurückhaltung des Gesetzgebers dazu, zunächst einmal den Begriff Darlehen zu definieren, also zu klären, welche Funktionen dieser Vertragstyp in Abgrenzung zu anderen, wie beispielsweise Kauf, Miete oder Leihe, erfüllt (2). In einem zweiten Schritt wird dann zu klären sein, welche Voraussetzungen erfüllt sein müssen, damit ein Darlehensvertrag zustande kommt. Auf diese Weise wird die *Rechtsnatur* des Darlehens geklärt (3).

2. Der Begriff des Darlehens

11 Wer Geld oder andere vertretbare Sachen als Darlehen empfangen hat, ist, so heißt es in § 607 Abs. 1 BGB, verpflichtet, dem Darleiher das Empfangene in Sachen von gleicher Art, Güte und Menge zurückzuerstatten. Man kann also Geld oder andere vertretbare Sachen als Darlehen empfangen, muß das aber nicht. Hat man es jedoch als Darlehen empfangen, so ist man verpflichtet, Sachen von gleicher Art, Güte und Menge zurückzuerstatten. Diese Rechtsfolge ist für das Darlehen verbindlich und relativiert die Aussage, daß § 607 Abs. 1 BGB den Begriff des Darlehens in vollem Umfang voraussetze. Aus der Tatsache, daß jemand, der Sachen als Darlehen empfangen hat, verpflichtet ist, das Empfangene in Sachen von gleicher Art, Güte und Menge zurückzuerstatten, folgt, daß ein Darlehen dann und nur dann vorliegen kann, wenn zumindest folgende Voraussetzungen erfüllt sind:

(1) Der Empfänger muß sich *verpflichten*, etwas zurückzuerstatten.

(2) Zurückzuerstatten sind Sachen von *gleicher* Art, Güte und Menge.

Aus diesen zwei zwingenden Merkmalen des Darlehens folgt, daß das Darlehen auf *Vertrag* (verpflichtend) beruht. Ferner folgt daraus, daß dem Empfänger das Darlehen *nur auf Zeit* belassen wird, denn sonst gäbe der Begriff »zurückerstatten« keinen Sinn. Die auf Zeit überlassenen Sachen (z.B. Geldscheine) müssen nur in *gleicher* Art, Güte und Menge zurückerstattet werden. Der Darlehensnehmer muß also nicht *dasselbe* zurückerstatten. Das bedeutet, daß man ihm mit dem Darlehen die Rechtsposition verschaffen muß, die es ihm erlaubt, mit den überlassenen Sachen zu machen was er will. Eine solche Rechtsposition vermittelt nur das *Eigentum* (§ 903 BGB). Der Begriff des Darlehens setzt also Eigentumsverschaffung voraus, mit der Folge, daß Rechtspflichten für eine etwa ordnungsgemäße Nutzung der Sachen während der Laufzeit des Darlehens, nicht bestehen. Zusammengefaßt zeigt sich, daß die in § 607 Abs. 1 BGB scheinbar nur formulierte Rechtsfolge ganz erhebliche tatbestandliche Festlegungen für den Begriff des Darlehens beinhaltet.

12 Ein Darlehen liegt dann vor, wenn jemand im Rahmen eines privatrechtlichen Vertrages einem anderen eine vertretbare Sache übereignet, wobei sich der Empfänger verpflichtet nach Ablauf einer bestimmten ver-

einbarten Zeit, Sachen gleicher Art, Menge und Güte zurückzuerstatten. Die Unterschiede zu anderen Gebrauchsüberlassungsverhältnissen des BGB liegen damit klar auf der Hand. Der Kauf ist prinzipiell entgeltlich und kennt keine Rückerstattungspflicht[26]. Miete, Leasing und Pacht sind ebenfalls entgeltlich; zurückzugewähren ist derselbe Gegenstand, mit der Folge, daß es Rechtspflichten für eine ordnungsgemäße Nutzung gibt. Das gilt in gleicher Weise auch für die ansonsten unentgeltliche Leihe[27]. Angesichts des hier aus der Rechtsfolge des § 607 Abs. 1 BGB entwickelten Begriffs des Darlehens, bleibt die Frage zu klären, welche Bedeutung die Worte »als Darlehen« im ersten Halbsatz der Norm wohl haben könnten. Eine neben dem Darlehen stehende Verpflichtung mit dem Inhalt, empfangene Sachen von gleicher Art, Güte und Menge zurückerstatten zu müssen, kennt das bürgerliche Recht nicht. Daraus folgt, daß die Worte »als Darlehen« im ersten Satzteil von § 607 Abs. 1 BGB deklaratorischer Natur sind. Mit ihnen verbindet sich keine den Begriff des Darlehens materiell erweiternde Funktion.

§ 607 Abs. 1 BGB ist also wie folgt zu lesen: Wer verpflichtet ist, Geld oder andere vertretbare Sachen in gleicher Art, Güte und Menge zurückzuerstatten, hat ein Darlehen empfangen. Die Definition des Begriffs Darlehen ist also nicht deshalb entbehrlich, weil das Darlehen »im Rechtsleben so eingebürgert« ist[28], sondern weil § 607 Abs. 1 BGB die Definition vollständig enthält. Um es in den Worten des Reichsgerichtsrätekommentars zu sagen: »Das Darlehensgeschäft besteht in der Überlassung von Geld oder anderen vertretbaren Sachen durch Übertragung des Eigentums zur wirtschaftlichen Verwertung der überlassenen Sachen gegen das Versprechen der Rückerstattung anderer Sachen der gleichen Gattung in gleicher Zahl, Güte und Menge. Der Sinn des Darlehens ist nicht die dauernde Vermehrung des Vermögens des Empfängers um die hingegebenen Sachen. Dem Empfänger soll vielmehr nur die zeitweilige Nutzung gewährt werden. Das Darlehen setzt deshalb begrifflich das Recht des Gläubigers, das Darlehen zurückzufordern, und die Verpflichtung des Schuldners, es zurückzuerstatten, voraus (BGHZ 25, 174, 177)«[29]. Damit wird die ansonsten allgemeine Meinung ausgedrückt[30].

Nach § 608 BGB können für ein Darlehen *Zinsen* bedungen sein. Für das banktypische Gelddarlehen ist das der Regelfall (§ 354 Abs. 2 HGB).

13

14

---

26 »Der Zweck des Kaufcontracts geht nämlich dahin, daß der Käufer die Sache als eine seiner Herrschaft unterworfene behalte (ud rem emptori habere liceat); ...«, so zu Recht Mommsen, Beiträge zum Obligationenrecht, S. 11 f.
27 Vgl. die ähnliche Synopse bei Larenz, Lehrbuch des Schuldrechts, Bd. II: Besonderer Teil 1. Halbband, S. 297.
28 Mugdan, Bd. 2, Motive S. 170.
29 RGRK-Ballhaus[12], 1978, vor § 607 Rz. 1.
30 Palandt-Putzo[52] § 607 Rz. 1; Erman-Schopp[8], § 607 Rz. 1; Müko-Westermann[2], vor § 607 Rz. 3 f.; Soergel-Lippisch/Häuser[11], § 607 Rz. 1; RG JW 1919, 242.

Begrifflich zwingend ist die Entgeltlichkeit für das Darlehen aber nicht; es gibt selbstverständlich auch zinslose Darlehen.

3. Die Rechtsnatur des Darlehensvertrages

15 Es ist nach wie vor nicht unstreitig, ob das Darlehen ein Realvertrag oder ein Konsensualvertrag ist[31]. Beide Vertragstypen wurzeln im römischen Recht. Das ältere nexum, über das es eine Vielzahl von Hypothesen gibt, diente wohl als exekutives Darlehensgeschäft und wird zunächst ein realer Austauschakt gewesen sein: Der Geldgeber wog dem anderen Teil eine effektive Geldsumme zu und erhielt dafür von diesem eine Zugriffsgewalt auf seine Person eingeräumt. Dieses Geschäft hatte die wirtschaftliche Funktion eines Darlehens; anfangs als »reine Pfandhaftung«, indem der Geldgeber (Gläubiger), wenn der Geldnehmer nicht gelöst wurde, auf dessen Person greifen konnte; später in dem Sinn, daß der Geldnehmer die Rückzahlung »schuldete«[32]. Das nexum wurde wegen der Gefahr des Mißbrauchs durch den Gläubiger wohl schon im 4. Jh. (im Lauf des Ständekampfs) verboten[33]. Neben dem nexum entwickelte sich das formlos vereinbarte mutuum, ein Darlehen durch Übereignung von Geld oder anderen vertretbaren Sachen, die den Empfänger zur Rückübereignung der gleichen Summe oder Menge verpflichtete[34]. Abgesehen von einigen formlos gewährten Freundschaftsdarlehen, bei denen die Verpflichtung nach wie vor auf der mit der Einigung verbundenen Geldhingabe beruhte, wird die Rechtsstruktur des Darlehens jetzt von der *Beurkundung* des Rückzahlungsversprechens beherrscht. Anders als beim Realkontrakt ist die Auszahlung der Darlehenssumme nicht mehr Verpflichtungsgrund, sondern vielmehr die Stipulation, bei der die Erteilung des Schuldscheines zu den Wesensmerkmalen gehörte[35]. Allerdings ordnet Kaser selbst das mutuum in anderem Zusammenhang als Realkontrakt ein[36]. Diese Unsicherheit beherrschte auch das gemeine Recht zur Zeit der Entstehung des BGB. In den Motiven heißt es ausdrücklich: *In der Theorie herrscht Streit, ob für das moderne Recht an der römisch-rechtlichen Unterscheidung zwischen Konsensual- und Realkontrakten festzuhalten sei*[37].

16 Unleugbar sei allerdings, daß der Darlehensvertrag sich von den Verträgen, die man bisher als Konsensualverträge zu bezeichnen gewohnt war

---

31 Umfassend Mülbert, AcP 192 (1992) 447 ff.
32 Kaser, Das römische Privatrecht, 2. Aufl., Bd. I, S. 167; vgl. dort die weiteren Nachweise auf S. 166 in Fn. 2.
33 Kaser, S. 167 m.w.N.
34 Kaser, Das römische Privatrecht, Bd. II, S. 369.
35 Kaser, Bd. II, S. 369 m.w.N.; umfassend von Lübtow, Entwicklung des Darlehensbegriffs im römischen und im geltenden Recht, Berlin 1965; passim; instruktiv Haase, JR 1975, 317 ff.
36 Bd. II, S. 530 (§ 124. Die Irrealkontrakte. 1. Darlehen (mutuum)).
37 Mugdan, Bd. 2, Motive S. 169.

(z.B. Kauf und Miete), in nicht unerheblichen Punkten unterscheide. Würde man die Natur des Darlehensvertrages als eines Konsensualvertrages wie im schweizerischen Obligationenrecht hervorheben, so könnte dies z.B. zu der unrichtigen Folgerung verleiten, es dürfe aus dem Vertrage auf Zurückerstattung geklagt werden, ohne daß die Behauptung der Darleihung nötig sei[38]. Die nächste Erwägung war noch etwas komplizierter. Man stellte sich einen Schuldner, z.B. aus Kaufvertrag vor, der mit dem Verkäufer einen danebenstehenden Darlehens-(vor-)vertrag geschlossen hatte. Wenn nun der Schuldner aus diesem Darlehens-(vor-)vertrag auf Zahlung klage, so könne der Gläubiger die Einrede der Kompensation mit der Wirkung erheben, daß sich gegen den Willen des Schuldners die Schuld (aus dem Kaufvertrag) in eine Darlehensschuld verwandele[39]. Schließlich sei der Schuldner womöglich befugt, die aus dem gedachten (Darlehens-)Vertrage entspringenden Rechte zu cedieren[40]. Insgesamt bestünde jedenfalls kein Bedürfnis »in Erledigung des wissenschaftlichen Streites den Darlehensvertrag als einen gewöhnlichen Konsensualvertrag zu bezeichnen«. Es sei vielmehr eine Fassung zu wählen, welche zum Ausdruck bringe, daß die Erstattungspflicht notwendig den *vorherigen Empfang* des Darlehens voraussetze. Nur der Darlehensempfänger sei zur Rückerstattung verpflichtet. Damit stehe der Entwurf auch im Einklang mit den meisten Kodifikationen; und schließlich sei hierdurch selbstverständlich die Anerkennung der Verbindlichkeit des auf die Hingabe eines Darlehens gerichteten, der Darleihung selbst vorausgehenden Vertrages, nicht ausgeschlossen[41].

Der historische Gesetzgeber hat sich somit weder für die Realvertragstheorie noch gegen die Konsensualtheorie entschieden, allerdings die Rückgabepflicht des Darlehensnehmers davon abhängig gemacht, daß er zuvor das Darlehen empfangen hat. Diese scheinbar nur pragmatische Konstruktion wirkt allerdings auf die Rechtsnatur des Darlehens zurück. Der Rückerstattungsanspruch ist von der Hingabe des Darlehens abhängig, und umgekehrt. Da die Hingabe auf dem Willen der Parteien beruht, muß sich dieser notwendigerweise auch auf die Rückerstattung erstrecken[42]. Diesen Anforderungen genügt nur die Konsensualtheorie. Zu Recht formuliert deshalb Larenz[43]: »Der Darlehensnehmer verpflichtet sich von vornherein nur zur Rückerstattung dessen, was er (tatsächlich) als Darlehen empfangen wird oder gleichzeitig empfängt«. Es zeigt sich, daß es sich beim verzinslichen Darlehen um einen echten gegenseitigen Vertrag i.S.d.

17

---

38 Mugdan, Bd. 2, Motive S. 170.
39 Mugdan, aaO.
40 Mugdan, aaO.
41 Mugdan, aaO.
42 Ähnlich Dittrich, S. 79 ff.; differenzierter Mülbert, aaO., 451 ff.
43 AaO., S. 299.

§§ 320 ff. BGB handelt, während das zinslose Darlehen, wie die Leihe, als zweiseitig verpflichtender Vertrag einzuordnen ist. Entscheidend hierfür sind zwei Argumente:

18 (1) Beim verzinslichen Darlehen findet ein *gegenseitiger Leistungsaustausch* statt. Ähnlich wie bei Miete und Leasing überläßt der Darlehensgeber das Kapital zum zeitweiligen Gebrauch dem Darlehensnehmer. In dieser *fortdauernden Belassung des Kapitals* während der vereinbarten Laufzeit des Darlehens liegt die Leistung des Kapitalgebers. Der Darlehensnehmer seinerseits ist zur Rückzahlung verpflichtet und beim entgeltlichen Darlehen daneben zur Zinszahlung[44]. Demgegenüber ist die Interpretation des Darlehens als eines streng einseitigen Realvertrages lebensfremd. Denn danach wird nur der Darlehensnehmer zur Rückzahlung, evtl. auch zur Zinszahlung verpflichtet, der Darlehensgeber hingegen erlangt nur Rechte[45]. Auch der BGH, der noch in den 60er Jahren der Realvertragstheorie zuneigte[46], räumt inzwischen der Konsensualvertragstheorie den Vorrang ein[47].

(2) Ein wichtiges weiteres Argument hat Haase 1975 formuliert[48]: Die Übergabe der res als konstitutives Element, welche die Römer in ihrem »Sinn für feste Rechtsformen« ... brauchten, ist bei uns wegen des Prinzips der *Privatautonomie im Schuldrecht* überflüssig geworden. Die Zerlegung des Lebensvorgangs in einen Vorvertrag (pactum de mutuo dando) und einen Realvertrag bei der Übergabe ist gekünstelt[49]. Dem kann man nur zustimmen und hinzufügen, daß es den Parteien selbstverständlich unbenommen ist, realvertraglichen Vorstellungen zu folgen und das Darlehen als bloßen Vorvertrag und die Darlehenshingabe als eigentlichen Darlehensvertrag zu konzipieren, wenngleich man das »angesichts der Künstlichkeit dieser Konstruktion jedenfalls für das Bankdarlehen nur bei Vorliegen besonderer Anhaltspunkte annehmen« kann[50].

19 Es ist von verschiedenen Seiten darauf hingewiesen worden, daß der *Streit um die Rechtsnatur* des Darlehens *keine allzu großen praktischen Wirkungen* hat[51]. Denn aus der Vereinbarung über die Hingabe des Darlehens kann nach beiden Auffassungen unmittelbar auf Auszahlung der Darlehensvaluta geklagt werden[52]. Auch ein Anspruch auf Rückgewähr

---

44 Wie hier Larenz, aaO., S. 298; Müko-Westermann, vor § 607 Rz. 5; RGRK-Ballhaus, vor § 607 Rz. 4; Karsten Schmidt, JuS 1975, 397 (Anm. zu BGH NJW 1975, 443); ders., JZ 1976, 756 ff.; Canaris³, Rz. 1282.
45 So noch Oertmann, vor § 607 Ziff. 5 a.
46 BGH WM 1962, 114 f.; 1962, 1264 f.
47 NJW 1975, 443 f.; noch stärker NJW 1975, 775; WM 1988, 221, 223.
48 JR 1975, 317, 319.
49 Ähnlich Canaris³, Rz. 1282.
50 Canaris³, Rz. 1284.
51 Karsten Schmidt, JuS 1975, 397 – Nachweise in Fn. 7.
52 BGH NJW 1975, 443 mit Anm. Karsten Schmidt JuS 1975, 397; Neumann-Duesberg, NJW 1970, 1403 ff.

des Darlehens entsteht nach beiden Auffassungen erst mit dem Empfang der Darlehensvaluta[53]. Es mag sein, daß man im Regelfall zu gleichen Ergebnissen kommt, wenn man sich zwei verschiedene Verträge vorstellt, nämlich ein Darlehensversprechen (als Vorvertrag) und das Darlehen selbst als Realvertrag, begründet durch die Hingabe der Valuta. In gleicher Weise könnte man sich einen Miet-, Leih-, Leasing- oder Kaufvertrag als zwei verschiedene, aber aufeinander bezogene, Verträge vorstellen. Auch dort wäre es denkbar, daß z.B. der Vermieter die Überlassung der Mietsache zunächst verspricht (Mietvorvertrag) und die eigentliche Miete erst durch reale Überlassung der gemieteten Sache zustande kommt. Man würde einer solchen Konstruktion aber zu Recht vorwerfen, daß sie völlig lebensfremd ist, indem sie die gegenseitigen Rechte und Pflichten voneinander trennt und damit den aufeinander bezogenen Willen der Parteien willkürlich in zwei verschiedene Verträge überführt, die ihrerseits nur dann einen Sinn geben, wenn man sie aufeinander bezogen betrachtet. Diese künstliche Aufspaltung des Parteiwillens müßte, um mit dem Grundsatz der Privatautonomie in Einklang zu bringen zu sein, rechtlich geboten sein. Ansonsten bindet der Parteiwille den Rechtsanwender und Richter, läßt also für juristische Alternativkonstruktionen keinen Raum. *Daraus folgt, daß der Darlehensvertrag als Konsensualvertrag begriffen werden muß*[54], *wenn und soweit die Parteien sich gegenseitig verpflichten wollen und Schutzgründe nicht entgegenstehen. Insoweit besteht keine Beliebigkeit für die Rechtsprechung.*

Hierneben kann es um die Frage der Anwendbarkeit der §§ 320 ff. BGB gehen. Insoweit ist zu beachten, daß das Darlehen wegen seiner Zeitbezogenheit ein *Dauerschuldverhältnis* ist. Nach Überlassung des Kapitals tritt deshalb an die Stelle des in §§ 325 f. BGB vorgesehenen Rücktrittsrechtes das Recht zur außerordentlichen Kündigung[55]. Zusammenfassend bleibt festzuhalten, daß das verzinsliche Darlehen ein gegenseitiger Vertrag ist, durch welchen sich der Geber verpflichtet, das Darlehen dem Nehmer durch Eigentumsverschaffung zu übertragen und es ihm zur zeitlichen Nutzung zu belassen[56]. Der Nehmer seinerseits verpflichtet sich zur Zah-

20

---

53 Neumann-Duesberg, aaO., S. 1404.
54 So i.E. auch Mülbert, aaO., S. 515.
55 Larenz, aaO., S. 300 m.w.N.; Canaris[3], Rz. 1283; gegen eine Einordnung des Darlehensvertrags als Dauerschuldverhältnis Vogler, S. 183, wonach die Bank nach wirksamer Fristsetzung und Ablehnungsandrohung ihr Wahlrecht dahin ausüben kann, Schadensersatz wegen Nichterfüllung nach § 326 Abs. 1 S. 2 BGB zu verlangen; – dies wird auch von anderen nicht ausgeschlossen, d.h. die Einordnung des Darlehens als Dauerschuldverhältnis beseitigt nicht den Tatbestand des § 326 BGB, sondern ersetzt das Rücktrittsrecht durch das Recht zur außerordentlichen Kündigung; in diesem Sinne Canaris[3], Rz. 1283, 1234 ff.
56 Vgl. hierzu die umfassenden Schrifttumsnachweise bei Vogler, S. 152 ff., der zu Recht mit von Böhm-Bawerk präzisiert, daß beim Darlehen in Wirklichkeit keine zeitweilige Nutzung, sondern Verbrauch der überlassenen Sache (wie beim Kauf) vorliegt, denn der Darlehensnehmer schuldet gerade nicht die Rückgabe der »genutzten Sache«, sondern die Rückerstat-

lung des Zinses und zur Rückerstattung in gleicher Art, Menge und Güte. Beim, für die Bankpraxis untypischen, zinslosen Darlehen entfällt die Zinszahlungspflicht, d.h. das Darlehen wird, wie die Leihe, zum zweiseitig verpflichtenden Vertrag. Handelt es sich um ein für die Bankpraxis ebenfalls irrelevantes Sachdarlehen, so werden die Vorschriften des Kaufrechts wegen etwaiger Mängel der Sache nach § 493 BGB entsprechend angewandt[57]. Es zeigt sich, daß der Darlehensvertrag seine Funktionen, Schuldner und Gläubiger gegenseitig zu verpflichten, nur erfüllen kann, wenn man ihn als Konsensualvertrag auffaßt.

B. Krediteröffnungsvertrag

I. Begriff und Rechtsnatur
II. Zustandekommen des KEV
III. Das Recht auf Kreditgewährung
   1. Das Abrufrecht
   2. Auszahlungsmodalitäten
   3. Abtretbarkeit/Pfändbarkeit
     a) Abtretung
     b) Pfändung
IV. Das Verhältnis zum Verbraucherkreditgesetz
V. Bereitstellungszinsen
VI. Nichtabnahmeentschädigung
   1. Die Beurteilung nach dem AGBG
   2. Konkreter Schadensersatz nach § 326 BGB

I. Begriff und Rechtsnatur

21 Der Krediteröffnungsvertrag (KEV) ist ein Produkt der Bankpraxis. Eine gesetzliche Regelung gibt es nicht. Vielmehr hat sich der Gesetzgeber aus Gründen, die heute auch aus den Motiven nicht mehr nachvollziehbar sind, darauf beschränkt, einige wenige Regeln zum Darlehen (§§ 607 – 610 BGB) zu schaffen und dabei als Grundtypus auf das unverzinsliche Gefälligkeitsdarlehen abgestellt.

»Die Verpflichtung zur Zahlung von Darlehenszinsen, so heißt es in den Motiven, versteht sich nicht von selbst; sie muß vielmehr durch besondere Verabredung bedungen werden.

---

tung einer anderen Sache von gleicher Art, Güte und Menge; vgl. auch die sog. Begründungsversuche von Mülbert aaO., S. 452 f., die etwas begriffsjuristisch wirken.
57 BGH NJW 1985, 2417.

Selbstverständlich können Zinsen auch stillschweigend vereinbart werden«[58]. Hierneben weist nur noch § 778 BGB auf den Kredit hin. Danach haftet man wie ein Bürge, wenn man jemand anderen beauftragt, einem Dritten Kredit zu gewähren. Auch die Hinweise im Handelsrecht sind dürftig. Nach § 354 Abs. 2 HGB wird lediglich klargestellt, daß Kaufleute für Darlehen vom Tag der Leistung an Zinsen berechnen dürfen. Angesichts dieser für deutsche Verhältnisse in der Tat überraschenden Zurückhaltung mußte die Praxis einen Krediteröffnungsvertrag entwickeln, mit dessen Hilfe alle Formen von Kreditgewährung, also nicht nur das Darlehen, sondern auch der Diskont-, der Akzept- oder der Avalkredit erfaßbar wurden. Vorbilder für diesen Vertragstyp gibt es in den Artt. 1842 ff. des italienischen Codice civile (von 1942)[59]. In Frankreich hat die Kommission zur Reform des Handelsrechts Anfang der 50er Jahre vorgeschlagen, den KEV als Bankvertrag zu ordnen[60]. Für das deutsche Recht ging das Reichsgericht bereits im Jahre 1927 von einem gefestigten Begriff des KEV aus. Es formulierte in einem Fall, in dem es um die Haftung eines Gesellschafters vor Eintragung der Aktiengesellschaft ging: »Die beiden Vorstandsmitglieder der Aktiengesellschaft schlossen mit der Klägerin einen auf längere Dauer berechneten Krediteröffnungsvertrag ab. Über den Kredit sollte allmählich durch Ziehung von Schecks auf die Klägerin verfügt werden. Ein derartiger Geschäftsverkehr zwischen einem kaufmännischen Unternehmen und einer Bank vollzieht sich auch ohne besondere Vereinbarung regelmäßig in den Formen des Kontokorrents« ...[61]. Kurzfristig später widmete Klausing dem KEV eine über viele Jahrzehnte vereinzelt gebliebene Monographie[62]. Heute hat sich ein Begriff des KEV durchgesetzt, der im wesentlichen auf den Arbeiten von Schoen[63] und Stauder[64] beruht. Danach ist ein bankgeschäftlicher KEV ein Vertrag, in dem sich eine Bank, der Kreditgeber, verpflichtet, einem Kunden, dem Kreditnehmer, auf Anforderung zu bestimmten Bedingungen bis zu einem vereinbarten Limit, Kredit im Sinne zeitweiliger Zur-Verfügung-Stellung von Kaufkraft zu gewähren, sei es in der Form effektiver Kreditgewährung, sei es durch Verwendung ihres eigenen Kredits zugunsten des Kreditnehmers bei Dritten, während sich der Kreditnehmer verpflichtet,

---

58 Mugdan, Bd. 2, Motive S. 173.
59 Der Codice civile widmet dem Krediteröffnungsvertrag einen eigenen Abschnitt (Art. 1842 – 1845) und definiert ihn in Art. 1842 als einen Vertrag, »col quale la banca si obliga a tenere a disposizione del'altra parte una somma di danaro per un dato periodo di tempo o a tempo indeterminato«.
60 Travaux de la Commission de Réforme, Bd. IV, S. 214, Sitzung v. 4.7.1952; dargestellt bei Stauder, S. 24 f.
61 RGZ 116, 71, 75.
62 Klausing, RabelsZ, 1932, Sonderheft, S. 77 ff.
63 Schoen, Diss. Erlangen-Nürnberg, 1965, passim.
64 Stauder, Der bankgeschäftliche Krediteröffnungsvertrag, 1968.

dafür eine Vergütung in der Form von Zinsen und/oder Provisionen zu entrichten«[65]. Kürzer und prägnanter, in der Sache aber identisch, formuliert es Hopt: »*Der Krediteröffnungsvertrag ist ein ... Rahmenvertrag, durch den sich der Kreditgeber zur Kreditgewährung bis zu einer bestimmten Höhe (Kreditrahmen) nach Abruf verpflichtet*«[66]. Damit eröffnet dieser Vertragstypus dem Kreditnehmer den Abruf der einzelnen Kreditbeträge und zwar als einseitiges Gestaltungsrecht[67].

22   Es hat eine Reihe von Versuchen gegeben, den KEV mit anderen Bankvertragsformen, insbesondere mit dem Darlehen, in Verbindung zu bringen. Diese Versuche gelten heute zu Recht als überwunden. Der KEV hat sich als eigenständiger bankrechtlicher *Rahmenvertrag* emanzipiert. Ein Vorvertrag ist der KEV nicht, weil dem Grundtatbestand der Krediteröffnung ein weiterer Vertrag, der Hauptvertrag, folgen müßte[68]. Auf dem Boden der Konsensualvertragstheorie kommt der KEV aber auch deshalb nicht als Vorvertrag in Betracht, weil mit der Verpflichtung ein Gelddarlehen gegen Zinsen gewähren zu wollen, der Darlehensvertrag als gegenseitiger Vertrag voll wirksam entsteht. Daraus folgt zugleich, daß der KEV mit dem durch Abruf konkretisierten Darlehensvertrag nicht identisch ist, allerdings den Rechtsgrund für die Hingabe der Beträge bildet[69]. Ferner wird die Frage diskutiert, ob der KEV den im BGB geregelten Schuldvertragstypen zugeordnet werden kann[70]. Es wird, je nach Schwerpunkt des KEV, auf das Kauf-, Geschäftsbesorgungs- und das Darlehensrecht verwiesen[71]. Bei diesen Zuordnungsbemühungen geht es nicht darum, den KEV als eigenständigen Vertragstyp (sui generis) in Zweifel zu ziehen. Es wird vielmehr zu Recht darauf hingewiesen, daß je nach Schwerpunkt des KEV eine ihn ergänzende Analogie zu Regeln aus dem Bereich des Kauf-, Geschäftsbesorgungs- oder Darlehensrechts sinnvoll sein kann[72]. Im Vordergrund steht jedoch der Rückgriff auf Regeln des Darlehensrechts, weil der KEV i.d.R. eröffnet wird, um Gelddarlehen abzuwickeln[73]. Die in der Literatur entwickelte eigenständige Rechtsnatur des KEV als Rahmenvertrag mit einseitigem Kreditabrufrecht des Kreditnehmers[74], ist inzwischen auch vom BGH mehrfach bestätigt worden. Instruktiv ist folgender Fall:

---

65   Stauder, S. 56.
66   Baumbach/Duden/Hopt[28], S. 1216.
67   BGHZ 83, 81; grundlegend zur Lehre von den »ausfüllenden Gestaltungsrechten« Bötticher, FS für Hans Dölle, Bd. I, S. 41 ff.; vgl. auch die weiteren Nachweise bei Stauder, S. 82.
68   So zutreffend Stauder, S. 76, der auch die ältere Lehre darstellt, vgl. S. 64 f.; Henrich, S. 84 ff.
69   BGH WM 1959, 664 f.; Canaris[3], Rz. 1202.
70   Canaris[3], Rz. 1206; Müko-Westermann[2], vor § 607 Rz. 18.
71   So auch RGRK-Ballhaus[12], vor § 607 Rz. 37.
72   Canaris[3], Rz. 1207.
73   Canaris[3], Rz. 1207; Baumbach/Duden/Hopt[28] S. 1216; Müko-Westermann[2], vor § 607 Rz. 18.
74   Grundlegend Schoen, S. 90; S. 170 – 172; darauf aufbauend Stauder, S. 74 ff.; zustimmend Schönle[2], S. 165 ff.; Canaris[3], Rz. 1201 ff.; Hopt/Mülbert, vor §§ 607 Rz. 241; Soergel-

Fall: BGHZ 83, 76 »Arztpraxis« 23
Ein Arzt lebte seit 1973 von seiner Frau zwar getrennt, aber noch in (vertraglicher) Gütergemeinschaft nach §§ 1415 ff. BGB. Der Arzt hatte zum Jahreswechsel 1972/73 in einer anderen Stadt eine neue Praxis eröffnet. Seine Frau hatte dagegen keine Einwände erhoben. Am 30.8.1973 gewährte eine Bank dem Arzt einen bis zum Jahresende befristeten Kontokorrent-Kredit über DM 40 000,-. Der Arzt schöpfte diesen Kredit aus, zahlte ihn aber nicht zurück. Die Bank erwirkte ein vollstreckbares Urteil. Da der Arzt selbst vermögenslos war, vollstreckte sie in eine zum Gesamtgut der Eheleute gehörende Eigentumswohnung. Die Ehefrau wandte sich gegen diese Vollstreckung mit der Drittwiderspruchsklage (§ 771 ZPO) und der Begründung, das eheliche Gesamtgut hafte nicht für den Kredit des Ehemannes. Die Bank meinte, dieser Auffassung stünde § 1456 BGB entgegen, weil die Ehefrau gewußt habe, daß ihr Mann eine Arztpraxis betrieb und hiergegen keinen Einspruch i.S.v. § 1456 Abs. 2 BGB eingelegt habe.

Der BGH hat der Drittwiderspruchsklage stattgegeben und entschieden, daß das Gesamtgut nicht für die Schulden des Arztes verwertet werden dürfe. Nach § 1456 Abs. 1 S. 2 BGB müsse die Arztpraxis nämlich die Kreditaufnahme *»mit sich bringen«*. Dieses verneinte der BGH mit folgenden Erwägungen: Ob ein Erwerbsgeschäft ein bestimmtes Rechtsgeschäft »mit sich bringt«, läßt sich nicht nach dessen Einordnung in allgemeine rechtliche oder wirtschaftliche Vertragstypen beurteilen. Maßgebend ist vielmehr die getroffene Vereinbarung in ihrer konkreten Gestalt. Insoweit kommt es aber »allein auf die getroffene Kreditvereinbarung«, nicht »auf die spätere Verwendung der Gelder« an. Das Geschäft erhielt »sein Gepräge ... durch den bankmäßigen *Krediteröffnungsvertrag*, der bereits ein *Dauerschuldverhältnis* begründet«[75]. Zwischen diesem Krediteröffnungsvertrag und dem Betrieb der Arztpraxis konnte kein Zusammenhang festgestellt werden. Das galt auch für das konkret gewährte Darlehen. Denn die Bank hatte das Darlehen nicht zum Aufbau einer Arztpraxis, sondern in Form eines persönlichen Darlehens, quasi als Überziehungskredit, gewährt. Da der Betrieb einer Arztpraxis ein solches persönliches Darlehen aber nicht mit sich bringt, und es ansonsten nicht darauf ankommt, zu welchem Zweck die einzelnen zwischendurch abgerufenen Beträge verwendet wurden, kam eine Mithaftung des ehelichen Gesamtguts nach § 1456 BGB nicht in Frage. Die Entscheidung ist bankrechtlich richtig und wichtig. Die Rechtsnatur des KEV wird dabei nahezu en passant festgelegt. Ebenso wie das Reichsgericht[76] behandelt der 24

Lippisch-Häuser[12], vor § 607 Rz. 52; RGRK-Ballhaus[12], vor § 607 Rz. 37; Müko-Westermann[2], vor § 607 Rz. 17.
75 BGH WM 1955, 1017; 1978, 234 f.
76 RGZ 116, 71, 75.

BGH den KEV als rechtlich eigenständiges Dauerschuldverhältnis, wobei der »Abruf der einzelnen Kreditbeträge lediglich der Vertragsdurchführung« diene[77].

II. Zustandekommen des KEV

25 Der KEV ist ein gegenseitiger Schuldvertrag, auf den die allgemeinen Regeln des bürgerlichen Rechts Anwendung finden. Bankrechtliche Besonderheiten sind nicht erkennbar. In Ermangelung von Formvorschriften kann der KEV auch durch schlüssiges Verhalten (konkludent) zustande kommen (§ 125 BGB). Sehr praktisch ist das nicht, da in der Bankpraxis Krediteröffnungsformulare gebräuchlich sind, die i.d.R. über die Kreditlinie, die Vertragsdauer, die Höhe der Bereitstellungszinsen und eine etwaige Nichtabnahmeentschädigung genaue Angaben enthalten. Soweit KEVe dem Verbraucherkreditgesetz unterfallen, ist ohnehin Schriftform (§ 4 Abs. 1 VKG) geboten[78]. Fehlt es zwischen den Parteien an klaren Vorstellungen über die den KEV konstituierenden Grunddaten, so fehlt im Zweifel der hinreichende Verpflichtungswille[79]. Instruktiv ist insoweit ein Beschluß des BGH vom 28.6.1984[80]. Es ging um die Frage, ob ein Darlehensvertrag die Gewährung eines revolvierenden Kredits beinhalte. Hierbei darf die Kreditlinie mehrfach (revolvierend) ausgenutzt werden. In jenem Fall hatte die Bank »in früheren Jahren mehrfach nach vorzeitigen Tilgungsleistungen in geringerem Umfang erneut Belastungen« geduldet. Der BGH meinte, dies zwinge nicht zu der Auslegung, sie habe damit konkludent einen revolvierenden Kredit einräumen wollen. Das ist richtig, da die gelegentliche Erweiterung eines Kreditspielraums noch nicht den Schluß erlaubt, daß dies in Zukunft auch ohne ausdrückliche Abrede und bis zur Höhe der Kreditlinie revolvierend der Fall sein dürfe. Vereinbaren die Parteien dagegen einen Kontokorrentkredit, so folgt aus der Wahl dieses Geschäftstyps konkludent der Abschluß eines revolvierenden KEV[81]. Der Abschluß des Vertrages kann auch dann nicht erzwungen werden, wenn in den Vertragsverhandlungen der Eindruck einer bereits verbindlichen Zusage erweckt wurde. In einem solchen Fall kommt stattdessen eine Schadensersatzverpflichtung aus culpa in contrahendo in Betracht[82].

---

77 BGHZ 83, 76, 81.
78 Vgl. unten § 8, 58.
79 Müko-Westermann[2], vor § 607 Rz. 19; Canaris[3], Rz. 1208.
80 WM 1984, 1181.
81 Wie hier Canaris[3], Rz. 1218.
82 BGH WM 1990, 432 f.; WM 1962, 347; Canaris[3], Rz. 1210.

III. Das Recht auf Kreditgewährung

1. Das Abrufrecht

Mit dem KEV verpflichtet sich der Kreditgeber zur Kreditgewährung bis zu einer bestimmten Höhe (Kreditrahmen) auf Abruf. Eine vergleichbare Abruf*pflicht* ist für den KEV nicht wesenstypisch. Deshalb wird zu Recht davon ausgegangen, daß der Kreditnehmer im Grundsatz zwar berechtigt, aber nicht verpflichtet ist, den ihm eingeräumten Kreditrahmen durch Abruf zu konkretisieren[83]. Selbstverständlich kann eine Abnahmepflicht vereinbart werden. Diese Vereinbarung kann sich nach allg.M. auch aus den Umständen des Falles ergeben. Ruft der Kreditnehmer, trotz bestehender Abnahmeverpflichtung, den Kredit nicht ab, so macht er sich damit i.d.R. nach § 326 BGB schadensersatzpflichtig und kann u.U. daneben auf Zahlung einer Nichtabnahmeentschädigung in Anspruch genommen werden. Dazu unten mehr[84]. 26

Aufgrund dieser Rechtsfolgen ist es praktisch nicht unwichtig, aus welchen Umständen auf eine Abnahmeverpflichtung geschlossen werden darf. Wird der KEV, wie üblich, unter Verwendung eines Formulars der Bank geschlossen, und ergibt sich aus diesem keine Abrufpflicht, so ist das ein starkes Indiz dafür, daß eine solche Pflicht zwischen den Parteien nicht gewollt war. Werden in einem solchen Fall Bereitstellungszinsen, wie üblich, berechnet, so entsteht damit eine Situation, in der eine konkludente Abrufverpflichtung des Kreditnehmers kaum mehr vorstellbar ist. Denn Bereitstellungszinsen[85] werden gerade dafür berechnet, daß der Kreditnehmer von der ihm eingeräumten Abrufmöglichkeit keinen Gebrauch macht[86]. Anders liegen die Dinge, wenn keine Bereitstellungszinsen berechnet werden. Verspricht der Kreditnehmer in dieser Situation die Zahlung von Zinsen ganz unabhängig von der Inanspruchnahme des Kredits, so kann man hieraus in der Tat auf eine Abnahmeverpflichtung schließen, denn anders ergäbe die Zinsverpflichtung keinen Sinn[87]. 27

Einen Fall dieser Art hatte der BGH am 30.10.1961 zu entscheiden, wobei darauf hinzuweisen ist, daß dort nicht ein KEV, sondern ein zeitlich hinausgeschobenes Darlehen gewährt wurde[88]. Eine Bank hatte sich im November 1957 bereiterklärt, ein Darlehen i.H.v. DM 40 000,- gegen hypothekarische Sicherung zu gewähren. Die Hypothekenbestellung scheiterte. Die Bank, die zweimal eine Frist zur Abnahme des Darlehens ge- 28

---

83 Hopt/Mülbert, Kreditrecht, Vorbem. zu §§ 607 Rz. 260; Canaris[3], Rz. 1230; RGRK-Ballhaus[12], vor § 607 Rz. 39.
84 Vgl. Rz. 42 ff.
85 Vgl. unten Rz. 39.
86 Wie hier Canaris[3], Rz. 1230; Hopt/Mülbert, Vorbem. zu §§ 607 Rz. 260; § 607 Rz. 367.
87 Schönle[2], S. 179; daran anschließend RGRK-Ballhaus[12], vor § 607 Rz. 39.
88 WM 1962, 114 ff.

setzt hatte, verlangte nach fruchtlosem Ablauf Schadensersatz wegen Nichterfüllung der Abnahmeverpflichtung i.H.v. DM 6.325,-. Der BGH bejahte eine Abnahmeverpflichtung des Kreditnehmers. Diesem mußte bekannt sein, daß eine Hypothekenbank die Beleihung von Grundstücken nicht aus Gefälligkeit, sondern aus Erwerbsgründen geschäftsmäßig betreibe. Aus der Darlehenszusage sei ferner hervorgegangen, daß die Bank sich nicht einseitig verpflichten und es gleichwohl dem Kreditnehmer überlassen wollte, ob er von dem Darlehensangebot Gebrauch machte oder nicht. Denn die Bank habe ihre eigene Bindung an die Darlehenszusage für den Fall erklärt, daß der Kreditnehmer sie binnen einer – verhältnismäßig kurzen – Frist annähme.

29 Diese Überlegungen sind richtig, betreffen allerdings den Abschluß eines Darlehensvertrages i.S.v. § 607 BGB und nicht denjenigen eines KEV[89]. Hätten die Parteien im obigen Falle einen KEV geschlossen, so wäre die Entscheidung des BGH anders ausgefallen. Denn dann hätte sich die Bank einseitig verpflichtet und es dem Kreditnehmer überlassen, ob er von dem Darlehensangebot Gebrauch machen wolle oder nicht. Für die Frage, ob eine Kreditabnahmepflicht besteht, sind also zwei Schritte argumentativ zu trennen. Zunächst ist zu klären, ob überhaupt ein KEV geschlossen wurde. Erst im zweiten Schritt kann man sinnvoll fragen, ob daneben eine Abnahmepflicht vereinbart wurde.

30 Bei einem KEV, der wesensmäßig keine Abnahmepflicht kennt, müssen besondere Umstände hinzutreten, um eine solche ausnahmsweise zu begründen. Bei einem Darlehensvertrag i.S.v. § 607 BGB, der wesensmäßig die Abnahmepflicht enthält, müssen umgekehrt außergewöhnliche Umstände eintreten, um die Abnahmeverpflichtung verneinen zu können. Im Einzelfall kann es schwierig sein, einen KEV von einem Darlehensvertrag i.S.v. § 607 BGB abzugrenzen. Canaris meint, »man sollte ... nicht mehr von einem Krediteröffnungsvertrag sprechen, wenn der Kunde den Kredit jedenfalls in Anspruch nehmen muß«[90]. Vielmehr sei dann bereits ein Vertrag über das entsprechende Kreditgeschäft selbst zustandegekommen. Das würde bedeuten, daß spätestens nach Abruf des ersten Darlehens im Rahmen der Kreditlinie aus dem Krediteröffnungsvertrag ein Darlehensvertrag werden würde, und zwar auch dann, wenn die Kreditlinie nicht ausgeschöpft ist oder revolvierender Kredit vereinbart wurde. Damit hätte der KEV seine Funktion, einen verbindlichen Anspruch auf Abruf von Krediten in einer bestimmten Zeit und einer bestimmten Höhe zu gewähren, verloren. Hopt verweist deshalb zu Recht darauf, daß der KEV flexibel genug ist, »auch schon ein komplettes einzelnes Kreditgeschäft mitzu-

---

[89] Richtig Mülbert, AcP 192 (1992) 447, 472; enger Derleder, JZ 1989, 165, 169, der eine ausdrückliche Vereinbarung im Darlehensvertrag verlangt.
[90] aaO., Rz. 1231.

beinhalten«[91]. Das sei allerdings anders, »wenn sich der Vertrag in diesem einzelnen Kreditgeschäft erschöpfe«[92]. Das ist richtig, denn auf diese Weise entsteht von vornherein eine eindimensionale Gläubiger-Schuldner-Beziehung i.S.d. § 607 BGB, d.h. für einen KEV mit den für ihn typischen Wahlmöglichkeiten ist kein Raum mehr.

2. Auszahlungsmodalitäten

Mit Abruf eines bestimmten Kreditbetrages innerhalb der Kreditlinie konkretisiert der Kreditnehmer seine Rechte aus dem KEV. Es entsteht ein neben dem KEV selbständiger, mit diesem aber im Rechtsgrund verbundener, Darlehensvertrag. Auf diesen sind die allgemeinen Regeln anwendbar. Das bedeutet vor allem, daß der Darlehensgegenstand »aus dem Vermögen des Darlehensgebers ausgeschieden und dem Vermögen des Darlehensnehmers in der vereinbarten Form endgültig zugeführt wird«[93]. Allerdings fehlt es an einer Darlehensgewährung, »wenn die Darlehensvaluta nicht in irgendeiner Form dem Vermögen des Darlehensnehmers zufließt, ...«[94]. *Das bedeutet, daß die Bank den Kredit effektiv, im Zweifel in bar, zur Verfügung stellen muß.* Rechnet die Bank stattdessen mit eigenen offenen Forderungen gegen ihren Kunden auf, oder verrechnet sie den abgerufenen Betrag mit dem Debet auf einem anderen Konto, so liegt darin keine Auszahlung der Darlehensvaluta; der Anspruch aus dem KEV besteht weiter. Aus dem gleichen Grunde erstreckt sich auch das Pfandrecht der Bank (Nr. 14 AGB/B 93) nicht auf die aus dem KEV geschuldete Darlehensvaluta[95].

31

Die Frage, ob die Darlehensvaluta dem Vermögen des Darlehensnehmers, so wie es § 607 BGB fordert, wirklich zugeflossen ist, bereitet gelegentlich dann Schwierigkeiten, wenn der Betrag an einen *Dritten* ausgekehrt wird. Grundsätzlich ist anerkannt, »daß bei der Auszahlung der Darlehensvaluta auch ein Dritter eingeschaltet werden kann; der Empfänger der Darlehenssumme braucht nicht der Darlehensnehmer persönlich zu sein«[96]. »Es genügt vielmehr grundsätzlich, wenn ein vom Darlehensnehmer bezeichneter Dritter den Darlehensbetrag empfangen hat«[97].

32

Allerdings fehlt es an einer Darlehensgewährung, wenn die Valuta »in der Hand eines in erster Linie im Sicherungsinteresse der kreditgebenden Bank eingeschalteten Dritten ihrer Verfügung unterworfen bleibt«[98]. »Ein Darlehensbetrag ist bei vereinbarter Überweisung an einen Dritten aus

33

---

91 Hopt, S. 396.
92 Hopt/Mülbert, Vorbem. zu § 607 Rz. 260.
93 BGH WM 1965, 496; 85, 221, 223.
94 BGH ZIP 1985, 596.
95 Allg.M. vgl. Canaris³, Rz. 1220; Müko-Westermann, vor § 607 Rz. 25.
96 BGH NJW 1975, 775; WM 1983, 484.
97 BGH WM 1965, 496; 1983, 484.
98 BHG WM 1985, 221, 223.

dem Vermögen des Darlehensgebers ausgeschieden und dem des Darlehensnehmers zugeführt, wenn der Dritte ihn mindestens überwiegend im Interesse des Darlehensnehmers erhalten hat. Wenn der Dritte dagegen in erster Linie im Interesse der darlehensgebenden Bank tätig geworden ist, etwa weil er ihr vor Auszahlung der Darlehenssumme Sicherheiten verschaffen soll (bei einem finanzierten Kraftfahrzeugverkauf z.B. den Kraftfahrzeugbrief), so erhält der Dritte die Valuta als Beauftragter der kreditgebenden Bank. In einem solchen Fall wird die Valuta dem Darlehensnehmer durch die Überweisung an den Dritten noch nicht verschafft«[99]. In einem solchen Fall ist der Dritte »verlängerter Arm« des Kreditgebers[100]. Da die Darlehensvaluta in irgendeiner Form dem Vermögen des Darlehensnehmers zufließen muß, reicht auch nicht die Verbuchung auf dem Konto pro Diverse[101].

3. Abtretbarkeit/Pfändbarkeit

a) Abtretung

34 Nach § 398 BGB kann eine *Forderung* abgetreten werden. Das gilt nach § 399 BGB nur dann nicht, wenn die Leistung an einen anderen nicht ohne Veränderung ihres Inhalts erfolgen kann. Daraus wird überwiegend geschlossen, daß der »Anspruch aus dem Krediteröffnungsvertrag« jedenfalls dann abtretbar ist, wenn keine bestimmte *Zweckbindung* vereinbart wurde. Im Falle der Zweckbindung sei der Anspruch auf die Kreditgewährung grundsätzlich unabtretbar, weil darin eine Inhaltsänderung i.S.d. § 399 BGB läge[102]. Andere vertreten, daß die Person des Kreditnehmers für den Inhalt des KEV selbst dann bestimmend ist, wenn ansonsten keine besondere Zweckbindung besteht[103]. Diese Überlegungen setzen allerdings voraus, daß der KEV jedenfalls einen Anspruch i.S.d. § 398 BGB gewährt. Diese Annahme ist nicht richtig. Vielmehr weist der KEV dem Kreditnehmer den Abruf der einzelnen Kreditbeträge nicht als Anspruch, sondern als *einseitiges Gestaltungsrecht* zu. Einseitige Gestaltungsrechte geben die Befugnis, durch einseitiges Rechtsgeschäft ein Recht zu begründen, aufzuheben oder zu ändern. Sie begründen aber keinen materiellrechtlichen Anspruch, also das Recht von einem anderen ein Tun oder ein Unterlassen verlangen (§ 194 Abs. 1 BGB) zu können[104]. Hieran knüpft der Begriff der Forderung i.S.v. § 398 BGB an[105].

---

99 BGH NJW 1978, 2294 = WM 1978, 878; ZIP 1985, 596.
100 BGH WM 1985, 994; NJW 1986, 2947 (Notar-Anderkonto).
101 BGH NJW 1987, 55.
102 Canaris[3], Rz. 1222; RGZ 68, 355, 356 f.; 77, 407; anders RGZ 66, 359, 361; Stauder, aaO., S. 130; Soergel-Lippisch/Häuser[11], vor § 607 Rz. 52.
103 Müko-Westermann[2], vor § 607 Rz. 25.
104 Palandt-Heinrichs[55], § 194 Rz. 2 f.
105 RGRK-Weber[12], vor § 398 Rz. 1.

Daraus folgt, daß es den abtretbaren »Anspruch aus dem KEV« nicht 35
gibt, so daß man eine etwaige Abtretung allenfalls in den Versuch einer
»Vertragsübernahme im Ganzen« umdeuten (§ 140 BGB) könnte. Hierfür
wäre allerdings die Zustimmung aller Beteiligten, also auch der Bank, erforderlich[106]. Hierneben besteht kein praktisches Bedürfnis auf das Abrufrecht aus dem KEV die Abtretungsregeln analog anzuwenden. Der Kreditnehmer kann nämlich das Darlehen durch Abruf konkretisieren und
den gegenüber der Bank bestehenden Anspruch an jeden beliebigen Dritten abtreten, sofern keine Zweckbindung i.S.v. § 399 BGB vereinbart ist.
Dieser Anspruch aus dem Darlehen kann als bedingter Anspruch auch vor
Abruf abgetreten werden, regelmäßig verbunden mit der Verpflichtung
des Kreditnehmers gegenüber dem Abtretungsempfänger, den Kredit
später abzurufen[107].

b) Pfändung
Was die Pfändung in die Kreditlinie betrifft, so ist auf die Ausführungen 36
im Zusammenhang mit der Kontokorrentabrede zu verweisen[108]. Entscheidend wurde dort darauf abgestellt, daß es einen pfändbaren Anspruch nicht gibt. Zur Vermeidung von willkürlichen Gläubigerbenachteiligungen läßt sich die Pfändbarkeit u.U. dann bejahen, wenn zwei Voraussetzungen gegeben sind:
(1) Objektiv muß die Bank den KEV ohne Zweckbindung einräumen.
(2) Subjektiv muß der Kunde den ihm eingeräumten Kreditspielraum
konkret in Anspruch genommen haben. Ist das nicht der Fall, so kann
man ihm nicht vorwerfen, seine Schulden prinzipiell nicht mit Krediten
decken zu wollen. Wenn er aber einen Teil seiner Schulden ohnehin mit
Krediten finanziert, dann ist es nicht mehr ohne weiteres einsehbar, daß er
bestimmte, nämlich pfändende, Gläubiger, ausschließen darf (Gedanke
des widersprüchlichen Verhaltens: venire contra factum proprium)[109].
Demgegenüber ist der durch Abruf zu konkretisierende Anspruch auf
Kreditgewährung, auch als künftiger Anspruch, selbstverständlich pfändbar[110].

IV. Das Verhältnis zum Verbraucherkreditgesetz

Nach § 1 Abs. 2 Verbraucherkreditgesetz (VKG) kommen Kreditverträge 37
i.S.d. VKG dadurch zustande, daß der Kreditgeber einen entgeltlichen

---

106 Vertiefend RGRK-Weber[12], vor § 398 Rz. 6 ff.
107 Hopt/Mülbert, Vorbem. zu §§ 607 Rz. 276/278 (die Überlegungen zu § 401 BGB wirken
    konstruiert, das Abrufrecht ist kein Sicherungsrecht i.S. dieser Norm).
108 Vgl. oben Rz. 4, 54.
109 Sehr ähnlich Hopt/Mülbert, Vorbem. zu §§ 607 Rz. 281.
110 Hopt/Mülbert, Vorbem. zu §§ 607 Rz. 281 m.w.N.

Kredit in Form eines Darlehens gewährt oder *zu gewähren verspricht*. Damit ist der Krediteröffnungsvertrag begrifflich erfaßt[111]. Folglich finden die Vorschriften des VKG auf den KEV mit der Einschränkung Anwendung, daß Angaben, die erst durch Abruf eines Darlehens möglich werden, nicht gemacht werden können. Hier kommt es auf den Einzelfall an. Immerhin folgt hieraus, daß der KEV als Rahmenvertrag zur Gewährung eines Verbraucherkredites der Schriftform bedarf (§ 4 Abs. 1 VKG; zu den Rechtsfolgen § 6 VKG). Ferner muß die Höchstgrenze des Kredits angegeben werden (§ 4 Abs. 1 Nr. 1 a VKG); die Art und Weise der Rückzahlung oder die Regelung der Vertragsbeendigung (§ 4 Abs. 1 Nr. 1c VKG); der Zinssatz und alle sonstigen Kosten des Kredits (§ 4 Abs. 1 Nr. 1 d VKG); der effektive Jahreszins (§ 4 Abs. 1 Nr. 1 e VKG); die Kosten von Versicherungen (§ 4 Abs. 1 Nr. 1 f VKG) und die zu bestellenden Sicherheiten (§ 4 Abs. 1 Nr. 1 g VKG). Keine Angaben sind über den Gesamtbetrag aller vom Verbraucher zu entrichtenden Teilzahlungen einschließlich der Zinsen und sonstigen Kosten möglich (§ 4 Abs. 1 Nr. 1 b VKG), weil diese Angaben vom konkreten Abruf abhängen. Aus der grundsätzlichen Anwendbarkeit des VKG folgt auch, daß der Verbraucher das Widerrufsrecht nach § 7 VKG hat. Das ist auch wegen der mit dem KEV verbundenen Bereitstellungszinsen von praktischer Bedeutung.

38 Es wird die Auffassung vertreten, daß das VKG zwar auf den KEV anzuwenden sei, auf den später durch Abruf des Verbrauchers zustande kommenden Einzeldarlehensvertrag jedoch nicht[112]. Für diese Auffassung findet sich im VKG keine Stütze. Es findet nach § 1 VKG auf jeden Vertrag Anwendung, mit dem eine Bank ein Darlehen zu gewähren verspricht (1) oder es konkret gewährt (2). Es wäre auch nicht sinnvoll, das VKG auf das durch Abruf konkretisierte Darlehen nicht anzuwenden. Denn ein Teil der Schutzvorschriften des VKG, wie z.B. diejenigen über verbundene Geschäfte (§ 9 VKG) oder diejenigen über die Zinsberechnung (§ 11 VKG) sind gerade auf die konkrete Inanspruchnahme des Kredits zugeschnitten. Aber auch die Formvorschriften (§ 4 VKG) oder das Widerrufsrecht (§ 7 VKG) sind für den Verbraucher im Augenblick der konkreten Verschuldung von noch größerer Bedeutung als im Zeitpunkt des Abschlusses eines KEV. *Im Grundsatz bleibt deshalb festzuhalten, daß das VKG auf den KEV ebenso anzuwenden ist, wie auf jeden durch Abruf zustandekommenden Darlehensvertrag, wobei den Besonderheiten des KEV im Einzelfall Rechnung zu tragen ist.*

---

111 Müko-Ulmer, § 1 VKG Rz. 41.
112 Müko-Ulmer, § 1 VKG Rz. 42; Seibert, DB 1991, 429, 430.

V. Bereitstellungszinsen

Bereitstellungszinsen werden von den Banken als Gegenleistung dafür verlangt, daß sie nach Abschluß des KEV für einen bestimmten Zeitraum den Darlehensbetrag auf Abruf des Kreditnehmers bereitstellen. Da sie während dieses Zeitraums unbedingt zur Leistung verpflichtet sind (§ 279 BGB), verstößt es nicht gegen § 9 AGBG, wenn sie für diese Leistung ein Entgelt verlangen[113]. Es spielt insoweit keine Rolle, ob sich die Bank am Kapitalmarkt wirklich refinanziert hat oder auf eigene liquide Mittel zurückgreift. Entscheidend ist, daß das Bereitstellen eines Kredits auf Abruf eine geldwerte, weil Bankmittel bindende, Leistung ist, für die ein Marktpreis nach den allgemeinen Grundsätzen verlangt werden kann. *Bereitstellungszinsen sind also keine Zinsen im Rechtssinne, d.h. keine laufzeitabhängige Vergütung für die Überlassung des Darlehenskapitals, sondern eine Gegenleistung dafür, daß die Bank für eine bestimmte Zeit einen Kreditrahmen auf Abruf des Kunden bereitstellt*[114]. Deshalb sind Bereitstellungszinsen auch dann zu entrichten, wenn der Kredit später nicht in Anspruch genommen wird[115]. Aus diesen Gründen sind Bereitstellungszinsen auch nicht etwa Schadensersatz, so daß weder § 10 Nr. 7 AGBG noch § 11 Nr. 5 oder 6 AGBG anzuwenden sind[116].

39

Nach Nr. 12 Abs. 1 AGB/B 93 kann die Bank, sofern der Vertrag die Höhe der Vergütung nicht regelt, das Entgelt nach billigem Ermessen (§ 315 BGB) bestimmen. Dadurch wird eine gerichtliche Prüfung der Angemessenheit eröffnet (§ 315 Abs. 3 BGB). *Der BGH hat mehrfach Bereitstellungszinsen i.H.v. 0,25 % pro Monat, also 3 % pro Jahr, für unbedenklich erklärt*[117]. Für den Bereich des Hypothekenbankkredites hat er ferner klargestellt, daß gegen die Vereinbarung von Bereitstellungszinsen i.H.v. 0,25 % pro Monat auch dann keine durchgreifenden Bedenken bestünden, wenn die Darlehensauszahlung von vornherein erst für einen späteren Zeitpunkt zu erwarten war und das Darlehen schließlich überhaupt nicht in Anspruch genommen worden ist[118]. Entsprechende AGB-Klauseln seien gerechtfertigt, weil sich Hypothekenbanken regelmäßig im Zeitpunkt der Darlehenszusage bereits endgültig finanzieren müßten. Bei einer späteren Refinanzierung zu möglicherweise verschlechterten Konditionen würden sie ein unvertretbares Risiko laufen und gegen das Kon-

40

---

113 BGH WM 1978, 422; NJW-RR 1986, 467 f.; WM 1986, 577, 579; Wolf in Wolf/Horn/Lindacher[2], § 9 D 19.
114 Mülbert, AcP 192 (1992) 447, 470; der allerdings später (S. 507) das Gegenteil vertritt, wodurch im Ergebnis der entscheidende Unterschied (Laufzeitabhängigkeit) zwischen Zinsen und Kosten aufgehoben wird, was Mülbert selbst aber nicht anstrebt (S. 496 a.E.).
115 Canaris[3], Rz. 1226; BGH WM 1978, 422.
116 OLG Koblenz ZIP 1983, 557 f.
117 BGH NJW-RR 1986, 467 f.; dazu Emmerich, WuB I E 1.-10.86; BGH WM 1986, 577, 579.
118 BGH WM 1986, 577, 579.

gruenzprinzip verstoßen. Probleme dieser Art stellen sich beim typischen KEV nicht, da dieser gerade mit Abschluß den Abruf des Darlehens eröffnet. Stellt man sich den Beginn eines KEV, wie bei der Hypothekenkreditzusage, dennoch als hinausgeschoben vor, so überzeugen die Überlegungen des BGH jedenfalls bei weit hinausgeschobenem Vertragsbeginn nicht mehr. Warum sollte sich eine Hypothekenbank »vor der Zeit« refinanzieren müssen, obwohl die Marktzinsentwicklung gerade nicht übersehbar ist? Vor allem schuldet die Bank in einem solchen Fall noch nicht einmal die Bereitstellung des Darlehens. Folglich schuldet auch der Kunde keine »Gegenleistung«.

41 Es gibt Fälle, in denen es eine Reihe von Anzeichen dafür gibt, daß der Kreditnehmer die ihm eingeräumte Kreditlinie nicht in Anspruch nehmen wird. So eröffnete die Deutsche Hypothekenbank einem Ehepaar, das ein Grundstück geerbt hatte, am 18.5.1986 eine Kreditlinie i.H.v. DM 150 000,-. Dabei war bekannt, daß das Ehepaar dann und nur dann bauen konnte, wenn von dritter Seite ein weiterer Kredit i.H.v. DM 100 000,- gewährt werden würde. Die Bank hörte von den in geschäftlichen Dingen unerfahrenen Eheleuten nichts wieder, um dann Ende Juni 1987 von ihrem Recht zur außerordentlichen Kündigung Gebrauch zu machen. In Fällen dieser Art müßte man darüber nachdenken, ob die Bank evtl. verpflichtet ist, früher zu kündigen oder zumindest in kürzeren Abständen nachzufragen, ob mit der Abrufung des Kredits noch zu rechnen ist. *Generalisierend kann man sagen, daß Bereitstellungszinsen nur solange verlangt werden können, wie mit der Abrufung des Kredites berechtigterweise noch gerechnet werden kann.*

VI. Nichtabnahmeentschädigung

1. Die Beurteilung nach dem AGBG

42 Häufig werden in KEV, aber auch in Darlehensverträgen mit hinausgeschobener Fälligkeit, pauschalierte Nichtabnahmeentschädigungen vereinbart[119]. Soweit es sich um formularmäßige Abreden, wie üblich, handelt, müssen die Pauschalen mit den Vorschriften des AGB-Gesetzes in Einklang stehen. Grundsätzlich muß der Kreditnehmer bei Nichtabnahme eines bewilligten Darlehens mit einer solchen Pauschalregelung in den AGB rechnen, überraschend i.S.v. § 3 AGBG ist eine solche Klausel nicht[120].

---

119 Zur Dogmatik Mülbert, AcP 192 (1992) 447, 471 ff.; nicht überzeugend ist es, die Nichtabnahmeentschädigung als Zins einzuordnen (S. 507 f.), weil Zins laufzeitabhängig ist, wie Mülbert selbst annimmt (S. 496 a.E.).
120 BGH NJW-RR 1986, 467 f.

Gelegentlich sollen mit der Nichtabnahmeentschädigung Aufwendungen der Bank für die Kreditbearbeitung abgegolten werden[121]. In diesen seltenen Fällen der Pauschalierung des Aufwendungsersatzes ist die Klausel an § 10 Nr. 7 b AGBG zu messen. Denn danach ist eine Klausel in allgemeinen Geschäftsbedingungen unwirksam, wenn man mit ihr einen unangemessen hohen Ersatz von Aufwendungen verlangen kann. Ob eine Aufwandsentschädigung von z.B. 3 % hiernach angemessen ist, hängt von der Höhe des Darlehens ab[122]. Das ist sicher richtig, denn der Bearbeitungsaufwand ist nicht notwendig proportional zur Darlehenshöhe. So gesehen muß auch der Zeitraum, für den eine Nichtabnahmeentschädigung geschuldet wird, in die Überlegungen miteinbezogen werden. Entscheidend ist insoweit, für welchen Zeitraum die Bank eine »rechtlich geschützte Zinserwartung« hatte[123]. D.h. es kommt darauf an, zu welchem Zeitpunkt sich der Kunde durch fristgemäße Kündigung von dem Vertrag hätte lösen können. Denn eine den gesetzlichen Bestimmungen entsprechende Kündigung muß die Bank hinnehmen, ohne daraus Ansprüche herleiten zu können[124]. Zu beachten ist, daß eine Klausel nach § 10 Nr. 7 b AGBG bereits dann unwirksam ist, wenn man mit ihr einen unangemessen hohen Aufwendungsersatz verlangen *kann*. Deshalb müssen Klauseln so formuliert sein, daß eine übermäßige Inanspruchnahme von vornherein ausgeschlossen ist. Folglich bestehen gegen AGB-Regelungen, die als Pauschalentschädigung einen von der Laufzeit und Höhe des Darlehens unabhängigen Prozentsatz vorsehen, Bedenken aus § 10 Nr. 7 b AGBG[125].

43

Sehr ähnlich liegen die Dinge, wenn es sich, wie üblich, bei der Nichtabnahmeentschädigung um eine Schadenspauschale i.S.v. § 11 Nr. 5a AGBG handelt. Danach sind Klauseln unwirksam, wenn die Pauschale den nach dem gewöhnlichen Lauf der Dinge zu erwartenden Schaden übersteigt. Der III. Senat des BGH hat Schadenspauschalen dieser Art zunächst sehr großzügig zugelassen. Nichtabnahmeentschädigungen bis zu 4,5 % des Darlehensvertrages wurden jedenfalls dann für zulässig erachtet, wenn das vereinbarte Disagio über der Pauschale lag. Denn dieses Disagio wäre der Bank ohne Rücksicht auf die spätere Laufzeit endgültig verblieben[126]. Ob an diesen Grundsätzen festzuhalten ist, ist nach dem Urteil des XI. Zivilsenats des BGH vom 12.3.1991, zweifelhaft[127]. Nach der Rechtsprechung dieses Senats ist nämlich der Umfang des Schadensersatzanspruchs wegen Nichtabnahme von dem Zeitraum abhängig, für den die Kreditbank eine rechtlich geschützte Zinserwartung gehabt habe. Eine

44

---

121 OLG Hamm NJW 1983, 1503.
122 Wolf in Wolf/Horn/Lindacher, § 9 D 18, in Anlehnung an OLG-Hamm NJW 1983, 1503.
123 BGH NJW 1991, 1817 f.
124 BGH WM 1990, 751, 753.
125 Ähnlich für § 11 Nr. 5 a AGBG BGH NJW 1991, 1817 = ZIP 1991, 575 f.
126 BGH NJW 1985, 1831; NJW-RR 1986, 467 f.
127 BGH NJW 1991, 1817 = ZIP 1991, 575.

solche habe sie regelmäßig bis zum nächstzulässigen Kündigungstermin[128]. Somit bestünden gegen AGB-Regelungen, die als Pauschalentschädigungen einen von der Laufzeit des Einzelvertrags unabhängigen Prozentsatz vorsähen, Bedenken aus § 11 Nr. 5 a AGBG[129]. Das ist richtig und entspricht der vorzeitigen Ablösung eines festverzinslichen Kredits. Konsequenterweise sind Nichtabnahme- und Vorfälligkeitsentschädigungen in gleicher Weise zu berechnen[130].

45 Das bedeutet, daß pauschalierte Nichtabnahmeentschädigungen nach § 11 Nr. 5 a AGBG nur dann wirksam sein können, wenn eine auf die rechtlich geschützte Zinserwartung bezogene Pauschale vereinbart wird. Nach § 11 Nr. 5 b AGBG sind Schadenspauschalen ferner dann unwirksam, wenn dem anderen Vertragsteil (Darlehensnehmer) der Nachweis abgeschnitten wird, ein Schaden sei überhaupt nicht entstanden oder wesentlich niedriger als die Pauschale. Diesen Anforderungen genügen regelmäßig die in der Bankpraxis verwendeten Formularbedingungen. Folglich ist dem Darlehensnehmer der Nachweis vorbehalten, ein Schaden sei überhaupt nicht entstanden oder wesentlich niedriger als die Pauschale. Für den Schaden einer Bank aus der Nichtabnahme eines Darlehens kommt es in erster Linie darauf an, zu welchen Konditionen die freigewordenen Mittel im Darlehensneugeschäft wieder eingesetzt werden können. Der Schaden ist umso höher, je niedriger das Zinsniveau am Kapitalmarkt seit der Darlehenszusage geworden ist.

2. Konkreter Schadensersatz nach § 326 BGB

46 In der Regel kommt es nicht darauf an, ob die Nichtabnahmeentschädigung nach dem AGBG wirksam vereinbart wurde, da die Bank ihren konkreten Schaden nach § 326 BGB ersetzt verlangen kann. Das gilt jedenfalls dann, wenn der Darlehensnehmer zur Abnahme bindend verpflichtet war. Davon ist, wenn es um Grundstücksbeleihungen durch eine Hypothekenbank geht, schon aufgrund des Anlagezwecks auszugehen[131]. Erforderlich ist normalerweise eine Mahnung mit Nachfristsetzung[132]. Beides ist entbehrlich, wenn der Darlehensnehmer die Abnahme endgültig verweigert hat, z.B. weil sich der geplante Grundstückserwerb als undurchführbar erweist. Für die Nichtabnahme hat der Darlehensnehmer im Verhältnis zur Bank einzustehen, ohne daß es darauf ankommt, woran der

---

128 BGH WM 1990, 751, 753.
129 BGH NJW 1991, 1817 = ZIP 1991, 575 f.
130 Reifner, NJW 1995, 2945; Metz, ZBB, 1994, 205; Weber, NJW 1995, 2951 (dort Pauschalisierungsvorschlag: 0,85% p.a.)
131 BGH NJW 1991, 1817; Hopt/Mülbert, § 607 Rz. 367; Derleder JZ 1989, 165, 169.
132 Ein Ausschluß der Nachfrist in AGB verstößt – auch bei Kaufleuten – gegen § 9 AGBG: OLG Köln WM 1989, 526 = Emmerich WuB I E 1.-4.89.

Grundstückserwerb gescheitert ist. Die Verwendbarkeit des Darlehens fällt allein in den Risikobereich des Darlehensnehmers[133].

Der BGH hat klargestellt, daß eine Bank den ihr entstandenen Nichterfüllungs*schaden* auf *verschiedene Weise berechnen* kann[134]. Grundsätzlich steht ihr, ganz unabhängig von einer Refinanzierung, nach § 252 BGB ein Anspruch auf Ersatz des entgangenen *Nettozinsgewinns* zu. Ausgangspunkt sei die Differenz zwischen den vereinbarten Darlehenszinsen und den Refinanzierungskosten (Zinsmarge). Von der so ermittelten Bruttozinsspanne müßten die auf Verwaltungskosten und Risikoprämie entfallenden Zinsanteile abgezogen werden. Da die genaue Berechnung dieses Nettozinsgewinns auf Schwierigkeiten stoßen und ein Offenlegen interner Betriebsdaten erfordern könne, erlaubt der BGH eine dem Durchschnittsgewinn angenäherte Nettozinsberechnung. *Maßgebend ist die zur Zeit des Vertragsabschlusses bei Banken gleichen Typs erzielte Netto-Zinsspanne pro Jahr.*

47

Auf dieser Grundlage ist der Gewinn für die Gesamtdauer der rechtlich geschützten Zinserwartung zu berechnen und gegebenenfalls abzuzinsen, soweit er als Nichtabnahmeentschädigung vorzeitig geltend gemacht wird. Hierneben bleibt es der Bank unbenommen, einen höheren Schaden substantiiert zu beweisen. Das gleiche gilt für den Darlehensnehmer, wenn er meint, daß die Bank in seinem Falle mit einem geringeren Nettogewinn kalkuliert hat. Bei einer Bank, die sich sogleich nach Erteilung der bindenden Darlehenszusage endgültig refinanzieren mußte, kann ein darüber hinausgehender Gewinnausfall entstehen, wenn das Zinsniveau bis zum Zeitpunkt der Nichtabnahme erheblich gesunken ist. In diesen Fällen ist der Schadensersatz nicht auf den Zinsmargenschaden beschränkt, vielmehr kann die Bank von der Differenz zwischen dem vereinbarten Aktivzins und dem Wiederanlagezins ausgehen[135]. Der Gesamtbetrag, der sich daraus für die Zeit mit gesicherter Zinserwartung ergibt, ist bei sofortiger Geltendmachung abzuzinsen[136].

48

---

133 BGH NJW 1990, 981 = ZIP 1990, 29; NJW 1991, 1817 = ZIP 1991 575; zweifelnd unter Hinweis auf OLG Saarbrücken WM 1981, 1212; OLG-Celle WM 1987, 777; Hopt/Mülbert, § 607 Rz. 396.
134 NJW 1991, 1817, 1818, dazu Reifner, NJW 1995, 2945; Weber, NJW 1995, 2951.
135 BGH NJW 1991, 1817 = ZIP 1991, 575 f.; Köndgen, Gewährung und Abwicklung grundpfandrechtlich gesicherter Kredite, S. 103 f.
136 Zur gesamten Schadensberechnung BGH NJW 1991, 1817.

C. Kreditpreis

I. Preisbestandteile
 1. Zinsen
  a) Grundsätze
  b) Einzelfragen (insb. Disagio)
 2. Kosten
II. Preisbildung
 1. Grundsätze
 2. Zinsanpassungsklauseln

III. Preistransparenz
 1. Preisangaben
 2. Der Effektivzins
  a) Berechnungsgrundlagen
  b) Berechnungsmethode
 3. Annuitätendarlehen – Transparenzgebot

Schrifttum:
Bader, Nichtige Tilgungsregelungen in Bank-Formular-Kreditverträgen und ihre Behandlung, BB 1986, 543; *Batereau/Koppers,* Keine Erstattung eines anteiligen Disagios bei vorzeitiger Rückführung öffentlicher Fördermittel, WM 1992, 175; *Baumbach/Hopt,* HGB-Komm., 29. Aufl., 1995; *Belke,* Die Strafzinsen im Kreditgewerbe – ihre Begrenzung aus dem Zinseszinsverbot und ihr Verhältnis zu den gesetzlichen Verzugsfolgen, BB 1968, 1219; *Canaris,* Der Zinsbegriff und seine rechtliche Bedeutung, NJW 1978, 1891; *ders.,* Bankvertragsrecht, 3. Aufl., 1981; *Gimbel/Boest,* Die neue Preisangabenverordnung, 1985; Grimms Deutsches Wörterbuch, (Hrsg.) Deutsche Akademie der Wissenschaften, Berlin, Bd. 15, Leipzig 1956; *Grossekettler,* Eine neue Methode zur Messung der Funktionsfähigkeit von Märkten: Die KMK-Funktionsfähigkeitsanalyse, DBW 1991, 467; *Hopt-Mülbert,* Kreditrecht, 1989; *Immenga/Mestmäcker,* Kommentar zum GWB, 2. Aufl., 1992; *Köndgen,* Rechtsprechungsänderung zum Disagio: Zivil- und steuerrechtliche Fragen zur Entgeltgestaltung beim Darlehen, ZBB 1990, 215; *ders.,* Zur Praxis der sog. nachträglichen Tilgungsverrechnung beim Hypothekenkredit, NJW 1987, 160; *ders.,* Grund und Grenzen des Transparenzgebots im AGB-Recht, NJW 1989, 943; *Köndgen/König,* Grenzen zulässiger Konditionenanpassung beim Hypothekenkredit, ZIP 1984, 129; *Koller,* Die Erstattung des Disagios bei vorzeitiger Rückzahlung subventionierter Kredite, DB 1992, 1125; *ders.,* Das Transparenzgebot als Kontrollmaßstab Allgemeiner Geschäftsbedingungen, in FS für *Steindorff,* 1990, S. 667; *Kümpel,* Bank- und Kapitalmarktrecht, 1995; *Mülbert,* Das verzinsliche Darlehen, AcP 192 (1992) 447; *Mugdan,* Die gesamten Materialien zum Bürgerlichen Gesetzbuch für das Deutsche Reich, Bd. 2, Neudruck der Ausgabe Berlin 1899, 1979; *Olivet,* Computerprogramme für Juristen, 1987; *Pflug,* Allgemeine Geschäftsbedingungen und »Transparenzgebot«, AG 1992, 1; *Reifner,* Handbuch des Kreditrechts, 1991; *ders.,* Schadensbegriff und Berechnung der Vorfälligkeitsentschädigung beim Hypothekenkredit, NJW 1995, 2545; *Schaarschmidt-Bearbeiter,* Die Sparkassenkredite, 8. Aufl., 1991; *Schönle,* Bank- und Börsenrecht, 2. Aufl., 1976; *Schwarz,* Bestimmtheitsgrundsatz und variabler Zins in vorformulierten Kreditverträgen, NJW 1987, 626; *Schwintowski,* Der private Versicherungsvertrag zwischen Recht und Markt, 1987; *Seckelmann,* »Pacta sunt servanda« – Nicht bei Zinssätzen?, BB 1996, 965; *Sievi,* Effektiver Jahreszins: zwei Berechnungsmethoden, FLF 1989, 8; *Sievi/Gillardon/Sievi,* Effektivzinssätze für Ratenkredite, 2. Aufl. 1980; *Steppeler,* Effektivzinsen nach der Preisangabenverordnung, 1982; *ders.,* zur Angabe von Effektivzinsen bei der Neufestlegung von Konditionen, Sparkasse 1989, 232; *ders.,* EG-Richtlinie zur Effektivverzinsung, ZIP 1990, 895; *Steppeler-Astfalk,* Preisrecht und Preisangaben in der Kreditwirtschaft, 1986; *Thelen,* Die Erstattung des Disagios bei vorzeitiger Beendigung des Kreditvertrages, DB 1990, 1803; *Wessels,* Zinsrecht in Deutschland und England, 1992; *Wimmer,* Die aktuelle und zukünftige Effektivzinsangabeverpflichtung, BB 1993, 950; *Wolf/Horn/Lindacher,* Kommentar zum AGBG, 2. Aufl., 1989; *Ulmer/Brandner/Hensen,* Kommentar zum AGBG, 6. Aufl., 1990;

49 Wenn Banken Kredite gewähren, so tun sie das »in Ausübung ihres Handelsgewerbes« (§ 1 Abs. 2 Nr. 4 HGB) und können dafür »auch ohne

Verabredung Provision ... nach den ... üblichen Sätzen fordern« (§ 354 Abs. 1 HGB). Für Darlehen, so heißt es in § 354 Abs. 2 HGB sodann ausdrücklich, können vom Tage der Leistung an Zinsen berechnet werden. § 354 HGB geht also davon aus, daß Kaufleute noch weniger als andere Personen umsonst tätig werden, und daß dies allgemein bekannt ist[137]. Unerheblich ist, ob der andere Teil, der die Vergütung leisten soll, Kaufmann ist oder nicht[138]. *Folglich ist ein Bankkunde auch ohne ausdrückliche Abrede verpflichtet, die banküblichen Zinsen zu zahlen*[139], *obwohl §§ 607, 608 BGB vom unverzinslichen Darlehen als Regelfall ausgehen.* Der Kreditpreis ist rechtlich also die Gegenleistung dafür, daß die Bank dem Kunden Kapital auf Zeit überläßt. Im folgenden wird gezeigt, aus welchen Bestandteilen sich dieser Preis zusammensetzt (I), wie sich der Preis bildet (II) und welche Anforderungen an die Preistransparenz zu stellen sind (III).

I. Preisbestandteile

Der Preis eines von einer Bank gewährten Geldkredits setzt sich in aller Regel aus Zinsen und Kosten zusammen. Das schließt nicht aus, daß eine Bank im Einzelfall ein zinsloses Darlehen gewährt[140] und/oder auf Kosten ganz oder teilweise verzichtet.

50

1. Zinsen

a) Grundsätze
Zinsen (lat. censere = zählen)[141] sind nach heute allgemeiner Meinung laufzeitabhängige (d.h. gewinn- und umsatzunabhängige) Vergütungen für die Kapitalnutzungsmöglichkeit[142]. Diese, dem BGB vorgegebene Definition, verbindet die historischen Zinsdefinitionen, die sich zwischen den Polen bewegten[143]. Denn der Kreditgeber bekommt auch dann Zinsen, wenn der Kreditnehmer von der ihm eingeräumten Nutzungsmöglichkeit keinen

51

---

137 RGZ 122, 332.
138 Baumbach/Hopt, HGB[29], § 354 Anm. 2.
139 RGZ 118, 165 f.; RGRK-Alff[12] § 246 Rz. 8.
140 Zur Rechtsnatur Müko-Kollhosser[2] § 516 Rz. 2 f.
141 Der alt- und mittelhochdeutsche Begriff »Zins« wurzelt im Begriff »Kensos« (lat. Steuer/ Tribut, den die röm. Provinzen zu zahlen hatten); Grimms Deutsches Wörterbuch (Hrsg.) Bd. 15, Stichwort »Zins« Sp. 1475.
142 Grundlegend Canaris, NJW 1978, 1891; BGH NJW 1979, 540 = WM 1979, 52; NJW 1979, 805 f. 1979, 225; BGHZ 80, 153 = NJW 1981, 1206 = WM 1981, 353, 356 = ZIP 1981, 369; NJW-RR 1992, 592; weitere Nachweise bei Hopt/Mülbert § 608 Rz. 1; umfassend zum Zinsbegriff Staudinger-K. Schmidt[12] § 246 Rz. 7 ff; Mülbert AcP 192 (1992) 447, 495 ff. – der dort vertretene weite Zinsbegriff (S. 506 ff.) steht im Widerspruch zur postulierten Laufzeitabhängigkeit (S. 496 a.E.) und verwischt die Grenze zwischen Zinsen und Kosten.
143 Mugdan, Motive II, 173; Mülbert, AcP 192 (1992) 447, 459 m.w.N.

Gebrauch macht, wenn das Kapital also nur entbehrt wird. Andererseits ist der Kreditnehmer zur Kapitalnutzung selbstverständlich berechtigt, ohne daß er deshalb mehr oder weniger Zins schuldet. Zinsen werden also gleichermaßen für das Entbehren und das Nutzen, eben für die Kapitalnutzungsmöglichkeit gezahlt. Entscheidend für die Abgrenzung des Zinses gegen Kosten des Kredites ist, ob gerade die laufzeitabhängige Kapitalnutzungsmöglichkeit vergütet wird. Im Zweifel ist der Vertrag auszulegen. Maßgeblich ist der Parteiwille. So vertritt der BGH die Auffassung, daß es sich nicht um Zinsen handle, wenn die Vertragsauslegung ergebe, daß Kosten bei vorzeitiger Kreditbeendigung nicht zeitanteilig verrechnet werden sollten[144]. Umgekehrt können Zinsen auch »verschleiert« werden. Eine »Gewinnbeteiligung«, die unabhängig davon zu zahlen ist, ob der Kreditnehmer wirklich einen Gewinn erzielte, ist in Wirklichkeit ein laufzeitabhängiges Entgelt, also ein Zins[145]. Ähnlich liegen die Dinge, wenn völlig außerhalb des banküblichen Rahmens ein »Disagio« i.H.v. 40 % vereinbart wird[146].

52 Entgegen einer früheren Definition des Reichsgerichtes[147] brauchen Zinsen nicht »fortlaufend« entrichtet zu werden. Sie können auch sogleich für die gesamte Nutzungsdauer berechnet und vom Kapital einbehalten werden[148]. Es ist auch nicht begriffswesentlich, daß Zinsen »in einem im voraus bestimmten Bruchteil« des Kapitals bestehen. Die Zinshöhe kann von wechselnden Umständen, etwa dem Bundesbankdiskontsatz, abhängen, muß also nicht in einem Prozentsatz des Kapitals ausgedrückt sein[149]. Zinseszinsen sind keine Bestandteile des Kreditpreises. Sie können nur anfallen, wenn der Kreditnehmer mit der Rückzahlung des Darlehens in Verzug gerät. Für diese Fälle verbietet § 248 Abs. 1 BGB eine Zinseszinsvereinbarung im *voraus*. § 11 Abs. 2 VKG stellt klar, daß dies auch *nach* Verzugseintritt gilt und weder über Schadensersatzvorschriften (§ 289 S. 2 BGB) noch durch Einstellung von Verzugszinsen in ein Kontokorrent umgangen werden darf[150].

b) Einzelfragen (insb. Disagio)

53 Es gibt eine Reihe von Rechnungsposten, zu denen sich eine ausführlichere Diskussion entwickelt hat. Sie betreffen häufig den Verbraucherkredit. Nach § 4 Abs. 1 Nr. 1 d VKG sind bei Kreditverträgen der Zinssatz und alle sonstigen Kosten des Kredits im einzelnen zu bezeichnen, einschließ-

---

144 BGH NJW 1981, 2181 = WM 1981, 838 = ZIP 1981, 839.
145 RGZ 86, 399 f.; BGH WM 1966, 399 f.; 1967, 321 f.; Canaris[3], Rz. 1326; Staudinger-K. Schmidt[12], § 246 Rz. 12.
146 BGH WM 1963, 378.
147 RGZ 168, 285.
148 Belke BB 1968, 1220; Canaris NJW 1978, 1891.
149 RGZ 118, 156; BGH LM § 247 Nr. 2.
150 Vertiefend Wessels, S. 42 f.

lich etwaiger vom Verbraucher zu tragender Vermittlungskosten. Damit knüpft das VKG an den Zinsbegriff des bürgerlichen Rechts an, d.h. unabhängig von der gewählten Kreditart sind Zinsen diejenigen Bestandteile des Kreditpreises, die laufzeitabhängig sind. Die häufig im Zusammenhang mit Teilzahlungskrediten erhobenen *Kreditgebühren* sind regelmäßig ein laufzeitabhängiges Entgelt für den Kapitalgebrauch, also Zinsen[151]. Auch eine Kreditkostenpauschale anstelle von fortlaufend zu entrichtenden Kreditgebühren ist laufzeitabhängig und deshalb als Zins zu qualifizieren[152]. Das gleiche gilt für Teilzahlungszuschläge[153] ebenso wie für Teilzahlungskosten[154]. Entscheidend ist allerdings nicht der gewählte Begriff, sondern die Laufzeitabhängigkeit.

Diese Grundsätze gelten auch für das *Disagio*, das lange Zeit als laufzeitunabhängige Leistung[155] galt, heute aber im Grundsatz als Zins aufgefaßt wird[156]. *Der Begriff bezeichnet einen Abschlag (Disagio) vom Nennwert eines Wertpapiers oder eines Darlehens. Das Disagio (auch Damnum genannt) ist somit die Differenz zwischen dem Nennbetrag des Darlehens und dem tatsächlich ausbezahlten Betrag.* Vielfach wird dem Kreditnehmer von der Bank die Wahl zwischen geringem Disagio bei höherem Zins oder einem höherem Disagio bei niedrigerem Zins eingeräumt. Der Grund für die Wahl des höheren Disagios kann, aus der Sicht des Kreditnehmers, im Steuerrecht liegen. Ihm geht es u.U. darum, das Disagio als Betriebsausgabe oder Werbungskosten möglichst frühzeitig und vollständig geltend machen zu dürfen[157]. Entscheidend war und ist aber auch hier nicht die Wahl des Wortes, sondern allein die Frage, ob das Disagio laufzeitbezogen und deshalb als Zins zu qualifizieren ist. Darauf hat der BGH in einer Entscheidung vom 2.7.1981 grundlegend hingewiesen.

54

Fall: BGHZ 81, 124 »Disagio«
Eine Versicherungsgesellschaft gewährte den späteren Klägern ab 1.1.1974 ein Hypothekendarlehen i.H.v. DM 65 000,- zu einem Auszahlungskurs von 94 %, also mit einem Disagio von 6 %. Am 2. November 1978 kündigten die Kläger das Darlehen gem. § 247 BGB (die Norm wurde mit Wirkung vom 1.1.1987 aufgehoben) und zahlten die Darlehenssumme i.H.v. DM 65 000,- zurück. Mit der Klage verlangten sie die Erstattung des auf den Rest der vereinbarten Laufzeit entfallenden Disagios von DM 2047,50 zurück.

55

---

151 BGH NJW 1979, 541; 1980, 446; jetzt allg.M.; ebenso BFH WM 1980, 170 für das Steuerrecht.
152 Canaris NJW 1978, 1891, 1893.
153 BGH NJW 1979, 805 f.; 1980, 445 f.
154 BGH NJW 1979, 540 f.
155 Canaris⁵, Rz. 1324; BGHZ 81, 126.
156 BGHZ 111, 287.
157 Vertiefend Hopt/Mülbert § 608 Rz. 11.

56 Der III. Senat des BGH hat die Klage abgewiesen. Er hat zunächst die Rechtsnatur des Disagios diskutiert und festgestellt, es lasse sich nicht generell den Darlehensnebenkosten oder den Zinsen zuordnen. Disagio und Zinsen stünden häufig in einem wechselseitigen Abhängigkeitsverhältnis. Bei einer Festschreibung der Darlehenskonditionen, insbesondere der Zinsen, erhöhe sich im allgemeinen das Disagio mit der Länge der Festschreibungsperiode. Unter diesen Umständen seien Disagio und Zins, jedenfalls im wirtschaftlichen Ergebnis, weitgehend austauschbar. Dabei liege es im Ermessen der Parteien, wie sie im Rahmen der Vertragsgestaltungsfreiheit das Disagio einstufen. Sie könnten es als Nebenkosten oder als Zins qualifizieren und damit zugleich die rechtliche Behandlung bei vorzeitiger Auflösung regeln. Im vorliegenden Fall hätten die Abmachungen zwischen den Parteien nicht vorgesehen, daß sich das Disagio im Falle einer Kündigung nach § 247 a.F. BGB ermäßige, obwohl die Parteien diese Kündigungsmöglichkeit berücksichtigt hätten. Daher sei es aus Rechtsgründen nicht zu beanstanden, in dem hier vereinbarten Disagio eine laufzeitunabhängige, nicht als Zins zu qualifizierende Leistung der Darlehensnehmer zu sehen, die der Bank auch bei vorzeitiger Auflösung des Darlehensvertrages in vollem Umfang zufließen solle.

57 Diese Entscheidung hat der XI. Senat des BGH durch ein Urteil vom 28.5.1990 erheblich relativiert[158]. Auch dort ging es um die anteilige Rückzahlung eines Disagios nach Kündigung i.S.v. § 247 BGB a.F. Der Senat knüpfte zunächst an das oben dargestellte Urteil an, wonach sich ein Disagio nicht generell den (laufzeitunabhängigen) Darlehensnebenkosten oder den (laufzeitabhängigen) Zinsen zuordnen lasse. Es liege vielmehr im Ermessen der Parteien, wie sie im Rahmen der Vertragsgestaltungsfreiheit das Disagio einstufen und die rechtliche Behandlung bei vorzeitiger Vertragsbeendigung regeln wollten. Im Wege der Auslegung sei ihr Wille im Einzelfall zu erforschen. Dann aber fährt der BGH fort:

58 Eine Vertragsauslegung ist nicht zu billigen, nach der ein Disagio im Regelfall dem Darlehensgeber (Bank) unabhängig von Laufzeit und Durchführung des Vertrages endgültig verbleiben soll. Das gilt jedenfalls dann, wenn die Vereinbarungen keine ausdrückliche Rückzahlungsregelung für den Fall vorzeitiger Vertragsbeendigung enthalten und das Disagio die – bei etwa 10 % anzusetzende – Grenze des marktüblichen nicht überschreitet. Eine andere Auslegungsregel werde, so der BGH weiter, den wirtschaftlichen Gegebenheiten und den Interessen insbesondere der Darlehensnehmer nicht gerecht. Funktion und Rechtsqualität des Disagios hätten sich in den letzten Jahrzehnten wesentlich verändert. Während ein Disagio früher in aller Regel der Abgeltung der mit der Kreditgewährung zusammenhängenden Aufwendungen gedient habe und somit

---

158 BGHZ 111, 287; dazu Thelen, DB 1990, 1803; Köndgen, ZBB 1990, 215.

die laufzeitunabhängigen Kosten des Darlehensgebers zu decken gehabt habe, sei es heute weitgehend zu einem integralen Bestandteil der – laufzeitabhängigen – *Zinskalkulation* geworden. Die Tatsache, daß das Disagio seine Funktion als Abgeltung des einmaligen Verwaltungsaufwandes bei der Kreditgewährung weitgehend verloren habe und in der Bankpraxis nur noch als Rechenfaktor für die Zinsbemessung diene, dürfe bei der Vertragsauslegung in keinem Fall unberücksichtigt bleiben.

Vielmehr müsse dieser Funktionswandel »im Zweifel dazu führen, daß das Disagio als laufzeitabhängiger Ausgleich für einen niedrigeren Nominalzins anzusehen sei und daher bei vorzeitiger Vertragsbeendigung vom Darlehensnehmer gem. § 812 BGB anteilig zurückverlangt werden könne«[159]. Damit hat ein grundlegender Paradigmawechsel stattgefunden. Während das Disagio früher auch bei vorzeitiger Vertragsauflösung der Bank zustand, ist es heute im Regelfall dem Darlehensnehmer anteilig zurückzuerstatten, und zwar auch dann, wenn der Darlehensvertrag keine ausdrückliche Regelung enthält[160]. Folgerichtig verzichtet ein Kunde bei vorzeitiger Beendigung des Darlehensvertrages nicht dadurch auf anteilige Erstattung des Disagios, indem er die Abrechung der Bank unbeanstandet läßt[161].

Hierneben hat der BGH klargestellt, daß eine AGB-Klausel der Bank, die einen Erstattungsanspruch generell ausschließen würde, nach § 9 AGBG unwirksam wäre. Eine solche Regelung würde nämlich, wie eine Vorfälligkeitsentschädigung, als verbotene Beschränkung des Kündigungsrechts nach § 247 BGB a.F. wirken[162]. Soweit im Urteil BGHZ 81, 124, 129 eine gegenteilige Auffassung vertreten worden sei, könne daran nicht festgehalten werden, wenn das Disagio sich als laufzeitabhängiges Kapitalnutzungsentgelt darstelle. Eine AGB-Klausel, die ausnahmslos Geltung beanspruche, sei insgesamt unwirksam. Ihre Einschränkung auf Fälle, in denen das Disagio durch die der Bank entstehenden Einmalkosten noch zu rechtfertigen wäre, würde gegen das Verbot der geltungserhaltenden Reduktion verstoßen[163]. In der Literatur wird ferner darauf hingewiesen, daß eine Klausel in AGB, die das Disagio als nicht rückzahlbare Risikoprämie darstellt, i.S.v. § 3 AGBG überraschend ist und deshalb nicht Vertragsbestandteil wird[164].

59

---

159 BGHZ 111, 287, 290.
160 Zu den praktischen Folgen vgl. das instruktive Beispiel bei Reifner, NJW 1995, 2945, 2950.
161 BGH DB 1994, 138.
162 BGHZ 79, 163, 175 f.
163 H. Schmidt in Ulmer/Brandner/Hensen, AGBG[6], § 6 Rz. 14 m.w.N.
164 Koller, DB 1992, 1125; a.A. für den Bereich staatlich subventionierter Kredite Batereau/Koppers, WM 1992, 174.

2. Kosten

60 Alle nicht laufzeitabhängigen Aufwendungen, die als Gegenleistung für den Kredit zu erbringen sind, sind Kosten. Bereitstellungszinsen, die unabhängig von einer Inanspruchnahme des Kredits zu entrichten sind, gehören ebenso zu den Kosten, wie Nichtabnahmeentschädigungen, sofern sie wirksam vereinbart wurden, sich also auf die rechtlich geschützte Zinserwartung beschränken[165]. Auch Antragsgebühren (einmalig im voraus zahlbare Bearbeitungsgebühren) sollen laufzeitunabhängige Kosten sein[166]. K. Schmidt weist aber zu Recht darauf hin, daß pauschale Bearbeitungsgebühren oft auch dann genommen werden, wenn im Einzelfall keine oder niedrigere Kosten angefallen sind[167]. Die Parallele zum Disagio erscheint nicht abwegig. Jedenfalls wird man in Fällen vorzeitiger Vertragsauflösung sehr genau zu prüfen haben, ob erhobene Gebühren wirklich dem Ausgleich eines Verwaltungsaufwandes dienten oder in Wirklichkeit »verschleierte Zinsen« sind. Da diese Frage nur aus der Sphäre der Bank beantwortet werden kann, erscheint es sinnvoll, an den Rechtsgedanken von § 282 BGB anzuknüpfen. Danach wäre es Sache der Bank, die Tatsachen darzulegen und zu beweisen, die zeigen, daß es sich um Kosten im Rechtssinne handelt. Auch Vermittlungsgebühren sind jedenfalls dann kein Zins, wenn echte Akquisitionskosten, z.B. für den Kreditmakler, ersetzt werden sollen[168]. Das hebt auch § 4 Abs. 1 Nr. 1 d VKG hervor, wonach neben dem (Nominal-)Zinssatz alle sonstigen Kosten des Kredits im einzelnen zu bezeichnen sind, einschließlich etwaiger vom Verbraucher zu tragender Vermittlungskosten[169]. Dagegen richten sich Überziehungszinsen nach Umfang und Dauer der Überziehung. Es handelt sich um einen Sonderzins, der die Besonderheit hat, daneben Vertragsstrafe zu sein[170]. Die Vereinbarung zusätzlicher Überziehungszinsen in den AGB/B ist auch nach § 9 AGBG wirksam[171].

61 Nach § 4 Abs. 1 Nr. 1 f VKG muß der Kreditvertrag auch die Kosten einer Restschuldversicherung, die im Zusammenhang mit dem Kreditvertrag abgeschlossen wird, ausweisen. Es handelt sich um eine vom Verbraucher neben dem Kreditvertrag abzuschließende Risikolebensversicherung, mit deren Hilfe der jeweils noch offene Kreditrest im Falle des Ablebens des Kreditnehmers getilgt wird. Auf diese Weise ist es entbehrlich, potentielle Erben bei Kreditvergabe als »Bürgen auf den Todesfall« zu

---

165 BGH NJW 1991, 1817 = ZIP 1991, 575.
166 BGH NJW 1979, 807; 1979, 2089 = WM 1979, 966 m. Anm. Scholz, WM 1979, 1247; Canaris[3], Rz. 1324.
167 Staudinger-K. Schmidt[12], § 246 Rz. 25.
168 BGH NJW 1979, 2089 = WM 1979, 966; Canaris[3], Rz. 1326.
169 Müko-Ulmer, § 4 VerbrKrG, Rz. 34.
170 Belke, BB 1968, 1220; Canaris NJW 1978, 1894.
171 BGH ZiP 1992, 751 dazu EWiR § 9 AGBG 8/92, 527 (Koller).

verpflichten. Zu der Frage, ob die Restschuldversicherungsprämie zu den Kosten des Kredits gehört, hat sich eine ausufernde Kasuistik entwickelt[172]. Der BGH hat mehrfach entschieden, daß die Restschuldversicherungsprämie sowohl bei der Ermittlung des vertraglichen Effektivzinses als auch beim Marktvergleich i.S.v. § 138 BGB vollständig außer acht zu lassen sei[173]. In der Literatur wird dagegen darauf hingewiesen, daß die Restschuldversicherung sowohl der Bank als auch dem Kunden zugute komme, weshalb die Prämie hälftig auf beide aufzuteilen sei[174]. Dieser Auffassung ist zuzustimmen. Würde die Bank einen Kredit ohne Restschuldversicherung geben, so müßte sie einen erhöhten Zins verlangen, den der Kunde durch Abschluß der Restschuldversicherung spart. Andererseits würde die Zinserhöhung nicht soviel »kosten« wie die Restschuldversicherung, weil die Bank auf die Erben zurückgreifen könnte. Insoweit entlastet die Restschuldversicherung die Angehörigen des Kunden, betrifft also seine Sphäre. Jedenfalls in Höhe der »gesparten Zinsen« ist die Restschuldversicherungsprämie eine Gegenleistung für den Kredit. Es spricht, da sie sich auf die gesamte Laufzeit bezieht, einiges dafür, sie als »verschleierten Zins« aufzufassen. Der BGH geht pragmatischer vor. In die Zins- und Kostenberechnung, etwa zur Ermittlung der Sittenwidrigkeit geht die Restschuldversicherungsprämie gar nicht ein[175]. In der Rückabwicklung des Kredites ist die Prämie jedoch hälftig auf Bank und Kunde zu verteilen[176].

In jedem Fall handelt es sich bei der Restschuldversicherungsprämie um Aufwendungen, die im Zusammenhang mit der Gewährung eines Kredites entstehen, so daß es vernünftig war, in § 4 Abs. 1 Nr. 1 f VKG ihre Offenlegung zu verlangen. Wird allerdings eine Restschuldversicherungsprämie erhoben, ohne daß ein entsprechender Versicherungsvertrag geschlossen wird, so liegt ein verdeckter Zins vor[177]. **62**

II. Preisbildung

1. Grundsätze

Der Kreditpreis (Sollzins) ist ein Marktpreis, er bildet sich frei. Das entspricht der römisch-rechtlichen Tradition, aber bei weitem nicht den Vorstellungen des Gemeinen Rechts, die über einen Zeitraum von fast 1500 Jahren (325 – 1741 a.D.) vom alttestamentarischen Zinsverbot ge- **63**

---

172 Vgl. den Überblick bei Hopt/Mülbert § 607 Rz. 261.
173 BGH NJW 1982, 2433; WM 1988, 184, 187.
174 Hopt/Mülbert § 608 Rz. 32.
175 BGH WM 1988, 184, 187.
176 BGHZ 80, 153; Reifner, Handbuch, S. 124.
177 Soergel-Teichmann[12], § 246 Rz. 20.

prägt waren[178]. Auch die mittelalterliche Idee vom »gerechten Preis« (iustum pretium) ist vom Denken in frei gebildeten Marktpreisen ebenso verdrängt worden, wie diejenige der laesio enormis, der übermäßigen Benachteiligung beim Kauf, für die das Gemeine Recht einen einseitigen Rücktrittsgrund eröffnete. Auch das ebenfalls aus dieser Rechtstradition stammende Verbot »ultra alterum tantum«, wonach Zinsen im Gesamtbetrag die Hauptschuld nicht übersteigen dürfen, ist von den Verfassern des Bürgerlichen Gesetzbuches verworfen worden[179]. Allerdings, ganz so lange, wie es scheint, liegen Kreditpreisregulierungen nicht zurück. So wurde etwa auf der Grundlage des KWG am 22.12.1936 das »Abkommen über die Festsetzung von Höchstzinsen für hereingenommene Gelder (Habenzinsabkommen)« geschlossen, das vom Reichskommissar für das Kreditwesen am 22.12.1936 für allgemeinverbindlich erklärt und am 1.1.1937 in Kraft gesetzt wurde[180]. Dieses Höchstzinsabkommen wurde am 1.3.1965 durch die *Zinsverordnung* abgelöst[181]. Die Zinsverordnung eröffnete im Kreditgeschäft einen Wettbewerb zwischen den Kreditinstituten, ließ ihn im Einlagengeschäft aber praktisch nicht zu[182]. Bereits kurze Zeit später, nämlich am 21.3.1967, hat das BAK im Einvernehmen mit der Deutschen Bundesbank die »Zinsbindung der zweiten Hand« beseitigt[183]. Es hob sowohl die Zinsverordnung, als auch die damals in Kraft gebliebenen Anordnungen der ehemaligen Bankaufsichtsbehörden der Länder über die Kosten für Klein- und Teilzahlungskredite, mit Wirkung ab 1.4.1967, auf[184]. Seither werden die Kreditzinsen wie vor der Weltwirtschaftskrise Anfang der 30er Jahre im Grundsatz frei am Markt ausgehandelt.

64 Allerdings räumt *§ 102 GWB* den Banken eine wettbewerbliche Sonderstellung ein. Bis zur Novellierung dieser Norm im Jahre 1990 unterlagen Zinsabsprachen und Empfehlungen einer – niemals praktisch gewordenen – Mißbrauchsaufsicht nach § 104 GWB. Mit der 5. Novelle des GWB im Jahre 1990 wurde der Verhaltensspielraum sowohl der Kreditinstitute als auch der Versicherer erheblich eingeschränkt. Danach sind beispielsweise Zinsempfehlungen nur noch zulässig, wenn sie die Leistungsfähigkeit der beteiligten Unternehmen heben und dadurch die Befriedigung des Bedarfs verbessern, wobei der zu erwartende Erfolg in einem angemessenen Verhältnis zu der damit verbundenen Wettbewerbsbeschränkung stehen muß (§ 102 Abs. 1 Nr. 2 GWB). Im Vorfeld ist ein Anmeldeverfahren beim Bundeskartellamt durchzuführen (§ 102 Abs. 1

---

178 Vertiefend oben § 2, 54 ff.
179 Mugdan, Motive II, 9.
180 Schönle², S. 83.
181 BGBl. I, S. 33.
182 Schönle², S. 83 f.
183 BGBl. I 352.
184 Schönle², S. 85.

GWB). Die praktische Bedeutung, insbesondere von Zinsempfehlungen[185], nimmt zunehmend ab. Das hängt v.a. mit der Rechtsprechung des Europäischen Gerichtshofs zusammen. Der EuGH hat entschieden, daß Banken wie Versicherungen den Wettbewerbsregeln (Artt. 85-90) des EGV unterliegen[186]. Vor allem aber hat der EuGH die *Zwischenstaatlichkeitsklausel* in Art. 85 EGV sehr weit ausgelegt. Branchenumfassende Wettbewerbsbeschränkungen, die nur auf den Inlandsmarkt zielen, verstoßen dennoch gegen den EGV, weil sie Anbieter aus anderen Mitgliedstaaten abschotten[187]. So beschränkt die Vereinheitlichung von Bankgebühren den Wettbewerb, da eine individuelle Kosten- und Rentabilitätssituation nicht mehr zum Tragen kommen kann, ebenso wie ein vereinheitlichtes Verrechnungsverfahren für Schecks[188].

Es gibt einige gesetzliche Vorschriften, die eine Zinsschuld voraussetzen und die Höhe des Zinssatzes regeln. Der gesetzliche Zinssatz des bürgerlichen Rechts beträgt 4 % (§ 246 BGB), der des Handelsrechts 5 % (§ 352 HGB). Eine Geldschuld ist während des Verzugs mit 4 % zu verzinsen (§ 288 BGB). Spezielle Zinssätze enthält weiterhin das Wechselgesetz (Art. 48, 49), ebenso wie das Scheckgesetz (Art. 45, 46). In all diesen Fällen handelt es sich um Regelungen, die mit dem Kreditrecht nichts zu tun haben. Das gilt übrigens auch für die Normen, die eine Verzinsung anordnen (z.B. § 256 BGB oder § 354 Abs. 2 HGB) oder umgekehrt eine solche Pflicht verneinen, wie beispielsweise § 248 BGB (Zinseszinsverbot)[189]. Die für das Kreditrecht praktisch wichtigste Grenze bildet § 138 BGB. Danach sind Kreditverträge nichtig, wenn sie wucherisch (§ 138 Abs. 2 BGB) oder sonst sittenwidrig (§ 138 Abs. 1 BGB) sind. § 138 BGB enthält aber keine gesetzliche Kreditpreisregelung. Es handelt sich um eine Norm, wonach überhöhte Zinsen *im Einzelfall* sittenwidrig sein können. Die Rechtsprechung prüft diese Frage, vor allem im Bereich des Verbraucherkredits, anhand von »Richtwerten«. Bis 1978 lag die kritische Grenze bei einem Zinssatz von (effektiv) etwa 28 – 30 %[190]. Inzwischen besteht Einverständnis darüber, daß es, wie bei allen anderen marktgängigen Leistungen auch, auf die Abweichung vom Marktzins ankommt[191]. Das bedeutet, § 138 BGB setzt die Ermittlung eines Marktpreises voraus. Erst oberhalb dieses frei gebildeten Preises zieht die Rechtsprechung Grenzen, die, aufgrund des funktionsfähigen Wettbewerbs im Kreditbereich, nicht zu verschleierten Höchstpreisen geworden sind. *Folglich hat § 138 BGB keine globale Preisregulierungsfunktion, sondern beschränkt*

65

---

185 Vertiefend Möschel in Immenga/Mestmäcker², § 102 Rz. 13.
186 Slg. 1981, 2021 »Banküberweisungsgebühren«.
187 EuGH Slg. 1978, 405 »Feuerversicherung«.
188 WuW/E EV 1456 »Niederländische Banken«.
189 Umfassend Staudinger-K. Schmidt¹², § 246 Rz. 2.
190 Palandt-Heinrichs⁵⁵, § 138 Rz. 67.
191 BGH NJW 1979, 805, 806.

sich auf Korrekturen im Einzelfall. Hinzu kommt, daß § 138 BGB schon deshalb keine preisregulierende Norm ist, weil es nicht genügt, wenn (objektiv) ein auffälliges Mißverhältnis zwischen Marktpreis und Einzelkreditpreis besteht. Erforderlich ist ferner ein *subjektives* Moment, z.B. der Vorwurf an die Bank, die geschäftliche Unerfahrenheit des Kunden ausgenutzt zu haben. § 138 BGB zielt also auch im Einzelfall nicht auf Preis-, sondern auf Verhaltenskorrektur. Das ist der Grund, warum diese Fragen nicht hier, sondern unten eigenständig dargestellt werden[192].

2. Zinsanpassungsklauseln

66 Im Kreditgeschäft, vor allem im mittel- und langfristigen Bereich, sind Zinsanpassungen aufgrund der sich ständig ändernden Refinanzierungskonditionen geschäftstypisch und notwendig. Das gesamte Swap-Geschäft ist Ausdruck hiervon[193]. Wird kein Festzins vereinbart, so gilt im Grundsatz Nr. 12 Abs. 3 AGB/B (93). Danach kann die Bank das Entgelt für Leistungen, die von Kunden dauerhaft in Anspruch genommen werden (wie z.B. beim Kredit) nach billigem Ermessen (§ 315 BGB) ändern. Auf diese Weise ist die gerichtliche Überprüfung der Billigkeitsentscheidung prinzipiell gewährleistet (§ 315 Abs. 3 BGB). Für den Verbraucherkredit sieht § 4 Abs. 1 Nr. 1 e VKG noch strengere Anforderungen vor. Bei Zins- und Preisanpassungsklauseln ist zunächst der anfängliche effektive Jahreszins anzugeben[194]. Ferner sind die Voraussetzungen anzugeben, unter denen preisbestimmende Faktoren geändert werden können. Schließlich ist anzugeben, auf welchen Zeitraum Belastungen (Ab/Zuschläge) bei der Berechnung des effektiven Jahreszinses verrechnet werden. Auch vor Inkrafttreten des VKG war anerkannt, daß Zinsanpassungsklauseln in Kreditverträgen jedenfalls nicht gegen § 11 Nr. 1 AGBG verstoßen, weil Kredite Dauerschuldverhältnisse sind[195]. Auch ein Verstoß gegen § 10 Nr. 4 AGBG liegt nicht vor, weil die Bank ihre Leistung nicht ändert; was nicht für die Änderung sonstiger Konditionen gilt[196]. Allerdings muß sich jede Zinsanpassungsklausel, die formularmäßig zugrundegelegt wird, an § 9 AGBG messen lassen, d. h. sachlich gerechtfertigt sein. Die entscheidenden Grundsätze insoweit hat der BGH in einer Entscheidung vom 6.3.1986 entwickelt.

67 *Fall: BGHZ 97, 212 »Formularmäßige Zinsänderungsklausel«*
Ein Bauunternehmer nahm bei einer Bank im Jahre 1976 zwei Darlehen über insgesamt DM 180 000,- auf. In dem formularmäßigen Kreditvertrag,

---

[192] Vgl. Rz. 136 ff.
[193] Vgl. unten § 14.
[194] Zum Effektivzins unten Rz. 78.
[195] Brandner in Ulmer-Brandner-Hensen[6], Anh. §§ 9 – 11 Rz. 282.
[196] Köndgen/König, ZIP 1984, 129, 138; Wolf in Wolf/Horn/Lindacher[2], § 9 D 15.

in dem kein bestimmter Zinssatz angegeben wurde, hieß es u.a.: »Für die Kredite einschließlich der Darlehen gelten die jeweils von der Bank bestimmten Zins-, Provisions- und Auszahlungssätze, bei Darlehen gelten gegenwärtig die oben angegebenen Zins- und Auszahlungssätze«. Beide Darlehen wurden durch Formularvertrag vom 19.12.1977 um ein Jahr verlängert. Zugleich gewährte die Bank ein weiteres Darlehen i.H.v. DM 20 000,-. Schließlich wurden die Gesamtverbindlichkeiten (Darlehen und Kontokorrentkonto) durch einen formularmäßigen Kreditvertrag vom 23.5.1979 zusammengefaßt und auf einen neuen Kredit über DM 417 000,- DM umgeschuldet. Der Zinssatz wurde im Vertrag mit 7,5 % p.a. angegeben. Ziff. 3 der Kreditbedingungen lautete: »Die Bank ist berechtigt, den Zinssatz zu ändern, wenn sie dies (z.B. wegen der Entwicklung am Geld- oder Kapitalmarkt) für erforderlich hält; sie wird diese Änderung dem Kreditnehmer mitteilen.«

Die Bank machte von ihrer Befugnis, den Zinssatz zu ändern Gebrauch und erhöhte ihn stufenweise bis auf 13,75 %. Der Bauunternehmer meinte, dies sei zuviel und verlangte die Herabsetzung nach § 315 BGB.

Der BGH stimmte im Grundsatz zu, verwies den Rechtsstreit aber zur Klärung tatsächlicher Fragen an die Vorinstanz zurück. Im Grundsatz bestätigte das Gericht zunächst, daß Zinsklauseln, ebenso wie Preisvorbehalts- und Anpassungsklauseln[197], an der Generalklausel des § 9 AGBG zu messen sind. Das dem Darlehensgeber eingeräumte einseitige Leistungsbestimmungsrecht halte einer Prüfung nach § 9 AGBG stand, soweit dafür ein sachlicher Grund bestehe. Das sei insofern der Fall, als ein Bedürfnis der Banken anzuerkennen sei, ihre Darlehensbedingungen, insbesondere den Zinssatz, den wechselnden und bei Vertragsschluß meist nicht überschaubaren künftigen Refinanzierungsmöglichkeiten anzupassen. Solche Klauseln seien in der Bankpraxis nicht zu entbehren, zumal im massenhaften Darlehensgeschäft Zinsänderungen, schon aus organisatorischen Gründen kaum durch individualvertragliche Abmachungen vorgenommen werden könnten.

68

Allerdings dürften Zinsanpassungsklauseln die Bank auch nicht einseitig begünstigen. Das setze voraus, daß sie die Bank nicht nur zur Erhöhung des Zinssatzes berechtigten, sondern, z.B. bei sinkendem Zinsniveau und Verbesserung der Refinanzierungskonditionen, auch zu seiner Herabsetzung. Dabei sei es unschädlich, daß die in den Darlehensverträgen verwendeten Zinsklauseln die Voraussetzungen und die Grenzen für die vorbehaltene Bestimmung der Zinsen nicht ausdrücklich umschrieben hätten. Nach dem erkennbaren Sinn der Klauseln böten diese der Bank nur die Möglichkeit, den variablen Zinssatz den wechselnden Verhältnissen auf dem Kapitalmarkt und den dadurch verursachten Änderungen ih-

69

---

197 Dazu BGHZ 82, 21; 93, 252, 255 f.

rer Refinanzierungskonditionen nach Maßgabe des § 315 BGB anzupassen. Dabei sei zu berücksichtigen, daß ein Kreditnehmer nicht nur das Risiko der Erhöhung der Zinsen in Kauf nehme, sondern auch die ihm vorteilhafte Chance einer Zinssenkung wahrnehmen wolle. Schließlich sei im Falle einer Zinserhöhung eine Kündigungsmöglichkeit vorgesehen gewesen.

70 Aus dieser Entscheidung läßt sich ein Grundsatz herausfiltern, der in dem der Entscheidung vorangestellten Leitsatz Ausdruck gefunden hat: *Eine formularmäßige Zinsänderungsklausel ist grundsätzlich dahin auszulegen, daß sie lediglich eine Anpassung (Erhöhung oder Senkung) des Vertragszinses an kapitalmarktbedingte Änderungen der Refinanzierungskonditionen der Bank gem. § 315 BGB ermöglicht. Eine solche Klausel hält der Inhaltskontrolle nach § 9 AGBG stand*[198]. Der BGH hat diese Grundsätze inzwischen bestätigt und gleichzeitig klargestellt, daß die Vereinbarung einer Zinsanpassungsklausel nicht zu »langfristigen Zinsfestschreibungen« (Erhöhung des Marktzinssatzes von 6 % auf 8 % für fünf Jahre) berechtige. Weigere sich der Darlehensnehmer einer solchen langfristigen Zinsfestschreibung zuzustimmen, so biete dies allein der Bank keinen hinreichenden Grund zu einer Änderungskündigung[199].

71 Schließlich war die Frage zu klären, ob Zinsanpassungsklauseln dem Darlehensnehmer ein Kündigungsrecht gewähren müssen[200]. In einer Entscheidung vom 6.4.1989 hat der BGH die Notwendigkeit eines solchen Kündigungsrechts im Rahmen der Unwirksamkeitskontrolle nach § 9 AGBG bejaht[201]. Jedenfalls gilt das, wenn die Klausel das Recht zur einseitigen Bestimmung einer neuen Festzinsperiode, Veränderungen des Tilgungssatzes sowie der Jahresleistung in nicht näher begrenztem Umfang vorsieht. Dies berge für den einzelnen Kreditnehmer die Gefahr unzumutbarer Belastungen. *Nur wenn die AGB zugleich das Recht zubilligten, den Vertrag für die Zukunft des Inkrafttretens der neuen Konditionen zu kündigen, liegt in dem Bestimmungsrecht der Bank keine unangemessene Benachteiligung des Kreditnehmers*[202].

72 Damit knüpfte der BGH an die Rechtsprechung des Bundesverwaltungsgerichts zur Wirksamkeit von Prämienanpassungsklauseln in Versicherungsbedingungen an[203]. Danach war eine Klausel zulässig, wonach der Versicherungsnehmer zur Kündigung berechtigt war, wenn sich der Beitrag um mehr als 15 % oder innerhalb von drei aufeinanderfolgenden Jahren um mehr als 30 % erhöhte[204]. Für die Kreditpraxis läßt sich an solche

---

198 Kritisch bezüglich der Konkretisierung Schwarz, NJW 1987, 626.
199 BGH NJW-RR 1987, 1184 f.
200 In BGHZ 97, 212 enthielt der Vertrag ein solches Recht (S. 220).
201 BGH WM 1989, 740 = NJW 1989, 1796.
202 Wolf in Wolf/Horn/Lindacher², § 9 Rz. D 15.
203 BVerwGE 61, 59, 77 f.
204 Dazu kritisch Schwintowski, S. 215 f.

schematischen Prozentsätze nicht anknüpfen. Vielmehr ist der Entscheidung des BGH zu entnehmen, daß wegen der Gefahr unzumutbarer Belastungen eine Klausel nur dann mit § 9 AGBG in Einklang steht, wenn sie die Kündigungsmöglichkeit nach Konditionenanpassung eröffnet. In diesem Sinne gewährt § 31 VVG seit 7/94 auch den Versicherten Schutz. Demgegenüber verneint Brandner ein Vertragslösungsrecht des Darlehensnehmers, weil die Bank auch zu einer Zinssenkung verpflichtet sei[205]. Falls damit an eine reine Zinssenkungsklausel gedacht sein sollte, ist dem sicher nicht zu widersprechen. Andernfalls aber überzeugt diese Überlegung nicht ganz, denn der Kreditnehmer braucht die Kündigungsmöglichkeit immer dann, wenn der, durchaus marktgerechte, Zins für ihn, den Kreditnehmer, *unzumutbar* in die Höhe schnellt[206].

Soweit die AGB der Bank die Vertragsbeendigung von einer Ausübung des Kündigungsrechts innerhalb von *zwei Wochen* abhängig machen, halten sie der Inhaltskontrolle nach § 9 AGBG nicht stand[207]. Die Interessen der Kreditnehmer sind, so der BGH weiter, nur dann angemessen berücksichtigt, wenn die zur Verfügung stehende Zeit es ihnen ermöglicht, nicht nur die mitgeteilten neuen Konditionen der Bank mit den aktuellen Angeboten anderer zu vergleichen, sondern gegebenenfalls auch alles für eine Umschuldung Notwendige zu veranlassen und eine bindende Darlehenszusage einer anderen Bank zu erhalten. Zwar konnte und durfte der BGH in jener Entscheidung die aus seiner Sicht mit § 9 AGBG vereinbare Frist nicht festlegen. Aus einer weiteren Bemerkung in der Entscheidung wird aber deutlich, daß eine *Vier-Wochen-Frist* als angemessen aufgefaßt werden würde[208]. Jedenfalls zeigt die Entscheidung, daß die für Darlehen mit veränderlichem Zinssatz in § 609 a Abs. 2 BGB vorgesehene Dreimonats-Kündigungsfrist nicht als Datum aufgefaßt wird.

73

Zugleich geht der BGH wie selbstverständlich davon aus, daß die Bank von der Zinserhöhung *Mitteilung* macht[209]. Das ist richtig, denn andernfalls hat der Kunde keine Gelegenheit, sich hinreichend auf eine Zinserhöhung, notfalls durch Kündigung, einzustellen[210].

---

205 In Ulmer/Brandner/Hensen[6], Anh. §§ 9 – 11 Rz. 282.
206 In diesem Sinne auch BVerwGE 59, 61, 77 f.
207 BGH WM 1989, 740, 742.
208 BGH WM 1989, 740, 742: »Allerdings vergrößert sich, wenn dem Kreditnehmer der gesamte – mindestens vier Wochen betragende – Zeitraum zwischen der Bankmitteilung der neuen Bedingungen und deren Inkrafttreten zur Ausübung des Kündigungsrechts zur Verfügung steht, für die Beklagte das Risiko steigender Zinssätze«.
209 WM 1989, 740, 742 l.Sp.
210 Schaarschmidt-Bearbeiter[8], Rz. 1.167; OLG Saarbrücken NJW 1988, 3210; Palandt-Heinrichs[52] § 315 Rz. 11.

III. Preistransparenz

74 Preistransparenz entsteht in zwei Schritten. Zum einen muß der Nachfrager über den Preis in für ihn zumutbarer Weise informiert werden. Er benötigt also Preisangaben (1). Zum anderen müssen die Preisangaben inhaltlich durchsichtig, also transparent im engeren Sinne, sein. Auf diese Weise erfüllen sie ihre Funktion als Wettbewerbsparameter, eröffnen also den kreditanbietenden Banken gleichberechtigte Marktteilnahme und den nachfragenden Kunden schnelle und bedürfnisgerechte Entscheidung. Schlüssel für Preistransparenz im Kreditgeschäft ist der *Effektivzins* (2). Eng mit diesem Begriff zusammenhängend hat die Rechtsprechung auf der Basis von Annuitätendarlehen aus § 9 AGBG ein spezielles Transparenzgebot entwickelt (3).

1. Preisangaben

75 Preisangaben waren auch schon vor Inkrafttreten des Verbraucherkreditgesetzes nichts ungewöhnliches. Sie beruhten zunächst auf der (mangels Ermächtigung nichtigen) PreisangabenVO 1973, die durch die Verordnung zur Regelung von Preisangaben vom 14. März 1985 (PAngV) ersetzt wurde[211]. Die VO beruht auf dem Gesetz zur Regelung der Preisangaben vom 3.12.1984[212]. Nach § 1 PAngG dient die VO der Unterrichtung und dem Schutze des Verbrauchers sowie der Förderung des Wettbewerbs, indem bestimmt wird, wie gegenüber Letztverbrauchern Preise zu bestimmen sind. Bei gewerbs-, geschäfts- oder regelmäßigem Angebot von Waren oder Leistungen an Letztverbraucher sind Endpreise einschließlich MWSt. anzugeben (§ 1 Abs. 1 PAngV). Das gleiche gilt, wenn öffentlich unter Angabe von Preisen geworben wird. Wichtig ist, daß die Angaben den Grundsätzen von *Preisklarheit und Preiswahrheit* entsprechen müssen (§ 1 Abs. 6 PAngV). Sie müssen darüber hinaus dem Angebot eindeutig zugeordnet, leicht erkennbar und deutlich lesbar oder wahrnehmbar sein (§ 1 Abs. 6 S. 2 PAngV). Bei Krediten ist der *effektive Jahreszins* anzugeben (§ 4 PAngV). Sind die Konditionen nicht über die gesamte Laufzeit fest, so ist der anfängliche effektive Jahreszins anzugeben (§ 4 Abs. 1 S. 1 PAngV). Dabei sind alle bei regelmäßigem Kreditverlauf preisbestimmenden Faktoren, die sich unmittelbar auf den Kredit und seine Vermittlung beziehen, zu erfassen (§ 4 Abs. 2 S. 1 PAngV). Nahezu identisch sind die Anforderungen, die das Verbraucherkreditgesetz in § 4 Abs. 1 Nr. 1 e VKG darstellt. Erfaßt sind auch Bausparkassenkredite (§ 4 IV PAngV) und die Realkredite.

---

211 BGBl. I S. 580.
212 BGBl. I S. 1429.

Die jeweils in Betracht kommenden Zinssätze sind nach § 3 PAngV in **76**
einem *Preisverzeichnis* aufzunehmen. Dieses Verzeichnis ist »im Geschäftslokal oder am sonstigen Ort des Leistungsangebotes und, sofern vorhanden, zusätzlich im Schaufenster oder Schaukasten anzubringen« (§ 3 Abs. 1 S. 2 PAngV). Dem entspricht Nr. 12 Abs. 1 AGB/B (93). Demgegenüber müssen die vom VKG verlangten Angaben im schriftlichen Kreditvertrag genannt sein (§ 4 Abs. 1 VKG; Nr. 12 Abs. 6 AGB/B [93]). Wer gegen die Preisangabenverordnung verstößt, handelt ordnungswidrig (§ 8 PAngV). Zugleich kann ein Verstoß gegen § 1 UWG vorliegen, wenn sich der preisangabepflichtige Wettbewerber bewußt und planmäßig über die Vorschriften der Preisangabenverordnung hinwegsetzt, um sich einen sachlich nicht gerechtfertigten Vorsprung vor seinen Mitkonkurrenten zu verschaffen[213]. Besonders gravierende Verstöße können auch die Voraussetzungen des § 3 UWG (irreführende Werbung) erfüllen[214]. Wegen derartiger Verstöße kann der Preisangabepflichtige von Wettbewerbern oder von Verbänden i.S.v. § 13 UWG auf Unterlassung in Anspruch genommen werden.

Die Preisangabenverordnung enthält kein gesetzliches Verbot i.S.d. **77**
§ 134 BGB, so daß ein Preisangabenverstoß die Gültigkeit eines privatrechtlichen Vertrages nicht berührt[215]. Demgegenüber berühren Verstöße gegen das Verbraucherkreditgesetz den Kreditvertrag zwischen Kunde und Bank unmittelbar. Nach § 6 Abs. 1 VKG ist der Kreditvertrag nichtig, wenn z.B. die in § 4 Abs. 1 Nr. 1 e VKG vorgeschriebene Angabe des effektiven Jahreszinses fehlt. Allerdings wird der Kreditvertrag ungeachtet dieses Mangels gültig, soweit der Verbraucher das Darlehen empfängt oder den Kredit in Anspruch nimmt (§ 6 Abs. 2 S. 1 VKG). Jedoch ermäßigt sich der dem Kreditvertrag zugrundegelegte Zinssatz auf den gesetzlichen Zinssatz, wenn etwa die Angabe des effektiven Jahreszinses fehlt (§ 6 Abs. 2 S. 2 VKG). Nicht angegebene Kosten werden vom Verbraucher nicht geschuldet (§ 6 Abs. 2 S. 3 VKG).

2. Der Effektivzins

Preistransparenz kann nur erzielt werden, wenn der jeweils angegebene **78**
Preis für eine Ware oder Leistung der *Endpreis* (incl. MWSt.) ist. Denn nur auf diese Weise kann der Nachfrager einen Preis-Leistungs-Vergleich zwischen konkurrierenden Anbietern durchführen und als Folge davon den optimierenden Funktionen des Wettbewerbs zum Durchbruch verhelfen. Es wurde oben gezeigt, daß der Kreditpreis aus einer Vielzahl von Rechnungsposten bestehen kann, die ihrerseits einer der beiden Grundka-

---

213 BGH NJW 1974, 140; WRP 1979, 460.
214 BGH WRP 1985, 20.
215 BGH NJW 1979, 540; Gimbel/Boest, S. 71.

tegorien, nämlich Zinsen oder Kosten, zuzuordnen sind. Daraus folgt, daß der Gesamtpreis eines Kredites aus der Summe von Zinsen und Kosten entsteht. Man hätte, um Preistransparenz zu schaffen, die Banken verpflichten können, die absoluten Preise für einen bestimmten Kredit auszuweisen. Das hätte dann zu einer ziemlich unübersichtlichen Tabelle geführt, weil man Kredite mit unterschiedlicher Höhe und unterschiedlicher Laufzeit hätte ausweisen müssen. Immerhin hätte der Verbraucher eine sehr klare Vorstellung von der Gesamtbelastung durch einen Kredit gehabt. Der Gesetzgeber ist einen anderen Weg gegangen. Er erlaubt eine Relation zwischen dem ausgekehrten Kredit und der jeweiligen Gesamtbelastung pro Jahr und gelangt auf diese Weise zu einem Prozentsatz (§ 4 Abs. 1 PAngV). Dieser Prozentsatz ist der *effektive Jahreszins*.

79 Der Kreditnehmer erfährt durch den effektiven Jahreszins nicht die Höhe seiner Gesamtbelastung, also nicht den Kreditpreis, sondern eine Relation, die Markttransparenz schafft und die Berechnung der absoluten Gesamtbelastung durch eine leichte Rechenoperation eröffnet. Damit erübrigt der »effektive Jahreszins« umfangreiche Vergleichstabellen. Die Banken können, ähnlich den Tankstellen, den jeweiligen Zinssatz aushängen oder in den Medien bekanntmachen. Der Nachfrager erfährt sehr schnell und leicht, wo er am günstigsten Kredit nehmen kann, die Banken untereinander können sich auf den Wettbewerb einstellen und sparen durch die Reduktion auf diesen einen Parameter viel Geld, das sonst für die Zusammenstellung der Gesamtkostentabellen hätte aufgewandt werden müssen. Einziger Schönheitsfehler: Ein Effektivzinssatz drückt die Gesamtkostenbelastung noch nicht aus. Denjenigen Verbrauchern, die für psychologische Kaufzwänge anfällig sind, wird der Weg in die »Verschuldung« noch etwas erleichtert. Die Werbung belegt das. Es ist allemal werbewirksamer, mit einem effektiven Jahreszins von 2,4 % für ein Auto zu werben, als darauf hinzuweisen, daß es DM 3 000,- teurer ist als bar bezahlt. Das ist der Grund, warum das Verbraucherkreditgesetz schärfer ist, als die Preisangabenverordnung. Nach § 4 Abs. 1 Nr. 1 a VKG ist zunächst der Nettokreditbetrag auszuweisen. Daneben muß (§ 4 Abs. 1 Nr. 1 b VKG) der Gesamtbetrag aller zu entrichtenden Teilzahlungen (einschließlich Zinsen und Kosten) im Kreditvertrag ebenfalls erscheinen. Damit ist klar, was der Kredit in absoluten Zahlen kostet, so daß eine, bei einem Teil der Verbraucher nicht auszuschließende, psychologische Stimulanz durch den Effektivzins durch diese Kosteninformation zurückgeführt wird. Hinzu kommt, daß der Verbraucher nach § 7 VKG innerhalb einer Woche den Kreditvertrag widerrufen kann, jedenfalls wenn das Darlehen danach in zwei Wochen zurückgezahlt wird (§ 7 Abs. 3 VKG). Es ist klar, daß dieses »Informationsmodell« nicht jeden Verbraucher davon abhält, sich völlig unsinnig und übermäßig zu verschulden. Allerdings liegt dies nicht an der Art, in der die Preisangabenverordnung und das VKG versuchen für Preistransparenz zu sorgen. Vielmehr liegen die Ursa-

chen, worauf unten genauer einzugehen sein wird[216], in einem Zusammenspiel von gesellschaftlichen und psychologischen Faktoren. Anders formuliert, diejenigen Verbraucher, die im »modernen Schuldturm« sitzen, also lebenslang aus der Schuldenspirale nicht herauskommen werden, sind in diese Situation nicht wegen mangelnder Preistransparenz geraten. Ihnen hätte nur ein (verfassungswidriges?) Kreditaufnahmeverbot geholfen.

Nicht ganz unwichtig ist, daß der effektive Jahreszins nicht auf die volle Laufzeit des Kredites, sondern jeweils nur auf ein Jahr bezogen ist (§ 4 Abs. 1 PAngV). Folglich kann man, bei Krediten mit festen Konditionen über die gesamte Laufzeit, die Preiswürdigkeit nicht allein am effektiven Jahreszins ablesen. Denn dessen Höhe ist auch von der Laufzeit abhängig. Er wird bei ansonsten gleichen Konditionen mit steigender Laufzeit geringer, da die einmalig zu zahlende Bearbeitungsgebühr auf einen längeren Zeitraum verteilt wird. Die absolute Kostenbelastung ist aber höher, da auch über diesen längeren Zeitraum Zinsen zu zahlen sind, während umgekehrt die einzelne Rate niedriger ist, wenn der Kredit über einen längeren Zeitraum getilgt wird. Beim Vergleich von Kreditangeboten mit über die gesamte Laufzeit festen Konditionen ist also neben dem effektiven Jahreszins stets auch die Laufzeit zu berücksichtigen[217]. Diese Zusammenhänge spielen auch bei der vorzeitigen Ablösung des Kredits eine wichtige Rolle[218]. Der als Zins geschuldete Betrag ist zu Beginn der Laufzeit erheblich höher als gegen Ende, weil er von der Höhe des noch geschuldeten, mit fortlaufender Tilgung geringer werdenden, Kreditbetrages abhängt. Das heißt bei vorzeitiger Ablösung ist der Effektivzinssatz auf die jeweils noch offenen Restkapitalstände anzuwenden (Abstaffelung), jedoch ohne Berücksichtigung von Kosten, die auch bei vorzeitiger Rückzahlung des Kredits nicht (anteilig) erstattet werden (z.B. Bearbeitungsgebühren).

Der Effektivzins kann seine Funktion, Kreditpreistransparenz zu schaffen, nur unter zwei Voraussetzungen präzise erfüllen. Zum einen muß er wirklich eine Relation aller preisbildenden Bestandteile sein. Es darf nicht willkürlich sein, welche Rechnungsposten man möglicherweise weglassen darf. Zum anderen muß die mathematische Berechnungsgrundlage für den Effektivzins identisch sein, d. h. man benötigt eine einheitliche *Zinsberechnungsformel*. Bei Krediten schließlich, deren Konditionen nicht über die gesamte Laufzeit fest sind, kann der Effektivzins nur die Konditionen erfassen, die zum Zeitpunkt seiner Angabe bekannt sind. Das *Änderungsrisiko* muß vom Verbraucher in jedem Fall zusätzlich bewertet werden. Um den Verbraucher für diese Zusammenhänge zumindest sensibel zu machen, hat der Gesetzgeber den Begriff des *anfänglichen effektiven Jahreszinses* entwickelt (§ 4 Abs. 1 PAngV/§ 4 Abs. 1 Nr. 1 e VKG). Zu-

---
216 Vgl. Rz. 157 ff.
217 Gimbel/Boest, S. 37 f.
218 BGH NJW 1979, 541; DB 1984, 1519.

sammen mit dem anfänglichen effektiven Jahreszins ist auch anzugeben, wann preisbestimmende Faktoren geändert werden können und auf welchen Zeitraum bestimmte Belastungen (z.B. Disagio) zum Zwecke der Preisangabe verrechnet worden sind (§ 4 Abs. 1 PAngV/§ 4 Abs. 1 Nr. 1 e VKG).

a) Berechnungsgrundlagen

82   Nach § 4 Abs. 2 PAngV sind zunächst alle für den »regelmäßigen Kreditverlauf preisbestimmenden Faktoren« zu erfassen, »die sich unmittelbar auf den Kredit und seine Vermittlung beziehen«. Auf der Basis dieser einheitlichen Berechnungsgrundlagen ist dann in einem zweiten Schritt nach ebenfalls einheitlicher Berechnungsmethode (b) der Effektivzins zu berechnen. Auf diese Weise wird der Verbraucher über die auf ihn zukommende Belastung informiert und zwischen den Banken wird die Gefahr von Wettbewerbsverzerrungen minimiert.

83   *Berechnungsgrundlage für den Effektivzinssatz sind alle preisbestimmenden Faktoren.* Das sind zunächst alle unmittelbaren Kredit- und Vermittlungskosten, wie sie sich aus den Konditionen des angebotenen Kredits ergeben. Dies sind normalerweise:

(1) der Nominalzins (häufig auch als Kreditgebühr, Teilzahlungsgebühr oder Teilzahlungskosten bezeichnet)[219],

(2) Bearbeitungsgebühren,

(3) Disagio,

(4) Kreditvermittlungskosten und

(5) Annuitäten-Zuschußdarlehen (wenn sie mit dem Hauptkredit eine Einheit bilden).

84   Hierneben sind *Belastungseffekte* zu berücksichtigen, die sich aus *anderen Konditionen* ergeben können, insbesondere:
  (1) Zinssollstellungstermine (Beispiel: Sind für ein am 1.1. ausgezahltes Darlehen von DM 1 000,- am 31.12., in einem Betrag, DM 1 100,- zurückzuzahlen, so betragen Nominal- und effektiver Jahreszins gleichermaßen 10 %. Dies ist der in § 608 BGB vorgesehene »Normalfall«. Üblich ist aber eine Zinsbelastung während des Jahres. Diese erhöht den effektiven Jahreszins.)
  (2) Tilgungshöhe (Die Tilgung ist zu berücksichtigen, weil von ihr abhängt, über wieviel Kapital der Kreditnehmer noch verfügt. Mit diesem Restkapitalstand ist der zu zahlende Zins in Beziehung zu setzen, um die tatsächliche Belastung festzustellen. Dabei sind auch die vorgesehenen Zahlungstermine für Zins und Tilgung einzubeziehen. Weichen die Ver-

---

219 BGH BB 1979, 74.

rechnungstermine von den Zahlungsterminen ab (z.B. Zahlung am 15., Gutschrift als Tilgung erst am 25.), so ist auch dieser Umstand in die Berechnung einzubeziehen.)[220]

Nicht in die Berechnung einzubeziehen sind Belastungen, die weder als Zinsen noch als Kosten im oben beschriebenen Sinne zu definieren sind. Darunter fallen z.B.: **85**
(1) Bereitstellungszinsen
(2) zusätzliche Aufwendungen bei Verzug
(3) Notariatsgebühren oder Grundbuchkosten bei hypothekarischer Absicherung des Kredits
(4) Steuerliche Auswirkungen der Kreditaufnahme beim Kreditnehmer
(5) Schätzgebühren für das Sicherungsgut, z.B. Immobilien. Sie müssen aber wirklich angefallen sein, andernfalls handelt es sich um verschleierte Kreditkosten, die in die Berechnung einzubeziehen sind.
(6) Kosten einer Restschuldversicherung (str. evtl. 50/50)[221]
(7) Kosten einer Kaskoversicherung für das finanzierte Kfz
(8) Ansparleistungen, z.B. beim Bausspardarlehen (§ 4 Abs. 4 PAngV). Diese sind nur Voraussetzung für die Gewährung des Kredits, beeinflussen seine Abwicklung jedoch nicht.
(9) Kontoführungsgebühren, denn diese werden nicht für den Kredit, sondern für eine davon unabhängige Leistung erhoben[222].

b) Berechnungsmethode

Stehen die rechnerischen Grundlagen und damit die preisbestimmenden Faktoren des Kredites fest, so ist davon ausgehend der Effektivzinssatz zu berechnen. Dieser Zinssatz ist nach § 4 Abs. 2 PAngV »mit der im Kreditwesen üblichen Genauigkeit« zu berechnen. Zu beziffern ist der Zinssatz, »mit dem sich der Kredit, ausgehend von den tatsächlichen Zahlungen des Kreditgebers und des Kreditnehmers, auf der Grundlage tagegenauer Verrechnung aller Leistungen und nachschüssiger Zinsbelastung gem. § 608 BGB staffelmäßig abrechnen läßt« (§ 4 Abs. 2 PAngV). Für den Verbraucherkredit ordnet § 4 Abs. 2 S. 2 VKG ausdrücklich die gleiche Berechnungsmethode an. **86**

Liest man § 4 Abs. 2 PAngV genau, so setzt die Berechnung des Effektivzinses *zwei* Schritte voraus: **87**

---

[220] Die Zusammenstellung der Kosten und der Beispiele beruht auf der Darstellung von Gimbel/Boest, S. 41 f.
[221] In der Bankpraxis werden die Kosten der Restschuldversicherung regelmäßig dann in die Effektivzinsberechnung einbezogen, wenn der Kreditvertrag ohne diese Risikoabsicherung nicht zustande käme, d.h. wenn diese als Auszahlungsvoraussetzung im Vertrag genannt ist (was selten der Fall ist).
[222] Alle Beispiele beruhen auf der Darstellung von Gimbel/Boest, S. 42 f.

(1) Zunächst ist anhand der Kreditkonditionen zu ermitteln, wie sich das *Kreditkonto* entwickelt und in Form einer Staffel summen- und termingemäß darzustellen.
(2) die Zahlungsströme des Kredits auf einen *Vergleichskredit* zu übertragen, der gem. § 608 BGB jährlich (das entspricht den banküblichen 360 Zinstagen nach Auszahlung) zu verzinsen ist. Bei Restlaufzeiten von weniger als einem Jahr wird am *Kreditende* verzinst.

88   Effektiver Jahreszins, bzw. anfänglicher effektiver Jahreszins, ist der Zinssatz, mit der der Vergleichskredit bei Zugrundelegung der Zahlungsströme des (wirklichen) Kreditkontos zu verzinsen wäre[223]. Die Preisangabenverordnung hat also die »360-Tage-Methode« verbindlich festgeschrieben[224]. Damit wurde die sehr ungenaue, bis Anfang der 80er Jahre aber durchaus gebräuchliche, »Uniformmethode«[225] zu Recht abgelöst. Diese Methode ist für die Preisangabe nicht hinreichend genau, da sie die durch unterjährige Zinszahlungen entstehenden Zinseszinseffekte nicht zu erfassen vermag. Die EG-Änderungsrichtlinie zur Verbraucherkreditrichtlinie[226] folgt dagegen dem Prinzip der exponentiellen Verzinsung. Dabei erlaubt die Richtlinie den Mitgliedstaaten (Art. 1a Abs. 5 lit. a) bisher verwendete finanzmathematische Methoden bis Ende 1995 weiter anzuwenden, wobei sie sicherstellen müssen, daß in ihrem Hoheitsgebiet nur eine mathematische Formel zur Berechnung des effektiven Jahreszinses angewendet wird[227]. In der finanzmathematischen Literatur wird vertreten, daß die europarechtlich ab 1996 vorgeschriebene Berechnungsmethode derjenigen der PAngV überlegen ist[228]. Das hängt damit zusammen, daß die PAngV im letzten Laufzeitjahr den »Effektivzins pro Jahr« auf den jeweiligen Laufzeitrest und nicht auf das Gesamtjahr bezieht. So kann es kommen, daß ein Kunde, der mehrere Darlehen zu beispielsweise 8 % Effektivzins aufgenommen hat, dennoch nicht insgesamt 8% Effektivzins zahlt – ein merkwürdiges Ergebnis. Die europarechtlich vorgeschriebene Berechnungsmethode vermeidet diesen Fehler. Genau besehen handelt es sich um die einzige Methode, bei der der Effektivzins der Summe beliebiger Darlehen mit gleichen Effektivzinsen dem Effektivzins des Summendarlehens gleich ist. Genau dies ist die Eigenschaft der exponentiellen Verzinsung, eines in der Finanzmathematik seit jeher gebräuchlichen und

---

[223] So Ausführungshinweise der Wirtschaftsministerien der Länder zur Preisangabenverordnung 1985 zu § 4, 1. Grundsatz abgedruckt bei Gimbel/Boest, Anh. 2.
[224] International gebräuchlich ist dagegen die AiBD-Methode, die von exponentieller Verzinsung auch im unterjährigen Bereich ausgeht, Wimmer, BB 1993, 950, 953 ff.
[225] BGH NJW 1979, 808.
[226] Abgedruckt bei Bülow, VKG², § 4 Rn. 1a.
[227] Die Kommission hat die Frist zunächst, aufgrund interner Absprachen, bis Ende 1996 für Frankreich, Deutschland und Finnland verlängert.
[228] Sievi, FLF 1989, 8, 10; Seckelmann, BB 1996, 965.

international üblichen (Rule 803 AIBD) Verfahrens[229]. Die folgenden Ausführungen beruhen auf der noch nicht (Stand Ende '96) angepaßten PAngV. Im Prinzip kann der effektive Jahreszins über eine staffelmäßige Darstellung auf der Basis der vier Grundrechenarten ermittelt werden. Das zeigt folgendes Beispiel:

Darstellung des (wirklichen) Kreditkontos			Darstellung des Vergleichskredits		
Datum	Buchung	Kontostand Soll	Datum	Buchung	Kontostand Soll
01.01.	Ausz. 100,- DM	100,- DM	01.01.	Ausz. 100,- DM	100,- DM
31.03.	Zins 3,- DM	103,- DM	31.12.		112,55 DM
30.06.	Zins (3 % aus 103) = 3,09 DM	106,09 DM			
30.09.	Zins (3 % aus 106,09) = 3,18 DM	109,27 DM			
31.12.	Zins (3 % aus 109,27) = 3,28 DM	112,55 DM			

Dies bedeutet, daß sich der effektive Jahreszins, bzw. der anfängliche effektive Jahreszins, bei vierteljährlichem Zinssoll, von 12 % auf 12,55 % erhöht[230]. Bei längerfristigen Kreditverhältnissen und komplizierten Kreditkonditionen[231] muß allerdings in der Praxis auf Hilfsmittel zurückgegriffen werden. Durchgesetzt haben sich die Tabellen von *Sievi/Gillardon*. Unter Zuhilfenahme dieser Effektivzinstabelle läßt sich der Effektivzinssatz ohne großen Rechenaufwand ermitteln,

89

---

229 Sievi, FLF 1989, 8, 10; Seckelmann, BB 1996, 965.
230 Beispiel aus den Ausführungshinweisen der Wirtschaftsministerien der Länder zur Preisangabenverordnung 1985, abgedruckt in Gimbel/Boest, S. 86.
231 Komplexere Beispiele in Gimbel/Boest, S. 86 ff. zum p.m.-Kredit sowie zum p.a.-Kredit ohne und mit Änderungsvorbehalt.

Beispiel:[232]

Nettokredit	10 000,- DM
Kreditgebühr 1 % p.m. bei 36 Monaten Laufzeit	3 600,- DM
Bearbeitungsgebühr (2 %)	200,- DM
Gesamtkredit	<u>13.800,- DM</u>
Die durchschnittliche Monatsrate beträgt also:	
13.800 : 36 =	383,33 DM
Monatsrate bezogen auf 1 000,- DM	
Auszahlungsbetrag =	38,33 DM.
Effektiver Jahreszins gem. Tabelle = 25,1 %.	

Wer nicht mit Tabellen, sondern – wie in der Bankpraxis üblich – mit Computerprogrammen arbeiten will, kann das selbstverständlich tun[233]. Etwas komplizierter ist die Rückrechnung der Kreditgebühren für den Fall, daß der Kredit vorzeitig zurückgezahlt oder fälliggestellt wird. Beide Fälle, die für den Verbraucherkredit in §§ 12, 14 VKG ausdrücklich geregelt sind, haben mit der Bestimmung des Effektivzinssatzes nichts zu tun.

3. Annuitätendarlehen – Transparenzgebot

90   Annuitätendarlehen (= Amortisationsdarlehen = Tilgungsdarlehen) sind solche, bei denen die geschuldete Kreditsumme in gleichmäßigen Jahresleistungen (meist monatlich) getilgt wird. Im Gegensatz dazu werden beim Festkredit über die vereinbarte Laufzeit – in ebenfalls meist monatlichen Abständen – Zinsen erhoben, es wird aber nichts getilgt. Man tilgt am Ende der Laufzeit durch Rückzahlung des ausgezahlten Kredits in vollem Umfang, was deshalb gelingt, weil man parallel zum Kredit eine Kapitallebensversicherung abgeschlossen hat, die am Ende der Kreditlaufzeit fällig wird. Beim für die Bankpraxis typischen Annuitätendarlehen nimmt die geschuldete Kreditsumme mit fortschreitender Tilgung ab, so daß sich der Zinsanteil ermäßigt. Die so ersparten Zinsen dienen der Erhöhung des Tilgungsanteils in der Annuität. Die Effektivzinsberechnung für ein Annuitätendarlehen ist eigentlich nichts besonderes; sie folgt den oben dargestellten Grundsätzen, die sich aus § 4 PAngV ergeben. Probleme hat es ab Mitte der 80er Jahre für eine spezielle Form von Annuitätendarlehen gegeben. Es handelte sich um Darlehen auf der Basis des Hypothekenbankgesetzes. § 20 Abs. 2 des Hypothekenbankgesetzes vom 13.7.1899 lautet: »*Von dem Beginn der Amortisation an dürfen die Jahreszinsen von keinem höheren Betrag als dem für den Schluß des Vorjah-*

---

232 Das Beispiel stammt von Palandt-Heinrichs[55], § 246 Rz. 7.
233 Programme in »Basic« für die Annuitätenmethode und die 360-Tage-Methode bei Wessels, S. 140 ff.; ferner Olivet, S. 29; Steppeler, S. 24 ff.; Steppeler-Astfalk, passim.

res sich ergebenden Restkapitals berechnet werden; der Mehrbetrag der Jahresleistung ist zur Tilgung zu verwenden.«

Auf der Basis dieser Norm wurden die Zinsen jeweils aus dem Restkapital des vorangegangenen Jahresabschlusses berechnet. Beispiel: Kreditsumme: DM 100 000,-, davon getilgt Ende 1991: DM 40 000,-; folglich werden die im Jahr 1992 fälligen Zinsen auf das Kapital von DM 60 000,- berechnet. Diese Art der Tilgungsverrechnung bereitet keinerlei Probleme, wenn nur einmal im Jahr, nämlich am Schluß, getilgt wird. Tatsächlich wurde in der Praxis aber anders verfahren; typisch war vierteljährliche oder monatliche Tilgung. Das Restkapital (im Beispiel DM 60 000,-) verringerte sich also von Monat zu Monat oder alle Vierteljahre um einen bestimmten Tilgungsbetrag. Dennoch wurden die Zinsen aus DM 60 000,- gezahlt. Der Kunde zahlte also Zinsen für ein Kapital, das er in dieser Höhe gar nicht mehr schuldete. Anders formuliert: Der Effektivzinssatz für Annuitätendarlehen dieser Art war höher als der von den Banken angegebene »erhobene Zinssatz«. Man hätte sich in dieser Situation, nach Inkrafttreten der Preisangabenverordnung im Jahre 1985, relativ leicht helfen können, indem man die laufenden Verträge um den Effektivzinssatz ergänzt hätte. Merkwürdigerweise bedurfte es erst einer Reihe von BGH-Entscheidungen, begleitet von einem Wust von Literatur, um zu der Erkenntnis zu kommen, daß die PreisangabenVO für jeden Kredit, auch für ein Annuitätendarlehen, gilt und daß es deshalb ganz unabhängig von der Art der Tilgungsverrechnung in jedem Falle notwendig ist, den effektiven Jahreszins anzugeben. Diese eher schlichte Erkenntnis hat sich erst durch ein Urteil des BGH vom 15.10.1991 endgültig durchgesetzt[234]. Danach genügt die Angabe des Effektivzinses, um die mit § 9 AGBG nicht vereinbare Intransparenz einer auf § 20 Abs. 2 Hypothekenbankgesetz beruhenden Zinserhöhungsklausel zu beseitigen.

Ausgangspunkt für diese Entwicklung war ein Urteil des BGH vom 24.11.1988, das in dieser Form niemals hätte ergehen müssen, wenn sich die Bankpraxis an § 4 PAngV orientiert hätte. Das Urteil ist deshalb so wichtig, weil es zur Formulierung eines völlig neuen materiellen Wirksamkeitskriteriums für AGB jeder Art nach § 9 AGBG geführt hat. Der BGH hat das *Transparenzgebot* entwickelt. Seither werden, nicht nur im Bankrecht, allgemeine Geschäftsbedingungen daraufhin untersucht, ob sie diesem Transparenzgebot genügen. Es ging um folgendes:

91

92

Fall: BGHZ 106, 42 »Zinsberechnungsklausel für Hypothekenbankdarlehen«
Eine Hypothekenbank gewährte im April 1982 mehrere Darlehen über ca. DM 140 000,- mit gleicher Laufzeit. Für die Darlehen wurde der jeweils vereinbarte Nominalzins von 6,5 % bzw. 8 % ebenso wie der Tilgungs-

---

234 WM 1991, 1944, dazu EWiR § 13 AGBG 2/91, 1145 (Hensen).

satz von 1 % vereinbart. Ferner hieß es im Vertragsformular: »... die in der Jahresleistung enthaltenen Zinsen werden jeweils nach dem Stand des Kapitals am Schluß des vergangenen Tilgungsjahres berechnet«. Die Darlehensnehmer waren der Auffassung, daß diese Zinsberechnung mit den Grundsätzen des AGBG unvereinbar sei. Man zahle Zinsen für ein Kapital, das man nicht mehr schulde.

93 Der BGH hat im Ergebnis zugestimmt. Die Zinsberechnungsklausel gehöre zu den nach § 8 AGBG kontrollfähigen Nebenabreden. Beim Darlehensvertrag stelle der Zins zwar die Hauptleistung des Darlehensnehmers dar. Die Vereinbarung der Zinshöhe unterliege daher grundsätzlich keiner gerichtlichen Kontrolle. Die streitige Klausel regele aber nicht den zu zahlenden Zinssatz. Sie ergänze nur die darüber getroffene individuelle Vereinbarung, und zwar in einer Weise, die von der sonst geltenden gesetzlichen Regelung abweiche und zu einem höheren effektiven Jahreszins führe. Hierneben halte die Klausel der Inhaltskontrolle nach § 9 AGBG nicht stand. Der Darlehensnehmer werde dadurch benachteiligt, daß die Zinsen jeweils bis zum Jahresende trotz zwischenzeitlich fortschreitender Tilgung noch nach dem Kapitalstand am Schluß des Vorjahres berechnet würden. Eine solche Regelung erhöhe den effektiven Jahreszins, ohne dem Darlehensnehmer irgendeinen Vorteil als Ausgleich zu bieten. Allerdings sei die Zinsberechnung nicht bereits deshalb zu mißbilligen, weil sie von der – ungeschriebenen – Regel des Darlehensrechts abweiche, daß der vereinbarte Zinssatz grundsätzlich jeweils von der tatsächlich noch bestehenden Kapitalschuld berechnet werde. Diese Regel gehöre nicht zu den wesentlichen Grundgedanken der gesetzlichen Regelung, die nach § 9 Abs. 2 Nr. 1 AGBG durch allgemeine Geschäftsbedingungen nicht abbedungen werden dürfen. Die Klausel sei aber deshalb zu mißbilligen, weil die ihr innewohnende zinssteigernde Wirkung für den Kunden nicht hinreichend erkennbar werde. Treu und Glauben verpflichteten den Verwender von AGB, die Rechte und Pflichten seines Vertragspartners möglichst klar und durchschaubar darzustellen. Ein Verstoß gegen dieses *Transparenzgebot* könne zur Unwirksamkeit gem. § 9 Abs. 1 AGBG führen[235]. Wenn eine Nebenabrede ihre preiserhöhende Wirkung nicht hinreichend erkennbar werden lasse, sondern sie verschleiere, könne gerade das den Ausschlag geben, die Regelung als eine unangemessene Benachteiligung des Kunden zu bewerten. Abzustellen sei dabei – ebenso wie bei § 3 AGBG – nicht auf die Erkenntnismöglichkeiten des konkreten Vertragspartners, auch nicht auf das Verständnis eines Fachmanns, insbesondere eines Juristen, der sich eingehend mit den betreffenden AGB beschäftigt habe. Maßgebend seien vielmehr *die Verständnismöglichkeiten* des typischerweise bei Verträgen der geregelten Art zu erwartenden *Durch-*

---

[235] Ähnlich bereits BGH NJW 1984, 171, 172; WM 1987, 755 f.; BGHZ 97, 65, 73; Köndgen, NJW 1987, 160, 164; Bader, BB 1986, 543, 545.

schnittskunden. Hierbei handle es sich in zunehmendem Maße auch um Privatpersonen. Die Vorstellung des Durchschnittskunden werde von dem Grundsatz geprägt, daß bereits zurückgezahlte Darlehensbeträge bei der Zinsberechnung nicht mehr berücksichtigt werden. Wenn die Bank durch AGB hiervon abweichen wolle, sei sie nach Treu und Glauben verpflichtet, dem Kunden den ihn belastenden Zusammenhang der Zinsberechnungsklausel zu verdeutlichen. Dabei hätte die zusätzliche Angabe des *Effektivzinses* die von der Bank beabsichtigten Konsequenzen der streitigen Regelung auch für den Durchschnittskunden hinreichend deutlich erkennbar gemacht.

Der BGH hat diese Grundsätze am 10.7.1990 noch einmal präzisiert[236]. **94** Die Bank hatte die vierteljährliche Tilgungsleistung und die Zinsberechnung nach dem Schlußsaldo des Vorjahres nicht wie im Fall BGHZ 106, 42 in zwei räumlich getrennte AGB-Absätze aufgenommen, sondern unter einer Ziffer in zwei unmittelbar aufeinanderfolgenden Sätzen nebeneinandergestellt. Sie meinte, das genüge den Anforderungen an das Transparenzgebot. Der BGH widersprach. Gerade bei Preisnebenabreden komme dem Transparenzgebot besondere Bedeutung zu. Das Gesetz gehe davon aus, daß der Kunde der Preisvereinbarung besondere Aufmerksamkeit widme und sein Interesse an einem angemessenen, marktgerechten Preis selbst wahre. Das könne er jedoch nur, wenn der Vertragsinhalt ihm ein vollständiges und wahres Bild über Art und Höhe des Preises vermittle und ihn so auch zum Marktvergleich befähige[237]. Andererseits dürfe das Transparenzgebot den AGB-Verwender nicht überfordern. Dieses Gebot wolle den Verwender nicht zwingen, jede AGB-Regelung gleichsam mit einem umfassenden Kommentar zu versehen. Er solle aber verpflichtet sein, bei der Formulierung von vornherein auf die Verständnismöglichkeiten des Durchschnittskunden Rücksicht zu nehmen und dabei diejenige Klauselfassung zu wählen, bei der die kundenbelastende Wirkung nicht unterdrückt, sondern deutlich gemacht werde. Diesen Anforderungen entspreche die von der Bank gewählte Formulierungstechnik nicht. Es bleibe Aufgabe des Kunden, zwischen den beiden aufeinanderfolgenden Sätzen einen inneren Zusammenhang herzustellen und zu erkennen, daß der zweite Satz nicht nur eine buchungstechnische Regelung der Zinsberechnung enthält, sondern zu der – unausgesprochenen – Konsequenz führe, daß der Darlehensnehmer Schuldbeträge, die im Laufe des Jahres bereits getilgt seien, jeweils zum Jahresende noch weiterverzinsen müsse.

Schließlich hat der BGH, wie oben bereits zitiert, am 15.10.1991 nochmals ausgesprochen, daß jedenfalls die Angabe des Effektivzinses im Klauselwerk genüge, um die Intransparenz der Zinserhöhungsklausel zu **95**

---

236 BGHZ 112, 115, 120; ergänzend BGH WM 1993, 2001.
237 Köndgen, NJW 1989, 943, 948 ff.; Koller in FS für Steindorff, S. 667, 683.

beseitigen[238]. Für die Kreditpraxis dürften damit die Dinge klar sein. *Welche Art der Tilgungsverrechnung im Kreditvertrag auch immer vereinbart wird, der Effektivzins ist daneben anzugeben.* Angesichts des klaren Wortlauts von § 4 PAngV ist es allerdings überraschend, daß man über diesen schlichten Grundsatz derart lange streiten mußte. Das vom BGH als Folge dieses Streits gewonnene *Transparenzgebot* für Allgemeine Geschäftsbedingungen, wirkt allerdings weit über die Kreditpraxis hinaus. Es ist deshalb, auch in seiner Dogmatik, nach wie vor nicht unumstritten[239]. So hat der BGH, um nur ein Beispiel zu nennen, für den Bereich der Warenterminindirektgeschäfte inzwischen entschieden, daß an die Aufklärung über die Gefahren mit diesen Geschäften, wie bei Warenterminoptionen, hohe Anforderungen zu stellen seien[240]. Sie könne grundsätzlich nur *schriftlich* erfolgen. Ferner müsse die Darstellung »zutreffend, vollständig, gedanklich geordnet und auch von der Gestaltung her geeignet sein, einem unbefangenen ... Leser einen realistischen Eindruck von den Eigenarten und Risiken solcher Geschäfte zu vermitteln. Risikohinweise in Kleindruck und im hinteren Teil der Broschüre genügten diesen Anforderungen nicht[241]. Vor allem aber sei eine Einbindung der Risikohinweise in eine »zutreffende und gedanklich geordnete Darstellung der wirtschaftlichen Zusammenhänge« erforderlich. Ohne eine solche Einbindung blieben warnende Hinweise abstrakt und verfehlten damit ihren Zweck[242]. Die Beispiele könnten fortgesetzt werden[243]. Entscheidend ist, daß mit dem Transparenzgebot ein genereller Maßstab zur Kontrolle von AGB gewonnen wurde, mit dessen Hilfe Informationsdefizite im Markt beseitigt werden, um auf diese Weise den (optimierenden) Funktionen des Wettbewerbs zum Durchbruch zu verhelfen. Intransparenz verweist auf Marktunvollkommenheiten und damit auf Koordinationsmängel im Marktprozeß[244]. Selbstverständlich kann es im Einzelfall fraglich sein, ob eine bestimmte Information noch intransparent ist. Es gibt Menschen, die »den Wald vor lauter Bäumen nicht sehen«[245]. Die auf den typischen Durchschnittskunden abstellende »Verkehrskreisbetrachtung« des BGH ist sicher ein Schritt in die richtige Richtung. Mittelfristig wird man dieses

---

238 BGH WM 1991, 1944 = ZIP 1991, 1474 dazu EWiR § 13 AGBG 2/91, 1145 (Hensen); bestätigt in WM 1992, 218 = ZIP 1992, 105; dazu EWiR § 9 AGBG 4/92, 217 (J. Eckert).
239 Umfassend Pflug, AG 1992, 1 ff.; sein Vorschlag, das Transparenzgebot dogmatisch in § 2 Abs. 1 Nr. 2 AGBG anzusiedeln, greift m.E. zu kurz, denn auf die Frage, ob der Kunde in »zumutbarer« Weise vom Inhalt der jeweiligen Klausel Kenntnis nehmen konnte, kommt es gerade nicht an.
240 BGH ZIP 1992, 612, dazu EWiR § 53 BörsG 2/92, 467 (Schwintowski); BGH 7; P 1996, 1161 = EWiR § 53 BörsG 4/96, 791 (Schwintowski).
241 BGHZ 105, 108, 114 = ZIP 1988, 1098, dazu EWiR § 826 BGB 5/88, 1197 (Schwark).
242 BGH ZIP 1991, 1207, dazu EWiR § 276 BGB 6/91, 873 (Schäfer).
243 Wolf in Wolf/Horn/Lindacher², § 9 Rz. 144.
244 Dazu Grossekettler, DBW 4/91, S. 467.
245 Dazu BGH WM 1993, 2001.

Konzept verfeinern müssen. Wie auch in einigen Tatbeständen des UWG wird man möglicherweise die Vorstellungen der Kunden über Meinungsumfragen ermitteln müssen. Wie auch immer, alle diese Fragen hätte man im Zusammenhang mit der Preisangabe bei Krediten nicht zu stellen brauchen, denn § 4 Preisangabenverordnung stellt hinreichend klar, daß in jedem Falle der Effektivzins anzugeben ist.

D. Schutzpflichten der Bank bei Vergabe von Krediten

I. Grundsätze
 1. Dogmatische Grundlagen
 2. Funktionen und Schutzpflichten
 3. Begriffe / Abgrenzungen
 4. Der Haftungsgrund für die Verletzung von Schutzpflichten
 5. Bewegliche Systeme zur Ermittlung des Inhalts und Umfangs von Schutzpflichten
  a) Grundlagen und Entwicklungen
  b) Bewegliches System zur Ermittlung von Inhalt und Umfang vertragsbezogener Schutzpflichten

II. Fallgruppen
 1. Fallgruppe: Konkreter Wissensvorsprung
 2. Fallgruppe: Gefährdungstatbestände
 3. Fallgruppe: Unerfahrenheit
 4. Fallgruppe: Schwerwiegender Interessenkonflikt
 5. Fallgruppe: Täuschungen durch Dritte
III. Überschreitung der Kreditgeberrolle

Schrifttum:
Arendts, Beratungs- und Aufklärungspflichten über das einem Wertpapier erteilte Rating, WM 1993, 229; *v. Bar*, Verkehrspflichten, 1980; *Breidenbach*, Die Voraussetzungen von Informationspflichten beim Vertragsschluß, 1989; *Böhm*, Freiheit und Ordnung in der Marktwirtschaft, hrsg. von *Mestmäcker*, 1980; *Canaris*, Schutzgesetze – Verkehrspflichten – Schutzpflichten, in FS für Larenz zum 80. Geb. 1983, S. 27; *ders.*, JZ 1965, 477; *ders.*, Die Vertrauenshaftung im Deutschen Privatrecht, 1971; *ders.*, Bankvertragsrecht, Bd. 1, 4. Aufl., 1988; *Eucken*, Grundsätze der Wirtschaftspolitik, (hrsg.) von *Edith Eucken* und *Hensel*, 1952; *v. Hayeck*, Der Wettbewerb als Entdeckungsverfahren, 1968; *ders.*, Die Anmaßung von Wissen, ORDO-Bd. 26 (1975) 12; *Hopt*, Der Kapitalanlegerschutz im Recht der Banken, 1975; *ders.*, Nichtvertragliche Haftung außerhalb von Schadens- und Bereicherungsausgleich, AcP 183 (1983) 608; *ders.*, Haftung der Banken bei der Finanzierung von Publikumsgesellschaften und Bauherrenmodellen, in FS für Stimpel, 1985, 265; *Immenga*, Bankenhaftung bei der Finanzierung steuerbegünstigter Anlagen, ZHR 151 (1987), 148; *Jonas*, Prinzip Verantwortung, Suhrkamp tb; *Köndgen*, Bankhaftung – Stukturen und Tendenzen, in Köndgen (Hrsg.) Neue Entwicklungen im Bankhaftungsrecht, RWS-Forum 1, 1987, 133; *ders.*, Selbstbindung ohne Vertrag, 1981; *Kümpel*, Bank- und Kapitalmarktrecht, 1995; *Larenz*, Lehrbuch des Schuldrechts, Bd. I, AT, 14. Aufl., 1987; *Reich*, Schuldrechtliche Informationspflichten gegenüber Endverbrauchern, NJW 1978, 513; *Rottenburg*, Verhaltenspflichten der Kreditinstitute bei der Vergabe von Verbraucherkrediten, ZHR 153 (1989), 162; *Rümker*, Aufklärungs- und Beratungspflichten der Kreditinstitute aus der Sicht der Praxis, Schriftenreihe der bankrechtlichen Vereinigung, Bd. 3, 1993, 29; *Schäfer*, Haftung für fehlerhafte Anlageberatung und Vermögensverwaltung, RWS-Skript 240, 1993; *Schwintowski*, Haftung bei der Finanzierung von (atypisch) fehlgeschlagenen steuerbegünstigten Kapitalanlagen, NJW 1989, 2087; *Vortmann*, Aufklärungs- und Beratungspflichten der Banken, RWS-Skript 226, 1991;

I. Grundsätze

96 Nach ständiger Rechtsprechung des BGH ist die »kreditgebende Bank grundsätzlich nicht verpflichtet, den Darlehensnehmer, Mithaftenden oder Bürgen über die Risiken der von ihm beabsichtigten Darlehensverwendung aufzuklären«[246]. Folglich kann und darf eine Bank z.B. einen Konsumentenkredit ohne Bonitätsprüfung gewähren. In der Bankpraxis zählen hierzu vor allem die Kredite, die, wie der Scheck- oder Überziehungskredit, innerhalb eines Kreditrahmens schon dann gewährt werden, wenn der Schuldner über regelmäßig wiederkehrende Einkünfte verfügt[247]. Gelegentlich wird es auch Fälle geben, in denen die Bank aus anderen Gründen auf die Leistungsfähigkeit des Kreditnehmers vertraut und deshalb auf die sonst übliche Ermittlung des frei verfügbaren Einkommens verzichtet. Hierin liegt nichts anstößiges, sofern die Bank nicht im Hinblick auf spezielle Risiken des zu finanzierenden Vorhabens gegenüber dem Darlehensnehmer einen konkreten Wissensvorsprung hat[248] oder ein besonderes Schutzbedürfnis des Darlehensnehmers besteht, weil die Bank einen hinzutretenden Gefährdungstatbestand für den Kunden schafft[249] oder sie die besondere Unerfahrenheit ihres Kunden in geschäftlichen Dingen klar erkennt und einseitig für sich ausnutzt[250]. An diesen Grundsätzen ist festzuhalten. Sie entsprechen dem bürgerlich-rechtlichen Konzept privatautonomer Gestaltungsfreiheit, belassen also sowohl der Bank als auch dem Kunden Handlungsfreiheit. Grundsätzlich ist es also Sache jeder Partei, ihre eigenen Interessen selbst wahrzunehmen. Es besteht daher keine allgemeine Pflicht, alle Umstände zu offenbaren, die für die Entschließung des anderen Teils von Bedeutung sein können[251].

97 Die Freiheit ist aber nicht grenzenlos. Entscheidend ist, ob der andere Teil nach Treu und Glauben unter Berücksichtigung der Verkehrsanschauung redlicherweise Aufklärung erwarten durfte[252]. Ob und in welchem Umfang das der Fall ist, hängt von einer Reihe von Umständen ab, die letztlich im Prinzip »gegenseitiger Verantwortung für erkennbar entscheidungserhebliche Umstände« wurzeln. Es wird im folgenden zunächst darum gehen, die Grundlagen, Funktionen und den Begriff kreditbezoge-

---

246 BGH WM 1988, 1085; WM 1988, 1225; für die Bürgschaft: BGH ZIP 1989, 219 = WM 1989, 245; § 18 KWG enthält demgegenüber nur die – öffentlich-rechtliche – Pflicht, sich bei Krediten über DM 100 000,- die wirtschaftlichen Verhältnisse offenlegen zu lassen.
247 Vertiefend von Rottenburg, ZHR 1989, 162, 167 ff.
248 BGH ZIP 1988, 562, 564 f. = WM 1988, 561, 563; vgl. auch EWiR § 276 BGB 5/88, 437 (Hegmanns).
249 BGH WM 1987, 546 m.w.N.
250 RGZ 128, 251; 147, 344, 346; OLG Düsseldorf WM 1986, 253; OLG Köln ZIP 1987, 363; BGH NJW 1966, 1451; BGH ZIP 1982, 707 = WM 1982, 630.
251 BGH NJW 1971, 1799.
252 BGH NJW 1989, 764; NJW-RR 1991, 440.

ner Schutzpflichten darzustellen (1). Sodann geht es um den Haftungsgrund für die Verletzung von Schutzpflichten. Ferner werden die Elemente eines »beweglichen Systems zur Ermittlung von Schutzpflichten entwickelt. Es wird sich zeigen, daß das Denken in abstrakten Systembegriffen nicht hinreichend ist, um praktische Fälle zu lösen. Deshalb werden im zweiten Teil die Fallgruppen vorgestellt, an die die Rechtsprechung heute Schutzpflichten der Bank bei Kreditvergabe knüpft (2). Schließlich wird in einem dritten Schritt gezeigt, wann die Bank ihre Rolle als Kreditgeberin überschreitet und in die Anlageberatung übergeht (3). Diese Grenzziehung ist aus zwei Gründen außerordentlich wichtig. Zum einen haben sich für den Bereich der Anlageberatung völlig andere Schutzpflichten entwickelt, als dies bei der Kreditvergabe der Fall ist[253]. Zum anderen teilt der Kredit bei fehlerhafter Anlageberatung das Schicksal der Anlage, wenn beide Bereiche als wirtschaftliche Einheit aufzufassen sein sollten[254]. Sind Anlage und Kredit miteinander verbunden, so ist das Kreditrisiko für die Bank sehr viel höher, als bei Trennung beider Geschäfte. Klare Grenzen sind also vonnöten, um sowohl für die Kredit- bzw. Anlageberatung eigenständige Strategien entwickeln zu können, als auch die mit beiden Geschäften verbundenen Risiken hinreichend zu kalkulieren.

1. Dogmatische Grundlagen

Es ist nicht ganz einfach zu begründen, warum es bei der Kreditvergabe überhaupt Schutzpflichten gibt. Zwar ist es richtig, wenn Köndgen feststellt, daß das Kreditrecht nicht mehr ausschließlich von der Maxime des »caveat creditor« (es schütze sich der Gläubiger selbst) regiert wird, sondern die Bank in der Rolle des Kreditgebers bis zu einem gewissen Grade Anlageberater des Kunden bleibe[255]. Warum ist das so? Wieso kommen wir dazu den Banken (gelegentlich auch den Kunden) die Pflicht zuzuweisen, in gewissem Umfang für die Belange der anderen Seite verantwortlich zu sein, und knüpfen an die Verletzung dieser Pflicht Schadensersatzfolgen? Wie so oft, wenn es um schwierige Fragen geht, ist die Begründung, hat man sie erst einmal erkannt, einfach.

Aufklärung-, Beratungs-, Warn-, kurz: Schutzpflichten sind dann und nur dann legitimiert, wenn zwischen den Parteien ein (strukturelles) Ungleichgewicht[256] besteht, das durch pflichtgemäßes Verhalten beseitigt werden kann. Denn immer dann, wenn die Parteien nicht gleich stark sind, kann der Vertrag seine Hauptfunktion, nämlich Vertragsgerechtigkeit (freedom of contract) zu bewirken, nicht erfüllen. Ungleichgewichts-

98

99

---

253 Vgl. unten Rz. 128 ff.; Schäfer, RWS-Skript 240, 1993; Vortmann, RWS-Skript 226, 1991; Köndgen, in RWS-Forum 1, 1987, 133 ff.
254 Schwintowski, NJW 1989, 2087, 2088.
255 RWS-Forum 1, 133, 153.
256 BVerfG ZiP 1993, 1775

lagen stören also den Vertragsmechanismus als solchen, verzerren damit die Marktergebnisse und bewirken (langfristig) die Zerstörung eines sich selbst steuernden auf ausgleichende Gerechtigkeit bedachten Privatrechts. Schutzpflichten haben also die Aufgabe, den Selbststeuerungsmechanismus Privatrecht »im Lot zu halten«. Sie werden dabei von einer Reihe anderer Rechtsprinzipien (z.B. §§ 123, 138 BGB) immer dann unterstützt, wenn eine Schutzpflicht nicht ausreichend wäre, um vertragsrechtliche »Richtigkeit« zu gewährleisten.

100 Wodurch entstehen Ungleichgewichte zwischen Kunde und Bank? Zwei Ebenen kann man unterscheiden. Das Ungleichgewicht kann generell und einzelfallbezogen bestehen. Generell besteht oft eine wirtschaftliche, intellektuelle oder psychologische Überlegenheit der Bank gegenüber dem Kunden. Aber auch bei gleicher Stärke (Daimler-Benz/Deutsche Bank) kann im Einzelfall ein Ungleichgewicht entstehen, etwa dann, wenn die Bank über Informationen verfügt, die die andere Seite nicht hat. Schutzpflichten dienen (neben anderen Pflichten) im Ergebnis also dazu, generell oder im Einzelfall bestehende Ungleichgewichte auszugleichen. Hieraus lassen sich zugleich die Funktionen von Schutzpflichten filtern.

2. Funktionen von Schutzpflichten

101 Schutzpflichten dienen zum einen dazu, das Ungleichgewicht in einer Vertragsbeziehung (es kann auf der Seite der Bank oder des Kunden liegen) auszugleichen. Zugleich wird auf diese Weise der Vertrag als Funktionsmechanismus einer privatrechtsgesteuerten Marktwirtschaft gesichert. Es handelt sich also um die »Gewährleistung der institutionellen Funktionseffizienz der Märkte durch Einzelfallentscheidung«[257]. Beide Funktionen zusammen (Vertrag/Markt) wurzeln rechtlich im *Vertragszweck*. Deshalb ist Immenga zuzustimmen, wenn er schreibt, »die Aufklärungspflicht eines Kreditinstitutes im Zusammenhang mit der Finanzierung eines Beitritts zu einer Abschreibungsgesellschaft o.ä. hat einen *leistungssichernden* Charakter. Das Kreditinstitut ist danach gehalten, alles zu unternehmen, um den Eintritt des Leistungserfolges und die Erreichung des *Vertragszweckes* nicht zu gefährden oder zu beeinträchtigen«[258]. Ähnlich formuliert es der BGH in ständiger Rechtsprechung. *Die Vertragsparteien sind,* »*auch soweit sie entgegengesetzte Interessen verfolgen, verpflichtet, über solche Umstände aufzuklären, die den Vertragszweck (des anderen) vereiteln können und daher für ihn von wesentlicher Bedeutung sind, sofern er die Mitteilung nach der Verkehrsauffassung erwarten durfte*[259].

---

[257] So Rümker, in Schriftenreihe der bankrechtlichen Vereinigung, Bd. 3, 1993, s. 29 ff.
[258] Immenga, ZHR 151 (1987), 148, 153 m.w.N.
[259] BGH WM 1987, 562 m.w.N.

Schutzpflichten sichern, mit anderen Worten, den von den Parteien selbst angestrebten Vertragszweck im Rahmen der von der Rechtsordnung gebilligten Rechtsprinzipien. Es ist also ein sehr einfaches Grundprinzip, das jeder Schutzpflicht (nicht nur im Bankenbereich) zugrundeliegt. Schutz ist dann und nur dann zu gewähren, wenn der Vertragszweck in Gefahr ist. Die für die Praxis entscheidende Frage lautet natürlich, wann das der Fall ist. Woran erkennt man, ob das Gleichgewicht zwischen den Parteien gestört ist, ob eine Ungleichgewichtslage zu korrigieren ist? Diese Frage wird konzeptionell unterschiedlich beantwortet. Die Wissenschaft versucht eine Antwort aus übergeordneten Rechtsprinzipien (z.B. aus der Rolle der Banken oder aus einem Anlegerschutzprinzip) zu gewinnen und bietet ein bewegliches System zur Ermittlung vertragsbezogener Schutzpflichten an[260]. Die Rechtsprechung arbeitet, unter Verwendung dieser Modelle, mit typischen Fallgruppen[261]. Letztlich wurzeln alle Systematisierungsversuche in dem Ziel, den von den Parteien selbst bestimmten Vertragszweck zu sichern, so daß alle Schutzpflichten aus der Abwägung der gegenseitigen Interessen der Parteien unter Berücksichtigung der die Rechtsordnung beherrschenden Prinzipien und der Marktverhältnisse gewonnen werden können. Damit steht ein klares Konzept zur Verfügung, das zeigt, daß Schutzpflichten nicht im freien Raum, sondern materiell gebunden gewonnen werden.

102

3. Begriffe / Abgrenzungen

Schutzpflichten, auch Aufklärungs-, Beratungs- oder Warnpflichten genannt, sind *Nebenleistungspflichten* mit dem Inhalt, den anderen Teil unaufgefordert über entscheidungserhebliche Umstände zu informieren[262]. Sie sind nicht klagbar und betreffen Informationen, nach denen der andere sein *früheres* Verhalten ausgerichtet hätte. Sie unterscheiden sich hierdurch von der klagbaren Auskunftspflicht, bei der Informationsverschaffung oft im Rahmen eines geschlossenen Beratungsvertrages autonom und selbständig klagbar geschuldet ist. Hier geht es um Informationen, nach denen der Berechtigte sein künftiges Verhalten ausrichten will[263]. Aufklärungs- und Schutzpflichten können sich überschneiden, vor allem dann, wenn vor Gefahren zu warnen ist, die das *Integritätsinteresse* bedrohen[264].

103

---

260 Vertiefend unten Rz. 108 ff.
261 Unten Rz. 114 ff.
262 Müko-Roth², § 242 Rz. 197.
263 Breidenbach, S. 2, der zutreffend darauf hinweist, daß es auch den Schutzpflichten um Einwirkungen auf das zukünftige Verhalten des anderen, jetzt Schadensersatz forderndern, Teils geht. Die Frage nach der Pflicht stellt sich ex post, aber das *Bestehen* der Pflicht ist aus der Sicht ex ante zu beurteilen. Insofern geht es in beiden Fällen um die Möglichkeit der Ausrichtung zukünftigen Verhaltens.
264 BGHZ 64, 49 »Gefährliche Präparate«; OLG München NJW-RR 1991, 421 »Ballonfahrt«.

Vorvertragliche Informationspflichten lassen sich in zwei Gruppen differenzieren:
(1) in Warnpflichten und
(2) in vertragsschlußbezogene Informationspflichten[265].

104 Drohen Rechtsgütern des Vertragspartners Gefahren, die auch nach § 823 Abs. 1 BGB geschützt sind, geht es also um das Integritätsinteresse, so kommen Warnpflichten als Schutz in Betracht. Geht es dagegen um Umstände, die für den Vertragsschluß von Bedeutung sein können, so handelt es sich um vertragsschlußbezogene Informationspflichten. Auch hier geht es um die Integrität von Rechtsgütern, allerdings um das in § 823 Abs. 1 BGB nicht geschützte (reine) Vermögen und die Willensfreiheit[266]. Aus der Sicht der auf Kreditvergabe zielenden Beziehungen Kunde/Bank ist es sinnvoll, beide Pflichtenkreise begrifflich zu Schutzpflichten zusammenzuziehen. Damit wird, im Anschluß an Heinrich Stoll, die tradierte Differenzierung zwischen Leistungs- und Schutzpflichten fortgeführt. Erstere dienen der Erbringung und Förderung des Leistungsinteresses, letztere dem Schutz der übrigen Rechtsgüter des anderen Teils[267]. Die entscheidende Besonderheit der Schutzpflichten – und ihr wesentlicher Unterschied gegenüber den Verkehrspflichten[268] – besteht darin, daß ihre Verletzung zu einer Haftung nach Vertragsgrundsätzen führt, während die Verletzung von Verkehrspflichten deliktsrechtliche Folgen auslöst.

4. Der Haftungsgrund für die Verletzung von Schutzpflichten

105 Schutzpflichten bei der Kreditvergabe entstehen in der Anbahnungsphase von Krediten. Sie werden rechtstechnisch durch die culpa in contrahendo (c.i.c.) – Verschulden bei Vertragsanbahnung – erfaßt. Die c.i.c. ist heute ein gewohnheitsrechtlich anerkanntes, also ungeschriebenes, gleichwohl »gesetzliches« Schuldverhältnis. Die Probleme der Haftung für vorvertragliches Verschulden hat Ihering 1861 erstmals dargestellt und unter dem Begriff c.i.c. subsumiert[269]. Der (ungeschriebene) Tatbestand der c.i.c. lautet:

106 (1) sich anbahnendes Schuldverhältnis,
(2) objektive Pflichtverletzung an einem geschützten Rechtsgut,
(3) Kausalität zwischen Pflichtverletzung und Rechtsgutverletzung (haftungsbegründende Kausalität),
(4) Verschulden,
(5) Schaden (begrenzt – im Regelfall – auf das negative Interesse),

---

265 Systematisierung nach Breidenbach, S. 3.
266 Canaris, in FS für Karl Larenz zum 80. Geburtstag, 1983, S. 27, 90.
267 Vertiefend Canaris, JZ 1965, 477.
268 Grundlegend Christian von Bar, Verkehrspflichten, 1980, passim.
269 Iher. Jb. 4 (1861), 1 ff.

(6) Kausalität zwischen Pflichtverletzung und Schaden (schadensausfüllende Kausalität / Schutzzweck der verletzten Pflicht).
Konzentriert auf die wichtigsten Tatbestandmerkmale setzt die Haftung aus c.i.c. eine sich anbahnende Kreditvergabe, eine objektiv bestehende Schutzpflicht und schließlich ihre (subjektiv) schuldhafte Verletzung voraus. Außerhalb des Kreditrechts war es nicht immer einfach zu klären, ob eine bestimmte Verhaltensweise ein Schuldverhältnis anbahnte, oder sich im bloßen sozialen Kontakt erschöpfte. Nach RGZ 95, 58 lag eine c.i.c. nur dann vor, wenn es *später zum Vertragsschluß* kam. In RGZ 78, 239 wurde der Anwendungsbereich der c.i.c. erweitert. Nun reichte es aus, wenn jemand in *Kaufverhandlungen* eingetreten war. Im berühmten Bananenschalenfall[270] ging der BGH noch einen Schritt weiter und bejahte die c.i.c. bereits dann, wenn jemand zu *Zwecken des Vertragsschlusses* beispielsweise ein Kaufhaus betritt. Im Bodenfliesenfall schließlich ist der BGH der h.M. in der Literatur gefolgt[271] und stellt nun darauf ab, ob jemand in *rechtsgeschäftlichen Kontakt* getreten ist. Rechtsgeschäftlicher Kontakt liegt beispielsweise dann vor, wenn ein Kaufhaus Angebote offeriert und der Kunde die Möglichkeit diese anzunehmen zumindest nicht von vornherein ausschließt. Bloße »rechtsgeschäftliche Nähe« reicht also auch heute noch für die Anwendbarkeit der c.i.c. nicht aus. Wer beispielsweise das Kaufhaus durchquert, um schneller zum Bus zu kommen, und dabei über eine schadhafte Bodenfliese stürzt, kann keine Ansprüche aus c.i.c., sondern nur aus unerlaubter Handlung, geltend machen. Das gilt auch für spielende Kinder im Kaufhaus oder für stehenbleibende Passanten, die das Spektakel an einem Verkaufsstand beobachten wollen. Verkürzt kann man sagen: Potentielle Kunden können Ansprüche aus c.i.c. geltend machen, Passanten dagegen nicht. Das gilt alles auch für Banken, wird aber mit Blick auf die Kreditvergabe kaum einmal zu Streitigkeiten führen, weil diese typischerweise rechtsgeschäftlichen Kontakt voraussetzt.

Die eigentlichen Probleme entstehen hier bei der Frage, ob und in welchem Umfang eine Schutzpflicht objektiv besteht und welche Anforderungen an die »im Verkehr erforderliche Sorgfalt« (§ 276 BGB) zu stellen sind. Es hat eine Reihe von Versuchen gegeben, objektive Pflichtverletzungen aus übergeordneten Rechtsprinzipien abzuleiten. So wurde an ein Verbraucherschutz-[272] oder an ein Anlegerschutzprinzip[273] angeknüpft. Es wird allerdings zu Recht darauf hingewiesen, daß es sinnvoller ist auf den konkreten *Informationsbedarf* abzustellen. Denn so kommen Informationspflichten sowohl den typischerweise schutzbedürftigen als auch den

---

270 BGHZ 66, 51 = NJW 1962, 31.
271 BGH NJW 1986, 2757.
272 Reich, NJW 1978, 513, 519.
273 Hopt, Der Kapitalanlegerschutz im Recht der Banken, 1975, S. 413 ff.

nur ausnahmsweise schutzbedürftigen Vertragspartnern zugute[274]. Ähnliches gilt für die Berufshaftungsdiskussion. Schlüsselbegriff ist hier die *Rolle* der Bank[275]. Insbesondere Köndgen verweist darauf, daß das Privatrecht vor der immer noch zunehmenden gesellschaftlichen Differenzierung seine Augen nicht mehr verschließen könne und deshalb seine Regelungstechnik von generellen Normen auf positionsgebundene soziale Rollen umstellen müsse[276]. Allerdings begründe die berufliche Position keine Haftung jenseits von Vertrag, Quasi-Vertrag und Delikt. Sie sei lediglich ein pflichtendifferenzierendes (bzw. -verschärfendes) Haftungselement[277]. Dem ist zuzustimmen und hinzuzufügen, daß in die Pflichtendifferenzierung sowohl die Rolle der Bank als auch ihre Funktion als Kreditgeberin einzubeziehen ist[278]. Hierneben steht das offene Konzept, den Haftungsgrund für vorvertragliche Pflichtverletzungen im gegenseitigen *Vertrauen* der Parteien zu sehen. Dieses von Canaris begründete Konzept[279] hat seine positiv rechtliche Grundlage in § 242 BGB. Die Einordnung, zumindest der vertragsschlußbezogenen, Schutzpflichten in die Vertrauenshaftung als Haftungsgrundlage hat insbesondere in der Rechtsprechung des BGH aber auch in der Lehre Zustimmung gefunden[280]. Für den Bereich der vorvertraglichen Schutzpflichten bei Vergabe von Krediten muß nicht geklärt werden, ob das Vertrauensprinzip wirklich mehr leistet, als § 242 BGB ohnehin. *Entscheidend ist, daß die c.i.c. den Haftungsgrund in sich selbst trägt und zwar als objektive Pflichtverletzung innerhalb eines sich anbahnenden Kreditverhältnisses.* Es ist ganz selbstverständlich, daß dieses sich anbahnende Schuldverhältnis auch auf gegenseitigem Vertrauen, m.E. allerdings mehr auf gegenseitiger Verantwortung, beruht. Wie auch immer, anders als bei der rollen- oder anlegerschutzorientierten Diskussion führt das Vertrauensprinzip nicht von vornherein zu einer den Umfang einer Schutzpflicht beeinflussenden Größe, so daß eine vertiefte Auseinandersetzung hier nicht erforderlich ist.

---

274 Breidenbach, S. 32 f.
275 Hopt, AcP 183 (1983) 608 ff.; Köndgen, Selbstbindung ohne Vertrag, 1981, S. 142 f.; fortführend RWS-Forum 1, S. 134 f.
276 RWS-Forum 1, S. 134 f.
277 RWS-Forum 1, S. 136.
278 Zu eng insoweit Breidenbach, S. 36, 40.
279 Canaris, Die Vertrauenshaftung im deutschen Privatrecht, 1971, passim.
280 BGHZ 40, 22; 56, 81; 70, 344; Müko-Kramer², vor § 241 Rz. 78 ff. m.w.N. auch zu ablehnenden Positionen.

5. Bewegliche Systeme zur Ermittlung des Inhalts und Umfangs von Schutzpflichten

a) Grundlagen und Entwicklungen

Die Vertragsparteien sind, so formuliert es der BGH in ständiger Rechtsprechung, verpflichtet, »über solche Umstände aufzuklären, die den Vertragszweck (des anderen) vereiteln können und daher für ihn von wesentlicher Bedeutung sind, sofern er die Mitteilung nach der Verkehrsauffassung erwarten durfte«[281]. Ob und in welchem Umfang das der Fall ist, ist eine offene Frage. Diese Offenheit hat eine positive und eine negative Seite. Positiv ist, daß die Rechtsordnung auf Wertveränderungen und neue Fallgestaltungen immer neu angemessen reagieren kann. Negativ ist, daß allgemeingültige, dauerhaft festliegende, Verhaltensregeln beispielsweise für die Kreditvergabe nicht sicher entwickelt werden können. Einzelfallgerechtigkeit und Rechtssicherheit liegen hier im Streit. Es ist wichtig zu verstehen, daß dieser Streit für eine freiheitsbestimmte Privatrechtsordnung wesensimmanent ist, daß gerade in diesem (scheinbaren) Widerspruch zweier Prinzipien ihr »rechtskultureller Wert« liegt. Auf diese Weise wird das freiheitsbestimmende »Prinzip Verantwortung«[282] rechtlich gebunden verwirklicht. Die Gewinnung und Bestimmung von Schutzpflichten erweist sich als eine dauernde Maß- und Gradfrage im Zusammenwirken von Rechtspraxis, -lehre und Rechtsprechung.

108

Allerdings hat man auf der Suche nach Rechtssicherheit auch und gerade im Bereich offener Rechtsprinzipien bereits früh erkannt, daß ein Zusammenspiel von übergeordneten abstrakten Bewertungskriterien mit (relativ) festem Inhalt für den jeweiligen Einzelfall von großem praktischen Nutzen sein kann. Richtungsweisend war die »Entwicklung eines beweglichen Systems im bürgerlichen Recht« von Walter Wilburg[283]. In ähnlicher Weise entwickelte die Ordo-liberale Schule für eine sich selbst steuernde Marktwirtschaft die Idee »rechtlicher Rahmenbedingungen«, wie beispielsweise Gewerbefreiheit, Vertragsfreiheit und Vollstreckungsschutz, innerhalb derer sich die Marktordnung »frei« entwickelt[284]. Die Idee mit Hilfe solcher beweglicher Systeme (pattern predictions im Sprachgebrauch Hayeks[285]) Rechtssicherheit ohne Freiheitsverlust zu ge-

109

---

281 BGH WM 1987, 562 m.w.N.
282 Hans Jonas, passim.
283 Rede, gehalten bei der Inauguration als Rector magnificus der Karl-Franzens-Universität am 22.11.1950, ohne Ort und Jahr, wobei Wilburg an frühere Arbeiten anknüpfte, insbesondere an seine Schrift »Die Lehre von der ungerechtfertigten Bereicherung«, 1934.
284 Grundlegend Eucken, Grundsätze der Wirtschaftspolitik, 1952; sowie Böhm, Freiheit und Ordnung in der Marktwirtschaft, 1980.
285 Vertiefend von Hayek, Der Wettbewerb als Entdeckungsverfahren, 1968; ders., Die Anmaßung von Wissen, ORDO, Bd. 26 (1975) 12 – Rede gehalten anläßlich der Verleihung des Nobelpreises für Nationalökonomie.

währleisten, ist im Bankrecht zunächst von Hopt aufgegriffen[286] und darauf aufbauend von Breidenbach[287] und Rümker fortentwickelt worden[288]. Hopt hatte vorgeschlagen, an fünf Topoi zur Ermittlung vertragsschlußbezogener Aufklärungspflichten anzuknüpfen, nämlich an:
(1) die Aufklärungsbedürftigkeit des Kunden,
(2) Absprachen zwischen Bank und Kunden,
(3) Intensität der gegenseitigen Beziehungen,
(4) Schutzverzicht,
(5) betriebliche und finanzielle Tragbarkeit.

110   Diese fünf Gesichtspunkte stellen, so Hopt ausdrücklich, »einander ergänzend, ersetzend, hemmend – für die Individualpublizität die maßgeblichen Elemente eines beweglichen Systems dar«[289]. Das ist richtig, denn es geht nicht um eine Aneinanderreihung von Gesichtspunkten (Topoi) sondern um Kriterien, die im Rahmen eines auf sich selbst bezogenen unveränderbaren Systems zusammengeführt werden. *Breidenbach* beschränkt sich auf drei grundlegende Wertungsgesichtspunkte, nämlich:
(1) Informationsbedarf,
(2) Informationsmöglichkeit,
(3) Funktionskreis des Aufklärungspflichtigen[290].

Mit dem Stichwort Informationsbedarf sollen *wesentliche* Informationen gegenüber nebensächlichen abgegrenzt werden. Angeknüpft wird an die mehrfach zitierte ständige Rechtsprechung des BGH, wonach »über solche Umstände aufzuklären ist, die den Vertragszweck (des anderen) vereiteln können und daher für seinen Entschluß von wesentlicher Bedeutung sind«[291]. Es geht also um die Ermittlung des objektiv erforderlichen Informationsbedarfs. Der Begriff Informationsmöglichkeit ist weniger glücklich. Gemeint ist die Pflicht, der jeweils anderen Partei aktuelles Wissen nicht vorzuenthalten. »Wer über präsentes Wissen verfügt, soll eher aufklären, als derjenige, der sich die Information erst mühsam und unter hohen Kosten beschaffen muß«[292]. Schließlich wird der »Funktionskreis als Element des beweglichen Systems« hervorgehoben[293]. Mit diesem Begriff werden Aspekte der Berufshaftung, der besonderen Sachkunde und der langjährigen Geschäftsverbindung auf einen Nenner gebracht. »Soweit der eine Teil eine Funktion 'übernimmt', und der andere Teil im Vertrauen darauf auf eigene Bemühungen und als einen Teil davon auf Informati-

---

286 Hopt, Der Kapitalanlegerschutz im Recht der Banken, 1975.
287 Breidenbach, Die Voraussetzungen von Informationspflichten beim Vertragsschluß, 1989.
288 Rümker, in Schriftenreihe der bankrechtlichen Vereinigung, Bd 3, 1993, S. 29 ff.
289 Kapitalanlegerschutz, S. 414.
290 Breidenbach, ab S. 61 ff.
291 BGH NJW 1979, 2243.
292 Breidenbach, S. 70 ff.
293 Breidenbach, S. 73 ff.

onsbeschaffung verzichtet, entsteht ein Schutzbedarf«[294]. Dabei erfolge die Prüfung des Funktionskreises in zwei Schritten. Zunächst sei die Funktion des Pflichtigen und ihr Umfang zu bestimmen. Danach sei zu klären, ob und gegebenenfalls wie stark die Bereitstellung der fraglichen Information sachlich mit dem Funktionskreis verbunden sei, also zur Ausübung der Funktion lege artis gehöre[295].

b) Bewegliches System zur Ermittlung von Inhalt und Umfang vertragsbezogener Schutzpflichten

Anknüpfend an die von Hopt und Breidenbach vorgestellten Modelle hat *Rümker*[296] Kriterien für ein bewegliches System zusammengestellt, an die auch hier, mit leichten Variationen, angeknüpft werden soll.

111

(1) Informationsbedarf:
(a) Objektive Relevanz der Information für den konkreten Vertragszweck, und zwar für
 – Risiken, die den Vertragszweck in Frage stellen,
 – Risiken, die von wesentlicher Bedeutung für den Vertragsschluß sind.
(b) Subjektiver Aufklärungsbedarf (Aufklärungsbedürftigkeit)
 – Unterscheidung zwischen aufgeklärtem und nicht informiertem Kunden (auch Vollkaufleute können z.B. bei Termingeschäften aufklärungsbedürftig sein).
 – Erkennbarkeit des Informationsbedarfes als pflichtenbegründendem Kriterium (kein Verschuldensmerkmal).
 – Kein Aufklärungsbedarf, wenn Risiken der Sphäre des Kunden zuzuordnen sind.
(2) Pflicht aktuelles Wissen weiterzugeben
(3) Inanspruchnahme persönlichen Vertrauens:
 – Werbung mit eigener Qualifikation
 – Vertrauen kraft beruflicher Qualifikation
 – Mitwirkung an Konzeption oder Vertrieb eines Projektes.
(4) Funktionskreis: Kreditgewährung
Grundsätzlich keine Aufklärung über Zweckmäßigkeit der Kreditaufnahme bzw. Risiko der Darlehensverwendung. Schutzpflichten insbesondere, wenn die Bank
 – ihre Rolle als Kreditgeberin überschreitet,
 – einen konkreten Wissensvorsprung hat,
 – einen besonderen Gefährdungstatbestand für den Kunden schafft,

---

294 Breidenbach, S. 73.
295 Breidenbach, S. 75 ff.
296 aaO., S. 38 ff.

- die Unerfahrenheit des Kunden ausnutzt,
- sich in einer Interessenkollision befindet,
- sich dritter Personen zur Erfüllung eigener Pflichten bedient.

(5) Schutzzweck

Der Haftungsumfang wird auch bei Beratungs- und Auskunftspflichten im Rahmen vorvertraglicher Schuldverhältnisse durch den Schutzzweck der *verletzten Pflicht* begrenzt (BGH WM 1992, 133)[297].

112 Ein solches System erfüllt mehrere Zwecke. Zum einen kann es als Grundlage für Handlungsanleitungen bankintern verwendet werden. Gleichzeitig ist es als Checkliste im Rahmen konkreter Kreditvergabeverhandlungen denkbar. Für Rechtsprechung und Wissenschaft bietet es die Möglichkeit der permanenten Bewertung und Korrektur. Eines sollte bei alledem nicht vergessen werden: Entstanden ist ein solches System nicht etwa im freien Raum, sondern auf dem Hintergrund einer Fülle praktischer Fälle, die von der Rechsprechung entschieden wurden. Das System ist sozusagen ein »Bewertungsextrakt« der verfügbaren Rechtstatsachen verbunden mit einer gewissen Generalisierung von Begriffen und einer systematischen Ordnung. Systematische Ordnungssysteme sind für Bank und Kunde insbesondere dann kostensparend, wenn es sich um massenhaft wiederkehrende, gleichförmige Geschäftsvorfälle handelt. Das ist bei der Kreditvergabe bis zu einem gewissen Grad der Fall. Hierneben wird die gedankliche Struktur komplexer detailüberfüllter Problemlagen transparent. Andererseits bleibt die Beziehung zum eigentlichen Kerngedanken, der Vereitelung des Vertragszwecks durch Vorenthaltung von Schutz, immer deutlich.

113 Allerdings, ohne Fallpraxis wäre ein solches System nicht entwickelbar gewesen und ohne Fallpraxis entwickelt es sich auch nicht weiter. Deshalb ist es für die Praxis nicht nur zweckmäßig, sondern unabdingbar, nun diejenigen Fallgruppen vorzustellen, die die Rechtsprechung bei der Kreditvergabe entwickelt hat. Es wird erkennbar werden, daß die Fälle systembildende Kraft hatten. Es wird aber auch klar werden, daß die systemtragenden Wertungsgesichtspunkte zunehmend in die Fallpraxis zurückwirken. In Wirklichkeit besteht das »bewegliche System zur Bestimmung von Inhalt und Umfang von vorvertraglichen Schutzpflichten« nicht nur aus den oben vorgestellten abstrakten Wertungsgesichtspunkten, sondern in gleichem Maße auch aus den mit diesen Gesichtspunkten verbundenen Fällen.

---

297 Dazu Sundermann WuB IV A. § 249 BGB 1.92; vertiefend Larenz, SAT, 14. Aufl., 1987, S. 440 ff.

II. Fallgruppen

Wie bereits mehrfach hervorgehoben ist die »kreditgebende Bank grundsätzlich nicht verpflichtet, den Darlehensnehmer, Mithaftenden oder Bürgen über die Risiken der von ihm beabsichtigten Darlehensverwendung aufzuklären«[298]. Es gilt der Grundsatz »caveat creditor«, wonach sich der Gläubiger selbst zu schützen hat. Die Funktion der Bank beschränkt sich auf die ordnungsgemäße Abwicklung der Kreditvergabe. Allerdings hat der BGH in einer Reihe von Fällen die Grenzen dieser Grundsätze aufgezeigt. Entstanden sind einige typisierte Fallgruppen, nämlich jene, wo ein *konkreter Wissensvorsprung* (1) besteht, die Bank einen *Gefährdungstatbestand* für den Kunden schafft (2), seine *Unerfahrenheit* ausnutzt (3), sich in einem schwerwiegenden *Interessenkonflikt* befindet (4) oder schließlich das *Verhalten Dritter* (5) zuzurechnen ist. Hierneben stehen die Fälle, in denen die Bank ihre Rolle als Kreditgeberin überschreitet und in die *Anlageberatung* übergeht (III).

114

1. Fallgruppe: Konkreter Wissensvorsprung

Eine Aufklärungs- und Warnpflicht besteht, wenn die Bank – für sie selbst erkennbar – gegenüber dem Darlehensnehmer einen konkreten Wissensvorsprung hat[299]. So muß die Bank etwa bei Kreditvergabe auf die drohende Zahlungsunfähigkeit des Geschäftspartners des Kunden hinweisen. Es ging um folgendes:

115

Fall: BGH vom 27.11.1990 NJW 1991, 693 = ZIP 1991, 90
Ein Bankkunde wollte eine Eigentumswohnung erwerben und sanieren. Für die erforderliche Zwischenfinanzierung gewährte die Bank einen Kredit. Die Unternehmensgruppe, die die Wohnung sanieren sollte, ging bald darauf in Konkurs. Die Konkursreife dieser Unternehmensgruppe war der Bank bei Abschluß des Darlehensvertrages bekannt. Der Kunde klagte gegen die Bank auf Schadensersatz. Die Bank hätte auf die drohende Konkursreife und die damit verbundenen Risiken hinweisen müssen. Die Bank beruft sich demgegenüber auf das Bankgeheimnis.

116

Der BGH hat dem Kunden Recht gegeben. Zwar sei in der Regel das Bankgeheimnis der Kunden zu wahren. Ein Ausnahmefall sei aber dann gegeben, wenn die Bank einen *konkreten Wissensvorsprung* dem Kunden gegenüber habe, wenn ihr etwa – wie hier – die drohende Zahlungsunfähigkeit seines Geschäftspartners bekannt sei[300]. Übrigens läßt sich der

117

---

298 BGH WM 1988, 1085, WM 1988, 1225; Canaris⁴, Rz. 109 m.w.N.
299 BGH WM 1990, 920; dazu EWiR 1990, 755 »Reithmann«; BGHZ 114, 177 = WM 1991, 982, dazu EWiR 1991, 671 »Canaris«; BGH ZIP 1992, 1220, dazu EWiR 1992, 763 »Teske«.
300 Vgl. ferner BGH NJW 1992, 2146, dazu EWiR 1992, 751 »Steiner«.

Konflikt zwischen Bankgeheimnis und Kreditnehmerschutz relativ leicht lösen. Die Bank muß über die drohende Zahlungsunfähigkeit nicht im Detail informieren. Es genügt, wenn sie eine Mitwirkung an dem von ihrem Kunden geplanten zu kreditierenden Geschäft verweigert, ohne die Gründe im einzelnen zu erläutern. Deshalb ist die Entscheidung des BGH vom 09.04.1987[301] nicht ganz überzeugend. Dort wollte sich ein Unternehmen an einem anderen beteiligen, verfügte aber nicht über die hinreichenden Mittel. Man bat die kreditwürdigen Eheleute (E), bei ihrer Bank ein Darlehen aufzunehmen und dieses zur Finanzierung der Beteiligung an das Unternehmen weiterzugeben. Dafür sollten die E eine Provision erhalten. Die Bank gewährte an den E in Kenntnis der Sachlage das Darlehen, ohne darauf hinzuweisen, daß dem Unternehmen die Zahlungsunfähigkeit drohe. Nach Eintritt des Konkurses verweigerten die E wegen der Aufklärungspflichtverletzung die Rückzahlung des Darlehens. Der BGH war anderer Meinung. Angeblich habe die Bank gegenüber den E keinerlei Wissensvorsprung gehabt. Die E hätten vielmehr Sorgfaltspflichten sich selbst gegenüber verletzt, indem sie es unterlassen hätten, sachkundigen Rat einzuholen und von dem Unternehmen Sicherheiten zu verlangen. Es sei nicht Aufgabe einer Bank, ihren Kunden vor derartig leichtfertigen Rechtsgeschäften mit Dritten zu bewahren. Der letzte Satz ist richtig, trifft aber nicht den Kern. Natürlich ist es nicht Aufgabe der Bank, den Kunden vor leichtfertigen Geschäften mit Dritten zu bewahren. Es ist aber ihre Aufgabe, konkretes vorhandenes Wissen, das sich möglicherweise auf den Kundenentschluß erheblich auswirken könnte, zu offenbaren. Wie sich der Kunde dann nach Offenbarung wirklich verhält, ist seine Sache. Da die Eheleute hier aber keine Information über die drohende Zahlungsunfähigkeit hatten, bestand für sie nicht einmal die Möglichkeit, über die Gefahren aus der Kreditaufnahme nachzudenken.

118 Einen konkreten Wissensvorsprung hat die Bank auch dann, wenn etwa ein Steuersparprojekt überzeichnet ist[302]. Das gilt auch dann, wenn sie weiß, daß Werbeunterlagen falsche oder irreführende Angaben, z.B. über Mieteinnahmen, Baubeginn oder Grundstücksflächen enthalten[303]. Ein Wissensvorsprung über schwerwiegende Baumängel des zu erwerbenden Objektes begründet nicht ohne weiteres eine Offenbarungspflicht der Bank. Im allgemeinen darf sie davon ausgehen, daß der Erwerber und Darlehensnehmer sich selbst ein Bild von dem baulichen Zustand gemacht hat. Allerdings muß sie dann informieren, wenn sie weiß, daß der Erwerber die Mängel nicht kennt. Das kann z.B. dann der Fall sein, wenn die Bank im Besitz eines dem Erwerber nicht zugänglichen Gutachtens ist,

---

301 WM 1987, 1546.
302 BGH WM 1986, 995, dazu EWiR 1986, 879 (Köndgen).
303 BGH NJW 1989, 2881; BGH WM 1990, 920; BGH WM 1992, 216.

aus dem sich das Vorhandensein versteckter Mängel ergibt[304]. Bei Umschuldungen eines Kredites auf eine andere Bank besteht grundsätzlich keine Pflicht, die neue Bank über die Vermögensverhältnisse des Kreditnehmers aufzuklären und ihr von sich aus mitzuteilen, daß man massiv und erfolglos auf Rückzahlung des Kredits gedrängt hatte[305]. Im Grundsatz haben die Banken nur vorhandenes, als wesentlich erkanntes Wissen, zu offenbaren. Sie sind nicht verpflichtet, sich einen Wissensvorsprung zu verschaffen. Allerdings ist der positiven Kenntnis die bloße Erkennbarkeit dann gleichzusetzen, wenn sich die für den Kreditnehmer bedeutsamen Tatsachen dem zuständigen Bankmitarbeiter geradezu *aufdrängen mußten*. In diesem Fall verbietet es Treu und Glauben, *die Augen vor solchen Tatsachen zu verschließen*[306].

Schließlich liegt eine Reihe von Urteilen vor, in denen die Rechtsprechung die Banken verpflichtet, den Kunden die jeweils kostengünstigste Kreditalternative anzubieten. So hat der BGH bereits 1989 entschieden, daß eine Bank über die spezifischen Nachteile einer Kombination von Konsumentenkredit und Lebensversicherung dann aufklären müsse, wenn die individuellen Einkommensverhältnisse des Kreditnehmers kein nennenswertes Steuersparpotential mehr enthielten[307]. Im Jahre 1990 hat der BGH an diese Rechtsprechung angeknüpft. Erhält ein Verbraucher statt eines Ratenkredites einen mit einer Kapitallebensversicherung verbundenen Festkredit, so kann seine Gesamtbelastung aus Kreditzinsen und Versicherungsprämie beim Effektivzinsvergleich gemäß § 138 Abs. 1 BGB der marktüblichen Belastung aus einem Ratenkredit mit einer Restschuldversicherung gegenübergestellt werden[308]. Auch wenn die Vertragsbindung nach dem Ergebnis des Zinsvergleichs und der Gesamtwürdigung nicht sittenwidrig erscheint, so kann der Kreditnehmer von der Bank Schadensersatz wegen Verschuldens bei Vertragsabschluß verlangen, wenn er nicht über die *speziellen Nachteile und Risiken der Vertragsbindung* aufgeklärt worden ist[309]. Köndgen meint, daß diese Fälle nicht unter dem Stichwort »Wissensvorsprung« sondern unter dem der »*Zweckmäßigkeit der Darlehensaufnahme*« zu fassen seien[310]. In Anlehnung an den jüngst vom BGH zur Anlageberatung kreierten Begriff der »Anlegergerechtigkeit«[311] möge man für die Finanzierungsberatung von *Kundengerechtigkeit* des angebo-

---

304 BGH WM 1988, 561, dazu EWiR 1988, 437 (Hegmanns); BGH WM 1992, 901, dazu EWiR 1992, 547 (v. Stebut).
305 BGH NJW 1989, 2882.
306 BGH WM 1992, 602; WM 1992, 977, dazu EWiR 1992, 653 (Kohte); Johannes Köndgen, die Entwicklung des Bankkreditrechts in den Jahren 1991-93, NJW 1994, 1508, 1511, m.w.N.
307 BGH NJW 1989, 1667 = WM 1989, 665.
308 BGHZ 111, 117 = NJW 1990, 1844 = WM 1990, 918.
309 2. Leitsatz von BGHZ 111, 117.
310 NJW 1994, 1508, 1510.
311 BGH NJW 1993, 2433.

tenen Kredits sprechen. Hieran ist zunächst problematisch, daß der Anleger zugleich immer Kunde ist, so daß der Begriff der Kundengerechtigkeit den der Anlegergerechtigkeit überschneidet und somit die notwendige Trennschärfe vermissen läßt. Überhaupt ist Kundengerechtigkeit ein Wort ohne jeden greifbaren Inhalt. Im Grunde geht es wohl auch nicht um Kundengerechtigkeit, sondern um die Pflicht der Bank, über bestehende Finanzierungsalternativen aufzuklären und, so Köndgen selbst, »die preiswerteste Finanzierungslösung auszusuchen«[312]. Das OLG Celle hat hierzu die Verhaltenspflicht formuliert, die Bank müsse »alle aufgrund der ihr bekannten Tatsachen in Betracht kommenden Finanzierungsmodelle vorstellen und dem Kunden – auf dessen Bedürfnisse, Situationen und Kenntnisse zugeschnitten – deren Vor- und Nachteile umfassend, richtig und verständlich erläutern, sowie ihn auf etwaige Bedenken aufmerksam machen«[313]. In all diesen Fällen hat die Bank gegenüber dem Kunden einen konkreten Wissensvorsprung, nämlich über günstigere Finanzierungsalternativen. Nutzt sie ihn zum Nachteil des Kunden aus, so wird sie ihm schadensersatzpflichtig, ohne daß es insoweit des weitergehenden Vorwurfs der Verletzung der Kundengerechtigkeit bedürfte.

2. Fallgruppe: Gefährdungstatbestände

120 Eine Aufklärungspflicht der kreditgebenden Bank besteht ferner dann, wenn sie einen besonderen Gefährdungstatbestand für den Kunden schafft oder dessen Entstehen begünstigt. In einem vom BGH am 18.04.1989 entschiedenen Fall wußte der Kreditsachbearbeiter der Bank, daß der Kunde einen Betrag von über DM 100 000,-, den er sich bei der Bank geliehen hatte, auf das private Konto eines Angestellten der Bank überwieß, um damit »Effektengeschäfte im Hause« zu tätigen[314]. Der Umstand, daß ein Kunde einen solch großen Geldbetrag auf das Privatkonto eines Bankangestellten überweist, anstatt unmittelbar mit der Effektenabteilung der Bank zusammenzuarbeiten, ist äußerst ungewöhlich. Er fällt so sehr aus dem Rahmen dessen, was beim finanzierten Effektengeschäft üblich ist, daß sich jedem ordentlichen Kaufmann der Verdacht aufdrängen mußte, hier betreibe ein Bankangestellter zumindest unseriöse Geschäfte auf eigene Rechnung, die auch den Kunden in Gefahr bringen können. Bei dieser Sachlage ist es einem Bankbediensteten, der die Gefahr erkennt, zumutbar, Nachforschungen anzustellen, um den Kunden gegebenenfalls warnen zu können[315]. Beispielhaft für einen Gefährdungstatbe-

---

312 NJW 1994, 1508, 1510.
313 WM 1993, 2082, 2085.
314 BGH WM 1988, 895 = WuB I E 1.-14.88 »Hein«.
315 BGH WM 1988, 895, 899.

stand ist ferner ein Fall, den der BGH am 19.10.1989 zu entscheiden hatte[316].

Der Prokurist einer Bank hatte zugunsten der Eheleute F. zu hohe Schuldsalden auf deren Konten entstehen lassen. Er fürchtete eine Beanstandung bei der internen Revision der Bank. Er wußte, daß auf dem Sparkonto der Ehefrau des späteren Klägers Schwarzgeld in Höhe von mehr als 1 Mio. DM verbucht war. Am 5. Juli 1983 überredete er den Kläger DM 600 000,- bar abzuheben und je die Hälfte auf die Konten der Eheleute F. wieder einzuzahlen. Bei dieser Transaktion täuschte der Prokurist den Kläger über die Bonität der Eheleute F. Gleichzeitig verhinderte er eine interne Rüge duch die Revision. Den Eheleuten F. gelang es in der Zukunft nicht, den Schuldsaldo zurückzuführen. Der geprellte Kläger verlangte von der Bank Schadensersatz. Der BGH bejahte die Ersatzpflicht aus positiver Vertragsverletzung. Die von dem Prokuristen der Bank begangene Täuschung des Darlehensgebers über die Bonität des Darlehensnehmers ist der Bank zuzurechnen. Die Bank ist auch dann schadensersatzpflichtig, wenn der Darlehensgeber wußte, daß die Darlehensgewährung nicht nur in ihrem Interesse lag, sondern auch dem Prokuristen persönlich helfen sollte, seine bankinternen revisionstechnischen Probleme zu lösen.

120 a

Ein besonderer Gefährdungstatbestand entsteht ferner, wenn die Bank dem Initiator eines Steuersparprojektes Gelegenheit verschafft, die Auszahlungsadresse eines Darlehens zu seinen Gunsten zu verändern und so den Treuhänder auszuschalten[317]. Schließlich entsteht eine besondere Gefährdungslage für Kunden, die mit Einverständnis des Verkäufers aus einem Bauträgermodell ausscheiden wollen, wenn sich eine Bank von einem konkursreifen Verkäufer dessen Ansprüche gegen die Kunden im voraus abtreten läßt. Die Kunden laufen dann nämlich Gefahr, durch die finanzielle Enge des Verkäufers den gezahlten Kaufpreis zu verlieren[318].

121

3. Fallgruppe: Unerfahrenheit

Es ist grundsätzlich nicht Sache einer Bank, den Darlehensnehmer vor Geschäften, die mit einem Risiko verbunden sind, zu warnen. Es kann aber im Einzelfall gegen Treu und Glauben verstoßen, wenn die Bank Bedenken verschweigt, die nur ihr, nicht aber dem Darlehensnehmer bekannt sind[319]. Dies gilt insbesondere dann, wenn die Bank weiß, daß sie durch die Kreditgewährung falsche Vorstellungen und das Vertrauen des Kreditnehmers in das zu finanzierende Geschäft verstärkt[320]. Auf der Basis

122

---

316 WM 1990, 98.
317 BGH WM 1986, 6, dazu EWiR 1986, 39 (Rümker).
318 BGH NJW 1992, 2146, dazu EWiR 1992, 751 (Steiner).
319 BGH WM 1978, 896.
320 BGHZ 47, 207 = WM 1967, 448; BGHZ 72, 92 = WM 1978, 1038.

dieser Grundsätze hätte eine Bank die Unerfahrenheit ihrer Kunden bei Erwerb eines Waschsalons erkennen müssen. Die Kunden wollten mit einem erwarteten monatlichen Gewinn von mindestens DM 4 000,- die monatlichen Abzahlungsraten für das Darlehen der Bank in Höhe von DM 2 458,- bestreiten. Außerdem sollte es für ihren Lebensunterhalt noch reichen. Bei dieser Sachlage hätte die Bank die Käufer darüber aufklären müssen, daß es für die Annahme eines Monatsgewinns von mindestens DM 4 000,- keine konkrete Grundlage gab, und daß nach der bisherigen Ertragslage erhebliche Zweifel darüber bestehen mußten, diesen Gewinn künftig erwirtschaften zu können[321].

123 Ähnlich unerfahren verhielt sich ein kaum 20jähriges Ehepaar, das im Jahr 1976 eine Eigentumswohnung erwerben wollte. Da das Ehepaar nicht in der Lage war, die monatliche Belastung selbst auszurechnen, übernahm die Bank diese Aufgabe. Es ergab sich eine dauerhafte monatliche Belastung von DM 1279,- bei einem Gesamteinkommen von monatlich DM 1666,- brutto. Das Ehepaar war also eindeutig überfordert, so daß die Bank ihm nicht nur dringend vom Abschluß der Verträge hätte abraten, sondern sogar den Abschluß des Kreditvertrages hätte ablehnen müssen. Sie verstieß deshalb bei der Kreditvergabe gegen § 138 BGB[322].

4. Fallgruppe: Schwerwiegender Interessenkonflikt

124 Der BGH hat in ständiger Rechtsprechung entschieden, daß die Vertragspartner, auch soweit sie entgegengesetzte Interessen verfolgen, verpflichtet sind, über solche Umstände aufzuklären, die den Vertragszweck (des anderen) vereiteln können und daher für den anderen Teil von wesentlicher Bedeutung sind, sofern er die Mitteilung nach der Verkehrsauffassung erwarten durfte[323]. Interessenkonflikte dieser Art entstehen besonders leicht, wenn eine Bank sowohl an den Bauträger als auch an die einzelnen Erwerber Kredite gewährt. Ein solcher Interessenkonflikt liegt z.B. vor, wenn eine Bank vor der Frage steht, ob sie den unausweichlichen Konkurs eines von ihr bisher kreditierten Bauträgers herbeiführen oder aber zulassen soll, daß sich ihr eigenes Kreditengagement verringert, indem sie den Bauherrn Kredite für ein Objekt gewährt, das von dem Initiator des Bauherrenmodells nicht mehr zu realisieren ist und bei dem es zumindest naheliegt, daß die Bauherren mit den Krediten weitgehend wertlose Verpflichtungen bezahlen werden[324].

125 Ein schwerwiegender Interessenkonflikt besteht auch dann, wenn eine Bank die Vorfinanzierung der gesamten Grundstücks- und Anlaufkosten

---

321 BGH WM 1981, 869.
322 OLG Düsseldorf WM 1984, 157.
323 BGH WM 1976, 401; WM 1982, 960; WM 1987, 1562.
324 BGH WM 1990, 85 = NJW 1991, 693, dazu EWiR 1991, 131 (Feuerborn).

für ein Bauherrenmodell gegen völlig ungenügende Absicherung durch eine Grundschuld übernimmt und deshalb ein, den künftigen Bauherrn nicht ohne weiteres erkennbares, eigenes wirtschaftliches Interesse an einem alsbaldigen Baubeginn hat, damit die Grundschuld werthaltig wird[325]. Eine Bank verwickelt sich auch dann in einen schwerwiegenden Interessenkonflikt, wenn sie in einem Bauherrenmodell ihr finanzielles Engagement zurückführen will und auf diese Weise ihr eigenes wirtschaftliches Risiko auf die Kunden verlagert, so daß diese mit einem Risiko belastet sind, das über die mit der Beteiligung an einem solchen Projekt normalerweise verbundenen Gefahren deutlich hinausgeht. Die Bank ist in diesem Fall verpflichtet, die Erwerber über die Vermögenslosigkeit der Initiatorengruppe und insbesondere darüber aufzuklären, daß die Gesamtabwicklung des Projekts allein von ihren Entscheidungen abhängt[326]. Schließlich muß eine Bank, die als Hauptgläubigerin einer KG ein eigenes wirtschaftliches Interesse an deren Sanierung hat, die Kommanditisten, die die KG mit von ihr (der Bank) finanzierten Darlehen unterstützen, vor Auszahlung der Darlehen an die KG darauf hinweisen, daß der Zusammenbruch der Gesellschaft aller Voraussicht nach nicht zu verhindern ist[327].

5. Fallgruppe: Täuschungen durch Dritte

Nicht ganz unkompliziert sind die Fälle, bei denen es um die Finanzierung fehlgeschlagener steuerbegünstigter Kapitalanlagen geht. Beispielhaft ist ein Fall, den das OLG Celle am 12.02.1986 zu entscheiden hatte[328]. Der bis dahin als seriös bekannte Anlagevermittler Dr. Anton Rödel, Mainz, bot Kommanditbeteiligungen an, die in Wirklichkeit wertlos waren. Angeblich besaß die KG Farmland in Paraguay. Die Mainzer Volksbank überprüfte das Projekt nicht, entwickelte aber einen Finanzierungsplan und bot potentiellen Anlegern günstige Kredite an. Nachdem die Anlage gezeichnet und von der Bank weitgehend finanziert worden war, setzte sich Dr. Rödel mit seiner Familie und dem Geld der Anleger nach Lateinamerika ab. Die Bank forderte von den Kreditnehmern Rückzahlung der Kredite. Diese verweigerten die Rückzahlung mit dem Hinweis darauf, sie hätten ebenso wie die Bank auf die Seriosität des Anlagevermittlers vertraut. Der Fall ist deshalb von besonderem Interesse, weil sich hier nicht das »normale« anlageimmanente Konkursrisiko verwirklicht hat, mit dessen Eintritt immer gerechnet werden muß, sondern weil es um die Risikozuweisung bei arglistigem Verhalten des Anlagevermittlers geht. Es geht

126

---

325 BGH WM 1990, 920, dazu EWiR 1990, 755 (Reithmann); BGH ZIP 1992, 163, dazu EWiR 1992, 239 (Vortmann).
326 BGH WM 1992, 1310 = NJW 1992, 2146, dazu EWiR 1992, 751 (Steiner).
327 BGH WM 1978, 896.
328 Unveröffentlichtes (rechtskräftiges) Urteil des OLG Celle vom 12.02.1986 – 3 U 195/84.

um die Frage, ob sich die Bank das arglistige Verhalten des Anlageberaters zurechnen lassen muß. Da sie selbst die Täuschung nicht kannte oder hätte kennen müssen, kommt es darauf an, ob der Anlagevermittler als Dritter i.S.v. § 123 Abs. 2 BGB anzusehen ist. Insoweit ist entscheidend, ob die Tätigkeit des Anlagevermittlers bei der Beratung der Kunden über das Finanzierungsmodell als schlichte Darlehensvermittlung oder als Vertragsverhandlung auf seiten der Bank anzusehen ist. Im zuletzt genannten Fall müßte sich die Bank die Täuschung nach § 278 BGB zurechnen lassen. Sie hätte sich des Beraters zur Erfüllung der Verbindlichkeit, ihre Kreditkunden bei den Vertragsverhandlungen nicht zu täuschen, bedient[329].

127 Bei der Bestimmung des Dritten wird von Rechtsprechung und Lehre darauf abgestellt, ob der Betreffende auf seiten des Erklärungsgegners steht und maßgeblich am Zustandekommen des Vertrages mitgewirkt hat, ob er also Vertreter oder Verhandlunggehilfe des Erklärungsempfängers gewesen ist[330]. Der Anlageberater müßte danach mit Willen der Bank in die Verhandlungen (zum Abschluß des Darlehensvertrages) eingeschaltet worden sein und nicht, wie ein Vertragsvermittler, der Bank nur Vertragsinteressenten zugeführt und Gelegenheiten zu Vertragsabschlüssen vermittelt haben[331]. Im obigen Fall nahm der Vermittler vornehmlich Interessen der Abschreibungs-KG war. Ihm ging es in erster Linie um die Attraktivität des Angebots dieser KG für die potentiellen Anleger, die sich als Folge der im Vorfeld ausgehandelten verbindlichen Konditionen mit der Bank zwar selbst nicht mehr um eine günstige Fremdfinanzierung bemühen mußten, es aber jederzeit und völlig frei hätten tun können. Die hierin angelegte Entscheidungsfreiheit für den Anleger enthält zugleich auch die Unabhängigkeit des Anlagvermittlers gegenüber der finanzierenden Bank.

Eine andere Frage ist die, ob die Bank in diesem Fall mit dem Begriff »erste Adresse« werben durfte, ohne darauf hinzuweisen, daß es sich insoweit um einen schillernden banktechnischen Begriff handelt[332].

III. Überschreitung der Kreditgeberrolle

128 In engem Zusammenhang mit den vorstehenden Fällen stehen jene, bei denen die Bank ihre Rolle als Kreditgeberin überschreitet. Es handelt sich um Geschäfte, die eine gewisse Ähnlichkeit mit finanzierten Abzahlungsgeschäften aufweisen. Die Bank gibt nicht nur einen Kredit, sondern

---

329 St. Rspr. seit BGH NJW 1962, 2195.
330 BGHZ 20, 39 = NJW 1956, 705; BGH NJW 1974, 1505.
331 RGZ 101, 97; BGH 33, 309 = NJW 1961, 164.
332 Vertiefend Schwintowski, NJW 1989, 2087, 2090.

nimmt auf die mit dem Kredit zu finanzierende Anlage z.B. durch Planung oder Vertrieb direkten Einfluß. Soweit es sich um Verbraucherkredite handelt, ergeben sich die entscheidenden Antworten aus § 9 VKG. Danach bildet ein Kaufvertrag ein mit dem Kreditvertrag verbundenes Geschäft, wenn der Kredit der Finanzierung des Kaufpreises dient und beide Verträge als wirtschaftliche Einheit anzusehen sind. Eine wirtschaftliche Einheit ist insbesondere anzunehmen, wenn der Kreditgeber sich bei der Vorbereitung oder dem Abschluß des Kreditvertrages der Mitwirkung des Verkäufers bedient (§ 9 Abs. 1 VKG). Wenn und soweit dies der Fall ist, kann der Verbraucher die Rückzahlung des Kredits verweigern, soweit Einwendungen aus dem verbundenen Kaufvertrag ihn gegenüber dem Verkäufer zur Verweigerung seiner Leistung berechtigen würden (§ 9 Abs. 3 S. 1 VKG).

Das Konzept, das die Rechtsprechung zur Erfassung der Fälle entwikkelt hat, die nicht unter das Verbraucherkreditgesetz fallen, hat eine gewisse Ähnlichkeit mit § 9 VKG, ist aber nicht identisch. Insbesondere wird nicht verlangt, daß beide Verträge als wirtschaftliche Einheit anzusehen sind. Vielmehr genügt es, daß die Bank im Zusammenhang mit der Planung, der Durchführung oder dem Vertrieb des Projektes über ihre Rolle als Kreditgeberin hinausgeht, so daß sie gleichsam als Partei des finanzierten Geschäfts, also als Sachwalterin, erscheint[333]. Problematisch, und bis heute nicht hinreichend gelöst, ist die Frage, nach welchen Kriterien zu entscheiden ist, ob die Bank noch bloße Kreditgeberin oder schon Sachwalterin einer Anlage ist. Die literarische Diskussion schwankt in diesem Punkt zwischen einer rollen- und einer funktionsbezogenen Betrachtungsweise[334]. Der BGH hat einen stärkeren Einfluß der Bank auf die unternehmerische Planung oder auf die Gestaltung des Prospektes (Rollenaspekt) zumindest aber den zurechenbaren Anschein einer entsprechend weitgehenden Zusammenarbeit (Funktionsaspekt) gefordert[335]. In einer vieldiskutierten Entscheidung aus dem Jahre 1987 bejaht der BGH den im Zweifel konkludenten Abschluß eines Beratungsvertrages, »wenn der Kunde an den Anlageberater mit der Bitte um Aufklärung und Beratung über eine bestimmte Anlageentscheidung herantritt und dieser darauf eingeht, indem er sämtliche Informationen verschafft und darüber berät«[336]. Dabei hatte der Kunde gefragt, welche geschlossenen Fonds im »Angebot der Bank« seien. Der Anlageberater hatte seine Empfehlungen auf einen

129

---

333 BGH NJW 1988, 1593, dazu EWiR 1988, 437 (Hegmanns); BGH NJW 1992, 2560, dazu EWiR 1992, 762 (Teske).
334 Hopt, in: FS Stimpel, 1985, S. 265, 293: »Entscheidend sei, ob sich die Bank auf ihre Rolle als Finanzierungsbank beschränke«; dagegen Immenga, ZHR 151 (1987), 148, 159: »... dürfe es nicht allein auf die tatsächliche Rollenverteilung ankommen, sondern auch darauf, inweit aus der Sicht des Anlegers die Bank ihre Seriosität auf das Anlageprospekt erstreckt«.
335 NJW 1985, 1020.
336 NJW 1987, 1815 = ZIP 1987, 500 = JZ 1987, 720 mit Anm. Köndgen.

bestimmten Fonds des Hauses beschränkt. Die hierin zum Ausdruck kommende Forderung nach einer engen Beziehung zwischen Anlage und Bank wird durch eine weitere Erwägung des BGH verstärkt. Deutlich für einen Vertragsschluß spreche das »eigene wirtschaftliche Interesse der Bank«. Sie habe nicht nur für die Vermittlung der Anlage Provision bezogen, sondern außerdem an dem vom Kunden zur Finanzierung der Anlage beantragten Kredit verdient.

130 Hat also eine Bank über die bloße Kreditvergabe hinaus ein eigenes wirtschaftliches Interesse an der Veräußerung einer Anlage, so spricht dieses typischerweise für ihren Willen, rechtsverbindlich aufklären und beraten zu wollen. Allerdings geht eine Bank über ihre Rolle als Kreditgeberin auch dann schon hinaus, wenn sie sich in Prospekten eines Bauherrenmodells nicht nur als Kreditgeberin, sondern auch als Referenz benennen läßt. Dann muß sie die Richtigkeit der Prospektangaben und die Bonität der Initiatoren in banküblicher Weise überprüfen und über bestehende Bedenken von sich aus, ohne ausdrückliche Anfrage, aufklären[337]. Eine erweiterte Haftung wegen Überschreitung der Kreditgeberrolle kommt auch dann in Betracht, wenn die Bank Einfluß auf die unternehmerische Planung oder die Werbung nimmt oder jedenfalls den zurechenbaren Anschein einer weitergehenden Zusammenarbeit erweckt hat. Hier hält der BGH nicht nur die Anwendung der Grundsätze über den Einwendungsdurchgriff für möglich, sondern auch das Entstehen von Aufklärungspflichten und einer Vertrauenshaftung der Bank für die Richtigkeit und Vollständigkeit der Prospektangaben[338].

131 Allerdings genügt es nicht, daß eine Bank in *internen* Verhandlungen ihre Vorstellungen über die Herstellung und Sicherung der Rentabilität des von ihr zu finanzierenden Projekts durchsetzt und ihre Finanzierungszusage in den Prospektunterlagen erwähnt wird[339]. Konsequenterweise gilt das auch dann, wenn eine Bank einem Treuhänder Darlehensformulare zur Verfügung stellt und durch ihre Bereitschaft zur Kreditgewährung, das Vertrauen des Darlehensnehmers auf die Verläßlichkeit der Werbeprospekte gestärkt hat[340]. Auch eine Bank, die dem Käufer eines Hauses einen Kredit gewährt, damit dieser die der Bank gegenüber bestehenden Grundschulden ablösen kann, wird dadurch noch nicht zum »Kaufvertragspartner«[341]. In jenem Fall hatte die Bank zudem die unzutreffende Auskunft gegeben, die ursprüngliche Sozialbindung des Hauses erlösche mit dem Erwerb des Grundstücks. Der BGH verpflichtete die Bank, den

---

337 BGH NJW 1992, 2148, dazu EWiR 1993, 753 (Braun).
338 BGHZ 93, 264 = NJW 1985, 1020, dazu EWiR 1985, 39 (Löwe); NJW 1988, 1593; WM 1992, 901, dazu EWiR 1992, 547 (v. Stebut).
339 BGH WM 1992, 901.
340 NJW 1988, 1593, dazu EWiR 1988, 437 (Hegmanns).
341 BGHZ 116, 209 = NJW 1992, 555, dazu EWiR 1992, 141 (Büttner).

Käufer von den nachteiligen Folgen der fortdauernden Sozialbindung des Hauses freizustellen. Er verneinte aber die wirtschaftliche Einheit zwischen Darlehen und Kauf und wies deshalb den Antrag auf Erstattung des Kaufpreises und die Vergütung von Verwendungen, die auf das Haus gemacht worden waren, zurück[342].

Die Frage, wovon es abhängt, ob eine Bank ihre Rolle als Kreditgeberin überschritten hat, darf *nicht* mit der *verwechselt* werden, welche Grundsätze bei *fehlerhafter Anlageberatung* gelten. Hier ging es um den ersten Schritt, also um das »ob«, d. h. darum, ob die Vergabe des Kredits mit einer Anlageberatung verbunden war. Erst wenn diese Frage bejaht ist, geht es im zweiten Schritt um das »wie«, d. h. um Umfang und Inhalt der Aufklärungs- und Beratungspflichten der Banken bei der Anlageberatung. Seit der berühmten Bond-Entscheidung des BGH vom 06.07.1993[343] muß die Beratung sowohl *anlegergerecht* als auch *objektgerecht* sein.

132

E. Das nichtige Darlehen

I. Verstoß gegen gesetzliche Verbote
1. §§ 55, 56 GewO
2. Haustürwiderrufsgesetz
3. Verbraucherkredit
II. Sittenwidrigkeit des Darlehens
1. Das Verhältnis des Wuchertatbestands (§ 138 Abs. 2 BGB) zur Generalklausel (§ 138 Abs. 1 BGB)
2. Die Generalklausel (§ 138 Abs. 1 BGB): Sittenwidrige Ratenkreditverträge

3. Umschuldung
4. Durchbrechung der Rechtskraft
5. Verjährungsprobleme
6. Mithaftung
7. Anwendbarkeit des Haustürwiderrufsgesetzes auf Bürgschaften
8. Der Bereicherungsausgleich bei sittenwidrigen Darlehen

Schrifttum:
Braun, Rechtskraft und Rechtskraftdurchbrechung von Titeln über sittenwidrige Ratenkreditverträge 1986; *Buch*, Umschuldung sittenwidriger Ratenkredite, 1990; *Bülow*, Sittenwidriger Konsumentenkredit, RWS-Skript 202, 2. Aufl., 1992; *Canaris*, Bankvertragsrecht, 4. Aufl., 1988; *Derleder*, Anmerkung zum BGH-Urteil vom 15.1.1987, JZ 1987, 679; *Flume*, Allgemeiner Teil des Bürgerlichen Rechts, 2. Bd., Das Rechtsgeschäft, 4. Aufl., 1992; *Gottwald/Bierbrauer*, Mit Zins und Zinseszinsen, Psychologie Heute, 1988, Heft 12, S. 32; *Grossekettler*, Eine neue Methode zur Messung der Funktionsfähigkeit von Märkten: Die KMK-Funktionsfähigkeitsanalyse, in: Die Betriebswirtschaft (DBW) 1991, 467; *Hackl*, Zu den Wurzeln der Anfechtung wegen laesio enormis, Sav.Zschr., Rom.Abt. 98 (1981), 147; *Hammen*, Der Maßstab des Doppelten bei der Sittenwidrigkeit von Zinsvereinbarungen, ZBB 1991, 87; *Kahlen*, Gefangene im Schuldturm, Die Zeit, Nr. 22 vom 27.5.1988, S. 24; *Kohte*, Marktzinsvergleich und Marktzinsüberschreitung im Verbraucherkredit, JZ 1991, 816; *ders.*, Anmerkung zu BGH-Urteil vom 15.1.1987, JR 1987, 502; *ders.*, NJW 1985, 2217 Rechtsschutz gegen die Vollstreckung des wucherähnlichen Rechtsgeschäftes nach § 826 BGB; *ders.*, Rückforderung im Konsumentenkredit, NJW 1986, 1991; *Köndgen*, Die Entwicklung des Bankkreditrechts in den Jahren 1991-93, NJW 1994, 1508; *Kötz*, Die Gültigkeit von Verträgen wegen Gesetz- und Sittenwidrigkeit, RabelsZ 1994, 209; *Kümpel*, Bank-

---

342 BGHZ 116, 209, 214 f.
343 NJW 1993, 2433, dazu Arendts, WM 1993, 229 ff.

und Kapitalmarktrecht, 1995; *Mayer-Maly,* Was leisten die guten Sitten, AcP 194 (1994), 105; *Medicus,* BGB-AT, 5. Aufl., 1992; *ders.,* Der moderne Schuldturm? – Rechtsdogmatische Überlegungen zur Privatautonomie im Recht der Bankgeschäfte, in: Aufklärungs- und Beratungspflichten der Kreditinstitute – Der moderne Schuldturm, 2. Bankrechtstag 1992, Schriftenreihe der Bankrechtlichen Vereinigung, Bd. 3, S. 87; *ders.,* Gedächtnisschrift für Dietz, Vergütungspflicht des Bewucherten? 1973, 61; *Münstermann,* Anmerkung zum BGH-Urteil vom 12.2.1987, WM 1987, 745; *Nobbe,* Neue höchstrichterliche Rechtsprechung zum Bankrecht, RWS-Skript 40, 5. Aufl., 1993; *Reifner,* Handbuch des Kreditrechts, 1991; *Schäfer,* Prüfungskriterien zur Sittenwidrigkeit eines Ratenkredits, BB 1990, 1142; *Schlachter,* Kreditmithaftung einkommensschwacher Angehöriger, BB 1993, 802; *Schwark,* Rechtsfragen des Konsumentenkredites, 1986; *Schwintowski,* Die wirtschaftliche Leistungsfähigkeit des Schuldners als Maßstab der Wirksamkeit von Verbraucherkreditverträgen, ZBB 1989, 91; *Steinmetz,* Sittenwidrige Ratenkreditverträge in der Rechtspraxis auf der Grundlage der BGH-Rechtsprechung, 1984, NJW 1991, 883; *Vollkomer* (Hrsg.), Der Zins in Recht, Wirtschaft und Ethik, 1988.

I. Verstoß gegen gesetzliche Verbote

1. §§ 55, 56 GewO

133 Nach den §§ 55, 56 Abs. 1 Nr. 6 GewO war bis zum 31.12.1990 der Abschluß von Darlehensgeschäften im Reisegewerbe verboten. Der an der Haustür geschlossene Kreditvertrag war nichtig (§ 134 BGB). Das ist heute anders. § 56 Abs. 1 Nr. 6 GewO wurde duch Art. 8 des Gesetzes über Verbraucherkredite vom 17.12.1990[344] geändert. Nun ist nur noch die *entgeltliche Vermittlung von Darlehensgeschäften* im Reisegewerbe verboten. Der Abschluß hingegen ist erlaubt. Folglich ist § 56 Abs. 1 Nr. 6 GewO nur noch für solche Darlehensverträge von Bedeutung, die vor dem 1.1.1991 abgeschlossen wurden.

2. Haustürwiderrufsgesetz

134 Uneingeschränkt gilt dies allerdings nur für Altverträge, die bis zum 30.4.1986 zustande gekommen sind. Ab 1.5.1986 trat das Haustürwiderrufsgesetz in Kraft[345]. Nach § 1 HWiG hat der Kunde nur ein Widerrufsrecht, wenn mündliche Verhandlungen, auf denen der Vertragsabschluß beruht, ohne vorhergehende Bestellung in der Privatwohnung des Kunden oder an seinem Arbeitsplatz geführt worden sind. Das Haustürwiderrufsgesetz mildert also § 56 Abs. 1 Nr. 6 GewO erheblich ab. Ob es als Spezialnorm den §§ 55, 56 Abs. 1 Nr. 6 GewO vorgeht und welche Bedeutung den Bestimmungen zukommt, die den sachlichen Anwendungsbereich des HWiG einschränken, ist höchstrichterlich noch nicht entschieden[346].

---

344 BGBl. I, 2840.
345 BGBl. I, 122.
346 Vgl. Die Rechtsprechungsübersicht zu §§ 55, 56 Abs. 1 Nr. 6 GewO und § 1 HWiG bei Nobbe, RWS-Skript 40, S. 94 ff.

3. Verbraucherkreditgesetz

Der Verbraucherkreditvertrag bedarf nach § 4 VKG der schriftlichen Form. Wird die Schriftform nicht eingehalten, so ist der Kreditvertrag nach § 6 Abs. 1 VKG nichtig. Das gleiche gilt, wenn (nur!) eine der in § 4 Abs. 1 S. 4 Nr. 1 a-f und Nr. 2 a-e vorgeschriebenen Angaben fehlt (§ 6 Abs. 1 VKG). Nichtig ist der Verbraucherkredit also bereits dann, wenn z.B. der Nettokreditbetrag oder die Angabe des effektiven Jahreszinses fehlt. Allerdings wird der Mangel der Form geheilt und der Vertrag damit gültig, wenn der Verbraucher den Kredit oder die mit ihm zu finanzierende Leistung erhält (§ 6 Abs. 2, 3 VKG). In diesen Fällen tritt der gesetzliche Zinssatz (§ 246 BGB: 4 %) an die Stelle des vereinbarten. Bei Existenzgründungsdarlehen sind 5 % (§§ 352, 355 Abs. 1 HGB) denkbar.

Wurde der Effektivzinssatz zu niedrig angegeben, so kann dies bei Verschulden zu Schadensersatz und bei arglistiger Täuschung zur Anfechtung (§ 123 BGB) führen. Daneben bewirkt § 6 Abs. 4 VKG eine gesetzliche Vertragsänderung. Der zu niedrig angegebene Effektivzinssatz wird um die Differenz zwischen echtem Effektivzinssatz und dem vereinbarten ermäßigt. Beispiel: vereinbarter Effektivzins: 7 %; echter Effektivzinssatz: 8 %, dann ist der nach § 6 Abs. 4 VKG geschuldete Zinssatz: (7 % − 1 %) = 6 %[347].

135

II. Sittenwidrigkeit des Darlehens

1. Das Verhältnis des Wuchertatbestands (§ 138 Abs. 2 BGB) zur Generalklausel (§ 138 Abs. 1 BGB)

Nach § 138 Abs. 2 BGB ist insbesondere ein Rechtsgeschäft nichtig, durch das jemand unter Ausbeutung der Zwangslage, der Unerfahrenheit, des Mangels an Urteilsvermögen oder der erheblichen Willensschwäche eines anderen sich oder einem Dritten für eine Leistung Vermögensvorteile versprechen oder gewähren läßt, die in einem auffälligen Mißverhältnis zu der Leistung stehen. Die Norm hat also einen zweistufigen Tatbestand. *Objektiv* muß ein auffälliges Mißverhältnis zwischen Leistung und Gegenleistung bestehen und *subjektiv* muß die Zwangslage, Unerfahrenheit, der Mangel an Urteilsvermögen oder die erhebliche Willensschwäche ausgebeutet worden sein. Das wirft die Frage auf, wie zu verfahren ist, wenn etwa ein auffälliges Mißverhältnis besteht, aber der Vertragspartner weder unerfahren ist noch über mangelndes Urteilsvermögen oder Willensschwäche klagen kann und auch keine Zwangslage vorliegt. Oder soll umgekehrt die Ausbeutung der Unerfahrenheit nicht schaden, wenn es an-

136

---

347 Abweichung bis 0,05 % sind tolerabel, LG Stuttgart NJW 1993, 208.

sonsten an einem Leistungsmißverhältnis fehlt? Im Grundsatz gilt, daß § 138 Abs. 2 BGB einige wenige Sonderfälle ausdrücklich bezeichnet. Das ergibt sich aus dem Wort »insbesondere« zu Beginn des Satzes. Daraus folgt, daß § 138 Abs. 1 BGB als Generalklausel zu verstehen ist, also alle Fälle denkbaren sittenwidrigen Verhaltens, auch die des § 138 Abs. 2 BGB, umfaßt. Die entscheidende Bedeutung von § 138 Abs. 2 BGB liegt darin, besonders schwere Fälle sittenwidrigen Verhaltens herauszustellen und daneben klarzustellen, daß der Vorwurf der Sittenwidrigkeit aus einem *objektiven Mißverhältnis* und einer *subjektiven Vorwerfbarkeit* besteht. Häufig ist dies eine *verwerfliche Gesinnung*[348], es kann aber auch die Verletzung einer Standespflicht sein[349]. Es ist aber nicht völlig auszuschließen, daß überhaupt nur *ein Element* des Wuchertatbestands verwirklicht ist. In solchen Fällen ist der Lehre zuzustimmen, die die Sittenwidrigkeit auch jetzt noch bejaht, wenn der Verstoß gravierend war. Denn nach der Gesetzesgeschichte ist der Wuchertatbestand in § 138 Abs. 2 BGB zur Konkretisierung und nicht zur Einschränkung der Generalklausel ins Gesetz gekommen[350]. Danach genügt es, wenn der Kreditsachbearbeiter einer Bank die Unerfahrenheit eines Kunden ausnutzt und einen Kredit für einen Zweck vermittelt, für den es ersichtlich keinen Bedarf gibt. Die entscheidenden Fragen im Kreditgeschäft spielen sich aber nicht in § 138 Abs. 2 BGB, sondern in der Generalklausel ab.

2. Die Generalklausel (§ 138 Abs. 1 BGB): Sittenwidrige Ratenkreditverträge

137 Der Grund liegt in einem Rechtsprechungswandel. Seit 1978 prüft die Rechtsprechung, ob die Darlehenskonditionen, d. h. das Maß der Belastung für den Schuldner, noch mit den guten Sitten vereinbar sind[351]. Prüfungsmaßstab ist, anders als bei Geschäftskrediten[352], nicht § 138 Abs. 2, sondern § 138 Abs. 1 BGB. Hierauf aufbauend hat die Rechtsprechung den Rechtsgrundsatz entwickelt, daß der Ratenkreditvertrag sittenwidrig ist, wenn
(1) zwischen Leistung und Gegenleistung ein auffälliges Mißverhältnis besteht und
(2) die Bank die schwächere Lage des anderen Teils bewußt zu ihrem Vorteil ausnutzt oder sich leichtfertig der Erkenntnis verschließt, daß der Kreditnehmer sich nur wegen seiner schwächeren Lage auf die drückenden Bedingungen einläßt[353].

---

348 Z.B. OLG Hamm WM 1979, 1294.
349 Vgl. RG JW 1932, 1723.
350 Müko/Mayer-Maly³, § 138 Rz. 116.
351 BGH NJW 1979, 805; BGHZ 80, 153, 160; BGH NJW 1988, 1318, st. Rspr.
352 BGH WM 1989, 1461; WM 1990, 1322.
353 BGHZ 80, 160; NJW 1980, 446; NJW 1988, 818.

§ 7 Kreditgeschäft

Ob ein auffälliges Mißverhältnis besteht, ergibt ein Vergleich zwischen dem vereinbarten Vertragszins und dem *Marktzins*. Zunächst sind also die vom Kreditnehmer geschuldeten Gebühren, z.B. unter Zuhilfenahme des Tabellenwerks von Sievi-Gillardon, in Zinsen umzurechnen[354]. Als Marktzins ist der von der Deutschen Bundesbank ermittelte *Schwerpunktzins*[355] zuzüglich 2 % bis 3 % Bearbeitungsgebühr[356] heranzuziehen[357]. Der Schwerpunktzins wird in den Monatsberichten der Deutschen Bundesbank fortlaufend dargestellt. Auf diese Weise kann die Zinsdifferenz zwischen Vertrags- und Marktzins relativ einfach ermittelt werden. 138

Ein auffälliges Mißverhältnis besteht nach inzwischen std. Rspr. dann, wenn der Vertragszins den marktüblichen Effektivzins relativ um 100 %[358] oder absolut um 12 % übersteigt[359]. Liegt der marktübliche Effektivzins bei 7 % und der Vertragszins bei 15 %, so ist dies ein auffälliges Mißverhältnis, weil die 100 %-Grenze überschritten ist. Liegt der marktübliche Effektivzins in Hochzinsphasen z.B. bei 18 % und der vereinbarte Vertragszins bei 31 %, so ergibt sich das auffällige Mißverhältnis nicht aus der 100 %-Grenze, sondern daraus, daß der Vertragszins absolut um mehr als 12 % (hier 13 %) über dem Marktzins liegt. Starr sind diese Grenzen allerdings nicht zu handhaben. Ist ein Kredit während einer Niedrigzinsphase (7 % bis 8 %) langfristig ohne Zinsanpassungsklausel gewährt worden, so tritt an die Stelle der 100 %-Grenze ein Richtwert von 110 %[360]. Aber auch wenn die Grenzwerte von 100 % oder 12 % nicht erreicht sind, kann bei relativen Abweichungen zwischen 90 % und 100 % eine Gesamtwürdigung aller Umstände die Anwendung von § 138 Abs. 1 BGB rechtfertigen[361]. 139

Besteht nach Vergleich von Vertrags- und Marktzins ein objektiv auffälliges Mißverhältnis, so genügt dies für die Anwendbarkeit von § 138 Abs. 1 BGB nicht. Hinzu kommen muß, daß sich die Bank zumindest leichtfertig der Erkenntnis verschließt, daß der Kreditnehmer sich nur wegen seiner schwächeren Lage auf die drückenden Bedingungen einläßt[362]. Zur Illustration eignet sich besonders gut die Leitentscheidung des BGH in BGHZ 80, 153.

---

354 Tabelle in NJW 1991, 2404.
355 Kritisch dazu Schwark, S. 51 ff.
356 Schäfer, BB 1990, 1142.
357 BGHZ 80, 163; 98, 176, std.Rspr.
358 BGHZ 104, 105; 110, 338.
359 BGHZ 110, 338; dazu Hammen, ZBB 1991, 87; Schwark, S. 31 ff.
360 BGH NJW 1991, 834; dazu Kohte, JZ 1991, 816.
361 BGHZ 104, 105; Steinmetz, NJW 1991, 883; so bei 91 %: BGH NJW 1982, 2433; 92 %: OLG-Ffm NJW-RR 1993, 879; 94 %: BGH BB 1987, 2263; oder 96 %: BGH NJW 1987, 183.
362 BGHZ 80, 160; NJW 1980, 446; 1988, 818.

140 *Fall: BGHZ 80, 153*
Im März 1976 nahm der Verlobte der späteren Beklagten ein Darlehen über einen Kreditvermittler bei einer Bank auf. Die Verlobte unterzeichnete als »Mithaftende«. Ausgezahlt wurden DM 12 000,-. Zurückzuzahlen waren DM 20 325,70. Die Gesamtsumme war in 47 Monatsraten (die erste Rate mit DM 545,70; die folgenden mit DM 430,-) ab 1.5.1976 zurückzuzahlen. Die Kreditnehmer gerieten mit den Tilgungsraten in Rückstand, schließlich kündigte die Bank das Darlehen wegen der Rückstände zum 30.4.1978 und erwirkte einen Mahnbescheid. Die Beklagte (Verlobte) erhob Widerspruch, soweit die Bank mehr als DM 13 860,- verlangte. Sie war der Auffassung, in Höhe des überschießenden Teiles nicht zur Zahlung verpflichtet zu sein, weil das Darlehen sittenwidrig gewesen sei.

141 Der BGH bejahte die Sittenwidrigkeit nach § 138 Abs. 1 BGB. Das objektive Mißverhältnis ergab sich aus dem Vergleich des Schwerpunktzinses im Zeitpunkt des Vertragsschlußes (0,33 % pro Monat) und dem von der Bank verlangten Vertragszins (0,95 % monatlich). Subjektiv fiel ins Gewicht, daß die in Anspruch genommene Verlobte als Fotolaborantin nach der Gesellenprüfung etwa 20 Jahre alt war und noch sehr wenig Geld verdiente, d. h. sich mit einer Ratenschuld von über DM 400,- völlig übernommen hatte. Die verwerfliche Gesinnung der Bank ergab sich vor allem aus dem Gesamtgepräge des Vertrages, der neben den viel zu hohen Zinsen eine weitere unangemessene Häufung von übermäßigen Belastungen im Falle des Zahlungsrückstandes enthielt.

Im Ergebnis läuft die Begründung des BGH darauf hinaus, daß die Bank deshalb sittenwidrig handelte, weil sie sich zumindest leichtfertig der Einsicht verschlossen hat, daß die andere Seite sich nur aufgrund ihrer wirtschaftlich schwächeren Lage auf die sie belastenden Konditionen eingelassen habe. Der hierin angelegte Vorwurf ist aber nicht viel mehr als eine *Fiktion*, weil »außer dem Leistungsmißverhältnis kein weiteres echtes Sittenwidrigkeitsindiz angeführt werden kann«[363]. Es ist deshalb Mayer-Maly zuzustimmen, wenn er schreibt, daß es dem »Gebot der Methodenehrlichkeit entspräche, schon im krassen Leistungsmißverhältnis als solchem ein zureichendes Sittenwidrigkeitsindiz zu sehen«[364].

142 Bleibt die Frage der Begründbarkeit dieses von der Rechtsprechung für Ratenkreditverträge entwickelten Sittenwidrigkeitskonzeptes. Ganz einfach gelingt dies nicht, denn der Kreditpreis ist heute frei. Die Zinsverordnung des Aufsichtsamtes beruhend auf §§ 23, 62 KWG wurde durch eine Verordnung vom 21.3.1967 ersatzlos aufgehoben. Die Zinshöhe ist somit Ausdruck von Angebot und Nachfrage am Markt. Das Nichtigkeitsverdikt der 100 %- bzw. der 12 %-Grenze bildet im Grundsatz einen Fremdkörper im Markt, eine Regulierung, womöglich eine Wettbewerbs-

---

363 Müko/Mayer-Maly³ § 138 Rz. 12.
364 AaO.

verzerrung. Eine gewisse Parallele zur mittelalterlichen Lehre vom iustum pretium[365], also vom gerechten Preis, ist ebensowenig von der Hand zu weisen, wie die Nähe zur gemeinrechtlichen laesio enormis[366]. Es handelt sich dabei um die Einrede der übermäßigen Benachteiligung, die beim Kauf beispielsweise als Grund für den einseitigen Rücktritt verwendet werden konnte. Die der laesio enormis innewohnende mechanische Äquivalenzkontrolle, wie sie heute noch Artt. 1674 ff. des französischen Code Civil oder § 934 des österreichischen ABGB enthalten, haben die Schöpfer des BGB bewußt abgelehnt[367]. Das ist auch richtig, denn die laesio enormis paßt nicht in eine Marktwirtschaft, in der sich Preise im freien Spiel von Angebot und Nachfrage bilden. Im Grundsatz gibt es deshalb keine Möglichkeit zu sagen, wann jemand übermäßig benachteiligt ist und wann nicht. § 138 Abs. 1 BGB erlaubt weder Preisfestsetzungen noch die Festsetzung starrer Äquivalenzen. Vielmehr ist ein (variables) auffälliges Mißverhältnis zwischen Leistung und Gegenleistung und ein subjektiv vorwerfbares Verhalten erforderlich. Allerdings allzuweit entfernt scheint die nur leicht variierende 100 %- bzw. 12 %-Grenze des BGH von der laesio enormis nicht zu sein. Das hängt damit zusammen, daß die Höhe dieser Prozentsätze bisher nicht begründet wurde.

Möglicherweise lassen sich die Formeln des BGH mit folgenden Erwägungen halten. Der tiefere Grund für den Sittenwidrigkeitsvorwurf nach § 138 Abs. 1 BGB liegt in einer Marktstörung, die ihrerseits zum Verlust der Privatautonomie führt. Der Kreditnehmer kann sich in einer so schwachen finanziellen Lage befinden, daß er nahezu jede Bedingung akzeptieren muß. Es fehlt die Möglichkeit nein zu sagen, d. h. sich privatautonom für oder gegen den Kredit zu entscheiden. Zwischen dem Kreditnehmer und der Bank besteht ein *strukturelles Ungleichgewicht*[368]. Wettbewerbsrechtlich gewendet ist der Verlust der Privatautonomie ein Fall des Ausbeutungsmißbrauchs, wie in § 22 Abs. 4 Nr. 2 GWB ausdrücklich statuiert. Mißbräuchlich handelt danach, wer Entgelte fordert, die von denjenigen abweichen, die sich bei wirksamem Wettbewerb mit hoher Wahrscheinlichkeit ergeben würden; hierbei sind insbesondere die Verhaltensweisen auf vergleichbaren Märkten mit wirksamem Wettbewerb zu berücksichtigen. Allerdings setzt § 22 Abs. 4 GWB eine marktbeherrschende Stellung voraus, die eine Bank in der Regel nicht hat. Der Rechtsgedanke des § 22 Abs. 4 GWB wird aber in § 26 Abs. 2 GWB erneut auf-

143

---

365 Zur Entwicklung aus historischer Sicht Vollkommer (Hrsg.), Der Zins in Recht, Wirtschaft und Ethik, passim; Hammen ZBB 1991, 87, 89 ff.
366 Seit alters her galt, daß Verträge in ihrem Bestand bedroht sind, wenn der Wert der Gegenleistung den der Leistung um mehr als das Doppelte überstieg; der Ausdruck laesio enormis stammt von den Glossatoren, Hackl, Sav. ZSchr., Rom. Abt. 98 (1981) 147; rechtsvergleichend Kötz, RabelsZ 1994, 209 ff.
367 Motive II, 321 = Mugdan II 178.
368 BVerfG WM 1993, 2199 = ZIP 1993, 1775; daran anknüpfend BGH WM 1994, 676, 678.

gegriffen. Unternehmen können auf Gleichbehandlung klagen, wenn sie von einem anderen Unternehmen abhängig sind und diskriminiert werden. In ähnlicher Weise schützt § 26 Abs. 2 GWB kleine und mittlere Unternehmen vor den Behinderungen anderer marktstarker Teilnehmer. Adressaten sind in all diesen Fällen Unternehmen. Deshalb sind diese Normen auf den Konsumentenkredit, wo auf der Seite des Kunden regelmäßig eine natürliche Person steht, kaum anzuwenden. Das hindert nicht daran, den in den §§ 22, 26 Abs. 2, 4 GWB zum Ausdruck kommenden Rechtsgedanken, der sich übrigens auch aus § 9 AGB-Gesetz filtern läßt, bei der Interpretation des Sittenwidrigkeitsbegriffs von § 138 Abs. 1 BGB fruchtbar zu machen. Denn dem BGB geht es ebenso wie dem GWB um die Sicherung der Privatautonomie, letztlich also um den Schutz vor Wettbewerbsbeschränkungen.

144 Die wichtigste Erkenntnis hieraus ist zunächst, daß es sich bei den vom BGH verwendeten Zinsgrenzen um das Ergebnis eines *Marktversagenstests* handeln muß. Der Markt, d. h. die Gesamtheit der Konsumentenkredite nachfragenden Kreditnehmer, ist offensichtlich nicht in der Lage, einzelne davor zu schützen, völlig überzogene Bedingungen zu akzeptieren. Grund ist regelmäßig die finanzielle Schwäche der hier gemeinten Kreditnehmer. Was die Höhe der Zinsgrenzen betrifft, so müßte sie sich aus dem *Vergleichsmarktkonzept* ergeben, wie es § 22 Abs. 4 Nr. 2 GWB enthält. Man müßte also die Zinsentwicklung auf vergleichbaren Kreditmärkten mittel- und längerfristig untersuchen, um herauszufinden, ob die vom BGH angenommenen Obergrenzwerte typischerweise auf Wettbewerbsverzerrungen beruhen. Hierzu bedürfte es einer Untersuchung auf der Basis empirischer Marktdaten unter Einbeziehung der Schwankungen des Zinsentwicklungsprozesses und der Zu- und Abschläge, die erforderlich sind, weil der Vergleichsmarkt meist nicht völlig identisch mit dem Heimatmarkt ist. Hilfreich könnte insoweit auch das von Grossekettler entwickelte auf empirischen Markterhebungen beruhende Koordinationsmängelkonzept sein[369]. Auf diese Weise ließen sich die vom BGH über den Daumen gepeilten Zinsgrenzen empirisch und rechtlich absichern, wobei nicht ganz ausgeschlossen ist, daß die Grenzwerte durch eine solche Untersuchung (wahrscheinlich nach unten) verändert werden müßten.

3. Umschuldung

145 Bei Umschuldungen[370], d. h. der Ersetzung eines Kreditvertrages durch einen neuen (Kettenverträge), kann es zwei Situationen geben, die die Frage nach der Sittenwidrigkeit des Kredites aufwerfen. Entweder der alte Kreditvertrag war in Ordnung, während die Zinsen für den neuen Kredit-

---

369 Grossekettler, in: Die Betriebswirtschaft (DBW) 1991, 467, 469 ff.
370 Übergreifend Busch, Umschuldung sittenwidriger Ratenkredite, passim.

vertrag oder die Kosten der Umschuldung besonders hoch sind. In dieser Situation kann der neue Vertrag sittenwidrig sein[371]. Umgekehrt führt die Sittenwidrigkeit des früheren Vertrages nicht automatisch zur Nichtigkeit des Folgevertrages[372]. Grundlegend ist folgende Entscheidung des BGH vom 15.1.1987.

Fall: BGHZ 99, 333 = JZ 1987, 677   **146**
Eine Bank hatte einen, wie sich später herausstellte, sittenwidrigen Ratenkredit gegeben. Bevor dieser Kreditvertrag abgewickelt war, vereinbarten die Parteien, um die Raten zu senken, eine Umschuldung auf einen neuen Kreditvertrag. Die Bedingungen für diesen neuen Vertrag waren nicht sittenwidrig. Bevor dieser neue Vertrag endgültig abgewickelt war, stellte sich die Sittenwidrigkeit des Erstvertrages heraus. Der Kreditnehmer verweigerte weitere Zahlungen und die Bank klagte gegen ihn. Im Prozeß wandte der Kreditnehmer ein, die Sittenwidrigkeit des Erstvertrages erstrecke sich auch auf den Zweitvertrag, so daß er auch mit Blick auf diesen Vertrag niemals Zinsen geschuldet habe.

Der BGH war anderer Meinung. Ein solcher Automatismus zwischen   **147**
der Sittenwidrigkeit des ersten und des zweiten Vertrages bestehe nicht. Vielmehr müsse auch die Vereinbarkeit des zweiten Vertrages mit § 138 Abs. 1 BGB ausdrücklich untersucht und bejaht werden. Eine prinzipielle Zinslosigkeit auch des Zweitvertrages ginge jedenfalls zu weit. Allerdings müsse der Zweitvertrag nun, und zwar nach den *Grundsätzen über das Fehlen der Geschäftsgrundlage*, angepaßt werden. Das ergebe sich aus dem gegenseitigen Irrtum von Bank und Kreditnehmer über die Wirksamkeit des Erstvertrages. Bei der Umschuldung wurde der als wirksam behandelte Erstvertrag rechnerisch mit den viel zu hohen Zinsen in den Zweitvertrag eingebracht. In Wirklichkeit schuldete der Kunde diese hohen Zinsen nicht. Folglich braucht er sie auch nicht umzuschulden. Die nach dem Zweitvertrag zu zahlende Summe war mithin zu hoch. Die als Folge der Vertragsanpassung eintretende Ermäßigung des zurückzuzahlenden Betrages im Rahmen des Zweitvertrages führte im obigen Fall zur Abweisung der Klage gegen den Kreditnehmer[373].

4. Durchbrechung der Rechtskraft

Folgeprobleme ganz anderer Art ergeben sich aus der Frage, wie rechts-   **148**
kräftige Vollstreckungstitel zu behandeln sind, die auf sittenwidrigen Ra-

---

371 BGH NJW 1988, 818.
372 BGH NJW 1990, 1597.
373 Kritisch zur Methode der Anpassung OLG Stuttgart NJW-RR 1989, 107; Münstermann, WM 1987, 745; Derleder, JZ 1987, 679; Kohte, JR 1987, 52.

tenkreditverträgen beruhen[374]. Grundlegend ist folgende Entscheidung des BGH.

149 *Fall: BGH WM 1987, 1245*
Eine Bank hatte einen Teilzahlungskredit gewährt und dafür einen effektiven Jahreszins von 31,16 % berechnet, während der durchschnittliche Marktzins bei 14,37 % lag. Die Kreditnehmer waren geschäftsungewandt, die Frau war als Putzhilfe, der Mann als Schulhausmeister tätig. Es bestand Einigkeit, daß die Gewährung dieses Krediters sittenwidrig gewesen war. Dennoch wehrten sich die Kreditnehmer nicht gegen das von der Bank eingeleitete gerichtliche Mahnverfahren (§§ 688 ff. ZPO). Auf diese Weise erlangte die Bank einen endgültig vollstreckbaren Titel. Die Frau des inzwischen verstorbenen Mannes wandte sich, nun anwaltlich beraten, gegen die Vollstreckung aus dem Vollstreckungsbescheid mit der Begründung, Kreditvertrag und Vollstreckung seien sittenwidrig. Sie verlangte die Unzulässigkeitserklärung der Zwangsvollstreckung und die Herausgabe des Vollstreckungsbescheides. Die Bank verwies auf die materielle Rechtskraft des Vollstreckungsbescheides; daran könne auch der sittenwidrige Kreditvertrag nichts mehr ändern.

150 Der BGH war anderer Meinung. Zwar hat er zunächst bestätigt, daß Vollstreckungsbescheide, die ohne gerichtliche Schlüssigkeitsprüfung erlassen werden, der Rechtskraft dennoch fähig sind, weil sie nach § 700 Abs. 1 ZPO einem für vorläufig vollstreckbar erklärten Versäumnisurteil gleichstehen. Er hat aber seine alte Rechtsprechung zur Durchbrechung der Rechtskraft angewandt. Unter besonderen Umständen bietet § 826 BGB dem Schuldner die Möglichkeit, sich gegen die Vollstreckung aus einem rechtskräftigen aber materiell unrichtigen Titel zu schützen. Die Rechtskraft muß zurücktreten, wenn es mit dem Gerechtigkeitsgedanken schlechthin unvereinbar wäre, daß der Titelgläubiger seine formelle Rechtsstellung unter Mißachtung der materiellen Rechtslage zu Lasten des Schuldners ausnutzt. Eine solche Anwendung des § 826 BGB müsse jedoch auf besonders schwerwiegende, eng begrenzte, Ausnahmefälle beschränkt bleiben, weil jede Ausdehnung das Institut der Rechtskraft aushöhlen, die Rechtssicherheit beeinträchtigen und den Eintritt des Rechtsfriedens in untragbarer Weise in Frage stellen würde. Drei Voraussetzungen müssen erfüllt sein, um die Rechtskraft eines Vollstreckungsbescheides zu durchbrechen:

151 (1) Der Titel muß *materiell unrichtig* sein (hier zu bejahen, weil Kreditvertrag sittenwidrig war).
(2) Der Titelgläubiger (Bank) muß die Unrichtigkeit des Titels kennen, wobei es genügt, wenn diese Kenntnis durch das zur Entscheidung

---

[374] Für Titelherausgabe nach § 826 BGB: Kohte, NJW 1985, 2217, 2230; Braun, Rechtskraft und Rechtskraftdurchbrechung von Titeln über sittenwidrige Ratenkreditverträge, passim.

§ 7 Kreditgeschäft

über den Anspruch aus § 826 BGB berufenen Gericht vermittelt wird.
(3) Es müssen besondere Umstände hinzutreten, um eine Vollstreckung aus dem materiell unrichtigen Vollstreckungsbescheid als sittenwidrig erscheinen zu lassen.

Sie sind z.B. zu bejahen, wenn der Gläubiger (Bank) auf den Verteidigungswillen des Schuldners einwirkt und ihn bestimmt, keinen Widerspruch oder Einspruch einzulegen. Besondere Umstände liegen auch dann schon vor, wenn die Bank sich gerade des Mahnverfahrens bedient, um der gerichtlichen *Schlüssigkeitsprüfung* bei Erlaß eines Versäumnisurteils (§ 331 ZPO) zu entgehen, wenn sie also erkennen kann, daß bereits die gerichtliche Schlüssigkeitsprüfung zu einer Ablehnung ihrer Klage führen würde. Denn dann versucht die Bank das Mahnverfahren, das auf eine Schlüssigkeitsprüfung verzichtet, auszunutzen, um der sonst zwingenden Klageabweisung zu entgehen. 152

5. Verjährungsprobleme

Schließlich können sittenwidrige Ratenkreditverträge verwickelte Verjährungsfragen aufwerfen. Paradigmatisch ist folgender vom BGH am 10.7.1986 entschiedener Fall. 153

Fall: BGHZ 98, 174 154
Eine Bank gewährte am 13.5.1978 einen Ratenkredit mit einer Laufzeit von 60 Monaten. Im Februar 1984, der Kredit war längst abbezahlt, erfuhren die Darlehensnehmer von der Verbraucherzentrale Hamburg auf Anfrage, daß ihr Kreditvertrag wegen der Zinshöhe sittenwidrig gewesen sei. Daraufhin erhoben sie 1984 Klage auf Rückzahlung der Kredit- und Bearbeitungsgebühren. Die Bank erhob unter anderem die Einrede der Verjährung. Jedenfalls ein Teil der Zinsen und Bearbeitungsgebühren, und zwar der Teil, der auf die ersten zwei Jahre entfiel, sei nach § 197 BGB, also in vier Jahren, verjährt.

Der BGH hat zugestimmt und die Anwendbarkeit von § 197 BGB auf Fälle dieser Art bejaht. Zwar handele es sich um Bereicherungsansprüche, die normalerweise nach § 195 BGB in 30 Jahren verjähren. Aber bei Zinsen für ein Darlehen handele es sich von Rate zu Rate um wiederkehrende Leistungen im Sinne von § 197 BGB. Daran ändere auch die Tatsache nichts, daß diese rechtsgrundlos gezahlt worden seien. Die Nichtigkeit des Vertrages führe dazu, daß bei jeder Rate von Anfang an der Rechtsgrund fehle, so daß jeweils sofort ein Bereicherungsanspruch entstehe. Auch die Fälligkeit trete objektiv jeweils sofort ein. Der Beginn der Verjährung richte sich nach den §§ 198, 201 BGB. Danach beginnt die Verjährung mit dem Ende des Jahres, in dem der jeweilige Anspruch entsteht. Für einen Teil der Zinsen muß die Verjährung also Ende 1978, für einen anderen

615

Teil Ende 1979 begonnen haben. Die 1980 entstandenen Ansprüche waren bei Klageerhebung – diese unterbricht die Verjährung: § 209 BGB – noch nicht verjährt.

155 Der BGH begründete seine Entscheidung mit dem Schutzzweck des § 197 BGB[375]. Die kurze Frist des § 197 BGB solle verhindern, daß sich Einzelforderungen immer mehr ansammeln und schließlich einen Betrag erreichen, dessen Aufbringung in einer Summe dem Schuldner immer schwerer falle[376]. Außerdem sei es bei regelmäßig wiederkehrenden Leistungen oft sehr schwer, eine sichere Feststellung für eine Zeit zu treffen, die bis zu 30 Jahren zurückliege. Beide Argumente verweisen auf die grundsätzliche Fragwürdigkeit von Verjährungsregeln im Bürgerlichen Recht. Das Aufsummen von Schulden muß keinesfalls für jeden Schuldner ein Problem sein, schon gar nicht, wenn der Schuldner – wie hier – eine Bank ist.

156 Ganz grundsätzlich gilt, daß man in den Fällen, in denen ein Schuldner wirklich Schutz braucht, keine starre Verjährungsregelung benötigt. Eine Verwirkungsrechtsprechung aus dem Gesichtspunkt von Treu und Glauben würde vollkommen reichen. Daß es schwierig ist, lange zurückliegende Fordrungen hinreichend zu belegen, muß selbstverständlich nicht so sein. Computerisierte Buchführungssysteme helfen uns heute über diese Probleme leichter als früher hinweg. Vor allem aber benötigt man für die Fälle, in denen die Beweislage schwierig ist, keine Verjährungsregelung, weil der Gläubiger mit seinem Anspruch ohnehin nur durchdringt, wenn er ihn substantiiert beweisen kann. Warum soll aber den Gläubigern, die ihren Anspruch hinreichend beweisen können, der Anspruch abgeschnitten werden? Meist wird auf den notwendigen *Rechtsfrieden* hingewiesen. Aber die Prozesse um die Verjährungsfristen zeigen, daß Verjährungsfristen mehr Unfrieden als Frieden stiften[377]. Und selbst derjenige, der sich durch den Ablauf einer Verjährungsfrist von einem Prozeß abhalten läßt, obwohl ein Anspruch beweisbar wäre, wird den scheinbaren Rechtsfrieden als *Unrechtsfrieden* empfinden. Das bedeutet, daß eine Privatrechtsordnung auf starre Verjährungsregeln im Grundsatz *verzichten* sollte.

6. Mithaftung

157 In der Bankpraxis war und ist es üblich, Kredite gegen Sicherheiten zu vergeben. Häufig wird eine Kumulation von Immobiliar-, Mobiliar- und persönlichen Sicherheiten angestrebt. Problematisch werden die Dinge dann, wenn ein einkommens- und vermögensloser Angehöriger, sei es

---

375 Praktisch wichtig ist, daß § 390 S. 2 BGB die Aufrechnung trotz Verjährung zuläßt, vgl. BGH WM 1986, 1519, dazu Bülow, RWS-Skript 202, 2. Aufl., Rz. 343 f.
376 BGHZ 31, 329 ff.; Motive Bd. I, S. 305., gegen den BGH Kohte, NJW 1986, 1991
377 Wie hier Medicus, BGB-AT, 5. Aufl., S. 46 (Rz. 105).

durch Schuldbeitritt oder durch Bürgschaft, mitverpflichtet wurde. Betroffen sind typischerweise schlecht ausgebildete, oft junge und unerfahrene Menschen, die von ihren Eltern oder Partnern in die Mithaftung gedrängt werden und bei Ausfall des Hauptschuldners in eine lebenslange Schuldenspirale geraten. Dabei wird die Zahl der notleidenden Kreditverträge auf ca. 1,5 Mio. mit einem Gesamtvolumen von etwa 15 Mrd. DM geschätzt (Stand 1988)[378]. Ausgelöst wurde die Diskussion um die rechtliche Beurteilung solcher Fälle durch ein Urteil des LG Lübeck.

Fall: LG Lübeck WM 1988, 966 158
Eine in der Ausbildung befindliche Friseurin hatte für den von ihrem Freund (Netto-Einkommen DM 1500,-) 1983 aufgenommenen Autokredit von DM 12 300,-, der in 36 Monatsraten zu DM 443,- rückzahlbar war, die Mithaftung übernommen. Sie verdiente damals DM 350,- monatlich.
Das LG Lübeck hielt die Mithaftung für sittenwidrig. Das Gericht rechnete vor, daß selbst nach Ablauf der Lehre bei einem zugrunde gelegten Nettoeinkommen der F von DM 800,- monatlich, der pfändungsfreie Betrag ab April 1984 lediglich DM 32,- betragen hätte. Dagegen wären, wenn der Kredit notleidend geworden wäre, bereits monatliche Verzugszinsen in Höhe von DM 217,- angefallen. Die F hätte sich somit in der Zwangslage befunden, entweder freiwillige Mehrleistungen zu erbringen, somit unter die Armutsgrenze zu geraten, oder aber sich – unter Umständen durch kriminelle Handlungen – weitergehende Mittel zu beschaffen. Wer solche Verträge schließe und den Vertragspartner in dieser Weise in Not und Elend stoße, handele sittenwidrig i.S.d. § 138 Abs. 1 BGB.

Möglicherweise wäre dieses Urteil noch unbeachtet geblieben, wenn 159
nicht das OLG Stuttgart am 12.1.1988[379] den bedrängten Lübecker Richtern zu Hilfe gekommen wäre, und zwar mit einer spektakulären Analogie zu dem bis dahin fast vergessenen § 310 BGB: Wenn ein vermögensloser, auf künftiges Arbeitseinkommen angewiesener (Mit-)schuldner sich zu Ratenzahlungen verpflichte, die sein Existenzminimum aushöhlten, so sei diese Verpflichtung über künftiges Vermögen nach § 310 BGB analog nichtig. Auch Canaris wies darauf hin, daß es mit einer Information über die kommenden Belastungen nicht getan sei, wenn die Grenze des Existenzminimums unterschritten werde[380]. Da bloße Aufklärung in einem solchen Fall unzureichend, ja sinnlos sei, müsse hier das Zustandekommen des Vertrages selbst verhindert und diesem folgerichtig nach § 138 BGB

---

378 Kahlen, Gefangene im Schuldturm, Die Zeit Nr. 22 vom 27.5.1988, S. 24 f; Zu den psychologischen Hintergründen der privaten Verschuldung vgl. Gottwald/Bierbrauer, Mit Zins- und Zinseszinsen, Psychologie Heute, 1988, Heft 12 S. 32 ff.
379 NJW 1988, 833 = EWiR 1/88, 143 Koller.
380 Canaris, Bankvertragrecht[4], Rz. 114.

grundsätzlich die Wirksamkeit abgesprochen werden. Der BGH, insbesondere der IX. Zivilsenat, war anderer Meinung[381]. Er hielt dagegen, daß ein Volljähriger im allgemeinen auch ohne besondere Erfahrung in der Lage sei zu erkennen, daß die Übernahme einer Bürgschaft ein riskantes Geschäft sei ... Die Freiheit der Vertragsgestaltung als Teil der Privatautonomie umfasse für jeden voll Geschäftsfähigen auch die Rechtsmacht, sich zu Leistungen zu verpflichten, die er nur unter besonders günstigen Bedingungen erbringen könne[382]. Die Urteile lösten eine der kontroversesten Diskussionen in der bankprivatrechtlichen Literatur aus[383]. Problematisch wurden die Dinge, als der XI. Zivilsenat des BGH im Urteil vom 22.1.1991 aussprach, daß der Grundsatz der Privatautonomie nicht unbeschränkt gelte und Generalklauseln wie § 138 Abs. 1 BGB den Richter berechtigen und verpflichten, Rechtsgeschäfte, die nach allgemeinen Regeln wirksam erscheinen, aufgrund besonderer Umstände als nichtig zu bewerten[384]. Demgegenüber beharrte der IX. Zivilsenat auf seiner Meinung und verurteilte eine längst geschiedene Frau für im Unternehmen ihres früheren Mannes entstandene Verbindlichkeiten in Höhe von fast 1 Mio. DM einzustehen, obwohl die Bedenken der Frau bei Unterschrift von ihrem Ehemann mit der Zusicherung zerstreut wurden, es gehe nur um ein bestimmtes Geschäft, bei dem »normalerweise nichts passieren könne«. Dem hatte der anwesende Mitarbeiter der Bank nicht widersprochen, obwohl die Bank selbst diese Einschätzung nicht teilte[385].

160 Da beide Senate des BGH ihren Dissens nicht auflösten, zugleich auch eine Anrufung des Großen Zivilsenats vermieden, wurde es Aufgabe des Bundesverfassungsgerichtes, den gordischen Knoten zu durchschlagen[386]. Das Urteil enthält zunächst einige programmatische Aussagen, die weit über das Bankkreditrecht hinausweisen. Da alle Beteiligten des Zivilrechtsverkehrs den Schutz des Art. 1 GG genössen und sich gleichermaßen auf die grundrechtliche Gewährleistung ihrer Privatautonomie berufen könnten, dürfe nicht nur das Recht des Stärkeren gelten. Allerdings könne die Rechtsordnung nicht für alle Situationen Vorsorge treffen. Schon aus Gründen der Rechtssicherheit dürfe ein Vertrag nicht bei jeder Störung des Verhandlungsgleichgewichtes nachträglich in Frage gestellt oder korrigiert werden. Handele es sich jedoch um eine *typisierbare Fallgestaltung*, die eine *strukturelle Unterlegenheit* des einen Vertragsteils er-

---

381 BGH WM 1989, 245 = ZIP 1989, 219 und danach mehrfach ähnlich.
382 Vgl. die Rechtsprechungsübersicht bei Nobbe, RWS-Skript 40, 5 Aufl., S. 103 ff.
383 Vgl. den Überblick bei Schwintowski, ZBB 1989, 91 ff.; Medicus, in: Aufklärungs- und Beratungspflichten der Kreditinstitute – Der moderne Schuldturm, Schriftenreihe der bankrechtlichen Vereinigung, Bd. 3, S. 87 ff.; Schlachter, BB 1993, 802 ff.; Mayer-Maly, AcP 194 (1994), 105, 150 ff.; Köndgen, NJW 1994, 1508, 1512.
384 BGH WM 1991, 313 = ZIP 1991, 224; bestätigt durch BGH WM 1992, 2129.
385 BGH ZIP 1992, 233 = WM 1992, 391 = EWiR 1/92, 253 (Schwintowski).
386 BVerfG, NJW 1994, 36 = WM 1993, 2199 = ZIP 1993, 1775 = EWiR 1/94, 23 (Köndgen).

kennen lasse, und seien die Folgen des Vertrages für den unterlegenen Vertragsteil *ungewöhnlich belastend*, so müsse die Zivilrechtsordnung darauf reagieren und Korrekturen ermöglichen. Das folge aus der grundrechtlichen Gewährleistung der Privatautonomie (Art. 2 Abs. 1 GG) und dem Sozialstaatsprinzip (Artt. 20 Abs. 1; 28 Abs. 1 GG)[387]. Für die Zivilgerichte folge daraus die Pflicht, bei der Auslegung und Anwendung der Generalklausel darauf zu achten, daß Verträge nicht als Mittel der Fremdbestimmung dienen. Haben die Vertragspartner eine an sich zulässige Regelung vereinbart, so werde sich regelmäßig eine weitergehende Inhaltskontrolle erübrigen. Sei aber der Inhalt des Vertrages für eine Seite *ungewöhnlich belastend* und als Interessenausgleich offensichtlich unangemessen, so dürfen sich die Gerichte nicht mit der Feststellung begnügen: »Vertrag ist Vertrag«. Sie müssen vielmehr klären, ob die Regelung eine Folge *strukturell ungleicher Verhandlungsstärke* ist, und gegebenenfalls im Rahmen der Generalklauseln des geltenden Zivilrechts korrigierend eingreifen. Dabei komme ein Verstoß gegen die grundrechtliche Gewährleistung der Privatautonomie dann in Betracht, wenn das Problem gestörter Vertragsparität gar nicht gesehen oder seine Lösung mit untauglichen Mitteln versucht werde. Das ist etwa dann der Fall, wenn es um die Übernahme eines *ungewöhnlich hohen* und schwer abschätzbaren Haftungsrisikos *ohne eigenes wirtschaftliches Interesse* durch eine *strukturell unterlegene* mittellose Vertragspartei gehe[388].

161 Ausgehend von diesen Grundsätzen hat der IX. Zivilsenat am 24.2.1994 seine frühere Auffassung ausdrücklich aufgegeben und folgendes entschieden:[389] »Die Bank darf ... grundsätzlich nicht an ihren Kunden mit dem Ansinnen herantreten, ihr als Sicherheit die Bürgschaft eines Kindes zu geben, das noch geschäftsunerfahren ist, an der Gewährung des Kredits kein eigenes Interesse hat und bei Eintritt des Risikos voraussichtlich auf längere Zeit nicht in der Lage sein wird, die gesicherte Verbindlichkeit zu tilgen«.

162 Am 26.4.1994 hat der XI. Zivilsenat diese Grundsätze in einem wesentlichen Punkt ergänzt[390]. Es ging um eine 20jährige Ehefrau, die über keine qualifizierte Berufsausbildung verfügte und auch kaum praktische geschäftliche Erfahrungen hatte. Sie unterschrieb bei Erwerb eines PKW durch ihren mittlerweile geschiedenen Ehemann als Mitschuldnerin. Die Frau, die im Scheidungsverfahren das Sorgerecht für die beiden ehelichen Kinder erhalten hatte, verdiente durch Teilzeitarbeit als Hilfskraft in einer Bäckerei monatlich rund DM 870,- und erhielt ansonsten Sozialhilfe. Das Berufungsgericht war der Auffassung, daß ein besonders grobes Mißver-

---

387 NJW 1994, 38 (C II 2 b).
388 NJW 1994, 39 (C II 3).
389 BGH WM 1994, 676, 679 = ZIP 1994, 520.
390 BB 1994, 1310 mit Anm. von Groeschke ab S. 1312.

hältnis zwischen Verpflichtungsumfang und Leistungsfähigkeit der Frau bestanden hätte. In einer solchen Situation brauche sie grundsätzlich nicht mehr darzulegen und zu beweisen, daß das Zustandekommen der Mitverpflichtung eine Folge strukturell ungleicher Verhandlungsstärke gewesen sei. Der BGH meinte, in dieser Frage nicht abschließend entscheiden zu müssen. Denn wenn feststehe, daß die Ehefrau im Zeitpunkt ihrer Mitverpflichtung erst relativ kurze Zeit volljährig gewesen sei, über keine qualifizierte Berufsausbildung verfügte und kaum Gelegenheit gehabt habe, praktische geschäftliche Erfahrungen zu sammeln, so erscheine auch dem erkennenden Senat die *Vermutung gerechtfertigt*, daß sie sich nur aufgrund ihrer schwächeren Verhandlungsposition auf die sie überfordernde Verpflichtung eingelassen habe und daß die Unterlegenheit von seiten der Bank ausgenutzt worden sei, die besonderen Voraussetzungen des § 138 Abs. 1 BGB also vorgelegen hätten.

163   Dieser Auffassung ist zuzustimmen, denn die Funktion der Mithaftung erschöpft sich normalerweise in der Sicherung einer Schuld. Will der Kreditgeber jemanden mithaften lassen, der in Ermangelung finanzieller Leistungskraft dazu gar nicht fähig ist, so spricht das in der Tat dafür, daß im Zweifel dessen *strukturelle Unterlegenheit* ausgenutzt wird. Denn normalerweise müßte der Mithaftende bei nüchterner Betrachtungsweise sagen: da ich kein Geld habe, tauge ich als Mithaftender nicht, folglich unterschreibe ich nicht. *Vereinfacht gilt die Formel: Verpflichten sich finanzschwache oder abhängige Personen zur Mithaftung, so muß der andere Vertragsteil im Zweifel beweisen, daß die Verpflichtung keine Folge strukturell ungleicher Verhandlungsstärke ist*[391].

7. Anwendbarkeit des Haustürwiderrufsgesetzes auf Bürgschaften

164   Nach Auffassung des IX. Zivilsenats des BGH ist § 1 HWiG auf Bürgschaften nicht anwendbar[392]. Folglich sind an der Haustür abgegebene Bürgschaftserklärungen voll wirksam, während der ebenfalls an der Haustür geschlossene Darlehensvertrag binnen einer Woche frei widerruflich ist. Der XI. Zivilsenat des BGH ist dem – zu Recht – entgegengetreten[393]. Um Konflikte zwischen innerstaatlichem und europäischem Recht zu vermeiden, liege es nahe, die notwendige Übereinstimmung durch gemeinschaftskonforme Auslegung des Haustürwiderrufsgesetzes festzustellen. Der erkennende Senat neige daher dazu, in erweiternder Auslegung des Begriffs »Vertrag über eine entgeltliche Leistung« eine Anwendung des § 1 HWiG nur bei Verträgen zu verneinen, bei denen der Kunde eine Leistung erhalte, ohne selbst dafür ein Entgelt zahlen zu müs-

---

391 Ähnlich bereits EWiR 1/92, 253 (Schwintowski).
392 BGHZ 113, 287 = NJW 1991, 975.
393 WM 1993, 683.

sen³⁹⁴. Zu hoffen ist, daß der EuGH bald Gelegenheit hat, im Wege der Vorabentscheidung den Geltungsbereich des deutschen Haustürwiderrufsgesetzes abzugrenzen. Die Vorlage des LG Kleve³⁹⁵ eignet sich hierzu nicht mehr, da das Ausgangsverfahren durch übereinstimmende Erledigungserklärung der Parteien beendet worden ist.

8. Der Bereicherungsausgleich bei sittenwidrigen Darlehen

Der sittenwidrige Darlehensvertrag ist nichtig (§ 138 BGB). Folglich ist das gegenseitig Erlangte nach den Regeln des Bereicherungsrechts (§§ 812 ff. BGB) herauszugeben. Die Dinge wären unkompliziert, wenn es nicht § 817 S. 2 BGB gäbe. Danach ist die Rückforderung der Leistung (hier: des Darlehens) ausgeschlossen, wenn der Leistende (die Bank) mit der Leistung gegen ein gesetzliches Verbot oder gegen die guten Sitten verstoßen hat. Wer sich selbst außerhalb der Sitten- oder Rechtsordnung stellt, soll hierfür keinen Rechtsschutz erhalten³⁹⁶. Die daraus resultierende Grundfrage lautet, ob eine Bank, die ein sittenwidriges Darlehen gewährt hat, zumindest die Valuta herausverlangen darf? Die Antwort lautet ja. Allerdings hat das Reichsgericht diese Frage am 27.3.1936 zunächst verneint und entschieden, daß der Anspruch der Bank auf Herausgabe des Darlehenskapitals an § 817 S. 2 BGB scheitere³⁹⁷. Dieses von vielen für untragbar gehaltene Ergebnis wurde durch einen Beschluß des Großen Senats für Zivilsachen des Reichsgerichts vom 30.6.1939 aufgehoben³⁹⁸. Zwar sei es richtig, § 817 S. 2 BGB auf die Leistung der Bank anzuwenden. Der Sinn der Darlehenshingabe sei aber nicht der, das Vermögen des Empfängers dauernd um das Kapital zu vermehren; ihm solle vielmehr nur dessen *vorübergehende Nutzung* zugewendet werden. Für diese *zeitweilige Kapitalnutzung* werde als Gegenleistung der Zins vereinbart. Mit Blick auf § 817 S. 2 BGB sei deshalb die vorübergehende Belassung des Kapitals zur Nutzung die Leistung des Darlehensgebers, deren Rückforderung dem Wucherer (der Bank) zu versagen sei³⁹⁹. Folglich ergibt sich aus § 817 BGB, daß die Bank dem Darlehensnehmer die zeitweilige Nutzung des Kapitals trotz Nichtigkeit des Darlehensvertrages nicht entziehen darf. Die Bank muß dem Darlehensnehmer das Kapital solange belassen, wie es bei Gültigkeit des Geschäftes der Fall gewesen wäre. Würde man dagegen weitergehend dem Darlehensnehmer das Recht zugestehen, die Kapitalrückzahlung *dauernd zu verweigern*, so würde ihm nicht nur der Vermögensvorteil verbleiben, der ihm durch die zeitweilige Überlas-

165

---

394 WM 1993, 684.
395 WM 1993, 600.
396 BGHZ 36, 395; 44, 1, 6.
397 RGZ 151, 70 ff.
398 RGZ 161, 53.
399 RGZ 161, 56, 57.

sung des Darlehenskapitals zugewendet worden ist, sondern er würde darüber hinaus einen weiteren, durch nichts begründeten, Vermögensvorteil erlangen[400]. Dieser Auffassung hat sich der BGH in std. Rspr. angeschlossen[401]. Aus diesem Grunde kann sich der Darlehensnehmer nicht auf den Wegfall der Bereicherung hinsichtlich des Darlehenskapitals berufen[402].

166 Problematisch und bis heute ungelöst ist die Frage, ob die *Bank* ihrerseits gegen den Kunden einen *bereicherungsrechtlichen Zinsanspruch* hat. Das Reichsgericht hat dies verneint. Für die Zeit, in der die Bank die Kapitalnutzung zulassen muß, »besteht kein Anspruch ... auf Zinsen oder sonstige Vergütung für die Kapitalnutzung; auch nicht auf Herausgabe gezogener Nutzungen. Denn die vereinbarten Nutzungsvergütungen entfallen wegen Vertragsnichtigkeit; Vorschriften aber über gesetzliche Zinsen (so § 353 HGB) und Nutzungsherausgabe (§ 818 Abs. 1 BGB) greifen nicht ein, solange dem Darlehensnehmer die Kapitalnutzung aufgrund der besonderen Bestimmung des § 817 S. 2 BGB nicht entzogen werden darf[403]. Deren Bedeutung als Strafvorschrift auf bürgerlich-rechtlichem Gebiet (RGZ 105, 271) lasse es gerechtfertigt erscheinen, ihr den Vorrang vor den erwähnten anderen Bestimmungen zu geben, um dem Wucherer den Nachteil des Entgangs von Nutzungen zuzufügen, die er mit seinem verwerflichen Tun im Übermaß erstrebt habe[404]. Hieran anknüpfend verneint auch der BGH in std. Rspr. einen bereicherungsrechtlichen Zinsanspruch der Bank gegen den Kunden, der das Kapital zeitweilig genutzt hat[405]. Im Schrifttum wird diese Auffassung zunehmend abgelehnt[406]. Das ist zunächst einmal deshalb richtig, weil der angebliche bürgerlich-rechtliche Strafcharakter von § 817 S. 2 BGB im Zweifel gegen das verfassungsrechtliche Verbot der Doppelbestrafung (Art. 103 Abs. 3 GG) verstößt und deshalb verfassungskonform zu begrenzen ist. § 817 S. 2 bedeutet dann, daß die Bank trotz Nichtigkeit des Darlehens die Kapitalnutzung nicht vorzeitig rückgängig machen darf[407]. Wenn es Sinn und Zweck des § 817 S. 2 BGB ist, dem Kreditnehmer die Kapitalnutzung auf Zeit zu belassen, so ist diese i.S.v. § 812 BGB nicht erlangt, so daß dafür auch kein Wertersatz nach § 818 Abs. 2 BGB von der Bank verlangt werden kann. Allerdings erlangt der Kreditnehmer dadurch einen vermö-

---

400 RGZ 161, 57.
401 BGHZ 99, 333, 338; NJW 1989, 3217.
402 BGH WM 1969, 857.
403 RGZ 161, 57, 58.
404 RGZ 161, 58.
405 BGH ZIP 1983, 282; WM 1986, 1519; WM 1992, 151.
406 Staudinger/Lorenz[12], § 817 Rz. 12; Müko/Lieb[2], § 817 Rz. 17; Medicus, FS für R. Dietz, 1973, 61, 74; Flume, Allgemeiner Teil des Bürgerlichen Rechts, 2. Bd., Das Rechtsgeschäft[4], S. 394; Schwark, S. 142 ff.
407 Wie hier Lorenz, aaO., § 817 Rz. 12.

genswerten Vorteil, daß er während der Zeit der Kapitalnutzung kein Alternativkapital benötigt, insoweit also *Zinsaufwendungen erspart*. Diese ersparten Zinsaufwendungen hat der Kreditnehmer nach § 818 Abs. 2 BGB der Bank herauszugeben. Dabei handelt es sich allerdings nicht notwendig um den marktgerechten Zins[408]. Vielmehr geht es um die Herausgabe des ersparten Zinses, denn nur der ist erlangt[409]. Hätte der Kreditnehmer beispielsweise überhaupt keine Chance gehabt, einen Kredit zu marktüblichen Bedingungen zu bekommen, so hat er durch die Gewährung des sittenwidrigen Krediets auch die Alternativzinsen nicht gespart. Denn jede andere Bank hätte ihm keinen Kredit gewährt. Die Situation ähnelt der des berühmten Flugreisefalles, wo der Minderjährige durch den Flug von Hamburg nach New York deshalb nicht bereichert war, weil er sich den Gegenwert des Fluges unter keinen Umständen hätte leisten können. Er hatte also nichts erspart[410]. Demgegenüber sind die Kreditnehmer, die einen Alternativkredit am Markt zu sittengemäßen Konditionen hätten erlangen können, in Höhe der dadurch ersparten Kosten bereichert. § 817 S. 2 BGB steht nicht entgegen, denn diese Norm bezieht sich nur auf die Leistung (Darlehenshingabe) nicht aber auf die Gegenleistung (ersparte Zinsen).

Neben dem Anspruch auf das Kapital hat die Bank Anspruch auf Herausgabe der *hälftigen Restschuldversicherungsprämie*, soweit sie sie in voller Höhe an das Versicherungsunternehmen gezahlt hat[411]. Der Versicherungvertrag ist trotz Nichtigkeit des Darlehensvertrages wirksam und auch nicht Teil dieses Vertrages, so daß § 139 BGB nicht anwendbar ist.

167

F. Kreditkündigung

I. Begriffe
II. Grundsätze
III. Rechtsgrundlagen für die Kreditkündigung
IV. Der Widerruf nach § 610 BGB
V. Die ordentliche Kündigung
   1. Die Kündigung zur Unzeit
   2. Die mißbräuchliche Kündigung
   3. Die sittenwidrige Kündigung
VI. Die Kündigung nach § 609a BGB
   1. Entstehung und Konzeption

   2. Darlehen mit veränderlichem Zinssatz
   3. Darlehen mit auslaufender Zinsbindung
   4. Das festverzinsliche Verbraucherdarlehen
   5. Langfristige Festzinsdarlehen
VII. Die außerordentliche Kündigung
   1. Begriff und Rechtsgrundlage
   2. Das Vorliegen eines wichtigen Grundes
   3. Schranken der außerordentlichen Kündigung

Schrifttum:
Canaris, Kreditkündigung und Kreditverweigerung gegenüber sanierungsbedürftigen Bankkunden, ZHR 143 (1979) 113; *ders.,* Bankvertragsrecht, 3. Aufl., 1981; *ders.,* Die Kreditkündigung

---
408 So aber Medicus FS Dietz, 1973, 61, 74.
409 Ähnlich Müko/Lieb § 817² Rz. 17, Schwark, S. 143 ff.
410 BGHZ 55, 128 = NJW 1971, 609.
411 BGH WM 1986, 1519; WM 1988, 647.

gemäß § 247 BGB und der »Wandel der Normsituation«, WM 1978, 686; *Hadding,* Die einseitige Aufhebung der Geschäftsverbindung aus wichtigem Grund gem. Nr. 17 S. 2 AGB der Banken/Nr. 13 Abs. 2 AGB der Sparkassen, in: FS für Heinsius zum 65. Geb. 1991, 183; *Häuser/Welter,* Neues Recht der Darlehenskündigung, NJW 1987, 17; *v. Heymann,* Die Kündigung von Darlehen nach § 247 BGB, 1984; *Hopt,* Rechtspflichten der Kreditinstitute zur Kreditversorgung, Kreditbelassung und Sanierung von Unternehmen, ZHR 143 (1979), 139; *Hopt/Mülbert,* Kreditrecht, 1989; *dies.,* Darlehenskündigung nach § 609 a BGB, WM 1990, Sonderbeilage Nr. 3; *Kümpel,* Bank- und Kapitalmarktrecht, 1995; *Metz,* Die Vorfälligkeitsentschädigung, ZBB 1994, 205; *Mugdan,* Die gesamten Materialien zum Bürgerlichen Gesetzbuch für das Deutsche Reich, Neudruck der Ausgabe Berlin 1899 aus dem Jahre 1979; *Mülbert,* Das verzinsliche Darlehen, AcP 192 (1992) 447; *Rebmann,* Der langfristige Kredit, 1985; *Reifner,* Schadensbegriff und Berechnung der Vorfälligkeitsentschädigung beim Hypothekenbankkredit, NJW 1995, 2545; *Strasser,* Die Kündigung zur Unzeit, FS Gschnitzer, 1969, 415; *Ulmer,* Kündigungsschranken im Handels- und Gesellschaftsrecht, FS Möhring zum 75. Geb., 1975, 219; *van Venrooy,* Unwirksamkeit der unzeitigen Kündigung in den gesetzlich geregelten Fällen, JZ 1981, 53; *Weber,* Das Vorfälligkeitsentgelt bei vorzeitiger Rückzahlung eines Hypothekendarlehens, NJW 1995, 2951; *Westermann,* in: Münchener Kommentar, 2. Aufl., Bd. 3, 1. HB; *Wiegelmann,* Verhaltenspflichten der Kreditinstitute im Kreditgeschäft mit Kunden in der Krise, 1993.

I. Begriffe

168 Als *ordentliche* Kündigung, wie beispielsweise die Kreditkündigung nach § 609 BGB, bezeichnet man eine Kündigung, die *ohne Grund* erfolgen darf. Demgegenüber steht die *außerordentliche Kündigung*, die einen *wichtigen Grund* voraussetzt. Eine gesetzliche Regelung, wie etwa § 626 BGB für das Arbeitsrecht, gibt es für die Kreditkündigung aus wichtigem Grund nicht. Allerdings enthält Nr. 19 Abs. 2 AGB/B (93) eine detaillierte Regelung.

II. Grundsätze

169 Darlehensverträge sind *Dauerschuldverhältnisse*. Dauerschuldverhältnisse müssen nach allgemeiner Meinung auflösbar sein. Es kommt deshalb nicht darauf an, ob im Gesetz oder Vertrag eine ordentliche Kündigung ausdrücklich vorgesehen ist oder nicht. Das Recht, ordentlich kündigen zu dürfen, ist jedem *unbefristeten Dauerschuldverhältnis immanent*[412]. Sind Parteiabreden vorhanden, so wie typischerweise beim Ratenkredit, so gehen diese selbstverständlich vor. *Kreditkündigungen sind einseitig empfangsbedürftige, aber formfreie, Willenserklärungen, die darauf zielen, ein bestehendes Rechtsverhältnis aufzuheben.*

170 Da eine Kündigung auf die Rechtsstellung des Erklärungsempfängers ohne dessen Zutun einwirkt, muß sich die beabsichtigte Rechtsänderung klar und unzweideutig aus der Erklärung ergeben. Aus diesen Gründen ist

---

[412] BGH WM 1980, 381; vertiefend Strasser, FS Gschnitzer, 1969, S. 415, 422 ff.

anerkannt, daß Kündigungen *bedingungsfeindlich* sind[413]. Die Bedingungsfeindlichkeit dient also dem Schutz des Erklärungsempfängers vor Ungewißheit. Daraus folgt umgekehrt, daß die Beifügung einer Bedingung, die für den Erklärungsempfänger keine Ungewißheit über den neuen Rechtszustand schafft, zulässig ist. Dies gilt z.B. bei Rechtsbedingungen, da sie die gesetzlichen Voraussetzungen lediglich wiederholen[414]. Aber auch Potestativbedingungen, also solche, deren Eintritt allein vom Willen des Erklärungsempfängers abhängt, sind zulässig, eben weil sie ihn nicht in eine ungewisse Lage versetzen. Kündigt beispielsweise der Arbeitgeber dem Arbeitnehmer und bietet ihm dabei eine (schlechter bezahlte) Position an, dann liegt eine – wirksame – Änderungkündigung vor. Über die Kündigung des Arbeitsverhältnisses besteht einerseits Klarheit; über die Annahme oder Ablehnung einer (schlechter bezahlten) Position kann allein der Arbeitnehmer befinden. Die Änderungskündigung ist wirksam, weil sie für den Arbeitnehmer keine Ungewißheit schafft. Ähnlich könnte eine Kreditkündigung mit dem Angebot eines erneuten Kredites auf veränderter Zinsbasis wirksam verbunden werden.

III. Die Rechtsgrundlagen für die Kreditkündigung

Die Regeln für die Kreditkündigung ergeben sich teilweise aus dem BGB, teilweise aus dem Verbraucherkreditgesetz (VKG) und den AGB/B (93). § 609 BGB enthält die Grundregeln. Ist für die Rückerstattung eines Darlehens *keine Zeit bestimmt*, so müssen Bank oder Kunde kündigen, um das Darlehen *fällig zu stellen* (§ 609 Abs. 1 BGB). Dabei beträgt die Kündigungsfrist nach § 609 Abs. 2 BGB im Grundsatz *drei Monate*. Die AGB/B (93) haben dieses gesetzliche Grundkonzept erheblich detaillierter und kundenfreundlicher gestaltet. Es wird zwischen Kündigungsrechten des Kunden und Kündigungsrechten der Bank unterschieden. Der Kunde kann die gesamte Geschäftsverbindung oder einzelne Geschäftsbeziehungen *jederzeit ohne Einhaltung einer Kündigungsfrist* kündigen, wenn weder eine Laufzeit noch eine abweichende Kündigungsregelung vereinbart ist (Nr. 18 Abs. 1 AGB/B [93]). Daneben steht die *Kündigung aus wichtigem Grund* nach Nr. 18 Abs. 2 AGB/B (93).

171

In gleicher Weise kann die Bank die gesamte Geschäftsverbindung oder einzelne Geschäftsbeziehungen ordentlich, d.h. ohne Grund kündigen, wenn weder eine Laufzeit noch eine abweichende Kündigungsregelung vereinbart ist (Nr. 19 Abs. 1 AGB/B [93]). Allerdings ist die Kündigung der Bank nur mit einer *angemessenen Kündigungsfrist* zulässig. Diese Frist wird häufig etwas kürzer als die 3-Monats-Frist des § 609 Abs. 2 BGB

172

---

413 BGHZ 32, 375, 383; 97, 264, 267.
414 Vgl. BGHZ 99, 239.

sein, kann im Einzelfall aber auch länger ausfallen. Entscheidend für die Bemessung der Kündigungfrist sind die *berechtigten Belange des Kunden*, auf die die Bank Rücksicht nehmen muß. Die *Mindestfrist* beträgt bei laufenden Konten und Depots *einen Monat* (Nr. 19 Abs. 1 AGB/B [93]).

173   Ebenso wie der Kunde, kann auch die Bank aus *wichtigem Grund* kündigen. Liegt ein solcher wichtiger Grund vor, so darf die Bank *fristlos kündigen*. Nr. 19 Abs. 2 AGB/B (93) definiert darüber hinaus, wann ein wichtiger Grund vorliegt und gibt Beispiele. Ein *wichtiger Grund* liegt danach dann vor, wenn der Bank, auch unter angemessener Berücksichtigung der berechtigten Belange des Kunden, die Fortsetzung der Geschäftsbeziehung *unzumutbar* ist. Das ist insbesondere dann der Fall, wenn der Kunde

(1)   unrichtige Angaben über seine Vermögenslage gemacht hat, die für die Entscheidung der Bank über eine Kreditgewährung ... von erheblicher Bedeutung waren, oder wenn

(2)   eine wesentliche Verschlechterung der Vermögenslage des Kunden eintritt oder einzutreten droht und dadurch die Erfüllung von Verbindlichkeiten gegenüber der Bank gefährdet ist.

(3)   Die Bank darf auch dann fristlos kündigen, wenn der Kunde seiner Verpflichtung zur Bestellung oder Verstärkung von Sicherheiten nach Nr. 13 Abs. 2 AGB/B (93) ... nicht innerhalb einer angemessenen Frist nachkommt.

174   Nicht ganz unwichtig ist, daß Nr. 19 Abs. 4 AGB/B (93) ferner eine Regel für die *Abwicklung einer Kündigung* enthält. Danach wird die Bank dem Kunden für die Abwicklung, insbesondere für die Rückzahlung eines Kredits, eine angemessene Frist einräumen, soweit nicht eine sofortige Erledigung erforderlich ist (z.B. bei der Kündigung des Scheckvertrages die Rückgabe der Scheckvordrucke).

175   Die danebenstehenden Kündigungsrechte bei Verbraucherkrediten werden nicht berührt, worauf Nr. 19 Abs. 3 AGB/B (93) noch einmal deklaratorisch hinweist. Es handelt sich dabei um spezielle Kündigungsregeln für den Fall des Verzuges bei der Rückzahlung des Darlehens (§ 12 VKG).

176   Soweit bestimmte Laufzeiten oder Kündigungsregelungen vereinbart sind, müssen sich die Parteien im Grundsatz daran halten. Das ist etwas ganz selbstverständliches, kann aber dann problematisch werden, wenn *Festzinsen* vereinbart sind. Insbesondere bei längerfristigen Darlehen können die vereinbarten Festzinsen von den jeweiligen Marktzinsen erheblich nach oben oder unten abweichen. Es könnte sich dann um einen Fall der Störung der Geschäftsgrundlage (clausula rebus sic stantibus) handeln. § 247 a.F. BGB gab dem Schuldner (Bankkunden) bis zum 31.12.1986 ein zwingendes sechsmonatiges Kündigungsrecht, wenn der Darlehenszins über 6 % lag. Diese, für die Banken sehr problematische Regelung, wurde mit Wirkung zum 1.1.1987 durch § 609a BGB ersetzt. Danach kann der Schuldner sich aus Festzinskrediten ebenfalls lösen, al-

lerdings gilt nicht mehr eine starre Prozentgrenze. Darüber hinaus kann der Schuldner (Bankkunde) auch Darlehen mit *variablem Zinssatz, jederzeit* unter Einhaltung einer Kündigungfrist von drei Monaten *kündigen* (§ 609a Abs. 3 BGB).

IV. Der Widerruf nach § 610 BGB

Schließlich enthält § 610 BGB zum Schutz der Banken ein *Widerrufsrecht*. Danach kann die Bank ihr Versprechen, ein Darlehen hinzugeben, widerrufen, wenn in den Vermögensverhältnissen des Kunden eine wesentliche Verschlechterung eintritt, durch die der Anspruch auf die Rückerstattung gefährdet wird.   177

Es handelt sich um eine – überflüssige – Sonderregelung für den Fall, daß das Darlehen noch nicht valutiert ist[415]. Dabei ist § 610 BGB nicht Ausdruck der Realvertragstheorie, denn der Gesetzgeber hat, wie oben ausführlich gezeigt wurde, gerade darauf verzichtet, den Darlehensvertrag als Typus der Konsensual- oder Realvertragstheorie zuzuordnen[416]. Vielmehr handelt es sich beim § 610 BGB, wie die Motive ausdrücklich belegen, um eine ausnahmsweise gesetzlich geregelte clausula rebus sic stantibus[417]. »In der That«, so heißt es in den Motiven wörtlich, »widerstrebt es den im Verkehre vorherrschenden Auffassungen, denjenigen, welcher sich durch Vertrag zur Hingabe eines Darlehens verpflichtet hat, zur Erfüllung seines Versprechens auch dann zu zwingen, wenn der andere Theil mit nach Abschluß des Vertrages und noch *vor Erfüllung des Versprechens* in eine Vermögenslage geräth, welche zu der ernsten Besorgniß Anlaß giebt, der Empfänger werde zur Rückerstattung außer Stande sein, namentlich also, wenn der künftige Darlehensschuldner zahlungsunfähig geworden ist, bz. seine Zahlungen eingestellt hat. Es gilt dies aber nicht minder in allen Fällen einer wesentlichen, den Rückerstattungsanspruch gefährdenden Verschlechterung der Vermögenslage des künftigen Schuldners. Im allgemeinen ist die Annahme begründet, der Versprechende habe sich nur unter dem Vorbehalte verpflichtet, daß eine solche Vermögensänderung nicht erfolgen werde, wonach der Versprechende im Falle des Eintritts einer solchen Aenderung vom Vertrage zurückzutreten befugt ist. Der Entwurf erkennt deshalb ausnahmsweise beim Darlehensvertrage die clausula rebus sic stantibus in diesem Sinne an. Der § 458 (heute § 610) enthält nur eine Auslegungsregel«[418].

---

415 Allg.M. Müko/H.P.Westermann², § 610 Rz. 1.
416 Motive, Mugdan Bd. 2, S. 170; vertiefend Peter O. Mülbert, AcP 192 (1992), 447, 485 ff.
417 Motive, Mugdan Bd. 2, S. 175.
418 Motive, Mugdan Bd. 2, S. 175.

178   Der Gesetzgeber hätte es sich einfacher machen, und § 610 BGB einfach weglassen können. Denn § 321 BGB enthält eine dem § 610 sehr ähnliche Regel. Danach kann der vorleistungspflichtige Schuldner seine Leistung verweigern, »wenn nach dem Abschlusse des Vertrages in den Vermögensverhältnissen des anderen Teiles eine wesentliche Verschlechterung eintritt, durch die der Anspruch auf die Gegenleistung gefährdet wird«. Diese Einrede würde der Bank beim Regelfall, dem verzinslichen Darlehen, hinreichend helfen. In den seltenen Fällen des unverzinslichen Darlehens greift § 321 BGB nicht ein, weil das unverzinsliche Darlehen kein gegenseitiger Vertrag ist. Aber auch hier bräuchte die Bank bei Gefährdung des Rückzahlungsanspruchs vor Hingabe des Darlehens nicht zu zahlen. Die Motive verweisen nämlich zu Recht darauf, daß der Versprechende im allgemeinen sich nur unter dem »Vorbehalte verpflichtet, daß eine ... Vermögensänderung nicht erfolgen werde«. Tritt sie dennoch ein, so darf die Bank, wegen Wegfalls der Geschäftsgrundlage, nach § 242 BGB die Auszahlung des Kredits verweigern.

179   Wichtiger für die Praxis ist es aber, daß § 610 BGB abdingbar ist. Die Banken haben hiervon Gebrauch gemacht und § 610 BGB durch die Kündigung aus wichtigem Grund nach Nr. 19 Abs. 2 AGB/B (93) ersetzt. Danach ist eine fristlose Kündigung z.B. eines Darlehens zulässig, »wenn eine wesentliche Verschlechterung der Vermögenslage (des Kunden) eintritt oder einzutreten droht und dadurch die Erfüllung von Verbindlichkeiten gegenüber der Bank gefährdet ist«. Damit ist der Anwendungsbereich von § 610 BGB praktisch obsolet. Die Norm wird durch die vertraglich vereinbarte außerordentliche Kündigung bei Vermögensverschlechterung verdrängt.

V. Die ordentliche Kündigung

180   Der Kunde kann die gesamte Geschäftsverbindung oder einzelne Geschäftsbeziehungen *jederzeit ohne Einhaltung einer Kündigungsfrist* kündigen (Nr. 18 Abs. 1 AGB/B [93]), während die Bank eine *angemessene Kündigungsfrist* einhalten muß (Nr. 19 Abs. 1 AGB/B [93]). Gegenüber diesen vertraglichen Regelungen ist § 609 BGB subsidiär. Voraussetzung für das Kündigungsrecht der Bank und des Kunden ist allerdings, daß *weder eine Laufzeit noch eine abweichende Kündigungsregelung* vereinbart ist. Damit wird klargestellt, daß individuelle Laufzeit- und Kündigungsvereinbarungen selbstverständlich Vorrang vor den AGB haben. Wird beispielsweise eine Finanzierung mit einer Laufzeit von 47 Monatsraten nebst der Schlußzahlung vereinbart, so ist dies eine Laufzeitverein-

barung und schließt das Recht zur ordentlichen Kündigung vor Ablauf der vereinbarten Zeit aus[419].

Nach § 609 Abs. 2 BGB beträgt die Kündigungsfrist im Regelfalle *drei Monate*. Hiervon weichen die AGB/B (93) ab. Der Kunde kann *fristlos* ordentlich kündigen, während die Bank eine *angemessene Kündigungsfrist*, die bei laufenden Konten und Depots mindestens *einen Monat* beträgt, einhalten muß (Nr. 19 Abs. 1 AGB/B [93]). Der Angemessenheitsvorbehalt entspricht der Rechtsprechung zur früheren (strengeren) Ziffer 17 AGB/B und ist deshalb mit § 9 AGBG vereinbar[420]. Eine generelle Antwort darauf, wann eine Kündigungsfrist angemessen ist, kann es, wegen der unterschiedlichen Gestaltung der Einzelfälle, nicht geben. Immerhin enthält Nr. 19 Abs. 1 AGB/B (93) eine wichtige Klarstellung. *Bei der Bemessung der Kündigungsfrist wird die Bank auf die berechtigten Belange des Kunden Rücksicht nehmen.*

181

1. Die Kündigung zur Unzeit

Mit dieser Formulierung in Nr. 19 Abs. 1 AGB/B (93) wurde klargestellt, daß das Kündigungsrecht selbstverständlich nicht zur *Unzeit* ausgeübt werden kann, sondern, durch eine angemessene Kündigungsfrist, auf die berechtigten Belange des Kunden Rücksicht zu nehmen ist. Das gesetzliche Vorbild für diese Regelung findet sich in den §§ 627 Abs. 2, 671 Abs. 2 und 723 Abs. 2 BGB. Es handelt sich um ordentliche Kündigungen, die, ohne daß es auf ein Verschulden des Kündigenden ankäme, einfach ein »Sichvergreifen im Zeitpunkt darstellen und aus diesem Grunde für den Kündigungsgegner objektiv zu diesem Zeitpunkt nachteilig sind, ohne daß sie so schwerwiegende Schädigungen auslösen würden, daß ihre Unzulässigkeit in Frage käme«[421]. Die Kündigung zur Unzeit ist, wie beispielsweise der Wortlaut von § 723 Abs. 2 BGB zeigt, *rechtswirksam*. Sie verpflichtet den zur Unzeit Kündigenden aber zum Schadensersatz. In der Literatur wird darauf aufmerksam gemacht, daß es sich hierbei nur um Geldersatz handeln könne. Naturalrestitution dürfe man nicht zulassen, da dadurch die Kündigung wegfiele, im Ergebnis also unzulässig würde[422]. Probleme dieser Art wirft das Kündigungsrecht der Bank nach Nr. 19 Abs. 1 AGB/B (93) nicht auf. Die Bank muß eine angemessene Kündigungsfrist einhalten, d. h. auf die berechtigten Belange des Kunden Rücksicht nehmen. Tut sie das nicht, so liegt keine wirksame Kündigung i.S.v. Nr. 19 Abs. 1 AGB/B (93) vor. Der Kreditvertrag besteht ungekündigt fort. In dieser darlehenserhaltenden Rechtsfolge unterscheidet sich die

182

---

419 BGH NJW 1981, 1363.
420 BGH WM 1985, 1136, 1137; WM 1985, 1438.
421 So Strasser, aaO., S. 428 f.
422 van Venrooy, JZ 1981, 53.

Regelung in Nr. 19 Abs. 1 AGB/B (93) von ihren gesetzlichen Vorbildern und den Grundsätzen, die vor dem 1.1.1993 auch für Darlehen galten[423].

183 Materiell liegt eine Kündigung zur Unzeit dann vor, wenn sie für den Kunden so überraschend kommt, daß es ihm nicht mehr gelingt, sich die Darlehensvaluta rechtzeitig, also vor Ablauf der Kündigungsfrist, von dritter Seite zu besorgen[424]. Für die Zeit vor 1993 wurde über die Pflicht der Bank zu einer Vorabinformation des Kunden diskutiert[425]. Richtungsweisend war ein Fall, den der BGH am 23.2.1984 entschied.

184 *Fall: BGH WM 1984, 586*
Eine Bank wollte einen Bürgen in Anspruch nehmen. Dieser wehrte sich und wies darauf hin, daß die Bank den Anspruch gegen ihn verwirkt habe. Sie hätte nämlich unter Verletzung ihrer Vertragspflichten gegenüber dem Hauptschuldner dessen wirtschaftlichen Zusammenbruch schuldhaft verursacht, also den Bürgschaftsfall selbst herbeigeführt und damit jeden Rückgriff des Bürgen vereitelt.

Der BGH stimmte zu, weil die Bank den Zusammenbruch des Hauptschuldners dadurch herbeigeführt hatte, daß sie am 18.4.1974 ohne vorherige Ankündigung die Einlösung von Schecks in Höhe von rund DM 400 000,- und die Auszahlung der für fällige Löhne benötigten Gelder verweigerte, obwohl sich diese Kontobelastungen im Rahmen des vereinbarten Kontokorrentkredites gehalten hätten. Dazu wäre die Bank nur berechtigt gewesen, wenn sie am 18.4.1974 den Kreditvertrag mit sofortiger Wirkung hätte kündigen dürfen. Dies verneinte der BGH und meinte, die Bank »durfte nicht ohne Vorankündigung – buchstäblich von einer Viertelstunde zur anderen – eine völlige Kontosperre verhängen und insbesondere nicht die Einlösung aller Schecks verweigern«. Vielmehr hätte die Bank einen »angemessenen zeitlichen Aufschub« gewähren müssen. Das sei ihr zuzumuten gewesen, da ihr Kreditrisiko durch die eingeräumten Sicherheiten noch hinreichend abgedeckt gewesen sei.

Diesen Grundsätzen entspricht heute Nr. 19 Abs. 1 AGB/B (93). Eine Vorankündigung der beabsichtigten Kündigung ist nicht erforderlich[426]. Vielmehr hat die Bank bei der Bemessung der Kündigungsfrist auf die berechtigten Belange des Kunden Rücksicht zu nehmen, also genau das zu tun, was der BGH im obigen Fall verlangt hat.

185 Bei alledem ist zu beachten, daß eine Bank von ihrem Kündigungsrecht nach Nr. 19 Abs. 1 AGB/B (93) im Grundsatz immer Gebrauch machen darf, ein Recht, das bereits § 609 Abs. 2 BGB enthält. Eine Pflicht, einen

---

423 Hopt/Mülbert, Kreditrecht, 1989, § 609 Rz. 32, m.w.N.
424 Hopt, ZHR 143 (1979), 139, 163.
425 Hopt/Mülbert, aaO., § 609 Rz. 32.
426 BGH WM 1978, 234.

Kredit ohne Kündigung zu belassen, gibt es nicht[427]. Das gilt auch dann, wenn das kreditnehmende Unternehmen durchaus noch sanierungsfähig ist, oder weitere Sicherheiten stellen könnte[428]. Wichtig ist nur, daß die Bank dem Unternehmen eine angemessene Frist zur Umschuldung bei einer anderen Bank einräumt. Diese Umschuldung wird möglich sein, eben weil das Unternehmen sanierungsfähig ist und Sicherheiten hat. Würde man in dieser Situation die Banken zur Kreditgewährung verpflichten, so würde man ihnen, so das OLG Zweibrücken, eine *unternehmerische Mitverantwortung* für den Kreditnehmer *aufzwingen*[429]. Dem ist im Grundsatz zuzustimmen, weil nicht einmal ein Gesellschafter gezwungen werden kann, seinem in die Krise geratenen Unternehmen, einen Kredit zu gewähren. Das kann ausnahmsweise anders sein, wenn die Verweigerung des Kredits zugleich eine *sittenwidrige Schädigung* beinhaltet[430]. *Kurzfristige Überziehungen* müssen schon deshalb zugelassen werden, weil die Bank nach Nr. 19 Abs. 1 AGB/B (93) auf die berechtigten Finanzierungsbelange des Kunden Rücksicht zu nehmen hat.

2. Die mißbräuchliche Kündigung

Das Recht zur Kündigung unbefristeter Dauerschuldverhältnisse ist ein »eigennütziges«, den Vertragspartnern also im eigenen Interesse verliehenes Recht. Einen Freibrief zur willkürlichen Verfolgung eigener Interessen gewähren aber auch eigennützige Rechte nicht. Vielmehr bedarf es prinzipiell der Abwägung der eigenen Interessen gegenüber denjenigen der anderen Vertragspartei. Diese Abwägung kann dazu führen, daß eine ordentliche Kündigung mißbräuchlich und damit unwirksam ist. Das Verbot der mißbräuchlichen Kündigung beinhaltet die Pflicht der Bank zur Rücksichtnahme auf die berechtigten Belange des Kreditnehmers (§ 242 BGB). So ist eine Kündigung etwa dann unzulässig, wenn ein daraus resultierender Schaden für den Darlehensnehmer unverhältnismäßig groß wäre und umgekehrt die Belassung den Darlehensgeber nur geringfügig belastet, weil er z.B. vollwertige Sicherheiten hat. Ausnahmsweise kann eine Kündigung auch am Verbot des venire contra factum proprium scheitern, nämlich dann, wenn die Bank beim Kunden das berechtigte Vertrauen auf Weiterbestehen des Darlehensvertrages erweckt hat und noch weitere Umstände hinzukommen[431]. Instruktiv ist ein Fall, den der BGH am 21.5.1987 zu entscheiden hatte.

186

---

427 Müko/H. P. Westermann², § 610 Rz. 4 m.w.N.
428 OLG Zweibrücken, ZIP 1984, 1334; Canaris, ZHR 143 (1979) 113 ff.; Wiegelmann, Verhaltenspflichten der Kreditinstitute im Kreditgeschäft mit Kunden in der Krise, 1993, passim.
429 OLG Zweibrücken, ZIP 1984, 1334.
430 Müko/H. P. Westermann², § 610 Rz. 4.
431 Canaris, Bankvertragsrecht³, Rz. 1265 ff.

187 *Fall: BGH ZIP 1987, 1105*
Eine Versicherung (V) gewährte dem Unternehmer (U) für verschiedene Mietwohnungsbauten 4 Hypothekendarlehen über insgesamt DM 480 000,-, die jeweils mit Lebensversicherungsverträgen (LV) – Laufzeit 25 Jahre – gekoppelt waren. Die Versicherungssummen sollten zur Tilgung der Darlehen dienen. Die Darlehensverträge enthielten folgende Bestimmungen:
»1. ... Die Gläubigerin (V) ist berechtigt, einen Zinssatz zu erheben, der jeweils vom Vorstand der V allgemein festgesetzt wird, jedoch nicht unter 5 % und nicht über 10 % jährlich ...
3. Das Darlehen ist beiderseits mit halbjährlicher Kündigungsfrist zu den genannten Zinsterminen (1.1. und 1.7.) kündbar.«
In den folgenden Jahren kam es wiederholt zu Zinsanpassungen, regelmäßig indem sich die Parteien nach Verhandlungen auf neue Konditionen einigten. Ab 1.1.1981 bot V einen Zinssatz von 8 % mit Festschreibung auf fünf Jahre (bis 31.12.1985) an. U erklärte, er sei zu einer angemessenen Zinserhöhung bereit, auf keinen Fall aber mit dem angegebenen Zinssatz von 8 %, da er auch seine Miete nicht entsprechend erhöhen könne. Außerdem würden die Hypothekenzinsen im Laufe der kommenden Jahre wieder sinken. Daraufhin kündigte V die vier Darlehen zum 1.7.1981. U hielt die Kündigungen für mißbräuchlich und unwirksam.

188 Der BGH hat dem zugestimmt. Bei einem langfristigen Hypothekendarlehen sei jeder Darlehensgläubiger (hier V) ohnehin gemäß § 242 BGB verpflichtet, bei der Ausübung eines ihm eingeräumten ordentlichen Kündigungsrechts auf die ihm erkennbaren Interessen der anderen Seite Rücksicht zu nehmen und von seinem Recht nicht ohne ersichtlichen Anlaß Gebrauch zu machen[432]. Insbesondere in Hochzinsphasen (wie hier) sei der Bankschuldner nicht verpflichtet, einen bestimmten Zinssatz für *fünf Jahre* festzuschreiben. Denn die Entscheidung darüber, ob die Festschreibung eines bestimmten Zinssatzes für längere Zeit den Interessen beider Parteien gerecht werde, setze eine notwendigerweise subjektive Prognose der künftigen Zinsentwicklung voraus. Hat darüber hinaus der Gläubiger (hier V) die Gewährung der Darlehen davon abhängig gemacht, daß der Darlehensnehmer zugleich mit ihm einen langfristigen Lebensversicherungsvertrag abschließt, so muß er (V) bei der Ausübung seines Kündigungsrechtes diese Verknüpfung beider Verträge in erhöhtem Maße berücksichtigen. Es widerspricht Treu und Glauben, wenn der Versicherer dem Kunden ohne hinreichenden Grund den Vorteil eines zinsgünstigen Darlehens entzieht, selbst aber die Vorteile des langfristigen Lebensversicherungsvertrages behalten kann, weil der Versicherungsnehmer sei-

---
[432] So zuvor bereits BGH WM 1977, 834, 835.

nerseits den Versicherungsvertrag mit Rücksicht auf die Nachteile bei der Berechnung des Rückkaufswertes nicht kündigen wird.

Selbstverständlich gibt es auch umgekehrt Fälle, in denen die Bank nicht gegen den Grundsatz venire contra factum proprium verstoßen, sich also nicht widersprüchlich verhalten hat. So räumte eine Bank einem Unternehmen zunächst einen Kontokorrentkredit in Höhe von DM 135 000,- , ab Januar 1979 in Höhe von DM 315 000,- ein. Der Bank waren die betrieblichen Interna, insbesondere der Kreditbedarf des Unternehmens – es litt unter Eigenkaptialmangel – bekannt. Bei einer Kontoüberziehung von DM 10 000,- kündigte die Bank, nachdem eine andere Bank aus einer Grundschuld in Höhe von DM 100 000,- vorgegangen war und das Unternehmen um Umschuldung gebeten hatte. Das Unternehmen meinte, die Kündigung sei unwirksam. Es habe darauf vertrauen dürfen, daß die Bank ihm die Kredite zum Ausgleich eines 1976 entstandenen Minus in Höhe von DM 82 000,- und zur Erzielung eines Umsatzes in Höhe von DM 1 Mio. belassen habe und weiter gewähren werde. Der BGH hat widersprochen[433]. Die Bank habe sich hier weder in unzulässiger Weise widersprüchlich verhalten, noch ein zuvor in zurechenbarer Weise geschaffenes Vertrauen des Unternehmens verletzt. Das Unternehmen habe nicht darauf vertrauen dürfen, daß die Bank bei wirtschaftlichen Schwierigkeiten die Kredite belassen oder neue zur Verfügung stellen würde. Im Hinblick auf die berechtigten Sicherungsinteressen der Bank könne ein Vertrauenstatbestand nur unter besonderen Voraussetzungen, z.B. bei einer Zusage oder stillschweigenden Duldung ständiger Kontoüberziehungen, angenommen werden.

189

Instruktiv ist schließlich ein Fall, den das OLG Hamm am 21.6.1985 zu entscheiden hatte. Auch dieser Fall betrifft das Verbot des venire contra factum proprium. Es ging um die in der Praxis wichtigste Fallgruppe, die durch eine starke Abhängigkeit des Kreditnehmers vom Kreditgeber gekennzeichnet ist[434].

190

Fall: OLG Hamm WM 1985, 1411
Am 1. Januar 1981 übernahm der frischgebackene Schlossermeister (S) einen Schlossereibetrieb. Eine Bank räumte einen Kontokorrentkredit über DM 20 000,- ein. Im Jahr 1981 machte S bei Umsatzerlösen von DM 475 000,- und einer Entnahme in Höhe von DM 80 000,- einen Verlust von rund DM 18 500,-. Die Bank forderte ihn auf, für eine Senkung der Privatentnahmen und der Personalausgaben zu sorgen. Ferner forderte sie ihn auf, per 30.6.1982 eine Zwischenbilanz vorzulegen. S versprach, diesen Forderungen nachzukommen, kündigte einem Mitarbeiter zum 30.6.1982 und veräußerte ein Fahrzeug. Per 30.6.1982 erzielte S einen Umsatz von

191

---

433 WM 1983, 1038.
434 Zur Fallgruppenbildung Canaris, ZHR 143 (1979) 113, 125 ff.

rund DM 225 000,-. Bei Entnahmen von ca. DM 24 500,- war ein erneuter Verlust von etwa 13 000,- DM eingetreten. Den Kontokorrentkredit hatte S bereits im Jahre 1981 in Höhe von mehr als DM 20 000,- in Anspruch genommen. Am 31.12.1981 war das Konto in Höhe von DM 27 000,- überzogen, Mitte Januar 1982 stieg das Debet auf über DM 45 000,- an und sank in der ersten Jahreshälfte 1982 nur noch gelegentlich unter DM 40 000,-. Anfang Juli 1982 sank das Debet aufgrund einer größeren Überweisung auf DM 12 500,- ab. Die Bank löste ab 12.7.1982 Schecks, die S ausgestellt hatte, in Höhe von DM 17 000,- , ohne Vorwarnung, nicht mehr ein. Obwohl die Kreditlinie am 4.8.1982 nur mit DM 13 500,- in Anspruch genommen war, kündigte die Bank den Kredit. S ging in Konkurs und verlangte von der Bank Schadensersatz. Er, S, hielt die Kündigung für unrechtmäßig.

Dem stimmte das OLG Hamm zu. Die Bank sei zur Rücksichtnahme verpflichtet gewesen. Denn einerseits war S von der Bank wirtschaftlich völlig abhängig und andererseits war diese ausreichend gesichert. Schließlich sprach für S eine günstige Zukunftsprognose. Die Kündigung, die – wie vorhersehbar – zum sofortigen völligen Zusammenbruch führte, war daher unverhältnismäßig und deshalb unwirksam.

192 Die Entscheidung ist richtig. Sie konkretisiert das Verbot *übermäßiger Schädigung* (inciviliter agere). Für diese Fälle fehlt es im BGB[435] an einer ausdrücklichen Regelung[436]. Es besteht aber im deutschen Recht Einigkeit darüber, daß § 242 BGB das Recht zur ordentlichen Kündigung jedenfalls begrenzt, wenn diese »für den von der Kündigung Betroffenen einen Nachteil bedeuten würde, der in keinem Verhältnis zu dem Interesse der Rechtsordnung steht, in jedem Falle die Kündigungsfreiheit zu wahren«[437].

3. Die sittenwidrige Kündigung

193 Kündigungen können unter ganz außergewöhnlichen Umständen gegen das Schikaneverbot (§ 226 BGB) oder die guten Sitten (§ 138 BGB) verstoßen und deshalb nichtig sein. So hat die Rechtsprechung eine Kündigung für unwirksam gehalten, die unter Ausnutzung einer arglistig herbeigeführten Kündigungslage erfolgt war[438]. Instruktiv ist ein Fall, den der BGH am 26.2.1970 entschied.

---

435 Vgl. die österreichische Regelung in den §§ 830, 835 ABGB.
436 Für die Ansätze im römischen Recht und die bereits völlig klaren Regeln des gemeinen Rechts vgl. Strasser, FS Gschnitzer, 1969, 415, 427.
437 Strasser, aaO.; ähnlich Ulmer, FS Philipp Möhring zum 75. Geb., 1975, 295, 309 f.; Canaris, ZHR 143 (1979) 113, 131 ff.
438 BGHZ 30, 195, 202.

Fall: BGH NJW 1970, 855 194
H verkaufte in seiner Berliner Tankstelle als Handelsvertreter Treibstoffe des Mineralölkonzerns (M). Dafür erhielt er eine bestimmte Provision. Mit Rundschreiben vom 14.4.1966 stellte M ihren Tankstellenverwaltern »in ihr unternehmerisches Ermessen«, den Kunden auf die Mineralölpreise einen Rabatt in Höhe von 3 % zu gewähren. Dabei wies M auf die ihr zur Verfügung stehenden kurzfristigen Kündigungsmöglichkeiten (Kündigung auf den Schluß eines Kalendervierteljahres) hin. H, der bei Einführung des Rabattsystems etwa 30 % seiner Provision verloren hätte, weigerte sich, die Rabatte zu gewähren. Daraufhin kündigte M fristgerecht. H hielt die Kündigung für sittenwidrig, M mißbrauche die ihr eingeräumte vertragliche Rechtsposition.
Der BGH stimmte zu. Grundsätzlich sei die Frage, ob eine vertragsgemäß ausgesprochene Kündigung gegen die guten Sitten verstoße und deshalb nichtig sei, nur unter strengen Voraussetzungen zu bejahen. Im vorliegenden Fall sollte die Umsatzsteigerung der M ausschließlich auf Kosten des H erfolgen. H konnte nun zwischen Provisionsminderung oder dem Verlust seiner Existenzgrundlage wählen. Angesichts der 1966 beginnenden wirtschaftlichen Rezession war zudem mit einer gewissen Nachgiebigkeit der Tankstellenverwalter zu rechnen. Schließlich hätte die Kündigung des H eine abschreckende Wirkung auf die übrigen Tankstellenverwalter gehabt. Dies alles begründete ein grob mißbräuchliches Verhalten der M, so daß die Kündigung sittenwidrig war.

VI. Die Kündigung nach § 609 a BGB

1. Entstehung und Konzeption

§ 609 a BGB enthält Sonderformen der ordentlichen Kündigung für variabel verzinsliche und für festverzinsliche (Konsumenten-) Kredite. Die Norm ist am 1.1.1987 in Kraft getreten und hat zeitgleich den bis dahin geltenden § 247 BGB abgelöst. § 247 BGB enthielt ein unabdingbares Kündigungsrecht bei Darlehen mit einem höheren Zinssatz als 6 %. Der rechtspolitische Wert dieses Kündigungsrechts war schon bei der Schaffung des BGB umstritten[439]. Die Norm wurde zum Problem, als Mitte der 70er Jahre starke und kurzfristige Zinsschwankungen, die immer über 6 % lagen, zu permanenten Kündigungen nach § 247 BGB und damit verbundenen Umschuldungen führten. Die vom Gesetzgeber für Darlehen an der Wuchergrenze gedachte Ausnahme wurde als Folge der geänderten Zinsverhältnisse zur »Regelvorschrift«. Vor allem die institutionellen Darlehensgeber (Banken, Versicherungen) standen angesichts feststehen- 195

---
439 Häuser/Welter, NJW 1987, 17 m.w.N.

der Refinanzierungskosten vor einem nur noch schwer kalkulierbaren Zinsänderungsrisiko[440]. In der rechtspolitischen Diskussion bestand Einigkeit darüber, daß § 247 BGB durch eine zeitgemäßere, den Verbraucher aber hinreichend schützende Kündigungsnorm zu ersetzen sei[441].

196 Mit § 609 a BGB hat der Gesetzgeber das Konzept von § 247 BGB (Kündigungsrecht bei Zinsen über 6 %) völlig aufgegeben[442]. Stattdessen wird beim Verbraucherkredit bereits dann ein Kündigungsrecht gegeben, wenn sich das Zinsniveau gegenüber einem vereinbarten Festzins geändert hat (§ 609 a Abs. 1 Nr. 2 BGB). Außerdem sind variabel verzinsliche Darlehen jederzeit mit dreimonatiger Kündigungsfrist kündbar (§ 609 a Abs. 2 BGB). Diese Kündigungsrechte des Schuldners können nicht durch Vertrag ausgeschlossen oder erschwert werden (§ 609a Abs. 3 BGB). Die Absätze 1 und 2 von § 609a BGB enthalten also *zwingende Schuldnerschutznormen* (ius cogens).

2. Darlehen mit veränderlichem Zinssatz

197 Nach § 609 a Abs. 2 BGB kann der Schuldner ein Darlehen mit veränderlichem Zinssatz jederzeit unter Einhaltung einer Kündigungsfrist von drei Monaten kündigen. Dieses Kündigungsrecht kann nicht durch Vertrag ausgeschlossen oder erschwert werden (§ 609 a Abs. 4 BGB), es sei denn, es handelt sich um Darlehen an den Bund, ein Sondervermögen des Bundes, ein Land, eine Gemeinde oder einen Gemeindeverband. Letztere können sich in jedem Falle selbst helfen. Vertragliche Regelungen, die für den Schuldner günstiger sind, schließt § 609 a Abs. 4 BGB nicht aus. Deshalb ist das in Nr. 18 Abs. 1 AGB/B (93) verankerte Recht des Kunden, jederzeit ohne Einhaltung einer Kündigungsfrist zu kündigen, wirksam. Bei Laufzeitvereinbarungen oder abweichenden Kündigungsregelungen entfällt dieses Recht aus den AGB/B. Die abweichenden Regeln sind aber nur dann wirksam, wenn sie ihrerseits günstiger sind als § 609 a Abs. 2 BGB.

Letztlich beruht § 609 a Abs. 2 BGB auf der Erwägung, den Kunden vor (mißbräuchlichen) Zinsanpassungen zu schützen[443]. Umgekehrt besteht keine Gefahr der mißbräuchlichen Ausnutzung des Kündigungsrechts durch den Darlehensnehmer, da die Kündigung zinsvariabler Darlehen beachtliche Kosten (z.B. Bearbeitungsgebühren oder Notar- und Grundbuchkosten) mit sich bringt.

---

440 v. Heymann, 1984, 48 ff.
441 Rebmann, 1985, 106; Canaris WM 1978, 686; Jahresgutachten 1981/82 des Sachverständigenrates, BT-Dr 9/1061, S. 170, Tz. 397, v. Heymann, aaO., S. 65, mit Hinweisen auf Stellungnahmen der kreditwirtschaftlichen Verbände.
442 Vgl. die »Bilanz der ersten drei Jahre« von Hopt/Mülbert, WM 1990 Sonderbeilage Nr. 3.
443 Zu weitergehenden Schutzmöglichkeiten BGH NJW 1986, 1803 = WM 1986, 580.

3. Darlehen mit auslaufender Zinsbindung

Das Kündigungsrecht nach § 609 a Abs. 1 Nr. 1 BGB betrifft den Fall, daß während der Laufzeit des Darlehens die Zinsbindung endet. Von nun an tritt an die Stelle des Festzinses eine variable Verzinsung. Die Höhe der variablen Zinsen wird vom Darlehensgeber einseitig bestimmt. Um Vertragsgleichgewicht herzustellen, darf der Kunde nun unter Einhaltung einer Kündigungsfrist von einem Monat kündigen.

Günstigere Regelungen können vertraglich vereinbart werden (§ 609a Abs. 4 BGB). So hat der Kunde ein fristloses Kündigungsrecht nach Nr. 18 Abs. 1 AGB/B (93), wenn weder eine Laufzeit noch eine abweichende Kündigungsregelung vereinbart ist. Einen Sonderfall erfaßt § 609a Abs. 1 Nr. 1 HS. 2 BGB. Gemeint sind Kredite, bei denen der Zins in bestimmten Zeiträumen bis zu einem Jahr fest vereinbart ist und dann neu festgelegt wird. Typischerweise wird hier ein Referenzzinssatz (Libor oder Fibor) vereinbart (Roll-over-Kredite). Um mißbräuchliche Zinsanpassungen zu verhindern, hat der Schuldner am Ende der jeweiligen Zinsperiode das Recht, mit Ablauf des Tages, an dem die Zinsbindung endet, mit einmonatiger Frist zu kündigen.

4. Das festverzinsliche Verbraucherdarlehen

§ 609a Abs. 1 Nr. 2 BGB enthält den verbraucherpolitischen Kern der Norm. Nach Ablauf von sechs Monaten nach dem vollständigen Empfang des festverzinslichen Darlehens kann der Kunde den Vertrag kündigen. Die Kündigungsfrist beträgt drei Monate. Das Recht besteht ganz unabhängig von einer bestimmten Zinshöhe. Um Mißbräuchen vorzubeugen, bestimmt § 609a Abs. 3, daß die Kündigung als nicht erfolgt gilt, wenn der Kunde den geschuldeten Betrag nicht binnen zweier Wochen nach Wirksamwerden der Kündigung zurückzahlt. Diese Regelung ist seit dem 1.1.1991 in Kraft und verhindert zugleich die Umgehung von § 7 Abs. 3 VKG.

Gegenstand von § 609 a Abs. 1 Nr. 2 BGB sind *festverzinsliche Verbraucherdarlehen*. Grund ist die Schutzbedürftigkeit dieser Personengruppe, die anders als Unternehmen und Kaufleute, regelmäßig wenig Einfluß auf die Zinshöhe nehmen kann und daher bei Marktänderungen zum Zwecke der Umschuldung ein Kündigungsrecht haben muß. Folgerichtig muß das Darlehen einer *natürlichen Person* gewährt sein. Darüber hinaus darf es nicht »ganz oder überwiegend für Zwecke einer gewerblichen oder beruflichen Tätigkeit bestimmt« und ferner *nicht »durch ein Grund-* oder Schiffs*pfandrecht* gesichert sein«. Warum ein Verbraucher, dessen Kredit durch ein Grund- oder Schiffspfandrecht gesichert ist, keinen Schutz benötigt, bleibt unklar. Im Gesetzgebungsverfahren wurde der Kündigungsausschluß mit zinsgerechter Refinanzierung der Banken und dem Ziel, das Angebot langfristig gebundener Kredite zu verbessern, gerechtfertigt. Zu Recht wird aber darauf hingewiesen, »daß auch beim Realkredit ein Umschuldungsbedarf entstehen kann, dem durchaus ernstzunehmende soziale Gesichtspunkte zur Seite stehen«[444]. Möglicherweise ist eine versicherungsrechtliche Parallele nicht ganz unwichtig für die den Realkredit betreffenden Fragen. Der BGH hat am 13.7.1994[445] entschieden, daß sich die Versicherer nicht auf die Zehnjahresklausel berufen dürfen, wenn sich Versicherungsnehmer von ihrer Unfall-, Hausrat- und Privathaftpflichtversicherung vorzeitig lösen wollen. Die Klausel verstößt gegen § 9 Abs. 1 AGBG, denn sie benachteiligt die Versicherungsnehmer unangemessen. Diese seien schon beim Abschluß des Vertrages in ihrer Dispostitionsfreiheit deshalb erheblich eingeschränkt, weil sie keine andere Wahl hätten, als einen über zehn Jahre laufenden Versicherungsvertrag abzuschließen. Noch schwerer wiege, daß der Kunde einer Versicherungsgesellschaft auch nach Vertragsschluß keine Möglichkeit habe, die Versicherungsdauer an unvorhergesehene Umstände anzupassen. Er könne sich über zehn Jahre hinweg nicht marktgerecht verhalten, weil er günstigere Angebote ungenutzt sein lassen müsse. Insbesondere sei es ihm auch nicht möglich, die Versicherung an veränderte wirtschaftliche und persönliche Verhältnisse anzupassen. So einschneidende Ereignisse wie Heirat, Scheidung, Arbeitslosigkeit und finanzielle Schwierigkeiten müßten aber eine Anpassung des Versicherungsvertrages ermöglichen.

201   Viele dieser Argumente können ohne weiteres auf den grundpfandrechtlichen Realkredit übertragen werden. Zwar kommt eine unmittelbare Anwendung von § 9 AGBG nicht in Betracht, da § 609a Abs. 1 Nr. 2 BGB eine gesetzliche Regelung ist. Man könnte aber an eine verfassungskonforme Interpretation dieser Norm für Realkredite, z.B. im Rahmen eines Vorlageverfahrens nach Art. 100 GG denken. Naheliegend wäre es auch, den europäischen Gerichtshof anzurufen, um zu klären, ob der Ausschluß des Kündigungsrechts für Realkredite nicht eine gesetzlich angeordnete übermäßige Handlungsbeschränkung und damit zugleich ein Verstoß gegen Art. 5 Abs. 2 EGV ist.

Wird ein Festzinsdarlehen – z.B. zu Umschuldungszwecken – dennoch vorzeitig abgelöst, so ist dem Kreditgeber der dadurch entstehende Schaden in Form der Vorfälligkeitsentschädigung zu ersetzen[446].

---

444 Müko/H. P. Westermann[2], § 609a Rz. 27; Reifner, NJW 1995, 2945; Weber, NJW 1995, 2951.
445 Mitteilung der Pressestelle des BGH Nr. 29/1994.
446 Zur Berechnung Metz, ZBB 1994, 205; Reifner, NJW 1995, 2945; dagegen: Weber, NJW 1995, 2591.

5. Langfristige Festzinsdarlehen

Immerhin, zehn Jahre nach dem vollständigen Empfang des Kapitals kann jedes Festzinsdarlehen vom Schuldner mit einer Frist von sechs Monaten gekündigt werden. Die eben geäußerten Bedenken zur Länge dieser Frist, gelten auch hier. Die in Fristen dieser Länge angelegten Wettbewerbsbeschränkungen sind zu stark und nicht mehr zeitgemäß. Europarechtlich liegt das Limit für vertikale Alleinbezugsbindungen inzwischen bei fünf Jahren, nur noch ausnahmsweise sind zehn Jahre zulässig[447]. Hieran sollte sich der Gesetzgeber in Zukunft orientieren. Soweit die Rechtsprechung, etwa durch Anwendung des AGB-Gesetzes, Korrekturmöglichkeiten hat, sollten die Fristen, im Zweifel über eine EG-rechtskonforme Auslegung, zugunsten höherer Handlungsflexibilität aller Beteiligten verkürzt werden.

202

VII. Die außerordentliche Kündigung

1. Begriff und Rechtsgrundlage

Dauerschuldverhältnisse, zu denen auch der Darlehensvertrag gehört, können nach allgemeiner Meinung fristlos gekündigt werden, wenn ein *wichtiger Grund* vorliegt. Angeknüpft wird im Kreditrecht an eine Analogie zu den außerordentlichen Kündigungsmöglichkeiten nach §§ 554 a, 626, 723 BGB. Hierneben ergibt sich das Recht zur Kündigung aus wichtigem Grund ohne Einhaltung einer Kündigungsfrist aus Nr. 19 Abs. 2 AGB/B (93). Generalisierend liegt ein wichtiger Grund dann vor, wenn die Fortsetzung des Darlehens auch nur bis zum Ablauf einer etwaigen Kündigungsfrist oder bis zu einer vereinbarten Beendigung nicht mehr zumutbar ist[448]. Hieran angelehnt heißt es in Nr. 19 Abs. 2 AGB/B (93):

203

Eine fristlose Kündigung der gesamten Geschäftsverbindung oder einzelner Geschäftsbeziehungen ist zulässig, wenn ein wichtiger Grund vorliegt, der der Bank, auch unter angemessener Berücksichtigung der berechtigten Belange des Kunden, deren Fortsetzung unzumutbar werden läßt. Um Rechtssicherheit zu schaffen, werden in Nr. 19 Abs. 2 AGB/B (93) nun ausdrücklich die in der Praxis häufigsten wichtigen Gründe genannt. »Ein solcher wichtiger Grund liegt insbesondere vor,
(1) wenn der Kunde unrichtige Angaben über seine Vermögenslage gemacht hat, die für die Entscheidung der Bank über eine Kreditgewährung oder über andere mit Risiken für die Bank verbundene Ge-

204

---

447 VO 84/83 zu Art. 85 Abs. 3 EGV.
448 BGH WM 1978, 234 = NJW 1978, 947; RGRK-Ballhaus[12], § 609 Rz. 6; Hadding, in: FS für Theodor Heinsius zum 65. Geb., 1991, 183, 191 ff.

schäfte (z.B. Aushändigung der Scheckkarte) von erheblicher Bedeutung waren, oder
(2) wenn eine wesentliche Verschlechterung seiner Vermögenslage eintritt oder einzutreten droht und dadurch die Erfüllung von Verbindlichkeiten gegenüber der Bank gefährdet ist;
(3) die Bank darf auch fristlos kündigen, wenn der Kunde seiner Verpflichtung zur Bestellung oder Verstärkung von Sicherheiten nach Nr. 13 Abs. 2 dieser Geschäftsbedingungen oder aufgrund einer sonstigen Vereinbarung nicht innerhalb der von der Bank gesetzten angemessenen Frist nachkommt«.

Nicht ganz unwichtig ist, daß wichtige Gründe, die erst *nach der Kündigung entstanden* sind, ebenfalls zu ihrer Rechtfertigung herangezogen werden können. Das gilt jedenfalls dann, wenn der Kündigende zu erkennen gibt, an der Kündigung festhalten und sie nunmehr auch auf diese Gründe stützen zu wollen, und wenn schutzwürdige Interessen des Vertragspartners dem nicht entgegenstehen[449].

2. Das Vorliegen eines wichtigen Grundes

a) Unrichtige Angaben über die Vermögenslage

205   Unrichtige Angaben über die Vermögenslage begründen Zweifel an der Zuverlässigkeit des Kunden. Handelt es sich um Angaben, die für die Entscheidung der Bank über die Kreditgewährung von erheblicher Bedeutung waren, so liegt darin eine fundamentale Vertragsstörung, die das Recht zur fristlosen Kündigung begründet. Eine unrichtige Angabe über die Vermögensverhältnisse kann auch darin liegen, daß es der Kunde *pflichtwidrig unterläßt*, über die tatsächlichen Vermögensverhältnisse vollständig aufzuklären[450].

b) Wesentliche Verschlechterung der Vermögenslage

206   Bei wesentlicher Verschlechterung der Vermögenslage kann die Bank vor Valutierung des Darlehens nach § 610 BGB widerrufen oder nach § 321 BGB die Einrede der Nichterfüllung erheben. Verschlechtern sich die Vermögensverhältnisse nach Valutierung wesentlich, so tritt das Recht zur fristlosen Kündigung an die Stelle der beiden genannten Normen. Die Geschäftsgrundlage für den gewährten Kredit ist bei wesentlicher Vermögensverschlechterung derartig erschüttert, daß ein weiteres Festhalten am Vertrag für die Bank nicht zumutbar ist. Wichtig ist, daß die Verschlechterung der Vermögenslage *wesentlich* ist. Das ist dann der Fall, wenn *dadurch die Erfüllung von Verbindlichkeiten* gegenüber der Bank *gefährdet ist* (Nr. 19 Abs. 2 ABG/B [93]). Diese Voraussetzungen hat der BGH bei

---

449 BGH WM 1988, 195 dazu EWiR 1988, 121 (Bülow).
450 BGH WM 1985, 1437.

Aufhebung des Kaufvertrages über das zu finanzierende und als Sicherheit vorgesehene Objekt bejaht[451]. In gleicher Weise hat das Gericht bei Gefährdung einer Realisierung der Kreditsicherheiten[452], und bei unmittelbar drohender Gefahr eines Konkurses wegen Zahlungsunfähigkeit entschieden[453]. Eine wesentliche Verschlechterung der Vermögenslage hat der BGH auch schon bei Vorladung des Darlehensnehmers zur Leistung des Offenbarungseides angenommen[454]. Schließlich liegt ein wichtiger Grund dann vor, wenn der Schuldner mit zwei aufeinanderfolgenden Raten in Höhe von mindestens 10 % der Darlehensschuld in Verzug gerät[455].

c) Bestellung oder Verstärkung von Sicherheiten
Die Bank darf auch dann fristlos kündigen, wenn der Kunde seiner Verpflichtung zur Bestellung oder Verstärkung von Sicherheiten nach Nr. 13 Abs. 2 AGB/B (93) oder aufgrund einer sonstigen Vereinbarung nicht innerhalb der von der Bank gesetzten angemessenen Frist nachkommt. Nach Nr. 13 Abs. 2 AGB/B (93) kann die Bank dann eine Bestellung oder Verstärkung von Sicherheiten verlangen, wenn »Umstände eintreten oder bekannt werden, die eine erhöhte Risikobewertung der Ansprüche gegen den Kunden rechtfertigen. Dies kann insbesondere der Fall sein, wenn
(1) sich die wirtschaftlichen Verhältnisse des Kunden nachteilig verändert haben oder sich zu verändern drohen, oder
(2) sich die vorhandenen Sicherheiten wertmäßig verschlechtert haben oder sich zu verschlechtern drohen.«

207

Der unmittelbare Zusammenhang zur wesentlichen Vermögensverschlechterung liegt auf der Hand. Wenn und solange ein Kunde der Bank hinreichende Sicherungen zur Verfügung stellen kann, scheidet automatisch auch eine Kündigung wegen wesentlicher Vermögensverschlechterung aus, da die Erfüllung von Verbindlichkeiten gegenüber der Bank nicht gefährdet ist. Zu Recht hat deshalb der Konkursverwalter einer Bank am 5.11.1985 an einen Darlehenskunden geschrieben, seine Vermögensverhältnisse hätten sich wesentlich verschlechtert. Unter Berufung auf die AGB der Bank verlangte er folgerichtig eine Verstärkung der Kreditsicherheiten und kündigte für den Fall nicht ausreichender Vorschläge die sofortige Fälligstellung der Kredite an[456].

---

451 BGH ZIP 1989, 903 = WM 1989, 1011, dazu EWiR 1989, 753 (Vortmann).
452 BGH ZIP 1986, 770 = WM 1986, 605, dazu EWiR 1986, 641 (v. Stebut).
453 BGH NJW-RR 1990, 110.
454 WM 1988, 1223, dazu EWiR 1988, 1069 (Alisch).
455 BGH WM 1988, 195 (in Anlehnung an § 554 Abs. 1 Nr. 1 BGB), dazu EWiR 1988, 121 (Bülow).
456 BGH NJW 1990, 1356; ähnlich Canaris, ZHR 143 (1979) 113, 120.

3. Schranken der außerordentlichen Kündigung

208 Auch die Kündigung aus wichtigem Grund kann, ebenso wie die ordentliche Kündigung, ausnahmsweise unzulässig sein, wenn nämlich auf etwaige schutzwürdige Belange des Kreditnehmers Rücksicht zu nehmen ist[457]. Es geht um Einschränkungen nach Treu und Glauben (§ 242 BGB). Nach Nr. 19 Abs. 2 AGB/B (93) sind die berechtigten Belange des Kunden bereits bei der Frage der Zumutbarkeit der Fortsetzung des Darlehensvertrages zu berücksichtigen. Eine fristlose Kündigung ist danach erst dann zulässig, wenn sowohl ein wichtiger Grund vorliegt, als auch die berechtigten Belange des Kunden nicht entgegenstehen. Fehlt eine der beiden Voraussetzungen, so ist die fristlose Kündigung unzulässig, d. h. die Kündigungsschranken sind heute immanenter Bestandteil des Kündigungsbegriffs. Was die materiellen Anforderungen an die Kündigungsschranken betrifft, so ist eine Entscheidung des BGH aus dem Jahre 1978 beispielgebend.

209 *Fall: BGH WM 1978, 234*
Der Unternehmer (U) arbeitete seit Jahrzehnten mit der Bank (B) zusammen. Die B hatte dem U neben einem Geschäftskredit in Höhe von insgesamt DM 885 000,- noch einen Kontokorrentkredit mit einem Limit von DM 200 000,- gewährt. Als Sicherheit dienten der B im wesentlichen Grundschulden von rund DM 1 255 000,-. Die Bilanzen des U wiesen eine Überschuldung von knapp DM 1 Mio. auf. Die laufenden Kredite nahm U zunächst bis DM 327 000,- in Anspruch. Die B bat daraufhin den U, seinen »finanziellen Dispositionen mehr Beachtung zu schenken«. Überziehungen der eingeräumten Kreditlinie seien zukünftig in diesem Ausmaß nicht mehr möglich. In der Folgezeit erreichte der Debet-Saldo des laufenden Kontos den Betrag von rund DM 353 000,-. Die B teilte dem U darauf mit, daß eine weitere Überziehung nicht mehr in Betracht komme und forderte ihn auf, die Überziehungen alsbald auf ein vertretbares Maß zurückzuführen. Nachdem dies nicht erfolgte, verlangte die B – vergeblich – die Stellung weiterer Sicherheiten. Als das Konto einen Debet-Saldo von rund DM 383 000,- aufwies kündigte die B alle Darlehen und stellte die Sicherheiten fällig. Wenig später wurde das Vergleichsverfahren über das Vermögen des U eröffnet. U führte seinen Betrieb in verringertem Umfang weiter und nahm die B auf Zahlung von Schadensersatz in Anspruch, da die fristlose Kündigung der Kredite rechtswidrig gewesen sei. Zumindest hätte die B vor Kündigung abmahnen müssen.

---

457 BGH NJW 1981, 1363 = WM 1981, 150.

§ 7 Kreditgeschäft

Der BGH war anderer Meinung. Zwar mache sich die Bank nach §§ 626, 675, 723 Abs. 2 BGB schadensersatzpflichtig, wenn sie ohne wichtigen Grund fristlos kündige. Hier sei aber ein wichtiger Grund vorhanden gewesen, der die Fortsetzung des Vertrages unter Berücksichtigung der Umstände des Einzelfalles und der beiderseitigen Interessen als nicht mehr zumutbar erscheinen ließ. Wenn und soweit dies der Fall ist, *erübrige sich eine Abmahnung*. Denn ein wichtiger Grund liege nicht vor, wenn zu erwarten sei, daß der Kreditnehmer seine Vertragsverstöße nach einer angemessenen Abmahnung aufgeben werde. Eine *Abmahnung* sei vor allem dann *erforderlich*, wenn aufgrund unklarer Vertragsabreden oder aufgrund des Verhaltens der Bank der Kreditnehmer den Eindruck haben müsse, daß die *Bank sein Vorgehen billige* und damit stillschweigend die bisherigen Vertragsabreden ändere. Dann würde sich die Bank im Falle einer fristlosen Kündigung widersprüchlich verhalten (venire contra factum proprium). Diese Fallgestaltung sei hier aber nicht gegeben gewesen. Die B hatte den U bereits nach der ersten weitreichenden Limitüberschreitung nicht darüber im unklaren gelassen, daß sie eine alsbaldige Rückführung der Überziehung erwarte und dies in einer zweiten Aufforderung noch einmal bekräftigt. Immerhin ließ die B den Debet-Saldo trotz der ersten Abmahnung bis auf DM 383 000,- anwachsen. Hierin liegt kein widersprüchliches Verhalten. Vielmehr ließ die B dem U noch eine Schonfrist, um sich auf ihre Forderungen einzustellen. 210

In einem anderen Fall, den der BGH am 18.12.1980 entschied, ging es um die Grenzen des Kündigungsrechts bei Verstärkung von Sicherheiten[458]. Der BGH bekräftigte zunächst, daß die Bank bei Ausübung des Rechts auf Verstärkung der Sicherheiten an die allgemeinen Grundsätze von Treu und Glauben gebunden sei. Sie habe im Rahmen der Billigkeit auf die schutzwürdigen Belange des Kunden Rücksicht zu nehmen, der insbesondere darauf vertrauen dürfe, daß die Bank den Kredit jedenfalls nicht ohne besonderen Anlaß entziehe und dadurch die Finanzierung eines Objektes gefährde oder gar zu Fall bringen werde[459]. Treuewidrig wäre es insbesondere gewesen, wenn das Verlangen der Bank nach weiteren Sicherheiten zu ihrer *Übersicherung geführt hätte*. Gegen Treu und Glauben hätte es ferner verstoßen, wenn die Bank sich durch die Forderung zusätzlicher Sicherheiten in unzulässiger Weise widersprüchlich verhalten oder ein zuvor in zurechenbarer Weise geschaffenes Vertrauen des Kunden verletzt hätte. 211

Verallgemeinernd kann man sagen, daß die oben herausgearbeiteten Grenzen der ordentlichen Kündigung im Grundsatz auch für die außerordentliche Kündigung gelten[460]. Es gilt das Verbot widersprüchlichen 212

---

458 NJW 1981, 1363.
459 So auch Canaris, ZHR 143 (1979) 113, 127 f.
460 Vgl. Rz. 182 ff.

Verhaltens (venire contra factum proprium), insbesondere bei sehr starker Abhängigkeit des Kreditnehmers von der Bank, bei Finanzierung eines bestimmten Projekts und bei Duldung eines bestimmten Verhaltens des Kreditnehmers durch die Bank[461]. Daneben steht das Verbot übermäßiger Schädigung (inciviliter agere), etwa durch Kündigung eines hinreichend gesicherten Kredites gegenüber einem sanierungsbedürftigen Unternehmen[462]. Die Kündigung ist aber zulässig, wenn der Kreditschuldner, obwohl Sicherheiten zur Verfügung stehen, *nicht mehr sanierungsfähig ist*[463].

213 Eine *Kündigung zur Unzeit* scheidet nach dem Wortlaut von Nr. 19 Abs. 2 AGB/B (93) tatbestandlich aus. Denn die fristlose Kündigung ist überhaupt nur zulässig, wenn ein wichtiger Grund vorliegt und für die Bank, trotz der berechtigten Belange des Kunden, die Fortsetzung des Darlehensvertrages unzumutbar ist. Wenn das aber der Fall ist, dann kann die Kündigung nicht mehr zur Unzeit ausgesprochen werden[464].

G. Eigenkapitalersetzende Gesellschafterdarlehen

Schrifttum:
Baumbach/Hueck, GmbH-Gesetz-Kommentar, 15. Aufl., 1988; *Lutter/Hommelhoff*, GmbH-Gesetz-Kommentar, 13. Aufl., 1991; *Hüffer*, Kapitalersatz durch Gesellschafterdarlehen einer Landesbank und durch Landesbürgschaft im Konkurs der illiquiden GmbH, ZHR 153 (1989), 322; *Priester*, Eigenkapitalersetzende Landesbankkredite – Konsolidierung der Rechtsprechung und neue Aspekte, ZBB 1989, 30; *v. Gerkan*, Zum Stand der Rechtsentwicklung bei den kapitalersetzenden Gesellschafterleistungen, GmbHR 1990, 384.

214 Kredite, die einem Unternehmen zu einer Zeit gewährt werden, in der ein ordentlicher Kaufmann Eigenkapital zugeführt hätte, können in Eigenkapital umqualifiziert werden. Voraussetzung ist allerdings, daß der Kreditgeber zugleich *Gesellschafter* ist. Gesetzlich ist dies ausdrücklich für die GmbH in den §§ 32 a/b GmbHG, für die GmbH & CoKG in § 172 a HGB und für die OHG in § 129 a HGB geregelt. Ergänzende Regelungen finden sich in § 32 a KO und § 3 b AnfG. Der BGH hat inzwischen die analoge Anwendbarkeit der Regeln für die GmbH auf die Aktiengesellschaft bejaht[465]. Die Umqualifizierung eines Darlehens in Eigenkapital setzt nach § 32 a GmbHG voraus, daß ein
(1) Gesellschafter der Gesellschaft

---

461 Vertiefend Canaris, ZHR 143 (1979) 113, 124 ff.
462 Canaris, ZHR 143 (1979) 113, 131.
463 OLG Celle ZIP 1982, 942.
464 Generalisierend Hadding, FS für Heinsius, S. 183, 198 f.
465 BGHZ 90, 381.

(2) in einem Zeitpunkt, in dem ihr die Gesellschafter als ordentliche Kaufleute Eigenkapital zugeführt hätten
(3) stattdessen ein Darlehen gewährt.

Ist dies der Fall, so kann der Gesellschafter den Anspruch auf Rückgewähr des Darlehens im Konkurs oder Vergleichsverfahren nicht geltend machen. Der Grund für die Umqualifizierung von Fremdkapital in Eigenkapital liegt in der »Mitverantwortung des Gesellschafters für eine ordnungsgemäße Unternehmensfinanzierung«[466]. In der Gesellschaftskrise verpflichtet diese Verantwortung den Gesellschafter zwar nicht dazu, über die versprochene Einlage hinaus weitere Mittel zur Verfügung zu stellen. Es steht dem Gesellschafter frei, auf die Liquidierung der Gesellschaft hinzuwirken. Wenn er sich jedoch zu ihrer finanziellen Unterstützung entschließt, dann muß er Eigenkapital und darf kein Fremdkapital zuführen[467]. Es geht vor allem darum, die notleidende Gesellschaft nicht zu Lasten der außenstehenden Gläubiger künstlich über Wasser zu halten.

215

Für die kreditgebenden Banken stellen sich Probleme dieser Art nur dann, wenn die Bank zugleich Gesellschafterin ist. Der Schwerpunkt der Problematik liegt also im Gesellschafts- und nicht im Bankrecht. Deshalb werden hier nur einige wenige ganz grundsätzliche Fragen gestellt. Die erste und schwierigste Frage ist die, nach welchen Kriterien der *Zeitpunkt* bestimmt wird, in dem ein Gesellschafter als ordentlicher Kaufmann der Gesellschaft Eigenkapital zugeführt hätte. Der Gesetzgeber hat die Bestimmung dieses Zeitpunktes der Rechtsprechung überlassen. Diese hat herausgearbeitet, daß ein Gesellschafter als ordentlicher Kaufmann seiner Gesellschaft Eigenkapital zuführt, wenn die Gesellschaft *kreditunfähig* ist. Das ist nach einer inzwischen durchgesetzten Formel des BGH immer dann der Fall, *»wenn die Gesellschaft im Zeitpunkt der Leistung von dritter Seite keinen Kredit zu marktüblichen Bedingungen hätte erhalten können* und deshalb ohne die Leistung hätte liquidiert werden müssen«[468].

216

Die zweite Frage ist, ob die Umqualifizierung eines Darlehens in Gesellschaftskapital eine bestimmte gesellschaftsrechtliche *Beteiligungshöhe* voraussetzt oder jeden Gesellschafter trifft, gleichviel wie hoch sein Anteil ist. Für die GmbH ist der Wortlaut von § 32 a GmbHG zunächst einmal eindeutig. Dort ist vom *Gesellschafter* schlechthin die Rede, eine bestimmte Beteiligungshöhe verlangt der Wortlaut nicht. In der Literatur wird, wohl überwiegend angenommen, daß dieser Wortlaut auch dem Sinn und Zweck der Norm entspricht. Der anerkannt weite Normzweck des Gläubigerschutzes im Insolvenzfalle begründe die allgemeine Verantwortung aller Gesellschafter für das Finanzierungsverhalten[469]. Das entspricht

217

---

466 BGHZ 90, 381, 389.
467 Std.Rspr. BGHZ 105, 175 f.
468 St. Rspr. seit BGHZ 76, 326, 330.
469 Baumbach/Hueck, GmbH-Gesetz-Kommentar, 15. Aufl., 1988, § 32 a Rz. 17 m.v.w.N.

auch der Rechtsprechung des BGH[470]. Danach ist ein bestimmender Einfluß des Gesellschafters auf die GmbH nicht erforderlich[471]. Demgegenüber wird nicht zu Unrecht darauf hingewiesen, daß der Grund für die Umqualifizierung von Krediten in Eigenkapital in der (Mit-)Verantwortung des GmbH-Gesellschafters für eine ordnungsgemäße Unternehmensfinanzierung liegt[472]. Ausgehend von der mitunternehmerischen Verantwortung bedürfe § 32 a Abs. 1 GmbHG einer teleologischen und zugleich rechtssichernden Reduktion. »Wer weniger als 10 % des Stammkapitals hielte, trüge typischerweise keine mitunternehmerische Verantwortung, weil er weder die Einberufung einer Gesellschafterversammlung (§ 50 Abs. 1 GmbHG) verlangen, noch in einer Gesellschafterversammlung die Gesellschafter zwingen könne, sich mit einem bestimmten Beschlußgegenstand zu befassen (§ 50 Abs. 2 GmbHG)[473]. Oberhalb der 10 %-Grenze komme es dagegen auf das Motiv der Beteiligung nicht an. Auch der reine Anlagegesellschafter trage die Finanzierungsverantwortung[474]. Gegen eine solche Interpretation spricht, daß sie die Höhe des Kreditengagements einer Bank und damit ihren aus der Kreditgeberrolle resultierenden zusätzlichen (unternehmerischen) Einfluß außer acht läßt. Außerdem sind Umgehungsmöglichkeiten Tor und Tür geöffnet. Eine Bank, die sich mit 9 % an einer GmbH beteiligt, könnte nun Kredite in jeder Höhe gewähren und damit entscheidend in die Geschicke des Unternehmens eingreifen, ohne Gefahr zu laufen, daß die Darlehen in Eigenkapital umqualifiziert würden. Für die GmbH sollte es also im Grundsatz dabei bleiben, daß *jeder* Gesellschafter die Finanzierungsmitverantwortung trägt und somit verpflichtet ist, dem Unternehmen in der Krise Eigenkapital statt Fremdkapital zuzuführen.

Richtig ist allerdings, daß der BGH für die Aktiengesellschaft anders entschieden hat.

218 *Fall: BGHZ 90, 381*
Die West-LB war Hausbank und Hauptkreditgeberin von Beton- und Monierbau (BuM). Sie war außerdem und in wechselnder Höhe bis zu 20,5% des Grundkapitals an BuM als Aktionärin beteiligt. Seit 1974 hatte BuM zunehmend mit wirtschaftlichen Schwierigkeiten zu kämpfen. Obwohl nur eine Kontokorrent-Kreditlinie von 20 Mio. DM eingeräumt war, hatte die West-LB bis Ende 1977 die Überschreitung dieser Kreditlinie bis zu 78 Mio. DM hingenommen. Später war der West-LB dieser

---

470 BGHZ 81, 314.
471 BGH WM 1990, 554.
472 BGHZ 90, 381, 389.
473 Lutter/Hommelhoff, GmbH-Gesetz-Kommentar, 13. Aufl., §§ 32 a/b Rz. 51.
474 Lutter/Hommelhoff, aaO, §§ 32 a/b Rz. 52; BGH WM 1990, 554.

Kredit zurückgezahlt worden. Der Konkursverwalter von BuM klagt auf Rückzahlung dieser Gelder mit der Begründung, es habe sich um die verbotene Rückzahlung eigenkapitalersetzender Gesellschafterdarlehen gehandelt.

Dem hat der BGH zugestimmt. Die Grundfrage diese Prozesses war zunächst, ob die Regeln des GmbH-Gesetzes über das Verbot der Rückzahlung eigenkapitalersetzender Gesellschafterdarlehen in das Aktiengesetz analog verlängert werden dürfen. Das hat das Gericht aufgrund der im wesentlichen gleichen Schutzbedürfnisse der Gläubiger bejaht. Sodann stellte sich die Frage, welcher *Grad der Beteiligung* gefordert werden mußte. Anders als im GmbH-Recht hat der BGH für das Aktienrecht auf eine *unternehmerische Beteiligung* der Bank abgestellt. Davon sei regelmäßig bei einem Aktienbesitz von 25 % + 1 Aktie des Grundkapitals auszugehen (Sperrminorität). Bei einer darunterliegenden, aber nicht unbeträchtlichen Beteiligung – wie hier -, kann ein Gesellschafterdarlehen als haftendes Eigenkapital einzustufen sein, wenn die Beteiligung in Verbindung mit weiteren Umständen dem Gläubiger (der Bank) Einfluß auf die Unternehmensleitung sichert *und* ein entsprechendes *unternehmerisches Interesse* erkennbar ist. Beide Voraussetzungen bejahte der BGH gegenüber der West-LB und verurteilte diese zur Rückzahlung der eigenkapitalersetzenden Gesellschafterdarlehen.

Ferner kann sich bei *Konsortialkrediten* die Frage stellen, in welchem Umfang der Kredit als Eigenkapital umqualifizierbar ist. Zu differenzieren ist zwischen einem Außen- und einem Innenkonsortium. Gewährt ein Gesellschafter als Mitglied eines *Außenkonsortiums* zusammen mit gesellschaftsfremden Dritten einen Konsortialkredit, so kann allenfalls die auf den Gesellschafter entfallende Kreditquote in Eigenkapital umqualifiziert werden, nicht aber die Quoten der Dritten, denn diese sind keine Gesellschafter[475]. Streitig ist dagegen der Kredit eines *Innenkonsortiums*. Hier tritt der Gesellschafter nach außen allein im eigenen Namen und nur im Innenverhältnis (teilweise) für Rechnung gesellschaftsfremder Dritter auf. Aus der Sicht der Gesellschaft gewährt also der Gesellschafter ein Darlehen. Wie er sich dieses Geld besorgt hat, ist für die Gesellschaft ohne Belang. Von daher erscheint es konsequent, daß das Darlehen in voller Höhe in Eigenkapital umqualifiziert wird[476]. Andernfalls müßte ein Gesellschafter, der sich selbst refinanziert, wie typischerweise Banken, ebenfalls von den Wirkungen der §§ 32 a/b GmbHG ausgenommen sein.

---

475 Lutter/Hommelhoff, §§ 32 a/b Rz. 37; Hüffer ZHR 1989, 325; Priester ZBB 1989, 33.
476 Wie hier Lutter/Hommelhoff, §§ 32 a/b Rz. 38; Priester, ZBB 1989, 33; dagegen v. Gerkan, GmbHR 1990, 386; Hüffer, ZHR 1989, 327.

221 Schließlich reicht es für die Umqualifizierung in der Regel aus, daß der Gesellschafter die wirtschaftlichen Verhältnisse seiner Gesellschaft, die den Eintritt der Krise begründen, kennen kann und muß, wovon *im Normalfall auszugehen* ist. Die weitergehende Frage, ob die Umqualifizierung von subjektiven Merkmalen in der Person des Gesellschafters abhängen kann, hat der BGH erstmals am 07.11.1994[477] entschieden und bejaht. Danach muß der Gesellschafter wenigstens *die Möglichkeit* gehabt haben, die Krise der Gesellschaft bei Wahrnehmung seiner Verantwortung für eine ordnungsgemäße Finanzierung der Gesellschaft *zu erkennen*. An die damit geforderte Erkennbarkeit der Krise der Gesellschaft sind jedoch keine hohen Anforderungen zu stellen[478]. Die grundsätzliche Verantwortlichkeit des Gesellschafters für eine seriöse Finanzierung folgt nämlich schon aus der Stellung eines Gesellschafters[479]. Um dieser Verantwortung gerecht zu werden, muß der Gesellschafter von sich aus sicherstellen, daß er laufend zuverlässig über die wirtschaftliche Lage der Gesellschaft, insbesondere den evtl. Eintritt der Krise, informiert ist. Im Grundsatz gilt deshalb, daß dem Gesellschafter die wirtschaftlichen Umstände, die die Umqualifizierung seiner Hilfe in Eigenkapitalersatz begründen, zumindest bekannt sein konnten und mußten[480]. Deshalb wird der Gesellschafter nur in Ausnahmefällen bei Vorliegen ganz besonderer, von ihm darzulegender und zu beweisender Umstände mit dem Einwand durchdringen können, er sei nicht in der Lage gewesen, die kritische wirtschaftliche Situation »seiner« Gesellschaft zu erkennen[481].

---

477 WM 1994, 2280, 2284.
478 BGH WM 1994, 2280, 2285.
479 BGHZ 105, 168, 175 f. = WM 1988, 1525.
480 BGH WM 1992, 816, 817 m.w.N.
481 BGH WM 1994, 2280, 2285.

§ 8 Verbraucherkredit

I. Überblick
II. Die europäische Dimension des VKG
III. Rechtssoziologischer Hintergrund des VKG
IV. Der persönliche Anwendungsbereich des VKG
   1. Kreditgeber
   2. Verbraucher
V. Der sachliche Anwendungsbereich des VKG
   1. Grundsätze
   2. Entgeltlichkeit
   3. Darlehen
   4. Bürgschaften
   5. Zahlungsaufschub
   6. Sonstige Finanzierungshilfen
VI. Ausnahmen von der Anwendbarkeit des VKG
VII. Erweiterung des sachlichen Anwendungsbereichs des VKG
VIII. Der Schutz vor Übereilung: Formmängel – Widerruf
   1. Schriftform
   2. Rechtsfolgen von Formmängeln
   3. Widerrufsrecht
IX. Der Schutz vor Fehlentscheidungen: Das Informationsmodell (§ 4 VKG)
   1. Grundsätze
   2. Der Nettokreditbetrag
   3. Der Bruttokreditbetrag
   4. Rückzahlung/Beendigung
   5. Zinsen und Kosten
   6. Effektivzins
   7. Restschuldversicherung
X. Verbundene Geschäfte (§ 9 VKG)
   1. Entstehung und Normzweck
   2. Das verbundene Geschäft
      a) Die Zweckbestimmung
      b) Die wirtschaftliche Einheit
      c) Einzelfälle
      d) Leasingverträge
   3. Widerruf und Rückabwicklung
      a) Grundsätze
      b) Belehrung
      c) Rückabwicklung
   4. Der Einwendungsdurchgriff
      a) Grundsätze
      b) Einwendungsdurchgriff nach § 9 Abs. 3 S. 1 VKG
      c) Rückforderungsdurchgriff
   5. Verbot des Einwendungsverzichts; Wechsel- und Scheckverbot (§ 10 VKG)
XI. Verbraucherschutz bei Zahlungsverzug (§§ 11, 12, 13 VKG)
   1. Grundsätze
   2. Pauschalierung des Verzugsschadens (§ 11 Abs. 1 VKG)
   3. Tilgungsreihenfolge und Zinsreduktion nach Verzug
   4. Zahlungen auf Vollstreckungstitel
   5. Kündigung von Teilzahlungskrediten (§ 12 VKG)
      a) Anwendungsbereich
      b) Kündigung
      c) Kündigungsvoraussetzungen
      d) Zinsrückvergütung
   6. Rücktritt der kreditgebenden Bank (§ 13 VKG)
XII. Vorzeitige Erfüllung
XIII. Kreditvermittlung
XIV. Änderung des Mahnverfahrens

Schrifttum:
Ackmann, Lebenslänglich Schuldverstrickung oder Schuldbefreiung durch Konkurs? ZIP 1982, 1266; *Ahrens*, Daten zur sozialen Situation des Verbrauchers in der Bundesrepublik Deutschland und rechtspolitische Folgerungen, in: *Magoulas/Simon*, Recht und Ökonomie beim Konsumentenschutz und Kredit, S. 415; *Auge*, Entwicklungen auf dem Markt für Konsumentenkredite, FLF 1990, 94; *Baier/Jacob*, Der Konsumentenkredit in der Bundesrepublik Deutschland, 1987; *Balz*, Aufgaben und Struktur des künftigen einheitlichen Insolvenzverfahrens ZIP 1988, 273; *Baumbach/Hopt*, HGB-Kommentar, 29. Aufl., 1995; *Becker*, Beschränkung des Widerrufs auf den Darlehensantrag beim verbundenen Verbraucherkreditgeschäft?, ZBB 1992, 214; *Beyfuß*, Konsumentenkredite – Panikmache nicht angebracht, FLF 1988, 233; *Bierbrauer/Gottwald*, Mit Zins und Zinseszinsen, Psychologie Heute, 1988, Heft 12, S. 32; *Bülow*, Das neue Verbraucherkreditgesetz, NJW 1991, 129; *ders.*, Verbraucherkreditgesetz-Kommentar, 2. Aufl., 1993; *ders.*, Verzugsschadensberechnung mit 5% über dem jeweiligen Diskontsatz, ZIP 1996, 8; *Bruchner/Ott/Wagner-Wieduwilt*, Verbraucherkreditgesetz, 1992; *Canaris*, Der Zinsbegriff und seine rechtliche Bedeutung, NJW 1978, 1891; *ders.*, Bankvertragsrecht, 3. Aufl. 1981; *ders.*, Grundprobleme des Finanzierungsleasing im Lichte des Verbraucherkreditgesetzes, ZIP 1993, 401; *Claussen*, Finanzierter Wertpapierkauf und Verbraucherkreditgesetz, NJW 1993, 564; *Dauner-*

Lieb, Verbraucherschutz bei verbundenen Geschäften (§ 9 VerbrKrG), WM 1991, Beilage 6; *Derleder*, Zins als Rente, Zur neuesten Geschichte, Theorie und Praxis des Verbraucherkreditrechts, in: Krit. Justiz 1991, 275; *Drescher*, VerbraucherkreditG und Bankenpraxis, 1994; *Emmerich*, Auswirkungen des Verbraucherkreditgesetzes auf die Kreditwirtschaft, FLF 1989, 168; *ders.*, Verbundene Geschäfte im Verbraucherkreditgesetz, Bankrechtliche Vereinigung, Bd. 2, S. 76; *Falken*, Ratenzahlungszuschläge in der Versicherung, eine teure Angelegenheit, VuR 1990, 9; *Fröhlingsdorf*, RIW/AWD 1985, 99; *Gernhuber*, Das Schuldverhältnis, 1989; *Habersack*, Drittfinanzierter Immobilien- und Beteiligungserwerb unter Geltung des § 9 VerbrKrG, ZHR 156 (1992), 46; *ders.*, in Münchener Kommentar, Verbraucherkreditgesetz; *Hemmerde/v. Rottenburg*, Die Angabe von Kosten einer Versicherung im Kreditvertrag nach § 4 Abs. 1 S. 2 Nr. 1 des Verbraucherkreditgesetzes, WM 1993, 181; *von Heymann*, Zum neuen Verbraucherkreditgesetz, WM 1991, 1285; *Holzscheck/Hörmann/Daviter*, Die Praxis des Konsumentenkredits in der Bundesrepublik Deutschland, 1982; *Hopt-Mülbert*, Kreditrecht, 1989; *Köndgen*, Die Entwicklung des Bankkreditrechts in den Jahren 1991-93, NJW 1994, 1508; *Knüllig-Dingeldey*, Nachforderungsrecht oder Schuldbefreiung, 1984, passim; *Kümpel*, Bank- und Kapitalmarktrecht, 1995; *Krupp*, Verbraucherschutz durch Preistransparenz, WM 1991, 535; *Lieb*, § 9 Verbraucherkreditgesetz und Finanzierungsleasing, WM 1991, 1533; *Löbbecke*, Überschuldung und Schuldnerberatung, FLF 1991, 73; *F.A. Lutz*, Der Kosumentenkredit, 1954; *Lwowski/Peters/Gößmann*, Verbraucherkreditgesetz, 1993; *Martinek/Oechsler*, Die Unanwendbarkeit des Verbraucherkreditgesetzes auf Leasingverträge ohne Vollamortisationspflicht, ZIP 1993, 81; *Medicus*, »Geld muß man haben«, AcP 188 (1988) 489; *Mülbert*, Die Richtlinie über den Verbraucherkredit und ihre Umsetzung durch das geplante Verbraucherkreditgesetz, in: Europäische Integration als Herausforderung des Rechts, hrsg. von K.-J. Hopt, 1991, 105; *Münstermann/Hannes*, Verbraucherkreditgesetz, 1991; *Ollmann*, Die schwebende Unwirksamkeit des Verbraucherkreditvertrages, WM 1992, 2005; *Paulus*, Restschuldbefreiung und internationales Insolvenzrecht, ZEUP 1994, 301; *Peters*, Leasing und Verbraucherkreditgesetz, WM 92, 1797; *ders.*, Die »novellierte« Gesamtbetragsangabepflicht nach dem Verbraucherkreditgesetz, WM 1994, 1405; *Reich/Micklitz*, Verbraucherschutzrecht in der Bundesrepublik Deutschland, 1980; *Reifner*, Handbuch des Kreditrechts, 1991; *Reinicke/Tiedtke*, Zweifelsfragen bei der Anwendung des Verbraucherkreditgesetzes, ZIP 1992, 217; *Reinking/Nießen*, Problemschwerpunkte im Verbraucherkreditvertrages, ZIP 1991, 634; *Röbke*, Borgkauf im Lichte sozial-ethischer Kritik, 1954; *Schmelz*, Die Verbraucherkreditrichtlinie 1989; *Schmid-Burgk/Schölemann*, Probleme bei der Anwendung des neuen Verbraucherkreditgesetzes auf Leasingverträge, BB 1991, 566; *Schmidt*, Die Anwendung der Schlüsselgewalt (§ 1357 I BGB) auf Ratenkaufverträge, FamRZ 1991, 629; *Scholz*, Kreditvermittler – Aktuelle Rechtsprechung und rechtspolitischer Ausgleich, MDR 1981, 361; *ders.*, Verbraucherkreditverträge, 2. Aufl., 1992; *ders.*, Zum Entwurf eines Verbraucherkreditgesetzes, MDR 1989, 1054; *ders.*, Das Verbraucherkreditgesetz, DB 1991, 215; *ders.*, Grenzen der Anwendung des Verbraucherkreditgesetzes auf Existenzgründungskredite, DB 1993, 261; *Schuberth*, Der Konsumentenkredit im Spannungsfeld von Ersparnisbildung und Nachfrage, FLF 1991, 27; *Schwartze/Simon*, Die Vermittlung von Konsumentenkrediten – Bedeutung, Mißstände, Lösungswege, in: *Magoulas/Simon*, Recht und Ökonomie beim Konsumentenschutz und Konsumentenkredit, 1986; *Schwintowski*, Das neue Verbraucherkreditgesetz – sozialpolitische Instrumentierung des Privatrechts?, JA 1992, 33; *ders.*, Haftung bei der Finanzierung von (atypisch) fehlgeschlagenen steuerbegünstigten Kapitalanlagen, NJW 1989, 2087; *Seibert*, Verbraucherkreditgesetz, 1991; *Seligman*, Die wirtschaftliche Bedeutung des Abzahlungsgeschäftes, Bd. 1, Jena 1930; *Sievi*, Effektiver Jahreszins: Zwei Berechnungsmethoden, FLF 1989, 8; *Stauder*, Das Widerrufsrecht des Käufers beim finanzierten Abzahlungskauf, FS für Bosch, 1976, 983; *Steiner*, Betriebswirtschaftlich orientierte Bemessung des Verzugsschadens bei Krediten, 1978; *ders.*, Dürfen Banken Überziehungszinsen verlangen?, WM 1992, 423; *Ulmer*, in: Münchener Kommentar Verbraucherkreditgesetz, Ergänzungsband zur 2. Aufl., 1992; *Voit*, Der praktische Fall: Bürgerliches Recht – Teurer Widerruf eines billigen Darlehens?, JuS 1992, 491; *Vollkommer*, Aktuelle Probleme der Kreditvermittlung, FLF 1986, 98; *Vortmann*, Fallen Effektenlombardkredite unter das Verbraucherkreditgesetz?, NJW 1992, 1865; *ders.*, Verbraucherkreditgesetz-Kommentar, 1991; *Westermann*, Verbraucherschutz – Empfiehlt sich bei der Aufnahme bisheriger Verbraucherschutzvorschriften in das BGB eine einheitliche Abgrenzung ihrer Anwendung?, Gutachten und Vorschläge zur Überarbeitung des Schuldrechts, Bd. III, 1983; *v. Westphalen/Emmerich/Kessler*, Verbraucherkreditgesetz-Kommentar, 1991;

Graf v. Westphalen, Änderung des Verbraucherkreditgesetzes, ZIP 1993, 476; *ders.*, Zur Sittenwidrigkeit von Leasingverträgen, BB 1992, Beilage 9; *ders.*, Finanzierungsleasing – Der richtlinienwidrige Ausnahmetatbestand von § 3 II Nr. 1 VerbrKrG, NJW 1993, 3225; *ders.*, Verbraucherkreditgesetz und Gemeinschaftsrecht, ZIP 1993, 93; *Wimmer*, Die aktuelle und zukünftige Effektivzinsangabeverpflichtung von Kreditinstituten, BB 1993, 950; *Zahn*, Die Stellung des Finanzierungsleasings im Verbraucherkreditgesetz – ein Verstoß gegen EG-Recht?, DB 1994, 617; *ders.*, Neues Recht des Leasingvertrages durch das Verbraucherkreditgesetz, DB 1991, 81; *ders.*, Leasingpraxis nach Inkrafttreten des Verbraucherkreditgesetzes, DB 1991, 2171.

I. Überblick

Am 1.1.1991 ist das Gesetz über den Verbraucherkredit, das Verbraucherkreditgesetz, in Kraft getreten. Es hat das fast 100jährige Abzahlungsgesetz abgelöst und beruht in erster Linie auf der Umsetzung der EG-Richtlinie vom 22.12.1986 zur Rechtsangleichung über den Verbraucherkredit[1]. Mit diesem Gesetz wurde Sonderrecht geschaffen, das in manchen Bereichen, so etwa bei den Existenzgründungsdarlehen, möglicherweise über den Verbraucherschutz hinausgeht, allerdings auch nicht alle Rechtsprobleme des Verbraucherkredits abschließend regelt. Insbesondere fehlen im Verbraucherkreditgesetz (VKG) Regeln, die anstelle oder neben § 138 BGB für Verbraucherkredite eine Wuchergrenze festlegen. Hier gilt die oben dargestellte[2] vom BGH zu § 138 Abs. 1 BGB entwickelte Rechtsprechung weiter[3]. Der besondere Vorteil des geltenden Rechts, so heißt es im Referentenentwurf, liege darin, daß die Gerichte ihre Entscheidungen nicht ausschließlich an festliegenden objektiven Größen auszurichten hätten, sondern wegen der subjektiven Komponente in § 138 BGB, dem Konsumentenschutz durch eine flexible Handhabung einzelfallbezogen gerecht werden könnten[4].

Hierneben war dem Gesetzgeber bewußt, daß das komplexe Problem des »modernen Schuldturms« durch das VKG nicht gelöst wurde. Es wird im Referentenentwurf selbst darauf hingewiesen, daß diese Problemlösung erst im Rahmen einer den Verbraucherkonkurs eröffnenden Insolvenzrechtsreform möglich werden wird. Angeknüpft werden soll an amerikanische Erfahrungen, wo die Restschuldbefreiung (Discharge) des überschuldeten Verbrauchers bereits nach ein bis drei Jahren möglich ist[5].

1

2

---

1 Abgedruckt NJW 1988, 1959, geändert durch die EG-Richtlinie vom 22.2.1990 – 90/88/EWG; zur Genese Mülbert, in: Europäische Integration als Herausforderung des Rechts, hrsg. von K.-J. Hopt, 1991, 105 ff.
2 § 7, 136 ff.
3 Begründung zum Referentenentwurf, ZIP 1988, 1215, 1221.
4 ZIP 1988, 1215, 1221.
5 Knüllig-Dingeldey, 1984, passim; Ackmann, ZIP 1982, 1266; Balz, ZIP 1988, 273; zum rechtsgeschichtlichen Hintergrund und zur europäischen Praxis, Paulus, ZEUP 1994, 301 (Fn. 21-30).

Zweiter Teil Commercial Banking

Inzwischen hat das BVerfG der Problematik die Spitze genommen[6]. Danach sind kreditbegleitende Verträge mit Mithaftenden (z.B. Bürgen) nach § 138 BGB nichtig, wenn zwischen den Vertragsparteien ein *strukturelles Ungleichgewicht* bestand.

3   Positiv gesagt genießen also natürliche Personen, die private Investitionen finanzieren, den Schutz des VKG. Vor und bei Vertragsabschluß werden sie vor Übereilung (Schriftform/Widerrufsrecht), vor Fehlentscheidungen (Informationsmodell) und vor Umgehungsrisiken (Einwendungsdurchgriff) geschützt. Nach Abschluß des Vertrages greifen Schutzvorschriften bei Zahlungsverzug ein. Schließlich gibt es im Hinblick auf die Kreditvermittlung und das Mahnverfahren flankierende Maßnahmen.

II. Die europäische Dimension des VKG

4   Das VKG beruht im wesentlichen auf der EG-Richtlinie vom 22.12.1986 zur Rechtsangleichung über den Verbraucherkredit[7]. Damit verfügen wir europaweit über ein einheitlich geltendes Verbraucherschutzgesetz für einen Markt, der, bei steigender Tendenz, von ca. 380 Mio. Menschen gebildet wird. Die Vorarbeiten der europäischen Kommission für die Richtlinie des Jahres 1986 begannen im Jahre 1974. Ausgangspunkt waren Untersuchungen über den Verbraucherschutz in den Mitgliedstaaten der Gemeinschaft[8]. Der erste Entwurf für eine Richtlinie, der sich stark am französischen Verbraucherkreditgesetz von 1978 orientierte, wurde im Jahre 1979 vorgelegt[9]. Die Kommission hatte den Richtlinienvorschlag auf Art. 100 EGV gestützt. Dagegen wandte sich der Rechtsausschuß des Europäischen Parlaments. Er verneinte zunächst die Zuständigkeit der Gemeinschaft für eine Regelung des Verbraucherkredits. Der Gemeinsame Markt würde auch ohne ein Verbraucherkreditrecht funktionieren. Erst nachdem die Kommission noch einmal erläutert hatte, warum sie die Zuständigkeit der Gemeinschaft für gegeben hielt[10], trat der Ausschuß in eine Sachprüfung ein und legte dem Plenum einen zustimmenden Bericht vor. Zur Frage der rechtlichen Zuständigkeit führte er aus: »Nach den Verträgen ist es Aufgabe des Gerichtshofs und nicht des Parlaments, über die Gültigkeit von Rechtsakten der Gemeinschaft zu befinden. Wenn ein Kommissionsvorschlag offensichtlich keine ausreichend fundierte Rechtsgrundlage besitzt, so ist es Aufgabe des Parlaments, die Kommission aufzufordern, eine entsprechende Rechtsgrundlage zu schaffen ... Wir sollten

---

6   ZIP 1993, 1775.
7   NJW 1988, 1959; geändert durch die EG-Richtlinie vom 22.2.1990 – 90/88/EWG.
8   Reich/Micklitz, Verbraucherschutzrecht, 1980, passim.
9   ABl. 1979, Nr. C 80, S. 4.
10 Dokument PE 67. 867 vom 8.10.1980.

es jedoch nicht versuchen, uns die Rolle des Gerichtshofes anzumaßen, wenn es um strittige Rechtsfragen geht[11].

Der Rat teilte diese Bedenken nicht und stützte die Richtlinie vom 22.12.1986 insbesondere auf Art. 100 EGV, wonach der Rat *einstimmig* Richtlinien für die Angleichung derjenigen Rechtsvorschriften der Mitgliedstaaten erläßt, die sich unmittelbar auf die Errichtung oder das Funktionieren des Gemeinsamen Marktes auswirken. Zur Begründung hatte sich die Kommission auf die Programme der Gemeinschaft mit dem Ziel, den Verbraucher vor mißbräuchlichen Kreditbedingungen durch Harmonisierung der allgemeinen Bedingungen für den Verbraucherkredit zu schützen, berufen[12]. Insbesondere entstehe in den Mitgliedstaaten aus unterschiedlichen Rechtsvorschriften und Praktiken ein *ungleicher Verbraucherschutz* auf dem Gebiet des Verbraucherkredits. Diese Unterschiede führen in der Tat zu einem unterschiedlichen Maß an Verbraucherschutz, erschweren die Möglichkeit, in einem anderen Mitgliedstaat einen Kredit aufzunehmen und berühren das Volumen und die Art der in Anspruch genommenen Kredite. Sie erschweren deshalb den freien Waren- und Dienstleistungsverkehr auf Kreditbasis und verhindern somit eine harmonische Entwicklung der Wirtschaftstätigkeiten. Es geht weniger um die Funktionen als um die *Errichtung des Gemeinsamen Marktes* für Verbraucherkredite. Errichtung eines Gemeinsamen Marktes (Art. 2 EGV) beinhaltet dabei die Schaffung binnenmarktkonformer (Art. 7 a Abs. 2 EGV) rechtlicher Rahmenbedingungen sowohl für die Produktions- als auch für die Distributionsfaktoren innerhalb der Gemeinschaft. Aber auch unter Funktionsaspekten läßt sich die Richtlinie von 1986 rechtfertigen. Unterschiedliche Verbraucherschutzstandards bei der Vergabe von Verbraucherkrediten in den verschiedenen Mitgliedstaaten stellen Wettbewerbsverzerrungen dar. Sie behindern grenzüberschreitendes Anbieten von Verbraucherkrediten im freien Dienstleistungsverkehr. Hinzu kommt, daß die Verbraucherkreditmärkte aber auch dadurch gestört werden, daß auf der Marktgegenseite, also bei den Verbrauchern, mit vielerlei Maß gemessen wird. Ein Kreditnehmer, der kein Widerspruchsrecht oder kein Recht darauf hat, den Effektivzins zu erfahren, wird rascher in eine für ihn ungünstige Verschuldung verstrickt und nimmt damit zumindest anders am Wettbewerb in der Gemeinschaft um Waren und Dienstleistungen teil, als es ein informierter Verbraucher täte. Aus diesen Gründen war es richtig, daß die EG ein europaweit einheitliches Verbraucherschutzkonzept auf hohem Niveau (Art. 100 a Abs. 3 EGV) verwirklicht hat.

Die Richtlinie verwirklicht den Verbraucherschutz im wesentlichen auf zwei Wegen, nämlich einmal durch eine umfassende *Verbraucherinfor-*

---

11 EP 70. 989/endg. – Dokument 1 – 1180/2 vom 28.1.1983.
12 ABl. Nr. C 92 vom 25.4.1975, S. 1, und ABl. Nr. C 133 vom 3.6.1981, S. 1.

mation vor und bei Vertragsschluß und zum anderen durch das *Verbot* einer Reihe *mißbräuchlicher*, weil besonders gefährlicher, *Klauseln*. In Übereinstimmung mit dem Subsidiaritätsprinzip heißt es in Art. 15 der Richtlinie, daß diese die Mitgliedstaaten nicht hindere, in Übereinstimmung mit ihren Verpflichtungen aus dem Vertrag weitergehende Vorschriften zum Schutz der Verbraucher aufrecht zu erhalten oder zu erlassen. Solche weitergehenden Regelungen fanden sich zuvor bereits in Frankreich und England und finden sich jetzt z.B. auch in Deutschland, Belgien und den Niederlanden. Der deutsche Gesetzgeber hat von dem großen Entscheidungsspielraum Gebrauch gemacht. So wurde der Geltungsbereich des VKG auf Existenzgründungsdarlehen bis DM 100 000,-, Finanzierungsleasingverträge und auf die Immobiliarfinanzierung ausgedehnt. Auch andere Bereiche, die in der Richtlinie nicht angesprochen waren, wie die vorzeitige Beendigung des Darlehensvertrages und die sich daraus ergebenden Folgen oder die rechtliche Behandlung von Kreditmittlungsverträgen, wurden einbezogen. Die Richtlinie war Ende 1993 in allen Mitgliedstaaten bis auf Spanien, Irland und Luxemburg umgesetzt. Während Frankreich sein Verbraucherschutzgesetz von 1978 als mit dem Inhalt der Richtlinie konform ansah und deshalb nichts änderte, paßte das Vereinigte Königreich den Consumer Credit Act von 1985 geringfügig an[13]. Allein Deutschland, die Niederlande und Dänemark erließen ein, teilweise umfangreiches, neues Verbraucherkreditgesetz[14]. Spanien besitzt seit langem eine ausgebaute Verbraucherschutzgesetzgebung, die sich allerdings über eine Reihe von Gesetzen verstreut. Hervorzuheben ist das Abzahlungsgesetz von 1965, das Verbraucherschutzgesetz von 1984[15] sowie das Gesetz zur Regelung und Kontrolle der Kreditinstitute von 1988. In Österreich trat am 1.10.1979 das umfangreiche Konsumentenschutzgesetz in Kraft[16]. Das Gesetz gilt für alle Rechtsgeschäfte zwischen Unternehmen und Verbrauchern und geht damit weit über das VKG hinaus.

III. Rechtssoziologischer Hintergrund des VKG

7 Der Konsumentenkredit, der von den Banken zunächst sehr zurückhaltend und erst auf Drängen Ludwig Erhards Ende der 50er Jahre (2.5.1959) breitenwirksam gewährt wurde, hat sich inzwischen etabliert[17]. Nach 3 Mrd. DM im Jahre 1959 erhöhte sich das Volumen bis 1979 auf 30 Mrd.

---

13 Vgl. die weiterführenden rechtsvergleichenden Hinweise in v. Westphalen/Emmerich/Kessler, Rz. 30 bis 35 (Frankreich); Rz. 36 bis 41 (England).
14 Niederlande: Gesetz vom 4.7.1990, Statsblad Nr. 395/1990; Dänemark: Gesetz Nr. 398 vom 13.6.1990, Lovtidende A Nr. 63/90.
15 Fröhlingsdorf RIW/AWD 1985, 99.
16 Gesetz vom 8.3.1979 (BGBl. S. 140).
17 Auge, FLF 1990, 94.

DM., erreichte 1980 131 Mrd. DM und stieg bis 1990 auf 254,3 Mrd. DM an[18]. Das entspricht einer Pro-Kopf-Verschuldung von ca. DM 4 000,- im Jahre 1990[19]. Demgegenüber waren die Haushalte im Jahre 1951, der Konsumentenkredit wurde erstmals statistisch erfaßt, mit durchschnittlich DM 36,- verschuldet[20]. Dennoch sind die Zahlen auch für heute nicht besorgniserregend. Dem Konsumentenkreditvolumen des Jahres 1988 (214 Mrd. DM) standen Spareinlagen in Höhe von ca. DM 660 Mrd. gegenüber. Die Kreditquote, d.h. der Anteil der Verbraucherkredite an den gesamten Konsumausgaben sank von 2,2 % (Jahresdurchschnitt 1976 bis 1980) auf 1,1 % (Jahresdurchschnitt 1981 bis 1987)[21]. Im Jahre 1990 stieg das Konsumentenkreditvolumen, wiedervereinigungsbedingt, um 9 % auf 247,2 Mrd. DM. Dem stand das gesamte private Geldvermögen in Höhe von 2712 Mrd. DM gegenüber[22].

Der Konsumentenkredit hat sich inzwischen zu einem nicht mehr zu vernachlässigenden Wirtschaftsfaktor entwickelt. Die noch Anfang der 50er Jahre befürchtete negative Entwicklung des Konsumentenkredites auf die Produktivität[23] ist der Erkenntnis gewichen, daß der Prozeß der gesamtwirtschaftlichen Entwicklung vom Konsumentenkredit positiv beeinflußt wird. Das hängt damit zusammen, daß die Bundesbürger den Kredit vorwiegend zum Kauf höherwertiger, langlebiger Konsumgüter (Durables) verwenden. In 41 % der Fälle geht es um den Erwerb eines PKW, bei 31 % um die Anschaffung von Möbeln[24]. Interessanterweise sind die Verbraucher selbst der Auffassung, daß sie sich diese höherwertigen Wirtschaftsgüter ohne die Kreditaufnahme nicht geleistet hätten[25]. Der Grund dieser zunächst verblüffenden Aussage liegt in einer sehr menschlichen Eigenschaft. Sparen hält man längerfristig nicht durch, weil zu viele (kleine) Wünsche des Alltags zum Geldausgeben verführen. Demgegenüber ist, wenn man seine monatlichen Raten tilgt, kein Geld mehr da, das man noch ausgeben könnte. Den Verbrauchern fehlt für einen Zwecksparprozeß die notwendige Ansparfähigkeit, nicht aber die hinreichende Ratentilgungsfähigkeit[26]. Hier dürfte auch einer der Hauptgründe dafür liegen, warum Verbraucher überhaupt den Erwerb von Konsumgütern mit Krediten finanzieren, ein im Grunde ja irrationales Verhalten, da man das

8

---

18 Auge, FLF 1990, 94; Beyfuß, FLF 1988, 233; Konsumentenkredite und Kredite für die gewerbliche Wirtschaft 1990, Auszug aus dem Jahresbericht des Fachverbandes e.V., FLF 1991, 160.
19 Jahresbericht des Bankenfachverbandes, FLF 1991, 161.
20 Schubert, FLF 1991, 27.
21 Beyfuß, FLF 1988, 233 f.
22 Monatsberichte der Deutschen Bundesbank, Frankfurt a. M., 5/1990.
23 Lutz, 1954, S. 64 ff.; Röpke, 1954, S. 9 ff.
24 Ahrens, in: Magoulas/Simon, S. 415; vgl. auch die differenzierten aber älteren Statistiken bei Schubert, FLF 1991, 28.
25 Holzschek/Hörmann/Daviter, 1982, 435 ff.
26 Schubert FLF 1991, 29.

erworbene Gut, wegen der mit dem Kredit verbundenen Kosten, erheblich zu teuer einkauft[27]. Immerhin ermöglicht es der Konsumentenkredit zu einem früheren Zeitpunkt zu kaufen und dadurch die quantitative Verbreitung einer Produktinnovation zu beschleunigen. Der Konsumentenkredit kann daher als Instrument zur frühzeitigen Auslastung der Produktionskapazität gesehen werden. Längerfristig muß allerdings beachtet werden, daß der Verbraucher in den auf die Kreditaufnahme folgenden Perioden, seine Verbrauchsausgaben um den Betrag der Ratenzahlungen zu vermindern hat.

9   Interessant ist das Beispiel der amerikanischen Automobilindustrie. Henry Ford war es 1914 gelungen, mit dem Fließband die wichtigste Voraussetzung für die Aufnahme einer Massenproduktion von Kraftfahrzeugen zu schaffen. Durch den Ersten Weltkrieg wurde die Produktionskapazität auf 2 Mio. Einheiten ausgebaut. Als die kriegsbedingte Nachfrage wegfiel, drohte die Branche zusammenzubrechen. Um dies zu verhindern, wurde erstmals der Konsumentenkredit als Hauptinstrument der Absatzförderung eingesetzt. Am schnellsten reagierte General Motors mit der Gründung einer unternehmenseigenen Finanzierungsgesellschaft im Jahre 1919. Bereits 1920 erreichte der kreditfinanzierte Anteil von General Motors-Fahrzeugen 29,2 %; sechs Jahre später lag er bei 55,9 %. Die Produktion von General Motors stieg im selben Zeitraum um 743 %[28]. Die Gesamtproduktion der nordamerikanischen Automobilindustrie erreichte 1926 mit 4,5 Mio. Stück mehr als doppelt so viele Einheiten wie im letzten Kriegsjahr. Die gesamtwirtschaftlichen Wirkungen solcher Entwicklungen lassen sich nicht präzise errechnen. Es spricht aber einiges dafür, daß der Zusammenbruch der gesamten Automobilindustrie in den USA verheerende Wirkungen in vielen anderen Branchen, und zwar weltweit, gehabt hätte. Die früheren Befürchtungen, daß ein erhöhtes Konsumentenkreditvolumen die Sparquote entscheidend vermindere, haben sich langfristig nicht bewahrheitet[29]. Auch aus der Sicht des Einzelhaushalts ist der Konsumentenkredit kein Problempunkt. Die Kreditquote, also der Anteil der Verbraucherkredite an den gesamten Konsumausgaben, ging von 2,2 % (Jahresdurchschnitt 1976 – 1980) auf 1,1 % (Jahresdurchschnitt 1981 – 1987) zurück. Zugleich zeigen die Schuldenstatistiken, daß bei steigender Arbeitslosigkeit die Verschuldungsbereitschaft der Verbraucher zurückgeht[30].

10 Hieraus lassen sich zunächst zwei Schlüsse ziehen. Zum einen ist der Konsumentenkredit heute ein volkswirtschaftlich wesentlicher Faktor

---

27 Zu weiteren möglichen psychologischen Gründen vgl. Bierbrauer/Gottwald, Psychologie Heute, 1988, Heft 12, S. 32.
28 Seligman, Bd. 1, Jena 1930, S. 356.
29 Vtfd. Schubert, FLF 1991, 30 f.
30 Beyfuß, FLF 1988, 233.

und zum anderen sind nahezu alle Privathaushalte zumindest potentielle Nachfrager nach Konsumentenkrediten[31]. Das aber bedeutet, daß für die Verbraucher ein verläßlicher und ausgewogener Rechtsrahmen zur Verfügung stehen muß, um eine gerechte Abwicklung dieser massenweise gegebenen Kleinkredite zu ermöglichen. Es muß klar sein, daß Verträge dieser Art schriftlich gemacht werden müssen. Der Begriff des Effektivzinses muß eindeutig definiert sein. Widerrufsrechte müssen ebenso präzise formuliert sein, wie der Einwendungsdurchgriff beim drittfinanzierten Abzahlungskauf. Schließlich müssen einheitliche Regelungen für den Fall des Verzuges vorliegen und sie müssen so gestaltet sein, daß der Verbraucher wenn irgend möglich, nicht in eine lebenslange Schuldenspirale gerät. Dies alles leistet das Verbraucherkreditgesetz, und zwar nicht wegen der notleidend werdenden Kredite, sondern wegen aller Verträge, die in diesem Bereich geschlossen werden.

Natürlich erfaßt die Schutzkonzeption des VKG auch die notleidenden Kredite, und es spricht einiges dafür, daß gerade diese Kredite Motor für die EG-Richtlinie aus dem Jahre 1986 waren. Man schätzt die Zahl der notleidenden Kreditverträge auf etwa 1 bis 1,5 Mio. mit einem Gesamtvolumen von etwa 15 Mrd. DM bei steigender Tendenz[32]. Für das Jahr 1989 kommt eine groß angelegte Untersuchung über die »Überschuldungssituation und Schuldenberatung in der Bundesrepublik Deutschland« zu dem Ergebnis, daß von rund 28 Mio. Haushalten in Westdeutschland ca. 1,2 Mio., d.h. 4 % aller Haushalte, überschuldet waren, folglich ihren eingegangenen Verpflichtungen nicht mehr nachkommen konnten[33]. Betroffen waren typischerweise eher schlecht ausgebildete, oft junge alleinstehende Menschen und sehr häufig Frauen, die von ihren Partnern in die Mithaftung gedrängt wurden, also Haushalte die mit niedrigem Nettoeinkommen (unter DM 1 000,-) auskommen müssen[34]. Auslöser der Überschuldungssituation ist in den meisten Fällen Arbeitslosigkeit, gefolgt von Ehescheidungen oder Trennungen sowie von Unfällen oder Krankheiten. Typisch für die Schwierigkeiten der betroffenen Personengruppe ist auch, daß von den erwähnten 1,2 Mio. überschuldeten Haushalten nur rund 86 000 Haushalte eine der 313 Schuldnerberatungsstellen (Stand 1988) aufsuchten. Das heißt, nur 7 % derer, die dringend Hilfe brauchten, suchten sie dort, wo sie kostenlos zu haben war. Hier liegt einer der Gründe dafür, warum das Umschuldungsproblem so intensiv diskutiert wird. Etwa 37 % der bankmäßigen Ratenkredite werden zur Umschul-

---

31 1980 hatten ca. 48 % der Haushalte einen Konsumentenkredit; 1989 waren es ca. 35 %. Da die Kreditnachfrage von Haushalt zu Haushalt schwankt, müssen im Laufe der Jahre nahezu 100 % aller Haushalte einmal einen solchen Kredit aufnehmen; zu den Zahlen Ahrens, aaO. S. 415; Löbbecke, FLF 1991, 73 ff.
32 Baier/Jacob, 1987, S. 53 ff., 235 ff.
33 Löbbecke, FLF 1991, 73, 74.
34 Löbbecke, FLF 1991, 74.

dung verwendet[35]. In vielen Fällen verteuern Umschuldungen den Kredit und bewirken letztlich das Gegenteil dessen, was der Kreditnehmer eigentlich erreichen wollte.

12 Es war erklärtes Ziel der Bundesregierung, auch diesen Problemen mit Hilfe des neuen Verbraucherkreditgesetzes zu begegnen. Deshalb enthält das Gesetz Regelungen, die im Fall des Zahlungsverzuges ein übermäßig rasches Anwachsen der Verschuldung in Not geratener Kreditnehmer eindämmen soll. Es geht um die Höhe des Verzugszinses, um Zinseszinsen und die Anrechnung von Teilleistungen des Schuldners auf die Hauptforderung und die Zinsen. Ferner soll der wachsenden Verschuldung privater Haushalte durch Regelungen zur Kreditvermittlung begegnet werden. Außerdem wurde das gesetzliche Mahnverfahren von einigen, die Verbraucher benachteiligenden, Mechanismen befreit. Es wäre aber falsch anzunehmen, daß das Verbraucherkreditgesetz die Antwort auf das Problem der notleidend werdenden Kredite ist. Es wurde oben schon angedeutet, daß dieses auch nicht Ziel des VKG war. Was dringend Not tut, sind Regelungen für den Verbraucherkonkurs, vor allem Schuldbefreiungstatbestände (Discharge), wie sie in den Vereinigten Staaten seit langem praktiziert werden. Ferner muß dafür gesorgt werden, daß einkommensschwache, geschäftsunerfahrene Menschen gar nicht erst in eine lebenslange Schuldenspirale hineingeraten können. Hier sind zwei Wege denkbar: Zum einen könnten die Banken verpflichtet werden, in bestimmten Fällen gar keine oder nur sehr stark ermäßigte Konsumentenkredite zu geben; zum anderen könnte an eine Versicherungslösung gedacht werden, die das Risiko der Insolvenz eines Verbrauchers für den Fall eintretender Unwägbarkeiten (Arbeitslosigkeit/Ehescheidung/Unfall...) trägt. Der Charme dieser Versicherungslösung läge darin, daß das Risiko, von besonders schwerwiegenden, existenzbedrohenden Lebenskrisen betroffen zu werden, von allen Kreditnehmern und Banken gemeinschaftlich getragen werden würde.

IV. Der persönliche Anwendungsbereich des VKG

13 Das VKG entfaltet seine Schutzwirkungen nur bei Verbraucherkrediten. Folgerichtig ist der Anwendungsbereich des Gesetzes in persönlicher Hinsicht begrenzt. Der Kredit muß einem *Verbraucher*, d.h. einer natürlichen Person für private Zwecke, von einem *Kreditgeber* gewährt werden (§ 1 Abs. 1 VKG).

---

35 Holzschek/Hörmann/Daviter, aaO., S. 123 ff.

1. Kreditgeber

Etwas hölzern definiert das Gesetz den Kreditgeber als »eine Person, die in Ausübung ihrer gewerblichen oder beruflichen Tätigkeit einen Kredit gewährt«. Erfaßt ist daneben der *Kreditvermittler* (§ 1 Abs. 1 VKG). Der Gesetzgeber hätte es sich einfacher gemacht, wenn er das VKG schlicht auf entgeltliche Kreditverträge mit einem Verbraucher bezogen hätte. Damit wären auch Kredite von privat an privat erfaßt gewesen, ebenso wie beim alten Abzahlungsgesetz[36]. Auch die merkwürdige Diskussion darüber, ob die öffentliche Hand als Kreditgeberin einzuordnen ist, wäre gar nicht erst entstanden[37]. Selbstverständlich ist die öffentliche Hand Normadressatin, wenn sie denn einen *Kredit* gewährt[38]. Tut sie das nicht, indem sie beispielsweise Steuern stundet (hoheitliches Handeln) oder eine Subvention gewährt, so gibt sie keinen Kredit, das VKG findet keine Anwendung.

14

2. Verbraucher

Nach § 1 Abs. 1 VKG muß der Kredit einem *Verbraucher*, d.h. einer *natürlichen Person für private Zwecke* gewährt werden. Dann und nur dann entfalten sich die Schutzwirkungen des VKG.

15

Mit dem Begriff des Verbrauchers verbindet sich keine juristische Tradition. Es kann, anders als etwa beim Kaufmannsbegriff, nicht auf eine tradierte Begriffs- und Abgrenzungspraxis zurückgegriffen werden[39]. Noch vor wenigen Jahren war der Verbraucherbegriff überhaupt kein Rechtsbegriff. Erst im Zuge der Neuregelung des IPR im Jahre 1986 wurde der Begriff des Verbrauchervertrages kollisionsrechtlich entwickelt (§ 29 EGBGB). Danach sind Verbraucherverträge solche, die »nicht der beruflichen oder gewerblichen Tätigkeit des Berechtigten (Verbrauchers) zugerechnet werden« können (§ 29 Abs. 1 EGBGB, ähnlich § 609a Abs. 1 Nr. 1 BGB). An diese Definition lehnt sich § 1 des VKG zwar an, übernimmt sie aber nicht ganz. Ausdrücklich betont wird, daß es sich um eine *natürliche Person* handeln muß. Damit sind nicht nur juristische Personen, sondern auch alle Gemeinschaften, die keine natürlichen Personen sind, wie etwa die OHG oder die KG, vom Schutzbereich des VKG ausgenommen. Für die nichtkommerzielle GbR gilt das ausnahmsweise nicht, weil die Mitglieder genauso schutzbedürftig sind, als würden sie den Kredit jeweils einzeln und unverbunden aufnehmen[40]. Das gilt auch bei Erbengemeinschaften oder Bruchteilsge-

---

36 BGHZ 114, 393, 396.
37 Bülow², § 1 Rz. 16 a; Seibert, § 1 Rz. 1.
38 Ausgenommen sind nur bestimmte Baukredite: § 3 Abs. 1 Nr. 5 VKG.
39 Westermann, Gutachten und Vorschläge zur Überarbeitung des Schuldrechts, Bd. III, 1983, passim.
40 Müko-Ulmer, § 1 Rz. 18; Bülow², § 1 Rz. 20a.

Zweiter Teil   Commercial Banking

meinschaften, sofern es sich um Kredite zu privaten Zwecken handelt und die in der Gemeinschaft verbundenen Personen ebenso schutzbedürftig sind, als wären sie unverbunden[41].

16   Der persönliche Anwendungsbereich des VKG wird durch die *Zweckbestimmung des Kredits* weiter eingeengt. Der Kredit darf nicht für eine *bereits ausgeübte gewerbliche oder selbständige berufliche Tätigkeit* bestimmt sein (§ 1 Abs. 1 VKG). Das Gesetz gilt also nicht für Kaufleute, Handwerker, Landwirte oder Angehörige freier Berufe wie Ärzte, Rechtsanwälte, Steuerberater oder Wirtschaftsprüfer, sofern der Kredit ganz oder überwiegend für Zwecke der Gewerbs- oder Berufstätigkeit bestimmt ist[42]. Ob ein Kredit für eine »bereits ausgeübte gewerbliche oder selbständige berufliche Tätigkeit« bestimmt ist, ergibt sich nach § 1 Abs. 1 VKG aus dem *Inhalt des Vertrages*. Im Zweifel ist also der Inhalt des Kreditvertrages durch Auslegung (§§ 133, 157 BGB) zu ermitteln. Der Verwendungszweck muß nicht schriftlich vereinbart werden, es genügt, wenn er sich aus den Umständen des Einzelfalles konkludent ergibt[43].

17   Etwas schwieriger wird die Lage, wenn der Kredit *sowohl gewerblichen als auch privaten* Zwecken dient. Teilweise wird eine Analogie zu § 609a Abs. 1 Nr. 2 BGB befürwortet und darauf abgestellt, ob das Darlehen *ganz oder überwiegend* für gewerbliche oder berufliche Zwecke bestimmt ist[44]. Dem wird *entgegengesetzt*, daß § 1 VKG diese Einschränkung des § 609a BGB nicht enthalte, so daß das VKG jedenfalls auf den *Teil* des Darlehens anzuwenden sei, der *privaten Zwecken* diene[45]. Dem ist zuzustimmen, weil der Schutzbereich des VKG nur auf diese Weise uneingeschränkt bleibt. Gleichzeitig führt diese Betrachtungsweise zu einer Disziplinierung der Parteien bei der Präzisierung des Verwendungszwecks des Kredits. Beruft sich die Bank darauf, daß der Kredit für eine bereits ausgeübte gewerbliche oder selbständige berufliche Tätigkeit bestimmt war, so trägt sie für diese Tatsachen die Beweislast. Das ergibt sich aus dem Wortlaut von § 1 Abs. 1 VKG, wonach das Gesetz für Kreditverträge mit einer natürlichen Person gilt, *es sei denn*, daß der Kredit ... für eine bereits ausgeübte gewerbliche oder selbständige berufliche Tätigkeit bestimmt ist[46]. Die Gegenansicht[47], wonach die Kreditaufnahme zu Lasten von Kaufleuten »im Zweifel als zum Betriebe des Handelsgewerbes gehörig« gilt (§ 344 Abs. 1 HGB), verkennt, daß § 1 VKG gegenüber § 344

---

41   Drescher, VKG, Rz. 15.
42   Vgl. Begr. RegE, BT-Drucks. 11/5462, S. 17.
43   Begr. RegE, BT-Drucksache 11/5462, S. 17.
44   Müko-Ulmer, § 1 Rz. 26.
45   Münstermann/Hannes, § 1 Rz. 37; v. Westphalen/Emmerich/Kessler, § 1 Rz. 52; Bülow[2], § 1 Rz. 51a.
46   Begr. RegE, BT-Drucks. 11/5462 S. 17; Müko-Ulmer, § 1 Rz. 27 m.w.N.; Reinicke/Tiedtke, ZIP 1992, 217.
47   Bülow[2], § 1 Rz. 24; Reinking/Nießen, ZIP 1991, 634; Scholz, DB 1991, 215.

HGB die speziellere Norm ist. Sehr praktisch ist die Kontroverse nicht, da bei Kaufleuten jedenfalls dann eine Vermutung für den gewerblichen Verwendungszweck spricht, wenn der Kredit tatsächlich unternehmenswirksam verwendet wurde.

Die gewerbliche Tätigkeit muß *bereits ausgeübt* sein. Daraus folgt, daß *Existenzgründungsdarlehen*, jedenfalls bis zu DM 100 000,- (§ 3 Abs. 1 Nr. 2 VKG), vom Schutzbereich des Gesetzes umfaßt sind[48]. Nicht ganz unwichtig ist, daß der vom früheren Abzahlungsgesetz geschützte Personenkreis *eingeschränkt* worden ist. Denn während nach § 8 AbzG nur die ins Handelsregister eingetragenen Kaufleute keinen Schutz in Anspruch nehmen konnten, endet er heute bereits dann, wenn der Kredit für die gewerbliche oder selbständige berufliche Tätigkeit bestimmt ist. Kleingewerbliche Kredite an Landwirte oder Handwerker sind also vom Anwendungsbereich des VKG nicht mehr erfaßt, eine vielleicht schmerzliche aber wohl doch richtige Beschränkung des Gesetzgebers auf solche Personengruppen, die typischerweise mit Krediten »nicht Geld verdienen«, und von daher aus zukünftigen Erträgen auch im Vorfeld der Kreditaufnahme entstehende Beratungs- und Informationskosten nicht wieder einspielen können. Daß Existenzgründungsdarlehen (bis zu DM 100 000,-) den Schutz des Gesetzes ausnahmsweise genießen, kann hingenommen werden, weil in dieser Phase der Existenzgründung noch nicht sicher ist, ob dem Kreditnehmer der Übergang in die gewerbliche Tätigkeit gelingt, weil also nicht ausgeschlossen werden kann, daß er den Kredit letztlich als »Privatperson« zurückzahlen muß.

18

Die Frage, ob ein Existenzgründungsdarlehen auch dann angenommen werden kann, wenn der Kreditnehmer zuvor bereits in der gleichen Branche tätig war, ist umstritten. Instruktiv ist folgender Fall, der vom OLG-Köln am 5.12.1994 entschieden wurde.

19

Fall: OLG-Köln ZIP 1994, 1931
Ein Gastwirt mußte Ende 1991 wegen einer Bypass-Operation eine von ihm in Köln betriebene Gaststätte aufgeben. Einige Monate nach der Operation übernahm er in einer anderen Stadt eine neue Gaststätte. Eine Brauerei gewährte ihm im Zusammenhang mit einem Bierlieferungsvertrag ein Darlehen zur Finanzierung des Gaststätteninventars in Höhe von DM 27 700,-. Der Gastwirt kam aber bald mit der Zahlung der Darlehensraten in Rückstand, stellte auch den Bierbezug ein und überließ die Gaststätte einem Nachfolger. Daraufhin verwertete die Brauerei das ihr zur Sicherheit übereignete Inventar, indem sie es für DM 15 000,- an den Nachfolger verkaufte. Wegen des Restes verlangte sie Zahlung von dem Gastwirt.

---

48 Vertiefend Scholz, DB 1993, 261 ff. zu OLG-Hamm ZIP 1992, 1224.

Das OLG-Köln wies die Klage ab, weil die Übereignung des Inventars an den Nachfolger die Rücktrittsfiktion des § 13 Abs. 3 VKG ausgelöst habe. Dabei stellte sich das OLG zunächst auf den Standpunkt, daß es sich bei der Gewährung des Darlehens an den Gastwirt um ein Existenzgründungsdarlehen i.S.v. § 1 Abs. 1 VKG handelte. Darauf, daß der Gastwirt vor seiner Operation schon einmal eine gewerbliche Tätigkeit ausgeübt hatte, komme es nicht an. Eine Selbständigkeit könne nämlich enden, d.h. eine aufgegebene Tätigkeit in der Vergangenheit verhindere nicht die Existenzgründung zu einem späteren Zeitpunkt[49]. Das ist richtig und entspricht dem Wortlaut des § 1 Abs. 1 VKG, wonach das Gesetz dann keine Anwendung findet, wenn der Kredit für eine *bereits ausgeübte gewerbliche ... Tätigkeit* bestimmt ist. Bereits ausgeübt ist eine gewerbliche Tätigkeit dann, wenn das Stadium der Existenzgründung in eine dauerhafte unternehmerische Tätigkeit überführt und diese noch nicht beendet ist. Ist die Tätigkeit dagegen beendet und wird später ein neues Existenzgründungsdarlehen gewährt, so kann sich dieses gar nicht auf die früher bereits ausgeübte gewerblich Tätigkeit beziehen, eben weil diese beendet ist. Der in § 1 Abs. 1 VKG gemeinte Kreditvertrag kann somit nur an eine gegenwärtig ausgeübte gewerbliche Tätigkeit anknüpfen, da eine bereits beendete nicht mehr gefördert werden kann. Das entspricht auch dem Sinn und Zweck des VKG, weil in der Phase der Existenzgründung nicht sicher ist, ob dem Kreditnehmer der Übergang in die dauernde gewerbliche Tätigkeit gelingt, weil also nicht ausgeschlossen werden kann, daß er den Kredit letztlich als »Privatperson« zurückzahlt.

20 Sehr umstritten war und ist auch die Frage, ob bei Aufnahme eines Kredits für eine *zusätzliche* gewerbliche Tätigkeit noch von einem Existenzgründungsdarlehen die Rede sein kann[50]. Der BGH hat am 14.12.1994 der Vorinstanz, dem OLG-Hamm, im wesentlichen zugestimmt.

Fall: BGH ZIP 1995, 105
Ein Reinigungsunternehmer erwarb am 14.12.1991 das Recht, das Reinigungssystem »Ceiling Doctor« in den Regierungsbezirken Bremen und Weser-Ems einzusetzen. Gegenstand dieses Systems war ein von einem amerikanischen Hersteller entwickeltes Konzept zur Gebäudereinigung, bei dem durch die Kombination verschiedener Chemikalien und mechanischer Hilfsmittel die behandelten Stoffe so gut gereinigt werden sollten, daß eine an sich erforderliche Renovierung noch hinausgeschoben werden

---

49 ZIP 1994, 1932 unter Hinweis auf Bülow[2], § 1 Rz. 26; von Westphalen/Emmerich/Kessler, § 1 Rz. 26.
50 Bejahend OLG-Hamm ZIP 1992, 1224 = NJW 1992, 31, 79; dazu EWiR 1992, 1031 (Bülow); von Westphalen/Emmerich/Kessler, § 1 Rz. 26, 43 f., § 4 Rz. 20; Müko-Habersack, § 3 Rz. 8; verneinend Bruchner/Ott/Wagner/Wieduwilt, § 3 Rz. 14, Scholz, DB 1993, 261, 263; Vortmann, § 1 Rz. 6.

konnte. Für dieses Vertriebsrecht zahlte der Reinigungsunternehmer eine monatliche Franchise-Gebühr und eine einmalige Lizenzgebühr in Höhe von DM 100 000,- zzgl. Mwst. Außerdem verpflichtete er sich auf die Dauer von 10 Jahren unter Einsatz aller seiner Kräfte, das geschützte Gebiet aufzubauen und alle in einer Anlage C aufgeführten Materialien, »die für das Funktionieren des Systems benötigt werden«, vom späteren Beklagten zu kaufen, während dieser die Verpflichtung übernahm, den Reinigungsunternehmer mit technischer Ausrüstung und Know-how zu versehen, einen Angestellten für den Zeitraum von 2 Wochen aus- und den Unternehmer selbst durch Seminare, Schulungen und Rundschreiben weiterzubilden. Der Reinigungsunternehmer zahlte auf die einmalige Lizenzgebühr einschließlich Mwst. einen Betrag von DM 114 000,-. Mit Schreiben vom 15.5.1992 widerrief er die geschlossenen Verträge nach dem VKG und forderte die gezahlte Lizenzgebühr zurück.

Der BGH gab der Klage statt. Die geschlossenen Franchise-Verträge enthielten nämlich eine Vereinbarung zum wiederkehrenden Bezug von Waren und seien deshalb vom Schutz des § 2 Nr. 3 VKG umfaßt[51]. Das entspricht auch dem Willen des Gesetzgebers, der mit § 2 VKG die bisherige Rechtslage nicht zum Nachteil des Verbrauchers ändern wollte[52]. Der BGH wies ferner darauf hin, daß die 100 000,- DM-Grenze des § 3 Abs. 1 Nr. 2 VKG keine Rolle spiele, weil § 2 VKG auf diese Norm nicht verweise und eine Analogie nicht in Betracht komme, weil der Gesetzgeber durch § 2 VKG eine Verschlechterung des Verbraucherschutzes gegenüber der bisherigen Rechtslage habe vermeiden wollen[53].

Ganz entscheidend für den Fall war, ob der Reinigungsunternehmer seine Willenserklärung als privater Verbraucher abgegeben hatte, was voraussetzte, daß die Lieferung nach dem Vertragsinhalt nicht für seine *bereits ausgeübte* gewerbliche oder selbständige berufliche Tätigkeit bestimmt war. Das Berufungsgericht hatte nämlich festgestellt, daß der Reinigungsunternehmer bereits vor Abschluß des Franchise-Vertrages Einzelhandelsgeschäfte für Schreib-, Spiel- und Kurzwaren betrieb. Der BGH meinte, daß das neue Franchise-Geschäft mit der bereits vorhandenen gewerblichen Tätigkeit des Klägers nichts zu tun hatte. Um ein von der Ausnahmeregelung des § 1 Abs. 1 VKG (»es sei denn...«) nicht erfaßtes *Verbrauchergeschäft im Existenzgründungsstadium* handele es sich auch dann, wenn der Verbraucher zwar bereits über ein gewerbliches Unternehmen verfüge, die »Kreditmittel« (hier: Bezugsverpflichtung) aber zum *Aufbau eines neuen*, mit dem ersten – wie hier – nicht in Zusammenhang stehenden, sondern *klar* davon *abgegrenzten* gewerblichen oder

21

---

51 So bereits aus der Sicht des Abzahlungsgesetzes BGHZ 97, 351.
52 BT-Drucks. 11/5462, S. 35, 41.
53 BT-Drucks. 11/5462, S. 35, 41.

selbständigen beruflichen Unternehmens bestimmt seien[54]. Die verschiedentlich vertretene Gegenmeinung, wonach eine zusätzliche Existenzgründung mangels Schutzbedürftigkeit des Verbrauchers generell[55] oder jedenfalls dann nicht mehr in den Anwendungsbereich des Gesetzes fallen solle, wenn die Begründung der ursprünglichen Existenz im Wege einer Kreditaufnahme erfolge[56] beachte nicht, daß nach dem eindeutigen Wortlaut des § 1 Abs. 1 VKG ein »Kredit« nur dann nicht mehr als privater Verbraucherkredit anzusehen sei, wenn er für die vom Kreditnehmer *bereits ausgeübte,* d.h. für eine konkret schon bestehende gewerbliche oder selbständige berufliche Tätigkeit, bestimmt sei[57].

22 Verbraucherpolitisch geht es dem BGH ersichtlich um den Schutz Kleingewerbetreibender, die auch früher vom Abzahlungsgesetz geschützt wurden. Allerdings ist das vom BGH gewonnene Ergebnis mit dem Wortlaut von § 1 Abs. 1 VKG kaum mehr in Einklang zu bringen. Denn ein Kleingewerbetreibender, der ein Existenzgründungsdarlehen für eine weitere gewerbliche Tätigkeit aufnimmt, tut dies automatisch auch für die *bereits ausgeübte* (erste) gewerbliche Tätigkeit. Das ist rechtlich unvermeidlich, nicht nur weil ein und dieselbe Person über mehrere gewerbliche Tätigkeiten verfügt und damit so etwas wie »Konzernleitungsmacht« ausübt, sondern vor allem, weil diese Person mit ihrem gesamten Vermögen für alle Verbindlichkeiten aller Tätigkeiten haftet. Der gewährte Kredit für die neue Tätigkeit wirkt sich automatisch auf die Gesamtvermögenslage aus und ist notwendige Haftungsmasse auch für Schulden aus anderer gewerblicher Tätigkeit. Problematisch ist die Entscheidung des BGH aber auch deshalb, weil nicht nur kleingewerbliche Existenzgründungen erfaßt sind. Der Privatmann etwa, der als Konzernspitze über ein Imperium verfügt, fällt bei der Kreditaufnahme für ein neues Unternehmen nun ebenfalls in den Schutzbereich des VKG. Das gleiche gilt für eine BGB-Gesellschaft, die als Konzernspitze fungiert. Das Problem verschärft sich, wenn es um wiederkehrende Warenbezugsverpflichtungen geht, weil bei diesen die 100 000,- DM-Grenze des § 3 Abs. 1 Nr. 2 VKG nicht eingreift. Dies sind verbraucherpolitische Wirkungen, die zeigen, daß die vom BGH angestrebte Abgrenzung noch nicht wirklich überzeugt. Möglicherweise wäre den Parteien mit einer privatautonomen Vertragsgestaltung mehr geholfen. Sie sollten, um Mißverständnissen bei der Abgrenzung zwischen Existenzgründung oder weiterem Ausbau einer gewerblichen Tätigkeit von vornherein zu begegnen, die Anwendbarkeit der Regeln des VKG für den *gesamten Kredit und/oder Warenbezugsvertrag* privatautonom vereinbaren.

---

54 BGH ZIP 1995, 105.
55 So Vortmann, § 1 Rz. 6; Bülow[2], § 1 Rz. 26 m.w.N.
56 So Wagner-Wieduwilt in Bruchner/Ott/Wagner-Wieduwilt, § 3 Rz. 14.
57 BGH ZIP 1995, 105.

V. Der sachliche Anwendungsbereich des VKG

1. Grundsätze

Der Anwendungsbereich des VKG ist nicht nur persönlich, sondern auch sachlich begrenzt. Das Gesetz gilt für *Kreditverträge* und definiert den Kreditvertrag in § 1 Abs. 2 VKG als einen »Vertrag, durch den ein Kreditgeber einem Verbraucher einen entgeltlichen Kredit in Form eines Darlehens, eines Zahlungsaufschubs oder einer sonstigen Finanzierungshilfe gewährt oder zu gewähren verspricht«. Damit hat der Gesetzgeber, in Anlehnung an Art. 1 Abs. 2c EG-Richtlinie 1986, einen Kreditbegriff geschaffen, der sehr viel weiter als der Darlehensbegriff des § 607 BGB oder des KWG ist. Jeder Zahlungsaufschub, jedes Darlehen und vor allem jede *sonstige Finanzierungshilfe* werden als Kredit definiert und damit dem Schutzbereich des VKG unterworfen.

23

Angesichts des weiten Anwendungsbereichs der Richtlinie sieht diese selbst in Art. 2 eine Reihe sinnvoller und notwendiger Ausnahmen vor, die in § 3 VKG übernommen worden sind. So findet das Gesetz keine Anwendung auf Bagatell- und kurzfristige Kredite, zinsgünstige Arbeitgeber- und öffentliche Baukredite. Eingeschränkt ist die Anwendung des VKG beim Finanzierungsleasing, bei grundpfandrechtlich gesicherten Krediten, bei gerichtlich protokollierten Krediten und bei Krediten zum Erwerb von Wertpapieren, Devisen oder Edelmetallen.

24

2. Entgeltlichkeit

Kreditverträge fallen nur dann in den Schutzbereich des VKG, wenn sie *entgeltlich* sind (§ 1 Abs. 2 VKG). Entscheidend ist also, daß der Kreditnehmer verpflichtet ist, für den Kredit, den Zahlungsaufschub oder die Finanzierungshilfe Geld aufzuwenden. Unentgeltlich sind z.B. Kredite, bei denen der Kreditnehmer weder mit Kosten noch mit Zinsen belastet wird. Das entspricht der Vorgabe von Art. 2 Abs. 1c EG-Richtlinie, wonach die Richtlinie keine Anwendung auf Kredite findet, die »zins- und gebührenfrei gewährt oder zur Verfügung gestellt werden«.

25

3. Darlehen

Der Schutzbereich des Gesetzes erstreckt sich nach § 1 Abs. 2 VKG auf entgeltliche Kredite in Form eines *Darlehens*. Damit knüpft das VKG an den Darlehensbegriff des § 607 BGB an[58]. Erfaßt sind also das Geld-, das Sach- und das Vereinbarungsdarlehen. Da nach § 1 Abs. 2 VKG auch solche Kredite erfaßt sind, die die Bank »zu gewähren verspricht«, ist auch

26

---

58 Müko-Ulmer, § 1, Rz. 37.

der *Krediteröffnungsvertrag* (KEV) begrifflich erfaßt. Folglich finden die Vorschriften des VKG auf den KEV mit der Einschränkung Anwendung, daß Angaben, die erst durch Abruf eines Darlehens möglich werden, nicht gemacht werden können. Hier kommt es auf den Einzelfall an[59]. Aus der grundsätzlichen Anwendbarkeit des VKG folgt auch, daß der Verbraucher das Widerrufsrecht nach § 7 VKG hat. Das ist wegen der mit dem KEV verbundenen Bereitstellungszinsen von praktischer Bedeutung. Es wird die Auffassung vertreten, daß das VKG zwar auf den KEV anzuwenden sei, auf den später durch Abruf des Verbrauchers zustande kommenden Einzelvertrag jedoch nicht[60]. Für diese Auffassung findet sich im VKG keine Stütze. Vielmehr ist das VKG auf jeden Vertrag anzuwenden, mit dem eine Bank ein Darlehen zu gewähren verspricht oder es konkret gewährt. Es wäre auch nicht sinnvoll, das VKG auf das durch Abruf konkretisierte Darlehen nicht anzuwenden. Denn ein Teil der Schutzvorschriften des VKG, wie z.B. diejenigen über verbundene Geschäfte (§ 9 VKG) oder über die Zinsberechnung (§ 11 VKG), sind gerade auf die konkrete Inanspruchnahme des Kredits zugeschnitten. Aber auch die Formvorschriften (§ 4 VKG) oder das Widerrufsrecht (§ 7 VKG) sind für den Verbraucher im Augenblick der konkreten Verschuldung von noch größerer Bedeutung als im Zeitpunkt des Abschlusses des KEV.

27 In welchen *Erscheinungsformen* das Darlehen dem Verbraucher gewährt wird, ist für die Anwendbarkeit des VKG ohne Bedeutung. Erfaßt sind alle Darlehen, sofern sie einem Verbraucher zu privaten Zwecken versprochen oder gewährt werden. Die Beurteilung der Frage, ob ein Kredit im Sinne des VKG – oder im Sinne der Preisangabenverordnung – gegeben ist, hängt nicht vom Verständnis des Verbrauchers, sondern von den *objektiven Gegebenheiten* und damit entscheidend davon ab, ob dem – zur Leistung verpflichteten – Vertragspartner Mittel zur Verfügung gestellt werden, über welche er ohne die getroffene Ratenzahlungsvereinbarung nicht verfügen würde[61]. Verträge über Dienstleistungen mit monatlicher Fälligkeit sind deshalb keine Kreditverträge, denn diese Fälligkeitsregelung entspricht derjenigen für den Dienstvertrag in § 614 BGB. Eine vertragliche Abrede, die diese zeitliche Grenze beachtet und keinen darüber hinausgehenden Zahlungsaufschub enthält, gewährt dem Vertragspartner keinen finanziellen Vorteil, der als Kredit bezeichnet werden könnte[62]. Entscheidend ist also, ob dem Verbraucher zeitweilig finanzielle Mittel überlassen werden, die ihm ohne die Kreditabsprache nicht zur Verfügung stünden[63].

---

59 Zu den Einzelheiten vgl. oben § 7, 37.
60 Müko-Ulmer, § 1, Rz. 42; Seibert, DB 1991, 429 f.
61 BGH WM 1996, 148 = ZiP 1996, 120 = BB 1996, 178.
62 BGH WM 1996, 148.
63 Müko-Ulmer, § 1 Rz. 42 ff.; Fischer, MDR 1994, 1063, 1065.

§ 8 Verbraucherkredit

Das gilt auch für den Kredit im Rahmen eines Zahlungsaufschubs, bei 28
welchem es um die Überlassung von Kaufkraft auf mittelbarem Wege
geht, sei es durch entgeltliche Stundung der Gegenleistung des Verbrauchers im Rahmen eines Austauschvertrages über Waren oder Leistungen
oder durch Verpflichtung des Anbieters zur Vorleistung abweichend vom
dispositiven Recht[64]. Erfaßt sind also Ratenkredite (gleichbleibende Raten)
sowie Annuitätendarlehen (veränderliche Raten) ebenso wie Festkredite
(Rückzahlung in einem Betrag), Überziehungkredite (Sonderregelung in
§ 5 VKG), Kontokorrentkredite, Dispositions-, Vario-, Scheckrahmen-
und Idealkredite, bei denen der Kreditnehmer den Umfang des Kredits
beeinflussen kann[65]. Erfaßt sind ferner Kredite, die mit einer Kapitallebensversicherung gekoppelt sind[66].

Bei Verwendung einer *Universalkreditkarte* zur Finanzierung eines 29
Kaufs fehlt es in der Regel am Kreditvertrag. Nach Nr. 3 Eurocard-Bedingungen 91 darf der Karteninhaber seine Eurocard nur im Rahmen
seiner Einkommens- und Vermögensverhältnisse verwenden, so daß ein
Ausgleich der Eurocard-Umsätze gewährleistet ist. Verletzt der Karteninhaber diese Pflicht, so entsteht zwischen ihm und dem Karteninstitut in
Ermangelung übereinstimmender Willenserklärungen kein Kreditvertrag.
Der Karteninhaber schuldet stattdessen Schadensersatz aus positiver Vertragsverletzung. Immerhin ist es nicht selten, daß es zu einer *Teilzahlungsabrede* zwischen Kartengesellschaft und Kartenbenutzer für in Anspruch genommenen Kredit mit monatlichen Abrechnungssalden kommt.
Auf einen solchen Kontokorrent ist das Verbraucherkreditgesetz anwendbar[67]. Werden *Kundenkreditkarten* (Zwei-Parteien-System) ausgestellt, so ist das VKG in der Regel anzuwenden. Denn hier handelt es sich
um Karten, mit denen dem Kunden ein entgeltlicher Kredit eingeräumt
wird, verbunden mit der Verpflichtung, den jeweiligen Saldo in Raten
oder durch einmalige Leistung nach Ablauf der vereinbarten Kreditdauer
zu tilgen[68].

4. Bürgschaften

Bürgschaften bewirken, anders als der Schuldbeitritt oder die Schuldüber- 30
nahme, keine Verpflichtung aus dem Kreditvertrag. Der Bürge gewährt
keinen Kredit, sondern sichert die Hauptverbindlichkeit eines anderen.
Dabei ist offen, ob es überhaupt zur Inanspruchnahme des Bürgen
kommt. Bei ordnungsgemäßer Abwicklung des Geschäfts soll das gerade

---

64 Müko-Ulmer, § 1 Rz. 67, 68.
65 BGH ZIP 1991, 301 = NJW 1991, 832, dazu EWiR § 138 BGB 1/91, 225 »Taupitz«.
66 BGH NJW 1989, 1667, dazu EWiR § 242 BGB 2/89, 449 »Reifner«.
67 Müko-Ulmer, § 1, Rz. 62; Seibert, DB 1991, 430; Bülow[2], § 1, Rz. 40; BT-Drucks. 11/5462, S. 18.
68 OLG Düsseldorf WM 1989, 1597, 1599.

nicht der Fall sein. Die Bürgschaft ist also ein Kreditsicherungsmittel, d.h. ein Haftungskredit aber kein Geldkredit. Hiervon unabhängig ist die Frage, ob der Bürgschaftsvertrag entgeltlicher Natur ist. Die Frage spielt bei der Anwendbarkeit von § 1 HTWiG eine beachtliche Rolle, weil dieses Gesetz nur auf entgeltliche Verträge anzuwenden ist. Der IX. Senat des BGH hat die Entgeltlichkeit der Bürgschaft und damit die Anwendbarkeit des HTWiG verneint[69]. Dem hat der XI. Senat unter Hinweis auf den entgegenstehenden Text der dem HTWiG zugrunde liegenden EG-Richtlinie widersprochen[70]. Das ist sicher richtig, ändert aber nichts daran, daß Bürgschaften, auch wenn man sie als entgeltliche Verträge einordnet, keine Geldkredite sind.

31   Daran scheitert die unmittelbare Anwendbarkeit des VKG. Richtig ist allerdings, daß die »ökonomische Lage eines bürgenden Verbrauchers sich nicht anders darstellt als diejenige des ... gesamtschuldnerisch haftenden Verbrauchers«[71]. Das spricht dafür, das VKG auf Verbraucherbürgschaften *analog* anzuwenden, soweit es um Normen geht, deren spezifischer Schutzzweck mithaftende Personen und damit auch Bürgen umfaßt. Ulmer schlägt etwa vor, die nach § 4 Abs. 1 VKG vorgeschriebenen Angaben über den Kreditvertrag in die hierauf bezogene Bürgschaftsurkunde einzubeziehen, bzw. an die Bürgschaftsurkunde eine Abschrift des Kreditvertrages zu heften[72].

5. Zahlungsaufschub

32   Stundet z.B. der Verkäufer eines PCs die Kaufpreiszahlung, so wird auf diese Weise § 271 Abs. 1 BGB abbedungen, wonach der Gläubiger – mangels anderweitiger Bestimmung – berechtigt ist, die Leistung sofort zu verlangen. Zu einem Zahlungsaufschub i.S.d. VKG wird die Sache dann, wenn der Gläubiger für die Stundung ein *Entgelt* verlangt. Er gewährt dann nämlich einen sog. *Lieferantenkredit*, der allerdings nicht unter den Darlehensbegriff des § 607 BGB fällt, weil der Erwerber nichts zurückgewähren soll. Entscheidend ist, daß die Stundung als solche, also das Hinausschieben der Fälligkeit, Geld kostet und damit genau die gleiche Situation besteht, wie bei der Kreditgewährung, wo es auch um »Nutzungsüberlassung (meist von Geld) gegen Zinsen« geht[73]. Erfaßt sind damit entgeltliche Stundungen jedweder Art, etwa bei Kauf-, Werk-, Dienst- oder Geschäftsbesorgungsverträgen. Anders als beim Abzahlungsgesetz werden Stundungen nicht nur dann erfaßt, wenn Ratenzahlung vereinbart wird, sondern auch dann, wenn der Gesamtbetrag auf

---

69   BGHZ 113, 287 = NJW 1991, 975.
70   WM 1993, 683.
71   Bülow[2], § 1 Rz. 43; ähnlich Müko-Ulmer, § 1 Rz. 27b.
72   Müko-Ulmer, § 1 Rz. 27b; Für eine direkte Anwendbarkeit des VKG Bülow[2], § 1 Rz. 43.
73   BGB BB 1996, 178, 179.

einmal, aber später, fällig sein soll. Voraussetzung ist, daß es um *mehr als DM 400,-* (§ 3 Abs. 1 Nr. 1 VKG) geht, und daß die Stundung für *länger als drei Monate* vereinbart wird (§ 3 Abs. 1 Nr. 3 VKG).

Eine Stundungsvereinbarung verändert den »normalen Fälligkeitszeitpunkt«. Wenn und soweit die Parteien dagegen die Erbringung der Leistung zu bestimmten, wiederkehrenden, künftigen Fälligkeitszeitpunkten vereinbaren, so liegt keine Stundung vor. Vereinbarungen dieser Art werden etwa bei Energielieferungsverträgen (Strom/Gas) oder für Telefongebühren und auch bei der Wohnungsmiete getroffen. Hier kann erst dann von einem Zahlungsaufschub die Rede sein, wenn die im Rahmen des Dauerschuldverhältnisses fällige *Teilleistung* nach ausdrücklicher Zusatzvereinbarung erst später zu entrichten ist und dafür ein Entgelt verlangt wird. Um klarzustellen, daß es sich bei Leistungen im Rahmen von Dauerschuldverhältnissen im Normalfall nicht um Stundungen handelt, heißt es in Art. 1 Abs. 2c EG-Richtlinie 86: »Verträge über die kontinuierliche Erbringung von Dienstleistungen oder Leistungen von Versorgungsbetrieben, bei denen der Verbraucher berechtigt ist, für die Dauer der Erbringung Teilzahlungen zu leisten, gelten nicht als Kreditverträge im Sinne dieser Richtlinie.« 33

In der Regierungsbegründung zum deutschen VKG heißt es deshalb zutreffend: »Dauerschuldverhältnisse mit laufenden Zahlungen fallen allerdings nicht schon dann unter den Entwurf, wenn die Tarife nach der Zahlungsweise (monatlich, vierteljährlich usw.) gestaffelt werden, ...«[74] Als Beispiel wird sodann auf Versicherungsverträge verwiesen, bei denen es in der Tat üblich ist, für halb-, vierteljährliche oder monatliche Zahlung Zuschläge zu nehmen. Bei dieser Tarifgestaltung, so heißt es in der Regierungsbegründung, liege kein Zahlungsaufschub vor, vielmehr stünden Rabattgesichtspunkte im Vordergrund. Das trifft nicht zu. Die Versicherer bieten nicht eine monatliche Teilprämie als Normalprämie an, um darauf etwa bei jährlicher Zahlungsweise einen Rabatt zu gewähren. Vielmehr werden Jahresprämien als Normalpreis ausgewiesen. Auf diesen zahlen die Versicherungsnehmer bei unterjähriger Zahlungsweise Zuschläge. Bei vierteljährlicher Zahlung ist beispielsweise ein fünfprozentiger Zuschlag üblich. Das ergibt einen effektiven Jahreszins von 13,42 %; bei halbjährlicher Zahlung wird ein Zuschlag von 3 % erhoben, was einem effektiven Jahreszins von 12,36 % entspricht[75]. Auf Zuschläge dieser Art ist das VKG also anwendbar[76]. 34

Nach der Regierungsbegründung liegt auch dann kein entgeltlicher Zahlungsaufschub vor, »wenn die Stundung eines bestehenden Kreditver- 35

---

74 BT-Drucks. 11/5462, S. 17.
75 Falken, VuR 1990, 9, 11.
76 Wie hier Müko-Ulmer, § 1 Rz. 56; Drescher, VKG, Rz. 28; a.A. v. Westphalen/Emmerich/Kessler, § 1 Rz. 117; Seibert WM 1991, 1445, f., beide allerdings ohne Begründung.

trages vereinbart wird und die Sätze der laufzeitabhängigen Kreditkosten nicht erhöht werden, denn für diese Stundung fällt kein eigenes Entgelt an«[77]. Dem liegt ein Denkfehler zugrunde. Würde man die Rückzahlung des Darlehens unentgeltlich stunden, dann würden für den Stundungszeitraum keine Zinsen zu zahlen sein. Sollen dagegen auch in dieser Zeit Zinsen unverändert entrichtet werden, so handelt es sich nun um das Entgelt für die Stundung. Es kommt also darauf an, ob die ursprünglich vereinbarten Zinssätze auch für die Stundung gelten und anläßlich dieser oder nur für diese nicht verändert werden; in diesem Falle sind hinsichtlich der Stundung weder § 4 VKG noch § 7 VKG anwendbar[78]. Die Zinssätze verändern sich aber, wenn etwa Raten herabgesetzt oder die Tilgung ausgesetzt wird, auch wenn der Zinssatz nicht geändert wird. Das hängt mit der Laufzeitverlängerung des gewährten Darlehens zusammen. Wenn inzwischen das Zinsniveau gesunken sein sollte, dann kann die Zinshöhe als Folge der Stundung sogar sittenwidriges Niveau erreichen, ohne daß der Verbraucher in den Genuß des Schutzes des VKG käme[79].

6. Sonstige Finanzierungshilfen

36   Schließlich gelten auch *sonstige Finanzierungshilfen* als Kredite nach § 1 Abs. 2 VKG. Gemeint sind, so heißt es in der Regierungsbegründung, »insbesondere die Leasingverträge, diese jedoch nur dann, wenn die Leasingsache nach dem Vertrag oder bei Vertragsschluß feststehenden Umständen ihrer Substanz nach endgültig auf den Verbraucher übertragen werden soll«[80]. Dem stehen, so heißt es weiter, »die Fälle der schon bei Vertragsschluß vorhersehbaren Aufzehrung des tatsächlichen oder rechtlichen Gebrauchswerts für den Verbraucher gleich«[81]. Im ersten Fall ist der, selten gewordene, Leasingvertrag mit *Kaufoption* gemeint. Im zweiten Fall geht es um das heute typische Finanzierungsleasing mit *Vollamortisation*. Dies sind jene Verträge, bei denen der Leasingnehmer »für die Amortisation der vom Leasinggeber für die Anschaffung der Leasingsache gemachten Aufwendungen und Kosten einstehen muß«[82].

37   Der im deutschen Recht vor Erlaß des VKG unbekannte Rechtsbegriff »sonstige Finanzierungshilfe« hat *Auffangfunktion*. Erfaßt werden sollten alle Formen eines entgeltlichen Kredits, die nicht als Darlehen oder Zahlungsaufschub zu qualifizieren sind. Dazu gehören vor allem Leasing- und sonstige Gebrauchsüberlassungsverträge, »wenn sie mit Finanzierungse-

---

77 BT-Drucks. 11/5462 S. 17.
78 Bülow², § 1 Rz. 53; Drescher VKG Rz. 45.
79 Exemplarisch OLG Celle, WM 1992, 1145 (Vertragszins 19,33 %).
80 BT-Drucks. 11/5462, S. 17.
81 BT-Drucks. 11/5462, S. 18.
82 BT-Drucks. 11/8274, S. 21; Schmid-Burgk/Schölemann, BB 1991, 566.

lementen zugunsten des Verbrauchers verbunden sind«[83]. Wichtig ist, daß es sich um eine entgeltliche *Finanzierung* handelt. Das ist bei Abschluß eines *Mietvertrages* nicht der Fall. Beim Mietvertrag geht es nicht um die Finanzierung des Mietobjektes, sondern um ein Entgelt für die Gebrauchsnutzung auf Zeit. Beim *Mietkauf* ist das anders. Hier soll das Eigentum letztlich auf den Mieter übergehen. Folgerichtig heißt es in Art. 2 Abs. 1b EG-Richtlinie 1986, daß die Richtlinie »keine Anwendung auf Mietverträge findet, es sei denn, diese sehen vor, daß das Eigentum letzten Endes auf den Mieter übergeht«. Daraus folgt, daß Leasingverträge, die wie ein Mietvertrag nicht auf Vollamortisation gerichtet sind, nicht unter den Schutzbereich des VKG fallen (Operating-Leasing)[84]. Umgekehrt sind die, insbesondere im Kfz-Leasing typischen, Vollamortisationsverträge erfaßt, weil der Leasingnehmer für den Gegenwert der Leasingsache inkl. Kosten und Zinsen voll einsteht, also wirtschaftlich so behandelt wird, als würde er die Leasingsache nach Ablauf der Vertragszeit kaufen. Bei alledem ist zu bedenken, daß eine Reihe wichtiger Normen des VKG nach § 3 Abs. 2 Nr. 1 VKG auf das Finanzierungsleasing nicht anzuwenden sind. Ob und inwieweit diese Freistellung mit den Schutzzielen des VKG und des EG-Rechts vereinbar ist, wird gleich, im Rahmen der Ausnahmen des § 3 VKG, zu klären sein.

VI. Ausnahmen von der Anwendbarkeit des VKG

Entgeltliche Kredite an Verbraucher zu privaten Zwecken werden vom Schutzbereich des VKG nur dann erfaßt, wenn keine der Ausnahmen von §§ 3, 5 VKG vorliegt. Das entspricht der Konzeption der EG-Richtlinie 1986, die in Art. 2 ebenfalls eine Reihe von Ausnahmen vorsah. So ist das Gesetz nach § 3 Abs. 1 VKG wegen des geringen wirtschaftlichen Risikos für den Verbraucher[85] auf *Bagatellkredite* (Nettokreditbetrag maximal DM 400,-) nicht anwendbar. Wer durch Abschluß mehrerer Kreditverträge in Höhe von DM 400,- versucht, das Gesetz zu *umgehen*, scheitert an § 18 S. 2 VKG.

38

Das Gesetz findet auch keine Anwendung auf *Existenzgründungsdarlehen*, wenn der Nettokreditbetrag oder Barzahlungspreis DM 100 000,- übersteigt (§ 3 Abs. 2 VKG). Mit dieser Bestimmung geht das deutsche VKG über die Vorgaben der EG-Richtlinie 1986 hinaus. Zugleich ist die Ausnahme Ausdruck eines Ergebniskompromisses zwischen Bundesregierung und Bundesrat. Schutzbedürftig, so meinte der Bundesrat, seien auch Minderkaufleute und Kleingewerbetreibende, da sie oft ebensowenig

39

---

83 Müko-Ulmer, § 1 Rz. 65.
84 Martinek/Oechsler, ZIP 1993, 81 ff.
85 BT-Drucks. 11/5462 S. 12, 18.

wie Arbeitnehmer in der Lage seien, die Tragweite ihrer Vertragsentschließungen zu überschauen. Deshalb sei dieser Personenkreis auch bisher durch § 8 AbzG geschützt worden[86]. Die Bundesregierung widersprach, weil dieser Vorschlag nicht der im geschäftlichen Verkehr geübten Praxis entspreche, welche nur zwischen gewerblichen und nichtgewerblichen Krediten unterscheide[87]. Daraufhin empfahl der Rechtsausschuß des Bundestages, Kredite im Rahmen der Existenzgründungsphase dem VKG zu unterstellen, sofern der Nettokreditbetrag nicht DM 100 000,- übersteigt[88]. Diese Fassung ist Gesetz geworden. Sie ist legitimierbar, weil bei Scheitern der Existenzgründung der Kredit letztlich von einer Privatperson zurückgezahlt wird. Warum allerdings Personen, die ein DM 100 000,- übersteigendes Existenzgründungsdarlehen in Anspruch nehmen, *prinzipiell* nicht schutzbedürftig sind, ist damit nicht zu erklären. In der Bankpraxis sollte in diesen Fällen die Anwendbarkeit des VKG privatautonom vereinbart werden. Der BGH hat am 14.12.1994 eine Entscheidung gefällt, die Vereinbarungen dieser Art nahelegt[89]. Danach liegt nämlich eine Existenzgründung auch dann noch vor, wenn der Verbraucher bereits über ein gewerbliches Unternehmen verfügt, die Kreditmittel aber zum Aufbau eines neuen, mit dem ersten nicht in Zusammenhang stehenden, sondern klar davon abgegrenzten gewerblichen oder selbständigen beruflichen Unternehmens bestimmt sind[90].

40 In Übereinstimmung mit der EG-Richtlinie 1986 findet das VKG auch dann keine Anwendung, wenn dem Verbraucher ein *Zahlungsaufschub von nicht mehr als drei Monaten* eingeräumt wird (§ 3 Abs. 1 Nr. 3 VKG). Diese Ausnahme ist, so heißt es in der Regierungsbegründung[91], vertretbar, weil hier die für das Kreditgeschäft wesentlichen laufzeitabhängigen Belastungen kein besonderes Gewicht erlangen können. Dies habe insbesondere auch Bedeutung für die Vertragsgestaltungen von Kreditkartenunternehmen, bei denen die Karte lediglich als Zahlungsmittel verwendet werde und der Rechnungsbetrag vom Karteninhaber sofort nach der Belastung durch das Kartenunternehmen zu begleichen sei. Anderes gelte jedoch für die Kreditkartenverträge, bei denen der Rechnungsbetrag mit einem Zahlungsziel von über drei Monaten gegen Zinsberechnung kreditiert werde.

41 Die Ausnahme der *Arbeitgeberdarlehen* nach § 3 Abs. 1 Nr. 4 VKG beruht auf Art. 2 Abs. 2 der EG-Richtlinie 1986. Die Einbeziehung solcher Darlehen in das Gesetz ist, so die Regierungsbegründung[92], unter dem

---

86 BT-Drucks. 11/5462 S. 34.
87 BT-Drucks. 11/5462 S. 41.
88 BT-Drucks. 11/8274 S. 20.
89 ZIP 1995, 105.
90 Zur Entscheidung im einzelnen vgl. oben Rz. 20.
91 BT-Drucks. 11/5462 S. 18.
92 BT-Drucks. 11/5462 S. 18.

Gesichtspunkt des Verbraucherschutzes nicht erforderlich, da Arbeitgeberdarlehen nicht öffentlich angeboten und in der Regel zu besonders günstigen Bedingungen gewährt werden. Dabei ist durch den Wortlaut der Ausnahmeregelung sichergestellt, daß sie nur dann gilt, wenn die Zinsen oder sonstigen Kosten im Einzelfall unter den marktüblichen Sätzen liegen. Im Streitfall ist diese Voraussetzung vom Arbeitgeber zu beweisen[93].

Auf Kreditverträge, die *gerichtlich protokolliert* werden (§ 3 Abs. 2 Nr. 3 VKG), sind einige Regeln des VKG nicht anwendbar. Es handelt sich dabei vor allem um Ratenvergleiche zur Beendigung von Zivilprozessen. Die Praktikabilität – sofortige Protokollierung im Termin zur mündlichen Verhandlung – zwingt, so heißt es in der Regierungsbegründung, diese Vereinbarungen von den Form- und Abschlußvorschriften des Gesetzes auszunehmen[94]. In der Begründung wird zu Recht darauf verwiesen, daß ein nach der ZPO errichtetes Protokoll ohnehin die Schriftform ersetze. Der erforderliche Schutz des Verbrauchers werde im übrigen durch die gerichtliche Mitwirkung sichergestellt. Das zwingende Widerrufsrecht sei deshalb nicht erforderlich. Die Berechnung und Angabe eines effektiven Jahreszinses entfalle ebenfalls, weil ansonsten die gerichtliche Streitschlichtung erheblich erschwert würde. Im Regelfall würde bei gerichtlichen Vergleichen der vereinbarte Nominalzins bereits die effektive Zinsbelastung zutreffend ausdrücken[95]. Aus den gleichen Gründen sind auch *notariell beurkundete* Kreditverträge von den Form- und Abschlußvorschriften des VKG befreit. Allerdings muß das Protokoll oder die notarielle Urkunde den *Jahreszins*, die bei Abschluß des Vertrages in Rechnung gestellten *Kosten des Kredits* sowie die Voraussetzungen enthalten, unter denen der Jahreszins oder die Kosten *geändert* werden können (§ 3 Abs. 2 Nr. 3 VKG).

42

Mit der Novelle des VKG vom 27.4.1993[96] wurde klargestellt, daß § 9 VKG keine Anwendung auf Kreditverträge findet, die der »Finanzierung des Erwerbs von Wertpapieren, Devisen oder Edelmetallen dienen« (*Effektenkredite* i.S.v. § 3 Abs. 2 Nr. 4 VKG). Bis dahin war streitig, ob der Darlehensnehmer die mit dem Kredit finanzierten Wertpapierkaufgeschäfte nach § 9 VKG widerrufen durfte[97]. Die Möglichkeit, durch den Widerruf des Kredits (§ 7 VKG) das Spekulationsrisiko des Wertpapierkaufs zumindest für eine Woche auf die Bank abzuwälzen, besteht nun nicht mehr. Diese Herausnahme der finanzierten Risikogeschäfte aus dem

43

---

93 BT-Drucks. 11/5462 S. 18.
94 BT-Drucks. 11/5462 S. 18.
95 BT-Drucks. 11/5462 S. 18.
96 BGBl. I 509; dazu mit Wiedergabe des Berichts des BT-Rechtsausschusses von v. Westphalen, ZIP 1993, 476.
97 Zustimmend Habersack ZHR 156 (1992), 46, 60; verneinend Vortmann NJW 1992, 1865; dag. Claussen, NJW 1993, 564 ff.

Anwendungsbereich des § 9 VKG widerspricht nicht dem Gedanken des Verbraucherschutzes. Der Käufer kann sich jederzeit zum Tageskurs von den gekauften Wertpapieren, Devisen oder Edelmetallen trennen. Ferner kann er sich durch das generelle Widerrufsrecht des § 7 VKG auch jederzeit aus dem Kreditvertrag lösen[98].

44   Ferner wurde durch Einfügung einer neuen Nr. 5 in § 3 Abs. 1 VKG klargestellt, daß öffentlich-rechtliche Kredite zur Förderung des Wohnungswesens und Städtebaus dann vom VKG nicht erfaßt sind, wenn die Zinsen unter den marktüblichen Sätzen liegen. Damit ist lediglich eine Klarstellung, nicht aber eine Änderung der bestehenden Rechtslage verbunden[99]. Die zinsgünstigen Kredite zur Förderung des Wohnungswesens und des Städtebaus werden nämlich ohne Gewinnerzielungsabsicht und außerhalb des allgemeinen Wettbewerbs vergeben. Es fehlt also das nach § 1 Abs. 1 VKG erforderliche Merkmal der *gewerblichen* Tätigkeit. Schon deshalb konnte auch vor der Novelle vom 27.4.1993 das VKG auf derartige Verträge nicht angewandt werden. Die Anwendung des VKG wäre aber auch im übrigen nicht sinnvoll, weil bei öffentlichen Baudarlehen Zeitpunkt und Maß der Konditionenänderungen regelmäßig im voraus nicht festgelegt werden[100]. Der Schutz des Verbrauchers wird indirekt gewährleistet, und zwar durch den hohen Prüfungs- und Beratungsaufwand durch Gemeinden, Bauaufsichtsbehörden, Bewilligungsstellen und schließlich durch die vom Staat beauftragten Förderinstitute[101].

45   Eine weitere partielle Ausnahme besteht für grundpfandrechtlich gesicherte Kredite (*Realkredite*) und ihnen gleichgestellte *Bauspardarlehen* (§ 3 Abs. 2 Nr. 2 VKG). Die Ausnahme wird damit gerechtfertigt, daß einige Vorschriften des VKG auf grundpfandrechtlich gesicherte Darlehen nicht passen. Das gilt vor allem für die Vorschriften über den Widerruf (§ 7 VKG), den Einwendungsdurchgriff (§ 9 VKG), die Verzugszinsen (§ 11 VKG), sowie die Gesamtfälligstellung (§§ 12, 13 VKG)[102]. Das Widerrufsrecht würde die taggenaue Refinanzierung vieler Realkredite, so die Regierungsbegründung, die eine Grundlage für deren günstige Verzinsung darstellt, erheblich gefährden. Die Verzugszinsregelung (§ 11 VKG) wäre dagegen in vielen Fällen des Realkredits zu günstig. Die Voraussetzungen der Gesamtfälligstellung (§§ 12, 13 VKG) sind auf die meist langen Laufzeiten der Realkredite mit einer niedrigen Anfangstilgung nicht zugeschnitten[103]. In der Regierungsbegründung wird ferner gesagt, daß die Sicherstellung durch einzutragende Pfandrechte zusätzlich warnend wir-

---

98 Bericht des Rechtsausschusses, BT-Drucks. 12/4526.
99 Bericht des Rechtsausschusses, BT-Drucks. 12/4526.
100 Bericht des Rechtsausschusses, BT-Drucks. 12/4526.
101 Bericht des Rechtsausschusses, BT-Drucks. 12/4526.
102 BT-Drucks. 11/5462, S. 18, 35.
103 BT-Drucks. 11/5462, S. 18.

ke, so daß jeder Nachfrager zu besonderer Umsicht gemahnt sei. Zudem handele es sich bei solchen Darlehen auch nicht um typische Konsumentenkredite. Bauspardarlehen seien aus den gleichen Gründen auch dann ausgenommen, wenn sie grundpfandrechtlich *nicht* gesichert seien. Dies seien Baudarlehen, bei denen auf die Sicherung durch Grundpfandrechte im Interesse des Verbrauchers verzichtet werden könne. Diese Ausnahme ist durch Art. 2 Abs. 1a der EG-Richtlinie 1986 gedeckt[104].

Durch die am 1.5.1993 in Kraft getretene Novelle zum VKG ist auch für variable Kredite die *Angabe der Gesamtbelastung* auf der Basis des anfänglichen Zinssatzes erforderlich (§ 4 Abs. 1 Nr. 1b VKG). Für die Realkredite gilt das nicht, was sich aus dem geänderten Wortlaut von § 3 Abs. 2 Nr. 2 VKG ergibt. Die Angabe des Gesamtbetrags mache nämlich, so die Begründung des Rechtsausschusses, bei Grundstückskrediten in vielerlei Hinsicht Schwierigkeiten[105]. Grundstückskredite seien vielfach auf lange Laufzeiten von 20 bis 30 Jahren angelegt, wobei aber Zinssatz und Damnum nur für einen Teilabschnitt von z.B. fünf Jahren festgelegt würden. Die fiktive Hochrechnung dieser Größen auf die gesamte Laufzeit entferne sich erfahrungsgemäß weit von der Realität und ergäbe für den Verbraucher eher ein trügerisches Bild. Ferner würden Grundstückskredite oft abschnittsweise oder in Teilbeträgen nach Baufortschritt ausbezahlt, wobei bis zur Inanspruchnahme nur ein Bereitstellungszins und danach der Vertragszins geschuldet sei. Der Bundestag ist aufgrund dieser Unwägbarkeiten dem Rechtsausschuß gefolgt, so daß *bei Realkrediten* die Angabe des Gesamtbetrages *nicht* erforderlich ist[106].

46

Auch *Finanzierungsleasingverträge* sind von wesentlichen Regelungen des VKG befreit. Dazu gehören die Regeln des VKG, in denen der Verbraucher z.B. über den Nettokreditbetrag, den Gesamtbetrag oder den Effektivzins informiert wird (§ 4 Abs. 1 S. 4 u. 5 VKG). In § 6 VKG, der ebenfalls für Finanzierungsleasingverträge nicht gilt, werden einige Rechtsfolgen bei Formmängeln geregelt. Schließlich gelten bestimmte Rücktrittsregeln (§ 13 Abs. 3 VKG) und solche bei vorzeitiger Zahlung durch den Verbraucher (§ 14 VKG) für den Finanzierungsleasingvertrag nicht. Man kann darüber streiten, ob der deutsche Gesetzgeber sehr klug gehandelt hat, als er durch die Verwendung des Auffangtatbestandes der »sonstigen Finanzierungshilfe« in § 1 Abs. 2 VKG auch den Finanzierungsleasingvertrag als Verbraucherkredit qualifizierte[107]. Auf diese Weise ist es, so Köndgen, »zu dem Paradox gekommen, daß einerseits jeder Mietvertrag mit Finanzierungselementen sich als Verbraucherkredit i.S.v. § 1 Abs. 2 VKG qualifizieren müßte, andererseits § 3 Abs. 2 Nr. 1 VKG

47

---

104 BT-Drucks. 11/5462, S. 18.
105 BT-Drucks. 12/4526, S. 12 f.
106 Vtfd. Peters, WM 1994, 1405 ff.
107 BT-Drucks. 11/5462, S. 17 f; BT-Drucks. 11/8274, S. 21.

ausgerechnet jene Variante des Leasing, bei der das Finanzierungselement am stärksten ist – eben das Finanzierungsleasing -, von der Geltung des Verbraucherkreditgesetzes weitgehend ausnimmt«[108]. Insbesondere ist die weitgehende Freistellung des Finanzierungsleasings von der Preisangabenpflicht (§ 4 VKG) mit dem Ziel des VKG, den Verbraucher durch größtmögliche Preistransparenz zu schützen, kaum zu vereinbaren. Zumindest über die Freistellung von § 4 Abs. 1 S. 4 u. 5 VKG sollte der Gesetzgeber noch einmal ernsthaft nachdenken[109].

48 Nicht überzeugend ist dagegen der Vorwurf, die partielle Freistellung des Finanzierungsleasings in § 3 Abs. 2 Nr. 1 VKG sei EG-rechtswidrig und löse deshalb Staatshaftungsansprüche i.S.d. Francovich-Rechtsprechung des EuGH aus[110]. Das trifft zum einen deshalb nicht zu, weil die EG-Richtlinie 1986 Finanzierungsleasingverträge überhaupt nicht erwähnte und Mietverträge nach Art. 2 Abs. 1b nur dann erfaßte, wenn »das Eigentum letzten Endes auf den Mieter übergeht«[111]. Zum anderen gibt es für die meisten Regelungen, von denen der deutsche Gesetzgeber den Finanzierungsleasingvertrag befreite, überhaupt keine Vorbilder im EG-Recht, insbesondere für die §§ 6, 13 Abs. 3, 14 VKG. Im Grundsatz bleibt deshalb festzuhalten, daß der deutsche Gesetzgeber mit der pauschalen Einbeziehung des Finanzierungsleasings in das Verbraucherkreditgesetz die Richtlinie bereits übererfüllt hat[112].

49 Etwas anderes könnte für die selten gewordenen Finanzierungsleasingverträge mit Kaufoption gelten. Diese sind dem Mietkauf, der von Art. 2 Abs. 1b EG-Richtlinie 1986 ausdrücklich erfaßt wird, typologisch und funktional vergleichbar[113]. EG-rechtlich vorgeschrieben ist in Art. 4 EG-Richtlinie 1986 die *Angabe des effektiven Jahreszinses* und die Angabe der Bedingungen, unter denen der effektive Jahreszins *geändert* werden kann. Außerdem müssen sich die *Gesamtkosten* bei *vorzeitiger Rückzahlung* des Krediets *ermäßigen*. Soweit § 3 Abs. 2 Nr. 1 VKG den Finanzierungsleasingvertrag mit Kaufoption von diesen drei Anforderungen freistellt, verstößt die Norm gegen zwingendes EG-Recht und ist als Folge davon *richtlinienkonform* auszulegen[114]. Darauf hatte bereits Ulmer frühzeitig und zutreffend aufmerksam gemacht[115]. Selbst für Finanzierungsleasingverträge mit Kaufoption kommt aber eine *Staatshaftung*[116] schon deshalb

---

108 Köndgen, NJW 1994, 1508, 1516.
109 Ähnlich Köndgen, NJW 1994, 1508, 1516; v. Westphalen, NJW 1993, 3225, 3228 f.
110 So aber v. Westphalen, ZIP 1993, 93 ff.
111 Köndgen, NJW 1994, 1508, 1516; vtfd. unter Einbeziehung der Rechtsentwicklung in anderen EG-Mitgliedsstaaten Zahn, DB 1994, 617 ff.
112 Köndgen, NJW 1994, 1508, 1516.
113 Zahn, DB 1994, 617, 622 ff.
114 EuGHE 1984, 1891 = DB 1984, 1042; Zahn, DB 1994, 617, 622 m.w.N.
115 Müko-Ulmer, Vorbem. Rz. 16.
116 v. Westphalen, NJW 1993, 3229.

nicht in Betracht, weil die Voraussetzungen, die der EuGH im Francovich-Urteil aufgestellt hat, nicht vorliegen. Nach diesem Urteil[117] müssen *drei Voraussetzungen* erfüllt sein. Erstens muß das durch die Richtlinie vorgeschriebene Ziel die Verleihung von Rechten an *einzelne* beinhalten. Zweitens muß der *Inhalt* dieser Rechte auf der Grundlage der Richlinie *bestimmt* werden können. Drittens muß ein *Kausalzusammenhang* zwischen dem Verstoß gegen die dem Staat auferlegte Umsetzungsverpflichtung und dem entstandenen Schaden bestehen[118]. Mit Blick auf die Verbraucherkreditrichtlinien fehlt es bereits an den ersten zwei Voraussetzungen. Weder die Richtlinie 1986 noch die Richtlinie 1979 verleihen Rechte *an einzelne*. Es wird zwar vorgeschrieben, daß der effektive Jahreszins in ganz bestimmter Weise zu verrechnen und bekanntzugeben ist, aber Rechte für den Fall, daß dies nicht ordnungsgemäß geschieht, werden den Verbrauchern nicht zugewiesen.

Schließlich gelten für *Überziehungskredite* einige Besonderheiten. Nach § 5 VKG gelten die Bestimmungen des § 4 VKG (Informationsmodell) »nicht für Kreditverträge, bei denen ein Kreditinstitut einem Verbraucher das Recht einräumt, sein laufendes Konto in bestimmter Höhe zu überziehen«, wenn die Bank neben den Überziehungszinsen keine weiteren Kosten verlangt und die Zinsperiode mindestens drei Monate dauert. § 5 VKG beruht im Kern auf Art. 2 Abs. 1e EG-Richtlinie 1986, wonach die Richtlinie keine Anwendung auf Verträge findet, »aufgrund derer Kredite durch ein Kredit- oder Geldinstitut in Form von Überziehungskrediten auf laufenden Konten gewährt werden, mit Ausnahme der Kreditkartenkonten«.

In Deutschland ist die Regelung zum Schutze der Verbraucher etwas detaillierter ausgefallen. Insbesondere muß das Kreditinstitut den Verbraucher bei Inanspruchnahme des Kredits über vier Punkte unterrichten
(1) Die Höchstgrenze des Kredits,
(2) Den zum Zeitpunkt der Unterrichtung geltenden Jahreszins,
(3) Die Bedingungen, unter denen der Zinssatz geändert werden kann,
(4) Die Regelung der Vertragsbeendigung.

Schriftliche Bestätigungen in Form eines Kontoauszugs sind erforderlich, wenn sich der Jahreszins ändert, oder das Kreditinstitut die Überziehung länger als drei Monate duldet (§ 5 Abs. 2 VKG). In der Regierungsbegründung heißt es, daß der Überziehungskredit eine in der Bundesrepublik Deutschland verbreitete, besonders flexible Art der Kreditaufnahme ist[119]. Der Kredit werde auf einem Kontokorrentkonto in der Regel ohne Sicherheiten eingeräumt. In Abgrenzung zu den Vario- oder Dispokrediten sei ein Überziehungskredit nur dann anzunehmen, wenn außer

---

117 NJW 1992, 165.
118 NJW 1992, 167 Z. 40.
119 BT-Drucks. 11/5462, S. 20.

den Überziehungszinsen keine weiteren Kosten anfielen und die Zinsperiode nicht kürzer als drei Monate sei. Unter diesen Bedingungen komme der anzugebende Jahreszins dem *Effektivzins sehr nahe.* Diese, in der Regel unbürokratische, Eingehung von Kreditverbindlichkeiten wolle das VKG möglichst nicht einschränken. Andererseits wolle das Gesetz die »angestrebte Information des Verbrauchers in einer dieser Kreditform angepaßten Weise sicherstellen«[120].

52 Duldet die Bank die Überziehung des laufenden Kontos mehr als drei Monate, so ist der »Verbraucher über den *Jahreszins,* die *Kosten* sowie die diesbezüglichen Änderungen zu unterrichten«; dies kann in Form eines Kontoauszugs erfolgen (§ 5 Abs. 2 VKG). Die Regelungen für den ausdrücklich vereinbarten Überziehungskredit sind also etwas anders als diejenigen für den nur geduldeten, also konkludent geschlossenen Vertrag. Ganz einsichtig ist das nicht, denn die Art des Vertragsschlusses macht den Verbraucher nicht mehr oder weniger schutzwürdig. Es hätte daher nahegelegen, den Verbraucher nach erstmaliger Duldung ebenso zu unterrichten, wie nach der ersten Inanspruchnahme eines ausdrücklich vereinbarten Überziehungskredites (§ 5 Abs. 1 S. 3 VKG).

53 Nicht ganz unwichtig ist es, daß für geduldete Überziehungen höhere Zinsen verlangt werden dürfen, sofern dies in den AGB verankert ist. Nach Nr. 12 Abs. 6 AGB/B (93) richtet sich der maßgebliche Zinssatz für Überziehungskredite i.S.d. § 5 VKG »nach dem Preisaushang und den Informationen, die die Bank dem Kunden übermittelt«. Der BGH hatte eine ähnliche Klausel einer Sparkasse zu beurteilen und bejahte ihre Vereinbarkeit mit § 9 AGBG.

54 *Fall: BGH NJW 1992, 1751*
Ein Verbraucherverband klagte gegen eine Stadtsparkasse, die bei Abschluß von Giro-Verträgen mit Privatkunden die vom Deutschen Sparkassen- und Giro-Verband herausgegebenen AGB zugrunde legte, deren Nr. 10 folgenden Wortlaut hatte:
10) Kontoüberziehung. Nimmt der Kunde Kredit ohne ausdrückliche Vereinbarung oder über den vereinbarten Betrag oder über den Fälligkeitstermin hinaus in Anspruch, so hat er statt etwa vereinbarter niedriger Zinsen, Gebühren und Provisionen, die von der Sparkasse für solche Überziehungen bestimmten, im Preisaushang bzw. Preisverzeichnis jeweils ausgewiesenen Zinsen, Gebühren und Provisionen zu zahlen«.
Der Verbraucherverband meinte, diese Klausel verstoße gegen § 9 AGBG, weil sie den Kunden unangemessen benachteilige. Der BGH widersprach. Eine solche Kreditgewährung stelle eine zusätzliche Leistung dar, auf die der Kunde aufgrund der vorher getroffenen Vereinbarungen

---

120 BT-Drucks. 11/5462, S. 20.

keinen Anspruch habe und die er ... nicht zum gleichen Preis ... erwarten oder gar verlangen könne. Geduldete Kontoüberziehungen würden gegenüber vorher ausdrücklich vereinbarten Krediten regelmäßig einen größeren Arbeitsaufwand und ein erhöhtes Risiko mit sich bringen; die Inanspruchnahme teurerer Refinanzierungsmittel sei nicht ausgeschlossen. Auch der Verweis auf den Preisaushang zur Bestimmung der jeweiligen *Höhe der Überziehungszinsen* halte einer Inhaltskontrolle nach § 9 AGBG stand. Entscheidend sei, daß die Kreditinstitute ihre Zinskonditionen den wechselnden und bei Vertragsschluß meist nicht überschaubaren künftigen Finanzierungsmarktverhältnissen anzupassen hätten. Zur Wahrung der Interessen des Kunden seien solche Klauseln grundsätzlich dahin auszulegen, daß sie das Kreditinstitut nicht nur zu Zinserhöhungen berechtigten, sondern auch zur Berücksichtigung der Marktverhältnisse zugunsten des Kunden verpflichteten[121]. In einer Entscheidung vom gleichen Tage[122] hat der BGH für den Zeitraum 1983 bis 1987 einen um 4 % erhöhten Zinssatz nicht beanstandet.

VII. Erweiterung des sachlichen Anwendungsbereichs des VKG

Das VKG ist geschaffen worden, damit der Verbraucher über seine mit der Kreditaufnahme verbundenen Verpflichtungen, insbesondere über die Kreditkosten vor und bei Vertragsschluß, angemessen unterrichtet wird. Ferner soll der Verbraucher allgemein vor Bedingungen geschützt werden, die ihn in nicht gerechtfertigter Weise benachteiligen[123]. Probleme bereiten Kredite deshalb, weil sie den zu zahlenden Gesamtpreis für ein Gut in kleine Teile zerlegen, auf einen längeren Zeitraum verteilen, so daß es nicht mehr ganz einfach ist, den für das Gut zu zahlenden Gesamtbetrag mit dem Marktpreis zu vergleichen. Aus diesem Grunde verlangt § 4 VKG die Angabe des *Gesamtbetrages* »aller vom Verbraucher zur Tilgung des Kredits ... zu entrichtenden Teilzahlungen«. Nun kann man nicht nur Geld in Raten zerlegen, sondern in einigen Fällen auch Sachen. Buchclubs liefern besonders gern teure Lexika »auf Raten«, indem sie das Gesamtwerk peu à peu, z.B. Monat für Monat, über einen bestimmten Zeitraum liefern. In ähnlicher Weise kann man Fernlehrkurse, z.B. Sprachkurse[124] oder die Lieferung eines Geschirrservices oder einer Möbelgruppe in Teilleistungen zerlegen. Gleiches gilt für den Vertrag über die Lieferung eines kompletten Bausatzes für ein Fertighaus[125]. In all die-

55

---

121 So bereits BGHZ 97, 212 = NJW 1986, 1803.
122 NJW 1992, 1753; dazu Steiner, WM 1992, 423.
123 BT-Drucks. 11/5462, S. 11.
124 BGH WM 1990, 1248, dazu EWiR 2/90, 625 »Teske«.
125 LG Detmold, VuR 1989, 20.

sen Fällen wird die Sache ähnlich unübersichtlich wie beim Kredit, so daß sich der Gesetzgeber entschlossen hat, den Anwendungsbereich des VKG soweit wie nötig hierauf zu erstrecken. Verträge über »zusammengehörend verkaufte Sachen in Teilleistungen« bedürfen der Schriftform und sind widerruflich (§ 2 Nr. 1 VKG). Das gleiche gilt für »die regelmäßige Lieferung von Sachen gleicher Art« (§ 2 Nr. 2 VKG). Gemeint sind etwa Zeitschriftenabonnements, so daß ein Verleger, der die Widerrufsbelehrung unterläßt, zugleich gegen § 1 UWG verstößt[126]. Schließlich sind auch Verträge erfaßt, die »die Verpflichtung zum wiederkehrenden Erwerb oder Bezug von Sachen zum Gegenstand haben« (§ 2 Nr. 3 VKG). Erfaßt werden in erster Linie Mitgliedschaften in Buch- oder Schallplattengemeinschaften. Auch Bierbezugsverträge gehören hierhin, wenngleich sie selten zu privaten Zwecken geschlossen sein werden. Anders ist es, wenn Dienstleistungen – z.B. ein Abendstudium über 20 Monate – angeboten werden, und die jeweilige Vergütung monatlich abgerechnet wird. Dann wird so abgerechnet, wie es § 614 BGB vorsieht, d.h. es fehlt an einem Kreditvertrag[127].

56 Für *Franchise-Verträge* hat der BGH am 14.12.1994 ein wichtiges Urteil gefällt[128]. Wenn und soweit sich mit Verträgen dieser Art wiederkehrende Warenbezugsverpflichtungen verbinden, so werden diese von § 2 Nr. 4 VKG erfaßt. Diese Norm entspricht § 1c Nr. 3 des durch das VKG abgelösten Abzahlungsgesetzes. Insoweit hatte der BGH bereits früher entschieden, daß der Bezug von Waren vom Schutz des Abzahlungsgesetzes erfaßt wurde[129]. Durch § 2 VKG sollte die bisherige Rechtslage erklärtermaßen nicht zum Nachteil des Verbrauchers geändert werden[130]. Ganz besonders wichtig ist in diesem Zusammenhang, daß die 100 000,- DM-Grenze des § 3 Abs. 1 Nr. 2 VKG für Warenbezugsverpflichtungen nicht gilt. Denn § 2 VKG erklärt nur wenige Vorschriften des VKG für entsprechend anwendbar. Darunter befindet sich § 3 VKG nicht. Eine Analogie ist, so der BGH ausdrücklich, auch nicht aus Sachgründen geboten. Dagegen spreche der erklärte Wille des Gesetzgebers, durch § 2 VKG eine Verschlechterung des Verbraucherschutzes gegenüber der bisherigen Rechtslage zu vermeiden[131]. Das Abzahlungsgesetz habe keine dem § 3 Abs. 1 Nr. 2 VKG entsprechende Einschränkung enthalten. Hieraus folgt, daß Warenbezugsverpflichtungen in unbegrenzter Höhe vom VKG erfaßt sind. Dies ist für die Praxis deshalb von Bedeutung, weil zumindest Existenzgründungsdarlehen dem Schutz des Gesetzes unterfallen und es des-

---

126 BGH GRUR 1986, 819.
127 BGH BB 1996, 178 f.
128 ZIP 1995, 105.
129 BGHZ 97, 351.
130 BT-Drucks. 11/5462, S. 35, 41.
131 BT-Drucks. 11/5462, S. 35, 41.

halb nicht mehr so abwegig ist, Franchise-Geschäfte nach § 7 VKG zu widerrufen und in Verbindung mit §§ 139, 812 BGB abzuwickeln[132].

Bei *Energielieferungsverträgen* (Wasser/Gas/Strom) soll § 2 Nr. 3 VKG nicht anwendbar sein, weil es sich insoweit angeblich nicht um Sachen (§ 90 BGB) handele[133]. Der Gesetzgeber war ähnlicher Auffassung und hat deshalb leider auf den – erforderlichen – klarstellenden Hinweis verzichtet[134]. 57

VIII. Der Schutz vor Übereilung: Formmängel – Widerruf

1. Schriftform

Alle Verbraucherkreditverträge, mit Ausnahme der Überziehungskredite, bedürfen der Schriftform (§§ 4 Abs. 1, 5 VKG), auch die Verträge über die teilweise gleichgestellten Geschäfte des § 2 VKG. Die Schriftform ist durch Art. 4 Abs. 1 S. 1 der EG-Richtlinie 1986 angeordnet. Sie dient neben der Sicherung der zutreffenden Informationen über die wesentlichen Kreditkonditionen auch der *Warnung* des Verbrauchers *vor* einem *unüberlegten* finanziellen *Engagement*[135]. Damit ist die Schriftform wichtige Voraussetzung für eine sachgerechte Vertragsentschließung des Verbrauchers, inhaltlich ergänzt um die Angaben, die die Kostenbelastung in nachvollziehbarer Weise deutlich werden lassen. 58

Mit Wirkung vom 1.5.1993 ist das Schriftformerfordernis leicht modifiziert worden. In § 4 Abs. 1 wurden zwei weitere Sätze eingefügt: »Der Form ist genügt, wenn Antrag und Annahme durch die Vertragsparteien jeweils getrennt schriftlich erklärt werden. Die Erklärung des Kreditgebers bedarf keiner Unterzeichnung, wenn sie mit Hilfe einer automatischen Einrichtung erstellt wird«. Zur Begründung heißt es im Bericht des Rechtsausschusses:[136] »Die Änderung dient der Beseitigung praktischer Schwierigkeiten im Darlehensgeschäft. Das mit der gesetzlichen Schriftform nach § 126 BGB verbundene Gebot der Urkundeneinheit nötigt Kreditinstitute und Verbraucher bei dem weithin üblichen Vertragsschluß im Korrespondenzwege, die einheitliche Vertragsurkunde mehrfach – oft dreimal – untereinander hin- und herzuschicken. Dieser Aufwand wird durch den neuen Abs. 1 S. 2 erheblich reduziert, ohne daß dadurch die Information des Verbrauchers Einbußen erleidet«. 59

Mit Blick auf Satz 3 heißt es, daß das Erfordernis der handschriftlichen Unterzeichnung des Vertrages (so § 126 Abs. 1 BGB) häufig zu großem 60

---

132 BGH ZIP 1995, 105.
133 v. Westphalen/Emmerich/Kessler, § 2 Rz. 27.
134 BR-Drucks. 52/74 S. 5.
135 BT-Drucks. 11/5462, S. 19.
136 BT-Drucks. 12/4526, S. 13 f.

Mehraufwand bei der Bearbeitung von Kreditverträgen führe. Zahlreiche Banken stellten ihre Verträge im Wege der Datenverarbeitung her. Vor allem würde das Festhalten an einer handschriftlichen Unterzeichnung seitens der Kreditgeber zu keiner Steigerung der Eindeutigkeit und Klarheit der Vertragsunterlagen führen, sondern ein bloßer Formalismus sein[137].

61   Nach § 4 Abs. 3 VKG hat der Kreditgeber dem Verbraucher eine *Abschrift* der Vertragserklärungen *auszuhändigen*. Diese Aushändigung ist nicht Wirksamkeitsvoraussetzung. Allerdings läuft in den Fällen, in denen die Vertragsurkunde die Widerrufsbelehrung enthält (Ein-Urkunden-Modell), die Widerrufsfrist nicht vor Aushändigung der Abschrift.

2. Rechtsfolgen von Formmängeln

62   Wird die Schriftform nicht eingehalten oder fehlen bestimmte Angaben des § 4 VKG, so richten sich die Rechtsfolgen nach § 6 VKG. Dabei ist zu entscheiden, ob das Darlehen bereits ausgezahlt (valutiert) wurde oder nicht. Der Kreditvertrag ist *vor Inspruchnahme des Kredits* nichtig, wenn die Schriftform insgesamt nicht eingehalten ist oder bestimmte in § 4 VKG vorgeschriebene Angaben fehlen (§ 6 Abs. 1 VKG). Durch diese klare Regelung ist der alte Streit, ob Formmängel beim Abzahlungsgeschäft zur Nichtigkeit des Vertrages oder zur schwebenden Unwirksamkeit führen, beendet[138]. Wirksam wird ein nichtiges Rechtsgeschäft, wenn es die Parteien nach § 141 BGB *bestätigen*. Allerdings müssen die Parteien bei der Bestätigung (Neuvornahme) nun die Formerfordernisse des VKG einhalten, ansonsten ist auch die Bestätigung nichtig.

63   Völlig anders gestalten sich die Dinge, soweit der Verbraucher den *Kredit in Anspruch nimmt*. Hätte der Gesetzgeber auch für diesen Fall die Nichtigkeit des Kreditvertrages angeordnet, so wäre der Verbraucherschutz vergleichsweise niedrig ausgefallen. Die eigentlich wichtige Frage, zu welchen Bedingungen der Kredit bereicherungsrechtlich rückabzuwickeln ist, wäre offen geblieben. Aus diesem Grunde hat sich der Gesetzgeber für ein relativ kompliziertes *Gültigkeitssystem* entschieden (§ 6 Abs. 2 VKG). Danach wird der Kreditvertrag trotz des Formmangels gültig, während der Verbraucher nach Bereicherungsrecht zu sofortiger Rückzahlung verpflichtet gewesen wäre. Jedoch ermäßigt sich der dem Kreditvertrag zugrunde gelegte Zinssatz auf den gesetzlichen Zinssatz (§ 246 BGB: 4 %; § 352 HGB: 5 %), wenn seine Angabe, die Angabe des effektiven oder anfänglichen effektiven Jahreszinses oder die Angabe des Gesamtbetrages fehlt. Nach § 1a Abs. 3 AbzG war die Regelung für den klassischen Ratenkauf noch etwas günstiger. Der Käufer schuldete nur

---

137 BT-Drucks. 12/4526, S. 13.
138 Einzelheiten Münstermann/Hannes, § 6 Rz. 287; Seibert, § 6 Rz. 1.

den Barpreis, zahlte also gar keine Zinsen[139]. Dem Gesetzgeber war diese Schlechterstellung des Verbrauchers bewußt[140]. Ihm ging es um einen Interessenausgleich zwischen den schutzwürdigen Belangen der Verbraucher einerseits und der Banken andererseits. Der gesetzliche Kompromiß, so heißt es in der Regierungsbegründung, »beläßt dem Verbraucher das Kapital für die vereinbarte Laufzeit. Der Kreditgeber, der es in der Hand hat, die Einhaltung der Formvorschrift und Mindestangabepflicht zu beachten, wird demgegenüber mit Sanktionen belastet, die sich an dem Schutzzweck der jeweiligen Pflicht orientieren[141]. Soweit Kredite zum gesetzlichen Zinssatz vergeben werden, bleiben Pflichtverletzungen i.S.d. § 6 VKG grundsätzlich ohne Rechtsfolgen.

Bei Kreditverträgen, die die Lieferung einer bestimmten Sache oder die Erbringung einer bestimmten Leistung gegen Teilzahlungen zum Gegenstand haben, gilt im Grundsatz das gleiche (§ 6 Abs. 3 VKG). Schwierigkeiten bereitete der Fall, daß der *Barzahlungspreis* fehlte. Hier nimmt das Gesetz die bisher bestehende Regelung des § 1a Abs. 3 S. 3 AbzG auf. Es gilt im Zweifel der *Marktpreis* als Barzahlungspreis (§ 6 Abs. 3 S. 3 VKG). Ferner finden sich in § 6 Abs. 2 und 3 VKG eine Reihe weiterer »Disziplinierungsmaßnahmen«. Die Details ergeben sich aus dem Wortlaut des Gesetzes. Entscheidend ist, daß der Gesetzgeber mit diesem System disziplinierender Gültigkeitsmaßnahmen dem Schriftformerfordernis praktisch zum Durchbruch verhilft. Das ist kein Rückfall in römisch-rechtliche Formeljurisprudenz, sondern eine schlichte Reaktion auf Verbraucherschutzbedürfnisse. Zugleich liegt darin ein Anreiz zur Standardisierung der Vertragstypen in Form festliegender allgemeiner Geschäftsbedingungen, die ihrerseits der gerichtlichen Überprüfung im Rahmen der Verbandsklage nach dem AGBG unterzogen werden können.

64

Eine ziemlich ungewöhnliche *Rechtsfolge* enthält § 6 Abs. 4 VKG. Es geht um den Fall, daß der (anfängliche) *effektive Jahreszins* im Vertrag *zu niedrig* angegeben wurde. In diesen Fällen »soll der Kreditgeber an dem von ihm zu niedrig angegebenen Effektivzins festgehalten werden«[142]. Ganz stimmt das nicht, denn nach dem komplizierten Wortlaut des § 6 Abs. 4 VKG gilt nicht einfach der zu niedrig angegebene Effektivzins. Vielmehr ist der Nominalzins »um den Vomhundertsatz, um den der effektive ... Jahreszins zu niedrig angegeben ist« zu vermindern. Beispiel: Vereinbarter Nominalzins = 10 %; vereinbarter Effektivzins = 12 %. Echter Effektivzins = 14 %. Dann ist der Nominalzinssatz (10 %) um 2 % (14 %-12 %) zu kürzen[143], eine Wirkung, die belegt, daß es sich lohnt,

65

---

139 Weiterführend Schmidt, FamRZ 1991, 629, 637 ff.
140 BT-Drucks. 11/5462, S. 21.
141 BT-Drucks. 11/5462, S. 21.
142 BT-Drucks. 11/5462, S. 21.
143 Der Kunde zahlt also anstelle des vereinbarten Effektivzinssatzes (12 %) im Ergebnis nur 8 %.

den Effektivzins richtig zu berechnen. Bei variablem Zinssatz ist eine spätere Zinsanpassung auf der Basis des verminderten Nominalzinses vorzunehmen. Für den *Abzahlungskauf* ist eine ähnliche Regelung vorgesehen. Hier wird der Teilzahlungspreis um den Vomhundertsatz vermindert, um den der Effektivzins zu niedrig angegeben ist.

66 Es wird selten vorkommen, daß der dem Kreditvertrag zugrunde liegende Zinssatz niedriger als der gesetzliche Zinssatz (4 %) ist. Wenn und soweit dies der Fall ist, so hat der Verbraucher nur den niedrigeren Zinssatz zu entrichten, auch wenn in § 6 Abs. 2 VKG im Gegensatz zu Abs. 3 das Wort »höchstens« fehlt.

3. Widerrufsrecht

67 Die auf den Abschluß eines Kreditvertrages gerichtete Willenserklärung des Verbrauchers, so heißt es wörtlich in § 7 Abs. 1 VKG, wird erst wirksam, wenn der Verbraucher sie nicht binnen einer *Frist von einer Woche schriftlich widerruft*. Die Frist beginnt erst zu laufen, wenn dem Verbraucher eine
– drucktechnisch deutlich gestaltete und von ihm *gesondert zu unterschreibende Belehrung* über sein Recht zum Widerruf,
– dessen Wegfall nach Abs. 3 (nicht rechtzeitige Rückzahlung des Darlehens)
– sowie Name und Anschrift des Widerrufsempfängers
ausgehändigt wurde (§ 7 Abs. 2 VKG). Bei *verbundenen Geschäften* muß die Belehrung zusätzlich den Hinweis enthalten, daß mit dem Widerruf des Kreditvertrages auch der damit verbundene Kauf- oder sonstige Vertrag nicht zustande kommt (§ 9 Abs. 2 VKG)[144].

68 Wird der Verbraucher nicht in diesem Sinne belehrt, so erlischt sein Widerrufsrecht erst nach *beiderseits vollständiger* Erbringung der *Leistung*, spätestens allerdings *ein Jahr nach Abgabe* der auf den Abschluß des Kreditvertrages gerichteten *Willenserklärung* (§ 7 Abs. 2 S. 2 VKG)[145]. Für dieses Widerrufsrecht gibt es im EG-Recht keine Vorgaben. Der deutsche Gesetzgeber hat es für alle Kreditarten im Verbraucherkreditgesetz etabliert, einerseits um nicht hinter den Rechtsschutz des Abzahlungsgesetzes und des Haustürwiderrufsgesetzes zurückzufallen, andererseits aus Gründen der Rechtsklarheit und der Rechtsbereinigung. Zugleich führt das Widerrufsrecht den Gedanken des Verbraucherschutzes durch übereilte Entscheidung konsequent zu Ende. »Nur wenn der Verbraucher nach Vorlage der schriftlichen Vertragsurkunde mit den relevanten Daten die Möglichkeit hat, diese im einzelnen zu prüfen, Vergleichsangebote bzw. Rat einzuholen, also seine Entscheidung gründlich und in Ruhe zu

---

144 Becker, ZBB 1992, 214 ff.
145 Zur Dogmatik des Widerrufsrechts, Ollmann, WM 1992, 2005 ff.

überdenken, wird der Gefahr falscher Entschließungen ausreichend entgegengewirkt[146]. Damit erscheint das Widerrufsrecht als starker Schutz für den Verbraucher. Er kann sich nach erfolgter *schriftlicher* Belehrung noch eine ganze Woche lang überlegen, ob die Aufnahme des Kredites vernünftig war, oder ob er möglicherweise doch besser daran tut, den Kredit nicht zu nehmen.

In der *Praxis* ist der *Schutz* für den Verbraucher allerdings *erheblich schwächer*. Das gilt jedenfalls dann, wenn es sich um ein *Darlehen* gehandelt hat. Denn dann gilt der Widerruf als nicht erfolgt, wenn der Verbraucher das Darlehen nicht binnen zweier Wochen zurückzahlt (§ 7 Abs. 3 VKG). Da die meisten Verbraucher das Geld zur Finanzierung von Konsumgütern und/oder zur Umschuldung einsetzen, ist eine Rückzahlung oft nicht mehr möglich. De facto entfällt damit das Widerrufsrecht. Damit steht der Wert der gesamten Regelung in § 7 VKG in Frage, jedenfalls dann, wenn es sich nicht um ein verbundenes Geschäft i.S.v. § 9 Abs. 1 VKG gehandelt hat. Dann nämlich muß der Verbraucher das Darlehen, trotz Widerrufs, nicht zurückzahlen, da die Valuta an den Verkäufer geflossen ist, so daß die Gefahr anderweitiger Verwendung nicht besteht[147]. In den Fällen, in denen der Verbraucherkredit nicht der Finanzierung eines verbundenen Geschäfts dient, wäre es sinnvoll, wenn die Banken das Darlehen erst nach Ablauf der Widerrufsfrist valutieren würden. Erst auf diese Weise könnte der Verbraucher wirklich »seine Entscheidung für einen Kredit ... noch einmal überdenken und gegebenenfalls rückgängig machen.«[148] Jetzt wäre es realistisch, daß die »Möglichkeit eines befristeten Widerrufs« dazu beitragen kann, »daß 'anfällige' Kreditverhältnisse, mit denen sich ein Verbraucher finanziell übernimmt, erst gar nicht entstehen[149]. Der Sinn des Widerrufsrechts, dem Verbraucher die »wirtschaftliche Bedeutung und Tragweite sowie die Schwierigkeit der Vertragsmaterie« vor Augen zu führen[150], wird jedenfalls kaum erreicht, wenn das Darlehen schon während des Laufs der Widerrufsfrist valutiert wird. Praktikabel wäre eine hinausgeschobene Valutierung, da das Geld bereits nach Ablauf einer Woche dem Verbraucher (endgültig) zur Verfügung stünde. Zudem hat der Gesetzgeber darauf hingewiesen, daß die Widerrufsquote in der Vergangenheit sehr niedrig und bei drittfinanzierten Abzahlungsgeschäften unter 0,5 % lag[151].

69

---

146 Begründung des Referentenentwurfs zum VKG ZIP 1988, 1215, 1219; ähnlich BT-Drucks. 11/5462, S. 21.
147 BT-Drucks. 11/5462, S. 24.
148 BT-Drucks. 11/5462, S. 21.
149 BT-Drucks. 11/5462, S. 21.
150 BT-Drucks. 11/5462, S. 21.
151 BT-Drucks. 11/5462 S. 21 unter Hinweis auf den Bericht der Bundesregierung über die Erfahrungen mit dem Abzahlungsgesetz, BT-Drucks. 8/234.

70 Nicht ganz unwichtig ist, daß das *Widerrufsrecht auch* dann entsteht, wenn der Kreditvertrag nach § 6 Abs. 2, 3 VKG *formunwirksam* geschlossen wurde[152]. In diesem Zusammenhang wurde in der Literatur folgender Fall diskutiert[153]: Ein Verbraucher schloß am 1.7.1993 einen nach § 4 VKG formunwirksamen Kreditvertrag. Am 4.7.1993 nahm er das Darlehen in Empfang und wurde ordnungsgemäß über die Möglichkeit des Widerrufs belehrt. Am 8.7.1993 widerrief er den Kredit, konnte aber die inzwischen verbrauchte Valuta nicht zurückzahlen. Die Bank verlangte für die Gebrauchsüberlassung des Geldes den Marktzins nach § 7 Abs. 4 VKG in Verbindung mit § 3 Abs. 3 HTWiG. Zu Recht geschah das nicht, denn es handelte sich um einen wegen Formfehlern nichtigen Kreditvertrag (§ 6 Abs. 1 VKG), der nach § 6 Abs. 2 VKG gültig wurde, weil der Verbraucher das Darlehen empfangen hatte. Als Folge davon ermäßigte sich der dem Kreditvertrag zugrunde gelegte Zinssatz auf den gesetzlichen Zinssatz (4 %: § 246 BGB). Der Widerruf bezog sich also auf einen mit 4 % zu verzinsenden Kredit. Einen höheren Betrag kann die Bank in keinem Falle zurückverlangen, da sie andernfalls durch den Widerruf des Verbrauchers ungerechtfertigt bereichert werden würde[154]. Lehrreich erscheint auch folgender Beispielsfall: Am 1.6.1992 schloß ein Verbraucher mit der Bank einen Kreditvertrag ab. Die Bank versäumte es, den Verbraucher über sein Widerrufsrecht zu belehren. Am 5.6.1992 wurde das Darlehen in voller Höhe ausgezahlt. Am 25.6.1992 widerrief der Verbraucher den Vertrag, zahlte aber den erhaltenen Darlehensbetrag nicht an die Bank zurück. Mitte September 1992 will der Verbraucher wissen, ob ihm das Widerrufsrecht noch zusteht. Die Antwort lautet ja, denn in Ermangelung einer Belehrung ist die Widerrufsfrist noch gar nicht in Gang gesetzt worden. Sie kann deshalb auch nicht abgelaufen sein. Aus diesem Grunde konnte das Widerrufsrecht auch nicht wegen Nichtrückzahlung des Darlehens nach § 7 Abs. 3 VKG erlöschen. Auch die Jahresfrist (§ 7 Abs. 2 S. 3 VKG) nach Abgabe der Willenserklärung des Verbrauchers war nicht abgelaufen. Ebensowenig hatten die Parteien beiderseits vollständig ihre Leistungen erbracht.

71 Die *Rechtsfolgen* des Widerrufs ergeben sich aus § 7 Abs. 4 VKG, der auf § 3 des HTWiG verweist, sowie aus §§ 139, 812 BGB, wenn auch der Teil des Rechtsgeschäfts abgewickelt werden muß, der nicht unter den Widerruf fiel. Abgesehen einmal davon, daß das VKG insgesamt überkompliziert und technokratisch formuliert ist, belegen Verweisungstechniken dieser Art, wie wenig es dem Gesetzgeber darum geht, daß ein Verbraucher ein zu seinem Schutz erlassenes Gesetz auch wirklich versteht. Zieht man das HTWiG ergänzend zu Rate, so steht man erneut vor einer

---

152 Müko-Ulmer, § 7 Rz. 17 m.w.N.
153 Voit, JuS 1992, 491.
154 Überkompliziert deshalb Voit JuS 1992, 491.

hochkompliziert formulierten und unübersichtlichen Norm. Das Grundkonzept ist allerdings noch einfach: »Im Falle des Widerrufs ist jeder Teil verpflichtet, dem anderen Teil die empfangenen Leistungen zurückzugewähren« (§ 3 Abs. 1 HTWiG). Klar ist auch, daß der Verbraucher für die Nutzung der Sache oder des Kredits vor Rückgabe den Wert der Nutzung zu vergüten hat (§ 3 Abs. 3 HTWiG). Außerdem kann der Kunde für die auf die Sache gemachten notwendigen Aufwendungen Ersatz von der anderen Vertragspartei verlangen (§ 3 Abs. 4 HTWiG). Die Rückgabepflichten sind *Zug um Zug* zu erfüllen (§ 4 HTWiG). Darüber hinaus wird geklärt, welche Rechte die Parteien haben, wenn der empfangene Gegenstand untergegangen oder verschlechtert ist (§ 3 Abs. 1 S. 2 u. 3; Abs. 2 HTWiG). Im Grundsatz gilt, daß der Widerruf auch dann zulässig ist, wenn eine Seite das Empfangene nicht mehr oder nur schlechter zurückgeben kann. Der Kunde soll aber Wertersatz leisten, wenn er die Verschlechterung verschuldet hat (§ 3 Abs. 1 S. 3 HTWiG). Hatte er keine hinreichende Kenntnis von seinem Widerrufsrecht, so haftet er nur für die Sorgfalt in eigenen Angelegenheiten (diligentia quam in suis: § 3 Abs. 2 HTWiG).

Für die Kreditpraxis ist § 3 *Abs. 3* HTWiG *am wichtigsten*, wonach der Verbraucher den Wert der zeitweiligen Nutzung des Kredits zu vergüten hat. Ulmer meint, zur Berechnung sei auf die Refinanzierungskosten, die entsprechend § 11 Abs. 1 VKG mit 3 % über dem jeweiligen Diskontsatz anzusetzen seien, zurückzugreifen[155]. Die in § 11 Abs. 1 VKG pauschal mit 2 % berücksichtigten verzugsbedingten Verwaltungskosten des Kreditgebers könnten nicht geltend gemacht werden[156]. Dem kann nicht gefolgt werden. Nach § 3 Abs. 3 HTWiG ist der Wert der Nutzungsüberlassung zu vergüten. Das hat mit dem in § 11 VKG entwickelten Verzugszinsmodell nichts zu tun; eine Analogie kommt also nicht in Betracht. Für die Frage, welchen Wert die Überlassung des Kredits bis zur Rückzahlung nach Widerruf hatte, kommt es auf die Perspektive des Verbrauchers an, denn er soll, so das Vorstellungsbild von § 3 Abs. 3 HTWiG, nicht ungerechtfertigt bereichert werden. Hätte der Verbraucher den Kredit für die kurze Zeit bis zur Rückzahlung anderswo aufgenommen, so hätte er dafür Zinsen zahlen müssen. Im Regelfall kann man also sagen, daß der geschuldete Wertersatz durch den *Marktzins* ausgedrückt wird[157].

72

---

155 Müko-Ulmer, § 7 Rz. 62.
156 Müko-Ulmer aaO.
157 Seibert, § 7 Rz. 18; v. Heymann WM 1991, 1285, 1292; Drescher, Rz. 242; a.A. Münstermann-Hannes, § 7 Rz. 397 (Vertragszins).

IX. Der Schutz vor Fehlentscheidungen: Das Informationsmodell (§ 4 VKG)

1. Grundsätze

73 Wichtigste Voraussetzung, so heißt es in der Begründung des »Referentenentwurfs eines Verbraucherkreditgesetzes[158] für eine sachgerechte Vertragsentschließung des Verbrauchers, ist die Möglichkeit, sich über die Vertragsbedingungen und die gesamte Kostenbelastung auf sicherer Grundlage informieren zu können. Deshalb hat die Vertragsurkunde bestimmte Angaben zu enthalten, die die *Kostenbelastung* in nachvollziehbarer Weise *deutlich* werden lassen. Vorbildcharakter hatten die in § 1a AbzG enthaltenen Regelungen über die Angabepflichten. Ganz zentral ist die Angabe des *effektiven Jahreszinses* (§ 4 Abs. 1 Nr. 1e VKG). Damit wird dem Verbraucher durch eine einzige, nach festen Regeln zu vermittelnde, Prozentzahl die Gesamtbelastung besonders plastisch vor Augen geführt. Außerdem wird so ein relativ einfacher Vergleich mit den Angeboten anderer Banken möglich. Damit ist die öffentlich-rechtliche Zielsetzung der Preisangabenverordnung von 1985 auch privatrechtlich etabliert, nämlich Preistransparenz für den Verbraucher herzustellen und so zu einem fairen und funktionsfähigen Wettbewerb um Verbraucherkredite beizutragen. Auch die weiteren Informationen, die § 4 VKG vorsieht, dienen dem Ziel, die Kosten transparent zu machen, um eine rational berechenbare Entscheidungsebene für den Verbraucher zu eröffnen. So soll der Nettokreditbetrag, also der Betrag, der letztlich ausgezahlt wird, angegeben werden und der Gesamtbetrag aller zu entrichtenden Teilleistungen einschließlich Zinsen und Kosten. Im Ergebnis geht es § 4 VKG um Entscheidungstransparenz[159] und damit um diejenige Voraussetzung, die unabdingbar ist, um ein *strukturelles Ungleichgewicht*[160] zwischen den Parteien zu verhindern.

2. Der Nettokreditbetrag

74 Die vom Verbraucher zu unterzeichnende Erklärung muß den *Nettokreditbetrag* angeben (§ 4 Abs. 1 Nr. 1a VKG). Nettokreditbetrag ist der *auszuzahlende Kreditbetrag*, wie es in § 3 Abs. 1 Nr. 1 VKG ausdrücklich heißt. Hiervon zu unterscheiden ist der *Nennbetrag* des Kredites, auf den es in § 12 Abs. 1 Nr. 1 VKG im Zusammenhang mit dem Zahlungsverzug des Verbrauchers ankommt. Der Nennbetrag ist der *gesamte kreditierte Betrag*. Er setzt sich also regelmäßig aus dem Nettokreditbetrag und den

---

158 ZIP 1988, 1219.
159 Krupp, WM 1991, 535.
160 BVerfG ZIP 1993, 1775.

mitkreditierten Kosten zusammen[161]. Beim Abzahlungskauf entspricht der *Barzahlungspreis* dem Nettokreditbetrag. Nettokreditbetrag ist also die Darlehensvaluta nach Abzug eines evtl. Disagios und ohne alle kreditierten Einmalkosten, d.h. ohne Bearbeitungsgebühren, Spesen, Vermittlungscourtage usw.[162] Auf der Basis des Nettokreditbetrages wird der *Effektivzins* berechnet (§ 4 Abs. 1 Nr. 1e VKG). Da mit dem Nettokreditbetrag der *Auszahlungsbetrag* der Bank gemeint ist, bedeutet das, daß der Nettokreditbetrag nicht an den Verbraucher persönlich ausgezahlt werden muß. Es gelten vielmehr die allgemeinen Regeln des Erfüllungsrechts. Danach zahlt die Bank den Nettokreditbetrag an ihren Kunden auch dann aus, wenn sie, etwa im Auftrag des Kunden, direkt an den Verkäufer des finanzierten Autos überweist (§§ 362, 185 BGB) oder an einen Zessionar, an eine Zahlstelle des Verbrauchers oder an ein Kreditinstitut im Rahmen einer externen Umschuldung. Auch die Aufrechnung mit Forderungen aus einem Altkredit (interne Umschuldung) gilt als Auszahlung.

3. Der Bruttokreditbetrag

Um dem Verbraucher die Gesamtbelastung durch den Kredit vor Augen zu führen und ihm Preisvergleiche zu ermöglichen, ist nach § 4 Abs. 1 Nr. 1b VKG der Gesamtbetrag des Kredits, also der Bruttokreditbetrag, anzugeben. Der Bruttokreditbetrag enthält alle vom Verbraucher zu entrichtenden Teilzahlungen einschließlich Zinsen und sonstiger Kosten. Bei Ratenkäufen entspricht dem Bruttokreditbetrag der *Teilzahlungspreis*. Formelhaft gilt: *Nettokreditbetrag plus Zinsen und Kosten = Bruttokreditbetrag*.

75

Die Verpflichtung, den Gesamtkreditbetrag anzugeben wurde durch die am 1.5.1993 in Kraft getretene Novelle zum VKG neu gefaßt und in drei komplizierte Sätze zerlegt[163]. Zur Begründung heißt es im Bericht des Rechtsausschusses[164]: »Die Neufassung ... soll Zweifel und Unsicherheiten hinsichtlich der Verpflichtung zur Angabe des Gesamtbetrages aller Teilzahlungen beseitigen. Zweck der Regelung ist eine zuverlässige und konkrete Unterrichtung des Verbrauchers über die Gesamtsumme der Belastung. Eine Angabe ist nur möglich und sinnvoll, wenn die Einzelbeträge bei Vertragsschluß feststehen. Dies ist bei verschiedenen Darlehensgestaltungen nicht der Fall, so z.B. bei Rahmen- und Kontokorrentkrediten, variablem Zinssatz, Valutierung in Teilbeträgen oder offenem Zeitpunkt der Inanspruchnahme eines Darlehens. Grundsätzlich entfällt dann die Angabe des Gesamtbetrages. Bei Ratenkrediten mit variablen Konditio-

76

---

161 BT-Drucks. 11/5462, S. 19.
162 Seibert, § 4 Rz. 5.
163 Vertiefend Peters, WM 1994, 1405 ff.; Drescher, WM 1993, 1445 ff.
164 BT-Drucks. 12/4526, S. 13 f.

nen soll allerdings ein fiktiver Gesamtbetrag auf der Grundlage der Anfangskonditionen angegeben werden, wobei in diesen Fällen ein auch optisch hervorgehobener Hinweis erforderlich ist, da sich die Höhe der Anfangsbelastung ändern kann. Hingegen stellt der letzte Satz von Nr. 1b nochmals klar, daß bei Rahmenkrediten die Pflichtangabe des Gesamtbetrages entfällt«.

77   Das hinter dieser Regelung stehende Grundanliegen, dem Verbraucher die Gesamtbelastung durch den Kredit möglichst plastisch vor Augen zu führen, ist richtig. Auf diese Weise wird eindringlich klar, was vorzeitiges Konsumieren kostet. Fraglich ist nur, warum der Gesetzgeber diesen schlichten und einfachen Grundgedanken in drei höchst komplizierte Sätze überführt hat. Stattdessen hätte es heißen können: *Ferner ist die Gesamtbelastung des Kredits (Nettokredit zuzüglich Zinsen und Kosten) anzugeben. Bei veränderlichen Konditionen genügt eine plausible Schätzung der Gesamtbelastung.* Formulierungen dieser Art sind einfach aber verständlich. Etwaige Zweifel über den Begriff der Gesamtbelastung oder der plausiblen Schätzung hätte man dann in der Gesetzesbegründung ausräumen können.

78   Bei *Realkrediten* ist eine Angabe der Gesamtbelastung *nicht* erforderlich, was sich aus dem ebenfalls geänderten Wortlaut von § 3 Abs. 2 Nr. 2 VKG ergibt. Die Angabe des Gesamtbetrages mache nämlich, so die Begründung des Rechtsausschusses, bei Grundstückskrediten in vielerlei Hinsicht Schwierigkeiten[165]. Grundstückskredite seien vielfach auf lange Laufzeiten von 20 bis 30 Jahren angelegt, wobei aber Zinssatz und Damnum nur für einen Teilabschnitt von z.B. fünf Jahren festgelegt würden. Die fiktive Hochrechnung dieser Größen auf die gesamte Laufzeit entferne sich erfahrungsgemäß weit von der Realität und ergäbe für den Verbraucher eher ein trügerisches Bild. Ferner würden Grundstückskredite oft abschnittsweise oder in Teilbeträgen nach Baufortschritt ausbezahlt, wobei bis zur Inanspruchnahme nur ein Bereitstellungszins und danach der Vertragszins geschuldet sei. Der Bundestag ist aufgrund dieser Unwägbarkeiten dem Rechtsausschuß gefolgt, so daß bei Realkrediten die Angabe des Gesamtbetrages nicht erforderlich ist.

79   Verbraucherkredite werden nicht selten durch *Lebensversicherungen gesichert*. In diesen Fällen zahlt der Kreditnehmer zunächst an die Versicherung. Der Kredit wird bei Fälligkeit der Versicherung durch eine einzige Zahlung getilgt. Auch in diesen Fällen ist der Gesamtbetrag anzugeben, weil es für den Verbraucher letztlich unerheblich ist, ob er seinen Kredit durch Direktzahlungen an die Bank oder auf dem Umweg über eine Versicherung tilgt[166].

---

165 BT-Drucks. 12/4526, S. 12 f.
166 Bruchner/Ott/Wagner-Wieduwilt², § 4 Rz. 31; Hemmerde/Rottenburg, WM 1993, 181 ff.; Peters, WM 1994, 1405, 1406.

§ 8 Verbraucherkredit

Bei *Abschnittsfinanzierungen* wird eine Festzinsperiode vereinbart, in der der Zinssatz unveränderlich ist und nach deren Ablauf sich Kreditgeber und Kreditnehmer über die Konditionen neu zu einigen haben. Kommt nach Ablauf der Festzinsperiode eine entsprechende Vereinbarung hierüber nicht zustande, ist der Kredit fällig. Abschnittsfinanzierungen dieser Art sind bei Realkrediten gebräuchlich, für die die Angabe eines Gesamtbetrages entbehrlich ist (§ 3 Abs. 2 Nr. 2 VKG). Richtig ist, daß bei Abschnittsfinanzierungen, die nicht unter § 3 VKG fallen, die Angabe eines Gesamtbetrages schwierig ist, weil man nicht vorhersehen kann, ob und zu welchen Bedingungen der Kredit jeweils fortgesetzt wird[167]. Möglich und sinnvoll erscheint es in diesen Fällen, zwei »Gesamtbelastungen« anzugeben. Zum einen diejenige für die Festzinsperiode, die gerade läuft, denn insoweit stehen Zinsen und Kosten des Kredits für den Fall seiner Fälligkeit fest. Daneben sollte eine Hochrechnung der Gesamtbelastung des Kredits für den Fall seiner Fortsetzung durchgeführt werden. Maßgeblich insoweit sind die Konditionen bei Abschluß des Kreditvertrages. Haben sich die Konditionen durch Neuverhandlung des jeweiligen Festzinszeitraumes geändert, so liegen möglicherweise mehrere Vertragsabschlüsse vor. Die Gesamtbelastung errechnet sich dann rückschauend aus den feststehenden Belastungen und vorausschauend aus einer Hochrechnung auf der Basis der Konditionen des laufenden Kreditabschnitts.

80

4. Rückzahlung / Beendigung

Darlehen werden, wenn kein Rückerstattungszeitpunkt vereinbart ist, durch Kündigung fällig, (§ 609 BGB). Für das festverzinsliche Verbraucherdarlehen enthält § 609a Abs. 1 Nr. 2 BGB Sondervorschriften. Nach Ablauf von sechs Monaten nach vollständigem Empfang des festverzinslichen Darlehens kann der Kunde den Vertrag kündigen. Die Kündigungsfrist beträgt drei Monate und ist von keiner Zinshöhe abhängig. Um Mißbräuchen vorzubeugen, bestimmt § 609a Abs. 3 BGB, daß die Kündigung als nicht erfolgt gilt, wenn der Kunde den geschuldeten Betrag nicht binnen zweier Wochen nach Wirksamwerden der Kündigung zurückzahlt. Diese Regelung ist seit dem 1.1.1991 in Kraft und verhindert die Umgehung von § 7 Abs. 3 VKG[168]. Ergänzt werden diese Grundsätze durch § 4 Abs. 1 Nr. 1c VKG im Sinne einer Konditionentransparenz. Wenn und soweit neben den allgemeinen Kündigungsregeln eine bestimmte Art und Weise der Rückzahlung des Kredits vereinbart ist, so ist diese im Kreditvertrag anzugeben. Beim typischen Ratenkredit sind also Zahl und Fälligkeit der einzelnen Raten darzustellen, was am besten in einem Tilgungs-

81

---

167 Peters, WM 1994, 1405, 1407 ff.
168 Vertiefend oben § 7, 199 ff.

plan gelingt. Wird vereinbart, daß der Kredit durch einen bestimmten Festbetrag insgesamt zu tilgen ist, so muß das Rückzahlungsdatum bezeichnet werden. Gibt es dagegen keine Vereinbarungen über die Art und Weise der Rückzahlung des Kredits, wie z.B. bei einem Kontokorrentkredit, so ist die Regelung über die Vertragsbeendigung offenzulegen. Das sind in der Regel die beiderseitigen ordentlichen Kündigungsmöglichkeiten[169].

5. Zinsen und Kosten

82　Der Preis eines gewährten Geldkredits setzt sich in aller Regel aus Zinsen und Kosten zusammen. Zinsen sind die *laufzeitabhängigen* Vergütungen für die Kapitalnutzungsmöglichkeit[170]. Kosten sind dagegen laufzeitunabhängige Vergütungen für den Kredit[171]. Um dem Verbraucher die Kosten seines Kredits vor Augen zu führen und ihm einen Zinsvergleich zu ermöglichen verlangt § 4 Abs. 1 Nr. 1d VKG die Angabe des Zinssatzes und aller sonstigen Kosten des Kredits. Gemeint ist der *Nominalzinssatz*, denn der effektive Jahreszins wird in Ziffer 1e geregelt. Zu den anzugebenden Kosten gehören Bearbeitungs-, Abschluß- und Kontoführungsgebühren (außer für Girokonten: § 5 VKG), Kosten für Sicherheiten, Schätzkosten, Mitgliedsbeiträge oder Vermittlungskosten, soweit ihre Höhe bekannt ist. Ansonsten sind sie dem *Grunde nach* anzugeben. Kosten für eine Versicherung werden unter Ziffer 1f gesondert erfaßt. Das Disagio sollte dem Sinn und Zweck dieser Norm des VKG nach ausnahmsweise den Kosten zugerechnet werden, auch wenn es ansonsten eher als Zins eingestuft wird[172]. Damit wird nicht die Rechtsnatur des Disagios als laufzeitabhängigen Ausgleich für einen niedrigeren Nominalzins in Zweifel gezogen, sondern nur klargestellt, daß das Disagio bei den Angaben zu § 4 Abs. 1 Nr. 1d VKG sinnvollerweise zu den Kosten gerechnet werden muß, weil es im Nominalzinssatz gerade nicht enthalten ist. Andernfalls würde man das Disagio überhaupt nicht mitrechnen und so den Verbraucher über diesen Rechnungsposten in die Irre führen.

6. Effektivzins

83　Nach § 4 Abs. 1 Nr. 1c VKG ist außerdem der *effektive* Jahreszins oder, bei variablen Konditionen, der *anfängliche* effektive Jahreszins anzugeben. Das entspricht zugleich den Anforderungen in § 4 PAngV. Wichtig ist, daß der Kreditnehmer durch den effektiven Jahreszins nicht die Höhe seiner Gesamtbelastung, also nicht den Kreditpreis, erfährt, sondern eine

---

169 Vgl. oben § 7, 199 ff.
170 Canaris NJW 1978, 1891; BGH NJW 1979, 540 = WM 1979, 52.
171 Vertiefend oben § 7, 60.
172 So seit BGHZ 111, 287.

Zinsrelation, die *Markttransparenz* schafft und die Berechnung der absoluten Gesamtbelastung durch eine (relativ) leichte Rechenoperation eröffnet. Damit erübrigt der »effektive Jahreszins« umfangreiche Vergleichstabellen. Der Nachfrager erfährt schnell und leicht, wo er am günstigsten Kredit nehmen kann, die Banken untereinander können sich auf den Wettbewerb einstellen. Allerdings ist der effektive Jahreszins nicht auf die volle Laufzeit des Kredits, sondern jeweils nur auf ein Jahr bezogen (§ 4 Abs. 1 PAngV). Folglich kann man bei Krediten mit festen Konditionen über die gesamte Laufzeit die Preiswürdigkeit nicht allein am effektiven Jahreszins ablesen. Vielmehr ist dessen Höhe, wie oben gezeigt wurde, auch von der Laufzeit abhängig[173].

Der Effektivzins kann seine Funktion, Kreditpreistransparenz zu schaffen, nur unter zwei Voraussetzungen erfüllen. Zum einen muß er wirklich eine Relation aller preisbildenden Bestandteile sein. Es darf nicht willkürlich sein, welche Rechnungsposten man möglicherweise weglassen darf. Zum anderen muß die mathematische Berechnungsgrundlage für den Effektivzins identisch sein, d.h., man benötigt eine einheitliche Zinsberechnungsformel. Bei Krediten schließlich, deren Konditionen nicht über die gesamte Laufzeit fest sind, kann der Effektivzins nur die Konditionen erfassen, die zum Zeitpunkt seiner Angabe bekannt sind. Das Änderungsrisiko muß vom Verbraucher in jedem Fall zusätzlich bewertet werden. Um den Verbraucher für diese Zusammenhänge sensibel zu machen, hat der Gesetzgeber den Begriff des anfänglichen effektiven Jahreszinses entwickelt. Zusammen mit dem anfänglichen effektiven Jahreszins ist auch anzugeben, wann preisbestimmende Faktoren geändert werden können und auf welchen Zeitraum bestimmte Belastungen (z.B. Disagio) zum Zwecke der Preisangabe verrechnet worden sind (§ 4 Abs. 1 Nr. 1e VKG/§ 4 Abs. 1 PAngV). **84**

Es gibt verschiedene finanzmathematische Methoden, um den effektiven Jahreszins zu berechnen. Das VKG folgt, wie § 4 Abs. 2 S. 2 VKG ausdrücklich anordnet, der sogenannten 360-Tage-Methode, die § 4 Abs. 2 PAngV zugrunde liegt. Die *360-Tage-Methode* ist eine Staffelmethode, die § 608 BGB entspricht. Oben wurde im einzelnen gezeigt, wie auf der Basis dieser Methode der Effektivzins zu berechnen ist[174]. In der Praxis wird in der Regel auf das Tabellenwerk von Sievi-Gillardon zurückgegriffen[175]. **85**

Die *EG-Änderungsrichtlinie* zur Verbraucherkreditrichtlinie[176] folgt dagegen dem Prinzip der *exponentiellen Verzinsung*[177]. Zugleich erlaubt die **86**

---

173 § 7, 79.
174 Vgl. § 7, 88.
175 Z.B. BGH ZIP 1988, 961 = WM 1988, 687; BGH ZIP 1990, 88 = NJW 1990, 1169; dazu Sievi, FLF 1989, 8 ff.
176 Abgedruckt bei Bülow², § 4 Rz. 1a.

Richtlinie den Mitgliedstaaten (Art. 1a Abs. 5 lit. a), bisher verwendete finanzmathematische Methoden bis Ende 1995 weiter anzuwenden, wobei sie sicherstellen müssen, daß in ihrem Hoheitsgebiet nur eine mathematische Formel zur Berechnung des effektiven Jahreszinses angewendet wird.

87   Bei Krediten, deren Konditionen nicht über die gesamte Laufzeit fest vereinbart sind, kann der effektive Jahreszins nur die Konditionen erfassen, die zum Zeitpunkt der Preisangabe gelten. Ein Vertrag mit einem niedrigen anfänglichen Effektivzins, bei dem der Zinssatz jederzeit geändert werden kann, muß nicht unbedingt günstiger sein, als ein Vertrag, dessen Effektivzins bei ansonsten feststehenden Zinskonditionen höher ist. Beim anfänglichen effektiven Jahreszins ist deshalb zusätzlich der Zeitpunkt anzugeben, zu dem preisbestimmende Faktoren frühestens geändert werden können. Wie genau die Änderungsvoraussetzungen anzugeben sind, richtet sich nach den allgemeinen Grundsätzen über die Zulässigkeit von *Zinsanpassungsklauseln*[178].

7. Restschuldversicherung

88   Nach § 4 Abs. 1 Nr. 1f VKG muß der Kreditvertrag auch die Kosten einer Restschuldversicherung, die im Zusammenhang mit dem Kreditvertrag abgeschlossen wird, ausweisen. Es handelt sich um eine vom Verbraucher neben dem Kreditvertrag abzuschließende Risikolebensversicherung, mit deren Hilfe der jeweils noch offene Kreditrest im Falle des Ablebens des Kreditnehmers getilgt wird. Auf diese Weise ist es entbehrlich, potentielle Erben bei Kreditvergabe als »Bürgen auf den Todesfall« zu verpflichten. Zu der Frage, ob die Restschuldversicherungsprämie zu den Kosten des Kredits gehört, hat sich eine ausufernde Kasuistik entwickelt[179]. Der BGH hat mehrfach entschieden, daß die Restschuldversicherungsprämie sowohl bei der Ermittlung des vertraglichen Effektivzinses als auch beim Marktvergleich i.S.v. § 138 BGB vollständig außer acht zu lassen sei[180]. In der Literatur wird dagegen geltend gemacht, daß die Restschuldversicherung sowohl der Bank als auch dem Kunden zugute kommt, weshalb die Prämie hälftig auf beide aufzuteilen sei[181]. Dieser Auffassung ist zuzustimmen. Würde die Bank einen Kredit ohne Restschuldversicherung geben, so müßte sie einen erhöhten Zins verlangen, den der Kunde durch Abschluß der Restschuldversicherung spart. Andererseits würde die Zinserhöhung nicht so viel kosten wie die Restschuldversicherung, weil die Bank auf die Erben zurückgreifen könnte. Insoweit entlastet die Restschuldversiche-

---

177 Sievi, FLF 1989, 8; Wimmer, BB 1993, 950, 953 ff. – AIBD-Methode (Association of International Bond Dealers).
178 Vertiefend oben § 7, 66.
179 Überblick bei Hopt-Mülbert, § 607 Rz. 261.
180 BGH NJW 1982, 2433; WM 1988, 184, 187.
181 Hopt/Mülbert, § 608 Rz. 32.

rung die Angehörigen des Kunden, betrifft also seine Sphäre. Jedenfalls in Höhe der »gesparten Zinsen« ist die Restschuldversicherungsprämie eine Gegenleistung für den Kredit. In Höhe von 50 % sollten die Kosten der Restschuldversicherung deshalb in die Angaben nach § 4 Abs. 1 Nr. 1d VKG einfließen.

In jedem Fall handelt es sich bei der Restschuldversicherungsprämie um Aufwendungen, die im Zusammenhang mit der Gewährung eines Kredits entstehen, so daß es vernünftig war, in § 4 Abs. 1 Nr. 1f VKG ihre Offenlegung zu verlangen. 89

X. Verbundene Geschäfte (§ 9 VKG)

1. Entstehung und Normzweck

In § 9 VKG geht es um verbundene Geschäfte. Ein Kaufvertrag bildet, so heißt es dort, ein mit dem Kreditvertrag verbundenes Geschäft, wenn der Kredit der *Finanzierung des Kaufpreises* dient und beide Verträge als *wirtschaftliche Einheit* anzusehen sind. Gefährlich sind solche verbundenen Geschäfte für den Verbraucher deshalb, weil Einwendungen gegen den Kaufvertrag, z.B. wegen fehlerhafter Lieferung von Sachen, den rechtlich selbständigen Kreditvertrag nicht berühren. Der Verbraucher müßte den Kredit also auch dann noch zurückzahlen, wenn der Verkäufer den Kaufpreis wegen inzwischen eingetretenen Konkurses trotz wirksamer Wandlung des Käufers nicht zurückerstatten könnte. Zum Schutz des Verbrauchers ordnet deshalb § 9 Abs. 3 VKG an, daß er die »Rückzahlung des Kredits *verweigern* kann, soweit Einwendungen aus dem verbundenen Kaufvertrag ihn gegenüber dem Verkäufer zur Verweigerung seiner Leistung berechtigen würden«. 90

Somit verhindert § 9 VKG, daß die Aufspaltung eines wirtschaftlich einheitlichen Geschäfts in zwei rechtlich selbständige Verträge womöglich zu Lasten des Kreditnehmers und gleichzeitig Käufers führt. Dies ist für das deutsche Recht ein altbekanntes Phänomen, das sich mit dem Stichwort »finanzierter Ratenkauf« verbindet und im speziellen als A-, B- oder C-Geschäft« diskutiert wurde[182]. Zugleich ist damit die von Lehre und Rechtsprechung entwickelte und seit langem anerkannte Lehre vom *Einwendungsdurchgriff*[183] Gesetz geworden (§ 9 Abs. 3 VKG). Der Verbraucher kann nunmehr kraft Gesetzes die Rückzahlung des Kredits verweigern, soweit Einwendungen aus dem verbundenen Kaufvertrag ihn gegenüber dem Verkäufer zur Verweigerung seiner Leistung berechtigen würden. Hat der Verbraucher z.B. beim Möbelhaus M eine neue 91

---

182 Vertiefend Kümpel, Rz. 5.76 ff.
183 Überblick bei Baumbach/Hopt[29], S. 1175 (G/39 ff.).

Schrankwand unter der Bedingung bestellt, daß er die erhoffte größere Wohnung finden werde, so ist nicht nur der Kaufvertrag, sondern auch der für die Finanzierung der Schrankwand mitvermittelte Kredit rückwirkend unwirksam, wenn die größere Wohnung nicht gefunden wird (§ 158 Abs. 2 BGB). Macht der Verbraucher einen Mangel der gelieferten Sache geltend (die Türen der Schrankwand schließen nicht richtig), so kann er die Rückzahlung des Kredits erst verweigern, wenn die Nachbesserung oder die Ersatzlieferung fehlgeschlagen ist (§ 9 Abs. 3 S. 3 VKG).

92 Europarechtlich beruht § 9 VKG auf Art. 11 Abs. 2 EG-Richtlinie 86, der die Mitgliedstaaten verpflichtet, eine gesetzliche Regelung der Rechte vorzusehen, die dem Verbraucher gegenüber dem Kreditgeber zustehen, wenn der Kredit der Finanzierung von Waren oder Dienstleistungen dient und die finanzierte Leistung nicht oder nicht vertragsgemäß erbracht wird. Die Richtlinie überläßt die nähere Ausgestaltung der Verbraucherrechte in diesen Fällen – sowohl hinsichtlich der Voraussetzungen als auch der Folgen – den Mitgliedstaaten.

2. Das verbundene Geschäft

93 Verbundene Geschäfte sind nach § 9 Abs. 1 i.V.m. Abs. 4 VKG solche, bei denen der
(1) Kredit der Finanzierung des Geschäftes dient (*Zweckbestimmung*) und
(2) beide Verträge als *wirtschaftliche Einheit* anzusehen sind.

a) Die Zweckbestimmung

94 Mit dieser Formulierung wollte der Gesetzgeber den Begriff des verbundenen Geschäfts in Übereinstimmung mit der höchstrichterlichen Rechtsprechung definieren[184]. Das ist nicht ganz gelungen, denn der BGH forderte in std. Rspr. lediglich, daß Kauf und Darlehen »wirtschaftlich eine auf ein Ziel ausgerichtete Einheit bilden oder sich zu einer solchen Einheit ergänzen«[185]. Eine solche wirtschaftliche Einheit setzt denknotwendig voraus, daß der Kredit (zumindest teilweise) zur Finanzierung des mit ihm verbundenen Geschäfts verwendet wird. Andernfalls fehlt es an der wirtschaftlichen Einheit. Das bedeutet, daß die *Zweckbestimmung* des Kredits kein selbständiges Tatbestandsmerkmal neben dem Begriff der wirtschaftlichen Einheit war, sondern sich aus diesem ergab. Der heutige Wortlaut von § 9 Abs. 1 VKG ist verwirrend, weil das Merkmal (Kredit zur Finanzierung des Geschäfts) verselbständigt worden ist. Folglich müßte es wirtschaftlich einheitliche Geschäfte geben, bei denen der Kredit nicht der Finanzierung des mit ihm verbundenen Geschäfts dient. Das aber ist be-

---

184 BT-Drucks. 11/5462, S. 23.
185 BGHZ 47, 255; WM 1980, 159.

grifflich nicht möglich, da eine wirtschaftliche Einheit nur dann besteht, wenn sich beide Verträge wechselseitig bedingen[186], was wiederum voraussetzt, daß der Kredit der Finanzierung des Geschäfts – zumindest teilweise – dient. Handelt es sich umgekehrt um Geschäfte, die sich nicht wechselseitig bedingen und deshalb keine wirtschaftliche Einheit bilden, so spielt es keine Rolle, wenn der Kredit trotzdem der Finanzierung des anderen Geschäftes dient. Hieraus folgt, daß das Merkmal der Zweckbestimmung im § 9 Abs. 1 VKG keinen eigenen Regelungsgehalt aufweist und deshalb allenfalls deklaratorisch von Bedeutung ist. § 9 Abs. 1 S. 1 VKG sollte deshalb wie folgt gelesen werden: *Ein Kaufvertrag bildet ein mit dem Kreditvertrag verbundenes Geschäft, wenn der Kredit der Finanzierung des Kaufpreises so dient, daß beide Verträge als wirtschaftliche Einheit anzusehen sind.*

b) Die wirtschaftliche Einheit
Entscheidendes Kriterium für die Anwendbarkeit von § 9 VKG ist also der Begriff der *wirtschaftlichen Einheit*. In § 9 Abs. 1 S. 2 VKG wird ein *Regelbeispiel* formuliert. Danach ist eine wirtschaftliche Einheit insbesondere dann anzunehmen, wenn der Kreditgeber sich bei der Vorbereitung oder dem Abschluß des Kreditvertrages der Mitwirkung des Verkäufers bedient. Beispielhaft hierfür ist insbesondere das »*B-Geschäft*«, bei dem der Verkäufer beim Kreditantrag an einen von ihm bestimmten Kreditgeber mitwirkt und in aller Regel den kreditierten Kaufpreis direkt vom Kreditgeber ausgezahlt erhält[187].

95

In der Literatur wird darüber nachgedacht, ob der Begriff der wirtschaftlichen Einheit neben *objektiven* auch *subjektive* Voraussetzungen enthält[188]. Angeknüpft wird damit an die frühere Rechtsprechung des BGH, wonach es *objektiv* der Verbindung beider Geschäfte durch bestimmte Umstände bedurfte, die *subjektiv* beim Darlehensnehmer den Eindruck erweckten, Verkäufer und Darlehensgeber stünden ihm gemeinschaftlich als Vertragspartner gegenüber[189]. Nach dem heutigen Wortlaut von § 9 Abs. 1 VKG kommt es nicht darauf an, ob beim Darlehensnehmer der Eindruck entsteht, Verkäufer und Darlehensgeber stünden ihm gemeinschaftlich als Vertragspartner gegenüber. Vielmehr genügt es, daß sich der »Kreditgeber bei der Vorbereitung und dem Abschluß des Kreditvertrages der Mitwirkung des Verkäufers bedient« (§ 9 Abs. 1 S. 2 VKG). Dieser *rein objektive* Begriff der wirtschaftlichen Einheit entspricht dem Sinn und Zweck von § 9 VKG. Der Kreditnehmer soll durch die Aufteilung eines wirtschaftlich einheitlichen Vorgangs in zwei recht-

96

---

186 BGH ZIP 1990, 851.
187 BT-Drucks. 11/5462, 23; Kümpel, Rz. 5.77.
188 v. Westphalen/Emmerich/Kessler, VKG, § 9 Rz. 37 ff.
189 BGH ZIP 1990, 851.

lich selbstständige Verträge keine Nachteile erleiden. Um diesen Normzweck zu erreichen, kann es nicht darauf ankommen, ob der Darlehensnehmer den Eindruck hat, Verkäufer und Darlehensgeber stünden ihm gemeinschaftlich als Vertragspartner gegenüber. Selbst dann, wenn der Verkäufer ausdrücklich darauf hinweist, daß Kauf und Kredit scharf voneinander zu trennen seien, ändert das nichts an der wirtschaftlichen Einheit des Geschäfts, wenn sich die Bank bei der Vorbereitung oder dem Abschluß des Kreditvertrages der Mitwirkung des Verkäufers bedient. Das entspricht im übrigen den Vorgaben von Art. 11 Abs. 2 EG-Richtlinie 1986, wonach der Verbraucher berechtigt ist, Rechte gegen den Kreditgeber geltend zu machen, wenn der Kredit objektiv der Finanzierung eines bestimmten Geschäfts dient. Ob eine wirtschaftliche Einheit anzunehmen ist, bestimmt sich also allein nach *objektiven Kriterien*. Auf die subjektive Vorstellung des betroffenen Verbrauchers stellt das Gesetz gerade nicht ab[190].

97   Zur Feststellung einer wirtschaftlichen Einheit hatte der BGH eine Reihe von *Verbindungselementen* entwickelt[191]. Es handelte sich um *Indizien*, die das Vorliegen der wirtschaftlichen Einheit nahelegten. Auf solche Indizien kommt es heute nur noch an, wenn Kreditgeber und Verkäufer nicht arbeitsteilig zusammenwirken. Bedient sich dagegen der Kreditgeber bei der Vorbereitung oder dem Abschluß des Kreditvertrages der Mitwirkung des Verkäufers, so wird die wirtschaftliche Einheit (*unwiderlegbar*) unterstellt (§ 9 Abs. 1 S. 2 VKG). Entscheidend ist somit, welche Voraussetzungen vorliegen müssen, um sagen zu können, daß sich der Kreditgeber der Mitwirkung des Verkäufers *bedient*. In der Regierungsbegründung[192] wird beispielhaft der Fall genannt, »daß der Verkäufer – möglicherweise aufgrund eines Einreichervertrages mit der Finanzierungsbank – bei der Vorbereitung oder dem Abschluß des Kaufvertrages mitwirkt«. Insbesondere sei das »B-Geschäft« zu nennen, bei dem der Verkäufer beim Kreditantrag an einen von ihm bestimmten Kreditgeber mitwirkt und in aller Regel den kreditierten Kaufpreis direkt vom Kreditgeber ausgezahlt erhält.«[193] Es besteht allgemein Einigkeit darüber, daß diese Beispiele, die an eine *dauernde* Geschäftsverbindung oder sogar eine *Rahmenvereinbarung* (Einreichervertrag) anknüpfen, zwar Prototypen eines wirtschaftlich einheitlichen Vorgangs, aber keinesfalls abschließend sind[194]. Es besteht umgekehrt Einigkeit darüber, daß eine wirtschaftliche Einheit immer dann nicht vorliegt, wenn sich der Verbraucher aus eigenem An-

---

190 Wie hier Seibert, § 9 Rz. 3; Bülow², § 9 Rz. 23 ff.; Müko-Habersack, § 9 Rz. 17 ff.; Dauner-Lieb, WM 1991, Beilage 6, S. 4, 13.
191 Vgl. nur BGHZ 83, 301, 304 = NJW 1982, 1694.
192 BT-Drucks. 11/5462.
193 BT-Drucks. 11/5462, S. 23.
194 Müko-Habersack, § 9 VKG Rz. 20 ff.

trieb und durch selbständige unabhängige Verhandlungen den Kredit *auf eigene Faust* beschafft[195].

Ausgangspunkt für die Beantwortung der Frage, wann sich der Kreditgeber der Mitwirkung des Verkäufers *bedient*, muß der *Normzweck* von § 9 VKG sein. Der Verbraucher soll, so heißt es in der Regierungsbegründung, durch die rechtliche Aufspaltung in das finanzierte Geschäft und den Kreditvertrag nicht schlechter gestellt werden, als wenn ihm – wie bei einem einfachen Abzahlungskauf – nur ein Vertragspartner gegenüber stünde. Nur ein Vertragspartner stünde ihm immer dann gegenüber, wenn der Verkäufer, wie in den Fällen des § 123 Abs. 2 BGB nicht als Dritter, sondern als Beteiligter anzusehen ist. Entscheidend ist insoweit, ob die Tätigkeit des Verkäufers bei der Beratung des Kunden über das Finanzierungsmodell als schlichte Darlehensvermittlung oder als Vertragsverhandlung auf seiten der Bank anzusehen ist. Bei der Bestimmung des Dritten i.S.v. § 123 Abs. 2 BGB wird von Rechtsprechung und Lehre darauf abgestellt, ob der Betreffende auf seiten des Erklärungsgegners steht und maßgeblich am Zustandekommen des Vertrages mitgewirkt hat, d.h. ob er Vertreter oder Verhandlungsgehilfe des Erklärungsempfängers gewesen ist[196]. Diese Formel hat ihren Rechtsgrund u. a. in der Zurechnungsnorm des § 278 BGB[197]. Überträgt man diese Grundsätze auf § 9 VKG, so *bedient sich* der Kreditgeber der Mitwirkung des Verkäufers immer dann, wenn dieser auf seiten der Bank steht und maßgeblich am Zustandekommen des Vertrages mitgewirkt hat, d.h. *Vertreter oder Verhandlungsgehilfe* der Bank gewesen ist. In diesen Fällen begibt sich der Verkäufer *in das Lager der Bank*, d.h. Kredit und Kauf verschmelzen zur wirtschaftlichen Einheit, ihre Aufspaltung in zwei Verträge hat Zufallscharakter.

98

Das ist insbesondere der Fall, wenn der Verkäufer mit Willen der Bank in die Verhandlungen zum Abschluß des Kreditvertrages eingeschaltet wird und nicht, wie ein bloßer Vertragsvermittler, der Bank nur Vertragsinteressenten zuführt und Gelegenheiten zu Vertragsabschlüssen vermittelt[198]. Fehlt es an einer ausdrücklichen *Absprache* zwischen Verkäufer und Bank, so kann sich die wirtschaftliche Einheit *aus den Umständen* der Vertragsanbahnung ergeben. Allerdings genügt es nicht, daß der Verkäufer den Verbraucher zum Kreditgeber begleitet und ihm beim Ausfüllen der Formulare behilflich ist[199]. Das gilt erst recht, wenn der Verkäufer den Verbraucher schlicht auf eine Finanzierungsmöglichkeit hinweist, sofern sich der Verbraucher daraufhin das Darlehen »auf eigene Faust« beschafft

99

---

195 BGHZ 83, 301, 305 = NJW 1982, 1694.
196 BGHZ 20, 39 = NJW 1956, 705; BGH NJW 1962, 2195; BGH NJW 1974, 1505.
197 BGH NJW 1962, 2195.
198 RGZ 101, 97; BGHZ 33, 309 = NJW 1961, 164; BGH NJW 1979, 1593; weiterführend Schwintowski, NJW 1989, 2087, 2088.
199 Müko-Habersack, § 9 VKG Rz. 22.

und der Verkäufer ihm, außer der Mitteilung der Adresse des Kreditgebers oder Kreditvermittlers, »alles überlassen« hat[200]. Dagegen bedient sich die Bank des Verkäufers, wenn *aufeinander abgestimmte* Formulare verwendet werden[201]. Gleiches gilt, wenn der Kreditgeber seine speziell für finanzierte Geschäfte bestimmten Formulare verwendet und/oder der Verkäufer im Besitz derselben ist[202]. Der Kreditgeber bedient sich auch dann des Verkäufers, wenn er gänzlich auf den Kontakt mit dem Verbraucher verzichtet[203]. *Geringe Indizwirkungen* entfaltet die Sicherungsübereignung des Kaufgegenstandes sowie die Übereinstimmung von Nettokreditbetrag und (Rest-)Kaufpreis[204]. Beide Umstände können auch dann vorliegen, wenn sich der Verbraucher den Kredit auf »eigene Faust« besorgt hat.

100   Besondere Bedeutung für den Begriff der wirtschaftlichen Einheit hat der Ausschluß des Verbrauchers von der *freien Verfügung über die Valuta*. Dieses Merkmal ist seit der Entscheidung des BGH vom 6.12.1979[205] nahezu unverzichtbar geworden[206]. Dem ist die Literatur weitgehend zu Recht gefolgt[207], da der Kredit immer dann, wenn der Verbraucher von der freien Verfügung über die Valuta ausgeschlossen ist, vom Kreditgeber *gesteuert* wird. Folglich befindet sich der Verbraucher in genau der Lage, in der er wäre, würde er den Kredit vom Lieferanten selbst bekommen. Das ist insbesondere dann der Fall, wenn der Kreditgeber *nicht bereit* ist, die Valuta auf ein eigenes Konto, d.h. zur *freien Disposition* des Verbrauchers, zu überweisen[208]. Hat der Verbraucher dagegen Dispositionsfreiheit, so kann er selbstverständlich Direktüberweisung an den Gläubiger erbitten. Dadurch verliert er nicht die freie Verfügung über die Valuta, sondern macht von seinem Recht Gebrauch, die Richtung der Zahlungsströme selbst zu bestimmen. Folglich erweist sich das Kriterium der *Dispositionsfreiheit* über die Valuta als das entscheidende für die Erfassung des Begriffs der wirtschaftlichen Einheit überhaupt. Das gilt auch mit Blick auf § 9 Abs. 1 S. 2 VKG. Der Kreditgeber bedient sich nicht der Mitwirkung des Verkäufers, wenn der Verbraucher über den Kredit frei verfügen darf. Dann steht nämlich der Verkäufer nicht im Lager der Bank, sondern vermittelt allenfalls einen Kredit zur freien Verwendung eines Kunden. Legt umgekehrt der Kreditgeber fest, was mit dem Geld zu geschehen hat, so steuert er zugleich die Kreditverwendung und identifiziert sich damit

---

200 BGH NJW 1983, 2250, 2251.
201 Seibert, VKG, § 9 Rz. 3; Müko-Habersack, § 9 VKG Rz. 23.
202 BGHZ 83, 301, 306 = NJW 1982, 1694; NJW 1980, 1155 f.
203 BGH NJW 1987, 1813, 1814; NJW 1980, 1155, 1156 f.
204 Dauner/Lieb, WM 1991, Beilage 6, S. 15; Müko-Habersack, § 9 VKG Rz. 24 m.w.N.
205 NJW 1980, 938 f.
206 So Gernhuber, Das Schuldverhältnis, 1989, § 31 II 7e.
207 Hopt/Mülbert, vor § 607 BGB, Rz. 447 f; Canaris, Bankvertragsrecht³, Rz. 1480; Müko-Habersack, § 9 VKG, Rz. 26 m.w.N.
208 BGH WM 1990, 1234 f; Müko-Habersack, § 9 VKG Rz. 27.

§ 8 *Verbraucherkredit*

wirtschaftlich mit dem Verkäufer. Als Quintessenz dieser Übelegungen läßt sich folgende *Regelvermutung* aufstellen: *Ist der Kreditgeber nicht bereit, die Valuta dem Verbraucher zur freien Disposition zu überlassen, so begründet dies die (widerlegliche) Vermutung der wirtschaftlichen Einheit zwischen Kredit und finanziertem Geschäft.*

c) Einzelfälle
Bei Anschaffungsdarlehen ist der Bank bekannt, daß der Kunde mit der Darlehensvaluta ein bestimmtes Geschäft finanzieren möchte. Anders als beim Teilzahlungskredit läßt allerdings die Bank in diesem Fall dem Kunden den Kredit regelmäßig zur freien Disposition. Folglich fehlt es an der wirtschaftlichen Einheit zwischen Kredit und finanziertem Geschäft[209]. Dabei ist es, mit dem BGH, unschädlich, wenn die Bank die Darlehensvaluta an den Verkäufer überweist, sofern sie auch bereit gewesen wäre, die Auszahlung auf das Konto des Kreditnehmers zu dessen freier Verfügung vorzunehmen[210]. Bauzwischenfinanzierungen werden sehr häufig verbundene Geschäfte i.S.d. § 9 VKG sein, jedenfalls dann, wenn die Bank mit den Bauträgern zusammenarbeitet und die Valuta nicht frei verfügbar ist[211]. Herausgenommen aus dem Anwendungsbereich des § 9 VKG sind nur solche Zwischenfinanzierungen, die zusätzlich von einer grundpfandrechtlichen Sicherung abhängig gemacht werden (§ 3 Abs. 2 Nr. 2 VKG)[212]. Die Frage, ob Effektenkredite verbundene Geschäfte i.S.v. § 9 VKG sind, war streitig[213]. Mit der Novelle des VKG vom 27.4.1993 wurde klargestellt, daß § 9 VKG auf Kredite, die »der Finanzierung des Erwerbs von Wertpapieren, Devisen oder Edelmetallen dienen« nicht anzuwenden ist (§ 3 Abs. 2 Nr. 4 VKG).

101

d) Leasingverträge
Der Einwendungsdurchgriff nach § 9 Abs. 3 VKG setzt ein *verbundenes Geschäft* i.S.v. § 9 Abs. 1 VKG voraus. Ein Kaufvertrag, so wurde oben entwickelt, bildet dann mit dem Kreditvertrag ein verbundenes Geschäft, wenn der Kredit der Finanzierung des Kaufpreises in der Weise dient, daß beide Verträge als wirtschaftliche Einheit anzusehen sind. Der vom VKG zwar zum Teil privilegierte, im Grundsatz aber erfaßte, Finanzierungsleasingvertrag (§ 3 Abs. 2 Nr. 1 VKG) erfüllt diese Voraussetzung nicht. Denn der Verbraucher schließt nicht zwei Verträge (Kreditvertrag und Kaufvertrag), sondern typischerweise nur einen, nämlich den Leasingvertrag. Den Kaufvertrag mit dem Hersteller des Produktes schließt dagegen

102

---

209 Kümpel Rz. 5.82.
210 BGH WM 1990, 1234 f.
211 BGH WM 1979, 1054 f; 1988, 561 f.
212 Vertiefend oben Rz. 45.
213 Vgl. oben Rz. 43.

der Leasinggeber. Daraus folgt, daß der typische Finanzierungsleasingvertrag jedenfalls kein verbundenes Geschäft i.S.d. § 9 Abs. 1 VKG ist.

103 In der Literatur wird vielfach aber die analoge Anwendung von § 9 Abs. 3 VKG auf den Finanzierungsleasingvertrag gefordert[214]. Begründet wird dies gewöhnlich mit dem Hinweis auf die jedenfalls wirtschaftliche Einheit von Kauf und Finanzierung beim Leasing, die sich insbesondere daraus ergebe, daß der Leasinggeber den Zahlungsstrom bestimme und darüber hinaus seine Gewährleistungspflichten aus §§ 537, 538 BGB abbedinge und stattdessen (zulässigerweise) seine kaufrechtlichen Gewährleistungsansprüche aus dem Liefervertrag mit dem Händler an den Verbraucher abtritt. Im wirtschaftlichen Ergebnis stehe der Verbraucher also genauso da, wie beim verbundenen Geschäft nach § 9 Abs. 1 VKG.

104 Das dürfte in vielen Fällen zutreffen, legitimiert aber eine Analogie zu § 9 Abs. 3 VKG noch nicht. Denn eine Analogie ist dann und nur dann zulässig, wenn eine *Regelungslücke* vorliegt, und genau an dieser fehlt es hier[215]. Nach gefestigter Rechtsprechung des BGH darf der Verbraucher die Zahlung der Leasingraten bereits mit Vollzug der Wandelung einstellen. Gewinnt der Verbraucher den Prozeß, so wird dem Leasingvertrag rückwirkend (ex tunc) die Geschäftsgrundlage entzogen, so daß der Verbraucher einerseits die offenen Leasingraten nicht mehr zu zahlen braucht, andererseits aber auch die bereits gezahlten Raten zurückverlangen kann[216]. Damit ist der Verbraucher umfassend geschützt, so daß eine Analogie von § 9 Abs. 3 VKG nicht etwa überflüssig, sondern unzulässig ist, weil eine Regelungslücke fehlt. Hierin liegt kein Verstoß gegen § 3 Abs. 2 Nr. 1 VKG, denn selbstverständlich wird § 9 VKG auch auf Finanzierungsleasingverträge angewendet. Die Anwendung führt nur zu dem Ergebnis, daß Finanzierungsleasingverträge die Tatbestandsvoraussetzungen der Norm nicht erfüllen und für eine Analogie kein Bedarf ist, da der Verbraucher ohnehin hinreichend geschützt ist. Folglich scheidet auch eine Widerrufsbelehrung nach § 9 Abs. 2 VKG aus, was für den Leasingnehmer aber keinen Schutzverlust bedeutet, da er natürlich das Widerrufsrecht (gegenüber dem Leasinggeber) nach § 7 VKG hat[217].

105 Es gibt allerdings Leasingverträge, bei denen die Voraussetzungen von § 9 Abs. 1 VKG (verbundenes Geschäft) vorliegen, etwa dann, wenn der Leasingnehmer zunächst einen Kaufvertrag mit dem Lieferanten ab-

---

214 Seibert, § 9 Rz. 12; von Westphalen/Emmerich/Kessler, § 9 Rz. 108; Canaris, ZIP 1993, 401, 411; B. Peters, WM 1992, 1797, 1805; Zahn, DB 1991, 81, 84 sowie 2171, 2175; Bruchner/Ott/Wagner-Wieduwilt, § 9 Rz. 153.
215 Müko-Habersack, § 9 VKG Rz. 112; Bülow² § 9 Rz. 61.
216 BGHZ 81, 298, 306 f. = NJW 1982, 105; NJW 1985, 795, 796; BGHZ 109, 139, 142 = NJW 1990, 314; Dauner-Lieb, Schriftenreihe der Bankrechtlichen Vereinigung, Bd. 2, S. 116, 118 ff.; dies., WM 1991 Beil. 6, S. 15; Müko-Habersack, § 9 Rz. 112; Bülow², § 9 Rz. 61.
217 Bülow², § 9 Rz. 61; a.A. Reinking/Nießen, ZIP 1991, 79, 83 (für Analogie); für direkte Anwendung, Canaris ZIP 1993, 401, 411.

schließt und der Leasinggeber später in diesen eintritt (Selbsteintritt). Ähnlich liegen die Dinge, wenn der Lieferant des Leasingguts als Erfüllungsgehilfe des Leasinggebers tätig wird, indem er den Abschluß des Leasingvertrages vorbereiten hilft[218]. Auf Fallgestaltungen dieser Art ist § 9 VKG unmittelbar anwendbar, verdrängt also die frühere Rechtsprechung zu vergleichbaren Fällen. Das ist zutreffend, weil die Schutzwirkungen des § 9 VKG mit denjenigen der früheren Rechtsprechung nahezu identisch sind und es deshalb keinen Grund gibt, § 9 VKG einer teleologischen Reduktion zu unterziehen[219].

3. Widerruf und Rückabwicklung

a) Grundsätze

Das in § 7 VKG verankerte *Widerrufsrecht* wird von § 9 Abs. 2 VKG in das Recht der *Verbundenen Geschäfte* verlängert und modifiziert. Im Grundsatz gilt, daß die miteinander verbundenen Geschäfte zwar rechtlich *selbständig bleiben* (Trennungstheorie), in ihrer Wirksamkeit aber aufeinander bezogen sind. Deshalb wird die »auf den Abschluß des verbundenen Kaufvertrages gerichtete Willenserklärung ... erst wirksam, wenn der Verbraucher seine auf den Abschluß des *Kreditvertrages* gerichtete Willenserklärung nicht gemäß § 7 Abs. 1 VKG widerruft« (§ 9 Abs. 2 S. 1 VKG). Damit ist die Wirksamkeit des Kaufvertrages abhängig von der Wirksamkeit des Kreditvertrages. Wird der Kreditvertrag widerrufen, so entfällt auch der Kaufvertrag. Zugleich bedeutet das, daß der Widerruf nur hinsichtlich des *Kreditvertrages* erklärt werden kann[220]. Widerruft der Verbraucher stattdessen den Kaufvertrag gegenüber der Bank, so ist dies in der Regel in den Widerruf des Kreditvertrages umzudeuten (§ 140 BGB)[221]. Widerruft der Verbraucher gegenüber dem Verkäufer, so ist dies nur wirksam, wenn der Verkäufer ausnahmsweise Empfangsvertreter der Bank ist. Allerdings ist der Verkäufer in jedem Fall aus dem Kaufvertrag verpflichtet, den Verbraucher unverzüglich, d.h. in der Regel sofort, per Telefon, Fax oder Telegramm darauf hinzuweisen, daß der Widerruf falsch adressiert und deshalb zuständigkeitshalber an die Bank weitergegeben worden sei. Rechtlich fungiert der Verkäufer in diesen Fällen als Bote des Verbrauchers, da der Widerruf des Kaufvertrages, weil ansonsten wirkungslos, konkludent den Widerruf des Kreditvertrages mitumfaßt[222]. Folglich ist es für die Wahrung der Widerrufsfrist nach § 7 Abs. 1 VKG

106

---

218 Bülow², § 9 Rz. 61a; v. Westphalen, BB 1992, Beilage 9, S. 6; Bruchner/Ott/Wagner-Wiedu-
wilt, § 9 Rz. 157.
219 Zu den Auswirkungen eines Widerrufs des Leasingvertrages auf die Beziehung zwischen
Leasinggeber und Lieferant, vgl. Bülow², § 9 Rz. 61a m.w.N.
220 BGH NJW 1995, 3386.
221 Seibert, § 9 Rz. 4.
222 Gegen eine solche Deutung wendet sich der BGH NJW 1995, 3386 nicht.

(eine Woche) gleichgültig, ob der Verbraucher den schriftlichen Widerruf gegenüber der Bank oder dem Verkäufer ausgesprochen hat. Da in beiden Fällen letztlich ein wirksamer Widerruf vorliegt, genügt zur Fristwahrung die *rechtzeitige Absendung* des Widerrufs (§ 7 Abs. 2 S. 1 VKG).

107 In der Literatur wird vertreten, daß das Widerrufsrecht ausnahmsweise dann entfällt, wenn nur ein Teil des Verbraucherkredits zur Finanzierung eines verbundenen Geschäftes verwendet wird und dieses den Gegenwert von DM 400,- nicht übersteigt[223]. Es wird auf die ähnliche Grenze in § 3 Abs. 1 Nr. 1 VKG und darauf verwiesen, daß in diesen Fällen auch der Einwendungsdurchgriff nach § 9 Abs. 3 VKG entfällt. Der Verbraucher sei nicht schutzwürdig, deshalb entfalle auch sein Widerrufsrecht. Diese Überlegungen überzeugen nicht. Zum einen enthält der Wortlaut von § 9 Abs. 2 VKG die in § 9 Abs. 3 VKG formulierte Einschränkung nicht. Der Gesetzgeber wollte dem Verbraucher also auch dann, wenn das verbundene Geschäft den Gegenwert von DM 400,- nicht erreicht, das Widerrufsrecht nicht nehmen. Entgegengesetztes ergibt sich auch nicht aus der Gesetzesbegründung[224]. Auch § 7 VKG enthält eine vergleichbare Einschränkung nicht. Entscheidend ist aber, daß die Schutzbedürftigkeit des Verbrauchers deshalb entsteht, weil er einen DM 400,- übersteigenden Nettokreditbetrag erhält. Für die damit ausgelöste Schutzbedürftigkeit ist es gleichgültig, ob der Verbraucher den Kreditbetrag auf einmal ausgibt oder ihn auf viele geringwertige Einzelverträge verteilt.

b) Belehrung

108 Die Widerrufsfrist beginnt erst, wenn dem Verbraucher eine drucktechnisch deutlich gestaltete und von ihm gesondert zu unterschreibende Belehrung ausgehändigt worden ist. Das ergibt sich im Grundsatz aus § 7 Abs. 2 S. 2 VKG. Die dort im einzelnen formulierten Anforderungen an den Inhalt der Belehrung werden aufgrund der Besonderheiten verbundener Geschäfte durch § 9 Abs. 2 VKG modifiziert. Zusätzlich zu den Anforderungen des § 7 VKG hat die Belehrung den Hinweis zu enthalten, daß im Falle des Widerrufs auch das *verbundene Geschäft nicht wirksam* zustande kommt. Andererseits entfällt der Hinweis auf den Wegfall des Widerrufsrechts bei nicht rechtzeitiger Rückzahlung des Darlehens, weil es darauf bei verbundenen Geschäften gerade nicht ankommt (§ 9 Abs. 2 S. 3 VKG). Zusammenfassend muß also die Belehrung bei verbundenen Geschäften folgende Hinweise enthalten:

---

[223] Reinicke/Tiedtke, ZIP 1992, 223.
[224] Vgl. BT-Drucks. 11/5462 S. 24.

(1) das Recht zum Widerruf
(2) den Hinweis, daß bei Widerruf auch das verbundene Geschäft nicht wirksam zustande kommt
(3) den Hinweis, daß zur Fristwahrung die rechtzeitige Absendung des Widerrufs genügt und
(4) Nennung von Namen und Anschrift des Widerrufsempfängers.

Da es hinsichtlich des Kaufvertrages kein eigenständiges Widerrufsrecht gibt, ist nicht im Kaufvertrag, sondern im Kreditvertrag über das Widerrufsrecht zu belehren. Belehrt die Bank nicht oder nicht hinreichend im Sinne der §§ 7 Abs. 2, 9 Abs. 2 VKG, so beginnt die Widerrufsfrist nicht zu laufen (§ 7 Abs. 2 S. 2 VKG). Wenn und soweit dies der Fall ist, so erlischt das Widerrufsrecht erst nach beiderseits vollständiger Erbringung der Leistung, spätestens jedoch ein Jahr nach Abgabe der auf den Abschluß des Kreditvertrages gerichteten Willenserklärung des Verbrauchers (§ 7 Abs. 2 S. 3 VKG). 109

c) Rückabwicklung
Die Rechtsfolgen des Widerrufs ergeben sich auch bei verbundenen Geschäften im Grundsatz aus § 7 Abs. 4 VKG, der seinerseits auf § 3 HTWiG verweist. Danach ist im Falle des Widerrufs jeder Teil verpflichtet, dem anderen Teil die empfangenen Leistungen zurückzugewähren (§ 3 Abs. 1 HTWiG). Die Rechtsfolgen bei Untergang oder Beschädigung der gelieferten Sache ergeben sich aus § 3 Abs. 1 Sätze 2 und 3 des HTWiG. Da der Kreditgeber im Verhältnis zum Verbraucher die Folgen von Leistungsstörungen nach der Grundidee des § 9 VKG tragen soll, erschien es dem Gesetzgeber angemessen, der Bank und nicht dem Verkäufer die beherrschende Rolle im Abwicklungsverhältnis zu übertragen. Dies geschah in der Weise, daß der Kreditgeber in sämtliche Rechte und Pflichten des Verkäufers hinsichtlich der Rückabwicklung des Vertrages eintritt, sofern dem Verkäufer im Zeitpunkt des Widerrufs der *Nettokreditbetrag* bereits zugeflossen ist (§ 9 Abs. 2 S. 4 VKG)[225]. Dies gilt allerdings nicht für den Ersatz von *Begleitschäden*, die sich aus Mängeln der Kaufsache ergeben[226]. 110

Ist also der Nettokreditbetrag dem Verkäufer noch nicht zugeflossen, so findet bei Widerruf die Rückabwicklung zwischen Verkäufer und Käufer statt[227]. Das ist z.B. dann denkbar, wenn die Bank die Valuta erst nach Ablauf der Widerrufsfrist zur Verfügung stellen will, der Verkäufer aber bereit ist vorzuleisten. In diesen Fällen bedarf der Darlehensvertrag keiner Rückabwicklung[228]. Damit der Verbraucher weiß, gegen wen er seine An- 111

---

225 Bestätigt BGH NJW 1995, 3386.
226 BT-Drucks. 11/5462, 24.
227 BGH NJW 1995, 3386: Zeitpunkt: Zugang des Widerrufs.
228 So bereits Stauder, FS für Bosch, 1976, 983, 996.

sprüche geltend zu machen hat, kann er, zusammen mit dem Widerruf, einen Auskunftsanspruch geltend machen[229]. Ist dagegen der Nettokreditbetrag dem Verkäufer bereits zugeflossen, so soll die Rückabwicklung *allein* im Verhältnis *Kreditgeber/Verbraucher* erfolgen. Der Kreditgeber tritt also nicht neben, sondern in die Rechte und Pflichten des Verkäufers nach § 7 Abs. 4 VKG ein[230]. Folglich muß der Kreditgeber dem Verbraucher sämtliche an den Verkäufer erbrachten Leistungen, auch z.B. eine Anzahlung, zurückerstatten. Umgekehrt muß der Verbraucher dem Kreditgeber die Kaufsache übereignen. Ferner hat er nach § 3 Abs. 3 HTWiG eine Gebrauchsvergütung zu leisten, nicht aber eine Wertminderung für den bestimmungsgemäßen Gebrauch. Den Darlehensbetrag muß der Verbraucher nicht zurückerstatten, da dieser durch den Eintritt des Kreditgebers in die Pflichten des Verkäufers im Verhältnis zum Verbraucher konsumiert ist. Insoweit findet ein Innenausgleich zwischen der Bank und dem Verkäufer statt. Das Risiko, daß der Verkäufer seinen Verpflichtungen gegenüber der Bank nicht nachkommt (*Konkursrisiko*), trägt also die Bank. Das entspricht dem Willen des Gesetzgebers und ist Ausdruck der beherrschenden Rolle des Kreditgebers bei verbundenen Geschäften sowie der aus ihnen resultierenden wirtschaftlichen Vorteile für die Bank.

112 Auf welcher Rechtsgrundlage die Rückabwicklung zwischen Kreditgeber und Verkäufer stattzufinden hat, wurde vom Gesetzgeber offengelassen. Die daraus entstehenden dogmatischen Unsicherheiten sind nicht ganz einfach zu lösen, jedenfalls sofern kein Rahmenkreditvertrag besteht, in dem die beiderseitigen Ansprüche im Falle des Widerrufs des Kreditvertrags geregelt sind[231]. Die Rückabwicklung auf bereicherungsrechtlicher Ebene führt jedenfalls nicht automatisch zu vernünftigen Ergebnissen[232]. Um Unsicherheiten und Unklarheiten zu reduzieren, ist es daher sinnvoll, § 9 Abs. 2 S. 4 VKG rechtsfortbildend zu ergänzen. Der Kreditgeber rückt hinsichtlich der Rechtsfolgen des Widerrufs nicht nur im Verhältnis zum Käufer in die Stellung des Verkäufers, sondern auch im Verhältnis zum Verkäufer in die Stellung des Käufers ein[233].

4. Der Einwendungsdurchgriff

a) Grundsätze

113 Der Verbraucher kann, so heißt es in § 9 Abs. 3 VKG, die Rückzahlung des Kredites verweigern, soweit Einwendungen aus dem verbundenen Kaufvertrag ihn gegenüber dem Verkäufer zur Verweigerung seiner Lei-

---

229 BGH NJW 1995, 3386.
230 BGH NJW 1995, 3386.
231 Vertiefend Emmerich, Bankrechtliche Vereinigung, Bd. 2, S. 76.
232 Dauner-Lieb, WM 1991, Sonderbeilage 6, S. 21.
233 So schon Scholz, MDR 1989, 1054, 1057 zum Gesetzesentwurf; zustimmend Dauner-Lieb, aaO., S. 21.

stung berechtigen würden. In zwei Fällen gilt dies nicht, nämlich dann, wenn der finanzierte Kaufpreis *DM 400,-* nicht überschreitet sowie bei Einwendungen, die auf *Vertragsänderungen* zwischen Verkäufer und Verbraucher *nach Abschluß des Kreditvertrages beruhen*. Schließlich kann es sein, daß der Verbraucher Nachbesserung oder Ersatzlieferung für mangelhafte Sachen mit dem Verkäufer vereinbart hat. Dann folgt aus der Natur dieser Vereinbarung, daß der Käufer »die Rückzahlung des Kredits (gegenüber der Bank) erst verweigern darf, wenn die Nachbesserung oder Ersatzlieferung fehlgeschlagen ist« (§ 9 Abs. 3 S. 3 VKG).

Diese gesetzliche Konzeption des Einwendungsdurchgriffs beruht im Kern auf Art. 11 Abs. 2 EG-Richtlinie 86, der die Mitgliedstaaten verpflichtet, eine gesetzliche Regelung der Rechte vorzusehen, die dem Verbraucher gegenüber dem Kreditgeber zustehen, wenn der Kredit der Finanzierung von Waren oder Dienstleistungen dient und die finanzierte Leistung nicht oder nicht vertragsgemäß erbracht wird. Allerdings hat die Richtlinie die nähere Ausgestaltung der Verbraucherrechte in diesen Fällen, sowohl hinsichtlich der Voraussetzungen als auch der Folgen, den Mitgliedstaaten überlassen. Deshalb sind die Regelungen in den einzelnen Mitgliedstaaten der EG zwar in den Ergebnissen ähnlich, in der Konzeption und den Details aber unterschiedlich[234]. In Deutschland ist damit die von der Rechtsprechung durchgesetzte Lehre zum Einwendungsdurchgriff Gesetz geworden[235]. Zugleich ist damit der Streit um die dogmatische Grundlage dieser Lehre, die die Rechtsprechung überwiegend in § 242 BGB gesehen hatte, zwar nicht endgültig überwunden, aber weitgehend praktisch bedeutungslos geworden[236]. 114

b) Einwendungsdurchgriff nach § 9 Abs. 3 S. 1 VKG
Der Kern der Lehre vom Einwendungsdurchgriff ist heute in § 9 Abs. 3 S. 1 VKG geregelt. Der Verbraucher kann »die Rückzahlung des Kredits verweigern, soweit Einwendungen aus dem verbundenen Kaufvertrag ihn gegenüber dem Verkäufer zur Verweigerung seiner Leistung berechtigen würden«. Der Käufer kann also unmittelbar und ohne weitere Voraussetzungen Einwendungen aus dem verbundenen Geschäft, die ihn berechtigen würden, seinen Kaufpreis zurückzuhalten, auch den (Rückzahlungs-)Ansprüchen des Kreditgebers entgegensetzen. Das gilt in den Fällen der Nichtleistung (Verkäufer liefert nicht), der Nichtigkeit oder Anfechtung des verbundenen Geschäfts oder des Rücktritts von ihm sowie bei Schadensersatzansprüchen des Verbrauchers, sofern es sich nicht um den Ersatz von Begleitschäden handelt, die sich aus Mängeln der Kaufsache er- 115

---

234 Westphalen/Emmerich/Kessler, Einl. Rz. 28 ff.
235 Vgl. die Anfänge in BGHZ 33, 293, 300 f; 37, 94; 40, 65; 43, 258; 47, 207; 47, 233.
236 Müko-Habersack, § 9 Rz. 59 ff. m.w.N.

geben[237]. Folglich kann der Käufer Schadensersatzansprüche gegen den Verkäufer nun auch gegenüber dem Kreditgeber aufrechnen[238]. Anders als bisher[239], kann der Verbraucher Wandelung und Minderung bereits im Zeitpunkt der Geltendmachung dem Kreditgeber entgegenhalten. Er braucht mit anderen Worten nicht abzuwarten, ob sich seine Ansprüche beim Verkäufer realisieren lassen[240]. Damit hat der Gesetzgeber in § 9 VKG den früher von der Rechtsprechung entwickelten Grundsatz der *Subsidiarität des Einwendungsdurchgriffs aufgegeben*. Dieser Grundsatz verpflichtete den Verbraucher vor Geltendmachung seines Leistungsverweigerungsrechts gegenüber dem Kreditgeber, seine Rechte in zumutbarer Weise gegen den Verkäufer durchzusetzen[241]. Zwar hatte der BGH in bestimmten Fällen – Nichtigkeit des finanzierten Geschäfts-[242] auf die vorherige Inanspruchnahme des Verkäufers gänzlich verzichtet und dieses auch dann angenommen, wenn der Lieferant die Erfüllung ernsthaft gegenüber dem Verbraucher verweigerte[243]. Aber im Grundsatz wurde daran festgehalten, daß der Einwendungsdurchgriff erst dann zulässig war, wenn der Käufer den Verkäufer ohne Erfolg in Anspruch genommen hatte[244]. Zur Begründung der Aufgabe des Subsidiaritätsprinzips heißt es in der Regierungsbegründung, daß »die sofortige Geltendmachung des Leistungsverweigerungsrechts gegenüber dem Kreditgeber einer ökonomischen Vertragsabwicklung dient: Der Kreditgeber kann sein Vertragsverhältnis zum Verkäufer von vorherein so gestalten, daß er leicht Regreß nehmen kann (z.B. indem er sich eine Bürgschaft einräumen läßt). Bei Insolvenz des Verkäufers trägt der Kreditgeber ohnehin das Risiko des Geschäfts[245]. Der Gedanke der Subsidiarität werde, so heißt es in der Begründung weiter, nur insoweit aufrechterhalten, als der Verkäufer sich bei Sachmängeln die Ersatzlieferung oder die Nachbesserung vorbehalten hat. Dasselbe gelte, wo diese Rechtsbehelfe gesetzlich vorgesehen seien. Hier müsse der Verbraucher zunächst das Ergebnis der Nachbesserung abwarten, bevor er sein Leistungsverweigerungsrecht geltend machen könne. In diesen Fällen könne dem Verbraucher zugemutet werden, bis zum Fehlschlagen des (Nachbesserungsversuchs) seine Raten weiter zu entrichten[246]. Der Gesetzgeber hat den Begriff des *Fehlschlagens* aus § 11 Nr. 10b AGBG entlehnt und darauf hingewiesen, daß für die Definition dieses Be-

---

237 BT-Drucks. 11/5462, S. 24.
238 Emmerich, FLF 1989, 168, 173.
239 BGH NJW 1985, 129.
240 So aber früher BGH WM 1973, 233.
241 BGHZ 64, 268 = WM 1975, 739; WM 1978, 459; WM 1979, 1180.
242 WM 1980, 327.
243 WM 1979, 489; weiterführend BGHZ 95, 350, 352 = WM 1985, 1307.
244 BGHZ 95, 350 = WM 1985, 1307, dazu Schröter, WuB I E 2 c-1.86.
245 BT-Drucks. 11/5462, S. 23, 24.
246 BT-Drucks. 11/5462, S. 24.

griffs auf die insoweit ergangene Rechtsprechung zurückgegriffen werden könne.

Methodisch ist anzumerken, daß die Regelung in *§ 9 Abs. 3 S. 3 VKG deklaratorischer* Natur ist. Denn bereits aus § 9 Abs. 3 S. 1 VKG ergibt sich, daß der Verbraucher die Rückzahlung des Kredits dann und nur dann verweigern darf, wenn er zur Verweigerung seiner Leistung gegenüber dem Verkäufer berechtigt wäre. Zu einer Leistungsverweigerung gegenüber dem Verkäufer wäre der Verbraucher aber nicht berechtigt, wenn er vertraglich Nachbesserung oder Ersatzlieferung vereinbart hätte und diese Möglichkeiten noch nicht fehlgeschlagen wären. Daraus folgt erstens, daß § 9 Abs. 3 S. 3 VKG nur das ausspricht, was sich als logische Folge aus § 9 Abs. 1 S. 1 VKG bereits zwingend ergibt. Zweitens folgt daraus, daß der Grundsatz der Subsidiarität des Einwendungsdurchgriffs, entgegen der Einschätzung des Gesetzgebers[247], nicht nur zurückgedrängt, sondern, wie oben schon betont, aufgegeben wurde. Denn in den Fällen, in denen die Nachbesserung oder Ersatzlieferung vertraglich vereinbart oder gesetzlich vorgeschrieben ist, fehlt es am Tatbestand des Einwendungsdurchgriffs, solange die Nachbesserung oder Ersatzlieferung noch möglich oder zumutbar erscheint.

116

Nach dem Wortlaut von § 9 Abs. 3 S. 1 VKG kann der Verbraucher die Rückzahlung des Kredits verweigern, soweit Einwendungen aus dem verbundenen Kaufvertrag ihn gegenüber dem Verkäufer zur Verweigerung seiner Leistung berechtigen würden. Damit erhält der Käufer ein vom BGB losgelöstes, *eigenständiges Leistungsverweigerungsrecht* gegenüber der Bank. Der Käufer braucht die geschuldeten Kreditraten nicht zurückzuzahlen, soweit er bei unterstelltem Abzahlungskauf auch gegenüber dem Verkäufer dazu nicht (mehr) verpflichtet wäre. Aus der Sicht der Bank muß man sich also nur fragen, wie sich die weitere Entwicklung darstellen würde, wenn die Bank selbst Abzahlungsverkäuferin gewesen wäre. Im Falle der Wandelung entfiele die Rückzahlung des Kredits gänzlich. Das gleiche würde im Fall der Nichtleistung, der Nichtigkeit oder Anfechtung des verbundenen Geschäfts oder des Rücktritts von ihm gelten. Bei Minderung würde sich der geschuldete Gesamtbetrag vermindern; die Raten wären neu zu berechnen. Beim Schadensersatz käme es auf dessen Höhe an. Soweit nach Verrechnung ein zu zahlender Restbetrag offenbliebe, müßten auch hier die Raten neu berechnet werden. Die bloße Anzeige des Mangels nach § 478 BGB berechtigt den Käufer gegenüber dem Verkäufer nicht zur Verweigerung seiner Leistung, sondern dient nur der Sicherung zukünftiger Leistungsverweigerungsrechte. Das gleiche gilt im Verhältnis zur Bank, d.h. sie kann, solange nur die Anzeige gegenüber dem Verkäufer nach § 478 BGB erhoben ist, weiterhin Rückzahlung des

117

---

247 BT-Drucks. 11/5462, S. 23.

Kredits verlangen. Man wird in diesen Fällen aber sehr genau fragen müssen, ob nicht in Wirklichkeit die Wandelung oder Minderung konkludent miterklärt wurde, oder ob die Bank aus Treuegesichtspunkten verpflichtet ist, den Kunden auf die nachteiligen Wirkungen seines Verhaltens hinzuweisen.

118 In seltenen Fällen kann es vorkommen, daß zwar der Kaufvertrag wirksam, aber der Kreditvertrag nichtig ist. Dann liegt genau besehen kein verbundenes Geschäft i.S.v. § 9 Abs. 1 VKG vor. Der Kunde schuldet der Bank bereicherungsrechtlich Rückgewähr der (an den Verkäufer) gezahlten Valuta. Auf diesen bereicherungsrechtlichen Rückgewähranspruch ist § 9 Abs. 3 S. 1 VKG analog anzuwenden, weil der Verbraucher durch Nichtigkeit des Darlehens nicht schlechter dastehen darf als bei Wirksamkeit des Kreditvertrages[248]. Steht ein *Bürge* für die Rückzahlung des Kredits ein, so gelten die allgemeinen Regeln des Bürgschaftsrechts. Darf der Verbraucher die Rückzahlung des Kredits nach § 9 Abs. 3 S. 1 VKG verweigern, so entlastet das automatisch auch den Bürgen (§ 767 BGB). Erhebt der Verbraucher die ihm nach § 9 Abs. 3 S. 1 VKG zustehenden Einwendungen gegen den Verkäufer nicht, so kann dies an seiner Stelle der Bürge tun (§ 768 BGB). Entsprechendes gilt für alle akzessorischen Sicherheiten, d.h. der Kreditvertrag teilt im Ergebnis das Schicksal des mit ihm verbundenen Geschäfts. Daraus folgt auch, daß Zweifel über die Berechtigung des Leistungsverweigerungsrechtes nach § 9 Abs. 3 S. 1 VKG im *Verhältnis zwischen Verbraucher und Kreditgeber* auszutragen sind[249]. Das ist auch vernünftig, denn es geht um die Ansprüche aus dem Kreditvertrag und nicht um diejenigen aus dem finanzierten Geschäft. Auch prozessuale Nachteile ergeben sich hieraus nicht. Der Käufer muß, wie im Prozeß gegen den Verkäufer, nun gegenüber der Bank darlegen und beweisen, daß er zur Verweigerung seiner Leistung gegenüber dem Verkäufer berechtigt wäre. Dazu muß er die tatsächlichen Voraussetzungen seines Leistungsverweigerungsrechts vortragen und beweisen, im Zweifel also die Nichtlieferung, den Mangel, den Anfechtungs- oder den Rücktrittsgrund. Etwaige Zweifel an der Richtigkeit des Vortrags des Käufers kann die Bank unter Berufung auf das Zeugnis des Verkäufers vortragen. Für den Verkäufer böte sich an, der Bank zum Zweck ihrer Unterstützung im Wege der Nebenintervention (§ 66 ZPO) beizutreten. Eine hiervon abgetrennte unmittelbare Auseinandersetzung zwischen Käufer und Verkäufer, wie sie teilweise in der Literatur gefordert wird,[250] kommt schon deshalb nicht in Betracht, weil der Käufer gegenüber dem Verkäufer keine Möglichkeit mehr hat, seine Leistung zu verweigern, da er unter Zuhilfenahme der Bank vollständig erfüllt hat.

---

248 BGH NJW 1980, 2301; Bülow, VKG², § 9 Rz. 57b.
249 Reinking/Nießen, ZIP 1991, 634, 636; a.A. Lieb, WM 1991, 1533, 1539.
250 Lieb, WM 1991, 1533, 1539.

c) Rückforderungsdurchgriff

Gelegentlich wird es vorkommen, daß der Verbraucher schon einige **119** Kreditraten gezahlt hat, bevor er merkt, daß er die Leistung gegenüber dem Verkäufer und damit auch gegenüber der Bank verweigern darf. Denkbar ist das z.B., wenn der Mangel der Kaufsache zunächst versteckt blieb (Virus zerstört finanzierte Computersoftware erst zwei Monate nach Inbetriebnahme). In diesen Fällen fragt es sich, ob der Verbraucher nicht nur die weitere Rückzahlung des Kredits verweigern, sondern auch die Zurückzahlung der bereits geleisteten Raten von der Bank verlangen darf. Eine Regelung enthält § 9 VKG nicht. Sie war auch nicht nötig, da sie sich aus § 813 Abs. 1 BGB ergibt. Danach kann das zum Zwecke der Erfüllung einer Verbindlichkeit geleistete (hier die Raten auf den Kredit) auch dann zurückgefordert werden, wenn dem Anspruch (aus dem Kreditvertrag) eine Einrede entgegenstand, durch welche die Geltendmachung des Anspruchs *dauernd* ausgeschlossen wurde. Dieser Fall ist von § 812 Abs. 1 S. 1 BGB nicht erfaßt, und zwar deshalb, weil die Verbindlichkeit zwar besteht, also ein Rechtsgrund vorliegt, ihrer Geltendmachung aber eine dauernde Einrede (Ausnahme: Verjährung) entgegensteht, womit die Schuld praktisch zu einer *Nichtschuld* wird. Genau dies ist der Fall, wenn der Käufer etwa die Wandelung vollzieht. Dann stand nämlich dem Rückzahlungsanspruch des Kreditgebers von Anfang an eine Einrede entgegen, durch die die Geltendmachung des Anspruchs (aus dem Kreditvertrag) auf Dauer ausgeschlossen wurde. Die Tatsache, daß diese von Anfang an bestehende Einrede erst nachträglich erkannt worden ist, spielt nach dem Wortlaut des § 813 BGB und dem Sinn und Zweck dieser Norm keine Rolle[251]. Zum gleichen Ergebnis kommen diejenigen, die annehmen, daß mit der Wandelung des Kaufvertrages zugleich die Geschäftsgrundlage des mit ihm verbundenen Kreditvertrages entfällt[252]. Problematisch an dieser Konstruktion ist allerdings, daß § 9 Abs. 3 S. 1 VKG gerade die Wirksamkeit des Kreditvertrages trotz Leistungsverweigerungsrecht gegenüber dem Verkäufer voraussetzt, so daß der Rückforderung der Raten nach § 813 Abs. 1 BGB der Vorzug zu geben ist. Materiell entspricht diese Lösung der Schutzkonzeption des § 9 Abs. 3 VKG und dem Willen des Gesetzgebers, wonach der Kreditgeber bei Insolvenz des Verkäufers das Risiko des Geschäfts tragen soll[253]. Damit korrespondiert aus der Sicht der Kreditgeber die Möglichkeit, an der Finanzierung von verbundenen Geschäften wirtschaftlich zu partizipieren.

---

251 v. Westphalen/Emmerich/Kessler, VKG § 9 Rz. 101; Müko-Lieb, § 813 Rz. 2; v. Bülow², § 9 Rz. 59; a.A. Reinicke/Tiedtke, ZIP 1992, 225.
252 Bruchner/Ott/Wagner-Wieduwilt, VKG, § 9 Rz. 108.
253 BT-Drucks. 11/5462, S. 24.

5. Verbot des Einwendungsverzichts; Wechsel und Scheckverbot (§ 10 VKG)

120 § 10 VKG erklärt Vereinbarungen, durch die der Verbraucher auf Einwendungen und Aufrechnungsmöglichkeiten für den Fall der Abtretung verzichtet, für unwirksam. Auch bei einem Gläubigerwechsel verliert der Verbraucher somit die ihm zustehenden Rechte nicht und kann sie dem neuen Gläubiger entgegenhalten[254].

121 Auch die Wechsel- und Scheckverbote in § 10 Abs. 2 VKG stellen »eine konsequente Weiterführung des Grundgedankens aus Abs. 1 dar, der dem Schuldner Einwendungen aus dem Kreditvertrag erhalten will[255]. Abgewendet wird die Gefahr, daß der Verbraucher vom Inhaber des Wechsels oder Schecks im *Urkundenprozeß* in Anspruch genommen wird und in diesem Verfahren die Einwendungen aus dem Grundgeschäft nicht erheben kann (§§ 598, 605a ZPO). Zumindest aber kehrt sich die Beweislast mit der Folge um, daß der Verbraucher beweisen muß, daß ein Rechtsgrund für die geltend gemachte Wechsel- oder Scheckforderung nicht vorhanden ist.

122 Hinzu kommt, daß eine wertpapiermäßige Verbriefung dem Kreditnehmer die Einwendungen aus dem Kreditvertrag abschneiden würde. Das gilt jedenfalls gegenüber einem *gutgläubigen späteren Erwerber*, dem der Verbraucher persönliche Einwendungen nicht mehr entgegensetzen dürfte (Art. 17 WG; Art. 22 ScheckG)[256]. Ein angemessener Schutz gegen diese Nachteile läßt sich durch das Wechsel- und Scheckverbot des § 10 Abs. 2 VKG erreichen[257]. Aber selbstverständlich kann der Verbraucher seinen Kredit durch Hingabe eines Schecks zurückzahlen, denn dies geschieht nicht sicherungs-, sondern zahlungshalber[258].

XI. Verbraucherschutz bei Zahlungsverzug (§§ 11, 12, 13 VKG)

1. Grundsätze

123 Kommt der Verbraucher mit der Rückzahlung eines Kredits in Verzug, so stellen sich *zwei Fragen*. Zum einen, ob sich der Kreditgeber durch *fristlose Kündigung* vom Vertrag lösen darf, mit der Folge, daß der Gesamtkapitalbetrag fällig wird, und zum anderen in welcher Weise der *Verzugsschaden* zu berechnen und zu verrechnen ist. Für beide Fragen hat der

---

254 BT-Drucks. 11/5462, S. 24.
255 BT-Drucks. 11/5462, S. 24.
256 BT-Drucks. 11/5462, S. 25.
257 BT-Drucks. 11/5462, S. 25; zustimmend Kümpel Rz. 5.92.
258 Bülow, NJW 1991, 129, 132; Kümpel 5.92.

Gesetzgeber – europarechtlich gab es keine Vorgaben – nunmehr ein klares Konzept vorgelegt. Gekündigt werden kann nur, wenn
(1) der Verbraucher mit mindestens zwei aufeinanderfolgenden Teilzahlungen ganz oder teilweise (!) in Verzug ist, *und*
(2) der Rückstand mindestens 10 % (bei einer Laufzeit von mehr als drei Jahren: 5 %) des Nennbetrages des Kredits oder Teilzahlungspreises beträgt, *und*
(3) eine Frist von 2 Wochen zur Zahlung des rückständigen Betrages fruchtlos verstrichen ist.

Dabei soll der Kreditgeber mit dieser Fristsetzung ein Gespräch über die Möglichkeiten einer einverständlichen Regelung anbieten. Neben dieser, der fristlosen Kündigung bei Zahlungsverzug im Mietrecht ähnlichen (§ 545 BGB), Gestaltung, gibt es einige Neuerungen bei der *Berechnung des Verzugsschadens* und der *Verrechnung von Teilleistungen* des säumigen Kreditnehmers.

Nach § 11 Abs. 1 VKG kann der Kreditgeber seinen Verzugsschaden **124** abstrakt oder konkret berechnen. Abstrakt mit 5 % über dem jeweiligen Bundesbankdiskontsatz, sofern nicht der Verbraucher einen niedrigeren oder aber der Kreditgeber einen höheren Schaden nachweist. Hiernach ist es möglich, daß der im Verzug zu ersetzende Zinssatz niedriger als derjenige ist, der im Vertrag vereinbart war; es kann aber auch umgekehrt sein.

Hierneben steht eine Tilgungsbestimmung, die von § 367 BGB abweicht **125** (§ 11 Abs. 3 VKG). Diese scheinbar so technischen Regeln können, wie Modellrechnungen ergeben haben, für den säumigen Kreditnehmer erhebliche praktische Folgen haben. Denn nach § 367 BGB sind Teilleistungen des Schuldners zunächst auf Kosten, dann auf Zinsen und erst zum Schluß auf die Hauptforderung zu verrechnen. Damit bleibt regelmäßig für eine Reduzierung des Kapitalanteils durch Teilleistungen nichts oder nur sehr wenig übrig, was dazu führt, daß der praktisch unveränderte Kapitalsaldo nicht abgebaut wird. Die Schuldner, die nicht in der Lage sind, mehr als auf Zinsen zu zahlen, geraten in eine lebenslange Schuldenspirale, die Abzahlung des Kredits gelingt nicht mehr. Um hier zu helfen, hat der Gesetzgeber die Tilgungsreihenfolge grundlegend verändert (§ 11 Abs. 3 S. 1 VKG). An erster Stelle stehen immer noch die Kosten der Rechtsverfolgung, dann aber ist auf die Hauptsache und erst am Schluß auf die Zinsen zu verrechnen. Genau besehen würde aber auch dieses Modell nur wenig weiterhelfen, weil nämlich die jeweils aufgelaufenen Zinsrückstände praktisch zu Kapital werden und ihrerseits verzinst werden müssen (§ 289 S. 2 BGB). Um Entlastung zu schaffen, stellt § 11 Abs. 2 S. 2 VKG klar, daß auf Zinsen nur noch Schadensersatz bis zur Höhe des gesetzlichen Zinssatzes (§ 246 BGB), also in Höhe von *4 %*, verlangt werden kann. Das ist eine deutliche Entlastung des Verbrauchers, die allerdings mit Mitteln des Privatrechts nicht mehr begründbar ist. Denn hier verletzt der Gesetzgeber das allgemeine Kompensationsprinzip des Schadensersatzrechts, indem ein Teil des Verzugsschadens, nämlich der 4 % übersteigende, nicht mehr liquidiert werden kann. Zur Begründung wird darauf verwiesen, daß so dem Verbraucher ein Anreiz geboten würde, weitere Zahlungen zu leisten, was auch den Kreditgebern zugute käme. Im übrigen könnten die Verluste aus längerfristig notleidenden Krediten in Wertberichtigungen steuerlich entlastend eingestellt werden, wodurch das Ausmaß der Zinseinbußen der Kreditgeber deutlich relativiert würde[259].

2. Pauschalierung des Verzugsschadens (§ 11 Abs. 1 VKG)

126 Erstes Kernstück des Verbraucherschutzes bei Zahlungsverzug ist die Konzeption der Verzugsschadensberechnung. § 11 Abs. 1 VKG ordnet eine Schadenspauschalierung an, wenn nicht im Einzelfall der Kreditgeber einen höheren oder der Verbraucher einen niedrigeren Schaden nachweist. Wird dieser Nachweis im Einzelfall nicht geführt, so ist der geschuldete Betrag mit *fünf vom Hundert über dem jeweiligen Diskontsatz* der Deutschen Bundesbank zu verzinsen. Für diese Art der Verzugsschadenspauschalierung hat sich das Kürzel *D+5* eingebürgert.

127 Damit ist das Gesetz der vom BGH entwickelten Methode der abstrakten Berechnung des Verzugsschadens nicht gefolgt[260]. Nach dieser Methode konnte die Bank der abstrakten Berechnung des Verzugsschadens die z.Zt. des Verzuges marktüblichen *Bruttosollzinsen* zugrunde legen, und zwar nach einem Durchschnittszinssatz, der sich nach der Zusammensetzung ihres gesamten Aktivkreditgeschäftes richtete (gewichteter durchschnittlicher Bruttosollzins). Dieser Lösungsweg kam, wie in der Gesetzesbegründung ausdrücklich betont wird, zu befriedigenden Ergebnissen, erwies sich aber als *unpraktikabel*[261]. Der marktübliche Bruttosollzins ist nämlich nur schwer zu berechnen. Nach dem theoretischen Ansatz des BGH müssen Durchschnittssätze für das gesamte Aktivgeschäft entwickelt werden, die aber nicht der Monatsstatistik der Deutschen Bundesbank entnommen werden können, weil diese Schwerpunktzinssätze ausweist. Zudem ist der durchschnittliche Marktzins in allen Kreditbereichen ständigen Veränderungen unterworfen. Ferner bereitet auch die Gewichtung nach dem Aktivgeschäft Schwierigkeiten und ist im Einzelfall schwer zu überprüfen. Zuletzt paßt die Lösung des BGH nur auf Verzugszinsen aus Bankkreditverträgen, nicht aber auf Kredite, die von anderen gewerblichen Kreditgebern gewährt werden. Auch solche Kredite sollen aber vom Anwendungsbereich des VKG erfaßt sein[262].

---

259 BT-Drucks. 11/5462 S. 26 f.
260 WM 1988, 929 ff.; 1988, 1044 ff.; zur Konzeption davor vgl. BGHZ 62, 103 (Gestattung der abstrakten Schadensberechnung).
261 BT-Drucks. 11/5462, S. 25.
262 BT-Drucks. 11/5462. S. 25/26.

Das VKG entwickelt stattdessen einen pauschalierten Verzugsschaden auf der Basis der *Refinanzierungskosten*. Die D+5-Formel ist eine klare und praktikable Lösung, die »auch dazu beitragen soll, das rasche Anwachsen der Schuldenlast in Not geratener Verbraucher in einer noch vertretbaren Weise abzumildern, so daß für sie noch ein Anreiz besteht, Zahlungen zur Rückführung ihrer Verbindlichkeiten zu leisten[263]. Nach § 11 Abs. 1 S. 1 VKG ist der geschuldete Betrag – vorbehaltlich des konkreten Nachweises eines höheren Schadens im Einzelfall – mit 5 % über dem jeweiligen Diskontsatz der Deutschen Bundesbank zu verzinsen. Das VKG stellt damit klar, daß der Verzugszins nach *Schadensersatzgesichtspunkten* zu ermitteln, d.h. ein Rückgriff auf den vereinbarten Vertragszins ausgeschlossen ist. 128

Nach der Gesetzesbegründung soll der auf 5 % über dem jeweiligen Diskontsatz der Bundesbank festgelegte Verzugszins die gewöhnlich anfallenden Refinanzierungskosten (Bundesbankdiskont zuzüglich 3 %) sowie den Bearbeitungsaufwand der Bank (weitere 2 %) ausgleichen[264]. Insbesondere wird auf den Zins für Dreimonatsgelder im Interbankengeschäft, als einem repräsentativen Satz, verwiesen. Ein langjähriger Vergleich der Zinsen für Dreimonatsgelder mit dem Diskontsatz der Bundesbank aus den Jahren 1971 bis Mai 1986 ließ erkennen, daß die Refinanzierungskosten durchschnittlich 2 % über dem Diskontsatz lagen und nur kurzfristig in Hochzinsphasen wesentlich abwichen. Mithin sei der Refinanzierungsanteil in der D+5-Formel mit 3 % pro Jahr großzügig bemessen[265]. Für den Bearbeitungs- und Verwaltungsaufwand hielt der Gesetzgeber einen Zinsaufschlag von 2 % pro Jahr für angemessen. Auf diese Weise ist die D+5-Formel (3 % Refinanzierungssatz + 2 % Verwaltungsaufwand) entstanden. Die Festlegung des 2%igen Zinsaufschlages für Verwaltungsaufwand basierte auf langjähriger Feststellung des allgemeinen Verwaltungsaufwandes in den Jahren 1968 bis 1984 für die gesamte Kreditwirtschaft[266]. Bei der Festsetzung auf 2 % wurde berücksichtigt, daß der Kreditbereich berechtigterweise als verwaltungs- und damit kostenintensiv angesehen werden müsse[267]. 129

Es wird nicht selten vorkommen, daß die D+5-Formel zu einem Verzugszins führt, der *niedriger* ist, als der zuvor vereinbarte Vertragszins. Diese Besserstellung wird allerdings dadurch relativiert, daß der Verbraucher mit der Kündigung des Kredits das Recht zur Kapitalnutzung verliert und mit einer Klage sowie der Verwertung gestellter Sicherheiten rechnen 130

---

263 BT-Drucks. 11/5462, S. 26.
264 BT-Drucks. 11/5462, S. 26.
265 BT-Drucks. 11/5462, S. 26.
266 Steiner, 1978, S. 69; BT-Drucks. 11/5462, S. 26.
267 Vertiefend Steiner, aaO., S. 69.

muß²⁶⁸. Hierneben bestand die Gefahr, daß der Verbraucher das Kündigungsrecht des § 609a BGB treuwidrig zur einseitigen Änderung des Vertragszinses mißbraucht. Der Gesetzgeber hat diese Gefahr gesehen und deshalb § 609a BGB um einen neuen Absatz 3 ergänzt. Danach gilt die Kündigung des Schuldners als nicht erfolgt, wenn er den geschuldeten Betrag nicht binnen zwei Wochen nach Kündigungserklärung zurückzahlt.

131   Der Verbraucher hat nach § 11 Abs. 1 VKG den *geschuldeten Betrag* mit D+5 zu verzinsen. Der geschuldete Betrag ist ein neuer Terminus im VKG und meint die Summe der Zahlungen, die der Verbraucher »aufgrund des Kreditvertrages schuldet« (§ 11 Abs. 1 VKG) und mit denen er »in Verzug kommt«. Erfaßt sind folglich neben dem Darlehenskapital auch Zinsen, Kosten der Rechtsverfolgung, Schadensersatzansprüche sowie sonstige Kosten, also alle Ansprüche, die »aufgrund« des Kreditvertrages geschuldet werden²⁶⁹. Damit zahlt der Verbraucher für die vor Verzug entstandenen Zinsen einen Schadensersatz in Höhe von D+5 %, während für die als Schadensersatz geschuldeten Zinsen nach Verzugseintritt eine Reduktion auf 4 % (§ 246 BGB) vorgesehen ist (§ 11 Abs. 2 VKG).

132   Die Frage, ob § 11 Abs. 1 VKG auch auf vor dem Inkrafttreten des Gesetzes (1.1.1991) abgeschlossene Kreditverträge anwendbar ist, hat der BGH zu Recht verneint²⁷⁰. Allerdings gestatten es die §§ 252 BGB, 287 ZPO der Rechtsprechung, der Bank auch bei Altverträgen eine Art der Verzugsschadensberechnung zu eröffnen, die der Gesetzgeber wegen seiner Praktikabilität für die Zukunft vorgeschrieben hat und die im Ergebnis den Kreditnehmer nach den bereits vorher geltenden allgemeinen Grundsätzen nicht unangemessen benachteiligt. Hiernach sind einer Bank bei vor dem 1.1.1991 abgeschlossenen Kreditverträgen als Verzugsschadensersatz, sofern hinreichende Angaben zur Berechnung ihrer durchschnittlichen Wiederanlagezinsen fehlen, Zinsen in Höhe von 5 % über dem jeweiligen Diskontsatz der Bundesbank zuzusprechen. Dies gilt jedenfalls dann, wenn bei späterem Abschluß des Kreditvertrages § 11 Abs. 1 VKG anwendbar wäre²⁷¹. Hierneben kann die Bank als abstrakten Verzugsschaden nicht nur Verbrauchern, sondern auch Gewerbetreibenden und Genossenschaften als Kreditnehmern Zinsen i.H.v. 5% über dem jeweiligen Diskontsatz berechnen²⁷². Dies ist mit § 287 Abs. 1 ZPO vereinbar, weil der D+5 Zins den Refinanzierungszins widerspiegelt, wäh-

---

268 Seibert, § 11 Rz. 3.
269 Seibert, § 11 Rz. 4; Bülow², § 11 Rz. 29c.
270 BGH WM 1991, 1983, zustimmend Bruchner, WuB I E IIb-I.92; für Realkredite vgl. BGH WM 1992, 566.
271 BGH WM 1991, 1983.
272 BGH ZIP 1995, 909 = EWiR 1995, 715 (Bülow).

rend die Bank Anspruch auf den (im Normalfall höheren) Wiederanlagezins hat[273].

3. Tilgungsreihenfolge und Zinsreduktion nach Verzug

Nach § 11 Abs. 3 S. 1 VKG werden Teilleistungen im Verzug des Verbrauchers abweichend von § 367 Abs. 1 BGB zunächst auf die Kosten der Rechtsverfolgung, dann auf den geschuldeten Betrag und erst zuletzt auf die nach Eintritt des Verzugs anfallenden Zinsen angerechnet. Der auch in § 367 Abs. 1 BGB verankerte Grundsatz der vorrangigen Kostentilgung bleibt zugunsten der Kreditgeber erhalten, um einen schnellen Ersatz dieser Fremdauslagen zu gewährleisten[274]. Im Wortlaut von § 11 Abs. 3 VKG heißt es ausdrücklich, *Kosten der Rechtsverfolgung*, um klarzustellen, daß nicht Kreditkosten im allgemeinen gemeint sind. Danach aber sind die Teilleistungen, entgegen § 367 Abs. 1 BGB, zunächst auf die Hauptsache und dann auf die nach Eintritt des Verzuges aufgelaufenen Zinsen zu verrechnen. Durch diese veränderte Tilgungsreihenfolge soll, so der Gesetzgeber ausdrücklich, »der Schuldner die Chance und den Anreiz erhalten«, den vor ihm liegenden Schuldenberg durch primäre Tilgung der Hauptforderung allmählich abzubauen[275]. Der Gesetzgeber hat nicht übersehen, daß sich dieser entlastende Effekt überhaupt nur deshalb ergibt, weil in § 11 Abs. 2 S. 3 VKG für die Verzinsung der Zinsforderung ein niedrigerer Satz als der übliche Verzugszins, nämlich der gesetzliche Zinssatz in Höhe von 4 % (§ 246 BGB) gewählt wurde. Zwar sieht das geltende Recht in § 289 S. 1 BGB vor, daß »von Zinsen Verzugszinsen nicht zu entrichten sind« (Zinseszinsverbot/Anatozismus). Dieses Zinseszinsverbot kommt in der Bankpraxis aber nicht zum Tragen, weil auf die Zinsforderung Verzugsschadensersatz nach § 289 S. 2 BGB gefordert und die Zinsberechnung und -belastung im Wege der Saldierung durchgeführt wird. Um dem entgegenzuwirken, müssen nach § 11 Abs. 2 VKG die nach Eintritt des Verzugs anfallenden Zinsen auf einem gesonderten Konto verbucht werden. Insbesondere dürfen sie nicht in ein Kontokorrent mit dem geschuldeten Betrag oder anderen Forderungen des Kreditgebers eingestellt werden.

Schließlich reduziert § 11 Abs. 2 S. 2 VKG den nach § 289 S. 2 BGB geschuldeten Verzugsschadensersatz auf den gesetzlichen Zinssatz, also 4 % (§ 246 BGB). Mit dieser Einschränkung wollte der Gesetzgeber für den Bereich des Konsumentenkredits von dem Kompensationsprinzip des Schadensersatzrechts abweichen. Ein Teil des Verzugsschadens, nämlich der 4 % übersteigende Teil, darf nicht liquidiert werden. Erreicht werden

133

134

---

273 vertiefend Bülow ZIP 1996, 8, 10.
274 BT-Drucks. 11/5462, S. 27.
275 BT-Drucks. 11/5462, S. 27.

soll, daß bei Zahlungsverzug das rasche Anwachsen der Schulden durch Zinseszinseffekte gebremst wird. Damit hat der Gesetzgeber aus *sozialen Gründen* eine höhenmäßige Begrenzung des Ersatzes von Zinseszinsen im Wege des Schadensersatzes normiert und den Kreditgebern zugleich einen Beitrag zur Lösung der Schuldturmproblematik auferlegt[276]. Dieser Konzeption ist der BGH mit einer Entscheidung vom 9.2.1993[277] ausdrücklich gefolgt. Die Berechtigung bei Nichtzahlung von Verzugszinsen Schadensersatz zu verlangen, ergebe sich nicht nur aus § 289 S. 2 BGB, sondern auch aus dem korrespondierenden § 11 Abs. 2 VKG. Dieser Ansatz ist richtig, denn eine Bank, die sich mit Hilfe der Verzugszinsen (D+5) refinanzieren will, kann dies nicht tun, wenn der Kreditnehmer diese Zinsen nicht zahlt. Sie muß sich also auch in Höhe der Verzugszinsen (D+5) refinanzieren, und das kostet ebenfalls Geld, in der Regel sicher mehr als die von § 11 Abs. 2 VKG festgeschriebenen 4 %.

135 Dogmatisch richtig ist es ferner, daß der BGH den Schadensersatzanspruch aus § 289 S. 2 BGB/§ 11 Abs. 2 VKG dann und nur dann gewährt, wenn der Kreditnehmer mit der Rückzahlung der Verzugszinsen (D+5) in Verzug ist. Da für die Zahlung von Verzugszinsen eine Zeit nach dem Kalender nicht bestimmt ist, kommt, so der BGH wörtlich, »der Schuldner nur unter den Voraussetzungen des § 284 Abs 1 BGB – also durch Mahnung oder eine ihr nach Satz 2 gleichstehende Maßnahme – in Verzug[278]. Der Gläubiger, der Ansprüche aus § 289 S. 2 BGB erhebe, müsse das Vorliegen dieser Voraussetzungen darlegen und notfalls beweisen[279]. Dabei gilt für die Berechnung des Verzugsschadens nach § 289 S. 2 BGB nichts anderes als für die Berechnung der Zinshöhe bei primären Verzugszinsen. Banken dürfen insoweit auf die vom BGH entwickelten Grundsätze zur Ermittlung eines abstrakten Verzugsschadens zurückgreifen[280]. Zugrunde zu legen sind die nach der Zusammensetzung des Aktivkreditgeschäfts der Bank gewichteten, auf den Monatsberichten der Deutschen Bundesbank beruhenden, durchschnittlichen Marktzinssätze. Sollten diese, wie zu erwarten, über dem gesetzlichen Zinssatz von 4 % liegen, so reduziert § 11 Abs. 2 VKG den Schadensersatzanspruch der Bank auf 4 %. § 11 Abs. 2 VKG wirkt also nicht als Schadensersatzpauschale, sondern als Höchstgrenze, nach der es zumindest theoretisch möglich ist, daß der Schaden im Einzelfall auch einmal unter 4 % liegen könnte.

---

276 BT-Drucks. 11/5462, S. 26.
277 BGH NJW 1993, 1260 f.; dazu EWiR § 286 BGB 1/93, 349 (Habersack).
278 BGH NJW 1993, 1260, 1261.
279 BGH NJW 1991, 1286 m.w.N.
280 BGHZ 104, 337, 344 ff. = NJW 1988, 1967; NJW 1993, 1260, 1261.

§ 8 Verbraucherkredit

4. Zahlungen auf Vollstreckungstitel

Nach § 11 Abs. 3 S. 4 VKG sind die davor stehenden Sätze 1-3 nicht anzuwenden, soweit Zahlungen auf Vollstreckungstitel geleistet werden, deren Hauptforderung auf Zinsen lautet. Diese Regelung ist in letzter Minute vom Rechtsausschuß in das Gesetz eingefügt worden. Der Ausschuß wollte damit verhindern, daß Banken Zinsforderungen isoliert einklagen und auf diese Weise zu Hauptforderungen werden lassen. Damit könnte man die Tilgungsreihenfolge des § 11 Abs. 3 VKG (Hauptforderung vor Zinsen) unterlaufen, weil es keine Zinsen mehr gäbe. Um dies zu vermeiden, setzt § 11 Abs. 3 S. 4 VKG die Regelung in § 367 BGB wieder in Kraft, wonach zunächst auf die Zinsen und dann erst auf die Hauptsache zu verrechnen ist[281]. Eine Einladung, nunmehr Zinsen isoliert einzuklagen, um damit eine vorrangige Verrechnung auf die niedrigverzinslichen Zinsschulden zu erreichen, liegt nach Meinung des Rechtsausschusses hierin ebenfalls nicht. Darin läge nämlich eine verbotene Umgehung nach § 18 S. 2 VKG[282]. Das ist richtig, wirft allerdings die Frage auf, ob nicht der ganze eingefügte Satz 4 überflüssig ist. Denn § 18 S. 2 VKG schützt ohnehin davor, daß mit Hilfe isolierter Zinstitel die ausdrücklich eingeführte Tilgungsreihenfolge umgangen wird.

136

5. Kündigung von Teilzahlungskrediten (§ 12 VKG)

Nach § 12 VKG darf die Bank einen Teilzahlungskredit vorzeitig kündigen, wenn der Kunde in *Zahlungsverzug* gerät *und* eine *Nachfrist mit Androhung der Gesamtfälligstellung* erfolglos geblieben ist. Es handelt sich um einen gesetzlich geregelten Fall der Kündigung aus *wichtigem Grund*; § 12 VKG verdrängt also die vertraglichen Regelungen in Nr. 19 Abs. 2 AGB/B (93), soweit es um Fälle des Zahlungsverzuges geht[283].

137

a) Anwendungsbereich
Besondere Kreditgefährdungen wegen Zahlungsverzuges entstehen für die Kreditgeber dann, wenn der Kredit in Raten getilgt wird. Folgerichtig gewährt § 12 Abs. 1 VKG für alle Arten von Teilzahlungskrediten ein Kündigungsrecht. Umfaßt sind alle Geldkredite, auch Kontokorrentratenkredite mit Mindestrate und Abzahlungsgeschäfte. Ausgenommen sind die grundpfandrechtlich gesicherten Kredite nach § 3 Abs. 2 Nr. 2 VKG. Für sie, wie für alle Darlehen, bei denen der Nettokreditbetrag nicht in Raten getilgt wird, wie etwa tilgungsfreien Krediten, gelten die allgemei-

138

---

281 Vertiefend Braun, WM 1990, 1359.
282 Seibert, § 11 Rz. 19.
283 Vgl. oben § 7, 203.

nen Regeln der §§ 609, 609a BGB oder des § 626 BGB analog (Kündigung aus wichtigem Grund)[284].

b) Kündigung

139 Der Kreditgeber muß, wenn die Voraussetzungen von § 12 Abs. 1 VKG vorliegen, *kündigen*. Damit sind Verfallsklauseln, die den Kredit automatisch fälligstellen würden, unzulässig, auch wenn die übrigen Voraussetzungen von § 11 Abs. 1 VKG eingehalten wären[285]. Durch diese Einschränkung des früheren § 4 Abs. 2 AbzG wird die Stellung des Verbrauchers leicht verbessert. Anders als bei einer Verfallsklausel muß der Kreditgeber nun eine empfangsbedürftige Willenserklärung abgeben. Die zuvor erforderliche Willensentscheidung des Kreditgebers könnte immerhin auch zugunsten des Verbrauchers ausfallen[286].

c) Kündigungsvoraussetzungen

140 Für das *Kündigungsrecht* nach § 11 Abs. 2 VKG müssen *kumulativ drei Voraussetzungen* vorliegen:
(1) Schuldnerverzug,
(2) Mindestrückstand und
(3) Ablauf der Nachfrist.

Hinzukommt das *Vergleichsgespräch*, das der Kreditgeber dem Verbraucher spätestens mit der Fristsetzung anbieten *soll*. Dieses Gespräch über die Möglichkeiten einer einverständlichen Regelung soll helfen, anstelle der Kündigung des Kredits andere Lösungsmöglichkeiten zu finden. So kann z.B. bei Zahlungsschwierigkeiten des Verbrauchers wegen vorübergehender außergewöhnlicher Belastungen oder Einnahmeausfällen eine Stundungsvereinbarung für beide Seiten die wirtschaftlich vernünftigere Lösung sein. Das Gesprächsangebot des Kreditgebers soll vermeiden helfen, daß eine solche Lösung nicht zustande kommt, weil der Verbraucher z.B. aus »Schwellenangst« nicht selbst den Weg zum Kreditgeber findet. Das Gesprächsangebot stellt jedoch *keine Tatbestandsvoraussetzung* für die Kündigung dar[287].

141 Liegt auch nur eine der drei genannten Voraussetzungen nicht vor, so ist die Kündigung unzulässig. Für den *Schuldnerverzug* sind die allgemeinen Regeln (§§ 284 ff. BGB) maßgebend. Typischerweise wird der Verzug nach § 284 Abs. 2 S. 1 BGB (kalendermäßig bestimmte Leistung) eintreten. In jedem Fall muß der Verbraucher aber auch *schuldhaft* gehandelt haben. Liegt also die Tilgungsverzögerung im Versehen der überweisenden Bank oder im Verlust eines per Post übersandten Schecks, so fehlt es

---

284 Vgl. oben § 7, 203; Bülow[2], § 12 Rz. 12 ff.
285 Seibert § 12 Rz. 2.
286 Seibert § 12 Rz. 2.
287 BT-Drucks. 11/5462, S. 27.

§ 8 Verbraucherkredit

am Schuldnerverzug, der Kreditgeber hat kein Kündigungsrecht[288]. Geldmangel hat der Verbraucher allerdings immer zu vertreten, und zwar nicht deshalb, weil Geldschulden wie Gattungsschulden (§ 279 BGB) zu behandeln sind[289], sondern weil eine *Wertverschaffungsverpflichtung* nicht unmöglich werden kann. Deshalb darf dauernde Vermögenslosigkeit nur ausnahmsweise, etwa in den Fällen der §§ 310, 138 BGB, schuldbefreiend wirken[290].

Das gesetzliche Kündigungsrecht besteht nur, wenn der Verbraucher mit einem *relativ beträchtlichen Teil* seiner Rückzahlungsverpflichtung in Verzug gerät. Dies nämlich läßt auf eine »besondere Kreditgefährdung schließen[291]. Der Betrag, mit dem der Verbraucher in Verzug gerät, muß *zweierlei* Anforderungen erfüllen. *Zum einen* muß der Verbraucher mit mindestens zwei aufeinanderfolgenden Raten ganz oder teilweise in Verzug sein. In Bagatellfällen kann die Ausübung des Kündigungsrechts durch den Kreditgeber rechtsmißbräuchlich sein[292]. Eher theoretisch ist die Diskussion, ob der Verbraucher das Kündigungsrecht des Kreditgebers mit Hilfe von § 366 BGB aushebeln kann. Er könnte mit Hilfe dieses Tilgungsbestimmungsrechts seine Zahlung als Leistung auf *jede zweite Rate* bestimmen mit der Folge, daß er niemals mit zwei aufeinanderfolgenden Raten in Verzug geriete. Hierin läge eine gezielte Umgehung von § 12 Abs. 1 VKG, die nach § 18 S. 2 VKG unwirksam wäre[293]. **142**

Zum anderen genügt es noch nicht, daß der Verbraucher mit zwei aufeinanderfolgenden Teilzahlungen ganz oder teilweise in Verzug ist. Bei einer Laufzeit des Vertrages von bis zu *drei* Jahren muß er mit mindestens *10%* des Nennbetrages des Kredites in Verzug sein. Bei länger laufenden Kreditverträgen muß der Rückstand mindestens 5% des Nennbetrages des Kredits ausmachen. **143**

Neu ist die in § 12 Abs. 1 Nr. 2 VKG geforderte *Fristsetzung*. Der Kreditvertrag darf nur gekündigt werden, wenn der Kreditgeber dem Verbraucher erfolglos eine *zweiwöchige Frist* zur Zahlung des rückständigen Betrags mit der Erklärung gesetzt hat, daß er bei Nichtzahlung innerhalb der Frist die gesamte Restschuld verlange. Das entspricht der Konzeption von § 326 Abs. 1 S. 1 BGB. Diese Nachfrist soll, so die Gesetzesbegründung, dem Verbraucher die gefährliche Situation eindeutig vor Augen führen. Innerhalb der zweiwöchigen Nachfrist gewährt der Kreditge- **144**

---

288 Bülow[2], § 12 Rz. 17.
289 Zu diesen eher verwirrenden Ansätzen in der Lehre vgl. umfassend Medicus, AcP 188 (1988) 489 ff.
290 Vertiefend Schwintowski, ZBB 1989, 91 ff.; bestätigend BVerfG ZIP 1993, 1775.
291 BT-Drucks. 11/5462, S. 27.
292 Bülow[2], § 12 Rz. 19.
293 Wie hier Seibert § 12 Rz. 3; Münstermann/Hannes, § 12 Rz. 650; Bruchner/Ott/Wagner-Wieduwilt, § 12 Rz. 12; a.A. Müko-Habersack, § 12 Rz. 12; Bülow[2], § 12 Rz. 19a.

ber dem Verbraucher eine letzte Chance zur Rettung des Kredits[294]. Die Nachfrist ist eine *Mindestfrist*, sie kann auch länger sein. Mit der Fristsetzung muß der *rückständige Betrag* konkret bezeichnet werden. Er setzt sich zusammen aus dem geschuldeten Betrag i.S.d. § 11 Abs. 1 VKG und den darauf angefallenen Zinsen nach § 11 Abs. 2 VKG.

d) Zinsrückvergütung

145 Als unmittelbare Folge der wirksamen Kreditkündigung sieht § 11 Abs. 2 VKG die *Gutschrift nicht verbrauchter Kreditkosten* vor. Die Restschuld ist also im Vergleich zu dem vom Verbraucher bei planmäßiger Rückzahlung des Kredits zu zahlenden Gesamtbetrags aller Raten entsprechend zu kürzen. Diese Regelung stimmt mit der heutigen Bankpraxis überein[295] und ist ansonsten klarstellenden Charakters. Verständlich wird § 12 Abs. 2 VKG, wenn man es, wie üblich, mit *gleichbleibenden Raten* zu tun hat. In diesen gleichbleibenden Raten sind von Anfang an Kapital- und Zinsanteile enthalten. An sich schuldet der Verbraucher aber ganz andere Zinsbeträge. Sie sind am Anfang höher und sinken dann mit fortschreitender Tilgung des Kapitals bei staffelmäßiger Berechnung immer weiter ab. Folglich sind in dem geschuldeten Betrag, der sich für den Zeitpunkt der Kündigung ergibt, auch Zinsen enthalten, die bei staffelmäßiger Berechnung erst für die Zeit nach Wirksamwerden der Kündigung angefallen wären. Insoweit hat der Kreditgeber keinen Anspruch auf den Vertragszins. Er kann stattdessen nur Verzugszinsen nach § 11 Abs. 1 VKG verlangen. Konsequent vermindert sich der vom Verbraucher noch zu zahlende Restbetrag um diesen Zinsanteil. Dies geschieht, um Mißverständnissen von vornherein vorzubeugen, kraft Gesetzes im Zeitpunkt der Kündigung. Die Restschuld vermindert sich allerdings nur um Zinsen und sonstige laufzeitabhängige, nicht dagegen um *laufzeitunabhängige* Kosten, wie Antrags-, Auskunfts- oder Bearbeitungsgebühren[296]. Laufzeitunabhängige Kosten sind Entgelt für das einmalige Tätigwerden des Kreditgebers. Sie sind verbraucht und werden nicht anteilig zurückgewährt. Zu beachten ist, daß das Disagio zu den laufzeitabhängigen Kosten des Kredits rechnet und deshalb in die Rückvergütung einzubeziehen ist[297].

---

294 BT-Drucks. 11/5462, S. 27.
295 BT-Drucks. 11/5462, S. 27.
296 Zur Einordnung der Kreditkostenfaktoren in laufzeitabhängige und laufzeitunabhängige vgl. oben § 7, 51.
297 Vgl. oben § 7, 53 ff.; Bülow², § 12 Rz. 28.

6. Rücktritt der kreditgebenden Bank (§ 13 VKG)

Während das Kündigungsrecht des § 12 VKG auf *Geldkredite* zugeschnitten ist, bietet § 13 VKG dem Ratenverkäufer, wegen seiner Vorleistungen, eine sachgerechtere Rückabwicklung an[298]. Der Kreditgeber hat im Falle des Zahlungsverzugs des Verbrauchers neben der Kündigungsmöglichkeit nach § 12 VKG das *Recht zum Rücktritt vom Vertrag* (§ 13 Abs. 1 VKG). Zwischen beiden Gestaltungsrechten hat der Kreditgeber *die Wahl*[299]. Der Rücktritt wegen Zahlungsverzugs des Verbrauchers ist allerdings *nur unter den in § 12 Abs. 1 VKG bezeichneten Voraussetzungen* zulässig (§ 13 Abs. 1 VKG). Dadurch wird das schutzwürdige Interesse des Verbrauchers an der Nutzung der Ware sichergestellt und verhindert, daß ihm bereits bei einer kurzfristigen, vorübergehenden Störung der Zahlungsfähigkeit die Sache entzogen wird[300]. Folglich ist § 12 VKG lex specialis gegenüber § 455 BGB, wonach jeder Verzug zur Geltendmachung des Eigentumsvorbehalts berechtigt[301]. 146

Nimmt der Kreditgeber die aufgrund des Kreditvertrages gelieferte Sache wieder an sich, so gilt dies als Ausübung des Rücktrittsrechts (§ 13 Abs. 3 VKG). Diese *Fiktion* der Rücktrittserklärung entspricht in leicht modifizierter Weise der Regelung des § 5 AbzG. Verhindert werden soll, daß dem Verbraucher Besitz und Nutzung der Kaufsache entzogen werden, während er zugleich unvermindert zur Ratenzahlung verpflichtet bleibt. Nach der zu § 5 AbzG ergangenen Rechtsprechung gilt die Rücktrittsfiktion auch dann, wenn die Bank die ihr übereignete Kaufsache durch Weiterveräußerung verwertet[302], oder wenn sie die Zwangsvollstreckung in die Sache betreibt[303] 147

Instruktiv ist ein Fall, den das OLG Köln am 5.12.1994 entschieden hat.

Fall: OLG Köln ZIP 1994, 1931 148
Eine Brauerei gewährte einem Gastwirt am 15.5.1992 im Zusammenhang mit einem Bierlieferungsvertrag ein Darlehen in Höhe von DM 27 700,-. Der Gastwirt kam mit der Zahlung der Darlehensraten alsbald in Rückstand. Er stellte auch den Bierbezug ein und überließ die Gaststätte einem Nachfolger. Daraufhin verwertete die Brauerei das ihr zur Sicherheit übereignete Inventar, indem sie es an den Nachfolger zum Preis von DM 15 000,- verkaufte. Die Brauerei verlangte Zahlung des restlichen Darlehens.

---

298 BT-Drucks. 11/5462, S. 28.
299 Müko-Habersack, § 13 VKG Rz. 15; Kümpel Rz. 5.109.
300 BT-Drucks. 11/5462, S. 28.
301 BT-Drucks. 11/5462, S. 28.
302 BGH WM 1988, 1328 f.
303 BGH WM 1955, 305; 1971, 47.

Das OLG wies den Anspruch aus dem Darlehensvertrag zurück, weil es sich um ein Verbraucherkreditgeschäft gehandelt und die Veräußerung des Inventars durch die Brauerei die Rücktrittsfiktion des § 13 Abs. 3 VKG ausgelöst habe. Bereits aus dem eindeutigen Wortlaut des Vertrages vom 15.5.1992 folge, daß das Darlehen der »Finanzierung des Kaufpreises für den Erwerb des Gaststätteninventars« gedient habe. So habe es die Brauerei letztlich selbst gesehen, indem sie das Inventar durch Weiterverkauf an den Nachfolger verwertete und den Verkaufserlös dem früheren Pächter gutgeschrieb. Diese anderweitige Verwertung des Gaststätteninventars stellte einen typischen Fall der Wiederansichnahme der gelieferten Sache i.S.d. § 13 Abs. 3 VKG dar[304]. Dabei soll die Tatsache, daß der frühere Pächter einen Teil des Inventars bei Aufgabe der Gaststätte mitgenommen hat, der Rücktrittsfiktion nicht entgegenstehen.

149 Die Rücktrittsfiktion gilt auch für *verbundene Geschäfte* i.S.d. § 9 VKG, also auch dann, wenn die Bank, die den Kaufpreis finanziert hat, nun die Kaufsache *an sich nimmt*. Die Rücktrittsfiktion *entfällt allerdings*, wenn sich die Bank mit dem Verbraucher einigt, diesem den *gewöhnlichen Verkaufswert der Sache* im Zeitpunkt der Wegnahme zu vergüten (§ 13 Abs. 3 VKG). Damit knüpft der Gesetzgeber an § 813 ZPO an. Die Einigung kann bereits im Kreditvertrag erfolgen[305]. Die konkrete Höhe des gewöhnlichen Verkaufswertes muß nicht schon Gegenstand der Einigung sein. Der Kaufvertrag soll in diesen Fällen aufrechterhalten und die fortbestehende Kaufpreisforderung mit den bis zur Wegnahme bezahlten Raten zzgl. dem gewöhnlichen Verkaufswert im Zeitpunkt der Wegnahme verrechnet werden[306]. Damit soll die Praxis von Schwierigkeiten entlastet werden, die sich in der Vergangenheit bei der Rückabwicklung und insbesondere bei der Bemessung des Wertes der Gebrauchsüberlassung nach § 2 AbzG ergeben hatten[307].

150 Fingiert wird in § 13 Abs. 3 VKG nur die *Rücktrittserklärung, nicht der Rücktrittsgrund*. Die Bank hat also nur dann ein *Rücktrittsrecht*, wenn bei Zahlungsverzug des Kreditnehmers die Voraussetzungen des § 12 VKG vorliegen. Hierdurch wird, wie der Gesetzgeber ausdrücklich erklärt hat, verhindert, »daß dem Verbraucher bereits bei einer kurzfristigen, vorübergehenden Störung seiner Zahlungsfähigkeit die Sache entzogen wird[308]. Entzieht der Kreditgeber dem Verbraucher also die Sache, obwohl die Voraussetzungen von § 12 VKG nicht vorliegen, so löst dies keine Rücktrittsfiktion nach § 13 Abs. 3 VKG aus. Kauf- und Kreditvertrag bleiben vielmehr bestehen. Der Verbraucher kann die Wiedereinräumung

---

304 Zum früheren § 5 AbzG BGH NJW 1989, 163.
305 BT-Drucks. 11/5462, S. 28.
306 BT-Drucks. 11/5462, S. 28.
307 BT-Drucks. 11/5462, S. 28.
308 BT-Drucks. 11/5462, S. 28.

des Besitzes verlangen, gegen den Kaufpreisanspruch das Zurückbehaltungsrecht des § 273 BGB geltend machen und bei verbundenen Geschäften gegen die Ratenzahlungsansprüche der Bank den Einwand aus § 9 Abs. 3 VKG erheben[309]. Akzeptiert der Verbraucher die Rücknahme der Sache, obwohl die Voraussetzungen von § 12 VKG nicht vorliegen, so erscheint es aus Schutzgründen sachgerecht, für die *Rechtsfolgen*, also die Rückabwicklung, § 13 Abs. 3 VKG *analog* anzuwenden[310].

Auf den wirksamen Rücktritt finden die für das vertragsgemäße Rücktrittsrecht geltenden Vorschriften der *§§ 346-354, 356 BGB entsprechende Anwendung* (§ 13 Abs. 2 VKG). Die Bank schuldet die Rückgewähr der bereits gezahlten Raten. Der Verbraucher hat der Bank die Sache zurückzugeben und haftet wegen Verschlechterung oder Unmöglichkeit der Herausgabe nach §§ 347, 989 BGB. Bei Verschlechterung oder Untergang ohne Verschulden des Verbrauchers (z.B. unverschuldeter Verkehrsunfall) ist kein Schadensersatz zu leisten (§§ 989, 993 BGB). Allerdings kann die Bank die Herausgabe von Ersatzansprüchen gegen Dritte nach § 281 BGB verlangen. Der Kreditnehmer hat der Bank auch die infolge des Vertrages gemachten *Aufwendungen* zu ersetzen (§ 13 Abs. 2 S. 2 VKG). Es gilt der Aufwendungsbegriff des BGB (§ 256 BGB). Hierzu gehören etwa Porto, Telefonkosten, Bevollmächtigung eines Abschlußvertreters, nicht aber die Gemeinkosten des Unternehmens, wie etwa Handelsvertreter, Provisionen oder Umsatzsteuer[311]. Schließlich hat der Verbraucher die *Nutzungen*, die er aus der zurückzugewährenden Sache gezogen hat, zu vergüten (§ 13 Abs. 2 S. 3 VKG). Dabei ist auf die *inzwischen eingetretene Wertminderung* Rücksicht zu nehmen (§ 13 Abs. 2 S. 3 VKG). Die Vergütung der Nutzungen richtet sich nach § 347 S. 2 BGB in Verbindung mit § 987 BGB. Gemeint sind Nutzungen i.S.v. § 99, 100 BGB, also vor allem Gebrauchsvorteile. Das Gesetz weist ausdrücklich darauf hin, daß bei der Berechnung der Nutzungsvergütung die Wertminderung der Sache zu berücksichtigen ist. Insbesondere bei hohen Wertverlusten durch Ingebrauchnahme der Sache, wie häufig bei Kraftfahrzeugen, kann es leicht passieren, daß die zu zahlende Nutzungsvergütung am Anfang deutlich höher ist, als es die von der Bank zurückzugewährenden Kreditraten waren.

XII. Vorzeitige Erfüllung

Gelegentlich wird es dem Verbraucher möglich sein, seine Verbindlichkeiten aus dem Kreditvertrag vorzeitig zu erfüllen. Dazu ist er nach § 271

---

309 Bülow[2], § 13 Rz. 27a m.w.N.
310 Wie hier Kümpel Rz. 5.110; so im Ergebnis wohl auch Müko-Habersack, § 13 VKG Rz. 47.
311 Seibert, § 13 Rz. 6; zurückzugreifen ist auf die Lit. und Rspr. zu § 2 AbzG.

Abs. 2 BGB jederzeit berechtigt. § 14 VKG ordnet die Gutschrift nicht verbrauchter Kreditkosten an, wenn der Verbraucher von seinem Recht aus § 271 Abs. 2 BGB Gebrauch macht. Die Vorschrift beruht auf Art. 8 der EG-Richtlinie 86, wonach die Mitgliedstaaten die vorzeitige Erfüllungsmöglichkeit (S. 1) mit einer angemessenen Ermäßigung der Kreditkosten (S. 2) gesetzlich gewährleisten müssen[312]. Für alle Geldkredite einschließlich der drittfinanzierten Geschäfte erfüllt bereits das Kündigungsrecht des Schuldners nach § 609a Abs. 1 Nr. 2 BGB[313] die Richtlinienforderung, weshalb sich die Regelung des § 14 VKG auf die vorzeitige Erfüllung der Verbindlichkeiten aus Abzahlungsgeschäften beschränkt[314].

153   Bei der Berechnung der Rückvergütung vermindert sich der Teilzahlungspreis um die Zinsen und sonstigen laufzeitabhängigen Kosten, die bei staffelmäßiger Berechnung auf die Zeit nach der vorzeitigen Erfüllung entfallen (§ 14 S. 1 VKG). Ist bei einem Kreditvertrag ein Barzahlungspreis nach § 4 Abs. 1 S. 5 VKG nicht anzugeben, so ist der gesetzliche Zinssatz zugrunde zu legen (§ 14 S. 2 VKG). Das Gesetz vermutet in diesem Falle also unwiderleglich, daß jedenfalls 4 % Zinsen für den Zahlungsaufschub beansprucht weden und nun abzuzinsen sind. Der Gesetzgeber hält dies für einen angemessenen Kompromiß angesichts der Schwiergkeiten, in diesen Fällen einen im Teilzahlungspreis enthaltenen Zins für den Zahlungsaufschub zu ermitteln[315]. Allerdings kann der Kreditgeber Zinsen und sonstige laufzeitabhängige Kosten für die *ersten neun Monate* der ursprünglich vorgesehenen Laufzeit auch dann verlangen, wenn der Verbraucher seine Verbindlichkeiten vor Ablauf dieses Zeitraums erfüllt (§ 14 S. 3 VKG). Der Gesetzgeber begründet diese Einschränkung unter Hinweis auf die Neun-Monats-Grenze in § 609a Abs. 1 Nr. 2 BGB. Dort kann ein Darlehen erstmals zum Ablauf des neunten Monats nach Empfang gekündigt werden. Eine vergleichbare Einschränkung enthält die EG-Richtlinie 86 nicht. Außerdem ist fraglich, ob der Vergleich zwischen Geldkredit und Abzahlungskauf trägt[316]. In der Praxis könnte dieses Problem durch eine *vertragliche Abkürzung* der Vorlaufzeit entschärft werden[317].

---

312 BT-Drucks. 11/5462, S. 28.
313 Dazu oben § 7, 195 ff.
314 BT-Drucks. 11/5462, S. 28.
315 BT-Drucks. 11/5462, S. 29.
316 Dagegen Bülow[2], § 14 Rz. 17.
317 Wie hier: Bülow[2], § 14 Rz. 17a.

XIII. Kreditvermittlung

Die Einschaltung eines Kreditvermittlers verteuert einen Kredit im Regelfall bis zu 7 %[318]. Der Verbraucher zahlt gewöhnlich eine Vermittlungsprovision, die Courtage, die bis zu 5 % vom Nettodarlehen beträgt. Im allgemeinen wird die Courtage von der darlehensgebenden Bank kreditiert und für Rechnung des Verbrauchers direkt an den Vermittler ausgezahlt. Darüber hinaus gewähren die Kreditinstitute den Vermittlern häufig ihrerseits eine Provision. Diese wird als *packing*[319] auf den Monatszins aufgeschlagen. Der Kreditvermittler handelt dann als *Doppelmakler,* was ihm als Handelsmakler nach §§ 93 ff. HGB, im Gegensatz zum Zivilmakler nach § 654 BGB, gestattet ist. Um dem Verbraucher die Belastung durch das Vermittlungsentgelt deutlich vor Augen zu führen und ihm eine ausreichende Entscheidungshilfe darüber zu geben, ob die Beauftragung eines Vermittlers wirtschaftlich überhaupt sinnvoll ist, wird der Kreditvermittler in § 15 VKG verpflichtet, seine *Vergütung schriftlich offenzulegen*[320]. Entspricht der Kreditvermittlungsvertrag den Anforderungen von § 15 Abs. 1 VKG nicht, so ist er *nichtig.*

154

§ 16 S. 1 VKG verschärft zum Schutz des Verbrauchers den Grundsatz des Erfolgshonorars, indem er – unabdingbar (§ 18 VKG) – die Entstehung des Vergütungsanspruchs an die Voraussetzung knüpft, daß das Darlehen auch *wirklich ausbezahlt* wird und ein *Widerruf nicht mehr möglich* ist[321]. Ferner versucht das Gesetz, den Verbraucher vor *wirtschaftlich unvernünftigen Umschuldungen* zu schützen (§ 16 S. 2 VKG). Soweit das Darlehen der Umschuldung dient, entsteht ein Anspruch des Vermittlers nur, wenn sich der effektive Jahreszins oder der anfängliche effektive Jahreszins gegenüber dem abzulösenden Kredit nicht erhöht. Bei der Berechnung des Zinssatzes bleiben etwaige Vermittlungskosten allerdings außer Betracht (§ 16 VKG a.E.). Dem Gesetzgeber geht es darum, wirtschaftlich sinnlose vorzeitige Umschuldungen, die vor allem einen Anspruch des Kreditvermittlers auslösen und die Schuldenlast des Verbrauchers erhöhen (Umschuldungskarussell), zurückzudrängen. Immerhin dienten im Jahre 1981 37% aller Verbraucherkredite der Umschuldung[322]. Eindrucksvoll ist ein vom BGH am 10.4.1980 entschiedener Fall[323]:

155

---

318 BT-Drucks. 11/5462, S. 29, unter Hinweis auf Holzscheck/Hörmann/Daviter, 1982, 102.
319 Instruktiv BGH WM 1980, 892, 895, wo das Gericht andeutet, daß ein packing in Höhe von 4,72 % gegen § 138 BGB verstößt.
320 Zu den problematischen Praktiken des Kreditvermittlungsgewerbes Derleder, in: Krit. Justiz 1991, 275; Scholz, MDR, 1981, 361; Schwartze/Simon, in: Magoulas/Simon, Recht und Ökonomie beim Konsumentenschutz und Konsumentenkredit, 1986, 115 ff.; Vollkommer, FLF 1986, 98.
321 BT-Drucks. 11/5462, S. 29.
322 Holzscheck/Hörmann/Daviter, aaO., S. 127.
323 WM 1980, 892 ff.

Durch die Einschaltung eines Kreditvermittlers verteuerte sich das Darlehen, das ein Gaststättenpächter zu 8,5 % bei einer Geschäftsbank hätte aufnehmen können, auf einen Jahreszins von 23 %. Der BGH entschied, daß der Kreditvermittler die geschäftliche Unerfahrenheit des Kreditnehmers in sittenwidriger Weise ausgenutzt habe (§ 138 Abs. 1 BGB)[324].

156   Angaben darüber, ob die *Höhe der Vermittlervergütung angemessen* ist, fehlen im Gesetz. Allerdings stellt § 17 VKG klar, daß der Kreditvermittler für Leistungen, die mit der Vermittlung des Darlehens zusammenhängen, kein Entgelt neben seiner Vergütung nach § 16 VKG vereinbaren darf. Ausgenommen sind Vereinbarungen über wirklich entstandene, erforderliche Auslagen, wie Porto-, Schreib- oder Reisekosten. Das entspricht der Regelung in § 652 Abs. 2 BGB[325].

157   Im Grundsatz prüft die Rechtsprechung die Angemessenheit der Vergütung nach § 138 BGB. Ausgangspunkt ist die *ortsübliche Maklerprovision*. Die Sittenwidrigkeit richtet sich danach, in welcher Höhe dieser ortsübliche Satz überschritten wird. Der BGH hielt 1976 bei einem 6-Millionen-Kredit 3% der vermittelten Darlehenssumme für vereinbar mit § 138 BGB, obwohl der ortsübliche Vermittlungssatz bei 0,5 % lag[326]. Allerdings waren, neben einer besonders intensiven und umfangreichen Arbeit, auch Zahlungen an Untervertreter zu entrichten. Bei kleineren vermittelten Krediten liegen die Provisionen zwischen 1 % und 3 % im Schnitt. Folgerichtig stufte das OLG Oldenburg bei einem Kredit in Höhe von DM 1,2 Mio. eine Vermittlungsprovision in Höhe von 6 % der Darlehenssumme als sittenwidrig ein[327]. Zu Recht hat das OLG in jener Entscheidung ergänzend entschieden, daß die sittenwidrig vereinbarte Provision auch nicht auf eine angemessene zu reduzieren ist. Es wäre nämlich verfehlt, einem Makler die Möglichkeit zu geben, unter Ausnutzung der Unerfahrenheit seiner Kunden, eine überhöhte Provisionsvereinbarung zu treffen, in der Gewißheit, daß die Vereinbarung, wenn die Sittenwidrigkeit gerügt wird, immer noch auf das ortsübliche Niveau zurückgeführt werden könnte[328].

XIV. Änderung des Mahnverfahrens

158   Durch Art. 6 EG VKG wurde, mit Wirkung ab 1.1.1992, auch das Mahnverfahren der ZPO geändert. Es ist heute für Verbraucherkreditverträge nach § 688 Abs. 2 Nr. 1 ZPO dann ausgeschlossen, wenn der nach dem

---

324 WM 1980, 892, 895.
325 Die Vereinbarung darf in den AGB des Maklers enthalten sein: BGH WM 1987, 471, 473; a.M. Müko-Schwerdner, § 652 Rz. 240.
326 BGH WM 1976, 289, 290.
327 WM 1987, 992.
328 WM 1987, 992, 993.

VKG anzugebende effektive oder anfängliche effektive Jahreszins den bei Vertragsabschluß geltenden Diskontsatz der Deutschen Bundesbank zzgl. 12% übersteigt. Auf diese Weise wird verhindert, daß die Gerichte überhöhte, möglicherweise sogar sittenwidrige, Zins- und Kostenberechnungen im Mahnverfahren überhaupt nicht bemerken. Eine solche Gefahr bestand aber, jedenfalls dann, wenn der Darlehensnehmer weder Widerspruch (§ 694 ZPO) noch Einspruch (§§ 699, 700 Abs. 3 ZPO) einlegte. Als Folge der Standardisierung des Mahnverfahrens fand in diesen Fällen keinerlei »Schlüssigkeitsprüfung« durch das Gericht statt, d.h. die Vollstreckungsbescheide erwuchsen, trotz des erkennbar sittenwidrigen Darlehens, in Rechtskraft.

In Zukunft muß der Antrag auf Erlaß eines Mahnbescheids, mit dem der Anspruch aus einem Verbraucherkreditvertrag durchgesetzt werden soll, nach § 690 Abs. 1 Nr. 3 ZPO die Angabe des Datums des Vertragsschlusses sowie des effektiven oder anfänglich effektiven Jahreszinses enthalten. Stellt sich trotz dieser Schutzvorschriften nach einer im Mahnverfahren erfolgten Titulierung die Sittenwidrigkeit des zugrundeliegenden Ratenkredits heraus, so verbleibt es bei der Rechtsprechung des BGH zur Durchbrechung der Rechtskraft von Vollstreckungsbescheiden nach Maßgabe des § 826 BGB. Die Rechtskraft eines materiell unrichtigen Urteils muß nach dieser inzwischen gefestigten Rechtsprechung zurücktreten, wenn »eine Vollstreckung aus dem rechtskräftigen Titel ausnahmsweise mit dem Gerechtigkeitsgedanken schlechthin unvereinbar wäre«[329]. Dies ist der Fall, wenn

(1) das Urteil objektiv unrichtig ist,
(2) die vollstreckende Partei hiervon Kenntnis hat und
(3) zusätzliche besondere Umstände gegeben sind, aufgrund derer es dem Gläubiger zugemutet werden muß, die ihm unverdient zugefallene Rechtsposition aufzugeben.

159

Unter welchen Umständen die Rechtskraft außnahmsweise durchbrochen wird, illustriert folgender Fall, den der BGH im Jahr 1987 zu entscheiden hatte.

160

---

[329] BGHZ 101, 383.

Fall: BGH WM 1987, 1245
Im April 1980 nahmen die Eheleute (E) einen Ratenkredit bei einer Bank auf. Der Kreditantrag enthielt folgende Angaben:
- beantragter Barkredit: 8 000,- DM
- Kreditgebühren 1% p.A.: 2 960,- DM
- Bearbeitungsgebühr 3%: 240,- DM
- Gesamtdarlehenssumme: 11 200,- DM
- effektiver Jahreszins: 25,26 %

Nachdem die E insgesamt DM 4 489,65 gezahlt hatten, gerieten sie in Zahlungsverzug. Die Bank stellte daher im November 1981 das Darlehen fällig und erwirkte gegen E im August 1983 im Mahnverfahren Vollstreckungsbescheide. Die Vollstreckungsbescheide wurden rechtskräftig. Gegen die von der Bank angestrengte Vollstreckung setzten sich die E zur Wehr. Zum einen beriefen sie sich darauf, der Vollstreckungsbescheid sei, da er ohne gerichtliche Schlüssigkeitsprüfung erlassen werde, der materiellen Rechtskraft nicht fähig. Zum anderen machten sie, falls doch Rechtskraft gegeben sei, eine Durchbrechung derselben nach § 826 BGB geltend.

Der BGH stellte zunächst klar, daß auch nach Abschaffung der Schlüssigkeitsprüfung durch die Novelle zur ZPO von 1976 Vollstreckungsbescheide der materiellen Rechtskraft fähig seien. Damit wandte sich der BGH gegen Meinungen in Literatur und Rechtsprechung, nach denen für eine materielle Rechtskraft von Vollstreckungsbescheiden kein Raum mehr sei mit der Folge, daß entgegen dem Gesetz (§ 796 Abs. 2 ZPO) die Vollstreckungsgegenklage uneingeschränkt auch gegenüber formell rechtskräftigen Vollstreckungsbescheiden zugelassen werden müßte[330]. Einwendungen gegen den titulierten Anspruch unterliegen somit auch bei Vollstreckungsbescheiden den Einschränkungen des § 796 Abs. 2 ZPO.

161 Darüber hinaus ist eine Einschränkung der Rechtskraft nur ausnahmsweise unter den strengen Voraussetzungen des § 826 BGB möglich. Erste Voraussetzung dafür ist die *materielle Unrichtigkeit des Titels*. Der für vollstreckbar erklärte Anspruch darf nicht oder nicht im titulierten Umfang bestehen. Dabei braucht die Ursache der Unrichtigkeit bei Vollstreckungsbescheiden nicht auf tatsächlichem Gebiet zu liegen, sondern kann auch rechtlich bedingt sein. Im vorliegenden Fall war der Vollstreckungsbescheid unrichtig, da er einen Anspruch titulierte, der wegen Nichtigkeit des Darlehensvertrages gemäß § 138 BGB nicht bestand.

162 Der Titelgläubiger muß weiterhin die *Unrichtigkeit des Titels kennen*. Es genügt, wenn ihm diese Kenntnis erst durch das zur Entscheidung über den Anspruch aus § 826 BGB berufene Gericht vermittelt wird. Auch diese Voraussetzung war hier erfüllt. Schließlich müssen *besondere Umstände* hinzutreten, aufgrund derer es dem Gläubiger zugemutet werden muß,

---

330 So etwa OLG Köln NJW 1986, 1350.

die ihm unverdient zugefallene Rechtsposition aufzugeben. Von dem Erfordernis zusätzlicher besonderer Umstände kann allenfalls in Extremfällen abgesehen werden, wenn die materielle Unrichtigkeit des Titels aufgrund der Sittenwidrigkeit des Vertrages bereits so eindeutig und schwerwiegend ist, daß jede Vollstreckung allein schon deswegen das Rechtsgefühl in schlechthin unerträglicher Weise verletzen würde. Solche Umstände können insbesondere vorliegen, wenn gerade die *Besonderheiten des Mahnverfahrens* dazu geführt haben, daß der Gläubiger für einen materiell nicht gerechtfertigten Anspruch einen rechtskräftigen Vollstreckungstitel erwirken konnte. Dies ist insbesondere dann der Fall, wenn der Gläubiger erkennen konnte, daß bereits die gerichtliche Schlüssigkeitsprüfung zu einer Ablehnung seines Klagebegehrens führen müßte und er dennoch das Mahnverfahren wählte. Genauso lagen die Dinge hier, denn die Bank, die den sittenwidrigen Verbraucherkreditvertrag schloß, durfte nie darauf vertrauen, daß die Rechtsprechung solche Verträge materiellrechtlich billigen würde.

Die Entscheidung belegt, daß die Anwendung von § 826 BGB auf besonders schwerwiegende, eng begrenzte Ausnahmefälle beschränkt bleibt. Andernfalls würden die Rechtskraft ausgehöhlt, die Rechtssicherheit beeinträchtigt und der Rechtsfrieden in Frage gestellt[331].

---

331 BVerfG WM 1993, 1326; BGH WM 1993, 1324 f.

§ 9 Besondere Geldkreditgeschäfte (begrifflicher Überblick)

I. Kontokorrent – Lombard – Hypothekenbankkreditgeschäft

1   Der *Kontokorrentkredit* ist die häufigste Form von Geldkrediten. Der Kreditnehmer unterhält bei seiner Bank ein Kontokorrentkonto, das er bis zu einem bestimmten Rahmen überziehen darf. Die Überziehungen können beliebig häufig sein (revolvierender Kredit). Dagegen ist der *Lombardkredit* ein Geldkredit, gegen Verpfändung oder Sicherungsübereignung/Sicherungszession beweglicher Sachen oder Rechte. Der Lombardkredit ist also ein dinglich gesicherter Realkredit (nicht Immobiliarkredit) im Gegensatz zu einem durch Personen gesicherten Personalkredit. Verpfändet werden vor allem Effekten. Die Lombardsätze der Deutschen Bundesbank, gewöhnlich 1 % über dem Diskontsatz, sind für die Banken rechtlich nicht bindend, aber in der Praxis richtungsweisend. Besonders bedeutsam ist dieses Geschäft zwischen der Deutschen Bundesbank und den einzelnen Kreditinstituten. Gegen Verpfändung bestimmter Wertpapiere bzw. Schuldbuchforderungen gewährt die Bundesbank zum Lombardsatz Kredite, die den Kreditinstituten auf deren Landeszentralbank-Konten kontokorrentmäßig gutgeschrieben werden. Der Lombardkredit ist in der Praxis ein kurzfristiger Kredit, der normalerweise als Überbrückungskredit (insbesondere für Banken) oder als Betriebsmittelkredit genommen wird.

2   Schwierigere Fragen stellen sich, wenn die Bank den Lombardkredit einem Kunden für Börsengeschäfte gibt. Der Bankkunde, der auf steigende Kurse (Hausse) hofft, kauft Effekten, bezahlt diese aber nur zum Teil bar. Im übrigen gewährt die Bank einen Kredit, berechnet dafür die üblichen Zinsen und nimmt die gekauften Papiere zum Pfand (Lombard). Gefährlich ist diese Art der Kreditgewährung, weil bei sinkendem Kurs der erworbenen Effekten eine Kettenreaktion droht. Die durch die Papiere vermittelte Deckung fällt unter die vereinbarte Marge. Die Bank als Pfandgläubigerin wird zur Liquidierung eines Teils des Bestands gezwungen. Das wiederum drückt den Kurs noch stärker, d.h. Schäden für den Kunden und auch für die Bank sind regelmäßig die Folge[1].

3   Der *Hypothekenbankkredit* ist ein normales, durch Hypotheken, Grundschulden oder die volle Gewährleistung einer inländischen Körperschaft oder Anstalt des öffentlichen Rechts gesichertes Darlehen einer privatrechtlichen Hypothekenbank, Schiffsbank oder öffentlich-rechtlichen

---

1   vertiefend Hopt, Der Kapitalanlegerschutz im Recht der Banken, 1975, 489 f.

§ 9 Besondere Geldkreditgeschäfte (begrifflicher Überblick)

Kreditanstalt. Ausgehend von der nach § 20 Abs. 2 Hypothekenbankgesetz zulässigen Zinsberechnungsklausel hat der BGH beim Annuitätendarlehen das Transparenzgebot entwickelt, das oben im einzelnen dargestellt wurde[2]. Der Hypothekenbankkredit ist grundsätzlich in *Geld* zu gewähren (§ 14 Abs. 1 HypBkG). Dagegen wird beim *Pfandbriefdarlehen* der Kredit nicht in Geld, sondern in Hypothekenpfandbriefen der Bank gewährt. Der Kreditnehmer kann dann nach seiner Wahl in Geld oder in Hypothekenpfandbriefen zu ihrem Nennwert zurückzahlen (§ 14 Abs. 2 HypBkG). Pfandbriefdarlehen dürfen nur zum Nennwert der Papiere und nur dann gegeben werden, wenn die Satzung der Hypothekenbank das gestattet und der Schuldner ausdrücklich zustimmt[3].

II. Schuldscheindarlehen

Schuldscheindarlehen sind dem strengen Wortsinn nach Darlehensverpflichtungen, über die ein Schuldschein ausgestellt wurde. Heute bezeichnet man damit Großkredite von Kapitalsammelstellen, die typischerweise durch Vermittlung eines Finanzmaklers oder einer Bank zustande kommen. Kredite dieser Art werden bei Großanlegern, z.B. Versicherungsunternehmen oder Unternehmen der öffentlichen Hand, plaziert und sind regelmäßig besonders gesichert (meist durch Grundschulden). Ein Schuldschein muß heute notwendigerweise nicht mehr vorliegen, denn dieses trifft für die meisten Darlehen zu und ist allenfalls beweisrechtlich relevant.

4

Die praktische Bedeutung der Schuldscheindarlehen ist erheblich. Dabei hat das Finanzierungsverfahren für den Kreditnehmer einige Vorteile gegenüber der alternativen Fremdfinanzierung über den Kapitalmarkt durch Industrieobligationen oder öffentliche Anleihen. Früher wurde vor allem darauf verwiesen, daß das Schuldscheindarlehen nicht der Genehmigungspflicht gemäß der jetzt aufgehobenen §§ 795, 808a BGB unterlag und auch nicht an die Mitwirkung des zentralen Kapitalmarktausschusses gebunden war. Heute liegt die Attraktivität der Schuldscheindarlehen in folgenden Merkmalen:

5

(1) Schuldscheindarlehen sind flexibel in der Gestaltung und anpassungsfähig an die Bedürfnisse des Schuldners während der Laufzeit.
(2) Für die Vergabe eines Schuldscheindarlehens sind keine besonderen Publizitätspflichten zu erfüllen, da sie nicht wie Anleihen an der Börse eingeführt werden.
(3) Schuldscheindarlehen unterliegen kaum einer Kursschwankung

---

2 § 7, 92.
3 Vertiefend Hopt/Mülbert, Kreditrecht, Vorbem. zu §§ 607 ff., Rn. 316 ff.

(4) Schuldscheindarlehen verursachen nur geringe Kosten, im Gegensatz zu Obligationsanleihen, bei denen Emissionsgenehmigungsgebühren, Druckereikosten, die Wertpapiersteuer und Börsenzulassungsgebühren anfallen. Demgegenüber fällt bei Schuldscheindarlehen allenfalls eine Vermittlungsprovision an.
(5) Für nicht emissionsfähige Betriebe stellen Schuldscheindarlehen oft die einzige Möglichkeit dar, langfristiges Fremdkapital in der benötigten Größenordnung zu erhalten.
(6) Aus der Sicht der Darlehensgeber ist das Schuldscheindarlehen lukrativ. Die Renditen liegen ¼ – ½ % höher als bei anderen Formen des Geldkredites.

6 Schuldscheindarlehen sind allerdings nur beschränkt verkehrsfähig, also nicht sonderlich fungibel. Dadurch können Plazierungsschwierigkeiten auftreten, die angesichts der zunehmenden Anlagekraft der institutionellen Anleger keine praktische Bedeutung mehr haben. Die Darlehen werden im direkten und im indirekten System vergeben. Bei dem heute nur noch selten vorkommenden direkten System beschränkt sich der Vermittler auf die bloße Maklertätigkeit, der Abschluß des Darlehens erfolgt von vornherein zwischen dem oder den Kreditgebern und dem Kreditnehmer. Das *indirekte System*, das heute gebräuchlicher ist, entspricht den Bedürfnissen der Beteiligten weit besser. Der Vermittler, z.B. die Bank, übernimmt das Gesamtdarlehen, d.h. sie wird rechtlich der erste Kreditgeber mit der Konsequenz, daß die Kreditbedingungen für das Gesamtdarlehen einheitlich sind und auch nur ein Schuldschein ausgestellt wird. Unmittelbar oder kurz danach tritt dann die Bank die Darlehensforderung gegen Vergütung in entsprechend gestückelten Teilbeträgen an die endgültigen Kreditgeber ab und übernimmt in der Regel die Stellung einer Treuhänderin gegenüber dem Kreditnehmer.

7 Rechtlich handelt es sich beim *direkten System* von Anfang an um ein Darlehen i.S.d. § 607 BGB zwischen Kreditnehmer und Kreditgeber. Dagegen gewährt beim *indirekten System* die Bank zunächst das Darlehen an den Kreditnehmer und erst später rücken die endgültigen Kreditgeber in die Stellung der Bank ein (§§ 398-405 BGB). Die vertragliche Ausgestaltung kann sehr unterschiedlich sein. Wenn Versicherungsunternehmen Kreditgeber werden sollen, so muß den Anforderungen der §§ 54 ff. VAG Rechnung getragen werden. So müssen die Darlehen ein Verbot der Aufrechnung und Zurückbehaltung gegenüber Forderungen des Versicherungsunternehmens enthalten. Dem Kreditgeber wird für lange Laufzeiten, oft nach 15 Jahren erst, ein ordentliches Kündigungsrecht vorbehalten und der Kreditnehmer wird u.U. verpflichtet, seine Bilanzen laufend vorzulegen.

8 Besondere Probleme werfen die revolvierenden Schuldscheindarlehen auf (*Revolving-Kreditgeschäft*, § 1 Abs. 1 S. 2 Nr. 7 KWG). Wirtschaftlich geht es um die Finanzierung eines langfristigen Kreditbedarfs durch nur

kurzfristig verfügbare Gelder. Will man den langfristigen Bedarf dennoch decken, müssen die Kreditgeber ständig ausgewechselt werden, also revolvieren. Je nachdem, wie weit der Kreditvermittler sich selbst engagiert, unterscheidet man das eben beschriebene direkte System, das indirekte System und das von dem Finanzmakler Münemann entwickelte und durch ihn in Verruf geratene Sieben-M-System. Bei diesem Sieben-M-System handelt es sich um eine etwas kompliziertere Form des indirekten Systems. Die von dem Finanzmakler zwischengeschaltete Bank gewährt dem Kreditnehmer langfristig (gelegentlich bis zu 35 Jahren) ein Schuldscheindarlehen zu einem Festzins. Der Makler läßt sich umgehend die Darlehensforderung gegen Vergütung an die Bank abtreten und übernimmt die Plazierung von Darlehensteilforderungen für jedenfalls kürzere Laufzeiten. Das geschieht durch Abtretung an die kurzfristigen weiteren Kreditgeber und durch Übernahme der Verpflichtung, z.B. nach drei Monaten die Forderung zum Nennwert wieder zurückzuerwerben. Der zwischen dem Finanzmakler und den weiteren Kreditgebern vereinbarte Zins richtet sich nach dem Markt für kurzfristige Gelder, hat also mit dem Zins für das Schuldscheindarlehen nichts zu tun. Das Termin- und Zinsrisiko liegt damit voll beim Finanzmakler. Der Vorteil des Systems, Überführung von kurzfristigen in langfristige Kredite, ist zugleich sein Nachteil, nämlich Liquiditätsrisiko für den Finanzmakler. Dieses Risiko ist, wie die späteren Erfahrungen zeigten, ganz erheblich. Seit 1961 müssen Geschäfte dieser Art den Anforderungen des KWG an Eigenkapital und Liquidität genügen (§ 1 Abs. 1 S. 2 Nr. 7 KWG).

III. Akzeptkredit – Rembourskredit

Beim Akzeptkredit handelt es sich um einen typischerweise kurzfristigen *Wechselkredit*, überwiegend zur Finanzierung von Warengeschäften. Im Gegensatz zum Geldkredit geht es hier um einen bloßen Haftungskredit, denn die Bank akzeptiert den vom Kreditnehmer auf sie gezogenen Wechsel und schafft dadurch die Grundlage für die Kreditaufnahme des Kunden. Dieser muß rechtzeitig vor Verfall des Wechsels Deckung beschaffen, so daß die Bank nicht effektiv zahlen muß. Unterformen des Akzeptkredites sind der Rembourskredit und der Avalkredit. Der Rembourskredit ist eine besondere Form des Akzeptkredites im Außenhandel. Der Verkäufer (Exporteur) erhält gegen den Wechsel und die Übergabe der Verladedokumente (Konossement mit Begleitpapieren) den Diskonterlös von seiner ausländischen Bank (Negoziierung). Diese reicht den Wechsel samt Dokumenten zum Akzept an die Remboursbank weiter. Der Rembourskredit wird dem Käufer (Importeur) eingeräumt, der ihn bis zum Verfall des Wechsels durch weiterverkaufte Importware refinanzieren kann.

9

10   Der *Avalkredit* ist wie der Akzeptkredit bloßer Haftungskredit. Die Bank übernimmt gegen Zahlung einer Avalprovision durch den Kunden die Bürgschaft gegenüber dessen Gläubiger. Der Avalkreditvertrag (Innenverhältnis) ist streng von dem Bürgschaftsvertrag im Außenverhältnis zu trennen.

IV. Diskontgeschäft

11   Diskontgeschäft ist der Ankauf von Wechseln und Schecks i.S.v. § 1 Abs. 1 Nr. 3 KWG. Die Bank erwirbt vom Einreicher den noch nicht fälligen Wechsel und bezahlt dafür den Nennbetrag der Forderung abzüglich des Zwischenzinses für die Zeit bis zum Fälligkeitstag (Diskont). Hier ist der Wechselerwerb also nicht Grundlage eines Haftungskredits, wie beim Akzeptkredit, sondern er ist Teil eines Geldkreditgeschäfts. Die Bank gibt für den Wechsel Geld, nämlich den Diskontkredit (§ 19 Abs. 1 Nr. 2 KWG). Die Bank refinanziert sich ihrerseits durch Weitergabe des Wechsels an eine andere Bank (Privatdiskont) oder, so in der Regel, an die Deutsche Bundesbank zum Diskontsatz. Letzteres setzt voraus, daß die Voraussetzungen von § 19 Abs. 1 Nr. 1 BBankG vorliegen. Es handelt sich um die Haftung dreier als zahlungsfähig bekannter Verpflichteter aus dem Wechsel und Fälligkeit binnen dreier Monate ab Ankaufstag. Außerdem soll es sich um gute Handelswechsel handeln, d.h. es muß im Gegensatz zum Finanzwechsel ein Warenumsatzgeschäft zugrundeliegen.

12   Unter das Diskontgeschäft fällt zwar auch der Ankauf von Schecks, er kommt in der Praxis aber lediglich noch in einigen Fällen der Einreichung von Auslandsschecks vor. Ansonsten werden Schecks entweder bei Einreichung dem Kunden mit dem Vermerk »Eingang vorbehalten« gutgeschrieben oder zum Inkasso genommen und der Gegenwert nach Eingang gutgeschrieben. Das Diskontgeschäft der Banken besteht also im wesentlichen im Ankauf noch nicht fälliger Wechsel unter Abzug der Zwischenzinsen, des Diskonts, für die Zeit vom Ankaufs- bis zum Fälligkeitstag. Der zugrunde gelegte Diskontsatz, der die Verzinsung für die Bank darstellt, richtet sich nach dem Diskontsatz der Zentralbank, aber auch nach anderen Kriterien, wie etwa der Bonität der Wechselverpflichteten, der Rediskontierbarkeit oder der Geschäftsbeziehungen mit dem Wechseleinreicher. Der Wortlaut von § 1 KWG deutet darauf hin, daß das Diskontgeschäft als *Kauf* einzuordnen ist. Auch der BGH betrachtet die Wechseldiskontierung in Übereinstimmung mit der herrschenden Lehre und im Anschluß an die Rechtsprechung des RG[4] als einen Kauf oder ein kaufähnliches Geschäft[5]. In einer späteren Entscheidung[6] ging es um das

---

4   RGZ 93, 23, 26.
5   BGHZ 19, 282, 292.

§ 9 Besondere Geldkreditgeschäfte (begrifflicher Überblick)

Rückbelastungsrecht der Bank. Der Wechsel war, ohne daß ordnungsgemäßer Protest erhoben wurde, nicht eingelöst worden. Der BGH bejahte ein Rückbelastungsrecht als vertraglich vorbehaltenes Recht zum Rücktritt vom Kaufvertrag. Das OLG hatte demgegenüber aus dem Vermerk »Gutschrift Eingang vorbehalten« ein Darlehen angenommen. Der BGH schloß auch diese Deutung nicht aus, ließ die entscheidende Frage aber offen, weil die Bank in jedem Fall berechtigt gewesen sei, den nicht eingelösten Wechsel rückzubelasten. Fälle in denen diese dogmatische Frage entschieden werden muß, sind nur sehr schwer denkbar. Sinnvoll ist es, im Einzelfall auf die Risiken und die gegenseitigen Interessen der Parteien abzustellen[7].

Beim Forfait in der Form des *Diskonts à forfait* (frz: in Bausch und Bogen; eingedeutscht: ohne Regress) diskontiert die Bank einen Wechsel unter Verzicht auf jeden Rückgriff beim Diskontkreditnehmer. Daneben kommt das Forfait-Geschäft als Kauf von Exportforderungen vor. Dabei ähnelt das Forfait-Geschäft zwar dem Factoring, ist im Unterschied zu diesem aber ein Einzelgeschäft und insbesondere kein mit weiteren Dienstleistungen verbundenes Dauerschuldverhältnis. Das Forfait-Geschäft dient vor allem der Exportfinanzierung. Ebenso wie beim Diskontgeschäft und beim echten Factoring handelt es sich beim (echten) Forfait-Geschäft um einen Rechtskauf, während beim unechten Forfait-Geschäft, das es praktisch nur bei Forderungen gibt, ein Darlehen vorliegt. 13

Dem Diskontgeschäft verwandt ist das *Pensionsgeschäft*. Hier überträgt der Pensionsgeber z.B. Wechsel oder Wertpapiere gegen Zahlung eines Betrages auf den Pensionsnehmer. Die Papiere sind beim echten Pensionsgeschäft auf jeden Fall und beim unechten Pensionsgeschäft nur auf Verlangen des Pensionsnehmers gegen Verzinsung oder Kreditsumme wieder zurückzunehmen. Das Geschäft hat Kreditcharakter und bringt Vorteile bei den Mindestreserven und der Bilanzierung. Anders als beim Effektenlombard erwirbt der Pensionsnehmer eine Kapitalanlage auf Zeit und trägt in dieser Phase das Substanz- und Ertragsrisiko. Rechtlich ist das Pensionsgeschäft ein Kauf mit fester Rückkaufsvereinbarung (echtes Pensionsgeschäft) oder mit Rückkaufsrecht (unechtes Pensionsgeschäft). Im Einzelfall kann es auch Darlehen sein[8]. 14

---

6 BGHZ 59, 197, 200.
7 Vertiefend Canaris, Bankvertragsrecht[3], Rz 1532.
8 Vertiefend Hopt/Mülbert, Kreditrecht, Vorbem. Rn. 703.

§ 10 Auslandsgeschäfte

A. Akkreditivgeschäft

I. Grundlagen – wirtschaftliche Zusammenhänge
II. Das Rechtsverhältnis zwischen Bank und Akkreditivauftraggeber
III. Einschaltung einer Avisbank
IV. Der Grundsatz der Dokumentenstrenge
V. Rechtsverhältnis zwischen der Bank und dem Akkreditivempfänger
VI. Einwendungsausschluß

1. Grundsätze
2. Zulässige Einwendungen
3. Rechtsmißbrauch
VII. Übertragung des Akkreditivs
VIII. Sonderformen des Akkreditivgeschäftes
1. Remboursgeschäft
2. Der Letter of Credit

Schrifttum:
Baumbach/Hopt, HGB-Komm., 29. Aufl., 1995; *Canaris*, Großkomm. HGB, 4. Aufl., 1988; *Eisemann/Schütze*, Das Dokumenten-Akkreditiv im Internationalen Handelsverkehr, 3. Aufl., 1989; *Huber/Schäfer*, Dokumentengeschäft und Zahlungsverkehr im Außenhandel, 2. Aufl., 1990; *Koller*, Die Dokumentenstrenge im Licht von Treu und Glauben beim Dokumentenakkreditiv, WM 1990; *Kümpel*, Bank- und Kapitalmarktrecht, 1995; *Krauß*, Die Konformität der Dokumente im Akkreditivgeschäft, Diss. 1989; *Liesecke*, Neuere Theorie und Praxis des Dokumentenakkreditivs, WM 1976, 258; *ders.*, Die Stellung der kreditgebenden Bank beim Dokumenten-Inkasso und Dokumentenakkreditiv, FS für Fischer, 1979, 397; *Nielsen*, Auslandsgeschäft, in: Bankrecht und Bankpraxis, Bd. I, 1978; *Shingleton/Wilmer*, Einstweiliger Rechtsschutz im internationalen Dokumentenakkreditivgeschäft, RIW 1991, 793; *Graf v. Westphalen*, Rechtsprobleme der Exportfinanzierung, 3. Auflage, 1987; *Wassermann*, Die Verwertung von Ansprüchen aus Dokumentenakkreditiven, 1981; *Zahn/Eberding/Ehrlich*, Zahlung und Zahlungssicherung im Außenhandel, 6. Aufl., 1986.

I. Grundlagen – wirtschaftliche Zusammenhänge

1 Akkreditiv (Beglaubigung) ist ein selbständiges Schuldversprechen, das eine Bank dem Verkäufer auf Anweisung des Käufers erteilt[1]. Es dient vor allem der Zahlungssicherung im Außenhandel. Zugrunde liegt regelmäßig ein *Warengeschäft*, z.B. ein Kauf zwischen Exporteur (Verkäufer) und Importeur (Käufer). Der Käufer verspricht die Bezahlung der Ware durch Stellung eines Akkreditivs (Akkreditivklausel) und erteilt seiner Bank den Akkreditivauftrag (§§ 675, 631 BGB). Die Bank teilt dem Verkäufer (Exporteur) das Akkreditiv mit und eröffnet es. Mit Eröffnung des Akkreditivs – und nun kommt das Entscheidende – erlangt der Exporteur einen unmittelbaren und *selbständigen Anspruch* gegen die *eröffnende Bank* auf Zahlung des Kaufpreises gegen Aushändigung der Warendokumente (Dokumentenakkreditiv). Auf seiten des Verkäufers (Exporteur) wird regelmäßig eine Avisbank zwischengeschaltet, die die Aufgabe hat, den

---

1 Oft internationalen Rechts; i.S.v. § 780 BGB, wenn deutsches Recht vereinbart ist.

Verkäufer über die Eröffnung des Akkreditivs zu unterrichten und das Geld gegen Prüfung der Warendokumente auszuzahlen. Durch diese *Avisbank* erweitert sich das klassische *Drei-Personen-Verhältnis* auf eine *Vier-Personen-Beziehung*, die grafisch wie folgt aussieht.

Grafik: Dokumentenakkreditiv 2

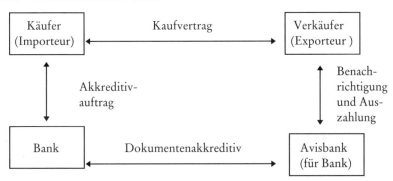

Das Entscheidende des Akkreditivs liegt darin, dem Verkäufer (Exporteur) die Zahlung des Kaufpreises im Zeitpunkt der Versendung der Ware (per Schiff, Lkw, Bahn oder Flugzeug) zu garantieren. Gelegentlich dient das Akkreditiv auch dazu, dem Verkäufer diejenigen Mittel zuzuweisen, die er braucht, um die versprochene Ware produzieren zu können. Hier wirkt das Akkreditiv wie ein Kredit.

Rechtlich ist entscheidend, daß das Akkreditiv von dem zugrunde liegenden Kausalgeschäft (Kauf) völlig *abstrakt* ist. Dies bedeutet, daß dem Verkäufer (Exporteur) auch *berechtigte* Einwendungen und Einreden aus dem Kaufvertrag nicht entgegengehalten werden können (*Einwendungsausschluß*)[2]. Wenn also eine Ladung Bananen verfault im Hamburger Hafen anlandet, so ist der Käufer selbstverständlich zur Wandlung berechtigt und der Verkäufer zur Rückzahlung des Kaufpreises verpflichtet. Für die Ansprüche aus dem Akkreditiv spielt das aber keine Rolle. Die Bank zahlt an den Verkäufer aus dem Akkreditiv. Der Käufer der mangelhaften Ware muß nun aus § 812 BGB gegen den Verkäufer auf Rückzahlung klagen. Der Käufer trägt also zunächst einmal das Risiko, diesen Gewährleistungsprozeß zu verlieren. So abwegig ist das trotz mangelhafter Ware nicht, weil oft ausländisches Recht für den Kaufvertrag vereinbart ist und der Käufer dieses möglicherweise nicht wirklich kannte. Darüber hinaus trägt er das Risiko, daß ein solcher Prozeß sehr lange dauert, mit der Folge, daß auch die Rückzahlung lange auf sich warten läßt. Schließlich – und

---

2 Dazu unten Rz. 17 ff.

das ist vielleicht der wichtigste Punkt – trägt der Käufer das Risiko, daß der Verkäufer inzwischen *in Konkurs* geraten ist.

5   Die Bank, die das Akkreditiv eröffnete, trägt ihrerseits das Risiko, das Geld von ihrem Kunden, dem Käufer/Importeur, nicht wiederzubekommen, weil dieser in Konkurs fällt. Gerade an dieser Wirkung wird deutlich, daß das Akkreditiv ein abstraktes Schuldversprechen (Garantie) der Akkreditivbank gegenüber dem Verkäufer/Exporteur ist, also nicht etwa eine Garantie zwischen Käufer und Verkäufer. Um das Risiko für die beteiligten Banken und die Käufer nicht ins Uferlose wachsen zu lassen, wird das Akkreditiv allerdings nur gegen *Dokumente* gegeben. Dies sind vor allem *Transportdokumente*, die die Verladung an Bord oder die Versendung oder die Übernahme durch den Transporteur ausweisen, z.B. Seekonnossemente, Posteinlieferungsscheine, Dokumente des kombinierten Transports, also mit mindestens zwei Beförderungsarten, sowie Eisenbahnfrachtbriefe, Flußverladescheine oder Frachtbriefe[3].

6   Benötigt wird das Dokumentenakkreditiv vor allem zur Abwicklung des Außenhandels. Es ist wichtig in den Fällen, in denen sich Käufer und Verkäufer noch nicht kennen, um Vertrauen zu schöpfen. Der Verkäufer weiß, daß er sein Geld bekommt. Der Käufer weiß aufgrund der Dokumente, daß zumindest die Ware richtig abgeschickt wurde. In den ersten Jahren nach dem Zweiten Weltkrieg wurden ungefähr 80 % des deutschen Außenhandels auf Akkreditivbasis abgewickelt[4]. Heute dagegen werden etwa 80 % des Außenhandels durch *freie Zahlungen* abgewickelt. Das bedeutet, daß sich inzwischen dauerhafte und vertrauensintensive Geschäftsbeziehungen zwischen Im- und Exporteuren entwickelt haben. Immerhin, 20 % des Außenhandels werden per Akkreditiv abgewickelt; etwa 10 % auf der Basis des Dokumentenakkreditivgeschäfts und 10 % im Wege des Dokumenteninkassos.

7   Die Tendenz, möglichst ohne Akkreditiv auszukommen, hat ihren Grund (auch) in den *Kosten* für ein Akkreditiv. Bestätigte Akkreditive kosteten 1993 z.B. bei der Hypo-Bank zwischen 1,5 und 3 ‰, bei 3/6 Monaten Laufzeit, zuzüglich einer Avisierungsgebühr in Höhe von 1 ‰ und einer Abwicklungsgebühr in Höhe von 3 ‰. Demgegenüber konnte man eine Bankgarantie des Lieferanten für ca. 1 ‰ haben; die Hermes-Deckung kostete ca. 3 ‰. Aus dieser Kostenstruktur folgt, daß der Anteil der Akkreditive im Außenhandelszahlungsverkehr in Europa sehr stark rückläufig ist. Demgegenüber wird der Handel mit Südamerika, Afrika, den Ländern Osteuropas und Asiens auch heute noch fast ausschließlich über Akkreditive – bei zunehmender Tendenz – abgewickelt.

---

3   Vgl. die Art. 20-38 der Einheitlichen Richtlinien und Gebräuche für Dokumentenakkreditive (ERA), in der revidierten Fassung 1993, abgedruckt bei Baumbach/Hopt, HGB-Komm.[29], Anh. 11.
4   Wassermann, Die Verwertung von Ansprüchen aus Dokumentenakkreditiven, S. 15.

II. Das Rechtsverhältnis zwischen Bank und Akkreditivauftraggeber

Zwischen Akkreditivauftraggeber und seiner Bank besteht ein *Werkvertrag mit Geschäftsbesorgungscharakter* (§§ 675, 631 BGB)[5]. Der Akkreditivauftrag ist formfrei, aber Schriftform ist handelsüblich. Die Akkreditivbank schuldet als Erfolg die Zahlung aus dem Akkreditiv an den Verkäufer. Ferner ist die Bank gegenüber ihrem Kunden zur Eröffnung des Akkreditivs zur Prüfung der Dokumente auf Vollständigkeit und Ordnungsmäßigkeit und zur Zahlung gegen fristgerechte Vorlage akkreditivgerechter Dokumente verpflichtet. Eröffnet die Bank das Akkreditiv nicht unverzüglich, so muß sie den Auftraggeber benachrichtigen. Verletzt sie diese Verpflichtung, so macht sie sich schadensersatzpflichtig. Instruktiv ist folgendes Beispiel:

8

Fall: RGZ 103, 376
Im Juni des Jahres 1919 bestellte K 8 000 Flaschen Sekt bei V – zu 40 Mark das Hundert – frei Wagon Berlin, Kasse gegen Akkreditiv. Geliefert werden sollte Ende Oktober 1919. Am 10.11. schrieb V: »Das Akkreditiv ist bis heute nicht gestellt.« Auch habe K nichts weiter von sich hören lassen. Es werde nunmehr zur Stellung eines *unwiderruflichen* Akkreditivs eine Frist bis zum 20.11. gesetzt. Sei das Akkreditiv bis dahin nicht eingelaufen, so müsse man annehmen, daß man auf die Lieferung der Flaschen verzichte, länger könne man sie nicht zur Verfügung halten. K, die zunächst nicht genug Bargeld hatte, um das Akkreditiv zu bestellen, übergab ihrer Bank am 07.11. einen Verrechnungsscheck zur Einziehung über 4 000,- Mark mit der Bitte, unverzüglich das Akkreditiv zu eröffnen. Der Scheck wurde am 14.11. eingelöst, aber erst mit Schreiben vom 21.11. eröffnete die Bank das Akkreditiv. Das Schreiben mit der Eröffnung ging V noch am 21.11.1919 zu. K verlangt die Lieferung der 8 000 Flaschen Sekt. V will nicht mehr liefern, die letzte Frist (20.11.1919) sei abgelaufen gewesen.

9

Das RG wies darauf hin, daß die Auffassung von V jedenfalls dann zuträfe, wenn K mit der Akkreditivstellung im Verzuge und die von V gesetzte Nachfrist nach § 326 Abs. 1 BGB angemessen sei. Für beides sprach hier viel. Das Reichsgericht mußte die Sache deshalb zur Sachverhaltsaufklärung an die Vorinstanz zurückverweisen. Gleichzeitig betonte das Gericht aber auch, daß die Bank ihre Pflichten aus dem Akkreditivauftrag verletzt, wenn sie ein beantragtes Akkreditiv nicht unverzüglich eröffnet. Hier hätte nach der Einziehung des Schecks, spätestens also am 15.11.1919, das Akkreditiv eröffnet werden können und müssen. Die

10

---

5 BGH WM 1956, 1542.

Bank ist schadensersatzpflichtig für den Fall, daß K nunmehr anderswo teureren Sekt einkaufen muß.

III. Einschaltung einer Avisbank

11 Vor allem im internationalen Zahlungsverkehr sind normalerweise mehrere Banken eingeschaltet. Die Bank des Käufers (Akkreditiv- oder Eröffnungsbank) schließt mit der zweiten, meist ausländischen, Bank (Korrespondenzbank) einen Geschäftsbesorgungsvertrag (§§ 675, 631 BGB). Diese zweite Bank, die *Avisbank*, beschränkt sich gewöhnlich darauf, den Exporteur von der Stellung des Akkreditivs zu unterrichten und benachrichtigt ihn, daß gegen Prüfung der Warendokumente der Akkreditivbetrag ausgezahlt wird. Die Avisbank fungiert sowohl als Botin der Akkreditivbank als auch als Erfüllungsgehilfin (bei der Prüfung der Dokumente) und schließlich als Zahlstelle. Sie wird zusätzlich, wenn sie das Akkreditiv dem Verkäufer gegenüber bestätigt, zur Bestätigungsbank. In diesem Fall erhält der Verkäufer einen zusätzlich vom Grundgeschäft unabhängigen Zahlungsanspruch auch gegen die Bestätigungsbank (Gesamtschuld).

IV. Der Grundsatz der Dokumentenstrenge

12 Gerade für die Avisbank ist der *Grundsatz der Dokumentenstrenge* von höchster Bedeutung. Selbst geringfügige Abweichungen von den Weisungen können dem Auftraggeber beträchtlichen Schaden zufügen. Illustrativ ist folgender Fall:

13 *Fall:* BGH LM § 780 BGB Nr. 1 u. 3
Ein deutscher Chemiekonzern (C) kauft von der Firma M in Madrid 1122,5 t Arsenik Trioxide für insgesamt 29 000 £. Auftragsgemäß eröffnete am 09.04.1981 die Bank der Firma C zugunsten der Firma M ein Akkreditiv in Höhe des Kaufpreises. Die Bank in Madrid, die das Akkreditiv zunächst nur avisieren sollte, bestätigte es später, nachdem sie auf Veranlassung der Firma C hierzu ermächtigt worden war. Gezahlt werden sollte gegen Vorlage der Handelsrechnung, des Ursprungszeugnisses und der Übernahmebescheinigung des Spediteurs, aus der ersichtlich sein mußte, daß die Verkäuferin »fas Bilbao« geliefert hatte.
Am 15.06.1981 verschiffte die Firma M in Bilbao 90 t der Ware. Die spanische Bank teilte mit, sie habe am 06.07.1981 Dokumente »in order« über 21 150 £ übersandt und bat um Erstattung. Die Bank der Firma C in Deutschland kam der Aufforderung nach und belastete das Konto der Firma C am 10.07.1981 in Höhe dieses Betrages. Ferner übersandte sie der

Firma C am 13.07.1981 die inzwischen eingetroffenen Dokumente zur Prüfung. Dabei stellte die Firma C fest, daß die Verkäuferin (M) nicht wie vereinbart »fas Bilbao«, sondern »ex warehouse Bilbao« geliefert hatte, so daß ihr, der Firma C, Frachtkosten in Höhe von ca. DM 4 000,- zusätzlich entstanden waren. Das ganze Geschäft platzte, weil sich in den anschließenden Verhandlungen zwischen C und M die Firma M weigerte, die entstandenen Mehrfrachtkosten zu übernehmen und umgekehrt die Firma C sich weigerte, die restlichen Tonnen mit den erhöhten Frachtkosten zu übernehmen. C klagte gegen ihre Bank auf Gutschrift der 21 150 £, weil die Bank das Akkreditiv wegen der Abweichungen in den Dokumenten nicht hätte einlösen dürfen.

Der BGH stimmte zu, denn gemäß Art. 8b ERA, die dem Geschäftsbesorgungsvertrag zwischen den Banken zugrunde lagen, hat die das Akkreditiv bestätigende spanische Bank nur dann einen Anspruch gegen die Akkreditivbank in Deutschland, wenn die vom Verkäufer vorgelegten und von ihr aufgenommenen Dokumente den Akkreditivbedingungen voll entsprechen. An dieser Voraussetzung fehlte es hier, denn aus der Spediteurbescheinigung ergab sich, daß die Verkäuferin nicht »fas Bilbao«, sondern nur »ex warehouse Bilbao« geliefert hatte. Es entspricht allgemeiner Meinung, daß sich die Banken im Akkreditivverkehr *streng* innerhalb der Grenzen des erteilten Auftrages halten müssen. Sie können die näheren Vereinbarungen der am Grundgeschäft Beteiligten nicht übersehen und in Folge dessen nicht ausschließen, daß selbst geringfügige Abweichungen von den Weisungen dem Auftraggeber beträchtlichen Schaden zufügen können[6]. Zwar steht auch der Grundsatz der *Dokumentenstrenge*, wie jedes Rechtsprinzip, unter der Einschränkung von Treu und Glauben. Hierbei ist aber größte Zurückhaltung geboten, da die Akkreditivbedingungen andernfalls ihren Zweck verfehlen. Die Bank darf von den Weisungen ihres Auftraggebers allenfalls dann abweichen, wenn sie einwandfrei beurteilen kann, daß die Abweichung unerheblich und für den Auftraggeber unschädlich ist[7]. Davon konnte hier angesichts höherer Frachtkosten in Höhe von DM 4 000,- keine Rede sein. Firma C handelte auch nicht treuwidrig, obwohl sie die Ware erhalten und weiterverkauft hatte und insoweit Ersatz schuldete. Aber diesen Ersatz schuldete die Firma C nicht aus dem Akkreditiv gegenüber ihrer Bank, sondern aus dem Grundgeschäft mit M in Madrid. Und natürlich kann C der Firma M bei der Abrechnung die Einrede der vereinbarten Frachtkostenregel entgegenhalten.

14

Der Grundsatz der Dokumentenstrenge darf allerdings auch *nicht überspannt werden*. Nicht alle Abweichungen sind wirklich relevant. In einem

15

---

6 BGH NJW 1971, 558.
7 BGH LM § 780 BGB Nr. 1 u. 3.

Fall, den der BGH im November 1959 zu entscheiden hatte[8], wurden die ansonsten absolut ordnungsgemäßen Versandpapiere statt in zweifacher nur in einfacher Ausführung eingereicht. Die Bank hatte daraufhin das Akkreditiv ausgezahlt. Der Käufer der Ware erhielt diese wohl mangelhaft, hatte aber Probleme mit der Wandelung. Er versuchte deshalb gegenüber seiner Bank die Auszahlung des Akkreditivs als fehlerhaft zu rügen. Der BGH wies dies zurück, weil es völlig unerheblich sei, ob die Frachturkunde in einfacher oder in zweifacher Ausführung eingereicht wurde. Geringfügige Abweichungen müssen den Begünstigten und ebenso der Bank gegenüber ihrem Auftraggeber gestattet sein, sofern eine vernünftige Beurteilung der vorgelegten Papiere zu dem sicheren Ergebnis führt, daß der Zweck der Akkreditivbedingungen erreicht ist.

V. Rechtsverhältnis zwischen der Bank und dem Akkreditivempfänger

16 Der Begünstigte steht vor Akkreditiveröffnung in keinem Vertragsverhältnis zur Akkreditivbank. Das ändert sich durch die Eröffnung des Akkreditivs durch Mitteilung an ihn (Art. 11/12 ERA). Auf diese Weise wird die eröffnende Bank vertraglich unmittelbar und abstrakt zur Zahlung gegen Vorlage der vorgeschriebenen Dokumente verpflichtet (§§ 780, 151 BGB). Wichtig ist, daß alle Akkreditive ein *Verfalldatum* für die Präsentation der Dokumente enthalten müssen (Art. 42 ERA). Das bedeutet, die Bank muß die Zahlung selbst bei geringfügiger Überschreitung des Verfalldatums verweigern[9].

VI. Einwendungsausschluß

1. Grundsätze

17 Der abstrakte Zahlungsanspruch bietet dem begünstigten Verkäufer nur deshalb die notwendige Sicherheit im (Export-)Geschäft, weil zu seinen Gunsten ein weitgehender *Einwendungsausschluß* (§ 784 Abs. 1 HS 2 BGB analog) gilt. Ausgeschlossen sind Einwendungen aus dem Dekkungsverhältnis zwischen Akkreditivbank und Akkreditivauftraggeber, z.B. der Letztere habe keine Deckung gestellt, oder er sei in Konkurs gefallen. Dasselbe gilt für Einwendungen aus dem Verhältnis zwischen Bestätigungsbank und Akkreditivbank[10]. Schließlich sind Einwendungen aus dem *Valutaverhältnis*, z.B. Gewährleistungsansprüche zwischen Verkäufer und Käufer ausgeschlossen. Folglich wird auch dann aus dem Akkreditiv

---

8 LM § 656 BGB Nr. 3.
9 RGZ 105, 52.
10 BGH WM 1958, 292.

an den Verkäufer gezahlt, wenn die Ware beweisbar mangelhaft ist. Der Käufer, der beispielsweise Wandelung geltend macht, muß also trotz des Mangels zahlen und den Verkäufer dann aus ungerechtfertigter Bereicherung in Anspruch nehmen. Einwendungen aus dem Valutaverhältnis, z.B. auch Schadensersatzansprüche, kann die Bank dem begünstigten Verkäufer selbst dann nicht entgegensetzen, wenn der auftraggebende Käufer diese Ansprüche an sie *abgetreten* hat[11].

2. Zulässige Einwendungen

Zulässig dagegen sind Einwendungen wegen mangelhaftem Akkreditivauftrag, z.B. daß dieser Auftrag gar nicht erteilt worden sei oder zugunsten eines anderen Empfängers bestehe, oder daß der Auftrag gefälscht war. Weiter zulässig sind die Einwendungen aus § 784 Abs 1 HS 2 BGB, also Einwendungen, die die Gültigkeit der Annahme betreffen, z.B. daß das Schuldversprechen nach den §§ 134, 138 oder 123 i.V.m. § 142 I BGB nichtig sei. Ferner sind Einwendungen aus dem Inhalt des Akkreditivs zulässig, z.B. die angedienten Dokumente seien nicht akkreditivgerecht oder erst nach Verfall eingereicht worden. In gewissem Umfang ist auch die *Aufrechnung* zulässig. Instruktiv ist ein Fall, bei dem es um eine Garantie auf erstes Anfordern ging. Die Probleme sind beim Akkreditiv identisch:

18

Fall: BGHZ 94, 164
Eine deutsche Bank hatte für die Firma A gegenüber der dänischen B, einer Fischhändlerin, eine Garantie auf erstes Anfordern in Höhe von 1 Mio. DM gewährt. Kurze Zeit später ging die deutsche Firma in Konkurs. B machte Ansprüche aus der Garantie wegen offener Kaufpreisforderung geltend. Die Bank war im Grundsatz bereit zu zahlen, rechnete aber in Höhe von ca. DM 330 000,- mit eigenen Forderungen gegenüber B auf. B hatte nämlich früher einmal gegenüber der Firma A im Scheck-/Wechselverfahren Wechsel ausgestellt, die die Firma A akzeptiert hatte und die von der Bank diskontiert worden waren. Aufgrund des Konkurses von A standen der Bank, was unstreitig war, nunmehr Wechselforderungen gegen die Firma B als Wechselausstellerin zu. B berief sich darauf, daß eine Garantie, genauso wie ein Akkreditiv völlig abstrakt sei und deshalb eine Aufrechnung prinzipiell nicht in Betracht komme.

19

Dem hat der BGH widersprochen. Eine Aufrechnung ist auch bei völlig abstrakten Garantiegeschäften nicht prinzipiell ausgeschlossen. Allerdings folgt aus der abstrakten Natur der Garantie, daß Einwendungen aus dem Valuta- oder Deckungsverhältnis dem Garantieanspruch nicht entgegengehalten werden können. Aus diesem Grund kann die Garantiebank auch

20

---

11 BGHZ 28, 129; 60, 264.

nicht mit Ansprüchen aufrechnen, die ihr aus dem der Garantie zugrunde liegenden Vertragsverhältnis abgetreten worden sind[12]. Diese Grundsätze gelten aber nicht mehr für Forderungen, die mit den durch die Garantie gesicherten vertraglichen Ansprüchen in *keinem Zusammenhang* stehen. Bei einer Zahlungsgarantie, die – wie hier – dem Zweck dient, die Zahlung des Kaufpreises aus den Exportgeschäften der Firma B mit der Firma A zu sichern, gibt es keinen Gesichtspunkt, der dafür sprechen könnte, daß die Garantiesumme dem Begünstigten (B) so zur Verfügung gestellt werden müßte, daß er frei darüber verfügen kann. Die Zahlungsgarantie auf erstes Anfordern hat in erster Linie eine Sicherungsfunktion[13]. Deshalb gibt es keinen Grund für die Annahme, die Beteiligten wollten dem Begünstigten mit der Garantie mehr Rechte verschaffen, als er bei ordnungsgemäßer Erfüllung der Kaufpreisforderung haben würde. Diese, die Kaufpreisforderung, kann aber auch im Wege der Aufrechnung erfüllt werden. Demnach ist die Aufrechnung mit eigenen, nicht im Zusammenhang mit dem Grundgeschäft stehenden Forderungen der Garantiebank nicht grundsätzlich ausgeschlossen. Sie ist allerdings aus dem Zweck der Garantie auf erstes Anfordern, dem Gläubiger möglichst problemlos zu seinem Anspruch zu verhelfen, auf liquide (fällige) Ansprüche zu beschränken. Dazu gehören auch fällige wechselrechtliche Ansprüche, wie hier.

Keine Probleme bereiten auch die Fälle, in denen der Käufer noch vor Auszahlung des Akkreditivbetrages den Kaufvertrag anficht. Da der Einwendungsauschluß nur im Verhältnis Garantiebank zu Begünstigtem besteht, und dieses Verhältnis hier nicht betroffen ist, hat der Käufer nun einen Verzichtsanspruch gegen den Verkäufer.

3. Rechtsmißbrauch

21 Schwieriger ist die Frage zu beantworten, ob die Inanspruchnahme aus dem Akkreditiv wegen *Rechtsmißbrauchs* verweigert werden darf. Der BGH bejaht dies – zu Recht -, legt allerdings – ebenfalls zu Recht – einen sehr *strengen Maßstab* an, um die für den internationalen Warenverkehr unentbehrliche Funktion des Dokumentenakkreditivs nicht zu gefährden. Es muß *ganz offensichtlich* sein, daß die Ware zur Vertragserfüllung *ganz und gar ungeeignet* ist.

22 Dies bejahte der BGH in einem Fall, in dem der Verkäufer sich verpflichtet hatte, 23 t frische Hühnereier zu liefern. Er legte die vereinbarten Dokumente zur Einlösung vor. Hierunter befand sich auch ein Gutachten, daß die Eier als frisch und mit einer Luftkammer von weniger als 6 mm bezeichnete. Nach Ankunft der ersten Teillieferung ließ der Käufer die Eier untersuchen. Es stellte sich heraus, daß die Eier uralt waren. Der

---

12 BGHZ 28, 129; 60, 264.
13 Liesecke, WM 1968, 22.

Käufer erklärte daraufhin Wandelung hinsichtlich der ersten Teillieferung und verweigerte die Annahme der zweiten Lieferung. Im übrigen wies er die Bank an, die vorgelegten Dokumente nicht einzulösen. Der BGH stimmte zu[14]. Ein Verkäufer, der – wie hier – zur Vertragserfüllung offensichtlich ungeeignete Ware liefere, verstoße in grober Weise gegen seine Pflichten aus dem Kaufvertrag, so daß sein Zahlungsbegehren arglistig erscheine. Die Akkreditivbank könne in solchen Fällen gegenüber dem Begünstigten vorbringen, die Geltendmachung seines Zahlungsanspruches verstoße gegen Treu und Glauben und stelle eine unzulässige Rechtsausübung dar. Es handele sich hierbei um eine unmittelbare Einwendung gegenüber der Forderung aus dem Akkreditiv[15].

Die *Besonderheit* dieses Falles bestand darin, daß das »Frischegutachten« Teil der vereinbarten *Dokumente* war. Deshalb darf aus dieser Entscheidung nicht der voreilige Schluß gezogen werden, als wäre das Zahlungsverlangen des Verkäufers immer schon dann arglistig, wenn sich die Ware als mangelhaft herausstellt. Das hat der BGH im Jahre 1987 ganz klargestellt[16]. Es ging um zwei Akkreditive mit hinausgeschobener Zahlung (Deferred Payment). Obwohl die Zahlung hinausgeschoben war, zahlte die Bank sofort bei Vorlage der Dokumente. Als Folge davon konnte der Käufer die Ware untersuchen und teilte der Akkreditivbank mit, eine Auszahlung des Akkreditivs komme nicht in Betracht, weil die Ware mangelhaft gewesen sei. Der BGH verneinte, denn ein solches Vorgehen widerspreche dem Wesen und der Funktion des Dokumentenakkreditivs. Da im gegebenen Fall die Ware nicht offensichtlich ganz und gar zur Vertragserfüllung ungeeignet war (schwere Mängel reichen nicht aus) bestand der Anspruch aus dem Akkreditiv zu Recht.

VII. Übertragung des Akkreditivs

Akkreditive verkörpern eine besonders sichere Forderung. Häufig besteht aus wirtschaftlichen Gründen ein Interesse des Verkäufers, das Akkreditiv zu übertragen, um auf diese Weise z.B. einen Unterlieferanten abzusichern. Soweit deutsches Recht anwendbar ist, kann der Verkäufer das Akkreditiv gemäß § 398 BGB abtreten. International gebräuchlicher ist es aber, die Akkreditivbank nach Art. 48 ERA anzuweisen, das Akkreditiv dem Unterlieferanten verfügbar zu machen. Die Übertragbarkeit nach Art. 48 ERA setzt allerdings voraus, daß das Akkreditiv ausdrücklich als *übertragbar* eröffnet wurde. Mit der Übertragung des Akkreditivs nach Art. 48 ERA erhält der Zweitbegünstigte einen eigenständigen Zahlungs-

23

---

14 BGH WM 1955, 765.
15 RGZ 144, 137.
16 WM 1987, 977.

anspruch gegen die Akkreditivbank, der an die Einreichung *eigener* Dokumente geknüpft ist. Wird dagegen der Weg der Abtretung nach § 398 BGB gewählt, so erwirbt der Zweitbegünstigte den Anspruch aus der Akkreditiveröffnung gegen Einreichung von Dokumenten des *Erstbegünstigten*. Er reicht also keine eigenen Dokumente ein. Ansonsten bestimmt sich die Rechtsstellung des Zweitbegünstigten nach den allgemeinen Regeln. Ein Einwendungsausschluß besteht nicht, mit der Folge, daß sich der Zweitbegünstige nach §§ 404, 406 BGB grundsätzlich die Einwendungen aus dem Verhältnis Akkreditivbank – Erstbegünstigter entgegenhalten lassen muß.

24 Das übertragbare Akkreditiv nach Art. 48 ERA gibt dem Zweitbegünstigten also eine etwas stärkere Rechtsstellung. Dies ist auch der Grund, warum ein Akkreditiv hiernach nur übertragen werden kann, wenn es von der eröffnenden Bank ausdrücklich als *übertragbar* bezeichnet worden ist (Art. 48b ERA).

25 Wird ein Akkreditiv ohne den Zusatz übertragbar eröffnet, so lassen sich durch die Vereinbarung eines *Gegenakkreditivs* (back to back credit, credit-dos-à-dos, Unter- oder Zwischenakkreditiv), das der Begünstigte des Hauptakkreditivs bei der eröffnenden Bank zugunsten des Lieferanten stellt ähnliche Wirkungen erzeugen. Das Verkaufsakkreditiv dient der Akkreditivbank dabei als Kreditunterlage für die Eröffnung des Einkaufsakkreditivs. Beide Akkreditive sind ansonsten jedoch rechtlich selbständig. Insbesondere ist dem Begünstigten des Gegenakkreditivs der Zugriff auf das Hauptakkreditiv nicht möglich.

VIII. Sonderformen des Akkreditivgeschäftes

1. Remboursgeschäft

26 Von einem Remboursgeschäft (von französisch rembourser = zurückzahlen), spricht man, wenn der Importeur oder die Akkreditivbank einer anderen Bank (Remboursbank) den Auftrag erteilt, einen auf sie gezogenen Wechsel gegen Vorlage der vorgeschriebenen Dokumente zu akzeptieren. Im Falle der Diskontierung des Akzepts durch die Remboursbank fließt der Diskonterlöß dem Exporteur in Höhe des ihm zustehenden Gegenwerts der Ware sofort zu. Der Importeur muß dagegen erst bei Fälligkeit des Wechsels für Deckung sorgen. Das Remboursgeschäft stellt eine Kombination von Dokumentenakkreditiv und Akzeptkredit dar. Es dient der Finanzierung eines bestimmten Zeitraumes und soll dem Käufer ermöglichen, die Kaufpreisforderung zu mobilisieren. Man unterscheidet das Direktremboursakkreditiv, bei dem die Akkreditivbank selbst das Akzept leistet, und das indirekte Remboursakkreditiv, bei dem die Bank des Exporteurs den Wechsel akzeptiert.

2. Der Letter of Credit

Der Letter of Credit ist die im anglo-amerikanischen Recht gebräuchliche Form des Dokumentenakkreditivs. Das Zahlungsversprechen hat dort die über das übliche Akkreditivgeschäft hinausgehende Funktion, Bürgschaften und Garantien zu ersetzen, deren Übernahme US-amerikanischen Banken nach der dortigen Bankengesetzgebung untersagt ist[17]. Beim Letter of Credit wird keine Geldleistung geschuldet, sondern dem Begünstigten das Recht eingeräumt, auf die aus dem Letter verpflichtete Bank einen *Wechsel zu ziehen*[18]. 27

B. Dokumenteninkasso

Schrifttum:
Nielsen, Neue Richtlinien für Dokumenten-Akkreditive: Kommentar zu den Einheitlichen Richtlinien und Gebräuchen für Dokumentenakkreditive, 1994; *Nielsen/Schütze*, Zahlungssicherung und Rechtsprechung im Außenhandel, 3. Aufl., Köln 1985; *Obermüller*, Sicherungsrechte der Bank beim Dokumenteninkasso, in FS für Bärmann 1975, 709.

I. Begriff und Funktion

Normalerweise zieht der Verkäufer (Exporteur) seine Forderung beim Käufer (Importeur) nicht selbst ein, sondern beauftragt seine Bank mit dem Inkasso (Inkassobank). Aus Sicherheitsgründen geschieht das oft in Form des *Dokumenteninkassos*. Der Verkäufer beauftragt seine Bank, die Forderung beim Käufer gegen Aushändigung der Warendokumente einzuziehen. Das sind entweder *einfache Rimessen*, also Zahlungspapiere wie Wechsel, Schecks, Zahlungsquittungen oder ähnliche zum Erlangen von Zahlungen dienende Dokumente oder *dokumentäre Rimessen*, also Handelspapiere, wie Verladedokumente, Dispositions- oder andere Dokumente, die keine Zahlungspapiere sind. Der entscheidende Unterschied zwischen dem Dokumenteninkasso und dem Dokumentenakkreditiv besteht darin, daß beim Dokumenteninkasso *kein abstraktes Schuldversprechen* abgegeben wird. Deshalb gilt auch für die Inkassobank, die der Verkäufer einschaltet, der Grundsatz der Dokumentenstrenge nicht. 28

In der Praxis wird das Akkreditivgeschäft oft mit dem Dokumenteninkasso verbunden. Der Käufer bestellt zugunsten des Verkäufers das Akkreditiv und der Verkäufer bedient sich zwecks Einziehung der Forderung des Dokumenteninkassos. Natürlich ist der Verkäufer nur dann be- 29

---

17 Nielsen, Neue Richtlinien für Dokumentenakkreditive, 1994, S. 19.
18 Umfassend zum Letter of Credit: Nielsen, Neue Richtlinien für Dokumentenakkreditive, 1994, S. 19.

rechtigt, Zahlung durch Dokumenteninkasso zu verlangen, wenn dies mit dem Käufer so vereinbart wurde, z.B. durch die Klausel »Kasse gegen Dokumente« oder »Nettokasse gegen Dokumente bei Ankunft des Dampfers«. Gebräuchlich ist auch die Abkürzung »D/P« (documents against payment) oder »D/A« (documents against acceptance). Es handelt sich um internationale Handelsbräuche in Form von Incoterms. Als Folge einer solchen Vereinbarung wird der Käufer *vorleistungspflichtig*, d.h. er zahlt gegen Dokumente (oder Wechselhingabe) ohne Untersuchung der Ware[19]. Folgerichtig sind Aufrechnung und Zurückbehaltungsrechte ausgeschlossen[20]. Der Käufer akzeptiert das, weil er sonst die Ware nicht bekommt, und weil die Dokumente ihn als Eigentümer der Ware legitimieren.

30   Eine gesetzliche Regelung für das Dokumenteninkasso gibt es nicht. Zugrunde gelegt werden regelmäßig die 1958 von der Internationalen Handelskammer Paris (ICC) ausgearbeiteten und 1979 überarbeiteten *Einheitlichen Richtlinien für das Inkasso von Handelspapieren* (ERI), die von den Bankenverbänden zahlreicher Industrienationen angenommen wurden[21]. Diese Richtlinien haben, genausowenig wie die Einheitlichen Richtlinien für Dokumentenakkreditive (ERA) keine Gesetzesqualität. Es handelt sich hier wie dort um Allgemeine Geschäftsbedingungen, die eine Vielzahl von Handelsbräuchen zusammenfassen.

II. Typische Rechtsfragen

31   Es wurde schon erwähnt, daß der *Grundsatz der Dokumentenstrenge*, anders als beim Akkreditivgeschäft, beim Dokumenteninkasso keine Anwendung findet[22]. Beim Akkreditiv kann nämlich die beauftragte Bank wegen ihrer mangelnden Waren- und Branchenkenntnisse nicht hinreichend übersehen, ob nicht bereits geringfügige Abweichungen von den Warendokumenten für den Auftraggeber von großer Bedeutung sein könnten. Beim Dokumenteninkasso wird die Ware jedoch durch den Käufer selbst bezahlt. Er, der Käufer, kennt seine eigene Bestellung, kann auch beim Verkäufer rückfragen und auf diese Weise ungenaue Dokumente als hinreichend akzeptieren. Beim Inkassogeschäft genügt es also, wenn der Käufer aus den Dokumenten die Vertragsmäßigkeit der Lieferung erkennen kann. Unvollständige Warenbezeichnungen sind dann unbeachtlich. Andererseits darf der Käufer die Dokumente dann zurückweisen, wenn diese nicht nur unvollständig, sondern völlig unrichtig sind. So

---

19   BGHZ 41, 221.
20   BGHZ 14, 62.
21   Abdruck bei Baumbach/Hopt, HGB-Komm.[29], Anh. 12.
22   BGH WM 1964, 476.

entschied der BGH zugunsten eines Käufers, der reines Keulenfleisch vom Känguruh gekauft hatte, nach den Dokumenten aber etwas ganz anderes, nämlich Hinterviertelfleisch, bekam. In diesem Fall mußte der Käufer die Dokumente nicht einlösen[23].

Das Känguruh hat auch in einer weiteren Entscheidung Rechtsgeschichte gemacht. Im Jahre 1960 landeten im Hamburger Hafen 15 t Känguruhkeulen an. Der Kaufvertag enthielt die Klausel »Kasse gegen Dokumente bei Ankunft des Dampfers«. Die Inkassobank des australischen Verkäufers legte die ordnungsgemäßen Dokumente vor. Der deutsche Käufer weigerte sich dennoch zu zahlen. Er wollte das Fleisch zunächst einmal untersuchen, weil in den Monaten zuvor aus Australien häufiger salmonelleninfiziertes Fleisch angelandet sei. Der BGH hielt diese Bedenken nicht für hinreichend[24]. Der Verkäufer habe ein schutzwürdiges Interesse daran, den vereinbarten Kaufpreis ohne Rücksicht auf die Beschaffenheit der Ware zu erhalten. Dieses Interesse stehe in unmittelbarem Zusammenhang mit der Kreditierungsfunktion des Inkassogeschäfts. Der Verkäufer könne zu seiner Zwischenfinanzierung nur dann einen Vorschuß der Bank bekommen, wenn er entsprechende Sicherheiten in Form von Dokumenten zu bieten habe. Der Sicherungscharakter der Papiere gehe jedoch durch die Einräumung eines Untersuchungsrechts verloren, mit der Folge, daß der reibungslose Ablauf des Handelsverkehrs dann nicht mehr gewährleistet sei. Nur in besonders schwerwiegenden Fällen offensichtlichen Rechtsmißbrauchs dürfe dem Käufer ein Untersuchungsrecht eingeräumt werden. Ein solch schwerwiegender Fall lag hier nicht vor, denn der Käufer hatte die Mangelhaftigkeit des Fleisches lediglich vermutet.

Auch die Klausel *cash against documents* verpflichtet nach allgemeinem Verständnis dazu, den Kaufpreis gegen Vorlage der Dokumente zu zahlen, ohne die Ware vorher – auch nicht nach ihrem Eintreffen am Bestimmungsort – auf ihre vertragsmäßige Beschaffenheit hin zu überprüfen[25]. Die Klausel begründet für den Käufer eine Vorleistungspflicht, die es ihm verwehrt, dem Zahlungsanspruch Einwendungen wegen vertragswidriger Beschaffenheit der Ware entgegenzusetzen. Eventuelle Mängelrechte kann er nur nachträglich geltend machen. Ähnlich wie bei der Bankgarantie gilt auch hier der Grundsatz: »erst zahlen, dann untersuchen, evtl. rügen und arbitrieren«.

Wie bei abstrakten Zahlungsverpflichtungen steht dieser Grundsatz auch beim Dokumenteninkasso unter der *Einschränkung* des offensichtlichen *Rechtsmißbrauchs*. Wegen des Sicherungszwecks der Inkassoklausel ist aber auch hier ein strenger Maßstab anzulegen[26]. Aus diesem Grunde

---

23 BGH WM 1964, 476.
24 WM 1964, 507 – anders noch RG JW 1932, 586.
25 BGHZ 41, 221.
26 BGH WM 1987, 503.

ist auch die Aufrechnung mit Ansprüchen aus dem Kaufvertrag oder mit anderen Ansprüchen aus früheren Geschäften unzulässig. Das gilt insbesondere dann, wenn durch eine Kassa-Klausel (Zahlungsbedingungen: Nettokasse gegen Rechnung und Verladepapiere) eine Vorleistungspflicht des Käufers begründet wird. Damit ist eine Aufrechnung bereits vertraglich ausgeschlossen[27].

C. Garantiegeschäft

I. Begriff und Funktionen
II. Rechtliche Grundlagen
III. Abgrenzungen zu anderen Sicherungsinstrumenten
   1. Bürgschaft
   2. Standby Letter of Credit
IV. Typische Rechtsfragen
   1. Dokumentenstrenge
   2. Abtretung der Garantie
   3. Einwendungsausschuß
     a) Grundsätze
     b) Ausnahmen
   4. Aufrechnung trotz Garantie

Schrifttum:
Freiherr Marschall von Bieberstein, Bankgarantien, Bonds und Standby Letters of Credit als Sicherheiten im Außenhandel, in: Zum Deutschen und Internationalen Schuldrecht, hrsg. v. Schlechtriem/Leser, Tübingen, 1983, 66; *Bülow,* Recht der Kreditsicherheiten, 3. Aufl., 1993; *Coing,* Probleme der internationalen Bankgarantie, ZHR 147 (1983) 125; Deutsche Bank AG (Hrsg.), Bankgarantien im Auslandsgeschäft, 1988; *Dohm,* Bankgarantien im internationalen Handel, Bern 1985; *Heinsius,* Zur Frage des Nachweises der rechtsmißbräuchlichen Inanspruchnahme einer Bankgarantie, FS für Werner, 1984, 229; *Horn,* Bürgschaften und Garantien – aktuelle Rechtsfragen der Bank – Unternehmens- und Außenwirtschaftspraxis, 3. Aufl., 1986; *Kleiner,* Bankgarantie – die Garantie unter besonderer Berücksichtigung des Bankgarantiegeschäftes, 4. Aufl., Zürich 1990; *Koziol,* Der Garantievertrag, 1981; *Liesecke,* Rechtsfragen der Bankgarantie, WM 1968, 22; *Nielsen,* Bankgarantien bei Außenhandelsgeschäften, Köln 1986; *ders.,* Dokumentäre Import- und Exportsicherung, 1988; *Paulus,* Konkursanfechtungsrechtliche Probleme im Zusammenhang mit dem Standby letter of Credit, ZBB 1990, 200; *Reinicke/Tiedtke,* Kreditsicherung, 1994; *Rimmelspacher,* Kreditsicherungsrecht, 2. Aufl., 1987; *Rümker,* Garantie auf erstes Anfordern und Aufrechnungsbefugnis der Garantiebank, ZGR 1986, 332; *Scholz/Lwowski,* Das Recht der Kreditsicherung, 6. Aufl., 1986; *Stammler,* Der Garantievertrag, AcP 69 (1886), 1-141; *Weber,* Sicherungsgeschäfte, 3. Aufl., 1986; *Graf v. Westphalen,* Die Bankgarantie im internationalen Handelsverkehr, 2. Aufl., 1990; *Zahn/Eberding/Ehrlich,* Zahlung und Zahlungssicherung im Außenhandel, 6. Aufl., 1986.

I. Begriff und Funktionen

35 Unter Garantiegeschäft versteht man die Übernahme von Bürgschaften, Garantien und sonstigen Gewährleistungen für andere (§ 1 Abs. 1 Nr. 8 KWG). Beteiligt sind der Garantieauftraggeber (Käufer/Importeur), der seine Bank (Garantiebank) beauftragt, dem Garantiebegünstigten (Ver-

---

27 BGHZ 14, 61.

käufer/Exporteur) eine Garantie zu stellen. Damit entspricht die Garantie in der Grundstruktur dem Akkreditiv.

Grafik: Garantie 36

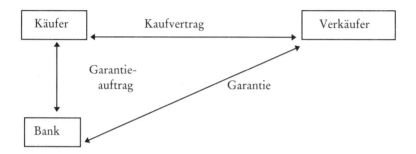

Es gibt einige typische Formen von Garantien, die sich in der Bankpraxis herausgebildet haben, nämlich die 37
- Sicherungsgarantie (Tender Guarantee), sie bietet Sicherheit für Vertragserfüllung des Bieters, sofern er den Zuschlag erhält
- die Anzahlungs- oder Rückzahlungsgarantie (Repayment Guarantee)
- die Leistungs- und Lieferungsgarantie (Performance Guarantee)
- die Gewährleistungsgarantie (Warranty Guarantee)

Bietungsgarantien (bidbond/garantie de participation) sind bei internationalen Ausschreibungen üblich. Der Ausschreibende (z.B. ein federführendes Bauunternehmen) sichert sich auf diese Weise davor, daß etwaige Bieter ihr Angebot zurückziehen, es innerhalb der Bindungsfrist ändern oder den Vertrag trotz Zuschlags nicht ausführen. Auch *Anzahlungsgarantien* sind ebenso wie *Erfüllungsgarantien* möglich. Die Erfüllungsgarantie soll dem Begünstigten für den Fall Sicherheit bieten, daß der Vertragspartner seine vertraglichen Verpflichtungen nicht erfüllt. Man unterscheidet die
- Liefergarantie (delivery guarantee/garantie de livraison), die das Risiko der Nichtlieferung abdecken soll, die
- Leistungsgarantie (performance guarantee/garantie d'execution), die das Risiko der Nichterfüllung abdecken soll, und die
- Gewährleistungsgarantie (warranty bond/garantie de bonne fin), die die Erfüllung etwaiger Gewährleistungsansprüche absichern soll.

Im Interbankenverkehr gibt es daneben die *Rückgarantie* (indemnity guarantee/contre garantie). Sie wird dann verwendet, wenn die Garantiebank aus rechtlichen oder tatsächlichen Gründen gehindert ist, die vereinbarte Garantie unmittelbar gegenüber dem Begünstigten zu stellen und eine Zweitbank beauftragt.

38 Wenn Ware per Konnossement verschickt wird, so kann es vorkommen, daß die Ware ausnahmsweise vor den Dokumenten am Bestimmungsort eintrifft. Bei sehr eiligen Geschäften passiert es, daß der Käufer die Freigabe der Ware fordert, noch bevor er das Konnossement erhalten hat. Für den Frachtführer kann dies zu Schwierigkeiten führen. Um diese im Vorfeld zu begrenzen, ist es üblich ihm eine Konnossementsgarantie (bill of loading guarantee/garantie pour connaissement) zu bestellen. Sie wird in der Regel in Höhe von 150 % des Warenwertes für den Fall vereinbart, daß das Konnossement später als die Ware den Bestimmungsort erreicht.

II. Rechtliche Grundlagen

39 Der Anspruch aus dem Garantievertrag entsteht erst mit Eintritt des Garantiefalls. Nur auf diesen Fall bezieht sich der Einstandswille des Garantieschuldners. Bei der einfachen Garantie obliegt es dem Garantiebegünstigten, Nachweis über den Eintritt des Garantiefalls zu erbringen. Allerdings hat sich in der Bankpraxis inzwischen die *Garantie auf erstes Anfordern* durchgesetzt. Hier wird die Zahlungspflicht der Bank durch die bloße Behauptung ausgelöst, die Voraussetzungen des Garantiefalls seien gegeben. Gelegentlich passiert es, daß eine Bank eine Garantie mit folgendem Wortlaut gibt: »Zahlung auf erstes Anfordern, falls der Verkäufer den Lieferpflichten nicht nachkommt«. Eine solche Effektivklausel[28] ist, gemessen an ihrem Wortlaut, widersprüchlich. Einerseits soll zwar auf bloßes Anfordern gezahlt werden. Andererseits soll aber auch der materielle Garantiefall vorliegen. Effektivklauseln sind daher auslegungsbedürftig, wobei auf den Wortlaut selbst und die näheren Vertragsumstände abzustellen ist[29].

40 Eine *gesetzliche Grundlage* gibt es für die Bankgarantie nicht. Auch die Einheitlichen Richtlinien für Vertragsgarantien, die 1978 von der Internationalen Handelskammer, Paris, veröffentlicht wurden, haben sich, weil sie die rechtliche Selbständigkeit der Garantie zuwenig beachteten, in der Bankpraxis nicht durchgesetzt. Der im anglo-amerikanischen Rechtsraum verbreitete Standby Letter of Credit ist eine Mischung aus Bankgarantie und Akkreditiv. Auf ihn sind seit 1983 die Einheitlichen Richtlinien für Akkreditive (ERA) teilweise anwendbar (Art. 1). Von größerer Bedeutung sind die im Jahre 1992 von der ICC vorgelegten *Einheitlichen Richtlinien für die Demand Guarantee* (ERDG). Art. 2b ERDG bestimmt, daß die Verpflichtung des Garanten darin besteht, den Garantiebetrag gegen schriftliche Anforderung oder Vorlage bestimmter Dokumente zu zahlen. Die Demand Guarantee ist also der Garantie auf erstes Anfordern nach-

---

28 OLG Celle ZIP 1982, 44.
29 Weiterführend von Westphalen, Rechtsprobleme der Exportfinanzierung, S. 329.

gebildet. Bankgarantien werden in der Praxis ausschließlich *schriftlich, und zwar auf der Basis von Formularen* geschlossen.

Typischerweise sichert die Garantie internationale Kaufgeschäfte. Ein Kubaner verkauft beispielsweise an eine Schweizer Firma eine Ladung Rohrzucker. Für die Lieferung beauftragt der Kubaner eine in Deutschland niedergelassene Bank mit der Stellung einer Garantie zugunsten der Schweizer. Wenn es zu Problemen kommt, stellt sich zunächst die Frage, welches Recht eigentlich anwendbar ist. Vertragliche Schuldverhältnisse unterliegen nach Art. 27 EGBGB grundsätzlich dem von den Parteien *gewählten* Recht. Haben die Parteien über das anzuwendende Recht keine Vereinbarung getroffen, so unterliegt der Vertrag dem Recht des Staates, mit dem er die engste Verbindung aufweist (Art. 28 Abs. 1 EGBGB). Dabei wird vermutet, daß der Vertrag die engste Verbindung mit dem Staat aufweist, in dem sich die Hauptniederlassung des Schuldners befindet, der den Vertrag in Ausübung einer gewerblichen oder beruflichen Tätigkeit geschlossen hat. Hiernach unterliegt die Garantie regelmäßig dem Recht, das am *Sitz* der Garantiebank gilt. Im Beispielsfall wäre also deutsches Recht anwendbar. 41

III. Abgrenzung zu anderen Sicherungsinstrumenten

1. Bürgschaft

Die Bürgschaft ist akzessorisch, also vom Bestand der Hauptforderung abhängig. Ist diese erfüllt, so erlischt die Bürgschaft. Anders ist dies bei der Garantie. Sie sichert die Leistung als solche, unabhängig davon, ob diese tatsächlich geschuldet oder erzwingbar ist. Weiterhin erlaubt die Bürgschaft der in Anspruch genommenen Bank die Geltendmachung von Einwendungen und Einreden gemäß §§ 768, 770 BGB aus dem zugrundeliegenden Rechtsverhältnis. Bei der Garantie besteht hingegen ein weitgehender Einwendungsausschluß. Dies ermöglicht dem Begünstigten, die Garantiesumme auf einfache und schnelle Art, d.h. aufgrund der bloßen Behauptung, der Garantiefall sei eingetreten, zu erlangen. Es gilt die Maxime: *erst zahlen, dann prozessieren.* Schließlich genießt die Bankgarantie weltweit eine nahezu einheitliche Behandlung, was sie gerade im Außenhandel zu einem verläßlichen Sicherungsinstrument macht. 42

Allerdings ist inzwischen im deutschen Recht auch die *Bürgschaft auf erstes Anfordern* anerkannt[30]. In diesem Fall hat auch der Bürge ohne Prüfung des materiellen Anspruchs auf erstes Anfordern zu leisten. Dabei ist die Übernahme einer Bürgschaft auf erstes Anfordern den *Kreditinstituten* vorbehalten, während die Garantie auf erstes Anfordern nicht nur in 43

---

30 BGHZ 74, 244; BGH WM 1990, 1410.

der Form der Bankgarantie zulässig ist. Wird die Bürgschaft auf erstes Anfordern unberechtigt in Anspruch genommen, so erwirbt der Bürge gegen den Gläubiger einen Rückforderungsanspruch. Der Einwendungsausschluß ist also nur vorläufig, die Akzessorietät lediglich gelockert. Der unberechtigt in Anspruch genommenen Garantiebank steht ein solcher Anspruch grundsätzlich nicht zu. Die Bank ist darauf beschränkt, die gezahlte Garantiesumme als Aufwendungsersatz vom Garantieauftraggeber zu fordern. Anderes gilt nur, wenn die Bank die Zahlung wegen Rechtsmißbrauchs verweigern durfte.

44 Für die Frage, ob die Parteien im Einzelfall eine Bürgschaft oder eine Garantie vereinbart haben, ist zunächst, wie bei jeder Vertragsauslegung, an den *ausdrücklichen Wortlaut* der Verpflichtungserklärung anzuknüpfen. Die Bezeichnung als Garantie oder Bürgschaft ist jedoch nicht allein maßgeblich. Wegen der engen Verwandtschaft der beiden Sicherungsmittel, die auch bei erfahrenen Geschäftsleuten Probleme aufwirft, haben die gewählten Begriffe lediglich Indizfunktion. Neben dem Wortlaut der Erklärung kommt es mithin auf die Auslegung des Inhalts der Verpflichtungserklärung an. Entscheidend ist auf den erkennbaren Willen der Parteien abzustellen[31]. Soll der Begünstigte eine abstrakte, von dem zugrunde liegenden Kausalgeschäft losgelöste Rechtsstellung erhalten, so ist regelmäßig eine Bankgarantie anzunehmen. Soll die Zahlungspflicht hingegen hinsichtlich Entstehung, Bestand, Umfang und Durchsetzbarkeit von der gesicherten Hauptschuld abhängen, so spricht dies für ein akzessorisches Sicherungsrecht in Form der Bürgschaft. Bei verbleibenden *Zweifeln* soll eine *Vermutung für eine Bürgschaft* und gegen eine Garantie sprechen[32], da die Bürgschaft der gesetzlich geregelte Normalfall schuldrechtlicher Sicherung[33] und darüber hinaus der ungefährlichere Vertragstyp sei[34].

2. Standby Letter of Credit

45 US-amerikanische Banken dürfen nur dann Dienstleistungen anbieten, wenn ihnen dies ausdrücklich durch Gesetz gestattet ist. Weder bundes- noch einzelstaatliches Recht enthält jedoch eine solche Erlaubnis hinsichtlich der Garantie und der Bürgschaft. Da den Banken jedoch das Akkreditivgeschäft nicht verwehrt ist, hat sich in der amerikanischen Bankenpraxis eine besondere Form des Garantieakkreditivs, die des *Standby Letter of Credit*, als weiteres Sicherungsmittel herausgebildet. Der Letter vereinigt formelle Merkmale des Dokumentenakkreditivs mit der materiellen Bankgarantie. Bankgarantie und Standby Letter of Credit (SLC)

---

31 BGH WM 1955, 266; 1967, 342, 1982, 632.
32 RGZ 90, 417; BGH WM 1975, 349.
33 BGHZ 6, 397.
34 BGH LM Nr. 1 zu § 765 BGB.

haben zwar nicht den gleichen rechtlichen Charakter, aber doch nahezu identische Funktionen. Der SLC ist eine vertragliche Vereinbarung, in der sich eine Bank gegenüber dem Begünstigten verpflichtet, für die Erfüllung der Verbindlichkeit eines Dritten einzustehen. Das Zahlungsversprechen der Bank ist geknüpft an die Übergabe vertragsgemäßer Dokumente, aus denen sich ergibt, daß der Dritte seine *vertraglichen Verpflichtungen* nicht erfüllt hat. Beim Dokumentenakkreditiv hängt die Zahlungspflicht der Bank dagegen von der Erfüllung einer vertraglichen Pflicht ab. Werden die vertragsgemäßen Dokumente der Bank vorgelegt, so muß sie anstelle des Hauptschuldners zahlen. Das ist der entscheidende Unterschied.

IV. Typische Rechtsfragen

1. Dokumentenstrenge

Banken müssen sich streng und förmlich innerhalb der Grenzen des erteilten Auftrags halten. Dies wurde vom BGH schon für den Akkreditivverkehr, den Überweisungsverkehr und das Dokumenteninkassogeschäft entschieden[35]. Es besteht kein Grund, bei der Bankgarantie einen anderen Maßstab anzulegen[36]. Maßgeblich ist in allen Fällen, daß die Bank regelmäßig nicht die Rechtsbeziehungen zwischen ihrem Kunden und dessen Vertragspartner überblicken kann. Dieser Grundsatz der formalen Auftragsstrenge verdichtet sich immer dann zum Grundsatz der *Dokumentenstrenge*, wenn die Zahlung aus der Garantie nur gegen Vorlage bestimmter Dokumente erfolgen soll. Dieser Grundsatz besagt, daß die Bank mit angemessener Sorgfalt prüfen muß, ob die vorgelegten Dokumente den Garantiebedingungen formell entsprechen. Eine Prüfung der inhaltlichen Richtigkeit der Dokumente oder des Kausalgeschäfts obliegt ihr dagegen nicht. Es geht also um eine *streng formale* Betrachtungsweise. Ist beispielsweise eine Garantie auf den 30.09. befristet, so muß die Bank Dokumente, die ihr am 03.10. vorgelegt werden als verspätet zurückweisen, und zwar auch dann, wenn sie den (entschuldigenden) Grund der Verspätung (Unruhen im Libanon) kennt und akzeptiert[37]. 46

2. Abtretung der Garantie

Nach § 398 BGB können grundsätzlich nur Forderungen abgetreten werden. Fraglich war, ob die Befugnis, der Bank den Sicherungsfall anzuzeigen, und damit die Auszahlung der Garantie zu bewirken, abtretbar ist. 47

---

35 BGH LM § 780 BGB Nr. 1 u. 3.
36 OLG Stuttgart WM 1979, 733.
37 OLG Stuttgart WM 1979, 733; OLG Frankfurt WM 1983, 516.

48 *Fall: LG Frankfurt/M. WM 1978, 442*
Eine Bank gab der Firma M zur Sicherung eines Werkvertrages mit A eine Garantie auf erstes Anfordern in Höhe von 5 Mio. DM. Zahlung sollte gegen schriftliche Erklärung erfolgen, daß A seinen werkvertraglichen Pflichten nicht nachgekommen ist. Am nächsten Tag trat M die Rechte aus der Garantie an K ab und zeigte die Abtretung der Bank an. Einige Zeit später erklärte K schriftlich gegenüber der Bank, daß A den Werkvertrag nicht erfüllt habe und bat um Auszahlung eines Teils der Garantiesumme. Die Bank weigerte sich unter Hinweis darauf, daß sie zur Leistung nur verpflichtet sei, wenn der Sicherungsfall vom Vertragspartner M schriftlich angezeigt werde.

49 Das LG Frankfurt/M. stimmte zu. Die in der Garantie bezeichnete schriftliche Erklärung sollte nach dem Wortlaut von M abgegeben werden. Über diese Befugnis, durch Abgabe einer *Wissenserklärung* die Forderung aus dem Garantievertrag fällig werden zu lassen, kann nicht ohne weiteres im Wege der Abtretung verfügt werden. Nach § 398 BGB können zwar grundsätzlich Forderungen abgetreten werden. Die Befugnis, den Sicherungsfall zu erklären, ist jedoch keine Forderung im rechtlichen Sinne. Eine Abtretung dieser Befugnis kommt auch deshalb nicht in Betracht, weil sie zu einer nach § 399 BGB unzulässigen Inhaltsänderung des Garantieversprechens führen würde. Sie wird auch nicht als Nebenrecht i.S.v. § 401 BGB von einer Abtretung der Rechte aus der Garantie erfaßt, so daß durch Erklärung des K die Fälligkeit der Garantieverpflichtung nicht ausgelöst werden konnte. Weshalb K im obigen Fall dem M nicht den Streit verkündete oder ihn wenigstens aufforderte, die entsprechende Erklärung abzugeben, läßt sich aus der Entscheidung nicht entnehmen.

3. Einwendungsausschluß

a) Grundsätze

50 Das Garantieversprechen ist abstrakt, d.h. von dem ihm zugrundeliegenden Warengeschäft losgelöst. Der hieraus entwickelte Einwendungsausschluß ergibt sich aus Sinn und Zweck der Bankgarantie. Diese ist gekennzeichnet durch ihre Sicherungsfunktion. Diese Funktion wäre in Frage gestellt, wenn die Bank dem Anspruch des aus der Garantie Begünstigten nach ihrem Belieben Einwendungen entgegenhalten könnte. Der Bank ist es jedoch unbenommen, sich auf Einwendungen zu berufen, die sich auf die Wirksamkeit oder den Inhalt des Garantieversprechens beziehen. Die Bank kann sich also beispielsweise darauf berufen, das Garantieversprechen sei wegen Gesetzeswidrigkeit nichtig (§ 134 BGB) oder beruhe auf einer arglistigen Täuschung (§ 123 BGB). Sie kann ebenfalls einwenden, der Begünstigte habe den Nachweis für das Vorliegen des Garantiefalls nicht erbracht bzw. erforderliche Dokumente nicht vorgelegt.

b) Ausnahmen
In Einzelfällen können auch Einwendungen aus dem Valutaverhältnis berücksichtigt werden. Wie beim Dokumentenakkreditiv steht auch bei der Bankgarantie der Einwendungsausschluß unter dem Vorbehalt von Treu und Glauben. An die Voraussetzungen des Rechtsmißbrauchs sind aber im Interesse der Funktionsfähigkeit des Garantiegeschäftes hohe Anforderungen zu stellen. Die Bank kann daher immer nur dann den Einwand des Rechtsmißbrauchs erheben, wenn die Garantie trotz *offensichtlicher und liquide beweisbarer Unbegründetheit* abgerufen wird[38].

51

Fall: BGH WM 1984, 689
E verpachtete Ende 1978 ein in Teheran gelegenes Gewerbegrundstück an P. Im Pachtvertrag verpflichtete sich I das Grundstück bis zum 31.03.1980 zu räumen. Für den Fall der Nichträumung wurden weitere Pachtzinsen sowie Schadensersatz vereinbart, der von einer Bank durch die Übernahme einer Bankgarantie abgesichert werden sollte. Die Bank übernahm daraufhin eine unwiderrufliche unbedingte Garantie auf erstes Anfordern gegenüber E. Ende 1979 wurde P vom Teheraner Oberbürgermeister aufgefordert, das Grundstück zu räumen, da es verstaatlicht worden sei. Dieser Aufforderung kam P am 05.02.1980 nach und setzte die Bank hiervon unter Vorlage eines die Räumung bestätigenden Protokolls des zuständigen Teheraner Friedensgerichts in Kenntnis. E nahm die Bank nach Ablauf der vereinbarten Pachtdauer in Kenntnis der Enteignung aus der Garantie in Anspruch. Die Bank verweigerte die Zahlung wegen rechtsmißbräuchlicher Inspruchnahme, denn E sei bekannt, daß für P durch die Enteignung die Herausgabe des Grundstücks unmöglich geworden sei.

52

Der BGH stimmte zu. Nach seiner Auffassung steht dem Zahlungsanspruch aus der Garantie der Einwand des Rechtsmißbrauchs entgegen. Die Garantiebank kann sich zwar grundsätzlich bei einer Garantie auf erstes Anfordern nicht darauf berufen, die Hauptschuld im Valutaverhältnis sei erloschen bzw. nicht entstanden. Dieser, die abstrakte Garantie kennzeichnende Einwendungsausschluß, unterliegt jedoch den Grundsätzen von Treu und Glauben. Bei der Bestimmung seiner Voraussetzungen und Grenzen ist, worauf oben schon hingewiesen wurde, wie beim Dokumentenakkreditiv auf die *rechtliche Offensichtlichkeit, liquide Beweisbarkeit und Schwere des Mangels*[39] im Valutaverhältnis abzustellen. Da E von der Enteignung Kenntnis hatte, wußte er, daß für P die Herausgabe des Grundstücks unmöglich geworden war. Die Inanspruchnahme der Garantie durch E war daher offensichtlich unbegründet und daher rechtsmißbräuchlich.

53

---

38 BGHZ 90, 292; NJW 1988, 2610.
39 So BGHZ 90, 292.

Das gilt auch dann, wenn die Bank erfährt, daß sie durch Auszahlung der Garantie an der Verwirklichung eines sittenwidrigen Grundgeschäfts (§ 138 BGB) mitwirkt[40].

4. Aufrechnung trotz Garantie

54 Gelegentlich kommt es vor, daß die Garantiebank ihre Zahlungspflicht zwar nicht bestreitet, aber mit eigenen Forderungen aufrechnet. Die Frage ist, ob eine Aufrechnung dieser Art wegen der Funktionen einer Garantie auf erstes Anfordern grundsätzlich ausgeschlossen ist. Der BGH hat hierzu ein differenziertes Konzept entwickelt[41]. Einwendungen aus dem Valutaverhältnis darf die Garantiebank in keinem Fall erheben. Dies folgt aus dem Zweck der Garantie, dem Gläubiger möglichst problemlos zu seinem (berechtigten) Anspruch zu verhelfen und im Streitfall die Prozeßlage umzukehren[42]. Aus diesem Grund kann die Garantiebank auch nicht mit Ansprüchen aufrechnen, die ihr aus dem der Garantie zugrunde liegenden Vertragsverhältnis etwa abgetreten worden sind, wie z.B. mit Schadensersatz- oder Gewährleistungsansprüchen. Insoweit gilt das gleiche wie im Akkreditivrecht[43]. Dagegen ist die Aufrechnung mit *eigenen* Gegenforderungen der Garantiebank zulässig, sofern diese fällig sind. Denn bei Zahlungsgarantien – wie hier – gibt es keinen Gesichtspunkt, der dafür sprechen könnte, daß die Garantiesumme dem Begünstigten so zur Verfügung gestellt werden müßte, daß er darüber frei verfügen kann. Die Zahlungsgarantie auf erstes Anfordern hat nämlich in erster Linie eine Sicherungsfunktion[44]. Deshalb gibt es keinen Grund für die Annahme, die Beteiligten wollten dem Begünstigten mit der Garantie mehr Rechte verschaffen, als er bei ordnungsgemäßer Erfüllung der Kaufpreisforderung haben würde. Diese kann aber auch im Wege der Aufrechnung erfüllt werden. Für die Praxis liegt die besondere Bedeutung des BGH-Urteils darin, daß es die Risiken aufzeigt, die ein Dritter läuft, der sich Garantieansprüche zwecks Sicherung seiner Forderungen gegen die Garantienehmer abtreten läßt. Es empfiehlt sich deshalb für den Abtretungsempfänger, die Abtretung der Garantiebank offenzulegen und diese zu einer *Drittschuldnererklärung* aufzufordern, d.h. zu erklären, inwieweit liquide Gegenforderungen bestehen.

---

40 OLG Hamm WM 1984, 1445 (Rückzahlungsgarantie für ein mit 31 % effektiv verzinstes und deshalb sittenwidriges Darlehen).
41 WM 1985, 694 = BGHZ 94, 164.
42 BGHZ 90, 287, 294.
43 BGHZ 28, 129.
44 Liesecke, WM 1968, 22.

Dritter Teil Investment Banking

§ 11 Wertpapiergeschäft

A. Das Effektengeschäft

I. Der Begriff des Effektengeschäfts
 1. Herkömmliche Definitionen
 2. Erweiterungen
  a) Wertpapierbegriff in anderen Gesetzen
  b) Bankmäßiges Effektengeschäft
II. Formen des bankmäßigen Effektengeschäfts
 1. Vertragstypen zur Durchführung des Effektengeschäfts
  a) Direkte Stellvertretung
  b) Kommission gem. §§ 383 ff. HGB
  c) Kommission mit Selbsteintritt gem. §§ 400 ff. HGB
  d) Eigengeschäft (Eigenhändlergeschäft, Propergeschäft)
 2. Schuldrechtliche Formen des Effektengeschäfts nach den Sonderbedingungen für Wertpapiergeschäfte 1995
  a) Einfache Kommission
   aa) Einführung durch Sonderbedingungen
   bb) Anwendungsbereich der Sonderbedingungen
   cc) Ausführung als Kommissionär
   dd) Erfüllungshaftung des Kommissionärs
   ee) Ausführungsplatz und Ausführungsort
   ff) Namhaftmachung des Dritten
   gg) Verhaltenspflichten bei Limitierungen und Kursaussetzungen
   hh) Vorschußpflicht des Kunden
  b) Festpreisgeschäft
 3. Ausführung und Erfüllung des Effektengeschäfts
  a) Lieferfristen und Erfüllungszeitpunkt
   aa) Gesetzliche Liefer- und Erfüllungsfristen
   bb) Usancemäßige Liefer- und Erfüllungsfristen
  b) Erfüllung der Wertpapiergeschäfte
   aa) Anschaffung im Inland
   bb) Anschaffung im Ausland
  c) Pfand- und Zurückbehaltungsrechte
  d) Konkursvorrecht des Bankkunden

Schrifttum:
Assmann/Schneider, WpHG, Köln 1995; *Assmann/Schütze* (Hrsg.), Handbuch des Kapitalanlagerechts, 2. Aufl., München 1996; *Baumann*, Das neue Wertpapierrecht in Frankreich, Bank 1984, 337 f.; *Baumbach/Hefermehl*, Wechselgesetz und Scheckgesetz, 18. Aufl., München 1993; *Bodura*, Die schuldrechtlichen Rechtsbeziehungen zwischen der Bank und dem Anleger im Effektenhandel, Frankfurt 1995; *Brink*, Rechtsbeziehungen und Rechtsübertragung im nationalen und internationalen Effektengiroverkehr, Berlin 1976; *Bruns*, Der Weg zum stückelosen Wertpapierverkehr, in: Jahresbericht 1972 der Frankfurter Wertpapierbörse, S. 25 ff.; *Canaris*, Bankvertragsrecht, 3. Aufl., Berlin 1988; *ders.*, 2. Aufl., Berlin 1981; *Claussen*, Bank- und Börsenrecht, München 1996; *Coing*, Die »Aufbewahrung« von Wertpapieren im Ausland als Treuhandgeschäft, WM 1977, 466 ff.; *von Dalwigk zu Lichtenfels*, Das Effektenkommissionsgeschäft, Köln 1975; *Dechamps*, Wertrechte im Effektengiroverkehr, Abhandlungen zum deutschen und europäischen Handels- und Wirtschaftsrechts, Bd. 61, Köln 1989; *Delorme*, Vom Wertpapier zum Wertrecht, Bank 1981, 431 ff.; *Drobnik*, Dokumentenloser Effektenverkehr, in: Abschied vom Wertpapier?, hrsg. v. K. Kreuzer, Arbeiten zur Rechtsvergleichung, Bd. 137, 1988, S. 11 ff.; *Einsele*, Wertpapierrecht als Schuldrecht, Tübingen 1995; *Heinsius/Horn/Than*, Depotgesetz, 1975; *Hueck/Canaris*, Recht der Wertpapiere, 12. Aufl., München 1986; *Hüffer*, Wertpapier-Verkaufsprospektgesetz, Köln 1996; *Jütten*, Wertpapierhandel, in: Bankrecht und Bankpraxis, Kap. 7 (Stand 3/96); *Koller*, Gutachten und Vorschläge zur Überarbeitung des Schuldrechts, Bundesministerium der Justiz, Bd. II, 1981, S. 1427 ff.; *Kümpel*, Ablösung der »Wertrechte« durch (Dauer)Globalurkunden – Zu den Reformvorschlägen für das Wertpapierrecht, WM 1982, 730 ff.; *ders.*, Zur Umstellung des französischen Effektenwesens auf Bucheffekten, WM 1984, 577 ff. u. 613 ff.; *ders.*, Bank- und Kapitalmarktrecht, Köln 1995; *ders.*, Die neuen Sonderbedingungen für Wertpapiergeschäfte, WM 1995, 137 ff.; *ders.*, Abwicklung der Effektengeschäfte, in: Assmann/Schütze (Hrsg.), Handbuch des Kapitalanlagerechts, 2. Aufl., 1996, § 13; *Lütticke*, Elektronische Verbriefung von Effektenrechten? Bankrechtl. Sonderveröffentlichungen des Instituts für

Frank A. Schäfer

Bankwirtschaft und Bankrecht an der Universität Köln, Bd. 26, 1980; *Opitz*, Der Schutzgedanke im deutschen Depotrecht, Köln 1956; *ders.*, DepotG, 2. Aufl., Berlin 1955; *Paul*, Kundenpapiere im Ausland bei Insolvenz der inländischen Depotbank, WM 1975, 2 ff.; *Peters*, Bucheffekten – eine Alternative zum Wertpapier?, WM 1976, 890 ff.; *ders.*, Wertpapierfreies Effektensystem, Göttingen 1975; *Reischauer/Kleinhans*, Kreditwesengesetz, Loseblatt-Kommentar, Stand 8/96; *Richardi*, Wertpapierrecht, Heidelberg 1987; *Roth*, Das Effektengeschäft im Allgemeinen, in: Assmann/Schütze (Hrsg.), Handbuch des Kapitalanlagerechts, 2. Aufl., 1996, § 11; *Schäfer*, Emission und Vertrieb von Wertpapieren nach dem Wertpapierverkaufsprospektgesetz, ZIP 1991, 1557 ff.; *Schiereck*, Die Ziele eines Anlegers bei der Wahl des Börsenplatzes, ZBB 1996, 185 ff.; *Schneiders*, Anlegerschutz im Recht der Effektenkommission, Berlin 1977; *Schönle*, Bank- und Börsenrecht, 2. Aufl., München 1976; *Schwark*, Rechtsprobleme bei der mittelbaren Stellvertretung, JuS 1980, 777 ff.; *ders.*, Anlegerschutz durch Wirtschaftsrecht, 1979; *Stauder/Comes*, Pfand- und Zurückbehaltungsrechte im Effektengeschäft, WM 1969, 610 ff.; *Steuer*, Zum neuen stückelosen Wertpapierrecht in Frankreich, WM 1984, 1385 ff.; *Than*, Kapitalmarkt und Globalurkunde, in: Festschr. Heinsius, Berlin 1991, S. 809 ff.; *Witz*, Die Entmaterialisierung des Effektenwesens in Frankreich, in: Abschied vom Wertpapier?, hrsg. v. K. Kreuzer, Arbeiten zur Rechtsvergleichung, Bd. 137, 1988, S. 47 ff.; *Zöllner*, Wertpapierrecht, 14. Aufl., München 1987; *ders.*, Die Zurückdrängung des Verkörperungselements bei den Wertpapieren, in: Festschr. L. Raiser, 1974, S. 249 ff.

I. Der Begriff des Effektengeschäfts

1. Herkömmliche Definitionen

1 Nach § 1 Abs. 1 S. 2 Nr. 4 KWG begründet »*die Anschaffung und die Veräußerung von Wertpapieren für andere (Effektengeschäft)*« ein Bankgeschäft. Eine Definition des Wertpapierbegriffs enthält das KWG ebensowenig wie die des Effektenbegriffs. Ein *Wertpapier* im weiteren Sinne ist nach heute fast einhelliger Auffassung eine »*Urkunde, deren Innehabung zur Geltendmachung des in ihr verbrieften Rechts erforderlich ist*«[1]. Diese weite Fassung des Wertpapierbegriffs hätte zur Konsequenz, daß bereits die Anschaffung eines Sparbriefs[2] oder eines Schecks[3] das Betreiben von Bankgeschäften begründen würde. Es bestand daher schon immer Einigkeit darüber, daß durch den Klammerzusatz »Effektengeschäft« nicht die Anschaffung und die Veräußerung sämtlicher nur denkbarer Wertpapiere das Betreiben eines Bankgeschäftes begründen sollte. Die *Beschränkung auf das »Effektengeschäft«* wurde verstanden als eine Eingrenzung des Wertpapierbegriffs auf sog. »*Kapitalmarktpapiere*«[4]. Darüber hinaus sollten in Anlehnung an § 1 DepotG auch nur »vertretbare« Wertpapiere des Kapitalmarktes dem Effektenbegriff unterfallen.

---

1 Vgl. nur Zöllner, § 3 III; Hueck/Canaris, § 1 I; Richardi, § 3 II; Baumbach/Hefermehl, Wechsel- und Scheckgesetz, WPR Rz. 11 ff.; Roth, Wertpapierrecht, S. 10.
2 Also eines Rekta-(=Namens-)papieres, vgl. Palandt/Thomas, Einf. v. § 793 Rz. 2.
3 Also eines geborenen Orderpapiers, vgl. Baumbach/Hefermehl, Wechsel- und Scheckgesetz, WPR Rz. 54.
4 Canaris, Rz. 1810 f. m.w.N.; Schönle, § 16 I.

Hinsichtlich eines Kernbereichs von Wertpapieren bestand Einigkeit darüber, daß sie zu den vertretbaren Wertpapieren des Kapitalmarktes zählten. Dies galt insb. für Inhaber- wie Namensaktien, Inhaberschuldverschreibungen, die verzinsliche Forderungen gegen Banken oder Industrieunternehmen verbrieften, Wandel- und Optionsanleihen, Investmentanteilscheine sowie Pfandbriefe und Kommunalobligationen[5]. Bei einer Vielzahl von nicht diesem Kernbereich unterfallenden Wertpapieren war jedoch streitig, ob sie als Effekten im Sinne des KWG zu verstehen sind. Dies lag zum Teil daran, daß ein Erfordernis der »Verzinslichkeit« für den Effektenbegriff statuiert bzw. eine »massenhafte« Emission oder aber eine Börsengängigkeit für notwendig gehalten wurde. So war fraglich, ob Null-Coupon-Anleihen einen Anspruch auf »regelmäßig wiederkehrende Erträge« verbrieften[6], Jungscheine im Rahmen des Jungscheingiroverkehrs hinreichend verbrieft waren[7], sog. Certificates of Deposit (CDs) als kurzfristige Geldmarktpapiere trotz ihrer typischen Mindeststückelung von DM 500 000,- aufgrund ihrer regelmäßig nur kurzen Laufzeit als nicht dem Kapitalmarkt zugehörig anzusehen waren[8] oder ob die seit Mitte der 80er Jahre große Beachtung findenden Optionsscheine, die zum Bezug von Aktien oder Indizes berechtigen, bei einer Laufzeit von regelmäßig weniger als ein bis zwei Jahren in den Begriff der Kapitalmarktpapiere einzubeziehen waren.

2

Durch die Beschränkung des Effektenbegriffs auf vertretbare Wertpapiere des Kapitalmarktes ergab sich die zusätzliche Problematik, daß der moderne Effektenverkehr bereits seit den 40er Jahren starke Tendenzen der »*Entmaterialisierung*« aufwies. Das Element der Verkörperung des Wertpapieres in einer Urkunde erwies sich in zunehmendem Maße als Hemmnis für die Bedürfnisse des modernen Massengeschäftes. Zunächst durch die Sammelverwahrung der Effekten[9] und sodann durch die Sammelurkunde wurden Mittel der Rationalisierung der Verwahrung eingeführt, die eine parallele Entwicklung bei der Übertragung von Effekten in Form des stückelosen Effektengiroverkehrs, also der bloßen Umbuchung von nur noch bei den Wertpapiersammelbanken verwahrten Beständen[10] mit sich brachte. Bereits im Jahre 1910 war durch das *Reichsschuldbuchgesetz* die Möglichkeit der Ersetzung der Verbriefung von Inhaberschuldverschreibungen des Deutschen Reiches durch eine Registereintragung eröffnet worden. Durch das *Anleihegesetz von 1951* wurde die unverbrief-

3

---

5 Vgl. Schönle, § 16 I 1; Canaris, Rz. 1812 ff.; Reischauer/Kleinhans, KWG, § 1 Rz. 29; Bodura, Rechtsbeziehungen, S. 43 ff.
6 Vgl. Roth, in: Hdb. KapitalanlR, § 11 Rz. 5.
7 Verneinend Canaris, Rz. 2060 – a. A. aber Rz. 1814.
8 Vgl. Kümpel, Bank- und Kapitalmarktrecht, 8.7.
9 Vgl. zur Sammelverwahrung unter § 11 C II 1; es wird »nur« Miteigentum an dem Sammelbestand einer Wertpapiersammelbank übertragen, § 24 DepotG.
10 Vgl. zu dieser Entwicklung Hueck/Canaris, § 1 III m.w.N.

te Emission staatlicher Anleihen ermöglicht und seit der Depotgesetznovelle von 1972 erfolgen Emissionen der Bundesrepublik Deutschland sowie der Bundesländer nur noch als sog. *Wertrechtsanleihen*[11]. Diese Entwicklung sowie die Einführung von Wertrechten als Regelfall in Frankreich im Jahre 1984 hat zu einer intensiven Diskussion der Möglichkeit eines *wertpapierfreien Effektensystems* geführt[12]. Durch § 9 a DepotG wurde zumindest für die Verwahrung der Wertpapiere die – schon vorher in der Praxis verbreitete – Sammel- oder Globalurkunde gesetzlich anerkannt und einer umfassenden Regelung zugeführt[13]. Durch die Regelung der *Globalurkunden* entfiel zu einem Großteil die wirtschaftliche Notwendigkeit zur Einführung eines stückelosen Effektengeschäftes, da dieses mit einer Globalurkunde in wesentlichen Aspekten bereits verwirklicht[14] wird. Die Zweifelsfragen im Rahmen des Effektenbegriffs des KWG wurden damit jedoch nicht gelöst.

4   Von Bedeutung war die Abgrenzung des Effektengeschäftes im Sinne des KWG insb. für die Bestimmung der Voraussetzungen für das Erfordernis einer Banklizenz für das Betreiben von Bankgeschäften im Rahmen des § 32 KWG sowie für den Umfang der sich auf das Effekten- und Depotgeschäft erstreckenden Depotprüfung gem. § 30 Abs. 1 KWG a.F.

2. Erweiterungen des Begriffs des Effektengeschäftes

a) Wertpapierbegriff in anderen Gesetzen

5   Mit Einführung des Wertpapierhandelsgesetzes[15] ging zwar nicht die Befugnis zur Erteilung einer Banklizenz auf das Bundesaufsichtsamt für den Wertpapierhandel über, doch unterliegt nunmehr das gesamte Wertpapiergeschäft nach § 4 Abs. 1 S. 1 WpHG der Aufsicht durch das Bundesaufsichtsamt für den Wertpapierhandel. Dabei erstreckt sich die Aufsicht zunächst nur auf den börslichen und außerbörslichen Handel mit Wertpapieren und Derivaten von Wertpapierdienstleistungen erbringenden Wertpapierdienstleistungsunternehmen, die Kreditinstitute oder an einer inländischen Börse zur Teilnahme am Handel zugelassene Unter-

---

11   Vgl. zur Entwicklung Roth, in: Hdb. KapitalanlR, § 11 Rz. 10; Kümpel, Bank- und Kapitalmarktrecht, 8.18.
12   Vgl. Einsele, Wertpapierrecht als Schuldrecht, 1995; Than, in: Festschr. Heinsius, 1991, S. 809 ff.; Dechamps, Wertrechte im Effektengiroverkehr, 1989; Drobnig, in: Abschied vom Wertpapier?, 1988, S. 11 ff.; Baumann, Bank 1984, S. 337 f.; Kümpel, WM 1984, 577 ff. und 613 ff.; Steuer, WM 1984, 1385 ff.; Kümpel, WM 1982, 730 ff.; Koller, Gutachten, S. 1427 ff.; Delorme, Bank 1981, 431 ff.; Lütticke, Elektronische Verbriefung von Effektenrechten?, 1980; Peters, Wertpapierfreies Effektensystem, 1978; Bruns, Jahresbericht 1972 der Frankfurter Wertpapierbörse, S. 25 ff.
13   Vgl. dazu insb. Than, in: Festschr. Heinsius, S. 809, 812 ff.; Bodura, Rechtsbeziehungen, S. 40 f.; sowie unten § 7 C II 2.
14   Vgl. dazu Roth, in: Hdb. KapitalanlR, § 11 Rz. 13 f. m.w.N.
15   vom 26. Juli 1994, BGBl. I S. 1749.

nehmen sind, § 2 Abs. 4 WpHG. Während es bei der Frage der Begründung der Bankgeschäftseigenschaft bei dem bisherigen in Randbereichen unklaren Gesetzeswortlaut des § 1 Abs. 1 S. 2 Nr. 4 KWG verblieb, sieht § 2 Abs. 1 WpHG eine erheblich erweiterte Definition des Wertpapiers und damit auch des Aufsichtsumfanges des Bundesaufsichtsamtes für den Wertpapierhandel vor. Nach *§ 2 Abs. 1 WpHG* sind *Wertpapiere* »im Sinne dieses Gesetzes, auch wenn für sie keine Urkunden ausgestellt sind,
1. Aktien, Zertifikate, die Aktien vertreten, Schuldverschreibungen, Genußscheine, Optionsscheine,
2. andere Wertpapiere, die mit Aktien oder Schuldverschreibungen vergleichbar sind,
wenn sie auf einem Markt gehandelt werden können, der von staatlich anerkannten Stellen geregelt und überwacht wird, regelmäßig stattfindet und für das Publikum unmittelbar oder mittelbar zugänglich ist«. Durch diese Definition sind die Zweifelsfragen weitestgehend hinfällig, die sich aus der Einschränkung des Effektenbegriffs gegenüber dem allgemeinen Wertpapierbegriff ergeben. So kommt es nunmehr nicht mehr darauf an, ob eine Verbriefung der Wertpapiere in Urkunden vorgesehen ist oder es sich um reine Wertrechte handelt. Weiter entfällt die Einschränkung auf den Kapitalmarkt, da nur noch darauf abgestellt wird, ob die Wertpapiere auf einem Markt gehandelt werden können, der dem Publikum unmittelbar oder mittelbar zugänglich ist und von staatlich anerkannten Stellen geregelt und überwacht wird. Somit unterfallen auch Geldmarktpapiere der Aufsicht durch das Bundesaufsichtsamt für den Wertpapierhandel ebenso wie die ausdrücklich genannten Optionsscheine. Schließlich unterliegen auch Wertpapiere der Aufsicht, die keinen regelmäßig wiederkehrenden Ertrag verbriefen, wie bereits das Beispiel der Optionsscheine verdeutlicht.

Durch § 2 Abs. 1 Nr. 2 WpHG wird das Gesetz »dynamisch« ausgestaltet durch Erstreckung des Wertpapierbegriffs auf »andere Wertpapiere, die mit Aktien oder Schuldverschreibungen vergleichbar sind«. Zukünftigen Entwicklungen im Wertpapierbereich kann damit flexibel Rechnung getragen werden. Der rechtsstaatlich erforderlichen Begrenzung der Kapitalmarktaufsicht wird Rechnung getragen durch die Einschränkung des Wertpapierbegriffs in § 2 Abs. 1 2. Halbs. WpHG, wenn für die Definition des Wertpapiers im Sinne des WpHG gefordert wird, daß es auf »auf einem Markt gehandelt werden können muß, der von staatlich anerkannten Stellen geregelt und überwacht wird, regelmäßig stattfindet und für das Publikum unmittelbar oder mittelbar zugänglich ist«. Damit werden weiterhin vom allgemeinen Wertpapierbegriff nicht vertretbare Wertpapiere i.S.v. § 91 BGB ausgeschlossen, da diesen die Zirkulationsfähigkeit

6

fehlt[16]. Namensschuldverschreibungen oder entsprechende Rektapapiere unterfallen somit nicht dem der Wertpapieraufsicht unterfallenden Wertpapierbegriff. Hinsichtlich des Merkmals der Fungibilität stimmen der Wertpapierbegriff des KWG und des WpHG überein. Soweit der Wertpapier- bzw. Effektenbegriff des KWG durch weitere Merkmale wie den Kapitalmarktbezug, das Erfordernis der Verbriefung, regelmäßig wiederkehrender Erträge, des besonderen Schutzes des gutgläubigen Erwerbers o. ä.[17] eingeschränkt wird, wird man fragen müssen, ob dies mit Rücksicht auf die wesentlich weitere Wertpapieraufsicht nach dem WpHG noch zeitgemäß ist. Für den Begriff des bankmäßigen Effektengeschäftes sollte zumindest für die bankrechtliche Literatur der § 2 Abs. 1 WpHG den Maßstab setzen.

7   Ähnlich dem Begriff des Wertpapiers in § 2 Abs. 1 WpHG sieht § 1 WertpapierverkaufsprospektG vor, daß Wertpapiere, die erstmals im Inland öffentlich angeboten werden und nicht zum Handel an einer inländischen Börse zugelassen sind, prospektpflichtig sind. Auch § 1 VerkaufsprospektG definiert den Begriff des Wertpapiers nicht[18]. Das Bundesaufsichtsamt für den Wertpapierhandel hat in einer Bekanntmachung[19] den Begriff des Wertpapiers für das WertpapierverkaufsprospektG sehr ähnlich dem des WpHG konkretisiert. Danach sind Wertpapiere grundsätzlich alle vertretbaren Wertpapiere bzw. Wertrechte, die ihrer Natur nach auf einem Markt gehandelt werden können.

b) Bankmäßiges Effektengeschäft

8   Entsprechend der bereits vor Geltung des WpHG und des WertpapierverkaufsprospektG erhobenen Forderung ist der herkömmliche Effektenbegriff für die Bestimmung des *bankmäßigen Effektengeschäftes* spätestens seit Geltung des WpHG *weit auszulegen*[20]. Unter bankmäßigem Effektengeschäft ist nunmehr *die Anschaffung und die Veräußerung von vertretbaren Wertpapieren bzw. Wertrechten für andere* zu verstehen, *die ihrer Natur nach auf einem staatlich anerkannten Markt gehandelt werden können*[21].

---

16 Vgl. BT-Drucks. 12/6679, S. 39; Assmann, in: Assmann/Schneider, WpHG, § 2 Rz. 4.
17 Vgl. Reischauer/Kleinhans, KWG, § 1 Rz. 29.
18 Vgl. dazu Schäfer, ZIP 1991, 1557, 1558 f.; Hüffer, Wertpapier-Verkaufsprospektgesetz, S. 33 ff.
19 Bekanntmachung des Bundesaufsichtsamtes für den Wertpapierhandel zum Verkaufsprospektgesetz v. 15. April 1996, I 1 zu § 1 VerkProspG; abgedruckt in BAnz. v. 30.4.1996, Nr. 82, S. 4069.
20 Dies impliziert nicht notwendigerweise, daß auch der aufsichtsrechtliche Wertpapier- bzw. Effektenbegriff des KWG weiter gefaßt wird als dies traditionell der Fall ist; vgl. dazu BGH ZIP 1994, 867, 872 = WM 1994, 896, 900 sowie Szagunn/Wohlschieß, KWG, § 1 Rz. 46 f. und Bähre/Schneider, KWG, § 1 Anm. 10.
21 So wohl auch Bodura, Rechtsbeziehungen, S. 38 ff.

Der weite Begriff der Wertpapiere wird somit nur noch eingeschränkt 9
durch das Merkmal der Vertretbarkeit als der Voraussetzung für die
grundsätzliche Eignung zum Handel auf einem Markt, ohne daß es auf eine Verbriefung noch ankommt. Der *Verzicht auf eine Verbriefung* hat jedoch nicht zur Folge, daß jeder börsenmäßige Handel in Rechten dem
Wertpapierbegriff unterfällt. Wenn dem so wäre, wären sämtliche an der
Deutschen Terminbörse gehandelten Derivate Wertpapiere. Dann hätte es
jedoch nicht der gesonderten Definition der Derivate in § 2 Abs. 2
WpHG bedurft. Einer Verbriefung bedarf es somit nur dann nicht, wenn
zumindest eine Globalurkunde existiert oder gesetzlich ein reines Wertrecht dem Wertpapier gleichgestellt ist[22/23]. Durch das Merkmal der »Anschaffung und Veräußerung für andere« scheidet der Eigenhandel der
Bank aus dem Begriff des bankmäßigen Effektengeschäftes aus. Gleiches
gilt für die meisten Formen der Wertpapierleihe[24], da es sich i.d.R. nicht
um ein Kommissionsgeschäft[25], sondern um ein Sachdarlehen bzw. dessen
Vermittlung handelt. Ohne die gesetzliche Beschränkung des Effektengeschäfts auf die gewerbsmäßigen Umsatzgeschäfte für andere wäre die Beschränkung des Effektenbegriffs auf die Merkmale der Vertretbarkeit und
der grds. Eignung zum Handel nur schwer begründbar. – Von der letztlich aufsichtsrechtlich geprägten Definition des bankmäßigen Effektengeschäftes ist der depotrechtliche Schutz des Anlegers und der damit verbundene Verkehrsschutz zu unterscheiden.

II. Formen des bankmäßigen Effektengeschäftes

1. Vertragstypen zur Durchführung des Effektengeschäftes

a) Direkte Stellvertretung
Für die *Anschaffung und Veräußerung von Wertpapieren für Dritte* bieten 10
sich für das Rechtsverhältnis zwischen dem Anleger und der beauftragten
Bank grundsätzlich *vier verschiedene Rechtsformen* an. Nur ausnahmsweise anzutreffen ist die Form der *offenen Stellvertretung*. Bei der

---

22 Die Rekta- und die meisten Orderpapiere fallen aufgrund ihrer fehlenden Umlauffähigkeit (mangels Vertretbarkeit) nicht unter den Effektenbegriff. Eine Ausnahme stellt bei den Orderpapieren z.B. der (umlauffähige) Interimsschein dar, nicht jedoch der nur einen Schuldschein begründende Jungschein, vgl. Einsele, Wertpapierrecht als Schuldrecht, S. 113 f.; Schönle, § 16 I 1 d); Opitz, Schutzgedanke im deutschen Depotrecht, S. 33; Than, in: Festschr. Heinsius, S. 809, 814 f.; vgl. auch § 34 der AGB der Wertpapiersammelbanken i. d. F. von Juli 1953, abgedruckt bei Opitz, DepotG, Anlage 2 I, S. 493 ff. und heute § 39 der AGB der Deutscher Kassenverein AG.
23 Zu dem Diskussionsstand um die Entstehungsmöglichkeiten von Wertrechten vgl. Einsele, S. 201 ff. m.w.N.; Hüffer, in: MünchKomm., BGB, Vor § 793 Rz. 34 f.
24 Vgl. dazu unten § 14 IV.
25 Vgl. Reischauer/Kleinhans, KWG, § 1 Rz. 31.

direkten Stellvertretung beauftragt der Anleger die Bank mit der Ausführung eines Wertpapiergeschäftes als Stellvertreter, d. h. die Bank handelt nicht im eigenen, sondern im Namen des Anlegers. In diesen Fällen kommt ein Kaufvertrag unmittelbar zwischen dem Anleger und dem Käufer bzw. Verkäufer der Wertpapiere auf einem Wertpapiermarkt zustande[26].

11 Da die Börsenteilnehmer keine Kenntnis über die Solvenz des kaufenden oder verkaufenden Anlegers haben, sie mit ihm im Falle der offenen Stellvertretung jedoch in unmittelbare Rechtsbeziehungen treten, gehen die Börsenteilnehmer bei einer derartigen Situation ein nicht unerhebliches Insolvenz- und Abwicklungsrisiko ein. Ein Massengeschäft wie das Effektengeschäft ist jedoch darauf angewiesen, daß es reibungslos und ohne Risiken abgewickelt werden kann. Börsenteilnehmer werden daher nur mit ihnen bekannten anderen Börsenteilnehmern und nicht mit ihnen unbekannten privaten Anlegern Geschäfte abschließen[27]. Bis zur Abschaffung der Börsenumsatzsteuer wurde die Rechtsform der offenen Stellvertretung im Rahmen von Wertpapieremissionen genutzt, da der Ersterwerb börsenumsatzsteuerbefreit war[28]. Hätte eine Bank neu emittierte Wertpapiere auftrags des Anlegers im eigenen Namen erworben und an den Anleger weiter veräußert, wäre dieser Vorgang als »Zweiterwerb« börsenumsatzsteuerpflichtig gewesen. Seit Abschaffung der Börsenumsatzsteuer entfällt auch dieser Grund für die Nutzung der Rechtsform der offenen Stellvertretung. In der Praxis wird daher diese Rechtsform derzeit normalerweise nicht genutzt.

b) Kommission gem. §§ 383 ff. HGB

12 Bis zur Umstellung der AGB der Banken und Sparkassen war der einfachen Kommission gem. §§ 383 ff. HGB in der Praxis keine größere Bedeutung beschieden als der offenen Stellvertretung. Im Rahmen des Kommissionsgeschäftes wird der von dem Kommittenten (Anleger) beauftragte Kommissionär (Bank) im eigenen Namen aber für Rechnung des Kunden tätig. Damit ist das *Kommissionsgeschäft der klassische Fall der mittelbaren Stellvertretung*[29]. Die wesentliche Bedeutung des Kommissionsgeschäftes liegt heute nicht mehr bei der Warenkommission sondern bei der Effektenkommission[30].

13 Der Kommissionsvertrag ist ein Geschäftsbesorgungsvertrag i.S.d. § 675 BGB. Streitig ist, ob die Effektenkommission als Geschäftsbesorgungs-

---

26 Vgl. Schönle, § 17 II 1; Bodura, Rechtsbeziehungen, S. 60 f.
27 Vgl. Roth, in: Hdb. KapitalanlR, § 11 Rz. 30; Bodura, Rechtsbeziehungen, S. 60 f.
28 Vgl. Kümpel, Bank- und Kapitalmarktrecht, 8.89.
29 Schwark, JuS 1980, 777 ff.; K. Schmidt, Handelsrecht, 4. Aufl. 1994, § 31 I 1 b) aa) m.w.N.
30 Vgl. K. Schmidt, Handelsrecht, 4. Aufl., 1994, § 31 II 1 b).

vertrag einen Dienstvertrag[31] oder einen Werkvertrag[32] zum Gegenstand hat. Überlagert werden diese Vorschriften für die Einkaufskommission von Effekten durch die Sonderbestimmungen der §§ 18 ff. DepotG und bei der Effektenverkaufskommission durch § 185 BGB.

Die einfache Kommission ist zu einer wesentlichen Bedeutung erst wieder seit Anfang 1995 gelangt, als Nr. 29 AGB-Banken bzw. Nr. 39 a AGB-Sparkassen gestrichen wurden und damit das Institut der Effektenkommission mit Selbsteintritt zugunsten der einfachen Kommission entfiel[33].

c) Kommission mit Selbsteintritt gem. §§ 400 ff. HGB

Bis Januar 1995 sahen die AGB der Banken und Sparkassen vor, daß »alle Aufträge zum Kauf und Verkauf von Wertpapieren, die an der Börse des Ausführungsplatzes zum amtlichen Handel oder zum geregelten Markt zugelassen sind, als *Kommissionär durch Selbsteintritt* ausgeführt werden, ohne daß es einer ausdrücklichen Anzeige gem. § 405 HGB« bedurfte[34]. Nach § 400 Abs. 1 HGB ist der Kommissionär bei einer Einkaufs- oder Verkaufskommission von Wertpapieren, die einen amtlichen Börsen- oder Marktpreis haben, berechtigt, die Wertpapiere, die er einkaufen soll, selbst als Verkäufer zu liefern oder die Wertpapiere, die er verkaufen soll, selbst als Käufer zu übernehmen. Nach § 400 Abs. 3 HGB darf der vom Kommissionär dem Kommittenten berechnete Preis nicht ungünstiger sein als der Preis, der amtlich festgestellt wurde.

14

Das als Kommissionär tätig werdende *Kreditinstitut trat somit durch die AGB in den Kommissionsauftrag ein*[35]. Durch den Selbsteintritt übernimmt das Kreditinstitut die Funktion des Dritten im Ausführungsgeschäft und verkauft bei einer Einkaufskommission die gewünschten Wertpapiere an den Kommittenten und bei einer Verkaufskommission kauft es die vom Kommittenten zum Verkauf gestellten Wertpapiere. Die Eintrittserklärung führt zum Abschluß eines den Kommissionsvertrag überlagernden Kaufvertrages[36].

15

---

31 Canaris, Bankvertragsrecht, Rz. 1822; Schönle, § 17 II 2; Kümpel, Bank- und Kapitalmarktrecht, 8.95; Bodura, Rechtsbeziehungen, S. 62 f.
32 So insb. früher Hopt in Baumbach/Duden/Hopt, HGB, 28. Aufl., § 383 Anm. 2 – unklar in HGB, 29. Aufl., § 383 Rz. 6; Koller, in: GroßKomm. HGB, § 383 Rz. 59 – vgl. aber auch ebenda § 384 Rz. 18.
33 Vgl. Kümpel, Bank- und Kapitalmarktrecht, 8.81 sowie unten II 2 a).
34 Nr. 29 AGB-Banken i.d.F. vom 01.01.1993; Nr. 4 a Abs. 1 der Bedingungen für Geschäfte in Wertpapieren der Sparkassen i.d.F. vom 01.01.1993, beide abgedruckt bei Baumbach/Hopt, HGB, unter Nr. 8 bzw. 8 a.
35 Schönle, § 17 II 3 c) 2.; Roth, in: Hdb. KapitalanlR, § 11 Rz. 34 f.; Canaris, Rz. 1909; Koller in GroßKomm. HGB, § 400 Rz. 19; Baumbach/Hopt, HGB, § 400 Rz. 9.
36 Zu dessen Zustandekommen vgl. ausführlich Schönle, § 17 II 3 a).

16 *Streitig* ist, worin bei der Effektenkommission der *Abschluß des Kaufvertrages* dogmatisch begründet ist. Die wohl h. M. sieht in dem Selbsteintrittsrecht ein Optionsrecht, das den beauftragten Kommittenten ermächtigt, durch einseitige Gestaltungserklärung einen Kaufvertrag mit dem Kommissionär abzuschließen[37]. Hierbei ist wiederum streitig, ob die einseitige Gestaltungserklärung durch die Absendung der Ausführungsanzeige oder durch sonstige Handlungen konkludent abgegeben wird. Eine a.A. sieht in dem Angebot des Anlegers zum Abschluß eines Kommissionsvertrages ein gleichzeitig erklärtes Angebot zum Abschluß eines Kaufvertrages, was letztlich auf eine Fiktion hinausläuft.

17 Zum Schutze des Kommittenten sieht § 401 HGB vor, daß der Kommissionär beim Selbsteintritt einen günstigeren als den nach § 400 Abs. 5 HGB vorgesehenen Preis berechnen muß, wenn er bei Anwendung pflichtgemäßer Sorgfalt die Kommission zu einem günstigeren Preis hätte ausführen können, und daß der Kommissionär keinesfalls einen ungünstigeren Preis berechnen darf als den des tatsächlich abgeschlossenen Geschäftes. Dem Kommittenten obliegt jedoch die Beweislast dafür, daß der Kommissionär gegen seine Pflichten aus § 401 HGB verstößt[38].

18 Mit der Regelung der §§ 400, 401 HGB wollte der Gesetzgeber die Technik des sog. »*Kursschnitts*« verhindern. Bei diesem berechnet der beauftragte Kommissionär den Preis gem. § 400 HGB, obwohl er sich selbst am Markt günstiger eingedeckt hat. Durch die *Beweislastverteilung* im Rahmen von § 401 HGB war es einem Anleger i.d.R. nicht möglich, *Kursschnitte* des von ihm beauftragten Kommissionärs *nachzuweisen*. Diese Situation wurde in der Literatur z. T. heftig kritisiert[39]. Diese Vorhalte waren Anlaß für die Kreditinstitute, das Institut der Kommission mit Selbsteintritt aufgeben und ABG-mäßig zur schlichten Kommission gem. § 383 ff. HGB überzugehen[40].

d) Eigengeschäft

19 Die vierte Möglichkeit der Durchführung von Effektengeschäften durch Kreditinstitute besteht in der Vornahme von *Eigengeschäften* (auch: *Eigenhandelsgeschäft, Eigenhändlergeschäft* oder *Propergeschäft* genannt). Nr. 29 Abs. 2 AGB-Banken a. F. sah vor, daß »bei Geschäften in nicht

---

37 Schönle, § 17 II 3 c) 2; Kümpel, Bank- und Kapitalmarktrecht, 8.199 ff. m.w.N.
38 OLG Oldenburg, WM 1993, 1879 – dazu Schäfer, WuB I G 1. – 1.94; Baumbach/Hopt, HGB, § 401 Rz. 1; K. Schmidt, Handelsrecht, 4. Aufl., 1994, § 31 VI 1 a) bb) a. E.; Kümpel, WM 1995, 137, 138.
39 Schneiders, Anlegerschutz, S. 48 ff.; v. Dalwigk zu Lichtenfels, Effektenkommissionsgeschäft, S. 47 ff.; Schwark, Anlegerschutz durch Wirtschaftsrecht, S. 107 ff.; K. Schmidt, Handelsrecht, 4. Aufl., 1994, § 31 VI 1 a) cc); Koller, in: GroßKomm. HGB, 4. Aufl. 1992, § 400 Rz. 10.
40 Vgl. Jütten, BuB 7/28; Kümpel, Bank- Kapitalmarktrecht, 8.81 f., 8.188 ff. sowie ausführlich unten A II 2.

zum amtlichen Handel oder nicht zum geregelten Markt zugelassenen Wertpapieren die Bank stets als Eigenhändler auftritt. Das gleiche sollte gelten für zugelassene Wertpapiere, deren Notiz durch Bekanntmachung der Börsenorgane ausgesetzt war. Geschäfte im Eigenhandel konnte die Bank netto berechnen, soweit nicht der Kunde Brutto-Berechnung verlangte«.

Bei einem Auftreten des Kreditinstitutes als Eigenhändler schließt es mit dem Anleger einen *reinen Kaufvertrag*[41]. Bei einem Propergeschäft tritt das Kreditinstitut mit dem Anleger somit in eine ausschließlich kaufrechtliche Beziehung, wobei nach § 31 DepotG jedoch auch die §§ 18 ff. DepotG über die Erfüllung beim Effektenkauf gelten. 20

Es steht dem ein Propergeschäft durchführenden Kreditinstitut frei, die Wertpapiere für den Eigenbestand zu erwerben bzw. aus dem Eigenbestand zu liefern oder aber ein mit dem Propergeschäft korrespondierendes Deckungsgeschäft am Markt abzuschließen. Wegen der – häufig genutzten – Möglichkeit des Abschlusses eines Deckungsgeschäftes wollte eine Mindermeinung die Möglichkeit eines Propergeschäftes generell verneinen und auf das Eigengeschäft generell Kommissionsrecht anwenden[42]. Bei dem Eigenhändlergeschäft ist die Bank berechtigt, im Rahmen von § 315 BGB den Kauf- bzw. Verkaufspreis einseitig zu bestimmen"[43]. 21

2. Schuldrechtliche Formen des Effektengeschäftes nach den Sonderbedingungen für Wertpapiergeschäfte 1995

a) Einfache Kommission

aa) Einführung durch Sonderbedingungen

Bis Ende 1994 hatte das Bankgewerbe den *Handel in Wertpapieren, Devisen und Sorten* in den Nrn. 29 ff. AGB-Banken bzw. Nrn. 36 ff. AGB-Spark. geregelt[44]. Danach führte die Bank bzw. Sparkasse alle Aufträge zum Kauf und Verkauf von Wertpapieren, die an der Börse des Ausführungsplatzes zum amtlichen Handel oder zum geregelten Markt zugelassen waren, als Kommissionär durch Selbsteintritt aus, ohne daß es einer ausrücklichen Anzeige gemäß § 405 HGB bedurfte. Bei Geschäften in nicht zum amtlichen Handel oder nicht zum geregelten Markt zugelassenen Wertpapieren sahen die AGB-Banken vor, daß die Bank stets als Eigenhändler auftrat, während die AGB-Spark. der Sparkasse ein Wahlrecht 22

---

41 Unstr., vgl. nur Schönle, § 17 II 4; Roth, in: Hdb. KapitalanlR, § 11 Rz. 37.; zur Dogmatik, insb. der Abgrenzung zur Kommission und dem Abschluß, vgl. Bodura, S. 195 ff.
42 Schneiders, Anlegerschutz im Recht der Effektenkommission, S. 97 ff.; v. Dalwigk zu Lichtenfels, Effektenkommissionsgeschäft, S. 130 ff.
43 Kümpel, Bank- und Kapitalmarktrecht, 8.217; Schneiders, Anlegerschutz im Recht der Effektenkommission, S. 111.
44 Die AGB-Banken bzw. AGB-Spark. sind abgedruckt bei Baumbach/Hopt, HGB, Nr. 8 bzw. 8 a.

einräumten, Aufträge entweder als Eigenhändler oder als Kommissionär durch Selbsteintritt auszuführen.

23 Unter dem Eindruck der in der Literatur geäußerten *Kritik an der Kommission mit Selbsteintritt bzw. den Eigenhandelsgeschäften* sowie mit Blick auf die durch die §§ 31 ff. WpHG nunmehr auch gesetzliche Ausgestaltung der kommissionsrechtlichen Pflichten der Kreditinstitute zur interessewahrenden Ausführung hat das *Bankgewerbe eine umfassende Neubearbeitung* der Bedingungen für den Handel in Wertpapieren vorgenommen. Die Neufassung der AGB erfolgte außerhalb der für die gesamte Geschäftsverbindung geltenden AGB durch Sonderbedingungen. Seit dem 01. Januar 1995 gelten nunmehr die *Sonderbedingungen für Wertpapiergeschäfte*[45]. Die Sonder-AGB-Banken wie auch die Sonder-AGB-Spark. gliedern sich entsprechend dem Geschäftsablauf in die Teile »Ausführung von Kundenaufträgen«, »Kommissionsgeschäfte«, »Kauf- und Verkaufsgeschäfte mit der Bank«, »Erfüllung der Wertpapiergeschäfte« sowie »Dienstleistungen im Rahmen der Verwahrung«.

bb) Anwendungsbereich der Sonderbedingungen

24 Durch die Präambel wird der Anwendungsbereich der AGB auf den »Kauf oder Verkauf sowie auf die Verwahrung von Wertpapieren beschränkt, und zwar auch dann, wenn die Rechte nicht in Urkunden verbrieft sind«. Börsentermingeschäfte, bei denen die Rechte nicht in Urkunden verbrieft sind, werden jedoch ausdrücklich ausgenommen und den Sonderbedingungen für Börsentermingeschäfte unterworfen. Durch die Präambel wird klargestellt, daß Wertpapiere unabhängig von ihrer Verbriefung von den AGB erfaßt werden. Sie beziehen sich somit auch auf unverbriefte Wertpapierrechte, also insbesondere sammelverwahrte Schuldbuchforderungen der Bundesrepublik oder eines Sondervermögens der Bundesrepublik sowie auf die im Ausland in Wertpapierrechnung verbuchten Rechte. Ebenso erstrecken sie sich auf Optionsscheingeschäfte unabhängig von ihrer rechtlichen Qualifizierung als Kassa- oder Termingeschäft[46], da auch bei einer Qualifikation als Börsentermingeschäft dieses in einer Urkunde verbrieft ist[47].

cc) Ausführung als Kommissionär

25 Nach den neuen Sonderbedingungen führt die Bank *Kundenaufträge* zum Kauf oder Verkauf von Wertpapieren *nunmehr nur noch als Kommissionärin* durch (Nrn. 1-8 der Sonderbedingungen) oder tätigt mit dem Kunden *Festpreisgeschäfte* (Nr. 9 Sonderbedingungen). Dies hat weitreichende

---

45 Die Sonderbedingungen für Wertpapierbeschäfte der AGB-Banken sind abgedruckt in BuB 7/vor 1.
46 Vgl. dazu unten § 13 V 1 e).
47 Jütten, BuB 7/23.

Folgen. Während die Bank bei einer Kommission mit Selbsteintritt nicht verpflichtet ist, über das von ihr am Markt durchgeführte Deckungsgeschäft Rechenschaft gegenüber dem Kunden abzulegen, ist sie bei der Kommission ohne Selbsteintritt verpflichtet, auf Verlangen des Kunden die Ordnungsmäßigkeit der Auftragsabwicklung nachzuweisen[48].

Im Rahmen des Kommissionsgeschäftes ist die Bank verpflichtet, den ihr erteilten Auftrag am Markt für Rechnung des Kunden auszuführen und diesem auf Wunsch über das konkrete marktmäßige *Ausführungsgeschäft Rechnung zu legen*. Anders als bei der Kommission mit Selbsteintritt muß die Bank nunmehr in der Lage sein, *in nachprüfbarer Weise jedem Kundengeschäft ein Ausführungsgeschäft konkret zuzuordnen*[49]. 26

Eine entsprechende Dokumentationspflicht obliegt dem Kreditinstitut auch aufgrund von §§ 34 Abs. 1, 37 Abs. 2 S. 2 WpHG. Diese ausschließlich der Kontrolle durch die Behörden dienenden Vorschriften[50] verpflichten ein Wertpapierdienstleistungsunternehmen, den Auftrag und hierzu erteilte Anweisungen des Kunden sowie die Ausführung des Auftrags und den Namen des Angestellten, der den Auftrag des Kunden angenommen hat, sowie die Uhrzeit der Erteilung und Ausführung des Auftrages aufzuzeichnen. Für die ein Kommissionsgeschäft an der Börse ausführenden Wertpapierdienstleistungsunternehmen bestätigt § 37 Abs. 2 S. 2 WpHG diese Pflicht nochmals ausdrücklich[51]. Die §§ 34, 37 WpHG stellen jedoch keine Schutzgesetze i. S. d. § 823 Abs. 2 BGB dar, so daß Verstöße gegen diese Vorschriften nicht zu einer Ersatzpflicht des Kreditinstitutes gegenüber seinen Kunden führen[52]. 27

Soweit die Bank mehrere Kundenorder zu einer Sammelorder zusammenfaßt (sog. *Blockorder*)[53] und eine solche Sammelorder nicht zu einem einheitlichen Preis, sondern in verschiedenen Tranchen zu unterschiedlichen Preisen ausgeführt wird, muß jede Kundenorder einer bestimmten Tranche zugeordnet werden. Kommissionsrechtlich ist es *nicht zulässig*, daß ein *Durchschnittspreis* für die Sammelorder festgestellt und sämtlichen Kunden der Durchschnittspreis in Rechnung gestellt wird[54]. Soll dies trotzdem geschehen, bedarf es einer ausdrücklichen dahingehenden Vereinbarung zwischen Bank und Kunden. 28

---

48 Vgl. Kümpel, WM 1995, 137, 138.
49 Kümpel, WM 1995, 137, 138; ders., Bank- und Kapitalmarktrecht, 8.98 ff.; Claussen, § 9 Rz. 217.
50 Vgl. Bericht des Finanzausschusses, BT-Drucks. 12/7918, S. 105; Koller, in: Assmann/Schneider, WpHG, § 34 Rz. 1.
51 Vgl. Bericht des Finanzausschusses, BT-Drucks. 12/7918, S. 215; Kümpel, Bank- und Kapitalmarktrecht, 8.232 ff.
52 Koller, in: Assmann/Schneider, WpHG, § 34 Rz. 1.
53 Dies geschieht insb. bei der zusammengefaßten Verwaltung von einer Vielzahl von Kundendepots im Rahmen von zwischen dem Kunden und der Bank abgeschlossenen Vermögensverwaltungsverträgen.
54 Ebenso Jütten, BuB 7/31.

dd) Erfüllungshaftung des Kommissionärs

29 Anders als bei einem Eigengeschäft haftet der den Kundenauftrag im eigenen Namen, jedoch für Rechnung des Kunden ausführende Kommissionär grundsätzlich nicht für die Erfüllung der Verbindlichkeiten des Dritten. *Die einfache Kommission birgt somit für den Bankkunden grundsätzlich das Risiko des Ausfalls* des ihm zunächst nicht bekannten Dritten, wenn der Kommissionär dem Auftraggeber zugleich mit der Anzeige von der Ausführung der Kommission den Dritten namhaft macht. Nur wenn der Kommissionär die Namhaftmachung unterläßt, haftet er nach § 384 Abs. 3 HGB für die Erfüllung des Geschäftes. Nach § 394 Abs. 1 HGB kann der beauftragte Kommissionär jedoch die Haftung für die Erfüllung der Verbindlichkeiten des Dritten übernehmen. Diese Delkrederehaftung bedarf jedoch der ausdrücklichen Übernahme durch den Kommissionär[55]. Durch Nr. 8 der Sonderbedingungen übernimmt die Bank die Haftung für die ordnungsgemäße Erfüllung des Ausführungsgeschäftes durch den Dritten bzw. den Vertragspartner eines Zwischenkommissionärs.

ee) Ausführungsplatz und Ausführungsort

30 Durch Nr. 2 der Sonderbedingungen werden der Ausführungsplatz sowie die Ausführungsart des Kundenauftrages geregelt. Soweit keine abweichenden Kundenweisungen vorliegen, werden Wertpapiere inländischer Emittenten, die an einer inländischen Börse gehandelt werden, im Inland ausgeführt. Gleiches gilt grundsätzlich auch für Wertpapiere ausländischer Emittenten, soweit diese an einer inländischen Börse im amtlichen Handeln oder im geregelten Markt gehandelt werden. Soweit möglich und im Kundeninteresse[56] liegend werden Wertpapiergeschäfte grundsätzlich über die Börse geleitet. Eine Ausnahme hiervon sieht Nr. 2 Abs. 3 S. 3 vor für Schuldverschreibungen aus Emissionen, deren jeweiliger Gesamtnennbetrag weniger als DM 2 Mrd. beträgt. Diese können auch außerbörslich ausgeführt werden, da sich eine Vermutungsregelung zugunsten der Börse bei kleineren Emissionen für den Anleger bei zu geringer Liquidität des börslichen Rentenmarktes nachteilig auswirken könnte[57]. Bei Wertpapieren, die in den Freiverkehr an einer inländischen Börse einbezogen sind, steht es in dem gemäß dem Interesse des Kunden auszuübenden Ermessen des Kreditinstitutes, ob die Ausführung an einer ausländischen oder inländischen Börse erfolgen soll. Die Bank bestimmt nach Nr. 2 Abs. 4 bei einer börslichen Auftragsausführung den Börsenplatz unter Wahrung der Interessen des Kunden.

---

55 Baumbach/Hopt, HGB, § 394 Rz. 1 m.w.N.
56 Ausführlich zu den Anlegerinteressen bei der Wahl des Börsenplatzes Schiereck, ZBB 1996, 185 ff.
57 Vgl. Jütten, BuB 7/43.

Nach § 10 Abs. 2 BörsG ist in Abwesenheit einer Bestimmung durch **31**
den Auftraggeber ein Auftrag im Präsenzhandel einer Börse auszuführen,
es sein denn, das Interesse des Auftraggebers gebietet eine andere Ausführungsart. Nach Nr. 2 Abs. 5 der Sonderbedingungen führt die Bank den
Auftrag im Präsenzhandel aus, es sei denn, das Interesse gebietet eine
Ausführung im elektronischen Börsenhandel. Hierfür kann insbesondere
eine schnellere oder kostengünstigere Ausführung oder die Erzielung von
besseren Marktpreisen bei einer größeren Liquidität des Marktes sprechen.

ff) Namhaftmachung des Dritten
Über die Ausführung des Auftrages hat der Kommissionär dem Kunden **32**
Rechenschaft zu legen nach §§ 384 Abs. 2, 3 HGB, Nr. 2 Abs. 6 Sonderbedingungen. Nach § 384 Abs. 3 HGB hat der *Kommissionär dem
Kommittenten grundsätzlich auch den Dritten kenntlich zu machen*[58].
Aufgrund der *Übernahme der Delkrederehaftung* in Nr. 8 Sonderbedingungen ist jedoch *kein schutzwürdiges Interesse des Kunden an diesen
Angaben* ersichtlich. Bei über die Börse abgewickelten Aufträgen würde
als Kontrahent ohnehin nur eine zum Börsenhandel zugelassene Bank benannt. Das Kreditgewerbe sieht daher regelmäßig von der Angabe gemäß
§ 384 Abs. 3 HGB ab[59]. Soweit ein Kunde jedoch die Benennung des
Dritten verlangt, was insbesondere bei außerbörslichen Geschäften vorkommen könnte, hat die Bank den Kontrahenten zu nennen.

gg) Verhaltenspflichten bei Limitierungen und Kursaussetzungen
Im übrigen regeln die Sonderbedingungen die Limitierung von Aufträgen **33**
durch den Kunden, die Gültigkeitsdauer von unbefristeten Kundenaufträgen – letztere abhängig davon, ob sie limitiert oder unlimitiert sind – und
die Gültigkeitsdauer von Aufträgen zum Kauf oder Verkauf von Bezugsrechten (Nrn. 3-5 Sonderbedingungen). Für *Kursaussetzungen* sieht Nr. 6
der Sonderbedingungen vor, daß die Bank den Kunden hiervon unverzüglich zu benachrichtigen hat und daß *sämtliche Kundenaufträge automatisch erlöschen*. Für an ausländischen Börsen durchzuführende Aufträge gelten die Usancen der ausländischen Börse. Durch das automatische
Erlöschen der Kundenorders wird dem Kunden Gelegenheit gegeben, seine Anlageentscheidung im Lichte der regelmäßig auf außergewöhnlichen
Informationen beruhenden Kursaussetzung nochmals zu überprüfen[60].

---

58 Vgl. Schneiders, Anlegerschutz im Recht der Effektenkommission, S. 44 f.
59 Vgl. Jütten, BuB 7/30 ff.
60 Vgl. Jütten, BuB 7/59.

hh) Vorschußpflicht des Kunden

34 Nr. 7 S. 1 der Sonderbedingungen stellt klar, daß die Bank zur Ausführung von Aufträgen zum Kauf oder Verkauf von Wertpapieren oder zur Ausübung von Bezugsrechten nur insoweit verpflichtet ist, als das Guthaben des Kunden, ein für Wertpapiergeschäfte nutzbarer Kredit oder der Depotbestand des Kunden zur Ausführung ausreicht. *Nr. 7 der Sonderbedingungen sieht das allgemeine Verlangen des Kommissionärs auf Leistung eines Vorschusses gemäß § 669 BGB vor*[61]. Bei Aufträgen zum Kauf von Wertpapieren muß somit ein hinreichendes Kontoguthaben vorhanden sein. Bei Verkaufsaufträgen muß das Depot des Auftraggebers grundsätzlich die zu verkaufenden Wertpapiere enthalten. Sog. Leerverkäufe kann die Bank somit verweigern[62/63].

b) Festpreisgeschäft

35 Alternativ zu der Durchführung eines Wertpapierkauf- bzw. Wertpapierverkaufsauftrages des Kunden in der Form der einfachen Kommission sehen die Sonderbedingungen für Wertpapiergeschäfte in Nr. 9 vor, daß zwischen Bank und Kunde für ein einzelnes Geschäft ein fester Preis für die Wertpapiere im Rahmen eines Kaufvertrages vereinbart werden kann. Ein Bankkunde, der ein Wertpapier kaufen bzw. verkaufen möchte, hat somit die Wahl zwischen dem Abschluß eines Kommissionsvertrages mit der Bank und dem Abschluß eines Kaufvertrages. Bei dem Abschluß eines *Festpreisgeschäftes* ist der Kunde primär daran interessiert, daß *die Bank sich ihm gegenüber sofort zu einer festen Liefer- oder Abnahmepflicht bekennt* unabhängig von einem etwaigen späteren Gegengeschäft an der Börse.

36 Die in § 10 BörsG enthaltene Pflicht, Aufträge für den Kauf und Verkauf von Wertpapieren über den Handel an einer Börse auszuführen, steht nicht im Widerspruch zu der Möglichkeit, mit der Bank Kaufverträge über Wertpapiere abzuschließen. § 10 Abs. 1 BörsG erfaßt nur »Aufträge« für den Kauf und Verkauf von Wertpapieren, unterbindet jedoch nicht, daß die Bank mit dem Kunden unmittelbar Kaufverträge über Wertpapiere abschließt. Vielmehr werden lediglich Kommissionsaufträge

---

61 Koller, in: GroßKomm. HGB, § 396 Rz. 38; Kümpel, Bank- Kapitalmarktrecht, 8.146.
62 Str., ebenso Jütten, BuB 7/61; Koller, in: GroßKomm. HGB, § 396 Rz. 38; wohl auch Kümpel, Bank- und Kapitalmarktrecht, 8.149 ff.; zu einem anderen Ergebnis kommt man, wenn man den Anspruch auf Leistung eines Vorschusses als ausschließlich auf Geld gerichtet sieht, so Seiler, in: MünchKomm., § 669 Rz. 6; Palandt/Thomas, § 669 Rz. 1; die Möglichkeit einer abweichenden Vereinbarung in AGB wird jedoch – soweit ersichtlich – auch von dieser Meinung nicht bestritten.
63 Zu der Frage der Überprüfungspflicht der Bank hinsichtlich des Vorhandenseins von Wertpapierbeständen bei Verkaufsordern vgl. Kümpel, Bank- und Kapitalmarktrecht, 8.163 ff.

erfaßt, die der Kommissionär (Bank) ohne die Vorschrift des § 10 Abs. 1 BörsG grundsätzlich auch außerhalb der Börse ausführen könnte[64].

Das *Festpreisgeschäft* nach Nr. 9 Sonderbedingungen ähnelt dem *Eigenhändlergeschäft* nach Nr. 29 Abs. 2 AGB-Banken a.F. Hiernach trat die Bank bei Geschäften in nicht zum amtlichen Handel oder nicht zum geregelten Markt zugelassenen Wertpapieren stets als Eigenhändler auf. Die Vereinbarkeit dieser AGB-Klausel mit § 9 AGBG war streitig[65]. Das nunmehr aufgegebene *Eigenhändlergeschäft unterscheidet sich von dem Festpreisgeschäft* jedoch in zwei wesentlichen Punkten. Zum einen konnte die Bank nach der Eigenhändlerklausel *einseitig den Preis* für das Wertpapier *bestimmen*[66]. Zum anderen sollte nach der vorherrschenden Interpretation der AGB-Klausel das Eigenhändlergeschäft erst konkret *zustandekommen*, wenn die Bank ein korrespondierendes Deckungsgeschäft im Markt tätigen konnte und dem Kunden sodann eine Abrechnung übersandt wurde[67]. Beides gilt in dieser Form nicht für das Festpreisgeschäft.

37

Bei einem Festpreisgeschäft ist die Bank nicht berechtigt, zusätzlich zu dem vereinbarten Preis Gebühren oder Provisionen zu berechnen. Die zwischen dem Kunden und der Bank getroffene *Preisvereinbarung* wird sich typischerweise aus dem Kurs des Wertpapieres sowie einem Entgelt der Bank zusammensetzen. Die Abrechnung erfolgt jedoch als sog. Netto-Abrechnung[68]. Festpreisvereinbarungen werden meist bezüglich nicht börsenmäßig liquider Rentenwerte getroffen. Der »Kurs« des Wertpapieres errechnet sich in diesen Fällen typischerweise aufgrund der allgemeinen Zinskurve zuzügl. eines Zu- oder Abschlages für den Emittenten.

38

Zwischen Kunde und Bank kann auch vereinbart werden, daß das Festpreisgeschäft von dem *Eintritt einer Bedingung* i.S.v. § 158 Abs. 1 BGB abhängig gemacht wird. Als derartige Bedingung kann vereinbart werden, daß die Bank ein entsprechendes Gegengeschäft im Markt tätigen kann[69]. Anders als beim bisherigen Eigenhändlergeschäft bedarf die Vereinbarung einer aufschiebenden Bedingung nach § 158 Abs. 1 BGB jedoch einer *ausdrücklichen Abmachung*.

39

---

64 So ausdrücklich BT-Drucks. 12/6679, S. 69; Kümpel, WM 1985, 137, 139; Jütten, BuB 7/67.
65 Für Wirksamkeit: BGH WM 59, 1001; Baumbach/Hopt, HGB, AGB-Banken Nr. 29 Rz. 7; Canaris, Bankvertragsrecht, Rz. 1833; Schwark, Anlegerschutz, S. 111; Bodura, Rechtsbeziehungen, S. 202 f.; a. A. v. Dalwigk zu Lichtenfels, Effektenkommissionsgeschäft, S. 127 ff.; Schneiders, Anlegerschutz im Recht der Effektenkommission, S. 104 ff.
66 Kümpel, WM 1995, 137, 139 m.w.N.
67 Canaris, Bankvertragsrecht, Rz. 1843; Kümpel, WM 1995, 137, 139 f.
68 Vgl. Jütten, BuB 7/68.
69 Kümpel, WM 1995, 137, 140; ders., Bank- und Kapitalmarktrecht, 8.219; Roth, in: Hdb. KapitalanlR, § 11 Rz. 79.

3. Ausführung und Erfüllung des Effektengeschäfts

a) Lieferfristen und Erfüllungszeitpunkt
aa) Gesetzliche Liefer- und Erfüllungsfristen

40   Jeder der Vertragstypen der zwischen der Bank und dem Kunden geschlossenen Effektengeschäfte, also der Kaufvertrag in direkter Stellvertretung, die einfache Kommission, die Kommission mit Selbsteintritt, das Eigengeschäft sowie das Festpreisgeschäft, bedarf der Erfüllung durch Lieferung der Wertpapiere bzw. deren Bezahlung. Die *Liefer- und Erfüllungsfristen* werden grundsätzlich durch § 18 DepotG für alle Vertragstypen gleichermaßen vorgegeben. Nach § 18 Abs. 1 DepotG hat ein Einkaufskommissionär grundsätzlich unverzüglich, spätestens jedoch binnen einer Woche dem Kommittenten ein Verzeichnis der gekauften Stücke zu übersenden. Die Frist zur Übersendung des Stückeverzeichnisses beginnt mit dem Erwerb der Stücke durch den Kommissionär, wenn er – entgegen der vorherrschenden Praxis – bei der Anzeige über die Ausführung des Auftrages einen Dritten als Verkäufer namhaft gemacht hat, anderenfalls mit dem Ablaufe des Zeitraums, innerhalb dessen der Kommissionär nach der Erstattung der Ausführungsanzeige die Stücke bei ordnungsmäßigem Geschäftsgang ohne schuldhafte Verzögerung beziehen oder das Stückeverzeichnis von einer zur Verwahrung der Stücke bestimmten dritten Stelle erhalten konnte. Die Wochenfrist läuft somit unabhängig davon, ob der Kommissionär die Wertpapiere erworben hat. Da der Kommissionär in der Praxis typischerweise den Dritten nicht namhaft macht, haftet er ohnehin nach § 384 Abs. 3 HGB bzw. er übernimmt durch Nr. 8 Sonderbedingungen der Banken ohnehin die Delkrederehaftung, so daß die depotrechtliche Vorgabe einer knappen Frist zur Lieferung den Kommissionär nicht zusätzlich beschwert.

41   § 31 DepotG erstreckt die Geltung des § 18 DepotG ausdrücklich auch auf den Kommissionär, der einen Auftrag zum Einkauf oder zum Umtausch von Wertpapieren im Wege des Selbsteintritts ausführt, sowie auf den Eigenhändler. Eigenhändlergeschäft und Festpreisgeschäft sind in ihrer Grundstruktur, nämlich dem Abschluß eines Kaufvertrages zwischen Bank und Effektenkunden, sehr ähnlich. Die Zielsetzung von § 31 DepotG, die Regelungen der Einkaufskommission auch auf sämtliche vergleichbaren Geschäfte zu erstrecken, trifft auch für das Festpreisgeschäft zu. § 31 DepotG ist somit zumindest analog anzuwenden für das Festpreisgeschäft[70].

---

[70] Wenn man nicht bereits seine unmittelbare Anwendung durch erweiternde Auslegung des Begriffs »als Eigenhändler« und Subsumtion des Festpreisgeschäftes unter diesen Begriff herbeiführt.

§ 11 Wertpapiergeschäft

bb) Usancemäßige Liefer- und Erfüllungsfristen
Nach Nr. 1 Abs. 2 der Sonderbedingungen für Wertpapiergeschäfte der Banken gelten für die Ausführungsgeschäfte der Bank die für den Wertpapierhandel am Ausführungsplatz geltenden Rechtsvorschriften und Geschäftsbedingungen (Usancen) auch für das Rechtsverhältnis zwischen dem Kommissionär und dem Kommittenten. Durch diese Klausel werden die jeweiligen Börsenusancen, die eigentlich nur für das Verhältnis der an der Börse unmittelbar Geschäfte tätigenden Kreditinstitute untereinander gelten, auch auf das Verhältnis des Kreditinstitutes zu seinem Kunden erstreckt. Für Geschäfte in amtlich notierten oder in den geregelten Markt eingeführten Werten sehen die »Bedingungen für Geschäfte an den deutschen Wertpapierbörsen«[71] vor, daß Börsengeschäfte am zweiten Tag nach dem Tag des Geschäftsabschlusses zu beliefern sind, § 15 Abs. 1 S. 1 1. Alt. Geschäftsbedingungen. Gemäß den Richtlinien für den Freiverkehr der verschiedenen Börsen[72] gelten für den Handel in Freiverkehrswerten die Regelungen des amtlichen Handels sinngemäß und dementsprechend auch die usancemäßige Lieferfrist von zwei Tagen. Für den Wertpapierhandel außerhalb von Börsen darf die Geltung einer zweitägigen Lieferfrist im Interbankenhandel heute als Handelsbrauch i. S. d. § 346 HGB gelten[73]. 42

Die *gleichen Lieferfristen* sollen auch gelten, soweit zwischen Kreditinstitut und Kunden ein *Festpreisgeschäft* i.S.v. Nr. 9 Sonderbedingungen abgeschlossen wird[74]. Die Geltung der gleichen Lieferfristen wie beim Kommissionsgeschäft läßt sich damit begründen, daß das Festpreisgeschäft das Eigenhändlergeschäft ersetzt und auch für dieses als Handelsbrauch die zweitägige Lieferfrist galt. 43

Nr. 1 Abs. 2 der Sonderbedingungen für Wertpapiergeschäfte der Banken verweist ohne Ausnahme darauf, daß die Ausführungsgeschäfte des Kommissionärs den für den Wertpapierhandel am Ausführungsplatz geltenden Rechtsvorschriften und Geschäftsbedingungen (Usancen) unterliegen. Diese Vorschrift hat zunächst rein deklaratorischen Charakter, da sie eine der Grundlagen des Kommissionsrechtes wiederholt. Soweit die Ausführungsgeschäfte im Ausland durchgeführt werden, gelten die dort maßgeblichen Rechtsvorschriften und Bestimmungen und dementsprechend die an dem jeweiligen Ausführungsort geltenden Lieferfristen. Dem steht nicht entgegen, daß der zwischen dem Kunden und dem Kreditinstitut geschlossene Kommissionsvertrag regelmäßig deutschem Recht unter- 44

---

71 Abgedruckt u.a. bei Kümpel/Ott, Kapitalmarktrecht, Nr. 450.
72 Vgl. § 11 der Richtlinien für den Freiverkehr an der Frankfurter Wertpapierbörse, abgedruckt bei Kümpel/Ott, Kapitalmarktrecht, Nr. 455; Nr. 6 der Richtlinien für den Freiverkehr an der Rheinisch-Westfälischen Börse zu Düsseldorf vom 1. Mai 1987.
73 Kümpel, Bank- und Kapitalmarktrecht, 8.371.
74 Jütten, BuB 7/70; Kümpel, Bank- und Kapitalmarktrecht, 8.373.

liegt[75]. Unerheblich ist, daß dem Kommittenten die Usancen der ausländischen Börsen regelmäßig unbekannt sein werden[76]. Einer ausdrücklichen Einbeziehung der ausländischen Usancen nach § 2 AGBG bedarf es nicht, da die Rechtsfolge der Geltung ausländischen Rechts für das Ausführungsgeschäft bereits aus allgemeinem Kommissionsrecht folgt[77]. – Schließt der Kunde mit dem Kreditinstitut ein Festpreisgeschäft gem. Nr. 9 der Sonderbedingungen für Wertpapiergeschäfte über ein ausländisches Wertpapier, gelten unverändert die deutschen Usancen, und eine Lieferung hat innerhalb von zwei Tagen nach Abschluß des Festpreisgeschäftes zu erfolgen.

45 Durch die kurzen Lieferfristen wird der Schwebezustand zwischen Abschluß des Vertrages und seiner Erfüllung und damit das mögliche Konkursrisiko der Gegenseite möglichst gering gehalten. Darüber hinaus sieht § 15 Abs. 2 der Bedingungen für Geschäfte an den deutschen Wertpapierbörsen vor, daß die Lieferung *Zug um Zug mit der Zahlung des Gegenwertes* zu erfolgen hat. Aufgrund der kontentechnischen Abwicklung ist jedoch auch hierdurch nicht eine völlige Konkurssicherheit gewährleistet, wenn ein Konkurs im Laufe eines Tages und nicht erst zum Geschäftsschluß eines Tages eintritt.

b) Erfüllung der Wertpapiergeschäfte
aa) Anschaffung im Inland

46 *Kreditinstitute erfüllen ihre Verpflichtungen* aus Wertpapiergeschäften, also sowohl beim Kommissionsgeschäft wie auch beim Festpreisgeschäft, *grundsätzlich im Inland*, soweit nicht eine Anschaffung im Ausland vorgesehen ist, Nr. 10 Sonderbedingungen für Wertpapiergeschäfte. Soweit das Kreditinstitut Wertpapiere anzuschaffen hat, sind diese nach §§ 18, 24 DepotG zu übereignen. Bei der Erfüllung von Wertpapiergeschäften im Inland verschafft die Bank dem Kunden (Mit)Eigentum grundsätzlich durch Girosammel-Depotgutschrift, soweit die Wertpapiere zur Girosammelverwahrung bei der Deutschen Wertpapiersammelbank (Deutscher Kassenverein AG) zugelassen sind. Diese sog. GS-Gutschrift stellt den Regelfall der Erfüllung dar. Kreditinstitute machen insoweit von dem ihnen durch § 24 Abs. 1 S. 1 1. Alt. DepotG eingeräumten Recht Gebrauch, sich von ihrer Verpflichtung zur Eigentumsverschaffung an bestimmten Stücken dadurch zu befreien, daß sie Miteigentum an dem Sammelbestand eines bei einer Wertpapiersammelbank verwahrten Wertpapierbestandes verschafft[78].

---

75 Vgl. BGH NJW 1981, 918 ff.; Martiny, in: MünchKomm., BGB, Art. 28 EGBGB Rz. 155 m.w.N.
76 Wie meist auch die deutschen Börsenusancen.
77 Vgl. dazu K. Schmidt, Handelsrecht, 4. Aufl. 1994, § 31 III 1 c) sowie § 30 V.
78 Vgl. dazu ausführlich unten § 11 C II 1 und 2.

§ 11 Wertpapiergeschäft

Sind die Wertpapiere nicht zur Girosammelverwahrung zugelassen, ist die Bank verpflichtet, dem Kunden Alleineigentum an Wertpapieren zu verschaffen. In diesem Fall verwahrt die Bank für den Kunden diese Wertpapiere im sog. Streifbanddepot[79]. Die Verschaffung des Alleineigentums erfolgt nach § 18 Abs. 3 DepotG spätestens mit der Absendung des Stükkeverzeichnisses, wenn nicht ein Eigentumsübergang nach den Bestimmungen des bürgerlichen Rechts schon früher eingetreten ist. Dies kann etwa geschehen, wenn durch das Kreditinstitut vor der Versendung des Stückeverzeichnisses das Wertpapier in ein Streifbanddepot verbracht wurde[80]. 47

Der Regelfall der Übertragung von Girosammeldepotanteilen gem. Nr. 11 S. 1 Sonderbedingungen für Wertpapiergeschäfte dürfte heute 80-90 % aller Wertpapiere erfassen[81]. Bei Girosammeldepotanteilen sind die Wertpapiere im Besitz der einzigen in Deutschland verbliebenen Wertpapiersammelbank, der Deutscher Kassenverein AG. Diese erhält sämtliche Wertpapiere als unmittelbarer Besitzer ausschließlich für Kreditinstitute. Die Kreditinstitute als die mittelbaren Besitzer der Wertpapiere übertragen den mittelbaren Besitz von einem Institut auf ein anderes Institut durch Anweisung an den Kassenverein, eine entsprechende Anzahl von Wertpapieren umzubuchen und die Besitzmittlung entsprechend zu verändern. Das Kreditinstitut überträgt das Eigentum an Wertpapieren im Girosammelverkehr durch Einigung und Übergabe gem. §§ 929 ff. BGB, wobei die Übergabe durch die Vereinbarung eines (gestuften) Besitzmittlungsverhältnisses ersetzt wird. Die Wertpapiersammelbank hält den unmittelbaren Besitz für ein Kreditinstitut, das diesen wiederum für den Eigentümer des Wertpapieres vermittelt. 48

bb) Anschaffung im Ausland
Führt die Bank als Kommissionärin Kaufaufträge in in- oder ausländischen Wertpapieren im Ausland aus, verkauft sie dem Kunden im Wege eines Festpreisgeschäftes ausländische Wertpapiere, die im Inland weder börslich noch außerbörslich gehandelt werden, führt sie als Kommissionärin Kaufaufträge in ausländischen Wertpapieren aus oder verkauft sie dem Kunden ausländische Wertpapiere im Wege eines Festpreisgeschäftes, die zwar im Inland börslich oder außerbörslich gehandelt werden, jedoch üblicherweise im Ausland angeschafft werden, so werden die Wertpapiere im Ausland angeschafft[82]. Üblicherweise werden die *Wertpapiere im Ausland* verwahrt. Hiermit ist normalerweise ein in- oder ausländischer Verwahrer (Zwischenverwahrer) beauftragt. Da der Zwischen- 49

---

79 Vgl. dazu ausführlich unten § 11 C II 3 a).
80 Vgl. Opitz, Depotgesetz, 2. Aufl. 1955, § 18 Anm. 8 m.w.N.
81 Vgl. Kümpel, in: Hdb. KapitalanlR, § 13 Rz. 22.
82 Vgl. Nr. 12 Abs. 1 Sonderbedingungen für Wertpapiergeschäfte Banken.

verwahrer keine Wertpapiersammelbank i. S. d. § 24 Abs. 1 S. 1 DepotG ist und die Verwahrung der Wertpapiere gleichfalls die Verschaffung von Alleineigentum durch Verlagerung im Streifbanddepot ausschließt, sieht Nr. 12 Abs. 3 der Sonderbedingungen für Wertpapiergeschäfte vor, daß *sich das Kreditinstitut das Eigentum an den im Ausland lagernden Wertpapieren bzw. eine gleichwertige Rechtsstellung verschaffen läßt und diese Rechtsstellung treuhänderisch für den Kunden hält*[83]. Hierüber erteilt die Bank dem Kunden eine sog. Gutschrift in Wertpapierrechnung (*WR-Gutschrift*)[84]. Der *Depotkunde* erwirbt somit nur die wirtschaftliche Stellung eines Eigentümers, *nicht* jedoch *rechtlich Eigentum*[85].

50 Mit der *eigenen Bestellung als Treuhänder* kommt das Kreditinstitut seiner Pflicht zur *Erfüllung des Kommissions- bzw. Festpreisgeschäftes* nach. Der Gesetzgeber hat die Möglichkeit einer abweichenden Vereinbarung für die »Anschaffung« von Wertpapieren im Ausland bereits 1923 in der heutigen Form des § 22 DepotG sanktioniert. Diese die Anschaffung von Wertpapieren im Ausland nur rudimentär regelnde Norm verzichtet grundsätzlich auf die Übersendung von Stückeverzeichnissen, ohne daß es der Kommittent verlangt. Die Zurückhaltung des Gesetzgebers ist angebracht, da für Wertpapiergeschäfte im Ausland nach der lex cartae sitae die jeweilige ausländische Rechtsordnung maßgeblich ist[86]. Darüber hinaus stellt § 22 Abs. 1 S. 2 DepotG den Kommissionär von der Übersendung eines Stückeverzeichnisses frei, wenn ausländisches Recht der Übertragung des Eigentums an den Wertpapieren durch Absendung eines Stückeverzeichnisses entgegensteht. Auch hierin drückt sich wiederum die Erkenntnis des Gesetzgebers aus, einen so umfassenden Schutz wie im Depotrecht aufgrund der Einwirkung der ausländischen Rechtsordnungen nicht erreichen zu können.

c) Pfand- und Zurückbehaltungsrechte

51 Dem *Kommissionär* steht nach § 397 HGB an dem Kommissionsgut, das er im Besitz hat, ein *Pfandrecht* wegen der auf das Gut verwendeten Kosten, der Provision, der auf das Gut gegebenen Vorschüsse und Darlehen, der mit Rücksicht auf das Gut gezeichneten Wechsel oder in anderer Weise eingegangenen Verbindlichkeiten sowie wegen aller Forderungen aus laufender Rechnung in Kommissionsgeschäften zu. Für die Entstehung des Pfandrechtes ist somit *eine erweiterte Konnexität zwischen dem Pfandobjekt und der Forderung* des als Kommissionär tätig werdenden Kreditinstitutes erforderlich, da nicht jede Forderung des Kreditinstitutes für die Entstehung des Pfandrechtes ausreicht.

---

83 Vgl. dazu ausführlich Coing, WM 1977, 466 ff. sowie unten § 11 C II 3 b).
84 Vgl. dazu ausführlich unten § 11 C II 3 b).
85 Heinsius/Horn/Than, Depotgesetz, § 22 Rz. 44; Coing, WM 1977, 466, 469.
86 Kreuzer, in: MünchKomm., BGB, nach Art. 38 EGBGB, Anh. I Rz. 119 m.w.N.

Das Pfandrecht entsteht für jede Form der Kommission, also sowohl **52**
der Einkaufs- wie der Verkaufskommission als auch nach § 404 HGB im
Falle der Ausführung der Kommission durch Selbsteintritt.

Bei der Einkaufskommission zahlt das als Einkaufskommissionär tätig **53**
werdende Kreditinstitut an einen Dritten einen Kaufpreis. Streitig ist insoweit, ob der Dritte das Wertpapier unmittelbar an den Kommittenten
übereignet oder der Kommissionär Zwischeneigentum erwirbt[87]. Folgt
man der herrschenden Lehre des unmittelbaren Eigentumserwerbs des
Kommittenten, ergeben sich hinsichtlich des gesetzlichen Pfandrechtes
aus § 397 HGB keine Probleme. Soweit ein Zwischenerwerb des Kommissionärs angenommen wird, entstünde ein – außer im Falle der Eigentümergrundschuld grundsätzlich nicht akzeptiertes – Pfandrecht an eigenen Sachen. Insoweit sieht § 398 HGB vor, daß der Kommissionär das
Kommissionsgut auch dann zu eigenen Zwecken verwerten darf, wenn er
Eigentümer desselben ist. Bei der Einkaufskommission ist die gesicherte
Forderung im wesentlichen der Kaufpreis für das Kommissionsgut sowie
die diesbezüglichen Nebenkosten. Bei der Verkaufskommission erhält der
Kommissionär den Kaufpreis für das Kommissionsgut. Hieran kann er
sich insbesondere für Forderungen aus früheren Kommissionsgeschäften
sowie den Nebenkosten des Verkaufs befriedigen.

Zusätzlich zu dem Pfandrecht steht dem Kommissionär ein *Zurückbe-* **54**
haltungsrecht nach § 273 BGB zu. Entsprechend der Ausgestaltung des
§ 273 BGB kann das Zurückbehaltungsrecht jedoch nur gegenüber beiderseitigen Ansprüchen aus demselben rechtlichen Verhältnis geltend gemacht werden. Darüber hinaus gehen §§ 369 ff. HGB, die auch ein *Verwertungsrecht* gewähren, und dies sogar für nicht mit der Kommission
zusammenhängende Ansprüche. *Voraussetzung* ist jedoch, daß die Ansprüche des Kreditinstitutes aus einem *beiderseitigen Handelsgeschäft*
stammen, d. h. der Kommittent auch Kaufmann sein muß, dem Kreditinstitut die Wertpapiere willentlich überlassen worden sein müssen, ein
Zurückbehaltungsrecht nicht rechtsgeschäftlich ausgeschlossen worden ist
und die Forderungen des Kreditinstitutes fällig sind.

Über das kaufmännische Zurückbehaltungsrecht der §§ 369 ff. HGB **55**
hinaus sieht § 19 DepotG vor, daß der Kommissionär berechtigt ist, die
Übersendung des Stückeverzeichnisses und damit die Übereignung des
Kommissionsgutes *auszusetzen*, wenn er wegen Forderungen, die ihm aus
der Ausführung des Auftrages zustehen, nicht befriedigt ist und er auch
keine Stundung bewilligt hat. Die Geltendmachung eines derartigen Zurückbehaltungsrechtes kann nur im Rahmen einer Einkaufskommission
erfolgen, da nur bei dieser ein Stückeverzeichnis zu übersenden ist. Nach
herrschender Meinung verdrängt das Zurückbehaltungsrecht des § 19 De-

---

[87] Für unmittelbaren Eigentumserwerb des Kommittenten: Kümpel, Bank- und Kapitalmarktrecht, 8.423 ff.; für Zwischeneigentum des Kommissionärs: Schönle, § 18 V 2 a. E.

potG anderweitige vertragliche oder gesetzliche Zurückbehaltungsrechte, insbesondere die der §§ 273 BGB, 369 ff. HGB[88].

d) Konkursvorrecht des Bankkunden

56 Das allgemeine Handelsrecht *schützt den Kommittenten*, der Forderungen aus einem vom Kommissionär bereits abgeschlossenen Geschäft hat, dadurch, daß die Forderung des Kommissionärs gegen den Dritten, wenn sie noch nicht vom Kommissionär an den Kommittenten abgetreten ist, nach § 392 Abs. 2 HGB zwischen dem Kommittenten und dem Kommissionär sowie dem Kommittenten und den Gläubigern des Kommissionärs als Forderung des Kommittenten gilt. Solange also der Kommissionär ein Ausführungsgeschäft abgeschlossen hat, dieses seitens des Dritten jedoch noch nicht erfüllt wurde, *gilt die Forderung des Kommissionärs als Forderung des Kommittenten*. § 392 Abs. 2 HGB ist unstreitig *anwendbar auf sämtliche Forderungen* aus dem Ausführungsgeschäft, also sowohl auf Zahlungsansprüche bei Verkaufskommissionen als auch Lieferungsansprüche bei Einkaufskommissionen. Streitig ist jedoch, inwieweit § 392 Abs. 2 HGB auch auf die *Surrogate der Forderung* anwendbar ist, also der Verkaufskommissionär die Kaufpreisforderung bereits eingezogen hat oder dem Einkaufskommissionär die Ware bereits übereignet wurde. Die ganz herrschende Lehre wendet § 392 Abs. 2 HGB in diesen Fällen nicht an[89]. Diese im allgemeinen Handelsrecht heftig umstrittene Frage *wird im Bereich der Wertpapierkommission durch § 32 DepotG geregelt*.

57 Soweit die Bank bei einer Einkaufskommission überhaupt Durchgangseigentum an den Wertpapieren erwirbt, werden im Konkurs des Einkaufskommissionärs nach §§ 32 Abs. 1, 18 Abs. 1 DepotG die Gläubiger konkursrechtlich bevorzugt, wenn sie bei Eröffnung des Konkursverfahrens das Eigentum oder Miteigentum an Wertpapieren noch nicht erlangt, jedoch ihre Verpflichtung aus dem Geschäft über diese Wertpapiere dem Kommissionär gegenüber vollständig erfüllt haben. Sollte daher ein Kommissionär den Kommittenten bereits mit dem Kaufpreis für die einzukaufenden Wertpapiere belastet, seinerseits jedoch noch nicht durch Übersendung des Stückeverzeichnisses oder anderweitig das Eigentum an den Wertpapieren an den Kommittenten übertragen haben, so statuiert § 32 DepotG ein *Recht auf bevorzugte Befriedigung*. Nach § 32 Abs. 3 DepotG werden die bevorrechtigten Forderungen vor den Forderungen aller anderen Konkursgläubiger aus einer Sondermasse beglichen, die aus den in der Konkursmasse vorhandenen Wertpapieren derselben Art und aus den Ansprüchen des Kommissionärs gegen Dritte auf Lieferung solcher Wertpapiere besteht. Die Anleger erhalten somit einen Anspruch auf

---

88 Vgl. Schönle, § 18 V 3 c); Stauder/Comes, WM 1969, 610, 616 ff.
89 Vgl. BGH NJW 1974, 456, 457; BGH NJW 1981, 918, 919; Schlegelberger/Hefermehl, HGB, § 392 Rz. 2 m.w.N.; a.A. K. Schmidt, Handelsrecht, 4. Aufl., 1994, § 31 V 4 c).

bevorzugte Befriedigung aus einer Sondermasse an gleichartigen Wertpapieren. Dabei ist es irrelevant, ob die in Konkurs gegangene Bank als einfache Einkaufskommissionärin, als Kommissionärin mit Selbsteintritt oder im Rahmen eines Eigen- oder Festpreisgeschäftes tätig geworden ist[90]. Bei dem Recht auf bevorzugte Befriedigung aus der Sondermasse entsteht *kein Aus- oder Absonderungsrecht i. S. d. KO*. Eine entsprechende Vorschrift enthält § 35 HypBG für die Befriedigung der Pfandbriefgläubiger an den von der Hypothekenbank erworbenen Hypotheken, die zur Deckung der Pfandbriefe bereitgestellt werden sollten. § 32 DepotG überlagert die Vorschrift von § 392 Abs. 2 HGB und ist insoweit lex specialis, als zu der Sondermasse auch die Ansprüche auf Lieferung von Wertpapieren zählen.

Einer dem § 32 DepotG entsprechenden Vorschrift für die Verkaufskommission bedarf es nicht, da mit Einziehung der Forderung eine Gutschrift der Forderung auf dem Konto des Kommittenten erfolgt, das seinerseits durch den Einlagenschutz des Einlagensicherungsfonds des Bundesverbandes deutscher Banken bzw. entsprechender Einlagensicherungssysteme gedeckt ist[91].

58

B. Die Anlageberatung

I. Rechtsgrundlagen für die Anlageberatung
   1. Anlageberatung als Dienstleistung
   2. Rechtsgrundlagen
     a) Vertrag
     b) Rechtliche Sonderverbindung
     c) Gesetzliche Verhaltenspflichten
   3. Anlageberatung als Wertpapier(neben)dienstleistung
II. Inhalt und Umfang der Informations- und Beratungspflichten
   1. Sachkenntnis, Sorgfalt, Gewissenhaftigkeit und Erkundigungspflicht
   2. Kenntnis des Kunden
   3. Pflicht zur Information und Beratung
   4. Empfehlungsverbote

   5. Beratung bei Interessenkonflikten und Insiderwissen
     a) Interessenkonflikte
       aa) Institutionelle und individuelle Interessenkonflikte
       bb) Konfligierende Interessen und Verhaltenspflicht der Bank
     b) Beratung bei Insiderwissen
   6. Form
III. Haftung für fehlerhafte Anlageberatung
   1. Anspruchsgrundlagen für Schadensersatzforderungen
   2. Verschulden und Mitverschulden
   3. Schadensumfang

Schrifttum:
Arendts, Bankenhaftung – Kann Privatautonomie durch Aufklärungs- und Beratungspflichten erreicht werden? in: Jahrbuch Junger Zivilrechtswissenschaftler, 1995, S. 165 ff.; *ders.*, Die Haftung der Banken für fehlerhafte Anlageberatung nach der neueren deutschen Rechtsprechung, ÖBA 1994, 251 ff.; *ders.*, Die Haftung für fehlerhafte Anlageberatung, JuS 1994, 915 ff.; *ders.*, Bera-

---

90 Vgl. Schönle, § 18 IV; bei einem Festpreisgeschäft wird die Frage regelmäßig nicht relevant, da hier die Bank als Käufer bzw. Verkäufer auftritt.
91 Zu der Behandlung von im Ausland lagernden Wertpapieren vgl. Paul, WM 1975, 2 ff. sowie unten § 11 (II 3 b).

Dritter Teil Investment Banking

tungs- und Aufklärungspflichten über das einem Wertpapier erteilte Rating, WM 1993, 229 ff.; *Assmann*, Die Befreiung von der Pflicht zur Veröffentlichung eines Börsenzulassungsprospektes nach § 45 Nr. 1 BörsZulVO und die Prospekthaftung, AG 1996, 508 ff.; *ders.*, Das künftige deutsche Insiderrecht I, II, AG 1994, 196 ff., 237 ff.; *ders.*, Informationspflicht des Anlagevermittlers und Mitverschulden des Anlegers, NJW 1982, 1083 ff.; *ders.*, Der Inhalt des Schadensersatzanspruchs fehlerhaft informierter Kapitalanleger, in: Festschr. H. Lange, 1992, S. 345 ff.; *ders.*, Börsentermingeschäftsfähigkeit, in: Festschr. Heinsius, 1991, S. 1 ff.; *Assmann/Schütze (Hrsg.)*, Handbuch des Kapitalanlagerechts, 2. Aufl. 1996; *Bertschinger*, Sorgfaltspflichten der Bank bei der Anlageberatung und Verwaltungsaufträgen, 1992; *Breidenbach*, Die Voraussetzungen von Informationspflichten beim Vertragsschluß, Münchener Universitätsschriften: Reihe der juristischen Fakultät, Bd. 75, 1989; *Bruske*, Beweiswürdigung und Beweislast bei Aufklärungspflichtverletzungen im Bankrecht, 1994; *Bundschuh*, Die Haftung für die Verletzung der Aufklärungspflicht beim Vertrieb von Warenterminoptionen, WM 1985, 249 ff.; *Bydlinski*, Aufklärungspflichten der Bank bei Geschäften mit Wertpapieren und Derivaten nach österreichischem Recht, RIW 1996, 290 ff.; *Claussen*, Bank- und Börsenrecht, München 1996; *Drygala*, Termingeschäftsfähigkeit und Aufklärungspflicht beim Handel mit Optionsscheinen, ZHR 159 (1995), 686 ff.; *ders.*, Gesetzliches Schriftformerfordernis bei der Anlegeraufklärung?, WM 1992, 1213 ff.; *Ebenroth/Daum*, Die rechtlichen Aspekte des Ratings von Emittenten und Emissionen, WM 1992, Sonderbeilage 5, S. 1 ff.; *Egan/Rushbrook/Lockett*, EC Financial Services Regulation, Loseblatt, Stand: 12/95; *Grün*, Abstandnahme vom Vertragsschluß als Ziel anlegergerechter Aufklärung bei hohen Prämienaufschlägen des Terminoptionsvermittlers, NJW 1994, 1330 ff.; *Grundmann*, Europäisches Kapitalmarktrecht, ZSR 115 (1996), 103 ff.; *Grunewald*, Zur Haftung von Fachleuten im Zivilrechtsverkehr, JZ 1982, 627 ff.; *dies.*, Die Beweislastverteilung bei der Verletzung von Aufklärungspflichten, ZIP 1994, 1162 ff.; *Hausmanninger*, Organisatorische Maßnahmen zur Verhinderung mißbräuchlicher Verwendung oder Weitergabe von Insiderinformationen nach der BörsGNov. 1993, ÖBA 1993, 847 ff.; *Heinsius*, Anlageberatung durch Kreditinstitute, ZHR 145 (1981), 177 ff.; *ders.*, Pflichten und Haftung der Kreditinstitute bei der Anlageberatung, ZBB 1994, 47 ff.; *Henssler*, Risiko als Vertragsgegenstand, 1994; *Herrmann*, Die Sachwalterhaftung vermögenssorgender Berufe, JZ 1983, 422 ff.; *Hopt*, Funktion, Dogmatik und Reichweite der Aufklärungs-, Warn- und Beratungspflichten der Kreditinstitute, in: Aufklärungs- und Beratungspflichten der Kreditinstitute. Der moderne Schuldturm? – Bankrechtstag 1992, Schriftenreihe der bankrechtlichen Vereinigung, Bd. 3, 1993 (zitiert als »Bankrechtstag«), S. 1; *ders.*, Grundsatz- und Praxisprobleme nach dem Wertpapierhandelsgesetz, ZHR 159 (1995), 135 ff.; *ders.*, Zum neuen Wertpapierhandelsgesetz, in: WM-Festgabe für Hellner, 1994, S. 29 ff.; *ders.*, Insiderwissen und Interessenkonflikte im europäischen und deutschen Bankrecht, in: Festschr. Heinsius, 1991, S. 289 ff.; *ders.*, Rechtsprobleme der Anlageberatung und der Vermögensverwaltung der Schweizer Banken, in: Beiträge zum Schweizerischen Bankenrecht, hrsg. v. R. v. Graffenried, 1987, S. 135 ff.; *ders.*, Berufshaftung und Berufsrecht der Börsendienste, Anlageberater und Vermögensverwalter, in: Festschr. R. Fischer, 1979, S. 237 ff.; *ders.*, Aktuelle Rechtsfragen der Haftung für Anlage- und Vermögensberatung, RWS-Skript 65, 2. Aufl., 1985; *Horn*, Börsentermingeschäfte nach neuem Recht, ZIP 1990, 1 ff.; *Jendralski/Oehlenschläger*, Vermögensverwaltung und -betreuung, 1992; *Kindermann*, Rechtliche Strukturen der Deutschen Terminbörse, WM 1989, Sonderbeilage 2, S. 1 ff.; *Köndgen*, Zur gegenwärtigen Situation des Bankhaftungsrechtes in: Köndgen (Hrsg.), Neue Entwicklungen im Bankhaftungsrecht, 1987, S. 1 ff.; *ders.*, Die Haftung von Börseninformationsdiensten: Lücke im Anlegerschutz?, JZ 1978, 389 ff.; *Koller*, Wer ist »Kunde« eines Wertpapierdienstleistungsunternehmens (§§ 31 f. WpHG)?, ZBB 1996, 97 ff.; *ders.* Interessenkonflikte im Kommissionsverhältnis, BB 1978, 1733; *Krimphove*, Anlageberatung – das System der zivilrechtlichen Haftung von Kreditinstituten, Frankfurt 1992; *Kübler*, Anlageberatung durch Kreditinstitute, ZHR 145 (1981), 204 ff.; *ders.*, Müssen Anlageempfehlungen anlegergerecht sein? Zum Stellenwert der amerikanischen »suitability«-Doktrin im deutschen Recht, in: Festschr. Coing, Bd. II, 1982, S. 193 ff.; *Kümpel*, Das Effektengeschäft im Licht des 2. Finanzmarktförderungsgesetzes, WM 1993, 2025 ff.; *ders.*, Die allgemeinen Verhaltensregeln des Wertpapierhandelsgesetzes, WM 1995, 689 ff.; *ders.*, Bank- und Kapitalmarktrecht, Köln 1995; *Lang*, Aufklärungspflichten bei der Anlageberatung, 1995; *Lerbinger*, Aktienkursprognose durch Linienchart-Formation und Trendlinien, AG 1988, 7 ff.; *van Look*, Bedeutung des Rating bei der Anlageberatung durch Kreditinstitute, in: Büschgen/Everling (Hrsg.), Handbuch Rating, 1996, S. 521 ff.; *Metz*, Discount–Broker: Bankgeschäfte und technologische Veränderungen, VuR 1996, 183 ff.; *Potthoff*, Aufklärungs- und Beratungspflichten bei Optionsscheingeschäften, WM 1993, 1319 ff.; *Raeschke-Kessler*, Bankenhaftung bei der Anlageberatung über neue Finanzprodukte, WM 1993, 1830 ff.; *v. Randow*, Rating und Wettbewerb, ZBB 1996, 85 ff.; *ders.*, Rating und Regulierung, ZBB 1995, 140 ff.; *Rössner/Lachmair*, Betrug mit penny stocks, BB 1986, 336 ff.; *Roth*, Beweismaß und Beweislast bei der Verletzung von bankvertraglichen Aufklärungs- und Beratungspflichten, ZHR 154 (1990), 513 ff.; *Rümker*, Aufklärungs- und Beratungspflichten der Kreditinstitute aus der Sicht der Praxis, in: Aufklärungs- und Beratungspflichten der Kreditinstitute. Der moderne Schuldturm? – Bankrechtstag 1992, Schriftenreihe der bankrechtlichen Vereinigung, Bd. 3, 1993 (zitiert als »Bankrechtstag«), S. 29 ff.; *ders.*, Haftung bei dem Erwerb und der Finanzierung von Vermögensanlagen, in: Köndgen (Hrsg.), Neue Entwicklungen im Bankhaftungsrecht, 1987, S. 71 ff.; *ders.*, Anleihen mit Tilgungswahlrecht des Emittenten, in: Aktuelle Probleme des Wertpapiergeschäfts, hrsg. v. d. Gesellschaft zur Förderung der wissenschaftlichen Forschung über das Spar- und Girowesen e.V., 1993, S. 91 ff.; *Schäfer*, Haftung für fehlerhafte Anlageberatung und Vermögensverwaltung, 2. Aufl. 1995; *ders.*, Materielle Aspekte der EG-Richtlinie über Wertpapierdienstleistungen, AG 1993, 389 ff.; *ders.*, Vermögensverwaltung, in: Bankrecht und Bankpraxis, Kap. 11 (Stand: 3/96); *ders.*, Pflichten von (Wertpapier-)Vermögensverwaltern, in: Cramer/Rudolph (Hrsg.), Hdb. Anlageberatung und Vermögensverwaltung, Frankfurt 1995, S. 668 ff.; *ders.*, Vermögensverwaltung, in: Assmann/Schütze (Hrsg.), Handbuch des Kapitalanlagerechts, 2. Aufl., 1996, § 28; *ders.*, Anlegerschutz und die Sorgfalt eines ordentlichen Kaufmanns bei der Anlage der Sondervermögen durch Kapitalanlagegesellschaften, 1987; *Schanze*, Anlegerschutz bei Aktienfonds: Das Indexfonds-Konzept, AG 1977, 102 ff.; *Scharrenberg*, Die Dokumentation einer Anlageberatung nach §§ 31, 34 WpHG, Sparkasse 1995, 108 ff.; *Schödermeier*, Nachforschungspflichten einer Bank als Vermögensverwalterin zur Person ihres Kunden, WM 1995, 2053 ff.; *Schönle*, Bank- und Börsenrecht, 2. Aufl., München 1976; *Schröder*, Haftung von Börseninformationsdiensten, NJW 1980, 2279 ff.; *Schulte-Nölke*, Anlegerschutz bei Optionsscheinen, DStR 1995, 1798 ff.; *Shea*, The Proposed Investment Services Directive, in: *Cranston (Hrsg.)*, The Single Market and the Law of Banking, London 1991; *v. Stebut*, Aufklärungspflichten und Haftungsrisiken von Finanzdienstleistern, ZIP 1992, 1698 ff.; *Tilp*, Aufklärungspflichten bei Devisentermingeschäften, DB 1992, 204 f.; *ders.*, Aufklärungspflichten bei Devisentermingeschäften, ZIP 1993, 1843 ff.; *Trüter*, Schadensberechnung bei gescheiterten steuerbegünstigten Kapitalanlagen, BB 1986, 269 ff.; *Vortmann*, Anlegergerechte Beratung und Maßnahmen zur Reduzierung des Haftungsrisikos, ÖBA 1994, 579 ff.; *ders.*, Aufklärungs- und Beratungspflichten der Banken, 3. Aufl. 1995; *ders.*, Aufklärungs- und Beratungspflichten bei grenzüberschreitenden Bankdienstleistungen, WM 1993, 581 ff.; *Waldeck*, Haftung aus Anlageberatung, in: Cramer/Rudolph (Hrsg.), Hdb. Anlageberatung und Vermögensverwaltung, Frankfurt 1995, S. 647 ff.

I. Rechtsgrundlagen für die Anlageberatung

1. Anlageberatung als Dienstleistung

Im Zusammenhang mit fast allen Formen des Bankgeschäftes werden von Kreditinstituten Informationen übermittelt sowie Auskünfte und Ratschläge erteilt. Im Zusammenhang mit dem Wertpapiergeschäft erfolgt diese Tätigkeit unter der Bezeichnung »Anlageberatung«. Diese erstreckt sich typischerweise nicht nur auf das Effekten- und Einlagengeschäft i.S.d. § 1 KWG, sondern auch auf das hiermit im Zusammenhang stehende Kreditgeschäft sowie auf das nicht zu dem Bankgeschäft i.S.d. KWG zählende Geschäft in Edelmetallen oder Devisen sowie den Erwerb von Immobilien oder von Immobilien- oder Leasingfonds. Die regelmäßig in einem Gespräch und nur in seltenen Fällen ausschließlich schriftlich erfol-

59

gende *Anlageberatung* zerfällt theoretisch in *zwei grundsätzlich zu unterscheidende Teile.* Zum einen *unterrichtet* die Bank den Kunden *über* die von dem Kunden nachgefragten oder von der Bank angebotenen *Produkte,* also insbesondere über die Ausgestaltung des Produktes, die mit dem Produkt zusammenhängenden Risiken, seinen Marktpreis, seine mögliche Kursentwicklung etc. Insoweit gibt die Bank *Informationen* weiter oder teilt Einschätzungen oder Markterwartungen mit. Letztere sind bereits nicht mehr »harte« Tatsachen, sondern Prognosen, die jedoch letztlich noch dem Bereich der Informationsvermittlung zugeordnet werden können. In dem *theoretischen zweiten Teil werden die Tatsachen und Prognosen bewertet* sowohl hinsichtlich ihrer Glaubwürdigkeit als auch hinsichtlich der Eignung des Produktes für den konkreten Kunden. In dieser zweiten Phase erfolgt die *eigentliche »Beratung«.* – In der Praxis werden diese theoretisch unterscheidbaren Aspekte kaum jemals getrennt voneinander behandelt werden. Vielmehr sind die Informationserteilung und Beratung untrennbar miteinander verwoben[92].

60   Die *Anlageberatung* ist grundsätzlich zu unterscheiden von der *Anlagevermittlung* und der *Vermögensverwaltung.* Die Abgrenzung der Anlageberatung zu der reinen Anlagevermittlung ist nicht immer einfach vorzunehmen. Im Ansatz »vermittelt« ein *Anlagevermittler* Anlagen, indem er für diese werbend in Erscheinung tritt und ausschließlich »seine Anlage zu verkaufen beabsichtigt«. Grundsätzlich kann jedoch auch ein Anlagevermittler eine Anlageberatung tätigen. Ursprünglich ging die Rechtsprechung aufgrund des stark im Vordergrund stehenden *Werbeaspektes* davon aus, daß einen Anlagevermittler wesentlich geringere Aufklärungs- und Beratungspflichten treffen als einen Anlageberater[93]. Die *Grenzen* zwischen der Anlagevermittlung und der Anlageberatung *verwischen* jedoch zusehends. Mit steigender Inanspruchnahme persönlichen Vertrauens nähert sich der Anlagevermittler grundsätzlich dem Anlageberater[94]. Zum Teil wird bereits die Meinung vertreten, daß die Unterscheidung zwischen Anlagevermittlung und Anlageberatung hinfällig geworden und die Anlagevermittlung in der Anlageberatung aufgegangen ist[95]. Hierfür spricht, daß die §§ 31 ff. WpHG keine Unterscheidung zwischen einer Anlagevermittlung und einer -beratung treffen, sondern ausnahmslos auf beide Formen Anwendung finden[96].

61   Anders als die Anlagevermittlung läßt sich die *Vermögensverwaltung* präzise von der Anlageberatung unterscheiden. Bei der Vermögensverwal-

---

92 Für eine klare Trennung Kümpel, Bank- und Kapitalmarktrecht, 8.253.
93 Vgl. BGH WM 1978, 611; BGH NJW 1979, 1449 = WM 1979, 530; BGH ZIP 1984, 1080 = NJW 1984, 2524 = WM 1984, 1075; BGH ZIP 1993, 997 = WM 1993, 1238.
94 Vgl. Krimphove, Anlageberatung, S. 18 ff., 33 ff. m.w.N.
95 So insb. Hopt, Rechtsprobleme der Anlageberatung, S. 135, 143.
96 Vgl. Assmann, in: Assmann/Schneider, WpHG, § 2 Rz. 18.

tung obliegt dem *Vermögensverwalter die Pflicht*, das ihm zur Verfügung gestellte Vermögen *eigenständig und ohne Rücksprache mit dem Kunden zu disponieren*[97]. Demgegenüber bleibt der Vermögensinhaber bei der Anlageberatung allein dispositionsbefugt und trifft nach der Beratung seine Entscheidung, die das beauftragte Institut sodann ausführt.

2. Rechtsgrundlagen

a) Vertrag

Die Anlageberatung kann sowohl aufgrund eines *ausdrücklich oder konkludent geschlossenen Anlageberatungsvertrages* erfolgen *oder* sich als *Nebenpflicht aus einem das Effektengeschäft* betreffenden Vertrag ergeben. Ein Beratungsvertrag zwischen Kunde und Kreditinstitut wird in der Praxis nur in wenigen Fällen ausdrücklich geschlossen[98]. Meist wird ohne ausdrückliche Vereinbarung ein Gespräch über »Anlagemöglichkeiten« geführt, und der Kunde trifft auf der Basis dieses Gesprächs seine Entscheidung. Da der *konkludente Abschluß eines Beratungsvertrages* in diesen Fällen schwierig festzustellen ist – von der Rechtsprechung wird er jedoch regelmäßig angenommen -, wird der Annahme eines konkludenten Abschlusses des Beratungsvertrages *häufig* entgegengehalten, daß sie auf eine *Vertragsfiktion* hinauslaufe[99]. Eine Beratungspflicht des Kreditinstitutes kann sich auch ergeben als *Nebenpflicht* etwa aus Effektenkommissionsaufträgen (§§ 383 ff. HGB, 18 ff. DepotG) oder aus Festpreisgeschäften[100]. Unter Haftungsgesichtspunkten reichen die Verpflichtungen zur Beratung als Nebenpflicht jedoch nicht so weit wie ein Beratungsvertrag, da die Verpflichtungen aus einem Beratungsvertrag unabhängig von dem Zustandekommen eines Effektenauftrages sind.

62

Die *Rechtsprechung* geht von dem Abschluß eines *ausdrücklichen oder konkludenten Beratungsvertrages* insbesondere immer dann aus, wenn Auskünfte oder Ratschläge erteilt werden, die – für das Auskunft erteilende Kreditinstitut ersichtlich – für den Empfänger von erheblicher Bedeutung sind und von diesem zur Grundlage wesentlicher Entscheidungen gemacht werden[101]. Ein Beratungsvertrag kann somit auch mit einem bisher nicht als Kunde der Bank aufgetretenen Anleger geschlossen wer-

63

---

97 Vgl. dazu unten § 12 II sowie Schäfer, in: Cramer/Rudolph, Hdb. Anlageberatung und Vermögensverwaltung, S. 668 ff.
98 Es sind jedoch Tendenzen im deutschen Bankgewerbe sichtbar, Anlageberatungen nur noch auf der Basis von ausdrücklichen Vereinbarungen zu erteilen und hierfür eine gesonderte Gebühr in Rechnung zu stellen.
99 Baumbach/Hopt, HGB, § 347 Rz. 19, 22 m.w.N.; Heinsius, ZHR 145 (1981), 177, 180 ff.; Canaris, Rz. 100.
100 Vgl. dazu oben § 11 A II 2 b).
101 Vgl. Heinsius, ZBB 1994, 47, 49 m.w.N.; abgelehnt wird der Abschluß eines Beratungsvertrages z.B. in BGH WM 1996, 906 = ZIP 1996, 872.

den[102]. Besonders bei Neukunden wird augenfällig, daß ein konkludenter Abschluß eines Beratungsvertrages fiktiven Charakter hat.

b) Rechtliche Sonderverbindung

64 Soweit in der Literatur der Abschluß eines konkludenten Beratungsvertrages als fiktiv abgelehnt wird, wird der gleiche Schutzstandard erreicht durch die Annahme einer »rechtlichen Sonderverbindung«. Zum Teil wird diese auf ein allgemeines Vertrauensverhältnis, auf eine dauernde Geschäftsverbindung, auf rechtsgeschäftlichen Kontakt oder berufliches Auftreten am Markt gegründet[103].

65 Auch wenn die Herleitung der Aufklärungs- und Beratungspflichten dogmatisch von völlig unterschiedlichen Grundlagen ausgeht, so hat sie doch nur wenig Auswirkungen auf Pflichteninhalt bzw. -standard. Es wird zu Recht darauf verwiesen, daß die Grundlagen für die Pflichtenbegründung zunehmend an Bedeutung verliert gegenüber der Herausarbeitung des Umfangs und des Inhalts der Pflichtenstandards. Eine weitere Verstärkung dieser Tendenz ist eingetreten durch die Statuierung gesetzlicher Verhaltenspflichten durch die §§ 31 ff. WpHG.

c) Gesetzliche Verhaltenspflichten

66 Durch das 2. Finanzmarktförderungsgesetz wurde im Juli 1994 das Wertpapierhandelsgesetz verabschiedet[104]. Im Rahmen seines (noch) eingeschränkten Geltungsbereichs enthält es in §§ 31 ff. Verhaltensregeln für Wertpapierdienstleistungsunternehmen. Neben Organisations- und Aufzeichnungspflichten enthält dieser Abschnitt insbesondere *allgemeine und besondere Regeln für das Verhalten des Wertpapierdienstleistungsunternehmens gegenüber seinen Kunden*[105]. Die Verhaltensregeln gehen zurück auf die EG-Wertpapierdienstleistungsrichtlinie[106]. Die Organisations- und Verhaltensregeln bezwecken, das Vertrauen der Anleger in die Funktionsfähigkeit der Wertpapiermärkte zu erhalten und damit die Stabilität des Finanzsystems zu stärken. Neben dem Schutz der institutionellen Funktionsfähigkeit der Kapitalmärkte ist jedoch gleichrangiges Ziel der Wertpapierdienstleistungsrichtlinie der Anlegerschutz[107]. Fraglich ist, ob neben dem Anlegerschutz die Verhaltensregeln auch verbraucherschüt-

---

102 BGH ZIP 1987, 500 = WM 1987, 495; dazu Niehoff, EWiR 1987, 575.
103 Vgl. die Überblicke bei Schäfer, Haftung für fehlerhafte Anlageberatung, I 3; Baumbach/Hopt, HGB, § 347 Rz. 22; Heinsius, ZBB 1994, 47, 49.
104 WpHG vom 26. Juli 1994, BGBl. I S. 1749.
105 Vgl. dazu ausführlich unten B II; zum Nebeneinander von zivilrechtlicher Haftung und aufsichtsrechtlichen Pflichten ausführlich Arendts, Bankenhaftung, in: Jahrbuch Junger Zivilrechtswissenschaftler 1995, S. 165 ff.
106 Nr. 93/22/EWG des Rates vom 10.05.1993, ABl. EG Nr. L 141/27 vom 11.06.1993.
107 Vgl. Koller, in: Assmann/Schneider, WpHG, vor § 31 Rz. 11; Hopt, ZHR 159 (1995), 135, 159 f.; BT-Drucks. 12/7918, S. 97.

zende Funktion haben. Dies wird von der Literatur vorsichtig bejaht mit Blick darauf, daß »im Rahmen des Anlegerschutzes auch solche Personen zu schützen seien, die wegen unzureichend entwickelter rationaler Fähigkeiten dazu neigen, impulsive, rational kaum gesteuerte Anlageentscheidungen zu treffen«[108].

3. Anlageberatung als Wertpapier(neben)dienstleistung

Art. 1 Nr. 1 der Wertpapierdienstleistungsrichtlinie definiert »Wertpapierdienstleistung« als »jede für Dritte erbrachte Dienstleistung, die in Abschnitt A des Anhangs aufgeführt ist und sich auf eines der Instrumente in Abschnitt B des Anhangs bezieht«. Abschnitt A zählt als Wertpapierdienstleistungen auf:
- Die Annahme und Übermittlung von Aufträgen für Dritte sowie die Ausführung solcher Aufträge für fremde Rechnung, wenn sie sich auf eines oder mehrere der in Abschnitt B genannten Instrumente beziehen,
- den Handel mit jedem der in Abschnitt B genannten Instrumente für eigene Rechnung,
- die individuelle Verwaltung einzelner Portefeuilles mit einem Ermessensspielraum im Rahmen eines Mandates der Anleger sowie
- das Underwriting von Emissionen.

67

Die *Anlageberatung zählt somit nicht zum Kern der Wertpapierdienstleistungen* der Wertpapierdienstleistungsrichtlinie. Nach Art. 3 Abs. 1 S. 4 der Wertpapierdienstleistungsrichtlinie kann sich die der Wertpapierfirma zu erteilende Lizenz jedoch auch auf eine oder mehrere der in Abschnitt C genannten Nebendienstleistungen erstrecken[109]. Nr. 6 des Abschnittes C führt als Nebendienstleistung die »Anlageberatung über eines oder mehrere der in Abschnitt B genannten Instrumente« auf. Einzige Funktion der Erweiterung des Begriffs der Wertpapierdienstleistung um Nebendienstleistungen ist die Erstreckung der Privilegierung des »Europapasses«, der es der Wertpapierfirma ermöglicht, die lizensierten Wertpapierdienstleistungen auch in anderen Mitgliedstaaten der EU als dem die Lizenz erteilenden Mitgliedstaat zu erbringen, ohne daß erneut Lizenzen eingeholt werden müßten.

68

Art. 11 Abs. 1 der Wertpapierdienstleistungsrichtlinie verpflichtet die Mitgliedstaaten, den Wertpapierfirmen umfangreiche *Wohlverhaltensregeln* vorzuschreiben. Dabei werden die Mitgliedstaaten ermächtigt, diese Regeln »ggfls. auch auf die in Abschnitt C des Anhangs genannten Ne-

69

---

108 So insb. Koller, in: Assmann/Schneider, WpHG, vor § 31, Rz. 11 ff., 14.
109 Im Verfahren zur Verabschiedung der Wertpapierdienstleistungsrichtlinie war umstritten, ob die Anlageberatung als eine Kerndienstleistung eingestuft werden sollte – vgl. Shea, in: Cranston, S. 115, 131 und Fn. 66.

bendienstleistungen« auszudehnen. Von besonderer Bedeutung sind für die Anlageberatung der vierte und fünfte Spiegelstrich von Art. 11 Abs. 1 Wertpapierdienstleistungsrichtlinie, die dem Wertpapierdienstleistungsunternehmen die Kenntnis des Kunden sowie die Verpflichtung zur anleger- und objektgerechten Beratung auferlegt[110]. Durch die *Trennung der Kerndienstleistung »Kauf- und Verkauf von Wertpapieren« von der Nebendienstleistung »Anlageberatung«* werden von der grundsätzlichen Verpflichtung zur Einhaltung der Wohlverhaltensregeln auch Wertpapierdienstleistungsunternehmen erfaßt, die nur die Kerndienstleistung und nicht die Nebendienstleistung erbringen. Diese Regelung ist für die Banken und Wertpapierfirmen insoweit von Bedeutung, als die sog. Discount Broker in Großbritannien oder die *Direktanlage-Banken* in Deutschland keine Anlageberatung für Wertpapierkunden anbieten.

70 Da die Wertpapierdienstleistungsrichtlinie derzeit[111] erst teilweise durch das Wertpapierhandelsgesetz umgesetzt worden ist, werden Wertpapierdienstleistungen von § 2 Abs. 3 WpHG bisher nur in
– der Anschaffung und der Veräußerung von Wertpapieren oder Derivaten für andere,
– der Anschaffung und der Veräußerung von Wertpapieren oder Derivaten im Wege des Eigenhandels für andere, sowie
– der Vermittlung von Geschäften über die Anschaffung und die Veräußerung von Wertpapieren oder Derivaten

gesehen. Wertpapiernebendienstleistungen kennt das WpHG bisher nicht. Die *Anlageberatung ist daher derzeit in Deutschland (noch) keine Wertpapierdienstleistung*. Betrachtet man die Anlageberatung isoliert, so beziehen sich deshalb auch die *Wohlverhaltensregeln der §§ 31 f. WpHG nicht* auf die Erbringung der Dienstleistung »Anlageberatung«[112]. § 31 Abs. 2 WpHG ist mit seinen Pflichten zur Einholung von Angaben über Verhältnisse und Anlageziele des Kunden und zur Unterrichtung des Kunden zugeschnitten auf Wertpapierdienstleister, die das eigentliche Effektengeschäft des § 2 Abs. 3 WpHG in Verbindung mit einer vorangehenden Anlageberatung erbringen, wie bis vor kurzem in Deutschland allgemein üblich. Es erscheint jedoch widersinnig, daß – nur weil die Anlageberatung bisher nicht als Wertpapierdienstleistung bzw. -nebendienstleistung definiert wird – im Rahmen der Anlageberatung keine Einhaltung der Wohlverhaltensregeln erforderlich sein soll, wohl jedoch bei der anschlie-

---

110 Vgl. Grundmann, ZSR 115 (1996) 103, 117 m.w.N.
111 1. November 1996; der Referentenentwurf des »Gesetzes zur Umsetzung der Wertpapierdienstleistungs- und Kapitaladäquanzrichtlinie sowie zur Änderung anderer bank- und wertpapieraufsichtsrechtlicher Vorschriften« vom 17. Juni 1996 sieht in § 2 Abs. 3 a Nr. 3 die Anlageberatung als Wertpapiernebendienstleistung vor und erstreckt die §§ 31 f. hierauf.
112 So zutreffend Schödermeier, WM 1995, 2053, 2054 in Fn. 13; a.A. wohl Assmann, in: Assmann/Schneider, WpHG, § 2 Rz. 18, der »Anlage- oder Vermögensberater« als Vermittler von Geschäften i.S.v. § 2 Abs. 3 Nr. 3 WpHG ansehen will.

ßenden Durchführung der Wertpapiertransaktion. Insoweit sollte der eigentlichen *Wertpapierdienstleistung eine Vorwirkung auch auf die Anlageberatung zukommen*.

II. Inhalt und Umfang der Informations- und Beratungspflichten

1. Sachkenntnis, Sorgfalt, Gewissenhaftigkeit und Erkundigungspflicht

Ein Wertpapierdienstleistungsunternehmen ist nach § 31 Abs. 1 Nr. 1 WpHG verpflichtet, *Wertpapierdienstleistungen mit der erforderlichen Sachkenntnis, Sorgfalt und Gewissenhaftigkeit im Interesse seiner Kunden zu erbringen*. Die erforderliche Sachkenntnis besitzt der Anlageberater nur, wenn er das Produkt, über das er berät, hinreichend kennt. Fehlt ihm diese Kenntnis, muß er sie sich durch Nachforschungen und Erkundigungen besorgen[113]. Im anglo-amerikanischen Rechtskreis wird die Pflicht zur Produktkenntnis umschrieben mit »know your merchandise« oder »know your product«. Der Anlageberater muß somit die Charakteristika der Wertpapiere, über die er berät, kennen. Hierzu zählt die entsprechende Kenntnis des Marktes selbst[114], der allgemeinen Merkmale der Wertpapierkategorien, denen ein Wertpapier zuzuordnen ist[115], der speziellen Charakteristika der einzelnen Wertpapiere[116] sowie des Emittenten des Wertpapiers und seiner wirtschaftlichen Situation. Dabei dürfen die Anforderungen an die Kenntnisse des Anlageberaters nicht unrealistisch hoch angesetzt werden[117]. In *Ermangelung von Marktstandards*[118] wird man hier auf einen durchschnittlichen Anlageberater mit ordentlichen theoretischen Kenntnissen und einer durchschnittlichen Erfahrung abstellen müssen. Die *Festlegung des schlichten Standards* wird einen der zukünftigen *Schwerpunkte der Entwicklung des Rechts der Anlageberatung* darstellen[119]. Die Sorgfalt und Gewissenhaftigkeit, mit der die Wert-

71

---

113 Unstr., vgl. nur Heinsius, ZBB 1994, 47, 52 ff.; ders., ZHR 145 (1981), 177, 189 ff.
114 Z.B.: Liquidität und »Tiefe« des Marktes; Preisbildungsmechanismen; wesentliche Marktteilnehmer etc.
115 Z.B.: Wirkungsweise des Hebels von Optionsscheinen; theoretische Kursentwicklung von Collared Floaters bei Zinssteigerungen; Verlustteilnahme von Genußscheinen etc.
116 Z.B.: Welche Hebelwirkung hat der Optionsschein xy; welche Zinserwartung liegt dem Reverse Floater xy zugrunde; welche Laufzeit hat ein Papier etc.
117 So erscheint es überzogen, wenn das LG Hannover, ZIP 1992, 319, 321 in einer der ersten »Bond-Entscheidungen« von dem Wertpapierberater einer Sparkasse erwartet, daß dieser die amerikanische (!) Ausgabe der Financial Times regelmäßig verfolgt.
118 Gering erscheint dagegen die Anforderung des OLG Oldenburg, WM 1996, 255, 256, das als »Nachforschung« über den Emittenten eines japanischen Optionsscheines ein Nachsehen im »Japan Company Handbook« verbunden mit »Fundamentalanalysen« japanischer Broker ausreichen lassen will, vgl. dazu Schäfer, WuB I G 7.-4.96.
119 Zu Einzelpflichten vgl. Schäfer, Haftung für fehlerhafte Anlageberatung, S. 87 ff. m.w.N.; zum österreichischen Recht vgl. Bydlinski, RIW 1996, 290 ff.

papierdienstleistung zu erbringen ist, konkretisiert die Verpflichtung des Wertpapierdienstleistungsunternehmens, die Interessen des Kunden bestmöglichst zu wahren[120]. Hierdurch wird neben der Sachkenntnis (»know your product«) die verkehrserforderliche Sorgfalt bei der Durchführung der Anlageberatung allgemeingültig festgelegt.

72 Zur Erfüllung dieser Pflichten verlangt § 33 Nr. 1 WpHG, daß das Wertpapierdienstleistungsunternehmen »die für eine ordnungsmäßige Durchführung der Wertpapierdienstleistung notwendigen Mittel und Verfahren vorzuhalten und wirksam einzusetzen« hat. Hierzu zählt u.a. die zeitnahe Beschaffung der für die Wertpapierberatung notwendigen Informationen und Publikationen sowohl der print- wie der elektronischen Medien[121].

2. Kenntnis des Kunden

73 Das Wertpapierdienstleistungsunternehmen ist nach § 31 Abs. 2 Nr. 1 WpHG ferner verpflichtet, »von seinen Kunden Angaben über ihre Erfahrungen oder Kenntnisse in Geschäften, die Gegenstand von Wertpapierdienstleistungen sein sollen, über ihre mit den Geschäften verfolgten Ziele und über ihre finanziellen Verhältnisse zu verlangen, soweit dies zur Wahrung der Interessen des Kunden und im Hinblick auf Art und Umfang der beabsichtigten Geschäfte erforderlich ist«. Hiermit wird die in den USA seit mehr als 50 Jahren mit dem Schlagwort »know your customer« umschriebene *Pflicht zur Kenntnis des beratenen Anlegers*, seiner finanziellen Verhältnisse, seiner Risikotragfähigkeit und den mit der Anlage verfolgten Zielen auch im deutschen Recht gesetzlich verankert[122]. *Die Kenntnis des Anlegers und seiner Anlageziele ist Voraussetzung für eine anlegergerechte Beratung*[123]. Die Banken haben zur Erfassung der persönlichen und finanziellen Daten des Kunden sowie seiner Anlageziele Fragebögen entwickelt, anhand derer die Kenntnisse und Erfahrungen des Kunden, seine Risikotragfähigkeit, seine Risikoneigung und seine Anlageziele erfaßt werden sollen[124]. *Zweck der Fragepflicht ist, dem Wertpapierdienstleistungsunternehmen die für eine anlegergerechte Beratung erforderlichen Informationen zu geben.* Ohne diese Kenntnis kann das Wertpapierdienstleistungsunternehmen lediglich die Parameter der Märkte und Produkte darstellen, jedoch keinen Rat bezüglich der Eignung die-

---

120 Koller, in: Assmann/Schneider, WpHG, § 31 Rz. 4 f.
121 Arendts, JuS 1994, 915, 918; Heinsius, ZHR 145 (1981), 177, 191; Koller, in: Assmann/Schneider, WpHG, § 33 Rz. 4.
122 Es dürfte unstreitig sein, daß diese Pflicht schon bisher als ungeschriebene vertragliche Pflicht galt.
123 Vgl. dazu sogleich unter § 11 B II 3.
124 Im einzelnen variieren diese Fragebögen erheblich; der von den Sparkassen verwandte ist abgedruckt bei Lang, Aufklärungspflichten bei der Anlageberatung, S. 259 ff.

§ 11 Wertpapiergeschäft

ser Produkte für einen bestimmten Anleger abgeben. Die Fragepflicht beabsichtigt somit nicht, den Kunden vor einer objektiv ungeeigneten Anlage zu schützen[125], sondern ihn durch die Information in die Lage zu versetzen, auf der Basis einer vollständigen Information eigenständig Entscheidungen zu treffen[126]. Ist der Kunde bereits hinlänglich informiert, also ein sog. »Professional«, gebietet die Wahrung der Interessen des Kunden nicht, daß er zusätzlich aufgeklärt wird. Dementsprechend ist auch nicht erforderlich, daß sich das Wertpapierdienstleistungsunternehmen nach seinen persönlichen Erfahrungen, Kenntnissen, Anlagezielen und finanziellen Verhältnissen erkundigt[127]. Entsprechendes gilt, wenn sich der Anleger durch einen erfahrenen Dritten, z.B. einen bankunabhängigen Vermögensverwalter, vertreten läßt[128].

Der Anleger ist nicht verpflichtet, dem Wertpapierdienstleistungsunternehmen *die von diesem gewünschten Auskünfte zu erteilen*. In diesem Fall sollte das Wertpapierdienstleistungsunternehmen den Anleger jedoch darauf hinweisen, daß die Anlegergerechtigkeit der Beratung nicht mehr gewährleistet ist und lediglich noch eine objektgerechte Beratung erfolgen kann. Aus Vorsichtsgründen sollte sich das Wertpapierdienstleistungsunternehmen die Weigerung des Kunden zur Mitteilung seiner persönlichen Verhältnisse bestätigen lassen. Die für eine anlegergerechte Beratung erforderliche Kenntnis von den Verhältnissen und Zielen des Anlegers muß das Wertpapierdienstleistungsunternehmen grundsätzlich durchgängig besitzen. Es wird *die Befragung des Anlegers in regelmäßigen Intervallen wiederholen*. Vorgeschlagen wird insoweit ein Intervall von einem Jahr[129] oder drei Jahren[130]. Eine Wiederholung der Befragung des Anlegers wird jedoch nur erforderlich sein, wenn das Wertpapierdienstleistungsunternehmen nicht schon aufgrund der laufenden Geschäftsverbindung hinreichend über die Entwicklungen der Verhältnisse des Kunden unterrichtet ist. In diesem Fall wird die interne Dokumentation der Entwicklung der Verhältnisse des Kunden ausreichen. Die Aufzeichnungs- und Aufbewahrungspflicht des § 34 WpHG bezieht sich derzeit zwar noch nicht auf die anlegerbezogenen Daten, doch hat das Bun-

74

---

125 Wer wollte auch schon beurteilen, was »objektiv ungeeignet« ist? Die objektive Eignung ließe sich nur anhand der Entscheidungskriterien eines homo oeconomicus beurteilen, der jedoch nicht Maßstab und Leitbild für sämtliche Anleger ist, wie z.B. die »ethischen Investmentfonds« zeigen.
126 Heinsius, ZBB 1994, 47, 52; Koller, in: Assmann/Schneider, WpHG, § 31 Rz. 80 f.; Lang, Aufklärungspflichten bei der Anlageberatung, S. 204 f.; Scharrenberg, Sparkasse 1995, 108.
127 Lang, Aufklärungspflichten bei der Anlageberatung, S. 204 f.; Kümpel, Bank- und Kapitalmarktrecht, 8.273; Koller, in: Assmann/Schneider, § 31 Rz. 88.
128 BGH WM 1996, 664 f.= ZIP 1996, 667 f. – dazu Schäfer, WuB I G 1.-7.96, sowie Steiner, EWiR § 276 BGB, S. 395; ebenso bereits OLG Frankfurt, WM 1994, 2106 ff.; vgl. auch Koller, in: Assmann/Schneider, WpHG, § 31 Rz. 120.
129 Vgl. Koller, in: Assmann/Schneider, WpHG, § 31 Rz. 94 mit Verweis auf die englischen Regeln.
130 So die derzeitigen Überlegungen des Bundesaufsichtsamtes für den Wertpapierhandel.

desaufsichtsamt für den Wertpapierhandel angekündigt, noch 1996 von seiner Ermächtigung zum Erlaß einer diesbezüglichen Rechtsverordnung nach § 34 Abs. 2 S. 2 WpHG i.V.m. der VO vom 16.3.1995[131] Gebrauch zu machen[132].

75 Eine Einschränkung der Fragepflicht erfolgt in § 31 Abs. 2 2. Halbs. WpHG, durch den Hinweis, daß die Befragung »im Hinblick auf Art und Umfang der beabsichtigten Geschäfte erforderlich« sein muß. Je risikobehafteter die von dem Kunden gewünschten oder erfragten Geschäfte sind, desto größer ist der Umfang der Fragepflicht[133].

3. Pflicht zur Information und Beratung

76 Die Anlageberatung hat seitens des Wertpapierdienstleistungsunternehmens auf der Basis seiner Kenntnisse der Produkte und der Verhältnisse des Kunden zu erfolgen. Durch die Anlageberatung wird – worauf hingewiesen wird[134] – ein Interessenwahrungsverhältnis begründet. Danach ist das Wertpapierdienstleistungsunternehmen verpflichtet, im bestmöglichen Interesse des Kunden zu handeln. Die anlegergerechte Beratung als Pflicht zur »Mitteilung aller zweckdienlichen Informationen« ist Gegenstand einer kaum noch überschaubaren Vielzahl von Entscheidungen. Eine weit über die rechtswissenschaftliche Literatur hinausgehende Beachtung hat das nachfolgende Urteil des BGH in Sachen »Bond« gefunden[135]:

77 *Fall:* Die Kläger waren seit über 20 Jahren Kunden der beklagten Volksbank. Ihre gesamten Ersparnisse von DM 55 000,- hatten sie bei dieser bisher nur in Festgeld, Spargutshaben und Bundesschatzbriefen angelegt. Als daraus ein Teilbetrag von DM 20 000,- zur Wiederanlage fällig wurde, empfahl der Anlageberater den Klägern im März 1989 aus einer Liste von Angeboten aus dem Anlageprogramm der Volksbank den Erwerb der DM-Anleihe der australischen Bond-Finance Ltd. aus dem Jahre 1988. Kurz zuvor war die Anleihe aufgrund eines von der deutschen Konsortialführerin erstellten Prospektes[136] an der Frankfurter Börse zum amtlichen Handel zugelassen worden. Der Prospekt enthielt u.a. ein Testat des Wirtschaftsprüfers der Anleiheschuldnerin. Auf Anraten des Anlageberaters der Beklagten erwarben die Kläger diese Anleihe im März 1989. Das Ra-

---

131 BGBl. I 1995, S. 390.
132 Scharrenberg, Sparkasse 1995, 108 f.; Lang, Aufklärungspflichten bei der Anlageberatung, S. 210 ff.
133 Scharrenberg, Sparkasse 1995, 108; Lang, Aufklärungspflichten bei der Anlageberatung, S. 204.
134 Koller, in: Assmann/Schneider, WpHG, § 31 Rz. 8 m.w.N.; Kümpel, Bank- und Kapitalmarktrecht, 8.239; vgl. auch Beschlußempfehlung und Bericht des Finanzausschusses des Deutschen Bundestages, BT Drucks. 12/7918, S. 182.
135 BGH ZIP 1993, 1148 = WM 1993, 1455.
136 Vgl. zur Prospekterstellung durch den Konsortialführer unten § 15 II 2 b) dd).

ting der Australian Ratings Agency belief sich bereits seit Juni 1988 auf »BB«, was »spekulativ mit unterdurchschnittlicher Deckung« bedeutet und seit Dezember 1988 wurde die Anleihe nur noch mit »B«, also als »hochspekulativ mit geringer Kapitalabsicherung« eingestuft. Anfang März 1989 wurde die Anleihe nur noch mit »CCC« bewertet, was auf eine drohende Insolvenz des Emittentin hinweist. Wenig später war die Anleihe wertlos.

Die Beklagte verteidigte sich damit, daß sie aufgrund der Denominierung der Anleihe in DM nur darauf verwiesen habe, daß kein Kursrisiko bestehe, der Wirtschaftsprüfer die Bilanz der Emittentin testiert habe, die Anleihe zum amtlichen Handel an der Frankfurter Börse zugelassen worden und ihr das Rating der australischen Rating Agentur nicht bekannt gewesen sei.

In diesem als »*Bond-Entscheidung*« in die Literatur eingegangenen Urteil *faßt* der BGH erstmals die bis dahin in vielen Entscheidungen und Aufsätzen verstreuten *Kriterien für eine Anlageberatung zusammen* und bringt unter den Stichworten der *anleger- und objektgerechten Beratung* eine Reihe von Pflichten von Anlageberatern in das Bewußtsein breiterer Anlageberater- und Anlegerkreise. Unter Betonung der konkreten Umstände des Einzelfalles verweist der BGH darauf, daß der Anlageberater über die »Umstände in der Person des Kunden« informiert sein muß, wozu insb. dessen Wissensstand über Anlagegeschäfte der vorgesehenen Art, seine Risikobereitschaft, seine Erfahrungen, sein einschlägiges Fachwissen und seine Anlageziele zählen. In Bezug auf die Umstände des Anlageobjektes hat der Anlageberater auf marktbezogene Umstände (Konjunkturlage, Entwicklung des Börsenmarktes, Zinsniveau, Liquidität des Marktes, vom üblichen abweichende Eigenheiten eines besonderen Marktes wie z.B. großer Spread zwischen Kauf- und Verkaufkursen etc.), auf die instrumentenbezogenen Faktoren (typische Erscheinungsmerkmale bestimmter Wertpapiergattungen, z.B. der Hebelwirkung des Optionsscheins, der Verlustteilnahme von Genußscheinen, der Preisentwicklung von Collared Floaters bei steigenden Zinsen etc.), auf die objektbezogenen Faktoren (also die Spezifika des konkret in Aussicht genommenen Anlageobjektes, wie z.B. dem konkreten Hebel bei einem bestimmten Optionsschein oder sein Zeitwert im Verhältnis zu seinem theoretischen Wert etc.) sowie die wirtschaftliche Lage und Solvenz des Emittenten aufzuklären[137]. In der Bond-Entscheidung stellte der BGH entscheidend darauf ab, daß die anlageberatende Volksbank die Anleihe in ihr Anlageprogramm aufgenommen hatte, wodurch dem Anlageinteressenten suggeriert wurde, daß die Anleihe nach Bewertung für »gut« befunden

78

---

137 Vgl. Drygala, ZHR 159 (1995), 686, 714 ff.; Schäfer, Haftung für fehlerhafte Anlageberatung, S. 87 ff. – beide mit umfangreichen w.N.; zur Hinweispflicht auf das Fehlen eines Emissionsprospektes vgl. Assmann, AG 1996, 508, 515.

wurde. Für die Prüfung und Bewertung einer Anlage als gut reiche nicht aus, sich auf die Angaben Dritter zu verlassen. Es könnte daher nicht ausreichen, daß die Anleihe in den amtlichen Handel der Frankfurter Wertpapierbörse aufgenommen wurde, da die Börsen keine Bonitäts-, sondern lediglich eine Vollständigkeitsprüfung der eingereichten Unterlagen vornehmen[138]. Auch das Testat eines Wirtschaftsprüfers für die Bilanz eines Emittenten ist nur von eingeschränkter Aussagekraft, wenn die Bilanz nicht sehr zeitnah erstellt wurde. Mit der Aufnahme in ein Anlageprogramm signalisiert das Wertpapierdienstleistungsunternehmen jedoch eine Bonitätsprüfung. Hat es eine solche nicht vorgenommen, muß es ausdrücklich darauf hinweisen. Eine Bonitätsprüfung des Emittenten hätte jedoch zumindest erfordert, daß sich die anlageberatende Bank über das Rating des Emittenten informierte[139]. Durch die Rating Agenturen werden Emittenten von Fremdkapital repräsentierenden Wertpapieren jedenfalls i.d.R. hinreichend verläßlich beurteilt. In Ermangelung dieser Voraussetzung war die Beratung durch die Bank bereits aus diesem Grunde nicht objektgerecht.

79   Darüber hinaus war die Beratung auch nicht anlegergerecht, da das bisherige Anlageverhalten nur völlig risikofreie Anlageformen umfaßte, also insbesondere kein Emittentenrisiko bestand, eine Änderung der Anlageziele seitens der Anleger nicht kommuniziert wurde, ihr Gesamtvermögen die Eingehung von Risiken auch objektiv nicht erlaubte und bei ihnen auch keine Kenntnisse oder Erfahrungen in risikoreicheren Anlageformen gegeben waren. Hier konnte sich die beklagte Bank nicht darauf zurückziehen, daß bis zu dem damaligen Zeitpunkt DM-Auslandsanleihen noch nie falliert hatten, da ein Emittentenrisiko grundsätzlich bei jeder Fremdkapitalaufnahme besteht. Die Anlageberatung war daher weder anleger- noch objektgerecht und die beklagte Bank wurde zu Recht zum Ersatz des den Anlegern entstandenen Schadens verurteilt.

80   Die *anleger- und objektgerechte Beratung muß wahr, klar, rechtzeitig und vollständig sein*[140]. Nur durch wahre, klare und vollständige Informationen wird dem Tatbestandsmerkmal der Erteilung von erforderlichen Informationen in § 31 Abs. 2 2. Halbs. WpHG Genüge getan. Das Maß der erforderlichen Information ist regelmäßig einzelfallbezogen und nur schwer abstrakt bestimmbar. Bei der *Bestimmung der erforderlichen Informationen im Einzelfall* ist grundsätzlich darauf abzustellen, daß durch die Information die *Informationsasymetrie zwischen Anlageberater und Anleger ausgeglichen* werden und der Anleger in die Lage versetzt werden

---

138 Darauf weist zu Recht hin Kümpel, Bank- und Kapitalmarktrecht, 8.258.
139 Zur Bedeutung des Ratings vgl. van Look, in: Büschgen/Everling, Hdb. Rating, S. 521 ff.; v. Randow, ZBB 1995, 140 ff.; Arendts, WM 1993, 229 ff.
140 Vgl. Schäfer, Haftung für fehlerhafte Anlageberatung, S. 73 ff.; Koller, in: Assmann/Schneider, WpHG, § 31 Rz. 99 ff.

soll, eine Anlageentscheidung entsprechend seinen Bedürfnissen zu treffen. Um die hierfür notwendigen Kriterien zu bestimmen, wurden die Kriterien des Informationsbedarfs, die Möglichkeiten der Information sowie des Funktionskreises der Tätigkeit des Aufklärungspflichtigen herausgestellt[141]. Diese wurden weiter verfeinert[142] und zwischen der objektiven, für den konkreten Vertragszweck relevanten Information, der subjektiven Aufklärungsbedürftigkeit des jeweiligen Adressaten der Information, dem präsenten Wissen des Informationspflichtigen, der Inanspruchnahme von persönlichem Vertrauen sowie dem Funktionskreis des Informationspflichtigen differenziert[143]. Es dürfte damit zu rechnen sein, daß zur Ausfüllung dieser Kriterien noch eine Vielzahl von Urteilen ergehen werden, die anhand von Einzelfällen die unbestimmten Rechtsbegriffe der Erforderlichkeit und der Informationsbedürftigkeit konkretisieren werden[144].

Im einzelnen sind hinsichtlich der Definition der erforderlichen Informationen eine *Vielzahl von Punkten* streitig. Hierzu zählt u.a., ob bei der Bestimmung der Erforderlichkeit auf den Vertreter oder den Vertretenen abzustellen ist[145], ob der Anleger auf die Erteilung der Information verzichten kann[146], das Wertpapierdienstleistungsunternehmen (Discount Broker) mit dem Kunden die Unterlassung der Erteilung von Informationen vereinbaren kann[147] und zu welchem Zeitpunkt die Information an den Kunden zu geben ist bzw. welche Konsequenzen mit einer verspäteten Information verbunden sind[148].

81

4. Empfehlungsverbote

Neben den allgemeinen Wohlverhaltensregeln des § 31 WpHG enthält § 32 WpHG *besondere Verhaltensregeln*. Nach § 32 Abs. 1 WpHG ist es einem Wertpapierdienstleistungsunternehmen verboten,
– Anlegern den Ankauf oder Verkauf von Wertpapieren oder Derivaten zu empfehlen, wenn und soweit die Empfehlung nicht mit den Interessen des Kunden übereinstimmt,

82

---

141 Breidenbach, Die Voraussetzungen von Informationspflichten beim Vertragsschluß, S. 61 ff., 70 f., 73 ff.
142 Rümker, Aufklärungs-, Warn- und Beratungspflichten der Kreditinstitute aus der Sicht der Praxis, in: Bankrechtstag, S. 29, 38 ff.
143 Vgl. zusammenfassend Schäfer, Haftung für fehlerhafte Anlageberatung, S. 18 ff. m.w.N.
144 Vgl. heute bereits den Überblick bei Koller, in: Assmann/Schneider, WpHG, § 31 Rz. 104 ff.
145 Vgl. Koller in: Assmann/Schneider, WpHG, § 31 Rz. 120 m.w.N.; BGH WM 1996, 664 f. = ZIP 1996, 667 f.; OLG Frankfurt WM 1994, 2106 ff. sowie im Bereich der Börsentermingeschäfte BGH WM 1996, 1260 = ZIP 1996, 1206.
146 Koller, ebenda, Rz. 126 f.
147 Vgl. Kümpel, WM 1995, 691, 693; ders., Bank- und Kapitalmarktrecht, 8.271 ff.; dagegen Koller, in: Assmann/Schneider, WpHG, § 31 Rz. 129 ff.; Metz, VuR 1996, 183 ff.
148 Koller, ebenda, Rz. 119.

– Anlegern den Ankauf und Verkauf von Wertpapieren oder Derivaten zu dem Zweck zu empfehlen, für Eigengeschäfte des Wertpapierdienstleistungsunternehmens Preise in eine bestimmte Richtung zu lenken oder
– Eigengeschäfte aufgrund der Kenntnis von einem Auftrag eines Kunden des Wertpapierdienstleistungsunternehmens zum Ankauf oder Verkauf von Wertpapieren oder Derivaten abzuschließen, die Nachteile für den Auftraggeber zur Folge haben können.

83 Die ersten beiden Verhaltensregeln enthalten Empfehlungsverbote, die Konkretisierungen der allgemeinen Interessenwahrnehmungspflicht im Rahmen einer Anlageberatung darstellen. Sie entsprechen den Fallgruppen, die im Rahmen der Vermögensverwaltung seit langem als unzulässiges Verhalten erkannt sind[149]. Nicht einsichtig ist allerdings, daß Nr. 2 der besonderen Verhaltensregeln lediglich die Empfehlung zum Zwecke der Beeinflussung der Preise in eine bestimmte Richtung erfaßt, wenn dies dem Wertpapierdienstleistungsunternehmen selbst oder einem mit ihm verbundenen Unternehmen dienen soll. Gleichermaßen interessenwidrig ist etwa die Empfehlung im Rahmen einer Anlageberatung, Wertpapiere zu kaufen bzw. zu verkaufen, wenn das Wertpapierdienstleistungsunternehmen es dadurch einem nicht mit ihm verbundenen dritten Unternehmen ermöglichen will, einen Bestand in diesen Wertpapieren ab- bzw. aufzubauen[150]. Mit § 32 Abs. 1 Nr. 3 WpHG wird das sog. Vor-, Mit- und Gegenlaufen in Kenntnis von Aufträgen von Kunden untersagt[151]. Insofern enthält § 32 WpHG besondere Verhaltensregeln, die den Bereich der allgemeinen Anlageberatung verlassen und sich in dem an die Anlageberatung anschließenden Bereich der Umsetzung von Aufträgen von Kunden bewegen.

5. Beratung bei Interessenkonflikten und Insiderwissen

a) Interessenkonflikte

aa) Institutionelle und individuelle Interessenkonflikte

84 Nach § 33 Nr. 2 WpHG muß ein Wertpapierdienstleistungsunternehmen »so organisiert sein, daß bei der Erbringung der Wertpapierdienstleistung Interessenkonflikte zwischen dem Wertpapierdienstleistungsunternehmen und seinen Kunden oder Interessenkonflikte zwischen verschiedenen Kunden des Wertpapierdienstleistungsunternehmens möglichst gering sind«. Gleichzeitig statuiert § 31 Abs. 1 Nr. 2 WpHG, daß ein Wertpa-

---

149 Vgl. Schäfer, BuB 11/38 ff. m.w.N.
150 Beispiel: Eine Bank unterstützt ein nicht verbundenes Unternehmen darin, eine Mehrheitsbeteiligung an einem dritten Unternehmen zu erwerben, indem sie ihren Anlegern den Verkauf der Aktien des dritten Unternehmens empfiehlt und dadurch den von dem übernahmewilligen Unternehmen ausgelösten Nachfrageüberhang ausgleicht.
151 Vgl. Koller, in: Assmann/Schneider, WpHG, § 32 Rz. 11 ff.

pierdienstleistungsunternehmen verpflichtet ist, »sich um die Vermeidung von Interessenkonflikten zu bemühen und dafür zu sorgen, daß bei unvermeidbaren Interessenkonflikten der Kundenauftrag unter der gebotenen Wahrung des Kundeninteresses ausgeführt wird«. Durch § 33 Nr. 2 WpHG wird Art. 10 5. Spiegelstrich[152] der Wertpapierdienstleistungsrichtlinie und durch § 31 Abs. 1 Nr. 2 WpHG wird Art. 11 Abs. 1 6. Spiegelstrich[153] in deutsches Recht umgesetzt. Diesen Regelungen liegt die anglo-amerikanische Vorstellung zugrunde, daß zwischen *strukturellen Interessenkonflikten* einerseits und *geschäftsbezogenen Interessenkonflikten* zu unterscheiden ist *und ersteren mit sog.* »*prudential rules*« entgegenzuwirken ist während *für letztere sog.* »*rules of conduct*« gelten[154]. Während strukturellen Interessenkonflikten also durch organisatorische Maßnahmen entgegengewirkt werden soll[155], soll geschäftsbedingten Interessenkonflikten mit Wohlverhaltensverpflichtungen entgegengewirkt werden. Für die Verhaltenspflichten im Rahmen der Anlageberatung sind nur die Wohlverhaltensregeln des § 31 Abs. 1 Nr. 2 WpHG von unmittelbarer Bedeutung.

bb) Konfligierende Interessen und Verhaltenspflicht der Bank
Im Rahmen des normalen Geschäftsbetriebes eines Wertpapierdienstleistungsunternehmens können bei der Anlageberatung grundsätzlich Interessenkonflikte zwischen dem Wertpapierdienstleistungsunternehmen und dem Kunden auftreten oder aber Interessenkonflikte zwischen einzelnen Kunden. Hinsichtlich möglicher Interessenkonflikte zwischen dem Unternehmen und dem Kunden war bereits vor Geltung des § 31 Abs. 1 WpHG anerkannt, daß das Unternehmen einer möglichen Beeinträchtigung der Kundeninteressen durch Interessenkonflikte aufgrund der kommissionsrechtlichen Pflicht zur interessewahrenden Auftragsausführung entgegenzuwirken hatte[156]. § 31 Abs. 1 Nr. 2 WpHG sieht für unvermeidbare Interessenkonflikte vor, daß »der Kundenauftrag unter der gebotenen Wahrung des Kundeninteresses auszuführen ist«. Mit der Formulierung »Kundenauftrag« stellt das Gesetz auf die typische Effektenabwicklung und weniger auf die vorgelagerte Anlageberatung ab.

85

---

152 »... In particular, such rules shall require that each investment firm: ... be structured and organized in such a way as to minimize the risk of clients' interests being prejudiced by conflicts of interest between the firm and its clients or between one of its clients and another ...«
153 »... These principles shall ensure that an investment firm: ... tries to avoid conflicts of interest and, when they cannot be avoided, ensures that its clients are fairly treated, ...«
154 Vgl. Shea, in: Cranston, S. 115, 125; Egan/Rushbrooke/Lockett, EC Financial Services Regulation, Rz. 15.32 ff.; Schäfer, AG 1993, 389, 393 f.
155 Gedacht ist hierbei etwa an sog. Vertraulichkeitsbereiche, Zugangskontrollen, Compliance-Organisationen etc. – vgl. Koller, in: Assmann/Schneider, WpHG, § 33 Rz. 17 ff.; Hausmanninger, ÖBA 1993, 847 ff. – beide m.w.N.
156 Vgl. Kümpel, Bank- und Kapitalmarktrecht, 8.240.

803

86 In der Anlageberatung liegt daher der Schwerpunkt bei dem Bemühen um die Vermeidung von Interessenkonflikten. Aus der Gesamtschau der Kombination des Verbotes des § 32 Abs. 1 Nr. 1 WpHG, den »An- oder Verkauf von Wertpapieren zu empfehlen, wenn und soweit die Empfehlung nicht mit den Interessen der Kunden übereinstimmt«, mit der Pflicht zur Vermeidung von Interessenkonflikten und der Pflicht nach § 31 Abs. 2 Nr. 2 WpHG, dem Kunden »alle zweckdienlichen Informationen mitzuteilen, soweit dies zur Wahrung der Interessen des Kunden erforderlich ist«, und mit Rücksicht darauf, daß diese Formulierungen des Gesetzes den Versuch darstellen, die Pflicht zur anleger- und objektgerechten Beratung zu konkretisieren, wird deutlich, daß sich die *Anlageberatung ausschließlich am Interesse des Kunden und nicht am Eigeninteresse des anlageberatenden Wertpapierdienstleistungsunternehmens zu orientieren hat*[157]. Im Rahmen der Anlageberatung hat daher bei Interessenkonflikten zwischen dem Wertpapierdienstleistungsunternehmen und dem Anleger das Anlegerinteresse absoluten Vorrang.

87 Im Verhältnis zwischen Wertpapierdienstleistungsunternehmen und Kunden ergeben sich die *meisten Interessenkonflikte* auch in der Anlageberatung *aus dem Betreiben des Eigenhandels durch das Wertpapierdienstleistungsunternehmen*[158]. Den Anlagerat können jedoch noch diverse andere Interessen beeinflussen. Das kann z.B. das Gewinnerzielungsinteresse des Unternehmens sein, wenn bei bestimmten Wertpapieren höhere Gebühren erzielt werden können als bei anderen, das kann ein allgemeines Interesse an Käufen oder Verkäufen sein, wenn das Unternehmen sich nach einer Emission die von ihm übernommene Marktpflege erleichtern will, sowie diverse anderen Interessen, die das Wertpapierdienstleistungsunternehmen mit einem Drittunternehmen oder dessen Märkten verbindet[159] und die es veranlassen, die von diesem emittierten Wertpapiere zu empfehlen oder abzulehnen. Eine an den Kriterien der anleger- und objektgerechten Beratung ausgerichtete Anlageberatung darf durch die Eigeninteressen des Wertpapierdienstleistungsunternehmens nur insoweit beeinflußt werden, als dadurch der absolute Vorrang des Kundeninteresses nicht beeinträchtigt wird. Sind aber z.B. zwei Wertpapiere gleichermaßen anlegergerecht, kann sich das Unternehmen durch seine Eigeninteressen in der Empfehlung leiten lassen, weil die »gebotene Wahrung des Kundeninteresses« eingehalten wurde.

88 Nicht zu verkennen ist, daß bei einem absoluten Vorrang des Anlegerinteresses gegenüber dem Bankeninteresse im Rahmen der Anlageberatung die Entscheidung des Anlegers in der nachfolgenden Phase der

---

157 Zustimmend Koller, in: Assmann/Schneider, WpHG, § 32 Rz. 7 a.E.
158 Koller, in: Assmann/Schneider, WpHG, § 31 Rz. 54 sieht darin sogar die einzige Quelle von Interessenkonflikten; das greift zu kurz, vgl. die Beispiele im nachfolgenden Text.
159 Vgl. einige Beispiele bei Koller, in: Assmann/Schneider, WpHG, § 31 Rz. 64.

Orderausführung zu den von § 31 Abs. 1 Nr. 2 WpHG angesprochenen Interessenkonflikten führen kann. Im Zweifel ist bereits im Rahmen der Anlageberatung auf diesen später auftretenden Interessenkonflikt hinzuweisen[160].

Komplizierter ist die Situation bei *widerstreitenden Interessen verschiedener Kunden*. Beispiele hierfür können sein die Kenntnis des anlageberatenden Wertpapierdienstleistungsunternehmens von bevorstehenden Käufen eines Kunden bei der Beratung eines anderen Kunden über die Frage, ob er das von dem ersten Kunden demnächst zu erwerbende Wertpapier verkaufen soll. Neben diesen aus *Reaktionsverbundenheit bestehenden Interessenkonflikten* verschiedener Kunden gibt es *knappheitsbedingte Interessenkonflikte*, wenn bereits im Rahmen der Anlageberatung ersichtlich wird, daß für bestimmte lukrative Geschäfte kein ausreichender Markt zur Verfügung steht. Im Rahmen der Anlageberatung werden Konflikte zwischen dem Individualinteresse eines Kunden und dem Interesse der Allgemeinheit, wie sie bei der Vermögensverwaltung auftreten können[161], selten vorkommen. Der wohl am häufigsten auftretende Interessenkonflikt zwischen Kunden ist der bereits genannte, daß seitens eines Kunden Order gegeben wurden oder das Wertpapierdienstleistungsunternehmen mit einer Marktpflege[162] beauftragt wurde und der Anlageberater im Rahmen der Beratung eines anderen Kunden hiervor Kenntnis hat. 89

Für die anlageberatende Bank stellt sich in diesen Fällen die Frage, inwieweit sie die ihr bekannten *Informationen von dritten Kunden in die Anlageberatung einfließen* lassen muß oder kann. Insofern ist die Situation ähnlich der bei dem Bestehen von Insiderkenntnissen der beratenden Bank[163]. Häufig wird die der Bank vorliegende Information auch als Insiderkenntnis zu qualifizieren sein. Eine Abweichung wird sich insbesondere dann ergeben, wenn die Information im Falle ihres öffentlichen Bekanntwerdens nicht geeignet ist, den Kurs des Papiers erheblich zu beeinflussen. Dann stellt sich jedoch wiederum die Frage, ob die Information von einer solchen Bedeutung ist, daß sie zu einer anleger- und objektgerechten Beratung gehört und welchen Stellenwert das Bankgeheimnis in diesem Zusammenhang hat. 90

b) Beratung bei Insiderwissen
Seit langem ist streitig, ob ein Wertpapierdienstleistungsunternehmen berechtigt oder gar verpflichtet ist, *Insiderkenntnisse im Rahmen der Anlageberatung an den beratenen Anleger weiterzugeben*. Die Diskussion hat 91

---

160 Vgl. Koller, in: Assmann/Schneider, WpHG, § 31 Rz. 40 ff.
161 Vgl. Schäfer, in: Assmann/Schütze, Hdb. KapitalanlR, § 28 Rz. 38 m.w.N.
162 Vgl. dazu unten § 15 III 2 g).
163 Vgl. dazu sogleich unter § 11 B II 5 b).

durch die Verabschiedung des Wertpapierhandelsgesetzes und dem darin enthaltenen strafbewerten Verbot von Insidergeschäften bzw. der Weitergabe von Insiderinformationen neue Nahrung erhalten. Eine insbesondere von Hopt vertretene Meinung will den Aufklärungs- und Warnpflichten der Banken Vorrang geben vor dem strafbewerten Insiderverbot und hält ein Wertpapierdienstleistungsunternehmen für verpflichtet, Insiderinformationen zumindest bei groben Unregelmäßigkeiten und Mißbräuchen an den Anleger weiterzugeben[164]. Nicht erst seit Geltung des WpHG wird dies dogmatisch mit der Figur der Nothilfe zugunsten der uninformierten Anleger begründet, während früher überwiegend auf die ungleiche Machtverteilung zwischen dem Effekten emittierenden Unternehmen und dem uninformierten Anleger verwiesen wurde[165].

92 Dem wurde entgegengehalten, daß eine Abgrenzung der Fälle, in denen grobe Unregelmäßigkeiten und Mißbräuche eine Warnung der Anleger rechtfertigten, von den Fällen, die eine Warnung nicht rechtfertigen, in der Praxis zu erheblichen Rechtsunsicherheiten führen würde[166]. Die h.M. verneinte bereits vor Geltung des WpHG eine Pflicht der Bank zur Weitergabe von Insiderinformationen und hält an dieser Auffassung erst Recht seit Geltung des WpHG fest[167]. Die ablehnende Haltung wird überwiegend auf die Pflicht zur Wahrung des Bankgeheimnisses gestützt. Der Ansatz der Argumentation mit dem Bankgeheimnis eröffnet für die h.M. jedoch die Möglichkeit, ein Weitergaberecht (wenn auch keine Weitergabepflicht) in den Ausnahmefällen der Nothilfe als der immanenten Grenze des Bankgeheimnisses zu begründen[168].

93 Die zumindest ein Weitergaberecht mit einem Nothilferecht begründende h. M. muß sich entgegenhalten lassen, daß eine Nothilfe einen rechtswidrigen Angriff gegen ein Rechtsgut erfordert. Voraussetzung hierfür wäre, daß ein Unterlassen einer nach § 15 WpHG erforderlichen Publizität durch ein Unternehmen als Angriff gegen einen Einzelnen verstanden werden müßte[169]. Zudem übersieht die Argumentation mit der Nothilfe, daß das Nothilferecht zur Konsequenz hätte, daß die anlageberatende Bank den mit dem Insiderwissen beratenen Anleger nicht nur seinerseits zum Insider macht, sondern diesen in die Lage versetzt, dritte

---

164 Hopt, in: WM-Festgabe für Hellner, S. 29, 30 f.; ders., in: Festschr. Heinsius, S. 289, 300 ff.; ders., in: Festschr. Gernhuber, S. 169, 184; ebenso vor Geltung des WpHG Schwark, DB 1971, 1607 ff.
165 Vgl. Assmann, WM 1983, 138, 140; Koller, in: Staub, HGB, § 383 Rz. 12 f.
166 Vgl. Canaris, Rz. 1892 ff.; Dingeldey, DB 1982, 685 ff.
167 Canaris, Rz. 1892 ff.; Heinsius, ZHR 145 (1981), 177, 188; Dingeldey, DB 1982, 685 ff.; Roll, Vermögensverwaltung durch Kreditinstitute, S. 158 ff.; Roth, in: Assmann/Schütze, Hdb. KapitalanlR, § 12 Rz. 56 ff.; Rümker, in: Köndgen, Neue Entwicklungen im Bankhaftungsrecht, S. 71, 78.
168 So insbes. Canaris, Rz. 1894; Kümpel, Bank- und Kapitalmarktrecht, 2.155 ff.; Heinsius, ZHR 145 (1981), 177, 194 f.; Dingeldey, DB 1982, 685, 687.
169 So zutreffend Tippach, Insider-Handelsverbot, S. 277 ff. m.w.N.

Kapitalanleger zu schädigen, wenn er von seiner Insiderinformation Gebrauch macht[170]. Ein Wertpapierdienstleistungsunternehmen ist daher *weder verpflichtet noch berechtigt, Insiderinformationen im Rahmen der Anlageberatung* an den beratenen Anleger *weiterzugeben*. Dies gilt selbst dann, wenn dem Anleger dadurch erhebliche Vermögensnachteile drohen.

6. Form

Eine *Anlageberatung* kann grundsätzlich *formfrei* vorgenommen werden[171]. Entsprechend diesem Grundsatz erfolgt die Anlageberatung durch Wertpapierdienstleistungsunternehmen praktisch ausschließlich mündlich und nur in wenigen Fällen wird ein Prospekt zur Stützung der Anlageberatung hinzugezogen. 94

Für die *Vermittlung von Londoner Warenterminoptionen, von Penny Stocks sowie von Warentermindirektgeschäften* hat der BGH jedoch in einer Reihe von Entscheidungen statuiert, daß aufgrund der Komplexität der vermittelten Anlagen eine wirksame *Aufklärung nur schriftlich* erfolgen kann[172]. Ohne eine schriftliche Aufklärung werde der Anleger bei den schwierigen wirtschaftlichen Zusammenhängen nicht hinreichend informiert, da er typischerweise keine hinreichenden Kenntnisse vom Warenoptions- oder Warenterminhandel besäße bzw. sich nicht der besonderen Gefahren des Over the counter-Marktes für Penny Stocks bewußt sei. 95

Streitig ist, ob die von der Rechtsprechung für die Vermittlung von Warentermingeschäften entwickelten Grundsätze auch auf komplexe wirtschaftliche Zusammenhänge *im Rahmen der allgemeinen Anlageberatung* übertragen werden können. Eine m.M. in der Literatur bejaht dies zumindest für sämtliche Finanzinnovationen, die Geschäfte an der deutschen Terminbörse sowie für Geschäfte in Optionsscheinen[173]. Demgegenüber betont die h.L., daß diese Auffassung den Grundsatz der Formfreiheit in sein Gegenteil verkehrt und über die Aufklärungspflicht zu einer Prospektpflicht gelangt, die weit über die allgemeine Prospektpflicht hinaus- 96

---

170 Vgl. Schäfer, BuB 11/23 ff. m.w.N.; im Ergebnis ebenso Tippach, Insider-Handelsverbot, S. 280 ff., 290 f.
171 Drygala, WM 1992, 1213 ff.; ders., ZHR 159 (1995), 686, 729 ff. m.w.N.; Kümpel, WM 1995, 689, 692; Assmann, in: Festschr. Heinsius, S. 1, 24; Kindermann, WM 1989, Sonderbeilage 2, S. 1, 32.
172 Vgl. BGH WM 1994, 1746 = ZIP 1994, 1102 = EWiR 1994, 765 (Koller) – dazu Wach WuB I G 4.-9.94; BGH WM 1994, 2231 = ZIP 1994, 1924; BGH WM 1994, 453 = ZIP 1994, 447; BGH WM 1994, 492 = EWiR 1994, 335 (Wittkowski); BGH WM 1992, 770 = ZIP 1992, 612; BGH WM 1992, 1935 = ZIP 1992, 1614; BGH WM 1991, 667 = ZIP 1991, 297; OLG Düsseldorf WM 1995, 1488 ff.
173 Vgl. Raeschke-Kessler, WM 1993, 1830, 1836; Koller, WuB I G 4.-2.92; Welter, WuB I G 5.-12.89; Tilp, DB 1992, 204 f.; vgl. auch § 13 VII 2 zu den Aufklärungs- und Beratungspflichten bei Börsentermingeschäften.

geht. Zu Recht vertritt daher die *h.L.* die Auffassung, daß *kein allgemeines Schriftformerfordernis* für besonders risikoreiche Anlagen besteht[174].

97 Die *Rechtsprechung hat sich der h.L. überwiegend angeschlossen*[175]. Der BGH hat für die Geschäfte eines in Börsentermingeschäften erfahrenen Kaufmannes in einem Nichtannahmebeschluß ausdrücklich entschieden, daß Geschäfte in selbständigen Optionsscheinen keiner schriftlichen Aufklärung bedürfen[176]. Offengelassen wurde seitens des BGH jedoch, ob »anbieterbedingte Risiken wie Aufschläge auf den börsennotierten Kurs des Optionsscheins oder unüblich hohe Provisionen« grundsätzlich eine schriftliche Aufklärung des Kunden erforderlich machen könnten. Diese Einschränkung setzt konsequent den Ansatz des BGH bei der Vermittlung von Warentermingeschäften fort, der eine schonungslose Aufklärung über überhöhte Optionsprämien bzw. Prämienaufschläge fordert und von dem Vermittler verlangt, daß er dem Anleger verdeutlicht, daß er bei dem von ihm vermittelten Geschäft im Regelfall nur verlieren kann[177]. Da dies kaum ein Vermittler mit der erforderlichen Deutlichkeit mündlich tun wird und die Beweissituation des Anlegers bei mündlicher Aufklärung ungünstig ist, hilft insoweit nur eine Schriftlichkeit der Aufklärung.

III. Haftung für fehlerhafte Anlageberatung

1. Anspruchsgrundlagen für Schadensersatzforderungen

98 Unterlaufen dem beratenden Wertpapierdienstleistungsunternehmen bei der Beratung Fehler, haftet es dem beratenen Anleger für die diesem entstandenen Schäden. Als *Anspruchsgrundlagen* kommen hierbei die *positive Vertragsverletzung* in Betracht, soweit der Anlageberatung ein Vertrag zugrunde liegt[178], die *culpa in contrahendo* in Ermangelung eines Vertrages sowie *deliktische Ansprüche*, insbesondere aus § 823 Abs. 2 BGB in Verbindung mit §§ 31 f. WpHG. Soweit Ansprüche aufgrund der Verletzung von Schutzgesetzen in Betracht kommen, ist für jede Norm gesondert die Schutzgesetzeigenschaft zu prüfen. Für die §§ 31 f. WpHG ist dies weitgehend anerkannt[179]. Darüber hinaus kann auch eine Haftung wegen vor-

---

174 Drygala, ZHR 159 (1995), 686, 729 ff.; Kümpel, WM 1995, 689, 692; Horn, ZIP 1990, 1, 16 f.; Kindermann, WM 1989, Sonderbeilage 2, S. 1, 32; Assmann, in: Festschr. Heinsius, S. 1, 24; Schäfer, Haftung für fehlerhafte Anlageberatung, S. 59 ff.
175 Für mündliche Aufklärung bei Optionsscheingeschäften: BGH WM 1994, 2231 = ZIP 1994, 1924; OLG Frankfurt, ZIP 1994, 367; OLG Köln, WM 1995, 697, 699.
176 BGH WM 1994, 2231 = ZIP 1994, 1924.
177 Vgl. Grün, NJW 1994, 1330, 1332 f.
178 Vgl. dazu sowie zu dem häufig fingierten Vertragsabschluß oben § 11 B I 2 a).
179 Vgl. Hopt, ZHR 159 (1995), 135, 160; Schäfer, Haftung für fehlerhafte Anlageberatung, S. 12 f.; Koller, in: Assmann/Schneider, WpHG, Vor § 31 Rz. 17; a. A. Waldeck, in: Cramer/Rudolph, Hdb. Anlageberatung und Vermögensverwaltung, S. 647, 654.

sätzlicher sittenwidriger Schädigung nach § 826 BGB in Betracht kommen[180].

2. Verschulden und Mitverschulden

Grundsätzlich haftet das anlageberatende Wertpapierdienstleistungsunternehmen nur, soweit es ein *Verschulden* trifft. Ein Verschulden liegt vor, wenn das Wertpapierdienstleistungsunternehmen die ihm obliegende Sorgfalt eines ordentlichen Kaufmannes verletzt[181]. Die Verwendung eines unrichtigen Prospektes indiziert in der Regel auch das Verschulden des Verwenders[182]. Häufig wird die Fehlerhaftigkeit einer Anlageberatung auch das Verschulden des Beraters indizieren. 99

Eine Einschränkung der Schadensersatzpflicht des anlageberatenden Wertpapierdienstleistungsunternehmens kann nach Maßgabe von § 254 BGB infolge des *Mitverschuldens des Anlegers* erfolgen[183]. Grundsätzlich verpflichtet die Teilnahme am Geschäftsverkehr jeden Teilnehmer, finanzielle Transaktionen selbständig und sorgfältig zu prüfen und der Abwicklung des gesamten Geschäftes besondere Aufmerksamkeit zu widmen[184]. An ein Mitverschulden des Anlegers werden regelmäßig jedoch erhöhte Anforderungen zu stellen sein, denn er hat ja gerade das beratende Unternehmen als Fachmann hinzugezogen[185]. Ein Mitverschulden eines Anlegers kann bei der bewußten Außerachtlassung von warnenden Hinweisen von dritter Seite[186] oder der bewußten Nichtbeachtung differenzierender Hinweise des Anlageberaters[187] gegeben sein. Im Bereich der vermittelten Warentermingeschäfte hat der BGH - wohl überwiegend aus rechtspolitischen Erwägungen - ein Mitverschulden des Anlegers selbst dann verneint, wenn der Anleger bereits in der Vergangenheit erhebliche Verluste in demselben Produkt erlitten hat und trotzdem keine zusätzlichen Informationen außer denen des Anlagevermittlers einholt[188]. Werden einem Anleger 30,5 % pro Vierteljahr (!) für ein an eine GmbH vermitteltes Darlehen geboten, so liegt der Zinssatz von 122 % p. a. so weit außerhalb jeglicher Kapitalmarktsätze, daß selbst ein unbedarfter Anleger sich 100

---

180 Vgl. Waldeck, in: Cramer/Rudolph, Hdb. Anlageberatung und Vermögensverwaltung, S. 647, 650 f.
181 Vgl. BGH WM 1989, 1368, 1370 = ZIP 1989, 1184 f.; BGH WM 1986, 1032, 1034.
182 Vgl. BGH WM 1992, 1892 = ZIP 1992, 1561.
183 Vgl. Assmann, NJW 1982, 1083 ff.
184 Vgl. BGH WM 1987, 1546, 1547 f. = EWiR 1988, 27 (Peterhoff).
185 Heinsius, ZHR 145 (1981), 177, 199 will deshalb ein Mitverschulden insbesondere bei institutionellen Anlegern annehmen.
186 BGH WM 1993, 1238 = ZIP 1993, 997; BGH WM 1991, 315, 317 = ZIP 1991, 297 f.
187 OLG Braunschweig, ZIP 1993, 1457, 1461.
188 BGHZ 124, 151 = WM 1994, 149, 152 = ZIP 1994, 116; BGH WM 1992, 770, 773 = ZIP 1992, 612 f.; Raeschke-Kessler, WM 1993, 1830, 1834.

ein Mitverschulden vorhalten lassen muß, wenn er keine eigenen weiteren Erkundigungen einzieht[189].

3. Schadensumfang

101 Steht fest, daß das Wertpapierdienstleistungsunternehmen aufgrund fehlerhafter Anlageberatung zum Ersatz des dem Anleger entstandenen Schadens verpflichtet ist, stellten sich regelmäßig diffizile Probleme der Schadensberechnung. Grundsätzlich hat der Anleger einen Anspruch auf das negative Interesse, d. h. er ist so zu stellen, als wenn er die entsprechende Anlage nicht getätigt hätte[190]. Das negative Interesse wird jedoch durch das positive Interesse nicht begrenzt. Teil des Schadens des Anlegers ist somit auch der durch den Nichtabschluß einer günstigeren Investition entgangene Gewinn[191]. In der Praxis entzünden sich an dieser Stelle häufig Diskussionen darüber, welche Alternativanlage von dem Anleger bei einer anlegergerechten Beratung vorgenommen worden wäre. Im übrigen gelten die allgemeinen Regeln für die Berechnung des Schadensersatzes[192].

In der Praxis stellen sich darüber hinaus weitere Probleme im Rahmen der Feststellung der Beweislast[193] sowie der Verjährung und der Verwirkung[194].

---

189 A.A. jedoch OLG Karlsruhe, WM 1992, 1101, 1103 = EWiR 1992, 325 (Melber); ähnlich OLG Hamm, WM 1993, 241 = EWiR 1993, 235 (Vortmann).
190 Assmann, in: Festschr. Lange, S. 345 ff. m.w.N.
191 BGH WM 1990, 145, 148; BGH WM 1988, 781 = ZIP 1988, 505 = NJW 1988, 2234; BGHZ 123, 106 = WM 1993, 1787 = ZIP 1993, 1467.
192 Vgl. dazu Schäfer, Haftung für fehlerhafte Anlageberatung, S. 38 ff m.w.N.; Assmann, in: Festschr. Lange, S. 345, 360 ff.; LG Düsseldorf WM 1982, 1212, 1217 = ZIP 1982, 1184, 1187.
193 Vgl. dazu Bruske, Beweiswürdigung und Beweislast bei Aufklärungspflichtverletzungen im Bankrecht, 1994; Schäfer, Haftung für fehlerhafte Anlageberatung, S. 53 ff. – beide m.w.N.
194 Vgl. dazu Schäfer, Haftung für fehlerhafte Anlageberatung, S. 49 ff.

C. Depotgeschäft

I. Der Gegenstand des Depotgeschäfts
  1. Entstehung eines Verwahrverhältnisses
  2. Abgrenzung zu anderen Verwahrverhältnissen
    a) Schrankfächer
    b) Unregelmäßige Verwahrung
    c) Vermögensverwaltung
II. Eigentums- und Verwahrformen an Wertpapieren und Wertrechten
  1. Girosammelverwahrung an effektiven Stücken
    a) Gesetzliche Regelung
    b) Ausformung in der Praxis
      aa) Besitzstufungen
      bb) Position des Eigentümers
        α) Bruchteilseigentum und seine Konsequenzen
        β) Herausgabeansprüche, Konkurs- und Vollstreckungsschutz
  2. Girosammelverwahrung an anderen Effektenformen
    a) Sammelurkunden
    b) Dauer-Globalurkunden
    c) Wertrechte
      aa) Sammelschuldbuchforderungen
      bb) Einzelschuldbuchforderungen
    d) Ausländische Wertpapiere
  3. Sonstige Verwahrformen
    a) Streifbandverwahrung
    b) Auslandsaufbewahrung (Wertpapierrechnung)
      aa) Treuhandeigentum der Depotbank
      bb) Drei-Punkte-Erklärung
  4. Internationale Clearing-Systeme
III. Pflichten der Depotbank
  1. Verwahrung und Formen der Obhutspflicht
  2. Depotauszug und Inkassi
    a) Depotauszug
    b) Inkassi
    c) Erfüllungszeitpunkt bei Inkassi
  3. Benachrichtigungspflichten
  4. Urkundenprüfungen
  5. Depotstimmrecht
IV. Pflichten des Depotkunden
  1. Entgelt
  2. Pfandrecht der Depotbank

Schrifttum:
Assmann/Schütze (Hrsg.), Handbuch des Kapitalanlagerechts, 2. Aufl., 1996; *Breuer*, Euro-Clear, ZfgK 1986, 348 ff.; *von Caemmerer*, Anleiheschulden und Einlösungsmittel, JZ 1951, 740 ff.; *Canaris*, Aktuelle insolvenzrechtliche Probleme des Zahlungsverkehrs und des Effektenwesens, in: Einhundert Jahre Konkursordnung, Köln 1977, S. 73 ff.; *Coing*, Die "Aufbewahrung" von Wertpapieren im Ausland als Treuhandgeschäft, WM 1977, 466 ff.; *Dreher*, Treuepflichten zwischen Aktionären und Verhaltenspflichten bei der Stimmrechtsbündelung, ZHR 157 (1993), 150 ff.; *Einsele*, Wertpapierrecht als Schuldrecht, Tübingen 1995; *Grathwohl*, Die eigentumsrechtliche Organisation der Girosammelverwahrung im deutschen, französichen und schweizerischen Recht, Köln 1976; *Hammen*, Zur Haftung bei der Stimmrechtsvertretung durch Kreditinstitute in der Hauptversammlung der Aktiengesellschaft, ZBB 1993, 239 ff.; *Heinsius/Horn/Than*, DepotG, 1975; *Hellner*, Verwahrung und Verwaltung von Wertpapieren im Ausland, in: Festschr. Heinsius, Berlin 1991, S. 211 ff.; *Henssler*, Verhaltenspflichten bei der Ausübung von Aktienstimmrechten durch Bevollmächtigte, ZHR 157 (1993), 91 ff.; *Hueck/Canaris*, Recht der Wertpapiere, 12. Aufl., München 1986; *Israel*, Internationale Bankenkooperation in der Wertpapierverwaltung, ZfgK 1980, 172 ff.; *Jeck*, Deutscher Kassenverein AG hat hochgesteckte Ziele, Bank 1990, 437 ff.; *Jütten*, Sonderbedingungen für Wertpapiergeschäfte, in: Bankrecht und Bankpraxis, Kap. 7, Erster Abschnitt (Stand: 3/96); *Kümpel*, Depotgeschäft, in: Bankrecht und Bankpraxis, Kap. 8 (Stand: 8/95); *ders.*, Bank- und Kapitalmarktrecht, Köln 1995; *ders.*, Abwicklung der Effektengeschäfte, in: Assmann/Schütze (Hrsg.), Handbuch des Kapitalanlagerechts, 2. Aufl., 1996, § 13; *ders.*, Der Bestimmtheitsgrundsatz bei Verfügungen über Sammeldepotguthaben, WM 1980, 422 ff.; *Marsch-Barner*, Treuepflichten zwischen Aktionären und Verhaltenspflichten bei der Stimmrechtsbündelung, ZHR 157 (1993), 172 ff.; *Müller*, Anmerkung zu BGH ZIP 1995, 819, ZIP 1995, 415 ff.; *Opitz*, DepotG, 2. Aufl., Berlin 1955; *Paul*, Kundenpapiere im Ausland bei Insolvenz der inländischen Depotbank, WM 1975, 2 ff.; *Peters*, Bucheffekten – Eine Alternative zum Wertpapier?, WM 1976, 890 ff.; *Pleyer/Schleiffer*, Neue Entwicklungen im Depotrecht, DB 1972, 77 ff.; *Schmidt*, Die Gründung des Deutschen Kassenvereins, ZfgK 1990, 121 ff.; *Schöne*, Haftung des Aktionärs-Vertreters für pflichtwidrige Stimmrechtsausübung, WM 1992, 209 ff.;

Schönle, Bank- und Börsenrecht, 2. Aufl., München 1976; *Stauder/Comes*, Pfand- und Zurückbehaltungsrechte im Effektengeschäft, WM 1969, 610 ff.; *Than*, Kapitalmarkt und Globalurkunde, in: Festschr. Heinsius, Berlin 1991, S. 809 ff.; *ders.*, Verhaltenspflichten bei der Ausübung von Aktienstimmrechten durch Bevollmächtigte, ZHR 157 (1993), 125 ff.; *Timm*, Treuepflichten im Aktienrecht, WM 1991, 481 ff.; *Wenger*, Der Fall Girmes – Ein Stück aus dem Tollhaus, ZIP 1993, 321 ff.; *Zöllner*, Wertpapierrecht, 14. Aufl., München 1987.

I. Der Gegenstand des Depotgeschäfts

1. Entstehung eines Verwahrverhältnisses

102 Nach § 1 Abs. 1 S. 2 Nr. 5 KWG begründet »*die Verwahrung und die Verwaltung von Wertpapieren für andere (Depotgeschäft)*« ein Bankgeschäft. Depotverhältnisse entstehen zwischen Bank und Kunden am häufigsten aus der Ausführung von Einkaufskommissionen der Bank für den Kommittenten (Depotkunden), da regelmäßig die die Kommission ausführende Bank ihrer Verpflichtung zur Erfüllung des Kommissionsvertrages durch Übereignung der eingekauften Wertpapiere nachkommt durch Eigentumsübertragung der Wertpapiere im Rahmen eines mit dem Kunden bestehenden Depotvertrages[195/196]. Zu der Entstehung eines Depotverhältnisses kann gleichermaßen die Einlieferung von Wertpapieren des Depotkunden bei der Depotbank führen (sog. Depotübertrag).

103 In beiden Fällen entsteht ein *Verwahrverhältnis*, das im wesentlichen durch das Gesetz über die Verwahrung und Anschaffung von Wertpapieren (Depotgesetz), die AGB-Wertpapiergeschäfte und die §§ 688 ff. BGB über die Verwahrung geregelt wird. Für die Begründung des Depotgeschäftes bedarf es keiner Kumulierung der Verwahrung und der Verwaltung von Wertpapieren, auch wenn dies in der Praxis regelmäßig der Fall ist[197].

104 Depotgeschäft ist jedoch nur die Verwahrung und Verwaltung von Wertpapieren. Der Begriff des Wertpapiers ist entsprechend dem des Wertpapiers für das Effektengeschäft in § 1 Abs. 1 S. 2 Nr. 4 KWG zu verstehen[198]. Durch die Beschränkung des Depotgeschäftes auf die Verwahrung und Verwaltung von Wertpapieren unterfällt die Verwahrung und Verwaltung von Edelmetallen, insbesondere von Gold, nicht dem Depotgeschäft[199].

---

195 Zu den Eigentums- und Verwahrformen sogleich unter II.
196 Eine Einkaufskommission muß jedoch nicht immer zu einem Depotverhältnis führen. Der Kommittent kann die mit der Kommission betraute Bank auch anweisen, die kommissionsweise erworbenen Wertpapiere in ein Depot des Kommittenten bei einer anderen Bank zu liefern.
197 Vgl. *Schönle*, § 20 I a. E.
198 Vgl. dazu oben § 11 A I 2 b).
199 *Reischauer/Kleinhans*, KWG, § 1 Rz. 34 m.w.N. zur Haltung des BAKred.

2. Abgrenzung zu anderen Verwahrverhältnissen

a) Schrankfächer

Die *Überlassung von Schrankfächern* (sog. Safes), in denen gleichfalls 105
Wertpapiere verwahrt werden können, unterfällt nicht dem Begriff des
Depotgeschäftes. Stellt die Bank dem Kunden lediglich ein Schrankfach
zur Verfügung, bleibt der Inhalt des Schrankfachs im Besitz des Kunden,
der alleine Zugang hierzu hat. Zwischen Kunde und Bank wird bei einem
Schrankfach ein *Mietvertrag* über eine lediglich dem Kunden zugängliche
Räumlichkeit geschlossen. In der Konsequenz erwirbt die Bank auch kein
Pfandrecht an den sich in dem Safe befindlichen Gegenständen, da der
Bank der für den Pfandrechtserwerb erforderliche Besitz fehlt[200].

b) Unregelmäßige Verwahrung

Bei dem Depotgeschäft im Sinne von § 1 Abs. 1 S. 2 Nr. 5 KWG erfolgt 106
die Raumgewährung und Obhut grundsätzlich bei fortdauerndem
(Mit)Eigentum des Depotkunden. Demgegenüber verliert der Anleger bei
der *unregelmäßigen Verwahrung*, auch depositum irregulare oder Aberdepot oder Summendepot genannt, das Eigentum an den Wertpapieren.
Dieses wird an den »Verwahrer« übertragen, und dem Anleger steht nur
noch ein Anspruch auf Lieferung derselben Menge gleichartiger Wertpapiere bei Beendigung der Verwahrzeit zu. Diese Summenverwahrung erfolgt gem. §§ 700, 607 ff. BGB. Da hier jedoch nicht lediglich Raumgewährung und Obhut seitens des Verwahrers geschuldet wird, unterfällt
die unregelmäßige Verwahrung nicht dem Tatbestand des Depotgeschäftes[201].

c) Vermögensverwaltung

Auch die bankmäßige *Vermögensverwaltung* begründet *kein Depotge-* 107
schäft. Die »Wertpapierverwaltung« des Depotgeschäftes umfaßt z.B. das
Inkasso von Zinsen oder Dividenden, die Prüfung der Wertpapierurkunden, die Information des Depotinhabers über Auslosungen etc.[202].
Demgegenüber ist die Verwaltungsaufgabe bei der bankmäßigen Vermögensverwaltung wesentlich weiter gestellt als bei der depotmäßigen Wertpapierverwaltung. Bei der bankmäßigen Vermögensverwaltung trifft die
Bank wirtschaftliche Entscheidungen über die Zusammensetzung des
Vermögens und disponiert dieses eigenständig und unabhängig von dem
Verwahrort, also theoretisch auch das bei einer anderen Bank lagernde
Vermögen. Demgegenüber obliegt der Bank bei der depotmäßigen Wert-

---

200 Kümpel, Bank- und Kapitalmarktrecht, 9.10; Reischauer/Kleinhans, KWG, § 1 Rz. 39;
    Schönle, § 22 III 3 a).
201 Vgl. Schönle, § 20 II 2 b) 4.
202 Vgl. ausführlich unten § 11 C III.

papierverwaltung nur die technische Ausführung der Abwicklung der in dem Wertpapier bereits angelegten Inhalte wie z.B. die Geltendmachung der Zins- oder Dividendencoupons bei gleichzeitigem (Mit)Besitz der Bank[203].

II. Eigentums- und Verwahrformen an Wertpapieren und Wertrechten

1. Girosammelverwahrung an effektiven Stücken

a) Gesetzliche Regelung

108 Die eigentums- und besitzrechtliche Qualifikation des Depotkunden ist abhängig von vier Grundfragen:
– Handelt es sich um ein Wertpapier oder ein Wertrecht?
– Bei Wertpapieren: Bestehen Einzelurkunden, Sammelurkunden (technische Globalurkunden) oder Dauer-Globalurkunden?
– Bei Wertrechten: Handelt es sich um eine Sammelschuldbuchforderung oder Einzelschuldbuchforderung?
– Wo »lagert« das Wertpapier oder das Wertrecht (In- oder Ausland, Deutscher Kassenverein AG oder Depotbank)?
– In welcher Form verwahrt die Lagerstelle das Wertpapier bzw. Wertrecht?

109 *Regelfall* der Wertpapierverwahrung ist heute nach § 5 Abs. 1 S. 1 DepotG die Verwahrung vertretbarer Wertpapiere in der Form der *Sammelverwahrung durch eine Wertpapiersammelbank*. Nach der Fusion der sieben in Deutschland bestehenden Wertpapiersammelbanken am 01. Januar 1990 zu der »Deutscher Kassenverein AG« besteht in Deutschland nur noch eine Wertpapiersammelbank[204]. Girosammelverwahrfähig sind grundsätzlich »vertretbare Wertpapiere«. Vertretbar sind Wertpapiere nach § 91 BGB dann, wenn sie im Rechtsverkehr nach Stückzahl oder Nennbetrag bestimmt zu werden pflegen[205]. Da Kontoinhaber bei der Deutscher Kassenverein AG nur der gesetzlichen Depotprüfung unterliegende Kreditinstitute oder Wertpapiermakler bzw. Wertpapierhandelsfirmen sein können[206], handelt es sich bei der Verwahrung bzw. Verwaltung durch die Deutscher Kassenverein AG notwendigerweise um eine Drittverwahrung i.S.v. § 3 DepotG. Die *Deutscher Kassenverein AG verwahrt* die ihr übergebenen Papiere somit ihrerseits »nur« für die je-

---

203 Vgl. unten § 12 I 3 a); Schönle, § 20 IV 1.
204 Vgl. Jeck, Bank 1990, 437 ff.; Schmidt, ZfgK 1990, 121 ff.; Kümpel, BuB 8/48.
205 Dies trifft auch auf vinkulierte Aktien zu – vgl. Kümpel, Bank- und Kapitalmarktrecht, 9.95 m.w.N.
206 Vgl. Nr. 4 der Allgemeinen Geschäftsbedingungen der Deutscher Kassenverein AG, abgedruckt WM 1994, 129 ff.

weilige sie beauftragende Bank. Diese wiederum verwahrt die Wertpapiere mittelbar für ihre Depotkunden.

Die Wertpapiere werden nicht für jeden einzelnen Kunden gesondert, sondern in einem *die jeweilige Gattung insgesamt umfassenden Bestand* verwahrt. Lediglich aus den Buchungsunterlagen über Ein- oder Ausgänge ist feststellbar, welchem Effekteneigentümer ein entsprechender Teil an dem Gesamtbestand dieser Wertpapiere zusteht. Die Miteigentumsrechte entstehen nach § 6 Abs. 1 DepotG »mit dem Zeitpunkt des Eingangs beim Sammelverwahrer«. 110

Der gesetzliche Regelfall ist somit heute, daß der Kommissionär an der Börse oder außerhalb derselben für den Kommittenten Wertpapiere erwirbt und der Kommittent Miteigentum an einem Girosammelbestand bei der Deutscher Kassenverein AG, vermittelt über eine oder mehrere Depotbanken, erhält. Diese Form unterscheidet sich erheblich von der ursprünglichen Vorstellung des Gesetzgebers, nach der der Kommissionär dem Kommittenten ein effektives Wertpapier übergab oder dieses zumindest für den Kommittenten gesondert von den Wertpapieren anderer Anleger in einem eigens für den Kommittenten eingerichteten Depot verwahrte. Da die *»Lieferung« von Girosammeldepotanteilen* im Wege des Effektengiroverkehrs im wesentlichen *vollelektronisch* erfolgt und effektive Wertpapiere nicht mehr bewegt werden, ergaben sich erhebliche *Rationalisierungsvorteile*. In der wirtschaftlichen Konsequenz nähert sich damit die Wertpapierverwahrung und -verwaltung dem Wertrecht an[207]. Im Unterschied zu einem wertpapierfreien Effektensystem bleibt die Basis jedoch ein – wenn auch im Regelfall unbewegtes – Wertpapier. Letztlich ermöglicht die Girosammelverwahrung die Herbeiführung der gleichen Rationalisierungsvorteile wie ein wertpapierfreies Effektensystem, ohne mit den dogmatischen Problemen des effektenfreien Wertpapiersystems kämpfen zu müssen. 111

b) Ausformung in der Praxis
aa) Besitzstufungen
Die *Deutscher Kassenverein AG* hält die von ihr verwahrten Wertpapiere entsprechend den Anteilen der bei ihr kontoführenden Depotbanken für diese. Sie ist somit *unmittelbare Fremdbesitzerin.* Die *Depotbank* wiederum hält die Wertpapiere, die sie von der Deutscher Kassenverein AG verwahren läßt, zugunsten ihrer Depotkunden. Sie ist daher *mittelbarer Fremdbesitzer* i. S. d. § 871 BGB. Nach § 3 Abs. 1 S. 1 DepotG ist sie auch ohne spezielle Ermächtigung berechtigt, Wertpapiere der Depotkunden bei einem anderen Verwahrer verwahren zu lassen. § 3 Abs. 1 S. 1 DepotG weicht mit dieser Regelung von § 691 BGB ab, nach dem der Verwahrer 112

---

207 Vgl. dazu oben § 11 A I 1 m.w.N. in Fn. 12.

im Zweifel nicht berechtigt ist, die hinterlegten Sachen durch einen Dritten verwahren zu lassen. Als Ausgleich hierfür sieht § 3 Abs. 2 S. 1 DepotG vor, daß die mit der Hinterlegung bei einem Dritten zu einem Zwischenverwahrer werdende Depotbank für ein Verschulden des Drittverwahrers wie für eigenes Verschulden haftet.

113 Nach § 3 Abs. 1 S. 2 DepotG gelten die Zweigstellen eines Verwahrers sowohl untereinander als auch im Verhältnis zur Hauptstelle als verschiedene Verwahrer. Dies ermöglicht es einer Filialbank, die Niederlassungen zu behandeln, als ob jede ein eigenständiges Unternehmen wäre. Es besteht daher für jede Niederlassung die Möglichkeit, unter ihrem Namen die ihr anvertrauten Wertpapiere bei einer anderen Niederlassung drittverwahren zu lassen. § 2 DepotG mit der Verpflichtung zur Sonderverwahrung findet insoweit keine Anwendung[208].

114 Ist ausnahmsweise eine weitere Bank als Zwischenverwahrer zwischen die Depotbank und die Wertpapiersammelbank geschaltet, weil die Depotbank kein eigenes Konto bei der Wertpapiersammelbank unterhält, verlängert sich die Besitzmittlungskette entsprechend. Der Depotkunde ist im Regelfall der letzte der Kette und besitzt als mittelbarer Eigenbesitzer.

115 *Dieser Interpretation* der faktischen Abläufe als Besitzmittlungskette *wird entgegengehalten*[209], daß die Miteigentümer des Sammelbestandes gar *keinen Besitz* mehr hätten, da die Auslieferungsansprüche der §§ 7 Abs. 1, 8 DepotG nicht mehr das Korrelat des Miteigentumsrechtes darstellten. Die Auslieferung von Einzelurkunden, die erst aus einer Sammelurkunde hergestellt werden müssen, verdeutliche dies besonders. Diese nicht grundsätzlich unzutreffende Interpretation läßt den typischen Besitzmittlungswillen der Depotbanken außer Betracht, der bei der Analyse nicht unberücksichtigt bleiben darf.

bb) Position des Eigentümers

α) Bruchteilseigentum und seine Konsequenzen

116 Sämtliche Depotkunden aller Depotbanken sind Miteigentümer des von der Deutscher Kassenverein AG gehaltenen Sammelbestandes der jeweiligen Wertpapiergattung. Die *Depotkunden* bilden nach §§ 1008, 741 BGB eine *Bruchteilsgemeinschaft* und der einzelne Depotkunde hat nach § 6 Abs. 1 S. 1 DepotG *Bruchteilseigentum* entsprechend seiner Bruchteilsquote *an jedem einzelnen Wertpapier* des Sammelbestandes[210]. Diese gesetzliche Regelung kann jedoch nicht darüber hinwegtäuschen, daß der Wertpapiersammelbank der letztendliche Eigentümer, der Depotkunde,

---

208 Opitz, DepotG, § 3 Anm. 4.
209 Einsele, S. 75 ff., 88.
210 Opitz, DepotG, §§ 6-8 Anm. 1, 11; Heinsius/Horn/Than, DepotG, § 6 Rz. 16; Canaris, Rz. 2022, 2115; Grathwohl, S. 81 ff., 88 ff.

nicht bekannt ist. Die Wertpapiersammelbank mittelt den Besitz zunächst nur für die ihr angeschlossenen Depotbanken. Erst aus den Buchungsunterlagen der Depotbanken ergibt sich, wer Eigentümer der Wertpapiere und wie hoch sein Bruchteil daran ist[211].

Eine *Übertragung der Miteigentumsrechte* an jedem einzelnen bei der Wertpapiersammelbank verwahrten Wertpapier der entsprechenden Gattung würde zu einer völlig unübersichtlichen Zersplitterung und großen Rechtsunsicherheit führen. Es herrscht daher Übereinstimmung, daß Depotkunden nicht über die einzelnen Miteigentumsrechte, sondern nur ganz oder in Teilbeträgen über deren Summe verfügen können[212]. 117

Eine Übertragung von girosammelverwahrten Wertpapieren durch *Übertragung von Girosammeldepotanteilen* soll grundsätzlich nach den Regelungen der §§ 929 ff. BGB erfolgen. Veräußert ein Depotkunde sammelverwahrte Aktien über die Börse, erfolgt die Erfüllung dieses – bereits in sich mehrfach gestuften – Geschäftes nicht mehr durch Einigung und Übergabe, sondern faktisch nur noch durch Einigung und Umbuchung[213]. Da der Eigentümer auch nicht die Umbuchung eines bestimmten Wertpapiers mit einer bestimmten Stückenummer initiiert, sondern lediglich die Umbuchung irgendeines Wertpapiers der entsprechenden Wertpapiergattung, ist der *sachenrechtliche Bestimmtheitsgrundsatz* letztlich zu einem *Bestimmbarkeitsgrundsatz* modifiziert[214]. Auf der Basis seines mittelbaren Mitbesitzes kann der Depotkunde sein Eigentum durch Einigung und Anweisung an die Depotbank, den Besitz nunmehr für einen Dritten zu mitteln, nach § 929 S. 1 BGB übertragen. Durch Änderung des Besitzmittlungswillens der Depotbank, der sich in einer Umbuchung bei dieser niederschlägt, wird der Tatbestand des sog. *Geheißerwerbs* erfüllt[215]. Theoretisch kann der Depotkunde auch seinerseits seinen mittelbaren Eigen(mit)besitz dem Erwerber seinerseits mitteln, indem er nunmehr als mittelbarer Fremd(mit)besitzer fungiert[216]. Schließlich kann er seinen gegen die Depotbank gerichteten Herausgabeanspruch nach § 931 BGB an den Erwerber abtreten. 118

β) Herausgabeansprüche, Konkurs- und Vollstreckungsschutz
Für den Fall der Sammelverwahrung bestimmt § 7 Abs. 1 DepotG, daß der Depotinhaber einen *Anspruch auf Auslieferung* von Wertpapieren aus 119

---

211 Zu der hieran anknüpfenden Kritik der »stückelosen Verwahrung« vgl. Canaris, Rz. 2022 m.w.N.
212 Canaris, Rz. 2115 ff.; Kümpel, Bank- und Kapitalmarktrecht, 9.118.; Opitz, DepotG, §§ 6 – 8 Anm. 30; Grathwohl, S. 92 f.
213 Canaris, Rz. 2022; Heinsius/Horn/Than, DepotG, § 6 Rz. 35.
214 Kümpel, WM 1980, 423 ff.; Canaris, Rz. 2022; ausführlich und kritisch: Einsele, S. 91 ff.
215 Vgl. BGH WM 1975, 1259 ff.; Einsele, S. 79 f.
216 Auf diese – nur theoretische – Möglichkeit weist zu Recht Kümpel, Bank- und Kapitalmarktrecht, 9.129, hin.

dem Sammelbestand in Höhe des Nennbetrages der für ihn in Verwahrung genommenen Wertpapiere zusteht, er jedoch nicht die eingelieferten Stücke zurückfordern kann. Damit wird der dingliche Herausgabeanspruch des § 985 BGB modifiziert und den Bedürfnissen des Massenverkehrs entsprechend geändert, ohne daß dadurch ein schutzwürdiges Interesse des Eigentümers berührt würde. Gleichzeitig wird durch § 7 Abs. 1 DepotG klargestellt, daß §§ 1011, 432 BGB, der für Bruchteilsgemeinschaften vorsieht, daß eine Herausgabe nicht an einen einzelnen Gemeinschafter, sondern nur an alle Gemeinschafter gemeinsam zu erfolgen hat, keine Anwendung findet[217].

120 Da jedoch die Wertpapiersammelbank eine Verwahrung lediglich für die ihr angeschlossenen Depotbanken vornimmt, wird dem Eigentümer der Wertpapiere ein *unmittelbarer Herausgabeanspruch gegen die Wertpapiersammelbank* durch § 8 DepotG eingeräumt[218]. Neben diesem dinglichen Herausgabeanspruch der §§ 985 BGB, 7 Abs. 1, 8 DepotG steht der schuldrechtliche Rückforderungsanspruch analog §§ 556 Abs. 3, 604 Abs. 4 BGB[219].

121 Da die Wertpapiersammelbank die Verwahrung lediglich für die Depotbank vornimmt, stellt sich die Frage, ob die von der Wertpapiersammelbank für die Depotbank verwahrten Wertpapiere in die *Konkursmasse der Depotbank* fallen. Eigentümer der Wertpapiere bzw. des Miteigentumsanteils am Sammelbestand ist der Depotinhaber. Dementsprechend steht ihm im Konkurs der Depotbank (des Zwischenverwahrers) ein Aussonderungsrecht nach § 43 KO zu, das auf Abtretung der Ansprüche des Zwischenverwahrers gegen den Drittverwahrer (Wertpapiersammelbank) gerichtet ist[220]. *Im Konkurs der Wertpapiersammelbank* ist der *Depotinhaber* unmittelbar *aussonderungsberechtigt*. Aufgrund des Depot- und Verwaltungsvertrages ist jedoch bereits der Zwischenverwahrer (die Depotbank) verpflichtet, für ihren Depotkunden das Aussonderungsrecht im Falle eines Konkurses der Wertpapiersammelbank geltend zu machen[221].

122 Im Falle von *Vollstreckungsmaßnahmen* von Gläubigern der Depotbank gegen dieselbe kann der Depotkunde *Drittwiderspruchsklage* nach § 771 ZPO erheben.

---

217 Vgl. Kümpel, BuB 8/51 m.w.N.
218 Einsele, S. 83 ff.; Opitz, DepotG, §§ 6 – 8 Anm. 19.
219 Canaris, Rz. 2119.
220 Kilger/K. Schmidt, KO, 16. Aufl., § 43 Anm. 6 m.w.N.; Einsele, S. 205 ff.
221 Opitz, DepotG, § 6 – 8 Anm. 20 a.E.

2. Girosammelverwahrung an anderen Effektenformen

a) Sammelurkunden
Die Girosammelverwahrung von einer Vielzahl von Einzelurkunden stellt **123** heute eher die Ausnahme dar. Den Regelfall bildet die Girosammelverwahrung von Sammelurkunden, Dauer-Globalurkunden sowie von Wertrechten. Die *Sammelurkunde* wird von § 9 a Abs. 1 S. 1 DepotG definiert als »*ein Wertpapier, das mehrere Rechte verbrieft, die jedes für sich in vertretbaren Wertpapieren einer und derselben Art verbrieft sein können*«. Durch die zusammengefaßte Verbriefung mehrerer Urkunden in einer einzigen Urkunde entfällt nicht die rechtliche Selbständigkeit der Einzelurkunde. Dementsprechend ist der Aussteller der Urkunde nach § 9 a Abs. 1 S. 2 Nr. 1 DepotG berechtigt, jederzeit und ohne Zustimmung der übrigen Beteiligten die Sammelurkunde ganz oder teilweise durch einzelne zunächst in der Sammelurkunde verbriefte Wertpapiere zu ersetzen. Auch der umgekehrte Vorgang der nachträglichen Herstellung einer Sammelurkunde ist nach § 9 a DepotG zulässig.

Sammelurkunden sind somit lediglich technische Erleichterungen bei **124** der Urkundenherstellung und unterscheiden sich ansonsten nicht von den einzelnen in der Urkunde verbrieften Rechten.

b) Dauer-Globalurkunden
Bei der *Globalurkunde* werden zur technischen Vereinfachung eine **125** *Mehrzahl von Einzelurkunden in einer Sammelurkunde zusammengefaßt*. Dieser Vorgang kann jederzeit rückgängig gemacht werden und der Miteigentum an der Global-Urkunde haltende Depotkunde hat nach § 9 a Abs. 3 S. 1 DepotG einen *Anspruch auf Auslieferung von einzelnen Wertpapieren*. Dieser Anspruch des Eigentümers *kann* nach § 9 a Abs. 3 S. 2 DepotG *ausgeschlossen werden*. In diesem Fall ist die Auslieferung von Einzelstücken für die gesamte Lebensdauer des Wertpapiers ausgeschlossen[222]. Nach der bis August 1994 h.M. konnte der *Anspruch auf Auslieferung von Einzelurkunden* nach dem zugrundeliegenden Rechtsverhältnis *bei Aktien nicht ausgeschlossen* werden, da sie eine Mitgliedschaft verbriefen[223]. Durch das Gesetz für kleine Aktiengesellschaften und zur Deregulierung des Aktienrechts vom 02.08.1994[224] wurde § 10 Abs. 5 AktG eingeführt, der es *nunmehr für zulässig erklärt*, daß der Anspruch auf Einzelverbriefung der Aktien durch die Satzung ausgeschlossen oder eingeschränkt werden kann. In der Praxis wurden und werden im wesentlichen

---

222 Heinsius/Horn/Than, DepotG, § 9 a Rz. 17; Pleyer/Schleiffer, DB 1972, 77, 78; in dem Ausschluß des Auslieferungsanspruchs sieht Einsele, S. 72 ff., den Grund für den Verlust des mittelbaren (Mit)Besitzes des Depotkunden an der Urkunde.
223 Kraft, in: Kölner Komm., AktG, § 10 Rz. 7 f.; Hüffer, AktG, § 10 Rz. 3; Brändel, in: Komm. AktG, § 10 Rz. 24; Wiesner, in: Münch. Hdb. des Gesellschaftsrechts, § 12 Rz. 3.
224 BGBl. I S. 1961.

nur Schuldverschreibungen und Optionsscheine in Dauer-Globalurkunden verbrieft. Es erscheint jedoch nicht unwahrscheinlich, daß sich diese Art der Verbriefung auch bei den Aktien insb. kleinerer Gesellschaften durchsetzen wird. Durch den dauerhaften Ausschluß eines Auslieferungsanspruchs kann der Depotkunde an derartigen Wertpapieren nur noch Miteigentum erwerben und nie Alleinbesitz an der Urkunde erhalten.

126 Auch wenn sich die Dauer-Globalurkunden stark den unverbrieften Bucheffekten annähern, verlieren sie doch nicht den Wertpapiercharakter[225]. Für einen Teil der Literatur ist dies Anlaß dazu, de lege ferenda für die gesetzliche Anerkennung von Wertrechten zu plädieren[226].

c) Wertrechte

aa) Sammelschuldbuchforderungen

127 Während sich bei Sammelurkunden und bei Dauer-Globalurkunden im Vergleich zu der Behandlung von girosammelverwahrten Einzelurkunden keine grundsätzlichen Abweichungen in der rechtlichen Bewertung ergeben , kann dies in dieser Allgemeinheit von den *Wertrechten* nicht gesagt werden. Unter Wertrechten werden generell *Effekten* verstanden, *bei denen eine Verbriefung nicht stattfindet*[227]. Nach herrschender Lehre bedarf die Einführung von Wertrechten einer besonderen *gesetzlichen Grundlage*[228]. Durch das Anleihegesetz 1951 und die darin in Bezug genommenen Verordnungen des Deutschen Reiches aus den Jahren 1940 und 1942 sowie die Depotgesetznovelle 1972 ist für das Deutsche Reich bzw. die Bundesrepublik Deutschland sowie die Bundesländer die Möglichkeit eröffnet worden, Anleihen als Sammelschuldbuchforderungen zu begeben[229]. Prominente Beispiele hierfür sind die Bundesschatzbriefe und die Kassenobligationen der öffentlichen Hand. Seit Mitte 1972 werden Emissionen der Bundesrepublik Deutschland, der Bundesbahn und der Bundespost ausschließlich als Wertrechtsanleihen begeben[230].

128 Nach § 42 DepotG kann die Anwendung der Vorschriften des Depotgesetzes für Fälle vorgeschrieben werden, in denen »Kaufleute als Treuhänder für Dritte Wertpapiere besitzen oder erwerben oder Beteiligungen oder Gläubigerrechte ausüben oder erwerben oder in öffentliche

---

225 Kümpel, Bank- und Kapitalmarktrecht, 9.155 m.w.N.; kritisch: Hüffer, in: MünchKomm., BGB, vor § 793 Rz. 36.
226 Hüffer, in: MünchKomm., BGB, vor § 793 Rz. 36 f. m.w.N.; Peters, S. 71 ff.; Lütticke, S. 221 ff.; dagegen Kümpel, Bank- und Kapitalmarktrecht, 9.156 ff.; Koller, Gutachten und Vorschläge zur Überarbeitung des Schuldrechts, Bd. II, S. 1427, 1491 ff. – vgl. auch Nachweise oben § 11 A Fn. 12.
227 So im Anschluß an Opitz, DepotG, § 42 Anm. 12, die einhellige Meinung, vgl. Hueck/Canaris, § 1 III 3; Zöllner, § 1 III 3 b) – alle m.w.N.
228 Vgl. dazu oben bei Rz. 3 f.
229 Hueck/Canaris, § 1 III 3 a); Zöllner, § 1 III 3 b).
230 Peters, WM 1976, 890, 893; Kümpel, Bank- und Kapitalmarktrecht, 9.163.

Schuldbücher oder sonstige Register eingetragen sind«. In das Reichs- bzw. Bundesschuldbuch wird die Wertpapiersammelbank im Außenverhältnis als Inhaberin der Forderung eingetragen[231]. Sie handelt dabei als ermächtigte Treuhänderin und nicht als fiduziarische Treuhänderin (Vollrechtstreuhänderin). Vollrechtsinhaber sind nach § 2 Abs. 1 der Verordnung vom 5. Januar 1940[232] die Anleger als Treugeber der Wertpapiersammelbank. Nach §§ 4, 7, 8 der Verordnung über die Verwaltung und Anschaffung von Reichsschuldbuchforderungen finden praktisch alle wichtigen Vorschriften des Depotgesetzes sinngemäße Anwendung. Die h.L. schließt hieraus, daß den *Wertrechten sachenrechtlicher Charakter beizumessen* ist[233]. Demgegenüber vertritt Canaris[234] die Auffassung, daß die Schuldbuchforderungen nicht zu beweglichen Sachen qua Fiktion werden, sondern ihren Charakter als Forderung behalten, jedoch die Rechtssätze über bewegliche Sachen auf sie anzuwenden sind. Diese Frage ist von nicht ganz unerheblicher Bedeutung, da insbesondere die Vorschriften über den Besitz bei Forderungen schlechterdings nicht anwendbar sind.

Aufgrund der gesetzlichen Verweisung finden auf die girosammelverwahrten Sammelschuldbuchforderungen die §§ 929 ff., 1205 ff. BGB, 857, 829, 835, 771 ZPO, § 43 KO Anwendung. Im Ergebnis führt die Girosammelverwahrung von Schuldbuchforderungen im wesentlichen nicht zu Abweichungen von der Girosammelverwahrung von Wertpapieren. **129**

bb) Einzelschuldbuchforderungen
Mehr der Vollständigkeit halber sei darauf verwiesen, daß bei Einzelschuldbuchforderungen, also Forderungen, die im Bundesschuldbuch oder in den jeweiligen Landesschuldbüchern auf den Namen eines bestimmten Anlegers eingetragen werden, keine Sammelschuldbuchforderungen entstehen. Auf diese Einzelforderungen findet die Gleichstellungsfiktion der Verordnungen über die Behandlung von Anleihen des Deutschen Reiches aus den Jahren 1940 und 1942 sowie des Anleihegesetzes keine Anwendung. Den in den Schuldbüchern eingetragenen einzelnen Gläubigern stehen somit nicht Einzelwertrechte zu, auf die die sachenrechtlichen Vorschriften anzuwenden sind, sondern vielmehr normale Forderungen, auf die die Vorschriften der §§ 398 ff., 1273 ff. BGB anzuwenden sind[235]. **130**

---

231 Schönle, § 21 II 6 a).
232 Abgedruckt bei Opitz, DepotG, Anlage 3 A 2, S. 517 ff.
233 Opitz, DepotG, § 42 Anm. 12 B; Schönle, § 21 II 6 a); Heinsius/Horn/Than, DepotG, § 42 Rz. 30; Kümpel, Bank- und Kapitalmarktrecht, 9.167 ff.; BGH ZIP 1996, 588 ff. = WM 1996, 518 ff.
234 Rz. 2053; ihm folgend: Einsele, 18 ff.
235 Heinsius/Horn/Than, DepotG, § 42 Rz. 4.

d) Ausländische Wertpapiere

131 Durch die Depotgesetznovelle 1985 wurde § 5 Abs. 4 DepotG eingefügt. Seitdem sind Wertpapiersammelbanken ermächtigt, mit *ausländischen Verwahrern* gegenseitig Kontoverbindungen zu unterhalten zur Aufnahme eines *grenzüberschreitenden Effektengiroverkehrs*. Voraussetzung hierfür ist, daß die girosammelverwahrfähigen Wertpapiere im Inland zum amtlichen Handel oder zum geregelten Markt zugelassen oder in den Freiverkehr einbezogen sind oder im Sitzstaat des ausländischen Verwahrers zum amtlichen Handel oder zum Handel an einem anderen Markt zugelassen sind, der von staatlich anerkannten Stellen geregelt und überwacht wird, regelmäßig stattfindet und für das Publikum unmittelbar oder mittelbar zugänglich ist, oder es sich um Anteilscheine handelt, die nach den Vorschriften des Gesetzes über Kapitalanlagegesellschaften oder der Richtlinie 85/611/EWG des Rates vom 20. Dezember 1985 zur Koordinierung der Rechts- und Verwaltungsvorschriften betreffend bestimmte Organismen für gemeinsame Anlagen in Wertpapieren begeben wurden. Weiter muß sichergestellt sein, daß der Schutz der deutschen Depotkunden hinsichtlich der im Ausland unterhaltenen Guthaben funktional gleichwertig ist mit dem durch das DepotG gewährten Schutz und insb. der Depotkunde eine konkurs- und vollstreckungssichere Rechtsstellung an den sammelverwahrten Beständen besitzt. Derzeit bestehen derartige Kontoverbindungen und Kooperationsvereinbarungen mit den Niederlanden, Frankreich, Österreich und den USA[236].

3. Sonstige Verwahrformen

a) Streifbandverwahrung

132 Neben der Girosammelverwahrung besteht für den Depotinhaber die Möglichkeit, seine Wertpapiere in der sog. *Streifband- oder Sonderverwahrung* von der Depotbank verwahren zu lassen. § 9 a Abs. 1 S. 1 DepotG ermöglicht es dem Depotinhaber ausdrücklich, von dem Regelfall der Girosammelverwahrung abzuweichen und nach § 2 S. 1 DepotG eine *gesonderte Aufbewahrung sowohl von Einzelurkunden wie von Sammelurkunden* zu verlangen. Bei einer Streifbandverwahrung werden die Urkunden eines Depotinhabers gesondert von den Wertpapieren der Depotbank und anderer Depotkunden gehalten und der Depotinhaber bleibt Alleineigentümer der Wertpapiere.

---

236 Vgl. Jütten, BuB 7/103 ff.; Kümpel, Bank- und Kapitalmarktrecht, 9.187; vgl. auch ders., BuB 8/149 ff.

§ 11 Wertpapiergeschäft

b) Auslandsaufbewahrung
aa) Treuhandeigentum der Depotbank
Die zunehmende Internationalisierung des Anlageverhaltens deutscher 133
Anleger führt dazu, daß diese in zunehmendem Umfange ausländische
Wertpapiere erwerben. Häufig sind diese nicht an einer deutschen Börse
notiert oder jedenfalls nicht im Inland lagernd. Aufgrund der relativen Beschränktheit der internationalen Girosammelverwahrung hat daher die
Auslandsaufbewahrung von Wertpapieren für die deutschen Depotbanken noch einen nicht unerheblichen Stellenwert.

Nach Nr. 12 Abs. 1 der Sonderbedingungen für Wertpapiergeschäfte 134
erfüllt die Bank im Rahmen des Effektengeschäftes ihre Verpflichtung zur
Anschaffung von Wertpapieren im Ausland, wenn entweder eine Ausführung von Kommissionsaufträgen im Ausland erfolgt, oder ausländische
Wertpapiere gekauft werden, die im Inland weder an einer Börse noch außerbörslich gehandelt werden, oder Kommissionsgeschäfte in ausländischen Wertpapieren sowie Käufe von ausländischen Wertpapieren getätigt
werden, die im Inland börslich oder außerbörslich gehandelt, jedoch usancemäßig im Ausland angeschafft werden[237]. Neben dieser *Anschaffungsvereinbarung* enthält Nr. 12 Abs. 2 der Sonderbedingungen für Wertpapiergeschäfte eine *Aufbewahrungsvereinbarung*. Nach § 22 Abs. 1 S. 1
DepotG kann der Kommissionär von der Übersendung eines Stückeverzeichnisses bis zum entsprechenden Verlangen des Kommittenten absehen, wenn mit dem Kommittenten vereinbart wurde, daß die Wertpapiere
im Ausland angeschafft und aufbewahrt werden. Eigentumsrechtlich erhält der Depotkunde formal kein Eigentum an den im Ausland angeschafften und verwahrten Wertpapieren. Vielmehr läßt sich die *Depotbank* nach Nr. 12 Abs. 3 der Sonderbedingungen für Wertpapiergeschäfte
»nach pflichtgemäßem Ermessen unter Wahrung der Interessen des Kunden das Eigentum oder Miteigentum an den Wertpapieren oder eine andere im Lagerland übliche, gleichwertige Rechtsstellung verschaffen und übt
diese Rechtsstellung treuhänderisch für den Kunden aus. Über dieses
treuhänderische Eigentum erteilt die Depotbank dem Depotkunden eine
Gutschrift in *Wertpapierrechnung* unter Angabe des ausländischen Staates, in dem sich die Wertpapiere befinden. Mit dieser Regelung durch die
Sonderbedingung für Wertpapiergeschäfte wird die Frage geklärt, ob die
inländische Depotbank im Kundeninteresse zumindest Miteigentum an
den auslandsverwahrten Wertpapieren zu erwerben hat[238]. Wirtschaftli-

---

237 Zu den schuldrechtlichen Formen des Effektengeschäftes vgl. oben § 11 A II 2; zur Erfüllung
der Wertpapiergeschäfte durch Anschaffung im Ausland ebenda unter 3 b) bb).
238 Vgl. Paul, WM 1975, 1 ff.

823

cher Eigentümer der von der Depotbank in fiduziarischer Treuhand gehaltenen Wertpapiere ist der Depotinhaber[239].

135 Nach Nr. 12 Abs. 4 der Sonderbedingungen für Wertpapiergeschäfte braucht die Depotbank die Auslieferungsansprüche des Kunden aus der ihm erteilten Wertpapierrechnungs-Gutschrift nur aus dem von ihr im Ausland unterhaltenen Deckungsbestand zu erfüllen. Im Falle einer Verringerung des ausländischen Deckungsbestandes als Folge von höherer Gewalt, Aufruhr, Kriegs- und Naturereignissen oder aus sonstigen von der Bank nicht zu vertretenden Eingriffen Dritter im Ausland oder im Zuammenhang mit Verfügungen von hoher Hand tragen die Kunden anteilig alle wirtschaftlichen und rechtlichen Nachteile und Schäden nach Nr. 12 Abs. 4 S. 3 der Sonderbedingungen für Wertpapiergeschäfte. Die *Depotkunden* bilden insoweit eine *Gefahrengemeinschaft*. Die Bildung einer derartigen Gefahrengemeinschaft steht im Einklang mit § 9 AGBG[240].

bb) Drei-Punkte-Erklärung

136 Bei Inlandsverwahrung von Wertpapieren gilt nach § 4 Abs. 1 S. 1 DepotG der Drittverwahrer als davon in Kenntnis gesetzt, daß die Wertpapiere dem Verwahrer nicht gehören. Im Ausland entfaltet diese Fiktion des Depotgesetzes keine Wirkung und damit entfällt der Schutz der Depotinhaber vor einem Konkurs der Depotbank oder bei Vollstreckungen wegen Forderungen gegen die Depotbank[241]. Um einen annähernd gleichen Schutz der Gefahrengemeinschaft der Depotinhaber auch bei Auslandsverwahrung zu erreichen, wird vom Auslandskassenverein, über den die meisten Auslandsverwahrungen von deutschen Depotbanken abgewickelt werden, Wert darauf gelegt, daß die mit den ausländischen Verwahrstellen abgeschlossenen Vereinbarungen regelmäßig eine sog. *Drei-Punkte-Erklärung* enthalten. Danach führt der ausländische Verwahrer die Konten mit dem *Zusatz »Kundendepot«* und verpflichtet sich, *Pfand-, Zurückbehaltungs- und ähnliche Rechte* an den Wertpapieren nur wegen solcher Forderungen geltend zu machen, die sich aus der Anschaffung, Verwaltung und Verwahrung ergeben (entspricht somit § 4 Abs. 1 S. 2 DepotG). Er verpflichtet sich weiter, die Wertpapiere nicht ohne Zustimmung des Auslandskassenvereins an einen *anderen Lagerort* zu verbringen[242]. Soweit die deutsche Depotbank die Auslandsbestände nicht über den Auslandskassenverein hält, wird regelmäßig eine entsprechende Erklärung eingeholt. Zur Einholung wird man die inländische Depotbank

---

239 Coing, WM 1977, 466, 468; zu den Fragen um die Begründung der Treuhänderstellung vgl. ausführlich Einsele, S. 424 ff. m.w.N.
240 Vgl. Kümpel, Bank- und Kapitalmarktrecht, 9.208 ff.
241 Vgl. dazu oben II 1 b) bb) β).
242 Vgl. § 11 der Geschäftsbedingungen der Deutscher Auslandskassenverein AG; Jütten, BuB 7/95 ff.; Hellner, in: Festschr. Heinsius, S. 211, 232 ff.

aufgrund des Treuhandvertrages für *verpflichtet* halten müssen[243]. Soweit die ausländischen Rechtsordnungen diese schuldrechtlichen Erklärungen im Konkurs der Auslandsbank anerkennen, ist die Position der Anleger vergleichbar mit der Situation des Konkurses einer im Inland verwahrenden Bank[244]. Im Falle des Konkurses des inländischen Zwischenverwahrers gilt auch bei auslandsverwahrten Wertpapieren deutsches Recht und damit die oben geschilderte Situation[245].

4. Internationale Clearing-Systeme

Neben der in Deutschland letztlich auch als Clearing-Organisation wirkenden Deutscher Kassenverein AG sind in Europa zwei überregionale Clearing-Systeme für den effizienten Effektengiroverkehr im Euromarkt entstanden. Diese sind *Euro-Clear* und *Cedel*. Euro-Clear wurde 1968 von der amerikanischen Gesellschaft Morgan Guarantee Trust Company, New York, in Brüssel errichtet, während Cedel im Jahre 1970 als Central de Livraison des Valeurs Mobiliers in Luxemburg mit der gleichen Zielsetzung gegründet wurde[246].

137

III. Pflichten der Depotbank

1. Verwahrung und Formen der Obhutspflicht

Für die Depotbank ist eine *Hauptpflicht* des Depotvertrages die *Obhutspflicht*, d. h. nach §§ 688 BGB, 2 DepotG die Pflicht, die der Depotbank übergebenen Wertpapiere aufzubewahren. Die Formen der Erfüllung der Aufbewahrung in Form von Girosammelverwahrung, Streifbandverwahrung oder Wertpapierrechnung wurden oben unter II. dargestellt.

138

Neben der Verwahrung ist Hauptpflicht der Depotbank die *Verwaltung*[247] von Wertpapieren. Die im Rahmen der Verwaltung im einzelnen vorzunehmenden Leistungspflichten werden durch Nrn. 13 ff. der Sonderbedingungen für Wertpapiergeschäfte näher geregelt. Um Verwechslungen mit den Verwaltungsaufgaben aufgrund anderer Verwaltungsaufträge zu vermeiden, wurde in den Nrn. 13 bis 20 auf den Begriff der

139

---

243 Aufsichtsrechtlich wird eine dahingehende Pflicht durch Nr. 3 Abs. 4 der Anlage zu den Depotprüfungsrichtlinien (abgedruckt u. a. in Reischauer/Kleinhans, KWG Tz. 490 sowie Consbruch/Möller/Bähre/Schneider, KWG Tz. 20) in Ausfüllung von § 30 KWG statuiert.
244 Vgl. Einsele, S. 438 f.
245 Vgl. Einsele, S. 436; Paul, WM 1975, 2 ff.
246 Vgl. im einzelnen Jütten, BuB 7/114 ff.; Kümpel, in: Assmann/Schütze, Hdb. KapitalanlR, § 13 Rz. 102 ff.; ders., Bank – und Kapitalmarktrecht, 9.220 ff.; Breuer, ZfgK 1968, 348; Israel, ZfgK 1980, 172 ff.; Einsele, S. 408 f., 540.
247 Zur Abgrenzung von anderen Verwaltungsaufträgen, insb. bei der unregelmäßigen Verwahrung und der Vermögensverwaltung, vgl. oben § 11 C I 2.

»Verwaltung« verzichtet. Die Sonderbedingungen sprechen von »Dienstleistungen im Rahmen der Verwahrung«.

2. Depotauszug und Inkassi

a) Depotauszug

140 Nach Nr. 13 der Sonderbedingungen für Wertpapiergeschäfte erteilt die Bank *mindestens einmal jährlich einen Depotauszug*. Häufig werden zwischen Depotbank und Depotkunden individualvertraglich Abreden über eine unterjährige Erteilung von Depotauszügen getroffen.

b) Inkassi

141 Nach Nr. 14 Abs. 1 der Sonderbedingungen übernimmt die Depotbank bei inlandsverwahrten Wertpapieren die *Einlösung von Zins-, Gewinnanteil- und Ertragsscheinen* sowie bei rückzahlbaren Wertpapieren, d. h. also insb. bei Anleihen, deren *Einlösung bei Fälligkeit*. Da Zinsscheine naturgemäß nur für eine begrenzte Anzahl von Jahren ausgegeben werden, liegt vielen insb. langlaufenden Anleihen ein sog. *Erneuerungsschein* oder Talon bei. Mit Hilfe dieses Talons kann der nächste Bogen von Zinsscheinen ohne Vorlage des Mantels, also der eigentlichen Schuldverschreibung, bezogen werden[248]. Auch diese Bogenerneuerung wird seitens der Depotbank vorgenommen. Die gleichen Pflichten obliegen der Depotbank nach Nr. 14 Abs. 2 der Sonderbedingungen bei auslandsverwahrten Wertpapieren.

142 Bei der *Auslosung und Kündigung* von Schuldverschreibungen überwacht die Bank den Zeitpunkt der Rückzahlung bei inlandsverwahrten Wertpapieren anhand der Veröffentlichungen in den »Wertpapier-Mitteilungen«. Bei auslandsverwahrten Wertpapieren wird ein dieser Verwahrart angepaßtes Verfahren verwendet.

143 Schließlich regelt Nr. 14 Abs. 4 die Einlösung von Zins-, Gewinnanteil- und Ertragsscheinen sowie fälliger Wertpapiere in ausländischer Währung oder in Rechnungseinheiten[249].

144 Werden dem Depotinhaber *Bezugsrechte* eingeräumt, informiert ihn die Bank hierüber bei Bekanntmachung in den »Wertpapier-Mitteilungen« und bittet um Erteilung von Weisungen. Erhält sie bis zum vorletzten Tag des Bezugsrechtshandels keine Weisungen, werden diese im vermuteten Einverständnis des Depotinhabers bestens verkauft. Entsprechendes gilt für ausländische Bezugsrechte.

145 Bei anstehendem *Verfall von Rechten aus Optionsscheinen oder Wandlungsrechten aus Wandelschuldverschreibungen* wird die Depotbank den Kunden hierüber benachrichtigen, wenn auf den Verfalltag in den

---

248 Vgl. Hueck/Canaris, § 27 VII 2.
249 Vgl. dazu Jütten, BuB 7/126.

»Wertpapier-Mitteilungen« hingewiesen worden ist. Abweichend von Nr. 15 Abs. 1 enthält Nr. 15 Abs. 2 der Sonderbedingungen keinen Satz 2 und damit keine Regelung dazu, wie sich die Bank verhält, wenn sie von dem Anleger keine Weisungen erhält. Im Regelfall wird die *Bank keine Maßnahmen unternehmen*, insb. also keine *Wandlungsrechte oder Optionsrechte ausüben*. Hier erscheint fraglich, ob diese Regelung der depotgeschäftlichen Vertragsbeziehung als gemischt-typischer Vertrag mit verwahrungsrechtlichen und geschäftsbesorgungsrechtlichen Elementen[250] entspricht. Würde die Depotbank z.B. ein Wandlungsrecht aus einer Wandelanleihe ausüben, weil der Wert der bei Ausübung des Wandlungsrechts bezogenen Aktien wesentlich über dem Nominalwert bei Tilgung der Anleihe liegt, würde die Bank für den Depotkunden einen erheblichen Vermögenswert sichern. Andererseits änderte sie auch – eigenmächtig – die Risikostruktur des Depots unter Umständen signifikant. Zu einer dauerhaften Änderung der Risikostruktur wird man die Bank jedoch nicht für ermächtigt halten können. Die Bank wäre also weiter verpflichtet, die aufgrund des Wandlungsrechtes bezogenen Aktien wiederum zu veräußern und das Geld wiederum anzulegen. Derartig weitreichende Maßnahmen entsprechen jedoch nicht mehr dem Leitbild einer Dienstleistung im Rahmen einer Verwahrung sondern einer typischen Vermögensverwaltung. Im Ergebnis ist daher der Regelung von Nr. 15 Abs. 2 der Sonderbedingungen zuzustimmen.

c) Erfüllungszeitpunkt bei Inkassi

Im Rahmen des *Inkassos von Zins- und Dividendenleistungen* bzw. fällig geworderer Wertpapiere stellt sich grundsätzlich die Frage, *wann eine Erfüllungswirkung gegenüber dem Anleger eintritt*. Nach Nr. 14 Abs. 1 S. 2 der Sonderbedingungen wird der Gegenwert von Zins-, Gewinnanteil- und Ertragsscheinen sowie von fälligen Wertpapieren unter dem Vorbehalt des Eingangs des entsprechenden Betrages bei der Depotbank dem Depotinhaber gutgeschrieben. Dies soll auch dann gelten, wenn die Papiere bei der Bank selbst zahlbar sind. Diese Frage erlangt Bedeutung, wenn die Depotbank gleichzeitig eine Zahlstellenfunktion oder Hauptzahlstellenfunktion für den Emittenten der Wertpapiere ausübt. Es liegt nahe, daß die Depotbank bei einer termingerechten Gutschrift der Zahlungen diese unter »Eingang vorbehalten« erteilt, wenn sie die Dotationsmittel von dem Emittenten noch nicht erhalten hat. Hat sie die Mittel von dem Emittenten in ihrer Zahlstellenfunktion erhalten, so kann sie die Einlösung durch Insichgeschäft wirksam vollziehen, indem sie das Dota-

146

---

250 Vgl. Jütten, BuB 7/121.

tionskonto des Emittenten belastet und das Konto des Depotinhabers erkennt[251].

147 Die Rechtsprechung ist noch einen Schritt weitergegangen und sieht bereits in der *Belastung des Dotationskontos*, auch wenn dieses kein Guthaben aufweist, die Einlösung der abgetrennten Zins- oder Gewinnanteilscheine. Mit Rücksicht darauf ist die Regelung in Nr. 14 Abs. 1 S. 2 der Sonderbedingungen sachgerecht.

148 *Streitig* ist jedoch die Fallkonstellation, daß der Emittent die für die Einlösung der Wertpapiere erforderlichen Mittel der Zahlstelle zur Verfügung stellt und diese vor Weiterleitung (d. h. Umbuchung) der Mittel an die Depotinhaber im Rahmen ihrer Depotbankfunktion in Konkurs fällt. Wäre die *Übermittlung der Dotationsmittel durch den Emittenten* bereits als Erfüllung der Ansprüche der Anleihegläubiger anzusehen, trügen diese das Konkursrisiko der Depotbank. Ginge die Leistungsgefahr jedoch erst mit *Gutschrift des Gegenwertes auf dem Konto des Depotinhabers* über, trüge der Emittent das Konkursrisiko der Bank, da er die Ansprüche der Anleihegläubiger noch nicht erfüllt hätte. Schließlich könnte der Emittent zwar von seinen Verpflichtungen freigeworden sein, die Depotinhaber jedoch ein Recht zur vorrangigen Befriedigung an der Leistung des Emittenten an die Zahlstelle/Depotbank haben, weil diese nicht in die Masse fällt.

149 Nach h.M. wird der Emittent nicht durch Leistung des fälligen Betrages an die Zahlstelle von seiner Schuld befreit[252]. Canaris, der eine Erfüllungswirkung für den Emittenten annehmen will, versucht mit einer »kühnen Rechtsfortbildung« den Depotinhaber zu schützen, indem er eine Aussonderung des Erlöses aus der Konkursmasse der Depotbank solange zulassen will, als dieser noch unterscheidbar vorhanden ist[253]. – Die praktische Bedeutung der Frage ist durch die Regelung des § 46 a KWG (Moratorium zur Abwendung der drohenden Insolvenz) sowie die wesentlich verbesserte Einlagensicherung, die auch die aus Inkassoerlösen resultierenden Kundenguthaben schützt, als sehr beschränkt anzusehen[254].

3. Benachrichtigungspflichten

150 Über die bereits oben behandelten Benachrichtigungspflichten der Depotbank im Zusammenhang mit Bezugs-, Options- und Wandlungsrechten hinaus ist die Depotbank nach Nr. 16 der Sonderbedingungen für

---

251 Vgl. BGH WM 1958, 104; Canaris, Rz. 2186; Kümpel, Bank- und Kapitalmarktrecht, 9.20 ff.
252 Kümpel, BuB 8/251 f.; ders., Bank- und Kapitalmarktrecht, 9.23 ff.; von Caemmerer, JZ 1951, 740, 742; aus der Rechtsprechung: OLG Düsseldorf, WM 1950, 512; KG WM 1953, 153; LG Augsburg, WM 1950, 451; a. A. jedoch Canaris, in: Einhundert Jahre Konkursordnung, S. 73, 106 ff.
253 Canaris, in: Einhundert Jahre Konkursordnung, S. 73, 107 f.
254 Darauf weist zu Recht hin Kümpel, BuB 8/248 a.E.

Wertpapiergeschäfte verpflichtet, die Wertpapiere des Depotkunden betreffende Informationen an diesen zu übermitteln, wenn die *Informationen* in den »Wertpapier-Mitteilungen« veröffentlicht oder der Depotbank vom Emittenten oder von ihrem ausländischen Verwahrer/Zwischenverwahrer übermittelt wurden. Voraussetzung für eine *Weiterleitungspflicht* ist, daß sich die Informationen auf die Rechtsposition des Kunden erheblich auswirken können und daß die Benachrichtigung des Kunden zur Wahrung seiner Interessen erforderlich ist. Erkennbar irrelevante Informationen brauchen somit nicht weitergeleitet zu werden[255]. Sind die Informationen der Depotbank nicht rechtzeitig zugegangen oder sind die vom Kunden zu ergreifenden Maßnahmen wirtschaftlich nicht zu vertreten, weil die anfallenden Kosten in einem Mißverhältnis zu den möglichen Ansprüchen des Kunden stehen, kann die Information gleichfalls unterbleiben, Nr. 16 S. 3 der Sonderbedingungen.

Werden die *Wertpapiere im Ausland verwahrt*, entsteht zwischen Depotbank und Depotinhaber ein *Treuhandverhältnis*. Dieses tritt an die Stelle des Verwahrvertrages, der typischerweise dem Depotverhältnis zugrunde liegt. Da schon nach dem Vertragsinhalt eine Verwahrung durch die Depotbank ausscheidet, weil eine Verwahrung durch eine ausländische Lagerstelle erfolgen soll, ist die Depotbank lediglich zur *sorgfältigen Auswahl einer ausländischen Lagerstelle* verpflichtet. Darüber hinaus obliegt der Depotbank nach Nr. 16 der Sonderbedingungen für Wertpapiergeschäfte die *Pflicht zur Weitergabe von Nachrichten*, die sie von der ausländischen Lagerstelle über die dort lagernden Wertpapiere erhält, sowie nach Nr. 20 Abs. 1 der Sonderbedingungen die Information der Depotinhaber über *Auskunftsersuchen ausländischer Aktiengesellschaften* und darauf geleistete Antworten. Die Weitergabe von Nachrichten gilt insbesondere für die in den USA häufig vorkommenden Class Actions, soweit sie sich auf die Rechtsposition des Depotinhabers erheblich auswirken können und die Weitergabe zur Wahrung der Kundeninteressen erforderlich und der Bank im einzelnen zumutbar ist.

Ob die Depotbank über die Pflicht zur Weitergabe der ihr zugegangenen Informationen hinaus eine *Informationsbeschaffungspflicht* trifft, erscheint fraglich. Soweit es sich um offizielle Informationen handelt, kann dazu im Rahmen enger Grenzen der Zumutbarkeit im Einzelfall eine Pflicht bestehen. Grundsätzlich kann es jedoch nicht Aufgabe der Depotbank sein, die in- oder ausländischen Wertpapiere zu beobachten und über diese Informationen zu sammeln und an den Depotinhaber weiterzugeben. Dies ist eine klassische Aufgabe im Rahmen des Vermögensverwaltungsauftrages, nicht jedoch des Depotvertrages.

---

255 Jütten, BuB 7/136.

Dritter Teil   Investment Banking

153   Da die inländische Depotbank grundsätzlich nicht zur Beschaffung von die im Ausland lagernden Wertpapiere betreffenden Informationen verpflichtet ist, wird man davon ausgehen müssen, daß im Rahmen der Anlageberatung die Bank eine diesbezügliche Hinweis- bzw. Beratungspflicht trifft. Gleichermaßen wird man eine Hinweis- oder Beratungspflicht annehmen müssen, soweit z.B. bei *ausländischen Anleihegläubigerversammlungen* die Depotkunden über deren Abhaltung und die Beschlußvorlagen unterrichtet werden. Auch wenn die Depotbank treuhänderische Eigentümerin der Wertpapiere ist, wird man annehmen müssen, daß sie im Rahmen des Zumutbaren verpflichtet ist, von den wirtschaftlichen Eigentümern *Weisungen über das Abstimmungsverhalten* einzuholen. Die allgemeine Depotstimmrechtsvollmacht genügt hierzu grundsätzlich nicht, da der bevollmächtigende Depotkunde diese Vollmacht regelmäßig nur bezüglich des Abstimmungsverhaltens bei Aktien erteilen will.

154   In jüngster Zeit ist zu beobachten, daß die konsortialführenden Banken nach der Plazierung von *DM-Auslands-Anleihen* gelegentlich *nachträglich Warnhinweise zum spekulativen Charakter* der von ihnen geführten Anleihen gegenüber den Anleihegläubigern abgeben[256]. Im Falle der Abgabe von Warnhinweisen wegen nachträglich eingetretener deutlicher Verschlechterung des Ratings des Emittenten der Wertpapiere wird man die Depotbank wohl für verpflichtet halten müssen, diese Warnhinweise des Konsortialführers an die Depotkunden weiterzugeben, jedenfalls wenn die Warnung auf einer akuten Verschlechterung des Ratings beruht.

4. Urkundenprüfungen

155   Nach Nr. 17 der Sonderbedingungen für Wertpapiergeschäfte prüft die Bank anhand der Bekanntmachungen in den »Wertpapier-Mitteilungen« einmalig bei der Einlieferung von Wertpapierurkunden, ob diese von *Verlustmeldungen (sog. Opposition)*, Zahlungssperren und dergleichen betroffen sind. Auch nach einer Einlieferung werden die Wertpapiere auf *Aufgebotsverfahren zur Kraftloserklärung* von Wertpapierurkunden hin überprüft. Wird etwa infolge einer Fusion des Emittenten mit einer anderen Gesellschaft ein Wertpapier hinfällig, ist die Depotbank nach Nr. 18 Abs. 1 der Sonderbedingungen ohne vorherige Benachrichtigung des Kunden berechtigt, den in den »Wertpapier-Mitteilungen« bekanntgemachten Aufforderungen zur Einreichung von Wertpapierurkunden Folge zu leisten. Über die Vornahme derartiger Handlungen ist der Depotkunde zu unterrichten. Entsprechendes gilt für die Ausbuchung und Vernichtung von Wertpapieren aufgrund des Verlustes der Wertpapiereigenschaft.

---

256 Vgl. z.B. die von der Commerzbank AG geführte 9 % DM 500 Mio. Anleihe der BNDES Banco National de Desenvolvimento Econômico e Social, Brasilien, 1996-2001.

5. Depotstimmrecht

Zu den Dienstleistungen des Verwahrers zählt seit langem die Wahrnehmung der aus den für die Depotinhaber verwahrten Aktien fließenden Stimmrechte. Nach § 135 Abs. 1 AktG darf die Depotbank die Stimmrechte für Inhaberaktien, die ihr nicht gehören, nur ausüben bzw. ausüben lassen, wenn der Depotinhaber sie dahingehend schriftlich bevollmächtigt hat. Diese *Vollmacht* darf nur für längstens 15 Monate erteilt werden und muß jederzeit widerruflich sein.   156

Die Depotbank hat nach § 128 Abs. 2 S. 3 AktG den Depotinhaber um *Weisungen* für die Ausübung des Stimmrechtes zu bitten und für den Fall, daß derartige Weisungen nicht ergehen, *Vorschläge für die Ausübung* des Stimmrechtes zu geben. Gibt der Depotinhaber keine Weisungen, hat die Depotbank das Stimmrecht nach § 135 Abs. 5 AktG entsprechend den nach § 128 Abs. 2 S. 1 AktG mitgeteilten Vorschlägen auszuüben. Von diesen Vorschlägen darf die Depotbank nur abweichen, wenn sie den Umständen nach annehmen darf, daß der Depotinhaber bei Kenntnis der Sachlage eine abweichende Ausübung des Stimmrechtes billigen würde. Soweit der Depotinhaber Weisungen gegeben hat, ist die Depotbank nach Maßgabe von § 665 S. 1 BGB berechtigt, von diesen abzuweichen, wenn sie den Umständen nach annehmen darf, daß bei entsprechender Kenntnis die Abweichungen gebilligt würden[257]. Das *Recht zur Abweichung* verdichtet sich zu einer *Pflicht zur Abweichung*, wenn sich in der Hauptversammlung herausstellt, daß die Stimmabgabe i. S. d. Weisungen gesellschaftsschädlich wäre[258].   157

Seit der viel beachteten Entscheidung des BGH im *Fall Girmes/Bölko Hoffmann*[259] hat die Frage der *Haftung des Stimmrechtsvertreters für die Ausübung von Stimmrechten in der Hauptversammlung* eine rege Diskussion erfahren[260]. Ausgangspunkt der gesamten Diskussion ist die Frage, welche *Treuepflichten einem Minderheitsaktionär* gegenüber seinen Mitaktionären obliegen und wie die Mitverwaltungs- und Kontrollrechte unter angemessener Berücksichtigung der gesellschaftsbezogenen Interessen der anderen Aktionäre auszuüben sind. Bei Bejahung einer entsprechenden Treuepflicht ergibt sich als Folge, daß der Stimmrechtsbevollmächtigte das Stimmrecht nur unter denselben aus der Treuepflicht folgenden Einschränkungen ausüben darf wie der die Vollmacht erteilende Aktionär   158

---

[257] Hüffer, AktG, § 135 Rz. 20 m.w.N.
[258] Hüffer, AktG, § 135 Rz. 20 m.w.N.
[259] ZIP 1995, 819 = WM 1995, 882 ff.; dazu Müller, ZIP 1995, 1415 ff.; Rittner, EWiR 1995, 525; Hennrichs, WuB II A. § 135 AktG 1.95.
[260] Henssler, ZHR 157 (1993), 91 ff.; Than, ZHR 157 (1993), 125 ff.; Dreher, ZHR 157 (1993), 150 ff.; Marsch-Barner, ZHR 157 (1993), 172 ff.; Timm, WM 1991, 481 ff.; Schöne, WM 1992, 209 ff.; Wenger, ZIP 1993, 321 ff. – alle m.w.N.

selbst, auch wenn dem Bevollmächtigten selbst keine eigenständige gesellschaftsrechtliche Treuepflicht trifft.

159 Über die intensive Diskussion der Stimmrechtsvertretung durch einen Kleinaktionärsvertreter sind die Implikationen dieser Entscheidung für die Stimmrechtsvertretung durch Kreditinstitute in den Hintergrund gerückt. Der BGH hat ausdrücklich festgehalten, daß der Stimmrechtsbevollmächtigte gegenüber den Aktionären, die ihm keine Stimmrechtsvollmacht erteilt haben, weder unter dem Gesichtspunkt des Vertrags mit Schutzwirkung zugunsten Dritter noch nach den Grundsätzen der culpa in contrahendo zum Schadensersatz verpflichtet ist. Eine *Eigenhaftung des Stimmrechtsbevollmächtigten kann nur gegenüber der Aktiengesellschaft* begründet sein. Eine Haftung der Depotbank wegen fehlerhafter Ausübung der Stimmrechtsvollmachten kommt somit nur gegenüber den Vollmachtgebern, also den Depotinhabern, und nicht gegenüber den von der Depotbank nicht vertretenen Aktionären in Betracht[261]. Ausnahmen hiervon können höchstens bei einer vorsätzlichen sittenwidrigen Schädigung i.S.v. § 826 BGB gegeben sein.

IV. Pflichten des Depotkunden

1. Entgelt

160 Hauptleistungspflicht des Depotkunden im Rahmen des Depotverhältnisses ist die Pflicht zur Begleichung des vereinbarten *Entgeltes*. Dieses wird regelmäßig als Promillesatz des Verkehrswertes des Depotvolumens berechnet, meist unter Zugrundelegung von Mindestsätzen, die an die verwahrten Stückzahlen der Wertpapiere bzw. Wertpapiergattungen anknüpfen.

2. Pfandrecht der Depotbank

161 Die Depotbank hat nach Ziffer 14 der Allgemeinen Geschäftsbedingungen der Banken ein *Pfandrecht an den Wertpapieren*, an denen eine inländische Geschäftsstelle im bankmäßigen Geschäftsverkehr Besitz erlangt. Die Verwahrung der Wertpapiere im Rahmen eines Depotverhältnisses stellt eine klassische Form der bankmäßigen Besitzerlangung dar[262]. Dementsprechend hat die Bank an den von ihr verwahrten Wertpapieren ein umfassendes AGB-Pfandrecht.

162 Da die Depotbank häufig Drittverwahrer wie die Deutscher Kassenverein AG einschaltet, regelt § 4 Abs. 1 DepotG den Erwerb eines Pfandrech-

---

261 Hammen, ZBB 1993, 239, 244 ff.; Kümpel, Bank- und Kapitalmarktrecht, 9.42.; Than, ZHR 157 (1993), 125, 137 ff.
262 Gößmann, BuB 1/392; Stauder/Comes WM 1969, 610 ff.

tes durch diesen Verwahrer dahingehend, daß er seinerseits ein Pfandrecht oder ein Zurückbehaltungsrecht nur wegen solcher Forderungen erwirbt, die mit Bezug auf diese Wertpapiere entstanden sind oder für die diese Wertpapiere nach dem einzelnen über sie zwischen dem Verwahrer und dem Dritten vorgenommenen Geschäft haften sollen[263].

---

263 Vgl. dazu ausführlich Kümpel, BuB 8/17 ff.

§ 12 Vermögensverwaltung

I. Grundlagen
  1. Der Markt für Vermögensverwaltung
     a) Voraussetzungen für die Entstehung eines Marktes
     b) Entwicklungsphasen des Marktes für Vermögensverwaltung
     c) Art und Umfang von Vermögensverwaltungen
        aa) Nachfrager nach Vermögensverwaltungen
        bb) Anbieter von Vermögensverwaltungen
        cc) Vermögensverwaltung durch Banken
  2. Grundsätzliche eigentumsrechtliche Ausformungen der Vermögensverwaltung
     a) Treuhandmodell
     b) Vertretermodell
  3. Schuldrechtliche Qualifikation der Vermögensverwaltung
     a) Vertretermodell
     b) Treuhandmodell
  4. Vermögensverwaltung als Wertpapierdienstleistung
  5. Qualifikation der Vermögensverwaltung als Bankgeschäft und Finanzdienstleistung
  6. Form
II. Abgrenzung der Vermögensverwaltung zur Anlageberatung
III. Pflichten des Vermögensverwalters
  1. Rechtsquellen für die Pflichten des Vermögensverwalters
  2. Allgemeine Pflichten des Vermögensverwalters
     a) Pflicht zur Kenntnis des Kunden
     b) Anlagerichtlinien
     c) Umsetzung der Anlagerichtlinien mit Sachkenntnis, Sorgfalt und Gewissenhaftigkeit
     d) Fallgruppen unzulässigen Verhaltens
  3. Besondere Pflichten bei Immobilienverwaltung
  4. Besondere Pflichten bei Beteiligungsverwaltungen
  5. Benachrichtigungs-, Rechnungslegungs- und Unterrichtungspflichten
  6. Haftung für Pflichtverletzungen
IV. Pflichten des Vermögensinhabers
  1. Entgelt
  2. Gebot der Rücksichtnahme
V. Beendigung des Vermögensverwaltungsvertrages

Schrifttum:
Assmann, Das künftige deutsche Insiderrecht, AG 1994, 196 ff., 237 ff.; *ders.,* Das neue deutsche Insiderrecht, ZGR 1994, 494 ff.; *ders.,* Der Inhalt des Schadensersatzanspruches fehlerhaft informierter Kapitalanleger, in: Festschr. Lange, 1992, S. 345 ff.; *Assmann/Schneider,* WpHG, Köln 1995; *Assmann/Schütze (Hrsg.),* Handbuch des Kapitalanlagerechts, 2. Aufl., 1996; *Balzer,* Rechtsfragen der Verwaltung von Wertpapiervermögen durch Kreditinstitute, NWB Fach 21, S. 1225 ff.; *Barth/Kropp,* Die Transformation der EU-Großkreditrichtlinie in der 5. KWG-Novelle, WM 1995, 1297 ff.; *J. Becker,* Wertpapierhandelsgesetz, Berlin 1995; *W. Becker/Wicke,* Rechtsformen der Vermögensverwaltung, Bamberger Betriebswirtschaftliche Beiträge Nr. 107, 1995; *Birnbaum,* Stichwort »Churning«, Wistra 1991, 253 ff.; *Broschinski,* Vermögensverwaltung: Fondskonzepte mit Synergieeffekten, Bank 1995, 556 ff.; *ders.,* Performancetestat in der Vermögensverwaltung, Bank 1995, 650 ff.; *Brunner,* Die Vermögensverwaltung deutscher Kreditinstitute im Privatkundengeschäft, 1987; *Claussen,* Bank- und Börsenrecht, München 1996; *Coing,* Rechtsformen der privaten Vermögensverwaltung, AcP 167 (1967), 99 ff.; *ders.,* Die Treuhand kraft privaten Rechtsgeschäfts, 1973; *Dingeldey,* Die Verpflichtung der Bank zur Weitergabe von Insiderinformationen, DB 1982, 685 ff. *ders.,* Das Chinese-Wall-Prinzip im Bankrecht der Vereinigten Staaten, RIW 1983, 81 ff.; *Dürselen,* Wesentliche Änderungen des KWG im Rahmen der Vierten KWG-Novelle, ZBB 1993, 266 ff.; *Grimm,* Das Vertragsrecht des Wertpapierdarlehens, Frankfurt 1996; *Gutzwiller,* Der Vermögensverwaltungsvertrag, 1989; *Heinsius,* Anlageberatung durch Kreditinstitute, ZHR 145 (1981), 177 ff.; *ders.,* Pflichten und Haftung der Kreditinstitute bei der Anlageberatung, ZBB 1994, 47 ff.; *Holl/Kessler,* Die US-amerikanische Churning-Doktrin im Recht der Termingeschäfte, RIW 1995, 983 f.; *Hopt,* Funktion, Dogmatik und Reichweite der Aufklärungs-, Warn- und Beratungspflichten der Kreditinstitute, in: Festschr. Gernhuber, 1993, S. 169 ff.; *ders.,* Insiderwissen und Interessenkonflikte im europäischen und deutschen Bankrecht, in: Festschr. Heinsius, 1991, S. 289 ff.; *ders.,* Rechtsprobleme der Anlagebe-

ratung und der Vermögensverwaltung der Schweizer Banken, in: Beiträge zum schweizerischen Bankrecht, hrsg. v. R. v. Graffenried, 1987, S. 135 ff.; *ders.*, Ideelle und wirtschaftliche Grundlagen der Aktien-, Bank- und Börsenrechtsentwicklung im 19. Jahrhundert, in: Coing/Wilhelm (Hrsg.), Wissenschaft und Kodifikation des Privatrechts im 19. Jahrhundert, 1980, Bd. V, S. 128 ff.; *ders.*, Berufshaftung und Berufsrecht der Börsendienste, Anlageberater und Vermögensverwalter, in: Festschr. R. Fischer, 1979, S. 237 ff.; *ders.*, Kapitalanlegerschutz im Recht der Banken, 1975; *Jendralski/Oehlenschläger*, Vermögensverwaltung und -betreuung, 1992; *Kienle*, Vermögensverwaltung, in: Bankrechtshandbuch, hrsg. v. Schimansky/Lwowski/Bunte, 1996, § 111; *Koller*, Wer ist »Kunde« eines Wertpapierdienstleistungsunternehmens?, ZBB 1996, 97 ff.; *Kübler*, Anlageberatung durch Kreditinstitute, ZHR 145 (1981), 204 ff.; *ders.*, Müssen Anlageempfehlungen anlegergerecht sein? Zum Stellenwert der amerikanischen »suitability«-Doktrin im deutschen Recht, in: Festschr. Coing, Bd. II, 1982, S. 193 ff.; *Kümpel*, Bank- und Kapitalmarktrecht, Köln 1995; *Lang*, Die neuere Rechtsprechung des BGH zu Auftrag, Geschäftsführung und GoA, WM 1988, Sonderbeilage 9, S. 1 ff.; *Lerbinger*, Aktienkursprognose durch Linienchart-Formationen und Trendlinien, AG 1988, 7 ff.; *Liebich/Mathews*, Treuhand und Treuhänder im Recht der Wirtschaft, 2. Aufl., Berlin 1983; *Miebach*, Private Vermögensverwaltung und Erlaubniserfordernis nach § 1 KWG, DB 1991, 2069 ff.; *Rössner/Arendts*, Die Haftung wegen Kontoplünderung durch Spesenschinderei, WM 1996, 1517 ff.; *Roll*, Vermögensverwaltung durch Kreditinstitute, Berlin 1983; *Schäfer*, Vermögensverwaltung, in: Assmann/Schütze (Hrsg.), Handbuch des Kapitalanlagerechts, 2. Aufl., 1996, § 28; *ders.*, Vereinbarungen über Benachrichtigungspflichten in Vermögensverwaltungsverträgen, WM 1995, 1009 ff.; *ders.*, Haftung für fehlerhafte Anlageberatung und Vermögensverwaltung, 2. Aufl., 1995; *ders.*, Die Pflichten von (Wertpapier-)Vermögensverwaltern, in: Cramer/Rudolph (Hrsg.), Handbuch für Anlageberatung und Vermögensverwaltung, 1995, S. 668 ff.; *ders.*, Vermögensverwaltung, in: Bankrecht und Bankpraxis, Kap. 11 (Stand 3/96); *ders.*, Materielle Aspekte der EG-Richtlinie über Wertpapierdienstleistungen, AG 1993, 389 ff.; *ders.*, Anlegerschutz und die Sorgfalt eines ordentlichen Kaufmanns bei der Anlage von Sondervermögen durch Kapitalanlagegesellschaften, 1987; *Schanze*, Anlegerschutz bei Aktienfonds: Das Indexfonds-Konzept, AG 1977, 102 ff.; *Schödermeier*, Verspätete Aufklärung bei Börsentermingeschäften, Bank 1996, 166 ff.; *ders.*, Nachforschungspflichten einer Bank als Vermögensverwalterin zur Person ihres Kunden, WM 1995, 2053 ff.; *Schönle*, Bank- und Börsenrecht, 2. Aufl., 1976; *Schlemmbach*, Depotmanagement im Rahmen der Vermögensverwaltung, Bank-Betrieb 1972, 201 ff.; *Slevogt*, Bankbetriebslehre oder Bankgeschäftslehre, ÖBA 1982, 167 ff.; *Thiel*, Schutz der Anleger von Wertpapierfonds im deutschen und amerikanischen Recht, 1982; *Tippach*, Marktdaten im künftigen Insiderrecht, WM 1993, 1269 ff.; *Waldeck*, Die Haftung von Anlageberatern, in: Cramer/Rudolph (Hrsg.), Handbuch für Anlageberatung und Vermögensverwaltung, 1995, S. 647 ff.; *Wallat*, Einlagenbegriff des Kreditwesengesetzes, NJW 1995, 3226 f.; *Zobl*, Der Vermögensverwaltungsauftrag der Banken, in: Festschr. W. Schluep, 1988, S. 319 ff.

I. Grundlagen

1. Der Markt für Vermögensverwaltung

a) Voraussetzungen für die Entstehung eines Marktes

Vermögensverwaltung als eine Dritten zu erbringende Leistung *ist die Verwaltung von Vermögen, das dem Verwaltenden zumindest wirtschaftlich nicht als eigenes zusteht.* Die Entstehung eines Marktes für Vermögensverwaltung erfordert somit zumindest zweierlei. Zum einen muß das Substrat für eine Vermögensverwaltung, also ein zu verwaltendes Vermögen, vorhanden sein und zum anderen muß der wirtschaftliche Inhaber des Vermögens entweder nicht willens oder nicht in der Lage sein, das Vermögen selber oder durch von ihm angestellte Personen zu verwalten,

1

Dritter Teil   Investment Banking

und deshalb die Verwaltung des Vermögens einem von ihm grds. unabhängigen Dritten übertragen.

2   Anders als etwa in den USA fehlte es in Deutschland für lange Zeit jeweils zumindest an einer der zwei vorstehend genannten kumulativen Voraussetzungen. Erst in der Zeit nach der industriellen Revolution entstand mit der verstärkten Bildung großer Geldvermögen und einer zunehmenden Übertragbarkeit von Grundbesitz in der zweiten Hälfte des letzten Jahrhunderts eine gewisse Nachfrage nach einer Fremdverwaltung des Vermögens[1]. Diese Nachfrage wurde zunächst von Privatbankiers befriedigt[2] und später von den Aktienbanken[3] als juristischen Personen durchgeführt. Eine nennenswerte Bedeutung für den gesamten Geschäftsumfang der Banken kommt – von Einzelfällen abgesehen – der Vermögensverwaltung jedoch erst seit Beginn der 60er Jahre dieses Jahrhunderts zu[4]. Mit dem steigenden Geldvermögen der privaten Haushalte sowie der institutionellen Anleger dürfte die Bedeutung der Vermögensverwaltung weiter zunehmen[5]. Denn waren es zunächst die *vermögenden Privatpersonen*, die nicht willens oder in der Lage waren, ihr Vermögen selber oder durch Angestellte zu verwalten, so änderte sich dieses Bild nach dem 2. Weltkrieg zusehens. Immer stärker in den Vordergrund treten als Auftraggeber für die Vermögensverwaltung zudem die institutionellen Anleger wie die Versicherungen, Pensionsfonds u.ä. »*kollektive Vermögensmassen*«.

b) Entwicklungsphasen des Marktes für Vermögensverwaltung

3   Die in den USA schon früh einsetzende und sich ohne die Europa erschütternden historischen Umbrüche fortsetzende Geldvermögensbildung hat dort zunächst dazu Anlaß gegeben, die in der *Vermögensverwaltung* liegende Arbeitsteilung *als eine Stufe eines Phasenmodells* der Entwicklung der Arbeitsteilung bei der Verwendung von Kapital zu sehen[6].

4   Im ausgehenden 18. Jahrhundert waren in Europa ebenso wie in den USA Unternehmer und Eigentümer eines Unternehmens identisch. Erst

---

1   Zur Einkommensverteilung zwischen 1870 und 1930 vgl. Jeck, Wachstum und Verteilung des Volkseinkommens, 1970.
2   Vgl. beispielhaft Stern, Gold und Eisen – Bismarck und sein Bankier Bleichröder, 1977; dazu Treue, Das Privatbankwesen im 19. Jahrhundert, in: Coing/Wilhelm, Wissenschaft und Kodifikation des Privatrechts im 19. Jahrhundert, Bd. V, 1980, S. 94, 121 ff.
3   Vgl. dazu Zahn/Winkel, Der Privatbankier, 3. Aufl., 1972, S. 28 ff.; Riesser, Die deutschen Großbanken und ihre Konzentration, 3. Aufl., 1910; Weber, Depositenbanken und Spekulationsbanken, 4. Aufl., 1938, S. 62.
4   Vgl. Roll, S. 18 ff. m.w.N.; Brunner, S. 29 ff.
5   Opitz, Die Vollendung des europäischen Binnenmarktes aus der Sicht einer deutschen Merchant Bank, in: Franke/von Schimmelmann (Hrsg.), Banken im Vorfeld des europäischen Binnenmarktes, S. 33, 46 f.
6   Clark, The four stages of capitalism: Reflections on Investment Management Treatises, 94 Harvard Law Review 1981, 561 – 582.

in der Folgezeit entwickelten sich das Eigentum am Unternehmen und die Kontrolle des Unternehmens zunehmend auseinander. Die Gesellschafter übergaben die unmittelbare Kontrolle über das Unternehmen an Spezialisten, die Manager[7]. Hierin wird eine zweite Phase der Entwicklung, der Spaltung in Eigentümer und Unternehmensverwalter, gesehen. In einer sich anschließenden dritten Phase spaltete sich die Eigentümerfunktion. Während der Geldvermögensinhaber zunächst selbst darüber entschied, welche Beteiligungen er als Kapitalanlage erwarb, übertrug er diese Entscheidung nunmehr zunehmend auf Dritte, die Vermögensverwalter, und begnügte sich mit der Zurverfügungstellung des Kapitals. Die Entscheidung darüber, wie das Kapital verwendet werden sollte, lag damit bei einem Spezialisten, dem Vermögensverwalter.

In einer vierten Phase – in der sich die USA derzeit befinden sollen – soll die Funktion des Anlegers als des Entscheidungsträgers über die Zurverfügungstellung des Kapitals nochmals reduziert werden. Seine derzeitige Funktion soll gespalten werden in die grundsätzliche Entscheidung über die Frage nach der Bereitstellung von Kapital und dem Genuß der Ansprüche daraus. Dem Anleger soll die Entscheidung darüber, welche Sparquote er zu erfüllen hat und wieviel ihm zur freien Verfügung steht, entzogen werden. Diese Entscheidung wird in den USA von den sog. »institutionellen Anlegern«, also insb. den Pensionskassen und den Versicherungen, bzw. den Entscheidungsträgern über die Höhe der Pensionen und Versicherungen, getroffen. – Jedenfalls diese vierte Phase des Modells ist in Deutschland derzeit nicht erkennbar. In den USA konnte sie sich entwickeln, da die Renten und Pensionen aus einem angesparten Vermögen gezahlt werden. Demgegenüber beruht in Deutschland das System der Alterssicherung auf dem sog. »Generationenvertrag«. Entsprechend diesem Generationenvertrag werden im Rahmen der staatlichen Rentenversicherung (anders bei den berufsständischen Rentenwerken) die Rentenbeiträge der arbeitenden Generation nicht thesauriert, sondern unmittelbar an die rentenempfangende Generation ausgezahlt und es erfolgt keine Vermögensbildung.

Die von dem Modell entwickelten ersten drei Phasen der Arbeitsteilung bei der Bereitstellung von Kapital für Unternehmen lassen sich durchaus auch in Deutschland ausmachen. Sicherlich können sie zeitlich nicht scharf gegeneinander abgegrenzt werden, sondern die Übergänge sind fließend. Doch läßt sich feststellen, daß zu bestimmten Zeiten bestimmte Phasen des Modells überwiegen. In den ersten zwei Dritteln des 19. Jahrhunderts überwog die Phase des »Entrepreneur«, der Kapital zur Verfügung stellte und gleichzeitig seine Unternehmung leitete. Mit dem Abbau

---

[7] Diese Entwicklung wurde bereits von Adolf Berle und G. Means in »The Modern Corporation and Private Property«, 1932, beschrieben; vgl. auch Berle, Power without Property, 1959.

Dritter Teil Investment Banking

des Konzessionssystems für die Aktiengesellschaften lösten allmählich von Managern geleitete Aktiengesellschaften die »Eigentümer-Unternehmer« ab[8].

7   Seit der Jahrhundertwende überwiegt bei großen Unternehmungen die Trennung zwischen Eigentum und unmittelbarer Unternehmensführung. Mit dem großen Aufschwung der Vermögensverwaltung seit dem Beginn der 60er Jahre – nicht nur der individuellen, sondern auch der kollektiven Vermögensverwaltung durch Investmentgesellschaften – hat auch die dritte Phase der Trennung der Entscheidung über die Bereitstellung von Kapital und der eigentlichen Anlageentscheidung erhebliches Gewicht erlangt.

c) Art und Umfang von Vermögensverwaltungen
aa) Nachfrager nach Vermögensverwaltungen

8   Grundsätzlich kann sich eine Vermögensverwaltung auf *alle Formen von Vermögen* erstrecken. Von wirtschaftlich größter Bedeutung sind die Verwaltung von
– liquidem Vermögen, insb. Wertpapieren und Barvermögen,
– Immobilien,
– Gesellschaftsbeteiligungen (wozu aufgrund der Rechtsform auch Beteiligungen an geschlossenen Immobilienfonds zählen), sowie
– sonstigen Vermögenswerten (z.B. Kunstsammlungen, Edelmetalle, etc.)[9].

Als Nachfrager nach einer Vermögensverwaltung treten die verschiedenen Vermögensinhaber auf. Dies sind sowohl *Einzelpersonen bzw. Personengruppen* wie auch *»kollektive Vermögensmassen«*[10], Nachlässe und Stiftungen.

bb) Anbieter von Vermögensverwaltungen

9   Die »kollektiven Vermögensmassen« wie Investmentfonds oder Versicherungsgelder werden regelmäßig durch *Kapitalanlagegesellschaften oder Versicherungen* verwaltet[11]. Die Verwaltung des Vermögens von Einzelpersonen wird meist von *spezialisierten Vermögensverwaltungsgesell-*

---

8   Zu den daraus folgenden Problemen vgl. Hopt, Ideelle und wirtschaftliche Grundlagen der Aktien-, Bank- und Börsenrechtsentwicklung im 19. Jahrhundert, in: Coing/Wilhelm, Wissenschaft und Kodifikation des Privatrechts im 19. Jahrhundert, Bd. V, S. 128, 151 ff.; Roth, Die Herrschaft der Aktionäre in der Publikums-AG als Gegenstand rechtssoziologischer Betrachtung, in: Festschr. H. Paulick, 1973, S. 81 ff.; Grossfeld, Aktiengesellschaft, Unternehmenskonzentration und Kleinaktionär, 1968, S. 14 ff., 132 ff.; Wiethölter, Interesse und Organisation der Aktiengesellschaft im amerikanischen und deutschen Recht, 1961, S. 66 ff.
9   Wobei die Verwaltung nur eines einzigen Gegenstandes keine Vermögensverwaltung i.S.v. Art. 1 § 5 RBerG sein soll, vgl. Kienle, Bankrechtshandbuch, § 111 Rz. 5 m.w.N.
10 Insb. also Pensionskassen, betriebliche Versorgungseinrichtungen, Versicherungen.
11 Vgl. dazu Baur, in: Assmann/Schütze, Hdb. KapitalanlR, §§ 18 f.

schaften angeboten. Diese beschränken sich auf einzelne Vermögensarten wie z.B. die Immobilienverwaltungsgesellschaften auf Immobilien oder Wertpapiervermögensverwalter auf die Verwaltung von Wertpapiervermögen. Neben diesen Vermögensverwaltungsgesellschaften bieten heute sehr viele *Kreditinstitute* die Verwaltung von Wertpapier-, Immobilien- und Edelmetallvermögen und gelegentlich auch die Verwaltung von Kunstsammlungen und Gesellschaftsbeteiligungen an. Während für 1972 der Kurswert der von Banken im Rahmen einer Vermögensverwaltung verwalteten Wertpapiere auf rd. DM 500 Mio. bis DM 1 Mrd. geschätzt wurde[12], schätzt man den Wert für 1988 auf rd. DM 15 Mrd. 1996 dürfte der Wert der verwalteten Vermögen kaum unter DM 50 Mrd. gelegen haben.[13]

Außer Kreditinstituten und spezialisierten Vermögensverwaltungsgesellschaften bieten auch die Angehörigen freier Berufe, insb. Wirtschaftsprüfer, Steuerberater und Rechtsanwälte[14] sowie in Deutschland operierende ausländische Broker und Kreditkartenorganisationen die Verwaltung von Vermögen an. Bei diesen Anbietergruppen stellt die Vermögensverwaltung jedoch regelmäßig nur einen nicht zentralen Bestandteil ihrer beruflichen Tätigkeit dar.

Je nach Zielgruppenausrichtung des Vermögensverwalters beträgt der Mindestwert für die Durchführung einer individuellen Vermögensverwaltung derzeit zwischen DM 100 000,- und DM 1 Mio. Unter Risikogesichtspunkten ist eine angemessene Risikodiversifizierung wohl erst ab der Größenordnung von DM 1 Mio. erreichbar. Bei darunterliegenden Beträgen liegt die Teilnahme an einer »kollektiven Vermögensverwaltung« durch Kapitalanlagegesellschaften in Form von Investmentfonds nahe[15]. Für derartige »kleinere« Vermögen bieten Banken zunehmend sog. »standardisierte Vermögensverwaltungen« oder »Fondsvermögensverwaltungen« an, bei denen ausschließlich in Publikumsfonds investiert und dadurch die erforderliche Risikostreuung und Rationalisierung erreicht wird[16].

---

12 Schlemmbach, Depotmanagement im Rahmen der Vermögensverwaltung, Bank-Betrieb 1972, 201.
13 Zu den wesentlich höheren Zahlen in der Schweiz vgl. Hopt, in: Beiträge zum schweizerischen Bankrecht, S. 135, 136 und Fn. 4.
14 Zur Abgrenzung der Vermögensverwaltung zur Rechtsberatung vgl. Kienle, in: Bankrechtshandbuch, § 111 Rz. 2 f. sowie BGHZ 46, 268 ff. = NJW 1967, 876.
15 Vgl. dazu den aktuellen Überblick von Hockmann, Fonds und Wertpapierkörbe, in: Cramer/Rudolph (Hrsg.), Handbuch für Anlageberatung und Vermögensverwaltung, 1995, S. 126 ff.
16 Vgl. dazu Broschinski, Bank 1995, 556 ff.

cc) Vermögensverwaltung durch Banken

12 Historisch galt die *Verwaltung von Vermögen durch Banken* weder als typisches Bankgeschäft[17] i.S.v. § 1 Abs. 2 Nr. 4 HGB noch i.S.v. § 1 KWG. Dementsprechend findet das heute in der Vermögensverwaltung allgemein übliche sog. »Vertretermodell«[18] in § 1 Abs. 1 S. 2 KWG auch keine Erwähnung. Die in § 1 Abs. 1 S. 2 Nr. 5 KWG genannte »Verwahrung und Verwaltung von Wertpapieren für andere« bezeichnet nur das Depotgeschäft[19] und erfaßt nicht die Vermögensverwaltung[20]. Diese Einschätzung darf heute als überholt gelten. Ausgehend von der betriebswirtschaftlichen Literatur[21] wird die Vermögensverwaltung auch in der rechtswissenschaftlichen Literatur *heute* als *banktypische Leistung* bezeichnet[22]. Aufgrund des Umfanges der durch Banken oder ihre Tochtergesellschaften im Rahmen einer Vermögensverwaltung betreuten Vermögen und der Bedeutung der Vermögensverwaltung für das gesamte Bankgeschäft stellt die Vermögensverwaltung heute einen integralen Bestandteil der Banktätigkeit dar und hat sich damit zu einer banktypischen Leistung entwickelt.

2. Grundsätzliche eigentumsrechtliche Ausformungen der Vermögensverwaltung

a) Treuhandmodell

13 Der *Vermögensverwalter* verwaltet fremdes Vermögen. Er unterscheidet sich von einem Anlageberater ganz wesentlich dadurch, daß er den Vermögensinhaber nicht nur bei der Verwaltung des Vermögens berät, sondern Entscheidungen über Vermögensumschichtungen – regelmäßig im Rahmen von Anlagerichtlinien – ohne vorherige Rücksprache mit dem Vermögensinhaber[23] trifft. Er wird somit grundsätzlich bei der Vermögensverwaltung überwiegend *im fremden und nicht im eigenen Interesse tätig*[24]. Diese Wahrnehmung fremder Vermögensinteressen kann schuld- wie sachenrechtlich in *verschiedenen Formen* erfolgen.

14 Sachenrechtlich überträgt der Vermögensinhaber bei dem *Treuhandmodell* das Eigentum an dem zu verwaltenden Vermögen *auf den Verwalter* und erwirbt lediglich einen Rückübereignungsanspruch[25].

---

17 Vgl. z.B. Brüggemann, in: Großkomm. HGB, § 1 Anm. 89 (»Nebentätigkeit«); Schönle, § 20 IV 1; Liebich/Mathews, S. 197; Roll, S. 75.
18 Vgl. dazu sogleich unter 2 b) und 3 a).
19 Vgl. dazu oben § 11 C.
20 BGH WM 1994, 896, 900 = ZIP 1994, 867, 871; Kienle, Bankrechtshdb. § 111, Rz. 6 f.
21 Slevogt, ÖBA 1982, 167 ff.
22 Brunner, S. 83; Canaris, Rz. 2089.
23 Dazu sogleich ausführlicher unter III.
24 Vgl. Roll, S. 45 ff.
25 Coing, AcP 167 (1967), 99, 122 ff.; Roll, S. 60 ff.; Becker/Wicke, S. 11 ff.

b) Vertretermodell

Bei dem sog. *Vertretermodell* der Vermögensverwaltung *bleibt der Auftraggeber Eigentümer* des zu verwaltenden Vermögens. Der *Vermögensverwalter* wird von ihm lediglich *bevollmächtigt*, als Vertreter des Vermögensinhabers das Vermögen zu verwalten und den das Vermögen verwahrenden Dritten Anweisungen über Umschichtungen des Vermögens zu geben. Dementsprechend gibt der Vermögensverwalter z.B. der das Depot für den Vermögensinhaber führenden Bank Aufträge zum Kauf bzw. Verkauf von Wertpapieren im Namen des Vermögensinhabers oder er verkauft im Namen des Vermögensinhabers Immobilien oder sonstige Vermögensgegenstände.

15

Erfolgt die Vermögensverwaltung durch eine Bank, so führt diese für den Vermögensinhaber meist auch ein Depot. Die *Depotverwaltung ist streng von der Vermögensverwaltung zu trennen*. Im Rahmen der Depotführung obliegt der Bank die Verwahrung der Wertpapiere, der Einzug von Zins- und Dividendenscheinen, die Überwachung von Auslosungen, die Einlösung fälliger Wertpapiere etc.[26]. Im Rahmen der Vermögensverwaltung verfügt die Bank über die von ihr im Rahmen der Depotführung verwahrten Wertpapiere[27]. Die *Verfügung über die Wertpapiere als Bevollmächtigter ist depotrechtlich unproblematisch*, soweit die Bank vom Verbot des Selbstkontrahierens gem. § 181 BGB befreit ist. Eigentümer der von der vermögensverwalteten Bank verwahrten Wertpapiere ist der Anleger und die Bank nimmt keine Verfügungen i.S.d. § 13 DepotG vor, da weder sie noch ein Dritter verpflichtet sein sollen, Wertpapiere derselben Art zurückzugeben.

16

Unabhängig davon, ob die vermögensverwaltende Bank oder ein Drittverwalter das Depot des Vermögensinhabers disponiert, erfolgt die *Disposition im Namen des Vermögensinhabers*. Bank wie Drittverwalter werden somit in *offener Stellvertretung* gemäß §§ 164 ff. BGB für den Vermögensinhaber tätig[28].

17

Ein wesentliches Unterscheidungskriterium für die beiden Grundformen der Vermögensverwaltung ist somit die eigentumsrechtliche Stellung des Vermögensverwalters als (fremdnütziger) Treuhänder, der im eigenen Namen über rechtlich eigenes, aber wirtschaftlich fremdes Vermögen verfügt, und des offenen Stellvertreters, der im fremden Namen über fremdes Eigentum Verfügungen trifft. Beiden Grundformen ist gemeinsam, daß der Vermögensverwalter selbständig für den Kunden handelt. Durch die Eigentumsübertragung ist beim Treuhandmodell der Vermögensinhaber jedoch von Verfügungen über das Vermögen ausgeschlossen,

18

---

26 Vgl. dazu im einzelnen oben § 11 C.
27 Vgl. Hopt, in: Beiträge zum schweizerischen Bankrecht, S. 135, 139 m.w.N.
28 Zur Qualifikation des der offenen Stellvertretung zugrundeliegenden Auftragsverhältnisses vgl. sogleich unter II 2 a).

während er beim Vertretermodell jederzeit neben dem Vertreter über das Vermögen verfügen kann[29].

3. Schuldrechtliche Qualifikation der Vermögensverwaltung

a) Vertretermodell

19 Ein *Vermögensverwalter* hat die Aufgabe, das Vermögen eines Dritten zu verwalten und zu mehren. Dabei hat er unstreitig *nicht für den Erfolg seiner Tätigkeit (Mehrung des Vermögens) einzustehen*, sondern lediglich für die ordnungs- und sachgerechte Vornahme der Verwalterhandlungen. Diese sind auf die Besorgung eines objektiv fremden Geschäftes in fremdem Interesse gerichtet und haben eine selbständige Tätigkeit wirtschaftlicher Art zum Gegenstand. Die Tätigkeit des Vermögensverwalters ist deshalb eine *Geschäftsbesorgung*. Sie begründet ein Dauerschuldverhältnis in Gestalt eines *Dienstvertrages*, da der Verwalter nicht zur Erzielung eines bestimmten Erfolges verpflichtet ist[30].

20 Soweit die Vermögensverwaltung durch eine Bank ausgeführt wird, wird diese – z.B. bei Umschichtungen von Wertpapierdepots – einerseits im Rahmen der Geschäftsbesorgung »Vermögensverwaltung« als Vertreter des Depotinhabers, andererseits im Rahmen der Ausführung der Depotumschichtungen als depotführende Bank tätig. Die Vermögensverwaltungsverträge sehen daher regelmäßig eine Befreiung von dem Verbot des Selbstkontrahierens gemäß § 181 BGB vor. Soweit der depotführenden Bank eine Verwaltungsvollmacht eingeräumt wird, wird man jedoch auch ohne ausdrückliche Erwähnung davon ausgehen müssen, daß es der Bank in ihrer Eigenschaft als Vertreter gestattet ist, im Namen des Vertretenen mit sich im eigenen Namen Rechtsgeschäfte vorzunehmen. Die Befreiung von dem Verbot des Selbstkontrahierens wird konkludent durch den Verwaltungsauftrag erteilt, da andernfalls eine Durchführung des Verwaltungsauftrages der depotführenden Bank nicht möglich wäre. Vielmehr wäre sie gezwungen, vor jeder Verwalterhandlung eine Zustimmung des Vermögensinhabers zu erlangen. Dies liefe Sinn und Zweck des Vermögensverwaltungsauftrages zuwider und käme dem Abschluß eines allgemeinen Anlageberatungsvertrages gleich.

---

29 Vgl. Schönle, § 20 IV 2 b).
30 St. Rspr. u. allg. M.: BGH WM 1962, 675 f.; BGHZ 45, 223, 229 = NJW 1966, 1452; BGHZ 46, 268 = NJW 1967, 876; jüngst bestätigt durch BGH WM 1994, 834 = ZIP 1994, 693; RGZ 90, 129; OLG Düsseldorf WM 1991, 94, 95; OLG Dresden, OLGE 18, 20; Seiler, in: MünchKomm., BGB, § 675 Rz. 44; Erman/Ehmann, BGB, § 675 Rz. 8; Palandt/Thomas, BGB, § 675 Rz. 6 a.E.; Roll, S. 48 ff.; Hopt, in: Festschr. R. Fischer, S. 237, 239 f.; Zobl, in: Festschr. W. Schluep, S. 319, 323 f. qualifziert den Vermögensverwaltungsvertrag unter Schweizer Recht als gemischten Vertrag und Innominatskontrakt.

b) Treuhandmodell

Bei dem Treuhandmodell hat der Anleger wie oben beschrieben einen Anspruch gegen seinen Verwalter auf Rückübereignung des dem Verwalter übertragenen Vermögens in der Form, wie es sich im Zeitpunkt des Rückübereignungsverlangens darstellt. Ein Teil der Literatur qualifiziert den Rückübereignungsanspruch als auf Sachen gleicher Menge, Art und Güte gerichtet[31]. Letztlich erfolgt damit eine Qualifizierung als unregelmäßige Verwahrung i.S.d. § 700 Abs. 1 BGB. Sie soll jedoch dahingehend modifiziert werden, daß sich der Rückübereignungsanspruch nur auf den im Rahmen der Vermögensverwaltung vermehrten oder verringerten Betrag richtet. Überträgt ein Vermögensinhaber dem Vermögensverwalter z.B. ein Wertpapierdepot, so soll nach der ausdrücklichen oder konkludenten Vereinbarung der Vermögensverwalter bei Beendigung des Vermögensverwaltungsvertrages nicht verpflichtet sein, Wertpapiere der gleichen Menge, Art und Güte zurückzugeben. Vielmehr soll er das herausgeben müssen, was sich aufgrund seiner Umschichtungen im Zeitpunkt der Beendigung des Vermögensverwaltungsvertrages in seinem Eigentum befindet. Bei einer hinreichenden Dauer des Vermögensverwaltungsvertrages wird häufig keine vergleichbare Menge, Art und Güte des ihm anfänglich übertragenen Vermögens mehr vorhanden sein. Damit fehlt es jedoch an einem essentiellen Kriterium für einen unregelmäßigen Verwahrvertrag i.S.d. § 700 Abs. 1 BGB. Die in der Literatur geäußerte Auffassung konzediert dies bereits dadurch, daß sie den Rückübereignungsanspruch modifiziert. Da damit jedoch ein essentielles Kriterium für eine unregelmäßige Verwahrung entfällt, dürfte bei dem Treuhandmodell ein »echter« *Treuhandvertrag als Vertrag sui generis* geschlossen werden. Dieser Treuhandvertrag beinhaltet *schuldrechtliche Verpflichtungen, die inhaltlich mit denen identisch sind, die dem Vermögensverwalter auch im Rahmen des Vertretermodells obliegen*. Darüber hinaus hat der Treuhänder-Vermögensverwalter gegenüber dem Vertreter-Vermögensverwalter sachenrechtlich insofern ein »*Mehr*«, als ihm das Eigentum an dem von ihm zu verwaltenden Vermögen übertragen wird[32].

4. Vermögensverwaltung als Wertpapierdienstleistung

Wie oben[33] dargestellt, hat sich die Einschätzung der Vermögensverwaltung als typische Bankdienstleistung geändert. Darüber hinaus sind nach

---

31 Miebach, DB 1991, 2069.
32 Die sich daraus ergebenden zusätzlichen Verpflichtungen und die konkursrechtliche Behandlung des Treuhandeigentums soll hier nicht näher behandelt werden; vgl. dazu Coing, Die Treuhand kraft privaten Rechtsgeschäfts, 1973, S. 137 ff., 155 ff., 176 ff. m.w.N.; speziell zum Konkursrecht Assfalo, Die Behandlung von Treugut im Konkurse des Treuhänders, 1960, passim; aus der bankrechtlichen Literatur: Roll, S. 98 ff.
33 Vgl. oben Rz. 12 ff.

§ 1 Abs. 3 Nr. 11 KWG *Vermögensverwalter* – ebenso wie die Anlageberater – unabhängig von ihrem Status als Bank jedenfalls *Finanzinstitute*[34]. Während der Qualifikation eines Vermögensverwalters als Finanzinstitut z.Z. keine wesentliche Bedeutung zukommt[35], hat eine andere Einordnung mehr Gewicht. Nach Art. 1 Nr. 2 i.V.m. Anhang A Nr. 3 der Wertpapierdienstleistungsrichtlinie[36] sind *Vermögensverwalter* sog. *Wertpapierfirmen*. In der bisher erst zum Teil erfolgten Umsetzung der Wertpapierdienstleistungsrichtlinie durch das WpHG wird die Vermögensverwaltung in § 2 WpHG (noch) nicht als Wertpapierdienstleistung eingeordnet. Nach Art. 1 Nr. 1 i.V.m. Anhang A Nr. 1.3 der Wertpapierdienstleistungsrichtlinie gilt die Vermögensverwaltung jedoch als Wertpapierdienstleistung. Gemäß Anhang A Nr. 3 der Wertpapierdienstleistungsrichtlinie ist die *Wertpapierdienstleistung* definiert als die »*individuelle Verwaltung einzelner Portefeuilles mit einem Ermessensspielraum im Rahmen eines Mandats der Anleger*, sofern die betreffenden Portefeuilles eines oder mehrere der in Abschnitt B genannten Instrumente enthalten«. Durch den Verweis auf die in Abschnitt B genannten Instrumente wird die Subsumtion der Vermögensverwaltung unter die Wertpapierdienstleistungsrichtlinie eingeschränkt auf die *Vermögensverwaltung von Wertpapieren, Geldmarktinstrumenten, Finanzterminkontrakten und Derivaten*. Mit einer – wie in § 2 Abs. 3 S. 1 Nr. 6 des Referentenentwurfs eines Umsetzungsgesetzes vom Juni 1996 vorgesehen – vollständigen Umsetzung der Wertpapierdienstleistungsrichtlinie wird sich diese daher zwar auf die Wertpapiervermögensverwalter erstrecken, nicht jedoch auf die Vermögensverwaltung von Immobilien, Beteiligungen und sonstigen Vermögensgegenständen. Die Bedeutung der Qualifikation der Vermögensverwaltung als Wertpapierdienstleistung liegt darin, daß dann auch für den bankunabhängigen Vermögensverwalter die Vorschriften und Regeln des WphG in vollem Umfang Anwendung finden.

---

34 Die Definition erfolgt in Umsetzung von Art. 1 Nr. 6 der 2. Bankrechts-Koordinierungsrichtlinie, ABl. EG Nr. L 386 vom 30.12.1989, S. 1 ff.
35 Die wesentliche Funktion lag zunächst nur in der Einbeziehung des Kapitals des Finanzinstituts in die Kapitalunterlegungsvorschrift des § 10 Abs. 6 a Nr. 4 b, 5 a, 5 b KWG sowie in der Ausnahme für die Beschränkung der Beteiligungen von Banken an Nichtbanken in § 12 Abs. 5 KWG für Banken. Größere Bedeutung kommt ihr seit der Umsetzung der 2. Konsolidierungs-Richtlinie durch die 5. KWG-Novelle zu durch das Abstellen auf die »Finanzholdinggruppe«; vgl. Barth/Kropp, WM 1995, 1297, 1298 ff.; Dürselen, Wesentliche Änderungen des KWG im Rahmen der 4. KWG-Novelle, ZBB 1993, 266, 268.
36 ABl. EG Nr. L 141 v. 11.6.1993, S. 27 ff. – abgedruckt auch in AG 1993, 394 ff.

5. Qualifikation der Vermögensverwaltung als Bankgeschäfte und Finanzdienstleistung

Auch wenn die Vermögensverwaltung bei Erlaß des Kreditwesengesetzes nicht als eine typische Bankdienstleistung galt, wird das *Treuhandmodell der Vermögensverwaltung* zu Recht als ein gemäß §§ 1 Abs. 1, 32 KWG *genehmigungspflichtiges Bankgeschäft* bezeichnet[37]. Mit der Annahme fremder, von ihm zu verwaltender Gelder tätigt der Treuhänder bereits ein Einlagengeschäft i.S.d. § 1 Abs. 1 S. 2 Nr. 1 KWG[38]. Dies mag nach einer vollständigen Umsetzung der Wertpapierdienstleistungsrichtlinie anders zu beurteilen sein. Demgegenüber unterfällt die Tätigkeit des *Vermögensverwalters im Vertretermodell nicht dem KWG*, da er weder Depotgeschäfte betreibt noch Einlagengeschäfte oder Investmentgeschäfte[39].

23

Die Durchführung einer Vermögensverwaltung in Form des Treuhandmodells erfordert daher grundsätzlich die Genehmigung des Bundesaufsichtsamtes für das Kreditwesen zum Betreiben von Bankgeschäften. Dementsprechend kann eine *Vermögensverwaltung in der Form des Treuhandmodells nur von lizensierten Banken* betrieben werden, während die *Vermögensverwaltung in der Form des Vertretermodells auch durch Nichtbanken* erfolgen kann. Im Rahmen der derzeit gegebenen Marktsituationen wird die Vermögensverwaltung von lizensierten Banken jedoch regelmäßig nur in der Form des Vertretermodells angeboten. Da Nichtbanken das Treuhandmodell nicht anbieten dürfen, erklärt sich, daß die Vermögensverwaltung in Deutschland derzeit ganz überwiegend in der Form des Vertretermodells betrieben wird[40].

24

Der Referentenentwurf zur Umsetzung der Wertpapierdienstleistungs- und Kapitaladäquanzrichtlinie sowie zur Änderung anderer bank- und wertpapieraufsichtsrechtlicher Vorschriften vom Juni 1996 sieht in § 1 Abs. 1 a S. 3 Nr. 3 KWG die Qualifizierung der »Verwaltung einzelner in Finanzinstrumenten angelegter Vermögen für andere (Finanzportfolioverwaltung)« als Finanzdienstleistung vor. Dies hat zur Konsequenz, daß Anbieter von Vermögensverwaltungen grundsätzlich Finanzdienstleistungsinstitute i.S.v. § 1 Abs. 1 a S. 1 KWG-E sind und mit Ausnahme der bereits eine Vollbanklizenz besitzenden Institute nach § 32 Abs. 1 KWG-E einer Erlaubnis durch das Bundesaufsichtsamt für das Kreditwesen bedürfen.

25

---

37 Miebach, DB 1991, 2069, 2071; Schäfer, in: Hdb. KapitalanlR, § 28 Rz. 11 m.w.N.
38 Vgl. aber auch BGH WM 1995, 874 ff. = BB 1995, 994 ff. mit einschränkender Tendenz zum Einlagenbegriff (zu § 3 Nr. 3 KWG); kritisch dazu Wallat, NJW 1995, 3236 f.
39 Eine Anzeigepflicht gem. § 24 Abs. 1 Nr. 9 KWG wegen der Aufnahme des Betreibens von Nichtbankgeschäften entfällt gem. § 9 Abs. 2 Nr. 8 BefrV.
40 Dementsprechend wird im folgenden bei der Verwendung des Begriffes Vermögensverwaltung immer von dem Vertretermodell ausgegangen.

6. Form

26 Weder Abschluß noch Beendigung eines Vermögensverwaltungsvertrages unterliegen einem besonderen Formerfordernis[41]. Dies gilt auch für die Übernahme einer Vermögensverwaltung durch einen Rechtsanwalt[42]. An den konkludenten Abschluß eines Vermögensverwaltungsvertrages sind jedoch aufgrund der damit verbundenen Pflichten keine geringen Anforderungen zu stellen[43]. Die Erteilung einer bloßen Konto- und Depotvollmacht enthält regelmäßig keinen konkludenten Verwaltungsauftrag[44].

II. Abgrenzung der Vermögensverwaltung zur Anlageberatung

27 Einem Vertrag über eine Anlageberatung und einem Vermögensverwaltungsvertrag ist die Sorge um das Vermögen des Anlegers gemeinsam. Trotzdem bestehen zwischen beiden Verträgen gewichtige Unterschiede:

28 Aufgabe des Vermögensverwalters ist die Wahrung der Vermögensinteressen des Vermögensinhabers. Zu diesem Zweck wird der Vermögensverwalter durch den Vermögensverwaltungsvertrag ermächtigt, grundsätzlich ohne vorherige Rücksprache mit dem Vermögensinhaber Dispositionen über das Vermögen vorzunehmen.

29 Im Gegensatz zu einem Anlageberater ist ein *Vermögensverwalter* durch den Vermögensverwaltungsvertrag *berechtigt, Verfügungen* über *das Vermögen zu treffen.* Bei einem *Anlageberater* bleibt auch bei Abschluß eines Beratungsvertrages die *Entscheidungsbefugnis bei dem Vermögensinhaber* und wird nicht auf den Anlageberater übertragen.

30 Der *Vermögensverwaltungsvertrag* unterscheidet sich von einem Vertrag über eine Anlageberatung jedoch nicht nur durch die Einräumung weitergehender Befugnisse an den Verwalter, sondern auch durch das *Dauerelement.* Ein *Beratungsvertrag* ist regelmäßig – wenn auch nicht notwendigerweise – auf eine *einzelne Anlagesituation* bezogen und damit zeitlich eng begrenzt, während ein Vermögensverwaltungsvertrag ein Dauerschuldverhältnis begründet[45].

31 In der *Praxis* ergeben sich hinsichtlich der Abgrenzung von Vermögensverwalter und Anlageberater nicht selten *Probleme.* Beratungs- wie Verwaltungsverträge können mündlich geschlossen werden. Depotkun-

---

41 BGHZ 46, 268 = NJW 1967, 876; Kienle, in: Bankrechtshandbuch, § 111 Rz. 15; Miebach, DB 1991, 2070; Schlauss, WuB I G. 2b – 1.94
42 BGH aaO.
43 Lang, WM 1988, Sonderbeilage 9, S. 1, 16 m.w.N.
44 OLG München WM 1994, 1424, 1425; Lang, WM 1988, Sonderbeilage 9, S. 1, 16
45 Becker/Wicke S. 8, unterscheiden bei der »permanenten und aktiven Vermögensbetreuung« in Abgrenzung zur kasuistischen Anlageberatung zwischen Vermögensverwaltung und Vermögensberatung, die sich ihrerseits durch das Bestehen bzw. die Abwesenheit der Dispositionsbefugnis unterscheiden soll.

den von Banken werden häufig auf einer regelmäßigen Basis von der Bank beraten. Auch im Rahmen eines reinen Beratungsverhältnisses werden vielfach Anlagestrategien entwickelt, die auch für die Zukunft Platz greifen sollen. Treten auf den Märkten Ereignisse ein, die im Rahmen einer Anlagestrategie ein bestimmtes Verhalten auslösen sollten, stellt sich für die Bank die Frage, ob vor Ausführung bestimmter Maßnahmen zunächst mit dem Vermögensinhaber Rücksprache zu nehmen und von ihm eine Entscheidung einzuholen ist. Im Rahmen der theoretischen Unterscheidung zwischen Beratungsvertrag einerseits und Vermögensverwaltungsvertrag andererseits ist die Antwort eindeutig[46]. In der tatsächlichen Handhabung kann die Unterscheidung jedoch gelegentlich verschwimmen. Seitens der Vermögensverwalter wird daher Wert gelegt auf den Abschluß eines schriftlichen Vermögensverwaltungsvertrages mit klarer Festlegung der Kompetenzen[47].

III. Pflichten des Vermögensverwalters

Fall: BGH WM 1994, 834 = ZIP 1994, 693:
Im Februar 1990 schlossen der Kläger und der Beklagte einen Vertrag über eine »Wertpapier-Depotverwaltung«. Darin beauftragte und bevollmächtigte der Kläger den Beklagten, für ihn bei einer Bank ein Konto und Depot zu eröffnen und zu verwalten. Hinsichtlich der Anlage der anvertrauten Vermögenswerte war vorgesehen, daß diese »in Aktien, Optionsscheinen, Aktienoptionen, Bezugsrechten, Renten, Festgeld, Platin- oder Goldoptionen« angelegt werden durften. Weiter bestimmte der Vertrag, daß der Beklagte »nach freiem Ermessen und ohne vorherige Einholung von Weisungen oder Zustimmung des Depotinhabers« das Depot disponieren sollte. Der Kläger übergab dem Beklagten ca. DM 127 000,-, die der Beklagte bei der Bank vollständig in »Dresdner Bank AG DAX Bull Warrants[48] von 1989« anlegte. Bereits im Juli 1990 verkaufte der Beklagte diese Wertpapiere mit einem Gesamtverlust von ca. DM 26 000,-. Die verbleibenden Gelder des Klägers legte der Beklagte in verschiedenen Optionsscheinen an. Auch sie brachten hohe Verluste. Ein Jahr später enthielt das Depot des Klägers nur noch Wertpapiere im Werte von ca. DM 24 000,-. Daraufhin kündigte der Kläger den Wertpapier-Depotverwaltungsvertrag und verlangte von dem Beklagten Schadensersatz in Höhe von ca. DM 100 000,-.

32

---

46 So die h.M., vgl. Schönle, § 20 IV 2 m.w.N.; Hopt, in: Beiträge zum schweizerischen Bankrecht, S. 135, 139 weist zu Recht darauf hin, daß dies nicht begriffsnotwendig ist – vgl. auch die nächste Fn.
47 Die gelegentlich – die definitorische Abgrenzung erschwerend – vorsehen, daß der Verwalter vor Dispositionen mit dem Anleger Rücksprache zu nehmen hat; vgl. auch oben bei I 6.
48 Also Optionsscheinen.

Die Berechtigung der von dem Kläger geltend gemachten Ansprüche hängt von den ihm aufgrund des Vermögensverwaltungsvertrages obliegenden Pflichten ab.

1. Rechtsquellen für die Pflichten des Vermögensverwalters

33 Wie oben[49] dargestellt, handelt es sich bei einem Vermögensverwaltungsvertrag um eine Geschäftsbesorgung, die einen Dienstvertrag zum Gegenstand hat. Dementsprechend finden auf den Vermögensverwaltungsvertrag nach § 675 BGB die Vorschriften der §§ 663, 665 bis 670, 672 bis 674 und meist auch § 671 Abs. 2 BGB entsprechende Anwendung. § 675 BGB verweist jedoch nicht auf § 664 BGB. Nach ganz überwiegender Lehre ist § 664 BGB jedoch analog anzuwenden[50]. Soweit eine analoge Anwendung von § 664 BGB im Rahmen der entgeltlichen Geschäftsbesorgung abgelehnt wird, wird jedoch eine Anwendung von § 613 BGB befürwortet. Die Rechtsfolge von § 664 BGB ist ebenso wie die von § 613 BGB, daß der *Vermögensverwalter* verpflichtet ist, seine *Dienste in Person* zu leisten.

34 Fraglich ist, ob neben den Vorschriften des BGB auch die des WpHG Anwendung finden. Wie oben[51] im einzelnen dargelegt ist die Vermögensverwaltung eine Wertpapierdienstleistung im Sinne der Wertpapierdienstleistungsrichtlinie. Aufgrund der – bisher – unvollständigen Umsetzung ist die Vermögensverwaltung jedoch noch keine Wertpapierdienstleistung im Sinne des WpHG. Da die Mehrzahl der Vermögensverwalter in der Bundesrepublik Kreditinstitute sind, ergibt sich deshalb die ungewöhnliche Situation, daß Anlageberatungskunden der Banken in den Schutzbereich des WpHG einbezogen sind[52], nicht jedoch bei strikter Auslegung des WpHG die Vermögensverwaltungskunden. Dies ist umso verwunderlicher, als die Einwirkunsmöglichkeit des Vermögensverwalters auf das Vermögen des Vermögensverwaltungskunden deutlich höher ist als die des Anlageberaters bei einem reinen Beratungskunden. Vermögensverwaltungskunden von Banken sollten daher bereits jetzt in den Anwendungsbereich des WpHG einbezogen werden. Soweit Vermögensverwalter ohne Bankstatus Vermögensverwaltungen durchführen, kann das WpHG jedoch noch keine Geltung entfalten[53].

---

49 Vgl. oben I 3 a).
50 Seiler in: MünchKomm., BGB, § 664 Rz. 16; Palandt/Thomas, BGB, § 664 Rz. 4; BGH NJW 1952, 257; Erman/Ehmann, BGB, 9. Aufl., 1993, § 664 Rz. 7 (anders noch die Vorauflage Erman/Hauß, ebenda).
51 Vgl. I 4.
52 Vgl. dazu oben § 11 B I 3.
53 A.A. ohne Begründung Koller, in: Assmann/Schneider, WpHG, § 31 Rz. 76 ff.; da die vollständige Umsetzung des WpHG und damit seine Geltung auch für Vermögensverwalter ohne Bankstatus unmittelbar bevorsteht, wird im folgenden von einer allgemeinen Anwendbarkeit des WpHG für alle Formen der Vermögensverwaltung ausgegangen.

2. Allgemeine Pflichten des Vermögensverwalters

a) Pflicht zur Kenntnis des Kunden

Der *Vermögensverwalter* ist verpflichtet, seinen Kunden zu kennen. Die »Kenntnis des Kunden« bezieht sich dabei nicht nur auf die Person des Vermögensinhabers als solcher, sondern vielmehr auf seine Risikotragungsfähigkeit und Risikobereitschaft. Hierzu muß der Vermögensverwalter Kenntnis über den Wissensstand des Anlegers über Anlagegeschäfte haben sowie über dessen grundsätzliche finanzielle Situation[54]. Im Geltungsbereich von § 31 Abs. 2 S. 1 WpHG muß der Vermögensverwalter »von seinen Kunden Angaben über ihre Erfahrungen oder Kenntnisse in Geschäften, die Gegenstand von Wertpapierdienstleistungen sein sollen, über ihre mit den Geschäften verfolgten Ziele und über ihre finanziellen Verhältnisse verlangen«. Diese durch das WpHG nunmehr auch in Deutschland festgeschriebene »Kenntnis des Kunden« wird in den USA als »Know your Customer« umschrieben[55].

Weigert sich der Kunde, über seine Kenntnisse und Erfahrungen im Wertpapiergeschäft sowie über seine Vermögensverhältnisse Auskunft zu erteilen, kann der Vermögensverwalter keine angemessene Kenntnis von seinem Kunden erlangen. In diesem Falle muß seine Verpflichtung auf eine allgemeine Aufklärung des Kunden über die mit einer Vermögensverwaltung in der diskutierten Form verbundenen Risiken beschränkt bleiben. Regelmäßig wird ein Vermögensverwalter in einer derartigen Situation jedoch auf die Vereinbarung einer risikoarmen Verwaltung dringen.

Adressat der Pflicht zur Kenntnis des Kunden ist nach § 31 WpHG die vermögensverwaltende Bank. Bei Vermögensverwaltern ohne Banklizenz wird sich eine entsprechende Pflicht bereits derzeit aus dem allgemeinen Pflichtenkanon der Aufklärungs- und Beratungspflichten bei Abschluß von Anlageberatungs- und Vermögensverwaltungsverträgen ergeben. Wird ein *Vermögensverwalter ohne Banklizenz* zur Disposition eines Depots eines Anlegers bei einer Bank ermächtigt, obliegt dem Vermögensverwalter ohne Banklizenz die *Verpflichtung zur »Kenntnis des Kunden«*. Die depotführende Bank ist lediglich ausführendes Organ im Rahmen eines Depotvertrages und wird weder anlageberatend noch vermögensverwaltend tätig. Als ausschließlich depotführend obliegen ihr lediglich die Pflichten einer Depotbank und nicht die Pflicht gemäß § 31 WpHG zur Kenntnis des Kunden. Wird für den Bankkunden ein professioneller Vermögensverwalter als Experte auf dem Gebiet der Vermögensanlage tä-

---

54 Vgl. dazu Schödermeier, WM 1995, 2053, 2056 ff., sowie zu der parallelen Fragestellung im Rahmen der »anlegergerechten Anlageberatung« BGH ZIP 1993, 1148, 1149; BGH NJW 1982, 1095, 1096; Heinsius, ZHR 145 (1981), 177, 189.
55 Vgl. dazu Kübler, in: Festschr. Coing, Bd. II, S. 193, 197 ff.; Heinsius, ZHR 145 (1981), 177, 189 f.; Waldeck, in: Cramer/Rudolph, Hdb. für Anlageberatung und Vermögensverwaltung, S. 647, 657 ff.

tig, muß der Anleger als in vollem Umfange informiert und nicht weiter aufklärungsbedürftig gelten[56]. Rechtstechnisch fehlt es an dem Erfordernis des § 31 WpHG, daß die Aufklärung »zur Wahrung der Interessen des Kunden« erforderlich ist.

38 Grundsätzlich hat die Kenntnis des Kunden, seiner Anlageziele und seiner Risikotragungsfähigkeit nicht nur bei Abschluß des Vermögensverwaltungsvertrages, sondern während seiner gesamten Dauer vorzuliegen. Der Vermögensverwalter hat daher in mehr oder weniger regelmäßigen Abständen mit dem Vermögensinhaber abzuklären, ob sich wesentliche Änderungen gegenüber der Ausgangssituation ergeben haben.

b) Anlagerichtlinien

39 Wertpapiervermögen läßt sich auf die unterschiedlichste Art und Weise verwalten. Das Spektrum reicht von mündelsicheren Anlagen i.S.v. § 1807 BGB über »bloß« konservative Anlagen und auf Wertzuwachs gerichtete Verwaltungen bis hin zu Spekulationen in unterschiedlichsten Risikograden. Die Kategorie der im einzelnen vom Vermögensverwalter zu verfolgenden Verwaltungsstrategie wird meist zu Beginn des Vermögensverwaltungsvertrages mit dem Vermögensinhaber vereinbart. Regelmäßig erfolgt die *Vereinbarung über die Anlagepolitik in schriftlich festgehaltenen Anlagerichtlinien*[57].

40 Die Anlagerichtlinien enthalten zumindest eine *Vereinbarung über die drei klassischen Anlageziele* der *Sicherheit* (Vermögenserhaltung), *Rentabilität* (Vermögensmehrung) und *Liquidität* (Realisierbarkeit der Vermögenswerte)[58]. Da z.B. Vermögensmehrung sowohl durch Erträge (Zinsen, Dividenden) als auch durch Kapitalzuwachs eintreten kann, genügt eine Vereinbarung über die drei genannten Faktoren jedoch nicht, um eine Klärung der zu verfolgenden Anlagepolitik herbeizuführen. Regelmäßig wird konkretisierend vereinbart, daß die Vermögensverwaltung auf »*Wachstumswerte mit gemäßigtem Risiko*«, »*Ertrag*« (konservative Anlagepolitik mit hoher Kapitalrendite) oder auf eine »*aggressive Anlagepolitik*« (Wachstum mit höherem Risiko) gerichtet sein soll. Darüber hinaus wird im Rahmen der Anlagerichtlinien eine Vereinbarung über die Zulässigkeit von Termingeschäften sowie die Inanspruchnahme von Krediten getroffen und gelegentlich auch über die möglichen Arten der zu erwerbenden Wertpapiere.

---

56 So jetzt auch BGH WM 1996, 664 f. = ZIP 1996, 667 f. zu einem Fall vor Geltung des WpHG – dazu Schäfer WuB I G. 1. – 7.96; a.A. Koller, ZBB 1996, 97 ff.
57 Vgl. zum Schweizer Recht Gutzwiller, S. 49 ff.
58 Roll, S. 124; Zobl, in: Festschr. W. Schluep, S. 319, 321 f. unterscheidet für das Schweizer Recht zwischen vier Anlagezielen: Zinsertrag, Zinsertrag mit Nebenziel Wertzuwachs, Zinsertrag gleichgewichtet mit Wertzuwachs und Wertzuwachs; vgl. auch die Beispiele bei Hopt, in: Beiträge zum schweizerischen Bankrecht, S. 135, 141.

§ 12 Vermögensverwaltung

Gelegentlich werden[59] keine Anlagerichtlinien vereinbart und dem Vermögensverwalter wird ein *völlig freies Ermessen* bei der Eingehung von Anlageentscheidungen eingeräumt. In diesem Fall hat der Vermögensverwalter eigenständig zu beurteilen, welche Art von Vermögensanlage für den Anleger geeignet, d.h. anlegergerecht ist. Bei der Beurteilung der Anlegergerechtigkeit einer bestimmten Anlageart hat der Vermögensverwalter von dem *Grundsatz* auszugehen, daß eine »*professionelle Vermögensverwaltung vernünftigerweise nicht ausschließlich auf hochriskante Optionsgeschäfte setzt, sondern auf eine angemessene Mischung mit konservativeren Anlageformen wie Aktien und festverzinslichen Wertpapieren Wert legt*«[60]. In Abwesenheit einer ausdrücklichen Anweisung des Anlegers an den Vermögensverwalter, mit seinem Vermögen zu spekulieren, hat ein Vermögensverwalter daher bestimmte allgemein anerkannte Grundsätze der Vermögensverwaltung zu beachten[61]. – Eine Pflicht zum Abschluß von Anlagerichtlinien besteht jedoch nicht[62]. 41

Außer der Einräumung eines völlig freien Ermessens an den Vermögensverwalter kann es in den Anlagerichtlinien auch zu einer *allgemeinen Umschreibung* der von dem Vermögensverwalter zu verfolgenden *Anlagepolitik* kommen. Gelegentlich wird z.B. eine »konservative Anlagepolitik, die auf Substanzsicherung und kontinuierlichen Vermögenszuwachs ausgerichtet ist« vereinbart. In solchen Fällen ist durch Auslegung festzustellen, welche Anlagepolitik von dem Vermögensverwalter verfolgt werden soll. In dem genannten Fall der »*konservativen Anlagepolitik*« befand das OLG Düsseldorf[63], daß hiermit die Verpflichtung des Vermögensverwalters verbunden ist, nicht mehr als 30 % des Wertpapierbestandes in Standardaktien und mindestens 70 % in festverzinslichen Wertpapieren zu investieren. – Auch wenn die Entscheidung des OLG Düsseldorf im Einzelfall richtig gewesen sein mag, so vermag sie in ihrer Allgemeinheit doch nicht zu überzeugen. Die Anlage von 70 % des Vermögens in festverzinslichen Wertpapieren garantiert durchaus nicht immer einen Anlageerfolg. Wer z.B. Anfang 1994 in Anleihen der Bundesrepublik Deutschland mit 30-jähriger Laufzeit investierte, hatte bis Ende 1994 einen (Buch-) Verlust von ca. 20 % des eingesetzten Vermögens erlitten. Das OLG Düsseldorf ging bei seiner Beurteilung dessen, was eine »konservative Anlagepolitik« ist, noch von der Regel aus, daß Aktien mit 42

---

59 Wie in dem der Entscheidung BGH WM 1994, 834 = ZIP 1994, 693 zugrundeliegenden Sachverhalt.
60 BGH WM 1994, 834 = ZIP 1994, 693; vgl. auch OLG Frankfurt WM 1996, 665 ff. (47 % in Optionsscheinen im Einzelfall unzulässig); OLG Hamm, WM 1996, 669 f. (20 % in Risikowerten, konkret: Optionsscheinen, zulässig).
61 Vgl. dazu unten III 2 c); ein Vermögensverwaltungsvertrag berechtigt i.d.R. jedoch nicht zum Abschluß von Wertpapierleihgeschäften, vgl. Grimm, S. 143 ff.
62 Ebenso Schödermeier, WM 1995, 2053, 2056.
63 WM 1991, 94, 95 f.

Spekulationen und Rentenwerte mit Sicherheit gleichzusetzen sind. Diese Gleichsetzung ist heute eine unzulässige Verallgemeinerung und entspricht nicht mehr dem derzeitigen Erkenntnisstand. Richtigerweise sollten derart allgemein gehaltene Formulierungen anhand des von den *Parteien voraussichtlich gewollten Risikomaßes* beurteilt werden. Dieses ist sicherlich nicht immer leicht festzustellen[64]. – Anlagerichtlinien sollten daher das von dem Vermögensverwalter bei der Verwaltung des Vermögens des Anlegers einzugehende Risiko möglichst präzise festlegen. Anlageformen können insoweit durchaus Hilfscharakter haben, soweit auf ihre typischen Risikocharakteristika abgestellt wird und dem Anleger diese bekannt sind. Die Festlegung der Risikoparameter durch die Anlagerichtlinien ist jedoch immer entsprechend den Intentionen der Parteien zu interpretieren.

43   Im Rahmen der Festlegung der Anlagerichtlinien ist der *Vermögensverwalter* verpflichtet, *den Anleger* über die von ihm im einzelnen gewünschten Anlagen und die damit grundsätzlich verbundenen *Risikoparameter zu informieren.* Soweit der Vermögensverwalter zum Abschluß von Termingeschäften ermächtigt werden soll, hat er den Vermögensinhaber darüber hinaus über die damit verbundenen Risiken aufzuklären. Soweit es sich bei dem Vermögensverwalter um eine Bank handelt, ergibt sich diese Verpflichtung bereits aus § 53 Abs. 2 BörsG, denn auch im Rahmen einer Vermögensverwaltung können Termingeschäfte rechtsverbindlich nur abgeschlossen werden, wenn der Kunde termingeschäftsfähig und die Bank hierzu bevollmächtigt ist. Handelt es sich bei dem Vermögensverwalter nicht um eine Bank, so trifft ihn die gleiche Pflicht aufgrund seiner allgemeinen Aufklärungspflichten bzw. der ihm demnächst gemäß § 31 Abs. 2 Nr. 2 WpHG obliegenden Aufklärungs- und Beratungspflichten im Zusammenhang mit dem Vermögensverwaltungsvertrag[65]. Ohne eine entsprechende Aufklärung wird der Vermögensinhaber regelmäßig nicht in der Lage sein, die von dem Vermögensverwalter für ihn im Rahmen von Termingeschäften eingegangenen Risiken adäquat zu beurteilen. Es ist ihm in diesem Falle nicht möglich, eine sinnvolle Vereinbarung über Anlagerichtlinien mit dem Vermögensverwalter zu treffen.

44   Auch wenn der Vermögensverwalter im Rahmen des Vermögensverwaltungsvertrages grundsätzlich selbständig und ohne vorherige Einholung von Weisungen das Vermögen im Rahmen der vereinbarten Anlagerichtlinie verwaltet, so ist der *Vermögensinhaber* doch jederzeit *berech-*

---

64 Bei gerichtlichen Auseinandersetzungen wird sich meist die Einholung eines Sachverständigengutachtens nicht vermeiden lassen.
65 Diese Aufklärungspflicht ist nicht zu verwechseln mit der allg. Aufklärungspflicht zur Herbeiführung der Termingeschäftsfähigkeit gem. § 53 Abs. 2 BörsG, da diese nur von einer der staatlichen Bank- oder Börsenaufsicht unterliegenden Institution und nicht von einem Dritten vorgenommen werden kann – BGH WM 1994, 834, 837 = ZIP 1994, 693, 696 sowie BGH WM 1995, 658; vgl. auch § 13 VII 1.

tigt, dem Vermögensverwalter *Einzelweisungen* zu erteilen. Soweit die Einzelweisungen den vereinbarten Anlagerichtlinien widersprechen, liegt hierin ein konkludenter – zumindest für den Einzelfall geltender – Widerruf der Anlagerichtlinien[66].

c) Umsetzung der Anlagerichtlinien mit Sachkenntnis, Sorgfalt und Gewissenhaftigkeit

Nach Festlegung der *Anlagerichtlinien* durch den Vermögensverwaltungsvertrag sind diese von dem Vermögensverwalter in einem konkreten Depot umzusetzen. Bei der *Umsetzung* hat der Vermögensverwalter nach § 31 Abs. 1 Nr. 1 WpHG mit der *gebotenen Sachkenntnis, Sorgfalt und Gewissenhaftigkeit* vorzugehen. Konkrete Vorgaben dafür, was die gebotene Sachkenntnis, Sorgfalt und Gewissenhaftigkeit darstellt, gibt das Gesetz nicht. Auch die bisherige Rechtsprechung und das rechtswissenschaftliche Schrifttum[67] hat sich mit dieser Frage bisher nicht intensiv befaßt[68]. 45

Trotzdem haben sich bisher einige allgemeine Grundsätze für die Tätigkeit des Vermögensverwalters herausgebildet. Ähnlich den Verpflichtungen einer Kapitalanlagegesellschaft bei der Verwaltung eines Sondervermögens hat der Vermögensverwalter eine *produktive Vermögensverwaltung* zu betreiben, d.h. eine optimale Umsetzung der ihm durch die Anlagerichtlinien vorgegebenen Ziele zu versuchen. Weiter hat er im Rahmen der durch die Anlagerichtlinien gesetzten Parameter das mit der Vermögensanlage verbundene *Risiko durch Diversifikation im größtmöglichen Umfange zu reduzieren*. Schließlich trifft ihn grundsätzlich ein *Verbot der Spekulation*[69], soweit diese nicht ausdrücklich durch die Anlagerichtlinien zugelassen wird. Welche wirtschaftswissenschaftlichen Theorien zur Kursprognose für die Titel, die zur Erreichung der gesetzten Ziele eingesetzt werden, von dem Verwalter befolgt werden, steht grundsätzlich in seinem Ermessen[70]. 46

Unabhängig von den wirtschaftswissenschaftlichen Theorien zur Aktienkursprognose und den damit verbundenen Konsequenzen für die Zusammensetzung von Wertpapierdepots trifft den Vermögensverwalter 47

---

66 Schönle, § 20 IV 2 b); Roll, S. 126 f.
67 Vgl. zum Schweizer Recht: Bertschinger, Sorgfaltspflichten der Bank bei Anlageberatung und Verwaltungsaufträgen, 1992, S. 163 ff. m.w.N.
68 Aus der Rechtsprechung sind insbes. zu nennen BGH WM 1994, 834 = ZIP 1994, 693; OLG Düsseldorf WM 1991, 94 ff.; OLG Frankfurt, WM 1996, 665 f.; OLG Hamm, WM 1996, 669 ff.
69 Vgl. BGH WM 1994, 834 = ZIP 1994, 693.
70 Zu den wirtschaftswissenschaftlichen Theorien zur Aktienkursprognose und zur Zusammenstellung von Portefeuilles vgl. ausführlich Schäfer, Anlegerschutz und die Sorgfalt eines ordentlichen Kaufmanns bei der Anlage der Sondervermögen durch Kapitalanlagegesellschaften, S. 58 ff. m.w.N.; Lerbinger, AG 1988, 7 ff.; Schanze, AG 1977, 102 ff.

grundsätzlich die Pflicht, die *Eignung eines Wertpapiers* zur Einfügung in ein von ihm verwaltetes Depot *zu prüfen* und diesbezüglich gegebenenfalls eigene *Nachforschungen* anzustellen[71].

48 Im Rahmen der Prüfung der Eignung eines Wertpapiers zur Einfügung in ein Depot hat der Vermögensverwalter die mit dem Papier verbundenen *Kreditrisiken, Produktrisiken*[72] *und Marktrisiken*[73] zu kennen. Bei der Beurteilung dieser Fragen hat sich der Vermögensverwalter häufig auf Angaben Dritter zu verlassen. Während ein Kreditinstitut bei der Anlageberatung die Angaben Dritter grundsätzlich überprüfen oder mitteilen muß, daß es sich auf Angaben Dritter verläßt, muß ein Vermögensverwalter sicherstellen, daß die Drittangaben zuverlässig und nicht von zweifelhafter Herkunft sind. Der Vermögensverwalter wird hier hinsichtlich der Art und der Herkunft der Angaben zu differenzieren haben. Grundsätzlich wird Angaben des Emittenten oder eigeninteressierter Dritter, wie z.B. Broker, ein anderes Gewicht beizumessen sein als solchen von nicht interessierten oder berufsständisch verpflichteten Dritten, wie z.B. Wirtschaftsprüfern. Hat der Vermögensverwalter Zweifel an der Richtigkeit der ihm erteilten Informationen, kann er sich nicht darauf zurückziehen, daß er keine anderen Informationsquellen zu Rate ziehen kann. Auch kann er den Anleger nicht darauf verweisen, daß er sich auf diese Angaben verläßt. Erscheinen ihm die Angaben Dritter nicht verläßlich und führen eigene Nachforschungen nicht zu einem befriedigenden Ergebnis, darf der Vermögensverwalter die Anlage im Zweifel nicht tätigen. Den Vermögensverwalter trifft somit im Rahmen der Umsetzung der Anlagerichtlinien eine besonders strenge Ausprägung der Pflicht, die Eignung der Titel für ein Wertpapierdepot zu kennen. In der amerikanischen Literatur hat sich hierfür der Begriff »Know your Merchandise« eingebürgert.

d) Fallgruppen unzulässigen Verhaltens

49 *Eindeutige Vorgaben* für die Art der Umsetzung der Anlagestrategie durch eine bestimmte *Depotzusammensetzung* sind nach dem derzeitigen Stand der rechts- und wirtschaftswissenschaftlichen Erkenntnisse *schwie-*

---

71 BGH ZIP 1993, 1148 ff. = WM 1993, 1455 ff. – anders als bei der Anlageberatung hat ein Vermögensverwalter jedoch nicht die Möglichkeit, den Anleger darauf zu verweisen, daß er keine eigenen Nachforschungen angestellt hat und deswegen nicht für die Eignung eines empfohlenen Papiers einstehen könne, da den Vermögensverwalter insoweit die weitergehende Pflicht trifft, über die Eignung eines Wertpapieres selbst zu entscheiden; vgl. allgemein Kübler, in: Festschr. Coing, Bd. II, S. 193 ff. diese Pflicht läßt sich mit dem amerikanischen Schlagwort »Know your Merchandise« umreißen – vgl. dazu Hopt, in: Festschr. R. Fischer, S. 237, 243.
72 Dies gilt insbesondere bei Finanzinnovationen, vgl. dazu Raeschke-Kessler, WM 1993, 1830 ff.; Schäfer, Haftung für fehlerhafte Anlageberatung und Vermögensverwaltung, S. 83 f., 99.
73 Dies ist insbesondere das Preisänderungsrisiko, die jederzeitige Handelbarkeit des Wertpapiers, die Regulierung, Tiefe und Dauer der Etablierung des Marktes sowie die Kenntnis der Marktteilnehmer.

rig. Wie häufig bei unklaren Kenntnissen von systematischen Zusammenhängen versucht man, dem Problem durch Bildung von Fallgruppen, die jedenfalls einen Verstoß gegen die Anlagerichtlinien beinhalten und daher ein eindeutig unzulässiges Verhalten darstellen, näherzukommen. Diesen Fallgruppen ist gemeinsam, daß die Motivation für die Vornahme einer bestimmten Vermögensverwaltungshandlung nicht durch das Interesse des Vermögensinhabers, sondern ausschließlich durch fremde Interessen motiviert ist.

Der Vermögensverwalter ist verpflichtet, das Vermögen des Vermögensinhabers ausschließlich in dessen Interesse zu verwalten. Nach § 31 WpHG hat er bei der Ausübung seiner Tätigkeit im Interesse seines Kunden zu handeln und sich um die Vermeidung von Interessenkonflikten zu bemühen. Eigeninteressen wie das Interesse an der Erzielung von Verwaltergebühren oder Umsatzprovisionen bleiben bei dem Verwalter im Bereich der Motivation zur Eingehung des Vermögensverwaltungsvertrages[74]. Im Rahmen des Interessenwahrungsverhältnisses hat der *Vermögensverwalter* ausschließlich *die Interessen des Auftraggebers/Vermögensinhabers* wahrzunehmen[75]. Der Vermögensverwalter hat daher umfassend die Interessen des Vermögensinhabers zu wahren und die Interessen des Auftraggebers seinen eigenen vorzuziehen[76]. Letzteres heißt jedoch nicht, daß der Vermögensverwalter nicht auch eigene Interessen wahrnehmen darf. Unzulässig ist lediglich, nicht durch das Interesse des Vermögensinhabers induzierte Verwaltungshandlungen vorzunehmen. 50

Im wesentlichen wird zwischen *drei Fallgruppen interessenmotivierter Sorgfaltspflichtverletzungen* unterschieden. Bereits bisher anerkannt und nunmehr durch § 32 Abs. 1 Nr. 2 WpHG untersagt ist, daß ein Vermögensverwalter Vermögensdispositionen nicht vornehmen darf, um sog. »*Auskäufe*« vorzunehmen, Wertpapiere in dem Vermögen »*abzuladen*« oder mit dem Vermögen »*Kurspflege*« zu betreiben. 51

Bei dieser Gruppe des Abladens, Auskaufens und der Kurspflege erfolgen Transaktionen des Vermögensverwalters ausschließlich oder hauptsächlich zu dem Zweck, für sich oder Dritte ein größeres Paket an Wertpapieren möglichst kursschonend zu erwerben (Auskaufen) oder für eigene oder fremde Wertpapiere möglichst kursschonend einen Abnehmer zu finden (Abladen) oder allgemein zum Zwecke des »Pflegens« des Kurses eines Wertpapiers. In den Fällen des Auskaufens und des Abladens liegt ein Verstoß gegen § 32 Abs. 1 Nr. 1 WpHG vor, und in den Fällen der 52

---

74 Roll, S. 46 und Fn. 1.
75 Hopt, in: Festschr. Gernhuber, S. 169, 181; allg. für das Effektengeschäft Canaris, Rz. 1888.
76 Vgl. zum Schweizer Recht Zobl, in: Festschr. W. Schluep, S. 319, 327 ff.; Gutzwiller, S 57 ff.

Dritter Teil Investment Banking

Kurspflege kommt ein Verstoß gegen § 32 Abs. 1 Nr. 2 WpHG in der Form der Lenkung der Preise in eine bestimmte Richtung in Betracht[77].

53 Gleichermaßen unzulässig ist ein häufiges Kaufen oder Verkaufen von Wertpapieren ausschließlich oder überwiegend zu dem Zweck der Erzielung von provisionspflichtigen Umsätzen. Dieses sog. »*Drehen*« erfolgt nicht in Verfolgung einer Anlagestrategie im Interesse des Vermögensinhabers, sondern zur Erzielung von Provisionen[78].

54 Eine weitere Fallgruppe bildet die des *Vor-, Parallel- bzw. Gegenlaufens*. In den Fällen des Vorlaufens erwirbt oder veräußert der Vermögensverwalter zunächst Wertpapiere für eigene Rechnung in der Kenntnis, daß der für das von ihm verwaltete Vermögen durchgeführte Kauf bzw. Verkauf zu einem Ansteigen bzw. Fallen der Kurse führen wird[79]. Die Kenntnis der anstehenden Käufe bzw. Verkäufe für das von ihm verwaltete Depot und die entsprechenden Kursauswirkungen nutzt der Vermögensverwalter zur Wahrnehmung von Eigeninteressen oder Interessen Dritter, die nicht mit dem Anleger identisch sind. So verkauft er zunächst z.B. eigene Papiere, bevor der Kursverfall durch die für den Anleger angebotenen Wertpapiere eintritt, und vermeidet so einen Vermögensverlust zu seinen eigenen Lasten oder er kauft vor Eintritt von Kurssteigerungen und erzielt eigene Vermögensmehrungen. Beim Gegenlaufen erzielt er Vorteile daraus, daß durch die gegenläufigen Handlungen die Transaktionen mehr oder weniger kursneutral durchgeführt werden. Die Unzulässigkeit dieses Verhaltens ergibt sich nunmehr aus § 14 Abs. 1 WpHG. Der Entschluß des Vermögensverwalters, Wertpapiere in einem größeren Umfang für den Vermögensinhaber zu erwerben oder zu veräußern, ist eine nicht öffentlich bekannte Tatsache, die sich auf ein Insiderpapier bezieht und die geeignet ist, im Falle ihres öffentlichen Bekanntwerdens den Kurs der Insiderpapiere erheblich zu beeinflussen. Damit stellt die Entscheidung des Vermögensverwalters, für einen Dritten eine Transaktion vorzunehmen, eine Insidertatsache dar, die er aufgrund seines Berufes bestimmungsgemäß kennt und die ihn damit zu einem Insider macht. Sein Vor-, Gegen- oder Parallellaufen wäre somit eine Ausnutzung seiner Kenntnis von einer Insidertatsache, wenn er die Insiderpapiere für eigene

---

77 Vgl. zu den vorstehenden Fallgruppen ausführlich Schäfer, Anlegerschutz und die Sorgfalt eines ordentlichen Kaufmanns bei der Anlage der Sondervermögen durch Kapitalanlagegesellschaften, S. 82 ff. m.w.N.
78 Canaris, Rz. 2422; Thiel, S. 96; Roth, in: Hdb. KapitalanlR, § 12 Rz. 49; Birnbaum, Wistra 1991, 253 ff.; Holl/Kessler, RIW 1995, 983 f. Rössner/Arendts, WM 1996, 1517 ff. – Dieses Verhalten ist gelegentlich bei bankunabhängigen Vermögensverwaltern zu beobachten, die von dem Vermögensinhaber keine Vermögensverwaltungsgebühr erhalten, sondern Effektenprovisionsrückvergütungen seitens der Bank. Für die Bank stellt sich in diesem Fall die Frage, ob sie verpflichtet ist, den Depotinhaber/Vermögensinhaber auf dieses Verhalten des Vermögensverwalters aufmerksam zu machen.
79 Hopt, in: Festschr. R. Fischer, S. 237, 248 f.; Assmann, in: Assmann/Schneider, WpHG, § 14 Rz. 26.

oder fremde Rechnung erwerben oder veräußern würde und verstieße nicht nur gegen § 31 WpHG, sondern auch gegen § 14 Abs. 1 Nr. 1 WpHG[80]. – Es wird jedoch vertreten, daß die Umsetzung eines eigenen Entschlusses in die Tat nicht das »*Ausnutzen*« einer Kenntnis darstellt, sondern die »*Ausführung des Entschlusses*«. Deshalb soll das Vorlaufen z.B. eines Börseninformationsdienstes vor Bekanntgabe seiner Empfehlungen (sog. »*scalping*«) *kein Insiderhandel sein*[81]. Dies träfe grundsätzlich auch auf die Umsetzung der eigenen Entschlüsse durch den Vermögensverwalter zu. – Diese Meinung vermag jedoch nicht zu überzeugen. Hat die Bank Kenntnis von einer größeren Order eines Anlageberatungskunden, so soll ein Vorlaufen ein Insidergeschäft darstellen, disponiert sie dieses Vermögen des Kunden selbst, so soll die Eigenschaft als Insidergeschäft entfallen. Dies ist wertungswidrig, da bei größerer Einwirkungsmöglichkeit der Bank der Schutz des Kunden verringert würde.

3. Besondere Pflichten bei Immobilienverwaltung

Die vorstehend unter 2. erörterten Pflichten des Vermögensverwalters bezogen sich ganz überwiegend auf die Verwaltung von Wertpapiervermögen. Daß die Verwaltung von Wertpapiervermögen den Schwerpunkt der Vermögensverwaltung durch Vermögensverwalter darstellt, ergibt sich bereits aus der Tatsache, daß es der Gesetzgeber für notwendig gehalten hat, diese Form der Vermögensverwaltung einer gesonderten Regelung durch das WpHG zu unterziehen. Aber auch außerhalb der Sonderregeln für Wertpapierdienstleistungen vollziehen sich in nicht unerheblichem Umfang Vermögensverwaltungen. Von besonderer Bedeutung ist neben der Wertpapiervermögensverwaltung die *Verwaltung von Immobilien*. Soweit Banken als Vermögensverwalter auftreten, wird die Verwaltung von Immobilien regelmäßig durch ausgegliederte Tochtergesellschaften durchgeführt und – soweit nicht die Immobilien-, sondern die Hausverwaltung gewünscht wird – durch lokale Hausverwalter erledigt. In letzteren Fällen beschränkt sich die Tätigkeit des Vermögensverwalters häufig nur auf die Kontrolle und Lenkung der Hausverwalter[82]. Die Pflichten des Vermögensverwalters beschränken sich somit regelmäßig auf die Überwachung des Hausverwalters, die Prüfung seiner Abrechnungsunterlagen, die Kontrolle des Versicherungsschutzes sowie die Vorbereitung von Steuererklärungen im Zusammenhang mit Immobilien.

55

Auch bei der Verwaltung von Immobilien handelt es sich um eine *Geschäftsbesorgung, die einen Dienstvertrag zum Gegenstand hat*. Da jedoch

56

---

80 Hopt, ZGR 1991, 17, 34 f.; Tippach, WM 1993, 1269, 1274; Assmann, AG 1994, 237, 243.
81 Assmann, in: Assmann/Schneider, WpHG, § 14 Rz. 34; Hopt, in: Festschr. Heinsius, S. 289, 295; Becker, Wertpapierhandelsgesetz, S. 53 f.
82 Brunner, S. 68 ff.; Roll, S. 287 ff.

die Bank häufig nicht zur Disposition über das Immobilienvermögen selbst, sondern lediglich zu dessen Verwaltung ermächtigt wird, fehlt in einem gewissen Umfang das besondere treuhänderische Element, das der Verwaltung von Wertpapiervermögen eigen ist. Im übrigen gelten jedoch die zu der Verwaltung von Wertpapiervermögen gemachten Ausführungen entsprechend.

57 Als eine besondere Unterform der Verwaltung von Immobilienvermögen kann man die geschlossenen Immobilienfonds verstehen. Bei diesen beteiligen sich die Anleger an Immobilienobjekten in unterschiedlichen Rechtsformen, z.B. der GbR oder der KG[83]. Ein Verwalter, häufig der Treuhandkommanditist oder auch der persönlich haftende Gesellschafter, wird immobilienverwaltend für die Anleger tätig. Allerdings sind die von dem Fond zu erwerbenden oder bereits erworbenen Objekte regelmäßig festgelegt. Nur in Ausnahmefällen beteiligen sich Anleger, die keine Kenntnis von den noch zu erwerbenden Immobilienobjekten haben. Dies ist anders bei den offenen Immobilienfonds, die dem KAGG unterfallen. Hierbei handelt es sich um eine »echte« Vermögensverwaltung, die jedoch nicht individuell, sondern kollektiv ausgestaltet ist[84].

4. Besondere Pflichten bei Beteiligungsverwaltungen

58 Die Verwaltung von Beteiligungen an einer Personen- oder Kapitalgesellschaft erfolgt relativ selten durch Vermögensverwalter. Soweit sie vereinbart wird, geht sie regelmäßig einher mit der treuhänderischen Übertragung eines Gesellschaftsanteils auf den Vermögensverwalter. Obwohl damit das Eigentum auf den Vermögensverwalter übertragen wird, nimmt der Vermögensverwalter – anders als bei Geldern und Wertpapieren[85] – kein Bankgeschäft i.S.v. § 1 KWG vor, da es sich bei der ihm zu Eigentum übertragenen Beteiligung an einer Gesellschaft nicht um eine »Einlage« handelt. Der Vermögensverwalter wird nur in den seltensten Fällen unmittelbar in die Unternehmensführung eingreifen. Trotzdem setzt ihn seine formale Stellung als Gesellschafter gewissen unternehmerischen Risiken aus, die die meisten Vermögensverwalter in der Regel nur ungerne übernehmen. U.a. aus diesem Grund übernehmen Banken die Verwaltung von Beteiligungen nach Möglichkeit über Treuhandtochtergesellschaften. Doch trotz der Einschaltung einer Tochtergesellschaft liegt der Schwerpunkt der Beteiligungsverwaltung meist auf der Wahrnehmung der Vermögensinteressen des Vermögensinhabers einschließlich der treuhänderischen Wahrnehmung von Kontroll- und Informationsbefugnissen, nicht

---

83 Vgl. Strohm, in: Hdb. KapitalanlR, § 20 Rz. 214 ff., 290 ff. m.w.N.
84 Vgl. Baur, in: Hdb. KapitalanlR, § 18 Rz. 45 ff.
85 Vgl. dazu oben I 5.

jedoch auf einem unmittelbaren unternehmerischen Lenken der Gesellschaft[86].

Auch bei der Verwaltung von Beteiligungen wird zwischen dem Vermögensinhaber und dem Vermögensverwalter ein Geschäftsbesorgungsvertrag, der einen Dienstvertrag zum Gegenstand hat, abgeschlossen. Die Einzelheiten dieser Vereinbarungen sind jedoch sehr stark bedingt durch die Rechtsformen der Gesellschaften, an denen die Beteiligung besteht. Insoweit ist auf die einschlägigen Erörterungen in den gesellschaftsrechtlichen Lehrbüchern zu verweisen[87]. 59

5. Benachrichtigungs-, Rechnungslegungs- und Unterrichtungspflichten

Jeden Vermögensverwalter trifft nach §§ 675, 666 BGB die Pflicht, dem Vermögensinhaber »die erforderlichen *Nachrichten zu geben*, auf Verlangen über den Stand des Geschäftes *Auskunft zu erteilen* und nach Ausführung des Auftrages *Rechenschaft abzulegen*«. Den Vermögensverwalter trifft somit eine dreifache Verpflichtung. Zunächst hat er in regelmäßigen – meist im Vermögensverwaltungsvertrag festgelegten – Abständen unaufgefordert Rechenschaft abzulegen[88]. Auch innerhalb der Rechenschaftsperioden hat er auf Aufforderung des Vermögensinhabers Auskunft über den Stand der Geschäfte zu erteilen. Darüberhinaus ist er nach § 666 BGB verpflichtet, von sich aus »die erforderlichen Nachrichten zu geben«. Was die »erforderlichen Nachrichten« sind, richtet sich nach den Umständen des Einzelfalles[89]. 60

Ziel der gesetzlichen Regelung ist es, den Auftraggeber auch ohne seine Nachfrage jederzeit über den *Stand der Geschäfte* hinsichtlich wichtiger Entwicklungen *informiert zu halten*. Als »Herr des Geschäftes« soll er auch ohne Nachfrage über wichtige Entwicklungen unterrichtet sein, um als Geschäftsherr jederzeit eingreifen zu können. Für Vermögensverwaltungsverträge hat der BGH[90] erste Verallgemeinerungen über die Umstände des Einzelfalles hinaus vorgenommen. Er entschied, daß »eine Bestimmung in einem Vertrag über die Verwaltung erheblicher Vermögenswerte, die dem Beauftragten ein Handeln nach eigenem Ermessen und oh- 61

---

86 Roll, S. 258 ff.
87 Vgl. insb. K. Schmidt, Gesellschaftsrecht, 2. Aufl., 1991, § 61 III m.w.N.; Liebich/Mathews, S. 231 ff.
88 Diese Pflicht kann nicht durch AGB abbedungen werden, BGH WM 1994, 834, 836; auch eine Individualabrede ist unbeachtlich, wenn Zweifel an der Zuverlässigkeit des Verwalters bestehen, BGH WM 1963, 404 und OLG Stuttgart NJW 1968, 2338 (Architekt); ein wirksamer Verzicht auf die Rechnungslegung führt jedoch nicht zu einem Verzicht auf die Herausgabe des Erlangten nach Beendigung der Vermögensverwaltung, BGH WM 1987, 79, 80; Kienle, in: Bankrechtshandbuch, § 111 Rz. 25.
89 Vgl. Palandt/Thomas, BGB, § 666 Rz. 2; Seiler, in: MünchKomm., BGB, § 666 Rz. 5; Erman/Ehmann, BGB, § 666 Rz. 1.
90 BGH WM 1994, 834 = ZIP 1994, 693 – dazu Schäfer, WuB I G 5.-5.94.

Dritter Teil   Investment Banking

ne vorherige Einholung von Weisungen oder Zustimmungen des Auftraggebers erlaubt, nicht als Freistellung von der Pflicht zur Erteilung der erforderlichen Nachrichten ausgelegt werden kann«, wenn Verwalterhandlungen zu Gesamtverlusten von 21 % des eingesetzten Vermögens führen. Im einzelnen bleiben jedoch eine erhebliche Anzahl von Fragen offen[91]. Neuere Vermögensverwaltungsverträge sehen daher eine Konkretisierung der Rechnungslegungs-, Unterrichtungs- und Benachrichtigungspflichten des Vermögensverwalters vor. Ein Anspruch auf die Einsicht in die Entscheidungsunterlagen des Vermögensverwalters besteht jedoch nicht[92].

6. Haftung für Pflichtverletzungen

62   Der Vermögensverwalter hat die ihm obliegenden Verpflichtungen nach § 31 WpHG mit der gebotenen Sachkenntnis, Sorgfalt und Gewissenhaftigkeit zu erfüllen. In vielen Vermögensverwaltungsverträgen findet sich die Formulierung, daß er seine Pflichten »mit der Sorgfalt eines ordentlichen Kaufmanns« erfüllen soll[93]. Für Erfüllungsgehilfen hat der Vermögensverwalter nach § 278 BGB einzustehen.

63   Erfüllt der Vermögensverwalter seine Verpflichtungen nicht, haftet er für die aus der durch eine schuldhafte Pflichtverletzung kausal verursachten Schäden. – Die Rechtsprechung zu Schadensersatzforderungen wegen fehlerhafter Vermögensverwaltung ist nicht umfänglich.

Fall: OLG Düsseldorf WM 1991, 94 ff.:

64   Die Klägerin hatte die beklagte Bank im März 1986 mit der Verwaltung ihres Wertpapiervermögens betraut. Dieses setzte sich aus festverzinslichen Wertpapieren zusammen und betrug ca. DM 528 000,-. Vereinbart wurde »eine konservative Anlagepolitik, die auf Substanzsicherung und kontinuierlichen Vermögenszuwachs ausgerichtet ist«. In der Folgezeit veräußerte die Beklagte in großem Umfang festverzinsliche Werte, so daß Anfang November 1986 wertmäßig ca. 70 % des Depots in Aktien investiert waren. Zum Ablauf des Jahres 1986 war ein Wertverlust von ca. DM 48 000,- eingetreten. Hierüber hatte die Beklagte die Klägerin mit Rechenschaftsbericht vom Februar 1987 unterrichtet. Bis März 1987 verkaufte die Beklagte sämtliche Aktienbestände. Bei Beendigung des Vermögensverwaltungsvertrages durch die Klägerin im März 1987 belief sich der Depotwert auf ca. DM 416 000,-.

Dem Schadensersatzbegehren der Klägerin über DM 93 000,- hielt die Beklagte entgegen, die von ihr getätigten Aktienkäufe hätten der verein-

---

91   Vgl. dazu ausführlich Schäfer, WM 1995, 1009, 1011 ff.
92   Vgl. Roll, S. 151 ff.; Liebich/Mathews, S. 101 ff.; vgl. auch Coing, Die Treuhand kraft privaten Rechtsgeschäfts, 1973, S. 150.
93   Vgl. Roll, S. 140 ff.

barten konservativen Anlagepolitik entsprochen, da das Depot der Klägerin bei Beginn der Vermögensverwaltung risikobehaftete Währungsanleihen beinhaltet hätte.

Das OLG Düsseldorf verurteilte die Beklagte zur Zahlung von ca. DM 60 000,-, da sie ihre Verpflichtung zur Durchführung einer konservativen Anlagepolitik, die auf Substanzsicherung und kontinuierlichen Vermögenszuwachs ausgerichtet sein sollte, verletzt habe. Ein Aktienanteil von 70 % des Depots entspreche nicht mehr der vereinbarten konservativen Anlagepolitik. Der Begriff der »konservativen Anlagepolitik« sei im Wege der Vertragsauslegung nach §§ 157, 133 BGB zu ermitteln, da es keine feststehende Definition dieses Begriffes gebe. Aus der Bonität der Schuldner der Anleihen sowie der Notwendigkeit einer monatlichen Entnahme von DM 1 000,- durch die Klägerin für ihre persönlichen Bedürfnisse sei erkennbar, daß für die Klägerin die Vermeidung von Substanzverlusten im Vordergrund gestanden habe. Das Vermögen hätte daher zum weit überwiegenden Teil wieder in substanzsicheren Wertpapieren mit festen Erträgen angelegt werden müssen. Dem würde jedenfalls ein Aktienanteil von knapp 70 % des Depots nicht entsprechen. Vielmehr wären 30 % mit ausgewählten Standardaktien die Obergrenze für den Aktienanteil bei einer zwischen den Parteien vereinbarten konservativen Anlagepolitik. Daß die Klägerin die Beklagte jederzeit über die von ihr vorgenommenen Transaktionen durch Übersendung von Abrechnungen informiert habe und dieser somit ihr überwiegender Aktienanteil bekannt gewesen sei, entlaste die Beklagte nicht, da die Beklagte aus dem Schweigen der Klägerin nicht auf ein stillschweigendes Einverständnis habe schließen können. Vielmehr sei die Klägerin weder verpflichtet, noch im eigenen Interesse gehalten gewesen, die Beklagte zu überwachen, da sie ihr Vermögen dieser anvertraut und ihr als Sachkundiger die Entscheidung in dem vertraglich festgelegten Rahmen einer konservativen Anlagepolitk überlassen habe.

Der Verlust, der bei einem – zulässigerweise eingegangenen – 30 %igen Aktienanteil im Depot der Klägerin eingetreten wäre, mußte sich diese anrechnen lassen. Dementsprechend hatte die Beklagte lediglich den auf den zusätzlichen 40 %igen Aktienanteil des Depots entfallenden Verlust gegenüber der Klägerin auszugleichen[94].

Diese Entscheidung zur Haftung des Vermögensverwalters beleuchtet schlaglichtartig einige zentrale Themen der Haftung für fehlerhafte Vermögensverwaltung. Aus den oben[95] dargestellten Fallgruppen unzulässigen Verhaltens ergibt sich im Falle eines – regelmäßig vorsätzlichen –

65

---

94 Zu weiteren Aspekten der Entscheidung, insb. der Frage des Verschuldens (keine grobe Fahrlässigkeit, jedoch einfache Fahrlässigkeit) und der Haftungsbeschränkung durch AGB vgl. die Entscheidung selbst sowie OLG Frankfurt WM 1996, 665 ff. und OLG Hamm, WM 1996, 669 ff.
95 Vgl. III 2 a) cc).

Verstoßes klar die Haftungsfolge, wenn dem Anleger ein Schaden entsteht. Regelfall dürften jedoch nicht die interessenmotivierten und daher regelmäßig vorsätzlich begangenen Pflichtverletzungen eines Vermögensverwalters sein. Häufig ist ihm »nur« Fahrlässigkeit bei der Vereinbarung oder der Befolgung der Anlagerichtlinien und der Auswahl der Titel vorzuwerfen. Schon die Konkretisierung dieses Vorwurfs bereitet jedoch Schwierigkeiten. Im Falle des OLG Düsseldorfs hätte genausogut angenommen werden können, daß ein max. 20 %iger Aktienanteil im Depot einer »konservativen« Anlagepolitik entsprochen hätte. Das *eigentliche Problem bei der Konkretisierung des Haftungsmaßstabes* liegt in der – logisch vorangehenden – *Festlegung des Pflichtenmaßstabes*. Soweit die Parteien keine klaren Festlegungen über die zu verfolgende Anlagepolitik treffen[96], wird sich ein kontrollierbarer Pflichtenmaßstab nur schwer festlegen lassen.

66 Diese Schwierigkeit beruht z.T. auch darauf, daß die Nachbarwissenschaften, insb. die *Betriebs- und Volkswirtschaftslehre*, bisher *keine klaren Aussagen* über die *»bestmögliche« Kapitalanlage* getroffen haben. Durchzusetzen scheint sich, daß Maßstab für den Erfolg einer Vermögensverwaltung bzw. Vermögensanlage nicht bloß der am Ende eines Verwaltungszeitraumes erzielte Mehrwert, sondern der erzielte Mehrwert unter Berücksichtigung des zu seiner Erzielung eingegangenen Risikos ist. Diese Aussage beruht auf der Überlegung, daß ein mit nahezu keinem Risiko erwirtschafteter Mehrwert von z.B. 10 % jedenfalls bei einer langfristigen Betrachtung besser ist als z.B. ein 12 %iger Mehrwert, der unter Eingehung eines nicht unerheblichen Risikos erwirtschaftet wurde. Im Falle einer langfristigen Vermögensverwaltung wäre damit zu rechnen, daß sich irgendwann einmal das Risiko realisieren und der bis dato erzielte Mehrwert durch den Verlust aufgezehrt würde.

67 Ob ein Vermögensverwalter seine Verpflichtungen gegenüber dem Anleger erfüllt hat, ist für einen Anleger nur schwer überprüfbar. Da er mit dem Vermögensverwalter einen Dienstleistungsvertrag abgeschlossen hat, ist der von dem Vermögensverwalter erzielte Erfolg i.S. eines Mehrwertes bestenfalls ein Anhaltspunkt. Dies gilt umsomehr, wenn man das von dem Vermögensverwalter eingegangene Risiko zu den Erfolgsparametern einer Vermögensverwaltung zählt. Selbst eine Abweichung »vom Durchschnitt« wird ihm schwerlich mehr als ein Indiz geben, denn es dürfte im Regelfall nicht einfach sein, den Durchschnitt des Mehrwertes aller sonstigen Anleger mit gleicher Anlagepolitik festzustellen.

68 Bis zu einer Klärung dieser Fragen dürfte eine sich erweiternde Kasuistik wohl am ehesten auf die für die Anlageberatung entwickelten Einzel-

---

96 Dies unterstreicht die Bedeutung der Vereinbarungen in dem Vermögensverwaltungsvertrag.

pflichten zurückgreifen[97]. Besonderes Augenmerk wird dabei auf die Aufklärungspflichten des Vermögensverwalters bei der Vereinbarung der Anlagerichtlinien zu richten sein[98].

IV. Pflichten des Vermögensinhabers

1. Entgelt

Wichtigste Pflicht des Vermögensinhabers ist die Leistung eines *Entgeltes* gemäß §§ 675, 611 BGB. Die Höhe des Entgeltes sowie seine Fälligkeit werden üblicherweise durch den Vermögensverwaltungsvertrag geregelt. In den *meisten Fällen* ist eine an der Höhe des verwalteten Vermögens anknüpfende *prozentuale Gebühr* zu leisten[99]. Die Fälligkeit wird meist jährlich oder halbjährlich im nachhinein, gelegentlich auch quartalsmäßig vorgesehen. Die in den Vermögensverwaltungsverträgen geregelten Gebühren sind das Entgelt für die Dienstleistung »Vermögensverwaltung« und erfassen bei Banken als Vermögensverwaltern regelmäßig nicht die im allgemeinen Bankgeschäft sonst üblichen Gebühren, Provisionen, Spesen, etc., die gesondert in Rechnung gestellt werden[100]. *Gelegentlich* sind jedoch auch Vereinbarungen anzutreffen, die auch die sonstigen Leistungen der Bank neben der reinen Leistung als Vermögensverwalter umfassen (sog. »*all-in-fees*«). Diese *Gesamtgebührenvereinbarungen* bewegen sich von 2 % bis 4 % je nach Depotvolumen.

69

Eine in den USA häufiger anzutreffende Variante der Gebührenvereinbarung sieht eine *Beteiligung des Vermögensverwalters an dem Wertzuwachs* des von ihm verwalteten Vermögens vor. Bei diesen Erfolgsprovisionen erhält der Vermögensverwalter nur ein geringes oder gar kein erfolgsunabhängiges Entgelt, sondern eine prozentuale Beteiligung an dem Wertzuwachs des verwalteten Vermögens. Gelegentlich wird insoweit vereinbart, daß zunächst ein bestimmter Prozentsatz des Wertzuwachses des Vermögens ausschließlich dem Vermögensinhaber zusteht, z.B. 8 %, und der Vermögensverwalter an darüber hinausgehenden Wertzuwächsen mit z.B. 10 % oder 20 % beteiligt ist. In diesen Fällen ist von besonderer Bedeutung die Regelung von Verlusten. Die Berechnungsgrundlage für die Provision kann vorsehen, daß sie jährlich erneut bei Null beginnt, oder aber daß Verluste aus der Vermögensverwaltung eines Jahres auf das

70

---

97 Vgl. dazu Schäfer, Haftung für fehlerhafte Anlageberatung und Vermögensverwaltung, passim; ebenso zum Schweizer Recht Hopt, in: Beiträge zum schweizerischen Bankrecht, S. 135, 155 f.
98 Vgl. dazu oben III 2 b).
99 Zur Höhe vgl. die im Anhang bei Brunner abgedruckten 22 Beispielsverträge.
100 Demgegenüber scheint sich in der Schweiz eine auch die sonstigen Gebühren, Provisionen und Spesen abdeckende Vermögensverwaltungsgebühr einzubürgern.

nächste Jahr vorgetragen werden und der Vermögensverwalter erst eine Gewinnbeteiligung erhält, nachdem Verluste der Vorjahre wieder aufgeholt worden sind (»losses carried forward«). Trotz der Beteiligung des Vermögensverwalters an dem Erfolg seiner Tätigkeit wird durch diese Form der Gebührenrechnung aus dem Vermögensverwaltungsvertrag kein Werkvertrag. Zwar wird die Methode der Abrechnung modifiziert und das Interesse des Vermögensverwalters an dem Eintritt eines Erfolges gesteigert, er übernimmt jedoch keine Pflicht zu einer Herbeiführung eines Erfolges[101]. In den meisten Fällen wird auch nicht die Gründung einer Gesellschaft vorliegen, da es regelmäßig an einem gemeinsamen Zweck fehlen wird.

2. Gebot der Rücksichtnahme

71 Jedenfalls bei der Vollmachtsverwaltung bleibt der Vermögensinhaber auch während der Dauer der Vermögensverwaltung Eigentümer des Vermögens. Dementsprechend ist er jederzeit berechtigt, über das Vermögen selbst zu disponieren[102]. Dispositionen des Vermögensinhabers können jedoch mit denen des Vermögensverwalters kollidieren. Im Falle der Vornahme von Eigendispositionen ist der Vermögensinhaber daher verpflichtet, diese nur mit Kenntnis des Vermögensverwalters vorzunehmen und mit dem Vermögensverwalter abzustimmen, wie die Eigendispositionen mit denen des Vermögensverwalters koordiniert werden können bzw. welche Konsequenzen sich für die Vermögensverwaltung aus der Eigendisposition ergeben.

V. Beendigung des Vermögensverwaltungsvertrages

72 Grund für die *Beendigung* des Vermögensverwaltungsvertrages als Dauerschuldverhältnis können *Zeitablauf, Aufhebung oder Kündigung* sein. Zeitablauf ist nur in den seltensten Fällen der Grund für die Beendigung eines Vermögensverwaltungsvertrages. Häufiger wird er einverständlich aufgehoben oder – mit oder ohne Frist – gekündigt. Typisch ist, daß die Vermögensverwaltungsverträge aufgrund des mit der Vermögensverwaltung verbundenen besonderen Vertrauensverhältnisses eine sofortige Kündigungsmöglichkeit für beide Seiten entsprechend §§ 620 Abs. 2, 621 Nr. 5 BGB vorsehen[103]. Grenzen der von § 621 Nr. 5 BGB abweichenden Vereinbarungen ergeben sich aus § 11 Nr. 12 AGBG. Grenzen für die

---

101 Vgl. Roll, S. 51 m.w.N.
102 Vgl. Schönle, § 20 IV 2 b).
103 Zu den Kündigungsmöglichkeiten bei Fehlen besonderer vertraglicher Vereinbarungen sowie zu den Beendigungsgründen des Todes des Vermögensinhabers, des Widerrufs der Verwaltungsvollmacht und des Konkurses des Vermögensinhabers vgl. ausführlich Roll, S. 244 ff.

Vereinbarung einer jederzeitigen Kündigungsmöglichkeit ergeben sich aus dem Verbot der Kündigung zur Unzeit. Dieses Verbot dürfte bei einer Kündigung durch den Vermögensverwalter eher eingreifen als bei dem Vermögensinhaber, da bei einer sofortigen Kündigung der Vermögensinhaber die Verwaltung des Vermögens unmittelbar selbst übernehmen oder einen anderen Verwalter finden muß.

§ 13 Börsentermingeschäfte

I. Ursprung und Entwicklung der Börsentermingeschäfte
II. Überblick über die Arten von Börsentermingeschäften
  1. Börsliche und außerbörsliche Börsentermingeschäfte
  2. Options- und Futuregeschäfte
  3. Unterscheidung nach Basiswerten
III. Einsatzmöglichkeiten und Risiken von Börsentermingeschäften
IV. Bank- und wertpapieraufsichtsrechtliche Behandlung
  1. Bankaufsichtsrecht
  2. Wertpapieraufsichtsrecht
V. Begriff und Systematik der Börsentermingeschäfte
  1. Begriff
    a) Gesetzliche Grundlagen
    b) Definition der Rechtsprechung und Literatur bis 1989
    c) Neuere Definitionsversuche in der Literatur
    d) Teleologische Bestimmung des Börsentermingeschäfts
      aa) Teleologische Gesichtspunkte
      bb) Einzelne Begriffselemente
    e) Bewertung einzelner Geschäftsformen
  2. Gesetzessystematik
    a) Verbotene Börsentermingeschäfte
    b) Erlaubte Börsentermingeschäfte
VI. Börsentermingeschäftsfähigkeit
  1. Termingeschäftsfähigkeit kraft Gesetzes
  2. Termingeschäftsfähigkeit kraft Information
    a) Qualifikation der Termingeschäftsfähigkeit kraft Information
    b) Schriftliche Information
    c) Wer ist von wem zu informieren?
    d) Zeitpunkt und Durchführung der Information
    e) Termingeschäftsfähigkeit bei Warentermingeschäften
  3. Rechtsfolgen der Termingeschäftsfähigkeit
VII. Aufklärungs- und Beratungspflichten bei Börsentermingeschäften
  1. Aufklärung zusätzlich zur Termingeschäftsfähigkeit
  2. Form und Zeitpunkt der Aufklärung und Beratung

Schrifttum:
André, Die Verbindlichkeit von Optionsscheingeschäften, Baden-Baden 1991; *von Arnim,* Die Option im Waren- und Aktienbereich, AG 1983, 29 ff. und 67 ff.; *ders.,* Differenzgeschäft, Börsentermingeschäft und Einkommensteuer, JZ 1982, 843 ff.; *Assmann,* Börsentermingeschäftsfähigkeit, in: Festschr. Heinsius, 1991, S. 1 ff.; *Assmann/Schütze,* Handbuch des Kapitalanlagerechts, 2. Aufl., 1996; *Assmann/Schneider,* Wertpapierhandelsgesetz, 1995; *Baumbach/Hopt,* Handelsgesetzbuch, 29. Aufl., 1995; *Bosch,* Finanztermingeschäfte in der Insolvenz – Zum »Netting« im Insolvenzverfahren – WM 1995, 365 ff. und 413 ff.; *Bundschuh,* Die Rechtsprechung des Bundesgerichtshofes zum Börsenterminhandel, WM 1986, 725 ff.; *Canaris,* Bankvertragsrecht, 2. Aufl., 1981; *ders.,* Die Auswirkungen der Anerkennung eines aktiven Kontokorrentsaldos auf unverbindliche Börsentermingeschäfte, ZIP 1987, 885 ff.; *ders.,* Die Verbindlichkeit von Optionsscheingeschäften, WM 1988, Sonderbeilage Nr. 10; *Dannhoff,* Das Recht der Warentermingeschäfte, 1993; *ders.,* Vor einer Renaissance des deutschen Warenterminrechts?, WM 1994, 485 ff.; *Decker,* Zinssatz- und Währungsswaps unter rechtlichen Aspekten, dargestellt anhand des Muster-Rahmenvertrages für Swapgeschäfte, WM 1990, 1001 ff.; *Drygala,* Termingeschäftsfähigkeit und Aufklärungspflicht beim Handel mit Optionsscheinen, ZHR 159 (1995), 686 ff.; *Ebenroth/Einsele,* Rechtliche Hindernisse auf dem Weg zur »Goffex«, ZIP 1988, 205 ff.; *Ebenroth/Messer,* Die vorzeitige Beendigung von Zins- und Währungsswaps bei Eintritt von Vertragsverletzungen aufgrund vertraglicher Lösungsklauseln, ZVglRWiss 87 (1988), 1 ff.; *Fuchs,* Selbständige Optionsscheine als Finanzierungsinstrument der Aktiengesellschaft, AG 1995, 433 ff.; *Georgiades,* Optionsvertrag und Optionsrecht, in: Festschr. Larenz, 1973, S. 409 ff.; *Gömmel,* Enstehung und Entwicklung der Effektenbörse im 19. Jahrhundert bis 1914, in: Pohl, Deutsche Börsengeschichte, 1992, S. 135 ff.; *Grimm,* Das Vertragsrecht des Wertpapierdarlehens, 1996; *Grunewald,* Die Börsentermingeschäftsfähigkeit, WM 1988, 1077 ff.; *dies.,* Aufklärungspflichten

ohne Grenzen? AcP 190 (1990), 609 ff.; *Hadding/Häuser,* Gutschrift und Widerruf des Überweisungsauftrages im Giroverhältnis, WM 1988, 1149 ff.; *Hammen,* Bemerkungen zur Dogmatik des Aktienoptionsgeschäfts, ZIP 1987, 151 ff.; *Hartung,* Termineinwand bei Warentermingeschäften an Auslandsbörsen, ZIP 1991, 1185 ff.; *ders.,* Termin- und Differenzeinwand beim Optionsscheinhandel, BB 1989, 2411 ff.; *ders.,* Das Wertpapieroptionsgeschäft in der Bundesrepublik Deutschland, 1989; *Häusele,* Sind Geschäfte mit Optionsscheinen Börsentermingeschäfte?, DB 1992, 667 ff.; *Häuser/Welter,* Börsentermingeschäfte, in: Assmann/Schütze, Handbuch des Kapitalanlagerechts, 2. Aufl., 1996, § 15 f.; *ders.,* Außerbörsliche Optionsgeschäfte (OTC-Optionen) aus der Sicht des novellierten Börsengesetzes, ZBB 1992, 249 ff.; *ders.,* Der Rückforderungsausschluß nach § 55 BörsG bei unverbindlichen Börsentermingeschäften, WM 1988, 1285 ff.; *ders.,* Der Börsenterminhandel in der neueren Rechtsprechung, ZIP 1981, 933 ff.; *Häuser/Welter,* Zur Rechtzeitigkeit einer fristgebundenen Zahlung durch Hausüberweisung am Kassenterminal, WM 1994, 775 ff.; *Heeb,* Börsentermingeschäftsfähigkeit und Aufklärungspflichten nach der Börsengesetznovelle, 1993; *Henssler,* Anlegerschutz durch Information, ZHR 153 (1989), 611 ff.; *ders.,* Risiko als Vertragsgegenstand, 1994; *Henning,* Börsenkrisen und Börsengesetzgebung von 1914 bis 1945 in Deutschland, in: Pohl, Deutsche Börsengeschichte, 1992, S. 211 ff.; *Holl/Kessler,* Die MS-amerikanische Churning-Doktrin, im Recht der Termingeschäfte, RIW 1995, 983 f.; *Hopt,* Börsentermingeschäfte und Differenzeinwand nach §§ 764, 762 BGB, BB 1984, 417 ff.; *Horn,* Börsentermingeschäfte nach neuem Recht, ZIP 1990, 2 ff.; *Irmen,* in: Schäfer WpHG und BörsG, §§ 50-70 BörsG (erscheint 1997); *Jäger,* Aktienoptionen und Optionsscheine, 1990; *Jaskulla,* Die Einführung derivativer Finanzinstrumente an den deutschen Wertpapierbörsen als Regelungsproblem, 1995; *Kewenig/Schneider,* Swap-Geschäfte der öffentlichen Hand in Deutschland, WM 1992, Sonderbeilage Nr. 2; *Kindermann,* Rechtliche Strukturen der Deutschen Terminbörse, 1989, Sonderbeilage Nr. 2; *Kleinschmitt,* Das Informationsmodell bei Börsentermingeschäften, 1992; *Koenig,* Zur Anwendbarkeit der Ultra-Vires-Lehre im Falle des Überschreitens der gesetzlich begrenzten Aufgaben öffentlicher Kreditanstalten am Beispiel einer Landesbank, WM 1995, 317 ff.; *Koller,* Die Klagbarkeit von Prämienforderungen aus Aktienoptionen, WM 1985, 593 ff.; *ders.,* Informationsobliegenheiten bei Börsentermingeschäften, BB 1990, 2202 ff.; *Kümpel,* Bank- und Kapitalmarktrecht, 1995; *ders.,* Börsenrecht – Eine systematische Darstellung, 1996; *ders.,* Aktuelle Rechtsfragen der Wertpapierleihe, AG 1994, 525 ff.; *ders.,* Die Neuen AGB für Börsentermingeschäfte, WM 1990, 449 ff.; *ders.,* Sonderbedingungen für Börsentermingeschäfte – Kurzkommentar – WM 1991, Sonderbeilage Nr. 1; *ders.,* Zum Termin- und Differenzeinwand bei Zinsterminkontrakten und Zinsswapgeschäften, WM 1986, 661 ff.; *ders.,* Zum Wirksamwerden unverbindlicher Optionsgeschäfte durch liefermäßige Erfüllung (§ 57 BörsG), WM 1987, 669 ff.; *ders.,* Zur Abgrenzung des Börsentermingeschäfts vom Zeitgeschäft am Beispiel der Effektenkommission, WM 1982, Sonderbeilage Nr. 6; *Kümpel/Häuser,* Börsentermingeschäfte. Termin- und Differenzeinwand, 1986; *Kümpel/Ott,* Kapitalmarktrecht, Ergänzbares Rechtshandbuch für die Praxis, Loseblattwerk, 1995 ff. (Stand Juni 1996); *de Lousanoff,* Börsentermingeschäftsfähigkeit von Privatanlegern, ZHR 159 (1995), 229 ff.; *Lüer,* Börsentermingeschäftsfähigkeit und Differenzeinwand, JZ 1979, 171 ff.; *Maier-Reimer,* Der Börsentermin- und Differenzeinwand im Optionsscheinhandel, AG 1988, 317 ff.; *Martens,* Die mit Optionsrechten gekoppelte Aktienemission, AG 1989, 69 ff.; *Maser,* Der Termin- und der Differenzeinwand bei Börsentermingeschäften in Wertpapieren, 1987; *Menninger,* Börsen- und zivilrechtlicher Charakter von Financial Futures, WM 1994, 970 ff.; *Meyer/Meyer,* Das Projekt Deutsche Warenterminbörse, Die Bank 1994, 458 ff.; *Müller-Deku/Schuster,* Anmerkung zum Urteil LG Stuttgart WM 1996, 1446 ff., WM 1996, 1448 ff.; *Nassall,* Verbraucherschutz durch europäisches Verfahrensrecht – Anmerkungen zum Vorlagebeschluß des BGH WM 1993, 1215 –, WM 1993, 1950 ff.; *Obermüller,* Swap-Geschäfte bei Insolvenz, in: Festschr. Merz, 1992, S. 423 ff.; *Paus,* Börsentermingeschäfte: Begriff und Erscheinungsformen nach neuem Börsenrecht, 1995; *Pohl,* Neue Generation derivativer Finanzinstrumente – Anlaß zu juristischer Nachstellung?, WM 1995, 957 ff.; *Polt,* Börsentermingeschäfte, in: Bankrecht und Bankpraxis (BuB), Loseblatt, Stand März 1996; *Potthoff,* Aufklärungs- und Beratungspflichten bei Börsentermingeschäften, WM 1993, 1319 ff.; *Rollinger,* Aufklärungspflichten bei Börsentermingeschäften, 1990; *Rössner/Lachmair,* Die Wirksamkeit von Einschüssen bei Börsentermingeschäften, BB 1986, 1377 ff.; *dies.,* Rechtliche Durchsetzbarkeit von Forderungen aus Optionsscheinkäufen. Sind Optionsscheingeschäfte unklagbare Termingeschäfte?, BB 1989, 1990 ff.; *Rümker,* Anleihen mit Tilgungswahlrecht des Emittenten, in:

Aktuelle Probleme des Wertpapiergeschäfts, 1993, S. 91 ff.; *Rudolph,* Effekten- und Wertpapierbörsen, Finanztermin- und Devisenbörsen seit 1945, in: Pohl, Deutsche Börsengeschichte, 1992, S. 293 ff.; *Samtleben,* Termingeschäfte an Auslandsbörsen – Zur Neuregelung des Börsengesetzes, NJW 1990, 2670 ff.; *Schäfer,* Financial Futures, in: Assmann/Schütze, Handbuch des Kapitalanlagerechts, 2. Aufl., 1996, § 17; *ders.,* Haftung für fehlerhafte Anlageberatung und Vermögensverwaltung, 2. Aufl., 1995; *ders.,* Novellierung des Börsengesetzes, ZIP 1989, 1103 ff.; *ders.,* Zinsswaps und Zinscaps als Differenzgeschäfte gem. §§ 762, 764 BGB, ZIP 1986, 1304 ff.; *Schlicht,* Börsenterminhandel in Wertpapieren, 1972; *Schmitte,* Aufklärungs- und Beratungspflichten der Kreditinstitute bei Börsentermingeschäften an der Deutschen Terminbörse, 1994; *Schneider/Busch,* Swap-Geschäfte der Landesbanken, zugleich eine Entgegnung zu Christian Koenig, WM 1995, 317, WM 1995, 326 ff.; *Schödermeier,* Verspätete Aufklärung bei Börsentermingeschäften, Bank 1996, 166 ff.; *Schulte-Nölke,* Anlegerschutz bei Optionsscheinen, DStR 1995, 1798 ff.; *Schulz,* Das deutsche Börsengesetz, Die Entstehungsgeschichte und wirtschaftliche Auswirkungen des Börsengesetzes von 1896, 1994; *ders.,* Hundert Jahre modernes Börsenrecht, AG 1996, 260 ff.; *Schwark,* Börsengesetz, 2. Aufl., 1994; *ders.,* Spekulation-Markt-Recht: Zur Neuregelung der Börsentermingeschäfte, in: Festschr. Steindorff, 1990, S. 473 ff.; *ders.,* Der Börsentermin- und Differenzeinwand im Optionsscheinhandel, WM 1988, 921 ff.; *Schweitzer,* Bank- und Börsenwesen, 3. Aufl., 1908; *Schwintowski,* Das Optionsscheingeschäft: Naturalobligation oder vollkommene Verbindlichkeit?, ZIP 1988, 1021 ff.; *Seeberg,* Der Termin- und Differenzeinwand und die internationale Zuständigkeit bei Geschäften mit ausländischen Banken nach der Börsengesetznovelle 1989, ZIP 1992, 600 ff.; *Steuer,* Börsenreform – Startschuß für den Terminhandel, Bank 1989, 364 ff.; *Tilp,* Die Unverbindlichkeit von Geschäften in Optionsscheinen und Bezugsrechten, DB 1989, 2365 ff.; *Triebel/Peglow,* Positive Funktion des ordre public bei Termingeschäften?, ZIP 1987, 613 ff.; *Wach,* Termingeschäftsfähigkeit und Verbindlichkeit von Börsentermingeschäften nach dem sog. »Informationsmodell«, AG 1992, 384 ff.; *ders.,* Der Terminhandel in Recht und Praxis, 1986; *Wach/Weberpals,* Inländischer Gerichtsstand für Bereicherungsklagen gegen ausländische Brokerfirmen aus unverbindlichen Termin- und Differenzgeschäften, AG 1989, 193 ff.; *Walter,* Die Rechtsnatur des Börsentermingeschäfts, 1990; *Wellmann,* Der Handel mit Derivaten an vollelektronischen Terminbörsen – Eine zivilrechtliche Betrachtung, WiB 1995, 663 ff.; *Winter,* Der Termin- und Differenzeinwand bei Zinsbegrenzungsvereinbarungen, WM 1994, 2143 ff.; *Wolter,* Termingeschäftsfähigkeit kraft Information, 1991; *Worms,* Zur Erneuerung der Termingeschäftsfähigkeit gem. § 53 Abs. 2 Börsengesetz, WM 1991, 81 ff.

I. Ursprung und Entwicklung der Börsentermingeschäfte

1   Waren- und Wertpapierbörsen entwickelten sich auf deutschem Boden in stärkerem Umfang erst seit dem Ende des 18. Jahrhunderts. Regelmäßige Termingeschäfte fanden an anderen europäischen Börsen bereits seit den ersten Jahren des 17. Jahrhunderts statt[1]. Diese erstreckten sich zunächst auf Wertpapiere und erst im ersten Viertel des 18. Jahrhunderts traten Warentermingeschäfte in Erscheinung[2]. Hier wie an den verschiedenen europäischen Börsen ereigneten sich in regelmäßigen Abständen Terminspekulationen, die von der jeweiligen Obrigkeit nicht gebilligt und im Einzelfalle verboten wurden. So wurden etwa in Preußen im Zusammenhang mit der Spekulation in ausländischen Papieren und Eisenbahnwerten in den Jahren 1836, 1840 und 1844 diverse Maßnahmen ergriffen[3]. Der Handel in Waren und Wertpapieren erfolgte jedoch nach wie vor einheit-

---

1 Vgl. Schweitzer, Bank- und Börsenwesen, S. 21 ff.
2 Vgl. Schweitzer, aaO.
3 Vgl. Gömmel, in: Pohl, S. 133, 172.

lich und erst gegen Ende des vorigen Jahrhunderts schritten die Börsen zu einer Aufteilung von Waren- und Effektenbörse[4].

Nachdem es in der Folge der Gründungswelle nach der Errichtung des Deutschen Reiches im Jahre 1871 zu einer Vielzahl von Mißständen gekommen war, die einen besonderen Höhepunkt in dem Zusammenbruch der Privatbanken Hirschfeld & Wolff sowie Friedländer & Sonnenfeld mit weitreichenden Unterschlagungen von Kundendepositen für Reportgeschäfte fanden, wurde 1892 eine Börsenenquête-Kommission mit einer umfassenden Börsenreform betraut, die sich insb. auf die Termingeschäfte beziehen sollte. Eine der treibenden Kräfte war die Landwirtschaft, die in dem Terminhandel mit landwirtschaftlichen Produkten einen wesentlichen Grund dafür sah, daß ihr die politischen und wirtschaftlichen Erfolge des Deutschen Reiches nicht zugute kamen[5].

Auf Vorschlag der Börsenenquête-Kommission wurde 1896 das zum 1. Januar 1897 in Kraft getretene Börsengesetz erlassen. Dieses sah in § 48 eine Definition der Börsentermingeschäfte in Waren oder Wertpapieren und in § 49 Abs. 1 BörsG 1896 eine Zulassung der Waren und Wertpapiere zum Börsenterminhandel nach näherer Bestimmung der Börsenordnung vor. Der Börsenterminhandel in Anteilen von »Bergwerks- und Fabrikunternehmungen« war durch § 50 Abs. 2 S. 1 BörsG 1896 untersagt und der in Getreide- und Mühlenfabrikaten durch § 50 Abs. 3 BörsG 1896. Nach §§ 54 f. BörsG 1896 wurde bei jedem zur Führung eines Handelsregisters zuständigen Gericht ein Börsenregister eingerichtet, in das Namen, Vornamen, Stand und Wohnort der Personen eingetragen wurden, die sich an Börsentermingeschäften in Waren oder Wertpapieren beteiligen wollten. Nach § 66 BörsG 1896 wurde durch ein Börsentermingeschäft in einem Geschäftszweig, für welchen nicht beide Parteien zur Zeit des Geschäftsabschlusses in einem Börsenregister eingetragen waren, ein Schuldverhältnis nicht begründet.

Da viele an der Spekulation teilnehmende Privatpersonen sich nicht in das landläufig als »Spekulationsregister« bezeichnete Börsenregister eintragen ließen, verzichteten auch die unter den Banken dominierenden Privatbankiers auf eine Eintragung, da diese dazu geführt hätte, daß lediglich ihre Kunden, nicht jedoch sie gegenüber diesen Kunden geschützt worden wären[6]. In der Folge nahmen die Kassageschäfte an deutschen Börsen zu und der Terminhandel wanderte an ausländische Börsen ab[7]. Gleichzeitig führte der verstärkte Kassahandel zu einem erhöhten Kapitalbedarf, der

---

4 So z.B. die Berliner Börse im Jahre 1885, vgl. Gömmel, in: Pohl, S. 133, 173; der Begriff des Termingeschäfts bezog sich zunächst auch nur auf Waren, während für Aktien der Begriff »Ultimogeschäft« oder »Zeitgeschäft« gebräuchlicher war – vgl. v. Arnim, JZ 1982, 843, 846 in FN 45 m.w.N.
5 Vgl. Gömmel, in: Pohl, S. 133, 171 f.
6 Gömmel, in: Roth, S. 133, 177.
7 v. Arnim, JZ 1982, 843, 846 in FN 47; Reichsaktenstück Nr. 483, S. 2600, 2602.

oft durch Bankkredite gedeckt wurde. Die zunehmende Anzahl der Bankkredite konzentrierte das Börsengeschäft verstärkt auf große Bankinstitute, die damals schon in der Form der Aktiengesellschaft tätig waren.

5   Schon bald nach Erlaß des Börsengesetzes 1896 wurden diese Konsequenzen deutlich und führten zu einer intensiven Diskussion. Auch das Reichsgericht erweiterte schon bald contra legem eine Reihe der Definitionsmerkmale des Börsentermingeschäfts[8]. Nicht zuletzt deshalb sah bereits im Februar 1904 der Entwurf einer Börsengesetznovelle die Abschaffung des Börsenregisters vor[9]. Die Reform des Börsengesetzes erfolgte jedoch erst zum 1. Juni 1908[10]. Hierdurch wurde die Börsentermingeschäftsfähigkeit durch freiwillige Selbstqualifikationen wieder aufgehoben und durch das Gesetz für bestimmte, vom Gesetzgeber für vor den Gefahren der Börsentermingeschäfte nicht schutzwürdig befundene, da hinreichend informierte Personengruppen vorgegeben. Gleichfalls aufgegeben wurde die Legaldefinition des Börsentermingeschäfts[11]. Nach § 53 BörsG 1908 waren Geschäfte verbindlich, wenn auf beiden Seiten als Vertragschliessende Kaufleute, die in das Handelsregister eingetragen waren oder deren Eintragung nach § 36 des HGB nicht erforderlich war, oder eingetragene Genossenschaften beteiligt waren. Den Kaufleuten gleichgestellt waren Personen, die zur Zeit des Geschäftsabschlusses oder früher berufsmäßig Börsentermingeschäfte oder Bankiergeschäfte betrieben hatten, zum Börsenhandel zugelassen waren oder zur Zeit des Geschäftsabschlusses weder einen Wohnsitz noch eine gewerbliche Niederlassung im Inland hatten[12].

6   Im Zuge der im Jahre 1929 einsetzenden Weltwirtschaftskrise wurden die Börsen von August 1931 bis März 1932 geschlossen. Im April 1932 wurde zunächst nur der Kassahandel wieder zugelassen. Bezüglich des Terminhandels wurde aufgrund der seit 1929 eingetretenen Kursverluste diskutiert, ob Spekulation, insb. mit Termingeschäften, ungerechtfertigt und daher zu untersagen sei. Bevor die Diskussion zu einem Ergebnis führte, erfolgte die Machtübernahme durch die Nationalsozialisten, die gegenüber dem gesamten Börsenwesen als »der individualistischen Gewinnsucht dienend« kritisch bis ablehnend eingestellt waren. Sie bezeichneten den Terminhandel als »volkswirtschaftlich nutzlos« und ließen ihn nicht wieder zu[13].

7   Nach dem 2. Weltkrieg wurde zunächst der Terminhandel in Waren an einzelnen Warenterminbörsen wieder aufgenommen, so etwa in Zucker 1954 und in Kaffee 1956 jeweils in Hamburg und in Baumwolle 1970 in

---

8   Vgl. RGZ 43, 91,92; 44, 103; 47, 104.
9   Zu den Folgen des BörsG 1896 vgl. auch Schulz AG 1996, 260, 264.
10 Hensslser, Risiko als Vertragsgegenstand, S. 636 f.
11 Polt, BuB, Rz. 7/202 m.w.N.
12 Vgl. zur Rechtslage vor 1989 ausführlich Grunewald, WM 1988, 1077 ff.
13 Vgl. Henning, in: Pohl, S. 209, 270 ff., 274.

§ 13 Börsentermingeschäfte

Bremen[14]. Jeweils jedoch nach nur wenigen Jahren wurden die Notierungen wieder eingestellt (1956 bzw. 1961 die Hamburger und 1971 die Bremer)[15]. Derzeit wird die erneute Errichtung einer Warenterminbörse in Hannover geplant.

Eine im Jahre 1964 eingesetzte Studienkommission für Fragen des Terminhandels erarbeitete bis 1966 einen Bericht, der der Arbeitsgemeinschaft der deutschen Wertpapierbörsen als Diskussionsgrundlage diente. Am 1. Juli 1970 wurde ein vorsichtiger Versuch der Wiedereinführung des Terminhandels in Wertpapieren an deutschen Börsen in Form der »risikobegrenzenden Form des börsenmäßigen Optionsgeschäfts« nach amerikanischem Vorbild eingeführt[16]. Dem wiedereingeführten Terminhandel in der Form des Optionshandels war jedoch kein großer Erfolg beschieden. Einer der Gründe hierfür war die unzureichende Standardisierung der Optionen, die das Geschäft unübersichtlich machte, wodurch sich keine hinreichende Markttiefe entwickelte. Ein weiterer nicht minder wichtiger Grund war die einschränkende seit 1908 fortgeltende Regelung der Termingeschäftsfähigkeit, die weite Anlegerkreise von der Teilnahme an Termingeschäften mit rechtsverbindlicher Wirkung ausschloß, sowie das Verbot von Termingeschäften für Investmentfonds.

8

Die mit der Wiedereinführung des Terminhandels erhofften volkswirtschaftlichen Wirkungen blieben daher aus. Zaghafte Reformversuche hinsichtlich der Standardisierung Ende der 70er und Anfang der 80er Jahre führten nicht zu einem durchschlagenden Erfolg[17].

9

Aufgrund des Erfolges verschiedener ausländischer Terminbörsen, insb. der Chigago Board Options Exchange (CBOE – ab 1973), der Londoner Terminbörse (LIFFE – 1982), der Pariser Terminbörse (MATIF – 1986) und der Schweizer Terminbörse (SOFFEX – 1988), wurde in Deutschland die deutsche Terminbörse in Frankfurt (DTB) im Jahre 1990 eröffnet[18]. Vorausgegangen war im Jahre 1989 eine Börsengesetznovelle, die insb. die Börsentermingeschäftsfähigkeit kraft Information einführte und damit Termingeschäfte für größere Anlegerkreise zugänglich machte[19] sowie Investmentfonds in begrenztem Maße Börsentermingeschäfte erlaubte. Seit der Eröffnung im Jahre 1990 hat die DTB eine stürmische Entwicklung genommen und die in sie gesetzten Erwartungen weitgehend erfüllt[20].

10

---

14 Vgl. Schwark, BörsG, Einl. §§ 50-70 Rz. 38 und umfassend Dannhoff, Recht der Warentermingeschäfte, S. 150 ff.
15 Vgl. Dannhoff, WM 1994, 485.
16 Rudolph, in: Pohl, S. 291, 315 f.; rechtstechnisch erfolgte die Einführung durch die »Verordnung über die Zulassung von Wertpapieren zu Börsentermingeschäften vom 26.6.1970«, BGBl I 1970, 933.
17 Vgl. Rudolph, in: Pohl, S. 293, 325 ff.
18 Vgl. dazu ausführlich Schäfer, in: Assmann/Schütze, Hdb. des KapitalanlageR, § 17, Rz. 14 f.
19 Vgl. Rudolph, in: Pohl, S. 293, 342 ff.
20 Zu ihrer Struktur vgl. Irmen, in Schäfer, WpHG u. BörsG, Vor §§ 50-70 Rz. 9 ff. m.w.N.

II. Überblick über die Arten von Börsentermingeschäften

1. Börsliche und außerbörsliche Börsentermingeschäfte

11 Anders als im Börsengesetz von 1896, das noch eine Legaldefinition der Börsentermingeschäfte enthielt, die voraussetzte, daß die Geschäfte an einer organisierten Börse abgewickelt wurden, besteht heute Einigkeit darüber, daß Börsentermingeschäfte sowohl an der Börse als auch außerhalb einer Börse abgeschlossen werden können. Wie § 50 Abs. 1 S. 1 BörsG zu entnehmen ist, bedürfen Börsentermingeschäfte, »soweit sie an der Börse abgeschlossen werden«, der Zulassung durch den Börsenvorstand. Im Umkehrschluß ergibt sich, daß Börsentermingeschäfte auch außerhalb einer Börse abgeschlossen werden können. Diese werden häufig auch als OTC-Geschäfte (Over The Counter-Geschäfte) bezeichnet. Wesentliches Unterscheidungsmerkmal der börslichen und außerbörslichen Termingeschäfte ist jedoch weniger die Tatsache des Abschlusses an einer Börse als vielmehr der damit verbundene Umstand, daß die börslichen Börsentermingeschäfte in ihrem Vertragsinhalt standardisiert sind, während bei den außerbörslichen Börsentermingeschäften der Vertragsinhalt jeweils einzelvertraglich festgelegt wird.

2. Options- und Futuregeschäfte

12 Börsliche wie außerbörsliche Börsentermingeschäfte können in ihrer grundsätzlichen Ausprägung weiter nach ihrer Form als Options- oder Festpreisgeschäft unterschieden werden[21]. Bei einem Optionsgeschäft zahlt die eine Seite der anderen Seite eine Prämie dafür, daß sie berechtigt, nicht jedoch verpflichtet ist, von der anderen Seite den Verkauf (sog. Call-Option) bzw. Kauf (sog. Put-Option) von Waren oder Wertpapieren zu einem festgesetzten Zeitpunkt und Preise (dem Basispreis) zu verlangen. Der aus der Option Berechtigte (der Optionskäufer) zahlt dem Optionsschuldner (dem Stillhalter)[22] für die Eingehung der Verpflichtung (den Optionsverkauf) eine Prämie (den Optionspreis). Im Gegensatz hierzu sind bei einem Festpreisgeschäft, auch Futuregeschäft genannt, beide Parteien verpflichtet, zu einem späteren Zeitpunkt die beiderseits eingegangen Verpflichtungen zum Kauf respektive Verkauf und der bereits fest vereinbarten Kaufpreiszahlung bzw. Lieferung von Waren oder Wertpapieren zu erfüllen. Konsequent werden bei einem Festpreisgeschäft auch keine Prämien gezahlt, allenfalls Sicherheiten für die spätere Erfüllung (häufig »Einschüsse« oder »Margin« genannt) der beiderseitigen Ver-

---

21 Vgl. ausführlich Schäfer, in: Assmann/Schütze, Hdb. des KapitalanlageR, § 17 Rz. 2 ff.
22 Der Verkäufer einer Kauf-Option (call option) wird »Stillhalter in Papieren« und der Verkäufer einer Verkaufsoption (put option) »Stillhalter in Geld« genannt.

pflichtungen gestellt. Eine Option kann sich auch auf die Eingehung eines Futures beziehen.

Auch die Finanzinnovationen[23] lassen sich sämtlichst in das Schema von Options- bzw. Futuregeschäft einordnen. Dies gilt selbst für die verbrieften Optionen, die als Optionsscheine jedoch nur teilweise als Börsentermingeschäfte zu qualifizieren sind[24]. 13

3. Unterscheidung nach Basiswerten

Schließlich lassen sich die Börsentermingeschäfte noch nach den zugrundeliegenden Basiswerten differenzieren. Entwicklungsgeschichtlich wird zwischen Warentermingeschäften und Finanztermingeschäften unterschieden. Als Waren kommen nicht nur sämtliche landwirtschaftlichen Produkte und Edelmetalle in Betracht, sondern grundsätzlich jede handelbare Ware. Warenterminbörsen gibt es in Deutschland bisher nur wenige und der Umfang von Warentermingeschäften in Deutschland ist außerordentlich gering. Dies trifft nicht auf die Warenterminmärkte in den USA und anderen europäischen Ländern zu[25]. 14

Bei den Finanztermingeschäften werden drei Gruppen unterschieden, die Börsentermingeschäfte auf Aktien und Aktienindizes, solche auf (existierende oder synthetische) festverzinsliche Wertpapiere oder Zinsindizes und Börsentermingeschäfte auf Währungen bzw. Rechnungseinheiten. Termingeschäfte auf Edelmetalle werden zwar auch an Wertpapierbörsen gehandelt, doch handelt es sich hierbei grundsätzlich um eine besondere Form von Warentermingeschäften[26]. 15

III. Einsatzmöglichkeiten und Risiken von Börsentermingeschäften

Für Börsentermingeschäfte ist typisch, daß sie den Einsatz eines nur geringen Kapitals erfordern bei gleichzeitig hohen Gewinnchancen bzw. Verlustrisiken. In ihrer konservativsten Form werden sie ausschließlich zur Absicherung gegen zukünftige Preisveränderungen eingesetzt (Hedging). Dabei werden vorhandene Bestände gegen zukünftige Preisveränderungen in der Form abgesichert, daß ein Wertverlust der Bestände am Kassamarkt durch Gewinne am Terminmarkt kompensiert wird[27]. Besitzt etwa ein Anleger 1 000 Aktien einer Gesellschaft und verkauft er 16

---

23 Vgl. dazu ausführlich unten § 14.
24 Vgl. dazu unten § 13 V 1. e) Rz. 50 f.
25 Vgl. zu den Warenterminmärken der USA Dannhoff, Das Recht der Warentermingeschäfte, S. 39 ff.
26 Schwark, BörsG, Einl. §§ 50-70, Rz. 28.
27 Vgl. Polt, BuB, Rz. 7/210; Kümpel, Bank- und Kapitalmarktrecht, 13.59 ff.; Paus, Börsentermingeschäfte, S. 52 ff.

diese auf Termin, z.B. drei Monate (er schließt also ein Future- oder Festpreisgeschäft), so läßt ihn ein zwischenzeitlicher Verfall des Wertes der Aktien unberührt, da er von seinem Vertragspartner aufgrund des Festpreisgeschäfts in drei Monaten den vereinbarten Kaufpreis erhält[28]. Alternativ kann der Eigentümer seine Aktienbestände durch den Kauf einer Put-Option (also dem Recht, die Aktien zum Fälligkeitszeitpunkt dem Stillhalter zum Basispreis anzudienen) absichern. Gleiches gilt, soweit ein Anleger in drei Monaten die 1 000 Aktien erwerben möchte, etwa weil er erst dann das Geld zum Erwerb der Aktien zur Verfügung hat, jedoch mit steigenden Kursen rechnet und deshalb bereits jetzt ein Festpreisgeschäft oder eine Call-Option auf Lieferung in drei Monaten abschließt. Zwischenzeitliche Kurssteigerungen der Aktien lassen ihn unberührt. In diesem Falle wird das Futuregeschäft jedoch nicht mehr zur Absicherung bereits vorhandener Positionen eingesetzt, sondern zum Aufbau eines Portfolios. Insofern hat es bereits einen etwas spekulativeren Charakter, als es nicht mehr gegen fallende Kurse absichert, sondern »nur« vor Kurssteigerungen schützt.

Neben dem Hedging ist eine weitere klassische Nutzung von Börsentermingeschäften die Arbitrage. Bei dieser werden mit Hilfe von Börsentermingeschäften Preisdifferenzen zwischen dem Kassa- und Terminmarkt durch den Arbitrageur ausgenutzt. Eine derartige Arbitrage führt dazu, daß die Preise der verschiedenen Marktsegmente kongruent verlaufen und nur bis maximal zur Höhe der Transaktionskosten des Arbitrageurs differieren[29].

17   Schließlich können Börsentermingeschäfte zum Trading bzw. zur Spekulation genutzt werden. Hat etwa in dem vorgenannten Beispiel der Verkäufer des Future die auf Termin verkauften 1 000 Aktien nicht im Eigentum, spekuliert er darauf, sich im Zeitpunkt seiner Lieferverpflichtung billiger im Markt eindecken zu können und so praktisch ohne Kapitaleinsatz einen Gewinn zu erzielen. Steigen bis zu diesem Zeitpunkt die Kurse, muß er sich teurer eindecken und er erleidet einen Verlust.

18   Strukturelle Unterschiede bestehen zwischen den Risiken der Festpreis- und der Optionssgeschäfte. Bei Festpreisgeschäften ist – wie aus dem vorstehenden Beispiel ersichtlich – das Risiko für beide Vertragspartner symmetrisch, da die Hebelwirkung gleichermaßen für beide Vertragspartner gilt. Demgegenüber ist bei den Optionen das Risiko asymmetrisch verteilt. Der Optionskäufer begrenzt sein Verlustrisiko auf die eingesetzte Optionsprämie, während der Optionsverkäufer ein theoretisch unbe-

---

28   Grund für ein derartiges Geschäft kann z.B. sein, daß die Wertpapiere erst außerhalb der Spekulationsfrist veräußert werden.
29   Vgl. Paus, Börsentermingeschäfte, S. 51 m.w.N.

grenztes Risiko eingeht, jedoch sein Gewinn auf die Höhe der Optionsprämie begrenzt ist[30].

Die übermäßige Nutzung zu Spekulationszwecken insb. durch Personen, die nach objektiven Kriterien nicht zu der Tragung des damit verbundenen Risikos in der Lage waren, brachte die Termingeschäfte immer wieder in Verruf und rief den Gesetzgeber auf den Plan. Der geringe Kapitaleinsatz verbunden mit den großen Chancen (und den gleichzeitig häufig übersehenen hohen Risiken) führte in fast allen geschichtlichen Epochen dazu, daß der Gewinnerzielungstrieb zu viele Personen zur Übernahme von Risiken in Form von Börsentermingeschäften veranlaßte, die ein homo oeconomicus so nicht übernommen hätte. Realisieren sich dann die Risiken, so entstehen leicht soziale Probleme. 19

Die gesetzgeberischen Lösungsmodelle für dieses Problem schwankten zwischen völliger Freiheit bei dem Abschluß von Börsentermingeschäften bis 1896, der Führung eines freiwilligen Börsengegisters von 1896 bis 1908, der Einführung einer beschränkten, im wesentlichen an den Kaufmannsbegriff angelehnten Börsentermingeschäftsfähigkeit bis 1989 bei gleichzeitiger völliger Aussetzung von Börsentermingeschäften von 1931 bis 1971 und der Einführung einer erweiterten Börsentermingeschäftsfähigkeit kraft Information seit 1989. Mit dem Schritt der Einführung der Börsentermingeschäftsfähigkeit kraft Information wird ein Mittelweg zwischen dem Anlegerschutz und der Förderung eines funktionierenden Terminmarktes beschritten. Einerseits wird die Fähigkeit zur Eingehung von Börsentermingeschäften sehr stark erleichtert (es muß »nur« ein Informationsblatt durch den Privatanleger unterzeichnet werden), doch hat die erleichterte Erlangung der Börsentermingeschäftsfähigkeit ein Korrelat in den zusätzlichen Aufklärungs- und Beratungspflichten bei Börsentermingeschäften durch die diese vermittelnden Institutionen gefunden[31]. 20

IV. Bank- und wertpapieraufsichtsrechtliche Behandlung von Börsentermingeschäften

1. Bankaufsichtsrecht

Börsentermingeschäfte, auch soweit sie sich als Finanztermingeschäfte auf Effekten beziehen, begründen nicht die Anschaffung und Veräußerung von Wertpapieren für andere i.S.v. § 1 Abs. 1 S. 2 Nr. 4 KWG[32]. Erst die tatsächliche Durchführung eines Börsentermingeschäfts in Form der Lieferung der Wertpapiere würde zu einem Effektengeschäft führen können. 21

---

30 Vgl. Polt, BuB, Rz. 7/211 ff.; Schwark, BörsG, Einl. §§ 50–70, Rz. 8.
31 Vgl. dazu unten VII.
32 Unstr., vgl. nur Kümpel, Bank- und Kapitalmarktrecht, 12.11.; Polt, BuB, Rz. 7/247.

Typischerweise werden Börsentermingeschäfte jedoch nicht effektiv beliefert, sondern vor dem Liefer- oder Verfalldatum glattgestellt und nur die Preis- (Kurs-)Schwankungen des Marktes genutzt. Grundsätzlich ist daher die Aufnahme von Börsentermingeschäften durch Banken ein gem. § 24 Abs. 1 Nr. 9 KWG meldepflichtiger Vorgang.

22   Der (Referenten-)Entwurf des Gesetzes zur Umsetzung der Wertpapierdienstleistungs- und Kapitaladäquanzrichtlinie sowie zur Änderung anderer bank- und wertpapieraufsichtsrechtlicher Vorschriften sieht in Art. 1 des Gesetzes zur Änderung des Gesetzes über das Kreditwesen vor, daß § 1 Abs. 1 Nr. 4 KWG von dem reinen Effektengeschäft zu einem Finanzkommissionsgeschäft erweitert wird. Als Finanzkommissionsgeschäft werden die »Anschaffung und Veräußerung von in Abs. 11 genannten Finanzinstrumenten im eigenen Namen für fremde Rechnung« bezeichnet. Finanzinstrument sind nach § 1 Abs. 11 S. 1 des Referentenentwurfes »Wertpapiere, Geldmarktinstrumente, Devisen oder Rechnungseinheiten sowie Derivate«. Derivate werden von Abs. 11 S. 4 definiert als »als Festgeschäfte oder Optionsgeschäfte ausgestaltete Termingeschäfte, deren Preis unmittelbar oder mittelbar von dem Börsen- oder Marktpreis von Wertpapieren, Geldmarktinstrumenten, Rechnungseinheiten, Zinssätzen oder anderen Erträgen oder Edelmetallen abhängt«. Eine Erweiterung des Begriffs der Bankgeschäfte von dem Effektengeschäft auf Finanzkommissionsgeschäfte würde somit die Börsentermingeschäfte mit umfassen.

2. Wertpapieraufsichtsrecht

23   Bereits heute werden Börsentermingeschäfte nach § 2 Abs. 2 WpHG als Derivate, »deren Börsen- oder Marktpreis unmittelbar oder mittelbar von der Entwicklung des Börsen- oder Marktpreises von Wertpapieren oder ausländischen Zahlungsmitteln oder der Veränderung von Zinssätzen abhängt« erfaßt. Da das WpHG entsprechend seiner Intention nur Wertpapier- und Devisenmärkte, nicht jedoch Warenbörsen erfaßt, werden Börsentermingeschäfte in Waren konsequenterweise nicht erfaßt. Für Finanztermingeschäfte gelten daher die Regelungen des WpHG in vollem Umfange, insb. im Verhältnis zwischen Wertpapierdienstleistungsunternehmen und Anleger die §§ 31 f. WpHG.

24   Der (Referenten-)Entwurf des Gesetzes zur Umsetzung der Wertpapierdienstleistungs- und Kapitaladäquanzrichtlinie sowie zur Änderung anderer bank- und wertpapieraufsichtsrechtlicher Vorschriften sieht in Art. 2 zur Änderung des Wertpapierhandelsgesetzes vor, daß die in § 2 Abs. 2 WpHG definierten Derivate um Börsentermingeschäfte in Waren oder Edelmetallen erweitert werden. In der Konsequenz wird als Wertpapierdienstleistung auch der Abschluß oder die Vermittlung von Börsentermingeschäften in Waren oder Edelmetallen definiert und die

Anwendung der Wohlverhaltensregeln darauf erstreckt. Insoweit wird die Bezeichnung des Wertpapierhandelsgesetzes verlassen und – sachlich zutreffend – ein nicht mehr originär wertpapierrechtliches Nebengebiet reguliert.

V. Begriff und Systematik der Börsentermingeschäfte

1. Begriff

a) Gesetzliche Grundlagen

§ 48 des Börsengesetzes von 1896 definierte: »als Börsentermingeschäfte in Waren oder Wertpapieren gelten Kauf- oder sonstige Anschaffungsgeschäfte auf eine festbestimmte Lieferungszeit oder mit einer festbestimmten Lieferungsfrist, wenn sie nach Geschäftsbedingungen geschlossen werden, die von dem Börsenvorstande für den Terminhandel festgesetzt sind, und wenn für die an der betreffenden Börse geschlossenen Geschäfte solcher Art eine amtliche Feststellung von Terminpreisen erfolgt«. Das Börsengesetz von 1908 verzichtete wie auch alle folgenden Börsengesetze auf eine Definition der Börsentermingeschäfte. Bei der Börsengesetznovelle von 1989 wurde ebenso wie bei der Novellierung des Börsengesetzes aus dem Jahre 1908 auf eine Definition mit dem Hinweis verzichtet, daß die Ausfüllung des unbestimmten Rechtsbegriffs »Börsentermingeschäft« durch Rechtsprechung und Literatur zu erfolgen habe[33]. Im heutigen Gesetz lassen sich nur indirekte Bestimmungselemente für den Begriff des Börsentermingeschäftes finden. Hierzu zählt insb. § 50 Abs. 1 S. 1 BörsG, der den Schluß zuläßt, daß Börsentermingeschäfte börslich wie außerbörslich abgeschlossen werden können. Weiter ist hierzu § 50 Abs. 1 S. 2 BörsG zu zählen, demzufolge als Börsentermingeschäfte auch Geschäfte anzusehen sind, »die wirtschaftlich gleichen Zwecken dienen, auch wenn sie nicht auf Erfüllung ausgerichtet sind«. Bei § 50 Abs. 1 S. 2 BörsG handelt es sich um ein dogmatisches Unicum, durch das eine nicht vorhandene gesetzliche Definition gesetzlich erweitert wird um »wirtschaftlich gleichen Zwecken dienende Geschäfte«. Hieran ist in der Literatur zu Recht Kritik geübt worden[34]. Ähnliches gilt für das begriffliche Paradoxon des »außerbörslichen Börsentermingeschäfts«[35].

25

---

33 RegE eines Gesetzes zur Änderung des BörsG, BT-Drucks. 11/4177, S. 18; Verhandlungen des Reichstags 1907/1908, St. Nr. 483 – GesetzE betr. die Änderung des BörsG -, S. 2597, 2606.
34 Vgl. insb. Henssler, ZHR 153 (1989), 611, 633 ff.; ders., Risiko als Vertragsgegenstand, S. 646 m.w.N.; Häuser, ZBB 1992, 249, 254; Jaskulla, Einführung derivativer Finanzinstrumente an den deutschen Wertpapierbörsen, S. 102; Menninger, WM 1994, 970, 971; Horn, ZIP 1990, 2, 9; Walter, Rechtsnatur des Börsentermingeschäfts, S. 196; Assmann, in: Festschr. Heinsius, S. 1, 9; Paus, Börsentermingeschäfte, S. 222.
35 Vgl. Asmmann, in: Festschr. Heinsius, S. 1, 8.

26 Intention der Neufassung von § 50 Abs. 1 BörsG durch die Novelle 1989 war zum einen, Devisentermingeschäfte als Börsentermingeschäfte zu erfassen, obwohl z.Zt. in Deutschland an keiner Börse Devisen auf Termin gehandelt werden[36]. Die Erweiterung der nicht vorhandenen Definition der Börsentermingeschäfte um Geschäfte, die wirtschaftlich gleichen Zwecken dienen, intendierte, eine wirtschaftliche Betrachtungsweise vorzugeben und insb. die bisher von der Rechtsprechung nicht als Börsentermingeschäfte angesehenen offenen Differenzgeschäfte des § 764 S. 1 BGB in die Definition einzubeziehen[37]. Gewollt war seitens des Gesetzgebers insb. die Einbeziehung von Termingeschäften auf Indizes wie etwa den DAX, bei dem eine Lieferung des Geschäftsgegenstandes ausgeschlossen ist, oder den Bund-Future, dem eine 6 %ige synthetische, also nicht existierende Bundesanleihe mit einer fiktiven Restlaufzeit von 8,5 bis 10 Jahren zugrunde liegt.

27 § 50 Abs. 1 S. 1 und S. 2 BörsG verdeutlichen, daß jedenfalls seit der Börsengesetznovelle 1989 eine Abgrenzung der Börsentermingeschäfte von Kassageschäften nur anhand formaler Kriterien nicht möglich ist. Dies ist bei jeglichen Definitionsversuchen von Literatur und Rechtsprechung zu beachten[38].

b) Definition der Rechtsprechung und Literatur bis 1989

28 Der »historische« Ausgangs- und Bezugspunkt des Gesetzgebers für die Börsengesetznovelle 1989 war die von der Rechtsprechung aufgestellte Definition des Börsentermingeschäfts. Danach waren als Börsentermingeschäfte anzusehen »Verträge über Wertpapiere, vertretbare Waren oder Devisen nach gleichartigen Bedingungen, die von beiden Seiten erst zu einem bestimmten späteren Zeitpunkt zu erfüllen sind und eine Beziehung zu einem Terminmarkt haben, der es ermöglicht, jederzeit ein Gegengeschäft abzuschließen«[39]. Durch subjektive Merkmale sollte der Begriff des Börsentermingeschäfts anders als der des Differenzgeschäfts nicht eingeschränkt werden[40]. Diese grundsätzliche Definition der Börsenterminge-

---

36 RegE eines Gesetzes zur Änderung des Börsengesetzes, BT-Drucks. 11/4177, S. 18.
37 Vgl. Kleinschmitt, Informationsmodell bei Börsentermingeschäften, S. 33 ff.; Wolter, Termingeschäftsfähigkeit kraft Information, S. 174; Winter, WM 1994, 2143, 2146; Jäger, Aktienoptionen und Optionsscheine, S. 183; Häuser, ZBB 1992, 249, 254; a.A. Paus, Börsentermingeschäfte, S. 220 f.; Henssler, ZHR 153 (1989), 611, 633 f.
38 So zutreffend Irmen, in: Schäfer, WpHG und BörsG, vor §§ 50-70 BörsG, Rz. 26 a.E.
39 BGHZ 92, 317 = WM 1984, 1598 = ZIP 1985, 153 = NJW 1985, 634; BGH WM 1988, 289 = ZIP 1988, 565 = NJW 1988, 1086; BGHZ 114, 177 = WM 1991, 982 = ZIP 1991, 714.
40 BGHZ 105, 263 = WM 1988, 1717 = ZIP 1988, 1445 = NJW 1989, 300; so jedoch neuestens wieder Henssler, Risiko als Vertragsgegenstand, S. 653 ff.

schäfte wurde von der Literatur weitgehend gebilligt[41]. Vier Element charakterisierten das Wesen des Termingeschäfts:
- der Vertragsgegenstand Wertpapiere, vertretbare Waren oder Devisen,
- die Vereinheitlichung der Vertragsbedingungen
- der hinausgeschobene Erfüllungszeitpunkt sowie
- die Beziehung zu einem Terminmarkt.

Trotz weitgehender Einigkeit über den Kernbereich bestand erhebliche Rechtsunsicherheit hinsichtlich einer Reihe von Randfragen, wie z.B. eine Zeitlang bzgl. des Optionsgeschäfts[42], der Geschäfte in Optionsscheinen[43], Prolongationen von Termingeschäften zu marktabweichenden Kursen[44] sowie außerbörsliche Optionen[45]. Auch für Leerverkäufe (Short-Sales) war vor der Börsengesetznovelle zweifelhaft, ob sie als Börsentermingeschäft zu qualifizieren waren[46].

29

c) Neuere Definitionsversuche in der Literatur

Die Neufassung von § 50 Abs. 1 BörsG durch die Börsengesetznovelle 1989 und die mit ihr verbundenen Unsicherheiten haben eine umfangreiche Diskussion des Begriffs des Börsentermingeschäfts in der Literatur hervorgerufen. Seitens der Rechtsprechung ist eine ausgesprochene Zurückhaltung mit Stellungnahmen zu dem Begriff des Börsentermingeschäftes festzustellen. Sämtliche neueren Entscheidungen des BGH im Bereich der Börsentermingeschäfte vermeiden sichtlich die Bezugnahme auf eine konkrete Definition des Börsentermingeschäfts und erörtern lediglich Fragen, die durch die bisherige Rechtsprechung weitgehend unabhängig von der vertretenen Definition offengelassen wurden[47]. Im Gegensatz zu der Zurückhaltung der Rechtsprechung finden sich in der Literatur zahlreiche neue Definitionen bzw. Abwandlungen der bisherigen Definitionen des Börsentermingeschäfts.

30

Zunehmend wird in der Literatur die Auffassung vertreten, daß es sich bei den Börsentermingeschäften nicht um einen »Rechtsbegriff«, sondern

31

---

41 Häuser/Welter, in: Assmann/Schütze, Hdb. Kapitalanlagerecht, § 16 Rz. 90 ff.; Schwark, BörsG, 1. Aufl., Einl. §§ 50-70, Rz. 1 ff.; Schönle, Bank- und Börsenrecht, S. 466; Meyer/Bremer, BörsG, §§ 50 Anm. 3; Häuser, ZIP 1981, 933, 935 f.; Ebenroth/Messer, ZVglRWiss 87 (1988), 1, 11; Hopt, in: Baumbach/Duden, HGB, vor § 50 BörsG, Anm. 1A; von Arnim, JZ 1982, 843, 846; enger jedoch bereits Kümpel, WM 1986, 661, 662 f.; Kümpel/Häuser, Börsentermingeschäfte, S. 39 ff.
42 Vgl. Häuser/Welter, in: Assmann/Schütze, Hdb. des KapitalanlageR, § 16, Rz. 112 ff.; Schwark, BörsG, 2. Aufl., Einl. §§ 50-70, Rz. 11 ff.
43 Vgl. BGH WM 1996, 1620 ff. = ZIP 1996, 1459 ff.; BGH WM 1995, 2026 ff. = ZIP 1995, 1812 ff.; BGH WM 1994, 834 = ZIP 1994, 693 ff.; BGH WM 1994, 2231 = ZIP 1994, 1924.
44 Vgl. dazu Schwark, BörsG, 2. Aufl., Einl. §§ 50-70, Rz. 32; Hopt, BB 1984, 417 ff.
45 Vgl. dazu Schwark, BörsG, 2. Aufl., Einl. §§ 50-70, Rz. 16 m.w.N.; Häuser, ZBB 1992, 249 ff.
46 Vgl. BGH WM 1978, 1203 = NJW 1979, 488; Häuser/Welter, in: Assmann/Schütze, Hdb. des KapitalanlageR , 1. Aufl., § 16, Rz. 148 ff. m.w.N., 2. Aufl., § 16 Rz. 159 ff.
47 Vgl. z.B. BGH ZIP 1996, 1459 ff.; ZIP 1995, 1812 ff.; ZIP 1994, 1924 ff.; ZIP 1994, 693 ff.

vielmehr um einen »Typus« handelt, bei dem bestenfalls Kernelemente bestimmt werden können[48]. Ob mit dieser methodischen Überlegung wesentliche Erkenntnisgewinne verbunden sind, darf bezweifelt werden[49]. Argumentationen auf der Grundlage eines »Typus« sollten nach Möglichkeit vermieden werden, da sie in Grenzfällen leicht zur Verdeckung von Begründungsdefiziten in der Dogmatik führen können[50]. Letztlich wird bei einem Typus wie bei dem Versuch einer Begriffsbestimmung von einer Vielzahl gesetzlicher Einzelregelungen und ihrer daraus ersichtlichen Teleologie auf einzelne Züge zurückgeschlossen. Aufgrund der teleologischen Betrachtungsweise können bei einem Typus im Einzelfall jedoch bestimmte Teilaspekte fehlen, ohne daß der Tatbestand entfällt[51]. Steht die Bildung rechtlicher Strukturtypen jedoch ohnehin unter normativen Gesichtspunkten, sollte teleologischen Erwägungen bei der Bestimmung dessen, was ein Börsentermingeschäft ist, der Vorzug gegeben werden.

32 Für Kümpel ist der Typus des Börsentermingeschäfts geprägt durch drei unverzichtbare Kernelemente, bei deren Bestimmung auf den Schutzzweck des Grundgedankens des Termineinwandes abzustellen sein soll[52]. Unter Berücksichtigung dieses Schutzgedankens soll das Börsentermingeschäft geprägt sein durch
- den hinausgeschobenen Erfüllungszeitpunkt der gegenseitigen Leistungspflichten (Börsentermingeschäft als Zeitgeschäft),
- einen verhältnismäßig geringen Kapitaleinsatz für die Sicherheitsleistung als verführerische Anziehungskraft der Terminspekulation im Vergleich zur Kassaspekulation sowie
- ein nicht von vornherein betragsmäßig begrenztes und daher unüberschaubares Verlustrisiko zumindest eines Kontrahenten.

33 Unwesentlich soll sein, ob das Börsentermingeschäft zudem als verdecktes oder offenes Differenzgeschäft zu qualifizieren ist oder ob mit dem Geschäft eine Kursdifferenz aus den Schwankungen des Marktes erzielt werden soll. Aufgrund der zunehmenden Verwendung offener Differenzgeschäfte im Rahmen der Börsentermingeschäfte sei durch § 50 Abs. 1 BörsG klargestellt worden, daß diese dem Begriff des Börsenterminge-

---

48 So insb. Kümpel, Bank- und Kapitalmarktrecht, 12.25 ff.; ders., WM 1991, Beilage 1, S. 3; Hartung, Wertpapieroptionsgeschäft, S. 186 f.; Koller, WM 1985, 593; vgl. auch Irmen, in: Schäfer, WpHG u. BörsG, Vor §§ 50-70, Rz. 34 ff.
49 So auch Häuser, ZBB 1992, 249, 259; Paus, Börsentermingeschäfte, S. 96 ff.; Wolter, Termingeschäftsfähigkeit kraft Information, S. 175; Schwark, BörsG, Einl. §§ 50 – 70, Rz. 9; Henssler, Risiko als Vertragsgegenstand, S. 660 f.
50 Vgl. Wank, Die juristische Begriffsbildung, S. 131 ff.; Wolter, Termingeschäftsfähigkeit kraft Information, S. 177 f.; Paus, Börsentermingeschäfte, S. 97; Richardi, in: Staudinger, BGB, 12. Aufl. 1989, Vorbem. zu §§ 611, Rz. 36, 150.
51 Vgl. Leenen, Typus und Rechtsfindung, S. 171, 179 ff.; Larenz, Methodenlehre der Rechtswissenschaft, Kap. 6, 2c); H.P. Westermann, Vertragsfreiheit und Typengesetzlichkeit im Recht der Personalgesellschaften, S. 105 f.
52 Bank- und Kapitalmarktrecht, 12.30 ff.

schäfts unterfallen, was logisch mit sich bringe, daß die Möglichkeit eines glattstellenden Gegengeschäftes als Teil des Typus des Börsentermingeschäfts entbehrlich geworden ist[53]. Ebenso fehle es bei Leerverkäufen (Short Sales) an einer Beziehung zum Terminmarkt, weshalb der Gesetzgeber in der Begründung der Börsengesetznovelle 1989 ausdrücklich klargestellt habe, daß diese »gleichen wirtschaftlichen Zwecken dienen« wie Börsentermingeschäfte[54]. Dieser typologischen Bestimmung des Begriffs des Börsentermingeschäfts hat sich ein Teil der Literatur unter Differenzierung in Einzelheiten angeschlossen[55].

Die Diskussion hinsichtlich der Änderungen des Begriffs des Börsentermingeschäfts hat sich insb. daran entzündet, ob das Merkmal der Beziehung zu einem Terminmarkt, die ein jederzeitiges Glattstellungsgeschäft ermöglicht, entfallen sollte[56]. Unter teleologischen Gesichtspunkten wird darauf verwiesen, daß der besondere Reiz der Börsentermingeschäfte für den unerfahrenen Anleger auch darin liegt, daß keine Schwierigkeiten bei der Realisierung von erzielten Spekulationsgewinnen bestehen, weil das Bestehen eines entsprechenden Marktes diese ermöglicht. Ohne diesen ein Glattstellungsgeschäft ermöglichenden Terminmarkt ginge ein Großteil des Spekulationsanreizes verloren. Es sei daher zwar nicht mehr eine Standardisierung der Termingeschäfte nach einheitlichen Geschäftsbedingungen erforderlich, doch müsse ein Terminmarkt in einem Geschäftsumfang bestehen, der eine Realisierung von Spekulationsgewinnen auch bei individuell vereinbarten Einzelpreisen ermöglicht[57].

34

Als Argument für einen Verzicht auf eine Beziehung zu einem Terminmarkt wir angeführt, daß glattstellende Gegengeschäfte des früheren Terminhandels bei – den nunmehr unstreitig dem Begriff des Börsentermingeschäfts unterfallenden – Index-Terminkontrakten schon deswegen ausgeschlossen seien, weil der Basiswert (der Index) nicht lieferbar sei, es sich somit um ein offenes Differenzgeschäft handele und Glattstellungsgeschäfte für die Terminspekulation nicht mehr benötigt würden[58]. Diesem

35

---

53 Bank- und Kapitalmarktrecht, 12.55 ff.
54 BT Drucks. 11/4177, 18; Kümpel, Bank- und Kapitalmarktrecht, 12.62 ff.; zum Meinungsstand vor 1989 vgl. BGH WM 1978, 1204 (offengelassen, ob Termingeschäft, jedoch Qualifizierung als Differenzgeschäft); für Börsentermingeschäftseigenschaft: Horn, ZIP 1990, 2, 4; Wach, Terminhandel in Recht und Praxis, S. 292; ablehnend Baumbach/Hopt, vor § 50 BörsG, Anm. 1 C a; Lüer, JZ 1979, 171, 172; Kümpel/Häuser, Börsentermingeschäfte, S. 74; Paus, Börsentermingeschäfte, S. 271 ff.
55 Jaskulla, Einführung derivativer Finanzinstrumente, S. 135 ff.; Häuser, ZBB 1992, 249, 259 f.; Horn, ZIP 1990, 2, 9 f.; Kleinschmitt, Informationsmodell bei Börsentermingeschäften, S. 40 ff.; wohl auch Schwark, BörsG, Einl. §§ 50 -70, Rz. 2 ff.
56 Vgl. insb. Henssler, Risiko als Vertragsgegenstand, S. 649 ff.; ähnlich Paus, Börsentermingeschäfte, S. 159 ff.; Hartung, Wertpapieroptionsgeschäft, S. 186 ff.; Wach, Terminhandel in Recht und Praxis, Rz. 639; André, Verbindlichkeit von Optionsscheingeschäften, S. 72 ff.; Kleinschmitt, Informationsmodell, S. 38 ff.; Häuser, ZBB 1992, 249, 260.
57 So insb. Henssler, Risiko als Vertragsgegenstand, S. 650 m.w.N.
58 So insb. Kümpel, Bank- und Kapitalmarktrecht, 12.59 m.w.N.

Argument wird jedoch zu Recht entgegengehalten, daß auch bei Geschäften, die von vornherein nur auf die Zahlung eines Differenzbetrages ausgerichtet sind, ein glattstellendes Gegengeschäft an einem Terminmarkt möglich ist. Es bedarf zwar zur Erfüllung des Vertrages keines glattstellenden Gegengeschäfts, zur Risikobegrenzung kann jedoch die Position durch ein gegenläufiges (offenes) Differenzgeschäft geschlossen werden[59]. Diesem Teilaspekt der Diskussion liegt letztlich die Frage zugrunde, ob nur verdeckte Differenzgeschäfte durch eine Beziehung zu einem Terminmarkt als Börsentermingeschäfte qualifiziert werden oder ob die Beziehung zu einem Terminmarkt sowohl bei verdeckten wie bei offenen Differenzgeschäften zu einer besonderen Gefährlichkeit der Termingeschäfte führt und aus diesem Grunde die Beziehung zu einem Terminmarkt ein konstitutives Element des Börsentermingeschäfts darstellt.

d) Teleologische Bestimmung des Börsentermingeschäfts

aa) Teleologische Gesichtspunkte

36 Seit Beginn der Diskussion um das Börsentermingeschäft vor über 100 Jahren besteht hinsichtlich seiner Regelung ein Zielkonflikt zwischen der Gewährleistung eines möglichst umfangreichen und liquiden Börsenterminmarktes mit vielen Teilnehmern einerseits und dem Individual- und Sozialschutz von »ungeeigneten« Teilnehmern am Terminhandel. Bis 1896 waren Termingeschäfte ipso iure wirksam und ein Individualschutz bestand nicht. Die Gegenreaktion führte zu einer starken Einschränkung der Wirksamkeit der Termingeschäfte durch Einführung einer Börsenrechtssphäre in der Form der Termingeschäftsfähigkeit als Wirksamkeitsvoraussetzung für die Termingeschäfte. Durch die Notwendigkeit einer freiwilligen Eintragung in ein bei dem jeweiligen Amtsgericht geführtes Börsenrechtsregister blieb ein Großteil des Publikums den Terminmärkten fern[60] und die vor 1896 zu einseitige Berücksichtigung der Belange des Marktes schlug um in eine zu einseitige Berücksichtigung des Individualschutzes. Die Börsengesetznovelle 1908 brachte eine Erweiterung der Börsenrechtssphäre im wesentlichen auf sämtliche Kaufleute. Die damit einhergehende relativ bescheidene Erweiterung der Terminmärkte kam jedoch wegen des ersten Weltkrieges, der Kriegsfolgen und der Weltwirtschaftskrise bis zum Verbot sämtlicher Termingeschäfte im Jahre 1931 kaum zum Tragen. Die eingeschränkte Wirkung der erweiterten Börsenrechtssphäre wurde nach der Wiedereinführung des börsenmäßigen Optionsgeschäfts im Jahre 1970 deutlich[61]. In Kenntnis dieser Situation war es erklärter Wille des Gesetzgebers der Börsengesetznovelle 1989, einen

---

59 So zu Recht Horn, ZIP 1990, 2,10.
60 Vgl. ausführlich oben § 13 I.
61 Vgl. oben § 13 I.

wirksamen Terminmarkt zu schaffen und den Zugang zu den Termingeschäften für einen deutlich erweiterten Anlegerkreis zu ermöglichen[62]. Aus diesem Grunde wurde der Eintritt in die Börsenrechtssphäre in der Form der Börsentermingeschäftsfähigkeit durch Erlangung derselben kraft Information für einen wesentlich größeren Teilnehmerkreis ermöglicht, der Begriff der Börsentermingeschäfte durch § 50 Abs. 1 BörsG erheblich erweitert und die Bedeutung des Differenzeinwandes durch § 58 BörsG im Bereich der Termingeschäfte im wesentlichen beseitigt[63].

Mit diesen Maßnahmen zur Erweiterung des Marktes wurde der Anlegerschutz im Bereich der Börsentermingeschäfte grundsätzlich verändert. Bis 1989 erfolgte der Anlegerschutz überwiegend über die Beschränkung der Termingeschäftsfähigkeit im wesentlichen auf Kaufleute, die Privatanleger ohne Kaufmannsstatus in Ermangelung der Möglichkeit des wirksamen Abschlusses von Börsentermingeschäften von diesen ausschloß[64]. Aufgrund der in den letzten 30 Jahren erheblich gestiegenen Geldvermögensbildung in der Bundesrepublik und der damit gewachsenen Erfahrungen breiter Bevölkerungskreise in finanziellen Angelegenheiten hielt es der Gesetzgeber für angebracht, die Bevormundung der Anleger durch faktischen Ausschluß von Termingeschäften aufzuheben. Um damit jedoch nicht jeglichen Anlegerschutz im Bereich der Termingeschäfte aufzugeben, wurde die Termingeschäftsfähigkeit kraft Information eingeführt, die die Termingeschäftsfähigkeit an eine ausführliche Information der Anleger über die mit den Termingeschäften verbundenen Risiken voraussetzt. Diese kann zudem nur von einer einer staatlichen Bank- oder Börsenaufsicht unterliegenden Institution erteilt werden, so daß im Falle des Bestehens von Mißständen bei der Information eine staatliche Aufsichtsinstanz Eingriffsmöglichkeiten besitzt. Zweite Säule des Anlegerschutzes im Bereich der Börsentermingeschäfte ist neben der rein formalen Information zur Herbeiführung der Börsentermingeschäftsfähigkeit die individuelle Beratung und Aufklärung[65] im Rahmen der von der Rechtsprechung bereits vielfach judizierten Beratungs- und Aufklärungspflichten der Banken. 37

Bei einem derart abgesicherten Anlegerschutz hielt es der Gesetzgeber für wünschenswert, daß sich ein breiter Terminmarkt unter Beteiligung größerer Anlegerkreise in Deutschland entwickelt. Diesem Ziel dient die Erweiterung des Begriffs des Börsentermingeschäfts in § 50 Abs. 1 BörsG sowie der faktische Ausschluß des Differenzeinwandes im Bereich der Börsentermingeschäfte zur Herbeiführung einer weitestgehenden Rechts- 38

---

62 BT-Drucks. 11/4177, S. 1, 9.
63 Vgl. Assmann, Festschr. Heinsius, S. 1, 4 ff.
64 Allerdings war auch vor diesem Zeitpunkt die grundsätzliche Möglichkeit der wirksamen Eingehung von Termingeschäften durch Voraus- oder Sicherheitsleistung gegeben.
65 So ausdrücklich BGH WM 1996, 1260 = ZIP 1996, 1206.

sicherheit. Erfolgt der Anlegerschutz jedoch nicht mehr primär über den Begriff des Termingeschäftes und der Börsenrechtssphäre als solcher, sondern vielmehr über Information und Aufklärung, so ist dem zweiten Ziel des Gesetzgebers, einen möglichst umfänglichen Terminmarkt in Deutschland entstehen zu lassen, am ehesten durch einen der Rechtssicherheit förderlichen weiten Begriff des Börsentermingeschäfts gedient[66/67]. Ein weiter Begriff des Börsentermingeschäfts steht nicht im Widerspruch zu einem umfassenden Anlegerschutz, denn er bedingt auch eine Erweiterung des Personenkreises, dem Informationen über Börsentermingeschäfte zwecks Herbeiführung ihrer Börsentermingeschäftsfähigkeit zugehen müssen[68].

39 Intention des Gesetzgebers und Teleologie des Gesetzes sprechen somit für einen weiten, d.h. für einen an möglichst wenige Voraussetzung geknüpften Termingeschäftsbegriff. Durch den – sicherlich nicht sehr gelungenen[69]- Wortlaut des § 50 Abs. 1 S. 2 BörsG und die hierzu erfolgte Gesetzesbegründung[70] werden bestimmte bisher nicht klar als Börsentermingeschäft qualifizierte Erscheinungsformen zu Börsentermingeschäften erklärt. Dies gilt besonders für die regelmäßig nicht an einer Börse abgeschlossenen Devisentermingeschäfte, Leerverkäufe (Short Sales) sowie Index-Optionen und -Futures.

40 In der Literatur wird gegen einen weiten Termingeschäftsbegriff angeführt, daß durch den Ausschluß des Differenzeinwandes bei Börsentermingeschäften durch § 58 BörsG der Differenzeinwand letztlich seine anlegerschützende Funktion verliert. Hier mag man dem Gesetzgeber vorwerfen, de facto den Differenzeinwand entwertet, sich jedoch aus taktischen Gründen nicht zu dem konsequenten Schritt der völligen Abschaf-

---

66 Dies erklärt, warum die den Anlegerschutz in den Vordergrund stellenden Vertreter vor 1989 (im Gegensatz zu den Vertretern der Interessen der Terminmärkte) für einen möglichst weitgehenden Begriff des Börsentermingeschäfts plädierten (mit der Folge einer weitgehenden Unwirksamkeit vieler Geschäfte aufgrund der eingeschränkten Börsenrechtssphäre), während nunmehr die die Interessen der Terminmärkte in den Vordergrund stellenden Vertreter für einen möglichst ausgedehnten Börsentermingeschäftsbegriff plädieren, da dieser aufgrund der erweiterten Börsenrechtssphäre nun zu einer Erhöhung der Rechtssicherheit führt, und die bisher schwerpunktmäßig unter Gesichtspunkten des Anlegerschutzes argumentierenden Vertreter nunmehr für einen engen Börsentermingeschäftsbegriff eintreten.
67 Kümpel, Bank- und Kapitalmarktrecht, 12.77; Häuser, ZBB 1992, 249, 264.
68 Nur wer grundsätzlich die Meinung vertritt, daß Informationen generell nicht ausreichen, die Anleger vor den »Verlockungen« der Börsentermingeschäfte zu schützen und ihnen daher den Zugang zu diesen noch mehr erschweren will, wird für eine enge Fassung des Begriffs eintreten; allerdings steht dies nicht im Einklang mit dem erklärten Willen des Gesetzgebers, die Bevormundung der Anleger abzubauen.
69 Vgl. dazu oben V. 1. a).
70 BT-Drucks. 11/4177, S. 18.

fung des Differenzeinwandes entschlossen zu haben[71]. Diese Kritik kann jedoch nicht darüber hinwegsehen, daß der Gesetzgeber die Intention hatte, den Termin- und Differenzeinwand für einen möglichst weiten Bereich aus Gründen der Rechtssicherheit als Voraussetzung für das Entstehen eines hinreichenden Marktsegmentes auszuschließen und einen angemessenen Anlegerschutz durch Information sowie im Rahmen der individuelleren Beratungs- und Aufklärungspflichten zu gewährleisten. Die Nichtabschaffung des Differenzeinwandes kann daher nicht als Argument dafür verwendet werden, daß der Begriff des Termingeschäfts eng ausgelegt werden muß.

bb) Einzelne Begriffselemente

Bei den bisher von der Rechtsprechung aufgestellten Kriterien für ein Börsentermingeschäft[72] sind aufgrund der neuen Rechtslage eine Reihe von Änderungen vorzunehmen. Die Beschränkung der Börsentermingeschäfte auf »Verträge über Wertpapiere, vertretbare Sachen oder Devisen« ist nunmehr zu eng[73]. Durch § 50 Abs. 1 S. 2 BörsG werden z.B. sämtliche Formen von Indexterminkontrakten erfaßt. Gleiches gilt für das Merkmal der »gleichartigen Bedingungen«, da nach § 50 Abs. 1 S. 1 BörsG auch Börsentermingeschäfte außerhalb einer Börse dem Begriff unterfallen, hier jedoch typischerweise keine derartige Standardisierung erfolgt.

41

Unverändert bleibt jedoch das Merkmal des »hinausgeschobenen Erfüllungszeitpunktes der gegenseitigen Leistungspflichten« als Abgrenzung zur Kassaspekulation, da das Börsentermingeschäft als Zeitgeschäft definiert wird[74]. Erst durch den hinausgeschobenen Erfüllungszeitpunkt wird eine Spekulation auf die Differenz zwischen dem Kurs am Tag des Vertragsschlusses und dem Kurs am Fälligkeitstag oder auch die Kurssicherung für spätere Effektivgeschäfte ermöglicht. Gleichzeitig begründet das Zeitelement einen Teil des Risikos, da anders als bei der Kassaspekulation der Anleger unter dem Zeitdruck steht, daß seine Spekulation innerhalb einer Frist aufgehen muß.

42

Als weiteres Merkmal für ein Börsentermingeschäft wird heute die Hebelwirkung genannt, die in Verbindung mit dem verhältnismäßig geringen Kapitaleinsatz für Sicherheitsleistungen oder Optionsprämien die verführerische Anziehungskraft der Terminspekulation im Vergleich zur Kas-

43

---

71 So insb. Henssler, ZHR 153 (1989), 611, 631 ff.; ders., Risiko als Vertragsgegenstand, S. 641 ff.; Schwark, Festschr. Steindorff, S. 473, 491; Wolter, Termingeschäftsfähigkeit kraft Information, S. 182.
72 Vgl. dazu oben § 13 V 1 b).
73 Henssler, Risiko als Vertragsgegenstand, S. 646.
74 Winter, WM 1994, 2143, 2147; Häuser, ZBB 1992, 249, 260; Kümpel, WM 1991, Sonderbeilage 1, S. 4; Jaskulla, Einführung derivativer Finanzinstrumente, S. 136.

saspekulation bewirkt[75]. Die reine Hebelwirkung würde jedoch sämtliche Leverage-Geschäfte (also z.B. die kreditfinanzierte Kassaspekulation) bereits in den Bereich der Börsentermingeschäfte rücken. Deshalb soll hinzukommen das »Risiko, zusätzliche Geldmittel planwidrig aufbringen zu müssen, so daß ein nicht von vornherein betragsmäßig begrenztes und daher unüberschaubares Verlustrisiko zumindest einen Kontrahenten trifft«[76]. – Mit diesen zwei Teilelementen, also der Hebelwirkung und dem Verlustrisiko, werden keine wirklich neuen Element für die Begriffsbestimmung eingeführt, sondern die Konsequenzen des Merkmals »geringer Kapitaleinsatz« näher erläutert. Die Geringfügigkeit des Kapitaleinsatzes bestimmt sich aus dem Verhältnis zu dem Basiswert. Je größer die Differenz zwischen Basiswert und Kapitaleinsatz, desto stärker beeinflussen Wertveränderungen des Basiswertes den Wert der mit dem Kapitaleinsatz verbundenen Rechtsposition, oder anders ausgedrückt: desto größer ist die Hebelwirkung. Es war schon immer diese Hebelwirkung, die einen wesentlichen Teil der besonderen Anziehungskraft der Termingeschäfte ausmacht und gleichzeitig ihr besonderes Risiko begründet. Es kann auch nicht darauf ankommen, daß das Verlustrisiko unbegrenzt ist. Denn bei den unstreitig zu den Börsentermingeschäften zählenden Futures ist das Risiko zwar höher als die Sicherheitsleistung, jedoch begrenzt auf die Höhe des Preises für den (u.U. wertlosen) Basiswert. Lediglich bei Optionsgeschäften geht der Verkäufer einer Kaufoption (Stillhalter in Papieren) Risiken ein, die unbegrenzt sind, wenn er den veroptionierten Basiswert nicht besitzt. Aber bereits der Käufer von Optionen begrenzt sein Risiko auf den als Kaufpreis für die Option eingesetzten Betrag. § 53 Abs. 2 BörsG formuliert im 2. Spiegelstrich daher auch nur, daß der Anleger darüber aufzuklären ist, daß das Verlustrisiko »nicht bestimmbar sein kann«. – Es genügt für die Bestimmung des Begriffs des Börsentermingeschäfts daher, daß im Verhältnis zu dem Basiswert ein geringer Kapitaleinsatz erfolgt.

44 Den »Bezug zu einem Terminmarkt, der es ermöglicht, jederzeit ein Gegengeschäft abzuschließen« wird man auch unter der neuen Fassung von § 50 BörsG nicht gänzlich aufgeben können. Auch unter Berücksichtigung der Intention des Gesetzgebers, eine möglichst umfassende rechtssichere Börsenrechtssphäre zu bilden, gehört es zu den überkommenen Elementen des Börsentermingeschäfts, daß der Anleger die Möglichkeit besitzt, das mit dem Börsengeschäft eingegangene Risiko glattzustellen.

---

75 Hartung, Wertpapieroptionsgeschäft, S. 188; ders., BB 1989, 2411, 2416; ders., ZIP 1991, 1185, 1187; Kümpel, WM 1990, 449, 451; Jaskulla, Einführung derivativer Finanzinstrumente, S. 141; Kleinschmitt, Informationsmodell bei Börsentermingeschäften, S. 41; Paus, Börsentermingeschäfte, S. 179 ff.
76 Hartung, Wertpapieroptionsgeschäft, S. 188 ff. mit Beispielsrechnungen S. 52 ff.; ders., ZIP 1991, 1185, 1187; Kümpel, Bank- und Kapitalmarktrecht, 12.43 ff.

§ 13 Börsentermingeschäfte

Dieses Element war schon deshalb unverzichtbar, da ohne die Glattstellungsmöglichkeit nicht einmal ein verdecktes Differenzgeschäft i. S. v. § 764 BGB vorgelegen hätte. Die jederzeitige Glattstellungsmöglichkeit auf einem Terminmarkt eröffnete bei den früher ausschließlich üblichen Future-Geschäften somit überhaupt erst die Möglichkeit, Gewinne mit geringem Kapitaleinsatz zu erzielen[77]. Diese Funktion entfällt bei den modernen Börsentermingeschäften, die von vornherein als offene Differenzgeschäfte ausgestaltet sind[78]. Diese bisherige Argumentation verengte jedoch zu sehr den Blick darauf, daß der Marktbezug auch die Möglichkeit der Beendigung der Risikoposition mit sich brachte. Diese Möglichkeit machte und macht einen Teil des Reizes der Börsentermingeschäfte aus, denn ohne eine praktisch jederzeitige Glattstellungsmöglichkeit könnte der Spekulant die Preisbewegungen des Basiswertes nur sehr eingeschränkt wenn überhaupt nutzen und liefe das Risiko, doch große Kapitalbeträge einsetzen zu müssen. Nachdem nunmehr keine Standardisierung der Bedingungen der Termingeschäfte mehr erforderlich ist und vielfach offene Differenzgeschäfte abgeschlossen werden, muß das Element des »Bezugs zu einem Terminmarkt« weiter entwickelt werden zu der Möglichkeit, »jederzeit wirtschaftlich das Engagement beenden zu können«[79]. Insoweit genügt, daß sich infolge des Zusammenwirkens mehrerer Marktteilnehmer oder zumindest mittelbar über einen solchen Marktteilnehmer ein Preis für ein das Risiko beendendes Gegengeschäft nicht nur errechnen[80], sondern i.d.R. konkret erzielen läßt[81]. Erforderlich ist also ein typischerweise bestehender Markt, der auch außerhalb einer Börse bestehen kann, der Glattstellungsgeschäfte erlaubt.

Subjektive Elemente sollte der Begriff des Börsentermingeschäfts nicht beinhalten, denn das subjektive Element ist eines der entscheidenden Abgrenzungskriterien des Differenzgeschäftes von dem Börsentermingeschäft[82]. 45

Zusammenfassend sollte ein Börsentermingeschäft heute folgende Merkmale aufweisen: 46

---

77 Vgl. pointiert Müller-Deku/Schuster, WM 1994, 1448, 1450.
78 Vgl. auch Kümpel, Bank- und Kapitalmarktrecht, 12.58 f.
79 Kleinschmitt, Informationsmodell bei Börsentermingeschäften, S. 40 f.; Henssler, Risiko als Vertragsgegenstand, S. 650; André, Verbindlichkeiten von Optionsscheingeschäften, S. 72 f.; Schwark, BörsG, Einl. §§ 50–70, Rz. 4 ff.; Horn, ZIP 1990, 2, 9 f.; vgl. auch Bader, WuB I G 7.-7.96.
80 Z.B. anhand mathematischer Formeln, wie sie von Black/Scholes für Optionen entwickelt wurden, vgl. Paus, Börsentermingeschäfte, S. 174.
81 Vgl. Kleinschmitt, Informationsmodell bei Börsentermingeschäften, S. 41; Paus, Börsentermingeschäfte, S. 173 ff.; Henssler, Risiko als Vertragsgegenstand, S. 649 ff.
82 A.A. Henssler, Risiko als Vertragsgegenstand, S. 653 ff.; Kümpel, WM 1986, 661 f.; – wie hier BGHZ 105, 263, 268 = WM 1988, 1717, 1719; Paus, Börsentermingeschäfte, S. 176 f.; Pecher, in: MünchKomm, BGB, § 764, Rz. 7 f. mit FN. 22; Walter, Börsentermingeschäft, S. 145 ff.; Hellwig/de Lousanoff, Festschr. Stiefel, S. 309 ff.; LG Stuttgart, WM 1996, 1446 ff.

– hinausgeschobener Erfüllungszeitpunkt mindestens einer Leistung;
– geringer Kapitaleinsatz mit der Konsequenz der Hebelwirkung;
– Möglichkeit der Beendigung des Engagements/Schließung der Risikoposition auf einem Markt durch gegenläufiges Geschäft oder Verkauf der Risikoposition im Sekundärmarkt.

e) Bewertung einzelner Geschäftsformen

47 Bei einem Festpreisgeschäft (Financial Future) vereinbaren die Parteien, daß zu einem festbestimmten Zeitpunkt eine bestimmte Menge eines bestimmten Basiswertes zu einem bereits vereinbarten Preis zu kaufen bzw. zu verkaufen ist. Als Basiswerte kommen sowohl einzelne Wertpapiere als auch Zins- oder Aktienindizes oder Devisen in Betracht. Für diese Formen des Festpreisgeschäfts handelt es sich um eine verfeinerte Form des klassischen börsenmäßigen Terminhandels[83]. Sie sind auch heute unstreitig als Börsentermingeschäfte zu qualifizieren und im Rahmen der Börsengesetznovelle 1989 ausdrücklich als Beispiele hierfür genannt worden[84].

48 Entsprechendes gilt für die unverbrieften börslichen Optionen. Bei einer Option verpflichtet sich der Verkäufer (Stillhalter) gegenüber dem Käufer, jederzeit innerhalb einer festgelegten Laufzeit (sog. amerikanischer Stil) bzw. zu einem festgesetzten Zeitpunkt (sog. europäischer Stil) eine bestimmte Menge eines Basiswertes zu einem festbestimmten Preis (Basispreis) an den Käufer der Option auf dessen Anforderung zu verkaufen (Call-Option) bzw. von ihm anzukaufen (Put-Option). Für den Erwerb des Rechtes zahlt der Käufer der Option an den Stillhalter den Optionspreis. Bei der Beurteilung von Optionsgeschäften als Börsentermingeschäfte ist zu differenzieren zwischen dem die Option begründenen Geschäft (Primärgeschäft) und einer Ausübung der Option (Sekundärgeschäft).

49 Nach der Rechtsprechung sind Primärgeschäfte über den Erwerb einer Option Börsentermingeschäfte[85]. Beide Teile des Optionsgeschäfts, die Eingehung der Option wie die spätere Ausübung bzw. deren wertloser Verfall sind nach der Rechtsprechung als ein einheitliches Rechtsgeschäft zu sehen (sog. Einheitstheorie)[86]. Wollte man zwischen der Eingehung der Option und der Durchführung der Option, wie die Doppelvertragstheorie propagiert, unterscheiden, würde im Widerspruch zum Schutzzweck

---

83 Henssler, Risiko als Vertragsgegenstand, S. 646.
84 BT-Drucks. 11/4177, S. 18; Schwark, BörsG, Einl. §§ 50-70, Rz. 28; Polt, BuB, Rz. 7/215; Menninger, WM 1994, 970.
85 BGHZ 92, 317 = WM 1984, 1598 = ZIP 1985, 153 = NJW 1985, 634; BGH WM 1988, 144 = ZIP 1988, 297; BGH WM 1989, 807 = ZIP 1989, 827; BGH WM 1990, 94 = ZIP 1990, 84; BGHZ 114, 177 = WM 1991, 982 = ZIP 1991, 714.
86 dagegen die Doppelvertragstheorie, vgl. Kümpel, WM 1982, Sonderbeilage Nr. 6, S. 17; Georgiades, in: Festschr. Larenz, S. 409, 424; von Arnim, AG 1983, 29, 40; ausführlich zur Doppelvertragstheorie Hartung, Wertpapieroptionsgeschäft, S. 178 ff.

der §§ 50 ff. BörsG ein einheitliches Rechtsgeschäft entgegen der gebotenen wirtschaftlichen Betrachtungsweise in zwei verschiedene Verträge gespalten. Der Käufer würde bei Zahlung der Optionsprämie immer seine Prämie verlieren, während der Stillhalter bei Ausübung der Option durch den Käufer wegen des insoweit unstreitig vorhandenen Termingeschäftscharakters ggfls. den Termineinwand erheben könnte[87]. Bei der gebotenen wirtschaftlichen Betrachtungsweise als einheitlicher Vertrag ist zumindest für die Rechte aus der Option der Erfüllungszeitpunkt hinausgeschoben, seitens des Optionskäufers nur ein geringer Kapitaleinsatz in Höhe der Optionsprämie zu leisten, die einer erheblichen Hebelwirkung unterliegt, und die beiderseitigen Risikopositionen können typischerweise regelmäßig geschlossen werden. Die ganz überwiegende Meinung betrachtet daher die Primärgeschäfte in unverbrieften Optionen zurecht als Börsentermingeschäfte[88]. Gleiches gilt für Geschäfte mit unverbrieften Optionen auf dem Sekundärmarkt, insb. also den Verkauf der Option durch den Optionskäufer, ihr Rückkauf durch das die Option begebende Kreditinstitut oder ihre einvernehmliche Aufhebung. Unabhängig davon, ob der Vertrag zwischen dem Ersterwerber der Option und dem Zweiterwerber der Option als Kaufvertrag i. S. v. § 433 BGB oder als Vertragsübernahme zu qualifizieren ist[89], sind die potentiellen Gefahren für den Zweiterwerber die gleichen wie für den Ersterwerber. Die ganz überwiegende Meinung qualifiziert aus Schutzüberlegungen für den Sekundärerwerber der Option den Vertrag zwischen Primärerwerber und Sekundärerwerber gleichfalls als Börsentermingeschäft[90].

In den letzten Jahren häufig diskutiert wurde die Qualifikation von Optionsscheinen als Börsentermingeschäfte. Ein Optionsschein, auch »Warrant« genannt, verbrieft eine Option, ist also im Gegensatz zu den DTB-gehandelten Optionen ein Wertpapier und damit eine Sache. Optionsscheine können alle Formen von Optionen, die denkbar sind, verbriefen[91]. Im Ergebnis werden Optionsscheine wie Optionen behandelt und

50

---

87 Ebenroth/Einsele, ZIP 1988, 205, 208; Canaris, WM 1988, Sonderbeilage 10, S. 9.
88 Horn, Börsentermingeschäfte in Wertpapieren mit dem Ausland, S. 128 ff.; Schwark, BörsG, Einl. §§ 50 – 70, Rz. 14; Hammen, ZIP 1987, 151, 154; Wach, Terminhandel in Recht und Praxis, S. 258; Bundschuh, WM 1986, 725, 726; Jäger, Aktienoptionen und Optionsscheine, S. 87 ff.; Henssler, Risiko als Vertragsgegenstand, S. 678 m.w.N.
89 Für Kaufvertrag: Jaskulla, Einführung derivativer Finanzinstrumente an den deutschen Börsen als Regelungsproblem, S. 162 m.w.N.; für Vertragsübernahme: Ebenroth/Einsele, ZIP 1988, 205, 210; Jäger, Aktienoptionen und Optionsscheine, S. 86 f.; Paus, Börsentermingeschäfte, S. 243.
90 BGHZ 117, 135 = WM 1992, 479 = ZIP 1992, 314 = NJW 1992, 1630; Schwark, BörsG, Einl. §§ 50 – 70, Rz. 15; Paus, Börsentermingeschäfte, S. 243 ff., 257 ff.; Hartung, Wertpapieroptionsgeschäft, S. 191; Jaskulla, Einführung derivativer Finanzinstrumente, S. 165 ff.; Häuser, in: Assmann/Schütze, Hdb. des KapitalanlageR, § 16, Rz. 128; Henssler, Risiko als Vertragsgegenstand, S. 680; Tilp, DB 1989, 2365, 2367.
91 Vgl. dazu ausführlich Irmen, in: Schäfer, WpHG und BörsG, Einl. §§ 50-70, Rz. 61 ff.

stellen dementsprechend Börsentermingeschäfte sowohl hinsichtlich des Primär- wie des Sekundärerwerbs dar[92]. Eine Ausnahme besteht nur insoweit, als die Optionsscheine zunächst im Zusammenhang mit einer Optionsanleihe begeben wurden. In diesem Fall begibt ein Unternehmen eine Anleihe und emittiert gleichzeitig Optionsscheine, die zum Bezug der Aktien des emittierenden Unternehmens berechtigen. Optionsanleihe wie Optionsscheine werden gleichzeitig als »Paket« emittiert und in der Praxis des Börsenhandels bereits nach kurzer Zeit getrennt gehandelt[93]. Die Emission von Optionsscheinen in Verbindung mit einer Anleihe führt für das Unternehmen dazu, daß es wegen der »Zugabe« von Optionsscheinen zu einer Anleihe nur einen unter den Marktzinssätzen liegenden Zinssatz für die Anleihe zahlen muß. Der Optionspreis schlägt sich für das Unternehmen somit in einem ermäßigten Zinssatz für die Anleihe nieder. Für den nicht informierten Privatanleger ist das aus einem Optionsschein, der zunächst mit einer Anleihe emittiert wurde, resultierende Risiko identisch mit dem Risiko, das aus Optionsscheinen resultiert, die ohne eine Anleihe emittiert wurden. Unter dem Gesichtspunkt des nicht börsentermingeschäftsfähigen Publikums läge es daher nahe, Optionsscheine aus einer Optionsanleihe wie Optionsscheine zu behandeln, die ohne Anleihe emittiert wurden[94]. Der BGH ist dieser Überlegung nicht gefolgt. Optionsanleihen sind gem. § 221 Abs. 1 AktG ein gesetzlich anerkanntes Mittel zur Kapitalbeschaffung für Unternehmen. Da ein Optionsschein aus einer Optionsanleihe der Ausgleich für deren nicht marktgerechte Verzinsung ist, wertete der BGH diese Optionsscheine als Teil des Refinanzierungsinstrumentariums von Unternehmen. Ein Unternehmen soll jedoch nicht den gleichen Risiken unterliegen, wie der Stillhalter in Papieren aus einer Option. Als Emittent von Optionsscheinen, die zum Bezug der eigenen Aktien berechtigten, soll der Emittent als Stillhalter keinem Kursrisiko unterliegen und dementsprechend keine Risikoprämie erhalten[95]. Die Rechtsprechung basiert auf der wirtschaftlich angreifbaren Annahme, daß die Eingehung der Verpflichtung zur Emission eigener Aktien entgeltlos, jedenfalls nicht gegen Erhalt einer Risikoprämie, erfolgt. Für die Praxis steht damit fest, daß Optionsscheine, die zusammen mit einer Anleihe emittiert wurden, anders als ohne Anleihe emittierte Optionsscheine keine

---

92 Heute ständige Rspr. und ganz h.L., vgl. BGH WM 1994, 2231 = ZIP 1994, 1924; Horn, ZIP 1990, 2, 13; Hartung, BB 1989, 2411; Tilp, DB 1989, 2365; Rössner/Lachmair, BB 1989, 1990; a.A. Schwark, WM 1988, 921 ff.; Kümpel, Bank- u. Kapitalmarktrecht, 12.81 ff.; differenzierend Drygala, ZHR 159 (1995), 686 ff.; Schwintowski, ZIP 1988, 1021 ff.; André, Verbindlichkeit von Optionsscheingeschäften, S. 111 ff.
93 Dementsprechend gibt es 3 Notierungen, die der Anleihe cum, die der Anleihe ex sowie des abgetrennten Optionsscheines.
94 Vgl. etwa Schulte-Nölke, DStR 1995, 1798, 1799.
95 BGHZ 114, 177, 180 ff. = WM 1991, 982 = ZIP 1991, 714; BGH WM 1994, 2231, = ZIP 1994, 1924 ff.

Börsentermingeschäfte darstellen wegen ihrer grundsätzlichen Anerkennung als Instrument der Kapitalbeschaffung für Aktiengesellschaften durch § 221 AktG. Nach einer jüngsten Entscheidung des BGH gilt dies auch, soweit ausländische Aktiengesellschaften Optionsscheine zusammen mit einer Anleihe emittierten[96]. Alle anderen Formen von Optionsscheinen werden wie unverbriefte Optionen als Börsentermingeschäfte behandelt, z.B. die DAX-Optionsscheine[97]. Bisher offen ist, ob Optionsscheine auf Aktien des Emittenten, die von diesem nicht in Verbindung mit einer Optionsanleihe emittiert wurden, als Börsentermingeschäfte zu qualifizieren sind. Die h. M. sieht hierin in Anlehnung an die Rechtsprechung des BGH zu Optionsscheinen, die von Optionsanleihen getrennt wurden, gleichfalls keine Termingeschäfte[98].

An der Qualifikation einzelner Optionsscheine als Börsentermingeschäft sind jüngst durch das LG Stuttgart Zweifel geäußert worden[99]. Bei Optionsscheinen, die eine Zahlung der Differenz zwischen einem festgelegten Preis und dem Preis eines in den Optionsscheinbedingungen näher definierten »Aktienkorbs« als der Teilmenge eines umfassenderen Aktienindexes (im vorliegenden Fall eines »China Baskets«, also einiger chinesischer Aktien) verbriefen, soll kein Termingeschäft vorliegen, da keine Möglichkeit eines glattstellenden Gegengeschäftes bestehe. In Ermangelung eines Börsentermingeschäfts kann § 58 BörsG keine Sperrwirkung entfalten[100] und das LG Stuttgart läßt konsequent den Differenzeinwand gemäß §§ 764, 762 BGB zu. – Die Erwägungen des LG Stuttgart treffen grundsätzlich auf fast alle Optionsscheine zu, die sich nicht unmittelbar auf einzelne Aktien oder Indizes beziehen, so neben den Basket-Optionsscheinen z.B. auf Bandbreiten-Optionsscheine (sog. Range-Warrants), Turbo-, Look-Back- oder Digital-Optionsscheine[101]. Das Urteil ist aus einer Reihe von Gründen unzutreffend. Soweit keine eine Glattstellung ermöglichende Beziehung zu einem Terminmarkt für erforderlich gehalten wird[102], liegt ein Termingeschäft vor. Aber auch soweit ei-

51

---

96 BGH WM 1996, 1620 = ZIP 1996, 1459, und zwar unabhängig davon, ob das ausländische Recht eine dem § 221 AktG entsprechende Norm enthält; vgl. auch Drygala, ZHR 159 (1995), 686, 705; Paus, Börsentermingeschäfte, S. 247; Schwark, BörsG, Einl. §§ 50-70, Rz. 24; Baumbach/Hopt, HGB, BörsG vor § 50, Rz. 9; a.A. Tilp, DB 1989, 2365, 2368; Horn, ZIP 1990, 2, 13; Schulte-Nölke, DStR 1995, 1798, 1799.
97 Vgl. BGH WM 1994, 834 = ZIP 1994, 693; BGH WM 1994, 2231 = ZIP 1994, 1924; BGH WM 1995, 2026 = ZIP 1995, 1812.
98 Vgl. ausführlich Fuchs, AG 1995, 433 ff., 439, FN 47 mit umfangreichen Nachweisen zum Streitstand; Irmen, in: Schäfer, WpHG und BörsG, Einl. §§ 50-70, Rz. 71; a.A. Lutter, in: Kölner Kommentar zum AktG, § 221, Rz. 185; Martens, AG 1989, 69, 71 ff.
99 LG Stuttgart, WM 1996, 1446 = ZIP 1996, 1339; ablehnend OLG Hamm ZIP 1996, 1864 ff.
100 Vgl. Drygala, EWiR § 53 BörsG 3/96, 701.
101 Vgl. Drygala, EWiR § 53 BörsG 3/96, 701, 702; ausführlich zu den verschiedenen Erscheinungsformen exotischer Optionsscheine ders. ZHR 159 (1995), 686, 690 f.
102 Vgl. Kümpel, Bank- und Kapitalmarktrecht, 12.54 ff.; Müller-Deku/Schuster, WM 1996, 1448 ff.

ne solche bzw. die Möglichkeit der Beendigung des Terminengagements für erforderlich gehalten wird[103], liegt diese bei Optionsscheinen faktisch in ihrer Veräußerbarkeit an der Börse[104/105]. Schließlich wäre bei Verneinung einer Möglichkeit der Schließung der Risikoposition zu prüfen gewesen, ob es sich tatsächlich um ein Differenzgeschäft handelt und der Differenzeinwand aufgrund wirtschaftlicher Berechtigung des Geschäfts etwa wegen Absicherung zukünftiger Lieferverpflichtungen von in dem Basket enthaltenen Aktien[106] ausgeschlossen ist. Der BGH hat Optionsscheine, die zunächst in Verbindung mit einer Anleihe begeben wurden, nicht als Börsentermingeschäfte, sondern als Kassageschäfte qualifiziert unter ausdrücklicher Ablehnung ihrer Einordnung als Differenzgeschäfte[107].

52   Hinsichtlich einer Vielzahl weiterer Finanzinnovationen stellt sich die Frage der Qualifikation als Börsentermingeschäft. Dies gilt z.B. für die Over-The-Counter-Optionen (OTC-Optionen), die Anleihen mit Tilgungswahlrecht, Swaps, Caps, Floors, Collars oder Forward Rate Agreements (FRA's)[108]. Leerverkäufe, sog. Short Sales, werden bereits in der Begründung der Börsengesetznovelle 1989 ausdrücklich den Börsentermingeschäften zugeordnet[109]. Trotzdem wird auch nach der Börsengesetznovelle 1989 zum Teil noch an der Auffassung festgehalten, diese wären keine Börsentermingeschäfte[110].

---

103 Vgl. oben § 13 V. 1 d) bb).
104 So auch Bader, WuB I. G 7.-7.96; a.A. wohl Müller-Deku/Schuster, WM 1996, 1448, 1450; wohl auch Drygala für nicht auf Differenzausgleich gerichtete Optionsscheine, ZHR 159 (1995), 686, 698.
105 Drygala, ZHR 159 (1995), 686, 695 f. sieht die Glattstellung institutionalisiert in der Differenzvereinbarung des Optionsscheins.
106 So Bader, WuB I G 7.-7.96.
107 BGHZ 114, 177, 182 = WM 1991, 982, 983 = ZIP 1991, 714, 716; Drygala, EWiR § 53 BörsG 3/96, 701, 702.
108 Vgl. dazu ausführlich Irmen, in: Schäfer, WpHG und BörsG, Einl. §§ 50-70, Rz. 73 ff.; Rümker, in: Aktuelle Probleme des Wertpapiergeschäfts, S. 93, 109 ff.; Bosch, WM 1995, 365 ff.; Decker, WM 1990, 1001 ff.; Obermüller, in: Festschr. Merz, S. 423 ff.; Henssler, Risiko als Vertragsgegenstand, S. 681ff.; vgl. weiter unten § 14 II. 2. d).
109 BT-Drucks. 11/4177, S. 18; Kümpel, WM 1982, Sonderbeilage Nr. 6, S. 17 f.; Irmen, in: Schäfer, WpHG und BörsG, Einl. §§ 50-70, Rz. 86 ff.
110 So Schwark, BörsG, Einl. 50-70, Rz. 29; Henssler, Risiko als Vertragsgegenstand, S. 674 ff.; ders., ZHR 153 (1989), 611, 634; Polt, BuB, Rn 7/244; dagegen zu Recht Horn, ZIP 1990, 2, 4; Kümpel/Peters, AG 1994, 525, 527; Kümpel, Bank- und Kapitalmarktrecht, 12.66; Baumbach/Hopt, HGB, BörsG, § 50, Rz. 1; Grimm, Das Vertragsrecht des Wertpapierdarlehens, S. 86, FN 555; Irmen, in: Schäfer, WpHG und BörsG, Einl. §§ 50-70, Rz. 87; vgl. auch unten § 14 IV. 3. c).

2. Gesetzessystematik

a) Verbotene Börsentermingeschäfte
Bis zur Börsengesetznovelle 1989 galt der Grundsatz, daß der Bundesminister der Finanzen mit Zustimmung des Bundesrates bestimmte Aktien oder Aktiengruppen zum Börsenhandel zulassen konnte. Nicht zugelassene Aktien oder Aktiengruppen unterlagen grundsätzlich einem Börsentermingeschäftsverbot. Dieses Verbot mit Erlaubnisvorbehalt wurde mit der Börsengesetznovelle 1989 in eine generelle Erlaubnis mit Verbotsvorbehalt umgewandelt. Nunmehr kann nach § 63 BörsG der Bundesminister der Finanzen alle Arten von Börsentermingeschäften durch Rechtsverordnung mit Zustimmung des Bundesrates verbieten oder beschränken oder von Bedingungen abhängig machen, soweit dies zum Schutz des Publikums geboten ist. Durch Börsentermingeschäfte, die gem. § 63 BörsG verboten sind, wird eine Verbindlichkeit nicht begründet, § 64 Abs. 1 S. 1 BörsG. Die Unwirksamkeit erstreckt sich auch auf die Bestellung einer Sicherheit. Allerdings können Leistungen aufgrund eines verbotenen Geschäfts nicht deshalb zurückgefordert werden, weil eine Verbindlichkeit nach § 64 Abs. 1 S. 1 BörsG nicht bestand, § 64 Abs. 2 BörsG. 53

Über diese Regelung hinausgehende generelle gesetzliche Verbote bestehen nicht mehr. Bis Ende 1994 waren Börsentermingeschäfte in Getreide und Erzeugnissen der Getreidemüllerei verboten, § 65 BörsG a.F. Im Zuge des zweiten Finanzmarktförderungsgesetzes wurden die rechtlichen Grundlagen für die Errichtung einer Warenterminbörse geschaffen[111]. Zu diesem Zweck wurden die §§ 65-68 BörsG a.F. mit Wirkung zum 1. Januar 1995 aufgehoben und das Informationsmodell zur Herbeiführung der Termingeschäftsfähigkeit auch auf Warentermingeschäfte erstreckt, § 53 Abs. 2 S. 2 BörsG. 54

Nach der Abschaffung genereller gesetzlicher Verbote von Börsentermingeschäften bestehen noch für einzelne Kapitalmarktteilnehmer Verbote zum Abschluß von Börsentermingeschäften, so etwa für Hypothekenbanken, § 5 Abs. 1 Nr. 3 HypBankG. Kapitalanlagegesellschaften dürfen Börsentermingeschäfte nur in eingeschränktem Umfang abschließen, §§ 8 ff. KAGG. 55

b) Erlaubte Börsentermingeschäfte
Neben den – z.Zt. nicht vorhandenen – verbotenen Börsentermingeschäften stehen die erlaubten Börsentermingeschäfte. Diese werden unterschieden in die erlaubten offiziellen Börsentermingeschäfte, das sind die Börsentermingeschäfte, die durch den Börsenvorstand gem. § 50 Abs. 1 56

---

111 Vgl. Dannhoff, WM 1994, 485 ff.

BörsG zum Handel an einer Börse zugelassen worden sind, und den erlaubten inoffiziellen Börsentermingeschäften, also den Börsentermingeschäften, die zwar nicht verboten sind, aber auch nicht gem. § 50 Abs. 1 BörsG zum Handel an einer Börse zugelassen sind (also z.B. Termingeschäfte, die in Verbindung mit einem inländischen Terminmarkt außerhalb der Börse gehandelt werden oder Termingeschäfte an ausländischen Börsen oder Terminmärkten)[112].

VI. Börsentermingeschäftsfähigkeit

1. Termingeschäftsfähigkeit kraft Gesetzes

57 Seit dem Börsengesetz von 1896 verfolgt der Gesetzgeber das Konzept, daß Börsentermingeschäfte nur dann wirksam sind, wenn sie innerhalb einer »Börsenrechtssphäre« geschlossen werden. Die Kriterien zur Bestimmung der personellen Eingrenzung der Teilnehmer an der Börsenrechtssphäre haben sich jedoch im Laufe der Jahre geändert. Merkmal für die Eingrenzung der Börsenrechtssphäre ist die Börsentermingeschäftsfähigkeit. Damit wird diese neben dem Begriff des Börsentermingeschäftes selbst zum zentralen Begriff des gesamten Börsentermingeschäftsrechts. Die Börsentermingeschäftsfähigkeit zählt wie die Kaufmannseigenschaft zu den persönlichen Verhältnissen des Anlegers[113] und wird seit der Börsengesetznovelle 1989 entweder qua Status oder durch Information erlangt. Schon vor der Novelle wurde an der statusorientierten Zuerkennung der Börsentermingeschäftsfähigkeit für Kaufleute Kritik geübt[114]. Das häufig zitierte Beispiel des in das Handelsregister eingetragenen Inhabers eines Textileinzelhandelsgeschäftes, der qua Kaufmannseigenschaft termingeschäftsfähig ist, im Vergleich mit dem Vorstandsvorsitzenden einer Bank in der Rechtsform einer börsennotierten Aktiengesellschaft, der nicht a priori termingeschäftsfähig ist, mag mit Blick auf die jeweilige individuelle Schutzbedürftigkeit zutreffend sein. Der Gesetzgeber hat jedoch aus Gründen der Rechtssicherheit an einer statusorientierten Zuerkennung der Börsentermingeschäftsfähigkeit trotz individueller Schutzdefizite festgehalten und die individuelle Schutzbedürftigkeit in den Bereich der vertraglichen Aufklärungs- und Beratungspflichten verwiesen[115].

58 Die statusorientierte Börsentermingeschäftsfähigkeit knüpft an den Begriff des Kaufmanns an. Nach § 53 Abs. 1 S. 1 BörsG sind terminge-

---

112 Vgl. Schwark, BörsG, Einl. §§ 50-70, Rz. 39.
113 BGH WM 1996, 1260, 1262 = ZIP 1996, 1206, 1208.
114 Vgl. nur Assmann, Festschr. Heinsius, S. 1, 11; Häuser, in: Assmann/Schütze, Hdb. des KapitalanlageR, § 16 Rz. 196 ff. m.u.w.N.
115 So zu Recht Irmen, in: Schäfer, WpHG und BörsG, § 53 Rz. 2; vgl. auch BGH WM 1996, 1260 = ZIP 1996, 1206.

§ 13 Börsentermingeschäfte

schäftsfähig Kaufleute, wenn sie in das Handels- oder Genossenschaftsregister eingetragen sind oder aufgrund von § 36 HGB nicht eingetragen zu werden brauchen oder nicht eingetragen werden, weil sie ihren Sitz oder ihre Hauptniederlassung außerhalb des Geltungsbereichs des Börsengesetzes haben. Aufgrund der formalen Anknüpfung an die Eintragung im Handelsregister ist auch ein zu Unrecht eingetragener Minderkaufmann termingeschäftsfähig[116]. Im Umkehrschluß ist ein nicht im Handelsregister eingetragener Vollkaufmann oder ein sich als Vollkaufmann ausgebender Scheinkaufmann nicht börsentermingeschäftsfähig[117]. Andererseits sind die im Handelsregister eingetragenen Gesellschafter einer OHG oder die Komplementäre einer KG termingeschäftsfähig[118]. Kommanditisten einer KG sowie Organe einer juristischen Person sind jedoch nicht Kaufleute und aus diesem Grunde auch nicht termingeschäftsfähig[119].

Soweit Kaufleute nicht eingetragen sind, weil sie ihren Sitz oder ihre Hauptniederlassung außerhalb des Geltungsbereichs des Börsengesetzes haben, erklärt sie § 53 Abs. 1 S. 1 Nr. 3 BörsG gleichfalls für termingeschäftsfähig. Da jedoch in vielen ausländischen Rechtsordnungen der Begriff des Kaufmannes in der in Deutschland verwendeten Form nicht besteht, ist insoweit darauf abzustellen, ob der Ausländer in Deutschland als Formkaufmann i.S.v. § 6 HGB gelten würde oder eine vollkaufmännische Tätigkeit ausübt[120]. Nicht unerhebliche Probleme ergeben sich mit juristischen Personen des Privatrechts, die nicht im Handelsregister eingetragen sind wie z.B. Vereine, Versicherungsvereine auf Gegenseitigkeit oder Stiftungen[121], oder bei juristischen Personen des öffentlichen Rechts. 59

Der an die Eintragung im Handelsregister anknüpfende Kaufmannsbegriff wird durch § 53 Abs. 1 S. 2 BörsG erweitert um Personen, »die z.Zt. des Geschäftsabschlusses oder früher gewerbsmäßig oder berufsmäßig Börsentermingeschäfte betrieben haben oder zur Teilnahme am Börsenhandel zugelassen waren«[122]. 60

---

116 RegBegr., BT-Drucks. 11/4177, S. 9; Assmann, Festschr. Heinsius, S. 1, 13; Häuser, in: Assmann/Schütze, Hdb. des KapitalanlageR, § 16 Rz. 201; Irmen, in: Schäfer, WpHG und BörsG, § 53 Rz. 5.
117 Vgl. Irmen, in: Schäfer, WpHG und BörsG, § 53 Rz. 5 m.w.N.
118 Wach, AG 1992, 384, 387; Schwark, BörsG, § 53 Rz. 4; Assmann, Festschr. Heinsius, S. 1, 14; Irmen, in: Schäfer, WpHG und BörsG, § 53 Rz. 8; a.A. nur Baumbauch/Hopt, HGB, BörsG § 53 Rz. 3.
119 BGH, WM 1988, 857 = ZIP 1988, 694; Irmen, in: Schäfer, WpHG und BörsG, § 53 Rz. 9 m.w.N. – vgl. dort auch zu Unternehmen öffentlicher Körperschaften.
120 RegBegr. BT-Drucks. 11/4177, S. 19; Irmen, in: Schäfer, WpHG und BörsG, § 53 Rz. 11 m.w. Ausführungen zu den schwierigen Abgrenzungsfragen im einzelnen.
121 Vgl. ausführlich Irmen, in: Schäfer, WpHG und BörsG, § 53 Rz. 12 ff.
122 Zum berufsmäßigen Betreiben vgl. BGH WM 1996, 1620 = ZIP 1996, 1459; BGH WM 1995, 658 = ZIP 1995, 553; BGH WM 1988, 875; Irmen, in: Schäfer, WpHG und BörsG, § 53 Rz. 15 ff.; Schwark, BörsG, § 53 Rz. 9 f.

2. Termingeschäftsfähigkeit kraft Information

a) Qualifikation der Termingeschäftsfähigkeit kraft Information

61 Mit der Börsengesetznovelle 1989 wurde zwecks Erweiterung des Teilnehmerkreises an Börsentermingeschäften über die statusorientierte Börsentermingeschäftsfähigkeit hinaus die Börsentermingeschäftsfähigkeit kraft Information eingeführt. Hierdurch sollte der Zugang privaten Kapitals zu den Terminmärkten in erweitertem Umfange ermöglicht werden[123]. Grundprinzip des Informationsmodells ist, daß keines Schutzes durch den Termineinwand bedarf, wer aufgrund seiner – formal festgestellten – Kenntnisse in der Lage ist, die Konsequenzen seines Handelns selbst abzuschätzen. Diese gesetzgeberische Entscheidung ist in der Literatur z.T. heftig kritisiert worden[124].

62 Nicht abschließend geklärt ist das Wesen der Börsentermingeschäftsfähigkeit von Privatanlegern. Sie ist nach § 53 Abs. 2 BörsG Voraussetzung für die Verbindlichkeit eines zwischen einem einer gesetzlichen Banken- oder Börsenaufsicht unterstehenden Kaufmann und einem Nichtkaufmann abgeschlossenen Börsentermingeschäft. Die Information des Nichtkaufmanns führt also zu dessen Eintritt in die Börsenrechtssphäre. Die Börsentermingeschäftsfähigkeit kraft Information steht damit gleichrangig neben der Börsentermingeschäftsfähigkeit kraft Status (Kaufmannseigenschaft). Der Eintritt in die Börsenrechtssphäre scheint nach dem Wortlauf von § 53 Abs. 2 S. 1 BörsG jedoch insoweit eingeschränkt, als »... der Kaufmann ... den anderen Teil vor Geschäftsabschluß schriftlich ... informiert«. An dieser Formulierung hat sich die Diskussion entzündet, ob ein Anleger, der von der Bank A termingeschäftsfähig gemacht worden ist, nunmehr diese auch gegenüber der Bank B besitzt. Auch wenn der Frage praktisch keine allzu große Bedeutung zukommen dürfte, da jede Bank aus Beweisgründen ihrerseits die Termingeschäftsfähigkeit des Anlegers herbeiführen wird, so könnte sie z.B. relevant werden, wenn eine ausländische Tochterbank die Herbeiführung der Termingeschäftsfähigkeit versäumte oder sie bereits abgelaufen ist, jedoch die inländische Mutterbank die Termingeschäftsfähigkeit herbeiführte. Unter Schutzzweckgesichtspunkten erscheint eine mehrfache Information desselben Anlegers – obendrein mit dem identischen, von allen Banken bundesweit gleichermaßen genutzten Informationsblatt – wenig sinnvoll. Ist der Anleger einmal informiert, wird er das ihm von einer anderen Bank vorgelegte Informationsblatt kaum erneut lesen und erst Recht nicht zusätzliche

---

123 BT-Drucks. 11/4177, S. 9.
124 Vgl. Assmann, Feschr. Heinsius, S. 1, 17 f.; Koller, BB 1990, 2202, 2203; Grunewald, AcP 190 (1990), 609, 621; Horn, ZIP 1990, 2, 9; Henssler, ZHR 153 (1989), 611, 620 ff.; ders., Risiko als Vertragsgegenstand, S. 641 ff., 704 ff.; Schwark, Festschr. Steindorff, S. 473, 482 ff.; Irmen, in: Schäfer, WpHG und BörsG, § 53 Rz. 3 f.

Kenntnisse gewinnen. Eine universell wirkende Termingeschäftsfähigkeit des Anlegers entspricht den Intentionen, nicht jedoch unbedingt dem Wortlaut des Gesetzes[125].

b) Schriftliche Information
Nach § 53 Abs. 2 S. 1 BörsG muß die von dem Kaufmann verwendete schriftliche Information den anderen Teil vor Geschäftsabschluß grundsätzlich über die vier dort aufgeführten Risikosituationen informieren. Die Risikosituationen sind, daß

63

- die aus Börsentermingeschäften erworbenen befristeten Rechte verfallen oder eine Wertminderung erleiden können,
- das Verlustrisiko nicht bestimmbar sein und auch über etwaige geleistete Sicherheiten hinausgehen kann,
- Geschäfte, mit denen die Risiken aus eingegangenen Börsentermingeschäften ausgeschlossen oder eingeschränkt werden sollen, möglicherweise nicht oder nur zu einem verlustbringenden Marktpreis getätigt werden können, sowie
- sich das Verlustrisiko erhöht, wenn zur Erfüllung von Verpflichtungen aus Börsentermingeschäften Kredit in Anspruch genommen wird oder die Verpflichtung aus Börsentermingeschäften oder die hieraus zu beanspruchende Gegenleistung auf ausländische Währung oder eine Rechnungseinheit lautet[126].

Der Gesetzgeber hat an die Information die Erwartung gestellt, daß die »Risikosituationen« in Bezug auf die am Markt vorkommenden Vertragstypen und Kontraktarten dargestellt werden[127]. Es wird hervorgehoben, daß im Falle des Auftretens neuer Arten von Börsentermingeschäften das Informationsblatt aktualisiert werden muß und die neu aufgetretenen Risikosituationen umschrieben bzw. erläutert werden[128]. Streitig ist, ob im Falle des Auftretens neuer Arten von Börsentermingeschäften die Börsentermingeschäftsfähigkeit hinsichtlich der Formen von Börsentermingeschäften, die in dem Informationsblatt zutreffend erläutert werden, bestehen bleibt und eine Börsentermingeschäftsfähigkeit lediglich hinsichtlich der Risiken, die nicht zutreffend erläutert werden, entfällt[129]. Hier

64

---

125 Für Wirkung inter omnes Kümpel, Bank- und Kapitalmarktrecht, 12.119; Seeberg, ZIP 1992, 600, 602; Kleinschmitt, Informationsmodell bei Börsentermingeschäften, S. 115 f.; de Lousanoff, ZHR 159 (1995), 229, 238; Schäfer, ZIP 1989, 1103, 1105; für Wirkung inter partes Wach, AG 1992, 384, 396; Horn, ZIP 1990, 2, 8; Schwark, BörsG, § 53 Rz. 20; Irmen, in: Schäfer, WpHG und BörsG, § 53 Rz. 24; offen gelassen von BGH WM 1995, 658, 659 = ZIP 1995, 553.
126 Vgl. dazu ausführlich Wach, AG 1992, 384, 394; Kleinschmitt, Informationsmodell bei Börsentermingeschäften, S. 103 f.
127 BT-Drucks. 11/4177, S. 19 f.; BT-Drucks. 11/4721, S. 15.
128 BT-Drucks. 11/4177, S. 19 f.
129 Für partielle Termingeschäftsfähigkeit: BT-Drucks. 11/4177, S. 20; Kümpel, WM 1989, 1485, 1490; Wach, AG 1992, 384, 394; für Fortbestehen voller Termingeschäftsfähigkeit Schäfer,

sollte zur Wahrung der Rechtssicherheit bei einmal gegebener Termingeschäftsfähigkeit diese bei Auftreten neuer Formen von Börsentermingeschäften nicht in eine partielle Termingeschäftsfähigkeit mutieren, sondern die Einbeziehung neuer Risikosituationen in das Merkblatt und damit in die regelmäßige Erneuerung der Termingeschäftsfähigkeit ausreichen.

65 Das von den Bankenverbänden entwickelte und bundesweit einheitlich verwendete Informationsblatt[130] genügt den Anforderungen von § 53 Abs. 2 S. 1 BörsG[131].

66 Die Schriftlichkeit der Information bedeutet hier nicht Schriftform i.S.v. § 126 BGB, was erfordern würde, daß die Unterrichtungsschrift durch den Kaufmann zu unterzeichnen wäre, sondern in Anlehnung an die Rechtsprechung des BGH zur Aufklärung bei Warentermingeschäften eine Schriftlichkeit der Information, die nach § 53 Abs. 2 S. 3 BörsG von dem Anleger zu unterzeichnen ist[132].

c) Wer ist von wem zu informieren?

67 Die Unterrichtung des Anlegers kann nach § 53 Abs. 2 S. 1 BörsG nur durch einen Kaufmann erfolgen, der »einer gesetzlichen Banken- oder Börsenaufsicht untersteht«. Der Gesetzentwurf der Bundesregierung sah zunächst vor, daß jeder Kaufmann den Anleger sollte informieren können[133]. Auf Anregung des Finanzausschusses wurde eingefügt, daß der Kaufmann einer gesetzlichen Banken- oder Börsenaufsicht unterstehen muß[134]. Mit dieser Ergänzung sollte sichergestellt werden, daß das Informationsmodell nur im Rahmen einer qualifizierten Beratung zur Anwendung kommt. Der Referentenentwurf des Gesetzes zur Umsetzung der Wertpapierdienstleistungs- und Kapitaladäquanzrichtlinie sowie zur Änderung anderer bank- und wertpapieraufsichtsrechtlicher Vorschriften sieht vor, daß in § 53 Abs. 2 S. 1 BörsG nach dem Wort »Banken-« eingefügt wird »Finanzdienstleistungs-«. Damit würden auch die der Aufsicht durch das Bundesaufsichtsamt für das Kreditwesen unterliegenden Finanzdienstleistungsinstitute in den Kreis der Kaufleute einbezogen, die die Termingeschäftsfähigkeit von Anlegern herbeiführen können[135].

ZIP 1989, 1103, 1105; Kleinschmitt, Informationsmodelle bei Börsentermingeschäften, S. 106 f.; jetzt auch Kümpel, Bank- und Kapitalmarktrecht, 12.117.
130 abgedr. in WM 1989, 1192.
131 BGH WM 1996, 1260 = ZIP 1996, 1206; WM 1995, 658 = ZIP 1995, 553; BGH WM 1994, 834, 835 = ZIP 1994, 693, 694; Irmen, in: Schäfer, WpHG und BörsG, § 53 Rz. 53; Jaskulla, Einführung derivativer Finanzinstrumente, S. 201, 276; Wach, AG 1992, 384, 395; Schwark, BörsG, § 53 Rz. 16.
132 Schwark, BörsG, § 53 Rz. 22; Kümpel, WM 1989, 1484, 1488; ders., WM 1995, 689, 693; Irmen, in: Schäfer, WpHG und BörsG, § 53 Rz. 39; Wach, AG 1992, 384, 395.
133 Vgl. BT-Drucks. 11/4333, S. 7, 19.
134 Vgl. BT-Drucks. 11/4721, S. 11, 21.
135 Vgl. auch oben § 13 IV. 1.

Grundsätzlich genügt auch eine ausländische Banken- oder Börsenaufsicht, wenn sie funktional der inländischen entspricht[136]. Zukünftig wird hier auch eine ausländische Wertpapieraufsichtsbehörde genügen[137]. Ein nicht derart qualifizierter Kaufmann kann auch bei Verwendung der vom BGH für ausreichend erachteten Informationsschrift keine Termingeschäftsfähigkeit eines Anlegers herbeiführen[138].

Der zu Informierende, vom Gesetz »der andere Teil« genannt, ist grundsätzlich der Vertragspartner des einer gesetzlichen Banken- oder Börsenaufsicht unterstehenden Kaufmanns. Dementsprechend sind bei Gemeinschaftskonten sämtliche Kontoinhaber und bei Gesellschaften bürgerlichen Rechts sämtliche Gesellschafter termingeschäftsfähig zu machen[139]. 68

Problematisch sind die Fälle, in denen Termingeschäfte von Eltern für minderjährige Kinder oder von Testamentsvollstreckern für Erben abgeschlossen werden sollen. Hierfür können durchaus wirtschaftlich berechtigte Gründe bestehen. Die Verwaltung von ererbten Vermögen des Minderjährigen durch die Eltern als gesetzliche Vertreter oder die Verwaltung einer Erbmasse durch einen Dauertestamentsvollstrecker kann die Eltern bzw. den Testamentsvollstrecker u.U. dazu verpflichten, Absicherungsgeschäfte in Form von Börsentermingeschäften vorzunehmen. Bei einem Minderjährigen müssen daher die Eltern als gesetzliche Vertreter die Information des der Banken- oder Börsenaufsicht unterstehenden Kaufmanns entgegennehmen können[140]. Die Unterrichtung »des anderen Teils« mit ihrer formalisierten Aufklärung würde der ihr vom Gesetzgeber zugedachten Funktion nicht gerecht, wollte man auf den Minderjährigen selbst abstellen und nicht auf dessen gesetzlichen Vertreter. Gleiches gilt bei einem Testamentsvollstrecker. Dieser handelt nach der heute ganz herrschenden Amtstheorie unabhängig vom Willen der Erben im eigenen Namen kraft eigenen Rechts[141]. Trotz seiner fremdnützigen Tätigkeit ist er weder Vertreter des Erblassers noch der Erben[142]. Zutreffend wird daher für die Herbeiführung der Termingeschäftsfähigkeit als Voraussetzung für den wirksamen Abschluß von Termingeschäften mit wirtschaftlicher 69

---

136 Seeberg, ZIP 1992, 600, 601; Wach, AG 1992, 384, 391; Häuser, in: Assmann/Schütze, Hdb. des KapitalanlageR, § 16, Rz. 233; Irmen, in: Schäfer, WpHG und BörsG, § 53 Rz. 26.
137 So wohl auch Horn, ZIP 1990, 2, 8; Steuer, Bank 1989, 370 f.
138 BGH WM 1994, 834 = ZIP 1994, 693; dazu Schäfer WuB I G 5.-5.94; Schäfer, ZIP 1989, 1103, 1104; Horn, ZIP 1990, 2, 8 f.; Kümpel, WM 1989, 1485, 1487.
139 Vgl. Irmen, in: Schäfer, WpHG und BörsG, § 53 Rz. 33 ff. m.w.N.
140 Irmen, in: Schäfer, WpHG und BörsG, § 53 Rz. 38; Kümpel, Bank- und Kapitalmarktrecht, 12.138; Wach, AG 1992, 384, 397.
141 BGHZ 25, 275; Bengel/Reimann, Hdb. der Testamentsvollstreckung, 1. Kapitel, Rz. 11; Lange/Kuchinke, Erbrecht, § 31 III. 2. a).
142 BGHZ 13, 203; Haegele/Winkler, Testamentsvollstrecker, Rz. 2.

Wirkung für die Erben die Termingeschäftsfähigkeit des Testamentsvollstreckers gefordert[143].

70 Streitig ist, ob bei der Erlangung der Termingeschäftsfähigkeit Stellvertretung möglich ist. Nach § 53 Abs. 2 S. 3 BörsG muß die Unterrichtungsschrift »vom anderen Teil unterschrieben werden«. Dabei ist zu unterscheiden zwischen der Frage der Stellvertretung bei der Herbeiführung der Termingeschäftsfähigkeit und der Stellvertretung beim Abschluß von Börsentermingeschäften. Hinsichtlich der Herbeiführung der Termingeschäftsfähigkeit durch Unterzeichnung des Informationsblattes wird argumentiert, daß die Unterschrift kein Rechtsgeschäft, sondern eine geschäftsähnliche Handlung sei, woraus sich die Zulässigkeit einer Stellvertretung bei der Termingeschäftsfähigkeit ergebe[144]. Dem wird entgegengehalten, daß nicht die Unterschrift unter das Informationsblatt, sondern vielmehr der Erhalt der Information die Termingeschäftsfähigkeit eintreten läßt und daß erst die Möglichkeit der Erlangung der Kenntnis von den Risiken von Börsentermingeschäften eigenverantwortliche Entscheidungen des Anlegers eröffnet. Die Erlangung von Kenntnissen als reinem Realakt schließt eine Vertretung aus[145]. In der Praxis stellen sich darüber hinaus eine Reihe von Fragen im Zusammenhang damit, wie das Informationsblatt von dem der Bank- oder Börsenaufsicht unterliegenden Kaufmann zu dem Anleger gelangen muß[146].

71 Von der Stellvertretung bei der Erlangung der Termingeschäftsfähigkeit ist zu unterscheiden die Frage, ob bei dem Abschluß von Termingeschäften durch Stellvertreter der Vertretene, der Stellvertreter oder beide termingeschäftsfähig sein müssen. Die Termingeschäftsfähigkeit allein des Bevollmächtigten kann bereits nach dem Gesetzeswortlaut, der eine Information »des anderen Teils«, also des rechtsgeschäftlichen Vertragspartners, verlangt, nicht ausreichen. § 166 Abs. 1 BGB, der auf die Person des Vertreters und nicht des Vertretenen abstellt, wenn die Folgen einer Willenserklärung durch die Kenntnis oder das Kennenmüssen gewisse Umstände beeinflußt werden, wird der allgemeine Rechtsgedanke entnommen, daß die für die Termingeschäftsfähigkeit zumindest formal erforderlichen Kenntnisse auch bei dem Vertreter gegeben sein müssen[147]. Dieses

---

143 Irmen, in: Schäfer, WpHG und BörsG, § 53 Rz. 37; Bengel/Reimann, 5. Kapitel, Rz. 340.
144 So insb. Kümpel, WM 1989, 1485, 1488.
145 So die h.L., OLG Zweibrücken, ZIP 1995, 1251, 1253 = WM 1995, 1272; Schwark, BörsG, § 53 Rz. 22; Wach, AG 1992, 384, 396; Kleinschmitt, Informationsmodell bei Börsentermingeschäften, S. 130 ff.; Schäfer, ZIP 1989, 1103; 1105; Assmann, Festschr. Heinsius, S. 1, 31; Polt, BuB, Rz. 7/264; Irmen, in: Schäfer, WpHG und BörsG, § 53 Rz. 31.
146 Vgl. dazu BGH WM 1996, 1260, 1262 = ZIP 1996, 1206, 1208; BGH WM 1994, 834 = ZIP 1994, 693; BGH WM 1995, 658 = ZIP 1995, 553 – dazu Schäfer, WuB I. G. 7.-4.95 m.w.N.; OLG Hamm ZIP 1996, 1864; Irmen, in: Schäfer, WpHG und BörsG, § 53 Rz. 27 ff. m.u.w.N.
147 OLG Zweibrücken, ZIP 1995, 1251, 1253; Häuser, ZBB 1992, 249, 266; ders., in: Assmann/Schütze, Hdb. des KapitalanlageR, § 16 Rz. 248; Kümpel, Bank- und Kapitalmarkt-

Argument ist vom BGH jedoch mit der Begründung zurückgewiesen worden, daß die Termingeschäftsfähigkeit nur den Schutz desjenigen bezweckt, der Vertragspartner der Bank ist[148]. Für die Praxis steht damit fest, daß es für den wirksamen Abschluß von Termingeschäften nicht der Termingeschäftsfähigkeit des Vertreters, sondern nur des Vertretenen bedarf. Im Falle einer offenen Stellvertretung findet auch § 60 BörsG auf das Verhältnis zwischen Vertretenem und Stellvertreter keine Anwendung[149].

d) Zeitpunkt und Durchführung der Information
Die Information zur Herbeiführung der Termingeschäftsfähigkeit muß vor Geschäftsabschluß erfolgen[150]. Eine Information nach Abschluß eines Börsentermingeschäftes läßt die bereits abgeschlossenen Termingeschäfte nicht wirksam werden. Streitig ist, ob eine nach Abschluß von Börsentermingeschäften herbeigeführte Information überhaupt noch zu einer Termingeschäftsfähigkeit führen kann oder ob derartige »nachgeholte Informationen« auch für künftige Geschäfte keine Wirkung entfalten, weil der Anleger »vorgeprägt« ist und dementsprechend die Risikohinweise der Information nicht mehr unvorbelastet zur Kenntnis nimmt[151]. Der BGH ist dieser Auffassung nicht gefolgt. Da die Termingeschäftsfähigkeit nur die formale Information und nicht auch die anlegergerechte Beratung erfordert, kann eine »Vorprägung« nicht zu einer Unwirksamkeit der Börsentermingeschäftsfähigkeit führen, da andernfalls eine unübersehbare Rechtsunsicherheit hinsichtlich der Termingeschäftsfähigkeit eintrete und zudem alle diejenigen, die vor Unterzeichnung der Informationsschrift bereits Termingeschäfte getätigt haben, künftig von Termingeschäften ausgeschlossen würden, da sie nicht mehr termingeschäftsfähig werden könnten[152].

72

Die erste Unterrichtung »wirkt« ein Jahr. Sie ist nach § 53 Abs. 2 S. 4 BörsG während der letzten zwei Monate d.J. zu wiederholen. Danach sieht das Gesetz einen Drei-Jahres-Turnus für die Wiederholung der Information zur Aufrechterhaltung der Termingeschäftsfähigkeit vor. Wird die Termingeschäftsfähigkeit nicht erneuert, so erlischt sie. Der Anleger fällt – fingiert – in den Zustand der Unkenntnis zurück. Soll ein Anleger

73

recht, 12.137; Assmann, Festschr. Heinsius, S. 1, 31; Irmen, in: Schäfer, WpHG und BörsG, § 53 Rz. 32.
148 BGH WM 1996, 1260, 1262 = ZIP 1996, 1206, 1208 im Anschluß an Wach, AG 1992, 384, 396 FN 133; ebenso Kleinschmitt, Informationsmodell bei Börsentermingeschäften, S. 134.
149 BGH WM 1996, 1260 = ZIP 1996, 1206
150 Zu der Frage, ob »bei Geschäftsabschluß« genügt, vgl. Koller, BB 1990, 2202, 2209; Horn, ZIP 1990, 2,8; Irmen, in: Schäfer, WpHG und BörsG, § 53 Rz. 41.
151 So insb. OLG Zweibrücken, WM 1995, 1272 = ZIP 1995, 1251; differenzierend OLG Köln, WM 1996, 18 = ZIP 1996, 325.
152 BGH WM 1996, 1260 = ZIP 1996, 1206; so bereits vorher Drygala, ZIP 1995, 1255 f.; zustimmend Irmen, in: Schäfer, WpHG und BörsG, § 53 Rz. 42 f.; Schödermeier, Bank 1996, 166 f.; Ortmann, WuB I G. 7.-2.96.

aus diesem Zustand wiederum in den informierten Zustand versetzt werden, beginnt erneut zunächst eine Jahresfrist und sodann die Dreijahresfristen zu laufen[153].

74 Entfällt die Termingeschäftsfähigkeit aufgrund Zeitablaufs, während zunächst wirksam eingegangene Termingeschäfte noch laufen, so werden die einmal wirksam abgeschlossenen Termingeschäfte nicht durch den Wegfall der Termingeschäftsfähigkeit unverbindlich. Beabsichtigt der Anleger, die von ihm verbindlich abgeschlossenen Börsentermingeschäfte zu schließen (»glattzustellen«), so bedarf er hierfür keiner erneuten Termingeschäftsfähigkeit. Ein Anleger, der börsentermingeschäftsfähig Optionsscheine gekauft hat, kann diese somit nach Wegfall seiner Termingeschäftsfähigkeit verkaufen, ohne erneut termingeschäftsfähig werden zu müssen. – Wirksam eingegangene Termingeschäfte verlieren ihre Wirksamkeit auch nicht durch Übergang auf nicht termingeschäftsfähige Personen, z.B. im Erbfall oder anderen Fällen der Gesamtrechtsnachfolge.

e) Termingeschäftsfähigkeit bei Warentermingeschäften

75 Das von der Börsengesetznovelle 1989 zunächst auf Finanzterminkontrakte beschränkte Informationsmodell für Börsentermingeschäfte wurde durch das 2. Finanzmarktförderungsgesetz[154] erweitert auf Warentermingeschäfte. Die Grundkonzeption ist dieselbe wie bei Finanzterminkontrakten, doch muß der einer Banken- oder Börsenaufsicht unterliegende Kaufmann bei Börsentermingeschäften in Waren nach § 53 Abs. 2 S. 2 BörsG »den anderen Teil« vor Geschäftsabschluß schriftlich zusätzlich über die »speziellen Risiken von Warentermingeschäften« informieren[155]. Die Informationsschrift zu Warentermingeschäften wird somit über die Informationsschrift zu Finanztermingeschäften hinaus auf die Besonderheiten der Warentermingeschäfte hinzuweisen haben.

3. Rechtsfolgen der Termingeschäftsfähigkeit

76 Werden Börsentermingeschäfte zwischen termingeschäftsfähigen Parteien geschlossen, sind diese verbindlich. Durch § 58 BörsG wird für verbindliche Börsentermingeschäfte zudem der Differenz- und Spieleinwand gem. §§ 764, 762 BGB ausgeschlossen.

---

153 So auch Wach, AG 1992, 384, 397; Kleinschmitt, Informationsmodell bei Börsentermingeschäften, S. 114; Assmann, Festschr. Heinsius, S. 1, 29; Irmen, in: Schäfer, WpHG und BörsG, § 53 Rz. 47 auch zu der Frage der verfrühten Wiederholungsinformation.
154 BT-Drucks. 12/6679, S. 74.
155 Vgl. Kümpel, Bank- und Kapitalmarktrecht, 12.99; Irmen, in: Schäfer, WpHG und BörsG, § 53 Rz. 54 f.; Dannhoff, WM 1994, 485 ff.; Meyer/Meyer, Bank 1994, 458 ff.; vgl. auch BGH WM 1996, 1214.

Ist das Geschäft jedoch nach § 53 BörsG nicht verbindlich, können sich 77
beide Vertragsteile auf seine Unverbindlichkeit berufen[156], also etwa auch
der Kaufmann gem. § 53 Abs. 1 BörsG gegenüber einem nicht durch Information termingeschäftsfähig gewordenen Anleger. Als Einwendung ist
die fehlende Verbindlichkeit im Prozeß von Amts wegen zu beachten[157].
Nach § 57 BörsG wird ein unverbindliches Börsentermingeschäft wirksam, wenn der eine Teil die vereinbarte Leistung von dem anderen Teil
annimmt und dieser die Leistung effektiv bewirkt, so daß nunmehr auch
die Verbindlichkeit des Annehmenden eine klagbare Forderung darstellt.
Nach § 55 BörsG kann das aufgrund eines Geschäftes Geleistete nicht
unter Verweis auf die Unverbindlichkeit des Termingeschäftes zurückgefordert werden[158]. Durch die Behandlung von Verbindlichkeiten aus
Börsentermingeschäften als Naturalobligationen wird der Nichttermingeschäftsfähige somit nur vor der Verpflichtung geschützt, zahlen zu müssen, nicht jedoch daran gehindert zu zahlen. Leistet er auf die Naturalobligation, so stellt diese einen Behaltensgrund dar und verleiht seiner Zahlung Rechtsbeständigkeit[159].

VII. Aufklärungs- und Beratungspflichten bei Börsentermingeschäften

1. Aufklärung zusätzlich zur Termingeschäftsfähigkeit

Seit der Börsengesetznovelle 1989 ist der Schutz privater Anleger bei 78
Börsentermingeschäften zweistufig ausgestaltet. § 53 Abs. 2 BörsG regelt
mit seinem – aus Gründen der Rechtssicherheit auf formale Kriterien wie
die Unterschrift des Anlegers abstellenden – Informationsmodell die erste
Stufe[160]. Auf dieser Stufe wird pauschalierend auf eine formale Aufklärung
und nicht auf das individuelle Verständnis des einzelnen Anlegers abgestellt[161]. Das nach § 53 Abs. 2 BörsG auszuhändigende und vom Anleger
zu unterzeichnende Informationsblatt kann daher nicht die von dem Anleger beabsichtigten konkreten Geschäfte berücksichtigen, also anleger-
und objektgerecht sein, sondern zur Herbeiführung der Termingeschäftsfähigkeit als abstrakte persönliche Eigenschaft des Anlegers nur pauschal
die Grundsätze von Termingeschäften darstellen. Der auf den einzelnen

---

156 Schwark, BörsG, § 53 Rz. 26.
157 Baumbach/Hopt, HGB, § 53 BörsG Anm. 2.
158 Vgl. im einzelnen Irmen, in: Schäfer, WpHG und BörsG, § 55 Rz. 6 ff.
159 BGH WM 1989, 807, 808; Welter, in: Assmann/Schütze, Hdb. des KapitalanlageR, § 16 Rz. 359; Irmen, in: Schäfer, WpHG und BörsG, § 55 Rz. 1.
160 Vgl. oben § 13 V. 1. d) sowie VI. 2. a).
161 RegEntw. BR-Drucks. 40/89, S. 47 = ZIP 1989, 337, 338; BGH ZIP 1996, 1206, 1207 = WM 1996, 1260; OLG Hamm, WM 1996, 17, 18; OLG Köln ZIP 1996, 325 = WM 1996, 18; Drygala, ZHR 159 (1995), 686, 713 f.; Schwark, BörsG, § 53 Rz. 28 ff.; Baumbach/Hopt, HGB, § 53 BörsG, Rz. 17.

Anleger abgestellte Schutz erfolgt auf der zweiten Stufe der anleger- und objektgerechten Aufklärung und Beratung durch den die Termingeschäftsfähigkeit herbeiführenden, einer Banken- oder Börsenaufsicht unterstehenden Kaufmann, regelmäßig also eine Bank und demnächst wohl auch ein Wertpapierdienstleistungsunternehmen. Die zusätzlich zu der Herbeiführung der Termingeschäftsfähigkeit erforderliche Aufklärung und Beratung des Anlegers orientiert sich an seinen individuellen Vorkenntnissen, seiner Risikobereitschaft und -tragungsfähigkeit sowie den an seinen persönlichen Umfeld ausgerichteten Anlagezielen[162].

79 Die Rechtsprechung hinsichtlich der Aufklärungs- und Beratungspflichten im Bereich der Termingeschäfte beschäftigte sich bisher überwiegend mit Aufklärungspflichten im Rahmen von Optionsscheinen sowie der Vermittlung von Wertpapier- oder Warentermingeschäften ins Ausland[163]. Insbesondere bei der Vermittlung von Aktienoptions-, Aktiendirekt- sowie allen Formen von Warentermingeschäften hat die Rechtsprechung deutlich erhöhte Anforderungen an die Aufklärung und Beratung des Anlegers gestellt. Diese erhöhten Anforderungen finden ihre materielle Berechtigung in der Tatsache, daß derartige Vermittler nicht selten mit unseriösen Vertriebsmethoden vorgehen und – zumindest bisher – keiner staatlichen Marktaufsicht unterliegen[164]. Aber auch die einer staatlichen Bank- oder Börsenaufsicht unterliegenden Kreditinstitute unterliegen bei Börsentermingeschäften erhöhten Aufklärungs- und Beratungspflichten. Weite Anlegerkreise haben mit Termingeschäften bisher keine Erfahrungen und besitzen über ihre Funktionsweise nur geringe Kenntnisse. Diese verbreitete Unkenntnis i.V.m. der gegenüber Kassageschäften deutlich erhöhten Gefährlichkeit rechtfertigt insoweit erhöhte Pflichtenstandards[165]. Wie bei herkömmlichen Kassageschäften gilt auch bei Börsenterminge-

---

162 Zu den allgemeinen Aufklärungs- und Beratungspflichten sowie der Frage der Beratungspflichten durch Anlagedirektbanken (sog. Discount Broker) vgl. oben § 11 B.
163 Vgl. etwa BGH WM 1994, 149 = ZIP 1994, 116; BGH WM 1994, 453 = ZIP 1994, 447; BGH WM 1994, 492 = EWiR § 276 BGB 3/94, 335 (Wittkowski); BGH WM 1994, 1746 = ZIP 1994, 1102; BGH WM 1996, 1260 = ZIP 1996, 1206.
164 Mit Ausnahme der in Dingen des Kapitalmarktes typischerweise wenig versierten Gewerbeaufsicht.
165 Zu den Pflichten im einzelnen vgl. aus der obergerichtlichen Rechtsprechung: OLG Hamm, WM 1992, 1145 = ZIP 1992, 1149; OLG Schleswig, WM 1993, 503; OLG Frankfurt, WM 1994, 542 = ZIP 1994, 367; OLG Köln, WM 1995, 381 = EWiR § 276 BGB 8/94, 849 (Nassall); OLG Köln, WM 1995, 697 = EWiR § 276 BGB 10/94, 1065 (Hartung); OLG Düsseldorf, WM 1995, 1751; OLG Frankfurt, WM 1996, 253; aus der Literatur vgl. insb. Drygala, ZHR 159 (1995), 686, 713 ff.; Potthoff, WM 1993, 1319 ff.; Kleinschmitt, Informationsmodell bei Börsentermingeschäften, S. 88 ff.; Henssler, Risiko als Vertragsgegenstand, S. 683 ff., 694 ff.; Jaskulla, Einführung derivativer Finanzinstrumente, S. 288 ff.; Holl/Kessler, RIW 1995, 983 f.

schäften der Grundsatz, daß erfahrene Anleger oder solche, die sich als erfahren ausgeben, keiner zusätzlichen Aufklärung bedürfen[166].

2. Form und Zeitpunkt der Aufklärung und Beratung

Heftig umstritten ist die Frage, ob eine Anlageberatung im Bereich von Termingeschäften formbedürftig ist und deshalb schriftlich zu erfolgen hat. Bei der Vermittlung von Warentermingeschäften fordert der BGH in ständiger Rechtsprechung eine Schriftform der Aufklärung[167]. Als Begründung hierfür werden die »schwierigen wirtschaftlichen Zusammenhänge« angeführt, bei denen eine Aufklärung nur ihren Zweck erfüllen könne, wenn sie schriftlich erfolgt. Mit der gleichen Begründung ist das Erfordernis der Schriftlichkeit der Aufklärung auf Penny-Stocks[168], also »Billig-Aktien«, die insb. in den USA, Kanada, Australien und Südafrika anzutreffen sind, ausgedehnt worden. Aufgrund der gleichen Risikostruktur von vermittelten Warenterminoptionen und Aktien- bzw. Aktienindexoptionen wurde diese Rechtsprechung bereits früh auch auf die Vermittlung von ausländischen Aktien- und Aktienindexoptionen erstreckt[169]. Die ganz h.L. folgt dieser Rechtsprechung zur Vermittlung von Warentermindirektgeschäften, Warenterminoptionen, Aktien- bzw. Aktienindexoptionen sowie Penny-Stocks[170].

80

Sehr streitig ist, ob diese Rechtsprechung auch auf die deutschen Formen des Termingeschäftes oder gar alle Formen moderner Finanzprodukte zu übertragen ist[171]. Für Geschäfte eines börsentermingeschäftserfahrenen Kaufmannes hat der BGH ein Schriftformerfordernis bei Geschäften in selbständigen Optionsscheinen ausdrücklich abgelehnt[172]. Die Rechtsprechung der Oberlandesgerichte folgt der Rechtsprechung des BGH und lehnt gleichermaßen ein Schriftformerfordernis für die Aufklärung bei Optionsscheingeschäften ab[173]. Die überwiegende Meinung lehnt eine

81

---

166 BGH WM 1996, 1214 = ZIP 1996, 1161 (zur Vermittlung von Börsentermindirektgeschäften in Devisen bzw. US-Staatsanleihen).
167 BGHZ 80, 80 = ZIP 1981, 376 = NJW 1981, 1266; BGHZ 105, 108 = ZIP 1988, 1098 = NJW 1988, 2882; BGH WM 1992, 770 = ZIP 1992, 612; BGH WM 1994, 492 = EWiR § 276 BGB 3/94, 335 (Wittkowski).
168 BGH WM 1991, 315 = ZIP 1991, 297; BGH WM 1991, 667; dazu Joswig, DB 1995, 2253 ff.; OLG Frankfurt WM 1996, 253.
169 BGH WM 1991, 127 = ZIP 1991, 87; BGH WM 1991, 1410 = ZIP 1991, 1207.
170 Vgl. etwa Tilp, ZIP 1993, 1844; ders. DB 1992, 204 f.; Hartung, EWiR 1994, 1066; Welter WuB I G 5.-12.89; Koller, WuB I. G 4.-2.92; Schwark, EWiR 1988, 1197; Assmann, WuB IV A § 276 BGB – 3.90.
171 So insb. Baumbach/Hopt, HGB, § 347 Rz. 26; Raeschke-Kessler, WM 1993, 1830, 1836; Arendts, DStR 1994, 1350; Welter, WuB I. G 5.-12.89; Koller, WuB I. G 4.-2.92; Tilp, DB 1992, 204 f.
172 BGH WM 1994, 2231 = ZIP 1994, 1924.
173 OLG Frankfurt, ZIP 1994, 367 = WM 1994, 542; OLG Köln, WM 1995, 697 = EWiR § 276 BGB 10/94, 1065 (Hartung).

generelle Übernahme eines Schriftformerfordernisses für die Anlageberatung im Bereich der Börsentermingeschäfte ab. Sie macht zu Recht geltend, daß der Grundsatz der Formfreiheit vom Gesetzgeber im Zusammenhang mit der Börsengesetznovelle 1989 ausdrücklich nur hinsichtlich der Herbeiführung der Termingeschäftsfähigkeit und nicht der allgemeinen Anlageberatung eingeschränkt wurde, daß eine allgemeine schriftliche Aufklärung über objektbezogene und ggfls. marktbedingte Faktoren bei Optionsscheinen aufgrund ihrer Vielfalt generell ausscheidet und im Ergebnis ein umfassendes Schriftformerfordernis auf eine wesentliche Erweiterung der börsenrechtlichen Prospektpflicht hinausläuft[174].

82 Die Aufklärung bzw. Beratung bei Börsentermingeschäften hat rechtzeitig, d.h. vor Abschluß des Geschäftes zu erfolgen. Wie bei den Warentermingeschäften stellt sich auch bei den allgemeinen Börsentermingeschäften die Frage, ob eine nach Abschluß des ersten Geschäftes erfolgte Aufklärung zumindest für die nachfolgenden Geschäfte wirksam wird. Für die Herbeiführung der Termingeschäftsfähigkeit ist diese Frage vom BGH bejaht worden[175]. Im Gegensatz dazu hatte der BGH für vermittelte Warenterminoptionen entschieden, daß nach ersten – mit Gewinn oder Verlust beendeten – Optionsgeschäften der Anleger warnenden Hinweisen nicht mehr unvoreingenommen gegenübersteht und deshalb auch eine spätere Aufklärung nicht mehr die nötige Wirkung zu erzielen vermag[176]. Diese zu vermittelten Warentermingeschäften ergangene Rechtsprechung dürfte sich jedoch nicht auf in Deutschland abgeschlossene Börsentermingeschäfte erstrecken lassen. Für vermittelte Warentermingeschäfte ist typisch, daß die Aufklärung durch den »Berater« nicht den von der Rechtsprechung geforderten Standards entspricht. Wie bei der Herbeiführung der Börsentermingeschäftsfähigkeit würde eine »Verspätung« der Aufklärung dazu führen, daß der Anleger überhaupt nicht mehr aufklärbar würde. In der Konsequenz würde eine Bank mit diesem Anleger keine Geschäfte mehr tätigen können und der Anleger von der Vornahme von Börsentermingeschäften ausgeschlossen werden. Das Ziel einer Aufklärung, den Anleger zu einem mündigen Teilnehmer des Kapitalmarktes werden zu lassen, würde verfehlt und er als »nicht mehr aufklärungsfähig« stigmatisiert.

---

174 Drygala, ZHR 159 (1995), 686, 729 ff.; ders., WM 1992, 1213, 1217 ff.; Kümpel, Bank- und Kapitalmarktrecht, 8.260; Kleinschmitt, Informationsmodell bei Börsentermingeschäften, S. 94; Assmann, Festschr. Heinsius, S. 1, 24; Horn, ZIP 1990, 1, 16 f.; Kindermann, WM 1989, Sonderbeilage 2, S. 1, 32.
175 Vgl. oben VI. 2. d) sowie BGH WM 1996, 1260 = ZIP 1996, 1206.
176 BGH WM 1993, 1457 = ZIP 1993, 1152.

§ 14 Finanzinnovationen

I. Begriff und Problemfeld der Finanzinnovation
II. Swapgeschäfte
  1. Formen und wirtschaftliche Funktion von Swaps
    a) Zins- und Währungsswaps
    b) Ricardos Theorem der komparativen Vorteile
  2. Zivilrechtliche Qualifikation von Swaps
    a) Vertragstypen
      aa) Zinsswaps
      bb) Währungsswaps
      cc) Kombinierte Zins- und Währungsswaps
    b) Gegenseitigkeit, Dauerschuldcharakter, Fixgeschäft
    c) Differenzgeschäfte
      aa) Zinsswaps
      bb) Währungsswaps und kombinierte Zins- und Währungsswaps
      cc) Wirtschaftliche Berechtigung
    d) Börsentermingeschäfte
      aa) Börsentermingeschäfte nach altem und neuem Recht
      bb) Währungsswaps und kombinierte Zins- und Währungsswaps
      cc) Zinsswaps
    e) Zurückbehaltungs- und Aufrechnungsrechte
    f) Swap-Verträge und Ultra-Vires-Doktrin
    g) Swap-Verträge im Konkurs
      aa) Schwebende Devisentermingeschäfte in der Krise
      bb) Währungsswaps in der Krise
      cc) Zinsswapgeschäfte in der Krise
      dd) Swaps in der neuen InsO
    h) Devisenswaps und WährG
  3. Aufsichts-, steuer- und bilanzrechtliche Behandlung von Swaps
    a) Aufsichtsrechtliche Behandlung
    b) Steuer- und bilanzrechtliche Behandlung
III. Swap-Derivate
IV. Wertpapierleihe
  1. Die Entstehung der Wertpapierleihe
    a) Der Begriff der Wertpapierleihe
    b) Die Marktbeteiligten und ihre Motive
      aa) Einsatzmöglichkeiten der Wertpapierleihe
      bb) Die Marktbeteiligten
    c) Marktsegmente
  2. Rechtliche Qualifikation der Wertpapierleihe
    a) Sachdarlehen
    b) Abgrenzung zu verwandten Geschäften
      aa) Echtes Wertpapierpensionsgeschäft
      bb) Unechtes Wertpapierpensionsgeschäft
      cc) Repo-Geschäft
  3. Der Vertragsinhalt einer Wertpapierleihvereinbarung
    a) Pflichten des Verleihers
    b) Pflichten des Entleihers
      aa) Rückgewähr
      bb) Entgelt
      cc) Sicherheiten
    c) Termin- und Differenzeinwand
  4. Rechtliche Strukturen der Formen der Wertpapierleihe
    a) Das Wertpapierleihsystem bei der Deutscher Kassenverein AG
      aa) Überblick
      bb) Vertragsbeziehungen zwischen ver- und entleihendem Kreditinstitut
      cc) Vertragsbeziehungen zwischen Kreditinstituten und ihren Kunden
        α) Bank-Verleiher
        β) Bank-Entleiher
    b) Wertpapierleihsysteme der Kreditinstitute
    c) Vereinbarkeit der Wertpapierleihe mit § 13 DepotG
  5. Aufsichtsrechtliche und bilanzielle Behandlung der Wertpapierleihe
    a) Aufsichtsrechtliche Behandlung
    b) Bilanzielle Behandlung der Wertpapierleihe
  6. Stimmrechte aus entliehenen Papieren
V. Repurchase Agreement
  1. Grundstruktur des Repo-Geschäftes
  2. Unterschiede zur Wertpapierleihe

Schrifttum:
Arnold/Burg, Swaps und Ricardo´s Theorem der komparativen Kosten, Bank 1987, 194 ff.; *Assmann/Schütze (Hrsg.),* Handbuch des Kapitalanlagerechts, 2. Aufl., 1996; *Baxmann,* Bankaufsichtsrechtliche Überlegungen zur Reglementierung von Swapgeschäften, ZfgK 1988, 1030 ff.; *Behrens,* Wann lohnen sich Zinsswapgeschäfte, ZfgK 1989, 201 ff.; *Berger,* Zur Wirksamkeit von Lösungsklauseln für den Konkursfall, ZIP 1994, 173 ff.; *Berndorff/Berghaus,* Laufende Devisentermingeschäfte – Entscheidungen der Bank bei Zahlungsunfähigkeit oder Konkurs ihres Kun-

Dritter Teil Investment Banking

den, BB 1987, Beilage 19, S. 1 ff.; *Borchers*, Swap-Geschäfte im Zivil- und Steuerrecht, Frankfurt 1993; *Bosch*, Finanztermingeschäfte in der Insolvenz, WM 1995, 365 ff., 413 ff.; *Bücker*, Finanzinnovationen und kommunale Schuldenwirtschaft, Baden-Baden, 1993; *Büschgen*, »Zum Wesen der Finanzinnovation«, ZfB 56 (1986), 301 ff.; *Carl*, Aufsichtsrechtliche Behandlung von Finanzinnovationen am Bankenplatz London, WM 1987, 917 ff.; *Decker*, Zinssatz- und Währungsswaps unter rechtlichen Aspekten, dargestellt anhand des Muster-Rahmenvertrages für Swap-Geschäfte, WM 1990, 1001 ff.; *Diwald*, Zinsfutures und Zinsoptionen, München 1994; *Dreissig*, Swap-Geschäfte aus bilanzsteuerrechtlicher Sicht, BB 1989, 322 ff.; *Ebenroth/Messer*, Die vorzeitige Beendigung von Zins- und Währungsswaps bei Eintritt von Vertragsverletzungen aufgrund vertraglicher Lösungsklauseln, ZVglRWiss 87 (1988), 1 ff.; *Erne*, Die Swapgeschäfte der Banken, Untersuchungen über das Spar-, Giro-und Kreditwesen, Bd. 83, Berlin 1992; *Franken*, Dauerschulden durch Swaps, BB 1989, 2301 f.; *Franzen*, Finanzinnovation – Was ist das?, Bank 1988, 18 ff.; *Fülbier*, Zivilrechtliche Einordnung von Zins- und Währungsswaps, ZIP 1990, 544; *ders.*, Swap-Verträge – Internationale Standardisierung, ZIP 1990, 680 ff.; *Gleske*, Finanzinnovationen aus der Sicht der Notenbanken und der Bundesaufsichtsbehörden, Bank 1986, 280 ff; *Groh*, Die Bilanzierung von Fremdwährungsgeschäften, DB 1986, 869 ff.; *Hamacher*, Finanzinnovationen und Zinsabschlag, StVj. 1993, 17 ff.; *Häuselmann*, Bilanzierung und Besteuerung von Zinsbegrenzungsverträgen, Caps, Floors und Collars, BB 1990, 2149 ff.; *Henssler*, Risiko als Vertragsgegenstand, Tübingen 1994; *Jahn*, Klauseln Internationaler Swap-Verträge, Bank 1989, 395 ff.; *ders.*, ISDA-Musterverträge zu Swapvereinbarungen setzen sich durch, Bank 1988, 100 ff.; *Kewenig/Schneider*, Swap-Geschäfte der öffentlichen Hand in Deutschland, WM 1992, Sonderbeilage 2, S. 1 ff.; *Klein*, Interest Rate and Currency Swaps: Are they securities?, Int. F. Law. Rev. 1986, 35 ff.; *Kleinschmitt*, Das Informationsmodell bei Börsentermingeschäften, Untersuchungen über das Spar-, Giro- und Kreditwesen, Bd. 75, Berlin 1992; *Koenig*, Zur Anwendbarkeit der ultra-vires-Lehre im Falle des Überschreitens der gesetzlich begrenzten Aufgaben öffentlicher Kreditanstalten am Beispiel einer Landesbank, WM 1995, 317 ff.; *Kopp*, Der Zinsswap – ein deutsch – US-amerikanischer Rechtsvergleich, Wiesbaden 1995; *Kubiczek*, Zum Differenzeinwand bei Swap-Verträgen, ÖBA 1994, 461 ff.; *Kümpel*, Bank- und Kapitalmarktrecht, Köln 1995; *ders.*, Zum Termin- und Differenzeinwand bei Zinsterminkontrakten und Zinsswapgeschäften, WM 1986, 661 ff.; *Lehnhoff*, Die Problematik von Nettingvereinbarungen bei Swap-Verträgen, in: WM-Festgabe für Hellner, 1994, S. 41 ff.; *Lerbinger*, Swap-Transaktionen als Finanzinstrumente, Bank 1985, 245 ff., 294 ff.; *Lüer*, Devisenhandel und Bankenaufsicht, WM 1977, Sonderbeilage 1, S. 1 ff.; *Niemann*, Finanzinnovationen im Binnenmarkt, WM 1993, 777 ff.; *Obermüller*, Handbuch Insolvenzrecht für die Kreditwirtschaft, 4. Aufl., Wiesbaden 1991; *Oppitz*, Der Differenzeinwand bei Swapverträgen, ÖBA 1991, 782 ff.; *Pohl*, Innovative Finanzinstrumente im gemeinsamen Europäischen Bankenmarkt, Studien zum Bank- und Börsenwesen, Bd. 29, Baden-Baden 1994; *ders.*, Swapvereinbarungen – Juristisches Neuland?, AG 1992, 425 ff.; *Price/Hendersen*, Currency and Interest Rate Swaps, London 1984; *Pritchard*, Swap Financing Techniques, Euromoney, May 1984, S. 1 ff.; *Rolfes*, Bilanzstrukturmanagement mit Zinsswaps, ZfgK 1992, 674 ff.; *Rümker*, Anleihen mit Tilgungswahlrecht des Emittenten, in: Aktuelle Probleme des Wertpapiergeschäftes, Stuttgart 1993, S. 91 ff; *Schäfer,* Financial Futures, in: Assmann/Schütze (Hrsg.), Handbuch des Kapitalanlagerechts, 2. Aufl., 1996, § 17; *ders.*, Zinsswaps und Zinscaps als Differenzgeschäfte gem. §§ 762, 764 BGB, ZIP 1986, 1304 ff.; *Schneider/Busch*, Swapgeschäfte der Landesbanken, WM 1995, 326 ff.; *Schönle*, Bank- und Börsenrecht, 2. Aufl., München 1976; *Schütze*, Internationales Bankrecht, in: Münchener Vertragshandbuch, Bd. 3, 3. Aufl., München 1992, S. 380 ff.; *Schulte-Mattler*, Erfassung von Marktrisiken im novellierten KWG-Grundsatz I a, WM 1991, Sonderbeilage 3, S. 1 ff.; *ders.*, Entwicklungstendenzen in der europäischen und internationalen Bankenaufsicht, ZBB 1994, 333 ff.; *Schumacher*, Kompensatorische Bewertung bei der Sicherung von Bilanzpositionen durch Finanztermingeschäfte in der Handels- und Steuerbilanz, DB 1995, 1473 ff.; *Schwintowski*, PdW Bankrecht, München 1994; *Storck*, Zins- und Währungsswaps im Euromarkt, Bank 1985, 459 ff.; *Tilp*, Die Unverbindlichkeit von Geschäften in Optionsscheinen und Bezugsrechten – dargestellt unter Berücksichtigung rechtlicher Probleme beim Optionsgeschäft -, DB 1989, 2365 ff.; *Tintelnot*, Vereinbarungen für den Konkursfall, Bielefeld 1991; *van de Loo*, Devisentermingeschäft – Rücktrittsrecht der Bank nach Antrag auf Eröffnung des Vergleichs- oder Konkursverfahrens über das Vermögen des Bankkunden?, ZIP 1988, 352 ff; *Vögele*, Zins-Swapverträge und die Vermeidung von gewerbesteuerlichen Dauerschulden,

DB 1987, 1060; *Weber*, Swap-Geschäfte, in: Festschr. W. Schluep, 1988, S. 301 ff.; *Wichmann*, Zinsswaps als Spezialfall der Ricardianischen Tauschtheorie, Kredit und Kapital 1988 (21), 278 ff.; *Winter*, Die handelsrechtliche Bilanzierung und Bewertung von Zinsbegrenzungsverträgen, Reihe: Steuer, Wirtschaft, Recht, Bd. 129, Bergisch Gladbach 1996; *ders.*, Der wirtschaftliche und rechtliche Charakter von Zinsbegrenzungsverträgen, WM 1995, 1169 ff.; *ders.*, Zum Termin- und Differenzeinwand bei Zinsbegrenzungsvereinbarungen, WM 1994, 2143 ff.; *Zugehör*, Verbindung von Option und Zinsswaps: Die Swap-Option, Bank 1989, 323; *Bundesminister der Finanzen*, Umsatzsteuerliche Behandlung verschiedener Finanzmarktinnovationen und der uneigentlichen Wertpapierleihe, WM 1990, 1477 ff.

I. Begriff und Problemfeld der Finanzinnovationen

Seit der sog. »*Restliberalisierung*« des deutschen Kapitalmarktes Mitte der 80er Jahre sind eine Vielzahl von mehr oder weniger *neuartigen Finanzprodukten* in Deutschland eingeführt worden[2]. Diese haben nicht nur das Anlage- und Spekulationsverhalten weiter Kreise von Anlegern sowie das Finanzierungsverhalten von Industrieunternehmen erheblich verändert, sondern auch die Produktpalette der Banken. Als *Neuheiten* sind hier z.B. zu nennen Reverse Floater, Floating Rate Notes, Doppelwährungsanleihen, Anleihen mit Rückzahlungswahlrecht des Schuldners in Aktien[3], Certificates of Deposit, Ecu-Anleihen oder Optionsscheine der unterschiedlichsten Ausprägungen. Daneben hat sich als ein Bereich mit nachhaltiger Bedeutung für das Bankgewerbe wie für die sich refinanzierende Industrie das Geschäft mit Swaps, Caps, Floors und Collars herausgebildet[4]. Es verwundert nicht, daß angesichts dieser Vielfalt an neuen Finanzprodukten der Begriff der *Finanzinnovation* noch nicht als abschließend geklärt angesehen werden kann[5]. Die Bank für internationalen Zahlungsausgleich[6] differenziert zwischen risikoübertragenden Innovationen, liquiditätserweiternden Innovationen, fremdkapitalerzeugenden Innovationen und eigenkapitalerzeugenden Innovationen[7]. Mit dieser Differenzierung dürfte der richtige Ansatz gefunden sein, sich dem Phänomen der Finanzinnovationen zu nähern.

1

Praktisch alle Formen der *Finanzinnovationen* werfen auf den gleichen vier Bereichen *Regelungsprobleme* auf. Zum einen zählen hierzu die typischen Fragen des klassischen Zivilrechts (z.B. Termin- und Differenzein-

2

---

1 Vgl. die Erklärung der Deutschen Bundesbank vom 12. April 1985 zur Behandlung von DM-Auslandsanleihen, Berichte der Deutschen Bundesbank 7/1985, S. 13 ff. – auch abgedruckt in BAnZ Nr. 74/1985, S. 3958; ergänzt durch die Erklärung vom 3. Juli 1992, abgedruckt in WM 1992, 1211, sowie durch das Gesetz zur Vereinfachung der Ausgabe von Schuldverschreibungen, BGBl. 1990 I S. 2839.
2 Vgl. Büschgen, ZfB 56 (1986), 301 ff.
3 Vgl. dazu Rümker, S. 91 ff.
4 Vgl. umfassend Niemann, WM 1993, 777 ff.
5 Vgl. Franzen, Bank 1988, 18 ff.
6 Recent Innovations in International Banking, Basel 1986, S. 171 ff.
7 Vgl. im einzelnen Report der BIZ aaO.

wand bei Optionsscheinen oder Zinsswaps; die konkursrechtliche Behandlung von »verketteten« Devisentermingeschäften wie z.B. Währungsswaps; Swaps als Geschäfte Ultra Vires; Aufklärungs- und Beratungspflichten der Banken gegenüber den Anlegern; Anlegerschutz bei Finanzinnovationen). Daneben ergeben sich vielfältige bilanzrechtliche (wann ist ein Gewinn aus schwebenden, jedoch geschlossenen Termingeschäften angefallen? welche Bewertungseinheiten können und wofür dürfen Rückstellungen gebildet werden?), steuerrechtliche (führen Swaps zu gewerbesteuerlichen Dauerschulden?; umsatzsteuerliche- und körperschaftsteuerliche Behandlung; ist ein Gewinn aus schwebenden geschlossenen Termingeschäften steuerrechtlich u.U. zu einem anderen Zeitpunkt angefallen als bilanzrechtlich?) sowie nicht zuletzt bankaufsichtsrechtliche Fragen. Da die meisten Finanzinnovationen zunächst nicht unter das bisherige bankaufsichtsrechtliche Instrumentarium fielen, ist ihre Einbeziehung z.B. in die Grundsätze gem. §§ 10, 10 a KWG von besonderer Bedeutung. Ohne eine adäquate bankaufsichtsrechtliche Erfassung von Finanzinnovationen entstehen u.U. Risiken, die die Stabilität des gesamten Bankensystems gefährden können[8]. Die wohl größten und nachhaltigsten Auswirkungen für das Wirtschaftsleben der Bundesrepublik wie die Rechtsentwicklung zeitigen die Swaps, die Swap-Derivate, die Wertpapierleihe und die – an anderer Stelle zu behandelnden – Börsentermingeschäfte.

II. Swapgeschäfte

1. Formen und wirtschaftliche Funktion von Swaps

a) Zins- und Währungsswaps

3   *Swaps* dürfen als die wohl *erfolgreichste Finanzinnovation* der 80er Jahre bezeichnet werden[9]. Allein das Volumen von Zinsswaps betrug im Jahre 1991 weltweit US-$ 1,6 Billionen, wovon rd. 103 Milliarden auf DM lauteten. Bezieht man die Währungsswaps mit ein, belief sich das Volumen weltweit auf US-$ 5 Billionen[10]. Ein nicht unerheblicher Teil wurde von Emittenten von verzinslichen Wertpapieren im Zusammenhang mit diesen Emissionen geschlossen[11]. Swaps treten in *zwei Grundformen* auf, dem Zins- und dem Devisenswap, sowie diversen Kombinationen hieraus.

---

8   Vgl. z.B. Lüer, WM 1977, Sonderbeilage 1, S. 1 ff., der Swaps noch als unseriöses Geschäftsgebahren bezeichnet; Baxmann, ZfgK 1988, 1030 ff.; Carl, WM 1987, 917 ff. zur bankaufsichtsrechtlichen Behandlung von Finanzinnovationen am Bankenplatz London; Gleske, Bank 1986, 280 ff.
9   Büschgen ZfB 56 (1986) 301, 321 ff.; Arnold/Burg, Bank 1987, 194 ff.
10 Vgl. Kopp, Zinsswaps, S. 23 f. m.w.N.
11 Vgl. Niemann, WM 1993, 777, 778 f.

§ 14 Finanzinnovationen

Bei der Grundform eines *Zinsswaps* vereinbaren die Parteien, während der vereinbarten Laufzeit Geldzahlungen in derselben Währung auszutauschen. Dabei übernimmt es die eine Partei, der anderen Partei »Zins«-zahlungen in Höhe eines fest vereinbarten Zinssatzes auf einen – fiktiven – Nominalbetrag zu zahlen. Im Gegenzug verpflichtet sich diese, der ersten Partei auf den gleichen – fiktiven – Nominalbetrag »Zins«zahlungen zu leisten, die anhand eines variablen Zinssatzes wie z.B. Libor (London Interbank Offered Rate) oder Fibor (Frankfurt Interbank Offered Rate) – häufig zuzüglich eines festen Prozentsatzes – bestimmt werden.

4

Die Zinsswaps sind ursprünglich aus einem »Tausch« der Zinsverpflichtungen der beiden Vertragsparteien jeweils gegenüber einem dritten Kreditgeber entstanden. Gegenstand eines Zinsswaps ist somit regelmäßig der »Tausch« von Zinsverbindlichkeiten, deren eine variabel und deren andere fix ist.

5

Von den Zinsswaps als »Tausch« von Zinsverbindlichkeiten innerhalb der gleichen Währung sind die *Devisenswaps* zu unterscheiden. Bei diesen sind grundsätzlich zwei verschiedene Währungen involviert. Bei einem Währungsswap[12] vereinbaren die Parteien den periodischen »Austausch« von Kapital- und/oder Zinszahlungen verschiedener Währungen. Bei einem reinen Währungsswap wird vereinbart, wertgleiche Kapitalbeträge unterschiedlicher Währungen zu einem Kassakurs auszutauschen und zu einem späteren Zeitpunkt zu einem abweichenden Terminkurs zurückzu»tauschen«. In *Erweiterung* dieses auf den Austausch eines reinen *Kapitalbetrages* gerichteten Währungsswaps können die Parteien zusätzlich vereinbaren, daß zwischen dem Zeitpunkt des Austausches des Kapitalbetrages und des Rücktausches zum Terminzeitpunkt laufend »*Zinszahlungen*« in beiden Währungen ausgetauscht werden. Anders als beim Zinsswap, bei dem in der gleichen Währung ganz überwiegend nur variable gegen feste Zinsen getauscht werden[13], können beim Währungsswap aufgrund der Involvierung verschiedener Währungen auch – zusätzlich – Festzinsen gegen Festzinsen, variable Zinsen gegen variable Zinsen oder feste gegen variable Zinsen getauscht werden[14].

6

Beispiel: Das deutsche Unternehmen A benötigt zur Finanzierung einer Investition in den USA US-Dollar 10 Mio, von der es erwartet, daß sie in den nächsten 10 Jahren mindestens 10 % p.a. abwirft. Die US-amerikanische Bank B benötigt DM 15 Mio. für einen Kredit, den sie einem Dritten für 10 % p.a. für 10 Jahre gewähren möchte. In einer vereinfach-

7

---

12 Zu der – heute gegenstandslosen – Differenzierung zwischen Devisen- und Währungsswaps vgl. Borchers, S. 1 ff.
13 Ausnahme: sog. Basisswaps, also der Tausch verschiedener variabler Zinsbasen, z.B. DM-1-Monats-LIBOR gegen DM-6-Monats-LIBOR, vgl. Ebenroth/Messer, ZVglRWiss 87 (1988), 1, 4.
14 Vgl. Erne, S. 18 ff.

ten Form eines Festsatz-Währungsswaps *(cross currency fixed rate swap)* können A und B vereinbaren, daß zu Beginn des Swaps die amerikanische Bank B dem deutschen Unternehmen A US-Dollar 10 Mio. überträgt gegen Übertragung von DM 15 Mio. von A an B. Weiter vereinbaren A und B, daß A an B auf den Betrag von US-Dollar 10 Mio. 10 % p.a. für 10 Jahre in US-Dollar zahlt, während B im Gegenzug an A für die nächsten 10 Jahre 10 % p.a. auf DM 15 Mio. zahlt. Nach Ablauf der 10 Jahre werden die US-Dollar 10 Mio. gegen die DM 15 Mio. zurückgetauscht[15]. – Dieses – in seinen Prämissen sehr vereinfachte – Beispiel läßt sich dahingehend variieren, daß entweder die in US-Dollar oder in DM oder jeweils die in beiden Währungen zu zahlenden Zinsen variabel ausgestaltet sein können. Darüber hinaus werden die in 10 Jahren jeweils zurückzuzahlenden Beträge regelmäßig nicht identisch sein mit den im Zeitpunkt der Eingehung des Swaps ausgetauschen Beträgen, sondern vielmehr als zehnjährige Terminkurse zumindest die Zinsdifferenz für zehnjährige Verbindlichkeiten reflektieren.

8 Eine *andere Erscheinungsform* der Währungsswaps ist der »Austausch« ausschließlich von Zinsverbindlichkeiten ohne den gleichzeitigen »Austausch« eines anfänglichen Kapitalbetrages. In dem Beispiel hätten das deutsche Unternehmen A und die amerikanische Bank B sich darauf beschränken können, daß A an B auf einen nominellen Betrag von US-$ 10 Mio. regelmäßig 10 % p.a. in US-$ und B an A auf einen nom. Betrag von DM 15 Mio. für den gleichen Zeitraum 10 % p.a. in DM zahlt. Variationen dieses *»cross-currency interest rate swap«* sind die Zahlung von variablen Zinsen in US-$ bei festen DM-Zinsen, von variablen Zinsen in DM bei festen US-$-Zinsen oder von variablen US-$-Zinsen bei gleichzeitig variablen DM-Zinsen.

b) Ricardos Theorem der komparativen Vorteile

9 Die verwirrende Vielfalt von Ausgestaltungsmöglichkeiten läßt die Frage aufkommen, weshalb derartige Vereinbarungen überhaupt geschlossen werden. *Die Vorteilhaftigkeit des Abschlusses von Swaps* beruhte zunächst auf dem Grundsatz der *Nutzung komparativer Kostenvorteile*, einer erstmals von dem Wirtschaftswissenschaftler *David Ricardo (1772 bis 1823)* Anfang des 19. Jahrhunderts formulierten Erkenntnis. Ricardo wies nach, daß der Austausch einzelner Güter zwischen zwei Ländern auch dann vorteilhaft ist, wenn sämtliche Güter eines Landes zu insgesamt geringeren Kosten als sämtliche Güter eines anderen Landes hergestellt werden

---

15 Terminaufschläge bzw. -abschläge sollen hier unberücksichtigt bleiben.

können, solange nur die Herstellungskosten der einzelnen Güter unterschiedlich hoch sind[16].

Dieses Theorem sei anhand eines Zinsswaps näher erläutert. *Ausgangspunkt* ist die *empirische Feststellung,* daß sich *Banken* aufgrund ihres unmittelbaren Zuganges am Kapitalmarkt regelmäßig *günstiger refinanzieren können* als Industrieunternehmen. Der *Vorteil der Banken bei der Refinanzierung* am Kapitalmarkt ist jedoch *unterschiedlich groß hinsichtlich einer Refinanzierung zu Festzinssätzen oder variablen Zinssätzen.* Bei Festzinssätzen wird seitens der Kreditgeber stärker die Bonität des Kreditnehmers berücksichtigt als bei zinsvariablen Krediten[17]. Dies führt dazu, daß der Vorteil der Banken bei einer Refinanzierung zu Festzinsen relativ geringer ist als bei einer Refinanzierung zu variablen Zinsen. Beispielhaft läßt sich die Situation im Schaubild wie folgt darstellen[18]:

10

	Refinanzierungsmöglichkeiten	
	zu Festzinssatz	zu variablen Zinssatz
Bank:	10 1/2 % p.a.	LIBOR + 1/2 % p.a.
Unternehmen:	12 % p.a.	LIBOR + 1 1/2 % p.a.

11

Obwohl sich die Bank am Kapitalmarkt sowohl zu Festzinssätzen wie zu variablen Zinssätzen günstiger refinanzieren kann als das Industrieunternehmen, *fällt dieser Vorteil unterschiedlich hoch* aus. Bei den Festzinssätzen beträgt er 1½ % p.a., bei den variablen Zinssätzen jedoch nur 1% p.a. Refinanziert sich die Bank nun zu 10½ % p.a. und das Unternehmen zu LIBOR + 1½ % p.a. und »tauschen« sie ihre Zinsverbindlichkeiten unter Teilung eines Vorteils, so refinanzieren sich beide im Endeffekt zu geringeren Kosten. Der Zinsswap zwischen der Bank und dem Unternehmen wird dahingehend abgeschlossen, daß das Unternehmen, das sich zu LIBOR + 1½ % p.a. refinanziert hatte, von der Bank LIBOR + 1½ % p.a. erhält. Durch diese Zahlungen sind die Zinszahlungen des Unternehmens gegenüber seinem Kreditgeber in vollem Umfang kompensiert. Im Rahmen des Swaps wird das Unternehmen der Bank 10½ % p.a. + 1¼ % p.a. zahlen. Die Zahlung von 10½ % p.a. kompensiert die Zinszahlung der Bank an ihren Kreditgeber. Durch die Zahlung der zusätzlichen 1¼ % zahlt die Bank im wirtschaftlichen Ergebnis an das Unternehmen nicht LIBOR + 1½ %, sondern – da sie 1¼ % p.a. »zurückerhält« – lediglich LIBOR + ¼ %. Im wirtschaftlichen Ergebnis hat sich

---

16 »Principles of Economy and Taxation«, 1817; zur Anwendung auf Swaps vgl. Arnold/Burg, Bank 1987, 194 ff.; Wichmann, Kredit und Kapital 1988 (21), 278 ff.; teilweise a.A. Kopp, S. 28 ff.
17 Lerbinger, Bank 1985, 245, 247; Zahn, Finanzinnovationen, S. 85 f.
18 Vgl. Schäfer, ZIP 1986, 1304 ff.

die Bank somit zu LIBOR + ¼ % refinanziert und das Unternehmen zu 11¾ %. Beide Unternehmen haben somit einen Vorteil von ¼ % p.a. hinsichtlich ihrer Refinanzierung (wobei die Bank sich entgegen dem ersten Anschein variabel und das Unternehmen sich entgegen dem ersten Anschein zu Festzinssätzen refinanziert hat). Graphisch läßt sich der Zinsswap wie folgt darstellen:

Grafik: Zinsswap

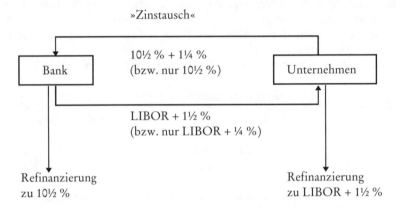

12 Dieses wirtschaftliche Prinzip gilt entsprechend für sämtliche Formen von Zins- und/oder Währungsswaps. Dabei wird zutreffend darauf verwiesen[19], daß der *Grund für die komparativen Kostenvorteile* bei den Darlegungen von Ricardo volkswirtschaftlicher Art sind, während die komparativen Kostenvorteile der Swappartner auf einer unterschiedlichen Einschätzung durch die Marktgegenseite (Kapitalgeber) beruhen[20] und damit letztlich als Mittel der Arbitrage anzusehen sind. Dem *beiderseitigen Vorteil der Swappartner steht als »Nachteil« ein insg. geringeres Zinsaufkommen aller Kapitalgeber gegenüber*[21].

13 »Bezahlt« wird der Vorteil von Bank und Unternehmen somit von den Kreditgebern, die auf ihre Kreditvaluta insgesamt weniger Zinsen erhalten. Werden die Kredite in Form von Anleihen aufgenommen, erhalten die Anleger weniger Zinsen, werden sie von Banken gewährt, so geht der Swap »zu ihren Lasten«. Die innere Rechtfertigung für die insgesamt niedrigeren Zinsen ergibt sich aus der Übernahme des Kreditrisikos des Unternehmens durch die als Swappartner des Unternehmens auftretende Bank.

---

19 Kopp, S. 32 ff.; Schwintowski, PdW Bankrecht, S. 549.
20 Ob darin »Marktunvollkommenheiten« zu sehen sind (so Kopp, S. 33), mag hier dahinstehen.
21 Dieser »Nachteil« wird aus Sicht der Kapitalgeber jedoch dadurch kompensiert, daß sie ein – aus ihrer Sicht – vermindertes Adressatenausfallrisiko tragen.

Motiv für den Abschluß von Swap-Verträgen ist neben der Verringerung der Refinanzierungskosten sehr häufig der Wunsch nach der *Gestaltung* der durch ein Unternehmen eingegangene *Zinsänderungsrisiken*. In dem vorstehenden Beispiel refinanzierte sich die Bank zu Festzinsen, das Unternehmen zu variablen Zinsen. Durch den Swap erreichten beide Unternehmen das gegenteilige Ergebnis. Durch den wiederholten Abschluß von Swaps kann während der Dauer einer Refinanzierung ständig die Art der Zinsbelastung geändert und damit auf das Zinsänderungsrisiko Einfluß genommen werden, ohne daß die einmal aufgenommene Refinanzierung ihrerseits geändert werden müßte[22]. So können Finanzierungsstrukturen nachträglich geändert und Devisen- oder Zinsänderungsrisiken ausgeschaltet werden. Natürlich können Swaps auch zu Devisen- oder Zinsspekulationen verwendet werden.

2. Zivilrechtliche Qualifikation von Swaps

a) Vertragstypus

In der Praxis werden Swaps häufig als »*Tausch*« von Geldzahlungen in einer oder mehreren Währungen bezeichnet. Diese Bezeichnung *entspricht jedoch nicht ihrer juristischen Qualifikation*. Diese hat jeweils bei den Charakteristika der einzelnen Swap-Formen einzusetzen. **14**

aa) Zinsswaps

Zinsswaps begründen *keinen Tausch im Sinne des § 515 BGB*, da für einen Tausch der Austausch von Leistungen erforderlich ist, deren jede der von einem Verkäufer geschuldeten Leistung entspricht, d. h. also der Umsatz eines individuellen Wertes gegen einen anderen individuellen Wert oder eine Gattungssache[23]. Bei einem Zinsswap werden jedoch weder Sachen noch Rechte gegen Sachen oder Rechte getauscht, sondern ausschließlich Zahlungsverpflichtungen gegenüber dem Vertragspartner übernommen[24]. **15**

Zinsswaps stellen auch *keine Erfüllungs- oder Schuldübernahmevereinbarungen i.S.d. §§ 329 ff. BGB bzw. der §§ 414 ff. BGB* dar. Hierfür wäre erforderlich, daß sich die Vertragspartner jeweils dazu verpflichteten, eine Zinsschuld des anderen Vertragspartners gegenüber dritten Gläubigern zu befriedigen. Die Swap-Vereinbarung wird jedoch ausschließlich zwischen den Vertragspartnern mit dem Inhalt geschlossen, daß nur Zahlungsverpflichtungen gegenüber den jeweiligen Vertragspartnern eingegangen werden[25]. **16**

---

22 Vgl. ausführlich Kümpel, WM 1986, 661, 668; Kopp, S. 36 ff.; Erne, S. 21 ff.
23 Vgl. RGZ 73, 89; Motive II, S. 366; Palandt/Putzo, BGB, § 515 Rz. 1; Erne, S. 45 ff.
24 A.A. Borchers, S. 59 f.: »Sukzessivtauschverhältnis«, und Fülbier, ZIP 1990, 544, 545 f.: »Tausch«.
25 Kopp, S. 60 f. m.w.N.

17 Schließlich lassen sich Zinsswaps auch *nicht* als *Darlehensverträge* verstehen. Hierzu bedürfte es der Überlassung von Kapital mit der Vereinbarung von »Zinszahlungen« als Entgelt für die Kapitalüberlassung. Bei den reinen Zinsswaps wird jedoch gerade kein Kapital überlassen, sondern die Zahlungsverpflichtungen orientieren sich an nominellen Kapitalbeträgen[26]. Zinsswaps werden daher ganz überwiegend als atypische gegenseitige Verträge sui generis qualifiziert[27].

bb) Währungsswaps

18 Stärker umstritten ist dagegen die Einordnung von *Währungsswaps*. Die herrschende Meinung qualifiziert reine Währungsswaps als *doppelte Kaufverträge*, bei denen ein Devisenkassageschäft mit einem bzw. mehreren Devisentermingeschäften verknüpft wird[28].

Hiervon abweichend werden Währungsswaps von einer Mindermeinung als *doppelte Tauschverträge*[29] bzw. von einer anderen Mindermeinung als *Vertrag eigener Art*[30] angesehen[31].

19 Die Devisenswaps als *doppelte Tauschverträge* einordnende Meinung beruft sich darauf, daß ausländische Zahlungsmittel sowohl nach Auffassung des Gesetzgebers als auch nach der Rechtsprechung ebenso wie Wertpapiere als Waren eingestuft werden. Es fehle deshalb an dem wesentlichen Element der Kaufpreisvereinbarung. Die jeweils von dem einen Vertragspartner zu liefernde Währung stelle für den anderen Vertragspartner gerade den Vertragsgegenstand und nicht die (Geld-)Kaufpreiszahlung dar, da der Erhalt eben dieser Währung Ziel des Abschlusses des Swap Geschäftes sei. Es ließe sich somit nicht bestimmen, wer Käufer und Verkäufer sei, so daß in Ermangelung eines Kaufvertrages lediglich ein Tauschvertrag den Vorstellungen der Parteien gerecht werde[32].

20 Dieser Meinung ist zuzugeben, daß wesentlich für die Unterscheidung zwischen Kauf und Tausch ist, daß es bei einem Tausch an der Zahlung eines Kaufpreises in Geld fehlt (im übrigen finden nach § 514 BGB die Vorschriften über den Kauf entsprechend Anwendung). Es ist jedoch

---

26 Kopp, S. 100 f.; Erne, S. 47 ff.
27 Vgl. Ebenroth/Messer, ZVglRWiss 87 (1988), 1, 6; Kümpel, Bank- und Kapitalmarktrecht, 13. 157; Erne, S. 54; Kewenig/Schneider, WM 1992, Sonderbeilage 2, S. 1, 3; Obermüller, Rz. 1965; Pohl, AG 1992, 425, 426 – alle m.w.N.; zum Österreichischen Recht vgl. Kubiczek, ÖBA 1994, 461, 464.
28 Ebenroth/Messer, ZVglRWiss 87 (1988), 1, 6; Decker, WM 1990, 1001, 1007; Hamacher, Bank 1989, 666; Schönle, § 35 VII 1 c); Pohl, AG 1992, 425, 426 f.; Groh, DB 1986, 869, 876.
29 Fülbier, ZIP 1990, 544 f.; zum Österreichischen Recht vgl. Koch, ÖBA 1985, 303, 308 f.
30 Decker, WM 1990, 1001, 1007; Erne, S. 56 ff.
31 Unstreitig sind Währungsswaps nicht als gegenseitige Darlehen zu qualifizieren, da der Parteiwille nicht auf jeweils einseitige Kapitalüberlassung zu Nutzungszwecken gerichtet ist vgl. Decker, WM 1990, 1001, 1007; Kümpel, Bank- und Kapitalparktrecht, 13.153 ff.; Erne, S. 61 m.w.N.; a.A. Borchers, S. 50 ff.: »Doppeldarlehen«.
32 Vgl. Fülbier, aaO.

schwer vorstellbar, daß bei einem Währungsswap, bei dem auch DM involviert sind, ein Kaufpreis nicht soll feststellbar sein. Anderes könnte lediglich dann gelten, wenn ein Währungsswap ohne Bezug auf DM geschlossen wird. Zudem sind tauschfähig nur Gegenstände, über die auch ein Kauf abgeschlossen werden könnte. Dies wird jedoch von der den Tausch bejahenden Meinung bestritten[33].

Daß bei einem Währungsswap anders als bei den früher üblichen Swaps während der Laufzeit beide Vertragspartner gegenseitig Zahlungen in den beiden Währungen leisten, stellt demgegenüber keinen Grund für die Ablehnung eines doppelten Kaufvertrages dar. Regelmäßig wiederkehrende Leistungen sind auch im Rahmen von Sukzessivlieferungskaufverträgen nicht ungewöhnlich. Die hiermit einhergehende »Atomisierung« des Währungsswaps stellt für sich noch keinen Grund gegen die Annahme des Abschlusses von Währungskaufverträgen dar[34].

Mit der herrschenden Meinung sind Währungsswaps daher als doppelte bzw. vielfache Kaufverträge anzusehen.

cc) Kombinierte Zins- und Währungsswaps

Kombinierte Zins- und Währungsswaps[35] werden von einem Teil der Literatur als »atypische Verträge mit kaufvertraglichen Elementen hinsichtlich des Austausches der Kapitalbeträge« bezeichnet[36]. Die Einordnung von reinen Zinsswaps als atypische gegenseitige Verträge beruht im wesentlichen darauf, daß nicht tatsächlich bestehende Zinsverbindlichkeiten oder -forderungen »getauscht« werden, sondern daß zwischen den Parteien gegenseitige Zahlungsansprüche entstehen, die sich an bestimmten Zinssätzen orientieren. Soweit bei einem kombinierten Zins- und Währungsswap jedoch ein fester Fremdwährungszinsbetrag gegen einen festen DM-Zinsbetrag »getauscht« wird, besteht grundsätzlich kein Unterschied zu den reinen Währungsswaps, auch wenn Zinzahlungen in verschiedenen Währungen einbezogen sind. Das atypische Element des Zinsswaps tritt erst dann hervor, wenn zusätzlich zu dem Austausch bereits fest bestimmter Zinsbeträge das Element der Unbestimmtheit des ausgetauschten Zinsbetrages tritt. Erst dann tritt das kaufvertragliche Element in den Hintergrund und die Eingehung einer Verpflichtung in unbestimmter Höhe gewinnt an Gewicht.

---

33 Vgl. Kümpel, Bank- und Kapitalmarktrecht, 13.153 m.w.N.
34 A.A. Decker aaO.
35 Einen Überblick über die wichtigsten Kombinationsmöglichkeiten gibt Weber, in: Festschr. W. Schluep, S. 301, 305.
36 Ebenroth/Messer, ZVglRWiss 87 (1988), 1, 6.

23 Beispiele:
1. In dem oben genannten Beispiel vereinbart das deutsche Unternehmen A mit der amerikanischen Bank B lediglich den Austausch von US-$ 10 Mio. gegen DM 15 Mio. und den Rücktausch zu einem späteren Zeitpunkt, ohne daß irgendwelche sonstige Zahlungen geleistet werden. Dieser reine Währungsswap ist als doppelter Devisenkauf nach § 433 BGB zu beurteilen.
2. Zusätzlich zu dem Austausch von DM 15 Mio. gegen US-$ 10 Mio. vereinbaren die Parteien, daß A auf den Betrag von US-$ 10 Mio. bis zum »Rücktausch« 10 % p.a. zahlen und B auf den Betrag von DM 15 Mio. 10 % an A bis zum Rücktausch zahlen soll. Hier wird der reine Währungsswap um den Abschluß weiterer Währungsswaps – US-$ 1 Mio. gegen DM 1,5 Mio. für die Dauer der Laufzeit – erweitert. Es besteht jedoch kein Anlaß, hierin etwas anderes als den Abschluß mehrerer Devisenkaufverträge nach § 433 BGB zu sehen.
3. A und B vereinbaren zusätzlich zu dem Austausch der Kapitalbeträge wie vorstehend unter Ziffer 1 die Zahlung von jährlichen Zinsbeträgen. Dabei soll A an B auf den Betrag von US-$ 10 Mio. 6-Monats-US-$-LIBOR und B an A 10 % p.a. auf den Betrag von DM 15 Mio. zahlen. Hier tritt zu dem reinen kaufvertraglichen Element des Austausches von Devisen das Risikoelement der Unbestimmtheit der Zinszahlungshöhe für den US-$-Betrag. Nur in einem solchen Fall kann die Kombination von Zins- und Währungsswap als ein atypischer Vertrag mit kaufvertraglichen Elementen angesehen werden.

b) Gegenseitigkeit, Dauerschuldcharakter, Fixgeschäft

24 Mit der Qualifikation insb. der *Zinsswaps* als gegenseitige *Verträge sui generis* sind die wesentlichen Fragen erst aufgeworfen. Für den Rechtsanwender ist entscheidend, welche Folgen sich aus der Qualifizierung für ein bestimmtes Vertragsverhältnis ergeben. Mit einer Qualifizierung als Vertrag sui generis wird diese Frage jedoch erst gestellt und nicht beantwortet.

25 Allgemein anerkannt ist, daß bei Zins- wie Währungsswaps die Leistungen der Vertragspartner im *Synallagma* zueinander stehen[37].

26 Darüber hinaus haben insb. *Zinsswaps Dauerschuldcharakter*[38]. Es werden über längere Dauer wiederkehrende Leistungen erbracht, die nach dem Willen der Parteien eine wirtschaftliche Einheit darstellen. Unabhängig davon, ob eine Zinszahlungsverpflichtung betragsmäßig vorherbestimmt ist, wie bei einem Festzinssatzswap, oder erst zu einem bestimmten Zeitpunkt durch Bezugnahme auf einen Referenzzinssatz bestimmt werden muß, wie bei einem variablen Zinssatzswap, ist der von jeder Seite zu leistende Gesamtbetrag nicht mehr abhängig von dem Willen einer einzelnen Partei, sondern nur noch von – der Beeinflussung durch die Parteien nicht unterliegenden – Berechnungsgrößen. Dies ist von Bedeutung für die Frage, ob das *Dauerschuldverhältnis* ein echter *Sukzes-*

---

37 Decker, WM 1990, 1001, 1006 f.; Kümpel, WM 1986, 661, 669; Ebenroth/Messer, ZVglRWiss 87 (1988), 1, 7; Obermüller, Rz. 1965; Kewenig/Schneider, WM 1992, Sonderbeilage 2, S. 1, 3
38 Ebenso Kümpel, Bank- und Kapitalrecht, 13.160.

sivlieferungsvertrag (Ratenlieferungsvertrag) ist *oder* lediglich ein *Dauerlieferungsvertrag* (Bezugsvertrag). Beim Ratenlieferungsvertrag wird eine von vornherein fest bestimmte Menge geschuldet, die in Teilmengen zu liefern ist, während bei einem Bezugsvertrag die Liefermenge unbestimmt ist und die Festlegung durch eine Partei erfolgt wie z.B. bei den Bierlieferungs- oder Energielieferungsverträgen. Dauerlieferungs- oder Bezugsverträge sind echte Dauerschuldverhältnisse, während Ratenlieferungsverträge letztlich bloß langfristige Verträge mit zeitlich aufgespaltenen Teilleistungen sind[39]. Da sich Swaps gedanklich auf einen einmaligen Leistungsaustausch reduzieren lassen, sind sie *echte Sukzessivlieferungsverträge* und nicht echte Dauerschuldverhältnisse[40].

Gleichfalls streitig ist, ob Swapgeschäfte Fixgeschäfte im Sinne von §§ 361 BGB, 376 HGB sind[41]. Die Frage hatte vor der Verabschiedung der InsO Bedeutung für die konkursrechtliche Behandlung der Swapverträge.

27

c) Differenzgeschäfte
aa) Zinsswaps
Nach § 764 S. 1 BGB sind Verträge, die auf die Lieferung von Waren oder Wertpapieren lauten und in der Absicht geschlossen werden, daß der Unterschied zwischen dem vereinbarten Preis und dem Börsen- oder Marktpreis der Lieferungszeit von dem verlierenden Teil an den gewinnenden ausgezahlt werden soll, als offene Differenzgeschäfte anzusehen. Diese begründen nach § 762 Abs. 1 BGB lediglich Naturalverbindlichkeiten.

28

Charakteristikum der offenen Differenzgeschäfte nach § 764 S. 1 BGB ist, daß die vereinbarten Waren oder Wertpapiere, über die der Vertrag lautet, nicht wirklich geliefert werden sollen. Vielmehr soll nur der sich aus den Marktschwankungen ergebende Unterschied zwischen den Preisen für diese Waren oder Wertpapiere ausgeglichen werden. Der simulierte Erfüllungswille hinsichtlich der Waren ist nach § 117 BGB nichtig und lediglich das dissimulierte Geschäft, also die Spekulation um die Differenz, ist vereinbart[42].

29

Insbesondere für die *Zinsswaps*, bei denen kein Kapitalbetrag anfänglich ausgetauscht und am Ende der Vertragslaufzeit zurückgetauscht wird, ist *streitig*, ob sie als *Differenzgeschäfte* im Sinne der §§ 762, 764 BGB anzu-

30

---

39 Vgl. Kramer, in: MünchKomm., BGB, Einl. vor § 241 Rz. 86; Emmerich, in: MünchKomm., BGB, vor § 275 Rz. 165 ff.; Palandt/Heinrichs, BGB, Einf. vor § 305 Rz. 26 ff.
40 Ebenso Ebenroth/Messer, ZVglRWiss 87 (1988), 1, 7; a.A. Decker, WM 1990, 1001, 1006 f.
41 Verneinend: Decker, WM 1990, 1001, 1007; Ebenroth/Messer, ZVglRWiss 87 (1988), 1, 7; Erne, S. 51 f.; bejahend: Fülbier, ZIP 1990, 680, 685; Pohl, AG 1992, 425, 426; offengelassen von Kümpel, Bank- und Kapitalmarktrecht, 13.161.
42 Schönle, § 47 III 3. b; Engel, in: Staudinger, BGB, § 764 Rz. 4; Häuser/Welter, in: Hdb. KapitalanlR, § 16 Rz. 162.

sehen sind. Diese Frage war vor der Geltung des § 58 BörsG n.F.[43] von besonderer Bedeutung für die Möglichkeit der Erhebung des Differenzeinwandes. Aber auch unter der Geltung der Neufassung von § 58 BörsG bleibt die Frage von Bedeutung, da die Erfassung von Swap-Vereinbarungen als Börsentermingeschäfte fraglich ist[44].

31   Bzgl. des in § 764 S. 1 BGB umschriebenen sog. *offenen Differenzgeschäftes* wurde bis vor kurzem die Auffassung vertreten, daß derartige Vereinbarungen *kaum jemals* vorkämen[45]. Ob ein Zinsswap als offenes Differenzgeschäft zu qualifizieren ist, hängt davon ab, ob ein Zinsswap die Voraussetzungen des § 764 S. 1 BGB erfüllt. Ist dies nicht der Fall, bleibt zu prüfen, ob ein Zinsswap als verdecktes Differenzgeschäft im Sinne des § 764 S. 2 BGB zu behandeln ist. In der Erweiterung des Differenzgeschäftes um das verdeckte Differenzgeschäft in § 764 S. 2 BGB wird ein wesentliches Element des § 764 BGB gesehen, da er erst durch diese Erweiterung seinen eigentlichen Anwendungsbereich gewinnen sollte.

32   Ein Teil des Schrifttums vermißt bei den Zinsswaps den »auf Lieferung von Waren oder Wertpapieren lautenden Vertrag«. Aus diesem Grunde sollen Zinsswaps nicht Differenzgeschäfte i.S.d. § 764 BGB sein[46]. Dem wird entgegengehalten, daß bei Zugrundelegung von Geschäften über Waren oder Wertpapiere, die ohnehin nach § 117 BGB nichtig sind, entscheidend für die Charakterisierung als Differenzgeschäft nicht die Vereinbarung der Lieferung von Waren und Wertpapieren, sondern die Absicht der Erzielung eines Differenzgewinnes durch Preis- oder Indexschwankungen ist[47]. Die jüngste Entwicklung zeigt, daß die Meinung, wonach offene Differenzgeschäfte im Rechtsleben nicht vorkämen, überholt ist. Wie Häuser/Welter[48] überzeugend ausführen, zeigt die Entwicklung auf ausländischen Terminmärkten, daß insbesondere bei *Index-Terminkontrakten zunehmend offene Differenzgeschäfte* abgeschlossen werden. Bei derartigen Termingeschäften ist die Grundlage für die Errechnung des »Preises« immer ein Index, der nie »erfüllt« werden könnte. Die Intention des Gesetzgebers bei der Abfassung des – nach allgemeiner Ansicht mißglückten[49] – Wortlautes von § 764 BGB war, die Differenz-

---

43 Seit dem 1. August 1989.
44 Dazu sogl.; vgl. auch Decker, WM 1990, 1001, 1004 f.
45 Vgl. Pecher, in: MünchKomm., BGB, § 764 Rz. 2 sowie v.a. Motive II, S. 647 f.; Palandt/Thomas, BGB, § 764 Rz. 2; Erman/Seiler, BGB, § 764 Rz. 2.
46 Kümpel, WM 1986, 661, 669; ihm folgend Ebenroth/Messer, ZVglRWiss 87 (1988), 1, 11 ff.; Pohl, AG 1992, 425, 427 f.; ders., Innovative Finanzinstrumente, S. 41; Winter, WM 1994, 2143, 2149 f.; wohl auch Decker, WM 1990, 1001, 1004 ff.
47 Schäfer, ZIP 1986, 1304, 1305; Kewenig/Schneider, WM 1992, Sonderbeilage 2, S. 1, 3; wohl auch Schütze, in: Münchener Vertragshdb. S. 380, 435; Fülbier, ZIP 1990, 544, 546; Kopp, S. 82 ff.; Erne, S. 72 ff.
48 Häuser/Welter, in: Assmann/Schütze, Hdb. KapitalanlR, § 16 Rz. 164.
49 Vgl. nur Pecher, in: MünchKomm., BGB, § 764 Rz. 1; Häuser, in: Soergel, BGB, § 764 Rz. 2 – jeweils m.w.N.

spekulation zu reglementieren. Es kann daher nicht darauf ankommen, ob tatsächlich Grundlage des Differenzgeschäftes die im Gesetz aufgeführten Waren oder Wertpapiere sind oder stattdessen Indizes oder sonstige Maßstäbe – wie z. B. Zinssätze -, die es ermöglichen, daß nicht geliefert und der vereinbarte Preis gezahlt oder geschuldet wird, sondern irgend ein Umstand darüber entscheidet, welche Partei an die andere Partei Zahlungen zu leisten hat.

§ 764 S. 1 BGB ist erweiternd auszulegen. So kann es z.B. bei Financial Futures keinen Unterschied machen, ob zwei Parteien ein offenes Differenzgeschäft an den Kurs einer einzelnen Aktie oder an einen sich aus 30 Aktien zusammensetzenden Aktienindex anknüpfen. Statt des Abschlusses eines sich auf den Aktienindex beziehenden offenen Differenzgeschäftes könnten ebensogut 30 einzelne offene Differenzgeschäfte unter Saldierung der Ergebnisse geschlossen werden[50]. Wenn aber auch in keine »Waren oder Wertpapiere« darstellenden Indizes offene Differenzgeschäfte abgeschlossen werden können, kann dem Wortlautargument neben der (erweiternden) teleologischen Auslegung kein wesentliches Gewicht beigemessen werden. 33

Ist entscheidend für das *Vorliegen eines Differenzgeschäftes* somit die *Absicht zur Erzielung eines Differenzgewinnes* unabhängig von dem Vorliegen eines auf den Austausch von Waren oder Wertpapieren gerichteten Geschäftes, so kann es keinen Unterschied machen, ob die zu erzielende Differenz sich aus Schwankungen von Warenpreisen oder von Zinsen oder von sonstigen Indizes ergibt. Für das Vorliegen eines Differenzgeschäftes ist es letztlich unerheblich, ob ein Warengeschäft simuliert wird oder ein Geschäft zugrundegelegt wird, daß keiner Simulation zugänglich, weil auf einen Index gerichtet ist. Entscheidend ist vielmehr, daß sich die Parteien darüber einig sind, daß die eine (verlierende) Partei der anderen (gewinnenden) Partei eine Zahlung leistet, wenn ein bestimmtes Ereignis eintritt, und keinerlei effektive Lieferung beabsichtigt wird. 34

Soweit dem entgegen gehalten wird, daß Zinsswaps auch deshalb keine offenen Differenzgeschäfte im Sinne von § 764 BGB darstellen könnten, weil »beim Austausch variabler Zinszahlungen normalerweise in Folge von Zins- oder Kursschwankungen Differenzgewinne entstehen, die aber nur realisiert werden können, wenn die Zinszahlungen tatsächlich erbracht werden, das Liefergeschäft also ausgeführt wird«[51], so wird verkannt, daß die Zinszahlung des Swapgeschäftes nicht den »Warenumsatz« des § 764 BGB darstellt, sondern bereits die Erfüllung der Naturalverbindlichkeit. 35

---

50 Vgl. Henssler, S. 535 ff.; Schwark, BörsG, § 58 Rz. 4; Tilp, DB 1989, 2365, 2368 Fn. 89, 2370 Fn. 164.
51 So Ebenroth/Messer, ZVglRWiss 87 (1988), 1, 10.

36 Nach alledem sind Zinsswaps als offene Differenzgeschäfte im Sinne von § 764 S. 1 BGB anzusehen[52].

37 Vor dem Inkrafttreten von § 58 BörsG n.F. am 1. August 1989 war die Frage der Differenzgeschäftseigenschaft von Swapverträgen praktisch nur von Bedeutung, soweit die Swap-Vereinbarung kein wirtschaftlich berechtigtes Geschäft darstellte. Für *wirtschaftlich berechtigte Geschäfte* ist aufgrund einer *teleologischen Reduktion der Differenzeinwand nicht anwendbar* gewesen[53]. Aufgrund der Teilnehmer am Swapmarkt – Banken, Formkaufleute, öffentliche Hand – konnte regelmäßig davon ausgegangen werden, daß die Differenzgeschäfte zu dem Zweck geschlossen wurden, andere Geschäfte – z.B. Kapitalanlagen oder Refinanzierungen – gegen Marktschwankungen abzusichern (sog. Hedging). Die vertraglichen Vereinbarungen zu den Swaps sahen daher auch regelmäßig zwar nicht den Bezug zu einem konkreten Geschäft, wohl jedoch die Bezugnahme auf den allgemeinen wirtschaftlichen Grund für den Abschluß der Vereinbarung vor[54].

bb) Währungsswaps und kombinierte Zins- und Währungsswaps

38 Für *Devisentermingeschäfte* ist seit langem anerkannt, daß sie – offene oder verdeckte – *Differenzgeschäfte im Sinne des § 764 S. 2 BGB* darstellen[55]. Soweit ein Währungsswap als reiner Devisenswap abgeschlossen wird, dürfte seine Qualifizierung als Differenzgeschäft unstreitig sein[56]. Parallel hierzu werden von der ganz überwiegenden Meinung Währungsswaps als verdeckte Differenzgeschäfte nach § 764 S. 2 BGB qualifiziert[57].

39 Lediglich eine Mindermeinung verneint auch hier das Vorliegen eines Differenzgeschäftes. Dies wird entweder damit begründet, daß Devisen keine auf »Lieferung von Waren oder Wertpapieren« lautende Sachschuld begründen[58] oder aber es wird ein »systemimmanentes Tatbestandsbegrenzungsmerkmal« der Kurzfristigkeit der Differenzspekulationen als ungeschriebenes Tatbestandsmerkmal des § 764 BGB eingeführt[59]. Das Merkmal der Kurzfristigkeit der Spekulation soll bei ca. zwei Jahren lie-

---

52 A.A. Ebenroth/Messer, ZVglRWiss 87 (1988), 1, 13, die einen Spielvertrag im Sinne von § 762 BGB annehmen; a.A. auch Kümpel aaO.; Decker aaO., die den Charakter als offenes Differenzgeschäft oder Spielvertrag aufgrund der wirtschaftlichen Berechtigung der Vereinbarung ablehnen – vgl. dazu sogleich.
53 Häuser, in: Soergel, BGB, § 764 Rz. 7 m.w.N.; Erne, S. 74 ff.
54 Vgl. im einzelnen Schäfer, ZIP 1986, 1304, 1306 f.; Decker, WM 1990, 1001, 1006; Kümpel, Bank- und Kapitalmarktrecht, 13.175 f.; Kopp, S. 85 f.
55 Vgl. nur BGH NJW 1980, 390 ff.; BGH NJW 1989, 300 f.
56 Vgl. Fülbier, ZIP 1990, 544, 545 m.w.N.
57 Vgl. Fülbier, ZIP 1990, 544, 545; Ebenroth/Messer, ZVglRWiss (87) 1988, 2, 10 f.; Pohl, Innovative Finanzinstrumente, S. 43 f.; ders., AG 1992, 425, 428 f.
58 So Kümpel, Bank- und Kapitalmarktrecht, 13.174.
59 So Decker, WM 1990, 1001, 1009.

gen und die regelmäßig darüber hinausgehenden Währungsswaps dementsprechend keine Differenzgeschäfte begründen.

Begründen sowohl reine Zinsswaps wie auch reine Währungsswaps Differenzgeschäfte im Sinne der §§ 764, 762 BGB, so gilt entsprechendes auch für kombinierte Zins- und Währungsswaps.

40

cc) Wirtschaftliche Berechtigung
Konsequenz der Qualifizierung der Swaps als Differenzgeschäfte ist, daß sie grundsätzlich dem Differenzeinwand unterliegen. Soweit es *verdeckte Differenzgeschäfte* im Sinne des § 764 S. 2 BGB sind, muß der *Vertragspartner die Differenzabsicht seines Partners kennen* oder hätte sie zumindest kennen müssen. Hieran wird es regelmäßig fehlen, wenn ein Kreditinstitut ein Swapgeschäft mit einer kaufmännischen Kundschaft tätigt und der – wie z.B. der in der Bundesrepublik verwandte – Standardvertrag die Absicherungszwecke des Swaps noch einmal ausdrücklich hervorhebt[60]. Für die Rechtspraxis wird die Qualifizierung von Swaps als Differenzgeschäfte somit dann bedeutsam, wenn das Kreditinstitut nicht mehr sicher sein kann, daß der Vertragspartner noch wirtschaftlich berechtigte Ziele mit dem Abschluß des Swaps verfolgt.

41

d) Börsentermingeschäfte
aa) Börsentermingeschäfte nach altem und neuem Recht
Unter der Geltung von § 58 BörsG a.F. war die Erhebung des Differenzeinwandes ausgeschlossen, wenn das Differenzgeschäft gleichzeitig ein offizielles Börsentermingeschäft darstellte und von termingeschäftsfähigen Parteien geschlossen worden war. Offizielle Börsentermingeschäfte konnten abgeschlossen werden über Waren, Wertpapiere oder Devisen, die zum amtlichen Terminhandel an einer deutschen Börse zugelassen waren.

42

Mit der Börsengesetznovelle von 1989 wurde diese Rechtslage nicht unerheblich geändert. Nach § 58 BörsG n.F. ist der Differenzeinwand dann ausgeschlossen, wenn es sich um ein von termingeschäftsfähigen Parteien abgeschlossenes Börsentermingeschäft handelt. Neben der Änderung der Termingeschäftsfähigkeit, insbes. der Einführung der Termingeschäftsfähigkeit kraft Information, ist der Begriff des Börsentermingeschäftes durch die Börsengesetznovelle erheblich erweitert worden. Zwar ist der Begriff des Börsentermingeschäftes wie auch unter Geltung des alten Börsengesetzes weiterhin nicht definiert, jedoch in § 50 Abs. 1 S. 2 BörsG ausdrücklich ausgedehnt worden auf »Geschäfte, die wirtschaftlich glei-

43

---

60 Kümpel, Bank- und Kapitalmarktrecht, 13.175; Kopp, S. 78 f., 85 f.; Erne, S. 74 ff.; Decker, WM 1990, 1001, 1006, 1008; Fülbier, ZIP 1990, 544, 545 f.; Pohl, AG 1992, 425, 429; Ebenroth/Messer, ZVglRWiss 87 (1988), 2, 13.

chen Zwecken dienen, auch wenn sie nicht auf Erfüllung ausgerichtet sind«[61]. – Durch die Aufhebung der Beschränkung der Börsentermingeschäfte auf Waren und Wertpapiere zählen nunmehr zu Börsentermingeschäften auch die Geschäfte, die wirtschaftlich gleichen Zwecken dienen, auch wenn sie nicht auf Erfüllung gerichtet sind. In der Gesetzesbegründung werden ausdrücklich Indexoptionen, Futures und Leerverkäufe (short sales) genannt[62]. – Soweit Swapgeschäfte nunmehr als Börsentermingeschäfte qualifiziert werden können, hat die Qualifikation der Swapgeschäfte als Differenzgeschäfte deshalb zwischen börsentermingeschäftsfähigen Parteien keine Bedeutung mehr.

bb) Währungswaps und kombinierte Zins- und Währungsswaps

44 Für die *reinen Währungsswaps* ist unstreitig, daß sie eine besondere Form der *Devisentermingeschäfte* darstellen[63]. Soweit die Geschäfte gem. § 53 BörsG zwischen den vertragsschließenden Parteien wirksam sind, unterliegen sie nicht dem Termineinwand und gem. § 58 BörsG n.F. ist der Differenz- und Spieleinwand nach §§ 762, 764 BGB ausgeschlossen.

45 Auch bei *kombinierten Zins- und Währungsswaps* besteht im Ergebnis Einigkeit, daß ein Differenzeinwand nicht erhoben werden kann. Die Begründung hierfür differiert jedoch. Zum einen werden die kombinierten Zins- und Währungsswaps als Börsentermingeschäfte qualifiziert und wie die reinen Währungsswaps behandelt[64]. Zum anderen wird die Eigenschaft als Börsentermingeschäft bestritten, da es keine Möglichkeit gebe, ein Gegengeschäft auf einen Terminmarkt abzuschließen[65]. Die fehlende Möglichkeit des Abschlusses eines Gegengeschäftes soll jedoch gleichzeitig die Eigenschaft als – offenes oder verdecktes – Differenzgeschäft ausschließen, so daß aus diesem Grunde auch der Differenzeinwand nicht erhoben werden können soll[66].

cc) Zinsswaps

46 Problematischer als bei den Währungsswaps stellt sich die Einordnung der *Zinsswaps als Börsentermingeschäfte* dar. Die überwiegende Meinung will

---

[61] Die Gesetzgebungstechnik der gesetzlichen Erweiterung eines gesetzlich nicht definierten Begriffs hat in der Literatur nicht unberechtigte Kritik erfahren, vgl. Henssler, ZHR 153 (1989), 611, 633 ff.; Horn, ZIP 1990, 1, 9.
[62] Vgl. den Überblick bei Erne, S. 77 ff. m.w.N. sowie oben § 13 V 1.
[63] Schütze, in: Münchener Vertragshdb., S. 380, 436; Ebenroth/Messer, ZVglRWiss 87 (1988), 1, 11; Fülbier, ZIP 1990, 544, 545; Decker, WM 1990, 1001, 1008 f.; Pohl, Innovative Finanzinstrumente, S. 46; ders., AG 1992, 425, 429.
[64] So insb. Schütze aaO.; Kümpel, Bank- und Kapitalmarktrecht, 13.165 ff.; Erne, S. 81 ff.; Winter, WM 1994, 2143, 2145 ff.; a.A. Kleinschmitt, S. 62 ff.
[65] So insb. Fülbier aaO.; Zweifel an der Möglichkeit des Abschlusses eines jederzeitigen Gegengeschäftes äußert auch Decker WM 1990, 1001, 1009.
[66] Vgl. Fülbier aaO.; Decker verneint die Eigenschaft als Differenzgeschäft aufgrund eines immanenten ungeschriebenen Merkmals der Kurzfristigkeit.

die Eigenschaft von Zinsswaps als Börsentermingeschäfte unter Berufung auf die Erweiterung des Begriffs des Börsentermingeschäfts in § 50 Abs. 1 S. 2 BörsG wohl bejahen[67]. Bei der Vielgestaltigkeit der Ausgestaltungsmöglichkeiten von Zinsswaps wird man jeweils im Einzelfall zu prüfen haben, ob der Zinsswap die Voraussetzungen eines Börsentermingeschäftes erfüllt.

e) Zurückbehaltungs- und Aufrechnungsrechte

Zurückbehaltungs- und Aufrechnungsrechte erhalten ihre Bedeutung, wenn der Vertragspartner seinerseits nicht mehr leistungsfähig bzw. leistungswillig ist. Zins- und Währungsswaps sind (z. T. atypische) gegenseitige Verträge (vgl. o. II 2 b)), bei denen jede Partei die Erbringung der ihr obliegenden Leistung verweigern kann, soweit sie nicht zur Vorleistung verpflichtet ist.   47

Die *Swap-Verträge* sehen regelmäßig vor, daß die Rahmenbedingungen für sämtliche Swaps einheitlich *in einem Rahmenvertrag zusammengefaßt* werden[68]. Durch § 273 BGB wird das Zurückbehaltungsrecht aus § 320 BGB über den einzelnen Swapvertrag hinaus auf sämtliche Swapgeschäfte erweitert. Voraussetzung für die Geltendmachung eines Zurückbehaltungsrechtes ist, daß der zurückbehaltende Vertragspartner einen fälligen Anspruch gegen den Gläubiger hat und dieser auf demselben rechtlichen Verhältnis wie seine eigene Verpflichtung beruht. Dasselbe rechtliche Verhältnis wird begründet durch einen inneren natürlichen und wirtschaftlichen Zusammenhang mehrerer Verträge, der in der Praxis durch den Rahmenvertrag hergestellt wird[69].   48

Die Umsetzung des Zurückbehaltungsrechtes bereitet häufig Schwierigkeiten, da bei einem Währungsswap mit seinem Austausch von Währungen an demselben Tag regelmäßig die Veranlassung der Buchung durch die eine Partei nicht hinausgezögert werden kann, bis der Geldeingang von der Gegenseite festgestellt ist. Zur Vermeidung dieser Schwierigkeiten wird bei Swapvereinbarungen soweit als möglich eine *automatische Aufrechnung* (»Netting«) vereinbart, was zwar bei Zinsswapvereinbarungen eine Absicherung mit sich bringt, nicht jedoch bei Währungsswaps. Bei diesen bedarf es zusätzlich der Vereinbarung der Kompensation der Zahlung in einer anderen Währung[70].   49

Sollte ein Vertragspartner sich in einer wirtschaftlichen Situation befinden, die es als zweifelhaft erscheinen läßt, daß er rechtzeitig seinen   50

---

67 Hierzu insb. Pohl, Innovative Finanzinstrumente, S. 45 f; Kümpel, Bank- und Kapitalmarktrecht, 13.165 ff. – einschränkend jedoch 13.169; Kopp, S. 94 ff.
68 Vgl. Jahn, Bank 1989, 395 ff.; ders., Bank 1988, 100; allgemein zu den Leistungsstörungen Decker, WM 1990, 1001, 1011 ff.
69 Vgl. Erne, S. 86 ff. m.w.N.
70 Vgl. Erne, S. 91 ff.

Verpflichtungen nachkommen wird, eröffnet *§ 321 BGB* die Möglichkeit, bei einem Eintritt einer wesentlichen Verschlechterung in den Vermögensverhältnissen des anderen Teiles die eigene *Leistung solange zurückzuhalten*, bis der andere Teil entweder die Leistung bewirkt oder er hierfür Sicherheit geleistet hat. § 321 BGB findet jedoch keine Anwendung bei einer allgemeinen Verschlechterung der Wirtschaftslage oder gegenüber dem Erfüllung wählenden Konkursverwalter[71].

51   Regelmäßig werden Swaps nur zwischen *Vollkaufleuten* geschlossen. *§ 369 HGB* gewährt einem Kaufmann für sämtliche fälligen Forderungen, welche ihm gegen einen anderen Kaufmann aus zwischen ihnen geschlossenen beiderseitigen Handelsgeschäften zustehen, ein *Zurückbehaltungsrecht* an beweglichen Sachen oder Wertpapieren, welche mit Willen des anderen Kaufmanns aufgrund von Handelsgeschäften in seinen Besitz gelangt sind. Das *kaufmännische Zurückbehaltungsrecht* erlangt dann *Bedeutung*, wenn sich die andere Partei *im Konkurs* befindet, da nach §§ 273 Abs. 2 BGB, 49 Abs. 1 Nr. 3 KO das allgemeine Zurückbehaltungsrecht gegenüber dem Konkursverwalter nur insoweit geltend gemacht werden kann, als Verwendungen auf eine Sache getätigt wurden, während nach § 49 Abs. 1 Nr. 4 KO das handelsrechtliche Zurückbehaltungsrecht Wirkung auch im Konkurs entfaltet.

52   In der Praxis sind die mit den Zurückbehaltungs- und Aufrechnungsrechten sowie die mit der Beendigung des Vertrages und der Berechnung von möglichen Schadensersatzforderungen verbundenen Fragen regelmäßig vertraglich ausführlich geregelt[72].

f) Swap-Verträge und die Ultra-Vires-Doktrin

53   Im Jahre 1991 entschied das *House of Lords* als letzte Instanz in *Großbritannien*, daß die seit (damals) fast 10 Jahren von britischen Kommunen und Gemeinden praktizierte Technik des Schulden- und Zinsrisikomanagements durch *Zinsswaps Ultra-Vires* sei und deshalb sämtliche von den Gemeinden abgeschlossenen und sich negativ für die Gemeinden entwickelnden Swaps nichtig seien. Rund 80 Banken hatten mit etwa 130 Kommunen und Gemeinden Swaps über einen Nominalbetrag von ca. 600 Mio. Pfund Sterling (damals ca. DM 1,8 Milliarden) abgeschlossen[73].

54   Die für die englischen Banken damit verbundenen Verluste gaben Anlaß für die Überlegungen, ob in *Deutschland Swap-Geschäfte der öffentlichen*

---

71 Vgl. ausführlich Erne, S. 89 f. m.w.N.
72 Vgl. dazu Schütze, in: Münchener Vertragshdb., S. 380, 431 ff. mit Abdruck des deutschen Standardvertrages; Jahn, Bank 1989, 395 ff.; ders., Bank 1988, 100 ff., zu den Musterverträgen der International Swap Dealers Association ISDA; Decker, WM 1990, 1001 ff. – Zu den mit der Lösung von Swap-Verträgen wegen Eintritts von Vertragsverletzungen verbundenen Problemen vgl. Ebenroth/Messer, ZVglRWiss 87 (1988), 1, 16 ff.
73 Vgl. ZfgK 1991, 199 f.; Börsen-Zeitung vom 26. Januar 1991, S. 1 und 5.

Hand unter dem Gesichtspunkt der *Ultra-Vires-Doktrin* nichtig sein könnten[74].

Die öffentliche Hand wird bei dem Abschluß von Swaps nicht im Rahmen eines Über- und Unterordnungsverhältnisses tätig, sondern privatrechtlich auf einer *Gleichordnungsebene*. Hinsichtlich der Begrenzung der Kompetenzen der öffentlichen Hand bei der Ausübung von privatrechtlichen Aktivitäten unter dem Aspekt der Ultra-Vires-Doktrin ist Ausgangspunkt die Entscheidung des Bundesgerichtshofes[75] aus dem Jahre 1956. In diese Entscheidung hat der BGH bestimmte rein privatrechtliche Aktivitäten einer »Hauptgeschäftsstelle Fischwirtschaft« als Körperschaft des öffentlichen Rechts als Ultra-Vires und damit nichtig erkannt. Als »Ultra-Vires« wird in Deutschland eine Handlung dann angesehen, wenn sie außerhalb des Rahmens der Handlungsfähigkeit eines Teils der Staatsverwaltung anzusiedeln ist.[76].

55

Nach heute *ganz herrschender Meinung kann der Staat in der Form von Bund und Ländern nicht Ultra-Vires handeln*, weil er alles »kann«, auch wenn er nicht alles »darf«. Im einzelnen ist die Begründung dieses Ergebnisses streitig. Einigkeit besteht lediglich insoweit, als die unmittelbare Staatsverwaltung durch Bund und Länder die Ausübung der dem Souverän übertragenen Kompetenz ist. Demgegenüber ist die *mittelbare Staatsverwaltung durch öffentlich-rechtliche Körperschaften oder Anstalten* abgeleitete Staatsmacht, die generell hinsichtlich ihrer Fähigkeit durch Gesetz und Satzung eingeschränkt ist und sich nur innerhalb der ihr gesetzten Grenzen bewegen kann. Es entspricht daher der ganz herrschenden Meinung, daß bei der Ausübung der mittelbaren Staatsverwaltung durch Körperschaften oder Anstalten des öffentlichen Rechts diesen eine *objektive Grenze* gezogen ist, *außerhalb derer die Körperschaften oder Anstalten Ultra-Vires handeln* und die Anstalt oder Körperschaft nicht wirksam verpflichten können. Kewenig und Schneider bringen dies auf die einprägsame Formel, daß die unmittelbare Staatsverwaltung »zwar nicht alles darf, wohl aber alles kann«, während die mittelbare Staatsverwaltung »nur das kann, was im Rahmen des ihr durch Gesetz oder Satzung zugewiesenen Wirkungsbereichs liegt und innerhalb dieses Wirkungsbereichs noch festzustellen ist, ob sie das, was sie kann, auch darf«[77].

56

---

74 Vgl. grundlegend Kewenig/Schneider, WM 1992, Sonderbeilage 2, S. 1 – 18 sowie Bücker, Finanzinnovationen und kommunale Schuldenwirtschaft.
75 BGHZ 20, 119 ff. = WM 1956, 567.
76 Vgl. allgemein zu Ultra-Vires-Doktrin Eggert, Die deutsche Ultra-Vires-Lehre, 1977, S. 96 ff.; Winterfeld, Grenzen des Handelns einer juristischen Person des öffentlichen Rechts im Privatrechtsverkehr, 1986, S. 15 ff.; im Zivil- und Gesellschaftsrecht entspricht es allg. Meinung, daß weder die Rechts- noch Handlungsfähigkeit von Verbänden durch ihren Zweck begrenzt wird, vgl. nur K. Schmidt, Gesellschaftsrecht, 2. Aufl., 1991, § 8 V 2.
77 Kewenig/Schneider aaO., S. 5.

57 Im Ergebnis können Bund und Länder in beliebigem Umfange Swap-Verträge abschließen, nicht jedoch Körperschaften und Anstalten des öffentlichen Rechts. Diese können lediglich in dem Umfange, wie es ihrer Aufgabenstellung entspricht, Swap-Verträge wirksam eingehen[78]. Hinsichtlich der Eingehung von *Swap-Verträgen durch Landesbanken* wird von einer Mindermeinung[79] die Auffassung vertreten, daß sie unheilbar nichtig seien, da sie nicht mit der öffentlichen Zweckerfüllung in Einklang stünden[80].

g) Swap-Verträge im Konkurs

58 Swap-Verträge sind *Dauerschuldverhältnisse* und werden nicht selten mit einer *Laufzeit von bis zu 10 Jahren* abgeschlossen. Um die möglichen *Änderungen in den Vermögensverhältnissen der Vertragsparteien* zu berücksichtigen, sieht der deutsche Rahmenvertrag für Swap-Geschäfte in Ziffer 7 Abs. 1 vor, daß der *Vertrag aus wichtigem Grund* kündbar ist[81]. Ein wichtiger Grund soll auch dann vorliegen, wenn ein fälliger Betrag nicht innerhalb von fünf Bankarbeitstagen nach Benachrichtigung des Zahlungspflichtigen vom Ausbleiben des Zahlungseingangs beim Zahlungsempfänger eingegangen ist. Heftig *umstritten* war die Frage, ob der *Eintritt der Überschuldung, die Zahlungseinstellung oder die Stellung eines Konkursantrages* über das Vermögen eines des Vertragspartner einen *wichtigen Grund für die fristlose Kündigung* eines Swap-Vertrages darstellen.

59 *Ausgangspunkt der Diskussion* war die für Devisentermingeschäfte erörterte Frage, ob einer Bank nach Antrag auf Eröffnung des Vergleichs- oder Konkursverfahrens über das Vermögen des Bankkunden ein Kündigungsrecht für schwebende Devisentermingeschäfte zusteht. Dies war zunächst von Obermüller[82] bejaht worden. In der Folgezeit wurde es von Berndorff/Berghaus[83] bezweifelt und van de Loo[84] widersprach einem Kündigungsrecht grundsätzlich. Nachdem sich in Deutschland der *deutsche Standardvertrag* und im anglo-amerikanischen Rechtskreis der *ISDA Standard-Vertrag* durchgesetzt hatten, verlagerte sich die Diskussion auf die Frage, ob die *Vereinbarung eines Kündigungsrechtes für die Zeit vor Konkurseröffnung* möglich ist. Bedenken gegen eine derartige Rücktrittsklausel ergaben sich aus der Vorwirkung der §§ 17, 18 KO. Die Vereinbarkeit einer Kündigungsklausel bei Swap-Verträgen stand damit in

---

78 Vgl. z.B. zur Bundesbahn und Treuhandanstalt Kewenig/Schneider aaO., S. 12 f. – differenzierend für die Gemeinden Bücker, S. 155 ff.
79 Koenig, WM 1995, 317 ff.
80 Dagegen überzeugend Schneider/Busch, WM 1995, 326 ff.
81 Vgl. Schütze, in: Münchener Vertragshdb., S. 380, 431, 433.
82 WM 1984, 325 ff.; ders., Handbuch Insolvenzrecht, Rz. 1906 ff.
83 BB 1987, Beilage 19, S. 1, 15 ff.
84 ZIP 1988, 352 ff.

dem größeren Zusammenhang der Konkurszweckwidrigkeit von Vereinbarungen[85].

Da Zinsswaps keine Devisen betreffen und die Diskussion sich von ihrem *Ausgangspunkt* der Behandlung von einfachen Devisentermingeschäften her überwiegend mit Währungsswaps beschäftigt, ist klar zwischen der Behandlung von Zinsswaps und Währungsswaps zu differenzieren. *Ausgangspunkt* für die Behandlung von Währungsswaps ist zunächst die *allgemeine Behandlung von Devisentermingeschäften in der Krise des Bankkunden.*

60

aa) Schwebende Devisentermingeschäfte in der Krise
Für die Parteien eines Devisentermingeschäftes stellt sich mit Blick auf die erheblichen *Kursschwankungen von Devisen* bei dem Eintritt einer Krise des Vertragspartners (Zahlungseinstellung, Überschuldung, Antrag auf Konkurseröffnung) die Frage, ob er aus dem *schwebenden Devisentermingeschäft* »aussteigen« kann oder abwarten muß, ob der Vertragspartner bei Fälligkeit des Termingeschäftes erfüllen will und kann. Regelmäßig haben die Vertragsparteien von einfachen Devisentermingeschäften – anders als bei den standardisierten Devisenswaps – keine ausdrückliche Vereinbarung getroffen. Ein Teil der Literatur will mit einer *analogen Anwendung von § 376 HGB* helfen[86]. § 376 HGB findet grundsätzlich auf Devisentermingeschäfte Anwendung[87]. Da im Zeitpunkt des Eintritts der Krise die Voraussetzungen des § 376 HGB noch nicht erfüllt sind und die Leistung des sich in der Krise befindlichen Vertragspartners noch nicht fällig und er noch nicht im Verzug ist, soll § 376 HGB analoge Anwendung finden. Begründet wird dies damit, daß feststehe, daß an dem vereinbarten Fälligkeitstag *der Schuldner den Fixtermin mit Sicherheit* nicht einhalten werde[88]. Dem wird jedoch entgegengehalten, daß der Grundsatz, daß einem Vertragspartner ein Festhalten an einem Vertrag nicht mehr zumutbar sei, wenn die Abwicklung des Vertrages durch schuldhaftes Verhalten der anderen Partei unsicher geworden ist, nur gilt, soweit der anderen Vertragspartei tatsächlich ein Verschulden zur Last zu legen ist. Allein aus der Tatsache des Eintrittes einer Krise als Vorstadium eines Konkurses kann jedoch nicht auf ein pflichtwidriges und schuldhaftes Verhalten der anderen Vertragspartei geschlossen werden, so daß die Voraussetzungen für eine analoge Anwendung von § 376 HGB nicht vorliegen[89]. Auch das für eine Analogie vorgebrachte Argument, der in der

61

---

85 Vgl. dazu insb. Tintelnot, Vereinbarungen für den Konkursfall, 1991; Berger, ZIP 1994, 173, 175 ff.
86 Obermüller aaO.; Berndorff/Berghaus, aaO.
87 Unstr., vgl. nur Baumbach/Hopt, HGB, § 376 Rz. 1; Schönle, § 35 VII 1 b).
88 So insb. Obermüller, aaO.
89 Vgl. insb. van de Loo, ZIP 1988, 352, 353 f.; Tintelnot, S. 186 ff.

Krise befindliche Vertragsteil spekuliere auf Kosten des nicht in der Krise befindlichen Vertragsteiles, verfängt nicht. Denn könnte der nicht in der Krise befindliche Vertragspartner von dem Vertrag zurücktreten, so könnte er seinerseits auf Kosten des insolventen Vertragspartners einen Vorteil erzielen. Ist die Marktsituation für ihn ungünstig, tritt er zurück, ist sie für ihn günstig, wird er am Vertrag festhalten und nach Konkurseröffnung entsprechend § 18 KO eine Differenzforderung zumindest als Konkursforderung geltend machen, soweit ihm nicht Sicherheiten zur Verfügung stehen. Durch die *Einräumung eines gesetzlichen Rücktrittsrechts für den Fall der Krise in einem Fixgeschäft würde man der Konkursmasse den einem Vertrag innewohnenden Vermögenswert*[90] *entziehen*, was mit der gesetzlichen Wertung der §§ 17, 18 KO nicht in Einklang zu bringen ist[91].

bb) Währungsswaps in der Krise

62 Währungsswaps sind doppelte Kaufverträge, bei denen Devisenkassageschäfte mit Devisentermingeschäften verknüpft werden[92]. Anders als bei den herkömmlichen Devisentermingeschäften wird bei den Devisenswaps regelmäßig ein *vertragliches Kündigungsrecht für den Fall des Eintritts einer Krise* bei dem Vertragspartner vereinbart. Die *Frage ist somit nicht mehr* so sehr, ob der nicht in der Krise befindliche Vertragspartner in analoger Anwendung von § 376 HGB ein *gesetzliches Rücktrittsrecht* hat. Vielmehr ist die *Frage, ob die vertragliche Vereinbarung eines Rücktrittsrechtes nichtig* ist, weil sie dem Regelungsgehalt der Konkursordnung, insbesondere den §§ 17, 18 KO zuwiderläuft.

63 Wie die einfachen Devisentermingeschäfte sind Devisenswaps Fixgeschäfte i.S.d. § 18 KO. Da nach § 18 KO nie Erfüllung verlangt werde und somit ein Konkursverwalterwahlrecht nach § 17 KO nie vereitelt werden könne, soll mangels Anwendbarkeit von § 17 KO eine vertragliche Vereinbarung eines Rücktrittsrechts für den Fall der Krise bei dem Vertragspartner zulässig sein[93]. Ein *Teil der Literatur* hält demgegenüber *§ 17 KO für anwendbar*[94], doch soll ein Kündigungsrecht für den Fall der Krise mit § 17 KO vereinbar sein. Dabei wird ausdrücklich die *Konsequenz* in Kauf genommen, daß der *solvente Vertragspartner kündigen* und vom Vertrag zurücktreten kann, *wenn der Vertrag für ihn derzeit ungünstig ist*, er jedoch einen aus der vorzeitigen Beendigung resultierenden Vorteil nicht

---

90 Tintelnot bezeichnet ihn als »Haftungswert«.
91 Van de Loo, ZIP 1988, 353, 356 f.; Tintelnot, S. 182 ff., 188 ff.; Berger, ZIP 1994, 171; diesen Punkt sehen auch Berndorff/Berghaus, BB 1987, Beilage 19, S. 1, 15, 19.
92 Vgl. oben I 2 a).
93 Ebenroth/Messer, ZVglRWiss 87 (1988), 1, 24.
94 So offenbar Obermüller, Handbuch Insolvenzrecht, Rz. 19, 72; Decker, WM 1990, 1001, 1014; Bosch, WM 1995, 413, 422.

soll herausgeben müssen⁹⁵. Zur Begründung wird auch darauf verwiesen, daß der BGH⁹⁶ ein Kündigungsrecht des Bauherrn nach § 8 Nr. 2 Abs. 2 VOB/B für den Fall der »Zahlungseinstellung, der Beantragung des Vergleichsverfahrens oder des Konkurses« als mit § 17 KO vereinbar angesehen hat. Die mit dem Verweis auf diese Entscheidungen gezogene Parallele trifft jedoch nicht den Kern der Frage, da nicht jedes Kündigungsrecht für den Fall einer Krise des Vertragspartners gegen §§ 17, 18 KO verstoßen muß.

Es ist allgemein anerkannt, daß Dispositionen des (späteren) Gemeinschuldners, die sich ausschließlich zu Lasten der Konkursmasse auswirken, von diesem nicht getroffen werden können⁹⁷. Auch ein Kündigungsrecht, das für den Fall der Krise eingeräumt wird, verstößt nur dann gegen §§ 17, 18 KO, wenn es nicht den Vertragspartner, sondern lediglich dessen Gläubiger trifft. Aus diesem Grunde ist es auch unzutreffend, wenn regelmäßig darauf verwiesen wird, daß ein Konkursverwalter einen Vertrag so hinzunehmen habe, wie er ihn vorfinde⁹⁸. Vielmehr wird man zu *differenzieren* haben zwischen solchen Verträgen, die sich ausschließlich zu Lasten der späteren Konkursmasse auswirken können und solchen, bei denen die Versagung eines Kündigungsrechtes für den solventen Vertragspartner einen unzumutbaren Nachteil bedeutet. Hierin liegt der Grund, aus dem der BGH ein Kündigungsrecht nach § 8 Nr. 2 VOB/B anerkannt hat, da es einem Bauherrn nicht zumutbar sei, einem Konkursverwalter ein Wahlrecht zu gewähren und u.U. Erfüllung seitens der Konkursmasse hinnehmen zu müssen, ohne sicher sein zu können, daß z.B. Gewährleistungsansprüche hinreichend sichergestellt sind⁹⁹. Das krisenbedingte Kündigungsrecht bei Swap-Verträgen ist damit jedoch nicht vergleichbar. Hiermit wird der solventen Partei die Möglichkeit gewährt, aus einem für sie ungünstigen Vertrag »auszusteigen« und damit der Konkursmasse den Vorteil, den der Vertrag für die insolvente Partei darstellt, zu entziehen. Ist der Vertrag dagegen für die solvente Partei günstig, wird sie ohnehin nicht zurücktreten, da sie zumindest die Konkursquote auf den ihr günstigen Vertrag zu erhalten versuchen wird. Die Situation ist für die solvente Partei auch nicht unzumutbarer als für die solvente Partei eines sonstigen Sukzessivlieferungsvertrages¹⁰⁰. *Krisenbedingte Kündigungsrechte verstoßen bei Währungsswaps nach bisheriger Rechtslage somit grundsätzlich gegen §§ 17, 18 KO*¹⁰¹, so daß der Eintritt einer Krise bei

64

---

95 So ausdrücklich Obermüller, Handbuch Insolvenzrecht, Rz. 19, 72 a.E.
96 WM 1985, 1493; ZIP 1990, 1406 sowie allgemein in einem obiter dictum in ZIP 1994, 40 – dazu Berger, ZIP 1994, 173 ff.
97 Vgl. nur Henckel, in: Jaeger/Henckel, KO, § 17 Rz. 214.
98 Ebenso Henckel aaO.
99 Vgl. Henckel, in: Jaeger/Henckel, KO, § 17 Rz. 214; Tintelnot, S. 137 ff.
100 A.A. Decker, WM 1990, 1001, 1013 f.
101 Für analoge Anwendung Kopp, S. 132 ff.

dem Vertragspartner eines Währungsswaps nicht als wichtiger Grund i.S.v. § 7 Abs. 1 des Standardvertrages verstanden werden kann. Für das Vorliegen eines wichtigen Grundes i.S.d. Vertragsbestimmung bedarf es vielmehr weiterer Umstände, die zu dem bloßen Eintritt der Krise hinzutreten, z.B. Verzug mit einer anderen Verbindlichkeit gegenüber demselben Vertragspartner.

cc) Zinsswap-Geschäfte in der Krise

65 Wie unter bb) ausgeführt, verstoßen vertragliche Vereinbarungen, die für den Fall des Eintritts einer Krise ein Kündigungsrecht gewähren, gegen die §§ 17, 18 KO, soweit nicht die mit der Ablehnung eines solchen Kündigungsrechts verbundenen Nachteile für die solvente Partei unzumutbar sind[102].

66 Ebenso wie Währungsswaps sind Zinsswaps somit nach bisheriger Rechtslage regelmäßig nicht ausschließlich wegen des Eintritts einer Krise bei dem Vertragspartner nach § 7 Abs. 1 des deutschen Standardvertrages kündbar.

dd) Swaps in der neuen InsO

67 Die Behandlung von Swapverträgen im besonderen wie von Finanztermingeschäften im allgemeinen ist einer umfassenden Neuregelung zugeführt worden durch Art. 15 des 2. Finanzmarktförderungsgesetzes (2. FiFöG), Art. 105 EGInsO und § 104 Abs. 2, 3 InsO. Sämtliche Gesetze enthalten einen identischen Wortlaut. Der Grund für die wörtlich identische Regelung in drei Gesetzen liegt in dem unterschiedlichen Zeitpunkt des Inkrafttretens. Art. 15 FiFöG trat am 1. August 1994 in Kraft, Art 105 EGInsO am 19. Oktober 1994 und die InsO wird am 1. Januar 1999 in Kraft treten[103]. Da aufgrund der im Oktober 1994 abgehaltenen Bundestagswahlen und der damit verbundenen Diskontinuität des Parlamentes nicht klar war, welche Gesetze noch verabschiedet werden würden, wurde der Weg gewählt, dieselbe gesetzliche Regelung in verschiedenen Gesetzen zu inkorporieren. Im Ergebnis gilt die Neuregelung der konkursrechtlichen Behandlung von Swaps seit 1. August 1994.

68 Nach § 104 Abs. 2 S. 1 InsO kann nicht Erfüllung verlangt, sondern nur eine *Forderung wegen Nichterfüllung* geltend gemacht werden, wenn für *Finanzleistungen*, die einen Markt- oder Börsenpreis haben, eine bestimm-

---

102 Insoweit ebenso Ebenroth/Messer, ZVglRWiss 87 (1988), 1, 24; Tintelnot, 186 ff.; soweit Ebenroth/Messer aaO. eine Kündigungsklausel für den Fall der Konkursantragstellung für unzulässig halten, eine Klausel für den Fall der Überschuldung jedoch für zulässig ansehen, kann diese Differenzierung nicht überzeugen: soll die nach Konkursantragstellung unwirksam ausgesprochene Kündigung wirksam werden, wenn der Konkursantrag mangels Masse abgelehnt wird und nur noch der Zustand der Überschuldung zurückbleibt?
103 Vgl. Bosch, WM 1995, 365, 374 f. m.w.N.

te Zeit oder eine bestimmte Frist vereinbart war und die Zeit oder der Ablauf der Frist erst nach der Eröffnung des Verfahrens eintritt. Die Forderung wegen der Nichterfüllung richtet sich auf den Unterschied zwischen dem vereinbarten Preis und dem Markt- oder Börsenpreis, der am zweiten Werktag nach der Eröffnung des Verfahrens am Erfüllungsort für einen Vertrag mit der vereinbarten Erfüllungszeit maßgeblich ist. Durch § 104 Abs. 2 Nr. 3 und 4 InsO werden *sämtliche bisher bekannten Formen von Swapverträgen in die Regelung von § 104 InsO einbezogen*[104]. § 104 Abs. 2 S. 3 InsO erlaubt ausdrücklich die *Zusammenfassung von mehreren Geschäften über Finanzleistungen in einem Rahmenvertrag*, der zudem vorsehen kann, daß sämtliche Geschäfte bei Vertragsverletzungen nur einheitlich beendet werden können und daß in diesem Falle die Gesamtheit aller Geschäfte als ein gegenseitiger Vertrag im Sinne der §§ 103, 104 InsO gelten. Die für den Fall der Zahlungsunfähigkeit oder der Stellung des Konkursantrages eine Kündigungsmöglichkeit vorsehenden Klauseln verlagern lediglich den nunmehr auch in § 104 InsO festgelegten Abwicklungsmodus auf einen früheren Zeitpunkt. Bei einer reinen *Vorverlagerung auf einen früheren Zeitpunkt* dürfte nunmehr unstreitig werden, daß die Vereinbarung eines »*Close-out-netting*«[105] im Einklang mit der neuen gesetzlichen Regelung steht.

Im Ergebnis können Swapgeschäfte nunmehr auf gesicherter gesetzlicher Basis in einem Rahmenvertrag zusammengefaßt werden (»Netting«) und dieser kann Lösungsklauseln vorsehen, die vor der Eröffnung des Konkurses eingreifen. 69

h) Devisenswaps und WährG
Nach § 3 WährG dürfen Geldschulden unter Inländern nur mit »Genehmigung der für die Erteilung von Devisengenehmigungen zuständigen Stelle in einer anderen Währung als in Deutscher Mark eingegangen werden«. Schließen Gebietsansässige innerhalb der Bundesrepublik Deutschland einen Währungsswap, so kann theoretisch § 3 S. 1 WährG einschlägig sein. Da Währungsswaps als die Kombination von Devisenkassa- und Devisentermingeschäften zu sehen sind[106], die ihrerseits wegen ihres Kaufcharakters nicht unter § 3 S. 1 WährG fallen, *unterliegen auch Währungsswaps nicht § 3 WährG*. 70

---

104 Vgl. Bosch, WM 1995, 413, 416 f.; Kopp, S. 136 ff.
105 Vgl. zum Begriff und seiner Abgrenzung Bosch, WM 1995, 365, 368.
106 Vgl. oben I 2. a).

3. Aufsichts-, steuer- und bilanzrechtliche Behandlung von Swaps

a) Aufsichtsrechtliche Behandlung

71 Wie bei praktisch allen Finanzinnovationen hat die aufsichtsrechtliche Behandlung von Zins- und Währungsswaps anfänglich nicht unerhebliche Probleme bereitet. Heute besteht weitgehend Einigkeit darüber, daß *Zins- wie Währungsswaps nicht dem Katalog der Bankgeschäfte* in § 1 Abs. 1 S. 2 KWG unterfallen. Soweit ein Bankinstitut erstmals Zins- oder Währungsswaps abschließt, hat es daher die Aufnahme derartiger Geschäfte gemäß § 24 Abs. 1 Nr. 9 KWG dem Bundesaufsichtsamt für das Kreditwesen anzuzeigen[107]. Der Referentenentwurf der Sechsten KWG-Novelle zieht in § 1 Abs. 1 S. 3 Nr. 4 vor, das ein Bankgeschäft begründende Effektengeschäft zum Finanzkommissionsgeschäft fortzuentwickeln. Als solches soll die Anschaffung und Veräußerung der in Abs. 11 genannten Finanzinstrumente im eigenen Namen für fremde Rechnung gelten. Zu den Finanzinstrumenten zählen nach Abs. 11 S. 4 des Entwurf auch Derivate, denen die Swaps nach dem Entwurf der Regierungsbegründung ausdrücklich unterfallen.

72 Auch die Einbeziehung der Zins- und Währungsswaps in die nach § 10 Abs. 1 S. 2 KWG erlassenen Grundsätze über Eigenkapital und Liquidität der Kreditinstitute ist seit 1990 geklärt[108]. Hierfür war u.a. von Bedeutung, ob während der Laufzeit verschiedener Swaps diese zu einer einzigen Position zusammengefaßt werden konnten (»*Netting*«) und dadurch die Eigenkapitalbelastung der Bank-Swappartner reduziert werden konnte. Dies hing weitgehend von der Behandlung der Swaps im Konkurs ab, welche durch das 2. FiFöG einer Klärung zugeführt wurde[109].

b) Steuer- und bilanzrechtliche Behandlung[110]

73 Eine Reihe von offenen Fragen bestehen noch bei der steuerlichen sowie bilanziellen Behandlung von Swap-Verträgen. Unstreitig dürfte sein, daß Zins- wie Währungsswapverträge nicht der *Mehrwertsteuer* unterliegen. Hier dürfte überhaupt kein steuerbarer Leistungsaustausch vorliegen, da Zinsswaps reine Zinsdifferenzgeschäfte darstellen[111]. Jedenfalls sind Zins- und Währungsswaps nach § 4 Nr. 8 b) und c) UStG steuerbefreite Umsät-

---

107 Unstr., vgl. nur Kümpel, Bank- und Kapitalparktrecht, 13.162 sowie Schreiben des BAKred. vom 16.09.1986 (I 3 – 271 – 2/86), abgedruckt bei Consbruch/Möller/Bähre/Schneider Tz. 4.207; Reischauer/Kleinhans, KWG, § 24 Anm. 14 a.
108 Vgl. Schulte-Mattler, WM 1991, Sonderbeilage 3, S. 1 ff.; ders., ZBB 1994, 333 ff.; Erne, S. 130 ff.; Pohl, Innovative Finanzinstrumente, S. 97 ff. zu den »risikogewichteten Aktiva« sowie S. 118 ff. zu der Kapitaladäquanzrichtlinie und ihrer Umsetzung im Grundsatz I a; Kopp, S. 140 ff. zu der Umsetzung der EG-Solvabilitätsrichtlinie.
109 Vgl. oben II 2 g) dd) sowie Kopp, S. 142 ff.
110 Zu den Möglichkeiten der Nutzung von Zinsswaps zum Bilanzstrukturmanagement vgl. Rolfes, ZfgK 1992, 674 ff.
111 Vgl. oben II 2 c) aa).

ze, weil lediglich gesetzliche Zahlungsmittel bzw. Geldforderungen getauscht werden.

Swap-Zahlungen stellen auch keine Zinszahlungen i.S.v. § 20 Abs. 1 Nr. 7 EStG dar und unterliegen damit nicht der *Zinsabschlagsteuer*[112]. 74

Weitgehend ungeklärt ist bisher, ob bei Industrie- bzw. Handelsunternehmen Swaps der *Gewerbesteuer* unterfallen. Die Finanzverwaltung steht auf dem Standpunkt, daß ein Unternehmen, das sein Zinsänderungsrisiko aus kurzfristigen, jeweils aufeinanderfolgenden Krediten durch einen Zinsswap »variabler Zins gegen fester Zins« abgesichert hat, die aufeinanderfolgenden Kredite als Dauerschuld zu behandeln hat, weil durch den Swap das Zinsänderungsrisiko aus verschiedenen nacheinanderfolgenden kurzfristigen Krediten in ein langfristiges Festsatzrisiko umgewandelt werde. Deshalb sollen die verschiedenen nacheinanderfolgenden kurzfristigen Kredite durch den Zinsswap zu einer Dauerschuld zusammengefaßt werden. Der Finanzverwaltung wird entgegengehalten, daß zwar das Zinsänderungsrisiko durch einen Zinsswap beseitigt bzw. in einen Festzinssatz umgewandelt werden kann, daß jedoch das mit den kurzlaufenden Krediten verbundene Liquiditätsrisiko nicht beeinflußt wird. Eine Zusammenfassung der kurzfristigen Kredite zu Dauerschulden hätte zur Folge, daß die Hälfte der Zinszahlungen bei der Gewerbeertragsteuer hinzuzurechnen wäre[113] und auch eine Hinzurechnung der Kredite beim Gewerbekapital in Betracht käme[114]. 75

Die *bilanzielle Erfassung* von Swaps wird insb. im Hinblick auf die Bildung von Bewertungseinheiten sowie der wirtschaftlich zutreffenden Wiedergabe in der Bilanz noch intensiv diskutiert[115]. 76

III. Swap-Derivate

Aus den Grundformen des Swaps, dem Zins- und dem Währungsswap, haben sich Derivate entwickelt, die zum Teil nicht unerhebliche wirtschaftliche Bedeutung erlangt haben. Auch wenn diese keine besonderen rechtlichen Fragen aufwerfen, sollen sie hier doch der Vollständigkeit halber aufgeführt werden. Zu nennen sind insbesondere der Zinssatz-Cap, kurz *Cap*, sowie der Zinssatz-Floor, kurz *Floor*, der *Collar* sowie das *Forward Rate Agreement*, das wohl am besten mit Terminsatzvereinbarungen übersetzt wird, und die Swap-Option oder die *Swaption*. 77

---

112 Borchers, S. 167 f.; Hamacher, StVj. 1993, 13, 17; Kopp, S. 164.
113 § 8 Nr. 1 GewStG.
114 § 12 Abs. 2 Nr. 1 GewStG; vgl. zum ganzen Vögele, DB 1987, 1060 ff. sowie Borchers, S. 171 ff. m.w.N.
115 Vgl. dazu Prahl/Naumann, ZBB 1994, 1 ff.; Borchers, S. 61 ff.; Schumacher, DB 1995, 1473 ff.; Winter, S. 149 ff. – alle m.w.N.

78 Ein *Cap* ist eine Vereinbarung, bei dem die den Cap »verkaufende« Partei ihren Vertragspartner »versichert« gegen eine Zinssteigerung über ein bestimmtes vorher festgelegtes Niveau.

79 Beispiel:
Das Unternehmen A hat sich auf variabler Basis refinanziert. Es beabsichtigt, die Refinanzierung in zwei Jahren zurückzuzahlen. Es befürchtet jedoch, daß während der nächsten zwei Jahre die variablen Zinsen (z.B. Libor) erheblich ansteigen werden. A vereinbart daher mit der Bank B, daß B dem A die Differenz zwischen einem festgelegten Zinssatz und dem darüberliegenden variablen Zinssatz, berechnet auf einen nominalen Kapitalbetrag für die nächsten zwei Jahre, ersetzt. Als Gegenleistung erbringt A der B eine einmalige Zahlung zu Beginn der Vereinbarung.

80 Hier ist unmittelbar ersichtlich, daß statt der einmaligen Zahlung zu Beginn durch A auch eine regelmäßige Zahlung in Intervallen während der Laufzeit der Vereinbarung getroffen werden könnte. Ein Zins-Cap ist letztlich ein Zinsswap, bei dem feste gegen variable Zinsen »getauscht« werden und bei dem die Festzinszahlung für die Dauer des gesamten Vertrages auf den Vertragsbeginn diskontiert und einmalig vorab gezahlt wird[116].

81 Ein *Floor* ist die genau entgegengesetzte Vereinbarung.

Beispiel:
A hat eine variabel verzinsliche Anleihe erworben. Er rechnet damit, daß vor Rückzahlung der Anleihe die Zinsen erheblich sinken werden, benötigt jedoch einen gewissen Mindestbetrag aus der Anlage. Er trifft daher mit der Bank B eine Mindestsatzvereinbarung, einen sog. Floor. Unterschreitet (statt überschreitet bei einem Cap) ein variabler Zinssatz eine vereinbarte Grenze, zahlt B dem A die Differenz zwischen dem vereinbarten Satz und dem tatsächlich erzielten Satz, berechnet auf einen fiktiven Nominalbetrag. Als Gegenleistung zahlt A der B wiederum einen einmaligen Betrag zu Beginn des Vertrages. Durch einen Floor sichert sich der Erwerber desselben somit eine bestimmte Mindestverzinsung. Wiederum könnte die einmalige Zahlung des A an B zu Beginn des Vertrages gestreckt werden auf die Dauer des gesamten Vertrages. Ein Floor ist somit letztlich ein »umgekehrter« Swap, bei dem eine Festzinszahlung wie bei einem Cap als einmalige Zahlung zu Beginn des Vertrages geleistet wird.

82 Ein *Collar ist eine Kombination aus Cap und Floor*. Ein Collar kann in verschiedenen Gestaltungen auftreten. Hat sich etwa das Unternehmen A variabel refinanziert und möchte es die Höhe der zu zahlenden Zinsen begrenzen, erwirbt es einen Cap. Gleichzeitig ist es jedoch bereit, eine gewisse Mindestverzinsung zu zahlen. Es »verkauft« daher an die den Cap »verkaufende« Bank einen Floor und erhält dafür einen Betrag zu Beginn

---

[116] Vgl. Schäfer, ZIP 1986, 1304; Kewenig/Schneider, WM 1992, Sonderbeilage 2, S. 1, 3; Winter, S. 46 ff. m.w.N. zu weiteren Verständnismöglichkeiten; für Versicherungscharakter LG Bochum, WM 1996, 629 f. und AG Schleswig, WM 1996, 630 f. – die beide die Herkunft des Cap völlig verkennen und die relevanten Rechtsfragen nicht ansprechen; vgl. dazu auch Wenzel, WuB I E 3.-4.96; Schwintowski, in: Berliner Kommentar zum VVG, § 1 Rz. 21; Kopp, S. 65 ff.

§ 14 *Finanzinnovationen*

der Vereinbarung. Dadurch verbilligt es die Kosten, die es zum Erwerb des Cap eingehen muß.

Beispiel: **83**
A vereinbart mit B, daß B dem A auf einen Nominalbetrag von DM 10 Mio. den Betrag erstattet, der sich aus einer Multiplikation des Nominalbetrages von DM 10 Mio. mit der Differenz zwischen dem Festzinssatz von 8 % und dem diesen Festzinssatz übersteigenden Libor-Satz ergibt. Als Gegenleistung zahlt A an B DM 200 000,-. Gleichzeitig vereinbaren B und A, daß A an B einen Betrag zahlt, der sich aus der Multiplikation eines Nominalbetrages von DM 10 Mio. mit der Differenz aus 7 % mit einem diesen Festsatz unterschreitenden Libor-Satz auf einen Nominalbetrag von DM 10 Mio. ergibt. Als Gegenleistung zahlt B an A einmalig DM 100 000,-. Im wirtschaftlichen Ergebnis hat A damit sichergestellt, daß seine variable Refinanzierung von DM 10 Mio. nie 8 % p.a. überschreiten und 7 % p.a. unterschreiten wird, und hat dafür DM 100 000,- gezahlt[117].

Ein *Forward Rate Agreement* ist ein Swap, dessen Beginn in der Zukunft liegt. Die Vertragspartner wählen z.B. eine bestimmte Periode in der Zukunft aus, etwa beginnend in sechs Monaten nach Vertragsschluß und andauernd für die auf diesen Zeitpunkt folgenden 24 Monate, für die der eine Vertragspartner einen festen Prozentsatz eines bestimmten Bezugsbetrages zahlt und der andere einen auf den gleichen Bezugsbetrag unter Zugrundelegung eines variablen Zinssatzes erst später zu ermittelnden Betrag[118]. **84**

Schließlich ist die Swap-Option oder *Swaption* zu erwähnen. Hier vereinbaren die Parteien, daß sich die eine Partei verpflichtet, gegen Zahlung einer einmaligen Prämie zu Beginn der Vereinbarung mit der anderen Partei während der Dauer der Vereinbarung einen regulären Swap mit bereits zu Beginn der Vereinbarung festgelegten Bedingungen abzuschließen[119]. **85**

Rechtlich weisen die einzelnen Derivate keine wesentlich abweichende Beurteilung von ihrer Herkunftsvereinbarung, Zins- oder Währungsswap, auf. Wirtschaftlich unterscheiden sie sich jedoch insbesondere dadurch, daß zum Teil das Adressatenausfallrisiko durch eine einmalige Zahlung zu Beginn der Vereinbarung einer Partei genommen wird und letztlich nur die andere Partei ein Adressatenausfallrisiko trägt[120]. **86**

---

117 Zubehör, Bank 1989, 323 ff.
118 Beispiel nach Kewenig/Schneider, WM 1992, Sonderbeilage 2, S. 1, 4.
119 Vgl. zu sämtlichen Derivaten auch Häuselmann, BB 1990, 2149 ff.; Jährig/Schuck, Handbuch des Kreditgeschäfts, S. 277 ff.; Henderson/Klein, Glossery of Terms used in connection with rate swap, currency swap, cap and collar agreements, Supplement to Butterworth's Journal of International Banking & Financial Law, June 1987; Schäfer, in: Hdb. KapitalanlR, § 17 Rz. 4 ff. m.w.N.
120 Zur aufsichtsrechtlichen der den Swaps entsprechenden Behandlung vgl. Schreiben des BAKred. v. 17.08.1987 (I 3 – 271 – 1/87), abgedruckt bei Consbruch/Möller/Bähre/Schneider, 4.207 sowie oben bei Fn. 107.

IV. Die Wertpapierleihe

Schrifttum:
Acker, Die Wertpapierleihe, 2. Aufl. 1995; *Blitz/Illhardt,* Wertpapierleihe beim deutschen Kassenverein, Bank 1990, 142 ff.; *Beer/Schäfer,* Wertpapierleihe – ein innovatives Marktsegment, Stuttgart 1992; *Bertschinger,* Rechtsprobleme des Securities Lending and Borrowing, Bd. I.: Grundlagen und Analyse der Geschäftsformen, Schweizer Schriften zum Bankrecht, Bd. 26, Zürich 1994; ders., Rechtsprobleme des Securities Leuching and Borrowing, Bd. II.: Spezialprobleme sowie internationales Privatrecht und internationales Konkursrecht, Schweizer Schriften zum Bankrecht, Bd. 27, Zürich 1995; *Bundesminister der Finanzen,* Ertragsteuerliche Fragen bei Wertpapierdarlehensgeschäften, WM 1990, 1479; *Burgard,* Die Berechnung des Stimmrechtsanteils nach §§ 21-23 WpHG, BB 1995, 2069 ff.; *Dörge,* Rechtliche Aspekte der Wertpapierleihe, Berlin 1992; *Ebenroth/Bader,* Rechtliche Qualifikation und aufsichtsrechtliche Behandlung grenzüberschreitender Wertpapierpensionsgeschäfte, ZBB 1990, 75 ff.; *Gesell,* Wertpapierleihe und Repurchase Agreement im deutschen Recht, Bankrechtliche Sonderveröffentlichungen des Instituts für Bankwirtschaft und Bankrecht an der Universität zu Köln, Bd. 49, Köln 1995; *Grimm,* Das Vertragsrecht des Wertpapierdarlehens, Frankfurt 1996; *Hamacher,* Innovative Finanzinstrumente, WM 1991, 1661, 1665 f.; *ders.,* Geschäfte an der DTB steuerlich (III): Die Wertpapierleihe, Bank 1990, 34 ff.; *Häuselmann/Wiesenbart,* Die Bilanzierung und Besteuerung von Wertpapier-Leihgeschäften, DB 1990, 2129 ff.; *dies.,* Wertpapier-Leihgeschäfte: Fragen der rechtlichen, bilanziellen und steuerlichen Behandlung, Coopers & Lybrand GmbH, Frankfurt 1990; *Hartung,* Wertpapierleihe und Bankbilanz, BB 1993, 1175 ff.; *Kümpel,* Investmentfonds als Wertpapierverleiher im Rahmen des geltenden Rechts, in: WM-Festgabe für Heinsius, 1991, S. 31 ff.; *ders.,* Die Grundstruktur der Wertpapierleihe und ihre rechtlichen Aspekte, WM 1990, 909 ff.; *Kümpel/Peters,* Aktuelle Rechtsfragen der Wertpapierleihe, AG 1994, 525 ff.; *Marwede,* Besprechung von Dörge, Rechtliche Aspekte der Wertpapierleihe, WM 1993, 1982 f.; *Oechler,* Wertpapierleihe und Repo-Geschäfte in bankaufsichtsrechtlicher Perspektive, Bank 1992, 567 ff.; *Prahl/Naumann,* Überlegungen für eine sachgerechte Bilanzierung der Wertpapierleihe, WM 1992, 1173 ff.; *Schulte-Mattler,* Erfassung von Marktrisiken im novellierten KWG-Grundsatz I a, WM 1991, Sonderbeilage 3, S. 1 ff.; *Sonnenberg,* Rahmenvertrag für Wertpapierleihe, Bank 1994, 357 ff.; *Stobbe,* Ist der Maßgeblichkeitsgrundsatz bei der Zurechnung des wirtschaftlichen Eigentums anwendbar? BB 1990, 518 ff.; *v. Treuberg/Scharpf,* Pensionsgeschäfte und deren Behandlung im Jahresabschluß von Kapitalgesellschaften nach § 340 b HGB, DB 1991, 1233 ff.; *Weissmann,* Die Wertpapierleihe, 1991; *Zaß,* Die Wertpapierleihe – Möglichkeiten für institutionelle Anleger, in: Aktuelle Probleme des Wertpapiergeschäfts, Stuttgart 1993, S. 27 ff.

1. Die Entstehung der Wertpapierleihe

a) Der Begriff der Wertpapierleihe

87 Im deutschen Kapitalmarkt ist die *Wertpapierleihe parallel* mit der Einführung der *Deutschen Terminbörse Anfang 1990* wieder stark in den Blickpunkt gerückt. Dabei handelt es sich bei der Wertpapierleihe um ein *Institut*, das bereits *seit dem Beginn dieses Jahrhunderts bekannt* ist[121]. In jüngster Zeit ist der Begriff jedoch als Übersetzung des im angloamerikanischen Geschäftskreis sog. »securities lending« in Deutschland gebräuchlich geworden. Bei der Wertpapierleihe überträgt der Verleiher

---

[121] Vgl. RGZ 153, 386 unter Bezugnahme auf die Entscheidung des RG JR 1925, Rspr. Nr. 761.

dem Entleiher Wertpapiere mit der Vereinbarung, daß der Entleiher Wertpapiere gleicher Art und Güte zu einem bestimmten Zeitpunkt zurückzuliefern hat. Für die Zurverfügungstellung der Wertpapiere zahlt der Entleiher dem Verleiher ein Entgelt[122].

Auslöser für die Wiederbelebung dieses altbekannten Instrumentes war die Eröffnung der Deutschen Terminbörse im Jahre 1990, die zur Stärkung der internationalen Wettbewerbsfähigkeit des Finanzplatzes Deutschland eingeführt worden ist. Die Marktteilnehmer der Deutschen Terminbörse bedürfen zur regelmäßigen Abwicklung ihrer Geschäfte eines funktionsfähigen Wertpapierleihmarktes. Einhergehend mit dieser Wiederbelebung wurden weitere – weit über die Bedürfnisse der Deutschen Terminbörse hinausgehende – Vorteile der Wertpapierleihe wiederentdeckt, so daß sich die Wertpapierleihe heute einer steigenden Beliebtheit erfreut[123]. 88

b) Die Marktbeteiligten und ihre Motive
aa) Einsatzmöglichkeiten der Wertpapierleihe
Mit der *Wertpapierleihe* werden von den Marktteilnehmern die unterschiedlichsten *Ziele verfolgt*. 89

Zum einen läßt sich mit der Wertpapierleihe *spekulieren* und *absichern*. So kann das typische Risiko des Stillhalters in Geld bei Börsentermingeschäften begrenzt werden. Hat ein Terminkäufer oder ein Verkäufer einer Verkaufsoption (Stillhalter in Geld) zu einem bestimmten Zeitpunkt Wertpapiere zu einem bereits festgelegten Preis abzunehmen und erwartet er, daß diese Wertpapiere – entgegen seiner Erwartung im Zeitpunkt des Abschlusses des Termingeschäftes – bei Fälligkeit des Termingeschäftes einen Marktpreis haben werden, der unter dem vereinbarten Abnahmepreis liegt, kann er die Wertpapiere noch vor Fälligkeit des Terminkaufs im Kassamarkt verkaufen. Hier hat er innerhalb von zwei Tagen die von ihm verkauften Wertpapiere zu liefern. Um die Zeit zwischen dem Kassaverkauf und dem Terminkauf zu überbrücken, kann er sich von dritter Seite die Wertpapiere durch eine Wertpapierleihe beschaffen und seinen Verpflichtungen zur Rücklieferung der Wertpapiere gegenüber dem Wertpapierverleiher nachkommen, indem er die ihm durch den Terminkauf angedienten Papiere als »entliehene« Wertpapiere zurückliefert[124].

Spiegelbildlich kann der Käufer von Wertpapieren auf Termin dann, wenn der Preis der Wertpapiere über den Terminpreis gestiegen ist und er seinen Gewinn sichern möchte, die Wertpapiere im Kassamarkt verkaufen und die Zeitspanne zwischen seiner Lieferverpflichtung aufgrund des Kas- 90

---

122 Vgl. Schaubild bei Bertschinger, S. 18
123 Vgl. Handelsblatt vom 24./25.5.1991, S. 35: »Wertpapierleihe findet immer mehr Interessenten« sowie den Überblick über die Volumensentwicklung bei Acker, S. 91 f.
124 Vgl. Kümpel WM 1990, 909; Zaß, S. 26, 32 f.; Gesell, S. 9 f.; Dörge, S. 32 ff.

saverkaufs und seinem Bezug der Wertpapiere aufgrund des Terminkaufs durch ein Entleihen solcher Papiere überbrücken. Soweit Terminkauf und Kassaverkauf gleichtägig erfolgen, nimmt der Terminkäufer ein Arbitragegeschäft vor, daß ihm durch die Wertpapierleihe ermöglicht wird[125].

91 Schließlich ermöglicht die Wertpapierleihe auch *Leerverkäufe (sog. short sales)* im Kassamarkt. Wer einen Leerverkauf vornimmt, spekuliert auf fallende Kurse. Er ist im Kassamarkt zur Lieferung innerhalb von zwei Tagen verpflichtet und erfüllt seine Verpflichtungen durch Lieferung entliehener Papiere. Er hofft, sich zu einem späteren Zeitpunkt billiger mit den gleichen Papieren eindecken und die Wertpapierleihe damit zurückführen zu können. Wiederum kann er die Wertpapierleihe zur Überbrückung der Zeitdifferenz nutzen[126].

92 Eine unabhängig von Spekulationen oder absichernden Termingeschäften oder Leerverkäufen bestehende Einsatzmöglichkeit der Wertpapierleihe besteht bei der rein *technischen Abwicklung von Wertpapiergeschäften*. Ein Verkäufer von Wertpapieren, der die von ihm zunächst ge- und sodann verkauften Wertpapiere seinerseits nicht rechtzeitig geliefert erhält (z.B. aufgrund von längeren Erfüllungsfristen bei Lieferung aus dem Ausland), kann seinen Lieferverzug durch Entleihen und Weiterliefern der Papiere verhindern[127].

93 Schließlich ermöglicht die Wertpapierleihe die *Arbitrage* zwischen Termin- und Kassamarkt, die besonders in den USA erhebliche Bedeutung gewonnen hat[128].

94 Der *Verleiher von Wertpapieren* möchte diese regelmäßig nicht endgültig weggeben, sondern lediglich ein *Zusatzentgeld* durch »Mobilisierung« der bei ihm liegenden Wertpapiere verdienen, um so die Rendite seines Wertpapierportefeuilles zu verbessern. Gleichzeitig erreicht er durch das Verleihen von Wertpapieren eine Reduzierung der Depotgebühren[129].

bb) Die Marktbeteiligten

95 Als *Verleiher* treten in der Bundesrepublik Deutschland insbesondere *institutionelle Anleger*, also Versicherungen und Pensionsfonds sowie seit der Novellierung des KAGG durch das Zweite FinanzmarktförderungsG 1994 auch *Investmentfonds*[130] auf. Außer den institutionellen Anlegern beteiligen sich auch zunehmend *vermögende Privatpersonen* als Verleiher

---

125 Vgl. Kümpel WM 1990, 909.
126 Vgl. Kümpel, in: WM-Festgabe für Heinsius, 1991, S. 31, 34.
127 Vgl. Zaß, S. 26, 33.
128 Vgl. Häuselmann/Wiesenbart, S. 14 f.; Zaß, S. 26, 32; Gesell, S. 8 f.
129 Gesell, S. 11; Dörge, S. 30 f.
130 Vgl. dazu Kümpel, in: WM-Festgabe für Heinsius, 1991, S. 31 ff.; Kümpel/Peters, AG 1994, 525, 529 m.w.N.

an der Wertpapierleihe. *Entleiher* sind vielfach *Banken* sowie *Teilnehmer der Deutschen Terminbörse*.

c) Marktsegmente
Für die Wertpapierleihe haben sich im wesentlichen *drei Marktsegmente* entwickelt. Zum einen besteht ein reger und sich ständig ausweitender Wertpapierleihmarkt unter Banken und institutionellen Anlegern als »*Direktleihe*«[131]. Hier werden die Leihvereinbarungen individualvertraglich oder aufgrund von allgemeinen Geschäftsbedingungen einzelner Marktteilnehmer getroffen.

Daneben besteht das *Wertpapierleihsystem* der Deutscher Kassenverein AG[132] sowie entsprechender europäischer Wertpapierabwicklungssysteme, also Euro-Clear und Cedel[133]. Innerhalb dieses Wertpapierleihsystems werden Verträge ausschließlich zu den von der Deutscher Kassenverein AG entwickelten Bedingungen abgeschlossen. Vorteil dieses Systems ist die Sicherstellung der Lieferungs- und Leistungsfähigkeit der Vertragspartner des Systems durch die Garantie eines Bankenkonsortiums[134].

Schließlich haben die großen Kreditinstitute *institutseigene Verleihsysteme* aufgebaut, an denen überwiegend die bei dem jeweiligen Kreditinstitut geführten Depots teilnehmen[135].

96

97

98

2. Rechtliche Qualifikation der Wertpapierleihe

a) Sachdarlehen
Entgegen dem mit der Verwendung des Begriffs Wertpapier»Leihe« induzierten Verständnis handelt es sich bei der Wertpapierleihe nicht um eine Leihe i.S.d. § 598 BGB. Die zwischen »Entleiher« und »Verleiher« geschlossene Vereinbarung sieht vor, daß der Entleiher Eigentum an den ihm gelieferten Wertpapieren erwerben und nicht zur Rückgabe derselben Wertpapiere verpflichtet sein soll, sondern lediglich Wertpapiere der gleichen Art und Menge zurückzugeben hat. Für den Entleiher ist die Abfassung der Vereinbarung in dieser Form von entscheidender wirtschaftlicher Bedeutung, da er andernfalls die ihm »verliehenen« Wertpapiere nicht zur Weiterübereignung an Dritte zwecks Erfüllung seiner Lieferverpflichtung gegenüber Dritten verwenden kann.

99

Mit der Vereinbarung eines Eigentumsübergangs und der Verpflichtung zur Rückgabe von Wertpapieren gleicher Art, Güte und Menge schließen

100

---

131 Zu den rechtlichen Ausgestaltungen vgl. unten unter IV 2.
132 Vgl. Blitz/Illhardt, Bank 1990, 142; Kümpel, Bank- und Kapitalmarktrecht, 5.333 ff.
133 Vgl. dazu Zaß, S. 26, 39 f.
134 Vgl. im einzelnen IV 3.
135 Vgl. Zaß, S. 26, 40 f.; Kümpel, Bank- und Kapitalmarktrecht, 5.373 ff.

die Vertragsparteien ein *Sachdarlehen* i.S.v. § 607 Abs. 1 BGB ab[136]. Als Entgelt für die Nutzung der Wertpapiere zahlt der Entleiher eine »Leihgebühr«. Eine Formvorschrift für den Abschluß von Wertpapierdarlehen besteht nicht[137]. Trotz dieser juristisch ungenauen Terminologie soll hier der Begriff Wertpapierleihe beibehalten werden, da er sich eingebürgert hat und am ehesten dem englischen Begriff des securities lending entspricht.

b) Abgrenzung zu verwandten Geschäften
aa) Echtes Wertpapierpensionsgeschäft

101 Bei einem *echten Wertpapierpensionsgeschäft* überträgt der Pensionsgeber Wertpapiere gegen Zahlung eines Betrages an den Pensionsnehmer. Gleichzeitig vereinbaren Pensionsgeber und Pensionsnehmer, daß der Pensionsgeber die übertragenen Wertpapiere zu einem bereits vorbestimmten Zeitpunkt gegen Zahlung eines vorher bestimmten Betrages von dem Pensionsnehmer zurücknehmen wird. Wirtschaftlich unterscheidet sich diese Vereinbarung von einem Wertpapierdarlehen dadurch, daß der Pensionsnehmer für die bei ihm in Pension gegebenen Wertpapiere eine Gegenleistung in Höhe des Gegenwertes der Wertpapiere sowie ein zusätzliches Entgelt zahlt, während der Entleiher an den Wertpapierverleiher lediglich eine »Leihgebühr« (Zinsen) zahlt. Beide Vertragsarten werden sich in ihrem wirtschaftlichen Gehalt noch ähnlicher, wenn der Darlehensnehmer dem Darlehensgeber für die Dauer der Wertpapierleihe Sicherheiten, u.U. sogar in Form eines Bardepots, stellt.

102 Die *rechtliche Beurteilung* des echten Pensionsgeschäftes ist streitig. Ein Teil des Schrifttums vertritt die Ansicht, daß das echte Pensionsgeschäft als *Darlehen des Pensionsnehmers an den Pensionsgeber* unter gleichzeitiger *Sicherungsübereignung von Wertpapieren* zu qualifizieren ist[138]. Demgegenüber sieht die ganz *herrschende Lehre* in einem echten Pensionsgeschäft den Abschluß eines *Kaufvertrages bei gleichzeitigem Abschluß einer Rückkaufvereinbarung*[139]. Ausschlaggebend für diese Qualifizierung ist, daß der Pensionsnehmer nach dem Parteiwillen typischerweise über

---

136 Unstreitig, vgl. Kümpel, WM 1990, 909, 910; Blitz/Illhardt, Bank 1990, 142, 145; Hamacher, WM 1990, 1441, 1447; Häuselmann/Wiesenbart, S. 17; Bundesminister der Finanzen, WM 1990, 1479; Grimm, S. 33 ff., der zutreffend darauf hinweist, daß auch der Gesetzgeber von dieser Qualifikation bei der Einführung der §§ 9 a – 9 d KAGG durch das 2. Finanzmarktförderungsgesetz ausging; a.A. nur Gesell, S. 20 ff., der für Wertrechte einen »darlehensähnlichen Vertrag gem. § 305 BGB« annimmt, auf den jedoch die §§ 607 ff. BGB entsprechend anzuwenden sein sollen; zum Schweizer Recht wie die h.L.: Bertschinger, S. 20 ff.
137 Hopt/Mülbert, Kreditrecht, § 607 Rz. 9, 91 a.E.
138 Canaris, Rz. 1595; Wittkämper, DB 1966, 1957, 1959 f.; wohl auch Kümpel, in: WM-Festgabe für Heinsius, 1991, S. 31, 33.
139 Schönle, § 18 I 1 a); Ebenroth/Bader, ZBB 1990, 75, 76; Palandt/Putzo, BGB, Einf. v. § 607 Rz. 23; Zaß, S. 26, 42 f.; Hopt/Mülbert, Kreditrecht, Vorbem. zu § 607 ff. Rz. 709; Baumbach/Hopt, HGB, (7) Rz. J/5; Grimm, S. 191 f.

die ihm übereigneten Wertpapiere während der Dauer der »Pension« in jeder Hinsicht soll frei verfügen können und nicht die ihm übereigneten Effekten zurückzuübereignen hat, sondern lediglich Effekten gleicher Art und Güte (Gattungsrückkauf). Eine solche Parteivereinbarung ist nicht in Einklang zu bringen mit einer Sicherungsübereignung, bei der der Sicherungsnehmer nur im Sicherungsfall zu Verfügungen berechtigt ist. Auch soll der Pensionsnehmer i.d.R. zur uneingeschränkten Nutzung berechtigt sein[140], was untypisch wäre für Wertpapiere, die lediglich zwecks Absicherung eines Rückzahlungsanspruches gegen den Pensionsgeber übereignet wurden. Üblicherweise erfolgt die Absicherung eines Darlehens durch Wertpapiere mittels Verpfändung dieser Wertpapiere und nicht durch Sicherungsübereignung. Sollten die in Pension gegebenen Wertpapiere ausschließlich zur Sicherung dienen, bedürfte es einer dahingehenden deutlichen Parteivereinbarung.

Auch der durch das *Bankbilanzrichtlinien-Gesetz*[141] eingefügte § 340 b HGB zwingt nicht zu einer Änderung dieser Auffassung. § 340 b HGB ist nach Art. 30 EGHGB erstmals auf das nach dem 31. Dezember 1992 beginnende Geschäftsjahr anzuwenden. § 340 b Abs. 4 HGB sieht vor, daß bei echten Pensionsgeschäften die übertragenen Vermögensgegenstände in der Bilanz des Pensionsgebers auszuweisen sind und der Pensionsnehmer in Höhe des für die Übertragung gezahlten Betrages eine Forderung an den Pensionsgeber auszuweisen hat. Aus der rein bilanziellen Zuordnung der in Pension gegebenen Wertpapiere kann kein Rückschluß gezogen werden auf die zivilrechtliche Qualifikation des zugrundeliegenden Geschäftes[142]. Mit der Bilanzierungsvorschrift wollte der Gesetzgeber lediglich verhindern, daß Banken durch Pensionsgeschäfte ihre Bilanzen schönen und etwaigen Abschreibungsbedarf aus den Wertpapieren verschleiern, nicht jedoch einen zivilrechtlichen Streit um die rechtliche Qualifikation der zugrundeliegenden Vereinbarungen entscheiden. Die *überwiegende Meinung* in der Literatur versteht § 340 b Abs. 1 HGB dahin, daß der *Pensionsgeber die Wertpapiere weiterhin bilanzieren muß*, auch wenn der Pensionsnehmer nicht die ihm übertragenen Stücke zurückzugeben hat, sondern lediglich die Rückgabe gleichartiger Papiere schuldet[143]. In letzterem Fall kann eine Sicherungsübereignung nicht erfolgt sein, da bei einer Sicherungsübereignung die sicherungsübereigneten Wertpapiere zurückzuübertragen wären. Daß trotzdem gleichartige Wertpapiere in der Bilanz des Pensionsgebers auszuweisen sind, zeigt, daß es dem Gesetzge-

103

---

140 Z.B. Einziehung von Zinsen – ihn trifft dementsprechend auch das Bonitäts- und Zinsausfallrisiko.
141 Vom 30.11.1990, BGBl. I S. 2570.
142 A.A. Kümpel, in: WM-Festgabe für Heinsius, 1991, S. 31, 33 ff.; wie hier Häuselmann/Wiesenbart, DB 1990, 2129 f.
143 Von Treuberg/Scharpf, DB 1991, 1233, 1235; Stobbe, BB 1990, 518, 523.

ber bei der Abfassung des § 340 b HGB nicht um eine zivilrechtliche Streitentscheidung, sondern um die Sicherstellung der Aussagekräftigkeit der Bilanz des Pensionsgebers ging.

104 Nur dann, wenn der Pensionsnehmer ausschließlich die ihm übertragenen Wertpapiere rückübertragen darf und ihm hieran keine weiteren Rechte wie etwa die Fruchtziehung zustehen sollen, kann das echte Pensionsgeschäft als die Aufnahme eines Darlehens durch den Pensionsgeber unter gleichzeitiger Sicherheitenstellung an den Pensionsnehmer verstanden werden[144].

bb) Unechtes Wertpapierpensionsgeschäft

105 § 340 b Abs. 3 HGB definiert als unechtes Pensionsgeschäft ein Geschäft, bei dem der Pensionsnehmer lediglich berechtigt, nicht jedoch verpflichtet ist, die Vermögensgegenstände zu einem vorher bestimmten oder von ihm noch zu bestimmenden Zeitpunkt an den Pensionsgeber zurückzuübertragen. Wie bei dem echten Pensionsgeschäft schließen die Parteien einen Kaufvertrag über die Wertpapiere. *Anders als beim echten Pensionsgeschäft* wird jedoch nicht gleichzeitig ein *Termin(rück)kauf* vereinbart, sondern lediglich ein *Rückverkaufsrecht des Pensionsnehmers*. Hieran knüpft § 340 b Abs. 5 HGB bilanzrechtlich die Folge, daß die *Wertpapiere in der Bilanz des Pensionsnehmers* auszuweisen sind und der Pensionsgeber lediglich seine Rückkaufverpflichtung auszuweisen hat. Im übrigen gelten die vorstehend für das echte Wertpapierpensionsgeschäft gemachten Ausführungen.

cc) Repo-Geschäft

106 Unter der Bezeichnung Repo-Geschäft (für »*Repurchase Agreement*«) hat sich in den letzten Jahren ein Geschäftszweig etabliert, bei dem der »Verleiher« Kassaverkäufe an den »Entleiher« tätigt unter gleichzeitiger Vereinbarung eines deckungsgleichen Rückkaufs per Termin. Zur Abgrenzung des Repo-Geschäftes zur Wertpapierleihe und dem echten Pensionsgeschäft vgl. unten V.

3. Der Vertragsinhalt einer Wertpapierleihvereinbarung

a) Pflichten des Verleihers

107 *Hauptpflicht des Verleihers* ist die *darlehensweise Gewährung von Wertpapieren* der vereinbarten Gattung und in der vereinbarten Anzahl. Die Durchführung der Darlehensgewährung erfolgt durch Übereignung der entsprechenden Wertpapiere grundsätzlich im Effektengiroverkehr.

---

144 Vgl. Hopt/Mülbert, Kreditrecht, Vorbem. zu §§ 607 ff. Rz. 709 a.E.; vgl. auch Ebenroth/Bader, ZBB 1990, 76.

b) Pflichten des Entleihers

aa) Rückgewähr

Der *Entleiher* ist gem. § 607 Abs. 1 BGB verpflichtet, dem Verleiher nach 108
Beendigung des Wertpapierleihgeschäftes Effekten gleicher Art, Anzahl
und Güte wie die ihm darlehensweise Gewährten *zurückzugeben.*

bb) Entgelt

Für die Gewährung des Sachdarlehens schuldet der Entleiher dem Verlei- 109
her pro rata temporis ein *Entgelt.* Dieses wird meist in DM ausgedrückt
sein und stellt Zinsen im Sinne von § 608 BGB dar[145].

cc) Sicherheiten

In vielen Fällen, insb. bei einer individualvertraglichen Vereinbarung einer 110
Wertpapierleihe – selbst wenn auf einem Rahmenvertrag beruhend –, hat
der Entleiher zur *Absicherung des Kreditrisikos des Verleihers* diesem *Sicherheiten* zu bestellen. In Betracht kommen Barsicherheiten, Wertpapiersicherheiten sowie Garantien von Drittbanken. Soweit Sicherheiten in
Form von Wertpapieren gestellt werden, wird bei diesen regelmäßig ein
Abschlag von dem Tageskurswert vorgenommen und der Wert der Sicherheiten täglich neu berechnet[146].

c) Termin- und Differenzeinwand

Wie oben[147] dargestellt, kann die Wertpapierleihe durchaus zu Speku- 111
lationszwecken eingesetzt werden. Wie bei – fast – jedem Spekulationsgeschäft ist deshalb die Möglichkeit der Erhebung des Termin- oder
Differenzeinwandes durch den Entleiher zu prüfen. Die Erhebung des
Termin- oder Differenzeinwandes kommt sicherlich nicht in Betracht,
soweit ein Entleiher, der in Lieferverzug zu geraten droht, weil ihm sein
Lieferant die Wertpapiere nicht rechtzeitig liefert, sich die benötigten
Wertpapiere zur Überbrückung seines Lieferengpasses bei einem Dritten
entleiht. Problematisch ist jedoch der Fall, in dem ein *Privatkunde* eines
Kreditinstitutes *Wertpapiere,* die er nicht im Depot hat, *(leer) verkauft*
und sich *zur Erfüllung seiner Lieferverpflichtungen* bei seinem Kreditinstitut durch die Aufnahme eines *Wertpapierdarlehens* in entsprechenden
Papieren in gleicher Höhe eindeckt. Dieser offensichtlich à la Baisse spekulierende Kunde des Kreditinstitutes geht ein typisches terminspezifisches Risiko ein, denn im Falle steigender Kurse muß er sich teurer eindecken, um das Wertpapierdarlehen an sein Kreditinstitut zurückzahlen

---

145 Vgl. Gesell, S. 27 f. m.w.N.
146 Vgl. im einzelnen Gesell, S. 28 ff. sowie den Musterrahmenvertrag für Wertpapierleihgeschäfte im Interbankenverkehr, abgedruckt bei Gesell als Anhang A; zum Schweizer Recht Bertschinger, S. 58 ff.
147 IV 1 b) aa).

zu können. Die ganz überwiegende Meinung sieht deshalb in Leerverkäufen (sogen. short sales) in Verbindung mit einer Eindeckung durch ein Wertpapierdarlehen *ein dem Börsentermingeschäft vergleichbares Geschäft* im Sinne des § 50 Abs. 1 S. 2 BörsG[148]. Dem wird von einer Mindermeinung entgegengehalten, es fehle an einer hinreichenden Schablonisierung der Geschäfte sowie einer Verbindung zu einem Terminmarkt[149]. Ausgehend von der Begründung der Börsengesetznovelle 1989 und unter teleologischer Betrachtung des Schutzzwecks des Termin- und Differenzeinwandes dürfte wohl der herrschenden Meinung zu folgen sein.

112 Soweit jedoch der den Leerverkauf tätigende Kunde diesen bei dem Kreditinstitut A durchführt und zur Erfüllung seiner dortigen Lieferverpflichtungen bei dem Kreditinstitut B ein Wertpapierdarlehen aufnimmt, kann sich der leerverkaufende Kunde mangels *Erkennbarkeit des Leerverkaufs* in diesem Dreiecksverhältnis nicht auf den Termin- oder Differenzeinwand berufen[150]. Hingewiesen wird insoweit auf die Schutzbedürftigkeit der das Wertpapierdarlehen gewährenden Bank, die in entsprechender Anwendung von § 764 S. 2 BGB in Unkenntnis der Verwendung des gewährten Sachdarlehens handele. Grundsätzlich wird es nicht notwendig sein, hier auf die Schutzbedürftigkeit der Bank im Einzelfall abzustellen. Vielmehr dürfte Voraussetzung für ein Geschäft, das wirtschaftlich gleichen Zwecken wie ein Börsentermingeschäft dient, sein, daß zwischen den gleichen Vertragsparteien ein anderes Geschäft geschlossen werden könnte, das ein Börsentermingeschäft darstellt. Das zwischen zwei Parteien geschlossene Geschäft muß als solches somit Ersatz für ein ansonsten zwischen den Parteien geschlossenes Börsentermingeschäft sein. Mit dem Abstellen auf eine Erkennbarkeit der Verwendung des Wertpapierdarlehens würde ansonsten eine zusätzliche, nicht unerhebliche Rechtsunsicherheit in den Begriff des »wirtschaftlich gleichen Zwecken dienenden Geschäftes« gebracht werden.

4. Rechtliche Strukturen der Formen der Wertpapierleihe

a) Das Wertpapierleihsystem bei der Deutscher Kassenverein AG
aa) Überblick

113 Ein umfassendes und durchgängig normiertes *Wertpapierleihsystem* ist im Jahre 1990 von der *Deutscher Kassenverein AG* (DKV) als Trägerorgani-

---

148 Kümpel/Peters, AG 1994, 525, 527 f.; Kümpel, Bank- und Kapitalmarktrecht, 12.62 f.; Kleinschmitt, Informationsmodell, S. 50 f.; Gesell, S. 33 ff.; Dörge, S. 59 ff.; ebenso die Begründung zur Börsengesetznovelle 1989, BT-Drucks. 11/4177, S. 18.
149 Henssler, ZHR 153 (1989), 611, 634; Schwark, BörsG, 2. Aufl., Einl. §§ 50-70 Rz. 29; Grimm, S. 85 ff.
150 Unstr., vgl. nur Gesell, S. 36 ff.; Kümpel/Peters, AG 1994, 525, 528.

sation aufgebaut worden[151]. Grundlage dieses Systems sind die »*Bedingungen für Wertpapier-Leihgeschäfte der Deutscher Kassenverein AG, Frankfurt*« und die »*Sonderbedingungen für Wertpapier-Leihgeschäfte im Wertpapier-Leihsystem der Deutscher Kassenverein AG*«[152]. Das System des DKV sieht vor, daß unmittelbar die dem DKV angeschlossenen Kontoinhaber, also praktisch sämtliche in Deutschland ansässigen *Banken, teilnehmen* können. Der DKV tritt dabei als *Vermittler und nicht als Vertragspartner des Leihvorganges* auf. Jede der dem DKV angeschlossenen Banken kann als »automatischer Verleiher«, »gelegentlicher Verleiher« oder »Entleiher« auftreten. Jedes an dem Leihsystem teilnehmende Kreditinstitut meldet dem DKV den Bestand der Wertpapiere, mit dem es oder seine Kunden an dem Verleihsystem teilnehmen möchte. Der *DKV ermittelt* börsentäglich den *Entleihbedarf* wie er bei ihm angefragt wird und *teilt* sodann die *angebotenen und nachgefragten Wertpapiere zu*[153]. Der DKV entscheidet darüber, welche Wertpapiere in das von ihm organisierte Leihverfahren einbezogen werden[154]. Zwischen den Teilnehmern des Leihsystems vermittelt der DKV den Abschluß von Wertpapierleihgeschäften, übernimmt *treuhänderisch die Verwaltung von Sicherheiten, teilt die Geschäftsabschlüsse zu* und *kontrolliert die Einhaltung* von Engagementgrenzen pro Teilnehmer, pro Wertpapiergattung und im Verhältnis zu der Höhe der hinterlegten Sicherheiten[155]. Insoweit wird der Kassenverein gegenüber dem ent- bzw. verleihenden Kreditinstitut im Rahmen eines Geschäftsbesorgungsverhältnisses tätig[156].

bb) Vertragsbeziehungen zwischen ver- und entleihendem Kreditinstitut
Zwischen dem ver- und entleihenden Kreditinstitut vermittelt der DKV den Abschluß des Sachdarlehens. Dies erfolgt, indem der DKV aus dem von dem verleihenden Institut zur Verfügung gestellten Bestand an zu verleihenden Wertpapieren den von einem Entleiher benötigten Wertpapierbestand entnimmt. Dem verleihenden Kreditinstitut wird im Regelfall nicht die Identität des entleihenden Kreditinstituts mitgeteilt, sondern lediglich der Betrag der verliehenen Wertpapiere. Da der DKV jedoch je-

114

---

151 Zu den vergleichbaren, auf die grenzüberschreitende Wertpapierleihe spezialisierten Systemen der internationalen Clearing-Organisationen Euroclear und Cedel vgl. Acker, S. 43 ff.
152 Abgedruckt WM 1990, 949 ff.
153 Vgl. Nr. 8.2 der Bedingungen.
154 Derzeit die 30 im DAX enthaltenen Aktien sowie die wesentlichen marktbreiten Bundesanleihen – festverzinsliche Wertpapiere mit einer Restlaufzeit von weniger als 6 Monaten oder vorzeitig gekündigte Anleihen scheiden automatisch aus dem Leihsystem aus, Nr. 2 Abs. 2 der Bedingungen. Nach Nr. 2 Abs. 3 der Bedingungen behält sich der Kassenverein das Recht vor, einzelne Wertpapiergattungen aus wichtigem Grund für das Leihsystem ganz oder vorübergehend zu sperren.
155 Vgl. umfassend Gesell, Wertpapierleihe, S. 48 ff.; Blitz/Illhardt, Bank 1990, 142 ff.
156 Kümpel, WM 1990, 909, 911; vgl. auch den grafischen Überblick bei Weissmann, Wertpapierleihe, S. 19 ff. sowie Acker, Wertpapierleihe, S. 40 ff.

dem Geschäft eine Kontrollnummer zuordnet, ist *bei Bedarf der Vertragspartner* jederzeit *identifizierbar*[157]. Bei Fälligkeit des Wertpapierdarlehens[158] sorgt der DKV für die Rückübertragung der verliehenen Wertpapiere vom Entleiher an den Verleiher[159].

115   Die Unkenntnis des verleihenden Kreditinstitutes von seinem Vertragspartner sowie dessen Auswahl durch den DKV – das verleihende Kreditinstitut trifft also keine Kreditentscheidung – macht es notwendig, daß die Rückzahlung des Wertpapierdarlehens durch den *Entleiher* durch das Leihsystem sichergestellt wird. Zu diesem Zweck hat jeder Entleiher den Wert seiner Entleihungen übersteigende *Sicherheiten zu stellen*[160]. Darüber hinaus übernimmt ein *Garantiekonsortium* aus Banken gegenüber dem Kassenverein als Treuhänder für sämtliche Verleiher die Garantie für die Erfüllung der Rückgabe- und Vergütungsverpflichtungen der Entleiher bis zu einem Gesamtbetrag von DM 50 Mio[161].

cc) Vertragsbeziehungen zwischen Kreditinstituten und ihren Kunden
α)   Bank – Verleiher

116   Das Wertpapierleihsystem der Deutscher Kassenverein AG kann von den dem DKV angeschlossenen Kreditinstituten für eigene Rechnung, aber auch für fremde Rechnung in Anspruch genommen werden. Ein *Kreditinstitut* kann also nicht nur für *eigene Rechnung* an dem Leihsystem des DKV teilnehmen, sondern auch für *Rechnung seiner Kunden.* Hierfür sind vom DKV die Sonderbedingungen entwickelt und von den deutschen Banken einheitlich übernommen worden. Dies ermöglicht es dem Kunden des Kreditinstitutes, aus den gleichen Gründen wie die Kreditinstitute das Instrument der Wertpapierleihe für seine Vermögensdispositionen zu nutzen.

117   Will ein Kunde eines Kreditinstitutes als Verleiher auftreten, weil er die in seinem Depot vorhandenen Wertpapiere halten, aber gleichzeitig seinen Ertrag aus dem Wertpapierdepot steigern will, kann er sein Kreditinstitut damit beauftragen, seine Wertpapiere in das Wertpapierleihsystem des DKV zu geben. Das *Kreditinstitut* tritt in diesem Fall gegenüber seinem Kunden nicht als Darlehensnehmer auf, sondern als *Kommissionär* nach §§ 383, 406 HGB. Es gibt die Wertpapiere des Depotkunden im eigenen Namen, aber für Rechnung des Kunden in das System und schließt ent-

---

157 Vgl. Nr. 8.3 der Bedingungen.
158 Aufgrund von Zeitablauf, ordentlicher oder außerordentlicher Kündigung.
159 Vgl. im einzelnen Gesell, S. 52 ff.; Kümpel, WM 1990, 900, 911 ff.
160 Nr. 9 der Bedingungen.
161 Nr. 9 Abs. 5 der Bedingungen – sowie die optische Darstellung bei Zaß, S. 26, 38.

sprechend dem System mit einem anderen dem System angeschlossenen Kreditinstitut Darlehensverträge[162].

Da die im Rahmen des DKV-Systems als Verleiher auftretende Bank lediglich als Kommissionär tätig wird, *trägt der wirtschaftlich als Verleiher auftretende Kunde der Bank das Insolvenzrisiko der entleihenden Bank.* Der Verleiher verliert das Eigentum an seinen Wertpapieren und erhält stattdessen einen rein schuldrechtlichen Darlehensrückgewähranspruch gegen eine – ihm namentlich zunächst nicht bekannte – Bank[163]. Für ihn ist es von essentieller Bedeutung, daß der DKV – mit dem er nicht unmittelbar in Vertragsbeziehungen tritt – die Sicherheitenstellung durch das entleihende Institut ordnungsgemäß überwacht, und daß durch die Garantie des Garantiekonsortiums über DM 50 Mio. auch bei Ausfällen der Sicherheiten »sein« Darlehensrückgewähranspruch hinreichend gesichert ist. Regelmäßig wird sich hierüber ein Privatkunde, der als Verleiher auftreten will, nicht bewußt sein. Das als Kommissionär beauftragte *Kreditinstitut* wird ihn aufgrund der ihm obliegenden allgemeinen Beratungs- und Aufklärungspflichten auf die mit der Teilnahme am Wertpapierleihsystem *entstehenden Risiken hinweisen* müssen[164].

118

Vor dem *Risiko des Konkurses* seiner für ihn als Kommissionär tätig werdenden *Depotbank* ist der Kunde des Kreditinstituts als Eigentümer der Wertpapiere durch §§ 2 – 8 DepotG, 43 KO geschützt. Entsprechendes gilt nach §§ 32, 33 DepotG für den Fall der Pfandverwahrung und der Durchführung von Einkaufskommissionen durch das beauftragte Kreditinstitut. Verliert der Kunde des Kreditinstitutes das Eigentum an den Wertpapieren aufgrund der Teilnahme an dem Verleihsystem des DKV, ist das von ihm beauftragte, im eigenen Namen jedoch auf Rechnung des Kunden tätig werdende Kreditinstitut Gläubiger des schuldrechtlichen Darlehensrückzahlungsanspruchs gegenüber dem Entleiher. Vor den aus einer Insolvenz des von ihm beauftragten Kreditinstitutes resultierenden Risiken ist der Kunde in diesem Stadium der Wertpapierleihe durch § 392 Abs. 2 HGB geschützt, da die Forderungen des Kommissionärs im Verhältnis zwischen dem Kommittenten und dem Kommissionär bzw. dessen Gläubigern als Forderungen des Kommittenten, also des Kunden gelten[165]. Ein *zusätzliches Insolvenzrisiko* trägt der Kunde der beauftragten Bank jedoch dann, wenn die Bank die Wertpapierdarlehensforderung bereits wieder eingezogen hat, ihr also die Wertpapiere vom Entleiher bereits wieder rückübereignet wurden, die Bank diese jedoch noch nicht wieder

119

---

162 Vgl. Nr. II 2 – 5 der Sonderbedingungen sowie Gesell, S. 83 ff.; Kümpel, WM 1990, 909, 913 f. sowie ders., Bank- und Kapitalmarktrecht, 5.334 ff.; Grimm, S. 62 f.
163 Vgl. Grimm, S. 65 f. m.w.N.
164 Vgl. dazu ausführlich Grimm, S. 150 ff., 158 ff.; zu den »Sorgfalts- und Treuepflichten« nach Schweizer Recht ausführlich Bertschinger, S. 178 ff.
165 Vgl. Kümpel, Bank- und Kapitalmarktrecht, 5.346; Grimm, S. 66 f.

ihrem Kunden übereignet hat. § 392 Abs. 2 HGB ist nach ganz herrschender Meinung nicht auf das vom Kommissionär durch die Einziehung der Forderung Erlangte anzuwenden[166].

β) Bank – Entleiher

120 Im Gegensatz zu dem Kommissionsverhältnis zwischen Verleiher und beauftragter Bank ist das Verhältnis zwischen Entleiher und der von ihm beauftragten Bank durch die Sonderbedingungen als Darlehensvertrag ausgestaltet. Will also ein Kunde einer Bank Wertpapiere aus dem Wertpapierleihsystem des DKV entleihen, schließt er mit der von ihm beauftragten, dem DKV-System angeschlossenen Bank unmittelbar ein Wertpapierdarlehen nach § 607 BGB ab. Die von ihm beauftragte Bank deckt sich ihrerseits im DKV-System als Entleiher ein[167].

121 Für die von der Bank an ihn als Sachdarlehen übertragenen Wertpapiere hat der *Entleiher Sicherheit in Form von Bargeld oder Wertpapieren* zu leisten[168]. Das darlehengewährende Kreditinstitut ist in Übereinstimmung mit § 12 DepotG berechtigt, die als Sicherheit von dem Kunden verpfändeten Wertpapiere an den DKV weiterzuverpfänden als Sicherheit für die von dem im DKV-System als Entleiher auftretenden Kreditinstitut eingegangenen Verbindlichkeiten. Durch die Einfügung von § 12 a DepotG durch das 2. FinanzmarktförderungsG ist die Verpfändungsmöglichkeit von Kundenpapieren sogar nochmals erweitert worden auf sämtliche Ansprüche des Kreditinstitutes aus Börsengeschäften für seinen Kunden[169].

b) Wertpapierleihsysteme der Kreditinstitute

122 Neben den AGB-mäßigen Regelungen des Wertpapierleihsystems des DKV hat sich auf *einzelvertraglicher Basis* ein reger und stark expandierender *Wertpapierleihmarkt* entwickelt. Hieran nehmen als *Entleiher* regelmäßig *nicht Privatkunden* von Banken, sondern *fast ausschließlich Banken* und *institutionelle Anleger* teil. *Privatkunden* treten jedoch in einem gewissen Umfang als *Verleiher* auf. Die Teilnehmer dieses Wertpapierleihmarktes schließen individuell vereinbarte Wertpapierleihverträge, die jedoch in ihrem Regelungsgehalt in weiten Bereichen denen des DKV entsprechen. Abweichungen bestehen häufig hinsichtlich der Sicherheitenbestellung, der Ausformung von Rechten zur fristlosen Kündi-

---

166 Vgl. nur Baumbach/Hopt, HGB, § 392 Rz. 3; Gessler, in: Schlegelberger, HGB, Rz. 20 m.w.N.; Dörge, S. 101; BGH NJW 1974, 456; BGH NJW 1981, 918; a.A. Grimm, S. 68 f.; selbst das Konkursvorrecht der §§ 32, 33 DepotG dürfte den Bankkunden nicht schützen, da er im Falle der Teilnahme an dem Wertpapierleihsystem nicht die Voraussetzungen des § 32 Abs. 1 DepotG erfüllt.
167 Vgl. Nr. III 6 – 10 der Sonderbedingungen.
168 Nr. III 7 Abs. 1 der Sonderbedingungen.
169 Vgl. Gesell, S. 188 f.

gung wegen Insolvenz der Entleiher, cross-default-Klauseln und den Rechtsfolgen bei nicht fristgemäßer Rückgabe der entliehenen Wertpapiere[170]. Häufig werden zwischen Ver- und Entleiher Rahmenverträge geschlossen, die die vorgenannten Regelungen im allgemeinen enthalten, und die Eingehung einzelner Wertpapierdarlehen erfolgt unter Bezugnahme auf den Rahmenvertrag[171].

Neben diesen rein zweiseitigen Wertpapierleihverträgen haben *größere Marktteilnehmer* auf vertraglicher Basis *Poolsysteme* entwickelt, die an das Kassenvereinssystem angelehnt sind. Bei diesen tritt das Kreditinstitut für seine Kunden – entsprechend der Rolle des DKV – als Vermittler zwischen einem »Pool« von Verleihern und einzelnen Entleihern auf und beschränkt sich auf die Rolle eines Geschäftsbesorgers. Regelmäßig läßt sich das *Kreditinstitut* jedoch das Eigentum sämtlicher in den Pool gegebener Wertpapiere übereignen und *tritt* somit gegenüber seinen Kunden *als Darlehensnehmer* gem. § 607 BGB auf. Der *Verleiher* trägt dann das *Insolvenzrisiko seiner den Pool organisierenden Bank*, nicht jedoch das Insolvenzrisiko weiterer Darlehensnehmer, das von der diesen gegenüber als Darlehensgeber auftretenden Bank getragen wird.   123

An die Aufklärungs- und Beratungspflichten der sich auf die Rolle eines Darlehensnehmers beschränkenden Bank sind deshalb keine besonderen Anforderungen zu stellen[172]. Etwas anderes würde nur gelten, wenn die Bedingungen des institutseigenen Pools das Konkursrisiko der weiteren Kreditnehmer auf die Poolteilnehmer individualvertraglich übertragen würde[173].   124

Neben deutschen Kreditinstituten bieten auch die beiden europäischen Wertpapier-Clearing-Organisationen Wertpapierleihsysteme an, die wie das des DKV nach dem Kommissionsmodell aufgebaut sind[174]. Als Ver- und Entleiher werden i.d.R. jedoch nur Kreditinstitute und Wertpapierfirmen tätig.   125

c) Vereinbarkeit der Wertpapierleihe mit § 13 DepotG
Zunächst war zweifelhaft, ob der für seine Wertpapiere einen Verleihauftrag gebende Kunde des Kreditinstituts *für jedes einzelne Verleihgeschäft* mit einigen oder allen seinen Wertpapieren eine *Ermächtigung gem. § 13 DepotG* erteilen muß. Müßte die als Kommissionär beauftragte Bank jedesmal, wenn seitens des DKV ein Entleihbedarf festgestellt wird, eine schriftliche und ausdrückliche *Ermächtigung nach § 13 DepotG* ein-   126

---

170 Vgl. ausführlich Grimm, S. 81 ff.
171 Zu deren konkursrechtlicher Behandlung vgl. Bosch, WM 1995, 413, 421 m.w.N.
172 Zu den Aufklärungs-, Beratungs- und Sorgfaltspflichten nach Schweizer Recht vgl. Bertschinger, S. 181 ff.
173 Vgl. Grimm, S. 171 ff.
174 Vgl. Gesell, S. 98 ff.; Zaß, S. 26, 39 f.

holen, so wäre die für das Funktionieren des Leihsystems erforderliche Abwicklungsgeschwindigkeit nicht gewährleistet. Es wird daher die Ansicht vertreten, daß § 13 DepotG nach seinem Sinn und Zweck nicht auf die Abwicklung des Wertpapierleihgeschäftes Anwendung finden könne. Der Bank werde zwar eine Verfügungsmöglichkeit über das Kundeneigentum verschafft, dies erfolge jedoch im Interesse und im Auftrag des Kunden und nicht der Bank, und das Risiko der Rücklieferung trage der Kunde nicht hinsichtlich der Bank, sondern hinsichtlich des Darlehensnehmers[175].

127 Die Begründung zu § 13 DepotG[176] stellt demgegenüber als Schutzzweck für die Regelung des § 13 DepotG den Wandel des Eigentums in einen »nur« schuldrechtlichen Anspruch in den Vordergrund und differenziert insoweit nicht zwischen Eigentumsverlust aus Motiven, die die Bank (= Verwahrer) oder den Eigentümer (= Hinterleger) begünstigen. Das *Bundesaufsichtsamt für das Kreditwesen* stellte sich daher auf den Standpunkt, es bedürfe für *jeden Entleihvorgang einer ausdrücklichen, schriftlichen Ermächtigung* der Bank durch ihren Kunden[177]. Zur Erleichterung der Teilnahme an der Wertpapierleihe ist deshalb durch das 2. Finanzmarktförderungsg § 16 DepotG erweitert worden. Die Formvorschrift des § 13 DepotG findet danach keine Anwendung auf Kaufleute, die im Handelsregister eingetragen sind, keiner Eintragung bedürfen oder nicht eingetragen sind, weil sie ihren Sitz im Ausland haben. Da der Gesetzgeber bei Änderung des DepotG die Diskussion um die Anwendbarkeit von § 13 DepotG kannte, ist aus der Beschränkung der Aufhebung der Formvorschriften auf Kaufleute im Umkehrschluß zu folgern, daß der Gesetzgeber im Einklang mit dem BAKred von einer grundsätzlichen Anwendbarkeit von § 13 DepotG auf die Wertpapierleihe ausgeht.

128 Durch die nur eingeschränkte Rücknahme der Formvorschrift des § 13 DepotG durch die Novellierung von § 16 DepotG in Kenntnis der Diskussion um die Wertpapierleihe hat der Gesetzgeber gleichzeitig zu erkennen gegeben, daß die *Formstrenge des § 13 DepotG erhalten bleiben soll* bei der Teilnahme von Privatpersonen an derartigen Wertpapierleihsystemen. Es kann daher nicht überzeugen, wenn nunmehr argumentiert wird, § 13 DepotG sei nicht mehr anwendbar, sobald der Depotinhaber einen Wertpapierleihauftrag erteile, weil ab diesem Zeitpunkt die Verwahrpflicht der Bank nur noch eine Nebenpflicht und nicht mehr Hauptpflicht sei[178]. Auch der Verweis auf die amtliche Begründung zum DepotG[179] geht fehl. Dort findet sich der Hinweis, daß § 13 DepotG keine

---

175 Vgl. Kümpel, Bank- und Kapitalmarktrecht, 5.329 f.; Gesell, S. 102 ff.; Grimm, S. 70 ff.
176 Abgedruckt bei Opitz, DepotG, S. 207 f.
177 Vgl. auch Opitz, DepotG, § 13 Anm. 3.
178 So insb. Kümpel, Bank- und Kapitalmarktrecht, 5.329 und 9.71.
179 Abgedruckt bei Opitz, DepotG, S. 208.

§ 14 Finanzinnovationen

Anwendung findet auf die Verkaufskommission. Daraus läßt sich jedoch nicht herleiten, § 13 DepotG finde immer dann keine Anwendung, wenn die Verwahrung Nebenpflicht sei, und dies sei der Fall ab Erteilung eines Verleihauftrages. Die Begründung führt ausdrücklich an, daß es für den Depotinhaber keinen Unterschied macht, ob er einen Rückübereignungsanspruch gegen den Verwahrer oder einen Dritten hat. Vielmehr ist entscheidend, daß er sein Eigentum verliert und nur noch einen schuldrechtlichen Anspruch hat. Hierin liegt auch der Unterschied zur Verkaufskommission, bei der der Depotinhaber unmittelbar den Gegenwert für den Eigentumsverlust erhält. § 13 DepotG findet daher auf die Teilnahme von Privatpersonen an Wertpapierleihsystemen grundsätzlich Anwendung. Ob dies rechtspolitisch wünschenswert ist, kann hier dahinstehen.

5. Aufsichtsrechtliche und bilanzielle Behandlung der Wertpapierleihe

a) Aufsichtsrechtliche Behandlung

Die Aufnahme sowie die *Vergabe von Sachdarlehen* stellt unstreitig *kein genehmigungspflichtiges Betreiben von Bankgeschäften* dar[180]. Dementsprechend hat ein Kreditinstitut, das die Wertpapierleihe als Darlehensnehmer oder Darlehensgeber aufnimmt, dies gem. § 24 Abs. 1 Nr. 9 KWG dem Bundesaufsichtsamt für das Kreditwesen anzuzeigen. 129

Aus einer Wertpapierleihe resultierende Wertpapierdarlehen fielen als Sachdarlehen nicht unter den *Kreditbegriff* des § 19 Abs. 1 KWG a.F.[181]. Die für das Gelddarlehen geltenden Vorschriften der §§ 13–18 KWG fanden daher auf die Wertpapierleihe keine Anwendung[182]. – Seit dem Inkrafttreten der 5. KWG-Novelle zum 01. Januar 1996 werden jedoch auch Sachdarlehen als Darlehen i. S. d. KWG qualifiziert und von den Großkreditregelungen erfaßt. Mit der anstehenden Umsetzung der Kapitaladäquanzrichtlinie durch die 6. KWG-Novelle wird eine Neugestaltung der Eigenkapitalunterlegungsgrundsätze und insb. des Grundsatzes I a erforderlich werden[183]. 130

Da die Aufnahme von Sachdarlehen *kein bankmäßiges Betreiben des Einlagengeschäftes* darstellt, sind die vom Entleiher aufgenommenen Darlehensbeträge auch nicht als Einlagen oder aufgenommene Gelder 131

---

180 Häuselmann/Wiesenbart, S. 20; Kümpel, Bank- und Kapitalmarktrecht, 5.380 ff.; Gesell, S. 110 f.; Dörge, S. 107 ff.; Acker, S. 59; vgl. auch oben bei § 11 A I 2 b).
181 Schreiben des BAKred vom 25.08.1987, I 4-212311-2/87, abgedruckt in Consbruch/Möller/Bähre/Schneider, KWG, 17.18 a.E.
182 Vgl. Kümpel, Bank- und Kapitalmarktrecht, 5.381; Dörge, S. 111.
183 Vgl. Acker, S. 60.

i.S.v. 16 Abs. 1 BBankG anzusehen und unterliegen nicht der *Mindestreserve*[184].

132 Auch wenn Wertpapierdarlehen keine Kredite i.S.v. § 19 Abs. 1 KWG a.F. waren, findet doch grundsätzlich *§ 10 KWG einschl. Grundsatz I Anwendung*. Dementsprechend sind die Wertpapier-Leihgeschäfte im Rahmen des Grundsatzes I zu berücksichtigen, wenn ein Kreditinstitut auf eigene Rechnung Sachdarlehen gewährt bzw. aufnimmt. Wird ein Kreditinstitut im Rahmen des DKV-Systems für Kunden des Kreditinstitutes tätig, bleibt Grundsatz I unberührt, da das Insolvenzrisiko nicht die darlehensgebende Bank sondern den Kunden der Bank trifft. Soweit die Bank jedoch ein eigenes Kreditausfallrisiko übernimmt, wie z.B. bei den institutseigenen Leihsystemen, findet Grundsatz I im vollen Umfang Anwendung[185]. Entsprechendes gilt für die Grundsätze I a, II und III[186].

b) Bilanzielle Behandlung der Wertpapierleihe

133 Als bisher nicht abschließend geklärt anzusehen ist die *bilanzielle Behandlung* der Wertpapierleihe. Im Anschluß an ein Schreiben des Bundesaufsichtsamtes für das Kreditwesen[187] ist die überwiegende Lehre der Meinung, daß der *Verleiher der Wertpapiere* gegenüber dem *Entleiher* eine Forderung zu bilanzieren hat, während der Entleiher die darlehensweise erhaltenen *Wertpapiere einzubuchen* und eine korrespondierende Rückgabeverpflichtung zu passivieren hat[188]. Dem wird entgegen gehalten, daß die Wertpapierleihe als Sachdarlehen nicht anders behandelt werden sollte als das zu den gleichen wirtschaftlichen Ergebnissen führende echte Pensionsgeschäft[189]. Dieses werde durch § 340 b Abs. 4 HGB dahingehend geregelt, daß die übertragenen Vermögensgegenstände weiterhin in der *Bilanz des Pensionsgebers* auszuweisen sind. Da auch bei dem Wertpapierdarlehen das wirtschaftlich Eigentum bei dem Verleiher verbleibe, sei es nur konsequent, die verliehenen Wertpapiere weiterhin beim Verleiher zu bilanzieren[190]. So berechtigt die geäußerte Kritik sein mag, für die Praxis bleibt zunächst die Haltung des Bundesaufsichtsamtes für das Kreditwesen maßgeblich.

---

184 Vgl. Schreiben der LZB Hessen vom 22.09.1987; Häuselmann/Wiesenbart, S. 20; Dörge, S. 128 f. mit Ausführungen zur Behandlung von echten Pensionsgeschäften.
185 Vgl. Kümpel, Bank- und Kapitalmarktrecht, 5.345.
186 Vgl. Gesell, S. 113 ff.
187 Vom 25.08.1987 I 4-212311-2/87, abgedruckt bei Consbruch/Möller/Bähre/Schneider, KWG, 17.18.
188 Hartung, BB 1993, 1175 f.; Häuselmann/Wiesenbart, S. 22 ff., 28 ff.; dies., DB 1990, 2129, 2130; Kümpel/Peters, AG 1994, 525, 531.
189 Vgl. dazu IV 2 b) aa).
190 Hierzu insb. Prahl/Naumann, WM 1992, 1173, 1179.

6. Stimmrechte aus entliehenen Papieren

Ein Sonderproblem ergibt sich bei der *Wertpapierleihe von Aktien*. Nach § 405 Abs. 3 Nr. 2 AktG handelt ordnungswidrig, wer »zur Ausübung von Rechten in der Hauptversammlung oder in einer gesonderten Versammlung Aktien eines anderen benutzt, die er sich zu diesem Zweck durch Gewähren oder Versprechen besonderer Vorteile verschafft hat«. Die Ordnungswidrigkeit kann mit einer Geldbuße bis zu DM 50 000,- geahndet werden. Für den *Entleiher von Aktien* stellt sich damit die Frage, ob er wegen des Eigentumserwerbs berechtigt ist, die aus den von ihm entliehenen Aktien resultierenden *Stimmrechte in der Hauptversammlung* der die Aktien emittierenden Aktiengesellschaft auszuüben. **134**

Die Regelungen der verschiedenen Wertpapier-Leihsysteme sehen sämtlichst vor, daß *Zinsen, Dividenden und Bezugsrechte* auch dann, wenn sie während der Verleihzeit anfallen, dem *Verleiher* und nicht dem Entleiher zustehen[191]. Diese Bestimmungen bringen zum Ausdruck, daß auch während der Verleihdauer das *wirtschaftliche Eigentum* an den Wertpapieren *bei dem Verleiher* bleiben soll. Wegen des gleichzeitigen Eigentumserwerbs des Entleihers ist jedoch streitig, ob der Entleiher die den entliehenen Papieren entstammenden Stimmrechte ausüben darf[192]. Für die *Unzulässigkeit der Stimmrechtsausübung* wird nicht nur auf die aktienrechtliche Ordnungswidrigkeit verwiesen, sondern insb. angeführt, daß eine Ausübung der Stimmrechte durch den Entleiher die Gefahr berge, daß dieser im Rahmen der Ausübung der Stimmrechte das *wirtschaftliche Eigentum des Verleihers beeinträchtigt*. Dies sei insb. dann zu befürchten, wenn eine Hauptversammlung über die Eingliederung einer Gesellschaft oder über den Abschluß eines Unternehmensvertrages abzustimmen hat. In diesen Fällen könne ein Großaktionär geneigt sein, sich mittels der Wertpapierleihe noch fehlende Stimmen zu »besorgen«. Die Entscheidung über die Ausübbarkeit der Stimmrechte ist auch von Bedeutung für die Frage der Bestimmung der Zurechnung von Stimmrechten im Rahmen von § 22 WpHG[193]. **135**

---

191 Vgl. z.B. Ziff. 11-13 der Bedingungen für Wertpapier-Leihgeschäfte der Deutscher Kassenverein AG.
192 Verneinend: Gesell, S. 128 ff.; Kümpel, Bank- und Kapitalmarktrecht, 5.353 ff.; Kümpel/Peters, AG 1994, 525, 530 f.; bejahend: Schneider, in: Assmann/Schneider, WpHG, § 22 Rz. 45 ff.; Burgard, BB 1995, 2069, 2073; für Schweizer Recht Bertschinger, Bd. II, S. 29.
193 Vgl. dazu Burgard, BB 1995, 2069, 2073 m.w.N.

V. Repurchase Agreement

1. Grundstruktur des Repo-Geschäftes

136 Zu einem ähnlichen wirtschaftlichen Ergebnis wie die Wertpapierleihe führt das in Deutschland erst seit wenigen Jahren aktiv betriebene sog. *Repo-Geschäft*. Bei einem *Repurchase Agreement* (kurz: Repo) verkauft und übereignet eine Vertragspartei der anderen Wertpapiere unter gleichzeitigem Abschluß eines Rückkaufs zu einem späteren Zeitpunkt zu bereits festgelegten Konditionen. Die ganz herrschende Meinung sieht hierin ein *echtes Pensionsgeschäft* i.S.v. § 340 b HGB. Wie bei dem echten Pensionsgeschäft ist streitig, ob es sich um den Abschluß eines *Kaufvertrages bei gleichzeitigem Abschluß einer Rückkaufvereinbarung*[194] oder um den Abschluß eines *Darlehensvertrages* handelt[195]. Schließlich wird vertreten, daß es sich bei dem Repo um ein *Schuldverhältnis eigener Art* gem. § 305 BGB handelt, auf das jedoch gem § 445 BGB Kaufrecht entsprechend Anwendung finden soll[196].

2. Unterschiede zur Wertpapierleihe

137 Bei ihrem Aufkommen hatten die Repos zunächst Vorteile gegenüber der Wertpapierleihe. Diese bestanden wirtschaftlich darin, daß sie zunächst nicht in die Grundsätze über die Eigenkapitalausstattung bzw. Liquidität einbezogen waren. Seit der Neufassung der Grundsätze zum 1.1.1993 ist dieser Vorteil entfallen[197]. Weiter sind *echte Pensionsgeschäfte* von Kreditinstituten *keine Bankgeschäfte* i.S.d. § 1 Abs. 1 S. 2 KWG und dementsprechend anzeigepflichtig gem. § 24 Abs. 1 Nr. 9 KWG. Demgegenüber soll das *Arrangieren von echten Pensionsgeschäften* durch Kreditinstitute das *Betreiben eines Bankgeschäftes in der Form des Effektengeschäftes* i.S.v. § 1 Abs. 1 S. 2 Nr. 4 KWG darstellen[198].

138 Da der Pensionsnehmer bei einem Repo dem Pensionsgeber Liquidität zur Verfügung stellt, wird z.T. die Auffassung vertreten, der *Pensionsnehmer* tätige ein *Kreditgeschäft* gegenüber dem Pensionsgeber i.S.v. § 19 Abs. 1 KWG[199] Demgegenüber vertritt das *Bundesaufsichtsamt für das Kreditwesen* für die Praxis bindend die Auffassung, daß sich auch bei der Zahlung des Pensionsnehmers an den Pensionsgeber nicht um einen

---

194 So die h.L., vgl. oben IV 2 b aa) sowie Dörge, S. 44 f.
195 So eine Mindermeinung, vgl. oben Fn. 132.
196 Vgl. Gesell, S. 165.
197 Vgl. Gesell, S. 171 ff.
198 Vgl. Gesell, S. 166 f.
199 Ebenroth/Bader, ZBB 1990, 75, 81 f. m.w.N.

Kredit i.S.d. § 19 KWG handelt[200]. Insoweit ergeben sich daher keine Unterschiede zwischen der Behandlung der Wertpapierleihe und einem Repo.

Bilanziell wird das Repo gem § 340 b HGB als *echtes Pensionsgeschäft* behandelt. Insoweit unterscheidet es sich von der Behandlung der Wertpapierleihe als Sachdarlehen deutlich[201].

139

---

200 Schreiben des BAKred vom 31.05.1972 I 3-231-1/72, abgedruckt bei Consbruch/Möller/Bähre/Schneider, KWG, 4.101.
201 Vgl. zur Abgrenzung oben IV 5 b) sowie Grimm, S. 197 ff.

§ 15 Emissions- und Konsortialgeschäft

I. Grundlagen
  1. Begriff und wirtschaftlicher Ablauf
    a) Begriff und Bedeutung des Konsortialgeschäftes
    b) Konsortialgeschäft als Bankgeschäft und Wertpapierdienstleistung
    c) Formen von Emissionen
    d) Emissionskonsortien: Aufgaben und Erscheinungsformen
    e) Plazierungsmethoden
    f) Chancen und Risiken im Emissions- und Konsortialgeschäft
  2. Rechtsbeziehungen beim Emissionsgeschäft im Überblick
II. Das Emissionskonsortium
  1. Rechtsnatur des Emissionskonsortiums
    a) Gesellschaftszweck
    b) Gesellschaftsvermögen
  2. Das Innenrecht des Emissionskonsortiums
    a) Pflichten der Konsorten
      aa) Beitragspflicht
      bb) Gewinn- und Verlustbeteiligung
    b) Pflichten des Konsortialführers
      aa) Beratung des Emittenten
      bb) Wahrnehmung der Interessen der Anleger
      cc) Wahrnehmung der Interessen der Konsorten
      dd) Prospekterstellung und Börseneinführung
    c) Haftungsmaßstab bei Pflichtverletzungen
    d) Geschäftsführung und Vertretung des Konsortiums
    e) Haftung der Konsortialmitglieder für rechtsgeschäftliche Handlungen des Konsortialführers
    f) Beendigung des Konsortiums
    g) Emissionskonsortium als Typendehnung
III. Rechtsbeziehung zwischen Emittent und Konsortium
  1. Übernahmevertrag
    a) Typischer Regelungsinhalt eines Übernahmevertrages
    b) Rechtsnatur des Übernahmevertrages
      aa) bei der Emission von Forderungsrechten
      bb) bei der Emission von Mitgliedschaftsrechten
  2. Ausgewählte Regelungsgegenstände und Rechtsfragen des Übernahmevertrages
    a) Preisfindungsmechanismen
    b) Pflicht zur Übernahme, Unterbringung und Bezahlung
    c) Prospekterstellung und Börseneinführung
      aa) Prospekterstellung
      bb) Verteilung der Haftung für fehlerhafte Prospekte
      cc) Börseneinführung
    d) Haftungsbeschränkungen gegenüber dem Emittenten
    e) Rücktrittsklauseln
    f) »Nachträgliche« Änderung von Anleihebedingungen
    g) Marktstabilisierung/Kurspflege
  3. Allgemeine Beratungs-, Unterrichtungs- und Mitwirkungspflichten
IV. Rechtsbeziehungen zwischen Emittent und Anleger
  1. Rechtsbeziehung durch emittierte Wertpapiere
    a) Forderungsrechte
      aa) AGB-Charakter der Bedingungen und Inhaltskontrolle
      bb) Inhaltliche Ausgestaltung der Bedingungen
      cc) SchuldverschreibungsG
      dd) Änderung der Wertpapierbedingungen durch Gläubigerversammlungen
    b) Mitgliedschaftsrechte
  2. »Selbstverpflichtung« des Emittenten
  3. Prospekthaftung
V. Rechtsbeziehungen zwischen Konsortium und Anleger
  1. Rechtsbeziehungen aufgrund des Plazierungsvorgangs
    a) Verkauf von Wertpapieren durch Drittbank
    b) Verkauf von Wertpapieren durch Konsortialmitglied
    c) Verhaltenspflichten nach §§ 31, 32 WpHG
  2. Rechtsbeziehungen aufgrund des Übernahmevertrages
    a) vor Abschluß des Übernahmevertrages
    b) durch den Übernahmevertrag
  3. Rechtsbeziehungen aufgrund der Übernahme von Sonderfunktionen
  4. Rechtsbeziehungen aufgrund der Prospektverantwortlichkeit
    a) Prospektzwang
    b) Prospektverantwortlichkeit und Haftung der Konsortialmitglieder
VI. Ausgewählte Aspekte internationaler Emissionen

§ 15 Emissions- und Konsortialgeschäft

1. Grenzen von Rechtswahlklauseln bei Forderungsrechten
2. Nationale Vertriebsvorschriften und internationale Konsortien
3. Prospekthaftung bei internationalen Emissionen
4. Internationale Vereinheitlichungsbestrebungen

Schrifttum:
Assmann, Zur Haftung von Konsortien für das rechtsgeschäftliche Handeln ihrer Vertreter, ZHR 152 (1988), 371 ff.; *Assmann/Schneider*, WpHG, Köln 1995; *Baum/Breidenbach*, Die wachsende Internationale Verflechtung der Wertpapiermärkte und die Regelungspolitik der SEC, WM 1990, Sonderbeilage 6, S. 1 ff.; *Baums*, Anwendungsbereich, Kollision und Abstimmung von Kapitalmarktrechten, in: Festschr. P. Raisch, Köln 1995, S. 211 ff.; *Büschgen*, Das Konsortialgeschäft der Banken im Wandel, ÖBA 1988, 423 ff.; *Bungert*, Wertpapierbedingungen und Inhaltskontrolle, DZWir 1996, 185 ff.; *Canaris*, Bankvertragsrecht, 3. Aufl. 1988 und 2. Aufl. 1981; *Claussen*, Bank- und Börsenrecht, München 1996; *de Meo*, Bankenkonsortien, München 1994; *Dessauer*, Das Wertpapieraffidavit im internationalen Recht, Winterthur 1954; *Eckert*, Das neue Recht der Allgemeinen Geschäftsbedingungen, ZIP 1996, 1238 ff.; *Ekkenga*, Wertpapier-Bedingungen als Gegenstand richterlicher AGB-Kontrolle, ZHR 160 (1996), 59 ff.; *Gramlich*, Die »Erklärung der Deutschen Bundesbank zur Begebung von DM-Auslandsanleihen« im Lichte des Verfassungsrechts, RIW 1987, 31 ff.; *Griffiths*, Trends in International Equity Issuance, in: Brown/Paley (Ed.), Global Offerings of Securities, London 1994, S. 1 ff.; *Groß*, Verdeckte Sacheinlage, Vorfinanzierung und Emissionskonsortium, AG 1993, 108 ff.; *Grundmann*, Europäisches Kapitalmarktrecht, ZSR 115 (1996) 103 ff.; *ders.*, Konsortien, Gesellschaftszweck und Gesamthandsvermögen – Typendehnung oder Typenmischung im Gesellschaftsrecht? in: Festschr. Boujong, S. 159 ff.; *ders.*, Deutsches Anlegerschutzrecht in internationalen Sachverhalten, RabelsZ 54 (1990), 283 ff.; *Gruson/Harrer*, Rechtswahl- und Gerichtsstandsvereinbarungen sowie Bedeutung des AGB-Gesetzes bei DM-Auslandsanleihen auf dem deutschen Markt, ZBB 1996, 37 ff.; *Hein*, Rechtliche Fragen des Bookbuildings nach deutschem Recht, WM 1996, 1 ff.; *Herdt/Padberg/Walther*, Der Gang an die Börse, 3. Aufl. 1988; *Hopt*, Die Verantwortlichkeit der Banken bei Emissionen, München 1991; *ders.*, Emissionsgeschäft und Emissionskonsortien, in: Festschr. Kellermann, München 1991, S. 181 ff.; *ders.*, Emission, Prospekthaftung und Anleihetreuhand im internationalen Recht, in: Festschr. Lorenz, 1991, S. 413 ff.; *ders.*, Änderung von Anleihebedingungen, SchuldverschreibungsG, § 796 BGB und AGBG, in: Festschr. Steindorff, Berlin 1990, S. 341 ff.; *ders.*, Änderung von Anleihebedingungen, – Schuldverschreibungsgesetz, § 796 BGB und AGBG -, WM 1990, 1733 ff.; *Horn*, Das Recht der internationalen Anleihen, Frankfurt 1972; *Immenga*, Einlagenschutz beim mittelbaren Bezugsrecht, in: Beusch, Berlin 1993, S. 413 ff.; *Joussen*, Die Inhaltskontrolle von Wertpapierbedingungen nach dem AGBG, WM 1995, 1861 ff.; *Kallrath*, Die Inhaltskontrolle der Wertpapierbedingungen von Wandel- und Optionsanleihen, Gewinnschuldverschreibungen und Genußscheinen, Köln 1994; *Kaserer/Kempf*, Das Underpricing-Phänomen am deutschen Kapitalmarkt und seine Ursachen, ZBB 1995, 45 ff.; *Kiel*, Internationales Kapitalanlegerschutzrecht, Berlin 1994; *Köndgen*, Die Entwicklung des privaten Bankrechts in den Jahren 1992 bis 1995, NJW 1996, 558 ff.; *König*, Die international-privatrechtliche Anknüpfung von syndicated loan agreements, Konstanz 1984; *Kohls*, Die vorvertragliche Informationshaftung nach dem Recht der BRD, USA und England, Göttingen 1990; *Kümpel*, Bank- und Kapitalmarktrecht, Köln 1995; *Löffler*, Anleihen, Bern 1987; *Lutter/Drygala*, Rechtsfragen beim Gang an die Börse, in: Festschr. Raisch, Köln 1995, S. 239 ff.; *von Randow*, Anleihebedingungen und Anwendbarkeit des AGB-Gesetzes, ZBB 1994, 23 ff.; *Rohr*, Grundzüge des Emissionsrechts, Zürich 1990; *Schneider*, Die konzernweite Negativklausel, in: Festschr. Stimpel, Berlin 1985, S. 887 ff.; *Schönle*, Bank- und Börsenrecht, 2. Aufl., München 1976; *Scholze*, Das Konsortialgeschäft der deutschen Banken, 1973; *Schücking*, Emissionskonsortien, in: Münchener Handbuch des Gesellschaftsrechts, Bd. 1, München 1995, § 26; *ders.*, Das internationale Privatrecht der Bankenkonsortien, WM 1996, 281 ff.; *Schwintowski*, PdW Bankrecht, München 1994; *Sethe*, Genußrechte: Rechtliche Rahmenbedingungen und Anlegerschutz, AG 1993, 293 ff. u. 351 ff.; *Stucke*, Die Rechte der Gläubiger bei DM-Auslandsanleihen, Frankfurt 1988; *Szantyr*, Effektenkonsortialgeschäft und Emissionsgeschäft, in: Bankrecht und Bankpraxis, Kap. 10 (Stand: 11/79); *Than*, Anleihegläubigerversammlung bei DM-Auslandsanleihen? in: Festschr. Coing,

Bd. 2, München 1982, S. 521 ff.; *Timm/Schöne,* Zwingende gesamtschuldnerische Haftung der Mitglieder eines Übernahmekonsortiums?, ZGR 1994, 113 ff.; *Voigt,* Bookbuilding – der andere Weg zum Emissionskurs, Bank 1995, 339 ff.; *Westermann,* Das Emissionskonsortium als Beispiel der gesellschaftsrechtlichen Typendehnung, AG 1967, 285 ff.; *von Westphalen,* Zusammenhang zwischen der Prospekthaftung und der Haftung aus der individuellen Anlageberatung, BB 1994, 85 ff.; *Zobl,* Änderung von Anleihensbedingungen, SZA/RSDA 1990, 129 ff.

I. Grundlagen

1. Begriff und wirtschaftlicher Ablauf

1 a) Begriff und Bedeutung des Konsortialgeschäftes
Unter dem Begriff des Emissions- und Konsortialgeschäftes wird allgemein die *Ausgabe von Wertpapieren des Kapitalmarktes*[1] (sog. Effekten) durch einen Emittenten und die *Plazierung dieser Wertpapiere bei Anlegern* unmittelbar durch den Emittenten oder unter Einschaltung von Dritten verstanden[2/3]. Bei diesem Bankgeschäft ist der Einfluß der angloamerikanischen Kapitalmärkte besonders deutlich und intensiv. Viele der wirtschaftlichen Entwicklungen dieses Bereichs werden unmittelbar beeinflußt von der sich hier besonders bemerkbar machenden, immer stärker werdenden Internationalisierung der Kapitalmärkte. Das Ansteigen der Emissionsvolumina in die Größenordnung mehrerer Milliarden pro Emission überfordert vielfach die Leistungsfähigkeit einzelner Kapitalmärkte und einzelner Teilnehmer und erfordert gleichzeitige Aktionen auf mehreren Kapitalmärkten durch eine Mehrzahl von Kapitalmarktteilnehmern. Dies gilt nicht nur für Aktienemissionen wie z.B. die Privatisierung der Deutsche Telekom AG im Jahre 1996 mit einem Volumen von ca. DM 15 Mrd., sondern ebenso für Anleiheemissionen von Schuldnern mit großem Kreditbedarf, wie z.B. im Jahre 1994 das Königreich Schweden mit DM 2,5 Mrd.[4]. Bei einer wachsenden Anzahl von Emissionen muß daher den Anforderungen einer Mehrzahl von Kapitalmärkten Genüge getan werden und die Ausrichtung erfolgt typischerweise an dem die strengsten Anforderungen stellenden Kapitalmarkt, was regelmäßig der US-amerika-

---

1 Vgl. dazu oben § 11 A.
2 Vgl. Hopt, Verantwortlichkeit, Rz. 19; Schönle, § 19 II 1; Kümpel, Bank- und Kapitalmarktrecht, 11.2.
3 Teilweise wird der Begriff eingeschränkt auf die Emission »einer großen Anzahl von Effekten« bei gleichzeitiger Plazierung »bei einer Vielzahl von Erwerbern« (Schönle, aaO.) oder vorsichtig erweitert um die Ausgabe von »Geldmarktpapieren« (Kümpel, Bank- und Kapitalmarktrecht, 11.5); unrichtig ist die begriffliche Beschränkung auf die »erste Ausgabe«, da auch die kapitalmarktmäßige Plazierung bereits seit langem bestehender, jedoch z.B. in den Händen einer Familie befindlicher Aktien zu dem Geschäftstyp des Emissions- und Konsortialgeschäfts gehört (sog. IPO´s = Initial Public Offerings).
4 Vgl. z.B. den Emissionsprospekt vom Königreich Schweden DM 2,5 Mrd. 8 % Inhaberteilschuldverschreibungen 1992/1997.

nische Markt ist. Der anglo-amerikanische Einfluß wird nicht zuletzt deutlich an der Vielzahl der in der Rechtspraxis verwendeten Anglizismen.

b) Konsortialgeschäft als Bankgeschäft und Wertpapierdienstleistung 2
Obwohl Banken alleine oder in Form von Emissionskonsortien schon immer bei der Plazierung von Wertpapieren beim anlagewilligen Publikum mitgewirkt haben, wird das Emissions- und Konsortialgeschäft doch *nicht* als *Bankgeschäft* i.S.v. § 1 Abs. 1 S. 2 KWG verstanden. Es soll – unabhängig von der Form der Abwicklung[5] – kein Effektengeschäft i.S.d. KWG darstellen, da nicht die Anschaffung und die Veräußerung von Wertpapieren »für andere« erfolge. Soweit im Einzelfall dem Emittenten nur eine Dienstleistung »Plazierung« ohne eigenes Risiko der eingeschalteten Banken angeboten werde, handele es sich zwar um eine Verkaufskommission und damit ein Effektengeschäft[6], doch soll der Begriff des Effektengeschäftes im KWG teleologisch reduziert werden auf die Anschaffung und Veräußerung von Wertpapieren im Sekundärmarkt[7].

Soweit es sich bei dem Emissions- und Konsortialgeschäft nicht um ein 3
Bankgeschäft handelt, soll dieses auch nicht als sonstiges Geschäft nach § 24 Abs. 1 Nr. 9 KWG anzeigepflichtig sein, da »der Erwerb und die Veräußerung von Wertpapieren und Beteiligungen für eigene Rechnung« gemäß § 9 Abs. 2 Nr. 1 der Befreiungsverordnung[8] von einer Meldepflicht nach § 24 Abs. 1 Nr. 9 KWG freigestellt worden sei. Dies ist sicherlich insoweit zutreffend, als die in den Emissionsvorgang eingeschalteten Kreditinstitute ein eigenes Risiko übernehmen, da dann jedenfalls das Merkmal des Handelns auf eigene Rechnung verwirklicht wird.

Unabhängig von der Qualifizierung des Emissions- und Konsortialge- 4
schäftes als Bankgeschäft definiert § 1 Abs. 3 Nr. 8 KWG »Unternehmen, die nicht Kreditinstitute i.S.d. KWG sind und deren Haupttätigkeit darin besteht, an Wertpapieremissionen teilzunehmen und damit verbundene Dienstleistungen zu erbringen« als *Finanzinstitute*[9].
Der Referentenentwurf eines Gesetzes zur Umsetzung der Wertpapierdienstleistungs- und Kapitaladäquanzrichtlinie sowie zur Änderung anderer bank- und wertpapieraufsichtsrechtlicher Vorschriften vom Juni 1996 sieht in § 1 Abs. 1 S. 3 Nr. 11 KWG-E als Bankgeschäft vor »die Übernahme von Finanzinstrumenten für eigenes Risiko zur Plazierung oder die Übernahme gleichwertiger Garantien (Emissionsgeschäft)«. Soweit ein

---

5 Vgl. dazu unten I 1 c).
6 Vgl. dazu unter III 1 b) aa).
7 So insb. Kümpel, Bank- und Kapitalmarktrecht, 11.28 ff.; Hopt, in: Festschr. Kellermann, S. 181, 189 in Fn. 16; ders., Verantwortlichkeit, S. 19 Fn. 49; Schönle, § 16 II (keine Anschaffung).
8 Vom 20. August 1985, abgedruckt bei Consbruch/Möller/Bähre/Schneider, KWG, 2.2.
9 Zur Bedeutung der Qualifizierung als Finanzinstitut vgl. § 12 Rz. 22.

Bankenkonsortium im Rahmen des Plazierungsvorganges von Wertpapieren ein eigenes Risiko eingeht, soll es sich um ein Bankgeschäft i.S.d. Emissionsgeschäfts handeln soweit das Konsortium kein Risiko übernimmt, sondern dieses bei dem Emittenten verbleibt, soll es sich um ein Bankgeschäft i.S.d. Finanzkommissionsgeschäftes[10] des Entwurfs handeln, wenn der Vertrieb durch das Konsortium im eigenen Namen für fremde Rechnung erfolgt, und um eine Finanzdienstleistung »Abschlußvermittlung«, wenn der Vertrieb im fremden Namen erfolgt.

c) Formen von Emissionen

5   Phänomenologisch können die Emissionen nach dem Kriterium des Plazierungsvorganges in zwei grundsätzlich zu unterscheidende Gruppen unterteilt werden. Werden die Wertpapiere von dem Emittenten direkt bei den Anlegern plaziert, spricht man von sog. *Eigenemissionen*[11]. Eigenemissionen zählen heute eher zu den Ausnahmen. Sie sind anzutreffen bei der Emission von Schuldverschreibungen insb. durch Kreditinstitute, die diese in ihrer Kundschaft plazieren[12], sowie bei der Emission von Pfandbriefen und Kommunalschuldverschreibungen durch Hypothekenbanken[13].

6   Wird in den Plazierungsvorgang von dem Emittenten ein sog. Emissionskonsortium eingeschaltet, spricht man von einer *Fremdemission*. Aufgabe des – regelmäßig ausschließlich aus Banken bestehenden – Emissionskonsortiums ist die Plazierung der emittierten Wertpapiere beim anlagewilligen Publikum. Dabei kann die Aufgabe und Funktion des Emissionskonsortiums unterschiedlich ausgestaltet sein.

d) Emissionskonsortien: Aufgaben und Erscheinungsformen

7   Die bei Fremdemissionen eingesetzten Emissionskonsortien von Banken erfüllen eine Vielzahl von *Aufgaben*. Die wohl wichtigste Aufgabe ist die *Plazierung* der emittierten Wertpapiere beim anlagewilligen Publikum. Hier ist nach der Art der zu plazierenden Wertpapiere zu unterscheiden zwischen Emissionen von Mitgliedschaftsrechten, insbes. also Aktien, und Forderungsrechten, insbes. also Anleihen, sowie von Forderungsrechten mit Einfluß durch Mitgliedschaftsrechte (sog. equity linked debt issues), insb. also Wandel- und Optionsanleihen, Gewinnschuldverschreibungen und Genußrechten. Der wirtschaftliche *Schwerpunkt* liegt beim *Emissionsgeschäft* immer noch auf der *Plazierung von Anleihen*, also letztlich der Vermittlung von Fremdkapital für supra-nationale Institutionen, Län-

---

10 Vgl. dazu § 13 IV 1.
11 Vgl. Canaris, Rz. 2236 m.w.N.
12 Bei größeren Emissionsvolumina nehmen jedoch auch eigenemittierende Kreditinstitute häufig die Hilfe eines Plazierungskonsortiums in Anspruch.
13 Vgl. dazu Kümpel, Bank- und Kapitalmarktrecht, 11.7. sowie oben bei § 11 A.

der und mit einem hervorragenden Rating versehene Unternehmen[14], und nicht auf der – regelmäßig mit mehr Öffentlichkeitswirkung verbundenen – Vermittlung von Eigenkapital in Form von Mitgliedschaftsrechten.

Die *Plazierung von Aktien* erfolgt durch ein Emissionskonsortium entweder im Rahmen der Begebung neuer Aktien, also einer Kapitalerhöhung, oder eines erstmaligen Verkaufs bereits bestehender Aktien an das anlagewillige Publikum im Rahmen sog. Initial Public Offerings oder kurz IPO's. Kernstück des Emissions- und Konsortialgeschäftes der Banken im Rahmen der Plazierung von Mitgliedschaftsrechten ist die Mitwirkung der Kreditinstitute bei den verschiedenen Formen von Kapitalerhöhungen. Diese können entweder als Barkapitalerhöhung, als bedingte Kapitalerhöhung oder als Kapitalerhöhung aus Gesellschaftsmitteln über ein Konsortium abgewickelt werden. Insb. bei Barkapitalerhöhungen mit Bezugsrecht der Aktionäre führt die Einschaltung eines Emissionskonsortiums[15] zu einer wesentlichen Vereinfachung der Durchführung der Kapitalerhöhung. Die emittierende Aktiengesellschaft braucht nicht Zeichnungsscheine sämtlicher die Aktien beziehender Aktionäre einzusammeln, vielmehr stellt der Konsortialführer für Rechnung des Konsortiums den erforderlichen Zeichnungsschein aus und zahlt die gem. §§ 188 Abs. 2 S. 1, 36 a Abs. 1 AktG erforderlichen Beträge zur freien Verfügung der emittierenden Aktiengesellschaft. Da der Emittent grds. sämtliche Zweitschriften der Zeichnungsscheine bei der Anmeldung der Kapitalerhöhung beim Handelsregister vorzulegen hat, führt die Einschaltung eines Konsortiums zu einer erheblichen Vereinfachung[16].

Weiter hat das Emissionskonsortium, vertreten durch den Konsortialführer, den Emittenten bei der *Findung eines marktkonformen Preises* für die Wertpapiere zu beraten sowie die sonstigen *Konditionen* wie z.B. die Anleihebedingungen, Sicherheiten, Kommissionen für die Tätigkeit des Bankenkonsortiums etc. auszuhandeln. Darüber hinaus hat der Lead-Manager den Emittenten bei einer Zusammenstellung eines geeigneten Konsortiums zu beraten, ggfls. die Börseneinführung vorzubereiten, in Abstimmung mit dem Emittenten Prospekte zu erstellen und schließlich die Voraussetzungen für eine reibungslose Abwicklung der Emission zu schaffen, wie z.B. den Druck von Wertpapieren oder die Veröffentlichung von Verkaufsanzeigen.

Entsprechend der wichtigsten Aufgabe des *Emissionskonsortiums*, der Plazierung der Wertpapiere, unterscheidet man zwischen *Gründungs*-

---

14 Demgegenüber haben in Deutschland kleine oder mittlere Unternehmen oder solche mit schwacher Kapitalbasis oder schlechtem Rating faktisch keinen Zugang zum Kapitalmarkt. Sie sind auf die Kreditgewährung durch Banken angewiesen. Anders in den USA: dort hat sich in den 80er Jahren ein großer »junk bond Markt« entwickelt, also ein Markt, auf dem Anleihen gehandelt werden, die nicht »investment grade« sind.
15 Vgl. im einzelnen unten III 1 b) bb).
16 Vgl. ausführlich Kümpel, Bank- und Kapitalmarktrecht, 11.88 ff.

konsortien, Übernahmekonsortien, Begebungskonsortien, Einheitskonsortien (kombinierte Übernahme- und Begebungskonsortien), *Options- und Garantiekonsortien sowie Börseneinführungskonsortien*[17]. Bei der Fremdemission wird die Funktion des Konsortiums unterschieden nach der Verteilung des Risikos der Plazierbarkeit der emittierten Wertpapiere zwischen Emittent und Konsortium. Die Plazierung durch das Konsortium kann auf einer »best-efforts-basis«[18] erfolgen, bei der ausschließlich der Emittent das Risiko der fehlenden Plazierbarkeit trägt. Das auf einer best-efforts-basis arbeitende Begebungskonsortium kann aber auch mit einem Garantiekonsortium kombiniert sein, das im Falle einer fehlenden Plazierbarkeit die nicht plazierten Wertpapiere übernimmt, oder die Plazierung erfolgt durch Übernahme sämtlicher emittierten Wertpapiere durch das Emissionskonsortium, das das Risiko einer Plazierbarkeit ausschließließlich trägt. In dem letztgenannten Fall der Festübernahme spricht man von einem Übernahmekonsortium[19].

11   Am häufigsten ist in Deutschland der Typ des *Einheitskonsortiums* anzutreffen, bei dem die zu plazierenden Wertpapiere von dem Konsortium auf eigenes Risiko übernommen werden (Übernahmekonsortium) und im eigenen Namen für fremde Rechnung vertrieben werden (Begebungskonsortium). Ein *Optionskonsortium* übernimmt wegen der Unsicherheit der Plazierung nur einen Teil der Emission und läßt sich für weitere Wertpapiere eine Option (daher der Name Optionskonsortium) einräumen für den Fall, daß der Vertrieb der Wertpapiere erfolgreich verläuft[20]. Typischerweise ist ein Emissionskonsortium auch mit der Börseneinführung der emittierten Papiere beauftragt. Reine *Börseneinführungskonsortien* sind daher selten. In Betracht kommen selbständige Börseneinführungskonsortien insb. bei der Einführung bereits begebener ausländischer Aktien an deutschen Börsen[21].

12   Die *Zusammensetzung des Konsortiums* ist abhängig von der Größe der Emission und der Plazierungskraft der einzelnen Konsorten in bestimmten geografischen Regionen, also ihrer Fähigkeit, für die in der einen oder

---

17 Vgl. den Überblick bei de Meo, S. 11 f.; Hopt, Verantwortlichkeit, Rz. 23 ff.; Kümpel, Bank- und Kapitalmarktrecht, 11.13 ff.; zu den Medium Term Note Programmen vgl. unten III 1 a).
18 Reines »Bemühen« ohne Übernahme einer Verpflichtung zu irgendeinem Erfolg, vgl. Büschgen, ÖBA 1988, 423, 427.
19 Vgl. Canaris, Rz. 2236; Hopt, Verantwortlichkeit, Rz. 23 ff.; Horn, S. 89 f.; Schönle, § 19 II 1.
20 Die Form des Optionskonsortiums scheint in der letzten Zeit wieder aufzuleben in Form des sog. Greenshoe-Verfahrens, vgl. dazu Fuchs, AG 1995, 433, 438 f.
21 Szantyr, BuB 10/142; problematisch ist, ob die Einbeziehung ausländischer Aktien in den Freiverkehr an einer deutschen Börse durch Beschluß des entsprechenden Freiverkehrsausschusses ohne Einschaltung eines Börseneinführungskonsortiums ein – prospektpflichtiges – erstmaliges öffentliches Angebot in Deutschland darstellt; – lt. Bekanntmachung zum Verkaufsprospektgesetz des BAWe v. 15. April 1996, I. 2 zu § 1 VerkProspG, begründet die Einbeziehung in den Freiverkehr an einer Börse ohne Werbemaßnahmen kein öffentliches Angebot.

anderen Form übernommenen Wertpapiere interessierte Anleger zu finden. Je nach Aufgabe setzt sich das Konsortium zusammen aus dem sog. Lead Manager und ggfls. einem Co-Lead Manager sowie der Underwriting Group. Soweit – wie heute wohl überwiegend – lediglich mehrere Manager eine Emission übernehmen und plazieren, spricht man von einem Club Deal, der zunehmend beliebter wird.

Ist die Einschaltung einer *Underwriting Group* erforderlich, unterteilte sich diese früher häufig noch in Underwriters und Sub-Underwriters. Zum weiteren Absatz wurden zusätzlich weitere Banken, sog. *Sellers* herangezogen, die wie die Sub-Underwriter regelmäßig in keinem vertraglichen Verhältnis zum Emittenten, sondern nur zu den Underwriters standen. Dieses Verfahren wird seit einigen Jahren jedoch fast gar nicht mehr praktiziert. Üblich sind heute im Euro-Markt Emissionskonsortien, die sich aus Lead- und Co-Lead Managers sowie Underwriters (z.T. auch Managers genannt) zusammensetzen. 13

e) Plazierungsmethoden
Die Plazierung der Wertpapiere bei dem anlagewilligen Publikum kann grundsätzlich in verschiedenen Formen erfolgen. Zu unterscheiden ist zunächst zwischen einer *öffentlichen* und einer *privaten Plazierung*. Bei einer *Privatplazierung* werden die Wertpapiere nicht der Öffentlichkeit, sondern einem *eng begrenzten Anlegerkreis* angeboten[22]. Öffentliche Plazierung wie Privatplazierung können in verschiedenen Formen durchgeführt werden. 14

So können die Wertpapiere von dem Bankenkonsortium den Anlegern im Rahmen eines *freihändigen* Verkaufs angeboten werden. Der freihändige Verkauf durch das Emissionskonsortium ist die gebräuchlichste Form der Plazierung von Wertpapieren. Der freihändige Verkauf kann seitens der Konsortialmitglieder im eigenen Namen (für eigene oder fremde Rechnung) oder im fremden Namen erfolgen. 15

Bei der Emission von öffentlichen Anleihen, Schatzanweisungen und Schatzwechseln der Bundesrepublik Deutschland wird von der Deutschen Bundesbank in gewissem Umfange das sog. *Tender-Verfahren* angewandt[23]. Hierbei handelt es sich um einen Teil des währungspolitischen Instrumentariums der Bundesbank gemäß § 20 Abs. 2 BBankG. Beim Tender-Verfahren werden lediglich die Laufzeit, der Zinssatz und das Emissionsvolumen vorgegeben, nicht jedoch der Kurs. Der Kurs wird seitens der interessierten Anleger geboten und die zum Verkauf stehende Anleihe entsprechend der Höhe der gebotenen Kurse zugeteilt. Für einen 16

---

22 Zur Abgrenzung vgl. Waldeck/Süßmann, WM 1993, 361, 363; Schäfer, ZIP 1991, 1557, 1559 ff. – beide zur Abgrenzung im Rahmen des Wertpapierverkaufsprospektgesetzes.
23 Vgl. Deutsche Bundesbank, Monatsbericht 5/1994, S. 67 f.

Anleger, der nur sehr niedrige Kurse bietet, besteht die Gefahr, daß er bei der Zuteilung ausfällt[24].

17   Heute nur noch für *Erstplazierung von Aktien* gebräuchlich ist das Verfahren der *Subskription*. Bei diesem wurde früher der Anleger aufgefordert, ein Wertpapier bei einer der benannten Zeichnungsstellen zu zeichnen. Ein Kaufvertrag über das Wertpapier kam jedoch erst zustande, wenn dem Anlagewilligen auch ein entsprechendes Wertpapier zugeteilt wurde. Diese Plazierungsmethode wurde häufig von reinen Begebungskonsortien für die Unterbringung von Anleihen verwandt[25].

18   Im Anschluß an die Plazierung wird der Kurs der emittierten und plazierten Papiere nicht selten durch das konsortialführende Institut »stabilisiert«. Dies kann in Absprache mit dem Emittenten oder auf eigene Initiative des Konsortialführers erfolgen[26].

f) Chancen und Risiken im Emissions- und Konsortialgeschäft

19   Als auf großvolumige Kapitalmarkttransaktionen ausgerichteter Geschäftszweig birgt das Konsortialgeschäft für die beteiligten Banken *besondere Chancen und Risiken*. Gelingt die zügige Plazierung einer Emission reibungslos, verdient die beteiligte Konsortialbank an dem Gebühren- und Provisionsaufkommen. Kann die Plazierung nicht mit der erforderlichen Geschwindigkeit erfolgen, können die Konsorten – soweit sie das Plazierungsrisiko tragen – empfindliche Verluste erleiden, wenn die Kurse der von dem Konsortium übernommenen Wertpapiere vor einer Weiterplazierung zurückgehen. Mit der zunehmenden Volatilität auch der Zinsmärkte gilt dies gleichermaßen für Anleiheemissionen oder sonstige Zinsprodukte sowie für Aktien. Entscheidend für die *Begrenzung des Risikos* des Bankenkonsortiums ist die *Dauer der Frist zwischen Festlegung des Übernahmepreises und der effektiven Plazierung*.

2. Rechtsbeziehungen beim Emissionsgeschäft im Überblick

20   Wie bereits aus der vorstehenden groben Skizzierung des wirtschaftlichen Ablaufs des *Konsortialgeschäftes* ersichtlich, ist es durch eine besondere *Komplexität* und Vielzahl der Rechtsbeziehungen geprägt[27]. Im einzelnen sind beim Emissionsgeschäft vier bzw. fünf *Gruppen von Rechtsbeziehungen* zu unterscheiden.

---

24 Vgl. Kümpel, Bank- und Kapitalmarktrecht, 11.21; Hopt, Verantwortlichkeit, Rz. 30.
25 Vgl. neuestens zu dem insoweit ähnlichen Bookbuilding-Verfahren unten III 2 a) m.w.N.
26 Vgl. dazu unten III 2 g).
27 Aufgrund der Komplexität sowie der Langfristigkeit vieler Verträge und Bedingungen, der zunehmenden Internationalisierung, der vielfältigen Verknüpfungen zu benachbarten Rechtsgebieten, insb. des Gesellschafts- und Kapitalmarktrechtes, sowie der Größe der involvierten Beträge wird das Emissions- und Konsortialrecht daher häufig als die »Krone« des Bankrechts verstanden.

Die erste betrifft das *Rechtsverhältnis der Konsortialmitglieder zueinander*. Hierbei stellen sich sowohl Fragen des Innenverhältnisses des Konsortiums wie auch der Vertretung des Konsortiums nach außen durch den Lead Manager einschließlich der Haftung der Konsortialmitglieder für Handlungen oder Unterlassungen des Lead Managers.

21

Die zweite Gruppe von Rechtsbeziehungen ergibt sich aus dem *Verhältnis von Emittent zu Konsortium*. In diesem Verhältnis müssen die beiderseitigen Pflichten wie z.B. Übernahme der Wertpapiere, Plazierungsmethode, Aufgabenverteilung bei Prospekterstellung etc. geregelt werden, aber auch die Beratungspflichten des Lead Managers gegenüber dem Emittenten, z.B. hinsichtlich der geeigneten Abfassung der Anleihebedingungen, der Börseneinführung oder der ad hoc Publizität.

22

Eine dritte Gruppe von Rechtsbeziehungen ergibt sich aus dem *Verhältnis des Bankenkonsortiums zu den Anlegern*. Dieses kann sich sowohl aus dem Plazierungsvorgang als solchem ergeben, was Fragen der Anlageberatung, des Verkaufs wie auch des Prospektes bzw. der Prospekthaftung umfaßt. Daneben stehen auch nach Abschluß des Plazierungsvorgangs Rechtsbeziehungen, die sich z.B. aus der Tätigkeit eines Konsortialmitgliedes, meist des Lead Managers, als Treuhänder für die Anleger gegenüber dem Emittenten etwa bei der Verwaltung von Sicherheiten oder der Überprüfung von Bilanzrelationen oder der Ausübung von Kündigungsrechten ergeben können.

23

Schließlich tritt der *Emittent* durch die Plazierung der von ihm emittierten Wertpapiere in eine unmittelbare *Rechtsbeziehung zu den Anlegern*. Diese können sich sowohl aus dem Plazierungsvorgang als solchem, z.B. aufgrund des Prospektes ergeben, als auch aus den allgemeinen Bedingungen der von ihm emittierten Wertpapiere.

24

Zusätzliche Fragen können auftreten bei *internationalen Emissionen*. Da eine zunehmende Zahl von Emissionen international plaziert wird, kann dies durch mehrere nationale Emissionskonsortien erfolgen[28] oder durch ein länderübergreifendes Emissionskonsortium. Internationale Emissionen bergen nicht nur Fragen der Qualifikation der Rechtsbeziehungen, z.B. Plazierung von englischem Recht unterworfenen Anleihen in Deutschland, sondern auch der Anknüpfung von Haftungsnormen, z.B. Beurteilung der Frage der Richtigkeit eines Prospektes oder der Verjährung von Prospekthaftungsansprüchen. Weiter stellen sich Fragen der Grenzen der Rechtswahl, der Bildung internationaler Gläubigergemeinschaften sowie des Verhältnisses der Mitglieder eines internationalen Emissionskonsortiums zueinander. Von besonderer Bedeutung ist die Beachtung von diversen nationalen Kapitalmarktvorschriften bezüglich des Vertriebs und der Plazierung der emittierten Wertpapiere.

25

---

28 Vgl. Hopt, Verantwortlichkeit, Rz. 25.

II. Das Emissionskonsortium

1. Rechtsnatur des Emissionskonsortiums

a) Gesellschaftszweck

26 *Emissionskonsortien* stellen eine Kooperationsform von Banken bei der Übernahme und Plazierung von Wertpapieren dar. Der *Grund* für ihre Bildung ist die *Streuung* des mit der Übernahme und Plazierung verbundenen *Risikos* und eine *Begrenzung der Inanspruchnahme des Eigenkapitals* der einzelnen Konsorten. Typischerweise wird ein Konsortium lediglich zur Übernahme einer einzigen Emission gebildet und *löst sich nach Plazierung* der Wertpapiere *auf*[29]. Rein faktisch ist jedoch festzustellen, daß sich bei späteren Emissionen desselben Emittenten Konsortien mit der gleichen oder ähnlichen Zusammensetzung bilden, ohne daß dazu eine Rechtspflicht bestünde[30].

27 Die *Strukturierung des Konsortiums* während der Dauer seines Bestehens kann höchst unterschiedlich sein. Es können alle Konsorten nach außen offen in Erscheinung und in unmittelbare Rechtsbeziehungen mit dem Emittenten treten. Man spricht dann von einem *Außenkonsortium*. Treten gegenüber dem Emittenten jedoch nur der Lead Manager und/oder eine Gruppe von Underwriters auf, nicht jedoch die Sub-Underwriters, bilden die Underwriters und die Sub-Underwriters zusammen ein sog. verdecktes oder *stilles Konsortium*[31]. Von den Außenkonsortien und den stillen Konsortien zu unterscheiden ist die *Unterbeteiligung* bzw. das *Unterkonsortium*. Bei diesen beteiligt ein Konsorte oder beteiligen mehrere Konsorten einen oder mehrere Dritte an ihren Verpflichtungen gegenüber dem Konsortium oder dem Emittenten, ohne daß diese Beteiligung nach außen oder auch nur gegenüber den übrigen Konsorten sichtbar gemacht wird. Derartige Unterbeteiligungen sind im Regelfall vergleichbar mit dem verdeckten bzw. stillen Konsortium[32].

28 Emissionskonsortien sind nach heute allgemeiner Meinung *Gesellschaften bürgerlichen Rechts* gemäß §§ 705 ff. BGB[33]. Regelmäßig wird zwischen den Konsorten ein *schriftlicher Konsortialvertrag* geschlossen. Als

---

29 Soweit es nicht für »Restfunktionen« bestehen bleibt, wie z.B. der Verwaltung von Sicherheiten oder als Haftungssubjekt; zu Dauerkonsortien wie dem Bundesanleihekonsortium vgl. Büschgen, ÖBA 1988, 423, 424 f.
30 Zu den sich daraus ergebenden Fragen vgl. Büschgen, ÖBA 1988, 423 ff.
31 Vgl. de Meo, S. 87 ff.; Kümpel, Bank- und Kapitalmarktrecht, 11.124 ff.; Hopt, Verantwortlichkeit, Rz. 50.
32 Zu dem heute kaum noch praktizierten Meta-Geschäft vgl. BGH BB 1964, 12; WM 1982, 1403.
33 Grundlegend: ROHG 17, 201; RGZ 67, 394, 395; BGHZ 118, 83 ff. = WM 1992, 1225, 1230; Canaris, Rz. 2248; Schönle, § 19 II 4 b); Westermann, AG 1967, 285; Ulmer, in: MünchKomm., BGB, vor § 705 Rz. 31; Horn, S. 143 ff., 189 ff.; Kritisch Assmann, ZHR 152 (1988), 371, 376 ff.; Timm/Schöne, ZGR 1994, 113, 117 ff.

Gesellschaftszweck i.S.d. gemeinsamen Zwecks des § 705 BGB der Gesellschaft bürgerlichen Rechts wird die »*Übernahme und Plazierung der Wertpapiere*« genannt[34]. Jeder Gesellschafter ist verpflichtet, den gemeinsamen Zweck der Gesellschaft zu fördern. Die Förderung des gemeinsamen Zwecks erfolgt dadurch, daß jeder Konsorte seine Quote in eigenem Namen und für eigene Rechnung veräußert (so beim deutschen Einheitskonsortium) bzw. die von ihm geschuldeten verkaufsfördernden Maßnahmen erbringt (so beim Konsortium, das auf einer best efforts Basis handelt). Daß jeder Konsorte damit auch Eigeninteressen verfolgt, steht der Förderung des gemeinschaftlichen Zwecks nicht entgegen. Ob daneben das Ziel der *Risikoverteilung* auf eine Mehrzahl von Teilnehmern Teil des Gesellschaftszwecks ist[35] oder es sich insoweit um ein bloßes Motiv für den Zusammenschluß handelt[36], wird vielfach von der Ausgestaltung der Konsortialverträge abhängen[37]. Regelmäßig wird man auch die *Mitübernahme der Prospekthaftung* für den Verkaufsprospekt im Rahmen des WertpapierverkaufsprospektG bzw. des Börseneinführungsprospektes im Rahmen des BörsG als Teil der Beitragspflicht ansehen müssen.

Entsprechend dem Zweck der allermeisten Emissionskonsortien, nämlich der Unterbringung einer Emission eines Wertpapiers, *endet die Gesellschaft* typischerweise mit *Beendigung der Plazierung*. Wegen ihrer Beschränkung des Zwecks auf ein oder mehrere Einzelgeschäfte, stellen die meisten Emissionskonsortien sog. *Gelegenheitsgesellschaften* mit wirtschaftlichem Zweck dar[38]. Ist im Einzelfall ein auf Dauer angelegter Gesellschaftszweck vorgesehen, wie z.B. bei dem Bundesanleihekonsortium oder dem Anleihenkonsortium in der Schweiz[39], so wird aus der Gelegenheitsgesellschaft eine auf Dauer angelegte Gesellschaft.

Grundsätzlich gehören die von einem Emissionskonsortium betriebenen Geschäfte zu dem Katalog der Grundhandelsgeschäfte des § 1 Abs. 2 HGB[40]. Aufgrund der regelmäßig vorliegenden Beschränkung des Gesellschaftszwecks auf eine einzelne Wertpapiertransaktion und damit dem *Fehlen eines auf Dauer angelegten Gesellschaftszwecks* begründen Emissionskonsortien jedoch *keine Personenhandelsgesellschaften*[41].

---

34 Vgl. Ulmer, in: MünchKomm., BGB, vor § 705 Rz. 31; Canaris, Rz. 2304 ff.; K. Schmidt, Gesellschaftsrecht, 2. Aufl. 1991, § 58 III 6 b); Westermann, AG 1967, 285, 288 f.; Horn, S. 189 f.
35 So Herold/Lippisch, Bank- und Börsenrecht, S. 97, 99; Horn, S. 189.
36 So Westermann, AG 1967, 285, 289.
37 Die meisten dem Verfasser bekannten Konsortialverträge sprechen eher für eine Verweisung in den Bereich der Motive.
38 Vgl. nur Ulmer, in: MünchKomm., BGB, vor § 705 Rz. 28 m.w.N.
39 Vgl. dazu Büschgen, ÖBA 1988, 423, 424 f.
40 § 1 Abs. 2 Nr. 1 (Anschaffung und Weiterveräußerung von Wertpapieren), Nr. 4 (Bankiergeschäfte) und Nr. 6 (Geschäfte der Kommissionäre) HGB.
41 Unstrittig, vgl. nur Ulmer, in: MünchKomm., BGB, vor § 705 Rz. 28 m.w.N. in Fn. 60.

b) Gesellschaftsvermögen

31 Ein Konsortialvermögen wird nach dem Willen der Konsortialmitglieder bei Emissionskonsortien regelmäßig nicht gebildet. Typischerweise wird in dem zwischen den Konsorten geschlossenen *Konsortialvertrag* (Gesellschaftsvertrag) wie auch in dem zwischen dem Emittenten und dem Konsortium geschlossenen Übernahmevertrag die *Bildung von Gesamthandseigentum* auf seiten des Konsortiums an den zu übernehmenden Effekten *ausgeschlossen*, ebenso wie ein Miteigentum nach Bruchteilen. Eine Plazierung von im Gesamthands- oder Bruchteilseigentum stehenden Wertpapieren durch einen einzelnen Konsorten wäre aufgrund der Bindung nach § 719 Abs. 1 BGB bzw. § 747 S. 2 BGB unpraktisch. Jeder Konsorte soll *alleinverfügungsberechtigt* über die auf ihn aufgrund seiner Quote entfallenden Wertpapiere sein[42]. Zur Bildung eines Gesellschaftsvermögens kann es daher grundsätzlich nur kommen, soweit dem Konsortium Ansprüche, z.B. Sozialansprüche gegen Mitgesellschafter oder Regreßansprüche gegen Dritte, z.B. den Emittenten oder den Konsortialführer, zustehen[43]. Ggfls. kann es (kurzfristig) zu Gesamthandseigentum kommen im Rahmen der Übertragung der emittierten Wertpapiere auf die Konsorten[44].

2. Das Innenrecht des Emissionskonsortiums

a) Pflichten der Konsorten

aa) Beitragspflicht

32 Nach § 705 BGB sind die Gesellschafter verpflichtet, »die Erreichung eines gemeinsamen Zwecks in der durch den Vertrag bestimmten Weise zu fördern, insbesondere die vereinbarten Beiträge zu leisten«. Diese *Förderpflicht* ist unabdingbares Begriffsmerkmal einer Gesellschaft bürgerlichen Rechts[45]. »Beitrag« i.S.d. § 705 BGB ist nicht mit »Einlage« zu verwechseln, da die Leistung einer Einlage nur zur Bildung eines Gesellschaftsvermögens führt, demgegenüber Beiträge eine Konkretisierung der Pflicht zur Förderung des Gesellschaftszwecks darstellen. Die Verpflichtung der Konsorten zur Leistung von Beiträgen besteht ganz wesentlich *in der Übernahme und Bezahlung der Emission,* soweit ein Einheitskonsortium gebildet worden ist[46].

33 Neben der Pflicht zur Übernahme und Bezahlung der übernommenen Quote besteht auch im Innenverhältnis gegenüber den Mitkonsorten die

---

42 Vgl. Kümpel, Bank- und Kapitalmarktrecht, 11.133 ; Szantyr, BuB 10/40; Schönle, § 19 II 4 b); Schücking, in: MünchHdb. GesR, Bd. 1, § 26 Rz. 81.
43 Hopt, Verantwortlichkeit, Rz. 51 m.w.N.
44 Vgl. dazu Canaris, Rz. 2318; de Meo, S. 97 f.
45 Vgl. nur Ulmer, in: MünchKomm., BGB, § 705 Rz. 95 m.w.N.
46 De Meo, S. 56 f.; Westermann, AG, 1967, 285, 289; Kümpel, Bank- und Kapitalmarktrecht, 11.140; Ulmer, in: MünchKomm., BGB, vor § 705 Rz. 31.

Verpflichtung zur Unterbringung der Emission. Soweit das Konsortium mit dem Emittenten lediglich eine »best efforts« Vereinbarung getroffen hat, handelt es sich bereits nach dem Gesellschaftszweck um eine Hauptpflicht. Soweit eine feste Übernahme, wie im Regelfall des Einheitskonsortiums, mit dem Emittenten vereinbart wurde, könnte man sich auf den Standpunkt stellen, daß den einzelnen Konsorten keine Pflicht zur Plazierung trifft, da der Erfolg, d.h. die Übernahme der Wertpapiere von dem Emittenten, bereits eingetreten sei. Ein *Emittent legt* herkömmlicherweise jedoch *Wert* darauf, daß seine Wertpapiere nach Möglichkeit *dauerhaft plaziert* werden. *Gleichzeitig* wünscht er, daß ein *liquider Sekundärmarkt* in den von ihm emittierten Wertpapieren entsteht, daß also bei Nachfrage ein Teil der ursprünglich gefundenen Anleger zu einer Veräußerung bereit ist. Dementsprechend ist Gegenstand des zwischen dem Emittenten und dem Emissionskonsortium geschlossenen Übernahmevertrages nicht nur die Übernahme als solche, sondern zumindest als Nebenpflicht die möglichst dauerhafte Plazierung der von dem Konsortium übernommenen Wertpapiere bei Anlegern bei gleichzeitiger Etablierung eines Sekundärmarktes. Dem Konsortium ist dies bei Abschluß des Konsortialvertrages ersichtlich und bekannt. Es ist daher heute im Ergebnis unstreitig, daß zumindest als gesellschaftsvertragliche Nebenpflicht die Konsorten auch bei einer Festübernahme die Pflicht gegenüber den Mitgesellschaftern trifft, die Wertpapiere nicht nur im Eigenbestand zu halten, sondern sie bei Anlegern zu plazieren[47].

In den meisten Fällen enthalten die Bedingungen des Konsortialvertrages darüber hinausgehende Verpflichtungen. Besonders häufig anzutreffen ist die Verpflichtung zur *Mitwirkung bei der Börseneinführung*. Diese erstreckt sich regelmäßig auf die (Prüfung und) Unterzeichnung des Börseneinführungsprospektes und damit die Übernahme der *Mithaftung* im Rahmen des *Börseneinführungsprospektes*. Entsprechendes gilt seit Einführung des Wertpapierverkaufsprospektgesetzes auch für die Erstellung des *Wertpapierverkaufsprospektes*. Regelmäßig wird für die Eingehung dieser Verpflichtung vom Emittenten ein gesondert ausgewiesenes Entgelt bezahlt.

34

Bestandteil der Beitragspflicht der Konsorten ist eine »Nachschußpflicht« analog § 735 BGB. Grundsätzlich sehen die zwischen dem Emittenten und dem Konsortium geschlossenen *Übernahmeverträge* einen *Ausschluß der gesamtschuldnerischen Haftung* der Konsortialmitglieder gegenüber dem Emittenten vor[48]. Ist ein Konsorte jedoch nicht in der La-

35

---

47 Vgl. Canaris, Rz. 2308; de Meo, S. 57 f.; Horn, S. 118 ff. – natürlich kann ein Konsorte auch selbst als Anleger auftreten.
48 Vgl. dazu unten III 2 d) – hierbei handelt es sich nicht nur um eine Vorfrage, denn auch ohne Außenhaftung des Konsortiums gegenüber dem Emittent könnte ausschließlich im Innen-

ge, die von ihm übernommene Quote zu bezahlen, stellt sich die Frage, inwieweit die anderen Konsortialmitglieder im Innenverhältnis verpflichtet sind, die von dem ausfallenden Konsorten nicht gezahlten Beträge zu übernehmen. Das Interesse des mit dem Konsortium kontrahierenden Emittenten ist – trotz seines Verzichtes auf eine gesamtschuldnerische Haftung – klar auf eine umfassende Plazierung der von ihm emittierten Wertpapiere unabhängig von der Solvenz einzelner Konsortialmitglieder gerichtet. Die Frage wird bisher unter dem Stichwort der *Nachschußpflicht* diskutiert. Die h.M. wendet *§ 735 BGB analog* auf den Fall an, daß ein Konsorte seinen Verpflichtungen zur quotalen Übernahme der Emission nicht nachkommen kann[49]. Dem wird entgegengehalten, daß dieses Ergebnis nicht im Einklang mit dem vertraglichen Ausschluß der gesamtschuldnerischen Haftung gegenüber dem Emittenten steht.

36 Trotzdem wird das *gleiche Ergebnis* aus einem *Aufwendungsersatz- und Freistellungsanspruch nach §§ 713, 670, 259 BGB* hergeleitet[50]. Ein solcher mag im Einzelfall gegeben sein, begründet jedoch nicht in sämtlichen Fällen eine Verpflichtung der übrigen Konsorten zur Übernahme der auf den zahlungsunfähigen Konsorten entfallenden Quote. Ein Aufwendungsersatz- und Freistellungsanspruch kann nur dem Konsortialführer zustehen, wenn er gegenüber dem Emittenten – wie regelmäßig der Fall – bereits vorgeleistet hat. Der Ausfall des Mitkonsorten kann jedoch vor Leistung der Beiträge durch den Konsortialführer an den Emittenten eingetreten sein. In diesem Falle müßte von dieser Meinung zunächst begründet werden, daß der Konsortialführer verpflichtet bzw. zumindest berechtigt ist, die Quote des entfallenden Konsorten gegenüber dem Emittenten vorzuleisten und bei den übrigen Mitkonsorten Regreß zu nehmen.

37 Die Höhe der im Ergebnis unstreitigen Verpflichtung der Mitkonsorten zur Übernahme der Quote des zahlungsunfähigen Konsorten berechnet sich nach der Regelung über die Beteiligung am Verlust, regelmäßig also der Konsortialquote.

bb) Gewinn- und Verlustbeteiligung

38 Die wesentlichen Verlustrisiken der Banken im Konsortialgeschäft sind zum einen der Verfall der Preise für die übernommenen Wertpapiere über den Betrag der erzielten Gebühren und Provisionen hinaus sowie die Notwendigkeit des Eintritts in Konsortialquoten von fallierenden Mit-

---

verhältnis eine Nachschußpflicht vereinbart werden; davon weichen die Regelungen der International Primary Market Association grundlegend ab! – vgl. dazu näher unten VI 4.
49 Vgl. Canaris, Rz. 2306; Ulmer, in: MünchKomm., BGB, vor § 705 Rz. 31; i.E. ebenso Timm/Schöne, ZGR 1994, 113, 136 ff. »vertraglich vereinbarte Nachschußpflicht gem. §§ 705, 706, 707 BGB«.
50 De Meo, S. 57.

konsorten[51]. *§ 722 BGB* sieht vor, daß dann, wenn die Anteile der Gesellschafter am Gewinn und Verlust nicht bestimmt sind, jedem Gesellschafter ein gleicher Anteil am Gewinn und Verlust zusteht. Diese Regelung wird *durch die Konsortialverträge* regelmäßig auf eine *Beteiligung der Konsorten entsprechend ihrer Quote modifiziert*[52]. Dabei richtet sich die *Modifikation* ausdrücklich *auf die Verlustbeteiligung*. Der Gewinn jedes einzelnen Gesellschafters hängt von seinem Geschick ab, die von ihm übernommene Konsortialquote bestmöglich beim anlagewilligen Publikum zu plazieren. Der *Gewinn* der Mitkonsorten *entspricht* daher *nicht notwendigerweise ihrer Konsortialquote,* sondern der auf die Konsortialquote entfallenden Gebühren und Provisionen zzgl. etwaiger sonstiger Verkaufsgewinne abzgl. etwaiger Verkaufsverluste[53].

Aus der Konstruktion der quotalen Übernahme der Wertpapiere des Emittenten durch das Emissionskonsortium ergibt sich gleichzeitig, daß zwar die *Nachschußpflicht* quotal auf die Mitkonsorten entfällt, *nicht jedoch die Beteiligung an den Verlusten der übrigen Konsorten* aus der Plazierung der Wertpapiere. Auch in Ermangelung ausdrücklicher dahingehender Vereinbarungen ist die *Beschränkung der Beteiligung* am Verlust ausschließlich *auf einige besondere Verlustarten* und der Ausschluß der Beteiligung an der wesentlichen Verlustquelle, der ungeschickten Plazierung der Wertpapiere durch Mitkonsorten, jedenfalls als konkludent vereinbart anzusehen[54/55]. 39

Die für eine Gesellschaft bürgerlichen Rechts typische Gewinn- und Verlustbeteiligung ist somit für die im Regelfall wesentlichen Gewinn- und Verlustquellen ausgeschlossen und es erfolgt nicht einmal eine zentrale Bestimmung des eingetretenen Gewinns oder Verlustes. Lediglich im Falle des Eintritts von außergewöhnlichen Verlusten (Ausfall eines Mitkonsorten; Prospekthaftungsansprüche; Ansprüche gegen Konsortialführer) hat die konsortialvertragliche Verlustbeteiligung Bedeutung[56]. 40

Aufgrund der gesellschaftsvertraglichen Niederlegung der Pflichten der Konsorten obliegen sie den einzelnen Konsorten nicht nur gegenüber dem Konsortialführer, sondern gegenüber der gesellschaftsvertraglich verbundenen Gesamtheit aller Konsortialmitglieder. 41

---

51 Vgl. zu Letzterem vorstehend 2 a) aa).
52 Zur Regelung der sog. Stabilisierungsverluste durch die International Primary Market Association vgl. unten VI 4.
53 Vgl. Ulmer, in: MünchKomm., BGB, vor § 705, Rz. 31; Westermann, AG 1967, 285, 289.
54 Canaris, Rz. 2307; Ulmer, in: MünchKomm., BGB, vor § 705 Rz. 31; Westermann, AG 1967, 285, 289; Horn, S. 170.
55 Zu der Frage der konsortialinternen Haftungsverteilung wegen fehlerhafter Prospekte vgl. unten V 4 b) und zu der Frage der Wirksamkeit von Haftungsbeschränkungen auf die Konsortialquote unten III 2 d).
56 Vgl. Horn, S. 190 f. sowie unten III 2 d).

b) Pflichten des Konsortialführers

aa) Beratung des Emittenten

42 Der Konsortialführer erfüllt einen Großteil der ihm – später – vertraglich obliegenden Verpflichtungen bereits vorvertraglich. Typischerweise werden im Rahmen *vertragsanbahnender Gespräche* zwischen dem Emittenten und dem Konsortialführer die wesentlichen Punkte der Emission geregelt. So werden bei Emissionen von Anleihen die Anleihenbedingungen[57] verhandelt, bei Anleihen und Aktienemissionen die Methode der Preisfindung[58] und die Grundzüge des Übernahmevertrages festgelegt, die zu der Teilnahme an dem Konsortium einzuladenden Banken bestimmt und die Grundzüge des Prospektes, die Übereinstimmung der Emission mit dem Wirtschaftsverwaltungsrecht des Sitzlandes des Emittenten und der Länder der in Anspruch genommenen Kapitalmärkte[59] sowie sämtliche sonstigen mit der Emission in Verbindung stehenden Abwicklungsfragen geklärt. Die übrigen Konsorten werden regelmäßig erst nach Klärung dieser Fragen von dem Konsortialführer unter Übersendung der bereits ausgehandelten Dokumente zu einer Teilnahme an dem Konsortium und der Emission eingeladen.

43 Trotz dieser Reihenfolge der Abläufe wird man davon ausgehen müssen, daß den *Konsortialführer* eine *vorvertragliche Pflicht zur Beratung* des Emittenten in mehreren der genannten Punkte trifft. Anders als im Privatkundengeschäft der Banken steht bei einem Emissionsvorgang dem Konsortium bzw. dem Konsortialführer jedoch nicht ein mehr oder weniger unerfahrener Anleger gegenüber, sondern ein kapitalmarktreifes Unternehmen. Bei diesem ist davon auszugehen, daß es seine Interessen selber hinreichend zu wahren in der Lage ist. Im Regelfall wird sich daher der Beratungsbedarf des kapitalmarktreifen Unternehmens und damit die Beratungspflicht des Konsortialführers in sehr engem Rahmen halten. Eine andere Situation kann sich jedoch dann ergeben, wenn z. B. ein mittelständisches Familienunternehmen in eine Aktiengesellschaft umgewandelt und im Rahmen eines IPO[60] erstmals am Kapitalmarkt angeboten wird.

44 Die meisten der vorgenannten *Verpflichtungen* ergeben sich für den Konsortialführer bereits *in der Vertragsanbahnungsphase*. Sie treffen daher nicht das Konsortium als Ganzes, sondern den Konsortialführer. Streng genommen handelt es sich somit nicht um typische Pflichten des Konsortialführers gegenüber den Mitkonsorten, sondern um Verpflichtungen, die dieser mit Blick auf die Konstituierung des späteren Konsortiums bereits vorab erfüllt. Von der Frage der Pflichterfüllung

---

57 Vgl. dazu unten IV 1 a) bb).
58 Vgl. dazu unten bei III 2 a).
59 Z.B. die Erteilung von Emissionsgenehmigungen (vgl. § 795 BGB a.F.) oder die Anmeldung der Emission zu einem von der Zentralbank geführten »Emissionskalender«.
60 Initial Public Offering, also erstmaligem öffentlichen Angebot der Aktien des Unternehmens.

durch den Konsortialführer zu trennen ist die Frage der *Haftung für Pflichtverletzungen* und damit die Frage, ob die *Mitkonsorten* für vorvertragliche Pflichtverletzungen des Konsortialführers nach Abschluß des Konsortialvertrages *einzustehen haben*[61].

bb) Wahrnehmung der Interessen der Anleger
Eine weitere dem Konsortialführer bereits vorvertraglich auch gegenüber den Mitkonsorten obliegende Verpflichtung ist die zur *Wahrnehmung der Interessen der (späteren) Anleger* in einem gewissen Umfang. Der Konsortialführer handelt bei Anleiheemissionen – regelmäßig bereits vor Abschluß des Konsortialvertrages – mit dem Emittenten die später für die Anleger geltenden Anleihebedingungen aus[62]. Diese sehen vielfach die Einsetzung eines Treuhänders zur Wahrnehmung der unterschiedlichsten Aufgaben (Überwachung von Zusagen des Emittenten, Verwaltung von Sicherheiten, Zustimmungsrecht zu Schuldnerersetzung etc.) vor. Durch die meisten derartigen Klauseln werden die Interessen der Anleger unmittelbar oder mittelbar betroffen. Die Wahrnehmung der Interessen der Anleger durch den Konsortialführer ist *zu diesem Zeitpunkt jedoch noch rein faktisch*, da vor einem Erwerb der Anleihe durch die Anleger diese nicht in einem Rechtsverhältnis zu dem Emittenten oder dem Konsortium stehen. Vielmehr nimmt der Konsortialführer zu diesem Zeitpunkt überwiegend noch eigene Interessen bzw. die Interessen des Konsortiums wahr. Entsprechen z.B. die ausgehandelten Anleihebedingungen nicht dem Marktstandard bzw. den wohlverstandenen Interessen der Anleger, ergeben sich für das Konsortium nachfolgend erhebliche Probleme bei einer ordnungsgemäßen Plazierung der Anleihe. *Die Interessen des Konsortiums* sind auf eine *marktadäquate Ausgestaltung* des Emissionsvorganges sowie der Anleihebedingungen gerichtet. Wesentliche Abweichungen von Marktstandards können zu einer problembehafteten Emission führen. Im Interesse einer gelungenen Emission muß es daher Ziel eines Konsortialführers sein, möglichst marktkonforme und marktadäquate Konditionen und Bedingungen, wie z.B. die Anleihebedingungen, mit dem Emittenten auszuhandeln.

45

Soweit der Konsortialführer in Anleihebedingungen selbst die Treuhänderstellung übernimmt und nicht auf der Einsetzung eines Dritten, z.B. einer Wirtschaftsprüfungs- oder Treuhandgesellschaft, besteht, ergeben sich für den Konsortialführer auch *nach Beendigung des Konsortialvertrages* und Durchführung der Emission *Verpflichtungen gegenüber den Anlegern* im Rahmen der Wahrnehmung der *Treuhänderstellung*[63]. Gleiches gilt bei der *Änderung der Anleihebedingungen* nach

46

---
61 Vgl. dazu unten bei II 2 e).
62 Vgl. dazu im einzelnen unten IV 1 a) bb).
63 Vgl. im einzelnen unten V 3.

Plazierung der Anleihe bei den Anlegern oder bei einer *Schuldnerersetzung*. Soweit dem Konsortialführer hierbei ein zum Schadensersatz verpflichtender Fehler unterläuft, kann auch eine *Haftung des Konsortiums* in Betracht kommen[64]. Die hieraus erwachsenden Verpflichtungen obliegen dem Konsortialführer daher auch gegenüber den Mitkonsorten.

cc) Wahrnehmung der Interessen der Konsorten

47 Bei der Vereinbarung der Emissionsbedingungen nimmt der *Konsortialführer* gleichzeitig auch die *Interessen der späteren Konsortialmitglieder wahr*. Dies gilt nicht nur hinsichtlich des unter bb) dargestellten Umfangs, sondern auch hinsichtlich der unmittelbar die Mitkonsorten betreffenden Klauseln wie der Möglichkeit eines *Rücktritts* von dem Übernahmevertrag durch den Konsortialführer im Namen aller Konsortialmitglieder. Die faktische Interessenwahrnehmung erfolgt nicht nur bei Vereinbarung der konkreten Klauseln, sondern insb. in dem Zeitpunkt, in dem die Ausübung des Rücktrittsrechts ansteht[65]. Soweit der zwischen den Konsortialmitgliedern geschlossene Konsortialvertrag oder der Übernahmevertrag zwischen dem Konsortium und dem Emittenten die Ausübung eines Rücktrittsrechtes wegen wesentlicher Veränderungen der Kapitalmarktbedingungen oder des Kapitalmarktstandings des Emittenten nicht – wie regelmäßig – ausdrücklich ausschließlich dem Konsortialführer zuweist, kann das Rücktrittsrecht nur von dem Konsortium gemeinschaftlich ausgeübt werden[66], da insoweit §§ 709, 714 BGB nicht – auch nicht konkludent – abbedungen sind. Dem Konsortialführer obliegt in diesem Fall jedoch die unverzügliche Herbeiführung einer Meinungsbildung im Konsortium.

48 Weitere dem Konsortialführer gegenüber den Konsortialmitgliedern obliegende Verpflichtungen sind die Sicherstellung der *Vereinbarkeit* der Emission mit dem öffentlich-rechtlichen *Wirtschaftsverwaltungsrecht des Sitzlandes des Emittenten* und der in Anspruch genommenen Kapitalmärkte, die *Abwicklung des Zahlungs- und Urkundenverkehrs* und sämtlicher damit zusammenhängender Nebenpflichten. Typischerweise werden die auf ein Konsortialmitglied entfallenden Teilbeträge einer Emission von dem Konsortialführer gesammelt und gleichtägig an den Emittenten weitergeleitet[67].

49 Bei Aktienemissionen und ceteris paribus auch bei der Emission von Anleihen obliegt dem Konsortialführer regelmäßig die *Führung der Bücher*, die *Preisfeststellung* (insb. im Rahmen des book-building-Verfah-

---

64 Vgl. dazu unten II 2 e).
65 Vgl. dazu unten bei III 2 e).
66 Vgl. Hopt, Verantwortlichkeit, Rz. 110; Canaris, Rz. 2315.
67 Zu den damit zusammenhängenden Fragen des Eigentums an den emittierten Wertpapieren vgl. de Meo, S. 97 ff. m.w.N.

rens[68]) sowie die *Weiterleitung des Eigenkapitals* zur freien Verfügung an den Emittenten.

dd) Prospekterstellung und Börseneinführung
Zur Arbeitsteilung im Rahmen des Konsortiums und damit zu einer Verpflichtung des Konsortialführers zählt auch die Erstellung der erforderlichen Prospekte für das erstmalige Angebot der Wertpapiere an die Öffentlichkeit sowie die Börseneinführung. Wertpapierverkaufsprospekt wie Börseneinführungsprospekt werden von dem Konsortialführer gemeinsam mit dem Emittenten ggfls. unter Einschaltung des Wirtschaftsprüfers des Emittenten oder sogar einer unabhängigen Wirtschaftsprüfungsgesellschaft[69] erstellt. Auch wenn die übrigen Konsortialmitglieder die Mithaftung für die Prospekte durch Mitunterzeichnung derselben übernehmen, so ist doch der Konsortialführer zu deren erstmaliger Erstellung und Prüfung verpflichtet[70]. 50

c) Haftungsmaßstab bei Pflichtverletzungen
Grundsätzlich haften sowohl der Konsortialführer wie Konsortialmitglieder bei Verletzung der ihnen obliegenden Verpflichtungen den übrigen Konsortialmitgliedern, soweit sie schuldhaft gehandelt haben. In der Literatur ist streitig, welcher *Verschuldensmaßstab* insoweit Anwendung findet. Die h.M. plädiert für eine Anwendung von § 708 BGB mit einer Beschränkung der Sorgfalt auf die »in eigenen Angelegenheiten angewendete«[71]. Grundgedanke der Einschränkung der Sorgfalt auf eine *diligentia quam in suis* ist, daß die Partner eines personalistischen Zusammenschlusses »einander so nehmen müssen, wie sie sind«[72]. Dies kann jedoch jedenfalls für den Konsortialführer in dieser Form nicht gelten. Der Konsortialführer erhält nach dem Konsortialvertrag eine gesonderte Vergütung für seine über die Aufgaben der Konsorten hinausgehenden Verpflichtungen. Da sämtliche an dem Konsortium beteiligten Gesellschafter als Banken Vollkaufleute sind und der Konsortialführer eine zusätzliche Vergütung erhält, kann er sich richtigerweise nicht auf die eingeschränkte Sorgfalt nach § 708 BGB berufen[73]. 51

Nicht zuletzt aus vorgenanntem Grund holt der Konsortialführer regelmäßig *Rechtsgutachten* zu der Rechtswirksamkeit und Verbindlichkeit der von ihm mit dem Emittenten ausgehandelten Vereinbarungen ein, 52

---

68 Vgl. dazu unten bei III 2 a).
69 Dies dürfte insbes. bei IPOs der Fall sein.
70 Vgl. Hopt, Verantwortlichkeit, Rz. 119 ff.
71 Canaris, Rz. 2309; Ulmer, in: MünchKomm., BGB, § 708 Rz. 6; Schönle, § 19 II 4 b).
72 Erman/Westermann, BGB, § 708 Rz. 1.
73 So insbes. Scholze, Konsortialgeschäft, S. 18; de Meo, S. 85; ebenso wohl Kübler, Gesellschaftsrecht, § 6 II 2 d)

insb. also zu dem Übernahmevertrag, den Anleihebedingungen, der Übereinstimmung dieser mit in- und ausländischem Recht sowie der Einholung etwaiger im Ausland erforderlicher Genehmigungen etc. Bei IPO's gilt entsprechendes für Gutachten von Wirtschaftsprüfern im Rahmen der »due diligence« (also der »Prüfung« des an die Börse zu führenden Unternehmens). In beiden Fällen verringert der Konsortialführer sein Risiko, bei der Durchführung der ihm obliegenden Aufgaben nicht die Sorgfalt eines ordentlichen Kaufmannes an den Tag gelegt zu haben.

d) Geschäftsführung und Vertretung des Konsortiums

53 Bei einer Gesellschaft bürgerlichen Rechts steht nach § 709 Abs. 1 BGB die Führung der Geschäfte der Gesellschaft allen Gesellschaftern gemeinschaftlich zu und für jedes Geschäft ist grundsätzlich die Zustimmung aller Gesellschafter erforderlich. Wie sich bereits aus den Ausführungen zu den Pflichten des Konsortialführers wie auch den Pflichten der Konsortialmitglieder ergibt, entspricht der *Grundsatz der gemeinschaftlichen Geschäftsführungsbefugnis nicht dem Willen und der Intention der am Konsortium beteiligten Banken*. Vielmehr soll eine Vielzahl von Geschäftsführungsaufgaben ausschließlich von dem Konsortialführer ausgeführt werden, und auch die einzelnen Konsortialmitglieder sollen den auf sie entfallenen Teil von Geschäftsführungsaufgaben, nämlich die Plazierung ihrer Quote, ausschließlich in Eigenregie ohne Rücksprache mit den anderen Konsortialmitgliedern erfüllen. Auch ohne ausdrückliche Erwähnung im Konsortialvertrag muß daher *§ 709 BGB* bei Emissionskonsortien generell als grundsätzlich zumindest *konkludent abbedungen* gelten[74]. Grundsätzlich obliegt dem *Konsortialführer die Alleingeschäftsführungsbefugnis* bzw. den Konsortialmitgliedern – soweit ihnen die Unterbringung ihrer Quote obliegt – die quotenbezogene Alleingeschäftsführungsbefugnis. Die Rechte und Pflichten des Konsortialführers als geschäftsführenden Gesellschafter richten sich aufgrund der Verweisung von § 713 BGB auf die §§ 664 bis 670 BGB grundsätzlich nach den Vorschriften über den Auftrag. Dementsprechend sind die übrigen Konsorten auch grundsätzlich berechtigt, dem Konsortialführer gem. §§ 713, 665 BGB Weisungen zu geben, die dieser ausführen muß. Rein faktisch wird dem Weisungsrecht jedoch keine übermäßige Bedeutung zuzumessen sein.

---

74 Kümpel, Bank- und Kapitalmarktrecht, 11.136; Hopt, Verantwortlichkeit, Rz. 51, 110; Assmann, ZHR 152 (1988) 371, 375 ff.; Schönle, § 19 II 4 b); de Meo, S. 71 f.; Canaris, Rz. 2310; Scholze, Konsortialgeschäft, S. 18.; Schücking, in: MünchHdb. GesR, Bd. 1, § 26 Rz. 80; siehe aber auch oben Rz. 47 a.E.!

e) Haftung der Konsortialmitglieder für rechtsgeschäftliche Handlungen des Konsortialführers

Wie bei jeder rechtsgeschäftlichen Vertretung stellt sich auch bei Emissionskonsortien die Frage, inwieweit die Konsortialmitglieder für rechtsgeschäftliche Handlungen des Konsortialführers einstehen müssen. Insoweit ist zunächst zu unterscheiden zwischen rechtsgeschäftlichen Handlungen des Konsortialführers gegenüber dem Emittenten und solchen gegenüber Dritten. Von besonderer Relevanz sind insoweit weniger die vertraglichen Primäransprüche, da diese typischerweise einer ausführlichen Regelung zugeführt werden[75], als vielmehr die Haftung wegen vertragsähnlicher Ansprüche und vertraglicher Sekundäransprüche. Eine *Haftung der Konsortialmitglieder für Pflichtverletzungen des Konsortialführers*[76] erfordert eine Zurechnung des Verschuldens des Konsortialführers zum einzelnen Konsortialmitglied. Eine *Verschuldenszurechnung* zu Lasten der Gesamthand kann sich aus einer analogen Anwendung von § 31 BGB wie auch aus einer unmittelbaren Anwendung von § 278 BGB ergeben. Eine Verschuldenszurechnung über eine Analogie zu § 31 BGB wird von der wohl h.M. abgelehnt[77]. Die Begründungen hierfür differieren. Zum Teil wird darauf verwiesen, daß § 31 BGB auf eine Gesellschaft bürgerlichen Rechts grundsätzlich nicht anzuwenden sei, zum Teil wird darauf verwiesen, daß es Emissionskonsortien regelmäßig an einer »organschaftlichen« Vertretungsstruktur fehle bzw. daß § 31 BGB jedenfalls bei Gelegenheitsgesellschaften keine Anwendung finden könne. Eine Anwendung von § 278 BGB im Rahmen von Emissionskonsortien wird meist mit der Schwierigkeit zu kämpfen haben, daß Konsortialmitglieder sich nur selten bei der Erfüllung eigener Verpflichtungen des Konsortialführers als Erfüllungsgehilfen bedienen werden[78]. Es wird jeweils anhand des Einzelfalles und der konkret durch den Konsortialführer verletzten Vertragspflicht festzustellen sein, ob die Konsortialmitglieder für die Vertragsverletzung gem. § 278 BGB einzustehen haben. Hierbei wird zu berücksichtigen sein, daß die Konsortialmitglieder für das Handeln ihrer Repräsentanten nach allgemeinen Rechtsscheingrundsätzen, insb. der Anscheins- bzw. Duldungsvollmacht, haften[79].

Eine Haftung der Konsortialmitglieder für ein Verschulden des Konsortialführers kommt jedoch nur insoweit in Betracht, als dieser in seiner Eigenschaft als Konsortialführer handelt. Die meisten denkbaren Vertragsverletzungen durch den Konsortialführer (mit Ausnahme der Erstellung eines mangelhaften Prospektes) werden jedoch zu einem Zeitpunkt

---

75 Vgl. dazu oben 2 a) aa) sowie unten III 2 d).
76 Übrigens ebenso wie das haftungsbegründende Verhalten von Mitkonsorten.
77 Assmann, ZHR 152 (1988), 371, 378 ff.; de Meo, S. 306 ff.; – m.w.N.
78 De Meo, S. 313 ff.
79 Hierauf verweist zu Recht Assmann, ZHR 152 (1988), 371, 382 ff.; Szantyr, BuB 10/39.

erfolgen, zu dem das Konsortium überhaupt noch nicht rechtsgeschäftlich vereinbart wurde[80]. Bei diesen *vorvertraglichen Sorgfaltspflichtverletzungen scheidet eine Haftung der Konsortialmitglieder mangels eines Zurechnungsgrundes* regelmäßig aus. Der Konsortialführer hat bei vorvertraglichen Pflichtverletzungen typischerweise noch überhaupt keine Kenntnis von der Zusammensetzung des später zu konstituierenden Konsortiums[81].

56   Die vorstehend dargestellten Grundsätze gelten auch bei der *Haftung der Konsortialmitglieder für rechtsgeschäftliche Handlungen des Konsortialführers gegenüber anderen als dem Emittenten*. Die Handlungen des Konsortialführers gegenüber Dritten, insb. also gegenüber den Anlegern, werden meist durch die Regeln über die Prospektverantwortlichkeit überlagert werden. Hiervon nicht erfaßte rechtsgeschäftliche Handlungen des Konsortialführers gegenüber Dritten erfolgen nur selten. Soweit der Konsortialführer im Rahmen von Sonderfunktionen, die er übernommen hat, insb. also im Rahmen einer Treuhänderstellung, tätig wird, handelt er nicht (auch) in Erfüllung von Verpflichtungen des Konsortiums, sondern ausschließlich im Rahmen der Erfüllung von Verpflichtungen, die nur ihn treffen[82].

f) Beendigung des Konsortiums

57   Nach § 726 BGB endet eine Gesellschaft, wenn der vereinbarte Zweck erreicht oder die *Zweckerreichung* unmöglich geworden ist. Die Zweckerreichung dürfte der häufigste Grund für das Ende eines Bankenkonsortiums sein. Weitere Gründe für das Ende des Konsortiums können die Kündigung des Konsortialvertrages sowie (wohl mehr theoretisch) Zeitablauf gem. §§ 723 Abs. 1, 724 S. 2 BGB sowie die Eröffnung des Konkursverfahrens über das Vermögen eines Konsorten gem. § 728 BGB sein.

58   Je nach Ausgestaltung des Konsortiums ist sein Zweck mit der Unterbringung der Wertpapiere und der Etablierung eines Sekundärmarktes, der Durchführung der Kapitalerhöhung bei der Übertragung junger Aktien auf bezugsberechtigte Aktionäre bzw. der Börseneinführung in beiden vorgenannten Fällen erreicht[83]. Trotz Zweckerreichung können Nebenpflichten des Konsortialführers oder auch aller Konsortialmitglieder durchaus weiterhin bestehen bleiben[84]. Dies ist von Bedeutung hinsichtlich der Pflichten des Konsortialführers zur Überwachung der Einhaltung

---

80 Also im Rahmen der Beratung des Emittenten vor Abschluß des Konsortialvertrages, vgl. dazu oben II 2 b) aa) sowie unten III 3.
81 Ebenso de Meo, S. 320.
82 Vgl. dazu unten V 3.
83 Vgl. Kümpel, Bank- und Kapitalmarktrecht, 11.148 ff.; Schönle, § 19 II 4 b) a.E.; de Meo, S. 123 f.
84 Canaris, Rz. 2323 f.

§ 15 Emissions- und Konsortialgeschäft

von Bedingungen durch den Emittenten oder der Verwaltung von Sicherheiten, die der Emittent für die Anleger gestellt hat.

Eine *Kündigung* des Konsortialvertrages ist in der Praxis außerordentlich selten und kann nur als außerordentliche Kündigung gem. § 723 Abs. 1 S. 2 BGB erfolgen[85]. Eine reguläre Kündigung nach § 723 Abs. 1 S. 1 BGB ist bei der Gelegenheitsgesellschaft »Emissionskonsortium« ausgeschlossen, da sie »für eine bestimmte Zeit eingegangen« wurde. Die Zeitdauer ist insoweit bestimmt durch das Erreichen des vereinbarten Gesellschaftsziels[86]. Als wichtigen Grund definiert § 723 Abs. 1 S. 2 BGB, daß »ein anderer Gesellschafter eine ihm nach dem Gesellschaftsvertrag obliegende wesentliche Verpflichtung vorsätzlich oder aus grober Fahrlässigkeit verletzt oder wenn die Erfüllung einer solchen Verpflichtung unmöglich wird«. Problematisch ist in der Praxis regelmäßig, inwieweit eine Kündigung auch die im Zusammenhang mit einer Emission abgeschlossenen Swap-Verträge erfaßt[87]. **59**

g) Emissionskonsortium als gesellschaftsrechtliche Typendehnung
Die vorstehenden gemachten Ausführungen verdeutlichen, daß das Emissionskonsortium als Gelegenheitsgesellschaft die meisten Regelungen der §§ 705 ff. BGB ausdrücklich oder konkludent abbedingt. Dies gilt für die Gewinn- und Verlustbeteiligung, den Haftungsmaßstab, die Geschäftsführung sowie die Bildung von Gesamthandseigentum und auch die Haftung ist abweichend von dem gesetzlichen Normalfall geregelt. Letztlich bleibt von der Struktur einer Gesellschaft bürgerlichen Rechts für den Normalfall nur die Vereinbarung eines gemeinsamen Zwecks und die Pflicht aller Gesellschafter zur Beitragsleistung. Dies hat dazu Anlaß gegeben, *Emissionskonsortien* als Beispiel der »*gesellschaftsrechtlichen Typendehnung*« aufzuführen[88]. Die grundsätzliche Einordnung von Emissionskonsortien als (Gelegenheits)Gesellschaft bürgerlichen Rechts gewinnt ihre wesentliche Bedeutung dann, wenn keine »Normalsituation« vorliegt, sondern eine Ausnahmesituation. **60**

---

85 Zu den force majeur Klauseln der International Primary Market Association vgl. unten VI 4.
86 Vgl. Palandt/Thomas, BGB, § 723 Rz. 3.
87 Zu den Swap-Verträgen im Zusammenhang mit Anleiheemissionen vgl. oben § 14 II 1 a); die IPMA-Klauseln schlagen einen ausdrücklichen Ausschluß der Erstreckung auf mit der Emission zusammenhängende Swap-Verträge vor.
88 So der Titel des Aufsatzes von Westermann, AG 1967, 285 ff.; vgl. aber auch Grundmann, Festschr. Bujong, S. 159 ff.

III. Rechtsbeziehungen zwischen Emittent und Konsortium

1. Übernahmevertrag

a) Typischer Regelungsinhalt eines Übernahmevertrages

61 Die wesentlichen Vereinbarungen zwischen dem Emittenten und dem Übernahmekonsortium werden in einem *Übernahmevertrag* geregelt. Partei des Übernahmevertrages sind neben dem Emittenten nur die Mitglieder des Übernahmekonsortiums und nicht die Mitglieder einer etwaigen Selling-Group[89]. Die Übernahmeverträge sind je nach Art der Emission bzw. des zu emittierenden Wertpapiers und der Form der Emission sehr unterschiedlich ausgestaltet[90]. Grundsätzlich sind die Verträge über die Übernahme von Beteiligungsrechten, insbes. also Aktien, und von Forderungsrechten, insbes. also Anleihen einschl. Wandel- und Optionsanleihen sowie Genußrechten, zu unterscheiden. Bei der Übernahme von Beteiligungsrechten wie Aktien sind die Grundsätze der Kapitalaufbringung sowie ggfls. des Bezugsrechts von Aktionären zu berücksichtigen bzw. im Falle der Übernahme bereits bestehender Beteiligungsrechte die besondere Art der Preisfindung. Derartige Besonderheiten sind bei der Übernahme von bloßen Forderungsrechten nicht zu beachten. Aus der Sicht des Unternehmens handelt es sich bei der Begebung von Aktien um eine Eigenkapitalmaßnahme mit den entsprechenden organisatorischen Erfordernissen und bei der Begebung einer Anleihe um eine regelmäßig nur vom Vorstand zu beschließende Fremdkapitalmaßnahme ohne Beteiligung von weiteren Organen der Gesellschaft.

62 *Übernahmeverträge für Anleihen* sehen zunächst die Beschreibung der zu übernehmenden Anleihe nach Nominalbetrag, Laufzeit, Zinssatz bzw. Methode der Zinsfestsetzung bei variabel verzinslichen Anleihen, Zinszahlungsmodi, Aufteilung in Serien, Tilgungen, Durchführung etwaiger vorzeitiger Kündigungen (insb. früher), etwaiger erforderlicher Genehmigungen, Zahlungsmodi durch das Konsortium, Zusicherungen des Emittenten (z.B. über die Einhaltung von bestimmten Bilanzrelationen), Erstellung von Wertpapierverkaufsprospekt und/oder Börseneinführungsprospekt, Börseneinführung, Haftung für fehlerhafte Prospekte, Urkundendruck und -hinterlegung, externe Kosten wie z.B. Wertpapierdruck, Rechtsgutachten, Kapitalverkehrsteuern etc., Hinweise auf etwaige Treuhänderbestellungen und -vergütungen, Provision für das Konsortium, Rücktrittsmöglichkeit vom Vertrag für das Konsortium sowie eine Reihe weiterer Punkte vor.

63 Eine z.T. abweichende Entwicklung ist bei den *Medium Term Note-Programmen (MTN-Programm)* oder *Multi Currency Debt Issuance-*

---

89 Vgl. dazu oben I 1 d).
90 Vgl. die bei Szantyr, BuB 10/107 f. und 10/138 f. abgedruckten Muster (teilweise überholt).

Programmen zu beobachten. Diese versetzten einen Emittenten in die Lage, Anleihen mit kurzer oder mittlerer Laufzeit auf der Basis einer zu Beginn des Programms festgelegten Dokumentation zu dem Emittenten genehmen Zeitpunkten zu begeben. Meist umfaßt das Programm mehrere Währungen, verschiedene Zinsberechnungsmodalitäten und z.T. sogar unterschiedliche Rechtswahlklauseln für die einzelnen Tranchen der verschiedenen Währungen. Die Dokumentation wird verhandelt von dem »Arranger« oder auch mehreren »Arrangers« für die verschiedenen involvierten Währungen. Die Plazierung erfolgt über die Arranger und eine oder mehreren Gruppen von Dealern. Da die Programme Dauereinrichtungen sind, werden neben den normalen Zahlstellen weitere Vertreter, sog. Issuing Agents, bestellt, die bei späteren Emissionen einen großen Teil der technischen Abwicklung übernehmen. Arranger und Issuing Agent können, müssen jedoch nicht identisch sein.

Die MTN-Programme haben volumenmäßig einen nicht unerheblichen Umfang angenommen; sie unterscheiden sich von den herkömmlichen Übernahmeverträgen zwar in vielen und auch bedeutenden Einzelheiten, jedoch nicht grundsätzlich.

64

Ein *Vertrag zur Übernahme von neugeschaffenen Beteiligungsrechten* sieht über die Klauseln der Anleiheübernahmeverträge hinaus noch Regelungen bzgl. der Einhaltung der Vorschriften über die Beteiligung der Organe der Aktiengesellschaft, Zahlungsmodi für die Zurverfügungstellung der Erlöse, Regelungen für nichtbezogene Aktien und den Zahl- und Hinterlegungsstellendienst vor. Demgegenüber trifft ein *Übernahmevertrag für bereits begebene Aktien* im Rahmen einer erstmaligen öffentlichen Plazierung und Börseneinführung insb. Regelungen bzgl. der Preisfindung der erstmals zu plazierenden Aktien. Häufig findet ein IPO auch statt im Zusammenhang mit einer erstmaligen Begebung weiterer junger Aktien durch das Unternehmen, die unmittelbar zur Zeichnung durch bisher am Unternehmen nicht beteiligte Dritte ausgegeben werden. In diesem Falle sind Regelungen bzgl. der Übernahme von Beteiligungsrechten und Regelungen über Preisfindungsmechanismen regelmäßig kumuliert anzutreffen.

65

b) Rechtsnatur des Übernahmevertrages
aa) Emission von Forderungsrechten
Die *Rechtsnatur des Übernahmevertrages* ist sowohl bei der Übernahme von Schuldverschreibungen wie bei Aktienemissionen bzw. IPO's *streitig*. Da es nicht »den« Übernahmevertrag gibt, ist jeder Übernahmevertrag einzeln zu qualifizieren je nach Art der Übernahme. In einer festen Übernahme von Schuldverschreibungen durch ein Konsortium sieht die *h.M.*

66

983

im Regelfall einen *Kaufvertrag* bzw. kaufähnlichen Vertrag[91]. Dem wird entgegengehalten, daß die Wertpapiere erst durch die Begebung an die Konsortialmitglieder bzw. den Konsortialführer zur Entstehung kommen und es sich deshalb nicht um einen Kauf von bereits verbrieften Forderungen handeln kann. Z.T. wird daher die Auffassung vertreten, daß die feste Übernahme zu emittierender Schuldverschreibungen die Eingehung eines *Darlehensvertrages* darstelle[92]. Diese Meinung muß jedoch konstatieren, daß die Darlehensforderungen aus dem Emissionsgeschäft durch die spätere Begebung der Schuldverschreibungen durch Leistung an Erfüllungs Statt gem. § 364 Abs. 1 BGB erfüllt werden, was recht konstruiert erscheint[93]. Am naheliegendsten erscheint daher die Qualifizierung eines Vertrages zur festen Übernahme zu emittierender Schuldverschreibungen und Verpflichtung zur Plazierung als Vertrag sui generis mit Elementen des Kauf- und Darlehensrechts sowie Geschäftsbesorgungselementen[94].

67   Fungiert das Konsortium ausnahmsweise nicht als Einheitskonsortium, wird es vielmehr nur auf einer »*best effort basis*« tätig, liegt regelmäßig ein *Kommissionsvertrag* vor[95].

bb) Emission von Mitgliedschaftsrechten

68   Bei der *Festübernahme von zu emittierenden Aktien* durch ein Bankenkonsortium verpflichtet sich dieses gegenüber dem Emittenten, der Aktiengesellschaft, zum Abschluß eines korporationsrechtlichen Vertrages, der Zeichnung der Aktien[96]. Die Übernahme der Aktien erfolgt erst durch den gesonderten *Abschluß eines Zeichnungsvertrages*[97], auch wenn dadurch noch kein Anspruch des Konsortiums auf Durchführung der Kapitalerhöhung entsteht[98]. Es ist also zwischen der Eingehung einer *Verpflichtung zum Abschluß* eines derartigen Zeichnungsvertrages und der eigentlichen Zeichnung zu unterscheiden. Bei der Eingehung der *Verpflichtung*

---

91 Hopt, Verantwortlichkeit, Rz. 38; Horn, S. 137 ff.; Schönle, § 19 II 2 a) 1.; RG JW 1927, 1375; RGZ 104, 119, 120.
92 So Canaris, Rz. 2243.
93 Ulmer, in: MünchKomm, BGB, vor § 705 Rz. 34; Hopt, Verantwortlichkeit, Rz. 38.
94 So zutreffend Ulmer, in: MünchKomm., BGB, vor § 705 Rz. 34; Hüffer: in: MünchKomm., BGB, § 793 Rz. 36; auch Hopt, Verantwortlichkeit, Rz. 38 will wohl nur »kaufähnlichen Vertrag« annehmen; ebenso wohl Kümpel, Bank- und Kapitalmarktrecht, 11.45.
95 Canaris, Rz. 2243, 2255; Hopt, in: Festschr. Kellermann, S. 181, 189 f.; Schönle, § 19 II 2 a) 2.; Scholze, Konsortialgeschäft, S. 290; soweit das Konsortium auch nicht im eigenen Namen auf fremde Rechnung, sondern im fremden Namen tätig wird, liegt nur eine Finanzdienstleistung in Form der »Abschlußvermittlung« vor.
96 Heute ganz h.M., vgl. nur Lutter, in: Kölner Kommentar, AktG, § 185 Rz. 5 m.w.N.
97 Vgl. Muster eines Zeichnungsscheins bei Happ/Lange, Formularkommentar, Rz. 11.01 und 11.02; Szantyr, BuB 10/109 f.
98 Vgl. Lutter, in: Kölner Kommentar, AktG, § 186 Rz. 34 m.w.N.; ein derartiger Anspruch wird auch durch den Übernahmevertrag nicht begründet und wäre wohl auch nicht begründbar, da er gegen die Satzungsautonomie verstieße; a.A. Godin/Wilhelmi, AktG, § 185 Anm. 1.

zur Zeichnung handelt es sich um einen *Vertrag sui generis* mit Elementen eines Geschäftsbesorgungsvertrages gem. §§ 675, 611 BGB, insb. hinsichtlich der Börseneinführung[99]. Wird in Erfüllung des Übernahmevertrages ein Zeichnungsvertrag geschlossen, so entsteht hierdurch ein aufschiebend bedingtes, unverbrieftes Mitgliedschaftsrecht[100].

Häufig steht den *Aktionären ein Recht auf Bezug* der jungen Aktien zu. Durch das Dazwischentreten des Konsortiums durch die Zeichnung der jungen Aktien wird das unmittelbare Bezugsrecht vereitelt. Dementsprechend sehen die Übernahmeverträge regelmäßig vor, daß sich das Konsortium verpflichtet, die jungen Aktien den Altaktionären zum Bezug anzubieten[101]. Insoweit handelt es sich bei dem *Übernahmevertrag* um einen *berechtigenden Vertrag zugunsten Dritter*, nämlich der Altaktionäre[102]/[103]. Aus der Zwischenschaltung eines Bankenkonsortiums unter Einräumung von mittelbaren Bezugsrechten ergeben sich eine Reihe von *Fragen* bzgl. der Einhaltung der Vorschriften über die *Kapitalaufbringung*, die seitens des Konsortiums einer sorgfältigen Beachtung bedürfen[104].

69

Das *Konsortium* kann die emittierten Aktien jedoch auch im *eigenen Namen, aber für Rechnung des Emittenten* verkaufen. Erfolgt die Einschaltung des Konsortiums in Form dieser kommissionsweisen Plazierung, geht damit regelmäßig eine Vereinbarung für den Fall einher, daß nicht sämtliche Aktien plaziert werden können. Unabhängig von einer solchen Vereinbarung begründet der Übernahmevertrag des Emissionskonsortiums letztlich einen *Kommissionsvertrag*, der ggfls. mit einem Garantievertrag kombiniert ist, wenn neben dem Begebungskonsortium auch ein Garantiekonsortium hinsichtlich der nicht plazierten Aktien bestellt wird[105].

70

---

99 BGH WM 1992, 1225, 1229 m.w.N.; vgl. de Meo, S. 160; Canaris, Rz. 2244; Hopt, Verantwortlichkeit, Rz. 37; Ulmer, in: MünchKomm., BGB, vor § 705 Rz. 34; Westermann, AG 1967, 285, 286; Schönle, § 19 II 3 a) 1. differenziert nicht zwischen der Verpflichtung zur Übernahme und dem eigentlichen gesellschaftsrechtlichen Beitrittsvertrag und qualifiziert daher bereits den Übernahmevertrag als quasi korporationsrechtlichen Akt.
100 Vgl. Westermann, AG 1967, 285, 286; Canaris, Rz. 2244.
101 Vgl. Krieger, in: MünchHdb. GesR, Bd. 4, München 1988, § 56 Rz. 74 f. m.w.N.
102 BGH WM 1992, 1225, 1229; vgl. Lutter, in: Kölner Kommentar, AktG, Rz. 111; Canaris, Rz. 2270.
103 Zu den Einzelheiten des Bezugsrechtsangebotes des Bankenkonsortiums an die Altaktionäre vgl. Krieger, in: MünchHdb. GesR, Bd. 4, München 1988, § 56 Rz. 75; Lutter, in: Kölner Kommentar, AktG, § 186 Rz. 112 ff. m.w.N.; Immenga, in: Festschr. Beusch, S. 413 ff.; vgl. auch LG Bremen, ZIP 1996, 1866.
104 Vgl. BGH WM 1992, 1225, 1229 ff. = ZIP 1992, 995; BGH WM 1995, 1409 = ZIP 1995, 1177; Kümpel, Bank- und Kapitalmarktrecht, 11.143 ff.; Timm/Schöne, ZGR 1994, 113 ff.; Immenga, in: Festschr. Beusch, S. 413 ff. sowie unten III 2 d).
105 Vgl. Hopt, Verantwortlichkeit, Rz. 24 mit Fn. 43; ders., in: Festschr. Kellermann, S. 181, 189 f.

2. Ausgewählte Regelungsgegenstände und Rechtsfragen des Übernahmevertrages

a) Preisfindungsmechanismen

71 Von entscheidender Bedeutung für den Erfolg einer Emission ist der Preis für die Mitgliedschafts- oder Forderungsrechte. »Billige« Aktien begründen bei den Anlegern Kursphantasien, und Forderungsrechte mit mehr als marktgerechten Zinssätzen oder geringeren als marktgerechten Kursen geben den Anlegern erhöhte Renditen. Während die Interessen der (späteren) Anleger und des Konsortiums auf möglichst »billige« Wertpapiere gerichtet sind, ist das Interesse des Emittenten auf möglichst große Eigen- oder Fremdkapitalzufuhr und damit möglichst »teure« Wertpapiere gerichtet. Soweit das Konsortium eine feste Übernahmeverpflichtung hinsichtlich der zu emittierenden Wertpapiere übernimmt, entlastet es den Emittenten von dem Risiko, Wertpapiere zu »teuer« emittiert zu haben, denn in einem solchen Falle würde das Konsortium die Wertpapiere nicht am Markt unterbringen können. Andererseits läuft der Emittent das Risiko, in Fehleinschätzung der Marktgegebenheiten seine Wertpapiere zu »billig« verkauft und damit dem Konsortium die Möglichkeit gegeben zu haben, die Wertpapiere mit zusätzlichem Gewinn am Markt verkaufen zu können, oder aber bei einer Festlegung des höchsten Verkaufspreises dem Anleger einen schnellen Kursgewinn gewährt zu haben.

72 Zentraler Punkt einer Emission ist daher die *Findung des marktgerechten Preises* für die Wertpapiere. Bei der *Emission von Forderungsrechten* wird der Preis regelmäßig im Übernahmevertrag festgesetzt. Auf den Preis für die Anleihen einigen sich Emittent und Konsortium, dieses vertreten durch den Konsortialführer, jedoch bereits einige Tage bis Wochen vor der Unterzeichnung des formellen Übernahmevertrages. Ab diesem Zeitpunkt findet bereits ein sog. »*Handel per Erscheinen*« statt. Die Einladung der Mitglieder des Konsortiums durch den Konsortialführer erfolgt bereits auf der Basis eines zwischen dem Konsortialführer und dem Emittenten festgelegten Preises. Bei Forderungsrechten übernehmen die Konsortialmitglieder daher regelmäßig das Risiko der zu »teuren« und der Emittent das Risiko der zu »billigen« Emission.

73 Demgegenüber ist die *Emission von Mitgliedschaftsrechten* bzw. die erstmalige Plazierung von Mitgliedschaftsrechten zu unterscheiden. Die Emission von jungen Aktien mit Bezugsrecht der Aktionäre erfolgt auf der Basis des üblicherweise einen *Preisfindungsmechanismus vorgebenden Hauptversammlungsbeschlusses* unter Abstimmung der Feinheiten zwischen der emittierenden Aktiengesellschaft und dem Konsortialführer[106].

---

106 Vgl. Krieger, in: MünchHdb. GesR, Bd. 4, München 1988, § 56, Rz. 22 ff. m.w.N.; Immenga, in: Festschr. Beusch, S. 413, 419 ff. zu Fragen der Kapitalaufbringung bei dem nicht selten vorkommenden problematischen Verfahren eines erheblichen Auseinanderfallens des dem

Erfahrungsgemäß bewegt sich der Emissionskurs von jungen Aktien bei Gewährung von Bezugsrechten an die Altaktionäre zwischen 5 % und 25 % unter dem aktuellen Kurs der Altaktien. Dadurch erhält das *Bezugsrecht* der Altaktionäre einen *inneren Wert*.

Während bei einer Kapitalerhöhung als Anknüpfungspunkt für die Preisfindung der Kurs der Altaktien dient, besteht ein solcher bei einem *IPO* regelmäßig nicht. Hier gewinnt die Findung eines angemessenen Preises für die erstmals öffentlich anzubietenden Aktien ihre größte Bedeutung. Vielfach haben in den letzten 15 Jahren die Emissionskurse bei erstmaliger Plazierung von Aktien unter ihren späteren Sekundärmarktpreisen gelegen. Dies hat Anlaß dafür gegeben, von einem regelrechten *»Underpricing-Phänomen«* am deutschen Kapitalmarkt zu sprechen[107]. Aber nicht jede Emission hat zu automatisch steigenden Kursen geführt. In einer Reihe von Emissionen war der Emissionskurs der Höchstkurs und spätere niedrigere Kurse mußten von dem Emissionskonsortium oder den Anlegern hingenommen werden. In der letzten Zeit hat daher eine andere Methode der Kursfindung Eingang in die Übernahmeverträge gefunden. Bei diesem neuen sogen. *Bookbuilding-Verfahren* werden die Anleger unmittelbar in die Preisfindung eingebunden. Abweichend von dem herkömmlichen Festpreisverfahren wird der Preis nicht zwischen dem Lead-Manager und dem Emittenten festgelegt, vielmehr wird in einer sog. Pre-Marketing-Phase und einer Marketing-Phase die Bewertung der zu plazierenden Aktien mit – überwiegend institutionellen – Anlegern erörtert und indikativ eine *Preisspanne von 10 bis 15 % um den prospektiven Emissionskurs* bestimmt. Diese Indikation wird nicht selten mit der Verpflichtung des Konsortiums kombiniert, jedenfalls den unteren Preis für die Plazierung gegenüber dem Verkäufer zu garantieren. Während einer sich an die Pre-Marketing-Phase anschließenden Order-Phase können die Anleger Order zu selbstgewählten, sich im Rahmen der Preisspanne bewegenden Preisen an den Lead Manager geben[108]. Nach Abschluß der Order-Phase entscheidet der Lead Manager in Abstimmung mit dem Emittenten unter Berücksichtigung der Marktverhältnisse über den endgültigen Angebotspreis und damit über die Zuteilung zu den unterschiedlichen, von den Anlegern gebotenen Preisen[109]. Bis zu diesem Zeitpunkt müssen die ein Angebot abgebenden Anleger abweichend von § 145 BGB

74

Konsortium in Rechnung gestellten Ausgabekurses und des erheblich höheren Bezugskurses der (mittelbar) bezugsberechtigten Aktionäre.
107 Vgl. Kaserer/Kempf, ZBB 1995, 45 ff. m.w.N.
108 Insoweit besteht eine gewisse Ähnlichkeit zu dem von der Deutschen Bundesbank geübten Tenderverfahren sowie dem früher gebräuchlichen Subskriptionsverfahren – vgl. dazu oben I 1 e).
109 Vgl. ausführlich Hein, WM 1996, 1, 3 ff.; Voigt, Bank 1995, 339 ff. mit klaren Ausführungen zu der Akzentverlagerung von der Garantiefunktion zur Verkaufsfunktion des Konsortiums auf S. 343; Griffiths in Brown/Paley, Global Offerings of Securities, S. 7 ff.

als berechtigt gelten, ihr Angebot zum Abschluß eines Kaufvertrages zurückzuziehen[110]. Im einzelnen weisen die bisherigen Übernahmeverträge eine Vielzahl von Abweichungen zu den soeben dargestellten Grundsätzen auf und die Entwicklung befindet sich im Fluß.

b) Pflicht zur Übernahme, Unterbringung und Bezahlung

75 Aufgrund des Übernahmevertrages trifft das Konsortium regelmäßig die Pflicht, die Emission zu übernehmen, zu bezahlen und zu plazieren. Bei einer Festübernahme ist die Pflicht zur Übernahme und Bezahlung unstreitig[111]. Auch die Pflicht zur Plazierung der Emission ist unstreitig bei einer (nur) kommissionsweisen Übernahme von Forderungsrechten, da dies eine Verpflichtung des Kommissionsvertrages ist, sowie bei einer Kapitalerhöhung unter Einschaltung eines Kreditinstitutes aufgrund von § 186 Abs. 5 AktG. Streitig ist die Pflicht zur Plazierung bei einer festen Übernahme von Forderungsrechten. Die überwiegende Meinung steht zu Recht auf dem Standpunkt, daß auch bei Fehlen einer ausdrücklichen Verpflichtung zur Plazierung aus der Gewährung einer Kommission für die Plazierung eine Pflicht hierzu herzuleiten ist[112].

c) Prospekterstellung und Börseneinführung
aa) Prospekterstellung

76 In den Übernahmeverträgen werden die Aufgaben bei der Erstellung des *Wertpapierverkaufsprospektes* bzw. des *Börseneinführungsprospektes* detailliert geregelt. Viele Emittenten ziehen sich auf den Standpunkt zurück, daß ihnen nicht bekannt sei, welchen Anforderungen ein Wertpapierverkaufsprospekt oder Börseneinführungsprospekt in Deutschland genügen müsse. Demgegenüber vertritt der Konsortialführer regelmäßig die Auffassung, daß er ausschließlich auf der Basis der veröffentlichten Daten des Unternehmens nicht in der Lage sei, einen Prospekt zu erstellen. Vielmehr bedürfe er umfangreicher weiterer Informationen, um einen vollständigen und zutreffenden Prospekt für den Emittenten anzufertigen.

77 Viele Übernahmeverträge sehen daher vor, daß der *Konsortialführer* für den Emittenten den Wertpapierverkaufsprospekt bzw. Börseneinführungsprospekt *auf der Basis der von dem Emittenten gelieferten Daten und Zahlen erstellt*. Von besonderer Bedeutung sind in diesem Zusammenhang die Vereinbarungen über die *Verantwortlichkeit* für die einzelnen Teile des Prospektes. Regelmäßig soll die den Prospekt erstellende Bank dafür Sorge tragen müssen, daß der Prospekt den »formalen Erfordernissen des deutschen Rechts genügt«, während der Emittent alle In-

---

110 So zutreffend Hein, WM 1996, 1, 4.
111 Vgl. nur Canaris, Rz. 2250 ff.; Horn, S. 127 ff.
112 Vgl. überzeugend Horn, S. 118 ff.; i.E. auch Canaris, Rz. 2255; vgl. auch oben II 2 a) aa).

formationen für die zutreffende Darstellung der wirtschaftlichen Situation des Emittenten beibringen soll.

bb) Verteilung der Haftung für fehlerhafte Prospekte
Letztlich bezwecken die Regelungen über die Prospekterstellung eine – implizite und z.T. sogar explizite – *Regelung der Haftung für eine etwaige Fehlerhaftigkeit von Prospekten*[113]. In den meisten Prospekthaftungsfällen wird eine klare Grenzziehung zwischen (interner) Verteilung der Verantwortlichkeit zwischen Emittent und Konsortialführer bzw. Konsortium schwierig sein. Je nach Art des Emittenten und seiner Erfahrung mit Kapitalmarkttransaktionen, Prospektanforderungen und eigener Ausstattung mit entsprechenden Abteilungen[114] wird man regelmäßig von einer *Letztverantwortlichkeit des Emittenten* für die Richtigkeit des Prospektes ausgehen müssen. In vielen anglo-amerikanischen Staaten haben sich zahlreiche Anwälte auf die Beratung von Emittenten und Konsortien in diesem Bereich spezialisiert und sind mehr oder weniger überwiegend mit der Erstellung von Prospekten befaßt.

78

cc) Börseneinführung
Typischerweise sehen die Übernahmeverträge vor, daß die deutschen[115] Mitglieder des Konsortiums in der gleichen Zusammensetzung die *Börseneinführung* der vom Konsortium übernommenen Wertpapiere betreiben. Die Voraussetzungen für eine Zulassung von Wertpapieren zum Börsenhandel mit amtlicher Notierung sind in §§ 36 ff. BörsG und für die Zulassung von Wertpapieren zum Börsenhandel mit nicht-amtlicher Notierung in §§ 71 ff. BörsG geregelt. Gem. §§ 36 Abs. 2, 71 Abs. 2 BörsG ist die *Börsenzulassung vom Emittenten* der Wertpapiere *zusammen mit einem Kreditinstitut* zu beantragen, das an einer inländischen Börse mit dem Recht zur Teilnahme am Handel zugelassen ist. Gem. § 71 Abs. 2 S. 3 BörsG muß die Börsenordnung Bestimmungen enthalten, nach denen der Börsenvorstand anderen Unternehmen als Kreditinstituten auf Antrag gestatten kann, die Zulassung der Wertpapiere zum geregelten Markt zu-

79

---

113 Da Emittent wie Konsortium für die Richtigkeit des Prospektes gegenüber den Anlegern haften (vgl. dazu unten IV 3 und V 4 b), ist die Frage nur dann und so lange von Bedeutung, wie beide Parteien trotz unrichtigen Prospektes solvent sind.
114 Wie z.B. Rechts-, Bilanz-, Organisations- oder Kontrollabteilung.
115 § 36 Abs. 2 BörsG bestimmt für den amtlichen und § 71 Abs. 2 BörsG für den geregelten Markt, daß die Zulassung der Wertpapiere vom Emittenten zusammen mit einem »an einer inländischen Börse mit dem Recht zur Teilnahme am Handel zugelassenen Kreditinstitut« zu beantragen ist – solange keine ausländischen Kreditinstitute zur Teilnahme am Handel zugelassen sind, können nur die deutschen Konsortialmitglieder den Antrag stellen; das Erfordernis der Zulassung an einer deutschen Börse wird voraussichtlich auch durch die Restumsetzung der Wertpapierdienstleistungsrichtlinie nicht entfallen.

sammen mit dem Emittenten zu beantragen[116]. Praktische Bedeutung hat diese Vorschrift bisher nicht gewonnen[117].

80 Entsprechend diesen Vorschriften stellen der Emittent wie das gesamte Emissionskonsortium den Antrag bei einer oder mehreren Börsen zur Zulassung der emittierten Wertpapiere zum Börsenhandel. Der *Börseneinführungsprospekt* wird zwar von dem Konsortialführer gemeinsam mit dem Emittenten erstellt, jedoch von *sämtlichen Konsortialmitgliedern unterzeichnet* und in der unterzeichneten Form bei der Börse gem. §§ 36 Abs. 3 Nr. 2, 73 Abs. 1 Nr. 2 BörsG eingereicht. Für das Betreiben der Börseneinführung erhalten die Konsortialmitglieder eine gesonderte Börseneinführungsprovision, die nicht selten 0,5 % des Nominalbetrages der eingeführten Wertpapiere beträgt[118]. Aufgabe des Konsortialführers ist, für die wesentlichen technischen Voraussetzungen für eine Börsenzulassung Sorge zu tragen[119].

d) Haftungsbeschränkungen gegenüber dem Emittenten

81 Der das Verhältnis zwischen den Konsortialmitgliedern regelnde Konsortialvertrag sieht typischerweise vor, daß die Konsortialmitglieder unter Ausschluß von Gesamthands- oder Bruchteilseigentum nur entsprechend ihrer Konsortialquote Eigentum an den Wertpapieren erwerben und jeder Konsorte entsprechend haften soll[120]. Ihre Entsprechung findet diese Klausel in dem zwischen dem Konsortium und dem Emittenten geschlossenen Übernahmevertrag. Regelmäßig sehen diese Klauseln vor, daß die *Haftung der Konsortialmitglieder* auf die jeweils von dem Konsorten übernommene *Konsortialquote* beschränkt ist. Ziel einer solchen Klausel ist, die allgemeine Auslegungsregel des § 427 BGB mit der Folge der gesamtschuldnerischen Haftung aller Konsortialmitglieder auszuschließen. Die Wirksamkeit einer derartigen Haftungsbeschränkung unterliegt jedoch erheblichen Beschränkungen.

82 Nach der sich verfestigenden *Rechtsprechung des BGH*[121] kann die *gesamtschuldnerische Haftung des Konsortiums* im Falle seiner Einschaltung im Rahmen eines *mittelbaren Bezugsrechts* auf Mitgliedschaftsrechte *nicht wirksam abbedungen* werden, wenn die Kapitalerhöhung im Handelsre-

---

116 Vgl. z.B. § 47 Abs. 2 BörsO der Rheinisch-Westfälischen Börse zu Düsseldorf sowie § 50 Abs. 2 BörsO für die Frankfurter Wertpapierbörse.
117 In einigen wenigen Fällen wurden in den achtziger Jahren Gesellschaften in den geregelten Markt von Nichtbanken eingeführt, die mehrheitlich nach weniger als drei Jahren in Konkurs gingen, vgl. Nachw. bei Walther, in: Herdt/Padberg/Walther, Der Gang an die Börse, S. 185 ff.
118 Bei Anleihen ist die Höhe der Börseneinführungsprovision zusätzlich abhängig von der Laufzeit.
119 Vgl. dazu oben II 2 b) dd).
120 Vgl. dazu oben II 2 a) aa) sub »Nachschußpflicht«.
121 BGH WM 1992, 1225 ff. = ZIP 1992, 995 ff.; BGH WM 1995, 1409 ff. = ZIP 1995, 1177 ff. – vgl. auch oben III 1 b) bb).

gister eingetragen worden ist. Ratio decidendi des BGH ist, daß mit der Eintragung der Kapitalerhöhung im Handelsregister das Konsortium als Gesamthandsgemeinschaft Aktionär der emittierenden Aktiengesellschaft wird und § 427 BGB deshalb nicht mehr abdingbar sein soll, da andernfalls die Grundsätze der Kapitalaufbringung und -erhaltung unterlaufen würden[122]. Dem wird in der *Literatur* mit dem Argument widersprochen, daß den Grundsätzen der Kapitalaufbringung genüge getan wäre, wenn *statt einer gesamtschuldnerischen Haftung eine quotale Haftung* der übrigen Konsortialmitglieder für ein ausgefallenes Konsortialmitglied im Außenverhältnis Anwendung fände[123]. Während insoweit eine proratarische Haftung der solventen Konsortialmitglieder für eine insolventes Konsortialmitglied vertreten wird, hält eine weitergehende *Mindermeinung*[124] auch diese proratarische Haftung für in vollem Umfang abdingbar und hält lediglich jeden Konsorten nur bzgl. der von ihm gezeichneten Aktien für verpflichtet. Die von der Rechtsprechung aus den Grundsätzen der Kapitalaufbringung hergeleitete gesamtschuldnerische Haftung aller Konsortialmitglieder läßt sich bei Kapitalerhöhungen letztlich nur vermeiden, wenn die Zeichnung der jungen Aktien nicht durch das Konsortium, sondern durch jedes Konsortialmitglied einzeln unter Ausstellung mehrerer (Teil) Globalurkunden erfolgt[125].

Bei der Plazierung bereits bestehender Mitgliedschaftsrechte im Rahmen eines *IPO's* stellen sich grundsätzlich *keine Fragen der Kapitalaufbringung*. Dementsprechend können hier wie auch bei der Emission von Forderungsrechten Haftungsbeschränkungen auf Konsortialquoten grundsätzlich wirksam vereinbart werden.

83

e) Rücktrittsklauseln
Soweit die Übernahmeverträge wie in Deutschland üblich eine feste Übernahme der Mitgliedschafts- oder Forderungsrechte vorsehen, trägt das *Emissionskonsortium* in der Zeit zwischen dem Abschluß des Übernahmevertrages[126] und der Lieferung der Wertpapiere in Form einer Globalurkunde gegen Zahlung des Gegenwertes (dem sog. Valutierungstag) das *Plazierungsrisiko*. Die Konsortialmitglieder versuchen bereits während

84

---

122 BGH WM 1992, 1225, 1231 = ZIP 1992, 995, 1000 f.
123 So insbes. Kümpel, Bank- und Kapitalmarktrecht, 11.143 f.; ebenso Timm/Schöne, ZGR 1994, 113, 122 ff.; Ulmer, in: MünchKomm., BGB, vor § 705 Rz. 33 m.w.N.; Hopt, Verantwortlichkeit, Rz. 53.
124 So insbes. Groß, AG 1993, 108, 116 ff.
125 So bereits Ulmer, in: MünchKomm., BGB, vor § 705 Rz. 33; Timm/Schöne, ZGR 1994, 113, 142 f.
126 Bzw. typischerweise bereits ab der einen Vertragsabschluß darstellenden mündlichen Einigung über die Parameter der Emission; neuere Übernahmeverträge, insb. die Plazierungsvereinbarungen von MTN-Programmen, sehen dies ausdrücklich vor – vgl. z.B. das US-$ 2 Mrd. Multi-Currency Debt Issuance Program der Deutsche Ausgleichsbank vom September 1995.

dieser Zeit, die Wertpapiere zu plazieren, zu deren Übernahme sie sich in dem Übernahmevertrag verpflichtet haben (sog. »*Plazierung per Erscheinen*«). Trotzdem können politische oder wirtschaftliche Entwicklungen während dieser Zeit die Marktverhältnisse derart ändern, daß die für die Übernahme vereinbarten Konditionen nicht mehr marktgerecht sind und die Emission sinnvollerweise nicht mehr durchgeführt wird. Die *Übernahmeverträge* sehen daher regelmäßig ein *Rücktrittsrecht* des Konsortiums für den Fall vor, daß sich die Marktverhältnisse bis zum Valutierungstag aufgrund politischer oder wirtschaftlicher Ereignisse derart verändert haben, daß der Erfolg der Emission gefährdet ist. Typischerweise läßt sich auch der Emittent ein entsprechendes Rücktrittsrecht einräumen[127]/[128]. Im einzelnen weichen die Klauseln nicht selten voneinander ab, da sie regelmäßig Ausfluß einer umfassenden Verhandlung sind.

85 Die *Rücktrittsklauseln für den Krisenfall* sind der Versuch der Praxis, die allgemeine »*clausula rebus sic stantibus*« positiv zu fassen. Aus Gründen der Klarheit wird die Ausübung meist ausdrücklich dem Konsortialführer zugewiesen[129]. Sieht eine Rücktrittsklausel ausnahmsweise keine ausdrückliche Zuweisung der Ausübung des Rücktrittsrechtes vor, dürfte in der Ausübung des Rücktritts keine Geschäftsführungsmaßnahme zu sehen sein und das Rücktrittsrecht nicht von dem mit Alleingeschäftsführungsbefugnis ausgestatteten Konsortialführer ausgeübt werden[130]. Nach §§ 713, 665 BGB sind die Konsortialmitglieder berechtigt, den Konsortialführer anzuweisen, das Rücktrittsrecht auszuüben bzw. seine Ausübung zu unterlassen, wenn ihm das Ausübungsrecht zugewiesen ist.

86 Einen weiteren *Grund für ein Rücktrittsrecht* stellt eine *wesentliche Verschlechterung der wirtschaftlichen Verhältnisse des Emittenten* – bzw. im Falle der Emission durch eine Tochtergesellschaft der Verhältnisse der eine Garantie abgebenden Muttergesellschaft – bis zum Zeitpunkt der Valutierung dar. Teilweise wird die wesentliche Verschlechterung der wirtschaftlichen Verhältnisse des Emittenten vertragstechnisch als Teil der allgemeinen Rücktrittsklausel gefaßt, teilweise wird eine gesonderte Rücktrittsklausel oder sogar eine auflösende Bedingung in den Übernahmevertrag aufgenommen[131].

---

127 Vgl. Kümpel, Bank- und Kapitalmarktrecht, 11.49 u. 11.103; Horn, S. 127 ff. mit div. Beispielen; Canaris, Rz. 2252 f. – zu den force majeur Klauseln der International Primary Market Association vgl. unten VI. 4.
128 Bei Aktienemissionen, insb. bei der Einschaltung von Konsortien bei mittelbaren Bezugsrechten, ist ein Rücktritt nach Eintragung der Kapitalerhöhung in das Handelsregister jedoch nicht mehr möglich, vgl. Canaris, Rz. 2254 und oben III 2 d).
129 Vgl. dazu oben II 2 b) cc).
130 Vgl. dazu allgemein oben II 2 d); Canaris, Rz. 2315 »Vertragsänderung, die die Zustimmung aller Konsortialmitglieder erfordert«.
131 Horn, S. 129 f.

§ 15 Emissions- und Konsortialgeschäft

f) »Nachträgliche« Änderung von Anleihebedingungen
Die Anleihebedingungen werden typischerweise vor Abschluß des Übernahmevertrages zwischen dem Emittenten und dem (späteren) Konsortialführer ausgehandelt. Als zentraler Bestandteil der zu emittierenden Wertpapiere werden sie als Anlage dem Übernahmevertrag zwischen dem Emittenten und dem Konsortium beigefügt. Gelegentlich ergibt sich die *Notwendigkeit, die Anleihebedingungen nach Abschluß des Übernahmevertrages zu ändern*. Fraglich ist, wer an der Vereinbarung über eine Änderung der Anleihebedingungen mitwirken muß.

87

Bei der Bestimmung der notwendigen Teilnehmer an einer Änderung der Anleihebedingungen ist danach zu unterscheiden, ob die Wertpapiere erst von dem Konsortium übernommen und noch nicht weiterplaziert worden sind oder bereits eine Weiterveräußerung an Anleger stattgefunden hat. *Vor einer Veräußerung an Anleger ist nur das Konsortium betroffen.* Soweit eine Änderung der Anleihebedingungen eine Geschäftsführungsmaßnahme wäre, könnte der Konsortialführer in seiner Eigenschaft als Geschäftsführer des Emissionskonsortiums die Änderung mit Bindungswirkung auch für die übrigen Konsortialmitglieder vereinbaren. Da die Bedingungen des Wertpapiers jedoch von erheblicher Bedeutung für die Möglichkeit der Vermarktung des Wertpapiers sind und insoweit mit erheblichen Auswirkungen auf die wirtschaftliche Situation der einzelnen Konsorten verbunden sein können, sieht die h.M. in einer Änderung der Anleihebedingungen zu Recht *keine Geschäftsführungsmaßnahme* sondern eine Vertragsänderung, die der *Zustimmung sämtlicher Konsortialmitglieder* bedarf[132].

88

Nach einer Weiterveräußerung der Wertpapiere an Anleger bedarf eine Änderung der Anleihebedingungen der *Zustimmung der Anleger*. Dies gilt grundsätzlich auch, soweit einzelne oder alle Konsortialmitglieder die von ihnen übernommenen Wertpapiere bereits per Erscheinen an Anleger weiterveräußert haben, da die Anleger typischerweise die Papiere nicht »wie sie erscheinen werden«, sondern »wie im Zeitpunkt des Kaufs vereinbart« erwerben wollen. Zu der Organisation von Zustimmungen von Anlegern zu Änderungen der Wertpapierbedingungen vgl. unten IV 1 a) dd).

89

g) Marktstabilisierung/Kurspflege
Häufig sehen die Übernahmeverträge in mehr oder weniger präzisen Formulierungen vor, daß das Emissionskonsortium, regelmäßig vertreten durch den Konsortialführer, in der ersten Zeit nach der Erstplazierung der Emission eine Pflege der Kurse der emitterten Papiere vornimmt, um allzu *krasse Kursausschläge* zu verhindern (sog. *Kurspflegemaßnahmen* oder

90

---

132 Vgl. Canaris, Rz. 2312 ff.; de Meo, S. 119; Hopt, Verantwortlichkeit, Rz. 110.

auch *Marktstabilisierung*). Die Konsortialvereinbarungen reflektieren diese Vereinbarungen durch eine Verteilung der hierfür entstehenden Kosten[133]. Die Kursausschläge können z.B. dadurch eintreten, daß Erstinvestoren sich von größeren Teilen ihrer Bestände trennen oder im Rahmen einer Zuteilung nicht voll befriedigte Investoren ihre Bestände am Markt aufzustocken versuchen. Da sich aufgrund dieser Interessenlagen noch kein Marktgleichgewicht gebildet hat, liegt es im Interesse sowohl des Emittenten als auch der Erstinvestoren, daß der *Konsortialführer* als *Marktmacher* auftritt und zu einer *geordneten Kursbildung* beiträgt.

91 Die grundsätzliche Zulässigkeit von Kurspflegemaßnahmen wird § 12 Abs. 2 Nr. 2 KWG entnommen[134], ihre *Grenzen* ergeben sich aus den Vorschriften über den Insiderhandel[135] und bei der Emission von Aktien aus den Regeln über die Einlagenrückgewähr nach § 57 AktG sowie den Erwerb eigener Aktien nach §§ 71 ff. AktG[136]. Auf jeden Fall müssen Kurspflegemaßnahmen nur auf die *Zeit unmittelbar nach der Emission* und Erstplazierung beschränkt bleiben, da sie andernfalls zu einer nicht zu rechtfertigenden Marktbeeinflussung führen. Eine Kursbeeinflussung von (geplant) einem Jahr überschreitet diese Grenze sicherlich.

92 Verkaufs- und Börseneinführungsprospekte müssen über geplante Kurspflegemaßnahmen unterrichten[137]. Wird über ihre Vornahme erst nach Prospektveröffentlichung entschieden, ist der Prospekt zu ergänzen[138].

3. Allgemeine Beratungs-, Unterrichtungs- und Mitwirkungspflichten

93 Der Grund für die Nutzung eines Emissionskonsortiums durch den Emittenten liegt im wesentlichen darin, daß er durch eine Fremdemission eine größere Anzahl von Anlegern dazu bewegen kann, seine Wertpapiere zu erwerben. Viele Emittenten haben zudem trotz erheblicher eigener Größe nicht die Sach- und Marktkenntnisse der Banken, die für eine erfolgreiche Emission erforderlich sind. Regelmäßig trifft daher den Konsortialführer die Pflicht, den Emittenten bei der Wahl des Emissionszeitpunktes, der Kursfestlegung, der Ausgestaltung der Emissionsbedingun-

---

133 Vgl. zu den Standard IPMA-Klauseln unten VI 4.
134 Die bevorstehende Änderung von § 12 Abs. 2 Nr. 2 KWG in eine generelle Ausnahme der »Wertpapiere des Handelsbuches« statt aller »zum Eigenhandel und zur Kurspflege bestimmten Wertpapiere« erfolgt nicht, weil Kurspflege nunmehr unzulässig sein soll, sondern ausschließlich unter dem Gesichtspunkt der Liquiditätssteuerung der Kreditinstitute.
135 Vgl. dazu Assmann, in: Assmann/Schneider, WpHG, § 14 Rz. 35 sowie Koller, in: Assmann/Schneider, WpHG, § 31 Rz. 62.
136 Vgl. BGH WM 1993, 1787 ff. = ZIP 1993, 1467 ff.; Lutter/Gehling WuB II A. § 71 a AktG 1.92; Schwintowski, Frage 896 zur Vorinstanz OLG Frankfurt WM 1992, 572 ff.
137 Zu den Aufklärungs- und Beratungspflichten im Zusammenhang mit der Kurspflege im Rahmen der Anlageberatung vgl. oben § 11 B II 5 a).
138 BGH WM 1993, 1787 ff. = ZIP 1993, 1467 ff.

gen, der Klärung von Emissionsbeschränkungen durch öffentliches Wirtschaftsrecht, der Zusammensetzung des Konsortiums und ähnlicher Fragen zu beraten. Ein Beratungsbedürfnis und eine Beratungspflicht besteht jedoch nicht bei den Emittenten, die regelmäßig den Kapitalmarkt in Anspruch nehmen und eigene Erfahrungen mit Kapitalmarkttransaktionen aufzuweisen haben[139].

Die *Beratung des Emittenen* erfolgt typischerweise *vor Abschluß des Übernahmevertrages* und dementsprechend ausschließlich durch den Konsortialführer. Da die Beratung vor Abschluß von Verträgen erfolgt, kommt eine Haftung des Konsortialführers für eine fehlerhafte Beratung nur im Rahmen einer culpa in contrahendo in Betracht[140]. Der (spätere) Konsortialführer handelt in diesem Stadium noch nicht für das noch nicht konstituierte Konsortium, eine Haftung des später konstituierten Konsortiums kann daher nur durch einen Schuldbeitritt erfolgen. Ausdrücklich wird ein solcher Schuldbeitritt seitens der Konsortialmitglieder nicht erklärt. Seine konkludente Herleitung aus dem Abschluß des Übernahmevertrages dürfte eine Überinterpretation des Willens der vertragschließenden Parteien sein[141].

94

Als Nebenpflichten ergeben sich aus dem Übernahmevertrag *allgemeine Unterrichtungs- und Mitwirkungspflichten*. Soweit nicht ausdrücklich anders vereinbart, sind die Parteien gehalten, sich über aufgetretene Emissionshindernisse unverzüglich zu unterrichten, bei der Erlangung von etwaigen staatlichen Genehmigungen mitzuwirken und die hierfür erforderlichen Erklärungen abzugeben und Mitwirkungshandlungen vorzunehmen.

95

IV. Rechtsbeziehungen zwischen Emittent und Anleger

1. Rechtsbeziehungen durch emittierte Wertpapiere

a) Forderungsrechte

aa) AGB-Charakter der Bedingungen und Inhaltskontrolle

Der Emittent tritt mit den Anlegern in eine unmittelbare Rechtsbeziehung durch die von ihm emittierten Wertpapiere, sobald diese von den Anlegern über das Emissionskonsortium, Drittbanken oder die Börse erworben worden sind. Soweit die emittierten Wertpapiere Forderungsrechte verbriefen, wird das durch den Erwerb der Wertpapiere durch die Anleger mit dem Emittenten begründete *Rechtsverhältnis* in erster Linie von den regelmäßig sehr detailliert ausgeprägten *Bedingungen der Wertpapiere* ge-

96

---

139 Vgl. bereits oben II 2 b) aa).
140 Canaris, Rz. 2249; de Meo, S. 154 in Fn. 98.
141 Vgl. ausführlich oben II 2 e).

prägt. Dies gilt gleichermaßen für alle Arten von Anleihen[142], wie insb. auch Wandel- und Optionsanleihen, Optionsscheine, Gewinnschuldverschreibungen, Genußscheine sowie alle ähnlichen Wertpapiere. Die Einzelheiten der Ausgestaltung der Bedingungen der Wertpapiere werden in Verhandlungen zwischen dem Emittenten und dem Konsortialführer festgelegt[143]. Der *Anleger* hat auf die Ausgestaltung der Bedingungen *keinen Einfluß*, da sie abgeschlossen wird, bevor er die Wertpapiere erwirbt. Erscheinen ihm die Bedingungen zu unausgewogen, steht es ihm nur frei, die ihm angebotenen Wertpapiere nicht zu erwerben.

97 Typischerweise liest ein Anleger die Bedingungen der ihm angebotenen Wertpapiere vor deren Erwerb nicht[144]. Dies mag z.T. darauf beruhen, daß der Emittent auch bei Anlegern, die willens sind, beträchtliche Summen in einem Wertpapier zu investieren, normalerweise nicht bereit ist, die Bedingungen allgemein oder für den spezifischen Anleger zu ändern[145]. Selbst bei unterstellter Änderungswilligkeit des Emittenten wäre der mit einer Änderung der Wertpapierbedingungen verbundene Aufwand so groß, daß er sich regelmäßig verbietet. Für den *investierenden Anleger* stellt sich damit die Frage, ob die für ihn nicht verhandelbaren *Wertpapierbedingungen AGB-Charakter* haben und dem Anleger ggfls. der Schutz des AGB-Gesetzes zugute kommt.

98 Die heute h.M. qualifiziert die Wertpapierbedingungen *grundsätzlich als allgemeine Geschäftsbedingungen*[146]. Soweit der AGB-Charakter bei Fremdemissionen verneint wird[147], weil die Wertpapierbedingungen nicht für eine Vielzahl von Verträgen vorformuliert würden, da sie zwischen dem Emittenten und dem Konsortialführer verhandelt werden, wird im wesentlichen das gleiche Ergebnis durch eine *Inhaltskontrolle gem. § 242*

---

142 Unabhängig davon, ob sie mit einem festen Zinssatz, mit einem variablen Zinssatz, mit unterschiedlichen Währungen oder besonderen Rückzahlungsrechten ausgestattet sind oder sich der Rückzahlungsbetrag nach der Wertentwicklung von Indizes oder Gütern aller Art richtet.
143 Zu den Pflichten des Konsortialführers in diesem Zusammenhang vgl. V 2 a) und II 2 b) bb).
144 Dies gilt erstaunlicherweise sogar für eine nicht unbeträchtliche Anzahl von Anlageberatern und Vermögensverwaltern.
145 Zur nachträglichen Änderung von Anleihebedingungen vgl. oben auch III 2 f) sowie unten IV 1 a) dd).
146 Begr. zum RegE des AGBG, BT-Drucks. 7/3919, S. 18; Than, in: Festschr. Coing, Bd. 2, S. 521, 537; Hopt, in: Festschr. Steindorff, S. 341, 364; von Randow, ZBB 1994, 23, 24; Kümpel, Bank- und Kapitalmarktrecht, 11.57; Stucke, S. 257 ff.; Köndgen, NJW 1996, 558, 563; – der h.M. folgend die Rechtsprechung zu Genußscheinbedingungen: BGH WM 1992, 1902, 1904 = ZIP 1992, 1542 – Klöckner; zu der Vorentscheidung Schäfer, WM 1991, 1941, 1944; Sethe, AG 1993, 351, 368 f.; zu Anleihebedingungen OLG Frankfurt ZIP 1994, 26 ff. m. Anm. v. Randow; a.A. jedoch Ekkenga, ZHR 160 (1996), 59 ff., der die generelle Eignung des AGBG zur Kontrolle von Wertpapierbedingungen verneint und auf die Kapitalmarkteffizienz verweist.
147 So insb. Joussen, WM 1995, 1861, 1865 f. für Fremdemissionen.

BGB erzielt[148]. Bei grundsätzlicher Bejahung des AGB-Charakters von Wertpapierbedingungen stellt sich jedoch die *Frage, ob bereits das Aushandeln* der Bedingungen zwischen dem Emittenten und dem Konsortialführer *den AGB-Charakter nach § 1 Abs. 2 AGBG entfallen läßt*[149]. Die h.M. hilft entweder durch analoge Anwendung des AGBG, durch Zuhilfenahme von § 7 AGBG (Umgehungsverbot) oder einem argumentum a majore ad minus-Schluß, weil dem Anleger bei Fremdemissionen nicht der Schutz des AGBG entzogen werden könne, der bei Eigenemissionen unzweifelhaft bestünde[150/151].

Folge der direkten oder analogen Anwendung des AGBG auf Wertpapierbedingungen durch die ganz h.M. ist, daß diese den Erfordernissen des AGBG genügen müssen. Dazu zählt neben dem Transparenzgebot[152] eine Inhaltskontrolle nach §§ 9 bis 11 AGBG[153]. 99

bb) Inhaltliche Ausgestaltung der Wertpapierbedingungen
Die Rechte und Pflichten des Emittenten müssen sich gem. §§ 793, 796 BGB aus der Urkunde ergeben. Diese enthält Wertpapierbedingungen, die – regelmäßig sehr detailliert und in internationalen Wertpapieremissionen typischerweise detaillierter als in rein nationalen – die Rechte und Pflichten des Emittenten, der Anleger und sonstiger Dritter wie z.B. der Treuhänder regeln, insb. bzgl. der Art der Forderungsrechte, der Art und Form der Verzinslichkeit der Forderung, der Fälligkeit und des Rückzahlungsmodus sowie etwaiger Gewinn- und Verlustbeteiligungen, die Form und Ausübung von Wandlungsrechten[154] sowie bei sich ändernden Zinssätzen die Art der Zinsfestsetzung festlegen und einen Verwässerungsschutz von etwaigen Umtausch-, Wandlungs-, Stillhalter- oder Optionsrechten, die Möglichkeit von Schuldnerersetzungen[155] sowie die Modi für 100

---

148 So insbes. Kallrath, S. 37 ff.
149 Vgl. dazu insbes. von Randow, ZBB 1994, 23; Kallrath, S. 57 ff (er verneint die Verwendereigenschaft des Emittenten).
150 Vgl. dazu Kümpel, Bank- und Kapitalmarktrecht, 11.61 ff. m.w.N; v. Randow, ZIP 1994, 28, 29; Joussen, WM 1995, 1861, 1869 – alle m.w.N.
151 Zu der Frage der Einbeziehung der Anleihebedingungen gem. § 2 AGBG gegenüber den Anlegern vgl. Kümpel, Bank- und Kapitalmarktrecht, 11.60 ff. m.w.N.; Hopt, in: Festschr. Steindorff, S. 341, 367.
152 Dazu insbes. BGH WM 1986, 769, 770 m.w.N.; Ulmer/Brandner/Hensen, AGBG, § 2 Rz. 54 m.w.N.
153 Eine Inhaltskontrolle ausschließlich nach § 9 AGBG mit der Begründung, daß die AGB erstmals gegenüber einem Kaufmann (dem Konsortialführer bzw. dem Konsortium) verwendet wurden und deshalb § 24 S. 1 Nr. 1 AGBG Anwendung finde, vermag nicht zu überzeugen; so aber Than, in: Festschr. Coing, Bd. 2, S. 521, 537; kritisch auch Hopt, in: Festschr. Steindorff, S. 341, 371.
154 Diese bleiben auch bei Abschluß eines Vergleichsverfahrens unbeeinträchtigt, OLG Stuttgart, AG 1995, 329 und Vorinstanz LG Stuttgart, ZIP 1994, 1112.
155 Insb. bei der Einschaltung von Finanzierungstochtergesellschaften im Ausland unter Garantie der deutschen Muttergesellschaft sehen Anleihebedingungen häufig vor, daß der Schuld-

Zahlungen des Emittenten an die Anleger über in- oder ausländische Zahlstellen nebst der Regelung der Voraussetzungen für Zahlungen und den Einbehalt von Steuern hierauf, die Ablehnung von Wertpapieraffidavits[156], Kündigungsrechte[157] und deren Einschränkung durch Mehrheitserfordernisse, anwendbares Recht und (eingeschränkt) den Gerichtsstand bestimmen. Mit der zunehmenden Anzahl von Finanzinnovationen, die auch ihren Eingang in das Emissionsgeschäft gefunden haben[158], läßt sich nicht mehr ein Standard für den gesamten Markt für Forderungsrechte ausmachen, sondern nur noch Marktstandards für Teilmärkte[159]. Eine umfassende Darstellung der typischen Regelungsinhalte muß daher an dieser Stelle unterbleiben[160].

101 Neben den für die einzelne Emissionsgattung typischen Bedingungen enthalten die Wertpapierbedingungen vielfach Besonderheiten. Diese können in der Bestellung von Sicherheiten durch den Emittenten[161] oder die Muttergesellschaft des Emittenten[162] bestehen oder in der Einschaltung von Treuhändern, die die Sicherheiten für die Gläubiger halten und verwalten[163]. Die Funktion des Treuhänders geht jedoch nicht selten noch sehr viel weiter. Ihm wird die Vertretung der Anleihegläubiger bei technischen Änderungen der Wertpapierbedingungen übertragen, gelegentlich die Pflicht zur Organisation und Einberufung von Gläubigerversammlungen, die Ausübung von Kündigungs- oder Wahlrechten im Auftrage der Gläubiger, wenn eine bestimmte Anzahl von Gläubigern dies von ihm verlangt, sowie die Überwachung des Emittenten im Auftrage der Gläubiger hinsichtlich der Einhaltung von Negativklauseln[164] oder Bilanzrelatio-

---

ner, also die die Wertpapiere emittierende ausländische Finanzierungstochtergesellschaft, durch einen anderen Schuldner »ersetzt« werden kann, wenn die deutsche Muttergesellschaft die wirtschaftlich entscheidende Garantie auch für die neuen Schuldner abgibt. Die Gründe für derartige Ersetzungen sind meist steuerlicher Natur. Die in der Schuldnerersetzung liegende Verbindung von privativer Schuldübernahme und wertpapierrechtlichem Skripturakt bedarf noch der dogmatischen Aufarbeitung.

156 Vgl. dazu Dessauer, passim.
157 Eine Klausel, die die Veröffentlichung von Kündigungen im BAnz vorsieht, verstößt nicht gegen das AGBG, vgl. OLG Frankfurt ZIP 1994, 24 ff. m. Anm. v. Randow.
158 Vgl. dazu oben § 14 und Schäfer, Haftung für fehlerhafte Anlageberatung, 2. Aufl., 1995, S. 99 m.w.N. sowie den betriebswirtschaftlichen Überblick bei Löffler, S. 203 ff. und aus schweizer Sicht Rohr, S. 55 ff.
159 Z.B. inländische DM-Emissionen; DM-Auslandsanleihen; inländische Wandelschuldverschreibungen etc.
160 Die – soweit ersichtlich letzte – umfassende Darstellung erfolgte durch Horn, insb. auf S. 247 ff.; vgl. auch die Übersicht bei Stucke, S. 21 ff. sowie die bei Rohr, S. 312 ff. und Hopt, Verantwortlichkeit, Rz. 249 ff.
161 Z.B. Grundschulden an Betriebsgrundstücken.
162 Z.B. in Form einer Garantie für die Gläubiger der emittierenden Tochtergesellschaft.
163 Z.B. auch einer Freigabe oder einer Auswechslung der Sicherheiten zustimmen; zu der Problematik der Einbeziehung des Treuhandvertrages in die Anleihebedingungen durch Verweisung vgl. Gruson/Harrer, ZBB 1996, 37, 44 f.
164 Vgl. dazu Schneider, in: Festschr. Stimpel, S. 887 ff.

nen, der Leistung von bestimmten Zahlungen, der Unterlassung der Ausübung von Kündigungsrechten der Gläubiger[165] und einer Vielzahl weiterer Aufgaben.

cc) SchuldverschreibungsG
Die die emittierten Wertpapiere erwerbenden Anleger sind gegenüber dem Emittenten der Wertpapiere regelmäßig in einer schwächeren Position[166]. Wegen der schwächeren Position bedarf es einer *kollektiven Ausübung der Gläubigerrechte* gegenüber dem Emittenten. Einen institutionalisierten Rahmen hierfür setzt in Deutschland das »Gesetz betreffend die gemeinsamen Rechte der Besitzer von Schuldverschreibungen« aus dem Jahre 1899[167]. Auch eine Reihe ausländischer Rechte hat entsprechende Gesetze vorzuweisen[168]. Das *SchuldverschreibungsG* gilt jedoch nur für Emissionen, die von einem im Inland ansässigen Schuldner im Inland begeben wurden und mindestens DM 300 000,- betragen. Es gibt den Gläubigern von Schuldverschreibungen die Möglichkeit, sich als Interessengemeinschaft zu organisieren. Zu diesem Zweck können Gläubigerversammlungen einberufen werden, Gläubigervertreter ernannt und diesen eine Reihe von Befugnissen übertragen werden. Gemäß § 11 SchuldverschreibungsG kann die *Gläubigerversammlung* sogar die Aufgabe oder Beschränkung von Rechten der Anleger, insb. die Ermäßigung des Zinssatzes oder die Bewilligung von Stundungen gewähren, wenn dies zur Abwendung einer Zahlungseinstellung oder eines Konkurses des Schuldners erforderlich ist. Derartige Beschlüsse bedürfen einer Mehrheit von mindestens 3/4 der abgegebenen Stimmen, wenn diese mindestens die Hälfte des Nennwertes der im Umlauf befindlichen Schuldverschreibungen darstellen, soweit mehr als DM 16 Mio. im Umlauf sind. Im einzelnen regelt das Gesetz die Einberufungsvoraussetzungen sowie den Ablauf derartiger Gläubigerversammlungen sowie die Rechte von Gläubigervertretern, die von der Gläubigerversammlung bestellt werden.

Aufgrund des *eingeschränkten Anwendungsbereiches* des *SchuldverschreibungsG* auf Wertpapiere von Ausstellern mit Sitz im Inland, die zudem auch im Inland ausgestellt worden sind, hat das SchuldverschreibungsG in der Vergangenheit nur *geringe praktische Bedeutung* erlangt. Unter der Geltung des § 795 BGB[169] durften Schuldverschreibungen auf den Inhaber nur mit staatlicher Genehmigung in den Verkehr gebracht

---

165 Von besonderer Bedeutung sind insoweit Cross-Default-Klauseln sowie No-Action-Klauseln, vgl. Hopt, Festschr. Lorenz, S. 413, 426 ff.
166 Horn, S. 431.
167 Abgedruckt u.a. in Kümpel/Ott, Kapitalmarktrecht, Zif. 118; dazu Stucke, S. 54 ff.
168 So z.B. Frankreich, Italien, Japan, Luxemburg, Schweiz, Belgien, Spanien und Brasilien – vgl. die Nachweise bei Stucke, S. 15 Fn. 3 sowie zur Schweiz Hopt, Festschr. Lorenz, S. 413, 423 ff. m.w.N.
169 § 795 wurde aufgehoben durch Gesetz vom 17.12.1990, BGBl. I S. 2839.

werden[170]. Der Kapitalmarkt wurde daher von inländischen Emittenten nur in Anspruch genommen, soweit sie als »erste Adressen« zu bezeichnen waren. Aber auch diese nutzten aus steuerlichen und emissionstechnischen Überlegungen häufig ihre ausländischen Finanzierungstochtergesellschaften.

104 Das SchuldverschreibungsG ist auf DM-Auslandsanleihen, also auf Anleihen, die von ausländischen Emittenten emittiert wurden und auf DM lauteten, weder direkt noch analog anwendbar[171]. Für *Gläubiger von DM-Auslandsanleihen* stellt sich damit weiterhin das *Problem der Organisation einer kollektiven Rechtsausübung*[172]. Insb. die ausländischem Recht unterworfenen Anleihen[173] sehen dazu das Instrument der Gläubigerversammlung vor.

dd) Änderung der Wertpapierbedingungen durch Gläubigerversammlungen

105 Nicht nur die wirtschaftlich in einer schwächeren Position befindlichen Anleger sind an einer Organisationsform für eine kollektive Geltendmachung ihrer Rechte interessiert. Es liegt auch im Interesse des Emittenten, nicht mit einer amorphen und anonymen Masse von Gläubigern kommunizieren zu müssen, wenn er die Zustimmung der Gläubiger z. B. zu Änderungen der Anleihebedingungen braucht. Hier ist eine *Gläubigerversammlung* mit bestellten Gläubigervertretern ein probates Mittel zur Herbeiführung der Verhandlungsfähigkeit der Gläubiger. Aufgrund der Beschränkung der Anwendbarkeit des SchuldverschreibungsG auf DM-Inlandsanleihen von Inlandsschuldnern ist der Emittent sowie der Konsortialführer bei der Gestaltung der *Anleihebedingungen* regelmäßig daran interessiert, für etwaige Notwendigkeiten eine Gläubigerversammlung zu ermöglichen. Eine Möglichkeit besteht darin, in die Wertpapierbedingungen ausdrücklich die Anwendbarkeit des SchuldverschreibungsG aufzunehmen, auch wenn es sich um DM-Auslandsanleihen handelt[174]. In der Praxis hat sich dieser Vorschlag bisher jedoch nicht durchzusetzen vermocht. Hier wird entweder detailliert die Gläubigerversammlung geregelt oder die Einsetzung eines Treuhänders vorgesehen, dem detailliert Rechte und Pflichten zugewiesen werden[175].

---

170 Vgl. die Kommentierung von Hüffer, in: MünchKomm., BGB, § 795 Rz. 5 ff.
171 Unstreitig, vgl. nur Kümpel, Bank- und Kapitalmarktrecht, 11.82; Than, in: Festschr. Coing, Bd. 2, S. 521 ff.; Stucke, S. 54 ff.; Hopt, WM 1990, 1733, 1734 f.
172 Vgl. Horn, S. 431 ff.; Hopt, Verantwortlichkeit, Rz. 244 ff.; zur Schweizer Sicht vgl. Rohr, S. 262 ff. und Zobl, SZA/RSDA 1990, 129 ff.
173 Vgl. dazu ausführlich unten VI 1.
174 Darauf weist zu Recht Than, in: Festschr. Coing, Bd. 2, S. 521 ff. hin; zustimmend Kümpel, Bank- und Kapitalmarktrecht, 11.82; Hopt, in: Festschr. Steindorff, S. 341 ff.
175 Zu den Grenzen der auf den Treuhänder übertragbaren Rechte und Pflichten vgl. Stucke, S. 190 ff.; Than, in: Festschr. Coing, Bd. 2, S. 521, 537 ff.; Gruson/Harrer, ZBB 1996, 37, 44

b) Mitgliedschaftsrechte

Bei der Emission von Mitgliedschaftsrechten erwirbt der Anleger mit dem Wertpapier eine Beteiligung an dem emittierenden Unternehmen. Seine Rechtsposition richtet sich grundsätzlich nach dem auf das Unternehmen anwendbaren Gesellschaftsrecht. 106

2. »Selbstverpflichtung« des Emittenten

Außerhalb der durch die von dem Emittenten ausgegebenen und den Anlegern erworbenen Wertpapiere entstehenden Rechtsbeziehungen können zwischen Emittent und Anleger Rechtsbeziehungen dadurch entstehen, daß der Emittent freiwillig bestimmte Verpflichtungen gegenüber den Anlegern übernimmt, ohne daß dies in den Bedingungen der Wertpapiere niedergelegt wird. Sedes materiae kann insoweit der zwischen dem Emittenten und dem Konsortium geschlossenen Übernahmevertrag sein, soweit dieser als Vertrag zugunsten Dritter – der Anleger – ausgeschaltet ist oder jedenfalls zugunsten der Anleger Drittschutzwirkung entfaltet[176]. Gelegentlich ist auch anzutreffen, daß der Emittent Verpflichtungen zum (wirtschaftlichen) Vorteil der Anleger durch Eingehung einer Verpflichtung gegenüber dem für die Anleger handelnden Treuhänder übernimmt. Auch insoweit ist im Einzelfall festzustellen, ob ein Vertrag zugunsten Dritter oder zumindest ein Vertrag mit Schutzwirkung zugunsten Dritter geschlossen wurde. 107

3. Prospekthaftung[177]

Wertpapierverkaufsprospekte müssen gem. § 3 der Verordnung über Wertpapierverkaufsprospekte i.V.m. § 7 Abs. 2 Nr. 1 WertpapierverkaufsprospektG angeben, welche Gesellschaft die Verantwortung für den Inhalt der Verkaufsprospekte übernimmt. Im Rahmen des Zulassungsverfahrens der Wertpapiere bei einer Börse hat der Emittent den Zulassungsantrag gem. §§ 36 Abs. 2, 71 Abs. 2 BörsG zu beantragen. Gem. §§ 36 Abs. 2 BörsG, 13 Abs. 1 S. 3 Börsenzulassungsverordnung ist der Prospekt von den Antragstellern, d.h. immer auch von dem Emittenten, zu unterzeichnen[178]. Wertpapierverkaufsprospekt wie Börseneinführungsprospekt sind somit von dem Emittenten zu unterzeichnen, und er übernimmt für diese die (Mit)Haftung. 108

---

f.; zur Schweizer Sicht vgl. Zobl, SZA/RSDA 1990, 129 ff. und Rohr, S. 262 ff.; Hopt, Festschr. Lorenz S. 413, 427.
176 Vgl. im einzelnen unten V 2 b).
177 Allg. zur Prospekthaftung vgl. Assmann, in: Assmann/Schütze (Hrsg.), Hdb. KapitalanlR, 2. Aufl., 1996, § 7 mit umfangreichen w.N.
178 Vgl. Schwark, BörsG, 2. Aufl., 1994, §§ 45, 46 Rz. 6 m.w.N.

109 Als jedenfalls Mitverpflichteter aufgrund des Wertpapierverkaufsprospektes bzw. des Börseneinführungsprospektes entstehen zwischen dem Emittenten und den Anlegern somit auch Rechtsbeziehungen bei etwaigen Unrichtigkeiten oder Unvollständigkeiten des Prospektes[179].

V. Rechtsbeziehungen zwischen Konsortium und Anleger

1. Rechtsbeziehungen aufgrund des Plazierungsvorgangs

a) Verkauf von Wertpapieren durch Drittbank

110 Zu Rechtsbeziehungen zwischen dem Konsortium und einem Anleger kann es u.a. durch den *Verkauf* der von dem Konsortium übernommenen *Wertpapiere an den Anleger* kommen. Soweit der Verkauf jedoch durch eine nicht zum Emissionskonsortium gehörende Bank erfolgt, die sich ihrerseits die Wertpapiere bei dem Emissionskonsortium besorgt, entstehen keine unmittelbaren kaufvertraglichen oder sonstigen vorvertraglichen Beziehungen aufgrund des Kaufvertrages zwischen dem Anleger und dem Emissionskonsortium[180]. Rechtsbeziehungen zwischen dem Anleger und Mitgliedern des Konsortiums können sich jedoch aus anderen Rechtsgründen ergeben[181].

b) Verkauf von Wertpapieren durch Konsortialmitglied

111 Veräußert ein Mitglied des Emissionskonsortiums Wertpapiere an seine eigene Kundschaft, wird zwischen dieser *Emissionsbank* und dem *Anleger* sowohl bei einer Festübernahme wie auch bei einer kommissionsweisen Übernahme der Wertpapiere durch das Konsortium von dem Emittenten ein *Kaufvertrag* geschlossen[182]. Im Rahmen dieser kaufvertraglichen oder kommissionsrechtlichen Beziehungen obliegen der veräußernden Bank die allgemeinen Aufklärungs- und Beratungspflichten gegenüber dem Anleger[183]. Der Verkauf der Wertpapiere durch ein Konsortialmitglied unterscheidet sich von dem Verkauf der Wertpapiere durch eine Drittbank letztlich nur dadurch, daß eine Veräußerung durch ein Konsortialmitglied im Rahmen eines erstmaligen öffentlichen Angebotes erfolgt, während die Veräußerung durch eine nicht am Konsortium beteilig-

---

179 Streitig ist, wie bei der Unterlassung der Erstellung von Prospekten trotz grundsätzlicher Prospektpflicht zu verfahren ist – vgl. dazu Hopt, Verantwortlichkeit, Rz. 148, 153 mit Fn. 232 u. 246.
180 OLG Düsseldorf WM 1984, 586, 587, 597; Hopt, in: Festschr. Kellermann, S. 181, 192.
181 Dazu sogleich.
182 RGZ 56, 297, 299; Canaris, Rz. 2245; Horn, S. 137 ff.; Lutter, in: Kölner Kommentar, AktG § 186 Rz. 112.
183 Vgl. Hopt, Verantwortlichkeit, Rz. 42 f.; keine Aufklärungs- oder Beratungspflichten sollen einem emissionsbegleitenden Kreditinstitut bei Bezugsrechtsausübungen der Aktionäre obliegen, LG Bremen, ZIP 1996, 1866.

te Bank den Verkauf von bereits im Verkehr befindlichen Wertpapieren darstellt. Von Bedeutung ist diese Unterscheidung für die Prospektpflichtigkeit des erstmaligen öffentlichen Angebotes und die Beratungsintensität aufgrund der »Aufnahme in ein Vertriebsprogramm«[184].

c) Verhaltenspflichten nach §§ 31, 32 WpHG
Die Veräußerung der Wertpapiere an einen Anleger sowohl durch eine nicht am Konsortium beteiligte Bank wie durch ein Konsortialmitglied stellt eine Wertpapierdienstleistung gem. § 2 Abs. 3 WpHG dar. Dementsprechend unterliegen die veräußernden Kreditinstitute den allgemeinen und besonderen Verhaltensregeln der §§ 31, 32 WpHG. 112

2. Rechtsbeziehungen aufgrund des Übernahmevertrages

a) Rechtsbeziehungen vor Abschluß des Übernahmevertrages
Wie bereits oben dargestellt nimmt der Konsortialführer im Rahmen seiner Verhandlungen mit dem Emittenten sowohl über den Preis der zu emittierenden Wertpapiere wie über die inhaltliche Ausgestaltung der Bedingungen der Wertpapiere wirtschaftlich die Interessen der Anleger wahr[185]. Diese Interessenwahrnehmung erfolgt vor Abschluß des Übernahmevertrages und hat somit nur faktisch drittschützende Wirkung für den Anleger. Eine *Verpflichtung des Emittenten oder des Konsortialführers* zur Verhinderung unüblicher Wertpapierbedingungen oder der Findung des »richtigen« Preises *besteht gegenüber dem Anleger jedoch nicht*[186]. Die Postulation einer derartigen Verpflichtung erfolgte ohne Basis im geltenden Recht und würde nicht im Einklang mit den das Wirtschaftssystem prägenden Prinzipien von Angebot und Nachfrage stehen. Soweit die inhaltliche Ausgestaltung der Wertpapierbedingungen erheblich von den – heute schwierig zu definierenden – Marktstandards abweicht, ist das das Wertpapier veräußernde Konsortialmitglied verpflichtet, hierauf ausdrücklich im Prospekt oder im Rahmen der Verkaufsgespräche hinzuweisen. Rechtsgrund ist insoweit die Verpflichtung zur Erstellung zutreffender Prospekte sowie die allgemeinen Aufklärungs- und Beratungspflichten gegenüber Anlegern. 113

b) Rechtsbeziehungen nach Abschluß des Übernahmevertrages
Der zwischen dem Emittenten und dem Konsortium abgeschlossene *Übernahmevertrag* kann als *echter Vertrag zugunsten Dritter* ausdrücklich oder implizit Rechte der Anleger begründen oder für diese Dritt- 114

---
184 Vgl. dazu BGH WM 1993, 1455 ff. = ZIP 1993, 1148 ff. – Bond – sowie Schäfer, Fehlerhafte Anlageberatung, 2. Aufl., 1995, S. 87 ff. m.w.N.
185 Vgl. oben II 2 b) bb).
186 Unstreitig, vgl. nur Hopt, Verantwortlichkeit, Rz. 214.

schutzwirkung entfalten[187]. Ein berechtigender Vertrag zugunsten Dritter wird jedoch nur in wenigen Fällen wie z.B. bei Gewährung von mittelbaren Bezugsrechten gewollt sein. Typischerweise sehen die Übernahmeverträge für Forderungsrechte sogar ausdrücklich vor, daß sie keine Rechte von nicht unmittelbar an dem Vertragsabschluß beteiligten Personen begründen wollen. Durch derartige Klauseln werden jedoch nicht drittschützende Wirkungen von Übernahmeverträgen ausgeschlossen. In Betracht kommt eine *drittschützende Wirkung* von Vereinbarungen insb. dann, wenn sich der Emittent unter Ausschluß von Rechten Dritter gegenüber dem Konsortium oder dem Konsortialführer zu bestimmten Verhaltensweisen verpflichtet. Hier kann sich insb. für das *konsortialführende Institut* eine Verpflichtung zur *Durchsetzung* der Einhaltung der von dem Emittenten *abgegebenen Zusicherungen* und Versprechungen ergeben. Dies gilt besonders dann, wenn der Emittent dieselben Versprechungen nicht auch gegenüber den Anlegern in den Wertpapierbedingungen übernommen hat und diesen kein eigenes Recht auf Durchsetzung der Zusicherungen und Versprechungen aufgrund der Wertpapierbedingungen zusteht[188].

3. Rechtsbeziehungen aufgrund der Übernahme von Sonderfunktionen

115 Häufig übernimmt der *Konsortialführer* im Übernahmevertrag, in den Bedingungen der Wertpapiere oder auch in einem umfangreichen gesonderten Treuhandvertrag[189] die *Funktion des Treuhänders* für diverse Rechte der Anleger. Seine Treuhänderstellung kann sich auf das Halten von Sicherheiten für die Anleger beziehen, die Überprüfung der Einhaltung von Zusicherungen des Emittenten, die Geltendmachung von Rechten von Anlegern gegenüber dem Emittenten (z.B. Kündigungsrechte, wenn dies von Anlegern verlangt wird), die Unterrichtung der Anleger von Ereignissen beim Emittenten (z.B. Eintritt eines Kündigungsrechtes, cross-defaults oder Verstoßes gegen Negativklauseln) oder die Zustimmung zu Schuldnerersetzungen[190]. Insoweit übernimmt der Konsortialführer *Sonderfunktionen*, die nicht notwendigerweise typisch sind für den eigentlichen Emissionsvorgang. In ausländischen Rechtsordnungen wird die Funktion des Treuhänders häufig von dies als Gesellschaftszweck betreibenden Treuhandgesellschaften übernommen.

116 Früher wurde die Rechtsposition des *Treuhänders* insb. in den rein nationalen Emissionen nur sehr rudimentär ausgestaltet. Dagegen war es bei internationalen Emissionen schon immer üblich, Funktion, Rechte und

---

187 Vgl. oben III 1 b); BGHZ 114, 203, 208; BGH NJW 1992, 2222, 2225.
188 Vgl. auch Hopt, Verantwortlichkeit, Rz. 46 f.
189 Zur Frage von dessen Einbeziehung in die Anleihebedingungen durch Verweisung vgl. Gruson/Harrer, ZBB 1996, 37, 44.
190 Vgl. auch Hopt, Verantwortlichkeit, Rz. 258 ff.

Pflichten des Treuhänders ausführlich zu regeln. Die sich in diesem Zusammenhang stellenden *Fragen* können noch *nicht als abschließend geregelt* oder ausdiskutiert angesehen werden. Der Konsortialführer verhandelt seine Position als Treuhänder für zukünftige, im Zeitpunkt der Verhandlung noch gar nicht feststehende Anleger. Seine Stellung als Treuhänder entsteht somit frühestens mit der Übernahme der Wertpapiere durch das Konsortium, spätestens jedoch mit der Veräußerung der Wertpapiere durch das Konsortium an Anleger oder Drittbanken. Probleme können sich insoweit nicht nur aus der Ausgestaltung der konkreten Rechte und Pflichten des Treuhänders ergeben, sondern auch aus der Tatsache, daß der spätere Treuhänder im Rahmen der Verhandlungen seine Position eigenverantwortlich bestimmt. Im einzelnen sind hier viele Fragen ungeklärt[191].

Eine gleichfalls typischerweise von dem Konsortialführer übernommene Sonderfunktion ist die der *Hauptzahlstelle*. Insoweit sind die Verpflichtungen des Konsortialführers gegenüber den Anlegern wie auch gegenüber dem Emittenten meist *hinreichend detailliert geregelt*.

117

Sowohl hinsichtlich der Funktion des Konsortialführers als Treuhänder wie als Hauptzahlstelle stellt sich die Frage, *ob und unter welchen Voraussetzungen der Konsortialführer von den übernommenen Funktionen zurücktreten kann*. Zum Schutze der Anleger sehen die Wertpapierbedingungen typischerweise vor, daß ein Rücktritt nur zulässig ist aus wichtigem Grund und nur dann erfolgen darf, wenn ein gleichwertiger Vertreter an die Stelle des Konsortialführers tritt[192].

118

4. Rechtsbeziehungen aufgrund der Prospektverantwortlichkeit

a) Prospektzwang

Die vorstehend erörterten Rechtsbeziehungen zwischen dem Konsortium und den Anlegern basieren letztlich alle auf vertraglichen bzw. quasi vertraglichen Vereinbarungen. Neben den vertraglich begründeten Rechtsbeziehungen ist eine weitere wesentliche Rechtsquelle für Rechtsbeziehungen der Prospekt. Ein Zwang zur Erstellung von Prospekten ergibt sich u.a. aus § 1 VerkaufsprospektG, §§ 36 Abs. 3 Nr. 2, 73 Abs. 1 Nr. 2 BörsG, § 19 KAGG, § 3 AuslInvG. Sind die aufgrund des Prospektzwanges erstellten Prospekte unrichtig oder unvollständig, können die Kon-

119

---

191 Sehr fraglich ist, ob die zusätzlich zu den Anleihebedingungen abgeschlossenen Treuhandverträge ohne Abdruck im Prospekt für die Anleger Wirkung entfalten und wie ihre Beurteilung nach dem AGBG zu erfolgen hat; vgl. dazu Gruson/Harrer, ZBB 1996, 37, 44 f.; zu weiteren Fragen vgl. Hopt, Festschr. Lorenz, S. 413, 428 ff.
192 Vgl. auch Hopt, Verantwortlichkeit, Rz. 112 ff. m.w.N.; ders., in: Festschr. Lorenz, S. 413, 426 ff.

sortialmitglieder Prospekthaftungsverpflichtungen aufgrund der gesetzlichen oder allgemein zivilrechtlichen Vorschriften ausgesetzt sein[193].

b) Prospektverantwortlichkeit und Haftung der Konsortialmitglieder

120 Soweit Prospekte unrichtig oder unvollständig sind, können die Prospektverantwortlichen den Anlegern im Rahmen der Prospekthaftungsansprüche verpflichtet sein[194]. Die Verantwortung für einen Prospekt übernehmen nach den Vorschriften des VerkaufsprospektG, des BörsG bzw. des KAGG und des AuslInvG die Unterzeichner des Prospektes.

121 Erstellt wird der Verkaufs- bzw. Börseneinführungsprospekt nach der in Deutschland üblichen Praxis von dem Konsortialführer in Zusammenarbeit mit dem Emittenten. Regelmäßig trägt im Innenverhältnis zwischen dem Konsortium und dem Emittenten der Emittent die Prospektverantwortung[195]. Häufig ist bei Fremdemissionen der Emittent im Falle von Prospekthaftungsansprüchen jedoch insolvent. Für den Anleger ist in diesen Fällen die Prospekthaftung des Emissionskonsortiums von besonderer Bedeutung. Durch Mitunterzeichnung des Prospektes übernehmen sämtliche Konsortialmitglieder die Mithaftung für diesen Prospekt[196]. Innerhalb des Konsortiums ist regelmäßig der Konsortialführer für die Fehlerfreiheit des Prospektes verantwortlich[197].

VI. Ausgewählte Aspekte internationaler Emissionen

1. Grenzen von Rechtswahlklauseln bei Forderungsrechten

122 Mit der Erklärung vom 12. April 1985[198], ergänzt durch die Erklärung vom 20. Februar 1986[199] begründete die Deutsche Bundesbank die »Restliberalisierung« des deutschen Geld- und Kapitalmarktes. Durch diese Erklärungen wurden eine Vielzahl von wichtigen Tätigkeitshemmnissen der Kapitalmarktteilnehmer beseitigt und insbesondere der Zugang von ausländischen Emissionsinstituten zum deutschen Kapitalmarkt erleichtert. Weitere Einschränkungen wurden mit der Erklärung vom 20. Juni 1989[200] aufgehoben. Von den danach noch verbliebenen Hemmnissen

---

193 Vgl. dazu oben III 2 c) sowie Assmann, in: Assmann/Schütze (Hrsg.), Hdb. KapitalanlR, 2. Aufl., 1996, § 7; de Meo, S. 196 ff.; Hopt, Verantwortlichkeit, Rz. 123 ff.; Kümpel, Bank- und Kapitalmarktrecht, 11.155 ff., 11.170 ff.; OLG Frankfurt DB 1994, 416 ff.; v. Westphalen, BB 1994, 85 ff.
194 Vgl. im einzelnen Kümpel, Bank- und Kapitalmarktrecht, 11.178 ff. m.w.N.
195 Vgl. dazu oben III 2 c) bb).
196 Vgl. Hopt, Verantwortlichkeit, Rz. 118 ff. m.w.N.
197 Vgl. oben II 2 b) dd).
198 BAnz. Nr. 74/1985, S. 3958 = Monatsbericht der Deutschen Bundesbank Nr. 7/1985, S. 13 ff.
199 WM 1986, 540.
200 Vgl. Monatsbericht der Deutschen Bundesbank Nr. 7/1989, S. 16 ff.

wurden die meisten durch die Erklärung der Deutschen Bundesbank vom 3. Juli 1992[201] beendet. Gem. dieser letzten Erklärung verbleibt es für DM-Emissionen bei dem sog. »Verankerungsprinzip«, demzufolge der Markt für DM-Emissionen im Inland verankert bleiben soll. In der Konsequenz sollen DM-Wertpapiere nur unter der Konsortialführung eines deutschen Kreditinstitutes begeben werden[202]. Die Erklärung enthält jedoch nicht mehr den vormals geäußerten Wunsch der Bundesbank, daß DM-Emissionen ausländischer Schuldner deutschem Recht unterworfen sein müssen.

Die Erklärungen der Bundesbank werden überwiegend als mit den verfassungs- und verwaltungsrechtlichen Vorgaben für die Bundesbank im Einklang stehend angesehen[203]. Die Aufgabe des Erfordernisses, daß DM-Auslandsemissionen deutschem Recht unterworfen werden, hing mit einer veränderten Auffassung der Deutschen Bundesbank über ihre Rolle im Rahmen des Kapitalmarktes zusammen. Den Erklärungen aus den Jahren 1985 und 1986 lag die Vorstellung zugrunde, daß es im Sinne eines Schutzes deutscher Anleger erforderlich sei, daß DM-Auslandsemissionen deutschem Recht unterliegen, damit der deutsche Anleger von der Notwendigkeit enthoben wird, seine Rechte und Pflichten unter der Geltung ausländischer Rechtsordnungen feststellen lassen zu müssen. Mit der Aufgabe dieser Haltung durch die Bundesbank im Jahre 1992 wird dokumentiert, daß sie die Rolle des Anlegerschutzes nunmehr anderen Kapitalmarktinstitutionen zuweist. 123

Nach Aufgabe dieses informellen und rechtlich nicht bindenden, jedoch allgemein befolgten »Wunsches« der Deutschen Bundesbank stellte sich erstmals die Frage, wie ganz oder teilweise[204] ausländischen Rechtsordnungen unterworfene DM-Auslandsanleihen[205] bei einem öffentlichen Vertrieb in Deutschland zu behandeln sind. Durch das Gesetz zur Neuregelung des IPR wurde Art. 27 EGBGB neu gefaßt, der dem Grundsatz der freien Rechtswahl weitestgehend Anwendung verschafft[206]. Von den 124

---

201 WM 1992, 1211.
202 Die Vereinbarkeit dieser Erklärung mit der EG-Wertpapierdienstleistungsrichtlinie erscheint fraglich; da die Erklärung jedoch ohnehin rechtlich nicht bindend und mit Einführung des Euro gegenstandslos ist, soll die Frage hier dahinstehen.
203 Vgl. Gramlich, RIW 1987, S. 31 ff.
204 Gelegentlich sind gespaltene Rechtswahlklauseln anzutreffen, die z.B. grundsätzlich deutsches Recht für anwendbar erklären, bestimmte Fragen (wie etwa die Vollstreckung gegen Staaten oder supranationale Einrichtungen oder auch die Vollstreckung gegen nichtstaatliche Emittenten bei Nachrangigkeit der Verbindlichkeiten aus den emittierten Wertpapieren) jedoch der Rechtsordnung des Emittenten vorbehalten.
205 Für Emissionen ausländischer Aktien galten schon bisher die Grundsätze des internationalen Gesellschaftsrechts, das regelmäßig auf das Recht des Sitzlandes der emittierenden Gesellschaft verweist, vgl. Hopt, in: Festschr. Lorenz, S. 413 mit Fn. 6.
206 Vgl. Martiny, in: MünchKomm., BGB, Art. 27 Rz. 1 ff.; Erman/Hohloch, BGB, Art. 27 Rz. 1 ff.

Vorschriften der Art. 27 bis 36 und damit auch dem Grundsatz der freien Rechtswahl macht Art. 37 Nr. 1 EGBGB eine Ausnahme für »Verpflichtungen aus Wechseln, Schecks und anderen Inhaber- oder Orderpapieren, sofern die Verpflichtung aus diesen anderen Wertpapieren aus deren Handelbarkeit entstehen«. Als Verpflichtungen aus Inhaberpapieren, die »aus der Handelbarkeit dieser Papiere entstehen«, werden überwiegend die genuin wertpapierrechtlichen Funktionen dieser Papiere verstanden, die alle schuldrechtlichen Verpflichtungen aus dem Wertpapier, die im Interesse seiner Verkehrsfähigkeit besonders ausgestaltet sind, umfassen sollen[207]. Für ein Orderkonnossement hat der BGH[208] einen Ausschluß einer darin enthaltenen Gerichtsstands- und Rechtswahlklausel durch Art. 37 angenommen. Daraus ist geschlossen worden, daß der Grundsatz der – nunmehr auch in AGB möglichen – freien Rechtswahl in Inhaberpapieren durch Art. 37 EGBGB aufgehoben wird. Es sollen deshalb die vor dem Gesetz zur Neuregelung des IPR geltenden Grundsätze fortgelten[209]. Auch vor 1986 galt der Grundsatz der freien Rechtswahl, der nur durch § 10 Nr. 8 AGBG eingeschränkt wurde. Mit Wirkung zum 1.9.1986 wurde jedoch § 10 Nr. 8 AGBG ersatzlos gestrichen. § 10 Nr. 8 AGBG a.F. lautete: »In allgemeinen Geschäftsbedingungen ist insbesondere unwirksam die Vereinbarung der Geltung ausländischen Rechts oder des Rechts der Deutschen Demokratischen Republik in Fällen, in denen hierfür kein anerkennenswertes Interesse besteht«. Die Streichung von § 10 Nr. 8 AGBG erfolgte durch das Gesetz zur Neuregelung des IPR, das das EG-Übereinkommen über das auf vertragliche Schuldverhältnisse anzuwendende Recht in deutsches Recht umsetzt.

125   Problematisch ist, welche Konsequenzen sich aus der Aufhebung des Grundsatzes der freien Rechtswahl für Inhaberpapiere nach gleichzeitiger Abschaffung von § 10 Nr. 8 AGBG ergeben[210]. Einerseits sollen die vor dem Gesetz zur Neuregelung des IPR von der Rechtsprechung und Lehre entwickelten Grundsätzes fortgelten[211]. Andererseits ist streitig, ob insoweit auch der nur für vor dem 1.9.1986 geschlossene Verträge geltende § 10 Nr. 8 AGBG Anwendung findet. Zum Teil wird die Auffassung vertreten, daß auch bei einer Nichtanwendung von § 10 Nr. 8 AGBG die allgemeinen Grundsätze gem. § 242 BGB zu einem entsprechenden Ergebnis führen. Im Rahmen einer unmittelbaren Anwendung von § 10 Nr. 8 AGBG bzw. einer Herleitung aus allgemeinen Grundsätzen wird daher

---

207 Begr. RegE, BT-Drucks. 10/504, S. 84; Erman/Hohloch, BGB, Art. 37 Rz. 3; Martiny, in: MünchKomm., BGB, Art. 37 Rz. 13 ff. m.w.N.
208 BGHZ 99, 207 ff. = NJW 1987, 1145 ff.; kritisch Abraham, WuB VII A § 38 ZPO 1.87.
209 BGHZ 99, 207 ff. = BGH NJW 1987, 1145 ff.; BGHZ 104, 145 ff. = BGH ZIP 1988, 833.
210 Das Problem stellt sich jedoch nicht, wenn man mit einer Mindermeinung das AGBG auf Anleihebedingungen für nicht anwendbar hält, vgl. dazu oben IV 1 a) aa).
211 Ferid, IPR, § 6 Rz. 62; Martiny, in: MünchKomm., BGB, Art. 37 Rz. 15; Erman/Hohloch, BGB, Art. 37 Rz. 3.

von der wohl überwiegenden Meinung gefordert, daß für eine ausländisches Recht wählende AGB-Klausel ein »anerkennenswertes Interesse« erforderlich sei. Dieses dürfte jedenfalls dann gegeben sein, wenn eine Emission international, d.h. gleichzeitig in verschiedenen Jurisdiktionen plaziert werden soll und der Emittent diese aus Gründen der Handhabbarkeit nicht verschiedenen Rechten unterwerfen möchte[212]. Ob ein anerkennenswertes Interesse auch bei Emissionen besteht, die von einem ausländischen Emittenten ausschließlich oder ganz überwiegend in Deutschland plaziert werden, erscheint zweifelhaft.

Ist die vom Emittenten getroffene Wahl ausländischen Rechts nach deutschem EGBGB wirksam, ist ihre Wirksamkeit nach Art. 31 Abs. 1 EGBGB nach dem gewählten Recht zu beurteilen. Ist die Rechtswahl auch nach dem gewählten Recht wirksam, sind die Vorschriften des AGBG nach § 12 AGBG gleichwohl anwendbar, wenn »der Vertrag aufgrund eines öffentlichen Angebots, einer öffentlichen Werbung oder einer ähnlichen im Geltungsbereich des AGBG entfalteten geschäftlichen Tätigkeit des Verwenders zustande kommt und der andere Vertragsteil, also der Verbraucher, bei Abgabe seiner auf den Vertragsschluß gerichteten Erklärung seinen Wohnsitz oder gewöhnlichen Aufenthalt im Geltungsbereich des AGBG hat und seine Willenserklärung im Geltungsbereich dieses Gesetzes abgibt«. Im Rahmen der Anwendung von § 12 AGBG[213] ist streitig, ob Wertpapiere als »ausländischem Recht unterliegende Verträge« im Sinne des § 12 AGBG zu verstehen sind und welche Konsequenzen sich im Falle der Bejahung daraus ergeben. Überwiegend wird angenommen, daß durch § 12 AGBG zwar nicht die Rechtswahl rückgängig gemacht werden kann, jedoch die übrigen AGB am AGBG zu messen sind[214]. Soweit aufgrund von § 12 AGBG ausländischem Recht unterworfene AGB unwirksam sind, ist wiederum streitig, ob die hierdurch im Vertrag entstehenden Lücken entsprechend dem ausländischen Recht oder dem deutschen Recht zu schließen sind[215]. Es steht zu vermuten, daß eine Reihe der insb. in englischen Anleihebedingungen verwendeten Klauseln einer Prüfung anhand von § 12 AGBG nicht standhalten würden, da sie für deutsche Kleinanleger überraschend i.S.v. § 3 AGBG sind.

126

Der Wertpapierverkaufsprospekt muß nach §§ 2 Abs. 1 S. 3 VerkaufsprospektVO, 7 Abs. 2 VerkaufsprospektG und der Börseneinführungsprospekt nach §§ 13 Abs. 1 S. 3 BörsenzulassungsVO, 38 Abs. 1 BörsG in deutscher Sprache abgefaßt werden. Eine dies ausdrücklich auch für die

127

---

212 So auch Gruson/Harrer, ZBB 1996, 37, 39.
213 Zur Neufassung von § 12 AGBG vgl. Eckert, ZIP 1996, 1238, 1240 f.
214 Lindacher, in: Wolf/Horn/Lindacher, AGBG, § 12, Rz. 14 ff.; Palandt/Heinrichs, BGB, AGBG § 12, Rz. 5 f.; Gruson/Harrer, ZBB 1996, 37, 43 f.
215 Vgl. Lindacher, in: Wolf/Horn/Lindacher, AGBG, § 12, Rz. 19 m.w.N.

Wertpapierbedingungen vorsehende Norm besteht nicht. Es besteht jedoch weitgehend Einigkeit, daß auch die Wertpapierbedingungen dem Anleger zumindest in deutscher Übersetzung zugänglich gemacht werden müssen. Dieses Ergebnis wird z.T. aus den Einbeziehungsvoraussetzungen des § 2 AGBG, aus dem Transparenzgebot des § 9 AGBG sowie der Unklarheitenregel des § 5 AGBG hergeleitet[216]. Weitgehend besteht auch Einigkeit darüber, daß die Prospekte die Wahl eines anderen Rechts als des deutschen drucktechnisch herausstellen müssen. Streitig sind allerdings die Rechtsfolgen eines Verstoßes gegen dieses Gebot.

128 Die vorstehend nur knapp skizzierten Rechtsunsicherheiten[217] haben faktisch bewirkt, daß nur wenige deutsche Emittenten für ihre DM-Emissionen ausländisches Recht gewählt haben[218]. Häufiger anzutreffen ist es jedoch bei staatlichen Emissionen oder Emissionen supranationaler Emittenten mit erstklassigem Standing[219].

129 Die Problematik der Rechtswahl bei im Inland vertriebenen ausländischen Emissionen stellt sich nicht bei der Emission von Mitgliedschaftsrechten. Diese unterliegen nach den Grundsätzen des internationalen Gesellschaftsrechts der Rechtsordnung des Emittenten.

2. Nationale Vertriebsvorschriften und internationale Konsortien

130 Schwierige und vielfach noch nicht endgültig geklärte Rechtsfragen ergeben sich im Rahmen der Konstituierung und Tätigkeit internationaler Konsortien. So kann z. B. die kollisionsrechtliche Behandlung internationaler Konsortien nicht als abschließend geklärt angesehen werden. Bisher wurden internationale Konsortien ebenso wie nationale als Gesellschaften Bürgerlichen Rechts angesehen. Eine solche Einordnung hätte grundsätzlich eine Qualifikation nach Kriterien des internationalen Gesellschaftsrechts zur Folge mit der Konsequenz, daß sich das anwendbare Recht nach dem Ort des Sitzes ihrer tatsächlichen Verwaltung, also der des Konsortialführers, richtete[220]. Weitere Konsequenz wäre, daß bei internationalen Konsortien keine abweichende Rechtswahl getroffen werden könnte. Wegen der damit verbundenen Unzulänglichkeiten will die h.L. Bankenkonsortien trotz ihrer Qualifikation als Gesellschaft bürgerlichen Rechts

---

216 Vgl. Gruson/Harrer, ZBB 1996, 37, 44 m.w.N.
217 Zu einigen weiteren vgl. Gruson/Harrer, ZBB 1996, 37, 44 f.
218 Insb. ist dies bei Multi-Currency Debt Issuance Programs, der Weiterentwicklung der Medium Term Note Programs, zu beobachten, die jedoch fast ausschließlich bei institutionellen Anlegern plaziert werden.
219 So z.B. das Königreich Schweden mit DM 2,5 Mrd. 8 % Inhaber-Teilschuldverschreibungen 1992/1997, das seine Anleihebedingungen der Geltung englischen Rechts unterworfen hat.
220 So insb. Ebenroth, JZ 1986, 731 ff.; ders., in: MünchKomm., BGB, nach Art. 10 Rz. 92 f. m.w.N.; Großfeld, in: Staudinger, BGB, Int. GesR. Rz. 714; König, S. 43 ff.;

dem Vertragsstatut unterwerfen und sie damit einer Rechtswahl zugänglich machen[221].

Von ebenso großer Bedeutung sind die Fragen, die sich aus den nationalen Vertriebsvorschriften für internationale Emissionen ergeben. Unabhängig von den Fragen der Prospekthaftung stellt sich den Mitgliedern eines internationalen Emissionskonsortiums zunächst die Frage, welchen Prospektanforderungen der Emissions- oder Börseneinführungsprospekt jeweils genügen muß und welchen Verhaltensmaßnahmen sie beim Vertrieb unterliegen[222]. Grundsätzlich müssen internationale Emissionen den Anforderungen sämtlicher Rechte genügen, in denen das erstmalige öffentliche oder nichtöffentliche (Private Placement) Angebot vorgenommen wird. Dies hat zur Konsequenz, daß diverse Vorschriften zu verschiedensten Fragen in unterschiedlichen Jurisdiktionen beachtet werden müssen. Bei der Prospekterstellung sind die unterschiedlichen Vorschriften über die Buchführung und Bilanzierung zu beachten, bei dem erstmaligen öffentlichen Angebot aufsichtsrechtliche Registrierungs- und Mitteilungsverpflichtungen mit unterschiedlichen Vorschriften über Käufe bzw. Verkäufe während der Angebotsperiode sowie diverse Einschränkungen hinsichtlich der Zeit nach dem Ablauf der Angebotsperiode, insb. bezüglich Verkäufen über die Grenze. Während durch die EG-Richtlinien über Emissions- und Börseneinführungsprospekte und deren wechselseitiger Anerkennung eine gewisse Erleichterung eingetreten ist, gilt dies nicht für internationale Emissionen unter Einbeziehung so wesentlicher Kapitalmärkte wie der der USA, Japans und Kanadas. Die hiermit zusammenhängenden Fragen können hier nicht umfassend erörtert werden[223]. Vielfach wird versucht, die Notwendigkeit der Beachtung sämtlicher Rechte aller angesprochenen Kapitalmärkte zu vermeiden durch Ausschluß bestimmter Kapitalmärkte von Emissionen durch Regelung im Konsortialvertrag und Übernahmevertrag, der Nutzung von Ausnahmevorschriften wie z.B. für Private Placements oder etwa der Rule 144 A des U.S. Securities Act oder aber der Nutzung von Anerkennungen, insb. von Prospekten, die von einer Behörde eines Staates akzeptiert wurden, in einem anderen Staat. Innerhalb der EG ist die Notwendigkeit, auf derartige Maßnahmen auszuweichen, abgebaut worden durch eine Reihe von EG-Richtlinien, die in wichtigen Bereichen für internationale Emissionen

131

---

221 Horn, S. 146; Martiny, in: MünchKomm., BGB, Art. 28 EGBGB Rz. 135; Hopt, in: Festschr. Lorenz, S. 413, 416; ders., Verantwortlichkeit, Rz. 225; Schücking, WM 1996, 281, 285 ff. (Kollisionsrechtl. Qualifikation wie Austauschverträge).
222 Vgl. Baums, in: Festschr. P. Raisch, S. 211, 217 ff. m.w.N.
223 Vgl. den sehr knappen Überblick bei Hopt, Verantwortlichkeit, Rz. 226 ff.; Kiel, S. 89 ff., 141 ff. zum U.S.-Kollisionsrecht; Baum/Breidenbach, WM 1990, Sonderbeilage, S. 1 ff.; Baums, in: Festschr. P. Raisch, S. 211 ff.

das Recht der Staaten vereinheitlicht haben[224]. Zu nennen sind hier insb. die EG-Richtlinie über Börsenzulassungen[225], die Richtlinie zur Koordinierung der Bedingungen für die Erstellung, die Kontrolle und die Verbreitung des Prospektes, der für die Zulassung von Wertpapieren zur amtlichen Notierung an einer Wertpapierbörse zu veröffentlichen ist[226], die Zwischenberichtsrichtlinie[227], die EG-Richtlinie über die gegenseitige Anerkennung von Börseneinführungsprospekten[228], die Wertpapierverkaufsprospektrichtlinie[229] sowie die Richtlinie über die gegenseitige Anerkennung von Prospekten[230].

3. Prospekthaftung bei internationalen Emissionen

132 Sozusagen die Kehrseite des Bemühens des internationalen Emissionskonsortiums, die Vorschriften der nationalen Kapitalmärkte über Prospekte und Vertrieb zu beachten, ist die Haftung für den Wertpapierverkaufsprospekt bzw. Börseneinführungsprospekt. Die sich hier stellenden Fragen sind jedoch nicht völlig deckungsgleich mit den vorstehend erörterten Fragen. Ein Wertpapierverkaufsprospekt kann auch in einen Kapitalmarkt geraten, der ursprünglich nicht als Zielmarkt für die Plazierung einer Emission gedacht war. In einem solchen Falle stellt sich mit besonderer Schärfe die Frage, nach welchem Recht sich die Prospekthaftung im einzelnen richtet[231].

133 Die Frage des anwendbaren Rechts bei international verwandten Prospekten ist lebhaft umstritten. Die herrschende Meinung knüpft eine

---

224 Vgl. zu den zugrundeliegenden Konzepten und den Entwicklungslinien umfassend Grundmann, ZSR 115 (1996) 103 ff.
225 Richtlinie 79/279/EWG v. 5.3.1979 zur Koordinierung der Bedingungen für die Zulassung von Wertpapieren zur amtlichen Notierung an einer Wertpapierbörse, ABl. der EG Nr. L 66 v. 16.3.1979, S. 21 ff.
226 Richtlinie 80/390/EWG v. 17.3.1980, ABl. der EG Nr. L 100 v. 17.4.1980, S. 1.
227 Richtlinie 82/121/EWG v. 15.2.1982 über regelmäßige Informationen, die von Gesellschaften zu veröffentlichen sind, deren Aktien zur amtlichen Notierung an einer Wertpapierbörse zugelassen sind, ABl. der EG Nr. L 48 v. 20.2.1982, S. 26.
228 Richtlinie 87/345/EWG v. 22.6.1987 zur Änderung der Richtlinie 80/390/EWG zur Koordinierung der Bedingungen für die Erstellung, die Kontrolle und die Verbreitung des Prospektes, der für die Zulassung von Wertpapieren zur amtlichen Notierung an einer Wertpapierbörse zu veröffentlichen ist, ABl. der EG Nr. L 185 v. 4.7.1987, S. 81 ff.
229 Richtlinie 89/298/EWG v. 17.4.1989 zur Koordinierung der Bedingungen für die Erstellung, Kontrolle und Verbreitung des Prospektes, der im Falle öffentlicher Angebote von Wertpapieren zu veröffentlichen ist, ABl. der EG Nr. L 124 v. 5.5.1989, S. 8.
230 Richtlinie 90/211/EWG v. 23.4.1990 zur Änderung der Richtlinie 80/390/EWG hinsichtlich der gegenseitigen Anerkennung der Prospekte für öffentliche Angebote als Börsenprospekt, ABl. der EG Nr. L 112 v. 3.5.1990, S. 24 ff.
231 Z.B. erlangt ein deutscher Anleger bei einer USA-Reise Kenntnis von einer internationalen Emission, die auf den Märkten in den USA, Japan und Großbritanien vertrieben wird. Nach Rückkehr nach Deutschland besorgt er sich über eine Tochtergesellschaft einer englischen oder amerikanischen Bank den Verkaufsprospekt und erwirbt die Wertpapiere.

Haftung aufgrund von Prospekten nicht einheitlich an, sondern differenziert entsprechend der dogmatischen Einordnung der Prospekthaftungsansprüche als Ansprüche aus Gesetz (börsen-, vertriebs- bzw. kapitalmarktrechtlichen Prospekthaftungsvorschriften) bzw. allgemeine zivilrechtliche Prospekthaftungsansprüche[232]. Demgegenüber will eine im Vordringen befindliche Auffassung eine Anknüpfung an den Marktort unabhängig von den rechtlichen Einzelausprägungen der Prospekthaftung vornehmen[233]. »Markt« ist dabei als der Ausgabeort für den Prospekt zu verstehen[234]. Die Anknüpfung an das Recht des Marktortes soll dabei nicht Vertrags-, Delikts- oder Gesellschaftsstatut verdrängen, sondern zur Lükkenfüllung ergänzend herangezogen werden.

4. Internationale Vereinheitlichungsbestrebungen

Die Vielzahl der bei internationalen Emissionen auftretenden Probleme ruft geradezu nach einer Vereinheitlichung und Klärung wenigstens der wichtigsten Fragen. Diese Aufgabe hat sich die International Primary Market Association (IPMA), eine Vereinigung von über 100 im Emissions- und Konsortialgeschäft tätigen Banken, gesetzt. Sie gibt regelmäßig aktualisierte »Recommendations« heraus, auf die die in diesem Geschäft tätigen Banken rekurrieren können, ohne die Einzelheiten von Verträgen zeitraubend aushandeln zu müssen. Die Empfehlungen erstrecken sich auf die Ausgestaltung sowohl der emittierten Wertpapiere als auch des Konsortialvertrages zwischen den Konsortialmitgliedern und des zwischen Emittent und Konsortium geschlossenen Übernahmevertrages. Z.T. weichen die Empfehlungen nicht unerheblich von den deutschen Gepflogenheiten ab. So sieht z.B. der Konsortialvertrag ausdrücklich eine Haftung der übrigen Konsorten für einen fallierenden Konsorten vor, die anteilige Haftung für Verluste aus Marktstabilisierungstransaktionen des Konsortialführers[235] sowie die ausdrückliche Negierung des Abschlusses eines Gesellschaftsvertrages (none of the provisions ... shall constitute or be deemed to constitute a partnership or joint venture between the Managers). Als force majeur Klauseln[236] stellt die IPMA eine weiter und eine enger gefaßte vor, die jedoch beide nur dem Konsortialführer, handelnd im Namen des Konsortiums, ein Rücktrittsrecht einräumen.

134

---

232 Schütze, in: Assmann/Schütze (Hrsg.), Hdb. KapitalanlR, 2. Aufl., 1996, § 10 Rz. 17 ff. m.w.N.; Martiny, in: Reithmann/Martiny, Internationales Vertragsrecht, Rz. 181.
233 So insb. Grundmann, RabelsZ 54 (1990), 283 ff.; Kiel, S. 185 f., 245 ff., 254 f., 298 – dazu Reich, WM 1995, 1776 ff.; Hopt, Verantwortlichkeit, Rz. 242; ders., in: Festschr. Lorenz, S. 413, 416 ff.; Schücking, WM 1996, 281, 284.
234 Hopt, in: Festschr. Lorenz, S. 413, 419 m.w.N.
235 Zu Kurspflegemaßnahmen vgl. oben III 2 g).
236 Vgl. dazu oben II 2 f) und III 2 e).

Sachregister

A

Abhandengekommene Schecks
- Abhandenkommen 4, 295 ff.
- Kundenhaftung 4, 303 ff.
- Schecksperre 4, 309 ff.
- Sonderbedingungen für Wertpapiergeschäfte 11, 22 ff.
- Anleihebedingungen 15, 96 ff.

AGB/B
- AGB/B (93) 1, 12 ff.
- AGB-Sparkassen 1993 1, 12 ff.
- Änderungen 1, 27
- Anleihebedingungen 15, 96 ff.
- Aufrechnungsbefugnis 1, 39
- Bankauskunft 1, 31 ff.
- Bankgeheimnis 1, 30
- Deckungsgrenze 1, 117 ff.
- Einbeziehungsvoraussetzungen 1, 17 ff.
- Einlagensicherungsfonds 1, 129
- Einzugsaufträge 1, 67
- Fremdwährungskonten 1, 71 ff.
- Geltungsbereich 1, 26
- Gerichtsstand für Auslandskunden 1, 50
- Gerichtsstand für Inlandskunden 1, 49
- Geschäftsverbindung 1, 14
- gesicherte Ansprüche der Bank 1, 115
- Haftungsgrundsätze 1, 35
- Kontoführung 1, 56
- Kosten der Bankdienstleistungen 1, 87 ff.
- Kündigungsrechte der Bank 1, 124
- Kündigungsrechte des Kunden 1, 122 f.
- Lastschriften 1, 68
- Mitwirkungspflichten 1, 78 ff.
- Pfandrecht zugunsten der Bank 1, 105 ff.
- Rechnungsabschlüsse 1, 56 ff.
- Sicherheiten 1, 98 ff.
- Sicherungsabtretung 1, 113
- Sicherungsübereignung 1, 112
- Sonderbedingungen für Wertpapiergeschäfte 11, 22 ff.
- Storno- und Berichtigungsbuchungen 1, 61 ff.
- Unangemessenheitskontrolle 1, 15
- Verfügungsberechtigung 1, 43
- Verwertung von Sicherheiten 1, 120 ff.
- Abbuchungsauftragsverfahren 4, 212 ff.
- AGB/B (88) 1, 129a

Akkreditivgeschäft
- Akkreditivauftraggeber 10, 8 ff.
- Akkreditivempfänger 10, 16
- Avisbank 10, 11
- Dokumentenstrenge 10, 12
- Einwendungsausschluß 10, 17 ff.
- Grundlagen 10, 1 ff.
- Letter of credit 10, 27
- Übertragung 10, 23

Akzeptkredit 9, 9

Anlageberatung
- Abgrenzung zur Anlagevermittlung 11, 60
- Abgrenzung zur Vermögensverwaltung 11, 61; 12, 27 ff.
- Anlegergerechte Beratung 11, 77 ff.
- Aufklärungs- und Beratungspflichten 11, 71 ff.
- Dienstleistung 11, 59 ff.
- Empfehlungsverbote 11, 82 ff.
- Form 11, 94 ff.

Sachregister

- Haftung für fehlerhafte 11, 98 ff.
- Informationsbedarf 11, 80 f.
- Insiderwissen 11, 91 ff.
- Interessenkonflikte 11, 84 ff.
- Kenntnis des Kunden 11, 73 ff.
- Know your customer 11, 71; 11, 75
- Know your merchandise 11, 71
- Objektgerechte Beratung 11, 77 ff.
- Produktkenntnis 11, 76 ff.
- Rechtsgrundlagen 11, 62 ff.
- Verhaltenspflichten 11, 66; 11, 85
- Wertpapierdienstleistung 11, 67 ff.
- Wohlverhaltensregeln 11, 69 f.

Anlagerichtlinien 12, 39 ff.

Anlegergerechte Beratung 1, 7, 11, 77 ff.

Anlegerschutz
- Börsentermingeschäfte 13, 37 ff.

Anlegerschutzprinzip 1, 7

Anleihebedingungen
- Änderung 15, 87 ff.; 15, 105 f.
- AGB-Charakter 15, 96 ff.

Aufklärungs- und Beratungspflichten
- Anlageberatung 11, 71 ff.
- Börsentermingeschäfte 13, 37 f.; 13, 50; 13, 78 ff.
- Konsortialgeschäft 15, 43; 15, 93 ff.; 15, 111
- Kurspflege 11, 89; 15, 90 ff.
- Marktstandards 11, 71; 15, 45
- Vermögensverwaltung 12, 34 ff.; 12, 43
- Wertpapierleihe 14, 118 f.; 14, 124

Auslandsaufbewahrung von Effekten 11, 133 ff.; 11, 137

Auslandsscheck 4, 290

Automatisierte Zahlungssysteme
- Btx 5, 28 ff.
- ec-Abrede 5, 2 ff.
- ec-Geldautomatensystem 5, 1 ff.
- ec-Kartenmißbrauch 5, 4 ff., 24
- edc/Maestro 5, 19
- electronic-cash-System 5, 13 ff.

- POZ-System 5, 27
- Strafbarkeitshinweise 5, 11 ff.

B

Bank
- Banca 2, 41
- Bank of England 2, 77 ff.
- Bundesbank 2, 78 ff.
- Kreditwesen in Rom 2, 44 ff.
- Staatsbank 2, 42
- Trapezai 2, 41

Bankauskunft
- Grundsätze 1, 166
- Haftung 1, 168 ff.

Bankenaufsicht 2, 93 ff.

Bankgeheimnis
- Begriff und Funktion 1, 134 ff.
- Geldwäsche 1, 149
- geschützter Personenkreis 1, 143
- Grenzen 1, 144 ff.
- Güterabwägung 1, 159 ff.
- historischer Hintergrund 1, 136
- Interessenkollision 1, 159 ff.
- Rechtsfolgen 1, 165 ff.
- Steuerrecht 1, 151
- Wertpapierhandelsgesetz 1, 156
- Wirkung und Rechtsnatur 1, 138

Bankgeschäfte
- Akkreditivgeschäft 10, 1 ff.
- Automatisierte Zahlungssysteme 5, 1 ff.
- Einlagengeschäft 2, 109
- Entwicklung 2, 107 ff.
- Garantiegeschäft 10, 35 ff.
- Geldwechselgeschäft 2, 110
- Girogeschäft 2, 111 ff.
- Kreditgeschäft 2, 119; 7, 1 ff.
- Kreditkartengeschäft 6, 1 ff.
- Verbraucherkredit 8, 1 ff.

Banknote 2, 64 ff., 75 ff.

Bankrecht
- Allgemeine Geschäftsbedingungen 1, 12 ff.

Sachregister

- funktionaler Begriff **1**, 1 ff.; **2** 16 ff.
- geschichtliche Entwicklungslinien **2**, 1 ff.
- institutioneller Begriff **1**, 1 ff.
- Kanonisches Zinsverbot **2**, 54 ff.
- Rechtsquellen **1**, 11

Bankvertrag 1, 130 ff.

Bankwesen
- Bankenaufsicht **2**, 93 ff.
- Bundesbank **2**, 78 ff.
- Entstehung und Entwicklung **2**, 31
- Entwicklungsgeschichte **1**, 2
- frühe Hochkulturen **2**, 37 ff.
- geschichtliche Entwicklungslinien **2**, 1 ff.
- Kanonisches Zinsverbot **2**, 54 ff.
- Kipper und Wipper **2**, 67
- Mittelalter **2**, 47 ff.
- Moderne **2**, 66 ff.
- Privatbankhäuser **2**, 68
- Rom **2**, 44 ff.
- Trennbanksystem **2**, 99 ff.
- Universalbank **2**, 99 ff.

Banque de France 2, 84
Belegloser Zahlungsverkehr 4, 92
Benachrichtigungspflichten 11, 150 ff.

Bereicherungsausgleich
- Anweisungsmängel **4**, 157 ff.
- Deckungsverhältnis **4**, 149 ff.
- Doppelgutschrift **4**, 161 ff.
- Fälschung **4**, 162 ff.
- Lastschriftverfahren **4**, 252 ff.
- Scheckgeschäft **4**, 314 ff.
- sittenwidrige Darlehen **7**, 165 ff.
- Stornorecht **4**, 170 ff.
- Überweisung **4**, 145
- Valutaverhältnis **4**, 154 ff.
- widerrufene Anweisung **4**, 164 ff.

Bereitstellungszinsen 7, 39
Blockorder 11, 28
Bond-Entscheidung 11, 77 f.
Bookbuilding 15, 74

Börsentermingeschäft
- Anlegerschutz **13**, 37 ff.
- Arten **13**, 11
- Außerbörsliche **13**, 11; **13**, 29
- Bankaufsichtsrecht **13**, 21 f.
- Begriff **13**, 25 ff.; **13**, 38 ff.
- Börsengesetznovelle **13**, 10
- Definition **13**, 3 ff.; **13**, 25 ff.; **13**, 38
- Differenzgeschäfte **13**, 26; **13**, 33 ff.; **13**, 40; **13**, 44
- Devisentermingeschäft **14**, 61
- Einsatzmöglichkeiten **13**, 16 ff.
- Finanzinnovationen **13**, 12
- Future-Geschäfte **13**, 12; **13**, 47
- Leerverkäufe **13**, 29; **13**, 52
- Konkurs **14**, 67 ff.
- Optionsgeschäfte **13**, 12; **13**, 48 f.
- Optionsscheine **13**, 29; **13**, 50 f.
- Over-The-Counter-Geschäfte **13**, 11; **13**, 52
- Rechtsbegriff **13**, 31 ff.
- Risiken **13**, 18 ff.
- Short Sales **13**, 52; **14**, 111 f.
- Spekulationsregister **13**, 4
- Swaps **13**, 52; **14**, 42 ff.
- Terminmarkt **13**, 34 ff.
- Typus **13**, 31 ff.
- Ursprung **13**, 1 ff.
- Verbotene **13**, 53 ff.
- Warentermingeschäfte **13**, 14; **13**, 75
- Wertpapieraufsichtsrecht **13**, 23 f.
- Wertpapierleihe **14**, 111 f.
- Wiedereinführung **13**, 8 f.

Börsentermingeschäftsfähigkeit
- Bedeutung **13**, 20; **13**, 36 ff.; **13**, 57
- Begriff **13**, 57 ff.
- Dauer **13**, 73 f.
- Gemeinschaftskonto **13**, 68
- Kraft Gesetzes **13**, 57 ff.
- Kraft Information **13**, 61 ff.
- Minderjährige **13**, 69
- Stellvertretung bei Erlangung **13**, 70

- Stellvertretung bei Abschluß 13, 71
- Testamentsvollstrecker 13, 69
- Warentermingeschäfte 13, 75
- Zeitpunkt 13, 72

Börsenzulassungsprospekt 15, 50 ff.
Btx 5, 28
Buchführung 2, 45
Bundesbank 2, 78 ff.
Bundesdatenschutzgesetz 1, 170 ff.

C

Cap 14, 78 ff.
Collar 14, 82 f.

D

Darlehensvertrag
- Begriff 7, 11 ff.
- Bereicherungsausgleich 7, 165
- Kreditkündigung 7, 168 ff.
- Mithaftung 7, 157
- Nichtigkeit 7, 133 ff.
- Rechtskraft 7, 148 ff.
- Rechtsnatur 7, 15 ff.
- Sittenwidrigkeit 7, 136 ff.
- Umschuldung 7, 145 ff.
- Verbraucherkredit 8, 1 ff.
- Verjährung 7, 152 ff.

Datenschutz 1, 170 ff.
Depositenbanken 2, 83
Depositengeschäft 3, 6
Depotgeschäft
- Abgrenzung zur Vermögensverwaltung 12, 12
- Auslandsaufbewahrung 11, 133 ff.; 11, 137
- Benachrichtigungspflichten 11, 150 ff.
- Besitzstufungen 11, 112 ff.
- Drei-Punkte-Erklärung 11, 136
- Effektengiroverkehr, grenzüberschreitender 11, 131
- Girosammelverwahrung 11, 108 ff.; 11, 118 ff.; 11, 123 ff.
- Globalurkunde 11, 125 ff.
- Inkasso von Wertpapieren 11, 141
- Konkursschutz 11, 119 ff.
- Pfandrecht der Depotbank 11, 161
- Pflichten der Depotbank 11, 138 ff.
- Schrankfach 11, 105
- Schuldbuchforderung 11, 127 ff.
- Streifbandverwahrung 11, 132
- Unregelmäßige Verwahrung 11, 106; 12, 21
- Verwahrformen 11, 108 ff.
- Verwahrverhältnis 11, 102 ff.
- Wertpapiersammelbank 11, 109

Depotstimmrecht 11, 156 ff.; 204
Deutsche Bank 2, 69
Deutsche Bundesbank 2, 87
Deutscher Kassenverein AG 11, 46; 11, 109; 14, 113 ff.
Devisentermingeschäft 14, 6
Differenzgeschäft
- Börsentermingeschäft 13, 26; 13, 33 ff.; 13, 40; 13, 44
- Zinsswaps 14, 28 ff.

Disagio 7, 54 ff.
Diskontgeschäft 9, 11 ff.
Dokumentationspflichten 11, 27 ff.
Dokumenteninkasso 10, 28 ff.

E

ec-Geldautomatensystem 5, 1 ff.
edc/Maestro 5, 19
Effektengeschäft
- Anschaffung im Ausland 11, 49 ff.
- Anschaffung im Inland 11, 46 ff.
- Ausführungsplatz 11, 30
- bankmäßiges 11, 8 f.
- Blockorder 11, 28
- Definition 11, 1 ff.
- Dokumentationspflicht 11, 27 ff.
- Eigengeschäft 11, 19 ff.
- Erfüllungshaftung 11, 29

- Festpreisgeschäft **11**, 25; **11**, 35 ff.
- Kapitalmarktpapier **11**, 1
- Kommission **11**, 12 ff.; **11**, 22 ff.
- Konkursvorrecht des Bankkunden **11**, 56 ff.
- Lieferfristen **11**, 40 ff.
- Pfandrecht **11**, 51 ff.
- Präsenzhandel **11**, 31
- Rechnungslegung **11**, 26
- Verhaltenspflichten **11**, 33
- Vertragstypen **11**, 10 ff.; **11**, 22 ff.
- Wertpapier **11**, 1; **11**, 5 ff.
- Wertpapierfreies Effektensystem **11**, 3
- Zurückbehaltungsrecht **11**, 54 f.

Effektensystem, wertpapierfreies 11, 3

Effektengiroverkehr 11, 131

Effektivzins 3 7, 78 ff., 8, 83 ff.

Eigenkapital ersetzende Gesellschafterdarlehen 7, 214 ff.

Einlagengeschäft 3, 1 ff.

Einwendungsdurchgriff 8, 113 ff.

Einzugsermächtigungsverfahren 4, 208 ff.

Emissionsgeschäft siehe Konsortialgeschäft

Emissionskonsortium siehe auch Konsortialgeschäft
- Beendigung **15**, 57 ff.
- Beitragspflicht **15**, 32 ff.
- Erscheinungsformen **15**, 7 ff.
- Geschäftsführung **15**, 53
- Gesellschaftsvermögen **15**, 31
- Gesellschaftszweck **15**, 28 f
- Haftung der Konsortialmitglieder **15**, 54 ff.; **15**, 81 ff.; **15**, 108 f.; **15**, 120 f.
- Konsortialführer **15**, 42 ff.; **15**, 115
- Rechtsnatur **15**, 26 ff.; **15**, 60
- Vertretung **15**, 53 f.

Emissionsprospekt 15, 50 ff.; 15, 76 ff.; 15, 108 f.; 15, 120 f.; 15, 132 ff.

Eurocard-System 6, 31

Europäische Währungsunion 1, 10

Europäische Zentralbank 2, 91

Euroscheck
- ec-Bedingungen **4**, 385 ff.
- ec-Kartensystem **4**, 379
- Entstehung **4**, 378
- Funktionen **4**, 378
- Garantieanspruch **4**, 380 ff., 391 ff.
- Geldautomatensystem **5**, 1 ff.
- Gültigkeitseinwendungen **4**, 399
- Mißbrauch durch Dritte **4**, 412
- Rechtsmißbrauch **4**, 400
- Schadensregelung **4**, 413 ff.
- Sicherungsrechte der Bank **4**, 320 ff.

F

Factoring 2, 129

Festpreisgeschäft 11, 25; 11, 35 ff.

Finanzdienstleistungsinstitut 12, 25

Finanzinnovationen
- Begriff **14**, 1 f.
- Börsentermingeschäfte **13**, 20
- Swaps **14**, 3 ff.

Finanzkommissionsgeschäft 13, 21 f.; 15, 4

Floor 14, 81 ff.

Forward Rate Agreement 14, 84

Future-Geschäfte 13, 12; 13; 47

G

Garantiegeschäft
- Abgrenzung zur Bürgschaft **10**, 42
- Begriff **10**, 35 ff.
- Einwendungsausschluß **10**, 50
- Letter of credit **10**, 45
- rechtliche Grundlagen **10**, 39 ff.
- typische Rechtsfragen **10**, 46

Geld
- Banknote **2**, 75 ff.
- Funktionen **2**, 19 ff.
- Geldwechselgeschäft **2**, 110

1019

Sachregister

- Geldwertstabilität **2**, 24 ff.
- Giralgeld **2**, 90
- Idee des Geldes **2**, 27
- Korngeld **2**, 11
- kultischer Ursprung **2**, 4 ff.
- Mittelalter **2**, 49 ff.
- Münzen **2**, 13 ff.
- Pecunia **2**, 9
- profaner Geldbegriff **2**, 9 ff.

Geldautomatensystem 5, 1 ff.
Geldmenge 2, 78
Geldwechselgeschäft 2, 44, 110
Gerechter Preis 2, 57 ff.
Geschäftsverbindung 1, 130 ff.
Geschichtliche Entwicklungslinien
- Bankrecht **2**, 1 ff.
- Bankwesen **2**, 1 ff.
- frühgeschichtliche Grundlagen **2**, 3
- Geld **2**, 4 ff.

Giralgeld 2, 90
Girogeschäft
- Begriff **4**, 6 ff.
- Bereicherungsausgleich **4**, 144 ff.
- Entwicklung **2**, 111 ff.
- Fehler im Gironetz **4**, 107
- Historie **4**, 1 ff.
- Kontokorrentabrede **4**, 12 ff.
- Rechtsnatur **4**, 10 ff.
- Schutzwirkung für Dritte **4**, 112 ff.
- Überweisung **4**, 60 ff.

Girosammelverwahrung 11, 108 ff.; **11**, 118 ff.; **11**, 123 ff.
Globalurkunde 11, 125 ff.
Goldsmith-Bankers 2, 64
Gutschrift 4, 116 ff.
- Anspruch **4**, 117 ff.
- Bereicherungsausgleich **4**, 144 ff.
- Empfänger **4**, 127 ff.
- Rechtswirkungen **4**, 123 ff.
- Zurückweisungsrecht **4**, 178 ff.

H

Hypothekenbanken 2, 73
Hypothekenbankkredit 9, 3

I

Inlandsscheck 4, 290
Insiderinformation 2, 104
Insiderwissen 11, 91 ff.; **12**, 54
Interchange-System 6, 17
Interessenkonflikte 11, 84 ff.; **12**, 49 ff.
Irreguläre Verwahrung 3, 5
iustum pretium 2, 57 ff.

K

Kanonisches Zinsverbot 2, 54 ff.
Konsortialgeschäft
- Anleihebedingungen **15**, 87 ff.; **15**, 96 ff.; **15**, 105 f.
- Begriff **15**, 1 ff.
- Beratungspflichten **15**, 43; **15**, 93 ff.; **15**, 111
- Eigenemission **15**, 5
- Emissionskonsortien **15**, 7 ff.; **15**, 26 ff.
- Emissionsprospekt **15**, 50 ff.; **15**, 76 ff.; **15**, 108 f.
- Fremdemission **15**, 6
- Konsortialführer **15**, 42 ff; **15**, 115
- Lead Manager **15**, 42, 115
- Plazierungsmethoden **15**, 14 ff.
- Übernahmevertrag **15**, 61 ff.

Kontenwahrheit 3, 38
Kontobezeichnung 3, 35 ff.
Kontoerrichtung 3, 33
Kontoformen
- Anderkonto **3**, 29
- Eigenkonto **3**, 15
- Fremdkonto **3**, 26
- Gemeinschaftskonto **3**, 16; **13**, 68
- Konto **3**, 7 ff.
- Oder-Konto **3**, 18 ff.
- Sonderkonto **3**, 27
- Treuhandkonto **3**, 28
- Und-Konto **3**, 17

Kontoinhaber
- Abtretung **3**, 65

- Allgemeine Grundsätze **3**, 53 ff.
- Bestimmung **3**, 48 ff.
- Drittbegünstigung **3**, 58
- Girokonto **3**, 57
- im Erbfall **3**, 122
- Schenkung **3**, 65 ff.
- Sparbuch **3**, 68 ff.
- Stellvertretung **3**, 99 ff.
- Vertretungsmacht **3**, 103 ff., 111 ff.

Kontokorrent
- Abrede **4**, 12
- Bindungswirkung **4**, 19
- Funktionen **4**, 29 ff.
- Gesellschaftsrecht **4**, 46 ff.
- Novation **4**, 25 ff.
- Pfändung **4**, 50 ff.
- Pfändung in Kreditlinien **4**, 54
- Rechnungsabschluß **4**, 23
- Rechtswirkungen **4**, 17 ff.
- Saldoanerkenntnis **4**, 24
- Sicherheiten **4**, 49
- Staffelkontokorrent **4**, 52
- Stornobuchung **4**, 39 ff.
- Tagessaldo **4**, 50 ff.
- Verrechnung **4**, 21

Kontokorrentkredit 9, 1

Krediteröffnungsvertrag
- Abrufrecht **7**, 26
- Auszahlungsmodalitäten **7**, 31
- Begriff **7**, 21 ff.
- Bereitstellungszinsen **7**, 39
- Nichtabnahmeentschädigung **7**, 42
- Rechtsnatur **7**, 21 ff.
- Verbraucherkreditgesetz **7**, 37
- Zustandekommen **7**, 25 ff.

Kreditgeberrolle 3, **7**, 128 ff.

Kreditgeschäft
- Begriff **7**, 1 ff.
- besondere Geldkredite **9**, 1 ff.
- Darlehensvertrag **7**, 8 ff.
- Eigenkapital ersetzende Gesellschafterdarlehen **7**, 214 ff.
- Entstehung **7**, 4 ff.
- Entwicklung **2**, 119 ff.
- Funktionen **7**, 6 ff.
- Krediteröffnungsvertrag **7**, 21 ff.
- Kreditkündigung **3**, **7**, 168 ff.
- Kreditpreis **7**, 1 ff.
- nichtige Darlehen **7**, 133 ff.
- Schutzpflichten der Bank **7**, 96 ff.
- Verbraucherkredit **8**, 1 ff.

Kreditkartengeschäft
- Begriff **6**, 1 ff.
- Disagiovereinbarung **6**, 97
- Eurocard-System **6**, 31
- Funktion **6**, 1 ff.
- historischer Hintergrund **6**, 10
- Interchange-System **6**, 17 ff.
- Kundenkreditkarte **6**, 15
- Mißbrauch durch Dritte **6**, 66 ff.
- Rechtsmißbrauch **6**, 57
- Rechtsnatur **6**, 15
- Rechtspflichten **6**, 33 ff.
- Strafbarkeitshinweise **6**, 75 ff.
- Universalkreditkarte **6**, 17
- Valutaverhältnis **6**, 47
- wettbewerbsrechtliche Hinweise **6**, 79 ff.
- Zusatzkarten **6**, 63

Kreditkündigung
- außerordentliche Kündigung **7**, 203
- Grundsätze **7**, 169 f.
- Kündigung nach (§ 609a BGB) **7**, 195 ff.
- mißbräuchliche Kündigung **7**, 186
- ordentliche Kündigung **7**, 180
- Widerruf (§ 610 BGB) **7**, 177 ff.
- zur Unzeit **7**, 182 ff.

Kreditpreis
- Disagio **7**, 54 ff.
- Effektivzins **7**, 78 ff.
- Kosten **7**, 60 ff.
- Preisbildung **7**, 63 ff.
- Preistransparenz **7**, 74 ff.
- Sollzins **7**, 63 ff.
- Zinsanpassungsklauseln **7**, 66 ff.
- Zinsen **7**, 51 ff.

Kreditwesengesetz 2, 93 ff.

Kundenkreditkarte 6, 15
Kurspflege 11, 89; **15**, 90 ff.

L

laesio enormis 2, 62
Landeszentralbanken 2, 87 ff.
Lastschriftverfahren
- Abbuchungsauftragsverfahren **4**, 212 ff.
- Begriff **4**, 186 ff.
- Bereicherungsausgleich **4**, 252 ff.
- Einzugsermächtigungsverfahren **4**, 208 ff.
- Entwicklung **4**, 193 ff.
- Funktionen **4**, 191
- Lastschriftabrede **4**, 196 ff.
- LSA **4**, 241 ff.
- Schutzwirkungen zugunsten Dritter **4**, 237 ff.
- Widerspruchsrecht **4**, 218 ff.

Leerverkäufe 13, 29; **13**, 52
Lombardkredit 9, 1

M

Maastricht 2, 92
Mithaftung 7, 157 ff.
Münzgeld 2, 13 ff.
Mutuum 2, 123 ff.

N

Nichtabnahmeentschädigung 7, 42
Notenbank 2, 64
Notenbankwesen 2, 78 ff.

O

Objektgerechte Beratung 1, 7; **11**, 77 ff.
Ombudsmann 1, 21 ff.
Optionsgeschäfte 13, 12; **13**, 48 f.
Optionsscheine 13, 29; **13**, 50 f.

Over-The-Counter-Geschäfte 13, 11; **13**, 52

P

Pensionsgeschäft 9, 14
POS-System 5, 17, 19 ff.
POZ-System 5, 13 ff.
Preisangaben 7, 75 ff.
Privatbankhäuser 2, 68

R

Raiffeisen 2, 72
Rechnungslegung bei Vermögensverwaltung 12, 60 f.
Rechtsquellen 1, 11
Rechtswahlklauseln 15, 122 ff.
Reichsbank 2, 87
Reichsschuldbuch 11, 3
Reisescheck
- Diebstahlsrisiko **4**, 375 ff.
- Entstehung **4**, 362
- Mißbrauch **4**, 369 ff.
- Rechtsnatur **4**, 363 ff.

Rembourskredit 9, 9
Rentenkauf 2, 59, 63 ff.
Repo-Geschäft 14, 106; **14**, 136 ff.
Revolving-Kredit 9, 8
Ricardo 14, 9 ff.
Richtlinienkonforme Auslegung 1, 10
Rückforderungsdurchgriff 8, 119

S

Sammelurkunde 11, 123 f.
Scheckbestätigung 4, 327 ff.
Scheckeinlösungsbestätigung 4, 338
Scheckgarantie 4, 327 ff.
Scheckgeschäft
- Bereicherungsausgleich **4**, 314 ff.
- BGB-Gesellschaft **4**, 283 ff.

Sachregister

- ec-Geldautomatensystem **5**, 1 ff.
- Euroscheck **4**, 378 ff.
- Funktionen **4**, 260 ff.
- historischer Hintergrund **4**, 267 ff.
- Inkassobank **4**, 354 ff.
- Rechtsnatur **4**, 272
- Reisescheck **4**, 362 ff.
- Rückgriffsanspruch **4**, 286 ff.
- Scheckbestätigung **4**, 323 ff.
- Scheckeinlösungszusagen **4**, 323 ff.
- Scheckfälschungen **4**, 317 ff.
- Scheckinkasso **4**, 339 ff.
- Schulfall **4**, 281 ff.
- Wertpapier **4**, 278

Scheckinkasso 4, 339 ff.
Scheckmißbrauch 4, 291
Schecksperre 4, 309 ff.
Schrankfach 11, 105
Schufa-Verfahren 1, 170, 174 ff.
Schuldbuchforderung 11, 127 ff.
Schuldscheindarlehen 9, 4 ff.
Schuldverschreibungsgesetz 15, 102
Schutzpflichten bei Kreditvergabe
- bewegliche Systeme **7**, 108 ff.
- dogmatische Grundlagen **7**, 98 ff.
- Fallgruppen **7**, 114 ff.
- Funktionen **7**, 101 ff.
- Grundsätze **7**, 96 ff.
- Kreditgeberrolle **7**, 128 ff.

Short Sales 13, 52; **14**, 111 f.
Sparbuch 3, 68 ff., 77 ff.
Sparkassen 2, 71
Stornobuchungen 4, 170 ff.
- nach Rechnungsabschluß **1**, 62
- vor Rechnungsabschluß **1**, 61

Streifbandverwahrung 11, 132
Strukturelles Ungleichgewicht 1, 9
Swaps
- Aufsichtsrechtliche Behandlung **14**, 71 f.
- Börsentermingeschäft **13**, 52; **14**, 42
- Dauerschuld **14**, 26
- Devisenswap siehe Währungsswap
- Differenzgeschäft **14**, 28 ff.
- Formen **14**, 3 ff.
- Konkurs **14**, 58 ff.; **14**, 62 ff.; **14**, 67
- Rahmenvertrag **14**, 48 ff.
- steuerliche Behandlung **14**, 73 ff.
- Swap-Derivate **14**, 77 ff.
- Ultra-Vires-Doktrin **14**, 53 ff.
- Vertragstypus **14**, 14 ff.
- Währungsswap **14**, 6 ff.; **14**, 18 ff.
- Zinsänderungsrisiko **14**, 13
- Zinsswap **14**, 4 f.; **14**, 11 f.; **14**, 15 ff.
- Zurückbehaltungsrecht **14**, 50 f.

Swaption 14, 85

T

Termingeschäft siehe Börsentermingeschäft **13**, 3 ff.
Testamentsvollstrecker 13, 69
Transparenzgebot 1, 8
Trennbanksystem 2, 99 ff.

U

Übernahmevertrag
- Bookbuilding **15**, 74
- Haftungsbeschränkung **15**, 81 ff.
- Preisfindungsmechanismus **15**, 71
- Prospekterstellung **15**, 76 ff.
- Rechtsnatur **15**, 66 ff.
- Regelungsinhalt **15**, 61 ff.
- Rücktrittsklauseln **15**, 84 ff.

Überweisung
- Begriff **4**, 60 ff.
- Bereicherungsausgleich **4**, 144 ff.
- Fakultativklauseln **4**, 100 ff.
- Fälschung **4**, 81
- Fehler im Gironetz **4**, 107 ff.
- Gutschrift **4**, 116 ff.
- Haftung für Fehlüberweisungen **4**, 91, 106 ff.
- Mängel **4**, 77
- mehrgliedriger Zahlungsverkehr **4**, 106 ff.
- Schutzwirkung für Dritte **4**, 112 ff.

- Überweisungsauftrag **4**, 83 ff; **4**, 113 ff.
- Warn- und Schutzpflichten **4**, 103
- Weisungsstrenge **4**, 95 ff.
- Widerruf **4**, 67 ff.

Ultra-Vires-Doktrin 14, 53 ff.
Universalbanksystem 2, 99 ff.
Universalkreditkarte 6, 17
Usura 2, 57

V

Verbraucherinformationen 1, 8
Verbraucherkredit
- Ausnahmen vom VKG **8**, 38 ff.
- Bruttokreditbetrag **8**, 75 ff.
- Effektivzins **8**, 83 ff.
- Einwendungsdurchgriff **8**, 113
- Erweiterung Anwendungsbereich VKG **8**, 55 ff.
- europäische Dimension **8**, 4 ff.
- Formmängel **8**, 58 ff.
- Informationsmodell **8**, 73 ff.
- Kreditvermittlung **8**, 154
- Kündigung nach § 12 VKG **8**, 137
- Leasingsverträge **8**, 102
- Mahnverfahren **8**, 158 ff.
- persönlicher Anwendungsbereich **8**, 13 ff.
- rechtssoziologischer Hintergrund **8**, 7 ff.
- Restschuldversicherung **8**, 88
- Rückabwicklung **8**, 110
- Rückforderungsdurchgriff **8**, 119
- Rücktritt (§ 13 VKG) **8**, 146 ff.
- sachlicher Anwendungsbereich **8**, 23 ff.
- Tilgungsreihenfolge **8**, 133 ff.
- Überblick **8**, 1 ff.
- verbundene Geschäfte **8**, 90 ff.
- Verzugsschaden **8**, 126 ff.
- vorzeitige Erfüllung (§ 14 VKG) **8**, 142
- Widerruf **8**, 67 ff., 110
- Zahlungsverzug **8**, 123 ff.

Verbundene Geschäfte 8, 90 ff.
Verhaltenspflichten
- Anlageberatung **11**, 66
- Wohlverhaltensregeln **11**, 69 ff.

Verkaufsprospekt 15, 50 ff.
Vermögensverwaltung
- Abgrenzung zur Rechtsberatung **12**, 10
- Abgrenzung zur Anlageberatung **11**, 61; **12**, 27 ff.
- Abgrenzung zum Depotgeschäft **11**, 197; **12**, 12
- Abladen **12**, 51 f.
- Anbieter **12**, 9 ff.
- Anlagerichtlinien **12**, 39 ff.
- Auskäufe **12**, 51 f.
- Bankgeschäft **12**, 12; **12**, 23 f.
- Beteiligungen **12**, 58 f.
- Dienstvertrag **12**, 19; **12**, 33 ff.
- Diversifikation **12**, 46
- Drehen **12**, 51 f.
- Entgelt **12**, 69 f.
- Entwicklung **12**, 3 ff.
- Finanzdienstleistungsinstitut **12**, 25
- Fondsvermögensverwaltung, **12**, 11
- Form **12**, 20
- Immobilien **12**, 55 f.
- Interessenkonflikte **12**, 49 ff.
- Kenntnis des Kunden **12**, 35 ff.
- Konservative Anlagepolitik **12**, 64
- Kurspflege **12**, 51 f.
- Nachforschungspflicht **12**, 48
- Rechnungslegung **12**, 60 f.
- Sorgfaltspflichten **12**, 45 ff.
- Treuhandmodell **12**, 13 f.; **12**, 21
- Vertretermodell **12**, 15 ff.; **12**, 19 ff.
- Volumina **12**, 9 ff.

W

Währungsrecht 1, 3
Währungsunion 2, 92
Warentermingeschäfte 13, 14; **13**, 75

Wechsel 2, 126
Wechselkredit 2, 127
Wertpapier
- Ausländische Verwahrung **11**, 131
- Definition **11**, 1 ff.
- Entmaterialisierung **11**, 1 ff.
- Geldmarktpapiere **11**, 2
- Kapitalmarktpapiere **11**, 1 ff.
- Wertpapierhandelsgesetz **11**, 5 f.

Wertpapierdienstleistung 11, 60
Wertpapiergeschäfte
- Sonderbedingungen für Effektengeschäft **11**, 22 ff.

Wertpapierleihe
- Aufklärungs- und Beratungspflichten **14**, 118 f.; **14**, 124
- aufsichtsrechtliche Behandlung **14**, 129 ff.
- Begriff **14**, 87
- bilanzielle Behandlung **14**, 133
- Deutscher Kassenverein **14**, 113 ff.
- Einsatzmöglichkeiten **14**, 89 ff.
- Sachdarlehen **14**, 99 f.; **14**, 107 ff.
- Stimmrechtsausübung **14**, 134 f.
- Termineinwand **14**, 111 f.
- Wertpapierpensionsgeschäft **14**, 101 ff.

Wertpapierpensionsgeschäft 14, 101
Wertpapierrechnung 11, 49 f.
Wertpapiersammelbank 11, 46; **11**, 109; **14**, 113 ff.
Wertrecht 11, 127 ff.
Wertstellung 4, 128 ff.

Wohlverhaltensregeln
- Anlageberatung **11**, 69 f.
- Know your customer **11**, 71
- Know your product **11**, 71
- Know your merchandise **11**, 71
- Marktstandards **11**, 71
- Vermögensverwaltung **12**, 34 ff.; **12**, 43 ff.

Z

Zahlungsmittel 2, 75 ff.
Zahlungsverkehr
- automatisierte Zahlungssysteme **5**, 1 ff.
- belegloser **4**, 92 ff.
- Bereicherungsausgleich **4**, 144 ff.
- Btx **5**, 28
- electronic-cash-System **5**, 13 ff.
- Euroscheck **4**, 378 ff.
- Girogeschäft **4**, 1 ff.
- Gutschrift **4**, 116 ff.
- Kreditkartengeschäft **6**, 1 ff.
- Lastschriftverfahren **4**, 186 ff.
- mehrgliedriger Zahlungsverkehr **4**, 106 ff.
- Reisescheck **4**, 362 ff.
- Scheckgeschäft **4**, 260 ff.
- Schutzwirkung für Dritte **4**, 112 ff.

Zinsanpassungsklauseln 7, 66
Zinsen 7, 51 ff.
Zinsverbot 2, 54 ff.
Zinswucher 2, 57

Das gesamte Recht der Gesellschaften und Verbände

Karsten Schmidt
Gesellschaftsrecht

Aus den Besprechungen der Vorauflagen:

»Dem Rezensenten bleibt die Feststellung und Gewißheit, daß eine ernsthafte Beschäftigung mit dem Gesellschaftsrecht in der Theorie, aber eben auch in der Praxis ohne ständige Berücksichtigung dieses ganz und gar vorzüglichen, ja vorbildlichen Buches gar nicht mehr möglich ist, so daß sich eine besondere Empfehlung im Grunde erübrigt: Sie sei hier dennoch mit allem Nachdruck formuliert.«

*Prof. Dr. Dr. Marcus Lutter,
in: Juristenzeitung*

»Das Buch repräsentiert inhaltlich, didaktisch und stilistisch einen unübertroffenen, derzeit wohl auch unübertreffbaren Höhepunkt der Lehrbuch-Kultur im deutschen Gesellschaftsrecht.«

*Prof. Dr. Dr. Michael Martinek,
in: Juristische Schulung*

»Karsten Schmidts ›Gesellschaftsrecht‹ ist für Wissenschaft und Praxis gleichermaßen Mark- und Prüfstein. Jeder, der sich mit theoretischen, praktischen oder rechtspolitischen Fragen dieses Rechtsgebietes befaßt, wird es zu Rate ziehen, um sich über den in Rechtsprechung und Schrifttum erreichten Stand verläßlich zu informieren, Anregungen für Problemlösungen zu finden und sein eigenes Urteil in der gedanklichen Auseinandersetzung zu schärfen.«

*Dr. Wulf Goette,
in: WM-Zeitschrift für Wirtschafts- und Bankrecht*

Von Univ.-Prof. Dr. Karsten Schmidt

3., völlig neu bearbeitete und erweiterte Auflage

1997. Etwa 1950 Seiten. Leinen ca. DM 190,– / ÖS 1387,– / SFr 190,–
ISBN 3-452-23285-9

Das gesamte Außenprivatrecht der Unternehmen

Karsten Schmidt
Handelsrecht

Aus den Besprechungen der Vorauflagen:

»Die für *Karsten Schmidt* typische Leichtigkeit im Stil, die unkomplizierte, unprätentiöse, passagenweise fast fröhlich-plaudernde Darstellungsart (die nirgends auf Kosten der Solidität und Ausführlichkeit geht) sowie die Anschaulichkeit der zahlreichen, meist der Rechtsprechung entnommenen Beispiele machen das Buch zu einem fachlichen Lesevergnügen.«

*Prof. Dr. Dr. Michael Martinek,
in: Neue Juristische Wochenschrift*

»Wer in diesem Buch Informationen zum Handelsrecht sucht, wird sie finden, und zwar schnell, klar, ohne lästige Schnörkel, verständlich und doch in wissenschaftlich fundierter Weise, die auch die Gegenmeinungen zu Wort kommen läßt, belegt mit Literatur- und Rechtsprechungshinweisen von einem Umfang, der wohl kaum einen Wunsch offen läßt.«

*Richter am LG Joachim Blaeschke,
in: Justiz-Ministerial-Blatt für Hessen*

Von Univ.-Prof. Dr. Karsten Schmidt

4., völlig neu bearbeitete und erweiterte Auflage

1994. XXXV, 1087 Seiten. Leinen DM 158,– / ÖS 1153,– / SFr 147,–

ISBN 3-452-22494-5

»Das Buch dürfte die derzeit bedeutendste Bearbeitung des Handelsrechts in einem Band darstellen, es hat schon jetzt maßgeblich Praxis und Wissenschaft beeinflußt.«

*York Schnorbus,
in: Frankfurter Allgemeine Zeitung*